KB268327

2025 사항별·사례별로 유형화된

정석 상업등기실무

편저 김만길

- 2025년 개정 서식·판례·예규·양식 수록
- 현장사례를 중심으로 다양하게 수록
  회사설립·이전·변경, 상장, 벤처기업등
  기재례, 질의, 회신, 유권해석

법문 북스

개정증보판을 내면서

상업등기는 상법의 규정에 의하여 법정사항을 공시할 목적으로 상업등기부에 하는 등기를 말한다. 상업등기부에는 상호·미성년자·법정대리인·지배인·합자조합·합명회사·합자회사·유한책임회사·주식회사·유한회사·외국회사에 관한 11종이 있다. 이러한 11종의 등기부에 하는 것이 아니면, 가령 상법의 규정에 의한 등기가 있어도 상업등기는 아니다.

이러한 상업등기는 등기관이 국가가 관리하는 공적 장부인 상업등기부에 상업에 관련된 표시 및 그에 관하여 발생하는 권리의무관계를 법정절차에 따라 기재하는 것이다. 상법·민법 관련 등기를 바탕으로 하는 경제활동은 끊임없이 이루어지는 바, 상업등기에 관한 법률관계의 생성, 변경 및 소멸 또한 부단히 이어져 왔다. 이에 따라 관련 법률의 내용도 더욱 합리적이고 기술적인 방향으로 개정이 이루어지게 되며, 그 결과 상업등기에 관한 내용도 그 범위가 급속히 발전하고 확장되고 있다.

그래서 정부에서는 행정업무의 선진화에 맞춰 상업등기사무의 전산화사업이 완료됨에 따라 변화된 환경에 맞추어 상업등기사무의 처리절차 및 방법 등을 정비하고, 기업의 등기편의를 위하여 전산정보처리조직에 의하여 등기를 신청할 수 있도록 하며, 회사의 설립·이전 및 합병 등에 있어서의 등기절차를 간소화하는 한편, 「비송사건절차법」 및 대법원규칙 등에서 규정하고 있는 상업등기에 관한 규정을 통합하여 상업등기에 관한 단일 법률을 제정함으로써 상업등기사무의 적정성과 효율성을 높이고 상업등기의 기능을 보다 충실하게 하려는 목적으로 2007년 8월 3일 「상업등기법」을 제정하였다.

이 책에서는 이러한 사정을 감안하여 등기에 필요한 관련 자료를 누구든 편리하고 용이하게 검색하여 이를 등기 실무에 적용할 수 있도록 하고자 하는 취지에서 집필되었다. 즉, 상업등기에 관한 최신의 법령과 대법원판결례, 서식, 기재례 및 「상업등기 질의·회신집」 등을 참고하여 필요한 부수적인 각종 자료들을 모아서 수록한 것으로서, 등기실무에서 접할 수 있는 모든 곤란한 점을 해결할 수 있는 유용한 자료들로 구성되어 있다.

이 책에는 다음과 같은 점들을 그 특징으로 삼았다.

첫째, 최근까지 개정된 법령과 서식, 그리고 대법원판례 등을 모두 수록하고 있다. 즉, 법령과 판례는 물론이고, 등기예규, 등기선례, 등기기재례, 각종의 서식 및 상업 관련 각종 고시·공고 등을 수록하고 있으며, 관련 서식이나 연구자료 등도 폭넓게 수록하고 있다.

둘째, 상업등기에 관련된 풍부한 대법원판례 자료들을 담고 있다. 이에 의하여 상업등기에 관한 관련 판례의 내용을 유형적으로 그 흐름을 쉽게 파악할 수 있게 된다. 특히 쟁점질의·유권해석·이견 있는 등기에 관한 법원판단·핵심사항 등 중요한 자료들은 특수인쇄를 하여 등기업무와 지식을 업그레이드 될 수 있게 하였다.

셋째, 상업등기에 필요한 모든 양식 및 서식을 사항별로 유형화하여 체계적이고 정확한 이용을 가능하게 하였으며, 회사회생·회사파산에 관해 서식 및 이론까지 수록하여 상업등기 업무에 최대한 편의를 도모하였다.

넷째, 상업등기에 직접·간접적으로 관련을 갖는 유용한 자료들을 폭넓게 수록하고 있다. 상업등기에 관한 기본적인 서적뿐만 아니라 「상업등기 질의·회신집」을 인용하였고, 법률관련잡지 그리고 각종의 고시나 공고 등 참고자료를 수록함으로써 실무에서 상업등기 업무에 활용할 수 있도록 하였다.

이 책을 집필함에 있어서는 상업등기에 관한 국내 최대의 자료를 담고자 노력하고자 하였다. 그리고 사항별·내용별로 유형화하여 이 책을 이용하는 모든사람들이 쉽고 간편하게 관련 정보를 얻을 수 있도록 배려하였다. 작업의 방대함으로 인하여 몇몇 오류가 눈에 띌 수도 있으나, 앞으로 계속하여 바로 잡아 나갈 것을 약속하며 강호제현의 가르침을 바라는 바이다. 이 책이 상업등기관련 실무에 큰 도움이 되기를 진심으로 기원한다.

2025.

편저자 드림

제1편 상업등기 총론

제 1 장 총 칙

제 2 장 등기절차 총론

제 3 장　　등기관의 처분에 대한 이의 등

제2편 회사의 등기

개정의 주요내용

제 1 장   주식회사의 등기

제3편
유한 · 유한책임 · 합명 · 합자 · 외국회사
· 벤처기업의 이해와 등기

제 1 장　유 한 회 사 의　등 기

제 2 장   유한책임회사의 등기

제 3 장　합명회사의 등기

제 4 장   합자회사의 등기

제 5 장   외국회사의 등기

제 6 장　벤처기업의 등기

제4편 상인에 대한 등기

제 1 장 상호의 등기

제 2 장   미성년자와 법정대리인의 등기

제 3 장   지배인의 등기

제 4 장   합자조합의 등기

제5편   촉탁 등기

제 1 장   총설 및 본문

제6편　파산 · 회생절차에 관한 등기

제 2 장   파산절차

제1편

상업등기 총론

제1장 총 칙

Ⅰ. 총 칙

> ## ▣ 핵 심 사 항 ▣
>
> 1. 상업등기의 의의 : 상법 또는 다른 법령에 따라 상인 또는 합자조합에 관한 일정한 사항을 등기부에 기록하는 것 또는 그 기록 자체를 말한다. 상업등기부에는 상호·미성년자·법정대리인·지배인·합자조합·합명회사·합자회사·유한책임회사·주식회사·유한회사 및 외국회사 등에 관한 11종이 있다.
> 2. 상업등기의 대상 : 상업등기의 대상에는 당연상인과 의제상인과 같은 상인과 상행위 기타 영리를 목적으로 하여 설립한 법인인 상법상 회사가 있다. 등기사항은 상업등기부(상호·미성년자·법정대리인·지배인·합자조합·합명회사·합자회사·유한책임회사·주식회사·유한회사 및 외국회사등기부 등)에 의하여 따로 규정되고, 반드시 등기하여야 할 절대적 사항과 상대적 사항, 책임이 생기는 설정적 사항과 면책적 사항으로 구분된다. 등기의 절차는 비송사건절차법과 상업등기규칙에 따르며, 당사자의 신청에 의하여 관할등기소에서 한다.
> 3. 상업등기제도의 취지 : 거래의 안전과 원활을 도모함과 아울러 상인 자신의 신용을 유지하기 위한 제도이다.
> 4. 상업등기의 절차 : 상법과 비송사건절차법에 규정되어 있다. 등기는 당사자의 신청에 의하여 하는 것이 원칙이나, 예외로서 법원의 직권으로서 등기의 촉탁을 하는 경우가 있다. 등기사무는 등기소에 근무하는 법원서기관·등기사무관·등기주사 또는 등기주사보(법원사무관·법원주사 또는 법원주사보 중 2001년 12월 31일 이전에 시행한 채용시험에 합격하여 임용된 사람을 포함한다) 중에서 지방법원장(등기소의 사무를 지원장이 관장하는 경우에는 지원장을 말한다. 이하 같다)이 지정하는 사람(이하 "등기관"이라 한다)이 처리한다.
> 5. 등기사무의 처리 : 등기관은 등기사무를 전산정보처리조직을 이용하여 등기부에 등기사항을 기록하는 방식으로 처리하여야 한다.

1. 상업등기의 의의

(1) 상업등기의 개념

상업등기는 상법 또는 다른 법령에 따라 상인 또는 합자조합에 관한 일정한 사항을 등기부에 기록하는 것 또는 그 기록 자체를 말한다(상업등기법 제2조 1호).

1) 등기기록

등기기록이란 하나의 회사·합자조합·상호, 한 사람의 미성년자·법정대리인·지배인에 관한 등기정보자료를 말한다(동조 4호).

2) 등기부

등기부란 전산정보처리조직에 의하여 입력·처리된 등기정보자료를 대법원규칙으로 정하는 바에 따라 편성한 것을 말한다(동조 2호).

3) 등기부부본자료

등기부부본자료란 등기부와 동일한 내용으로 보조기억장치에 기록된 자료를 말한다(동조 3호).

(2) 다른 등기와의 구별

상업등기는 상법 또는 상사특별법령에 따라 상인에 관한 일정한 사항을 등기하는 것이어서 민법에 의한 부동산등기나 민법법인등기(민법 제33조, 49조 내지 52조의2), 특별법에 의한 특수법인등기(은행, 농업협동조합등기 등) 등은 상업등기에 포함되지 않는다. 그리고 선박등기는 상법의 규정에 의하여 등기할 사항으로 되어 있으나(상법 제743조) 그 성질이 부동산등기와 유사하여 선박등기법, 선박등기규칙에 의하여 선박등기부에 등기되고 있으므로 상업등기가 아니다.

반면 자본시장과 금융투자업에 관한 법률(이하 '자본시장법'이라 한다) 제5편 제2장 제2절에서 규정하고 있는 회사형태의 집합투자기구에 관한 규정은 상사특별법령에 해당하고, 투자회사(동법 제194조), 투자유한회사(동법 제207조), 투자합자회사(동법 제213조)는 상법상 주식회사, 유한회사, 합자회사의 형태로 설립되기 때문에(자본시장법 제9조 제18항 2호 내지 4호) 이에 관한 등기는 상업등기에 해당한다. 그러나 자본시장법 제294조에 의하여 설립된 한국예탁결제원은 상법상 주식회사와 그 형태가 비슷하고, 동법 또는 동법 시행령에 특별한 규정이 있는 경우를 제외하고는 상법 중 주식회사에 관한 규정을 준용한다고 규정(동법 제300조)하고 있지만, 회사 형태로 설립되는 것이 아니라 자본시장법에 의한 특수법인 형태로 설립되고, 설립등기시에 '상호'가 아닌 '명칭'을 등기(동법 제294조 제2항, 제3항, 동법 시행령 제311조)하도록 하고 있기 때문에 상인에 해당하지 않는다. 따라서 이에 관한 등기는 상업등기가 아니다.

> 국민연금관리공단이 국민연금법 제94조의 대위권행사에 있어서의 소송당사자 입증을 위해, 공단의 법인등기부등본의 교부를 청구하는 경우 수수료가 면제되는지 여부

선례요지

국민연금관리공단이 국민연금사업과 관련하여 필요한 자료임을 소명하여 부동산등기부 또는 법인등기부 등·초본의 교부를 청구하는 경우에는 국민연금법 제101조의2에 의하여 등기부 등·초본의 수수료가 면제될 것인바, 국민연금관리공단이 그 명의의 문서에 국민연금법 제94조의 대위권행사에 있어서 소송당사자 입증자료를 위한 것임을 명시하여 국민연금관리공단의 법인등기부등본의 교부를 청구하는 경우에 수수료가 면제될 수 있을 것이다. (2005. 8. 22. 공탁법인과-400 질의회답)
참조조문 : 등기부 등·초본 등 수수료 규칙 제7조
참조선례 : 등기선례요지집 I 제939항, VI 제752항

> 한국자산관리공사 법인등기부 초본의 교부수수료가 면제되는지 여부-제정 2006. 9. 26. [상업등기선례 제2-2호, 시행]

선례요지

한국자산관리공사(이하, '공사'라 한다)가 대리인 중에 국유재산의 관리업무에 관한 대리권만을 수여받은 대리인에 관한 사항만으로 작성된 그 법인등기부 초본(등기예규 제1115호 3. 마. (2) 참조)의 교부를 청구하는 경우에는 수수료가 면제된다(「등기부 등·초본 등 수수료 규칙」제7조 제1항, 국유재산법 제46조 제5항). 그러나, 그러한 대리인에 관한 사항뿐 아니라 공사의 사장에 관한 사항도 포함된 그 법인등기부 초본의 교부수수료를 면제받으려면, 국유재산의 관리를 위하여 필요함을 소명하여야 한다(국유재산법 제46조 제5항 참조).(2006. 9. 26. 공탁상업등기과-1076 질의회답)
참조선례 : 등기선례 200508-3(2005. 8. 22. 공탁법인과-400 질의회답), 상업등기선례요지집 제5항, 제6항, 제9항

2. 상업등기의 대상

상업등기의 대상에는 자연인인 상인과 상법상의 회사가 있다.

(1) 상 인

상인이란 자기의 이름으로 상기업(영업)을 경영하는 법률상의 주체를 말한다. 자연인인 상인에는 미성년자가 법정대리인의 허락을 얻어 영업을 하는 경우를 포함한다(상법 제6조, 민법 제8조).

상인은 당연상인과 의제상인으로 나뉘어지는데, 상인자격은 당연상인과 의제상인의 자격을 갖춤으로써 취득한다.

1) 당연상인

당연상인이란 자기의 이름으로 상행위를 하는 자를 말한다(상법 제4조). 그 요소를 살펴보면 '자기명의'와 '상행위'로 정리할 수 있다.

'자기명의'란 자기가 그 상행위에서 생기는 권리의무의 귀속주체가 된다는 것을 의미한다.

'상행위'란 법률상 상행위라고 규정되어 있는 것을 뜻한다. 이러한 상행위에는 상법 제46조에서 열거하고 있는 기본적 상행위와 신탁법 제4조, 담보부사채신탁법 제23조 제2항에서 규정하고 있는 특별법상의 상행위가 있다. 이 중 상법 제46조에서 규정하고 있는 22가지의 기본적 상행위는 '영업성'과 '기업성'을 그 개념요소로 요구하고 있다.

2) 의제상인

점포 기타 유사한 설비에 의하여 상인적 방법으로 상행위 이외의 영업을 하는 자 및 상행위 이외의 영업을 하는 회사를 말한다(상법 제5조).

점포 기타 유사한 설비에 의하여 상인적 방법으로 상행위 이외의 행위를 영업으로 하는 자는 설비상인이라고 부른다(상법 제5조 제1항). 즉, 상업장부, 상호와 같은 물적 설비와 상업사용인 등의 인적 설비를 갖추고, 상인적 방법으로 영업을 하는 경우가 이에 해당한다. 다만, 예술활동, 학문활동, 진문직업인의 활동 등은 연혁적인 이유로 영업개념에서 제외되고 있는데, 전문직업인의 경우 그 한계가 명확하지는 않지만 전통적으로 의사, 치과의사, 변호사, 세무사, 공인회계사 등은 상인에 속하지 않는다는 것이 일반적이다[1].

또한 상행위 이외의 행위를 하는 회사도 의제상인에 속한다(상법 제5조 제2항). 이러한 회사를 민사회사라고 하는데 이러한 민사회사는 그 설립 및 각종 법률관계에 있어서 상사회사에 관한 규정이 준용되므로(민법 제39조) 상사회사와 구별할 실익은 없다고 본다[2].

---

[1] 상업등기실무(법원공무원교육원, 2012), 5면
[2] 정찬형, 상법강의(상)(박영사)

【쟁점질의와 유권해석】

〈변호사와 법무법인이 상법상 '상인'인지 여부(소극) 및 변호사가 소속 법무법인에 대하여 갖는 급여채권이 상사채권에 해당하는지 여부(소극)〉

변호사는 상법상 당연상인으로 볼 수 없고, 변호사의 영리추구 활동을 엄격히 제한하고 그 직무에 관하여 고도의 공공성과 윤리성을 강조하는 변호사법의 여러 규정과 제반 사정을 참작하여 볼 때, 변호사를 상법 제5조 제1항이 규정하는 '상인적 방법에 의하여 영업을 하는 자'라고도 볼 수 없어 위 조항에서 정하는 의제상인에 해당하지 아니하며, 이는 법무법인도 마찬가지이다.

한편 상법 제5조 제2항은 회사는 상행위를 하지 아니하더라도 상인으로 본다고 규정하고, 상법 제169조는 회사는 상행위나 그 밖의 영리를 목적으로 하여 설립한 법인을 말한다고 하고 있다. 그런데 법무법인은 변호사가 그 직무를 조직적·전문적으로 수행하기 위하여 변호사법에 따라 설립하는 것으로서 변호사법과 다른 법률에 따른 변호사의 직무를 업무로서 수행할 수 있다(변호사법 제40조, 제49조). 변호사법은 법무법인에 관하여 변호사법에 정한 것 외에는 상법 중 합명회사에 관한 규정을 준용하도록 하고 있을 뿐(제58조) 이를 상법상 회사로 인정하고 있지 않으므로 법무법인이 상법 제5조 제2항에서 정하는 의제상인에 해당한다고 볼 수도 없다.

따라서 변호사가 소속 법무법인에 대하여 갖는 급여채권은 상사채권에 해당한다고 할 수 없다.(대법원 2023. 7. 27. 선고 2023다227418 판결).

【쟁점질의와 유권해석】

〈법무사가 상법 제5조 제1항의 의제상인에 해당할 수 있는지 여부와 이에 따라 법무사의 상호등기가 허용되는지 여부〉

법령에 의하여 상당한 정도로 그 영리추구 활동이 제한됨과 아울러 직무의 공공성이 요구되는 법무사의 활동은 상인의 영업활동과는 본질적인 차이가 있고, 법무사의 직무 관련 활동과 그로 인하여 형성된 법률관계에 대하여 상인의 영업활동 및 그로 인하여 형성된 법률관계와 동일하게 상법을 적용하지 않으면 안 될 특별한 사회·경제적 필요 내지 요청이 있다고 볼 수도 없으므로, 법무사를 상법 제5조 제1항이 규정하는 '상인적 방법에 의하여 영업을 하는 자'라고 볼 수는 없다. 따라서 법무사의 상호등기 신청을 각하한 등기관의 처분은 정당하고, 법무사 합동법인의 경우 법무사법 제33조 이하에서 그 명칭의 등기를 허용하고 있다거나, 상호의 등기를 허용하는 다른 일부 전문 직종에서 관계 법령에 공익적 목적의 제한규정을 두고 있는 경우가 있다는 사정만으로 부당한 차별에 해당하여 위법하다고 볼 수는 없다(대법원 2008. 6. 26.자, 2007마996결정).

【쟁점질의와 유권해석】

〈개업준비행위 및 영업자금의 차입 행위에 관하여 상행위에 관한 상법 규정이 적용되는 경우〉

상법은 점포 기타 유사한 설비에 의하여 상인적 방법으로 영업을 하는 자는 상행위를 하지 아니하더라도 상인으로 보면서(제5조 제1항), 제5조 제1항에 의한 의제상인의 행위에 대하여 상사소멸시효 등 상행위에 관한 통칙 규정을 준용하도록 하고 있다(제66조). 한편 영업의 목적인 상행위를 개시하기 전에 영업을 위한 준비행위를 하는 자는 영업으로 상행위를 할 의사를 실현하는 것이므로 준비행위를 한 때 상인자격을 취득함과 아울러 개업준비행위는 영업을 위한 행위로서 최초의 보조적 상행위가 되는 것이고, 이와 같은 개업준비행위는 반드시 상호등기·개업광고·간판부착 등에 의하여 영업의사를 일반적·대외적으로 표시할 필요는 없으나 점포구입·영업양수·상업사용인의 고용 등 준비행위의 성질로 보아 영업의사를 상대방이 객관적으로 인식할 수 있으면 당해 준비행위는 보조적 상행위로서 여기에 상행위에 관한 상법의 규정이 적용된다. 그리고 영업자금 차입 행위는 행위 자체의 성질로 보아서는 영업의 목적인 상행위를 준비하는 행위라고 할 수 없지만, 행위자의 주관적 의사가 영업을 위한 준비행위이었고 상대방도 행위자의 설명 등에 의하여 그 행위가 영업을 위한 준비행위라는 점을 인식하였던 경우에는 상행위에 관한 상법의 규정이 적용된다고 봄이 타당하다(대법원 2012. 4. 13. 선고 2011다104246 판결).

【쟁점질의와 유권해석】

〈회사가 상인으로 의제된다고 하여 그 기관인 대표이사 개인의 상인성이 인정되는지 여부〉

상인은 상행위에서 생기는 권리·의무의 주체로서 상행위를 하는 것이고, 영업을 위한 행위가 보조적 상행위로서 상법의 적용을 받기 위해서는 행위를 하는 자 스스로 상인 자격을 취득하는 것을 당연한 전제로 한다.

회사가 상법에 의해 상인으로 의제된다고 하더라도 회사의 기관인 대표이사 개인이 상인이 되는 것은 아니다. 대표이사 개인이 회사의 운영 자금으로 사용하려고 돈을 빌리거나 투자를 받더라도 그것만으로 상행위에 해당하는 것은 아니다.

또한 상인이 영업과 상관없이 개인 자격에서 돈을 투자하는 행위는 상인의 기존 영업을 위한 보조적 상행위로 볼 수 없다(대법원 2018. 4. 24.선고, 2017다205127판결).

【쟁점질의와 유권해석】

〈변호사나 법무사를 상법 제5조 제1항의 의제상인으로 볼 수 있는지 여부 〉

변호사의 영리추구 활동을 엄격히 제한하고 그 직무에 관하여 고도의 공공성과 윤리성을 강조하는 변호사법의 여러 규정에 비추어 보면, 위임인·위촉인과의 개별적 신뢰관계에 기초하여 개개 사건의 특성에 따라 전문적인 법률지식을 활용하여 소송에 관한 행위 및 행정처분의 청구에 관한 대리행위와 일반 법률사무를 수행하는 변호사의 활동은, 간이·신속하고 외관을 중시하는 정형적인 영업활동을 벌이고, 자유로운 광고·선전활동을 통하여 영업의 활성화를 도모하며, 영업소의 설치 및 지배인 등 상업사용인의 선임, 익명조합, 대리상 등을 통하여 인적·물적 영업기반을 자유로이 확충하여 효율적인 방법으로 최대한의 영리를 추구하는 것이 허용되는 상인의 영업활동과는 본질적으로 차이가 있다 할 것이고, 변호사의 직무 관련 활동과 그로 인하여 형성된 법률관계에 대하여 상인의 영업활동 및 그로 인한 형성된 법률관계와 동일하게 상법을 적용하지 않으면 아니 될 특별한 사회경제적 필요 내지 요청이 있다고 볼 수 도 없다. 따라서 근래에 전문직업인의 직무 관련 활동이 점차 상업적 성향을 띠게 됨에 따라 사회적 인식도 일부 변화하여 변호사가 유상의 위임계약 등을 통하여 사실상 영리를 목적으로 그 직무를 행하는 것으로 보는 경향이 생겨나고, 소득세법이 변호사의 직무수행으로 인하여 발생한 수익을 같은 법 제19조 제1항 제11호가 규정하는 '사업서비스업에서 발생하는 소득'으로 보아 과세대상으로 삼고 있는 사정 등을 감안한다 하더라도, 위에서 본 변호사법의 여러 규정과 제반 사정을 참작하여 볼 때, 변호사를 상법 제5조 제1항이 규정하는 '상인적 방법에 의하여 영업을 하는 자'라고 볼 수는 없다 할 것이므로, 변호사는 의제상인에 해당하지 아니한다(대법원 2007. 7. 26.자, 2006마334결정).

3) 상업등기에 관한 상법규정의 적용범위

상업등기에 관한 상법의 규정은 소상인, 즉 자본금이 1,000만원 미만의 상인으로서 회사 아닌 자에게는 적용되지 않는다(상법 제9조). 여기의 자본금은 상법상의 자본금을 의미하는 것이 아니고, 영업재산의 현재가격으로 볼 수 밖에 없다. 그리고 합명회사와 합자회사는 자본금에 대한 제한이 없고 소상인에 포함하지 아니하므로 자본금이 1,000만원 미만이어도 등기하여야 한다.

소상인에 대해서는 지배인, 상호, 상업장부와 상업등기에 관한 규정을 적용하지 않는다(상법 제9조). 따라서 소상인이 상호의 등기를 했다고 하더라도 상호의 등기에 따른 상법상의 보호를 받을 수 없다. 즉, 상호를 먼저 등기한 자가 소상인인 경우에는 상호사용폐지청구의 소에 있어서 소상인의 상호와 동일한 상호를 후 등기한 피고는 자신에게 부정한 목적이 없음을 입증할 필요 없이 단지 원고가 소상인임을 입증하기만 한다면 소상인은 상호의 등기에 따른 상법 제23조와 같은 상법상 보호를 받을 수 없기 때문에 소상인인 원고의 청구는 기각될 수밖에 없는 것이다.[3]

(2) 상법상 회사

상법상 회사란 '상행위나 그 밖의 영리를 목적으로 하여 설립한 법인'을 말한다(상법 제169조). 종전에는 상법상 회사란 '상행위 기타 영리를 목적으로 하여 설립한 사단'을 말한다고 규정하고 있었으나, 2011년 4월 14일 개정 상법은 회사의 의의에 관한 규정인 상법 제169조에서 '사단'이라는 용어를 삭제하였다.

3. 상업등기제도의 취지

상업등기제도는 상거래에 있어서 신용의 바탕이 되는 회사 기타 상인의 실체를 상업등기부에 기재하여 공시함으로써 거래의 안전과 원활을 도모하고 나아가 상인 자신의 신용을 유지하기 위한 제도이다.

4. 상업등기에 관한 법규

(1) 종전의 상업등기 관련 법규

상업등기의 실체적 법률관계 및 중요한 절차사항에 관하여는 상법에 규정하고 기타 상업등기절차에 관한 상세한 사항은 비송사건절차법(제3편 상사비송사건, 제4장 상업등기) 및 상업등기규칙에 규정되어 있었다.

(2) 상업등기법의 제정·시행

2007. 8. 3. 법률 제8582호로 제정·공포된 상업등기법이 2008. 1. 1.부터 시행되게 되었다. 또한 상업등기법에서 위임한 사항과 그 시행에 필요한 사항을 규정하는 상업등기규칙도 제정되어 2008. 1. 1.부터 시행되고 있다.

또한 새로운 기업형태로서 합자조합과 유한책임회사제도를 도입하는 내용으로 '상법'이 개정됨에 따라 이를 상업등기제도에 반영하는 한편, 상업등기제도의 신속하고 탄력적인 운용을 위하여 일부 등기 절차에 관한 사항을 대법원규칙으로 위임하고, 그 밖에 기존 제도의 운영상 나타난 일부 미비점을 개선·보완하기 위하여 2014년 5월 20일 상업등기법의 전면 개정이 이루어졌으며, 2014년 11월

---

[3] 상업등기실무(법원공무원교육원,2012), 7면~8면

21일부터 시행되고 있다. 주요 개정 내용은 다음과 같다.

1) 등기의 효력발생시기에 관한 규정 신설(제3조 제2항)

등기의 효력발생시기를 명확히 하기 위하여 등기관이 등기를 마치면 해당 등기는 그 등기신청을 접수한 때부터 효력을 발생하는 것으로 규정하였다.

2) 전자증명서 용도의 범위 확대(제17조)

전자서명 및 자격에 관한 전자증명서의 용도가 등기신청만으로 한정되어 있어 탄력적인 제도 운용에 장애가 되고 있으므로 대법원규칙으로 정하는 용도로도 사용할 수 있도록 그 범위를 확대하였다. 전자증명서의 용도 확대를 통하여 국민의 편의를 제고하고 전산정보처리사무에 기여할 것으로 기대되고 있다.

3) 등기신청서 신청정보 및 첨부정보의 대법원규칙 위임(제24조제3항)

종전에는 등기신청서에 기재할 사항과 등기신청서에 첨부할 서면에 관한 사항을 상업등기법에서 규정하였으나, 등기절차를 신속하고 탄력적으로 운용하기 위하여 대법원규칙으로 정하도록 위임하였다.

4) 합자조합 등에 대한 등기제도 마련(제52조 및 제68조)

'상법' 개정으로 새로운 기업형태인 합자조합과 유한책임회사제도가 도입됨에 따라 관련 등기절차를 정비할 필요가 있었다. 합자조합에 대해서는 본점이전등기, 해산등기 및 계속등기 등 회사의 등기에 관한 규정을 준용하도록 하였고, 거래의 안전 및 원활을 기하기 위하여 합자조합의 업무집행조합원과 유한책임회사의 대표자 등이 법인인 경우에는 그 자의 직무를 행할 사람의 성명, 주민등록번호 및 주소를 등기하도록 하였다.

5) 외국회사의 공고방법에 관한 등기사항 신설(제74조)

국내에서 영업하는 외국회사에 대하여 국내 회사와 같이 회사의 공고방법을 등기하도록 하여 이해관계자에게 공시할 필요가 있었다. 이에 주식회사와 유사한 외국회사의 경우에는 영업소 설치에 따른 등기를 할 때 '상법'에 따른 대차대조표 등의 공고방법도 같이 등기하도록 하였다.

(3) 상업등기법 일부 개정(2018. 9.18)

민법 개정으로 금치산·한정치산 제도가 폐지되고 성년후견·한정후견 제도가 시행되고 있으므로 민법의 개정 내용을 반영하여, 등기소에서 편성하여 관리하는 무능력자등기부를 미성년자등기부로 변경하고, 미성년자등기의 등기사항 중 '미성

년자 또는 한정치산자인 뜻'을 '미성년자라는 사실'로 변경하는 등 관련 규정을
정비하였다.

(4) 상업등기법 일부 개정(2020. 9.10)

법 개정으로 제38조(주식회사 또는 유한회사의 설립에 관계된 상호의 가등기)를
(유한책임회사, 주식회사 또는 유한회사의 설립에 관계된 상호의 가등기)으로 유
한책임회사를 추가하였다.

II. 등기의 종류

◼ 핵 심 사 항 ◼

1. 등기의 목적에 의한 분류
 (1) 기입등기 : 새로운 등기원인에 기하여 어떤 사항을 등기기록에 새로이 기입하는 등기
    예) 상호등기, 설립등기, 해산등기, 청산등기, 회생절차개시등기
 (2) 변경등기 : 어떤 등기가 행하여진 후에 등기된 사항에 변경이 생겨서 변경사항을 기록하는 등기
    예) 임원변경, 지배인변경, 주사무소이전, 분사무소설치, 명칭변경
 (3) 경정등기 : 이미 행하여진 등기에 대하여 그 절차에 착오가 있어 잘못 등기된 경우 바로 잡기 위해 하는 등기
 (4) 말소등기 : 이미 등기된 사항을 법률적으로 소멸시키기 위해 하는 등기
    예) 상호폐지의 등기, 지배인사임의 등기, 회사의 청산종결등기
 (5) 회복등기 : 기존 등기가 부당하게 소멸된 경우 이를 부활하는 등기. 멸실회복등기와 말소회복등기가 있음.
2. 등기부에 의한 분류
 상호의 등기, 미성년자의 등기, 법정대리인의 등기, 지배인의 등기, 합자조합의 등기, 합명회사의 등기, 합자회사의 등기, 유한책임회사의 등기, 주식회사의 등기, 유한회사의 등기, 외국회사의 등기 등.

---

1. 등기의 목적에 의한 분류

(1) 기입등기

새로운 등기원인에 기하여 어떤 사항을 등기기록에 새로이 기입하는 등기로서 상호등기, 회사설립등기, 해산등기, 청산등기, 회생절차개시 등의 등기가 이에 속한다.

(2) 변경등기

어떤 등기가 행하여진 후에 등기된 사항에 변경이 생겨서 변경사항을 기록하는 등기로서 임원변경, 지배인변경, 주사무소이전, 분사무소설치, 명칭변경등의 등기가 이에 속한다.

(3) 경정등기

이미 행하여진 등기에 대하여 그 절차에 착오가 있어 잘못 등기된 경우 바로 잡기 위해 하는 등기를 말한다.

(4) 말소등기

이미 등기된 사항을 법률적으로 소멸시키기 위해 하는 등기로서 상호폐지의 등기, 지배인사임의 등기, 회사의 청산종결등기 등의 등기가 이에 속한다.

(5) 회복등기

기존 등기가 부당하게 소멸된 경우 이를 부활하는 등기로사 멸실회복등기와, 등기사항의 변경 또는 말소로 인하여 말소하는 기호를 기록된 등기를 회복하기 위한 말소회복등기의 두 가지가 있다.

2. 등기부에 의한 분류(상업등기법 제11조, 상업등기규칙 제5장 이하)[4]

① 상호의 등기(상업등기법 제29조 ˜ 제45조)

② 미성년자의 등기(동법 제46조 ˜ 제47조)

③ 법정대리인의 등기(동법 제48조 ˜ 제49조)

④ 지배인의 등기(동법 제50조 ˜ 제51조)

⑤ 합자조합의 등기(동법 제52조 ˜ 제53조)

⑥ 합명회사의 등기(상업등기규칙 제97조 ˜ 제116조)

⑦ 합자회사의 등기(동규칙 제117조 ˜ 제118조)

⑧ 유한책임회사의 등기(동규칙 제119조 ˜ 제127조)

⑨ 주식회사의 등기(동규칙 제128조 ˜ 제154조)

⑩ 유한회사의 등기(동규칙 제155조 ˜ 제162조)

⑪ 외국회사의 등기(동규칙 제163조 ˜ 제166조)

---

[4] 종전에는 등기신청서에 기재할 사항과 등기신청서에 첨부할 서면에 관한 사항을 상업등기법에서 규정하였으나, 2014년 11월 21일 시행된 개정 상업등기법에서는 등기절차를 신속하고 탄력적으로 운용하기 위하여 대법원규칙으로 정하도록 위임하였다. 이에 관련 사항을 상업등기규칙 제5장 이하에서 규정하고 있다.

Ⅲ. 등기사항

> **■ 핵 심 사 항 ■**
>
> 1. 등기사항의 의의 : 상법 및 상업등기법 등의 법령의 규정에 의하여 상업등기부에 등기하도록 정하여진 사항을 의미함.
> 2. 분류
> (1) 절대적 등기사항과 상대적 등기사항 : 등기할 것이 강제되어 있는지의 여부에 따른 분류이다.
> (2) 설정적 등기사항과 면책적 등기사항 : 법률관계의 설정을 목적으로 하는지 아니면 법률관계의 해소를 목적으로 하는지에 의한 분류이다.
> (3) 본점의 등기사항과 지점의 등기사항 : 지점의 등기사항은 본점의 등기사항에 비하여 간략화되어 있어 이에 따라 구분되는 등기사항이다.

1. 의 의

등기사항이란 상법 및 상업등기법 등의 법령의 규정에 의하여 상업등기부에 등기하도록 정하여진 사항을 말한다. 상법은 기업의 신용을 유지하고 제3자를 보호하는데 중요한 사항을 등기사항으로 규정하고 있다. 그러므로 상법 및 상업등기법 등기사항으로 규정된 것이 아닌 사항은 등기할 수 없고 잘못하여 등기가 된 경우에도 등기의 효력이 발생하지 않는다.

2. 등기사항의 분류

(1) 절대적 등기사항과 상대적 등기사항

등기사항 중에는 반드시 등기를 해야 하는 사항, 즉 등기할 것이 강제되어 있어 이를 해태한 경우에는 상법상 과태료의 제재(상법 제635조 1항)가 따르는 사항과 등기를 할 것인지 여부를 당사자가 결정할 수 있는 사항이 있다. 전자를 절대적 등기사항, 후자를 상대적 등기사항이라고 한다. 대부분의 등기사항은 절대적 등기사항이며 상대적 등기사항이라도 일단 등기를 한 후에는 그 변경 또는 소멸에 따른 등기는 반드시 해야 한다(상법 제40조). 상대적 등기사항에는 개인상인의 상호·지점·등기, 영업양수인의 면책등기 등이 있다.

【쟁점질의와 유권해석】

〈상법 제1편에 규정된 지배인에 관한 등기의 해태에 대해서 과태료 제재가 있는지 여부〉

상법상 지배인의 등기를 해태한 것은 과태료 부과대상이 아니므로(상법 제635조 제1항 제1호는 상법 제3편 회사편에 정한 등기를 해태한 경우에 적용됨) 과태사항 통지를 하지 아니한다(출처 : 상업등기 및 법인등기에 있어서의 과태사항 통지에 관한 예규 등기예규 제1452호 2012.04.24 개정).

(2) 설정적(창설적) 등기사항과 면책적 등기사항

설정적 등기사항이란 법률관계의 설정을 목적으로 하는 등기사항으로, 등기사항 중 회사의 설립등기(상법 제172조), 지배인의 선임등기(상법 제13조, 제393조), 상호의 선정등기(상법 제22조, 제23조) 등이 여기에 해당된다. 면책적(해소적) 등기사항이란 법률관계의 해소를 목적으로 하는 등기사항으로 회사의 해산등기(상법 제228조), 지배인의 해임등기(상법 제13조, 제393조), 상호의 폐지등기(상법 제27조, 제40조) 등이 여기에 해당된다.

(3) 본점의 등기사항과 지점의 등기사항

상인이 동일한 영업에 관하여 수개의 영업소를 가지는 경우에, 주된 영업소를 본점이라 하고, 종적인 지위를 가지는 영업소를 지점이라 한다.

1) 본점의 등기사항과 지점의 등기사항의 구분

상법 제35조는 본점 소재지에서 등기할 사항은 다른 규정이 없으면 지점 소재지에서도 등기하여야 한다고 규정하고 있다. 그러나 '법인의 등기사항에 관한 특례법' 제3조는 본점에서 등기한 사항이라 하더라도 지점의 등기사항으로 위 특례법 및 시행규칙이 정한 사항이 아니면 지점에서 등기할 사항이 아니라고 규정하고 있다(동법 제3조). 이에 따라 지점의 등기사항이 간략화 되면서 본점의 등기사항과 지점의 등기사항으로 구분되게 되었다.

2) 지점소재지에서의 등기

지점이 있는 경우, 상법에 다른 규정이 없으면 본점의 소재지에서 등기할 사항은 지점의 소재지에서도 등기하여야 한다(상법 제35조). 이 경우 등기할 사항은 절대적 등기사항을 말하는 것으로, 개인상인의 상호 등의 상대적 등기사항은 지점소재지에서 반드시 등기하지 않아도 된다. 그러나 절대적 등기사항이라도 상법에 다른 규정이 있는 경우인 지배인의 선임과 대리권의 소멸에 관한 등기는 그 지배인을 둔 본점 또는 지점 소재지에서만 등기하면 된다(상법 제13조).

지점은 본점의 지휘명령을 따르지만 하나의 영업소인 이상 대외적으로 독립적인 영업활동을 할 수 있는 인적 조직을 갖추어야 한다. 그러나 지점의 영업은 본점과 더불어 하나의 영업을 구성하는 것이므로 본점과 다른 영업을 하는 것은 지점이 아니다.

【쟁점질의와 유권해석】

〈본·지점의 지휘·감독 아래 제한된 보조적 사무만을 처리하는 영업소를 상법상 영업소라 볼 수 있는지 여부〉

단순히 본·지점의 지휘감독아래 기계적으로 제한된 보조적 사무만을 처리하는 영업소는 상법상의 영업소라 볼 수 없으므로 보험회사의 영업소의 소장은 상법 제14조 제1항 소정의 표현지배인으로 볼 수 없다(대법원 1978. 12. 13.선고 78다1567판결).

Ⅳ. 상업등기의 효력

◼ 핵 심 사 항 ◼

1. 상업등기의 일반적 효과
 (1) 의의 : 설립등기, 합병등기와 같은 창설적 등기 이외의 등기에 대한 등기 전·후의 대항력.
 (2) 소극적 효력 : 등기 전의 대항력을 의미하는 것으로서 등기 전에는 악의의 자에게만 대항가능.
 (3) 적극적 효력 : 등기 후의 효력으로서 등기 존재시 선의의 제3자에게 대항가능하나 제3자에게 정당한 사유가 있는 경우에는 대항불가.
2. 특수한 효력
 (1) 의의 : 제3자의 선, 악의 불문하고 등기 자체만으로 발생하게 되는 효력.
 (2) 창설적 효력 : 등기에 의하여 새로운 법률관계가 형성 또는 설정되는 효력.
 (3) 보완적 효력 : 법률관계에 존재하는 하자가 등기로 인해 치유되는 효력.
 (4) 해제적 효력 : 등기에 의해 면책의 기초가 되거나 일정한 제한이 해제되는 효력.

1. 일반적 효력

(1) 소극적 공시력

등기할 사항은 그 실체가 성립되고 존재하는 경우라 하더라도 이를 등기하지 아니하면 선의의 제3자에게 대항하지 못한다(상법 제37조 1항). 이를 등기의 소극적 공시력이라 한다. 여기서 등기사항은 절대적 등기사항뿐 아니라 상대적 등기사항도 포함한다. 선의란 등기사항을 등기하지 아니하여 그 존재를 알지 못하는 것을 말하고, 제3자란 등기당사자 이외의 자로서 거래의 상대방을 비롯하여 등기사항에 관하여 정당한 이해관계를 갖는 자를 말한다. 대항하지 못한다는 것은 등기당사자가 선의의 제3자에 대하여 등기사항의 내용인 사실을 주장할 수 없다는 뜻이다.

【쟁점질의와 유권해석】

〈국가도 상법 제37조의 제3자에 해당하는지 여부〉

'등기할 사항은 등기후가 아니면 선의의 제3자에게 대항할 수 없다'는 상법 제37조 소정의 제3자라 함은 대등한 지위에서 하는 보통의 거래관계의 상대방을 말한다 할 것이고 조세권에 기하여 조세의 부과처분을 하는 경우의 국가는 여기에 규정된 제3자라 할 수 없다(대법원 1990. 9. 28.선고 90누4235판결).

(2) 적극적 공시력

1) 제3자의 악의 의제

등기할 사항을 등기한 때에는 악의의 제3자는 물론 선의의 제3자에게도 대항할 수 있다. 즉 등기를 한 후에는 대항력이 확장되어 제3자의 악의가 의제되는 것이다(악의의제설). 이를 적극적 공시력 또는 적극적 공시주의라 한다. 또 동일한 특별시, 광역시, 시·군에서 동종 영업으로 타인이 등기한 상호를 사용한 자는 부정한 목적으로 사용하는 것으로 추정한다(상법 제23조 4항).

2) 예 외

등기할 사항을 등기한 후라도 제3자가 정당한 사유로 이를 알지 못한 때에는 그 등기사항으로써 제3자에게 대항하지 못한다(상법 제37조 2항). 제3자가 정당한 사유로 등기사항을 알지 못한 경우까지 제3자의 악의를 의제한다는 것은 불합리하기 때문이다. 여기서 '정당한 사유'란 등기를 알 수 없는 객관적 장애를 말하며 당사자의 장기여행이나 질병 등의 주관적·개인적 사유는 포함되지 않는다. 또 정당한 사유로 인한 부지는 이를 주장하는 제3자가 입증하여야 한다.

핵 심 판 례

■ 민법의 적용 내지 유추적용이 있다고 한다면 상업등기에 공시력을 인정한 의의가 상실될 것이어서, 민법의 적용 또는 유추적용을 부정할 수 있는지 여부

> 상법에 의하여 등기할 사항은 이를 등기하지 아니하면 선의의 제3자에게 대항하지 못하나, 이를 등기한 경우에는 제3자가 등기된 사실을 알지 못한 데에 정당한 사유가 없는 한 선의의 제3자에게도 대항할 수 있는 점(상법 제37조) 등에 비추어, 대표이사의 퇴임등기가 된 경우에 대하여 민법 제129조의 적용 내지 유추적용이 있다고 한다면 상업등기에 공시력을 인정한 의의가 상실될 것이어서, 이 경우에는 민법 제129조의 적용 또는 유추적용을 부정할 것이다(대법원 2008. 2. 14. 선고 2007다53839 판결).

【쟁점질의와 유권해석】

〈정관으로 수인의 사원이 공동으로 회사를 대표할 것을 정하고도 이를 등기하지 않은 경우, 공동대표사원 중 1인이 단독으로 한 대표행위가 정관에 위배된다는 점을 들어 선의의 제3자에게 대항할 수 있는지 여부〉

상법 제269조, 제180조 제5호, 제209조, 제37조에 의하면, 회사를 대표하는 사원은 회사의 영업에 관하여 재판상 또는 재판 외의 모든 행위를 할 권한이 있고, 정관으로 수인의 사원이 공동으로 회사를 대표할 것을 정하고도 이를 등기하지 아니한 경우, 공동대표사원 중 1인이 단독으로 회사를 대표하여 행위하였더라도 그 대표행위가 정관에 위배된다는 점을 들어 위 대표행위의 유효를 주장하는 선의의 제3자에게 대항하지 못한다.(대법원 2014. 5. 29.선고, 2013다212295, 판결).

2. 특수한 효력

(1) 창설적 효력

창설적 효력 또는 설정적 효력이란 회사의 설립, 회사의 합병, 유한회사의 증자 등과 같이 등기에 의하여 비로소 권리관계가 형성되는 경우 즉, 등기가 권리관계 발생의 성립요건 내지 효력발생요건이 되는 경우의 효력을 말한다.

이 효력은 상법 제37조에 의한 효력이 아니고 상법 제172조 또는 제234조 등에 의한 효력이므로 제3자의 선의·악의를 불문하고 모든 제3자에게 주장할 수 있다.

상업등기의 창설적 효력은 다수인과의 권리관계를 획일적으로 확정할 필요가

있는 경우에 인정되고 있다.

(2) 보완적 효력

등기에 의하여 등기의 전제요건이 되는 법률사실의 하자가 보완되어 그 하자를 주장할 수 없게 되는 경우의 효력을 말한다. 즉 회사 성립 후에는 주식인수인은 주식청약서 요건의 흠결을 이유로 그 인수의 무효를 주장하거나 사기·강박·착오를 이유로 그 인수를 취소할 수 없게 되며(상법 제320조 1항) 신주발행으로 인한 변경등기가 있은 후 1년이 경과한 때에는 주식인수의 무효나 취소를 주장할 수 없게 되는 것(상법 제427조) 등이 이에 속한다.

(3) 추정력

상업등기부에 등기된 사항은 일단 진실하다는 사실상의 추정을 받게 되지만 등기된 사항이 적법하다는 법률상의 추정력은 없다는 것이 통설이다. 그러나 예외적으로 법률상의 추정력을 인정하고 있는 경우가 있다. 즉 동일한 특별시, 시·군에서 동종영업으로 타인이 등기한 상호를 사용하는 자는 부정한 목적으로 사용하는 것으로 추정하고 있으므로(상법 제23조 4항) 상호의 등기에는 법률상의 추정력이 인정된다고 할 수 있다.

핵 심 판 례

■ **법률상 추정력이 인정된 사례**

> 피고는 서울특별시에서 동종 영업으로 원고가 먼저 등기한 상호인 "株式會社 유니텍"과 확연히 구별할 수 없는 상호인 "주식회사 유니텍전자"를 사용하고 있으므로 위 상호를 부정한 목적으로 사용하는 것으로 추정된다(대법원 2004. 3. 26. 선고 2001다72081판결).

(4) 지점에 있어서의 효력

상업등기의 효력은 등기한 영업소를 기준으로 하여 지역적 제한을 받게 된다. 즉 지점의 거래에 관하여는 본점소재지에서의 등기와는 관계없이 지점소재지에서 한 등기만을 기준으로 한다. 따라서 지점소재지에서 등기를 하기 전에는 본점소재지에서 등기를 하였더라도 지점과 거래한 제3자가 악의인 경우가 아니면 등기사항으로써 대항할 수 없다(상법 제38조).

(5) 배타적 효력

타인이 등기한 상호는 동일한 특별시·광역시·시·군에서 동종영업의 상호로 등기하지 못한다(상법 제22조, 상업등기법 제30조). 즉, 상호를 등기하면 일정한 지역 내에서 동일·유사상호를 배척할 수 있는 배타적 효력이 생긴다.

이 효력은 제3자의 선의·악의에 관계없이 인정되는 효력이다.

(6) 면책적 효력

합명회사 및 합자회사의 사원은 본점소재지에서 퇴사등기를 한 때로부터 2년(상법 제225조·제269조), 회사해산등기를 한 때로부터 5년(상법 제267조·제269조)이 경과하면 그 책임을 면한다. 이와 같이 사원의 등기는 면책의 기준이 되는 경우가 있으며, 이 경우의 효력을 면책적 효력이라 한다.

따라서 상법 제269조, 제225조의 반대해석상 합자회사에서 퇴사한 무한책임사원은 본점소재지에서 퇴사등기를 하기 전에 발생한 회사의 채무에 대하여는 등기 후에 2년이내에는 다른 무한책임사원과 동일한 책임이 있으므로, 합자회사에 변제의 자력이 있으며 집행이 용이하다는 사실을 주장입증하지 못하는 한 책임을 면할 수 없다(대법원 1975. 2. 10.선고 74다1727판결).

(7) 계속거래 허용의 효력

외국회사가 국내에서 영업을 하고자 할 때에는 대한민국에서의 대표자를 정하고 영업소를 설치하여야 하며, 그 영업소 소재지에서 국내에서 설립되는 동종 또는 가장 유사한 회사의 지점과 동일한 등기를 하여야 한다(상법 제614조). 이 등기를 하기 전에는 국내에서 계속하여 거래를 하지 못한다(상법 제616조 제1항). 따라서 외국회사의 영업소설치등기는 대한민국 내에서의 계속거래의 허용요건이 된다.

(8) 공신력의 유무

등기가 진실한 권리관계에 부합하지 않더라도 그 등기를 진실한 것으로 믿은 경우에 이를 보호하는 것이 등기의 공신력이다.

부동산등기에 관해서는 공신력을 인정하지 않는다(대법원 1969. 6. 10.선고 68다199판결).

상업등기도 객관적 사실을 공시하여 그 효력을 확보하는 제도이므로, 객관적 사실과 상위한 사항을 등기하더라도 원칙적으로 아무런 효력이 생기지 않는다. 즉 상업등기에서 공신력은 인정되지 않으므로, 진실과 다른 등기사항을 믿고 거래한 제3자는 보호를 받지 못하게 된다.

그러나 부실등기의 원인이 등기신청인 자신에게 있는 경우에는 그것을 믿고 거래한 제3자를 보호해 줄 필요가 있다. 따라서 상법은 "고의 또는 과실로 인하여 사실과 상위한 사항을 등기한 자는 그 상위를 선의의 제3자에게 대항하지 못한다(상법 제39조)."고 규정하여 등기신청인에게 귀책사유가 있는 부실등기에 대하여는 그 등기를 신뢰한 제3자를 보호하고 있다(상업등기의 제한적 공신력).

◨ 이견있는 등기에 대한 견해와 법원판단 ◨

[등기의 일반적 효력규정과 표현책임규정과의 관계]

1. 문제점 : 제3자는 외관주의법리에 따른 보호를 주장하는 반면 영업주는 상업등기의 적극적 공시력에 따라 선의의 제3자에 대해서도 대항할 수 있음을 주장하는 경우 양자 가운데 어느 것을 우선하는지의 문제이다.

2. 학설

 (1) 이차원설 : 표현책임규정은 외관주의상 인정되므로 적용차원이 다르다고 보는 견해.

 (2) 예외규정설 : 거래의 안전과 신속을 위해 상법 제37조에 대한 예외로서 표현책임을 규정한 것으로 보는 견해.

3. 판례

상법 제395조와 상업등기와의 관계를 헤아려 보면, 본조는 상업등기와는 다른 차원에서 회사의 표현책임을 인정한 규정이라고 해야 옳으리니 이 책임을 물음에 상업등기가 있는 여부는 고려의 대상에 넣어서는 아니된다고 하겠다. 따라서 원판결이 피고회사의 상호변경등기로 말미암아 피고의 상호변경에 대하여 원고의 악의를 간주한 판단은 당원이 인정치 않는 법리위에 선 것이라 하겠다(대법원 1979.2.13.선고 77다2436판결). 즉, 대법원은 이차원설의 입장을 취하고 있다.

3. 부실등기의 효력

(1) 의의

고의 또는 과실로 인하여 사실과 상위한 사항을 등기한 자는 그 상위를 선의의 제3자에게 대항하지 못한다(상법 제39조). 이러한 효력을 부실등기의 효력이라고 한다. 즉, 상법은 상업등기의 효력과 관련하여 상업등기에 공신력이 인정되지 않음으로써 야기될 수 있는 제3자 보호의 약화 및 거래의 안전을 도모하고자 하는 상업등기제도의 효용 감소라는 문제점을 해결하기 위하여 등기의무자 측에 귀책사유가 있는 부실등기에 대해서는 객관적 사실과의 상위를 선의의 제3자에게 대항하지 못하도록 규정하고 있는 것이다.

(2) 요건

부실등기의 효력을 인정하기 위해서는 사실과 상위한 사항이 등기되었어야 한다.

【쟁점질의와 유권해석】

〈주식회사의 대표이사로 선임되어 등기된 자를 제3자가 회사의 적법한 대표이사로 믿고 거래를 한 후에 이사들을 선임한 주주총회의 결의 부존재 확인판결이 확정된 경우에 회사는 선의의 제3자에게 거래의 효력을 부인할 수 있는지 여부〉

이사 선임의 주주총회의 결의에 대한 취소판결이 확정되어 그 결의가 소급하여 무효가 된다고 하더라도 그 선임 결의가 취소되는 대표이사와 거래한 상대방은 상법 제39조의 적용 내지 유추적용에 의하여 보호될 수 있으며, 주식회사의 법인등기의 경우 회사는 대표자를 통하여 등기를 신청하지만 등기신청권자는 회사 자체이므로 취소되는 주주총회결의에 의하여 이사로 선임된 대표이사가 마친 이사 선임 등기는 상법 제39조의 불실등기에 해당된다(대법원 2004. 2. 27.선고 2002다19797판결).

또한 사실과 상위한 등기가 이루어진 데 대해 등기신청권자에게 귀책사유(고의 또는 과실)가 있어야 한다. 이와 관련하여 제3자에 의해 이루어진 부실등기를 방치한 경우에도 부실등기의 효력을 인정할 수 있는지 문제되는데 등기신청권이 없는 제3자가 문서를 위조하는 등의 방법으로 부실등기를 마쳤다고 하더라도 등기신청권자에게 그 부실등기의 신청이나 존속에 대해 귀책사유가 있는 경우에는 상법 제39조에 따른 책임을 물을 수 있다고 본다. 판례도 같은 입장이다[5].

---

[5] 대법원 2011.7.28, 2010다70018판결

핵 심 판 례

■ **등기신청권자가 스스로 등기를 하지 아니하였음에도 상법 제39조에 의한 불실등기 책임을 부담하는 경우 ①**

> 등기신청권자에게 상법 제39조에 의한 불실등기 책임을 묻기 위해서는, 원칙적으로 등기가 등기신청권자에 의하여 고의·과실로 마쳐진 것임을 요하고, 주식회사의 경우 불실등기에 대한 고의·과실의 유무는 대표이사를 기준으로 판정하여야 하는 것이지만, 등기신청권자가 스스로 등기를 하지 아니하였다 하더라도 그의 책임 있는 사유로 등기가 이루어지는 데에 관여하거나 불실등기의 존재를 알고 있음에도 이를 시정하지 않고 방치하는 등 등기신청권자의 고의·과실로 불실등기를 한 것과 동일시할 수 있는 특별한 사정이 있는 경우에는, 등기신청권자에 대하여 상법 제39조에 의한 불실등기 책임을 물을 수 있다(대법원 2011.7.28. 선고 2010다70018 판결).

■ **등기신청권자가 스스로 등기를 하지 아니하였음에도 상법 제39조에 의한 불실등기 책임을 부담하는 경우 ②**

> 등기신청권자에 대하여 상법 제39조에 의한 불실등기 책임을 묻기 위해서는, 원칙적으로 그 등기가 등기신청권자에 의하여 마쳐진 것이어야 하지만, 등기신청권자가 스스로 등기를 하지 아니하였다 하더라도 그의 책임 있는 사유로 그 등기가 이루어지는 데에 관여하거나 그 불실등기의 존재를 알고 있음에도 이를 시정하지 않고 방치하는 등 등기신청권자의 고의 또는 과실로 불실등기를 한 것과 동일시할 수 있는 정도의 사정이 있는 경우에도 그 등기신청권자에 대하여 상법 제39조에 의한 불실등기 책임을 물을 수 있다고 봄이 상당하므로, 회사의 적법한 대표이사가 그 불실등기가 이루어지는 것에 협조·묵인하는 등의 방법으로 관여하였다거나 회사가 그 불실등기의 존재를 알고 있음에도 시정하지 않고 방치하였다면 이를 회사의 고의 또는 과실로 불실등기를 한 것과 동일시할 수 있는 특별한 사정에 해당한다고 할 것이다(대법원 2013. 9. 26., 선고, 2011다870, 판결).

또한 등기신청권자가 법인인 경우에 누구를 기준으로 귀책사유를 판단해야 하는자 문제되는데 이에 대하여 대법원은 합명회사의 경우에는 그 대표사원을 기준으로 한다고 판시하였다[6]. 등기신청권자가 주식회사라면 주식회사의 대표기관인 대표이사를 기준으로 판단하게 될 것이다.

그리고 부실등기를 신뢰한 제3자는 등기내용이 사실과 다름을 알지 못하였어야 한다.

---

[6] 대법원1981.1.27, 79다1618·1619판결

(3) 효과

이러한 요건이 충족되면 부실등기를 한 자는 그 등기가 사실과 상위함을 선의의 제3자에게 대항하지 못한다. 즉, 제3자가 등기의 내용을 주장하는 경우 그 등기가 사실과 다름을 주장하지 못한다.

핵 심 판 례

■ 대표이사가 아닌 자가 주주총회결의 등의 외관을 만들어 새로운 대표이사 선임등기를 마쳤으나 주주총회결의가 부존재한다고 인정되는 경우, 회사에 상법 제39조에 따른 부실등기의 책임을 물을 수 있는지 여부(원칙적 소극)

주식회사의 경우에는 부실등기에 대한 고의·과실의 유무는 대표이사를 기준으로 판정하여야 하는바(대법원 2010다70018 판결 등 참조), 대표이사가 아닌 자가 주주총회결의 및 이사회결의 등의 외관을 만들고 이에 터 잡아 새로운 대표이사 선임등기를 마쳤으나 주주총회의 소집절차 또는 결의방법에 총회결의가 존재한다고 볼 수 없을 정도의 중대한 하자가 있어 그 결의가 부존재한다고 인정될 경우에는, 주주총회의 개최와 결의가 존재하나 무효 또는 취소사유가 있는 경우와는 달리, 그 새로운 대표이사 선임에 관한 주식회사 내부의 의사결정이 존재하지 아니하여 등기신청권자인 회사가 그 등기가 이루어지는 데 관여할 수 없었으므로, 달리 회사의 적법한 대표이사가 그 부실등기가 이루어지는 것에 협조·묵인하는 등의 방법으로 관여하였다거나 그 부실등기의 존재를 알고 있었음에도 시정하지 않고 방치하는 등 이를 회사의 고의 또는 과실로 부실등기를 한 것과 동일시할 수 있는 특별한 사정이 없는 한 회사에 대하여 상법 제39조에 의한 부실등기 책임을 물을 수 없다(대법원 2014. 11. 13. 선고 2009다71312,71329,71336,71343 판결).

V. 상업등기의 관할

1. 관할등기소 및 사무위임

(1) 관할등기소

상업등기에 관하여는 당사자의 영업소 소재지를 관할하는 지방법원·그 지원 또는 등기소를 관할등기소로 한다(상업등기법 제4조). 등기소의 관할구역은 '등기소의 설치와 관할구역에 관한 규칙'에 의하여 대체로 행정구역을 기준으로 정하여져 있다[7].

상업등기신청시 관할을 위반한 경우에는 상업등기법 제26조 1호에 의하여 각하되고, 이를 간과하고 등기된 경우에는 무효의 등기에 해당하여 말소의 대상이 된다(상업등기법 제77조 1호).

(2) 사무의 위임

대법원장은 어느 등기소의 관할에 속하는 사무를 다른 등기소에 위임할 수 있다(상업등기법 제5조).

상호의 동일성 내지 유사성 판정 등 상업등기사무의 원활을 기하기 위하여 동일 특별시, 광역시 시·군 내에 수개의 등기소가 있는 경우에는 그 중 하나의 등기소에 상업등기사무를 위임하고 있다.

---

[7] 등기소의 설치와 관할구역에 관한 규칙 제3조 별표 참조.

(3) 등기사무의 정지

등기소에서 그 사무를 처리할 수 없는 사유가 생긴 때에는 대법원장은 기간을 정하여 그 정지를 명할 수 있다(상업등기법 제7조).

2. 관할의 전속

(1) 의 의

관할의 전속이란 행정구역의 변경, '등기소의 설치와 관할구역에 관한 규칙'의 개정 등으로 인하여 어느 등기소의 관할구역 일부가 다른 등기소의 관할구역에 속하게 된 것을 말한다. 예컨대 '갑'등기소의 관할구역 일부가 '을'등기소의 관할구역으로 되는 것을 말한다. 이 때에 '갑'등기소는 그 부분에 속하는 등기기록과 인감에 관한 기록을 등기소에 전산정보처리조직을 이용하여 보내야 한다(상업등기규칙 제5조, 제6조).

(2) 관할전속절차

1) 회사 본점등기기록의 관할전속(專屬) 절차(상업등기규칙 제5조)

① 행정구역의 변경 등으로 회사의 본점소재지가 다른 등기소의 관할로 바뀌었을 때에는 종전의 관할 등기소는 전산정보처리조직을 이용하여 그 본점등기기록과 인감에 관한 기록의 처리권한을 다른 등기소로 넘겨주는 조치를 하여야 한다.

② 종전의 관할 등기소에 지점등기기록이 존속하여야 할 필요가 있는 경우에는 관할변경의 대상이 되는 본점등기기록에서 현재 효력이 있는 등기사항을 기록한 지점등기기록을 개설하고 그 해당란에 회사성립 연월일과 등기기록의 개설사유 및 연월일을 기록한 후 ①의 절차에 따른다.

③ 다른 등기소는 관할이 변경된 등기기록의 기타사항란에 관할변경의 원인, 종전의 관할 등기소로부터 관할이 변경된 뜻과 그 연월일을 기록하여야 한다.

④ 다른 등기소에 지점등기기록이 개설되어 있는 경우에는 ③의 등기를 한 때에 그 지점등기기록을 폐쇄하여야 한다. 다만, 지점등기기록에 지배인에 관한 사항이 있는 경우에는 관할이 변경된 본점등기기록에 이를 기록하여야 한다.

⑤ 다른 등기소는 관할이 변경된 본점등기기록에 등기할 필요가 없는 사항이 있는 경우에는 관할변경으로 말소하는 뜻을 기록하고 그 사항을 말소하여야 한다.

2) 회사 지점등기기록의 관할전속 절차(상업등기규칙 제6조)

① 행정구역의 변경 등으로 회사의 지점소재지가 다른 등기소의 관할로 바뀌었을 때에는 종전의 관할 등기소는 전산정보처리조직을 이용하여 그 지점등기기록과 인감에 관한 기록의 처리권한을 다른 등기소로 넘겨주는 조치를 하여야 한다.

② 종전의 관할 등기소에 지점등기기록 또는 본점등기기록이 존속하여야 할 필요가 있는 경우에는 지점등기기록 또는 본점등기기록에서 현재 효력이 있는 등기사항(종전의 관할 등기소의 등기기록에만 기록하여야 할 등기사항은 제외한다)과 등기기록의 개설 사유 및 연월일과 회사성립 연월일을 기록하여 관할변경의 대상인 지점등기기록을 개설하고, 전산정보처리조직을 이용하여 그 지점에 관한 등기기록과 지배인의 인감에 관한 기록의 처리권한을 다른 등기소로 넘겨주는 조치를 하여야 한다.

③ 다른 등기소에 이미 등기기록이 개설되어 있는 경우에는 종전의 관할 등기소는 다른 등기소에 전산정보처리조직을 이용하여 관할이 변경된 구역에 소재하는 지점과 그 지점의 지배인에 관한 등기정보를 통지하고, 해당 지배인의 인감에 관한 기록의 처리권한을 다른 등기소로 넘겨주는 조치를 하여야 한다. 이 경우 종전의 관할 등기소에 등기기록이 존속할 필요가 없을 때에는 그 등기기록을 폐쇄하여야 한다.

④ 다른 등기소가 ① 및 ②에 따라 등기기록의 처리권한을 넘겨받은 경우에는 관할이 변경된 등기기록의 기타사항란에 관할변경의 원인, 종전의 관할 등기소로부터 관할이 변경된 뜻과 그 연월일을 기록하고, ③의 통지를 받은 경우에는 그 통지받은 지점 및 지배인에 관한 사항을 등기하여야 한다.

⑤ 종전의 관할 등기소는 존속하는 본점등기기록 또는 지점등기기록에 등기할 필요가 없는 사항이 있는 경우에는 관할변경으로 말소하는 뜻을 기록하고 그 사항을 말소하여야 한다.

3) 상호등기기록 등의 관할전속 절차(상업등기규칙 제7조)

상호등기기록, 미성년자등기기록, 법정대리인등기기록, 지배인등기기록, 합자조합등기기록, 외국회사등기기록의 관할변경 절차에 관하여는 상업등기규칙 제6조(회사 지점등기기록의 관할변경 절차)를 준용한다.

Ⅵ. 등기관

■ 핵 심 사 항 ■

1. 등기관의 직무권한의 독립성 : 등기관은 등기소의 규모에 따라 1인 또는 수인이 있게 되며, 그 직무권한은 독립성을 가진다.
2. 등기관의 제척 : 사건관계에 중대한 영향을 미치는 등기사무의 성질상 등기관의 직무 집행에는 공평·엄정을 요하므로 일정한 등기사건에 관하여는 등기관의 제척규정을 두고 있다.
3. 등기관의 책임 : 등기관이 사인에게 손해를 준 경우 국가배상법 제2조에 의하여 국가가 배상책임을 지는 경우가 있다.

1. 등기관의 지정

등기사무는 등기소에 근무하는 법원서기관·등기사무관·등기주사 또는 등기주사보(법원사무관·법원주사 또는 법원주사보 중 2001년 12월 31일 이전에 시행한 채용시험에 합격하여 임용된 사람을 포함한다) 중에서 지방법원장(등기소의 사무를 지원장이 관장하는 경우에는 지원장을 말한다)이 지정하는 사람이 처리한다(상업등기법 제8조 1항).

등기소장은 별도로 등기관으로 지정한다는 명령이 없다하더라도 등기소장의 지정에 그 뜻이 당연히 내포된 것으로 보아야 한다.

등기관을 지정하는 때는 1일 평균 70~80건마다 1인의 등기관을 지정할 수 있으며(등기예규 제772호), 법원주사보나 법원행정고등고시 출신 사무관은 1년 이상 근무한 자를 지정함이 원칙이다(대법원 행정예규 제384호).

등기관으로 지정되었던 자가 전임·퇴직 등의 사유로 당해 관직을 이탈한 때, 휴직 또는 정직의 경우에는 등기관 지정이 취소된 것으로 본다.

2. 등기관의 권한과 책임

(1) 직무권한의 독립성

등기관은 등기소의 규모에 따라 1인 또는 수인이 있게 되며, 그 직무권한은 독립성을 가진다.

다만, 이 독립성이란 자기명의로 단독으로 등기사무를 처리하는 것을 뜻함에 불과하다, 그러므로 등기관도 법원직원의 일원으로서 당연히 상사의 지휘감독에 복종하고 일반행정지시에 따라야 한다. 등기관은 각기 자기 책임하에 등기사건을 처리하며 위법 부당한 사건처리에 대하여는 처리자가 책임을 진다(등기예규 제220호).

(2) 등기관의 제척

사건관계에 중대한 영향을 미치는 등기사무의 성질상 등기관의 직무집행에는 공평·엄정을 요하므로 일정한 등기사건에 관하여는 등기관의 제척규정을 두고 있다.

① 등기관은 자신이나 그의 배우자 또는 4촌 이내의 친족이 신청인인 때에는 그의 배우자 또는 4촌 이내의 친족이 아닌 성년자 2인 이상의 참여가 없으면 등기를 할 수 없다. 친족의 경우에는 친족관계가 끝난 후에도 또한 같다(상업등기법 제9조 1항).

② 위 ①의 경우에 등기관은 조서를 작성하여 그 등기에 참여한 사람과 같이 기명날인 또는 서명을 하여야 한다(동조 2항).

(3) 등기관의 책임

등기관이 고의·과실로 인하여 등기의 과오 등 부당한 처분을 함으로써 사인에게 손해를 준 경우에는 국가배상법의 규정에 의하여 국가가 배상책임을 지며, 등기관에게 고의 또는 중대한 과실이 있는 때에는 국가가 등기관에 대하여 구상권을 가진다(국가배상법 제2조).

Ⅶ. 상업등기부 및 등기에 관한 장부

1. 상업등기부

(1) 등기부의 종류와 양식

1) 등기부의 종류

등기소에서 편성하여 관리하는 등기부는 다음과 같다(상업등기법 제11조). 이들 등기부는 영구히 보존하여야 한다(동조 2항).

① 상호등기부
② 미성년자등기부
③ 법정대리인등기부
④ 지배인등기부
⑤ 합자조합등기부
⑥ 합명회사등기부
⑦ 합자회사등기부
⑧ 유한책임회사등기부
⑨ 주식회사등기부
⑩ 유한회사등기부
⑪ 외국회사등기부

2) 등기기록의 편성

등기기록은 그 종류에 따라 전산정보처리조직에 의하여 별지 제1호부터 제9호까지 양식의 각 란에 기록한 등기정보로 편성한다. 다만, 외국회사 등기기록은 대한민국에서 설립되는 같은 종류 또는 가장 비슷한 회사의 등기기록의 예에 의하여 편성한다(상업등기규칙 제13조 1항).

① 한 사람이 2개 이상의 상호등기를 신청한 때에는 각 상호를 다른 등기기록에 등기하여야 한다(상업등기규칙 제72조).

② 양수인이 상법 제42조(상호를 속용하는 양수인의 책임) 제2항의 면책등기를신청하는 경우에는 양도인의 승낙을 증명하는 정보를 제공하여야 한다. 다만, 회사가 영업의 양도인 또는 양수인인 경우에는 양수인의 상호의 등기기록 또는 양수인 회사의 등기기록에 이를 하여야 한다(동규칙 제74조).

③ 상법 제22조의2(상호의 가등기) 제1항부터 제3항까지의 규정에 따른 상호의 가등기는 별지 제10호부터 제14호까지의 양식 중 해당 양식의 각 란에 해당하는 상호가등기에 관한 등기정보를 기록하는 방법으로 한다(동규칙 제78조).

3) 등기부의 보관·관리

상업등기사무가 전산화됨으로써 현재는 종이등기부를 전제로 상업등기사무를 처리하던 종전과 달리 관할등기소가 아니라 법원행정처에 설치한 등기정보중앙관리소 및 등기정보관리소가 전산화된 상업등기부를 보관, 관리하고 있다(상업등기법 제11조 제3항, 상업등기규칙 제10조, 제14조 참조). 한편 등기관은 등기를 마쳤을 때에는 등기부부본자료를 작성하여야 하는데(상업등기법 제12조), 이 등기부부본자료는 전산정보처리조직으로 작성하여 법원행정처장이 지정하는 장소에 보관하여야 한다(상업등기규칙 제14조 2항).

등기부(부속서류를 포함한다)는 전쟁·천재지변이나 그 밖에 이에 준하는 사태를 피하기 위한 경우 외에는 그 장소 밖으로 옮기지 못한다. 다만, 등기신청서나 그 밖의 부속서류에 대하여 법원의 명령 또는 촉탁이 있거나 법관이 발부한 영장에 의하여 압수되는 경우에는 그러하지 아니하다(상업등기법 제11조 3항).

폐쇄등기부의 보관·관리에 관하여는 등기부의 보관 등에 관한 상업등기규칙의 규정을 준용한다(상업등기규칙 제14조 1항 참조).

(2) 등기기록의 폐쇄

1) 폐쇄한 등기기록의 보관

폐쇄한 등기기록은 법령에 다른 규정이 있는 경우를 제외하고는 보조기억장치에 기록하여 보관한다. 개정 전 상업등기법에서는 폐쇄한 등기기록은 폐쇄한 날부터 50년간 보존하여야 한다고 규정하였으나, 2014년 11월 21일 시행된 개정 상업등기법에서는 폐쇄한 등기기록은 영구히 보존하여야 한다고 규정하고 있다(상업등기법 제20조 제2항).

2) 각종 등기기록을 폐쇄하는 경우

등기기록을 폐쇄하는 때에는 기타사항란에 그 뜻과 연월일을 기록하여야 한다(상업등기규칙 제58조). 현재 등기기록을 폐쇄하는 경우는 다음과 같다.

가. 해산한 회사 또는 합자조합의 등기기록 폐쇄

회사 또는 합자조합이 해산의 등기를 한 후 또는 해산된 것으로 된 후 10년이 지난 경우 등 대법원규칙으로 정하는 사유가 발생한 경우에는 등기기록을 폐쇄할 수 있다(상업등기법 제19조).

① 상업등기법 제19조 또는 상업등기규칙 제59조 제2항에 의하여 등기기록을 폐쇄한 경우에 회사 또는 합자조합이 본점 또는 주된 영업소 소재지 관할 등기소에 청산을 종결하지 아니하였다는 뜻을 신고한 때에는 등기관은 그 등기기록을 부활하여야 한다(상업등기규칙 제59조 1항).

② ①의 신고로 등기기록이 부활된 때부터 5년이 지난 때에는 등기관은 다시 그 등기기록을 폐쇄할 수 있다(상업등기규칙 제59조 2항).

③ ①에 따라 회사의 등기기록을 부활하거나 상업등기법 제19조 또는 상업등기규칙 제59조 제2항에 따라 회사의 등기기록을 폐쇄한 때에는 전산정보처리조직을 이용하여 지체 없이 그 뜻을 지점소재지의 등기소에 통지하여야 한다. 이 경우 통지를 받은 등기관은 지체 없이 해당 지점등기기록을 부활 또는 폐쇄하여야 한다(상업등기규칙 제59조 3항).

나. 상호등기기록의 폐쇄

다음 각호의 등기는 기타사항란에 하여야 하고, 이를 등기한 때에는 등기기록을 폐쇄하여야 한다(상업등기규칙 제89조).

① 상호폐지의 등기

② 회사의 상호와 합자조합의 명칭 외의 상호의 말소등기

③ 상호가등기의 말소등기

④ 미성년자 또는 법정대리인에 관한 소멸의 등기

⑤ 회사와 합자조합 외의 영업주가 선임한 지배인의 대리권 소멸의 등기

⑥ 상호의 등기를 한 자, 미성년자 또는 법정대리인의 영업소를 다른 등기소의 관할구역으로 이전한 경우에 구 소재지에서 하는 영업소 이전의 등기(종전 등기소의 관할구역 내에 다른 영업소가 있는 경우는 제외)

⑦ 지배인을 둔 영업소를 다른 등기소의 관할구역으로 이전한 경우에 구 소재지에서 하는 영업소 이전의 등기(종전 등기소의 관할구역 내에 그 지배인을 둔 다른 영업소가 있는 경우는 제외)

다. 회사등기기록의 폐쇄

다음 각 호의 등기는 기타사항란에 하여야 하고, 이를 등기한 때에는 그 등기기록을 폐쇄하여야 한다(상업등기규칙 제116조). 이 규정은 합명회사·합자회사·유한책임·주식회사·유한회사·외국회사 모두에게 준용된다(상업등기규칙 제118조, 제127조, 제154조, 제162조, 제165조).

① 본점을 다른 등기소의 관할구역으로 이전한 경우에 구소재지 관할 등기소에서 하는 본점이전등기

② 지점을 다른 등기소의 관할구역으로 이전한 경우에 구소재지 관할 등기소에서 하는 지점이전 등기(구소재지 관할 등기소의 관할구역 내에 본점 또는 다른 지점이 있는 경우는 제외)

③ 지점 폐지의 등기(해당 등기소의 관할구역 내에 본점 또는 다른 지점이 있는 경우는 제외)

④ 청산종결의 등기(이 경우 본점등기기록이 폐쇄된 후 3년이 경과한 경우, 등기관은 그 회사의 지점등기기록을 폐쇄할 수 있다)

⑤ 합병, 합병무효나 조직변경으로 인한 해산등기

또한 '채무자 회생 및 파산에 관한 법률'에 따른 회생절차가 진행 중인 회사의 경우 회생계획에 따른 해산등기와 회생절차종결등기를 한 때에 청산절차가 필요 없거나 청산절차가 종료되었음이 회생계획인가결정서, 회생절차종결결정서 등에 나타나면 등기관은 해당 회사의 등기기록을 직권으로 폐쇄하여야 한다(「채무자 회생 및 파산에 관한 법률」에 따른 법인등기 사무처리지침 등기예규 제1162호 13조 3항). 다만, 회생절차종결결정서에 당해 회사의 청산이 종결되지 않아 채권의 추심과 채무의 변제, 잔여 재산의 분배 등 청산사무가 남아 있음이 나타나면 등기관은 그 등기기록을 폐쇄하지 않는다[8]. 그리고 등기관은 파산폐지 및 파산종결의 등기를 한 경우에는 당해 등기부를 폐쇄하여야 하는데, '채무자 회생 및 파산에 관한 법률' 제538조의 동의에 의한 파산폐지의 등기를 한 경우에는 등기부를 폐쇄하지 아니하고, 직권으로 파산선고의 등기, 파산관재인, 파산관재인대리에 관한 등기를 말소하여야 한다(동 예규 제1162호).

(3) 등기기록의 부활

폐쇄한 등기기록에 다시 등기를 할 필요가 있는 경우에는 그 기록을 부활하여야 한다. 등기기록을 부활하는 경우에는 등기기록 중 기타사항란에 그 뜻과 연월일을 기록하고 등기기록을 폐쇄한 뜻과 그 연월일의 등기를 말소하여야 한다(상업등기규칙 제58조 2항).

상업등기법 제19조(회사 또는 합자조합이 해산의 등기를 한 후 또는 해산된 것으로 된 후 10년이 지난 경우 등 대법원규칙으로 정하는 사유가 발생한 경우에

---

[8] 2007.1.26. 공탁상업등기과—110 질의회답

는 등기기록을 폐쇄할 수 있다) 또는 등기기록이 부활된 때부터 5년이 지나 등기관이 다시 그 등기기록을 폐쇄한 경우에 회사 또는 합자조합이 본점 또는 주된 영업소 소재지 관할 등기소에 청산을 종결하지 아니하였다는 뜻을 신고한 때에는 등기관은 그 등기기록을 부활하여야 한다(상업등기규칙 제59조 1항).

상업등기규칙 제59조 제1항의 신고로 등기기록이 부활된 때부터 5년이 지난 때에는 등기관은 다시 그 등기기록을 폐쇄할 수 있다(상업등기규칙 제59조 2항).

상업등기규칙 제59조 제1항에 따라 회사의 등기기록을 부활하거나 상업등기법 제19조 또는 상업등기규칙 제59조 제2항에 따라 회사의 등기기록을 폐쇄한 때에는 전산정보처리조직을 이용하여 지체 없이 그 뜻을 지점소재지의 등기소에 통지하여야 한다. 이 경우 통지를 받은 등기관은 지체 없이 해당 지점등기기록을 부활 또는 폐쇄하여야 한다(상업등기규칙 제59조 3항).

2. 인감부

상업등기법 제16조 및 제25조에 따라 제출된 인감 및 인감제출자에 관한 정보는 보조기억장치(자기디스크, 자기테이프 그 밖에 이와 비슷한 방법으로 일정한 사항을 기록하고 보관할 수 있는 전자적 정보저장매체를 말한다.)에 기록한다(위 보조기억장치에 기록된 자료를 "인감부"라 한다)(상업등기규칙 제15조 1항). 인감부의 보관관리에 관하여는 등기부의 보관 및 등기부 부본자료의 보관에 관한 규정을 준용한다(동규칙 제15조 3항).

3. 제장부

등기소는 등기부와 인감부 외에 다음의 장부를 비치하고 있다. 그 양식은 상업등기사무의 양식(예규 제1540호)으로 정하여져 있다.

(1) 등기소에 비치할 장부

등기소에는 다음 각 호의 장부를 갖추어 두어야 한다. 이 장부들은 매년 별책으로 하여야 한다. 다만, 필요에 따라 분책할 수 있다. 그리고 이들 장부는 전자적으로 작성할 수 있다(상업등기규칙 제22조).

① 상업등기신청서 접수장

② 기타문서 접수장

③ 결정원본 편철장

④ 이의신청서류 편철장

⑤ 전자증명서발급신청서류 등 편철장

⑥ 사용자등록신청서류 등 편철장

⑦ 신청서 기타 부속서류 편철장 : 등기사건의 신청서 기타 부속서류는 접수번호의 순서에 따라 신청서 기타 부속서류 편철장에 편철하여야 한다(상업등기규칙 제24조).

⑧ 인감신고서류 등 편철장

⑨ 인감카드발급신청서류 등 편철장

⑩ 열람신청서류 편철장

⑪ 신청서 기타 부속서류 송부부

⑫ 각종 통지부

⑬ 그밖에 대법원예규로 정하는 장부

(2) 상업등기신청서 접수장

상업등기신청서 접수장에는 다음 각 호의 사항을 기록하여야 한다(상업등기규칙 제23조).

1. 등기의 목적
2. 신청인의 성명 또는 상호(또는 명칭)
3. 접수연월일과 접수번호(접수번호는 매년 새로 부여하여야 한다)
4. 대리인의 성명 및 자격
5. 등기신청수수료, 등록면허세액

(3) 등기부 및 장부의 보존기간(상업등기법 제11조, 제20조, 상업등기규칙 제15조, 제25조)

1) 보존기간

다음 각 호의 장부는 각각 아래 기간 동안 보존하여야 한다(상업등기규칙 제15조, 제25조 1항).

① 인감부 : 영구
② 상업등기신청서 접수장 : 5년
③ 기타문서 접수장 : 10년

④ 결정원본 편철장 : 10년

⑤ 이의신청서류 편철장 : 10년

⑥ 전자증명서발급신청서류 등 편철장 : 10년

⑦ 사용자등록신청서류 등 편철장 : 10년

⑧ 신청서 기타 부속서류 편철장 : 5년

⑨ 인감신고서류 등 편철장 : 5년

⑩ 인감카드발급신청서류 등 편철장 : 3년

⑪ 열람신청서류 편철장 : 1년

⑫ 신청서 기타 부속서류 송부부 : 5년

⑬ 각종 통지부 : 1년

2) 보존기간의 기산

위 장부의 보존기간은 해당 연도의 다음 해부터 기산한다(상업등기규칙 제25조 2항).

3) 장부 등의 폐기

보존기간이 종료된 종이 형태의 장부 또는 서류는 지방법원장의 인가를 받아 보존기간이 만료되는 해의 다음 해 3월 말까지 폐기한다(상업등기규칙 제25조 3항).

Ⅷ. 등기의 공시

■ 핵 심 사 항 ■

1. 등기사항의 일반 공개 및 열람 : 등기된 사항은 일반인에게 공개되어 누구든지 수수료를 납부하고 등기부에 기록되어 있는 사항의 전부 또는 일부의 열람과 이를 증명하는 서면의 교부를 청구할 수 있으며, 이해관계있는 부분에 한하여 등기부 부속서류의 열람을 청구할 수 있다(상업등기법 제15조 1항).
2. 인터넷으로 제공하는 서비스의 종류(등기예규 제1571호)
 (1) 등기기록 열람
 (2) 등기사항증명서 발급
 (3) 등기신청사건 진행상태 확인
 (4) 법인 등기사항증명서 다량발급 예약
 (5) 상호검색
 (6) 법인인감증명서 발급내역 확인
 (7) 등기사건 접수 및 처리사실 전자우편 고지
 (8) 등기기록 발급 확인
 (9) 인감증명서 발급예약
 (10) 이미지폐쇄등기부 등기사항증명서 발급예약 등

1. 등기사항의 일반 공개 및 열람

(1) 의 의

 등기된 사항은 일반인에게 공개되어 누구든지 수수료를 납부하고 등기부에 기록되어 있는 사항의 전부 또는 일부의 열람과 이를 증명하는 서면의 교부를 청구할 수 있으며, 이해관계있는 부분에 한하여 등기부 부속서류의 열람을 청구할 수 있다(상업등기법 제15조 1항). 폐쇄등기부의 경우도 같다.

 열람 및 교부청구는 관할등기소가 아닌 등기소에 대하여도 할 수 있다(상업등기법 제15조 2항).

(2) 열람 및 각종 증명서의 신청방법(상업등기규칙 제26조)

 ① 등기소를 방문하여 등기기록 또는 신청서 기타 부속서류를 열람하거나 등기사

항의 전부 또는 일부에 대한 증명서(이하 "등기사항증명서"라 한다) 또는 등기소에 제출한 인감에 대한 증명서(이하 "인감증명서"라 한다)를 발급받으려는 사람은 신청서를 제출하여야 한다.

② 대리인이 신청서 기타 부속서류의 열람 또는 인감증명서의 발급을 신청할 때에는 신청서에 그 권한을 증명하는 서면을 첨부하여야 한다.

③ 등기기록 또는 전자문서로 작성된 신청서 기타 부속서류의 열람, 등기사항증명서 또는 인감증명서의 발급신청은 관할 등기소가 아닌 다른 등기소에서도 할 수 있다.

(3) 무인발급기와 인터넷에 의한 열람 및 증명

무인발급기(신청인이 발급에 필요한 정보를 스스로 입력하여 증명서를 발급받을 수 있게 하는 장치를 말한다.)나 인터넷을 이용하여 열람 및 증명서 등을 발급받는 경우에는 상업등기규칙 제4장의 규정 중 그 성질에 적합하지 아니한 사항은 적용하지 아니한다(동규칙 제27조).

현재 인터넷등기소(http://www.iros.go.kr)를 통해 등기기록 열람서비스를 제공하고 있다. 인터넷등기소를 통한 등기기록(전산폐쇄등기기록을 포함)의 열람은 컴퓨터모니터 화면으로 보는 방식 또는 등기사항증명서에 준하는 양식의 서면으로 등기사항을 출력하는 방식으로 할 수 있다. 열람을 위하여 출력하는 서면에는 열람용임을 표시하여야 한다. 그리고 등기신청사건 처리 중인 등기기록에 대하여 열람신청이 있는 경우 등기신청사건 처리 중이라는 사실을 미리 알려주고 열람하도록 한다(법인 등의 등기사항증명서 발급 등에 관한 업무처리지침 등기예규 제1453호).

(4) 열람의 신청(상업등기규칙 제28조)

① 등기기록 또는 신청서 기타 부속서류의 열람신청서에는 다음 각 호의 사항을 적어야 한다.

1. 열람을 신청하는 등기기록 또는 그 신청서 기타 부속서류

2. 폐쇄한 등기기록의 열람을 신청할 때에는 그 뜻

② 신청서 기타 부속서류의 열람신청서에는 이해관계를 명백히 하는 사유를 적거나 이를 적은 서면을 첨부하여야 한다.

(5) 열람의 방법(상업등기규칙 제29조)

등기기록 또는 신청서 기타 부속서류의 열람은 등기기록에 기록된 등기사항을

4전자적 방법으로 보게 하거나 그 내용을 기록한 서면을 교부하는 방법으로 한다. 다만, 신청서 기타 부속서류가 종이 형태로 작성된 경우에는 등기관 또는 그가 지정하는 직원이 보는 앞에서 열람하여야 한다.

2. 등기사항증명서의 작성·교부 절차

2008. 1. 1.부터 시행되는 상업등기법에서는 등기부 등초본을 등기사항증명서라고 한다.

(1) 등기사항증명서의 종류 및 내용(상업등기규칙 제30조)

① 등기사항증명서의 종류는 다음 각 호로 한다.

1. 등기사항전부증명서(말소사항 포함)

2. 등기사항전부증명서(현재 유효사항)

3. 등기사항전부증명서(폐쇄사항)

4. 등기사항일부증명서(말소사항 포함)

5. 등기사항일부증명서(현재 유효사항)

6. 등기사항일부증명서(폐쇄사항)

7. 그밖에 대법원예규로 정하는 바에 따라 등기기록의 전부 또는 일부를 증명하는 증명서

② 등기사항일부증명서는 대법원예규로 정하는 바에 따라 상호, 법인등록번호 등 해당 등기기록을 특정할 수 있는 사항과 신청인이 청구한 사항을 기록한다. 이 경우 등기사항일부증명서로 청구할 수 있는 범위는 대법원예규로 정하도록 되어 있는데, 이에 대해서는 등기예규 제1453호 '법인 등의 등기사항증명서 발급 등에 관한 업무처리지침'에서 규정하고 있다. 그 내용은 다음과 같다(법인 등의 등기사항증명서 발급 등에 관한 업무처리지침 등기예규 제1453호).

1. 등기사항일부증명서는 등기사항전부증명서의 양식 중 등기번호, 등록번호, 상호(명칭), 본점(주된 영업소·주사무소) 등 해당 등기기록을 특정할 수 있는 사항에 관한 란과 그 외의 사항(공고방법, 자본에 관한 사항, 목적, 임원에 관한 사항, 기타사항, 지점에 관한 사항, 지배인에 관한 사항, 전환사채, 주식매수선택권 등) 중 신청인이 청구한 사항에 관한 란으로 작성한다.

2. 임원(사원, 조합원, 업무집행자, 청산인, 직무대행자, 관리인 등을 포함한다. 다음부터 같다)·지점·지배인에 관하여는 위 (ㄱ)에도 불구하고 해당 사항의 란에서 특정 임원·지점·지배인을 선택하여 청구할 수 있으며, 이때 등기사항일부증명서는 상호 등 해당 등기기록을 특정할 수 있는 사항에 관한 란과 신

청인이 청구한 부분(특정 임원·지점·지배인)만 기재된 해당 사항의 란으로 작
성한다.

3. 전환사채 등 사채에 관한 등기사항일부증명서는 상호 등 해당 등기기록을 특
정할 수 있는 사항에 관한 란과 신청인이 청구한 특정 사채에 관한 란으로
작성한다.

(2) 등기사항증명서의 작성 및 교부(상업등기규칙 제31조 이하)

1) 등기사항증명서의 작성

① 등기사항증명서를 발급할 때에는 그 종류를 명시하고 등기기록의 내용과 다름
이 없음을 증명하는 내용의 증명문증명문을 부기하며, 발급연월일과 중앙관리
소 전산운영책임관의 직명을 적은 후 전자이미지관인을 기록하여야 한다.

② 등기사항증명서가 여러 장으로 이루어진 경우에는 그 연속성을 확인할 수 있
는 조치를 취하여 교부한다.

③ 회사의 등기기록에 대한 등기사항전부증명서의 경우, 신청인이 지점 및 지배인
에 관한 증명을 따로 청구하지 아니한 때에는 그 기재를 생략할 수 있다.

2) 등기사항증명서의 교부

가. 개인정보 공시의 제한

등기기록 열람 및 등기사항증명서 교부의 경우에 등기기록에 기록된 임원 또는
지배인 등의 주민등록번호 전부 또는 일부를 공시하지 아니할 수 있다(상업등기
규칙 제34조).

나. 무인발급기에 의한 등기사항증명서의 교부(상업등기규칙 제32조)

① 등기사항증명서는 무인발급기를 이용하여 발급할 수 있다. 무인발급기로는 현재
사항 또는 말소사항포함 등기사항전부증명서만 발급하고 등기사항일부증명서는
발급하지 아니한다. 또한, 등기사항증명서의 매수가 16장 이상인 경우 등과 같이
무인발급기로 발급하기에 적당하지 아니한 때에는 무인발급기로 발급하지 아니한
다(법인 등의 등기사항증명서 발급 등에 관한 업무처리지침 등기예규 제1453호).

② 무인발급기는 등기소 이외의 장소에도 설치할 수 있다.

③ 제2항의 설치장소는 법원행정처장이 정한다.

④ 법원행정처장이 지정하는 국가기관이나 지방자치단체 또는 그 밖의 자는 그가
관리하는 장소에 무인발급기를 설치하여 일반인으로 하여금 등기사항증명서를
교부받게 할 수 있다.

⑤ 무인발급기의 설치·관리의 절차 및 비용의 부담 등 필요한 사항은 대법원예규로 정한다. 이에 관하여 등기예규 제1442호 '등기소 외부에의 무인등본발급기 설치 및 운영에 관한 지침'이 정하고 있다.

(3) 인터넷에 의한 증명(상업등기규칙 제33조)

① 등기기록의 열람 또는 등기사항증명서의 발급업무 등은 인터넷에 의하여 처리할 수 있다.

② ①의 업무는 중앙관리소에서 처리하며, 중앙관리소 전산운영책임관이 담당한다.

③ ①에 의한 열람 또는 교부의 범위, 절차 및 방법 등 필요한 사항은 대법원예규로 정한다. 이에 관하여 등기예규 제1424호 '인터넷에 의한 등기 기록의 열람 등에 관한 업무처리지침'에서 규정하고 있다.

【쟁점질의와 유권해석】

〈폐쇄된 등기부의 발급을 받을 수 있는지 여부〉

폐쇄등기부이미지 전자화가 완료된 등기소에서는 장부식등기부와 카드식으로 작성된 폐쇄등기부도 발급받을 수 있다.

등기소별 폐쇄등기부발급 서비스 개시일 이후에 민원인의 폐쇄등기부의 발급요청이 있을 경우에 등기소 발급공무원은 유인발급기에 설치된 웹기반등기업무시스템에 접속하여 유인발급기로 폐쇄등기부를 발급하며, 수수료는 기존 등기부와 동일하다.

(4) 등기사항증명서(등기부 등·초본)의 위조·변조를 막기 위한 조치

① 등기부등·초본은 그 진위 여부를 등기과(소)에서 또는 인터넷으로 확인할 수 있도록 발급확인번호 12자리를 부여한다.

② 등·초본의 매 장마다 등기정보를 암호화하여 저장한 2차원의 바코드가 인쇄되어 있고, 이를 스캐너 등으로 복원할 수 있다.

③ 발급받은 등기부등·초본을 복사기 등을 이용하여 복사하는 경우에 사본임을 인식할 수 있도록 매 장마다 복사방지 장치를 한다.

【쟁점질의와 유권해석】

〈해산간주된 회사의 등기부등본의 발급의 가부〉

상법 부칙 제4조 2항 및 제24조 2항의 규정에 의하여「해산간주 된 회사에 대한 등기사무처리지침」에 의하여 해산간주 된 회사라 하더라도 등기부등본을 발급할 수 있다. 그러나 등기부초본은 발급할 수 없다.

3. 인터넷으로 제공하는 서비스의 종류(등기예규 제1571호 참조)

(1) 등기기록 열람

민원인은 등기기록에 기록되어 있는 내용의 전부 또는 일부를 인터넷을 통하여 볼 수 있다.

1) 열람의 종류

열람은 등기사항전부증명서 또는 등기사항일부증명서 형태로 나누어 제공한다.

① 등기사항전부증명서 형태의 열람 : 등기기록에 기록되어 있는 모든 내용을 볼 수 있다. 다만, 등기사항전부증명서(현재 유효사항) 형태의 열람에 있어서는 열람 당시 효력이 있는 등기사항 및 그와 관련된 사항만을 볼 수 있다.

② 등기사항일부증명서 형태의 열람 : 부동산등기부의 경우에는 특정인지분·현재소유현황·지분취득이력, 법인등기부의 경우에는 임원란·지배인란·지점란 등 특정부분의 내용만을 볼 수 있다.

2) 재열람 및 추가열람

① 재열람 : 최초의 열람후 1시간 이내에는 재열람을 할 수 있으며, 이때 서비스 시간이 종료되었으면 다음 업무일 서비스 개시후 1시간 이내에 재열람을 할 수 있다. 재열람의 대상은 재열람 당시의 등기기록이다.

② 추가열람 : 열람후 전산이기의 오류 등이 발견된 등기기록에 대해서는 해당 등기기록의 열람자가 경정을 요청한 때에, 직권경정후 1월 이내에 1회의 추가열람을 할 수 있다.

(2) 등기사항증명서 발급

민원인은 등기기록에 기록되어 있는 내용의 전부나 일부를 증명하는 서면을 인터넷을 통하여 발급받을 수 있다.

1) 등기사항증명서 발급에 관한 업무처리

인터넷에 의하여 발급하는 등기사항증명서에는 「상업등기규칙」제31조 제1항, 제2항의 규정에 따른 조치를 취하여야 한다. 즉, 등기사항증명서에는 그 종류를 명시하고 등기기록의 내용과 틀림없음을 증명하는 내용의 증명문, 증명의 연월일과 중앙관리소 전산운영책임관의 직명을 기재한 후 전자이미지관인을 기록하여야 한다. 또한 등기사항증명서가 여러 장으로 이루어진 경우에는 그 연속성을 확인할 수 있는 조치를 취하여 교부한다.

2) 등기사항증명서발급확인

타인으로부터 등기사항증명서를 교부받은 자는 인터넷으로 등기사항증명서의 진위 여부를 확인할 수 있다. 등기사항증명서의 진위 여부 확인은 인터넷 열람 등 서비스 화면의 안내에 따라 등기사항증명서에 기재된 발급확인번호를 입력하거나, 위변조 방지를 위한 안전장치를 스캐너 등에 의하여 복원하는 경우에 제공되는 등기기록 내용을 교부받은 등기사항증명서의 내용과 비교하는 방식에 의한다. 발급확인번호에 의하여 등기사항증명서의 진위 여부를 확인하는 경우에는 확인 당시의 등기기록 내용을 확인할 수 있으며, 발급일로부터 3월 이내에 5회에 한한다.

(3) 등기신청사건 진행상태 확인

민원인은 자신의 등기신청사건에 대하여 그 진행상태(접수중, 기입중, 보정중, 완료 등)를 인터넷을 통하여 확인할 수 있다.

(4) 법인 등기사항증명서 다량발급 예약

민원인은 1등기기록에 대하여 30통 이상의 법인 등기사항증명서의 발급을 신청하는 경우 사전에 인터넷을 통하여 예약할 수 있다.

1) 발급등의 절차

신청인 또는 수령인(이하 이 둘을 합하여 '수령인'이라 한다)은 수령 예정일에 예약시 입력한 수령인임을 확인할 수 있는 증명서(주민등록증, 여권, 운전면허증 등)를 발급 등기소에 제시하여야 한다. 발급 등기소에서는 수령인임을 확인한 후 법인 등기사항증명서 다량발급예약대장에 의하여 미리 발급, 비치된 법인 등기사항증명서를 교부하고, 수령인으로 하여금 교부된 사실을 위 대장 해당란에 확인(날인 또는 서명)하도록 하여야 한다. 수령 예정일부터 1월이 경과할 때까지 예약 발급된 법인 등기사항증명서에 대한 수령 청구가 없을 때에는 해당 등기사항증명서를 폐기한다.

2) 법인 등기사항증명서 다량발급예약대장의 작성, 관리

발급 등기소에서는 법인 등기사항증명서 다량발급예약대장을 작성하고 관리하여야 한다. 이러한 법인 등기사항증명서 다량발급예약대장은 1년간 보관한다.

(5) 상호검색

민원인은 사용하고자 하는 상호가 이미 등기되어 있는지의 여부를 인터넷을 통하여 확인할 수 있다.

(6) 법인인감증명서 발급내역 확인

민원인은 타인으로부터 교부받은 법인인감증명서의 발급에 관한 사실을 인터넷을 통하여 확인할 수 있다.

(7) 등기사건 접수 및 처리사실 전자우편 고지

민원인은 자신과 관련된 등기사건의 접수 및 처리사실을 전자우편으로 고지 받을 수 있다.

(8) 등기기록 발급 확인

민원인은 타인으로부터 교부받은 등기사항증명서의 진위 여부를 인터넷을 통하여 확인할 수 있다.

(9) 인감증명서 발급예약

전자증명서를 발급받은 사람은 인터넷을 이용하여 인감증명서 발급예약을 한 후 등기소에서 인감증명서의 교부 청구를 할 수 있다.

(10) 이미지폐쇄등기부 등기사항증명서 발급예약 등

민원인은 이미지폐쇄등기부에 대한 등기사항증명서의 발급 및 등기기록의 열람 또는 영구보존문서에 대한 발급을 신청하는 경우 사전에 인터넷을 통하여 예약할 수 있다.

(11) 서비스 제공시간

인터넷 열람 등의 서비스 제공시간은 다음과 같다.

1) 인터넷 열람 등의 서비스(상호검색 제외)는 365일 24시간 제공하는 것을 원칙으로 한다.

2) 상호검색 서비스의 제공시간은 아래와 같다.
   - 월요일 ~ 금요일 : 07:00 ~ 23:00
   - 토요일·일요일 및 법정 공휴일 : 09:00 ~ 21:00

3) 등기업무전산시스템 점검 및 변경 작업시에는 필요한 범위내에서 서비스를 제공하지 아니할 수 있다

4. 신청에 관한 특칙

① 인터넷에 의한 등기기록의 열람 및 등기사항증명서 발급과 법인 등기사항증명서 다량발급예약 및 인감증명서 발급예약의 경우에는 신청서의 제출을 요하지 아니한다.

② 인터넷에 의한 등기기록의 열람 및 등기사항증명서 발급의 신청과 법인 등기사항증명서 다량발급예약 신청은 신청인이 인터넷 열람 및 등기사항증명서 발급등의 서비스 화면의 안내에 따라 신청인의 인적사항과 법원행정처장이 지정하는 카드사의 신용카드의 번호, 지정 금융기관의 예금계좌의 번호, 지정 전자화폐발행업체의 전자화폐의 번호와 열람 및 등기사항증명서 발급 또는 예약하고자 하는 등기기록, 등기사항 전부 또는 일부증명서의 구분 등 필요한 사항을 입력하는 방식에 의한다.

③ 인터넷에 의한 등기사항증명서 발급의 경우에는 위 ②이외에 발급받고자 하는 등기사항증명서의 통수를 입력하여야 한다.

④ 법인 등기사항증명서 다량발급예약의 경우에는 위 ②이외에 발급을 받고자 하는 등기사항증명서의 통수와 발급·교부받을 등기소(이하 '발급 등기소'라 한다) 및 수령 예정일 등을 입력하여야 하며, 수령인을 따로 지정하는 경우에는 수령인의 성명, 주민등록번호를 입력하여야 한다.

⑤ 신용카드의 결제, 예금계좌의 이체, 전자화폐의 결제 등으로 수수료의 결제가 끝난 경우에는 그 열람 및 등기사항증명서 발급 신청 또는 법인 등기사항증명서 다량발급예약, 인감증명서 발급예약 신청은 수수료를 결제한 당일에 한하여 전부에 대해서만 철회할 수 있다. 다만, 예약에 따라 등기소에서 인감증명서 작성이 완료된 후에는 당일에도 철회할 수 없다.

5. 수수료액 등

(1) 수수료의 액수

등기기록 등의 열람 또는 등기사항증명서의 교부 청구를 하는 자는 수수료를 납부하여야 한다(상업등기법 제15조 제1항). 이 때 수수료 금액은 '등기사항증명서 등 수수료규칙(2021.08.30, 일부개정)'에서 정하고 있다.

1) 등기사항증명서의 교부 수수료

① 등기사항증명서의 교부수수료는 1통에 대하여 20장까지는 1,200원으로 하고, 1통이 20장을 초과하는 때에는 초과 1장마다 50원의 수수료를 납부하여야 한다. 다만, 수수료 중 100원 미만의 단수가 있을 때에는 그 단수는 계산하지 아니한다.

② 무인발급기나 인터넷에 의한 등기사항증명서의 교부수수료는 1통에 대하여 1,000원으로 한다.

2) 등기기록이나 신청서 기타 부속서류의 열람에 대한 수수료

① 등기기록이나 신청서 기타 부속서류의 열람에 대한 수수료는 1등기기록 또는 1사건에 관한 서류에 대하여 1,200원으로 하되, 열람 후 등기사항을 출력한 서면 또는 신청서 기타 부속서류의 복사물을 교부하는 경우에 20장을 초과하는 때에는 초과 1장마다 50원의 수수료를 납부하여야 한다. 다만, 수수료 중 100원 미만의 단수가 있을 때에는 그 단수는 계산하지 아니한다.

② 인터넷을 통한 등기기록의 열람에 대한 수수료는 1등기기록에 관하여 700원으로 한다.

(2) 수수료의 결제방법

수수료는 현금으로 납부하여야 하며, 등기관은 등기사항증명서 또는 제증명서 인증문 여백 또는 열람신청서 여백에 소정수수료의 영수필증을 첨부하여 소인하거나 기기에 의하여 그 영수필의 취지를 표시하여야 한다. 다만, 무인발급기에 의한 등기사항증명서의 교부수수료는 현금 또는 고주파송수신칩이 내장된 매체에 의한 결제방식으로 납부할 수 있고, 인터넷을 이용하여 등기기록을 열람하거나 인감증명서 발급을 예약하는 경우에는 그 수수료를 신용카드, 금융기관계좌이체, 전자화폐 등의 결제방식으로 납부하여야 한다.

(3) 법인 등기사항증명서 다량발급예약시의 특칙

법인 등기사항증명서 다량발급예약의 경우에는 예약 신청시에 수수료를 납부하여야 한다.

제 2 장 등기절차 총론

Ⅰ. 등기신청절차

> **◙ 핵 심 사 항 ◙**
>
> 1. 등기신청의 기본원칙
>   (1) 신청주의 : 등기의 신청을 등기절차 개시의 원칙으로 하고 있는 주의.
>   (2) 당사자출석주의 : 원칙적으로 신청인 또는 그 대리인이 출석하여야 한다. 다만, 대리인이 변호사 또는 법무사인 경우에는 대법원규칙으로 정하는 사무원이 출석하여 신청할 수 있다.
>   (3) 서면주의 : 등기신청은 서면 또는 대법원규칙으로 정하는 바에 따라 전자문서로 할 수 있다.
>   (4) 강제주의 : 회사에 관한 등기는 강제되어 있다.
> 2. 신청인 : 상업등기는 등기를 신청할 의무가 있거나 정당한 자격이 부여된 등기신청적격자가 한다. 또한 등기신청은 대리인에 의하여도 할 수 있다.
>   (1) 회사의 등기는 법률에 다른 규정이 없는 경우에는 그 대표자가 신청한다.
>   (2) 합자조합의 등기는 법률에 다른 규정이 없는 경우에는 합자조합의 업무를 집행하고 대리할 권한이 있는 자가 신청한다.
>   (3) 외국회사의 등기는 대한민국에서의 대표자가 외국회사를 대표하여 신청한다.
> 3. 등기청구권 : 부동산등기의 경우 등기의무자가 협력하지 않는다면 등기권리자는 단독으로 등기를 신청할 수 없으므로 등기의무자에 대하여 등기신청에 협력할 것을 요구하는 권리를 의미한다. 상업등기는 이와 달리 신청의무자가 법정되어 있고 또 그의 단독 신청에 의함을 원칙으로 하는 것이나, 등기신청의무자로 하여금 등기신청을 할 것을 청구할 수 있는 권리가 인정되어야 할 경우도 존재한다.

1. 등기신청의 기본원칙

(1) 신청주의

1) 의 의

신청주의는 등기의 신청을 등기절차 개시의 원칙으로 하고 있는 주의를 말한다.

상업등기는 법령에 다른 규정이 있는 경우를 제외하고는 당사자의 신청 또는 관공서의 촉탁이 없으면 하지 못한다(상업등기법 제22조 1항). 당사자의 신청에 의하는 경우(상법 제34조, 제40조) 외에 법원 기타 관공서의 촉탁에 의하는 경우도 있으나, 이 경우는 신청에 의한 등기에 관한 규정이 준용(상업등기법 제22조 2항)되고, 당사자의 신청에 갈음하는 기능을 하고 있어 신청의 한 모습이라 할 수 있다. 이와 같이 상업등기는 신청주의를 원칙으로 하고 법령에 다른 규정이 있는 경우에 등기관이 직권으로 등기하는 경우와 등기관의 처분에 대한 이의에 관한 법원의 결정에 의해 등기하는 경우를 예외적으로 인정한다.

2) 법원 기타 관공서의 촉탁에 의한 등기

가. 법원의 촉탁에 의하여 등기하는 경우(비송사건절차법)

① 회사의 해산을 명한 재판이 확정된 경우(제93조)

② 회사설립을 무효로 하는 판결이 확정된 경우(제98조)

③ 회사의 합병, 주식회사의 분할 또는 분할합병을 무효로 하는 판결이 확정된 경우(제99조)

④ 회사의 청산인의 해임의 재판이 있는 경우(제107조 제1호)

⑤ 합명회사합자회사 또는 유한회사의 설립을 취소하는 판결이 확정된 경우(제107조 제2호)

⑥ 합명회사 또는 합자회사의 사원의 제명 또는 그 업무집행권한이나 대표권상실의 판결이 확정된 경우(제107조 제3호)

⑦ 주식회사의 이사감사대표이사 또는 청산인이나 유한회사의 이사감사 또는 청산인의 직무를 일시적으로 맡아 할 사람을 선임한 경우(제107조 제4호)

⑧ 주식회사의 이사 또는 감사나 유한회사의 이사의 해임의 판결이 확정된 경우(제107조 제5호)

⑨ 주식회사의 창립총회 또는 주주총회나 유한회사의 사원총회가 결의한 사항의 등기가 된 경우에 결의취소·결의무효확인·결의불존재확인 또는 부당결의의 취소

나 변경의 판결이 확정된 경우(제107조 제6호)

⑩ 주식회사의 신주발행 또는 자본감소의 무효판결이 확정된 경우(제107조 제7호)

⑪ 주식회사의 주식의 교환 또는 이전의 무효판결이 확정된 경우(제107조 제8호)

⑫ 유한회사의 자본증가 또는 자본감소의 무효판결이 확정된 경우(제107조 제9호)

나. 법원사무관 등의 촉탁에 의하여 등기하는 경우

① '채무자 회생 및 파산에 관한 법률'에 의한 등기

법인인 채무자에 대하여 다음의 어느 하나에 해당하는 사유가 있는 경우에는 법원사무관 등은 직권으로 등기를 촉탁하여야 한다(동법 제23조 1항).

㉠ 회생절차개시(제293조의5제4항에 따라 회생절차가 속행된 경우를 포함한다)·간이회생절차개시 또는 파산선고의 결정이 있는 경우

㉡ 회생절차개시결정취소·간이회생절차개시결정취소, 회생절차폐지·간이회생절차폐지 또는 회생계획불인가의 결정이 확정된 경우

㉢ 회생계획인가 또는 회생절차종결·간이회생절차종결의 결정이 있는 경우

㉣ 「채무자 회생 및 파산에 관한 법률」 제266조의 규정에 의한 신주발행, 제268조의 규정에 의한 사채발행, 제269조의 규정에 의한 주식의 포괄적 교환, 제270조의 규정에 의한 주식의 포괄적 이전, 제271조의 규정에 의한 합병, 제272조의 규정에 의한 분할 또는 분할합병이나 제273조 및 제274조의 규정에 의한 신회사의 설립이 있는 경우

㉤ 파산취소·파산폐지 또는 파산종결의 결정이 있는 경우

② 법인의 대표자 그 밖의 임원으로 등기된 사람에 대하여 직무의 집행을 정지하거나 그 직무를 대행할 사람을 선임하는 가처분을 하거나 그 가처분을 변경·취소한 때(민사집행법 제306조)

3) 등기관이 직권으로 등기하는 경우

① 등기의 직권말소(상업등기법 제80조)

② 등기의 직권경정등기(동법 제76조)

③ 휴면회사의 해산등기·청산 종결 등기(상업등기법 제73조, 상법 제520조의2)

④ 미성년자가 성년이 됨으로 인한 소멸의 등기(상업등기법 제47조 4항)

⑤ 상호의 가등기의 직권말소(상업등기법 제43조)

4) 법원의 명령에 의하여 등기하는 경우

등기관의 처분에 대한 이의가 이유있다고 인정한 때에 관할법원이 등기관에게 상당한 처분을 명하는 결정을 하였을 경우에 하는 등기를 말한다(상업등기법 제87조, 제89조).

(2) 당사자출석주의

1) 원 칙

가. 신청인 또는 그 대리인의 출석

등기의 신청은 신청인 또는 그 대리인이 등기소에 출석하여 이를 하여야 한다. 다만, 대리인이 변호사[법무법인, 법무법인(유한) 및 법무조합을 포함한다]나 법무사[법무사법인 및 법무사법인(유한)을 포함한다]인 경우에는 대법원규칙으로 정하는 사무원을 등기소에 출석하게 하여 이를 신청할 수 있다(상업등기법 제24조 1항).

나. 법무사 등의 사무원의 출석(상업등기규칙 제64조)

① 상업등기법 제24조제1항제1호 단서에 따라 등기소에 출석하여 등기신청서를 제출할 수 있는 자격자대리인의 사무원은 자격자대리인의 사무소 소재지를 관할하는 지방법원장이 허가하는 1명으로 한다. 다만, 법무법인·법무법인(유한)·법무조합 또는 법무사법인·법무사법인(유한)의 경우에는 그 구성원 및 구성원이 아닌 변호사나 법무사 수만큼의 사무원을 허가할 수 있다.

② 자격자대리인이 ①의 허가를 받고자 할 때에는 지방법원장에게 허가신청서를 제출하여야 한다.

③ 지방법원장이 ①의 허가를 한 때에는 해당 자격자대리인에게 등기소 출입증을 발급하여야 한다.

④ ①의 사무원이 그 업무를 함에 있어 위법행위를 한 경우 등 상당하다고 인정되는 때에는 지방법원장은 그 허가를 취소할 수 있다.

2) 예 외

1)의 원칙에도 불구하고 다음의 등기에 관하여는 우편을 이용하여 신청정보 및 첨부정보를 적은 서면을 등기소에 제출하는 방법으로 등기를 신청할 수 있다.

① 촉탁에 따른 등기

② 회사의 본점과 지점 소재지에서 공통으로 등기할 사항에 대한 지점 소재지에서의 등기

【쟁점질의와 유권해석】

〈본점 소재지에서 지점설치등기를 한 후 지점 소재지에서 지점설치등기를 신청할 경우 당사자가 출석하여야 하는지 여부〉
주식회사의 이사회가 지점설치 결의를 하고 본점 소재지에서 지점설치등기를 한 후 그 지점 소재지에서 지점설치등기를 신청하는 경우에는 상업등기법 제18조 3항에 따라 당사자 또는 그 대리인이 등기소에 출석하지 않아도 무방하다.

(3) 서면주의

등기신청은 서면 또는 전산정보처리조직을 이용한 전자문서로 할 수 있다. 따라서 구술이나 전화, 전보 등에 의한 등기신청은 전혀 인정되지 않는다.

1) 전자표준양식(e-Form)에 의한 등기신청(상업등기규칙 제63조)

서면으로 등기를 신청하는 경우에는 대법원 인터넷등기소에서 제공하는 전자표준양식을 이용하여 전산정보처리조직에 신청정보를 입력·저장한 다음, 저장된 신청정보를 출력하여 그 출력물로써 할 수 있다.

이러한 전자표준양식에 의한 신청은 신청인이 직접 등기소에 출석하여야 하는 점에 있어서는 서면신청과 동일하지만 신청서 접수시에 e-Form번호를 입력하면 신청서 작성시에 전산정보처리조직에 입력한 정보를 이용하여 자동으로 접수가 될 뿐만 아니라 별도의 조처 없이 신청서 작성시에 입력한 정보가 등기전산정보처리조직에 자동으로 기입되는 점에서는 전자신청과 유사하다[9].

2) 전자신청

가. 전자신청의 방법(상업등기규칙 제67조)

상업등기법 제24조 제1항 2호의 전산정보처리조직을 이용한 등기신청을 전자신청이라 한다.

① 신청권자 : 당사자가 직접하거나 자격자대리인이 당사자를 대리하여 할 수 있다(제1항).

② 신청방식

1. 전자신청을 하는 당사자 또는 자격자대리인은 상업등기규칙 제51조 및 그 밖의 법령에 따라 신청정보의 내용으로 등기소에 제공하여야 하는 정보를 전

---

[9] 상업등기실무(법원공무원교육원,2012), 53면

자문서로 등기소에 송신하여야 한다. 다만, 등기기록에 등기되어 있지 않은 등기신청권자와 법인이 아닌 자격자대리인이 신청하는 경우에는 사용자등록번호도 함께 송신하여야 한다.(제2항).

2. 전자증명서·공인인증서 등의 송신 : 전자문서를 송신할 때에는 다음 각 호의 구분에 따른 신청인 또는 작성명의인의 전자서명정보를 함께 송신하여야 한다.

   ⅰ. 법인 : 상업등기법의 전자증명서

   ⅱ. 개인 :「전자서명법」제2조제6호에 따른 인증서(서명자의 실지명의를 확인할 수 있는 것으로서 법원행정처장이 지정·공고하는 인증서를 말한다. 이 공고는 인터넷등기소에 하여야 한다.)

   ⅲ. 관공서인 경우 : 대법원예규로 정하는 전자인증서

3) 사용자등록

가. 사용자등록의 신청(상업등기규칙 제68조)

① 전자신청을 하기 위해서는 그 등기신청을 하려는 사람 또는 등기신청을 대리할 수 있는 자격자대리인은 최초의 등기신청 전에 사용자등록을 하여야 한다.

② 사용자등록을 신청하려는 사람 또는 자격자대리인은 등기소에 출석하여 대법원예규로 정하는 사항을 적은 신청서를 제출하여야 한다. 다만, 대법원예규로 정하는 등기신청의 경우에는 전산정보처리조직을 이용하여 사용자등록을 신청할 수 있다.

③ ②의 사용자등록신청서에는 「인감증명법」에 따라 신고한 인감을 날인하고 그 인감증명과 주소를 증명하는 서면을 첨부하여야 한다.

④ 신청인이 자격자대리인인 경우에는 ③의 서면 외에 그 자격을 증명하는 서면의 사본도 첨부하여야 한다.

⑤ 전자증명서를 발급받아 송신하거나 관공서가 전자인증서를 송신한 경우 또는 「부동산등기규칙」 제68조에 의하여 사용자등록을 한 경우에는 이 규칙의 사용자등록을 한 것으로 본다.

나. 사용자등록의 유효기간(상업등기규칙 제69조)

① 사용자등록의 유효기간은 3년으로 한다.

② ①의 유효기간이 지난 경우에는 사용자등록을 다시 하여야 한다.

③ 사용자등록의 유효기간 만료일 3개월 전부터 만료일까지 그 유효기간의 연장을 신청할 수 있다. 이 경우 연장기간은 3년으로 한다.

④ ③의 유효기간 연장은 전자문서로 신청할 수 있다.

다. 사용자등록의 효력정지 등(상업등기규칙 제70조)

① 사용자등록을 한 사람은 사용자등록의 효력정지, 효력회복 또는 해지를 신청할 수 있다.

② 사용자등록의 효력정지 및 해지의 신청은 전자문서로 할 수 있다.

③ 등기소를 방문하여 사용자등록의 효력정지, 효력회복 또는 해지를 신청한 경우에는 신청서에 기명날인 또는 서명을 하여야 한다.

라. 사용자등록정보 변경 및 재등록(상업등기규칙 제71조)

① 사용자등록 후 사용자등록정보가 변경된 경우에는 대법원예규로 정하는 바에 따라 그 변경된 사항을 등록하여야 한다.

② 사용자등록번호를 분실한 때에는 사용자등록을 다시 하여야 한다.

(4) 강제주의

상업등기, 특히 회사에 관한 등기는 강제되어 있다. 개인상인에 관한 등기는 강제되어 있지 않지만 일단 등기가 된 이후에는 그 변경 등에 따른 등기는 이를 강제하고 있다(상법 제40조). 회사의 등기신청의무자가 상법에 정한 등기를 해태한 때에는 500만원 이하의 과태료에 처하게 된다(상법 제635조 1항).

(5) 등기의 동시신청

1) 요 건

동일한 등기기록에 대한 여러 개의 등기신청은 일괄하여 하나의 신청서로 할 수 있다. 다만, 다른 등기소 관할구역으로 본점 또는 주된 영업소를 이전하는 등기를 신청하는 경우에는 그러하지 아니하다(상업등기규칙 제53조 1항).

2) 서류첨부방법

같은 등기소에 동시에 여러 건의 등기신청을 하는 경우에 첨부정보의 내용이 같은 것이 있을 때에는 먼저 접수되는 신청서에만 그 첨부정보를 제공하고, 다른 신청서에는 먼저 접수된 신청서에 그 첨부정보를 제공하였다는 뜻을 기재하는 것으로 그 첨부정보의 제공을 갈음할 수 있다. 다만, 전자신청의 경우에는 그러하지 아니하다(동규칙 제53조 2항).

3) 등록세와 등기신청수수료

수개의 등기사항을 일괄하여 하나의 등기신청서로써 하는 경우에는 각 등기의 목적에 따른 소정의 신청수수료를 합산한 금액을 등기신청수수료로 납부하여야 한다(등기신청수수료 징수에 관한 예규 3. 다.). 예컨대 회사의 상호·본점·목적·공고방법 등의 변경등기를 일괄하여 하나의 등기신청서로써 하는 경우에는 각각의 등기신청수수료를 합산한 금액을 납부하여야 한다.

(6) 신청서의 간인(상업등기규칙 제60조 2항)

신청서가 여러 장인 때에는 신청인 또는 그 대리인이 간인을 하여야 하고, 신청인 또는 그 대리인이 2인 이상일 때에는 그 중 1인이 간인을 하면 된다.

2. 신청인

(1) 신청인

상업등기는 등기를 신청할 의무가 있거나 정당한 자격이 부여된 등기신청적격자가 한다. 보통 상인자신이 신청인이 되지만 미성년자등기에 있어서 영업 허락의 취소로 인한 소멸의 등기 등을 법정대리인이 신청하는 경우 등과 같이 예외적인 경우도 있다(상업등기법 제47조 2항). 회사의 등기는 그 대표자가 이를 신청한다(동법 제23조 1항). 합자조합의 등기는 법률에 다른 규정이 없는 경우에는 합자조합의 업무를 집행하고 대리할 권한이 있는 자가 신청한다(동법 제23조 2항). 외국회사의 등기는 대한민국에서의 대표자가 외국회사를 대표하여 이를 신청한다(상업등기법 제23조 3항).

【쟁점질의와 유권해석】

〈등기신청 적격이 있는지 여부가 문제되는 경우〉

ㄱ) 정관에서 정한 직무대행자

정관에서 정한 대표이사 직무대행자는 상법상 등기사항이 아닐 뿐만 아니라[10] 인도 제출할 수 없으므로(상업등기법 제24조)[11], 등기사항이 아니고 등기신청인으로서의 적격도 없다.

ㄴ) 일시이사

일시이사는 본래의 이사와 그 권한이 같으므로(상법 제386조), 일시대표이사는 등기신청인이 될 수 있다.

ㄷ) 가처분에 의한 대표이사의 직무대행자

ㄹ) 법원의 가처분결정에 의해 선임된 회사의 대표자의 직무대행자도 등기를 신청할 수 있다(상업등기법 제11조 제1항)[12]. 다만, 가처분에 의한 대표자의 직무대행자는 가처분명령에 다른 정함이 있거나 법원의 허가를 얻은 경우 외에는 회사의 상무에 속하지 않는 행위를 하지 못한다(상법 제200조의2, 제269조, 제408조 1항, 제567조). 따라서 원칙적으로 회사의 상무에 속하는 사항을 등기할 필요가 있는 경우에만 등기를 신청할 수 있다.

(2) 대리인에 의한 신청

등기신청은 대리인에 의하여 할 수 있다(상업등기법 제24조 1항).

1) 대리인의 자격

대리인의 자격에 관하여는 특별한 제한규정이 없다. 민법 제117조는 대리인은 행위능력자임을 요하지 아니한다고 규정하고 있다. 대리에서는 법률효과가 본인에게 귀속하기 때문에 무능력자제도의 취지에 어긋나지 않고, 또 본인이 적당하다고 인정하여 무능력자를 대리인으로 선정한 이상 그에 따른 불이익은 본인이 이를 감수하는 것이 타당하다는 이유에서이다. 그러나 대리인은 적어도 의사능력은 가지고 있어야 한다.

또 대리인은 반드시 변호사 또는 법무사일 필요도 없다. 회사의 다른 직원이든 제3자이든 상관이 없다. 다만, 법무사 또는 변호사가 아니면 등기신청의 대리를 대가를 받고 업으로 할 수는 없다(법무사법 제3조, 등기예규 제637호).

---

[10] 2003.12.1.공탁법인3402-288질의회답 참조
[11] 등기예규 제1311호 2.가. 참조
[12] 등기예규 제1311호 2.가. 참조

【쟁점질의와 유권해석】

〈등기신청 대리인의 대리권한에 등기필정보 수령권한이 포함되는지 여부〉

등기신청 대리권한에는 등기필정보 수령권한이 포함된다고 볼 것이고, 한편 등기를 신청함에 있어서 임의대리인이 될 수 있는 자격에는 제한이 없으므로, 등기의무자라고 하더라도 등기권리자로부터 등기신청에 대한 대리권을 수여받아 등기를 신청한 경우나 등기권리자로부터 등기필정보 수령행위에 대한 위임을 받은 경우에는 등기필정보를 교부받을 수 있다. 다만, 등기필정보 수령행위만을 위임받은 경우에는 그 위임사실을 증명하기 위하여 위임인의 인감증명 또는 신분증 사본을 첨부한 위임장을 제출하여야 하고, 가족관계증명서는 위임사실을 증명하는 서면이라고 볼 수 없다.(2017. 5. 15. 부동산등기과-1156 질의회답)

참조조문 : 민법 제128조, 부동산등기규칙 제108조

참조예규 : 등기예규 제1604호

2) 대리자격을 증명하는 서면의 첨부

대리인에 의하여 등기신청을 하는 경우에는 신청서에 그 권한을 증명하는 서면을 첨부하여야 한다(상업등기법 제24조 1항 1호, 상업등기규칙 제52조 1항 1호).

여기서 그 권한을 증명하는 서면으로서의 위임장에는 지점 소재지에서 하는 목적변경등기 등의 일정한 경우를 제외하고는 원칙적으로 관할등기소에 제출한 법인인감을 날인하여야 한다.

핵심실무사례

■ **대표이사가 사임한 경우 정관에서 정한 대표이사 직무대행자가 등기신청인이 될 수 있는지 여부(소극)**

회사의 등기는 원칙적으로 회사가 당사자가 되고, 법률에 다른 규정이 없는 경우에 그 대표자가 회사를 대표하여 등기를 신청하며(상업등기법 제23조 1항), 이 경우 회사를 대표할 자가 등기신청을 하거나 등기신청을 대리인에게 위임을 하는 경우에는 미리 그 인감을 등기소에 제출하여야 한다(동법 제25조). 위와 관련하여, 법인의 대표자의 직무대행자로 법원의 결정에 의하여 선임된 자는 인감을 제출할 수 있으나, 정관에서 정한 대표이사 직무대행자는 인감을 제출할 수가 없다.

출처 : 「상업등기 질의·회신집」

3. 등기청구권

(1) 등기청구권의 의의

부동산등기는 등기권자와 등기의무자의 공동신청에 의하여 행하여지는 것이 원칙이다(부동산등기법 제23조 1항). 그러나 만일 등기의무자가 협력하지 않는다면 등기권리자는 단독으로 등기를 신청할 수 없으므로 등기제도의 원활한 운영을 위해서는 등기권리자가 등기의무자에 대하여 등기신청에 협력할 것을 요구하는 권리, 즉 등기청구권을 인정하는 것이 필요하다.

등기청구권은 등기신청권과 구별해야 한다. 등기신청권은 등기관이라는 국가기관에 대하여 국민이 등기를 신청하는 권리이며, 그것은 일종의 공권이다. 이에 대하여 등기청구권은 사인이 다른 사인에 대하여 등기의 신청에 필요한 협력을 요구하는 사법상의 권리이다.

(2) 상업등기에서의 등기청구권

상업등기는 부동산등기와 달리 신청의무자가 법정되어 있고 또 그의 단독신청에 의함을 원칙으로 하는 것이나, 퇴임한 사원 또는 이사가 그 퇴임등기가 되지 아니함으로 인하여 제3자로부터 문책 등 불이익을 받거나 그 퇴임등기로 인해서 직접 이익을 받을 수 있는 경우가 있으므로, 이 때에는 그들에게 등기신청의무자로 하여금 등기신청을 할 것을 청구할 수 있는 권리가 인정되어야 할 것이다. 따라서 등기신청의무자가 등기를 신청하지 아니할 경우에는 그 등기에 의하여 이익을 받을 자는 등기신청의무자에 대하여 등기할 것을 소구하여 그 판결을 받아 스스로 등기신청의무자를 대위하여 등기신청을 할 수 있다 할 것이다.

4. 등기신청서

(1) 기재사항

등기를 신청하기 위한 서면(전자문서 포함)에는 다음의 사항을 기록하고, 신청인 또는 그 대표자나 대리인이 기명날인(전자문서에 의한 신청시 전자서명 포함)하여야 한다(상업등기법 제24조, 상업등기규칙 제51조).

① 신청인의 성명과 주소. 다만, 신청인이 회사 또는 합자조합인 경우 다음 각 목의 구분에 따른 사항

1. 신청인이 회사인 경우에는 그 상호, 본점 및 대표자의 성명이나 명칭과 주소 또는 본점소재지(대표자가 법인인 경우에는 그 직무를 행할 사람의 성명 및 주소를 포함한다)

2. 신청인이 합자조합인 경우에는 그 명칭, 주된 영업소 및 업무집행조합 원의 성명이나 상호와 주소 또는 본점소재지(업무집행조합원이 법인인 경우에는 그 직무를 행할 사람의 성명 및 주소를 포함한다)

② 대리인에 의하여 신청할 때에는 그 성명 및 주소

③ 등기의 목적 및 사유

④ 등기할 사항

⑤ 관청의 허가 또는 인가가 필요한 사항의 등기를 신청하는 경우에는 허가서 또는 인가서의 도달연월일

⑥ 다른 법률로 부과한 의무사항이 있을 때에는 그 의무사항

⑦ 회사의 지점소재지에서 하는 등기신청의 경우에는 그 지점의 표시

⑧ 등록에 대한 등록면허세액과 「지방세법」 제28조제1항 제6호 가목부터 다목까지의 규정에 따른 등기의 경우에는 그 과세표준액

⑨ 등기신청수수료액

⑩ 신청연월일

⑪ 등기소의 표시

⑫ 다른 등기소의 관할 구역으로 본점 또는 주된 영업소를 이전한 경우에 신소재지에서 하는 등기의 신청에는 해당 등기기록에 따라 조합원의 가입연월일, 사원의 입사연월일, 업무집행자·임원·청산인의 취임연월일을 신청정보의 내용으로 등기소에 제공하여야 한다.

⑬ 「상법」 제514조의2(같은 법 제516조의8 제2항으로 준용되는 경우를 포함한다)와 「상법」 제614조 제2항·제3항 등에 의하여 외국에서 생긴 사항의 등기를 신청할 때에는 그 통지가 도달한 연월일을 신청정보의 내용으로 등기소에 제공하여야 한다.

(2) 기재방식

1) 사용할 문자 등(상업등기규칙 제2조)

① 등기를 하거나 신청서, 그 밖의 등기에 관한 서면(전자서명법 제2조 제1호의 전자문서 포함)을 작성할 때에는 한글과 아라비아 숫자를 사용하여야 한다. 다

만, 대법원예규로 정하는 바에 따라 한글 또는 한글과 아라비아숫자로 기록한 다음 괄호 안에 로마자, 한자, 아라비아숫자 그리고 부호를 병기할 수 있다.

② 상호와 외국인 성명은 대법원예규로 정하는 바에 따라 한글 또는 한글과 아라비아숫자로 기록한 다음 괄호 안에 로마자, 한자, 아라비아숫자 그리고 부호를 병기할 수 있다. 이에 대하여 「상호 및 외국인의 성명 등의 등기에 관한 예규(등기예규 제1598호)」에서 규정하고 있다. 또한 외국인의 성명을 기재할 때에는 국적을 함께 기재한다(예컨대, 미합중국인 헨리키신저)[13].

③ 신청서의 첨부서면이 외국어로 작성된 경우에는 번역문을 첨부하여야 한다.

상호 및 외국인의 성명 등의 등기에 관한 예규
개정 2016. 5. 13. [등기예규 제1598호, 시행 2016. 6. 11.]

제1장 총칙

제1조 (목적)

이 예규는 상업등기와 법인등기의 상호(명칭을 포함한다. 이하 같다), 목적, 외국인의 성명(상호를 포함한다. 이하 같다), 외국주소 및 외국회사의 영업소의 본점소재지를 한자, 로마자, 아라비아숫자 그리고 부호(이하 "로마자 등"이라 한다)로 병기하는 절차와 방식에 대하여 규정함으로써 등기부의 공시기능을 향상시키고 기업의 국제적 활동에 편의를 제공함을 목적으로 한다.

제2조 (정의)

이 예규에서 사용하는 용어의 정의는 다음과 같다.

1. "로마자 등의 병기"는 상호, 목적, 외국인의 성명, 외국주소 및 외국회사의 영업소의 본점소재지 를 한글 또는 한글과 아라비아숫자(이하 "한글 등"이라 한다)로 등기한 후 로마자 등 표기를 괄호 안에 함께 기록하는 것을 말한다.

2. "상호, 목적, 외국인의 성명, 외국주소 및 외국회사의 영업소의 본점소재지"는 한글 등으로 기재 한 상호, 목적, 외국인의 성명, 외국주소 및 외국회사의 영업소의 본점소재지를 말한다.

제3조 (상호와 목적, 외국인의 성명 등의 등기에 사용할 수 있는 문자 등)

① 상호, 목적, 외국인의 성명, 외국주소 및 외국회사의 영업소의 본점소재지는 한글 등으로 등기한다. 이 경우, 한글은 「한국산업규격 정보교환용부호계(한글 및 한자)」에 수록되어 있는 것에 한한다.

② 상호, 목적, 외국인의 성명, 외국주소 및 외국회사의 영업소의 본점소재지는 아라비아숫자만으로는 등기할 수 없다.

【등기할 수 있는 상호의 예시】 주식회사 21세기갑을식품

【등기할 수 없는 상호의 예시】 주식회사 333777

제4조 (병기할 수 있는 문자 등)

---

13) 등기부의 기재문자에 대한 사무처리지침 등기예규 제1187호

① 상호, 목적, 외국인의 성명, 외국주소 및 외국회사의 영업소의 본점소재지에 병기할 때 사용할 수 있는 문자 등은 다음 각 호와 같다.
  1. 한자(「한국산업규격 정보교환용부호계(한글 및 한자)」에 수록되어 있는 한자에 한한다)
  2. 로마자(A, B, C, D, E, F, G, H, I, J, K, L, M, N, O, P, Q, R, S, T, U, V, W, X, Y, Z, a, b, c, d, e, f, g, h, i, j, k, l, m, n, o, p, q, r, s, t, u, v, w, x, y, z 등 52자에 한한다)
  3. 아라비아숫자(0, 1, 2, 3, 4, 5, 6, 7, 8, 9)
  4. 부호 [「&」{앰퍼스앤드(ampersand)}, 「'」{아포스트로피(apostrophe)}, 「,」{콤마(comma)}, 「-」{하이픈(hyphen)}, 「.」(온점[period]), 「·」(가운뎃점) 등 6개에 한한다]
② 로마자로 병기하는 경우에는 제1항제4호의 부호를 그 사용법에 따라 등기할 수 있다.
【사용할 수 있는 부호의 예시】
  에이비씨앤프렌즈 주식회사 (ABC & Friends Co., Ltd.)
  주식회사 에이비씨갑을자동차 (ABC-GABEUL Motors Co., Ltd.)
  주식회사 에이비씨가구 (A. B. C. Furniture Co., Ltd.)
  에이비씨제지 주식회사 (A·B·C Paper Co., Ltd.)

제2장 상호의 등기와 로마자 등의 병기
제1절 회사 상호의 등기와 로마자 등의 병기
제5조 (로마자 등의 병기 방식)
① 로마자 등의 병기는, 먼저 상호를 한글 등으로 등기(이하 "상호의 등기"라 한다)한 후 한 칸을 띄우고 그 오른쪽 옆에 괄호를 사용하여 기록한다.
  【예시】 주식회사 에이비씨건설 (ABC Construction Co., Ltd.)
  【예시】 주식회사 갑을식품 (주식회사 갑을식품)
② 괄호 안의 로마자 등의 병기는 한자 또는 로마자의 각각으로만 할 수 있고(다만, 아라비아숫자는 로마자 또는 한자와 함께 사용할 수 있다), 한자와 로마자를 조합하여 할 수는 없다. 또한, 로마자 등의 병기에는 한글을 사용할 수 없다.
  【병기할 수 없는 경우의 예시】 주식회사 에이비씨건설 (주식회사 ABC 건설)
③ 회사의 종류를 표시하는 문자, 그 밖에 법령에 따라 상호 중에 사용할 것이 강제되는 문자에 대하여도 로마자 등의 병기를 할 수 있다.
  【예시】 주식회사 에이비씨증권 (ABC Securities Co., Ltd.)
  【예시】 에이비씨생명보험 주식회사 (ABC Life Insurance Co., Ltd.)
제6조 (띄어쓰기)
① 상호의 등기를 할 때에는 회사의 종류를 표시하는 부분과 나머지 부분 사이를 한 칸 띄우고, 나머지 부분은 띄어쓰기를 하지 않고 붙여서 등기한다.
  【예시】 주식회사 에이비씨식품, 갑을식품 주식회사
② 로마자로 병기하는 경우에는 신청에 따라 단어, 문자, 아라비아숫자 또는 부호 사이를 한 칸 띄울 수 있고, 한자로 병기하는 경우에는 신청에 따라 회사의 종류를 표시하는 부분과 나머지 부분 사이를 한 칸 띄울 수 있다.
  【예시】 주식회사 에이비씨건설 (ABC Construction Co., Ltd), 갑을식품 주식회사

(GABEUL   Food Inc.), 갑을식품 유한회사 (갑을식품 유한회사)

③ 제2항의 경우, 띄어쓰기를 하여 로마자 등의 병기를 신청하는 사람은 신청서에 그 띄어쓰기를 분명히 하여야 한다.

제7조 (정관상 기재 방식과 등기)

① 상호의 등기와 로마자 등의 병기는 원칙적으로 그 정관상 기재와 동일하게 한다. 다만, 그렇게 할 수 없는 경우에는 다음 각 호와 같이 한다.

 1. 정관상 상호에 한글과 아라비아숫자 이외의 문자나 부호가 사용된 경우, 문자는 그 발음을   한글로 등기하고 부호는 등기하지 않는다. 다만, 부호 중 「&」 [앰퍼스앤드(ampersand)]는 "앤드", "엔드", "앤", "엔" 등으로, 「.」 [온점(period)]은 "닷" 등으로 신청에 따라 등기할 수 있다.

   【예시】 정관에 「이 회사는 "ABC & 갑을. Com 주식회사"라 한다.」 라고 기재되어 있는 경우 " 에 이비씨앤갑을닷컴 주식회사"로 등기할 수 있다.

 2. 정관상 상호가 한자로만 기재되어 있는 경우에는 그 발음을 한글로 등기하고 신청에 따라 한자를 병기할 수 있다.

   【예시】 정관에 「이 회사는 "갑을의류 주식회사"라 한다.」 라고 기재되어 있는 경우 신청에 따라 "갑을의류 주식회사" 또는 "갑을의류 주식회사 (갑을의류 주식회사)"로 등기할 수 있다.

 3. 상호는 정관상 띄어쓰기가 되어 있더라도 제6조 제1항에 따라 회사의 종류를 표시하는 부분 과 나머지 부분 사이를 제외하고는 띄어쓰기를 하지 않고 붙여서 등기한다.

   【예시】 정관에 「이 회사는 "ABC 갑을 식품 주식회사"라 한다.」 라고 기재되어 있는 경우 "에 이비씨갑을식품 주식회사"로 등기한다.

 4. 정관상 로마자 등 표기 부분에 병기할 수 없는 문자가 사용된 경우에는 상호를 등기할 때 로 마 자 등의 병기를 할 수 없다.

 5. 정관상 로마자 등 표기 부분에 병기할 수 없는 부호가 사용된 경우에는 신청에 따라 그러한 부호를 제외하고 로마자 등의 병기를 할 수 있다.

   【예시】 정관에 「이 회사는 "에이비씨갑을식품 주식회사"라 한다. 영문으로는 "[ABC]˜[GABEUL] Food Co., Ltd."라고 표기한다.」 라고 기재되어 있는 경우에는 "에이비씨갑 을 식품 주식회사 (ABC GABEUL Food Co., Ltd.)"로 등기할 수 있다.

② 정관에 상호와 로마자 등 표기가 모두 기재되어 있어도 상호의 등기만을 신청할 수 있다.

③ 정관에 상호만이 기재되어 있는 경우에는 그것을 로마자 등으로 번역한 것으로써 로마자 등의 병기를 할 수 없다.

   【예시】 정관에 「이 회사는 "에이비씨갑을식품 주식회사"라 한다.」 라고만 기재되어 있는 경우 에는 그 번역어인 "ABC GABEUL Food Co., Ltd."를 병기할 수 없다.

제8조 (상호와 로마자 등의 병기 부분의 동일성)

① 상호의 주요 부분과 이에 대응하는 로마자 등의 병기 부분 간에는 발음상 동일성이 있어야 한다.

② 발음상 동일성이 있는지는 원칙적으로 「국어기본법」 제11조에 근거하여 제정된 어문

규범 중 「외래어표기법」과 「국어의 로마자 표기법」에 따라 판단한다. 다만, 상호
와 로마자 등의 병기 부분 간의 관계가 어문규범에 일치하지 않더라도 사회에서 일반
적으로 같은 발음으로 인정되는 경우에는 로마자 등의 병기를 할 수 있다.

③ 발음상 동일성이 있는지가 분명하지 않으면, 등기관은 발음상 동일성을 소명할 수 있
  는 자료(영한 사전의 사본 등)의 제출을 요구할 수 있다.

④ 발음상 동일성에 대한 판단 기준을 예시하면 다음 각 호와 같다.

  1. 로마자 등의 병기 부분이 영문 등의 약자로 기재된 경우에 그 약자가 일반적으로
    정자로 발음 될 수 있으면 정자의 발음으로 기재된 상호와 발음상 동일성이 있다.

    【예시】 예를 들어, "Jr.", "Jun." 등은 junior의 약자로서 "주니어"로 발음될 수 있
    다.

  2. 한자는 우리나라에서의 독음으로 등기하고, 중국이나 일본 등 외국에서의 독음으로
    는 등기할 수 없다. 그러나, 로마자는 영미뿐 아니라 프랑스, 독일, 스페인 등 외국
    에서의 독음으로도 등기 할 수 있다.

    【예시】 "주식회사 하나비 (화화)"는 "하나비"와 "화화"의 발음상 동일성이 인정되
          지 않아 등기 할 수 없으나, "주식회사 로제 (Rose)"는 "로제"와 "Rose"의
          발음상 동일성이 인정되므로 등기 할 수 있다.

  3. 발음상 동일성이 있는지는 부호를 제외하고 판단한다. 다만, 부호 중 「&」{앰퍼스앤
    드(ampersand)}은 "앤드", "엔드", "앤", "엔" 등으로, 「.」(온점[period])은 "닷" 등으
    로 발음할 수 있다.

⑤ 상호의 비주요 부분(회사의 종류나 업종을 표시하는 부분 등, 다음부터 같다)과 이에
  대응하는 로마자 등의 병기 부분 간에는 발음상 또는 의미상 동일성이 있어야 한다.
  다만, 정관상 로마자 등 표기 부분에 회사의 종류를 표시하는 문자가 없더라도 로마자
  등의 병기를 할 수 있다.

  【단서 부분의 예시】 정관의 기재에 따라 "주식회사 에이비씨 (ABC)"로 등기할 수
  있다.

⑥ 상호의 비주요 부분과 이에 대응하는 로마자 등의 병기 부분 간에 엄격한 사전적 의
  미에서의 동일성은 없더라도 전체적으로 같은 의미의 것으로 볼 수 있으면 의미상 동
  일성이 있다.

⑦ 상호와 로마자 등 표기 간에 동일성이 없어 로마자 등의 병기를 할 수 없는 경우를
  예시하면 다음 각 호와 같다.

  1. 상호의 주요 부분과 이에 대응하는 로마자 등 표기 간에 의미상 동일성이 있다 하
    더라도 발음 상 동일성이 없는 경우

    【예시】 '산과 바다'와 'Mountain and Sea' 간, '금성'과 'Venus' 간

  2. 영어 단어의 첫 글자를 모아 상호를 만든 경우

    【예시】 "S○○○○○○○ D○○○○○○○○○○ Co., Ltd."와 "주식회사 에스디"
    간

  3. 상호를 영문으로 번역한 후 그 영어 단어의 첫 글자를 모아 로마자 등 표기 부분을
    만든 경우

    【예시】 "주식회사 한마음"과 "HME Co., Ltd." 간

  4. 상호에는 영업의 종류를 표시하는 부분이 있으나 로마자 등 표기 부분에는 없는 경
    우 또는 그 반대의 경우. 다만, 영업의 종류를 표시하는 부분이 포괄 업종을 표시

하는 경우에는 그러하지 아니하다.

　　【예시】 ″주식회사 에이비씨건설 (ABC Co., Ltd.)″로는 등기할 수 없으나, ″주식회사 에이비씨산업 (ABC Co., Ltd.)″으로는 등기할 수 있다.

⑧ 상호와 로마자 등 표기 간에 동일성이 없어 보정을 요구하였음에도 신청인이 응하지 않는 경우 등기관은 로마자 등의 병기를 하지 않고 상호만을 등기한다.

제9조 (상호 등기의 경정과 변경)

① 다음 각 호의 경우에는 상호경정등기의 방식으로 로마자 등의 병기를 신청할 수 있다.

　1. 이 예규의 시행 전부터 정관에 상호와 그 로마자 등 표기가 함께 기재되어 있었던 경우

　2. 이 예규의 시행 후에 설립등기를 신청하는 회사가 정관에 상호와 그 로마자 등 표기를 함께 기재하고 있음에도 불구하고 상호만의 등기를 신청하여 로마자 등의 병기가 되지 않은 경우

　3. 이 예규의 시행 후에 상호를 변경하면서 그 로마자 등 표기를 정관에 함께 기재하였음에도 불구하고 상호변경등기만을 신청하여 로마자 등의 병기가 되지 않은 경우

② 이 예규의 시행 후에 정관을 변경하여 로마자 등 표기를 비로소 정관에 기재한 경우에는 상호변경등기의 방식으로 로마자 등의 병기를 신청할 수 있다.

③ 로마자 등의 병기에 관하여는 「상법」 제22조와 「상업등기법」 제29조를 적용하지 않는다.

④ 제1항, 제2항의 경우에는 「등기사항증명서 등 수수료규칙」 제5조의3 제2항, 제5조의5 제4항에 따른 수수료와 「지방세법」 제28조 제1항 제6호 바목, 제151조 제1항 제2호에 따른 등록면허세와 지방교육세를 납부하여야 한다.

제2절　외국회사 상호의 등기와 로마자 등의 병기

제10조 (외국회사의 상호)

① 외국회사의 상호는, 회사의 정관 또는 회사의 성질을 식별할 수 있는 서면에 한글 등으로 기재한 상호가 없더라도 당해 외국에서의 발음을 한글 등으로 등기한다. 이 경우 상호의 비주요 부분에 관하여는 의미상 동일성이 있는 한글 단어로 등기할 수 있다.

② 외국회사의 상호와 관련하여서도 신청에 따라 제1항의 등기를 한 후 괄호를 사용하여 로마자 등의 병기를 할 수 있다. 이 경우, 중국어의 간체자 또는 일본에서 사용되는 한자가 제4조 제1항 제1호의 한자와 동일한 것으로 인정될 수 있는 경우에는 신청에 따라 한자로 병기할 수 있다.

③ 당해 외국에서의 상호가 병기할 수 없는 문자로 기재되어 있는 경우에는 한글 등으로만 등기하고 로마자 등의 병기는 할 수 없다.

④ 회사의 종류를 표시하는 문자를 제외하고, 법령에서 상호 중에 일정한 문자(증권, 신탁 등)를 사용할 것을 규정한 경우에는 그 문자를 상호 중에 사용하여 등기를 신청하여야 한다. 이 경우 로마자 등 표기에 위 문자를 뜻하는 부분이 있으면 신청에 따라 그 부분을 한글로 번역하여 상호를 등기할 수 있다.

　　【제1문에 관한 예시】 에이비씨인터내셔널 인코포레이티드 증권 (ABC International Inc.) (영업소)

【제2문에 관한 예시】 에이비씨증권인터내셔널 인코포레이티드 (ABC Securities International Inc.) (영업소)

⑤ 이미 등기되어 있는 외국회사 또는 이 예규 시행 후에 한글 등으로만 상호의 등기를 신청하여 로마자 등의 병기가 되지 않은 외국회사는 경정등기의 방식으로 로마자 등의 병기를 신청할 수 있다. 이 경우에는 제9조 제4항을 준용한다.

⑥ 외국회사의 상호에 관하여는 제1항부터 제5항까지에서 정한 것을 제외하고는 제5조, 제6조, 제7조 제1항 제5호와 제8조(제4항 제2호 본문과 제8항은 제외)를 준용한다.

제3절 개인 상인의 상호 등기와 로마자 등의 병기

제11조 (개인 상인의 상호)

① 개인 상인의 상호에 관하여는 그 성질에 반하지 않는 한 제5조, 제6조, 제8조와 제9조를 준용한다.

② 개인 상인은 상호와 그 로마자 등 표기가 함께 기재된 사업자등록증, 간판의 사진, 광고 전단지 등 상호와 그 로마자 등 표기를 함께 사용하고 있다는 소명 자료를 등기신청서에 첨부하여야 한다.

③ 개인 상인의 상호와 로마자 등의 병기 부분에는 회사로 오인하게 할 수 있는 문자(예를 들어, 합명회사, 합자회사, 주식회사, 유한회사,「Co., Ltd.」, Inc., Company Limited, Incorporated 등)를 사용하지 못한다.

제4절 합자조합·민법법인·특수법인·외국법인 명칭의 등기와 로마자 등의 병기

제12조 (합자조합·민법법인·특수법인·외국법인의 명칭)

① 상법상의 합자조합·민법법인·특별법에 의하여 설립된 특수법인의 명칭에 관하여는 제5조부터 제9조까지를 준용한다. 이 경우 합자조합에 관하여는 제7조 및 제9조 중 "정관"은 "조합계약"으로본다.

② 외국회사를 제외한 기타의 외국법인의 명칭에 관하여는 제10조를 준용한다.

제3장 회사 등의 목적의 등기와 로마자 등의 병기

제13조 (로마자 등의 병기 방식)

① 로마자 등의 병기는, 먼저 목적을 한글 등으로 등기(이하 "목적의 등기"라 한다)한 후 한 칸을 띄우고 그 오른쪽 옆에 괄호를 사용하여 기록한다. 이 경우 목적의 구체성 판단 여부는 "목적의 등기"를 기준으로 판단하여야 한다(「한국표준산업분류」 중 소분류 이하를 참고).

【예시】 농업 (Agriculture), 식료품 제조업 (Manufacture of Food Products)

② 괄호 안의 로마자 등의 병기는 한자 또는 로마자의 각각으로만 할 수 있고, 한자와 로마자를 조합하거나 한글을 사용할 수 없다.

【병기할 수 없는 경우의 예시】 식료품 제조업 (Manufacture of 식료(품) Products)

【병기할 수 없는 경우의 예시】 폐수 처리업 (폐수 Treatment Services), 폐수처리업 (폐수   Treatment ervices)

제14조 (띄어쓰기)

① 목적의 등기는 「한글맞춤법」에 따라 띄어 씀을 원칙으로 한다.
② 로마자 등으로 병기하는 경우에는 신청에 따라 단어, 문자 또는 부호 사이를 한 칸 띄워 써야 하고, 한자의 경우에도 의미 전달이 모호한 경우를 제외하고는 원칙적으로 단어마다 띄워 써야 한다.
　【예시】 정기 광고간행물 발행업 (정기 광고간행물 발행업)

제15조 (회사 등의 목적의 병기 부분의 동일성)
① 회사 등의 목적 부분과 이에 대응하는 로마자 등의 병기 부분 간에는 발음상 또는 의미상 동일성이 있어야 한다.
1. 발음상 동일성이 있는 경우
　【예시】 피브이씨 제조업 (PVC Manufacturing), 시멘트 제조업 (Manufacture of Cement)
2. 의미상 동일성이 있는 경우
　【예시】 식료품 제조업 (Manufacture of Food Products), 폐수 처리업 (Wastewater Treatment Services)
② 등기관은 회사 등의 목적 부분과 이에 대응하는 로마자 등의 병기 부분 간에 발음상 또는 의미상 동일성을 판단하기 위해서 번역문 등의 별도의 서면을 요구할 수 있다.

제16조 (준용 규정)
회사 등의 목적과 로마자 등을 병기할 때에는 성질에 반하지 않는 한 제6조 제3항 및 제7조(제1항 제3호는 제외), 제8조 제2항·제4항·제6항 및 제9조를 준용한다.

제4장　외국인의 성명 및 외국 주소 등의 등기와 로마자 등의 병기
제17조 (외국인의 성명의 등기)
① 외국인의 성명은 원지음을 한글 등으로 등기한다.
② 외국인의 성명과 관련하여서도 신청에 따라 제1항의 등기를 한 후 괄호를 사용하여 여권에 기재된 로마자와 본국에서의 표기를 선택적 또는 중첩적으로 병기할 수 있다. 다만, 본국에서의 표기에 병기할 수 없는 문자나 부호가 사용되고 있는 경우에는 여권에 기재된 로마자로만 병기할 수 있고, 여권에 기재된 로마자를 등기하는 경우에는 여권 사본을 첨부정보로 제공하여야 한다.
③ 한글 등으로 등기되는 성명은 본국에서의 표기를 「외래어 표기법」에 따라 기재한 것이어야 한다.
④ 외국인의 성명을 한글 등으로 등기할 때에는 띄어쓰기를 하지 않는다.
⑤ 제6조 제2항, 제3항, 제10조 제5항은 성질에 반하지 않는 한 외국인의 성명의 등기에 관하여 준용한다.

제18조 (외국주소의 등기)
① 외국주소(내·외국민을 불문한다)의 등기는 본국에서의 표기를 「외래어 표기법」에 따라 한글 등으로 우리나라의 주소기재방식으로 기재하여야 한다.
이 경우 단어, 문자, 아라비아숫자 또는 부호 사이를 한 칸 띄워 써야 한다.
　【예시】 하남성 남양시 팔일로 272호 특강공사 (하남성남양시팔일로272호특강공사)
　【예시】 미국 캘리포니아주 노스힐스 애퀴덕트 애비뉴 9560 (9560 AQUEDUCT AVE NORTH　HILLS, CA)

② 괄호안의 로마자 등의 병기는 신청에 따라 제1항의 등기를 한 후 한 칸을 띄우고 괄호를 사용하여 본국에서의 표기를 하여야 한다. 다만, 본국에서의 표기에 병기할 수 없는 문자나 부호가 사용되고 있는 경우에는 한글 등으로만 등기하여야 한다.

③ 외국 주소를 병기하기 위해서는 외국 주소를 증명하는 서면 외에 번역문을 첨부하여야 한다.

④ 제10조 제5항은 성질에 반하지 않는 한 외국주소의 등기에 관하여 준용한다.

제19조 (외국회사의 영업소의 본점소재지의 등기)

외국회사의 영업소의 본점소재지의 등기에 관하여는 제18조를 준용한다.

제5장 보 칙

제20조 (상호가등기에의 적용 배제)

이 예규는 상호의 가등기에 관하여는 적용하지 아니한다.

부 칙

제1조(시행일) 이 예규는 2008년 5월 1일부터 시행한다.

제2조(과태료) 이 예규에 근거하여 경정 또는 변경 등기를 하는 것은 과태료 부과의 대상이 되지 않는다.

부 칙(2016.05.13 제1598호)

이 예규는 2016년 6월 11일부터 시행한다.

2) 부동산 소재지 및 등기명의인 등의 주소 표시

가. 부동산 소재지 표시와 등기명의인, 법인의 본점, 지점 및 임원의 주소 표시는 행정구역 명칭 그대로 전부 기재하여야 하며, "서울특별시", "부산광역시" 등을 "서울", "부산" 등으로, "경기도", "충청남도" 등을 "경기", "충남" 등으로 약기하여서는 아니 된다. 다만 지번의 경우에는 "번지" 라는 문자를 사용함이 없이 108, 또는 108-1과 같이 기재한다. 도시개발사업 등으로 지번이 확정되지 않은 경우에는 "OO블록OO로트"와 같이 기재한다.

나. 부동산의 소재지 등을 표시할 때 사용할 수 있는 문장부호는 마침표[.], 쉼표[,], 소괄호[( )], 붙임표[-]로 한다[14].

3) 금액의 표시

금액의 표시는 아라비아숫자로 하되, 그 표시를 내국화폐로 하는 경우에는 "금 10,000,000원"과 같이 기재하고, 외국화폐로 하는 경우에는 "미화 금10,000,000

---

[14] 등기부의 기재문자에 대한 사무처리지침 등기예규 제1628호

달러", "일화 금10,000,000엔", "홍콩화 금10,000,000달러"와 같이 그 외국화폐를 통칭하는 명칭을 함께 기재한다[15].

(3) 기명날인 또는 전자서명

1) 방 식

신청서에는 신청인 또는 그 대리인이 기명날인(대법원규칙으로 정하는 전자서명을 포함)하여야 한다. 다만, 대법원규칙으로 정하는 경우에는 서명으로 이를 갈음할 수 있다(상업등기법 제24조).

신청서가 여러 장일 때에는 신청인 또는 그 대표자나 대리인은 간인하여야 한다. 이 경우 신청인 또는 그 대표자나 대리인이 2인 이상인 때에는 그 중의 1인이 간인하면 된다. 전자신청의 경우에는 간인하지 않아도 된다(상업등기규칙 제60조, 예규 제1544호 제2조).

2) 신청서 등에 날인하는 인감의 요건

① 신청서 또는 등기신청의 위임장에 날인하는 신청인(회사의 임원 또는 사원으로서 대표권이 없는 자 제외)의 인감은 등기소에 미리 제출한 인감이어야 한다. 대리인에 의하여 등기를 신청하는 경우에 그 위임을 한 사람에게도 적용한다(상업등기법 제25조 1항, 2항).

② ①은 다음 각 호의 어느 하나에 해당하는 등기에 대해서는 적용하지 아니한다(상업등기법 제25조 3항).

  1. 촉탁에 따른 등기

  2. 본·지점 공통 등기사항에 대한 지점 소재지에서의 등기

  3. 제38조제1항에 따른 상호의 가등기

  4. 제39조제1항에 따른 본점이전에 관계된 상호의 가등기

  5. 제47조제2항·제3항에 따른 미성년자의 등기

  6. 제49조제2항 본문·제3항·제4항에 따른 법정대리인의 등기

  7. 제55조제1항에 따른 본점이전등기

  8. 제63조제1항 또는 제71조제1항에 따른 본점 소재지에서 하는 해산등기

---

[15] 등기부의 기재문자에 대한 사무처리지침 등기예규 제1628호

핵심실무사례

■ **상업등기 신청 할 때 반드시 위임장에 법인인감 도장(등기소에 신고한)을 날인하여야 하는지 여부**

- 상업등기 신청 시 등기신청 위임장에 반드시 등기소에 신고한 법인인감으로 위임받아야 하나요? 아니면 사용인감으로 위임받아도 상관은 없는 건가요?

> 등기신청서에 기명날인할 사람 혹은 대리인에게 그 등기신청을 위임할 사람은 촉탁에 따른 등기, 본·지점 공통 등기사항에 대한 지점 공통 등기사항에 대한 지점 소재지에서의 등기, 상호의 가등기 등과 같은 상업등기법에서 정한 예외적인 사항에 해당하지 않는 한, 그 인감을 미리 등기소에 제출하여야 한다.
>
> 대리인에 의하여 등기를 신청하는 경우에는 그 권한을 증명하는 정보를 신청정보와 함께 첨부정보로서 등기소에 제공하여야 하는데, 그 권한을 증명하는 서면으로서의 위임장에는 본·지점 공통 등기사항에 대한 지점 소재지에서의 등기 등의 일정한 경우를 제외하고는 원칙적으로 관할 등기소에 제출한 법인인감을 날인하여야 한다. 따라서 상업등기법 제25조 제3항의 예외 사유에 해당하지 않는 한, 상업등기 신청을 대리인에게 위임할 경우에는 위임장에는 등기소에 제출한 인감 즉 법인인감이 날인된 위임장을 제출하여야 하며, 사용인감이 날인된 위임장은 불가하다.

출처 : 「상업등기 질의·회신집」

5. 첨부서류

(1) 첨부정보에 관한 통칙

1) 첨부정보(상업등기규칙 제52조 1항, 2항, 5항).

① 등기를 신청하는 경우에는 다음 각 호의 정보를 그 신청정보와 함께 첨부정보로서 등기소에 제공하여야 한다.

1. 대리인에 의하여 등기를 신청하는 경우에는 그 권한을 증명하는 정보

2. 관청의 허가 또는 인가를 필요로 하는 사항의 등기를 신청하는 경우에는그 허가 또는 인가가 있음을 증명하는 정보

3. 주소, 주민등록번호(또는 생년월일)를 등기하여야 하는 경우에는 이를 증명하는 정보

4. 성명 또는 주소의 변경에 관한 등기를 신청하는 경우에는 그 사실을 증명하는 정보

② 법 제27조에 해당하는 등기를 신청하는 경우에는 법 제27조의 소가 그 제소 기간 내에 제기되지 아니한 사실을 증명하는 정보와 등기할 사항의 존재를 증

명하는 정보를 첨부정보로서 등기소에 제공하여야 한다. 이 경우 회사는 그 본점소재지를 관할하는 지방법원 또는 그 지원에 법 제27조의 소가 그 제소기간 내에 제기되지 아니한 사실을 증명하는 서면의 발급을 신청할 수 있다.

③ 첨부정보가 외국어로 작성된 경우에는 그 번역문을 함께 제공하여야 한다.

1) 첨부서면 등의 제출 면제

첨부정보 중 법원행정처장이 지정하는 첨부정보는 「전자정부법」 제36조 제1항에 따른 행정정보 공동이용을 통하여 등기관이 확인하고 신청인에게는 그 제공을 면제한다. 다만, 그 첨부정보가 개인정보를 포함하고 있는 경우에는 그 정보주체의 동의가 있음을 증명하는 정보를 등기소에 제공한 경우에만 그 제공을 면제한다(상업등기규칙 제52조 3항).

2) 신청서에 첨부하여야 할 정관 등의 요건

가. 정관·의사록

등기신청서에 첨부하여야 할 정관(주식회사·유한회사의 원시정관에 한한다) 및 의사록은 공증인법 제62조·제63조·제66조의2의 규정에 따라 공증인의 인증을 받은 것을 첨부하여야 한다. 다만, 자본금 총액이 10억원 미만의 주식회사를 발기설립하는 경우에 정관 및 의사록, 자본의 총액이 10억원 미만의 유한회사를 설립하는 경우에 정관은 그러하지 아니한다(등기예규 제1446호). 정관의 공증관할은 제한이 있고, 의사록공증은 관할의 제한이 없다.

나. 인감증명 등

첨부정보 중 주민등록법에 따른 주민등록표등본·초본과 인감증명법에 따른 인감증명 및 가족관계의 등록 등에 관한 법률에 따른 가족관계등록사항별증명서는 발행일부터 3개월 이내의 것이어야 한다(상업등기규칙 제52조 4항).

3) 합명회사·합자회사

가. 정 관

정관에 규정이 없으면 효력이 없는 사항의 등기를 신청하는 경우에는 신청서에 정관을 첨부하여야 한다(상업등기규칙 제97조, 제118조).

나. 총사원등의 동의가 있음을 증명하는 서면

등기할 사항에 관하여 총사원 또는 어느 사원이나 청산인의 동의를 필요로 하는 경우에는 신청서에 그 동의가 있음을 증명하는 서면을 첨부하여야 한다(상업등기규칙 제97조, 제118조).

4) 주식회사

가. 정관·법원의 허가서 또는 총주주의 동의서

정관의 규정, 법원의 허가, 총주주 또는 어느 주주나 이사의 동의가 없으면 효력이 없거나 취소할 수 있는 사항의 등기를 신청하는 경우에는 정관, 법원의 허가가 있음을 증명하는 정보, 총주주 또는 그 주주나 이사의 동의가 있음을 증명하는 정보를 제공하여야 한다(상업등기규칙 제128조 1항).

나. 주주총회·이사회 등의 의사록

주주총회, 종류주주총회, 이사회 또는 청산인회의 결의를 필요로 하는 등기를 신청하는 경우에는 그 의사록을 제공하여야 한다(상업등기규칙 제128조 2항).

5) 유한회사

가. 정관·법원의 허가서 또는 총사원의 동의서

정관의 규정, 법원의 허가 또는 총사원의 동의가 없으면 효력이 없거나 취소할 수 있는 사항의 등기를 신청하는 경우에는 정관, 법원의 허가 또는 총사원의 동의가 있음을 증명하는 정보를 제공하여야 한다(상업등기규칙 제155조 1항).

나. 사원총회의 의사록 또는 이사나 청산인의 동의가 있음을 증명하는 서면

등기할 사항에 관하여 사원총회의 결의 또는 어느 이사나 청산인의 동의를 필요로 하는 등기신청에 있어서는 사원총회의 의사록 또는 그 이사나 청산인의 동의가 있음을 증명하는 서면을 제공하여야 한다(상업등기규칙 제155조 2항).

6) 유한책임회사

가. 정관·법원의 허가서 또는 총사원의 동의서

정관의 규정, 법원의 허가 또는 총사원의 동의가 없으면 효력이 없는 사항의 등기를 신청하는 경우에는 정관, 법원의 허가 또는 총사원의 동의가 있음을 증명하는 정보를 제공하여야 한다(상업등기규칙 제119조 1항).

나. 동의가 있음을 증명하는 서면

어느 사원이나 업무집행자 또는 청산인의 동의를 필요로 하는 등기를 신청하는 경우에는 그 동의가 있음을 증명하는 정보를 제공하여야 한다(상업등기규칙 제119호 2항).

7) 합자조합

가. 조합계약에 관한 서면

조합계약에 규정이 없으면 효력이 없는 사항의 등기를 신청하는 경우에는 조합계약에 관한 정보를 제공하여야 한다(상업등기규칙 제90조 1항).

나. 동의가 있음을 증명하는 서면

총조합원 또는 어느 조합원이나 청산인의 동의를 필요로 하는 등기를 신청하는 경우에는 그 동의가 있음을 증명하는 정보를 제공하여야 한다(상업등기규칙 제90조 2항).

(2) 대리권한을 증명하는 서면

대리인에 의하여 등기를 신청하는 때에는 신청서에 그 권한을 증명하는 서면을 첨부하여야 한다(상업등기법 제24조, 상업등기규칙 제52조 1항 1호).

법정대리인의 경우에는 가족관계증명서, 임의대리인의 경우에는 위임장이 대리인의 권한을 증명하는 서면에 해당한다.

위임장에는 그 권한의 범위를 명백하고 구체적으로 기재하여야 한다. 즉 '○○주식회사의 상호변경, 이사취임과 후임자 선임의 등기신청에 관한 권한'과 같이 구체적으로 기재하여야 하고, '20○○년 ○월 ○일 주주총회의 결의에 의하여 발생한 일체의 등기사항의 등기신청에 관한 권한'과 같이 포괄적으로 기재하여서는 안 된다. 그리고 원본환부와 취하가 필요한 경우에는 이에 관한 특별수권사항도 기재하여야 한다.

(3) 관청의 허가서

관청의 허가 또는 인가를 필요로 하는 사항의 등기를 신청할 때에는 신청서에 관청의 허가서 또는 그 인증이 있는 등본을 첨부하여야 한다(상업등기법 제24조, 상업등기규칙 제52조 1항 2호).

관청의 허가를 필요로 하는 사항에는 관청의 등록을 요하는 사항도 포함되므로 이러한 사항의 등기를 신청하는 경우에는 주무관청의 등록증을 첨부하여야 한다(선례 I 862).

> **【쟁점질의와 유권해석】**
>
> **〈관청의 허가를 필요로 하는 사항의 등기신청시 언제나 관청의 허가서를 첨부하여야하는지 여부〉**
>
> 신청서에 첨부할 관청의 허가서(인가서) 또는 그 인증있는 등본은 당해 허가(인가)가 등기할 사항의 효력요건인 경우(예컨대 설립등기에 있어서는 상사법인의 설립에 있어 관청의 허가 또는 인가가 있어야 한다는 법령상의 근거가 있거나 설립 중인 회사에 대한 허가 또는 인가의 신청절차가 있는 경우)에 한하고 그 밖의 경우에는 인가서 등의 첨부를 요하지 아니한다(예규 제544호).

(4) 주소 등을 증명하는 서면

성명 또는 주소의 변경에 관한 등기를 신청할 때에는 신청서에 변경을 증명하는 서면을 첨부하여야 한다(상업등기법 제24조, 상업등기규칙 제52조 1항 4호).

주소·주민등록번호·생년월일을 등기하여야 하는 경우에는 등기신청서에 이를 증명하는 서면을 첨부하여야 한다. 이 서면은 발행일로부터 3개월 이내의 것이어야 한다(상업등기법 제24조, 상업등기규칙 제52조 1항 3호, 4항).

(5) 임원·사원의 주민등록번호를 증명하는 서면

회사 임원·사원에 대한 등기를 신청할 때에는 그 주민등록번호를 증명하는 서면을 첨부하여야 한다. 다만, 그 임원이 주민등록번호가 없는 재외국민 또는 외국인인 경우에는 생년월일을 증명하는 서면을 첨부한다(법인등의등기사항에관한특례법시행규칙 제2조 2항).

(6) 원본인 첨부서류의 반환(상업등기규칙 제66조)

① 신청서에 첨부한 원본인 서류의 반환을 청구하는 경우에 신청인은 그 원본과 같다는 뜻을 적은 사본을 첨부하여야 하고, 등기관이 서류의 원본을 반환할 때에는 그 사본에 원본 반환의 뜻을 적고 기명날인하여야 한다. 다만, 다음 각 호의 서류에 대해서는 반환을 청구할 수 없다.

1. 등기신청에 첨부된 위임장 등 해당 등기신청만을 위하여 작성한 서류

2. 인감증명, 법인등기사항증명서, 주민등록표등본·초본, 가족관계등록사항별증명서 등 별도의 방법으로 다시 취득할 수 있는 서류

② 대리인이 ①의 청구를 할 때에는 신청서에 그 권한을 증명하는 서면을 첨부하여야 한다.

법인등기신청서에 첨부할 법인의 총회 또는 이사회 의사록의 인증방법

선례요지

법인의사록의 인증과 사서증서의 인증은 인증의 대상, 인증시 제출하여야 하는 서면, 내용, 인증 이후 서류의 보관방법 등이 다르고 공증인법에서도 별도로 규정하고 있으므로, 법인등기신청서에 첨부하여야 할 법인의 총회 또는 이사회 의사록의 인증방법으로는 법인의사록의 인증방식만 가능하고 사서증서의 인증방식으로는 할 수 없다. (2013. 5. 14. 사법등기심의관-1782 질의회답)

참조조문 : 공증인법 제2조, 제57조 제1항·제2항, 제66조의2 제1항·제2항·제3항·제4항, 공증서식의 사용 등에 관한 규칙 제27조, 제29조

신청서의 첨부서면인 법인 총회 등의 의사록이 원본이여야 하는지 여부

선례요지

법인 등기를 할 때 공증인의 인증을 받은 법인 총회 등의 의사록을 첨부하여야 하는 경우, 인증이 있는 등본 내지 사본을 제출할 수 있다는 별도의 규정이 없으므로 반드시 공증인법 제66조의2에 따라 공증인의 인증을 받은 원본을 첨부하여야 하고, 등기신청인이 상업등기규칙 제60조 제1항에 따라 제출하였던 공증인의 인증을 받은 의사록의 반환을 청구하고자 할 때에는 같은 규칙 제60조 제2항에 따라 등기신청서에 그 원본과 같다는 뜻을 기재한 사본을 첨부하여야 한다. (2013. 11. 22. 사법등기심의관-4830 질의회답)

참조조문 : 상업등기법 제22조, 제43조 제1항, 제68조 제2항, 공증인법 제63조, 제66조의2 제1항, 상업등기규칙 제60조

주)상업등기규칙 제60조 제1항은 같은 규칙 제66조 제1항으로 변경됨

임원 변경등기에서 체류국 공증인의 공증 허용 여부

선례요지

주식회사나 유한회사에 관한 등기신청서에 대표권 없는 이사 또는 감사 등의 취임승낙 또는 사임을 증명하는 서면을 첨부하는 경우 그 이사 또는 감사 등이 본국 또는 우리나라가 아닌 다른 나라에 거주 또는 체류하는 외국인인 때에는, 그 서면상의 서명이 본인의 것임을 확인하는 거주 또는 체류하는 국가의 공증인의 인증서를 첨부하여 본국 관공서의 증명이나 본국 공증인의 인증에 갈음할 수 있다. 그러나, 대표권 있는 이사·청산인 등의 취임승낙 또는 사임을 증명하는 서면에는 본국 관공서의 증명이나 본국 공증인 또는 우리나라 공증인의 인증서를 첨부하여야 하며, 거주 또는 체류하는 국가의 공증인의 인증서는 허용될 수 없을 것이다. (2006. 7. 10. 공탁상업등기과-627 질의회답)

참조조문 : 상업등기처리규칙 제81조

참조선례 : 상업등기선례요지집 제145항, 제168항

주)선례 단서 부분은 상업등기 규칙 제104조의 규정에 반하여 사실상 폐지됨

6. 인감의 제출

(1) 인감의 제출

1) 인감을 제출하여야 하는 자

가. 등기신청서에 기명날인할 사람

① 등기신청서에 기명날인할 사람은 미리 그 인감을 등기소에 제출하여야 한다. 인감을 변경한 때에도 또한 같다(상업등기법 제25조 1항). 회사의 임원 또는 사원으로서 대표권이 없는 자는 제외된다.

② 미리 인감을 제출하여야 한다고 규정하고 있으나 시간적으로 등기신청에 앞서 제출하라는 뜻은 아니므로, 최초의 등기신청과 동시에 제출하면 된다. 등기신청인의 인감을 미리 제출하게 하는 것은 신청서(또는 위임장)에 날인한 인감이 신청인 본인의 인감인가를 확인하기 위한 것이다.

나. 대리인에 의한 등기신청시 그 위임을 한 사람

대리인에 의하여 등기를 신청하는 경우에 그 위임을 한 사람도 인감을 미리 제출하여야 한다(상업등기법 제25조 2항).

다. 지배인, 법인인 채무자의 보전관리인, 관리인, 파산관재인 등

지배인, 채무자회생및파산에관한법률상의 법인인 채무자의 보전관리인, 관리인, 관리인대리, 파산절차의 파산관재인, 파산관재인대리, 국제도산절차의 국제도산관리인 또는 국제도산관리인대리는 인감제출의무는 없으나, 인감을 제출한 때에는 그 증명을 받을 수 있다.

그러나 비법인인 종중의 대표자는 그 명의로 인감을 등록할 수 없다.

2) 인감을 제출하지 않아도 되는 경우

다음의 어느 하나에 해당하는 등기에 대해서는 미리 인감을 등기소에 제출하지 않아도 된다(상업등기법 제25조 3항).

① 촉탁에 따른 등기

② 본·지점 공통 등기사항에 대한 지점 소재지에서의 등기

③ 상업등기법 제38조 제1항에 따른 상호의 가등기

④ 상업등기법 제39조 제1항에 따른 본점이전에 관계된 상호의 가등기

⑤ 상업등기법 제47조 제2항·제3항에 따른 미성년자의 등기

⑥ 상업등기법 제49조 제2항 본문·제3항·제4항에 따른 법정대리인의 등기

⑦ 상업등기법 제55조 제1항에 따른 본점이전등기

⑧ 상업등기법 제63조 제1항 또는 제71조 제1항에 따른 본점 소재지에서 하는 해산등기

3) 인감제출방식

① 인감 또는 개인감(改印鑑)의 제출은 인감제출자에 관한 사항을 기재하고 사용할 인감을 날인한 인감신고서 또는 개인(改印)신고서를 관할 등기소에 제출하는 방법으로 한다(상업등기규칙 제35조 1항).

② 인감신고서 또는 개인신고서는 인감을 제출하는 신고인 또는 그 대리인이 등기소에 출석하여 제출하여야 한다. 다만, 대법원예규로 정하는 경우에는 인터넷을 이용하여 제출할 수 있다(동규칙 제35조 1항 단서). 이에 대하여 인감의 제출·관리 및 인감증명서 발급에 관한 업무처리지침(등기예규 제1456호)에서 규정하고 있다.

③ 등기소에 출석하여 제출하는 인감신고서 또는 개인신고서에는 인감증명법에 따라 신고한 인감을 날인하고 그 인감증명서(발행일로부터 3개월 이내의 것에 한함)를 첨부하거나 등기소에 제출한 유효한 종전 인감을 날인하여야 한다. 다만, 그 신고서에 상업등기법 제16조 및 제25조에 따라 등기소에 인감을 제출할 사람이 기명날인 또는 서명하였다는 공증인의 인증서면을 첨부하는 경우에는 그러하지 아니하다(동규칙 제35조 2항).

④ 대표자 변경으로 인감을 새롭게 제출하는 경우에는 등기소에 제출한 유효한 종전 인감이 있음을 전제로 하는 인감개인(改印) 신고가 아니라 인감신고(최초신고)를 하여야 하며, 이 경우 「인감증명법」에 따라 신고한 인감을 날인하고 그 인감증명서(발행일로부터 3개월 이내의 것에 한함)를 첨부할 것이고 등기소에 제출한 종전 인감(구 대표자의 법인인감)을 날인하는 방식으로 인감을 신고할 수 없다(사법등기심의관-450(2019. 1. 31.)호 질의회답].

4) 인감증명에 갈음하는 보증서면의 경우

① 지배인이 제출하는 인감신고서 또는 개인(改印)신고서에는 상업등기규칙 제35조 2항의 방법 대신 영업주가 등기소에 제출한 인감을 날인하고 지배인의 인감임이 틀림없음을 보증하는 서면을 첨부하여야 한다(동규칙 제35조 3항).

② 관리인대리, 파산관재인대리 또는 국제도산관리인대리가 인감발급을 위하여 인감신고서 또는 개인(改印)신고서를 제출하는 경우에는, 그 인감이 틀림없음을 보증하는 관리인, 파산관재인 또는 국제도산관리인의 서면을 첨부하여야 하고,

그 서면에는 관리인, 파산관재인 또는 국제도산관리인이 등기소에 제출한 인감을 날인하여야 한다(예규 제1126호 제7조 3항).

③ 등기신청서에 날인할 자가 외국인으로서 인감을 제출하는 경우에는 인감신고서의 서명이 본인의 것임을 확인하는 본국 관공서나 본국 공증인의 증명서를 첨부함으로써 인감증명법에 의한 인감증명의 첨부에 갈음할 수 있다(예규 제740호).

④ 인감제출자가 미성년자·법정대리인 또는 지배인인 때에는 그 성명을 인감표의 상호란에 기재하여야 한다.

5) 수인의 대표이사 등이 인감을 제출하는 경우

수인의 대표이사 또는 공동대표이사·지배인이 인감을 제출하는 경우에는 그 인영이 각자 달라야 하고 1개의 인감으로 공용할 수는 없다.

6) 인감의 계속사용

임원 또는 사원이 중임한 경우에는 중임전에 사용하던 인감을 중임후에도 계속 사용할 수 있다.

7) 인감의 크기

인감은 대조에 적당하고 가로·세로 2,4센티미터의 정사각형 안에 들어갈 수 있는 것이어야 하며, 가로·세로 1센티미터의 정사각형 안에 들어가는 것이 아니어야 한다(상업등기규칙 제35조 4항).

8) 인감의 문자

인감의 문자에 관하여는 법령에 특별한 규정이 없으므로 인감에는 반드시 회사의 상호나 제출자의 자격 등이 기재되어 있을 필요는 없으며, 제출자의 개인성명 또는 성명이 아닌 다른 문자나 형상을 새긴 인감을 제출하는 것도 무방하지만 대조에 적합한 인감이어야 한다(선례Ⅱ675).

9) 인감의 기록

등기관은 주민등록증, 운전면허증, 여권, 외국인등록증, 장애인등록증 등의 신분증명거에 의하여 인감신고서 또는 개인신고서를 제출하는 자의 신분을 확인한 후 제출된 인감 및 인감제출자에 관한 사항을 인감부에 기록하여야 한다(상업등기규칙 제36조).

10) 재날인 등의 요구

등기신청서 등에 날인된 인감이 제출된 인감과 대조하기 어려운 때에는 등기관은 다시 인감을 날인하게 하거나 그 밖의 상당한 조치를 취할 것을 요구할 수 있다(상업등기규칙 제37조).

(2) 인감카드의 발급

인감증명서를 발급받으려는 사람은 인감증명서발급신청서를 등기소에 제출하고 인감카드 또는 전자증명서를 제시하여야 한다(상업등기규칙 제40조 1항).

1) 인감카드발급신청서 제출

인감카드를 받고자 하는 사람은 인감제출자에 관한 사항을 기재하고 등기소에 제출한 인감을 날인한 인감카드발급신청서를 작성하여 등기소에 제출하여야 한다. 다만, 대법원예규로 정하는 경우에는 인감카드를 발급하지 아니할 수 있다(상업등기규칙 제39조 1항).

2) 인감카드의 효력정지, 효력회복, 폐지신청

① 인감카드의 효력정지, 효력회복, 폐지신청을 할 때에는 인감카드사건신고서를 작성하여 등기소에 제출하여야 한다. 다만, 효력정지는 대법원예규로 정하는 바에 따라 전자문서로 신청할 수 있다(동규칙 제39조 3항).

② 위 ①의 인감카드사건신고서에는 등기소에 제출한 인감을 날인하거나 인감증명법에 따라 신고한 인감을 날인하고 그 인감증명서(발행일로부터 3개월 이내의 것에 한함)를 첨부하여야 한다. 다만, 신고서에 인감카드 비밀번호를 기재하여 효력정지를 신고하는 경우에는 그러하지 아니하다(동규칙 제39조 4항).

3) 인감카드의 발급 등을 하는 등기소

인감카드의 발급·재발급 신청 및 인감카드 사건신고에 관하여는 관할등기소가 아닌 등기소에 대하여도 할 수 있다(동규칙 제39조 5항).

4) 인감카드의 재발급(상업등기규칙 제39조 2항)

① 인감카드를 분실하거나 인감카드가 훼손되어 인감카드를 재발급받고자 하는 사람은 인감카드의 재발급을 신청하여야 한다. 이 경우 인감카드 발급신청에 관한 상업등기규칙 제39조 1항 본문을 준용한다. 즉, 인감카드를 재발급 받고자 하는 자는 인감제출자에 관한 사항을 기재하고 등기소에 제출한 인감을 날인한 인감카드재발급신청서를 작성하여 등기소에 제출하여야 한다.

② 위 ①의 인감카드재발급신청서에는 등기사항 증명서 등 수수료 규칙으로 정하는 인감카드 재발급수수료를 납부하여야 한다16). 다만, 재발급신청과 동시에 기존의 인감카드를 반환하는 경우에는 그러하지 아니하다.

(3) 개인감(改印鑑)의 제출(재날인 등의 요구)

1) 의 의

개인감(改印鑑)의 제출이란 구인감의 분실·마모·훼손 등으로 대조불능의 경우에 새로운 인감을 제출하는 것을 말한다. 등기신청서 등에 찍힌 인감이 제출된 인감과 대조하기 어려운 때에는 등기관은 다시 인감을 날인하게 하거나(개인(改印)) 그 밖에 상당한 조치를 취할 것을 요구할 수 있다(상업등기규칙 제37조).

2) 개인감의 제출절차

개인감의 제출절차는 인감의 제출절차와 동일하다.

3) 인감부

상업등기법 제16조(인감증명) 및 제25조(인감의 제출)에 따라 제출된 인감 및 인감제출자에 관한 정보는 보조기억장치(이를 "인감부"라 한다)에 기록한다(상업등기규칙 제15조 1항).

인감부의 보관·관리에 관하여는 등기부 등의 보관, 등에 관한 상업등기규칙 제14조를 준용한다(동규칙 제15조 3항).

(4) 인감에 관한 기록의 폐쇄(상업등기규칙 제38조)

① 인감을 제출한 사람이 그 자격을 상실하거나 개인 또는 인감의 폐지신고를 한 경우 등기관은 인감에 관한 기록을 폐쇄하여야 한다.

② 인감의 폐지신고를 하려는 사람은 폐인(廢印)신고서에 인감제출자에 관한사항을 적고 등기소에 제출한 인감을 날인하여 관할 등기소에 제출하여야 한다. 다만, 등기소에 제출한 인감을 날인할 수 없을 때에는 인감증명 법에 따라 신고한 인감을 날인하고 그 인감증명을 첨부하여야 한다.

③ 인감의 폐지신고에 관하여는 상업등기규칙 제26조제2항 및 제35조제1항과 제2항 단서를 준용한다.

(5) 인감증명

1) 인감증명의 교부청구

가. 인감증명의 청구권자

---

16) 등기와 관련된 수수료의 납부방법에서 대법원등기수입증지를 폐지하기로 함에 따라 이를 반영하기 위하여 상업등기규칙이 2012.12.3.개정되었고, 동 규정은 2013.5.1.부터 시행된다.

상업등기법 제25조에 따라 인감을 등기소에 제출한 사람, 지배인, 채무자회생 및파산에관한법률에 따른 파산관재인·관리인·파산관재인대리·관리인·보전관리인·관리인대리·국제도산관리인 및 국제도산관리인대리로서 그 인감을 등기소에 제출한 사람은 수수료를 납부하고, 대법원규칙으로 정하는 바에 따라 그 인감에 관한 증명서의 교부를 청구할 수 있다(상업등기법 제16조).

【쟁점질의와 유권해석】

〈인감증명의 교부청구를 할 수 없는 자〉

① 직무집행정지의 등기가 된 주식회사 또는 유한회사의 대표이사
② 등기부상 존립기간이 만료된 법인의 대표자
③ 해산간주된 주식회사 또는 유한회사의 대표이사
④ 본점이전등기의 신청 중에 있는 법인의 대표자

나. 인감증명서의 교부청구의 방법

① 인감카드의 제시 : 인감증명서의 교부를 청구하는 자는 인감카드 또는 전자증명서를 제시하여야 한다. 부동산매도용 또는 자동차('자동차관리법' 제5조에 따라 등록된 자동차를 말함)매도용 인감증명서의 경우에는 매수자의 성명(상호 또는 명칭), 주소(본점 또는 주사무소), 주민등록번호(법인등록번호)를 함께 적어야 한다(상업등기규칙 제40조 1항).

② 전자증명서의 제시 : 전자증명서를 발급받은 사람은 대법원예규로 정하는 바에 따라 인터넷으로 인감증명서 발급을 신청한 후 등기소에서 이를 교부받을 수 있다(동규칙 제40조 2항).

③ 인감카드 등의 제시의 효과 : 인감카드 또는 전자증명서를 제시하거나 인감증명서 발급번호와 비밀번호를 제시하면 인감제출자 본인 또는 인감증명서의 교부 청구에 관하여 대리권을 수여받은 대리인임을 확인함이 없이 인감증명서의 교부 청구에 관한 권한 또는 인감증명서의 수령에 관한 권한이 있는 것으로 본다(동규칙 제40조 3항).

2) 인감증명서의 작성(상업등기규칙 제41조)

① 인감증명서에는 등기소에 제출된 인감 및 인감제출자에 관한 사항과 증명문을 부기하고 증명의 연월일과 중앙관리소 전산운영책임관의 직명 및 성명을 기재한 다음 전자이미지관인을 기록하여야 한다.

② 부동산매도용 또는 자동차매도용 인감증명서에는 위 ①의 사항외에도 매수자의

성명(상호 또는 명칭), 주소(본점 또는 사무소 소재지), 주민등록번호(법인등록번호 등 부동산등기용등록번호)를 기재하여야 하고, 매수자에 관한 사항을 별지 목록으로 작성할 때에는 별지목록과 인감증명서의 연속성을 확인할 수 있는 조치를 취하여야 한다.

3) 전자증명서

상업등기법 제16조 제1항에 따라 등기소에 인감을 제출한 사람은 전자서명 및 자격에 관한 증명을 신청할 수 있다. 이 경우 그 증명은 대법원규칙으로 정하는 바에 따라 증명내용을 휴대용 저장매체에 저장하여 발급하거나 그 밖의 방법에 따른다.

전자서명 및 자격에 관한 증명은 등기신청, 전자공탁,「주택임대차계약증서상의 확정일자 부여 및 임대차 정보제공에 관한 규칙」에 따른 전자확정일자 정보제공 요청, 그 밖에 대법원예규로 정하는 용도 외의 용도에는 사용하지 못한다(상업등기법 제17조 3항, 상업등기규칙 제46조 5항).

가. 전자증명서의 발급을 청구할 수 있는 자

등기소에 인감을 제출한 사람, 지배인, 채무자회생 및 파산에 관한 법률에 따른 파산관재인·파산관재인대리·관리인·보전관리인·관리인대리·국제도산관리인 및 국제도산관리인 대리로서 그 인감을 등기소에 제출한 사람은 전자서명 및 자격에 관한 증명을 청구할 수 있다(상업등기법 제17조 1항 본문).

나. 전자증명서의 발급 제한

상업등기법 제17조 제1항에도 불구하고 다음 각 호의 자에게는 전자증명서를 발급하지 아니한다(상업등기규칙 제43조).

① 직무집행정지의 등기가 된 법인의 대표자

②「채무자 회생 및 파산에 관한 법률」에 의하여 보전관리, 회생절차개시 또는 파산선고의 등기가 된 법인의 대표자 및 지배인

③ 등기기록상 존립기간이 만료된 법인의 대표자(청산인은 제외한다) 및 지배인

④ 그 밖에 같은 자격으로 이미 유효한 전자증명서를 발급받은 사람, 등기소에 인감을 제출한 자의 성명, 주민등록번호, 자격이나 법인의 상호 또는 명칭, 법인등록번호에 변경을 가져오는 등기신청이 접수되어 처리 중에 있는 해당 법인의 인감제출자[17]

---

[17] 전자증명에 관한 업무처리지침 등기예규 제1263호

다. 전자증명서의 발급청구

① 출석주의·대리신청

전자증명서의 발급청구는 신청임이 직접 등기소에 출석하여 신청하거나 변호사나　법무사[법무법인·법무법인(유한)·법무조합·법무사법인·법무사법인(유한)을 포함한다. 이하 "자격자 대리인"이라 한다.]가 신청인을 대리하여 할 수 있다. 이 경우 상업등기규칙 제26조 제2항, 제3항을 준용한다(상업등기규칙 제44조 1항).

② 전자증명발급신청서 제출

전자증명서의 발급을 청구하는 자는 전자증명서발급신청서를 작성하여 등기소에 제출하여야 하며, 전자증명서발급신청서에는 등기소에 제출한 인감을 날인하고 「등기사항증명서 등 수수료규칙」으로 정하는 전자증명서 발급수수료를 납부하여야 한다(동규칙 제44조 2항)[18].

③ 지배인이 전자증명서의 발급을 청구하는 경우

지배인이 전자증명서의 발급을 청구하는 경우에는 전자증명서발급신청서에 영업주가 그 발급 청구를 확인하는 뜻을 기재하고 등기소에 제출한 인감을 날인하여 제출하여야 한다(동규칙 제44조 3항).

라. 전자증명서 발급 청구의 심사

① 등기관은 상업등기규칙 제36조의 신분증명서(주민등록증, 운전면허증, 주민등록번호 및 주소가 기재된 장애인등록증, 여권, 외국인등록증 등)에 의하여 전자증명서 발급을 청구한 자의 신분을 확인하여야 한다(상업등기규칙 제45조 1항).

② 다음 각 호의 어느 하나에 해당하는 사유가 있는 경우에는 전자증명서 발급신청을 수리하지 아니한다(동규칙 제2항).

　㉠ 위 ①에 따른 신분확인이 불가능한 경우

　㉡ 전자증명서발급신청서가 방식에 적합하지 아니한 경우

　㉢ 전자증명서발급신청서에 기재된 내용이 등기기록에 기록된 내용과 불일치하는 경우

　㉣ 신청자격이 없는 자 또는 발급이 제한되는 상업등기규칙 제43조 각 호의 사람이 신청한 경우

---

[18] 등기와 관련된 수수료의 납부방법에서 대법원등기수입증지를 폐지하기로 함에 따라 이를 반영하기 위하여 상업등기규칙이 2012.12.3.개정되었고, 동 규정은 2013.5.1.부터 시행된다.

ⓜ 전자증명서발급신청서에 날인된 인감이 등기소에 제출된 인감과 다른 경우
(전자증명에 관한 업무처리지침 등기예규 제1263호)

마. 전자증명서의 발급

① 발급의 방식

전자증명서는 대법원예규로 정하는 바에 따라 휴대용 저장매체에 저장하여 발급한다(상업등기규칙 제46조 1항).

② 전자증명서에 기록할 사항

전자증명서에는 다음 각 호의 사항을 기록하여야 한다(동규칙 제46조 2항).

㉠ 인감제출자의 성명, 주민등록번호(주민등록번호가 없는 재외국민 또는 외국인의 경우에는 생년월일을 기록한다)

㉡ 회사의 상호와 법인등록번호

㉢ 전자증명서의 증명기간(증명기간은 3년으로 한다), 일련번호, 전자서명검증정보

㉣ 전자서명의 방식

㉤ 그 밖에 전자증명서의 기능 수행 및 유지에 필요한 정보(전자증명에 관한 업무처리지침 등기예규 제1263호)

③ 이용등록

발급받은 전자증명서를 전자신청 또는 인터넷을 이용한 인감증명서 발급신청에 사용하기 위해서는 대법원예규로 정하는 방법에 따라 인터넷등기소에서 이용등록 절차를 거쳐야 한다(동규칙 제46조 4항).

④ 사용제한

전자증명서는 다음 각 호의 용도 외에는 사용하지 못한다.

1. 등기신청

2. 전자공탁

3. 「주택임대차계약증서상의 확정일자 부여 및 임대차 정보제공에 관한 규칙」에 따른 전자확정일자 정보제공 요청

4. 그밖에 대법원예규로 정하는 용도

바. 전자증명서의 폐지, 효력정지, 효력회복

① 신청에 의한 경우

㉠ 전자증명서의 효력정지, 효력회복, 폐지를 신청할 때에는 전자증명서사건신고서를 작성하여 등기소에 제출하여야 한다(상업등기규칙 제47조 1항).

ⓛ 위 ㉠의 신청은 전자증명서사건신고서를 작성하여 등기소에 제출하는 방법으로 한다. 다만, 전자증명서의 효력정지는 대법원예규로 정하는 바에 따라 전자문서로 신청할 수 있다(동규칙 제47조 1항)

② 직권에 의한 경우

다음 각 호의 어느 하나에 해당하는 사유가 발생한 경우에는 직권으로 전자증명서의 효력을 정지하여야 하고(상업등기규칙 제48조 1항), 다음 각 호의 등기신청 또는 등기촉탁이 취하되거나 각하된 때에는 직권으로 전자증명서의 효력을 회복하여야 한다(동규칙 제48조 2항).

　㉠ 전자증명서에 기록된 사항에 변경이 발생하는 등기의 신청서 또는 촉탁서를 접수한 때

　ⓛ 상업등기규칙 제43조의 전자증명서 발급 제한사유에 해당하는 등기의 신청서 또는 촉탁서를 접수한 때

사. 전자증명서의 변경 발급

① 변경등기에 의하여 등기기록의 내용과 전자증명서에 기록되는 내용이 달라진 경우 전자증명서를 변경 발급받아야 한다.

② 전자증명서의 증명기간 만료일 3개월 전부터 만료일까지는 전자증명서를 갱신 발급받을 수 있다.

③ 전자증명서를 분실하거나 전자증명서가 훼손되어 사용할 수 없게 된 때에는 기존의 전자증명서는 폐지하고 최초의 발급절차에 의하여 전자증명서를 다시 발급받아야 한다.

④ 전자증명서의 변경 발급과 갱신 발급에 관하여는 상업등기규칙 제26조제2항 및 제3항, 제35조제1항 단서, 제44조제1항을 준용한다.

아. 전자증명서의 효력 소멸

다음 각 호의 어느 하나에 해당하는 사유가 발생한 경우 전자증명서의 효력은 소멸된다(상업등기규칙 제50조).

① 상업등기규칙 제43조의 전자증명서 발급제한사유에 해당하는 등기가 된경우

② 상업등기규칙 제46조제3항의 증명기간(3년)이 지난 경우

③ 상업등기규칙 제47조에 의하여 전자증명서가 폐지된 경우

④ 변경등기에 의하여 전자증명서 발급청구권자가 그 지위를 상실한 경우

4) 인감의 발급

가. 무인발급기에 의한 인감증명서의 교부(상업등기규칙 제42조)

① 인감증명서는 무인발급기를 이용하여 발급할 수 있다. 다만, 부동산매도용 또는 자동차매도용 인감증명서는 대법원예규로 정하는 경우에 한하여 발급할 수 있다.

② 무인발급기는 등기소 외의 장소에도 설치할 수 있다. 무인발급기의 설치·관리의 절차 및 비용의 부담 등 필요한 사항은 대법원예규로 정한다.

나. 매수자정보를 이용한 발급

부동산매도용 인감증명의 발급신청시 별지를 첨부하여 신청한 경우에는 인감증명신청의 부동산매수자의 인적 사항을 전부 기재하여 발급하는데, 인터넷으로 사전발급예약을 한 경우에는 매수자정보를 이용하여 인감발급을 한다.

다. 자동으로 전산인감발급이 가능한 경우

① 직무집행정지등기, 회생개시결정등기 또는 파산등기를 말소하는 기호를 기록한 때

② 존립기간이 만료된 법인의 경우 계속등기를 한 때

③ 본점이전등기신청의 경우 신소재지로부터 등기완료 또는 각하의 통지를 받은 때

④ 해산간주회사에 대하여 해산등기를 한 때

라. 인감증명서를 발급할 수 없는 경우

보전관리, 회생절차개시 또는 파산선고의 등기를 한 경우, 법인의 대표자, 지배인, 대리인의 인감증명서는 발급할 수 없다. 다만 「채무자 회생 및 파산에 관한 법률」 제74조 제4항에 의하여 채무자인 법인의 대표자가 관리인으로 간주되는 경우에는 새로운 인감을 등기소에 제출한 후에 인감에 관한 증명서의 교부청구할 수 있고, 이 경우 인감증명서에는 "채무자 회생 및 파산에 관한 법률 제74조 제4항에 의하여 관리인으로 간주"라는 표시를 하여 발급하여야 한다(예규 제1126호 제7조 4항).

자격자대리인이 전자신청하는 경우 첨부서면을 스캐닝하여 송신 할 수 있는지 여부

선례요지

변호사나 법무사 등 자격자대리인이 상업등기 및 법인등기를 전자신청할 때 위임인으로부터 받은 첨부서면인 공증인의 인증을 받은 법인 총회 등의 의사록 등을 전자적 이미지 정보로 변환(스캐닝)하여 송신하는 경

우에는 위임인의 전자증명서 또는 공인인증서를 함께 송신하여야 하는데, 이때 전자적 이미지 정보로 변환 (스캐닝)된 문서에「공증인법」제66조의6에 따라 공증인의 인증을 받아야 하는 것은 아니다. (2012. 6. 22. 사법등기심의관-1759 질의회답)

참조조문 : 공증인법 제66조의6, 상업등기규칙 제62조 제1항

참조예규 : 등기예규 제1315호 제6조 제3항, 제8조 제6항

7. 등기기간

(1) 등기기간의 의의

등기기간이란 일정한 법정기간 내에 등기하도록 정하여진 기간을 말한다.

개인 상인에 관한 등기에 있어서는 그 등기를 할 것인가의 여부를 당사자의 임의에 맡기고 있으나 회사에 관한 등기에 있어서는 등기기간을 정하여 그 기간 내에 등기할 것을 강제하고 있다.

(2) 등기신청기

① 설립의 등기 : 주식회사 설립등기 중 발기설립의 등기신청기간은 상법 제299조(검사인의 조사, 보고)와 제300조(법원의 변경처분)가 종료한 날로부터 2주간 내에, 모집설립의 경우에는 창립총회를 종료한 날 또는 변태설립사항이 있고 이에 대한 이의가 있는 경우에는 이의에 따른 변경절차를 종료한 날로부터 2주간 내에 이를 하여야 한다(상법 제317조). 유한회사의 경우에는 상법 제548조의 납입 또는 현물출자의 이행이 있은 날로부터 2주간 내에 하여야 한다(상법 제549조).

② 합명회사와 합자회사, 유한책임회사의 설립등기신청기간은 정함이 없다.

③ 본점이전의 등기 : 회사가 본점을 이전하는 경우에는 2주간 내에 구소재지에서는 신소재지와 이전연월일을, 신소재지에서는 설립의 등기사항을 등기하여야 한다(상법 제182조 1항, 제269조, 제317조 4항, 제549조 3항).

④ 지점이전의 등기 : 회사의 지점을 이전한 경우에는 이전한 날로부터 본점소재지와 신·구지점소재지에서 2주간 내에 그 등기를 하여야 한다(상법 제182조 2항, 제269조, 제317조 3항 제549조 3항).

⑤ 지점 설치의 등기 : 회사가 설립과 동시에 지점을 설치하는 경우에는 설립등기 후 2주간 내에 그 등기를 하여야 하고, 회사의 성립 후에 지점을 설치하는 경우에는 본점소재지에서 2주간 내에, 그 지점소재지에서는 3주간 내에 그 등기를 하여야 한다(상법 제181조, 제269조, 제317조 3항, 제549조 3항).

⑥ 등기사항의 변경등기 : 등기사항의 변경이 있는 때에는 그 사유가 발생한 날로

부터 본점소재지에는 2주간, 지점소재지에는 3주간 내에 그 등기를 하여야 한다(상법 제183조, 제269조, 제317조 3항, 제549조 3항).

그 외 청산, 해산등기 등 각종등기의 등기기간은 모두 본점소재지에서는 2주간, 지점소재지에서는 3주간 내에 등기를 하도록 규정하고 있다.

(3) 등기기간의 계산

1) 민법의 기간계산법에 의한 계산

기간계산에 관하여는 상법에 특별한 규정이 없으므로 민법의 규정에 의한다(상법 제1조). 따라서 초일을 산입하지 아니하고 기간말일의 종료로 기간이 만료한다.

초일이 오전 영시로부터 시작되는 때에는 초일을 산입한다(민법 제157조, 제159조). 예컨대 이사감사 등이 예선되어 미리 그 취임승낙을 한 경우 등에는 초일을 산입하여야 한다. 기간의 말일이 공휴일인 때에는 그 다음날에 만료된다(민법 제161조).

2) 관청의 허가를 요하는 등기의 등기기간 기산

관청의 허가를 요하는 등기에 관하여는 그 서류가 도달한 날로부터 등기기간을 기산한다(상법 제177조).

3) 외국회사의 등기사항이 외국에서 생긴 때

외국회사에 관한 등기사항이 외국에서 생긴 때에는 그 통지가 도달한 날로부터 등기기간을 기산한다(상법 제615조).

【쟁점질의와 유권해석】

〈주식회사 대표이사의 퇴임으로 인하여 정관에서 정한 대표이사의 정원을 채우지 못하는 경우 그 대표이사의 퇴임등기기간의 기산일〉

주식회사·유한회사의 대표이사·이사·감사가 임기만료나 사임에 의하여 퇴임함으로 말미암아 법률 또는 정관에서 정한 대표이사·이사·감사의 정원을 채우지 못하게 되는 경우에는 그 대표이사·이사·감사의 퇴임등기기간은 후임 대표이사·이사·감사의 취임일부터 기산한다(대법원 2005. 3. 8.선고 2004마800판결).

【쟁점질의와 유권해석】

〈공기업·준정부기관의 이사의 임기만료로 인한 변경등기에 있어서 퇴임일 및 등기기간의 기산일〉제정 2011. 11. 2. [상업등기선례 제2-153호, 시행]

공기업·준정부기관의 이사가 임기만료에 의하여 퇴임한 경우에는 그 퇴임이사가 법률 또는 정관에서 정한 이사의 결원으로 인하여 후임자가 임명될 때까지 직무를 수행한다고 하더라도(「공공기관의 운영에 관한 법률」제28조 제5항) 직무수행기간종료일이 아닌 본래의 임기만료일을 퇴임일로 보아야 하며, 이때 퇴임등기기간은 임명의 의사표시가 후임자에게 도달되는 등으로써 후임자에게 임명의 효력이 발생한 날부터 기산한다.(2011. 11. 2. 사법등기심의관-2636 질의회답)

참조조문:공공기관의 운영에 관한 법률 제25조,26조,28조,상법 제386조1항, 민법 제691조
참조판례 : 대법원 2005. 3. 8.자 2004마800 전원합의체 결정
참조선례 : 상업등기선례 1-373

【쟁점질의와 유권해석】

〈전환사채의 전환 청구 시 등기기간〉제정 2019. 8. 23.[상업등기선례 제201908-1호, 시행]

1. 주식의 전환은 그 청구를 한 때에 효력이 생기므로 그 변경등기는 전환청구를 한 날로부터 할 수 있을 것이나, 그 변경등기의 종기는 전환을 청구한 날이 속하는 달의 말일부터 2주간 내이다.(상업등기선례 제1-212호).
2. 전환의 효력 발생시기는 주주가 전환청구권을 갖는 경우에는 전환청구권을 행사한 때이고 회사가 전환권을 갖는 경우에는 주권 제출기간이 종료한 때이므로(상법 제350조 제1항) 원래라면 전환청구를 한 때를 그 기산점으로 하여야 하겠으나, 등기사무가 번잡할 것이므로 일괄하여 처리하기 위하여 월말을 기산점으로 정한 것이다.
3. 전환사채의 전환에 의한 변경등기도 본점소재지 관할 등기소에서 그 청구가 있는 달의 말일부터 2주 내에 등기하여야 한다(상법 제516조 제2항, 제351조). 전환권은 형성권이므로 전환을 청구한 때에 전환의 효력이 발생하며 전환사채권자는 그때부터 주주가 되고 사채권자로서의 지위를 상실한다(대법원 2004. 8. 16. 선고 2003다9636 판결). 전환의 효력이 발생한 때로부터 신주발행에 따른 변경등기와 전환사채에 관한 변경등기 또는 말소등기를 할 수 있지만, 등기의 해태기간의 계산은 그 효력이 발생한 달의 말일을 기준으로 한다.

(2019. 8. 23. 사법등기심의관-3157 질의회답)
참조판례 : 대법원 2004. 8. 16. 선고 2003다9636 판결
참조조문 : 상법 제350조 제1항, 제351조, 제516조 제2항
참조선례 : 상업등기선례 제1-212호

8. 과태료

(1) 과태료통지 대상

등기관은 그 직무상 과태료 부과대상이 있음을 안 때에는 지체 없이 그 사건을 관할 지방법원 또는 지원에 통지하여야 한다(상업등기규칙 제176조). 그런데 2009.1.30, 상법의 일부개정으로 인해 과태료에 처할 상법 제635조에 규정된 상법위반 행위 중 상법 제635조 제1항 제1호의 '이 편[19]에서 정한 등기를 게을리 한 경우'를 제외한 나머지 상법위반 행위와 제636조 위반행위에 대한 과태료는 법무부장관이 해당 위반행위를 조사·확인한 후 위반사실, 과태료 금액, 이의제기 방법, 이의제기기간 등을 구체적으로 밝혀 과태료를 낼 것을 과태료 처분 대상자에게 서면으로 통지(상법시행령 제44조)하는 방식으로 징수하기 때문에(상법 제637조의2 제1항), 등기관은 등기사건의 처리와 관련하여 등기해태 사실을 발견한 때에만 관할 지방법원 또는 지원에 통지하면 된다[20]. 이러한 상법의 개정 전에는 법무부장관의 부과·징수절차 없이 상법 제635조 및 제636조의 상법위반 행위 전부에 대하여 비송사건절차법상 과태료사건 절차(비송사건절차법 제247조 내지 제250조 참조)에 따라 이유를 붙인 법원의 과태료 재판을 통하여 과태료를 부과하고, 검사의 명령으로써 과태료 재판을 집행하는 방식으로 징수하였기 때문에, 등기관은 '등기해태(상법 제635조 제1항 1호)' 외에 '법률 또는 정관에 정한 이사 또는 감사의 원수를 궐한 경우에 그 선임절차를 해태한 때(상법 제635조 제1항 8호)'에도 개정전 상업등기규칙 제113조에 따라 관할 지방법원 또는 지원에 과태 사항을 통지하였는데, 위 상법의 개정 후에는 선임절차 해태를 이유로 법원에 과태사항 통지를 하여서는 안된다[21].

(2) 과태료처분대상자의 고의·과실의 요부

등기의 해태에 대한 과태료처분은 원칙적으로 위반자의 고의·과실을 요하지 않으나, 그것을 정당시할 수 있는 사정이 있을 때에는 부과할 수 없다는 것이 다수설과 판례(대법원 2000. 5. 26.선고 98두5972판결)의 입장이다. 따라서 등기관은 고의·과실여부에 대한 심사를 할 필요가 없으며, 당해 등기신청이 기간을 도과하였을 때에는 그것만으로 관할법원에 과태료통지를 하여야 한다.

---

[19] 상법 '제3편 회사'편을 의미한다.
[20] 상업등기 및 법인등기에 있어서의 과태사항 통지에 관한 예규(등기예규 제1452호) 2. 가.
[21] 상업등기실무(법원공무원교육원,2012), 195면

(3) 과태료의 재판

1) 관할법원

과태료사건은 다른 법령에 특별한 규정이 있는 경우를 제외하고는 과태료에 처할 자의 주소지의 지방법원의 관할로 한다(비송사건절차법 제247조). 같은 사항에 관하여 주소를 달리하는 수인의 대표이사 등이 처벌을 받은 경우에는 각각 다른 관할 지방법원에서 관할한다. 과태료대상자의 주소가 외국으로 기재된 경우로서, 거소를 아는 경우에는 그 거소를 관할하는 지방법원, 거소를 알지 못하는 경우에는 대법원 소재지를 관할하는 지방법원이 관할한다.

【쟁점질의와 유권해석】

〈회사의 등기 해태에 따른 과태료 부과 대상자 및 등기해태 기간 중 대표자의 지위를 상실한 경우 과태료의 책임 범위〉

회사의 등기는 법령에 다른 규정이 있는 경우를 제외하고는 그 대표자가 신청 의무를 부담하므로(상업등기법 제17조), 회사의 등기를 해태한 때에는 등기 해태 당시 회사의 대표자가 과태료 부과 대상자가 되고, 등기 해태 기간이 지속되는 중에 대표자의 지위를 상실한 경우에는 대표자의 지위에 있으면서 등기를 해태한 기간에 대하여만 과태료 책임을 부담한다(대법원 2009.4.23.자, 2009마120 결정).

【쟁점질의와 유권해석】

〈영농조합법인의 각 등기사항이 변경된 경우 등기해태를 이유로 과태사항 통지를 할 수 있는지 여부(선례변경)〉제정 2013. 10. 1. [상업등기선례 제2-117호, 시행]

영농조합법인의 각 등기사항이 변경된 경우, 그 설립근거법률인「농어업경영체 육성 및 지원에 관한 법률」에 등기의무 및 등기해태에 따른 과태료 부과규정이 없고 민법 중 등기해태 시 과태료에 관한 규정을 준용한다는 규정도 없으므로, 등기관은 영농조합법인이 등기의무를 해태하였다는 이유로 관할 지방법원 또는 지원에 과태사항 통지를 할 수는 없다. (2013. 10. 1. 사법등기심의관 - 4030 직권선례)

참조판례 : 대법원 2013. 6. 5. 선고 2013마219 민법위반이의 결정

참조예규 : 등기예규 제1452호

주) 이 선례에 의하여 상업등기선례 제1-349호, 등기선례 200404-11은 폐지됨

2) 재판절차

과태료의 재판은 이유를 붙인 결정으로 하고, 재판을 하기 전에 당사자의 진술을 듣고 검사의 의견을 구하여야 한다(비송사건절차법 제248조 1항·2항).

3) 과태료부과

등기해태 등 상법상의 의무위반에 대하여는 500만원 이하의 과태료에 처한다(상법 제635조 1항 1호).

4) 과태료재판에 대한 불복방법

당사자의 진술을 듣고 한 과태료의 재판에 대하여는 즉시항고로써 불복을 신청할 수 있고, 이 항고는 집행정지의 효력이 있다(비송사건절차법 제248조 3항).

법원은 필요하다고 인정하는 경우에는 당사자의 진술을 듣지 아니하고 과태료재판을 할 수 있고 이 약식재판에 대하여는 그 고지일로부터 1주일 이내에 이의로써 불복을 신청할 수 있으며, 적법한 이의에 의하여 약식재판은 효력을 상실하고, 이때에는 법원이 당사자의 진술을 듣고 다시 재판하여야 한다(비송사건절차법 제250조).

【쟁점질의와 유권해석】

〈과태료처벌권에 관하여 금전채권의 소멸시효에 관한 규정이 적용되는지 여부〉

예산회계법 제96조 제1항은 "금전의 급부를 목적으로 하는 국가의 권리로서 시효에 관하여 다른 법률에 규정이 없는 것은 5년간 행사하지 아니할 때에는 시효로 인하여 소멸한다."고 규정하고 있으므로, 과태료결정 후 징수의 시효, 즉 과태료 재판의 효력이 소멸하는 시효에 관하여는 국가의 금전채권으로서 예산회계법에 의하여 그 기간은 5년이라고 할 것이나, 위반행위자에 대한 과태료의 처벌권을 국가의 금전채권과 동일하게 볼 수는 없으므로 예산회계법 제96조에서 정해진 국가의 금전채권에 관한 소멸시효의 규정이 과태료의 처벌권에 적용되거나 준용되지는 않는다(대법원 2000. 8. 24..선고 2000마1350 판결).

9. 등기의 촉탁절차

등기의 촉탁절차에 관하여는 법률에 특별한 규정이 있는 경우를 제외하고는 등기의 신청절차에 준한다(상업등기법 제22조 2항). 그러나 출석주의가 적용되지 아니하여 촉탁자 또는 그 대리인이 등기소에 출석함을 요하지 아니하며 촉탁자의 인감을 제출할 필요가 없다(동법 제24조 2항, 제25조 3항).

촉탁등기는 당사자의 신청에 의한 등기와는 달리 본점과 지점소재지에서 등기할 사항을 대하여도 본점소재지에서 먼저 등기를 마친 다음 그 등기를 증명하는 서면을 첨부하여 지점소재지에 등기를 촉탁하여야 하는 것이 아니라 본점과 지점에 각각 재판서의 등본을 첨부하여 촉탁하여야 한다(비송사건절차법 제108조 후문).

첨부서류도 법령에 규정(비송사건절차법 제108조 등)이 있는 것을 제외하고는 그 제출이 생략된다.

10. 등록면허세, 지방교육세, 농어촌특별세, 등기신청수수료

상업등기신청서에는 소정의 등록면허세와 지방교육세, 농어촌특별세, 등기신청수수료 등을 납부하여야 하며, 등기관은 등기신청인이 등기사건을 접수하면 즉시 접수장에 등재한 후 등기신청서를 조사하여야 한다. 상업등기의 신청과 관련하여 지방세법의 규정에 따른 등록에 대한 등록면허세 또는 상업등기법 제22조 제3항에 따른 등기신청수수료를 납부하지 아니하거나 등기신청과 관련하여 다른 법률에 따라 부과된 의무를 이행하지 아니하였다면 신청인이 신청 당일 이를 보정하지 아니하는 한 등기관은 그 신청을 각하하여야 한다(상업등기법 제26조 제17호). 이 때 전부 납부하지 아니한 경우뿐만 아니라 필요액보다 부족하게 납부한 경우에도 각하의 대상이 된다.

(1) 등록면허세

1) 등록면허세의 의의

2010.3.31. 지방세법의 개정으로 등록세 중 취득과 관련된 과세대상을 취득세로 통합하였고, 등록세 중 저당권·전세권 등기 등 취득의 전제 없이 이루어지는 등기·등록과 면허·인가·허가 등에 과세되는 면허세를 등록면허세로 통합하였다. 즉, 지방세법에 따른 등록면허세는 '등록에 대한 등록면허세'와 '면허에 대한 등록면허세'로 구분되는데, 이하에서 '등록면허세'를 언급할 때는 '등록에 대한 등록면허세'를 의미하는 것으로 한다.

2) 등록면허세의 납세의무자

상업등기와 관련하여 등기의 당사자가 이를 납부하여야 하므로, 회사의 등기는 회사가, 개인상인의 등기는 상인 자신이 등록면허세를 납부하여야 한다.

3) 등록면허세의 납세지(지방세법 제25조)

회사의 등기는 등기에 관련되는 본점·지점 또는 주사무소·분사무소 등의 소재지에서, 개인상인의 상호 등기는 상인의 영업소 소재지에서, 기타 상업등기는 관할 등기소의 소재지에서 납부하여야 한다. 이 경우 납세지가 분명하지 아니한 경우에는 관할등기소의 소재지에서 납부하여야 한다.

4) 등록면허세 납세의무의 성립

상업등기와 관련한 등록면허세는 등기를 하는 자가 등기를 하기 전까지 지방세법 제28조 제1항 제6호 등에 따른 세율을 적용하여 산출한 세액을 납세지를 관할하는 지방자치단체의 장에게 신고하고, 납부하는 신고납부가 원칙이므로 납부의무자가 납부할 등록세의 과세표준액과 세액을 신고함과 동시에 신고한 등록세를 납부한다(지방세법 제30조 제1항). 즉, 납세의무자가 과세표준과 세액을 지방자치단체의 장에게 신고한 때에 그 세액이 확정되어 납세의무가 확정되는 것이다.

5) 납부절차

가. 등기신청시 등록세 납부

등기신청시에 등록세를 납부하지 않은 경우는 물론이고 필요한 액보다 부족한 경우에도 등기는 허용되지 않고, 상업등기법 제26조 17호에 의해 그 등기신청은 각하된다.

나. 등록세의 납부방법

① 2006. 8. 7.(접수일자 기준)부터 정액등록세의 경우에도 종래의 수기납부제도를 폐지하고 대신 인터넷등기소(www.iros.go.kr)등에서 제공하는 정액등록세 납부서식을 이용하고, 등록세영수필통지서도 우편송부를 하지 아니하며 전산정보처리조직을 이용한 전송방식으로 처리하므로, 등록세영수필확인서만 제출하면 된다(예규 제1372호 제5조 1항).

② 등기소에서 등록세정보(시·도, 등록세납세번호, 등록세납부금액)을 접수 또는 기입단계에서 입력하면 교합 후 다음 날 해당 과세관청으로 자동송부되므로, 등록세영수필통지서는 제출할 필요가 없다.

【쟁점질의와 유권해석】

〈금융기관이 등록세를 수납한 후 발행한 영수증을 등기신청시 사용할 수 있는지 여부〉

금융기관이 등록세를 수납한 후 임의적으로 발행한 영수증은 지방세법 및 동법시행령에서 인정하지 않는 서식이며, 위변조 가능성이 있어 등기와 관련하여 사용할 수 없다(2006. 7. 31. 등기호적심의관 - 1553).

또한 금융기관에서 발행한 영수증은 금융기관의 등록세영수사실을 증명할 뿐이며, 「지방세법시행령」 제91조에 근거한 등록세영수필확인서(등기소보관용)에 갈음할 수 없기 때문이다.

【쟁점질의와 유권해석】

〈주식회사 변경등기신청시의 등록세에 관한 질의〉제정 2006. 8. 2. [상업등기선례 제
2-7호, 시행]

1. 주식회사의 대표이사가 사임 후 취임하거나 중임하여 변경등기를 신청하는 경우, 그 변
   경등기의 신청 전에 주소가 변경되어 주소변경등기도 같은 신청서에 의해 함께 신청한
   다면 1건의 등록세(및 지방교육세)만을 납부하면 된다(지방세법 제137조 제1항 제6호,
   제260조의2, 제260조의4 제1항, 지방세법 시행령 제89조 제1항. 지방세법 운용세칙
   131-7 3. 참조). 다만, 주소변경등기신청을 해태한 사실이 있다면, 등기관은 위 등록세
   의 문제와는 상관없이 과태료 통지를 하여야 한다(상법 제317조 제2항 제9호, 제4항,
   제183조, 제635조 제1호).
2. 주식회사의 증자등기를 신청하는 때에, 회사가 발행할 주식의 총수가 부족하여 그 변경
   등기도 같은 신청서에 의해 함께 신청한다면 증자등기에 필요한 등록세(및 지방교육세)
   만을 납부하면 된다(등기예규 제1038호 3, 지방세법 제137조 제1항 제1호 (2)목, 제
   260조의2, 제260조의4 제1항, 지방세법 시행령 제89조 제1항). (2006. 8. 2. 공탁상업
   등기과-759 질의회답)
참조선례 : 상업등기선례요지집 제143항

다. 등기신청시 사용할 수 있는 등록세납부서식

등기신청시 사용할 수 있는 등록세납부서식은 원칙적으로 ① 납세지관할 시·군
에서 발행한 등록세납부서식(OCR고지서), ② 인터넷을 이용하여 납세지관할 시·
군에 등록세를 납부하고 출력한 등록세납부서식으로 등록세납부번호, 등록세납부
세액, 납세자 등 등록세정보가 기재되어 있는 경우(서울시 지방세납부시스템
(ETAX)등)만이 인정된다. ③ 정액등록세의 경우에는 대법원 인터넷등기소
(www.iros.go.kr)의 '정액등록세납부서 작성기능'을 이용하여 작성한 정액등록세
납부서식도 사용할 수 있다.

등록세납세번호가 없는 수기납부서는 2006. 07. 03.부터 사용하지 못한다.

6) 법인등기의 등록면허세(지방세법 제28조 제1항 6호)

가. 상사회사 기타 영리법인의 설립 또는 합병으로 인한 존속법인

① 설립과 납입 : 납입한 주식금액이나 출자금액 또는 현금 외의 출자가액의 1
   천분의 4(단, 세액이 11만2천5백원 미만인 때에는 11만2천5백원으로 한다)

② 자본증가 또는 출자증가 : 납입한 금액 또는 현금 외의 출자가액의 1천분의

4(단, 세액이 11만2천5백원 미만인 때에는 11만2천5백원으로 한다)

나. 비영리법인의 설립 또는 합병으로 인한 존속법인

① 설립과 납입 : 납입한 출자총액 또는 재산가액의 1천분의 2(단, 세액이 11만2천5백원 미만인 때에는 11만2천5백원으로 한다)

① 출자의 총액 또는 재산의 총액의 증가 : 납입한 출자 또는 재산가액의 1천분의 2(단, 세액이 11만2천5백원 미만인 때에는 11만2천5백원으로 한다)

다. 자산재평가적립금에 의한 자본 또는 출자금액의 증가 및 출자총액 또는 자산총액의 증가(「자산재평가법」에 따른 자본전입의 경우는 제외한다)

증가한 금액의 1천분의 1(단, 세액이 11만2천5백원 미만인 때에는 11만2천5백원으로 한다)

라. 설립 및 자본증가에 대한 최저세액

위 가~다의 세액이 11만2천5백원 미만일 때에는 이를 11만2천5백원으로 한다.

마. 본점 또는 주사무소의 이전

본점 또는 주사무소의 이전의 등록면허세는 매 1건당 11만2천5백원이다.

바. 지점 또는 분사무소의 설치

지점 또는 분사무소의 설치에 대한 등록세면허는 매 1건당 4만2백원이다.

사. 그 밖의 등기

건당 4만2백원이다.

7) 상호 듯 등기의 세율(지방세법 제28조 제1항 7호)

가. 상호의 설정 또는 취득

매 1건당 7만8천7백원

나. 지배인의 선임 또는 대리권의 소멸

매 1건당 1만2천원

법인이 아닌 개인의 지배인등기 및 상호등기에 대하여는 지방세법 제28조 제1항 7호를 적용하여 1건당 1만2천원을 납부하면 되나, 회사의 지배인은 지방세법 제28조 제1항 제6호를 적용하여 지배인의 선임 및 해임 등의 등기에는 등록세로 4만2백원을 납부하여야 한다. 다만, 회사지배인의 경우에는 1건 수명의 지배인을 선임하거나 해임하여도 1건으로 본다.

다. 선박관리인의 선임 및 대리인의 소멸등기

　매 1건당 1만2천원

8) 기타 등기의 세율(지방세법 제28조 제1항 14호)

　매 1건당 1만2천원을 납부하여야 한다.

【쟁점질의와 유권해석】

〈대도시 지역내의 법인등기를 하는 때에 등록세가 일반세율의 3배로 중과되는 경우〉

ㄱ) 대도시에서 법인을 설립(설립 후 또는 휴면법인을 인수한 후 5년 이내에 자본 또는 출자액을 증가하는 경우를 포함한다)하거나 지점이나 분사무소를 설치함에 따른 등기

ㄴ) 대도시 밖에 있는 법인의 본점이나 주사무소를 대도시로 전입(전입 후 5년 이내에 자본 또는 출자액이 증가하는 경우를 포함한다)함에 따른 등기. 이 경우 전입은 법인의 설립으로 보아 세율을 적용한다.

위 ㄱ), ㄴ)은 지방세법 제28조 제2항에 근거한 것인데, 이 규정은 지방세법 제28조 제1항 제6호 '바'목(기타 변경등기의 세율)의 경우에는 적용하지 아니 한다 (지방세법 제28조 4항).

(2) 지방교육세

　등록면허세 납부의무자는 그 등록면허세납부액의 100분의 20을 등록면허세를 납부할 때 지방교육세로 함께 납부하여야 한다(지방세법 제150조 2호, 제151조 1항 2호).

(3) 농어촌특별세

　농어촌특별세는 국세로서, 농어업의 경쟁력강화와 농어촌산업기반시설의 확충 및 농어촌지역개발사업에 필요한 재원을 조달하기 위하여 1994년 7월 1일부터 향후 10년간 한시적으로 적용하기 위하여 농어촌특별세를 신설하였었다. 그 후 2003.12.31. 농어촌특별세법의 일부개정을 통하여 운용기간이 연장되었다. 즉, 농·어업의 경쟁력강화와 농어촌산업기반시설의 확충 및 농어촌지역개발사업에 필요한 재원을 확보하기 위하여 1994년부터 10년간 운용하고 있는 농어촌특별세의 과세시한이 2004년 6월 30일 만료되므로 이에 따라 예상되는 농업관련 다자간협상 및 자유무역협정체결 등에 따른 농어업시장의 추가개방으로 인한 손실 보전과 농어업 경쟁력강화를 위한 안정적 재원확보를 위하여 동과세시한을 2014년 6월 30일까지 10년간 연장하고, 농어촌특별세를 관리하는 농어촌특별세관리특별회계의 운영기간도 2014년 12월 31일까지 10년간 연장하기 위하여 개정이 이루어졌었다. 그 후

2014년 1월 1일 동 법의 개정을 통하여 자유무역협정이 확대되는 상황 등에 맞추어 농림어업 분야의 경쟁력을 지속적으로 강화하고, 농림어업인의 복지와 소득보전 사업 등을 통하여 농림어업 분야의 어려운 여건을 개선·지원하는 데에 필요한 재원(財源)을 안정적으로 확보하기 위하여 동 법의 유효기간을 2014년 6월 30일에서 2024년 6월 30일까지로 10년간 연장하였다.

농어촌특별세법에 의하면 조세특례제한법, 관세법, 지방세법, 지방세특례제한법에 의하여 소득세, 법인세, 관세, 취득세, 등록에 대한 등록면허세가 부과되지 아니하거나 경감되는 경우에 그 감면세액에 대하여 일정한 비율로 농어촌특별세를 부과한다(농어촌특별세법 제2조, 제5조).

2) 납세의무자

농어촌특별세법 제2조에 규정된 법률인 조세특례제한법, 관세법, 지방세법, 지방세특례제한법에 의하여 소득세, 법인세, 관세, 취득세 또는 등록에 대한 등록면허세의 감면을 받은 자, 「개별소비세법」 제1조 제2항의 물품 중 같은 항 제1호 가목 1)·2), 같은 호 다목, 같은 항 제2호 나목 1)·2)의 물품 또는 같은 조 제3항 제4호의 입장행위에 대한 개별소비세 납세의무자, 「증권거래세법」 제3조 제1호에 규정된 증권거래세 납세의무자, 「지방세법」에 따른 취득세 또는 레저세의 납세의무자, 「종합부동산세법」에 따른 종합부동산세의 납세의무자가 농어촌특별세의 납세의무자가 된다. 따라서 지방세법, 관세법, 조세특례제한법, 지방세특례제한법이 아닌 다른 화의법, 파산법 등 특별법에서 등록세를 면제하는 경우에는 농어촌특별세도 납부하지 아니한다.

3) 납세지

농어촌특별세의 납세지는 본세(등록세, 소득세, 법인세, 관세, 취득세 등)의 납세지이다.

4) 과세표준

상업등기에 있어서 농어촌특별세의 과세표준은 조세특례제한법, 관세법, 지방세법, 지방세특례제한법에 의하여 감면을 받은 소득세, 법인세, 관세, 취득세 또는 등록에 대한 등록면허세의 감면세액이고, 세율은 과세표준의 100분의 20이다(농어촌특별세법 제5조).

예컨대 지방세특례제한법에 의하여 등록세를 감면받는 경우에 그 감면세액이 과세표준이고, 그 과세표준의 100분의 20이 농어촌특별세이다.

(4) 등기신청수수료

등기를 하려는 사람은 대법원규칙으로 정하는 바에 따라 수수료를 납부하여야 한다(상업등기법 제22조 3항).

1) 납부방법

가. 등기신청서에의 등기수입증지의 첨부제도 폐지(2013.5.1.시행)

개정 전 '등기사항증명서 등 수수료 규칙'에 의하면 등기신청수수료는 등기수입증지를 등기신청서에 첨부하여 제출하는 방법으로 할 수 있었다. 그러나 등기 관련 각종 수수료 납부에 사용되는 등기수입증지의 부정한 재사용을 방지하고 수수료 납부에 관한 국민의 편의와 업무 효율 제고를 위하여 대법원등기수입증지를 폐지하고 전면적인 현금납부 및 전자납부제도를 시행하기 위하여 2012.11.30. 동 규칙에 대한 개정이 있었고, 해당규정은 2013.5.1.부터 시행되게 되었다.

나. 현금납부

2012.11.30, '등기사항증명서 등 수수료 규칙'의 개정으로 등기신청수수료의 일정 조건부 현금납부 의무화 규정을 삭제하여 전면적인 현금납부가 가능하게 되었다(2013.5.1.시행). 등기신청인은 법원행정처장이 지정하는 금융기관에 현금으로 납부한 후 이를 증명하는 서면을 등기신청서에 첨부하여 제출하는 방법으로 하고, 등기관은 납부액의 상당 여부를 조사한 다음 납부를 증명하는 서면에 소인하여야 한다(등기사항증명서 등 수수료 규칙 제6조 제3항).

다. 신용카드, 금융기관계좌이체, 전자화폐 결제양식

2012.11.30. '등기사항증명서 등 수수료 규칙'의 개정으로 인하여 2013.5.1.부터 등기신청수수료의 납부는 그 수수료 상당액을 전자적 방법으로 납부할 수 있게 되었다(동 규칙 제6조 제3항 참조).

전자신청을 하는 경우의 수수료는 신용카드, 금융기관 계좌이체 또는 전자화폐 등의 결제방법으로 납부하여야 하고(동 규칙 제6조 제5항), 전자표준양식에 의한 등기신청을 하는 경우의 수수료는 전자적 방법으로 납부할 수 있다(동 규칙 제6조 제6항).

2) 등기신청수수료의 면제(등기사항증명서 등 수수료 규칙 제7조 제3항)

① 다른 법률에 수수료를 면제하는 규정이 있는 경우

② 국가에 대한 수수료 면제 : 등기부등초본등수수료규칙 제7조 3항의 규정에 의하여 등기신청수수료가 면제되는 국가가 자기를 위하여 하는 등기라 함은 다

음 각 호의 1에 해당하는 경우를 말한다.

ㄱ) 국가가 등기권리자로서 신청하는 등기

ㄴ) 위 ㄱ)의 등기 중 국가가 공권력의 주체로서 촉탁한 등기의 말소등기

ㄷ) 국유재산을 관리, 보존하기 위한 등기

③ 법원의 촉탁에 의한 등기 : 법원의 촉탁에 의한 등기는 등록면허세를 납부하여야 하는 경우에도 등기신청수수료는 면제된다.

④ 멸실회복등기 : 멸실회복기간이 경과한 후에 등기신청을 하는 경우에 등록면허세는 납부하여야 하나 등기신청수수료는 면제된다.

⑤ 행정구역, 지번의 변경, 주민등록번호(또는 부동산등기용등록번호)의 정정, 등기관의 과오로 인한 등기의 착오 또는 유루를 원인으로 하는 경정 및 변경등기

⑥ 「채무자 회생 및 파산에 관한 법률」에 의한 경우

법원사무관등이 '채무자 회생 및 파산에 관한 법률' 제23조, 법 제25조 제2항, 제3항에 의한 등기 등 회생절차·파산절차·국제도산절차와 관련하여 등기를 촉탁하는 경우 등록세 및 등기신청수수료가 면제된다. 그리고 회생계획의 수행에 따른 동법 제266조의 규정에 의한 신주발행, 제268조의 규정에 의한 사채발행, 제269조의 규정에 의한 주식의 포괄적 교환, 제270조의 규정에 의한 주식의 포괄적 이전, 제271조의 규정에 의한 합병, 제272조의 규정에 의한 분할 또는 분할합병이나 제273조 및 제274조의 규정에 의한 신회사의 설립이 있는 경우에, 법원사무관등이 그 등기를 촉탁하는 경우에는 등록세 및 등기신청수수료가 면제된다.

그러나 위의 이러한 등기를 제외하고는 회생계획의 수행이나 법의 규정에 의한 등기(예를 들어, 법 제265조의 규정에 의한 신주발행에 따른 등기 등)를 법원사무관등이 촉탁하는 경우에도 다른 법령에 특별한 규정이 없으면 등록세는 면제되지 아니한다(「채무자 회생 및 파산에 관한 법률」에 따른 법인등기사무처리지침, 등기예규 제1162호).

3) 상업등기신청수수료액

대법원은 2012년 11월 30일자로 '등기사항증명서 등 수수료 규칙'을 개정하여 등기신청수수료 중 일부를 인상하고, 이를 2012년 12월 1일부터 시행하게 되었다. 이는 등기특별회계의 주된 수입원인 수수료 수입이 부동산 거래의 침체, 인터넷 열람·발급 증가, 전자신청 및 전자표준양식신청 증가 등으로 인하여 큰 폭으로 감소

하는데 반하여 지출요인은 물가상승 등으로 인하여 지속적으로 증가하고 있으므로 등기특별회계를 재원으로 하는 사업의 적정한 수행을 위하여 종전 활성화를 위해 대폭 할인되었던 전자신청 및 전자표준양식신청수수료의 할인폭과 일부 신청수수료를 조정하고, 인터넷 열람·발급수수료를 인하 전 가격으로 환원하기 위함이다.

가. 상업등기 신청 수수료(등기사항증명서 등 수수료 규칙 제5조의3)

① 상업등기중 다음의 어느 하나에 해당하는 회사의 등기의 신청수수료는 매 건마다 30,000원으로 한다(동 규칙 제5조의3 1항).

　1. 회사 또는 합자조합의 설립등기(합병·분할·분할합병 및 조직변경으로 인한 설립등기와 외국회사의 영업소설치등기를 포함한다)

　2. 본점(합자조합의 주된 영업소 및 외국회사의 영업소를 포함한다)을 다른 등기소 관할구역으로 이전하는 경우의 신소재지에서 하는 본점이전등기

② 위①에서 살펴본 경우를 제외한 나머지 상업등기의 신청수수료는 매 등기의 목적마다 6,000원으로 한다. 다만, 다음의 경우에는 그 신청수수료를 받지 아니한다(동 규칙 제5조의3 2항).

　1. 법원의 촉탁에 의한 등기

　2. 멸실회복등기

　3. 행정구역·지번의 변경, 주민등록번호(또는 부동산등기용등록번호)의 정정, 등기관의 과오로 인한 등기의 착오 또는 유루를 원인으로 하는 경정 및 변경등기

나. 전자신청 등에 의한 등기신청수수료의 특례(등기사항증명서 등 수수료 규칙 제5조의5 3항, 4항, 5항)

① 위 '가'의 ①에 해당하는 상업등기를 전자신청하는 경우의 신청수수료는 매 건마다 20,000원으로, 전자표준양식에 의하여 신청하는 경우의 신청수수료는 매 건마다 25,000원으로 한다(동 규칙 제5조의5 3항).

② 동 규칙 제5조의3 제2항 본문에 해당하는 상업등기를 전자신청하는 경우의 신청수수료는 매 등기의 목적마다 2,000원으로, 전자표준양식에 의하여 신청하는 경우의 신청수수료는 매 등기의 목적마다 4,000원으로 한다(동 규칙 제5조의5 4항).

③ 민법법인등기, 특수법인등기 및 외국법인등기를 전자신청 또는 전자표준양식에 의하여 신청하는 경우에도 ①, ②와 같다(동 규칙 제5조의5 5항).

다. 수 개의 등기사항을 일괄하여 하나의 신청서로써 하는 등기신청의 경우 등기신

청수수료 산정의 기준(등기신청수수료 징수에 관한 예규, 등기예규 제1479호)

2개 이상의 등기사항을 일괄하여 하나의 신청서로써 등기신청을 하는 경우에는 각 등기의 목적에 따른 소정의 신청수수료를 합산한 금액을 등기신청수수료로 납부하여야 한다.

그 구체적인 기준은 다음과 같다.

(1) 변경등기의 경우

회사 또는 합자조합의 상호·본점·목적·임원 등의 변경등기를 일괄하여 하나의 등기신청서로써 신청할 때에는 각각의 등기신청수수료를 합산한 금액을 납부하여야 한다. 다만, 동일한 등기목적에 따른 2개 이상의 변경사항이 있는 경우(예 : 2인 이상 임원의 취임·퇴임·주소변경 등)에는 1건의 수수료만 납부한다.

(2) 지배인선임 또는 지점설치등기의 경우

하나의 신청서로써 2인 이상의 지배인선임등기를 신청하거나 2개 이상의 지점설치등기를 신청하는 경우에는 이를 하나의 지배인선임등기 또는 지점설치등기신청으로 본다.

(3) 변경등기신청과 함께 지배인선임등기 등 변경등기 이외의 등기신청을 하나의 신청서로써 하는 경우에는 각각의 신청수수료를 합산한 금액을 등기신청수수료로 납부하여야 한다.

4) 등기신청수수료의 반환

등기신청이 취하된 경우에는 납부된 등기신청수수료를 신청인 또는 그 대리인에게 반환하되, 그 반환방법은 등기수입증지가 첩부되어 있는 등기신청서를 환부하는 방법에 의한다. 그러나 등기신청이 각하되면 이미 납부된 수수료는 이를 반환하지 아니한다(등기사항증명서 등 수수료규칙 제6조 7항)

5) 등기신청수수료의 환급(등기신청수수료의 현금수입 등에 따른 사무처리 지침, 등기예규 제1402호)

환급할 금액은 과오납한 금액 전액(수납금융기관의 수수료 포함)으로 한다.

환급절차는 다음과 같다.

① 납부 당일 금융기관의 수납마감 전 환급신청

신청인등은 영수증(영수필통지서 및 확인서 포함)을 첩부하여 수납금융기관에 환급신청을 하여야 하고, 수납금융기관은 납부한 전액을 환급하여야 한다.

② 금융기관의 수납마감 이후(수입징수관계정에 입금된 후)

1. 신청인등은 환급신청서를 작성하여 관할 등기소장에게 환급을 신청할 수 있

다. 다만, 등기신청 전에 환급을 신청하는 때에는 수납금융기관으로부터 교부받은 영수증(영수필통지서 및 확인서 포함)의 원본을 첨부하여야 한다.

2. 환급신청을 받은 등기소장은 환급대상여부 및 환급할 금액을 확인한 후, 환급확인서를 작성하여 이를 관할 지방법원 수입징수관에게 송부하여야 한다.

3. 등기소장은 환급신청서의 송부 및 환급절차에 따른 비용(특수우편물 우송료 등)등을 신청인등으로부터 받아야 한다.

4. 관할 지방법원 수입징수관은 환급신청서 및 환급확인서 등을 확인한 후 신청서에 기재된 계좌로 환급금액을 입금하여야 한다.

5. 수입징수관은 환급결정 후 수납금융기관에 환급결정통지를 하여야 하고, 수납금융기관은 환급결정 통지를 받는 즉시 환급금에 따른 금융기관의 수수료 납부인에게 반환하여야 한다.

•구체적인 상업등기신청수수료액은 다음 표와 같다.

등기의 목적		수수료	비고
1. 합명·합자·주식·유한회사 및 외국회사의 등기	가. 회사 설립등기	30,000원	
	나. 본점을 다른 등기소 관할구역 내로 이전하는 경우의 신소재지에서 하는 본점이전등기	30,000원	이에 부수하여 다른 등기를 신청하는 경우에는 그 등기신청에 따른 수수료는 별도로 납부하여야 함.
	다. 신설합병에 있어 신설 회사에 대한 설립등기	30,000원	소멸회사에 관한 해산등기의 신청수수료 6,000원은 별도로 납부하여야 함.
	라. 조직변경에 있어서의 설립등기	30,000원	조직변경으로 인한 해산등기의 신청수수료 6,000원은 별도로 납부하여야 함.
	마. 상호, 본점, 목적, 공고방법, 존립기간, 1주의금액, 발행할 주식의 총 수 등의 변경등기	6,000원	각 등기의 목적마다 신청수수료를 납부하여야 함.
	바. 경정 및 주소, 성명 등의 변경등기	6,000원	위와 같음. 다만, 등기관의 과오로 인한 착오 또는 유루발견 및 행정구역·지번변경, 주민등록번호정정 등을 원인으로 하는 경우에는 신청수수료 없음.
	사. 지점설치 및 이전등기,동일 등기소 관할구역내의 본점이전등기, 전환사채의 등기, 해산의 등기청산인에 관한 등기 등 위에서 열거한 등기 이외의 기타 등기	6,000원	위와 같음. 멸실회복등기의 경우에는 신청수수료 없음.
2. 상호등가상호가등기 및 그 등기의 변경, 말소등기 등 일체의 등기			
3. 무능력자와 법정대리인등기 및 그 등기의 변경, 말소등기 등 일체의 등기		6,000원	위와 같음.
4. 지배인등기 및 그 등기의 변경, 말소등기 등 일체의 등기			

【서식】인감·개인(改印) 신고서

인감 · 개인(改印) 신고서

(신고하는 인감날인란) (인감제출자에 관한 사항)

상호(명칭)		등기번호	
본점(주사무소)			
인감제출자 자격/성명			
주민등록번호			
주 소			

☐ 위와 같이 인감을 신고합니다. ☐ 위와 같이 개인(改印)하였음을 신고합니다.

년   월   일

신고인 본 인 성 명   (인)※ (전화 :   )

대리인 성 명   (인) (전화 :   )

지방법원   등기소 귀중

주 1. 인감·개인(改印) 신고서의 신고인의 날인란(#)에는 「인감증명법」에 따라 신고한 인감을 날인하고 그 인감증명서(발행일로부터 3개월 이내의 것)를 첨부하거나, 등기소에 제출한 유효한 종전 인감(법인인감)을 날인하여야 합니다. 또한 인감제출자가 기명날인 또는 서명하였다는 공증인의 인증서면으로 갈음할 수 있습니다.
2. 인감·개인신고서에는 신고하는 인감을 날인한 인감대지를 첨부하여야 합니다.
3. 지배인이 인감을 신고하는 경우에는 인감제출자의 주소란에 지배인을 둔 장소를 기재하고, 위 1.의 방법 대신 「상업등기규칙」 제35조제3항의 보증서면(영업주가 등기소에 제출한 인감날인)을 첨부하여야 합니다. 위 보증서면은 아래의 보증서면란에 기재하는 것으로 갈음할 수 있습니다.
4. 위임에 의한 대리인이 인감을 신고하거나 개인(改印)을 신고하는 경우에는 위 1. 대신에 아래 위임장의 신고인 날인란(※)에 「인감증명법」에 따라 신고한 인감을 날인하고 그 인감증명서를 첨부하거나, 등기소에 제출한 유효한 종전 인감(법인인감)을 날인하여야 합니다.

보 증 서 면

위 신고하는 인감은 지배인　　　　　의 인감임이 틀림없음을 보증합니다.

대표이사　　　　　　（법인인감）

위 임 장

성 명 :　　　　　주민등록번호 : （　　　　　　－　　　　　　）

주 소 :

위의 사람에게, 위 인감（개인）신고에 관한 일체의 권한을 위임함.

년　　월　　일

인감（개인） 신고인　성 명　　　　　（인）※

【서식】위임장

위 임 장

법무사 ○ ○ ○

　　　○○시 ○○구 ○○길 ○○

　본인은 위 사람을 대리인으로 정하고 다음 사항을 위임함.

다　　음

1. ○○주식회사 설립등기신청에 관한 일체의 행위
2. ○○의 원본환부청구 및 수령행위

2000년 ○월 ○일

○○주식회사

○○시 ○○구 ○○로 105

대표이사 김 ○ ○ ⑩

○○시 ○○구 ○○로 101

II. 등기의 실행절차

■ 핵 심 사 항 ■

1. 등기관의 심사의 범위에 대한 입법주의
 (1) 형식주의 : 등기관은 등기신청사항의 적법성에 관하여 형식적으로만 심사할 수 있을 뿐이고 등기사항의 실질적 진실성은 심사할 권한도 의무도 없는 입법주의.
 (2) 실질주의 : 등기관은 형식적 적법성뿐만 아니라 실질적 진실성까지 심사할 권한과 의무를 가지는 입법주의.
 (3) 절충주의 : 원칙적으로는 형식적 적법성만 심사할 권한과 의무가 있으나, 등기사항의 진실성을 의심할 만한 사정이 있는 때에는 그 진실성을 심사할 권한과 의무가 있다는 입법주의.
 (4) 우리나라의 경우 : 대법원은 형식적 심사주의를 취하고 있다(94마535).
2. 등기신청의 각하사유 : 상업등기법 제26조에서 각하사유를 제한적으로 열거하고 있다.
3. 등기신청의 취하 : 등기를 신청한 당사자 또는 권한 있는 대리인은 등기관이 등기를 마치기 전까지 취하할 수 있다(상업등기규칙 제56조 1항).

---

1. 등기신청서의 접수

(1) 상업등기신청서접수장에의 기록

등기신청서를 받은 등기관은 전산정보처리조직에 다음 각 호의 사항을 입력한 후 신청서에 접수번호표를 붙여야 한다(상업등기규칙 제65조 1항).

① 등기의 목적
② 신청인의 성명 또는 상호(또는 명칭)
③ 접수의 연월일시와 접수번호
④ 대리인의 성명 및 자격
⑤ 등기신청수수료, 등록면허세

(2) 접수증 발급

등기관이 신청서를 접수하였을 때에는 신청인의 청구에 따라 그 신청서의 접수증을 발급하여야 한다(상업등기규칙 제65조 2항).

(3) 접수번호의 갱신

등기관은 접수번호의 순서에 따라 등기를 하여야 한다(상업등기법 제8조 3항). 접수번호는 매년 새로 부여하여야 한다(상업등기규칙 제23조 2항).

2. 등기신청의 심사

(1) 신청서의 조사(상업등기규칙 제54조)

① 등기신청이 접수된 때에는 등기관은 지체 없이 신청에 관한 모든 사항을 조사하여야 한다.

② 등기소에 제출되어 있는 인감과 등기기록에 관한 사항은 전산정보처리조직을 이용하여 조사하여야 한다.

③ 상업등기법 제26조 단서의 보정 요구는 신청인에게 말로 하거나, 전화, 팩시밀리 또는 인터넷을 이용하여 할 수 있다.

핵 심 판 례

■ 등기관이 구 비송사건절차법 제159조 제10호에 정한 등기할 사항에 관하여 무효 또는 취소의 원인이 있는지 여부를 심사하는 방법

원칙적으로 등기공무원은 등기신청에 대하여 실체법상의 권리관계와 일치하는지 여부를 심사할 실질적 심사권한은 없고 오직 신청서 및 그 첨부서류와 등기부에 의하여 등기요건에 합당하는지 여부를 심사할 형식적 심사권한밖에는 없다. 따라서 등기관이 구 비송사건절차법(2007. 7. 27. 법률 제8569호로 개정되기 전의 것) 제159조 제10호에 의하여 등기할 사항에 관하여 무효 또는 취소의 원인이 있는지 여부를 심사할 권한이 있다고 하여도 그 심사방법에 있어서는 등기부 및 신청서와 법령에서 그 등기의 신청에 관하여 요구하는 각종 첨부서류만에 의하여 그 가운데 나타난 사실관계를 기초로 판단하여야 하고, 그 밖에 다른 서면의 제출을 받거나 그 외의 방법에 의해 사실관계의 진부를 조사할 수는 없다(대법원 2008.12.15.자, 2007마1154결정).

■ 등기신청인이 제출한 허위의 소명자료 등을 등기관이 충분히 심사하였음에도 발견하지 못하여 등기가 마쳐진 경우, 위계에 의한 공무집행방해죄가 성립할 수 있는지 여부(적극) 및 등기관에게 등기신청이 실체법상 권리관계와 일치하는지 심사할 실질적인 심사권한이 없더라도 마찬가지인지 여부

> 등기신청은 단순한 '신고'가 아니라 신청에 따른 등기관의 심사 및 처분을 예정하고 있으므로, 등기신청인이 제출한 허위의 소명자료 등에 대하여 등기관이 나름대로 충분히 심사를 하였음에도 이를 발견하지 못하여 등기가 마쳐지게 되었다면 위계에 의한 공무집행방해죄가 성립할 수 있다. 등기관이 등기신청에 대하여 부동산등기법상 등기신청에 필요한 서면이 제출되었는지 및 제출된 서면이 형식적으로 진정한 것인지를 심사할 권한은 갖고 있으나 등기신청이 실체법상의 권리관계와 일치하는지를 심사할 실질적인 심사권한은 없다고 하여 달리 보아야 하는 것은 아니다(대법원 2016. 1. 28. 선고 2015도17297 판결).

【쟁점질의와 유권해석】

〈등기신청에 대한 등기관의 심사의 범위〉

등기관이 등기신청의 적법여부를 심사함에 있어서 어느 정도까지 심사할 수 있는 권한 내지 직무를 가지는가에 관하여는 입법주의가 나누어지고 있다.

ㄱ) 입법주의

형식주의는 등기관은 등기신청사항의 적법성에 관하여 형식적으로만 심사할 수 있을 뿐이고 등기사항의 실질적 진실성은 심사할 권한도 의무도 없는 것으로 하고, 실질적 심사주의에서는 등기관은 형식적 적법성뿐만 아니라 실질적 진실성까지 심사할 권한과 의무를 가진다. 절충주의에서는 등기관은 원칙적으로 형식적 적법성만 심사할 권한과 의무가 있으나, 등기사항의 진실성을 의심할 만한 사정이 있는 때에는 그 진실성을 심사할 권한과 의무가 있다.

ㄴ) 판례

판례는 일관해서 형식적 심사주의를 취하고 있다. 즉 대법원은 '등기관은 등기 신청에 대하여 실체법상의 권리관계와 일치하는 여부를 심사할 실질적 심사권한은 없고, 오직 신청서 및 그 첨부서류와 등기부에 의하여 등기요건에 합당하는지 여부를 심사할 형식적 권한 밖에는 없다'고 판시하고 있다(대법원 1995. 1. 20.선고 94마535판결).

(2) 등기신청의 각하사유

등기관은 다음 17기지 중 어느 하나에 해당하는 경우에만 이유를 적은 결정으로 신청을 각하하여야 한다. 다만, 신청의 잘못된 부분이 보정될 수 있는 경우로

서 등기관이 보정을 명한 날의 다음 날까지 신청인이 그 잘못된 부분을 보정하였을 때에는 그러하지 아니하다(상업등기법 제26조).

1) 사건이 그 등기소의 관할이 아닌 경우(제1호)

가. 관할등기소

상업등기에 관하여는 당사자의 영업소소재지를 관할하는 지방법원·동지원 또는 등기소를 관할등기소로 한다. 그러나 대법원장은 어느 등기소의 관할에 속하는 상업등기사무를 다른 등기소에 위임할 수 있으므로(상업등기법 제4조, 제5조), 이 때에는 그 사무위임을 받은 등기소만이 관할등기소가 된다(법인등기 제외).

나. 본 호의 각하사유에 해당하는 경우

관할등기소가 아닌 다른 등기소에 대한 등기의 신청, 즉 등기의 신청을 당사자의 영업소소재지를 관할하는 등기소가 아닌 등기소에 신청하거나, 영업소소재지 관할등기소라 하더라도 그 등기소의 상업등기사무가 다른 등기소에 위임된 경우에 그 위임을 받은 등기소에 신청하지 아니하고 영업소 소재지 관할등기소에 신청한 때에는 본 호의 각하사유에 해당된다.

회사의 본점이전등기신청을 구소재지 관할등기소를 경유하지 아니하고 직접 신소재지 관할등기소에 신청한 때에는 본 호의 각하사유에 해당하는 것이 아니라 11호의 각하사유에 해당된다.

다. 각하사유를 간과하고 실행한 등기의 효력

본 호의 각하사유를 간과하고 실행한 등기는 말소의 대상이 된다(상업등기법 제77조 1호).

2) 사건이 등기할 사항이 아닌 경우(제2호)

등기의 신청이 등기할 사항 이외의 사항의 등기를 목적으로 하는 때의 등기는 허용할 수 없는 것이어서 그 신청은 각하될 수밖에 없다. 등기할 사항이란 상법·상업등기법 등의 법령의 규정에 의하여 등기하여야 할 의무가 부과되어 있는 사항(절대적 등기사항)과 등기할 의무는 없지만 등기할 수 있는 사항(상대적 등기사항)으로 되어 있는 사항을 말한다.

본 호에 위반된 등기도 말소의 대상이 된다(상업등기법 제77조 1호).

【쟁점질의와 유권해석】

〈등기할 사항이 아닌 경우〉

ㄱ) 지배인 이외의 상업사용인에 관한 등기신청

ㄴ) 전환사채나 신주인수권부사채가 아닌 보통의 사채에 관한 등기신청

ㄷ) 합명(합자)회사의 업무집행사원에 관한 직무집행정지 가처분의 등기촉탁

ㄹ) 본점이전금지가처분 결정에 의한 가처분등기촉탁

ㅁ) 신주발행효력정지의 가처분등기촉탁

ㅂ) 법률의 근거 없이 설립등기된 법인등기

ㅅ) '신청인의 피신청인을 상대로 한 이사회결의 무효확인등 청구사건의 본안판결 확정시까지 신청인은 피신청인의 공동대표이사의 지위에 있음을 임시로 정한다.'는 내용의 가처분(지위보전 가처분) 촉탁등기

【쟁점질의와 유권해석】

〈당연히 이사가 되는 자에 관한 정관 규정의 의미와 등기할 사항인지 여부〉

제정 2012. 6. 25. [상업등기선례 제2-114호, 시행]

법인의 임원에 관한 정관 규정의 의미와 등기할 사항인지 여부는 해당 법인에 관한 등기신청사건에서 등기관이 판단하여야 할 것이다. 다만, 어느 법인의 정관에 특정한 직위에 있는 사람은 별도의 선임절차 없이 당연히 이사가 되도록 하는 규정이 있다면, 이는 그 직위에 있는 동안 이사의 지위도 변함이 없다는 취지에서 이와 같이 정하는 것이 일반적일 것이므로, 특별한 사정이 없는 한 그 직위에 있는 기간이 해당 이사의 임기가 되며 해당 법인의 정관에 규정된 이사의 임기는 적용될 수 없다.(2012. 06. 25. 사법등기심의관-1765 질의회답)

참조조문 : 민법 제40조

참조판례 : 대법원 2000. 11. 24.선고 99다12437판결

참조선례 : 상업등기선례 200610-3

3) 사건이 그 등기소에 이미 등기되어 있는 경우(제3호)

동일 사항에 관하여 이미 등기가 되어 있는 때에는 동일 등기소에 대하여 뒤에 한 등기신청은 이중등기를 목적으로 한 것으로서 각하된다.

가. 이중등기의 의의

이중등기란 동일 등기소에 대하여 기존의 등기와 동일 내용의 등기신청을 한 경

우를 말한다. 따라서 본점소재지에서 한 등기와 동일 내용의 등기신청을 지점소재지에서 한 경우에는 여기에 해당하지 않는다. 또한 일부의 등기사항이 동일하고 다른 등기사항이 다를 때에도 이중등기에 해당하지 않는다.

지배인은 영업소단위로 선임하는 것이므로 동일인을 다른 영업소의 지배인으로 선임하는 등기신청은 그 다른 영업소가 동일등기소의 관할구역내에 있는 경우라도 이중등기에 해당하지 않는다.

이미 등기한 사항에 관하여 동일한 등기신청을 다시 하였을 경우(예컨대 퇴임하여 말소된 이사에 대한 퇴임등기를 다시 신청한 경우, 주소변경등기가 이미 경료된 대표이사 등의 주소변경등기를 다시 신청한 경우 등)에는 본호에 해당한다는 견해와 제9호(신청서와 그 첨부서면 및 이와 관련된 등기기록의 각 내용이 서로 맞지 아니한 때)에 해당한다는 견해가 대립된다. 생각건대 이미 말소되어버린 등기를 다시 말소신청할 경우에는 본호에 해당하고, 현재 효력있는 등기의 변경등기를 다시 신청한 경우에는 제9호에 해당한다고 새기는 것이 타당하다고 본다.

나. 본호에 위반한 등기의 효력

본 호에 위반한 등기도 말소의 대상이 된다(상업등기법 제77조 1호).

4) 사건이 신청할 권한이 없는 사람이 신청한 경우(제4호)

등기신청의 진정을 보장하기 위하여 등기신청서에 날인할 자(대표권이 없는 자 제외)는 미리 그 인감을 등기소에 제출하도록 규정하고 있고(상업등기법 제25조), 등기신청을 할 수 있는 자는 상법·비송사건절차법 기타 법령에서 개별적 또는 통칙으로 규정하고 있으므로, 이에 해당하는 사람만이 등기신청을 할 수 있는 것이며, 그 이외의 자는 등기를 신청할 수 없다. 따라서 신청인이 아닌 자가 한 등기신청은 각하하여야 한다. 신청권한이 있느냐의 여부는 그 자가 신청인적격이 있는가 또는 신청인적격자의 대표자나 대리인인가의 여부에 따라 결정된다.

일반적으로 등기할 당사자가 신청인 적격자이나, 상호의 폐지등기·미성년자의 등기 등에 관하여는 당사자가 아닌 자도 등기신청 적격자가 될 수 있는 경우가 있다.

회사의 등기에 있어서는 회사가 신청적격자이지만 회사의 대표자가 신청인을 대표하여 등기신청을 할 권한을 가진다(동법 제23조). 회사의 합병으로 인한 해산등기의 신청에 관하여는 특칙은 없으나 존속회사 또는 신설회사의 대표자도 소멸회사의 해산등기를 신청할 권리가 있다고 새겨야 할 것이다.

법원 기타 관공서가 촉탁할 등기를 당사자가 신청하거나 반대로 당사자가 신청할 등기를 촉탁한 경우 또는 공동대표 중의 한사람이 신청을 한 경우에도 본 호에 의하여 각하하여야 한다.

5) 신청인 또는 그 대리인이 출석하지 아니한 경우(제5호)

가. 출석주의의 원칙

등기는 당사자 또는 그 대리인(법정대리인과 임의대리인을 포함한다)이 등기소에 출석하여 신청하는 것이 원칙이다(상업등기법 제24조 1항 1호). 따라서 당사자 또는 그 대리인이 출석하지 아니한 경우 그 등기신청은 각하된다.

나. 출석주의가 적용되지 않는 경우

전자문서에 의한 등기신청 및 촉탁에 따른 등기를 신청하는 경우와 회사의 본점과 지점소재지에서 등기할 사항에 관하여 지점소재지에서 등기를 신청하는 경우에는 당사자 출석주의가 적용되지 아니하므로(상업등기법 제24조 1항, 2항), 이 경우 당사자 또는 대리인이 불출석하였더라도 이 조항에 의하여 각하할 수 없다.

등기소의 관할이 다른 경우의 신본점소재지에서의 본점이전등기신청 및 합병으로 인한 해산등기신청은 동시신청을 하는 등기소에 당사자 또는 대리인이 출석하면 되고, 다시 신본점소재지등기소 또는 해산회사 관할등기소에 출석할 필요는 없다.

등기신청서를 우편 등에 의하여 신청하였거나, 출석한 자가 당사자 또는 대리인이 아닌 때에는 원칙적으로 본 호에 의하여 각하된다.

6) 신청정보의 제공이 이 법과 상업등기규칙으로 정한 방식에 맞지 아니한 경우(제6호)

상업등기법 제24조에 의하면 등기신청은 서면 또는 전산정보처리조직을 이용하며, 상업등기규칙 제51조, 제52조의 신청정보와 첨부정보를 적은 서면을 제출하고, 신청인 또는 그 대표자나 대리인이 기명날인(전자문서에 의한 신청시에는 전자서명)하여야 한다. 그리고 서면으로 등기를 신청하는 경우에는 대법원인터넷등기소에서 제공하는 전자표준양식을 이용하여 전산정보처리조직에 신청정보를 입력·저장한 다음, 저장된 신청정보를 출력하여 그 출력물로써 할 수 있다(상업등기규칙 제63조). 이러한 방식을 갖추지 아니하였거나 서면 또는 전자문서에 의하지 아니한 등기신청을 한 때에는 본 호에 의하여 각하된다. 예컨대 구두에 의한 신청, 신청인 또는 그 대리인의 기명날인이 누락되었거나 신청서의 기재사항 또는 기재문자가 법규에 어긋난 때 등이 이에 해당된다.

【쟁점질의와 유권해석】

〈상업등기신청서의 양식에 관한 예규에 정한 등기양식과 다른 양식으로 등기신청을 한 경우 각하되는지 여부〉

2004. 12. 16. 제정된 등기예규 제1091호(상업등기신청서의 양식에 관한 예규)에 의한 등기신청서의 양식은 모든 신청양식을 정한 것이 아니고 등기신청인의 편의를 위하여 일응의 양식을 제정한 것으로, 등기예규와 다른 사항에 대한 등기신청은 그 예규에 따라 신청할 수 없으므로, 등기관으로서는 등기양식과 다르다는 이유로 상업등기법 제27조 제6호의 규정을 근거로 등기신청서를 각하할 수 없다.

7) 상업등기법 제25조에 따라 인감을 제출하지 아니하거나 등기신청서 등 인감을 날인하여야 하는 서면에 찍힌 인감이 같은 조에 따라 제출된 인감과 다른 경우(제7호)

신청인의 인감을 제출케 하는 것은 등기신청서가 신청권한 있는 자에 의하여 작성된 것임을 등기관에게 확인시킴으로써 등기신청의 진정을 담보하려는데 목적이 있으므로, 신청서 또는 신청의 대리권을 수여하는 위임장에 미리 제출한 인감을 날인하지 아니하거나 최초의 등기신청시에 인감을 제출하지 아니하는 경우에는 본 호에 위반되는 것으로서 각하 된다.

상호양도의 등기 및 영업양도의 경우 면책등기는 양도증서 및 면책승낙서를 첨부하여 양수인이 신청하는 것이므로(상업등기규칙 제73조, 제74조), 그 신청의 진정을 보장하기 위하여 양도증서 및 면책승낙서에는 양도인이 미리 등기소에 제출한 인감을 찍어야 된다. 이와 다른 인감을 날인한 양도증서 등에 의한 신청은 본 호에 의하여 각하 된다.

8) 등기에 필요한 첨부정보를 제공하지 아니한 경우(제8호)

신청내용의 진실을 증명하는 서면으로 관청의 허가를 필요로 하는 사항의 등기를 신청할 경우 그 허가 또는 인가가 있음을 증명하는 정보(상업등기규칙 제52조), 미성년자의 영업에 대한 등기를 신청할 경우의 법정대리인의 허락을 얻었음을 증명하는 정보 등(상업등기규칙 제84조), 상호의 양도·상속에 의한 변경등기를 신청할 경우의 양도증서 등(상업등기규칙 제73조)을 제출하지 아니한 경우도 본 호에 해당된다.

법인등의등기사항에관한특례법(1993. 1. 1. 시행) 시행 당시의 회사가 법 시행 이후 최초로 등기를 신청하는 경우에는 임원 등의 주민등록번호를 증명하는 서면을 제출하여야 하나(예규 제794호) 이 서면을 제출하지 아니한 경우라도 그 사유만으로는 등기신청을 각하할 수 없다고 할 것이다. 다만, 이 법 시행규칙 제2조에 의하여 당해 임원 등에 대한 등기를 신청할 때에 주민등록번호 또는 생년월일을 증명하는 서면을 제출하지 아니한 경우에는 본 호의 각하사유에 해당된다고 할 것이다.

상업등기는 부동산등기와는 달리 도면을 첨부하는 경우란 있을 수 없다.

9) 신청정보와 첨부정보 및 이와 관련된 등기기록(폐쇄한 등기기록을 포함한다)의 각 내용이 일치하지 아니한 경우(제9호)

가. 신청서와 등기기록(폐쇄한 등기기록 포함)의 내용이 서로 맞지 아니한 때

예컨대 신청서에는 갑 이사가 사임한 것으로 기재되어 있는데 등기부에는 갑이 등기되어 있지 않고 을이 이사로 기재되어 있는 경우가 여기에 해당된다.

나. 신청서와 첨부서면의 내용이 서로 맞지 아니한 때

예컨대 신청서에는 갑을 이사로 선임한 뜻의 기재가 있는데, 첨부서면인 주주총회의사록에는 을을 이사로 선임한 뜻의 기재가 있는 경우가 여기에 해당된다. 그러나 주주총회의사록에 의하여 이사 5명이 선임된 것으로 기재되어 있는데도 그 중 3명만 취임등기신청을 하였을 경우에는 본 호의 각하사유에 해당하지는 않고, 취임등기를 신청하지 아니한 이사에 관하여 등기해태만 문제될 뿐이다.

다. 첨부서면의 내용과 등기부(등기기록)의 내용이 서로 맞지 아니한 때

예컨대 첨부서면인 주주총회의사록 기재의 발행주식총수와 등기부상의 발행주식 총수가 다른 경우가 여기에 해당된다. 다만, 행정구역 또는 그 명칭의 변경이나 구획의 변경이 있는 때에는 등기부에 기재한 행정구역 또는 그 명칭은 당연히 변경된 것으로 보고, 등기관은 직권으로 그 변경이 있는 것을 기재할 수 있으므로, 이 경우에는 등기부가 변경된 것과 같이 취급된다.

라. 첨부서면의 내용이 서로 맞지 아니한 때

예컨대 첨부서면인 주식청약서에 기재된 납입은행과 납입금보관증명서의 발행은행이 다른 경우가 여기에 해당된다.

10) 등기할 사항에 무효 또는 취소의 원인이 있는 경우(제10호)

가. 의 의

이는 실체에 관계되는 각하사유로서, 등기할 사항의 성립절차 내지 발생원인에 하자가 있는 경우이다. 등기할 사항에 관하여 무효 또는 취소의 원인이 있는지의 여부는 등기부, 신청서와 첨부서면만을 자료로 심사하여야 한다. 등기할 사항이 부존재하는 경우도 이에 해당한다 할 것이다.

나. 등기할 사항에 무효 또는 취소의 원인이 있어도 본 호에 의해 각하할 수 없는 경우

등기할 사항에 관하여 소로써만 주장할 수 있는 무효 또는 취소의 원인이 있는 경우에 그 소가 제기기간 내에 제기되지 아니한 때에는 본 호를 적용하지 아니한다(상업등기법 제27조).

11) 거쳐야 할 등기소를 거치지 아니하고 신청한 경우(제11호)

구소재지관할등기소를 거치지 아니하고 신본점소재지등기소에 본점이전등기를 신청한 때, 합병으로 인한 해산등기를 합병으로 인하여 신설 또는 존속하는 회사의 관할등기소를 거치지 아니하고 소멸회사관할등기소에 신청한 때 등이 이에 해당된다.

12) 동시에 신청하여야 하는 다른 등기를 동시에 신청하지 아니한 경우(제12호)

이는 전제되는 등기를 먼저 신청하지 아니하거나 동시에 산정하지 아니하여 각하되는 경우이다. 다음과 같은 경우가 여기에 해당된다.

① 해산의 등기를 먼저 신청하지 아니하고 청산인의 등기를 신청한 경우

② 신본점소재지의 본점이전등기를 구본점소재지에 동시에 신청하지 아니한 경우

③ 합병으로 인하여 소멸하는 회사에 대한 해산등기와 합병으로 인하여 설립하는 회사의 설립등기 또는 존속하는 회사의 변경등기를 동시에 신청하지 아니한 경우

④ 조직변경으로 인한 변경전 회사의 해산등기와 변경 후 회사의 설립등기를 동시에 신청하지 아니한 경우

2개 이상의 등기를 동시에 신청하여야 할 경우에 그 중 하나의 신청에 각하사유가 있는 때에는 각하사유가 없는 나머지 다른 등기신청도 이것을 이유로 함께 각하한다.

13) 사건이 상업등기법 제29조에 따라 등기할 수 없는 상호의 등기 또는 가등기를 목적으로 하는 경우(제13호)

동일한 특별시·광역시·특별자치시·시(행정시 포합) 또는 군(광역시늬 군 제외)에서는 동일한 영업을 위하여 다른 상인이 등기한 상호와 동일한 상호는 등기할 수 없다(상업등기법 제29조). 이에 위반한 상호신설(회사설립포함)·상호변경의 등기 및 본점이전(영업소 이전)의 등기는 각하 된다. 목적을 변경함에 따라 이 조

항에 위반되는 결과로 되는 경우에도 또한 같다(예규 제598호).

14) 사건이 법령의 규정에 따라 사용이 금지된 상호의 등기 또는 가등기를 목적으로 하는 경우(제14호)

상법 제20조의 규정에 위반하여 회사 아닌 자가 회사라는 표시를 한 상호의 등기를 신청하거나, 기타 특별법(은행법 제14조, 보험업법 제8조 2항, 신탁업법 제7조 2항 등)의 규정에 의하여 사용이 금지된 상호를 등기목적으로 한 때를 말한다.

15) 상호등기가 말소된 회사가 상호의 등기에 앞서 다른 등기를 신청한 경우(제15호)

상법 제27조의 규정에 의하여 상호만 말소된 회사는 다시 상호를 설정하여 등기하기 전에는 다른 등기를 신청할 수 없으므로 이에 위반한 경우에는 이 조항에 의하여 각하된다. 그러나 상호의 신청과 동시에 신청한 다른 등기의 신청은 본 호 사유에 해당하지 아니한다. 상호가 말소된 회사라 하더라도 회사의 법인격은 여전히 존속하고 상호만 없는 상태로 된다.

16) 사건이 상업등기법 제38조 3항, 제39조 2항 또는 제40조 1항 단서를 위반한 경우(제16호)

본 호는 2007. 8. 3. 상업등기법 제정시 신설된 조항이다.

가. 상호의 가등기에 있어서 본등기를 할 때까지의 기간을 2년을 초과하여 등기신청한 때

주식회사 또는 유한회사의 설립에 관계된 상호의 가등기에 있어서는 본등기를 할 때까지의 기간도 등기하여야 하는데, 그 기간은 2년을 초과할 수 없다(상업등기법 제38조 3항).

따라서 2년을 초과하는 기간을 상호의 본등기를 할 때까지의 기간으로 하여 등기를 신청하면 본 호에 의하여 각하된다.

나. 본점이전 등에 관계된 상호의 가등기에 있어서 본등기를 할 때까지의 기간을 2년 또는 1년을 초과하여 등기신청한 때

본점이전 등에 관계된 상호의 가등기에 있어서는 본등기를 할 때까지의 기간을 등기하여야 하는데, 그 기간은 본점이전과 관계된 상호의 가등기의 경우에는 2년을, 상호나 목적 또는 상호와 목적변경에 관계된 상호의 가등기의 경우에는 1년을 각각 초과할 수 없다(상업등기법 제39조 2항).

따라서 이에 위반하여 본등기를 할 때까지의 기간을 2년 또는 1년을 초과하여 등기신청을 한 때에는 본 호에 의하여 각하된다.

다. 본등기까지의 예정기간과 그 연장기간이 법정기간을 초과한 때

상호의 가등기를 한 발기인 등이나 회사는 상업등기법 제38조 2항 5호(상호의 가등기시 본등기를 할 때까지의 기간) 또는 제39조 1항 8호(본점이전 등에 관계된 상호의 가등기시 본등기를 할 때까지의 기간)의 기간(이를 예정기간이라 한다)의 연장과 등기를 신청할 수 있다. 다만, 종전의 예정기간과 연장기간을 합한 기간이 제38조 3항(2년) 및 제39조 2항(1년)의 기간을 각각 초과할 수 없다(상업등기법 제40조 1항). 이에 위반하면 본 호에 의하여 등기신청이 각하된다.

17) 등록에 대한 등록면허세 또는 상업등기법 제22조 3항에 따른 수수료를 납부하지 아니하거나 등기신청과 관련하여 다른 법률에 의해 부과된 의무를 이행하지 아니한 경우(제17호)

등록면허세를 전액 납부하지 아니한 경우는 물론, 그 납부액에 부족이 있는 때 등이 이에 해당한다.

3. 등기신청의 각하와 취하

(1) 등기신청의 각하

등기관은 등기신청에 관한 모든 사항을 조사하여 상업등기법 제26조 각 호의 어느 하나에 해당하는 각하사유가 있는 때에는 이유를 기재한 결정으로써 신청을 각하하여야 한다. 다만, 신청의 잘못된 부분이 보정될 수 있는 경우로서 등기관이 보정을 명한 날의 다음 날까지 신청인이 그 잘못된 부분을 보정하였을 때에는 그러하지 아니하다(상업등기법 제26조 단서).

보정요구는 신청인에게 말로 하거나 전화·팩시밀리 또는 인터넷을 이용하여 할 수 있다(상업등기규칙 제54조 3항).

종전의 비송사건 절차법 제159조는 '신청일의 다음날'까지 이를 보정할 수 있도록 하였으나 2007. 8. 3. 제정된 상업등기법은 '신청일 당일'에 보정할 수 있는 것으로 하였었다. 그러나 2014년 11월 21일 시행된 개정 상업등기법에서는 등기관이 '보정을 명한 날의 다음 날'까지 이를 보정할 수 있도록 하고 있다.

(2) 등기신청의 취하

1) 취하시기

등기를 신청한 당사자 또는 권한 있는 대리인은 등기관이 등기를 마치기 전까지 할 수 있다(상업등기규칙 제56조 1항).

2) 취하방법

등기신청의 취하는 다음 각 호의 구분에 따른 방법으로 하여야 한다(상업등기규칙 제56조 2항).

1. 상업등기법 제24조 제1항 제1호에 따른 등기신청(방문신청) : 신청인 또는 그 대리인이 등기소에 출석하여 취하서를 제출하는 방법
2. 상업등기법 제24조 제1항 제2호에 따른 등기신청(전자신청) : 전산정보처리조직을 이용하여 취하정보를 전자문서로 등기소에 송신하는 방법

4. 등기의 실행

(1) 전산정보처리조직에 의한 상업등기업무처리로의 전환

상업등기의 전산완료 전에는 등기부 또는 카드식의 등기용지에 소정의 등기사항을 기입하였으나, 현재는 전국의 모든 등기소의 현재 효력 있는 상업등기부를 전산으로 전환 완료하여 전산에 의한 상업등기업무를 처리하고 있다.

전산정보처리조직에 의하여 등기사무를 처리하는 경우에는 등기사항이 기재된 자기디스크(자기테이프 기타 이와 유사한 방법에 의하여 일정한 등기사항을 확실하게 기록·보관할 수 있는 것을 포함)를 등기부로 본다.

(2) 등기의 순서

상업등기는 부동산등기와는 달리 등기의 순위는 없으나 상호의 등기(설립등기 포함)에 있어서는 등기신청의 전후에 의하여 그 등기를 할 수 없는 경우가 있을 뿐만 아니라 실체관계에 있어서도 상호의 폐지 또는 말소청구를 당하는 경우가 있으므로 등기는 접수번호의 순서에 따라서 하여야 한다(상업등기법 제8조 3항).

(3) 등기의 방법

등기의 기록은 자기디스크 장치에 등기데이타를 축적하는 것으로 이루어진다. 그러므로 종전 방식의 등기의 기입, 기재라는 개념은 수정되어, 등기용지는 '등기

기록'으로, 기재는 '기록'으로, 날인은 '등기관의 식별부호를 기록'으로, 주말은 '말소하는 기록'으로 변경되었다.

1) 기록할 사항

등기를 할 때에는 상업등기규칙에서 따로 정하는 경우를 제외하고는 등기기록 중 해당란에 등기사항, 등기원인 및 그 연월일, 등기연월일을 기록하고 동규칙 제3조 3항의 등기관의 식별부호를 기록하여야 한다(동규칙 제55조 1항).

2) 법원의 재판에 따른 등기를 하는 경우

법원의 재판에 따라 등기를 하는 때에는 법원의 명칭, 사건번호 및 재판의 확정연월일 또는 재판연월일을 기록하여야 한다(동규칙 제55조 2항).

3) 변경의 등기를 하는 경우

변경의 등기를 하는 때에는 변경 전의 등기사항을 말소하여야 한다(동규칙 제55조 3항).

III. 등기의 경정과 말소

■ 핵 심 사 항 ■

1. 등기의 경정
 (1) 의의 : 신청인 또는 등기관의 착오로 처음부터 등기가 잘못 기재(기록)된 경우에 이를 시정하는 것.
 (2) 등기의 경정절차
  1) 신청에 의한 경정 : 등기에 착오가 있거나 빠진 것이 있는 때에는 당사자는 그 등기의 경정을 신청할 수 있다(상업등기법 제75조).
  2) 직권경정 : 등기관은 등기를 한 후 그 등기에 착오가 있거나 빠진 것이 있음을 발견한 때에는 지체없이 등기를 한 사람에게 그 뜻을 통지하여야 한다. 다만, 그 착오와 빠진 것이 등기관의 잘못으로 인한 것인 때에는 지체없이 등기의 경정을 한 후 그 사실을 등기를 한 사람에게 통지를 하여야 한다(상업등기법 제76조).
2. 등기의 말소
 (1) 의의 : 등기사항에 무효원인이 있거나 이에 부합하는 실체관계가 없는 경우에, 이미 행하여진 등기를 말소하는 것.
 (2) 등기의 말소절차
  1) 말소의 사유 : 상업등기법 제77조는 등기의 말소사유를 제한적으로 열거하고 있다.
  2) 말소신청절차 : 당사자는 등기를 한 후 그 등기가 상업등기법 제77조 각 호의 규정에 해당하는 때에는 관할등기소에 그 말소신청을 할 수 있다(상업등기법 제77조).
  3) 직권말소 : 등기관은 등기를 한 후 그 등기가 상업등기법 제77조 각 호의 1(등기의 말소사유)에 해당하는 것을 발견한 때에는 등기를 한 자에게 1개월 이내의 기간을 정하여 그 기간 이내에 이의를 진술하지 아니하면 등기를 말소한다는 뜻을 통지하여야 한다(상업등기법 제78조 1항).

1. 의 의

　등기가 되더라도 그 등기가 실체관계에 부합하지 아니하는 경우에 그 등기를 실체관계에 부합시키기 위하여 하는 것이 등기의 경정 또는 말소이다. 양자 모두 등기를 시정하기 위한 제도이다.

(1) 등기의 경정

　등기의 경정이란 신청인 또는 등기관의 착오로 처음부터 등기가 잘못 기재(기록)된 경우에 이를 시정하는 것으로서, 등기관은 등기의 착오 또는 유루가 등기관의 착오로 인한 것임을 발견한 때에는 지체없이 이를 경정하여야 한다. 등기의 경정은 실체관계의 존재를 전제로 하여 등기가 이에 부합되지 않기 때문에 이를 시정하는 등기이다.

(2) 등기의 말소

등기의 말소란 등기사항에 무효원인이 있거나 이에 부합하는 실체관계가 없는 경우에, 이미 행하여진 등기를 말소하는 것을 말한다. 등기의 말소는 당초부터 무효 또는 존재하지 아니하는 실체관계를 등기한 후에 이를 시정하는 등기이다.

【쟁점질의와 유권해석】

〈폐쇄등기부에 기재된 이미 효력을 상실한 사항도 경정 또는 변경할 수 있는지 여부〉

전산등기부에 이기 당시 효력이 있는 부분만을 이기하고 기존의 등기부를 폐쇄한 경우, 폐쇄등기부에 이미 효력을 상실한 사항에 대하여 경정 또는 변경등기는 할 수 없다.

【쟁점질의와 유권해석】

〈신설회사가 분할회사의 상호로 변경등기를 할 수 있는지 여부〉제정 2009. 8. 4. [상업등기선례 제2-84호, 시행]

주식회사(분할회사)가 영업을 분할하여 다른 주식회사(신설회사)를 설립하면서 신설회사의 상호를 분할회사의 상호로 하여 설립등기를 하고, 분할회사에 대하여는 본래의 상호에 '홀딩스'를 붙여 변경등기를 하는 것은, 분할회사의 변경 후의 상호가 동일한 특별시·광역시·시 또는 군 내에서 동일한 영업을 위하여 다른 사람이 등기한 것과 동일한 상호가 아니라면 가능하다.(2009. 8. 4. 사법등기심의관-1763 질의회답)
참조조문 : 상법 제22조, 25조, 상업등기법 제30조
참조선례 : 상업등기선례 200705-3

2. 등기의 경정절차

(1) 신청에 의한 경정

1) 경정의 사유

등기에 착오가 있거나 빠진 것이 있는 때에는 당사자는 그 등기의 경정을 신청할 수 있다(상업등기법 제75조).

그 착오·유루는 신청인의 착오에 기인한 것이든, 등기관의 과오에 기인한 것이든

이를 불문한다.

등기의 경정은 현재의 사실과 등기가 불일치하는 경우에만 인정되는 것으로, 등기 당시에는 사실과 부합하지 아니하더라도 그 후 실체관계의 변동으로 인하여 현재 그 등기가 사실과 부합하는 때에는 이를 경정할 수 없고, 또 경정 전후를 통하여 객관적으로 등기의 동일성이 인정되는 경우에만 경정이 인정된다.

2) 경정등기신청서의 첨부서면

신청서에는 일반적인 기재사항을 기재하며, 착오가 있거나 빠진 것이 있음을 증명하는 서면을 첨부하여야 한다(상업등기규칙 제167조 1항). 신청서 및 그 첨부서면에 의하여 등기에 착오 또는 빠진 것이 있음이 명백할 때에는 경정등기신청서에 착오 또는 빠진 것이 있음을 증명하는 서면을 첨부하지 아니할 수 있다. 이 경우에는 경정등기신청서에 그 뜻을 기록하여야 한다(상업등기규칙 제167조 2항).

(2) 직권경정

1) 절 차

등기관은 등기를 한 후 그 등기에 착오가 있거나 빠진 것이 있음을 발견한 때에는 지체 없이 등기를 한 사람에게 그 뜻을 통지하여야 한다. 다만, 그 착오와 빠진 것이 등기관의 잘못으로 인한 것인 때에는 지체 없이 그 등기를 직권으로 경정하고 그 사실을 등기를 한 자에게 통지하여야 한다(상업등기법 제76조 2항).

2) 방 법

등기를 경정하는 경우에는 경정할 등기에 대하여 말소하는 표시를 하고, 그 등기에 의하여 말소된 등기사항이 있을 때에는 그 등기를 회복하여야 한다(상업등기규칙 제168조).

(3) 행정구역 등의 변경

등기부에 기록된 행정구역 또는 그 명칭이 변경된 때에는 등기관은 직권으로 변경사항을 등기할 수 있다(상업등기규칙 제57조).

3. 등기의 말소절차

(1) 말소의 사유

상업등기법 제77조는 등기의 말소사유를 제한적으로 열거하고 있다.

① 사건이 그 등기소의 관할이 아닌 경우

② 사건이 등기할 사항이 아닌 경우

③ 사건이 그 등기소에 이미 등기되어 있는 경우

④ 등기된 사항에 관하여 무효의 원인이 있는 경우(소로써만 그 무효를 주장할 수 있는 경우는 제외)

회사설립의 무효·신주발행의 무효·자본감소의 무효·합병의 무효 등과 같이 소로 써만 그 무효를 주장할 수 있는 경우에는 판결에 의하여 그 무효임이 확정되기까지에는 일단 실체관계는 존재하는 것이고 또 실체관계에 무효원인이 있다 하더라도 이를 기초로 법률관계가 형성되는 것이므로 말소신청을 할 수 없다.

(2) 말소신청절차

당사자는 등기를 한 후 그 등기가 상업등기법 제77조 각 호의 규정에 해당하는 때에는 관할등기소에 그 말소신청을 할 수 있다(동법 제77조).

등기사항에 관하여 무효의 원인을 이유로 등기의 말소를 신청하는 경우에는 그 신청서에 무효의 원인이 있음을 증명하는 서면을 첨부하여야 한다(상업등기규칙 제169조 1항).

등기의 말소신청에 관하여는 상업등기규칙 제167조 제2항을 준용하므로, 말소 등기신청서 또는 첨부서면에 의하여 등기사항에 관하여 무효의 원인이 있음이 명 백할 때에는 무효의 원인이 있음을 증명하는 서면을 첨부하지 아니할 수 있다. 이 경우에는 말소등기신청서에 그 뜻을 기록하여야 한다(동규칙 제169조 2항).

【쟁점질의와 유권해석】

〈무효의 원인을 증명하는 서면에 해당되는지 여부가 문제되는 경우〉

ㄱ) 등기사항의 기초가 된 법률관계가 무효임을 확인하는 확정판결

이는 무효의 원인을 증명하는 서면에 해당된다.

ㄴ) 이의신청에 대한 제1심의 결정

아직 확정되지 않은 이의신청에 대한 제1심 결정은 무효원인증명서면이 될 수 없다.

ㄷ) 유죄 확정판결의 이유 중에 등기가 부실기재라는 내용이 설시되어 있는 경우

위조된 이사회 회의록으로 임원 변경등기가 경료 된 경우에, 그 등기에 관해 공정 증 서원본불실기재죄의 유죄 확정판결이 있고, 그 판결 이유 중에 그 등기가 불실기재라 는 내용이 설시되어 있다면, 무효의 원인이 있음을 증명하는 서면으로서 위 판결등본 을 첨부하여 말소등기를 신청할 수 있다.

(3) 직권말소

1) 직권말소 사유 및 절차

등기관은 등기를 한 후 그 등기가 상업등기법 제77조 각 호의 1(등기의 말소사유)에 해당하는 것을 발견한 때에는 등기를 한 자에게 1개월 이내의 기간을 정하여 그 기간 이내에 이의를 진술하지 아니하면 등기를 말소한다는 뜻을 통지하여야 한다(상업등기법 제78조 1항).

본점과 지점의 소재지에서 등기한 사항을 직권말소함에는 말소통지는 본점의 등기에 대하여서만 하고 지점의 등기는 본점에서 직권말소한 통지에 의하여 말소한다(상업등기법 제81조 1항). 그러나 지점소재지에서 한 등기에 한하여 말소의 사유가 있는 때에는 지점소재지에서 말소통지를 하여야 한다(상업등기법 제81조 3항).

상업등기에 있어서 말소에 대한 등기상의 이해관계인이 없으므로 그 통지절차가 생략되는 점은 부동산등기와 다르나, 등기한 자의 주소 또는 거소를 알 수 없는 때에는 통지에 갈음하여 법 78조 1항에서 정한 기간 동안 등기소의 게시장에 이를 게시하거나 대법원규칙으로 정하는 바에 따라 공고를 하여야 하는 점(상업등기법 제78조 2항) 및 직권말소에 관한 나머지 절차는 부동산등기와 같다.

2) 이의에 대한 결정

등기의 말소에 관하여 이의를 진술한 사람이 있는 때에는 등기관은 그 이의에 대한 결정을 하여야 한다(상업등기법 제79조).

3) 등기의 직권말소

이의를 진술한 사람이 없는 때 또는 그 이의를 각하한 때에는 등기관은 직권으로 등기를 말소하여야 한다(상업등기법 제80조).

4) 지점소재지에서의 등기의 말소

상업등기법 제78조부터 제80조까지의 규정은 회사의 본점과 지점소재지에서 등기할 사항의 등기에 관하여는 본점소재지에서 한 등기의 경우에 한하여 적용한다. 다만, 지점소재지에서 한 등기에 한하여 말소의 사유가 있는 때에는 그러하지 아니하다(상업등기법 제81조).

(4) 말소등기의 방법(상업등기규칙 제170조)

① 등기를 말소하는 경우에는 말소할 등기에 대하여 말소하는 기호를 기록하고 그 등기로 인하여 말소된 등기사항이 있는 때에는 회복하여야 한다. 다만, 등

기의 말소로 인하여 등기기록을 폐쇄하여야 할 때에는 그러하지 아니하다.

② 등기의 직권말소(상업등기법 제80조) 또는 상업등기법 제81조 3항에 따라 등기를 말소하는 경우에는 그 뜻을 기록하여야 한다.

주식회사 변경등기신청시의 등록세에 관한 질의

선례요지

1. 주식회사의 대표이사가 사임 후 취임하거나 중임하여 변경등기를 신청하는 경우, 그 변경등기의 신청 전에 주소가 변경되어 주소변경등기도 같은 신청서에 의해 함께 신청한다면 1건의 등록세(및 지방교육세)만을 납부하면 된다(지방세법 제137조 제1항 제6호, 제260조의2, 제60조의4 제1항, 지방세법 시행령 제89조 제1항. 지방세법 운용세칙 131-7 3. 참조). 다만, 주소변경등기신청을 해태한 사실이 있다면, 등기관은 위 등록세의 문제와는 상관없이 과태료 통지를 하여야 한다(상법 제317조 제2항 제9호, 제4항, 제183조, 제635조 제1호).

2. 주식회사의 증자등기를 신청하는 때에, 회사가 발행할 주식의 총수가 부족하여 그 변경등기도 같은 신청서에 의해 함께 신청한다면 증자등기에 필요한 등록세(및 지방교육세)만을 납부하면 된다(등기예규 제1038호 3., 지방세법 제137조 제1항 제1호 (2)목, 제260조의2, 제260조의4 제1항, 지방세법 시행령 제89조 제1항). (2006. 8. 2. 공탁상업등기과-759 질의회답)

참조선례 : 상업등기선례요지집 제143항

등록세 감면 확인서의 첨부 여부

선례요지

대도시(지방세법 제274조, 지방세법 시행령 제224조)안에 등기되어 있는 법인이 대도시 외로 본점 또는 주사무소를 이전하는 경우, 그 이전에 따른 법인등기의 신청서에는 등록세 감면통지서 또는 등록세 감면확인서 기타 등록세가 면제됨을 확인하는 소관 지방자치단체의 장의 서면을 첨부하여야 한다. 그 이유는 다음과 같다

① 등록세의 감면을 받고자 하는 자는 원칙적으로 지방세감면신청을 하여야 하며(지방세법 제292조), 각 지방자치단체의 조례는 등록세를 감면받고자 하는 자가 일정한 서류를 갖추어 시장 등에게 제출하여야 하는 것으로 규정하고 있다(각 시·도세 조례 참조).

② 등록세는 지방세로서 그 부과·징수는 지방자치단체의 권한이며, 등기관의 역할은 등기신청서와 첨부된 등록세 관련 서류를 대조하여 그 부합함을 확인하는 방법으로 조사를 하고 등록세가 누락됨이 없도록 각종 통지·송부를 하는데 그친다(지방세법 제151조의2, 지방세법 시행령 제91조, 제105조, 상업등기선례1-48등 참조). (2006. 8. 2. 공탁상업등기과-762 질의회답)

참조선례 : 상업등기선례요지집 제46항

제 3 장 등기관의 처분에 대한 이의 등

Ⅰ. 이의신청절차

■ 핵 심 사 항 ■

1. 관할법원 : 등기관의 결정 또는 처분에 이의가 있는 사람은 관할 지방법원에 이의신청을 할 수 있다(상업등기법 제82조).
2. 이의신청권자 : 등기상 직접적인 이해관계를 가진 자에 한하고, 제3자는 이의신청을 할 수 없다.
3. 이의신청의 사유 : 등기관의 결정 또는 처분이 부당한 것이어야 한다.
4. 이의신청의 방법 : 구술로 할 수 없고 등기소에 이의신청서를 제출함으로써 하여야 한다(상업등기법 제83조).
5. 항고 : 관할 지방법원은 이의신청에 대하여 이유를 붙여 결정을 하여야 한다. 이 경우 이의신청이 이유 있다고 인정하면 등기관에게 그에 해당하는 처분을 명령하고, 그 뜻을 이의신청인과 등기를 한 자에게 통지하여야 한다. 지방법원의 위 결정에 대해서는 「비송사건절차법」에 따라 항고할 수 있다(상업등기법 제87조).

1. 관할법원

등기관의 결정 또는 처분에 이의가 있는 사람은 관할 지방법원에 이의신청을 할 수 있다(상업등기법 제82조).

2. 이의신청권자

등기관의 처분이 부당하다고 하여 이의신청을 할 수 있는 자는 등기상 직접적인 이해관계를 가진 자에 한하고(대법원 1987. 3. 18.선고 87마206판결), 제3자는 이의신청을 할 수 없다.

등기상 이해관계를 가진 자란 등기관의 당해 처분에 의하여 불이익을 받게 되는 자로서, 이의신청이 허용됨으로써 그 불이익을 제거할 수 있는 처지에 있는 자를 말한다.

3. 이의신청의 사유

등기관의 결정 또는 처분이 부당한 것이어야 한다. 여기서 '등기관의 결정'은 등기신청의 각하결정을 말하고, '처분'은 등기신청의 접수, 등기의 실행, 등기부의 열람, 등기부등초본 또는 등기에 관한 제증명의 교부 등 등기관의 권한에 속하는 모든 처분을 말한다.

등기관의 처분이 소극적 부당일 때, 즉 신청한 등기를 실행하여야 함에도 불구하고 신청을 각하하거나, 일정한 직권등기를 실행하여야 함에도 불구하고 이를 게을리 하고 있는 경우에는 신청한 등기 또는 일정한 직권등기를 실행하라는 이의신청을 할 수 있다. 그러나 적극적 부당일 때, 즉 등기신청을 각하하여야 함에도 불구하고 이를 접수하여 등기하거나, 직권에 의하여 실행할 수 없는 등기를 직권으로써 실행한 경우에, 이를 직권 말소함으로써 원상으로 회복할 수 있는 경우가 아니면 이의신청을 할 수 없다.

그러므로 실행한 등기에 직권말소사유가 있는 경우, 즉 ① 그 등기소의 관할에 속하지 아니하는 등기를 한 경우, ② 등기사항 이외의 사항을 등기한 경우, ③ 이미 등기된 사항에 관하여 중복하여 등기한 경우, ④ 등기된 사항에 무효의 원인이 있는 경우(다만, 소만에 의하여 그 무효를 주장할 수 있는 경우는 제외된다)에 한하여 이의신청을 할 수 있는 것이며(상업등기법 제77조), 그 외의 사유를 들어 이의신청을 할 수는 없다.

4. 이의신청의 방법

이의신청은 구술로 할 수 없고 이의신청은 등기소에 이의신청서를 제출함으로써 하여야 한다(상업등기법 제83조). 이의는 새로운 사실이나 증거방법으로써 하지 못한다(동법 제84조).

등기관의 결정 또는 처분의 당부는 그 처분 당시를 기준으로 판단하여야 하므로 그 당시에 제출하지 않았던 신사실이나 신증거방법을 내세워 이의를 할 수 없도록 한 것이다.

이의는 집행정지의 효력이 없다(동법 제86조). 서면에 의하기만 하면 반드시 직접 출석을 요하지 않으며, 이의할 수 있는 기간에도 제한이 없다.

등기소에 제출하는 이의신청서에는 이의신청인의 성명과 주소, 이의신청의 대상인 등기관의 결정 또는 처분, 이의신청의 취지와 이유, 그 밖에 대법원예규로 정하는 사항을 적고 신청인이 기명날인 또는 서명하여야 한다(상업등기규칙 제171조).

5. 등기관의 조치

(1) 이의가 이유 없다고 인정한 때

등기관은 이의가 이유 없다고 인정한 때에는 이의신청이 있은 때부터 3일 이내에 의견서를 첨부하여 이의신청서를 관할 지방법원에 보내야 한다(상업등기법 제85조 2항).

(2) 이의가 이유 있다고 인정할 때

이 경우에는 그에 해당하는 처분을 하여야 한다(동법 제85조 1항).

(3) 등기 완료 후에 이의신청이 있는 경우

등기를 마친 후에 이의신청이 있는 경우 등기관은 3일 이내에 의견을 붙여 이의신청서를 관할 지방법원에 보내고 등기를 한 자에게 이의신청 사실을 통지하여야 한다. 다만, 이미 마친 등기에 대하여 법 제77조 각 호의 어느 하나에 해당하는 사유로 이의신청을 한 경우, 등기관은 그 이의신청이 이유 있다고 인정하면 법 제78조부터 제80조까지의 규정에 따른 절차를 거쳐 그 등기를 직권으로 말소한다(동법 제85조 3항).

6. 이의에 대한 결정

관할지방법원은 이의에 대하여 이유를 붙인 결정을 하여야 한다. 이 경우 이의가 이유 있다고 인정한 때에는 등기관에게 그에 해당하는 처분을 명하고 그 뜻을 이의신청인과 등기를 한 사람에게 통지하여야 한다(상업등기법 제87조 1항).

7. 항 고

이의에 대한 결정에 대하여는 비송사건절차법에 따라 항고할 수 있다(동법 제87조 2항).

등기신청을 각하한 등기관의 처분에 대하여 이의신청을 한 결과 관할법원이 이의가 이유있다고 인정하여 등기관에게 그 등기신청에 따른 처분을 명함으로써 등기관이 이에 따라 등기부에 기입을 마친 경우, 등기신청에 대한 등기관의 각하처분은 이미 존재하지 아니하므로 등기관의 등기신청 각하처분의 당부를 판단한 법원의 결정에 대해서는 이를 다툴 항고의 이익은 없게 된다(대법원 1996. 12. 11.선고 96마1954판결).

【쟁점질의와 유권해석】

〈이의신청을 인용한 결정에 대해 등기상 이해관계인이 항고할 수 있는지 여부〉

이의신청을 인용한 결정에 대하여는 이의신청인은 항고를 할 수 없음은 당연하나, 비송사건절차법은 재판으로 인하여 권리를 침해당한 자는 그 재판에 대하여 항고를 할 수 있다고 규정하고 있어 등기상 이해관계인이 항고를 할 수 있는가가 문제이다.

ㄱ) 관할법원 명령에 따른 등기를 하기 전

등기의 효력은 등기를 한 때에 발생하므로 관할법원의 기입명령에 의하여 등기를 하기 전에는 등기상 이해관계인이 있을 수 없으므로 누구도 항고의 이익이 있는 경우가 없어 항고를 할 수 없다.

ㄴ) 등기관이 등기를 실행한 후

그러나 등기관이 관할법원의 기입명령에 의하여 등기를 실행한 경우에는 등기관의 각하처분은 이미 존재하지 아니하므로 이에 대하여는 항고할 수 없고, 실행된 등기가 상업등기법 제27조 1호 내지 3호에 해당하는 경우에 한하여 이를 이유로 등기관의 처분에 대한 이의의 방법으로 말소를 구하여야 하고, 그 등기가 상업등 기법 제27조 4호 이하에 해당하는 경우에는 별개의 소송으로 그 등기의 효력을 다투어야만 한다.

ㄷ) 관할법원 등기말소 명령을 한 경우 말소의 대상이 된 당해 등기의 권리자 등의 항고의 가부

등기관이 등기를 완료한 처분에 대한 이해관계인의 이의에 대하여 관할법원이 이를 인용하여 그 등기의 말소를 명한 경우에는 말소의 대상이 된 당해 등기의 등기권리자와 등기의무자는 그 등기의 당사자로서 항고를 할 수 있다.

핵 심 판 례

■ 등기관이 전산이기가 완료된 등기기록에 관하여 전산이기 과정에서 유효사항의 누락, 오타 등의 오류가 있음을 발견한 경우, 직권으로 경정등기를 하여야 하는지 여부

경정등기는 기존 등기의 일부에 등기 당시부터 착오 또는 빠진 부분이 있어 등기가 원시적으로 실체관계와 일치하지 아니하는 경우에 이를 시정하기 위하여 기존 등기의 해당 부분을 정정 또는 보충하여 실체관계에 맞도록 등기사항을 변경하는 등기이므로, 전산이기가 완료된 등기기록에 관하여 유효사항의 누락, 오타 등 오류가 있는 경우에도 경정등기의 대상이 된다. 따라서 등기관이 전산이기가 완료된 등기기록에 관하여 전산이기 과정에서 유효사항의 누락, 오타 등의 오류가 있음을 발견한 경우에는 등기상 이해관계 있는 제3자가 없는 한 지체 없이 부동산등기법 제32조 제2항에 따라 직권으로 경정등기를 하여야 하고, 이러한 경우에 등기권리자 또는 등기의무자는 등기관의 직권발동을 촉구하는 의미의 경정등기를 단독으로 신청할 수 있다 (대법원 2017. 1. 25.자, 2016마5579 결정).

II. 관할법원의 명령에 의한 등기의 방법 및 관련조치

1. 등기의 방법

등기관이 상업등기법 제87조 1항에 따라 관할지방법원의 명령에 따른 등기를 하는 때에는 명령을 한 지방법원, 명령의 연월일, 명령에 따른 등기를 한다는 뜻과 등기의 연월일을 등기하여야 한다(동법 제89조).

2. 해당 법인의 등기부 등·초본 등의 발급 정지

관할지방법원의 기재명령의 결정등본이 등기관에게 송달되면, 그 결정등본은 접수 연월일과 접수번호를 부여하여 등기사건접수장에 기재하여야 하며, 이 경우에는 다른 신청사건의 접수와 동일하게 그 처리시(또는 기입시)까지 해당 법인의 등기부 등·초본 이나 인감증명의 발급이 정지된다고 보아야 할 것이다. 즉 등기부 등·초본의 발급은 해당사건이 교합될 때까지 정지되고 인감증명의 발급도 우선은 기입시까지 정지하되, 인감자료를 변경하는 내용인 경우에는 더 나아가 교합시까지 정지된다고 보아야 할 것이다(선례 200305-14).

3. 말소된 등기의 회복절차

1심 결정에 의하여 말소된 등기의 회복과 관련하여, 법원의 기재명령에 의하여 말소된 등기는 그 회복등기도 법원의 기재명령에 의하여 행하여져야 한다. 즉, 실행한 등기를 1심법원의 명령에 의하여 말소한 경우 그 회복등기도 항고심의 구체적인 기재명령에 따르거나, 1심결정이 부당한 것으로 확정되는 결정(대법원 결정)이 있는 경우 1심결정에 따른 등기관의 등기는 부적법한 것이 되므로 말소된 등기는 등기관의 직권에 의하여 회복하여야 할 것이며 항고심결정을 첨부한 당사자의 신청에 의해서 회복할 수는 없다[22].

상업등기부가 멸실한 경우의 회복방법

선례요지

상업등기부가 멸실한 경우에는 대법원장이 정한 기간내에 그 멸실회복등기를 신청하여야 하고 그 기간이 지난 후에는 어떠한 특수사정이 있다 하여도 그 멸실회복은 허용되지 않는다.

(제정 1965. 6. 23. [등기예규 제76호, 시행])

---

[22] 2003.5.3.공탁법인 3402-107 질의회답

제2편

회사의 등기

개정의 주요내용

■ 2020년 12월 29일 상법 개정의 주요내용(시행 2020년 12월 29일) ■

1. 개정이유

모회사의 대주주가 자회사를 설립하여 자회사의 자산 또는 사업기회를 유용하거나 감사위원회위원의 선임에 영향력을 발휘하여 그 직무의 독립성을 해치는 등의 전횡을 방지하고 소수주주의 권익을 보호하기 위하여 다중대표소송제와 감사위원회위원 분리선출제를 도입함으로써 기업의 불투명한 의사결정 구조 개선을 통해 기업과 국가경제의 지속가능한 성장구조를 마련하는 한편,

신주의 이익배당 기준일에 대한 실무상 혼란을 초래한 규정을 정비하여 신주의 발행일에 상관없이 이익배당 기준일을 기준으로 구주와 신주 모두에게 동등하게 이익배당을 할 수 있음을 명확히 하고, 전자투표를 할 수 있도록 한 경우에는 감사 등 선임 시 발행주식총수의 4분의 1 이상의 결의 요건을 적용하지 않도록 주주총회 결의요건을 완화하며, 상장회사의 소수주주권의 행사 요건에 대한 특례 규정이 일반규정에 따른 소수주주권 행사에는 영향을 미치지 않음을 명확히 하는 등 현행 제도의 운영상 나타난 일부 미비점을 개선·보완하려는 것이다.

2. 주요내용

① 배당실무에서의 혼란을 해소하고 주주총회의 분산개최를 유도하기 위하여 영업년도 말을 배당기준일로 전제한 규정을 삭제함(현행 제350조제3항 삭제 등).

② 다중대표소송 제도를 도입함.

  1. 모회사 발행주식총수의 1% 이상에 해당하는 주식을 가진 주주는 자회사에 대하여 자회사 이사의 책임을 추궁할 소의 제기를 청구할 수 있도록 하고, 이를 청구한 후 모회사가 보유한 자회사의 주식이 자회사 발행주식총수의 50% 이하로 감소한 경우에도 제소의 효력에는 영향이 없으나 발행된 주식을 보유하지 아니하게 된 경우는 예외로 규정함(제406조의2 신설).

  2. 6개월 전부터 계속하여 상장회사 발행주식총수의 0.5% 이상에 해당하는 주식을 보유한 자는 제406조의2에 따른 주주의 권리를 행사할 수 있음(제542조의6제7항 신설).

③ 회사가 전자적 방법으로 의결권을 행사할 수 있도록 한 경우에는 출석한 주주의 의결권의 과반수로써 감사 또는 감사위원회위원의 선임을 결의할 수 있도록 함(제409조제3항, 제542조의12제8항 신설).

④ 상장회사의 주주는 상장회사 특례규정에 따른 소수주주권 행사요건과 일반규정에 따른 소수주주권 행사요건을 선택적으로 주장할 수 있도록 함(제542조의6제10항 신설).

⑤ 주주총회에서 이사 선임 시 감사위원회위원 중 1명은 다른 이사들과 분리하여 감사위원회위원이 되는 이사로 선임하도록 함(제542조의12제2항 단서 신설).

⑥ 상장회사의 감사위원회위원 선임·해임 시 적용되던 3% 의결권 제한 규정을 정비하여 사외이사가 아닌 감사위원회위원의 경우 최대주주는 특수관계인 등의 소유 주식을 합산하여 3%, 그 외의 주주는 3%를 초과하는 주식에 대하여 의결권이 제한되도록 하고, 감사위원회위원의 경우 모든 주주는 3%를 초과하는 주식에 대하여 사외이사인 의결권이 제한되도록 함(제542조의12제4항·제7항).

제 1 장 주식회사의 등기

I. 총 설

◩ 핵 심 사 항 ◩

1. 주식회사의 의의 : 주식으로 나누어진 일정한 자본을 가지고 전 사원(주주)이 주식의 인수가액을 한도로 하는 출자의무를 부담할 뿐, 회사채무에 대하여는 아무런 책임을 부담하지 아니하는 전형적인 물적회사를 말한다.
2. 주식의 의의 : 주식은 상법상 주식회사의 자본구성단위로서의 금액과 주주의 회사에 대한 권리·의무를 내용으로 하는 지위(주주권)의 두 가지 의미가 있다.

1. 주식회사의 의의

주식회사는 주식으로 나누어진 일정한 자본을 가지고 전 사원(주주)이 주식의 인수가액을 한도로 하는 출자의무를 부담할 뿐, 회사채무에 대하여는 아무런 책임을 부담하지 아니하는 전형적인 물적회사이다. 주식회사의 법적 특징은 주식, 자본, 주주의 유한책임이다.

주식회사는 최고의 의사결정기관인 주주총회, 업무집행에 관한 결정을 하는 이사회, 업무를 집행하고 회사를 대표하는 대표이사, 회사의 업무와 회계를 감사하는 감사를 상설기관으로 두며, 회사가 해산한 경우에는 이사회에 갈음하여 청산인회가 청산사무에 관한 결정을 하고 대표이사에 갈음하여 대표청산인이 회사를 대표한다.

주식회사에 있어서 등기의 대부분이 발기인총회, 창립총회, 주주총회, 이사회 또는 청산인회의 결의에 의하여 발생한다.

【쟁점질의와 유권해석】

〈주주들이 동의하면 주주들도 회사채무를 부담하는지 여부〉

상법 제331조의 주주 유한책임의 원칙은 주주의 의사에 반하여 주식의 인수가액을 초과하는 새로운 부담을 시킬 수 없다는 취지에 불과하고, 주주들의 동의 아래 회사채무를 주주들이 부담하는 것가까지 금지하는 취지는 아니다(대법원 1989. 9. 12,선고 89다카 890판결).

주식회사에서 대표이사의 지위를 취득하는 시기

선례요지

1. 주식회사의 대표이사의 지위는 이사회(정관 규정에 의해 주주총회에서 대표이사를 선정하는 경우에는 주주총회)의 대표이사 선임결의가 있고 선임된 이사의 동의가 있으면 취득한다.

2. 대표이사의 선임은 이를 등기하여야 하나 그 등기는 상업등기의 일반적 효력에 따른 대항요건일 뿐이므로, 등기 전이라도 선임결의와 피선임자의 동의가 있는 때에는 대표이사의 지위가 발생한다.

(2017. 08. 01. 사법등기심의관 - 2514 질의회답)(제정 2017. 8. 1.[상업등기선례 제201708-1호, 시행])

참조조문 : 상법 제37조 , 제317조 , 제382조 , 제389조 제1항 , 민법 제680조

참조판례 : 대법원 2017. 3. 23. 선고 2016다251215 전원합의체 판결 , 1989. 10. 24. 선고 89다카 14714 판결

참조선례 : 상업등기선례 제201507-4호

2. 주 식

(1) 주식의 개념

1) 주식의 의의

주식은 상법상 주식회사의 자본구성단위로서의 금액과 주주의 회사에 대한 권리·의무를 내용으로 하는 지위(주주권)의 두 가지 의미가 있다. 여기서는 자본구성단위로서의 금액의 의미로 쓰인다.

액면주식 1주의 금액은 100원 이상이어야 하며(상법 제329조 3항), 주주총회의 결의로 최저발행가액을 정하여야 하고 회사설립 후 2년이 지난 후에는 주주총회 정관변경의 특별결의와 법원의 인가를 받아 액면미달의 가액으로 주식을 발행할 수 있다(상법 제417조, 제434조).

회사는 이익의 배당, 잔여재산의 분배, 주주총회에서의 의결권의 행사, 상환 및 전환 등에 관하여 내용이 다른 종류의 주식(이하 "종류주식"이라 한다)을 발행할 수

있다. 이 경우 정관으로 각 종류주식의 내용과 수를 정하여야 한다. 또한 회사가 종류주식을 발행하는 때에는 정관에 다른 정함이 없는 경우에도 주식의 종류에 따라 신주의 인수, 주식의 병합·분할·소각 또는 회사의 합병·분할로 인한 주식의 배정에 관하여 특수하게 정할 수 있다(상법 제344조).

2) 주식의 분류

① 기명주식과 무기명주식

주권과 주주명부에 주주의 성명이 기재되는지에 의한 분류이다. 2014년 5월 20일 시행 된 개정 전 상법에서는 기명주식을 원칙으로 하고 무기명주식을 발행하기 위해서는 정관에 규정이 있어야 했다. 이때에도 주주는 언제든지 무기명주식을 기명주식으로 할 것을 회사에 청구할 수 있었고(상법 제357조), 무기명식의 주권을 가진 자는 그 주권을 회사에 공탁하지 아니하면 주주의 권리를 행사하지 못했다(상법 제358조). 그러나 2014년 5월 20일 시행 된 개정 상법에서는 무기명주식 제도를 폐지하여 주식을 기명주식으로 일원화하였다. 이는 1963년 시행 된 제정 상법에서부터 존재한 무기명주식 제도가 발행 사례가 없어 기업의 자본조달에 기여하지 못하고, 소유자 파악이 곤란하여 양도세 회피 등 과세사각지대의 발생 우려가 있으며, 조세 및 기업 소유구조의 투명성 결여로 인한 국가의 대외신인도를 저하시키는 원인이 되는 등으로 더 이상 유지할 실익이 없다는 판단에 따른 것이다.

② 액면주식과 무액면주식

정관과 주권에 1주의 금액이 기재되는지에 따른 분류이다. 개정전 상법에서는 무액면주식을 인정하지 않았었다. 그러나 2011년 상법 개정시에 무액면주식을 도입하여, 정관에 규정이 있는 경우 회사가 주식 전부를 무액면주식으로 발행할 수 있게 하였다. 다만, 무액면주식을 발행하는 경우에는 액면주식을 발행할 수 없다(상법 제329조 제1항). 그리고 회사는 정관으로 정하는 바에 따라 이미 발행된 액면주식을 무액면주식으로 전환하거나 무액면주식을 액면주식으로 전환할 수 있다(상법 제329조 제4항). 이때 전환을 함에는 구주권을 실효시키는 절차를 거쳐야 한다(상법 제329조 제5항, 제440조, 제441조).

개정 상법이 무액면주식을 도입하게 된 것은 무액면주식이 회사의 재무관리에 있어 장점을 가지고 있기 때문이다. 즉, 주식의 액면가가 없기 때문에 신주의 액면미달발행의 제한을 받지 않는다는 점(상법 제417조 참조), 신주를 발행하지 않고서도 자본금을 증가시킬 수 있다는 점, 주식의 분할, 소각이 용이하다는 점 등을 들 수 있다[23].

③ 유상주와 무상주

신주를 발행함에 있어 주금을 납입시키고 발행하는 주식을 유상주라고 하고(상법 제416조, 제421조), 회사가 법률의 규정에 따라 적립한 준비금을 자본금으로 전입하면서 주주에게 무상으로 발행하는 신주를 무상주라고 한다(상법 제461조).

(2) 주식의 종류(종류주식)

1) 종류주식의 개념

종류주식이란 소정의 권리에 관하여 특수한 내용을 부여한 주식을 뜻한다. 상법이 인정하는 종류주식은 이익배당이나 잔여재산의 분배에 관한 종류주식(상법 제344조 제1항, 제344조의2), 의결권의 행사에 관한 종류주식(상법 제344조 제1항, 제344조의3), 상환에 관한 종류주식(상법 제344조 제1항, 제345조), 전환에 관한 종류주식(상법 제344조 제1항, 제346조)이 있다.

주의할 것은 액면주식, 무액면주식, 기명주식, 무기명주식은 종류주식이 아니다. 이는 주주권의 표창방법이 다름에 불과한 것이기 때문이다.

2011년 개정전 상법에서는 이익이나 건설이자의 배당 또는 잔연재산의 분배에 관해서만 종류주식을 인정하였고, 상환주식, 전환주식, 무의결권주식은 종류주식으로 다루지 않았었다. 그러나 2011년 개정 상법에서는 이들 주식도 종류주식으로 분류하였다(상법 제344조 제1항). 종류주식을 이처럼 다양화한 것은 기업측에 대해서는 자금조달의 편의성을 제공하고, 투자자에게는 다양한 투자상품을 제시하며, 나아가 금융투자업자에게는 취급할 수 있는 금융상품을 다양화함으로써 자본시장을 발전시킨다는 정책의 표현이라고 할 수 있다[24].

2) 종류주식의 발행

회시가 종류주식을 발행할 때에는 반드시 각 종류주식의 내용과 수를 정관으로 정하여야 한다(상법 제344조 제2항). 또한 회사는 종류주식에 관한 내용을 등기하고 주권과 주식청약서에도 기재하여 대외적으로 공시해야 한다.

3) 이익배당 또는 잔여재산분배에 관한 종류주식

회사는 이익배당 또는 잔여재산분배에 관하여 내용이 다른 종류주식을 발행할 수 있다. 이때 정관에 그 종류주식의 주주에게 배당 또는 분배하는 재산의 종류, 그 재산의 가액을 결정하는 방법, 그리고 배당 또는 분배에 관한 그 밖의 내용을 정해

---

[23] 최완진, 상법학강의(법문사) ; 이철송, 2011 개정상법 축조해설(박영사)
[24] 법무부 개정회법 해설, 90면.

야 한다(상법 제344조의2). 개정전 상법에서는 이와 같이 이익배당이나 잔여재산분배에 차등을 둔 주식을 종류주식(수종의 주식)이라고 했었다. 이를 이익배당 또는 잔여재산분배의 순서를 기준으로 보통주, 우선주, 후배주, 혼합주로 나눌 수 있다.

특정 종류의 주식이 이익이나 이자의 배당, 잔여재산의 분배 또는 이 양자에 관하여 다른 종류의 주식에 대하여 우선적 지위가 인정된 주식을 우선주라고, 열후적 지위가 주어진 주식을 열후주(劣後株), 후배주(後配株), 후취주(後取株)라고 하며, 표준인 주식을 보통주라고 한다.

이익배당에서는 보통주에 우선하고, 잔여재산분배에서는 뒤떨어진 것처럼 어느 점에서는 우선하고 다른 점에서는 열후적 지위에 있는 주식을 혼합주라고 한다.

현재 후배주와 혼합주는 별로 이용되지 않고 우선주는 많이 발행된다.

우선주의 우선권 또는 열후주의 열후권에는 해제조건 또는 종기(終期)를 정할 수 있다. 이 경우에는 조건이 성취되거나 기한이 도래하면 특별한 절차를 거치지 않고 우선권이나 열후권이 소멸되어 보통주로 된다.

처음부터 해제조건이나 종기를 정하지 않는 경우에도 주주총회에서 정관변경의 결의를 함으로서 우선권이나 열후권을 제거하여 보통주로 만들 수 있다. 다만, 회사가 종류주식을 발행한 경우에 정관을 변경함으로써 어느 종류주식의 주주에게 손해를 미치게 될 때에는 주주총회의 결의 외에 그 종류주식의 주주의 총회의 결의가 있어야 한다(상법 제435조 1항).

4) 의결권의 제한에 관한 종류주식

① 일반법인

회사는 정관이 정한 바에 따라 주주총회에서의 의결권의 행사에 관하여 내용이 다른 종류주식을 발행할 수 있다(상법 제344조 제1항, 제2항). 회사가 의결권이 없는 종류주식이나 의결권이 제한되는 종류주식을 발행하는 경우에는 정관에 의결권을 행사할 수 없는 사항과, 의결권행사 또는 부활의 조건을 정한 경우에는 그 조건 등을 정하여야 한다. 이러한 의결권의 제한에 따른 종류주식의 총수는 발행주식총수의 4분의 1을 초과하지 못한다. 이 경우 의결권이 없거나 제한되는 종류주식이 발행주식총수의 4분의 1을 초과하여 발행된 경우에는 회사는 지체없이 그 제한을 초과하지 아니하도록 하기 위하여 필요한 조치를 하여야 한다(상법 제344조의3).

② 주권상장법인

상법상 회사의 의결권 없는 주식의 발행은 주식의 4분의 1을 초과할 수 없다

(상법 제344조의3). 그러나 상법 제344조의3 제1항에 따른 의결권이 없거나 제한되는 주식의 총수에 관한 한도를 적용할 때 주권상장법인(주권을 신규로 상장하기 위하여 주권을 모집하거나 매출하는 법인을 포함한다)이 다음 각 호의 어느 하나에 해당하는 경우에 발행하는 의결권 없는 주식은 그 한도를 계산할 때 산입하지 아니한다(자본시장과 금융투자업에 관한 법률 제165조의 15 제1항).

1. 대통령령으로 정하는 방법에 따라 외국에서 주식을 발행하거나, 외국에서 발행한 주권 관련 사채권, 그 밖에 주식과 관련된 증권의 권리행사로 주식을 발행하는 경우

2. 국가기간산업 등 국민경제상 중요한 산업을 경영하는 법인 중 대통령령으로 정하는 기준에 해당하는 법인으로서 금융위원회가 의결권 없는 주식의 발행이 필요하다고 인정하는 법인이 주식을 발행하는 경우

이 가운데 어느 하나에 해당하는 의결권 없는 주식과 상법 제344조의3 제1항에 따른 의결권이 없거나 제한되는 주식을 합한 의결권 없는 주식의 총수는 발행주식총수의 2분의 1을 초과하여서는 아니 된다(동법 제165조의 15 제2항).

의결권이 없거나 제한되는 주식 총수의 발행주식총수에 대한 비율이 4분의 1을 초과하는 주권상장법인은 발행주식총수의 2분의 1 이내에서 대통령령으로 정하는 방법에 따라 신주인수권의 행사, 준비금의 자본전입 또는 주식배당 등의 방법으로 의결권 없는 주식을 발행할 수 있다(동법 제165조의 15 제3항).

주권상장법인의 액면미달발행에 관한 질의

선례요지

1. 주권상장법인이 주식을 액면미달의 가액으로 발행함에 있어서, 주식의 액면미달발행 여부를 결정하는 주주총회 결의일 이전에 종전에 실행된 액면미달발행으로 인한 미상각액이 있는 경우에는 상각을 완료하여야만 신주를 발행할 수 있다(「자본시장과 금융투자업에 관한 법률」제165조의8 제1항).

2. 그러나 주권상장법인이 주식을 액면미달의 가액으로 발행하기로 결정한 후, 주주총회에서 결정한 최저발행가액 및 주식발행시기의 범위 내에서 2회로 분할하여 신주를 발행한 경우, 제2회 신주발행을 하기에 앞서 제1회 신주발행에 따른 미상각액의 상각을 완료하여야 하는 것은 아니다. (2011. 7. 18. 사법등기심의관 -1664 질의회답)

참조조문 : 상법 제330조, 제416조, 제417조, 제426조, 제455조, 자본시장과 금융투자업에 관한 법률 제165조의8

5) 주식의 상환에 관한 종류주식

종류주식을 발행한 회사는 그 종류주식의 일부를 회사의 이익으로써 소각할 수 있는 것으로 정할 수 있는데, 이와 같이 이익으로 소각되는 종류주식을 상환종류주식이라고 한다. 2011년 개정전에는 우선주만 상환주식으로 발행할 수 있었으나, 개

정 상법에서는 우선주 외의 종류주식도 상환주식으로 발행 할 수 있도록 하였다. 또한 개정전에는 회사가 상환할 권리를 갖는 주식만 발행할 수 있었으나, 개정법에서는 주주가 상환할 권리를 갖는 주식도 발행할 수 있게 하였다. 또한 개정법은 상환주식을 별도의 종류주식으로 다루고 있으므로 상환주식의 주주의 종류주주총회도 가능하게 되었다[25].

상환종류주식은 종류주식(상환 또는 전환종류주식은 제외)을 대상으로 해서만 발행할 수 있고(상법 제345조 제5항), 정관이 규정이 있어야 한다(동조 제1항).

상환종류주식의 상환은 정관의 규정에 의한다. 즉, 정관에 정한 상환기간에, 정관에 정한 상환가액으로, 정관에 정한 상환방법에 따라, 정관에 정한 주식의 수만큼 상환해야 한다(상법 제345조 제1항, 제3항).

회사는 주식의 취득의 대가로 현금 외에 유가증권(다른 종류주식은 제외한다)이나 그 밖의 자산을 교부할 수 있다. 다만, 이 경우에는 그 자산의 장부가액이 상법 제462조에 따른 배당가능이익을 초과하여서는 아니 된다(상법 제345조 제4항).

주식의 상환에 관한 종류주식의 상환과 회사가 발행할 주식의 총수 및 재발행 가부(선례 변경)

선례요지

1. 주식의 상환에 관한 종류주식을 상환하는 경우, 주식을 병합하거나 소각하는 방법으로 자본금을 감소하는 경우 및 이사회의 결의에 의하여 회사가 보유하는 자기 주식을 소각하는 경우에 소각된 주식 수만큼 회사가 발행할 주식의 총수는 당연히 감소하지 아니하므로 정관의 변경 없이는 회사가 발행할 주식의 총수에 관한 변경등기를 할 수가 없다.

2. 회사가 발행할 주식의 총수 범위 안에서 주식의 상환에 관한 종류주식의 상환으로 소각된 주식 수만큼 새로운 주식의 상환에 관한 종류주식을 다시 발행하여 변경등기를 신청하는 경우 등기관은 특별한 사정이 없는 한 수리하여야 한다. (2012. 7. 9. 사법등기심의관-1989 질의회답)

참조조문 : 상법 제289조 제1항, 제302조 제2항, 제317조 제2항, 제341조, 제343조, 제345조, 제420조, 제440조, 제441조, 제451조, 제462조

주)이 선례에 의하여 상업등기선례 200611-3은 그 내용이 변경됨

6) 주식의 전환에 관한 종류주식

회사가 종류주식을 발행한 경우에 정관으로 정하는 바에 따라 주주가 인수한 주식을 다른 종류주식으로 전환할 것을 청구하거나, 혹은 일정한 사유가 발생할 때에 회사가 주주의 인수 주식을 다른 종류주식으로 전환할 수 있음을 정관으로 정할 수 있는데(상법 제346조), 이러한 주식을 전환종류주식이라고 한다.

전환종류주식을 발행하기 위해서는 정관에 규정이 있어야 한다(상법 제346조). 전환으로 인하여 신주식을 발행하는 경우에는 전환전의 주식의 발행가액을 신주식

---

[25] 이철송, 2011 개정상법 축조해설(박영사) 108면

의 발행가액으로 한다(상법 제348조).

주식의 전환을 청구하는 자는 청구서 2통에 주권을 첨부하여 회사에 제출하여야 하고, 이 청구서에는 전환하고자 하는 주식의 종류, 수와 청구년월일을 기재하고 기명날인 또는 서명하여야 한다(상법 제349조).

(3) 주주의 권리행사와 강제집행

주식의 주주는 주주명부에 명의개서를 함으로써 주주권을 행사할 수 있다(상법 제337조 1항), 주식의 소각, 병합, 분할, 전환이 있는 때에는 이로 인하여 종전의 주주가 받을 금전이나 주식에 대하여도 종전의 주식을 목적으로 한 질권을 행사할 수 있다(상법 제339조).

발행주식총수의 100분의 1 이상에 해당하는 주식을 가진 주주는 회사에 대하여 대표소송제기권을 행사할 수 있다. 이는 기업 경영의 투명성을 제고하고 이사의 경영책임을 강화하기 위한 것으로, 이유를 붙인 서면으로 회사에 대하여 청구할 수 있고, 회사가 이 청구를 받은 날로부터 30일 내에 소를 제기하지 아니한 때에는 위 소 제기를 청구한 주주는 위 기간경과로 인하여 회사에 회복할 수 없는 손해가 생길 염려가 있을 때에는 즉시 회사의 본점소재지를 관할하는 법원에 소를 제기할 수 있다.

이 대표소송제기권은 단독주주로는 허용하지 않으며, 대표소송제기권의 특수요건은 제소시에만 충족하면 되고 변론종결시까지 일부 주주의 이탈이 있어도 제소의 효력에 영향을 미치지 아니한다.

이 소를 제기한 후에는 법원의 허가를 얻지 않고는 소의 취하, 청구의 포기, 화해를 할 수 없다.

주식에 대한 강제집행은 주권이 발행되어 채무자의 점유하에 있는 경우에는 그 주권이 배서가 금지된 것이 아니면 그 주권을 대상으로 유체동산에 대한 강제집행절차에 의하고, 배서가 금지된 것일 때에는 채권에 대한 강제집행절차에 의하여 환가한다.

(4) 소수주주권

주주의 권리에는 주주가 회사로부터 경제적인 이익을 취하기 위한 권리인 자익권과 주주가 회사의 지배나 경영에 관여하는 권리인 공익권이 있다. 공익권 중에서 일정비율 이상의 주식을 보유한 주주만이 행사할 수 있는 권리를 소수주주권이라고 한다. 이는 필요한 일정비율에 따라 다음과 같이 구분할 수 있다.

① **발행주식총수의 100분의 3이상의 주식을 필요로 하는 소수주주권**

　주주제안권(상법 제363조의2), 임시총회소집청구권(상법 제366조), 집중투표청구권(상법 제382조의2), 이사해임판결청구권(상법 제385조 제2항), 회계장부열람권(상법 제466조), 업무와 재산상태의 조사를 위한 검사인선임청구권(상 법 제467조 제1항) 등은 발행주식총수의 100분의 3이상으로 규정되어 있다.

② **발행주식총수의 100분의 1이상의 주식을 필요로 하는 소수주주권**

　위법행위유지청구권(상법 제402조), 대표소송권(상법 제403조), 총회절차의 조사를 위한 검사인선임청구권(상법 제367조 제2항)은 발행주식총수의 100분의 1이상으로 규정되어 있다.

③ **발행주식총수의 100분의 10이상의 주식을 필요로 하는 소수주주권**

　회사해산판결청구권(상법 제520조)은 발행주식총수의 100분의 10이상으로 규정되어 있다.

1) 임시주주총회소집청구권

　발행주식총수의 100분의 3 이상에 해당하는 주식을 가진 (소수)주주는 회의의 목적사항과 소집의 이유를 기재한 서면 또는 전자문서를 이사회에 제출하여 임시총회의 소집을 청구할 수 있다(상법 제366조 제1항). 회의의 목적사항이 주주총회의 권한에 속하는 결의사항이어야 함은 물론이다. 소집의 이유는 결의의 필요성을 소명하면 되고, 이사의 부정이나 재무제표의 부당과 같이 이사나 감사의 책임추궁에 한정되는 것은 아니다.

　소수주주의 청구가 있을 때에는 이사회는 지체 없이 주주총회소집의 절차를 밟아야 한다. 이 경우에도 이사회의 소집결정을 요한다. 소집이유의 정당성을 검토해야 하기 때문이다. 소집의 이유가 상당하지 못하면 소집절차를 밟을 필요가 없음은 물론이다.

　소수주주의 청구가 있음에도 불구하고 이사회가 소집절차를 밟지 않을 때에는 소집을 청구한 주주는 법원의 허가를 얻어 소집할 수 있다(상법 제366조 제2항). 이 경우 주주총회의 의장은 법원이 이해관계인의 청구나 직권으로 선임할 수 있다. 법원의 소집허가결정에 대하여는 불복하지 못한다. 이 경우 소수주주가 회사의 일시적 기관으로서 주주총회를 소집한다고 보아야 하므로, 기준일의 설정, 통지, 공고 등 총회소집을 위해 필요한 절차를 모두 소수주주가 취할 수 있으며, 회사에 대하여 소집비용을 청구할 수 있다.

2) 이사·감사·청산인의 해임청구권

이사가 그 직무에 관하여 부정행위 또는 법령이나 정관에 위반한 중대한 사실이 있음에도 불구하고 주주총회에서 그 해임을 부결한 때에는 발행주식의 총수의 100분의3 이상에 해당하는 주식을 가진 주주는 총회의 결의가 있은 날부터 1월내에 그 이사의 해임을 법원에 청구할 수 있다(상법 제385조 제2항). 감사에 대해서도 이와 같다(상법 제415조, 제385조 제2항).

또한 청산인이 그 업무를 집행함에 현저하게 부적임하거나 중대한 임무에 위반한 행위가 있는 때에는 발행주식의 총수의 100분의 3이상에 해당하는 주식을 가진 주주는 법원에 그 청산인의 해임을 청구할 수 있다(상법 제539조 제2항).

3) 위법행위의 유지청구권

이사가 법령 또는 정관에 위반한 행위를 하여 이로 인하여 회사에 회복할 수 없는 손해가 생길 염려가 있는 경우에는 감사 또는 발행주식의 총수의 100분의 1 이상에 해당하는 주식을 가진 주주는 회사를 위하여 이사에 대하여 그 행위를 유지할 것을 청구할 수 있다(상법 제402조).

4) 대표소송

① 대표소송의 의의 : 회사가 이사에 대한 책임추궁을 게을리 할 경우 주주가 회사를 위하여 이사의 책임을 추궁하기 위해 제기하는 소이다(상법 제403조). 주주의 대표소송은 이사 외에도 발기인(상법 제324조), 감사(상 법 제415조), 청산인(상법 제542조 제2항) 등의 책임을 추궁하기 위하여도 제기할 수 있다. 또한 불공정한 가액으로 신주를 인수한 자(상법 제424조의2), 주주권의 행사와 관련하여 이익을 공여 받은 자(상법 제467조의2)에 대한 회사의 권리를 실현하기 위하여도 제기할 수 있다.

② 소제기 청구 : 발행주식의 총수의 100분의 1이상에 해당하는 주식을 가진 소수주주는 먼저 대표소송을 제기하기 전에 이유를 기재한 서면으로 회사에 대하여 이사의 책임을 추궁할 소를 제기할 것을 청구할 수 있다. 이 청구는 주주의 권리인 동시에 대표소송 제기의 요건이기도 하다. 회사가 이 청구를 받은 날로부터 30일 내에 소를 제기하지 아니한 때에는 소수주주는 즉시 회사를 위하여 소를 제기할 수 있다. 그러나 이 기간의 경과로 인하여 회사에 회복할 수 없는 손해가 생길 염려가 있는 경우에는 회사에 대해 청구하지 아니하고, 또 청구를 했더라도 30일을 기다릴 필요 없이 즉시 소를 제기할 수 있다. '회복할 수 있는 손해가 생길 염려'가 있다 함은 곧 시효가 완성한다든지, 이사가

도피하거나 재산을 처분하고자 한다든지 하여 법률상 또는 사실상 이사에 대한 책임추궁이 불가능 또는 무익해질 염려가 있는 경우를 뜻한다.

③ 고지와 참가 : 주주가 대표소송을 제기한 때에는 지체없이 회사에 대하여 소송의 고지를 하여야 한다(상법 제404조 제2항). 일반적으로 소송고지는 고지자의 자유이나 대표소송의 고지는 법상의 의무이다. 회사의 소송참가를 위해서이다. 주주가 고지를 하지 아니한 경우 주주는 회사에 대하여 손해배상책임을 진다. 회사는 주주의 대표소송에 참가할 수 있다(상법 제404조 제1항). 참가 역시 이사를 상대로 한 소송행위이므로 감사가 회사를 대표한다.

④ 제소주주의 권리와 의무 : 대표소송에서 주주가 승소한 때에는 회사에 대하여 소송비용의 지급을 청구할 수 있다(상법 제405조 제1항). 대표소송에서 주주가 패소하였다고 하더라도 원칙적으로 회사에 대하여 손해배상책임을 지지 않는다. 그러나 주주가 악의인 경우에는 회사에 대하여 손해배상책임을 진다(상법 제405조 제2항). 따라서 승산 없는 소송임을 알고 제기한 경우는 물론이고, 성실하게 소송을 수행하여 패소로 이끈 경우에도 손해배상책임 있다고 보아야 한다.

5) 다중대표소송(상법 제406조의 2)

① 모회사 발행주식총수의 100분의 1 이상에 해당하는 주식을 가진 주주는 자회사에 대하여 자회사 이사의 책임을 추궁할 소의 제기를 청구할 수 있다.

② ①의 주주는 자회사가 제1항의 청구를 받은 날부터 30일 내에 소를 제기하지 아니한 때에는 즉시 자회사를 위하여 소를 제기할 수 있다.

③ ① 및 ②의 소에 관하여는 제176조제3항·제4항(회사의 해산명령), 제403조제2항(회사의 해산명령), 같은 조 제4항부터 제6항까지 및 제404조(대표소송과 소송참가, 소송고지) 부터 제406조(대표소송과 재심의 소)까지의 규정을   준용한다.

④ ①의 청구를 한 후 모회사가 보유한 자회사의 주식이 자회사 발행주식총수의 100분의 50 이하로 감소한 경우(발행주식을 보유하지 아니하게 된 경우를 제외한다)에도 ① 및 ②에 따른 제소의 효력에는 영향이 없다.

⑤ ① 및 ②의 소는 자회사의 본점소재지의 지방법원의 관할에 전속한다.

6) 회계장부열람권

발행주식의 총수의 100분의 3 이상에 해당하는 주식을 가진 소수주주는 이유를 붙인 서면으로 회계의 장부와 서류의 열람 또는 등사를 청구할 수 있다. 회사는 주주의 청구가 부당함을 증명하지 아니하면 이를 거부하지 못한다(상법 제466조).

7) 업무·재산상태의 검사권

회사의 업무집행에 관하여 부정행위 또는 법령이나 정관에 위반한 중대한 사실이 있음을 의심할 사유가 있는 때에는 발행주식의 총수의 100분의 3이상에 해당하는 주식을 가진 주주는 회사의 업무와 재산상태를 조사하게 하기 위하여 법원에 검사인의 선임을 청구할 수 있다(상법 제467조).

8) 주주제안권

의결권 없는 주식을 제외한 발행주식총수의 100분의 3 이상에 해당하는 주식을 가진 주주는 이사에게 주주총회일(정기주주총회의 경우 직전 연도의 정기주주총회일에 해당하는 그 해의 해당일. 이하 이 조에서 같다)의 6주 전에 서면 또는 전자문서로 일정한 사항을 주주총회의 목적사항으로 할 것을 제안(이하 '주주제안'이라 한다)할 수 있다(상법 제363조의2).

소수주주가 이사에 대하여 주주제안권을 행사한 경우에, 이사회는 주주제안의 내용이 법령 또는 정관에 위반되는 경우 기타 대통령령이 정하는 경우를 제외하고는 이를 주주총회의 목적사항으로 상정하여야 하며, 주주제안한 자의 요청이 있는 경우에는 주주총회에서 당해의안을 설명할 수 있는 기회를 주어야 한다.

'기타 대통령령이 정하는 경우'라 함은 주주제안의 내용이 ① 주주총회에서 의결권의 100분의 10 미만의 찬성밖에 얻지 못하여 부결된 내용과 같은 내용의 의안을 부결된 날부터 3년 내에 다시 제안하는 경우, ② 주주 개인의 고충에 관한 사항인 경우, ③ 주주가 권리를 행사하기 위하여 일정 비율을 초과하는 주식을 보유해야 하는 소수주주권에 관한 사항인 경우, ④ 임기 중에 있는 임원의 해임에 관한 사항[상법 제542조의2제1항에 따른 상장회사만 해당한다]인 경우, ⑤ 회사가 실현할 수 없는 사항 또는 제안 이유가 명백히 거짓이거나 특정인의 명예를 훼손하는 사항인 경우를 말한다(상법 시행령 제12조).

주주제안을 하고자 하는 자는 주주총회일 6주 전까지 서면 또는 전자문서에 의하여 이를 하여야 한다고 규정하여 주주제안권 행사의 기간과 방법에 관한 제한을 두고 있으므로 주의를 요한다.

9) 상장회사에 대한 특례

2009년 개정 상법은 상장회사에 대한 특례규정을 신설하여 몇몇 소수주주권에 대해서는 보유기간의 제한을 가하고 있다(상법 제542조의 6). 이는 회사의 경영에 지속적으로 참여하는 것이 아니라 일시적으로 개입할 목적으로 단기간 주식을 취득하는 자들로부터 상장회사의 경영의 안정성을 보호할 필요가 있으며, 주주의 입장에서도 어느 정도의 기간을 통해 회사와의 이해가 안착된 자만이 이러한 공익권을 행사할 실익이 있다고 본 것이다[26].

　2020년 개정 상법에서는 모회사의 대주주가 자회사를 설립하여 자회사의 자산 또는 사업기회를 유용하거나 감사위원회위원의 선임에 영향력을 발휘하여 그 직무의 독립성을 해치는 등의 전횡을 방지하고 소수주주의 권익을 보호하기 위하여 다중대표소송권 제도를 신설하였다.

　그 내용은 다음과 같다.

가. 임시총회소집청구권(상법 제366조), 검사인선임청구권(제467조)

　6개월 전부터 계속하여 상장회사 발행주식총수의 1천분의 15 이상에 해당하는 주식을 보유한 자는 제366조(제542조에서 준용하는 경우를 포함한다) 및 제467조에 따른 주주의 권리를 행사할 수 있다.

나. 주주제안권(상법 제363조의2)

　6개월 전부터 계속하여 상장회사의 의결권 없는 주식을 제외한 발행주식총수의 1천분의 10(대통령령으로 정하는 상장회사의 경우에는 1천분의 5) 이상에 해당하는 주식을 보유한 자는 제363조의2(제542조에서 준용하는 경우를 포함한다)에 따른 주주의 권리를 행사할 수 있다.

다. 이사해임판결청구권(상법 제385조), 청산인해임판결청구권(제539조)

　6개월 전부터 계속하여 상장회사 발행주식총수의 1만분의 50(대통령령으로 정하는 상장회사의 경우에는 1만분의 25) 이상에 해당하는 주식을 보유한 자는 제385조(제415조에서 준용하는 경우를 포함한다) 및 제539조에 따른 주주의 권리를 행사할 수 있다.

라. 회계장부열람권(상법 제466조)

　6개월 전부터 계속하여 상장회사 발행주식총수의 1만분의 10(대통령령으로 정하는 상장회사의 경우에는 1만분의 5) 이상에 해당하는 주식을 보유한 자는 제466조(제542조에서 준용하는 경우를 포함한다)에 따른 주주의 권리를 행사할 수 있다.

마. 위법행위유지청구권(상법 제402조)

---

[26] 이철송, 회사법강의(박영사), 2005, 408면 참조

6개월 전부터 계속하여 상장회사 발행주식총수의 10만분의 50(대통령령으로 정하는 상장회사의 경우에는 10만분의 25) 이상에 해당하는 주식을 보유한 자는 제402조(제408조의9 및 제542조에서 준용하는 경우를 포함한다)에 따른 주주의 권리를 행사할 수 있다.

바. 대표소송권(상법 제403조)

6개월 전부터 계속하여 상장회사 발행주식총수의 1만분의 1 이상에 해당하는 주식을 보유한 자는 제403조(제324조, 제408조의9, 제415조, 제424조의2, 제467조의2 및 제542조에서 준용하는 경우를 포함한다)에 따른 주주의 권리를 행사할 수 있다. 다만, 상장회사는 정관에서 위 ①부터 ⑥까지 규정된 것보다 단기의 주식 보유기간을 정하거나 낮은 주식 보유비율을 정할 수 있다.

사. 다중대표소송권(상법 제406조의 2)

① 모회사 발행주식총수의 1% 이상에 해당하는 주식을 가진 주주는 자회사에 대하여 자회사 이사의 책임을 추궁할 소의 제기를 청구할 수 있도록 하고, 이를 청구한 후 모회사가 보유한 자회사의 주식이 자회사 발행주식총수의 50% 이하로 감소한 경우에도 제소의 효력에는 영향이 없으나 발행된 주식을 보유하지 아니하게 된 경우는 예외로 규정하였다.

② 6개월 전부터 계속하여 상장회사 발행주식총수의 1만분의 50 이상에 해당하는 주식을 보유한 자는 제406조의2(제324조, 제408조의9, 제415조 및 제542조에서 준용하는 경우를 포함한다)에 따른 주주의 권리를 행사할 수 있다.

(5) 주식의 양도

주식은 정관이 정하는 바에 따라 이사회의 승인을 얻어 양도할 수 있다. 이는 1995년 상법개정시 인정된 것이다.

주권발행 전의 주식의 양도는 회사에 대하여 효력이 없으므로 회사가 양도를 승인하고 명의개서까지 하여도 무효이나, 회사성립 후 또는 신주의 납입기일 후 6월이 경과하도록 주권을 발행하지 아니한 때에는 효력이 있으므로 6월 경과 전의 주식양도라도 회사가 주권을 발행하지 아니하고 6월이 경과하면 하자가 치유되어 유효하게 된다(상법 제335조 3항).

핵 심 판 례

■ 회사와 경쟁관계에 있거나 분쟁 중에 있어 그 회사의 경영에 간섭할 목적을 가지고 있는 자에게 주식을 양도한 사정만으로 그 주식양도를 반사회질서 법률행위라고 할 수 있는지 여부(소극)

> 상법 제335조 제1항 본문은 "주식은 타인에게 이를 양도할 수 있다"고 하여 주식양도의 자유를 보장하고 있으므로 회사와 경쟁관계에 있거나 분쟁 중에 있어 그 회사의 경영에 간섭할 목적을 가지고 있는 자에게 주식을 양도하였다고 하여 그러한 사정만으로 이를 반사회질서 법률행위라고 할 수 없다(대법원 2010.7.22. 선고 2008다37193 판결).

주식양도제한은 주주 사이의 인적관계를 중시하는 작은 규모의 가족회사 또는 폐쇄회사에서 정관에 그 정함을 둔 경우에만 인정되며, 공개회사 또는 상장회사의 경우에는 이를 허용할 수 없다고 하여야 할 것이다. 주식의 양도에 있어서는 주권을 교부하여야 한다.

【쟁점질의와 유권해석】

〈주주권을 표창하는 문서를 작성하여 주주가 아닌 제3자에게 교부한 경우 그 문서가 주권으로서 효력을 갖는지 여부〉

주권발행은 소정의 형식을 구비한 문서를 작성하여 이를 주주에게 교부하는 것을 말하고 위 문서가 주주에게 교부된 때에 비로소 주권으로서의 효력을 발생한다고 해석되므로, 주주권을 표창하는 문서를 작성하여 이를 주주가 아닌 제3자에게 교부해주었다 하더라도 위 문서는 주권으로서의 효력을 갖지 못한다고 보아야 할 것이다.

3. 검사인

검사인은 주식회사 설립시 변태설립사항과 재산상태를 조사하는 임시적 감사기관이다(상법 제299조). 회사설립 후에는 자본증가시 현물출자에 대한 조사를 할 때 필요하다(상법 제422조).

검사인은 법원에서 선임하며, 그 직무의 성질상 당해 회사의 이사감사 및 지배인 기타 사용인은 겸할 수 없다 할 것이다.

주의할 것은 모집설립의 경우에 설립경과의 조사자를 위한 때에는 창립총회에 회사설립 시에 발행하는 주식의 총수에 대한 인수의 정확여부, 납입과 현물출자의 이행의 정확여부를 확인하는 것은 이사감사의 권한이다. 그러나 이사와 감사 중 발기인이었던 자 또는 회사성립 후 양수할 재산의 계약당사자인 자는 이 조사보고에 참가할 수 없으므로, 이 때에는 공증인으로 하여금 이 조사·보고를 하게 하여야 한다(상법 제313조).

또한 발기설립의 경우에는 변태설립사항을 제외하고 회사설립에 관한 모든 사항이 정관 또는 법령에 위반되는지 여부를 이사감사가 조사하여 발기인에게 보고하는 것이나, 이사감사가 발기인, 현물출자자 등인 경우에는 공증인으로 하여금 조사보고하도록 한다(상법 제298조).

회사설립 후 자본증가시의 현물출자에 관한 조사를 할 때에도 검사인의 조사보고에 갈음하여 공증인의 조사보고 및 감정인의 감정결과로 갈음할 수 있다(상법 제422조). 검사인은 임시적 기관에 불과하므로 등기사항이 아니다.

4. 주주총회

(1) 의의 및 권한

주주총회는 주주로 구성되어 회사의 의사를 결정하는 기관으로서 이사감사의 선임·해임, 회사의 기본적 변경사항(정관변경, 자본감소, 해산, 합병)의 결의 및 재무제표의 승인 등 법정의 전속적 권한을 가진 필요적 기관이다. 주주총회는 회사의 최고기관이기는 하나 그 권한은 제한되어 법령 또는 정관에 정한 사항 이외의 사항에 관하여는 결의할 수 없다(상법 제361조).

총회의 의사진행은 의장이 한다. 의장이 누구인가에 대하여 정관에 규정이 있으면 그에 따르면 되나, 정관에 규정이 없으면 총회에서 선임한다(상법 제366조의2 1항). 의장은 의사진행에 필요한 권한을 가지며, 총회의 질서를 유지하고 의사를 정리한다(상법 제366조의2 2항). 의장에게 표결의 가부동수인 경우에 결정권을 주는 것은 1주 1의결권 원칙에 어긋나므로 안 된다(상법 제369조 1항). 의사진행 권한은 의사진행에 필요한 발언의 허용, 찬반표의 점검, 회의장의 질서유지 등이 그 중요한 내용으로서, 고의로 의사진행을 방해하기 위한 발언·행동을 하는 등 현저히 질서를 문란하게 하는 자에 대하여 그 발언의 정지 또는 퇴장을 명할 수 있다(상법 제366조의2 3항).

(2) 총회의 소집절차

1) 주주총회의 소집권자

주주총회를 소집함에는 이사회 또는 청산인회에서 소집을 결정하고(상법 제362조, 제542조 2항), 그 결정에 따라 대표이사, 대표청산인 기타의 대표자가 이를 소집하여야 한다. 이사가 1인인 회사는 이사회가 존재하지 아니하므로, 그 이사가 소집결정을 하고 직접 소지하여야 한다(상법 제383조 6항).

제3차 개정상법은 감사의 조사나 이사의 보고에 따라 감사가 이사회에 적절한 조치를 촉구하여도 이사회에서 받아들여지지 않을 경우에 대비하여, 감사가 직접 임시총회의 소집을 이사회에 청구하여 대책을 강구할 수 있도록 감사의 감시총회소집청구권을 신설하였다(상법 제412조의3).

이사회가 지체없이 소집절차를 밟지 않는 경우에는 감사는 법원의 허가를 얻어 총회를 소집할 수 있으며(상법 제412조의3, 제366조 2항), 소수주주(발행주식의 100분의 3 이상)로부터 임시주주총회의 소집청구가 있음에도 불구하고 대표이사가 소집절차를 이행하지 아니한 때에는 그 주주가 법원의 허가를 얻어 소집할 수 있다(상법 제366조 1항, 2항).

소집권한 없는 자에 의하여 소집된 주주총회는 전 주주가 모여 결의를 하였다 하더라도 법률상 주주총회라고 할 수 없고(대법원 1960. 9. 8, 선고 4292민상766판결), 주주총회를 소집할 권리가 없는 자들이 소집한 주주총회에서 이사를 선임한 결의와 그 주주총회에서 선임된 이사에 의한 이사회의 결의는 모두 존재하지 않는 것이거나 당연무효라고 보아야 할 것이다(상법 제362조, 제389조, 대법원 1990. 2. 9. 선고 89누4642판결).

핵 심 판 례

■ **상법 제366조 제1항에 따른 소수주주의 주주총회 소집청구에서 '이사회'와 '전자문서'의 의미**

> 상법 제366조 제1항에서 정한 소수주주는 회의의 목적사항과 소집 이유를 적은 서면 또는 전자문서를 이사회에 제출하는 방법으로 임시주주총회의 소집을 청구할 수 있다(상법 제366조 제1항). 이때 '이사회'는 원칙적으로 대표이사를 의미하고, 예외적으로 대표이사 없이 이사의 수가 1인 또는 2인인 소규모 회사의 경우에는 각 이사를 의미한다(상법 제383조 제6항). 한편 상법 제366조 제1항에서 정한 '전자문서'란 정보처리시스템에 의하여 전자적 형태로 작성·변환·송신·수신·저장된 정보를 의미하고, 이는 작성·변환·송신·수신·저장된 때의 형태 또는 그와 같이 재현될 수 있는 형태로 보존되어 있을 것을 전제로 그 내용을 열람할 수 있는 것이어야 하므로, 이와 같은 성질에 반하지 않는 한 전자우편은 물론 휴대전화 문자메시지·모바일 메시지 등까지 포함된다(대법원 2022. 12. 16.자 2022그734 결정).

핵심실무사례

■ **주주 2명 중 1명만 출석한 주주총회 결의가 유효한지 여부**

- 이사가 2인인 자본금 총액이 10억원 미만인 소규모 주식회사로 주주가 두 명인데 그 중 한명은 대표이사로 지분 49%를 소유하고 있고 다른 한명은 사내이사로 지분 51%를 소유하고 있다. 이 중 지분 51%를 보유한 주주는 현재 외국에 있어 인감 등을 받을 수 없는 상태입니다. 회사에서는 이번에 주주배정방식으로 신주를 발행할 예정입니다. 이 경우 지분 49%를 소유한 대표이사 혼자 주주총회에 출석해서 결의하는 것이 가능한가요?

> 신주발행사항의 결정은 원칙적으로 이사회 결의사항이나(상법 제416조), 이사가 2인 이하인 소규모 주식회사의 경우에는 주주총회에서 결의함이 원칙이다(상법 제383조 4항). 따라서 사안의 경우 정관에 특별한 규정이 없다면 신주발행사항의 결정은 주주총회의 보통결의로 가능하다. 이 경우 주주총회 보통결의를 위한 의결정족수는 발행주식총수의 4분의 1이상 및 출석한 주주의 의결권의 과반수이다(상법 제368조 1항). 위 사안의 경우 국내에 있는 대표이사인 주주의 지분율이 49%이므로 주주총회의 보통결의 의결정족수를 충족하므로, 지분을 49%인 대표이사인 주주만이 주주총회에서 출석하여 신주발행을 결의하는 것이 가능하다.

출처 : 「상업등기 질의·회신집」

【서식】법원에 하는 검사인선임신청서

검사인선임신청

사건본인   ○○산업 주식회사(설립 중)
　　　　　　○○시 ○○구 ○○길 ○○
　　　　　　신청인 ○ ○ ○
　　　　　　　　　○○시 ○○구 ○○길 ○○
　　　　　　신청인 ○ ○ ○
　　　　　　　　　○○시 ○○구 ○○길 ○○
　　　　　　신청인 ○ ○ ○
　　　　　　　　　○○시 ○○구 ○○길 ○○

신 청 취 지

　사건본인 회사에 대한 검사목적인 사항을 조사하기 위하여 신청인 ○○시 ○○
구 ○○길 ○○ ○○○를 검사인으로 선임한다 라는 재판을 구합니다.

신 청 이 유

1. 사건본인 회사는 20○○년 ○월 ○일 정관을 작성하고 20○○년 ○월 ○일 공
   증인의 인증을 받았습니다.
2. 발기인 ○명으로 이 회사가 설립시 발행한 주식 총수를 인수하였고, 20○○년
   ○월 ○일 각 주에 대한 발행가액의 전액 납입을 완료하였습니다.
3. 신청인들은 20○○년 ○월 ○일 위 사건본인 회사의 이사로 선임되었기에 상법
   제298조의 규정에 의하여 다음 검사목적 사항을 조사하기 위하여 이 건 신청
   에 이른 것입니다.

검사목적사항

1. 현물출자하는 자의 성명과 목적재산의 종류, 수량과 가액, 이에 대해 부여할
   주식의 종류 및 수의 상당여부
2. 현물출자 이행사항
3. 현물출자의 정관의 규정에 위배 여부
4. 회사설립시에 발행한 주식 총수의 인수 여부
5. 인수주식에 대한 주식금 납입 여부

첨 부 서 류

1. 정관사본   1통
1. 이사, 감사 선임결의서사본   1통
1. 주식인수증사본   1통
1. 주식납입금 보관증명서사본   1통
1. 주민등록표등본   1통
1. 위임장   1통

2000년 ○월 ○일

신청인 ○ ○ ○   ⑪
　　　○○시 ○○구 ○○길 ○○
신청인 ○ ○ ○   ⑪
　　　○○시 ○○구 ○○길 ○○
신청인 ○ ○ ○   ⑪
○○시 ○○구 ○○길 ○○
위 대리인 변호사 ○ ○ ○ ⑪
　　　○○시 ○○구 ○○길 ○○

○○지방법원　귀중

【서식】주주총회소집허가신청 결정문

○○지방법원

결　정

사　　건　2000파123호 주주총회소집허가신청

신 청 인　김 ○ ○

　　　　　　○○시 ○○구 ○○길 ○○

사건본인　○○주식회사

　　　　　　○○시 ○○구 ○○길 ○○

대표이사　○ ○ ○

주　　문　신청인에 대하여 2000년 ○월 ○일까지 사건본인회사의 대표이사 겸
　　　　　이사 ○○○, 이사 ○○○, 감사 ○○○의 해임과 그 후임 이사 및 감사
　　　　　의 선임을 회의의 목적으로 하는 사건본인회사의 임시주주총회 소집하
　　　　　는 것을 허가한다.

이　　유　이 사건 기록에 의하면, 신청인은 사건본인 ○○주식회사 발행주식 총수
　　　　　의 100분의 20(정관 제○조) 이상의 주식을 가진 주주로서 주주총회의
　　　　　목적사항과 소집이유를 기재한 서면을 사건본인회사의 이사회에 제출하
　　　　　여 임시주주총회의 소집을 요구하였으나, 사건본인회사의 대표이사는 위
　　　　　소집청구가 있은 후 2주일이 지났음에도 위 총회 소집절차를 밟지 아니
　　　　　함을 알 수 있으므로 신청인의 이 사건 임시주주총회 소집허가신청은 이
　　　　　유 있다고 인정되어 상법 제366조 2항, 사건본인회사 정관 제○조, 비
　　　　　송사건철차법 제80조, 제81조를 적용하여 주문과 같이 결정한다.

2000년 ○월 ○일

- 이하 생략-

【쟁점질의와 유권해석】

〈주주총회의 소집절차가 위법하더라도 그 주주총회의 결의를 유효하다고 본 사례〉

1인 주주회사에 있어서는 소집절차가 위법한 것이라고 하더라도 그 주주가 참석하여 총회개최에 동의하고 아무 이의없이 결의한 경우에는 그 결의 자체를 위법한 것이라고는 할 수 없고(대법원 1966. 9. 20,선고 66다1187, 1188판결), 또 소집절차에 하자가 있다 하더라도 주주 전원이 출석하여 만장일치로 결의한 경우에는 그 결의는 주주총회의 결의로서 유효하다는 판례도 있다(대법원 1979. 6. 26,선고 78다1794판결,, 1996. 10. 11,선고 96다 24309판결).

청산회사는 청산인회가 주주총회소집을 결정하고(상법 제542조 2항, 제362조), 대표청산인이 소집절차를 집행하며, 정리회사는 회사사업의 경영과 재산의 관리·처분권이 관리인에게 전속하므로 관리인이 소집권한을 갖는다고 할 것이다.

2) 주주총회의 소집시기

주주총회는 소집의 시기에 따라 정기총회와 임시총회가 있다. 정기총회는 매년 1회 정관으로 정하여진 일정한 시기에 소집하여야 하나, 연 2회 이상의 결산기를 정한 회사는 결산기마다 소집하여야 한다.

정기총회는 재무제표를 승인하고 이익처분을 결정하기 위하여 개최하는 것으로 주주명부의 폐쇄기간 또는 기준일의 결정시간의 제한(상법 제354조 2항, 3항)에 따라 매결산기 후 3개월 내에 개최하여야 한다.

임시총회는 필요에 의하여 수시 소집한다(상법 제365조). 법원의 명령에 의한 때(상법 제467조), 흡수합병의 보고총회(상법 제526조), 분할합병보고총회(상법 제530조의11, 제526조), 분할계획승인총회(상법 제530조의3), 청산개시시 또는 청산종결시, 청산인이 재산관계서류의 승인을 요구한 때(상법 제533조 1항, 제540조 1항) 등에는 임시총회소집이 강제된다.

3) 소집장소

주주총회는 정관에 다른 정함이 있는 경우를 제외하고는 본점소재지 또는 이에 인접한 지에 소집하여야 한다(상법 제364조).

본점의 소재지란 정관에 기재하는 본점소재지와 같이 본점이 소재하는 장소가 속하는 최소행정구역을 뜻하며, 그 인접지란 그 행정구역에 인접하는 최소행정구역을 뜻한다. 총회소집의 통지에 소집장소의 기재가 없으면 본점을 소집장소로 해석함이 통설이다.

따라서 정관으로 주주총회 소집장소를 본점소재지 또는 그 인접지 외에 다른 장소를 정한 경우에는 공증인의 인증을 한 의사록을 제출하면 이를 수리하여야 할 것이다.

4) 주주총회 소집통지 및 공고

가. 원칙

주주총회를 소집함에는 회일을 정하여 2주간 전에 결의권 있는 각 주주에 대하여 서면 또는 전자문서로 통지를 발송하여야 한다. 통지서에는 회의의 목적사항을 기재하여야 하며 통지는 주주명부에 기재된 주소 또는 그 자로부터 회사에 통지한 주소로 한다.

나. 소규모회사의 경우

2009년 5월 상법 개정에 의하여 소규모 주식회사의 주주총회 소집절차가 간소화(상법 제363조 3항, 4항)되었다. 즉, 종전 규정에 의하면 가족기업처럼 운영되는 소규모 주식회사에 대하여 복잡한 주주총회 소집절차를 준수하도록 요구함으로써 회사의 운영에 과도한 부담으로 작용한다는 문제가 있었다. 이에 개정 상법은 자본금 총액이 10억원 미만인 회사가 주주총회를 소집하는 경우에는 주주총회일의 10일 전에 각 주주에게 서면으로 통지를 발송하거나 각 주주의 동의를 받아 전자문서로 통지를 발송할 수 있도록 하였다(상법 제363조 3항). 또한 자본금 총액이 10억원 미만인 회사는 주주 전원의 동의가 있을 경우에는 소집절차 없이 주주총회를 개최할 수 있고, 서면에 의한 결의로써 주주총회의 결의를 갈음할 수 있도록 하였다. 결의의 목적사항에 대하여 주주 전원이 서면으로 동의를 한 때에는 서면에 의한 결의가 있는 것으로 본다(상법 제363조 4항). 이러한 서면에 의한 결의는 주주총회의 결의와 같은 효력이 있고(상법 제363조 5항), 서면에 의한 결의에 대하여는 주주총회에 관한 규정을 준용한다(상 법 제363조 6항). 이와 같이 주주총회 소집절차를 간소화함으로써 소규모 주식회사의 주주총회 개최와 관련된 비용 및 시간이 절약될 것으로 예상된다.

그러나 이러한 주주총회의 소집의 통지, 공고에 관한 규정은 의결권 없는 주주에게는 적용하지 아니한다(상법 제363조 7항).

다. 상장회사에 대한 특례

2009년 개정 상법에서는 상장회사의 경우 소액주주에 대해서는 설명 기명주주라 하더라도 통지가 아닌 공고를 할 수 있는 특례규정을 신설하였다. 즉, 상장회사가 주주총회를 소집하는 경우 대통령령으로 정하는 수(의결권 있는 발행주식총수의 100분의 1)[27]이하의 주식을 소유하는 주주에게는 정관으로 정하는 바에 따라 주주총회일의 2주 전에 주주총회를 소집하는 뜻과 회의의 목적사항을 둘 이상의 일간신문에 각각 2회 이상 공고하거나 대통령령으로 정하는 바에 따라 전자적 방법으로 공고함으로써 제363조 제1항의 소집통지를 갈음할 수 있다(상법 제542조의4 제1항).

【쟁점질의와 유권해석】

〈일부 주주에게 소집통지를 하지 아니한 경우 그 주주총회결의의 효력 여부〉

적법한 소집권자에 의하여 소집된 주주총회에서 총 주식의 반수를 넘는 주식을 소유한 주주가 참석하여 참석주주 전원의 찬성으로 결의가 있었으나, 일부 주주에게 소집통지를 하지 아니하였거나 법정기간을 준수한 서면통지를 하지 아니하여 그 소집절차에 하자가 있었다면 이 하자는 동 결정의 무효사유가 아니라 취소사유에 해당한다(대법원1981. 7. 28,선고   80다2745판결).

【쟁점질의와 유권해석】

〈소집통지한 일시, 장소에서의 주주총회가 산회된 후 같은 날 다른 시각에 다른 장소에서 일부주주들만이 모여서 한 주주총회결의의 효력〉

대표이사가 1987.2.26. 10:00 회사 사무실에서 임시주주총회를 개최한다는 통지를 하였으나 주주총회 당일 16:00경 소란으로 인하여 사회자가 주주총회의 산회선언을 하였는데 그 후 주주 3인이 별도의 장소에 모여 결의를 한 것이라면, 위 주주 3인이 과반수를 훨씬 넘는 주식을 가진 주주라고 하더라도 나머지 일부 소수주주들에게는 그 회의의 참석과 토의, 의결권행사의 기회를 전혀 배제하고 나아가 법률상 규정된 주주총회소집절차를 무시한 채 의견을 같이 하는 일부주주들만 모여서 한 결의를 법률상 유효한 주주총회의 결의라고 볼 수는 없다(대법원 1993.10.12.선고 92다28235, 28242 판결).

(3) 종류주주총회

종류주주총회는 특정한 주식을 가진 주주들만으로 구성된 주주총회를 말한다. 그 결의가 주주총회 결의의 효력발생을 위하여 부가적으로 요구되는 요건일 뿐, 그 자체가 주주총회는 아니며, 회사의 기관도 아니다. 종류주주총회의 결의는 다음의 세 가지 경우에 필요하다.

① 회사가 종류주식을 발행한 경우에 정관을 변경함으로써 어느 종류주식의 주주에게 손해를 미치게 될 때에는 주주총회의 결의 외에 그 종류주식의 주주의 총회의 결의가 있어야 한다(상법 제435조 1항).

---

27) 상법 시행령 제31조.

② 신주의 인수, 주식의 병합·분할·소각 또는 회사의 합병·분할로 인한 주식의 배정에 관하여 주식의 종류에 따라 특수하게 정할 때(상법 제436조, 제344조 3항).

③ 회사의 분할 또는 분할합병, 주식교환, 주식이전 및 회사의 합병으로 인하여 어느 종류의 주주에게 손해를 미치게 될 경우(상법 제436조).

종류주주총회의 결의는 출석한 주주의 의결권의 3분의 2 이상의 다수와 그 종류의 발행주식의 총수의 3분의 1 이상의 다수로 하여야 하고(상법 제435조 2항), 이 결의요건은 정관으로써도 경감하거나 가중할 수 없다. 주주총회에 관한 규정은 의결권 없는 종류의 주식에 관한 것을 제외하고는 종류주주총회에 준용된다(상법 제435조 3항).

(4) 결의의 방법

주주총회 결의의 방법에는 보통결의와 특별결의, 그 이외의 결의가 있다.

결의가 성립하려면 먼저 일정한 수의 주식을 가진 주주가 출석하여 회의가 성립되어야 하고(정족수), 그 출석한 주주의 의결권 가운데 일정수 이상의 찬성이 있어야 한다(표결수).

1) 보통결의

보통결의는 원칙적인 의결방법이다. 이에 대하여 상법은 "상법 또는 정관에 다른 정함이 있는 경우를 제외하고는 출석한 주주의 의결권의 과반수와 발행주식총수의 4분의 1 이상의 다수로써 하여야 한다"고 규정하여 총회성립정족수에 대하여는 규정하고 있지 않으므로, 발행주식총수의 4분의 1 이상을 가진 주주의 출석으로 주주총회가 성립하고 그 만장일치로 결의가 가능하며, 반드시 발행주식의 총수의 과반수에 해당하는 주식을 가진 주주의 출석을 요하는 것은 아니다(상법 제368조).

이 때 주주는 대리인으로 하여금 그 의결권을 행사하게 할 수 있으며, 총회결의에 관하여 특별한 이해관계가 있는 자는 의결권을 행사하지 못한다(상법 제368조).

즉, 주주수가 많고 대부분 주주가 주주총회에 참석하지 않는 공개회사의 경우에는 주주총회의 성립 자체가 어렵게 되므로, 출석한 주주들만으로써 결의할 수 있는 길을 열어준 것이다.

이 규정은 임의규정이므로 대부분의 주주가 회사의 경영에 관심을 가지고 주주총회에 참석하는 소규모의 주식회사나 비공개주식회사의 경우에는 개정 전 상법의 규정과 같이 정관에 결의요건을 "발행주식총수의 과반수에 해당하는 주식을 가진 주주의 출석으로 그 의결권의 과반수로 한다"고 하여 정관으로 의결정족수를 가중할 수도 있고, 완화할 수도 있다(상법 제368조 1항).

다만, 발행주식총수의 4분의 1은 조리상 허용될 수 있는 단체결의의 최소한도의 요건을 규정한 것이므로 이를 가중할 수는 있으나 이보다 완화할 수는 없다는 견해도 있다[28].

의결권 없는 주식은 정족수의 기초가 되는 발행주식의 총수에 산입 되지 아니한다(상법 제371조 1항). 표결결과 가부동수인 경우에는 부결로 해석하여야 하며(통설), 이 경우 의장에게 결정권을 주는 내용의 정관규정은 1주 1의결권 원칙에 위반되어 무효이다. 특별이해관계인의 소유주식수는 정족수의 계산에 있어서는 발행주식총수에 산입되나 결의성립에 필요한 다수의결권의 수에는 산입되지 않는다(상법 제371조 2항).

보통결의사항으로 상법은 이사감사의 선임(상법 제382조, 제409조), 정관으로 정한 때에는 대표이사의 선임(상법 제389조 1항 단서), 이사감사의 보수의 승인(상법 제388조, 제415조), 검사인의 선임(상법 제366조 3항, 제367조), 재무제표 등의 승인(상법 제449조), 주식배당(상법 제462조의2), 청산인의 선임·해임(상법 제531조, 제539조), 및 보수의 결정(상법 제542조 2항, 제388조), 청산의 승인(상법 제540조) 등을 규정하고 있다.

이사에 대한 경업(競業)의 승인(상법 제397조 1항)은 이사회의 권한으로 변경되었다.

【쟁점질의와 유권해석】

〈주주총회가 성립하기 위한 정족수〉

상법 제368조의 규정에 의하면 주식회사의 주주총회의 결의방법은 상법 또는 정관에 다른 정함이 있는 경우를 제외하고는 출석한 주주의 의결권의 과반수와 발행주식총수의 4분의 1 이상의 수로써 하여야 하고 총회성립정족수에 대하여는 규정하지 않고 있으므로, 발행주식 총수의 4분의 1 이상을 가진 주주의 출석으로 주주총회가 성립하고 그 만장일치로 결의가 가능한 것이며, 반드시 발행주식의 총수의 과반수에 해당하는 주식을 가진 주주의 출석을 요하는 것은 아니다.

---

[28] 이철송, 회사법상의(박영사), 2005, 446면 참조.

【쟁점질의와 유권해석】

〈대부분의 주주에게 소집통지를 발송하지 아니하고 개최된 주주총회의 효력〉

주주의 전부 또는 대부분의 주주에게 소집통지를 발송하지 아니하고 개최된 주주총회는 특별한 사정이 없는 한 그와 같은 총회는 그 성립과정에 있어 하자가 너무나도 심한 것이어서 사회통념상 총회 자체의 성립이 인정되기 어렵다고 봄이 상당하다.(대법원 1978. 11. 14. 선고 78다1269 판결)

【쟁점질의와 유권해석】

〈적법한 소집절차가 없었지만 4인 주주 전원이 임시주주총회를 열어 전원합의로 기존 임원 전원을 해임하고 자신들을 임원으로 선임하여 그 의사록을 공증받아 임원 변경등기신청을 한 경우 그 수리 여부〉

상법 및 정관 소정의 소집절차를 흠결하였으나 주주명부상의 주주 전원이 주주총회의 개최에 동의하고 출석하여 결의하는 이른바 전원주주총회에서의 결의는 유효하다고 해석되므로, A주식회사의 임시주주총회에 있어서 상법 및 정관상 요구되는 이사회의 결의, 소집권자의 소집 등 적법한 소집절차가 없었다고 하더라도, 당해 주식회사의 주식을 각각 25%씩 소유하고 있는 4인 주주 전원이 임시주주총회를 열어 주주 전원의 합의로 소집절차와 방법에 아무런 이의없음을 확인한 다음, 기존의 임원 전원을 해임하고 주주 자신들을 이사 및 감사로 선임하는 내용의 안건을 주식수의 25% 기권, 75% 찬성으로 결의하여 그 의사록을 공증받았다면, 그 의사록을 첨부하여 한 임원변경등기신청은 수리될 수 있다(대법원 1996.10.11.선고 96다24309 판결 참조).

2) 특별결의

영업용 재산의 처분으로 말미암아 회사영업의 전부 또는 일부를 양도하거나 폐지하는 것과 같은 결과를 가져오는 경우(대법원 1997.4.8, 선고 96다54249 판결), 경영위임 등(상법 제374조), 사후설립(상법 제375조), 주주 이외의 자에 대한 전환사채의 발행(상법 제513조 3항), 주주 이외의 자에 대한 전환사채 및 신주인수권부사채의 발행(상법 제513조 3항, 제516조의2 4항), 자본의 감소(상법 제438조 1항), 해산(상법 제518조), 회사의 계속(상법 제519조), 합병(상법 제522조 3항), 분할·분할합병(상법 제530조의3 2항), 설립위원의 선임(상법 제175조 2항), 이사와 감사의 해임(상법 제385조 1항, 제415조), 신설합병의 경우의 설립위원의 선임(상법 제175조 2항), 주식의 할인발행(상법 제417조 1항) 등에 있어서는 출석한 주주의 의결권의 3분의 2 이상의 다수와 발행주식 총수의 3분의 1 이상의 다수로 결의하여야 하며(상법 제434조), 정관에 의하더라도 정족수를 경감할 수 없다. 특별결의의 정족수는 보통결의와 같으나, 완화하지 못하는 특징이 있다.

상법은 주주총회 특별결의의 정족수는 보통결의 정족수를 기초로 이를 가중조정하여 주주총회의 성원을 보장하고 특별결의 요건을 현실화하였다.

3) 특수결의

특별결의보다도 더 엄격한 결의요건이 정하여져 있는 경우가 있다. 즉, 이사감사발행인의 책임면제(상 법제400조, 제415조, 제324조) 및 주식회사를 유한회사로 조직변경(상법 제604조 1항)하는 경우에는 총주주의 동의가 있어야 한다.

4) 결의의 효력발생

주주총회의 결의는 원칙적으로 결의성립과 동시에 그 효력을 발생한다. 그러나 총회의 결의에 있어서 그 결의에 조건 또는 기한을 붙일 수 있는 것이며, 이때에는 조건의 성취 또는 기한의 도래에 의하여 효력이 발생한다. 다만, 그 조건 또는 기한을 붙이는 것이 법령, 정관에 위반하는 경우에는 그 결의 전체가 무효가 된다.

(5) 전자적 방법에 의한 의결권의 행사(상법 제368조의4)

2009년 5월 상법 개정에 의하여 2010년 5월부터 전자적 방법에 의한 의결권의 행사가 가능하게 되었다. 이는 정보통신 환경의 발달로 전자적 방법에 의한 주주총회 개최가 가능해졌으나, 이를 입법적으로 뒷받침하지 못하고 있던 것을 상법 개정을 통하여 보완한 것이다. 이에 따라 회사는 이사회의 결의로 주주가 총회에 출석하지 아니하고 전자적 방법으로 의결권을 행사할 수 있음을 정할 수 있다(상 제368조의4 1항). 회사는 상법 제363조에 따라 소집통지를 할 때에는 주주가 전자적 방법에 따른 방법으로 의결권을 행사할 수 있다는 내용을 통지하여야 한다(상 제368조의4 2항). 회사가 전자적 방법에 의한 의결권행사를 정한 경우에 주주는 주주 확인절차 등 대통령령으로 정하는 바에 따라 의결권을 행사하여야 한다. 이 경우 회사는 의결권행사에 필요한 양식과 참고자료를 주주에게 전자적 방법으로 제공하여야 한다(상 제368조의4 3항).

동일한 주식에 관하여 상법 제368조의4 제1항에 따라 의결권을 행사하는 경우 전자적 방법 또는 서면 중 어느 하나의 방법을 선택하여야 한다(상법 제368조의4 4항).

회사는 의결권 행사에 관한 전자적 기록을 총회가 끝난 날부터 3개월간 본점에 갖추어 두어 열람하게 하고 총회가 끝난 날부터 5년간 보존하여야 한다(상법 제368조의4 5항). 그리고 주주 확인절차 등 전자적 방법에 의한 의결권행사의 절차와 그 밖에 필요한 사항은 대통령령으로 정한다(상법 제368조의4 6항).

이와 같이 전자투표제를 도입함으로써 주주총회 개최 비용이 절감되고, 주주총회 운영의 효율성이 향상될 것으로 기대되며, 소수주주의 주주총회 참여가 활성화될 것으로 기대된다.

> 독점규제 및 공정거래에 관한 법률 제11조에 따라 의결권을 행사 할 수 없는 주식의 수를 주주총회의 결의요건에 관한 발행주식의 총수에 산입하여야 하는지 여부

선례요지

「독점규제 및 공정거래에 관한 법률」제11조에 따라 의결권을 행사할 수 없는 주식의 수는 의결정족수에 관한「상법」제368조 제1항 또는 제434조의 발행주식의 총수나 출석한 주주의 의결권의 수에 산입하지 아니한다. 다만, 회사의 정관에 상법상의 의결정족수 요건에 추가하여 성립정족수(의사정족수) 요건으로 발행주식의 총수의 일정 수가 출석할 것을 규정한 경우 위 의결권을 행사할 수 없는 주식의 수는 성립정족수에 관한 발행주식의 총수에는 산입한다. (2011. 12. 1. 사법등기심의관-2947 질의회답)

참조조문 : 독점규제 및 공정거래에 관한 법률 제11조, 상법 제368조, 제371조, 제376조, 제391조, 제409조, 제434조, 제574조, 제578조, 제585조, 구 상법(1995. 12. 29. 법률 제5053호로 개정되기 전의 것)제368조, 제434조

참조판례 : 대법원 2007. 7. 12 선고 2006다3585 판결, 대법원 1998. 4. 10. 선고 97다50619 판결, 대법원 2010. 1. 28. 선고 2009다3920 판결

핵심실무사례

■ 종류주주총회 결의 필요 여부

- 회사는 이번 주주총회에서 무의결권 배당우선 전환주식에 대해 일정기간 경과하면 보통주로 전환되도록 하는 정관의 규정을 삭제하려고 한다. 이 경우 종류주주총회를 반드시 개최하여야 하나요?

판례에 의하면 "여기서의 '어느 종류의 주주에게 손해를 미치게 될 때'라 함은 어느 종류의 주주에게 직접적으로 불이익을 가져오는 경우는 물론이고, 외견상 형식적으로는 평등한 것이라고 하더라도 실질적으로는 불이익한 결과를 가져오는 경우도 포함되며, 나아가 어느 종류의 주주의 지위가 정관의 변경에 따라 유리한 면이 있으면서 불이익한 면을 수반하는 경우도 이에 해당된다고 할 것이다. 위 경우 무의결권 배당우선 전환주식은 의결권을 갖는 보통주로의 전환이 불가능하게 됨에 따라 불리한 측면이 있는 반면, 보통주보다 계속적으로 배당을 우선적으로 받을 수 있게 됨에 따라 유리한 측면도 갖고 있다.

출처 : 「상업등기 질의·회신집」

■ 정관변경결의를 하면서 종류주주총회결의를 거치지 아니하였다는 이유로 위 주주총회결의의 취소 또는 무효를 구할 수 있나요?

- 甲주식회사는 2016. 3. 4. 정기주주총회에서 '기존 우선주주들이 무상증자 등에 의하여 향후 배정받게 될 우선주는 구 우선주와 달리 10년 후에도 보통주로 전환할 수 없다'는 내용으로 정관변경결의를 하였습니다. 甲회사의 우선주주인 乙은 甲회사가 위와 같이 정관변경결의를 하면서 종류주주총회결의를 거치지 아니하였다는 이유로 위 주주총회결의의 취소 또는 무효를 구할 수 있나요?

상법 제435조 제1항은 "회사가 종류주식을 발행한 경우에 정관을 변경함으로써 어느 종류주식의 주주에게 손해를 미치게 될 때에는 주주총회의 결의 외에 그 종류주식의 주주의 총회의 결의가 있어야 한다."고 규정하고 있는바, 위 규정의 취지는 주식회사가 보통주 이외의 수종의 주식을 발행하고 있는 경우에 보통주를 가진 다수의 주주들이 일방적으로 어느 종류의 주식을 가진 소수주주들에게 손해를 미치는 내용으로 정관을 변경할 수 있게 할 경우에 그 종류의 주식을 가진 소수주주들이 부당한 불이익을 받게 되는 결과를 방지하기 위한 것이므로, 여기서의 '어느 종류의 주주에게 손해를 미치게 될 때'라 함에는, 어느 종류의 주주에게 직접적으로 불이익을 가져오는 경우는 물론이고, 외견상 형식적으로는 평등한 것이라고 하더라도 실질적으로는 불이익한 결과를 가져오는 경우도 포함되며, 나아가 어느 종류의 주주의 지위가 정관의 변경에 따라 유리한 면이 있으면서 불이익한 면을 수반하는 경우도 이에 해당됩니다(대법원 2006. 1. 27. 선고 2004다44575 판결).

그렇다면 甲회사가 '기존 우선주주들이 향후 배정받게 될 우선주는 구 우선주와 달리 10년 후에도 보통주로 전환할 수 없다'는 내용으로 정관을 변경한 것이 상법 제435조 제1항에서 말하는 회사가 종류주식을 발행한 경우에 정관을 변경함으로써 '어느 종류주식의 주주에게 손해를 미치게 될 때'에 해당한다면 甲회사는 주주총회의 결의 외에 그 종류주식의 주주의 총회의 결의가 거쳐야 합니다.

甲회사의 위와 같은 정관변경으로 인하여, 기존의 우선주주들이 무상증자 등에 의하여 향후 새로 배정받게 될 우선주의 내용에만 차이가 생기는 것일 뿐이고 그 외에는 아무런 차이가 없는데, 차이가 생기는 부분인 향후 배정받게 될 우선주의 내용은 구 우선주와 달리 10년 후에도 보통주로 전환할 수 없는 것이므로, 보통주로의 전환에 의한 의결권의 취득을 바라고 있던 우선주주의 지위에서는 정관변경이 불리한 반면, 의결권의 취득에는 관심이 적고 그보다는 이익배당에 더 관심이 있던 우선주주의 지위에서는 특정 비율 이상의 우선배당권이 10년의 제한을 받지 아니하고 언제까지나 보장되는 것이어서 유리한 바, 정관을 변경함으로써 우선주주 각자의 입장에 따라 유리한 점과 불리한 점이 공존하고 있을 경우에 해당하므로 우선주주들로 구성된 종류주주총회의 결의가 필요합니다.

다만 어느 종류 주주에게 손해를 미치는 내용으로 정관을 변경함에 있어서 그 정관변경에 관한 주주총회의 결의 외에 추가로 요구되는 종류주주총회의 결의는 정관변경이라는 법률효과가 발생하기 위한 하나의 특별요건이라고 할 것이므로, 그와 같은 내용의 정관변경에 관하여 종류주주총회의 결의가 아직 이루어지지 않았다면 그러한 정관변경의 효력이 아직 발생하지 않는 데에 그칠 뿐이고, 그러한 정관변경을 결의한 주주총회결의 자체의 효력에는 아무런 하자가 없다는 것이 판례의 태도입니다(대법원 2006. 1. 27. 선고 2004다44575 판결).
따라서 乙은 甲회사를 상대로 2016. 4. 17. 주주총회결의 취소나 무효를 구할 수는 없고, 민사상 정관변경 무효확인의 소를 구할 수 있을 뿐입니다.

5. 이사회

(1) 의의 및 권한

이사회는 이사 전원으로 구성되고 회사의 업무집행에 관한 의사결정 및 이사의 직무집행의 감독을 행하는 주식회사의 필요상설기관이다.

회사의 업무집행은 법령 또는 정관에 의하여 주주총회의 권한으로 되어 있는 사항을 제외하고는 모두 이사회의 권한에 속하며, 대표이사가 회사업무를 집행함에 있어서도 이사회의 결정에 따라야 한다(상법 제393조 1항).

그러나 이사가 1인인 때에는 이사회의 권한은 주주총회가 가지거나(이사의 자기거래승인, 신주 및 사채의 발행사항결정) 이사가 가지도록 규정하고 있다(상법 제383조 1항).

이사회의 권한에 대하여 상법은 정관으로 정한 경우의 주식의 양도승인(상법 제335조), 주식매수선택권 부여취소(상법 제340조의3 1항), 주주총회의 소집(상법 제362조), 지배인의 선임 및 해임과 지점의 설치·이전·폐지(상법 제393조), 대표이사의 선임(상법 제389조), 정관으로 이사회 내 위원회를 둔 경우 위원회의 설치와 그 위원의 선임 및 해임(상법 제393조의2), 이사의 경업금지의 해제(상법 제397조), 이사의 자기거래의 승인(상법 제398조), 신주의 발행(상법 제416조), 사채의 발행(상법 제469조), 이사의 자기거래의 승인(상법 제398조), 신주의 발행(상법 제416조), 사채의 발행(상법 제469조), 재무제표와 영업보고서의 승인(상법 제447조, 제447조의2), 준비금의 자본전입(상 법 제461조), 전환사채 및 신주인수권부사채의 발행(상법 제513조, 제516조의2), 명의개서대리인의 선임(상법 제393조), 정관에서 최소행정구역까지만 정한 경우 본점소재지의 결정(상법 제393조) 등을 규정하고 있다.

법률 또는 정관 등의 규정에 의하여 주주총회 또는 이사회의 결의를 필요로 하는 것으로 되어 있지 아니한 업무 중 이사회가 일반적·구체적으로 대표이사에게 위임하지 않은 업무로서 일상업무에 속하지 아니한 중요한 업무에 대하여는 이사회에게 그 의사결정권한이 있다(대법원 1997. 6. 13. 선고 96다48282).

이사회는 이사의 직무집행을 감독할 권한이 있는 바(상법 제393조 2항), 그 감독할 이사는 대표이사 및 기타의 이사이고, 감독하는 방법은 이사회를 소집하여 그 결의로써 한다.

주식회사의 업무집행기관은 업무집행의 의사결정기관인 이사회와 그 집행 및 회사를 대표하는 대표이사이다. 따라서 이사 개개인은 이사회의 구성원으로서 그 의사결정에 참여하는 동시에 대표이사로 선임될 수 있는 자격을 가질 뿐 그 자체로는 회사의 기관이 아니다.

대표이사는 대외적으로 회사를 대표하고 대내적으로 업무를 집행하는 주식회사의 필요상설기관이다. 대표이사는 이사회에서 선임되고 그 직무집행에 관하여 이사회의 감독을 받는다. 통상 주주총회의 의장이 대표이사가 된다.

(2) 이사회의 소집

1) 소집권자

가. 이사

이사회의 소집권자로 대표이사를 정하는 경우가 많으나, 이사회의 결의로 소집할 이사를 특별히 정하지 아니한 때에는 각 이사가 소집할 수 있다(상 법 제390조 1항). 소집권자로 지정되지 않은 다른 이사는 소집권자인 이사에게 이사회 소집을 요구할 수 있다. 소집권자인 이사가 정당한 이유 없이 이사회 소집을 거절하는 경우에는 다른 이사가 이사회를 소집할 수 있다(동조 제2항).

나. 감사

상법은 감사에게도 이사회소집권한을 부여하였다. 즉, 감사는 필요하면 회의의 목적사항과 소집이유를 서면에 적어 이사(소집권자가 있는 경우에는 소집권자)에게 제출하여 이사회 소집을 청구할 수 있다. 만약 이러한 청구를 하였는데도 이사가 지체 없이 이사회를 소집하지 아니하면 그 청구한 감사가 이사회를 소집할 수 있다(상법 제412조의4).

다. 집행임원

상법에서는 집행임원제도가 신설되었다. 집행임원은 필요하면 회의의 목적사항과 소집이유를 적은 서면을 이사(소집권자가 있는 경우에는 소집권자)에게 제출하여 이사회 소집을 청구할 수 있다. 이러한 청구를 한 후 이사가 지체 없이 이사회 소집의 절차를 밟지 아니하면 소집을 청구한 집행임원은 법원의 허가를 받아 이사회를 소집할 수 있다. 이 경우 이사회 의장은 법원이 이해관계자의 청구에 의하여 또는 직권으로 선임할 수 있다(상법 제408조7).

집행임원의 이사회 소집절차의 경우 이사가 소집을 지체하여 집행임원이 소집을 할 때에는 '법원의 허가'를 요한다는 점에서 감사의 경우와 구별된다(상법 제412조의4, 제408조의7참조).

2) 소집절차

이사회를 소집함에는 회일을 정하여 그 1주간 전에 각 이사 및 감사에게 통지를 발송하여야 한다. 소집기간은 정관으로써 단축할 수 있고, 이사 및 감사 전원의 동의가 있는 때에는 소집절차 없이 언제든지 이사회를 개최할 수도 있다(상법 제390조 3항, 4항).

이사회에 있어서도 주주총회와 같이 그 연기 또는 속행이 인정되며 이 경우에는 중복하여 소집절차를 이행할 필요는 없다 할 것이다(상법 제392조).

핵 심 판 례

■ **주식회사 이사회 소집통지를 할 때 회의의 목적사항도 함께 통지하여야 하는지 여부(원칙적 소극)**

이사회 소집통지를 할 때에는, 회사의 정관에 이사들에게 회의의 목적사항을 함께 통지하도록 정하고 있거나 회의의 목적사항을 함께 통지하지 아니하면 이사회에서의 심의·의결에 현저한 지장을 초래하는 등의 특별한 사정이 없는 한, 주주총회 소집통지의 경우와 달리 회의의 목적사항을 함께 통지할 필요는 없다(대법원 2011.6.24. 선고 2009다35033 판결).

■ 소집권한이 없는 자가 이사회 소집결정도 없이 소집하여 이루어진 주주총회결의의 효력

> 주주총회를 소집할 권한이 없는 자가 이사회의 주주총회 소집결정도 없이 소집한 주주총회에서 이루어진 결의는, 1인 회사의 1인 주주에 의한 총회 또는 주주 전원이 참석하여 총회를 개최하는 데 동의하고 아무런 이의 없이 결의가 이루어졌다는 등의 특별한 사정이 없는 이상, 총회 및 결의라고 볼 만한 것이 사실상 존재한다고 하더라도 그 성립 과정에 중대한 하자가 있어 법률상 존재하지 않는다고 보아야 한다(대법원 2010. 6. 24.선고, 2010다13541 판결).

(3) 결의방법

1) 일반적인 경우

이사회의 결의는 이사과반수의 출석과 출석이사 과반수의 찬성에 의하는 것이나 정관으로써 그 결의요건을 가중한 경우에는 그 정함에 따르며, 이를 완화할 수 없다(상법 제391조 1항). 이사 총수 10명인 회사에서 5명만이 이사회에 참석하여 의결하였다면 이는 의결정족수를 충족하지 아니하여 무효가 된다.

각 이사는 1표의 의결권을 가지나 결의에 관하여 특별이해관계를 가진 이사는 의결권을 행사하지 못한다(상법 제391조 3항, 제368조 3항). 이러한 특별이해관계인인 이사도 이사회의 소집통지를 받고 이사회에 출석하여 의견을 진술할 수 있으므로 이사회의 의사정족수에는 산입되지만, 의결정족수에는 산입되지 않는다(상법 제391조 3항, 제371조 2항).

이사는 스스로 출석하여 의결권을 행사하여야 하며 대리인에 의하여 의결권을 행사할 수 없다. 따라서 이사가 타인에게 출석과 의결권을 위임할 수 없는 것이므로 이에 위반된 이사회의 결의는 무효이다(대법원 1982. 7. 13.선고 80다2441판결). 일반전화나 서면에 의한 의결권의 행사도 인정되지 아니한다.

핵 심 판 례

■ 이사회 결의요건 충족 여부의 판단 시점(=이사회 결의시)

> 이사회 결의요건을 충족하는지 여부는 이사회 결의 당시를 기준으로 판단하여야 하고, 그 결의의 대상인 행위가 실제로 이루어진 날을 기준으로 판단할 것은 아니다(대법원 2003. 1. 24.선고, 2000다20670판결).

■ 상법 제391조 제1항의 본문이 요구하고 있는 결의의 요건을 갖추지 못한 이사회결의의 효력

> 재적 6명의 이사 중 3인이 참석하여 참석이사의 전원의 찬성으로 연대보증을 의결하였다면 위 이사회의 결의는 과반수에 미달하는 이사가 출석하여 상법 제391조 제1항 본문 소정의 의사정족수가 충족되지 아니한 이사회에서 이루어진 것으로 무효라고 할 것이다(대법원 1995. 4. 11.선고, 94다33903판결).

■ 주식회사의 대표이사가 이사회결의를 요하는 대외적 거래행위에 관하여 적법한 이사회결의 없이 한 거래행위의 효력

> 주식회사의 대표이사가 이사회결의를 요하는 대외적 거래행위를 함에있어서 실제로 이사회결의를 거치지 아니하였거나 이사회결의가 있었다고 하더라도 그 결의가 무효인 경우, 거래 상대방이 그 이사회결의의 부존재 또는 무효사실을 알거나 알 수 있었다면 그 거래행위는 무효라고 할 것이다(대법원 1995. 4. 11.선고, 94다33903판결).

■ 3명의 이사 중 대표이사와 특별이해관계 있는 이사 등 2명이 출석하여 대표이사 1인의 찬성으로 이사회결의가 이루어진 경우 그 결의의 적부(적극)

> 특별이해관계가 있는 이사는 이사회에서 의결권을 행사할 수는 없으나 의사정족수 산정의 기초가 되는 이사의 수에는 포함되고 다만 결의성립에 필요한 출석이사에는 산입되지 아니하는 것이므로 회사의 3명의 이사 중 대표이사와 특별이해관계 있는 이사 등 2명이 출석하여 의결을 하였다면 이사 3명중 2명이 출석하여 과반수 출석의 요건을 구비하였고 특별이해관계 있는 이사가 행사한 의결권을 제외하더라도 결의에 참여할 수 있는 유일한 출석이사인 대표이사의 찬성으로 과반수의 찬성이 있는 것으로 되어 그 결의는 적법하다(대법원 1992.4.14.선고 90다카22698 판결).

【쟁점질의와 유권해석】

〈감사 2인이 있는 주식회사의 이사회에 감사들이 모두 불출석한 경우에도 출석한 이사들만으로 이사회를 개최할 수 있는지 여부〉

주식회사의 감사는 이사회에 출석하여 의견을 진술할 권리가 있으므로 회일 1주간 전에 감사에 대하여도 소집통지를 발송하여야 하지만, 주식회사의 이사회는 이사만으로 구성되고 감사는 그 구성원이라고 할 수 없으므로 감사 2인이 있는 주식회사의 이사회에 감사들이 모두 불출석한 경우에도 출석한 이사들만으로 이사회를 개최하고 이사회회의록을 작성할 수 있다(1997. 11. 24. 3402-908 질의회답).

2) 통신수단에 의한 결의

1995년 제5차 개정상법은 "정관에서 달리 정하는 경우를 제외하고 이사회는 이사의 전부 또는 일부가 직접 회의에 출석하지 아니하고 모든 이사가 동영상 '및' 음성을 동시에 송수신하는 통신수단에 의하여 결의에 참가하는 것을 허용할 수 있다. 이 경우 당해 이사는 이사회에 직접 출석한 것으로 본다"라고 하며 통신수단에 의한 이사회 결의제도를 신설하였다(상법 제391조 2항). 이 규정에 의해 사용할 수 있는 통신수단을 「동영상 "및" 음성을 동시에 송·수신하는 통신수단」이라고 표현했는데, 이는 동영상과 음성의 동시송수신을 아울러 구비한 장비로 제한하려는 취지라고 할 수 있다. 즉, 화상회의만을 허용하는 것이다. 그러나 이러한 장비는 보통 고가로서 영세한 회사로서는 큰 부담이 되는 것이 사실이었다. 이에 2011년 개정상법에서는 「음성을 동시에 송수신하는 원격통신수단」이라고 개정하여 동영상 없이 음성만 송수신하는 전화회의도 가능하게 하였다[29].

(4) 결의의 효력 등

이사회의 결의에 관하여 그것이 강행법규, 정관 또는 주식회사의 본질에 위반되지 않는 한 조건 또는 기한을 붙일 수 있다.

이사회의 결의는 그 내용이 법령 또는 정관에 위반한 경우는 물론 소집절차 또는 결의방법에 하자가 있는 경우에도 당연히 무효이며, 주주총회의 결의에 있어서와 같이 결의성립과정에 관한 하자와, 내용상의 하자(상법 제376조, 제380조)로 구별하여 처리되지는 않는다.

【쟁점질의와 유권해석】

〈주식회사의 대표이사가 이사회의 결의를 거쳐야 할 대외적 거래행위를 이를 거치지 않고 한 경우 그 행위의 효력 여부〉

주식회사의 대표이사가 이사회의 결의를 거쳐야 할 대외적 거래행위에 관하여 이를 거치지 아니한 경우라도, 이와 같은 이사회 결의사항은 회사의 내부적 의사결정에 불과하다 할 것이므로, 그 거래 상대방이 그와 같은 이사회 결의가 없었음을 알았거나 알 수 있었을 경우가 아니라면 그 거래행위는 유효하다 할 것이고, 이 경우 거래의 상대방이 이사회의 결의가 없었음을 알았거나 알 수 있었음은 이를 주장하는 회사측이 주장·입증하여야 한다(대법원 1999. 10. 8,선고 98다 2488).

---

[29] 2011 개정상법 축조해설(이철송, 박영사) 147면~148면 참조.

핵 심 판 례

■ 이사가 주주총회결의 취소의 소를 제기하였다가 소송 계속 중이나 사실심 변론종결 후에 사망한 경우, 소송이 중단되지 않고 그대로 종료하는지 여부(적극)

> 이사가 그 지위에 기하여 주주총회결의 취소의 소를 제기하였다가 소송 계속 중에 사망하였거나 사실심 변론종결 후에 사망하였다면, 그 소송은 이사의 사망으로 중단되지 않고 그대로 종료된다. 이사는 주식회사의 의사결정기관인 이사회의 구성원이고, 의사결정기관 구성원으로서의 지위는 일신전속적인 것이어서 상속의 대상이 되지 않기 때문이다(대법원 2019. 2. 14.선고, 2015다255258판결).

■ 이사가 주주총회결의 취소의 소를 제기하였다가 소송 계속 중이나 사실심 변론종결 후에 사망한 경우, 소송이 중단되지 않고 그대로 종료하는지 여부

> 사립학교법은 학교법인의 이사회에서 임원의 임면에 관한 사항을 심의·의결하도록 한다(제16조 제1항 제4호). 그런데 학교법인은 해산한 경우 청산의 목적범위 내에서 권리·의무의 주체가 되고(사립학교법 제42조 제1항, 민법 제81조 참조), 그 청산인은 학교법인의 사무집행기관이자 대표기관으로서 이사에 갈음하여 청산의 목적범위 내에 있는 학교법인의 모든 사무를 처리할 권한을 가진다(사립학교법 제42조 제1항, 민법 제87조 참조). 따라서 학교법인이 해산하여 청산인이 선임된 후에는 법원(민법 제84조 참조) 또는 청산인회(사립학교법 제42조 제2항, 제18조, 제16조 제1항 제4호 참조)에 청산인을 해임할 권한이 있을 뿐, 해산하기 전의 이사들로 구성된 이사회에는 특별한 사정이 없는 한 청산인을 해임할 권한이 없다(대법원 2024. 3. 28. 선고 2023다252209, 252216 판결).

【쟁점질의와 유권해석】

〈주식회사의 대표이사가 이사회의 결의를 거쳐야 할 대외적 거래행위를 이를 거치지 않고 한 경우 그 행위의 효력 여부〉

주식회사의 대표이사가 이사회의 결의를 거쳐야 할 대외적 거래행위에 관하여 이를 거치지 아니한 경우라도, 이와 같은 이사회 결의사항은 회사의 내부적 의사결정에 불과하다 할 것이므로, 그 거래 상대방이 그와 같은 이사회 결의가 없었음을 알았거나 알 수 있었을 경우가 아니라면 그 거래행위는 유효하다 할 것이고, 이 경우 거래의 상대방이 이사회의 결의가 없었음을 알았거나 알 수 있었음은 이를 주장하는 회사측이 주장·입증하여야 한다(대법원 1999. 10. 8,선고 98다2488판결).

6. 이사회 내 위원회

제5차 개정상법은 정관이 정하는 바에 의하여 이사회 내에 2인 이상의 이사로 구성되는 각종 위원회를 설치하여 이사회로부터 위임받은 권한을 행사할 수 있도록 하

는 이사회 내 위원회 제도를 도입하였다(상법 제393조의2).

이는 대규모회사의 운영의 효율성을 높이기 위하여 도입된 제도이다.

정관으로 이사회 내 위원회제도를 채택한 경우 이사회는 ① 주주총회의 승인을 요하는 사항의 제안, ② 대표이사의 선임 및 해임, ③ 위원회의 설치와 그 위원의 선임 및 해임, ④ 정관에서 정하는 사항을 제외하고는 그 권한을 위원회에 위임할 수 있다(상 제393조의2 2항).

이사회 내 위원회는 2인 이상의 이사로 구성하여야 하며, 다만, 감사위원회는 3인 이상의 이사로 구성하여야 한다(상법 제415조의2 2항). 위원회는 결의된 사항을 각 이사에게 통지하여야 한다. 이 경우 이를 통지 받은 각 이사는 이사회의 소집을 요구할 수 있으며, 이사회는 위원회가 결의한 사항에 대하여 다시 결의할 수 있다(상법 제393조의2 3항, 4항). 다만, 감사위원회의 결의에 대하여는 번복할 수 없다.

이사회 내 위원회를 소집함에는 회일을 정하고 그 1주간 전에 각 위원에 대하여 통지를 발송하여야 한다. 그 기간은 정관으로 단축할 수 있으며, 이사회 내 위원회는 각 위원 전원의 동의가 있는 때에는 통지절차 없이 언제든지 회의를 할 수 있다(상법 제393조의2 5항, 제386조, 제390조).

이사회 내 위원회의 결의는 이사과반수의 출석과 출석이사의 과반수로 하여야 한다. 위원회의 결의에 관하여 특별한 이해관계가 있는 자는 의결권을 행사하지 못하고, 위원회의 결의에 관하여는 특별한 이해관계가 있는 자로써 의결권을 행사할 수 없는 의결권의 수는 출석한 이사의 의결권의 수에 산입하지 아니한다(상법 제393조의2 5항, 제391조, 제368조 4항, 제371조 2항).

핵심실무사례

■ 이사회 및 이사회의사록 관련

– 이사회 및 이사회의사록 작성과 관련된 사항 여부
  ① 이사는 이사회에 출석할 의무가 있는지?
  ② 감사는 이사회에 출석할 의무가 있는지?
  ③ 이사회의 결의에 반대한 이사가 이사회의사록에 기명날인 또는 서명을 거부한 경우에 그 책임을 면책되는지?
  ④ 주주총회와 같이 이사회의 결의를 서면결의로 하는 것이 가능한지?

상법상 이사와 회사의 관계는 위임에 관한 민법 제681조가 준용되므로 이사는 회사에 대해 선량한 관리자의 주의로써 사무를 처리할 의무를 지게 된다.

따라서 이사는 이사회에 출석하여 의결권을 행사할 의무를 지며, 주식회사의 이사가 이사회에 참석하지 않고 사후적으로 이사회의 결의를 추인하는 등으로 실질적으로 이사의 임무를 전혀 수행하지 않은 이상 그 자체로서 임무해태가 된다고 판례에서 판시한 바 있다(대법원 2008. 12. 11. 선고 2005다51471 판결).

감사는 이사회에 출석하여 의견을 진술할 수 있고 이사가 법령 또는 정관에 위반한 행위를 하거나 그 행위를 할 염려가 있다고 인정한 때에는 이사회에 보고하여야 하지만, 이러한 감사의 이사회 출석 및 의견진술권은 감사의 권리에 해당하므로 감사가 이사회에 반드시 출석해야 할 의무가 있는 것은 아니다.

이사회의사록에는 의사의 안건, 경과요령, 그 결과, 반대하는 자와 그 반대이유를 기재하여야 하므로(상법 제391조의3 2항), 이사회의사록에 그 결의에 반대하는 자와 그 반대이유가 기재되어 있지 않고 단순히 반대한다는 이유로 의사록에 기명날인 또는 서명을 거부하는 것은 오히려 찬성한 것으로 추정되므로 그 책임을 면할 수 없다. 이사회의 결의방법은 이사의 전부 또는 일부가 직접 회의에 출석하거나 다자간 통신회의 방법으로 하여야지(상법 제391조 2항), 실제 이사회를 개최하지 않고 이루어진 서면결의와 회람을 돌려 서명하는 방식의 결의는 인정되지 않는다.

출처 : 「상업등기 질의·회신집」

핵 심 판 례

■ 상법 제393조 제1항에서 정한 주식회사의 '중요한 자산의 처분'에 해당하는지 판단하는 기준시가 및 중요한 자산의 처분에 해당하는 경우, 이사회규정상 이사회 부의사항으로 정해져 있지 않더라도 이사회의 결의를 거쳐야 하는지 여부(적극)

> 상법 제393조 제1항은 주식회사의 중요한 자산의 처분 및 양도는 이사회의 결의로 한다고 규정하고 있다. 여기서 말하는 중요한 자산의 처분에 해당하는지 아닌지는 당해 재산의 가액, 총자산에서 차지하는 비율, 회사의 규모, 회사의 영업 또는 재산의 상황, 경영상태, 자산의 보유목적, 회사의 일상적 업무와 관련성, 당해 회사에서의 종래의 취급 등에 비추어 대표이사의 결정에 맡기는 것이 상당한지 여부에 따라 판단하여야 하고, 중요한 자산의 처분에 해당하는 경우에는 이사회가 그에 관하여 직접 결의하지 아니한 채 대표이사에게 그 처분에 관한 사항을 일임할 수 없으므로 이사회규정상 이사회 부의사항으로 정해져 있지 아니하더라도 반드시 이사회의 결의를 거쳐야 한다(대법원 2011. 4. 28. 선고 2009다47791 판결 등 참조).(대법원 2016. 7. 14.선고, 2014다213684판결).

7. 집행임원제도

(1) 입법배경[30]

2011년 개정상법은 대표이사를 대신하는 업무집행기구로서 집행임원을 신설하였다(상법 제408조의2 ~ 제408조의9). 이 제도의 도입배경과 관련하여 다음과 같은 설명이 있다.

첫째, 정관이나 내규에 의하여 집행임원(비등기임원)을 두고 실제는 등기이사의 직무를 수행시키고 있으면서도 그 권한과 책임에 대하여 법률상 근거가 없어 문제가 되고 있기에 이를 법제화할 필요가 있다.

둘째, 집행임원의 의무와 책임 등을 명확히 하여 이에 대한 회사와 집행임원 간에 야기되는 문제를 해소할 필요가 있다.

셋째, 이사회의 기능 중 업무집행기능을 집행임원에게 맡기고, 이사회는 업무감독기능에 충실하도록 한다.

(2) 선임

회사는 집행임원을 둘 수 있다. 이 경우 집행임원을 둔 회사는 대표이사를 두

---

30) 2011 개정상법 축조해설(이철송, 박영사) 165면 참조.

지 못한다(상법 제408조의2 1항, 2항). 이러한 집행임원의 선임은 이사회의 결의로 하며(상법 제408조의2 3항), 회사는 선임된 집행임원의 성명과 주민등록번호를 등기하여야 한다(상법 제317조 2항 8호). 집행임원의 수는 특별한 제한이 없다. 다만 2명 이상을 선임한 경우에는 이사회의 결의로 그들의 직무 분담 및 지휘·명령관계, 그 밖에 집행임원의 상호관계에 관한 사항의 결정하고(상법 제408조의2 3항 5호), 이사회의 결의로 그들 중에서 회사를 대표할 집행임원을 선임한 후(상법 제408조의5 1항) 대표집행임원의 성명과 주민등록번호를 등기해야 한다(상법 제317조 2항 9호).

(3) 권한

집행임원은 다음과 같은 권한이 있다.

첫째, 집행임원은 집행임원 설치회사의 업무를 집행할 권한이 있다(상법 제408조의4 1호).

둘째, 집행임원은 이사회 결의에 의하여 위임받았거나 정관의 규정으로 위임받은 업무의 집행에 관해서 의사를 결정할 권한을 가진다(상법 제408조의4 2호).

셋째, 집행임원 설치회사는 대표이사를 두지 못하고 대표집행임원이 그 지위를 대신한다.

넷째, 집행임원은 필요하면 회의의 목적사항과 소집이유를 적은 서면을 이사(소집권자가 있는 경우에는 소집권자)에게 제출하여 이사회 소집을 청구할 수 있고(상법 제408조의7 1항), 이사가 지체 없이 이사회 소집의 절차를 밟지 않으면 법원의 허가를 받아 이사회를 소집할 수 있다(동조 제2항).

(4) 의무

집행임원은 회사에 대하여 선관주의의무를 부담한다(상법 제408조의2 2항). 그리고 상법상 이사가 부담하는 거의 대부분의 의무는 상법 제408조의9에 의해 집행임원에게 준용되고 있다.

또한 집행임원은 3개월에 1회 이상 업무의 집행상황을 이사회에 보고하여야 한다. 집행임원은 이 외에도 이사회의 요구가 있으면 언제든지 이사회에 출석하여 요구한 사항을 보고하여야 한다. 이사는 대표집행임원으로 하여금 다른 집행임원 또는 피용자의 업무에 관하여 이사회에 보고할 것을 요구할 수 있다(상법 제408조의6).

(5) 책임

집행임원이 고의 또는 과실로 법령이나 정관을 위반한 행위를 하거나 그 임무를 게을리한 경우에는 그 집행임원은 집행임원 설치회사에 손해를 배상할 책임이 있다(상법 제408조의8 제1항).

또한 집행임원이 고의 또는 중대한 과실로 그 임무를 게을리한 경우에는 그 집행임원은 제3자에게 손해를 배상할 책임이 있다(동조 제2항).

집행임원이 집행임원 설치회사 또는 제3자에게 손해를 배상할 책임이 있는 경우에 다른 집행임원·이사 또는 감사도 그 책임이 있으면 다른 집행임원·이사 또는 감사와 연대하여 배상할 책임이 있다(동조 제3항).

(6) 종임

집행임원은 임기의 만료로 퇴임한다. 집행임원의 임기는 정관에 다른 규정이 없으면 2년을 초과하지 못한다(상법 제408조의3 1항).

집행임원과 대표집행임원은 이사회의 결의로 해임될 수도 있다(상법 제408조의2 제3항 1호).

8. 청산인회

회사가 해산한 때에는 이사의 그 지위가 상실되므로 이사회는 소멸하고 청산인이 청산사무를 담당한다.

상법은 청산인에 관하여서도 이사와 같이 청산인회를 예정하고 있다. 즉, 회사가 해산한 경우에 주주총회에서 청산인을 선임하지 아니하거나 정관에 다른 규정이 없는 때에는 이사가 청산인이 되며(상법 제531조), 대표이사이사회에 관한 규정을 청산인에 관하여 준용하고 있으므로(상법 제542조), 청산인이 1인인 경우를 제외하고는 청산인회가 청산사무에 관한 의사결정을 하게 된다.

청산인회의 소집절차, 결의방법, 연기 또는 속행에 관하여는 이사회에 관한 규정을 준용한다(상법 제542조).

대표청산인은 청산인회에서 선임하나(상법 제542조 2항, 제389조 1항), 종전의 이사가 청산인으로 되는 경우에는 종전의 대표이사가 대표청산인이 되고, 법원이 수인의 청산인을 선임하는 때에는 대표청산인을 정하거나 공동대표청산인을 정할 수 있다(상법 제542조 1항, 제255조 2항).

핵 심 판 례

■ 학교법인이 해산하여 청산인이 선임된 경우, 해산 전 이사들로 구성된 이사회가 청산인을 해임할 권한이 있는지 여부(원칙적 소극)

> 사립학교법은 학교법인의 이사회에서 임원의 임면에 관한 사항을 심의·의결하도록 한다(제16조 제1항 제4호). 그런데 학교법인은 해산한 경우 청산의 목적범위 내에서 권리·의무의 주체가 되고(사립학교법 제42조 제1항, 민법 제81조 참조), 그 청산인은 학교법인의 사무집행기관이자 대표기관으로서 이사에 갈음하여 청산의 목적범위 내에 있는 학교법인의 모든 사무를 처리할 권한을 가진다(사립학교법 제42조 제1항, 민법 제87조 참조). 따라서 학교법인이 해산하여 청산인이 선임된 후에는 법원(민법 제84조 참조) 또는 청산인회(사립학교법 제42조 제2항, 제18조, 제16조 제1항 제4호 참조)에 청산인을 해임할 권한이 있을 뿐, 해산하기 전의 이사들로 구성된 이사회에는 특별한 사정이 없는 한 청산인을 해임할 권한이 없다(대법원 2024. 3. 28. 선고 2023다252209, 252216 판결)

■ 상법 제520조의2에 따라 주식회사가 해산되고 청산이 종결된 것으로 보게 되더라도 회사에 어떤 권리관계가 남아 있어 현실적으로 정리할 필요가 있는 경우, 회사가 그 범위에서 소멸하지 않는지 여부(적극)

> 상법 제520조의2에 따라서 주식회사가 해산되고 그 청산이 종결된 것으로 보게 되는 회사라도 어떤 권리관계가 남아 있어 현실적으로 정리할 필요가 있으면 그 범위에서는 아직 완전히 소멸하지 않고, 이러한 경우 그 회사의 해산 당시의 이사는 정관에 다른 정함이 있거나 주주총회에서 따로 청산인을 선임하지 않은 경우에 당연히 청산인이 되며, 그러한 청산인이 없는 때에 비로소 이해관계인의 청구에 따라 법원이 선임한 자가 청산인이 되어 청산 중 회사의 청산사무를 집행하고 대표하는 유일한 기관이 된다(대법원 2019. 10. 23., 선고, 2012다46170, 전원합의체 판결).

II. 설립의 등기

▣ 핵 심 사 항 ▣

1. 주식회사의 설립방법
 (1) 발기설립 : 설립시에 발행하는 주식의 총수를 발기인이 인수하여 설립하는 방식.
 (2) 모집설립 : 설립시에 발행하는 주식중 일부는 발기인이 인수하고 나머지는 주주를 모집하여 인수시켜 회사를 설립하는 방식.
2. 기능 : 일반적으로 발기설립은 소규모의 회사설립에 용이한 반면에 모집설립은 대규모의 자본을 조달하는 데 장점이 있음.
3. 기관구성 : 발기설립의 경우 이사와 감사를 발기인이 선임하는 반면에 모집설립의 경우에는 창립총회에서 이들 기관을 선임.
4. 설립경과조사절차
 (1) 발기설립
  1) 이사와 감사가 설립경과를 조사하여 발기인에게 보고(상법 제298조 1항)
  2) 변태설립사항이 있을 경우 이사가 법원에 검사인선임청구(상법 제298조 4항)
  3) 검사인은 조사한 사항을 법원에 보고(상법 제299조 1항)
  4) 부당한 변태설립사항에 대해 법원이 변경조치를 취함(상법 제300조)
 (2) 모집설립
  1) 이사와 감사가 설립경과를 조사하여 창립총회에 보고(상법 제313조 1항)
  2) 변태설립사항이 있을 때에는 발기인이 법원에 검사인선임청구(상법 제310조 1항)
  3) 검사인은 조사한 사항을 창립총회에 보고(상법 제310조 2항)
  4) 부당한 변태설립사항에 대해 창립총회가 변경조치(상법 제314조)

1. 주식회사 설립절차의 특징

(1) 주식회사 설립의 의의

주식회사의 설립이란 주식회사라는 하나의 영리사단법인을 새로이 성립시키는 일련의 절차를 말한다. 설립절차는 여러 가지 사실행위와 법률행위를 요소로 하는 여러 단계의 절차로 구성되어 있는데, 발기인에 의한 정관작성으로 시작되어 대표이사에 의한 설립등기로 종료된다.

(2) 설립절차의 특징

인적회사인 합명회사나 합자회사의 설립은 정관의 작성에 의하여 사원 및 출자액이 확정되고 기관의 구성을 위한 별도의 행위를 필요로 하지 않기 때문에 정관을 작성하고 등기를 함으로써 회사가 간단하게 성립된다. 그러나 주식회사는 개성이 없는 다수의 주주가 단순히 자본적으로만 결합되기 때문에 그 설립에 있어서는 단순히 회사의 설립을 목적으로 하는 계약의 성립만으로는 불충분하고 실체의 형성(정관의 작성, 사원의 확정, 기관의 구성)과 법인격 취득을 위한 등기절차가 필요하다.

주식회사의 자본금액은 개정 전 상법에 의하면 5,000만원 이상 이어야 했으나 2009년 5월 상법 개정을 통하여 이러한 최저자본금제를 폐지하였다(제329조 1항 삭제). 최저자본금제는 아이디어나 기술은 있으나 자본이 없는 사람이 회사를 설립하는 경우 진입 장벽으로 작용할 수 있다는 지적이 있어 상법 개정을 통하여 이를 폐지한 것이다.

2. 주식회사의 설립방법

주식회사의 설립방법에는 회사설립시에 발행하는 주식의 총수를 발기인이 모두 인수하여 회사를 설립하는 발기설립과 회사설립시에 발행하는 주식의 총수 중 발기인은 일부만을 인수하고 잔여부분에 대하여는 주주를 모집하는 모집설립의 두 가지가 있다.

1995년 상법이 개정되기 전에는 발기설립의 경우에는 법원이 선임한 검사인에 의하여 그 설립경과를 엄격히 조사받도록 되어 있었다. 이러한 이유로 발기설립의 방법은 거의 이용되지 않는 실정이었다. 그런데 1995년 상법이 개정되면서 발기설립의 경우에도 모집설립의 경우와 같이 원칙적으로 이사감사가 자율적으로 그 설립경과를 조사하도록 하여, 소규모 주식회사의 경우에는 발기설립이 많이 이용될 수 있게 되었다.

또한 2011년 개정상법은 발기설립시의 변태설립사항에 대한 규제를 완화하였다(상법 제299조 제2항). 즉, 현물출자와 재산인수의 목적인 재산의 총액이 자본금의 5분의1을 초과하지 아니하고 대통령령[31]으로 정한 금액을 초과하지 아니하는 경우, 현물출자와 재산인수의 목적인 재산이 거래소에서 시세가 있는 유가증권인 경우로서

---

31) 상법시행령 제7조
① 법 제299조제2항제1호에서 "대통령령으로 정한 금액"이란 5천만원을 말한다.

정관에 적힌 가격이 대통령령32)으로 정한 방법으로 산정된 시세를 초과하지 아니하는 경우, 기타 이에 준하는 것으로서 대통령령으로 정하는 경우에 대해서는 각 각 검사인의 조사, 보고절차를 면제하였다.

【쟁점질의와 유권해석】

〈회사를 설립함에 있어 모집설립의 절차를 취하였으나 발기인이 주식모집 전에 주식의 대부분을 인수하고 형식상 일반공중으로부터 주식을 모집함에 있어 타인의 명의를 모용하여 주식을 인수한 경우 이를 발기설립으로 보아야 하는지 여부〉

회사를 설립함에 있어 모집설립의 절차를 갖추었으나 발기인이 주식모집 전에 주식의 대부분을 인수하고 형식상 일반공중으로부터 주식을 모집함에 있어 발기인이 타인의 명의를 모용하여 주식을 인수하였다면 명의모용자가 주식인수인이라 할 것이어서 결국 주식 전부를 발기인이 인수한 결과가 된다 할 것이므로 회사의 설립을 발기설립으로 보아야 한다(대법원 1992. 2. 14.선고 91다1494판결)

---

32) 상법시행령 제7조
② 법 제299조제2항제2호에서 "대통령령으로 정한 방법으로 산정된 시세"란 다음 각 호의 금액 중 낮은 금액을 말한다.
1. 법 제292조에 따른 정관의 효력발생일(이하 이 항에서 "효력발생일"이라 한다)부터 소급하여 1개월간의 거래소에서의 평균 종가(終價), 효력발생일부터 소급하여 1주일간의 거래소에서의 평균 종가 및 효력발생일의 직전 거래일의 거래소에서의 종가를 산술평균하여 산정한 금액
2. 효력발생일 직전 거래일의 거래소에서의 종가
③ 제2항은 법 제290조제2호 및 제3호의 재산에 그 사용, 수익, 담보제공, 소유권 이전 등에 대한 물권적 또는 채권적 제한이나 부담이 설정된 경우에는 적용하지 아니한다.

▣ 이견있는 등기에 대한 견해와 법원판단 ▣

[설립중의 회사에 귀속된 권리의무가 성립후의 회사에 승계되지 못한 경우의 추인의 가부]

1. 문제점 : 발기인이 권한 범위 외의 행위를 하였거나 또는 정관에 기재하지 않고 재산인수를 하여 그 법률효과가 성립후의 회사에 승계되지 않는 경우에 있어서, 성립후의 회사가 원래의 계약당사자와 합의를 하지 않고 일방적으로 발기인의 행위를 추인함으로써 권리의무를 승계받을 수 있는가 문제된다.

2. 학설
 (1) 추인긍정설 : 무권대리행위로 민법 제130조 이하에 의해 추인가능하다는 견해이다. 추인방법에 대해서는 새로운 계약을 체결해야 한다는 견해와 사후설립에 준하여 주주총회특별결의로 가능하다는 견해가 대립한다.
 (2) 추인부정설 : 실정법상 근거가 없으며 변태설립사항을 규정한 상법 제290조의 취지위반을 이유로 추인을 부정하는 견해이다.

3. 판례 : 정관에 기재하지 않은 재산인수는 무효이다. 그러나 동시에 상법 제375조의 사후설립요건에도 해당하는 경우에는 주주총회특별결의로 추인할 수 있다(91다33087).

▣ 이견있는 등기에 대한 견해와 법원판단 ▣

[설립중의 회사의 성립시기]

1. 문제점 : 설립중의 회사란 주식회사의 설립과정에서 발기인이 회사의 설립에 필요한 행위로 인하여 취득하게 된 권리의무가 회사의 성립 즉, 설립등기와 동시에 그 성립된 회사에 귀속되는 관계를 설명하기 위해 인정되는 강학상의 개념이다. 이와 관련하여 그 성립시기가 문제된다.

2. 학설
 (1) 정관작성시설 : 정관작성시에 성립된다는 견해
 (2) 발기인1주이상인수시설(다수설) : 정관이 작성되고 발기인이 1주이상의 주식을 인수한 때 성립된다는 견해
 (3) 발행주식 총수인수시설 : 회사 설립시에 발행하는 주식의 총수 또는 최소한 설립무효가 되지 않을 정도의 주식의 인수가 확정된 때에 성립된다는 견해

3. 판례 : 발기인 1주이상인수시설(93다50215)

3. 모집설립

(1) 정관의 작성

정관은 실질적으로는 회사의 조직·활동에 관한 근본규칙을 말하며, 형식적으로는 그 근본규칙을 기재한 서면을 말한다. 따라서 정관의 작성이란 회사의 조직·활동에 관한 근본규칙을 규정한 후 이것을 서면으로 작성하는 것을 말한다. 회사 설립시 최초로 작성되는 정관을 '원시정관'이라 한다. 이후에 변경된 정관을 변경정관이라 한다.

정관은 반드시 국어로 작성하여야 하며 촉탁인의 요구가 있는 경우에 외국어를 병기할 수는 있다. 이에 어긋나면 공증인의 인증을 받을 수 없다(공증인법 제26조).

1) 작성자 : 발기인

정관은 1인 이상의 발기인이 작성하여야 한다(상법 제288조). 발기인은 정관의 작성자로서 각 발기인이 정관의 말미에 기명날인 또는 서명하여야 한다(상법 제289조 1항).

따라서 발기인이란 주식회사의 원시정관에 발기인으로 기명날인 또는 서명한 자를 말한다. 실질적으로 발기인으로서 회사의 설립에 관여하였다 하더라도 원시정관에 기명날인 또는 서명하지 아니하면 발기인이라 할 수 없다. 발기인의 자격에 대한 법률상 특별한 제한은 없으므로 권리능력을 가지는 자는 누구나 발기인이 될 수 있다. 자연인에 한하지 않고 회사 기타 법인이라도 상관없으나 비영리법인은 법인의 목적·업무내용에 의하여 발기인이 될 수 없는 경우가 있다. 자연인은 외국인이라도 무방하며, 미성년자와 한정치산자는 법정대리인의 동의를 얻어 발기인이 될 수 있으나 금치산자와 의사무능력자는 발기인이 될 수 없다.

2) 정관의 기재사항

정관의 기재사항에는 절대적 기재사항, 상대적 기재사항, 임의적 기재사항이 있다.

가. 절대적 기재사항(상법 제289조 1항)

절대적 기재사항이란 기재가 없거나 위법한 때에는 정관은 무효가 되고, 나아가 회사설립이 무효로 되는 사항을 말한다.

① 목적 : 목적은 회사가 경영하려는 사업을 뜻하므로, 사회통념상 그 사업이 무엇인가를 알 수 있을 정도로 개별적·구체적으로 기재하여야 하고 '상업'·'물품판매

업'·'제조업'·'수출입업'·'도소매업' 등과 같이 불분명하게 기재하여서는 안 되며, '컴퓨터 및 주변기기도 소매업'과 같이 구체적으로 특정하여야 한다. 어떠한 사업을 목적으로 할 것인가는 원칙적으로 회사의 자유이지만 비영리사업이나(회사는 상행위나 그 밖의 영리를 목적으로 하여 설립한 법인이므로), 강행법규 또는 공서양속에 반하는 것을 회사의 목적으로 할 수 없다. 회사의 설립목적이 불법한 것일 때에는 법원이 해산을 명할 수 있다(상법 제176조 제1항 1호).

특별법에 의하여 관청의 인·허가를 필요로 하는 경우에는 그 인·허가서가 등기신청서에 첨부하여야 한다.

② 상호 : 상호란 상인이 법률상 또는 영업상 자기를 나타내는 명칭으로서 성명처럼 문자로 기재할 수 있고 호칭을 할 수 있는 것이어야 한다. 외국어라도 무방하나 음역하여 한글로 표기하여야 한다. 등기를 하거나 신청서, 그 밖의 등기에 관한 서면(「전자서명법」 제2조의 전자문서를 포함한다)을 작성할 때는 한글과 아라비아숫자를 사용하여야 한다. 다만, 상호와 외국인 성명은 대법원예규로 정하는 바에 따라 한글 또는 한글과 아라비아숫자로 기록한 다음 괄호 안에 로마자, 한자, 아라비아숫자 그리고 부호를 병기할 수 있다(상업등기규칙 제2조). 다만 로마자 등의 병기에 관하여는 「상법」제22조와 「상업등기법」제30조를 적용하지 않는다33).

상호 중에 반드시 '주식회사'라는 문자가 사용되어야 한다(상법 제19조). 동일한 특별시, 광역시, 특별자치시, 시(행정시를 포함한다. 이하 같다) 또는 군(광역시의 군은 제외한다. 이하 같다)에서는 동종의 영업을 위하여 다른 상인이 등기한 상호(商號)와 동일한 상호를 등기할 수 없다.(상업등기법 제29조).

그러나 동일 특별시·광역시·특별자치시·시 또는 군내에 동종 영업을 위한 동일상호가 있다 하더라도 회사의 지점의 상호등기는 할 수 있다. 이는 지점의 등기는 강제되어 있고 지점의 상호에는 본점과의 종속관계가 표시되기 때문에 일반인이 혼동할 가능성이 없기 때문이다. 그러나 반대로 새로 회사를 설립하거나 본점을 이전하고자 하는 지역에 동일상호가 등기되어 있는 경우에 그 상호가 다른 회사의 지점의 상호인 경우에도 회사의 설립등기나 본점이전등기는 할 수 없다.

그리고 법령의 규정에 의하여 사용이 금지된 상호도 등기할 수 없다(상법 제23조). 즉, 한국은행과 금융기관이 아닌 자는 그 상호 중에 '은행'이라는 문자를 사용할 수 없다(은행법 제14조).

---

33) 상업등기의 상호 및 외국인의 성명 등기에 관한 예규 등기예규 제1455호.

③ 회사가 발행할 주식의 총수 : 회사가 발행할 수 있는 주식수의 한도로서 발행 예정주식총수라고도 한다. 2011년 개정전 상법에서는 이사회에 지나치게 넓은 신주발행권한을 부여하는 것을 억제하기 위하여 설립시의 발행예정주식총수는 발행주식총수의 4배를 넘도록 하고 있었다(2011년 개정전 상법 제289조 제2 항). 그러나 2011년 개정법에서는 자본조달의 기동성을 보장하기 위해 이런 제한을 철폐하였다34). 이에 의해 발행예정주식총수는 실제 발행하는 주식수와 무관하게 얼마든지 자유롭게 정할 수 있게 되었다. 발행예정주식총수 중 설립 시에 발행하는 주식수를 공제한 나머지는 소위 수권주식(수권자본)으로서 원칙 적으로 이사회의 결의에 의하여 수시로 신주를 발행하게 된다.

④ 액면주식을 발행하는 경우 1주의 금액 : 2011년 개정법은 무액면주식제도를 도입하였다. 즉, 회사는 정관에 규정을 두어 주식의 전부를 무액면주식으로 발 행할 수 있다(상법 제329조 1항). 그러므로 무액면주식을 발행하고자 할 경우 에는 정관에 그 뜻을 규정하여야 한다. 이 경우 1주의 금액이 있을 수 없으므 로 이러한 점을 반영하기 위하여 상법 제289조 제1항 4호의 규정을 개정하여 '액면주식을 발행하는 경우'라는 표현을 추가한 것이다. 1주의 금액은 100원 이상이어야 하고(상법 제329조 3항), 균일하여야 한다(상법 제329조 2항). 회 사가 수종의 주식을 발행하는 경우에도 같다. 1주의 금액은 설립시 발행하는 주식뿐만 아니라 장래에 발행하는 주식까지 포함한다.

그리고 자본시장과 금융투자업에 관한 법률 제194조에 의하여 상법상 주식회 사의 형태로 설립되는 투자회사의 주식은 무액면 기명식으로 한다(동법 제196 조 1항). 따라서 1주의 금액은 정관의 기재사항도 아니고 등기사항도 아니다 (동법 제194조 2항, 10항 참조).

⑤ 회사 설립시에 발행하는 주식의 총수 : 발행예정주식총수 중에서 회사의 설립 시에 발행하는 주식의 총수를 원시정관에 기재하여야 한다. 이는 회사 설립당 시의 자본적 기초와 회사 성립 후의 신주발행에 관한 이사회의 수권 범위를 명확히 하는데 그 취지가 있는 것이다. 앞에서 살펴본 바와 같이 2011년 개 정전 상법에서는 회사의 설립시에 발행하는 주식의 총수는 회사가 발행할 주 식의 총수의 1/4 이상이어야 한다는 제한이 있었다(개정전 상법 제289조 2 항). 그러나 2011년 개정 상법에서는 이 규정을 삭제하여 제한을 없앴다.

한편 회사가 성립한 후에는 신주를 발행한 결과 '발행주식총수'에 변경이 있더 라도 이는 등기사항에 불과할 뿐 정관을 변경할 사유가 아니다.

---

34) 상법 개정안 해설자료(법무부, 2008) 39면 참조.

⑥ 본점의 소재지 : 본점이란 회사의 영업을 총괄하는 영업소이며 회사의 주소는 본점소재지에 있는 것으로 한다(상법 제171조 2항). 본점의 소재지는 최소독립행정구역으로 표시함으로써 족하다. 행정구역이란 특별시, 광역시, 특별자치시, 시·군을 말한다. 따라서 그 소재지번까지 구체적으로 표시할 필요는 없다. 본점의 소재지는 확정적으로 기재하여야 하며, 선택적 기재는 인정되지 않는다. 그러나 등기할 때의 본점소재지는 지번까지 구체적으로 표시하여야 한다.

⑦ 회사가 공고를 하는 방법 : 주식회사는 법률 또는 정관에 의하여 일정한 사항을 공고하여야 할 경우가 많으므로 주주 기타 이해관계인 등에게 이를 주지시키기 위하여 정관의 기재사항으로 하고 있다. 공고는 관보 또는 시사에 관한 사항을 게재하는 일간신문에 하여야 한다(상법 제289조 3항). 시사에 관한 일간신문은 특정한 1개 또는 수 개의 신문을 기재하여야 하며 "경향신문 또는 중앙일보에 게재한다" 등과 같이 수 개의 신문을 선택적으로 기재하여서는 아니된다. 즉 "조선일보에 게재한다" 또는 "한국일보와 동아일보에 게재한다"고 기재하여야 한다. 다만, 2009년 5월 상법 개정에 의하여 2010년 5월부터 회사는 그 공고를 정관에서 정하는 바에 따라 전자적 방법으로 공고할 수 있다(상법 제289조 3항 단서). 회사는 이에 따라 전자적 방법으로 공고할 경우 대통령령으로 정하는 기간까지 계속 공고하고, 재무제표를 전자적 방법으로 공고할 경우에는 상법 제450조에서 정한 기간(정기총회에서 재무제표 등의 승인을 한 후 2년)까지 계속 공고하여야 한다. 다만, 공고기간 이후에도 누구나 그 내용을 열람할 수 있도록 하여야 한다(상법 제289조 4항). 회사가 전자적 방법으로 공고를 할 경우에는 게시 기간과 게시 내용에 대하여 증명하여야 한다(상법 제289조 5항). 이 외에 회사의 전자적 방법으로 하는 공고는 회사의 인터넷 홈페이지에 게재하는 방법으로 하여야 한다(상법 제289조 6항).

【쟁점질의와 유권해석】

〈출근시간을 전·후로 하여 지하철역 등에 무료로 배포하는 신문이 '시사에 관한 사항을 게재하는 일간신문'에 해당하는지 여부〉

출근시간을 전·후로 하여 지하철역 등에 불특정인을 상대로 하여 무료로 배포되고 있는 신문은 발간·배포여부, 발간부수, 배포시간, 배포장소가 전적으로 그 신문사의 자의적 의사에 좌우되고 있어 상법상 공고방법으로는 불충분하므로, '시사에 관한 사항을 게재하는 일간신문'에 해당한다고 볼 수 없다(2005.8.1. 공탁법인과-359 질의회답[35]).

---

[35] 반대 : 서울중앙지방법원 2006.5.26.자 2005라421결정.

⑧ 발기인의 성명, 주민등록번호 및 주소 : 정관에 기명날인 또는 서명할 때에 그 곳에 주소와 주민등록번호를 변기하면 된다. 발기인이 법인이면 상호, 등록번호, 본점소재지를 기재하면 된다.

나. 상대적 기재사항

상대적 기재사항이란 그 기재를 하지 않더라도 정관의 효력에는 영향이 없으나 정관에 이를 기재하지 않으면 회사의 법률관계로서 효력이 인정되지 아니하는 사항을 말한다.

① 변태설립사항(상법 제290조)

상법 제290조의 변태설립사항은 정관에 기재하여야만 그 효력이 있고, 원칙적으로 법원이 선임한 검사인의 조사를 받아야 하며(상법 제299조, 제310조), 그것이 부당한 때에는 발기설립의 경우 법원이, 모집설립의 경우는 창립총회에서 이를 변경할 수 있다(상법 제310조, 제314조).

변태설립사항을 정관에 기재한 회사설립을 변태설립이라 한다. 모립의 경우에는 주식청약서에도 변태설립사항을 기재하여야 한다.

1. 발기인이 받을 특별이익과 이를 받을 자의 성명(제1호)

발기인이 받을 특별이익이란 발기인에게 일반주주가 향유하는 이익에 비하여 일정한 재산상의 우선적 특권을 인정하는 것을 말한다. 특별이익은 보통 회사성립 후 계속적으로 주어지는 재산상의 이익이며, 이익배당 또는 잔여재산분배에 있어서의 우선권, 신주식의 우선인수권, 회사시설의 이용에 관한 특권 등을 인정하는 것 등이다.

특별이익은 발기인 전부에게 평등할 필요는 없으므로 그 일부에 대하여서만 부여하거나 그 종류, 내용이 상이하여도 상관없다. 그러나 발기인에게 이사 감사 등의 지위를 약속하는 것은 다른 주주의 의결권을 제약하는 것이므로 허용되지 않고, 발기인이 소유하는 주식에 대하여 일정한 이자의 지급이나 납입의 면제, 무상주의 교부 등 자본충실의 원칙에 위배되는 특별이익을 받을 것 또한 인정되지 않는다. 특별이익은 발기인 전부에게 평등할 필요는 없으며, 주주의 지위와는 상관없는 것이므로 정관에 다른 정함이 없는 한 특별이익만을 분리하여 양도 또는 상속할 수 있다.

2. 현물출자를 하는 자의 성명과 그 목적인 재산의 종류·수량·가격과 이에 대하여 부여할 주식의 종류와 수(제2호)

현물출자란 금전 이외의 재산으로써 하는 출자를 말한다. 현물출자의 목적이 될 수 있는 재산은 대차대조표에 자산으로 게재할 수 있는 것이면 동산·부동산특허권·채권·유가증권·컴퓨터소프트웨어 등 무엇이든 가리지 않는다. 설립시의 현물출자를 정관의 변태설립사항으로 한 이유는 출자의 목적물을 과대평가하여 회사의 자본충실을 해할 수 있기 때문이다. 현물출자는 출자와 주식의 취득이 대가관계에 있으므로 단체법상의 유상쌍무계약이다. 그러나 주식회사에 있어서는 사원의 개성이 문제되지 않으므로 노무 및 신용은 출자의 목적이 될 수 없다. 회사설립시의 현물출자는 외자를 도입하는 경우가 아니더라도 발기인 이외의 자도 할 수 있다.

3. 회사 성립 후에 양수할 것으로 약정한 재산의 종류·수량·가격과 그 양도인의 성명(제3호)

'회사 성립 후에 양수할 것을 약정'한다는 것은 이른바 재산인수로서, 발기인이 회사 성립을 조건으로 다른 발기인이나 주식인수인 또는 제3자로부터 금전 이외의 재산을 회사에서 양수할 것을 약정하는 계약을 의미한다. 재산인수는 금전 이외의 재산의 제공하는 점에서 현물출자와 비슷하지만 개인법상의 거래행위인 점에서 단체법상의 출자행위인 현물출자와 구별된다. 원시정관에 기재되지 않은 재산인수는 설립 후의 회사가 주주총회의 특별결의로써 이를 승인하더라도 무효이다(다수설). 다만 판례는 재산인수가 동시에 상법 제375조가 규정하는 사후설립에 해당하고 이에 대하여 주주총회의 특별결의에 의한 추인이 있다면 유효하다고 판시하였다(대법원 1992. 9. 14.선고 91다33087판결).

핵 심 판 례

■ 상법 제290조 제3호 소정의 "회사성립 후에 양수할 것을 약정"한다 함의 의미와 발기인 자격이 없는 자가 장래 성립할 회사를 위하여 주식인수인 또는 제3자로부터 일정한 재산을 매매 형식으로 양수하기로 하는 계약을 체결한 후 회사설립을 위한 발기인이 된 경우 위 계약의 효력 유무

상법 제290조 제3호는 변태설립사항의 하나로서 회사성립 후에 양수할 것을 약정한 재산의 종류, 수량, 가격과 그 양도인의 성명은 정관에 기재함으로써 그 효력이 있다고 규정하고 있고, 이때에 회사의 성립 후에 양수할 것을 약정한다 함은 이른바 재산인수로서 발기인이 회사의 성립을 조건으로 다른 발기인이나 주식인수인 또는 제3자로부터 일정한 재산을 매매의 형식으로 양수할 것을 약정하는 계약을 의미한다고 할 것이고, 아직 원시정관의 작성 전이어서 발기인의 자격이 없는 자가 장래 성립할 회사를 위하여 위와 같은 계약을 체결하고 그 후 그 회사의 설립을 위한 발기인이 되었다면 위 계약은 재산인수에 해당하고 정관에 기재가 없는 한 무효라고 할 것이다(대법원 1992. 9. 14. 선고, 91다33087판결).

■ 상법 제290조 제3호에서 정한 재산인수로서 정관에 기재가 없어 무효이나, 甲이 토지 양도의 무효를 주장하는 것은 신의성실의 원칙에 반하여 허용될 수 없다고 한 사례

甲이 乙이 장래 설립·운영할 丙 주식회사에 토지를 현물로 출자하거나 매도하기로 약정하고 丙 회사 설립 후 소유권이전등기를 마쳐 준 다음 회장 등 직함으로 장기간 丙 회사의 경영에 관여해 오다가, 丙 회사가 설립된 때부터 약 15년이 지난 후에 토지 양도의 무효를 주장하면서 소유권이전등기의 말소를 구한 사안에서, 위 약정은 상법 제290조 제3호에서 정한 재산인수로서 정관에 기재가 없어 무효이나, 丙 회사로서는 丙 회사의 설립에 직접 관여하여 토지에 관한 재산인수를 위한 약정을 체결하고 이를 이행한 다음 설립 후에는 장기간 丙 회사의 경영에까지 참여하여 온 甲이 이제 와서 丙 회사의 설립을 위한 토지 양도의 효력을 문제 삼지 않을 것이라는 정당한 신뢰를 가지게 되었고, 甲이 乙과 체결한 사업양도양수계약에 따른 양도대금채권이 시효로 소멸하였으며, 甲이 丙 회사 설립 후 15년 가까이 지난 다음 토지의 양도가 정관의 기재 없는 재산인수임을 내세워 자신이 직접 관여한 회사설립행위의 효력을 부정하면서 무효를 주장하는 것은 회사의 주주 또는 회사채권자 등 이해관계인의 이익 보호라는 상법 제290조의 목적과 무관하거나 오히려 이에 배치되는 것으로서 신의성실의 원칙에 반하여 허용될 수 없다고 한 사례(대법원 2015. 3. 20., 선고, 2013다88829, 판결).

4. 회사가 부담할 설립비용과 발기인이 받을 보수액(제4호)

설립비용이란 발기인에 설립중의 회사의 기관으로서 회사의 설립을 위하여 지출한 비용을 말한다. 설립사무소의 차임, 정관주식청약서 기타 필요서류의 인쇄비, 광고비, 사무원의 급료 등이 이에 해당되고, 회사의 설립 자체를 위한 것이 아닌 개업준비금인 토지·공장매입비 등은 이에 포함되지 않는다.

발기인의 보수는 발기인이 회사설립을 위하여 진력한 노무에 대한 대가를 뜻하는 것으로 전술한 특별이익과는 다르다.

설립비용이나 발기인의 보수를 변태설립사항으로 규정한 것은 발기인의 권한 남용에 의한 과다한 비용이나 보수의 책정을 막기 위하여 원시정관에 기재하도록 한 것이다.

② 주식에 관한 사항

1. 종류주식을 발행하는 경우에 각 종류주식의 내용과 수(상법 제344조 2항)

2. 이익에 의한 주식의 소각(상법 제343조, 제345조)

3. 전자주주명부의 작성(상법 제352조의2 1항)

4. 신주의 발행결의를 주주총회의 권한으로 할 취지(상법 제416조)

   5. 명의개서대리인의 설치(상법 제337조 2항)

   6. 주권불소지제도의 배제(상법 제358조의2 1항)

   7. 제3자에 대한 신주인수권의 부여(상법 제418조)

   8. 주식의 양도에 관하여 이사회의 승인을 얻도록 하는 경우(상법 제335조)

   9. 전환주식의 발행(상법 제346조)

   10. 공고를 요하지 아니하는 주주명부의 폐쇄와 기준일의 설정(상법 제354조 4항)

   11. 주식매수선택권의 부여(상법 제340조의2)

③ 주주총회에 관한 사항

   1. 법정의 결의사항 이외의 것을 주주총회 결의사항으로 정하려는 경우(상법 제 361조)

   2. 본점소재지 또는 그 인접지 이외의 지에서 총회를 소집 취지(상법 제364조)

   3. 정족수의 배제 기타 총회의 의결방법에 관한 다른 규정(상법 제368조 1항)

   4. 서면에 의한 주주의 의결권 행사(상법 제368조의3)

   5. 상장회사의 소수주주에 대한 주주총회소집의 통지방법(상법 제542조의4)

   6. 주주총회의 의장에 관한 사항(상법 제366조의2 1항)

④ 이사·집행임원·감사·청산인에 관한 사항

   1. 이사의 자격주에 관한 사항(상법 제387조)

   2. 이사회(청산인회)의 소집기간의 단축(상법 제390조 2항)

   3. 이사회(청산인회) 결의요건의 가중(상법 제391조 1항)

   4. 이사의 임기연장(상법 제383조 3항)

   5. 대표이사를 주주총회에서 선임하기로 정하려는 경우(상법 389조 1항)

   6. 감사선임의 경우에 의결권 제한비율의 인하(상법 제409조 3항)

   7. 이사선임을 위한 집중투표의 배제(상법 제382조의2 1항)

   8. 동영상 및 음성통신수단에 의한 이사회결의방법 배제(상법 제391조 2항)

   9. 이사회 내 위원회 설치(상법 제393조의 2 1항)

   10. 감사위원회 설치(상법 제415조의 2 1항)

   11. 자본금의 총액이 10억원 미만으로 2명의 이사를 둔 회사가 대표이사를 선 정하는 경우(상법 제383조 6항)

   12. 집행임원 설치회사의 집행임원의 임기(상법 제408조의3)

⑤ 기타의 상대적 기재사항

  1. 회사의 존립기간, 해산사유(상법 제517조)

  2. 건설이자의 배당(상법 제463조)

  3. 청산인의 정함에 관한 규정(상법 제531조 1항)

  4. 중간배당에 관한 규정(상법 제462조의3)

  5. 신주발행시, 준비금의 자본 전입시 등에 이사회가 결정할 사항을 주주총회의 결의사항으로 정하려는 경우

다. 임의적 기재사항

임의적 기재사항이란 그 기재를 하지 않더라도 정관의 효력에 영향이 없으며, 회사의 법률관계로서도 효력이 없지 않으나(즉, 부속정관이나 사칙 등에서 정해도 무방하나) 편의상 기재하는 사항이다.

① 주권의 종류

② 주권 재발행의 절차

③ 주식의 명의개서의 절차

④ 질권의 등록 및 신탁표시에 관한 사항

⑤ 주주와 법정대리인의 주소, 성명, 인감의 신고

⑥ 정기주주총회의 소집시기

⑦ 주주총회의 의장·장소·의결권의 대리행사

⑧ 이사·감사의 원수

⑨ 이사·보선이사의 임기

⑩ 회사의 영업연도

⑪ 준비금·배당금의 청구기간

⑫ 이익의 처분방법

(2) 정관의 인증

1) 정관의 효력발생요건

정관은 발기인이 기명날인 또는 서명한 후(상법 289조 1항), 공증인의 인증을 받음으로써 효력이 생긴다(상법 제292조). 이 때 정관은 발기인이 회사설립시에 작성하는 원시정관을 의미한다. 정관을 공정증서로써 작성한 경우에는 인증이 필요없다. 다만, 2009년 5월 상법 개정에 의하여 자본금 총액이 10억원 미만인 회사를 제

295조제1항에 따라 발기설립(發起設立)하는 경우에는 제289조제1항에 따라 각 발기인이 정관에 기명날인 또는 서명함으로써 효력이 생기는 것으로 하였다(상법 292조 단서). 이는 종전 규정에 의할 때 회사를 설립하는 경우에는 자본금의 규모나 설립 형태를 불문하고 설립등기 시에 첨부하는 정관에 대하여 일률적으로 공증인의 인증을 받도록 강제하고 있어 창업에 불필요한 시간과 비용이 드는 경우가 있었다는 문제점을 해결하기 위하여 개정한 것이다. 즉, 자본금 총액이 10억원 미만인 회사를 발기설립하는 경우에는 창업자들의 신뢰관계를 존중하여 발기인들의 기명날인 또는 서명이 있으면 공증인의 인증이 없더라도 정관에 효력이 발생하도록 하였다. 이와 같이 공증의무를 면제함으로써 신속하고 저렴한 창업을 가능하게 하여 활발한 투자 여건이 조성될 것으로 기대된다.

【쟁점질의와 유권해석】

〈회사설립 후에 정관을 변경한 경우에도 공증인의 인증을 받아야 하는지 여부〉

회사설립 후에는 주주총회의 특별결의에 의하여 정관을 변경한 경우에는 그 결의만으로 변경의 효력이 생긴다(상법 제433조 1항). 정관을 변경할 경우에는 주주총회의 특별결의(상법 제433조·434조)가 있으면 그 때 유효하게 정관변경이 이루어지는 것이며, 서면인 정관이 고쳐지거나 변경내용이 등기사항인 때의 등기여부 내지 공증인   의 인증여부는 정관변경의 효력발생에는 아무 소장이 없고, 또한 별도의 공증인의   인증을 요하지 아니한다(예규 제334호).

2) 정관의 인증에 관한 사무의 취급기관

정관의 인증에 관한 사무는 회사의 주주총회 또는 이사회의 의사록에 대한 인증과 같이 회사의 본점소재지를 관할하는 지방검찰청 소속 공증인이 아니라도 이를 취급할 수 있다. 2009년 공증인법이 개정되기 전에는 정관의 인증에 관한 사무는 회사의 본점소재지를 관할하는 지방검찰청 소속 공증인이 취급한다고 규정하고 있었다(개정전 공증인법 제62조). 그러나 서울이 아닌 지방에서 회사를 설립하는 경우 본점소재지 내에 관할 지방검찰청 소속 공증인이 없는 경우가 많고, 본점소재지의 인근지역에 공증인이 있다고 하더라도 소속 지방검찰청이 다르면 이용할 수가 없어 회사 설립시에 불편이 발생하는 문제가 있었다. 이에 창업과정에서 정관의 인증과 관련하여 발생할 수 있는 기업의 불편을 개선하고자 2009년 공증인법 개정시 제62조를 삭제하였다.

회생절차에 의한 회사설립의 경우에는 정관인증은 공증인이 아니라 회생법원이 한다(채무자회생및파산에관한법률 제273조 1항, 274조 3항).

공증인에 의한 정관의 인증은 촉탁인(발기인)으로 하여금 공증인의 면전에서 정관 각통의 서명 또는 기명날인을 자인케 한 후 그 사실을 기재함으로써 한다.

인증을 받은 후에 그 정관을 변경한 때에는, 발기설립의 경우에는 그 변경부분에 대하여 다시 공증인의 인증을 받아야 하지만, 모집설립의 경우 창립총회에서 정관을 변경한 때에는 공증인의 인증을 요하지 아니한다.

3) 인증이 없는 정관의 효력

정관에 공증인의 인증을 요하는 경우 그 인증은 정관의 효력발생요건인 것이므로, 인증이 없는 정관은 무효이다. 무효인 정관에 의하여 회사설립등기가 된 때에는 회사설립무효의 원인이 된다.

(3) 주식발행사항의 결정

회사가 발행할 주식의 총수, 액면주식을 발행하는 경우 1주의 금액, 회사 설립시에 발행하는 주식의 총수는 반드시 정관으로 정해야 하지만(상법 제289조 1항 3호~5호), 그 외의 주식발행에 관한 사항은 정관에 다른 규정이 없는 한 발기인이 정할 수 있다. 이러한 결정은 원칙적으로 발기인의 과반수결의에 의한다. 그러나 다음의 세 가지 사항만은 정관에 다른 규정이 없으면 발기인 전원의 동의로 정하여야 한다(상법 제291조).

① 주식의 종류와 수 : 정관에서 우선주식·후배주식·상환주식·전환주식·의결권 없는 주식 등을 정하고 있는 경우에는 그 범위 내에서 어느 종류의 주식을 각 몇 주씩 발행할 것인가를 정해야 하나, 정관에서 보통주식만을 발행할 것으로 정한 때에는 발기인이 따로 정할 사항은 없다.

② 액면주식의 경우 액면 이상의 주식을 발행하는 때에는 그 수와 금액 : 설립시에는 주식의 액면미달발행은 인정되지 아니하나(상법 제330조, 제417조 1항), 액면 이상의 발행은 허용된다. 이를 액면초과발행 또는 프리미엄부 발행이라한다. 설립시에 액면초과 발행을 하려는 경우, 정관을 작성할 당시에는 아직 그 금액을 확정하기 어려울 것이므로 상법은 이를 그 이후의 상황에 따라 발기인 전원의 동의로 정할 수 있게 하였다.

③ 무액면주식을 발행하는 경우 주식의 발행가액과 주식의 발행가액 중 자본금으로 계상하는 금액 : 2011년 상법개정으로 무액면주식의 발행이 가능해졌다. 무액면주식을 발행할 경우에는 발행가의 일부를 자본으로 계상해야 한다(상법 제451조 2항). 따라서 제291조 3호는 설립시에 무액면주식을 발행할 경우 주

식발행사항으로서 발행가와 자본에 계상할 금액을 정하도록 한 것이다.

(4) 발기인의 주식인수

발기인은 설립시에 발행하는 주식에 관하여 반드시 1주 이상을 서면에 의하여 인수하여야 한다(상법 제293조). 이는 모집설립의 경우와 발기설립의 경우에 모두 적용된다.

(5) 주주의 모집

1) 모집방법

설립시에 발행하는 주식 중 발기인이 인수하고 남은 주식에 대하여 발기인은 주주를 모집하여야 한다(상법 제301조). 모집의 방법에는 제한이 없으므로 공모이든 연고모집이든 관계없다. 주주를 모집함에 있어서 주식청약인을 보호하기 위하여 상법은 법정사항을 기재한 주식청약서에 의하여 주식인수의 청약을 하도록 하고 있다(상법 제302조 : 주식청약서 주의). 따라서 주식청약서에 의하지 않은 주식인수의 청약은 무효이다. 주주의 모집을 위한 주식청약서용지는 발기인이 작성하고(상법 제302조 2항). 이 청약서에는 상법 제289조 제1항과 제290조에 게기한 사항 등 10개항의 사항을 기재하여야 한다(상법 제302조 2항 참조). 주식청액서에 기재하여야 할 10개의 항목은 다음과 같다.

1. 정관의 인증년월일과 공증인의 성명
2. 상법 제289조제1항과 제290조에 게기한 사항
3. 회사의 존립기간 또는 해산사유를 정한 때에는 그 규정
4. 각발기인이 인수한 주식의 종류와 수
5. 상법 제291조에 게기한 사항
5의2. 주식의 양도에 관하여 이사회의 승인을 얻도록 정한 때에는 그 규정
6. 삭제〈2011.4.14〉[36]
7. 주주에게 배당할 이익으로 주식을 소각할 것을 정한 때에는 그 규정
8. 일정한 시기까지 창립총회를 종결하지 아니한 때에는 주식의 인수를 취소할 수 있다는 뜻
9. 납입을 맡을 은행 기타 금융기관과 납입장소

---

[36] 2011년 상법개정으로 상법 제302조 제2항 6호 건설이자제도가 폐지됨에 따라 주식청약서의 기재사항에서 삭제하였다.

10. 명의개서대리인을 둔 때에는 그 성명·주소 및 영업소

주주를 공모하는 경우에는 일반투자자를 보호하기 위하여 자본시장과 금융투자업에 관한 법률상 특칙이 있다. 즉, 모집총액이 10억원 이상인 경우에는 그 모집에 관하여 신고서(증권신고서)를 금융위원회에 제출하여 수리된 날로부터 15일이 경과하여 신고의 효력이 발생한 때로부터 주주를 모집할 수 있다(자본시장법 119조 1항, 120조 1항, 동법 시행령 120조 1항, 동법 시행규칙 12조 1항 2호).

2) 모집설립에 있어서 주식의 인수방법

모집설립에 있어서 주식의 인수는 주식을 인수하고자 하는 자의 청약과 발기인의 배정에 의하여 성립한다. 주식인수의 청약을 하고자 하는 자는 주식청약서 2통에 인수할 주식의 종류, 수 및 주소를 기재하고 기명날인 또는 서명하여 발기인에 대하여 한다(상법 제302조 1항).

주식인수의 청약에 대하여 발기인이 주식의 배정을 하게 된다. 발기인은 배정방법을 미리 공고하지 않은 이상 어떠한 주식청약자에 대하여 몇 주를 인수시킬 것인가를 자유로이 정할 수 있다. 발기인의 배정에 의하여 주식청약인은 주식인수인으로 확정되어 배정받은 주식의 수에 따라 인수가액을 납입할 의무를 진다(상법 제303조). 그런데 일반적으로 주식인수의 청약자는 주식청약시에 주금액의 상당액을 청약증거금으로 미리 납부하므로, 그가 주식의 배정을 받으면 청약증거금이 주금의 납입으로 대체된다.

(6) 주식인수가액의 납입과 현물출자의 이행

1) 주식인수가액의 납입

회사 설립시에 발행하는 주식의 총수가 인수된 때에는 발기인은 지체없이(납입기일을 정하여) 주식인수인에 대하여 주식에 대한 인수가액의 전액을 주식청약서에 기재하였던 납입장소(은행 기타 금융기관에 한함)에 납입시켜야 한다(상법 제305조). 만약 지정된 은행 기타 금융기관을 변경하고자 할 때에는 법원의 허가를 받아야 한다.

납입은 현금으로써 현실로 하여야 한다. 현실적 이행이 있어야 하므로 당좌수표로써 납입한 때에는 그 수표가 현실적으로 결재되어 현금화되기 전에는 납입이 있었다고 할 수 없다(대법원 2001. 8. 21.선고 2000도5418판결).

【쟁점질의와 유권해석】

〈주금납입의사 없이 일시적으로 주금을 납입하고 주금납입증명서를 받아 설립등기 등 절차를 마친 다음 바로 그 납입한 돈을 인출한 경우 납입가장죄 등이 성립하는지 여부〉

당초부터 진실한 주금납입으로 회사의 자금을 확보할 의사 없이 형식상 또는 일시적으로 주금을 납입하고 이 돈을 은행에 예치하여 납입의 외형을 갖추고 주금납입증명서를 교부받아 설립등기나 증자등기의 절차를 마친 다음 바로 그 납입한 돈을 인출한 경우에는, 이를 회사를 위하여 사용하였다는 특별한 사정이 없는 한 실질적으로 회사의 자본이 늘어난 것이 아니어서 납입가장죄 및 공정증서원본불실기재죄와 불실기재공정증서원본행사죄가 성립하고, 다만 위와 같이 납입한 돈을 곧바로 인출하였다고 하더라도 그 인출한 돈을 회사를 위하여 사용한 것이라면 자본충실을 해친다고 할 수 없으므로 주금납입의 의사 없이 납입한 것으로 볼 수는 없다(대법원 2004. 6. 17.선고, 2003도7645판결 전원합의체).

2) 현물출자

현물출자를 하는 자는 금전출자의 납입기일에 출자의 목적인 재산의 전부를 인도하여야 하나, 등기·등록, 기타 권리의 설정 또는 이전을 요하는 재산은 이에 관한 서류를 완비하여 교부하면 된다(상법 305조 3항, 295조 2항).

핵 심 판 례

■ **가장납입에 의한 주금납입의 효력(유효)**

주식회사를 설립하면서 일시적인 차입금으로 주금납입의 외형을 갖추고 회사 설립절차를 마친 다음 바로 그 납입금을 인출하여 차입금을 변제하는 이른바 가장납입의 경우에도 주금납입의 효력을 부인할 수는 없다(대법원 1998.12. 23.선고, 97다20649판결).

3) 납입기일에 주금을 납입하지 않는 경우의 효과

주식인수인이 납입기일에 납입을 하지 아니한 때에는 발기인은 일정한 기일을 정하여, 그 기일 내에 납입을 하지 아니하면 그 권리를 잃는 다는 뜻을 기일 2주간 전에 그 주식인수인에게 통지하여야 하고, 이 통지를 받은 주식인수인이 그 기일내에 납입을 이행하지 아니한 때에는 그 권리를 잃는다(상법 제307조 1항, 2항).

핵 심 판 례

■ "자본 또는 출자의 납입"은 상법상 회사 설립 또는 설립 후 신주 발행 시 이루어지는 납입행위만을 가리키는지 여부(적극)

> 법인의 순자산을 증가시키는 거래라고 하더라도 "자본 또는 출자의 납입"은 익금에서 제외된다고 정하고 있다. 위 조항의 입법 취지 및 문언의 내용, "자본 또는 출자의 납입"의 의미에 대하여 법인세법이 별도의 정의 규정을 두고 있지 않은 이상 특별한 사정이 없는 한 상법상 의미와 동일하게 해석하는 것이 법적안정성이나 조세법률주의가 요구하는 엄격해석의 원칙에 부합하는 점 등을 종합하면, 위 조항의 "자본 또는 출자의 납입"은 상법상 회사 설립 또는 설립 후 신주 발행 시 이루어지는 납입행위(상법 제295조 제1항, 제303조, 제305조 제1항, 제421조 제1항 등)만을 가리킨다고 보아야 한다(대법원 2023. 11.30. 선고 2019두58445 판결).

핵 심 판 례

■ 주주권의 상실사유 및 당사자 간의 특약 또는 주주권 포기의 의사표시만으로 주주권이 상실되거나 그 행사가 제한되는지 여부(소극)

> 주주권은 주식의 양도나 소각 등 법률에 정하여진 사유에 의하여서만 상실되고 단순히 당사자 사이의 특약이나 주주권 포기의 의사표시만으로 상실되지 아니하며 다른 특별한 사정이 없는 한 그 행사가 제한되지도 아니한다(대법원 2002. 12. 24., 선고, 2002다54691, 판결).

(7) 변태설립사항의 조사

1) 조사절차

발기인은 회사의 창립에 관한 사항을 창립총회에 보고하여야 하는데, 그 보고서에는 주식의 인수와 납입에 관한 제반사항, 변태설립사항에 관한 실태를 명확히 기재하여야 한다(상법 제311조 1항, 2항).

변태설립에 관한 사항은 발기인의 청구에 의하여 법원이 선임한 검사인에 의하여 조사를 받아야 한다. 검사인은 변태설립사항을 조사한 후 보고서를 작성하여 창립총회에 제출하여야 한다(상법 제310조 1항, 2항). 그러나 변태설립사항 중 발기인이 받을 특별이익(상법 제290조 1호)과 회사가 부담할 설립비용과 발기이이 받을 보수액(상법 제290조 4호)에 관하여는 공증인의 조사보고로, 현물출자와 재산인수(상법 제290조 2호, 3호) 및 현물출자의 이행에 관하여는 공인된 감정인의 감정으로 검사인의 조사에 갈음할 수 있다(상법 제310조 3항, 제299조의2). 이 경우 공증인 또는 감정인은 조사 또는 감정결과를 창립총회에 제출하여야 한다. '공인된 감정인'이란 현물출자된 각 재산의 유형에 따라 법률에 의하여 감정을 할 수 있는 자격이 부여된 감정인을 말한다. 감정평가사나 공인회계사 등이 이에 해당된다.

2) 벤처기업에 대한 특례

벤처기업에 관하여는 다음과 같은 특례가 있다(벤처기업육성에 관한 특례법 6조).

벤처기업에 대한 현물출자 대상에는 특허권·실용신안권·디자인권 그 밖에 이에 준하는 기술과 그 사용에 관한 권리(이하 이 조에서 "산업재산권등"이라 한다)를 포함한다. 대통령령이 정하는 기술평가기관이 산업재산권 등의 가격을 평가한 경우 그 평가내용은 상법 제299조의 2와 제422조의 규정에 의하여 공인된 감정인이 감정한 것으로 본다.

대통령령이 정하는 기술평가기관은 다음 각 호의 기관을 말한다.

1. 「산업기술혁신 촉진법」 제38조에 따른 한국산업기술진흥원(이하 "한국산업기술진흥원"이라 한다)
2. 기술보증기금
3. 「산업기술혁신 촉진법」 제39조에 따른 한국산업기술평가관리원
4. 「한국환경공단법」에 따른 한국환경공단(「환경기술 및 환경산업 지원법」 제2조제1호에 따른 환경기술에 대한 기술평가만 해당한다)
5. 국가기술표준원
6. 「과학기술분야 정부출연연구기관 등의 설립·운영 및 육성에 관한 법률」에 따른 한국과학기술연구원과 한국과학기술정보연구원
7. 정보통신산업진흥원
8. 그 밖에 법 제6조제1항에 따른 산업재산권등의 가격 평가에 필요한 전문인력을 갖춘 기관 또는 단체로서 중소벤처기업부장관이 정하여 고시하는기관 또는 단체

3) 변태설립사항의 변경

변태설립사항이 부당하다고 인정한 때에는 창립총회는 이를 변경할 수 있다(상법 제314조 1항). 창립총회의 변경에 불복하는 발기인은 그 주식의 인수를 취소할 수 있고(상법 제314조 2항, 제300조 2항), 창립총회의 변경 통고가 있은 후 2주간 내에 주식의 인수를 취소한 발기인이 없는 때에는 정관은 변경통고에 따라 변경된 것으로 본다(상법 제314조 2항, 제300조 3항).

⑻ 창립총회

1) 소집절차

출자이행절차가 완료된 때에는 발기인은 지체없이 주식인수인으로 구성되는 창립총회를 소집하여야 한다(상법 제308조). 창립총회는 주식인수인으로 구성된 설립 중인 회사의 최고의사결정기구이고 주주총회의 전신이라고 할 수 있다. 그러므로 그 소집절차, 의결권, 결의의 하자 등에 대해서는 주주총회에 관한 규정이 준용된다. 따라서 창립총회를 개최함에는 발기인은 회일을 정하여 2주간 전에 각 주식인수인에 대하여 서면으로 통지를 발송하여야 한다. 창립총회의 결의는 출석한 주식인수인의 의결권의 3분의 2 이상이며 인수된 주식총수의 과반수에 해당하는 다수로써 하여야 한다(상법 제309조).

창립총회는 최고의 의사결정기구이므로 그 권한은 회사설립에 관한 모든 사항에 미치지만 상법이 특히 규정을 둔 것은 아래와 같다.

2) 창립에 관한 보고청취(상법 제311조)

발기인은 회사의 창립에 관한 사항을 서면에 의하여 창립총회에 보고하여야 하는데, 이 보고서에는 주식의 인수와 납입에 관한 제반사항, 변태설립사항에 관한 실태를 명확히 기재하여야 한다(상법 제311조 1항, 2항). 발기인이 이러한 보고를 함에 있어서 부실한 보고를 하거나 사실은 은폐한 때에는 회사에 대하여 임무해태에 따른 손해배상책임을 지고(상법 제322조), 형사처벌 또는 과태료의 제재가 가해진다(상법 제625조 1항, 상법 제635조 5항).

3) 이사, 감사 또는 감사위원회 위원의 선임(상법 제312조, 제415조의2)

창립총회에서 이사와 감사를 선임한다(상법 제312조). 이사는 3인 이상이어야 하지만 자본의 총액이 10억원 미만인 회사는 1인 또는 2인으로 할 수 있다(상법 제383조 1항). 감사위원회를 두는 회사는 이사회결의로 이사 중에서 감사위원회 위원을 선임한다(상법 제393조의2, 제415조의2).

다만, 최근 사업연도 말 현재 자산총액이 2조원 이상인 상장회사는 상법 제393조의2에도 불구하고 감사위원회위원을 선임하거나 해임하는 권한은 주주총회에 있다. 그러나 다음 각 호의 어느 하나에 해당하는 상장회사는 그러하지 아니하다(상법 542조의12 제1항, 상법 시행령 제16조 제1항).

1.「부동산투자회사법」에 따른 부동산투자회사인 상장회사

2.「공공기관의 운영에 관한 법률」 및 「공기업의 경영구조개선 및 민영화에 관한

법률」의 적용을 받는 상장회사

3. 「채무자 회생 및 파산에 관한 법률」에 따른 회생절차가 개시된 상장회사

4. 유가증권시장 또는 코스닥시장에 주권을 신규로 상장한 상장회사(신규상장 후 최초로 소집되는 정기주주총회 전일까지만 해당한다). 다만, 유가증권시장에 상장된 주권을 발행한 회사로서 감사위원회를 설치하여야 하는 회사가 코스닥시장에 상장된 주권을 발행한 회사로 되는 경우 또는 코스닥시장에 상장된 주권을 발행한 회사로서 감사위원회를 설치하여야 하는 회사가 유가증권시장에 상장된 주권을 발행한 회사로 되는 경우

4) 설립경과의 조사

이사와 감사는 취임 후 지체없이 회사의 설립에 관한 모든 사항이 법령 또는 정관의 규정에 위반되지 아니하는지의 여부를 조사하여 창립총회에 보고하여야 한다(상법 제313조). 조사보고하여야 할 사항은 회사설립시에 발행하는 주식총수에 대한 인수의 정확여부 주식에 대한 납입과 현물출자의 이행의 정확여부, 변태설립사항에 대한 검사인·공증인·감정인의 조사보고서의 정확여부 등이다. 이때 이사와 감사 중에 발기인이었던 자, 현물출자 또는 회사성립 후 양수할 재산의 계약당사자인 자가 있는 경우에는 위의 조사보고에 참가하지 못하고, 이사와 감사의 전원이 이에 해당하는 때에는 이사는 공증인으로 하여금 위의 사항의 조사·보고를 하게 하여야 한다.

5) 변태설립사항의 변경

창립총회는 변태설립사항이 부당하다고 인정한 때에는 이를 변경할 수 있다(상법 제314조 1항). 창립총회의 변경에 불복하는 발기인은 그 주식의 인수를 취소할 수 있고(상법 제314조 2항, 제300조 2항), 창립총회의 변경 통고가 있은 후 2주간 내에 주식의 인수를 취소한 발기인이 없는 때에는 정관은 변경통고에 따라 변경된 것으로 본다(상법 제314조 2항, 제300조 3항).

6) 정관변경 또는 설립폐지의 결의

창립총회에서는 정관의 변경 또는 설립의 폐지를 결의할 수 있는데, 소집통지서에 그 뜻의 기재가 없는 경우에도 이를 할 수 있다(상법 제316조).

7) 대표이사의 선임

정관에 달리 정한 바가 없으면 창립총회에서 선임된 이사들이 이사회를 열어 대표이사를 선임한다. 수인의 대표이사를 선임하는 경우에는 공동대표를 할 것으로 결정할 수도 있다. 다만, 자본의 액면총액이 10억원 미만인 회사로서 이사가 1인 또는 2인인

경우에는 각 이사가 회사를 대표하므로 별도의 이사회를 개최하지 않는다(상법 제383조 6항).

현물출자에 의한 주식회사의 설립과 공인된 감정인

선례요지

1. 상법 제299조의2의 '공인된 감정인'(이하, '공인된 감정인'이라 한다)이란 현물출자된 각 재산의 유형에 따라 법률에 의하여 감정을 할 수 있는 자격이 부여된 감정인을 말하는바, 그 구체적 예로는 부동산가격공시및감정평가에관한법률(이하, '감정평가법'이라 한다)에 의해 토지 등의 감정평가를 할 수 있는 감정평가사 및 공인회계사법에 의해 회계에 관한 감정을 할 수 있는 공인회계사 등을 들 수 있다.

2. 특허권을 현물출자하는 경우, 공인된 감정인에는 감정평가업자(감정평가법 제2조 제9호)가 포함된다(동법 제2조 제1호, 동법 시행령 제2조 제1호).

3. 벤처기업에 대한 현물출자의 경우와 외국투자가가 산업재산권 등을 출자하는 경우 등에는 그 가격에 대해 벤처기업육성에 관한 특별조치법 시행령 제4조의 기술평가기관(이하, '기술평가기관'이라고 한다)이 평가한 내용을 상법 제299조의2의 규정에 의하여 공인된 감정인이 감정한 것으로 볼 수 있으나(벤처기업육성에 관한 특별조치법 제6조 제2항, 외국인투자촉진법 제30조 제4항 등), 그러한 법률 규정이 있는 경우 이외의 현물출자의 경우에 기술평가기관을 공인된 감정인으로 볼 수 없다.

4. 공인된 감정인의 감정서에는 현물출자의 목적인 재산의 가격(평가금액)이 표시되어야 한다. (2006. 7. 13. 공탁상업등기과-640 질의회답). 참조선례 : 상업등기선례요지집 제83항

핵심실무사례

■ **개인기업의 현물출자에 의한 법인전환 시 법인인가를 위한 관할 법원 등**

- 개인기업의 부동산을 현물출자하여 주식회사를 발기설립하려고 한다. 현물출자 자산으로는 부동산만이 있으며 그 외의 자산 및 부채는 일체 없다. 현물출자 대상인 부동산에 대해서는 감정평가법인이 감정하였으며, 그 감정가액은 금 1,809,199,520원이다. 설립하고자 하는 회사의 1주당 액면가는 금 5,000원으로 할 예정이다.
① 정관상 회사의 본점 소재지는 통영시이며, 이 경우 법원인가를 위한 관할법원은 창원지방법원인지 아니면 창원지방법원 통영지원인지?
② 1주당 액면가가 금 5,000원인 관계로 4,520원에 대해서는 단주처리하려고 하는데, 이 경우에도 양도소득세 이월과세 및 취득세 면제를 받을 수 있는지?

개인기업의 현물출자에 의한 법인전환 시에는 아직 등기부상 본점 소재지가 존재하지 않으므로 정관상에 기재된 본점 소재지의 지방법원 합의부가 그 관할이 된다. 관할과 관련하여 지방법원에 지원을 둔 경우에 그 지원의 합의부도 관할이 될 수 있는지 문제되는데, 비송사건의 제1심 관할 법원은 지방법원 합의부뿐만 아니라 지방법원지원 합의부도 포함된다. 따라서 사안의 경우 창원지방법원 통영지원 합의부가 관할 법원이다. 조세특례제한법 제32조의 개인기업주의 양도소득세 이월과세와 지방세특례제한법 제57조의2 제4항에 의한 신설법인의 취득세 면제를 받기 위해서는, 그 출자금액 요건으로 현물출자의 상대방인 신설법인의 자본금은 법인으로 전환하는 사업장의 순자산가액 이상이어야 한다. 사안의 경우 법인으로 전환하는 사업장의 순자산가액은 부동산에 대한 감정평가법인의 감정가액인 금 1,809,199,520원이다. 문제는 신설법인의 정관상 1주당 액면가가 금 5,000원인 관계로 현물출자자에게 361,839주를 배정할 경우에 단주로 4,520원이 남게 되는데, 이 경우에도 양도소득세 이월과세 및 취득세 면제를 받는데 지장이 없는지이다. 이와 관련하여 심판결정례에서는 단순한 단주처리로 인해 신설법인의 자본금이 법인전환으로 소멸하는 사업장의 순자산가액에 미달한 것에 불과한 경우에는 취득세 감면을 받을 수 있다고 판단하였다. 약간 특이한 사례로 거주자 3인이 현물출자의 방법으로 1개 법인으로 전환하는 과정에서 거주자별로 인수한 주식의 총액이 현물출자한 순자산가액보다 1주의 액면금액(5,000원) 미만으로 부족하였지만 거주자 3명을 모두 합산하였을 때에는 총 5,837원 미달한 사안에서는 부정적으로 본 행정예규도 있다.
개인기업이 법인전환하는 과정에서 단순한 단주처리로 인해 발생한 차이 때문에 세제상 혜택을 받지 못한다는 것은 입법취지에 맞지 않다고 보지만, 개인기업의 현물출자에 의한 법인전환 시 발생한 1주당 액면가 미달금액에 대해 단주처리하기 보다는 그 금액 이상으로 현금출자를 병행하여 아예 논란의 여지를 없애는 것이 좋다.
실무상으로도 이런 경우 대부분 현물출자 외 현금출자를 병행하고 있다.

4. 발기설립

(1) 정관의 작성·인증 및 주식발행사항의 결정

모집설립의 경우와 같다.

(2) 주식의 인수와 납입, 현물출자의 이행

회사의 설립시에 발행하는 주식의 총수를 서면에 의하여 발기인이 전부 인수하여야 하며(상법 제293조), 이때에는 지체 없이 각 주식에 대한 인수가액의 전액을 금전으로 납입하여야 한다. 이 경우 발기인은 납입을 맡을 은행 기타 금융기관과 납입장소를 지정하여야 한다(상법 제295조 1항). 만약 제정된 은행 기타 금융기관을 변경하고자 할 때에는 법원의 허가를 얻어야 한다. 현물출자의 경우에는 그 발기인은 납입기일에 지체없이 출자의 목적인 재산을 인도하고, 등기·등록 기타 권리의 설정 또는 이전을 요할 경우에는 이에 관한 서류를 완비하여 교부하여야 한다(상법 제295조 2항).

(3) 이사와 감사 또는 감사위원회 위원 등의 선임

발기인이 주식인수가액의 전액과 현물출자의 이행을 완료한 때에는 발기인은 지체 없이 의결권의 과반수로써 이사와 감사를 선임하여야 한다. 발기인의 의결권은 그 인수주식 1주에 대하여 1개이다. 정관에 의하여 주주총회에서 대표이사를 선임할 것으로 정한 때에는 대표이사도 선임하여야 한다.

선임결의를 한 때에 발기인은 의사록을 작성하여 의사의 경과와 그 요령을 기재하고 기명날인 또는 서명하여야 한다(상법 제297조). 이 의사록은 공증인의 인증을 받아야 하지만(공증인법 제62조·제63조·제66조의2 1항), 자본금의 총액이 10억원 미만인 회사를 상법 제295조 제1항에 따라 발기설립하는 경우 또는 대통령령으로 정하는 공법인이나 비영리법인의 경우에는 공증인의 인증을 받을 필요가 없다. 이는 2009년 5월 공증인법 제66조의2 제1항의 개정시 단서가 신설된 것으로서 법인 등기를 할 때 일률적으로 총회 등의 의사록을 공증인에게 인증받도록 하던 것을 자본금 총액이 10억원 미만인 소규모 회사를 발기설립하는 경우에는 창업자들의 신뢰관계를 존중하여 의사록에 대한 공증의무를 면제하여 소규모 회사를 신속하게 창업할 수 있도록 하려는 것이다.

대표이사를 주주총회에서 선임한다는 정관의 규정에 의하여 발기인회에서 대표이사를 선임한 경우를 제외하고는 이사회에서 대표이사를 선임하여야 한다(상법 제389조).

정관으로 감사에 갈음하여 상법 제393조의2의 규정에 의한 이사회내 위원회로서 감사위원회를 설치하기로 정한 경우에는 발기인이 이사 중에서 3명 이상의 감사위원회 위원을 선임하여야 하고, 이 중 사외이사가 위원의 3분의2 이상이 되어야 한다(상법 제415조의2 7항, 제296조, 제415조의2 2항).

(4) 설립경과 조사

이사와 감사는 취임 후 지체없이 회사의 설립에 관한 모든 사항이 법령 또는 정관의 규정에 위반되지 아니하는지의 여부를 조사하여 발기인에게 보고하여야 한다(상법 제298조 1항). 이 때 이사와 감사 중에 발기인이었던 자·현물출자자·회사성립 후 양수할 재산의 계약당사자인 자는 이러한 조사보고에 참가하지 못하고(동조 2항), 이사와 감사 전원이 이에 해당하는 때에는 이사는 공증인으로 하여금 이러한 조사보고를 하게 하여야 한다(동조 3항).

변태설립에 관한 사항과 현물출자의 이행은 원칙적으로 이사의 청구에 의하여 법원이 선임한 검사인이 조사하고(상법 제298조 4항 본문, 제299조), 예외적으로 변태설립사항 중 발기인이 받을 특별이익, 회사가 부담할 설립비용과 발기인이 받을 보수액에 관하여는 공증인의 조사보고로, 현물출자와 재산인수 및 현물출자의 이행에 관하여는 공인된 감정인의 감정으로 검사인의 조사에 갈음할 수 있다. 이 경우 공증인 또는 감정인은 조사 또는 감정결과를 법원에 보고하여야 한다(상법 제299조의2). 여기서 공인된 감정인이란 현물출자된 각 재산의 유형에 따라 법률에 의하여 감정을 할 수 있는 자격이 부여된 감정인을 말한다(예 : 감정 평가사 및 공인회계사).

검사인은 변태설립사항과 현물출자의 이행에 관한 사항을 조사하여 조사보고서를 법원에 보고하여야 하고, 조사보고서의 등본을 지체없이 각 발기인에게 교부하여야 한다(상법 제229조 1항, 2항). 변태설립사항을 공증인의 조사와 공인된 감정인의 감정으로 갈음하는 때에는 공증인의 조사보고서나 감정인의 감정서를 법원에 제출하여야 하고 공증인과 감정인은 각 발기인에게 조사보고서와 감정서의 등본을 교부하여야 한다. 검사인이나 공증인의 보고서 또는 감정인의 감정서에 사실과 상위한 사항이 있는 때에는 발기인은 이에 대한 설명서를 법원에 제출할 수 있다(상법 제299조 3항).

법원은 검사인 또는 공증인의 조사보고서, 감정인의 감정서와 발기인의 설명서를 심사하여 변태설립에 관한 사항이 부당하다고 인정한 때에는 변태설립사항에 관한 정관의 규정을 변경하는 결정을 하여 각 발기인에게 통고한다(상법 제300조 1항, 비송사건절차법 제75조 1항, 2항).

검사인·공증인이 조사보고서를, 감정인이 감정서를 법원에 제출하는 때는 부본 1통을 첨부하고 송달료 2회분을 납부하여야 한다. 법원은 이를 심사하여 정당하다고 인정한 때에는 원본 및 부본 표지의 적당한 여백에 '20○○년 ○월 ○일 인가'라고 기재하고 재판장이 기명날인한 후 신청인에게 부본을 송달하고 부당하다고 인정하여 변경결정을 한 때에는 원본 및 부본표지의 적당한 여백에 '20○○년 ○월 ○일 변경결정'이라고 기재하여 재판장이 기명날인한 후 신청인에게는 부본과 변경결정등본을, 발기인에게는 변경결정등본을 송달한다(송무예규 제719호).

발기인이 법원의 변경결정을 승인하면 통고된 바에 따라 정관이 변경된다. 이때에는 변경된 정관에 다시 공증인의 인증을 받을 필요는 없다. 발기인이 법원의 변경결정에 대하여 불복하는 경우에는 즉시항고에 의하여 법원의 결정을 다투든지(비송사건절차법 제75조 3항) 2주간 내에 발기인이 인수한 주식의 전부 또는 일부를 취소할 수 있다(상법 제300조 2항, 3항). 발기인이 주식의 인수를 취소한 때에는 회사 설립시에 발행하는 주식총수에 인수가 없는 부분이 생기게 되는데, 이때에는 다른 발기인이 취소된 주식을 인수하든지 필요한 정관변경(발행예정주식총수 또는 설립시에 발행하는 주식총수의 감소, 현물출자에 관한 규정의 삭제)을 하여 설립절차를 속행할 수 있다(상 법 제300조 2항).

법원의 변경통고가 있은 후 2주간 내에 주식의 인수를 취소한 발기인이 없는 경우에는 정관은 통고에 따라 변경된 것으로 본다(상법 제300조 3항).

주식회사 발기설립의 경우 주주총회의 소집절차가 준용되는지 여부

선례요지

모집설립 시에 준용되는「상법」제363조 제1항은 발기설립의 경우에는 준용되지 않으므로, 납입기일과 발기인의 임원선임 결의일 간에 2주 이상의 시간적 간격을 요하는지 및 첨부서면으로 총회소집통지의 기간단축동의서를 요하는지가 문제되지 않는다. (2011. 9. 8. 사법등기심의관-2127 질의회답)
참조조문 : 상법 제308조, 제363조 제1항, 상업등기법 제79조 제1항

발기인이었던 회사의 대표이사가 설립중인 회사의 이사 또는 감사에 취임한 경우 설립경과의 조사 보고자에 해당하는지 여부

선례요지

회사가 발기인이었고 그 대표이사가 설립중인 회사의 이사 또는 감사에 취임한 경우, 그 자는「상법」제298조 제1항, 제313조 제1항의 조사보고를 하여야 할 자에 해당한다. (2012. 6. 25. 사법등기심의관-1784 질의회답)

참조조문 : 상법 제298조 제1항, 제2항, 제313조 제1항, 제2항, 제323조

자본금 10억 미만의 주식회사를 발기설립하는 경우 설립등기신청서에 첨부할 서면인 발기인의 의사록에 정관 승인 건, 이사·감사 등의 조사·보고 건 등이 반드시 포함되어야 하는지 여부

선례요지

1. 설립등기를 하기 위한 설립등기신청서에는 상업등기법 제80조 제1호 내지 11호의 서류를 첨부하여야 하므로, 자본금 총액이 10억 미만의 주식회사를 발기설립하는 경우(재택창업시스템을 이용한 설립을 포함)에도 발기인의 의사록(상법 제297조 참조)을 첨부하여야 한다.

2. 자본금 총액이 10억 미만인 회사를 상법 제295조 제1항에 따라 발기설립하는 경우에 정관은 각 발기인이 정관에 기명날인 또는 서명함으로써 효력이 발생하므로(상법 제292조 단서 참조), 정관 그 자체 또는 정관의 절대적 기재사항(목적, 상호, 회사가 발행할 주식의 총수 등 상법 제289조 제1항 제1호 내지 제8호 참조)에 대해서는 별도로 발기인이 승인하는 절차가 필요 없으며, 이사·감사 등의 조사·보고(상법 제298조 제1항 참조)는 발기인이 이사 등을 선임한 이후의 절차이므로, 발기인의 의사록에 정관 승인 건, 이사·감사 등의 조사·보고 건 등이 반드시 포함되어야 하는 내용은 아니다. (2013. 10. 1. 사법등기심의관-4031 질의회답)

참조조문 : 상법 제289조 제1항, 제291조, 제292조, 제295조 제1항, 제296조, 제297조, 제298조 제1항, 상업등기법 제79조, 제80조

▣ 이견있는 등기에 대한 견해와 법원판단 ▣

[일시차입금에 의한 가장납입]

1. 문제점 : 위장납입이란 발기인이 보관은행 외의 제3자로부터 금전을 차입하여 주금액을 납입하고, 설립등기를 마친 후 즉시 이를 인출하여 차입금을 변제하는 것을 의미한다. 이러한 위장납입을 주식인수대급의 납입으로서 유효하다고 볼 수는 없는지 문제된다.

2. 학설

(1) 납입무효설(다수설) : 자본충실저해, 강행법규위반, 출자없는 주주권의 유지발생을 이유로 납입이 무효라는 견해

(2) 납입유효설 : 현실적 자금이동의 존재, 발기인의 자본충실책임으로 해결가능함을 이유로 납입이 유효라는 견해

3. 판례 : 납입유효설(82누522)

핵 심 판 례

■ 주식회사의 발기인 등이 상법 등 법령에 정한 회사설립의 요건과 절차에 따라 회사설립
등기를 함으로써 회사가 성립하였다고 볼 수 있는 경우, 회사설립등기와 그 기재 내용이
공정증서원본 불실기재죄나 공전자기록 등 불실기재죄에서 말하는 '불실의 사실'에 해당하
는지 여부(원칙적 소극)

주식회사의 발기인 등이 상법 등 법령에 정한 회사설립의 요건과 절차에 따라 회사
설립등기를 함으로써 회사가 성립하였다고 볼 수 있는 경우 회사설립등기와 그 기재
내용은 특별한 사정이 없는 한 공정증서원본 등 불실기재죄에서 말하는 불실의 사실
에 해당하지 않는다. 발기인 등이 회사를 설립할 당시 회사를 실제로 운영할 의사
없이 회사를 이용한 범죄 의도나 목적이 있었다거나, 회사로서의 인적·물적 조직 등
영업의 실질을 갖추지 않았다는 이유만으로는 불실의 사실을 법인등기부에 기록하게
한 것으로 볼 수 없다(대법원 2020. 2. 27. 선고 2019도9293 판결 등 참조).(대법
원 2020. 3. 26. 선고 2019도16592 판결).

핵 심 판 례

■ 발기설립시 발기인이 현물출자를 행하는 경우, 양도소득세의 양도차익 계산에 있어서 자
산의 양도시기(=설립등기시)

주식회사의 발기설립의 경우에 현물출자에 의한 주식의 인수로써 주식인수인이 된
자는 현물출자이행의 의무를 부담하는 한편 설립중의 회사의 사원이 되었다가 현물
출자가 이행되고 현물출자에 관한 사항과 현물출자의 이행에 관하여 검사인의 검사
를 받는 등 제반절차를 마쳐 설립등기를 하였을 때에 주주의 지위로 전환되는바, 주
식회사 발기설립시의 현물출자는 궁극적으로 주주 지위의 취득을 반대급부를 하는
것으로서 주주의 지위를 취득하게 되는 설립등기시에 반대급부의 전부 이행이 있다
고 볼 수 있으므로, 대금청산일에 상응하는 설립등기시를 양도소득세의 양도차익 계
산에 있어서 양도시기로 보아야 한다
(대법원 2000. 6. 23. 선고 98두7558 판결).

(5) 모집설립과 발기설립의 비교

	모 집 설 립	발 기 설 립
주식 인수	일부는 발기인이 인수하고 남은 부분을 인수할 주주 모집(상법 제301조)	주식은 전부 발기인들이 인수함 (상법 제295조 1항)
주금의 납입	주식청약서에 기재한 은행 기타 금융기관의 납입장소에 하여야 함 (상법 제305조 2항, 제302조 2항)	발기인이 지정한 납입은행 기타 금융기관의 납입장소에 하여야 함 (상법 제295조 1항 후단)
납입의 해태	실권절차가 있음(상법 제307조)	일반원칙(채무불이행)에 의함
창립총회	필요(상법 제308조 ~ 제316조)	불필요
이사·감사의 선임	창립총회에서 출석한 주식인수인 의결권의 2/3 이상, 인수된 주식 총수의 과반수에 해당하는 다수로 선임(상법 제309조, 제312조)	발기인의 의결권의 과반수로 선임 (상법 제296조 1항)
변태설립사항의 조사	법원이 선임한 검사인 또는 공증인, 감정인이 조사하여 창립총회에 보고서를 제출(상법 제310조), 창립총회에서는 이를 변경할 수 있음	법원이 선임한 검사인 또는 공증인, 감정인이 조사하여 법원에 보고, 법원은 이를 변경할 수 있음(상법 제299조, 제299조의2, 제300조)
설립경과의 조사	이사와 감사가 조사하여 창립총회에 보고(상법 제313조 1항)	이사와 감사가 조사하여 발기인에게 보고(상법 제298조 1항)
설립 전 원시정관의 변경	창립총회의 결의만으로 가능	발기인이 승인하여 변경. 변경된 정관에 대한 공증인의 재인증은 필요 없음.
설립 중의 회사의 구성원	발기인과 주식인수인	발기인

5. 설립등기절차

(1) 신청인

회사의 등기는 법령에 다른 규정이 있는 경우를 제외하고는 그 대표자가 신청한다(상업등기법 제23조 1항). 따라서 주식회사의 경우도 설립등기를 대표이사가 신청한다. 자본액면금 총액이 10억 원 미만인 회사로서 이사가 1인인 경우에는 그 이사가 회사를 대표하므로 그 자가 신청한다.

(2) 등기기간

합명회사나 합자회사는 설립등기에 기간의 정함이 없지만 주식회사와 유한회사에 있어서는 일정한 기간 내에 그 등기를 하도록 되어 있다(상법 제317조 1항). 다만 등기기간을 어겨서 등기를 하더라도 그 등기는 유효하고, 이를 해태한 등기신청인이 과태료의 제재를 받게 된다.

1) 모집설립의 경우

가. 변태설립사항이 없거나 있더라도 창립총회에서 이를 변경하지 아니한 경우

창립총회 종결일로부터 2주간 내에 등기를 하여야 한다(상법 제317조 1항).

나. 창립총회에서 변태설립사항을 변경한 경우

① 발기인이 주식인수의 취소를 한 때 : 정관을 변경하여 설립절차를 속행한 후 창립총회 종결일로부터 2주간 내

② 발기인이 주식인수의 취소를 하지 아니한 때 : 변태설립사항변경을 결의한 창립총회일로부터 2주간이 경과한 날로부터 2주간 내

2) 발기설립의 경우

가. 변태설립사항이 없는 경우

이사와 감사 또는 공증인이 회사설립사항을 조사하여 발기인에게 보고한 날로부터 2주간 내에 등기를 신청하여야 한다(상법 제298조, 제317조 1항 전문).

나. 변태설립사항이 있는 경우

① 변태설립사항에 관한 법원의 변경처분이 없는 때 : 법원의 검사종료의 통고를 받은 날로부터 2주간 내

② 변태설립사항에 관한 법원의 변경처분이 있는 때

1. 발기인이 주식의 인수를 취소한 때 : 정관을 변경하여 공증인의 인증을 받은 날로부터 2주간 내

2. 발기인이 주식의 인수를 취소하지 아니한 때 : 법원의 변경통고를 받은 날로부터 2주간이 경과한 날로부터 2주간 내

3) 회사의 설립과 동시에 지점을 설치한 경우

본점소재지에서 설립등기를 한 후 2주간 내에 지점소재지에서도 설립등기사항을 등기하여야 한다(상법 제317조 4항, 제181조 1항). 그러나 본점소재지의 지점등기는 설립등기와 동시에 하여야 한다(상법 제317조 4항, 제181조 1항). 지점소재지에서는 법인등의등기사항에관한특례법 제3조 및 시행규칙에 제3조에서 정한 사항 이외에는 등기할 필요가 없다.

(3) 등기사항

1) 일반적인 경우

설립등기에는 다음 사항을 등기하여야 한다(상법 제317조 2항). 다만, 신청서에 기재하여야 할 '등기할 사항'은 설립되는 회사의 등기용지 양식과 같은 용지에 기재하고 이를 별지로 첨부하여 인용할 수 있다(예규 제749호).

① 목적

② 상호

③ 회사가 발행할 주식총수

④ 액면주식을 발행하는 경우 1주의 금액

⑤ 본점과 지점의 소재지

정관의 경우와 달리 그 소재지번까지 기재하여야 한다.

⑥ 회사가 공고를 하는 방법

※ 이상은 정관의 절대적 기재사항과 같다. 정관의 절대적 기재사항 중 회사의 설립시에 발행하는 주식의 총수와 발기인의 성명·주민등록번호 및 주소는 등기사항이 아니다. 회사가 공고를 하는 방법은 주식회사에서만 등기사항이다.

⑦ 자본금의 액 : 2009년 5월 상법 개정 전에는 주식회사의 자본은 5천만원 이상일 것을 요구하였으나 상법 개정을 통하여 이러한 최저자본금제를 폐지하였다(상법 제329조 1항 삭제).

⑧ 발행주식의 총수와 그 종류와 각종 주식의 내용과 수

⑨ 회사의 존립기간 또는 해산사유를 정한 때에는 그 기간 또는 사유

법정해산사유는 등기할 것이 아니다.

⑩ 개업 전에 이자를 배당할 것으로 정한 때에는 그 규정〈2011년 상법개정으로 삭제〉: 건설이자배당제도가 폐지됨에 따라 동 규정을 삭제하였다.

⑪ 감사위원회를 설치한 때에는 감사위원의 성명과 주민등록번호

⑫ 주주에게 배당할 이익으로 주식을 소각할 것을 정한 때에는 그 규정

⑬ 전환주식을 발행하는 경우에는 주식을 다른 종류의 주식으로 전환할 수 있다는 뜻, 전환의 조건, 전환으로 인하여 발행할 주식의 내용, 전환을 청구할 수 있는 기간

⑭ 사내이사, 사외이사, 그 밖에 상무에 종사하지 아니하는 이사, 감사 및 집행임원의 성명과 주민등록번호

⑮ 회사를 대표할 이사 또는 집행임원의 성명과 주민등록번호 및 주소

⑯ 둘 이상의 대표이사 또는 대표집행임원이 공동으로 회사를 대표할 것을정한 때에는 그 규정

⑰ 이사대표이사, 감사 또는 감사위원회 위원의 취임 연월일(본점이전등기 신청의 경우 : 상업등기규칙 제97조)

⑱ 명의개서대리인을 둔 때에는 그 상호 및 본점소재지

⑲ 주식의 양도에 관하여 이사회의 승인을 얻도록 정한 때에는 그 규정

⑳ 주식매수선택권을 부여하도록 정한 때에는 그 규정

2) 자본시장과 금융투자업에 관한 법률상 투자회사의 경우

자본시장과 금융투자업에 관한 법률은 상법에 따른 주식회사 형태의 집합투자기구인 투자회사에 대하여 그 주식을 무액면 기명식으로 하여야 한다고 규정함으로써 무액면주식제도를 채택하고 있다(동법 제196조 1항).

무액면주식을 발행하는 투자회사는 설립등기시에 목적, 상호, 발행할 주식의 총수, 회사의 소재지, 그 투자회사가 유지하여야 하는 순자산액(자산에서 부채를 뺀 금액을 말한다)의 최저액, 공고방법, 정관으로 투자회사의 존속기간 또는 해산사유를 정한 경우 그 내용, 이사의 성명·주민등록번호(법인인 경우에는 상호·사업자등록번호)를 등기하여야 한다(동법 제194조 10항).

(4) 신청정보의 제공

일반적인 기재사항 외에 다음 사항을 신청정보의 내용으로 등기소에 제공하여야 한다.

1) 등기할 사항이 외국에서 생긴 경우 신청정보의 제공

「상법」제514조의2(같은 법 제516조의8 제2항으로 준용하는 경우를 포함한다) 등에 의하여 외국에서 생긴 사항의 등기를 신청하는 때에는 신청서에 그 통지가 도달한 연월일을 기재하여야 한다(상업등기규칙 제51조 3항).

2) 다른 등기소의 관할 구역으로 본점 또는 주된 영업소를 이전한 경우의 신청정보의 제공

다른 등기소의 관할 구역으로 본점 또는 주된 영업소를 이전한 경우에 신소재지에서 하는 등기의 신청에는 해당 등기기록에 따라 조합원의 가입연월일, 사원의 입사연월일, 업무집행자·임원·청산인의 취임연월일을 신청정보의 내용으로 등기소에 제공하여야 한다(동규칙 제51조 2항).

(5) 첨부서면(상업등기규칙 제129조)

1) 통칙

가. 정관, 법원의 허가서 또는 총주주의 동의서 등

정관의 규정, 법원의 허가, 총주주 또는 어느 주주나 이사의 동의가 없으면 효력이 없거나 취소할 수 있는 사항의 등기를 신청하는 경우에는 정관, 법원의 허가가 있음을 증명하는 정보, 총주주 또는 그 주주나 이사의 동의가 있음을 증명하는 정보를 제공하여야 한다(제1항).

나. 주주총회 · 이사회 · 청산인회의 의사록

주주총회, 종류주주총회, 이사회 또는 청산인회의 결의를 필요로 하는 등기를 신청하는 경우에는 그 의사록을 제공하여야 한다(제2항).

【쟁점질의와 유권해석】

〈신탁회사 설립등기시에 금융감독위원회의 인가서를 첨부하여야 하는 여부〉

신탁업법 제3조의 규정에 의하면 신탁업을 영위하려면 일정규모 이상의 자본금을 갖추고 금융감독위원회의 인가를 받아야 한다고 되어 있는데, 이는 영업에 관한 인가로서 영업수행을 위한 요건이며 회사가 법인격을 취득하기 위하여 필요한 요건이 아니므로 회사설립등기시에 위 인가서를 첨부하거나 자본금 요건을 충족할 필요는 없다.

2) 모집설립의 경우(상업등기규칙 제129조)

가. 정관

회사의 본점소재지를 관할하는 지방검찰청 소속 공증인의 인증을 받은 원시정관 또는 공증인이 인증한 등본을 첨부한다.

설립 중에 창립총회에서 원시정관을 변경한 경우에도 공증인의 인증을 받은 원시정관을 첨부하면 되고, 변경된 정관에 다시 공증인의 인증을 받을 필요는 없다.

나. 주식의 인수를 증명하는 정보

발기인은 서면에 의하여 1주 이상의 주식을 인수하여야 하므로(상 제293조), 주식의 인수를 증명하는 서면을 첨부하게 되는바, 발기인이 기명날인(서명)한 주식인수증이 여기에 해당하는 서면이다. 발기인이 인수한 주식수가 기재된 정관도 이에 해당하는 서면으로 볼 수 있다.

다. 주식의 청약을 증명하는 정보

주식청약서는 모집설립의 경우에만 첨부한다. 모집설립에 있어서는 발기인의 주식인수 이외에 주주를 모집하게 되는데, 이 때 주식인수의 청약은 발기인이 법정사항을 기재하여 작성한 주식청약서 2통에 주식인수의 청약을 하고자 하는 자가 인수할 주식의 종류 및 수와 주소를 기재하고 기명날인 또는 서명하여야 한다(상법 제302조). 설립등기신청서에는 주식인수청약인의 주식청약서 1통을 첨부한다.

라. 발기인이 상법 291조에 규정된 사항을 정한 때에는 이를 증명하는 정보

회사설립시에 발행하는 주식의 종류와 수, 액면 이상의 주식을 발행하는 때에 그 수와 금액을 발기인 전원의 동의로 정한 경우에 이를 증명하는 서면으로서, 발기인 전원이 기명날인 또는 서명한 주식발행사항동의서가 이에 해당된다.

마. 이사와 감사 또는 감사위원회 및 공증인의 조사보고에 관한 정보

① 이사와 감사 또는 감사위원회 위원이 회사의 설립에 관한 모든 사항(회사 설립시에 발행하는 주식의 총수에 대한 인수의 정확여부, 인수주식의 납입에 관한 정확여부 등)을 조사하여 창립총회에 보고한 조사보고서와 그 부속서류를 첨부한다.

② 이사와 감사 전원이 발기인, 현물출자자, 회사성립 후 양수할 재산의 계약당사자이었던 관계로 공증인이 위 사항을 조사하였을 때에는 공증인이 조사보고서

와 그 부속서류를 첨부한다.

바. 변태설립사항에 대한 검사인이나 공증인의 조사보고 또는 감정인의 감정에 관한 정보

① 변태설립사항이 있는 경우에는 검사인이 변태설립사항(현물출자 등)에 관하여 조사하여 창립총회에 보고한 조사보고서와 그 부속서류

【쟁점질의와 유권해석】

〈변태설립사항이 있는 경우 그 등기신청서에 반드시 법원이 선임한 검사인의 보고서와 그 부속서류를 첨부하여야 하는지 여부〉

주식회사의 모집설립으로 인한 설립등기를 신청함에 있어 변태설립사항이 있는 경우 그 등기신청서에 반드시 법원이 선임한 검사인의 조사보고서와 그 부속서류를 첨부하여야 하는 것은 아니며, 이에 갈음하여 공증인의 조사보고서와 그 부속서류 또는 감정인의 감정서와 그 부속서류를 첨부할 수 있다.

② 변태설립사항에 관한 조사를 예외적으로 공증인이나 공인된 감정인이 하였을 때에는 공증인의 조사보고서와 그 부속서류 또는 감정인의 감정서와 그 부속서류

③ 위 ①항 검사인의 조사보고서와 ②항 공증인의 조사보고서 또는 감정인의 감정서는 선택적으로 첨부하면 된다(선례V 830). 검사인·공증인의 조사보고서 또는 감정인의 감정서는 법원에 보고한 후 법원으로부터 송달받은 부본을 첨부한다(예규 제979호).

④ 외국투자가가 현물출자하는 경우에는 검사인의 조사보고서 대신 관세청장이 현물출자의 이행과 그 목적물의 종류·수량·가격 등을 확인한 현물출자완료확인서를 첨부하면 된다(외국인투자촉진법 제30조 3항).

【쟁점질의와 유권해석】

〈외국투자가가 현물출자하여 주식회사를 설립하는 경우 설립등기신청서에 검사인의 조사보고서를 첨부하여야 하는지 여부〉

외국투자가가 현물출자하여 주식회사를 설립하는 경우, 외국인투자촉진법 제30조 3항의 규정에 의하여 관세청장이 현물출자의 이행과 그 목적물의 종류, 수량, 가격 등을 확인한 현물출자완료확인서가 상업등기법 제80조 5호의 규정에 의한 검사인의 조사보고서로 간주되는 것이므로, 설립등기신청서에 관세청장 발행의 현물출자완료확인서 외에 별도로 검사인의 조사보고서를 첨부할 필요는 없으며, 관세청장이 발행한 현물출자확인서의 내용을 법원에 보고할 필요도 없다(1999. 3. 10. 등기 3402-242 질의회답).

사. 창립총회의사록

창립총회의사록은 모집설립의 경우에만 첨부한다.

① 창립총회는 주식인수인으로 구성되는 설립 중의 회사의 의결기관(최고의 의사결정기관)이다. 모집설립의 경우 주식인수인이 설립에 관한 보고를 받고 설립의 최종적인 마무리를 위하여 창립총회를 개최하게 되는 것이다.

② 창립총회는 인수된 주금액의 납입과 현물출자의 이행이 완료된 때에 발기인에 의하여 소집되고 소집절차, 의결권, 의사록의 작성 등에 대하여는 주주총회에 관한 규정을 준용한다(상법 제308조).

③ 창립총회의 결의는 출석한 주식인수인 의결권의 3분의 2 이상이며 인수된 주식총수의 과반수에 해당하는 다수로 한다(상법 제309조).

④ 창립총회는 창립에 관한 보고청취(상법 제311조), 이사와 감사의 선임(상법 제312조), 설립경과의 조사(상법 제313조), 변태설립사항의 변경(상법 제314조), 정관변경 또는 설립폐지의 결의(상법 제316조) 등의 권한이 있다.

⑤ 창립총회의 의사에는 의사록을 작성하여야 하고, 의사록에는 의사의 경과요령과 그 결과를 기재하고 의장과 출석한 이사가 기명날인 또는 서명하여야 한다(상법 제308조 2항, 제373조 1항). 창립총회의사록은 공증인의 인증을 받아야 한다.

⑥ 창립총회를 소집함에는 회일을 정하여 2주간 전에 각 주식인수인에게 통지를 발송하여야 하는데(상법 제308조의 2항, 제363조의 1항), 창립총회의 소집기간을 단축한 경우에는 주식인수인 전원이 이에 동의하였음을 증명하는 서면(창립총회기간단축동의서)을 첨부하여야 한다(상업등기법 제79조 1항 : 2007. 8.

3. 제정). 다만, 주식인수인 전원이 창립총회에 출석하였을 때에는 이 서면을 첨부하지 않아도 된다.

아. 이사회의사록

① 이사회의 의사에 관하여는 의사록을 작성하여야 하고, 의사록에는 의사의 경과요령과 그 결과를 기재하고 출석한 이사 및 감사가 기명날인 또는 서명하여야 한다(상법 제391조 3항). 주식회사의 이사회는 이사만으로 구성되고 감사는 그 구성원이라고 할 수 없으므로, 감사 2인이 있는 주식회사의 이사회에 감사가 불출석한 경우에도 출석한 이사들만으로 이사회를 개최하고 이사회의사록을 작성할 수 있다(선례Ⅴ 823).

② 이사회의 결의는 이사 과반수의 출석과 출석 이사의 과반수로 하여야 한다. 단, 정관으로 그 비율을 높게 정할 수 있다(상법 제391조 1항).

③ 이사회의사록은 공증인의 인증을 받아야 한다(공증인법 제66조의2).

④ 등기할 사항에 관하여 이사회의 결의를 필요로 하는 경우에는 신청서에 이사회의사록을 첨부하여야 한다(비송사건절차법 제202조 2항). 즉, 이사회에서 대표이사를 선임한 경우(상법 제389조 1항), 정관상의 본점소재지표시가 최소독립행정구역(특별시, 광역시, 시·군)으로 기재된 때에 이사회에서 구체적인 본점소재장소를 정한 경우, 회사의 설립과 동시에 지점을 설치하기로 이사회에서 결정한 경우(상법 제393조 1항), 정관에 명의개서대리인을 둘 것을 정하고 이를 특정하지 아니하여 이사회에서 이를 정한 경우(상법 제337조 2항)

자. 이사, 대표이사, 집행임원, 대표집행임원, 감사 또는 감사위원회 위원의 취임승낙을 증명하는 정보

① 이사와 감사는 선임기관의 선임결의만으로 피선임자가 그 지위를 취득하는 것은 아니고 선임결의에 따른 회사대표자의 청약과 이에 대한 피선임자의 승낙이 있어야 임용계약이 체결되어 비로소 그 지위를 취득하게 된다. 이사, 감사, 대표이사와 회사가 위임관계에 있기 때문이다. 이에 따라 상업등기규칙은 설립등기시의 첨부서면으로 그 취임승낙을 증명하는 서면을 요구하고 있는 것이다. 취임승낙을 증명하는 서면으로는 취임승낙을 하는 자가 그 뜻을 기재하고 기명날인한 서면뿐만 아니라 선임 즉시 취임승낙의 뜻이 기재된 창립총회, 이사회 등의 의사록도 이에 해당된다.

② 대표이사의 취임승낙을 증명하는 서면에는 인감증명법에 의한 인감을 날인하고, 인감증명법에 의하여 작성된 인감증명(발행일로부터 3월 이내의 것에 한함, 예규 제1091호 제7조)을 첨부하여야 한다.

③ 대표이사가 아닌 이사감사의 취임승낙을 증명하는 서면에도 인감증명법에 의한 인감을 찍고 그 인감증명을 첨부하여야 한다. 다만, 이 때에는 등기신청서에 첨부된 공증받은 의사록에 취임승낙의 뜻이 기재되고 그 의사록에 기명날인한 이사의 경우에는 인감증명의 첨부를 생략할 수 있다(예규 제752호).

④ 사내이사, 사외이사, 그 밖의 상무(常務)에 종사하지 아니하는 이사, 감사의 취임승낙 등을 증명하는 서면에 날인할 자가 우리나라에 거주하는 외국인인 경우에는 인감증명을 첨부하는 대신 그 서면상의 서명이 본인의 것임을 확인하는 우리나라 공증인의 증명서를 첨부하여도 무방하다(선례Ⅲ 953).

차. 명의개서대리인을 둔 때에는 명의개서대리인과의 계약을 증명하는 정보

회사가 명의개서대리인을 둔 때에는 그 상호 및 본점소재지를 등기하여야 한다. 명의개서대리인은 명의개서를 대행하는 자로서 회사의 이행보조자 내지 수임인의 지위를 가지므로 회사와 명의대리인간에 위임계약을 체결하여야 할 것이므로 그 계약을 증명하는 서면을 첨부하도록 하고 있다.

카. 주금의 납입을 맡은 은행, 그 밖의 금융기관의 납입보관을 증명하는 정보

발기인 또는 이사의 청구에 의하여 납입금을 보관한 은행 기타 금융기관이 교부한 납입금보관금액에 관한 증명서를 가리킨다(상법 제302조 2항 4호, 제318조). 이 조문의 입법취지는 납입가장행위를 방지하려는 데 있다.

【쟁점질의와 유권해석】

〈주금의 납입을 맡은 은행 기타의 금융기관에 해당하는지 여부가 문제되는 경우〉

상업등기법 제80조 11호의 입법취지가 납입가장행위의 방지라는 점에 비추어 볼 때 납입금의 수납 및 보관사무를 처리할 수 있는 업무능력과 공적 신용을 갖춘 금융기관이 이에 해당된다. 주금 납입 은행 기타의 금융기관에 해당하는 기관은 다음과 같다.

ㄱ) 상호저축은행법에 의한 상호저축은행

ㄴ) 농업협동조합법에 의한 지역농업협동조합·품목별협동조합

ㄷ) 수산업협동조합법에 의하여 설립된 지구별수산업협동조합과 1995. 6. 22. 이전에 설립된 업종별수산업협동조합 및 수산물가공수산업협동조합

ㄹ) 새마을금고법에 의한 새마을금고

ㅁ) 신용협동조합법에 의한 신용협동조합 등

그러나 자본시장 및 금융투자업에 관한 법률에 의한 집합투자업자(2009.2.4. 폐지되기 전의 구 간접투자자산운용업법에 의한 자산운용회사)는 주금의 납입을 맡은 은행 기타의 금융기관으로 볼 수 없다.

신용협동조합이 상법상 주금납입을 맡을 '은행 기타 금융기관'에 해당하는지 여부

선례요지

「신용협동조합법」에 의하여 설립된 신용협동조합은 「신용협동조합법」에 의하여 그 사무의 범위에 신용사업을 취급할 수 있고(신용협동조합법 제78조 제1항 제5호), 국고금 수납업무를 취급할 수 있는 금융기관으로서(국고금관리법시행규칙 제92조 제1항 제2호 다목) 조합원과 예금자 등을 보호하기 위한 제도가 마련되어 있을 뿐만 아니라(신용협동조합법 제80조의2 내지 제80조의5) 금융위원회 및 금융감독원의 감독을 받으므로(신용협동조합법 제83조) 주금납입사무를 취급할 수 있는 업무능력과 공적 신용력을 갖춘 금융기관에 해당된다고 볼 수 있다. (2008. 9. 3. 공탁상업등기과-867 질의회답)

참조조문 : 상법 제295조, 제302조, 은행법 제2조, 국고금관리법시행규칙 제92조, 신용협동조합법 제78조, 제80조의2, 제83조

등기선례 : 상업등기선례 1-86, 상업등기선례 1-97, 등기선례 200508-4

종합금융회사가 상법상 주금납입을 맡을 '은행 기타 금융기관'인지 여부

선례요지

상법 제295조 제1항, 제302조 제2항 제9호에서 주금납입장소를 은행 기타 금융기관으로 규정하고 있는 취지는 주금납입과 관련하여 납입가장행위 등을 방지함으로써 회사의 자본충실을 기하기 위함이다. 따라서 상법상 주금납입업무를 담당할 수 있는 금융기관인지 여부는 위 취지에 따라 주금납입에 관한 업무능력, 공적 신용력이 확보될 수 있는 규모 및 신용도, 예수금에 대한 보장제도 등을 검토하여 판단하여야 할 것인바, 종합금융회사에 관한 법률에 의하여 설립된 종합금융회사는 위 주금납입을 맡을 '은행 기타 금융기관'에 해당하지 않는다. (2009. 1. 21. 사법등기심의관-169 질의회답)

참조조문 : 상법 제295조, 은행법 제2조, 제7조, 새마을금고법 제28조, 농업협동조합법 제57조, 신용협동조합법 제39조, 예금자보호법 제2조, 국고금관리법시행규칙 제92조, 종합금융회사에관한법률 제7조, 제27조

참조선례 : 상업등기선례 1-81, 상업등기선례 1-86, 상업등기선례 1-97, 등기선례 200508-4, 상업등기선례 200802-1

새마을금고가 상법상 주금납입을 맡을 '은행 기타 금융기관'에 해당하는지 여부

선례요지

1. 상법 제295조 제1항, 제302조 제2항 제9호에서 주금납입장소를 은행 기타 금융기관으로 규정하고 있는 취지는 주금납입과 관련하여 납입가장행위 등을 방지함으로써 회사의 자본충실을 기하기 위함이다. 금융기관의 개념은 규정 법률마다 그 범위가 상이하므로 일률적으로 정의할 수는 없고, 따라서 상법상 주금납입업무를 담당할 수 있는 금융기관인지 여부는 위 취지에 따라 주금납입에 관한 업무능력, 공적 신용력이 확보될 수 있는 규모 및 신용도, 예수금에 대한 보장제도 등을 검토하여 판단하여야 할 것이다.

2. 새마을금고법에 의하여 설립된 새마을금고는 새마을금고법에 의하여 그 사무의 범위에 신용사업을 취급할 수 있고(새마을금고법 제28조 제1항 제1호), 국고금 수납업무를 취급할 수 있는 금융기관으로서(국고금관리법시행규칙 제92조 제1항 제2호 라목) 조합원과 예금자 등을 보호하기 위한 제도가 마련되어 있을 뿐만 아니라(새마을금고법 제71조 내지 제73조) 행정안전부장관의 감독 및 간접적으로 금융위원회의 감독을 받으므로(새마을금고법 제74조) 주금납입사무를 취급할 수 있는 업무능력과 공적 신용력을 갖춘 금융기관에 해당된다고 볼 수 있을 것이다. (2008. 5. 2. 공탁상업등기과-500 질의회답)

참조조문 : 상법 제295조 제1항, 제302조 제2항 제9호, 새마을금고법 제28조 제1항 제1호, 제71조 내지 제74조

참조선례 : 1997. 11. 27. 등기 3402-932 질의회답, 2003. 5. 20. 공탁법인 3402-118 질의회답, 2005. 8. 22. 공탁법인과-401 질의회답

> 수산업협동조합법에 의하여 설립된 지구별수산업협동조합과 1995년 6월 22일 이전에 설립된 업종
> 별수산업협동조합 및 수산물가공수산업협동조합이 비송사건절차법 제203조 제11호 및 제205조 제
> 5호에서 정하고 있는 주금의 납입금 보관에 관한 증명서를 발급할 권한이 있는지 여부

선례요지

1. 비송사건절차법 제203호 제11호 및 제205조 제5호에서 주금의 납입금 보관에 관한 증명서의 발급자로 은행 기타 금융기관으로 규정하고 있는 취지는 주금납입과 관련하여 납입가장행위 등을 방지하기 위함이고, 금융기관의 개념은 규정법률마다 그 범위가 상이하여 일률적으로 정의할 수는 없으므로 상법상 주금납입사무를 담당할 수 있는 금융기관인지는 위 취지에 따라 주금납입에 관한 업무능력, 공적신용력이 확보될 수 있는 규모 및 신용도, 예수금에 대한 보장제도 등을 검토하여 판단하여야 할 것이다.

2. 수산업협동조합법에 의하여 설립된 지구별수산업협동조합과 1995년 6월 22일 이전에 설립된 업종별수산업협동조합 및 수산물가공수산업협동조합은 수산업협동조합법에 의하여 신용사업을 취급할 수 있고, 조합은 국고금 수납업무를 취급할 수 있는 금융기관으로서 예금자 등을 보호하기 위한 제도가 마련되어 있을 뿐만 아니라 해양수산부장관 및 금융감독위원회의 감독을 받으므로 주금납입사무를 취급할 수 있는 업무능력과 공적신용력을 갖춘 금융기관에 해당한다 할 것이다. (2005. 8. 22. 공탁법인과-401 질의회답)

참조조문 : 상법 제295조 제1항, 제302조 제2항 제9호, 제305조 제2항, 제420조 제2호

참조선례 : 상업등기선례요지집 제86항, 제97항

타. 이사, 감사의 주민등록번호 또는 생년월일을 증명하는 서면

이사와 감사의 주민등록번호를 증명하는 서면(주민등록번호가 없는 재외국민 또는 외국인의 경우에는 생년월일을 증명하는 서면)에 해당되는 것으로는 주민등록표등·초본, 주민등록증 사본, 자동차운전면허증 사본 등이 있다(3월 이내의 것 - 예규 제1091호 제7조).

파. 위임장, 관청의 허가서, 총주주의 동의서

대리인에 의하여 등기를 신청할 때에는 그 권한을 증명하는 서면(위임장)을 첨부하여야 한다.

하. 기타 첨부정보

첨부정보가 외국어로 작성된 경우에는 그 번역문을 함께 제공하여야 한다. 등기신청서에 첨부된 서류가 외국어로 된 경우에 첨부하는 번역문에는 그 번역의 정확성을 보장하기 위하여 번역인의 성명 및 주소를 기재하고 번역인이 서명 또는 기명날인하면 된다. 그러나 등기신청인의 서명 또는 기명날인은 필요 없으며, 또한 번역인의 자격에는 그 제한이 없다(선례 V-44).

3) 발기설립의 경우

가. 모집설립의 첨부정보 중 발기설립의 경우에도 제공하여야 하는 것

① 정관

② 주식의 인수를 증명하는 정보

③ 발기인이 상법 제291조(설립 당시의 주식발행사항의 결정)에 규정된 사항을 정한 때에는 이를 증명하는 정보

④ 주금의 납입을 맡은 은행, 그 밖의 금융기관의 납입금보관을 증명하는 정보(다만, 2009년 5월 상업등기법 제80조 11호[37])의 개정으로 인하여 단서조항이 신설되었다. 즉, 자본금 총액이 10억원 미만인 회사를 상법 제295조 제1항에 따라 발기설립하는 경우에는 은행이나 그 밖의 금융기관의 잔고증명서로 대체할 수 있다. 개정 전 규정에 의하면 소규모 주식회사를 설립하는 경우에도 금융기관이 발행한 주금납입금 보관증명서를 제출하여야 하는데 그 발급절차가 번거로워 신속한 창업을 지장을 준다는 문제점이 있었다. 이러한 문제점을 해결하기 위하여 자본금 총액이 10억원 미만인 주식회사를 발기설립하는 경우에는 주금납입금 보관증명서를 금융기관의 잔고증명서로 대체할 수 있도록 하는 내용으로 상법 제318조 제3항이 신설됨에 따라 주식회사의 설립등기를 신청할 때 첨부해야 할 서류를 정한 상업등기법의 해당 규정도 상법 개정에 맞추어 규정한 것이다. 이러한 개정으로 인하여 소규모 주식회사의 설립등기 절차가 간소화될 것으로 기대된다.

⑤ 이사회의사록

⑥ 이사·대표이사, 집행임원, 대표집행임원, 감사 또는 감사위원회 위원의 취임승낙을 증명하는 정보

⑦ 이사와 감사 등의 조사보고서에 관한 정보

⑧ 명의개서대리인을 둔 때에는 명의개서대리인과의 계약을 증명하는 정보

⑨ 이사·감사의 주민등록번호 또는 생년월일을 증명하는 정보

⑩ 위임장, 관청의 허가서, 총주주의 동의서

⑪ 기타 첨부서면

나. 발기설립의 경우에만 첨부하는 서면

① 검사인 또는 공증인의 조사보고나 감정인의 감정결과에 관한 재판이 있은 때에는 그 재판이 있었음을 증명하는 정보(상업등기규칙 제129조 7호)

주식회사의 설립 또는 변경등기신청서에 첨부되는 검사인·공증인의 조사보고서 또는 감정인의 감정서는 법원으로부터 송달받은 부본이어야 한다.

---

37) 2014년 5월 20일 상업등기법의 전부개정과 동년 10월 2일 상업등기규칙의 전부개정으로 해당 내용은 상업등기규칙 제129조 12호에서 규정하고 있다.

발기설립의 경우 법원은 검사인의 조사보고서와 발기인의 설명서를 심사하여 정관상의 변태설립사항을 부당하다고 인정한 때에는 이를 변경하여 각 발기인에게 통고할 수 있는데(상법 제300조 1항), 이 경우에는 법원의 재판서등본을 첨부하여야 한다.

② 발기인이 이사와 감사 또는 감사위원회 위원을 선임한 때에는 그에 관한 서면(발기인의사록 등)

발기설립의 경우 상법 제296조에 의하여 발기인이 그 의결권의 과반수로써 이사와 감사를 선임한 경우의 이를 증명하는 서면을 말한다.

감사위원회를 두는 상법상 회사는 이사회결의로 이사 중에서 감사위원회 위원을 선임하나(상법 제393조의2, 제415조의2), 상장회사의 경우 상법 제393조의2에도 불구하고 감사위원회 위원을 선임하거나 해임하는 권한은 주주총회에 있다(상법 제542조의12 1항).

4) 무액면주식을 발행하는 투자회사의 설립등기시 첨부서면(자본시장과 금융투자업에 관한 법률 제194조 10항, 동법시행령 제228조)

① 정 관

② 주식의 인수를 증명하는 서면

③ 이사의 조사보고서

④ 이사의 취임승낙을 증명하는 서면

⑤ 명의개서사무의 위탁을 증명하는 서면

⑥ 주식대금의 납입을 맡은 은행, 그 밖에 주식대금의 납입·보관에 관한 증명서

(6) 인감신고

등기신청서에 기명날인할 사람은 미리 그 인감을 등기소에 제출하여야 하므로(상업등기법 제25조 1항), 대표이사는 인감신고서에 인감증명법에 따라 신고한 인감을 날인하고 그 인감증명서(발행일로부터 3개월 이내의 것에 한함)를 첨부하거나 등기소에 제출한 유효한 종전 인감을 날인하여야 한다(상업등기규칙 제35조 2항).

(7) 등록면허세 등

1) 등록면허세

가. 등록면허세 등의 세율

자본금의 4/1000에 해당하는 등록면허세와 등록면허세의 20/100에 해당하는 지방교육세를 납부한 후, 등록면허세 영수필통지서 1통과 영수필확인서 1통을 첨부한다(지방세법 제28조 1항 6호, 제151조 1항 2호 동법 시행령 제49조 1항).

나. 당해 세율의 3배의 등록면허세를 납부해야 하는 경우

대통령령으로 정하는 대도시 내에서의 설립등기시에는 당해 세율의 3배의 등록면허세를 납부하여야 한다(지방세법 제28조 2항, 제151조 1항).

여기서 대도시라 함은 수도권정비계획법 제6조에 의한 과밀억제구역을 말한다(동법 제28조 2항). 수도권정비계획법에 의한 과밀억제권역이라 함은 인구 및 산업이 과도하게 집중되었거나 집중될 우려가 있어 그 이전 또는 정비가 필요한 지역으로 다음 지역이 이에 해당된다(수도권정비계획법 제6조 1항 1호). 서울특별시, 인천광역시(강화군, 옹진군, 서구 대곡동·불로동·마전동·금곡동·오류동·왕길동·당하동·원당동, 인천경제자유구역 및 남동 국가산업단지는 제외한다), 의정부시, 구리시, 남양주시(호평동, 평내동, 금곡동, 일패동, 이패동, 삼패동, 가운동, 수석동, 지금동 및 도농동만 해당한다), 하남시, 고양시, 수원시, 성남시, 안양시, 부천시, 광명시, 과천시, 의왕시, 군포시, 시흥시[반월특수지역(반월특수지역에서 해제된 지역을 포함한다)은 제외한다] 등이다(동법시행령 제9조 관련 별표1).

다. 중과세 대상에서 제외되는 경우

그러나 사회간접자본 시설에 대한 민간투자법 제2조 2호에 의한 사회간접자본시설사업, 전기통신사업법 제4조의 규정에 의한 전기통신사업, 소프트웨어산업진흥법에 의한 소프트웨어산업 등을 중과세 대상에서 제외된다(지방세법 시행령 제44조, 제26조 1항).

라. 등록면허세가 부과되지 않는 경우

채무자회생및파산에관한법률 제23조(법인에 관한 등기의 촉탁), 제24조(등기된 권리에 관한 등기 등의 촉탁)의 규정에 의한 등기의 촉탁사건은 등록면허세를 부과하지 아니한다(동법 제25조 4항).

2) 농어촌특별세

농어촌특별세는 지방세법, 관세법, 조세특례제한법에 의하여 등록세가 감면 또는

면제되는 경우에 그 감면액에 대하여 100분의 20에 해당하는 금액을 납부하여야
한다(농어촌특별세법 제2조, 제3조). 회생사건은 회생법에서 등록면허세면제 규정이
있으므로, 등록면허세가 면제되어도 농어촌특별세도 납부하지 아니한다.

3) 등기신청수수료

가. 금 액

   등기신청수수료로 서면방문신청의 경우에는 30,000원을 납부한 등기수입증지를
첩부한다(등기사항증명서 등 수수료 규칙 제5조의3 1항). 전자신청하는 경우의 신
청수수료는 매 건마다 20,000원으로, 전자표준양식에 의하여 신청하는 경우의 신
청수수료는 매 건마다 25,000원으로 한다(동 규칙 제5조의5 3항).

나. 납부방법

   등기신청수수료의 납부는 그 수수료 상당액을 전자적 방법으로 납부하거나, 법
원행정처장이 지정하는 금융기관에 현금으로 납부한 후 이를 증명하는 서면을 등
기신청서에 첨부하여 제출하는 방법으로 하고, 등기관은 납부액의 상당 여부를
조사하여야 한다. 다만, 해당 신청사건을 관할하는 지방법원, 그 지원 또는 등기
소에 신청수수료 납부기능이 있는 무인발급기가 설치된 경우에는 이를 이용하는
방법으로 수수료를 납부할 수 있다.(등기사항증명서 등 수수료 규칙 제6조 3항).

   전자신청을 하는 경우의 수수료는 신용카드, 금융기관 계좌이체 또는 전자화폐
등의 결제방법으로 납부하여야 한다(동 규칙 제6조 5항).

   전자표준양식에 의한 등기신청을 하는 경우의 수수료는 그 수수료 상당액을 전
자적 방법으로 납부하거나, 법원행정처장이 지정하는 금융기관에 현금으로 납부
한 후 이를 증명하는 서면을 등기신청서에 첨부하여 제출하는 방법으로 하고, 등
기관은 납부액의 상당 여부를 조사하여야 한다. 다만, 해당 신청사건을 관할하는
지방법원, 그 지원 또는 등기소에 신청수수료 납부기능이 있는 무인발급기가 설
치된 경우에는 이를 이용하는 방법으로 수수료를 납부할 수 있다.(동 규칙 제6조
6항, 3항).

상업등기신청수수료액

(「등기사항증명서 등 수수료규칙」제5조의3에 의한 등기신청의 경우)

등기의 목적		수수료	비고
1. 회사 또는 합자조합의 등기	가. 회사 설립등기	30,000원	
	나. 본점을 다른 등기소 관할구역 내로 이전하는경우의소재지에서 하는 본점이전등기	30,000원	이에 부수하여 다른 등기를 신청하는 경우에는 그 등기신청에 따른 수수료는 별도로 납부하여야 함.
	다. 신설합병에 있어 신설회사에 대한 설립등기	30,000원	소멸회사에 관한 해산등기의 신청수수료 4,000원은 별도로 납부하여야 함.
	라. 조직변경에 있어서의 설립등기	30,000원	조직변경으로 인한 해산등기의 신청수수료 4,000원은 별도로 납부하여야 함.
	마. 상호, 본점, 목적, 공고방법, 존립기간, 1주의금액, 발행할 주식의 총수 등의 변경등기	6,000원	각 등기의 목적마다 신청수수료를 납부하여야 함.
	바. 경정 및 주소, 성명 등의 변경등기	6,000원	위와 같음. 다만, 등기관의 과오로 인한 착오 또는 유루발견 및 행정구역·지번변경, 주민등록번호정정 등을 원인으로 하는 경우에는 신청수수료 없음.
	사. 지점설치 및 이전등기, 동일 등기소 관할구역 내의 본점이전등기, 전환사채의 등기, 해산의 등기 청산인에 관한 등기 등 위에서 열거한 등기 이외의 기타 등기	6,000원	위와 같음. 멸실회복등기의 경우에는 신청수수료 없음.
2. 상호등기·상호가등기 및 그 등기의 변경, 말소등기 등 일체의 등기		6,000원	위와 같음.
3. 무능력자와 법정대리인등기 및 그 등기의 변경, 말소등기 등 일체의 등기			
4. 지배인등기 및 그 등기의 변경, 말소 등 일체의 등기			

※ 수수료금액은 상업등기(민법법인·특수법인 포함)의 서면방문신청의 경우에 적용하고, 전자표준양식에 의한 신청의 경우에는 위 수수료금액 중 30,000원은 25,000원이고, 6,000원은 4,000원이며, 전자신청에 의한 경우에는 30,000원은 20,000원이고, 6,000원은 2,000원이다(등기사항증명서 등 수수료규칙 제5조의3, 제5조의5).

【서식】창립총회기간단축동의서

동 의 서

　○○주식회사의 창립총회를 개최함에 있어 상법 제363조 소정의 소집기간을 단축하여 2000년 ○월 ○일 창립사무소에서 개최함에 대하여 이의 없이 동의함.

2000년 ○월 ○일

주 주 ○ ○ ○ ㊞
　　○○시 ○○구 ○○길 ○○
주 주 ○ ○ ○ ㊞
　　○○시 ○○구 ○○길 ○○
주 주 ○ ○ ○ ㊞
　　○○시 ○○구 ○○길 ○○
(이하 주주전원)

【서식】창립총회의사록

창립총회의사록

20○○년 ○월 ○일 ○○시 ○○구 ○○길 ○○ 창립사무소에서 창립총회를 개최한다.

주주총수 ○○명, 주식총수 ○○주
출석주주수 ○○명, 이의 인수주식수 ○○주

발기인 대표 ○○○는 위와 같이 상법 제309조 소정의 법정수에 다하는 주주가 출석하였으므로 본 총회가 적법히 성립되었음을 알리고 회의진행상 의장을 선임할 것을 구한 바, 주주 전원은 일치된 의견으로 발기인 대표를 의장으로 선임한 즉, 동인은 즉석에서 그 취임을 승낙하고 개회를 선언한 후 다음 의안을 부의하고 심의를 구하다.

제1호 의안 창립사항 보고의 건

발기인 대표 ○○○는 발기인을 대표하여 별첨 창립사항보고서와 같이 창립에 관한 경과를 상세히 설명하고 보고한 바 전원 이의없이 이를 승인하다.

제2호 의안 정관승인의 건

의장은 별지 정관안을 낭독하고 축조설명을 가한 후 그 승인 여부를 물은 바 전원 이의없이 원안대로 승인가결하다.

[유례] 의장은 별지 정관안을 낭독하고 축조설명을 가한 후 그 승인여부를 물은 바, 주주 ○○○로부터 정관 제○조의 내용을 어떠한 내용으로 변경하고 제○조 다음에 제○조로서 어떠한 내용의 규정을 삽입한 후 제○조 이하의 조문표시를 1조씩 다음 조문으로 바꾸어 표시하고, 나머지는 원안대로 하자는 취지의 발언이 있으므로 이에 대한 찬부를 물은 바, 다른 주주 전원이 이에 찬성하므로 이를 가결확정하다.

제3호 의안 이사, 감사선임의 건

의장은 이사, 감사를 선임하겠다고 말하고 그 선임방법에 대하여 의견을 구한 바, 무기명 비밀투표로 선출하자는 의견이 일치되어 즉시 투표를 실시한 결과 다음과 같이 이사와 감사가 선출되다.

(단, 감사의 선임에는 상법 제409조 2항의 규정에 따라 발행주식 총수의 100분의 3을 초과하는 수의 주식을 가진 주주는 그 초과하는 주식에 관하여는 의결권을 행사하지 아니하였다)

이 사 ○ ○ ○(-   )

이 사 ○ ○ ○(-   )

이 사 ○ ○ ○(-   )

감 사 ○ ○ ○(-   )

위 피선자는 즉석에서 각자 그 직의 취임을 승낙하다.

제4호 의안 본점 설치장소 결정의 건

의장은 본 회사의 정관에는 본점의 구체적 소재장소를 지정하지 않았으므로 회사의 본점을 다음 장소에 설치함이 적당하다는 취지를 설명하고 그 가부를 물은 바, 주주전원 이의없이 찬성하여 이를 승인가결하다.

본점 ○○시 ○○구 ○○길 ○○

(주) 정관에 본점소재지가 소재지번까지 정해진 경우에는 이에 관한 결의를 할 필요없다. 또한 이는 이사회의 결의로 정할 수 있다.

제5호 의안 상법 제313조의 소정사항 조사보고의 건

의장은 이사 및 감사로 하여금 상법 제313조 소정의 회사설립에 관한 제반사항을 조사보고케 하여야 할 것이나 발기인이었던 이사, 감사는(또는 회사설립 후 양수할 재산의 계약당사자, 현물출자자는) 동조 2항에 의하여 이 조사보고에 참여할 수 없으므로 발기인이 아닌 이사 ○○○와 감사 ○○○로 하여금 이 조사보고자로 함이 좋겠다고 설명하자 전원 이의없이 이를 승인하고 동인도 이를 수락하였다.

이사와 감사는 즉시 조사에 착수하여 별첨 조사보고서와 같이 보고한 즉시 전원 이의없이 이를 승인한다.

[유례1] 이사, 감사 전원이 발기인인 경우 공증인의 선임의장은 상법 제313조 소정사항을 이사와 감사가 조사보고하여야 할 것이나 이사, 감사가 모두 발기인이었던 관계로 그들이 보고할 수 없으므로, 동법 제298조에 의하여 공증인으로 하여금 이 조사보고를 받기로 하고 그 조사보고자로 다음의 공증인을 선임하였음을 보고하고 이에 대한 동의를 구하자 전원 이의없이 이를 승인하였다.

　　　조사보고자　　○○법무법인소속 공증인　○　○　○

　　　의장은 위 공증인으로 하여금 위 사항을 조사 보고케 하기 위하여 휴회한다고 선언한 다음 잠시 후 속회를 선언한다.

　　　공증인은 별첨 조사보고서와 같이 보고한 즉 전원 이의없이 이를 승인하다.

제6호 의안　상법 제290조 변태설립사항의 조사보고의 건

　〈현물출자의 경우〉

　　　의장은 회사설립과 관련하여 정관에 규정한 바와 같이 현물출자가 있으므로 현물출자재산에 대한 가액평가의 적정여부와 그에 부여한 주식배정의 적정여부 등을 조사하기 위하여 법원에 검사인 선임신청을 하여 법원이 선임한 검사인으로부터 조사보고를 받아야 하나 상법 제299조의2 규정에 의하여 당해 재산을 감정평가한 별첨 공인 감정인의 감정평가보고로서 검사인 조사

　　　보고에 갈음할 수 있으므로 별도의 검사인 선임신청을 하지 않았다고 설명하고 이에 대한 추인여부와 출자재산가액의 적정여부, 이에 배정한 주식의 적정여부, 기타 현물출자에 대한 제반사항에 대하여 변경하거나 이의할 사항이 있는지 여부를 물은 바 전원일치된 의견으로 적정함을 인정하여 원안대로 승인가결하였다.

　〈회사설립 후 양수할 재산이 있는 경우〉

　　　의장은 회사설립 후 회사의 일상업무를 위하여 회사가 양수할 재산을 정관에 정하였으므로 이 재산가액평가의 적정여부 등을 조사하기 위하여 법원

에 검사인 선임신청을 하여 법원이 선임한 검사인으로부터 조사보고를 받아야 하나 상법 제299조의2의 규정에 의하여 당해 재산을 감정평가한 별첨 공인 감정인의 감정평가보고서로서 검사인의 조사보고에 갈음할 수 있으므로 별도의 검사인선임신청을 하지 않았다고 설명하고 이에 대한 추인 여부와 아울러 당해 재산 가액평가의 적정여부, 기타 변경사항이 있는지 여부를 물은 바 전원일치된 의견으로 적정함을 인정하여 원안대로 승인가결하였다.

〈회사가 부담할 설립비용, 발기인이 받을 특별이익이 있는 경우〉

의장은 정관에서 정한 바와 같이 회사설립과 관련하여 회사가 부담할 설립비용과 일부 발기인의 공로를 인정하여 그에게 특별이익을 부여한 바가 있으므로 이에 대한 적정여부를 조사하기 위하여 법원에 검사인 선임신청을 하여 법원이 선임한 검사인으로부터 조사보고를 하게 할 것이나 상법 제299조의2의 규정에 의하여 공증인으로 하여금 이 조사보고를 하게 할 수 있으므로 별첨과 같이 공증인을 선임하여 조사보고케 하였음을 설명하고 이에 대한 적정여부와 기타 변경사항이 있는지를 물은 바 전원일치된 의견으로 적정함을 인정하여 원안대로 승인가결하였다.

의장은 이상으로서 총회목적인 의안 전부의 심의를 종료하였으므로 폐회한다고 선언하다(회의종료시간 ○시 ○분).

위 의사의 경과요령과 결과를 명확히 하기 위하여 이 의사록을 작성하고 의장과 출석한 이사가 기명날인 또는 서명하다.

2000년 ○월 ○일

○○주식회사

의장 ○ ○ ○ 인

이사 ○ ○ ○ 인

이사 ○ ○ ○ 인

【서식】발기인의 창립사항보고서

창립사항보고서

본인 등은 본 회사의 발기인으로서 회사창립에 관한 사항을 다음과 같이 보고함.

1. 본인 등은 회사의 목적을 ○○○○○으로 정하고 회사가 발행할 주식의 총수는 ○○○주, 설립시에 발행하는 주식의 총수 ○○○주, 각종 주식의 종류와 수는 ○○주식 ○○주, ○○주식 ○○주, 총 ○○○주, 1주의 금액은 금○○○원, 자본금은 금○○○원으로 하는 주식회사를 설립하고자 기획하고 ○○○를 발기인 대표로 선임하여 회사설립시까지의 필요한 사항에 관하여 발기인을 대표하기로 하였음.
2. 본인 등은 20○○년 ○월 ○일 정관을 작성하고 20○○년 ○월 ○일 본점소재지 관할 지방검찰청소속 공증인 ○○○으로부터 그 인증을 받았음.
3. 본인 등은 20○○년 ○월 ○일 전원일치로 1주의 발행가액을 금○○○원으로 정하여 설립시에 발행하는 주식총수 ○○주 중 ○○주만을 본인 등 발기인이 인수하고 잔여주식 ○○주는 주식청약서를 작성하여 주주모집에 착수했던 바, 20○○년 ○월 ○일까지 잔여주식 전부에 대한 소정의 주식인수청약이 있어 만주에 달하였음.
4. 위 주식인수인에 대하여 20○○년 ○월 ○일 납입받을 은행인 주식회사 ○○은행 ○○지점에 20○○년 ○월 ○일까지 그 주식금 전액을 납입할 것을 통지했던 바 동년 ○월 ○일 그 납입이 완료되어 그 납입금을 발기인 대표명의로 위 은행에 별단예금으로 보관하였음.
5. 본 회사의 창립과 관련하여 상법 제290조 소정의 변태설립사항이 없으므로 법원에 검사인을 선임신청하거나 기타 공증인의 조사보고 및 공인감정인의 감정이 필요 없었음.

[유례] 상법 제290조 소정사항의 변태설립사항이 있는 경우

1. 정관에 정한 발기인이 받을 특별이익으로서 각 발기인은 그가 가지는 주식 1주에 대하여 연 ○○○원에 달할 때까지 다른 주식에 우선하여 배당 받을 수 있다는 규정은 발기인이 이 회사설립행위에 대한 특별공로를 인정하여 배려한 것이며 그 적정여부를 공증인으로 하여금 조사보고케 하였음.

2. 회사의 설립과 관련하여 회사가 부담할 설립준비절차 등에 소요된 비용과 발기인이 받을 보수액은 별지 계산서와 같으며 그 가액의 적정여부를 공증인으로 하여금 조사보고케 하였음.

3. 현물출자를 한 자는 ○○○이고, 출자목적재산은 ○○시 ○○구 ○○길 ○○ 대지 ○○㎡, 동 지상 ○○건평 ○○㎡로서 회사에 출자이행되었으나 그 가격은 공인감정인의 감정에 의하여 결정하였고 그 감정평가금액을 기준으로 주식을 할당교부하였으므로 이런 사항에 대한 적정여부에 대하여 검사인의 조사보고를 받아야 할 것이나 상법 제299조의2의 규정에 따라 별도의 검사인 선임신청은 하지 아니하고 감정인의 감정평가보고서로 대체 하였음.

4. 회사성립 후에 회사가 양수할 것을 약정한 재산은 ○○○소유의 ○○○○○로써 이는 회사의 일상영업상 필요하여 양수하기로 결정하고 그 가격결정은 공인감정인의 감정에 따라 정하였고 그 적정여부에 대하여 검사인의 조사보고를 받아야 할 것이나 상법 제299조의2의 규정에 따라 별도의 검사인 선임신청은 하지 아니하고 감정인의 감정평가보고서로 대체 하였음.

5. 이상과 같이 인수와 납입 등이 완료되었으므로 본인 등은 조속히 회사를 설립시키고자 하여 주식인수인 전원의 동의를 얻어 2주간의 법정소집기간을 단축하여 오늘 창립총회를 개최하기에 이르렀음.

위와 같이 보고함.

20○○년 ○월 ○일

○○ 주식회사
발기인 ○ ○ ○ 인
발기인 ○ ○ ○ 인
발기인 ○ ○ ○ 인
(이하 발기인 전원 연기명날인)

【서식】발기인총회의사록

발 기 인 총 회 의 사 록

2000년 0월 0일 0시, 00시 00구 00길 00 창립사무소에서 발기인 총회를 개최한다.

발기인총수 00명, 이의 인수주식총수 00주

출석발기인수 00명, 이의 인수주식수 00주

발기인 대표 000는 위와 같이 법정수에 달하는 주주가 출석하여 본 총회가 적법히 성립되었음을 알리고 회의진행상 의장을 선임할 것을 구한 바 주주전원의 일치로 발기인 대표를 의장으로 호선한 즉 동인은 즉석에서 그 취임을 승낙하고 개회를 선언한 후 다음 의안을 부의하고 심의를 구하다.

제1호 의안 정관승인의 건

의장은 정관을 낭독하고 축조설명을 한 후 그 승인여부를 물은바 전원 이의 없이 원안대로 승인가결하였다.

제2호 의안 이사와 감사 선임의 건

의장은 이사와 감사를 선임하여야 한다고 설명하고 그 선임방법을 물은 바, 전원일치된 의견으로 무기명 비밀투표로 선임키로 합의되어 그에 따라 투표한 결과 다음과 같이 선출되다.

이사 ○ ○ ○

이사 ○ ○ ○

이사 ○ ○ ○

감사 ○ ○ ○

위 피선자는 즉석에서 각자 그 직의 취임을 승낙하다.

단, 감사의 선임은 상법 제409조의 규정에 따라 발행주식총수의 100분의 3을 초과하는 수의 주식을 가진 주주는 그 초과하는 주식에 관하여는 의결권을 행사하지 아니하였다.

제3호 의안 이사, 감사의 조사보고의 건

[유례1] 발기인이 아닌 이사, 감사가 있어서 그가 보고하는 경우

의장은 상법 제298조 규정에 의하여 이사 및 감사로 하여금 회사 설립에 관한 사항이 정관 기타 법령에 위반되지 아니 하는지 여부를 조사보고 하여야 하나 발기인이었던 이사와 감사는 동법 2항에 의하여 이 조사보고를 할 수 없으므로 발기인이 아니었던 다음 임원으로 하여금 이 조사보고를 하는 것이 좋겠다는 의견을 말하자 전원 이에 찬성하였고 선임된 조사보고자도 이를 수락하고 즉시 조사에 착수하였다.

조사보고자 이사 ○ ○ ○

감사 ○ ○ ○

의장은 위 조사보고를 위하여 휴회하였다가 잠시 후 속회를 선언하다.

위 보고자는 이사와 감사를 대표하여 별첨 조사보고서와 같이 상법 제298조 소정사항의 조사결과를 보고한 즉 전원 이의없이 이를 승인하다.

[유례2] 공증인이 보고하는 경우

의장은 상법 제298조의 규정에 따라 이사, 감사로 하여금 회사의 설립에 관한 사항이 법령 또는 정관의 규정에 위반됨이 있는지의 여부를 조사보고 하여야 하나 이사와 감사가 전부 발기인이었던 관계로 동법 3항에 이 보고를 할 수 없으므로 의하여 다음의 공증인을 조사보고자로 선임하여 이 사항을 보고하는 것에 대한 이견 여부를 물은 바 전원일치로 이를 승인하였다.

조사보고자 공증인가 ○○사무소 공증인 ○ ○ ○

위 공증인은 별첨 조사보고서와 같이 상법 제298조 소정사항의 조사결과를 보고한 바 전원 이의없이 이를 승인하였다.

[유례3] 상법 제290조의 변태설립사항이 있는 경우

제3호 의안 공증인의 조사보고 및 감정인의 감정보고의 건

　　　　의장은 본 회사의 설립에 관하여 상법 제290조 소정의 변태설립사항이 있으므로 동법 제299조의 규정에 따라 법원에 검사인을 선임신청하여 선임된 검사인이 조사보고를 하여야 하나 동법 제299조의2의 규정에 의하여 공증인의 조사보고 및 공인감정인의 감정서로써 이 보고에 대신할 수 있으므로 이를 위하여 발기인 대표 등은 다음 공증인과 감정인을 선정하고 별도로 법원에 검사인 선임신청을 하지 않았음을 설명하고 이에 대한 이견여부를 물은 바 발기인전원 이의없이 이를 승인하였다.

　　　　　　공증인 공증인가 ○○합동사무소 공증인 ○ ○ ○

　　　　　　감정인 ○○ 감정평가합동사무소 감정인 ○ ○ ○

　위 공증인은 회사설립과 관련하여 상법 제290조 1항의 발기인이 받은 특별이익과 동법 제4항의 회사가 부담할 설립비용과 발기인이 받을 보수액에 대한 적정여부를 조사하여 그 조사보고서를 금일 제출하였으므로 이를 검토 후 의견을 말해달라고 하자 전원 이의없이 적정함을 인정하고 이를 승인하였다.

　또한 회사설립과 관련하여 동법 2항의 현물출자자가 있으므로 그의 성명과 목적재산의 종류, 수량 및 그 가격, 동법 3항의 회사성립 후 회사가 양수할 것을 약정한 재산의 종류와 가격 등에 대하여는 위 감정인 작성의 감정보고서가 금일 도착했음을 설명하고 이에 대한 적정여부를 물은바, 이의없이 그 평가가액의 적정함을 인정하여 이를 승인하였다.

　　　　[유례4] 법원이 선임한 검사인이 있는 경우

제3호 의안 검사인의 조사보고

　　　　의장은 회사설립과 관련하여 상법 제298조 소정의 회사설립의 모든 사항이 법령 및 정관의 위반여부와 동법 제290조의 변태설립사항, 동법 제295조의 현물출자 이행여부 등의 조사를 위하여 법원이 선임한 검사인으로부터 별첨 검사인 조사보고서와 같이 조사보고가 있음을 설명한 바 전원 이의없이 이를 승인하였다.

　　　　의장은 이상으로 의안 전부의 심의를 종료하였으므로 폐회한다고 선언하

다(회의종료시간 ○시 ○분).

위 결의사항을 명확히 하기 위하여 이 의사록을 작성하고 의장과 출석한 발기인 전원이 기명날인 또는 서명하다.

2○○○년 ○월 ○일

의장 겸 발기인 ○ ○ ○
발기인 ○ ○ ○
발기인 ○ ○ ○

【서식】이사, 감사, 공증인의 조사보고서(회사설립사항)

조사보고서

본인은 20○○년 ○월 ○일 본 회사 창립총회에서 상법 제313조 소정사항의 조사보고자로 선임되었으므로 동법에 규정된 사항을 조사하여 다음과 같이 보고함.

조사사항 및 조사결과

1. 회사설립시에 발행하는 주식의 총수에 대한 인수의 정확여부
   회사설립시에 발행하는 주식의 총수는 ○○○주(1주의 금액 ○○○원)로서 다음과 같이 인수가 완료되었음이 인정됨.
   발기인이 인수한 주식수 ○○주(20○○년 ○월 ○일 인수완료)
   주식청약인이 인수한 주식수 ○○주(20○○년 ○월 ○일 인수완료)
2. 인수주식에 대한 납입의 정확여부
   회사설립시에 발행하는 주식총수 ○○○주에 대한 주식금액 금○○○원이 20○○년 ○월 ○일에 납입이 완료되었음은 그 납입을 맡은 주식회사 ○○은행○○지점이 발행한 주식금납입보관증명서에 의하여 명확히 확인됨.
3. 현물출자 이행의 정확여부와 검사인의 보고서의 정확여부 등은 현물출자를 한 자가 없고 정관에 상법 제290조 소정사항을 정하지 아니하여 검사인이나 공증인 등을 선임할 필요가 없었으므로 그에 관한 정확여부는 조사할 필요가 없었음.
   [유례] 변태설립사항이 있는 경우
      1. 발기인이 받을 특별이익
         회사설립과 관련하여 특별이익을 받을 발기인은 ○○○, ○○○로써 그 특별이익의 내용은 별첨 공증인의 조사보고 내용과 같은 바

이는 회사설립에 기여한 동인의 공로 등을 고려할 때 적정한 것으로 사료되므로 이를 정한 정관규정이 법령이나 상관습에 어긋나지 아니하여 적법한 것으로 인정됨.

2. 현물출자에 관한 사항

회사설립과 관련하여 현물출자를 한 사람은 ○○○, ○○○로써 그 출자목적인 재산의 종류와 수량, 가격은 별첨 감정평가서와 같은 바 그 재산의 평가가격은 적정한 것으로 인정되며 동 출자재산은 출자자 작성의 재산인도증에 의하여 회사에 인도되었음을 인정됨.

현물출자자에게 배정할 주식은 출자재산의 평가액을 기준으로 1주의 금액을 나누어 배정하였음이 주식인수증에 의하여 명백히 인정되며 이 배정방법이 정관규정이나 기타 법령에 위배되지 아니함이 인정됨.

3. 회사설립 후 양수할 재산에 관한 사항

회사설립 후에 회사가 인수할 재산의 소유자는 ○○○이며 그 재산의 종류와 수량, 가격은 별첨 감정평가서 기재와 같은 바 이는 회사의 경영상 인수가 필요한 재산이며 그 평가가격도 적정한 것으로 인정되어 이에 관한 정관규정 역시 적정한 것으로 인정됨.

4. 회사가 부담할 설립비용 등에 관한 사항

회사의 설립과 관련하여 소요되는 각종 비용의 내역은 별첨 계산서 내용과 같은 바 이 비용의 명세와 그 부담은 적정한 금액임이 인정되므로 이를 정한 정관규정 역시 적정한 것으로 인정됨.

5. 회사설립에 관하여 이상의 조사 사항이외도 창립총회의 소집절차, 주식청약의 방법과 그 배정의 방법, 발기인의 보고 내용 등 회사설립에 관한 모든 사항에 법령 또는 정관에 위반되지 아니함.

이와 같이 조사 보고함.

20○○년 ○월 ○일

○○ 주식회사
이사(또는 공증인) ○ ○ ○ ㉙
감사 ○ ○ ○ ㉙

【서식】공증인의 조사보고서(변태설립사항)

조사보고서

본인은 20○○년 ○월 ○일 설립 중의 ○○주식회사 창립총회에서 상법 제299조 소정사항의 조사보고자로 선임되었으므로 그 조사결과를 다음과 같이 보고함.

1. 조사의뢰 받은 사항
 (1) 설립 중의 ○○주식회사의 발기인이 받을 특별이익과 이를 받을 자의 성명
 (2) 회사가 부담할 설립비용과 발기인이 받을 보수액
2. 조사방법과 경과
 위 조사의뢰 받는 사항은 상법 제299조의2 규정에 의하여 본 공증인이 조사할 수 있는 사항으로 이 조사를 위하여 발기인 대표로부터 회사설립경과를 청취하고 정관 기타 회사설립에 관계되는 회의록 등 일체의 서류를 검토하여 참고하였음.
3. 조사사항 및 조사결과
 (1) 발기인이 받을 특별이익
  정관 제○조에 의하면 발기인이 받을 특별이익으로서 각 발기인은 그가 가지는 주식 1주에 대하여 연 ○○○원에 달할 때까지 다른 주식에 우선하여 배당받을 수 있다는 취지의 규정이 있으나, 이는 발기인이 회사설립행위에 대한 특별공로를 이유로 한 것으로서 동인의 공로 및 대외적 신용 등을 고려한다면 당해 정관의 규정은 법령이나 상관습에 위반됨이 없이 적정한 것으로 사료됨.
 (2) 회사가 부담할 설립비용 및 발기인의 보수에 관한 사항
  회사가 부담할 설립비용과 발기인의 보수내역은 별첨 계산서와 같은 바, 회사설립과 관련하여 그 부담 및 지출은 필요하고 또한 그 금액이 적정하다고 사료됨.

[유례]

1) 정관 부칙에서 회사가 부담할 설립비용은 〇〇〇원 범위 내로 한다고 규정하고 조사결과 회사가 부담할 설립비용은 금〇〇〇원이었음.

2) 이에 대하여 설립비용 명세서와 회사비치 장부, 영수증, 세금계산서 등 제반서류를 검토 비교한 결과 그 자세한 설립비용 명세는 급여 금〇〇〇원, 감정료 금〇〇〇원, 사무실 임차료 금〇〇〇원, 기타 설립비용 〇〇〇원으로 그 명세는 별첨과 같음.

3) 이상은 장부, 전표, 계약서 기타 증빙에 의해 이를 확인한 것이며 신청인이 신청한 설립비용 금〇〇〇원은 정관 규정의 회사가 부담할 설립비용은 금〇〇〇원 범위 내로 정한 취지에 적합하고 또한 그 용도, 항목, 가액 등은 적정하다고 인정됨.

위와 같이 조사보고함.

2〇〇〇년 〇월 〇일

공증인가 〇〇합동사무소
공 증 인 〇 〇 〇 ㉿

【서식】재산인도증

재산인도증

1. 상 호 ○○주식회사
2. 인수할 주식수 ○○주
3. 위 총액 금○○○○○원
4. 1주의 금액 금○○○원

　본인은 20○○년 ○월 ○일 발기인으로서 위의 주식을 인수하고 다음 재산을 현물출자하였으므로 그 출자재산을 귀사에 확실히 인도함과 동시에 상법 제295조 2항 소정의 일체의 서류를 이에 교부합니다.

20○○년 ○월 ○일

현물출자자 발기인 ○ ○ ○ ⑩

○○주식회사 발기인대표　귀하

현물출자목적재산의 표시

　별지와 같음　위 현물출자확인증명 및 첨부명세서 이하 생략

　평가액　금147,000,000원

【서식】재산인도증(현물출자의 경우)

<table>
<tr><td colspan="2" align="center">재산인도증</td></tr>
<tr><td>상   호</td><td>○○주식회사</td></tr>
<tr><td>인수할 주식의 종류와 수</td><td>○○주식 ○○주</td></tr>
<tr><td>위   총   액</td><td>금○○○원</td></tr>
<tr><td>1 주 의 금 액</td><td>금○○○원</td></tr>
</table>

　본인은 20○○년 ○월 ○일 위의 주식을 인수하고 다음 재산을 현물출자하였으므로 그 출자재산을 귀사에 확실히 인도함과 동시에 상법 제295조 2항 소정의 일체 서류를 이에 교부합니다.

20○○년 ○월 ○일

현물출자자　○　○　○　⑨
○○시 ○○구 ○○길 ○○

○○주식회사 발기인대표　귀하

〈현물출자목적 재산표시〉
　○○시 ○○구 ○○길 ○○
　　대지 ○○㎡
　평 가 액　금○○○원
　　위 지상 철근콘크리트조 3층 사무소

1층 ○○㎡
2층 ○○㎡
3층 ○○㎡
평 가 액 금○○○원
총평가액 금○○○원

6. 외국인투자와 설립·증자등기

외국인이 국내에서 회사를 설립하는 경우 일반적인 절차는 동일하나, 투자가 제한되는 경우가 있다. 이것은 외국인투자촉진법 및 외국환거래법에 의한 제한인데 이에 따라 투자자는 주무관청의 허가를 받거나 신고를 하여야 한다(외국환거래법 제18조, 외국인투자촉진법 제5조, 제6조, 제7조 등).

외국인투자가라 함은 외국인투자촉진법에 의하여 주식 등을 소유하고 있는 외국인을 말하고, 외국인투자라 함은 외국인이 외국인투자촉진법에 의하여 대한민국법인(설립 중인 법인을 포함한다) 또는 대한민국 국민이 영위하는 기업의 경영활동에 참여하는 등 당해 법인 또는 기업과 지속적인 경제관계를 수립할 목적으로 대통령령이 정하는 바에 따라 당해 법인이나 기업의 주식 또는 지분을 소유하는 것 등을 말한다(동법 제2조 1항 4호).

외국인은 원칙적으로 투자의 자유를 가지나 국가의 안전과 공공질서의 유지에 지장을 초래하는 경우, 국민의 보건위생 또는 환경보전에 해를 끼치거나 미풍양속에 현저히 반하는 경우, 대한민국 법령에 위반되는 경우에는 투자에 제한을 받는다(동법 제4조).

외국인투자제한 업종은 외국인투자및기술도입에관한규정 제4조 및 제5조가 규정하고 있는 바, 국영우편업, 중앙은행, 연금 및 공제업 등 여러 가지가 있다.

(1) 외국인투자와 설립등기

외국인투자자가 현물출자하여 주식회사를 설립하는 경우, 관세청장이 현물출자의 이행과 그 목적물의 종류·수량·가격 등을 확인한 현물출자완료확인서가 상법 제299조의 규정에 의한 검사인의 조사보고서로 간주되는 것이므로, 설립등기신청서에 관세청장 발행의 현물출자완료확인서 외에 별도로 검사인의 조사보고서를 첨부할 필요는 없으며, 관세청장이 발행한 현물출자완료확인서의 내용을 법원에 보고할 필요도 없다(상법 제299조 내지 제300조, 제310조, 외투 제30조 3항, 1999. 3. 10, 등기 3402-242 질의회답).

외국인투자비율이 49%, 내국인투자비율이 51%로 주무관청에서 허가받은 경우에는 투자비율대로 설립등기를 하면 문제가 없을 것이나, 내국인은 투자하지 아니하고 외국인의 지분만 전부 투자하여 먼저 회사설립등기하는 경우 그 등기가 가능한지에 관하여 의문이 있으나 주무관청의 허가한 취지가 내국인 경영권 보장이라고 보이고 언제 추가로 내국인 지분에 대한 등기를 할지 알 수 없으므로 설립등기는 할 수 없다고 할 것이다.

다만, 내국인이 51%만 먼저 투자하고 외국인은 설립등기 후 투자하기로 하는 경우에는 내국인 보호와 경영권 문제가 없으므로 설립등기가 가능하다고 할 것이다.

또한 공증인법 제62조와 동법 제63조·제66조의2에 의하여 설립등기시 첨부하는 정관과 의사록은 본점소재지를 관할하는 지방검찰청 소속 공증인의 공증을 받아야 한다.

재외국민이 그 주소를 증명하는 서면으로는 우리나라 영사관 등에서 발행 또는 확인한 거주사실증명서(또는 재외국민등록등본)를 첨부하면 되고, 최종의 국내주소지의 말소된 주민등록등본은 주소를 증명하는 서면이 될 수 없다(1994. 11. 24, 등기 3402-1364).

외국인에 대한 임원 등의 등기부 기재는 그 성명을 발음하는 대로 기입하고, 원칙적으로 한자는 등기부에 기재할 수 있으나, 일본인의 경우 한자가 아닌 한글로 표기한다. 즉 이등박문은 이토오히로부미로 표기하는 것을 원칙으로 한다.

(2) 외국인투자와 증자등기

1) 외국인이 현물투자할 경우 검사인 선임 여부

외국인도 인가를 받으면 현물출자를 할 수 있고, 현물출자시 상법 제299조(법원선임 검사인에 의한 현물조사)에도 불구하고 관세청장이 현물출자의 이행과 그 목적물의 종류, 수량, 가격 등을 확인한 출자완료확인서를 상법 제299조의 규정에 의한 검사인의 조사보고서로 본다(외국인투자촉진법 제30조 3항). 따라서 검사인의 선임은 불필요하다. 증자의 경우에도 같다고 할 것이다(외국인투자촉진법 제30조 3항).

2) 외국인이 우리나라 회사의 신주를 청약하거나 신주인수하는 경우

신주청약서에는 외국인의서명날인에관한법률에 의하여 서명을 하여야 한다. 또한 외국인투자촉진법에 의하여 외국인투자신고 또는 허가를 수리한 관계기관에서 받아 이를 첨부하여야 한다. 외국인이 직접 신주청약서에 서명날인 또는 서명할 수 없는 경우, 즉 외국에 있는 경우 신주청약서 용지를 팩스로 보내어 이에 서명날인 또는 서명한 후 관계기관에 공증을 받아 제출하면 할 수 있을 것이다.

또한 외국인이 신주인수권 인수업무 등을 전부 위임(행정기관의 신고수리 신청

등과 일체로 위임)하고, 위임받은 사람이 신주청약서에 서명날인 또는 서명하여도 된다.

3) 합병 등에 의한 주식취득

외국인은 다음의 경우에 산업통상자원부장관에게 신고하여야 한다(외국인투자촉진법 제7조).

① 외국투자가가 당해 외국인투자기업의 준비금·재평가적립금 기타 다른 법령의 규정에 의한 적립금이 자본으로 전입됨으로써 발행되는 주식 등을 취득하는 경우

② 외국투자가가 당해 외국인투자기업이 다른 기업과 합병, 주식의 포괄적 교환·이전 및 회사분할을 하는 때에 소유하고 있던 주식 등에 의하여 합병, 주식의 포괄적 교환·이전 및 회사분할 후 존속 또는 신설되는 법인의 주식 등을 취득하는 경우

③ 외국인이 외국인투자촉진법 제21조의 규정에 의하여 등록된 외국인투자기업의 주식 등을 외국투자가로부터 매입·상속·유증 또는 증여에 의하여 취득한 경우

④ 외국투자자가 법에 의하여 취득한 주식 등으로부터 생긴 과실의 출자로 인하여 주식 등을 취득하는 경우

⑤ 외국인이 전환사채, 교환사채, 주식예탁증서, 그 밖에 이와 유사한 것으로서 주식등으로 전환·인수 또는 교환할 수 있는 사채(社債)나 증서를 주식등으로 전환·인수 또는 교환한 경우

(3) 외국인투자신청

1) 신청서 제출기관

외국인투자신청서는 모든 은행에서 취급한다.

2) 구비서류

① 신고서류

② 국적을 증명하는 서류

③ 주식을 인수하거나 지분 소유 증명서류

3) 주식회사의 설립과정

자본의 납입(외국인투자가가 주금을 납입하거나 현물출자를 하여야 한다), 정관작성, 주식인수, 주금납입, 검사인 선임, 창립총회 등 절차 후 설립등기

4) 외국인투자기업 등록

국내기업과 구별을 용이하게 하고 배당금 송금 등 절차상의 편의를 도모하기 위하여 출자목적물을 납입완료한 경우, 기존주식 등을 취득한 경우에는 산업자원부장관에게 외국인투자기업의 등록을 하여야 하고, 그 후 변경사항이 생긴 경우에도 변경등록을 하여야 한다(외국인투자촉진법 21조,동법시행령 27조).

> 외국인투자에 해당하는 등기를 신청하는 경우 외국인투자신고서를 첨부하여야 하는지 여부

선례요지

주식회사의 설립이나 신주발행에 있어서 외국인투자(「외국인투자 촉진법」제2조 제1항 제4호 가목, 「외국인투자 촉진법 시행령」제2조 제2항)를 하려는 경우 미리 지식경제부장관에게 신고하여야 할 것이지만(「외국인투자 촉진법」제5조), 당해 신고는 등기할 사항(주식회사의 설립이나 신주발행)의 효력요건에는 해당하지 아니하므로 등기신청서에 외국인투자신고서를 첨부할 필요가 없다. (2011. 3. 7. 사법등기심의관-521 질의회답)

참조조문 : 상업등기법 제22조, 외국인투자 촉진법 제1조, 제2조, 제4조, 제5조, 제9조, 제13조, 제14조, 제14조의2, 외국인투자 촉진법 시행령 제2조 제2항, 조세특례제한법 제121조의2 제2항, 조세특례제한법 시행령 제116조의2 제14항   참조선례 : 상업등기선례 1-92

> 외국회사 영업소 설치등기와 유사상호

선례요지

1. 타인이 등기한 상호는 동일한 특별시, 광역시, 시, 군에서 동종영업의 상호로 등기할 수 없는바(상법 제22조), 그 제도적 취지가 상호권자의 이익보호 및 등기된 상호에 대한 일반 공중의 오인혼동을 방지하여 이에 대한 신뢰를 보호하고자 하는 것이라는 점에서, 이미 등기되어 있는 외국회사 영업소가 청산예정이고 그 외국회사 영업소가 유한회사의 설립등기로 인하여 동일 상호가 중복하여 등기되는 것에 대하여 승낙한다고 하더라도 유한회사의 설립등기신청은 수리될 수 없으며(비송사건절차법 제159조 제13호 및 제164조),

2. 이와 반대로, 외국회사 영업소 설치등기를 할 경우에 있어서는, 외국회사 영업소가 지점의 성격을 가지고 있으며 지점에 있어서의 등기는 상법상 강제되어 있기 때문에, 이미 유한회사의 설립등기가 되어 있는 관할 등기소 내에 동종영업을 목적으로, 동일 상호로 외국회사 영업소 설치등기를 하는 것이 가능할 것이다(상법 제614조 제2항, 제35조). (2005. 12. 27. 공탁법인과-730 질의회답)

참조조문 : 상법 제22조, 제614조 제2항, 제35조 , 비송사건절차법 제159조 제13호, 제164조

참조선례 : 상업등기선례요지집 제57항

【서식】주식회사설립등기신청서(발기설립)

<table>
<tr><td colspan="2" align="center">주식회사설립등기신청</td><td></td><td></td></tr>
<tr><td rowspan="2">접 수</td><td align="center">년   월   일</td><td rowspan="2">처 리 인</td><td>등기관 확인</td><td>각종 통지</td></tr>
<tr><td align="center">제   호</td><td></td><td></td></tr>
</table>

①등 기 의 목 적	주식회사 설립(발기설립)
②등 기 의 사 유	정관을 작성하여 공증인의 인증을 받아(자본금 총액이 10억 원 미만인 소규모 회사의 경우 공증인의 인증 면제) 발기인이 회사설립시 발행하는 주식의 전부를 인수하고 20○○년 ○월○일 발기인회에서 상법 제298조의 절차를 종료하였으므로 다음 사항의 등기를 구함
③본/지점 신청구분	1.본점신청 ☐ 2.지점신청 ☐ 3.본·지점 일괄신청 ☐
등 기 할 사 항	
④상 호	○○ 주식회사 (또는 주식회사 ○○)
⑤본 점	서울특별시 ○○구 ○○로 ○○
⑥공 고 방 법	서울시내에서 발행하는 일간 ○○일보에 게재한다.
⑦1 주 의 금 액	10,000원
⑧발 행 할 주 식 의 총 수	20,000주
⑨발행주식의 총수와 그 종류 및 각각의 수	발행주식의 총수 5,000주 보통주식 3,000주 제1종우선주식 2,000주
⑩자본금총액	50,000,000원

등 기 할 사 항	
⑪목　　　적	1. 주택건설업 1. 철근콘크리트 공사업 1. 토목공사업 1. 부동산 임대업 1. 위 각 호에 관련된 부대사업 일체
⑫이사·감사의 성명 및 주민등록번호	사내이사 ○ ○ ○ (　　　　　－　　　　　) 사내이사 ○ ○ ○ (　　　　　－　　　　　) 사외이사 ○ ○ ○ (　　　　　－　　　　　) 기타비상무이사 ○ ○ ○ (　　　　　－　　　　　) 감사 ○ ○ ○ (　　　　　－　　　　　)
⑬대표이사의 성명과 주소	대표이사 ○ ○ ○(　　　　　－　　　　　) 서울특별시 ○○구 ○○로 ○○
⑭종류주식의 내용	제1종 우선주식 1. 발행할 주식의 총수 : 1,200주 2. 발행하는 주식의 내용 1) 이익배당 등에 관한 사항 : 생략 2) 의결권에 관한 사항 : 생략 3) 상환권 또는 전환권에 관한 사항 : 생략 4) 기타
⑮지　　　점	경기도 ○○시 ○○구 ○○로 ○○ (○○지점)
⑯존립기간 또는 해산사유	없음(정관에 규정이 되어있으면 기재)
⑰기　　　타 (주식의 양도에 관하여 이사회의 승인을 얻도록 정한 때에는 그 규정, 명의개서대리인을 둔 때에는 그 상호와 본점소재지 등)	없음(정관에 규정이 되어있으면 기재)

<table>
<tr><td colspan="8" align="center">⑱신청등기소 및 등록면허세/수수료</td></tr>
<tr><td rowspan="2">순번</td><td rowspan="2">신청등기소</td><td rowspan="2">구분</td><td>등록면허세</td><td rowspan="2">농어촌특별세</td><td rowspan="2">세액합계</td><td colspan="2" rowspan="2">등기신청수수료</td></tr>
<tr><td>지방교육세</td></tr>
<tr><td rowspan="2"></td><td rowspan="2"></td><td rowspan="2"></td><td>금   원</td><td rowspan="2">금   원</td><td rowspan="2">금   원</td><td colspan="2" rowspan="2">금   원</td></tr>
<tr><td>금   원</td></tr>
<tr><td></td><td></td><td></td><td></td><td></td><td></td><td colspan="2"></td></tr>
<tr><td colspan="2" align="center">합   계</td><td></td><td></td><td></td><td></td><td colspan="2"></td></tr>
<tr><td colspan="3">등기신청수수료 납부번호</td><td colspan="5"></td></tr>
<tr><td colspan="3">⑲과 세 표 준 액 금</td><td colspan="5" align="right">원</td></tr>
</table>

<table>
<tr><td colspan="2" align="center">⑳첨   부   서   면</td></tr>
<tr><td valign="top">

1. 정관(자본금 10억 이상일 경우 공증
받은 것)   통
1. 주식의 인수를 증명하는 서면   통
1. 주식발행사항동의서   통
1. 발기인회의사록(자본금 10억 이상일
경우 공증받은 것)   통
1. 이사회의사록(공증받은 것)   통
1. 주금납입보관증명서 또는 잔고증명서 통
1. 재산인도증   통
1. 이사·감사 또는 감사위원회의
조사보고서   통

</td><td valign="top">

1. 공증인의 변태설립사항보고서   통
1. 공인된 감정인의 감정서   통
1. 검사인조사보고서등본   통
1. 취임승낙서(인감증명서포함)   통
1. 주민등록표등(초)본   통
1. 인감신고서   통
1. 등록면허세영수필확인서   통
1. 등기신청수수료영수필확인서   통
1. 위임장(대리인이 신청할 경우)   통
〈기 타〉

</td></tr>
</table>

년   월   일

Ⓐ신청인   상   호
대표이사   본   점
            성   명   (인)   (전화 :   )
            주   소
대리인   성   명   (인)   (전화 :   )
            주   소

지방법원   등기소 귀중

- 신청서 작성요령 -

1. 해당란이 부족할 때에는 별지를 이용합니다.
1. 해당 등기신청과 관계없는 사항에 대하여는 "해당없음"으로 기재하거나 삭제하고, 필요한
   사항은 추가 기재합니다.
1. 「인감증명법」에 따른 인감증명서 제출과 함께 관련 서면에 인감을 날인하여야 하는 경우,
   본인서명사실확인서를 제출하고 관련 서면에 서명을 하거나 전자본인서명확인서 발급증을
   제출하고 관련 서면에 서명을 하면 인감증명서를 제출하고 관련 서면에 인감을 날인한 것으
   로 봅니다.

등기신청안내 – 주식회사설립등기신청 (발기설립)

◈ 주식회사설립등기(발기설립)란

　주식회사는 상행위 기타 영리를 목적으로 하여 설립한 사단법인 중 주주가 인수한 주식금액을 한도로 하여 회사에 책임을 지고 회사채권자에 대하여는 아무런 책임을 지지 않는 사원만으로 구성된 회사를 의미하며, 주식회사를 발기설립절차에 의하여 설립하는 경우에는 회사 설립시 발행하는 주식의 총수를 발기인이 전부 인수하여야 합니다.

◈ 관할등기소 및 등기의 신청

　설립등기는 회사의 영업소 소재지를 관할하는 지방법원, 그 지원 또는 등기소에 신청하여야 합니다. 발기설립에 의한 주식회사의 설립등기는 특별한 사유가 없는 한 이사 감사의 조사보고가 종료한 날, 변태설립사항이 있는 경우에는 그 조사절차 및 법원의 변경처분 절차가 종료한 날로부터 2주 이내에 신청하여야 합니다(상법 제317조 제1항). 다만 변호사 또는 법무사가 아닌 사람은 신청서의 작성이나 그 서류의 제출 대행을 업(業)으로 할 수 없습니다.

◈ 등기신청서 기재 요령

　신청서는 원칙적으로 한글과 아라비아 숫자로 기재합니다(다만 상호와 외국인의 성명은 먼저 한글과 아라비아숫자로 기재한 후, 로마자·한자·아라비아숫자 및 일정한 부호를 사용하여 영문 표기나 한자 표기를 병기할 수 있습니다). 신청서의 기재사항 난이 부족할 경우 별지를 사용하고 신청서와 별지 각 장 사이에 간인을 하여야 합니다.

① 등기의 목적

　　"주식회사 설립(발기설립)"으로 기재합니다.

② 등기의 사유

　　등기를 신청하는 이유를 기재하는 항목으로 일반적으로 "정관을 작성하여 공증인의 인증을 받아(자본금 총액이 10억 원 미만인 소규모 회사의 경우 공증인의 인증 면제) 발기인이 회사설립시 발행하는 주식의 전부를 인수하고 20○○년 ○월○일 발기인회에서 상법 제298조의 절차를 종료하였으므로 다음 사항의 등기를 구함 "으로 기재합니다.

③ 본/지점 신청 구분

　　본점에서의 등기신청, 지점에서의 등기신청, 또는 본점 및 지점에 관한 등기를 본점에서 일괄하여 신청하는지 여부를 표시하는 항목입니다. 회사설립과 동시

에 지점을 설치(본점과 다른 관할)하여 본점관할 등기소에서 설립등기와 지점
설치등기를 일괄하여 동시에 신청하는 경우 본·지점 일괄신청임을 표시하면 됩
니다. 다만 지점에 지배인이 선임된 경우에는 지배인에 관한 등기는 이를 일괄
하여 신청할 수 없고 지점관할 등기소에서 별도로 신청하여야 합니다.

④ 상호

정관에 기재된 상호를 기재하며, 상호 중에는 법령에 특별한 규정이 없는 한
"주식회사"라는 문자를 반드시 사용하여야 합니다. 등기부상 로마자 등의 표
기를 병기하고 자 할 경우(대법원 등기예규 제1455호 참조)는 상호 오른쪽에
괄호를 사용하여 병기할 수 있으며, 병기되는 로마자 등의 표기는 반드시 정관
에 기재되어 있어야 합니다.

 (예 : 주식회사 에이비씨건설 (ABC Constructions Co., Ltd))

⑤ 본점

이사회에서 결의한 본점소재지를 기재하며, 정관에는 본점소재지를 최소행정구
역을   표시함으로써 족하지만 신청서에는 그 소재 지번까지 정확히 기재하여
야 합니다.

⑥ 공고방법

정관에 기재된 공고방법을 기재하며, 관보나 시사에 관한 사항을 게재하는 일간
신문 이어야 합니다. 일간신문은 특정한 1개 또는 수 개의 신문을 기재하여야
하며 추상적, 선택적(A신문 또는 B신문)으로 기재하여서는 안 됩니다.

⑦ 1주의 금액

정관에 기재된 1주의 금액을 기재합니다(무액면주식으로 발행한 경우에는 '무액
면주식'이라고 기재합니다). 1주의 금액은 100원 이상이어야 하며, 또한 균일하
여야 합니다.

⑧ 발행할 주식의 총수

회사가 발행할 수 있는 주식 수의 한도로서 정관에 기재된 발행할 주식의 총수
를 기재합니다.

⑨ 발행주식의 총수와 그 종류 및 각각의 수

정관에 규정된 설립시에 발행하는 주식의 총수와 그 종류 및 각각의 수를 기
재합니다. 종류주식을 발행한 경우에는 회사가 정관에 정한 종류주식의 명칭
(예 : 제1종종류주식, 제2종종류주식 등)을 기재하고, 그 내용은 종류주식의
내용란에 기재합니다.

⑩ 자본금총액

회사 설립시에 발행하는 주식총수의 액면총액이 자본금총액입니다. 무액면주식으로 발행한 경우에는 주식의 발행가액총액 중 자본금으로 계상하는 금액의 총액이 자본금총액입니다.

⑪ 목적

정관에 규정된 목적을 기재하며, 영업의 목적은 영리사업으로 영업내용을 구체적으로 명확히 기재하여야 합니다. "제조업", "도매업" 등과 같이 포괄적이고 불분명하게 기재하여서는 안 됩니다.

⑫ 이사·감사의 성명 및 주민등록번호

사내이사·사외이사·기타비상무이사와 감사의 성명·주민등록번호를 기재하고 주민등록번호가 없는 재외국민 또는 외국인의 경우에는 주민등록번호 대신 생년월일을 기재하여야 합니다. 외국인의 성명은 국적과 원지음을 한글 등으로 기재한 후, 괄호를 사용하여 로마자 등의 표기를 병기할 수 있습니다(예 : 사내이사 미합중국인 존에프케네디(John. F. Kennedy)). 이사의 수는 3인 이상이어야 하나, 소규모회사(자본금의 총액이 10억 원 미만인 회사, 이하 소규모회사라 함)에서는 1명 또는 2명으로 할 수 있으며 감사를 선임하지 않을 수 있습니다.

⑬ 대표이사의 성명, 주민등록번호 및 주소

회사를 대표할 이사(집행임원 설치회사의 경우에는 집행임원)의 성명, 주민등록번호 및 주소를 기재합니다.

⑭ 종류주식의 내용

정관의 규정에 따라 이익의 배당, 잔여재산의 분배, 주주총회에서의 의결권의 행사, 상환 및 전환 등에 관하여 내용이 다른 종류주식을 발행한 경우 그 내용을 기재합니다.

⑮ 지점

이사회에서 지점 설치를 결의하였을 때 기재하며, 본점과 동일하게 소재 지번까지 기재하여야 합니다. 설립등기시 본·지점 일괄신청을 하지 않았을 경우, 설립등기 후 2주 이내에 지점소재지 관할등기소에 지점설치등기신청을 하여야 합니다.

⑯ 존립기간 또는 해산사유

정관으로 회사의 존립기간이나 해산사유를 정하였을 때 기재하는 사항이며 정관의 상대적인 기재사항입니다.

⑰ 기타

상법 제317조 제2항 각호에 규정된 등기사항 중 위 ①~⑮의 기재사항 이외에 등기를 하고자 하는 사항에 대하여 기재를 하는 항목으로 정관에 주식의 양도에 관하여 이사회의 승인을 얻도록 정한 때, 주식매수선택권을 부여하도록 정한 때에는 그 규정, 명의개서대리인을 둔 때에는 그 상호와 본점소재지 등이 이에 해당됩니다.

⑱ 신청등기소 및 등록면허세·수수료

신청하는 등기소별로 기재하여야 하며, 등록면허세는 과세표준액의 4/1000, 지방교육세는 등록면허세의 20/100이며 대통령령으로 정하는 대도시 내에서 설립하는 경우에는 당해 세율의 3배의 등록면허세를 납부하여야 합니다. 설립과 동시에 지점을 설치하여 본·지점 일괄신청을 하는 경우, 지점등기 신청과 관련된 별도의 등록면허세·수수료를 납부하여야 합니다. 여기서 대도시라 함은, 수도권정비계획법 시행령 제9조 별표1에 지정되어 있는 권역을 의미합니다. 등기신청수수료는 등기사항증명서 등 수수료규칙 제5조의3에서 정한 금액을 납부하여야 합니다.

⑲ 과세표준액

과세표준은 자본의 총액, 즉 회사 설립시 발행하는 주식의 총액입니다.

⑳ 첨부서면

등기신청서에 첨부하는 서면을 기재하여야 합니다.

Ⓐ 신청인 등

설립등기를 신청하는 법인의 상호와 본점, 대표이사의 성명과 주소를 기재하며, 위임받은 대리인이 신청할 경우 대리인의 성명과 주소를 기재합니다. 대표이사는 등기신청과 동시에 제출하는 법인 인감도장을 날인하여야 하며 대리인의 경우는 날인할 도장에 대한 제한은 없습니다.

◈ 등기신청서에 첨부할 서면

1. 정관

정관이란 회사의 조직과 활동에 관하여 규정한 근본규칙을 기재한 서면을 말하며, 발기인이 정관을 작성하고 기명날인 또는 서명하여 공증인의 인증을 받음으로써 효력이 생깁니다. 다만 소규모회사를 발기설립하는 경우는 공증인의 인증이 없더라도 발기인들의 기명날인 또는 서명만으로 효력이 생깁니다. 정관의 기재사항 중에는 그 기재가 없거나 위법인 때에는 정관은 무효가 되고 나아가 회사설립이 무효가 되는 절대적 기재사항, 정관의 효력에는 영향이 없으나 기재하지 않으면 그 사항이 회사와 주주에 대하여 효력이 생기지 않는 상대적 기재사항, 회사의 필요에 의하여 기재하는 임의적 기재사항이 있습니다.

가. 절대적 기재사항

▶<u>목적</u> : 회사가 경영하려는 사업을 뜻하며 영리성이 있어야 합니다. 기재의 정도는 사회 통념상 무엇인지 알 수 있을 정도로 구체적이고 명확하게 기재하여야 하므로 "제조업", "도매업" 등과 같이 포괄적이고 불분명하게 기재하여서는 안 됩니다.

▶<u>상호</u> : 상호는 상인이 영업활동을 함에 있어 자기를 표시하는 명칭으로, 상호에는 법령상 특별한 규정이 없는 한 반드시 "주식회사"라는 문자를 사용하여야 하며, 등기부상 상호 란에 로마자 등의 표기를 병기하고자 할 경우 한글로 상호를 기재한 후 괄호 안에 로마자 등의 표기를 함께 기재하여야 합니다. 또한 동일 특별시·광역시·시·군내에서는 동일한 영업을 위하여 다른 사람이 등기한 것과 동일한 상호는 등기할 수 없습니다.

▶<u>회사가 발행할 주식의 총수</u> : 회사가 발행할 수 있는 주식의 한도로서 발행예정주식총수 또는 수권주식총수라 합니다.

▶<u>1주의 금액</u> : 1주의 금액은 100원 이상이어야 하며 또한 균일하여야 합니다. 회사가 수종의 주식을 발행하는 경우에도 마찬가지입니다.

▶<u>회사의 설립시에 발행하는 주식의 총수</u> : 회사가 발행할 주식의 총수 중 회사 설립시에 실제로 발행되어 인수되는 주식의 수를 의미하며 신청서 상에는 발행주식의 총수와 그 종류 및 각각의 수로 기재됩니다.

▶<u>본점소재지</u> : 본점소재지란 회사의 주된 영업소로 회사의 주소가 되기 때문에 한 장소만을 기재하여야 하며, 정관에는 최소행정구역을 표시하는 정도로 충분합니다.

▶<u>회사가 공고를 하는 방법</u> : 회사의 공고는 관보 또는 시사에 관한 사항을 게재하는 일간신문에 게재하도록 규정하고 있으므로 월간지, 주간지, 지하철역 등에서 불특정 다수인에게 무료로 배포되는 신문은 이에 해당하지 않습니다. 또한 2개 이상의 신문을 정할 수도 있으나 선택적(A신문 또는 B신문)으로 기재하여서는 안 됩니다.

▶<u>발기인의 성명, 주민등록번호 및 주소</u> : 발기인이 누구인지 명확하게 하고 책

임소재를 분명하게 하기 위한 것으로 발기인의 성명, 주소, 주민등록번호를 기재하여야 합니다.

나. 상대적 기재사항

정관의 상대적 기재사항은 상법 여러 곳에 산재해 있으며 절대적 기재사항과는 달리 정관에 반드시 기재할 필요는 없고 설사 기재가 없더라도 정관의 효력에는 영향이 없으나 기재하지 아니하면 효력이 발생하지 않는 것을 말합니다. 이에는 변태설립사항, 회사의 존립기간, 해산사유, 주식매수선택권의 부여, 주식양도제한규정 등이 이에 해당됩니다.

다. 임의적 기재사항

정관에 기재를 하지 않더라도 정관의 효력에는 영향이 없으나, 회사의 필요에 의하여 임의적으로 정관에 기재하는 항목을 말합니다. 이에는 이사감사의 원수, 정기주주총회의 소집시기, 회사의 영업연도 등이 이에 해당됩니다.

라. 정관의 인증

정관은 발기인이 기명날인 또는 서명한 후 공증인의 인증을 받음으로써 효력이 생깁니다. 다만 소규모 회사를 발기설립하는 경우는 공증인의 인증이 없더라도 발기인들의 기명날인 또는 서명만으로 효력이 생깁니다.

2. 주식의 인수를 증명하는 서면

발기인은 회사 설립시 발행하는 주식 전부를 인수하여야 합니다. 인수의 방법은 반드시 서면으로 하여야 하며, 설립등기 신청시 이를 증명하는 서면으로 주식인수 증명서면을 제출하여야 합니다. 실무상 상호, 인수할 주식의 종류와 수, 1주의 금액, 인수가액, 주금납입기관, 발기인 성명 주소를 기재하고, 기명날인 또는 서명하여 제출하고 있습니다.

3. 주식발행사항 동의서

정관으로 달리 정함이 없는 경우에는 회사 설립시 발행하는 주식의 종류와 수, 액면 이상의 주식을 발행하는 경우의 그 수와 금액, 무액면주식을 발행하는 경우의 주식의 발행가액과 주식의 발행가액 중 자본금으로 계상하는 금액에 관하여 발기인 전원의 동의로 이를 결정하여야 하며, 이를 증명하는 서면으로 발기인 전원이 기명날인 또는 서명한 주식발행사항 동의서를 제출하여야 합니다.

4. 발기인회의사록

주금의 납입이 완료된 때에는 발기인은 회의를 열어 의결권의 과반수로 이사와 감사를 선임하여야 합니다. 발기인들이 회의를 개최하여 의사결정을 한 경우에는 의사록을 작성하여야 하며, 의사록에는 의사의 경과와 그 결과를 기재하고 발기인이 기명날인 또는 서명하여야 합니다.

가. 사내이사·사외이사·기타비상무이사 및 감사의 선임

이사 및 감사를 선임하여야 하며 이사는 사내이사·사외이사·기타비상무이사를 명확하게 구분하여 선출하여야 합니다. 이사는 3명 이상이어야 하며, 사외이사·기타비상무이사는 필요에 따라 둘 수 있으나 사내이사는 반드시 1명 이상을 두어야 합니다. 다만 소규모회사는 이사를 1명 또는 2명으로 할 수 있으며, 감사를 선임하지 않을 수 있습니다.

나. 의사록 공증

발기인회의사록은 공증인의 인증을 받아야 합니다. 다만 소규모 회사를 발기설립하는 경우는 공증인의 인증이 면제됩니다.

5. 이사회의사록

이사회의 의사에 관하여는 의사록을 작성하여야 하고 의사록에는 의사의 경과요령과 그 결과를 기재하고 출석한 이사 및 감사가 기명날인 또는 서명하여야 합니다. 등기할 사항에 관하여 이사회의 결의를 필요로 하는 경우에는 등기신청서에 공증인의 인증을 받은 이사회의사록을 첨부하여야 합니다. 다만 소규모 회사의 이사가 1명 또는 2명인 경우 이사회를 구성하지 않으며 이사회의 권한을 각 이사(정관에 따라 대표이사를 정한 경우에는 그 대표이사) 또는 주주총회에서 행사합니다(상법 제383조 제4항, 제5항, 제6항).

6. 주금납입보관증명서

주식을 인수한 발기인은 지체 없이 그 인수가액을 지정된 금융기관에 납입하여야 하며, 발기인 또는 이사는 납입금을 보관하고 있는 금융기관에 보관금액에 관하여 증명서를 교부받아 제출하여야 합니다. 다만 소규모 회사의 경우 주금납입증명서를 잔고증명서로 대체할 수 있습니다.

7. 이사·감사의 조사보고서

이사와 감사는 회사 설립에 관한 사항이 법령 또는 정관의 규정에 위반되는지 여부를 조사하여 발기인에게 보고하여야 하며, 그 조사보고서를 제출하여야 합니다.

8. 변태설립사항에 관한 검사인의 조사보고서 또는 공증인의 조사보고서나 공인된 감정인의 감정서 등본

현물출자 등 변태설립사항이 있을 경우 검사인이 변태설립사항에 관하여 조사

하여 작성한 조사보고서, 또는 이에 관련된 조사를 공증인이나 감정인이 하였을 때에는 공증인의 조사보고서나 감정인의 감정서를 법원에 보고한 후 법원으로부터 송부 받은 부본을 제출하여야 합니다.

9. 취임승낙서(인감증명서나 본인서명사실확인서 또는 전자본인서명확인서의 발급증 포함)

이사, 대표이사, 감사는 회사의 임원으로서 취임함으로써 법적인 책임과 의무가 부과되므로, 취임자의 진정한 의사를 확인하기 위하여 취임자의 인감도장을 날인한 취임승낙서와 인감증명법에 의하여 신고한 인감증명서(발행일로부터 3개월 이내)나 본인서명사실확인서 또는 전자본인서명확인서의 발급증을 첨부하여야 합니다. 취임하는 자가 외국인인 경우에는 그 서면에 관공서에 신고한 인감을 날인하고 그 인감증명서를 첨부할 수 있으며, 본국에 인감증명제도가 없는 외국인의 경우에는 본인이 서명을 하였다는 본국 관공서의 증명서면이나 공증인의 공증서면으로 대신할 수 있습니다.

10. 주민등록표 등(초)본

취임하는 이사감사는 주민등록번호를 증명하는 서면으로, 회사를 대표할 이사는 주민등록번호 및 주소를 증명하는 서면으로 주민등록표 등(초)본을 제출하여야 합니다. 회사를 대표할 이사 이외의 임원은 주민등록증 사본, 자동차운전면허증 사본으로도 가능합니다.

11. 인감신고서

등기신청서에 기명날인할 사람(법인의 대표자 등)은 미리(설립등기신청과 동시에) 그 인감을 등기소에 제출하여야 합니다. 인감제출을 위한 인감신고서에는 인감증명법에 의한 인감을 날인하고 발행일로부터 3월 이내의 인감증명서를 첨부하여야 합니다. 또한 인감신고서와 함께 인감대지도 함께 제출하여야 합니다(인감의 제출관리 및 인감증명서 발급에 관한 업무처리지침).

12. 등록면허세영수필확인서

본점소재지 관할 시·군·구청장으로부터 등록면허세납부서(자본금의 4/1000에 해당하는 등록면허세와 그 등록면허세의 20/100에 해당하는 지방교육세)를 발부받아 납부한 후 등록면허세 영수필확인서를 첨부하여야 합니다. 대통령령으로 정하는 대도시 내에서의 설립등기 시에는 당해 세율의 3배의 등록면허세를 납부하여야 합니다. 여기서 대도시라 함은 수도권정비계획법 시행령 제9조 별표1에 지정되어 있는 권역을 의미합니다.

13. 위임장

등기신청권자 이외의 대리인에 의하여 등기신청을 하는 때에는 그 권한을 증명하는 서면으로 위임장을 첨부하여야 합니다. 실무상 수임자, 위임자, 위임내용을 기재하고 등기소에 제출하는 인감을 날인합니다.

14. 기타

▶명의개서 대리인을 둔 때에는 명의개서 대리인과의 계약을 증명하는 서면

▶정관에 건설이자의 배당에 관한 규정이 있는 때에는 이에 관한 법원의 인가서 등본

▶관청의 허가서 : 관청의 허가(인가)를 필요로 하는 사항의 등기를 신청할 때에는 관청의 허가서(인가서) 또는 그 인증 있는 등본을 첨부하여야 합니다.

▶번역문 : 등기신청 서류 중 외국어로 작성된 문서는 이를 번역하여 번역문을 첨부하여야 하며, 번역인의 자격에는 제한이 없으나 번역인의 성명 주소를 기재하고 기명날인 또는 서명하여야 합니다.

▶법인인감카드 발급 : 법인인감증명서는 법인인감카드 또는 전자증명서(HSM USB)로 발급받을 수 있으므로 등기 완료 후 법인인감도장을 지참하여 법인인감카드 또는 전자증명서(HSM USB)를 발급받으시기 바랍니다.

◉ 등기신청서 편철순서

신청서, 등록면허세영수필확인서, 정관, 주식발행사항동의서, 주식인수증, 주금납입보관증명서, 발기인회의사록, 조사보고서, 검사인의 조사보고서, 이사회의사록, 취임승낙서, 인감증명서나 본인서명사실확인서 또는 전자본인서명확인서의 발급증, 주민등록표등(초)본,(취임승낙서, 인감증명서, 주민등록표등(초)본은 임원별로 편철), 인감신고서, 위임장 등의 순서로 편철하시면 업무처리에 편리합니다.

◉ 과태료

상법 제635조는 회사설립 시 등기한 사항에 변경이 있는 때에는 본점소재지에서는 2주간 내, 지점소재지에서는 3주간 내에 그 변경등기를 하여야 하며 이를 게을리한 때에는 500만원 이하의 과태료에 처할 수 있도록 규정하고 있으므로 참고하시기 바랍니다.

◉ 기타

1. 등기신청과 관련된 정관, 의사록 등 각종 서식에 관하여는 대법원 인터넷등기소(자료센터), 법무부 홈페이지(법무지식), 중소기업청 홈페이지(자료마당), 사단법인 한국상장회사협의회 홈페이지(법률정보)를 참고하시면 많은 도움이 됩니다.

2. 이상은 법인설립등기(발기설립) 신청시 작성·제출하여야 하는 일반적인 서식과 그 내용에 대한 안내인바, 정관에 상대적 기재사항인 변태설립사항을 둔 경우, 감사위원회를 둔 경우 등 회사의 구체적인 사정에 따라 신청서 작성 및 첨부서면 등이 달라질 수 있습니다.

3. 특히 상법 제383조 제1항 단서의 규정에 의한 소규모회사(자본금 총액이 10억원 미만인 주식회사)에서 이사를 1명 또는 2명으로 하는 경우, 동조 제6항에 의하여 정관에 따라 대표이사를 정한 경우 등 회사의 사정에 따라 등기방법 등이 달라질 수 있으니 개별·구체적인 사항에 대하여는 등기과·소의 민원담당자 또는 변호사, 법무사 등 등기와 관련된 전문가에게 문의하시기 바랍니다.

【서식】주식회사설립등기신청서(모집설립)

주식회사설립등기신청

접 수	년　월　일		처리인	등기관 확인	각종 통지
	제	호			

①등 기 의 목 적	주식회사 설립(모집설립)
②등 기 의 사 유	정관을 작성하여 공증인의 인증을 받아 발기인이 회사 설립시에 발행하는 주식의 총수를 인수하지 아니하고 주주를 모집하여 주금납입을 완료한 후 20○○년 ○월 ○일 창립총회를 종결하였으므로 다음 사항의 등기를 구함
③본/지점 신청구분	1.본점신청 ☐　2.지점신청 ☐　3.본·지점 일괄신청 ☐

등 기 할 사 항

④상　　　호	○○ 주식회사 (또는 주식회사 ○○)
⑤본　　　점	서울특별시 ○○구 ○○로 ○○
⑥공고방법	서울시내에서 발행하는 일간 ○○일보에 게재한다.
⑦1주 의금액	10,000원
⑧발 행 할 주식의 총수	20,000주
⑨발행주식의 총수와 그 종류 및 각각의 수	발행주식의 총수　　5,000주 보통주식　　　　　2,000주 제1종우선주식　　3,000주
⑩자 본 금 의 총 액	50,000,000원

등 기 할 사 항	
⑪목 적	1. 주택건설업 1. 철근콘크리트 공사업 1. 토목공사업 1. 부동산 임대업 1. 위 각 호에 관련된 부대사업 일체
⑫이사 ·감사의 성명 및 주민등록번호	사내이사 ○ ○ ○ (-) 사내이사 ○ ○ ○ (-) 사외이사 ○ ○ ○ (-) 기타비상무이사 ○ ○ ○ (-) 감 사 ○ ○ ○ (-)
⑬대표이사의 성명과 주소	대표이사 ○ ○ ○(-) 서울특별시 ○○구 ○○로 ○○
⑭종류주식의 내용	
⑮지 점	경기도 ○○시 ○○구 ○○로 ○○ (○○지점)
⑯존립기간 또는 해산사유	없음(정관에 규정이 되어 있으면 기재)
⑰기 타 (주식의 양도에 관하여 이사회의 승인을 얻도록 정한 때에는 그 규정, 명의개서대리인을 둔 때에는 그 상호와 본점소재지 등)	없음(정관에 규정이 되어 있으면 기재)

<table>
<tr><td colspan="8" align="center">⑱신청등기소 및 등록면허세/수수료</td></tr>
<tr><td rowspan="2">순번</td><td rowspan="2">신청등기소</td><td rowspan="2">구분</td><td>등록면허세</td><td rowspan="2">농어촌특별세</td><td rowspan="2">세액합계</td><td colspan="2" rowspan="2">등기신청수수료</td></tr>
<tr><td>지방교육세</td></tr>
<tr><td rowspan="2"></td><td rowspan="2"></td><td rowspan="2"></td><td>금　　　　　원</td><td rowspan="2">금　　　원</td><td rowspan="2">금　　　원</td><td colspan="2" rowspan="2">금　　　　　　원</td></tr>
<tr><td>금　　　　　원</td></tr>
<tr><td></td><td></td><td></td><td></td><td></td><td></td><td colspan="2"></td></tr>
<tr><td colspan="2" align="center">합　　　계</td><td></td><td></td><td></td><td></td><td colspan="2"></td></tr>
<tr><td colspan="3">등기신청수수료 납부번호</td><td colspan="5"></td></tr>
<tr><td colspan="2">⑲ 과세표준액</td><td colspan="5">금</td><td>원</td></tr>
</table>

⑳첨　부　서　면

1.정관(공증받은 것)	통	1.공증인의 변태설립사항보고서	통
1.주식의 인수를 증명하는 서면	통	1.공인된 감정인의 감정서	통
1.주식청약서	통	1.검사인조사보고서등본	통
1.주식발행사항동의서	통	1.취임승낙서(인감증명서포함)	통
1.창립총회의사록(공증받은 것)	통	1.주민등록표등(초)본	통
1.이사회의사록(공증받은 것)	통	1.인감신고서	통
1.주금납입보관증명서	통	1.등록면허세영수필확인서	통
1.재산인도증	통	1.등기신청수수료영수필확인서	통
1.이사・감사 또는 감사위원회의		1.위임장(대리인이 신청할 경우)	통
조사보고서	통	<기 타>	

```
                                            년      월      일

Ⓐ 신청인   상   호
           본   점
   대표이사 성   명            (인)   (전화 :            )
           주   소
   대리인   성   명            (인)   (전화 :            )
           주   소
              지방법원      등기소  귀중
```

<table>
<tr><td colspan="2" align="center">- 신청서 작성요령 -</td></tr>
<tr><td>1.</td><td>해당란이 부족할 때에는 별지를 이용합니다.</td></tr>
<tr><td>1.</td><td>해당 등기신청과 관계없는 사항에 대하여는 "해당없음"으로 기재하거나 삭제하고, 필요한 사항은 추가 기재합니다.</td></tr>
<tr><td>1.</td><td>「인감증명법」에 따른 인감증명서 제출과 함께 관련 서면에 인감을 날인하여야 하는 경우, 본인서명사실확인서를 제출하고 관련 서면에 서명을 하거나 전자본인서명확인서 발급증을 제출하고 관련 서면에 서명을 하면 인감증명서를 제출하고 관련 서면에 인감을 날인한 것으로 봅니다.</td></tr>
</table>

【서식】주식발행사항동의서

주식발행사항동의서

발기인 전원의 동의로서 회사설립시에 발행할 주식에 관한 사항을 다음과 같이 결정함.

다   음

1. 주식의 종류와 수
   보통주식 8,000주
   우선주식 2,000주
2. 주식의 발행가액
   1주에 대하여 금10,000원

위 동의사항을 확실히 하기 위하여 발기인 전원이 다음에 기명날인 또는 서명함.

2000년 0월 0일

　　　　　○○주식회사
　　　　　　○○시 ○○구 ○○길 ○○
　　　　　발기인 ○ ○ ○ ㊞
　　　　　　이하 생략(발기인 전원이 기명날인함)

【서식】주식납입금보관증명서

주식납입금보관증명서

금○○○원

발행의 주식총수 ○○주

1주의 금액 ○○○원

　위 금액은 귀 회사 설립시에 발행하는 주식총수에 대한 납입금으로서 20○○년 ○월 ○일 납입이 완료되어 현재 이를 보관 중임을 증명함.

20○○년 ○월 ○일

주식회사 ○○은행

○○시 ○○구 ○○길 ○○

대표이사 ○　○　○　⑪

(또는 주식회사 ○○은행 ○○지점)

지 점 장　○　○　○　⑪

○○주식회사 발기인대표　○　○　○　귀하

【서식】법원이 선임한 검사인의 조사총회보고서

검 사 인 조 사 보 고 서

　본인은 ○○지방법원 20○○파123호 검사인 선임신청사건에 있어서 ○○주식회사의 검사인으로 선임되어 상법 제290조 소정사항을 조사하였으므로 다음과 같이 보고함.

조사사항 및 조사결과

1. 발기인이 받을 특별이익에 관한 사항
　정관 제○조에 의하면 발기인이 받을 특별이익으로서 발기인은 그가 가지는 주식 1주에 대하여 연 ○○○원에 달할 때까지 다른 주식에 우선하여 배당받을 수 있다는 취지의 규정이 있으나 이는 발기인의 발기행위에 대한 특별공로를 이유로 한 것으로서 동인 등의 공로 및 대외적 신용 등을 고려한다면 당해 정관의 규정은 상법, 기타 법령 및 상관습에 위반되지 아니하여 정당하다고 사료됨.
2. 현물출자에 관한 사항
　현물출자를 한 자는 발기인 ○○○이고 출자재산은 ○○○으로써 그 가격은 공인감정인의 감정평가에 의하여 감정평가되어 적정한 것으로 인정되며 그 평가액을 기초로 하여 부여한 주식의 배정도 정당한 것으로 사료되고 현물출자 재산은 이미 회사에 확실히 인도되었음이 출자자 작성의 재산인도증에 의해 명확히 인정됨.
3. 회사성립 후 양수약정 재산에 관한 사항
　회사성립 후 양수키로 약정한 재산은 발기인 ○○○소유의 ○○○으로써 이는 회사의 영업상 필요할 뿐만 아니라 그 가격도 적정하여 이에 관한 정관의 규정은 타당하다고 인정됨.
4. 회사가 부담할 설립비용 및 발기인의 보수에 관한 사항

회사가 부담할 설립비용과 발기인의 보수내역은 별첨 계산서와 같은 바, 그 부담 및 지출은 필요 적정하다고 사료됨.

첨 부 서 류

1. 정관사본   1통
1. 현물출자재산평가서사본   1통
1. 현물출자재산인도증사본   1통
1. 설립비용 등 계산서사본   1통

위와 같이 보고함.

2000년 O월 O일

○○주식회사
          ○○시 ○○구 ○○길 ○○
검사인 ○ ○ ○ ㊞

【서식】법원검사인조사보고서

조사보고서

신 청 인 ○ ○ ○ 외 ○명
사건본인 ○○산업주식회사(설립 중)
검 사 인 ○ ○ ○
      ○○시 ○○구 ○○길 ○○

　본인은 귀원 2000(   )○○호 검사인 선임신청 사건에 관한 2000년 ○월 ○일 결정에 의하여 검사인으로 선임되어, 즉일 취임하고 즉시 위 회사에 대하여 상법 제299조 소정사항의 검사에 착수하여 2000년 ○월 ○일 그 검사를 종료하였으므로 다음과 같이 보고함.

조사사항 및 조사결과

1. 발기인이 받을 특별이익에 관한 사항
　정관 제○조에 의하면 발기인이 받을 특별이익으로서 각 발기인은 그가 가지는 주식 1주에 대하여 연 ○○○원 달할 때까지 다른 주식에 우선하여 배당받을 수 있다는 취지의 규정이 있으나 이는 발기인의 발기행위에 대한 특별공로를 이유로 한 것으로서 동인 등의 공로 및 대외적 신용 등을 고려한다면 당해 정관의 규정은 적정한 것으로 사료됨.
2. 현물출자에 관한 사항
　현물출자를 한 자의 성명, 그 목적재산의 종류, 수량, 가격과 이에 부여하는 주식의 종류와 수는 다음과 같은 바, 감정인 ○○○가 평가한 가격은 시가에 적정한 것으로 인정되고 정관에 기재된 평가액을 훨씬 상회하는 가격이므로 이에 부여하는 주식의 종류와 수는 합당하다 사료되며 출자자 ○○○ 작성의 재산인도증과 발기인 대표가 소지하고 있는 그 이전등기에 필요한 서류 등에 의하면 위 출자재산은 이미 회사에 확실히 인도되었음이 확인됨.

현물출자자 발기인 ○ ○ ○

출자목적재산

○○시 ○○구 ○○길 ○○

대 ○○㎡

위 지상

평가액 금○○○원

이에 부여하는 주식의 종류와 수

보통주식 ○○주

3. 회사성립 후 양수약정재산에 관한 사항

회사성립 후 양수키로 약정한 재산은 발기인 ○○○ 소유의 자동차 1대로써 이는 회사의 일상 영업상 필요할 뿐 아니라 ○○○ 작성의 견적서에 의하면 그 가격도 적정하여 그에 관한 정관 제○조의 규정은 적정하다고 사료됨.

4. 회사가 부담할 설립비용 및 발기인의 보수에 관한 사항

회사가 부담할 설립비용과 발기인의 보수내역은 별첨 계산서와 같은 바, 그 부담 및 지출은 필요하고 적정하다 사료됨.

5. 주식의 발행가격 전액납입여부

설립시에 발행할 주식의 총수는 ○○○주로서 전부 인수되어 그 중 금전출자에 대한 발행가액 전액이 20○○년 ○월 ○일 납입이 완료되었음은 주식회사 ○○은행 ○○지점 발행의 주식납입금 보관증명서에 의해 확실히 인정됨.

6. 기타설립에 관한 사항

기타 설립에 관한 모든 사항이 법령과 정관의 규정에 위반되지 않고 적정함이 인정됨.

첨 부 서 류

1. 정관사본   1통
1. 주식인수증   ○통
1. 주식금납입보관증명서   1통
1. 현물출자인도증사본   ○통
1. 감정평가보고서   ○통
1. 견적서   1통
1. 비용계산서   1통

위와 같이 보고함.

2000년 ○월 ○일

○○ 산업주식회사

○○시 ○○구 ○○길 ○○

검사인 ○ ○ ○ ⑩

○○지방법원 귀중

위 인가함.

재판장 판사 ○ ○ ○ ⑩

위 등본입니다.

2000년 ○월 ○일

○○ 지방법원

법원사무관 ○ ○ ○ ⑩

【서식】이사회의사록

이사회의사록

이사총수 ○○명, 출석이사수 ○○명
감사총수 ○○명, 출석감사수 ○○명

제1호 의안 대표이사 선임의 건

이사 전원의 호선으로 ○○○이 임시 의장으로 선출하다.

의장은 본 회사를 대표할 대표이사를 선임한다는 취지를 말한 바, 출석이사 전원이 신중히 토의한 결과 전원일치된 의견으로 다음과 같이 대표이사를 호선하다.

　　대표이사 ○ ○ ○

위 피선자는 즉석에서 그 취임을 승낙하다.

[유례1] 의장이 대표이사를 선임한다는 취지를 말한 바, 이사 ○○○로부터 이사 ○○○를 대표이사로 추대하자는 취지의 발언이 있고, 전원 그에 찬성하여 다음 사람을 대표이사로 선임하다.

[유례2] 의장이 정관 제○조에 의하여 회사를 공동하여 대표할 공동대표 이사를 선임한다는 취지를 말한 바, 전원일치로 다음과 같이 공동대표 이사를 선임하다.

　　공동대표이사를 선임하다.

　　공동대표이사 ○ ○ ○

　　공동대표이사 ○ ○ ○

제2호 의안 본점설치장소 결정의 건

의장은 정관에 회사의 본점을 ○○시에 둔다고만 정해져 있으므로 그 구체적인 설치장소를 결정하자는 취지를 말한 바 전원일치로서 다음과 같이본점설치장소를 결정하였다.

본점 　○○시 ○○구 ○○길 ○○

제3호 의안　지점설치 및 지배인선임의 건

의장은 본 회사의 경영상 필요에 의하여 다음 장소에 지점을 설치하고 그 지점에 지배인을 둘 필요가 있음을 설명하고 이에 대한 가부 및 지배인의 선정을 구한 바, 이사 전원의 일치된 의견으로 지점설치를 승인하고 그 지점에 둘 지배인으로 다음 사람을 선임하였다.

○○지점

○○시 ○○구 ○○길 ○○

위 지점에 둘 지배인　○　○　○(　　　-　　　)

지배인 주소　○○시 ○○구 ○○길 ○○

의장은 이상으로서 회의의 목적의안 전부의 심의를 종료하였으므로 폐회한다고 선언하다(회의종료시간 ○시 ○분).

위 의사의 경과요령과 결과를 명확히 하기 위하여 이 의사록을 작성하고 의장과 출석한 이사 및 감사가 기명날인 또는 서명하다.

2000년 ○월 ○일

○○ 주식회사

의장　대표이사　○　○　○　㊞

이사　○　○　○　㊞

감사　○　○　○　㊞

【서식】취임승낙서

취 임 승 낙 서

  본인은 20○○년 ○월 ○일 창립총회(또는 이사회)에서 사내이사와 감사로(또는 대표이사로) 선임되었으므로 그 직에 취임을 승낙함.

20○○년 ○월 ○일

사내이사 ○ ○ ○ 印
감사 ○ ○ ○ 印

○○주식회사 귀중

【정관(주식회사 정관례)】

정　관

제1장　총　칙

제1조(상호)　본 회사는 ○○공업주식회사라고 부른다.

제2조(목적)　본 회사는 다음 사업을 경영함을 목적으로 한다.

　　1. 공작기계의 제작 및 판매업

　　2. 자동차부품의 제작 및 판매업

　　3. 합성수지제품의 가공 및 판매업

　　4. 위 각 호에 관련된 부대사업

제3조(본점 및 지점)　본 회사의 본점은 서울특별시 내에 두고 이사회의 결의로 각 지에 지점을 둘 수 있다.

　　[유례] 본 회사의 본점을 ○○시 ○○구 ○○길 ○○에 둔다.

　　　제○조(지점)　본 회사는 ○○시 ○○구 ○○길 ○○에 지점을 둔다.

제4조(공고방법)　당 회사의 공고는 서울 시내에서 발행하는 일간 ○○일보와 전주 시내에서 발행하는 일간 ○○일보에 게재한다.

제○조(존립기간)　본 회사의 존립기간은 회사성립일로부터 만30년으로 한다.

제2장　주식과 주권

제5조(회사가 발행할 주식의 총수 및 각종 주식의 내용과 수)　본 회사가 발행할 주식의 총수는 10만주로써 보통주식으로 한다.

　　[유례] 본 회사가 발행할 주식의 총수는 10만주로서 그 중 보통주식은 6만주, 우선주식은 2만주, 후배주식은 2만주로 한다.

　　　　제○조(우선주식의 내용)　우선주식의 이익배당률은 연 1할로써 당해

　　　　결산기의 이익배당률이 그에 미달할 때에는 다음 결산기에 그를 우선
　　　　하여 배당받는다.
　　　제○조(후배주식의 내용)　후배주식은 보통주식에 대하여 연 ○푼의 이
　　　　익배당을 하고 잉여가 있는 경우에 한하여 이익배당을 받을 수
　　　　있다.
　　　제○조(의결권 없는 주식)　우선 주식의 주주는 의결권이 없는 것으로
　　　　한다.
　　　제○조(상환주식)　상환주식은 주식발행 후 ○년 이내에 주주에게 배당
　　　　할 이익으로서 상환할 수 있다. 이 때 상환가액은 1주당 금○○○
　　　　원으로 한다.
제6조(1주의 금액) 본 회사가 발행하는 주식 1주의 금액은 금○○○원으로 한다.
제7조(회사설립시 발행하는 주식의 총수)　본 회사가 회사설립시에 발행하는 주식
　　의 총수는 3만주로 한다.
제8조(주권)　본 회사의 주식은 기명주식으로서 주권은 1주권, 10주권, 100주권 3
　　종으로 한다.
제9조(신주인수권) 주주는 회사가 신주를 발행함에 있어서 그가 소유한 주식수에
　　비례하여 신주를 배정받을 권리를 가진다. 그러나 주주가 신주인수권을 포기
　　또는 상실하거나 신주 배정에서 단주가 발생하는 경우 그 처리 방법은 이사
　　회의 결의에 의한다.
제10조(주권불소지)　당 회사는 주권불소지제도를 채택하지 아니한다.
제11조(주식의 양도제한)　주주는 이사회의 승인을 얻어 그가 가진 주식을 양도할
　　수 있다.
제12조(주금납입의 지체)　주금납입을 지체한 주주는 납입기일 다음날부터 납입이
　　끝날 때까지 지체 주금 ○○○원에 대하여 일변 10전의 비율로서 과태금을
　　회사에 지급하고 또 이로 인하여 손해가 생겼을 때는 그 손해를 변상하여
　　야 한다.
제13조(주권의 명의개서)　주식의 양도로 인하여 명의개서를 청구할 때에는 본회사

소정의 청구서에 주권을 첨부하여 제출해야 한다. 상속, 유증 기타 계약 이외의 사유로 인하여 명의개서를 청구할 때에는 본 회사 소정의 청구서에 주권 및 취득원인을 증명하는 서류를 첨부하여 제출하여야 한다.

[유례] 명의개서 대리인을 두기로 한 때

제○조 본 회사는 주주명부의 기재에 관한 사무를 처리하기 위하여 명의개서 대리인을 둔다.

명의개서 대리인은 이사회의 결의에 의하여 선정한다.

제14조(질권의 등록 및 신탁재산의 표시) 본 회사의 주식에 관하여 질권의 등록 또는 신탁재산의 표시를 청구함에 있어서는 당 회사가 정하는 청구서에 당사자가 기명날인하고 이에 주권을 첨부하여 제출하여야 한다. 그 등록 또는 표시의 말소를 청구함에 있어서도 같다.

제15조(주권의 재발생)

① 주권의 분할, 병합, 오손 등의 사유로 인하여 주권의 재발행을 청구함에 있어서는 본 회사가 정하는 청구서에 기명날인하고 이에 주권을 첨부하여 제출하여야 한다.

② 주권의 상실로 인하여 그 재발행을 청구함에 있어서는 당 회사가 정하는 청구서에 기명날인하고 이에 제권판결의 정본 또는 등본을 첨부하여 제출하여야 한다.

제16조(수수료) 제13조 내지 제15조에서 정하는 청구를 하는 자는 본 회사가 정하는 수수료를 납부하여야 한다.

제17조(주주명부의 폐쇄)

① 당 회사는 매년 ○월 ○일부터 정기주주총회의 종결일까지 주주명부의 기재의 변경을 정지한다.

② 제1항의 경우 이외에 주주 또는 질권자로서 권리를 행사할 자를 확정하기 위하여 필요한 때에는 이사회의 결의에 의하여 주주명부의 기재의 변경을 정지하고 또는 기준일을 정할 수가 있다. 이 경우에는 그 기간 또는 기준일의 2주간 전에 공고하는 것으로 한다.

제18조(주주의 주소 등의 신고) 본 회사의 주주 및 등록된 질권자 또는 그 법정대리인이나 대표자는 본 회사가 정하는 서식에 의하여 그의 성명, 주소와 인감을 당 회사에 신고하여야 한다. 신고사항에 변경이 있는 때에도 또한 같다.

제3장 주주총회

제19조(소집) 본 회사의 정기주주총회는 영업연도 말일의 다음날부터 3월 이내에 소집하고 임시주주총회는 필요한 경우에 수시 소집한다.

제20조(소집권) 주주총회의 소집은 법령에 다른 규정이 있는 경우를 제외하고는 대표이사가 소집한다. 대표이사 유고시에는 이사회의 결의에 의하여 정한 이사가 소집한다.

제21조(의장) 대표이사가 주주총회의 의장이 된다. 그러나 대표이사 유고시에는 이사회에서 선임한 다른 이사가 의장이 된다.

제22조(의결권) 의결권은 1주마다 1개로 한다.

제23조(결의사항 및 결의방법)

① 주주총회는 법령에서 정한 사항 이외에 다음 사항을 결의한다.

　1. 신주발행 사항의 결정

　2. 주식의 분할

　3. 영업의 전부 또는 일부의 양도

② 주주총회의 결의는 법령 또는 정관에 다른 규정이 있는 경우를 제외하고는 출석한 주주의 의결권의 과반수와 발행주식총수의 4분의 1 이상의 다수로써 하여야 한다. 단 정관변경의 특별결의는 출석한 주주의 의결권 3분의 2 이상의 수와 발행주식 총수의 3분의 1 이상의 다수로 한다.

제24조(의결권의 대리행사) 주주는 대리인으로 하여금 의결권을 행사할 수 있다.

제25조(총회의 의사록) 주주총회 의사는 그 경과의 요령과 결과를 의사록에 기재하고 의장과 출석한 이사가 기명날인 또는 서명하여 본점 또는 지점에 보

존 비치한다.

제4장   임원과 이사회

제26조(이사와 감사의 원수) 본 회사의 이사는 3인 이상, 감사는 1인 이상으로 한
다.

제27조(이사의 선임) 본 회사의 이사의 선임은 주주총회에서 발행주식 총수의 과반
수에 해당하는 주식을 가진 주주가 출석하여 그 의결권의 과반수로 선임한
다.

제28조(감사의 선임) 당 회사의 감사는 제27조의 규정에 의한 결의방법에 의하여
선임한다. 그러나 이 경우에 의결권 없는 주식을 제외한 발행주식 총수의
100분의 3을 초과하는 주식을 가지는 주주는 그 초과하는 주식에 관하여는
의결권을 행사하지 못한다.

제29조(이사임기) 이사의 임기는 취임 후 3년으로 한다. 그러나 이사의 임기가 재
임 중 최종의 결산기에 관한 정기주주총회의 종결 이전에 끝날 때는 그 총
회종결에 이르기까지 그 임기를 연장한다.

제30조(감사의 임기) 감사의 임기는 취임 후 3년 내의 최종 결산기에 관한 정기주
주총회의 종결시까지로 한다.

제31조(임원의 보선) 이사 또는 감사가 결원되었을 때는 임시주주총회를 소집하여
보결선임한다. 그러나 법원정수가 되고 또한 업무집행상 지장이 없을 때는
보결선임을 보류 또는 다음 정기주주총회시까지 연기할 수 있다. 보결 또는
증원에 의하여 선임된 이사 및 감사의 임기는 취임한 날로부터 기산한다.

제32조(이사회의 소집) 이사회는 대표이사 또는 이사회에서 따로 정한 이사가 있
는 때에는 그 이사가 회 일의 일주 전에 각 이사 및 감사에게 통지하여 소
집한다. 그러나 이사 및 감사전원의 동의가 있는 때에는 소집절차를 생략할
수 있다.

제33조(이사회)

① 이사는 이사회를 조직하고 대표이사의 선임과 회사 업무집행에 관한 중요사항을 결의하며 의장은 대표이사가 된다.

② 이사회는 대표이사 1명을 사장에 보하고 또는 필요할 때에는 대표이사 1명을 더 선임하여 회장에 보하고 전무이사, 상무이사 약간명을 보할 수 있다.

③ 이사회의 결의는 이사 과반수의 출석과 출석 이사의 과반수로 한다.

제34조(대표이사) 대표이사는 본 회사를 대표하고 대표이사가 수명일 때는 각자 회사를 대표한다.

제35조(업무집행)

① 대표이사는 당 회사의 업무를 통할하고 전무이사 또는 상무이사는 대표이사를 보좌하여 그 업무를 분장한다.

② 대표이사가 유고시에는 미리 이사회에서 정한 순서에 따라 전무이사 또는 상무이사가 대표이사의 직무를 대행한다.

제36조(감사의 직무) 감사는 본 회사의 업무 및 회계를 감사한다.

제37조(보수와 퇴직금) 임원의 보수 또는 퇴직한 임원의 퇴직금은 주주총회의 결의로 정한다.

제 5 장 계 산

제38조(영업연도) 본 회사의 영업연도는 매년 ○월 ○일부터 ○월 ○일까지로 한다.

제39조(재무제표, 영업보고서의 작성비치)

① 본 회사의 대표이사는 정기총회 회일 6주간 전에 다음 서류 및 그 부속명세서와 영업보고서를 작성하여 이사회의 승인과 감사의 감사를 받아 정기총회에 제출하여야 한다.

  1. 대차대조표

  2. 손익계산서

  3. 이익금 처분계산서 또는 결손금 처리계산서

② 1항의 서류는 감사보고서와 함께 정기총회 1주간 전부터 당 회사의 본점과 지점에 비치해야 하고 총회의 승인을 얻었을 때는 그 중 대차대조표를 지체없이 공고하여야 한다.

제40조(이익금의 처분) 매기 총수입금에서 총지출금을 공제한 잔액을 이익금으로 하여 이를 다음과 같이 처분한다.

　　1. 이익준비금 금전에 의한 이익배당액의 10분의 1 이상

　　2. 법정적립금

　　3. 임의적립금

　　4. 주주배당금

　　5. 임원상여금

　　6. 후기이월잉여금

제41조(이익배당) 이익배당금은 금전과 주식으로 하며 매결산기에 있어서의 주주명부에 기재된 주주 또는 질권자에게 지급한다.

제42조(배당금 지급청구권 소멸시효) 배당금의 지급 청구권은 5년간 이를 행사하지 아니하면 소멸시효가 완성한다. 소멸시효완성으로 인한 배당금은 본 회사에 귀속한다.

- 부　칙 -

제43조(내부규정) 본 회사는 필요에 따라 이사회의 결의로 업무수행 및 경영상 필요한 세칙 등 내규를 정할 수 있다.

제44조(최초의 영업연도) 본 회사의 제1기 영업연도는 본 회사 성립일로부터 당해 12월 31일까지로 한다.

제45조(준용규정) 이 정관에 규정되지 아니한 사항은 주주총회의 결의 및 상법 등 상사에 관한 법규 기타 법령에 의거한다.

제46조(발기인의 성명 주소 등) 본 회사 발기인의 성명, 주민등록번호와 주소는 이 정관 말미의 기재와 같다.

[유례] 현물출자가 있는 경우

제○조(현물출자) 본 회사의 설립당시 현물출자를 하는 자의 성명, 출자목적인 재산, 그 가격과 이에 대하여 부여하는 주식의 종류와 수는 다음과 같다.

1. 출 자 자 발기인 ○ ○ ○
2. 출자재산 ○○시 ○○구 ○○길 ○○

   대 ○○㎡

   위 지상 철근콘크리트조 3층 사무소

   1층 ○○㎡

   2층 ○○㎡

   3층 ○○㎡

3. 출자재산의 평가액 금○○○원
4. 이에 부여하는 주식의 종류와 수 보통주식 ○○주

위와 같은 ○○공업주식회사를 설립하기 위하여 이 정관을 작성하고 발기인 전원이 이에 기명날인 또는 서명한다.

2000년 ○월 ○일

발기인 ○ ○ ○(-   ) 인
○○시 ○○구 ○○길 ○○
발기인 ○ ○ ○(-   ) 인
○○시 ○○구 ○○길 ○○
발기인 ○ ○ ○(-   ) 인
○○시 ○○구 ○○길 ○○
(발기인 전원이 연 기명날인함)

【서식】외국인투자기업등록신청서 [ ]신규등록 [ ]변경등록

외국인투자기업등록신청서 [ ]신규등록 [ ]변경등록

※ 바탕색이 어두운 난은 신청인이 적지 않으며, [　]에는 해당되는 곳에 √표를 합니다.　　　(제1쪽)

접수번호		접수일		처리일		처리기간　　1일	
외국투자가	① 상호 또는 명칭(영문)					② 국적	
	SPC여부	[ ]예 [ ]아니오	SPC의 최종 지배모기업	상호		(국적:　　　　)	

외국인 투자기업	③ 상호 또는 명칭	(국문)		④ 사업자등록번호(본사)
		(영문)		
		(*) SPC 여부 [ ] 예　　[ ] 아니오		
	⑤ 주소	본사　　　　　　　(전화번호:　　　,FAX:　　　)		
		주공장(주사업장) 소재지　　(전화번호:　　　,FAX:　　　)		
		홈페이지　　　　　　대표 E-mail		
	⑥ 신고(허가)된 사업명			
	⑦ 자본금(출연금)			
	⑧ 외국인 투자금액 및 비율	취득총액:　　　　　원(*USD　　　상당)		%
		액면총액:		
	⑨ 상시 근로자 수	기존(변경등록) 　　　　명	등록 후 예상규모(신규 및 변경등록)　　　명	

외국인투자 기업 변경등록	⑩ 변경등록 내용 (변 경 등록의 경우)	[ ] 외국인투자비율 또는 외국인투자금액이 변경되는 경우 [ ] 외국투자가의 상호 또는 명칭 및 국적 등이 변경되는 경우 [ ] 외국인투자기업의 상호 또는 명칭, 주소, 경영하려는 사업 등이 변경되는 경우 [ ] 기 타		
		※ 변경내용		
	⑪ 주식등의 양도 및 감소 (해당할 경 우)	양도 또는 감소인	상호 또는 명칭(영문)	국적
		양 수 인 (외국인의 경우)	상호 또는 명칭(영문)	국적
		양도 또는 감소할 주식(지분)	종류　　　　　1주(좌)당 액면가액(B)	1주(좌)당 양도 또는 감소가액(C)
			수량(A)　　　　액면총액(A×B)	양도 또는 감소총액(A×C)
	⑫ 외국인투자기업 등록말소 사유(해당할 경우)	[ ] 외국인투자지분 전량 양도·감소, [ ] 피합병법인, [ ] 폐업·청산, [ ] 기타 (　　　　　　　　)		

「외국인투자 촉진법」 제21조제1항·제2항, 같은 법 시행령 제27조 및 같은 법 시행규칙 제17조제1항·제2항에 따라 위와 같이 신청합니다.

년　　　월　　　일

신청인　　　　　　　　　　　　　　　(서명 또는 인)

(또는 대리인)　　　　　　　(전화번호 :　　　　　　)

<u>수탁기관장 귀하</u>

210mm×297mm(백상지 80g/㎡)

(제2쪽)

[정보통신망을 이용한 송달 동의서]

본 신청인은 「외국인투자 촉진법」 제21조제1항에 따라 외국인투자기업으로 등록한 이후, 같은 법 제21조제4항에 따라 외국인투자기업의 허가 취소 또는 등록말소사실이 발생하는 경우 그 사실에 대한 확인서(외국인투자기업 등록말소 확인서)를 정보통신망을 이용하여 송달받는 것에 대하여 ☐ **동의합니다.** ☐ **동의하지 않습니다.**

* 외국인투자기업 등록말소사유(「외국인투자 촉진법」 제21조제4항)

1. 외국인투자기업이 「부가가치세법」 제8조제7항에 따라 폐업신고를 한 경우

2. 외국투자가가 자기소유의 주식등의 전부를 대한민국국민이나 대한민국법인에 양도하거나 해당 외국인투자기업의 자본감소로 자기소유의 주식등의 전부가 없어지게 된 경우

3. 출자목적물의 납입을 가장하여 외국인투자기업의 등록을 한 경우

| 첨부서류 | <신규등록인 경우>

1. 송금인이 확인되는 외화매입증명서 또는 외화예치증명서 (개인사업자인 경우 상호명의의 입금증명서를 말합니다) 사본 1부 [현물출자(현물출연의 경우를 포함합니다. 이하 같습니다) 이외의 경우만을 말하며, 외국투자가가 직접 송금 또는 휴대반입하지 않는 경우에는 대리하여 송금·반입한 사실을 증명하는 서류를 첨부해야 합니다]

2. 현물출자완료확인서 사본 1부 (자본재를 출자하는 경우만 제출합니다)

3. 「상법」 제422조에 따른 검사인의 조사보고서 또는 감정인의 감정결과 사본 1부 (주식, 채권 및 국내 부동산을 출자하는 경우만 제출합니다) 또는 「상법」 제421조제2항에 따른 회사의 동의를 증명하는 서류 사본 1부(신주등의 인수인인 외국투자가의 주식 또는 지분에 대한 납입채무와 회사에 대한 채권을 상계하는 경우에만 제출하며, 외국인투자기업으로 등록하려는 기업이 신주등의 인수인에 대하여 채무를 부담하고 있다는 사실을 증명하는 서류와 신주등의 인수인이 상계의 의사표시를 증명하는 서류를 함께 제출합니다)

4. 외국인투자기업으로 등록하려는 기업의 다음 각 목에 해당하는 서류 각 1부

가. 법인 등기사항증명서

나. 주주명부(「외국인투자 촉진법」 제2조제1항제4호가목에 해당하는 경우에만 제출합니다)

다. 사업자등록증 또는 고유번호증 사본

라. 연구사업 개요서, 연구전담인력 현황 및 연구시설 명세서(「외국인투자 촉진법」 제2조제1항제4호다목에 해당하는 경우에만 제출합니다)

<변경등록인 경우>

1. 변경된 내용을 증명하는 서류 1부
2. 외국인투자기업 등록증명서 원본 1부 | 수수료

없음 |

(제3쪽)

유의사항

* 표란은 외국자본이 국내에 도입된 금액을 적습니다.

작성방법

①~②란은 「외국인투자 촉진법」에 따라 주식등을 취득한 외국투자가(개인 또는 법인)의 상호 또는 명칭 및 국적을 적고, 상호 또는 명칭을 반드시 영문으로 적습니다.

* SPC(Special Purpose Company)는 법인체로서 직·간접적으로 최종 지배모기업이 통제하며, 고용, 생산 또는 물리적 실체가 거의 없는 기업을 말합니다. SPC의 최종 지배모기업(UCP, Ultimate Controlling Parent)은 SPC를 최종적으로 지배하는 기업을 말합니다.

③~④란은 외국투자가가 출자(또는 출연)한 외국인투자기업 또는 취득한 주식 등을 발행한 국내기업의 상호 또는 명칭을 국문과 영문으로 적고, 사업자등록번호는 본사 기준으로 적습니다.

⑤란에서 주소는 '본사'와 '주공장(또는 주사업장)'으로 구분하여 적되, 제조업인 경우에는 주된 공장의 소재지 주소를 적고, 제조업이 아닌 경우에는 주된 사업장(연구소를 포함합니다)의 주소를 적습니다. 홈페이지는 회사 웹사이트 주소를 기재하며(홈페이지를 개설한 경우에 한합니다), 대표 e-mail은 정보통신망을 이용한 문서를 송달받을 수 있는 전자우편주소를 적습니다.

⑥란은 외국인투자기업이 경영하는 사업명을 적습니다. 복수의 사업을 경영하고 있는 경우에는 주요 사업 순으로 4개까지만 사업명을 적습니다.

⑦란은 해당 외국인투자기업의 납입자본금(또는 출연금)을 원화로 적습니다. 만일 납입자본금과 주식 등의 액면총액(주식수×1주(좌)당 액면가액)이 다른 경우에는 후자를 기재하고 전자는 부기합니다.

⑧란에서 '취득총액'은 신규 등록인 경우에는 외국투자가의 주식 등 취득총액을, 외국인투자금액 및 비율의 변경 등에 따른 변경등록인 경우에는 기존의 외국투자가의 주식 등 취득총액과 변동 취득총액의 합계를 원화와 미달러 상당액(미화는 인출한 날의 미화로 환산하여 적습니다)으로 적습니다. '액면총액'은 외국투자가가 투자한 주식 등의 액면총액을 원화로 적습니다. '외국인투자비율'은 외국인투자기업의 주식등에 대한 외국투자가가 소유하는 주식등의 비율을 적습니다.

⑨란은 해당 외국인투자기업등록 신청(또는 변경등록신청)의 원인이 되는 외국인투자금액 등의 변동에 따라 예상되는 해당 외국인투자기업의 상시근로자수를 적습니다.(신규 등록의 경우 '등록 후 예상규모' 란에 상시 근로자수 전체인원을 기재하며, 종전 외국인투자기업으로서 변경등록을 하는 경우에는 '기존' 란에 변경등록 신청 전일을 기준으로 외국인투자기업이 고용하고 있었던 상시근로자 수를 적고, '등록 후 예상규모' 란에 기존 상시근로자 수에 신규 예상 상시 근로자 수를 합한 전체인원을 기재합니다.)

⑩란은 '변경등록'의 경우에 해당 변경등록의 내용에 해당하는 항목에 [v]표시를 하고, 변경내용을 적습니다. (변경등록 항목은 필요에 따라 중복으로 표시할 수 있습니다.)
< 예시 > '16년 7월 28일 신고된 증액투자 등록, '16년9월30일 주식양도에 따른 변경등록, 외국인투자기업의 상호 및 주소 변경에 따른 변경등록

- '외국인투자비율 또는 외국인투자금액'의 변경은 외국인의 신주 및 기존주식등 취득, 증자, 전환사채 주식전환, 주식양도 및 감소등으로 외국인투자비율 또는 외국인투자금액이 변경되는 경우에 표시합니다.
- '외국투자가의 상호 또는 명칭 및 국적 등'의 변경은 외국투자가의 주식양수(양도), 외국인의 외국투자가로부터 매입·상속·유증·증여에 의한 취득 등으로 외국투자가가 변경되는 경우에 표시합니다.
- '외국인투자기업의 상호 또는 명칭, 주소, 경영하려는 사업 등'의 변경은 외국인투자기업의 상호 또는 명칭, 주소, 경영하려는 사업등 외국인투자기업등록증에 기재된 사항이 변경되는 경우에 표시합니다.

⑪란은 외국인투자기업의 변경등록 사항 중 외국투자가의 '주식등의 양도 및 감소'가 발생하는 경우 양도 또는 감소인, 양수인(외국인의 경우), 양도 또는 감소할 주식(지분)의 내용을 적습니다.

⑫란은 외국인투자기업 등록말소가 발생하는 경우, 등록말소 사유를 [V] 표시하고, 관련 내용을 간단히 적습니다.
< 예시 > '16년 7월 28일 외국투자가의 소유 주식을 내국인에게 전부 매각, '17년 2월 23일 A사와 B사의 합병으로 인해 B 외국인투자기업 소멸

처리절차

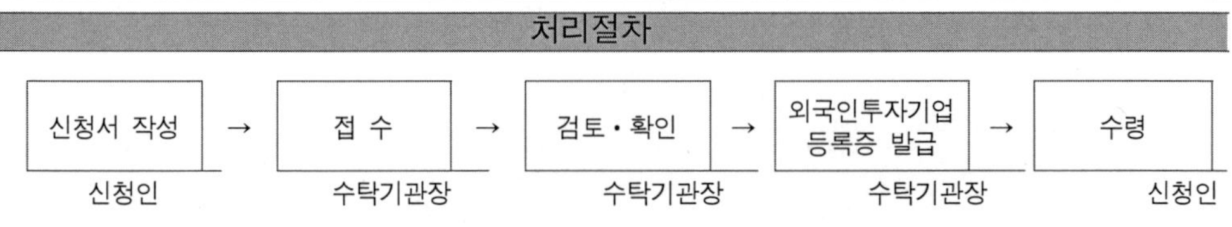

Ⅲ. 변경의 등기

Ⅰ. 본점이전·변경의 등기

◻ 핵 심 사 항 ◻

1. 본점이전의 등기
 (1) 의의 : 등기부상에 기재된 본점의 소재장소를 이전한 경우에 하는 등기.
 (2) 등기기간
  1) 동일 등기소 관내로 이전한 경우 : 실제 이전한 날로부터 본점소재지에서는 2주간, 지점소재지에서는 3주간 내에 본점을 이전한 뜻, 신본점과 이전연월일을 등기(상법 제317조 4항, 제183조).
  2) 다른 등기소 관내로 이전한 경우 : 실제 이전한 날로부터 신, 구 등기소 동일하게 2주간 내에 하여야 함(상법 제317조 4항, 제182조 1항). 지점소재지에서는 3주간 내에 등기하여야 함(상법 제317조 4항, 제183조).
2. 행정구역 등의 변경에 따른 본점변경의 등기
 행정구역 또는 그 명칭 등의 변경이 있는 경우에는 이에 관한 등기부의 기록은 당연히 변경된 것으로 봄. 구획 또는 그 명칭이 변경된 때에도 같음(상업등기법 제28조). 따라서 이러한 경우에는 그 변경등기의 신청의무는 없으나, 당사자는 그 변경등기를 신청할 수 있고, 등기관은 직권으로 변경사항을 등기할 수 있음(상업등기규칙 제57조).

---

1. 본점이전의 등기

(1) 본점이전등기의 의의

1) 의의

본점이란 회사의 영업을 총괄하는 영업소를 말한다. 주식회사의 정관에는 본점의 소재지를 반드시 기재하도록 되어 있다(상법 제289조 1항). 본점이전등기란 등기부상에 기재된 본점의 소재장소를 이전한 경우에 하는 등기이다. 본점을 이전하기 전에 이전일자를 예정하여 미리 등기할 수는 없다.

본점소재지는 독립된 행정구역으로서 등기부상 단일하여야 하므로, 동시에 복수의 행정구역을 본점소재지로 등기할 수 없으며, 추가된 지번·동·호수 등에 본점을 둔다는 취지라면 본점이전 등기신청을 하여야 한다.

【쟁점질의와 유권해석】

〈본점 소재지의 기재방법〉

ㄱ) 정관에 기재하는 경우

정관에서의 본점 소재지는 본점의 소재장소를 포함하는 독립한 최소 행정구역, 즉 서울특별시, 광역시, 시·군을 기재함으로써 족하다.

ㄴ) 등기부상에 기재하는 경우

등기부상의 본점 소재지는 지번·동·호수까지 표시되는 본점의 구체적인 소재장소를 기재한다. 본점소재지는 독립된 행정구역(구획 포함)으로서 지번·동·호수 등이어야 하므로, 당사자가 임의적으로 정한 건물명칭·호수 등은 등기사항이 아니다38).

본점이전의 등기에는 동일 최소행정구역 내에서 소재장소만을 이전한 경우와 다른 최소행정구역 내의 장소로 이전하는 경우가 있다. 또 등기소의 관할을 기준으로 동일 관할구역 내의 본점이전과 타관할구역으로의 관할구역으로의 본점이전으로 나눌 수 있다. 타관할로의 본점이전등기는 구본점소재지에서의 신청에 의한 등기부의 폐쇄와 신본점소재지에서의 등기부의 개설의 형태로 행해진다.

2) 도로명주소법에 따른 상업등기 등 사무처리지침(등기예규 제1728호)

정부는 2014.1.1. 도로명주소의 전면적 시행 전에 2011.7.29.부터 도로명주소를 법정주소로 인정하고 지번주소와 병행사용을 인정하고 있다. 이에 따라 상업등기에도 도로명주소제도의 조기 정착을 위해 2011.10.31.부터 본·지점, 임원·지배인 등의 주소를 도로명주소로 등기하도록 하였다.

① 도로명주소 표기

본점의 소재지 등은 도로명주소를 기재하여야 한다. 다만, 본점의 소재지 등을 건물에 두지 아니한 경우 등 도로명주소가 없는 경우에는 이를 증명하는 정보(임대차계약서 등)를 제공하면 소재지번을 기재할 수 있다.

② 도로명주소 표기 방법

도로명주소를 기재할 때에는 도로명주소법시행령 제2조 제1항 제7호의 참고항목(법정동, 공동주택 명칭)까지 기재한다.

---

38) 2004.2.6. 공탁법인 3402-37 질의회답

(예시 1) 공동주택이 아닌 건물의 도로명주소 표기

서울특별시 서초구 서초대로 46길 62(서초동)

(예시 2) 공동주택의 도로명주소 표기

서울특별시 서초구 반포대로 48, 501호(서초동, 가을빌딩)

③ 소재지번을 도로명주소로 변경하는 등기신청의 처리

등기기록에 기록된 소재지번을 도로명주소로 변경하는 등기신청을 하는 경우에 신청인이 제공한 도로명주소 정보[건축물대장등본, 행정안전부 "새주소 안내시스템(http://www.juso.go.kr)"의 조회 결과물 등, 이하 "도로명주소 정보"라 함]에 의하여 해당 소재지번의 도로명주소임이 인정되면 등기신청을 수리한다.

④ 등기신청서와 첨부서면이 일치하지 아니한 경우

본점이전 등의 등기신청시 등기신청서와 첨부서면의 본점 소재지 등이 각 도로명주소와 소재지번으로 일치하지 아니한 경우에 제출된 도로명주소 정보에 의하여 해당 소재지번의 도로명주소임이 인정되면 등기신청서에 기재된 도로명주소로 등기한다.

(2) 본점이전의 절차

1) 이사회의 결의 또는 정관변경

정관에 본점소재지가 최소행정구역으로 기재되어 있는 경우에 동일 최소행정구역 내의 본점 이전이라면 이사회의 결의로 이전할 수 있으나 정관에 본점소재지가 그 소재·지번·동·호수까지 기재되어 있는 경우와 다른 최소행정구역으로의 본점 이전을 위해서는 주주총회의 특별결의에 의하여 정관을 변경한 후 이사회의 결의에 의하여 이전일자 등 업무집행에 관한 사항을 결정하여야 한다.

본점의 구체적인 이전장소나 일자에 관한 사항은 회사의 업무집행에 관한 사항으로 법률이나 정관에서 주주총회의 결의사항으로 규정되어 있지 않는 한 이는 이사회의 권한으로 주주총회의 결의로 대신할 수 없다.

2) 청산중인 회사의 경우

회사가 해산한 후에도 본점의 이전은 가능하므로, 이 경우에는 이사회의 결의에 갈음하여 청산인회의 결의가 필요하다.

3) 이사가 1인인 회사의 경우

자본금이 10억원 미만인 회사로서 이사가 1인인 주식회사 설립시 정관에 본점소재지로 최소행정구역만 기재되어 있는 경우 1인 이사가 본점소재장소를 결정하지만, 창립총회 내지 발기인회는 최고의사결정기관이므로 그 총회에서도 소재장소를 결의할 수 있다.

4) 파산법인과 파산재단의 경우

파산법인과 파산재단은 법인격상 동일하지 않으므로 파산재단의 사무실 이전을 파산법인의 본점이전으로 보아 등기할 수 없으며, 파산법인의 본점 이전은 비재산적 활동범위에 속하므로 일반 절차에 따라 대표이사가 변경등기를 신청한다[39].

5) 회생법인의 경우

회생법인의 경우에는 채무자의 업무수행과 재산의 관리 및 처분을 하는 권한은 관리인에게 전속하고(채무자회생및파산에관한법률 제56조 1항), 관리인이 선임되지 아니한 경우에는 채무자인 법인의 대표자가 관리인으로 간주되므로(동법 제74조 4항), 법인사무관 등이 촉탁하여야 할 등기사항 이외의 사항에 관하여는 관리인 또는 관리인으로 간주되는 자의 신청에 의하여 등기하여야 한다.

(3) 등기절차

1) 동일 등기소 관내로 이전한 경우

가. 등기기간

실제 이전한 날로부터 본점소재지에서는 2주간, 지점소재지에서는 3주간 내에 본점을 이전한 뜻, 신본점과 이전연월일을 등기하여야 한다(상법 제317조 4항, 제183조).

나. 신청서 기재사항

① 회사의 상호

② 회사의 본점 : 구본점의 소재장소

③ 등기의 목적 : 본점이전등기

④ 등기의 사유 : '본점이전' 또는 '결의기관 결의일자 및 본점이전사유'로기재할 수 있다. 그러나 본점에 지배인을 두고 있는 경우에는 그 지배인을 둔 장소의 이전등기는 본점이전등기와 동시에 신청하여야 하고, 그 신청서는 따로 작성할

필요 없이 본점이전등기신청서와 일괄작성할 수 있는 것이므로, 이 때에는 등기의 목적을 '본점이전 및 지배인을 둔 장소의 이전 등기'로 등기의 사유를 '본점 및 지배인을 둔 장소의 이전' 등으로 기재할 수도 있다.

⑤ 등기할 사항 : '본점을 이전한 뜻, 신본점과 이전연월일'을 기재한다. 본점에 지배인을 두고 있는 때에는 '지배인을 둔 장소를 이전한 뜻, 그 연월일'을 추가 기록하여야 한다.

⑥ 본점이전에 관하여 관청의 허가(인가)를 요하는 경우에는 그 허가(인가)서의 도달연월일

⑦ 등록에 대한 등록면허세액, 지방교육세액, 농어촌특별세액, 등기신청수수료

⑧ 첨부서면

⑨ 신청연월일

⑩ 회사의 상호, 본점(신본점소재장소를 기재한다)과 회사를 대표하는 자(대표이사 또는 대표청산인 등)의 성명, 주소

⑪ 대리인에 의하여 신청할 때에는 그 성명, 주소

⑫ 등기소의 표시

다. 첨부서면

① 이사회 또는 청산인회의 의사록, ② 주주총회의사록(정관변경이 필요한 경우), ③ 대리인에 의하여 신청할 때에는 그 권한을 증명하는 서면, ④ 본점이전에 관하여 관청의 허가(인가)를 요하는 경우에는 그 허가(인가)서 또는 인증있는 등본, ⑤ 법원의 허가 또는 총주주의 동의가 없으면 등기할 사항에 관하여 무효 또는 취소의 원인이 있는 때에는 그 허가서 또는 동의서, ⑥ 등록세납부영수필통지서 및 확인서 등을 첨부서면으로 제출한다.

라. 등록면허세, 지방교육세, 농어촌특별세, 등기신청수수료

등록면허세는 11만2천5백원(지방세법 제28조 1항 6호 라목) 및 지방교육세 2만2천5백원(지방세법 제151조 1항 2호)을 납부하여야 하고, 6천원의 등기신청수수료를 납부하여야 한다(등기사항증명서 등 수수료 규칙 제5조의3 2항).

본점이전의 등기의 신청과 동시에 본점에 둔 지배인의 '지배인을 둔 장소의 이전의 등기'를 일괄하여 하나의 신청서로 동시에 신청하는 경우에는 지방세법 제28조 제1항 6호 바목에 따른 등록면허세(4만2백원) 및 지방교육세(8천4십원)를 합한 4만8천2백4십원을 추가로 납부하여야 한다. 또한 이 경우 본점이전의 등기신청수수료 외에 지배인을 둔 장소의 이전등기의 등기신청수수료를 추가로 납부

하여야 한다[40].

2) 다른 등기소관내로 이전한 경우

가. 등기기간

등기기간은 실제 이전한 날로부터 기산하여야 하고, 실제로 이전하기 전에 예정하여 등기할 수는 없다.

본점이전시 등기는 신·구등기소 동일하게 2주간 내에 하여야 한다(상법 제317조 4항, 제182조 1항).

지점소재지에서는 3주간 내에 등기하여야 한다(상법 제183조, 317조 4항).

나. 등기사항

① 구소재지와 지점소재지의 경우

구본점소재지와 지점소재지에서는 본점을 '이전한 뜻, 신본점과 이전연월일', 지배인을 두고 있는 때에는 구본점소재지에서는 '지배인을 둔 장소를 이전한 뜻, 이전한 장소와 이전연월일' 추가 기재한다.

② 신본점소재지의 경우

신본점소재지에서의 등기사항은 i) 설립등기사항, ii) 지점을 두고 있는 때에는 그 소재지, iii) 본점을 이전한 뜻, 신본점과 이전연월일, iv) 회사의 성립연월일, v) 이사, 대표이사, 감사의 취임연월일, vi) 지배인을 두고 있는 때에는 지배인에 관한 등기사항을 추가 기재한다.

다. 신청방식

① 일괄신청 : 본점을 다른 등기소의 관할구역 내로 이전한 경우에 신소재지에서 하는 등기의 신청은 구소재지를 관할하는 등기소를 거쳐야 한다. 그리고 신소재지에서 하는 등기신청 및 구소재지에서 하는 등기신청은 동시에 구소재지 관할등기소에 일괄신청하여야 한다(상업등기법 제55조). 이는 신·구 본점소재지에서 각각 독립적으로 행하여지게 되면 어느 한쪽의 등기만 한 채 다른 쪽의 등기가 방치되는 폐단을 막기 위한 것이다. 종전에는 신소재지 관할등기소에 신청서가 송부된 후에는 신·구소재지에 대한 각 신청의 취하서 2통을 신소재지 관할등기소에 제출하여야 하도록 하였으나, 전산등기시에는 신소재지에는 취하서에 갈음하여 취하통지를 웹기반등기시스템에서 제공하는 통지프로그램으로 전산통지를 하므로, 취하서는 구등기소에 1개만 제출하면 된다.

---

40) 등기예규 제1403호 참조.

② 본점이전등기신청과 상호변경등기신청(상업등기규칙 제100조)

　　㉠ 본점이전등기신청을 한 회사의 상호가 신소재지 관할 등기소에서 상업등기법 제29조에 해당하여 본점이전등기를 할 수 없고, 구소재지 관할 등기소에서도 동법 제29조에 해당하여 상호변경등기를 할 수 없는 경우에는 상업등기규칙 제53조 제1항 단서에도 불구하고 그 상호변경등기신청은 본점이전등기신청과 동시에 구소재지 관할 등기소를 거쳐 신소재지를 관할하는 등기소에 할 수 있다.

　　㉡ 구소재지를 관할하는 등기소는 상업등기법 제56조 제2항의 통지와 함께 ㉠의 상호변경등기의 신청이 있었다는 뜻을 신소재지 관할 등기소에 전산정보처리조직을 이용하여 통지하여야 한다.

　　㉢ 상업등기법 제55조의 본점이전등기신청서의 접수 후에 상업등기법 제29조가 적용되는 등기신청서가 접수된 경우, 구소재지 관할 등기소 등기관은 본점이전등기를 하기 전까지 그 등기를 하여서는 아니된다.

③ 본점이전등기와 동시에 다른 변경등을 신청하는 경우 : 신청인이 본점(주사무소)이전등기와 동시에 다른 변경등기를 신청할 경우에는 별도의 변경등기신청서를 제출하여야 한다.

상호변경등기의 효력발생시기

선례요지

등기관이 등기를 마친 경우 그 등기는 접수한 때부터 효력을 발생하므로, 2010. 4. 29. 상호변경등기신청을 접수하여 등기관이 2010. 5. 6.에 등기를 마친 경우에 그 등기의 효력은 2010. 4. 29.부터 발생한다. (2010. 6. 18. 사법등기심의관-1348 질의회답)

참조조문 : 동산·채권 등의 담보에 관한 법률 제45조

라. 신청서 기재사항

상업등기법 제55조 제1항의 본점이전등기신청은 구소재지 관할 등기소에서 하는 등기의 신청서에 신소재지 관할 등기소에서 하는 등기의 신청에 관한 정보를 함께 기록하여 제출한다(상업등기규칙 제99조).

등기의 신청서의 기재사항은 다음과 같다.

① 회사의 상호

② 회사의 본점 : 신본점의 소재장소

③ 등기의 목적 : '본점이전등기'로 기재하고, 본점에 지배인을 두고 있는 때에는 '본점이전 및 지배인을 둔 장소의 이전등기'로 기재한다.

④ 등기의 사유 : '본점이전' 또는 결의일자, 결의기관 등 등기사유를 기재할 것이

나, 본점에 지배인을 두고 있을 때의 등기의 사유로 '본점 및 지배인을 둔 장소의 이전' 또는 '결의일자, 결의기관 등' 등기사유를 함께 기재할 수 있다.

⑤ 이사대표이사 등의 취임연월일 : 본점을 다른 등기소의 관할구역으로 이전한 경우에 신소재지에서 하는 등기의 신청서에는 이사대표이사감사 또는 감사위원회 위원의 취임연월일을 기재하여야 하고, 등기관은 이를 등기하여야 한다.

⑥ 등기할 사항 : 등기할 사항은 ⅰ) 설립등기사항, ⅱ) 지점을 두고 있을 때에는 그 소재지, ⅲ) 회사의 성립연월일, ⅳ) 본점이전의 뜻과 그 연월일, ⅴ) 이사대표이사감사의 취임연월일, ⅵ) 본점이전 전에 등기된 전환사채, ⅶ) 지배인을 두고 있는 때에는 지배인에 관한 등기사항 등이다.

⑦ 본점이전에 관하여 관청의 허가(인가)를 요할 때에는 그 허가(인가)서의 도달연월일

⑧ 등록에 대한 등록면허세, 지방교육세, 농어촌특별세액 및 과세표준, 등기신청수수료

⑨ 첨부서면

⑩ 신청연월일

⑪ 신청인(회사의 상호·본점) 신청에 관하여 회사를 대표할 자의 성명·주소

⑫ 대리인에 의하여 신청할 때에는 대리인의 성명·주소

⑬ 등기소의 표시 : 신본점소재지 관할등기소

마. 첨부서면

① 구소재지에서는 주주총회의사록, 이사회 또는 청산인회의사록(이사 또는 청산인이 1인인 회사 제외), 대리인에 의하여 신청할 때에는 그 권한을 증명하는 서면, 정관의 규정 또는 총주주의 동의가 없으면 효력이 없거나 취소할 수 있는 사항의 등기에 관하여는 정관 또는 법원의 허가서 등을 첨부하여야 한다. 그리고 본점이전에 관한 관청의 허가(또는 인가)가 본점이전의 효력요건인 경우에는 그 허가서를 첨부하고 허가서의 도달 연월일을 기재하여야 한다.

② 신소재지에서는 소정의 등록세 등을 납부한 영수필통지서 및 영수필확인서를 첨부하고, 대리인에 의하여 신청할 경우에는 그 권한을 증명하는 서면만을 제출하면 된다. 이외 다른 서면이 필요 없는 것은 구등기소의 신청서에 필요한 서면을 첨부하였기 때문이다.

바. 등록면허세, 지방교육세, 농어촌특별세, 등기신청수수료

다른 등기소의 관할구역 내로 본점을 이전한 경우에는 우선 구소재지에서 하는

본점이전의 등기신청과 관련해서 등록면허세 4만2백원 및 지방교육세 8천4십원을 납부하여야 한다(지방세법 제28조 1항 6호 바목, 제151조 1항 2호).

신소재지에서 하는 본점이전의 등기신청과 관련해서는 다음과 같이 납부하여야 한다.

① 본점의 구소재지와 신소재지가 모두 대도시 내가 아닌 경우에는 신소재지에서 하는 본점이전의 등기신청과 관련하여 등록면허세 11만2천5백원 및 지방교육세 2만2천5백원을 납부하여야 한다(지방세법 제28조 1항 6호 라목, 제151조 1항 2호).

② 본점의 구소재지가 대도시 내에 있던 회사가 대도시 외로 이전한 경우에는 신소재지에서 하는 본점이전의 등기신청에 대하여 지방세특례제한법 제79조 2항에서 2012년 12월 31일까지 등록면허세를 면제하고 있었으나, 동 규정은 2013년 1월 1일 개정되어 2015년 12월 31일까지 면제하는 것으로 연장되었다(지방세특례제한법 제79조 2항). 이 경우 농어촌특별세도 비과세한다(농어촌특별세법 제4조, 동시행령 4조 6항 5호).

③ 본점의 구소재지와 신소재지가 모두 대도시 내인 경우에는 신소재지에서 하는 본점이전의 등기신청과 관련하여 등록면허세 11만2천5백원과 지방교육세 2만2천5백원을 납부하여야 한다(지방세법 제28조 제1항 6호 라목, 제151조 제1항 2호).

④ 본점의 구소재지가 대도시 외에 있던 회사가 대도시 내로 본점을 이전한 경우에는 대도시 내에서 법인을 설립하는 것으로 보아 신소재지에서 하는 본점이전의 등기신청에 대하여 주식회사의 설립등기의 세율, 즉 자본금의 1,000분의 4(지방세법 제28조 제1항 6호 가목 1))의 3배에 해당하는 등록면허세와 등록면허세의 100분의 20에 해당하는 지방교육세를 납부하여야 한다(지방세법 제28조 제2항 2호, 제151조 제1항 2호).

등기신청수수료는 구본점소재지에서 하는 등기의 신청에 대한 수수료 6천원 및 신본점소재지에서 하는 등기의 신청에 대한 수수료 3만원을 각 납부하여야 한다.

사. 신소재지 관할등기소에 대한 인감제출

종전에는 본점이전시 신소재지를 관할하는 등기소에 인감을 제출하는 때에는 구소재지를 거쳐야 하였으나(비송사건절차법 제184조 1항 단서), 2007. 8. 3 제정된 상업등기법 제50조에는 본점이전시 인감제출규정을 두지 아니하였다(상업등기법 제58조 1항).

전산등기시에는 인감이 변경되지 아니하면 별도로 본전이전에 따른 인감을 제출하지 아니하여도 된다. 왜냐하면 구소재지 관할등기소는 웹기반등기시스템에서 제공하는 프로그램에 의하여 구소재지 관할등기소에 관리하는 법인인감을 본점 (주사무소)이전에 관한 전산통지와 함께 신소재지 관할등기소에 정보시스템을 이용하여 송부하기 때문이다.

(4) 본점이전등기 처리절차

1) 구소재지 등기소에서의 처리

① 신청서의 접수절차 : 구 본점소재지 관할등기소가 신·구소재지의 본점이전등기신청서를 동시신청사건으로 접수한 경우에는 각 접수인을 찍고 접수번호를 부여한다(동시제출이므로 동일 접수번호가 부여됨). 등기신청서가 접수되면 웹기반등기시스템에 의하여 해당등기기록과 인감기록에 '본점이전등기신청 중'이라는 취지가 표시되고, 등기가 완료될 때까지 인감 및 등기부는 발행되지 않는다.

② 신청서의 조사 : 구소재지를 관할하는 등기소는 동시에 신청된 신·구소재지의 등기신청을 모두 조사하여야 하고, 그 중 어느 하나에 관하여 각하사유가 있는 때에는 이들 신청을 함께 각하하여야 한다(상업등기법 제56조). 신소재지 관할등기소에 제출(재제출)할 인감도 구소재지 관할등기소가 그 인감이 종전인감과 동일한 것인가의 여부를 심사하여야 함은 물론이고, 인감이 다르다면 개인감절차를 취했는지 여부를 심사하여야 한다.

【쟁점질의와 유권해석】

〈신소재지에 동일 또는 유사상호가 있어 본점이전 등기신청과 동시에 상호변경등기를 신청한 결과 구소재지에 변경 후의 상호와 동일 또는 유사상호가 있는 때의 등기신청 방법〉

신소재지 관할등기소에서 상호변경등기를 하여야 하는 경우, 즉, '대한'이라는 상호를 가진 회사가 본점이전을 하고자 하는데, 신소재지 관할등기소에 이미 '대한'이라는 상호가 있어서, 구소재지 관할등기소에서 '대한'을 '민국'으로 상호변경등기를 한 후에 본점이전을 하고자 하나, 구소재지 관할등기소에 이미 '민국'라는 상호가 있어 상호변경등기도 할 수 없는 경우에는 본점이전등기시 제출하는 신소재지 관할등기소의 신청서에 본점이전등기와 함께 '대한'을 '민국'으로 변경하는 상호변경등기를 동시에 신청하여야 한다.

【쟁점질의와 유권해석】

〈"주식회사 천일약방"과 "천일한약주식회사"라는 2개의 상호는 상법상 동일상호로 볼 수 있는지 여부〉

주식회사 천일약방과 천일한약주식회사라는 2개의 상호는 유사상호로 볼 수 있느냐 하는 점은 별문제로 하고 상법상 동일상호라고는 볼 수 없다(대법원 1970. 9. 17. 선고 70다 1225,1226 판결)

③ 신청서 및 인감송부에 갈음한 통지

　　조사가 완료되면 구소재지 관할등기소는 웹기반등기시스템에서 제공하는 프로그램에 의하여 신청서 송부에 갈음하여 본점이전에 관한 사항의 통지와 함께 구소재지 관할등기소에 관리하는 법인인감을 본점(주사무소)이전에 관한 전산통지와 함께 신소재 관할등기소에 정보처리시스템을 이용하여 송부한다.

④ 등초본과 인감의 발급 : 신소재지로부터 구소재지 등기소가 송부한 등기신청서에 의하여 등기를 완료하거나 등기신청을 각하한 사유를 통지받을 때까지 당해 회사에 대한 등기등본·초본과 인감은 현행 웹기반등기시스템에 의하여 교부할 수 없다.

⑤ 다른 등기신청서의 처리 : 본점이전등기신청 기간 중에 당해 회사에 대한 변경등기신청이 있거나 동일 또는 유사상호의 등기신청이 있는 경우에는 그 등기의 처리는 구소재지에서의 본점이전등기가 처리될 때까지 보류하여야 한다(예규 제750호).

⑥ 등기의 실행

　1. 구소재지를 관할하는 등기소는 신소재지 관할등기소로부터 등기를 한 뜻의 전산통지를 받을 때까지는 본점이전의 등기를 하여서는 아니된다(상업등기법 제56조 5항).
　　구소재지 관할등기소는 신소재지 관할등기소로부터 본점(주사무소)이전완료에 관한 결과를 전산 통지받은 후에 본점(주사무소)이전등기를 완료한다. 이때 본점이전등기의 연월일은 신본점소재지로부터 본점이전등기 완료통지를 받은 날이다.

　2. 신소재지 관할등기소에서는 본점(주사무소)이전등기신청에 대한 결과를 정보처리시스템을 이용하여 전산으로 통지하여야 한다.

　3. 그러나 본점이전의 등기와 동시에 신청한 당해 회사에 관한 다른 변경등기의 신청은 접수한 후 지체없이 이를 심사하여 각하사유가 없는 때에는 본점이전

등기신청의 당부와 관계없이 등기하여야 한다.

4. 본점이전등기를 하는 경우, 법인등의등기사항에관한특례법의 시행으로 지점 등기용지의 양식이 본점 등기용지의 양식과 달라졌기 때문에 구소재지의 등기소관내의 지점이 있는 때에는 새로운 지점 등기기록을 작성한 후 그 본점 등기기록을 폐쇄하여야 한다(예규 제794호).

5. 신소재지 등기소가 등기신청을 각하한 때에는 구소재지에서의 등기신청도 각하된 것으로 보기 때문에 이를 별도로 각하할 필요는 없으며(상업등기법 제56조 6항), 구소재지 등기소에서 그 사유를 통지받은 때에는 이를 접수하여 결정원본편철장에 편철한다. 이 경우 각하결정에 대하여 불복하고자 하는 자는 신소재지 관할등기소 등기관의 처분에 대하여 이의를 하여야 한다.

2) 신소재지 등기소에서의 처리

① 접수행위의 불요 : 전산통지가 신소재지 관할등기소에 도달하면 자동으로 접수되므로 신소재지에서는 별도의 접수행위가 필요없다.

② 신청서의 조사 : 신소재지 등기소에서는 송부되어 온 신청서 및 첨부서면만에 의하여 각하사유가 있을 경우(동일 또는 유사상호에 해당하는 경우 등)에는 구소재지 등기소와는 별도로 이를 심사하여 각하할 수 있으며, 적법하다고 판단되면 본점이전등기를 하여야 한다.

③ 등기의 실행 : 신본점 소재지에서 본점이전의 등기를 할 때에는 회사성립의 연월일과 본점이전의 뜻 및 그 연월일도 등기하여야 한다(상업등기법 제54조).

④ 등기완료 등 통지 : 신소재지를 관할하는 등기소는 등기를 한 때 또는 그 등기신청을 각하할 때에는 지체없이 그 뜻을 구소재지를 관할하는 등기소에 전산정보처리조직을 이용하여 통지하여야 한다(상업등기법 제56조 4항)

⑤ 등기기록의 폐쇄 : 본점을 다른 등기소의 관할구역으로 이전한 경우에 구소재지 관할 등기소에서 하는 본점이전등기는 기타 사항란에 하여야 하고, 이를 등기한 때에는 그 등기기록을 폐쇄하여야 한다(동규칙 제116조).

【쟁점질의와 유권해석】

〈주식회사의 본점이전 및 지점설치시 등기기간의 기산점〉

ㄱ) 주식회사의 본점이전 및 지점설치시 등기기간의 기산점은 주주총회나 이사회에서 결의한 일자가 아니라 실제로 본점을 이전하거나 지점을 설치한 일자가 될 것이나, 사전에 본점이전 및 지점설치를 한 다음에 이사회 결의가 있는 경우에는 그 이사회의 결의가 있는 날로부터 등기기간이 진행된다고 보아야 할 것이다.

ㄴ) 주주총회의 결의는 주식회사의 본질에 반하지 아니하고 법령, 정관에 저촉되지 아니한 것이면 조건부나 기한부 결의를 할 수 있으며, 그 기한의 범위는 사적자치에 의하여 자유로이 정할 수 있다.

(5) 신청인

본점이전등기는 대표이사의 신청에 의한다.

파산선고를 받은 회사의 경우에도 파산관재인이 아닌 회사의 대표이사가 신청한다. 파산선고를 받아 파산절차가 진행중인 회사의 경우 비록 파산재단에 속하게 된 자신의 재산에 관하여 관리처분권을 상실하고 파산관재인이 그 관리, 환가, 배당 등에 관하여 전권을 행사함으로써 파산절차는 그 개시부터 종료에 이르기까지 파산관재인을 통하여 이루어지지만, 회사의 조직법적 사단활동과 같은 비재산적 활동범위에 해당하는 사항에 대한 권한은 여전히 법인에게 있으며, 파산법인의 본점이전이 바로 이러한 비재산적 활동범위에 속하므로 회사의 대표자가 변경등기를 신청하여야 하는 것이다[41].

그러나 회생절차 개시결정을 받은 회사의 경우에는 회사의 업무수행과 재산의 관리 및 처분을 하는 권한은 관리인에게 전속하고(채무자 회생 및 파산에 관한 법률 제56조 제1항), 관리인이 선임되지 아니한 경우에는 채무자인 회사의 대표자가 관리인으로 간주되므로(동법 제74조 4항) 회생절차와 관련하여 법원사무관 등이 촉탁하여야 할 등기사항 이외의 등기사항에 관하여는 관리인 또는 관리인으로 간주되는 자의 신청에 의하여 등기하여야 한다. 따라서 본점이전이 회생계획의 수행에 따른 것이라면 법원사무관 등이 촉탁하여야 하지만 회생계획의 인가결정 전에 법원의 허가 등을 받아 본점이전을 하는 경우라면 관리인 또는 관리인으로 간주되는 자가 신청하여야 한다.

---

[41] 2002.4.16. 등기 3402-232 질의회답.

(6) 첨부서류

1) 구본점소재지에서의 신청

가. 동일 최소행정구역 내의 이전인 경우

① 이사회의사록. 다만 정관에 본점소재지가 그 소재장소까지 기재되어 있을 경우에는 정관변경에 관한 주주총회의사록 추가(상업등기규칙 제128조)

② 위임장 등 일반적인 첨부서면(상업등기규칙 제52조)

나. 다른 최소행정구역으로 이전한 경우

① 주주총회의사록(상업등기규칙 제128조)

② 이사회의사록(상업등기규칙 제128조)

③ 위임장 등 일반적인 첨부서면(상업등기규칙 제52조)

2) 신본점소재지에서의 신청

전산등기의 경우 신청서 송부에 갈음하여 전산통지하고 인감기록도 전산송부하므로, 위임장만 첨부하면 된다. 그 외의 서류는 첨부하지 아니한다.

> **【쟁점질의와 유권해석】**
>
> **〈본점이전에 관한 주주총회결의의 부존재 등의 판결이 확정된 경우 구본점등기의 회복절차〉**
>
> 본점이전에 관한 주주총회의 결의에 대하여 결의부존재·무효 또는 취소의 판결이 확정된 때에는 제1심 수소법원은 회사의 신본점소재지와 지점소재지에 그 등기촉탁을 하여야 된다(비송 제107조). 이 경우 제1심 수소법원은 등기의 동시처리를 위하여 신본점소재지등기소에만 그 등기촉탁을 하고 신본점소재지 등기소는 그 촉탁에 따라 신본점등기를 말소함과 동시에 구본점소재지 등기소에 그 뜻을 통지하고, 구본점소재지등기소는 그 통지에 따라 구본점등기를 회복하여야 한다(예규 제751호).

(7) 등록면허세 등(지방세법 제28조 1항 6호)

1) 다른 등기소관내로 이전한 경우

① 구본점과 지점소재지에서의 본점이전의 등기

　　각 4만2백원(교육세 8천4십원)

② 신본점소재지에서의 이전등기

　　11만2천5백원(교육세 2만2천5백원)

③ 대도시 외에 있는 회사가 대도시 내로 본점을 이전하는 경우에는 대도시내에

서의 회사의 설립등기의 등록면허세(자본금의 4/1,000의 3배)를 납부하여야
한다(지방세법 제28조 2항 2호). 여기서 대도시라 함은 수도권정비계획법 제6
조 1항 1호의 규정에 의한 과밀억제권역을 말한다.

④ 대도시 안에 등기되어 있는 법인이 대도시 외로 본점 또는 주사무소를 이전하
는 경우, 그 이전에 따른 법인등기의 신청서에는 등록면허세 감면통지서 또는
등록면허세 감면확인서 기타 등록면허세가 면제됨을 확인하는 소관 지방자치
단체의 장의 서면을 첨부하여야 한다.

2) 동일 등기소관내로 이전한 경우

1건의 신청이므로 신본점소재지에서의 등기에 해당하는 등록면허세를 납부하여야
한다.

2. 행정구역 등의 변경에 따른 본점변경의 등기

(1) 행정구역 등의 변경이 있는 경우 등기부상 행정구역 명칭의 변경 여부

행정구역 또는 그 명칭 등의 변경이 있는 경우에는 이에 관한 등기부의 기록은
당연히 변경된 것으로 본다. 행정구역이 아닌 구획 또는 그 명칭이 변경된 때에
도 또한 같다(상업등기법 제28조). 따라서 본점의 소재지가 이와 같은 사유로 인
하여 변경된 경우에는 그 변경등기의 신청의무는 없으나, 당사자는 그 변경등기
를 신청할 수 있고, 등기관은 직권으로 변경사항을 등기할 수 있다(상업등기규칙
제57조). 또 지번의 변경이나 경정 또는 환지에 의하여 본점소재지에 변경이 생
긴 경우에는 대표이사가 변경사실을 증명하는 서면을 첨부하여 그 변경등기를 신
청하여야 한다(상법 제183조, 제317조 4항). 이 변경등기에 대하여는 등기기간을
도과한 경우에도 과태료통지를 하지 않는 것이 실무관행이다.

(2) 본점에 지배인을 두고 있는 경우

본점에 지배인을 두고 있는 때에는 본점의 이전, 변경 또는 폐지의 등기의 신
청과 지배인을 둔 장소의 이전, 변경 또는 폐지의 등기의 신청은 동시에 하여야
한다(상업등기법 제51조 3항).

지배인을 둔 장소와 지점의 명칭

선례요지

지배인은 본점 또는 지점에서 영업을 하고 지점의 명칭은 지점의 소재지와 함께 지점을 특정하는 역할을
한다는 점, 동일한 장소에 상이한 지점명칭을 사용하여 2개의 지점설치등기를 할 수 있다는 점을 감안하면,

비송사건절차법 제179조 제1항 제4호, 제180조의 "지배인을 둔 장소"는 그 지배인을 둔 본점 또는 지점의 소재지와 지점의 명칭(지점의 명칭이 등기되어 있는 경우에 한한다)이라고 해석된다. 따라서, 지점의 명칭이 등기되어 있는 경우(상업등기처리규칙 제69조 제1항, 제78조, 제92조, 제93조 제1항)에는 지배인을 둔 장소로 지점의 소재지만을 등기하거나 등기되어 있는 지점의 명칭과 다른 명칭을 등기할 수 없다. (2006. 10. 11. 공탁상업등기과-1122 질의회답)

참조선례 : 상업등기선례 200510-2(2005. 10. 31. 공탁법인과-597 질의회답)

【쟁점질의와 유권해석】

〈본점 소재 지번에 관하여 착오를 일으켜 잘못된 지번으로 등기된 경우 이를 바로 잡는 방법〉

주식회사를 설립함에 있어 본점을 ○○동 736-3 번지에 둘 의사를 가지고 있었음에도 착오로 본점을 같은 동 763-3 번지에 두기로 하는 내용의 이사회결의를 하고 그에 따른 등기신청을 하여 그 결의내용대로 등기가 경료된 경우에, 등기부상 본점 소재지번을 위 ○○동 736-3 번지로 경정하고자 한다면, 위와 같이 착오로 결의된 본점 소재지번을 정정하는 내용의 이사회결의를 하여 그 결의록을 첨부하여 경정등기를 신청할 수 있다. 그러나, 본점이 소재한 사무실의 임대차계약서사본이나 사업자등록사본 등을 첨부하여 본점 소재 지번 경정등기를 신청할 수는 없다.

(3) 본점이전등기가 무효인 경우 그 등기의 말소신청의 절차와 방법

본점이전등기가 무효인 경우로서, 본점이전시 신·구 소재지를 관할하는 등기소가 다른 경우, 본점이전등기 말소 신청의 절차와 방법은 다음과 같다.

신·구 등기소에서 할 본점이전등기 말소의 신청서와 구등기소에 제출할 인감은 신등기소에 동시에 제출하고, 신등기소에서 할 본점이전등기 말소의 신청서에는 본점이전등기에 무효의 원인이 있음을 증명하는 서면을 첨부하여야 한다(상업등기규칙 제169조). 민법법인의 경우, 정관 변경에 대해 주무관청의 허가를 얻지 않은 채 정관을 위반하여 주사무소를 이전하였음을 증명하는 서면이 이에 해당하고, 상사회사의 경우 주사무소 이전무효확인판결이 이에 해당한다.

핵 심 판 례

■ 본점이전등기에 관한 경정등기를 신청하여 본점이전등기를 말소한 대표이사

회사의 본점을 갑지에 그대로 두기로 한 주주총회의 결의에 따라 갑지 등기소에 본점이전등기에 관한 경정등기를 신청하여 본점이전등기를 말소한 뒤 대표이사가 아닌 자에 의하여 이루어진 을지 등기소에서의 본점이전등기에 의하여 피고 회사의 등기가 중복으로 존재하게 된 후 갑지 등기소의 등기부상 피고 회사의 상호가 변경된 경우에 있어 피고 회사의 표시를 중복등기상의 종전 상호로 정정하여 달라는 원고의 당사자 표시정정신청을 받아들이지 아니한 사례(대법원 1991. 5. 28. 선고 90다6774 판결).

【서식】주식회사본점이전등기신청서(동일관할내에서의 본점이전)

<table>
<tr><td colspan="2" align="center">주식회사본점이전등기신청</td><td></td><td></td></tr>
<tr><td rowspan="2">접 수</td><td align="center">년 월 일</td><td rowspan="2">처리인</td><td>등기관 확인</td><td>각종 통지</td></tr>
<tr><td>제   호</td><td></td><td></td></tr>
</table>

①상 호	○○ 주식회사	②등기번호	○○○○○○
③구 본 점	서울특별시 ○○구 ○○로 ○○		
④등 기 의 목 적	본점이전등기		
⑤등 기 의 사 유	20○○년○월○일 이사회의 결의에 의하여 20○○년○월○일 본점을 이전하였으므로 다음사항의 등기를 구함		
⑥본/지점신청구분	1.본점신청 [2.지점신청 □ 3.본·지점 일괄신청 □		
	등 기 할 사 항		
⑦신 본 점	서울특별시 △△구 ○○로 ○○		
⑧본점을 이전한 뜻과 그 연월일	20○○년○월○일		
⑨지배인을 둔 장소를 이전한 뜻(본점에 지배인을 두고 있는 경우)	지배인 ○ ○ ○(XXXXXX-XXXXXXX) 서울특별시 △△구 ○○로 ○○		
기 타			

⑩신청등기소 및 등록면허세/수수료						
순번	신청등기소	구분	등록면허세	농어촌특별세	세액합계	등기신청수수료
			지방교육세			
			금 원	금 원	금 원	금 원
			금 원			
합 계						
등기신청수수료 납부번호						

⑪첨 부 서 면	
1. 공증받은 이사회의사록 또는 주주총회의사록 통 1. 정관 통 1. 등록면허세영수필확인서 통 1. 등기신청수수료영수필확인서 통	1. 위임장(대리인이 신청할 경우) 통 <기 타>

<table>
<tr><td colspan="2"></td><td>년   월   일</td></tr>
<tr><td rowspan="2">⑫신청인
대표이사</td><td>상   호
본   점
성   명
주   소</td><td>(인)   (전화 :   )</td></tr>
<tr><td>대리인   성   명
            주   소</td><td>(인)   (전화 :   )</td></tr>
<tr><td colspan="2" align="center">지방법원   등기소 귀중</td></tr>
</table>

- 신청서 작성요령 -
1. 해당란이 부족할 때에는 별지를 이용합니다.
1. 해당 등기신청과 관계없는 사항에 대하여는 "해당없음"으로 기재하거나 삭제하고, 필요한
   사항은 추가 기재합니다.

등기신청안내 – 주식회사본점이전등기신청
(동일관할 내에서의 본점이전)

◈ 주식회사본점이전등기신청(동일관할 내에서의 본점이전)이란

주식회사의 본점이란 회사의 영업을 총괄하는 영업소를 말하며, 이 본점 소재지가 회사의 주소가 됩니다. 동일관할 내에서의 본점이전등기란 같은 등기소 관할 구역 내로 본점의 소재장소를 이전한 경우에 하는 등기를 말합니다. 정관에는 본점의 소재장소를 최소행정구역(서울특별시, 광역시, 시·군)으로 기재하는 것으로 족하지만, 등기사항증명서에는 지번·동·호수까지 등기를 하고 있습니다. 따라서 정관에 규정된 최소행정구역 내로 본점을 이전한 경우에는 정관을 변경할 필요 없이 이사회의 결의만 있으면 되나, 정관에 본점소재지가 지번·동·호수까지 기재되어 있는 경우에는 주주총회의 결의로 정관을 변경(본점소재지)하여야 합니다.

◈ 관할등기소 및 등기의 신청

주식회사 본점이전등기는 회사의 영업소 소재지를 관할하는 지방법원, 그 지원 또는 등기소에 신청하며, 본점 관할 이외에 지점을 설치하여 지점등기사항증명서가 개설되어 있는 때에는 지점관할 등기소에도 본점이전등기를 신청하여야 합니다. 또한 회사의 본점에 지배인이 선임되어 있는 경우 지배인을 둔 장소의 이전등기 신청도 동시에 하여야 합니다. 본점이전등기는 본점 이전일로부터(이전일자를 예정하여 미리 등기할 수는 없음) 본점소재지에서는 2주 이내, 지점소재지에서는 3주 이내에 대표이사 또는 그 대리인이 등기신청을 하여야 합니다. 다만 변호사 또는 법무사가 아닌 사람은 신청서의 작성이나 그 서류의 제출 대행을 업(業)으로 할 수 없습니다.

◈ 등기신청서 기재 요령

신청서는 원칙적으로 한글과 아라비아 숫자로 기재합니다. 신청서의 기재사항 난이 부족할 경우 별지를 사용하고 신청서와 별지 각 장 사이에 간인을 하여야 합니다.

① 상호

법인 등기사항증명서상의 상호를 기재합니다.

② 등기번호

법인 등기사항증명서상의 등기번호를 기재합니다.

③ 구본점

법인 등기사항증명서상의 이전하기 전의 본점소재지를 기재합니다.

④ 등기의 목적

"본점이전등기"라고 기재합니다.

⑤ 등기의 사유

등기를 신청하는 이유를 기재하는 항목으로 일반적으로 " 20○○년○월○일 이사회

의 결의에 의하여 20○○년○월○일 본점을 이전하였으므로 다음사항의 등기를 구함”으로 기재합니다.

⑥ 본/지점 신청구분

본점에서의 등기신청, 지점에서의 등기신청, 또는 본점 및 지점에 관한 등기를 본점에서 일괄하여 신청하는지 여부를 표시하는 항목입니다. 본점이전등기는 본점 뿐 아니라 지점에서도 등기를 하여야 하는 바, 본점관할등기소에서 지점등기사항증명서의 본점이전등기도 일괄하여 신청할 수 있으며 이 경우 본·지점 일괄신청임을 표시하면 됩니다.

⑦ 신본점

이사회에서 이전하기로 결의한 신본점 소재지를 기재합니다. 본점소재지는 소재 지번까지 구체적으로 등기를 하여야하므로 신청서에도 소재 지번까지 정확하게 기재하여야합니다.

⑧ 본점을 이전한 뜻과 그 연월일

이사회에서 결의한 신본점으로의 이전일자를 기재합니다.

⑨ 지배인을 둔 장소를 이전한 뜻(본점에 지배인을 두고 있는 경우)

회사의 본점에 지배인을 두고 있는 경우 본점이전등기신청과 동시에 지배인을 둔 장소의 이전등기신청도 동시에 하도록 되어 있습니다. 실무상 “지배인 ○ ○ ○ (XXXXXX-XXXXXXX) 서울특별시 △△구 ○○로 ○○”로 기재합니다. 이 경우 등기신청서의 제목 및 등기의 목적란에 “본점이전 및 지배인을 둔 장소 이전등기신청”으로, 등기의 사유란에 “20○○년○월○일 이사회의 결의에 의하여 20○○년○월○일 본점을 이전하였으므로 본점이전 및 본점에 둔 지배인 ○○○의 지배인을 둔 장소의 이전등기를 구함.”으로 기재합니다.

⑩ 신청등기소 및 등록면허세/수수료

신청하는 등기소를 기재하며, 납부한 등록면허세액, 지방교육세액(지방세법 제137조 제1항) 및 등기신청수수료(등기부등초본등수수료규칙 제5조의3)를 기재합니다. 본·지점 일괄신청의 경우 지점등기 신청과 관련된 등록면허세 등을 별도로 납부하여야 합니다. 또한 지배인을 둔 장소의 이전등기는 본점이전등기와 동시에 신청하여야 하므로 이에 대한 별도의 등록면허세 등을 납부하여야 합니다.

⑪ 첨부서면

등기신청서에 첨부하는 서면을 기재하여야 합니다.

⑫ 신청인 등

본점이전등기를 신청하는 법인의 상호와 신본점 소재지, 대표이사의 성명과 주소를 기재하며, 위임받은 대리인이 신청할 경우 대리인의 성명과 주소를 기재합니다. 대표이사는 등기소에 제출된 인감을 날인하여야 하며 대리인의 경우는 날인할 도장에 대한 제한은 없습니다.

◈ 등기신청서에 첨부할 서면

1. 이사회 의사록

　가. 회사가 정관에 규정된 최소행정구역 내로 본점을 이전한 경우에는 정관을 변경할 필요 없이 이사회의 결의만으로 본점을 이전할 수 있습니다. 다만 정관상에 본점소재지가 구체적인 소재 장소까지 기재되어 있는 경우에는 주주총회의 결의에 의하여 정관을 변경하여 합니다(이 경우 공증 받은 주주총회의사록을 첨부하여야 함). 이때 이전일자 등 업무집행에 관한 결정은 이사회의 결의에 의하여야 합니다.

　나. 이사회의 의사에 관하여는 의사록을 작성하여야 하며 의사록에는 의사의 의안, 경과요령, 그 결과, 반대하는 자와 그 이유를 기재하고 출석한 이사 및 감사가 기명날인 또는 서명하여야 합니다. 등기를 신청할 때에는 이사회의 의사록에 공증인의 인증을 받아 제출하여야 합니다.

　다. 자본금 총액이 10억 원 미만인 회사가 이사를 1인 또는 2인을 둔 경우 각 이사가 (다만 정관으로 대표이사를 정한 경우에는 대표이사를 말함) 회사를 대표하므로 업무집행에 관한 사항은 각 이사(또는 대표이사)가 결정합니다. 실무상 이사(또는 대표이사)가 이전장소, 이전일자 등을 기재하고 법인인감을 날인한 본점이전결정서를 작성하여 제출하고 있습니다.

2. 정관

　동일관할 내에서의 본점이전등기신청의 경우 필요적으로 첨부하여야하는 서면은 아니나 정관의 본점에 관한 사항 등을 확인하기 위하여 첨부하고 있습니다. 첨부하는 정관은 사본으로 가능하며 간인을 한 다음 원본과 동일하다는 원본대조필(법인인감날인)을 하여 제출하면 됩니다.

3. 등록면허세영수필확인서

　이전하는 신 본점소재지 관할 시·군·구청장으로부터 등록면허세납부서를(지방세법 제137조 제1항) 발부받아 납부한 후 등록면허세 영수필확인서를 첨부하여야 합니다. 동일관할 내에서의 본점이전등기 신청의 등록면허세는 정액으로 대법원 인터넷등기소(www.iros.go.kr)에서 정액등록면허세 납부서를 작성·출력할 수 있으며 이를 수납기관에 납부한 후 제출하면 됩니다. 다만 유의할 점은 동일관할 내의 이전이라도 지역에 따라 등록면허세가 중과세되는 지역이 있으므로 관할 시·군·구청(세무과)에 확인하여 납부하시기 바랍니다.

4. 위임장

　등기신청권자(대표이사)의 위임에 의한 대리인이 등기신청을 하는 때에는 그 권한을 증명하는 서면으로 위임장을 첨부하여야 합니다. 실무상 수임자, 위임자, 위임내용을 기재하고 등기소에 제출(신고)한 인감을 날인합니다.

◈ 등기신청서 편철순서

신청서, 등록면허세영수필증, 이사회의사록, 정관, 위임장 등의 순서로 편철하시면 업무 처리에 편리합니다.

◈ 과태료

상법 제635조는 본점을 이전한 경우 등기기간(본점소재지는 2주, 지점소재지는 3주) 내에 변경등기를 신청하지 아니한 때에는 500만 원 이하의 과태료에 처할 수 있도록 규정하고 있으므로 참고하시기 바랍니다.

또한 법인 소유 차량이 있다면 변경등록(상호 및 본점소재지 변경 등)을 하여야 하며 변경등록을 30일 이내에 신청하지 아니한 때에는 자동차관리법 제84조에 의하여 50만 원 이하의 과태료에 처할 수 있도록 규정하고 있으므로 자세한 사항은 해당 차량의 등록관청(차량등록사업소 등)에 문의하시기 바랍니다.

◈ 기타

1. 등기신청과 관련된 의사록 등 각종 서식에 관하여는 대법원 인터넷등기소(자료센터), 법무부 홈페이지(법무지식), 중소기업청 홈페이지(자료마당), 사단법인 한국상장회사협의회 홈페이지(법률정보)를 참고하시면 많은 도움이 됩니다.

2. 이상은 주식회사의 동일관할 내에서의 본점이전등기 신청시 작성·제출하여야 하는 일반적인 서식과 그 내용에 대한 안내인바, 본점이 실제적인 이전이 아닌 명칭이나 지번이 변경된 경우, 행정구역이 변경된 경우 등 회사의 구체적인 사정에 따라 신청서 기재방식과 첨부서면 등이 달라질 수 있습니다. 따라서 개별·구체적인 사항에 대하여는 등기과·소의 민원담당자 또는 변호사·법무사 등 등기와 관련된 전문가에게 문의하시기 바랍니다.

【서식】주식회사본점이전등기신청서(타관할로의 본점이전)

<table>
<tr><td colspan="2" align="center">주식회사본점이전(관할외)등기신청</td><td colspan="2"></td></tr>
<tr><td rowspan="2">접 수</td><td align="center">년　월　일</td><td rowspan="2">처리인</td><td align="center">등기관 확인</td><td align="center">각종 통지</td></tr>
<tr><td align="center">제　　　　　호</td><td></td><td></td></tr>
</table>

①상　　　　호	○○ 주식회사	②등기번호	○○○○○○
③본　　　　점	경기도 ○○시 ○○구 ○○로 ○○		
④등기의 목적	본점이전등기		
⑤등기의 사유	20○○년○월○일 주주총회의 결의로 정관을 변경하고 같은 날 이사회의 결의에 의하여 20○○년○월○일 본점을 이전하였으므로 다음사항의 등기를 구함		
	구본점 관할등기소에 등기할 사항		
⑥본점을 이전한 뜻과 그 연월일	20○○년○월○일 이전		
⑦지배인을 둔 장소를 이전한 뜻과 그 연월일 (본점에 지배인을 두고 있는 경우)	지배인 ○ ○ ○(550101-1######) 서울특별시 △△구 ○○로 ○○		
	신본점 관할등기소에 등기할 사항		
⑧본점을 이전한 뜻과 그 연월일	서울특별시 △△구 ○○로 ○○ 20○○년○월○일 이전		
⑨상호를 변경한 경우 변경후의 상호와 변경 연월일	□□주식회사 20○○년○월○일 변경 (본점이전과 동시에 상호를 변경한 경우)		
⑩이사, 감사의 성명 및 주민등록번호, 취임 연월일	이사 ○ ○ ○　(550101-1######) 이사 ○ ○ ○　(560101-1######) 이사 ○ ○ ○　(570101-1######) 감사 ○ ○ ○　(580101-1######)　　20○○년○월○일 취임		
⑪대표이사의 성명과 주소, 취임연월일	대표이사 ○ ○ ○(550101-1######) 서울특별시 ○○구 ○○로 ○○　　20○○년○월○일 취임		

⑫신청등기소 및 등록면허세/수수료						
순번	신청등기소	구분	등록면허세 지방교육세	농어촌특별세	세액합계	등기신청수수료
		구본점	금 원 금 원	금 원	금 원	금 원
		신본점	금 원 금 원	금 원	금 원	금 원
합 계						
등기신청수수료 납부번호						

<table>
<tr><td colspan="2" align="center">⑬첨　부　서　면</td></tr>
<tr>
<td>

1. 공증받은 주주총회의사록　　　　통

1. 공증받은 이사회의사록　　　　　통

1. 정관　　　　　　　　　　　　　통

1. 등록면허세영수필확인서　　　　통

1. 등기신청수수료영수필확인서　　통

</td>
<td>

1. 위임장(대리인이 신청할 경우)　　통

<기 타>

</td>
</tr>
</table>

년　　월　　일

⑭신 청 인　상　호

　　　　　　본　점

대표이사　성　명　　　　　　　　　　　(인)　(전화 : 　　　　　)

　　　　　　주　소

대 리 인　성　명　　　　　　　　　　　(인)　(전화 : 　　　　　)

　　　　　　주　소

지방법원　　　등기소　귀중

- 신청서 작성요령 -

1. 해당란이 부족할 때에는 별지를 이용합니다.
1. 해당 등기신청과 관계없는 사항에 대하여는 "해당없음"으로 기재하거나 삭제하고, 필요한 사
   항은 추가 기재합니다.

【서식】주식회사본점이전등기신청서(지점관할)

주식회사본점이전등기신청

접 수	년 월 일 제 호	처리인	등기관 확인	각종 통지

①상 호	○○ 주식회사	②등기번호	○○○○○○
③본 점	경기도 ○○시 ○○구 ○○로 ○○		
④지 점	서울특별시 △△구 ◇◇로 ○○		
⑤등 기 의 목 적	본점이전등기		
⑥등 기 의 사 유	20○○년○월○일 주주총회의 결의로 정관을 변경하고 같은 날 이사회 의 결의에 의하여 20○○년○월○일 본점을 이전하였으므로 다음 사항의 등기를 구함		
	등 기 할 사 항		
⑦본점을 이전한 뜻과 그 연월일	서울특별시 △△구 ○○로 ○○ 20○○년○월○일 이전		
기 타			

⑧등록면허세	금　　　원	⑨지방교육세	금　　　원	농어촌특별세	금　　　원
⑩세 액 합 계	금　　　　　　원	⑪등기신청 수수료		금　　　　　　원	
등기신청수수료 납부번호					

<table>
<tr><td colspan="2" align="center">⑫첨　　부　　서　　면</td></tr>
<tr>
<td>
1. 등록면허세영수필확인서　　　통
1. 등기신청수수료영수필확인서　　통
1. 위임장(대리인이 신청할 경우)　　통
</td>
<td>〈기 타〉</td>
</tr>
</table>

년　　월　　일

⑬신청인　상　호

　　　　　본　점

　대표이사 성　명　　　　　　　(인)　(전화 :　　　　)

　　　　　주　소

　대리인　성　명　　　　　　　(인)　(전화 :　　　　)

　　　　　주　소

지방법원　　등기소　귀중

- 신청서 작성요령 -

1. 해당란이 부족할 때에는 별지를 이용합니다.
1. 해당 등기신청과 관계없는 사항에 대하여는 "해당없음"으로 기재하거나 삭제하고, 필요한 사항은 추가 기재합니다.

Ⅱ. 지점의 설치·이전 또는 폐지 등의 등기

◨ 핵 심 사 항 ◨

1. 지점의 설치·이전 또는 폐지절차
 (1) 이사회의 결의에 의하는 경우 : 회사설립 후에 지점을 설치하거나 이전 또는 폐지함에는 정관변경과는 관계없이 이사회의 결의만으로 족하다.
 (2) 정관변경에 의하는 경우 : 정관에 지점소재지가 최소행정구역으로 표시된 경우에는 임의적 기재사항으로 효력이 있으므로 그 이외의 장소에 지점을 설치 또는 이전하거나 폐지하려면 정관변경절차를 요한다.
2. 등기절차
 (1) 원칙 : 회사의 본점과 지점소재지를 관할하는 등기소가 다른 경우 회사의 본점 및 지점소재지에서 등기할 사항에 관하여 지점소재지에서 하는 등기의 신청은 대법원규칙으로 정하는 바에 따라 본점소재지를 관할하는 등기소에 할 수 있다. 이 경우의 등기신청과 본점소재지에서 하는 등기의 신청은 동시에 하여야 한다(상업등기법 제58조).
 (2) 예외 : 상업등기규칙 제101조 1항 각 호에 규정된 등기신청의 경우에는 적용하지 아니한다.

1. 지점의 설치·이전 또는 폐지절차

(1) 이사회의 결의에 의하는 경우

지점의 소재지는 정관의 절대적 기재사항이 아니고(상법 제289조 1항), 지점의 설치·이전 또는 폐지는 이사회의 권한에 속하는 사항이므로(상법 제393조) 회사설립 후에 지점을 설치하거나 이전 또는 폐지함에는 정관변경과는 관계없이 이사회의 결의만으로 족하다. 이사가 1인인 회사에서는 1인이사 단독으로 결정한다(상법 제383조 6항).

(2) 정관변경에 의하는 경우

다만, 정관에 지점소재지가 최소행정구역으로 표시된 경우에는 이는 정관의 임의적 기재사항으로서 효력이 있으므로 정관에 기재된 지점소재지 이외의 장소에 지점을 설치 또는 이전하거나 기설지점을 폐지하려면 정관변경절차를 거쳐야 한다.

그러나 정관에 지점소재지가 최소행정구역으로 표시된 경우에는 그 구역 내에 지점을 설치하거나 지점을 변경함에는 정관 변경이 필요 없다.

(3) 지점소재지의 요건

지점의 소재지는 특정되어야 하므로(상법 제317조 2항 3호), 동일 행정구역의 동일 지번이라도 각 상이한 지점명칭을 사용하면 가능하다. 국내회사가 외국에 지점을 설치하는 경우 본점소재지에서는 그 지점소재지도 등기하여야 한다.

【쟁점질의와 유권해석】

〈지점소재지에서 지점설치등기를 할 경우 당사자가 출석하여야 하는지 여부〉

주식회사의 이사회가 지점설치 결의를 하고 본점소재지에서 지점설치 등기를 한 후 그 지점소재지에서 지점설치등기를 신청할 경우에는 상업등기법 제18조 1항에 따라 당사자 또는 그 대리인이 등기소에 출석을 하지 않아도 무방하다(1994. 5. 4. 등기 3402-401 질의회답).

2. 등기절차

(1) 지점소재지에서 하는 등기의 신청을 본점소재지 등기소에 하는 경우

1) 원 칙

회사의 본점과 지점소재지를 관할하는 등기소가 다른 경우 회사의 본점 및 지점소재지에서 등기할 사항에 관하여 지점소재지에서 하는 등기의 신청은 대법원규칙으로 정하는 바에 따라 본점소재지를 관할하는 등기소에 할 수 있다. 이 경우의 등기신청과 본점소재지에서 하는 등기의 신청은 동시에 하여야 한다(상업등기법 제58조).

2) 예 외

지점소재지에서 하는 등기의 신청을 본점 관할 등기소에 하는 것을 허용하는 상업등기법 제58조는 다음 각 호의 등기신청에는 적용하지 아니한다(상업등기규칙 제101조).

① 상업등기법 제51조 제3항에 따라 지배인에 관한 등기와 동시에 신청하여야 할 지점에 관한 등기

② 본점을 다른 등기소 관할구역으로 이전한 경우에 하는 본점이전등기

③ 존속회사 또는 신설회사의 본점소재지를 관할하는 등기소와 소멸하는 회사의

본점소재지를 관할하는 등기소가 다른 경우의 합병등기

④ 그 밖에 대법원예규로 정하는 등기

3) 등기신청의 양식

상업등기법 제58조의 신청은 본점 관할 등기소에 제출하는 신청서에, 신청하고자 하는 지점소재지를 관할하는 등기소를 기록하여 제출하는 방식으로 한다(상업등기규칙 제101조 2항).

(2) 등기신청시기

지점의 설치, 이전 또는 폐지의 등기의 등기기간 기산점은 주주총회나 이사회에서 결의한 일자가 아니라 실제로 지점을 설치, 이전 또는 폐지한 일자가 될 것이다. 단, 사전에 지점을 설치, 이전 또는 폐지한 다음에 이사회 결의가 있는 경우에는 그 이사회의 결의가 있는 날로부터 등기기간을 기산하게 된다[42].

또한 지점의 설치등기는 주주총회 또는 이사회가 그 설치의 결정을 하고, 지점의 실체를 갖추었을 때 신청할 수 있지만, 지점 설치에 따른 준비가 완료되어 실체가 갖추어졌다 하더라고 이사회 결의로 정한 설치일 이전인 경우에는 그 등기를 신청할 수 없음을 주의해야 한다[43].

(3) 등기사항(법인등의등기사항에관한특례법 제3조, 동시행규칙 제3조)

① 목적, ② 명칭 또는 상호(商號), ③ 주사무소 또는 본점 소재지, ④ 법인이 공고를 하는 방법, ⑤ 법인의 존립기간 또는 해산사유를 정한 경우에는 그 기간 또는 사유, ⑥ 법인을 대표할 임원의 성명·주소와 주민등록번호, ⑦ 여러 명이 공동으로 법인을 대표할 것을 정한 경우에는 그 규정, ⑧ 법인의 이사의 대표권을 제한한 경우에는 그 제한, ⑨ 대표권 있는 임원의 직무를 일시행할 자에 관한 등기, ⑩ 대표권 있는 임원의 직무의 집행의 정지 또는 그 직무대행자에 관한 등기, ⑪ 대표권 있는 임원의 선임의 결의의 부존재, 무효나 취소에 관한 등기, ⑫ 청산 중인 법인을 대표할 자에 관한 등기, ⑬ 당해 분사무소나 지점에 둔 대리인 또는 지배인에 관한 등기, ⑭ 법인의 합병 또는 합병무효에 관한 등기, ⑮ 법인의 해산, 계속, 조직변경 또는 청산종결에 관한 등기, ⑯ 설립의 무효 또는 취소에 관한 등기, ⑰ 회생 또는 파산에 관한 등기, ⑱ 법인의 분할 또는 분할합병과 그

---

42) 2003.7.9. 공탁법인 3402-164 질의회답
43) 2006.11.15. 공탁상업등기과-1287 질의회답

무효에 관한 등기, ⑲ 당해 분사무소 또는 지점의 소재지와 그 명칭 등이 등기사항이다. 다만, 외국회사의 국내에서의 영업소의 등기에 관하여는 이 특례법이 적용되지 아니한다(예규 제794호).

(4) 지점설치의 등기

1) 등기기간 등

가. 본점 또는 기설(旣設)지점소재지의 등기소관할구역 내에 지점을 설치하는 경우

회사가 설립과 동시에 지점을 설치하는 경우에는 설립등기를 한 후 2주간 내에 지점소재지에서 상법 제180조의 설립등기사항(다른 지점 소재지는 제외)을 등기하여야 한다. 회사의 설립 후에 지점을 설치하는 경우에는 본점소재지에서는 2주간 내에, 지점소재지에서는 3주간 내에 신설지점소재지와 설치연월일을 등기하여야 한다(상법 제181조, 제317조 4항, 제183조).

나. 본점 또는 기설지점소재지의 등기소관할구역 외에 지점을 설치하는 경우

본점소재지에서는 2주간 내에 신설지점소재지와 설치연월일을 등기하고, 신설지점소재지에서는 3주간 내에 지점의 등기사항을 등기하여야 한다. 이 경우 회사성립의 연월일과 지점을 설치한 뜻 및 그 연월일도 등기하여야 한다(상업등기법 제57조).

다. 등기관의 처리

① 본점과 지점소재지에서 등기할 사항에 관하여 지점소재지에서 하는 등기의 신청이 있는 경우 등기관은 전산정보처리조직을 이용하여 본점소재지에서 등기가 되었는지를 확인하여야 한다(상업등기규칙 제154조, 제102조).

② 지점소재지에서 지점의 설치등기를 하는 경우에는 상호에 지점이라고 부기하여야 한다. 신청서에 지점의 명칭이 기록되어 있는 경우에는 지점에 관한 사항란에 그 명칭을 기록한다(동규칙 제154조, 제102조).

2) 신청인

회사의 등기는 법령에 다른 규정이 있는 경우를 제외하고는 그 대표자가 신청하므로, 대표이사가 신청인이 된다(상업등기법 제23조 1항). 그러나 본점에서 지점설치등기를 한 후 그 사실을 소명하는 서면 후 본점의 등기부 등초본을 첨부하여 지점소재지 등기소에 지점설치등기를 신청할 때에는 대표이사나 그 대리인이 출석하지 아니하여도 무방하다(상업등기법 제24조 2항).

3) 첨부서면

가. 본점소재지에서의 신청

① 이사회의사록(상업등기규칙 제128조)

② 주주총회의사록(정관 변경을 요할 경우)

나. 지점소재지에서의 신청

신청서의 첨부서면에 관한 규정은 회사의 본점 및 지점소재지에서 등기할 사항에 관하여 지점소재지에서 하는 등기신청에는 적용하지 아니한다.

4) 등록면허세, 지방교육세 및 등기신청수수료 등

가. 본점소재지에서의 등기

지점의 설치등기를 하는 경우에 본점소재지에서 하는 등기신청에 대해서는 등록면허세는 각 4만2백원(지방세법 제28조 1항 6호 바목, 동법 시행령 43조 2항 전단), 교육세는 8천4십원(등록세액의 100분의 20)이다. 만약 본점소재지의 등기소 관할 구역 내에 지점을 설치하는 경우라면 지방세법 제28조 1항 6호 마목의 등록면허세를 납부한다.

한편 대도시 내에 지점을 설치하는 경우에는 지방세법 제28조 제1항 6호 마목에 규정된 등록면허세의 3배에 해당하는 등록면허세 및 그 등록면허세액의 100분의 20에 해당하는 지방교육세를 납부하여야 한다(지방세법 제28조 2항 본문 1호).

나. 신설지점소재지에서의 등기(본점소재지 또는 기설지점의 소재지 관내에 지점을 설치하는 경우의 등기도 같다)

등록면허세는 4만2백원(지방세법 제28조 1항 6호 마목, 동시행령 제43조 2항 후단), 지방교육세는 8천4십원(등록면허세의 100분의 20)이다. 대도시 내에서의 지점설치등기에 대하여는 일반지점설치 등록면허세의 3배 세율로 중과세한다(지방세법 제28조 2항 1호).

다. 농어촌특별세

지방세법, 관세법, 조세특례제한법에 의하여 등록면허세가 감면되는 경우에는 그 감면액의 100분의 20에 해당하는 농어촌특별세를 납부한다. 그러나 면제·감면되는 경우도 있다(농어촌특별세법 제4조·제5조).

라. 등기신청수수료

지점의 설치·이전·폐지의 등기에 관한 등기신청수수료는 6,000원이다.

지점설치와 동시에 지배인을 선임하는 경우에는 그 항목이 달라 지점설치등기수수료 6,000원, 지배인선임등기수수료 6,000원 도합 12,000원을 납부하여야 한다. 그리고 하나의 신청서로써 수 개의 지점설치등기신청을 하는 경우에는 이를 하나의 지점설치등기신청으로 본다.

(5) 지점이전의 등기

1) 등기기간 등

가. 본점 또는 기설지점소재지의 등기소관할구역 내로 지점을 이전한 경우

회사가 지점을 이전하는 경우에는 2주간 내에 본점과 구소재지에서는 신지점소재지와 이전연월일을 등기하고, 신소재지에서는 설립등기사항(다른 지점소재지 제외)을 등기하여야 한다(상법 제182조 2항 전단, 제183조, 제317조 4항).

나. 본점 또는 기설지점소재지의 등기소관할구역 외로 지점을 이전한 경우

① 본점과 구지점소재지에서는 2주간 내에 신지점소재지와 이전연월일을 등기하여야 한다(상법 제182조 2항, 제317조 4항).

② 신지점소재지에서는 2주간 내에 지점의 등기사항(상법 제317조 3항, 특례법 제3조) 이외에 회사의 성립연월일, 지점을 이전한 뜻과 그 연월일을 등기하여야 한다(상법 제182조 2항, 제317조 4항, 상업등기법 제57조). 신소재지에서 등기를 할 때에는 새로운 등기기록을 개설하여 각 상당란에 등기사항과 등기의 연월일을 기재하고 등기관이 등기관의 식별부호를 기록한다(상업등기규칙 제55조 1항).

③ 지배인을 둔 지점의 이전등기를 하는 때에는 지배인을 둔 장소의 이전등기도 동시에 하여야 한다(상업등기법 제51조 3항).

2) 신청인

대표이사가 신청한다(상업등기법 제23조 1항).

3) 첨부서면

가. 본점에서의 신청

① 이사회의사록(상업등기규칙 제128조) 또는 주주총회의사록(정관변경을 요할 경우)

② 대리인의 위임장 등 일반적인 첨부서면(상업등기규칙 제52조)

나. 지점에서의 신청

신청서의 첨부서면에 관한 규정은 본점 및 지점 소재지에서 등기할 사항에 관하여 지점소재지에서 하는 등기의 신청에는 적용하지 아니한다.

4) 등록면허세, 지방교육세 및 등기신청수수료 등

본점과 지점의 소재지에서의 등기 모두 등록면허세 4만2백원과 지방교육세 8천4십원을 납부한다.

지점이 대도시에서 대도시 외로 이전하는 경우에도 등록면허세를 면제하여야 할 것이다. 이 경우 면제되는 것은 구소재지의 등기는 아니고, 신소재지에서의 등록면허세라고 할 것이다. 등기신청수수료로 6,000원을 납부하여야 한다.

(6) 지점폐지의 등기

주식회사의 대표이사가 본점소재지에서는 2주간, 지점소재지에서는 3주간 내에 지점을 폐지한 뜻과 그 연월일을 등기하여야 한다(상법 제317조 4항, 제183조). 신청인과 첨부서면은 지점이전의 경우와 같다.

(7) 지점변경의 등기

지점소재지의 변경이 있을 때에는 본점소재지에서는 2주간 내, 지점소재지에서는 3주간 내에 변경등기를 하여야 한다(상법 제183조).

【쟁점질의와 유권해석】

〈단순노무만을 제공하는 출장소의 지점설치등기가 가능한지 여부〉

출장소가 지점으로서 등기능력이 있기 위해서는, 본점의 지휘를 받으면서도 부분적으로 독립된 결정권을 가지며, 인적 및 회계조직에 있어서 유기적인 단위를 이루는 장소적 중심지로서 그 실체가 객관적인 사실에 의해 판명되어야 하는바, 출장소가 독립적인 지휘명령권을 갖지 못하고 본점의 지휘명령에 따라 단순노무만을 제공하고 있다면 이는 영업소의 실질을 갖추었다고 볼 수 없으므로 지점으로서 등기할 수 없다[44].

> 각 상이한 지점명칭을 기재하여 동일한 소재, 동일한 지번에 2개의 지점설치등기를 하는 것의 가능 여부(선례 일부변경)

선례요지

「상법」제317조 제2항 제3의4호 및 제4항에 의하여 등기부에 기재되는 각 지점소재지는 특정될 수 있어야 하므로, 각 상이한 지점명칭을 기재하여 지점등기를 신청한다면 동일한 행정구역 내의 동일한 지번에 2

---

[44] 상업등기선례요지집 1권131항 참조

개의 지점설치등기를 하는 것이 가능할 것이다. (2005. 10. 31. 공탁법인과-597 질의회답)
참조조문 : 상법 제317조 제2항 제3의4호
참조선례 : 상업등기선례요지집 제304항

국내회사가 해외에 지점을 설치한 경우 본점등기부에 해외지점 설치등기를 하는 것의 가능 여부

선례요지

  1. 주식회사의 지점소재지는 상법 제317조 제2항 제3의4호에 의거 본점소재지에서 등기하여야 하는바, 국내회사가 외국에 지점을 설치한 경우 그 외국지점소재지도 동조에서 정하는 지점의 소재지에 해당하여 본점소재지에서 등기할 수 있다.

  2. 외국에 지점을 설치한 경우에는 상법 제317조 제4항 및 제181조 제2항에 의하여 본점소재지에서 그 지점소재지를 등기하여야 할 것이다. 다만, 현재의 전산시스템상 해외지점을 등기하기 위한 방법이 마련되어 있지 아니하여, 해외지점의 등기를 위한 전산시스템 개발이 완료되는 2006. 2. 20.일 이후에 본점등기부에 해외지점의 등기가 가능할 것이며, 전산시스템 미비로 인한 해외지점 등기지연에 대하여는 등기해태에 대한 과태료 통지를 하지 않도록 하여야 할 것이다. (2005. 12. 20. 공탁법인과-707 질의회답)
참조조문 : 상법 제317조 제2항 제3의4호, 제4항, 제181조 제2항

이사가 1인인 회사의 최소 행정구역 내 본점 이전으로 인한 변경등기 신청 시 첨부서면

선례요지

  정관에 본점의 소재지(상법 제289조 제1항 제6호)로서 최소 행정구역(특별시·광역시·시·군)이 기재되어 있고 상법 제383조 제1항 단서와 정관 규정에 따라 이사를 1인으로 한 주식회사가 그 최소 행정구역 내에서 본점을 이전한 경우, 그로 인한 변경등기의 신청서에는 1인 이사가 본점을 이전하기로 결정하였음을 증명하는 서면(예를 들어, '결정서' 등)을 첨부하여야 한다. 그러나, 본점 이전에 관한 주주총회 의사록(상업등기법 제79조 제2항 참조)은 첨부하지 않아도 된다. (2007. 7. 24. 공탁상업등기과-805 질의회답)
참조조문 : 상법 제289조 제1항 제6호, 제383조 제1항 단서, 상업등기법 제79조 제2항
주) 상업등기법 제79조 제2항은 상업등기규칙 제128조로 변경됨

핵 심 판 례

■ 회사 본점소재지와 지점소재지의 관할 등기소가 같지 않은 경우 등기 해태에 따른 과태료의 부과 방법

> 회사의 등기사항에 변경이 있는 때에는 본점소재지에서는 2주간 내, 지점소재지에서는 3주간 내에 변경등기를 하여야 하는바(상법 제183조), 본점소재지와 지점소재지의 관할 등기소가 동일하지 아니한 때에는 그 등기도 각각 신청하여야 하는 것이므로, 그 등기 해태에 따른 과태료도 본점소재지와 지점소재지의 등기 해태에 따라 각각 부과되는 것이다(대법원 2009. 4. 23. 자 2009마120 결정).

【서식】주식회사지점설치등기신청서

주식회사지점설치등기신청

접 수	년 월 일	처리인	등기관 확인	각종 통지
	제 호			

①상 호	○○ 주식회사	②등기번호	○○○○○○

③본 점	서울특별시 ○○구 ○○로 ○○

④등 기 의 목 적	지점설치등기

⑤등기의 사 유	20○○년○월○일 이사회의 결의에 의하여 20○○년○월○일 지점을 설치하였으므로 다음사항의 등기를 구함

⑥본/지점 신청구분	1.본점신청 □ 2.지점신청 □ 2.본·지점 일괄신청 □

등   기   할   사   항

⑦지 점	명 칭	△△지점
	소재지	인천광역시 △△구 ○○로 ○○

⑧설 치 연 월 일	20○○년○월○일

기 타	

<table>
<tr><td colspan="7" align="center">⑨신청등기소 및 등록면허세/수수료</td></tr>
<tr><td>순번</td><td>신청등기소</td><td>구분</td><td>등록면허세
지방교육세</td><td>농어촌특별세</td><td>세액합계</td><td>등기신청수수료</td></tr>
<tr><td></td><td></td><td></td><td>금　　　　원
금　　　　원</td><td>금　　　원</td><td>금　　　원</td><td>금　　　원</td></tr>
<tr><td></td><td></td><td></td><td></td><td></td><td></td><td></td></tr>
<tr><td></td><td></td><td></td><td></td><td></td><td></td><td></td></tr>
<tr><td colspan="2" align="center">합　　　계</td><td></td><td></td><td></td><td></td><td></td></tr>
<tr><td colspan="3" align="center">등기신청수수료 납부번호</td><td colspan="4"></td></tr>
</table>

<table>
<tr><td colspan="2" align="center">⑩첨　　부　　서　　면</td></tr>
<tr><td>
1. 이사회의사록(공증받은 것)　　　통

1. 등록면허세영수필확인서　　　통

1. 등기신청수수료영수필확인서　　　통

1. 위임장(대리인이 신청할 경우)　　　통
</td><td>
〈기 타〉
</td></tr>
</table>

년　　월　　일

⑪신청인　　상　호
　　　　　　　본　점
　대표이사　성　명　　　　　　(인)　(전화 :　　　　)
　　　　　　주　소
　대리인　　성　명　　　　　　(인)　(전화 :　　　　)
　　　　　　주　소

지방법원　　등기소　귀중

- 신청서 작성요령 -
1. 해당란이 부족할 때에는 별지를 이용합니다.
1. 해당 등기신청과 관계없는 사항에 대하여는 "해당없음"으로 기재하거나 삭제하고, 필요한 사
　항은 추가 기재합니다.

등기신청안내 - 주식회사지점설치등기신청
(본점 또는 기설지점소재지에서의 등기신청)

◆ 주식회사지점설치등기신청(본점 또는 기설지점소재지에서 등기신청)이란

　이 신청서는 주식회사가 지점을 설치하고 본점소재지 관할등기소에 지점설치등기를 하는 양식이며 또한 본점이 소재하는 등기소의 관할구역 내에 지점을 설치하거나, 기설 지점이 있는 등기소 관할구역 내에 다시 다른 지점을 설치하는 경우 본점 관할 등기소 또는 기설 지점 관할 등기소(본점관할 등기소에서 일괄신청을 하지 않는 경우)에 지점설치등기를 신청하는 양식입니다. 주식회사의 지점은 본점과 같이 회사 영업활동의 중심이 되는 장소(다만, 지점의 영업에 한함)를 말하며 지점의 설치는 이사회의 권한에 속하는 사항으로 별도의 정관변경 절차 없이 이사회의 결의로 가능합니다. 그러나 정관에 지점소재지를 최소행정구역까지 정하고 최소행정구역 이외의 장소에 지점을 설치할 경우 주주총회에서 별도의 정관변경 절차를 거친 후 이사회 결의로 지점을 설치하여야 합니다.

◆ 관할등기소 및 등기의 신청

　회사의 본점이 소재하는 등기소의 관할구역 내에 지점을 설치한 경우 설치일로부터 2주 내에 지점설치 등기를 신청하여야 합니다. 기설 지점이 있는 등기소의 관할구역 내에 다시 다른 지점을 설치한 경우 본점 관할 등기소에는 2주 내에, 기설 지점 관할 등기소에는 3주 내에 지점설치등기를 신청하여야 하며, 본점 관할 등기소에 기설지점의 지점설치등기를 동시에 신청할 수 있습니다. 지점설치등기는 대표이사 또는 그 대리인이 신청하여야 합니다.

※ 본점 또는 기설 지점의 등기소 관할 구역 외의 지역에 지점을 설치한 경우에는 지점소재지 관할 등기소에 양식 제67-2호에 의한 지점설치등기를 신청하여야 합니다.

◆ 등기신청서 기재 요령

　신청서는 원칙적으로 한글과 아라비아 숫자로 기재합니다. 신청서의 기재사항 난이 부족할 경우 별지를 사용하고 신청서와 별지 각 장 사이에 간인을 하여야 합니다.

　① 상호

　　본점등기부 상의 상호를 기재합니다.

　② 등기번호

　　본점등기부 상의 등기번호를 기재합니다.

　③ 본점

　　본점등기부의 본점소재지를 기재합니다.

　④ 등기의 목적

　　"지점설치등기"라고 기재합니다.

⑤ 등기의 사유

등기를 신청하는 이유를 기재하는 항목으로 일반적으로 " 20○○년○월○일 이사회의 결의에 의하여 20○○년○월○일 지점을 설치하였으므로 다음사항의 등기를 구함"으로 기재합니다.

⑥ 본/지점 신청구분

본점에서의 등기신청, 지점에서의 등기신청, 또는 본점 및 지점에 관한 등기를 본점에

서 일괄하여 신청하는지 여부를 표시하는 항목입니다. 지점설치등기는 본점등기부에 지점설치 장소 등의 신청을, 기설 지점등기부에는 다른 지점의 설치 장소 등기 신청을 하여야 하는 바, 본점관할등기소에 지점관할등기소의 지점설치등기를 일괄하여 신청할 수 있으며 이 경우 본·지점 일괄신청임을 표시하면 됩니다. 다만 지점의 지배인을 선임하는 경우와 같이 지점소재지 관할등기소에서만 등기하는 사항은 일괄신청을 할 수 없고 지점소재지 관할등기소에서 별도의 지배인선임등기신청을 하여야 합니다.

⑦ 지점의 명칭, 소재지

지점의 명칭을 정한 경우 기재하며 지점소재지는 본점소재지를 정하는 경우와 같이 지번·동·호수까지 특정하여야 합니다.

⑧ 설치연월일

지점을 설치한 연월일을 기재합니다.

⑨ 신청등기소 및 등록면허세/수수료

신청하는 등기소를 기재하며, 납부한 등록면허세액, 지방교육세액(지방세법 제137조 제1항) 및 등기신청수수료(등기부등초본등수수료규칙 제5조의3)를 기재합니다. 본·지점 일괄신청의 경우 지점설치등기 신청과 관련된 등록면허세 등을 별도로 납부하여야 합니다.

⑩ 첨부서면

등기신청서에 첨부하는 서면을 기재하여야 합니다.

⑪ 신청인 등

법인의 상호와 본점소재지, 대표이사의 성명과 주소를 기재하며, 위임받은 대리인이 신청할 경우 대리인의 성명과 주소를 기재합니다. 대표이사는 등기소에 제출된 인감을 날인하여야 하며 대리인의 경우는 날인할 도장에 대한 제한은 없습니다.

◈ 등기신청서에 첨부할 서면

1. 이사회의사록

가. 회사의 정관에 지점 설치방법에 관한 별도의 규정이 없는 때에는 이사회의 결의만으로 지점을 설치할 수 있습니다. 다만 정관상에 지점(소재지 등)에 관한 규정이 있

는 때에는 주주총회의 결의에 의하여 정관을 변경하여 지점에 관한 사항을 규정하여야 합니다(이 경우 공증 받은 주주총회의사록을 첨부하여야 함). 이때 설치일자 등 업무집행에 관한 결정은 이사회의 결의에 의하여야 합니다.

　　나. 이사회의 의사에 관하여는 의사록을 작성하여야 하며 의사록에는 의사의 의안, 경과요령, 그 결과, 반대하는 자와 그 이유를 기재하고 출석한 이사 및 감사가 기명날인 또는 서명하여야 합니다. 등기를 신청할 때에는 이사회의 의사록에 공증인의 인증을 받아 제출하여야 합니다.

　　다. 자본금 총액이 10억 원 미만인 회사로서 이사를 1인 또는 2인을 둔 경우 각 이사가(다만 정관으로 대표이사를 정한 경우에는 대표이사를 말함) 회사를 대표하므로 업무집행에 관한 사항은 각 이사(또는 대표이사)가 결정합니다. 실무상 이사(또는 대표이사)가 설치장소, 설치일자 등을 기재하고 법인인감을 날인한 지점설치결정서를 작성하여 제출하고 있습니다.

2. 등록면허세영수필확인서

　　가. 본점 또는 기설 지점소재지 관할 시·군·구청장으로부터 등록면허세납부서를(지방세법 제137조 제1항) 발부받아 납부한 후 등록면허세 영수필확인서를 첨부하여야 합니다. 또한 본·지점 일괄신청의 경우 지점소재지의 지점설치등기의 등록면허세도 별도로 납부하여 영수필확인서를 첨부하여야 합니다. 지점설치에 대한 등록면허세율은 등기항목에 따라 별도의 등록면허세를 납부할 필요 없이 지방세법 제137조 제1항 제5호에 의한 1건의 등록면허세만 납부합니다. 또한 동일 등기소 관내에 수개의 지점을 설치하는 경우에도 1건의 등록면허세만 납부하면 됩니다. 주식회사 지점설치등기와 같이 정액으로 부과되는 등록면허세의 경우 대법원 인터넷등기소(www.iros.go.kr)에서 정액등록면허세 납부서를 작성·출력할 수 있으므로(아래 나. 항의 대도시 권역 내의 지점설치의 경우 제외) 수납기관에 납부한 후 제출하면 됩니다.

　　나. 다만 수도권정비계획법 시행령 제9조 별표1에 지정되어 있는 대도시권역 내에 지점을 설치하는 경우 당해 세율의 3배의 등록면허세(지방세법 제138조 제1항 제3호, 동시행령 제102조 제2항)를 납부하여야 합니다.

3. 위임장

　　등기신청권자(대표이사)의 위임에 의한 대리인이 등기신청을 하는 때에는 그 권한을 증명하는 서면으로 위임장을 첨부하여야 합니다. 실무상 수임자, 위임자, 위임내용을 기재하고 등기소에 제출(신고)한 인감을 날인합니다.

◆ 등기신청서 편철순서

　신청서, 등록면허세영수필증, 이사회의사록, 위임장 등의 순서로 편철하시면 업무처리에 편리합니다.

◈ 과태료

상법 제635조는 지점을 설치한 때로부터 등기기간(본점소재지는 2주, 지점소재지는 3주
단, 회사설립시 지점을 설치한 경우 회사 설립 후 2주)내에 등기를 해태한 때에는 500만
원 이하의 과태료에 처할 수 있도록 규정하고 있으므로 참고하시기 바랍니다.

◈ 기타

1. 등기신청과 관련된 의사록 등 각종 서식에 관하여는 대법원 인터넷등기소(자료센터),
법무부 홈페이지(법무지식), 중소기업청 홈페이지(자료마당), 사단법인 한국상장회사협의회
홈페이지(법률정보)를 참고하시면 많은 도움이 됩니다.

2. 이상은 주식회사의 지점설치에 대한 등기신청시 작성·제출하여야 하는 일반적인 서
  식

과 그 내용에 대한 안내인 바, 지점설치와 함께 지배인을 둔 경우, 정관에 지점소재지가
정하여진 경우, 지점설치를 주무관청의 허가를 얻어야 하는 경우 등 회사의 구체적인 사
정에 따라 신청서 기재 방식과 첨부서면 등이 달라질 수 있습니다. 따라서 개별·구체적인
사항에 대하여는 등기과·소의 민원담당자 또는 변호사·법무사 등 등기와 관련된 전문가에
게 문의하시기 바랍니다.

【서식】주식회사지점설치등기신청서(지점소재지에서 하는 등기신청)

주식회사지점설치등기신청

접 수	년　　월　　일	처리인	등기관 확인	각종 통지
	제　　　　호			

① 등 기 의 목 적	지점설치등기	②등록번호	○○○○○○-○○○○○○○

③ 등기의 사유	20○○년○월○일 이사회의 결의에 의하여 20○○년○월○일 지점을 설치하였으므로 다음사항의 등기를 구함

등 기 할 사 항

④상　　　호	○○ 주식회사
⑤본　　　점	서울특별시 ○○구 ○○로 ○○

⑥지 점	명　칭	△△지점
	소재지	인천광역시 △△구 ○○로 ○○

⑦공 고 방 법	서울시내에서 발행하는 일간 ○○일보에 게재한다

⑧대표이사의 성명, 주민등록번호, 주소 및 취임연월일	대표이사 ○ ○ ○(　　　　-　　　　　) 서울특별시 ○○구 ○○로 ○○ 20○○년○월○일취임

⑨회사성립연월일	20○○년○월○일
⑩지점설치연월일	20○○년○월○일

⑪목　　　적	1. 주택건설업 1. 철근콘크리트 공사업 1. 토목공사업 1. 부동산 임대업 1. 위 각 호에 관련된 부대사업 일체

⑫존 립 기 간 또는 해산사유	없음(정관에 규정되고 본점등기부에 등재되어 있으면 기재)
기　　　타	

⑬등록면허세	금	원	⑭지방교육세	금	원	농어촌특별세	금	원
⑮세 액 합 계	금				원	⑯등기신청수수료	금	원
등기신청수수료 납부번호								

<table>
<tr><td colspan="2" align="center">⑰첨　부　서　면</td></tr>
<tr>
<td>
1. 등록면허세영수필확인서　　　　통

1. 등기신청수수료영수필확인서　　통

1. 위임장(대리인이 신청할 경우)　통
</td>
<td>
〈기 타〉
</td>
</tr>
</table>

년　월　일

⑱신청인　　상　호
　　　　　　본　점

대표이사　성　명　　　　　　　　(인)　(전화 :　　　　)
　　　　　　주　소

대리인　　성　명　　　　　　　　(인)　(전화 :　　　　)
　　　　　　주　소

지방법원　　등기소　귀중

- 신청서 작성요령 -

1. 해당란이 부족할 때에는 별지를 이용합니다.
1. 해당 등기신청과 관계없는 사항에 대하여는 "해당없음"으로 기재하거나 삭제하고, 필요한 사항은 추가 기재합니다.

【서식】주식회사지점이전등기신청서(본점소재지에서의 경우)

<table>
<tr><td colspan="5" align="center">주식회사지점이전등기신청</td></tr>
<tr><td rowspan="2">접　수</td><td colspan="2" align="center">년　월　일</td><td rowspan="2" align="center">처리인</td><td align="center">등기관 확인</td><td align="center">각종 통지</td></tr>
<tr><td>제</td><td>호</td><td></td><td></td></tr>
</table>

<table>
<tr><td>①상　　　　호</td><td colspan="2">○○ 주식회사</td><td>②등기번호</td><td>○○○○○○</td></tr>
<tr><td>③본　　　　점</td><td colspan="4">서울특별시 ○○구 ○○로 ○○</td></tr>
<tr><td>④등기의 목적</td><td colspan="4">지점이전등기</td></tr>
<tr><td>⑤등기의 사유</td><td colspan="4">20○○년○월○일 이사회의 결의에 의하여 20○○년○월○일 △△지점을 아래의 장소로 이전하였으므로 다음사항의 등기를 구함</td></tr>
<tr><td>⑥본/지점
신청구분</td><td colspan="4">1.본점신청　□　　2.지점신청　□　　3.본·지점 일괄신청　□</td></tr>
<tr><td colspan="5" align="center">등　기　할　사　항</td></tr>
<tr><td rowspan="2">⑦지 점</td><td>명　　칭</td><td colspan="3">△△지점</td></tr>
<tr><td>소재지</td><td colspan="3">인천광역시 △△구 ○○로 ○○</td></tr>
<tr><td colspan="2">⑧ 이 전 연 월 일</td><td colspan="3">20○○년○월○일</td></tr>
<tr><td colspan="2">⑨기　　　　타</td><td colspan="3">지배인을 둔 장소 이전(지배인을 두고 있는 경우)
지배인　○○○
인천광역시 △△구 ○○로 ○○(△△지점)
20○○년○월○일</td></tr>
</table>

⑩신청등기소 및 등록면허세/수수료						
순번	신청등기소	구분	등록면허세 지방교육세	농어촌특별세	세액합계	등기신청수수료
			금 원 금 원	금 원	금 원	금 원
합 계						
등기신청수수료 납부번호						

⑪첨 부 서 면	
1. 이사회의사록(공증받은 것) 통 1. 등록면허세영수필확인서 통 1. 등기신청수수료영수필확인서 통 1. 위임장(대리인이 신청할 경우) 통	〈기 타〉

년   월   일

⑫신청인   상   호

　　　　　本   점

대표이사 성   명   (인)   (전화 :   )

　　　　　주   소

대리인   성   명   (인)   (전화 :   )

　　　　　주   소

지방법원   등기소   귀중

- 신청서 작성요령 -

1. 해당란이 부족할 때에는 별지를 이용합니다.
1. 해당 등기신청과 관계없는 사항에 대하여는 "해당없음"으로 기재하거나 삭제하고, 필요한 사항은 추가 기재합니다.

【서식】주식회사지점이전등기신청서(신지점소재지에서의 경우)

주식회사지점이전등기신청

접 수	년　월　일	처리인	등기관 확인	각종 통지
	제　　　　호			

①등 기 의 목 적	지점이전등기		②등록번호	○○○○○○-○○○○○○○
③등 기 의 사 유	20○○년○월○일 이사회의 결의에 의하여 20○○년○월○일 수원시 ○○구 ○○로 ○○　　○○지점을 아래 장소로 이전하였으므로 다음 사항의 등기를 구함			
등　기　할　사　항				
④상　　　　　　호	○○ 주식회사			
⑤본　　　　　　점	서울특별시 ○○구 ○○로 ○○			
⑥지 점	명　칭	△△지점		
	소재지	인천광역시 △△구 ○○로 ○○		
⑦공 고 방 법	서울시내에서 발행하는 일간 ○○일보에 게재한다			
⑧대표이사의 성명,주민등록번호및주소,취임연월일	대표이사 ○ ○ ○(　　　　　-　　　　　) 서울특별시 ○○구 ○○로 ○○ 20○○년○월○일취임			
⑨회사성립연월일	20○○년○월○일			
⑩지점이전연월일	20○○년○월○일			
⑪목　　　　　　적	1. 주택건설업 1. 철근콘크리트 공사업 1. 토목공사업 1. 부동산 임대업 1. 위 각 호에 관련된 부대사업 일체			
⑫존립기간 또는 해산사유	없음(정관에 규정되고 본점등기부에 등기되어 있으면 기재)			
⑬기　　　　　　타	지배인을 둔 장소 이전(지배인을 두고 있는 경우) 　지배인　○○○ 　인천광역시 △△구 ○○로 ○○(△△지점) 　20○○년○월○일			

⑭등록면허세	금 원	⑮지방교육세	금 원	농어촌특별세	금 원
⑯세액합계	금 원		⑰등기신청수수료	금 원	
등기신청수수료 납부번호					

<table>
<tr><td colspan="2" align="center">⑱첨   부   서   면</td></tr>
<tr><td>
1. 등록면허세영수필확인서   통

1. 등기신청수수료영수필확인서   통

1. 위임장(대리인이 신청할 경우)   통
</td><td>
〈기 타〉
</td></tr>
<tr><td colspan="2">

년   월   일

⑲신청인   상   호
      본   점
대표이사   성   명   (인)   (전화 :   )
      주   소
대리인   성   명   (인)   (전화 :   )
      주   소

지방법원   등기소   귀중
</td></tr>
</table>

- 신청서 작성요령 -

1. 해당란이 부족할 때에는 별지를 이용합니다.
1. 해당 등기신청과 관계없는 사항에 대하여는 "해당없음"으로 기재하거나 삭제하고, 필요한 사항은 추가 기재합니다.

【서식】주식회사지점이전등기신청서(구지점소재지에서의 경우)

<table>
<tr><td colspan="2" align="center">주식회사지점이전등기신청</td></tr>
</table>

접 수	년 월 일 제 호	처리인	등기관 확인	각종 통지

①상 호	○○ 주식회사	②등기번호	○○○○○○
③본 점	서울특별시 ○○구 ○○로 ○○		
④지 점	인천광역시 △△구 ○○로 ○○		
⑤등 기 의 목 적	지점이전등기		
⑥등 기 의 사 유	20○○년○월○일 이사회의 결의에 의하여 20○○년○월○일 수원시 ○○구 ○○길 ○○ ○○지점을 인천광역시 △△구 ○○로 ○○로 이전하였으므로 다음사항의 등기를 구함		

<table>
<tr><td colspan="2" align="center">등 기 할 사 항</td></tr>
</table>

⑦지 점	이전전 명칭	○○지점
	이전전 소재지	수원시 ○○구 ○○로 ○○
⑧이전연월일		20○○년○월○일
⑨기타		지배인을 둔 장소 이전(지배인을 두고 있는 경우) 지배인 ○○○ 인천광역시 △△구 ○○로 ○○(△△지점) 20○○년○월○일

⑩등록면허세	금	원	⑪지방교육세	금	원	농어촌특별세	금	원
⑫세액합계	금		원	⑬등기신청수수료	금		원	
등기신청수수료 납부번호								

<table>
<tr><td colspan="9" align="center">⑭첨   부   서   면</td></tr>
</table>

1. 등록면허세영수필확인서　　　　통	〈기 타〉
1. 등기신청수수료영수필확인서　　통	
1. 위임장(대리인이 신청할 경우)　통	

년　　월　　일

⑮신청인　　상   호

　　　　　　본   점

대표이사　성   명　　　　　　　　(인)　(전화 :　　　　　)

　　　　　　주   소

　대리인　　성   명　　　　　　　　(인)　(전화 :　　　　　)

　　　　　　주   소

지방법원　　등기소　귀중

- 신청서 작성요령 -

1. 해당란이 부족할 때에는 별지를 이용합니다.
1. 해당 등기신청과 관계없는 사항에 대하여는 "해당없음"으로 기재하거나 삭제하고, 필요한 사항은 추가 기재합니다.

【서식】주식회사지점폐지등기신청서

<table>
<tr><td colspan="5" align="center">**주식회사지점폐지등기신청**</td></tr>
<tr><td rowspan="2">접 수</td><td colspan="2">년   월   일</td><td rowspan="2">처리인</td><td>등기관 확인</td><td>각종 통지</td></tr>
<tr><td>제</td><td>호</td><td></td><td></td></tr>
</table>

<table>
<tr><td>①상   호</td><td>○○ 주식회사</td><td>②등기번호</td><td>○○○○○○</td></tr>
<tr><td>③본   점</td><td colspan="3">서울특별시 ○○구 ○○로 ○○</td></tr>
<tr><td>④등기의 목적</td><td colspan="3">지점폐지등기</td></tr>
<tr><td>⑤등기의 사유</td><td colspan="3">20○○년○월○일 이사회의 결의에 의하여 20○○년○월○일 △△지점을 폐지하였으므로 다음사항의 등기를 구함</td></tr>
<tr><td>⑥본/지점
신청구분</td><td colspan="3">1.본점신청 □   2.지점신청 □   3.본·지점 일괄신청 □</td></tr>
<tr><td colspan="4" align="center">등   기   할   사   항</td></tr>
<tr><td>⑦폐지할
지점의
명칭 및 소재지</td><td colspan="3">인천광역시 △△구 ○○로 ○○(△△지점)</td></tr>
<tr><td>⑧폐지연월일</td><td colspan="3">20○○년○월○일</td></tr>
<tr><td>⑨기   타</td><td colspan="3">지배인을 둔 장소 폐지(지배인을 두고 있는 경우)
지배인 ○○○
인천광역시 △△구 ○○로 ○○(△△지점)
20○○년○월○일</td></tr>
</table>

<table>
<tr><td colspan="8" align="center">⑩신청등기소 및 등록면허세/수수료</td></tr>
<tr><td rowspan="2">순번</td><td rowspan="2">신청등기소</td><td rowspan="2">구분</td><td>등록면허세</td><td rowspan="2">농어촌특별세</td><td rowspan="2">세액합계</td><td rowspan="2" colspan="2">등기신청수수료</td></tr>
<tr><td>지방교육세</td></tr>
<tr><td></td><td></td><td></td><td>금　　　　원
금　　　　원</td><td>금　　　원</td><td>금　　　원</td><td colspan="2">금　　　　원</td></tr>
<tr><td></td><td></td><td></td><td></td><td></td><td></td><td colspan="2"></td></tr>
<tr><td colspan="2" align="center">합　　　계</td><td></td><td></td><td></td><td></td><td colspan="2"></td></tr>
<tr><td colspan="3" align="center">등기신청수수료 납부번호</td><td colspan="5"></td></tr>
</table>

<table>
<tr><td colspan="2" align="center">⑪첨　　부　　서　　면</td></tr>
<tr><td>
1. 이사회의사록(공증받은 것)　　　통

1. 등록면허세영수필확인서　　　　통

1. 등기신청수수료영수필확인서　　통

1. 위임장(대리인이 신청할 경우)　통
</td><td>
〈기 타〉
</td></tr>
</table>

년　　월　　일

⑫신청인　　상　호
　　　　　　　본　점
　대표이사　성　명　　　　　　　　(인)　　(전화 :　　　　　　)
　　　　　　　주　소
　대리인　　성　명　　　　　　　　(인)　　(전화 :　　　　　　)
　　　　　　　주　소

지방법원　　　등기소　귀중

- 신청서 작성요령 -

1. 해당란이 부족할 때에는 별지를 이용합니다.
1. 해당 등기신청과 관계없는 사항에 대하여는 "해당없음"으로 기재하거나 삭제하고, 필요한 사항은 추가 기재합니다.

【서식】주식회사변경등기신청서(대표이사 주소변경의 경우)

<table>
<tr><td colspan="2" align="center">주식회사변경등기신청</td><td></td><td></td></tr>
<tr><td rowspan="2">접 수</td><td>2000년 0월 0일</td><td rowspan="2">처리인</td><td>등기관 확인</td><td>각종 통지</td></tr>
<tr><td>제0000호</td><td></td><td></td></tr>
</table>

상 호	○○주식회사	등기번호	제1000호
본 점	○○시 ○○구 ○○길 ○○		
등기의 목적	대표이사 주소 변경등기		
등기의 사유	2000년 0월0일 대표이사 ○○○의 주소를 이전하였으므로 다음 사항의 등기를 구함		
본/지점 신청구분	1. 본점신청 □ 2. 지점신청 □ 3. 본·지점 일괄신청 □		

등 기 할 사 항

변경된 주소와 변경연월일	대표이사 ○ ○ ○ 　서울특별시 ○○구 ○○로 ○○ 　2000년 0월0일 주소변경
기 타	해당 없음

신청등기소 및 등록면허세/수수료						
순번	신청등기소	구분	등록면허세 지방교육세	농어촌특별세	세액합계	등기신청수수료
			금 원 금 원	금 원	금 원	금 원
합 계						
등기신청수수료 납부번호						
첨 부 서 면						

1. 주민등록표 등(초)본 통 1. 등록면허세영수필확인서 통 1. 등기신청수수료영수필확인서 통	1. 위임장(대리인이 신청할 경우) 통 〈기 타〉

2000년 0월 0일

신 청 인   상 호   ○○주식회사
               본 점   ○○시 ○○구 ○○길 ○○
대표이사   성 명   ○ ○ ○ (인) (전화 : 02-123-4567)
               주 소   ○○시 ○○구 ○○길 ○○
대 리 인   성 명   법무사 ○ ○ ○ (인) (전화 02-456-7890)
               주 소   ○○시 ○○구 ○○길 ○○

○○지방법원 ○○등기소 귀중

- 신청서 작성요령 -

1. 해당란이 부족할 때에는 별지를 이용합니다.
1. 해당 등기신청과 관계없는 사항에 대하여는 "해당없음"으로 기재하거나 삭제하고, 필요한 사항은 추가 기재합니다.

등기신청안내 – 주식회사변경등기신청
(대표이사 주소변경)

◆ 주식회사변경등기(대표이사 주소변경)란

　주식회사 변경등기란 등기된 사항에 변경이 생긴 경우 그 변경된 내용을 등기부에 반영하여 등기와 실체관계를 일치시키기 위하여 하는 등기를 말합니다. 대표이사는 주식회사의 필수적 상설기관으로서 그 성명과 주민등록번호 뿐만 아니라 주소도 등기를 하도록 하고 있습니다. 따라서 대표이사가 이사를 하는 등의 사유로 주소가 바뀐 경우에는 그에 따른 변경등기를 하여야 합니다.

◆ 관할등기소 및 등기의 신청

　대표이사 주소변경등기는 회사의 영업소 소재지를 관할하는 지방법원, 그 지원 또는 등기소에 신청하며, 본점 관할 이외에 지점을 설치하여 지점등기부가 개설되어 있는 때에는 지점관할 등기소에도 그 변경등기를 신청하여야 합니다. 대표이사 주소변경의 경우에는 주민등록표상의 변경일로부터 본점소재지에서는 2주 이내, 지점소재지에서는 3주 이내에 대표이사 또는 그 대리인이 변경등기를 신청하여야 합니다. 다만 변호사 또는 법무사가 아닌 사람은 신청서의 작성이나 그 서류의 제출 대행을 업(業)으로 할 수 없습니다.

◆ 등기신청서 기재 요령

　신청서는 원칙적으로 한글과 아라비아 숫자로 기재합니다. 신청서의 기재사항 난이 부족할 경우 별지를 사용하고 신청서와 별지 각 장 사이에 간인을 하여야 합니다.

　① 상호

　　법인 등기부상의 상호를 기재합니다.

　② 등기번호

　　법인 등기부상의 등기번호를 기재합니다.

　③ 본점

　　법인 등기부상의 본점소재지를 기재합니다.

　④ 등기의 목적

　　"대표이사 주소변경"이라고 기재합니다.

　⑤ 등기의 사유

　　등기를 신청하는 이유를 기재하는 항목으로 일반적으로 " 20○○년 ○월 ○일 대표이사 ○○○의 주소를 이전하였으므로 다음사항의 등기를 구함"으로 기재합니다.

　⑥ 본/지점 신청구분

　　본점에서의 등기신청, 지점에서의 등기신청, 또는 본점 및 지점에 관한 등기를 본점에
서 일괄하여 신청하는지 여부를 표시하는 항목입니다. 대표이사에 관한 사항은 본점뿐 아니라 지점에서도 등기를 하여야 하는 바, 본점관할 등기소에서 지점의 대표이

　　사 주소 변경등기를 일괄하여 신청할 수 있으며 이 경우 본·지점 일괄신청임을 표
　　시하면 됩니다.
　⑦ 변경된 주소와 이전연월일
　　대표이사의 변경된 주소와 변경일자를 기재합니다. 변경된 주소와 변경일자는 주민
　　등록표등(초)본에 등재된 내용을 기재하며 변경전의 주소와 변경후의 주소가 모두
　　나오는 주민등록표등(초)본을 제출하여야 합니다. 대표이사의 주소가 여러 번 변경
　　된 경우(A→B→C), 중간 주소지로의 변경등기(A→B)를 생략하고 최종 주소지로 변
　　경등기(A→C)를 할 수 있습니다.
　⑧ 신청등기소 및 등록면허세/수수료
　　신청하는 등기소를 기재하며, 납부한 등록면허세액, 지방교육세액(지방세법 제137조
　　제1항) 및 등기신청수수료(등기부등초본등수수료규칙 제5조의3)를 기재합니다. 본·
　　지점 일괄신청의 경우 지점등기 신청과 관련된 등록면허세·수수료를 별도로 납부
　　하여야 합니다.
　⑨ 첨부서면
　　등기신청서에 첨부하는 서면을 기재하여야 합니다.
　⑩ 신청인 등
　　변경등기를 신청하는 법인의 상호와 본점, 대표이사의 성명과 변경된 주소를 기재하
　　며, 위임받은 대리인이 신청할 경우 대리인의 성명과 주소를 기재합니다. 대표이사
　　는 등기소에 제출된 인감을 날인하여야 하며 대리인의 경우는 날인할 도장에 대한
　　제한은 없습니다.
◈ 등기신청서에 첨부할 서면
　1. 주민등록표등(초)본
　　등기부상 대표이사의 주소는 주민등록표상의 주소지를 기준으로 하므로 주소변경
　등기를 신청할 때에는 그 변경사실을 증명하기 위하여 주민등록표등(초)본(발행일로부
　터 3개월 이내)을 첨부하여야 합니다. 대표이사가 외국인인 경우 본국 관공서나 본국
　공증인의 공증, 또는 외국주재 한국대사관이나 영사관의 확인을 받은 확인서로 주민등
　록등(초)본을 대신할 수 있습니다. 국내에 외국인등록을 한 외국국적자라면, 외국인등
　록표등본을 첨부하고 주소는 외국인등록표등본에 나타난 국내 체류지로 하여야 할 것
　입니다. 대표이사가 재외국민인 경우는 국내에 입국한 때는 국내거소신고사실증명, 외
　국에 체류하고 있을 때는 외국주재 한국대사관 또는 영사관에서 발행하는 재외국민
　거주사실증명 또는 재외국민등록부등본을 첨부하여야 합니다. 다만 등기원인서류로 제
　출하는 주민등록등(초)본 등은 등기부에 등재된 주소와 현재 변경된 주소가 모두 표시
　된 것이어야 합니다.

2. 등록면허세 영수필 확인서

본점소재지 관할 시·군·구청장으로부터 등록면허세납부서를(지방세법 제137조 제1항) 발부받아 납부한 후 등록면허세 영수필확인서를 첨부하여야 합니다. 다만 대표이사 주소변경등기와 같이 정액으로 부과되는 등록면허세의 경우 대법원 인터넷등기소(www.iros.go.kr)에서 정액등록면허세 납부서를 작성·출력할 수 있으므로 수납기관에 납부한 후 제출하면 됩니다.

3. 위임장

등기신청권자인 대표이사의 위임에 의한 대리인이 등기신청을 하는 때에는 그 권한을 증명하는 서면으로 위임장을 첨부하여야 합니다. 실무상 수임자, 위임자, 위임내용을 기재하고 등기소에 제출(신고)된 대표이사의 인감을 날인합니다.

◈ 기타 등기원인

1. 행정구역 변경

행정구역 또는 명칭이 변경된 경우 등기부에 기재된(대표이사 주소) 행정구역 또는 그 명칭도 당연히 변경된 것으로 봅니다. 따라서 이때는 대표이사의 주소변경등기를 하여야할 의무는 없으며 등기해태에 따른 과태료 문제도 발생하지 않습니다. 다만 대표이사는 임의로 그 변경등기를 신청할 수 있는바, 이때는 등록면허세 및 등기신청 수수료는 납부하지 않습니다.

2. 대표이사 개명

대표이사 성명이 개명으로 인하여 변경된 경우에도 일반적인 변경의 등기와 같이 본점소재지에서는 2주 이내, 지점소재지에서는 3주 이내에 변경등기를 하여야 합니다. 물론 본·지점 일괄신청으로도 가능합니다. 등기원인일은 개명 허가일이며, 원인서류로는 개명의 내용이 등재된 가족관계등록부를 첨부하여야 합니다.

◈ 등기신청서 편철순서

신청서, 등록면허세영수필증, 주민등록표등(초)본, 위임장 등의 순서로 편철하시면 업무 처리에 편리합니다.

◈ 과태료

상법 제635조는 대표이사 주소 등의 변경이 있는 때로부터 등기기간(본점소재지는 2주, 지점소재지는 3주)내에 등기를 신청하지 않은 때에는 500만 원 이하의 과태료에 처할 수 있도록 규정하고 있습니다. 대표이사의 주소변경등기는 원칙적으로 주소가 변경될 때마다 하여야 하나 주소가 여러 번 변경된 경우에는(A→B→C), 중간 주소지로의 변경등기(A→B)를 생략하고 최종주소지로 변경등기(A→C)를 할 수 있습니다. 다만 C주소지로 등기기간 내에 변경등기를 신청하는 경우 B주소지로의 변경등기를 게을리한 데 따른 과태료가 부과되므로 주의하시기 바랍니다

◆ 기타

1. 등기신청과 관련된 의사록 등 각종 서식에 관하여는 대법원 인터넷등기소(자료센터), 법무부 홈페이지(법무지식), 중소기업청 홈페이지(자료마당), 사단법인 한국상장회사협의회 홈페이지(법률정보)를 참고하시면 많은 도움이 됩니다.

2. 이상은 주식회사 대표이사 주소변경등기 신청시 작성·제출하여야 하는 일반적인 서식과 그 내용에 대한 안내인바, 대표이사가 외국 국적인 경우, 개명 또는 주소정정 등의 경우에는 구체적인 사정에 따라 신청서 기재 방식과 첨부서면 등이 달라질 수 있습니다. 따라서 개별·구체적인 사항에 대하여는 등기과·소의 민원담당자 또는 변호사, 법무사 등 등기와 관련된 전문가에게 문의하시기 바랍니다.

Ⅳ. 상호·목적·공고방법·존립기간 등의 변경등기

□ 핵 심 사 항 □

1. 상호·목적·공고방법·존립기간 등의 변경절차 : 이는 모두 정관의 기재사항(상법 제289조 1항)이므로 이를 변경함에는 주주총회의 특별결의를 요함.
 (1) 상호의 변경 : 동일한 특별시, 광역시, 특별자치시, 시(행정시를 포함) 또는 군(광역시의 군은 제외)에서는 동종의 영업을 위하여 다른 상인이 등기한 상호(商號)와 동일한 상호를 등기할 수 없다(상업등기법 제29조).
 (2) 공고방법의 변경 : 상법상 채권자 보호절차를 이행하였다고 하기 위해서는 정관에서 정한 공고방법과 같은 공고를 하여야 한다. 따라서 이와 다른 공고를 하기 위해서는 결국 정관을 변경하여야 한다.
 (3) 존립기간 등의 변경 : 존립기간 또는 해산사유의 변경 또는 폐지는 그 기간 또는 사유의 발생 전에 하여야 한다.
2. 변경등기절차 : 상호, 목적 등의 변경등기는 그 변경이 있은 날로부터 본점소재지에서는 2주간, 지점소재지에서는 3주간 내에 대표이사가 일반적 첨부서면 외에 주주총회의사록을 첨부하여 그 변경등기를 신청하여야 한다(상법 제317조 3항, 제183조, 상업등기규칙 제128조).

1. 상호·목적 등의 변경절차

상호·목적·공고방법·존립기간 등은 모두 정관의 기재사항이므로 이를 변경함에는 주주총회의 특별결의가 있어야 한다.

(1) 상호의 변경

상호를 변경할 때에는 상호를 선정하는 경우와 같이 동일 시·군 내에 동종영업을 위하여 타인이 등기한 상호가 있는지의 여부를 조사하여야 하며(상업등기법 제29조), 목적을 변경할 때에도 이로 인하여 동일 또는 유사 상호로 되는지의 여부를 조사하여야 한다(예규 제598호).

타인이 등기한 상호는 동일한 특별시·광역시·특별자치시·시·군에서 동종영업의 상호로 등기하지 못하므로(상법 제22조), 등기 후에 목적(영업의 종류)을 변경하여 동종영업이 되는 때에는 결국 동일한 시내에서 동일한 영업을 위하여 타인이 등기한 상호와 같은 상호로 등기하는 것이 되어, 상호 변경등기를 하지 아니하고는 목적변경등기를 할 수 없다.

(2) 공고방법의 변경

정관에서 정한 공고방법과 다른 공고를 한 경우에는 상법상 채권자 보호절차를 이행하였다고 볼 수 없으므로 공고로서의 효력이 발생하지 않는다(선례 6-673). 주식회사가 그 공고방법으로 정한 일간 신문사의 상호가 변경된 경우는 이를 위하여 주주총회의 특별결의 절차를 밟을 필요는 없을 것이므로, 정관 변경 전에도 그 변경사실을 증명하는 서면(일간 신문사의 법인등기부등본 등)을 첨부하여 등기부상의 공고방법 변경등기를 신청할 수 있다(선례 5-844).

(3) 존립기간 등의 변경

존립기간 또는 해산사유의 변경 또는 폐지는 그 기간 또는 사유의 발생 전에 하여야 한다. 존립기간의 만료로 인하여 회사는 당연히 해산되는 것이므로 그 후에 이를 변경 또는 폐지한다고 하여 이미 해산된 회사가 해산 전의 상태로 복귀하는 것은 아니다. 이와 같은 경우에는 일단 해산등기와 단속의 등기를 한 후에 존립기간을 변경 또는 폐지하여야 한다. 해산사유가 발행한 후에 그 해산사유를 변경 또는 폐지하는 경우도 같다.

존립기간이나 해산사유는 정관의 상대적 기재사항이므로 이의 변경에는 반드시 정관변경절차가 필요하다.

【쟁점질의와 유권해석】

〈주주총회의 특별결의로 존립기간을 폐지한 경우 회사를 계속하기 위한 요건〉

ㄱ) 주주총회의 특별결의가 적법한 경우

등기부상 주식회사 ○○상호신용금고의 존립기간 만료일은 회사성립일(1969. 6. 13)로부터 만 20년이 되는 1989. 6. 13.이라 할 것인데 존립기간 만료이전인 1989. 6. 13. 적법한 주주총회의 특별결의로 존립기간을 폐지하였다면 그 기간이 지났다 하더라도 해산된 것이 아니므로 회사를 계속하기 위하여는 존립기간변경등기만 하면 되고 해산등기후 회사계속의 등기를 하여야 하는 것은 아니다.

ㄴ) 주주총회가 적법하지 않는 경우

주주총회가 적법한 것이 아니라면 존립기간만료로 해산된 것이므로 회사를 계속하기 위하여는 해산등기 후 회사계속의 등기를 하여야 한다(선례Ⅳ-870).

2. 변경등기절차

(1) 등기기간

상호, 목적 등의 변경등기는 그 변경이 있은 날로부터 본점소재지에서는 2주간, 지점소재지에서는 3주간 내에 대표이사가 일반적 첨부서면 외에 주주총회의사록을 첨부하여 그 변경등기를 신청하여야 한다(상법 제317조 3항, 제183조, 상업등기규칙 제128조).

(2) 등기절차

1) 여러 개의 상호등기

동일한 당사자로부터 여러 개의 상호등기신청이 있는 때에는 각 상호를 다른 등기기록에 등기하여야 한다(상업등기규칙 제72조).

2) 영업양수인의 면책등기

「상법」제42조 제2항의 등기는 당해 상호의 등기기록에 하여야 한다. 다만, 회사가 영업의 양도인 또는 양수인인 때에는 양수인의 상호의 등기기록 또는 양수인인 회사의 등기기록에 이를 하여야 한다(동규칙 제74조).

회사의 상호는 필요적 등기사항이므로 상호의 등기가 말소되어 있는 회사는 상호의 등기를 하지 아니하는 한 다른 등기를 할 수 없다.

(3) 등록면허세 및 등기신청수수료

1) 등록면허세

등록면허세는 지방세법 제28조 1항 6호에 의하여 4만2백원이고, 지방교육세는 그 100분의 20이다. 지방세법, 관세법, 조세특례제한법에 의하여 등록면허세가 감면되는 경우에는 그 감면등록세의 100분의 20의 농어촌특별세를 납부하여야 한다(농어촌특별세법 제4조, 제5조).

2) 등기신청수수료

등기신청수수료는 설립등기, 관할구역의 본점이전등기, 합병에 의한 신설등기, 조직변경에 의한 설립등기에는 30,000원이고, 상호·목적·본점·공고방법·존립기간·1주의 금액·발행할 주식의 총수 등의 변경등기, 경정 및 주소변경등기, 지점설치 및 이전등기, 해산등기, 전환사채등기, 기타 등기에는 6,000원을 첨부한다.

그러나 변경등기의 경우 회사의 상호·본점·목적·공고방법·존립기간·1주의 금액·발행할 주식의 총수·발행주식의 총수와 그 종류 및 각각의 수 등의 변경등기를 동시에 하나의 신청서로 청구하는 경우 각각 등기신청수수료를 합산한 금액을 납부하여야 한다.

▣ 이견있는 등기에 대한 견해와 법원판단 ▣

[등기상호권자의 사전등기배척권]

1. 문제점 : 타인이 등기한 상호는 동일한 특별시·광역시·시·군에서 동종영업의 상호로 등기하지 못한다(상법 제22조). 이 때 먼저 상호를 등기한 자가 갖는 권리를 등기배제청구권 또는 등기배척청구권이라고 한다. 이 청구권의 법적 성질이 무엇인지 문제된다.

2. 학설
 (1) 절차법상 권리설 : 선등기자에게 이의신청권을 준데 불과하다는 견해.
 (2) 실체법상 권리설(다수설) : 실체법상의 효력도 인정하는 견해로서 등기말소청구권행사가 가능하다는 견해.

3. 판례
 최근 대법원은 "상법 제22조 규정은 타인이 등기한 상호 또는 확연히 구별할 수 없는 상호의 등기를 금지하는 효력과 함께 선등기자가 후등기자를 상대로 그 등기의 말소를 청구할 수 있는 효력도 인정한 규정"이라고 판시하여 실체법상 권리설을 취하고 있다(2001다72081).

【서식】주식회사변경등기신청서(상호·목적·공고방법변경)

주식회사변경등기신청

접 수	년 월 일	처리인	등기관 확인	각종 통지
	제 호			

①상 호	○○ 주식회사	②등기번호	○○○○○○

③본 점	서울특별시 ○○구 ○○로 ○○

④등 기 의 목 적	상호·목적·공고방법 변경등기

⑤등 기 의 사 유	20○○년 ○월 ○일 주주총회 결의로 상호·목적·공고방법을 변경하였으므로 다음사항의 등기를 구함

⑥본/지점 신청구분	1.본점신청 ☐ 2.지점신청 ☐ 3.본·지점 일괄신청 ☐

등   기   할   사   항

⑦상호, 목적, 공고방법 변경과 그 연월일	- 상호 　　△△주식회사 - 목적 다음 목적을 추가(또는 삭제) 　　1.주택건설업 　　1.가구제조판매업 - 공고방법 　　서울특별시에서 발행하는 ○○일보에 게재한다 　　20○○년 ○월 ○일 변경
기 타	

⑧신청등기소 및 등록면허세/수수료						
순번	신청등기소	구분	등록면허세 지방교육세	농어촌특별세	세액합계	등기신청수수료
			금 원 금 원	금 원	금 원	금 원
합 계						
등기신청수수료 납부번호						

⑨첨 부 서 면	
1. 주주총회의사록(공증받은 것) 통	〈기 타〉
1. 등록면허세영수필확인서 통	
1. 등기신청수수료영수필확인서 통	
1. 위임장(대리인이 신청할 경우) 통	

년   월   일

⑩신청인   상   호

　　　　本   점

대표이사   성   명   (인)   (전화 :   )

　　　　주   소

대리인   성   명   (인)   (전화 :   )

　　　　주   소

지방법원   등기소   귀중

- 신청서 작성요령 -

1. 해당란이 부족할 때에는 별지를 이용합니다.

1. 해당 등기신청과 관계없는 사항에 대하여는 "해당없음"으로 기재하거나 삭제하고, 필요한
   사항은 추가 기재합니다.

등기신청안내 – 주식회사변경등기신청
(상호 · 목적 · 공고방법 변경)

◎ 주식회사변경등기(상호·목적·공고방법 변경)란

　주식회사 변경등기란 등기된 사항에 변경이 생긴 경우 그 변경된 내용을 등기부에 반영하여 등기와 실체관계를 일치시키기 위하여 하는 등기를 말합니다. 주식회사의 상호, 목적,공고방법은 정관의 필요적 기재사항이며 또한 등기사항입니다. 주주총회에서 상호나 목적 또는 공고방법을 변경하기로 하는 결의를 한 때는 그에 따른 변경등기를 신청하여야 합니다.

◎ 관할등기소 및 등기의 신청

　상호, 목적, 공고방법 등의 변경등기는 회사의 영업소 소재지를 관할하는 지방법원, 그 지원 또는 등기소에 신청하며, 본점 관할 이외에 지점을 설치하여 지점등기부가 개설되어 있는 때에는 지점관할 등기소에도 그 변경등기를 신청하여야 합니다. 상호나 목적 또는 공고방법을 변경한 경우 주주총회 결의일로부터 본점소재지에서는 2주 이내, 지점소재지에서는 3주 이내에 대표이사 또는 그 대리인이 변경등기를 신청하여야 합니다. 다만 변호사 또는 법무사가 아닌 사람은 신청서의 작성이나 그 서류의 제출 대행을 업(業)으로 할 수 없습니다.

◎ 등기신청서 기재 요령

　신청서는 원칙적으로 한글과 아라비아 숫자로 기재합니다(다만 상호는 로마자 등의 표기를 병기할 수 있습니다). 신청서의 기재사항 난이 부족할 경우 별지를 사용하고 신청서와 별지 각 장 사이에 간인을 하여야 합니다.

　① 상호

　　법인 등기부상의 상호를 기재합니다(상호에 대한 변경등기의 경우 변경전의 상호를 기재합니다).

　② 등기번호

　　법인 등기부상의 등기번호를 기재합니다.

　③ 본점

　　법인 등기부상의 본점소재지를 기재합니다.

　④ 등기의 목적

　　"상호·목적·공고방법 변경등기"라고 기재합니다.

　⑤ 등기의 사유

　　등기를 신청하는 이유를 기재하는 항목으로 일반적으로 " 20○○년 ○월 ○일 주주총회에서 상호·목적·공고방법을 변경하였으므로 다음사항의 등기를 구함"으로 기재합니다.

⑥ 본/지점 신청구분

본점에서의 등기신청, 지점에서의 등기신청, 또는 본점 및 지점에 관한 등기를 본점에

서 일괄하여 신청하는지 여부를 표시하는 항목입니다. 주식회사의 상호, 목적, 공고방법은 본점 뿐 아니라 지점에서도 등기를 하여야 하는 바, 본점관할 등기소에서 지점의 상호·목적·공고방법에 대한 변경등기를 일괄하여 신청할 수 있으며 이 경우 본·지점 일괄신청임을 표시하면 됩니다.

⑦ 상호·목적·공고방법 변경과 그 연월일

주주총회에서 정관에 기재된 상호·목적·공고방법을 변경한 경우 변경되는 내용을 기재하며 변경연월일은 주주총회의사록에 기재된 변경 결의일을 기재합니다. 다만 상호나 목적변경이 주무관청의 허가를 요하는 경우에는 허가서상의 허가연월일이 변경등기 연월일이 됩니다.

⑧ 신청등기소 및 등록면허세/수수료

신청하는 등기소를 기재하며, 납부한 등록면허세액, 지방교육세액(지방세법 제137조 제1항) 및 등기신청수수료(등기부등초본등수수료규칙 제5조의3)를 기재합니다. 본·지점 일괄신청의 경우 지점등기 신청과 관련된 등록면허세 등을 별도로 납부하여야 합니다.

⑨ 첨부서면

등기신청서에 첨부하는 서면을 기재하여야 합니다.

⑩ 신청인 등

변경등기를 신청하는 법인의 상호(상호변경의 경우 변경된 상호)와 본점, 대표이사의 성명과 주소를 기재하며, 위임받은 대리인이 신청할 경우 대리인의 성명과 주소를 기재합니다. 대표이사는 등기소에 제출된 인감을 날인하여야 하며 대리인의 경우는 날인할 도장에 대한 제한은 없습니다.

◈ 등기신청서에 첨부할 서면

1. 주주총회 의사록

가. 상호, 목적, 공고방법은 정관의 필요적 기재사항으로 이에 대한 변경을 하고자 할 경우 주주총회 특별결의에 의하여야 합니다. 결의요건은 출석주주의 의결권의 3분의2이상의 수와 발행주식 총수의 3분의1이상의 수로 합니다.

나. 상호 또는 목적을 변경함에 있어 특히 유의하여야 할 점은 상호를 선정하는 경우와 같이 동일시·군 내에 동종영업을 위하여 타인이 등기한 상호가 있는지의 여부를 확인하여 타인이 등기한 것과 동일한 상호로는 변경등기를 할 수 없습니다. 목적변경의 경우 목적을 변경함으로써 기존상호가 동종영업을 하는 타인의 상호와 동일한

경우에는 상호변경등기를 하지 않고서는 목적변경등기를 할 수 없습니다(상법 제22조, 상업등기법 제29조).

다. 주식회사의 공고방법은 관보나 시사에 관한 사항을 게재하는 일간신문 이어야 합니다. 일간신문은 특정한 1개 또는 수 개의 신문을 기재하여야 하며 추상적·선택적(A신문 또는 B신문)으로 기재하여서는 안 됩니다. 다만 공고방법으로 정한 일간신문사의 상호가 변경된 경우는 별도의 정관변경 절차를 밟을 필요 없이 변경사실을 증명하는 등기사항 증명서를 첨부하여 변경등기를 신청할 수 있습니다.

라. 주주총회의 의사에 관하여는 의사록을 작성하여야 하며, 의사록에는 의사의 경과요령과 그 결과를 기재하고 의장과 출석한 이사가 기명날인 또는 서명하여야 합니다. 등기신청시 첨부되는 의사록은 공증인의 인증을 받아 제출하여야 합니다.

마. 상호와 목적을 변경함에 있어 관청의 허가를 필요로 하는 경우, 그 허가가 목적변경의 효력발생 요건일 때에는 허가서를 별도로 첨부하여야 합니다.

2. 등록면허세 영수필 확인서

본점소재지 관할 시·군·구청장으로부터 등록면허세납부서를(지방세법 제137조 제1항) 발부받아 납부한 후 등록면허세 영수필확인서를 첨부하여야 합니다. 수 개의 변경등기 신청을 하나의 신청서에 일괄하여 신청하는 경우는 변경사항 별(상호·목적·공고방법변경)로 각각의 등록면허세를 납부하여야 하며, 지점등기 신청과 관련된 등록면허세는 지점소재지 관할 시·군·구청장으로부터 등록면허세납부서를 발부받아 별도로 납부하여야 합니다. 다만 상호·목적·공고방법에 대한 변경등기와 같이 정액으로 부과되는 등록면허세의 경우 대법원 인터넷등기소(www.iros.go.kr)에서 정액등록면허세 납부서를 작성·출력할 수 있으므로 수납기관에 납부한 후 제출하면 됩니다.

3. 위임장

등기신청권자(대표이사)의 위임에 의한 대리인이 등기신청을 하는 때에는 그 권한을 증명하는 서면으로 위임장을 첨부하여야 합니다. 실무상 수임자, 위임자, 위임내용을 기재하고 등기소에 제출(신고)한 인감을 날인합니다.

◉ 등기신청서 편철순서

신청서, 등록면허세영수필증, 주주총회의사록, 위임장 등의 순서로 편철하시면 업무처리에 편리합니다.

◉ 과태료

상법 제635조는 상호·목적·공고방법이 변경된 경우 등기기간(본점소재지는 2주, 지점소재지는 3주) 내에 변경등기를 신청하지 아니한 때에는 500만 원 이하의 과태료에 처할 수 있도록 규정하고 있으므로 참고하시기 바랍니다.

또한 법인 소유 차량이 있다면 변경등록(상호 및 본점소재지 변경 등)을 하여야 하며 변경등록을 30일 이내에 신청하지 아니한 때에는 자동차관리법 제84조에 의하여 50만 원 이하의 과태료에 처할 수 있도록 규정하고 있으므로 자세한 사항은 해당 차량의 등록관청 (차량등록사업소 등)에 문의하시기 바랍니다.

◈ 기타

1. 등기신청과 관련된 의사록 등 각종 서식에 관하여는 대법원 인터넷등기소(자료센터), 법무부 홈페이지(법무지식), 중소기업청 홈페이지(자료마당), 사단법인 한국상장회사협의회 홈페이지(법률정보)를 참고하시면 많은 도움이 됩니다.

2. 이상은 주식회사 상호·목적·공고방법의 변경등기 신청시 작성·제출하여야 하는 일반적인 서식과 그 내용에 대한 안내인바, 특별법에 근거하여 설립된 회사의 상호에 관한 규정 등 회사의 구체적인 사정에 따라 신청서 기재 방식과 첨부서면 등이 달라질 수 있습니다. 따라서 개별·구체적인 사항에 대하여는 등기과·소의 민원담당자 또는 변호사, 법무사 등 등기와 관련된 전문가에게 문의하시기 바랍니다.

핵 심 판 례

■ 개정된 상업등기법 시행 전에 선등기자가 후등기자를 상대로 상법 제22조에 의한 상호등기말소청구의 소를 제기하였으나 개정 상업등기법 시행 후에 사실심 변론이 종결된 경우, 상법 제22조에 의하여 등기의 말소를 소로써 청구할 수 있는 효력 범위 (=동일한 상호)

상법 제22조의 규정 취지 및 상업등기법 제30조의 개정 경위 등에 비추어 볼 때, 2009. 5. 28. 법률 제9749호로 개정된 상업등기법 시행 후에는 상법 제22조에 의하여 선등기자가 후등기자를 상대로 등기의 말소를 소로써 청구할 수 있는 효력이 미치는 범위 역시 개정 상업등기법 제30조에 상응하도록 동일한 상호에 한정된다고 보아야 한다. 다만 상업등기법은 위 개정 당시 부칙 등에 그 시행 전에 등기를 마친 등기사항에 대한 법령의 적용에 관하여 아무런 경과규정을 두고 있지 않으나, 상법 제22조에 의한 등기말소청구를 인정할 것인지의 판단은 사실심 변론종결 당시를 기준으로 함이 원칙이고, 설령 선등기자가 상업등기법 제30조의 개정 전 구법의 존속을 전제로 한 상법 제22조의 해석에 따라 먼저 등기된 상호와 확연히 구별할 수 없는 상호 등기의 말소를 소로써 청구할 수 있으리라고 신뢰하였다 하더라도, 개정 상업등기법 제30조의 시행 후에는 그와 같은 등기신청이 더 이상 각하될 수 없는 이상 이미 등기된 상호의 경우에도 이와 마찬가지로 본다 하여 선등기자의 이익이나 신뢰가 과도하게 침해 또는 손상된다고는 보이지 않으며, 따라서 그러한 선등기자의 신뢰가 상업등기법의 개정에 따른 상법 제22조의 해석·적용에 관한 공익상 요구와 비교·형량하여 더 보호가치가 있는 것이라고 할 수도 없으므로, 결국 개정 상업등기법 시행 후에 사실심 변론이 종결된 경우라면 상법 제22조에 의하여 선등기자가 후등기자를 상대로 등기의 말소를 소로써 청구할 수 있는 효력이 미치는 범위는 먼저 등기된 상호와 동일한 상호에 한정된다고 보아야 한다(대법원 2011.12.27.선고 2010다20754 판결).

V. 이사·대표이사·감사 또는 감사위원회 위원에 관한 변경등기

■ 핵 심 사 항 ■

1. 이사
 (1) 의의 : 이사회의 구성원으로서 이사회의 회사의 업무집행에 관한 의사결정과 이사의 업무집행을 감독하는데 참여할 권리를 갖는 자.
 (2) 선임 : 이사는 주주총회에서 보통결의에 의하여 선임된다(상법 제382조 1항). 원칙적으로 3인 이상이어야 하나, 자본금이 10억원 미만인 소규모 주식회사는 1인 또는 2인으로 할 수 있다(상법 제383조 제1항).
 (3) 종임 : 이사와 회사간에는 위임에 관한 규정이 준용되므로 위임의 종료사유(민 법 제689조, 제690조)에 의하여 종임하며, 스스로 사임도 가능하다. 주주총회의 특별결의에 의하여 해임될 수도 있다(상법 제385조 제1항). 해임판결에 의하여 해임될 수도 있다(상법 제385조 제2항, 제3항).
2. 대표이사 : 주식회사에서 대내적으로 회사의 업무를 집행하고 대외적으로 회사를 대표하는 권한을 갖는 필요상설의 기관이다. 대표이사는 이사의 자격이 있는 자 가운데 1인 또는 수인을 정관에 특별한 규정이 없는 한 이사회에서 선임한다(상 법 제389조 제1항, 제2항). 그러나 정관으로 주주총회에서 선임할 것을 정할 수 있다(상법 제389조 제1항 단서).
3. 감사와 감사위원회 : 감사란 업무 및 회계의 감사를 주된 임무로 하는 주식회사의 필수적 상설기관이다. 다만, 2009년 5월 상법 개정에 의하여 자본금 총액이 10억원 미만인 회사를 설립하는 경우에는 감사 선임 여부를 회사의 임의적 선택사항으로 하였다(상법 제409조 4항). 그리고 주식회사는 정관의 규정에 따라 감사에 갈음하여 감사위원회를 둘 수 있다(상법 제415조의 2 제1항). 이는 임의사항이다. 다만, 자산 규모 등을 고려하여 대통령령으로 정하는 상장회사는 감사위원회를 설치하여야 한다(상법 제542조의 11).

1. 이사의 취임과 퇴임

(1) 이사의 자격 등

이사는 주식회사의 업무집행기관인 이사회의 일원으로서 이사회를 통하여 의사결정에 관여하며 대표이사 등의 업무집행을 감독하는 권한을 가진다.

이사는 이사회를 소집할 수 있고(상법 제390조 1항), 각종의 소를 제기할 수 있으며(상법 제328조, 제376조 1항, 제429조, 제445조, 제529조), 검사인의 선임을 청구하는(상법 제298조) 등의 권리를 가진다.

1) 이사와 회사와의 관계

이사와 회사와의 관계는 고용관계가 아니라 위임에 관한 규정이 준용된다(상법 제382조 2항).

위임은 타인의 전문지식 등을 이용하는 제도로서, 당사자 일방이 상대방에 대하여 사무의 처리를 위탁하고 상대방이 이를 승낙함으로써 그 효력이 생긴다(민법 제690조).

주식회사와 이사의 관계는 위임에 관한 규정이 준용되므로 이사는 언제든지 사임할 수 있고, 사임의 의사가 대표이사에게 도달하면 그 효과가 발생하며, 사임의 효력이 발생한 뒤에는 이를 철회할 수 없다(대법원 1998. 4. 28.선고 98다8615판결). 또한 이사가 파산선고를 받은 경우에는 이사의 지위를 상실하게 된다(민법 제690조).

2) 이사의 자격

이사의 자격에 대해 상법은 '감사는 이사를 겸할 수 없다(제411조)'고 규정할 뿐, 그 외 자격에 대한 특별한 제한규정은 없다. 그러므로 정관으로써는 그 자격을 제한할 수 있다. 이사가 되기 위해서는 행위능력을 요하는 것은 아니나 의사능력은 있어야 한다. 다만 미성년자와 한정치산자는 법정대리인 또는 후견인의 동의를 얻어 이사가 될 수 있다. 등기실무에서도 의사능력이 있는 한 미성년자의 이사선임등기를 수리하고 있다. 그러나 상장회사의 사외이사의 경우 미성년자, 금치산자, 한정치산자는 사외이사가 될 수 없다(상법 제542조의 8 제2항 1호, 2호).

【쟁점질의와 유권해석】

〈이사가 될 수 없는 자〉

ㄱ) 파산선고를 받은 자

파산선고를 받은 자는 이사로 선임되었다 하더라도 복권되지 않는 한 이사가 될 수 없다. 이사가 파산선고를 받은 경우에는 당연히 그 지위를 상실하게 된다(민법 제690조).

ㄴ) 사형·무기징역·무기금고의 판결을 받은 자

사형·무기징역·무기금고의 판결을 받은 자는 이사가 되는 자격을 상실하고, 자격상실 또는 자격정지 중인 자로 이사가 될 수 없다.

ㄷ) 법 인

이사는 이사회의 구성원인 동시에 업무진행을 담당하는 대표이사라는 지위의 전제가 된다는 점을 들어 법인은 이사가 될 수 없다고 하는 것이 다수설이다. 그러나 자본시장과 금융투자업에 관한 법률에 의하여 설립되는 주식회사 형태의 투자회사에 대해서는 법인이 이사가 되어 회사를 대표하도록 하는 특별규정을 두고 있다(동법 제197조, 제198조).

(2) 이사의 수

이사는 3인 이상이어야 한다. 다만, 자본의 총액이 10억 미만인 회사는 1인 또는 2인으로 할 수 있다(상법 제383조 1항). 이것은 2009년 5월 상법개정으로 3인 이상 이사의 예외가 인정된 것이며, 이 때에는 이사회는 존재하지 아니하므로 이사회의 권한이 주주총회의 권한으로 변경되는 경우와 아예 이사회규정이 적용되지 아니하는 경우가 있다(상법 제383조 4항, 5항, 6항 참조). 2009년 상법 개정 전에는 자본의 총액이 5억원 미만이 회사의 경우 3인 이상 이사의 예외가 인정되었으나, 2009년 상법 개정을 통하여 10억원 미만인 회사로 그 범위를 확대하였다.

정관으로써 그 이상의 최소인원수를 정할 수 있다. 정관으로 이사의 원수의 상한을 정한 때에는 그 원수를 초과하는 이사를 선임하는 결의는 무효이다.

법률 또는 정관소정의 최저원수를 결한 경우에는 지체없이 그 선임절차를 이행하여야 하며, 이를 해태한 때에는 과태료의 제재를 받는다(상법 제635조).

따라서 자본금 10억원 이상인 회사와 정관으로 이사의 수를 3인 이상으로 정한 회사는 이사의 총수가 3인인 경우에는 이사의 해임, 임기만료, 사임의 등기는 할 수 없고, 그 이사는 후임자가 선임되어 취임할 때까지 이사의 권리의무를 행사하여야 한다(상법 제383조, 제386조).

이사의 수를 감소함에 있어서, 이사의 원수에 관한 사항은 정관의 절대적 기재사항은 아니나, 상법에서는 정관으로 정할 것을 예정하고 있으며(상법 제386조 1항), 실무상 정관의 임의적 기재사항으로 정하고 있으므로 이 때에는 정관의 변경이 필요하다.

또한 1인 또는 2인의 이사를 둔 회사의 자본이 10억원 이상이 된 때에는 자본증가등기와 동시에 이사의 수를 3인 이상으로 하는 변경등기를 신청하여야 한다.

투자회사는 집합투자업자인 법인이사 1인과 감독이사 2인 이상을 선임하여야 한다(자본시장과 금융투자업에 관한 법률 제197조). 이 경우 법인이사가 투자회사를 대표하고 그 업무를 집행한다(동법 제198조 1항). 법인이사는 법인이사의 직무를 정하여 그 직무를 수행할 자를 그 임직원 중에서 선임할 수 있다(동법 제198조 4항).

(3) 이사의 선임

1) 선임절차

이사는 주주총회의 보통결의, 즉 출석한 주주의 의결권의 과반수와 발행주식 총수의 1/4 이상의 수로써 선임한다(상법 제382조 1항).

다만, 최초의 이사는 발기설립의 경우에는 발기인회에서 과반수로 선임하고(상법 제296조), 모집설립의 경우에는 창립총회에서 출석한 주식인수인 의결권의 3분의 2 이상이며 인수된 주식총수의 과반수에 해당하는 다수로써 선임한다(상법 제312조).

이사의 선임결의는 회사내부의 의사결정에 지나지 않으므로 선임결의가 있더라도 이것만으로 피선임자가 당연히 이사로 되는 것은 아니고, 그의 승낙을 필요로 한다. 회사의 대표기관이 피선임자에 대하여 취임의 청약을 하고 피선임자가 이를 승낙하고, 이사와 피선임자 사이에 임용계약이 체결되어야 한다.

이사의 선임은 회사설립 후에는 주주총회의 전속사항이므로 정관의 규정으로서도 그 선임을 이사회 기타 기관 또는 제3자에게 위임할 수 없다.

상장회사가 이사 · 감사의 선임에 관한 사항을 목적으로 하는 주주총회를 소집통지 또는 공고하는 경우에는 이사·감사 후보자의 성명, 약력, 추천인, 그 밖에 대통령령으로 정하는 후보자에 관한 사항을 통지하거나 공고하여야 한다(상법 제542조의4 2항). 상법 제542조의4제2항에서 "대통령령으로 정하는 후보자에 관한 사항"이란 다음 각 호의 사항을 말한다(상법시행령 제31조 3항).

1. 후보자와 최대주주와의 관계
2. 후보자와 해당 회사와의 최근 3년간의 거래내역

상장회사가 주주총회에서 이사 또는 감사를 선임하려는 경우에는 제542조의4제2항에 따라 통지하거나 공고한 후보자 중에서 선임하여야 한다(상 법 제542조의5).

2) 회생법인의 이사 선임

가. 채무자 회사의 이사 또는 대표이사 중에서 유임하게 하는 경우

회생법인의 경우 채무자 회사의 이사 또는 대표이사 중 유임하게 할 자가 있는 때에는 회생계획에 그 자와 임기를 정하여야 한다. 여기서 선임된 자는 회생계획이 인가된 때에 선임된 것으로 보고, 선임되지 아니한 이사와 대표이사는 회생계획이 인가된 때에 해임된 것으로 본다(채무자회생및파산에관한법률 제203조 2항, 제263조 1항). 이때 선임된 이사 등의 임기는 1년을 넘지 못한다(동법 제203조 5항).

나. 채무자 회사의 이사 또는 대표이사를 유임시킬 수 없는 경우

이사 또는 대표이사에 의한 재산의 도피, 은닉 또는 고의적인 부실경영 등의 원인에 의하여 회생절차가 개시된 때에는 유임하게 할 수 없다(채무자회생및파산에관한법률 제203조 2항 단서). 이들은 회생종결의 결정이 있은 후에도 채무자 회사의 이사 또는 대표이사로 선임될 수 없으며, 이에 위반한 경우 형사처벌을 받게 된다(동법 제284조 제647조).

(4) 이사의 임기

1) 임기의 최장기와 임기의 연장

이사의 임기는 3년을 초과하지 못한다(상법 제383조 2항). 다만, 회사합병의 경우에 합병 전에 취임한 이사는 합병계약서에 다른 정함이 있는 경우를 제외하고는 합병 후 최초로 도래하는 결산기의 정기총회가 종료한 때에 퇴임한다(상법 제527조의4).

그러나 정관으로 그 임기 중의 최종의 결산기에 관한 정기주주총회의 종결에 이르기까지 임기를 연장할 수 있다(상법 제383조 3항). 여기서 "임기 중의 최종의 결산기"라 함은 임기중에 도래한 최종의 결산기로서 당해 결산기가 임기중에 도래한 경우를 말한다. 이 규정에 의하여 임기연장이 되는 이사는 임기 중의 최종의 결산이 말일로부터 결산기에 관한 주주총회의 종결일까지 임기가 만료되는 자이다(예규 제282호). 따라서 결산기 말일 이전에 임기가 만료되는 경우에는 위 연장규정을 적용할 수 없다. 예를 들면 어느 회사의 결산기가 12월 31일이고 그 결산기에 관한 정기주주총회일이 다음해 2월 11일인 경우에 임기가 12월 31일과 다음해 2월 11일 사이에 만료되는 이사만이 위 규정에 의하여 임기가 연장된다는 의미이고 임기가 결산기 이전, 즉 12월 31일 이전에 만료되는 이사의 임기는 위 규정에 의하여 연장이 되지 않는다.

핵 심 판 례

■ 주식회사 이사나 감사의 직무집행을 정지하고 직무대행자를 선임하는 가처분결정이 있는 경우, 이사 등의 임기가 당연히 정지되거나 가처분결정이 존속하는 기간만큼 연장되는지 여부(원칙적 소극)

> 주식회사의 이사나 감사를 피신청인으로 하여 그 직무집행을 정지하고 직무대행자를 선임하는 가처분이 있는 경우 가처분결정은 이사 등의 직무집행을 정지시킬 뿐 이사 등의 지위나 자격을 박탈하는 것이 아니므로, 특별한 사정이 없는 한 가처분결정으로 인하여 이사 등의 임기가 당연히 정지되거나 가처분결정이 존속하는 기간만큼 연장된다고 할 수 없다. 나아가 위와 같은 가처분결정은 성질상 당사자 사이뿐만 아니라 제3자에 대해서도 효력이 미치지만, 이는 어디까지나 직무집행행위의 효력을 제한하는 것일 뿐이므로, 이사 등의 임기 진행에 영향을 주는 것은 아니다(대법원 2020. 8. 20.선고, 2018다249148판결).

■ 정관으로 이사의 임기를 그 임기 중의 최종 결산기에 관한 정기주주총회 종결일까지 연장할 수 있도록 정한 상법 제383조 제3항의 규정 취지 및 그 조항이 이사의 임기가 최종 결산기의 말일과 그 결산기에 관한 정기주주총회 사이에 만료되는 경우에만 적용되는지 여부(적극)

> 상법 제383조 제3항은 이사의 임기는 3년을 초과할 수 없도록 규정한 같은 조 제2항에 불구하고 정관으로 그 임기 중의 최종의 결산기에 관한 정기주주총회의 종결에 이르기까지 이를 연장할 수 있다고 규정하고 있는바, 위 규정은 임기가 만료되는 이사에 대하여는 임기 중의 결산에 대한 책임을 지고 주주총회에서 결산서류에 관한 주주들의 질문에 답변하고 변명할 기회를 주는 한편, 회사에 대하여는 정기주주총회를 앞두고 이사의 임기가 만료될 때마다 임시주주총회를 개최하여 이사를 선임하여야 하는 번거로움을 덜어주기 위한 것에 그 취지가 있다. 위와 같은 입법 취지 및 그 규정 내용에 비추어 보면, 위 규정상의 '임기 중의 최종의 결산기에 관한 정기주주총회'라 함은 임기 중에 도래하는 최종의 결산기에 관한 정기주주총회를 말하고, 임기 만료 후 최초로 도래하는 결산기에 관한 정기주주총회 또는 최초로 소집되는 정기주주총회를 의미하는 것은 아니므로, 위 규정은 결국 이사의 임기가 최종 결산기의 말일과 당해 결산기에 관한 정기주주총회 사이에 만료되는 경우에 정관으로 그 임기를 정기주주총회 종결일까지 연장할 수 있도록 허용하는 규정이라고 보아야 한다(대법원 2010.6.24. 선고 2010다13541판결).

회사의 정관에서 상법 제383조 제2항과 동일하게 "이사의 임기는 3년을 초과하지 못한다."고 규정한 것이 이사의 임기를 3년으로 정하는 취지라고 해석할 수는 없다(대법원 2001. 6. 15.선고 2001다23928판결).

위의 규정에 의한 임기의 연장은 정기주주총회가 적기에 개최된다는 것을 전제로 하는 것이므로 결산일로부터 적기에 정기주주총회가 개최되지 아니한 경우에는 마땅히 개최되었어야 할 시기까지만 연장될 뿐이다. 여기서 적기라 함은 주주명부의 폐쇄기간이 3월을 초과할 수 없는 점(상법 제354조 2항)에 비추어 결산기로부터 3월 이내임을 뜻한다.

위 예의 회사가 결산기에 관한 정기주주총회를 익년 4월 15일에 개최하였다면 위의 규정에 의하여 연장되는 이사의 임기는 동년 3월 31일까지가 된다.

임기연장의 경우 등기신청서 작성시, 등기관이 임기연장 규정이 정관에 있는지 잘 모르고 통상의 임기인 3년으로 계산하여 과태료 통지를 할 우려가 있으므로 그 연장규정에 의하여 연장됨을 신청서에 표시하고 정관을 첨부하는 것이 좋다.

또한 이사의 종임으로 인하여 법률 또는 정관에 정한 원수를 결할 때에는 임기만료 또는 사임으로 인하여 퇴임한 이사는 새 이사가 취임할 때까지 이사의 권리·의무가 있다(상법 제386조 1항).

연장기간은 후임이사 선임결의시가 아닌 취임시까지이고, 퇴임이사의 직무연장은 이사의 임기만료 또는 사임을 원인으로 하는 경우에 한한다.

【쟁점질의와 유권해석】

〈주식회사의 이사의 임기에 관한 상법 제383조 2항의 해석〉

주식회사의 이사의 임기에 관한 상법규정은 임기의 법정기간이 아니라 임기의 최장 기를 정한 규정이므로(상법 제383조 2항), 회사는 3년 이내에서 그 임기를 단축할 수 있는 바 기존 정관에 이사의 임기를 2년으로 정한 주식회사에 있어서는 정관을 변경하지 않는 한 개정상법의 시행 후에도 그 이사의 임기는 2년이 되는 것이다(1987. 7. 31. 등기 453 질의회답).

2) 임기의 기산점

이사의 취임행위는 주주총회의 선임결의와 피선자의 취임승낙에 의하여 완성하므로(상법 382조), 임기의 기산점은 임용계약의 효력발생시로서 주주총회의 선임결의와 취임승낙을 한 날 중 늦은 날로부터 기산한다. 즉, 피선 후 취임승낙을 한 때에는 취임승낙을 한 때, 미리 취임승낙을 얻어 선임한 때에는 선임결의를 한 때로부터 임기가 진행한다.

최초의 이사의 임기는 회사성립일로부터 진행한다. 이사의 임기에 관하여도 민법의 기간계산에 관한 규정이 적용되어, 임기의 초일은 원칙적으로 산입하지 않고 임기가 오전 영시부터 시작된 경우에만 초일을 산입한다. 주주총회의 선임결의, 취임승낙 또는 회사성립의 경우에는 1일의 중도이므로 초일은 산입하지 않고 위임 익일로부터 기산한다.

【쟁점질의와 유권해석】

〈주식회사 이사변경등기의 등기기간 기산점〉

주식회사 이사의 취임등기 기간은 그 취임의 효력이 발생한 날로부터 진행된다고 할 것이므로, 이사 홍○○의 임기만료 전에 개최된 정기주주총회에서 미리 이사 홍○○을 중임하기로 하는 결의가 이루어진 경우, 상법 제317조 4항 및 제183조의 규정에 의한 등기기간은 그 취임의 효력이 발생한 날, 즉 이사 홍○○이 임기만료로 퇴임함과 동시에 주주총회의 결의에 의하여 중임되어 새로이 임기를 개시하게 된 날로부터 진행된다고 할 것이다(1998. 10. 8, 등기3402-985 질의회답).

3) 보궐 또는 증원을 위하여 선임된 이사의 임기

보궐 또는 증원을 위하여 선임된 이사의 임기에 관하여 정관에 다른 규정이 없으면 이사 본래의 임기에 의하고, 정관에 다른 이사의 잔여임기로 하는 규정이 있으면 이에 따른다. 이 경우에 이사전원이 사임하여 후임자를 선임한 때에는 후임자의 임기는 이사 본래의 임기에 의한다고 할 것이다(상업등기선례요지집 1권 155항, 1권 165항). 이사의 임기에 관한 정관의 규정을 변경한 경우에는 변경 후에 취임하는 이사뿐만 아니라 변경당시 재임 중인 이사에 대하여도 변경정관의 규정이 적용된다고 할 것이다.

【쟁점질의와 유권해석】

〈이사전원을 선임한 주주총회 결의가 취소된 후 이사전원이 정기주주총회에서 다시 선임된 경우의 임기〉

"보결에 의하여 선임된 이사의 임기는 전임자 또는 현재 임원의 나머지 기간으로 한다"는 취지의 정관규정이 있더라도, 이는 일부에 결원이 생긴 경우에만 적용될 뿐 이사전원을 선임하는 경우에는 적용되지 않는다고 할 것이므로, 주식회사의 이사전원을 선임한 주주총회 결의에 대한 취소판결이 확정된 후 정기주주총회에서 이사전원을 다시 선임한 경우에 있어서 새로이 선임된 이사의 임기는 정관에서 이사의 임기로 정하고 있는 3년이 될 것이다(1999. 4. 21, 등기 3402-434 질의회답).

4) 임기의 변경

정관소정의 이사의 임기는 주주총회의 특별결의에 의하여 변경할 수 있고, 이 경우에는 변경 후에 취임하는 이사뿐만 아니라 변경결의 당시 재임 중인 이사에 대하여도 변경정관이 적용된다 할 것이다.

정관의 변경에 의하여 이사의 임기를 2년에서 3년으로 연장하더라도 개정상법 시행 당시 재임 중인 이사에 대하여는 변경정관의 규정이 적용되지 아니한다(상법부칙 제14조).

또 보결 또는 증원을 위하여 선임된 이사의 임기는 다른 이사의 전임기로 하는 정관규정이 없는 회사가 정관을 변경하여 이 규정을 둔 때에는 정관변경 전에 보결 또는 증원을 위하여 선임되어 재임 중인 이사에 대하여도 변경정관의 규정이 적용된다 할 것이다(일본 등기선례 소화 1937. 10. 15).

5) 합병을 하는 회사의 일방이 합병 후 존속하는 경우

합병을 하는 회사의 일방이 합병 후 존속하는 경우에 존속하는 회사의 이사로서 합병 전에 취임한 자는 합병계약서에 다른 정함이 있는 경우를 제외하고는 합병 후 최초로 도래하는 결산기의 정기총회가 종료하는 때에 퇴임한다(상 법 제527조의4 1항). 다만 이 규정은 합병과 법적 효과가 유사한 분할과 분할합병에는 준용되지 아니한다.

합병으로 인하여 회사를 설립하는 경우 합병하는 회사의 이사로서 합병 전에 취임한 자도 합병계약서에 다른 정함이 있는 경우를 제외하고는 합병 후 최초로 도래하는 결산기의 정기총회가 종료하는 때에 퇴임한다(상법 제527조의4 1항).

6) 투자회사의 이사의 임기

자본시장과 금융투자업에 관한 법률에 의하여 주식회사 형태로 설립되는 투자회사에 대하여는 이사의 원수 및 임기에 관한 상법 제383조가 적용되지 아니하므로, 정관 또는 주주총회의 결의로 이사의 임기를 정할 때 3년을 초과하여 정할 수 있다(동법 제9조 18항 2호, 206조 2항).

(5) 이사의 종임

이사와 회사간의 위임관계로 인해 위임의 법정종료사유인 이사의 사망·파산·금치산, 회사의 해산·파산, 위임계약의 해지 등이 있는 경우 이사는 종임한다. 이사는 언제든지 일방적 의사표시에 의하여 사임할 수 있으며(민법 제689조 1항), 그 밖에 임기의 만료, 정관소정의 자격상실, 이사의 해임 등에 의하여도 종임한다. 그리고 인적 회사와는 달리 주식회사제도의 본질에 반하는 주주에 의한 제명은 허용되지 아니한다.

1) 임기의 만료

이사는 임기의 만료로써 퇴임한다. 이사가 임기만료로 퇴임하여 법률 또는 정관 소정의 이사의 원수를 결하게 되는 경우에는 퇴임한 이사는 새로 선임된 이사가 취임할 때까지 이사의 권리의무가 있다(상법 제386조 1항).

회사가 장구한 시일에 걸쳐 휴업상태에 있었든 혹은 그동안 이사선임 행위가 없었든 그 어떠한 이유가 있든지 임기의 만료 또는 사임으로 인하여 퇴임한 이사는 새로 선임된 이사가 취임할 때까지 이사의 권리의무가 있으며, 상법 제386조 2항 소정 전항의 경우라 함은 법률 또는 정관에 정한 이사의 원수를 결한 일체의 경우를 말하는 것이지 단지 임기의 만료 또는 사임으로 인하여 이사의 원수를 결한 경우만을 지칭하는 것은 아니라고 해석되므로 어떠한 경우이든 이사의 결원이 있을 때에는 법원은 이사직무를 행할 자를 선임할 수 있다(대법원 1964. 4. 28.선고 63다518판결)

2) 사 임

회사와 이사간은 계약관계이므로 이사는 언제든지 사임할 수 있고(상법 제382조 2항, 민법 제689조 1항), 직무집행이 정지된 이사도 사임할 수 있다. 다만, 부득이한 사유없이 상대방의 불리한 시기에 계약을 해지할 때에는 그 손해를 배상하여야 한다(민법 제689조). 사임의 의사표시는 대표이사 기타 사임의 의사표시를 수령할 권한이 있는 자(대표이사)에게 하여야 하는 것이나. 이러한 자가 없는 때에는 주주총회에 대하여 하여야 할 것이다.

가. 사임의사의 효력발생시기

사임은 그 의사표시가 회사에 도달한 때에 효력이 발생하며 장래의 일정일에 사임할 취지의 의사표시도 유효하다. 사임은 위임계약을 장래에 대하여 소멸시킬 것을 목적으로 하는 의사표시이며 단독행위이므로 회사의 승낙을 필요로 하지 않고 또한 그 사임에 따른 변경등기가 없더라도 즉시 그 자격을 상실한다.

사임은 사임의 의사표시가 대표이사에게 도달하면 그 효과가 발생하나, 대표이사에게 사표의 처리를 일임한 경우에는 사임의사표시의 효과발생여부를 대표이사의 의사에 따르도록 한 것이므로 대표이사가 사표를 수리함으로써 사임의 효과가 생긴다(민법 제111조 1항, 제689조 1항, 상법 제382조 2항, 대법원 1998. 4. 28.선고 98다8615판결). 사임의 효력이 발생한 뒤에는 이를 철회할 수 없다(대법원 1991. 5. 10.선고 90다10247판결).

한편, 회사가 정관으로 이사의 사임절차나 사임의 의사표시의 효력발생시기 등에 관하여 특별한 규정을 두었다면 그에 따라야 하고, 이 경우에는 사임의 의사표시가 회사의 대표자에게 도달하였다고 하더라도 그와 같은 사정만으로 곧바로 사임의 효력이 발생하는 것은 아니고 정관에서 정한 바에 따라 사임의 효력이 발생한다(대법원 2008.9.25.선고 2007다17109판결).

대표이사를 포함하여 이사 전원이 동시에 사임하는 경우에는 대표이사 중의 한 사람에게 의사표시를 하고, 그 대표이사는 다른 대표이사에게 같은 의사표시를 하면된다. 만약 다른 대표이사가 없는 경우에는 이사의 사임의 표시를 수령할 대리인을 선임하고 이에 대하여 권한을 부여한 후에 의사표시를 하면 된다.

사임으로 인하여 법률 또는 정관소정의 원수를 결하게 된 경우에는 사임한 이사는 새로 선임된 이사가 취임할 때까지 이사의 권리의무가 있음은 임기만료로 인한 퇴임의 경우와 같다(상법 제386조 1항).

【쟁점질의와 유권해석】

〈이사가 사임의 의사표시를 한 후 사임의사를 철회할 수 있는지 여부〉

대표자가 사임하는 경우에는 대표자의 사임으로 그 권한을 대행하게 될 자에게 도달한 때에 사임이 효력이 발생하고, 사임의 효력이 발생한 뒤에는 이를 철회할 수 없다(대법원 1991. 5. 10.선고 90다10247판결). 다만, 사임서 제시 당시 즉각적인 철회권유로 사임서 제출을 미루거나, 대표자에게 사표의 처리를 일임하거나, 사임서의 작성일자를 제출일 이후로 기재한 경우 등 사임의사가 즉각적이라고 볼 수 없는 특별한 사정이 있는 경우에는 별도의 사임서 제출이나 대표자의 수리행위 등이 있어야 사임의 효력이 발생하고, 그 이전에 사임의사를 철회할 수 있다(대법원 2006. 6. 15.선고 2004다10909판결).

나. 사임한 대표이사의 사임등기 전에 한 행위의 효력

회사의 대표이사가 대표이사의 명의로 행위를 한 때에는 당연히 그 행위의 효력이 회사에 귀속되고, 대표이사가 종임 된 때에는 특별한 사정이 없는 한 그 종임등기의 유무와는 관계없이 그 대표권을 상실하므로, 그 행위는 회사에 대하여 효력이 없다. 그리고 주식회사의 대표이사직에서 사임한 자는 사임과 동시에 회사의 대표권을 상실한다.

3) 해 임

가. 해임절차

주주총회는 언제든지 중대한 사유가 없는 경우에도 특별결의로써 이사를 해임할 수 있으며(상법 제385조 1항) 이사가 그 직무에 관하여 부정행위 또는 법령이나 정관에 위반한 중대한 사실이 있는데도 주주총회에서 그 해임을 부결한 때에는 발행주식총수의 3/100 이상에 해당하는 주식을 가진 주주(소수주주)는 총회의 결의가 있은 날로부터 1월 내에 그 이사의 해임을 본점소재지의 관할지방법원에 청구할 수 있다(상법 제385조 2항·3항).

이 소수주주의 이사의 해임소송의 목적은 현재 이사 등의 지위에 있는 자의 지위를 잔여임기 동안 박탈하는 것 자체에 있는 것이므로, 해임되어야 할 자가 현재 이사의 지위에 있는 경우에만 소의 이익이 있다.

해임은 상대방의 승낙을 필요로 하는 것은 아니므로 해임통지서의 도달에 의하여 해임의 효력이 발생한다.

나. 해임된 이사의 권리의무

해임으로 인한 경우에는 상법 제386조 1항이 적용되지 아니하고, 필요한 경우 임시이사의 선임을 규정한 상법 제386조 2항의 적용만을 받게 된다. 따라서 해임으로 인한 경우에는 해임으로 인하여 퇴임하는 이사는 후임이사가 취임할 때까지 이사의 권리의무가 없고, 후임이사의 취임등기와 관계없이 퇴임등기만을 경료할 수 있다

다. 회생법인의 이사 등의 해임

회생계획에서 유임할 것을 정하지 아니한 이사·대표이사·감사는 회생계획인가가 결정된 때에 해임된 것으로 한다(채무자회생및파산에관한법률 제263조 4항).

4) 자격상실자 또는 자격정지자로 된 경우

사형·무기징역 또는 무기금고의 판결을 받은 자(형법 제43조 1항)와 이사가 되는 자격정지의 판결을 받은 자(형법 제44조)

5) 정관소정의 자격상실의 경우

정관에 자격상실의 정함이 있는 경우 이에 따라 이사자격이 상실된다.

6) 이사의 사망·파산·금치산(상법 제382조 2항, 민법 제690조)의 경우

7) 회사의 해산

회사가 파산 이외의 사유로 해산한 때에는 이사는 당연히 퇴임한다.

(6) 퇴임한 이사가 이사의 권리의무를 행사하는 경우

1) 요 건

정관 또는 법률이 정한 정원에 모자라거나 업무집행을 행할 수 없는 비상사태시에 대처하기 위하여 상법은 퇴임이사에 의한 직무의 속행(상법 제386조 1항), 임시

이사(상법 제386조 2항) 및 이사직무대행자(상법 제407조 1항) 등 일시 이사의 직무를 대행하는 자를 정하는 방법을 규정하고 있다.

이사가 임기만료 또는 사임으로 인하여 퇴임한 경우에 법률 또는 정관에 정한 이사의 원수를 결하게 되는 경우에는 임기만료 또는 사임으로 인하여 퇴임한 이사는 새로 선임된 이사가 취임할 때까지 이사의 권리의무가 있다(상법 제386조 1항). 그러므로 신임이사의 취임등기와 함께 하지 아니하면 그 퇴임등기를 할 수 없다. 즉, 임원이 임기만료로 인하여 퇴임하게 되어 정관에 정한 임원의 정수에 결원이 발생하였다면 임원의 퇴임으로 인한 변경등기는 후임인원의 선임등기와 동시에 하여야 한다(2003. 11. 14. 공탁법인 3402-269 질의회답). 이때 퇴임등기기간은 후임자의 취임일로부터 기산한다(다만, 법률 또는 정관에서 정한 원수를 초과한 경우에는 원칙적으로 퇴임일로부터 기산한다). 그러나 사망한 경우에는 후임자 취임 전이라도 퇴임등기를 먼저 하여야 한다. 이사 전원의 임기가 만료된 경우에도 후임이사의 취임등기를 동시에 하지 않는 한 임기만료된 이사들 중 일부에 대한 퇴임등기를 먼저 신청할 수 없다(선6-659).

〈이사 권리의무행사자가 다시 이사로 선임된 경우의 등기방법〉

이사 권리의무행사자의 임기만료일은 권리의무행사기간 종료일이 아니라, 본래의 임기만료일이므로 동일인이 다시 선임된 경우에도 임기만료로 인한 퇴임과 새로운 취임 사이에 시간적 간격이 있다면 시간적 간격이 없는 경우에 하는 중임등기를 할 수는 없고, 임기만료로 인한 퇴임등기 및 새로운 취임등기를 하여야 한다.

2) 수인의 이사가 순차로 임기만료 또는 사임에 의하여 퇴임한 경우

수인의 이사가 동시에 퇴임한 경우와 달리, 순차로 임기만료 또는 사임에 의하여 퇴임한 경우에는 각 이사의 퇴임 당시에 잔존 이사의 수가 이사의 정원에 부족한지에 따라 이사로서의 권리의무가 있는지 달라진다. 즉, 퇴임 당시에 당해 이사의 퇴임의 결과 잔존 이사의 수가 정원에 부족하다면 그 퇴임한 이사는 이사로서의 권리의무가 인정될 것이다. 반면, 부족하지 않다면 그 퇴임한 이사는 이사로서의 권리의무가 인정되지 않는다. 따라서 순차 퇴임하였지만, 그 등기를 동시에 신청하였을 뿐인 경우에는 퇴임시기를 따져 이사로서의 권리의무가 인정되지 않는 자의 퇴임등기는 수행하여야 한다.

3) 이사가 해임, 자격상실, 사망, 파산, 금치산선고 등으로 퇴임한 경우

이 경우에는 법률 또는 정관에 정한 이사의 원수를 결하는 결과가 발생하더라도 해임 등에 의하여 퇴임한 이사가 후임 이사가 취임할 때까지 이사의 권리의무를 행사하는 것이 아니다.

핵 심 판 례

■ 상법 제628조 제1항에 의해 처벌 대상이 되는 '납입 또는 현물출자의 이행을 가장하는 행위'가 같은 법 제385조 제2항에서 이사의 해임사유로 정한 '그 직무에 관하여 부정행위 또는 법령에 위반한 중대한 사실'이 있는 경우에 해당하는지 여부(적극)

직무에 관한 부정행위 또는 법령이나 정관에 위반한 중대한 사실이 있어 해임되어야 할 이사가 대주주의 옹호로 그 지위에 그대로 머물게 되는 불합리를 시정함으로써 소수주주 등을 보호하기 위한 상법 제385조 제2항의 입법 취지 및 회사 자본의 충실을 기하려는 상법의 취지를 해치는 행위를 단속하기 위한 상법 제628조 제1항의 납입가장죄 등의 입법 취지를 비롯한 위 각 규정의 내용 및 형식 등을 종합하면, 상법 제628조 제1항에 의하여 처벌 대상이 되는 납입 또는 현물출자의 이행을 가장하는 행위는 특별한 다른 사정이 없는 한, 상법 제385조 제2항에 규정된 '그 직무에 관하여 부정행위 또는 법령에 위반한 중대한 사실'이 있는 경우에 해당한다고 보아야 한다(대법원 2010. 9. 30. 선고 2010다35985 판결).

■ 상법 제386조 제1항에 따라 이사의 권리의무를 행하고 있는 퇴임이사를 상대로 그 직무집행의 정지를 구하는 가처분신청을 할 수 있는지 여부(소극)

상법 제386조 제1항은 법률 또는 정관에 정한 이사의 원수를 결한 경우에는 임기의 만료 또는 사임으로 인하여 퇴임한 이사로 하여금 새로 선임된 이사가 취임할 때까지 이사의 권리의무를 행하도록 규정하고 있는바, 위 규정에 따라 이사의 권리의무를 행사하고 있는 퇴임이사로 하여금 이사로서의 권리의무를 가지게 하는 것이 불가능하거나 부적당한 경우 등 필요한 경우에는 상법 제386조 제2항에 정한 일시 이사의 직무를 행할 자의 선임을 법원에 청구할 수 있으므로, 이와는 별도로 상법 제386조 제1항에 정한 바에 따라 이사의 권리의무를 행하고 있는 퇴임이사를 상대로 해임사유의 존재나 임기만료·사임 등을 이유로 그 직무집행의 정지를 구하는 가처분신청은 허용되지 않는다(대법원 2009.10.29.자, 2009마1311 결정).

■ 임기의 만료나 사임에 의하여 퇴임한 이사가 그 퇴임으로 법률 또는 정관에 정한 이사의 원수를 채우지 못하게 되어 후임이사의 취임시까지 이사로서의 권리의무를 유지하게 되는 경우, 이사의 퇴임으로 인한 변경등기기간의 기산일(=후임이사의 취임일) 및 후임이사의 취임 전에 위 변경등기만을 따로 신청하는 것이 허용되는지 여부(소극)

대표이사를 포함한 이사가 임기의 만료나 사임에 의하여 퇴임함으로 말미암아 법률 또는 정관에 정한 대표이사나 이사의 원수(최저인원수 또는 특정한 인원수)를 채우지 못하게 되는 결과가 일어나는 경우에, 그 퇴임한 이사는 새로 선임된 이사(후임이사)가 취임할 때까지 이사로서의 권리의무가 있는 것인바(상법 제386조 제1항, 제389조 제3항), 이러한 경우에는 이사의 퇴임등기를 하여야 하는 2주 또는 3주의 기간은 일반의 경우처럼 퇴임한 이사의 퇴임일부터 기산하는 것이 아니라 후임이사의 취임일부터 기산한다고 보아야 하며, 후임이사가 취임하기 전에는 퇴임한 이사의 퇴임등기만을 따로 신청할 수 없다고 봄이 상당하다(대법원 2007. 6. 19.자, 2007마311, 결정).

(7) 일시이사

1) 선임요건

법률 또는 정관에 정한 이사의 원수를 결하게 된 경우에 필요하다고 인정할 때에는 법원은 이사감사 기타 이해관계인의 청구에 의하여 일시이사의 직무를 행할 자를 선임할 수 있다(상법 제386조 2항, 민법 제63조). 이는 법률 또는 정관에 정한 이사의 원수를 결한 일체의 경우를 말하는 것이지 달리 임기의 만료 또는 사임으로 인하여 원수를 결한 경우만을 지칭하는 것은 아니다. 이 일시이사는 새로 이사가 선임된 경우에는 당연히 그 지위를 상실하나 그 권리의무는 본래의 이사와 같다.

상법 제386조가 규정한 '임시이사선임이 필요하다고 인정되는 때'라 함은 이사가 사임하거나 장기간 부재중인 경우와 같이 퇴임이사로 하여금 이사로서의 권리의무를 가지게 하는 것이 불가능하거나 부적당한 경우를 의미하는 것으로서 그의 필요성은 임시이사 제도의 취지와 관련하여 사안에 따라 개별적으로 판단되어야 한다(대법원 2001. 12. 6.자, 2001그113결정).

상법은 법원 선임 일시이사에 대한 등기는 본점소재지에서만 하도록 규정하고 있다(상법 제386조 2항). 다만, 일시대표이사는 지점소재지에서도 등기하여야 할 것이다. 법원은 일시이사직무를 행할 자를 선임할 수 있다(대법원1964. 4. 28.선고 63다518판결).

2) 일시이사의 권한

법원에서 일시이사의 직무를 행할 자로 선임된 이사직무대행자의 권한은 회사의 상무에 속한 것에 제한되지 아니하고(대법원 1965. 5. 22.선고 68마119결정), 일시대표이사, 일시이사의 자격에는 아무런 제한이 없으므로 동 회사와 이해관계가 있는 자만이 일시이사 등으로 선임될 자격이 있는 것은 아니다(대법원 1981. 9. 8.선고 80다2511판결). 일사이사는 새로 이사가 선임된 경우에는 당연히 그 지위를 상실한다.

(8) 이사의 직무대행자

1) 선임요건

이사선임결의의 무효나 취소 또는 해임의 소가 제기된 경우에 법원은 당사자의 신청에 의하여 가처분으로써 이사의 직무집행을 정지하고 또 그 직무대행자를 선임할 수 있다(상법 제407조, 민법 제52조의2). 급박한 사정이 있는 때에는 본안소송의 제기 전에도 같은 가처분을 할 수 있으며, 법원은 당사자의 신청에 의하여 이 가처분을 변경 또는 취소할 수 있다(상법 제407조 1항, 2항). 법원이 상법 제407조 제1항의 규정에 의하여 가처분으로서 이사 등의 직무집행을 정지하고 그 대행자를 선임할 경우에 가처분에 의하여 직무집행이 정지된 종전의 이사 등을 직무대행자로 선임할 수는 없다(대법원 1990. 10. 31.자, 90그44결정).

이 가처분은 이른바 임시의 지위를 정하는 가처분(민사소송법 제714조 2항)의 일종으로, 문제된 이사가 직무집행을 계속하는 경우에 회사에 발생할 손해를 미연에 방지하고자 하는 데 그 목적이 있다.

이 처분의 등기는 본점과 지점에 하여야 한다(상법 제407조 3항).

2) 직무대행자의 권한

직무대행자는 가처분명령에 다른 정함이 있는 경우 외에는 법원의 허가를 얻지 아니하고서는 회사의 상무에 속하지 아니하는 행위를 하지 못한다(상법 제408조 1항). 여기서 '회사의 상무'라 함은 일반적으로 회사의 영업을 계속함에 있어 통상업무범위 내의 사무, 즉 회사의 경영에 중요한 영향을 미치지 않는 보통의 업무를 뜻하는 것이고, 영업목적의 근본적인 변경, 중요한 영업재산의 처분, 항소권 포기, 소송상의 인낙을 하는 것이나 타인에게 그 권한 전부를 위임하여 회사의 경영을 일임하는 행위는 회사의 상무라 할 수 없다. 통상의 사무 집행에 있어서 그 직무대행자의 직무권한의 범위는 법원이 가처분의 목적달성을 위하여 이를 특별히 제한하지 아니한 이상 피대행자의 그것과 동일한 것으로 보아야 할 것이다(대법원 1999. 2. 24.선고 97다58682판결).

예컨대, 변호사에게 소송대리를 위임하고 그 보수계약을 체결하거나 그와 관련하여 반소제기를 위임하는 행위는 회사의 상무에 속하여 직무대행자가 할 수 있으나, 회사의 상대방 당사자의 변호인 보수지급에 관한 약정은 회사의 상무에 속한다고 볼 수 없으므로 법원의 허가를 받지 않는 한 효력이 없게 된다. 가처분에 의해 직무집행이 정지된 당해 이사 등을 선임한 주주총회 결의의 취소나 그 무효 또는 부존재 확인을 구하는 본안 소송에서 가처분채권자가 승소하여 그 판결이 확정된 때에는 가처분은 그 직무집행정지기간의 정함이 없는 경우에도 본안승소판결의 확정과 동시에 그 목적을 달성한 것이 되어 당연히 효력을 상실하게 된다(상법 제408조, 제531조, 제407조, 민사소송법 제714조 2항, 대법원 1989. 9. 12.선고 87다카2691판결).

핵 심 판 례

■ 법원이 일시 이사의 직무를 행할 자를 선임할 수 있는 요건인 상법 제386조 제2
항 소정의 '필요한 때'의 의미 및 그 판단 기준

상법 제386조는 이사의 퇴임으로 말미암아 법률 또는 정관에 정한 원수를 결한 경
우에 임기의 만료 또는 사임으로 인하여 퇴임한 이사로 하여금 새로 선임된 이사가
취임할 때까지 이사의 권리의무를 행하도록 하는 한편 필요하다고 인정할 때에는 법
원은 이사, 감사, 기타의 이해관계인의 청구에 의하여 일시이사의 직무를 행할 자를
선임할 수 있도록 규정하고, 같은 법 제389조에 의하여 이를 대표이사의 경우에 준
용하고 있는바, 여기에서 필요한 때라 함은 이사의 사망으로 결원이 생기거나 종전
의 이사가 해임된 경우, 이사가 중병으로 사임하거나 장기간 부재중인 경우 등과 같
이 퇴임이사로 하여금 이사로서의 권리의무를 가지게 하는 것이 불가능하거나 부적
당한 경우를 의미한다고 할 것이나, 구체적으로 어떠한 경우가 이에 해당할 것인지
에 관하여는 일시이사 및 직무대행자 제도의 취지와 관련하여 사안에 따라 개별적으
로 판단하여야 할 것이다(대법원 2000. 11. 17.자, 2000마5632 결정)

【쟁점질의와 유권해석】

〈이사의 직무대행자가 행할 수 있는 '회사의 상무'에 해당하지 않는 행위〉

ㄱ) 소송을 인낙하는 행위(대법원 1975. 5. 27.선고 75다120판결)

ㄴ) 피정지대표이사를 해임하기 위하여 임시주주총회를 소집하는 행위(대법원 1959. 12.
   3.선고 4290민상669판결)

ㄷ) 가처분의 본안소송에서 항소를 취하하는 행위(대법원 1980. 4. 27.선고 80다385판결)

ㄹ) 재단법인의 근간인 이사회의 구성원 변경행위(대법원 2002. 2. 11.선고 99두2949판결)

ㅁ) 회사경영에 관한 권한 전부를 타인에게 위임하는 행위(대법원 1984. 2. 14.선고 83
   다 카875판결)

ㅂ) 임시주주총회 소집(정기주주총회 소집은 상무이고, 임시주주총회 소집은 비상무라고
   보는 것이 통설이다)

(9) 사외이사

1) 사외이사의 의의

사외이사란 당해 회사의 업무집행을 담당하지 아니하는 비경영이사중 회사로부터 독립된 이사이다. 즉, 대주주의 간섭을 받지 아니하는 외부인으로 하여금 경영감시를 하도록 하여 기업주의 경영독주를 막고 소액주주의 권익을 보호하기 위하여 이사회에 일정비율의 외부 인사를 참여시키는 제도이다. 사외이사와 관련하여 2009년 상법 개정시 이에 대한 규정이 도입되었다(상법 제542조의 8). 이는 증권거래법의 폐지와 더불어 상장법인의 지배구조에 관한 규정을 상법 회사편에 포함시켜 회사법제의 완결성을 추구하기 위한 것이었다.

2) 사외이사의 수 및 자격

2009년 상법 개정으로 인하여 상장회사 중 대통령령으로 정하는 경우를 제외하고는 사외이사가 이사 총수의 4분의 1이상이 되도록 하고, 최근 사업연도 말 현재의 자산총액이 2조원 이상인 상장회사의 사외이사는 3명 이상으로 하되, 이사 총수의 과반수가 되도록 사외이사 설치를 의무화하고 있다(상법 제542조의 8 제1항, 상법시행령 제34조 2항). 법 제542조의8제1항 본문에서 "대통령령으로 정하는 경우"란 다음 각 호의 어느 하나에 해당하는 경우를 말한다(상법시행령 제34조 1항).

1. 「벤처기업육성에 관한 특별조치법」에 따른 벤처기업 중 최근 사업연도 말 현재의 자산총액이 1천억원 미만으로서 코스닥시장(대통령령 제24697호 자본시장과 금융투자업에 관한 법률 시행령 일부개정령 부칙 제8조에 따른 코스닥시장을 말한다. 이하 같다) 또는 코넥스시장(「자본시장과 금융투자업에 관한 법률 시행령」 제11조제2항에 따른 코넥스시장을 말한다. 이하 같다)에 상장된 주권을 발행한 벤처기업

2. 「채무자 회생 및 파산에 관한 법률」에 의한 회생절차가 개시되었거나 파산선고를 받은 상장회사

3. 유가증권시장(「자본시장과 금융투자업에 관한 법률 시행령」 제176조의9제1항에 따른 유가증권시장을 말한다. 이하 같다), 코스닥시장 또는 코넥스시장에 주권을 신규로 상장한 상장회사(신규상장 후 최초로 소집되는 정기주주총회 전날까지만 해당한다)인 경우. 다만, 유가증권시장에 상장된 주권을 발행한 회사로서 사외이사를 선임하여야 하는 회사가 코스닥시장 또는 코넥스시장에 상장된 주권을 발행한 회사로 되는 경우 또는 코스닥시장 또는 코넥스시장에 상장된 주권을 발행한 회사로서 사외이사를 선임하여야 하는 회사가 유가증권시장

에 상장된 주권을 발행한 회사로 되는 경우에는 그러하지 아니하다.

4.「부동산투자회사법」에 의한 기업구조조정부동산투자회사

5. 해산을 결의한 상장회사

상장회사의 사외이사는 해당 회사의 상무(常務)에 종사하지 아니하는 이사로서 다음의 어느 하나에 해당하지 아니하는 자를 말한다. 사외이사가 다음의 어느 하나에 해당하는 경우에는 그 직을 상실한다(상법 제382조 3항).

1. 회사의 상무에 종사하는 이사집행임원 및 피용자 또는 최근 2년 이내에 회사의 상무에 종사한 이사감사집행임원 및 피용자

2. 최대주주가 자연인인 경우 본인과 그 배우자 및 직계 존비속

3. 최대주주가 법인인 경우 그 법인의 이사감사집행임원 및 피용자

4. 이사감사 및 집행임원의 배우자 및 직계 존속비속

5. 회사의 모회사 또는 자회사의 이사감사집행임원 및 피용자

6. 회사와 거래관계 등 중요한 이해관계에 있는 법인의 이사감사집행임원 및 피용자

7. 회사의 이사집행임원 및 피용자가 이사집행임원으로 있는 다른 회사의 이사감사집행임원 및 피용자

또한 상장회사의 사외이사는 상법 제382조제3항 각 호 뿐만 아니라 다음 각 호의 어느 하나에 해당되지 않아야 하며, 이에 해당하게 된 경우에는 그 직을 상실한다(상법 제542조의 8 2항).

1. 미성년자, 피성년후견인 또는 피한정후견인

2. 파산선고를 받은 사람으로서 복권되지 아니한 자

3. 금고 이상의 형을 선고받고 그 집행이 끝나거나 집행이 면제된 후 2년이 지나지 아니한 자

4. 대통령령으로 별도로 정하는 법률에 위반하여 해임되거나 면직된 후 2년이 지나지 아니한 자
   여기에서 "대통령령으로 별도로 정하는 법률"이란 다음 각 호의 금융관련법령(이에 상응하는 외국의 금융관련법령을 포함한다)을 말한다(상법시행령 제34조 3항).
   1)「한국은행법」
   2)「은행법」
   3)「보험업법」

4) 「자본시장과 금융투자업에 관한 법률」

5) 「상호저축은행법」

6) 「금융실명거래 및 비밀보장에 관한 법률」

7) 「금융위원회의 설치 등에 관한 법률」

8) 「예금자보호법」

9) 「금융기관부실자산 등의 효율적 처리 및 한국자산관리공사의 설립에 관한 법률」

10) 「여신전문금융업법」

11) 「한국산업은행법」

12) 「중소기업은행법」

13) 「한국수출입은행법」

14) 「신용협동조합법」

15) 「신용보증기금법」

16) 「기술신용보증기금법」

17) 「새마을금고법」

18) 「중소기업창업지원법」

19) 「신용정보의 이용 및 보호에 관한 법률」

20) 「외국환거래법」

21) 「외국인투자촉진법」

22) 「자산유동화에 관한 법률」

23) 「주택저당채권유동화회사법」

24) 「금융산업의 구조개선에 관한 법률」

25) 「담보부사채신탁법」

26) 「금융지주회사법」

27) 「기업구조조정투자회사법」

28) 「한국주택금융공사법」

5. 상장회사의 주주로서 의결권 없는 주식을 제외한 발행주식총수를 기준으로 본인 및 그와 대통령령으로 정하는 특수한 관계에 있는 자(이하 "특수관계인"이라 한다)가 소유하는 주식의 수가 가장 많은 경우 그 본인(이하 "최대주주"라 한다) 및 그의 특수관계인.

여기에서 "대통령령으로 정하는 특수한 관계에 있는 자"란 다음 각 호의 어느 하나에 해당하는 자(이하 "특수관계인"이라 한다)를 말한다(상법시행령 제34조 4항).

 1) 본인이 개인인 경우에는 다음 각 목의 어느 하나에 해당하는 사람

　가. 배우자(사실상의 혼인관계에 있는 사람을 포함한다)

　나. 6촌 이내의 혈족

　다. 4촌 이내의 인척

　라. 본인이 단독으로 또는 본인과 가목부터 다목까지의 관계에 있는 사람과 합하여 100분의 30 이상을 출자하거나 그 밖에 이사·집행임원·감사의 임면 등 법인 또는 단체의 주요 경영사항에 대하여 사실상 영향력을 행사하고 있는 경우에는 해당 법인 또는 단체와 그 이사·집행임원·감사

　마. 본인이 단독으로 또는 본인과 가목부터 라목까지의 관계에 있는 사람과 합하여 100분의 30 이상을 출자하거나 그 밖에 이사·집행임원·감사의 임면 등 법인 또는 단체의 주요 경영사항에 대하여 사실상 영향력을 행사하고 있는 경우에는 해당 법인 또는 단체와 그 이사·집행임원·감사

 2) 본인이 법인 또는 단체인 경우에는 다음 각 목의 어느 하나에 해당하는 자

　가. 이사·집행임원·감사

　나. 계열회사 및 그 이사·집행임원·감사

　다. 단독으로 또는 제1호 각 목의 관계에 있는 자와 합하여 본인에게 100분의 30 이상을 출자하거나 그 밖에 이사·집행임원·감사의 임면 등 본인의 주요 경영사항에 대하여 사실상 영향력을 행사하고 있는 개인 및 그와 제1호 각 목의 관계에 있는 자 또는 단체(계열회사는 제외한다. 이하 이 호에서 같다)와 그 이사·집행임원·감사

　라. 본인이 단독으로 또는 본인과 가목부터 다목까지의 관계에 있는 자와 합하여 100분의 30 이상을 출자하거나 그 밖에 이사·집행임원·감사의 임면 등 단체의 주요 경영사항에 대하여 사실상 영향력을 행사하고 있는 경우 해당 단체와 그 이사·집행임원·감사

6. 누구의 명의로 하든지 자기의 계산으로 의결권 없는 주식을 제외한 발행주식

총수의 100분의 10 이상의 주식을 소유하거나 이사집행임원감사의 선임과 해임 등 상장회사의 주요 경영사항에 대하여 사실상의 영향력을 행사하는 주주(이하 "주요주주" 라 한다) 및 그의 배우자와 직계존비속

7. 그 밖에 사외이사로서의 직무를 충실하게 수행하기 곤란하거나 상장회사의 경영에 영향을 미칠 수 있는 자로서 대통령령으로 정하는 자

여기에서 "대통령령으로 정하는 자"란 다음 각 호의 어느 하나에 해당하는 자를 말한다(상법시행령 제34조 5항).

1) 해당 상장회사의 계열회사의 상무에 종사하는 이사·집행임원·감사 및 피용자 또는 최근 2년 이내에 계열회사의 상무에 종사하는 이사·집행임원·감사 및 피용자이었던 자

2) 다음 각 목의 법인(「법인세법 시행령」제17조의2제8항에 따른 기관투자자 및 이에 상당하는 외국금융기관은 제외한다)의 이사·집행임원·감사 및 피용자이거나 최근 2년 이내에 이사·집행임원·감사 및 피용자이었던 자

　가. 최근 3개 사업연도 중 해당 상장회사와의 거래실적의 합계액이 자산총액(해당 상장회사의 최근 사업연도 말 현재의 대차대조표상의 자산총액을 말한다) 또는 매출총액(해당 상장회사의 최근 사업연도 말 현재의 손익계산서상의 매출총액을 말한다. 이하 이 조에서 같다)의 100분의 10 이상인 법인

　나. 최근 사업연도 중에 해당 상장회사와 매출총액의 100분의 10 이상의 금액에 상당하는 단일의 거래계약을 체결한 법인

　다. 최근 사업연도 중에 해당 상장회사가 금전, 유가증권, 그 밖의 증권 또는 증서를 대여하거나 차입한 금액과 담보제공 등 채무보증을 한 금액의 합계액이 자본금(해당 상장회사의 최근 사업연도 말 현재의 대차대조표상의 자본금을 말한다)의 100분의 10 이상인 법인

　라. 해당 상장회사의 정기주주총회일 현재 해당 회사가 자본금(해당 상장회사가 출자한 법인의 자본금을 말한다)의 100분의 5 이상을 출자한 법인

　마. 해당 상장회사와 기술제휴계약을 체결하고 있는 법인

　바. 해당 상장회사의 감사인으로 선임된 회계법인

　사. 해당 상장회사와 법률자문·경영자문 등의 자문계약을 체결하고 있는 법무법인, 법무법인(유한), 법무조합, 변호사 2명 이상이 사건의 수임

·처리나 그 밖의 변호사 업무수행 시 통일된 형태를 갖추고 수익을 분배하거나 비용을 분담하는 형태로 운영되는 법률사무소, 외국법자문법률사무소, 회계법인, 세무법인, 그 밖에 자문용역을 제공하고 있는 법인

　　3) 해당 상장회사 외의 2개 이상의 다른 상장회사의 이사·집행임원·감사로 재임 중인 자

　　4) 해당 상장회사에 대한 회계감사 또는 세무대리를 하거나 해당 상장회사와 법률자문·경영자문 등의 자문계약을 체결하고 있는 변호사, 공인회계사, 세무사, 그 밖의 자문용역을 제공하고 있는 자

　　5) 해당 상장회사의 발행주식총수의 100분의 1 이상에 해당하는 주식을 보유(「자본시장과 금융투자업에 관한 법률」제133조제3항에 따른 보유를 말한다)하고 있는 자

　　6) 해당 상장회사와의 거래(「약관의 규제에 관한 법률」제2조제1항의 약관에 따라 행하여지는 해당 상장회사와의 정형화된 거래는 제외한다) 잔액이 1억원 이상인 자

　　7) 해당 상장회사에서 6년을 초과하여 사외이사로 재직했거나 해당 상장회사 또는 그 계열회사에서 각각 재직한 기간을 더하면 9년을 초과하여 사외이사로 재직한 자

3) 사외이사의 업무

사외이사는 ① 조언 및 권고기능, ② 경영활동의 규율, ③ 회사의 긴급상황 처리, ④ 경영활동의 감독 등의 업무를 수행한다.

4) 사외이사의 권한과 책임

사외이사는 이사와 같은 권한과 책임, 의무를 부담한다.

가. 사외이사의 권한

이사회에서 의결권은 이사와 동일하고, 이사회의 구성원으로서 회사의 업무집행의 의사결정에 참여하고, 이사회를 통하여 대표이사 등의 직무집행을 감독한다(상법 제393조).

나. 사외이사의 책임

회사에 대한 채무불이행으로 인한 손해배상책임, 자본충실책임(상법 제399조, 제428조), 이사가 악의 또는 중대한 과실로 인하여 그 임무를 해태한 때에 그 이사가 제3자에 대하여 회사와 연대하여 손해를 배상할 책임(상법 제401조) 등이 있다.

5) 사외이사의 등기

2009년 상법 개정 전에는 사외이사는 사내이사와 구별하여 등기되어 있지 않았다. 그러나 2009년 1월 30일 상법 개정으로 인하여 주식회사의 이사를 등기부에 기재하기 위해서는 원칙적으로 "사내이사", "사외이사", "기타비상무이사" 로 등기부에 기재하도록 하였다(상법 제317조 제2항 8호).

사외이사직 상실로 인한 변경등기의 신청서에 첨부하여야 할 서면

선례요지

사외이사가 일정 수 이상이 되도록 하여야 하는 주권상장법인(증권거래법 제191조의16 제1항, 제2항)의 사외이사가 당해 법인과 법률자문계약을 체결하여 그 직을 상실한 경우(증권거래법 제54조의5 제4항 제9호, 제191조의16 제3항, 증권거래법 시행령 제37조의6 제3항 제2호), 퇴임을 증명하는 서면(비송사건절차법 제204조 제2항)으로서 '사외이사가 당해 법인과 법률자문계약을 체결하였음을 증명하는 서면'을 첨부하여 퇴임으로 인한 변경등기를 신청할 수 있고, 그 신청서에 등기의 사유로서 이사가 퇴임한 뜻을 기재하면 된다. (2007. 6. 20. 공탁상업등기과-685 질의회답)

참조조문 : 증권거래법 제54조의5 제4항 제9호, 제191조의16 제1항, 제2항, 제3항, 증권거래법 시행령 제37조의6 제3항 제2호, 비송사건절차법 제204조 제2항

◨ 이견있는 등기에 대한 견해와 법원판단 ◧

[법인도 이사가 될 수 있는지 여부]
1. 문제점 : 자연인만이 이사가 될 수 있는지 아니면 법인도 가능한지가 문제된다.
2. 학설
 (1) 긍정설 : 회사정리법상 법인도 관리인이 될 수 있다는 규정(동법 제95조) 또는 법인
     도 발기인이 될 수 있다는 해석론과의 균형을 생각할 때 긍정하는 견해.
 (2) 부정설 : 이사는 본질적으로 인적 개성에 의하여 임면되므로 이사는 자연인에 한한
     다고 보는 견해.
 (3) 절충설 : 업무를 담당하는 이사와 업무를 담당하지 않는 이사로 구분하여, 전자의 이
     사는 자연인에 한하나 후자의 경우에는 법인도 될 수 있다는 견해.
3. 판례 : 이와 관련한 명확한 판례는 아직 없다.

◨ 이견있는 등기에 대한 견해와 법원판단 ◧

[이사회의 승인 없는 자기거래의 효과]
1. 문제점 : 이사의 자기거래의 경우 이사회의 승인을 요하는 데(상 제398조), 이사회의
   승인 없는 경우 그 효과가 문제된다.
2. 학설
 (1) 무효설 : 상법 제398조가 강행규정임을 이유로 한다.
 (2) 유효설 : 상법 제398조는 명령규정에 불과하다고 본다.
 (3) 상대적무효설 : 대내적으로 무효이나 대외적으로는 선의의 제3자에게 대항 불가능하
     다고 보는 견해이다.
3. 판례 : 상대적 무효설의 태도이다.

◨ 이견있는 등기에 대한 견해와 법원판단 ◧

[비상근 평이사의 감시의무]
1. 문제점 : 비상근 평이사의 경우 회사의 업무집행에 대하여 관여하지 않지만, 이사회에
   참석 표결을 통하여 회사의 업무집행에 관한 의사결정에 관여하여 간적접으로 업무담
   당이사의 업무집행을 감시하는 역할을 한다(상 제399조 2항). 그러므로 이사회에 상정
   되지 않은 업무에 대해서도 이러한 감시의무가 인정될 수 있는지가 문제된다.
2. 학설
 (1) 부정설 : 평이사에게는 업무집행의무가 없음을 이유로 부정하는 견해이다. 상법 제
     399조 2항은 이사회 상정된 안건에 한한다고 본다.
 (2) 긍정설 : 이사회 감독기능의 실효성 보장을 이유로 긍정하는 견해이다.
3. 판례 : 긍정설의 태도이다. 즉, 업무집행이 위법하다고 의심할만한 사유가 있음에도 불
   구하고 이를 방치한 경우 감시의무 위반의 책임이 있다고 한다.

핵 심 판 례

■ **사외이사 등 회사의 상무에 종사하지 않는 이사도 마찬가지인지 여부**

> 이사가 고의 또는 과실로 법령 또는 정관에 위반한 행위를 하거나 그 임무를 게을리한 경우에는 그 이사는 회사에 대하여 연대하여 손해를 배상할 책임이 있다(상법 제399조 제1항). 주식회사의 이사는 담당업무는 물론 대표이사나 업무담당이사의 업무집행을 감시할 의무가 있으므로 스스로 법령을 준수해야 할 뿐 아니라 대표이사나 다른 업무담당이사도 법령을 준수하여 업무를 수행하도록 감시·감독하여야 할 의무를 부담한다. 이러한 감시·감독 의무는 사외이사 등 회사의 상무에 종사하지 않는 이사라고 하여 달리 볼 것이 아니다. 따라서 주식회사의 이사가 대표이사나 업무담당이사의 업무집행이 위법하다고 의심할 만한 사유가 있음에도 고의 또는 과실로 인하여 감시의무를 위반하여 이를 방치한 때에는 이로 말미암아 회사가 입은 손해에 대하여 상법 제399조 제1항에 따른 배상책임을 진다(대법원 2022. 5. 12. 선고 2021다279347 판결).

■ **주식회사의 이사가 부담하는 대표이사와 다른 이사들의 업무집행을 감시·감독할 의무의 내용 및 이러한 의무는 사외이사와 비상근이사도 마찬가지로 부담하는지 여부 (적극)**

> 주식회사의 이사는 선량한 관리자의 주의로써 대표이사 및 다른 이사들의 업무집행을 전반적으로 감시할 권한과 책임이 있고, 주식회사의 이사회는 중요한 자산의 처분 및 양도, 대규모 재산의 차입 등 회사의 업무집행사항에 관한 일체의 결정권을 갖는 한편, 이사의 직무집행을 감독할 권한이 있다. 따라서 이사는 이사회의 일원으로서 이사회에 상정된 안건에 관해 찬부의 의사표시를 하는 데 그치지 않고, 이사회 참석 및 이사회에서의 의결권 행사를 통해 대표이사 및 다른 이사들의 업무집행을 감시·감독할 의무가 있다. 이러한 의무는 사외이사라거나 비상근이사라고 하여 달리 볼 것이 아니다(대법원 2019. 11. 28. 선고 2017다244115 판결).

2. 대표이사의 취임과 퇴임

(1) 대표이사의 자격 등

대표이사란 대내적으로는 업무집행을 담당하고 대외적으로는 회사를 대표하는 필요적 상설기관이다.

대표이사는 이사임을 요하며, 이사 이외의 자를 대표이사로 선임하지 못한다. 이사의 권리의무가 있는 자·일시이사·이사직무대행자도 대표이사로 선임될 수 있다.

(2) 대표이사의 원수

대표이사는 1인 이상이 있어야 하며 정관으로 2인 이상의 대표이사를 둘 것으로 정할 수 있다(상법 제389조 2항).

회사는 이사 전원을 대표이사로 선임하고 그에 따른 등기신청도 가능하다(등기예규 제691호). 정관 규정에 반하지 않는 범위 내에서 회사의 대표이사가 3인이 있는 경우에 이사회(또는 주주총회)의 결의로 3인 중 1인은 단독대표이사로, 2인은 공동대표이사로 등기할 수 있다(1989. 10. 18, 등기 제1958호).

한편 자본금의 총액이 10억원 미만인 회사가 2명의 이사만을 둔 경우(상법 제383조 1항 단서)에는 원칙적으로 각 이사가 회사를 대표하지만 정관에 따라 대표이사를 정한 경우에는 그 대표이사가 회사를 대표하는데(상법 제383조 6항), 이 경우 정관에서 대표이사를 두도록 정한 경우에만 정관에서 정하는 방법에 따라 대표이사를 선임하여야 한다.

(3) 대표이사의 선임

1) 선임절차

대표이사는 이사회의 결의로 선임하는 것이 원칙이나 정관으로써 주주총회에서 선임할 것으로 정할 수 있다(상법 제389조 1항 후단).

대개의 회사는 "사장은 이사회결의에 의하여 선임한다. 사장은 회사를 대표한다"는 취지의 정관 규정을 두고 있는데, 이 경우는 사장을 선임하는 결의가 곧 대표이사를 선임하는 결의라 할 것이다.

대표이사의 선임은 정관에 별다른 규정이 없는 한 이사 과반수의 출석과 출석이사의 과반수의 찬성으로 한다(상법 제391조 1항). 정관의 규정에 의해 주주총회에서 대표이사를 선정하는 경우(상법 제389조 1항 후단)에는 정관에 다른 정함이 없는 한 출석한 주주의 의결권의 과반수와 발행주식총수의 4분의1 이상의 수로써 선임하여야 한다(상법 제368조 1항). 이사회 또는 주주총회에서 대표이사를 선임하는 경우에는 그 후보자인 이사 또는 주주는 특별이해관계인이 아니다(상법 제368조 4항, 제391조 3항).

대표이사를 선임한 때에는 이를 등기하여야 하나 등기의 유무에 따라 자격의 존부가 결정되는 것은 아니며, 대표이사로 선임된 이상 그 등기 전이라도 대표이사의 직무를 수행할 수 있고, 그 자를 회사의 대표로 하여 제기한 소도 적법하다.

2) 회생법인의 대표이사 선임

회생회사가 회생계획에서 이사대표이사의 선임방법을 정한 경우에는 다른 법령이나 정관의 규정은 적용하지 아니하고 회생계획에서 정한 방법에 의한다(채무자회생및파산에관한법률 제263조 2항).

(4) 대표이사의 임기

대표이사의 임기에 대하여 별도의 규정은 없다. 그러나 대표이사는 이사 자격을 전제로 하므로 이사의 임기를 초과하지 못할 것이다.

(5) 대표이사의 퇴임

1) 이사직의 상실

대표이사는 이사임을 요하므로 이사의 지위를 상실한 때에는 당연 퇴임한다(상법 제385조). 일시이사 또는 이사직무대행자로서 대표이사직에 있는 자는 이와 같은 자격을 상실하면 대표이사의 지위도 상실한다.

2) 사 임

대표이사는 언제든지 사임할 수 있다. 이 때 대표이사직을 사임하더라도 이사직을 상실하지는 않으나, 이사직을 사임하면 대표이사직도 당연히 상실한다.

대표이사가 이사직을 사임함으로써 법률 또는 정관에 정한 이사의 원수는 결하게 되나 대표이사의 원수를 결하게 되는 것이 아닐 때에는 신임이사의 취임시까지 이사의 권리의무는 행사하여야 하나 대표이사로서의 권리의무는 없다 할 것이다.

3) 해 임

대표이사는 선임기관의 결의로 언제든지 해임할 수 있다. 대표이사 해임의 이사회 결의에 있어서는 이사의 해임결의에서와는 달리 그 이사는 특별 이해관계인으로서 의결 결족수에는 산입되나 결의권을 행사하지는 못한다는 견해가 있다(일본 소화 26. 10. 3, 민사갑 제1940호 민사국장회답). 그러나 대표이사를 선임하는 경우와 마찬가지로 해임여부는 대표이사로서의 적임 또는 부적임의 판단에 속하는 사항으로 이사의 충실의무 이전의 문제이고, 주주총회에서의 이사의 선임 및 해임에 관한 주주의 지배력은 이사회에서의 대표이사의 선임 및 해임에 있어서도 관철되어야 한다는 점에서 특별 이해관계인에 해당하지 않는다고 본다[45]. 해임결의는 그 대표이사의 승낙을 요하지 않고 효력을 발생하여, 피해임자에게 고지하지 않아도 해임의 효과가 생긴다(日最判

---

[45] 상업등기실무[Ⅱ], 법원행정처(2011), 201면

1966.11.20, 민집 제20호, 제10호, 제2160호).

4) 정관소정사유의 발생

정관으로 대표이사의 임기를 정하거나 자격요건을 가중하여 규정한 경우 그 임기만료 또는 자격상실 등의 사유가 발생한 때에는 대표이사는 퇴임한다.

(6) 대표이사의 권리의무를 행사하는 자

대표이사가 임기만료 또는 사임으로 인하여 퇴임한 경우에 법률 또는 정관에 정한 원수를 결하게 되는 때에는 퇴임한 대표이사는 새로 선임된 대표이사가 취임할 때까지 대표이사의 권리의무가 있다(상법 제389조 3항, 제386조 1항).

(7) 일시대표이사

법률 또는 정관에 정한 대표이사의 원수를 결하게 된 경우에 필요하다고 인정할 때에는 법원은 이사, 감사 기타 이해관계인의 청구에 의하여 일시대표이사의 직무를 행할 자를 선임할 수 있다(상법 제389조 3항, 제386조 2항). 이 일시대표이사도 이사, 이사의 권리의무가 있는 자, 일시이사 또는 이사직무대행자 중에서 선임하여야 할 것이다.

(8) 대표이사직무대행자

대표이사인 이사 선임결의의 무효나 취소 또는 선임의 소가 제기된 경우에는 본안의 관할법원은 당사자의 신청에 의하여 가처분으로써 대표이사인 이사의 직무집행을 정지하고 대표이사의 직무를 대행할 자를 선임할 수 있다.

이 대표이사직무대행자도 이사 또는 이사의 권리의무가 있는 자, 일시이사, 이사직무대행자 중에서 선임하여야 할 것이다.

(9) 공동대표의 규정

대표이사가 수인인 경우에는 각자가 단독으로 회사를 대표하는 것이 원칙이나 선임기관의 결의로 수인의 대표이사가 공동하여 회사를 대표할 것으로 정할 수 있다(상법 제389조 2항). 수인의 대표이사를 선임하는 경우에 그 중 일부는 단순대표로, 나머지 일부는 공동대표로 할 수도 있다.

공동대표는 대표권행사의 요건이고 대표권에 가한 제한이 아니므로 공동대표이사의 1인이 대표권을 행사할 수 없을 때에는 다른 공동대표이사는 대표권을 행사할 수는 없으나 대표권을 상실하지는 않는다.

주식회사에 있어서 공동대표제도는 대외관계에서 수인의 대표이사가 공동으로만 대표권을 행사할 수 있게 하여 업무집행의 통일성을 학보하고, 대표권행사의 신중을 기함과 아울러 대표이사 상호간의 견제에 의하여 대표권의 남용 내지는 오용을 방지하여 회사의 이익을 도모하려는데 그 취지가 있다.

공동대표이사의 1인이 그 대표권의 행사를 특정사항에 관하여 개별적으로 다른 공동대표이사에게 위임하는 것은 별론으로 하고, 일반적, 포괄적으로 위임함을 허용하지 아니한다(상법 제389조 2항, 대법원 1989. 5. 23.선고 89다카3677판결). 그러나 특정한 사항에 대한 개별적인 위임은 가능하다고 본다(대법원 1989. 5. 23.선고 89다카3677판결).

수인의 대표이사가 공동으로 회사를 대표할 것을 정할 때에는 이를 등기하여야 하며(상법 제317조 2항 10호), 등기하지 않으면 선의의 제3자에게 대항할 수 없다(상법 제37조 1항). 공동대표에 있어서 제3자의 회사에 대한 의사표시는 공동대표 중 1인에 대하여 함으로써 그 효력이 생긴다(상법 제208조 1항).

【쟁점질의와 유권해석】

〈이사직을 사임하고 대표이사직만 유지하는 것이 가능한지 여부〉

이사직을 사임하고 대표이사직을 유지하는 것은 있을 수 없다. 대표이사의 지위는 이사의 지위를 전제로 하기 때문이다. 따라서 이사의 지위가 상실되면 대표이사의 지위가 자동적으로 상실된다. 대표이사의 직만을 사임하는 것은 언제나 가능하다.

▣ 이견있는 등기에 대한 견해와 법원판단 ▣

[개별적 사항에 대한 대표권 위임의 가부]

1. 문제점 : 공동대표이사 중의 1인에게 다른 공동대표이사가 대표권 행사를 위임할 수 있는지가 문제된다. 포괄적인 대표권의 위임은 공동대표이사의 취지에 비추어 볼 때 허용될 수 없다는 것이 통설과 판례의 태도이다. 문제가 되는 것은 개별적 사항에 대한 위임의 가부이다.

2. 학설

(1) 적극설 : 내부적인 의사합치만 있으면 가능하다는 견해.

(2) 소극설 : 대외적인 의사표시도 공동으로 해야 한다는 견해.

(3) 백지위임설 : 대외적인 의사표시를 하는 것뿐만 아니라 거래내용의 결정까지도 위임할 수 있다는 견해.

3. 판례

대법원은 '공동대표이사 가운데 1인이 단독으로 대표행위를 하도록 용인 내지 방임하였고 또한 상대방이 단독으로 회사를 대표할 권한이 있다고 믿은 경우에는 공동대표이사 가운데 1인이 단독으로 상대방에게 동의한 것을 회사의 동의로 볼 수 있다'고 판시한 바 있다(95누14190).

| 대표이사의 자격이 있는 이사가 사임한 경우, 대표이사의 결원만 있는 경우에도 이사의 권리의무가 있는지 여부 |

선례요지

주식회사의 대표이사가 이사직을 사임함으로 인하여 법률과 정관에서 정한 대표이사의 원수를 결하게 되었지만 이사의 원수를 결하지는 않는 경우, 당해 퇴임한 이사에 관하여는 이사의 결원에 관한「상법」제386조 제1항이 적용되지 않으므로 그 이사는 이사로서의 권리의무가 없으며, 대표이사직의 전제인 이사 또는 이사로서의 권리의무가 있는 자의 자격이 없으므로 대표이사로서의 권리의무도 없다. 따라서 이러한 경우 이사직을 사임한 대표이사는 후임 대표이사를 선임하는 이사회의 재적이사의 수에 포함되지 않는다. (2011. 5. 30. 사법등기심의관-1239 질의회답)

참조조문 : 상법 제386조 제1항, 제389조 제3항, 제391조 제1항

| 상근임원을 둘 수 없는 주식회사도 대표이사를 사내이사 중에 선임하여 등기 신청하여야 하는지 여부 |

선례요지

주식회사의 대표이사는 사내이사이어야 할 것인바, 상근하는 임원을 둘 수 없는 주식회사도(법인세법」제51조의2 참조) 사내이사 중에 대표이사를 선임하여 등기신청을 하여야 한다. (2010. 12. 27. 사법등기심의관-3336 질의회답)

참조예규 : 등기예규 제1297호

참조판례 : 대법원 2007. 6. 28. 선고 2006다62362 판결, 서울고법 207. 3. 8. 선고 2006나66885 판결

핵 심 판 례

■ 주식회사의 공동대표이사 중 1인이 단독으로 체결한 계약에 대하여 위 주식회사가 그와 같은 사실을 인식하면서 그 계약의 효과가 자기에게 귀속되는 것을 승인함으로써 위 갱신계약을 묵시적으로 추인하였다고 봄이 상당하다고 한 사례

갑 주식회사의 공동대표이사 중 1인이 단독으로 을과 주차장관리 및 건물경비에 관한 갱신계약을 체결한 사안에서, 갑 주식회사가 종전 계약기간이 만료된 이후 7개월이나 경과된 시점에서 종전 계약의 기간만을 연장한 위 갱신계약의 체결사실을 인식하고 있으면서 을에게 기간이 만료된 종전 계약의 계속적인 이행을 요구하는 통고서를 발송하여 갱신계약의 효과가 갑 주식회사에게 귀속되는 것을 승인함으로써 위 갱신계약을 묵시적으로 추인하였다고 봄이 상당하다(대법원 2010. 12. 23. 선고 2009다37718 판결).

3. 감사의 취임과 퇴임

제5차 개정상법(1999. 12. 31)은 주식회사에 감사위원회제도를 도입하여 회사가 감사 또는 감사위원회를 선택하여 운영할 수 있도록 하였다. 감사위원회는 3인 이상의 이사로 구성하되, 위원 3분의 2 이상은 사외이사가 참여해야 하며, 감사위원회는 감사의 권한을 행사할 수 있다(상법 제415조의2).

따라서 이제 주식회사는 종래와 같이 감사를 선임하거나 그에 갈음하여 감사위원회를 설치하고 감사위원회 위원을 선임하여야 한다. 다만, 감사위원회는 정관으로 정해야만 설치할 수 있고, 감사위원회를 설치한 경우에는 감사를 둘 수 없다(상법 제415조의2 1항).

(1) 감 사

감사는 이사의 직무집행에 대한 감사(상법 제412조)와 회계의 감사를 주된 임무로 하는 회사의 필수적 상설기관이며, 감사는 이사회에 출석하여 의견을 진술할 수 있다(상법 제391조의2). 필수기관이라는 점에서 유한회사의 감사(상법 제568조)와 다르고, 상설기관이라는 점에서 검사인과 다르다. 또 감사는 수인이 있는 경우에도 개개의 감사가 독립하여 그 권한을 행사하지만 감사위원회는 회의체로서 그 권한을 행사한다.

다만, 2009년 5월 상법 개정으로 인하여 소규모 회사의 감사 선임의무가 면제되었다(상법 제409조 4항). 상법 개정 전에는 회사를 설립하는 경우에는 반드시 감사를 선임해야만 하므로 창업시 드는 비용과 시간이 증가된다는 문제가 있었

다. 이에 상법을 개정하여 자본금 총액이 10억원 미만인 회사를 설립하는 경우에는 감사 선임 여부를 회사의 임의적 선택사항으로 하고(상 법 제409조 4항), 감사를 선임하지 아니할 경우에는 이사와 회사 사이의 소송에서 회사, 이사 또는 이해관계인이 법원에 회사를 대표할 자를 선임하여 줄 것을 신청하도록 하고(상법 제409조 5항), 주주총회가 이사의 업무 및 재산상태에 관하여 직접 감독·감시하도록 하였다(상법 제409조 6항).

이와 같이 회사의 사정에 따라 감사 선임 여부를 탄력적으로 결정할 수 있도록 함으로써 창업에 필요한 시간과 비용이 절감될 것으로 기대된다.

1) 감사의 자격 등

감사의 자격에 관하여 그 직무수행에 공정을 기하기 위하여 당해 회사 및 자회사의 이사, 지배인 기타 사용인의 직무를 겸할 수 없도록 규정한 외에 다른 제한규정은 없다(상법 제411조). 다만, 정관으로 감사의 자격을 주주로 제한하거나 할 수 있을 것이다.

감사는 회사의 업무와 회계를 감사하는 상설기관으로서 언제든지 이사에 대하여 영업에 관한 보고를 요구하거나 회사의 업무와 재산상태를 조사할 수 있고, 이사회에 출석하여 의견을 진술할 권한을 가진다(상법 제412조, 제391조의2). 상법은 감사에게 회계감사권과 함께 업무감사권도 인정하고 있다.

핵 심 판 례

■ **감사가 회사 또는 자회사의 이사, 지배인 기타의 사용인에 선임되거나 그 반대의 경우, 피선임자가 현직을 사임하는 것을 조건으로 효력을 가지는지 여부(적극)**

감사가 회사 또는 자회사의 이사 또는 지배인 기타의 사용인에 선임되거나 반대로 회사 또는 자회사의 이사 또는 지배인 기타의 사용인이 회사의 감사에 선임된 경우에는 그 선임행위는 각각의 선임 당시에 있어 현직을 사임하는 것을 조건으로 하여 효력을 가지고, 피선임자가 새로이 선임된 지위에 취임할 것을 승낙한 때에는 종전의 직을 사임하는 의사를 표시한 것으로 해석하여야 한다(대법원 2007.12.13. 선고 2007다60080 판결).

2) 감사의 원수

감사는 반드시 1인 이상 있어야 하며, 정관으로써 2인 이상의 감사를 둘 수도 있다. 감사가 수인인 경우에도 각자 독립하여 권한을 행사하며, 이사회제도와 같은 회의체 제도는 없다. 그러나 감사위원회를 둔 경우에는 감사를 둘 수 없다(상법 제415조의2).

3) 감사의 선임

가. 선임절차

설립시의 감사는 발기설립의 경우, 발기인이 주식인수인으로서 갖는 의결권의 과반수로써 선임하고(상법 제296 1항), 모집설립의 경우는 창립총회에서 출석한 주식인수인의 의결권의 2/3이상이며 인수된 주식총수의 과반수에 해당하는 수로써 선임한다(상법 제312조, 제309조).

설립 후의 감사는 주주총회의 보통결의에 의하여 선임한다. 그러나 감사 의 선임에 있어서는 의결권 없는 주식을 제외한 발행주식총수의 100분의 3(정관에서 더 낮은 주식 보유비율을 정할 수 있으며, 정관에서 더 낮은 주식 보유비율을 정한 경우에는 그 비율로 한다)을 초과하는 수의 주식을 가진 주주는 그 초과하는 주식에 관하여 의결권을 행사할 수 없다(상법 제 409조 2항). 회사가 상법 제368조의4(전자적 방법에 의한 의결권의 행사)제 1항에 따라 전자적 방법으로 의결권을 행사할 수 있도록 한 경우에는 제 368조제1항에도 불구하고 출석한 주주의 의결권의 과반수로써 주주총회에서 감사의 선임을 결의할 수 있다(상법 제 409조3항).

핵 심 판 례

▪주주총회의 감사선임결의만으로 피선임자가 회사와 임용계약의 체결 없이 바로 감사의 지위를 취득하는지 여부(소극)

감사의 선임에 관한 주주총회의 결의는 피선임자를 회사의 기관인 감사로 한다는 취지의 회사 내부의 결정에 불과한 것이므로, 주주총회에서 감사선임결의가 있었다고 하여 바로 피선임자가 감사의 지위를 취득하게 되는 것은 아니고, 주주총회의 선임결의에 따라 회사의 대표기관이 임용계약의 청약을 하고 피선임자가 이에 승낙을 함으로써 비로소 피선임자가 감사의 지위에 취임하여 감사로서의 직무를 수행할 수 있게 되는 것이므로, 주주총회에서 감사선임의 결의만 있었을 뿐 회사와 임용계약을 체결하지 아니한 자는 아직 감사로서의 지위를 취득하였다고 할 수 없다(대법원 2005.11.8.자, 2005마541 결정).

핵 심 판 례

■ **주식회사의 이사 또는 감사의 지위를 취득하기 위한 요건(=주주총회의 선임결의와 피선임자의 승낙)**

이사·감사의 지위가 주주총회의 선임결의와 별도로 대표이사와 사이에 임용계약이 체결되어야만 비로소 인정된다고 보는 것은, 이사·감사의 선임을 주주총회의 전속적 권한으로 규정하여 주주들의 단체적 의사결정 사항으로 정한 상법의 취지에 배치된다. 또한 상법상 대표이사는 회사를 대표하며, 회사의 영업에 관한 재판상 또는 재판 외의 모든 행위를 할 권한이 있으나(제389조 제3항, 제209조 제1항), 이사·감사의 선임이 여기에 속하지 아니함은 법문상 분명하다. 그러므로 이사·감사의 지위는 주주총회의 선임결의가 있고 선임된 사람의 동의가 있으면 취득된다고 보는 것이 옳다.

상법상 이사는 이사회의 구성원으로서 회사의 업무집행에 관한 의사결정에 참여할 권한을 가진다(제393조 제1항). 상법은 회사와 이사의 관계에 민법의 위임에 관한 규정을 준용하고(제382조 제2항), 이사에 대하여 법령과 정관의 규정에 따라 회사를 위하여 그 직무를 충실하게 수행하여야 할 의무를 부과하는 한편(제382조의3), 이사의 보수는 정관에 그 액을 정하지 아니한 때에는 주주총회의 결의로 이를 정한다고 규정하고 있는데(제388조), 위 각 규정의 내용 및 취지에 비추어 보아도 이사의 지위는 단체법적 성질을 가지는 것으로서 이사로 선임된 사람과 대표이사 사이에 체결되는 계약에 기초한 것은 아니다. 또한 주주총회에서 새로운 이사를 선임하는 결의는 주주들이 경영진을 교체하는 의미를 가지는 경우가 종종 있는데, 이사선임결의에도 불구하고 퇴임하는 대표이사가 임용계약의 청약을 하지 아니한 이상 이사로서의 지위를 취득하지 못한다고 보게 되면 주주로서는 효과적인 구제책이 없다는 문제점이 있다.

한편 감사는 이사의 직무의 집행을 감사하는 주식회사의 필요적 상설기관이며(제412조 제1항), 회사와 감사의 관계에 대해서는 이사에 관한 상법 규정이 다수 준용된다(제415조, 제382조 제2항, 제388조). 이사의 선임과 달리 특히 감사의 선임에 대하여 상법은 제409조 제2항에서 "의결권 없는 주식을 제외한 발행주식총수의 100분의 3을 초과하는 수의 주식을 가진 주주는 그 초과하는 주식에 관하여는 의결권을 행사하지 못한다."라고 규정하고 있다. 따라서 감사선임결의에도 불구하고 대표이사가 임용계약의 청약을 하지 아니하여 감사로서의 지위를 취득하지 못한다고 하면 위 조항에서 감사 선임에 관하여 대주주의 의결권을 제한한 취지가 몰각되어 부당하다. 이사의 직무집행에 대한 감사를 임무로 하는 감사의 취임 여부를 감사의 대상인 대표이사에게 맡기는 것이 단체법의 성격에 비추어 보아도 적절하지 아니함은 말할 것도 없다. 결론적으로, 주주총회에서 이사나 감사를 선임하는 경우, 선임결의와 피선임자의 승낙만 있으면, 피선임자는 대표이사와 별도의 임용계약을 체결하였는지와 관계없이 이사나 감사의 지위를 취득한다(대법원 2017. 3. 23. 선고 2016다251215 전원합의체 판결).

등기시, 감사는 주주총회회의록에 기명날인할 수 없으므로 의사록에 승낙의 취지를 기재하여도 효력이 없고 별도의 승낙서와 인감증명을 첨부해야 한다.

상장회사의 경우에는 상법상 다음과 같은 특례규정이 적용된다. 즉, 상장회사가 이사·감사의 선임에 관한 사항을 목적으로 하는 주주총회를 소집통지 또는 공고하는 경우에는 이사·감사 후보자의 성명, 약력, 추천인, 그 밖에 대통령령으로 정하는 후보자에 관한 사항을 통지하거나 공고하여야 한다(상법 제542조의4 2항). 여기에서 "대통령령으로 정하는 후보자에 관한 사항"이란 다음 각 호의 사항을 말한다(상법시행령 제31조 3항).

1. 후보자와 최대주주와의 관계

2. 후보자와 해당 회사와의 최근 3년간의 거래 내역

3. 주주총회 개최일 기준 최근 5년 이내에 후보자가 「국세징수법」 또는「지방세징수법」에 따른 체납처분을 받은 사실이 있는지 여부

4. 주주총회 개최일 기준 최근 5년 이내에 후보자가 임원으로 재직한 기업이「채무자 회생 및 파산에 관한 법률」에 따른 회생절차 또는 파산절차를 진행한 사실이 있는지 여부

5. 법령에서 정한 취업제한 사유 등 이사·감사 결격 사유의 유무

상장회사가 주주총회에서 이사 또는 감사를 선임하려는 경우에는 제542조의4제2항에 따라 통지하거나 공고한 후보자 중에서 선임하여야 한다(상법 제542조의5).

한편, 상장회사의 경우에는 최대주주, 최대주주의 특수관계인, 그 밖에 대통령령으로 정하는 자가 소유하는 상장회사의 의결권 있는 주식의 합계가 그 회사의 의결권 없는 주식을 제외한 발행주식총수의 100분의 3(정관에서 더 낮은 주식 보유비율을 정할 수 있으며, 정관에서 더 낮은 주식 보유비율을 정한 경우에는 그 비율로 한다)을 초과하는 수의 주식을 가진 주주는 그 초과하는 주식에 관하여 의결권을 행사할 수 없다(상법 제409조 2항). 회사가 상법 제368조의4(전자적 방법에 의한 의결권의 행사)제1항에 따라 전자적 방법으로 의결권을 행사할 수 있도록 한 경우에는 제368조제1항에도 불구하고 출석한 주주의 의결권의 과반수로써 주주총회에서 감사의 선임을 결의할 수 있다(상법 제409조 3항).

핵 심 판 례

■'최대주주가 아닌 주주와 그 특수관계인 등'이 일정 비율을 초과하여 소유하는 주식에 관하여 감사의 선임 및 해임에 있어서 의결권을 제한하는 내용의 정관 규정이나 주주총회결의의 효력(무효)

> 상법 제409조 제2항·제3항은 '주주'가 일정 비율을 초과하여 소유하는 주식에 관하여 감사의 선임에 있어서 그 의결권을 제한하고 있고, 구 증권거래법(2007. 8. 3. 법률 제8635호 자본시장과 금융투자업에 관한 법률 부칙 제2조로 폐지) 제191조의11은 '최대주주와 그 특수관계인 등'이 일정 비율을 초과하여 소유하는 주권상장법인의 주식에 관하여 감사의 선임 및 해임에 있어서 의결권을 제한하고 있을 뿐이므로, '최대주주가 아닌 주주와 그 특수관계인 등'에 대하여도 일정 비율을 초과하여 소유하는 주식에 관하여 감사의 선임 및 해임에 있어서 의결권을 제한하는 내용의 정관 규정이나 주주총회결의 등은 무효이다(대법원 2009.11.26. 선고 2009다51820 판결).

> 감사의 원수를 결하게 되는 경우, 화해권고결정에 의해 주식회사 감사의 사임등기를 할 수 있는지 여부(소극) 제정 2006. 5. 29. [상업등기선례 제2-87호, 시행] 〉

선례요지

1. 감사는 주식회사의 필수적 상설기관으로서, 법률 또는 정관에 정한 감사의 원수를 결한 경우에는 임기만료 또는 사임으로 인해 퇴임한 감사는 후임 감사가 취임할 때까지 감사의 권리의무가 있다(상법 제415조, 제386조 제1항). 이 경우 후임 감사가 취임하기 전에는 퇴임한 감사의 퇴임등기만을 따로 신청할 수 없고, 퇴임한 감사가 회사를 상대로 감사 사임에 따른 사임등기절차 이행청구의 소를 제기하여 감사 사임에 따른 사임등기절차를 이행하라는 취지의 확정판결 또는 화해권고결정(재판상 화해와 같은 효력을 가지게 된 것을 말한다)을 받은 경우에도 다르지 않다.

2. 퇴임한 감사는 법원에 일시 감사의 직무를 행할 자(이하, '일시감사'라 한다)의 선임 청구를 할 수 있다(상법 제415조, 제386조). 그에 대해 법원의 선임결정(비송사건절차법 제84조, 제81조)이 있고 그 촉탁에 의해 일시감사의 등기가 경료된다면(동법 제107조 제4호), 퇴임한 감사는 그 후에 위 화해권고결정으로 주식회사를 대위하여 사임등기의 신청을 할 수 있다.

(2006. 5. 29. 공탁상업등기과-477 질의회답)

참조재판례 : 대법원 2005. 3. 8. 2004마800 전원합의체 결정

참조예규 : 등기예규 제187호, 등기예규 제489호

참조선례 : 상업등기선례요지집 제149항, 제160항, 제164항, 제358항

【쟁점질의와 유권해석】

〈주주총회에서 감사선임의 결의만 있었을 뿐 회사와 임용계약을 체결하지 아니한 자가 회사에 대하여 감시변경등기절차의 이행을 구할 수 있는지 여부〉

주식회사와 임용계약을 체결하고 새로이 회사의 감사의 지위에 취임하여 감사로서의 직무를 수행할 권리와 의무를 가지게 된 자로서는, 아직 감사로서 회사등기부에 등재되지 아니한 상태라면 등기에 의하여 선의의 제3자에 대항할 수 없어 완전한 감사로서의 직무를 수행할 수 없으므로, 회사에 대하여 회사와의 임용계약에 기하여 회사등기부상 감사변경의 등기절차의 이행을 구할 수 있으나, 감사의 선임에 관한 주주총회의 결의는 피선임자를 회사의 기관인 감사로 한다는 취지의 회사 내부의 결정에 불과한 것이므로, 주주총회에서 감사선임결의가 있었다고 하여 바로 피선임자가 감사의 지위를 취득하게 되는 것은 아니고, 주주총회의 선임결의에 따라 회사의 대표기관이 임용계약의 청약을 하고 피선임자가 이에 승낙을 함으로써 비로소 피선임자가 감사의 지위에 취임하여 감사로서의 직무를 수행할 수 있게 되는 것이므로, 주주총회에서 감사선임의 결의만 있었을 뿐 회사와 임용계약을 체결하지 아니한 자는 아직 감사로서의 지위를 취득하였다고 할 수 없고, 따라서 감사로서의 지위에서 회사와의 임용계약에 기하여 회사에 대하여 감사선임 등기가 지연됨을 이유로 감사변경의 등기절차의 이행을 구할 수 없다(대법원 1995. 2. 28,선고 94다31440판결).

나. 회생법인의 감사 선임

회생사건의 경우 법인인 채무자의 감사는 채권자협의회의 의견을 들어 법원이 선임하되, 법원이 그 임기를 정하며(채무자회생및파산에관한법률 제203조 4항, 5항), 회생계획에서 법원이 종전의 감사를 선임하지 아니하면 종전의 감사는 법원이 감사를 선임한 때에 해임된 것으로 본다(동법 제264조 4항, 5항).

4) 감사의 임기

감사의 임기는 몇 차례 상법의 개정을 거쳐 현재 취임 후 3년 내의 최종 결산기에 관한 주주총회 종결시까지로 되어 있다(상법 제410조).

감사임기의 시기는 회사성립 전후를 불문하고 취임한 때이며, 종기는 취임 후 3년 내에 도래하는 최종 결산기에 관한 정기주주총회의 종결 시이다(최종의 결산기가 3년 내에 도래함을 뜻하는 것이지, 그 정기총회가 3년 내에 도래함을 뜻하는 것은 아니다).

감사의 임기는 만 3년이 아니고 그보다 길거나 짧을 수도 있다. 예컨대, 12월말 결산기인 법인의 감사가 2008. 12. 1.에 취임했다면 그의 임기는 2008년 말 결산기 1회, 2009년 말 결산기 1회, 2010년 말 결산기 1회 도합 3회의 결산기가 되는 바, 이 결산기는 다음 해 3. 31.까지 정기주주총회를 개최하면 되므로, 정기주주총회기일인 2011. 3. 31. 이전에 임기가 만료되는데, 그 만료일은 위 3회째의 정기주주총회 개최일까지가 된다. 이 경우 약 9개월 정도 임기를 못 채우고 임기가 종료되는 것이다. 다음으로 2008. 6. 30.을 결산기로 정한 회사의 경우, 2008. 9. 1.에 선임된 감사는 2009. 6. 30.이 첫 번째 결산기이고, 2010. 6. 30.이 두 번째 결산기, 2011. 6. 30.이 세 번째 결산기인바, 세 번째 결산기의 결산일이 3개월 연장된다면 2011. 9. 30.까지 연장된다.

이와 같이 감사의 임기는 법률상 확정된 것이므로 정관의 규정에 의하여 이보다 길거나 짧은 임기를 정할 수 없다.

주식회사인 보험회사의 감사의 임기에 관하여 보험업법은 상법과 규정을 달리하고 있는바, 이 경우에 상법의 특별법인 보험업법을 우선 적용하여 동법 제13조의 규정에 따라 보험회사의 감사의 임기를 2년으로 해야 할 것이다(1993. 3. 19. 등기 658 질의회답).

합병을 하는 회사의 일방이 합병 후 존속하는 경우 존속하는 회사의 감사로서 합병 전에 취임한 자는 합병계약서에 다른 정함이 있는 경우를 제외하고는 합병 후 최초로 도래하는 결산기의 정기총회가 종료하는 때에 퇴임한다(상법 제527조의4 1항). 이는 1999. 12. 28. 개정상법으로 규정한 것이다(상법 제527조의4).

또한 합병으로 인하여 회사를 설립하는 경우에 합병하는 회사의 감사로서 합병 전에 취임한 자도 합병계약서에 다른 정함이 있는 경우를 제외하고는 합병 후 최초로 도래하는 결산기의 정기총회가 종료하는 때에 퇴임한다(상법 제527조의4 1항).

5) 감사의 퇴임

감사는 해임 등 이사의 퇴임사유와 동일한 사유로 인하여 퇴임하나, 회사가 해산한 경우 퇴임하지 않는 점에서 차이가 있다.

6) 감사의 권리의무가 있는 자, 일시감사 및 감사의 직무대행자

감사가 임기만료 또는 사임으로 인하여 퇴임하여 법률 또는 정관에 정한 원수를 결하게 되는 때에는 퇴임한 감사는 새로 선임된 감사가 취임할 때까지 감사의 권리의무가 있다(상법 제415조, 제386조 1항).

일시감사(상법 제415조, 제386조 2항), 감사의 직무대행자(상법 제415조, 제407조 1항) 등은 이사의 경우와 같다.

7) 상근감사

2009년 상법 개정으로 인하여 대통령령으로 정하는 상장회사는 주주총회 결의에 의하여 회사에 상근하면서 감사업무를 수행하는 감사(이하 "상근감사"라고 한다)를

1명 이상 두어야 한다. 대통령령으로 정하는 상장회사란 최근 사업연도 말 현재 자산총액이 1천억원 이상인 상장회사를 말한다(상법시행령 제36조 1항). 다만, 감사위원회를 설치한 경우(감사위원회 설치 의무가 없는 상장회사가 감사위원회를 설치한 경우를 포함한다)에는 그러하지 아니하다(상법 제542조의 10 1항). 다음의 어느 하나에 해당하는 자는 상장회사의 상근감사가 되지 못하며, 이에 해당하게 되는 경우에는 그 직을 상실한다(상 제542조의 10 2항).

1. 미성년자, 피성년후견인 또는 피한정후견인

2. 파산선고를 받은 사람으로서 복권되지 아니한 자

3. 금고 이상의 형을 선고받고 그 집행이 끝나거나 집행이 면제된 후 2년이 지나지 아니한 자

4. 대통령령으로 별도로 정하는 법률에 위반하여 해임되거나 면직된 후 2년이 지나지 아니한 자
   대통령령으로 별도로 정하는 법률이란 다음 각 호의 금융관련법령(이에 상응하는 외국의 금융관련법령을 포함한다)을 말한다(상법시행령 제34조 3항).
   1)「한국은행법」
   2)「은행법」
   3)「보험업법」
   4)「자본시장과 금융투자업에 관한 법률」
   5)「상호저축은행법」
   6)「금융실명거래 및 비밀보장에 관한 법률」
   7)「금융위원회의 설치 등에 관한 법률」
   8)「예금자보호법」
   9)「금융기관부실자산 등의 효율적 처리 및 한국자산관리공사의 설립에 관한 법률」
   10)「여신전문금융업법」
   11)「한국산업은행법」
   12)「중소기업은행법」
   13)「한국수출입은행법」
   14)「신용협동조합법」
   15)「신용보증기금법」
   16)「기술신용보증기금법」

    17)「새마을금고법」

    18)「중소기업창업지원법」

    19)「신용정보의 이용 및 보호에 관한 법률」

    20)「외국환거래법」

    21)「외국인투자촉진법」

    22)「자산유동화에 관한 법률」

    23)「주택저당채권유동화회사법」

    24)「금융산업의 구조개선에 관한 법률」

    25)「담보부사채신탁법」

    26)「금융지주회사법」

    27)「기업구조조정투자회사법」

    28)「한국주택금융공사법」

5. 누구의 명의로 하든지 자기의 계산으로 의결권 없는 주식을 제외한 발행주식 총수의 100분의 10 이상의 주식을 소유하거나 이사집행임원감사의 선임과 해임 등 상장회사의 주요 경영사항에 대하여 사실상의 영향력을 행사하는 주주(이하 "주요주주" 라 한다) 및 그의 배우자와 직계존속·비속

6. 회사의 상무(常務)에 종사하는 이사·집행임원 및 피용자 또는 최근 2년 이내에 회사의 상무에 종사한 이사·집행임원 및 피용자. 다만, 이 절에 따른 감사위원회위원으로 재임 중이거나 재임하였던 이사는 제외한다.

7. 회사의 경영에 영향을 미칠 수 있는 자로서 대통령령으로 정하는 자
대통령령으로 정하는 자란 다음 각 호의 어느 하나에 해당하는 자를 말한다(상법시행령 제36조 2항).

    1) 해당 회사의 상무에 종사하는 이사·집행임원의 배우자 및 직계존속·비속

    2) 계열회사의 상무에 종사하는 이사·집행임원 및 피용자이거나 최근 2년 이내에 상무에 종사한 이사·집행임원 및 피용자

(2) 감사위원회

주식회사는 정관이 정한 바에 따라 이사회 내에 위원회를 설치하여 이사회로부터 위임받은 업무에 대하여 이사회의 권한을 행사하게 할 수 있는데(상법 제393조의2), 이러한 위원회의 하나로 감사위원회를 설치하여 감사에 갈음하여 이사의 직무집행과 회계를 감사하게 할 수 있다(상법 제415조의2). 감사위원회를 설치한

경우에는 감사를 들 수 없다. 상법상 감사위원회의 설치는 임의사항이다. 그러나 2009년 상법 개정에 의하여 자산 규모 등을 고려하여 대통령령으로 정하는 상장회사는 감사위원회를 설치하여야만 한다(상법 제542조의 11 1항). 상법 제542조의11 제1항에서 대통령령으로 정하는 상장회사란 최근 사업연도 말 현재 자산총액이 2조원 이상인 상장회사를 말한다. 다만, 다음 각 호의 어느 하나에 해당하는 상장회사는 제외한다(상법시행령 제37조 1항).

1.「부동산투자회사법」에 따른 부동산투자회사인 상장회사

2.「공공기관의 운영에 관한 법률」및「공기업의 경영구조개선 및 민영화에 관한 법률」의 적용을 받는 상장회사

3.「채무자 회생 및 파산에 관한 법률」에 따른 회생절차가 개시된 상장회사

4. 유가증권시장 또는 코스닥시장에 주권을 신규로 상장한 상장회사(신규상장 후 최초로 소집되는 정기주주총회 전일까지만 해당한다). 다만, 유가증권시장에 상장된 주권을 발행한 회사로서 감사위원회를 설치하여야 하는 회사가 코스닥시장에 상장된 주권을 발행한 회사로 되는 경우 또는 코스닥시장에 상장된 주권을 발행한 회사로서 감사위원회를 설치하여야 하는 회사가 유가증권시장에 상장된 주권을 발행한 회사로 되는 경우에는 제외한다.

1) 설치와 폐지

감사위원회는 정관으로 감사에 갈음하도록 정하여야 이사회 내의 위원회로서 감사위원회를 설치할 수 있다. 감사가 주식회사의 단독제 기관임에 대하여 감사위원회는 합의체 기관 법정기관으로 이사회 내 위원회의 일종이다.

이사회 내 각종 위원회는 원칙적으로 2인 이상의 위원으로 구성되나(상법 제393조의2 3항), 감사위원회는 3인 이상의 이사로 구성되며, 위원 3분의 2 이상의 사외이사가 참여하여야 한다.

감사위원회를 설치한 경우 감사를 둘 수 없다(상법 제415조의2 1항, 2항).

상법상의 일반 회사에서 감사위원회는 감사에 갈음하여 설치할 수 있는 임의기관이나(상법 제415조의2), 2009년 상법 개정에 의하여 자산 규모 등을 고려하여 대통령령으로 정하는 상장회사는 감사위원회를 설치하여야만 한다(상 법 제542조의11 1항).

감사위원회의 설치는 정관으로 특별한 요건을 규정하고 있지 아니하는 한, 이사회의 통상결의인 이사 과반수의 출석과 출석이사 과반수의 찬성으로 결정한다.

감사위원회는 회사설립시부터 설치할 수 있고 발기설립의 경우에는 출자를 완료한

후에 발기인이 감사에 갈음하여 감사위원회 설치를 결정하고 그 위원을 선임할 수 있으며, 모집설립의 경우에는 창립총회에서 감사위원회 설치를 결정하고 감사위원회 위원을 선임할 수 있다고 할 것이다(상법 제415조의2 6항, 제296조, 제312조).

2) 감사위원회 위원의 자격

감사위원회의 위원은 3명이상의 이사이어야 하며, 위원의 3분의 2는 반드시 사외이사이어야 한다(상법 제415조의2 2항). 따라서 감사위원회 위원은 이사의 자격을 상실하면 감사위원회 위원의 자격도 상실한다고 할 것이다.

2009년 상법 개정에 의하면 상장회사의 감사위원회의 경우 위원 중 1명 이상은 대통령령으로 정하는 회계 또는 재무 전문가여야 한다. 그리고 감사위원회의 대표는 사외이사여야 한다(상법 제542조의11 2항). 상법 제542조의11 제2항제1호에서 "대통령령으로 정하는 회계 또는 재무 전문가"란 다음 각 호의 어느 하나에 해당하는 사람을 말한다(상법시행령 제37조 2항).

1) 공인회계사의 자격을 가진 사람으로서 그 자격과 관련된 업무에 5년 이상 종사한 경력이 있는 사람

2) 회계 또는 재무 분야에서 석사학위 이상의 학위를 취득한 사람으로서 연구기관 또는 대학에서 회계 또는 재무 관련 분야의 연구원이나 조교수 이상으로 근무한 경력이 합산하여 5년 이상인 사람

3) 상장회사에서 회계 또는 재무 관련 업무에 합산하여 임원으로 근무한 경력이 5년 이상 또는 임직원으로 근무한 경력이 10년 이상인 사람

4) 「금융회사의 지배구조에 관한 법률 시행령」 제16조제1항제4호·제5호의 기관 또는 「한국은행법」에 따른 한국은행에서 회계 또는 재무 관련 업무나 이에 대한 감독 업무에 근무한 경력이 합산하여 5년 이상인 사람

5) 「금융회사의 지배구조에 관한 법률 시행령」 제16조제1항제6호에 따라 금융위원회가 정하여 고시하는 자격을 갖춘 사람

상장회사는 주주총회에서 이사를 선임한 후 선임된 이사 중에서 감사위원회 위원을 선임하여야 한다(상법 제542조의12 2항).

다음의 어느 하나에 해당하는 자는 상장회사의 사외이사가 아닌 감사위원회 위원이 될 수 없고, 이에 해당하게 된 경우에는 그 직을 상실한다(상법 제542조의11 3항).

1) 미성년자, 피성년후견인 또는 피한정후견인

2) 파산선고를 받은 사람으로서 복권되지 아니한 자

3) 금고 이상의 형을 선고받고 그 집행이 끝나거나 집행이 면제된 후 2년이 지나

지 아니한 자

4) 대통령령으로 별도로 정하는 법률에 위반하여 해임되거나 면직된 후 2년이 지나지 아니한 자

5) 누구의 명의로 하든지 자기의 계산으로 의결권 없는 주식을 제외한 발행주식 총수의 100분의 10 이상의 주식을 소유하거나 이사집행임원감사의 선임과 해임 등 상장회사의 주요 경영사항에 대하여 사실상의 영향력을 행사하는 주주(이하 "주요주주" 라 한다) 및 그의 배우자와 직계존속·비속

6) 회사의 상무(常務)에 종사하는 이사집행임원 및 피용자 또는 최근 2년 이내에 회사의 상무에 종사한 이사집행임원 및 피용자. 다만, 감사위원회 위원으로 재임 중이거나 재임하였던 이사는 제외한다.

7) 회사의 경영에 영향을 미칠 수 있는 자로서 대통령령으로 정하는 사람
"대통령령으로 정하는 자"란 다음 각 호의 어느 하나에 해당하는 자를 말한다.

1. 해당 회사의 상무에 종사하는 이사·집행임원의 배우자 및 직계존속·비속

2. 계열회사의 상무에 종사하는 이사·집행임원 및 피용자이거나 최근 2년 이내에 상무에 종사한 이사·집행임원 및 피용자

3) 감사위원회 위원의 선임과 해임 및 퇴임

감사위원회 위원의 선임에 관하여 상법은 달리 규정하고 있지 않으며, 해임에 관하여만 이사회에서 해임할 수 있는 것으로 정하고 있다. 따라서 감사위원회의 위원은 정관이 정하는 방법에 의하여 선임하여야 할 것이다. 다만, 감사위원회 위원후보인 이사는 당해 위원의 선임이나 해임결의에는 참여할 수 없다(상법 제415조의2 1항, 제393조의2 6항, 제391조 2항, 제368조 4항). 상장회사의 경우 감사위원회 위원을 선임하거나 해임하는 권한은 주주총회에 있다(상법 제542조의12 1항).

최근 사업연도 말 현재의 자산총액이 2조원 이상인 상장회사로서 주주총회에서 감사위원회 위원을 선임하는 경우에는 주주총회에서 선임된 이사 중에서 감사위원회 위원을 선임하여야 한다. 다만, 감사위원회위원 중 1명(정관에서 2명 이상으로 정할 수 있으며, 정관으로 정한 경우에는 그에 따른 인원으로 한다)은 주주총회 결의로 다른 이사들과 분리하여 감사위원회위원이 되는 이사로 선임하여야 한다(상법 제542조의12 2항).

주주총회에서 선임한 감사위원회위원은 상법 제434조(정관변경의 특별결 의)에 따른 주주총회의 결의로 해임할 수 있다. 이 경우 상법 제542조의 2 제2항 단서에 따른 감사위원회위원은 이사와 감사위원회위원의 지위를 모두 상실한다(상법 제542

조의12 3항)..

　주주총회에서 선임한 감사위원회위원을 선임 또는 해임할 때에는 상장회사의 의결권 없는 주식을 제외한 발행주식총수의 100분의 3(정관에서 더 낮은 주식 보유비율을 정할 수 있으며, 정관에서 더 낮은 주식 보유비율을 정한 경우에는 그 비율로 한다)을 초과하는 수의 주식을 가진 주주(최대주주인 경우에는 사외이사가 아닌 감사위원회위원을 선임 또는 해임할 때에 그의 특수관계인, 그 밖에 대통령령으로 정하는 자가 소유하는 주식을 합산한다)는 그 초과하는 주식에 관하여 의결권을 행사하지 못한다(상법 제542조의12 4항).

　감사위원회 위원은 이사 총수의 3분의2 이상의 결의로 하는 이사회의 결의로 해임된다(상법 제415조의2 제3항). 그리고 회사의 합병의 경우에 회사합병 전에 취임한 감사위원은 합병계약서에 다른 정함이 있는 경우에 제외하고는 합병 후 최초로 도래하는 결산기의 정기총회가 종료하는 때에 퇴임한다(상법 제415조의2 제7항, 제527조의4).

　감사위원회 위원은 회사와 위임관계에 있으므로 사임할 수 있다.

　회사가 상법제368조의4(전자적 방법에 의한 의결권의 행사) 제1항에 따라 전자적 방법으로 의결권을 행사할 수 있도록 한 경우에는 이 규정에도 불구하고 출석한 주주의 의결권의 과반수로써 감사위원회위원의 선임을 결의할 수 있다.

4) 감사위원회의 구성

　감사위원회는 이사회 내 위원회의 일종이기는 하나, 이사회 내 위원회가 2인 이상의 이사로 구성되는 데 반하여, 감사위원회는 반드시 3인 이상의 이사로 구성된다(상법 제415조의2 2항).

5) 감사위원회의 대표

　감사위원회는 위원회를 대표할 자를 선정하여야 한다. 이 경우 수인의 위원이 공동으로 위원회를 대표할 것을 정할 수 있으며, 회사의 비용으로 전문가의 조력을 구할 수도 있다(상법 제415조의2 4항, 5항).

　감사위원회 위원이 소의 당사자인 경우에는 감사위원회 또는 이사는 법원에 회사를 대표할 자를 선임하여 줄 것을 신청하여야 한다(상법 제394조 2항). 소를 제기할 때는 감사위원회 또는 이사는 본점소재지 관할법원에 회사를 대표할 자를 선임하여 줄 것을 신청하여 그 결정된 감사위원회 위원이 하도록 한다(비송사건절차법 제72조). 상법 제13절의 적용을 받는 상장회사의 경우에는 감사위원회의 대표는 사외이사여야 한다(상법 제542조의11 2항 2호).

6) 감사위원회의 운영

감사위원회는 이사회 내의 위원회의 일종이므로, 이사회 내 위원회와 동일하게 운영한다(상법 제415조의2 1항).

감사위원회의 결의방법은 통상 위원 과반수 출석과 출석위원 과반수 찬성으로 결정하며, 소집방법도 이사회 내 위원회와 동일하다고 할 것이다(상법 제393조의2 5항, 제390조, 제391조).

감사위원회는 회사의 비용으로 전문가의 조력을 받을 수 있고(상법 제415조의2 5항), 회의도 연기와 속행을 할 수 있으며(상법 제393조의2 6항, 제392조), 회의결과를 감사위원회의사록에 기재하고 출석한 위원이 서명 또는 기명날인하여야 한다(상법 제393조의2 6항, 제391조의3).

7) 감사위원회 위원의 임기 및 회사합병시의 임기

상법에서 감사위원회 위원에 대한 규정은 정하고 있지 않으나, 감사위원회 위원은 이사가 겸임하므로 그 임기가 감사와 같을 수는 없을 것이다. 감사위원회 위원은 이사의 자격을 상실할 경우와 해임될 경우에는 당연히 감사위원회 위원의 자격을 상실할 것이다. 그리고 감사위원회 위원이 사임하는 경우와 이사회에서 감사위원회위원을 해임하는 경우에도 감사위원회 위원의 자격을 상실한다고 할 것이다(상법 제415조의2 3항).

따라서 감사위원회 위원의 임기는 정관으로 정하면 그에 따르고, 정관에 정함이 없는 경우에는 선임기관인 이사회가 결정할 수 있으나, 당해 이사의 임기를 초과할 수 없고, 임기 중에라도 해임되거나 사임하는 경우에는 퇴임된다고 할 것이다.

합병을 하는 회사의 일방이 합병 후 존속하는 경우에 존속하는 회사의 감사위원회 위원으로서 합병 전에 취임한 자는 합병계약서에 다른 정함이 있는 경우를 제외하고는 합병 후 최초로 도래하는 결산기의 정기총회가 종료하는 때에 퇴임하고, 합병으로 인하여 회사를 설립하는 경우에 합병하는 회사의 감사위원회 위원으로서 합병 전에 취임한 자도 위와 같다(상법 제415조의2, 제527조의4).

8) 일시감사위원회 위원의 직무집행정지가처분 또는 직무대행자선임가처분

감사위원회 감사위원의 선임결의 무효나 취소 또는 그 감사위원회위원 자격인 이사의 선임결의 무효나 취소 또는 감사위원회 위원의 해임의 소가 제기된 경우에는 법원은 당사자의 신청에 의하여 가처분으로써 감사위원회 감사위원의 직무집행을 정지할 수 있고 직무대행자를 선임할 수 있다.

9) 등 기

감사위원회위원의 성명과 주민등록번호를 등기하여야 한다.

> **■ 이견있는 등기에 대한 견해와 법원판단 ■**
>
> [감사의 권한]
> 1. 문제점 : 감사권의 범위와 관련하여 적법성 감사에 한정되는지 아니면 타당성검사에도 미치는지에 대하여 견해가 대립한다.
> 2. 학설
> (1) 제1설 : 명문의 규정이 있는 경우 외에는 직무집행의 적법성만을 감사할 수 있다는 견해.
> (2) 제2설 : 명문의 규정이 있는 경우 뿐 아니라 이사의 업무집행이 현저하게 타당성을 결하는 경우에도 타당성에 관하여 감사할 수 있다는 견해
> (3) 제3설 : 일반적으로 타당성감사에도 미친다는 견해
> 3. 판례 : 이에 관한 명확한 판례는 없다.

4. 주식회사의 외부감사

(1) 주식회사등의 외부감사에 관한 법률

주식회사로부터 독립된 외부의 감사인(감사인)이 그 주식회사에 대한 회계감사(회계감사)를 실시하여 회계처리를 적정하게 하도록 함으로써 이해관계인의 보호와 기업의 건전한 발전에 이바지함을 목적으로 주식회사등의 외부감사에 관한 법률(이하 '법'이라 함)이 제정되어 있다.

(2) 외부감사의 대상(법 제4조)

① 다음날 각 호의 어느 하나에 해당하는 회사는 재무제표를 작성하여 회사로부터 독립된 외부의 감사인(재무제표 및 연결재무제표의 감사인은 동일하여야 한다. 이하 같다)에 의한 회계감사를 받아야 한다.

 1. 주권상장법인

 2. 해당 사업연도 또는 다음 사업연도 중에 주권상장법인이 되려는 회사

 3. 그 밖에 직전 사업연도 말의 자산, 부채, 종업원수 또는 매출액 등 대통령령으로 정하는 기준에 해당하는 회사.

여기에서 대통령령으로 정하는 기준에 해당하는 주식회사란 다음과 같다(주식회사등의 외부감사에 관한 법률 시행령 제5조 1항).

1. 직전 사업연도 말의 자산총액이 500억원 이상인 회사

2. 직전 사업연도의 매출액(직전 사업연도가 12개월 미만인 경우에는 12개월로 환산하며, 1개월 미만은 1개월로 본다. 이하 같다)이 500억원 이상 인 회사

3. 다음 각 목의 사항 중 2개 이상에 해당하는 회사

　가. 직전 사업연도 말의 자산총액이 120억원 이상

　나. 직전 사업연도 말의 부채총액이 70억원 이상

　다. 직전 사업연도의 매출액이 100억원 이상

　라. 직전 사업연도 말의 종업원(「근로기준법」 제2조제1항제1호에 따른 근로자를 말하며, 다음의 어느 하나에 해당하는 사람은 제외한다. 이하 같다)이 100명 이상

　　1) 「소득세법 시행령」 제20조제1항 각 호의 어느 하나에 해당하는 사람

　　2) 「파견근로자보호 등에 관한 법률」 제2조제5호에 따른 파견근로자

② ①에도 불구하고 다음 각 호의 어느 하나에 해당하는 회사는 외부의 감사인에 의한 회계감사를 받지 아니할 수 있다.

1. 「공공기관의 운영에 관한 법률」에 따라 공기업 또는 준정부기관으로 지정받은 회사 중 주권상장법인이 아닌 회사

2. 그 밖에 대통령령으로 정하는 회사.

그 밖에 대통령령으로 정하는 주식회사란 다음 각 호의 회사를 말한다.(주식회사의 외부감사에 관한 법률 시행령 제5조 3항).

1. 해당 사업연도에 최초로 「상법」 제172조에 따라 설립등기를 한 회사

2. 법 제10조제1항 및 제2항에 따른 감사인 선임기간의 종료일에 다음 각 목의 어느 하나에 해당되는 회사[감사인을 선임한 후 다음 각 목의 어느 하나에 해당하게 된 회사로서 「금융위원회의 설치 등에 관한 법률」 제19조에 따른 증권선물위원회(이하 "증권선물위원회"라 한다)가 인정하는 회사를 포함한다]

　가. 「지방공기업법」에 따른 지방공기업 중 주권상장법인이 아닌 회사

　나. 「자본시장과 금융투자업에 관한 법률」 제9조제18항제2호 및 제3호에 따른 투자회사 및 투자유한회사, 같은 법 제249조의13에 따른 투자목적회사

　다. 「기업구조조정투자회사법」 제2조제3호에 따른 기업구조조정투자회사

　라. 「자산유동화에 관한 법률」 제2조제5호에 따른 유동화전문회사

　마. 「민법」 제32조에 따라 금융위원회의 허가를 받아 설립된 금융결제원으로부터 거래정지처분을 받고 그 처분의 효력이 지속되고 있는 회사. 다만, 「채

무자 회생 및 파산에 관한 법률」에 따라 회생절차의 개시가 결정된 회사는 제외한다.

바. 해산·청산 또는 파산 사실이 등기되거나 1년 이상 휴업 중인 회사

사.「상법」 제174조에 따라 합병절차가 진행 중인 회사로서 해당 사업 연도 내에 소멸될 회사

아. 그 밖에 가목부터 사목까지에 준하는 사유로 외부감사를 할 필요가 없는 회사로서 금융위원회가 고시하는 기준에 해당하는 회사

(3) 내부회계관리제도의 운영(법 제8조)

1) 내부회계관리제도

① 회사는 신뢰할 수 있는 회계정보의 작성과 공시(公示)를 위하여 다음 각호의 사항이 포함된 내부회계관리규정과 이를 관리·운영하는 조직(이하 "내부회계관리제도"라 한다)을 갖추어야 한다. 다만, 주권상장법인이 아닌 회사로서 직전 사업연도 말의 자산총액이 1천억원 미만인 회사와 대통령령으로 정하는 회사는 그러하지 아니하다.

1. 회계정보(회계정보의 기초가 되는 거래에 관한 정보를 포함한다. 이하 이조에서 같다)의 식별·측정·분류·기록 및 보고 방법에 관한 사항

2. 회계정보의 오류를 통제하고 이를 수정하는 방법에 관한 사항

3. 회계정보에 대한 정기적인 점검 및 조정 등 내부검증에 관한 사항

4. 회계정보를 기록·보관하는 장부(자기테이프·디스켓, 그 밖의 정보보존 장치를 포함한다)의 관리 방법과 위조·변조·훼손 및 파기를 방지하기 위한 통제 절차에 관한 사항

5. 회계정보의 작성 및 공시와 관련된 임직원의 업무 분장과 책임에 관한 사항

6. 그 밖에 신뢰할 수 있는 회계정보의 작성과 공시를 위하여 필요한 사항 으로서 대통령령으로 정하는 사항

② 다만, 주권상장법인이 아닌 회사로서 직전 사업연도 말의 자산총액이 1천억원 미만인 회사와 다음에 회사는 그러하지 아니하다.

1. 유한회사

2.「법인세법」 제51조의2제1항 각 호의 어느 하나에 해당하는 회사

3. 그 밖에 회사의 특성을 고려할 때 법 제8조제1항에 따른 내부회계관 리제도를 운영하기가 어려운 회사로서 금융위원회가 정하여 고시하는 기준에 맞는 회사

③ 회사는 내부회계관리제도에 의하지 아니하고 회계정보를 작성하거나 내 부회계
관리제도에 따라 작성된 회계정보를 위조·변조·훼손 및 파기해 서는 아니
된다.

2) 내부회계관리자(법 제8조)

① 회사의 대표자는 내부회계관리제도의 관리·운영을 책임지며, 이를 담당하 는
상근이사(담당하는 이사가 없는 경우에는 해당 이사의 업무를 집행하는 자를
말한다) 1명을 내부회계관리자(이하 "내부회계관리자"라 한다)로 지정하여야 한
다(3항).

② 회사의 대표자는 사업연도마다 주주총회, 이사회 및 감사(감사위원회가 설치된
경우에는 감사위원회를 말한다. 이하 이 조에서 같다)에게 해당 회사의 내부회
계관리제도의 운영실태를 보고하여야 한다. 다만, 회사의 대표자가 필요하다고
판단하는 경우 이사회 및 감사에 대한 보고는 내부회계관리자가 하도록 할 수
있다(4항).

3) 감사의 내부회계관리제도 운영실태 평가 및 보고(법 제8조 5항)

회사의 감사는 내부회계관리제도의 운영실태를 평가하여 이사회에 사업연도마다
보고하고 그 평가보고서를 해당 회사의 본점에 5년간 비치하여야 한다. 이 경우 내
부회계관리제도의 관리·운영에 대하여 시정 의견이 있으면 그 의견을 포함하여 보
고하여야 한다.

(4) 감사인(법 제2조)

1) 법 제2조에 따라 감사를 실시하는 감사인(동조 7호)

법 제2조에 따라 감사를 실시하는 감사인은 다음 어느 하나에 해당하는 자를 말
한다.

1.「공인회계사법」제23조에 따른 회계법인(이하 "회계법인"이라 한다)

2.「공인회계사법」제41조에 따라 설립된 한국공인회계사회(이하 "한국 공인회계사
회"라 한다)에 총리령으로 정하는 바에 따라 등록을 한 감사반(이하 "감사반"이
라 한다)

2) 회계법인인 감사인의 감사업무에 대한 제한(법 제9조)

① 회계법인인 감사인은「공인회계사법」제33조제1항 각 호의 어느 하나에해당하는
관계에 있는 회사의 감사인이 될 수 없으며, 감사반인 감사인은 그에 소속된
공인회계사 중 1명 이상이 같은 법 제21조제1항 각 호의 어느 하나에 해당하

는 관계에 있는 회사의 감사인이 될 수 없다(3항).

② 회계법인인 감사인은 동일한 이사(「공인회계사법」 제26조제1항에 따른이사를 말한다. 이하 이 조에서 같다)에게 회사의 연속하는 6개 사업연도(주권상장법인인 회사, 대형비상장주식회사 또는 금융회사의 경우에는 4개 사업연도)에 대한 감사업무를 하게 할 수 없다. 다만, 주권상장법인인 회사, 대형 비상장주식회사 또는 금융회사의 경우 연속하는 3개 사업연도에 대한 감사업무를 한 이사에게는 그 다음 연속하는 3개 사업연도의 모든 기간 동안 해당 회사의 감사업무를 하게 할 수 없다(5항).

3) 감사반인 감사인의 감사업무에 대한 제한(법 제9조)

① 금융위원회는 감사인의 형태와 그에 소속된 공인회계사의 수 등을 고려하여 감사인이 회계감사할 수 있는 회사의 규모 등을 총리령으로 정하는 바에 따라 제한할 수 있다(2항).

② 회계법인인 감사인은 그 소속공인회계사(「공인회계사법」 제26조제3항에따른 소속공인회계사를 말한다)를 주권상장법인인 회사에 대한 감사업무의 보조자로 함에 있어서 동일한 보조자에게 해당 회사의 연속하는 3개 사업연도에 대한 감사업무를 하게 한 경우, 그 다음 사업연도에는 그 보조자의 3분의2 이상을 교체하여야 한다(6항).

③ 감사반인 감사인은 대통령령으로 정하는 주권상장법인인 회사의 연속하는3개 사업연도에 대한 감사업무를 한 경우, 그 다음 사업연도에는 그 감사에 참여한 공인회계사의 3분의 2 이상을 교체하여야 한다(7항).

(5) 감사인의 선임(법 제10조)

1) 일반적인 경우

① 회사는 매 사업연도 개시일부터 45일 이내(다만, 「상법」 제542조의11 또는「금융회사의 지배구조에 관한 법률」 제16조에 따라 감사위원회를 설치 하여야 하는 회사의 경우에는 매 사업연도 개시일 이전)에 해당 사업연도의 감사인을 선임하여야 한다. 다만, 회사가 감사인을 선임한 후 제4조제1항제3호에 따른 기준을 충족하지 못하여 외부감사의 대상에서 제외되는 경우에는 해당 사업연도 개시일부터 4개월 이내에 감사계약을 해지할 수 있다(1항).

② ① 본문에도 불구하고 직전 사업연도에 회계감사를 받지 아니한 회사는 해당 사업연도 개시일부터 4개월 이내에 감사인을 선임하여야 한다(2항).

③ 주권상장법인, 대형비상장주식회사 또는 금융회사는 연속하는 3개 사업연도의

감사인을 동일한 감사인으로 선임하여야 한다. 다만, 주권상장법인, 대형비 상 장주식회사 또는 금융회사가 제7항 각 호의 사유로 감사인을 선임하는 경우 에는 해당 사업연도의 다음 사업연도부터 연속하는 3개 사업연도의 감사인을 동일한 감사인으로 선임하여야 한다(3항).

④ 감사 또는 감사위원회(제4항제2호 단서에 따라 감사인을 선임한 회사는 회사 를 대표하는 이사를 말한다. 이하 이 조에서 같다)는 감사인의 감사보수와 감 사시간, 감사에 필요한 인력에 관한 사항을 문서로 정하여야 한다. 이 경우 감 사위원회가 설치되지 아니한 주권상장법인, 대형비상장주식회사 또는 금융회사 의 감사는 감사인선임위원회의 승인을 받아야 한다(5항).

2) 주권상장법인 등의 경우(법 제10조)

회사는 다음 각 호의 구분에 따라 선정한 회계법인 또는 감사반을 해당 회사의 감사인으로 선임하여야 한다.

1. 주권상장법인, 대형비상장주식회사 또는 금융회사

   가. 감사위원회가 설치된 경우: 감사위원회가 선정한 회계법인 또는 감사반

   나. 감사위원회가 설치되지 아니한 경우: 감사인을 선임하기 위하여 대통령령으 로 정하는 바에 따라 구성한 감사인선임위원회(이하 "감사인선임위원회"라 한 다)의 승인을 받아 감사가 선정한 회계법인 또는 감사반

2. 그 밖의 회사: 감사 또는 감사위원회가 선정한 회계법인 또는 감사반. 다만, 다음 각 목의 어느 하나에 해당하는 경우에는 해당 목에서 정한 바에 따라 선 정한다.

   가. 직전 사업연도의 감사인을 다시 감사인으로 선임하는 경우: 그 감사인

   나. 감사가 없는 대통령령으로 정하는 일정규모 이상의 유한회사인 경우: 사원총 회의 승인을 받은 회계법인 또는 감사반

   다. 나목 외의 감사가 없는 유한회사인 경우: 회사가 선정한 회계법인 또는 감 사반

(6) 감사인의 권한(법 제12조)

① 회사는 감사인을 선임 또는 변경선임하는 경우 그 사실을 감사인을 선임한 이 후에 소집되는「상법」에 따른 정기총회에 보고하거나 대통령령으로 정하는 바 에 따라 주주 또는 사원(이하 "주주등"이라 한다)에게 통지 또는 공고하여야 한다.

② 회사가 감사인을 선임 또는 변경선임하는 경우 해당 회사 및 감사인은 대통령령

령으로 정하는 바에 따라 증권선물위원회에 보고하여야 한다. 다만, 회사는 다음 각 호의 어느 하나에 해당되는 경우에는 보고를 생략할 수 있다.

1. 회사의 요청에 따라 증권선물위원회가 지정한 자를 감사인으로 선임한 경우
2. 증권선물위원회의 요구에 따라 감사인을 선임 또는 변경선임하는 경우
3. 주권상장법인, 대형비상장주식회사 또는 금융회사가 아닌 회사가 직전 사업연도의 감사인을 다시 선임한 경우

(7) 감사인의 권한(법 제21조)

① 감사인은 언제든지 회사 및 해당 회사의 주식 또는 지분을 일정 비율 이상 소유하고 있는 등 대통령령으로 정하는 관계에 있는 회사(이하 "관계회사"라 한다)의 회계에 관한 장부와 서류를 열람 또는 복사하거나 회계에 관한 자료의 제출을 요구할 수 있으며, 그 직무를 수행하기 위하여 특히 필요하면 회사 및 관계 회사의 업무와 재산상태를 조사할 수 있다. 이 경우 회사 및 관계회사는 지체 없이 감사인의 자료 제출 요구에 따라야 한다(1항).

② 연결재무제표를 감사하는 감사인은 그 직무의 수행을 위하여 필요하면 회사 또는 관계회사의 감사인에게 감사 관련 자료의 제출 등 필요한 협조를 요청할 수 있다. 이 경우 회사 또는 관계회사의 감사인은 지체 없이 이에 따라야 한다(2항).

(8) 감사인의 감사계약해지(법 제15조)

① 감사인은 법 제16조(회계감사기준)에 따른 회계감사기준에서 정하는 독립성이 훼손된 경우 등 다음 어느 하나의 사유에 해당하는 경우에는 사업연도 중이라도 감사계약을 해지할 수 있다.

1. 법 제9조에 따라 감사인이 될 수 없는 경우
2. 다음 각 목의 어느 하나에 해당하는 경우

　가. 회계감사기준에서 정하는 독립성이 훼손된 경우로서 증권선물위원회가 인정하는 경우

　나.「공인회계사법」제43조제1항에 따른 직업윤리에 관한 규정에서 정한 감사인의 독립성이 훼손된 경우로서 증권선물위원회가 인정하는 경우

3. 회사가 직전 사업연도 또는 해당 사업연도 중 감사보수 지급에 관한 감사계약 에 따른 의무를 이행하지 아니한 경우
4. 감사계약을 체결한 후 회사의 합병, 분할 또는 사업의 양도·양수로 주요 사

업부문의 성격이나 회사의 규모가 현저히 달라졌으나 감사보수에 대한 재계약 이 이루어지지 아니한 경우

5. 감사인(주권상장법인, 대형비상장주식회사 또는 금융회사의 감사인으로 한정한다)이 감사업무(「자본시장과 금융투자업에 관한 법률 시행령」 제170조제1항에 따라 반기보고서 또는 분기보고서에 첨부하는 회계감사인의 확인 및 의견 표시를 위하여 수행하는 업무를 포함한다)와 관련하여 회사에 자료를 요청하였 으나 회사가 특별한 사유 없이 요청한 자료를 제출하지 아니하여 감사업무에 현저한 지장을 주었다고 인정되는 경우

② 법 제10조제3항에도 불구하고 주권상장법인, 대형비상장주식회사 또는 금융회사의 감사인은 감사의견과 관련하여 부당한 요구나 압력을 받은 경우 등 대통령령으로 정하는 사유에 해당하는 경우에는 연속하는 3개 사업연도 중이라도 매 사업연도 종료 후 3개월 이내에 남은 사업연도에 대한 감사계약을 해지할 수 있다.

③ 감사인은 ① 또는 ②에 따라 감사계약을 해지한 경우에는 지체 없이 그 사실을 증권선물위원회에 보고하여야 한다.

(9) 감사인의 해임(법 제13조)

① 감사인이「공인회계사법」제21조 또는 제33조를 위반한 경우 회사는 지체 없이 감사인과의 감사계약을 해지하여야 하며, 감사계약을 해지한 후 2개월 이내에 새로운 감사인을 선임하여야 한다.

② 법 제10조제3항에도 불구하고 주권상장법인, 대형비상장주식회사 또는 금융회사는 연속하는 3개 사업연도의 동일 감사인으로 선임된 감사인이 직무상 의무를 위반하는 등 대통령령으로 정하는 사유에 해당하는 경우에는 연속하는 3개 사업연도 중이라도 매 사업연도 종료 후 3개월 이내에 다음 각 호의 구분에 따라 해임요청된 감사인을 해임하여야 한다. 이 경우 회사는 감사인을 해임한 후 2개월 이내에 새로운 감사인을 선임하여야 한다.

1. 감사위원회가 설치된 경우: 감사위원회가 해임을 요청한 감사인

2. 감사위원회가 설치되지 아니한 경우: 감사가 감사인선임위원회의 승인을 받아해임을 요청한 감사인

③ 주권상장법인, 대형비상장주식회사 또는 금융회사는 ① 또는 ②에 따라 감사계약을 해지하거나 감사인을 해임한 경우에는 지체 없이 그 사실을 증권선물위원회에 보고하여야 한다.

5. 이사, 대표이사 및 감사(또는 감사위원회 위원)의 변경등기절차

(1) 등기사항

1) 이사·감사(또는 감사위원회 위원) 또는 대표이사가 퇴임한 경우에는 그 이사·감사(또는 감사위원회 위원) 또는 대표이사의 성명·퇴임한 취지와 연월일

이사·감사(또는 감사위원회 위원) 또는 대표이사가 임기만료로 인하여 퇴임하는 경우에 동일인이 동일직위에 재선되어 임기만료일 퇴임과 재선취임과의 사이에 시간적 간격이 없는 경우를 실무상 중임이라고 한다. 이 경우에는 퇴임한 취지와 취임한 취지를 따로 기재하지 않고 이를 중임이라고 기재함으로써 퇴임과 취임의 등기를 신청하거나 실행한다.

따라서 중임이 되는 것은 임기만료로 인하여 퇴임하게 될 임원을 그 임기만료 전에 동일직위에 다시 예선한 경우로 한정된다.

이사·감사(또는 감사위원회 위원) 또는 대표이사가 재선된 경우라 하더라도 퇴임과 취임간에 시간적 간격이 있는 경우에는 비록 그동안 그들이 권리의무를 행사하고 있었다 하더라도 중임이 아니므로 이 때에는 따로 퇴임일자의 퇴임등기와 취임일자의 취임등기를 하여야 한다. 예를 들면 주식회사 대표이사 홍○○의 임기가 2002. 6. 25.자로 이미 만료되었고 임시주주총회에서 2004. 3. 25.자로 다시 홍○○을 대표이사로 선임한 경우에는, 위 홍○○이 임기만료로 인한 퇴임과 새로운 취임 사이에 사실상 대표이사직을 수행하였는지 여부에 관계없이 임기만료로 인한 퇴임등기 및 새로운 취임등기를 하여야 하고, 중임등기를 할 수는 없다(선례Ⅴ 843).

중임일은 임기만료일과 동일자로 되는 경우가 대부분이다. 즉, 감사의 임기는 '…… 정기주주총회의 결산기'까지이므로, 그 임기만료일은 위 총회의 종결일(하루 24시간의 중도)이고, 그가 동 총회에서 재선되어 즉시 취임승낙을 하였다면, 그 중임일 또한 위 총회의 종결일로서 동일자가 되며, 대체적으로 이사의 임기에 관한 정관의 규정은 "당 회사의 이사의 임기는 3년으로 한다. 그러나 취임 후 3년 내에 도래하는 최종의 결산기에 관한 정기주주총회종결 전에 만료되는 이사의 임기는 그 총회종결시까지 연장한다" 또는 "당 회사의 이사의 임기는 취임 후 3년 내에 도래하는 최종의 결산기에 관한 정기주주총회 종결시까지로 한다"고 정하고 있으므로 동 총회에서 재선되어 선임 즉시 승낙을 하거나 선임일자에 취임승낙을 한 이사의 중임일 또한 임기만료일인 동 총회의 종결일이 되는 것이다.

이 경우 중임한 감사나 이사의 임기 기산일은 중임일의 다음 날이 된다.

그러나 이와 달리 정관에 "당 회사의 이사의 임기는 3년으로 한다"는 규정이 있는 회사의 이사는 그 임기만료 전에 다시 이사로 예선되었다 하더라도 그의 중임일은 임기만료퇴임일과는 동일자가 아니게 된다.

예를 들면, 1996년 2월 10일 개최된 주주총회에서 선임된 이사가 즉시 취임승낙을 하였다면 그의 임기는 1996년 2월 11일부터 기산하여 3년이 되는 날인 1999년 2월 10일 오후 12시까지로서 그의 퇴임일은 1999년 2월 10일이 되지만, 동일자에 개최된 주주총회에서 재선 즉시 취임승낙을 하였다 하더라도 그 날 취임할 수는 없고(그 날 자정까지는 전임기가 남아 있으므로) 그 다음 날 오전 영시에 취임하게 되는 것이어서 그의 중임일은 1999년 2월 11일로써 임기만료일의 다음 날이 되는 것이다(임기만료 전에 개최된 총회에서 재선된 경우에도 같다).

이 경우 중임이사의 임기 기산일은 중임일로부터 기산하여야 한다.

이사감사(또는 감사위원회 위원) 또는 대표이사가 임기만료 또는 사임으로 인하여 퇴임하였으나 법률 또는 정관에 정한 원수를 결하게 되어 그들이 이사감사(또는 감사위원회 위원) 또는 대표이사의 권리의무를 행사하고 있는 동안은 퇴임등기를 할 수 없고, 그 등기는 반드시 새로 선임된 이사감사(또는 감사위원회 위원) 또는 대표이사의 취임등기와 동시에 하여야 한다. 그리고 이들이 재선된 경우에도 이것은 중임이 아니므로 임기만료일 또는 사임일의 퇴임등기와 재취임일의 취임등기를 하여야 한다. 다만, 후임자 취임 전에 이사 또는 감사의 권리의무 있는 자가 사망한 경우에는 후임자 취임 전이라도 임기만료일자 또는 사임일자의 퇴임등기를 하여야 한다(일본 등기선례 소화 1936. 8. 25, 민사갑 제2065호).

상법 제386조 1항의 규정에 의하여 이사의 권리의무가 있는 자가 대표이사로 선임되어 있는 경우에 후임이사의 선임으로 인하여 이사의 권리의무를 상실하게 되면 대표이사의 자격을 상실하게 되는 것이나, 이 때의 대표이사의 자격은 후임이사의 취임일에 상실되는 것이므로 대표이사의 취임일은 후임이사의 취임일이다. 이사의 퇴임일은 물론 임기만료일 또는 사임일이다.

【쟁점질의와 유권해석】

〈임기만료로 인한 임원의 등기부상 퇴임일과 퇴임등기기간〉

임기만료로 인한 임원의 등기부상 퇴임일은 상법 제386조 제1항, 제389조 제3항, 제415조의 규정에 의하여 새로 선임된 임원이 취임할 때까지 임원으로서의 권리의무를행사하고 있었다 하더라도, 권리의무행사기간의 종료일이 아니라 본래의 임기만료일이고, 임원의 등기부상 취임일은 임기개시일을 별도로 정하지 않는 한 선임결의와 해당 임원의 취임승낙이 있는 때가 되나, 실제에 있어서는 대부분 미리 해당 임원의 의사를 확인할 것이므로, 특별한 소명이 없는 경우 선임결의일로 등기하면 된다.

그러나 임기만료나 사임으로 인하여 퇴임함으로 말미암아 법률 또는 정관에서 정한 대표이사·이사·감사의 정원을 채우지 못하게 되는 경우에는 그 대표이사·이사·감사의 퇴임등기기간은 후임 대표이사·이사·감사의 취임일로부터 기산한다(예규 1102; 대법원 2005. 3. 8,자, 2004마800결정).

핵 심 판 례

■ 상법 제385조 제1항에서 해임대상으로 정하고 있는 '이사'에 '임기만료 후 이사로서의 권리의무를 행사하고 있는 퇴임이사'가 포함되는지 여부(소극)

주식회사의 이사는 임기가 만료됨에 따라 이사의 지위를 상실하는 것이 원칙이지만, 소유와 경영의 분리를 원칙으로 하는 주식회사에 있어 경영자 지위의 안정이라는 이사의 이익뿐만 아니라 주주의 회사에 대한 지배권 확보라는 주주의 이익 또한 보호되어야 하므로, 위와 같은 주주와 이사의 이익을 조화시키기 위해 상법 제385조 제1항은 회사가 언제든지 주주총회의 결의로 이사를 해임할 수 있도록 하는 한편 이사를 선임할 때와 달리 이사를 해임할 때에는 주주총회의 특별결의를 거치도록 하고, 임기가 정해진 이사가 임기만료 전에 정당한 이유 없이 해임된 때에는 회사에 대하여 손해배상을 청구할 수 있도록 하고 있다. 한편 임기만료로 퇴임한 이사라 하더라도 상법 제386조 제1항 등에 따라 새로 선임된 이사의 취임 시까지 이사로서의 권리의무를 가지게 될 수 있으나(이하 '퇴임이사'라고 한다), 그와 같은 경우에도 새로 선임된 이사가 취임하거나 상법 제386조 제2항에 따라 일시 이사의 직무를 행할 자가 선임되면 별도의 주주총회 해임결의 없이 이사로서의 권리의무를 상실하게 된다. 이러한 상법 제385조 제1항의 입법 취지, 임기만료 후 이사로서의 권리의무를 행사하고 있는 퇴임이사의 지위 등을 종합하면, 상법 제385조 제1항에서 해임대상으로 정하고 있는 '이사'에는 '임기만료 후 이사로서의 권리의무를 행사하고 있는 퇴임이사'는 포함되지 않는다고 보아야 한다(대법원 2021. 8. 19. 선고 2020다285406 판결).

핵 심 판 례

■ **이사의 퇴임으로 인한 변경등기기간의 기산일(=후임이사의 취임일) 및 후임이사의 취임 전에 위 변경등기만을 따로 신청하는 것이 허용되는지 여부(소극)**

> 대표이사를 포함한 이사가 임기의 만료나 사임에 의하여 퇴임함으로 말미암아 법률 또는 정관에 정한 대표이사나 이사의 원수(최저인원수 또는 특정한 인원수)를 채우지 못하게 되는 결과가 일어나는 경우에, 그 퇴임한 이사는 새로 선임된 이사(후임이사)가 취임할 때까지 이사로서의 권리의무가 있는 것인바(상법 제386조 제1항, 제389조 제3항), 이러한 경우에는 이사의 퇴임등기를 하여야 하는 2주 또는 3주의 기간은 일반의 경우처럼 퇴임한 이사의 퇴임일부터 기산하는 것이 아니라 후임이사의 취임일부터 기산한다고 보아야 하며, 후임이사가 취임하기 전에는 퇴임한 이사의 퇴임등기만을 따로 신청할 수 없다고 봄이 상당하다(대법원 2007. 6. 19.자, 2007마311 결정).

2) 취임한 경우에는 그 이사·감사의 성명·주민등록번호와 그들이 취임한 취지 및 그 연월일, 대표이사가 취임한 때에는 대표이사의 성명, 주소

취임일은 선임결의의 효력이 발생한 날 또는 취임승낙의 효력이 발생한 날 중 늦은 날이다. 대표이사를 제외한 임원의 주소를 등기하지 아니하는 대신 주민등록번호(주민등록이 없는 재외국민 또는 외국인인 경우에는 생년월일)를 등기사항으로 하고 있으며(법인등의등기사항에관한특례법 제2조, 동규칙 제2조), 지점에서는 대표이사를 제외한 임원의 등기를 할 필요가 없다(동법 제3조).

최근 사업연도 말 현재의 자산총액이 1천억원 이상인 상장회사의 경우 원칙적으로 상근감사를 두어야 하는데(상법 제542조의10 1항), 이 때 등기부상 '상근감사'로 등기할 수는 없고 '감사'로 등기한다(상법 제317조 2항 8호).

3) 공동대표에 관한 규정 등의 취지

공동대표에 관한 규정의 설치·변경 또는 폐지가 있는 경우에는 그 취지와 연월일

4) 이사·감사 등의 성명 등이 변경된 경우 그 변경 후의 성명 등

이사·감사 또는 대표이사의 변경은 없으나, 이들의 성명·주민등록번호(또는 생년월일)·주소(대표이사의 경우만 해당됨)에 변경에 있는 때에는 그 변경 후의 성명·주민등록번호(또는 생년월일)·주소·변경된 취지와 그 연월일

【쟁점질의와 유권해석】

〈임기만료로 인한 퇴임과 새로운 취임 사이에 시간적 간격이 있는 경우의 등기방법, 임원이 임기만료로 인하여 퇴임하게 되어 정관에 정한 임원의 정수에 결원이 발생한 경우의 등기방법〉

정관에 '임기가 만료된 임원은 그 후임자가 선임될 때까지 그 직무를 행한다.'는 규정이 있다 하더라도 임기만료일은 권리의무행사기간 종료일이 아니라 본래의 임기 만료일이므로 동일인 다시 선임된 경우에도 임기만료로 인한 퇴임과 새로운 취임 사이에 시간적 간격이 있다면 시간적 간격이 없는 경우에 하는 중임등기를 할 수는 없고 임기만료로 인한 퇴임등기 및 새로운 취임등기를 하여야 한다(선례 2003. 11. 14. 공탁법인 3402-269).

(2) 등기기간

1) 본점소재지에서는 2주간, 지점소재지에서는 3주간 내에 등기를 하여야 하나, 지점소재지에서는 대표이사가 아닌 자는 등기할 필요가 없다(법인등의등기사항에관한특례법 제3조).

2) 이사감사 또는 대표이사의 취임의 등기기간은 주주총회 또는 이사회의 선임결의의 효력이 발생한 날 또는 취임승낙이 효력이 발생한 날 중 늦은 날로부터 진행한다. 이 때 예선되어 미리 취임승낙을 한 경우 외에는 초일을 산입하지 아니한다.

3) 이사감사 또는 대표이사의 사임으로 인한 변경등기기간은 사임의 효력이 발생한 날로부터 진행한다. 장래의 일정일에 사임의 효력이 발생할 것으로 하는 경우와 같이 사임의 효력이 어느 날의 오전 영시에 발생하는 경우를 제외하고는 초일을 산입하지 아니한다.

4) 이사 등의 권리의무를 행사하고 있는 동안은 등기기간이 진행하지 아니한다. 그러나 선임해태의 책임이 있으므로 과태료통지를 하는 것이 실무관행이다.

이사 및 감사의 임기만료일

선례요지

2001년 12월 21일 설립등기를 하고 그 영업연도를 1월 1일부터 12월 31일까지로 하는 갑 주식회사의 정관에, 이사 및 감사의 임기에 관하여 이사의 임기는 3년으로 하면서 상법 제383조 제3항의 임기연장규정을 두고 있고, 감사의 임기에 대하여는 상법 제410조와 동일한 내용의 규정을 두고 있는 경우, 설립등기일에 취임한 이사는 2004년 12월 21에, 같은 날에 취임한 감사는 임기 중의 최종의 결산기인 2003년의 결산기에 관한 정기주주총회의 종결일(2004년 3월 31일까지 주주총회가 개최되지 아니하였다면 2004년 3월 31일)에 임기가 만료된다고 할 것이다. (2005. 8. 29. 공탁법인과-429 질의회답)

참조선례 : 상업등기선례요지집 제138항, 제162항

이사의 중임일 등에 관한 질의

선례요지

1. 주식회사의 감사가 그 취임 후 3년 내의 최종 결산기에 관한 정기총회에서 다시 감사로 선임되고 그 정기총회가 종결되기 전에 취임을 승낙한 경우에는, 공증인의 인증을 받은 그 정기총회 의사록과 취임 승낙을 증명하는 서면을 첨부하고 정기총회의 종결일을 중임일로 하여(상법 제410조)감사의 중임으로 인한 변경등기를 신청할 수 있고, 이는 등기를 해태하다가 신청한 것인지 여부와는 관계가 없다.

2. 이사가 임기만료 직전의 주주총회에서 다시 이사로 선임되고 그 임기만료 전에 취임을 승낙한 경우에는, 임기만료일의 다음날이 중임일이 되며 그 날부터 2주 이내에 이사의 중임으로 인한 변경등기를 신청하여야 한다. (2007. 5. 3. 공탁상업등기과-467 질의회답). 참조조문 : 상법 제410조

이사 임기만료일 및 중임일

선례요지

정관에 이사의 임기를 3년으로 정한 경우 2006년 7월 30일에 설립등기를 한 회사의 이사의 임기만료일은 2009년 7월 30일이며, 이사가 임기만료 직전의 주주총회에서 다시 이사로 선임되고 그 임기만료 전에 취임을 승낙한 경우에는 임기만료일의 다음날인 2009년 7월 31일이 중임일이 된다.(제정 2009. 9. 9. [상업등기선례 제2-32호, 시행])

(2009. 9. 9. 사법등기심의관-2031 질의회답)

참조조문 : 민법 제155조, 157조 , 160조 , 상법 제382조

참조선례 : 상업등기선례 200705-1

임기만료를 원인으로 대표자 퇴임등기를 할 경우 주소증명서면을 첨부하여야 하는지 여부

선례요지

대표자의 임기만료를 원인으로 퇴임등기를 신청할 경우에는 그 자가 다시 대표자로 선임되어 취임등기를 동시에 신청하지 않는 이상 대표자의 주소변경 사실을 증명하는 서면을 첨부하여야 하는 것은 아니다.(제정 2014. 5. 16. [상업등기선례 제2-39호, 시행])

(2014. 5. 16. 사법등기심의관 - 2055 질의회답)

참조조문 : 상법 제183조 , 제317조

참조선례 : 상업등기선례 제1-140호

(3) 신청인

이사, 대표이사 및 감사(또는 감사위원회 위원)의 변경 또는 공동대표에 관한 규정의 변경등기는 회사를 대표하는 자의 신청에 의한다(상업등기법 제23조 1항).

이사 등의 직무를 일시 행할 자·이사 등의 직무대행 자의 등기는 법원의 촉탁에 의하나 그들의 성명·주민등록번호 등의 변경·경정등기는 대표이사의 신청에 의한다.

이사 또는 감사의 해임의 판결이 확정된 경우에는 법원의 촉탁에 의하여 등기하여야 할 것이다(상업등기법 제22조 1항).

주주총회에서 이사로 선임된 자를 대표이사가 등기신청하지 않을 경우, 당해 선임된 이사는 등기신청권이 없으므로 상법 및 비송사건절차법에 그 규정은 없으나, 당해 이사는 법원에 회사를 상대로 이사선임등기신청절차이행의 소를 제기하여 승소판결을 받아 확정된 후 법원에서 촉탁등기 함이 비송사건절차법 제107조의 취지에 비추어 타당하다고 할 것이다.

그러나 이 등기에 대하여 비송사건절차법상 촉탁의 근거규정이 없으므로, 당해 이사가 판결에 의하여 확정판결 및 동 판결의 확정증명서를 첨부하여 당해 이사가 회사를 대위하여 등기신청하면 실체관계에 일치하므로 등기관으로서는 등기하여도 무방하다고 생각된다(동지, 1996. 12. 23, 등기 3402- 818).

이는 등기당사자인 이사 이외의 자가 등기의무자를 상대로 등기절차의 이행을 명하는 판결을 받은 경우에도 원고가 등기의무자인 회사를 대위하여 신청할 수 있다고 해석된다.

【쟁점질의와 유권해석】

〈이사변경등기절차 이행판결을 받은 경우의 등기절차〉

갑주식회사의 을이 사임하였음에도 불구하고 갑주식회사가 을에 대한 사임등기를 하지 아니함에 따라 을이 갑주식회사를 상대로 위 사임을 원인으로 한 이사변경등기 절차의 이행을 구하는 소를 제기하여 승소확정판결을 받은 경우, 법령에 등기촉탁에 관한 규정이 없으므로 을이 위 판결에 기하여 갑주식회사를 대위하여 이사변경등기를 신청하여야 한다(1996. 10. 23. 등기 3402-818 질의회답).

(4) 첨부서면

1) 통 칙

가. 주주총회·이사회 또는 청산인회의 의사록

등기할 사항에 관하여 주주총회·종류주주총회·이사회 또는 청산인회의 결의를 필요로 하는 경우에는 신청서에 그 의사록을 첨부하여야 한다(상업등기규칙 제128조).

나. 이사의 성명·주소의 변경을 증명하는 서면

이사·감사의 성명·주민등록번호와 대표이사의 성명 또는 주소의 변경에 관한 등기를 신청할 때에는 신청서에 그 변경을 증명하는 서면을 첨부하여야 한다(상업등기규칙 제52조 1항).

다. 정 관

정관으로 이사·감사의 원수나 임기에 관하여 상법의 규정과 다르게 정할 수 있으므로 이들 사항을 소명하기 위하여 정관을 첨부하여야 할 것이다.

2) 이사·대표이사·감사(또는 감사위원회 위원) 취임의 경우

가. 주주총회의사록

공증된 주주총회의사록에 원칙적으로 대표이사인 의장의 날인은 어떠한 것이라도 상관없으나, 대표이사가 새로운 자로 바뀌는 경우에는 인감신고서도 첨부하는데 그 첨부된 인감신고서에 날인된 대표이사의 인영이 전 대표이사의 것이거나 법원에 신고된 것이어야 할 것이다.

나. 이사회의사록(대표이사 및 감사위원회 위원의 취임)

주주총회의사록과 이사회의사록은 공증인의 인증을 받아야 한다. 다만, 이사가 1인인 회사는 이사회가 존재하지 아니한다.

다. 취임승낙서

이사·대표이사·감사 또는 감사위원회 위원의 취임으로 인한 변경등기의 신청서에는 그 취임승낙을 증명하는 서면을 첨부하여야 한다(상업등기규칙 제130조).

대표권 없는 이사의 경우 공증받은 의사록에 취임승낙의 뜻이 기재되고 당해 이사의 날인이 있는 경우에도 별도의 취임승낙서를 첨부할 필요가 없다(선례 6-657). 사임의 경우도 동일하다.

주식회사나 유한회사에 관한 등기신청서에 이사 또는 감사의 취임승낙 또는 사임을 증명하는 서면을 첨부하는 경우 그 이사 또는 감사가 우리나라에 거주(체류)하는 외국인인 때에는 그 서면상의 서명이 본인의 것임을 확인하는 우리나라 공증인의 증명서를 첨부하여도 무방하다(1992. 12. 26, 등기 2632 질의회답).

【쟁점질의와 유권해석】

〈주식회사의 대표권 없는 이사의 취임 또는 사임으로 인한 변경등기와 취임승낙 또는 사임을 증명하는 서면〉

주식회사의 대표권 없는 이사의 취임 또는 사임으로 인한 변경등기의 신청서에는 그취임승낙 또는 사임을 증명하는 서면을 첨부하여야 하나(상업등기법 제80조 9호), 위 등기신청서에 첨부된 공증 받은 의사록에 위 이사의 취임승낙 또는 사임의 뜻이 기재되고, 당해 이사의 날인이 있는 때에는 이와 별도로 취임승낙서 또는 사임서를 첨부하여야 하는 것은 아니다(2000. 1. 14, 등기 3402-32 질의회답).

핵 심 판 례

■ **관할청의 임원취임승인행위의 법적 성격 및 학교법인의 임원취임승인신청 반려처분에 대하여, 임원으로 선임된 사람이 이를 다툴 수 있는 원고적격이 있는지 여부(적극)**

구 사립학교법(2005. 12. 29. 법률 제7802호로 개정되기 전의 것) 제20조 제1항, 제2항은 학교법인의 이사장·이사·감사 등의 임원은 이사회의 선임을 거쳐 관할청의 승인을 받아 취임하도록 규정하고 있는바, 관할청의 임원취임승인행위는 학교법인의 임원선임행위의 법률상 효력을 완성케 하는 보충적 법률행위이다. 따라서 관할청이 학교법인의 임원취임승인신청에 대하여 이를 반려하거나 거부하는 경우 학교법인에 의하여 임원으로 선임된 사람은 학교법인의 임원으로 취임할 수 없게 되는 불이익을 입게 되는바, 이와 같은 불이익은 간접적이거나 사실상의 불이익이 아니라 직접적이고도 구체적인 법률상의 불이익이라 할 것이므로 학교법인에 의하여 임원으로 선임된 사람에게는 관할청의 임원취임승인신청 반려처분을 다툴 수 있는 원고적격이 있다(대법원 2007. 12. 27. 선고 2005두9651 판결).

주식회사 등기의 첨부서면 중 정관 및 의사록의 인증 면제에 관한 질의

선례요지

「상법」제292조 및「공증인법」제66조의2 제1항은 일정한 소규모 회사를 발기설립하는 경우 발기인들간의 신뢰관계를 존중하여 신속하게 창업할 수 있도록 2009. 5. 28. 개정된 것으로, 자본금 총액이 10억원 미만인 회사를 발기설립하는 경우에만 「상법」제292조 단서 및 「공증인법」제66조의2 제1항 단서가 적용됨이 법문언상 명백하다. 따라서 자본금 총액이 10억원 미만인 회사를 발기설립하여 설립등기를 마친 회사의 임원변경등기에는 「공증인법」제66조의2 제1항 단서가 적용되지 않으므로, 그 변경등기를 신청할 때 첨부하는 의사록은 공증인의 인증을 받은 것이어야 한다. (2011. 11. 2. 사법등기심의관-2637 질의회답)

참조조문 : 상법 제292조, 공증인법 제66조의2 제1항

라. 취임승낙을 한 자의 인감증명서

① 제출방법

이사·대표이사·감사 또는 감사위원회 위원의 취임승낙을 증명하는 서면에는 인감증명법에 따라 신고한 인감을 날인하고 그 인감증명서를 첨부하거나 그 서면에 본인이 기명날인 또는 서명하였다는 공증인의 인증서면을 첨부하여야 한다. 다만, 등기소에 인감을 제출한 자가 중임 또는 사임할 경우에는 등기소에 제출된 인감이 날인된 중임승낙 또는 사임을 증명하는 서면으로 갈음할 수 있다(상업등기규칙 제154조 2항, 제104조).

다만 대표권없는 이사와 감사의 경우에는 등기신청서에 첨부된 공증받은 의사록에 이사등의 취임승낙의 뜻이 기재되고, 당해 이사등의 날인이 있는 때에는 인감증명의 첨부를 생략할 수 있다(예규 제752호).

② 취임승낙을 증명하는 서면을 제출한 자가 외국인인 경우

이 경우에는 그 서면에 본국 관청에 신고한 인감을 날인하고 그 인감증명을 첨부하거나 그 서면에 본인이 서명하였다는 본국 관청의 증명서면을 첨부할 수 있다(상업등기규칙 제154조 2항, 제104조 2항).

마. 주민등록번호 또는 생년월일을 증명하는 서면과 대표이사의 주소를 증명하는 서면

주소·주민등록번호·생년월일을 등기하여야 하는 경우에는 등기신청서에 이를 첨부하여야 하고, 이 서면은 발행일로부터 3개월 이내의 것이어야 한다(상업등기규칙 제52조).

이사·감사(또는 감사위원회 위원)의 주민등록번호(주민등록번호가 없는 재외국민 또는 외국인인 경우에는 생년월일)를 증명하는 주민등록등본·주민등록증사본·자동차운전면허증 사본 등을 제출하여야 하며(1992.12.30, 등기 제2662호 통첩 참조), 대표이사, 공동대표이사의 경우는 그 주소도 등기하여야 하므로 주소를 증명하는 주민등록등본 등을 첨부한다.

인감증명서는 주민등록번호 또는 주소를 증명하는 서면으로 보기 어렵다(대법원 2001. 4. 19.선고 2000도1985판결).

① 주민등록번호를 증명하는 서면을 첨부할 필요가 없는 경우 : 임원의 중임등기신청시에 주민등록번호를 증명하는 서면의 첨부를 생략하여 임원변경등기신청을 간편하게 하기 위하여 종전의 등기예규를 변경하여, 등기부에 주민등록번호가 기재된 임원의 중임등기신청시에는 중임되는 임원의 주민등록번호를 증명

하는 서면의 첨부를 첨부하지 아니하여도 그 등기신청을 수리하도록 하였다(등기예규 제794호, 1998.9.8, 등기예규 제943호).

② 대표이사가 외국인인 경우 : 주식회사의 대표이사가 외국인으로서 외국인등록을 한 경우 등기하여야 할 주소는 등기신청서에는 주소를 증명하는 서면으로 외국인등록표등본을 첨부하고 주소는 외국인등록표등본에 나타난 국내체류지로 하여야 할 것이다(상법 제317조, 1999.4.8, 등기 3402-379 질의회답).

바. 대표이사의 인감

회사를 대표하는 이사는 인감을 제출하여야 한다(상업등기법 제25조 1항).

2인 이상의 대표이사가 인감을 제출하는 경우에는 그들이 각자 단독대표이든, 공동대표이든, 각기 상이한 인감을 제출하여야 하며 동일한 인감을 공용하여서는 아니된다(일본 등기선례 소화 1943. 1. 19, 민사갑 제207호).

재임하는 경우에는 인감을 다시 제출할 필요가 없으나 동일인이 대표이사로 다시 취임하는 경우라도 중임이 아닌 경우에는 인감을 재제출하는 것이 등기실무관행이다. 그러나 다시 제출하지 아니하여도 무방할 것이다.

사. 법정대리인 또는 후견인의 동의서(미성년자 등이 이사 등으로 취임하는 경우)

미성년자 또는 한정치산자가 이사 등으로 취임하는 경우에는 법정대리인 또는 후견인의 동의가 있어야 하므로, 이 서면을 첨부한다. 그러나 미성년자가 혼인한 경우에는 성년자로 보므로(민법 제826조의2), 이 경우에는 그러하지 아니하다.

【쟁점질의와 유권해석】

〈감사가 사임서를 작성함에 있어 교도관의 확인이 있는 무인을 찍은 경우 인감증명 첨부 요부〉

수감 중인 주식회사의 감사가 사임서를 작성한 후 우무인을 찍고 이를 교도관이 서명 또는 날인하여 이를 증명한 경우에도 당해 감사의 퇴임 등기신청서에는 위 사임서의 인감에 관하여 인감증명법에 의하여 작성된 인감증명을 첨부하여야 한다(1999. 5. 10, 등기 3402-490 질의회답).

3) 이사·대표이사·감사 또는 감사위원회 위원의 퇴임의 경우

퇴임의 경우, 그 첨부서면은 퇴임의 사유에 따라 다르다.

가. 임기만료로 인한 퇴임

정관이 이에 해당하는 서면이다(상업등기규칙 제128조 1항). 상법상 임기가 정해져 있으나 구체적으로 당해 회사의 경우 임기가 얼마인지 정한 정관을 첨부하여야 등기관이 조사할 수 있을 것이다.

나. 사 임

이사·대표이사·감사 또는 감사위원회 위원의 퇴임으로 인한 변경등기의 신청서에는 그 퇴임을 증명하는 서면을 첨부하여야 한다(상업등기규칙 제130조). 사임서에는 인감증명법에 의한 인감을 날인하고 인감증명을 첨부하여야 한다.

또한 사임을 증명하는 서면을 첨부하는 경우에는 인감증명법에 의한 인감증명을 제출하여야 한다(상업등기규칙 제154조, 제104조). 다만, 대표권이 없는 이사의 경우 공증된 의사록에 사임의 뜻이 기재되고 사임한 자가 그 의사록에 날인한 경우 또는 대표이사의 경우 등기소에 제출한 인감을 사임서에 찍은 때에는 인감증명을 제출할 필요가 없다(등기예규 제978-1호, 1992. 2. 26, 등기 제439호 통첩).

수감중인 감사가 사임서를 작성한 후 교도관 집무규칙 제13조의 규정에 의하여 우무인(右拇印)을 찍고, 사임서의 작성시 참여한 교도관이 서명 또는 날인하여 당해 감사의 무인임을 증명한 경우에도 당해 감사의 퇴임등기 신청서에는 위 사임서의 인감에 관하여 인감증명법에 의하여 작성된 인감증명을 첨부하여야 한다(선례 6-680).

사임하는 이사 또는 감사가 외국인인 때에는 사임을 증명하는 서면에 본국 관공서에 신고한 인감을 날인하고 그 인감증명서를 첨부 그 서면에 본국 관청에 신고한 인감을 날인하고 그 인감증명을 첨부하거나 그 서면에 본인이 서명하였다는 본국 관청의 증명서면을 첨부할 수 있다(상업등기규칙 제154조, 제104조).

다. 해 임

법원에 의하여 해임된 경우를 제외하고는 해임에 관한 주주총회 또는 이사회의 의사록을 첨부한다(상업등기규칙 제128조).

해임에 관한 의사록 작성시 유의할 사항은 "의장은 이사 ○○○를 연월일부로 해임결의할 것을 구한 바 주주전원이 찬성하여 해임결의하다" 등으로 그 해임의 사결정을 명백히 한다. "의장은 이사 ○○○를 해임하여야 할 이유를 설명하고 그 가부를 물은즉 해임하기로 만장일치로 가결되어 의장은 후임이사를 보선하여 줄 것을 구한 바 후임 이사에 ○○○가 선출되어 즉시 승낙하다"라는 등으로 해임의사결정을 기록하는 경우가 있는데, 이 경우는 등기관이 볼 때 해임을 하였는지 의장 혼자 해임의 당부를 설명하였는지 의사가 불명확하여 등기실행이 곤란할 수도 있다.

라. 자격상실 및 정관소정의 자격상실

자격상실사유는 일반적으로 형사처벌을 받은 경우와 정관으로 정한 경우가 있는바, 형벌을 받은 경우에는 그 유죄판결이 확정되었음을 증명하는 서면이고, 정관으로 정한 경우에는 그 자격상실시 퇴임사유를 소명하는 정관 및 그 자격을 상실하였음을 증명하는 서면을 첨부한다.

마. 사망, 파산 또는 금치산

사망진단서 또는 가족관계증명서, 금치산선고의 심판서등본, 파선선고의 등본 및 그 확정증명서를 첨부한다.

바. 대표이사가 이사의 직위상실로 인하여 퇴임하는 경우

이사의 지위를 상실하였음을 증명하는 서면을 첨부한다.

4) 대표이사의 주소변경의 경우

성명 또는 주소의 변경에 관한 등기를 신청하는 때에는 신청서에 그 변경을 증명하는 서면을 첨부하여야 한다(상업등기규칙 제52조). 따라서 대표이사 주소 변경등기를 신청하는 경우에는 그 변경을 증명하는 주민등록표의 등초본 등을 첨부한다.

5) 이사·대표이사·감사 또는 감사위원회 위원의 성명 등이 변경된 경우

개명하고자 하는 사람은 주소지(재외국민의 경우 등록기준지)를 관할하는 가정법원의 허가를 받고 그 허가서의 등본을 받은 날부터 1개월 이내에 신고를 하여야 한다(가족관계의 등록 등에 관한 법률 제99조). 그리고 본인 또는 대리인 등은 가족관계의 등록 등에 관한 법률 제15조에 규정된 등록부 등(성명에 관해서는 기본증명서)의 기록사항에 관하여 발급할 수 있는 증명서의 교부를 청구할 수 있으므로(동법 제14조 1항), 개명증명서를 발급받아 첨부한다.

> 주식회사의 대표이사가 변경된 경우, 지점 소재지에서 그 등기를 신청하여야 하는지 여부

선례요지

등기는 법령에 다른 규정이 있는 경우를 제외하고는 당사자의 신청 또는 관공서의 촉탁이 있어야 할 수 있다(상법 제34조, 비송사건절차법 제147조 제1항 등). 이것은 지점 소재지에서 등기를 하는 경우에도 마찬가지이므로, 주식회사의 대표이사에 변경이 있을 때에는 지점 소재지에서 3주간 내에 그 변경등기를 신청하여야 한다(상법 제183조, 제317조 제2항 제9호, 제4항). (2007. 4. 18. 공탁상업등기과-410 질의회답)
참조조문 : 상법 제34조, 제183조, 제317조 제2항 제9호, 제4항, 비송사건절차법 제147조 제1항
주) 비송사건절차법 제147조 제1항은 상업등기법 제22조로 변경됨

개명으로 인한 등기기간 기산점

선례요지

개명은 가정법원의 허가를 필요로 하는 것으로서 그 재판은「비송사건절차법」제18조 제1항에 의하여 이를 받은 자에게 고지함으로써 효력이 생기는 것이므로, 주식회사의 대표이사가 개명을 하여 그에 따른 변경등기를 하는 경우 그 등기기간은 재판을 받은 자가 개명허가결정의 고지를 받은 날로부터 기산한다. (2012. 10. 19. 사법등기심의관-3259 질의회답)

참조조문 : 비송사건절차법 제17조 제1항, 제18조 제1항·제2항, 상법 제177조, 제183조, 가족관계의등록등에관한법률 제99조, 가족관계의등록등에관한규칙 제87조 제5항

임기만료를 원인으로 대표자 퇴임등기를 할 경우 주소증명서면을 첨부하여야 하는지 여부

선례요지

대표자의 임기만료를 원인으로 퇴임등기를 신청할 경우에는 그 자가 다시 대표자로 선임되어 취임등기를 동시에 신청하지 않는 이상 대표자의 주소 변경 사실을 증명하는 서면을 첨부하여야 하는 것은 아니다. (2014. 5. 16. 사법등기심의관-2055 질의회답)

참조조문 : 상법 제183조, 제317조

참조선례 : 상업등기선례 제1-140호

대표권 있는 임원의 퇴임으로 인한 변경등기를 신청하는 경우 신청서에 주소증명서면을 첨부하여야 하는지 여부

선례요지

대표권이 있는 임원의 퇴임으로 인한 변경등기를 신청하는 경우 신청서에 그 퇴임을 증명하는 서면을 첨부하여야 하는데, 주소를 증명하는 서면은 특별한 사정이 있는 경우가 아니면 첨부하여야 하는 서면이 아니다. (2013. 5. 14. 사법등기심의관-1781 질의회답)

참조조문 : 상법 제180조, 제183조, 제269조, 제317조, 제549조, 상업등기법 제64조, 제77조, 제81조, 제109조, 상업등기규칙 제59조

참조판례 : 대법원 2008. 12. 15. 자 2007마1154 결정

참조선례 : 상업등기선례 1-140, 상업등기선례 1-143

6) 공동대표에 관한 규정이 설치·변경·폐지된 경우

공동대표 규정의 설치·변경 또는 폐지에 관한 이사회의사록을 첨부한다(상업등기규칙 제128조). 정관의 규정에 의하여 주주총회에서 대표이사를 선임하였기 때문에 공동대표에 관한 규정의 설치 등도 주주총회의 결의로 정한 때에는 그 총회의사록을 첨부한다.

【쟁점질의와 유권해석】

〈공동대표규정의 폐지로 각자 대표가 되는 경우 별도의 취임승낙서면을 첨부하여야 하는지 여부〉

공동대표규정의 폐지의 경우 각자대표가 되어 그 권한의 범위가 커져서 당해 임원에게 불리하지도 아니하고, 통상 당해 대표이사가 그 결의에 참석한 것이므로, 동일한 임원이 공동대표규정의 폐지로 각자 대표가 되는 경우에는 별도의 취임승낙서면의 첨부는 필요하지 아니하다. 다만, 새로 취임하는 경우에는 당연히 취임승낙서면과 인감증명을 첨부하여야 한다.

7) 기타 첨부서면

대리인에 의하여 신청할 때에는 그 권한을 증명하는 서면, 관청의 허가(인가)를 요하는 경우에는 그 허가(인가)서 또는 인증 있는 등본(상업등기규칙 제52조), 정관의 규정, 법원의 허가 또는 총주주의 동의가 없으면 등기할 사항에 관하여 무효 또는 취소의 원인이 있는 때에는 정관, 법원의 허가서 또는 총주주의 동의서(상업등기규칙 제128조), 등록세납부영수필통지서 및 확인서, 등기신청수수료 등을 첨부하여야 한다.

따라서 정관의 규정에 의하여 주주총회에서 대표이사를 선임하거나 공동대표에 관한 규정을 설치·변경·폐지한 때에는 정관을 첨부해야 한다.

지점소재지에서 신청하는 경우에는 등록세납부증명서, 등기신청수수료 및 본점소재지에서 한 등기를 증명하는 서면 외에 다른 서면을 첨부할 필요가 없다.

(5) 등록면허세 등

1) 등록면허세

4만2백원(지방세법 제28조 1항 6호 바목)

2) 지방교육세

8천4십원(등록면허세의 100분의 20 : 동법 제151조 1항 2호)

3) 등기신청수수료

① 등기신청수수료 6,000원을 납부하여야 한다. 수인의 이사·대표이사·감사 등 임원의 퇴임 및 취임으로 인한 변경등기는 이를 일괄하여 하나의 임원변경등기 신청으로 보아 6,000원을 납부하여야 한다.

② 다만 전자표준양식에 의하여 신청하는 경우에는 등기신청수수료가 4,000원이고, 전자신청인 경우에는 2,000원이다.

【쟁점질의와 유권해석】

〈대표권 있는 이사가 사임 후 취임하면서 종전의 주소를 동시에 변경하는 경우 납부하여야 할 등록세액〉

대표권 있는 이사가 중임 또는 사임 후 취임하면서 종전의 주소를 변경하지 아니하여 동시에 변경하는 경우에는 과태료통지에 관계없이 1건의 등록세만 납부하면 된다(2006. 8. 2. 공탁상업등기과-759 질의회답). 수인의 임원선임은 각 1건으로 본다.

등록세 감면 확인서의 첨부 요부 (2006. 8. 2. [상업등기선례 제2-8호, 시행])

선례요지

대도시(지방세법 제274조, 지방세법 시행령 제224조) 안에 등기되어 있는 법인이 대도시 외로 본점 또는 주사무소를 이전하는 경우, 그 이전에 따른 법인등기의 신청서에는 등록세 감면통지서 또는 등록세 감면 확인서 기타 등록세가 면제됨을 확인하는 소관 지방자치단체의 장의 서면을 첨부하여야 한다. 그 이유는 다음과 같다.

① 등록세의 감면을 받고자 하는 자는 원칙적으로 지방세감면신청을 하여야 하며(지방세법 제292조), 각 지방자치단체의 조례는 등록세를 감면받고자 하는 자가 일정한 서류를 갖추어 시장 등에게 제출하여야 하는 것으로 규정하고 있다(각 시·도세 조례 참조).

② 등록세는 지방세로서 그 부과·징수는 지방자치단체의 권한이며, 등기관의 역할은 등기신청서와 첨부된 등록세 관련 서류를 대조하여 그 부합함을 확인하는 방법으로 조사를 하고 등록세가 누락됨이 없도록 각종 통지·송부를 하는데 그친다(지방세법 제151조의2, 지방세법 시행령 제91조, 제105조, 상업등기선례1-48 등 참조). (2006. 8. 2. 공탁상업등기과-762 질의회답)

참조선례 : 상업등기선례요지집 제46항

(6) 등기의 기록 등

1) 등기의 기록

이사·감사 또는 대표이사에 관한 변경등기와 공동대표에 관한 규정의 변경등기는 등기기록 중 해당란에 등기사항, 등기원인 및 그 연월일, 등기연월일을 기재하고 등기관이 등기관의 식별부호를 기록하여야 하며(지점 등기기록의 경우에는 대표이사에 한하여 상호·임원란에 기재한다), 이에 관한 종전의 기재를 말소하는 기호를 기록하여야 한다(상업등기규칙 제55조).

일시이사·일시감사 또는 일시대표이사와 이사·감사 또는 대표이사의 직무집행정지 및 직무대행자의 등기도 또한 같고, 일시이사 등의 등기는 이사 등의 선임등기를 한 때에, 이사 등의 직무집행정지 및 직무대행자의 등기는 그 선임결의의 부존재·무효나 취소 또는 해임의 등기를 한 때에 각 이를 말소하는 기호를 기록하여야 한다(동규칙 제131조). 주주총회(창립총회 포함) 결의의 부존재·무효 또는 취소의 등기를 할 경우에는 결의한 사항에 관한 등기를 말소하는 기호를 기록하고 그 등기에 의하여 말소된 등기사항이 있는 때에는 그 등기를 회복하여야 한다(동규칙 제153조 1항). 또한 이사의 선임결의의 부존재·무효나 취소 또는 판결에 의한 해임의 등기를 한 경우에 그 이사가 대표이사일 때에는 그 대표이사에 관한 등기도 이를 말소하는 기호를 기록하여야 한다(동규칙 제132조).

2) 이사가 1인인 경우

상법 제383조 제1항 단서의 규정에 의하여 자본의 총액이 10억원 미만인 주식회사가 이사를 1인으로 하는 경우에는 다음의 절차에 의하여 등기한다(예규 제1000호).

가. 설립등기

① 1인 이사는 등기부상 '이사'로 기재하고 그 성명, 주민등록번호 및 주소를 같이 기재한다.

② 정관에 이사를 1인으로 한다는 명문의 규정이 있어야 하는 것은 아니나, 정관에서 이사의 정원을 2인 이상으로 규정한 경우에는 이를 수리하여서는 안된다.

나. 변경등기

① 이사를 1인으로 하는 경우

수인의 이사가 있는 회사에서 위 상법의 규정에 의하여 이사를 1인으로 하기 위하여 그 이사를 제외한 다른 이사들이 퇴임하는 경우에는 ⅰ) 다른 이사의 퇴임등기, ⅱ) 대표이사의 퇴임등기(그 1인 이사가 종전대표이사인 경우에도 같다), ⅲ) 1인 이사에 대하여는 주소를 추가하는 내용의 변경등기를 동시에 신청하여야 한다. 이 등기신청서에는 상법 제383조 제1항의 규정에 의하여 이사를 1인으로 하였으므로 그에 따라 위의 등기를 신청한다는 취지를 기재하여야 하며 정관을 첨부하여야 한다. 그 정관의 규정에 관하여는 위 1). ②와 같다.

② 이사를 2인 이상으로 하는 경우

이사가 1인인 회사에서 이사를 2인 이상으로 하기 위하여 다른 이사의 선임등기를 신청하는 경우에는 ⅰ) 다른 이사의 취임등기, ⅱ) 대표이사의 취임등기(그 대표이사가 종전 1인이사인 경우에도 같다), ⅲ) 종전 1인이사에 대하여는 주소를 삭제하는 취지의 등기를 동시에 신청하여야 하나, 그 신청이 없는 경우에는 등기관은 비송사건절차법 제235조 내지 제237조에 의하여 이를 직권으로 삭제한다. 이 등기신청서에는 정관을 첨부하여야 하며, 그 정관에서 이사의 정원을 1인으로 규정한 경우에는 먼저 정관을 변경하여야 한다.

다. 인감의 제출

① 1인 이사는 이사의 인감을 제출하여야 하며, 그 1인 이사가 종전 대표이사인 경우도 이와 같다.

② 이사가 1인인 회사에서 이사를 2인 이상으로 하는 경우에는 대표이사의 인감을 제출하여야 하며, 그 대표이사가 종전 1인 이사인 경우에도 이와 같다.

핵 심 판 례

■ 임기만료된 재단법인의 이사가 적법한 후임 이사가 선임될 때까지 종전 업무를 수행할 수 있는지 여부(한정 적극) 및 종전 직무를 수행할 수 있는 전임 이사에게 이사를 개임한 이사회 결의의 무효확인을 구할 법률상 이익이 있는지 여부(적극)

재단법인의 이사 전부 또는 일부가 임기만료되었음에도 후임 이사의 선임이 없거나 또는 후임 이사의 선임이 있었다고 하더라도 그 선임결의가 무효이어서 임기가 만료되지 아니한 다른 이사들 인원수만으로는 정상적인 법인의 활동을 할 수 없는 경우, 임기가 만료된 전임(前任) 이사로 하여금 법인의 업무를 수행하게 함이 부적당하다고 인정할 만한 특별한 사정이 없는 한, 전임 이사는 후임 이사가 선임될 때까지 종전의 직무를 수행할 수 있고, 이와 같이 종전의 직무를 수행할 수 있는 전임 이사는 그 직무수행의 일환으로 이사회 결의의 하자를 주장하여 이사를 개임한 결의의 무효확인을 구할 법률상의 이익도 있다(대법원 2000. 1. 28. 선고 98다26187 판결).

【서식】주식회사변경등기신청서(대표이사)

<table>
<tr><td colspan="6" style="text-align:center">주식회사변경등기신청</td></tr>
<tr><td rowspan="2">접 수</td><td colspan="2">년   월   일</td><td rowspan="2">처리인</td><td>등기관 확인</td><td>각종 통지</td></tr>
<tr><td colspan="2">제   호</td><td></td><td></td></tr>
</table>

①상 호	○○ 주식회사	②등기번호	○○○○○○

③본 점	서울특별시 ○○구 ○○로 ○○
④등기의 목적	대표이사 변경등기
⑤등기의 사유	20○○년 ○월 ○일 대표이사 ○○○이 사임하고 20○○년 ○월 ○일 이사회(또는 주주총회)에서 다음 사람이 대표이사로 선임되어 같은 날 취임하였으므로 다음사항의 등기를 구함
⑥본/지점 신청구분	1.본점신청 □ 2. 지점신청 □ 3. 본·지점 일괄신청 □

<table>
<tr><td colspan="2" style="text-align:center">등   기   할   사   항</td></tr>
<tr><td>⑦대표이사·이사·감사 등의 퇴임·취임 등과 그 연월일</td><td>대표이사 ○○○ (XXXXXX-XXXXXXX)
서울특별시 ○○구 ○○로 ○○

20○○년 ○월 ○일 사임

대표이사 △△△ (XXXXXX-XXXXXXX)
서울특별시 ○○구 ○○로 ○○
20○○년 ○월 ○일 취임</td></tr>
<tr><td>기   타</td><td></td></tr>
</table>

⑧신청등기소 및 등록면허세/수수료						
순번	신청등기소	구분	등록면허세 지방교육세	농어촌특별세	세액합계	등기신청수수료
			금 원 금 원	금 원	금 원	금 원
합 계						
등기신청수수료 납부번호						

⑨첨 부 서 면

1. 공증받은 주주총회의사록 또는 이사회 의
   사록(해임,선임 등의 경우)   통
1. 사임서(인감증명서나 본인서명사실 확인
   서 또는 전자본인서명확인서의 발급증 포
   함)   통
1. 가족관계 등록사항별 증명서 또는 사망진
   단서(사망한 경우)   통
1. 취임승낙서(인감증명서나 본인서명사실확
   인서 또는 전자본인서명확인서의 발급증
   포함)   통

1. 주민등록표등(초)본(선임한 경우)   통
1. 정관(필요한 경우)   통
1. 인감신고서(취임하는 대표이사)   통
1. 등록면허세영수필확인서   통
1. 등기신청수수료영수필확인서   통
1. 위임장(대리인이 신청할 경우)   통
<기 타>

년   월   일

⑩신청인   상   호
            본   점
대표이사   성   명   (인)   (전화 :   )
            주   소
대리인   성   명   (인)   (전화 :   )
            주   소

지방법원   등기소 귀중

- 신청서 작성요령 -

1. 해당란이 부족할 때에는 별지를 이용합니다.
1. 해당 등기신청과 관계없는 사항에 대하여는 "해당없음"으로 기재하거나 삭제하고, 필요한
   사항은 추가 기재합니다.
1. 「인감증명법」에 따른 인감증명서 제출과 함께 관련 서면에 인감을 날인하여야 하는 경우,
   본인서명사실확인서를 제출하고 관련 서면에 서명을 하거나 전자본인서명확인서 발급증을
   제출하고 관련 서면에 서명을 하면 인감증명서를 제출하고 관련 서면에 인감을 날인한 것
   으로 봅니다.

등기신청안내 – 주식회사변경등기신청 (대표이사변경)

◈ 주식회사변경등기(대표이사변경)란

　대표이사는 대외적으로 회사를 대표하고 업무를 집행하는 권한을 가진 이사이며 주식회사의 필요적 상설기관입니다. 대표이사는 이사회 등에서 선임하며, 취임, 임기만료, 사임, 해임, 공동대표규정설정 등으로 대표이사에 대하여 변경이 있을 경우 변경등기를 신청하여야 합니다.

◈ 관할등기소 및 등기의 신청

　대표이사 변경등기는 회사의 영업소 소재지를 관할하는 지방법원, 그 지원 또는 등기소에 신청하며, 본점 관할 이외에 지점을 설치하여 지점등기부가 개설되어 있는 때에는 지점관할 등기소에도 그 변경등기를 신청하여야 합니다. 대표이사는 이사회 또는 주주총회(정관으로 정한 경우)에서 선정하고, 선임된 대표이사가 취임 승낙을 한 날로부터 본점소재지에서는 2주 이내, 지점소재지에서는 3주 이내에 새로 취임한 대표이사 또는 그 대리인이 변경등기를 신청하여야 합니다. 다만 변호사 또는 법무사가 아닌 사람은 신청서의 작성이나 그 서류의 제출 대행을 업(業)으로 할 수 없습니다.

◈ 등기신청서 기재 요령

　신청서는 원칙적으로 한글과 아라비아 숫자로 기재합니다(다만 취임하는 임원이 외국인인 경우 성명은 국적과 원지음을 한글 등으로 기재한 후, 괄호를 사용하여 로마자 등의 표기를 병기할 수 있습니다). 신청서의 기재사항 난이 부족할 경우 별지를 사용하고 신청서와 별지 각 장 사이에 간인을 하여야 합니다.

① 상호

　　법인 등기부상의 상호를 기재합니다.

② 등기번호

　　법인 등기부상의 등기번호를 기재합니다.

③ 본점

　　법인 등기부상의 본점소재지를 기재합니다.

④ 등기의 목적

　　"대표이사 변경등기"라고 기재합니다.

⑤ 등기의 사유

　　등기를 신청하는 이유를 기재하는 항목으로 구 대표이사가 사임하고 신 대표이사가 취임하는 경우 일반적으로 "20○○년 ○월 ○일 대표이사 ○○○이 사임하고 20○○년 ○월 ○일 이사회(또는 주주총회)에서 다음 사람이 대표이사로 선임되어 같은 날 취임하였으므로 다음사항의 등기를 구함"으로 기재합니다.

⑥ 본/지점 신청구분

본점에서의 등기신청, 지점에서의 등기신청, 또는 본점 및 지점에 관한 등기를 본점에 서 일괄하여 신청하는지 여부를 표시하는 항목입니다. 대표이사에 관한 사항은 본점 뿐 아니라 지점에서도 등기를 하여야 하는 바, 본점관할 등기소에서 지점의 대표이사 변경등기를 일괄하여 신청할 수 있으며 이 경우 본·지점 일괄신청임을 표시하면 됩니다.

⑦ 대표이사 사임 취임 등과 그 연월일

사임하는 대표이사의 성명, 주민등록번호, 주소, 등기원인(사임)과 그 연월일을 기재하고 취임하는 대표이사의 성명, 주민등록번호, 주소, 취임연월일을 기재하여야 합니다. 주민등록번호가 없는 재외국민 또는 외국인은 주민등록번호를 대신하여 그 생년월일을 기재하며, 대표이사가 외국인인 경우 성명은 국적과 원지음을 한글 등으로 기재한 후, 괄호를 사용하여 로마자 등의 표기를 병기할 수 있습니다(예 : 이사 미합중국인 존에프케네디(John. F. Kennedy)).

⑧ 신청등기소 및 등록면허세/수수료

납부한 등록면허세액, 지방교육세액(지방세법 제137조 제1항) 및 등기신청수수료(등기부등초본등수수료규칙 제5조의3)를 기재하며, 본점에서 지점의 대표이사 변경등기까지 일괄하여 신청하는 경우에는 본점·지점 관할등기소별로 구분하여 납부한 세액 등을 기재하여야 합니다.

⑨ 첨부서면

등기신청서에 첨부하는 서면을 기재하여야 합니다.

⑩ 신청인 등

변경등기를 신청하는 법인의 상호와 본점, 새로 선임된 대표이사의 성명과 주소를 기재하며, 위임받은 대리인이 신청할 경우 대리인의 성명과 주소를 기재합니다. 대표이사는 등기신청과 동시에 제출하는 법인 인감을 날인하여야 하며 대리인의 경우는 날인할 도장에 대한 제한은 없습니다

◉ 등기신청서에 첨부할 서면

1. 이사회 의사록 또는 주주총회의사록

가. 대표이사는 이사회의 결의로 선정하는 것이 원칙이나, 정관으로 주주총회에서 선정할 것으로 정할 수 있습니다. 대표이사는 이사임을 요하며 이사 이외의 자를 대표이사로 선정할 수는 없습니다. 대표이사의 수는 1인에 한정하지 않고 수인을 두어도 무방합니다. 이사회의 결의는 이사 과반수의 출석과 출석이사의 과반수로써 하며 정관으로 그 비율을 높게 정할 수 있습니다. 이사회의 의사에 관하여는 의사록을 작성하여야 하며 의사록에는 의사의 의안, 경과요령, 그 결과, 반대하는 자와 그 이유를 기재하고 출석한 이사 및 감사가 기명날인 또는 서명하여야 합니다. 등기를 신청할 때에는

이사회의 의사록에 공증인의 인증을 받아 제출하여야 합니다(공증인법 제66조의2).

　나. 대표이사를 주주총회에서 선출할 경우 주주총회의 보통결의 즉 출석한 주주의 의결권의 과반수와 발행주식 총수의 1/4이상으로 선임합니다. 주주총회의 의사에 관하여는 의사록을 작성하여야 하며, 의사록에는 의사의 경과요령과 그 결과를 기재하고 의장과 출석한 이사가 기명날인 또는 서명하여야 합니다. 등기신청시 첨부되는 의사록은 공증인의 인증을 받아 제출하여야 합니다.

　다. 다만 자본금 총액이 10억 원 미만의 회사(이하 소규모 회사)의 이사의 수가 2인 이하인 경우, 이사회가 없고 각 이사가 회사를 대표하므로 대표이사를 두고자 할 때에는 정관에 대표이사를 둔다는 규정 뿐 아니라 대표이사를 정하는 방법 및 절차에 대하여도 정하여야 합니다.

2. 사임서(인감증명서나 본인서명사실확인서 또는 전자본인서명확인서의 발급증 포함)

　대표이사의 임기에 대하여는 별도의 규정이 없습니다. 그러나 대표이사는 이사의 자격을 전제로 하므로 이사의 임기를 초과하지 못합니다(정관으로 대표이사의 임기를 정할 수는 있습니다). 사임서에는 대표이사 본인이 사임의 의사를 표시하고 등록된 법인인감 또는 개인인감을 날인하여야 하며, 개인인감을 날인하였을 경우 인감증명법에 의하여 신고한 인감증명서(발행일로부터 3개월 이내)나 본인서명사실확인서 또는 전자본인서명확인서의 발급증을 첨부하여야 합니다. 사임하는 사람이 재외국민, 또는 외국인인 경우에는 그 서면에 본국 관청에 신고한 인감을 날인하고 그 인감증명서를 첨부할 수 있으며, 본국에 인감증명제도가 없는 외국인의 경우에는 본인이 서명을 하였다는 본국 관청의 증명서면이나 공증인의 공증서면으로 대신할 수 있습니다.

3. 가족관계 등록사항별 증명서 등

　대표이사가 사망으로 인하여 퇴임하였을 경우 이를 증명하는 서면으로 사망사실이 등재된 가족관계 증명서 또는 사망진단서 등을 첨부하여야 합니다.

4. 취임승낙서(인감증명서나 본인서명사실확인서 또는 전자본인서명확인서의 발급증 포함)

　대표이사의 대표권은 회사의 영업에 관하여 재판상 및 재판 외의 모든 행위에 미칩니다. 이렇게 대표이사에게 부여된 의무와 책임이 막중하므로 반드시 선출된 대표이사의 승낙이 필요합니다. 취임승낙서에는 대표이사 본인이 취임의 의사를 표시하고 개인인감을 날인하여야 하며 인감증명법에 의하여 신고한 인감증명서(발행일로부터 3개월 이내)나 본인서명사실확인서 또는 전자본인서명확인서의 발급증을 첨부하여야 합니다. 취임하는 사람이 재외국민, 또는 외국인인 경우에는 그 서면에 본국 관청에 신고한 인감을 날인하고 그 인감증명서를 첨부할 수 있으며, 본국에 인감증명제도가 없는 외국인의 경우에는 본인이 서명을 하였다는 본국 관청의 증명서면이나 공증인의 공증서면으로 대신할 수 있습니다.

5. 주민등록표등(초)본

취임하는 대표이사의 주민등록번호 및 주소를 증명하는 서면으로 주민등록표등(초)본(발행일로부터 3개월 이내)을 제출하여야 합니다.

6. 정관

대표이사 변경등기에 있어 정관은 반드시 필요한 서면은 아니나 정관에 대표이사를 주주총회에서 선출한다고 규정된 경우나, 대표이사의 임기가 규정된 경우 등 등기원인에 대하여 정관의 내용을 확인할 필요가 있는 때에는 이를 첨부하여야 합니다. 첨부하는 정관은 사본으로 가능하며 간인을 한 다음 원본과 동일하다는 원본대조필(법인인감 날인)을 하여 제출하면 됩니다.

7. 인감신고서

등기신청서에 기명날인할 사람(법인의 대표자 등)은 등기소에 인감을 제출하여야 하는바, 새로운 대표이사가 선임되어 취임등기를 신청하는 때에는 인감신고서도 같이 제출하여야 합니다. 인감신고서의 인감 날인 란에는 대표이사가 사용할 인감을 날인하여야 하며 개인인감 날인란에는 신고인의 인감증명법에 의한 인감을 날인하고, 발행일로부터 3월 이내의 인감증명서를 첨부하여야 합니다. 또한 인감신고서와 함께 인감대지도 함께 제출하여야 합니다(인감의 제출·관리 및 인감증명서 발급에 관한 업무처리지침).

8. 등록면허세 영수필 확인서

본점소재지 관할 시·군·구청장으로부터 등록면허세납부서를(지방세법 제137조 제1항) 발부받아 납부한 후 등록면허세 영수필확인서를 첨부하여야 합니다. 다만 대표이사 변경등기와 같이 정액으로 부과되는 등록면허세의 경우 대법원 인터넷등기소(www.iros.go.kr)에서 정액등록면허세 납부서를 작성·출력할 수 있으므로 수납기관에 납부한 후 제출하면 됩니다.

9. 위임장

등기신청권자(새로 취임한 대표이사)의 위임에 의한 대리인이 등기신청을 하는 때에는 그 권한을 증명하는 서면으로 위임장을 첨부하여야 합니다. 실무상 수임자, 위임자, 위임내용을 기재하고 등기소에 제출(신고)하는 인감을 날인합니다.

◈ 등기원인별 유의사항

1. 대표이사 임기만료 등

대표이사의 임기에 대하여 별도의 규정은 없습니다. 그러나 대표이사는 이사의 자격을 전제로 하므로 이사의 임기를 초과할 수 없습니다. 다만 정관으로 대표이사의 임기를 정할 수는 있습니다. ①대표이사가 임기만료로 퇴임한 경우에는 신청서상 등기원인을 임기만료일을 원인일로 하여 "20○○년 ○월 ○일 임기만료"로, ②대표이사의 임기에 관한 규정이 없고 임기만료 등에 의하여 이사의 지위가 상실됨으로써 대표이사직을 퇴임하는 경우 이사 임기 만료일 등을 원인일로 하여 "20○○년 ○월 ○일 퇴임"으로, ③임기가 만료된 대표이사가 다시 같은 대표이사로 선임(재선)된 경우, 임기만료로 인한 퇴임과 재선에 의한 취임과의 사이에 시간적 간격이 없는 때에는 그 취임일자를 원인일로 하여 "20○○년 ○월 ○일 중임"으로, ④사망으로 인하여 퇴임하였을 경우 사망 일자를 원인으로 하여 "20○○년 ○월 ○일 사망"으로 기재합니다.

2. 대표이사 해임

대표이사 해임이란 대표이사에게 부여된 대표권을 박탈하는 것으로 대표이사는 선임기관의 결의로 언제든지 해임할 수 있습니다. 대표이사 해임에 대하여 이사회 의사록 상에 해임의 이유를 반드시 기재할 필요는 없으며, 해임 결의요건도 정관에 다른 규정이 없는 한 대표이사 선임의 경우와 동일합니다. 대표이사 선임기관에서 대표이사를 해임하였을 경우 해임일자를 원인일로 하여 "20○○년 ○월 ○일 해임"으로 , 대표이사 선출권한이 없는 주주총회에서 대표이사인 이사를 해임하였을 경우 주주총회 해임일자를 원인일로 하여 "20○○년 ○월 ○일 퇴임"으로 기재합니다.

3. 공동대표

대표이사가 수인 있는 경우에는 각 대표이사는 단독으로 회사를 대표하는 것이 원칙이나 대표권 행사에 신중을 기함과 아울러 대표권의 남용을 방지하기 위하여 선임기관의 결의로 수인의 대표이사가 공동하여 회사를 대표하는 것으로 정할 수 있습니다. 또한 대표이사가 여러 명인 경우, 그 중 일부는 단독대표로 나머지는 공동대표로 정할 수도 있습니다. 공동대표제도는 공동으로만 대표권을 행사할 수 있게 하여 업무집행의 통일성을 확보하고 대표권의 남용 내지는 오용을 방지하여 회사의 이익을 도모하는데 그 취지가 있습니다.

가. 공동대표규정 설정·변경·폐지등기

공동대표에 관한 규정을 설정하거나 변경 또는 폐지할 수 있는 권한은 원칙적으로   이사회에 속하나 정관으로 주주총회의 권한으로 정할 수도 있습니다. 공동대표에 관한 규정을 설정하거나 변경 또는 폐지한 때에는 본점소재지에서는 2주 이내, 지점소재지에서는 3주 이내에 등기를 하여야 합니다.

나. 등기원인별 신청서 기재방법

▶ 대표이사 취임과 동시에 공동대표 규정을 둔 경우

공동대표이사 ○ ○ ○ XXXXXX-XXXXXXX 서울 ○○구 ○○로 ○○
    20○○년 ○월 ○일 취임   20○○년 ○월 ○일 등기

공동대표이사 △ △ △ XXXXXX-XXXXXXX 서울 ○○구 ○○로 ○○
    20○○년 ○월 ○일 취임   20○○년 ○월 ○일 등기

▶ 나중에 공동대표규정을 둔 경우

공동대표이사 ○ ○ ○ XXXXXX-XXXXXXX 서울 ○○구 ○○로 ○○

　　　　20○○년　○월 ○일 공동대표규정설정　 20○○년　○월 ○일 등기
　　공동대표이사　△ △ △　XXXXXX-XXXXXXX　서울 ○○구 ○○로 ○○
　　　　20○○년　○월 ○일 취임　　　　　20○○년　○월 ○일 등기
　　　▶ 공동대표규정 폐지
　　대표이사　○ ○ ○　XXXXXX-XXXXXXX　서울 ○○구 ○○로 ○○
　　　　20○○년　○○월 ○○일 공동대표규정폐지　20○○년 ○○월 ○○일 등기
　　대표이사　△ △ △　XXXXXX-XXXXXXX　서울 ○○구 ○○로 ○○
　　　　20○○년 ○○월 ○○일 공동대표규정폐지　20○○년 ○○월 ○○일 등기

4. 결원인 경우

대표이사의 퇴임(임기만료 또는 사임을 이유로)으로 인하여 법률 또는 정관에서 정한 대표이사의 원수를 결하게 되는 때에는 퇴임한 대표이사는 후임 대표이사가 취임할 때까지 계속하여 대표이사의 권리의무를 가집니다. 이 경우 대표이사의 퇴임등기만 신청할 수 없고 새로운 대표이사를 선임하여 그 취임등기와 동시에 퇴임등기를 신청하여야 합니다. 이때 등기신청의 기간은 새로운 대표이사 취임일로부터 기산됩니다.

◈ 등기신청서 편철순서

신청서, 등록면허세영수필증, 이사회의사록, 주주총회의사록, 가족관계증명서, 취임승낙서, 인감증명서나 본인서명사실확인서 또는 전자본인서명확인서의 발급증, 주민등록표등본, 정관, 인감신고서, 위임장 등의 순서로 편철하시면 업무처리에 편리합니다.

◈ 과태료

상법 제635조는 대표이사의 변경이 있는 때로부터 등기기간(본점소재지는 2주, 지점소재지는 3주)내에 변경등기를 신청하지 아니한 때에는 500만원 이하의 과태료에 처할 수 있도록 규정하고 있으므로 참고하시기 바랍니다.

◈ 기타

1. 등기신청과 관련된 의사록 등 각종 서식에 관하여는 대법원 인터넷등기소(자료센터), 법무부 홈페이지(법무지식), 중소기업청 홈페이지(자료마당), 사단법인 한국상장회사협의회 홈페이지(법률정보)를 참고하시면 많은 도움이 됩니다.

2. 이상은 주식회사 대표이사변경등기 신청시 작성·제출하여야 하는 일반적인 서식과 그 내용에 대한 안내인바, 법원이 일시대표이사나 대표이사 직무대행자를 선임한 경우, 소규모회사에서 이사를 2인으로 정하고 정관으로 대표이사를 둔 경우 등 회사의 구체적인 사정에 따라 신청서 작성 및 첨부서면 등이 달라질 수 있습니다. 따라서 개별·구체적인 사항에 대하여는 등기과·소의 민원담당자 또는 변호사, 법무사 등 등기와 관련된 전문가에게 문의하시기 바랍니다.

【서식】주식회사변경등기신청서(이사·감사 등)

<table>
<tr><td colspan="3" align="center">주식회사변경등기신청</td></tr>
</table>

접 수	년 월 일 제 호	처리인	등기관 확인	각종 통지

①상 호	○○ 주식회사	②등기번호	○○○○○○

③본 점	서울특별시 ○○구 ○○로 ○○

④등기의 목적	이사·감사 등의 변경등기

⑤등기의 사유	20○○년 ○월 ○일 이사(감사) ○○○이 사임하고 20○○년 ○월 ○일 주주총회에서 다음 사람이 이사(감사)로 선임되어 같은 날 취임을 승낙하여 취임하였으므로 다음사항의 등기를 구함

⑥본/지점 신청구분	1.본점신청 ☐ 2.지점신청 ☐ 3.본·지점 일괄신청 ☐

<table>
<tr><td colspan="2" align="center">등 기 할 사 항</td></tr>
<tr><td rowspan="6">⑦대표이사·이사·감사 등의 퇴임·취임 등과 그 연월일</td><td>이사 ○○○ (XXXXXX-XXXXXXX)
　　20○○년 ○월 ○일 사임</td></tr>
<tr><td>감사 ○○○ (XXXXXX-XXXXXXX)
　　20○○년 ○월 ○일 사임</td></tr>
<tr><td>사내이사 ○○○ (XXXXXX-XXXXXXX)
　　20○○년 ○월 ○일 취임</td></tr>
<tr><td>사외이사 ○○○ (XXXXXX-XXXXXXX)
　　20○○년 ○월 ○일 취임</td></tr>
<tr><td>기타비상무이사 ○○○ (XXXXXX-XXXXXXX)
　　20○○년 ○월 ○일 취임</td></tr>
<tr><td>감사 ○○○ (XXXXXX-XXXXXXX)
　　20○○년 ○월 ○일 취임</td></tr>
<tr><td>기   타</td><td></td></tr>
</table>

⑧신청등기소 및 등록면허세/수수료						
순번	신청등기소	구분	등록면허세 지방교육세	농어촌특별세	세액합계	등기신청수수료
			금 원 금 원	금 원	금 원	금 원
합 계						
등기신청수수료 납부번호						

⑨첨 부 서 면	
1. 공증받은 주주총회의사록 또는 이사회 의사록(해임,선임 등의 경우) 통 1. 사임서(인감증명서나 본인서명사실 확인서 또는 전자본인서명확인서의 발급증 포함) 통 1. 가족관계 등록사항별 증명서 또는 사망진단서(사망한 경우) 통 1. 취임승낙서(인감증명서나 본인서명사실확인서 또는 전자본인서명확인서의 발급증 포함) 통	1. 취임승낙서(인감증명서 포함) 통 1. 주민등록표등(초)본 (선임한 경우) 통 1. 정관(필요한 경우) 통 1. 등록면허세영수필확인서 통 1. 등기신청수수료영수필확인서 통 1. 위임장(대리인이 신청할 경우) 통 <기 타>


```
                                          년      월      일

⑩신청인    상    호
           본    점
   대표이사  성    명           (인)    (전화 :          )
           주    소
   대리인   성    명           (인)    (전화 :          )
           주    소


              지방법원      등기소  귀중
```

- 신청서 작성요령 -

1. 해당란이 부족할 때에는 별지를 이용합니다.
1. 해당 등기신청과 관계없는 사항에 대하여는 "해당없음"으로 기재하거나 삭제하고, 필요한 사항은 추가 기재합니다.
1. 「인감증명법」에 따른 인감증명서 제출과 함께 관련 서면에 인감을 날인하여야 하는 경우, 본인서명사실확인서를 제출하고 관련 서면에 서명을 하거나 전자본인서명확인서 발급증을 제출하고 관련 서면에 서명을 하면 인감증명서를 제출하고 관련 서면에 인감을 날인한 것으로 봅니다.

【서식】사임서

사　　임　　서

　　본인은 귀 회사의 사내이사(감사 또는 감사위원회 위원)인 바 이번에 일신상의 형편에 의하여 그 직을 사임합니다.

20○○년 ○월 ○일

사내이사(감사 또는 감사위원회 위원)　○　○　○　⑩
(수인이 연기명하여 작성하여도 무방하다)

○○주식회사　귀중

> 주주가 1인인 주식회사가 그 이사를 해임하고 그로 인한 변경등기를 신청하는 경우, 신청서에 첨부
> 할 서면

선례요지

주주가 1인인 주식회사의 1인 주주가 주주총회의 소집 절차(상법 제362조, 제363조 등)를 거치지 않고 이사들이 참석하지도 아니한 상태에서 주주총회를 개최하여 어느 이사를 해임하는 결의를 한 경우, 그로 인한 변경등기의 신청서에는 1인 주주만이 기명날인 또는 서명한 주주총회 의사록을 인증받아 (공증인법 제66조의2)첨부할 수 있다. (2007. 5. 25. 공탁상업등기과-533 질의회답)

참조조문 : 상법 제362조, 제363조, 공증인법 제66조의2

> 주식회사의 주주와 유한회사의 사원이 1인으로서 동일인인 경우 무증자 흡수합병등기가 가능한지
> 여부 (제정 2008. 9. 26. [상업등기선례 제2-76호, 시행])

선례요지

1인주주인 주식회사와 1인사원인 유한회사의 주주와 사원이 동일한 경우에 유한회사가 주식회사에 흡수합병하여 해산하고 주식회사가 존속하기로 하는 흡수합병을 하는 경우에 주식회사와 유한회사의 합병으로 인하여 증가할 주식의 수를 0으로, 증가할 자본금을 0원으로 하는 무증자합병등기는 채권자 보호절차를 거쳐 법원의 인가를 받은 때에는 가능하다.(2008. 9. 26. 공탁상업등기과-1002 질의회답)

참조조문 : 상법 제232조, 제459조, 제462조, 제523조, 제527조의5, 제600조

참조판례 : 2004. 12. 9.선고 2003다69355 판결

참조선례 : 상업등기선례 1-237, 상업등기선례 1-235, 상업등기선례 1-243

핵 심 판 례

■ **이사사임등기의 경료 여부에 관한 착오를 법률행위의 중요부분에 관한 착오에 해당한다고 볼 수 없다고 한 사례**

이사사임등기가 경료되지 않은 줄로 오인하여 이사 사임 후 발생한 회사의 제3자에 대한 채무에 대하여 재임중에 체결한 근보증계약상의 책임을 면할 수 없을 것으로 판단하고 위 제3자와 근저당권설정계약을 체결하였으나, 후에 이사사임등기가 신등기용지에 이기하는 과정에서 누락된 사실을 발견하고 착오를 이유로 위 근저당권설정의 의사표시를 취소하고 그 등기의 말소를 청구한 사안에서, 위 근저당권설정계약을 체결함에 있어 이사사임등기가 경료되었는지 여부의 점에 관하여는 착오가 있었다고 할 것이지만 위와 같은 착오는 위 근저당권설정계약의 중요부분에 관한 착오에 해당한다고 볼 수 없으므로 위와 같은 착오를 이유로 근저당권설정계약을 취소할 수는 없다고 한 사례(대법원 1995. 4. 7. 선고 94다736 판결).

VI. 회사가 발행할 주식총수의 변경등기

■ 핵 심 사 항 ■

1. 회사가 발행할 주식총수의 변경절차 : 회사가 발행할 주식의 총수는 정관의 절대적 기재사항이므로(상법 제289조 1항 3호) 이를 변경하기 위해서는 정관변경 절차에 따라 주주총회의 특별결의를 필요로 한다.
2. 변경등기절차 : 신청서의 일반적인 첨부서면 외에 주주총회의사록을 첨부하여(상업등기규칙 제128조) 변경된 날로부터 본점소재지에서만 2주간 내에 대표이사가 그 변경등기를 신청하여야 한다.

1. 회사가 발행할 주식총수의 변경절차

회사가 발행할 주식의 총수는 정관의 절대적 기재사항이므로 정관변경 절차에 따라 주주총회의 특별결의로써 이를 변경할 수 있다.

회사가 발행할 주식의 총수 중 회사 설립시에 발행하는 주식수를 제외한 나머지 주식에 관하여는 원칙적으로 그 발행권한이 이사회에 있으므로(상법 제416조), 그 한도 내에서는 이사회가 수시 자금조달의 필요에 의하여 신주를 발행할 수 있다. 그러나 회사가 발행할 주식총수 전부를 발행한 경우 또는 회사가 발행할 주식총수 중 미발행주식수가 발행코자 하는 신주수에 미달하는 경우에는 이 회사가 주주총회를 열어 주주총회에서 발행할 주식총수(발행예정주식총수)를 증가변경하여야만 신주를 발행할 수 있는 것이며 이를 초과하여 발행한 때에는 초과발행비의 제재를 받는다(상법 제629조).

회사가 발행하는 주식의 총수는 정관기재사항이 아니므로 변경등기신청에는 주주총회의 결의가 있음을 증명하는 서면을 첨부할 필요가 없다.

1주의 금액은 종전 상법에서는 5,000원 이상이었으나 1998. 12. 28. 상법개정으로 주식분할과 신주발행시 기업자금조달의 편의를 위하여 100원으로 인하하였다(상법 제329조 3항).

1주의 금액은 100원 이상으로 상한가가 한정되지 않았으므로 기업에서 편의에 따라 이를 조절할 수 있으며, 이를 변경할 때에는 정관기재사항 및 등기사항이므로 정관변경절차를 거쳐 등기하여야 한다.

【쟁점질의와 유권해석】

〈자본감소 등에 의하여 발행주식수를 감소한 경우에 감소한 주식수 만큼 발행예정주식 총수도 감소하는지 여부〉

이에 관해서 학설은 대립하고 있지만, 실무에서는 다음의 경우에는 감소된 주식수만큼 회사가 발행할 주식의 총수도 감소하는 것으로 처리한다(2006. 11. 23. 공탁상업등기과-1315 질의회답).

ㄱ) 주식을 소각하거나 병합하는 방법으로 자본을 감소하는 경우(상법 제343조 1항 본문, 제440조, 제441조)

ㄴ) 상환주식을 상환하는 경우(상법 345조)

ㄷ) 정관이 정한 바에 의하여 주주에게 배당할 이익으로써 주식을 소각하는 경우(상 제343조 1항 단서)

ㄹ) 정기총회에서 특별결의에 의하여 주식을 매수하여 소각하는 경우(상법 제343조의2)

---

2. 변경등기절차

(1) 첨부서면·등기기간 등

신청서의 일반적인 첨부서면 외에 주주총회의사록을 첨부하여(상업등기규칙 제128조) 변경된 날로부터 본점소재지에서만 2주간 내에 대표이사가 그 변경등기를 신청하여야 한다(상업등기법 제23조).

자본감소 등에 의한 경우에는 자본감소 등에 의해 발행예정주식총수가 감소하였음이 발행주식총수 변경등기신청서의 첨부서면이나(동시에 신청하는 경우) 등기부에 의해(발행주식총수의 변경등기가 경료된 후에 신청하는 경우) 명백하게 나타나는 경우에는 그 변경을 증명하는 서면을 따로 첨부할 필요가 없으나, 발행예정주식총수에 관하여 다른 정함이 있는지 여부를 등기관이 확인할 수 있도록 하기 위해 정관을 첨부하여야 한다. 여기서 정관을 첨부하게 하는 이유는 자본감소결의시에 발행예정주식총수에 관한 정관규정을 함께 변경한 경우에는 그에 따라야 하기 때문이다.

(2) 등록면허세·등기신청수수료 등

등록면허세는 지방세법 제28조 1항 6호 바목에 의하여 금 4만2백원이고, 지방교육세는 그 100분의 20인 금 8천4십원이다. 지방세법 등에 의하여 등록면허세가 감면되는 경우에는 그 감면금액의 100분의 20에 해당하는 금액을 농어촌특별세로 납부하여야 하나, 이 농어촌특별세도 감면되는 경우가 있다(농어촌특별세법 제4조, 제5조). 등기신청수수료는 6,000원이다(전자표준양식에 의하여 신청하는 경우는 4,000원, 전자신청의 경우에는 2,000원).

【서식】주식회사변경등기신청서(발행할 주식의 총수변경)

주식회사변경등기신청

접 수	년 월 일 제 호	처리인	등기관 확인	각종 통지

①상 호	○○ 주식회사	②등기번호	○○○○○○
③본 점	서울특별시 ○○구 ○○로 ○○		
④등기의 목적	발행할 주식의 총수 변경등기		
⑤등기의 사유	20○○년 ○월 ○일 주주총회 결의로 발행할 주식의 총수를 변경하였으므로 다음사항의 등기를 구함		

등   기   할   사   항

⑥변경 후의 발행예정 주식 총수	○○○○○주
⑦변경된 취지 및 변경 연월일	20○○년 ○월 ○일 변경
기 타	

⑧등록면허세	금 원	⑨지방교육세	금 원	농어촌특별세	금 원
⑩세액합계	금 원	⑪등기신청수수료	금 원		
등기신청수수료 납부번호					

<table>
<tr><td colspan="2" align="center">⑫첨　부　서　면</td></tr>
<tr>
<td>
1. 주주총회의사록(공증받은 것)　　　통
1. 등록면허세영수필확인서　　　　　　통
1. 등기신청수수료영수필확인서　　　　통
1. 위임장(대리인이 신청할 경우)　　　통
</td>
<td><기 타></td>
</tr>
</table>

2000년 ○월 ○일

신 청 인　　　　상 호　○○주식회사

　　　　　　　　본 점　○○시 ○○구 ○○길 ○○

대표이사　　　　성 명　○ ○ ○ (인)　(전화 : 02-123-4567)

　　　　　　　　주 소　○○시 ○○구 ○○길 ○○

대 리 인　　　　성 명　법무사 ○ ○ ○ (인)　(전화 : 02-456-7890)

　　　　　　　　주 소　○○시 ○○구 ○○길 ○○

○○지방법원 ○○등기소 귀중

- 신청서 작성요령 -

1. 해당란이 부족할 때에는 별지를 이용합니다.
1. 해당 등기신청과 관계없는 사항에 대하여는 "해당없음"으로 기재하거나 삭제하고, 필요한
　 사항은 추가 기재합니다.

【서식】주식회사변경등기신청서(무액면주식에 관한 변경)

<table>
<tr><td colspan="5" align="center">주식회사변경등기신청</td></tr>
<tr><td rowspan="2">접　수</td><td>2000년 ○월 ○일</td><td rowspan="2">처리인</td><td>등기관 확인</td><td>각종 통지</td></tr>
<tr><td>제○○○○호</td><td></td><td></td></tr>
</table>

상　　　호	○○주식회사	등기번호	제1000호
본　　　점	○○시 ○○구 ○○길 ○○		
등기의 목적	무액면주식에 관한 변경등기		
등기의 사유			

<table>
<tr><td colspan="2" align="center">등　기　할　사　항</td></tr>
<tr><td>1주의 금액</td><td></td></tr>
<tr><td>변경된 취지 및
변경연월일</td><td></td></tr>
<tr><td>기　　　타</td><td>해당 없음</td></tr>
</table>

등록면허세	금 원	지방교육세	금 원	농어촌특별세	금 원
세 액 합 계	금 원		등기신청 수수료	금 원	
등기신청수수료 납부번호					

첨 부 서 면	
1. 주주총회의사록(공증받은 것) 1통 1. 주권제출공고증명서 1통	1. 등록면허세영수필확인서 1통 1. 등기신청수수료영수필확인서 1통 1. 위임장(대리인이 신청할 경우) 1통 〈기 타〉

2000년 0월 0일

신 청 인   상 호 ○○주식회사

             본 점 ○○시 ○○구 ○○길 ○○

대표이사   성 명 ○ ○ ○ (인) (전화 : 02-123-4567)

             주 소 ○○시 ○○구 ○○길 ○○

대 리 인   성 명 법무사 ○ ○ ○ (인) (전화 : 02-456-7890)

             주 소 ○○시 ○○구 ○○길 ○○

○○지방법원 ○○등기소 귀중

- 신청서 작성요령 -

1. 해당란이 부족할 때에는 별지를 이용합니다.

1. 해당 등기신청과 관계없는 사항에 대하여는 "해당없음"으로 기재하거나 삭제하고, 필요한 사항은 추가 기재합니다.

VII. 신주발행으로 인한 등기

■ 핵 심 사 항 ■

1. 신주의 발행절차
(1) 신주발행사항의 결정(상법 제416조) : 정관으로 주주총회에서 정한 경우를 제외하고 수권주식의 범위 내에서 이사회가 결정
(2) 신주배정일 공고(상법 제418조)
(3) 신주인수권자에 대한 청약최고(상법 제419조)
(4) 청약 : 신주인수권자는 주식청약서에 의하여 청약(상법 제418조, 제302조 1항). 신주인수권증서가 발행된 경우에는 원칙적으로 신주인수권증서에 의하여 청약(상법 제420조의 5).
(5) 배정 : 신주인수의 성립
(6) 납입 및 현물출자의 이행(상법 제421조)
(7) 신주의 효력발생시기 : 납입기일의 다음 날로부터 주주의 권리의무가 있다(상법 제423조 1항 1문).
2. 변경등기절차 : 납입기일의 다음날로부터 본점소재지에서 2주간 내에 대표이사가 신주발행으로 인한 변경등기를 신청하여야 한다(상법 제317조 4항, 제183조).

1. 신주의 발행절차

(1) 신주발행의 의의 및 절차

1) 신주발행의 의의

신주의 발행이란 회사성립 후에 수권자본, 즉 발행예정주식총수의 범위 내에서 발행하고 남은 미발행주식 중에서 주식을 발행하여 회사의 자본을 증가시키는 것을 말한다. 수권자본제 채택의 결과 정관에는 발행예정주식총수만 기재하고 설립시에 그 4분의1을 발행하면 회사는 성립하며, 그 나머지 발행주식은 이사회의 결의로 자금의 수요에 따라 발행할 수 있도록 규정하고 있다(상법 제416조).

2) 신주발행의 절차

회사가 그 성립 후에 주식을 발행하는 경우에는 원칙적으로 이사회에서 결정하나 정관으로 주주총회의 권한으로 할 수 있다(상법 제416조). 주주는 정관에 다른 정함이 없으면 그가 가진 주식의 수에 따라서 신주의 배정을 받을 권리가 있고, 이사회는 기존 주주의 이익을 위하여 정관이 정하는 바에 의하여만 주주 이외의 자에게 배정할 수 있고, 이에 위반하는 경우에는 주주는 그 발행의 유지(留止)를 청구할 수

있다(상법 제418조 1항, 제424조).

발기인, 이사 등이 발행예정주식총수를 초과하여 주식을 발행한 때에는 5년 이하의 징역 또는 1,500만원 이하의 벌금에 처하게 된다(상법 제629조).

(2) 신주발행의 종류

1) 보통의 신주발행

보통의 신주발행이란 회사성립 후에 회사의 자금조달을 직접 목적으로 하여 주식을 발행하는 경우를 말한다.

상법 제416조 이하의 신주의 발행에 관한 규정은 보통의 신주발행을 위한 것이다.

보통의 신주발행의 경우에는 신주인수인으로부터 주금의 납입 또는 현물출자의 이행을 받으므로 이를 유상증자라 통칭한다.

2) 특수한 신주발행

직접으로 자금조달을 목적으로 하지 아니하고 그 이외의 사유에 의하여 신주가 발행되는 경우를 말한다.

자본증가를 위한 통상의 신주발행 이외에 특수한 신주발행은 전환주식 또는 전환사채의 전환(상법 제346조 이하, 제513조 이하), 신주인수권부사채권자의 신주인수권의 행사(상법 제516조의8), 준비금의 자본전입(상법 제461조 2항), 주식배당(상법 제462조의2), 주식합병(상법 제440조 이하), 주식의 분할, 흡수합병(상법 제523조) 등의 경우가 있다. 특별법에 규정되어 있는 것으로는 채무자회생 및 파산에 관한 법률에 의한 신주발행, 자산재평가법에 의한 재평가적립금의 자본전입으로 인한 신주발행 등이 있다. 특수한 신주발행중 준비금의 자본전입 또는 자산재평가적립금의 자본전입에 의한 신주발행등은 주금의 납입없이 신주를 발행하므로 이를 무상증자라 총칭한다.

(3) 신주발행의 절차

신주발행의 절차는 ① 신주발행의 결정, ② 신주발행사항의 결정, ③ 신주인수권자가 있는 경우에는 신주인수권자를 확정하기 위한 신주배정일의 공고 및 신주인수권자에 대한 청약최고, ④ 신주인수권자가 없는 경우(주주를 모집하는 경우)에는 모집절차 ⑤ 인수(청약 및 배정), ⑥ 납입 및 현물출자의 이행 순으로 진행된다.

상법이 예정하고 있지 아니한 방법과 절차에 의한 신주말행은 효력이 없다는 것이 판례이다.

핵 심 판 례

■주식회사가 타인으로부터 돈을 빌리는 소비대차계약을 체결하면서 차용금액의 일부 또는 전부를 액면가에 따라 주식으로 전환할 수 있는 권한을 대여자에게 부여하는 내용의 계약조항을 둔 경우, 그 조항의 효력(=무효)

주식회사가 타인으로부터 돈을 빌리는 소비대차계약을 체결하면서 "채권자는 만기까지 대여금액의 일부 또는 전부를 회사 주식으로 액면가에 따라 언제든지 전환할 수 있는 권한을 갖는다"는 내용의 계약조항을 둔 경우, 달리 특별한 사정이 없는 한 이는 전환의 청구를 한 때에 그 효력이 생기는 형성권으로서의 전환권을 부여하는 조항이라고 보아야 하는바, 신주의 발행과 관련하여 특별법에서 달리 정한 경우를 제외하고 신주의 발행은 상법이 정하는 방법 및 절차에 의하여만 가능하다는 점에 비추어 볼 때, 위와 같은 전환권 부여조항은 상법이 정한 방법과 절차에 의하지 아니한 신주발행 내지는 주식으로의 전환을 예정하는 것이어서 효력이 없다(대법원 2007.2.22. 선고 2005다73020 판결).

1) 신주발행의 결정

신주발행은 상법에 다른 규정이 있거나 정관으로 주주총회에서 정하기로 규정한 경우를 제외하고는 발행예정주식총수의 범위 내에서 이사회가 결정한다. 다만, 회사가 자본금의 총액이 10억 원 미만으로서 1명 또는 2명의 이사만을 둔 경우(상법 제383조 1항 단서)에는 이사회를 설치하지 아니하므로(상법 제383조 5항) 정관의 정함이 없더라도 주주총회에서 주식발행 여부 등을 결정한다(상법 제383조 4항).

2) 신주발행사항의 결정

다음의 사항에 대하여 정관의 규정이 없는 것은 이사회에서 결정한다. 그러나 상법에 다른 규정이 있거나, 정관으로 주주총회에서 결정하기로 정한 경우에는 그러하지 아니하다(상법 제416조).

가. 신주의 종류와 수

발행예정주식총수 중 미발행주식의 범위 내에서 발행할 신주의 수를 결정하며, 정관으로 수종의 주식을 발행할 것으로 정한 때에는 그 종류도 결정한다.

신주의 종류는 대개 보통주이지만, 우선주, 후배주, 혼합주를 발행할 수 있는 특수한 주식인 상환주식을 발행하는 경우도 포함된다고 할 것이다.

나. 신주의 발행가액과 납입기일

① 발행가액 : 발행가액이란 발행예정가액으로서 주식의 권면액과 다르며 또 청약인이 청약서에 기재하는 인수가액 또는 이사가 현실적으로 배정할 때의 배정

가액과도 다르다.

신주의 발행가액은 액면 또는 그 이상이어야 한다. 신주를 액면 이하의 가액으로 발행하기 위하여는 회사성립 후 2년이 경과하여야 하고, 주주총회의 특별결의와 법원의 인가를 얻어야 한다(상법 제417조 1항). 그리고 법원의 인가를 받은 날로부터 1월 이내에 신주를 발행해야 한다(동조 4항).

② 납입기일 : 납입기일은 신주인수인 인수한 주식에 대하여 납입 또는 현물출자를 이행하여야 할 기일로서(상법 제421조), 그 날까지 주금의 납입 또는 현물출자를 이행한 자는 다음날에 주주가 되고, 이를 이행하지 아니한 주식인수인은 그 권리를 잃는다(상법 제423조). 신주인수인은 납입기일의 다음날로부터 주주의 권리의무가 있다(상법 제423조 1항). 납입기일은 기간이 아니므로 설사 그 날이 공휴일이라 하더라도 그 익일로 연장되지 않는다(대법원 1982. 2. 23.선고 81누204판결).

납입기일을 정하는 것에 대해 특별한 제한은 없지만, 실권예고부 최고기간을 고려하여 최소한 신주발행결정일로부터 2주일 이후의 날로 정해야 할 것이다.

상장법인이 아닌 소위 폐쇄회사에 있어서의 실무관행은 긴급한 자금수요를 충족하기 위하여 배정일을 미리 공고하고 또 신주인수권자의 일부 또는 전원이 그 권리를 포기하고 제3자가 신주를 인수하거나, 총주주의 동의로 실권예고부 최고기간을 단축하는 방법 등의 편법을 구사함으로써 납입기일을 신주발행 결의일로부터 2~3일 내의 날짜로 정하고 있는 것이 상례이다.

납입기일은 신주인수인이 납입을 하여야 할 기일이므로 신주인수인이 생긴 후에는 신주인수인 전원의 동의가 없는 한 이를 변경할 수 없다. 더구나 신주인수권자가 청약을 한 경우에는 회사는 그에게 신주를 배정하지 않을 수 없으므로, 이 때에는 청약자 전원의 동의가 없는 한 납입기일을 변경할 수 없다 할 것이다.

다. 무액면주식의 경우에는 신주의 발행가액 중 자본금으로 계상하는 금액

2011년 4월 14일 상법개정시 제416조 2의2호에 신설된 내용이다. 이는 개정상법으로 도입된 무액면주식을 발행하는 회사의 경우 신주를 발행할 때 이사회의 결의로 발행가액 중 자본에 계상할 금액을 결정하도록 하기 위한 것이다.

라. 신주의 인수방법

신주의 인수방법은 주식의 공모여부와 청약기일, 청약증거금, 배정비율, 단주 및 실권주의 처리방법, 주금납입을 취급할 금융기관 등의 사항을 정하는 것을 말한다.

① 신주의 배정일, 배정비율

정관에 다른 규정이 없으면 주주는 그가 가진 주식수에 따라서 신주의 배정을 받을 권리가 있다(상법 제418조 1항). 그러나 회사는 정관에 정하는 바에 따라 주주 이외의 자에게 신주를 배정할 수 있다. 다만, 이 경우에는 신기술의 도입, 재무구조의 개선등 회사의 경영상 목적을 달성하기 위하여 필요한 경우에 한한다(상법 제418조 2항). 이에 따라 주주 외의 자에게 신주를 발행하는 경우 회사는 '신주의 종류와 수', '신주의 발행가액과 납입기일', '무액면주식의 경우에는 신주의 발행가액 중 자본금으로 계상하는 금액'. '신주의 인수방법'. '현물출자를 하는 자의 성명과 그 목적인 재산의 종류, 수량, 가액과 이에 대하여 부여할 주식의 종류와 수'에 관하여 그 납입기일의 2주 전까지 주주에게 통지하거나 공고하여야 한다(상법 제418조 4항). 이는 2011년 4월 14일 상법 개정시 신설한 조문이다. 즉, 상법 제418조 2항에 따라 제3자에게 신주를 발행하는 경우에 주주는 신주의 발행상대는 아니지만 중대한 이해를 가지는 자에 해당한다. 따라서 제3자 발행시 주주의 이익을 보호하기 위해 주주에게 제3자 발행사항의 요점을 알리도록 제4항을 신설한 것이다. 주주는 이 통지, 공고를 통해 신주발행사실을 알게 되고 발행이 불공정할 경우 신주발행유지청구권(상법 제424조)을 행사할 기회를 확보하게 될 것이다. 이러한 통지, 공고는 주주의 보호에 매우 긴요한 제도이므로 통지, 공고를 결여한 채 이루어진 제3자에 대한 신주발행은 무효라고 해석해야 한다46).

회사는 그 날 현재에 있어서 주주가 신주인수권을 가질 '일정한 날'을 정하여 주주명부에 기재된 주주가 신주인수권을 가진다는 뜻을 그 날의 2주간 전에 공고하여야 하고, 주주명부폐쇄기간 중일 때에는 그 기간의 초일의 2주간 전에 공고하여야 한다(상법 제418조 3항).

신주인수권을 부여하는 날을 배정일이라 하는데, 이 배정일은 이사회의 결의(자본금 10억원 이하로 이사가 1인인 회사는 주주총회의 결의)로 정하여야 한다(상법 제416조).

신주인수권의 대상이 되는 주식의 총수가 정해지면 구주식 1주에 대한 신주의 배정비율과 각 주주에 대한 신주배정수는 자연히 정하여 지나, 실제에 있어서는 이를 명확하게 하기 위하여 배정비율을 표시하는 것이 통례이다. 의사록에는 주식비율에 따라 신주를 배정한다고 규정하는 것이 바람직할 것이다.

---

46) 2011 개정상법 축조해설(박영사, 이철송) 179면

② 청약기일

신주를 발행하는 경우에는 '일정한 기일까지 주식인수의 청약을 하지 아니하면 그 권리를 잃는다는 뜻'을 각 주주에 대하여 통지하여야 하는바(상법 제419조 1항), 이 일정한 기일이 청약기일이다.

청약기일을 정하는 것에 관하여는 법률상의 특별한 제한은 없으나, 실제에 있어서 실권주가 있는 경우 그 수를 확정하고 그 처리에 대한 결정을 고려하여 적당한 기간을 두면 된다.

③ 청약증거금의 징수

관행상 주식청약의 단계에서 청약증거금의 첨부를 강제하고 그 첨부가 없는 청약은 부적법한 청약으로 인정하고 있는데, 이것은 신주인수권의 침해라고도 볼 수 있겠으나, 많은 주주로부터 청약과 납입을 신속확실하게 할 필요성에서 하는 것이므로 특별히 부당하다고 할 수는 없을 것이다.

④ 납입을 맡을 은행 기타 금융기관과 납입장소(상법 제420조 2호, 제302조 2항 9호)

청약에는 청약증거금을 첨부시켜 그 증거금을 납입기일에 납입금으로서 충당하는 것이 통례이므로, 편의상 납입을 맡은 기관의 납입장소를 청약장소로 지정하고 있다.

⑤ 단주와 실권주의 처리방법

신주인수권이 있는 주주에게 신주를 발행하는 경우 구주의 지분율에 따라 신주를 배정하기 때문에 실제로 정수가 아닌 소수점 주식이 발생하는 경우가 있는데 이것이 단주이며, 신주인수권을 가진 주주에게 실권예고부최고를 했음에도 불구하고 청약을 하지 않는 것이 실권주이다.

단주와 실권주의 처리방법은 이사회의 결의사항이다.

마. 현물출자에 관한 사항

현물출자를 하는 자가 있는 경우에 그 성명과 그 목적인 재산의 종류, 수량, 가액과 이에 대하여 부여할 주식의 종류와 수를 정하여야 한다. 현물출자의 공정한 평가를 위하여는 법원이 선임한 검사인의 조사를 받아야 하는데, 이 경우 공인된 감정인의 감정으로 이에 갈음할 수 있다(상법 제422조 1항). 다만, 2011년 4월 14일 상법개정시 신설된 내용으로 다음 각 호의 어느 하나에 해당할 경우에는 검사를 면제하도록 하였다(상법 제422조 2항).

① 제416조제4호의 현물출자의 목적인 재산의 가액이 자본금의 5분의 1을 초과

하지 아니하고 대통령령으로 정한 금액을 초과하지 아니하는 경우

② 제416조제4호의 현물출자의 목적인 재산이 거래소의 시세 있는 유가증권인 경우 제416조 본문에 따라 결정된 가격이 대통령령으로 정한 방법으로 산정된 시세를 초과하지 아니하는 경우

③ 변제기가 돌아온 회사에 대한 금전채권을 출자의 목적으로 하는 경우로서 그 가액이 회사장부에 적혀 있는 가액을 초과하지 아니하는 경우

④ 그 밖에 제1호부터 제3호까지의 규정에 준하는 경우로서 대통령령으로 정하는 경우

상법 제422조 제2항의 신설조항은 현물출자를 하더라도 소규모에 그쳐 자본충실을 해할 위험이 크지 않거나, 출자가액의 평가가 불공정해질 염려가 없는 경우에는 검사를 면제하기 위한 규정이다.

벤처기업의 경우에는 대통령령이 정하는 기술평가관이 산업재산권 등의 가격을 평가한 경우 그 평가내용은 상법 제299조의2 및 제422조의 규정에 의한 공인된 감정인이 평가한 것으로 본다(벤처기업의육성에관한특별조치법 제6조 2항).

신주발행시 현물출자는 정관기재사항이 아니며 이사회의 결의사항이다(상 법 제416조 4호).

① 현물출자의 대상

주식회사에서 현물출자의 목적물은 특별한 제한이 없고, 대차대조표상 자산으로 계상할 수 있는 재산이면 모두 그 목적물이 될 수 있다. 회사설립 후 신주발행시 회사에 대한 채권도 현물출자의 목적물이 될 수 있다(2002. 8. 26. 등기 3402-463 질의회답).

② 현물출자를 하는 자의 성명

신주발행시에 현물출자를 할 수 있는 자의 자격에 관하여는 특별한 제한이 없다.

③ 현물출자의 목적인 재산, 그 가액

현물출자의 목적이 될 수 있는 재산은 회사설립시의 그것과 같으나, 다만, 현물출자의 목적이 되는 채권 중에는 당해 회사에 대한 채권도 포함된다.

현물출자의 공정한 평가를 위하여 법원이 선임한 검사인의 조사를 받아야 한다. 이 경우 공인된 감정인의 감정으로 검사인의 조사에 갈음할 수 있다(상법 제422조 1항). 현물출자자에 대하여 발행하는 신주에 대하여는 일반주주의 신주인수권은 미치지 않는다(대법원 1989.3. 14.선고 88누889판결).

④ 현물출자자에 대하여 부여할 주식의 종류와 수

현물출자자에 대하여 부여할 주식의 종류와 수는 이사회의 결의로 정하는 신주의 종류와 수의 범위 내에서 정하여야 한다.

⑤ 재산인수

회사설립시 또는 신주발행에 의한 증자시에 그 성립 또는 증자의 효력발생을 조건으로 하여 회사가 타인으로부터 재산을 양수할 것을 약속하는 것을 재산인수라 한다.

현행상법하에서는 정관에 특별한 규정이 없는 한, 신주발행시에 효력발생을 조건으로 하여 어떠한 재산을 양수할 것을 약속하는 계약은 대표이사의 재량으로 결정할 수 있다고 할 것이다.

바. 주주가 가지는 신주인수권을 양도할 수 있는 것에 관한 사항

신주인수권증서는 주주의 신주인수권을 표창하는 유권증권이다.

신주인수권의 양도는 주주에 한하여 인정되며 주주의 신주인수권의 양도는 정관의 규정이나 정관에 의한 주주총회의 결의가 없는 한 이사회의 결의에 의하여 인정할 수 있다(상법 제416조 5호). 신주인수권의 양도를 인정한 때에는 회사는 신주인수권증서를 발행하여야 하고 신주인수권의 양도는 신주인수권증서의 교부에 의해서만 할 수 있다.

사. 주주의 청구가 있는 때에만 신주인수권증서를 발행한다는 것과 그 청구기간

주주가 갖는 신주인수권의 양도를 인정하는 경우에는 신주인수권증서를 발행한다는 것과 그 청구기간을 정하여야 한다. 그러나 이사회가 이러한 사항을 정하지 않고 주주의 신주인수권 양도에 관하여만 결의하면, 모든 주주에게 청약기일의 2주간 전에 신주인수권증서를 발행하여야 한다(상법 제420조의2 1항).

2011년 4월 14일 개정 상법은 신주인수권증권을 발행하는 대신 정관으로 정하는 바에 따라 전자등록기관의 전자등록부에 신주인수권을 등록할 수 있도록 했다. 전자등록을 한 경우 신주인수권의 양도, 입질은 전자등록으로 해야 한다(상법 제420조의4, 제356조의2 2항).

주주의 청구기간은 회사 사무처리의 편의에 따라 결정할 것이나 그 기간에 종기는 청약기일 전이어야 한다.

3) 신주배정일 공고(신주인수권자가 있는 경우)

정관에 다른 규정이 없는 한 주주는 그가 가진 주식의 수에 따라서 신주의 배정을 받을 권리가 있다(상법 제418조 1항).

이사회는 신주배정일을 정하여 그 날에 주주명부에 기재된 주주가 신주인수권을 갖는다는 것을 결정한다(상 제418조 3항). 회사는 이렇게 신주배정일을 미리 정하여 공고함으로써 주식을 양수한 자가 명의개서를 게을리함으로써 신주인수권형사의 기회를 놓치는 일이 없도록 하려는 것이다.

주주가 신주인수권을 갖는 때에는 회사는 구체적으로 신주인수권을 가진 주주를 확정하기 위하여 일정한 날(배정일)을 정하여 그 날에 주주명부에 기재된 주주가 가진 주식의 수에 따라서 신주의 배정을 받을 권리를 가진다는 뜻과 신주인수권을 양도할 수 있을 경우에는 그 뜻을 그 날의 2주간 전에 공고하여야 한다. 그 날이 주주명부의 폐쇄기간 중인 때에는 그 폐쇄기간의 초일의 2주간 전에 공고하여야 한다(상법 제418조 3항).

주식을 양수한 자는 신주배정일 공고에 따라 배정일 전까지 주주명부에 명의개서를 하게 되며, 지정·공고된 배정일 현재의 주주명부상의 명의주주가 신주인수권자로 확정된다.

【쟁점질의와 유권해석】

〈신주인수권자의 확정기준〉

상업 제461조에 의하여 주식회사가 이사회의 결의로 준비금을 자본에 전입하여 주식을 발행할 경우에는 회사에 대한 관계에서는 이사회의 결의로 정한 일정한 날에 주주명부에 주주로 기재된 자만이 신주의 주주가 된다고 할 것이므로, 갑이 주식회사의 기명주식을 실질적으로 취득하였으나 병 주식회사의 이사회가 신주를 발행하면서 정한 기준일 현재 갑이 기명주주의 명의개서를 하지 아니하여 을이 그 주주로 기재되어 있었다면 병 주식회사에 대한 관계에서는 신주의 주주는 을이라 할 것이다(대법원 1988. 6. 14,선고 87다카259.2600(반소)).

핵 심 판 례

■ 구체적 신주인수권이 주주권의 이전에 수반되어 이전되는지 여부(소극) 및 구체적 신주인수권의 귀속주체(=기준일 당시 주주명부에 기재된 주주)

> 상법 제461조에 의하여 주식회사가 이사회의 결의로 준비금을 자본에 전입하여 주식을 발행할 경우 또는 상법 제416조에 의하여 주식회사가 주주총회나 이사회의 결의로 신주를 발행할 경우에 발생하는 구체적 신주인수권은 주주의 고유권에 속하는 것이 아니고 위 상법의 규정에 의하여 주주총회나 이사회의 결의에 의하여 발생하는 구체적 권리에 불과하므로 그 신주인수권은 주주권의 이전에 수반되어 이전되지 아니한다. 따라서 회사가 신주를 발행하면서 그 권리의 귀속자를 주주총회나 이사회의 결의에 의한 일정시점에 있어서의 주주명부에 기재된 주주로 한정할 경우 그 신주인수권은 위 일정시점에 있어서의 실질상의 주주인가의 여부와 관계없이 회사에 대하여 법적으로 대항할 수 있는 주주, 즉 주주명부에 기재된 주주에게 귀속된다(대법원 2010. 2. 25.선고, 2008다96963,96970판결).

4) 신주인수권자에 대한 실권예고부청약최고(신주인수권자가 있는 경우)

신주인수권을 가진 자(주주, 제3자)가 있는 때에는 회사는 그 자가 신주인수권을 가지는 주식의 종류와 수, 신주인수권을 양도할 수 있음을 정한 때에는 그 뜻, 주주의 청구가 있는 때에만 신주인수권증서를 발행한다는 것과 그 청구기간을 정한 경우에는 그에 관한 사항 및 일정한 기일(청약기일)까지 주식의 청약을 하지 않으면 그 권리를 잃는다는 뜻(실권예고부청약최고)을 그 기일의 2주간 전에 신주인수권자에게 통지하여야 한다(상법 제419조 1항, 2항). 회사의 통지에도 불구하고 그 기일까지 주식인수의 청약을 하지 아니한 때에는 신주인수권자는 그 권리를 잃는다(상법 제419조 3항).

핵 심 판 례

■ 회사가 주주배정방식으로 신주를 발행하면서 주주가 인수를 포기하거나 청약을 하지 아니하여 실권된 신주를 이사회 결의로 제3자에게 처분할 수 있는지 여부(적극) 및 이때 실권된 신주를 제3자에게 발행하는 것에 관하여 정관에 근거 규정이 있어야 하는지 여부(소극)

> 회사가 주주배정방식에 의하여 신주를 발행하려는데 주주가 인수를 포기하거나 청약을 하지 아니함으로써 그 인수권을 잃은 때에는(상법 제419조 제4항) 회사는 이사회 결의로 인수가 없는 부분에 대하여 자유로이 이를 제3자에게 처분할 수 있고, 이 경우 실권된 신주를 제3자에게 발행하는 것에 관하여 정관에 반드시 근거 규정이 있어야 하는 것은 아니다(대법원 2012. 11. 15.선고, 2010다49380판결).

제3자 배정 신주발행 등기신청 시 실권예고부 최고기간 단축 동의서 첨부 여부

선례요지

「상법」제418조 제2항에 의하여 정관에 정하는 바에 따라 이사회에서 주주 외의 자에게 신주를 발행하는 결의를 하고 그에 따른 변경등기를 신청하는 경우, 신주발행을 결의한 이사회 결의일과 청약기일 사이의 시간적 간격이 2주간이 되지 아니하여 상법 제419조 제3항의 최고기간을 준수하지 못하는 경우에도 그에 관한 신주인수권자 전원의 동의서는 첨부할 서면이 아니다. (2013. 4. 17. 사법등기심의관-1388 질의회답)
참조조문 : 상법 제416조, 제418조 제1항·제2항, 제419조 제1항·제2항·제3항, 상업등기법 제79조 제1항·제2항, 제82조
참조선례 : 상업등기선례 1-207

5) 모집절차(신주인수권자가 없는 경우)

신주인수권자가 없는 경우의 신주발행은 상장회사가 많이 이용하는데, 회사가 실권주·단주를 모아서 처리하는 방법으로도 이용한다.

실권주와 신주인수권의 대상이 되지 않는 주식에 대하여는 회사가 일반공중으로부터 주주를 모집할 수 있다. 이 경우에는 모집설립에 관한 규정이 준용된다(상법 제425조 1항).

모집은 그 대상범위에 따라 특정범위의 자로부터 주주를 구하는 연고모집과 널리 일반인으로부터 주주를 모집하는 공모(일반모집)로 나눌 수 있다.

6) 주식인수의 청약

현물출자를 하는 경우를 제외하고 주식인수의 청약을 하고자 하는 자(신주인수권자, 모집발행의 경우의 일반인)는 주식청약서 2통에 인수할 주식의 종류 및 수와 주소 및 기타의 법정사항을 기재하고(상법 제420조) 기명날인 또는 서명하여야 한다(상법 제425조, 제302조 1항).

신주인수권 증서가 발행된 경우의 주식의 청약은 원칙적으로 신주인수권증서에 의하여 하며(상법 제420조의5 1항), 신주인수권증서를 상실한 때에는 주식청약서에 할 수 있다(상법 제420조의5 2항). 이 서면에 의하지 아니한 청약 또는 이 서면이 법률에서 정한 요건을 구비하지 못한 경우의 청약에 의한 신주의 발행은 무효소송의 원인이 된다(상법 제427조). 현물출자를 하는 경우에는 이사회 또는 정관의 규정에 따라 주주총회에서 현물출자를 하는 자와 그에 대하여 부여할 주식의 수를 정하기 때문에 주식청약서에 의한 주식청약을 할 필요가 없다.

7) 주식의 배정과 인수

주식인수의 청약이 있는 때에는 회사는 신주를 배정하여야 한다. 이 때 신주인수

권자의 청약에 대하여는 반드시 시주를 배정하여야 하나, 그 외의 자에 대하여는 자유롭게 결정한다.

유가증권시장에 주권이 상장된 법인 또는 주권을 유가증권시장에 상장하려는 법인(이하 이 조에서 "해당 법인"이라 한다)이 주식을 모집하거나 매출하는 경우「상법」제418조에도 불구하고 해당 법인의 우리사주조합원(「근로복지기본법」에 따른 우리사주조합원을 말한다. 이하 같다)에 대하여 모집하거나 매출하는 주식총수의 100분의 20을 배정하여야 한다. 다만, 다음 각 호의 어느 하나에 해당하는 경우에는 그러하지 아니하다(자본시장과 금융투자업에 관한 법률 제165조의7 1항).

1.「외국인투자 촉진법」에 따른 외국인투자기업 중 대통령령으로 정하는 법인이 주식을 발행하는 경우

2. 그 밖에 우리사주조합원에 대한 우선배정이 어려운 경우로서 대통령령으로 정하는 경우

우리사주조합원이 소유하는 주식수가 신규로 발행되는 주식과 이미 발행된 주식의 총수의 100분의 20을 초과하는 경우에는 이를 적용하지 아니한다(자본시장과 금융투자업에 관한 법률 제165조의7 2항).

총액인수주의에 의하는 설립의 경우와 달리 신주발행예정주식의 전부에 대한 청약이 없더라도 배정할 수 있다.

주식의 배정이 있으면 청약자는 주식인수인이 된다.

8) 현물출자의 검사

현물출자를 하는 자가 있는 경우에는 이사는 현물출자에 관한 사항을 조사하게 하기 위하여 법원에 검사인의 선임을 청구하여야 한다. 이 경우 공인된 감정인의 감정으로 검사인의 조사에 갈음할 수 있다(상법 제422조 1항). 다만, 2011년 4월 14일 상법개정시 신설된 내용으로 다음 각 호의 어느 하나에 해당할 경우에는 검사를 면제하도록 하였다(상법 제422조 2항).

① 제416조제4호의 현물출자의 목적인 재산의 가액이 자본금의 5분의 1을 초과하지 아니하고 대통령령으로 정한 금액을 초과하지 아니하는 경우

② 제416조제4호의 현물출자의 목적인 재산이 거래소의 시세 있는 유가증권인 경우 제416조 본문에 따라 결정된 가격이 대통령령으로 정한 방법으로 산정된 시세를 초과하지 아니하는 경우

③ 변제기가 돌아온 회사에 대한 금전채권을 출자의 목적으로 하는 경우로서 그 가액이 회사장부에 적혀 있는 가액을 초과하지 아니하는 경우

④ 그 밖에 제1호부터 제3호까지의 규정에 준하는 경우로서 대통령령으로 정하는 경우

상법 제422조 제2항의 신설조항은 현물출자를 하더라도 소규모에 그쳐 자본충실을 해할 위험이 크지 않거나, 출자가액의 평가가 불공정해질 염려가 없는 경우에는 검사를 면제하기 위한 규정이다.

법원은 검사인의 보고서 또는 감정인의 감정결과를 심사하여 부당하다고 인정한 때에는 이를 변경하여 이사와 현물출자자에게 통고할 수 있다. 법원의 통고에 현물출자를 한 자가 불복하는 경우에는 그 주식의 인수를 취소할 수 있으며 법원의 통고가 있은 후 2주간 내에 그 주식의 인수를 취소한 현물출자를 한 자가 없으면 통고에 따라 변경된 것으로 본다(상법 제422조 3항 4항, 5항).

검사인이 검사보고서를 감정인이 감정서를 법원에 제출하는 때에는 부본 1통을 첨부하여야 하고 법원은 이를 심사한 결과 정당하다고 인정한 때에는 원본 및 부본 표지의 적당한 여백에 '20○○년 ○월 일 인가'라고 기재하고 재판장이 기명날인한 후 신청인에게 부본을 송달한다. 만약 심사결과 부당하다고 인정하여 변경결정을 하였을 경우에는 원본 및 부본 표지의 적당한 여백에 '20○○년 ○월 ○일 변경결정'이라고 기재하고 재판장이 기명날인한 후 신청인에게 부본과 변경결정등본을, 현물출자자에게는 변경결정등본을 각 송달한다(송무예규 제719호).

9) 출자의 이행

신주인수인은 납입기일에 그 인수가액의 전액을 납입하여야 하고 현물출자자는 납입기일에 출자의 목적인 재산을 인도하고 등기·등록 기타 권리의 설정 또는 이전을 필요로 할 경우에는 그에 필요한 서류를 완비하여 교부하여야 한다(상법 제421조, 제425조, 제305조 3항, 제295조 2항).

납입은 주식청약서 또는 신주인수권증서에 기재된 납입장소인 은행 기타 금융기관에 대하여 현금으로써 현실로 하여야 한다(상법 제425조, 제305조 2항).

2011년 상법개정 전에는 주금의 상계를 금하였으나(개정전 제334조), 개정법에서는 이를 폐지하였다. 따라서 상계를 허용함에 따른 폐단을 방지하기 위한 보완규정으로 상법 제421조 제2항을 신설하여 신주의 인수인은 회사의 동의 없이 주식에 대한 납입채무와 주식회사에 대한 채권을 상계할 수 없다고 규정하였다. 즉, 상계가 주주의 편의만을 위해 이용된다면 회사의 자본충실을 해할 것이므로 회사의 동의 없이는 인수인이 상계할 수 없도록 한 것이다. 반대로 회사가 상계를 할 때에는 인수인의 동의를 필요로 하지 않는다고 보는 것이 상계의 성질과 본조의 법문에 부합한다고 할 것이다47).

상법은 가장납입을 방지하기 위하여 은행에 납입금을 납입시키고 은행 등이 납입금보관증명 의무를 부담하게 하며, 증명한 금액에 대하여는 담보책임을 지게 하는 외에 납입의 가장에 대하여는 형벌규정(상법 제628조)을 두고 있다.

납입금을 보관한 은행 기타의 금융기관은 대표이사의 청구에 의하여 보관금액에 관한 증명서를 교부하여야 하며, 증명한 보관금액에 대하여는 납입의 부실 또는 반환에 관한 제한이 있음을 이유로 하여 회사에 대항하지 못한다(상법 제425조 제318조).

다만, 2009년 5월 상법개정을 통하여 자본금 총액이 10억원 미만인 회사를 발기설립하는 경우에는 이러한 증명서를 은행이나 그 밖의 금융기관의 잔고증명서로 대체할 수 있게 되었다. 종전 규정에 의할 때 소규모 주식회사를 설립하는 경우에도 금융기관이 발행한 주금납입금 보관증명서를 제출하여야 하는데 그 발급절차가 번거로워 신속한 창업에 지장을 초래한다는 문제가 있었다. 이에 개정법은 자본금 10억원 미만인 주식회사를 발기설립하는 경우 주금납입금 보관증명서를 금융기관의 잔고증명서로 대체할 수 있도록 허용한 것이다. 이에 따라 소규모 주식회사의 발기설립 절차가 간소화될 것으로 기대된다.

【쟁점질의와 유권해석】

〈신주발행시 회사에 대한 채권과 주금납입의무를 상계할 수 있는지 여부〉

주식회사의 신주발행시에 은행 기타 금융기관의 납입금보관증명서에 갈음하여 대주주가 회사에 대하여 가지고 있는 채권을 주금납입의무와 상계하였다는 뜻을 기재한 서면과 채권증서를 첨부하여 변경등기를 신청한 경우, 형식적 심사권만 가지고 있는 등기관으로서는 주금납입의무와 채권을 상계할 수 있는지 여부 등에 관한 실질적 심사를 할 수 없는 관계로 비송사건절차법 제205조 5호 및 같은법 제159조 8호의 규정에 의하여 그 등기신청을 각하할 수 밖에 없을 것이다. 다만, 채권도 현물출자의 목적물이 되는 것이므로 대주주의 회사에 대한 채권을 현물출자하고 그에 관한 검사인의 검사보고서와 그 부속서류(상법 제422조)를 첨부하여 한 변경등기신청은 수리될 수 있을 것이다(1998.6. 등기 3402-559 질의회답).

---

47) 2011 개정상법 축조해설(박영사, 이철송) 182면

(4) 신주발행의 효력발생 및 이익배당

1) 신주의 효력발생

가. 신주의 효력발생시기

신주인수인이 이사회가 정한 납입기일까지 납입 또는 현물출자의 이행을 하면 납입기일의 다음날로부터 신주발행의 효력이 생기고, 그 신주인수인은 주주의 권리의무가 있다(상법 제423조 1항). 신주발행의 경우는 회사의 설립시와는 달리 신주발행예정주식의 전부에 대한 납입 또는 이행이 없어도 자금조달의 편의를 위하여 납입 또는 이행이 있는 한도 내에서 그 효력을 인정하고 있다.

납입기일까지 납입 또는 현물출자의 이행을 하지 않은 신주인수인은 그 권리를 잃으며(상법 제423조 2항), 이 경우 회사는 실권한 신주인수인에 대하여 손해의 배상을 청구할 수 있다(상법 제423조 3항). 그리고 실권한 주식에 대하여 회사는 주주를 다시 모집할 수 있다.

나. 신주의 발행시기

신주의 납입기일 후 회사는 지체없이 주권을 발행해야 한다(상법 제355조 1항). 납기기일 후가 아니면 주권을 발행하지 못하고 납입기일 전에 발행한 주권은 무효이다(상법 제355조 2항·3항).

신주발행의 소는 형성의 소이고, 신주발행무효판결의 효력은 소급효가 없다. 따라서 판결 확정 후에 발행된 신주가 효력을 잃는다.

2) 이익배당

보통의 주식발행(유상증자)의 효력발생시기가 납입기일의 익일로 규정되어 있으므로(상법 제423조 1항), 이익배당도 일할계산에 의하는 것이 일반적인 관행이다.

이에 대해 개정상법은 회사의 선택에 따라 일할배당이나 균등배당을 결정할 수 있도록 하였으며, 다만, 회사가 균등배당을 선택하는 경우에는 이를 정관에 규정하도록 하였다(상법 제423조 1항 후단, 제350조 3항 후단).

따라서 정관에 의하여 배당기산일을 당해 영업연도초까지 소급할 수 있도록 하여 구주와 신주의 차별을 철폐하였다.

이익배당의 기산일을 정관에 의하여 해당영업연도초까지 소급할 수 있도록 하는 상법 제350조 3항 후단의 규정은 무상증자인 준비금의 자본전입이나(상 법 제350조 3항), 주식배당(상법 제462조의2 4항 후단)으로 인한 신주발행의 경우에도 준용된다.

2. 변경등기절차

(1) 등기기간

신주발행의 효력이 생기게 되면 회사의 발행주식의 총수와 그 종류 및 각각의 수(상법 제317조 2항 3호)와 자본의 총액(상법 제317조 2항 2호)에 변경이 있게 된다. 따라서 납입기일의 다음날로부터 본점소재지에서 2주간 내에 대표이사가 신주발행으로 인한 변경등기를 신청하여야 한다(상법 제317조 4항, 제183조, 특례법 제3조, 상업등기법 제23조).

기간의 초일은 등기기간에 산입하지 않는 것이 원칙이지만, 신주발행의 효력은 납입기일 다음날의 오전 0시에 발생하므로 기간의 초일인 납입기일의 다음 날을 등기기간에 산입한다(상법 제1조, 민법 제157조). 즉, 등기기간의 기산일은 납입기일의 다음 날이다(선례Ⅰ 870).

납입기일 전에 신주 전부에 대한 납입을 완료하였더라도 신주발행의 효력이 발생하기 전에는 신주발행으로 인한 변경등기를 신청할 수 없다. 그러나 이사회의 결의로 납입기일을 변경하여 신주발행의 효력을 앞당길 수는 있다.

주주에게 신주인수권이 있는 경우 신주발행에 관한 이사회의 결의일과 신주배정일까지의 기간이 2주간이 안되는 경우에도 신주발행으로 인한 변경등기신청을 할 수 있다. 신주배정일의 공고는 이사회의 결의에 앞서 미리하여도 무방하기 때문이다.

【쟁점질의와 유권해석】

〈신주발행으로 인한 변경등기의 원인일자 및 그 등기기간의 기산일〉

신주인수인이 신주의 주금납입 또는 현물출자의 이행을 한 때에는 그 납입기일의 다음 날부터 신주발행의 효력이 발생하여 그 날부터 주주로서의 권리, 의무가 생기므로(상 제423조 1항), 신주발행으로 인한 변경등기의 원인일자 및 그 등기기간의 기산일은 주금납입기일의 다음날이다(1984. 12. 13, 등기 540 질의회답).

핵 심 판 례

■ 이사의 퇴임으로 인한 변경등기기간의 기산일(=후임이사의 취임일) 및 후임이사의 취임 전에 위 변경등기만을 따로 신청하는 것이 허용되는지 여부(소극)

> 대표이사를 포함한 이사가 임기의 만료나 사임에 의하여 퇴임함으로 말미암아 법률 또는 정관에 정한 대표이사나 이사의 원수(최저인원수 또는 특정한 인원수)를 채우지 못하게 되는 결과가 일어나는 경우에, 그 퇴임한 이사는 새로 선임된 이사(후임이사)가 취임할 때까지 이사로서의 권리의무가 있는 것인바(상법 제386조 제1항, 제389조 제3항), 이러한 경우에는 이사의 퇴임등기를 하여야 하는 2주 또는 3주의 기간은 일반의 경우처럼 퇴임한 이사의 퇴임일부터 기산하는 것이 아니라 후임이사의 취임일부터 기산한다고 보아야 하며, 후임이사가 취임하기 전에는 퇴임한 이사의 퇴임등기만을 따로 신청할 수 없다고 봄이 상당하다(대법원 2007. 6. 19.자, 2007마311 결정).

(2) 등기사항

① 발행주식의 총수와 그 종류 및 각각의 수

② 자본의 총액 : 주식의 액면가액에 발행한 신주수를 곱한 금액만큼 자본의 총액이 증가한다. 액면가액 이상으로 신주를 발행한 경우에도 마찬가지이다. 다만, 이 경우에는 액면가액을 초과한 금액은 자본준비금으로 적립된다(상법 제459조 1항 1호).

③ 변경된 취지와 변경연월일 : 변경연월일(변경등기의 원인일자)은 주금납입기일의 다음날이다(선례Ⅰ 870).

④ 액면미달의 주식(신주)을 발행한 경우에는 액면미달사항과 상법 제455조의 규정에 의한 미상각액을 등기하여야 하는데(상법 제426조) 이는 기타사항란에 등기한다.

(3) 등기부 기록방법

신주발행으로 인한 변경등기는 주식회사의 등기기록의 상당란에 발행주식의 총수와 그 종류 및 각각의 수, 자본의 총액, 변경된 뜻과 그 연월일 및 등기연월일을 기재하고 등기관의 식별부호를 기록하여야 하며, 변경 전의 등기사항을 말소하여야 한다(상업등기규칙 제55조). 각종의 주식의 내용은 기타사항란에 기재한다.

(4) 신주발행으로 인한 변경등기의 효력

신주발행으로 인한 변경등기는 자본증가의 효력요건이 아니라 이미 효력이 발생한 신주발행과 자본의 증가를 공시하는 의미가 있다(상법 제37조). 신주의 발행으로 인한 변경등기를 한 날로부터 1년을 경과한 후에는 신주를 인수한 자는 주식청약서 또는 신주인수권증서의 요건의 흠결을 이유로 하여 그 인수의 무효를 주장하거나 사기·강박 또는 착오를 이유로 하여 그 취소를 주장하지 못한다. 1년을 경과하지 않아도 그 주식에 대하여 주주권을 행사한 때에는 같은 제한을 받는다(상법 제427조). 신주발행으로 인한 변경등기를 신뢰하여 거래하는 자를 보호하기 위하여 위의 등기가 있는 후에 아직 인수하지 아니한 주식이 있거나 주식인수의 청약이 취소된 때에는 이사는 공동으로 이를 인수한 것으로 본다(상법 제428조).

(5) 첨부서면(상업등기규칙 제133조)

신주발행으로 인한 변경등기신청서에는 다음의 서류를 첨부(정보를 제공)하여야 한다.

1) 주식의 인수를 증명하는 서면(1호)

가. 현물출자의 경우

현물출자자가 있는 경우 그가 주식을 인수한 것을 증명하는 서면으로서 인수인의 기명날인이 있는 인수증서 등이 이에 해당한다.

나. 기존 주주가 신주를 인수할 경우

기존 주주가 신주를 인수할 경우에는 주식인수증을 첨부하여야 한다. 그러나 신주인수권증서를 발행한 경우에는 주주로부터 그를 양수받은 자는 물론 기존 주주도 이 신주인수권증서로써 주식을 청약하여야 하므로, 그 경우에는 주식인수증은 첨부할 필요 없이 신주인수권증서만 첨부한다.

발행된 신주를 기존주주가 그 소유 주식의 비율에 따라 전부인수하고 그 변경등기를 신청하는 경우에도 주식의 인수를 증명하는 서면과 주식의 청약을 증명하는 서면을 첨부하여야 한다(1997. 1. 31, 등기 3402-71).

다. 금전출자의 경우

금전출자의 경우에는 신주발행으로 인한 변경등기신청서에 주식의 청약을 증명하는 서면 및 주식의 인수를 증명하는 서면을 첨부하여야 한다.

2) 주식의 청약을 증명하는 서면(2호)

신주인수권증서를 발행한 때에는 그로써 주식을 청약하여야 하고 그 증서를 상실한 자 또는 그를 소지하지 아니한 일반 청약인은 주식청약서로 청약하여야 하므로, 주식청약서 또는 신주인수권증서가 이에 해당하는 대표적인 서면이다. 그러나 이 서면에 한하지 않고 주식의 청약이 있었음을 증명하기에 족한 확실한 서면이면 이에 해당한다 할 것이다. 예컨대, 주식모집의 수탁회사가 있는 경우 또는 납입을 맡은 은행 기타 금융기관이 위탁을 받아서 주식청약을 접수한 경우에는 이러한 수탁회사나 은행 등의 증명서(주식청약인의 수, 청약주식의 종류와 수를 기재한 후 증명자인 회사의 대표이사 등이 기명날인하고 주식청약서로 사용한 견본용지를 첨부)로써 주식의 청약을 증명하는 서면으로 할 수 있을 것이나, 이 서면에는 주식청약인의 수, 청약주식의 종류와 수를 기재한 후 증명자인 회사의 대표이사 기타 권한 있는 자가 기명날인하고 주식청약서로 사용한 용지(견본)를 첨부하여야 된다고 할 것이다(일본 등기선례 소화 1928. 7. 18, 민사갑 제1232호).

3) 현물출자에 대한 검사인의 조사보고서와 그 부속서류 또는 감정인의 감정서와 그 부속서류(6호)

주식회사의 신주발행시의 현물출자와 관련하여 변경등기신청서에 첨부되는 검사인·공증인의 조사보고서 또는 감정인의 감정서는 법원에 제출하여 그 부본 표지여백에 법원의 심사결과가 기재되고 재판관의 기명날인이 된 것으로서 법원으로부터 송달받은 부본이어야 한다(송무예규 제719호).

현물출자를 하는 자가 있는 경우에는 이사는 그 사항을 조사하기 위하여 검사인의 선임을 법원에 청구하여야 하되, 이에 갈음하여 공인된 감정인의 감정으로 검사인의 조사에 갈음할 수 있으며(상법 제422조), 외국투자가의 경우에는 관세청장이 현물출자의 이행과 그 목적물의 종류, 수량, 가격 등을 확인한 출자완료확인서로써 검사인의 조사보고서에 갈음할 수 있다(외국인투자촉진법 제30조 3항).

그 외 벤처기업에 대하여 현물출자하는 경우에 대통령령이 정하는 기술평가기관이 산업재산권 등의 가격을 평가한 이것도 공인된 감정인이 감정한 것으로 본다(벤처기업육성에관한특별조치법 제6조).

4) 검사인의 조사보고서나 감정인의 감정결과에 관한 재판이 있은 때에는 그 재판의 등본(7호)

법원은 검사인의 조사보고 또는 감정인의 감정결과를 심사하여 부당하다고 인정한 때에는 이를 변경하여 이사와 현물출자자에게 통고할 수 있고, 이 변경에 불복하는 현물출자자는 그 주식인수를 취소할 수 있으며, 법원의 통고가 있은 후 2주 내에 주식의 인수를 취소하지 아니하면 법원의 통고에 따라 변경된 것으로 본다(상법 제422조). 이 때 현물출자자는 그 재판의 등본을 첨부하면 될 것이다.

5) 주금의 납입을 맡은 은행 기타 금융기관의 납입금보관에 관한 증명(4호)

다만, 신주발행의 결과 자본금 총액이 10억원 미만인 회사에 대하여는 은행이나 그 밖의 금융기관의 잔고증명서로 대체할 수 있다. 소규모 주식회사의 변경등기 절차를 간소화 한 것이다. 이 경우 잔고증명서는 회사의 실지명의 즉, 법인세법에 의하여 부여받은 사업자등록증에 기재된 회사의 상호 및 등록번호를 표시하여 작성된 잔고증명서이어야 한다(금융실명거래 및 비밀보호에 관한 법률 3조 1항, 2조 4호 및 동법 시행령 3조 2호).

기업구조정을 위하여 금융기관이 당해 기업에 대한 대출금을 출자전환하여 신주를 발행하고 그에 따른 변경등기를 신청하는 경우에는 금융기관의 납입금보관에 관한 증명서에 갈음하여 ① 회사가 주식인수인(금융기관)에 대하여 채무를 부담하고 있다는 사실을 증명하는 서면과 ② 그 채무에 대하여 회사로부터 상계의 의사표시가 있음을 증명하는 서면 또는 주식인수인의 상계의사표시에 대하여 회사가 이를 승인하였음을 증명하는 서면, ③ 위와 같은 출자전환이 있었음을 증명하는 금융감독원장의 확인서(은행이 대출금의 출자전환으로 신주를 인수함에 따라 다른 회사의 발행주식의 15/100를 초과하여 소유하게 되는 때에는 금융감독위원회의 승인서)를 제출할 수 있다(예규 제960호).

6) 상법 제418조 2항에 따라 주주 외의 자에게 신주를 배정하는 경우에는 통지 또는 공고를 하였음을 증명하는 정보(3호)

회사는 신기술의 도입, 재무구조의 개선 등 회사의 경영상 목적을 달성하기 위하여 필요한 경우에 한하여 정관에 정하는 바에 따라 주주 외의 자에게 신주를 배정할 수 있다. 회사는 상법 제416조 제1호, 제2호, 제2호의2, 제3호 및 제4호에서 정하는 사항을 그 납입기일의 2주 전까지 주주에게 통지하거나 공고하여야 한다. 이러한 통지 또는 공고를 하였음을 증명하는 정보를 제공하여야 한다.

> 주주 외의 자에게 신주를 배정하는 경우 총주주의 동의로 「상법」 제418조 제4항에 따른 통지 또는 공고를 생략하고 등기신청할 수 있는지 여부

선례요지

주주 외의 자에게 신주를 배정하는 경우 회사는 신주발행사항을 납입기일의 2주 전까지 주주에게 통지하거나 공고하여야 하는 바, 총주주의 동의가 있는 때에는 그 기간을 단축하거나 통지 또는 공고를 생략할 수 있을 것이다. 신주발행을 결정한 이사회결의일과 납입기일과의 시간적 간격이 2주가 되지 않아 통지 또는 공고 기간을 단축한 경우에는 그 변경등기신청서에 당해기간의 단축에 관한 총주주의 동의가 있음을 증명하는 서면을 첨부하여야 한다. 또한 통지 또는 공고를 생략한 경우에는 통지 또는 공고를 하였음을 증명하는 서면에 갈음하여 통지 또는 공고 생략에 관하여 총주주의 동의가 있음을 증명하는 서면을 첨부하여 변경등기를 신청할 수 있다. (2012. 4. 23. 사법등기심의관-1144 질의회답)

참조조문 : 상법 제416조, 제418조 제1항, 제2항, 제4항, 제424조, 상업등기법 제79조 제1항

참조판례 : 대법원 1987. 5. 12. 선고 86다카2705 판결, 대법원 1993. 2. 26. 선고 92다48727 판결

참조예규 : 등기예규 제1445호 제21조

참조선례 : 상업등기선례 1-207

> 신주인수권부사채의 등기사항 중 신주인수권의 행사로 인하여 발행할 주식의 발행가액의 총액에 관한 등기 (제정 2013. 1. 10. [상업등기선례 제2-68호, 시행])

선례요지

1. 「상법」제516조의8제1항제2호는 회사가 신주인수권부사채를 발행한 때에 신주인수권의 행사로 인하여 발행할 주식의 "발행가액의 총액"을 등기하도록 하고 있으므로 액면가액의 총액은 등기할 것이 아니다.

2. 신주인수권부사채에 부여된 신주인수권의 내용으로 발행가액 및 발행가액을 조정할 수 있는 조정 산식을 정하여 이를 등기한 경우, 위 발행가액 또는 조정산식을 변경한 때에는 그 변경내용을 등기하여야 하지만 이 경우에도 신주인수권의 행사로 인하여 발행할 주식의 발행가액 총액이 변경되는 것은 아니므로 그에 따른 변경등기를 할 수 없을 것이다.(2013. 01. 10. 사법등기심의관-123 질의회답)

참조조문 : 상법 제516조의2제3항

참조선례 : 상업등기선례 1-214

7) 주식 인수 가액 납입시 상계가 있는 경우 이를 증명하는 정보(제5호)

신주의 인수인은 회사의 동의가 있는 경우 주식 인수 가액 납입채무와 주식회사에 대한 채권을 상계할 수 있다. 이 경우 이를 증명하는 정보를 제공하여야 한다.

8) 신주발행에 관한 이사회의사록 또는 주주총회의사록과 정관(상업등기규칙 제128조)

신주발행의 결정은 원칙적으로 이사회의 결의에 의하는 것이므로(상 제416조), 이사회의 결의로 신주발행사항을 결정한 때에는 그 의사록만 첨부하면 되나, 정관의 규정에 의하여 이를 주주총회의 결의로 결정한 때에는 그 주주총회의 의사록과 정관을 첨부하여야 한다.

액면미달주식을 발행한 때에는 그 발행에 관한 특별결의를 거친 주주총회의 의사록을 첨부하여야 한다.

9) 대리인에 의하여 신청할 때에는 그 권한을 증명하는 서면(상업등기규칙 제52조)

위임장, 복대리인선임권, 대리인의 위임장 등이 이 서면에 해당한다.

10) 신주발행에 관하여 관청의 허가(인가)를 요하는 경우에는 그 허가(인가)서 또는 인증있는 등본(상업등기규칙 제52조)

액면미달주식을 발행함에는 주주총회의 특별결의와 법원이 허가를 요하므로(상 법 제330조, 제417조), 법원의 허가를 얻은 증명으로써 그 허가결정등본을 첨부하여야 하고, 외국인이 국내에 자본을 반입하여 국내 기업에 투자하는 것은 원칙적으로 자유이나 외국인투자촉진법이 정하는 경우에는 투자가 제한되며, 신주 등을 취득하는 경우에는 산업자원부장관에게 신고하여야 한다(외국인투자법 제4조, 제5조).

11) 정관, 법원의 허가서, 총주주의 동의서(상업등기규칙 128조)

다음과 같이 이 규정에서 열거하는 서면을 첨부한다.

가. 정 관

① 주주총회에서 신주발행의 결의를 한 경우 : 신주발행권한은 원칙적으로 이사회에 있으므로(상법 제416조), 이사회 권한이 아니고 주주총회의 권한으로 정한 경우에는 그를 증명하는 정관을 첨부하여야 한다. 다만, 이사가 1인인 회사는 당연히 주주총회의 권한이므로 이를 첨부할 필요가 없다.

② 주주에게 신주인수권을 부여하지 아니한 경우 : 주주에게 신주인수권을 부여하는 것이 원칙이므로 주주에게 신주인수권을 부여하지 아니한 경우에는 그를 증명하는 정관을 첨부하여야 한다.

나. 법원의 허가서(인가서)

① 액면 미달의 신주를 발행한 경우 : 회사가 성립한 날로부터 2년을 경과한 후에 주식을 발행하는 경우에 회사는 정관변경의 특별결의와 법원의 인가를 얻어 주식을 액면미달의 가액으로 발행할 수 있으므로(상 제417조, 제434조) 이 때에는 법원의 허가서와 특별결의를 한 사실을 증명하는 서면을 첨부하여야 한다. 다만, 주권상장법인은 주주총회의 특별결의로 할인발행을 할 경우 법원의 인가는 필요하지 아니하다(자본시장과 금융투자업에 관한 법률 제165조의8).

② 주식납입금의 보관증명을 한 은행 기타 금융기관이 주식청약서 등에 기재된

납입을 맡을 은행 기타 금융기관과 상이한 경우(상법 제306조, 제425조)

다. 총주주의 동의서

① 실권예고부최고기간을 단축한 경우 : 회사는 신주를 발행함에 있어서 신주인수권을 가진 자에게 그 인수권을 가지는 주식의 종류 및 수와 일정한 기일까지 주식인수의 청약을 하지 아니하면 그 권리를 잃는다는 뜻의 통지를 2주간 전에 하여야 하고, 무기명식의 주권을 발행한 경우에는 이를 공고하여야 한다. 이를 실권예고부의 주식청약최고라 한다.

이 최고기간을 단축한 경우 실무상 등기신청서에 신주인수권포기서를 첨부하는 경우도 있으나, 총주주의 동의서를 첨부하면 족할 것이다.

② 납입기일을 변경한 경우 : 주식인수인이 생긴 후 납입기일을 변경하는 경우에는 총주주의 동의서가 필요하나, 납입기일 전에 신주에 대한 납입이 완료되어 그 기일이 앞당겨 변경한 경우에는 첨부할 필요가 없다.

12) 실권주의 처리에 관한 이사회의사록 또는 주주총회의사록

신주발행의 결의를 하는 이사회 또는 주주총회에서 실권주가 발생할 것에 대비하여 이에 관한 처리방법을 미리 정하고 의사록에 그 기재가 있는 때에는 위 8)의 서면으로써 족하나, 그렇지 아니한 경우에 실권주가 생긴 때에는 그 처리방법을 결정한 이사회 또는 주주총회의 의사록을 따로 첨부하여야 한다.

회사가 신주를 발행하는 경우에는 신주인수권의 내용 및 예정일을 지정하여 공고하도록 규정하고 있으나(상법 제418조 2항), 상업등기법이 그 공고문을 등기신청에 필요한 서면으로 규정하고 있지 않으므로 신주배정일공고문은 첨부할 필요가 없다(선례Ⅰ 869).

(6) 등록면허세, 지방교육세, 농어촌특별세, 등기신청수수료

본점소재지에서는 불입한 금액 또는 출자액의 1,000분의 4에 해당하는 금액의 등록면허세와 등록면허세의 100분의 20의 지방교육세를 납부하여야 하고(지방세법 제28조 1항 6호 가목, 제151조 1항 2호). 이를 증명하는 서면을 첨부하여야 한다.

그러나 대도시에서 설립한 법인 또는 대도시 내로 전입한 법인이 설립 또는 전입 후 5년 내에 증자하는 경우에는 위 세율의 3배, 즉 1,000분의 12에 해당하는 금액의 등록면허세를 납부하여야 한다(지방세법 제28조 2항 1호, 2호).

실무상 위 자본증가에 대한 등록면허세 및 변경등기에 대한 등록면허세(4만2백원)를 포함하여 납부하는 경우가 있으나, 이 변경등기의 등록면허세는 그 근거가 없으므로 자본증가에 대한 등록면허세만 납부하면 된다.

등기신청수수료는 6,000원이다(전자표준양식에 의하여 신청하는 경우는 4,000원, 전자신청의 경우에는 2,000원이다). 등록면허세와 달리 신주발행으로 인한 자본증가의 등기와 회사가 발행할 주식의 총수의 변경등기를 일괄하여 하나의 신청서로 동시에 신청하는 경우에도 등기신청수수료는 각각의 것을 합산하여 납부하여야 한다(예규 제1403호 3. 참조).

■ 이견있는 등기에 대한 견해와 법원판단 ■

[주주의 신주인수권의 양도]

1. 문제점 : 추상적 신주인수권은 주주권의 일부로서 독립하여 양도가 불가능하고 주식양도에 수반하여 이전가능하고, 구체적 신주인수권은 독립적인 채권적 권리로서 주식과 분리하여 양도가 가능한데, 이사회의 결의가 있어야 양도가능성이 긍정되는지가 문제된다.

2. 학설

 (1) 소극설(다수설) : 이사회의 결의가 있어야만 회사에 대하여 효력이 있다는 견해이다. 상법 제416조 5호에서는 신주인수권의 양도사항을 이사회가 결정한다고 규정하고 있고, 제420조의3 1항에서는 신주인수권의 양도는 신주인수권증서의 교부에 의해서만 가능한데, 제416조 6호에 의하면 신주인수권증서의 발행여부는 이사회가 결정함을 이유로 한다.

 (2) 적극설 : 이사회의 결의가 없더라도 회사에 대하여 효력이 있다는 견해이다. 신주인수권 양도는 주주의 비례적 이익을 보호하기 위한 것이고, 상법 제416조 5호는 회사의 편의에 따라 신주인수권증서발행을 선택할 수 있음을 의미하는 것일 뿐이라는 것이다.

3. 판례

대법원은 신주인수권의 양도에 관하여 이사회가 결정한 것이 없다고 하더라도 회사가 그 양도를 승낙한 때에는 회사에 대하여 효력이 있다고 판시하였다. 상법 제416조 5호의 규정은 회사측의 신주발행사무의 편의를 위한 것이고, 상법이 주권발행 전 주식의 양도는 회사에 대하여 효력이 없다고 엄격하게 규정한 것(상 제335조 3항 본문)과 달리 신주인수권의 양도에 대하여는 정관이나 이사회의 결의를 통하여 자유롭게 결정할 수 있도록 규정한 것을 이유로 한다. 신주인수권증서가 발행되지 아니한 신주인수권의 양도는 주권발행 전의 주식양도에 준하여 지명채권양도의 일반원칙에 따른다고 보아야 한다는 점도 근거로 들고 있다(94다36421).

【쟁점질의와 유권해석】

〈기업구조조정을 위한 금융기관대출금의 출자전환에 따른 변경등기신청시 '주금을 납입한 은행 기타 금융기관의 납입금보관에 관한 증명서'에 갈음하여 제출할 수 있는 서면〉

기업구조조정을 위하여 금융기관이 당해 기업에 대한 대출금을 출자전환하여 신주를 발행하고 그에 따른 변경등기를 신청하는 경우, 상업등기법 제82조 제5호에 규정된 '주금을 납입한 은행 기타 금융기관의 납입금보관에 관한 증명서'에 갈음하여 ㄱ) 회사가 주식인수인(금융기관)에 대하여 채무를 부담하고 있다는 사실을 증명하는 서면, ㄴ) 그 채무에 대하여 회사로부터 상계의 의사표시가 있음을 증명하는 서면 또는 주식인수인의 상계의사표시에 대하여 회사가 이를 승인하였음을 증명하는 서면, ㄷ) 위와 같은 출자전환이 있었음을 증명하는 금융감독위원장의 확인서(은행법 제37조 제2항에 해당하는 경우에는 금융감독위원회의 승인서)를 제출할 수 있다.

▣ 이견있는 등기에 대한 견해와 법원판단 ▣

[현물출자와 주주의 신주인수권]

1. 문제점 : 신주발행시 현물출자의 형태로 출자를 받는 경우, 현물출자자의 자격을 이사회의 결정만으로 결정할 수 있는지, 아니면 정관규정 또는 주주총회특별결의가 필요한지 여부가 문제된다.

2. 학설

 (1) 제1설 : 상법 제416조 4호의 규정과 회사의 자금조달의 필요성을 강조하여 이사회의 결정만으로 가능하다는 견해이다.

 (2) 제2설 : 주주의 신주인수권 침해의 가능성을 이유로 정관의 규정, 주주총회특별결의가 필요하다는 견해이다.

3. 판례

 증여세 부과처분 취소소송사건에서 현물출자자에 대하여 발행하는 신주에 대하여는 일반주주의 신주인수권은 미치지 않는다고 판시하여 제1설의 태도와 같다(88누889).

> 신주발행으로 인한 변경등기의 신청서에 신주의 인수인별로 반드시 주식인수증을 첨부하여야 하는지
> 여부

신주발행으로 인한 변경등기의 신청서(비송사건절차법 제205조)에는 주식의 청약을 증명하는 서면뿐만 아니라 주식의 인수를 증명하는 서면도 첨부하여야 한다. 다만, 그 주식의 인수를 증명하는 서면이 신주의 인수인이 작성한 주식인수증에 한정되는 것은 아니다. 현물출자를 하는 자와 회사 간의 신주인수계약서, 주주명부 기타 주식의 배정 상황(각 인수인에게 배정한 주식의 수)에 관하여 대표이사가 작성한 서면도 주식의 인수를 증명하는 서면에 해당한다. (2007. 1. 10. 공탁상업등기과-45 질의회답)

참조조문 : 비송사건절차법 제205조

참조판례 : 서울 고등법원 2005. 11. 4. 선고 2005누5552 판결

주)비송사건절차법 제205조는 상업등기규칙 제133조로 변경됨

【쟁점질의와 유권해석】

〈신주발행에 따른 변경등기신청서에 첨부하여야 하는 주식청약을 증명하는 서면을 지배인이 작성할 수 있는지 여부〉

지점의 지배인은 그 지점의 영업에 관하여 영업주에 갈음하여 재판상 또는 재판 외의 모든 행위를 할 수 있는바, 신기술사업자에 대한 투자 등을 목적으로 하는 갑주식회사의 지점의 지배인은 신기술사업자인을 주식회사가 발행하는 신주에 대한 청약이 그 지점의 영업에 속하는 경우에는 영업주에 갈음하여 청약을 할 수 있다. 따라서 위 을주식회사의 신주발행으로 인한 변경등기신청서에 첨부되는 주식의 청약을 증명하는 서면은 갑주식회사의 지점의 지배인이 날인한 것을 첨부할 수 있다(1999. 10. 21, 등기 3402-976 질의회답).

핵 심 판 례

■ 회생계획에서 별도의 납입 등을 요구하지 아니하고 신주발행 방식의 출자전환으로 기존 회생채권 등의 변제를 갈음하기로 하면서 출자전환에 의하여 발행된 주식은 무상으로 소각하기로 정한 경우, 출자전환의 전제가 된 회생채권 등이 대손금으로 인정되는 사유로 정한 '회생계획인가의 결정에 따라 회수불능으로 확정된 채권'에 해당하는지 여부(적극)

> 회생계획에서 별도의 납입 등을 요구하지 아니하고 신주발행 방식의 출자전환으로 기존 회생채권 등의 변제를 갈음하기로 하면서도 출자전환에 의하여 발행된 주식은 무상으로 소각하기로 정하였다면, 인가된 회생계획의 효력에 따라 새로 발행된 주식은 그에 대한 주주로서의 권리를 행사할 여지가 없고 다른 대가 없이 그대로 소각될 것이 확실하게 된다. 그렇다면 위와 같은 출자전환의 전제가 된 회생채권 등은 회생계획인가의 결정에 따라 회수불능으로 확정되었다고 봄이 타당하다(대법원 2018. 6. 28. 선고 2017두68295 판결).

【서식】주식회사변경등기신청서(금전출자에 의한 신주발행의 경우)

<table>
<tr><td colspan="4" align="center">주식회사변경등기신청</td></tr>
<tr><td rowspan="2">접 수</td><td>2000년 0월 0일</td><td rowspan="2">처리인</td><td>등기관 확인</td><td>각종 통지</td></tr>
<tr><td>제0000호</td><td></td><td></td></tr>
</table>

상 호	○○주식회사	등기번호	제1000호
본 점	○○시 ○○구 ○○길 ○○		
등 기 의 목 적	신주발행으로 인한 변경등기		
등 기 의 사 유	2000년 0월 0일 이사회(주주총회)의 신주식 ○○○주 발행결의에 의하여 주주를 모집하고, 동년 0월 0일 그 납입이 완료되어 발행주식의 총수와 그 종류 및 각각의 수, 자본의 총액이 변경되었으므로 다음 사항의 등기를 구함.		

등 기 할 사 항	
발행주식의 총수, 그 종류와 각종 주식의 내용과 수	보통주식 ○○○주 우선주식 ○○○주
자본금의 총액	금○○○원
종류주식의 내용	
기 타	해당 없음

등록면허세	금 원	지방교육세	금 원	농어촌특별세	금 원
세액합계	금 원		등기신청수수료	금 원	
등기신청수수료 납부번호					
과세표준액	금 원				

첨　부　서　면

1. 정관 및 공증받은 이사회의사록 또는 　 주주총회의사록　　　　　　　　통 1. 주식의 인수를 증명하는 서면　　통 1. 주식청약서　　　　　　　　　　통 1. 주금납입보관증명서 또는 잔고증명서 　 등　　　　　　　　　　　　　통	1. 제3자 배정의 경우 주주에게 통지 또는 　 공고하였음을 증명하는 서면　　통 1. 등록면허세영수필확인서　　　　통 1. 등기신청수수료영수필확인서　　통 1. 위임장(대리인이 신청할 경우)　통 〈기 타〉

20○○년 ○월 ○일

신 청 인　　　　상　호　○○주식회사

　　　　　　　　본　점　○○시 ○○구 ○○길 ○○

대표이사　　　　성　명　○ ○ ○ (인)　(전화 : 02-123-4567)

　　　　　　　　주　소　○○시 ○○구 ○○길 ○○

대 리 인　　　　성　명　법무사 ○ ○ ○ (인)　(전화 : 02-456-7890)

　　　　　　　　주　소

○○지방법원 ○○등기소 귀중

- 신청서 작성요령 -

1. 해당란이 부족할 때에는 별지를 이용합니다.
1. 해당 등기신청과 관계없는 사항에 대하여는 “해당없음”으로 기재하거나 삭제하고, 필요한 사항은 추가 기재합니다.

【서식】신주인수포기서

신주인수포기서

　본인은 귀 회사 구주주인 바, 20○○년 ○월 ○일 이사회에서 신주식 10,000주를 발행하고 20○○년 ○월 ○일 현재 주주명부에 기재되어 있는 주주가 소유하고 있는 주식의 안분비례로 구주주가 20○○년 ○월 ○일까지 인수키로 결의 되었으나, 배정주식 지분 전량(또는 일부)을 포기합니다.

20○○년 ○월 ○일

○○주식회사

주주 ○ ○ ○ ⑪

○○주식회사 대표이사　귀하

【서식】신주식청약서

신주식청약서

1. 상 호 ○○주식회사
2. 인수할 주식의 종류와 수 우선주식 ○○주
3. 위 총액 금○○○○○원
4. 1주의 금액 금○○○원

위 회사의 정관과 이 청약서에 기재한 사항을 승낙하고 위 주식을 청약합니다.

2000년 ○월 ○일

신주식인수청약인 ○ ○ ○ ⑩

○○시 ○○구 ○○길 ○○

○○주식회사   귀중

(후면 또는 별지)

1. 상   호   ○○주식회사

2. 인수할 주식의 종류와 수   우선주식 ○○주

3. 1주의 금액   금○○○원

4. 신주식의 종류와 수   보통주식 ○○주, 우선주식 ○○주

5. 신주식의 발행가액   보통주식 1주의 금○○○원
                       우선주식 1주의 금○○○원

6. 납입기일   20○○년 ○월 ○일

7. 납입받을 금융기관과 납입장소   ○○은행 ○○지점

8. 주식의 양도에 관하여 이사회의 승인을 요하는 때에는 그 규정 주식의 양도는
   이사회의 승인을 얻어야 한다(정관에 규정된 때).

9. 신주식인수의 방법   각 주주가 가진 주식수의 비율에 따라 신주식을 배정하고
   주주가 인수권을 포기한 신주식은 이를 일반으로부터 공모한다.

10. 신주식발행 결의연월일   20○○년 ○월 ○일

11. 명의개서대리인   국민은행 또는 증권예탁원

12. 현물출자자   ○○○, ○○○

13. 배당할 이익으로 주식을 소각하기로 한 규정

14. 액면미달 주식의 발행조건   ○○○○○○○○○○

【서식】주주권행사위임확약서(신주인수권증서 양도·양수의 경우)

주주권행사위임확약서(신주인수권증서양도서)

○○주식회사 귀중

  귀사가 당사에게 배정한 신주는 지배적 주주권을 행사할 수 있는 주주에게 아래와 같이 양도코자 하오며, 신주인수권 양수인은 주식을 인수한 후 동 주주권 행사를 신주인수권 양도인에게 위임하겠음을 양수인과 양도인이 연서하여 확약합니다.

아 래

1. 신주인수권 양도 주식수   ○○○주
2. 신주인수권 양수 주식수   ○○○주

2O○○년 ○월 ○일

신주인수권 양도인 ○ ○ ○ ⑩
서울시 ○○구 ○○길 ○○
신주인수권 양수인 ○ ○ ○ ⑩
서울시 ○○구 ○○길 ○○

【서식】주식회사변경등기신청서(현물출자에 의한 신주발행)

<table>
<tr><td colspan="3" align="center">주식회사변경등기신청</td></tr>
<tr><td rowspan="2">접 수</td><td colspan="2">년 월 일</td><td rowspan="2">처리인</td><td>등기관 확인</td><td>각종 통지</td></tr>
<tr><td>제</td><td>호</td><td></td><td></td></tr>
</table>

①상 호	○○ 주식회사	②등기번호	○○○○○○
③본 점	서울특별시 ○○구 ○○로 ○○		
④등기의 목적	신주발행으로 인한 변경등기		
⑤등기의 사유	20○○년 ○월 ○일 이사회(주주총회)의 신주식 ○○주 발행결의에 의 하여 주주를 모집하고, 동년 ○월 ○일 그 납입이 완료되어 발행주식의 총수와 그 종류 및 각각의 수, 자본의 총액이 변경되었으므로 다음사항의 등기를 구함		
	등 기 할 사 항		
⑥발행주식의 총수와 그 종류 및 각각의 수	보통주식 ○○○주 우선주식 ○○○주		
⑦자본금의 총액	금○○○○○○원		
⑧종류주식의 내용			
기 타			

⑨등록면허세	금 원	⑩지방교육세	금 원	농어촌특별세	금 원
⑪세 액 합 계	금 원		⑫등기신청 수수료	금 원	
등기신청수수료 납부번호					
⑬ 과세표준액			금 원		

<table>
<tr><td colspan="2" align="center">⑭첨　　부　　서　　면</td></tr>
<tr>
<td>
1. 정관 및 공증받은 이사회의사록 또는 주주
　총회의사록　　　　　　　　　　　　통
1. 주식의 인수를 증명하는 서면　　　통
1. 검사인의 조사보고서 및 그 부속서류　통
1. 현물출자증서　　　　　　　　　　통
1. 현물출자재산인수증　　　　　　　통
</td>
<td>
1. 등록면허세영수필확인서　　　　통
1. 등기신청수수료영수필확인서　　통
1. 위임장(대리인이 신청할 경우)　통
〈기 타〉
</td>
</tr>
</table>

년   월   일

⑮신청인   상　호

　　　　　본　점

대표이사 성　명　　　　　　　(인)　(전화 :　　　)

　　　　　주　소

대리인   성　명　　　　　　　(인)　(전화 :　　　)

　　　　　주　소

지방법원   등기소 귀중

- 신청서 작성요령 -

1. 해당란이 부족할 때에는 별지를 이용합니다.
1. 해당 등기신청과 관계없는 사항에 대하여는 "해당없음"으로 기재하거나 삭제하고, 필요한 사
　항은 추가 기재합니다.

【서식】주식인수증(금전출자의 경우)

<table>
<tr><td colspan="2" align="center">**주식인수증**</td></tr>
<tr><td>상   호</td><td>○○주식회사</td></tr>
<tr><td>인수할 주식의 종류와 수</td><td>보통주식 ○○주, 우선주식 ○○주</td></tr>
<tr><td>위   총   액</td><td>금○○○원</td></tr>
<tr><td>1 주 의 금 액</td><td>금○○○원</td></tr>
<tr><td>납 입 기 관 및 장 소</td><td>○○은행 ○○지점</td></tr>
</table>

위의 주식을 발기인으로서 인수합니다.

2○○○년 ○월 ○일

발기인 ○ ○ ○ ㉠

○○시 ○○구 ○○길 ○○

○○주식회사 발기인대표 귀하

【서식】주식인수증(현물출자의 경우)

<table>
<tr><td colspan="2" align="center">주식인수증</td></tr>
<tr><td>상　　　　　　　　호</td><td>○○주식회사</td></tr>
<tr><td>인수할 주식의 종류와 수</td><td>보통주식 ○○주, 우선주식 ○○주</td></tr>
<tr><td>위　　총　　액</td><td>금○○○원</td></tr>
<tr><td>1　주　의　금　액</td><td>금○○○원</td></tr>
</table>

본인 소유의 아래 표시 재산을 현물출자하고 위의 주식을 인수합니다.

2○○○년 ○월 ○일

발기인　○　○　○　㊞ (또는 서명)
○○시 ○○구 ○○길 ○○

○○주식회사 발기인대표　귀하

〈현물출자목적 재산표시〉

　○○시 ○○구 ○○길 ○○

　대지 ○○㎡

　평 가 액　금○○○원

　위 지상

　철근콘크리트 3층 사무소

　　1층 ○○㎡

　　2층 ○○㎡

　　3층 ○○㎡

　평 가 액　금○○○원

　총평가액　금○○○원

【서식】현물출자완료확인신청서

현물출자완료 확인신청서

※ 바탕색이 어두운 난은 신청인이 적지 않으며, [　]에는 해당되는 곳에 √표를 합니다.

접수번호		접수일	처리일		처리기간	즉시
외국투자가 상호 또는 명칭(영문)			국적			

외국인 투자기업	상호 또는 명칭	
	주소	(전화번호:　　　　　　　　　)
	사업자등록번호	

신고된 내용	외국인투자 신고일	년　　　　월　　　　일
	외국인투자금액 및 비율(%)	원(USD　　　　상당),　　　　%

세관수입신고 수리일	

현물출자의 내용	품명	수량	규격	제작자	금액

「외국인투자 촉진법」 제30조제3항 및 같은 법 시행규칙 제24조제1항에 따라 현물출자완료 확인을 위와 같이 신청합니다.

년　　　　월　　　　일

신고인　　　　　　　　　　　　　　　(서명 또는 인)

(또는 대리인)　　　　　　　　　(전화 :　　　　　　　)

관세청장　귀하

신청인 귀하

위의 신청을 확인합니다.

년　　　　월　　　　일

관세청장　　[직인]

관세청장 확인사항	수입신고필증	수수료 없음

행정정보 공동이용 동의서

본인은 이 신청의 업무처리와 관련하여 「전자정부법」 제36조제1항에 따른 행정정보의 공동이용을 통하여 관세청장이 해당 수입신고필증에 관한 사항을 확인하는 것에 ([　]동의합니다, [　]동의하지 않습니다) *동의하지 아니하는 경우에는 신청인이 직접 수입신고필증 사본을 제출하여야 합니다.

신청인 주민등록번호(외국인등록번호):　　　　　　　　신청인　　　　(서명 또는 인)

210mm×297mm(백상지 80g/㎡)

VIII. 준비금의 자본전입으로 인한 변경등기

■ 핵 심 사 항 ■

1. 준비금의 자본전입에 의한 신주발행
  (1) 의의 : 준비금의 자본전입이란 회사의 법정준비금 계정의 금액을 자본금 계정으로 이체하는 것을 말한다(상법 제461조). 원래 법정준비금은 회사의 자본결손을 전보하는 데에만 사용할 수 있지만(상법 제460조) 예외적으로 이를 재원으로 하여 자본을 증가시킬 수도 있다. 이를 준비금의 자본전입을 통한 무상증자라고 하며 이를 통해 발행되는 신주를 무상주라고 부른다.
  (2) 절차 : 원칙적으로 이사회결의를 거쳐야 하며(상법 제461조 1항 본문), 결의가 있는 때에는 회사는 신주의 배정기준일을 정하여 그 날에 주주명부에 기재된 주주가 신주의 주주가 된다는 뜻을 배정기준일의 2주전에 공고하여야 한다(동조 3항). 다만 정관에 규정이 있을 때에는 주주총회에서 자본전입을 결의 할 수도 있다(동조 1항 단서).
2. 변경등기절차 : 자본전입의 효력이 발생한 날(이사회결의시는 전입공고에서 정한 신주배정일, 주주총회에서 결의한 때에는 결의일)로부터 본점소재지에서는 2주간 내에 발행주식의 총수와 종류 및 각각의 수, 자본총액, 이것이 변경된 뜻과 그 연월일을 등기하여야 한다(상법 제317조 4항, 제183조).

1. 준비금의 의의와 종류 등

(1) 의 의

　　준비금이란 회사의 이익을 주주에게 배당하지 않고 일정한 목적을 위하여 회사에 적립하여 두는 계산상의 수액으로서 자본금과 함께 이익산출의 공제항목이 되는 것이다. 준비금은 법정준비금(법률의 규정에 의하여 주주나 회사채권자를 위하여 회사이익금 중 일정한 한도까지 이익배당에서 제외하여 적립이 강제되는 것으로 자본준비금과 이익준비금이 있다)·임의준비금(정관의 규정이나 주주총회의 결의에 의하여 적립되는 것이다)·비밀준비금·의사준비금 등 그 기준을 달리함에 따라 여러 가지로 분류되나 상업등기와 관계되는 것은 법정준비금이다. 법정준비금은 법률의 규정에 의하여 그 적립이 강제되고 자본의 결손전보와 기업의 유지·발전 및 회사채권자보호 등을 위하여 그 적립이 요구되는 것으로, 이익준비금과 자본준비금이 있다. 법정준비금은 자본의 결손보전에 충당하는 경우 이외에는 이를 처분하지 못한다(상 법 제460조). 2011년 개정전 상법은 이익준비금으로 자본의 결손보전에 충당하고서도 부족한 경우가 아니면 자본준비금으로 이에 충당하지 못한다고 규정하고 있었다(개정전 상법 제460조 제2항). 이는 이익준비금의 영업이익적 성격, 자본준비금의 자본적 성격에 역점을 두어 보전의 순위에 차별을 둔 것이었다. 그러나 2011년 4월 14일 상법개정시 제2항을 삭제하였다. 즉, 개정법에서는 자본준비금과 이익준비금을 가리지 않고 배당재원으로 전용할 수 있도록 준비금의 관리에 탄력성을 부여하였으므로(준비금의 감소제도, 제461조의2) 결손의 본전에 이익준비금과 자본준비금에 차이를 두는 것 자체가 무의미하다고 보아 보전순서에 관한 제한을 없앴다[48].

(2) 법정준비금의 종류

1) 이익준비금(상법 제458조)

이익준비금이란 매 결산기의 이익을 재원으로 하여 손실의 전보와 영업상태의 악화에 대비하여 적립하는 준비금으로서, 자본의 1/2에 달할 때까지 매 결산기 이익배당액의 1/10 이상을 적립한 것이다. 현금의 사외유출이 없는 주식배당액과 관련해서는 준비금을 적립할 필요가 없다(상법 제458조)[49]. 이익준비금 명목으로 적립하였다 하더라도 자본의 1/2을 초과하는 금액은 이익준비금이 될 수 없고 임의준비금이라 할 것이므로 자본에 전입할 수 없다(선례 Ⅵ 653, 일본 소화 1928. 2. 2, 민사갑 제110호 민사국장 회답). 임시주주총회의 결의로 임의준비금을 자본금의 1/2의 범위 내에서 이익준비금으로 처분한 후 이를 자본전입할 수 없다(선례 Ⅳ 862).

상법은 합병으로 인하여 소멸하는 회사의 이익준비금 기타 법정준비금은 합병 후 존속하는 회사 또는 합병으로 인하여 설립되는 회사가 이를 승계할 수 있다고 규정하고 있다(상법 제459조).

---

48) 2011 개정상법 축조해설(박영사, 이철송) 200면
49) 2011.4.14. 개정 상법하에서는 현금배당뿐만 아니라 현물배당도 가능하게 되었다(상 제462조의4). 따라서 개정상법은 현물배당의 경우에도 이익준비금을 적립하도록 하기 위해 이익준비금의 적립기준을 '금전에 의한 이익배당액의 10분의 1이상'에서 '이익배당액의 10분의 1이상'으로 변경하였다. 다만, 잉여금의 사외유출이 없는 주식배당의 경우에는 적립이 강제되지 않는다(상법 제458조).

【쟁점질의와 유권해석】

〈자본의 2분의 1을 초과하는 이익준비금의 자본전입 가부〉

상법 제461조 1항의 규정에 의하여 자본에 전입할 수 있는 준비금은 법정준비금에 한한다고 해석되므로 임의준비금은 자본에 전입할 수 없으며, 자본의 2분의 1을 초과하는 이익준비금이 적립된 경우에 그 초과액은 임의준비금으로 보아야 할 것이므로 그 초과액은 자본에 전입할 수 없다(1994. 3. 22. 등기 3402-233 질의회답).

2) 자본준비금(상법 제459조)

이익준비금이 회사의 영업활동에서 나온 이익의 일부임에 반하여 자본준비금은 다음의 금액을 재원으로 하는 준비금으로서 본래부터 이익으로 배당할 수 있는 것이 아니고 자본에 준하는 것이기 때문에 적립한도가 없고 그 전액의 적립이 강제된다. 즉 영업이익 외의 원천에서 생긴 자본의 증가분을 말한다.

2011년 개정전 상법에서는 자본준비금으로 적립할 재원을 열거하였는데 그 내용은 다음과 같다.

① 액면초과금(주식발행초과금) : 액면 이상의 주식을 발행한 때 그 액면을 초과한 금액

② 감자차익금(감자차액) : 자본감소의 경우에 그 감소액이 주식의 소각·주금의 반환에 요한 금액과 결원의 보전에 충당한 금액을 초과한 때에는 그 초과금액

③ 합병차익금(합병차액) : 회사합병의 경우에 소멸된 회사로부터 승계한 재산의 가액이 그 회사로부터 승계한 채무액, 그 회사의 주주에게 지급한 금액과 합병 후 존속하는 회사의 자본증가액 또는 합병으로 인하여 설립된 회사의 자본액을 초과한 때에는 그 초과금액. 초과금액 중 합병으로 인하여 소멸하는 회사의 이익준비금 기타 법정준비금은 합병 후 존속하는 회사 또는 합병으로 인하여 설립되는 회사가 이를 승계할 수 있다.

④ 분할차익금(상법 제459조 1항 3호의2) : 회사의 분할 또는 분할합병으로 인하여 설립된 회사 또는 존속하는 회사에 출자된 재산의 가액이 출자한 회사로부터 승계한 채무액, 출자한 회사의 주주에게 지급한 금액과 설립된 회사의 자본액 또는 존속하는 회사의 자본증가액을 초과하는 때에는 그 초과금액. 이 초과금액이 회사의 분할·분할합병에 의한 차액으로서 자본준비금이 되고, 이 분할차익 중 분할회사의 이익준비금 기타 법정준비금은 신설회사 또는 존속회사가 승계할 수 있다.

⑤ 주식의 포괄적 교환·이전 차익금(상법 제459조 1항 1호의2, 1호의3) : 주식의 포괄적 교환·이전을 한 경우에 완전 모회사가 되는 회사의 자본증가의 한도액이 완전 모회사의 증가한 자본액을 초과한 경우 그 초과액

⑥ 기타 자본거래에서 발생한 잉여금 : 국고보조금·공사부담금·보험차익·자산수증차익·채무면제차익·자기주식처분이익 등

2011년 4월 14일 개정상법에서는 기업회계관행에서 자본잉여금으로 다루는 것을 상법상의 자본준비금으로 수용하기 위해 자본준비금의 재원을 '자본거래에서 발생한 잉여금'이라고 포괄적으로 규정하고 구체적인 열거는 시행령으로 미루었다. 이에 따라 개정된 상법시행령 제18조에서는 '법 제459조제1항에 따라 회사는 제15조에서 정한 회계기준에 따라 자본잉여금을 자본준비금으로 적립하여야 한다'고 규정하고 있다. 그 내용은 다음과 같다(상법시행령 제15조).

① 「주식회사의 외부감사에 관한 법률」 제2조에 따른 외부감사 대상 회사: 같은 법 제13조제1항에 따른 회계처리기준

② 「공공기관의 운영에 관한 법률」 제2조에 따른 공공기관: 같은 법에 따른 공기업·준정부기관의 회계 원칙

③ 그 외의 회사 등: 회사의 종류 및 규모 등을 고려하여 법무부장관이 금융위원회 및 중소기업청장과 협의하여 고시한 회계기준

(3) 자본전입 대상 준비금

자본전입이란 준비금을 자본으로 전입하여 자본을 증가시키는 것을 말한다. 자본전입의 대상이 되는 것은 법정준비금에 한하지 않고 임의준비금도 될 수 있으나, 예규와 실무례는 상법 제461조 1항의 규정에 의하여 자본에 전입할 수 있는 준비금은 법정준비금에 한한다고 해석하므로, 임의준비금은 자본전입 대상이 안 되는 것으로 처리하고 있다(1994. 3. 22. 등기 3402-233, 1999. 9. 27. 등기 3402-914 질의회답).

법정준비금인 한 이익준비금이든 자본준비금이든 모두 자본전입의 대상이 된다. 법정준비금의 자본전입의 한도에 관하여는 아무런 제한이 없으므로 그 전부를 자본전입의 대상으로 할 수 있다.

다만, 앞서 말했듯이 자본의 2분의 1을 초과하여 이익준비금이 적립된 경우에 그 초과액은 임의준비금으로 보아야 할 것이므로, 그 초과액은 자본에 전입할 수 없다(상법 제458조, 제461조, 1999. 9. 27. 등기 3402-914 질의회답).

법정준비금은 자본의 결손전보에 충당하는 경우 외에는 이를 처분하지 못한다(상법 제460조).

임의준비금은 직접 자본전입을 할 수는 없으나, 간접적으로 ① 임의준비금을 배당가능한 이익으로 환원시켜서 주주총회의 결의에 의하여 주식배당을 함으로써(상법 제462조의2) 자본으로 전환할 수 있고, ② 이익준비금의 적립한도(상법 제458조)가 남아 있는 경우에 주주총회의 결의로 임의준비금을 이익준비금으로 전환시킨 다음 이를 자본에 전입시킬 수도 있다.

【쟁점질의와 유권해석】

〈재무구조개선적립금의 자본전입의 가부〉

ㄱ) 상장법인의 경우

상장법인의 경우에는 증권거래법에서 재무구조개선적립금의 적립이 의무화되어 있고 이를 이월결손금의 보전이나 자본전입에만 사용할 수 있도록 한 규정에 의하여 재무구조개선적립금을 이사회의 결의로 자본전입할 수 있다.

ㄴ) 비상장법인의 경우

비상장법인의 경우에는 주주총회의 결의나 정관의 규정에 의하여 재무구조개선 적립금과 유사한 적립금을 조성할 수는 있지만 이는 임의준비금의 성격을 가지므로 이를 주주총회의 결의나 이사회의 결의로써 자본전입할 수 없다.

2. 자본전입절차 및 효력

(1) 자본전입절차

준비금은 원래 자본의 결손이 생긴 경우에 이를 전보하기 위하여 적립하는 것이나(상법 제460조), 그 중 자본준비금은 무제한으로 적립이 강제되므로 때로는 자본과 준비금 사이의 불균형이 생기는 경우가 있다. 이러한 불균형을 시정하고 정상적인 자본구성을 하기 위하여 준비금을 자본전입 하도록 인정하고 있다.

1) 이사회 또는 주주총회의 결의

회사는 이사회의 결의에 의하여 준비금의 전부 또는 일부를 자본에 전입할 수 있다. 다만, 이사가 1인인 회사는 이사회가 존재하지 아니하므로 주주총회의 결의에 의하여 한다(상법 제383조 4항). 그리고 정관으로 주주총회에서 결정하기로 한 경우에는 주주총회의 보통결의에 의한다(상법 제461조 1항). 준비금의 자본전입을 결

의하는 주주총회는 회사의 정관에 이를 정기주주총회로 한정한다는 등의 규정이 없
는 한 임시주주총회를 개최하여 자본전입의 결의를 할 수 있다(선 2000. 1. 14.).

자본전입을 할 때에는 주주에 대하여 그가 가진 주식의 수에 따라 주식을 발행하
여야 한다(상법 제461조 2항).

2) 신주배정일 공고

이사회에서 그 전입결의를 한 때에는 2주간 전에 신주배정일을 정하여 미리 공고
하여야 한다(상법 제461조 3항).

즉, 이사회의 자본전입의 결의가 있는 때에는 회사는 일정한 날을 정하여 그 날
에 주주명부에 기재된 주주가 신주의 주주가 된다는 뜻을 그 날의 2주간 전에 공
고하여야 하며, 그 날이 신주명부폐쇄기간 중인 때에는 그 기간 초일의 2주간 전에
공고하여야 한다(상법 제461조 3항).

이사회의 결의로 자본전입을 하는 경우에는 발행주식이 발행예정주식총수를 초과
할 수 없고, 이를 초과하면 무효이므로, 초과될 때에는 미리 정관을 변경하여 발행
예정주식총수를 늘려놓고 자본전입을 하여야 한다.

【쟁점질의와 유권해석】

〈주식발행초과금의 자본전입절차〉

ㄱ) 주식회사가 액면 이상의 가액으로 신주를 발행한 후 그 액면을 초과한 금액의 전부
또는 일부를 자본에 전입하여 그로 인한 변경등기를 신청하는 경우에, 위 주금의 납
입을 맡은 은행 기타 금융기관의 납입보관에 관한 증명서에 의하여 주식발행초과금의
존재가 증명되는 때에는 위 납입금보관에 관한 증명서도 준비금의 존재를 증명하는
서면에 해당된다.

ㄴ) 상법의 규정에 의하면 이사는 매결산기에 대차대조표 등과 그 부속명세서를 작성하여
이사회의 승인을 얻어야 하고(상법 제447조), 위 서류를 정기주주총회에 제출하여 그
승인을 요구하여야 하는 것이므로(상법 제449조 1항), 결산기 중에 임시주주총회를
개최하여 당해 영업연도의 대차대조표를 승인할 수는 없다.

ㄷ) 회사는 이사회의 결의에 의하여 준비금의 전부 또는 일부를 자본에 전입할 수 있으
나, 회사가 정관으로 이를 주주총회에서 결정하기로 정한 경우에는 정관에서 이를 정
기주주총회로 한정하였다는 등의 특별한 사유가 없는 한 위 주식발행초과금의 전부
또는 일부를 자본에 전입하는 결의는 반드시 정기주주총회에서 결정하여야 하는 것은
아니다(2000. 1. 13. 등기 3402-26 질의회답).

(2) 자본전입의 효력

주주총회에서 자본전입의 결의를 한 때에는 그 결의가 있는 때로부터, 이사회에서 결의한 때에는 공고한 배정일로부터 주주는 지주(持株)수의 비례로 무상으로 주식을 교부받아 신주의 주주가 된다(상법 제461조 3항, 4항).

즉, 준비금의 자본전입에 의하여 자본이 증가하고 증가액에 해당하는 신주가 발행되어 종전의 주주에게 그 지주수에 따라 무상으로 교부된다.

따라서 회사는 주식을 발행하여야 하며, 이 때에는 대표이사가 신주를 받을 주식의 종류와 수를 통지하여야 한다(상법 제461조 2항, 내지 5항).

위의 경우 신주에 대한 이익이나 이자의 배당에 관하여는 정관의 정하는 바에 따라서 자본전입의 결의가 있는 때가 속하는 영업연도의 직전영업연도말에 주주가 되는 것으로 할 수 있다(상법 제461조 6항, 제350조 3항 후단).

이와 같이 주주는 자본전입의 결의가 있으면 그 소유주식비례로 신주의 주주가 되므로 이 신주발행에는 청약, 배정, 납입의 절차가 있을 수 없다.

자본전입으로 인한 신주의 발행도 수권자본 범위 내이어야 하고 또한 정관에서 인정된 주식의 발행예정주식총수의 범위 내이어야 한다(상법 제344조, 제345조, 제346조, 제370조). 그 한도가 부족한 때에는 먼저 정관변경에 의하여 수권범위를 확대하여야 한다.

3. 변경등기절차

(1) 등기기간 등

자본전입의 효력이 발생하면 전입한 금액만큼 자본액이 증가하고 발행주식의 총수와 그 종류 및 각각의 수에 변경이 생기므로 그 변경등기를 하여야 한다.

자본전입의 효력이 발생한 날(이사회결의시는 전입공고에서 정한 신주배정일, 주주총회에서 결의한 때에는 결의일)로부터 본점소재지에서만 2주간 내에 발행주식의 총수와 그 종류 및 각각의 수, 자본총액, 이것이 변경된 뜻과 그 연월일(자본전입의 효력이 발생한 날)을 등기하여야 한다(상법 제317조 4항, 제183조).

(2) 등기사항·등기신청인

등기사항·신청인은 통상의 신주발행의 경우와 동일하다.

(3) 첨부서면

등기신청서에는 다음 서면을 첨부하여야 한다.

1) 준비금의 존재를 증명하는 서면(상업등기규칙 제137조)

준비금의 자본전입으로 인한 변경등기의 신청서에는 준비금의 존재를 증명하는 서면을 첨부하여야 한다.

이 서면에 해당하는 것으로는 ① 주주총회에서 승인하였거나, ② 소관 세무서장이 인정한 대차대조표가 있으며, 감사인(공인회계사, 감사)의 확인서는 이에 해당하지 아니한다(선례Ⅳ 862). 그리고 액면금액을 초과하여 주식을 발행한 후 그 액면초과금을 자본에 전입하는 경우에는 유상증자시 주금의 납입을 맡은 은행 등 금융기관이 발행한 주금납입보관증명서에 의하여 주식의 액면초과 발행금의 존재가 증명되는 경우에는 위 은행 등이 발행한 주금납입금보관증명서도 이에 해당한다(선·2000.1. 14).

주주총회에서 승인한 것은 결산기 중에는 임시주주총회를 개최하여 당해 영업연도의 대차대조표를 승인할 수 없고, 이사회 결의에 의하여 준비금의 일부 또는 전부를 자본에 전입할 때 정관으로 주주총회의 결의로 하기로 정한 경우에는 정기주주총회로 한정하는 규정이 없으면 임시주주총회의 결의도 가능하고, 주식회사의 액면초과금의 자본전입에는 주금의 납입을 맡은 은행 기타 금융기관의 납입금보관에 관한 증명서도 준비금의 존재를 증명하는 서면이 될 수 있다(2000. 1. 13. 등기 3402-26 참조).

【서식】주식회사변경등기신청서(준비금의 자본전입)

주식회사변경등기신청

접 수	년　월　일 제　　　　　　호	처리인	등기관 확인	각종 통지

①상　　　호	○○ 주식회사	②등기번호	○○○○○○

③본　　　점	서울특별시 ○○구 ○○로 ○○

④등기의 목적	준비금의 자본전입으로 인한 변경등기

⑤등기의 사유	

등　기　할　사　항

⑥발행주식의 총수와 그 종류 및 각각의 수	보통주식 ○○○주 우선주식 ○○○주
⑦자본금의 총액	금○○○○○○원
⑧종류주식의 내용	
기　　　타	

⑨등록면허세	금 원	⑩지방교육세	금 원	농어촌특별세	금 원
⑪세 액 합 계	금 원		⑫등기신청수수료	금 원	
등기신청수수료 납부번호					
⑬과세표준액			금 원		

<table>
<tr><td colspan="2" align="center">⑭첨　부　서　면</td></tr>
<tr>
<td>
1. 정관 및 공증받은 이사회의사록 또는
　주주총회의사록　　　　　　　　　통
1. 준비금의 존재를 증명하는 서면　　통
</td>
<td>
1. 등록면허세영수필확인서　　　　　통
1. 등기신청수수료영수필확인서　　　통
1. 위임장(대리인이 신청할 경우)　　통
〈기 타〉
</td>
</tr>
</table>

년　　월　　일

⑮신청인　　상　호

　　　　　　본　점

대표이사　성　명　　　　　　　　(인)　(전화 :　　　　　)

　　　　　　주　소

대리인　　성　명　　　　　　　　(인)　(전화 :　　　　　)

　　　　　　주　소

지방법원　　등기소　귀중

- 신청서 작성요령 -

1. 해당란이 부족할 때에는 별지를 이용합니다.
1. 해당 등기신청과 관계없는 사항에 대하여는 "해당없음"으로 기재하거나 삭제하고, 필요한 사항은 추가 기재합니다.

【서식】주금납입금보관증명서

주금납입금보관증명서

일금 오천만원정 (₩50,000,000)원정
발행주식의 총수   10,000주
1주의 금액   10,000원

　위 금액은 귀 회사 설립시에 발행하는 주식 총수에 대한 주금 납입금으로서 20○○년 ○월 ○일 납입이 완료되어 현재 이를 보관 중임을 증명함.

2○○○년 ○월 ○일

○○은행 ○○동 지점
　○○시 ○○구 ○○길 ○○
지점장 ○ ○ ○ ㊞

○○산업주식회사 발기인대표　귀하

【서식】주금납입잔고증명서

잔고증명서

일금 오천만원정 (₩50,000,000)원정

발행주식의 총수   10,000주

1주의 금액   10,000원

   위 금액은 귀 회사 설립시에 발행하는 주식 총수에 대한 주금 납입금으로서 20○○년 ○월 ○일 납입이 완료되어 현재 이를 보관중임을 증명함.

2000년 ○월 ○일

○○은행 ○○동 지점

○○시 ○○구 ○○길 ○○

지점장 ○ ○ ○ ⑳

○○산업주식회사 발기인대표   귀하

2) 자본전입에 관한 이사회의사록 또는 주주총회의사록(상업등기규칙 제128조)

준비금의 자본전입권한은 원칙적으로 이사회에 있으므로 이사회의사록을 첨부하나, 주주총회의 권한으로 정관에서 정한 경우에는 주주총회의사록을 첨부하여야 한다.

상법 제461조의 규정에 의하여 주주총회의 결의로서 준비금의 전부 또는 일부를 자본에 전입시키고서 발행주식의 총수와 자본의 총액에 대한 변경등기신청을 할 경우에는 주주총회의 결의록과 소관 세무서장이 인정한 대차대조표를 첨부하여야 한다.

3) 대리인에 의하여 신청할 때에는 그 권한을 증명하는 서면(상업등기규칙 제52조)

4) 관청의 허가(인가)를 요하는 경우에는 그 허가(인가)서 또는 인증 있는 등본(상업등기규칙 제52조)

5) 정관, 법원의 허가 또는 총주주의 동의가 없으면 등기할 사항에 관하여 무효 또는 취소의 원인이 있는 때에는 정관, 법원의 허가서, 총주주의 동의서(상업등기규칙 제128조).

다만 이사가 1인이어서 주주총회에서 자본전입의 결의를 한 때에는 정관을 첨부할 필요가 없다.

6) 등록면허세, 지방교육세, 농어촌특별세 등 납부영수필통지서 및 확인서, 등기신청수수료

등록면허세는 과세표준액의 1,000분의 4이고, 설립 후 5년 이내 대도시에서 증자를 하는 경우에는 등록면허세의 3배를 가산한 중과세의 등록면허세를 납부하여야 하고, 지방교육세는 등록면허세의 100분의 20이다. 농어촌특별세는 지방세법, 관세법, 조세특례제한법에 의하여 등록면허세가 감면되는 경우 그 감면액의 100분의 20이며, 이 농어촌특별세도 감면되는 경우가 있다(지방세법 제28조 1항 6호 바목, 동조 제2항, 제151조 1항 2호, 농특 제4조, 제5조).

등기신청수수료는 6,000원(전자표준양식에 의하여 신청한 경우는 4,000원, 전자신청의 경우에는 2,000원)이나, 신주발행과 동시에 발행할 주식의 총수도 변경하는 경우에는 12,000원이다.

핵 심 판 례

■ 구체적 신주인수권이 주주권의 이전에 수반되어 이전되는지 여부(소극) 및 구체적
신주인수권의 귀속주체(=기준일 당시 주주명부에 기재된 주주)

> 상법 제461조에 의하여 주식회사가 이사회의 결의로 준비금을 자본에 전입하여 주
> 식을 발행할 경우 또는 상법 제416조에 의하여 주식회사가 주주총회나 이사회의 결
> 의로 신주를 발행할 경우에 발생하는 구체적 신주인수권은 주주의 고유권에 속하는
> 것이 아니고 위 상법의 규정에 의하여 주주총회나 이사회의 결의에 의하여 발생하는
> 구체적 권리에 불과하므로 그 신주인수권은 주주권의 이전에 수반되어 이전되지 아
> 니한다. 따라서 회사가 신주를 발행하면서 그 권리의 귀속자를 주주총회나 이사회의
> 결의에 의한 일정시점에 있어서의 주주명부에 기재된 주주로 한정할 경우 그 신주인
> 수권은 위 일정시점에 있어서의 실질상의 주주인가의 여부와 관계없이 회사에 대하
> 여 법적으로 대항할 수 있는 주주, 즉 주주명부에 기재된 주주에게 귀속된다(대법원
> 2010. 2. 25. 선고 2008다96963,96970 판결).

> 주식발행초과금의 자본금전입으로 인한 변경등기신청서에 첨부하는 준비금의 존재를 증명하는 서면
> 에 잔고증명서도 해당하는지 여부

선례요지

　주식회사가 영업연도 중간에 액면금액을 초과한 가액으로 주식을 발행한 후 그 초과금을 준비금으로 자본
금에 전입하고 그에 따른 변경등기를 신청하는 경우 은행 기타 금융기관의 잔고증명서는 원칙적으로 준비금
의 존재를 증명하는 서면이 될 수 없지만, 준비금의 자본금전입결과 자본금의 총액이 10억 원 미만이고, 액
면금액을 초과한 가액으로 주식을 발행한 사실(액면을 초과한 금액으로 주식발행을 결정하고 신주인수의 청
약과 신주배정 등이 있었다는 사실)을 알 수 있는 자료를 첨부하여 그 주식발행초과금이 얼마인지 확정할
수 있다면 은행 및 기타 금융기관의 잔고증명서도 준비금의 존재를 증명하는 서면이 될 수 있다. (2012. 8.
20. 사법등기심의관-2456 질의회답)
참조조문 : 상법 제318조 제3항, 제425조 제1항, 제447조, 제449조 제1항, 제459조, 제461조 제1항·제2
항, 상업등기법 제82조 제5호 단서, 제86조
참조선례 : 상업등기선례 1-180, 1-195

IX. 주식배당으로 인한 변경등기

■ 핵 심 사 항 ■

1. 주식배당
 (1) 의의 : 회사는 주주총회의 결의에 의하여 이익배당을 금전이 아니라 새로이 발행하는 주식으로 할 수 있는데 이를 주식배당이라 한다(상법 제462조의2 1항 본문).
 (2) 절차 : 주식배당의 결정은 이익배당의 한 방법이므로 결산기에 정한 정기주주총회의 보통결의에 의한다.
2. 변경등기절차 : 주식배당으로 인한 변경등기절차는 첨부서면만 제외하고는 자본전입의 경우와 같으며, 등기기간은 주주총회가 종결한 날로부터 2주간 내이다.

1. 주식배당의 결의

(1) 주식배당의 의의

회사는 주주총회의 보통결의에 의하여 이익의 배당을 금전에 갈음하여 새로이 발행하는 주식으로써 할 수 있다. 주식배당은 이익배당 총액의 1/2의 범위 내에서 할 수 있다(상법 제462조의2 1항). 단, 주권상장법인은 주식의 시가가 액면가에 미달되지 않는 한 이익배당 총액에 상당하는 금액까지 새로이 발행하는 주식으로써 이익배당을 할 수 있다(자본시장과 금융투자업에 관한 법률 제165조의13). 이를 주식배당이라 한다.

이와 관련하여 2011년 개정상법은 배당가능이익을 산정할 때 대통령령으로 정하는 미실현이익도 공제하도록 하였고(상법 제462조 1항 4호), 정관에서 정하는 바에 따라 이사회의 결의로 재무제표를 승인하는 경우(상법 제449조의2 1항) 이사회의 결의로 이익배당을 정하도록 하였다(상법 제462조 2항). 또, 개정상법은 금전배당, 주식배당 외에 현물배당 제도를 도입하였으며(상 법 제462조의4), 중간배당의 경우에도 금전 외에 주식 및 현물의 배당을 할 수 있도록 하였다(상법 제462조의3).

주식배당은 새로이 발행하는 신주로써 하는 것이므로 항상 신주의 발행을 수반한다. 따라서 발행되는 주식은 발행예정주식의 범위 내이어야 한다. 배당하는 신주는 같은 종류의 주식이어야 하며, 그 배당은 권면액으로 하며 회사가 수종의 주식을 발행한 때에는 각각 그와 같은 종류의 주식으로 할 수 있다(상법 제462조의2 2항).

주식배당도 이익배당의 일종이므로 결산기에 관한 정기총회에서만 결의할 수 있다. 주식배당은 현금을 지출하는 것이 아니므로 배당할 현금을 사내에 유보하는 기능을 가지며, 주가가 높은 경우 주주 자신에게도 이익을 준다.

(2) 주식배당의 요건

주식배당의 요건은 다음과 같다.

① 배당가능 이익이 있어야 한다. 배당가능한 이익은 대차대조표의 순자산액으로부터 자본액과 그 결산기까지 적립된 자본준비금과 이익준비금의 합계액 그리고 결산기에 적립하여야 할 이익준비금, 대통령령으로 정하는 미실현이익을 공제한 차액을 말한다(상법 제462조 1항). 2011년 상법개정시 '대통령령으로 정하는 미실현이익'도 공제하는 것으로 추가되었다. 이 때 이익은 당해 사업연도에 발생한 이익에 한하지 않고 과거에 적립한 임의준비금을 헐어서 생기는 경우를 포함한다.

② 주식배당의 한도는 배당가능 이익의 2분의 1에 상당하는 금액을 초과하지 못한다(상법 제462조의2). 이는 주주들이 현금배당을 받을 권리를 보장하려는 취지이다. 다만, 상장회사의 경우에는 이 제한을 받지 아니하고 당해 주식의 시가가 권면액에 미달하지 않는 한 이익배당액의 총액에 상당하는 금액까지 주식으로써 배당할 수 있다(자본시장과 금융투자업에 관한 법률 제165조의13).

③ 주식배당은 신주의 발행에 의하므로 회사의 수권주식 범위 내이어야 한다.

2. 주식배당의 효력

주식배당의 결의가 있는 때에는 주주는 그가 받을 이익배당의 총액을 신주의 권면액으로 나눈 수의 주식에 관하여 그 주주총회가 종결한 때로부터 주주가 된다(상법 제462조의2 4항). 즉, 주식배당으로 인한 신주에 관하여 주주가 되는 시기는 주주총회의 종결시이므로 이에 반하는 결의는 허용되지 않는다(일본 등기선례 소화 1940. 6. 23.).

따라서 이익의 확정은 대차대조표나 손익계산서의 승인으로 행하여지며, 그 이익의 분배의 결정은 이익잉여금처분계산서승인에 의하여 결정되므로(상 제449조 1항), 주식배당의 효력발생일을 장래의 일정일로 정한 주주총회 결의에 의한 변경등기는 허용되지 아니한다고 할 것이다(상법 제462조의2 4항).

이 경우 주식배당으로 발행되는 신주에 대한 이익이나 이자의 배당에 관하여는 정관이 정하는 바에 따라 총회에서의 그 배당결의가 있은 때가 속하는 영업연도의 직전영업연도말에 신주발행의 효력이 있는 것으로 할 수 있다(상법 제462조의2 4항, 제350조 3항).

주식배당으로 인하여 자본총액과 발행주식 총수가 증가함은 준비금의 자본전입의 경우와 같다.

3. 주식배당의 절차

주식배당의 결정은 이익배당의 한 방법이므로 결산기에 관한 정기주주총회의 보통결의에 의한다.

주주총회에서는 주식배당 결의시 주식배당을 한다는 뜻, 신주의 종류와 수 등을 정한다. 상법은 신주의 발행가액은 주식의 권면액으로 한다고 규정하고 있으므로(상법 제462조의2), 액면미달의 발행가액을 정할 수 없고 액면초과도 안된다고 해석하는 것이 다수설이다.

주식배당을 함에는 주주평등의 원칙에 따라야 하므로(상법 제464조 본문), 일부주주에게는 주식으로서 배당하고 일부주주에게는 현금으로써 배당할 뜻의 결의를 하여도 그 결의는 주주평등의 원칙에 위반되어 무효라고 할 것이다.

주주총회에서 주식배당의 결의가 있은 때에는 이사는 지체없이 배당을 받을 주주와 주주명부에 기재된 질권자에게 그 주주가 받을 주식의 종류와 수를 통지하여야 한다(상법 제462조의2).

주식으로 배당할 이익금 중 주식의 액면액이 미달하는 단수(단주)가 있는 때에는 그 부분에 대하여는 준비금의 자본전입의 경우와 같이 경매(거래소에 시세있는 주식은 거래소를 통하여 매각하고, 시세없는 주식은 법원의 허가를 얻어 경매 이외의 방법으로 할 수 있음)한 대금을 지급한다(상법 제462조의2).

주권상장법인이 주식으로 배당을 하는 경우 당해 주식의 시가는 주식배당을 결의한 주주총회일의 직전일부터 소급하여 그 주주총회일이 속하는 사업연도의 개시일까지 사이에 공표된 매일의 증권시장에서 거래된 최종시세가격의 평균액과 그 주주총회일의 직전일의 증권시장에서 거래된 최종시세가격 중 낮은 가액으로 한다(자본시장과 금융투자업에 관한 법률 제165조의 13, 자본시장과 금융투자업에 관한 법률 시행령 제176조의14).

4. 변경등기절차

주식배당을 하게 되면 그 배당가능이익이 자본화하여 자본금이 증가하고, 신주발행으로 인하여 발행주식총수 및 각종 주식의 내용과 수에 변경이 있어 이를 등기하여야 한다.

주식배당으로 인한 변경등기절차는 첨부서면만 제외하고는 자본전입의 경우와 같으며, 등기기간은 주주총회가 종결한 날로부터 2주간 내이다.

주식배당으로 인한 변경등기신청서에는 일반적인 첨부서면 외에 주식배당의 결의를 한 주주총회의사록을 첨부하여야 한다(상업등기규칙 제128조)

또한 주식의 배당으로 인한 변경등기를 신청하는 경우에는 이익이 존재하고 그 배당이 이익배당 총액의 2분의 1에 상당하는 금액을 초과하지 아니함을 증명하는 정보를 제공하여야 하고, 등록면허세, 지방교육세, 농어촌특별세를 납부한 영수필통지서 및 영수필확인서를 첨부하여야 한다.

◨ 이견있는 등기에 대한 견해와 법원판단 ◨

[주식배당의 본질]
1. 문제점 : 주식배당의 본질이 무엇인지에 대하여 견해가 나뉜다.
2. 학설
 (1) 이익배당설(다수설) : 상법 제462조의2 1항이 명문으로 주식배당을 '이익의 배당'의 일종이라고 규정하고 있고, 금전배당과 마찬가지로 배당가능이익이 있을 때에만 가능하므로 이를 이익배당의 일종이라고 보는 견해.
 (2) 주식분할설 : 주식배당을 하더라도 회사의 순자산에는 변동이 없고 다만 발행주식수만 증가한다는 점에서 주식분할과 그 효과가 동일하다는 점을 이유로 주식분할과 같은 성질로 파악하는 견해.

【서식】주식회사변경등기신청서(주식배당)

주식회사변경등기신청

접 수	년 월 일 제 호	처리인	등기관 확인	각종 통지

①상 호	○○ 주식회사	②등기번호	○○○○○○
③본 점	서울특별시 ○○구 ○○로 ○○		
④등기의 목적	주식배당으로 인한 변경등기		
⑤등기의 사유			

등   기   할   사   항

⑥발행주식의 총수와 그 종류 및 각각의 수	보통주식 ○○○주 우선주식 ○○○주
⑦자 본 금 의 총 액	금○○○○○○원
⑧종 류 주 식 의 내 용	
기 타	

⑨등록면허세	금 원	⑩지방교육세	금 원	농어촌특별세	금 원
⑪세 액 합 계	금 원		⑫등기신청수수료	금 원	
등기신청수수료 납부번호					
⑬과세표준액			금 원		

<table>
<tr><td colspan="2" align="center">⑭첨　부　서　면</td></tr>
<tr><td>
1. 주주총회의사록 (공증받은 것)　　　　통
1. 이익금의 존재를 증명하는 서면　　　통
1. 등록면허세영수필확인서　　　　　　통
1. 등기신청수수료영수필확인서　　　　통
1. 위임장(대리인이 신청할 경우)　　　통
</td>
<td>
〈기 타〉
</td></tr>
<tr><td colspan="2">

　　　　　　　　　　　　　　　　　　　　년　　월　　일

　⑮신청인　　상　호

　　　　　　　　본　점

　대표이사　성　명　　　　　　　　(인)　　(전화 :　　　　　)

　　　　　　　　주　소

　대리인　　성　명　　　　　　　　(인)　　(전화 :　　　　　)

　　　　　　　　주　소

　　　　　　　　지방법원　　　등기소　귀중
</td></tr>
</table>

- 신청서 작성요령 -
1. 해당란이 부족할 때에는 별지를 이용합니다.
1. 해당 등기신청과 관계없는 사항에 대하여는 "해당없음"으로 기재하거나 삭제하고, 필요한 사항은 추가 기재합니다.

X. 주식의 전환으로 인한 변경등기

◨ 핵 심 사 항 ◨

1. 전환주식의 의의 : 전환주식이란 주주의 청구에 의해 다른 종류의 주식으로 전환이 인정되는 주식을 말한다(상법 제346조 1항). 2011년 상법 개정에 의하여 주주에게 전환청구권이 있는 전환주식(상법 제346조 1항)외에 회사가 주주의 인수 주식을 다른 종류 주식으로 전환할 수 있는 전환주식을 발행할 수 있도록 하였다(상법 제346조 2항).
2. 필요성 : 자금 조달의 편의성, 주주의 투자수익의 극대화, 투자동기부여
3. 전환의 효력발생 : 주주가 전환을 청구하는 경우에는 그 청구한 때에, 회사가 전환을 한 경우에는 주권을 회사에 제출하여야 하는 2주 이상의 일정한 기간이 끝난 때에 그 효력이 발생한다.

1. 주식의 전환절차

(1) 전환주식의 의의

회사가 종류주식을 발행하는 때에는 정관으로 주주가 인수한 주식을 다른 종류의 주식으로 전환을 청구할 수 있도록 정할 수 있으며, 이때에는 전환의 조건·전환의 청구기간과 전환으로 인하여 발행할 주식의 수와 내용을 정하여야 한다(상법 제346조 1항). 전환을 청구할 수 있는 기간 내에는 전환으로 인하여 발행할 주식의 수를 보유하여 둘 필요가 있다(상법 제346조 4항). 이와 같이 전환권이 부여된 주식을 전환주식이라 한다.

【쟁점질의와 유권해석】

〈보통주식을 우선주식으로 변경하기 위한 절차〉

전환주식은 아니지만 이미 발행한 보통주식을 우선주식으로 변경하려면 우선주식으로 변경을 희망하는 주주와의 합의 및 보통주식으로 남는 주주 전원의 동의가 있어야 하고, 그 변경등기신청서에는 그러한 합의 및 동의가 있음을 증명하는 서면과 정관을 첨부하여야 한다. 이때 정관에 우선주식에 관한 규정이 없다면 이에 대한 정관의 규정을 신설하기 위한 정관변경절차가 선행되어야 한다(선VI - 661).

(2) 전환청구

전환주식을 가진 주주는 전환청구기간 내에 전환을 청구할 수 있다.

주식의 전환을 청구하는 자는 청구서 2통에 주권을 첨부하여 회사에 제출하여야 하며, 그 청구서에는 전환하고자 하는 주식의 종류수와 청구년월일을 기재하고 기명날인 또는 서명하여야 한다(상법 제349조 1항, 2항). 전환청구는 주주명부 폐쇄기간 중에도 할 수 있다. 다만, 이 기간 중에 전환된 주식의 주주는 그 기간 중의 총회의 결의에 관하여는 의결권을 행사하지 못한다(상법 제350조 2항).

(3) 전환의 효력

1) 주식전환의 효력발생시기

주식의 전환은 그 청구를 한 때에 효력이 생기며(상법 제350조 1항), 이로써 구주식은 소멸하고 신주발행의 효력이 생기게 된다. 전환으로 인하여 신주식을 발행하는 경우에는 전환 주식의 발행가액을 신주식의 발행가액으로 한다(상법 제348조).

【쟁점질의와 유권해석】

〈어떤 종류의 주식 3주를 다른 종류의 주식 2주로 전환하는 것이 가능한지 여부〉

전환 전후의 주식 수에는 제한이 없으므로 전환 전의 원주식의 수와 전환 후의 신주식의 수가 같은 경우에는 자본의 변동이 없으나 전환 후의 주식 수가 원주식의 수보다 많은 경우에는 자본증가를 하게 된다. 즉, 어느 종류의 주식 2주를 다른 종류의 주식 3주로 전환할 경우에는 자본액은 증가하게 된다. 이와는 반대로 어느 종류의 주식 3주를 다른 종류의 주식 2주로 전환할 경우에는 자본액이 감소하게 되는 것이나, 이와 같이 주식의 전환으로 인하여 당연히 자본감소를 초래하는 전환을 인정한다는 것은 자본감소에 관하여 채권자 보호절차를 이행토록 규정한 취지에 반하므로 이와 같은 전환은 인정되지 않는다.

2) 미발행주식수에 미치는 영향

상환시에 수권주식총수가 감소하는 상환주식의 상환과 달리 전환주식의 전환의 경우에는 종류가 다른 주식 수의 교체에 불과하므로 수권주식총수가 전환되는 주식 수만큼 감소하는 것은 아니다. 따라서 정관의 규정 유무에 불문하고 전환으로 인하여 소멸된 주식만큼 그 종류의 미발행주식으로 부활하여 재발행이 가능하다는 것이 다수의 견해에 해당한다. 이 때 재발행이 가능한 주식의 종류와 관련해서는 전환권이 없는 전환 전의 주식으로의 재발행이 가능하다는 견해가 다수의 견해이다[50].

전환권 행사에 의하여 1:1 미만이 되는 주식전환의 인정여부

선례요지

자본감소절차에 있어서 엄격한 채권자보호 등의 절차를 이행할 것을 규정하고 있는 상법의 취지에 비추어, 전환권의 행사에 의하여 자본감소의 효과가 발생하는 전환, 즉 전환주식과 전환권의 행사에 의하여 새로이 발행되는 주식의 비율이 1:1미만이 되는 주식의 전환은 인정되지 아니할 것이다. (2005. 10. 6. 공탁법인과-520 질의회답)

참조조문 : 상법 제348조 내지 제350조 제1항, 제438조 제1항, 제439조

2. 변경등기절차

(1) 등기기간

전환을 청구한 날이 속하는 달의 말일로부터 2주간 내에 대표이사가 본점소재지에서 그 변경등기를 신청하여야 한다(상법 제351조, 상업등기법 제23조). 주주가 전환을 청구한 경우 주식의 전환은 그 청구한 때로부터 효력이 생기므로(상법 제350조 1항), 그 변경등기는 전환청구를 한 날로부터 할 수 있을 것이나(상 제317조 4항), 그 변경등기의 종기는 전환을 청구한 날이 속하는 달의 말일부터 2주간 내라고 할 것이다. 이에 따른 등기기간은 전환을 청구한 날이 속하는 달의 말일로부터 기산하고 그 달에 전환청구된 전부에 대한 변경등기를 일괄하여 1건으로 신청하여야 할 것이고, 이 경우 등기사항 중 변경의 연월일로는 전환을 청구한 날이 속하는 달의 말일을 기재하여야 할 것이다(선례 VI-629).

(2) 등기사항

등기할 사항은 ① 발행주식의 총수와 그 종류 및 각각의 수, ② 자본의 총액과 그것이 변경된 취지 및 연월일, 등기연월일이며, 등기관의 식별부호를 기록하여야 한다. 변경등기를 한 때에는 변경된 등기사항을 말소하는 기호를 기록하여야 한다(상업등기규칙 제55조). 지점소재지에서는 자본에 관한 사항은 등기사항이 아니다.

(3) 첨부서면(상업등기규칙 제136조)

주식의 전환으로 인한 변경등기를 신청하는 경우에는 다음의 구분에 따른 정보를 제공하여야 한다.

1. 주주가 주식의 전환을 청구함으로 인한 변경등기의 경우에는 주식의 전환 청구가 있음을 증명하는 정보

---

50) 2012 상업등기실무(법원공무원교육원) 519면

2. 회사가 주식을 전환함으로 인한 변경등기의 경우에는 「상법」 제346조 제3항에 따른 통지 또는 공고를 하였음을 증명하는 정보

이에 따른 등기기간은 말일부터 기산하되 전환청구를 함으로써 전환의 효력이 발생할 때마다 하나의 등기사항이 발생하므로, 그 등기사항마다 별개의 변경등기를 하여야 한다.

핵 심 판 례

■ 전환사채발행유지 청구의 행사 기한 및 전환사채권자의 전환 청구 이후에 주식전환의 금지를 구하는 소의 적법 여부(소극)

> 전환사채발행유지 청구는 회사가 법령 또는 정관에 위반하거나 현저하게 불공정한 방법에 의하여 전환사채를 발행함으로써 주주가 불이익을 받을 염려가 있는 경우에 회사에 대하여 그 발행의 유지를 청구하는 것으로서(상법 제516조 제1항, 제424조), 전환사채 발행의 효력이 생기기 전, 즉 전환사채의 납입기일까지 이를 행사하여야 할 것이고, 한편 전환사채권자가 전환 청구를 하면 회사는 주식을 발행해 주어야 하는데, 전환권은 형성권이므로 전환을 청구한 때에 당연히 전환의 효력이 발생하여 전환사채권자는 그 때부터 주주가 되고 사채권자로서의 지위를 상실하게 되므로(상법 제516조, 제350조) 그 이후에는 주식전환의 금지를 구할 법률상 이익이 없게 될 것이다(대법원 2004. 8. 16. 선고 2003다9636 판결).

■ 전환사채 발행의 경우에도 신주발행무효의 소에 관한 상법 제429조가 유추적용되는지 여부(적극)

> 전환사채는 전환권의 행사로 장차 주식으로 전환될 수 있는 권리가 부여된 사채이다. 이러한 전환사채의 발행은 주식회사의 물적 기초와 기존 주주들의 이해관계에 영향을 미친다는 점에서 사실상 신주를 발행하는 것과 유사하므로 전환사채 발행의 경우에도 신주발행무효의 소에 관한 상법 제429조가 유추적용된다. 전환사채 발행의 무효는 주주 등이 전환사채를 발행한 날로부터 6월 내에 소만으로 주장할 수 있고, 6월의 출소기간이 지난 뒤에는 새로운 무효 사유를 추가하여 주장할 수 없다. 따라서 전환사채 발행일로부터 6월 내에 전환사채발행무효의 소가 제기되지 않거나 6월 내에 제기된 전환사채발행무효의 소가 적극적 당사자의 패소로 확정되었다면, 이후에는 더 이상 전환사채 발행의 무효를 주장할 수 없다. 다만 전환권의 행사로 인한 신주 발행에 대해서는 상법 제429조를 적용하여 신주발행무효의 소로써 다툴 수 있겠지만, 이때에는 특별한 사정이 없는 한 전환사채 발행이 무효라거나 그를 전제로 한 주장은 제기될 수 없고 전환권 행사나 그에 따른 신주 발행에 고유한 무효 사유가 있다면 이를 주장할 수 있을 뿐이다(대법원 2022. 11. 17. 선고 2021다205650 판결).

【서식】주식회사변경등기신청서(주식전환의 경우)

<table>
<tr><td colspan="5" align="center">주식회사변경등기신청</td></tr>
<tr><td rowspan="2">접 수</td><td>20〇〇년 〇월 〇일</td><td rowspan="2">처리인</td><td>등기관 확인</td><td>각종 통지</td></tr>
<tr><td>제〇〇〇〇호</td><td></td><td></td></tr>
</table>

<table>
<tr><td>상   호</td><td>〇〇주식회사</td><td>등기번호</td><td>제1000호</td></tr>
<tr><td>본   점</td><td colspan="3">〇〇시 〇〇구 〇〇길 〇〇</td></tr>
<tr><td>등 기 의 목 적</td><td colspan="3">전환주식의 전환으로 인한 변경등기</td></tr>
<tr><td>등 기 의 사 유</td><td colspan="3">20〇〇년 〇월 〇일 우선주식 〇〇주를 보통주식 〇〇주로 전환하였으므로 다음 사항의 등기를 구함.</td></tr>
<tr><td colspan="4" align="center">등   기   할   사   항</td></tr>
<tr><td>발행주식의 총수와 그 종류 및 각각의 수</td><td colspan="3">발행주식의 총수   〇〇〇주
보통주식   〇〇〇주
우선주식   〇〇〇주</td></tr>
<tr><td>자 본 의 총 액</td><td colspan="3">금〇〇〇원</td></tr>
<tr><td>종류주식의 내용</td><td colspan="3"></td></tr>
<tr><td>기   타</td><td colspan="3">해당 없음</td></tr>
</table>

등록면허세	금 원	지방교육세	금 원	농어촌특별세	금 원
세액합계	금 원	등기신청수수료	금 원		
등기신청수수료 납부번호					
과세표준액	금 원				

첨　　부　　서　　면

1.　주식전환청구서　또는　회사의　1통 통지 내지 공고를 증명하는 서면	〈기 타〉	
1. 등록면허세영수필확인서　　　　　1통		
1. 등기신청수수료영수필확인서　　　1통		
1. 위임장(대리인이 신청할 경우)　　1통		

2000년 O월 O일

신 청 인　　　　　상　호　OO주식회사

　　　　　　　　　본　점　OO시 OO구 OO길 OO

대표이사　　　　　성　명　O O O (인)　(전화 : 02-123-4567)

　　　　　　　　　주　소　OO시 OO구 OO길 OO

대 리 인　　　　　성　명　법무사 O O O (인)　(전화 : 02-456-7890)

　　　　　　　　　주　소　OO시 OO구 OO길 OO

OO지방법원 OO등기소 귀중

- 신청서 작성요령 -

1. 해당란이 부족할 때에는 별지를 이용합니다.

1. 해당 등기신청과 관계없는 사항에 대하여는 "해당없음"으로 기재하거나 삭제하고, 필요한 사
　항은 추가 기재합니다.

【서식】주식회사변경등기신청서(전환사채의 전환권행사)

<table>
<tr><td colspan="2" align="center">주식회사변경등기신청</td><td></td><td></td></tr>
<tr><td rowspan="2">접 수</td><td>2000년 0월 0일</td><td rowspan="2">처리인</td><td>등기관 확인</td><td>각종 통지</td></tr>
<tr><td>제0000호</td><td></td><td></td></tr>
</table>

<table>
<tr><td>상　　　　호</td><td>○○주식회사</td><td>등기번호</td><td>제1000호</td></tr>
<tr><td>본　　　　점</td><td colspan="3">○○시 ○○구 ○○길 ○○</td></tr>
<tr><td>등 기 의 목 적</td><td colspan="3">전환사채의 전환권행사로 인한 변경등기</td></tr>
<tr><td>등 기 의 사 유</td><td colspan="3"></td></tr>
<tr><td colspan="4" align="center">등　　기　　할　　사　　항</td></tr>
<tr><td>발행주식의 총수와
그 종류 및 각각의
수</td><td colspan="3"></td></tr>
<tr><td>자 본 의 총 액</td><td colspan="3">금○○○원</td></tr>
<tr><td>종류주식의
내용</td><td colspan="3"></td></tr>
<tr><td>기　　　　타</td><td colspan="3">해당 없음</td></tr>
</table>

등록면허세	금 원	지방교육세	금 원	농어촌특별세	금 원
세액합계	금 원		등기신청수수료	금 ＼ 원	
등기신청수수료 납부번호					
과세표준액	금 원				

첨　　부　　서　　면

1. 사채전환청구서 또는 회사의 통 　1통 지 내지 공고를 증명하는 서면	〈기 타〉	
1. 등록면허세영수필확인서　　　　　　1통		
1. 등기신청수수료영수필확인서　　　　1통		
1. 위임장(대리인이 신청할 경우)　　　1통		

20○○년 ○월 ○일

신 청 인　　　　상 호 ○○주식회사

　　　　　　　　본 점 ○○시 ○○구 ○○길 ○○

대표이사　　　　성 명 ○ ○ ○ (인) (전화 : 02-123-4567)

　　　　　　　　주 소 ○○시 ○○구 ○○길 ○○

대 리 인　　　　성 명 법무사 ○ ○ ○ (인) (전화 : 02-456-7890)

　　　　　　　　주 소 ○○시 ○○구 ○○길 ○○

○○지방법원 ○○등기소 귀중

- 신청서 작성요령 -

1. 해당란이 부족할 때에는 별지를 이용합니다.

1. 해당 등기신청과 관계없는 사항에 대하여는 "해당없음"으로 기재하거나 삭제하고, 필요한 사항
   은 추가 기재합니다.

【서식】주식회사변경등기신청서(신주인수권부사채의 신주인수권행사)

<table>
<tr><td colspan="3" align="center">주식회사변경등기신청</td><td></td><td></td></tr>
<tr><td rowspan="2">접 수</td><td align="center">2000년 0월 0일</td><td rowspan="2" align="center">처리인</td><td align="center">등기관 확인</td><td align="center">각종 통지</td></tr>
<tr><td align="center">제0000호</td><td></td><td></td></tr>
</table>

상 호	○○주식회사	등기번호	제1000호
본 점	○○시 ○○구 ○○길 ○○		
등 기 의 목 적	신주인수권행사로 인한 변경등기		
등 기 의 사 유			

<table>
<tr><td colspan="2" align="center">등   기   할   사   항</td></tr>
<tr><td>발행주식의 총수와
그 종류 및 각각의
수</td><td></td></tr>
<tr><td>자 본 의 총 액</td><td>금○○○원</td></tr>
<tr><td>종류주식의
내용</td><td></td></tr>
<tr><td>기   타</td><td>해당 없음</td></tr>
</table>

등록면허세	금 원	지방교육세	금 원	농어촌특별세	금 원
세액합계	금 원		등기신청수수료	금 원	
등기신청수수료 납부번호					
과세표준액	금 원				

<table>
<tr><td colspan="2" align="center">첨   부   서   면</td></tr>
<tr><td>
1. 신주인수권을 증명하는 서면   1통
1. 대용납입청구서 또는 주금납입보관증
   명서 내지 상계증명서면   1통
1. 등록면허세영수필확인서   1통
1. 등기신청수수료영수필확인서   1통
1. 위임장(대리인이 신청할 경우)   1통
</td><td>
〈기 타〉
</td></tr>
<tr><td colspan="2">

20○○년 ○월 ○일

신 청 인   상 호 ○○주식회사
　　　　　　　　　본 점 ○○시 ○○구 ○○길 ○○
대표이사   성 명 ○ ○ ○ (인) (전화 : 02-123-4567)
　　　　　　　　　주 소 ○○시 ○○구 ○○길 ○○
대 리 인   성 명 법무사 ○ ○ ○ (인) (전화 : 02-456-7890)
　　　　　　　　　주 소 ○○시 ○○구 ○○길 ○○

○○지방법원 ○○등기소 귀중

</td></tr>
</table>

- 신청서 작성요령 -

1. 해당란이 부족할 때에는 별지를 이용합니다.
1. 해당 등기신청과 관계없는 사항에 대하여는 "해당없음"으로 기재하거나 삭제하고, 필요한 사항은 추가 기재합니다.

XI. 주식의 병합 및 분할로 인한 변경등기

■ 핵 심 사 항 ■

1. 주식의 병합
 (1) 의의 : 수 개의 주식을 합하여 종래 보다 소수의 주식으로 하는 것.
 (2) 절차 : 회사는 주식병합의 절차에 따라 주주에게 구 주권을 제출할 것과 그 기간을 공고, 통지하고(상법 제440조) 주권을 분실하였거나 기타 제출할 수 없는 사유가 있을 때 그에 대해 일정한 조치를 취한 다음(상법 제442조), 병합비율에 따라 단주가 발생하게 되면 일정한 절차에 의해 단주를 환가 하여 주주에게 그 대금을 지급하는 방식(상법 제443조)으로 주식에 대한 조치를 행한다.
2. 주식의 분할
 (1) 의의 : 주식의 액면가를 종래의 절반으로 인하함으로써 구주 1주를 신주 2주로 하는 것과 같이 회사의 순자산이나 자본을 변경시키지 않고 주식수 만을 증가시키는 회사법적 행위.
 (2) 절차 : 회사가 주식을 분할함에는 주주총회의 특별결의를 요한다(상법 제329조의2 1항). 상법은 구주를 실효 시키는 데 필요한 절차로서 주식병합의 절차(상법 제440조 내지 제443조)를 주식분할에 준용하고 있다(상법 제329조의2 3항).

1. 주식의 병합

주식의 병합은 수 개의 주식을 합하여 종래보다 소수의 주식으로 하는 것을 말한다.

주식의 병합은 자본 감소의 경우 주식수를 감소시키거나 병합을 하는 경우에는 해산회사의 다수의 주식에 대하여 존속회사 또는 신설회사의 소수의 주식을 배정하는 때에 발생한다. 주식병합의 절차는 상법 제440조 이하에 규정되어 있다.

이것은 명목상의 감자의 경우에 이용되는 방법이며, 실제로도 많이 이용되는 감자 방법이다. 주식 병합의 경우에도 주주평등의 원칙에 따라야 한다.

【쟁점질의와 유권해석】

〈주식을 병합하는 경우 주식병합에 따른 변경등기신청서에 공고문을 첨부하여야 하는지 여부〉

주식을 병합하는 경우의 공고는 정관에 정한 공고방법에 따라야 하며, 다만, 상업등기법이 그 공고문을 등기신청에 필요한 서면으로 규정하고 있지 아니하므로 주식의 병합에 따른 변경등기신청서에 이를 첨부할 필요는 없다(1987. 7. 7, 등기 406 질의회답).

2. 주식의 분할

(1) 주식의 분할의 의의

1) 액면주식의 분할

주식의 분할이란 회사가 자본이나 재산을 변경시키지 않고 기존의 주식을 세분화하여 발행주식총수를 증가시키는 절차이다.

이것은 특정한 주식을 단위미만으로 세분화하는 것이 아니라 일률적으로 단위 자체를 인하하여 보다 작은 단위로 만드는 것이므로, 주식의 불가분성에 반하지 않는다. 또한 분할에 의하여 발행되는 주식은 각 주주가 갖는 지(持)주수에 따라 주주에게 배분되므로 주주의 실질적인 지위에 영향을 미치지 않는다.

주식의 분할은 주가가 지나치게 높아져서 그 융통성이 둔화되는 경우에 유통주식수를 증가시킴으로써 주식의 시장성을 제고하려는 경우와 이익배당액의 조정 및 신주의 발행이나 합병의 준비를 위하여 하게 된다. 주식을 분할하더라도 분할 후의 액면주식 1주의 금액은 100원 미만으로 하는 것은 허용되지 않는다(상법 제329조의2 2항).

회사가 수종의 주식을 발행한 경우, 예를 들면 보통주 이외에 우선주를 발행한 경우에 보통주식에 대하여만 주식분할을 할 수는 없다. 왜냐하면 주식의 금액은 균일하여야 하므로(상법 제329조 2항), 우선주의 액면금은 5,000원, 보통주의 액면금은 1,000원으로 하는 식으로 1주의 금액을 다양하게 할 수 없기 때문이다.

이와 같이, 주식의 분할은 주가가 너무 높을 때 이를 끌어내리거나 다른 회사와 합병 또는 분할합병을 하는 경우 그 준비단계에서 주가차의 조절을 위하여 행하여진다.

2) 무액면주식의 분할[51]

2011년 개정법에서 명문으로 다루지 않았지만 무액면주식의 분할에 관해 유의할 점은 다음과 같다.

무액면주식에는 액면이라는 것이 없으므로 무액면주식의 분할은 자본금, 자산과 관계없이 단지 회사가 발행한 주식의 총수를 주금의 납입 없이 증가시키는 것을 의미한다. 이처럼 무액면주식의 분할은 정관상의 발행예정주식총수의 범위 내에서 이루어지는 것이라면 정관변경을 요하지 않으므로 굳이 주주총회의 특별결의를 요구할 이유가 없지만, 개정상법은 액면, 무액면을 가리지 않고 주주총회의 특별결의를

---

51) 2011 개정상법 축조해설(박영사, 이철송) 71~72면

요건으로 한다. 무액면주식을 분할한 결과 발행주식수가 발행예정주식총수(상법 제289조 1항 3호)를 초과하게 될 경우에는 정관변경을 요한다.

(2) 분할절차

1) 주주총회의 특별결의

회사는 주주총회의 특별결의(출석한 주주의 의결권의 2/3와 발행주식총수의 1/3 이상의 수)에 의하여 주식을 분할할 것을 결정한다(상법 제329조의2 1항). 이 때 주식의 분할로 인하여 발행주식총수가 증가하므로 발행예정주식총수의 한도가 이에 부족한 때에는 이를 증가 변경하여야 한다.

2) 구주권의 제출 공고

주식을 분할하는 경우에는 1월 이상의 기간을 정하여 그 뜻과 그 기간 내에 주권을 회사에 제출할 것을 공고하고 주주명부에 기재된 주주와 질권자에 대하여는 각 별로 통지하여야 한다(상법 제329조의2 3항, 제440조). 주권의 제출은 신주식을 배정받기 위한 요건이 되며 그 제출기간 내에 제출되지 않은 주식은 모두 단주로 처리된다(상법 제443조). 주권제출공고는 주식회사가 사실상 주권을 발행하지 아니하였다든가 또는 주주 전원의 이의가 없다는 이유로 생략할 수 없으며 주권제출기간을 명시하지 않은 주식분할공고 절차만을 거친 채 주식분할로 인한 변경등기를 신청할 수 없다(선 Ⅵ - 660, 664).

3) 구주권의 제출불능의 경우

구주권을 회사에 제출할 수 없는 자가 있는 때에는 회사는 그 자의 청구에 의하여 3월 이상의 기간을 정하고 이해관계인에 대하여 그 주식에 대한 이의가 있으면 그 기간 내에 제출할 뜻을 청구자의 비용부담으로 공고하고 그 기간이 경과한 후 신주권을 청구자에게 교부할 수 있다(상법 제442조).

4) 단주의 처리

분할에 적당하지 않는 수의 주식(단주)이 있는 때에는 그 부분에 대하여 발행한 신주를 경매하여 각 주수에 따라 그 대금을 종전의 주주에게 지급하여야 한다. 그러나 거래소의 시세있는 주식은 거래소를 통하여 매각하고 거래소의 시세없는 주식은 법원의 허가를 얻어 경매 외의 방법으로 매각할 수 있다(상법 제443조 2항).

5) 채권자보호절차

주식을 분할하더라도 원칙적으로 회사의 자본 총액은 변동이 없다. 그러나 주식의 분할에 의하여 단주가 발생하여 이를 금전으로 정산한 경우에는 회사의 자본은 감소하게 된다. 회사의 자본이 감소하게 되는 경우에 회사는 분할의 결의가 있은 날로부터 2주 내에 회사 채권자에 대하여 이의가 있으면 일정한 기간 내에 이를 제출할 것을 공고하고, 알고 있는 채권자에 대하여 따로 따로 이를 최고하여야 한다. 이 경우 그 기간은 1월 이상이어야 한다(상법 제441조, 제232조 1항). 채권자가 위 기간 내에 이의를 하지 않으면 주식분할을 승인한 것으로 보며(상법 제232조 2항), 이의를 제출한 채권자가 있는 경우에는 회사는 그 채권자에 대하여 변제 또는 상당한 담보를 제공하거나 이를 목적으로 상당한 재산을 회사에 신탁하여야 한다(상법 제232조 3항)(예규 제270호).

6) 분할의 효력

주식의 분할은 주권제출기간 만료시(즉 주권제출기간의 익일)에 효력이 발생한다. 그러나 채권자보호절차를 요할 경우에는 주권제출기간 또는 채권자 이의제출기간 중 나중에 도래하는 기간의 만료시에 발생한다(상법 제441조). 주식분할의 효력이 발생하면 회사의 발행주식총수가 증가한다. 그리고 구주식에 대한 질권은 물상대위에 의하여 신주에 대하여 행사할 수 있다(상법 제339조).

3. 변경등기절차

(1) 등기기간

주식에 관한 사항은 주식분할의 효력이 발생한 날로부터 본점소재지에서 2주간 내에 대표이사가 그 변경등기를 신청하여야 한다(상법 제317조 4항, 제183조, 상업등기법 제23조). 지점소재지에서는 주식에 관한 사항은 등기사항이 아니다.

(2) 등기할 사항

등기할 사항은 ① 1주의 금액, ② 발행주식의 총수와 그 종류 및 각각의 수, ③ 회사가 발행할 주식의 총수(변경이 있을 경우) 등이 변경된 취지 및 그 연월일과 등기연월이며, 등기관이 등기관의 식별부호를 기록하여야 한다. 변경된 등기사항은 이를 말소하는 기호를 기록한다.

(3) 첨부서면

1) 주식분할에 관한 주주총회의사록(상업등기규칙 제128조)

2) 정관, 법원의 허가서 또는 총주주의 동의서

정관의 규정, 법원의 허가 또는 총주주의 동의가 없으면 효력이 없거나 취소할 수 있는 사항의 등기에 관하여는 신청서에 정관, 법원의 허가서 또는 총주의의 동의서를 첨부하여야 한다(상업등기규칙 제128조).

3) 주권제출의 공고를 증명하는 서면

주식의 병합(자본감소의 경우를 제외) 또는 주식의 분할로 인한 변경등기신청서에는 상법 제440조에 따른 공고를 하였음을 증명하는 서면을 첨부하여야 한다(상업등기규칙 제139조).

주권제출의 공고는 주식회사가 사실상 주권을 발행하지 않았다는 이유로 이를 생략할 수 없다고 할 것이므로, 회사가 주권을 발행하지 않았다는 이유로 주권제출기간을 명시하지 않은 주식액면분할공고절차만을 거친 채 주식분할로 인한 변경등기를 신청할 수는 없다.

주권제출의 공고를 증명하는 서면은 정관소정의 공고방법에 의하여 공고하였음을 증명하는 서면이어야 한다.

실무상 단순히 합병을 위하여 피합병회사가 합병회사와 1주의 금액을 동일하게 하기 위하여 주식분할절차를 취하면서 주권제출공고를 생략하는 경우가 있다. 이 경우에는 주주총회에서 주식병합을 위하여 주권을 대표이사에게 제출하도록 결의하고 각 주주가 주권병합에 이의없이 동의하고 자기소유 주식에 대하여는 질권설정, 기타 담보 또는 압류된 사실이 없음을 서면으로 증명하고, 주주명부 및 주식의 중요취지를 확인하여 오는 경우에 당해 회사가 소규모의 회사인 때에는 등기관은 주식전부를 제출하여 실질적으로 심사할 수 있다면 주권제출공고를 생략하여도 될 것이다.

【쟁점질의와 유권해석】

〈주권제출공고증명서에 갈음하여 주주 전원의 이의가 없다는 서면을 첨부하여 변경 등기를 신청할 수 있는지 여부〉

주식분할로 인한 변경등기신청서에는 회사가 1개월 이상의 기간을 정하여 주식분할의 뜻과 그 기간 내에 주권을 회사에 제출할 것을 공고하였음을 증명하는 서면을 첨부하여야 하는바, 이러한 주권제출공고절차는 주주 전원의 이의가 없다는 이유로 이를 생략할 수 없다고 할 것이므로, 주권제출공고증명서에 갈음하여 주주 전원의 이의가 없다는 서면을 첨부하여 주식분할로 인한 변경등기를 신청할 수는 없다.

4) 채권자보호절차 이행사항을 증명하는 서면

자본감소로 인한 변경등기신청서에는 다음의 서류를 첨부하여야 한다(상업등기규칙 제142조).

① 상법 제232조 1항에 따른 공고 및 최고를 한 사실과 이의를 진술한 채권자가 있는 때에는 이에 대하여 변제 또는 담보를 제공하거나 신탁을 한 사실을 증

명하는 서면(결손의 보전을 위한 자본금 감소임을 증명하는 정보를 제공하는 경우는 제외한다)

② 주식의 병합 또는 소각을 한 때에는 상법 제440조에 따른 공고를 하였음을 증명하는 서면

5) 등록면허세 영수필확인서 및 통지서, 등기신청수수료

등록면허세는 4만2백원이고 지방교육세는 그 100분의 20이다.

자본증감이 없는 주식의 합병 및 분할로 인하여 등기사항 중 '1주의 금액'란과 '발행주식의 총수와 그 종류 및 각각의 수'의 란에 변경등기를 해야 한다. 따라서 등기신청수수료는 위 각란의 수수료의 합계 12,000원을 납부하여야 한다.

6) 대리인에 의하여 신청할 때에는 그 권한을 증명하는 서면(상업등기규칙 제52조)

첨부정보 중 법원행정처장이 지정하는 첨부정보는 「전자정부법」 제36조제1항에 따른 행정정보 공동이용을 통하여 등기관이 확인하고 신청인에게는 그 제공을 면제한다. 다만, 그 첨부정보가 개인정보를 포함하고 있는 경우에는 그 정보주체의 동의가 있음을 증명하는 정보를 등기소에 제공한 경우에만 그 제공을 면제한다.

첨부정보 중 「주민등록법」에 따른 주민등록표등본·초본과 「인감증명법」에 따른 인감증명 및 「가족관계의 등록 등에 관한 법률」에 따른 가족관계등록사항별증명서는 발행일부터 3개월 이내의 것이어야 한다.

첨부정보가 외국어로 작성된 경우에는 그 번역문을 함께 제공하여야 한다.

【서식】 주식회사변경등기신청서(주식분할·합병의 경우)

<table>
<tr><td colspan="5" align="center">합명회사변경등기신청</td></tr>
<tr><td rowspan="2" align="center">접 수</td><td align="center">20○○년 ○월 ○일</td><td rowspan="2" align="center">처리인</td><td align="center">등기관 확인</td><td align="center">각종 통지</td></tr>
<tr><td align="center">제○○○○호</td><td></td><td></td></tr>
</table>

상　　　호	○○주식회사		등기번호	제1000호
본　　　점	○○시 ○○구 ○○길 ○○			
등기의 목적	주식병합(또는 주식분할)으로 인한 변경등기			
등기의 사유	20○○년 ○월 ○일 주주총회에서 1주의 금액 금5,000원의 주식 2주를 병합하여 1주의 금액 금10,000원의 주식 1주로 하기로 결의하여(또는 1주의 금액 금10,000원의 주식 1주를 분할하여 1주의 금액 금5,000원의 주식 2주로 하기로 결의하여) 1주의 금액(발행할 주식의 총수), 발행주식의 총수와 그 종류 및 각각의 수(자본의 총액)를 변경하였으므로 다음 사항의 등기를 구함.			

<table>
<tr><td colspan="2" align="center">등　기　할　사　항</td></tr>
<tr><td>발행예정주식의 총수(증가변경한 경우)</td><td>○○○주</td></tr>
<tr><td>발행한 주식의 총수와 그 종류 및 각각의 수</td><td>보통주식　　　　　○○○주
우선주식　　　　　○○○주</td></tr>
<tr><td>1주의 금액</td><td>금10,000원</td></tr>
<tr><td>변경연월일</td><td>20○○년 ○월 ○일</td></tr>
<tr><td>기　　　타</td><td>해당 없음</td></tr>
</table>

등록면허세	금　　원	지방교육세	금　　원	농어촌특별세	금　　원
세액합계	금　　　　원	등기신청수수료	금　　　　원		
등기신청수수료 납부번호					
과세표준액	금 원				

<table>
<tr><td colspan="2" align="center">첨　　부　　서　　면</td></tr>
<tr><td>
1. 주주총회의사록(공증받은 것)　　1통
1. 주권제출공고증명서　　1통
</td><td>
1. 등록면허세영수필확인서　　1통
1. 등기신청수수료영수필확인서　　1통
1. 위임장(대리인이 신청할 경우)　　1통
〈기　타〉
</td></tr>
</table>

2000년 ○월 ○일

신 청 인　　　상 호　○○주식회사

　　　　　　　　본 점　○○시 ○○구 ○○길 ○○

대표이사　　　성 명　○ ○ ○ (인)　(전화 : 02-123-4567)

　　　　　　　　주 소　○○시 ○○구 ○○길 ○○

대 리 인　　　성 명　법무사 ○ ○ ○ (인)　(전화 : 02-456-7890)

　　　　　　　　주 소　○○시 ○○구 ○○길 ○○

○○지방법원 ○○등기소 귀중

- 신청서 작성요령 -

1. 해당란이 부족할 때에는 별지를 이용합니다.

1. 해당 등기신청과 관계없는 사항에 대하여는 “해당없음”으로 기재하거나 삭제하고, 필요한 사항은 추가 기재합니다.

XII. 자산재평가적립금의 자본전입으로 인한 변경등기

■ 핵 심 사 항 ■

1. 자산재평가적립금의 의의 : 자산재평가차액에서 재평가일 1일 전의 대차대조표상의
   이월결손금을 공제한 잔액을 적립하는 것을 말한다(자산재평가법 제28조 1항).
2. 자본전입절차 : 재평가적립금은 자본준비금으로서 법정준비금의 일부가 되므로 자본
   전입절차도 준비금의 자본전입절차에 준한다.
3. 변경등기절차 : 등기사항, 등기기간, 신청인 등은 준비금의 자본전입으로 인한 변경등
   기의 경우와 같다.

1. 자산재평가적립금의 의의

(1) 의 의

자산재평가란 자산재평가법에 의하여 회사의 사업용 자산을 현실에 적합한 가
액으로 그 장부가액을 증액하는 것을 말하고(자산재평가법 제2조 1항), 자산재평
가적립금이란 자산재평가차액에서 재평가일 1일 전의 대차대조표상의 이월결손금
을 공제한 잔액을 적립하는 것을 말한다(동법 제28조 1항). 재평가액, 재평가차액
등은 재평가한 자의 신고에 의하여 관할세무서장이 결정한다(동법 제15조 1항,
제17조 1항). 자산재평가법은 2000년 12월 31일까지 재평가신고를 한 분(分)에
대하여 적용한다(동법 제41조).

(2) 제도의 취지

자산재평가를 실시하여 대차대조표의 객관성을 확보하고 적정한 감가상각과 공
정한 납세를 통하여 기업경영의 합리화를 도모할 수 있도록 하기 위한 것이다.
이러한 제도는 화폐가치가 급격하게 하락할 경우에 물가상승이 되었음에도 불구
하고 취득원가를 기준으로 하여 감가상각을 하게 되면 감가상각비가 과소하게 계
상되고 그 결과 가공이익이 생겨 공익배당과 중과세로 인하여 기업이 실질자본을
유지하지 못하고 자본침식의 현상을 초래할 수 있기 때문이다.

2. 자본전입절차

재평가적립금은 자본준비금으로서 법정준비금의 일부가 되므로 자본전입절차 도 준
비금의 자본전입절차에 준한다.

3. 자본전입의 효력

주주총회에서 자본전입의 결의가 있으면 그 결의가 있는 때로부터, 이사회에서 결의한 때에는 신주의 배정일로부터 주주는 그의 특주수의 비례로 신주의 주주가 된다. 그리고 전입한 금액만큼 자본이 증가하고 발행주식수와 그 종류 및 각각의 수에 변경이 생기고 수권주식의 수가 부족하게 되면 이를 증가변경하여야 한다.

4. 변경등기절차

(1) 등기사항 및 등기기간

등기사항, 등기기간, 신청인 등은 준비금의 자본전입으로 인한 변경등기의 경우와 같다. 신청서의 일반적 기재사항인 등기의 목적은 '재평가적립금의 자본전입으로 인한 변경등기'로, 등기의 사유는 '재평가적립금의 자본전입'으로 기재한다.

(2) 첨부서면

1) 자본전입에 관한 이사회 또는 주주총회의사록(상업등기규칙 제128조)

2) 관할세무서장이 발급하는 자본전입상당액증명서(자산재평가법 제30조 3항)

3) 정관변경에 관한 주주총회의사록(수권주식총수를 변경한 경우)

4) 대리권을 증명하는 서면 등 일반적인 첨부서면(상업등기규칙 제52조)

(3) 등록면허세

1) 재평가액 등의 신고에 관한 정부의 결정일이나 심사청구 또는 심판청구에 대한 결정일로부터 3년 내에 자본전입을 완료하고 관할세무서장으로부터 자본전입상당액증명서를 교부 받은 날로부터 30일 내에 신청한 자본전입으로 인한 변경등기에는 등록면허세를 부과하지 않는다(자산재평가법 제37조 1항, 동시행령 제24조 3항).

2) 그러나 자본전입에 부수하여 발행예정주식수를 변경하고 그 변경등기를 동시에 신청하는 때에는 4만2백원의 등록면허세를 납부하여야 한다(지방세법 제28조 1항 6호).

3) 위 1)의 기간을 도과하여 자본전입으로 인한 변경등기를 하는 때에는 전입한 금액의 1/1,000에 해당하는 등록면허세를 납부한다(지방세법 제28조 1항 6호 다목).

XⅢ. 자본감소로 인한 변경등기

■ 핵 심 사 항 ■

1. 자본감소의 의의 : 발행주식 총수를 감면시키거나 또는 1주당의 액면가를 감액함으로써 주식회사의 자본 즉, 발행주식의 액면총액(상법 제451조)을 감소시키는 것.
2. 자본감소의 방법
 (1) 발행주식 총수를 감소시키는 방법 : 주식의 병합과 주식의 소각
 (2) 주식의 액면가를 감액하는 방법 : 환급의 방법과 절기의 방법
3. 자본감소의 절차
 (1) 주주총회 특별결의(상법 제438조 1항)
 (2) 채권자보호절차(상법 제439조 2항, 제232조)
 (3) 주식에 대한 조치
 (4) 변경등기

1. 자본감소

(1) 자본감소의 의의

자본의 감소란 회사의 자본액을 일정한 방법에 의하여 감소하는 것을 말한다. 자본의 감소는 회사채권자를 위한 담보가 감소하는 동시에 주주의 권리가 감축 또는 소멸되는 결과를 초래하게 된다. 따라서 자본을 감소하기 위해서는 주주의 이익을 보호하기 위하여 주주총회의 특별결의를 거쳐야 하며 한편으로는 회사채권자를 보호하기 위하여 엄격한 절차를 밟아야 한다. 다만, 2011년 4월 14일 상법개정으로 결손의 보전을 위한 자본감소의 경우에는 주주총회의 보통결의에 의하도록 하고 채권자보호절차를 면제하였다(상법 제438조 2항, 제439조 2항 단서). 자본감소에는 실질상의 자본감소와 명의상의 자본감소가 있는데 실무에서는 대부분 명의상의 자본감소(명목상의 자본감소 또는 계산상의 자본감소)가 행해지고 있다.

(2) 자본감소의 방법

자본감소의 방법에는 ① 주금액의 감소, ② 주식수의 감소, ③ 위 ①, ②의 방법을 병용하는 방법 등 세 가지가 있다. 2009. 5. 개정 이전에는 최저자본금 이하로 감소할 수 없었으나, 최저자본금 제도의 폐지로 인해 5,000만원 이하로 감소시킬 수 있다.

1) 주금액의 감소

자본의 감소는 정관을 변경하여 1주의 금액을 낮게 정하는 방법으로 할 수 있다. 현재 1주의 법정 최저액은 100원이므로 주금액이 100원을 초과하는 경우에만 할 수 있다. 이 방법에 의해 자본을 감소하는 경우에는 회사가 발행한 주식의 수에 변동이 생기지 않는데, 이 점이 주식의 소각과 병합에 의한 자본감소의 경우와 다른 점이다.

자본액 감소의 방법으로는 다음의 방법이 이용된다.

① 주금액의 일부반환(환급) : 주주가 이미 납입한 주금액의 일부를 각 주주에게 반환하고 그 잔액을 새로운 주금액으로 하는 것으로 실질상의 자본감소의 전형적인 방법이다.

② 손실에 의한 주금액의 감소(절기 - 주금액의 공제 또는 삭감) : 주금액 중 주주가 이미 납입한 부분의 일부를 주주의 손실로 하여 주금액으로부터 삭제하고 나머지 납입액을 주금액으로 하는 것으로 명의상의 자본감소의 방법으로 이용된다.

2) 주식수의 감소

① 주식의 병합 : 주식의 병합은 1인의 주주에게 속하는 수 개의 주식을 합쳐서 소수의 주식으로 하는 것이다. 예컨대 2주를 1주로, 5주를 3주로 하는 것 등이다. 주식의 병합은 명의상의 감자방법이나, 실제로 가장 많이 이용되는 감자방법이다.

② 주식의 소각 : 주식의 소각은 특정한 주식을 절대적으로 소멸시키는 것이다. 주식의 소각은 주주의 소유주식 중의 일부만이 소멸되는 점에서 회사가 발행한 모든 주식의 내용이 변경되는 주금액의 감소나 주식의 병합과 다른다. 주식의 소각은 그 주식의 주주의 승낙을 요건으로 하는가 아닌가에 따라 임의소각과 강제소각, 대가의 지급 여부에 따라 유상소각과 무상소각으로 나뉜다. 상법은 강제소각의 방법에 대하여서만 규정하고 있는데(상법 제343조 2항) 임의·

유상소각이 소각의 전형적인 방법이다.

③ 병합과 소각의 병용 : 자본의 감소는 주금액의 감소와 주식수의 감소를 병용하는 방법으로도 할 수 있다. 그러나 절차의 복잡성 때문에 실제로는 거의 이용되지 않는다.

(3) 자본감소의 절차

1) 주주총회의 특별결의

자본의 감소는 주주의 이해관계에 중대한 영향을 미치므로 정관변경의 경우와 마찬가지로 주주총회의 특별결의가 있어야 하고(상법 제438조 1항), 그 결의에 있어서는 자본감소의 방법을 정하여야 한다(상법 제439조 1항).

주주총회에서 자본감소 자체만을 결의하고 그 방법을 이사회에 위임하는 것은 허용되지 않는다. 그리고 주 금액을 감소하는 경우 1주의 금액에 관한 정관변경의 결의는 자본감소의 결의에 포함된 것으로 보아도 무방하며 자본감소는 주주총회의 전속적 결의사항이므로 정관의 규정 또는 주주총회의 결의로 그 요건을 완화하거나 이사회 등에 그 결정 권한을 포괄적으로 위임할 수는 없다.

2) 채권자보호절차의 이행

회사는 감자의 결의를 한 날로부터 2주간 내에 회사채권자에 대하여 감자에 이의가 있으면 1월 이상으로 정한 기간 내에 이의를 제출할 것을 공고하고, 알고 있는 채권자에 대하여는 각별로 최고하여야 한다. 이의를 제출한 채권자가 있는 때에는 회사는 그 채권자에 대하여 변제 또는 상당한 담보를 제공하거나 이를 목적으로 하여 상당한 재산을 신탁회사에 신탁하여야 한다(상법 제439조 2항, 제232조).

3) 결손의 보전을 목적으로 하는 감자의 경우

2011년 개정전 상법은 실질감자이든 명목감자이든 구분하지 않고 주주총회의 특별결의와 채권자보호절차를 밟도록 하고 있었다. 그러나 명목감자의 경우 단지 계수상으로 자본금이 감소할 뿐이고 실제 재산의 감소가 없는데도 불구하고 자본감소의 엄격한 절차를 요구할 필요가 있느냐는 의문이 제기되었었다.

이에 2011년 개정상법은 명목감자 중 결손의 보전을 목적으로 하는 감자는 간이한 절차를 밟을 수 있도록 하였다(상법 제438조 2항, 제439조 2항 단서).

4) 무액면주식을 발행한 회사의 경우

2011년 상법개정으로 도입된 무액면주식을 발행한 회사가 자본감소를 할 경우에는 주식의 수와 연계 없이 자본만 감소시키지만, 역시 주주에게 일정 금액을 지급하는 실질감자와 그렇지 않는 명목감자가 있을 수 있다. 따라서 무액면주식을 발행한 회사가 결손보전을 목적으로 명목감자를 하는 경우에도 제438조 2항, 제439조 2항 단서가 적용된다[52].

(4) 자본감소의 이행절차와 감자의 효력발생

1) 주식을 병합하는 경우

회사는 1월 이상의 기간을 정하여 주식을 병합한다는 뜻과 그 기간 내에 주권을 회사에 제출할 것을 공고하고, 주주명부에 기재된 주주와 질권자에 대하여는 각별로 통지하여야 한다(상법 제440조).

이 공고는 정관소정의 공고방법에 의하여야 하고, 회사가 주권을 발행하지 아니하였거나 전주주의 이의가 없는 때에도 이를 생략할 수는 없다. 또한 주권제출기간을 명시하지 않은 채 주식병합공고 절차만을 거친 채 주신병합에 따른 자본감소의 변경등기를 신청할 수는 없다. 다만, 주주가 1인 뿐인 1인회사의 경우에는 주식병합에 관한 주주총회의 결의를 거친 경우에는 구주권 제출 공고의 취지를 고려하더라도 회사가 반드시 위와 같은 공고 등의 절차를 통하여 신주권을 수령할 자를 파악하거나 구주권을 회수하여야 할 필요성이 있다고 보기 어려우므로 주식병합에 관한 주주총회의 결의에 따라 그 변경긍기가 경료되었다면 공고 등의 절차를 거치지 않았다고 하더라도 그 변경등기 무렵에 주식병합의 효력이 발생한다고 봄이 상당하다는 것이 판례이다.

핵 심 판 례

- **주식병합의 절차적·실체적 하자가 극히 중대한 경우 이를 다투는 방법**

구 상법(1991. 5. 31. 법률 제4372호로 개정되기 전의 것) 제445조에서 규정하는 '소'라 함은 형성의 소를 의미하는 것으로서, 일반 민사상 무효확인의 소로써 주식병합의 무효확인을 구하거나 다른 법률관계에 관한 소송에서 선결문제로서 주식병합의 무효를 주장하는 것은 원칙적으로 허용되지 아니한다. 그러나 주식병합의 실체가 없음에도 주식병합의 등기가 되어 있는 외관이 존재하는 경우 등과 같이 주식병합의 절차적·실체적 하자가 극히 중대하여 주식병합이 존재하지 아니한다고 볼 수 있는 경우에는, 주식병합 무효의 소와는 달리 출소기간의 제한에 구애됨이 없이 그 외관 등을 제거하기 위하여 주식병합 부존재확인의 소를 제기하거나 다른 법률관계에 관한 소송에서 선결문제로서 주식병합의 부존재를 주장할 수 있다(대법원 2009. 12. 24. 선고 2008다15520 판결)

---

[52] 2011 개정상법 축조해설(박영사, 이철송) 186면

■ **구 상법상 주식병합에 있어서 일정한 기간을 두어 공고와 통지의 절차를 거치도록 한 취지 및 사실상 1인 회사가 주식병합을 하면서 위와 같은 절차를 거치지 않은 경우, 그 주식병합이 무효로 되는지 여부(소극)**

> 구 상법(1991. 5. 31. 법률 제4372호로 개정되기 전의 것)상 주식병합에 있어서 일정한 기간을 두어 공고와 통지의 절차를 거치도록 한 취지는 신 주권을 수령할 자를 파악하고 실효되는 구 주권의 유통을 저지하기 위하여 회사가 미리 구 주권을 회수하여 두려는 데 있다 할 것인바, 사실상 1인 회사에 있어서 주식병합에 관한 주주총회의 결의를 거친 경우에는 회사가 반드시 위와 같은 공고 등의 절차를 통하여 신 주권을 수령할 자를 파악하거나 구 주권을 회수하여야 할 필요성이 있다고 보기는 어려우므로, 주식병합에 관한 주주총회의 결의에 따라 그 변경등기가 경료되었다면 위와 같은 공고 등의 절차를 거치지 않았다고 하더라도 그 변경등기 무렵에 주식병합의 효력이 발생한다고 봄이 상당하다(대법원 2005.12.9. 선고 2004다40306 판결).

■ **상법 제445조에서 정한 자본금감소 무효의 소를 제기할 수 있는 경우**

> 주식병합을 통한 자본금감소에 이의가 있는 주주·이사·감사·청산인·파산관재인 또는 자본금의 감소를 승인하지 않은 채권자는 자본금감소로 인한 변경등기가 된 날부터 6개월 내에 자본금감소 무효의 소를 제기할 수 있다(상법 제445조). 상법은 자본금감소의 무효와 관련하여 개별적인 무효사유를 열거하고 있지 않으므로, 자본금감소의 방법 또는 기타 절차가 주주평등의 원칙에 반하는 경우, 기타 법령·정관에 위반하거나 민법상 일반원칙인 신의성실의 원칙에 반하여 현저히 불공정한 경우에 무효소송을 제기할 수 있다. 즉 주주평등의 원칙은 그가 가진 주식의 수에 따른 평등한 취급을 의미하는데, 만일 주주의 주식수에 따라 다른 비율로 주식병합을 하여 차등감자가 이루어진다면 이는 주주평등의 원칙에 반하여 자본금감소 무효의 원인이 될 수 있다. 또한 주식병합을 통한 자본금감소가 현저하게 불공정하게 이루어져 권리남용금지의 원칙이나 신의성실의 원칙에 반하는 경우에도 자본금감소 무효의 원인이 될 수 있다(대법원 2020. 11. 26. 선고 2018다283315 판결).

주식의 병합에 의한 자본감소는 이 공고기간의 만료시, 만일 채권자보호절차가 완료하지 아니한 때에는 그 절차의 종료시에 효력이 발생한다(상법 제441조).

주식을 회사에 제출할 수 없는 자가 있는 때에는 회사는 그 자의 청구에 의하여 3개월 이상의 기간을 정하고 이해관계인에 대하여 그 주권에 대한 이의가 있으면 그 기간 내에 제출할 뜻을 공고하고, 그 기간이 경과한 후에 신주권을 청구자에게 교부하여야 한다. 공고비용은 청구자의 부담으로 한다(상법 제442조 2항).

병합에 적당하지 아니한 단주가 생기는 때에는 그 단주에 대하여 매각하고, 거래소의 시세가 없는 주식은 법원의 허가를 얻어 경매 이외의 방법으로 매각할 수 있다(상법 제443조).

주권제출기간 내에 주권의 제출이 없는 무기명주권에 대하여도 동일하게 처리한다(상법 제444조).

2) 주식의 임의소각에 의한 자본감소의 경우

회사와 주주간의 계약에 의하여 회사가 그 주권을 취득하여 폐기처분하여야 하므로 이를 폐기한 때에 감자의 효력이 발생한다.

3) 주식의 강제소각에 의한 자본감소의 경우

이 경우에는 주식의 병합의 경우와 같이 주권 제출의 공고를 요하므로(상법 제343조 2항), 주권제출기간이 만료한 때 또는 채권자 이의제출기간이 만료한 때 중 나중에 도래하는 기간만료시에 감자의 효력이 발생한다(상법 제343조 2항, 제441조).

따라서 주권이 제출되지 아니하여 이것이 폐기처분되지 않았다 하더라도 소각의 대상이 된 주식은 소멸하고 이를 표창하는 주권도 주권으로서의 효력을 상실한다.

4) 주금액의 감소에 의한 자본감소

주금액을 반환하지 아니하는 절엽의 방법에 의할 때에는 주주에게 그 취지를 통지함으로써 감자의 효력이 발생하고, 주금액을 반환하는 환급의 방법에 의할 때에는 주주에게 환급의 통지를 한 때(주주에게 도달한 때)에 감자의 효력이 발생한다.

주식의 병합 또는 소각에 의하여 감자를 한 경우에는 그 주식수 만큼 발행예정주식총수도 감소하므로 이를 등기하여야 한다.

2. 등기절차

(1) 등기기간 등

회사가 자본을 감소한 때에는 감자의 효력이 발생한 후 본점소재지에서 2주간 내에 대표이사가 자본감소로 인한 변경등기를 신청하여야 한다(상법 제317조 3항, 제183조, 상업등기법 제23조). 이 등기가 자본감소의 효력발생요건은 아니며, 지점소재지에서는 자본에 관한 사항은 등기사항이 아니다.

등기기간은 자본감소의 실행절차를 완료하여 자본감소의 효력이 발생할 때로부터 진행하며 채권자보호절차 이행시로부터 진행하는 것은 아니다(일본 등기선례 대정 1910. 8. 2, 민사갑 제3115호).

(2) 등기사항

등기사항은 다음 사항이 변경된 취지 및 그 연월일이다.

1) 자본의 총액

자본감소의 방법과 관계없이 언제나 자본의 총액이 변경하므로 변경된 자본총액을 등기하여야 한다.

2) 발행주식의 총수와 그 종류 및 각각의 수

주식의 병합 또는 소각에 의하여 자본을 감소한 경우에는 발행주식의 총수가 변경되며 회사가 수종의 주식을 발행한 경우에는 각종의 주식의 수가 변경되므로 변경 후의 발행주식의 총수와 그 종류 및 각각의 수를 등기하여야 한다.

3) 1주의 금액

주금액의 감소에 의하여 자본감소를 한 경우에는 1주의 금액이 변경되므로 이를 등기하여야 한다.

4) 회사가 발행할 주식의 총수

주식수의 감소에 의하여 자본감소를 한 경우에는 그 감소한 주식수만큼 발행예정주식총수가 감소되므로 그 등기를 해야 하는지 여부가 문제된다. 등기실무에서는 주식을 소각하거나 병합하는 방법으로 자본을 감소하는 경우(상법 제343조 1항 본문, 제440조, 제441조) 등에는 감소된 주식수만큼 회사가 발행할 주식의 총수, 즉 발행예정주식총수도 감소한다는 견해를 취한다. 따라서 회사는 발행한 주식의 총수(발행주식총수)의 변경등기뿐 아니라 발행예정주식총수의 변경등기도 신청하여야 한다(상법 제317조, 2항, 4항, 제183조).

(3) 첨부서면

1) 정 관

자본감소 등에 의해 발행예정주식총수가 감소하였음이 발행주식총수 변경등기신청서의 첨부서면이나(동시에 신청하는 경우) 등기부에 의해(발행주식총수의 변경등기가 경료된 후에 신청하는 경우) 명백하게 나타나는 경우에는, 그 변경을 증명하는 서면을 따로 첨부할 필요가 없다. 그러나, 발행예정주식총수에 관하여 다른 정함이 있는지 여부를 등기관이 확인할 수 있도록 하기 위해 정관을 첨부하여야 한다(2006. 11. 23. 공탁상업등기과-1315 질의회답). 여기서 정관을 첨부하게 하는 이유는 자본감소결의시에 발행예정주식총수에 관한 정관규정을 함께 변경할 경우에는 그에 따라야 하기 때문이다.

2) 자본감소의 결의를 한 주주총회의사록(상업등기규칙 제128조)

자본감소결의의 뜻이 기재된 총회의사록은 등기사항의 발행을 증명하는 서면이 되므로 첨부한다.

3) 채권자에 대한 이의제출의 공고 및 최고를 한 사실과 이의를 진술한 채권자가 있는 때에는 이에 대하여 변제 또는 담보를 제공하거나 신탁을 한 사실을 증명하는 서면(상업등기규칙 제142조)

채권자에게 공고 및 최고 후 이의를 진술하는 채권자가 없는 때에는 대표이사가 작성한 그 뜻의 진술서를 첨부하는 것이 실무관행이다.

【쟁점질의와 유권해석】

〈자본감소로 인한 변경등기신청서에 공고를 하였음을 증명하는 서면의 첨부 요부〉

주식회사가 주금액의 감소에 의한 환급의 방법으로 자본을 감소하는 경우에는 자본감소로 인한 변경등기신청서에 상업등기법 제89조의 서면을 첨부할 필요가 없다.

4) 주식의 병합 또는 소각(강제소각)에 의하여 감자를 한 때에는 주권제출의 공고 사실을 증명하는 서면(상업등기규칙 제142조)

주권제출 공고기간은 1개월 이상이나(상법 제440조), 주식을 제출할 수 없는 자(분실 등)가 있을 때 회사는 그 자의 청구에 의하여 3개월 이상의 기간을 정하여 이해관계인에게 공고하여야 한다.

회사가 주주와 주식매입계약에 의하여 주식을 매입, 소각하는 경우에는 주권제출 공고는 불필요하고, 채권자보호절차는 밟아야 한다. 그러나 매수주식은 질권 등이 설정되었으면 이를 해제하고 소각하여야 할 것이다.

자본금 감소로 인한 변경등기시 자본금 감소의 결의일로부터 2주 내에 채권자보호절차(공고 등)를 이행하지 않은 경우 등기관의 업무처리(제정 2018. 7. 27. [상업등기선례 제201807-1호, 시행])

선례요지

1. 주식회사가 자본금 감소를 하려면 자본금 결의가 있는 날로부터 2주 내에 회사채권자에 대하여 자본감소 결의에 대하여 이의가 있으면 1월 이내의 기간을 정하여 그 기간 내에 이를 제출할 것을 공고하고, 알고 있는 채권자에 대하여는 따로따로 이를 최고하여야 한다. 이는 회사채권자에게 자본금 감소결의에 대하여 이의를 제기할 기회를 보장하여 채권자의 이익을 보호하기 위한 것으로 자본금 감소를 위해서는 반드시 거쳐야 할 절차이다(상법 제439조제2항, 제232조, 상업등기선례 제1-228호 참조).

2. 따라서 상법상 공고규정을 위반하여 공고한 경우에는 공고로서의 효력이 발생하지 않으므로 유효한 채권

자보호절차를 거친 것으로 볼 수 없고, 주주총회 결의 후 2주가 지난 후에 공고 및 최고절차를 거쳐 자본금 감소로 인한 변경등기신청을 한 경우에는 그 변경등기에 필요한 첨부정보를 제공하지 아니한 것으로 보아 등기신청을 각하할 수 있다(상업등기법 제26조제8호, 상업등기 규칙 제142조, 제111조제2호)(2018. 7. 27. 사법등기심의관 - 2838 질의회답)
참조조문 : 상법 제439조제2항 , 제232조 , 상업등기법 제26조제8호 , 상업등기규칙 제142조 , 제111 조제2호
참조선례 : 상업등기선례 제1-225호 , 제1-228호

5) 대리권을 증명하는 서면 등(상업등기규칙 제52조)

【쟁점질의와 유권해석】

〈임의소각의 경우 주식을 소각하여 폐기하였다는 서면을 첨부하여야 하는지 여부〉

주식의 임의소각에 의한 자본감소시 채권자보호절차를 이행하더라도 자본감소의 효력은 회사와 주주간의 계약에 하여 회사가 그 주권을 취득하여 폐기처분을 하는 때에 감자의 효력이 발생한다.

임의소각의 경우에 주식을 소각하여 폐기하였다는 서면을 등기신청의 첨부서면으로 규정하고 있지 아니하나, 등기의 원인일자를 기재하여야 하므로 폐기일자를 증명하는 서면을 첨부하여야 한다. 그러나 대표이사가 등기신청에 그 폐기일자를 기재하고 신청인란에 대표이사의 법인인감을 날인하거나 대리인에 의하여 신청하면서 위임장에 법인인감을 날인하였다면 신청서를 폐기한 것을 진술한 서면으로 보아 폐기일자를 증명하는 서면을 첨부하지 아니하여도 될 것이다.

(4) 등록면허세, 등기신청수수료 등의 납부

자본감소로 인한 자본의 총액, 발행주식의 총수와 그 종류 및 각각의 수, 1주의 금액의 변경등기 모두에 대해서 1건의 기타변경등기 등록면허세 4만2백원 및 지방교육세 8천4십원과 등기신청수수료 6,000원을 납부하여야 한다(지방세법 제28조 1항 6호 바목, 제151조 1항 2호, 등기사항증명서 등 수수료 규칙 제5조의3 2항 본문). 다만, 등기신청수수료는 전자표준양식에 의한 신청의 경우에는 4,000원, 전자신청의 경우에는 2,000원을 납부하여야 한다(등기사항증명서 등 수수료 규칙 제5조의5 4항).

자본감소 방법으로 주식수를 감소하면서 감소된 주식수만큼 발행예정주식총수도 감소하여 발행주식총수의 변경등기와 발행예정주식총수의 변경등기를 같은 신청서에 의해 함께 신청하는 때에도 등록면허세는 발행주식총수의 변경등기에 필요한 등록면허세만 납부하면 된다.

자본감소와 발행예정주식총수의 변경등기 외(선례 일부 변경)

선례요지

   1. 상법 제340조의2의 규정에 의한 주식매수선택권을 행사하여 신주를 인수한 자는 행사 가액의 전액을 납입한 때에 주주가 된다(상법 제340조의5, 제516조의9 전단).

   2. 주식을 소각하거나 병합하는 방법으로 자본을 감소(상법 제343조 제1항 본문, 제440조, 제441조)하는 경우, 상환주식을 상환하는 경우(상법 제345조), 정관의 정한 바에 의하여 주주에게 배당할 이익으로써 주식을 소각하는 경우(상법 제343조 제1항 단서), 정기총회에서 특별결의에 의하여 주식을 매수하여 소각하는 경우(상법 제343조의2) 등에는 감소된 주식수만큼 회사가 발행할 주식의 총수(상법 제317조 제2항 제1호. 이하 '발행예정주식총수'라 한다)도 감소한다. 따라서, 회사는 발행한 주식의 총수(이하, '발행주식총수'라 한다)의 변경등기뿐 아니라 발행예정주식총수의 변경등기도 신청하여야 한다(상법 제317조 제2항, 제4항, 제183조).
① 의 경우에 발행예정주식총수의 변경등기는 발행주식총수의 변경등기와 동시에 신청하는 것이 바람직하나, 동시에 신청할 것을 강제하는 규정(비송사건절차법 제184조 제2항, 제159조 제12호, 상업등기처리규칙 제66조 등)이 없으므로 발행주식총수의 변경등기가 경료된 후에 신청하더라도 등기관은 수리하여야 한다.
② 본감소 등에 의해 발행예정주식총수가 감소하였음이 발행주식총수 변경등기신청서의 첨부서면이나(동시에 신청하는 경우) 등기부에 의해(발행주식총수의 변경등기가 경료된 후에 신청하는 경우) 명백하게 나타나는 경우에는, 그 변경을 증명하는 서면을 따로 첨부할 필요가 없다. 다만, 발행예정주식총수에 관하여 다른 정함이 있는지 여부를 등기관이 확인할 수 있도록 하기 위해 정관을 첨부하여야 한다.
③ 기예규 제1038호 3.의 취지에 비추어 볼 때, 발행주식총수의 변경등기와 발행예정주식총수의 변경등기를 같은 신청서에 의해 함께 신청한다면 발행주식총수의 변경등기에 필요한 등록세(지방세법 제137조 제1항 제6호)만을 납부하면 될 것이다.

   3. 상법 제520조의2(휴면회사의 해산) 제4항의 규정에 의하여 청산이 종결된 것으로 보는 주식회사(이하, '청산종결 간주된 회사'라 한다)도 청산사무가 종결되지 않았음을 소명하여 청산종결등기의 말소를 신청할 수 있다(비송사건절차법 제234조 제1항 제2호). 청산종결등기의 말소 신청이 있으면 등기관은 그 등기용지를 부활하고 청산종결등기를 말소한다(상업등기처리규칙 제53조). 또한, 청산종결 간주된 회사라도 어떤 권리관계가 남아 있어 현실적으로 정리할 필요가 있으면 그 범위 내에서는 아직 완전히 소멸하지 아니하고 청산의 목적범위 내에서 여전히 존속하는데, 이러한 경우 그 회사의 해산 당시의 이사는 정관에 다른 규정이 있거나 주주총회에서 따로 청산인을 선임하지 아니한 경우에 청산인이 되는 것이므로(대법원 1994. 5. 27. 선고 94다7607 판결 등 참조), 주주총회에서 청산인을 선임할 수 있다. (2006. 11. 23. 공탁상업등기과 -1315 질의회답)
주)주식의 상환에 관한 종류주식의 상환과 회사가 발행할 주식의 총수 및 재발행 가부에 관한 선례(상업등기선례 제201207-1호)에 의해 상업등기선례 200611-3은 그 내용이 일부 변경됨

핵 심 판 례

■ **주주총회의 자본감소 결의에 취소 또는 무효의 하자가 있더라도 자본감소의 효력이 발생한 후에는 자본감소 무효의 소에 의해서만 다툴 수 있는지 여부(원칙적 적극)**

> 상법 제445조는 자본감소의 무효는 주주 등이 자본감소로 인한 변경등기가 있은 날로부터 6월 내에 소만으로 주장할 수 있다고 규정하고 있으므로, 설령 주주총회의 자본감소 결의에 취소 또는 무효의 하자가 있다고 하더라도 그 하자가 극히 중대하여 자본감소가 존재하지 아니하는 정도에 이르는 등의 특별한 사정이 없는 한 자본감소의 효력이 발생한 후에는 자본감소 무효의 소에 의해서만 다툴 수 있다 (대법원 2010. 2. 11. 선고 2009다83599 판결).

■ **자본감소무효의 소의 출소기간이 경과한 후에 새로운 무효사유를 주장하는 것이 허용되는지 여부(소극)**

> 상법 제445조는 "자본감소의 무효는 주주·이사·감사·청산인·파산관재인 또는 자본감소를 승인하지 아니한 채권자에 한하여 자본감소로 인한 변경등기가 있는 날로부터 6월 내에 소만으로 주장할 수 있다."고 규정하고 있는바, 이는 자본감소에 수반되는 복잡한 법률관계를 조기에 확정하고자 하는 것이므로 새로운 무효사유를 출소기간의 경과 후에도 주장할 수 있도록 하면 법률관계가 불안정하게 되어 위 규정의 취지가 몰각된다는 점에 비추어 위 규정은 무효사유의 주장시기도 제한하고 있는 것이라고 해석함이 상당하고 자본감소로 인한 변경등기가 있는 날로부터 6월의 출소기간이 경과한 후에는 새로운 무효사유를 추가하여 주장할 수 없다(대법원 2010. 4. 29. 선고 2007다12012 판결).

■ **상법 제445조에서 정한 자본금감소 무효의 소를 제기할 수 있는 경우**

> 주식병합을 통한 자본금감소에 이의가 있는 주주·이사·감사·청산인·파산관재인 또는 자본금의 감소를 승인하지 않은 채권자는 자본금감소로 인한 변경등기가 된 날부터 6개월 내에 자본금감소 무효의 소를 제기할 수 있다(상법 제445조). 상법은 자본금감소의 무효와 관련하여 개별적인 무효사유를 열거하고 있지 않으므로, 자본금감소의 방법 또는 기타 절차가 주주평등의 원칙에 반하는 경우, 기타 법령·정관에 위반하거나 민법상 일반원칙인 신의성실의 원칙에 반하여 현저히 불공정한 경우에 무효소송을 제기할 수 있다. 즉 주주평등의 원칙은 그가 가진 주식의 수에 따른 평등한 취급을 의미하는데, 만일 주주의 주식수에 따라 다른 비율로 주식병합을 하여 차등감자가 이루어진다면 이는 주주평등의 원칙에 반하여 자본금감소 무효의 원인이 될 수 있다. 또한 주식병합을 통한 자본금감소가 현저하게 불공정하게 이루어져 권리남용금지의 원칙이나 신의성실의 원칙에 반하는 경우에도 자본금감소 무효의 원인이 될 수 있다(대법원 2020. 11. 26. 선고 2018다283315 판결)

■ 법인이 자본감소절차의 일환으로 상법 제341조 제1호에 따라 주식을 소각하여 출자금을 환급받기 위한 목적에서 망인으로부터 주식을 취득한 사안

> 법인이 망인으로부터 총 평가액 130억 원이 넘는 주식을 취득한 것은 자본감소절차의 일환으로서 상법 제341조 제1호에 따라 주식을 소각하여 위 법인에 대한 출자금을 환급해 주기 위한 목적에서 이루어진 것이므로, 주식의 양도차익을 망인에 대한 배당소득으로 의제하여 위 법인에게 원천징수분 배당소득세를 고지한 처분은 적법하다고 본 원심판단을 수긍한 사례(대법원 2010. 10. 28. 선고 2008두19628 판결).

【서식】주식회사변경등기신청서(자본감소의 경우)

<table>
<tr><td colspan="5" align="center">**주식회사변경등기신청**</td></tr>
<tr><td rowspan="2">접 수</td><td>20○○년 ○월 ○일</td><td rowspan="2">처리인</td><td>등기관 확인</td><td>각종 통지</td></tr>
<tr><td>제○○○○호</td><td></td><td></td></tr>
</table>

<table>
<tr><td>상   호</td><td colspan="2">○○주식회사</td><td>등기번호</td><td>제1000호</td></tr>
<tr><td>본   점</td><td colspan="4">○○시 ○○구 ○○길 ○○</td></tr>
<tr><td>등 기 의 목 적</td><td colspan="4">자본감소로 인한 변경등기</td></tr>
<tr><td>등 기 의 사 유</td><td colspan="4">20○○년 ○월 ○일 주주총회에서 자본의 총액 금○○○○○원 중 금○○○원을 감소하여 금○○○원으로 하고 그 방법으로 1주의 금액 금○○○원 중 금○○○원을 삭제(또는 환급)하여 금○○○원으로 감소할 것을 결의하고 (또는 ① 1주의 금액 금○○○원의 주식 ○○주에 대하여 ○○주의 비율로 무상(유상)소각하여 발행주식총수 ○○○주를 ○○○주로 감소할 것을 결의하고, ② 1주의 금액 금○○○원의 주식 ○○주를 같은 액면주식 ○○주로 병합하여 발행주식총수 ○○○주를 ○○○주로 감소할 것을 결의하고), 공고와 최고절차를 밟아 20○○년 ○월 ○일 1주의 금액(발행주식의 주식총수와 그 종류 및 각각의 수), 자본의 총액을 변경하였으므로 다음 사항의 등기를 구함.</td></tr>
<tr><td colspan="5" align="center">등   기   할   사   항</td></tr>
<tr><td>발행주식의 총수, 그 종류와 각종 주식의 내용과 수</td><td colspan="4">보통주식   ○○○주</td></tr>
<tr><td>자 본 의 총 액</td><td colspan="4">금○○○원</td></tr>
<tr><td>1 주 의 금 액</td><td colspan="4">금○○○원</td></tr>
<tr><td>회사가 발행할 주식의 총수</td><td colspan="4">○○○주</td></tr>
<tr><td>종류주식의 내용</td><td colspan="4"></td></tr>
<tr><td>기   타</td><td colspan="4">해당 없음</td></tr>
</table>

등록면허세	금 원	지방교육세	금 원	농어촌특별세	금 원
세액합계	금 원		등기신청수수료	금 원	
등기신청수수료 납부번호					
과세표준액	금 원				

<table>
<tr><td colspan="2" align="center">첨   부   서   면</td></tr>
<tr>
<td>
1. 주주총회의사록(공증받은 것)　　1통
1. 주식매매계약서　　1통
1. 공고 및 최고를 한 증명서　　1통
1. 변제영수증(담보제공증명서) 또는　　1통
　　이의없다는 증명서
</td>
<td>
1. 주권제출공고증명서(주식의 병합 또
　　는 강제소각의 경우)　　1통
1. 등록면허세영수필확인서　　1통
1. 　　　　등기신청수수료영수필확인서　　1통

　　1통
1. 위임장(대리인이 신청할 경우)
〈기 타〉
</td>
</tr>
</table>

2000년 ○월 ○일

신 청 인　　　　상　호　○○주식회사

　　　　　　　　본　점　○○시 ○○구 ○○길 ○○

대표이사　　　　성　명　○ ○ ○ (인)　(전화 : 02-123-4567)

　　　　　　　　주　소　○○시 ○○구 ○○길 ○○

대 리 인　　　　성　명　법무사 ○ ○ ○ (인)　(전화 : 02-456-7890)

　　　　　　　　주　소　○○시 ○○구 ○○길 ○○

○○지방법원 ○○등기소 귀중

- 신청서 작성요령 -

1. 해당란이 부족할 때에는 별지를 이용합니다.
1. 해당 등기신청과 관계없는 사항에 대하여는 "해당없음"으로 기재하거나 삭제하고, 필요한 사항은 추가 기재합니다.

Ⅰ. 이익에 의한 주식의 소각으로 인한 변경등기

◾ 핵 심 사 항 ◾

1. 주식소각의 의의 : 특정한 주식을 절대적으로 소멸시키는 것을 목적으로 하는 회사의 행위.
2. 분류 : 회사가 주식을 소각하는 것은 크게 자본감소절차로서 소각하는 경우와 배당가능이익으로써 소각하는 경우로 나눌 수 있다. 전자의 경우는 회사의 자본을 감소시키는 반면, 후자의 소각은 자본에 영향을 미치지 않는다.

1. 총 설

(1) 의의

주식의 소각이란 특정한 주식을 절대적으로 소멸시키는 것을 목적으로 하는 회사의 행위를 말한다.

주식의 소각은 자본감소의 규정에 따라 하는 경우와 주주에게 배당할 이익으로써 하는 경우의 두가지로 나눌 수 있다(상법 제343조 1항).

이 중 주주에게 배당할 이익으로써 하는 경우와 관련하여 2011년 개정전 상법에서는 특정한 주식의 종류에 관하여서만 행하는 상환주식의 소각(상법 제345조)과 모든 주식에 관하여 평등하게 행하는 이익소각(개정전 상법 제343조 1항 단서)으로 나누어졌었다. 그러나 2011년 4월 14일 상법개정으로 인하여 상환주식제도는 승계하였으나(상법 제345조 1항), 정관의 규정에 따라 주주에게 배당할 이익으로 소각하는 것(개정전 상법 제343조 1항 단서)과 주주총회의 특별결의에 의해 주주에게 배당할 이익으로 소각하는 것(개정전 상법 제343조의2)이 폐지되었다. 그리고 이사회의 결의만으로 하는 자기주식의 소각을 신설하였다(상법 제343조 1항 단서).

(2) 이익소각에 대한 검토[53]

2011년 4월 14일 개정상법에서는 위에서 기술한 바와 같이 이익소각제도가 폐지되었다. 이는 자기주식제도의 변화와 관계가 있다. 즉, 개정상법 제341조에서는 배당가능이익으로 자기주식을 취득하는 것을 허용하고, 제343조 1항 단서에

---

[53] 2011 개정상법 축조해설(박영사, 이철송) 97면.

서 자기주식의 소각을 허용하므로 이 두 제도로서 개정전의 이익소각을 대체할 수 있다고 본 것이다. 하지만 이러한 효과는 무액면주식에 관해서만 누릴 수 있는 것이라고 하겠다[54].

2. 이익에 의한 주식의 소각절차[55]

(1) 이익에 의한 주식의 소각의 의의 및 절차

1) 의 의

주식의 소각을 자본감소의 절차에 의하는 경우 외에 배당할 이익으로써 주식을 소각하는 경우가 있는데, 이를 이익에 의한 주식의 소각이라 한다. 이 때에는 자본은 감소하지 않는다.

2011년 개정전 상법에 의할 때 이익에 의한 주식의 소각에는 정관의 규정에 의하여 모든 주주에게 평등하게 소각(개정전 상법 제343조 단서)하는 경우[56]와 회사가 수종의 주식을 발행한 경우에 정관으로써 배당우선주식에 대하여 상환조항을 붙여 그 조항에 따라 이익으로써 그 상환주식만을 소각하는 경우(상 법 제345조)가 있다.

그리고 모든 주주에게 평등하게 소각하는 경우는 정관의 규정에 의하여 소각하는 경우와 정관에 규정이 없더라도 정기주주총회의 특별결의에 의하여 소각하는 경우로 나눌 수 있다(개정전 상법 제343조의2)[57].

이익의 소각은 머지 않아 광맥이 끊어질 광산회사, 일정한 기간 후에 무상으로 공공단체에 수용될 면허영업을 목적으로 하는 회사와 같이, 일정한 기간 후에 기업의 경제적 가치가 소멸하게 되는 회사가 해산할 때 청산절차를 간단하게 하기 위하여 행하는 경우가 있다.

이익소각을 하려면 주주보호를 위해 원시정관이나 총주주의 동의로써 변경한 정관에 그 뜻과 방법을 정한 규정이 있어야 한다(개정전 상법 제343조 1항 단서).

2) 절 차

주식을 소각할 때는 자본감소를 위한 주식병합의 절차를 준용한다(상법 제440조, 제441조).

---

54) 2011 개정상법 축조해설(박영사, 이철송) 95면~96면 참조.
55) 앞에서 살핀바와 같이 2011년 상법개정으로 인하여 상법에서 이익소각제도는 폐지되었다. 이하의 설명은 2011년 개정전 상법을 기준으로 설명한 것으로서 개정전 상법상의 이익소각제도에 대하여 참고할 수 있도록 하기 위한 것이다.
56) 2011년 상법 개정시 폐지
57) 2011년 상법개정시 폐지

(2) 정관의 규정에 의한 소각58)

1) 의 의

이익으로써 주식을 소각할 때에는 정관에 그 정함이 있어야 하며, 이는 등기사항으로 되어 있다(상법 제317조 2항 6호). 여기서 정관은 원시정관뿐만 아니라 총주주의 동의로써 변경한 정관도 포함한다(다수설. 그러나 정관변경의 특별결의에 의하여 변경한 정관으로는 족하다는 소수설도 있다). 그리고 주권상장법인·코스닥상장법인은 다른 법률의 규정에 의하는 경우 외에 주주에게 배당할 이익으로써 주식을 소각할 수 있다는 뜻을 주주총회의 특별결의에 의하여 정관에 정하는 경우도 포함한다. 이러한 정관의 규정은 등기하여야 하며(상 법 317조 2항 6호), 주식청약서와 신주인수권증서에도 기재하여야 한다.

이익으로써 주식을 소각함에는 주주에게 배당할 이익이 있어야 하는데 여기서 이익은 회사의 순재산액으로부터 자본액과 준비금으로 적립하여야 할 금액을 공제한 잔액을 말한다.

2) 주식소각의 효력발생시기

강제소각의 경우에는 주권제출공고를 요하므로 그 효력은 주권제출기간 만료시에 발생하며(상법 제441조 본문, 제343조 2항), 임의소각의 경우에는 회사가 소각할 주식을 매입하여 그 주권을 폐기처분한 때에 효력이 발생한다.

주식의 소각으로 인하여 자본은 감소하지 않고 발행주식의 총수가 감소함에 그치며, 이 때에도 발행예정주식총수 중 소각한 주식 수에 상당한 수가 감소한다(자본감소의 경우와 같다).

(3) 정기주주총회의 결의에 의한 소각59)

1) 의 의

정기주주총회의 결의에 의한 주식소각이란 정관에 주식소각에 관한 규정이 없는 경우에 상법 제434조의 규정에 의한 주주총회의 결의에 의하여 주주에게 배당할 이익으로써 주식을 매수하여 하는 주식소각을 말한다(개정전 상법 제343조의2).

이 제도는 2001년 개정상법에서 회사들의 주가관리의 편의를 위하여 도입되었고, 회사 잉여자금의 적절한 운용, 주식의 수급조절을 통한 주가관리 등을 목적으로 이용된다.

---

58) 2011년 상법개정시 폐지
59) 2011년 상법개정시 폐지

2) 요 건

주주총회의 결의에 의한 주식소각은 배당 가능한 이익이 존재하여야 하고, 배당 가능한 이익이 존재할 것이 예정되어야 자기주식을 취득할 수 있다. 자기주식을 취득할 수 있는 기간은 정기주주총회 결의 후 최초의 결산기에 관한 정기주주총회의 종결 전 까지이다(개정전 상법 제343조의2 제4항·5항).

3) 절 차

정기주주총회에서 주식소각의 결의는 특별결의에 의하여야 한다. 이 결의에서는 매수할 주식의 종류·총수, 취득가액 및 매수할 수 있는 기간을 정하여야 한다.

주식을 매수할 수 있는 기간은 주식을 매수하여 소각하기로 결의한 후 최초로 도래하는 결산기에 관한 정기주주총회가 종결한 이후로 정할 수 없다(개정전 상 법 제343조의2 제4항). 주권상장법인은 다른 법률에 따르는 경우 외에는 주주에게 배당할 이익으로 주식을 소각할 수 있다는 뜻을 상법 제434조에 따른 결의(출석한 주주의 의결권의 3분의 2 이상의 수와 발행주식총수의 3분의 1 이상의 수)로써 정관에 정하는 경우에는 이사회 결의로 주식을 소각할 수 있도록 할 수 있다(자본시장과 금융투자업에 관한 법률 제165조의3).

4) 소각을 위하여 매수할 수 있는 주식의 취득가액의 총액

회사가 소각을 위하여 매수할 수 있는 주식의 취득가액의 총액은 배당가능이익, 즉 대차대조표상의 순차산액에서 자본의 액·그 결산기까지 적립된 자본준비금과 이익준비금의 합계액 및 그 결산기까지 적립하여야 할 이익준비금을 공제한 액을 초과하지 못한다(개정전 상법 제343조의2 제3항). 따라서 회사는 당해 연도의 결산기에 배당가능이익이 마이너스로 될 우려가 있는 경우에는 주식소각을 위한 매수를 하여서는 아니된다(개정전 상법 제343조의2 제5항).

5) 주식소각의 효력발생시기

소각은 임의소각의 방법에 의하므로 회사가 소각할 주식을 일시 취득하여 실효절차를 밟아야 한다. 주식소각의 효력은 주식실효절차의 종료시에 발생한다.

(4) 상환주식의 소각

1) 상환주식의 의의

상환주식이란 회사가 일정한 요건하에 이익으로써 소각할 것이 예정된 종류의 주식을 말한다. 상환주식을 발행함에는 정관에 그 뜻을 정하여야 하며 이는 등기사항으로 되어 있다(상법 제345조 1항). 상환의 재원은 회사의 이익에 한정되며 상환주식의 소각에 있어서 상환주식의 주주 상호간에 평등하게 주식을 소각하여야 한다.

2011년 상법개정시 상환주식에 대해 개정된 사항은 다음과 같다[60].

첫째, 개전전에는 우선주만 상환주식으로 발행할 수 있었으나, 개정법에서는 우선주 외의 종류주식도 상환주식으로 발행할 수 있다.

둘째, 개정전에는 회사가 상환할 권리를 갖는 주식만 발행할 수 있었으나, 개정법에서는 주주가 상환할 권리를 갖는 주식도 발행할 수 있다.

셋째, 개정전에는 상환주식은 우선주식에 상환조항이 부가된 것에 불과하다 하여 주식의 종류로 보지 않았으나, 개정법은 상환주식을 별도의 종류주식으로 다루고 있다(상법제344조 1항). 따라서 상환주식의 주주의 종류주주총회도 가능하다.

2) 상환주식의 상환

상환의 결정은 회사상환주식과 주주상환주식에 있어 절차에 차이가 있다.

① 회사상환주식

상환주식의 상환은 정관의 규정에 따르는 한 다른 절차 없이 이사회의 결의만으로 할 수 있다. 그러나 상환에 사용할 자금은 이익처분안에 포함시켜 주주총회의 승인을 얻어야하므로 그 범위에서는 주주총회의 의사결정이 필요하다.

② 주주상환주식

주주상환주식의 경우에는 주주의 청구가 있어야 한다. 주주가 상환을 청구하면 그 자체로 회사를 구속하므로 회사의 의사결정이나 승낙은 불필요하다고 본다.

회사상환주식의 상환을 결정하는 경우에는 상환대상인 주식의 취득일로부터 2주 전에 그 사실을 '그 주식의 주주' 및 '주주명부에 적힌 권리자'에게 따로 통지하여야 한다(상법 제345조 2항). 통지는 공고로 갈음할 수 있다(동조 단서).

상환은 이익으로써만 할 수 있음은 개정전후에 차이가 없다(상법 제345조 1항).

상환주식의 상환에 따른 등기와 이익의 존재를 증명하는 서면

선례요지

상환주식의 상환에 따른 등기신청서에 첨부하는 이익의 존재를 증명하는 서면으로는 주주총회에서 승인받은 대차대조표상에 배당가능이익이 존재하면 되고 따로이 이익잉여금처분계산서에 상환예정금액이 명시되어 있어야 하는 것은 아니다. (2009. 6. 10. 사법등기심의관-1370 질의회답)

참조조문 : 상법 제302조, 제317조, 제344조, 제345조, 제356조, 제416조, 제420조

---

[60] 2011 개정상법 축조해설(박영사, 이철송) 108면

상환주식 상환에 대한 변경등기

선례요지

주주총회에서 법정준비금 감소 결의로 배당가능이익이 증가되고 이 증가된 배당가능이익을 재원으로 하여 곧바로 상환주식을 소각하기로 주주총회에서 결의한 경우, 상환주식 소각에 따른 변경등기신청서에 첨부하는 이익의 존재를 증명하는 서면은 법정준비금 감소 및 상환주식을 소각하기로 결의한 주주총회의 승인을 얻은 대차대조표이며, 이 대차대조표에는 배당가능이익이 있다는 내용이 명확히 나타나야 할 것이다. (2013. 6. 24. 상업등기심의관-45 질의회답)

참조조문 : 상법 제345조 제1항, 제365조 제1항·제3항, 제461조의2 상업등기법 제79조 제2항, 제87조, 제88조

참조선례 : 상업등기선례 200906-2

3) 상환주식 소각의 효과

상환주식의 소각이 있는 때에는 발행주식의 총수와 발행한 상환주식의 수가 감소하며 발행예정주식총수와 회사가 발행할 상환주식의 수도 감소한다. 발행예정주식총수의 감소에 대하여도 변경등기신청을 하여야 한다. 그러나 상환주식의 소각에 의하여 자본이 감소하지는 않는다.

상환주식을 전부 소각한 경우에는 이에 관한 정관의 규정은 효력을 상실한다.

3. 이익에 의한 주식소각의 효과

(1) 회사의 발행주식의 총수의 감소

소각에 의하여 그 주식은 소멸하고, 그 수만큼 그 회사의 발행주식의 총수는 감소한다.

(2) 자본과 주식과의 관계 단절

주식소각에 의하여 그 주식이 소멸하더라도 자본감소의 절차를 밟은 것이 아니므로 자본은 감소하지 않는다. 따라서 이때에는 자본과 주식의 관계가 단절된다.

(3) 주식소각의 결과로 감소된 주식수만큼 신주를 재발행할 수 있는지 여부

주식소각의 결과로 주식수가 감소하더라도 그것이 미발행 주식이 되어 회사가 그만큼 신주를 발행할 수 있는지 여부가 문제되는데, 이를 부정적으로 보는 것이 통설이다. 소각된 주식에 관하여는 이미 이사회가 주식발행의 수권을 행사하였기 때문이다.

> **【쟁점질의와 유권해석】**
>
> **〈회사의 발행예정주식총수도 감소하는 경우〉**
>
> 다음의 경우에는 감소된 주식수만큼 회사가 발행할 주식의 총수, 즉 발행예정주식총수(상 제317조 2항 1호)도 감소한다(2006. 11. 23, 공탁상업등기과-1315 질의회답).
> ㄱ) 상환주식을 상환하는 경우(상법 제345조)
> ㄴ) 정관의 정한 바에 의하여 주주에게 배당할 이익으로써 주식을 소각하는 경우(상법 제 343조 1항 단서)
> ㄷ) 정기총회에서 특별결의에 의하여 주식을 매수하여 소각하는 경우(상법 제343조의3)

4. 등기절차

(1) 등기기간

이익으로써 주식을 소각한 경우에는 그 소각한 때로부터 본점소재지에서만 2주간 내에 대표이사가 등기를 신청하여야 한다(상법 제183조, 제317조 제4항, 상업등기법 제23조).

상환주식의 상환으로 주식을 강제로 소각하는 경우에는 주권제출기간 만료일 익일부터 기산하여 2주간 내에 대표이사가 본점소재지에서만 신청하여야 한다.

지점소재지에서는 주식에 관한 사항도 등기사항이 아니다.

(2) 등기사항

등기할 사항은 다음과 같다.

1) 모든 주주에게 평등하게 소각한 경우와 임의소각의 경우

① 발행주식의 총수와 그 종류 및 각각의 수 : 발행주식의 총수가 변경되므로 변경 후의 발행주식의 총수와 동일사항으로 등기되는 발행주식의 종류 및 각종 주식의 수(변경이 없더라도)를 등기하여야 한다.

② 회사가 발행할 주식의 총수 : 개정상법은 발행예정주식총수 제한규정을 삭제하였으므로(상법 제437조), 소각한 주식수만큼 감소함으로 소각 후의 발행예정주식총수를 등기할 수 있고, 정관으로 이를 변경하면 등기하여야 한다.

③ 위의 사항이 변경된 취지 및 그 연월일

2) 상환주식을 소각한 경우

① 발행주식의 총수와 그 종류 및 각각의 수 : 상환주식을 소각한 경우에는 이

사항이 변경되므로 변경 후의 사항을 등기하여야 한다.

② 회사가 발행할 주식의 총수 및 회사가 발행할 상환주식의 총수 : 상환주식의 소각에 의하여 발행예정주식의 총수와 그 중 상환주식의 수도 변경되므로 변경 후의 사항을 등기하여야 한다.

③ 회사가 발행할 상환주식의 내용 : 상환주식을 전부 상환함으로써 미발행의 상환주식이 없게 된 경우에는 회사가 발행할 상환주식의 내용에 관한 정관의 규정은 효력을 상실하므로 이를 등기하여야 한다.

④ 위의 사항이 변경된 취지 및 그 연월일

(3) 첨부서면

1) 이익의 존재를 증명하는 서면 등

주주에게 배당할 이익으로써 주식을 소각함으로 인한 변경등기를 신청하는 경우에는 이익의 존재를 증명하는 정보 외에 다음의 구분에 따른 정보를 제공하여야 한다(상업등기규칙 제141조).

1. 주주가 주식의 상환을 청구함으로 인한 변경등기의 경우에는 주식의 상환 청구가 있음을 증명하는 정보
2. 회사가 주식을 상환함으로 인한 변경등기의 경우에는「상법」제345조 제2항에 따른 통지 또는 공고를 하였음을 증명하는 정보

2) 주식이 회사가 보유한 자기 주식이었음을 증명하는 정보

자기 주식의 소각으로 인한 변경등기를 신청하는 경우에는 그 주식이 회사가 보유한 자기 주식이었음을 증명하는 정보를 제공하여야 한다(상업등기규칙 제141조).

3) 정관·주주총회의사록(상업등기규칙 제128조)

회사가 이익으로 자기주식을 취득하여 소각하거나 상환주식을 상환하여 소각하기로 결의한 주주총회의사록은 언제나 첨부한다.

이익소각으로 주식을 소각하는 경우에는 이익금의 존재를 증명하여야 하므로 정기주주총회에서 결의하여야 할 것으로 사료될 수 있으나, 이익소각금은 반드시 금년도의 이익금에 한하지 않고 전년도의 이익금도 가능하므로 임시주주총회에서 결의할 수 있다고 할 것이다.

자본감소 등에 의해 발행예정주식총수가 감소하였음이 발행주식총수 변경등기신청서의 첨부서면이나(동시에 신청하는 경우) 등기부에 의해(발행주식총수의 변경등기가 경료 된 후에 신청하는 경우) 명백하게 나타나는 경우에는, 그 변경을 증명하

는 서면을 따로 첨부할 필요가 없으나, 발행예정주식총수에 관하여 다른 정함이 있는지 여부를 등기관이 확인할 수 있도록 하기 위해 정관을 첨부하여야 한다(2006. 11. 23, 공탁상업등기과-1315 질의회답). 여기서 정관을 첨부하게 하는 이유는 자본감소결의시에 발행예정주식총수에 관한 정관규정을 함께 변경한 경우에는 그에 따라야 하기 때문이다.

4) 이사회의사록

이익에 의한 주식소각의 시기는 원칙적으로 이사회에서 결정하는 것이므로 이에 관한 이사회의사록을 첨부해야 한다(상업등기규칙 제128조).

5) 기 타

등록세납부영수필통지서 및 영수필확인서, 등기신청수수료, 대리권한을 증명하는 서면(상업등기규칙 제52조), 정관, 법원의 허가서 또는 총주주의 동의서(상업등기규칙 제128조) 등이 필요한 경우에는 이를 첨부하여야 할 것임은 다른 등기신청의 경우와 같다.

(4) 등록면허세, 등기신청수수료 등의 납부

주식소각으로 인한 발행주식의 총수와 그 종류 및 각각의 수의 변경등기에 대해서는 1건의 기타변경등기 등록면허세 4만2백원 및 지방교육세 8천4십원과 등기신청수수료 6,000원을 납부하여야 한다(지방세법 제28조 1항 6호 바목, 제151조 1항 2호, 등기사항증명서 등 수수료 규칙 제5조의3 2항 본문).

정관규정에 의한 임의소각방식의 이익소각에 따른 등기 가부

선례요지

주식회사는 정관의 정한 바에 의하여 주주에게 배당할 이익으로써 주식을 소각할 수 있는 바(「상법」제343조 제1항), 그 방법으로는 주식을 매수하여 소각하는 임의소각도 가능할 것이므로, 당해 정관의 정한 바에 따라 주주에게 배당할 이익으로써 주식을 매수하여 소각한 주식회사는 그 주식소각에 따른 변경등기를 할 수 있다. (2010. 12. 7. 사법등기심의관-3113 질의회답)

참조조문 : 상법 제343조 제1항

참조판례 : 대법원 2008. 7. 10. 선고 2005다24981 판결

핵 심 판 례

■ **주식의 매도가 자산거래인 주식 양도에 해당하는지 또는 자본거래인 주식소각이나 자본 환급에 해당하는지 판단하는 기준**

> 주식의 매도가 자산거래인 주식 양도에 해당하는지 또는 자본거래인 주식소각이나 자본 환급에 해당하는지는 법률행위 해석의 문제로서 거래의 내용과 당사자의 의사를 기초로 판단해야 하지만, 실질과세의 원칙상 단순히 계약서의 내용이나 형식에만 의존할 것이 아니라, 당사자의 의사와 계약체결의 경위, 대금의 결정방법, 거래의 경과 등 거래의 전체 과정을 실질적으로 파악하여 판단해야 한다(대법원 2019. 6. 27. 선고 2016두49525 판결).

■ **주식 임의소각의 경우, 주식소각대금채권의 발생시기**

> 주식 임의소각의 경우 그 소각의 효력이 상법 제342조의 주식실효 절차까지 마쳐진 때에 발생한다 하더라도, 주주가 주식소각대금채권을 취득하는 시점은 임의소각의 효력발생시점과 동일한 것은 아니며, 적어도 임의소각에 관한 주주의 동의가 있고 상법 소정의 자본감소의 절차가 마쳐진 때에는 주식소각대금채권이 발생하고, 다만 그 때까지 주주로부터 회사에 주권이 교부되지 않은 경우에는 회사는 주주의 주식소각대금청구에 대하여 주권의 교부를 동시이행항변 사유로 주장할 수 있을 뿐이다(대법원 2008. 7. 10. 선고 2005다24981 판결).

■ **주식 임의소각의 경우, 주식소각대금채권의 발생시기**

> 자본금 감소를 위한 주식소각 절차에 하자가 있다면, 주주 등은 자본금 감소로 인한 변경등기가 된 날부터 6개월 내에 소로써만 무효를 주장할 수 있다(상법 제445조). 그러나 이사가 주식소각 과정에서 법령을 위반하여 회사에 손해를 끼친 사실이 인정될 때에는 감자무효의 판결이 확정되었는지 여부와 관계없이 상법 제399조 제1항에 따라 회사에 대하여 손해배상책임을 부담한다(대법원 2021. 7. 15. 선고 2018다298744 판결).

【서식】주식회사변경등기신청서(이익소각 또는 상환주식소각의 경우)

<table>
<tr><td colspan="2" rowspan="2">접 수</td><td>2000년 0월 0일</td><td rowspan="2">주식회사변경등기신청
처리인</td><td>등기관 확인</td><td>각종 통지</td></tr>
<tr><td>제0000호</td><td></td><td></td></tr>
<tr><td colspan="2">상   호</td><td>○○주식회사</td><td>등기번호</td><td colspan="2">제1000호</td></tr>
<tr><td colspan="2">본   점</td><td colspan="4">○○시 ○○구 ○○길 ○○</td></tr>
<tr><td colspan="2">등 기 의 목 적</td><td colspan="4">주식소각으로 인한 변경등기</td></tr>
<tr><td colspan="2">등 기 의 사 유</td><td colspan="4">2000년 0월 0일 주주총회에서 회사의 이익금으로 보통주식(또는 상환주식) ○○주 중 ○○주를 소각할 것을 결의하고 2000년 0월 0일 발행주식의 주식총수, 그 종류 및 각각의 수를 변경하였으므로 다음 사항의 등기를 구함</td></tr>
<tr><td colspan="6" align="center">등   기   할   사   항</td></tr>
<tr><td colspan="2">발행주식의 총수와 그 종류 및 각종 주식의 내용과 수</td><td colspan="4">발행주식의 총수　　　○○○주
보통주식　　　　　　　○○○주
(상한주식 ○○○주)</td></tr>
<tr><td colspan="2">기   타</td><td colspan="4">해당 없음</td></tr>
</table>

등록면허세	금 원	지방교육세	금 원	농어촌특별세	금 원
세액합계	금 원	등기신청수수료	금 원		
등기신청수수료 납부번호					
과세표준액	금 원				

<table>
<tr><td colspan="2" align="center">첨　부　서　면</td></tr>
<tr><td>

1. 주주총회의사록(공증받은 것)　　　통

1. 이사회의사록(공증받은 것)　　　통

1. 이익금의 존재를 증명하는 서면(주주총회 승인 대차대조표)　　　통

1. 주주의 상환청구를 증명하는 서면(회사의 경우 통지 또는 공고증명 서면)　통

1. 자기주식임을 증명하는 서면(자기주식 소각인 경우)　　　통

</td><td>

1. 등록면허세영수필확인서　　　통

1. 등기신청수수료영수필확인서　통

1. 위임장(대리인이 신청할 경우) 통

<기 타>

</td></tr>
</table>

2000년 ○월 ○일

신 청 인　　　상　호　○○주식회사

　　　　　　　본　점　○○시 ○○구 ○○길 ○○

대표이사　　　성　명　○ ○ ○ (인)　(전화 : 02-123-4567)

　　　　　　　주　소　○○시 ○○구 ○○길 ○○

대 리 인　　　성　명　법무사 ○ ○ ○ (인)　(전화 : 02-456-7890)

　　　　　　　주　소　○○시 ○○구 ○○길 ○○

○○지방법원 ○○등기소 귀중

- 신청서 작성요령 -

1. 해당란이 부족할 때에는 별지를 이용합니다.
1. 해당 등기신청과 관계없는 사항에 대하여는 "해당없음"으로 기재하거나 삭제하고, 필요한 사항은 추가 기재합니다.

II. 주식의 양도제한에 관한 변경등기

■ 핵 심 사 항 ■

1. 주식양도자유의 원칙 : 주식회사는 물적회사로서 인적개성이 중요시되지 않으므로 주식의 양도가 자유롭다(상법 제335조 1항 본문). 그러나 일정한 경우에는 예외적으로 주식의 양도가 제한되기도 한다.
2. 양도제한의 내용
 (1) 정관의 규정 : 정관에 규정을 두지 않은 이상 법률상의 근거가 없는 어떠한 형태의 양도제한도 허용되지 않는다.
 (2) 공시 : 주식양도제한에 관한 정관규정을 주식청약서(상법 제302조 2항 5호의2)와 주권(상법 제356조 6호의2)에 기재하고 등기하여(상법 제317조 2항 3호의2) 이를 공시하여야 한다.
 (3) 이사회의 승인 : 주식양도를 승인 할 수 있는 기관은 이사회이다.

1. 주식의 양도제한

(1) 주식의 양도제한의 취지

주식의 양도는 주주의 주식매수청구가 인정되는 특별한 경우(합병, 영업양도)를 제외하고 주주가 투하자금을 회수할 수 있는 유일한 방법이므로 원칙적으로 그 자유가 보장되어야 한다. 그러나 기업의 매수(M&A)로부터 기업의 지배권을 보호하고 경영의 안정을 도모하기 위하여 주식의 양도를 제한할 필요성이 인정되어 1995년의 개정상법에서는 정관으로 주식의 양도를 제한할 수 있도록 하였다. 즉 주식의 양도는 정관이 정하는 바에 따라 이사회의 승인을 얻도록 할 수 있다(상법 제335조 1항 단서).

(2) 주식의 양도제한의 방식 및 등기

주식의 양도제한에 관한 규정은 회사설립시의 원시정관에 정하든 변경정관에 정하든 관계없다. 즉, 주식의 양도에 관하여 이사회의 승인을 얻도록 하는 주식의 양도제한규정은 회사설립시의 원시정관에 이를 신설할 수 있고, 그 후에는 주주총회의 특별결의로 정관을 변경하거나 신설함으로써 이를 신설하거나 변경 또는 폐지할 수 있다.

정관에 주식의 양도를 제한하는 규정이 있는 때에는 주권과 주식청약서에 이를 기재하여야 하며 등기를 하여야 한다(상법 제317조 2항 3의 2). 정관에 의하여 주식의 양도를 제한하고 있는 경우에 이사회의 승인을 얻지 아니한 주식의 양도는 회사에 대하여 효력이 없다(상법 제335조 2항).

【쟁점질의와 유권해석】

〈정관에 주식양도를 전면적으로 금지하는 규정을 둘 수 있는지 여부〉

정관의 규정으로도 주식양도를 전면적으로 금지하는 규정을 둘 수 없다(대법원 2000. 9. 26.선고 99다48429판결). 또한 주식양도의 승인기관인 이사회의 승인 대신에 주주총회의 승인 또는 대표이사의 승인을 요하는 것으로 정하는 것은 무효이다.

(3) 주식의 양도제한에 관한 정관규정의 변경

1) 주식양도제한에 관한 규정 신설

원시정관에 주식양도를 제한하는 규정이 없던 회사가 이 규정을 신설하고자 하는 때에는 주주총회의 특별결의에 의하여 정관을 변경하여야 한다(상 법 제433조, 제434조).

2) 주식양도제한에 관한 규정의 변경

주식의 양도제한에 관한 정관규정을 두고 있는 회사가 그 규정을 변경하고자 하는 경우 주주총회의 특별결의에 의하여 정관을 변경하여야 한다(상법 제433조, 제434조).

주식양도제한에 관한 규정을 변경한다는 것은 주식의 양도에 관하여 이사회의 승인을 얻어야 할 경우를 한정하고 있던 회사가 모든 경우의 주식양도에 관하여 이사회의 승인을 얻어야 할 것으로 변경하는 것과 같이 주식의 양도범위를 확대하거나, 이와 반대로 그 제한의 범위를 축소하는 것을 말한다.

3) 주식양도제한에 관한 규정의 폐지

정관에 주식양도제한에 관한 규정을 두고 있던 회사가 주주총회의 특별결의에 의하여 이 규정을 폐지하는 정관변경을 할 수 있다.

2. 변경등기절차

(1) 등기기간

주식의 양도제한에 관한 규정을 신설, 변경 또는 폐지하는 경우에는 본점소재지에서 2주 내에 대표이사가 등기신청을 하여야 한다(상법 제317조 제4항, 제183조, 상업등기법 제23조). 지점소재지에서는 등기할 사항이 아니다(상법 제317조 제3항, 법인등의등기사항에관한특례법 제3조).

(2) 등기사항

1) 주식의 양도제한에 관한 규정을 신설한 경우

① 주식의 양도제한에 관한 규정의 내용

② 주식의 양도제한에 관한 규정을 설정한 뜻과 그 연월일

2) 주식의 양도제한에 관한 규정을 변경한 경우

① 변경 후의 주식의 양도제한에 관한 규정의 내용

② 주식의 양도제한에 관한 규정을 변경한 뜻과 그 연월일

3) 주식의 양도제한에 관한 규정을 폐지한 경우

주식의 양도제한에 관한 규정을 폐지한 뜻과 그 연월일

(3) 첨부서면

1) 주식양도제한규정을 설정, 변경, 폐지한 주주총회의사록(상업등기규칙 제128조)

2) 대리권한을 증명하는 서면 등 일반적인 첨부서면(상업등기규칙 제52조)

3) 등록세영수필통지서 및 확인서, 등기신청수수료납부 대법원등기수입증지

(4) 등록면허세, 등기신청수수료 등의 납부

주식의 양도제한에 관한 내용의 신설, 변경 또는 폐지의 등기를 신청할 때에는 각각 등록면허세 4만2백원 및 지방교육세 8천4십원과 등기신청수수료 6,000원을 납부하여야 한다(지방세법 제28조 1항 6호 바목, 제151조 1항 2호, 등기사항증명서 등 수수료 규칙 제5조의3 2항 본문). 다만, 등기신청수수료는 전자신청의 경우에는 2,000원, 전자표준양식에 의한 신청의 경우에는 4,000원을 납부한다(등기사항증명서 등 수수료 규칙 제5조의3 2항 본문, 제5조의5 4항).

> **◙ 이견있는 등기에 대한 견해와 법원판단 ◙**

[하자있는 이사회의 결의에 의한 양도 승인의 효력]
1. 문제점 : 하자있는 이사회의 결의에 의한 주식 양도 승인의 효력이 문제된다. 이는
   전단적 대표행위로서 상대적 무효사유로 본다. 즉 원칙적으로 무효이고, 다만 선의의
   제3자에게 무효주장이 불가능하다고 본다. 이 경우 선의 제3자의 범위에 관하여 견
   해가 대립된다.
2. 학설
   (1) 제1설 : 양도인이 선의이어야 한다는 견해
   (2) 제2설 : 양수인이 선의이어야 한다는 견해
   (3) 제3설 : 양도인, 양수인 모두 선의·무중과실이어야 한다는 견해

> **◙ 이견있는 등기에 대한 견해와 법원판단 ◙**

[승인거부의 효과]
1. 문제점 : 상법은 회사의 거부통지가 있는 경우 주주를 보호하기 위하여 상대방지정청
   구권과 주식매수청구권(상법 제335조의2 4항)을 규정하고 있다. 이 때 양자의 선택
   권을 누가 갖는지 문제된다.
2. 학설
   (1) 제1설 : 상법 제335조의2 4항의 법문상 주주 측이 양 권리의 행사에 대한 선택권
       을 갖는 것으로 보아야 한다는 견해
   (2) 제2설 : 주주가 이를 출자금을 회수하는 수단으로 악용할 가능성이 있으므로 회사
       측에 선택권이 있는 것으로 해석하여야 한다는 견해

【서식】주식회사변경등기신청서(주식의 양도제한의 경우)

<table>
<tr><td colspan="6" align="center">주식회사변경등기신청</td></tr>
<tr><td rowspan="2">접 수</td><td align="center">2000년 O월 O일</td><td rowspan="2" align="center">처리인</td><td align="center">등기관 확인</td><td align="center">각종 통지</td></tr>
<tr><td align="center">제OOOO호</td><td></td><td></td></tr>
</table>

상 호	OO주식회사		등기번호	제1000호
본 점	OO시 OO구 OO길 OO			
등 기 의 목 적	주식의 양도제한에 관한 규정 변경등기			
등 기 의 사 유	2000년 O월 O일 주주총회 결의로 정관을 변경하여 주식양도제한규정을 설정하였으므로 다음 사항의 등기를 구함.			

<table>
<tr><td colspan="2" align="center">등 기 할 사 항</td></tr>
<tr><td>주식의 양도제한에
관한 규정변경과
그 연월일</td><td>2000년 O월 다음 주식양도제한규정 변경
당 회사의 주식을 양도함에는 이사회의 승인을 얻어야 한다. 다만, 당 회사의 주주에게 양도하는 경우에는 그러하지 아니하다.
또는 당 회사의 주식을 양도함에는 이사회의 승인을 얻어야 한다. 다만, 당 회사의 종업원에게 양도하는 경우에는 그러하지 아니하다.</td></tr>
<tr><td>기   타</td><td>해당 없음</td></tr>
</table>

등록면허세	금　　원	지방교육세	금　　원	농어촌특별세	금　원
세액합계	금　　　　　원		등기신청수수료	금　　　　원	
등기신청수수료 납부번호					

<table>
<tr><td colspan="2" align="center">첨　　부　　서　　면</td></tr>
<tr>
<td>

1. 주주총회의사록(주식양도제한규정　　1통
　을 설정(변경·폐지)한)
1. 정관사본　　　　　　　　　　　　1통
1. 등록면허세영수필확인서　　　　　1통
1. 등기신청수수료영수필확인서　　　1통

</td>
<td>

1. 위임장(대리인이 신청할 경우　　　1통
〈기　타〉

</td>
</tr>
</table>

20○○년 ○월 ○일

신 청 인　　　　상　호　○○주식회사

　　　　　　　　본　점　○○시 ○○구 ○○길 ○○

대표이사　　　　성　명　○　○　○ (인)　(전화 : 02-123-4567)

　　　　　　　　주　소　○○시 ○○구 ○○길 ○○

대 리 인　　　　성　명　법무사　○　○　○ (인)　(전화 : 02-456-7890)

　　　　　　　　주　소　○○시 ○○구 ○○길 ○○

○○지방법원 ○○등기소 귀중

- 신청서 작성요령 -

1. 해당란이 부족할 때에는 별지를 이용합니다.
1. 해당 등기신청과 관계없는 사항에 대하여는 "해당없음"으로 기재하거나 삭제하고, 필요한 사항은 추가 기재합니다.

III. 주식매수선택권에 관한 등기

▣ 핵 심 사 항 ▣

1. 주식매수선택권의 의의 : 회사가 정관이 정하는 바에 따라 주주총회특별결의로 회사의 설립, 경영과 기술혁신 등에 기여하거나 기여할 수 있는 회사의 이사, 집행임원, 감사 또는 피용자에게 미리 정한 가격으로 신주를 인수하거나 자기의 주식을 매수할 수 있는 권리를 부여하는 제도(상법 제340조의2 1항).
2. 제도의 취지 : 회사는 유능한 임원이나 종업원 확보 가능하고, 경영의 효율성을 도모할 수 있다. 그러나 남용시 회사 내의 인적 화합을 저해하고 주주의 권리를 침해할 위험성도 있다.
3. 주식매수선택권 부여의 요건
 (1) 정관의 규정 및 주주총회특별결의(상법 제340조의3 1항, 2항)
 (2) 부여의 한도(상법 제340조의2 3항) : 회사의 발행주식총수의 100분의 10을 초과불가
 (3) 부여계약(상법 제340조의3 3항) : 계약체결하고 상당기간 내 계약서 작성
4. 변경등기 : 주식매수선택권행사시 신주발행 하는 경우 자본이 증가하므로 변경등기 필요(상법 제340조의5, 제351조)

1. 주식매수선택권

(1) 의 의

1) 개 념

회사가 정관이 정한 바에 따라 주주총회의 결의(출석한 주주의 의결권이 3분의 2 이상의 수와 발행주식총수의 3분의 1이상의 수)로 회사의 설립·경영과 기술혁신 등에 기여하거나 기여할 수 있는 회사의 이사·집행임원·감사 또는 피용자에게 미리 정한 가액(주식매수선택권 행사가액)으로 신주나 자기주식을 인수할 수 있는 권리를 말한다.

2) 성 격

회사와의 계약에 의하여 주식매수선택권을 부여받은 자가 이를 행사하면 회사의 승낙을 요하지 아니하고 효력이 발생한다. 즉, 주식매수선택권자의 일방적 의사표시에 의하여 효력이 발생하는 형성권이다.

(2) 주식매수선택권의 부여대상자

주식매수선택권을 갖는 자는 회사의 설립과 경영·기술혁신 등에 기여하였으나 기여할 능력을 갖춘 임·직원이다. 그러나 ① 의결권 없는 주식을 제외한 발행주식 총수의 100분의 10이상의 주식을 가진 주주, ② 이사·집행임원·감사의 선임과 해임 등 회사의 주요경영사항에 대하여 사실상 영향력을 행사하는 자, ③ 위 ①②에 규정된 자의 배우자와 직계존·비속에게는 주식매수선택권을 부여할 수 없다(상법 제340조의2 2항).

(3) 부여방법

회사는 다음의 3가지 방식 중에서 선택하여 주식매수선택권을 부여할 수 있다.

1) 신주발행 교부방식

주식매수선택권을 행사하여 행사가격을 회사에 납입하면 회사는 그에게 신주를 발행하여 교부하는 방식이다.

2) 자기주식 교부방식

주식매수선택권을 행사하여 행사가격을 회사에 납입하면 회사는 이미 보유한 자기주식을 교부하는 방식이다.

3) 주가차액 교부방식

주식매수선택권을 행사할 경우 주식매수선택권의 가격이 주식의 실질가격보다 낮은 경우에 회사는 그 차액을 금전으로 지급하거나 그 차액에 상당하는 자기주식을 교부하는 방식이다. 이 방식은 주식매수선택권자가 행사가격을 별도로 납입할 필요가 없다.

(4) 부여절차

주식매수선택권을 부여하려면 정관의 규정과 주주총회의 특별결의가 있어야 한다.

1) 정관의 규정

정관에는,

① 일정한 경우 주식매수선택권을 부여할 수 있다는 뜻

② 주식매수선택권의 행사로 발행하거나 양도할 주식의 종류와 수

③ 주식매수선택권을 부여받을 자의 자격요건

④ 일정한 경우 이사회의 결의로 주식매수선택권의 부여를 취소할 수 있다는 뜻을 정하여야 한다(상법 제340조의3 제1항).

2) 주주총회의 특별결의

정관의 규정 이외에 주주총회에서 다음 사항을 정하여야 한다(상법 제340조의3 제2항).

① 주식매수선택권을 부여받을 자의 성명

② 주식매수선택권의 부여방법

③ 주식매수선택권의 행사가액과 그 조정에 관한 사항

④ 주식매수선택권의 행사기간

⑤ 주식매수선택권을 부여받을 자 각각에 대하여 주식매수선택권의 행사로 발행하거나 양도할 주식의 종류와 수

그러나 주권상장법인은 발행주식의 100분의 20의 범위 안에서 대통령령이 정하는 한도인 발행주식의 100분의 15까지 주식매수선택권을 부여하는 때에는 주주총회의 특별결의가 있어야 한다(상법 제542조의3 2항, 상법시행령 제9조 3항). 다만, 발행주식총수의 100분의 10의 범위 안에서 대통령령이 정하는 한도까지 주식매수선택권을 부여하는 경우에는 이사회의 결의만 있으면 된다(상법 제542조의3 3항, 상법시행령 제9조 4항). 법 제542조의3 제3항 전단에서 "대통령령으로 정하는 한도"란 다음 각 호의 구분에 따른 주식 수를 말한다.

1. 최근 사업연도 말 현재의 자본금이 3천억 원 이상인 법인: 발행주식총수의 100분의 1에 해당하는 주식 수

2. 최근 사업연도 말 현재의 자본금이 3천억 원 미만인 법인: 발행주식총수의 100분의 3에 해당하는 주식 수

(5) 주식매수선택권의 부여계약

회사는 주주총회의 결의에 의하여 주식매수선택권을 부여받을 자와 계약을 체결하고 상당한 기간 내에 계약서를 작성하여야 한다. 그리고 그 계약서를 주식매수선택권의 행사기간이 종료할 때까지 본점에 비치하고 주주로 하여금 영업시간 내에 이를 열람할 수 있도록 하여야 한다(상법 제340조의3 4항).

(6) 부여총한도

주식매수선택권의 행사로 인하여 발행할 신주 또는 양도할 자기의 주식은 회사의 발행주식 총수의 100분의 10을 초과할 수 없다(상법 제340의2 3항).

그러나 주권상장법인은 발행주식의 100분의 20의 범위 안에서 대통령령이 정하는 한도인 발행주식의 100분의 15까지 주식매수선택권을 부여하는 때에는 주주총회의 특별결의가 있어야 한다(상법 제542조의3 2항, 상법시행령 제9조 3항). 다만, 발행주식총수의 100분의 10의 범위 안에서 대통령령이 정하는 한도까지 주식매수선택권을 부여하는 경우에는 이사회의 결의만 있으면 된다(상법 제542조의3 3항, 상법시행령 제9조 4항). 상법 제542조의3제3항 전단에서 "대통령령으로 정하는 한도"란 다음 각 호의 구분에 따른 주식 수를 말한다.

1. 최근 사업연도 말 현재의 자본금이 3천억 원 이상인 법인: 발행주식총수의 100분의 1에 해당하는 주식 수
2. 최근 사업연도 말 현재의 자본금이 3천억 원 미만인 법인: 발행주식총수의 100분의 3에 해당하는 주식 수

(7) 선택권의 행사

1) 행사기간

주주총회 결의일로부터 2년 이상 재임 또는 재직하여야 이를 행사할 수 있다(상법 제340조의4 1항). 그리고 주식매수선택권은 양도할 수 없으며 주식매수선택권을 행사할 수 있는 자가 사망한 경우에는 그 상속인이 이를 행사할 수 있다(상법 제340조의4 2항). 구체적인 행사기간은 회사와의 계약에 의하여 정하여진다.

2) 선택권의 행사가액

선택권의 행사가액은 신주를 발행하는 경우에는 부여일 기준으로 한 주식의 실질가액과 권면액 중 높은 금액이상이어야 한다(상법 제340조의2 4항). 다만, 무액면주식을 발행한 경우에는 자본으로 계상되는 금액 중 1주에 해당하는 금액을 권면액으로 본다. 이는 2011년 4월 14일 상법개정시 무액면주식이 신설됨에 따라 무액면주식을 발행한 회사가 주식매수선택권의 행사가격을 정함에 있어 실질가액과 선택적 비교를 이루는 가격을 제시하기 위해 신설한 조문이다.

또한 자기주식을 양도하는 경우에는 실질가액 이상이어야 한다.

주가차액교부방식에 의한 주식매수선택권의 행사가격에 대하여는 상법상 제한이

없으므로 이는 계약당사자가 자유로이 결정할 수 있다.

3) 선택권의 행사방법

주식매수선택권을 행사하려면 주식매수선택권자는 청구서 2통을 회사에 제출하고 (상법 제340조의5, 제516조의8 제1항), 은행 기타 금융기관의 납입장소에 행사가 액을 납입하여야 한다(상법 제340조의5, 제516조의8).

【쟁점질의와 유권해석】

〈주식매수선택권을 행사하는 자가 주주가 되는 시기〉

ㄱ) 행사가액을 납입한 때 주주가 되는 경우

상법 제340조의2의 규정에 의한 주식매수선택권을 행사하여 신주를 인수한 자는 행사가액의 전액을 납입한 때 주주가 된다(상법 제340조의5, 제516조의9 전단).

ㄴ) 매수대금을 납입한 때 주주가 되는 경우

자기 주식 교부방법에 의하는 경우에는 매수대금을 납입한 때에 주주가 된다.

ㄷ) 주식매수선택권을 행사할 때 주주가 되는 경우

주가차액교부방식의 경우 회사가 그 차액을 현금으로 교부할 때에는 문제가 되지 않으나, 자기주식을 교부한 때에는 주식매수선택권자가 주식매수선택권을 행사할 때에 주주가 된다.

2. 주식매수선택권의 등기

(1) 등기기간

주식매수선택권을 행사한 날이 속하는 달의 말일부터 2주 내에 본점 소재지 관할등기소에 신주발행에 따른 변경등기를 하여야 한다(상법 제340조의5, 제351조).

(2) 등기할 사항

주식매수선택권을 부여하기로 정한 때에는 다음 사항을 등기하여야 한다.

① 일정한 경우 주식매수선택권을 부여할 수 있다는 뜻

② 주식매수선택권의 행사로 발행하거나 양도할 주식의 종류와 수

③ 주식매수선택권을 부여받을 자의 자격요건

④ 주식매수선택권의 행사기간

⑤ 일정한 경우 이사회의 결의로 주식매수선택권의 부여를 취소할 수 있다는 뜻

(3) 신청인

이 등기는 회사를 대표하는 이사가 신청하여야 한다(상업등기법 제23조).

(4) 첨부서면

① 신청서에는 정관 또는 정관변경에 관한 주주총회의사록을 첨부하여야 한다(상업등기규칙 제128조).

② 그리고 이 등기신청서에는 신주인수청구서 및 주금의 납입을 맡은 은행 기타 금융기관의 납입보관에 관한 증명서를 첨부하여야 한다(상법 제340조의5, 제516조의8 1항·3항·4항).

(5) 등록면허세, 등기신청수수료 등의 납부

주식매수선택권의 행사에 따라 발행주식의 총수 등의 변경등기를 할 때에는 등기부상 증가한 자본액의 1,000분의 4에 해당하는 등록면허세와 그 등록면허세액의 100분의 20에 해당하는 지방교육세를 납부하여야 한다(지방세법 제28조 1항 6호 가목 2), 제151조 1항 2호). 대도시에서 설립한 회사 또는 대도시로 전입한 회사가 설립 또는 전입 후 5년 내에 신주를 발행하는 경우라면, 위 등록면허세 및 지방교육세의 3배를 납부하여야 한다(지방세법 제28조 2항).

자본의 총액의 변경등기 외에 발행주식의 총수와 그 종류 및 각각의 수, 각종 주식의 내용의 변경등기에 대하여는 따로 등록면허세와 지방교육세를 납부하지 않는다(대법원 등기예규 제1038호 3.).

주식매수선택권의 행사에 따라 발행주식의 총수 등의 변경등기를 할 때에는 6,000원의 등기신청수수료를 납부하여야 한다. 다만, 전자표준양식에 의한 신청의 경우에는 4,000원, 전자신청의 경우에는 2,000원을 납부한다(등기사항증명서 등 수수료규칙 제5조의3 2항 본문, 제5조의5 4항).

【서식】주식회사변경등기신청서(주식매수선택권)

<table>
<tr><td colspan="5" align="center">주식회사변경등기신청</td></tr>
<tr><td rowspan="2">접 수</td><td align="center">20○○년 ○월 ○일</td><td rowspan="2" align="center">처리인</td><td align="center">등기관 확인</td><td align="center">각종 통지</td></tr>
<tr><td align="center">제○○○○호</td><td></td><td></td></tr>
</table>

상 호	○○주식회사	등기번호	제1000호
본 점	○○시 ○○구 ○○길 ○○		
등 기 의 목 적	주식매수선택권규정설정에 의한 변경등기		
등 기 의 사 유	20○○년 ○월 ○일 임시주주총회에서 주식매수선택권에 관한 규정을 신설하였으므로 이에 그 등기를 구함.		

<table>
<tr><td colspan="2" align="center">등　기　할　사　항</td></tr>
<tr><td>일정한 경우
주식매수선택권을 부여할
수 있다는 뜻</td><td>주주총회의 특별결의로 회사의 임직원에게 주식매수선택권을 부여할 수 있다.</td></tr>
<tr><td>주식매수선택권의 행사로
발행하거나 양도할
주식의 종류와 수</td><td>발행주식 총수의 100분의 50
보통주식　　　　　○○○주</td></tr>
<tr><td>주식매수선택권을
부여받을 자의 자격요건</td><td>회사의 설립경영과 기술혁신 등에 기여하거나 기여할 수 있는 경우</td></tr>
<tr><td>주식매수선택권의
행사기간</td><td>주주총회의 특별결의일로부터 2년이 경과한 날로부터 7년 내에 행사할 수 있다.</td></tr>
</table>

일정한 경우 이사회의 결의로 주식매수선택권의 부여를 취소할 수 있다는 뜻	1. 당해 임·직원이 주식매수선택권을 부여받은 후 임의로 퇴임하거나 퇴직한 경우 2. 당해 임·직원이 고의 또는 과실로 회사에 중대한 손해를 초래하게 한 경우 3. 기타 주식매수선택권 부여계약에서 정한 취소사유가 발생한 경우
기　　타	해당 없음

등록면허세	금　　원	지방교육세	금　　원	농어촌특별세	금　　원
세액합계	금　　　　원		등기신청수수료	금 원	
등기신청수수료 납부번호					

첨　　부　　서　　면

1. 정관 또는 주식매수선택권 규정을 설정한 정관변경의 공증받은 주주총회의사록　1통 1. 등록면허세영수필확인서　1통 1. 등기신청수수료영수필확인서　1통	1. 위임장(대리인이 신청할 경우)　1통 〈기　타〉

2000년 ○월 ○일

신 청 인　　　　상　호　○○주식회사

　　　　　　　　본　점　○○시 ○○구 ○○길 ○○

대표이사　　　　성　명　○ ○ ○ (인)　(전화 : 02-123-4567)

　　　　　　　　주　소　○○시 ○○구 ○○길 ○○

대 리 인　　　　성　명　법무사 ○ ○ ○ (인)　(전화 : 02-456-7890)

　　　　　　　　주　소　○○시 ○○구 ○○길 ○○

○○지방법원 ○○등기소 귀중

- 신청서 작성요령 -

1. 해당란이 부족할 때에는 별지를 이용합니다.

1. 해당 등기신청과 관계없는 사항에 대하여는 "해당없음"으로 기재하거나 삭제하고, 필요한 사항은 추가 기재합니다.

Ⅳ. 주식의 포괄적 교환·이전

> **■ 핵 심 사 항 ■**
>
> 1. 주식의 포괄적 교환
> (1) 의의 : 이미 존재하는 A회사와 B회사의 계약에 의해 B회사의 주주가 소유하는 B
>   회사의 주식을 전부 A회사에 이전하고, 그 주식을 재원으로 하여 A회사가 B회사의
>   주주에게 신주를 발행하거나 자시주식을 교부하는 것(상법 제360조의2 1항)
> (2) 주식교환절차
>   1) 주식교환계약서의 작성(상법 제360조의3 3항)
>   2) 주주총회의 승인(상법 제360조의3 1항, 2항)
>   3) 공시(상법 제360조의4 1항)
>   4) 주식의 이전 및 주권의 실효(상법 제360조의2 2항)
>   5) 신주의 발행(상법 제360조의2 2항)
> (3) 특수절차 : 간이주식교환(상법 제360조의9), 소규모주식교환(상법 제360조의10)
> 2. 주식의 포괄적 이전
> (1) 의의 : 기존에 존재하는 B회사의 계획에 의해 A회사를 신설하되, 그 신설방법은 B
>   회사의 주주가 가진 B회사의 주식 전부를 A회사에 이전하고 A회사는 설립시 발행
>   하는 주식을 B회사의 주주에게 배정하는 것(상법 제360조의15)
> (2) 주식이전절차
>   1) 주식이전계약서의 작성(상법 제360조의16)
>   2) 주주총회의 특별결의에 의한 승인(상법 제360조의16)
>   3) 공시(상법 제360조의17)
>   4) 모회사설립
>   5) 주식이전(상법 제360조의18)
>   6) 주권의 실효(상법 제360조의19)
>   7) 주식이전등기(상법 제360조의20)

1. 주식의 포괄적 교환·이전의 개념

주식의 교환과 이전은 회사의 재산에는 변동이 없이 회사의 주주의 변동만을 가져
오는 제도라는 점에서 회사이전을 주목적으로 하는 합병·분할·분할합병과 근본적으로
다르다.

(1) 주식의 포괄적 교환의 개념

주식교환이란 회사(완전모회사)가 다른 회사(완전자회사)가 발행한 주식 전부와 자기회사 주식을 교환함으로써 완전자회사의 주식은 완전모회사로 된 회사에 이전하고, 완전자회사로 된 회사의 주주는 완전모회사로 된 회사가 발행한 신주를 배정받아 그 회사의 주주로 되는 것을 말한다(상법 제360조의2 2항). 즉, 주식교환은 기존의 복수의 회사가 일정한 절차에 의하여 완전자회사가 되는 회사의 주주가 갖는 그 회사의 주식전부를 완전모회사가 되는 회사에 이전하고 완전자회사가 되는 회사의 주주는 완전모회사가 되는 회사가 발행하는 신주를 배정 받음으로써 완전모자회사관계를 맺게 하는 제도이다.

(2) 주식의 포괄적 이전의 개념

주식의 포괄적 이전은 어느 회사의 주주가 소유하고 있는 주식 전부를 새로 설립하는 회사에 포괄적으로 이전하고 종전 회사의 주주는 새로 설립하는 회사가 발행하는 신주를 배정받음으로써 새로 설립하는 회사의 주주가 되는 것을 말한다(상법 제360조의 15). 이 때 새로 설립하는 회사는 종전회사의 완전모회사가 되고, 종전 회사는 새로 설립하는 회사의 완전자회사가 된다. 그리고 새로 설립하는 회사는 종전 회사의 주주로부터 그 회사의 주식을 이전받는 것 외에 별도로 설립시에 발행하는 주식에 대한 주식대금의 납입 없이 설립한다.

(3) 주식교환·주식이전의 구별

1) 공통점

주식교환이나 주식이전제도 모두 완전모자회사관계를 맺게 한다는 점에서 공통점을 가지고 있다.

2) 차이점

가. 주식교환제도

기존 회사 사이에 완전모자회사관계를 만드는 제도이다.

나. 주식이전제도

주식이전은 모회사가 될 새로운 회사를 만들어 기존의 회사와 모자회사관계를 창설하는 제도이다.

2. 주식의 포괄적 교환

(1) 절 차

1) 주식교환계약서의 작성과 주주총회의 승인(상법 제360조의 3)

주식의 교환을 하고자 하는 회사는 주식교환계약서를 작성하여 주주총회의 특별결의에 의한 승인을 얻어야 한다. 그리고 회사가 수종의 주식을 발행한 경우 주식교환으로 인하여 이는 종류의 주주에게 손해를 미치게 될 경우에는 주주총회결의 외에 그 종류의 주주의 총회결의가 있어야 한다(상법 제436조). 주주총회의 승인결의는 출석한 주주의 의결권의 3분의 2이상의 수와 발행주식총수의 3분의 1 이상의 수로써 하여야 한다.

가. 주식교환계약서의 기재사항

주식교환계약서는 다음의 사항을 기재하여야 한다.

① 완전모회사가 되는 회사가 주식교환으로 인하여 정관을 변경하는 경우에는 그 규정, 예컨대 완전자회사로 되는 회사의 주주에게는 완전모회사로 되는 회사에서 발행하는 신주를 배정하기 위하여 신주를 발행하여야 하는데 이때 수권주식수가 부족하게 되면 정관을 변경하여야 한다.

② 완전모회사가 되는 회사가 주식교환을 위하여 발행하는 신주의 총수·종류와 종류별 주식의 수 및 완전자회사가 되는 회사의 주주에 대한 신주의 배정에 관한 사항

③ 완전모회사가 되는 회사의 증가할 자본의 액과 자본준비금에 관한 사항

④ 완전자회사가 되는 회사의 주주에게 지급할 금액을 정한 때에는 그 규정

⑤ 각 회사가 주식교환계약서의 승인결의를 할 주주총회의 기일

⑥ 주식교환을 할 날

⑦ 각 회사가 주식교환을 할 날까지 이익배당을 할 때에는 그 한도액

⑧ 완전모회사가 되는 회사에 취임할 이사와 감사 또는 감사위원회의 위원을 정한 때에는 그 성명 및 주민등록번호

나. 주식교환 승인을 위한 주주총회소집통지의 기재사항

① 주식교환계약서의 주요내용

② 반대주주의 주식매수선택권의 내용 및 행사방법

③ 일방회사의 정관에 주식의 양도에 관하여 이사회의 승인을 요한다는 뜻의 규

정이 있고 다른 회사의 정관에 그 규정이 없는 경우 그 뜻

다. 채권자보호절차의 요부

주식교환으로 인하여 완전모회사가 되는 회사는 자본이 증가하고, 완전자회사가 되는 회사는 주주의 변동만 있으므로 회사채권자를 해할 염려가 없어 채권자보호절차는 필요하지 아니하다.

2) 주식교환계약서 등의 공시(상법 제360조의 4)

이사는 주식교환계약서의 승인을 위한 주주총회의 회일의 2주전부터 주식교환의 날 이후 6월이 경과하는 날까지 아래 서류를 본점에 비치하여야 한다. 그리고 주주는 영업시간내에 이 서류의 열람 또는 복사를 청구할 수 있다.

① 주식교환계약서

② 완전자회사가 되는 회사의 주주에 대한 주식의 배정에 관하여 그 이유를 기재한 서면

③ 주식교환계약서 승인을 위한 주주총회의 회일(간이주식교환의 경우에는 공고 또는 통지를 한 날)전 6월 이내의 날에 작성한 주식교환을 하는 각 회사의 최종대차대조표 및 손익계산서

3) 반대주주의 주식매수청구권(상법 제360조의 5)

가. 청구권 행사기간

① 서면으로 그 결의에 반대하는 의사를 통지할 경우 : 주식교환에 관한 이사회의 결의가 있는 때에는 그 결의에 반대하는 완전모회사완전자회사의 주주는 주주총회 전에 회사에 대하여 서면으로 그 결의에 반대하는 의사를 통지한 경우에는 그 총회의 결의일부터 20일 이내에 주식의 종류와 수를 기재한 서면으로 회사에 대하여 자기가 소유하고 있는 주식의 매수를 청구할 수 있다.

② 간이주식교환의 경우 : 주식교환에 관한 이사회의 공고 또는 통지를 한 날로부터 2주 내에 회사에 대하여 서면으로 주식교환에 반대하는 의사를 통지한 주주는 그 기간이 경과한 날부터 20일 이내에 주식의 종류와 수를 기재한 서면으로 회사에 대하여 자기가 소유하고 있는 주식의 매수를 청구할 수 있다.

나. 주식매수절차

회사는 주식매수청구를 받은 날로부터 2월 이내에 그 주식을 매수하여야 하고 매수가액은 주주와 회사간의 협의에 의하여 정하고, 매수청구를 받은 날로부터 30일 이내에 협의가 이루어지지 아니한 경우에는 회사 또는 주식의 매수를 청구한

주주는 법원에 대하여 매수가액의 결정을 청구할 수 있다.

4) 완전모회사의 자본금증가의 한도액(상법 제360조의 7)

가. 완전모회사가 되는 회사의 자본금은 주식교환의 날에 완전자회사가 되는 회사에 현존하는 순 자산액에서 다음 각호의 금액을 뺀 금액을 초과하여 증가시킬 수 없다.

① 완전자회사가 되는 회사의 주주에게 지급할 금액

② 신주발행에 갈음하여 완전자회사가 되는 회사의 주주에게 이전하는 자기주식의 회계장부가액의 합계

나. 완전모회사가 되는 회사가 주식교환 이전에 완전자회사가 되는 회사의 주식을 이미 소유하고 있는 경우에는 완전모회사가 되는 회사의 자본금은 주식교환의 날에 완전자회사가 되는 회사에 현존하는 순자산액에 그 회사의 발행주식 총수에 대한 주식교환으로 인하여 완전모회사가 되는 회사에 이전하는 주식의 수에 비율을 곱한 금액에서 위 1) 항 각호의 금액을 뺀 금액의 한도를 초과하여 증가시킬 수 없다.

5) 주권의 실효절차(상법 제360조의 8)

가. 공고 및 통지사항

주식교환에 의하여 완전자회사가 되는 회사는 주식교환에 관한 주주총회의 승인을 한 때에는 다음 각호의 사항을 주식교환의 날 1월 전에 공고하고, 주주명부에 기재된 주주와 질권자에 대하여 따로 그 통지를 하여야 한다.

① 주식교환에 대한 주주총회의 승인을 한 뜻

② 주식교환의 날의 전날까지 주권을 회사에 제출하여야 한다는 뜻

③ 주식교환의 날에 주권이 무효가 된다는 뜻

나. 구주권을 제출할 수 없는 자가 있는 경우 그 주권에 대한 이의제출할 것의 공고

구주권을 회사에 제출할 수 없는 자가 있는 때에는 회사는 그 자의 청구에 의하여 청구자의 비용부담으로 3월 이상의 기간을 정하고 이해관계인에 대하여 그 주권에 대한 이의가 있으면 그 기간 내에 제출할 뜻을 공고하고 그 기간이 경과한 후에 신주권을 청구자에게 교부할 수 있다.

6) 완전자회사의 간이주식교환(상법 제360조의 9)

완전자회사가 되는 회사의 총주주의 동의가 있거나 그 회사의 발행주식 총수의 100분의 90 이상을 완전모회사가 되는 회사가 소유하고 있는 때에는 완전자회사가

되는 회사의 주주총회승인은 이를 이사회의 승인으로 갈음할 수 있다.

이 경우 완전자회사가 되는 회사는 주식교환계약서를 작성한 날로부터 2주 내에 주주총회의 승인을 얻지 아니하고 주식교환을 한다는 뜻을 공고하거나 주주에게 통지하여야 한다. 총주주의 동의가 있은 때에는 그러하지 아니하다.

7) 완전모회사의 소규모주식교환(상법 제360의 10)

가. 완전모회사가 되는 회사가 주식교환을 위하여 발행하는 신주 및 이전하는 자기주식의 총수가 그 회사의 발행주식총수의 100분의 10을 초과하지 아니하는 경우에는 그 회사에서의 상법 제360조의3제1항의 규정에 의한 주주총회의 승인은 이를 이사회의 승인으로 갈음할 수 있다.

나. 그러나 완전자회사가 되는 회사의 주주에게 제공할 금전이나 그 밖의 재산을 정한 경우에 그 금액 및 그 밖의 재산의 가액이 상법 제360조의4제1항제3호에서 규정한 최종 대차대조표에 의하여 완전모회사가 되는 회사에 현존하는 순자산액의 100분의 5를 초과하는 때에는 그러하지 아니하다.

다. 가.의 경우에는 주식교환계약서에 완전모회사가 되는 회사에 관하여는 상법 제360조의3제1항의 규정에 의한 주주총회의 승인을 얻지 아니하고 주식교환을 할 수 있는 뜻을 기재하여야 하며, 동조 제3항제1호의 사항은 이를 기재하지 못한다.

라. 완전모회사가 되는 회사는 주식교환계약서를 작성한 날부터 2주내에 완전자회사가 되는 회사의 상호와 본점, 주식교환을 할 날 및 상법 제360조의3제1항의 승인을 얻지 아니하고 주식교환을 한다는 뜻을 공고하거나 주주에게 통지하여야 한다.

마. 완전모회사가 되는 회사의 발행주식총수의 100분의 20 이상에 해당하는 주식을 가지는 주주가 라.에 따른 공고 또는 통지를 한 날부터 2주 내에 회사에 대하여 서면으로 제1항 본문에 따른 주식교환에 반대하는 의사를 통지한 경우에는 이 조에 따른 주식교환을 할 수 없다.

바. 가.의 경우에 완전모회사가 되는 회사에 관하여 상법 제360조의4제1항의 규정을 적용함에 있어서는 동조동항 각호외의 부분중 "제360조의3제1항의 주주총회의 회일의 2주전" 및 동조동항제3호중 "제360조의3제1항의 주주총회의 회일"은 각각 "위 라.의 규정에 의한 공고 또는 통지의 날"로 한다.

8) 주식교환사항을 기재한 서면의 사후 공시(상법 제360조의 12)

이사는 다음 각호의 사항을 기재한 서면을 주식교환의 날로부터 6월간 본점에 비치하여야 하고 주주는 영업시간내에 이 서면의 열람 또는 등사를 청구할 수 있다.

① 주식교환의 날

② 주식교환의 날에 완전자회사가 되는 회사에 현존하는 순자산액

③ 주식교환으로 인하여 완전모회사에 이전한 완전자회사의 주식의 수

④ 그 밖의 주식교환에 관한 사항

(2) 주식교환의 효과

1) 주식의 이전 및 신주발행

가. 주식이전시기

주주총회에서 주식교환계약서의 승인결의가 이루어지면 자회사의 주주가 소유하는 자회사의 주식은 주식교환계약서에 기재된 "교환을 할 날"에 모회사로 이전된다(상법 제360조의2 2항).

나. 신주발행절차

자회사 주주의 주식 이전에 대하여 모회사는 교환계약서에 정해진 바에 따라 자회사 주주에게 신주를 발행하여야 한다. 이 신주발행은 상법 제416조의 규정에 의한 신주발행이 아니므로 신주발행을 위한 이사회 결의나 주식의 청약이나 배정과 같은 절차를 요하지 않고 주식을 교환한 날에 신주발행의 효과가 발생한다.

2) 완전모·자회사 관계 성립

완전자회사의 발행주식총수는 기존의 주주에 갈음하여 완전모회사가 소유하므로(상법 제360조의2), 완전자·모회사 관계가 성립되고, 완전자회사의 기존주권은 실효된다.

3) 완전 모회사의 자본증가

주식교환에 의하여 완전모회사의 자본은 증가할 수도 있으나 모회사의 자본 충실을 위하여 자회사로부터 실제 유입된 재산의 가액 이내로 제한된다. 이렇게 완전모회사의 자본증가의 한도액이 완전자회사가 되는 회사의 순자산액을 한도로 하므로 채무초과 회사를 완전자회사로 하는 주식교환은 할 수 없게 된다.

4) 완전모회사의 이사감사의 임기

주식교환에 의하여 완전모회사가 되는 회사의 이사 및 감사로서 주식교환 전에

취임한 자는 주식교환계약서에 다른 정함이 있는 경우를 제외하고는 주식교환 후 최초로 도래하는 결산기에 관한 정기 주주총회가 종료하는 때에 퇴임한다.

(3) 변경등기절차

1) 등기기간

주식교환에 의하여 완전모회사가 되는 회사는 주식교환계약서에 정한 바에 따라 신주를 발행하여 자본을 증가시키고 또 정관을 변경하여 등기사항에 변경이 생기므로 주식교환일로부터 본점소재지에서 2주 이내에 아래 나.의 사항에 대한 변경등기를 하여야 한다. 그러나 주식교환에 의하여 완전자회사가 될 회사의 등기사항에는 아무런 변동이 발생하지 아니하므로 완전자회사에 관하여는 등기할 필요가 없다.

2) 등기사항

① 발행주식의 총수, 그 종류와 각종 주식의 내용과 수

② 자본의 총액

③ 정관변경을 등기사항에 변경된 경우 그 사항

④ 변경연월일

등기신청서의 등기의 목적은 "주식교환으로 인한 변경등기", 등기사유는 "주식교환"으로 기재한다.

3) 첨부서면

주식교환으로 인한 변경등기를 신청하는 경우에는 다음의 정보를 제공하여야 한다(상업등기규칙 제146조).

① 주식교환계약에 관한 정보

② 완전자회사의 주주총회의사록 또는 이사회의사록

③ 주식교환으로 인하여 완전자회사의 어느 종류주주에게 손해를 미치게 될 경우에는 그 회사의 종류주주총회의사록

④ 주식교환으로 인하여 완전자회사의 주주의 부담이 가중되는 경우에는 그 주주 전원의 동의가 있음을 증명하는 정보

⑤ 「상법」제360조의7에서 규정하는 자본금의 한도액을 증명하는 정보

⑥ 「상법」제360조의8제1항에 따른 공고를 하였음을 증명하는 정보

⑦ 「상법」제360조의9제2항 또는 「상법」제360조의10제4항에 따른 공고 또는 통지를 한 경우에는 이를 증명하는 정보

⑧ 「상법」제360조의10에 따른 주식교환의 경우에 완전자회사가 되는 회사의 주주에게 지급할 금액을 정한 때에는 완전모회사가 되는 회사의 최종 대차대조표에 관한 정보

⑨ 「상법」제360조의10제5항에 따른 반대의사를 통지한 주주가 있는 경우에는 그 주주가 소유하는 주식의 총수를 증명하는 정보

4) 등록면허세, 등기신청수수료 등의 납부

주식교환으로 완전모회사가 되는 회사에서 신주를 발행한 후 등기를 신청하는 경우에는 증가한 자본액의 1,000분의 4에 해당하는 등록면허세와 그 등록면허세액의 100분의 20에 해당하는 지방교육세를 납부하여야 한다(지방세법 제28조 1항 6호 가목 2), 제151조 1항 2호). 대도시에서 설립한 회사 또는 대도시로 전입한 회사가 설립 또는 전입 후 5년 내에 신주를 발행하는 경우라면, 위 등록면허세 및 지방교육세의 3배를 납부하여야 한다(지방세법 제28조 2항).

그 밖에 정관변경으로 발행예정주식총수, 상호, 목적 등이 변경되어 그 변경등기를 신청하는 때에는 각 등기사항마다 기타변경등기 등록면허세 4만2백원 및 지방교육세 8천4십원을 추가로 납부하여야 한다(지방세법 제28조 1항 6호 바목, 제151조 1항 2호). 그리고 완전모회사가 되는 회사에 이사와 감사 또는 감사위원회 위원의 취임등기를 신청하는 때에는 그에 대하여도 기타변경등기 등록면허세 4만2백원 및 지방교육세 8천4십원을 추가로 납부하여야 한다.

완전모회사가 되는 회사의 신주발행으로 인한 증자등기, 상호, 목적, 임원 등의 변경등기에 대해서는 등기사항별로 각 각 6,000원의 등기신청수수료를 납부하여야 한다. 다만, 전자표준양식에 의한 신청의 경우에는 4,000원, 전자신청의 경우에는 2,000원을 납부한다(등기사항증명서 등 수수료규칙 제5조의3 2항 본문, 제5조의5 4항).

(4) 주식교환 무효의 소(상법 제360조의 14)

1) 소제기권자 및 제기기간

주식교환 무효는 각 회사의 주주·이사·감사·감사위원회의 위원 또는 청산인에 한하여 주식교환의 날부터 6월 내에 소로써만 주장할 수 있다.

2) 관할법원

주식교환 무효의 소는 완전모회사가 되는 회사의 본점소재지의 지방법원의 관할에 전속한다.

3) 판결확정의 효력

가. 원고승소의 판결이 확정된 경우

① 판결의 효력 범위 : 원고승소의 판결이 확정된 때에는 원·피고 뿐만 아니라 제3자에게도 효력이 미친다(상법 제360조의14, 제190조 본문)

② 공고 및 통지 : 원고승소의 판결이 확정된 때에는 회사는 지체 없이 그 뜻과 3월 이상의 기간 내에 교환된 완전모회사가 되는 회사의 신주권을 그 회사에 제출할 것을 공고하고, 주주명부에 기재된 주주와 질권자에게도 각별로 통지하여야 한다(상법 제360조의14 제4항, 제431조 2항).

③ 주식의 이전 : 완전모회사가 된 회사는 주식교환을 위하여 발행한 신주 또는 이전한 주식의 주주에 대하여 그가 소유하였던 완전자회사가 된 회사의 주식을 이전하여야 한다.

나. 주식교환 무효의 판결이 확정된 경우

주식교환의 무효의 판결이 확정되면 제1심 수소법원은 회사의 본점 또는 지점 소재지의 등기소에 등기를 촉탁(법원의 촉탁등기편 참조)하여야 한다.

3. 주식의 포괄적 이전

(1) 의 의(상법 제360조의 16)

주식의 포괄적 이전이란 어느 회사의 주주가 소유하고 있는 주식 전부를 새로 설립하는 회사에 포괄적으로 이전하고, 종전 회사의 주주는 새로 설립하는 회사가 발행하는 신주를 배정 받음으로써 새로 설립하는 회사의 주주가 되는 것을 말한다. 이 때 새로 설립하는 회사는 종전 회사의 완전모회사가 되며 종전 회사는 새로 설립하는 회사의 완전자회사가 된다. 한편 새로 설립하는 회사는 종전 회사의 주주로부터 그 회사의 주식을 이전받은 외에 별도로 설립시에 발행하는 주식에 대한 주식대금의 납입이 없이 설립한다. 그리고 완전자회사가 될 회사는 하나의 회사에 한정하지 않고 복수의 회사가 공동으로 주식의 포괄적 이전의 방법으로 완전모회사를 설립할 수 있다.

(2) 절 차

1) 주식이전계획서 작성 및 승인(상법 제360조의 16)

주식을 이전하고자 하는 회사는 다음 가.의 사항을 적은 주식이전계획서를 작성

하여 주주총회의 특별결의에 의한 승인을 받아야 한다. 그리고 회사가 수종의 주식
을 발행한 경우에 주식이전으로 인하여 어느 종류의 주주에게 손해를 미치게 될 경
우에는 주주총회결의 외에 그 종류의 주주의 총회결의가 있어야 한다(상법 제436
조).

가. 주식이전계획서의 기재사항

① 설립하는 완전모회사의 정관의 규정

② 설립하는 완전모회사가 주식이전에 있어서 발행하는 주식의 종류와 수 및 완
전자회사가 되는 회사의 주주에 대한 주식의 배정에 관한 사항

③ 설립하는 완전모회사의 자본금 및 자본준비금에 관한 사항

④ 완전자회사가 되는 회사의 주주에 대하여 지급할 금액을 정한 때에는 그 규정

⑤ 주식이전을 할 시기

⑥ 완전자회사가 되는 회사가 주식이전의 날까지 이익배당을 할 때에는 그 한도
액

⑦ 설립하는 완전모회사의 이사와 감사 또는 감사위원회의 위원의 성명 및 주민
등록번호

⑧ 회사가 공동으로 주식이전에 의하여 완전모회사를 설립하는 때에는 그 뜻

나. 주식이전을 위한 주주총회의 소집 및 공고

주식이전 승인을 위한 주주총회소집통지 및 공고에는 다음 사항을 기재하여야
한다.

① 주식이전계획서의 주요내용

② 반대주주의 주식매수청구권의 내용 및 행사방법

③ 일방회사의 정관에 주식의 양도에 관하여 이사회의 승인을 요한다는 뜻의 규
정이 있고 다른 회사의 정관에 그 규정이 없는 경우 그 뜻

2) 주식이전계획서 등의 공시(상법 제360조의 17)

이사는 주식이전계획서의 승인을 위한 주주총회 회일의 2주전부터 주식이전의 날
이후 6월을 경과하는 날까지 다음 각호의 서류를 본점에 비치하여야 하고, 주주는
영업시간내에 이 서류를 열람하거나 등사를 청구할 수 있다.

① 주식이전계획서

② 완전자회사가 되는 회사의 주주에 대한 주식의 배정에 관하여 그 이유를 기재
한 서면

③ 주식이전계획서 승인을 위한 주주총회의 회일전 6월 이내의 날에 작성한 완전 자회사가 되는 회사의 최종 대차대조표 및 손익계산서

3) 주식이전의 경우 반대주주의 주식매수선택권 규정을 준용(상법 제360조의 22)

가. 주식매수선택권 행사방법

주식이전에 관한 이사회의 결의가 있는 때에 그 결의에 반대하는 주주(의결권이 없거나 제한되는 주주를 포함한다)는 주주총회전에 회사에 대하여 서면으로 그 결의에 반대하는 의사를 통지한 경우에는 그 총회의 결의일부터 20일 이내에 주식의 종류와 수를 기재한 서면으로 회사에 대하여 자기가 소유하고 있는 주식의 매수를 청구할 수 있다.

나. 주식매수청구

상법 제360조의9제2항의 공고 또는 통지를 한 날부터 2주내에 회사에 대하여 서면으로 주식교환에 반대하는 의사를 통지한 주주는 그 기간이 경과한 날부터 20일 이내에 주식의 종류와 수를 기재한 서면으로 회사에 대하여 자기가 소유하고 있는 주식의 매수를 청구할 수 있다.

4) 완전모회사의 자본금의 한도액(상법 제360조의 18)

설립하는 완전모회사의 자본금은 주식이전의 날에 완전자회사가 되는 회사에 현존하는 순자산액에서 그 회사의 주주에게 제공할 금전 및 그 밖의 재산의 가액을 뺀 액을 초과하지 못한다.

5) 주권의 실효절차(상법 제360조의 19)

가. 완전자회사의 공고 및 통지사항

주식이전에 의하여 완전자회사가 되는 회사는 주식이전에 관한 주주총회의 승인을 한 때에는 다음 각호의 사항을 공고하고, 주주명부에 기재된 주주와 질권자에 대하여 따로 그 통지를 하여야 한다.

① 주식이전에 대한 주주총회의 승인을 한 뜻

② 1월을 초과하여 정한 기간 내에 주권을 회사에 제출하여야 한다는 뜻

③ 주식이전의 날에 주권이 무효가 된다는 뜻

나. 구주권을 제출할 수 없는 자가 있는 경우 그 주권에 대한 이의를 제출할 것의 공고

구주권을 회사에 제출할 수 없는 자가 있는 때에는 회사는 그 자의 청구에 의하여 청구자의 비용부담으로 3월 이상의 기간을 정하고 이해관계인에 대하여 그

주권에 대한 이의가 있으면 그 기간내에 제출할 뜻을 공고하고 그 기간이 경과한 후에 신주권을 청구자에게 교부할 수 있다.

다. 주권실효절차 종료시의 효과

① 주권의 효력상실 : 완전자회사의 주권실효절차가 종료하면 회사에 제출한 주권이나 제출하지 아니한 주권이나 모두 그 효력을 상실한다(상법 제360조의19)

② 주권의 교부 : 완전자회사의 주권실효절차가 종료하면 완전자회사의 주주는 완전모회사의 주권을 주식이전의 날에 교부받는다.

6) 주식이전의 효력발생시기(상법 제360조의 20)

주식의 이전은 이로 인하여 설립한 완전모회사가 그 본점소재지에서 2주 이내에, 지점의 소재지에서는 3주내에 설립등기를 함으로써 그 효력이 발생한다. 따라서 완전모회사는 이때 성립한다.

7) 완전모회사의 자본증가의 한도액(상법 제360조의 18)

주식이전으로 인하여 설립하는 완전모회사의 자본금은 주식이전의 날에 완전자회사가 되는 회사에 현존하는 순자산액에서 그 회사의 주주에게 제공할 금전 및 그 밖의 재산의 가액을 뺀 액을 초과하지 못한다 이를 초과하는 경우에는 그 초과액을 자본준비금으로 적립하여야 한다(상 법 제459조 1항).

8) 주식이전사항을 기재한 서면의 사후공시(상법 제360조의 12)

이사는 다음 각호의 사항을 기재한 서면을 주식이전의 날로부터 6월간 본점에 비치하여야 하고 주주는 영업시간 내에 이 서면의 열람 또는 등사를 청구할 수 있다.

① 주식이전의 날

② 주식이전의 날에 완전자회사가 되는 회사에 현존하는 순자산액

③ 주식이전으로 인하여 완전모회사에 이전한 완전자회사의 주식의 수

④ 그 밖의 주식이전에 관한 사항

(3) 설립등기절차

1) 등기사항 및 등기기간

주식이전을 한 때에는 회사를 대표하는 이사가 설립한 완전모회사의 본점소재지에서는 2주간 내에, 지점의 소재지에서는 3주간 내에 회사설립시의 등기사항을 등기하여야 한다.

2) 첨부서면(상업등기규칙 제147조)

주식이전으로 인한 설립등기를 신청하는 경우에는 다음의 정보를 제공하여야 한다.

① 완전자회사의 주주총회의사록

② 주식이전으로 인하여 완전자회사의 어느 종류주주에게 손해를 미치게 될 경우에는 그 회사의 종류주주총회의사록

③ 주식이전으로 인하여 완전자회사의 주주의 부담이 가중되는 경우에는 그 주주 전원의 동의가 있음을 증명하는 정보

④ 「상법」제360조의18에서 규정하는 자본금의 한도액을 증명하는 정보

⑤ 「상법」제360조의19 제1항에 따른 공고를 하였음을 증명하는 정보

⑥ 정관

⑦ 이사, 대표이사, 집행임원, 대표집행임원, 감사 또는 감사위원회 위원의 취임승낙을 증명하는 정보

⑧ 명의개서대리인을 둔 때에는 명의개서대리인과의 계약을 증명하는 정보

3) 등록면허세, 등기신청수수료 등의 납부

완전모회사의 설립등기의 경우 통상의 주식회사의 설립등기와 마찬가지로 자본금의 1,000분의 4에 해당하는 등록면허세와 그 등록면허세의 100분의 20에 해당하는 지방교육세를 납부하여야 한다(지방세법 제28조 1항 6호 가목 1), 제151조 1항 2호). 만약 대도시에서 설립하는 경우에는 그 3배에 해당하는 등록면허세와 지방교육세를 납부하여야 한다(지방세법 제28조 2항 1호).

등기신청수수료도 통상의 설립등기와 마찬가지로 30,000원을 납부하여야 한다. 다만, 전자신청의 경우에는 20,000원, 전자표준양식에 의한 신청의 경우에는 25,000원을 납부한다(등기사항증명서 등 수수료규칙 제5조의3 1항 1호, 제5조의5 3항).

(4) 주식이전의 무효의 소(상법 제360조의 23)

주식이전의 무효는 각 회사의 주주·이사·감사·감사위원회의 위원 또는 청산인에 한하여 주식이전의 날로부터 6월 내에 소로써만 주장할 수 있다. 이 소는 완전모회사가 되는 회사의 본점소재지의 지방법원의 관할에 전속하며, 이 판결이 확정된 때에는 완전모회사가 된 회사는 주식교환을 위하여 발행한 신주 또는 이전한 주식의 주주에 대하여 그가 소유하였던 완전자회사가 된 회사의 주식을 이전하여

야 한다(상법 제360조의23 제3항). 이때 완전모회사는 해산에 준하여 청산하여야
하고, 청산인은 주주 기타 이해관계인의 청구에 의하여 법원이 선임할 수 있다.

주식이전의 무효판결이 확정되면 제1심 수소법원은 회사의 본점 또는 지점소재
지의 등기소에 등기를 촉탁하여야 한다.

핵 심 판 례

■ 회사가 주식매수선택권을 부여받은 자의 권리를 부당하게 제한하지 않고 정관의 기
본 취지나 핵심 내용을 해치지 않는 범위에서 주주총회 결의와 개별 계약을 통해 주
식매수선택권을 부여받은 자가 언제까지 선택권을 행사할 수 있는지를 자유롭게 정할
수 있는지 여부(적극)

회사는 정관으로 정하는 바에 따라 상법 제434조가 정한 주주총회의 특별결의로 회
사의 설립·경영과 기술혁신 등에 기여하거나 기여할 수 있는 회사의 이사, 집행임원,
감사 또는 피용자에게 미리 정한 가액으로 신주를 인수하거나 자기의 주식을 매수할
수 있는 권리(이하 '주식매수선택권'이라 한다)를 부여할 수 있다(상법 제340조의2
제1항). 이러한 주식매수선택권 제도는 회사의 설립·경영과 기술혁신 등에 기여하거
나 기여할 수 있는 임직원에게 장차 주식매수로 인한 이득을 유인동기로 삼아 직무
에 충실하도록 유도하기 위한 일종의 성과보상제도이다.

회사가 주식매수선택권을 부여하기 위해서는 정관에 근거가 있어야 하고(상법 제340
조의3 제1항), 주식매수선택권에 관한 주주총회 결의에서는 주식매수선택권을 부여받
을 자의 성명, 부여방법, 행사가액과 조정에 관한 사항, 주식매수선택권의 행사기간,
주식매수선택권의 행사로 발행하거나 양도할 주식의 종류와 수를 정하여야 한다(같은
조 제2항). 주주총회에서 특정인에게 주식매수선택권을 부여하는 결의가 이루어지면
회사는 결의내용에 따라 주식매수선택권을 부여받은 자와 계약을 체결하고 상당한
기간 내에 그에 관한 계약서를 작성하여야 한다(같은 조 제3항).

주식매수선택권 부여에 관한 주주총회 결의는 회사의 의사결정절차에 지나지 않고,
특정인에 대한 주식매수선택권의 구체적 내용은 일반적으로 회사가 체결하는 계약을
통해서 정해진다. 주식매수선택권을 부여받은 자는 계약에서 주어진 조건에 따라 계
약에서 정한 기간 내에 선택권을 행사할 수 있다(대법원 2018. 7. 26. 선고 2016다
237714 판결).

【서식】주주명부

<table>
<tr><td colspan="6" align="center">주 주 명 부</td></tr>
<tr><td>주주명</td><td>주 소</td><td>인수주식수</td><td>1주의 금액</td><td>납입금액</td></tr>
<tr><td>○○○</td><td>○○시 ○○구 ○○길 ○○</td><td>○○○</td><td>○○○</td><td>○○○</td></tr>
<tr><td></td><td align="center">- 이하생략 -</td><td></td><td></td><td></td></tr>
<tr><td></td><td></td><td></td><td></td><td></td></tr>
<tr><td></td><td></td><td></td><td></td><td></td></tr>
</table>

위는 당 회사의 주주명부임이 틀림없음.

2000년 ○월 ○일

○○ 주식회사

대표이사 ○ ○ ○ ㊞

【서식】주식회사변경등기신청서(주식의 교환)

<table>
<tr><td colspan="6" align="center">주식회사변경등기신청</td></tr>
<tr><td rowspan="2">접 수</td><td>20〇〇년 〇월 〇일</td><td rowspan="2">처리인</td><td>등기관 확인</td><td>각종 통지</td></tr>
<tr><td>제〇〇〇〇호</td><td></td><td></td></tr>
</table>

상 호	〇〇주식회사		등기번호	제1000호
본 점	〇〇시 〇〇구 〇〇길 〇〇			
등 기 의 목 적	주식의 포괄적 교환으로 인한 완전모회사의 변경등기			
등 기 의 사 유	20〇〇년 〇월 〇일 甲당회사와 乙주식회사 〇〇〇은 주식의 포괄적교환으로 甲은 완전 모회사가 되고 乙은 완전자회사가 되는 주식교환계약을 양회사의 임시주주총회의 승인결의로 乙주식회사의 주식은 甲주식회사에 이전하고 甲주식회사는 그 대가로 신주식 13.182주를 발행하여 乙주식회사의 주주에게 1:0.66의 비율로 교부하기로 하며, 주식의 포괄적 교환에 의한 회사의 변경등기를 하기 위하여 상법 제360조의8(주권의 실효절차)의 규정에 의하여 공고절차를 완료하였으므로 그 등기를 구함.			

등 기 할 사 항		
발행주식의 총수, 그 종류와 각종 주식의 내용과 수	발행주식의 총수 보통주식 변경연월일	〇〇〇주 〇〇〇주 20〇〇년 〇월 〇일
자 본 의 총 액	금〇〇〇원	
기 타	해당 없음	

등록면허세	금 원	지방교육세	금 원	농어촌특별세	금 원
세액합계	금 원	등기신청수수료		금 원	
등기신청수수료 납부번호					
과세표준액	금 원				

<table>
<tr><td colspan="2" align="center">첨　부　서　면</td></tr>
<tr><td>

1. 주식교환계약서   1통
1. 완전자회사의 주주총회의사록   1통
1. 완전지주회사의 주주총회의사록(간이주식교환은 이사회의사록)   1통
1. 완전자회사의 등기부등본(당해 등기소의 관할구역내에 완전자회사의 본점 또는 지점이 있는 경우에는 첨부를 요하지 않음)   1통
1. 간이주식교환의 경우 완전자회사가 되는 회사의 주주에게 지급할 금액을 정한 때는 최근 사업년도말 현재의 완전지주회사의 대차대조표   1통

</td><td>

1. 소규모주식교환의 경우 이에 반대의사를 통지한 주주가 있는 때에는 그 주주가 소유하는 주식의 총수를 증명하는 서면   1통
1. 주권의 실효절차 등에 의한 공고를 했다는 것을 증명하는 서면   1통
1. 금융감독위원회의 인가서   1통
1. 인감신고서   1통
1. 인감증명   1통
1. 위임장   1통
1. 등록면허세영수필확인서   1통
1. 위임장(대리인이 신청할 경우)   1통
〈기타〉

</td></tr>
</table>

2000년 ○월 ○일

신 청 인   상　호   ○○주식회사
               본　점   ○○시 ○○구 ○○길 ○○
대표이사   성　명   ○ ○ ○ (인)   (전화 : 02-123-4567)
               주　소   ○○시 ○○구 ○○길 ○○
대 리 인   성　명   법무사 ○ ○ ○ (인)   (전화 : 02-456-7890)
               주　소   ○○시 ○○구 ○○길 ○○

○○지방법원 ○○등기소 귀중

- 신청서 작성요령 -

1. 해당란이 부족할 때에는 별지를 이용합니다.
1. 해당 등기신청과 관계없는 사항에 대하여는 "해당없음"으로 기재하거나 삭제하고, 필요한 사항은 추가 기재합니다.

V. 명의개서대리인에 관한 등기

◨ 핵 심 사 항 ◨

1. 명의개서의 의의 : 주주명부상의 기재사항 가운데 기명주식의 양도에 있어서 주식양
   수인의 성명과 주소를 변경하는 것
2. 명의개서의 효용 : 빈번하고 대량적으로 이루어지는 주식의 양도를 획일적으로 처리
   가능하다는 점
3. 효력
 (1) 대항력(상법 제337조 1항) : 기명주식의 주주는 주주명부에 자신의 성명과 주소가
     기재되어 있을 때만 회사에 대하여 주주권 행사 가능.
 (2) 추정력(자격수여적 효력) : 주주명부에 명의개서가 되어있는 경우에는 일단 적법한
     주주로 추정. 주주명부에 명의개서시 주주로 추정. 실질적 권리의 입증 없이 권리
     행사 가능.
 (3) 면책력 : 회사가 주주명부의 기재대로 권리행사를 인정 또는 권리행사의 내용을 정
     하는 경우, 비록 그것이 실제에 부합하지 않아도 회사는 원칙적 면책. 그러나 주주
     명부상의 주주가 형식주주에 불과하다는 사실을 회사가 알고 있었고 또한 이를 용
     이하게 증명하여 그 자의 권리행사를 거절할 수 있었음에도 권리 행사를 허용한
     경우에는 회사가 면책되지 않는다는 것이 판례이다(96다45818).

1. 명의개서의 의의

명의개서란 주주명부에 주식 양수인의 주소와 성명을 기재하는 것을 말한다. 주식
이전 후 주주명부에의 명의개서는 회사에 대한 주식취득의 대항요건이 된다.

명의개서는 주식 또는 신주인수권의 양수인들 상호간의 대항요건이 아니라 적법한
양수인이 회사에 대한 관계에서 주주의 권리를 행사하기 위한 대항요건이다.

【쟁점질의와 유권해석】

〈주권발행 전에 주식을 양수한 사람도 명의개서를 해야만 회사에 대해 주주권자임을
주장할 수 있는지 여부〉

주권발행 전 주식을 양수한 사람은 주주명부상의 명의개서가 없어도 회사에 대하여 자신
이 적법하게 주식을 양수한 자로서 주주권자임을 주장할 수 있다(대법원 1995. 5. 23.
선고 94다36421판결).

2. 명의개서대리인의 설치·변경·폐지

(1) 명의개서대리인의 설치

1) 설치절차

명의개서대리인이란 회사를 위하여 주식의 명의개서사무를 대행하는 자를 말한다. 회사는 정관의 규정에 의하여 명의개서대리인을 둘 수 있는데(상법 제337조 2항), 정관에는 명의개서대리인을 둘 것을 정하며, 구체적으로 누구를 명의개서대리인으로 할 것인지는 이사회에서 정한다. 명의개서대리인은 회사대표이사와의 사이에 명의개서사무의 위탁을 목적으로 하는 계약에 의하여 구체적으로 설정된다.

상법상 회사의 명의개서대리인을 둘 것인지 여부는 임의적이나, 주권상장법인의 경우에는 유가증권상장규정에 명의개서대행 계약을 상장요건으로 하고 있으므로, 명의개서대리인을 두는 것이 강제적이다.

주주명부는 원칙적으로 회사의 본점에 비치하고 명의개서는 본점에서 하는 것이 원칙이나(상법 제396조 1항), 그렇게 되면 원격지에 있는 주식취득자에게 불편하므로 회사가 정관으로써 명의개서대리인을 둘 것으로 정한 때에는 필요한 각지에 명의개서대리인을 두어 그로 하여금 명의개서업무를 대행케 할 수 있고, 명의개서대리인이 그 복본(複本)에 주주명의를 개서하면 본점에서 한 것과 동일한 효력이 있는 것으로 하고 있다(상법 제337조 2항).

2) 명의개서대리인의 자격 및 책임

가. 자 격

명의개서대리인의 자격은 「자본시장과 금융투자업에 관한 법률」 제294조제1항에 따라 설립된 한국예탁결제원 및 같은 법 제365조제1항에 따라 금융위원회에 등록한 주식회사로 제한하고 있다(상법시행령 제8조).

나. 책 임

명의개서대리인이 정당한 사유없이 명의개서를 거절하거나 주주명부 또는 그 복본에 기재하여야 할 사항을 불기재 또는 부실기재를 한 때에는 과태료의 제재를 받는다(상법 제635조 1항 1호).

3) 공 시

회사가 명의개서대리인을 둔 때에는 그 상호 및 본점소재지를 등기하여야 한다(상법 제317조 2항).

따라서 회사설립 당초에 명의개서대리인을 둔 때에는 설립등기신청서에 이를 기재하여 등기하고(상법 제317조 2항), 회사성립 후에 설치한 때에는 이로 인한 변경등기를 하여야 한다(상법 제317조 3항, 제183조).

그리고 주식청약서에도 그 사항을 기재하여야 한다(상법 제474조 2항).

(2) 명의개서대리인의 변경

회사는 종전의 명의개서대리인과 맺었던 계약을 해지하고 새로운 명의개서대리인과의 사이에 명의개서사무의 위탁을 목적으로 하는 계약을 함으로써 명의개서대리인을 변경할 수 있다. 회사와 명의개서대리인과의 계약은 위임계약이라 할 것이므로 언제든지 해지할 수 있다.

회사가 명의개서대리인과의 계약을 해지함에는 이사회의 결의가 있어야 한다.

【쟁점질의와 유권해석】

〈명의개서대리인의 명칭이 법률의 규정에 의하여 변경된 경우에도 변경등기를 신청하여야 하는지 여부〉

종전의 한국증권예탁원이 증권거래법의 개정에 의하여 증권예탁결제원으로 변경된 경우와 같이 명의개서대리인의 명칭이 법률의 규정에 의하여 변경된 경우에도 명의개서대리인 변경등기를 신청하여야 한다(상법 제183조, 제317조 4항).

다만 이 경우는 법률의 규정에 의한 변경이므로 주주총회의사록 또는 이사회의사록이나 상호를 변경한 등기부등본을 첨부할 필요는 없다(2005. 1. 26, 공탁법인 3402-22 질의회답).

(3) 명의개서대리인의 폐지

명의개서대리인의 폐지되는 경우로는, 명의개서대리인에 관한 정관의 규정이 폐지된 경우와 정관의 규정은 폐지되지 아니하였으나 종전의 명의개서대리인과의 계약이 폐지된 후 새로운 명의개서대리인과의 계약이 체결되지 아니한 경우 등이 있다.

3. 등기절차

(1) 등기기간

1) 회사설립시에 명의개서대리인을 둔 경우

회사설립 당초에 명의개서대리인을 둔 때에는 설립등기시에 그 상호 및 본점소재지를 등기하여야 한다(상법 제317조 2항 6호).

2) 회사설립 후 명의개서대리인을 둔 경우

회사설립 후에 명의개서대리인을 설치·변경 또는 폐지한 경우에는 본점소재지에서 2주간 내에 대표이사가 등기를 신청하여야 한다(상법 제317조 3항, 제183조, 상업등기법 제23조). 지점소재지에서는 등기할 필요가 없다(법인등의등기사항에관한특례법 제3조).

(2) 등기사항

1) 명의개서대리인을 설치한 경우

① 명의개서대리인의 상호 및 본점소재지
② 회사성립 후에 설치한 경우에는 그 설치연월일

2) 명의개서대리인을 변경한 경우

① 변경 후의 명의개서대리인의 상호 및 본점소재지
② 변경된 취지와 그 연월일

3) 명의개서대리인의 상호 및 본점소재지에 변경이 있는 경우

① 변경 후의 상호 및 본점소재지
② 변경된 취지와 그 연월일

4) 명의개서대리인을 폐지한 경우

폐지한 취지와 그 연월일

(3) 첨부서면

1) 일반적인 첨부서면

대리권을 증명하는 서면 등(상업등기규칙 제52조)

2) 명의개서대리인 설치의 경우

① 명의개서대리인과의 계약을 증명하는 서면(상업등기규칙 제143조)

명의개서대리인과 계약한 계약서 또는 명의개서를 승낙하는 승낙서가 있으면 될 것이다.

② 정 관(상업등기규칙 제128조)

명의개서대리인을 설치하기 위하여는 그 뜻이 정관에 규정되어 있어야 하므로 정관을 첨부해야 한다.

③ 이사회의사록(상업등기규칙 제128조)

정관에 명의개서대리인을 설치할 뜻만 기재되고 누구를 명의개서대리인으로 할 것인가를 정하지 아니한 경우에는 이사회에서 이를 결정하므로 그 이사회의사록을 첨부하여야 한다. 정관에 구체적으로 명의개서대리인을 특정한 때에는 첨부할 필요가 없다.

3) 명의개서대리인을 변경하는 경우

① 새로운 명의개서대리인과의 계약을 증명하는 서면(상업등기규칙 제143조)

새로운 명의개서대리인과 회사와의 사이에 계약을 한 서면이다.

② 이사회의사록

명의개서대리인의 경질에 관한 이사회의사록을 첨부한다.

4) 명의개서대리인을 폐지하는 경우

① 주주총회의사록

명의개서대리인에 관한 정관의 규정을 폐지한 주주총회의사록이다.

② 이사회의사록

명의개서대리인에 관한 정관규정은 존치하면서 명의개서대리인과의 계약을 해제한 때에는 그 해제에 관한 이사회의사록을 첨부한다.

5) 기타의 서면

등록세납부영수필통지서 및 영수필확인서, 등기신청수수료, 관청의 허가(인가)서(상업등기규칙 제52조), 정관, 법원의 허가서 또는 총주주의 동의서 등이 필요한 경우에는 이를 첨부하여야 할 것임은 다른 등기신청의 경우와 같다.

(4) 등록면허세, 등기신청수수료 등의 납부

명의개서대리인의 설치, 변경 또는 폐지의 등기를 신청할 때에는 등록면허세 4만2백원과 등록면허세액의 100분의 20에 해당하는 지방교육세를 8천4십원을 납부하여야 한다(지방세법 제28조 1항 6호 바목, 제151조 1항 2호). 또한 명의개서대리인의 설치, 변경 또는 폐지의 등기를 신청할 때에는 등기신청수수료로 6,000원을 납부하여야 하는데, 전자신청의 경우에는 2,000원, 전자표준양식에 의한 신청의 경우에는 4,000원을 납부한다(등기사항증명서 등 수수료규칙 제5조의3 2항 본문, 제5조의5 4항).

▣ 이견있는 등기에 대한 견해와 법원판단 ▣

[회사가 명의개서를 하지 않은 양수인에게 임의로 권리행사를 허용하는 것이 가능한지 여부]
1. 문제점 : 상법은 명의개서를 하지 않은 주식양수인은 회사에 대하여 대항하지 못하는 것으로 규정하고 있다(상 제337조 1항). 이 규정이 주주뿐만 아니라 회사도 함께 구속하는 내용을 갖는가 하는 점이 문제된다.
2. 학설
 (1) 편면적구속설 : 회사가 임의로 명의개서미필주주에게 권리행사를 허용하는 것은 가능하다는 견해이다. 회사 스스로 이 편익을 포기하고 자기의 위험부담하에 주식양수인을 주주로 인정하는 것은 무방하다는 점을 이유로 한다.
 (2) 쌍면적구속설 : 회사가 임의로 명의개서미필주주에게 주주권을 행사하도록 허용하지 못한다는 견해이다. 회사가 주주권행사의 문제에 임의적인 선택권을 갖는다는 것은 단체법적 법률관계의 획일성을 저해할 우려가 있다는 점을 이유로 한다.
3. 판례
   편면적구속설의 입장이다(89다카14714).

▣ 이견있는 등기에 대한 견해와 법원판단 ▣

[명의개서의 부당거절에 대한 직접적인 구제수단의 인정여부]
1. 문제점 : 명의개서의 부당거절의 경우 직접적 구제수단으로서 양수인이 명의개서를 하지 않고도 회사에 대하여 주주권을 행사할 수 있다고 볼 수 있는지 문제된다.
2. 학설
 (1) 부정설 : 이를 긍정하게 되면 주주명부제도의 취지를 몰각시킬 수 있으며 명의개서청구의 정당성 여부에 대한 객관적 판단도 곤란하다는 이유로 부정하는 견해이다.
 (2) 긍정설 : 명의개서제도는 회사의 사무처리를 편리하게 하려는 기술적 요청에서 나온 제도로서 이를 절대적으로 고수할 필요는 없다는 이유로 직접적 구제를 인정하는 견해이다.
3. 판례
   대법원은 긍정설의 입장이다(92다40952).

【서식】주식회사변경등기신청서(회사설립 후 명의개서대리인 설치의 경우)

<table>
<tr><td colspan="5" align="center">주식회사변경등기신청</td></tr>
<tr><td rowspan="2">접 수</td><td>20○○년 ○월 ○일</td><td rowspan="2">처리인</td><td>등기관 확인</td><td>각종 통지</td></tr>
<tr><td>제○○○○호</td><td></td><td></td></tr>
</table>

상 호	○○주식회사	등기번호	제1000호
본 점	○○시 ○○구 ○○길 ○○		
등 기 의 목 적	명의개서대리인 설치등기		
등 기 의 사 유	20○○년 ○월 ○일 주주총회 결의로 정관을 변경하고, 20○○년 ○월 ○일 이사회의 결의로 명의개서대리인을 설치하였으므로 다음 사항의 등기를 구함.		

<table>
<tr><td colspan="2" align="center">등   기   할   사   항</td></tr>
<tr><td>명의개서대리인의
상호 및
본점소재지,
설치연월일</td><td>○○증권주식회사
○○시 ○○구 ○○길 ○○(본점 또는 ○○지점)
20○○년 ○월 ○일</td></tr>
<tr><td>기   타</td><td>해당 없음</td></tr>
</table>

등록면허세	금　　　원	지방교육세	금　　　　원	농어촌특별세	금　　원
세액합계	금　　　　　원		등기신청수수료	금　　　　　원	
등기신청수수료 납부번호					

<table>
<tr><td colspan="2" align="center">첨　　　부　　　서　　　면</td></tr>
<tr><td>
1. 주주총회의사록(공증받은 것)　　　1통
1. 이사회의사록(공증받은 것)　　　　1통
1. 명의개서대리인과의 계약서　　　　1통
1. 등록면허세영수필확인서　　　　　1통
1. 등기신청수수료영수필확인서　　　1통
1. 위임장(대리인이 신청할 경우)　　1통
</td><td>
〈기　타〉
</td></tr>
<tr><td colspan="2">

2000년 ○월 ○일

신 청 인　　　　상　호　○○주식회사

　　　　　　　　본　점　○○시 ○○구 ○○길 ○○

대표이사　　　　성　명　○　○　○ (인)　(전화 : 02-123-4567)

　　　　　　　　주　소　○○시 ○○구 ○○길 ○○

대 리 인　　　　성　명　법무사 ○　○　○ (인)　(전화 : 02-456-7890)

　　　　　　　　주　소　○○시 ○○구 ○○길 ○○

○○지방법원 ○○등기소 귀중
</td></tr>
</table>

- 신청서 작성요령 -

1. 해당란이 부족할 때에는 별지를 이용합니다.

1. 해당 등기신청과 관계없는 사항에 대하여는 "해당없음"으로 기재하거나 삭제하고, 필요한 사항은 추가 기재합니다.

【서식】주식회사변경등기신청서(명의개서대리인 변경의 경우)

<table>
<tr><td colspan="5" align="center">주식회사변경등기신청</td></tr>
<tr><td rowspan="2">접 수</td><td>20○○년 ○월 ○일</td><td rowspan="2">처리인</td><td>등기관 확인</td><td>각종 통지</td></tr>
<tr><td>제○○○○호</td><td></td><td></td></tr>
</table>

상 호	○○주식회사	등기번호	제1000호
본 점	○○시 ○○구 ○○길 ○○		
등 기 의 목 적	명의개서대리인(표시) 변경등기		
등 기 의 사 유	20○○년 ○월 ○일 명의개서대리인 주식회사 ○○증권의 상호(또는 본점소재지)가 변경되었으므로 다음 사항의 등기를 구함.		
등 기 할 사 항			
명의개서대리인의 상호 및 본점소재지 변경과 그 연월일	○○증권주식회사 ○○시 ○○구 ○○길 ○○(본점 또는 ○○지점) 20○○년 ○월 ○일		
기 타	해당 없음		

등록면허세	금 원	지방교육세	금 원	농어촌특별세	금 원
세액합계	금 원		등기신청수수료	금 원	
등기신청수수료납부번호					

	첨 부 서 면
1. 이사회의사록(공증받은 것)　　　　1통	〈기　타〉
1. 명의개서대리인과의 계약서　　　　1통	
1. 회사등기부등본 또는 초본　　　　1통	
1. 등록면허세영수필확인서　　　　1통	
1. 등기신청수수료영수필확인서　　　　1통	
1. 위임장(대리인이 신청할 경우)　　　　1통	

2000년 ○월 ○일

신 청 인　　　　상 　호　　○○주식회사

　　　　　　　　본 　점　　○○시 ○○구 ○○길 ○○

대표이사　　　　성 　명　　○ ○ ○ (인)　(전화 : 02-123-4567)

　　　　　　　　주 　소　　○○시 ○○구 ○○길 ○○

대 리 인　　　　성 　명　　법무사 ○ ○ ○ (인)　(전화 : 02-456-7890)

　　　　　　　　주 　소　　○○시 ○○구 ○○길 ○○

○○지방법원 ○○등기소 귀중

- 신청서 작성요령 -

1. 해당란이 부족할 때에는 별지를 이용합니다.
1. 해당 등기신청과 관계없는 사항에 대하여는 "해당없음"으로 기재하거나 삭제하고, 필요한 사항은 추가 기재합니다.

【서식】주식회사변경등기신청서(명의개서대리인 폐지의 경우)

<table>
<tr><td colspan="2" rowspan="2">접 수</td><td colspan="2" rowspan="2">주식회사변경등기신청</td><td>등기관 확인</td><td>각종 통지</td></tr>
<tr><td></td><td></td></tr>
<tr><td>20○○년 ○월 ○일</td><td rowspan="2">처리인</td><td></td><td></td></tr>
<tr><td>제○○○○호</td></tr>
</table>

상 호	○○주식회사	등기번호	제1000호
본 점	○○시 ○○구 ○○길 ○○		
등 기 의 목 적	명의개서대리인 폐지등기		
등 기 의 사 유	20○○년 ○월 ○일 주주총회(또는 이사회)의 결의로 명의개서대리인(○○증권주식회사)을 폐지하였으므로 다음 사항의 등기를 구함.		

등 기 할 사 항

폐지되는 명의개서대리인과 그 연월일	○○증권주식회사 20○○년 ○월 ○일
기 타	해당 없음

등록면허세	금 원	지방교육세	금 원	농어촌특별세	금 원
세액합계	금 원	등기신청수수료	금		원
등기신청수수료 납부번호					

첨 부 서 면	
1. 주주총회의사록(공증받은 것)　　　1통 1. 이사회의사록(공증받은 것)　　　　1통 1. 등록면허세영수필확인서　　　　　　1통 1. 등기신청수수료영수필확인서　　　　1통 1. 위임장(대리인이 신청할 경우)　　　1통	〈기　타〉

20○○년 ○월 ○일

신 청 인　　　　상　호　○○주식회사

　　　　　　　　본　점　○○시 ○○구 ○○길 ○○

대표이사　　　　성　명　○ ○ ○ (인)　(전화 : 02-123-4567)

　　　　　　　　주　소　○○시 ○○구 ○○길 ○○

대 리 인　　　　성　명　법무사 ○ ○ ○ (인)　(전화 : 02-456-7890)

　　　　　　　　주　소　○○시 ○○구 ○○길 ○○

○○지방법원 ○○등기소 귀중

- 신청서 작성요령 -

1. 해당란이 부족할 때에는 별지를 이용합니다.

1. 해당 등기신청과 관계없는 사항에 대하여는 "해당없음"으로 기재하거나 삭제하고, 필요한 사항
은 추가 기재합니다.

Ⅵ. 사채의 등기

■ 핵 심 사 항 ■

1. 사채의 의의 : 사채라 함은 보통 주식회사가 일반 공중으로부터 비교적 장기의 자금을 집단적, 대량적으로 조달하기 위하여 채권이라는 유가증권을 발행하여 부담하는 채무를 말한다.

2. 주식과 사채의 비교

 (1) 공통점

  1) 회사가 장기자금을 조달하기 위한 수단이라는 점

  2) 전체를 균일한 단위로 분할하여 유가증권화 된다는 점

  3) 발행에 이사회의 결의를 요하는 것이 원칙이라는 점

  4) 기명식과 무기명식이 모두 인정되며 기명식의 경우 이전에 일정한 대항요건을 요한다는 점

 (2) 차이점

  1) 주식은 자기자본을 구성함에 반하여 사채는 타인자본을 구성한다는 점

  2) 주주는 회사의 경영에 제한적으로나마 참여하지만 사채권자는 참여할 수 없다는 점

  3) 주식에 대해서는 배당가능이익이 있는 경우에만 이익배당을 하지만 사채에 대해서는 이익의 유무에 관계없이 확정적인 이자를 지급한다는 점

  4) 주식은 그 출자금을 상환하지 않는 것이 원칙인데 반해 사채는 상환기간에 당연히 상환되는 것이라는 점

Ⅰ. 사채의 의의·종류 등

1. 사채의 의의

사채란 주식회사가 자금조달을 위하여 일반 공중으로부터 채권발행의 방법에 의하여 기재를 함으로써 부담하는 채무를 말한다. 사채는 개인법상의 채권과 달리 회사의 채무이다.

주식발행에 의하여 조달된 자금은 회사의 자본을 형성하여 회사는 반환하여야 할 채무가 없으나, 사채발행에 의한 자금은 회사의 타인 자본이 되어 반환하여야 한다.

일반적으로 사채를 발행하는 회사를 기채회사, 기채회사로부터 사채모집을 위탁받은 회사를 수탁회사라 한다.

2. 사채의 종류

(1) 일반사채

일반사채는 사채권자에게 원리금의 상환을 청구할 수 있는 권리 외에 특수한 권리가 부여되지 않은 사채를 말한다.

(2) 특수사채

특수사채는 원리금의 상환청구권 외에 특수한 권리가 인정된 채권을 말한다.

1) 상법에 의해 인정되는 전환 사채와 신주인수권부사채

2) 2011년 상법 개정시 도입된 상법에 의해 인정되는 이익참가부사채, 교환사채, 파생결합사채

3) 자본시장과 금융투자업에 관한 법률이 인정하는 사채

① 해당 사채의 발행 당시 객관적이고 합리적인 기준에 따라 미리 정하는 사유가 발생하는 경우 주식으로 전환되는 조건이 붙은 사채인 전환형 조건부자본증권 (동법 제165조의11, 동법시행령 제176조의12)

② 해당 사채의 발행 당시 객관적이고 합리적인 기준에 따라 미리 정하는 사유가 발생하는 경우 그 사채의 상환과 이자지급 의무가 감면된다는 조건이 붙은 사채인 상각형(償却型) 조건부자본증권(동법 제165조의11, 동법시행령 제176조의13)

4) 담보부사채신탁법에 의한 담보부사채

(3) 등기하여야 할 사채

사채의 종류 중 등기하여야 할 사채는 전환사채, 신주인수권부사채, 이익참가부사채, 담보부사채이다.

3. 사채총액의 제한 폐지

2011년 개정전 상법에 의하면 사채총액은 최종의 대차대조표에 의하여 회사에 현존하는 순자산액의 4배를 초과하지 못한다고 규정하고 있었다(개정전 상법 제470조 1항). 그러나 규제완화의 차원에서 2011년 상법 개정시 폐지하여 지금은 이러한 제한이 없다.

4. 사채의 모집 제한 폐지

2011년 개정 전 상법에 의하면 회사는 전에 모집한 사채총액의 납입이 완료된 후가 아니면 다시 사채를 모집하지 못한다고 규정하고 있었다(개정전 상법 제471조). 이 규정 또한 규제완화의 차원에서 2011년 상법개정시 폐지하였다.

II. 전환사채의 등기

1. 전환사채발행의 등기

(1) 전환사채의 발행절차

1) 전환사채의 의의

전환사채란 사채권자의 청구에 의하여 사채발행회사의 주식으로 전환할 수 있는 권리가 부여된 사채를 말한다. 전환사채는 전환이 있기까지는 사채이나, 주식으로의 전환권이 부여되어 있기 때문에 잠재적인 주식이라 할 수 있다.

2011년 개정전 상법에 의하면 전환사채도 사채의 일종이므로 그 한도는 최종의 대차대조표에 의하여 회사에 현존하는 순자산액의 4배의 범위 내이어야 하며(개정전 상 제470조), 각 사채의 금액은 10,000원 이상으로서 동일 종류의 사채에서는 균일하거나 최저액으로 정제할 수 있어야 한다는 제한이 있었다(개정전 상법 제472조). 그러나 2011년 상법개정시 이러한 제한은 삭제되었다.

2011년 개정전 상법에 의하면 사채의 총액을 계산함에 있어서 구사채를 상환하기 위하여 사채를 모집하는 경우에는 구사채의 액은 이를 산입하지 아니한다. 이 경우에는 신사채의 납입기일, 수 회에 분납하는 때에는 제1회의 납입기일로부터 6개월 내에 구사채를 상환하여야 한다는 규정이 있었다(개정전 상 법 제470조 3항). 2011년 상법 개정시 이러한 제한도 삭제되었다.

2011년 개정전 상법에 의하면 회사는 전에 모집한 사채의 총액의 납입이 완료된 후가 아니면 다시 사채를 모집하지 못한다고 규정하고 있었다(개정전 상법 제471조). 동 규정 또한 2011년 상법개정시 삭제되었다.

또한 사채권자에게 상환할 금액이 권면액을 초과할 것을 정할 때에는 그 초과액은 각 사채에 대하여 동률이어야 한다는 규정도 있었다(개정전 상법 제473조). 그러나 이 같은 제한이 회사의 재무건전성을 유지하는데 필연적으로 도움이 된다는 증명도 없을뿐더러, 상법이 규율하기에 부적당하다는 이유에서 2011년 상법개정시 동 규정은 삭제되었다[61].

【쟁점질의와 유권해석】

〈전환사채발행에 대해 신주발행무효의 소에 관한 상법규정을 유추적용할 수 있는지 여부〉

신주발행무효의 소와는 달리 전환사채발행무효의 소에 관하여 상법에는 규정이 없으나, 전환사채의 발행은 주식회사의 물적 기초와 기존 주주들의 이해관계에 영향을 미친다는 점에서 사실상 신주를 발행하는 것과 유사하므로, 전환사채 발행의 경우에도 신주발행무효의 소에 관한 상법 제429조가 유추적용 된다(대법원 2004. 8. 16.선고 2003다9636 판결).

2) 전환사채의 발행사항의 결정

회사는 원칙적으로 이사회의 결의로, 또는 정관의 규정에 따라 주주총회의 결의로 전환사채를 발행할 수 있다. 다만, 이사가 1인인 회사는 이사회가 존재하지 아니하므로 언제나 주주총회의 결의에 의한다(상법 제383조 4항).

이 때에는 사채의 일반적인 발행사항 외에 ① 전환사채의 총액, ② 전환의 조건, ③ 전환으로 인하여 발행할 주식의 내용, ④ 전환을 청구할 수 있는 기간, ⑤ 주주에게 전환사채의 인수권을 준 때에는 그 뜻과 인수권의 목적인 전환사채의 액, ⑥ 주주 이외의 자에게 전환사채를 발행하는 것과 발행할 전환사채의 액을 결정하여야 한다(상법 제513조 2항).

그러나 주주 이외의 자에게 전환사채를 발행하는 경우에는 그 발행할 수 있는 전환사채의 액과 위 ② 내지 ④의 사항에 관하여 정관에 규정이 없으면 주주총회의 특별결의로써 이를 정하여야 한다(상법 제513조 3항).

전환사채의 발행사항 중 전환의 조건은 전환비율 또는 전환가액으로 정하여진다. 전환비율은 전환될 사채와 이에 대하여 발행할 주식의 비율을 말하며, 전환가액은 전환에 의하여 발행되는 주식 1주에 대하여 요구되는 사채액면금액을 뜻한다.

---

61) 법무부 개정상법 해설, 277면

핵 심 판 례

■ 정관이 전환사채의 발행에 관하여 "전환가액은 주식의 액면금액 또는 그 이상의 가액으로 사채발행시 이사회가 정한다."라고 규정하고 있는 경우, 이는 구 상법 제513조 제3항이 요구하는 최소한도의 요건을 충족하고 있어 무효라고 볼 수 없다고 한 사례

> 정관이 전환사채의 발행에 관하여 "전환가액은 주식의 액면금액 또는 그 이상의 가액으로 사채발행시 이사회가 정한다."라고 규정하고 있는 경우, 이는 구 상법(2001. 7. 24. 법률 제6488호로 개정되기 전의 것) 제513조 제3항에 정한 여러 사항을 정관에 규정하면서 전환의 조건 중의 하나인 전환가액에 관하여는 주식의 액면금액 이상이라는 일응의 기준을 정하되 구체적인 전환가액은 전환사채의 발행시마다 이사회에서 결정하도록 위임하고 있는 것이라고 할 것인데, 전환가액 등 전환의 조건의 결정방법과 관련하여 고려되어야 할 특수성을 감안할 때, 이러한 정관의 규정은 같은 법 제513조 제3항이 요구하는 최소한도의 요건을 충족하고 있는 것이라고 봄이 상당하고, 그 기준 또는 위임방식이 지나치게 추상적이거나 포괄적이어서 무효라고 볼 수는 없다고 한 사례(대법원 2004. 6. 25. 선고 2000다37326 판결례).

【쟁점질의와 유권해석】

〈전환사채를 발행하기 위해서 주주총회의 특별결의를 요하는지 여부〉

회사의 정관에 신주발행 및 인수에 관한 사항은 주주총회에서 결정하고 자본의 증가및 감소는 주주총회 결의에 의하도록 규정되어 있는 경우, 전환사채는 전환권의 행사에 의하여 장차 주식으로 전환될 수 있어 이를 발행하는 것은 사실상 신주발행으로서의 의미를 가지므로, 회사가 전환사채를 발행하기 위하여는 주주총회의 특별결의를 요한다(대법원 1999. 6. 25.선고. 99다18435판결).

3) 배정방법

전환사채의 배정은 주주배정, 제3자 배정, 모집의 3가지 방법이 있다.

가. 주주배정에 의한 발행

전환사채는 신주인수권과는 달리 주주는 당연히 전환사채의 인수권을 갖는 것이 아니고, 정관의 규정 또는 이사회(또는 정관의 정하는 바에 따라 주주총회)의 결의에 의하여 인수권이 부여된다.

전환사채인수권을 가진 주주는 그가 가진 주식의 수에 따라서 전환사채의 배정을 받을 권리가 있다. 그러나 각 전환사채의 금액 중 최저액에 미달하는 단수에 대하여는 그 권리가 없다(상법 제513조의2 1항).

주주에게 인수권을 부여하는 경우에는 신주발행의 경우와 같이 배정일과 전환사채의 인수권을 가진다는 뜻과 그를 양도할 수 있다는 사실 등을 공고하고, 실권예고부최고 및 신주인수권을 양도할 수 있는 것에 관한 사항과 주주의 청구가 있을 때에만 전환사채의 신주인수권증서를 발행한다는 것과 그 청구기간을 정한 경우에는 그 사실의 공고를 하여야 한다(상법 제513조의2 2항, 제513조의3, 제418조 3항, 제419조 2항).

나. 주주 이외의 자에 대한 발행

주주 이외의 자에게 발행하는 경우에는 정관에 규정이 없으면 주주총회의 특별결의가 있어야 한다.

전환사채의 액, 전환의 조건, 전환으로 인하여 발행할 주식의 내용과 전환을 청구할 수 있는 기간 등에 관하여 정관에 규정이 없으면 주주총회의 특별결의(상법 제434조)로써 이를 정하여야 한다(상법 제513조 3항).

정관 또는 주주총회의 특별결의로 정한 범위 내에서 구체적인 사항은 이사회가 결정한다. 다만, 이사가 1인 뿐인 회사는 이사회가 존재하지 아니하므로 주주총회가 결정한다. 주주 이외의 자에게 전환사채를 발행할 때에는 공모발행이 원칙일 것이다(상법 제474조).

4) 청약과 납입

가. 사채의 청약방법

사채의 청약을 함에 있어서 이사는 사채청약서에 법정의 기재사항을 기재하여 작성하여야 한다(상법 제474조). 다만, 총액인수와 위탁모집에 의할 경우 그 인수권에 대하여는 청약서에 의하지 않아도 된다(상법 제475조).

나. 사채의 응모방법

사채에 응모하고자 하는 자는 사채청약서 2통에 인수할 사채의 수와 주소를 기재하고 기명날인 또는 서명하여야 하며, 사채발행의 최저금액을 정한 때에는 응모가액도 기재하여야 한다(상법 제474조).

다. 사채의 납입

사채의 모집이 완료한 때에는 이사는 지체없이 인수인에 대하여 각 사채의 전부 또는 제1회 납입을 시켜야 한다(상법 제476조). 사채는 분할납입이 인정된다. 납입장소는 금융기관일 필요는 없다.

납입위탁을 받은 회사는 전환사채청약서를 작성하여 그 납입을 받을 수 있으므로(상법 제476조 2항), 납입이 있었음을 증명하는 서면은 기채회사에 납입하거나, 발행회사가 작성한 것이어도 무방하며, 사채의 납입은 상계로도 가능하다(상법 제476조, 비송사건절차법 제213조, 1999. 8. 24, 등기 3402-844 질의회답). 그러나 일반적으로 주식회사의 자본 충실의 원칙상 채권과 상계로써 주금납입에 갈음할 수 없다. 그러나 사채의 채권은 사채전액의 납입이 완료한 후에만 발행할 수 있으므로(상법 제478조 1항), 그 모집총액에 대한 응모와 납입이 없으면 전체로서 성립되지 아니한다.

5) 해외전환사채의 발행

상장법인은 해외전환사채도 발행할 수 있다. 이때에는 외국환거래법 제18조 및 외국환거래규정 제7-57조에 의하여 외화증권발행허가(신고)를 재정경제부장관으로부터 받아야 하며, 동 등기신청서에는 이 허가(신고)서면을 첨부하여야 한다. 신청서에는 총액인수권자의 인수계약서와 사채납입증명서를 첨부하되, 사채납입증명서는 해외에서 발행하므로 한국계 은행 해외지점에서 발행한 것을 첨부하거나 만약 외국은행에 납부하였다면 이 서면의 번역서와 영사의 인증을 하여야 할 것이다.

(2) 등기절차

1) 등기기간

각 사채의 전부 또는 제1회의 납입이 완료한 날로부터 본점소재지에서 2주간 내에 대표이사가 등기하여야 한다(상법 제514조의2 1항).

외국에서 전환사채를 모집한 경우에 등기할 사항이 외국에서 생긴 때에는 등기기간은 그 통지가 도달한 날로부터 기산한다(상법 제514조의2 4항).

2) 등기사항

전환사채란에 등기를 한 때에는 다음 사항을 등기한다.

① 전환사채의 총액

② 각 전환사채의 금액

③ 각 전환사채의 납입금액

④ 사채를 주식으로 전환할 수 있다는 뜻

⑤ 전환의 조건 : 전환의 조건은 전환가액 또는 전환율에 의하여 표시된다.

⑥ 전환으로 인하여 발행할 주식의 내용

⑦ 전환을 청구할 수 있는 기간

3) 첨부서면(상업등기규칙 제144조)

전환사채의 모집으로 인한 발행등기를 신청하는 경우에는 다음 각 호의 정보를 제공하여야 한다.

가. 사채의 인수를 증명하는 정보(제1호)

기채회사와 특정인 간의 계약에 의하여 그 특정인에게 사채총액을 인수시키는 방법에 의하여 사채를 발행하는 총액인수의 경우(상법 제475조), 신탁업자와의 계약에 의하여 신탁업자가 사채의 총액을 인수할 수 있고 제3자로 하여금 사채의 총액을 인수할 수 있으며 사채를 분할 발행할 수도 있으므로(담보부사채신탁법 제20조, 제23조, 제17조, 제26조), 이때에는 총액인수를 한 금융기관 등의 총액인수서만 있으면 된다.

나. 사채의 청약을 증명하는 정보(제2호)

다. 각 사채의 전부 또는 제1회의 납입이 있음을 증명하는 정보(제3호)

사채의 납입은 반드시 금융기관에 할 필요가 없으므로 수탁회사 또는 발행회사에 납입한 때에는 수탁회사의 증명 또는 발행회사의 자기증명이라도 무방하다. 우체국의 납입증명으로도 가능하다.

주식회사가 발행하는 전환사채를 인수한 금융기관이 당해 주식회사에 대하여 가지고 있는 대출금채권으로써 사채의 납입에 갈음하기로 한 경우, 회사가 위 금융기관에 대하여 채무를 부담하고 있다는 사실을 증명하는 서면과 당해 금융기관으로부터 상계의 의사표시가 있음을 증명하는 서면을 첨부하면 된다(비송사건절차법 제213조, 상법 제476조, 제514조의2, 선 1999.5.19, 2000.2. 16, 등기 3402-528 질의회답).

라. 전환사채의 제2회 이후의 납입이 있음을 증명하는 정보

전환사채의 제2회 이후의 납입으로 인한 변경등기신청서에는 그 납입이 있음을 증명하는 정보를 제공하여야 한다(상업등기규칙 제144조)

마. 사채모집에 관한 이사회의사록 또는 주주총회의사록(상업등기규칙 제128조)

바. 정 관

정관에 주식양도제한 규정을 두었거나, 주주에게 전환사채를 부여하는 권한을 인정하였거나, 전환사채발행 권한이 주주총회에 있는 경우 등에 첨부한다(상업등기규칙 제128조).

사. 기타 일반적인 첨부서면

등록세납부영수필통지서 및 영수필확인서, 등기신청수수료, 대표권한을 증명하는 서면(상업등기법 제21조), 관청의 허가(인가)서(상업등기규칙 제52조), 법원의 허가서 또는 총주주의 동의서(상업등기규칙 제128조) 등이 필요한 때에는 이를 첨부하여야 할 것임은 다른 등기의 신청에 있어서와 같다.

4) 등록면허세, 등기신청수수료 등의 납부

전환사채의 등기에 대해서는 기타변경등기 등록면허세 4만2백원원 및 지방교육세 8천4십원과 등기신청수수료 6,000원(전자신청의 경우 2,000원, 전자표준양식에 의한 신청의 경우 4,000원)을 납부하여야 한다(지방세법 제28조 1항 6호 바목, 제151조 1항 2호, 등기사항증명서 등 수수료 규칙 제5조의3 2항, 제5조의5 4항).

전환사채를 수회 발행한 후 그 등기를 하나의 신청서로 일괄신청하는 때에도 1건의 기타변경등기 등록면허세, 지방교육세와 등기신청수수료를 납부한다.

2. 전환사채에 관한 변경등기

(1) 전환사채권자의 전환 청구

전환사채권자가 전환청구기간 내에 전환 청구를 하면 회사는 주식을 발행해 주어야 한다. 전환권은 형성권이므로 전환을 청구한 때에 당연히 전환의 효력이 발생하여 전환사채권자는 그 때부터 주주가 되고, 사채권자로서의 지위를 상실하게 된다(상법 제516조, 제350조) 다만, 주주명부의 폐쇄기간 중에 전환된 사채의 주주는 그 기간 중의 주주총회의 결의에 관하여는 의결권을 행사할 수 없다(상법 제516조, 제350조 2항)

전환사채는 전환사채권자의 전환청구권의 행사에 의하여 주식으로 전환되므로, 전환사채의 전환을 청구하는 자는 전환청구서에 전환하고자 하는 사채와 청구의 연월일을 기재하고 기명날인 또는 서명한 청구서 2통에 채권을 첨부하여 회사에 제출하여야 한다(상법 제515조).

핵 심 판 례

■ 전환사채발행유지 청구의 행사 기한 및 전환사채권자의 전환 청구 이후에 주식전환의 금지를 구하는 소의 적법 여부(소극)

> 전환사채발행유지 청구는 회사가 법령 또는 정관에 위반하거나 현저하게 불공정한 방법에 의하여 전환사채를 발행함으로써 주주가 불이익을 받을 염려가 있는 경우에 회사에 대하여 그 발행의 유지를 청구하는 것으로서(상법 제516조 제1항, 제424조), 전환사채 발행의 효력이 생기기 전, 즉 전환사채의 납입기일까지 이를 행사하여야 할 것이고, 한편 전환사채권자가 전환 청구를 하면 회사는 주식을 발행해 주어야 하는데, 전환권은 형성권이므로 전환을 청구한 때에 당연히 전환의 효력이 발생하여 전환사채권자는 그 때부터 주주가 되고 사채권자로서의 지위를 상실하게 되므로(상법 제516조, 제350조) 그 이후에는 주식전환의 금지를 구할 법률상 이익이 없게 될 것이다(대법원 2004. 8. 16. 선고 2003다9636 판결).

(2) 전환사채에 관한 등기사항의 변경

1) 전환사채의 총액의 감소 또는 전환사채의 소멸

전환청구에 의한 주식으로의 전환, 사채의 상환으로 인하여 전환사채의 총액은 감소하거나 소멸한다.

전환사채의 상환의 경우 사채권자의 사채상환확인서 또는 총액인수권자의 사채상환확인서를 첨부하여야 한다.

2) 전환조건의 변경

전환조건이란 전환사채의 전환으로 인하여 사채권자에게 부여될 주식의 비율을 말한다. 전환사채발행 당초의 전환조건의 규정에 따라 전환조건이 변경되는 경우가 있다. 예컨대, 반희박화조항으로서 전환가액이나 전환율을 조정하기 위한 산식(예컨대 마켓프라이스 방식)을 미리 설정하고 있는 경우 회사가 신주를 발행함으로써 수정전환가액이 산출되는 경우 등이다.

실무에서는 전환가격의 변경등기신청이 많은데, 이 때에는 도급모집의 경우에는 인수자인 은행과 채무자인 발행자가 인수계약서의 변경가능 조항에 따라 전환가격을 변경하였음을 규정한 변경계약서를 첨부하여 전환가격의 변경을 신청하는 경우가 많다.

주식회사가 전환사채를 발행함에 있어 전환조건으로서 전환가액 및 전환가액을 조정할 수 있는 조정산식을 설정하여 이를 등기한 후 유상증자 등의 사유로 전환가

액이 위 조정산식에 의하여 수정된 경우에는 그 수정된 전환가액으로의 변경등기를
하여야 할 것이다(1997. 6. 20, 등기 3402- 441).

3) 각 전환사채에 관하여 납입한 금액의 변경

전환사채가 분할납입에 의하여 발행된 경우에 2회 이후의 납입이 있는 때에는 전
환사채에 관하여 납입한 금액이 변경되므로 이를 등기하여야 한다.

(3) 등기절차

다음의 경우 이외에는 일반 변경등기의 절차와 같다.

1) 전환사채의 주식전환으로 인한 변경등기절차

주식의 전환은 그 청구를 한 때로부터 효력이 생기므로 (상법 제350조 1항), 그
변경등기는 전환청구를 한 날로부터 할 수 있을 것이나(상법 제317조 4항), 그 변
경등기의 종기는 전환을 청구한 날이 속하는 달의 말일부터 2주간 내라고 할 것이
다. 따라서 그 달에 전환청구된 전부에 대한 변경등기를 일괄하여 1건으로 신청할
수 있고, 이 경우 등기기간도 전환을 청구한 날이 속하는 달의 말일부터 2주간 내
에 등기하면 된다(등기선례 VI-629, 1999. 7. 12.).

2) 전환사채의 등기사항 중 전환조건의 전환가격 변경등기

주식회사가 전환사채를 발행함에 있어 전환조건으로서 전환가액 및 전환가액을
조정할 수 있는 조정산식을 설정하여 이를 등기한 후 유상증자 등의 사유로 전환가
액이 위 조정산식에 의하여 수정된 경우에는 그 수정된 전환가액으로의 변경등기를
하여야 할 것이다(선례 5-837).

2회 이후의 납입으로 인한 변경등기의 신청서에는 그 납입이 있었음을 증명하는
서면을 첨부(상업등기규칙 제144조 2항)하여야 하는 점만이 다르다.

3) 첨부서면

첨부서면은 다음과 같다.

① 추가납입의 경우 : 등록세 영수필확인서 및 영수필통지서, 등기신청수수료납입
대법원등기수입증지 등 일반적인 첨부서면 외에 추가납입증명서를 첨부하여야
한다.

② 사채상환의 경우 : 일반적인 첨부서면 외에 사채권자의 영수증이나 기채회사
발행의 상환을 증명하는 서면을 첨부하여야 한다.

전환사채의 전환으로 인한 변경등기 신청서의 첨부서면

선례요지

증권예탁결제원(이하 '예탁원'이라 한다)에 예탁된 전환사채를 주식으로 전환하고 그로 인한 변경등기를 신청하는 경우, 그 신청서에는 전환사채를 발행한 회사가 공인인증서에 의한 인증을 거쳐 예탁원으로부터 온라인(on-line)상 발급받은 전환청구서(발급번호에 의하여 그 진위를 확인할 수 있다)를 첨부할 수 있다. (2007. 9. 11. 공탁상업등기과-1048 질의회답)

핵 심 판 례

■ 최초로 증여의제 대상이 되어 과세되었거나 과세될 수 있는 기명식 전환사채의 명의수탁자에게 전환권 행사에 따라 배정된 주식에 대하여 증여세를 과세할 수 있는지 여부(원칙적 소극)

기명식 전환사채의 명의수탁자가 전환권 행사로 발행된 주식을 배정·교부받아 자신의 명의로 명의개서를 한 경우, 전환된 주식은 전환사채와는 별도의 새로운 재산으로서 전환된 주식에 대하여 명의신탁자와 명의수탁자 사이에 전환사채에 대한 종전의 명의신탁관계와는 다른 새로운 명의신탁관계가 형성된다.

그러나 최초로 증여의제 대상이 되어 과세되었거나 과세될 수 있는 기명식 전환사채의 명의수탁자에게 전환권 행사에 따라 배정된 주식에 대해서는 특별한 사정이 없는 한 다시 구 상속세 및 증여세법(2007. 12. 31. 법률 제8828호로 개정되기 전의 것) 제45조의2 제1항 본문(이하 '위 조항'이라 한다)을 적용하여 증여세를 과세할 수 없다. 그 이유는 다음과 같다.

첫째, 위 조항은 조세회피목적의 명의신탁행위를 방지하기 위하여 실질과세원칙의 예외로서 실제 소유자로부터 명의자에게 해당 재산이 증여된 것으로 의제하여 증여세를 과세하도록 허용하는 규정이므로, 조세회피행위를 방지하기 위하여 필요하고도 적절한 범위 내에서만 적용되어야 한다. 둘째, 기명식 전환사채가 주식으로 전환된 경우, 증여의제 대상이 되어 과세되었거나 과세될 수 있는 최초의 명의신탁 재산인 전환사채에 상응하여 명의수탁자에게 전환된 주식이 배정되어 명의개서가 이루어졌는데도 그와 같은 주식에 대하여 제한 없이 위 조항을 적용하여 별도로 증여세를 부과하는 것은 증여세의 부과와 관련하여 최초의 명의신탁 전환사채에 대한 증여의제의 효과를 부정하는 모순을 초래할 수 있어 부당하다. 셋째, 전환사채의 경우 그 권리자는 전환청구에 의하여 추가로 신주인수대금을 납입할 필요 없이 전환사채 발행 당시 정해진 조건에 따라 신주를 배정·교부받게 되므로, 전환청구 전·후로 전환사채와 전환된 주식의 경제적 가치에 실질적인 변동이 있다고 보기 어렵다. 넷째, 최초로 명의신탁된 전환사채와 전환된 주식에 대하여 각각 위 조항을 적용하게 되면 애초에 전환사채나 그 인수자금이 수탁자에게 증여된 경우에 비하여 지나치게 많은 증여세액이 부과될 수 있어 형평에도 어긋난다(대법원 2019.9.10. 선고 2016두1165 판결)

【서식】 주식회사변경등기신청서(전환사채발행의 경우)

<table>
<tr><td colspan="5" align="center">주식회사전환사채발행등기신청</td></tr>
<tr><td rowspan="2">접 수</td><td>20○○년 ○월 ○일</td><td rowspan="2">처리인</td><td>등기관 확인</td><td>각종 통지</td></tr>
<tr><td>제○○○○호</td><td></td><td></td></tr>
</table>

상 호	○○주식회사		등기번호	제1000호
본 점	○○시 ○○구 ○○길 ○○			
등기의 목적	전환사채 발행의 등기			
등기의 사유	이사회(주주총회)에서 (무보증)전환사채의 총액 금○○○원을 발행하기로 결의하고, 그 모집을 완료하여 20○○년 ○월 ○일 각 전환사채의 전액(또는 1회) 납입을 완료하였으므로 다음 사항의 등기를 구함.			
등 기 할 사 항				
전환사채의 총액	금○○○○○원			
각 전환사채의 금액	2종(금1,000만원권, 금500만원권)			
각 전환사채의 납입금액	액면금전액(또는 금○○○원, 권면금액의 100%)			
사채를 주식으로 전환할 수 있다는 뜻	본 사채는 이를 주식으로 전환할 수 있다.			
전환의 조건	액면 금○○○원에 대하여 1주의 비율			
전환으로 인하여 발행할 주식의 내용	1주의 금액 금○○○원의 보통주식			
전환을 청구할 수 있는 기간	사채발행일로부터 만○년간(또는 20○○년 ○월 ○일부터 20○○년 ○월 ○일까지)			
기 타	해당 없음			

등록면허세	금 원	지방교육세	금 원	농어촌특별세	금 원
세 액 합 계	금 원		등기신청수수료	금 원	
등기신청수수료 납부번호					

<table>
<tr><td colspan="2" align="center">첨   부   서   면</td></tr>
<tr><td>
1. 정관 및 공증받은 이사회의사록 또는
　주주총회의사록　　　　　　　통
1. 사채청약서　　　　　　　　통
1. 사채의 인수를 증명하는 서면　통
1. 사채금액납입증명서　　　　통
</td><td>
1. 등록면허세영수필확인서　　　1통
1. 등기신청수수료영수필확인서　1통
1. 위임장(대리인이 신청할 경우)　1통
〈기　타〉
</td></tr>
</table>

2000년 ○월 ○일

신 청 인　　　상　호　○○주식회사

　　　　　　　본　점　○○시 ○○구 ○○길 ○○

대표이사　　　성　명　○ ○ ○ (인)　(전화 : 02-123-4567)

　　　　　　　주　소　○○시 ○○구 ○○길 ○○

대 리 인　　　성　명　법무사 ○ ○ ○ (인)　(전화 : 02-456-7890)

　　　　　　　주　소　○○시 ○○구 ○○길 ○○

○○지방법원 ○○등기소 귀중

- 신청서 작성요령 -

1. 해당란이 부족할 때에는 별지를 이용합니다.

1. 해당 등기신청과 관계없는 사항에 대하여는 "해당없음"으로 기재하거나 삭제하고, 필요한 사항은 추가 기재합니다.

【서식】 주식회사변경등기신청서(전환사채의 추가납입·일부 또는 전부상환)

<table>
<tr><td colspan="5" align="center">주식회사전환사채발행등기신청</td></tr>
<tr><td rowspan="2">접 수</td><td>2000년 0월 0일</td><td rowspan="2">처리인</td><td>등기관 확인</td><td>각종 통지</td></tr>
<tr><td>제0000호</td><td></td><td></td></tr>
</table>

상 호	○○주식회사	등기번호	제1000호
본 점	○○시 ○○구 ○○길 ○○		
등기의 목적	1. 전환사채의 추가납입, 2. 일부 또는 전부상환, 3. 전환가격 변경		

<table>
<tr><td rowspan="3">등기의 사유</td><td colspan="3">1. 2000년 0월 0일 제0회 전환사채의 금액 금000원을 납입하여 각 전환사채의 납입금액이 변경되었으므로 다음 사항의 등기를 구함.
2. 2000년 0월 0일 제0회 전환사채의 총액 금00000원 중 금000원을 상환하여 전환사채의 총액이 변경되었으므로 다음 사항의 등기를 구함.
3. 2000년 0월 0일 제0회 전환사채의 총액을 전부 상환하였으므로 다음 사항의 등기를 구함.</td></tr>
<tr><td colspan="3" align="center">등 기 할 사 항</td></tr>
<tr><td>전환사채의
추가납입, 일부
또는 전부상환,
전환가격 변경</td><td colspan="2">1. 각 전환사채의 납입금   금000원
2. 제0회 전환사채의 총액   금00000원
3. 전환의 조건   전환가격   금21,715원</td></tr>
</table>

기 타	해당 없음

등록면허세	금 원	지방교육세	금 원	농어촌특별세	금 원
세 액 합 계	금 원		등기신청수수료	금 원	
등기신청수수료 납부번호					

<table>
<tr><td colspan="2" align="center">첨 부 서 면</td></tr>
<tr>
<td>
1. 이사회의사록(공증받은 것)   통
1. 사채발행변경계약서   통
1. 각 전환사채의 추가납입을 증명하는
   서면   통
1. 전환사채 일부 또는 전부 상환증명서
                    통
</td>
<td>
1. 등록면허세영수필확인서   1통
1. 등기신청수수료영수필확인서   1통
1. 위임장(대리인이 신청할 경우)   1통
〈기 타〉
</td>
</tr>
</table>

20○○년 ○월 ○일

신 청 인   상 호   ○○주식회사

본 점   ○○시 ○○구 ○○길 ○○

대표이사   성 명   ○ ○ ○ (인)   (전화 : 02-123-4567)

주 소   ○○시 ○○구 ○○길 ○○

대 리 인   성 명   법무사 ○ ○ ○ (인)   (전화 : 02-456-7890)

주 소   ○○시 ○○구 ○○길 ○○

○○지방법원 ○○등기소 귀중

- 신청서 작성요령 -

1. 해당란이 부족할 때에는 별지를 이용합니다.

1. 해당 등기신청과 관계없는 사항에 대하여는 "해당없음"으로 기재하거나 삭제하고, 필요한 사항
은 추가 기재합니다.

Ⅲ. 신주인수권부사채의 등기

1. 신주인수권부사채의 의의

(1) 신주인수권부사채의 개념

신주인수권부사채는 사채의 발행 이후 회사가 신주를 발행하는 경우에 미리 확정한 가액에 따라 신주를 인수할 수 있는 권리, 즉 신주인수권을 부여한 사채를 말한다. 신주발행청구권부사채라고도 한다.

(2) 신주인수권의 성격

신주인수권은 기채회사에 대하여 신주발행을 청구하고, 이에 따라 기채회사가 신주를 발행하면 그 신주에 대하여 당연히 주주가 되는 권리로, 이는 형성권이다.

(3) 신주인수권부사채와 전환사채의 차이점

신주인수권부사채는 사채발행회사의 신주를 취득할 수 있는 권리가 부여되어 있는 점에서는 전환사채와 같으나, ① 사채권자가 신주인수권을 행사하더라도 사채가 소멸하지 않고 신주인수의 대가로 별도의 출자를 요하며(다만, 대용납입을 한 경우에는 전환사채와 비슷하게 된다), ② 신주인수권을 행사하더라도 사채권에는 영향이 없기 때문에 사채권과 신주인수권을 반드시 동일증권에 의하여 표창할 필요가 없고(따라서 신주인수권만을 양도할 수 있는 소위 분리형인 경우에는 사채권 외에 신주인수권증권이라는 유가증권을 따로 발행하여야 한다), ③ 신주인수권의 행사로 인하여 발행하는 신주의 발행가액의 총액은 사채총액의 범위 내에서 회사가 자유롭게 정할 수 있는 점(상 법 제516조의2 3항), ④ 사채권자의 지위와 분리해서 신주인수권만을 양도할 수 있다는 점에서 전환사채와 차이를 갖는다.

(4) 신주인수권부사채의 종류

1) 분리형 신주인수권부사채

사채권을 표창하는 유가증권인 채권과 신주인수권을 표창하는 유가증권인 신주인수증권을 별도로 발행하는 형태를 말한다. 이사회에서 특히 분리형을 발행할 것을 결의한 경우에 발행할 수 있다(상법 제516조의2 제2항 4호).

2) 비분리형 신주인수권부사채

　우리 상법상으로는 두 종류 다 발행할 수 있으나, 비분리형 신주인수권사채의 발행이 원칙이다.

2. 신주인수권부사채의 발행절차

(1) 신주인수권부사채의 발행사항의 결정

　신주인수권부사채의 발행절차는 전환사채의 경우와 같이 발행사항으로서 정관에 규정이 없는 것은 이사회가 결정하고, 정관으로 주주총회에서 결정하기로 한 경우와 이사가 1인인 회사의 경우에는 주주총회에서 결정한다.

1) 주주총회의 특별결의를 요하는 사항

　신주인수권부사채를 주주 이외의 자에게 발행하는 경우에는 정관에 규정이 없으면 다음 사항은 주주총회의 특별결의로 정하여야 한다(상법 제516조의2 4항).

　① 주주 이외의 자에게 발행할 신주인수권부사채의 액

　② 신주인수권의 내용

　③ 신주인수권을 행사할 수 있는 기간

2) 이사회 또는 주주총회가 신주인수권부사채발행시 결정할 발행사항

　사채의 일반적인 발행사항인 각 사채의 금액·이율·상환과 이자지급의 방법과 기한 외에 다음 사항을 결정하여야 한다.

　① 신주인수권부사채의 총액

　② 각 사채에 부여된 신주인수권의 내용

　③ 신주인수권을 행사할 수 있는 기간

　④ 신주의 인수권만을 양도할 수 있는 것에 관한 사항

　⑤ 신주인수권을 행사하는 자의 청구가 있는 경우에는 사채의 상환에 갈음하여 사채의 발행가액으로써 신주에 대한 납입이 있는 것으로 본다는 뜻(이를 대용납입이라 한다)

　⑥ 주주에게 신주인수권부사채의 인수권을 준다는 뜻과 인수권의 목적인 사채의 액(주주에게 인수권을 주는 경우)

　⑦ 주주 이외의 자에게 발행할 신주인수권부사채의 액(주주 이외의 자에게 발행할 경우)(상법 제516조의2 2항).

(2) 신주인수권부사채의 배정

1) 주주에게 배정하는 경우

주주에게 인수권을 부여한 경우(주주의 인수권은 법률상 당연히 있는 것이 아니라 정관의 규정 또는 발행사항으로써 이를 정한 경우에만 부여된다)에는 배정일의 공고와 실권예고부최고 내지 공고를 하여야 한다(상법 제516조의11, 제513조의2 2항, 제418조, 제516조의3).

즉, 그에게는 그가 가진 주식의 수에 따라 신주인수권부사채의 배정을 받을 권리가 있다. 그러나 각 신주인수권부사채의 금액 중 최저액에 미달하는 단수에 대하여는 그 권리가 없다(상법 제516조의11, 제513조의2).

2) 주주 이외의 자에게 발행하는 경우

주주 이외의 자에 대하여 신주인수권부사채를 발행하는 경우에 그 발행할 수 있는 신주인수권부사채의 액, 신주인수권의 내용과 신주인수권을 행사할 수 있는 기간에 관하여 정관에 규정이 없으면 주주총회의 특별결의에 의하여야 한다(상법 제516조의2 제4항).

제3자에게 대한 발행은 정관이나 주주총회의 특별결의로 정한 범위 내에서 이사회가 구체적인 사항을 결정한다. 또한 이 경우는 신기술도입·재무구조개선 등 회사의 경영상의 목적을 달성하기 위하여 필요한 경우에 한한다(상법 제516조의2 제4항, 제418조 2항).

(3) 청약과 납입

전환사채의 경우와 같다. 신주인수권을 행사하려는 자(신주인수권부사채의 모집에 응하고자 하는 자)는 청구서 2통을 회사에 제출하여야 한다. 신주인수권증권이 발행된 때(분리형인 경우)에는 위 제출시에 신주인수권증권을 첨부하고, 이를 발행하지 아니한 때에(비분리형인 경우)에는 위 청구서를 제출할 때에 채권을 제시하여야 한다(상법 제516조의8 1항, 2항). 이 경우 첨부된 신주인수권증권은 회사가 회수하고, 제시된 채권에는 신주인수권의 행사가 있었다는 뜻을 사채권자에게 반환한다. 위 청구서에는 인수할 주식의 종류 및 수와 주소를 기재하고 기명날인 또는 서명한다(상법 제516조의9 4항, 제302조 1항).

(4) 채권 신주인수증권의 발행

1) 발행시기

사채전액의 납입이 완료된 때에 채권을 발행하여야 한다(상법 제478조 1항). 비분리형인 경우에는 채권만 발행하면 되나, 분리형인 경우에는 채권과 함께 신주인수권을 표창하는 신주인수권증권이라는 유가증권을 발행하여야 한다(상 법 제516조의5 제1항).

2) 신주의 양도방법

신주인수권증권이 발행되면 그 양도방법은 양도인의 의사표시와 동 증권의 교부에 의한다(상법 제516조의6 제1항). 신주발행시 신주인수권의 양도를 인정하는 경우에는 신주인수권증서를 발행하는데, 이는 신주인수권증권과 다르다.

(5) 신주인수권의 행사

1) 신주인수권 행사의 요건

신주인수권부사채의 신주인수권을 행사하려는 자는 인수할 주식의 종류 및 수와 주소를 청구서에 기재하고 기명날인 또는 서명하여야 하며, 이 청구서 2통을 회사에 제출하고 신주발행가액의 전액을 납입하여야 한다(상법 제516조의8 제1항·4항, 제302조 1항). 이 때 신주인수권증권이 발행된 때에는 신주인수권증권을 첨부하고, 이를 발행하지 아니한 때에는 채권을 제시하여야 한다(상법 제516의8 제2항). 다만, 대용납입이 인정되는 경우에는 그의 청구에 의하여 신주인수권부사채의 상환에 갈음하여 신주인수권의 행사에 의한 신주의 발행가액의 납입이 있는 것으로 본다(상법 제516조의2 제2항 5호).

2) 신주인수권의 행사시기

신주인수권의 행사는 행사기간 중에 하여야 한다. 그 행사기간 중에 주주명부폐쇄기간이 포함된 경우에는 주주명부폐쇄기간 중에서 신주인수권을 행사할 수 있으나, 그 주주는 그 기간 중의 주주총회의 결의에 관하여는 의결권을 행사할 수 없다.

또 정관의 규정에 의하여 신주에 대한 이익이나 이자의 배당에 관하여는 그 인수권을 행사한 때가 속하는 영업연도의 직전 영업연도말에 행사한 것으로 할 수 있다(상법 제516조의9, 제350조 3항).

3) 신주인수권행사에 의한 신주의 효력발생시기

신주인수권을 행사한 자는 대용납입의 경우를 제외하고 "신주발행가액전액을 납입한 때"에 주주가 된다(상법 제516의9). 대용납입의 경우에는 주금납입절차가 필요하지 아니하므로, 신주발행의 청구서를 제출한 때에 신주발행의 효력이 발생한다.

> 신주인수권부사채의 등기사항 중 신주인수권의 행사로 인하여 발행할 주식의 발행가액의 총액에 관한 등기

선례요지

1.「상법」제516조의8 제1항 제2호는 회사가 신주인수권부사채를 발행한 때에 신주인수권의 행사로 인하여 발행할 주식의 "발행가액의 총액"을 등기하도록 하고 있으므로 액면가액의 총액은 등기할 것이 아니다.

2. 신주인수권부사채에 부여된 신주인수권의 내용으로 발행가액 및 발행가액을 조정할 수 있는 조정산식을 정하여 이를 등기한 경우, 위 발행가액 또는 조정산식을 변경한 때에는 그 변경내용을 등기하여야 하지만 이 경우에도 신주인수권의 행사로 인하여 발행할 주식의 발행가액 총액이 변경되는 것은 아니므로 그에 따른 변경등기를 할 수 없을 것이다. (2013. 1. 10. 상업등기심의관-123 질의회답)

참조조문 : 상법 제516조의2 제3항

참조선례 : 상업등기선례 1-214

3. 등기절차

(1) 등기기간

사채에 대한 납입이 완료된 날로부터 2주간 내에 본점소재지에서 등기를 하여야 한다(상법 제516조의7 2항, 제514조의2 1항). 신주인수권부사채도 지점소재지에서는 등기할 필요가 없다.

신청인은 전환사채발행의 등기신청인과 같이 회사를 대표하는 자가 된다(상법 제516조의7, 제514조의2 1항, 4항, 상업등기법 제23조).

신주인수권부사채의 등기사항에 변경이 있는 때에는 위의 기간 내에 대표이사가 그 변경등기를 신청하여야 한다(상법 제516조의7, 제514조의2 3항, 상업등기법 제23조).

외국에서 사채를 모집한 경우의 등기기간, 등기신청인 등은 전환사채발행의 경우와 같다.

(2) 등기사항

1) 신주인수권부사채라는 뜻

2) 신주인수권의 행사로 인하여 발행할 주식의 발행가액의 총액

3) 각 신주인수권부사채의 금액

4) 신주인수권부사채의 납입금액

5) 신주인수권부사채의 총액

6) 각 신주인수권부사채에 부여된 신주인수권의 내용

7) 신주인수권을 행사할 수 있는 기간

　상법 제516조의4에서 사채청약서 등에 기재사항으로 주식양도제한규정을 두었으나, 상법 제516조의7의 신주인수권부사채의 등기사항에는 위 신설조항에 대하여 등기사항으로 규정하지 아니하였다. 따라서 주식양도에 관하여 이사회의 승인을 얻도록 정한 때에는(상법 제335조 1항) 그 규정은 등기사항이 아니다. 신주인수권부사채의 등기사항에 변경이 있는 때에는 기간 내에 대표이사가 그 변경등기를 신청하여야 한다(상 법 제516의7 2항, 제514의2 3항, 제183조, 상업등기법 제23조).

(3) 첨부서면(상업등기규칙 제144조)

1) 사채인수를 증명하는 정보

2) 사채의 청약을 증명하는 정보

3) 사채금액의 전부 또는 1회의 납입이 있음을 증명하는 정보

4) 정관

5) 사채모집에 관한 이사회의사록 또는 주주총회의사록

6) 등록세납부영수필통지서 및 확인서, 등기신청수수료

7) 기타 대리권한을 증명, 관청의 허가를 요하는 경우에는 허가서

(4) 등록면허세, 등기신청수수료 등의 납부

　신주인수권부사채의 등기에 대해서는 기타변경등기 등록면허세 4만2백원 및 지방교육세 8천4십원과 등기신청수수료 6,000원(전자신청의 경우 2,000원, 전자표준양식에 의한 신청의 경우 4,000원)을 납부하여야 한다(지방세법 제28조 1항 6호 바목, 제151조 1항 2호, 등기사항증명서 등 수수료 규칙 제5조의3 2항, 제5조의5 4항).

　신주인수권부사채를 수회 발행한 후 그 등기를 하나의 신청서로 일괄신청하는 때에도 1건의 기타변경등기 등록면허세, 지방교육세와 등기신청수수료를 납부한다.

4. 신주인수권부사채의 변경등기

(1) 신주인수권을 행사하는 경우

신주인수권부 사채에서 신주인수권을 행사하면 기채회사는 당연히 신주를 발행하여 교부하여야 하고, 신주인수권을 행사하는 경우, 원칙적으로 신주발행가액 전액을 납입하므로, 주식발행주식총수와 자본의 총액이 증가한다(상 법제317조 2항 2호·3호).

따라서 이에 관한 변경등기를 하여야 한다.

1) 등기기간

신주의 효력발생시기가 속하는 달의 말일부터 2주간 내에 대표이사가 하여야 한다(상법 제516조의7 1항 5호, 제516조의2 2항 2호, 상업등기법 제23조).

2) 첨부서류

신주인수권을 행사하는 경우에는 신주인수권을 행사하는 청구서를 첨부하여야 하고, 그 외 등록세영수필확인서, 대리권한을 증명하는 서면, 관청의 허가(인가)서, 정관, 총주주의 동의서 등이 필요한 경우에는 이를 첨부하여야 한다.

(2) 대용납입의 경우

대용납입의 경우에는 신주인수권부사채의 총액은 감소하고 발행주식총수와 자본의 총액이 증가하므로, 이에 관한 변경등기를 하여야 한다.

등기절차는 신주인수권 행사를 위한 청구서에 신주인수권증권이나 채권을 첨부하여 회사에 제출한 날이 속하는 달의 말일부터 2주간내에 본점소재지에 변경등기를 하여야 한다(상법 제516조의8 제1항, 제516조의2 제2항).

핵 심 판 례

■ 신주인수권부사채를 인수하기로 하고, 그에 따라 을 회사가 갑에게 부담하는 채무를 담보하기 위하여 병 등은 연대보증을 하고 정 등은 근질권을 설정해 주었는데, 합의서에 따른 합의는 작성 당사자 모두 인수계약에서 정한 지위를 그대로 유지하면서 기존의 변제기한과 이율에 관한 사항만 변경하는 내용으로 유효하게 성립하였다고 판단한 사례

> 갑이 을 주식회사로부터 신주인수권부사채를 인수하기로 하고, 그에 따라 을 회사가 갑에게 부담하는 채무를 담보하기 위하여 병 등은 연대보증을 하고 정 등은 근질권을 설정해 주었는데, 을 회사가 갑에게 사채원금 지급기한의 유예를 요청하자, 갑과 을 회사가 기존의 변제기한을 유예하고 이율을 변경하는 내용의 합의서를 작성하면서 병 등은 근질권설정자로 정 등은 연대보증인으로 기명날인한 사안에서, 병과 정 등을 비롯한 합의서에 기명날인한 당사자들은 모두 인수계약 당시와 마찬가지로 원래의 연대보증인 또는 근질권설정자의 지위를 유지하는 의사로 기명날인한 것이고, 위 합의서에 따른 합의는 작성 당사자 모두 인수계약에서 정한 지위를 그대로 유지하면서 기존의 변제기한과 이율에 관한 사항만 변경하는 내용으로 유효하게 성립하였다고 판단한 사례(대법원 2018. 7. 26. 선고 2016다242334 판결).

■ 신주 발행에 법령이나 정관을 위반한 위법이 있고 그것이 주식회사의 본질 또는 회사법의 기본원칙에 반하거나 기존 주주들의 이익과 회사의 경영권 내지 지배권에 중대한 영향을 미치는 경우, 신주 발행의 효력(원칙적 무효)

> 신주 발행을 사후에 무효로 하는 것은 거래의 안전을 해할 우려가 크기 때문에 신주발행무효의 소에서 무효원인은 엄격하게 해석하여야 하나, 신주 발행에 법령이나 정관을 위반한 위법이 있고 그것이 주식회사의 본질 또는 회사법의 기본원칙에 반하거나 기존 주주들의 이익과 회사의 경영권 내지 지배권에 중대한 영향을 미치는 경우에는 원칙적으로 신주의 발행은 무효이다. 신주인수권부사채는 미리 확정된 가액으로 일정한 수의 신주 인수를 청구할 수 있는 신주인수권이 부여된 사채로서 신주인수권부사채 발행의 경우에도 주식회사의 물적 기초와 기존 주주들의 이해관계에 영향을 미친다는 점에서 사실상 신주를 발행하는 것과 유사하므로, 신주발행무효의 소에 관한 상법 제429조가 유추적용되고, 신주발행의 무효원인에 관한 법리 또한 마찬가지로 적용된다(대법원 2015. 12. 10. 선고 2015다202919 판결).

【서식】 주식회사변경등기신청서(신주인수권부사채발행의 경우)

<table>
<tr><td colspan="3" style="text-align:center">주식회사변경등기신청</td><td></td><td></td></tr>
<tr><td rowspan="2">접 수</td><td>2000년 ○월 ○일</td><td rowspan="2">처리인</td><td>등기관 확인</td><td>각종 통지</td></tr>
<tr><td>제○○○○호</td><td></td><td></td></tr>
</table>

<table>
<tr><td>상　　　　호</td><td>○○주식회사</td><td>등기번호</td><td>제1000호</td></tr>
<tr><td>본　　　　점</td><td colspan="3">○○시 ○○구 ○○길 ○○</td></tr>
<tr><td>등기의 목적</td><td colspan="3">신주인수권부사채발행의 등기</td></tr>
<tr><td>등기의 사유</td><td colspan="3"></td></tr>
<tr><td colspan="4" style="text-align:center">등　기　할　사　항</td></tr>
<tr><td>신주인수권부사채
라는 뜻</td><td colspan="3"></td></tr>
<tr><td>신주인수권의
행사로 인하여
발행할 주식의
발행가액의 총액</td><td colspan="3"></td></tr>
<tr><td>각신주인수권부사채의
금액</td><td colspan="3"></td></tr>
<tr><td>각신주인수권부사채
의 납입금액</td><td colspan="3"></td></tr>
<tr><td>신주인수권부사채의
총　　액</td><td colspan="3"></td></tr>
<tr><td>각신주인수권부사채
에 부여된
신주인수권의 내용</td><td colspan="3"></td></tr>
<tr><td>신주인수권을 행사
할 수 있는 기간</td><td colspan="3"></td></tr>
<tr><td>기　　　　타</td><td colspan="3">해당 없음</td></tr>
</table>

등록면허세	금　　원	지방교육세	금　　　원	농어촌특별세	금　원
세 액 합 계	금　　　　　원		등기신청수수료	금　　　　원	
등기신청수수료 납부번호					

<table>
<tr><td colspan="2" align="center">첨　부　서　면</td></tr>
<tr>
<td>
1. 정관 및 공증받은 이사회의사록 또는
　　주주 총회의사록　　　　　　1통
1. 사채청약서　　　　　　　　　1통
1. 사채의 인수를 증명하는 서면　1통
1. 사채금액납입증명서　　　　　1통
</td>
<td>
1. 등록면허세영수필확인서　　　1통
1. 등기신청수수료영수필확인서　1통
1. 위임장(대리인이 신청할 경우)　1통
〈기　타〉
</td>
</tr>
</table>

2000년 ○월 ○일

신 청 인　　　　상 　호　○○주식회사

　　　　　　　　본 　점　○○시 ○○구 ○○길 ○○

대표이사　　　　성 　명　○ ○ ○ (인)　(전화 : 02-123-4567)

　　　　　　　　주 　소　○○시 ○○구 ○○길 ○○

대 리 인　　　　성 　명　법무사 ○ ○ ○ (인)　(전화 : 02-456-7890)

　　　　　　　　주 　소　○○시 ○○구 ○○길 ○○

○○지방법원 ○○등기소 귀중

- 신청서 작성요령 -

1. 해당란이 부족할 때에는 별지를 이용합니다.

1. 해당 등기신청과 관계없는 사항에 대하여는 "해당없음"으로 기재하거나 삭제하고, 필요한 사항은 추가 기재합니다.

【서식】주식회사변경등기신청서(신주인수권부사채의 추가납입·일부 또는 전부상환)

<table>
<tr><td colspan="5" align="center">주식회사변경신청</td></tr>
<tr><td rowspan="2">접 수</td><td>2000년 O월 O일</td><td rowspan="2">처리인</td><td>등기관 확인</td><td>각종 통지</td></tr>
<tr><td>제OOOO호</td><td></td><td></td></tr>
</table>

상　　　호	OO주식회사	등기번호	제1000호
본　　　점	OO시 OO구 OO길 OO		
등기의 목적	신주인수권부사채의 추가납입·일부 또는 전부상환 등기		
등기의 사유			

등　　기　　할　　사　　항

신주인수권부사채의 추가납입, 일부 또는 전부상환	
기　　　타	해당 없음

등록면허세	금 원	지방교육세	금 원	농어촌특별세	금 원
세 액 합 계	금	원	등기신청수수료	금	원
등기신청수수료 납부번호					

<table>
<tr><td colspan="2" align="center">첨　부　서　면</td></tr>
<tr>
<td>
1. 각 신주인수권부사채의 추가납입을
　증명하는 서면　　　　　　　　통
1. 신주인수권부사채 일부 또는 전부
　상환증명서　　　　　　　　　통
</td>
<td>
1. 등록면허세영수필확인서　　　1통
1. 등기신청수수료영수필확인서　1통
1. 위임장(대리인이 신청할 경우)　1통
〈기　타〉
</td>
</tr>
<tr><td colspan="2" align="center">

20○○년 ○월 ○일

신 청 인　　　　상　호　○○주식회사

　　　　　　　　본　점　○○시 ○○구 ○○길 ○○

대표이사　　　　성　명　○ ○ ○ (인)　(전화 : 02-123-4567)

　　　　　　　　주　소　○○시 ○○구 ○○길 ○○

대 리 인　　　　성　명　법무사 ○ ○ ○ (인)　(전화 : 02-456-7890)

　　　　　　　　주　소　○○시 ○○구 ○○길 ○○

○○지방법원 ○○등기소 귀중

</td></tr>
</table>

- 신청서 작성요령 -

1. 해당란이 부족할 때에는 별지를 이용합니다.

1. 해당 등기신청과 관계없는 사항에 대하여는 "해당없음"으로 기재하거나 삭제하고, 필요한 사항
   은 추가 기재합니다.

Ⅳ. 이익참가부사채의 등기

1. 이익참가부사채의 의의

이익참가부사채란 사채권자가 일정한 이자 이외에 회사의 이익에 참가 할 수 있는 권리가 인정된 사채를 말한다. 즉 이자 이외에 주주에 대한 이익배당이 일정비율을 상회하는 때에 그 이익에의 참가를 인정한 사채이다.

2011년 개정전 상법에는 이익참가부사채에 관하여 아무런 규정도 존재하지 않았으나 2011년 4월 14일 상법개정시 이에 대한 규정을 신설하였다(상법 469조 2항, 3항).

2. 이익참가부사채의 발행절차

(1) 발행사항의 결정

1) 결정기관

상법 제469조 제2항 제1호에 따라 사채권자가 그 사채발행회사의 이익배당에 참가할 수 있는 사채(이하 "이익참가부사채"라 한다)를 발행하는 경우에 다음 각 호의 사항으로서 정관에 규정이 없는 사항은 이사회가 결정한다. 다만, 정관에서 주주총회에서 이를 결정하도록 정한 경우에는 그러하지 아니하다(상법 시행령 제 21조 1항).

① 이익참가부사채의 총액

② 이익배당 참가의 조건 및 내용

③ 주주에게 이익참가부사채의 인수권을 준다는 뜻과 인수권의 목적인 이익참가부 사채의 금액

2) 주주 이외의 자에게 발행하는 경우

주주 외의 자에게 이익참가부사채를 발행하는 경우에 그 발행할 수 있는 이익 참가부사채의 가액(價額)과 이익배당 참가의 내용에 관하여 정관에 규정이 없으 면 상법 제434조에 따른 주주총회의 특별결의로 정하여야 한다(상법 시행령 제 21조 2항).

(2) 사채청약서 등의 기재사항

이익참가부사채를 발행함에 있어서는 사채청약서·채권·사채원부에 이익배당에 참 가할 수 있다는 뜻과 그 조건 및 내용을 기재하여야 한다.

3. 이익참가부사채의 등기절차

(1) 등기기간

이익참가부사채를 발행한 경우에는 상법 제476조의 규정에 의한 납입이 완료된 날로부터 2주간 내에 본점소재지에서 대표이사가 등기하여야 한다.

(2) 등기사항

① 이익참가부사채의 총액, ② 각 이익참가부사채의 금액, ③ 각 이익참가부사채의 납입금액, ④ 이익배당에 참가할 수 있다는 뜻, ⑤ 이익배당참가의 조건 및 내용 등을 등기하여야 한다. 현재 주식회사 등기기록 중에 "이익참가부사채란"이 없기 때문에 기타사항란에 등기하여야 한다.

(3) 첨부서면

첨부서면에 관하여 상업등기법에 아무런 규정이 없다. 그러나 전환사채나 신주인수권부사채의 등기 시에 첨부할 서면에 관한 규정을 준용하여 ① 최종의 대차대조표, ② 사채의 인수를 증명하는 서면(사채 인수시), ③ 사채청약서(사채공모시), ④ 각 사채의 전부 또는 제1회의 납입이 있는 것을 증명하는 서면, ⑤ 사채모집에 관한 이사회 또는 주주총회의사록, ⑥ 위임장 등을 첨부하면 된다.

◼ 이견있는 등기에 대한 견해와 법원판단 ◼

[경영권 방어 목적 발행의 유효성]

1. 문제점 : 기존지배주주가 경영권 방어목적으로 전환사채를 발행하는 경우 그 효력이 문제된다.

2. 학설

(1) 유효설 : 정관에 근거를 둔 경우 신주인수권 침해의 위험이 없다는 점과 거래안전을 보호해야 하며, 적대적 인수합병에 대한 효율적인 방어수단이 없다는 점을 고려하여 유효라는 견해

(2) 무효설 : 특수사채의 발행은 사실상 신주발행과 동일하며, 경영권방어목적인 경우 주식이 대외적으로 유통될 가능성이 적어 거래안전 보호의 필요성이적다는 것을 이유로 무효라는 견해

3. 판례

대법원은 전환사채의 인수인이 회사의 지배주주와 특별한 관계에 있고, 전환가격이 주가 등에 비해 다소 낮은 가격이라는 사유만으로는 무효사유에 해당하지 않는다고 판시하였다.

이익참가부전환사채가 등기능력이 있는지 여부

선례요지

  1. 회사는 이사회의 결의에 의하여 다양한 종류의 사채를 발행할 수 있지만, 등기할 수 있는 사채는 법률에 그 근거가 있어야 한다.
  2. 전환사채와 이익참가부사채의 성질을 함께 가진 이익참가부전환사채의 발행이 가능한지 여부는 별론으로 하더라도, 발행될 경우에 그 등기를 하기 위하여는 법률에 근거가 있어야 한다. 또한, 이익참가부전환사채가 전혀 새로운 사채의 유형이 아닌 단순히 전환사채 또는 이익참가부사채의 한 종류로써 발행된다 하여도 올바른 공시를 목적으로 하는 현행 상업등기 제도 하에서는 결합사채에 대한 공시방법이 없으므로 등기할 수 없을 것이다. (2014. 7. 8. 사법등기심의관-2730 질의회답)
참조조문 : 상법 제469조, 제513조, 제514조, 제514조의2, 제516조의8, 상법시행령 제21조 제10항, 상업등기규칙 제11조

▣ 이견있는 등기에 대한 견해와 법원판단 ▣

[전환사채에 신주발행무효의 소(상 제429조) 유추적용 가부]

1. 문제점 : 전환사채의 효력이 이미 발생하였으나 그 발행절차에 중대한 하자가 있는 경우에 신주발행무효의 소에 관한 규정(상 제429조 내지 제432조)을 유추적용하여 전환사채발행의 효력을 다툴 수 있을 것인지 문제된다.

2. 학설
 (1) 부정설 : 상법 제429조의 준용규정이 없음을 이유로 유추적용을 부정하는 견해
 (2) 긍정설 : 상법규정위반의 전환사채발행은 실질적으로 위법한 신주발행이 됨을 이유로 유추적용을 긍정하는 견해

3. 판례
 전환사채의 발행은 주식회사의 물적 기초와 기존주주들의 이해관계에 중대한 영향을 미친다는 점에서 사실상 신주를 발행하는 것과 유사하므로, 전환사채의 발행의 경우에도 신주발행무효의 소에 관한 상법 제429조가 유추적용 된다고 봄이 상당하다고 판시하였다(2000다37326).

【서식】 주식회사변경등기신청서(이익참가부사채발행)

<table>
<tr><td colspan="2" rowspan="2"></td><td colspan="3" align="center">주식회사
이익참가부사채발행등기신청</td><td></td></tr>
</table>

접 수	20○○년 ○월 ○일	처리인	등기관 확인	각종 통지
	제○○○○호			

상 호	○○주식회사	등기번호	제1000호
본 점	○○시 ○○구 ○○길 ○○		
등 기 의 목적	이익참가부사채 발행의 등기		
등기의 사유			

등 기 할 사 항	
이익참가부사채의 총액	금○○○○○원
각 이익참가부사채의 금액	2종(금1,000만원권, 금500만원권)
각 이익참가부사채의 납입금액	액면금전액(또는 금○○○원, 권면금액의 100%)
이익배당에 참가할 수 있다는 뜻	
이익배당참가의 조건 및 내용	
기 타	해당 없음

등록면허세	금 원	지방교육세	금 원	농어촌특별세	금 원
세액합계	금 원		등기신청수수료	금 원	
등기신청수수료 납부번호					

<table>
<tr><td colspan="2" align="center">첨　부　서　면</td></tr>
<tr>
<td>
1. 정관 및 공증받은 이사회의사록 또는 주주 총회의사록　　　　1통
1. 사채청약서　　　　1통
1. 사채의 인수를 증명하는 서면 1통
1. 사채금액납입증명서　　　　1통
</td>
<td>
1. 등록면허세영수필확인서　　　1통
1. 등기신청수수료영수필확인서　　　1통
1. 위임장(대리인이 신청할 경우)　　　1통
〈기　타〉
</td>
</tr>
<tr><td colspan="2">

20○○년 ○월 ○일

신 청 인　　　상　호　○○주식회사
　　　　　　　본　점　○○시 ○○구 ○○길 ○○
대표이사　　　성　명　○ ○ ○ (인)　(전화 : 02-123-4567)
　　　　　　　주　소　○○시 ○○구 ○○길 ○○
대 리 인　　　성　명　법무사 ○ ○ ○ (인)　(전화 : 02-456-7890)
　　　　　　　주　소　○○시 ○○구 ○○길 ○○

○○지방법원 ○○등기소 귀중

</td></tr>
</table>

- 신청서 작성요령 -

1. 해당란이 부족할 때에는 별지를 이용합니다.

1. 해당 등기신청과 관계없는 사항에 대하여는 "해당없음"으로 기재하거나 삭제하고, 필요한 사항은 추가 기재합니다.

Ⅶ. 합병의 등기

Ⅰ. 총 설

▣ 핵 심 사 항 ▣

1. 합병의 의의 : 2개 이상의 회사가 상법의 특별규정에 의하여 청산절차를 거치지 않고 합쳐서 그 중 한 회사가 다른 회사를 흡수하거나(흡수합병) 신 회사를 설립함으로써 (신설합병), 1개 이상의 회사의 소멸과 그 소멸하는 회사의 권리, 의무의 포괄적 이전을 생기게 하는 회사법상의 법률요건
2. 종류 : 흡수합병, 신설합병, 간이합병과 소규모합병
3. 합병의 자유와 제한
 (1) 합병의 자유 : 회사는 합병을 할 수 있다(상법 제174조 1항).
 (2) 합병의 제한
  1) 합병을 하는 회사의 일방 또는 쌍방이 물적회사인 때에는 존속회사 또는 신설회사는 물적회사여야 함(상법 제174조 2항)
  2) 유한회사와 주식회사가 합병하는 경우 존속회사 또는 신설회사가 주식회사인 때에는 법원의 인가를 받아야 함(상법 제600조 1항)
  3) 유한회사와 주식회사가 합병하는 경우 존속회사 또는 신설회사가 유한회사인 때에는 주식회사가 사채의 상환을 완료해야 함(상법 제600조 2항)

1. 합병의 의의와 방법

(1) 합병의 의의

회사의 합병이란 두 개 이상의 회사가 계약에 의하여 신회사를 설립하거나 또는 그 중의 한 회사가 다른 회사를 흡수하고, 소멸회사의 재산과 사원(주주)이 신설회사 또는 존속회사에 법정절차에 따라 이전 수용되는 효과를 가져오는 것을 말한다(대법원 2003. 2. 11.선고 2001다14351판결). 어느 경우에나 소멸회사는 청산절차에 의하지 않고 그 권리의무 일체가 존속회사 또는 신설회사에 포괄승계된다(상법 제530조, 제235조). 그러므로 소멸회사의 재산 일부를 소멸회사에 유보한다든가 소멸회사의 특정채무를 존속회사가 승계하지 아니한다는 취지의 합병은 인정되지 않는다. 그리고 합병은 합병후 존속하는 회사 또는 합병으로 인하여

설립하는 회사가 본점 소재지에서 변경등기 또는 설립등기를 함으로써 효력이 발생한다(상법 제530조, 제234조).

합병의 경우에는 채권자보호절차가 필요하고, 해산회사의 모든 권리의무가 당연히 존속회사 또는 신설회사에 포괄적으로 승계되고 해산회사 사원은 당연히 존속회사 또는 신설회사의 사원이 되지만, 영업양도는 채권자보호절차가 필요없고, 계약에서 정한 범위 내의 재산만 이전되고 양도회사의 사원은 당연히 양수회사의 사원으로 되는 것은 아니고 일정한 절차가 필요하므로 서로 구별된다.

합병은 상법상의 회사간에만 이루어지는 것이므로 회사와 공익법인 또는 법인 상호간에는 합병이 있을 수 없고, 내국회사와 외국회사간의 합병도 인정되지 아니한다. 그리고 법인은 그 설립근거법에 합병에 관한 규정이 있어야 합병을 할 수 있는 바, 예컨대 지방공기업법의 규정에 의하여 설립된 공단에 대하여는 합병절차에 관한 규정이 없고 비송사건절차법이나 다른 법규에 상법 등의 합병절차에 관한 준용규정이 없으므로, 지방공기업법의 규정에 의하여 설립된 ○○시도시개발공사가 ○○시시설관리공단을 흡수합병한 후 합병으로 인한 변경등기를 경료받을 수는 없을 것이다(지방공기업법 제75조, 1999. 3. 22, 등기 3402-312 질의회답).그러나 상법상 회사 이외의 법인도 특별법에 의하여 합병이 인정되는 경우가 있으며 학교법인 상호간에는 합병이 인정된다(사립학교법 제36조 ~ 제41조).

(2) 합병의 방법

1) 흡수합병과 신설합병

① 흡수합병 : 합병 당사 회사 중에서 한 회사가 존속(존속회사)하고 다른 회사를 해산(소멸회사)하여 그 사원 및 재산이 존속회사에 포괄적으로 승계되는 합병을 말한다.

② 신설합병 : 합병 당사 회사 모두가 해산하고 새로이 신회사를 설립하여 해산회사의 사원 및 재산을 신회사에 포괄적으로 승계시키는 합병을 말한다.

2) 간이합병과 소규모합병

주식회사의 경우 합병은 주주 및 이해관계인이 중대한 영향을 미치는 사항이기 때문에 주주 등을 보호하기 위하여 주주총회 특별결의에 의한 합병승인이 있어야 한다. 그런데 1998년 상법개정으로 흡수합병시 일정한 경우 주주총회의 승인결의 없이 이사회의 승인만으로 흡수합병할 수 있도록 하였다.

① 간이합병(상법 제527조의2 1항) : 흡수합병의 경우에 소멸하는 회사의 총주주의 동의가 있거나 소멸회사의 발행주식 총수의 90/100 이상을 존속회사가 소유하는 때에는 소멸회사 주주총회의 합병승인은 이사회의 승인으로 갈음할 수 있다. 그러나 소멸회사의 이사가 1인인 경우에는 간이합병을 할 수 없다(상법 제383조 제5항).

② 소규모합병(상 제527조의3 1항) : 흡수합병의 경우에 소멸회사의 규모가 존속회사에 비하여 소규모인 경우 즉, 존속회사가 합병을 함에 있어서 발행하는 신주의 총수가 그 회사 발행주식총수의 10/100를 초과하지 아니하고 소멸회사의 주주에게 지급할 금액(합병교부금)이 존속회사의 최종의 대차대조표상으로 현존하는 순자산액의 5/100를 초과하지 않는 경우에는 존속회사 주주총회의 합병승인은 이사회의 승인으로 갈음할 수 있다. 2011년 개정 전 상법에서는 기준이 각 각 5/100, 2/100 이었는데 이를 완화하여 위와 같이 규정하였다.

그리고 존속회사의 이사가 1인인 경우에는 소규모합병을 할 수 없다(상법 제383조 제5항).

핵 심 판 례

■ **회사 합병의 의미 및 합병으로 소멸되는 회사의 사원(주주)의 지위**

> 회사의 합병이라 함은 두 개 이상의 회사가 계약에 의하여 신회사를 설립하거나 또는 그 중의 한 회사가 다른 회사를 흡수하고, 소멸회사의 재산과 사원(주주)이 신설회사 또는 존속회사에 법정 절차에 따라 이전·수용되는 효과를 가져오는 것으로서, 소멸회사의 사원(주주)은 합병에 의하여 1주 미만의 단주만을 취득하게 되는 경우나 혹은 합병에 반대한 주주로서의 주식매수청구권을 행사하는 경우 등과 같은 특별한 경우를 제외하고는 원칙적으로 합병계약상의 합병비율과 배정방식에 따라 존속회사 또는 신설회사의 사원권(주주권)을 취득하여, 존속회사 또는 신설회사의 사원(주주)이 된다(대법원 2003. 2. 11., 선고, 2001다14351, 판결).

【쟁점질의와 유권해석】

〈무증자 합병이 가능한지 여부〉

주식회사의 흡수합병의 경우 합병으로 소멸하는 회사가 존속하는 회사의 계열회사로 채무초과 상태로서 주식평가 가치가 0인 상태이어서 합병 후 존속하는 회사의 자본 또는 주식의 증가가 없게 되었다 하더라도 그 합병으로 인한 주식회사변경등기는 가능한 것이다(상법 제174조, 제522조, 제523조 참조).

2. 합병의 자유와 제한

(1) 합병의 자유(상법 제174조 1항)

회사는 원칙적으로 상법상의 어떠한 종류의 회사와도 합병할 수 있다. 그러므로 같은 종류의 회사간에는 물론 물적회사 상호간, 인적회사 상호간, 물적회사와 인적회사 상호 간에도 합병할 수 있다.

(2) 합병의 제한

1) 당사자 자격

해산 후의 회사도 흡수합병의 경우에 소멸회사로서 당사자가 될 수 있으나 법원의 해산명령에 의하여 해산한 회사, 설립무효판결 후의 회사, 설립 중의 회사, 파산회사는 합병의 당사자가 될 수 없다. 그리고 외국회사와 내국회사간의 합병은 인정되지 않는다.

2) 주식회사, 유한회사 또는 유한책임회사의 경우(상법 제174조 2항)

합병하는 회사의 일방 또는 쌍방이 주식회사, 유한회사 또는 유한책임회사인 때에는 존속회사 또는 신설회사는 주식회사, 유한회사 또는 유한책임회사이어야 한다.

3) 사채미상환의 주식회사인 경우(상법 제600조 제2항)

유한회사와 주식회사가 합병하는 경우 사채의 상환을 완료하지 않은 주식회사가 있는 때에는 존속회사나 신설회사를 유한회사로 하지 못한다.

4) 법원의 인가(상법 제600조 제1항)

유한회사가 주식회사와 합병하여 존속하는 회사나 신설회사를 주식회사로 하는 때에는 법원의 인가를 얻어야 한다. 이때 법원에 대한 합병인가신청은 합병보고총회 전에 이루어져야 한다(선6-671).

5) 특별법에 의한 제한

① 독점규제및공정거래에관한법률 : 동법에 의하면 자산총액 또는 매출액이 2천억원 이상인 회사가 합병을 할 때에는 합병등기일로부터 30일 이내에 공정위에 신고하여야 하고, 합병당사회사중 한회사의 자산총액 또는 매출액규모가 2조원 이상인 경우에는 합병계약을 체결한 날로부터 30일 이내에 신고하여야 하고 신고 후 30일이 경과할 때까지 합병등기를 하여서는 안된다(동법 제12조 1항·5항·6항, 시행령 제12조의2, 제18조 1항). 이러한 규정에 위반하였을 경우에는 1억원 이하의 과태료에 처하게 된다(동법 제69조의 2 1항 2호).

② 자본시장과 금융투자업에 관한 법률 : 주권상장법인은 다른 법인과의 합병을 하기 위해서는 대통령령으로 정하는 요건·방법 등의 기준에 따라야 한다(동법 제165조의4).

③ 기타 특별법 : 은행·증권·신탁·보험회사 등이 합병을 함에는 주무관청의 인가를 받아야 한다(은행법 제55조, 신탁법 제8조, 보험업법 제139조). 또한 금융기관이「금융산업의 구조개선에 관한 법률」에 의한 합병 또는 전환을 하고자 할 때에는 미리 금융감독위원회의 인가를 받아야 한다. 영업목적이 서로 다른 회사 간에도 합병할 수 있으나, 증권투자회사는 증권투자회사가 아닌 자와 합병할 수 없다(증권투자신탁회사법 제57조). 공업발전법에 의하여 합리화업종으로 지정된 사업자는 통상산업부장관으로부터 합병의 권고 또는 조정을 받을 수가 있다(동법 제6조, 8조, 제26조).

【쟁점질의와 유권해석】

〈회사 합병시 해산회사가 존속회사의 주식을 가지고 있는 경우 그 주식의 소각방법과 변경등기방법〉

ㄱ) 유한회사가 주식회사와 합병하는 경우에 합병 후 존속하는 회사가 주식회사인 때에는 법원의 인가를 얻어야 하는바(상법 제600조 1항), 법원에 대한 합병인가 신청은 합병보고총회 전에는 이루어져야 할 것이다.

ㄴ) 회사가 합병하는 경우에 해산회사가 존속회사의 주식을 가지고 있다면 이는 존속회사가 자기주식을 취득하게 되는 경우에 해당하는 바, 합병계약서에 합병으로 취득하는 자기 주식을 소각하는 뜻과 그 주식의 수 및 소각으로 인한 자본액의 변동이 없다는 사실을 기재하는 경우에는 합병절차외에 별도의 절차를 거치지 않고도 자본감소가 없는 주식소각이 가능할 것이며, 이 때 발행주식의 총수가 변경되므로 '발행주식의 총수, 그 종류와 각종 주식의 내용과 수'(상법 제317조 2항 3호)에 대하여는 변경등기를 하여야 하나, '자본의 총액'(상법 제317조 2항 2호)에 대하여는 변경등기를 하지 않는다(2000. 8. 1, 등기 3402-534 질의회답).

(3) 채무초과회사의 합병의 가부

채무초과회사를 해산회사로 하는 합병

우리 상법은 채무초과회사를 해산회사로 하는 합병이 가능한지 여부에 대하여 명시적인 규정이 없기 때문에 해석상 논란이 있다. 그런데 채무초과회사와 합병하면 존속회사의 순자산이 줄게되어 자본충실의 원칙에 어긋나고 합병으로 인하여 발행하는 주식의 전체가치와 해산회사로부터 존속회사에 이전되는 순자산 사이에 등가성이 유지되지 않으면 존속회사의 주주는 합병에 의하여 부당한 재산적 피해를 입게된다는 점 등을 고려하여 채무초과 회사의 합병을 허용하여서는 아니 된다는 것이 다수설이다 및 등기선례이다(선 6-667).

(4) 무증자 합병

1) 무증합병의 가부

신설합병의 경우 무증자합병의 문제가 발생할 여지가 없지만, 흡수합병의 경우에 합병으로 인한 신주발행 없이 하는 무증자합병이 가능한지에 대하여 해석상 논란이 되고 있다. 이에 관해서는 해산회사(피합병회사)가 채무초과회사가 아니고 존속회사가 해산회사의 주식을 전부 소유한 경우이거나 존속회사가 해산회사 주주들에게 합병에 따른 주식을 배정하기에 충분한 자기 주식을 소유하고 있는 경우 등과 같이 관련회사 주주나 채권자의 지위에 영향이 미치지 아니할 때에는 신주의 발행 없이 무증자합병이 가능하다는 것이 등기선례이다(선례 Ⅵ-667).

2) 채무초과회사가 아닌 회사를 피합병회사로 한 흡수합병에서 무증자합병의 요건

채무초과회사가 아닌 회사를 피합병회사로 한 흡수합병에서 무증자합병은 ① 존속회사가 해산회사의 주식을 전부 소유한 경우, ② 존속회사가 해산회사 주주에게 배정함에 충분한 자기주식을 소유하고 있는 경우 등과 같이 관련회사 주주나 채권자의 지위에 영향이 미치지 아니할 때에는 가능하다(2001. 10. 31, 등기 3402-763 질의회답).

【쟁점질의와 유권해석】

〈흡수합병절차에서 해산회사가 존속회사의 발행주식을 보유하고 있는 경우, 존속회사가 합병으로 취득한 위 자기주식을 합병신주로 해산회사의 주주에게 배정하는 것이 가능한지 여부 등(선 200301-15)〉

ㄱ) 흡수합병절차에서 해산회사가 존속회사의 발행주식을 보유하고 있는 경우에 존속회사는 합병에 의하여 이를 승계하게 되는 바, 존속회사는 합병의 대가로 합병으로 승계할 위 자기 주식을 해산회사 주주에게 지급하는 것을 내용으로 하는 합병계약을 체결하고 그에 대한 합병등기를 신청할 수 있다.

ㄴ) 흡수합병 절차에서 해산회사가 존속회사의 발행주식 전부를 소유하고 있는 존속회사는 합병으로 승계할 위 자기주식을 자본감소에 의하여 전부 소각하며, 해산 회사의 주주에게는 합병신주를 발행하여 교부하는 것으로 합병계약에서 정한 경우, 합병으로 인한 존속회사의 발행주식 총수 및 자본의 총액의 등기부상 각 기록방법은 합병신주의 발행으로 인한 변경등기를 먼저 한 후에 주식소각으로 인한 변경등기를 하여야 하며, 합병신주발행과 주식소각으로 인하여 최종적으로 변동되는 부분만의 변경등기를 경료할 수는 없다. 또한 위 경우에 자본감소가 없이 자기주식의 전부를 소각하는 것으로 합병계약에서 정한 때에는, 자본의 총액(발행주식 총수는 위와 동일함)은 소각으로 인하여 변동이 없으며 합병신주의 발행으로 인하여 증가하는 자본액 만큼의 변경등기를 하여야 한다(2003. 1. 29, 공탁 법인 3402-27 질의회답).

3. 합병의 절차

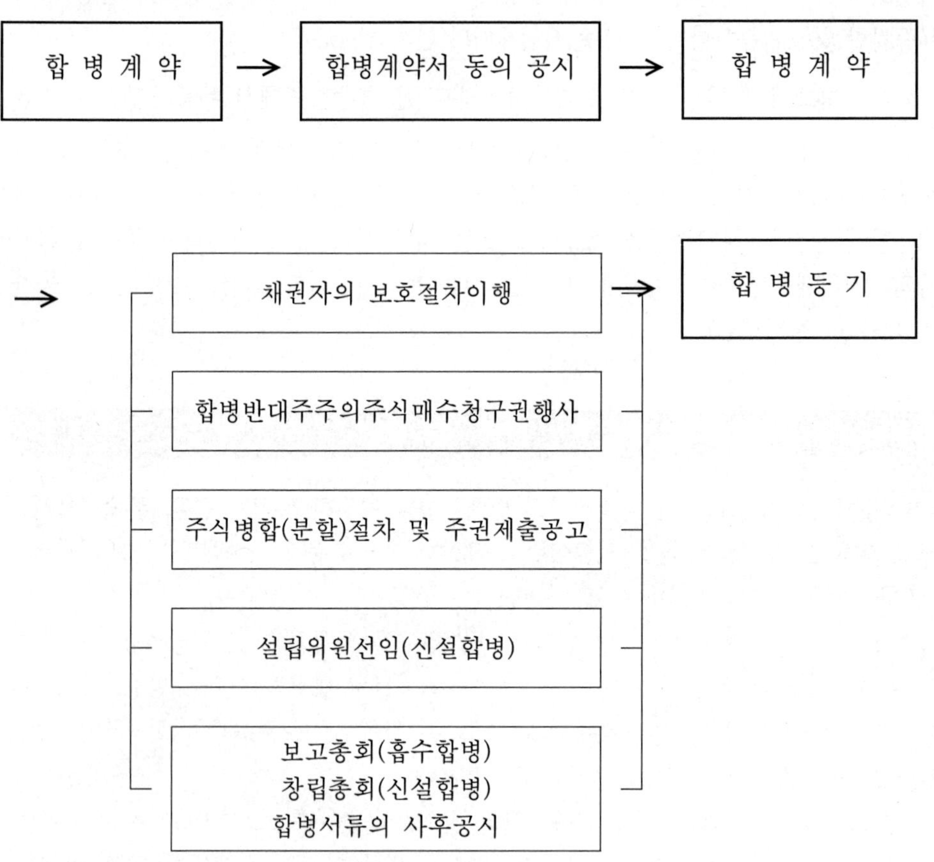

(1) 합병계약의 체결

합병을 함에는 먼저 당사회사 사이에 합병계약을 체결하여 합병조건, 합병기일, 존속회사, 신설회사의 정관의 내용 등 합병에 필요한 사항을 정하고 반드시 서면으로 합병계약서를 작성하여야 한다.

합병계약을 체결할 권한은 회사의 대표기관의 권한에 속한다. 다만, 주식회사에 있어서는 이사회의 결의를 얻어 대표이사가 계약을 체결한다. 주식회사의 합병에는 주주 기타 다수의 이해관계인과의 사이에 복잡한 관계가 생기므로 합병계약의 내용을 명백히 하기 위하여 합병계약서를 작성하여 주주총회의 승인을 받아야 하며(상법 제522조 1항), 그 통지와 공고는 주주총회소집절차에 의한다(상법 제522조 2항, 제363조).

1) 흡수합병계약서의 법정기재사항(상법 제523조).

가. 존속하는 회사가 합병으로 인하여 발행할 주식총수를 증가하는 때에는 그 증가할 주식의 총수, 종류와 수에 관한 사항(1호)

존속회사가 소멸회사의 주주에 대하여 종래 그가 가졌던 주식의 수에 따라 존속회사의 주식을 주기 위하여 신주를 발행하는 경우, 그 수는 존속회사의 발행예정주식총수 한도 내이어야 하고, 그 한도가 신주의 발행에 부족한 때에는 그 한도를 확대할 필요가 있으므로 이를 기재사항으로 하였다.

나. 존속하는 회사의 증가할 자본금과 준비금의 총액에 관한 사항(2호)

존속회사가 신주를 발행하면 그 권면액에 신주수를 곱한 금액만큼 자본이 증가하므로 이를 기재하도록 한 것이다. 회사의 합병이 해산회사의 전 재산의 포괄승계를 가져오지만 자본이나 준비금은 장부상 및 계산상의 추상적 액수이기 때문에 존속회사의 증가할 자본액은 합병당회사의 영업상황과 재산상태에 따라 정하여진다. 따라서 합병으로 인하여 소멸회사로부터 승계하여 증가되는 자본과 준비금의 액수를 구체적으로 기재하여 주주총회의 승인을 받도록 한 것이다. 증가할 존속회사의 자본액은 소멸회사의 순자산액의 범위 내이어야 한다. 무증자 합병의 경우에는 증가할 자본액은 '0'이 된다.

다. 존속하는 회사가 합병 당시에 발행하는 신주의 총수와 그 배정에 관한 사항(3호)

합병시 발행하는 신주의 액면총액은 소멸회사로부터 승계하는 순자산액을 초과할 수 없다. 그리고 신주의 배정비율(합병비율)은 합병당사회사 재산의 공정한 평가를 기준으로 결정되어야 하고 이것이 공정하지 못하면 합병무효의 원인이 된다.

라. 존속하는 회사가 합병으로 소멸하는 회사의 주주에게 위 '다'에도 불구하고 그 대가의 전부 또는 일부로서 금전이나 그 밖의 재산을 제공하는 경우에는 그 내용 및 배정에 관한 사항(4호)

2011년 개정상법에서는 합병교부금에 관해 큰 변화가 생겼다. 개정전에는 존속회사의 주식을 발행하지 않고 소멸회사의 주주에게 교부금만 지급하는 합병은 허용되지 않는다고 보는 것이 통설이었다. 그러나 2011년 4월 14일 상법개정시 합병대가의 전부를 교부금으로 지급할 수 있도록 하였는데 이를 통해 소멸회사의 주주들을 배제하고 합병하는 것이 가능하게 되었다. 또한 개정전에는 교부금으로 금전만 지급할 수 있었으나, 개정법에서는 금전 외의 재산으로도 지급할 수 있게 하였다62). 이처럼 개정법 제523조는 현물에 의한 합병교부금지급이 가능하도록

---

62) 2011 개정상법 축조해설(박영사, 이철송 241~242면.

규정하였는데, 그에 이어 신설된 제523조의2는 현물의 합병교부금에는 모회사의 주식도 포함될 수 있음을 전제로 존속회사의 모회사주식취득을 허용하였다. 원래 모회사주식은 취득할 수 없으나(상법 제342조의2), 합병교부금의 용도로 사용할 경우에는 취득을 허용하는 것이다.

마. 당사 회사의 합병승인을 할 주주총회의 기일(5호)

주식회사가 합병하기 위하여는 합병계약서를 작성하여 주주총회의 특별결의에 의한 승인을 얻어야 하며, 합병계약서에는 각 당사회사가 합병의 승인결의를 할 사원총회 또는 주주총회의 기일을 기재하여야 한다(상법 제522조). 하지만 반드시 같은 날일 필요는 없다.

계약에서 정한 기일 또는 기간 내에 당사회사의 일방에게 합병승인결의가 이루어지지 않으면 상대방회사의 합병승인결의도 당연히 효력을 잃는다. 왜냐하면 합병당사회사는 소정의 기일 또는 기간 내에 합병승인결의가 성립하는 것을 서로 조건으로 하고 있기 때문이다. 그리고 주주(사원)총회는 복잡한 절차를 거쳐서 소집되기 때문에 반드시 확정일을 정하여 기재해야 하는 것은 아니며, 'O월 O일까지 또는 O월 중순까지 총회를 개최한다'는 식의 정함도 가능하다.

바. 합병을 한 날(합병기일)(6호)

합병기일은 해산회사의 재산이 존속회사로 승계되고 또 존속회사 또는 신설회사의 주식이 해산회사의 주주에 배정되어, 당사회사가 실질적으로 합체하는 날을 말한다. 합병기일은 합병의 효력발생일인 합병등기일과 구별되고 합병등기일보다 앞서야 한다.

사. 존속회사가 합병으로 인하여 정관을 변경하기로 정한 때에는 그에 관한 사항(7호)

합병을 하면서 합병당사회사가 존속하는 회사의 정관을 변경하기로 합병계약으로 정한 때에는 그 규정을 기재한다. 소멸회사의 이사를 영입하기 위하여 존속회사의 이사의 수를 증가시키거나 주식의 배정에서 소멸회사 주주에게 유리한 규정을 두거나, 주식양도제한규정을 정관으로 정하는 경우 등이다.

아. 소규모합병의 경우에는 주주총회의 승인을 받지 아니하고 합병한다는 뜻(상 제527조의3 제2항)

자. 각 회사가 합병으로 이익배당을 할 때에는 그 한도액(8호)

차. 합병으로 인하여 존속하는 회사에 취임할 이사와 감사 또는 감사위원회의 위원을 정한 때에는 그 성명 및 주민등록번호(9호)

2) 신설합병계약서의 법정기재사항(상법 제524조)

    ① 설립회사의 목적, 상호, 회사가 발행할 주식의 총수, 1주의 금액, 종류주식을 발행할 때에는 그 종류수, 본점 소재지

    ② 설립되는 회사가 합병 당시에 발행하는 주식의 총수와 종류, 수 및 각 회사의 주주에 대한 주식의 배정에 관한 사항

    ③ 설립되는 회사의 자본금과 준비금의 총액

    ④ 합병교부금을 정한 때에는 그에 관한 사항

    ⑤ 당사회사의 합병승인을 할 총회의 기일

    ⑥ 합병을 한 날

    ⑦ 합병으로 인하여 설립되는 회사의 이사와 감사 또는 감사위원회의 위원을 정한 때에는 그 성명 및 주민등록번호

(2) 합병계약서 등의 공시(상법 제522조의2)

합병계약서 등의 공시는 당사회사가 합병결의를 하기 전에 주주 및 회사 채권자들로 하여금 합병과 합병조건의 타당성을 검토할 수 있는 기회를 주기 위한 것이다.

합병계약서를 작성할 때에는 이사는 그 승인을 얻기 위한 주주총회일의 2주 전부터 합병한 날 이후 6월이 경과하는 날까지 합병계약서, 합병으로 인하여 소멸하는 회사의 주주에게 발행하는 주식의 배정에 관하여 그 이유를 기재한 서면, 각 회사의 최종 대차대조표와 손익계산서를 본점에 비치하고, 주주 및 회사채권자가 영업시간 내에는 언제든지 이를 열람하거나 비용을 지급하고 그 등초본을 청구할 수 있게 하여야 한다(상법 제522조의2).

다만, 금융산업의구조개선에관한법률에 의한 금융기관간의 합병에는 합병승인 주주총회일 7일 전부터 합병하는 각 금융기관의 대차대조표를 당해 금융기관의 본점에 비치할 수 있다(동법 제5조 5항). 그리고 주주 및 회사채권자는 영업시간 내에 언제든지 위 서류의 열람을 청구하거나 회사가 정한 비용을 지급하고 그 등본 또는 초본의 교부를 청구할 수 있다.

(3) 합병의 결의

합병계약은 합병당사회사의 주주총회의 승인결의를 정지조건으로 하는 계약이다. 따라서 합병당사회사의 주주총회의 승인결의가 있는 때에 비로소 합병계약의

효력이 발생한다.

합병은 당사회사 주주들의 이해관계에 중대한 영향을 미치므로 합병계약이 체결되면 각 당사회사의 합병결의가 있어야 한다. 반드시 합병계약이 합병결의보다 먼저 행해져야 한다고 보는 것이 다수설이다. 주식회사는 합병결의서를 작성하여 주주총회의 승인을 얻어야 하므로 합병결의는 합병계약 후에 하여야 한다(상법 제522조 1항).

1) 주주총회의 특별결의(상법 제522조 제3항)

합병결의는 출석한 주주 의결권의 2/3 이상의 수와 발행주식 총수의 1/3 이상의 수로 한다.

2) 종류 주주총회 결의(상법 제436조)

회사가 종류의 주식을 발행한 경우에 합병으로 인하여 어느 종류의 주주에게 손해를 미치게 될 경우에는 그 종류 주주총회의 결의도 있어야 한다.

3) 이사회의 승인으로 갈음할 수 있는 경우

가. 간이합병의 경우

1998년 개정상법에 의하면 흡수합병의 경우에 ① 소멸회사 총주주의 동의가 있거나, ② 소멸회사 발행주식총수 90/100 이상을 존속회사가 소유하고 있을 경우에는 총주주의 승인을 이사회의 승인으로 갈음할 수 있다(상법 제527조의2). 소멸회사는 총주주의 동의가 없는 경우에는 '주주총회의 승인을 얻지 않고 합병한다는 뜻'을 합병계약서를 작성한 날로부터 2주간 내에 공고하거나, 주주에게 통지하여야 한다. 그러나 이사가 1인인 회사는 간이합병을 할 수 없다(상법 제383조 제5항).

나. 소규모 합병의 경우(상법 제527조의3 제1항)

① 요건 : 존속회사가 합병을 함에 있어서 다음의 요건을 갖추면 주주총회의 승인은 이사회의 승인으로 갈음할 수 있다.

　　1. 발행하는 신주의 총수가 그 회사의 발행주식총수의 10/100를 초과하지 아니할 것

　　2. 소멸회사의 주주에게 지급할 금액(합병교부금)이 존속회사의 최초의 대차대조표상으로 현존하는 순재산액의 5/100를 초과하지 아니할 것

② 절차 : 존속회사는 '주주총회의 승인을 얻지 않고 합병한다는 뜻'을 합병계약서를 작성한 날로부터 2주간 내에 공고하거나, 주주에게 통지하여야 한다.

③ 소규모 합병을 할 수 없는 경우 : 존속회사가 소규모합병을 한다는 공고 또는 통지를 한 날로부터 2주간 내에 발행주식총수의 20/100에 해당하는 주주가 회사에 대하여 서면으로 합병을 반대하면 소규모 합병을 할 수 없다. 그리고 존속회사의 이사가 1인인 때에는 소규모 합병을 할 수 없다.

(4) 주주의 주식매수청구권

1) 의 의

주주총회에서 합병결의를 하는 경우 합병에 반대하는 주주는 회사에 대하여 자기의 소유주식을 매수할 것을 청구할 수 있는 권리를 말한다. 이 제도는 다수파 주주로부터 소수 주주의 보호를 위하여 만들어진 제도로 모든 주식회사에 인정되지만 소규모합병을 하는 경우에는 합병반대주주의 주식매수청구권은 인정되지 않는다(상법 제527조의3 5항). 주식매수청구권은 형성권으로 주주의 매수청구가 있으면 회사의 승낙을 요하지 않고 당연히 주주와 회사 사이에 주식매매계약이 성립한다.

2) 주식매수청구권의 행사방법

가. 이사회의 합병결의에 반대하는 의사의 통지

합병결의사항에 관하여 이사회의 결의가 있는 때에 그 결의에 반대하는 주주는 주주총회 전에 회사에 대하여 서면으로 그 결의에 반대하는 의사를 통지한다.

나. 주식 매수의 청구

총회 결의일로부터 20일 이내에 주식의 종류와 수를 기재한 서면으로 회사에 대하여 자기가 소유하고 있는 주식의 매수를 청구할 수 있다.

다. 간이합병시의 주식의 매수청구

간이합병의 경우에 공고 또는 통지를 한 날로부터 2주 내에 회사에 대하여 서면으로 합병에 반대하는 의사를 통지한 주주는 그 2주간이 경과한 날로부터 20일 이내에 주식의 매수를 청구할 수 있다.

3) 주식매수청구권 행사의 효과

이러한 주식매수의 청구가 있으면 회사는 청구를 받은 날로부터 2월 이내에 대상주식을 매수하여야 한다(상 제530조 제2항, 제374조의2 제2항). 다만 자본시장과 금융투자업에 관한 법률이 적용되는 주권상장회사는 매수청구기간이 종료하는 날로부터 1월 이내에 당해 주식을 매수하여야 한다(자본시장과 금융투자업에 관한 법률 제165조의5 2항).

주식매수청구권은 형성권이므로 주주의 매수청구가 있으면 회사의 승낙이 없어도 주주와 회사 사이에 당연히 주식매매계약이 성립되며, 회사는 2월 이내에 위 계약에 따른 주식대금을 지급하여야 한다.

【쟁점질의와 유권해석】

〈주식매수청구권 행사에 의한 법원의 가액결정〉

ㄱ) 가액결정의 기준

주식매수청구권 행사에 의한 법원의 가액결정은 주식의 재산가치, 주식의 시장가치, 주식의 수익가치의 3가지 요소를 기준으로 사안에 따라 각 요소를 적정하게 가감하여 결정한다.

ㄴ) 주식매수가액결정 기준일

주식매수가액결정기준일은 주주가 이를 최초 행사한 시점에서 이미 회사와의 매매계약은 성립된 것으로 보고, 주주가 최초로 반대의사를 표시한 주총결의일 또는 주식매수청구권 발생의 원인이 된 이사회 결의일 전일을 기준으로 하여 매수가액을 결정하는 것이 타당할 것이다(서울고법 2005. 8. 11,선고 2005라37 판결).

주권상장법인이 주주의 주식매수청구권 행사로 취득한 자기주식을 소각하는 경우 그 변경등기신청서에 첨부할 이익의 존재를 증명하는 서면

선례요지

주권상장법인이 직전 결산기 이전에 합병반대주주의 주식매수청구권 행사로 인하여 취득한 자기주식을 그 결산기 이후에 「자본시장과 금융투자업에 관한 법률」제165조의5 제4항 단서에 의하여 주주에게 배당할 이익으로 소각함으로 인한 변경등기신청서에 첨부해야 하는 이익의 존재를 증명하는 서면은 정기총회(또는「상법」제449조의2의 요건을 갖출 경우 이사회)의 승인을 얻은 직전 결산기의 대차대조표상에 「상법」제462조 제1항에 따른 이익배당을 할 수 있는 한도가 0 또는 그 이상의 금액이 남아있는 것을 의미한다. (2012. 7. 18. 사법등기심의관-2142 질의회답)

참조조문 : 상법 제341조, 제342조, 제343조 제1항, 상업등기법 제88조

참조선례 : 상업등기선례 200906-2

주)이 선례의 근거가 된 자본시장과 금융투자업에 관한 법률 제165조의5 제4항 단서는 2013. 4. 5.에 삭제되어 그 범위 내에서 타당하지는 않음

(5) 설립위원의 선임 : 신설합병의 경우

1) 선임방법

합병의 형태가 신설합병인 때에는 합병결의와 동일한 방법으로 설립위원을 선임하여야 하며, 이들은 공동으로 정관의 작성 기타 설립에 관한 행위를 하여야 한다(상법 제175조). 이 때 작성되는 정관에는 공증인의 인증을 받을 필요가 없다. 설

립위원을 선임하는 데에는 주식회사의 경우 출석한 주주의 의결권의 3분의 2이상의 수와 발행주식 총수의 3분의 1이상의 결의가 필요하다.

2) 설립위원의 자격 및 수

설립위원의 자격에는 제한이 없다. 따라서 당사회사의 사원이 아니라도 된다. 설립위원의 수는 당사회사의 협의로 정한다.

(6) 회사채권자보호절차의 이행

1) 의 의

재산상태가 크게 다른 회사간의 합병을 하는 경우에 재산상태가 양호한 회사의 채권자는 합병으로 인하여 손해를 보게 될 위험이 있으므로 합병성립요건으로 채권자 보호절차를 법정하고 있다(상법 제527조의5).

【쟁점질의와 유권해석】

〈합병 후 소멸하는 회사의 재무제표상 채무가 없는 경우 채권자보호절차를 생략할 수 있는지 여부〉

회사가 합병을 하는 경우에는 상법 제527조의5의 규정에 따른 회사 채권자보호절차를 반드시 밟아야 하는 것으로서, 합병 후 소멸하는 회사의 재무제표상 채무가 없다는 이유만으로는 그 절차를 생략하거나 보다 간이한 방법으로 채권자의 보호절차를 밟을 수 없다.

2) 이의제출의 공고, 최고

가. 공고, 최고방법

합병당사회사는 회사채권자들에게 통상의 합병시(상법 제522조)에는 주주총회의 승인결의가 있는 날로부터, 간이합병(상법 제527조의2), 소규모 합병(상법 제527조의3)시에는 이사회의 결의가 있는 날로부터 2주간 내에 채권자들에게 합병에 이의가 있으면 1월 이상의 기간 내에 이의를 제출할 것을 관보 또는 회사가 공고하는 방법에 의하여 공고하고 또 알고 있는 채권자에 대하여는 각별로 이를 최고하여야 한다.

나. 금융기관이 합병하는 경우

금융기관이 합병하고자 할 때에는 10일 이상의 기간을 정하여 이의를 제출할 것을 2이상의 일간신문에 공고할 수 있고, 이 경우 개별채권자에 대한 최고는 생략할 수 있다(금융산업의구조개선에관한법률 제5조 3항).

다. 정관에서 정한 공고방법과 다르게 공고한 경우의 효과

이러한 공고를 정관에서 정한 공고방법과 다른 방법으로 한 경우에는 공고로써 효력이 발생하지 않는다(선 2001. 10. 31).

3) 이의 채권자에 대한 조치

위 기간 내에 이의를 제출하지 않은 때에는 합병을 승인한 것으로 보며 이의를 제출한 채권자에게는 변제하거나 상당한 담보를 제공하거나 이를 목적으로 상당한 재산을 신탁회사에 신탁하여야 한다.

(7) 주식병합절차

1) 주권제출의 공고

흡수합병의 경우, 해산회사의 주주는 존속회사의 주식을 배정받게 되는데, 그 배정비율이 1:1인 때에는 특별한 절차를 밟을 필요가 없지만 배정비율이 다를 때에는 주식배정을 위한 절차가 필요하다. 이에 대하여 자본감소의 경우의 주식병합에 관한 규정(상법 제440조 내지 제444조)이 준용된다.

따라서 회사는 1개월 이상의 기간을 정하여 그 뜻과 그 기간 내에 주권을 회사에 제출할 것을 공고하고 주주명부에 기재된 주주와 질권자에 대하여는 각별로 그 통지를 하여야 한다(상법 제440조).

2) 제출기간 내에 구주권을 제출할 수 없는 자가 있는 경우의 조치

주권제출기간 내에 구주권을 회사에 제출할 수 없는 자가 있는 때에는 회사는 그 자의 청구에 의하여 3개월 이상의 기간을 정하고 이해관계인에 대하여 그 주권에 대한 이의가 있으면 그 기간 내에 제출할 뜻을 공고하고 그 기간이 경과한 후에 신주식을 교부하여야 한다(상법 제530조, 제442조).

3) 주식의 병합의 효력발생시기

주식의 병합은 구주권 제출기간이 만료한 때(기간만료일의 익일)에 그 효력이 생기고, 채권자 보호절차의 이행이 이보다 늦게 끝난 때에는 그 절차 종료시에 효력이 생긴다(상법 제441조). 합병의 경우 주식병합은 위 시기에 확정적으로 효력을 발생하는 것이 아니라, 합병등기에 의한 합병의 효력발생을 조건으로 하는 것이다(상법 제530조, 제234조). 따라서 신주식은 합병등기 후에 존속회사가 교부한다.

또 병합에 적당하지 않은 단주에 대하여는 이에 대하여 발행한 신주를 경매 또는 매각하여 종전의 주주에게 그 매각 대금을 지급하여야 한다(상법 제443조).

【쟁점질의와 유권해석】

〈주권제출공고의 방법〉

주식의 병합 또는 분할은 소멸회사의 주식에 관하여 행하여지는 것이므로, 공고는 소멸회사의 정관소정의 공고방법에 의하여야 한다.

만일 2개 이상의 소멸회사가 주식의 병합 또는 분할을 하는 경우에는 각각 그 회사 정관소정의 공고방법에 의하여야 한다.

(8) 법원의 인가 또는 주무관청의 허가(인가)

주식회사가 유한회사와 합병하여 주식회사로 존속하거나 주식회사를 신설할 때에는 법원의 인가를 얻어야 한다(상법 제600조 1항).

합병을 하는 회사의 일방이 사채의 상환을 완료하지 아니한 주식회사인 때에는 합병 후 존속하는 회사 또는 합병으로 인하여 설립되는 회사는 유한회사로 하지 못한다(상법 제600조 2항).

(9) 합병시 주식의 액면가 및 질권의 물상대위

회사의 합병시에도 주식의 액면가액은 100원 이상이어야 하며(상법 제530조 2항, 제329조의2 항), 합병에 의한 주식의 소각, 병합, 분할, 또는 전환이 있는 때에는 이로 인하여 종전의 주주가 받을 금전이나 주식에 대하여도 종전의 주식을 목적으로 한 직권을 행사할 수 있고, 기명주식을 질권의 목적으로 한 경우에 질권자는 회사에 대하여 주식에 대한 교부를 청구할 수 있다(상법 제530조 2항, 제339조, 제340조 3항).

(10) 재산인계(합병실행)

합병 후에 존속하는 회사는 정한 기일에 합병으로 인하여 소멸하는 회사가 가지는 권리의무 일체를 인계받고 소멸회사는 청산절차를 요하지 아니한다. 보통 이날 해산회사의 주주는 존속회사 주식을 배정받게 되어 그 주식인수인이 된다.

그리하여 합병기일에 당사회사는 실질적으로 합체되지만, 이 합체는 확정적인 것이 아니고 합병등기에 의한 합병의 효력발생을 조건으로 하는 것이다.

(11) 합병에 관한 서류의 사후공시

합병의 공정성, 투명성을 강화하고 주주 및 채권자를 보호하기 위하여 합병에 관한 주요사항을 기재한 서면을 합병한 날 이후 6개월간 본점에서 공시하여야 한다.

존속회사 또는 신설회사의 이사는 ① 채권자이의절차의 경과, ② 합병을 한 날, ③ 합병으로 인하여 소멸하는 회사로부터 승계한 재산의 가액과 채무액, 기타 합병에 관한 사항을 기재한 서면을 합병한 날로부터 6월간 본점에 비치하여야 한다. 또한 주주 및 채권자는 영업시간 내에는 언제든지 위 서류의 열람을 청구하거나, 회사가 정한 비용을 지급하고 그 등본 또는 초본의 교부를 청구할 수 있게 하여야 한다(상법 제527조의6).

(12) 합병보고총회 및 창립총회

1) 합병보고총회

가. 개최시기

합병보고총회는 흡수합병의 경우에 존속회사의 대표이사가 채권자보호절차 종료 후, 주식병합이 있을 때에는 그 효력이 생긴 후, 병합에 적당하지 아니한 주식이 있을 때에는 합병 후 존속하는 회사는 단주가 생긴 때에는 이를 처분한 후(상법 제443조), 소규모합병의 경우에는 존속하는 회사가 합병계약서를 작성한 날부터 2주 내에 소멸하는 회사의 상호 및 본점의 소재지, 합병을 할 날, 주주총회의 승인을 받지 아니하고 합병한 뜻의 공고와 통지절차 등의 절차를 종료 후(상법 제527조의3 3항, 4항) 지체없이 소집하는 주주총회로서, 합병에 관한 사항을 보고하는 절차이다(상법 제526조 1항). 보고총회의 개최시기는 실질적으로 합병절차를 종료한 시점, 즉 합병기일부터 합병등기 전까지이다.

나. 합병보고총회의 의제

존속회사의 합병보고총회에서 다룰 의제는 합병에 관한 사항의 보고이다. 합병계약과 합병결의에 따른 제절차가 제대로 이행되었다고 존속회사의 대표이사가 이 총회에서 보고하는 것이다. 이 보고를 함에 있어서 부실의 보고를 하거나 또는 사실을 은폐하면 그 이사는 과태료의 제재를 받는다(상법 제635조 1항 5호).

합병보고총회에서는 합병의 보고를 듣는 외에 정관의 변경, 재무제표의 승인, 이사감사의 선임 등에 관하여도 결의할 수 있다. 다만, 합병조건의 변경이나 합병폐지는 결의할 수 없다고 할 것이다.

합병보고총회는 임시총회임을 요하지 아니하고 정기총회에 있어서 합병에 관한 사항을 보고하여도 상관없다.

이 보고총회에 갈음하여 이사회의 결의와 공고를 할 수 있다.

다. 합병보고총회의 결의방법

상법에는 보고총회의 결의방법에 관하여 명문의 규정이 없으나 이사의 합병경과에 관하여 보고를 하는 것이므로 보통결의의 방법으로 가능하고, 이 보고에 관하여는 승인결의가 필요하지 아니하다는 것이 통설이다.

라. 해산회사의 주주의 보고총회에서의 권리

합병 당시에 발행하는 신주의 인수인, 즉 해산회사의 주주로서 존속회사의 신주를 배정받은 자는 이 총회에서 주주와 동일한 권리를 갖는다(상법 제526조 2항).

2) 창립총회

신설합병의 경우에는 모든 절차가 끝난 다음 설립위원이 창립총회를 소집하여야 한다.

가. 보고사항

창립총회의 참석자는 해산회사의 주주로서 합병신주를 배정받은 자이다. 설립위원은 창립총회에서 서면에 의하여 합병과정이 상법과 기타 법령 또는 정관의 규정에 따라 적법하게 이루어졌는지 여부에 대하여 보고하여야 한다(상법 제527조 3항, 제311조).

나. 결의사항

창립총회에서는 신설회사의 이사와 감사를 선임하고, 합병계약의 취지에 위반하지 않는 범위 내에서 총회소집통지서에 그 뜻의 기재가 없더라도 정관변경의 결의를 할 수 있다(상법 제527조 2항·3항, 제312조).

다만 신설합병의 창립총회는 설립시의 창립총회와는 달리 합병폐지의 결의는 할 수 없다고 할 것이다(상법 제316조 1항, 제527조 2항).

다. 보고총회 및 창립총회를 이사회 공고로 갈음하는 경우

합병보고총회 및 창립총회는 이사회의 공고로 갈음할 수 있다(상 제526조 3항). 다만 이사가 1인인 회사는 이사회가 존재하지 아니하므로 총회에 갈음하고 공고를 할 수 없다(상법 제383조 5항).

【쟁점질의와 유권해석】

〈주식회사의 신설합병절차에서 신설회사의 합병등기를 창립총회를 거치지 않고 할 수 있는지 여부〉

주식회사의 신설합병절차에서 합병계약서에 일반적인 합병사항과 신설회사의 등기할 사항에 대한 내용이 포함되고 이 합병계약서가 주주총회의 특별결의로 승인되었다면 단지 보고만을 위한 창립총회는 이사회의 결의에 의한 공고로 갈음할 수 있으며, 신설회사에 대한 설립등기도 등기사항이 합병승인을 위한 주주총회에서 승인되었다고 볼 수 있으므로 일반적인 회사설립에서 필요한 창립총회를 거칠 필요없이 등기가 가능하다(선례 Ⅵ-672).

(13) 공정거래 위원회 등에 대한 신고

1) 신고대상기업

가. 자산총액 또는 매출액이 3,000억원 이상인 회사

자산총액 또는 매출액이 3,000억원 이상인 회사(기업결합신고대상회사)가 다른 회사와 합병하고자 할 때에는 기업결합일(합병등기일)로부터 30일 이내에 이를 공정거래위원회에 신고하여야 한다(독점규제및공정거래에관한법률 제11조 1항·6항, 동법시행령 제18조).

나. 자산총액 또는 매출액이 2조원 이상인 회사인 경우

이 경우 합병당사회사 중 하나가 자산총액 또는 매출액의 규모가 2조원 이상인 회사(대규모 회사)인 때에는 합병계약을 체결한 날로부터 30일 이내에 신고하도록 되어있고, 이러한 신고를 한 후 30일이 경과하기 전에는 원칙적으로 합병등기를 하지 못한다(동법 제11조 7항, 8항).

다. 신고기간의 단축 또는 연장

공정거래위원회가 필요하다고 인정할 때에는 그 기간을 단축하거나 그 기간의 만료일 다음날로부터 기산하여 90일의 범위안에서 그 기간을 연장할 수 있다(동법 제11조 10항).

2) 과태료

회사가 이러한 기업결합의 신고를 하지 아니하거나 허위의 신고를 한 경우에는 1억원 이하의 과태료의 제재를 받는다(동법 제130조 1항 1호).

4. 합병의 효과

(1) 합병의 효력발생요건

합병등기를 하여야 회사합병의 효력이 생긴다. 즉 회사의 합병은 합병 후 존속하는 회사 또는 합병으로 인하여 설립되는 회사가 그 본점 소재지에서 변경 또는 설립등기를 함으로써 그 효력이 생긴다(상법 제530조 2항, 제234조).

(2) 합병의 효과

1) 회사의 설립 또는 소멸

흡수합병의 경우에는 존속회사를 제외한 당사회사가 소멸하고, 신설합병의 경우에는 기존의 모든 당사회사가 소멸하고 새로운 회사가 설립된다. 합병은 소멸회사의 해산사유이지만 청산절차를 거치지 않고 당연히 소멸된다.

2) 권리·의무의 포괄적 이전

합병등기에 의하여 합병의 효력이 발생하면 소멸회사의 권리의무가 존속회사나 신설회사에 포괄적으로 이전하게 된다.

승계되는 권리의무는 사법상의 권리뿐만 아니라 공법상의 권리도 포함되며(대법원 1980. 3. 25.선고 77누265판결), 따라서 세법상의 납세의무는 합병으로 인한 존속 또는 신설회사가 승계한다.

【쟁점질의와 유권해석】

〈합병결의에서 채무불승계결의를 할 수 있는지 여부〉

소멸회사의 의무를 존속회사 또는 신설회사에 승계시키는 것은 채권자를 보호하기 위한 공익규정이므로 합병결의에서 채무 불승계결의를 하여도 무효이다.

3) 이사·감사의 임기

① 합병 후 존속하는 회사의 이사 및 감사로서 합병 전에 취임한 자는 합병계약 서에 다른 정함이 있는 경우를 제외하고는 합병 후 최초로 도래하는 결산기의 정기총회가 종료할 때에 퇴임한다(상법 제527조의4).

② 흡수합병의 경우에 합병계약서에 이들 이사의 임기에 관하여 '본래의 임기적 용' 혹은 '합병으로 인하여 퇴임하지 아니함'과 같은 별도의 정함이 있는 경우 에는 합병계약서 승인시 해산회사의 주주들의 의견도 반영되어 있기 때문에 임기단축에 관련한 위 규정은 적용되지 않는다.

③ 신설합병의 경우에는 설립되는 회사의 이사 및 감사로서 설립이전에 취임한 자는 있을 수 없으므로 위와 같은 보충규정은 필요 없고(상법 제527조의4 제 2항 삭제됨), 해산회사의 이사 등은 당연히 그 지위를 상실한다.

5. 합병무효의 소

합병등기 후에는 합병승인결의의 취소·무효·부존재를 다툴수 없고, 오로지 합병무효 의 소로써만 다툴 수 있다. 판례도 회사합병에 있어서 합병등기에 의하여 합병의 효 력이 발생한 후에는 합병무효의 소를 제기하는 외에 합병결의무효확인청구만을 독립 된 소로써 구할 수 없다고 하였다(대법원 1993. 5. 27.선고 92누14908판결). 합병 무효의 소는 형성의 소라고 하는 것이 통설이다.

(1) 소제기권자·관할병원·제기기간 등

주주, 이사, 감사, 청산인, 파산관재인 또는 합병불승인채권자는 합병등기가 있은 날로부터 6월 이내에 본점소재지 관할 지방법원에 합병무효의 소를 제기할 수 있다(상법 제529조).

(2) 합병무효의 판결이 확정된 경우의 등기

합병무효의 판결이 확정되면 본·지점소재지에서 존속회사는 변경등기를, 신설회사는 해산등기를, 소멸회사는 회복등기를 하여야 한다(상법 제240조, 제186~제190조, 제269조, 제530조 2항, 제603조).

【쟁점질의와 유권해석】

〈회사합병무효의 소에서 청구인낙을 할 수 있는지 여부〉

ㄱ) 청구의 인낙의 의의

청구의 인낙이란 피고가 원고의 소송상의 청구가 이유 있음을 자인하는 법원에 대한 일방적 의사표시이다. 이를 조서에 기재하면 확정판결과 동일한 효력이 생기며, 이에 의하여 소송은 종결된다. 청구의 인낙의 대상은 당사자가 자유로이 처분할 수 있는 권리에 대해서만 인정된다.

ㄴ) 합병무효의 소에서 청구인낙의 여부

청구인낙은 당사자의 자유로운 처분이 허용되는 권리에 관하여만 허용되는 것으로서 회사법상 주주총회결의의 하자를 다투는 소나 회사합병무효의 소 등에 있어서는 인정되지 아니한다. 따라서 이러한 내용의 청구인낙 또는 회해·조정이 이루어졌다 하더라도 그 인낙조서나 화해·조정조서는 효력이 없다(대법원 2004. 9. 24.선고 2004다28047판결).

◨ 이견있는 등기에 대한 견해와 법원판단 ◨

[합병의 본질]

1. 문제점 : 합병의 본질을 어떻게 볼 것인지 문제된다.
2. 학설
 (1) 인격합일설 : 합병되는 것은 법인격 자체로서 권리의무의 이전은 인격합일의 결과라고 보는 견해이다. 이에 의하면 사원지위의 승계 및 법인격소멸을 잘 설명할 수 있다.
 (2) 현물출자설 : 소멸하는 회사의 영업전부를 존속회사 또는 신설회사에 현물출자 함으로써 이루어지는 자본증가 또는 회사설립이라고 보는 견해이다. 이에 의하면 자산의 이전과정을 잘 설명할 수 있다.
3. 판례
 대법원은 사원지위의 수용을 합병의 요소로 파악하는 인격합일설의 태도라고 평가된다 (2001다14351).

◨ 이견있는 등기에 대한 견해와 법원판단 ◨

[합병의 불공정]

1. 문제점 : 합병비율의 불공정을 이유로 합병무효의 소로써 다툴 수 있을 것인지 문제된다.
2. 학설
 (1) 적극설 : 합병비율이 현저하게 불공정한 경우 인정하는 견해이다. 주주보호를 이유로 한다.
 (2) 소극설 : 합병비율 결정은 사적자치에 속하는 문제이므로 합병무효의 소로써 다툴 수 없다는 견해이다.
3. 판례
 하급심판례에 의하면 합병대차대조표상의 1주당 순자산가치의 비율이 17 : 1임에도 불구하고 1 : 1의 비율로 합병한 사안에 대하여 이는 합병비율이 현저하게 불공정하다고 하여 합병을 무효라고 판시하였다(인천지법 1986. 8. 29. 85가합1526판결).

◨ 이견있는 등기에 대한 견해와 법원판단 ◨

[주식매수청구절차 불이행시 합병의 효력]

1. 문제점 : 주식매수절차 불이행의 경우 합병무효사유에 해당하는지 여부가 문제된다.
2. 학설
 (1) 유효설 : 합병결의 자체는 유효하다는 견해이다.
 (2) 무효설 : 주식매수청구권의 행사는 합병에 관한 주주의 이해에 중대한 영향을 미치므로 합병무효사유에 해당한다는 견해이다.

합병교부금만을 지급하는 합병이 허용되는지 여부

선례요지

1. 회사의 합병이라 함은 두 개 이상의 회사가 계약에 의하여 신회사를 설립하거나 또는 그 중의 한 회사가 다른 회사를 흡수하고, 소멸회사의 재산과 사원(주주)이 신설회사 또는 존속회사에 법정 절차에 따라 이전·수용되는 효과를 가져오는 것이다. 소멸회사의 사원(주주)은 합병에 의하여 1주 미만의 단주만을 취득하게 되는 경우나 혹은 합병에 반대한 주주로서의 주식매수청구권을 행사하는 경우 등과 같은 특별한 경우를 제외하고는 원칙적으로 합병계약상의 합병비율과 배정방식에 따라 존속회사 또는 신설회사의 사원권(주주권)을 취득하여, 존속회사 또는 신설회사의 사원(주주)이 된다(대법원 2003. 2. 11. 선고 2001다14351 판결).

2. 우리 상법의 해석상, 신설회사 또는 존속회사가 소멸회사의 사원(주주)을 수용하는 것은 합병의 본질적 요소라고 할 것이므로, 소멸회사의 사원(주주) 전원이 동의하더라도, 합병대가로 존속회사 또는 신설회사의 사원권(주주권)을 주지 아니하고 합병교부금(상법 제523조 제4호, 제524조 제4호)만을 지급하는 이른바 교부금합병은 허용되지 않는다.(2006. 8. 29. 공탁상업등기과-897 질의회답)

(제정 2006. 8. 29. [상업등기선례 제2-73호, 시행])

참조선례 : 상업등기선례요지집 제237항 , 243항

핵 심 판 례

■ 흡수합병시 합병비율이 현저하게 불공정하여 합병계약이 무효인지 여부의 판단 방법

흡수합병시 존속회사가 발행하는 합병신주를 소멸회사의 주주에게 배정·교부함에 있어서 적용할 합병비율은 자산가치 이외에 시장가치, 수익가치, 상대가치 등의 다양한 요소를 고려하여 결정되어야 하는 만큼 엄밀한 객관적 정확성에 기하여 유일한 수치로 확정할 수 없고, 그 제반 요소의 고려가 합리적인 범위 내에서 이루어졌다면 결정된 합병비율이 현저하게 부당하다고 할 수 없으므로, 합병당사자 회사의 전부 또는 일부가 주권상장법인인 경우 증권거래법과 그 시행령 등 관련 법령이 정한 요건과 방법 및 절차 등에 기하여 합병가액을 산정하고 그에 따라 합병비율을 정하였다면 그 합병가액 산정이 허위자료에 의한 것이라거나 터무니없는 예상 수치에 근거한 것이라는 등의 특별한 사정이 없는 한, 그 합병비율이 현저하게 불공정하여 합병계약이 무효로 된다고 볼 수 없다(대법원 2008. 1. 10. 선고 2007다64136 판결).

■ 주주가 회사를 상대로 제기한 분할합병무효의 소에서 분할합병계약을 승인한 주주총회결의의 존부 및 그 하자에 관한 증명책임의 소재

주주가 회사를 상대로 제기한 분할합병무효의 소에서 당사자 사이에 분할합병계약을 승인한 주주총회결의 자체가 있었는지 및 그 결의에 이를 부존재로 볼 만한 중대한 하자가 있는지 등 주주총회결의의 존부에 관하여 다툼이 있는 경우 주주총회결의 자체가 있었다는 점에 관해서는 회사가 증명책임을 부담하고 그 결의에 이를 부존재로 볼 만한 중대한 하자가 있다는 점에 관해서는 주주가 증명책임을 부담하는 것이 타당하다(대법원 2010. 7. 22. 선고 2008다37193 판결)

II. 합병으로 인한 등기절차

■ 핵 심 사 항 ■

1. 흡수합병의 등기절차
 (1) 등기형태 : 존속회사에 관하여는 변경등기, 소멸회사에 관하여는 해산등기
 (2) 등기기간 : 합병보고총회가 종결한 날 또는 합병보고총회에 갈음하는 이사회의 공
   고일로부터 본점소재지에서는 2주간 내, 지점소재지에서는 3주간 내에 신청한다.
2. 신설합병의 등기절차
 (1) 등기형태 : 신설회사에 관하여는 설립등기, 소멸회사에 관하여는 해산등기
 (2) 등기기간 : 창립총회가 종결한 날 또는 합병보고의 창립총회에 갈음하여 이사회 결
   의로 공고로써 갈음하는 때에는 공고일로부터 본점소재지에서는 2주간 내에, 지점
   소재지에서는 3주간 내에 등기하여야 한다.

1. 흡수합병의 등기절차

(1) 등기형태

존속회사에 관하여는 변경등기를, 소멸회사에 관하여는 해산등기를 한다.

(2) 등기신청인

존속회사는 존속회사의 대표이사가 신청한다.

합병으로 인한 해산의 등기는 존속회사 또는 신설회사의 대표자가 소멸회사를 대표하여 신청한다(상업등기법 제63조).

(3) 등기기간(상법 제528조 1항)

합병보고총회가 종결한 날 또는 합병보고총회에 갈음하는 이사회의 공고일로부터 본점소재지에서는 2주간 내, 지점소재지에서는 3주간 내에 신청한다.

독점규제 및 공정거래에 관한 법률에 의한 '대규모회사'(자산총액 또는 매출액의 규모가 2조원인 회사)가 합병을 하기 위하여 공정거래위원회에 신고를 요하는 경우에는 신고후 일정기간(원칙적으로 30일이고, 공정거래위원회에서 이를 단축하거나 90일의 범위 내에서 연장 가능)이 경과하기 전까지는 합병등기를 할 수 없다. 따라서 그 기간 만료전에 합병보고 총회 또는 보고총회에 갈음한 이사회의

공고를 한 경우에는 그 기간 만료일부터 등기기간이 진행된다.

(4) 신청절차

1) 동시신청

존속회사의 변경등기와 소멸회사의 해산등기는 존속회사의 본점소재지를 관할하는 등기소에 동시에 신청하여야 한다(상업등기법 제63조 3항).

2) 등기목적·등기사유 등 기재

가. 존속회사

등기목적은 '흡수합병으로 인한 변경등기'로, 등기사유는 '20○○년 ○월 ○일 흡수합병의 절차 종료' 등으로 기재하고 연월일은 합병보고총회의 종결연월일을 기재한다.

나. 소멸회사

등기목적은 '합병으로 인한 해산등기'로 등기사유는 '합병으로 인한 해산'으로 기재한다.

3) 등기사항

가. 존속회사

① 합병으로 인하여 소멸한 회사의 상호 및 본점과 합병의 취지

② 합병으로 인하여 대표이사, 이사 등이 변경된 경우 그 사항

③ 합병으로 인한 신주 발행시 합병 후 존속회사가 발행할 주식의 총수. 단 신주 수가 합병 전의 발행예정주식총수의 범위 내인 때에는 변경할 필요 없다.

④ 합병 후 존속회사의 발행주식의 총수, 그 종류와 각종 주식의 내용과 수

⑤ 합병 후 존속회사의 자본 총액

⑥ 사채 : 합병으로 인하여 전환사채 또는 신주인수권부사채를 승계한 때에는 위 등기가 동시에 사채의 등기를 하여야 한다(상법 제528조 2항).

【쟁점질의와 유권해석】

〈흡수합병에 의하여 존속회사가 취득한 자기주식을 소각하는 경우의 변경등기사항〉

회사가 합병하는 경우에 해산 회사가 존속회사의 주식을 가지고 있다면 이는 존속회사가 자기주식을 취득하게 되는 경우에 해당하는 바, 합병계약서에 합병으로 취득하는 자기주식을 소각하는 뜻과 그 주식의 수 및 소각으로 인한 자본액의 변동이 없다는 사실을 기재하는 경우에는 합병절차 외에 별도의 절차를 거치지 않고도 자본감소가 없는 주식소각이 가능할 것이며, 이 때 발행주식의 총수가 변경되므로 '발행주식의 총수, 그 종류와 각종 주식의 내용과 수'(상법 제317조 2항 3호)에 대하여는 변경등기를 하여야 하나, '자본의 총액'(상법 제317조2항 2호)에 대해서는 변경등기를 하지 않는다(등기선례 6-671).

나. 소멸회사

① 합병으로 소멸하는 회사의 상호 및 본점

② 합병을 한 뜻

③ 지점에서 하는 합병으로 인한 변경등기에 있어서는 합병연월일

4) 첨부서면

가. 존속회사

① 합병계약서

② 소멸회사의 합병계약 승인에 관한 주주총회의사록 단 간이합병의 경우 이사회의사록

③ 존속회사의 합병계약 승인에 관한 주주총회의사록. 단, 소규모 합병을 한 경우 이사회의사록과 주주총회 승인 없이 합병한다는 취지 및 소멸회사 상호 등을 공고 또는 이를 주주들에게 통지한 사실을 증명하는 서면

④ 채권자보호절차를 이행한 증명서 : 채권자에 대한 이의제출의 공고 및 최고를 한 사실과 이의를 진술한 채권자가 있는 때에는 변제 또는 담보를 제공하거나 신탁을 한 사실을 증명하는 서면을 말한다.
채권자에 대한 이의제출 공고 및 최고를 한 사실을 증명하는 서면으로는 이러한 사실을 공고한 신문 원본 등이 이에 해당하고, 채권자의 이의가 있을 때에는 변제, 담보제공 또는 상당한 재산을 신탁회사에 신탁하였음을 증명하는 서면, 예를 들면 변제영수증, 변제공탁서, 저당권이 설정된 등기부등본 등과 채권자의 이의가 없을 때에는 그 뜻이 기재된 대표이사의 진술서를 첨부한다. 이의를 진술한 채권자들의 채권의 존부나 채권액에 대하여 회사가 이를 다루

고 있다는 사실만으로 이러한 서면의 첨부없이 합병등기를 할 수 없다(선례 VI-640, 669).

회사가 합병을 하는 경우에는 상법 제232조 또는 그 준용규정에 따른 회사 채권자의 보호절차를 반드시 밟아야 하는 것으로서, 합병 후 소멸하는 회사의 재무제표상 채무가 없다는 이유만으로는 그 절차를 생략하거나 보다 간이한 방법으로 채권자의 보호절차를 밟을 수 없다(1991. 8. 1, 등기 1617 질의회답).

【쟁점질의와 유권해석】

〈이의를 진술한 채권자들의 채권의 존부와 채권액에 대하여 회사가 이를 다투고 있는 경우에도 합병으로 인한 변경등기신청서에 변제 등의 사실을 증명하는 서면을 첨부하여야 하는지 여부〉

흡수합병으로 인한 변경등기신청서에는 상법 제527조의5 1항의 규정에 의한 공고 및 최고를 한 사실과 이의를 진술한 채권자가 있는 때에는 이에 대하여 변제 또는 담보를 제공하거나 신탁을 한 사실을 증명하는 서면을 첨부하여야 하는바, 이의를 진술한 채권자들의 채권의 존부와 채권액에 대하여 회사가 이를 다투고 있다(소송계속 중이라는 것임)는 사실만으로 위와 같은 서면의 첨부없이 합병으로 인한 변경등기를 신청할 수 없다(1999. 4. 2, 등기 3402-354 질의회답).

⑤ 소멸회사의 등기부등본 : 전산등기 전에는 이를 첨부하였으나 전산등기가 완료된 후에는 이를 첨부할 필요가 없으며, 합병으로 인한 해산법인의 등기신청서에 갈음하여 전산시스템에 의한 전산통지를 한다.

⑥ 주권제출공고증명서 : 합병으로 인하여 주식의 병합 또는 분할이 있을 때 첨부한다.

주식의 병합 또는 분할은 소멸회사의 주식에 관하여 하는 것이므로, 소멸회사 정관소정의 공고방법에 의하여 소멸회사의 주권제출의 공고를 한 사실을 증명하는 서면을 첨부하여야 한다.

【쟁점질의와 유권해석】

〈피합병회사의 주권을 발행하지 아니한 경우 주권제출공고증명서를 첨부하여야 하는지 여부〉

합병으로 인하여 주식을 병합 또는 분할하는 경우 합병으로 인한 변경등기 신청서에 반드시 주권제출의 공고를 증명하는 서면을 첨부하여야 하고, 피합병회사가 주권도 발행하지 아니하였고 다른 자들이 그 소유의 주식에 질권을 설정한 바가 없는 경우라도, 상법 제440조의 규정에 의하여 주권소유자에게 통지를 한 사실을 증명하는 서면을 첨부함으로써 위 공고를 증명하는 서면의 첨부에 갈음할 수 없다(1999. 3. 22, 등기 3402-311 질의회답).

⑦ 존속회사의 합병보고총회의 주주총회의사록.

    단, 이사회의 공고로 합병보고주주총회를 갈음한 경우에는 공고를 증명하는 서면 합병 후 존속하는 회사가 합병으로 인하여 발행하는 주식의 총수가 그 회사의 발행주식총수의 100분의 5를 초과하지 아니하는 때에는(소규모합병) 그 존속하는 회사의 주주총회의 승인은 이를 이사회의 승인으로 갈음할 수 있는 바(상법 제527조의3), 이 때 존속회사는 합병계약서를 작성한 날부터 2주 내에 소멸하는 회사의 상호 및 본점의 소재지, 합병을 할 날, 주주총회의 승인을 얻지 아니하고 합병을 한다는 뜻을 공고하거나 주주에게 통지하여야 한다.

⑧ 등기신청수수료, 등록면허세, 지방교육세 및 농어촌특별세 납부영수필통지서 및 확인서 등 : 합병에 의하여 자본액이 증가할 경우에는 그 증가한 자본액을 과세표준으로 하여 1,000분의 4의 등록면허세 및 그 100분의 20에 해당하는 지방교육세를 납부하여야 한다(지방세법 제26조 1항 6호 가목, 제151조 1항 2호). 여기서 자본증가란 존속회사의 자본금을 기준으로 하여 합병으로 증가된 부분을 말한다. 자본증가가 있는 경우 그 등록세의 금액이 11만2천5백원 미만이면 11만2천5백원으로 한다(지방세법 제28조 1항 6호). 대도시에 있는 법인이 설립 후 5년 이내에 합병으로 자본금이 증가할 때에는 그 증가자본액을 과세표준으로 하여 1,000분의 4의 3배의 등록면허세를 납부하여야 한다(동법 제28조 2항 1호). 자본증가를 수반하지 않는 경우는 4만2백원으로 한다. 합병으로 인한 변경등기의 등기신청수수료는 6,000원(전자표준양식에 의한 경우는 4,000원, 전자신청에 의한 경우에는 2,000원)이며, 합병으로 인한 신설회사 설립의 경우에는 30,000원(전자표준양식에 의한 경우는 25,000원, 전자신청에 의한 경우에는 20,000원)이다. 합병으로 인한 소멸회사의 해산등기의 경우에는 6,000원(전자표준양식에 의한 경우는 4,000원, 전자신청에 의한 경우에

는 2,000원)이다.

⑨ 기타의 서면 : 대리권한을 증명하는 서면, 관청의 허가(인가)서, 정관, 법원의
허가서 또는 총주주의 동의 등이 필요한 경우에는 이를 첨부하여야 한다.

나. 소멸회사

서면만 첨부 : 위임장, 등록세납부필확인서 등 일반적인 서면만 첨부하면 되고
그 외에 동시에 일괄신청하는 존속회사의 변경등기신청서에 첨부하는 서면 등을
다시 첨부할 필요가 없다.

(5) 등기신청의 처리

1) 존속회사

가. 동시접수, 조사

존속회사의 변경등기신청서와 소멸회사의 해산등기신청서를 동시에 접수하여
조사한다. 조사 후 두 개의 신청서 중 하나에 상업등기법 제27조 각 호의 1에
해당하는 각하사유가 있는 때에는 두 개의 신청서 모두를 각하하고 각하사유가
없는 때에는 합병으로 인한 변경등기 후 해산등기신청서 송부에 갈음하여 관할등
기소에 전산통지를 한다.

나. 해산등기소에 해산의 전산통지와 신청서 보존

존속회사와 소멸회사의 본점이 동일 등기소 관할 내에 있으면 바로 합병으로
인한 해산등기를 하면 되나, 다른 관할 내에 있으면 소멸회사의 본점 소재지를
관할하는 등기소에 웹기반등기시스템에서 제공하는 통지프로그램을 이용하여 해
산회사를 관할하는 등기소에 전산통지를 하고, 해산등기신청서는 존속회사의 변
경등기신청서 또는 신설회사의 합병등기신청서와 함께 존속회사의 관할등기소 등
에서 보존한다.

2) 소멸회사

위 전산통지가 해산등기소에 도달하면 자동으로 접수되며, 등기관은 이를 조사하
여 각하사유가 없는 때에는 합병으로 인한 해산의 등기를 한다. 해산회사 관할등기
소 등기관도 독립적인 심사권에 의하여 심사한 후 각하사유가 있으면 각하한다. 그
러나 존속회사의 본점 소재지 관할등기소에서 이미 심사를 하였고, 합병은 존속회
사의 합병등기에 의하여 그 효력이 발생하며, 해산등기신청서에는 첨부서면이 전혀
없으므로 각하되는 일은 극히 드물 것이다.

(6) 등기의 기록

1) 존속회사

자본증가사항은 각 해당란에 기재하고, 소멸회사의 상호, 본점, 합병연월일, 합병의 뜻에 관한 사항은「기타사항란」에 기재한다.

2) 소멸회사

「기타사항란」에 합병으로 인한 해산의 뜻, 연월일, 존속회사의 상호, 본점사항을 기타사항란에 기재하고, 등기기록을 폐쇄한다(상업등기규칙 제154조, 제116조).

【쟁점질의와 유권해석】

〈회사합병으로 승계취득한 근저당권의 말소등기 신청방법〉

합병에 의하여 존속하는 '갑'회사가 합병으로 인하여 소멸하는 '을'회사명의의 근저당권을 포괄승계한 후 근저당채무가 소멸하여 위 근저당권의 말소등기를 신청하는 경우에는, 합병에 의하여 근저당권을 등기없이 취득한다하더라도 등기절차상 중간생략등기를 할 수 있는 근거규정이 없는 한 근저당권의 이전과정을 그대로 등기하여야 하며, 또한 신청서에 기재된 등기의무자의 표시가 등기부와 부합하여야 하는데(부동산등기법 제55조 제6호) 갑 회사명의의 근저당권이전등기를 하여야만 위 근저당권의 말소등기의무자가 될 수 있고, 또한 근저당권은 피담보채권의 소멸에 의하여 당연히 소멸하는 것이 아니고 근저당권설정계약의 기초가 되는 기본적인 법률관계가 종료할 때까지 계속 존속하게 되므로 근저당채무가 소멸하였음을 이유로 근저당권설정등기의 말소등기를 신청하는 경우에는 근저당권설정계약을 해지하고 이를 원인으로 등기신청을 하여야 하므로, 먼저 합병으로 인한 근저당권이전등기를 마친 다음 근저당권의 해지를 원인으로 근저당권말소등기를 신청하여야 할 것이다(1999. 10. 27. 등기 3402-997 질의회답).

2. 신설합병의 등기절차

(1) 합병절차

1) 합병계약서의 작성

신설합병의 경우, 합병당사회사가 합병계약서를 작성하여 각기 주주총회의 승인을 얻어야 하는 점은 흡수합병의 경우와 같으나, 신회사를 설립하여야 하므로 정관의 작성 기타 설립행위를 할 설립위원을 각 회사에서 선임하여 이들이 설립에 관한 제반절차를 이행한 후 창립총회를 소집하는 점에서 차이를 갖는다.

합병계약서의 기재사항은 다음과 같다(상법 제524조).

① 신설회사의 목적과 상호 : 해산회사의 조직이 그대로 신설회사로 승계되지 않는 한 신설회사의 상호는 해산회사의 상호로 사용하여도 무방하다고 보인다.

② 회사가 발행할 주식의 총수

③ 액면주식을 발행하는 경우 1주의 금액

④ 종류주식을 발행할 때에는 그 종류와 수

⑤ 본점소재지

⑥ 신설회사가 합병 당시에 발행하는 주식의 총수, 종류와 수 및 각 회사의 주주에 대한 주식의 배정에 관한 사항 : 해산회사의 주주에게 그가 가진 주식 몇 주에 대하여 신설회사의 주식을 몇 주로 배정하느냐의 비율을 말한다.

⑦ 신설회사의 자본금과 준비금의 총액 : 신설회사의 자본액은 해산회사의 순재산액 범위 내에서 합병당시에 발행하는 신주의 총수에 주금액을 곱한 금액이다.

⑧ 합병교부금을 정한 때에는 그에 관한 사항

⑨ 각 회사에서 합병의 승인결의를 할 주주의 총회(합병승인총회)의 기일 : 각 당사회사가 합병의 승인결의를 할 주주총회기일을 기재하여야 한다. 합병승인기일은 각 당사회사가 같은 날로 정하는 것이 보통이지만, 같은 날이 아니어도 상관없다.

⑩ 합병을 한 날(합병기일) : 합병보고총회에서 합병기일에 해산회사의 재산이 승계되었다는 사실을 보고하여야 하므로, 합병기일은 합병보고총회의 회 일 또는 이사회의 결의와 공고 이전이거나 또는 늦어도 이와 같은 날이어야 한다.
합병기일은 해산회사의 재산이 신설회사로 승계되고 신설회사의 주식이 해산회사의 주주에게 배정되어 당사회사가 실질적으로 합체하는 날을 말하는 것으로, 합병의 효력발생일인 합병등기일과 구별된다.

⑪ 합병으로 인하여 설립되는 회사의 이사와 감사 또는 감사위원회의 위원을 정한 때에는 그 성명 및 주민등록번호

2) 합병계약서 승인 및 설립위원 선임

신설합병의 경우에는 각 회사에서 선임한 설립위원이 공동하여 정관의 작성 기타 설립에 관한 행위를 하여야 한다(상법 제175조 1항).

합병계약서의 승인이나 설립위원의 선임은 다같이 주주총회의 특별결의를 요하므로(상법 제175조, 제522조), 1개의 총회를 소집하여 2개의 의안을 처리할 수 있다.

신설합병의 경우에는 간이합병이 적용되지 않는다(상법 제522조 단서 참조).

3) 합병반대 주주의 주식매수청구권 행사

합병결의에 반대하는 주주는 주주총회 전에 회사에 서면으로 그 결의에 반대하는 의사를 통지한 경우에는 그 총회의 결의일로부터 20일 이내에 주식의 종류와 수를 기재한 서면으로 회사에 대하여 자기가 소유하고 있는 주식의 매수를 청구할 수 있다(상법 제522조의3).

합병결의시의 이 청구권 행사에 관하여는 상법 제374조 2항, 제374조의2 2항 내지 4항이 준용된다(상법 제530조 2항).

4) 채권자보호절차 이행

합병은 회사의 소멸 또는 회사의 조직변경을 가져오므로, 회사가 주주총회의 합병계약의 승인을 얻은 때에는 채권자보호절차를 이행하여야 한다. 그 절차는 흡수합병의 경우와 같다(상법 제530조 2항, 제232조).

5) 주권제출공고, 공정거래위원회에 대한 신고·등록 및 재산인계

주권제출공고는 합병으로 인하여 소멸하는 회사가 그 회사 소정의 공고방법으로 정한 신문에 공고하였음을 증명하는 서면을 말한다. 그 외의 절차는 흡수합병의 경우와 같다.

6) 정관작성

선임된 설립위원은 공동으로 합병계약서에 정하는 바에 따라 정관을 작성하여야 하며(상법 제175조), 기명날인 또는 서명하여야 한다.

실무상 합병계약서에 이 정관을 첨부하여 공증하므로 정관만 달리 공증할 필요가 없다. 또한 이 정관은 원시정관이 아니므로 공증인의 인증이 필요없다.

7) 창립총회(상법 제527조)

설립위원이 합병에 필요한 실질적인 작업을 마무리하면 설립위원은 각 해산회사에서 채권자보호절차를 이행한 후, 주식의 병합 또는 분할이 있을 때에는 그 효력이 발생한 후, 주식의 병합 또는 분할에 따른 단주의 처치를 요할 때에는 그 절차의 완료 후에 지체없이 창립총회를 소집하여 경과보고를 해야 한다(상법 제572조 1항, 제603조).

이는 흡수합병의 보고총회에 대응하는 것으로서 설립위원의 설립사항에 관한 보고(상법 제527조 3항, 제311조)를 듣고 이사와 감사를 선임하여야 하며(상법 제527조 3항, 제312조), 합병계약의 취지에 반하지 아니하는 범위 내에서 정관변경의 결의를 할 수 있다(상법 제527조 2항).

창립총회가 종결되고 이사회에서 대표이사를 선임하면 등기절차만 남기고 신설합병의 절차는 종료한 것이라 할 것이다.

1998. 12. 28. 법률 제5571호로 개정된 상법은 이 창립총회를 소집하지 아니하고 이사회의 결의로 공고로써 주주총회에 대한 보고에 갈음할 수 있도록 하였는 바(상법 제527조 4항), 합병으로 인한 창립총회도 합병시에 신설회사의 정관을 작성하고 임원을 선출하는 등 회사의 존속요건을 갖추었으면 주주총회에 갈음하여 이사회가 공고로써 주주총회에 갈음할 수 있다(상법 제527조 4항).

8) 합병과 이사 및 감사(또는 감사위원회 위원)의 임기

신설합병의 경우 합병하는 회사의 이사 및 감사로서 합병 전에 취임한 자도 합병계약서에 다른 정함이 있는 경우를 제외하고는 합병 후 최초로 도래하는 결산기의 정기총회가 종료하는 때에 퇴임한다(상법 제527조의4 1항).

9) 합병에 관한 서류의 사후공시

합병의 공정성, 투명성을 강화하고 주주 및 채권자를 보호하기 위하여 합병에 관한 주요사항을 기재한 서면을 합병한 날 이후 6개월간 본점에서 공시하여야 한다.

즉, 신설합병시 절차의 경과, 합병을 한 날, 합병으로 인하여 소멸하는 회사로부터 승계한 재산의 가액과 채무액, 기타 합병에 관한 사항을 기재한 서면을 합병한 날로부터 6월간 본점에 비치하여야 한다. 주주 및 채권자는 영업시간 내에는 언제든지 위 서류의 열람을 청구하거나, 회사가 정한 비용을 지급하고 그 등본 또는 초본의 교부를 청구할 수 있다(상법 제527조의6).

(2) 합병으로 인한 설립등기절차

1) 등기형태

신설회사에 관하여는 설립등기를, 소멸회사에 관하여는 해산등기를 한다.

2) 등기신청인

① 신설회사는 신설회사의 대표이사가 신청한다.

② 합병으로 인한 해산의 등기는 신설회사의 대표자가 소멸회사를 대표하여 신청한다(상업등기법 제63조).

3) 등기기간

창립총회가 종결한 날 또는 합병보고의 창립총회에 갈음하여 이사회 결의로 공고로써 갈음하는 때에는 공고일로부터 본점소재지에서는 2주간 내에, 지점소재지에서는 3

주간 내에 등기하여야 한다(상법 제528조 1항, 제317조). 독점규제 및 공정거래에 관한 법률에 의한 '대규모회사'(자산총액 또는 매출액의 규모가 2조원인 회사)가 합병을 하기 위하여 공정거래위원회에 신고를 요할 경우에는 신고 후 일정기간(원칙적으로 30일이지만 공정거래위원회에서 이를 단축하거나 90일의 범위내에서 연장 가능)이 경과하기 전까지는 합병등기를 할 수 없다. 따라서 그 기간 만료전에 창립총회 또는 창립총회에 갈음한 이사회의 공고를 한 후에는 그 기간 만료일부터 등기기간이 진행된다.

4) 등기사항(상법 제528조 1항, 제317조)

가. 신설회사

① 통상의 설립등기사항

② 합병으로 인하여 소멸한 회사의 상호 및 본점과 합병의 취지

③ 합병으로 인하여 전환사채 또는 신주인수권부사채를 승계한 때에는 사채의 등기도 동시에 하여야 한다.

나. 소멸회사

① 합병으로 소멸하는 회사의 상호 및 본점

② 합병을 한 뜻

③ 지점 소재지에서 하는 합병으로 인한 등기에 있어서는 합병연월일

【쟁점질의와 유권해석】

〈신설합병으로 인한 지점설치등기에 있어서 소멸하는 회사의 등기가 잘못된 경우 합병의 효력이 지점에 미치는지 여부〉

신설합병으로 인한 지점설치등기에는 합병으로 인하여 소멸하는 회사의 상호 및 본점과 합병을 한 뜻을 등기용지개설의 사유 및 연월일란에 통등기하여야 하는 바, 이에 반하는 등기가 경료된 경우 합병의 효력이 그 지점에 미치는가에 대하여 보면, 신설합병에서 합병의 효력은 신설회사의 본점소재지에서 합병의 등기를 한 때에 발생하므로 위 지점의 합병의 효력에는 영향이 없다(선례 200202-12).

5) 동시신청

본점 소재지에서 하는 소멸회사의 해산등기와 신설회사의 설립 등기의 신청은 신설회사의 본점 소재지를 관할하는 등기소에 동시에 하여야 한다(상업등기법 제63조 3항).

본점소재지에서 하는 소멸회사의 해산등기의 신청은 그 등기소의 관할구역 내에 신설회사의 본점이 없는 때에는 그 본점의 소재지를 관할하는 등기소를 거쳐야 한다(동법 제63조 2항).

6) 등기목적·등기사유등 기재방법

가. 신설회사

합병으로 인한 설립등기는 등기기록이 개설사유 및 연월일란에 기록하여야 한다(상업등기규칙 제154조, 제115조).

등기목적은 "신설합병으로 인한 설립등기"로, 등기사유는 "20○○년 ○월 ○일 신설합병의 절차 종료" 등으로 기재하고 연월일은 창립총회의 종결연월일 또는 이에 갈음한 공고일을 기재한다.

나. 소멸회사

합병으로 인한 해산등기는 기타사항란에 하여야 하고, 이를 등기한 때에는 그 등기기록을 폐쇄하여야 한다(상업등기규칙 제154조, 제116조).

등기목적은 "합병으로 인한 해산등기"로 등기사유는 "합병으로 인한 해산"으로 기재한다.

7) 첨부서면(상업등기규칙 제148조)

가. 신설회사

① 합병계약서 : 신설합병을 한 뜻과 소정의 합병계약서의 기재사항을 기재한 합병계약서를 첨부한다.

② 소멸회사의 주주총회 또는 이사회의 의사록이나 사원총회의 의사록 또는 총사원의 동의가 있음을 증명하는 서면 : 소멸회사가 주식회사인 때에는 주주총회의사록, 유한회사인 때에는 사원총회의사록, 합명 또는 합자회사인 때에는 총 사원의 동의서를 첨부하여야 한다. 주식회사의 경우 결의는 출석한 주주의 의결권의 3분의 2 이상의 수와 발행주식총수의 3분의 1 이상의 찬성을 얻어야 한다(상법 제522조, 제434조). 신설합병의 경우에는 간이합병이 인정되지 않는다.

③ 상법 제527조의 5 제1항에 따른 공고 및 최고를 한 사실과 이의를 진술한 채권자가 있는 때에는 이에 대하여 변제 또는 담보를 제공하거나 신탁을 한 사실을 증명하는 서면 : 채권자에 대한 이의제출의 공고 및 최고를 한 사실(이러한 사실을 공고한 신문원본등)과 이의를 진술한 채권자가 있는 때에는 변제 또는 담보를 제공하거나 신탁을 한 사실을 증명하는 서면(변제영수증, 변제공탁서, 저당권이 설정된 등기부등본등)을 말한다.

이의를 진술하는 채권자가 없는 때에는 회사대표자 명의의 그 뜻의 진술서를 첨부하는 것이 실무관행이다.

이의를 진술하면 변제, 담보제공 또는 공탁한 사실을 증명하는 서면을 첨부한다.

④ 주권제출의 공고사실을 증명하는 서면 : 합병으로 인하여 주식을 병합 또는 분할하는 경우 합병으로 인한 변경등기신청서에 반드시 주권제출의 공고를 증명하는 서면을 첨부하여야 한다. 피합병회사가 주권도 발행하지 아니하였고 다른 자들이 그 소유의 주식에 질권을 설정한 바가 없는 경우라도, 상법 제440조의 규정에 의하여 주권소유자에게 통지를 한 사실을 증명하는 서면을 첨부함으로써 위 공고를 증명하는 서면의 첨부에 갈음할 수는 없다(비송사건절차법 제209조, 제215조, 상 제232조, 1999.3.22, 등기 3402-311 질의회답).

⑤ 정관(신설회사) : 정관에 주식양도제한 규정을 둔 경우, 회사가 발행할 주식총수, 상호, 목적, 발기인 등을 조사하기 위하여 정관이 필요하다. 이 정관은 설립위원이 작성한 정관으로 이 정관에는 상법 제292조가 준용되지 않으므로 공증인의 인증을 받지 않아도 효력이 있다.

⑥ 창립총회의사록 : 이사회가 공고로써 주주총회에 대한 보고에 갈음한 경우에는 이사회의사록을 첨부한다.

⑦ 이사·대표이사·감사(또는 감사위원회 위원)의 취임승낙을 증명하는 서면 : 이 서면은 그 진정담보를 위하여 인감증명법에 의한 인감을 첨부하고 그 증명을 첨부하여야 하나(상업등기규칙 제81조, 등기예규 978-1), 공증된 의사록에 취임승낙의 뜻이 기재되고 날인한 자(이사)는 인감증명의 제출이 생략된다(등기예규 제752호).

⑧ 이사·감사(또는 감사위원회 위원)의 주민등록번호를 증명하는 서면(법인등의등기사항에관한특례법규칙 제2조)

⑨ 명의개서대리인을 둔 때에는 그와의 계약을 증명하는 서면

⑩ 설립위원의 자격을 증명하는 서면 : 설립위원은 주주총회 또는 사원총회의 특별결의나 총 사원의 동의로써 정하여지므로(상법 제175조), 이 총회의 의사록이나 총 사원의 동의서를 첨부하여야 한다. 그러나 합병을 승인하는 총회나 동의에서 설립위원을 선임한 때에는 위 ②의 서면이 이를 겸하게 된다.

⑪ 이사회의사록 : 이사회에서 대표이사를 선임한 경우, 본점소재 장소를 결정한 경우, 명의개서대리인을 특정한 경우 등에는 이사회의 의사록을 첨부해야 한다.

⑫ 소멸회사의 등기부등본

전산등기 전에는 이 서면을 첨부하였으나, 전산등기가 완료된 후에는 이를 첨부할 필요가 없으며, 합병으로 인한 해산법인의 등기신청서에 갈음하여 전산시

스템에 의하여 전산통지를 한다.

⑬ 등록면허세, 지방교육세, 농어촌특별세 등 납부영수필통지서 및 확인서(비송 제 159조 XVI, 농특 제4조, 제5조), 등기신청수수료 : 합병에 의하여 새로 법인을 신설할 때에는 그 자본액을 과세표준으로 하여 과세표준액의 1,000분의 4의 등록면허세 및 그 100분의 20에 해당하는 지방교육세를 납부하여야 한다(지방세법 제28조 1항 6호). 대도시에 있는 법인이 설립 후 5년 이내에 합병하는 경우 등록면허세는 3배 중과한다(지세 제28조 2항). 따라서 대도시에서 신설합병하는 경우에는 등록면허세를 3배 가산한다.

신설합병으로 인하여 신설회사를 설립하는 경우에는 30,000원(전자표준양식에 의한 경우는 25,000원, 전자신청의 경우에는 20,000원), 해산등기의 경우에는 6,000원(전자표준양식에 의한 경우는 4,000원, 전자신청의 경우에는 2,000원)의 등기신청수수료를 납부한다.

⑭ 기타 서면 : 대리인에 의하여 신청할 때에는 그 권한을 증명하는 서면, 관청의 허가(인가)를 요할 때에는 그 허가(인가)서 또는 인증있는 등본과 정관의 규정, 법원의 허가 또는 총주주의 동의가 없으면 등기할 사항에 관하여 무효 또는 취소의 원인이 있는 때에는 정관, 법원의 허가서, 총주주의 동의서 등이 필요할 때에는 이를 첨부한다.

⑮ 대표이사의 인감제출 : 등기신청서에 날인할 자로서 회사를 대표하는 이사는 등기소에 인감을 제출하여야 한다(상업등기법 제25조 1항).

나. 소멸회사

① 일반적인 서면만 첨부 : 위임장, 등록세납부필확인서 등 일반적인 서면만 첨부하면 되고, 그 외에 동시에 일괄 신청하는 신설회사의 변경등기신청서에 첨부하는 서면 등을 다시 첨부할 필요가 없다.

② 소멸회사의 해산등기신청서의 전산통지

이 소멸회사의 해산등기신청서는 신설회사의 관할등기소에서 보존하고, 신청서에 갈음하여 웹기반등기시스템에서 제공하는 통지프로그램을 이용하여 해산회사를 관할하는 등기소에 전산통지를 하며, 이 통지에 의하여 자동으로 접수된다.

8) 등기신청의 처리

가. 신설회사

① 동시 접수, 조사

신설회사의 설립등기신청서와 소멸회사의 해산등기신청서를 정보처리시스템에 동시신청사건으로 접수하고 기입한 후 조사한다. 조사 후 두 개의 신청서 중 하나에 상업등기법 제27조 각호의 1에 해당하는 각하사유가 있는 때에는 두 개의 신청서 모두를 각하하고 각하사유가 없는 때에는 합병으로 인한 설립등기 후 해산등기신청서를 우편으로 송부하지 아니하고, 웹기반등기시스템에서 제공하는 통지프로그램을 이용하여 해산회사를 관할하는 등기소에 전산 통지한다.

② 해산등기신청서의 보존

해산회사의 해산등기신청서는 신설회사의 설립등기신청서와 함께 존속회사 또는 신설회사의 관할등기소에서 보존한다.

나. 소멸회사

전산통지가 해산회사의 관할등기소에 도달하면 자동으로 접수된다. 위 자동접수된 신청서를 조사하여 각하사유가 없는 때에는 합병으로 인한 해산의 등기를 한다. 해산회사 관할등기소 등기관도 독립적인 심사권에 의하여 심사한 후 각하사유가 있으면 각하한다. 그러나 신설회사의 본점 소재지 관할등기소에서 이미 심사를 하였고, 또 합병은 신설회사의 설립등기에 의하여 그 효력이 발생하고, 또한 해산전산통지서에는 첨부서면이 전혀 없으므로 각하되는 일은 극히 드물 것이다.

9) 등기의 기록

가. 신설회사

통상의 설립등기의 경우와 마찬가지로 해당란에 등기사항·등기원인 및 그 연월일·등기연월일을 기록하고, 등기관의 식별부호를 기록한다(상업등기규칙 제55조).

나. 소멸회사

「기타사항란」에 합병으로 인한 해산의 뜻, 합병연월일, 소멸하는 회사의 상호, 본점사항을 기재하고 그 기록을 폐쇄한다. 해산등기를 하는 때에는 회사의 지배인에 관한 등기를 말소하는 기호를 기록하여야 한다(상업등기규칙 제88조).

핵 심 판 례

■ **흡수합병 당사자의 전부 또는 일방이 주권상장법인인 경우, 존속회사의 증가할 자본액이 소멸회사의 순자산가액의 범위 내로 제한되는지 여부(소극)**

상법 제523조 제2호가 흡수합병계약서의 절대적 기재사항으로 '존속하는 회사의 증가할 자본'을 규정한 것은 원칙적으로 자본충실을 도모하기 위하여 존속회사의 증가할 자본액(즉, 소멸회사의 주주들에게 배정·교부할 합병신주의 액면총액)이 소멸회사의 순자산가액 범위 내로 제한되어야 한다는 취지라고 볼 여지가 있기는 하나, 합병당사자의 전부 또는 일방이 주권상장법인인 경우 그 합병가액 및 합병비율의 산정에 있어서는 증권거래법과 그 시행령 등이 특별법으로서 일반법인 상법에 우선하여 적용되고, 증권거래법 시행령 제84조의7 소정의 합병가액 산정기준에 의하면 주권상장법인은 합병가액을 최근 유가증권시장에서의 거래가격을 기준으로 재정경제부령이 정하는 방법에 따라 산정한 가격에 의하므로 경우에 따라 주당 자산가치를 상회하는 가격이 합병가액으로 산정될 수 있고, 주권비상장법인도 합병가액을 자산가치·수익가치 및 상대가치를 종합하여 산정한 가격에 의하는 이상 역시 주당 자산가치를 상회하는 가격이 합병가액으로 산정될 수 있으므로, 결국 소멸회사가 주권상장법인이든 주권비상장법인이든 어느 경우나 존속회사가 발행할 합병신주의 액면총액이 소멸회사의 순자산가액을 초과할 수 있게 된다. 따라서 증권거래법 및 그 시행령이 적용되는 흡수합병의 경우에는 존속회사의 증가할 자본액이 반드시 소멸회사의 순자산가액의 범위 내로 제한된다고 할 수 없다(대법원 2008. 1. 10. 선고 2007다64136 판결).

■ **신설합병의 창립총회에 갈음하는 이사회 공고의 방식**

상법은 신설합병의 창립총회에 갈음하는 이사회 공고의 방식에 관하여 특별한 규정을 두고 있지 아니하므로, 이 경우 이사회 공고는 상법 제289조 제1항 제7호에 의하여 합병당사회사의 정관에 규정한 일반적인 공고방식에 의하여 할 수 있다(대법원 2009. 4. 23. 선고 2005다22701,22718 판결).

【서식】주식회사변경등기신청서(흡수합병 시 존속회사의 경우)

<table>
<tr><td colspan="2"></td><td colspan="2">합병으로 인한
주식회사변경등기신청</td><td></td><td></td></tr>
<tr><td rowspan="2">접 수</td><td>20○○년 ○월 ○일</td><td colspan="2" rowspan="2">처리인</td><td>등기관 확인</td><td>각종 통지</td></tr>
<tr><td>제○○○○호</td><td></td><td></td></tr>
</table>

상 호	○○주식회사	등기번호	제1000호
본 점	○○시 ○○구 ○○길 ○○		
등 기 의 목 적	흡수합병으로 인한 변경등기		
등 기 의 사 유	20○○년 ○월 ○일 주주총회에서 ○○시 ○○구 ○○길 ○○ B주식회사를 흡수합병하기로 결의하고 공고와 최고절차를 밟아 ① 20○○년 ○월 ○일 합병보고총회를 종결하였으므로, ② 이사회의 결의와 공고로서 합병보고총회의 보고에 갈음하기로 하였으므로, 다음 사항의 등기를 구함.		
본/지점 신청구분	1. 본점신청 □ 2. 지점신청 □ 3. 본·지점 일괄신청 □		

등 기 할 사 항	
합병으로 인하여 소멸한 회사의 상호 및 본점과 합병한 취지	B주식회사 ○○시 ○○구 ○○길 ○○ 흡수합병
합병 후 존속회사가 발행할 주식의 총수(증가변경의 경우)	○○○○주
합병 후 존속회사의 발행주식의 총수, 그 종류와 각종주식의 내용과 수	보통주식 ○○○○주
합병 후의 존속회사의 자본총액	금○○○○○원
합병으로 인한 전환사채 또는 신주인수권부사채의 승계사항(승계한 경우)	해당 없음
기 타	해당 없음

신청등기소 및 등록면허세/수수료						
순번	신청등기소	구분	등록면허세 지방교육세	농어촌특별세	세액합계	등기신청 수수료
			금 원 금 원	금 원	금 원	금 원
합 계						
등기신청수수료 납부번호						

<table>
<tr><td colspan="2" align="center">첨   부   서   면</td></tr>
<tr>
<td>

1. 합병계약서   통
1. 합병승인의 주주(사원)총회의사록
   (공증받은 것)   통
1. 합병보고총회의 공증받은 주주총회
   의사록 또는 이사회의사록과 공고를
   증명하는 서면   통
1. 종류주주총회의사록   통
1. 공고 및 최고를 한 증명서   통

</td>
<td>

1.변제영수증 또는 이의없다는 진술서   통
1.주권제출공고증명서   통
1.등록면허세영수필확인서   통
1.등기신청수수료영수필확인서   통
1.위임장(대리인이 신청할 경우)   통
<기 타>

</td>
</tr>
</table>

2000년 ○월 ○일

신 청 인   상 호   ○○주식회사

              본 점   ○○시 ○○구 ○○길 ○○

대표이사   성 명   ○ ○ ○ (인) (전화 : 02-123-4567)

              주 소   ○○시 ○○구 ○○길 ○○

대 리 인   성 명   법무사 ○ ○ ○ (인) (전화 : 02-456-7890)

              주 소   ○○시 ○○구 ○○길 ○○

○○지방법원 ○○등기소 귀중

- 신청서 작성요령 -

1. 해당란이 부족할 때에는 별지를 이용합니다.
1. 해당 등기신청과 관계없는 사항에 대하여는 "해당없음"으로 기재하거나 삭제하고, 필요한 사항
   은 추가 기재합니다.

【서식】주식회사설립등기신청서(신설합병시 신설회사의 경우)

<table>
<tr><td colspan="2" rowspan="2" style="text-align:center">합병으로 인한
주식회사설립등기신청</td><td></td><td></td></tr>
<tr><td>등기관 확인</td><td>각종 통지</td></tr>
<tr><td rowspan="2">접 수</td><td>2000년 0월 0일</td><td rowspan="2" style="text-align:center">처리인</td><td rowspan="2"></td><td rowspan="2"></td></tr>
<tr><td>제0000호</td></tr>
</table>

등 기 의 목 적	신설합병으로 인한 주식회사 설립
등 기 의 사 유	○○시 ○○길 ○○ A주식회사와 ○○시 ○○구 ○○길 ○○ B주식회사가 합병하고 C주식회사를 설립하기 위하여, 2000년 0월 0일 각기 합병결의를 하고 설립위원을 선임하여 정관을 작성하고 공고와 최고절차를 밟아 2000년 0월 0일 창립총회를 종결하였으므로 다음 사항의 등기를 구함.
본/지점 신청구분	1. 본점신청 □ 2. 지점신청 □ 3. 본·지점 일괄신청 □

등 기 할 사 항

상 호	C주식회사
본 점	○○시 ○○구 ○○길 ○○
공 고 방 법	○○시내에서 발행하는 일간 ○○신문에 게재함.
1 주 의 금 액	금5,000원
발 행 할 주 식 의 총 수	○○○주
발행주식의 총수 및 그 종류와 각종 주식의 내용과 수	보통주식 ○○○주
자 본 의 총 액	금○○○원

목 적	1. 인쇄기계의 제조 및 임대 2. 위 각호에 관련되는 부대사업
이사감사의 성명 및 주민등록번호	사내이사　　　○ ○ ○(　　　 - 　　　) 사외이사　　　○ ○ ○(　　　 - 　　　) 기타비상무이사 ○ ○ ○(　　　 - 　　　) 감사 ○ ○ ○(　　　 - 　　　) 〈감사위원회를 둔 경우〉 감사위원회 위원 이사 ○ ○ ○(　　　 - 　　　) 감사위원회 위원 이사 ○ ○ ○(　　　 - 　　　) 감사위원회 위원 이사 ○ ○ ○(　　　 - 　　　)
대표이사의 성명과 주소	대표이사 ○ ○ ○ ○○시 ○○구 ○○길 ○○
지 점	○○시 ○○구 ○○길 ○○
존립기간 또는 해산사유	회사설립일로부터 만 50년
소멸회사의 전환사채 또는 신주인수권부사채를 승계한 때에는 그 사채에 관한 사항	해당 없음
소멸회사의 상호 및 본점과 합병한 뜻	○○주식회사 ○○시 ○○구 ○○길 ○○(본점)
기 타	해당 없음

<table>
<tr><td colspan="8" align="center">신청등기소 및 등록면허세/수수료</td></tr>
<tr><td rowspan="2">순번</td><td rowspan="2">신청등기소</td><td rowspan="2">구분</td><td>등록면허세</td><td rowspan="2">농어촌특별세</td><td rowspan="2">세액합계</td><td colspan="2" rowspan="2">등기신청수수료</td></tr>
<tr><td>지방교육세</td></tr>
<tr><td rowspan="2"></td><td rowspan="2"></td><td rowspan="2"></td><td>금　　　　원</td><td rowspan="2">금　　　원</td><td rowspan="2">금　　　원</td><td colspan="2" rowspan="2">금　　　　원</td></tr>
<tr><td>금　　　　원</td></tr>
<tr><td rowspan="2"></td><td rowspan="2"></td><td rowspan="2"></td><td></td><td rowspan="2"></td><td rowspan="2"></td><td colspan="2" rowspan="2"></td></tr>
<tr><td></td></tr>
<tr><td colspan="3" align="center">합　계</td><td></td><td></td><td></td><td colspan="2"></td></tr>
<tr><td colspan="3" align="center"></td><td></td><td></td><td></td><td colspan="2"></td></tr>
<tr><td colspan="3" align="center">등기신청수수료 납부번호</td><td colspan="5"></td></tr>
<tr><td colspan="2" align="center">과세표준액</td><td colspan="6" align="center">금　　　　　　　　　　원</td></tr>
</table>

<table>
<tr><td colspan="2" align="center">첨　　부　　서　　면</td></tr>
<tr><td>

1. 정　관　　　　　　　　　　　　　　통
1. 소멸회사의 (사원)총회의사록
　 (공증받은 것)　　　　　　　　　통
1. 합병계약서　　　　　　　　　　　통
1. 설립위원자격증명서　　　　　　　통
1. 공고 및 최고를 한 증명서　　　　통
1. 변제영수증 또는 이의없다는 진술서 통
1. 주권제출공고증명서　　　　　　　통

</td><td>

1. 창립총회의사록(공증받은 것)　　통
1. 이사회의사록(공증받은 것)　　　통
1. 취임승낙서　　　　　　　　　　　통
1. 주민등록표등본　　　　　　　　　통
1. 인감신고서　　　　　　　　　　　통
1. 등록면허세영수필확인서　　　　　통
1. 등기신청수수료영수필확인서　　　통
1. 위임장(대리인이 신청할 경우)　　통
<기 타>

</td></tr>
</table>

20○○년 ○월 ○일

신 청 인　　　　　상　호　C주식회사
　　　　　　　　　본　점　○○시 ○○구 ○○길 ○○
대표이사　　　　　성　명　○ ○ ○ (인)　(전화 : 02-123-4567)
　　　　　　　　　주　소　○○시 ○○구 ○○길 ○○
대 리 인　　　　　성　명　법무사 ○ ○ ○ (인)　(전화 : 02-456-7890)
　　　　　　　　　주　소　○○시 ○○구 ○○길 ○○
○○지방법원 ○○등기소 귀중

- 신청서 작성요령 -

1. 해당란이 부족할 때에는 별지를 이용합니다.
1. 해당 등기신청과 관계없는 사항에 대하여는 "해당없음"으로 기재하거나 삭제하고, 필요한 사항은 추가 기재합니다.

Ⅷ. 회사의 분할 · 분할합병

■ 핵 심 사 항 ■

1. 회사분할의 의의 : 회사분할이라 함은 회사의 영업을 둘 이상으로 분리하고 분리된 영업재산을 자본으로 하여 회사를 신설하거나 다른 회사와 합병시키는 조직법적 행위를 말한다.
2. 기능 : 회사의 분할은 경영의 전문화와 효율화를 도모할 수 있고, 위험도가 높은 사업부문을 모기업으로부터 분리시켜 위험부담의 범위를 한정시킬 수 있다.
3. 회사분할의 종류
 (1) 단순분할과 분할합병 : 단순분할이란 회사의 영업을 수개로 분할하고 분할된 영업 중의 1개 또는 수개를 각 각 출자하여 1개 또는 수개의 회사를 신설하는 것을 의미한다(상법 제530조의2 1항). 반면 분할합병이란 회사의 영업을 수개로 분할하고 분할한 일부 영업을 존립중의 다른 회사에 흡수합병시키거나 분할한 영업을 가지고 다른 존립중의 회사와 더불어 회사를 설립하는 것을 의미한다(상법 제530조의2 2항).
 (2) 소멸분할과 존속분할 : 단순분할은 다시 분할회사가 소멸하는 소멸분할(완전분할)과 소멸하지 않는 존속분할(불완전분할)로 나눌 수 있다.
 (3) 인적분할과 물적분할 : 분할후 회사가 회사분할로 인하여 발행하는 신주는 분할전 회사의 주주에게 귀속되는 것이 원칙이지만 예외적으로 분할전회사 스스로가 이를 취득하는 경우도 있다. 전자를 인적분할이라 하고 우리 상법이 원칙적인 형태로 규정하고 있다. 반면 후자를 물적분할이라고 하는데 이 또한 상법상 인정되고 있다(상법 제530조의12).

Ⅰ. 총 설

1. 분할의 의의

(1) 분할·분할합병의 개념

　회사의 분할이란 1개의 회사가 2개 이상의 부분으로 나뉘어 1개 또는 수개의 회사를 설립하거나(단순분할) 1개 또는 수개의 기존회사와 합병하고(분할합병) 자신은 소멸하거나 존속하는 상법상의 절차를 말한다. 이 때 분할로 인하여 설립되거나 분할 후 존속하는 회사를 분할 수익회사, 분할 수혜회사, 수익회사, 수혜회사, 양수회사, 인수회사, 승계회사, 분할의 상대방회사 등으로 칭하는데, 여기서는 분할의 상대방회사 또는 승계회사로 칭한다). 또 분할되는 회사는 분할되는 회사, 분할을 하는 회사, 분할회사, 피분할회사, 양도회사 등으로 칭하나 여기서는 분할되는 회사 또는 피분할 회사로 칭한다.

1998. 12. 28. 개정 상법에서는 주식회사에 한하여 회사분할제도를 신설하였는데, 상법 제530조의 2에서는 회사는 분할에 의하여 1개 또는 수개를 회사를 설립하거나(단순분할), 또는 회사는 분할에 의하여 1개 또는 수개의 존립 중의 회사와 합병할 수(분할합병) 있으며, 또한 회사는 분할에 의하여 1개 또는 수개의 회사를 설립함과 동시에 분할합병할 수 있도록 규정하고 있다(단순분할과 분할합병을 겸함).

해산 후의 회사는 존립중의 회사를 존속하는 회사로 하거나 새로 회사를 설립하는 경우에 한하여 분할·분할합병할 수 있다.

(2) 분할·분할합병의 효력발생시기

분할 또는 분할합병의 효력은 분할로 인하여 설립되는 회사 또는 존속하는 회사의 본점소재지에서 설립등기 또는 변경등기를 한 때에 발생한다(상법 제530조의11 1항, 제234조).

이 때 분할로 인하여 설립되거나 분할 후 존속하는 회사는 분할되는 회사의 권리의무와 사원(주주)을 승계하며, 소멸되는 회사는 청산절차 없이 소멸된다.

주식회사를 분할하여 새로운 회사를 설립하는 경우에 분할되는 회사의 출자 이외에 새로운 주주를 모집하여 설립할 수도 있다(상법 제530조의4, 선 2003. 9. 1).

【쟁점질의와 유권해석】

〈계속중인 소송에서의 피분할 회사의 법률상 지위로 새로 설립된 회사에 승계되는지 여부〉

ㄱ) 법인의 권리의무가 법률의 규정에 의하여 새로 설립된 법인이 승계되는 경우에는 특별한 사유가 없는 한 계속중인 소송에서 그 법인의 법률상 지위도 새로 설립된 법인에 승계된다.

ㄴ) 한국 전력공사가 존속회사로부터 신설회사가 분할되어 새로 설립되는 방식으로 발전회사들을 상법상 회사분할의 방식에 의하여 분할한 경우 존속회사인 한국전력공사에 관하여 진행중인 소송에서 신설된 분할회사인 발전회사에게로 소송의 당연승계가 이루어진다(대법원 2002. 11. 26.선고 2001다44352판결).

2. 분할의 방법

(1) 완전분할과 불완전분할

완전분할이란 피분할회사가 소멸하면서 그 영업재산의 전체가 2개 이상의 회사로 나누어지는 분할형태이며, 불완전분할이란 피분할회사가 존속하면서 그 영업재산의 일부를 분할하여 신 회사를 설립하거나 기존회사에 출자하는 분할형태이다.

【쟁점질의와 유권해석】

〈피분할회사가 존속하는 불완전분할의 경우 자본감소절차가 반드시 필요한지 여부〉

주식회사의 분할 및 분할합병시 분할되는 것은 회사의 재산 즉 특정영업을 위하여 조직화되고 유기적 일체를 이루는 적극 및 소극재산이므로, 피분할회사가 존속하는 불완전분할의 경우에 분할로 피분할회사의 재산이 감소한다고 해서 필요적으로 자본감소를 수반하는 것은 아니며, 자본감소에 관한 사항이 분할계획서 또는 분할합병계약서에 포함된 때에 한하여 자본감소절차가 필요하다(2001. 12. 4, 3402-781 질의회답).

(2) 단순분할과 분할합병

이는 회사분할이 합병과 관련을 갖는지의 여부에 따른 구분이다. 즉, 분할의 상대방 회사가 신설된 회사이면 단순분할, 기존의 회사이면 분할합병이라 한다.

(3) 물적분할과 인적분할

1) 물적분할

피분할회사가 분할 또는 분할합병으로 인하여 설립되는 승계회사의 주식총수를 취득하는 경우가 물적분할이다.

2) 인적분할

피분할회사의 주주가 승계회사의 주식을 배정받는 경우가 인적분할이다. 상법상 회사의 분할은 원칙적으로 인적분할을 가리키며 물적분할에 관하여는 인적분할에 관한 규정을 준용하고 있다(상법 제530조의12).

3) 물적흡수분할합병

이는 등기실무에서 인정하는 분할방법이다.

갑회사를 분할하여 그 일부와 을회사를 합병하고 갑회사와 을회사는 모두 존속하는 흡수분할합병을 하면서, 분할된 갑회사의 일부에 해당하는 출자지분에 관하여 존속하는 갑회사에게 주식을 배정·교부하는 이른바 물적흡수분할합병의 경우에도 분할합병에 따른 변경등기가 가능할 것이다(2003. 10. 8, 공탁법인 3402-239 질의회답).

3. 분할의 형태

(1) 완전분할의 형태

1) 단순분할(소멸신설분할)

피분할회사인 갑회사는 소멸하고 그 영업재산에 의하여 새로운 을, 병회사가 설립되는 경우를 말한다. 이 경우 신설되는 회사는 2개 이상이어야 한다.

2) 소멸흡수분할(소멸분할합병)

피분할회사인 갑회사는 소멸하고 그 분할된 영업재산을 존속 중인 기존의 을회사 및 병회사에 출자하는 경우이다. 이 경우에도 출자를 받는 기존의 회사는 2개 이상이어야 한다.

3) 소멸혼합분할

피분할회사인 갑회사는 소멸하고 소멸된 갑회사 영업재산의 일부를 출자하여 새로운 을회사를 설립하고, 또 나머지 영업재산의 일부를 존속 중인 기존의 병회사에 출자하는 경우이다.

(2) 불완전분할의 형태

1) 단순분할(존속신설분할)

피분할회사인 갑회사가 존속하면서 그 일부를 분할하여 새로운 을회사를 설립하는 경우이다.

2) 흡수분할합병(존속분할합병)

피분할회사인 갑회사가 존속하면서 그 일부를 존립 중인 기존의 을회사에 출자하는 경우이다.

【쟁점질의와 유권해석】

〈흡수분할 합병시 무증자 합병이 가능한지 여부〉

피분할회사가 존속하면서 일부사업부문을 인적분할하여 존립중인 기존의 회사에 흡수합병하는 소위 흡수합병분할에서, 분할되는 특정부문이 상법 제530조의7 제1항 제2호의 대차대조표상 순자산가치가 0(零)인 경우에는 합병차익이 존재하지 않으므로 피분할회사의 주주에게 분할합병의 상대방 회사의 주식의 배정이 없는 무증자합병이 가능하다(2002. 1. 2, 등기 3402-2 질의회답).

3) 신설분할합병

이는 다음의 두 가지 형태로 이루어질 수 있다. 첫째는 피분할회사인 갑회사의 일부가 기존의 을회사와 합병하여 새로운 병회사를 설립하고 을회사는 해산하는 경우이고, 둘째는 피분할회사인 갑회사의 일부와 기존의 을회사의 일부가 서로 합하여 신설의 병회사를 설립하는 경우이다. 이러한 경우에는 갑회사와 을회사는 모두 존속하게 된다.

4) 존속혼합분할

피분할회사인 갑회사가 존속하면서 그 재산의 일부를 출자하여 신설의 을회사를 설립하고, 재산의 일부를 존속 중인 기존의 병회사에게 양도하는 경우이다.

4. 분할·분할합병의 자유와 제한

(1) 주식의 가액이 다른 경우

분할합병 후의 신설회사는 분할 전의 회사와 분할합병신설회사의 주당(株當)순자산가치가 동일하거나 구성주주가 동일할 필요는 없다고 할 것이다(상 법 제530조의4 참조).

예컨대 1주의 금액이 5천원인 회사와 1주의 금액이 1만원인 회사가 합병하는 경우, 1주의 금액을 동일하게 하여 분할합병하는 것이 편리하지만, 동일하게 하지 않은 채 분할합병계약을 하여도 계약자유의 원칙에 의하여 분할·분할합병당사회사가 기업의 규모에 따라 주식평가비율 또는 분할합병비율을 정할 것이므로 가능하다고 할 것이다.

(2) 주식회사 이외의 회사와 분할합병하는 경우

회사의 분할 및 분할합병은 피분할회사가 주식회사로만 한정되므로 주식회사 상호간에만 인정되고, 다른 상법상의 회사인 합명회사, 합자회사, 유한회사는 회사의 분할 또는 분할합병을 할 수 없다.

(3) 해산사유폐지 후 회사의 분할

해산 후의 회사는 존립 중의 회사를 존속하는 회사로 하거나 새로 회사를 설립하는 경우에 한하여 분할 또는 분할합병할 수 있다(상법 제530조의2 4항). 따라서 해산사유가 발생한 회사는 분할하되 그 자체가 존속할 수는 없을 것이다.

(4) 1인 회사의 경우

현행상법은 회사분할의 경우 주주수에 특별한 제한을 두고 있지 아니하고 주식회사가 일정영업부분, 재산의 일부 등을 분할하기만 하면 되므로, 1인 주식회사의 분할도 가능하고, 물적분할의 경우에도 회사의 출자만으로 분할에 의한 회사설립을 할 수 있다(상법 제530조의4 2항, 제530조의12).

(5) 피분할회사 채무초과의 경우

법인은 채무초과가 파산사유에 해당하고(채무자회생및파산에관한법률 제306조), 채무초과인 회사가 분할을 함으로써 채무초과 상태를 어느 한쪽 회사에 집중시켜 유한책임의 이익을 누리려는 분할제도의 남용우려가 있고, 대주주가 건실한 영업부분에서 소수주주를 축출하여 부실한 영업부분으로 모는 편법을 사용할 우려가 있으며, 합병의 경우에는 합병회사가 그 권리의무를 포괄승계하나, 분할의 경우에는 분할당사회사가 연대채무를 지는 것이 원칙이고(상법 제530조의9 1항) 분할에 의하여 회사를 설립하는 경우 설립되는 회사가 분할되는 회사의 채무 중에서 출자한 재산에 관한 채무만을 부담할 것으로 정할 수도 있고, 채권자의 입장에서도 자기의 채권이 어느 신설분할회사에 배속되는가에 따라 채권의 만족여부가 결정되는 등 채권자보호에 문제점이 있으므로 채무초과인 회사의 분할은 할 수 없다고 해석함이 타당할 것이나, 입법당시의 검토의견은 분할을 금지할 것인지 여부에 대하여 분할 후의 회사가 분할출자회사에 갈음하여 채권자에 대해 연대채무를 부담하기로 하였으므로 금지하지 아니하기로 하였다고 한다(법무부, 개정상법 회사편 해설 109면).

5. 회사의 분할·분할합병의 효력

(1) 효력발생시기

분할 또는 분할합병의 효력은 분할로 인하여 설립되는 회사 또는 존속하는 회사의 본점소재지에서 설립등기 또는 변경등기를 한 때에 발생한다(상법 제530조의2 제1항, 제234조).

즉 단순분할이나 신설분할합병시에는 신설승계회사가 본점소재지에서 설립등기를 한 때에, 흡수분할합병의 경우에는 기존의 승계회사가 본점소재지에서 변경등기를 한 때에 그 효력이 발생한다.

(2) 내 용

1) 자산의 포괄승계

분할하는 회사의 권리의무가 분할계획서 또는 분할합병계약서가 정하는 바에 따라 피분할회사의 적극·소극재산이 분할 또는 분할합병으로 인하여 설립되는 회사 또는 존속하는 회사에 법률상 당연히 승계된다(상법 제530조의10). 따라서 피분할회사가 이로 인하여 소멸하는 경우에도 합병에 있어서와 같이 청산절차를 요하지 아니한다.

2) 수혜회사의 채무승계 및 연대책임 등

합병에서는 피합병회사의 재산과 법인격이 포괄적으로 합병회사에 승계되나, 분할에서는 이같은 채무의 포괄승계는 없고, 분할계획서 또는 분할합병계약서에 의하여 특정된 채무만을 인수한다(상법 제530조의10).

또한 분할·분할합병으로 인하여 설립되는 회사 또는 분할합병 후에 존속하는 회사는 분할 또는 분할 합병 전의 회사채무에 관하여 원칙적으로 연대책임을 지나(상법 제530조의9 1항), 예외적으로 피분할회사의 주주총회의 결의로 복수의 수혜회사가 피분할회사의 채무 중에서 출자한 재산에 관한 채무만을 부담할 것을 정할 수 있다(상법 제530조의9 2항). 이 경우에는 채권자보호절차를 거쳐야 한다(상법 제530조의9 제4항).

3) 주식의 발행 및 귀속

분할계획서에서 분할기일을 정한 때에는 그 기일에 피분할회사의 재산은 수혜회사에 인계되고, 피분할회사의 주주는 분할에 의하여 자신의 주주권을 수혜회사의 주주권과 분할계획에서 정한 대로 교환하게 된다.

피분할회사의 승계재산에 상응하는 수혜회사의 주식을 피분할회사의 주주가 취득하며, 이러한 당사회사의 주식간의 교환으로 별도의 양도, 주금납입, 주식의 인수절차 등의 절차 없이 피분할회사의 주주는 수혜회사의 주주가 된다.

4) 법인격에 대한 효과

회사의 분할 및 분할합병으로 소멸하는 회사는 청산 절차 없이 해산하고 해산과 동시에 법인격이 소멸되므로 해산등기만 하면 된다.

합병의 경우에는 피합병회사의 재산과 법인격이 모두 포괄적으로 승계되지만 회사분할의 경우는 법인격의 승계가 인정되지 아니한다.

Ⅱ. 회사분할·분할합병의 절차

1. 회사분할의 절차

주식회사의 분할절차는 기본적으로 합병절차를 준용하므로(상 제530조의11, 제522조의2, 제526조, 제527조, 제528조, 제529조, 제527조의5) 합병절차와 유사하다. 구체적인 분할절차는 다음과 같다.

(1) 분할계획서 작성

회사분할은 이사의 회사에 대한 업무집행(상법 제393조 1항)에 속하므로 당연히 이사회의 결의가 있어야 하며, 이사회의 결의에서 분할계획서의 내용을 구체적으로 결정하여야 할 것이다.

단순분할의 경우 분할의 효력발생과 동시에 새로운 회사가 신설되기 때문에 피분할회사만이 분할의 당사회사가 되고 분할합병의 경우와 달리 분할계약의 상대방이 존재할 수 없으므로 피분할회사의 대표기관인 이사회가 단독으로 분할계약서를 작성한다.

분할계약서의 기재사항은 다음과 같다.

1) 신설회사에 대한 기재사항(상법 제530조의5 1항)

① 분할에 의하여 설립되는 회사(이하 "단순분할신설회사"라 한다)의 상호, 목적, 본점의 소재지 및 공고의 방법

② 단순분할신설회사가 발행할 주식의 총수 및 액면주식 · 무액면주식의 구분

③ 단순분할신설회사가 분할 당시에 발행하는 주식의 총수, 종류 및 종류주식의 수, 액면주식 · 무액면주식의 구분

설립되는 회사가 분할당시에 발행하는 주식의 총수란 분할신설회사의 설립자본을 이루는 주식수(상법 제289조 2항 5호)를 말한다.

이에 의하여 피분할회사의 주주에게 신설회사의 주식을 어느 종류로 몇 주로 배정하느냐의 비율이 결정된다.

신주의 배정비율은 피분할회사의 주주총회에서 승인된 분할계획서에 의하여 결정하며, 이는 또한 분할에 따른 주주에 대한 분할교부금의 산정 등을 위하여도 필요하다.

④ 분할회사의 주주에 대한 단순분할신설회사의 주식의 배정에 관한 사항 및 배정에 따른 주식의 병합 또는 분할을 하는 경우에는 그에 관한 사항

분할로 인하여 피분할회사의 재산은 설립되는 회사에 이전되고 주주의 지위도 승계된다. 설립회사의 주주에 대하여는 피분할회사의 주식에 비례하여 설립회사의 주식을 종전의 피분할회사 주주에게 지분비율대로 부여하는 것이 원칙이나, 그 주식의 배정비율은 피분할회사의 분할계획서에 따라 그와 다르게 결정될 수 있다. 즉, 신설회사의 피분할회사의 주주에 대한 주식의 배정비율은 피분할회사의 분할계획서에 의하여 결정된다고 할 것이다.

'배정에 따른 주식의 병합 또는 분할을 하는 경우에는 그에 관한 사항'이란 신설회사의 주식을 병합하거나 분할한다는 뜻이 아니고, 분할로 인한 주식배정의 편의를 위하여 분할 이전의 피분할회사의 주식을 병합하거나 분할하는 것을 뜻한다고 할 것이다.

⑤ 분할회사의 주주에게 ④에도 불구하고 금전이나 그 밖의 재산을 제공하는 경우에는 그 내용 및 배정에 관한 사항

피분할회사의 주주에게 분할신설회사의 주식을 교부함에 있어서 주주의 소유주식 일부에 대하여는 분할신설회사의 주식에 갈음하여 금전으로 지급할 수 있다. 이를 분할교부금이라 하는데 이는 합병절차의 합병교부금에 대비된다.

이는 피분할회사의 재산에 대하여 간단한 분할비율에 의하여 주식배정을 할 수 없는 경우에 그 비율을 조정하기 위하여 피분할회사의 주주에게 주식 대신에 금전을 교부하는 것이다.

⑥ 단순분할신설회사의 자본금과 준비금에 관한 사항

분할신설회사의 자본액은 피분할회사의 순재산액 범위 내에서 분할당시에 발행하는 신주의 총수에 주금액을 곱한 금액이다.

분할신설회사의 준비금 총액을 분할계획서에 기재하여야 하는 바, 이는 피분할

회사의 준비금의 일부를 분할신설회사의 준비금으로 교부하는 것이라고 할 것
이다.

⑦ 단순분할신설회사에 이전될 재산과 그 가액

분할 전 회사의 재산이 신설되는 회사에 이전되는 재산의 종류와 그 가액을
분할계약서에 명백히 하여야 한다.

회사분할에서 적극재산뿐만 아니라 소극재산인 부채도 분할대상이 되는 바, 합
병의 경우에는 포괄적으로 합병회사에 이전되므로 문제가 없으나, 분할의 경우
에는 수 개의 회사에 나누어 이전되는 것이 보통이므로 부채의 어느 부분이
어느 회사로 승계되는가를 명백히 분할계획서에 명시할 필요가 있다.

⑧ 상법 제530조의9제2항의 정함이 있는 경우에는 그 내용

수혜회사는 원칙적으로 분할 전 피분할회사의 채무에 대하여 연대채무를 지나
(상법 제530조의9 1항), 수혜회사가 피분할회사의 채무 중에서 출자한 재산에
관한 채무만을 부담하기로 정할 수 있다. 이때에는 피분할회사가 분할 후에도
존속하는 경우에 그 나머지 채무만을 부담하게 된다.

⑨ 분할을 할 날

⑩ 단순분할신설회사의 이사와 감사를 정한 경우에는 그 성명과 주민등록번호

⑪ 단순분할신설회사의 정관에 기재할 그 밖의 사항

회사의 분할시 피분할회사의 출자만으로 회사를 설립할 수 있고, 그 외 피분
할회사의 정관으로 특별한 규정을 정할 수 있는 바, 피분할회사의 출자만으로
회사를 설립하는 경우에는 분할계획서에 위의 사항만을 기재하면 될 것이다.

2) 분할 후 존속하는 회사(피분할회사)에 대한 기재사항(상법 제530조의5 2항)

① 감소할 자본금과 준비금의 액

피분할회사의 자본은 분할로 인한 설립회사의 자본을 공제한 금액이 되므로
그 자본금을 기재하며, 또한 피분할회사 준비금의 일부를 신설회사에 교부한
경우에는 그 교부금을 제외한 준비금의 금액을 기재한다.

다만, 경우에 따라서는 피분할회사의 자본이 감소하지 아니하는 경우도 있다.

② 자본감소의 방법

자본감소는 주주 전원에 대하여 그 소유주식별로 일률적으로 할 수도 있고,
특정 주주의 주식에 대하여 신설회사로의 분할을 할 수도 있다고 할 것이다.

③ 분할로 인하여 이전할 재산과 그 가액

회사의 분할로 인하여 수혜회사에 이전할 재산과 그 금액을 특정하여 기재하

여야 한다.

④ 분할 후의 발행주식의 총수

분할 후의 분할주식총수를 기재한다.

⑤ 회사가 발행정주식의 총수를 감소한 경우에는 그 감소할 주식의 총수, 종류 및 종류별 주식의 수

⑥ 정관변경을 가져오게 되는 그 밖의 사항

그 외 분할로 인하여 정관의 변경(영업의 종류변경으로 인한 목적변경 등)을 가져오는 경우 이를 기재하되, 분할로 인하여 지배주주인 이사가 신설회사로 간 경우에는 이사의 변경이 있을 것이므로 이사감사 또는 감사위원회 위원에 관한 사항 등을 기재한다.

(2) 분할관계서류 등의 공시(상법 제530조의7)

분할되는 회사의 주주와 회사채권자는 회사의 분할에 따르는 이해관계가 크므로, 주주가 분할결의에서 찬성할 것인지 여부를 사전에 판단할 수 있게 하고 또한 회사채권자는 분할에 이의를 제기할 것인지의 여부를 사전에 판단할 수 있게 하기 위해 관계서류 등을 공시한다.

공시할 분할관계서류는 다음과 같다.

1) 분할되는 회사의 경우

① 분할계획서 또는 분할합병계약서

② 분할되는 부분의 대차대조표

③ 분할합병의 경우에는 분할합병의 상대방 회사의 대차대조표

④ 분할되는 회사의 주주에게 발행할 주식의 배정에 관하여 그 이유를 기재한 서면

2) 흡수분할합병의 상대방 회사의 경우

① 분할합병계획서

② 분할되는 회사의 분할되는 부분의 대차대조표

③ 분할되는 회사의 주주에게 발행할 주식의 배정에 관하여 그 이유를 기재한 서면

3) 공시기간 및 방법

서류의 공시는 분할승인을 위한 주주총회일의 2주전부터 분할등기를 한 날 이후 6월이 경과한 날까지이며, 위 서류를 본점에 비치하여야 한다.

(3) 분할의 결의

회사가 분할을 함에는 주주들의 이해관계에 중대한 영향을 미치므로 분할계획서를 작성한 것만으로 되는 것이 아니고 주주총회의 특별결의에 의한 분할결의가 있어야 한다.

1) 주주총회의 결의(상법 제530조의3 1항, 2항, 3항)

분할계획의 승인주주총회를 소집하기 위하여는 회일을 정하여 2주간 전에 각 주주에게 서면으로 통지서를 발송하여야 한다.

회사분할에 대한 주주총회의 승인은 출석한 주주 의결권의 3분의 2 이상의 수와 발행주식총수의 3분의 1 이상의 수로써 한다. 이 결의에는 의결권 없는 우선주식도 의결권을 행사할 수 있다. 통상 회사가 발행한 주식 중 의결권이 없는 주식(무의결권주식)은 주주총회에서 의결권을 행사할 수 없으나(상법 제370조 1항), 회사의 분할·분할합병의 경우에는 의결권도 없고 달리 구제수단도 없는 의결권 없는 주주를 보호하기 위하여 의결권없는 주식도 의결권이 있다는 특별규정을 두고 있다(상법 제530조의3 3항).

2) 주주 전원의 동의(상법 제530조의3 6항)

회사의 분할로 인하여 분할에 관련되는 각 당사회사의 주주의 부담이 가중되는 경우에는 주주총회 및 종류주주총회의 결의 외에 그 주주 전원의 동의도 있어야 한다.

여기서 부담이 가중되는 경우란 주주유한책임의 원칙상 주주에게 추가출자를 강요할 수 없기 때문에 여기서 부담의 가중이라는 것은 추가출자를 뜻한다고 풀이하는 견해(이태로, 이철송)와 주주의 지위하락이라는 견해(최기원)가 있다.

(4) 채권자보호절차의 이행(상법 제530조의9 4항, 제530조의11 2항)

회사의 분할로 인하여 회사의 채권자가 손해를 보게 될 위험이 있으므로 분할의 성립요건으로 채권자보호절차를 법정하고 있다. 단순분할의 경우 원칙적으로 채권자 보호절차는 필요하지 아니하나 분할에 의하여 설립되는 회사가 피분할회사의 채무중에서 설립되는 회사에 출자하는 재산에 관한 채무만을 부담할 것으로 정한 때에는 채권자보호절차를 밟으면 된다.

【쟁점질의와 유권해석】

〈회사분할의 경우에 피분할회사의 주주가 행사할 수 있는 권리〉

ㄱ) 분할 후에 신설된 회사 또는 출자를 받는 기존의 회사에 대한 주식교부청구권(상법 제530조의5 제1항 4호)

ㄴ) 분할교부금의 인도청구권(동조 5호)

ㄷ) 분할계약서 기타 대차대조표 등의 열람 및 교부청구권(상법 제530조의7)

ㄹ) 분할합병에 반대하는 주주의 주식매수청구권(상법 제530조의2 제1항)

ㅁ) 분할무효소송의 제기권

그러나 주식매수청구권은 단순분할의 경우에는 인정되지 않고 분할합병의 경우에만 인정된다.

1) 이의제출 공고, 최고(상법 제530조의9 4항, 제530조의11 2항)

가. 공고 · 최고의 기간 및 방법

분할결의는 회사의 내부절차이므로 그 내용을 알 수 없는 회사 채권자들에게 주주총회의 분할승인결의가 있는 날로부터 2주 내에 채권자에 대하여 분할에 이의가 있으면 '1월 이상의 기간 내'에 이의를 제출할 것을 공고하여야 한다. 공고를 할 때는 회사가 공고하는 방법에 의하여 하고, 알고 있는 채권자에 대하여는 각별로 이를 최고하여야 한다.

나. 공고 · 최고기간 내에 이의를 제출하지 않는 경우의 효과

위 기간 내에 이의를 제출하지 않는 때에는 분할을 승인한 것으로 보고 이의를 제출한 때에는 회사는 그 채권자에 대하여 변제 또는 상당한 담보를 제공하거나 이를 목적으로 하여 상당한 재산을 신탁하여야 한다.

2) 분할 후 신설회사(존속회사)의 연대책임(상법 제530조의9 1항, 2항, 3항)

분할로 인하여 설립되는 회사 또는 존속하는 회사는 분할 전의 회사채무에 관하여 연대하여 변제할 책임이 있다. 다만, 분할에 의하여 회사를 설립하는 경우에 설립되는 회사가 피분할회사의 채무 중에서 출자한 재산에 관한 채무만을 부담할 것을 정할 수 있고, 이때에 피분할회사는 분할로 인하여 설립하는 회사가 부담하지 아니하는 채무만을 부담한다(상법 제530조의9 제2항).

【쟁점질의와 유권해석】

〈분할에 의하여 설립되는 회사가 분할 전의 회사채무를 전혀 승계하지 않기로 하는 합의의 효력 유무〉

분할에 의하여 설립되는 회사 또는 분할합병에 따른 출자를 받는 존립중의 회사가 분할 또는 분할합병 전의 회사채무를 전혀 승계하지 않기로 하는 내용의 합의는 상법 제530조의9에 위반한 것이어서 상법 제527조의5에 정한 채권자보호절차를 거쳤는지 여부를 불문하고 채권자에 대한 관계에서 아무런 효력이 없고, 따라서 위 설립되는 회사 또는 존립중인 회사는 분할 또는 분할합병 전의 회사채무에 대하여 분할되는 회사와 연대책임이 있다(대법원 2006. 10. 12,선고 2006다26380판결).

3) 분할에 관한 서류의 사후공시(상법 제530조의7 1항, 2항)

분할이 이루어진 경우에 분할당사회사의 이사는 채권자 이의절차의 경과, 분할로 인하여 소멸하는 회사로부터 승계한 재산의 가액과 채무액, 기타 분할에 관한 사항을 기재한 서면을 분할을 한 날로부터 6개월간 본점에 비치하여야 한다.

(5) 주권제출공고 등

피분할회사의 주주에 대한 신설회사 주식의 배정에 따라 주식의 병합 또는 분할이 필요한 경우에는 이를 위한 주권제출의 공고를 하고 이에 부수하여 단주의 처치가 필요한 경우에는 그 절차도 이행하여야 한다(상법 제530조의11 1항, 제329조의2, 제440조 ~ 제444조).

주식을 합병하는 경우에는 1개월 이상의 기간을 정하여 그 뜻과 기간 내에 주권을 회사에 제출할 것을 공고하고 주주명부에 기재된 주주와 질권자에 대하여는 각별로 그 통지를 하여야 한다(상법 제440조).

주권제출기간 내에 구주권을 회사에 제출할 수 없는 자가 있는 때에는 회사는 그 자의 청구에 의하여 3개월 이상의 기간을 정하고 이해관계인에 대하여 그 주권에 대한 이의가 있으면 그 기간 내에 제출할 뜻을 공고하고 그 기간이 경과한 후에 신주식을 교부하여야 한다(상법 제530조의11 1항, 제442조).

주식의 병합 또는 분할을 위한 주권제출공고는 피분할회사가 주권을 발행하지 아니하였거나 전주주의 동의가 있다 하더라도 이를 생략할 수 없다 할 것이다.

(6) 정관작성

피분할회사의 대표이사는 분할계획서의 규정에 저촉되지 아니하는 범위 내에서 분할로 인하여 신설되는 회사의 정관을 작성하여야 한다(상법 제530조의11 1항, 527조). 이에는 작성자인 대표이사가 기명날인하거나 서명하여야 한다.

보통 회사의 설립시에 작성한 정관은 원시정관으로서 공증인의 인증을 받아야 하지만(상법 제292조), 분할에 의한 회사설립시에 작성하는 정관은 원시정관이 아니므로 공증인의 인증을 받을 필요는 없다.

(7) 주식의 인수, 분할교부금의 지급 등

인적분할의 경우에 있어서 분할한 회사의 출자만으로 회사를 설립하는 경우에는 분할계획서가 정하는 바에 따라 피분할회사의 주주에게 설립되는 회사의 주식을 배정하고 교부금을 정한 때에는 그 금액을 지급한다. 다만, 물적분할의 경우에는 주주가 아니라 피분할회사가 설립되는 회사의 주식을 교부받는다.

피분할회사의 주주는 분할교부금이 분할계획서에 기재된 경우에 한하여 이에 대한 지급을 청구할 수 있다.

(8) 주식의 납입과 현물출자의 이행

(9) 검사인의 선임 등

회사설립시 변태설립사항이 있거나 현물출자의 경우에는 검사인의 조사를 받아야 한다.

그러나 회사의 분할에 의한 회사설립시 일반적인 회사설립규정을 준용하고 있는 바(상법 제530조의4), 인적분할의 경우에 불비례적으로 신주가 발행되는 경우와 신설회사가 분할회사의 출자 외에 다른 출자에 의하여 설립되는 경우 변태설립사항이 있는 경우에 한하여 검사인의 조사보고가 필요하므로, 일반적으로 분할되는 재산에 현물출자의 요소가 포함되어 있다고 하더라도 검사인에 의한 조사절차를 밟지 않아도 된다.

분할절차에서 검사인의 조사보고가 필요한 경우 검사인은 당사회사가 발행한 주식이나 지분의 상대적 가액이 적절한지 여부와 교환비율이 공정한지 여부 등을 확인하여 법원에 보고하여야 할 것이다.

(10) 분할대상재산의 이전

회사의 분할로 수 개의 신설회사를 설립할 경우 피분할회사의 재산이 분할로 인하여 설립되는 수 개의 회사에 이전되어야 한다. 이 재산은 적극재산뿐만 아니라 소극재산도 포함하며, 이는 분할의 대상재산이 된다.

(11) 창립총회 또는 이에 갈음한 이사회의 결의와 공고

피분할회사의 대표이사는 채권자보호절차 종료 후, 회사의 분할로 인하여 주식의 병합이 필요한 때에는 그 효력이 생긴 후 새로운 출자가 있는 경우에는 이에 관한 납입과 현물출자의 이행을 현물출자의 이행을 완료한 후 지체없이 신설회사 설립을 위한 창립총회를 소집하여야 한다(상법 제530조의11 1항, 제527조, 제530조의4, 제308조).

이 경우 분할계획에서 이사 및 감사 등이 선임된 때에는 별도의 창립총회를 요하지 않고 이사회의 결의와 공고로써 할 창립총회에 갈음할 수 있다. 그리고 분할시에 모집절차가 병행되는 경우에도 창립총회에 갈음하여 이사회의 결의와 공고로써 할 수 있다(상법 제530조의11 1항, 제527조 4항). 이 총회에서는 피분할회사의 대표이사의 설립사항에 관한 보고를 듣고 분할계획서 또는 분할승인 주주총회에서 분할로 인하여 설립되는 회사의 이사감사 또는 감사위원회 위원을 정하지 아니한 경우에는 이사와 감사 또는 감사위원회 위원을 반드시 선임하여야 한다(상법 제530조의11 1항, 제312조). 그러나 이사가 1인인 회사에서는 창립총회를 이사회의 공고로 갈음할 수 있다.

창립총회가 종결되고 이사회에서 대표이사 선임 및 본점소재장소 등을 정하면 등기절차만 남기고 회사분할의 절차는 종료한 것이라 할 것이다.

(12) 등 기

분할로 인한 존속회사의 분할분할합병에 의한 변경등기 또는 신설회사의 설립등기에 의하여 회사분할은 그 효력을 발생한다(상법 제234조, 제269조, 제530조의11 1항).

회사분할에서는 분할승인총회가 종결한 날부터, 분할합병에서는 존속회사에서 분할합병보고총회를 개최한 때에는 분할합병보고총회가 종결한 날부터, 분할합병보고총회에 갈음하여 이사회 결의로 공고로써 갈음할 때에는 공고일부터, 각 본점소재지에서는 2주간 내에 지점소재지에서는 3주간 내에 등기를 신청하되, 피분할회사 및 흡수분할합병회사에서는 변경등기를, 분할로 인하여 소멸하는 회사는 해산등기를, 분할 또는 분할합병으로 설립되는 회사는 설립등기를 각 신청하여야 한다(상법 제530조의11 1항, 제528조 1항, 상업등기법 제70조).

2. 분할합병의 절차

(1) 분할합병계약서 작성

분할합병하는 당사회사 모두는 분할합병계약서를 작성하여 주주총회의 승인을 받아야 한다.

분할합병의 경우에는 자본감소를 하는 피분할회사에 관한 사항, 자본증가를 하는 흡수분할합병의 상대방회사에 관한 사항, 새롭게 회사를 설립하는 신설분할합병의 신설회사에 관한 사항 등의 세 종류의 회사 형태에 따라 분할합병계약서의 기재내용이 다르게 된다.

1) 흡수분할합병의 경우 상대방회사에 대한 분할합병계약서의 기재사항(상법 제530조의6 1항)

① 분할합병의 상대방 회사가 분할합병으로 인하여 발행 주식의 총수를 증가하는 경우에는 증가할 주식의 총수, 그 종류 및 종류별 주식의 수

　　회사의 분할합병으로 상대방 회사가 존속회사가 되는 경우에 피분할회사의 주주가 가지고 있던 주식수에 따라 존속회사의 주식을 주기 위하여 신주를 발행하는 경우에 그 수는 존속회사의 발행예정주식총수의 한도 내이어야 하고, 그 한도가 신주의 발행에 부족한 때에는 그 한도를 확대할 필요가 있다. 이러한 주식의 정리를 위하여 이를 기재사항으로 한 것이다.

② 분할합병의 상대방 회사가 분할합병을 함에 있어서 발행하는 신주의 총수, 종류 및 종류별 주식의 수

③ 분할되는 회사의 주주에 대한 분할합병의 상대방 회사의 주식의 배정에 관한 사항 및 배정에 따른 주식의 병합 또는 분할을 하는 경우에는 그에 관한 사항

　　회사의 분할합병으로 인하여 피분할회사의 분할되는 부분의 재산은 존속회사에 이전되고 주주의 지위도 승계되는 것이 보통이기 때문에 피분할회사의 주주에 대하여는 존속회사의 주식을 부여하는 것이나, 분할합병신주의 배정은 분할합병당사회사의 재산상태를 평가한 당사회사의 분할합병비율에 따라 결정된다.

　　분할합병으로 인한 존속회사가 수종의 주식을 발행할 때에는 이를 분할합병계

약서에 기재하여야 한다.

④ 분할되는 회사의 주주에 대하여 분할합병의 상대방 회사가 지급할 금액을 정한 때에는 그 규정

이는 분할합병의 교부금에 관한 것이다. 분할합병에 있어서 피분할회사의 주주는 존속회사의 주식을 받는 것을 원칙으로 하나, 피분할회사의 주식과 존속회사의 주식의 가치의 비율이 등가가 아니기 때문에 피분할회사의 주주에게 금전을 교부하여 이를 조정할 수 있다.

⑤ 분할합병의 상대방 회사가 증가할 자본금의 총액과 준비금에 관한 사항

분할합병의 경우, 피분할회사의 주주를 위하여 존속하는 회사가 신주를 발행하면 그 권면액에 신주수를 곱한 금액만큼 자본이 증가하는데, 이것이 '증가할 자본'이 된다.

자본이든 준비금이든 이는 모두 계산상의 수액에 불가한 것이므로 분할합병 후의 존속회사의 자본 또는 준비금은 분할합병당사회사의 자본 또는 준비금의 합계액일 필요는 없다.

⑥ 분할되는 회사가 분할합병의 상대방 회사에 이전할 재산과 그 가액

⑦ 분할합병에 따른 출자를 받는 존립 중의 회사가 분할되는 회사의 채무 중에서 출자한 재산에 관한 채무만을 부담할 것을 정한 때에는 그 규정

회사의 분할합병으로 인한 채무의 부담은 원칙적으로 연대채무를 지는 것이나(상법 제530조의9 1항), 분할합병계약에 의하여 다르게 정할 수 있으므로, 분할합병의 상대방 회사가 피분할회사의 채무 중에서 피분할회사가 출자한 재산에 관한 채무만을 부담하기로 정할 수 있다(상법 제530조의9 3항). 이로 인하여 피분할회사는 그 잔여채무만을 부담하도록 정한 경우에는 그 내용을 기재하여 채무의 부담회사를 특정하여야 한다.

이 경우 피분할회사가 분할 후의 존속하는 때에는 분할합병으로 인하여 존속하는 회사가 부담하지 아니하는 채무만을 부담한다(상법 제530조의9).

⑧ 각 회사에서 분할합병계약서의 승인결의를 할 주주총회의 기일

주식회사가 분할합병하기 위하여는 분할합병계약서를 작성하여 주주총회의 승인을 얻어야 하며, 분할합병계약서에는 각 당사회사가 분할합병의 승인결의를 할 주주총회의 기일을 기재하여야 한다(상법 제522조 1항).

⑨ 분할합병을 할 날

분할합병을 한 날은 회사의 분할합병으로 인한 피분할회사의 재산이 존속회사

로 승계되고 존속회사 또는 신설회사의 주식이 피분할회사의 주주에 배정되어, 당사회사가 실질적으로 합체하는 날을 말한다.

분할합병기일은 배정일과 같은 날이 보통이나, 반드시 같을 필요는 없다.

⑩ 분할합병의 상대방 회사의 이사와 감사를 정한 때에는 그 성명과 주민등록번호

회사의 분할합병으로 인하여 존속하는 상대방 회사에 관하여 이사와 감사를 정한 때에는 그 성명과 주민등록번호를 기재한다.

이는 피분할회사가 상대방 회사의 경영에 참여하기 위하여 자사 측의 인사를 상대방 회사의 이사 및 감사로 취임할 것을 희망하는 경우 등에 그 이사와 감사를 정하며, 이때에는 별도의 창립총회 또는 보고총회 등에서 이사 및 감사를 선임하지 않아도 된다.

⑪ 분할합병의 상대방 회사의 정관변경을 가져오게 되는 그 밖의 사항

분할합병으로 인하여 존속하는 회사의 정관을 변경하기로 정한 때에는 그 규정을 기재한다.

분할합병으로 인하여 존속 또는 피분할회사의 이사를 영입하기 위하여 존속회사 이사의 수를 증가시키거나 주식의 배정에서 존속회사 또는 피분할회사 주주에게 유리한 규정을 두도록 정하는 경우, 피분할회사의 영업목적을 변경하는 경우, 분할합병으로 인하여 설립하는 회사가 피분할회사의 영업을 승계하는 경우의 상호승계시 상호변경 등을 예로 들 수 있다.

2) 신설분할합병의 경우 분할합병의 신설회사에 관한 분할합병계약서의 기재사항 (상법 제530조의6 2항)

피분할회사의 일부가 다른 회사의 일부 또는 다른 회사의 전부와 분할합병을 하여 새로이 회사를 설립하는 경우이다.

① 설립되는 회사의 상호, 목적, 본점의 소재지 및 공고방법

② 설립되는 회사가 발행할 주식의 총수 및 1주의 금액

③ 설립되는 회사의 자본과 준비금에 관한 사항

신설회사의 자본액은 분할합병당사회사의 순재산액 범위 내에서 분할합병 당시에 발행하는 신주의 총수와 분할합병한 회사의 순자산액 범위 내에서 분할합병당시 발행하는 신주의 총수에 각 주금액을 곱한 금액이다.

④ 각 회사가 설립되는 회사에 이전될 재산과 그 가액

⑤ 설립되는 회사가 피분할회사의 채무 중에서 출자한 재산에 관한 채무만을 부담할 것을 정한 때에는 그 규정

피분할회사의 채무는 원칙적으로 흡수분할합병회사 또는 신설분할합병회사와 연대채무를 지는 것이나, 설립되는 회사가 피분할회사의 채무 중에서 출자한 재산에 관한 채무만을 부담키로 정할 수 있다. 이때에는 피분할회사가 분할 후에도 존속하는 경우에 그 나머지 채무만을 부담하게 된다.

다만, 이는 분할에 의하여 설립되는 경우에만 적용되고 합병에 의하여 설립되는 경우에는 그렇지 않아 피합병회사의 권리의무는 당연히 승계한다고 할 것이다(상법 제235조, 제530조 2항).

⑥ 설립되는 회사의 이사와 감사 또는 감사위원회 위원을 정한 경우에는 그 성명과 주민등록번호

⑦ 설립되는 회사가 분할합병 당시에 발행하는 주식의 총수, 종류 및 종류별 주식의 수

⑧ 각 회사의 주주에 대한 주식에 관한 사항과 배정에 따른 주식의 병합 또는 분할을 하는 경우에는 그 규정

설립회사의 주주에 대하여는 피분할회사 또는 피분할합병회사의 주식에 비례하여 설립회사의 주주에 대하여는 피분할회사 또는 피분할합병회사의 주식에 비례하여 설립회사의 주식을 부여하나, 그 주식의 배정비율은 분할합병 당사회사의 분할합병계약서에 따라 결정된다.

⑨ 각 회사의 주주에게 지급할 금액(교부금)을 정한 때에는 그 규정

분할합병에 있어서 피분할회사와 그에 따라 설립되는 회사 및 합병의 경우에 있어서 소멸회사의 주주는 피분할회사 또는 피합병회사의 주식에 비례하여 설립회사의 주식을 받는 것을 원칙으로 한다. 그러나 이는 피분할합병회사의 주식과 피분할회사의 주식 가치의 비율이 등가가 아니고, 분할합병회사의 재산상태가 간단한 분할합병비율에 의하여 주식배정을 할 수 없는 경우에 그 비율을 조정하기 위하여 당사회사의 주주에게 주식 대신에 금전을 교부하는 것이다.

⑩ 각 회사에서 분할합병계약서의 승인결의를 할 주주총회의 기일

⑪ 분할합병을 할 날

⑫ 신설 회사의 정관에 기재할 사항

정관의 임의적 기재사항인 주권양도제한규정 등이 있는 경우에는 그 규정 등을 기재한다.

3) 분할합병 후 존속하는 회사(피분할회사)에 대한 기재사항

① 감소할 자본과 준비금의 액

주식회사의 분할로 인하여 피분할회사에서 신설회사로 이전되는 자본만큼은 피분할회사의 자본에서 감소되어야 하므로 그 금액을 기재한다.

② 자본감소의 방법

자본감소의 방법으로는 일부 주주가 그 소유 전 주식을 가지고 분할로 인한 신설회사의 주주가 됨으로써 그 특정주주의 주식을 감소하는 방법과 회사의 주주전원의 주식을 일률적으로 감소시켜 이를 신설회사의 자본으로 하는 경우, 위 두가지 방법을 병행하는 경우 등이 있다.

③ 분할로 인하여 이전할 재산과 그 가액

④ 분할합병 후의 발행주식의 총수

⑤ 회사가 발행할 주식총수를 감소하는 경우에는 그 감소할 주식의 총수, 종류 및 종류별 주식의 수

⑥ 정관변경을 가져오게 되는 그 밖의 사항

(2) 분할합병관계서류 등의 공시

분할되는 회사의 주주와 회사채권자는 회사의 분할에 따르는 이해관계가 크므로, 주주가 분할합병결의에서 찬성할 것인지 여부를 사전에 판단할 수 있게 하고 또한 회사 채권자는 분할합병에 이의를 제기할 것인지의 여부를 사전에 판단할 수 있게 하기 위해 관계서류 등을 공시한다.

피분할회사의 이사는 주주총회일의 2주 전부터 분할합병을 한 후 6월간 ① 분할합병계약서, ② 분할되는 부분의 대차대조표, ③ 분할합병의 상대방 회사의 대차대조표, ④ 피분할회사의 주주에게 발행할 주식의 배정에 관하여 그 이유를 기재한 서면을 회사의 본점에 비치하여야 한다.

그리고 분할합병회사의 상대방 회사의 이사는 주주총회일의 2주 전부터 분할합병의 등기를 한 후 6월간 ① 분할합병계약서, ② 분할되는 회사의 분할되는 부분의 대차대조표, ③ 피분할회사의 주주에게 발행할 주식의 배정에 관하여 그 이유를 기재한 서면을 본점에 비치하여야 한다.

(3) 분할합병의 결의

1) 주주총회의 결의

가. 원칙 : 주주총회의 특별결의

분할합병계약의 승인은 주주총회의 특별결의를 얻어야 한다.

분할합병계약서는 신설분할합병의 경우에는 모든 당사회사에서 체결된 단일한 분할합병계약서를 작성하여 각 주주총회의 승인을 받으면 되나(상법 제530조의6 2항), 흡수분할합병의 경우에는 분할시와 분할합병시마다 각별로 계획서 또는 계약서를 작성하여 주주총회의 승인을 받아도 된다고 할 것이다.

분할합병에 대한 승인주주총회의 의결은 출석한 주주의결권의 3분의 2 이상의 수와 발행주식총수의 3분의 1 이상의 수의 특별결의로 하며, 이 결의에는 의결권 없는 우선주식도 의결권을 행사할 수 있다(상법 제530조의3 2항·3항·4항, 제434조, 제370조, 제363조).

분할합병의 경우 피분할회사 주주총회의 분할승인결의와 분할합병회사 주주총회의 분할합병승인 결의가 각각 필요하다.

나. 예외 : 간이분할합병·소규모분할합병의 경우

예외적으로, 1999년도 개정상법은 흡수분할합병의 경우에 합병의 경우와 같이 간이분할합병과 소규모분할합병이 인정된다.

① 간이분할합병 : 주식회사의 분할합병의 경우에 피분할 회사의 총주주의 동의가 있거나 또는 그 회사의 발행주식총수의 100분의 90 이상을 분할합병의 상대방 회사가 소유하고 있는 경우에는 피분할 회사의 주주총회 승인은 이사회의 승인으로 갈음할 수 있다(상법 제530조의11 2항, 제527조의2 1항). 이때 피분할회사는 주주총회의 승인을 얻지 않고 분할한다는 뜻을 공고하거나 또는 주주에게 통지하여야 하는 데, 총주주의 동의가 있는 경우에는 그러하지 아니하다.

② 소규모분할합병(상법 제530조 2항, 제527조의3 1항·2항·3항·4항·5항) : 분할합병의 상대방 회사가 분할로 인하여 발행하는 신주의 총수가 그 회사의 발행주식총수의 100분의 10을 초과하지 아니한 때에는 그 분할합병의 상대방 회사의 주주총회 승인은 이사회의 승인으로 갈음할 수 있다. 다만, 피분할회사의 주주에게 지급할 금액을 정한 경우에 그 금액이 분할합병의 상대방 회사의 최종 대차대조표상으로 현존하는 순자산액의 100분의 5를 초과하는 때에는 정식분할 절차에 의하여야 한다(상법 제530조의11 2항, 제527조의3 1항). 소규모분할의 경우에 분할합병의 상대방 회사의 분할합병계약서에는 주주총회의 승인을 받지 아니하고 분할합병한다는 뜻을 기재하여야 하고, 이러한 뜻과 피분할 회사의 상호 및 본점의 소재지와 분할합병할 날을 분할합병계약서를 작성한 날로부터 2주 내에 공고하거나 주주에게 통지하여야 한다. 이러한 통지 또는 공고에 의하여 분할 후 회사의 발행 주식총수의 100분의 20 이상에 해당하는 주식을 소유한 주주가 위의 공고 또는 통지를 한 날로부터 2주 내에

회사에 대하여 서면으로 이러한 분할합병에 반대하는 회사를 통지한 때에는 정식분할합병절차를 밟아야 한다. 이러한 소규모분할의 경우에는 분할합병 반대주주의 주식매수청구권은 인정되지 않는다.

2) 종류주주총회

회사가 수종의 주식을 발행한 경우에 분할합병으로 인하여 어느 종류의 주주에게 손해를 미치게 되는 때에는 주주총회승인결의 외에 그 종류의 종류주주총회의 결의가 있어야 한다. 이 결의는 출석한 주주 의결권의 3분의 2 이상의 수와 그 종류의 발행주식총수의 3분의 1 이상의 수로써 한다(상법 제530조의3 5항, 제435조). 종류주주총회는 각 분할합병 당사회사마다 하여야 한다.

합병에서도 합병당사회사가 수종의 주식을 발행한 경우에는 분할과 같은 요건으로 종류주주총회의 승인을 요하도록 규정하고 있다(상법 제522조 3항, 제434조, 제435조).

3) 주주 전원의 동의

회사의 분할합병으로 인하여 분할합병에 관련되는 각 회사의 주주의 책임이 가중되는 경우에는 승인주주총회의 결의, 종류주주총회의 결의 외에 책임이 가중되는 주주전원의 동의도 있어야 한다(상법 제530조의3 6항).

회사의 분할·분할합병으로 인하여 주주의 부담이 가중되는 경우로는 국세기본법 제39조에 의하여 2차납세의무자로서 회사의 채무에 대한 직접책임을 지게 되는 경우와 피분할회사에는 주식양도제한규정이 없는데 분할로 인한 신설회사 및 분할합병으로 인한 흡수분할합병회사는 주식양도제한규정을 두는 경우 등에서 볼 수 있다.

(4) 주식매수청구권 행사

주식매수청구권이란 원래 주주총회에서 주주의 이익에 중대한 영향을 미치는 사항이 다수결에 의하여 결의된 경우에 위 결의에 반대하는 주주가 회사에 대하여 자기의 소유주식을 공정한 가격으로 매수할 것을 청구할 수 있는 주주의 권리이다.

회사의 분할합병은 회사의 재산과 영업이 포괄적으로 이전되어 주주의 이해관계에 영향을 미치는 점에서 합병과 같으므로, 회사의 분할합병에는 회사합병시의 주식매수청구권의 규정이 준용된다(상법 제530조의11 2항).

분할합병결의사항에 관하여 이사회의 결의가 있는 때에 그 분할합병의 결의에 반대하는 주주는 주주총회 전에 회사에 서면으로 그 결의에 반대하는 의사를 통지하고, 결의일로부터 20일 이내에 주식의 종류와 수를 기재한 서면으로 회사에 대하여 자기가 소유하고 있는 주식의 매수를 청구할 수 있다(상법 제522조의3).

매수가격은 주주와 회사간에 협의에 의하여 결정하되, 협의가 이루어지지 않는 경우에는 회계전문가에 의하여 산정된 가격을 매수가격으로 한다(상법 제374조의2 3항 단서).

(5) 채권자 보호절차

회사의 분할합병으로 인하여 회사의 채권자는 손해를 보게 될 위험이 있으므로 분할합병의 성립요건으로 채권자보호절차를 법정하고 있다.

1) 이의제출 공고, 최고(상법 제530조의9 4항)

가. 공고·최고의 기간 및 방법

분할합병결의는 회사의 내부절차이므로 그 내용을 알 수 없는 회사 채권자들에게 주주총회의 분할합병승인결의가 있는 날로부터 2주 내에 채권자에 대하여 분할합병에 이의가 있으면 '1월 이상의 기간 내'에 이의를 제출할 것을 회사가 공고하는 방법에 의하여 공고하고, 또 알고 있는 채권자에 대하여는 각별로 이를 최고하여야 한다.

나. 공고·최고의 기간 내에 이의를 제출하지 않은 경우의 효과

위 기간 내에 이의를 제출하지 않은 때에는 분할합병을 승인한 것으로 보고 이의를 제출한 때에는 회사는 그 채권자에 대하여 변제 또는 상당한 담보를 제공하거나 이를 목적으로 하여 상당한 재산을 신탁하여야 한다.

2) 분할합병 후 신설회사(존속회사)의 연대책임(상법 제530조의9 1항~3항)

분할합병으로 인하여 설립되는 회사 또는 존속하는 회사는 분할 또는 분할합병 전의 회사채무에 대하여 연대하여 변제할 책임을 진다. 분할에 의하여 회사를 설립하는 경우에 설립되는 회사가 피분할회사의 채무 중에서 출자한 재산에 관한 채무만을 부담할 것을 정할 수 있고, 이때에는 피분할회사는 분할로 인하여 설립되는 회사가 부담하지 아니하는 채무만을 부담한다. 그러나 분할에 의하여 설립되는 회사 또는 분할합병에 따른 출자를 받는 존립중의 회사가 분할 또는 분할합병 전의 회사채무를 전혀 승계하지 않기로 하는 내용의 합의는 상법 제530조의9에 위반한 것이어서 상법 제527조의5에 정한 채권자보호절차를 거쳤는지 여부를 불문하고 채권자에 대한 관계에서 아무런 효력이 없고, 따라서 위 설립되는 회사 또는 존립중의 회사는 분할 또는 분할합병 전의 회사채무에 대하여 분할되는 회사와 연대책임을 진다(대법원 2006. 10. 12.선고 2006다26380판결).

3) 분할합병에 관한 서류의 사후공시(상법 제530조의7 1항, 2항)

분할합병이 이루어진 경우에 당사회사의 이사는 채권자 이의절차의 경과, 분할합병으로 인하여 소멸하는 회사로부터 승계한 재산의 가액과 채무액, 기타 분할에 관한 사항을 기재한 서면을 분할합병을 한 날로부터 6개월간 본점에 비치하여야 한다.

(6) 주권제출공고 등

분할합병시 주식의 배정을 위하여 주식의 병합 또는 분할이 필요한 경우에는 이를 위한 주권제출의 공고를 하고, 이에 부수하여 단주의 처치(주식의 분할 또는 병합에 적당하지 아니한 주식의 경매 등)가 필요한 경우에는 1개월 이상의 기간을 정하여 그 뜻과 주권을 회사에 제출할 것을 공고하고 주주와 질권자에 대하여 각별로 통지하는 등의 절차를 이행하여야 한다(상법 제530조의11 1항, 제440조 ~ 제444조).

주식을 합병하는 경우에는 1개월 이상의 기간을 정하여 그 뜻과 그 기간 내에 주권을 회사에 제출할 것을 공고하고 주주명부에 기재된 주주와 질권자에 대하여는 각별로 그 통지를 하여야 한다(상법 제440조).

(7) 공정거래위원회 및 증권관리위원회에 대한 신고 및 등록

자산총액 또는 매출액의 규모가 2천억원 이상인 회사(계열회사의 자산총액 또는 매출액을 합산한 규모) 또는 기업결합신고대상회사의 특수관계인이 다른회사와의 합병, 다른회사의 영업의 전부 또는 주요부분을 양수하는 경우 등에는 공정거래위원회에 신고하여야 한다(독점규제및공정거래에관한법률 제12조, 동법시행령 제12조, 제18조).

상법 제530조의2(회사의 분할·분할합병) 1항의 규정에 의하여 분할에 의한 회사 설립의 경우는 기업결합에 해당하지 아니하나(동법 제7조 1항 V), 분할합병에 의한 회사 설립의 경우는 포함된다고 하여야 할 것이다.

기업결합의 신고는 당해 기업결합일로부터 30일 이내에 하되, 합병 등에 의한 경우에는 기업결합의 당사회사 중 1 이상의 회사가 대규모회사인 경우에는 합병계약을 체결한 날 또는 영업양수계약을 체결한 날 또는 회사설립에의 참여에 대한 주주총회의 의결이 있는 날로부터 30일 이내에 신고하여야 하고(동법 제12조 4항, 동법시행령 제11조, 제18조, 경제기획원고시 제44호), 신고 후 30일이 경과할 때까지는 합병등기를 하여서는 아니되나, 이 신고가 있는 경우 공정거래위원회는 필요하다고 인정할 때에는 위의 기간을 단축하거나 90일을 초과하지 아니하는 범위 내에서 연장할 수 있다(동법 제12조 5항).

(8) 분할합병시 주식의 액면가 및 직권의 물상대위

분할합병하는 회사의 대표이사는 분할합병계약서에서 정하는 바에 따라 그 규정에 저촉되지 아니하는 범위 내에서 분할합병으로 인하여 신설되는 회사의 정관을 작성하여야 한다(상법 제530조의11 1항, 제527조). 이 정관에는 작성자 겸 설립위원인 대표이사가 기명날인하거나 서명한다.

통상 회사의 설립시에 작성하는 정관은 원시정관으로서 공증인의 인증을 받아야 하지만(상법 제292조), 분할·분할합병에 의한 회사설립시에 작성하는 정관은 원시정관이 아니므로 공증인의 인증을 받을 필요가 없다.

(9) 주식의 인수 등

인적분할에 있어서 분할합병 당사회사의 출자만으로 회사를 설립하는 경우에는 분할합병계약서가 정하는 바에 따라 피분할합병회사의 주주에게 수혜회사의 주식을 배정하고 또 교부금을 정한 때에는 그 금액을 지급하고 분할합병을 한 날에 피분할회사 및 피분할합병회사가 수혜회사에 재산을 인계하면 된다. 다만, 물적분할의 경우에는 주주가 아니라 피분할회사 등이 수혜회사의 주식을 교부받는다.

한편, 분할합병으로 인하여 설립되는 회사나 존속하는 회사에 대하여 새로운 출자를 하게 한 경우에는 현물출자자는 현물출자에 대한 검사인의 조사보고 또는 공증인의 조사보고 및 공인된 감정인의 감정으로 분할합병계약서에서 정한 주식을 인수하게 하고, 금전에 의한 출자자는 청약서에 의하여 주식을 청약하고 주금을 납입하도록 하는 등 통상의 설립절차에 있어서와 같은 주식의 인수 등의 절차를 이행하여야 한다(상법 제530조의4, 제299조의2, 제302조).

(10) 주식의 납입과 현물출자의 이행

피분할회사의 출자만으로 회사를 설립하는 경우에는 피분할회사의 출자 목적인 재산을 신설회사 등 수혜회사의 대표자에게 인계하면 되는 것이지만, 분할합병 당사회사의 출자 외에 새로운 출자를 하게 한 경우에는 대표이사가 분할합병계약서에서 정한 납입기일에 주식인수인은 통상의 설립절차에 있어서와 같이 인수가액 전액의 납입과 현물출자의 이행을 하여야 하며(상 법 제530조의4, 제305조), 이를 증명하는 주금납입증명서면을 등기신청서에 첨부하여야 한다.

(11) 현물출자와 검사인의 선임 등

단순분할절차와 달리 회사분할합병절차에 관하여는 검사인의 조사보고의 생략 규정이 없으며, 분할합병절차에서 새로운 출자를 하여 회사를 설립하는 경우에 있어서 변태설립사항이 있는 경우와 불비례적으로 설립회사의 신주를 분할합병회사의 주주에게 교부하는 경우에는 검사인의 조사보고가 필요하다. 따라서 검사인은 당사회사가 발행한 주식이나 지분의 상대적 가액이 적절한지 여부와 주권배정 비율이 공정한지 여부 등을 확인하여 법원에 보고하여야 할 것이다.

(12) 재산인계(분할합병의 실행)

분할합병으로 인하여 설립되는 회사 또는 분할합병의 상대방 회사는 분할합병을 할 날에 피분할회사 등으로부터 이전받기로 한 재산과 부담하기로 한 채무에 관하여 인계절차를 완료하고 교부금이 있을 때에는 이를 지급하여야 한다.

보통 이날 분할합병으로 인한 피분할회사 또는 분할합병으로 인한 해산회사의 주주는 분할합병에 의한 존속회사 또는 신설회사의 주식을 배정받게 되어 그 주식인수인이 된다. 그리하여 분할합병기일에 당사회사는 실질적으로 합체되지만, 이 합체는 확정적인 것이 아니고 분할합병등기에 의한 분할합병의 효력발생을 조건으로 하는 것이다(상법 제530조의11 1항, 제234조).

(13) 창립총회, 보고총회 또는 보고총회에 갈음하는 이사회 결의와 공고

1) 분할합병 후의 보고총회

분할합병의 상대방회사는 피분할회사의 출자를 받아 자본을 증가하게 되어 결국 흡수합병의 경우 존속회사와 유사한 지위를 갖는다. 이러한 경우 분할합병의 상대방회사의 대표이사는 분할합병에 따른 채권자보호절차를 마친 후, 주식병합이 있을 경우 그 효력이 발생한 후 지체없이 주주총회를 소집하여 분할합병에 관한 사항을 보고하여야 한다(상법 제530조의11 1항, 상 제526조). 그러나 이러한 보고총회를 이사회 공고로 갈음할 수 없다.

2) 분할후의 창립총회

분할에 의하여 신설되는 회사에서는 창립총회를 소집하여야 한다. 이 때 설립위원

의 임무는 피분할회사의 대표이사가 담당하므로 창립총회도 피분할회사의 대표이사
가 소집한다(상법 제530조의11 1항). 그러나 창립총회도 이사회의 공고로 갈음할 수
있다. 하지만 이사가 1인인 회사에서는 창립총회를 이사회의 공고로 갈음할 수 없다.

(14) 등 기

분할로 인한 존속회사의 분할합병에 의한 변경등기 또는 신설회사의 설립등기에
의하여 분할합병은 그 효력을 발생한다(상법 제234조, 제269조, 제530조의11 1항).

분할에서는 분할승인총회가 종결한 날부터, 존속회사에서 분할합병보고총회를
개최한 때에는 분할합병보고총회가 종결한 날부터, 분할합병보고총회에 갈음하여
이사회 결의로 공고로써 갈음할 때에는 공고일로부터, 각 본점소재지에서는 2주
간 내에, 지점소재지에서는 3주간 내에 등기를 신청하되, 피분할회사 및 흡수분
할합병회사에서는 변경등기를, 분할로 인하여 소멸하는 회사는 해산등기를, 분할
또는 분할합병으로 설립되는 회사는 설립등기를, 각 대표이사가 신청하여야 한다
(상법 제530조의11 1항, 제528조 1항, 상업등기법 제70조).

III. 분할·분할합병의 등기

1. 등기 형태 등

(1) 등기형태

① 분할 후 존속하는 회사에 대하여는 변경등기를,

② 분할로 인하여 소멸하는 회사에 대하여는 해산등기를,

③ 분할로 인하여 설립된 회사에 대하여는 설립등기를 한다.

(2) 동시신청

본점 소재지에서 하는 분할신설회사·흡수분할합병회사·분할존속회사·분할소멸회
사의 설립등기·변경등기·해산등기의 신청은 분할신설회사 또는 흡수분할합병회사
의 본점 소재지를 관할하는 등기소에 동시에 하여야 한다(상업등기법 제71조).

2. 등기신청서를 제출할 등기소(등기예규 제1542호)

(1) 각 회사의 관할등기소가 동일한 경우

분할존속회사, 분할소멸회사, 분할신설회사, 흡수분할합병회사의 관할등기소(본

점소재지의 관할등기소를 의미한다)가 동일한 경우, 분할 또는 분할합병으로 인한 등기의 신청서는 그 관할등기소에 제출하여야 한다.

(2) 각 회사의 관할등기소가 다른 경우

분할존속회사, 분할소멸회사, 분할신설회사, 흡수분할합병회사의 관할등기소가 서로 다른 경우, 분할 또는 분할합병으로 인한 등기의 신청서를 제출하여야 할 등기소는 다음과 같다.

가. 갑 회사의 일부를 분할하여 을 회사를 설립하는 경우 : 을 회사의 관할등기소

나. 갑 회사를 분할하여 을 회사와 병 회사를 각 설립하고 갑 회사는 소멸하는 경우

① 을 회사와 병 회사의 관할등기소가 같은 경우 : 을 및 병 회사의 관할등기소

② 갑과 을 회사의 관할등기소 또는 갑과 병 회사의 관할등기소가 같은 경우 : 갑 및 을 회사의 관할등기소 또는 갑 및 병 회사의 관할등기소

③ 갑, 을, 병 회사의 관할등기소가 모두 다른 경우 : 을 또는 병 회사의 관할등기소

다. 갑 회사의 일부를 분할하여 을 회사와 병 회사를 각 설립하고 갑 회사는 존속하는 경우 : 위 '나'와 같다.

라. 갑 회사의 일부를 분할하여 그 분할된 부분을 을 회사에 합병하고 갑 회사와 을 회사가 모두 존속하는 경우 : 을 회사의 관할등기소

마. 갑 회사의 일부를 분할하여 그 분할된 부분과 을 회사를 합병하여 병 회사를 설립하고 갑 회사는 존속하고 을 회사는 소멸하는 경우 : 병 회사의 관할등기소

바. 갑 회사와 을 회사가 각 일부를 분할하여 그 분할된 부분을 합하여 병 회사를 설립하고 갑 및 을 회사가 존속하는 경우 : 병 회사의 관할 등기소

사. 갑 회사의 일부를 분할하여 그 분할된 부분과 을 및 병 회사를 합병하여 정 회사를 설립하고 갑 회사는 존속하며 을 및 병 회사는 소멸하는 경우 : 정 회사의 관할등기소

아. 기타의 경우

분할존속회사, 분할소멸회사, 분할신설회사, 흡수분할합병회사의 관할등기소가 같지 않은 경우로서 위에서 언급한 사례 이외의 경우에는 원칙적으로 분할신설회사 또는 흡수분할합병회사의 관할등기소, 분할신설회사 또는 흡수분할합병회사가

둘 이상인 경우에는 분할존속회사 또는 분할소멸회사와 관할등기소를 같이하는 회사가 있는 때에는 관할이 동일한 관할등기소에, 그와 같은 회사도 없는 때에는 둘 이상의 분할신설회사 또는 흡수분할합병회사 중 어느 한 회사의 관할등기소에 제출하는 것으로 한다.

3. 등기절차

(1) 등기신청기간

단순분할의 경우 분할승인총회가 종결한 날로부터 분할합병의 경우 창립총회가 종결한 날 또는 분할보고총회에 갈음하여 이사회 결의로 공고로써 갈음할 때에는 공고일로부터, 본점소재지에서는 2주간 내에, 지점소재지에서는 3주간 내에 소정의 등기사항을 회사를 대표하는 이사가 신청하여야 한다(상 법 제530조의11 1항, 제528조, 제317조)

(2) 신청인

등기신청은 존속회사, 신설회사, 소멸회사의 각 대표이사가 신청하여야 하나 소멸회사의 경우에는 존속회사 또는 설립회사의 대표자가 신청할 수 있다(예규 제964호).

(3) 등기사항

1) 통상의 설립등기사항

통상의 회사설립등기에 관한 사항을 기재하여야 한다. 다만, 지점소재지에서는 법인등의등기특례법에 의한 지점에 등기하여야 할 소정의 등기사항을 등기한다.

① 목적

② 상호

③ 회사가 발행할 주식총수

④ 1주의 금액

⑤ 본점과 지점의 소재지

⑥ 회사가 공고하는 방법

⑦ 자본의 총액

⑧ 발행주식의 총수, 그 종류와 각종 주식의 내용과 수

⑨ 주식의 양도에 관하여 이사회의 승인을 얻도록 정한 때에는 그 규정

⑩ 주식매수선택권을 부여하도록 정한 때에는 그 규정

⑪ 회사의 존립기간 또는 해산사유를 정한 때에는 그 기간 또는 사유

⑫ 개업 전에 이자를 배당할 것을 정한 때에는 그 규정

⑬ 주주에게 배당할 이익으로 주식을 소각할 것을 정한 때에는 그 규정

⑭ 전환주식을 발행하는 경우에는 주식을 다른 종류의 주식으로 전환할 수 있다
    는 뜻, 전환의 조건, 전환으로 인하여 발행할 주식의 내용, 전환을 청구할 수
    있는 기간

⑮ 이사와 감사 또는 감사위원회 위원의 성명과 주민등록번호

⑯ 회사를 대표할 이사의 성명과 주소, 주민등록번호

⑰ 수인의 대표이사가 공동으로 회사를 대표할 것으로 정한 때에는 그 규정(상 제
    389조)

⑱ 명의개서대리인을 둔 때에는 그 상호 및 본점소재지

⑲ 법인성립의 연월일

2) 분할로 인하여 존속하거나 소멸한 회사의 상호 및 본점과 분할한 뜻

분할로 인한 설립등기의 경우에는 다른 관련회사의 상호 및 본점과 분할한 뜻을
기재하면 되나, 분할로 인한 해산등기를 하는 경우에는 그 뜻과 그 연월일(관련된
다른 회사의 변경 또는 설립등기일)을 함께 기재한다.

3) 피분할회사의 전환사채 또는 신주인수권부사채에 관한 사항

합병으로 인한 존속회사의 변경등기 또는 신설회사의 설립등기에 있어서 그 회사
들이 승계한 전환사채 또는 신주인수권부사채의 등기를 함께 하여야 하는데(상 법
제528조 제2항), 이를 분할등기에 준용하고 있다(상법 제530조의11 제1항, 제528
조 제2항).

4) 분할시 정관으로 주식양도제한규정을 신설한 때에는 그 규정

5) 지점소재지

지점소재지에 있어서는 회사성립의 연월일과 지점을 설치 또는 이전한 뜻 및 그
연월일도 등기하여야 하며(비송사건절차법 제217조, 제186조 2항), 지점소재지의
회사분할로 인한 변경등기에는 분할연월일도 등기한다.

(4) 첨부서면

분할 또는 분할합병으로 인한 변경등기 또는 설립등기신청서에는 상업등기규칙에서 정하고 있는 다음의 정보를 제공하여야 한다.

1) 분할 또는 분할합병으로 설립하는 회사의 설립등기를 할 때(상업등기규칙 제150조)

① 분할계획 또는 분할합병계약에 관한 정보

② 분할 또는 분할합병 후 존속하는 회사나 소멸하는 회사의 주주총회의사록

③ 분할존속회사 또는 분할소멸회사의 어느 종류주주에게 손해를 미치게 될 경우에는 그 회사의 종류주주총회의사록

④ 분할존속회사 또는 분할소멸회사의 주주의 부담이 가중되는 경우에는 그 주주 전원의 동의가 있음을 증명하는 정보

⑤ 정관, 창립총회의사록, 이사, 대표이사, 집행임원, 대표집행임원, 감사 또는 감사위원회 위원의 취임승낙을 증명하는 정보, 명의개서대리인을 둔 때에는 명의개서대리인과의 계약을 증명하는 정보

⑥ 분할되는 회사의 출자 외에 다른 출자에 의하여 회사를 설립하는 경우에는 주식의 인수를 증명하는 정보, 주식의 청약을 증명하는 정보, 발기인이 「상법」 제291조에 규정된 사항을 정한 때에는 이를 증명하는 정보, 「상법」 제298조 및 제313조에 따른 이사와 감사 또는 감사위원회 및 공증인의 조사보고에 관한 정보, 「상법」 제299조, 제299조의2 및 제310조에 따른 검사인이나 공증인의 조사보고 또는 감정인의 감정에 관한 정보, 검사인이나 공증인의 조사보고 또는 감정인의 감정결과에 관한 재판이 있은 때에는 그 재판이 있음을 증명하는 정보, 주금의 납입을 맡은 은행, 그 밖의 금융기관의 납입금 보관을 증명하는 정보

⑦ 분할 또는 분할합병으로 주식의 병합 또는 분할을 하는 경우에는「상법」제440조에 따른 공고를 하였음을 증명하는 정보

⑧ 「상법」제527조의5 제1항에 따른 공고 및 최고한 사실과 이의를 진술한 채권자가 있는 때에는 이에 대하여 변제 또는 담보를 제공하거나 신탁을 한 사실을 증명하는 정보(단순분할로 설립되는 회사가 분할되는 회사의 분할 전 채무에 관하여 연대책임을 지는 경우는 제외한다)

⑨ 「상법」제527조 제4항에 따른 공고를 한 경우에는 이를 증명하는 정보

2) 분할합병으로 분할되는 부분을 흡수하는 분할합병의 상대방 회사의 변경등기를
   할 때(상업등기규칙 제151조)
   ① 분할합병계약에 관한 정보
   ② 분할되는 회사의 주주총회의사록 또는 이사회의사록
   ③ 분할되는 회사의 어느 종류주주에게 손해를 미치게 될 경우에는 그 회사의 종
      류주주총회의사록
   ④ 분할되는 회사의 주주의 부담이 가중되는 경우에는 그 주주 전원의 동의가 있
      음을 증명하는 정보
   ⑤ 분할합병으로 주식의 병합 또는 분할을 하는 경우에는 「상법」 제440조에 따른
      공고를 하였음을 증명하는 정보
   ⑥ 「상법」제526조 제3항에 따른 공고를 한 경우에는 이를 증명하는 정보, 「상
      법」제527조의2 제2항 또는「상법」제527조의3 제3항에 따른 공고 또는 통지
      를 한 경우에는 이를 증명하는 정보,「상법」제527조의3에 따른 합병의 경우에
      소멸하는 회사의 주주에게 지급할 금액을 정한 때에는 존속하는 회사의 최종
      대차대조표에 관한 정보,「상법」제527조의3 제4항에 따른 반대의사를 통지한
      주주가 있는 경우에는 그 주주가 소유하는 주식의 총수를 증명하는 정보,「상
      법」제527조의5 제1항에 따른 공고 및 최고한 사실과 이의를 진술한 채권자
      가 있는 때에는 이에 대하여 변제 또는 담보를 제공하거나 신탁을 한 사실을
      증명하는 정보

【쟁점질의와 유권해석】

〈'분할 또는 분할합병으로 인하여 설립되는 회사 또는 존속하는 회사'에 효력이 미치는
지 여부(소극)

부진정연대채무에서는 채무자 1인에 대한 이행청구 또는 채무자 1인이 행한 채무의 승인
등 소멸시효의 중단사유나 시효이익의 포기가 다른 채무자에게 효력을 미치지 않는다. 따
라서 채권자가 분할 또는 분할합병이 이루어진 후에 분할회사를 상대로 분할 또는 분할
합병 전의 분할회사 채무에 관한 소를 제기하여 분할회사에 대한 관계에서 시효가 중단
되거나 확정판결을 받아 소멸시효 기간이 연장된다고 하더라도 그와 같은 소멸시효 중단
이나 연장의 효과는 다른 채무자인 분할 또는 분할합병으로 인하여 설립되는 회사 또는
존속하는 회사에 효력이 미치지 않는다(대법원 2017. 5. 30. 선고 2016다34687 판결).

> **【쟁점질의와 유권해석】**
>
> **〈신주인수권부사채의 승계에 관한 등기가 분할에 따른 각 등기신청과 동시에 경료되지 못한 경우의 등기신청방법〉**
>
> 주식회사를 분할하는 경우에 신주인수권부사채(전환사채도 동일)의 승계가 있는 때에는 원칙적으로 상법 제528조 제2항, 제530조의11 제1항의 규정에 따라 사채의 승계사실을 증명하는 서면(예. 분할계획서, 분할계획서 승인의 주주총회의사록)을 첨부하여 분할에 따른 각 등기신청과 동시에 사채의 등기신청을 하여야 할 것이다.
>
> 그러나 신주인수권부사채의 승계에 관한 등기가 분할에 따른 각 등기신청과 동시에 경료되지 못한 경우에는 등기해태의 책임여부는 변론으로 하고 사채의 승계가 있었다는 사실을 증명하는 서면(예. 분할당시의 분할계획서와 분할계획서승인의 주주총회 의사록, 승계에 따른 세부사항을 정한 이사회의사록, 채권자보호절차의 이행을 증명하는 서면 등)을 첨부하여 분할에 따른 각 등기의 종료후에라도 등기신청을 할 수는 있을 것이다 (2003.11. 14. 공탁법인 3402-270 질의회답).

(5) 등기신청의 처리(예규 제1542호)

　　1) 신청서를 접수받은 등기관은 본점 소재지에서 하는 분할신설회사·흡수분할합병회사·분할존속회사·분할소멸회사의 설립등기·변경등기·해산등기의 신청 중 어느 하나에 관하여 상업등기법 제26조 각 호에 해당하는 사유가 있을 때에는 이들 신청을 함께 각하하여야 한다.

　　2) 분할신설회사 또는 흡수분할합병회사의 본점 소재지를 관할하는 등기소에서 분할 또는 분할합병으로 인한 설립 또는 변경등기를 하였을 때에는 지체 없이 그 등기 연월일과 상업등기법 제70조 제3항에 따른 등기신청(분할존속회사의 변경등기 또는 분할소멸회사의 해산등기신청)이 있었다는 뜻을 분할존속회사 또는 분할소멸회사의 본점 소재지를 관할하는 등기소에 전산정보처리조직을 이용하여 통지하여야 한다.

　　3) 위 2)에 따라 통지받은 등기소의 등기관이 그 신청사건을 각하한 경우에도 접수등기소의 당해 등기사건은 각하된 것으로 보지 않는다.

4. 분할로 인한 존속회사(피분할회사)의 변경등기절차

(1) 등기기간 및 등기신청방법

　1) 등기기간

회사 분할 후에 피분할회사가 존속하는 경우 피분할회사에서 분할보고총회를 개최한 때에는 분할보고총회가 종결한 날로부터(상법 제530조의11, 제526조), 분할보고총회에 갈음하여 이사회 결의로 공고로써 갈음할 때에는 공고일로부터, 각 본점소재지에서는 2주간 내에 소정의 등기사항을, 지점소재지에서는 3주간 내에 지점소정의 등기사항의 등기를 신청함으로써 분할로 인한 변경등기를 한다(상법 제530조의11 1항, 제528조 1항).

이 경우의 신청인은 피분할회사의 대표이사이다.

2) 등기신청방법

존속회사의 본점소재지에서 하는 분할 또는 분할합병으로 인한 변경등기·설립등기 및 해산등기의 신청은 동시에 하여야 한다(상업등기법 제71조).

존속회사·신설회사·소멸회사의 본점소재지를 관할하는 등기소가 다른 경우 분할 또는 분할합병에 따른 등기신청에 관하여는 상업등기규칙 제101조 1항을 준용한다(동규칙 제154조 3항). 따라서 존속회사의 본점소재지를 관할하는 등기소에 동시신청을 할 수 있다.

분할로 인하여 전환사채 또는 신주인수권부사채를 승계한 때에는 그 사채의 등기도 동시에 신청하여야 한다(상법 제530조의11 1항, 제528조 2항).

(2) 등기사항

1) 분할합병의 상대방의 상호 및 본점과 분할합병을 한 뜻 또는 합병으로 인하여 설립한 회사의 상호 및 본점과 분할합병을 한 뜻(상업등기법 제70조)

2) 분할합병 후 회사가 발행할 주식의 총수

피분할회사가 분할에 의하여 발행예정주식총수를 감소변경한 때에는 변경 후의 발행예정주식총수를 등기하여야 한다.

3) 분할합병 후의 발행주식의 총수, 그 종류 및 종류별 수

피분할회사의 재산의 일부를 분할하여 새로운 회사를 설립할 경우에는 그 부분만큼 자본의 감소가 있으므로 그 감소된 부분을 제외한 발행주식과 그 종류 등을 등기하여야 한다.

4) 분할 후의 자본의 총액

분할에 의해 신설회사로 자본이 이동이 있는 경우에는 그 이전된 자본액을 제외한 금액이 분할 후 존속회사의 자본총액이 된다.

5) 피분할회사의 전환사채나 신주인수권부사채

분할로 인하여 피분할회사의 전환사채나 신주인수권부사채를 분할로 인한 신설회사 등이 승계한 때에는 그 사채의 등기도 동시에 신청하여야 한다(상법 제530조의11 1항, 제528조 2항).

6) 대표이사·이사·감사(또는 감사위원회 위원) 등이 변경된 경우 그 사항

7) 분할시 정관으로 주식양도제한규정을 정한 때에는 그 규정

8) 분할시 정관으로 주식매수선택권규정을 정한 때에는 그 규정

9) 지점소재지에서 하는 분할합병의 연월일

지점소재지에서는 분할로 인하여 신설한 회사의 상호, 본점과 분할한 뜻, 분할연월일도 등기하여야 한다.

(3) 첨부서면

1) 분할계획서 또는 분할합병계약서

피분할회사의 주주총회의 승인을 받은 분할계획서·분할합병계약서를 첨부하여야 한다.

2) 분할계획서 승인의 주주총회의사록

이 서면은 등기신청시에 첨부하므로 공증인의 인증을 받아야 한다. 분할보고총회는 주주총회에 갈음하여 이사회의 결의로 공고로 할 수 있으나, 분할계획서의 승인은 이사회의 결의로 갈음할 수 없으므로, 분할계약서의 승인에 관한 주주총회의사록을 첨부하여야 한다.

3) 분할계획 승인의 종류주주총회의사록(개최한 경우)

4) 분할계획에서 부담이 가중되는 주주전원의 동의서(필요한 경우)

회사의 분할로 인하여 분할에 관련되는 각 회사의 주주의 부담이 가중되는 경우에는 분할계획의 주주총회 결의 이외에 그 주주 전원의 동의를 받아야 하므로(상법 제530조의3 6항), 주주 전원의 동의서를 첨부하여야 한다.

5) 채권자에 대한 이의제출의 공고 및 최고를 한 사실과 이의를 진술한 채권자가 있는 때에는 변제 또는 담보를 제공하거나 신탁을 한 사실을 증명하는 서면 (필요한 경우)

피분할회사와 신설회사가 피분할회사의 기존채무를 분담하기로 한 경우 등에 필

요한 서면으로서, 피분할회사에서 채권자보호절차를 이행한 것을 말한다.

이의를 진술하는 채권자가 없는 때에는 회사의 대표자명의로 그 뜻의 진술서를 첨부하는 것이 실무관행이며, 이의를 진술하는 자가 있을 때에는 변제 또는 담보를 제공하거나, 신탁 등을 한 사실을 증명하는 서면을 첨부한다(상법 제530조의11 2항, 제527조의5, 제232조 2항, 3항).

6) 분할로 인하여 주식의 병합 또는 분할이 있는 때에는 주권제출의 공고사실을 증명하는 서면

회사분할시에 주식의 분할 또는 병합이 있는 때에 첨부한다.

7) 분할보고총회 또는 이에 갈음한 이사회 결의와 공고사실을 증명하는 서면

8) 이사·감사(또는 감사위원회 위원)·대표이사가 변경된 경우에는 그 취임승낙서와 주민등록번호를 증명하는 서면(필요한 경우)

회사의 분할로 인하여 특정사업부분을 분할하여 현재의 대표이사가 분할로 인한 신설회사의 대표이사가 되고, 피분할회사의 대표이사를 변경한 경우 등에는 그 사실을 증명하는 서면과 취임승낙서, 주민등록번호를 증명하는 서면을 첨부하여 제출한다.

9) 등록면허세, 지방교육세 및 농어촌특별세, 납부영수필통지서 및 확인서, 등기신청수수료

등록면허세는 회사분할시 피분할회사는 자본증가를 수반하지 아니하므로 일반 변경등기의 등록면허세인 4만2백원, 지방교육세는 등록면허세의 100분의 20이고, 농어촌특별세는 관세법, 조세특례제한법, 지방세법에 의하여 감면 또는 면제금액의 100분의 20이다.

그리고 회사분할시 분할등기 외에 이사변경등기 등을 수반하면 각각에 해당하는 등록면허세를 납부하여야 한다.

회사의 분할로 인한 변경등기의 등기신청수수료는 6,000원(전자표준양식에 의해 신청하는 경우 4,000원, 전자신청의 경우에는 2,000원)이며, 분할로 인한 신설회사 설립의 경우에는 30,000원(전자표준양식에 의해 신청하는 경우 25,000원, 전자신청의 경우에는 20,000원)이다. 따라서 분할로 인하여 자본이 변경되는 경우에는 '1주의 금액', '발행할 주식의 총수', '발행주식의 총수와 그 종류 및 각각의 수', '기타사항란의 합병의 취지'마다 등기하여야 하므로 각 6,000원의 등기신청수수료를 납부하여야 한다.

10) 위임장 등 기타 일반적인 서면

대리권한을 증명하는 서면, 관청의 허가(인가)서, 정관, 법원의 허가서 또는 총주주의 동의 등이 필요한 경우에는 이를 첨부하여야 할 것임은 다른 등기의 신청에 있어서와 같다.

5. 분할합병 후에 존속하는 분할합병의 상대방 회사에 관한 변경등기절차

이 등기는 예컨대 갑회사의 재산(영업)의 일부를 분할한 후 그 분할된 부분과 을회사가 합병하여 을회사가 존속하고 갑회사의 분할된 부분은 분할합병으로 인하여 흡수되는 경우의 을회사에 관한 분할합병등기이다.

(1) 등기기간 등

단순분할에서는 분할승인총회가 종결한 날부터, 존속회사에서 분할합병보고총회를 개최한 때에는 그 총회가 종결한 날부터, 총회에 갈음하여 이사회 결의로 공고로써 갈음할 때에는 공고일로부터, 각 본점소재지에서는 2주간 내에, 지점소재지에서는 3주간 내에 소정의 등기사항의 등기를 신청하되, 피분할회사 및 흡수분할합병회사에서는 변경등기를, 분할로 인하여 소멸하는 회사는 해산등기를, 분할 또는 분할합병으로 설립되는 회사는 설립등기를 각 신청하여야 한다(상법 제530조의11 1항, 제528조 1항).

분할합병으로 인하여 전환사채 또는 신주인수권부사채를 승계한 때에는 그 사채의 등기도 동시에 신청하여야 한다(상법 제530조의11 1항, 제528조 2항).

(2) 등기사항

1) 피분할상호 및 본점과 분할합병을 한 뜻

분할합병에 당하여 신주를 발행하지 않을 때에는 본점소재지에서는 이 사항만을 등기한다(등기예규 제964호 참조).

2) 분할합병 후의 회사가 발행할 주식의 총수(증가한 경우)

분할합병으로 인하여 존속회사가 분할합병에 당하여 발행예정주식총수를 증가 변경한 때에는 변경 후의 발행예정주식총수를 등기하여야 한다.

3) 분할합병 후의 발행주식의 총수, 그 종류 및 종류별 수

4) 분할합병 후의 자본총액

  5) 이사와 감사 또는 감사위원회 위원의 주민등록번호와 대표이사의 주소 및 이들의 취임연월일

  6) 분할합병한 회사의 전환사채 또는 신주인수권부사채를 승계한 때에는 그 사채에 관한 사항

  7) 분할합병시 정관으로 주식양도제한규정을 정한 때에는 그 규정

  8) 분할합병시 정관으로 주식매수선택권규정을 정한 때에는 그 규정

    분할합병 전 피분할합병회사의 정관에는 주식매수선택권규정이 없었으나, 미래의 일정시점에 일정수량의 자사주식을 유리한 가격에 살 수 있는 권리를 회사의 설립·경영과 기술혁신 등에 기여하거나 기여할 수 있는 임직원 등에게 부여하는 주식매수선택권 규정을 신설할 경우에는 분할합병에 의한 수혜회사의 정관을 변경하거나 신설하여 주식매수선택권규정을 두어야 하므로 이 때에는 분할합병계약서에 기재하여 정관변경사항으로 하여야 한다.

  9) 지점소재지에서는 분할합병의 연월일

(3) 첨부서면

  1) 분할합병계약서

  2) 분할합병계약서 승인의 주주총회의사록

  3) 종류주주총회의사록(필요한 경우)

    회사가 여러 종류의 주식을 발행한 경우 어느 종류의 주주에게 손해를 미치게 하는 분할합병을 하는 때에는 그 종류의 주주총회의 결의도 있어야 하므로 이 때에는 그 종류주주총회의사록이 필요하다.

  4) 분할합병으로 부담이 가중되는 주주전원의 동의서(필요한 경우)

    회사의 분할합병으로 인하여 분할합병에 관련되는 각 회사의 주주의 부담이 가중되는 경우에는 분할합병승인의 주주총회 외에 그 주주전원의 동의가 있어야 한다(상법 제530조의3 6항).

  5) 채권자보호절차를 이행한 사실을 증명하는 서면

    이 서면은 분할합병으로 인하여 존속하는 회사와 소멸회사에서 각각 채권자보호절차를 이행한 것을 말한다.

    이의를 진술하는 채권자가 없는 때에는 회사 대표자명의의 진술서를 첨부하는 것

이 실무관행이다.

이의를 진술하는 자가 있을 때에는 변제 또는 담보를 제공하거나, 신탁 등을 한 사실을 증명하는 서면을 첨부한다.

6) 분할합병으로 인하여 주식의 병합 또는 분할이 있는 때에는 주권제출의 공고사실을 증명하는 서면(주식의 배정에 따른 주식의 병합 또는 분할이 있는 경우)

7) 이사·대표이사·감사 또는 감사위원회 위원의 취임승낙을 증명하는 서면

8) 이사·감사 또는 감사위원회 위원의 주민등록번호를 증명하는 서면 및 대표이사의 주소를 증명하는 서면

9) 분할합병보고총회의사록 또는 이에 갈음한 이사회의사록과 공고사실을 증명하는 서면

10) 이사회의사록

이사회의사록은 본점소재지결정, 대표이사결정, 감사위원회 위원의 결정, 창립총회 또는 보고총회에 갈음하는 공고를 결의하는 경우 등에 첨부한다. 의사록은 공증인의 인증을 받아야 한다.

11) 등록면허세·지방교육세·농어촌특별세, 납부영수필통지서 및 확인서, 등기신청수수료

분할합병에 의하여 자본액이 증가할 경우에는 그 증가한 자본액을 과세표준으로 하여 1,000분의 4의 등록면허세 및 그 100분의 20에 해당하는 지방교육세를 납부하여야 한다. 다만, 자본증가가 있는 경우 그 등록세의 금액이 11만2천5백원 미만이면 11만2천5백원으로 한다(지방세법 제28조 1항).

분할합병시 분할합병등기 외에 이사·정관변경 등의 사유로 변경등기사항이 여러종류인 경우에는 각각에 해당하는 등록면허세를 납부하여야 한다.

대도시에 있는 법인이 설립 후 5년 이내에 합병으로 자본금이 증가할 때에는 그 증가자본액을 과세표준으로 하여 1,000분의 4의 3배의 등록면허세를 납부하여야 한다(지방세법 제28조 2항).

농어촌특별세는 조세특례제한법, 관세법, 지방세법에 의하여 등록면허세가 감면 또는 면제되는 금액의 100분의 20에 해당하는 금액을 납부한다(농어촌특별세법 제4조, 제5조).

분할합병으로 인한 변경등기의 등기신청수수료는 6,000원(전자표준양식에 의해 신청하는 경우 4,000원, 전자신청의 경우에는 2,000원)이며, 분할합병으로 인한 신설회

사 설립의 경우에는 30,000원(전자표준양식에 의해 신청하는 경우 25,000원, 전자신청의 경우에는 20,000원)이다. 따라서 분할합병으로 인하여 자본이 증가하는 경우에는 '1주의 금액', '발행할 주식의 총수', '발행주식의 총수와 그 종류 및 각각의 수', '기타사항란의 합병의 취지'마다 각 6,000원의 등기신청수수료를 납부하여야 한다.

12) 기타의 위임장 등 일반적인 첨부서면(상업등기규칙 제52조, 제128조 등)

기타 대리권한을 증명하는 서면, 관청의 허가(인가, 신고)서, 정관, 법원의 허가서 또는 총주주의 동의 등이 필요한 경우에는 이를 첨부하여야 할 것임은 다른 등기의 신청에 있어서와 같다. 다만, 합병에는 소규모합병과 간이합병의 규정이 있으나, 회사의 분할합병에는 이를 준용하는 규정이 없다.

6. 분할·분할합병으로 인한 신설회사의 설립등기절차

(1) 등기기간 및 신청방식

1) 등기기간 등

신설분할합병의 경우에 창립총회를 개최하면 창립총회가 종결한 날, 창립총회에 갈음하여 이사회 결의로 공고로써 갈음할 때에는 공고일로부터 본점소재지에서는 2주간 내에 다음 소정의 등기사항을, 지점소재지에서는 3주간 내에 지점등기사항을 대표이사가 신청하여야 한다(상법 제530조의11 1항, 제528조, 제317조).

2) 신청방식(상업등기법 제71조)

가. 본점 소재지에서 하는 분할신설회사·흡수분할합병회사·분할존속회사·분할소멸회사의 설립등기·변경등기·해산등기의 신청은 분할신설회사 또는 흡수분할합병회사의 본점 소재지를 관할하는 등기소에 동시에 하여야 한다(동법 제71조 제3항).

나. 본점 소재지에서 하는 분할존속회사의 변경등기 또는 분할소멸회사의 해산등기 신청은 그 등기소의 관할구역 내에 분할신설회사 또는 흡수분할합병회사의 본점이 없을 때에는 그 본점 소재지를 관할하는 등기소를 거쳐야 한다(동법 제71조 제2항).

(2) 등기사항

1) 분할합병의 상대방회사의 상호 및 본점과 분할합병을 한 뜻

분할 또는 분할합병으로 설립하는 회사의 설립등기를 할 때에는 분할 또는 분할합병 후 존속하는 회사나 소멸하는 회사의 상호·본점과 분할 또는 분할합병을 한 뜻도 함께 등기하여야 한다(상업등기법 제70조 1항).

2) 통상의 설립등기사항

① 목적

② 상호

③ 회사가 발행할 주식총수

④ 1주의 금액

⑤ 본점과 지점의 소재지

⑥ 회사가 공고하는 방법

⑦ 자본의 총액

⑧ 발행주식의 총수, 그 종류와 각종 주식의 내용과 수

⑨ 주식의 양도에 관하여 이사회의 승인을 얻도록 정한 때에는 그 규정

⑩ 주식매수선택권을 부여하도록 정한 때에는 그 규정

⑪ 회사의 존립기간 또는 해산사유를 정한 때에는 그 기간 또는 사유

⑫ 개업 전에 이자를 배당할 것을 정한 때에는 그 규정

⑬ 주주에게 배당할 이익으로 주식을 소각할 것을 정한 때에는 그 규정

⑭ 전환주식을 발행하는 경우에는 주식을 다른 종류의 주식으로 전환할 수 있다는 뜻, 전환의 조건, 전환으로 인하여 발행할 주식의 내용, 전환을 청구할 수 있는 기간

⑮ 이사와 감사 또는 감사위원회 위원의 성명과 주민등록번호

⑯ 회사를 대표할 이사의 성명과 주소, 주민등록번호

⑰ 수인의 대표이사가 공동으로 회사를 대표할 것으로 정한 때에는 그 규정(상 제389조)

⑱ 명의개서대리인을 둔 때에는 그 상호 및 본점소재지

⑲ 법인성립의 연월일

3) 분할합병시 분할되는 회사의 전환사채 또는 신주인수권부사채를 신설회사가 승계할 때에는 그 사채에 관한 사항

4) 분할합병시 정관으로 주식양도제한규정을 신설한 때에는 그 규정

5) 분할합병시 정관으로 주식매수선택권규정을 신설한 때에는 그 규정

6) 지점소재지에서는 회사의 성립연월일

지점소재지에서 있어서는 회사성립의 연월일과 지점을 설치 또는 이전한 뜻 및

그 연월일도 등기하여야 하고, 지점소재지의 분할합병으로 인한 변경등기에는 본점에서 한 분할합병연월일도 등기한다.

(3) 첨부서면(상업등기규칙 제151조)

1) 신규출자가 없는 경우

피분할회사의 출자만으로 회사를 설립하고 또 피분할회사의 주주에게 그 주주가 가지는 회사의 주식의 비율에 따라 신설회사의 주식이 발행되는 경우에는 변태설립사항이 있어도 아래의 첨부서면만 첨부하면 된다(2003. 7. 25, 공탁법인 3402-179 질의회답).

① 정관

정관에 주식양도제한규정을 둔 경우, 주식매수선택권제도를 둔 경우, 회사가 발행할 주식총수, 상호, 목적, 발기인, 이사의 정원·임기 등을 조사하기 위하여 신설회사의 정관이 필요하므로 분할합병으로 인하여 설립되는 회사의 정관을 첨부한다. 이는 원시정관이 아니므로 공증인의 인증이 필요없고, 피분할회사의 출자만으로 설립하는 경우 피분할회사의 대표자가 서명 또는 기명날인하면 된다.

② 분할계획서·분할합병계약서

③ 분할합병계약서 승인의 주주총회의사록

분할합병당사회사의 각 분할합병승인에 관한 주주총회의사록을 말한다. 주식회사의 경우 결의는 출석한 주주 의결권의 3분의 2 이상의 다수와 발행주식총수의 3분의 1 이상의 찬성을 얻어야 하며, 이때에는 의결권 없는 주주도 의결권을 행사한다(상법 제530조의3, 제434조).

④ 종류주주총회의사록(개최한 경우)

분할합병을 하는 회사가 여러 종류의 주식을 발행한 경우 어떤 종류의 주주에게 손해가 있을 때에는 그 종류의 주식 소유자의 종류주주총회의 승인 결의가 있어야 한다.

⑤ 주주전원의 동의서(필요한 경우)

회사의 분할합병으로 인하여 분할합병에 관련된 회사 주주의 부담이 가중되는 경우가 있을 때에는 그 주주 전원의 동의서를 첨부하여야 한다(상법 제530조의3 6항).

⑥ 채권자보호절차의 이행사실을 증명하는 서면

분할합병회사의 이해관계인에 대하여 분할합병의 최고 및 공고를 하여 채권자보호절차를 이행한 서면을 말한다. 상법 제530조의2 제1항의 규정에 의한 단순분할의 경우에는 분할에 의하여 설립되는 회사(신설회사)는 분할되는 회사(분할회사)의 분할 전 회사채무에 관하여 원칙적으로 연대책임이 있어(상법 제530조의9 제1항), 채권자보호절차(동조 4항, 제527조의5)를 거칠 필요가 없으므로 채권자보호절차를 거쳤음을 증명하는 서면은 분할에 의한 등기의 신청시 제출할 필요가 없다. 그러나 분할계획서의 승인결의로 신설회사가 분할회사의 채무 중에서 출자한 재산에 관한 채무만을 부담할 것을 정한 경우(상법 제530조의9 제2항, 제530조의5 제1항 8호)에는 채권자보호절차를 거쳐야 하며(상법 제530조의9 제4항, 제439조 3항, 제527조의5), 분할에 의한 등기의 신청서에 채권자보호절차를 거쳤음을 증명하는 서면을 첨부하여야 한다.

이의를 진술하는 채권자가 없는 때에는 회사대표자 명의로 그 뜻의 진술서를 첨부하는 것이 실무관행이다.

이의를 진술하면 변제, 담보제공 또는 공탁한 사실을 증명하는 서면을 첨부한다.

⑦ 주권제출의 공고를 증명하는 서면(주식의 병합 또는 분할을 한 경우)

⑧ 창립총회의사록(개최한 경우) 또는 창립총회에 갈음하는 이사회의사록과 공고를 증명하는 서면을 첨부하여야 한다.

⑨ 이사회의사록(개최한 경우)

이사회에서 대표이사를 선임한 경우, 본점소재장소를 결정한 경우, 감사위원회 위원을 선임한 경우, 명의개서대리인을 특정한 경우 등에 첨부한다.

⑩ 이사, 대표이사와 감사 또는 감사위원회 위원의 선임 및 취임승낙을 증명하는 서면 및 이사감사 또는 감사위원회 위원의 주민등록번호 및 대표이사의 주소를 증명하는 서면

⑪ 분할합병당사회사의 등기부등본

분할합병당사회사의 상호, 본점과 승계되는 전환사채 등을 확인하기 위하여 분할합병당사회사의 등기부등본을 첨부한다. 다만, 당해 등기소의 관할구역 내에 분할합병당사회사의 본점이 있는 경우를 제외한다.

⑫ 명의개서대리인을 둔 때에는 명의개서대리인과의 계약을 증명하는 서면

⑬ 등록면허세, 지방교육세, 농어촌특별세, 납부영수필통지서 및 확인서, 등기신청수수료

분할합병에 의하여 새로 법인을 신설할 때에는 그 자본액을 과세표준으로 하여 과세표준의 1,000분의 4의 등록면허세 및 그 100분의 20에 해당하는 지

방교육세를 납부하여야 한다(지방세법 제28조 1항 6호).

대도시에 있는 법인이 설립 후 5년 이내에 합병하는 경우 등록면허세는 3배 중과하므로(지방세법 제28조 2항), 대도시에서 신설합병하는 경우에는 등록세를 3배 가산한다.

농어촌특별세는 조세특례제한법, 관세법, 지방세법에 의하여 등록면허세가 감면 또는 면제되는 금액의 100분의 20에 해당하는 금액을 납부하여야 한다(농어촌특별세법 제4조, 제5조).

신설합병으로 인하여 신설회사 설립의 경우에는 30,000원(전자표준양식에 의해 신청하는 경우는 25,000원, 전자신청의 경우에는 20,000), 해산등기의 경우에는 6,000원(전자표준양식에 의해 신청하는 경우는 4,000원, 전자신청의 경우에는 2,000원)의 등기신청수수료를 각 납부한다.

⑭ 기타 위임장 등 일반적인 첨부서면(상업등기규칙 제52조, 제128조)

대리인의 권한을 증명하는 서면, 관청의 허가(인가)서 또는 인증있는 등본과 정관의 규정, 법원의 허가 또는 총주주의 동의가 없으면 등기할 사항에 관하여 무효 또는 취소의 원인이 있는 때에는 정관, 법원의 허가서, 총주주의 동의서 등이 필요할 때에는 이를 첨부한다.

2) 신규출자가 있는 경우

분할합병으로 설립되는 회사가 분할합병의 당사회사의 출자 외에 신규출자도 한 경우에는 다음의 서면을 추가하여 첨부한다.

① 주식의 인수 또는 청약을 증명하는 서면

② 검사인의 조사보고서와 부속서류 또는 이에 갈음한 공증인의 조사보고서와 부속서류공인된 감정인의 감정서와 부속서류

회사의 분할합병으로 인하여 그 소유주식비율에 의한 주식을 교부하지 아니하는 불비례적 주식분할의 경우 및 변태설립사항이 있는 경우에는 검사인의 조사보고가 필요하다(상법 제530조의4 2항).

③ 검사인 등의 조사보고 등에 대한 재판이 있는 때에는 그 재판의 등본

④ 주금의 납입을 증명하는 서면

⑤ 이사와 감사(또는 감사위원회 위원) 또는 공증인의 설립경과의 조사보고서

3) 동시신청시 첨부정보 제공

같은 등기소에 동시에 여러 건의 등기신청을 하는 경우에 첨부정보의 내용이 같

은 것이 있을 때에는 먼저 접수되는 신청서에만 그 첨부정보를 제공하고, 다른 신청서에는 먼저 접수된 신청서에 그 첨부정보를 제공하였다는 뜻을 기재하는 것으로 그 첨부정보의 제공을 갈음할 수 있다. 다만, 전자신청의 경우에는 그러하지 아니하다(상업등기규칙 제53조 2항).

(4) 대표이사의 인감제출

등기신청서에 날인한 자로서 대표이사의 인감을 제출하여야 한다(상업등기법 제25조). 인감신고서에는 대표이사가 발행받을 인감에 대한 사항을 기재한 인감대지도 첨부한다.

(5) 등기신청의 처리

동시에 신청된 분할합병으로 인한 존속회사의 변경등기, 신설회사의 설립등기, 소멸회사의 해산등기 등 수건의 등기신청 중 어느 하나에 관하여 등기신청의 각하사유가 있는 때에는 이들 등기신청을 모두 함께 각하하여야 한다(상업등기법 제72조 1항).

핵 심 판 례

■ 구 상법 제530조의9 제1항에 따라 '분할 또는 분할합병으로 인하여 설립되는 회사 또는 존속하는 회사'와 '분할 또는 분할합병 전의 회사'가 부담하는 연대책임의 법적 성질(=부진정연대채무)

구 상법(2015. 12. 1. 법률 제13523호로 개정되기 전의 것) 제530조의9 제1항은 "분할 또는 분할합병으로 인하여 설립되는 회사 또는 존속하는 회사(이하 '수혜회사'라 한다)는 분할 또는 분할합병 전의 회사채무에 관하여 연대하여 변제할 책임이 있다."라고 정하고 있다(2015. 12. 1. 개정된 상법 제530조의9 제1항은 "분할회사, 단순분할신설회사, 분할승계회사 또는 분할합병신설회사는 분할 또는 분할합병 전의 분할회사 채무에 관하여 연대하여 변제할 책임이 있다."라고 정하여, '분할회사'와 '분할합병신설회사' 등이 동일한 분할회사 채무에 관해 연대책임을 부담한다는 점을 명시하고 있다). 이는 회사분할로 채무자의 책임재산에 변동이 생겨 채권 회수에 불리한 영향을 받는 채권자를 보호하기 위하여 부과된 법정책임을 정한 것으로, 수혜회사와 분할 또는 분할합병 전의 회사는 분할 또는 분할합병 전의 회사채무에 대하여 부진정연대책임을 진다(대법원 2017. 5. 30. 선고 2016다34687 판결).

【쟁점질의와 유권해석】

〈첨부할 서면을 생략할 수 있는 경우〉

ㄱ) 존속회사, 신설회사, 소멸회사 등 전부 또는 그 중 두 회사의 관할 등기소가 같아 같 기소에 변경등기와 설립등기 및 해산등기를 모두 또는 그 중 두 종류의 등기 신청을 동시에 하는 경우에는 변경등기와 설립등기의 신청서에 첨부하여야 할 서면의 내용이 동일한 것인 때에는 변경등기의 신청서에만 첨부하면 된다. 이 경우 설립등기신청서 에는 위임장만 첨부하되, 그 생략의 취지를 기재하여야 한다. 그리고 존속회사 또는 신설회사와 관할등기소가 같은 소멸회사의 해산등기신청서에는 일체의 서면을 첨부하 지 않아도 된다.

ㄴ) 존속회사, 신설회사, 소멸회사의 관할 등기소가 서로 다른 경우 등기신청서를 제출할 등기소에 변경등기와 설립등기 및 해산등기를 모두 또는 그 중 두 종류의 등기신청을 동시에 하는 경우에는 각 등기사건의 신청서별로 첨부할 서면을 각각 첨부하여야 한다.

ㄷ) 분할 또는 분할합병으로 인한 신설회사가 분할되는 회사의 출자 또는 분할되는 회사 와 분할합병으로 소멸되는 회사의 출자만으로 설립되는 경우에는 회사설립등기시의 첨부서면에 관한 비송은 등사건절차법 제203조 각 호의 서면 중 정관, 창립총회의사 록, 이사대표이사와 감사의 취임승낙을 증명하는 서면과 명의개서대리인을 둔 때에는 명의개서대리인과 계약을 증명하는 서면 외에 다른 서면을 첨부할 필요는 없다.

7. 분할합병 후에 존속하는 피분할회사의 변경등기절차

이 등기는 예컨대 갑회사의 재산(영업)의 일부를 분할하여 그 분할된 부분과 을회 사가 분할합병하여 병회사를 설립하고 갑은 존속하고 을은 해산하는 경우의 갑회사 에 대한 변경등기의 경우이다.

(1) 등기기간 등

분할합병의 상대방 회사 또는 분할합병에 의하여 설립한 회사에 관한 분할합병 으로 인한 변경등기 또는 설립등기의 기간과 같은 기간 내(흡수분할합병의 경우 에는 주주총회의 종결일 또는 보고에 갈음하는 공고일, 신설분할합병의 경우에는 창립총회가 종결한 날 또는 보고에 갈음하는 공고일로부터 본점소재지에서는 2주 간 내, 지점소재지에서는 3주간 내)에 분할한 회사를 대표하는 이사가 등기를 신 청하여야 한다(상법 제530조의11 1항, 제528조).

(2) 등기사항

가. 분할존속회사의 변경등기를 할 때에는 분할신설회사 또는 흡수분할합병회사의 상호·본점과 분할 또는 분할합병을 한 뜻 및 그 연월일도 함께 등기하여야 한다. 이 경우 분할되는 회사의 일부가 다른 회사 또는 다른 회사의 일부와 분할합병을 하여 회사를 설립하는 경우에는 그 다른 회사의 상호·본점도 함께 등기하여야 한다(상업등기법 제70조 3항).

나. 분할합병 후에 회사가 발행할 주식의 총수(감소변경한 경우)

다. 분할합병 후의 발행주식의 총수, 그 종류 및 종류별 주식의 수

라. 분할합병 후의 자본의 총액

(3) 첨부서면

가. 분할합병계약서

나. 분할합병계약서의 승인 주주총회의사록

다. 분할합병계약서의 승인 종류주주총회의사록(필요한 경우)

라. 분할합병으로 부담이 가중되는 주주전원의 동의서(필요한 경우)

마. 채권자보호절차를 이행한 사실을 증명하는 서면

바. 주권제출공고를 증명하는 서면(주식의 배정에 따른 주식의 병합 또는 분할이 있는 경우)

사. 위임장 등 일반적인 첨부서면

(4) 등기신청의 처리

동시에 신청된 분할합병으로 인한 존속회사의 변경등기, 신설회사의 설립등기, 소멸회사의 해산등기 등 수 건의 등기신청 중 어느 하나에 관하여 각하사유가 있는 때에는 이들 등기신청을 모두 각하하여야 한다(상업등기법 제72조).

8. 분할합병으로 인한 해산등기

(1) 등기기간 등

흡수분할합병의 경우에는 분할합병보고총회가 종결한 날 또는 보고총회에 갈음하는 공고일, 신설분할합병의 경우에는 분할합병창립총회가 종결한 날 또는 창립총회에 갈음하는 공고일로부터 각 본점소재지에서는 2주 내, 지점소재지에서는 3주 내에 회사를 대표하는 이사가 분할합병으로 인한 해산등기를 신청하여야 한다

(상법 제530조의11 1항, 제528조, 상업등기법 제23조).

분할 또는 분할합병으로 인한 해산등기는 분할신설회사 또는 흡수분할합병회사의 대표자가 분할소멸회사를 대표하여 신청한다(상업등기법 제71조 1항).

(2) 등기사항

분할존속회사의 변경등기 또는 분할소멸회사의 해산등기를 할 때에는 분할신설회사 또는 흡수분할합병회사의 상호·본점과 분할 또는 분할합병을 한 뜻 및 그 연월일도 함께 등기하여야 한다. 이 경우 분할되는 회사의 일부가 다른 회사 또는 다른 회사의 일부와 분할합병을 하여 회사를 설립하는 경우에는 그 다른 회사의 상호·본점도 함께 등기하여야 한다(상업등기법 제70조 3항).

(3) 신청방식

존속회사·신설회사·소멸회사의 본점소재지에서 하는 분할합병으로 인한 해산등기의 신청은 동시에 하여야 한다(상업등기법 제71조 3항).

(4) 첨부서면

1) 각 회사의 등기소가 동일한 경우

분할합병으로 인한 본점소재지에서 하는 해산등기의 신청에는 인감의 제출에 관한 규정(상업등기법 제25조 1항)을 적용하지 아니한다(상업등기법 제25조 3항 8호).

2) 각 회사의 관할등기소가 다른 경우

① 분할합병계약서

② 분할합병계약서의 승인 주주총회의사록, 종류주주총회의사록(필요한 경우), 부담이 가중되는 주주 전원의 동의서(필요한 경우)

③ 채권자보호절차를 이행한 서면

④ 주권제출의 공고를 증명하는 서면(주식의 병합 또는 분할이 있는 경우)

⑤ 위임장 등 일반적인 첨부서면

여기에는 위임장, 분할합병에 관계하는 채권자보호절차를 이행하는 서면, 공고를 증명하는 서면 등의 일반적인 서면도 첨부하여야 하나, 동일등기소에서 분할합병의 상대방 회사 또는 신설회사에 관한 분할합병으로 인한 변경등기 또는 설립등기의 신청과 동시에 신청하는 경우에 첨부정보의 내용이 같은 것이 있을 때에는 먼저 접수되는 신청서에만 그 첨부정보를 제공하고, 다른 신청서에는 먼저 접수된 신청서에 그 첨부정보를 제공하였다는 뜻을 기재하는 것으로 그 첨부정보의 제공을 갈음할 수 있다. 다만, 전자신청의 경우에는 그러하지 아니하다(상업등기규칙 제53조 2항).

(5) 등기신청의 처리

동시에 신청된 분할합병으로 인한 존속회사의 변경등기, 신설회사의 설립등기, 소멸회사의 해산등기 등 수 건의 등기신청 중 어느 하나에 관하여 각하사유가 있는 때에는 이들 등기신청을 모두 함께 각하하여야 한다(상업등기법 제72조 1항).

9. 분할 및 분할합병으로 인한 지점표시변경등기절차

회사분할로 인하여 피분할회사의 재산과 권리의무는 분할로 인한 설립회사 등 수혜회사가 분할계획서에 정한 바대로 승계하고, 채무는 원칙적으로 연대책임을 지나 분할로 설립되는 회사가 피분할회사의 채무만을 부담할 수 있으며(상법 제530조의9 2항), 합병에 의하여는 피합병회사의 재산은 합병회사에 법률상 당연히 일체로 인계되므로, 분할합병에 의하여 피합병회사의 재산은 당연히 분할합병회사에 인계된다.

따라서 피분할회사 또는 피분할합병회사의 지점에 관한 권리도 분할계획서 또는 분할합병계약서에 의하여 수혜회사가 승계하게 되므로, 피분할회사 및 피분할합병회사의 지점에 관한 등기를 분할로 인한 설립회사 등의 지점으로 변경하거나 폐지등기하여야 할 것이다. 회사분할의 경우 피분할회사의 지점은 분할계획서에 의하여 설립회사에 이전되는 경우에는 지점에 관한 등기사항 중 회사의 상호 및 본점이 설립회사 등의 것으로 변경되어야 하고, 공고방법, 존립기간과 해산사유, 회사성립연월일 등 지점에 관한 등기사항 중 피분할회사와 설립회사와 다른 등기사항은 설립회사와 동일하게 변경등기를 하여야 할 것이며, 분할합병에 의한 경우에도 이와 동일하다고 할 것이다.

회사분할의 경우에는 설립회사의 본점과 지점은 정관 및 분할계약서에 별도로 정하지 않는 한 분할로 인하여 피분할회사에 존속하는 것으로 보아 다른 등기는 할 필요가 없을 것이다.

분할로 인한 설립회사와는 달리 피분할회사의 지점에 관하여는 분할계획서에 특히 명시하지 않는 한 분할로 인하여 별다른 등기를 할 필요는 없으나, 분할로 인하여 피분할회사의 지점을 폐지하는 경우에는 일반적인 지점이전, 지점폐지등기와 동일하게 등기하면 될 것이다. 지점을 신설회사로 이전하는 경우에는 피분할회사 및 신설회사에서 각 지점이전등기를 하여야 할 것이나, 그 절차는 일반적인 지점이전의 규정을 유추하여야 할 것이다.

회사분할 또는 분할합병으로 소멸하는 주식회사의 지점에서도 변경등기를 하여야 하므로 소멸회사의 지점 지배인을 피분할회사 또는 분할합병회사의 지점 지배인으로 계속하려면 분할회사 또는 분할합병회사의 해당 지점에 새로이 지배인선임등기를 하여야 한다고 할 것이다.

(1) 등기기간 등

분할회사의 분할등기시에 본점에서는 분할로 인하여 지점에 관한 사항이 변경되는 경우 이를 2주간 내에 등기하고, 분할로 인한 설립 또는 소멸회사의 지점에서는 본점에서 분할등기를 한 후 3주간 내에 지점표시변경등기를 하여야 할 것이다. 분할합병의 경우에도 동일하다.

분할로 인한 경우에는 피분할회사의 대표자가 신청하여야 하고, 분할합병으로 인한 경우에는 분할회사 및 신설회사가 전부 관여되므로 피분할회사에 대하여는 피분할회사, 신설회사에 대하여는 신설회사의 대표자가 각 등기를 신청해야 할 것이다.

(2) 첨부서면

1) 본점에서 분할등기 또는 분할합병등기를 한 본점등기부등본

분할로 인하여 신설회사가 피분할회사의 권리의무를 승계하므로 이 분할로 인한 지점표시변경등기는 달리 분할을 증명하는 이사회의사록, 주주총회의사록 등은 첨부할 필요가 없다. 지점폐지의 경우에도 동일하게 피분할회사에서 계약으로 달리 정하지 아니하는 한 피분할회사의 지점은 그대로 둔다. 분할합병의 경우에도 동일하다.

2) 등록면허세 및 지방교육세, 농어촌특별세 납부영수필통지서 및 확인서, 등기신청수수료

등록면허세 4만2백원, 지방교육세 8천4십원을 납부한 등록세영수필통지서 및 확인서를 첨부한다(지방세법 제26조 1항 6호, 제151조). 등기신청수수료는 6,000원이다.

핵 심 판 례

■ 공동수급체 구성원 지위가 회사의 분할합병으로 인한 포괄승계의 대상인지 여부(원칙적 소극)

> 상법 제530조의10은 분할 또는 분할합병으로 인하여 설립되는 회사 또는 존속하는 회사는 분할하는 회사의 권리와 의무를 분할계획서 또는 분할합병계약서가 정하는 바에 따라서 승계한다고 규정하고 있다. 즉 회사의 분할합병이 있는 경우에는 분할합병계약서에 따라 피분할회사의 권리의무는 사법상 관계나 공법상 관계를 불문하고 성질상 이전을 허용하지 않는 것을 제외하고는 분할합병으로 인하여 존속하는 회사에게 포괄승계된다. 한편 공동수급체는 기본적으로 민법상의 조합의 성질을 가지고, 공동수급체의 구성원 사이에서 구성원 지위를 제3자에게 양도할 수 있기로 약정하지 아니한 이상, 공동수급체의 구성원 지위는 상속이 되지 않고 다른 구성원들의 동의가 없으면 이전이 허용되지 않는 귀속상의 일신전속적인 권리의무에 해당하므로, 공동수급체의 구성원 지위는 원칙적으로 회사의 분할합병으로 인한 포괄승계의 대상이 되지 아니한다(대법원 2011. 8. 25. 선고 2010다44002 판결).

■ 상법 제530조의9 제1항에 따라 주식회사의 분할 또는 분할합병시 설립되는 회사와 존속하는 회사가 연대책임을 부담하는 채무에, 분할 또는 분할합병시 변제기가 도래하지 않은 채무도 포함되는지 여부(적극)

> 상법 제530조의9 제1항에 따라 주식회사의 분할 또는 분할합병으로 인하여 설립되는 회사와 존속하는 회사가 회사 채권자에게 연대하여 변제할 책임이 있는 분할 또는 분할합병 전의 회사 채무에는, 회사 분할 또는 분할합병의 효력발생 전에 발생하였으나 분할 또는 분할합병 당시에는 아직 그 변제기가 도래하지 아니한 채무도 포함된다(대법원 2008. 2. 14. 선고 2007다73321 판결).

【서식】주식회사설립등기신청서(회사분할로 인한 신설회사 설립의 경우)

<table>
<tr><td colspan="6" style="text-align:center">분할로 인한
주식회사설립등기신청</td></tr>
<tr><td rowspan="2">접 수</td><td>20○○년 ○월 ○일</td><td rowspan="2">처리인</td><td>등기관 확인</td><td>각종 통지</td></tr>
<tr><td>제○○○○호</td><td></td><td></td></tr>
<tr><td>등 기 의 목 적</td><td colspan="4">회사분할로 인한 주식회사 설립등기</td></tr>
<tr><td>등 기 의 사 유</td><td colspan="4">○○시 ○○구 ○○길 ○○ A주식회사의 재산(영업)의 일부를 분할하여 ○○시 ○○구 ○○길 ○○ C주식회사를 설립하되, A주식회사는 존속하기로 하여 20○○년 ○월 ○일 A주식회사의 주주총회에서 분할계획서를 승인하고 또는 신설회사의 정관을 작성하고 공고와 최고절차를 밟아 20○○년 ○월 ○일 창립총회를 종결(창립총회에 갈음하여 이사회 결의로 공고로써 갈음하기로 하여 그 공고절차를 종료)하였으므로 다음 사항의 등기를 구함.</td></tr>
<tr><td>본/지점 신청구분</td><td colspan="4">1. 본점신청 □   2. 지점신청 □   3. 본·지점 일괄신청 □</td></tr>
<tr><td colspan="5" style="text-align:center">등 기 할 사 항</td></tr>
<tr><td>상   호</td><td colspan="4">C주식회사</td></tr>
<tr><td>본   점</td><td colspan="4">○○시 ○○구 ○○길 ○○</td></tr>
<tr><td>공 고 방 법</td><td colspan="4">서울 시내에서 발행하는 일간 ○○신문에 게재함.</td></tr>
<tr><td>1 주 의 금 액</td><td colspan="4">금○○○원</td></tr>
<tr><td>발 행 할
주 식 의 총 수</td><td colspan="4">○○○주</td></tr>
<tr><td>발행주식의 총수, 그 종류와 각종 주식의 내용과 수</td><td colspan="4">보통주식   ○○○주</td></tr>
<tr><td>자 본 의 총 액</td><td colspan="4">금○○○원</td></tr>
</table>

목 적	1. 인쇄기계의 제조 및 임대업 2. 위 각호에 관련되는 부대사업
이사감사의 성명 및 주민등록번호	사내이사 ○ ○ ○(-) 사외이사 ○ ○ ○(-) 기타비상무이사 ○ ○ ○(-) 감사 ○ ○ ○(-) 〈감사위원회를 둔 경우〉 감사위원회 위원 이사 ○ ○ ○(-) 감사위원회 위원 이사 ○ ○ ○(-) 감사위원회 위원 이사 ○ ○ ○(-)
대표이사의 성명과 주소	대표이사 ○ ○ ○ ○○시 ○○구 ○○길 ○○
지 점	○○시 ○○구 ○○길 ○○
존립기간 또는 해산사유	회사성립일로부터 만 50년
전환사채 또는 신주인 수권부사채에 관한 사 항(승계한 경우)	승계하지 않음
분할로 인하여 존속하거나 소멸한 회사의 상호 및 본점과 분할한 뜻	A주식회사 ○○시 ○○구 ○○길 ○○(본점) 재산의 일부를 분할하여 C주식회사를 설립함.
기 타	해당 없음

신청등기소 및 등록면허세/수수료						
순번	신청등기소	구분	등록면허세 지방교육세	농어촌특별세	세액합계	등기신청수수료
			금 원 금 원	금 원	금 원	금 원
합 계						

등기신청수수료 납부번호	
과세표준액	금 원

<table>
<tr><td colspan="2" align="center">첨 　 부 　 서 　 면</td></tr>
<tr><td>

1. 정관   통

1. 분할계획서   통

1. 피분할회사의 분할계획서승인의
　공증받은 주주총회의사록   통

1. 공증받은 종류주주총회 의사록 및
　부담이 가중되는 주주 전원의 동의서
　　　　　　　　　　　　　　통

1. 설립위원자격증명서   통

1. 채권자보호절차를 행한 공고와 최고를
　한 증명서   통

1. 변제영수증 또는 이의 없다는 진술서
　(필요한 경우)   통

1. 주권제출공고증명서(필요한 경우) 통

1. 공증받은 창립총회의사록 또는 이에
　갈음한 이사회의사록과 공고를
　증명하는 서면   통

1. 공증받은 이사회의사록(개최한 경우) 통

</td><td>

1. 취임승낙서(이사, 감사 또는 감사위원회
　위원, 대표이사)   통

1. 주민등록표등본   통

1. 주식인수를 증명하는 서면 및 청약을
　증명하는 서면(새로운 출자가 있는 경우)
　　　　　　　　　　　　　　통

1. 검사인의 조사보고서 또는 이에 갈음한
　공증인 및 감정인의 조사보고서와
　감정서, 검사인의 조사보고에 관하여
　재판이 있는 경우 그 재판서 등본 통

1. 주금납입을 증명하는 서면   통

1. 현물출자를 증명하는 서면   통

1. 이사·감사의 설립경과보고서   통

1. 대표이사의 인감신고서   통

1. 등록면허세영수필확인서   통

1. 등기신청수수료영수필확인서   통

1. 위임장(대리인이 신청할 경우)   통

</td></tr>
<tr><td colspan="2" align="center">

2000년 ○월 ○일

신 청 인　　　　상 　 호　C주식회사

　　　　　　　　본 　 점　○○시 ○○구 ○○길 ○○

대표이사　　　　성 　 명　○ ○ ○ (인)　(전화 : 02-123-4567)

　　　　　　　　주 　 소　○○시 ○○구 ○○길 ○○

대 리 인　　　　성 　 명　법무사 ○ ○ ○ (인)　(전화 : 02-456-7890)

　　　　　　　　주 　 소　○○시 ○○구 ○○길 ○○

○○지방법원 ○○등기소 귀중

</td></tr>
</table>

<table>
<tr><td align="center">- 신청서 작성요령 -</td></tr>
<tr><td>

1. 해당란이 부족할 때에는 별지를 이용합니다.

1. 해당 등기신청과 관계없는 사항에 대하여는 "해당없음"으로 기재하거나 삭제하고, 필요한 사항은 추가 기재합니다.

</td></tr>
</table>

【서식】주식회사설립등기신청서(신설분할합병회사의 경우)

<table>
<tr><td colspan="2" align="center">분할합병으로 인한
주식회사설립등기신청</td><td></td><td></td></tr>
<tr><td rowspan="2">접 수</td><td>20○○년 ○월 ○일</td><td rowspan="2">처리인</td><td>등기관 확인</td><td>각종 통지</td></tr>
<tr><td>제○○○○호</td><td></td><td></td></tr>
</table>

등 기 의 목 적	분할합병으로 인한 주식회사 설립등기
등 기 의 사 유	○○시 ○○구 ○○길 ○○ A주식회사 재산(영업)의 일부를 분할하여 그 분할부분과 ○○시 ○○구 ○○길 ○○ B주식회사를 분할합병하여 C주식회사를 설립하고 A는 존속하고 B는 해산하기로하는 분할합병을 하기 위하여, 20○○년 ○월 ○일 주주총회에서 각기 분할합병결의를 하고 정관을 작성하여 공고와 최고절차를 밟아 20○○년 ○월 ○일 창립총회를 종결하였으므로 다음 사항의 등기를 구함.
본/지점 신청구분	1. 본점신청 □ 2. 지점신청 □ 3. 본·지점 일괄신청 □

등 기 할 사 항

상 호	C주식회사
본 점	○○시 ○○구 ○○길 ○○
공 고 방 법	○○시내에서 발행되는 일간 ○○신문에 게재함.
1 주 의 금 액	금5,000원
발 행 할 주 식 의 총 수	○○○주
발행주식의 총수, 그 종류 및 각종 주식의 내용과 수	보통주식 ○○○주

자본의 총액	금○○○○○원
목　　적	1. 인쇄기계의 제조 및 임대업 2. 위 각호와 관련되는 부대사업
이사감사의 성명 및 주민등록번호	사내이사　　　○　○　○(　　　-　　　) 사외이사　　　○　○　○(　　　-　　　) 기타비상무이사　○　○　○(　　　-　　　) 감사　○　○　○(　　　-　　　) 〈감사위원회를 둔 경우〉 감사위원회 위원 사외이사　○　○　○(　　　-　　　) 감사위원회 위원 사외이사　○　○　○(　　　-　　　) 감사위원회 위원 사내이사　○　○　○(　　　-　　　)
대표이사의 성명과 주소	대표이사　○　○　○ ○○시 ○○구 ○○길 ○○
지 점	○○시 ○○구 ○○길 ○○
존립기간 또는 해산사유	회사성립일로부터 만 50년
분할합병으로 인하여 소멸하거나 존속하는 회사의 상호 및 본점과 분할합병을 한 뜻	○○시 ○○구 ○○길 ○○ A주식회사의 분할된 일부와 ○○시 ○○구 ○○길 ○○ B주식회사를 분할합병하여 C주식회사 설립
분할되는 회사의 전환사채 또는 신주인수권부사채를 승계한 때에는 그 사채에 관한 사항	해당 없음
기　　타	해당 없음

신청등기소 및 등록면허세/수수료							
순번	신청등기소	구분	등록면허세	농어촌특별세	세액합계	등기신청수수료	
			지방교육세				
			금 원	금 원	금 원	금 원	
			금 원				
합 계							
등기신청수수료 납부번호							

과세표준액	금 ○○○원

첨   부   서   면

1. 정관 통	1. 확인서 또는 전자본인서명확인서의
1. 분할합병계약서 통	발급증 포함) 통
1. 공증받은 분할합병승인 주주총회의사록,	1. 주민등록표등본 통
종류 주주총회의사록, 분할합병으로 부	1. 인감신고서 통
담이 가중 되는 주주전원의 동의서	1. 주식인수·청약을 증명하는 서면
각 통	(필요한 경우) 통
1. 설립위원자격증명서 통	1. 검사인의 조사보고서 또는 이에 갈음한
1. 채권자보호절차를 이행한 공고와	공증인 및 감정인의 조사보고서와 감정
최고를 한 증명서 통	서 통
1. 변제영수증(담보제공증명서) 또는	1. 주금납입을 증명하는 서면 통
이의 없다는 진술서 통	1. 현물출자를 증명하는 서면 통
1. 주권제출공고증명서 통	1. 이사와 감사의 설립경과보고서 통
1. 공증받은 창립총회의사록 (창립총회에	1. 법인인감발급카드신청서 통
갈음 하기로 하는 공증받은 이사회의사	1. 등록면허세영수필확인서 통
록과 공고 를 증명하는 서면) 통	1. 등기신청수수료영수필확인서 통
1. 이사회의사록(공증받은 것) 통	1. 위임장(대리인이 신청할 경우) 통
1. 취임승낙서(인감증명서나 본인서명사실	

2000년 0월 0일

신 청 인   상 호 C주식회사

              본 점 OO시 OO구 OO길 OO

대표이사   성 명 O O O (인) (전화 : 02-123-4567)

              주 소 OO시 OO구 OO길 OO

대 리 인   성 명 법무사 O O O (인) (전화 : 02-456-7890)

              주 소 OO시 OO구 OO길 OO

OO지방법원 OO등기소 귀중

- 신청서 작성요령 -

1. 해당란이 부족할 때에는 별지를 이용합니다.
1. 해당 등기신청과 관계없는 사항에 대하여는 "해당없음"으로 기재하거나 삭제하고, 필요한 사항은 추가 기재합니다.
1. 「인감증명법」에 따른 인감증명서 제출과 함께 관련 서면에 인감을 날인하여야 하는 경우, 본인서명사실확인서를 제출하고 관련 서면에 서명을 하거나 전자본인서명확인서 발급증을 제출하고 관련 서면에 서명을 하면 인감증명서를 제출하고 관련 서면에 인감을 날인한 것으로 봅니다.

【서식】주식회사변경등기신청서(존립기간 또는 해산사유의 설정, 변경, 폐지의 경우)

주식회사변경등기신청

<table>
<tr><td rowspan="2">접　수</td><td>2000년 ○월 ○일</td><td rowspan="2">처리인</td><td>등기관 확인</td><td>각종 통지</td></tr>
<tr><td>제○○○○호</td><td></td><td></td></tr>
</table>

상　　　　호	○○주식회사	등기번호	제1000호
본　　　　점	○○시 ○○구 ○○길 ○○		
등 기 의 목 적	존립기간(또는 해산사유)의 설정(변경·폐지)등기		
등 기 의 사 유	2000년 ○월 ○일 주주총회 결의로 존립기간(또는 해산사유)을 설정(변경·폐지) 하였으므로 다음사항의 등기를 구함.		
본/지점 신청구분	1. 본점신청 □　　　2. 지점신청 □　　　3. 본·지점 일괄신청 □		
등　　기　　할　　사　　항			
존립기간 (또는 해산사유) 설정(변경·폐지)과 그 연월일	존립기간(또는 해산사유)　○○○○○ 2000년 ○월 ○일		
기　　　　타	해당 없음		

신청등기소 및 등록면허세/수수료						
순번	신청등기소	구분	등록면허세 지방교육세	농어촌특별세	세액합계	등기신청수수료
			금 원 금 원	금 원	금 원	금 원
합 계						
등기신청수수료 납부번호						

첨 부 서 면	
1. 주주총회의사록(공증받은 것) 1통	〈기 타〉
1. 등록면허세영수필확인서 1통	
1. 위임장(대리인이 신청할 경우) 1통	

2000년 0월 0일

신 청 인   상   호   ○○주식회사
                본   점   ○○시 ○○구 ○○길 ○○
대표이사   성   명   ○ ○ ○ (인) (전화 : 02-123-4567)
                주   소   ○○시 ○○구 ○○길 ○○
대 리 인   성   명   법무사 ○ ○ ○ (인) (전화 : 02-456-7890)
                주   소   ○○시 ○○구 ○○길 ○○

○○지방법원 ○○등기소 귀중

- 신청서 작성요령 -
1. 해당란이 부족할 때에는 별지를 이용합니다.
1. 해당 등기신청과 관계없는 사항에 대하여는 "해당없음"으로 기재하거나 삭제하고, 필요한 사항은 추가 기재합니다.

【서식】주식회사변경등기신청서(피분할회사가 존속하는 경우)

<table>
<tr><td colspan="2" rowspan="2">분할로 인한
주식회사변경등기신청</td><td rowspan="2"></td><td></td><td></td></tr>
<tr><td>등기관 확인</td><td>각종 통지</td></tr>
</table>

<table>
<tr><td rowspan="2">접 수</td><td>20○○년 ○월 ○일</td><td rowspan="2">처리인</td><td></td><td></td></tr>
<tr><td>제○○○○호</td><td></td><td></td></tr>
</table>

상 호	○○주식회사	등기번호	제1000호
본 점	○○시 ○○구 ○○길 ○○		
등 기 의 목 적	회사분할로 인한 변경등기		

등 기 의 사 유	20○○년 ○월 ○일 주주총회에서 본 회사(A)의 재산(영업)의 일부(자동차 생산 및 판매부분)를 분할하여 그 분할된 재산으로 ○○시 ○○구 ○○길 ○○ C주식회사를 설립하고 본 회사는 존속하되, 그 자본을 감자하고 목적을 변경하기로 결의하고 공고와 최고절차 등 소정의 분할절차를 밟아 ① 20○○년 ○월 ○일 분할보고총회를 종결하였으므로, ② 이사회의 결의와 공고로서 분할보고총회의 보고에 갈음하기로 하였으므로, 다음 사항의 등기를 구함.

본/지점 신청구분	1. 본점신청 □ 2. 지점신청 □ 3. 본·지점 일괄신청 □

<table>
<tr><td colspan="2" align="center">등 기 할 사 항</td></tr>
<tr><td>분할로 인하여
설립되는 회사의
상호 및 본점과
분할한 뜻</td><td>C주식회사 설립
○○시 ○○구 ○○길 ○○(본점)</td></tr>
<tr><td>회사가 발행할
주식의 총수
(감소변경한 경우)</td><td>해당 없음</td></tr>
<tr><td>발행주식의 총수,
그 종류 및
각종주식의
내용과 수</td><td>○○○주
보통주식　　　　　○○○주</td></tr>
<tr><td>자 본 의 총 액</td><td>금○○○○원</td></tr>
<tr><td>기 　 타</td><td>해당 없음</td></tr>
</table>

신청등기소 및 등록면허세/수수료							
순번	신청등기소	구분	등록면허세	농어촌특별세	세액합계	등기신청수수료	
			지방교육세				
			금 원	금 원	금 원	금 원	
			금 원				
합 계							
등기신청수수료 납부번호							

첨   부   서   면

1. 분할계획서   통
1. 분할승인의 공증받은 주주총회의사록, 종류주주총회의사록, 부담이 가중되는 주주 전원의 동의서   통
1. 공증받은 분할보고총회의사록 또는 이사회의사록과 공고를 증명하는 서면 통
1. 채권자보호절차를 이행한 공고 및 최고를 한 증명서(필요한 경우)   통

1. 변제영수증(담보제공증명서) 또는 이의 없다는 진술서(필요한 경우)   통
1. 주권제출공고증명서(필요한 경우)   통
1. 등록면허세영수필확인서   통
1. 등기신청수수료영수필확인서   통
1. 위임장(대리인이 신청할 경우)   통

<기 타>

20〇〇년 〇월 〇일

신 청 인   상 호 A주식회사
               본 점 〇〇시 〇〇구 〇〇길 〇〇
대표이사   성 명 〇 〇 〇 (인) (전화 : 02-123-4567)
               주 소 〇〇시 〇〇구 〇〇길 〇〇
대 리 인   성 명 법무사 〇 〇 〇 (인) (전화 : 02-456-7890)
               주 소 〇〇시 〇〇구 〇〇길 〇〇
〇〇지방법원 〇〇등기소 귀중

- 신청서 작성요령 -

1. 해당란이 부족할 때에는 별지를 이용합니다.
1. 해당 등기신청과 관계없는 사항에 대하여는 "해당없음"으로 기재하거나 삭제하고, 필요한 사항은 추가 기재합니다.

【서식】주식회사변경등기신청서(흡수분할합병의 수혜회사의 경우)

<table>
<tr><td colspan="3" align="center">분할합병으로 인한
주식회사변경등기신청</td></tr>
<tr><td rowspan="2">접 수</td><td>20○○년 ○월 ○일</td><td rowspan="2">처리인</td><td>등기관 확인</td><td>각종 통지</td></tr>
<tr><td>제○○○○호</td><td></td><td></td></tr>
</table>

상 호	A주식회사	등기번호	제1000호
본 점	○○시 ○○구 ○○길 ○○		
등 기 의 목 적	흡수분할합병으로 인한 변경등기		
등 기 의 사 유	20○○년 ○월 ○일 주주총회에서 ○○시 ○○구 ○○길 ○○ A주식회사의 재산(영업)의 일부(자동차생산 및 판매부분)를 분할하여 그 분할된 부분과 본 회사(B)가 분할합병하고, A주식회사와 B주식회사는 존속하기로 결의하고 공고와 최고절차 등 소정의 분할합병절차를 밟아 ① 20○○년 ○월 ○일 분할합병보고총회를 종결하였으므로, ② 이사회의 결의와 공고로서 분할합병보고총회의 보고에 갈음하기로 하였으므로, 다음 사항의 등기를 구함.		
본/지점 신청구분	1. 본점신청 □ 2. 지점신청 □ 3. 본지점 일괄신청 □		

<table>
<tr><td colspan="2" align="center">등 기 할 사 항</td></tr>
<tr><td>분할합병으로 인하여 소멸하거나 존속하는 회사의 상호 및 본점과 분할합병을 한 뜻</td><td>○○시 ○○구 ○○길 ○○ A주식회사의 일부를 분할하여 ○○시 ○○구 ○○길 ○○ B주식회사에 분할합병</td></tr>
<tr><td>분할합병 후의 회사가 발행할 주식의 총수 (증가변경의 경우)</td><td>해당 없음</td></tr>
</table>

분할합병 후의 발행주식의 총수, 그 종류 및 각종주식의 내용과 수	○○○주 보통주식 ○○○주
분할합병 후의 자본총액	금○○○원
이사감사의 성명·주민등록번호와 대표이사의 성명 및 주소, 취임연월일 (분할합병계약에서 이사감사를 정한 경우)	해당 없음
분할한 회사의 전환사채 또는 신주인수권부사채를 승계한 때에는 그 사채에 관한사항	해당 없음
기 타	해당 없음

신청등기소 및 등록면허세/수수료						
순번	신청등기소	구분	등록면허세 지방교육세	농어촌특별세	세액합계	등기신청 수수료
			금　　　원 금　　　원	금　　　원	금　　　원	금　　　원
합　계						
등기신청수수료 납부번호						

<table>
<tr><td colspan="2" align="center">첨　부　서　면</td></tr>
<tr>
<td>

1. 분할합병계약서　　　　　　　　　　　통

1. 분할합병승인의 공증받은 주주총회의사
　　록,종류주주총회의사록, 부담이 가중되
　　는 주주 전원의 동의서　　　　　각 통

1. 채권자보호절차를 이행한 공고 및
　　최고를 한 증명서　　　　　　　　　통

1. 변제영수증(담보제공증명서) 또는
　　이의 없다는 진술서　　　　　　　　통

1. 주권제출공고증명서　　　　　　　　통

</td>
<td>

1. 이사회의사록(공증받은 것)　　　　　통

1. 분할합병보고총회의 공증받은 주주총회
　　　의사록 또는 이에 갈음한 공증받은 이사
　　　회 의사록과 공고를 증명하는 서면　통

1. 등록면허세영수필확인서　　　　　　통

1. 등기신청수수료영수필확인서　　　　통

1. 위임장(대리인이 신청할 경우)　　　통

<기 타>

</td>
</tr>
</table>

20○○년 ○월 ○일

신 청 인　　　　　상　호　　A주식회사

　　　　　　　　　본　점　　○○시 ○○구 ○○길 ○○

대표이사　　　　　성　명　　○ ○ ○ (인)　(전화 : 02-123-4567)

　　　　　　　　　주　소　　○○시 ○○구 ○○길 ○○

대 리 인　　　　　성　명　　법무사 ○ ○ ○ (인)　(전화 : 02-456-7890)

　　　　　　　　　주　소　　○○시 ○○구 ○○길 ○○

○○지방법원 ○○등기소 귀중

- 신청서 작성요령 -

1. 해당란이 부족할 때에는 별지를 이용합니다.
1. 해당 등기신청과 관계없는 사항에 대하여는 "해당없음"으로 기재하거나 삭제하고, 필요한 사항
　은 추가 기재합니다.

【서식】주식회사해산등기신청서(회사분할시 소멸회사의 경우)

<table>
<tr><td colspan="2" rowspan="2" style="text-align:center">분할로 인한
주식회사해산등기신청</td><td rowspan="2"></td><td></td><td></td></tr>
<tr><td></td><td></td></tr>
<tr><td rowspan="2">접 수</td><td>20○○년 ○월 ○일</td><td rowspan="2">처리인</td><td>등기관 확인</td><td>각종 통지</td></tr>
<tr><td>제○○○○호</td><td></td><td></td></tr>
</table>

상 호	A주식회사	등기번호	제1000호
본 점	○○시 ○○구 ○○길 ○○		
등 기 의 목 적	회사분할로 인한 주식회사 해산등기		
등 기 의 사 유	본 회사(A)는 20○○년 ○월 ○일 주주총회에서 그 재산(영업)의 일부를 분할하여 그 분할된 재산으로 B주식회사와 C주식회사를 각 설립하고 본 회사는 해산할 것을 결의하고 공고와 최고의 절차를 밟아 20○○년 ○월 ○일 분할절차를 종료하였으므로 다음 사항의 등기를 구함.		
본/지점 신청구분	1. 본점신청 ☐ 2. 지점신청 ☐ 3. 본지점 일괄신청 ☐		
등 기 할 사 항			
분할에 의한 해산연월일	20○○년 ○월 ○일		
해 산 사 유	20○○년 ○월 ○일 분할하여 ○○시 ○○구 ○○길 ○○ B주식회사와 ○○시 ○○구 ○○길 ○○ C주식회사를 각 설립하고 해산		
기 타	해당 없음		

신청등기소 및 등록면허세/수수료						
순번	신청등기소	구분	등록면허세 지방교육세	농어촌특별세	세액합계	등기신청 수수료
			금 원 금 원	금 원	금 원	금 원
합 계						
등기신청수수료 납부번호						

<table>
<tr><td colspan="2" align="center">첨　　부　　서　　면</td></tr>
<tr><td>
1.
통

1.
통

1.
통

등록면허세영수필확인서

등기신청수수료영수필확인서

위임장(대리인이　신청할　경우)
</td><td><기 타></td></tr>
<tr><td colspan="2" align="center">

2000년 0월 0일

신 청 인　　　　상　호　A주식회사

　　　　　　　　　　본　점　○○시 ○○구 ○○길 ○○

대표이사　　　　　성　명　○ ○ ○ (인)　(전화 : 02-123-4567)

　　　　　　　　　　주　소　○○시 ○○구 ○○길 ○○

대 리 인　　　　　성　명　법무사 ○ ○ ○ (인)　(전화 : 02-456-7890)

　　　　　　　　　　주　소　○○시 ○○구 ○○길 ○○

○○지방법원 ○○등기소 귀중
</td></tr>
</table>

- 신청서 작성요령 -

1. 해당란이 부족할 때에는 별지를 이용합니다.
1. 해당 등기신청과 관계없는 사항에 대하여는 "해당없음"으로 기재하거나 삭제하고, 필요한 사항은 추가 기재합니다.

【서식】이사회의사록

이사회의사록

20○○년 ○월 ○일 ○○시 본 회사 본점 회의실에서 다음과 같이 이사회를 개최하다.

이사총수 ○○명, 감사총수 ○○명
출석이사수 ○○명, 출석감사수 ○○명

제1호 의안 감사위원회 위원 보선의 건
　　　의장이 본 회사의 정관으로 이사회 내 위원회로 감사위원회를 두기로 하였고, 선임된 감사위원회 위원인 이사 ○○○가 사망(사임, 임기만료)으로 퇴임하였으므로 이를 보선한다는 취지를 말한 바, 출석 이사 전원은 신중히 검토한 결과 만장일치로 다음과 같이 감사위원 1인을 선출하다(단, 감사위원의 선임은 상법 제425조의 2의 규정에 의하다).
　　　　감사위원회 위원 이사 ○ ○ ○
　　위 선출된 대표이사는 즉석에서 취임을 승낙하다.

의장은 이상으로서 의안 전부의 심의를 종료하였으므로 폐회한다고 선언하다(회의종료시간 ○○시 ○○분).

위 의사의 안건, 경과요령, 그 결과, 반대하는 자와 그 반대이유를 명백히 하기 위하여 이 의사록을 작성하고 출석한 이사 및 감사가 기명날인 또는 서명하다.

20○○년 ○월 ○일

○○주식회사

○○시 ○○구 ○○길 ○○

의장대표이사 ○ ○ ○ ⑩

사내이사 ○ ○ ○ ⑩

사내이사 ○ ○ ○ ⑩

감사위원회 위원 이사 ○ ○ ○ ⑩

핵 심 판 례

■ 분할당사회사가 연대책임을 지는 경우, 채권자가 개별 최고에 이의제출을 하지 아니하였다거나 분할 또는 분할합병에 동의하였기 때문에 개별 최고를 생략하였다는 등의 사정으로 분할당사회사가 연대책임을 면할 수 있는지 여부(소극)

분할 또는 분할합병으로 인하여 설립되는 회사 또는 존속하는 회사(이하 '분할당사회사'라고 한다)는 특별한 사정이 없는 한 상법 제530조의9 제1항에 의하여 각자 분할계획서 또는 분할합병계약서에 본래 부담하기로 정한 채무 이외의 채무에 대하여 연대책임을 지는 것이 원칙이고, 이 연대책임은 채권자에 대하여 개별 최고를 거쳤는지 여부와 관계없이 부담하게 되는 법정책임이므로, 채권자에 대하여 개별 최고를 하였는데 채권자가 이의제출을 하지 아니하였다거나 채권자가 분할 또는 분할합병에 동의하였기 때문에 개별 최고를 생략하였다는 등의 사정은 상법 제530조의9 제1항이 규정하는 분할당사회사의 연대책임의 성부에 영향을 미치지 못한다(대법원 2010. 8. 26. 선고 2009다95769 판결).

IX. 해산과 청산에 관한 등기

Ⅰ. 해산등기

■ 핵 심 사 항 ■

1. 해산의 의의 : 회사의 해산은 법인격의 소멸을 가져오는 법률사실이다.
2. 주식회사의 해산사유
 (1) 존립기간의 만료 기타 정관으로 정한 해산사유의 발생
 (2) 주주총회의 특별결의
 (3) 회사의 합병
 (4) 회사의 파산
 (5) 법원의 해산명령 또는 해산판결
 (6) 회사의 분할(또는 분할합병)에 의한 해산
 (7) 휴면회사의 해산의제제도
3. 해산등기 : 회사가 해산한 때에는 해산등기를 하여야 하는데 이는 설립등기와는 달리
   상법 제37조의 대항요건에 불과하다.

1. 해산의 의의

　회사의 해산이란 회사 법인격의 소멸을 가져오는 원인이 되는 법률사실을 말한다. 법인인 회사는 합병의 경우를 제외하고는 상속과 같은 포괄적 승계가 인정되지 않으므로 해산한 경우 스스로 기존의 법률관계를 처리하여야 한다. 이러한 처리과정을 청산절차라 하고 해산한 후 청산의 목적을 위하여 존속하는 회사를 청산회사라 한다. 청산회사는 해산 전의 회사와 동일한 회사지만 그 목적이 청산의 범위 내에 한정되는 점이 다르다.

　보통의 경우 회사는 해산에 의하여 곧바로 권리능력을 상실하지 않고, 해산에 의하여 청산에 들어가게 되며, 회사가 해산하더라도 곧바로 회사의 법인격이 소멸되지 않고 청산목적 범위 내에서는 여전히 계속하여 그 법인격이 존속한다고 상법은 정하고 있다(상법 제245조, 제269조, 제542조, 제613조). 청산의 절차가 종료한 때에 비로소 주식회사의 법인격이 완전히 소멸하는 것이다.

　다만, 회사가 합병에 의하여 해산한 때에는 그 권리의무는 포괄적으로 존속회사 또

는 신설회사에 승계되므로 회사는 해산과 동시에 소멸한다(상법 제517조 1항, 제227조 4항).

회사는 자연인이 사망한 경우의 상속과 같은 제도가 없으므로, 합병·분할·분할합병과 파산의 경우를 제외하고는 해산에 의하여 당연히 청산절차에 들어가고 그 절차가 종료하기까지 청산의 목적 범위 내에서 존속하는 것이다(상법 제245조).

【쟁점질의와 유권해석】

〈해산된 회사의 주주 · 대표이사〉

ㄱ) 주식회사가 해산된 경우 주주와 이사의 지위

주식회사는 해산된 뒤에도 청산법인으로 되어 청산의 목적범위 내에서 존속하므로, 그 주주는 주주총회의 결의에 참여할 수 있을 뿐더러 잔여재산의 분배청구권 및 청산인의해임청구권이 있고, 한편 해산 당시의 이사는 정관에 다른 규정이 있거나 주주총회에서 따로 청산인을 선임하지 아니한 경우에 당연히 청산인이 되고 해산 당시 또는 그 후에 임기가 만료되더라도 새로 청산인이 선임되어 취임할 때까지는 청산인으로서 권리의무를 가진다(대법원 1991. 11. 22,선고 91다22131판결).

ㄴ) 해산 및 청산종결 간주된 휴면회사의 대표자

상법 제520조의2의 규정에 의하여 주식회사가 해산되고 그 청산이 종결된 것으로 보게되는 회사라도 어떤 권리관계가 남아있어 현실적으로 정리할 필요가 있으면 그 범위내에서는 아직 완전히 소멸하지 아니하고, 이러한 경우 그 회사의 해산당시의 이사는 정관에 다른 규정이 있거나 주주총회에서 따로 청산인을 선임하지 아니한 경우에 당연히 청산인이 되고, 그러한 청산인이 없는 때에는 이해관계인의 청구에 의하여 법원이 선임한 자가 청산인이 되므로, 이러한 청산인만이 청산중인 회사의 청산사무를 집행하고 대표하는 기관이 된다(대법원 1994.5.27.선고 94다7607판결).

ㄷ) 상법 제520조의2의 규정에 의하여 해산된 주식회사의 대표자

상법 제520조의2의 규정에 의하여 해산된 주식회사의 경우 정관에 다른 규정이 있거나 주주총회에서 따로 청산인을 선임하지 아니한 이상 그 해산 당시의 이사는 당연히 청산인이 되고, 그러한 청산인이 없는 때에는 이해관계인의 청구에 의의하여 법원이 선임한 자가 청산인이 되며, 이러한 청산인만이 회사의 청산사무를 집행하고 대표하는 기관이 된다(대법원 2000. 10. 12,자, 2000마287결정).

2. 해산사유

해산사유는 상법 이외에도 특별법에도 규정되어 있다. 은행법, 보험협법, 상호저축은행법, 자본시장과 금융투자업에 관한 법률 등이 그 예이다.

주식회사의 해산사유는 다음과 같다(상법 제517조).

(1) 존립기간의 만료 기타 정관으로 정한 사유의 발생(상법 제517조 1항, 제227조 1항)

주식회사는 정관으로 정한 존립기간이 만료한 때에 해산한다. 이 경우의 해산일자는 존립기간 만료일의 익일이다. 또한 존립기간 이외의 정관으로 정한 해산사유의 발생으로 인하여 해산한다.

(2) 회사의 합병과 분할 또는 분할합병(상법 제517조, 제227조 4항)

회사는 합병으로 인하여 소멸회사가 된 때에 해산하고, 회사의 분할 또는 분할합병에 의하여 해산하는 경우도 있다(상법 제530조의11, 제234조).

(3) 회사의 파산

회사는 파산선고를 받으면 해산한다.

이 때에는 상법의 청산절차에 관한 규정이 적용되지 않고 채무자회생및파산에관한법률이 적용되어, 파산회사는 법인격이 즉시 소멸하는 것은 아니고 파산목적 범위 내에서만 존속하게 되고(동법 제328조), 파산절차에 의하여 법률관계가 청산된다. 종전 이사는 그 자격을 잃어 퇴임하나 그 때는 청산인이 아니라 파산관재인이 취임하여 회사의 재산을 관리 처분한다. 회사는 해산후 청산중에도 파산할 수 있다(상법 제254조 4항, 상 제542조 1항, 민 제93조, 채무자회생및파산에관한법률 제298조).

(4) 법원의 명령 또는 판결(상 제176조, 제520조, 제517조 1항, 제227조 6항)

1) 법원의 해산명령

해산명령은 그 사유가 회사의 설립목적이 불법일 때 등 공익적 목적을 위한 제도로, 청구권자는 이해관계인이나 검사이다. 법원이 직권으로 하는 경우도 있으며, 그 절차는 비송사건절차법에 의한다(상법 제176조, 비송사건절차법 제90조).

법원은 다음의 사유가 있는 경우에는 이해관계인이나 검사의 청구에 의하여 또는 직권으로 회사의 해산을 명할 수 있다(상법 제176조).

① 회사의 설립목적이 불법한 것인 때

② 회사가 정당한 사유없이 설립 후 1년 내에 영업을 개시하지 아니하거나 1년 이상 영업을 휴지한 때

③ 이사가 법령 또는 정관에 위반하여 회사의 존속을 허용할 수 없는 행위를 한 때

해산명령에 관한 일반적인 절차는 비송사건절차법의 규정에 의한다. 회사의 해산명령은 회사 본점소재지의 지방법원 합의부의 관할에 속하고, 법원은 직권 또는 청구에 의하여 회사재산의 보전에 필요한 처분을 할 수 있다(상법 제176조 2항).

해산명령에 대하여 회사·이해관계인과 검사는 즉시항고할 수 있다(비송 제155조). 해산명령이 확정되면 회사는 해산한다(상법 제227조 6항, 제269조, 제517조 1항, 제609조 1항).

2) 법원의 판결

해산판결은 사원 또는 주주의 이익보호를 위한 제도로, 그 사유가 회사의 대내적 문제이며, 청구권자는 사원 또는 주주이다. 법원이 직권으로 개입할 수는 없고, 비송사건이 아닌 소송사건이란 점에서 법원의 해산명령과 구별된다.

다음의 경우에 부득이한 사유가 있는 때에는 발행주식총수의 100분의 10 이상에 해당하는 주식을 가진 주주는 회사의 해산을 청구할 수 있다(상법 제520조).

① 회사의 업무와 현저한 정돈(停頓)상태를 계속하여 회복할 수 없는 손해가 생긴 때 또는 생길 염려가 있는 때

② 회사재산의 관리 또는 처분의 현저한 失當으로 인하여 회사의 존립을 위태롭게 한 때

이 경우 해산판결을 청구할 수 있는 자가 주주에 한정되어 있고, 그 절차는 소송에 의하도록 되어 있는 점이 해산명령과 다르다.

회사의 해산을 청구하는 소는 회사 본점소재지의 지방법원의 관할에 전속하며(상법 제520조 2항, 제186조), 회사를 피고로 제기한다.

(5) 주주총회의 결의(상법 제518조)

주식회사는 존립기간 전이라도 주주총회의 특별결의에 의하여 언제든지 해산할 수 있다(상법 제518조). 정관으로 존립기간 또는 해산사유를 정한 경우에도 그 기간의 만료 또는 해산사유의 발생 전에 해산결의할 수 있으며, 해산결의의 효력은 그 동기나 의도에 의하여 좌우되지 않는다.

다만, 영업에 관하여 주무관청의 허가(인가)를 받고 있는 특수한 회사에 있어서

는 해산의 결의에 주무관청의 허가(인가)를 요하는 것으로 규정하고 있는 경우가 많다(은행법 제9조, 신탁업법 제8조).

(6) 주무관청의 영업인가 취소

주식회사 중에는 그 영업에 관하여 주무관청의 인가를 받고 있는 회사가 있는 바, 일정한 사유가 있는 때에는 주무관청은 영업의 인가를 취소할 수 있고, 이 영업인가의 취소가 해산사유로 규정되어 있는 경우가 있다(은행법 제53조, 제56조 등).

상호저축은행법 제21조 제1호의 규정에 의한 상호저축은행 및 신탁업법 제32조의 규정에 의한 신탁회사의 영업인가취소로 인한 해산, 보험업법 제137조 1항 제6호에 의한 보험회사의 영업허가취소로 인한 해산 등이 그 예이다.

(7) 휴면회사의 해산의제(상법 제520조의2 1항, 예규 제715호)

1) 의 의

법원행정처장의 최후의 등기 후 5년을 경과한 회사는 본점의 소재지를 관할하는 법원에 아직 영업을 폐지하지 아니하였다는 뜻의 신고를 할 것을 관보로써 공고한 경우에 그 공고한 날에 이미 최후의 등기 후 5년을 경과한 회사로서 공고한 날로부터 2월 이내에 대통령령이 정하는 바에 의하여 신고하지 아니한 때에는 그 회사는 신고기간이 만료된 때 해산한 것으로 본다.

신고기간 만료 후 해산등기를 하기 전에 등기부의 열람 또는 등본교부의 청구가 있는 때에는 해산등기를 한 후 열람하게 하거나 등본을 교부하여야 한다. 그리고 신고기간 만료 후 해산등기를 하기 전에 청산인의 취임등기신청이 있는 때에는 해산등기를 청산인의 취임등기를 한다.

2) 휴면회사의 회사계속의 여부

휴면회사가 해산이 의제된 날로부터 3년 이내에 회사계속의 결의(상법 제434조)에 의하여 회사를 계속하지 않는 한 그 회사는 해산의제된 날 이후 3년이 경과한 때에 청산종결의 등기를 하고 그 등기용지를 폐쇄한다. 이와 같이 청산이 종결된 것으로 간주된 경우에는 회사를 계속할 수 없다(선 6-677). 그러나 휴면회사로서 청산이 종결된 것으로 간주되었다 하더라도 회사에 어떤 권리관계가 남아 있어서 현실적으로 이를 정리할 필요가 있는 경우에는 그 범위내에서는 아직 완전히 소멸하지 아니한다는 것이 대법원 판례이다(대판 94다760).

【쟁점질의와 유권해석】

〈상법 제520조의2 제4항에 의하여 청산이 종결된 것으로 간주된 휴면회사가 회사를 계속할 수 있는지 여부〉

상법 제520조의2 제1항에 의하여 해산된 것으로 간주된 휴면회사는 해산한 것으로 간주된 후 3년 이내에는 상법 제434조의 결의에 의하여 회사를 계속할 수 있으나(상법 제520조의2 제3항), 그 기간동안 회사계속의 결의를 하지 않아 상법 제520조의2 제4항에 의하여 청산이 종결된 것으로 간주된 경우에는 회사를 계속할 수 없다.

3) 관련문제

가. 휴면회사의 해산에 관한 규정이 민법에 의하여 설립된 재단법인에 적용되는지 여부

휴면회사의 해산에 관한 상법 제520조의2와 비송사건절차법 제214조는 민법에 의하여 설립된 재단법인에 대해서는 적용되지 않는다.

나. 상법 제520조의2 제1항의 규정에 의하여 해산간주된 회사를 피공탁자로 하여 변제공탁을 할 수 있는 지 여부

① 상법 제520조의2 제1항의 규정에 의하여 해산간주된 회사는 법인격이 소멸된 것이 아니므로 변제공탁의 피공탁자가 될 수 있다.

② 위와 같이 해산간주된 회사의 법인등기부상 대표자가 없다고 하더라도, 피공탁자가 법인인 경우 그 대표자의 성명, 주소는 공탁서상의 기재사항이 아닐뿐만 아니라 대표권이 있음을 증명하는 서면도 공탁신청시 첨부서면이 아니므로, 피공탁자인 법인의 명칭과 주사무소만 기재하여 공탁할 수 있다(2003. 8. 5, 공탁법인 3302-189 질의회답).

【쟁점질의와 유권해석】

〈상법 제520조의2(휴면회사의 해산)의 규정에 의하여 직권에 의한 해산 및 청산종결등기가 경료된 주식회사에 있어서 잔여재산이 남아있는 경우 그 처리방법 등〉

상법 제520조의2(휴면회사의 해산)의 규정에 의하여 직권에 의한 해산 및 청산종결등기가 경료된 주식회사의 경우, 회사계속등기를 할 수는 없으나, 잔여재산이 남아 있는 경우에는 등기용지 폐쇄일로부터 20년이 경과하지 아니하였다면, 청산사무가 종결되지 않았음을 증명하여 청산종결등기의 말소등기를 신청함으로써 폐쇄된 등기용지를 부활시키고 청산종결등기를 말소한 다음, 청산인 등기를 하는 등 청산절차를 진행할 수 있을 것이다(2004. 6. 9, 공탁법인 3402-131 질의회답).

(8) 회생절차에 의한 해산

회생절차에서는 채무자가 합병·분할 또는 분할합병에 의하지 아니하고 해산하는 때에는 회생계획에 그 뜻과 해산의 시기를 정하여야 하고(채무자회생및파산에관한법률 제216조), 회생계획에 해산할 것을 정한 때에는 회생계획이 정하는 시기에 해산한다(동법 제275조 1항). 이 경우 해산등기신청서에는 회생계획인가결정서의 등본 또는 초본을 첨부하여야 한다(동조 2항).

(9) 관련문제

1) 재산은 모두 처분되고 상호만 남은 주식회사에 대하여 채권자 등이 해산등기신청이나 직권폐쇄신청을 할 수 있는지 여부

주식회사가 경영부실로 부도되어 회사재산은 모두 경매 등으로 처분되고 상호만 남아 있는 경우라 할지라도 상법이 정하고 있는 주주총회의 결의 및 권한 있는 자의 신청 등 적법한 절차를 밟지 아니하고서는 신청권자가 아닌 채권자, 이해관계인 또는 연고권자(종전 대표이사 직무대행자 등)가 위 주식회사의 해산등기신청 또는 직권폐쇄신청을 할 수 없다(1998. 10. 2, 등기 3402-957 질의회답).

2) 법원의 해산명령에 의한 해산등기 전에 임의로 해산등기와 청산인선임등기가 경료된 경우 그 등기의 효력 여부

주식회사에 대하여 상법 제176조의 규정에 의한 해산명령이 확정되면 그에 따른 등기가 경료되지 아니하더라도 동 회사는 당연히 해산되고 해산 전의 대표이사는 그 권한을 상실하며 법원의 해산명령에 의한 해산등기는 법원의 촉탁에 의하도록 되어 있으므로, 주식회사에 대한 해산명령이 확정된 후에는 같은 회사가 임의로 주주총회의 결의에 의하여 해산하고 그에 따른 해산등기를 신청할 수 없으나, 해산명령 확정 후 등기촉탁 전에 그러한 신청에 의한 해산등기와 청산인선임등기가 이미 경료되었다면 그 등기는 비송사건절차법 제234조 1항 2호에 해당되는 무효의 등기라고 할 것이므로, 해산명령을 한 법원의 촉탁이 있으면 등기관은 먼저 비송사건절차법 제235조 내지 제237조의 규정에 의하여 임의해산등기와 청산인선임등기를 직권말소한 후 해산명령에 따른 해산등기를 경료하여야 할 것이다(1998. 3. 17, 등기 3402-223 질의회답).

3) 법인이 본점을 다른 등기소의 관할구역 내로 이전하고 신소재지 관할등기소에서 이전등기를 하고 있지 않은 경우 그 법인이 해산된 것으로 볼 수 있는지 여부

주식회사인 법인이 본점을 다른 등기소의 관할구역 내로 이전하고 신소재지 관할등기소에서 본점이전등기를 하지 않고 있거나, 상법 부칙 제5조 2항에 의한 주식의 병합절차를 밟지 않고 있다 하더라도 아직 그 법인이 해산된 것으로 볼 수 없다(1987. 6. 27, 등기 382 질의회답).

3. 해산의 효과

회사는 합병·분할·분할합병·청산의 경우를 제외하고는 해산사유의 발생에 의하여 해산등기와 관계없이 해산하여 청산절차가 개시된다(상법 제531조 1항).

청산 중의 회사는 권리능력의 범위가 축소되어 청산의 목적 범위 내에서만 존속하고, 그 결과 회사는 영업능력을 잃고 영업을 전제로 한 이익배당·사채발행 등은 할 수 없으며, 회사의 대표 및 집행기관은 그 권한을 잃고, 청산인이 회사의 대표자·집행자가 된다.

4. 해산등기의 절차

(1) 등기기간

주식회사가 해산한 때에는 합병과 파산의 경우를 제외하고는 본점소재지에서는 2주간, 지점소재지에서는 3주간 내에 대표청산인이 해산의 등기를 하여야 한다(상법 제530조, 제228조, 상업등기규칙 제154조, 제106조).

(2) 등기신청인

합병으로 인한 해산의 등기는 존속회사 또는 신설회사의 대표자가 소멸회사를 대표하여 신청한다(상업등기법 제63조 1항).

존립시기 만료로 인한 해산등기는 법인을 대표할 자가 신청하여야 한다. 따라서 당해 법인에 대한 채권자가 해산등기를 신청할 수는 없다(2005. 7. 25, 공탁법인과-329 질의회답).

재판에 의하여 해산한 때에는 법원의 촉탁에 의하여 등기하며(상업등기법 제22조), 영업에 관하여 주무관청의 인가를 받고 있는 회사가 주무관청의 인가취소로 인하여 해산한 때에는 주무관청의 촉탁에 의하여 해산의 등기를 하여야 하는 경우도 있다(수산업협동조합법 제98조 4항).

(3) 등기의 기록

해산의 등기에 있어서는 해산한 취지, 그 사유와 해산연월일을 기타사항란에 등기하고(상업등기법 제60조), 해산등기를 할 때에는 이사, 대표이사, 집행임원, 대표집행임원에 관한 등기를 말소하여야 한다(상업등기규칙 145조).

회사가 파산한 경우에는 법원이 직권으로써 파산등기를 촉탁하게 되는 것이지만(채무자회생및파산에관한법률 제23조 1항), 이는 해산의 등기는 아니다.

(4) 첨부서면(상업등기규칙 제154조, 제106조)

1) 주주총회의사록

주주총회 특별결의로 해산한 때에 첨부한다.

2) 정관소정사유의 발생을 증명하는 서면

정관소정의 해산사유 발생으로 해산한 경우에 첨부한다. 존립기간만료로 해산할 때에는 등기부상 그 기간이 명백하므로 별도의 첨부서면은 필요 없다.

3) 대표청산인이 신청하는 경우에는 그 자격을 증명하는 서면(법정청산인이 신청하는 경우에는 제외)

4) 대리권을 증명하는 서면 등 일반적인 첨부서면(상업등기규칙 제52조 등)

대리인의 권한을 증명하는 서면, 관청의 허가(인가)서, 법원의 허가서 또는 총주주의 동의서 등이 필요한 경우에는 이를 첨부하여야 한다.

(5) 등록면허세 등

회사가 해산등기를 신청하는 때에는 등록면허세 4만2백원 및 등록면허세의 100분의 20에 해당하는 지방교육세 8천4십원을 납부하여야 한다. 다만, 법원,

법원사무관등 또는 주무관청의 촉탁에 따라 해산등기를 하는 경우에도 다른 법령에 특별한 규정이 없으면 신청의 경우와 마찬가지로 등록면허세를 납부하여야 한다.

【쟁점질의와 유권해석】

〈회사해산명령에 따른 법원의 등기촉탁과 등록세 부과〉

① 상법 제176조의 규정에 의하여 검사의 청구로 법원이 회사의 해산을 명한 경우 이에 따른 등기의무는 실질적인 당사자인 당해 회사에게 있다 할 것이나 그 재판(명령)의 집행을 위하여 절차의 편의상 해산명령을 한 법원이 그 등기를 촉탁할 것을 비송사건절차법에서 규정하고 있음(같은 법 제93조)에 불과하다 할 것이어서 그 등기가 곧 지방세법 제126조 제1호의 "국가가 자기를 위하여 하는 등기" 라고는 볼 수 없고 또 조세감면규제법 등 다른 법규에도 면세규정이 없으므로 법원의 촉탁에 의한 회사 해산등기에 대하여도 등록세를 부과하여야 할 것이다.
② 다만 위와 같은 경우에 있어서 당해회사의 등록세 자진납부를 기대하기는 어렵다 할 것이므로 등록세의 납부가 없는 경우라도 법원으로부터 위 등기촉탁이 있을 때에는 등기공무원은 그 촉탁에 따른 등기를 한 후 지방세법 제151조의 2의 규정에 의하여 관할시장 . 군수에게 이를 통지하여야 할 것이다.
75. 5. 8. 법정 제270호 서울민사지방법원장 대 법원행정처장 회답, 75. 5. 8. 법정 제126호 각 지방법원장 대 법원행정처장 통첩
(회사해산명령에 따른 법원의 등기촉탁과 등록세 부과 등기예규 제251호 1975.05.08 제정)

한편, 해산등기의 신청 또는 촉탁과 관련해서는 다른 법률에 등기신청수수료를 면제하는 규정이 있는 경우를 제외하고는 6,000원(전자신청은 2,000원, 전자표준양식에 의한 신청은 4,000원)의 등기신청수수료를 납부하여야 한다. 다만, 법원, 법원사무관등의 촉탁에 따라 해산등기를 하는 때에는 등기신청수수료를 받지 아니한다.

5. 해산등기의 효력

회사해산등기에 대하여는 회사설립등기와 같은 특별규정이 없는 이상 상법총칙규정에 의하여 이는 제3자에 대한 대항요건에 불과하다고 할 것이므로 해산결의가 있고 청산인선임 결의가 있다면 그 해산등기가 없어도 청산중인 회사이다(대법원 1964. 5. 5.선고 63마29결정). 청산법인이 청산종결의 등기를 하였더라도, 채권채무가 남아 있는 이상, 청산은 종료되지 아니한 것이므로, 그 한도에 있어서 청산법인은 당사자 능력을 가진다(대법원 1980. 4. 8.선고 79다2036판결).

【서식】주식회사해산등기

<table>
<tr><td colspan="5" align="center">주식회사해산등기신청</td></tr>
<tr><td rowspan="2">접 수</td><td>년 월 일</td><td rowspan="2">처리인</td><td>등기관 확인</td><td>각종 통지</td></tr>
<tr><td>제   호</td><td></td><td></td></tr>
</table>

①상 호	○○ 주식회사	②등기번호	○○○○○○
③본 점	서울특별시 ○○구 ○○로 ○○		
④등기의 목적	주식회사 해산등기		
⑤등기의 사유	20○○년 ○월 ○일 주주총회 결의로(존립기간 만료로 인하여, 정관에 정한 해산사유의 발생으로 인하여) 해산하였으므로 다음사항의 등기를 구함		
⑥본/지점 신청구분	1.본점신청 ☐ 2.지점신청 ☐ 3.본·지점 일괄신청 ☐		
등 기 할 사 항			
⑦ 해 산 연 월 일	20○○년○월○일		
⑧ 해 산 사 유	20○○년 ○월 ○일 주주총회 결의로(존립기간 만료로, 정관에 정한 해산사유의 발생으로) 해산		
기 타			

<table>
<tr><td colspan="8" align="center">⑨신청등기소 및 등록면허세/수수료</td></tr>
<tr><td>순번</td><td>신청등기소</td><td>구분</td><td colspan="2">등록면허세</td><td>지방교육세</td><td>세액합계</td><td>등기신청수수료</td></tr>
<tr><td></td><td></td><td></td><td>금</td><td>원</td><td>금   원</td><td>금   원</td><td>금   원</td></tr>
<tr><td></td><td></td><td></td><td></td><td></td><td></td><td></td><td></td></tr>
<tr><td></td><td></td><td></td><td></td><td></td><td></td><td></td><td></td></tr>
<tr><td></td><td></td><td></td><td></td><td></td><td></td><td></td><td></td></tr>
<tr><td></td><td></td><td></td><td></td><td></td><td></td><td></td><td></td></tr>
<tr><td colspan="3" align="center">합   계</td><td colspan="2"></td><td></td><td></td><td></td></tr>
<tr><td colspan="3" align="center">등기신청수수료 납부번호</td><td colspan="5"></td></tr>
</table>

<table>
<tr><td colspan="2" align="center">⑩첨   부   서   면</td></tr>
<tr><td>

1. 공증받은 주주총회의사록(총회의 결의 로
　해산한 경우)　　　　　　　　　통

1. 정관　　　　　　　　　　　　　통

1. 정관소정의 해산사유의 발생을 증명하는
　서면　　　　　　　　　　　　통

1. 등기신청인자격증명서　　　　　통

</td><td>

1. 등록면허세영수필확인서　　　　통

1. 등기신청수수료영수필확인서　　통

1. 위임장(대리인이 신청할 경우)　통

〈기 타〉

</td></tr>
</table>

　　　　　　　　　　　　　　　　　　　　　　　　년　　월　　일

⑪신청인　　　　상　　호

　　　　　　　　본　　점

　대표청산인　　성　　명　　　　　(인)　(전화 :　　　　　)

　　　　　　　　주　　소

　대리인　　　　성　　명　　　　　(인)　(전화 :　　　　　)

　　　　　　　　주　　소

　　　　　　　　　지방법원　　등기소　귀중

- 신청서 작성요령 -

1. 해당란이 부족할 때에는 별지를 이용합니다.
1. 해당 등기신청과 관계없는 사항에 대하여는 "해당없음"으로 기재하거나 삭제하고, 필요한 사항은 추가 기재합니다.

등기신청안내 – 주식회사해산등기신청

◈ 주식회사해산등기신청이란

주식회사의 해산이란 회사의 법인격의 소멸을 가져오는 원인으로 회사의 소멸을 위한 절차의 시작입니다. 주식회사가 해산을 하더라도 법인으로서의 실체가 즉시 소멸하는 것은 아니고 해산에 의하여 청산에 들어가게 되며, 청산의 목적 범위 내에서는 여전히 법인격이 존속하며 청산이 종결됨으로써 비로소 회사의 법인격은 소멸됩니다. 주식회사의 해산 사유로는 존립기간의 만료 기타 정관으로 정한 사유의 발생, 합병, 파산, 법원의 명령 또는 판결, 주주총회 결의, 회사의 분할·분할합병 등이 있으나, 합병·분할·분할합병 및 파산의 경우에는 청산을 요하지 않으며 파산의 경우에는 파산절차에 들어갑니다. 회사가 해산한 경우에는 청산사무의 집행을 위한 청산인 선임등기를 동시에 신청하여야 합니다.

◈ 관할등기소 및 등기의 신청

주식회사가 해산한 때에는 합병·분할·분할합병 및 파산의 경우를 제외하고는 본점소재지에서는 2주간, 지점소재지에서는 3주간 내에 대표권이 있는 청산인 또는 대리인이 해산등기신청을 하여야 합니다.

◈ 등기신청서 기재 요령

신청서는 원칙적으로 한글과 아라비아 숫자로 기재합니다. 신청서의 기재사항 난이 부족할 경우 별지를 사용하고 신청서와 별지 각 장 사이에 간인을 하여야 합니다.

① 상호

　법인 등기부상의 상호를 기재합니다.

② 등기번호

　법인 등기부상의 등기번호를 기재합니다.

③ 본점

　법인 등기부상의 본점소재지를 기재합니다.

④ 등기의 목적

　“주식회사 해산등기”라고 기재합니다.

⑤ 등기의 사유

　등기를 신청하는 이유를 기재하는 항목으로 일반적으로 “20○○년 ○월 ○일 주주총회 결의로(존립기간 만료로, 정관에 정한 해산사유의 발생으로) 해산하였으므로 다음사항의 등기를 구함”으로 기재합니다.

⑥ 본/지점 신청구분

　본점에서의 등기신청, 지점에서의 등기신청, 또는 본점 및 지점에 관한 등기를 본점에서 일괄하여 신청하는지 여부를 표시하는 항목입니다. 주식회사 해산등기는 본점뿐 아니라 지점에서도 등기를 하여야 하는 바, 본점관할등기소에서 지점등기부의 해산등기도 일괄하여 신청할 수 있으며 이 경우 본·지점 일괄신청임을 표시하면 됩니다.

⑦ 해산연월일

해산의 효력이 발생한 일자 즉 주주총회에서 해산을 결의한 경우 결의일, 존립기간 만료의 경우 만료일 익일 등을 기재합니다.

⑧ 해산 사유

주식회사의 해산사유를 기재하는 항목으로 "일반적으로 20○○년 ○월 ○일 주주총회 결의로(존립기간 만료로, 정관에 정한 해산사유의 발생으로) 해산"으로 기재합니다.

⑨ 신청등기소 및 등록면허세/수수료

신청하는 등기소를 기재하며, 납부한 등록면허세액, 지방교육세액(지방세법 제137조 제1항) 및 등기신청수수료(등기부등초본등수수료규칙 제5조의3)를 기재합니다. 본·지점 일괄신청의 경우 지점의 등기신청과 관련된 등록면허세 등을 별도로 납부하여야 합니다.

⑩ 첨부서면

등기신청서에 첨부하는 서면을 기재하여야 합니다.

⑪ 신청인 등

등기를 신청하는 법인의 상호와 본점소재지, 청산인 또는 대표청산인의 성명과 주소를 기재하며, 위임받은 대리인이 신청할 경우 대리인의 성명과 주소를 기재합니다. 대표권이 있는 청산인은 청산인선임등기신청과 동시에 제출하는 청산인의 인감을 날인하여야 하며 대리인의 경우는 날인할 도장에 대한 제한은 없습니다.

◈ 등기신청서에 첨부할 서면

1. 주주총회 의사록

가. 주식회사는 주주들의 의사결정에 의하여 회사를 해산할 수 있으며 해산의 사유에 대하여는 특별한 제한이 없으며 형식적인 요건만 충족되면 해산이 가능합니다. 주주총회의 결의요건은 정관변경 등과 같은 특별결의로서 출석주주의 의결권의 3분의2 이상의 수와 발행주식 총수의 3분의1이상의 수로 합니다.

나. 주주총회의 의사에 관하여는 의사록을 작성하여야 하며, 의사록에는 의사의 경과요령과 그 결과를 기재하고 의장과 출석한 이사가 기명날인 또는 서명하여야 합니다. 등기신청시 첨부되는 의사록은 공증인의 인증을 받아 제출하여야 합니다.

2. 정관

정관에 규정된 해산사유의 발생으로 인하여 해산하는 경우에는 그 해산사유가 정관에 규정되어 있는지 여부를 확인하기 위하여 정관을 첨부하여야 합니다. 첨부하는 정관은 사본으로 가능하며 간인을 한 다음 원본과 동일하다는 원본대조필(신고하는 청산인 인감 날인)을 하여 제출하면 됩니다.

3. 정관 소정의 해산사유의 발생을 증명하는 서면

정관으로 정한 해산사유가 구체적으로 발생하였다는 사실을 증명하는 서면을 첨부하여야 합니다.

4. 등기신청인 자격증명서면

청산인 또는 대표청산인의 자격을 증명하는 서면(주주총회의사록, 청산인회회의록 등)을 첨부하여야 합니다.

5. 등록면허세영수필확인서

본점소재지 관할 시·군·구청장으로부터 등록면허세납부서를(지방세법 제137조 제1항) 발부받아 납부한 후 등록면허세영수필확인서를 첨부하여야 합니다. 다만 주식회사 해산등기는 등록면허세액이 정액으로 대법원 인터넷등기소(www.iros.go.kr)에서 정액 등록면허세 납부서를 작성·출력할 수 있으므로 수납기관에 납부한 후 제출하면 됩니다.

6. 위임장

등기신청권자(청산인 또는 대표청산인)의 위임에 의한 대리인이 등기신청을 하는 때에는 그 권한을 증명하는 서면으로 위임장을 첨부하여야 합니다. 실무상 수임자, 위임자, 위임내용을 기재하고 등기소에 제출(신고)하는 인감을 날인합니다.

◈ **등기신청서 편철순서**

신청서, 등록면허세영수필확인서, 주주총회의사록, 정관, 정관 소정의 해산사유의 발생을 증명하는 서면, 등기신청인 자격증명서면, 기타 첨부서면, 위임장 등의 순서로 편철하시면 업무처리에 편리합니다.

◈ **과태료**

주식회사가 해산한 경우에는 해산한 때로부터 등기기간(본점소재지는 2주, 지점소재지는 3주)내에 해산등기를 신청하여야 합니다. 위 등기기간 내에 등기를 신청하지 아니한 경우에는 상법 제635조에 따라 500만 원 이하의 과태료가 부과되므로 기간을 도과하지 않도록 각별히 유의하시기 바랍니다.

◈ **기타**

1. 등기신청과 관련된 의사록 등 각종 서식에 관하여는 대법원 인터넷등기소(자료센터), 법무부 홈페이지(법무지식), 중소기업청 홈페이지(자료마당), 사단법인 한국상장회사협의회 홈페이지(법률정보)를 참고하시면 많은 도움이 됩니다.

2. 이상은 주식회사의 해산등기 신청시 작성·제출하여야 하는 일반적인 서식과 그 내용에 대한 안내인바, 회사가 합병·파산·분할합병, 청산인의 선임에 관한 사항 등 구체적인 사정에 따라 신청서 기재 방식과 첨부서면 등이 달라질 수 있습니다. 따라서 개별·구체적인 사항에 대하여는 등기과·소의 민원담당자 또는 변호사·법무사 등 등기와 관련된 전문가에게 문의하시기 바랍니다.

【서식】주식회사해산등기신청서(소멸회사의 경우)

<table>
<tr><td colspan="3" align="center">합병으로 인한
주식회사해산등기신청</td><td></td></tr>
<tr><td rowspan="2">접 수</td><td>20○○년 ○월 ○일</td><td rowspan="2">처리인</td><td>등기관 확인</td><td>각종 통지</td></tr>
<tr><td>제○○○○호</td><td></td><td></td></tr>
</table>

<table>
<tr><td>상   호</td><td>B주식회사</td><td>등기번호</td><td>제1000호</td></tr>
<tr><td>본   점</td><td colspan="3">○○시 ○○구 ○○길 ○○</td></tr>
<tr><td>등 기 의 목 적</td><td colspan="3">합병으로 인한 주식회사 해산등기</td></tr>
<tr><td>등 기 의 사 유</td><td colspan="3">20○○년 ○월 ○일 주주총회에서 ○○시 ○○구 ○○길 ○○ A주식회사와 합병하여 C주식회사를 설립한 후 해산할 것을 결의하고, 공고와 최고절차를 밟아 20○○년 ○월 ○일 합병절차를 종료하였으므로 다음 사항의 등기를 구함.</td></tr>
<tr><td>본/지점 신청구분</td><td colspan="3">1. 본점신청 □   2. 지점신청 □   3. 본·지점 일괄신청 □</td></tr>
<tr><td colspan="4" align="center">등   기   할   사   항</td></tr>
<tr><td>합병으로 인한
해산연월일</td><td colspan="3">20○○년 ○월 ○일</td></tr>
<tr><td>해 산 사 유</td><td colspan="3">○○시 ○○구 ○○길 ○○ A주식회사와 합병하여
○○시 ○○구 ○○길 ○○ C주식회사를 설립하고 해산</td></tr>
<tr><td>기   타</td><td colspan="3">해당 없음</td></tr>
</table>

신청등기소 및 등록면허세/수수료						
순번	신청등기소	구분	등록면허세 지방교육세	농어촌특별세	세액합계	등기신청 수수료
			금 원 금 원	금 원	금 원	금 원
합 계						
등기신청수수료 납부번호						

첨 부 서 면	
1. 등록면허세영수필확인서 1통 1. 등기신청수수료영수필확인서 1통 1. 위임장(대리인이 신청할 경우) 1통	〈기 타〉

2000년 ○월 ○일

신 청 인   상 호   B주식회사

　　　　　　　　　본 점   ○○시 ○○구 ○○길 ○○

대표이사   성 명   ○ ○ ○ (인) (전화 : 02-123-4567)

　　　　　　　　　주 소   ○○시 ○○구 ○○길 ○○

대 리 인   성 명   법무사 ○ ○ ○ (인) (전화 : 02-456-7890)

　　　　　　　　　주 소   ○○시 ○○구 ○○길 ○○

○○지방법원 ○○등기소 귀중

- 신청서 작성요령 및 등기수입증지 첨부란 -

1. 해당란이 부족할 때에는 별지를 이용합니다.
1. 해당 등기신청과 관계없는 사항에 대하여는 "해당없음"으로 기재하거나 삭제하고, 필요한 사항은 추가 기재합니다.

【서식】주식회사해산등기신청서(주주총회의결, 존립기간만료, 해산사유의 발생 등으로
　　　해산한 경우)

<table>
<tr><td colspan="5" align="center">주식회사해산등기신청</td></tr>
<tr><td rowspan="2">접　수</td><td>2000년 ○월 ○일</td><td rowspan="2">처리인</td><td>등기관 확인</td><td>각종 통지</td></tr>
<tr><td>제○○○○호</td><td></td><td></td></tr>
</table>

상　　　호	○○주식회사	등기번호	제1000호
본　　　점	○○시 ○○구 ○○길 ○○		
등 기 의 목 적	주식회사 해산등기		
등 기 의 사 유	2000년 ○월 ○일 주주총회 결의에 의하여(또는 ① 존립기간의 만료로 인하여, ② 정관에 정한 어떠 어떠한 해산사유에 발생으로 인하여) 해산하였으므로 다음 사항의 등기를 구함.		
본/지점 신청구분	1. 본점신청 □　　　2. 지점신청 □　　　3. 본지점 일괄신청 □		
등　기　할　사　항			
해 산 연 월 일	2000년 ○월 ○일		
해 산 사 유	주주총회 결의로(또는 ① 존립기간의 만료로, ② 정관소정의 해산사유 발생으로) 해산		
기　　　타	해당 없음		

신청등기소 및 등록면허세/수수료						
순번	신청등기소	구분	등록면허세 / 지방교육세	농어촌특별세	세액합계	등기신청 수수료
			금 원 / 금 원	금 원	금 원	금 원
합 계						
등기신청수수료 납부번호						

첨 부 서 면	
1. 공증받은 주주총회의사록(총회의 결의로 해산한 경우) 1통	1. 등록면허세영수필확인서 1통
1. 정관 1통	1. 등기신청수수료영수필확인서 1통
1. 정관소정의 해산사유의 발생을 증명하는 서면 1통	1. 위임장(대리인이 신청한 경우) 1통
1. 등기신청인자격증명서 1통	〈기 타〉

2000년 ○월 ○일

신 청 인   상 호 ○○주식회사

　　　　　　　　　본 점 ○○시 ○○구 ○○길 ○○

대표청산인   성 명 ○ ○ ○ (인) (전화 : 02-123-4567)

　　　　　　　　　주 소 ○○시 ○○구 ○○길 ○○

대 리 인   성 명 법무사 ○ ○ ○ (인) (전화 : 02-456-7890)

　　　　　　　　　주 소 ○○시 ○○구 ○○길 ○○

○○지방법원 ○○등기소 귀중

- 신청서 작성요령 -

1. 해당란이 부족할 때에는 별지를 이용합니다.
1. 해당 등기신청과 관계없는 사항에 대하여는 "해당없음"으로 기재하거나 삭제하고, 필요한 사항은 추가 기재합니다.

Ⅱ. 청산등기

■ 핵 심 사 항 ■

1. 청산의 의의 : 청산이란 해산한 회사가 존립 중에 발생한 재산적 권리의무를 정리한 후 회사의 법인격을 소멸시키는 것을 말한다.
2. 청산사무의 내용
 (1) 현존사무의 종결
 (2) 채권을 추심
 (3) 채무를 변제
 (4) 잔여재산은 사원에게 분배
3. 청산종결의 등기 : 청산사무를 종결하였을 때에 회사의 법인격이 소멸되며, 그 후 청산종결의 등기를 하여야 하나 이는 청산의 효력발생요건은 아니다.

1. 총 설

(1) 청산의 의의

청산이란 회사가 해산후 그 재산적 권리의무를 정리한 후 회사의 법인격을 소멸시키는 것을 말한다. 청산절차는 해산한 회사의 일체의 법률관계를 종료하고 그 재산을 분배하는 것을 목적으로 하는 절차로서 회사재산이 채무를 완제하고 남음이 있는 경우에 주주의 이익을 위하여 행해지는 점에서 채권자의 이익을 위하여 행해지는 파산절차와 다르다.

(2) 청산의 방법

1) 임의청산

임의청산은 인적회사(사원이 1인으로 된 경우 및 해산을 명하는 재판에 의하여 해산한 경우 제외)가 정관 또는 총사원의 동의로 회사의 처분방법을 임의로 정하는 방법이다(상법 제247조).

2) 법정청산

법정청산은 인적회사가 임의청산을 하지 아니하는 경우와 물적회사의 청산방법으로 상법은 회사채권자와 사원을 보호하기 위하여 청산절차는 엄격하게 규정하고 있다(상법 제250조 이하, 제269조, 제531조 이하).

(3) 청산법인의 활동범위

청산회사는 해산 전의 회사와 동일한 회사이지만 영업수행능력을 잃고 잔존 법률관계의 결재를 위하여 존재하므로 영업활동을 전제로 한 법률의 규정은 적용되지 않는다.

따라서 지배인은 선임할 수 없으며 이미 선임되어 있는 지배인은 종임되고 주주총회도 회사계속의 결의를 제외하고는 영업활동을 전제로 하는 목적의 변경, 신주의 발행, 자본감소, 지점의 설치 또는 사채발행 등의 결의를 할 수 없다.

이사 역시 그 지위를 잃게 되고 청산인이 이에 갈음한다. 다만, 감사는 그 임기만료시까지 청산회사의 감사로 유임한다.

주식회사는 해산된 뒤에도 청산법인으로 되어 청산의 목적범위 내에서 존속하므로, 그 주주는 주주총회의 결의에 참여할 수 있을뿐더러 잔여재산의 분배청구권 및 청산인의 해임 청구권이 있다(대법원 1991. 11. 22.선고 91다22131판결).

【쟁점질의와 유권해석】

〈청산절차 진행 중 법인이 파산한 경우 청산인과 감사가 퇴임등기를 할 수 있는지 여부〉

파산선고를 받은 법인도 파산절차가 진행되는 동안은 파산의 목적범위 내에서는 아직 존속되는 것으로 보므로, 파산재단 이외의 관계에서 업무를 집행하여야 할 업무집행기관과 감독기관으로서의 감사는 필요적 상설기관으로서 필요하다.

청산 중 법인이 파산한 경우에 업무집행기관으로서의 청산인과 감독기관으로서의 감사는 당해 파산법인이 신임 청산인과 신임감사의 취임등기를 하지 아니하면 파산종결등기를 할 때까지 퇴임등기를 할 수 없을 것이다(2003. 6. 3, 공탁법인 3402-132 질의회답).

(4) 청산에 관한 상법규정의 적용 제한

1) 대상회사

국가가 주식 또는 지분의 2분의 1 이상을 보유하는 회사 중 청산에 관하여 상법의 규정을 제한받는 회사는 법률이나 기부체납에 의하여 그 주식 또는 지분이 국가에 귀속된 기업체로서 총괄청이 지정하는 회사이다(국유재산법 제80조, 동법시행령 제79조).

2) 제한받는 사항

상법의 규정을 제한받는 사항은 상법 중 주주총회 또는 사원총회의 권한·소집·의결방법 등에 관한 규정에도 불구하고 대통령령이 정하는 바에 의한다.

국유재산법 제80조에 의한 청산법인이 상법규정을 적용받지 아니하는 사항은 ① 청산인 및 감사의 선임, ② 상법 제533조 규정에 의한 대차대조표 및 재산목록의 승인, ③ 영업의 양도, 양수, 자본의 감소와 정관의 변경, ④ 청산경비결산 및 청산종결의 승인, ⑤ 잔여재산의 분배 및 분배방법의 결정, ⑥ 주주총회 또는 사원총회의 소집, ⑦ 서류보존인의 선임 등이다(동법시행령 제80조).

3) 미수복지구 안에 소재하는 회사의 청산

국가가 주식 또는 지분의 2분의 1 이상을 보유하는 회사 중 법률이나 기부체납 등에 의하여 그 주식 또는 지분이 국가에 귀속된 기업체로서 총괄청이 지정하는 회사 중, 본점 또는 주사무소가 미수복지구 안에 소재하는 회사의 청산에 관하여는 상법과 국유재산법 제80조에 의한다. 다만, 상법 중 ① 회사의 해산등기, ② 청산인의 신고 및 등기, ③ 상법 제533조 규정에 의한 재산목록 및 대차대조표의 제출, ④ 청산종결의 등기에 관하여는 그러하지 아니하다.

위와 같이 청산절차를 진행 중에 있는 회사가 소유하고 있는 부동산의 소유권이 민법 제245조에 의하여 그 부동산을 무단점유하고 있는 자에게 이전될 우려가 있는 경우에는 청산절차의 종결 전에도 총괄청이 그 부동산을 국가로 귀속시킬 수 있다(국유재산법 제81조).

미수복지구 내에 본점을 두고 있는 회사는 청산이 불가능한 것이 아니며, 그러한 경우 청산절차는 위 회사의 대표이사, 이사가 결원상태에 있다면 우선 상법 제386조, 제389조에 의하여 일시대표이사, 일시이사를 선임한 다음 이사회의 소집결정에 따른 주주총회에서 상법 제518조의 규정에 의한 해산의 특별결의를 하면 되고, 위 회사의 주권을 국가가 50% 이상 소유한 총괄청이 지정하는 회사는 상법 및 국유재산법 제55조, 동법시행령 제60조, 제61조의 규정에 의거하여 연합청산위원회가 귀속법인 위 회사의 청산사무를 담당하여 종결하는 방식에 의할 수 있다. 국가가 69.9%를 소유하고 있다면 상법 제366조(소수주주에 의한 소집청구)에 의하여 주주총회를 소집청구를 할 수 있으며, 그 소집청구권을 타인에게 위임하여 대리행사할 수도 있다(1990. 12. 18, 등기 제2451호).

(5) 청산인회와 청산회사의 대표자

청산인회는 청산인으로 구성되는 합의체로서 청산회사의 청산업무 집행에 관하여 결의하는 기관이다.

청산인회의 소집·의사·결의 등에 관하여는 모두 이사회의 규정이 준용된다(상법 제542조 2항, 제390조 내지 제392조).

회사가 해산되면 청산의 목적범위 내에서만 존속하게 되어 영업의 담당자인 이사는 그 지위를 잃고 청산인(상 제531조)이 청산사무의 집행과 청산회를 대표하게 되므로, 청산회사 명의로 하는 등기신청은 청산인이 하여야 한다(1987. 9. 29, 등기 제574호).

주식회사가 해산한 경우(합병 또는 파산의 경우 제외)에 정관에 다른 규정이 있거나 주주총회에서 타인을 선임한 때를 제외하고는 해산 당시의 일시이사 및 일시대표이사는 청산인 및 대표청산인이 된다(대법원 1981. 9. 8.선고 80다2511판결).

【쟁점질의와 유권해석】

〈주식회사가 해산된 경우 청산인이 되는 자〉

주식회사가 해산(상법시행법 제15조 3항에 의하여 해산간주된 경우를 포함)한 경우(합병 또는 파산의 경우 제외)에 정관에 다른 규정이 있거나 주주총회에서 타인을 선임한 때를 제외하고는 해산당시의 일시이사 및 일시대표이사는 청산인 및 대표청산인이 된다(대법원 1981. 9. 8.선고 80다2511판결).

2. 청산인·대표청산인의 취임 및 퇴임

(1) 청산인의 의의 등

청산인이란 청산회사를 대표하고 그 청산사무를 집행하는 회사의 상설기관을 말한다.

1) 청산인의 자격

청산인의 자격, 원수 및 임기에 관하여는 따로 정한 바가 없다.

청산인은 행위능력자임을 요하지 아니하는 점, 법인은 청산인이 될 수 없는 점, 감사는 청산인을 겸할 수 없는 점은 이사의 경우와 같다. 다만, 한국자산관리공사(구 성업공사)는 국유재산법 제55조 및 동법시행령 제61조 5항이 규정하고 있는 일정한 경우에는 주식회사의 청산인이 될 수 있다(1990. 6. 5, 등기 제1135호).

상법 제411조가 청산인에게도 준용되므로 감사는 청산인을 겸할 수 없다. 또한 비송사건절차법은 그 자격요건을 강화하여 미성년자, 피성년후견인 또는 피한정후

견인, 자격이 정지되거나 상실된 자, 법원에서 해임된 청산인, 파산선고를 받는 자
는 청산인으로 선임될 수 없다(비송사건절차법 제121조)는 규정을 두고 있다.

2) 청산인의 원 수

청산인의 원 수에 관하여 정관에 다른 규정이 없는 한 1인이라도 무방하며, 이때
에는 그가 청산인인 동시에 대표청산인으로서 직접 청산사무를 집행한다(대법원
1989. 9. 12.선고 87다카2691판결).

3) 청산인의 직무

청산인은 현존사무의 종결, 채권의 추심과 채무의 변제, 재산의 환가처분, 잔여재
산의 분배에 관한 직무를 행한다(상법 제254조, 제542조 1항).

청산인에 관하여도 이사와 같이 청산인회 및 대표청산인에 관한 제도가 있으므로
(상법 제542조 2항, 제388조 내지 제394조), 청산인은 청산인회를 통하여 청산사
무에 관여한다.

금융기관이 해산 또는 파산한 때에는 금융감독원장 또는 그 소속직원 1명이 청산
인 또는 파산관재인으로 선임되어야 한다(은행법 제57조).

【쟁점질의와 유권해석】

**〈청산인에 대한 직무집행정지 및 직무대행자 선임의 가처분결정이 있은 후 소집된 주
주총회에서 회사를 계속하기로 하는 결의 등이 있는 경우 가처분 취소를 구할 수 있는
지 여부〉**

청산중인 주식회사의 청산인을 피신청인으로 하여 그 직무집행을 정지하고 직무대행자를
선임하는 가처분결정이 있은 후, 그 선임된 청산인 직무대행자가 주주들의 요구에 따라
소집한 주주총회에서 회사를 계속하기로 하는 결의와 아울러 새로운 이사들과 감사를 선
임하는 결의가 있었다고 하여, 그 주주총회의 결의에 의하여 청산인 직무대행자의 권한
이 당연히 소멸하는 것은 아니고(상법 제407조, 제408조 1항, 제519조, 제542조 2항),
청산인 직무집행정지 및 직무대행자 선임의 가처분결정이 있은 후 소집된 주주총회에서
회사를 계속하기로 하는 결의 및 새로운 이사들과 감사를 선임하는 결의가 있었다면, 특
별한 사정이 없는 한 위 주주총회의 결의에 의하여 위 직무집행정지 및 직무대행자선임
의 가처분결정은 더 이상 유지할 필요가 없는 사정변경이 생겼다고 할 것이므로, 위 가
처분에 의하여 직무집행이 정지되었던 피신청인으로서는 그 사정변경을 이유로 가처분이
의의 소를 제기하여 위 가처분의 취소를 구할 수 있다(대법원 1997. 9. 9,선고 97다
12167판결).

【쟁점질의와 유권해석】

〈공탁자인 주식회사가 보증공탁을 한 이후에 주주총회 결의로 해산하면서 종전 대표이
사를 청산인으로 선임하여 청산절차를 진행하던 중 채무초과 사유로 파산신청을 하였
으나 법원이 파산선고와 동시에 파산폐지의 결정을 하고 확정된 경우 파산종결 된 위
회사가 공탁금을 회수하는 방법〉

ㄱ) 법인에 대한 파산절차가 잔여재산 없이 종료되면 청산종결의 경우와 마찬가지로 법인
격이 소멸한다고 할 것이나, 아직도 적극재산이 잔존하고 있다면 법인은 그 재산에
관한 청산목적의 범위내에서는 존속한다고 볼 수 있다(대법원 1989. 11. 24. 선고
89다카2483 참조).

ㄴ) 주식회사가 주주총회결의로 해산하면서 종전 대표이사를 청산인으로 선임하여 청산절
차를 진행하는 중에 채무초과사유로 파산신청을 하였으나 법원이 파산선고와 동시에
파산폐지의 결정을 하고 확정된 경우, 이와 같이 파산종결된 회사라도 미회수공탁금
이 존재한다면 공탁금 회수에 관한 일반적인 요건을 갖추어 공탁금을 회수할 수 있을
것이다.

ㄷ) 이러한 경우 공탁금 회수 절차는 파산종결된 회사를 대표하여 청산인이 하여야 하는
데, 종전 청산인이 사망하였다면 이해관계인의 청구에 따라 법원이 청산인을 선임하
여야 할 것이다(2004. 1. 17, 공탁 3302-18 질의회답).

(2) 청산인의 선임 및 퇴임

1) 청산인의 선임

미성년자, 피성년후견인 또는 피한정후견인, 자격이 정지되거나 상실된 자, 법원에
서 해임된 청산인, 파산자는 청산인이 될 수 없다(비송사건절차법 제121조).

청산법인의 주주총회에서 한 이사선임결의는 청산인선임으로서의 효력이 있다.
즉, 회사가 해산한 경우 합병 또는 파산의 경우 외에는 정관에 다른 규정이 있거나
주주총회에서 따로 청산인을 선임하지 아니하였다면 이사가 당연히 청산인이 되고
이사가 임기만료되면 새로운 이사를 선임할 수 있다 할 것이므로 청산법인의 주주
총회에서 청산인을 선임하지 아니하고 이사를 선임하였다 하여 그 선임결의가 그
자체로서 무효가 된다고 볼 수 없다(대법원 1989. 9. 12.선고 87다카2691판결, 서
울고법 1987. 10. 16.선고 85나4359판결).

가. 회사가 합병, 분할, 분할합병 또는 파산 이외의 사유로 해산한 경우(상 법 제531조)

① 정관으로 정한 청산인 : 회사가 합병, 분할, 분할합병 또는 파산된 경우 외에는 이사가 청산인이 된다. 다만, 정관으로 정한 청산인이 있는 때에는 그 정함에 따라 청산인이 결정되고, 그가 취임함에는 취임승낙이 있어야 한다(상업등기규칙 제154조, 제107조).

따라서 회사가 합병, 분할, 분할합병 또는 파산된 경우에는 청산인선임이 필요하지 않다.

② 총회선임청산인 : 주주총회에서는 이사 이외의 자를 청산인으로 선임할 수 있다(상법 제531조 1항).

주주총회는 정관에서 예정한 청산인을 해임할 수 있으므로(상 제539조 1항), 정관으로 청산인을 정한 경우라도 주주총회의 결의로 청산인을 선임할 수 있다. 주주총회의 결의에 의하여 청산인을 선임하는 경우에도 그의 취임승낙이 필요하다(상업등기규칙 제154조, 제107조).

③ 법정청산인 : 회사가 해산한 때에는 합병·분할·분할합병 또는 파산의 경우를 제외하고는 원칙적으로 이사가 그 회사의 청산인이 된다(상법 제531조 1항). 다만 정관에 다른 정함이 있거나 주주총회에서 다른 사람을 선임한 경우에는 그러하지 아니하다.

법정청산인은 대표권의 유무와 관계없이 이사 전원이 당연히 청산인으로 취임한다.

해산 당시의 이사는 정관에 다른 규정이 있거나 주주총회에서 따로 청산인을 선임하지 아니한 경우에 당연히 청산인이 되고 해산 당시 또는 그 후에 임기가 만료되더라도 새로 청산인이 선임되어 취임할 때까지는 청산인으로서 권리의무를 가진다(대법원 2000. 10. 12.자, 2000마287결정).

④ 법원선임청산인 : 위의 각 청산인이 없는 경우에는 법원이 이해관계인의 청구에 의하여 청산인을 선임한다(상법 제531조 1항). 이러한 청산인만이 회사의 청산사무를 집행하고 대표하는 기관이 된다(대법원 2000. 10. 12.선고 2000마287결정). 회사가 해산을 명하는 재판에 의하여 해산한 경우나 회사가 설립무효의 판결에 의하여 해산한 경우(상법 제328조 2항, 제193조 2항)에는 주주 기타 이해관계인의 청구 또는 법원의 직권에 의하여 법원이 청산인을 선임한다. 청산인 결격사유자인 미성년자, 피성년후견인 또는 피한정후견인, 자격이 정지되거나 상실된 자, 법원에서 해임된 청산인, 파산자에 해당하는 자는

청산인으로 선임할 수 없다(비송 사건절차법 제121조). 법원의 청산인선임·해임재판에 대하여는 불복할 수 없다(동법 제119조).

나. 회사가 해산을 명하는 재판에 의하여 해산한 경우(상법 제542조 1항, 제252조, 제227조 6호)

주주 기타 이해관계인이나 검사의 청구에 의하여 또는 직권으로써 법원이 청산인을 선임한다.

다. 회사가 설립무효의 판결에 의하여 해산한 경우(상법 제328조 2항, 제193조 2항)

주주 기타 이해관계인의 청구에 의하여 법원이 청산인을 선임한다.

라. 금융산업의구조개선에관한법률에 의한 금융기관

금융위원회는 금융기관이 해산하거나 파산한 경우에는 「상법」 제531조 및 「채무자 회생 및 파산에 관한 법률」제355조에도 불구하고 대통령령으로 정하는 금융전문가, 예금보험공사의 임직원 중에서 1명을 청산인 또는 파산관재인으로 추천할 수 있으며, 법원은 금융위원회가 추천한 사람이 금융 관련 업무지식이 풍부하며 청산인 또는 파산관재인의 직무를 효율적으로 수행하기에 적합하다고 인정되면 청산인 또는 파산관재인으로 선임하여야 한다. 이 경우 금융위원회는 그 금융기관이 「예금자보호법」 제2조 제1호에 따른 부보금융기관으로서 예금보험공사 또는 정리금융기관이 그 금융기관에 대하여 대통령령으로 정하는 최대채권자에 해당하면 예금보험공사의 임직원에 해당하는 사람을 추천하여야 한다.

2) 청산인의 퇴임

가. 사 임

청산인과 회사와의 관계는 위임관계이므로 청산인은 언제든지 사임할 수 있다. 청산인의 사임으로 인한 변경등기신청서에는 그 사임을 증명하는 서면을 첨부하여야 하고 그 서면에는 인감증명법에 의한 인감증명을 첨부하여야 하는 점은 이사 등의 사임의 경우와 같다(예규 제752호). 청산인이 사임한 결과 청산인이 없게 되거나 정관으로 정한 원수를 결한 경우에는 사임으로 인하여 퇴임한 청산인은 후임자의 취임시까지 청산인의 권리의무가 있음은 이사의 경우와 같다(상법 제542조 2항, 제386조 1항).

나. 해 임

① 주주총회에 의한 해임 : 법원에서 선임한 청산인을 제외하고 청산인은 언제든지 청산인선임기관인 주주총회의 보통결의로 해임할 수 있다(상 법 제539조 1항).

② 재판에 의한 해임 : 법원에서 선임한 청산인을 포함하여 모든 청산인은 그가 업무를 집행함에 현저하게 부적임하거나 중대한 임무에 위반한 행위가 있는 때에는 발행주식총수의 100분의 3 이상에 해당하는 주식을 가진 주주는 법원에 그의 해임을 청구할 수 있으며, 이 청구에 의하여 법원은 청산인을 해임할 수 있다(상법 제539조 2항).

다. 정관소정사유의 발생

정관으로써 청산인의 임기를 정하거나 퇴임사유를 정할 경우에는 그 임기만료 또는 퇴임사유의 발생으로 인하여 퇴임한다.

라. 청산인의 사망, 파산 또는 금치산(상법 제542조 2항, 제382조 2항, 민법 제690조)

청산인이 사망하거나 파산, 금치산선고를 받으면 청산인은 퇴임한다.

3) 청산인의 권리의무를 가지는 자, 일시청산인 및 청산인직무대행자

이에 대하여는 이사의 경우와 같다. 즉, 사임 또는 임기만료로 인하여 법률 또는 정관으로 정한 청산인의 원수를 결하게 된 경우에는 사임 또는 임기만료로 인하여 퇴임한 자는 후임청산인이 취임할 때까지 청산인의 권리의무가 있고, 청산인이 결한 경우에 필요하다고 인정할 때에는 법원은 이해관계인의 청구에 의하여 일시청산인의 직무를 행할 자를 선임할 수 있으며, 청산인의 선임결의의 무효나 취소 또는 해임의 소가 제기된 경우에 법원은 당사자의 신청에 의하여 가처분으로써 청산인의 직무집행을 정지할 수 있고 청산인의 직무대행자를 선임할 수 있다.

주식회사가 해산(해산간주된 경우를 포함)한 경우(합병 또는 파산의 경우 제외)에 정관에 다른 규정이 있거나 주주총회에서 타인을 선임한 때를 제외하고는 해산당시의 일시 대표이사는 청산인 및 대표청산인이 된다(대법원 1981. 9. 8.선고 80다2511판결).

【쟁점질의와 유권해석】

〈해산 전의 가처분에 의하여 이사직무대행자가 선임된 회사가 해산된 경우 그 가처분의 효력 여부〉

상법 제531조 1항에 따라 해산 전 가처분에 의하여 선임된 이사직무대행자는 회사가 해산하는 경우 당연히 청산인직무대행자가 된다. 이사직무대행자가 선임된 회사가 해산되고 해산 전의 가처분이 실효되지 않은 채 새로운 가처분에 의하여 해산된 회사의 청산인직무대행자가 선임되었다고 하더라도 선행가처분의 효력은 그대로 유지되어 그 가처분에 의하여 선임된 직무대행자만이 청산인직무대행자로서의 권한을 갖는다(대법원 1991. 12. 24,선고 91다4355판결).

(3) 대표청산인의 취임 및 퇴임

1) 대표청산인의 의의 등

대표청산인은 청산중의 회사의 대표기관이며 원칙적으로 청산인회의 결의에 기하여 청산사무를 집행한다(상법 제542조 2항, 제391조, 제393조).

회사는 청산인회의 결의에 의하여 대표청산인을 선임한다(상법 제542조 2항, 제389조 1항). 종전의 이사가 청산인으로 되는 경우에는 종전의 대표이사가 대표청산인이 되고, 법원이 수인의 청산인을 선임하는 때에는 대표청산인을 정하거나 공동대표청산인을 정할 수 있다(상법 제542조 1항, 제255조 2항).

대표청산인은 청산인임을 요하며, 청산인 자격을 상실하면 대표청산인 자격도 자동으로 상실한다.

대표청산인은 적어도 1인은 있어야 하며 정관으로써 2인 이상의 대표청산인을 둘 수 있다.

대표청산인은 청산사무에 관하여 일체의 재판상 또는 재판 외의 행위를 할 수 있고, 이 권한에 제한을 가하여도 선의의 제3자에게 대항하지 못한다(상법 제542조 2항, 제389조 3항, 제209조).

2) 대표청산인의 선임

가. 이사가 청산인이 된 경우(법정청산인)

해산당시의 대표이사가 대표청산인이 된다(상법 제542조 1항, 제255조 1항).

나. 법원이 청산인을 선임하는 경우

법원이 대표청산인을 선임할 수 있다(상법 제542조 1항, 제255조 2항).

다. 기타의 경우

청산회에서 대표청산인을 선임한다.

그러나 정관으로써 주주총회에서 선임하기로 한 때에는 주주총회의 결의로 선임한다(상법 제542조 2항, 제389조).

3) 대표청산인의 퇴임

가. 청산인지위의 상실

나. 사임

대표청산인은 언제든지 사임할 수 있다. 또한 대표 청산인직만을 사임할 수 있으며 사임의 방법 및 권리의무에 관한 사항은 대표이사의 경우와 같다. 그러나 사임으로 인하여 대표청산인이 없게 되거나 정관으로 정한 대표청산인의 원수를 결하게 되는 경우에는 후임 대표청산인이 취임할 때까지 대표청산인의 권리의무가 있으므로 사임할 수 없다(상법 제542조, 제389조, 제386조).

다. 대표청산인의 해임

① 결의에 의한 해임 : 대표청산인의 선임기관인 청산인회 또는 주주총회의 결의에 의하여 해임할 수 있다.

② 재판에 의한 해임 : 법원에서 대표청산인을 선임한 경우에는 법원은 그 대표청산인을 해임할 수 있다. 이 경우에는 청산회 또는 주주총회의 결의로써는 그를 해임할 수 없다.

라. 정관소정사유의 발생

4) 대표청산인의 권리의무를 가지는 자, 일시대표청산인 및 대표청산인직무대행자

대표이사의 경우와 같다.

5) 청산인의 공동대표에 관한 정함

공동대표이사의 경우와 같다. 청산인이 수인 있는 경우에는 각자 단독으로 회사를 대표하는 것이 원칙이나, 선임기관의 결의로 수인이 공동하여 회사를 대표할 것으로 정할 수 있다(상법 제542조 2항, 제389조 2항).

법원이 수인의 청산인을 선임한 경우에는 수인이 공동하여 회사를 대표할 것으로 정할 수 있다(상법 제542조 1항, 제255조 2항).

3. 등기절차

(1) 등기기간

이 등기는 대표청산인이 신청하여야 한다(상업등기규칙 제106조). 청산인이 선임된 때에는 선임된 날로부터, 이사가 청산인이 된 경우에는 해산한 날로부터, 본점소재지에서는 2주간 내에, 지점소재지에서는 3주간 내에 소정의 사항을 등기하여야 한다(상법 제542조 1항, 제253조 1항, 특별법 제3조). 다만 지점소재지에서는 대표청산인에 관한 사항만 등기한다(특례법 규칙 제3조).

(2) 등기사항

① 청산인의 성명과 주소, 주민등록번호
② 회사를 대표할 청산인을 정한 때에는 그 성명·주소
③ 수인의 청산인이 공동으로 회사를 대표할 것으로 정한 때에는 그 규정

(3) 등기신청인

청산에 관한 등기는 대표청산인이 신청하여야 한다(상업등기규칙 제106조). 일시 청산인(일시대표청산인)과 청산인직무대행자(대표청산인 직무대행자) 선임의 등기는 법원의 촉탁에 의하는 것이나(비송사건절차법 제107조), 이 경우를 제외한 법원선임의 청산인의 등기도 위 기간 내에 대표청산인이 신청하여야 한다. 그러나 해산등기를 신청하기 전에는 청산인에 관한 등기를 신청할 수 없다.

(4) 첨부서면

대리권한을 증명하는 서면, 관청의 허가(인가)서, 정관, 총주주의 동의서, 청산인의 주민등록번호를 증명하는 서면(특례법규칙 제2조 2항) 등이 필요한 경우에는 이를 제출하는 외에 다음 서면을 첨부한다.

1) 주주총회에서 선임한 청산인

① 주주총회의사록(상업등기규칙 제128조)
② 취임승낙을 증명하는 서면(상업등기규칙 제154조, 제107조)
③ 대표청산인을 선임한 경우에는 그 선임에 관한 청산인회의사록 또는 주주총회의사록 및 정관과 대표청산인의 취임승낙을 증명하는 서면(상업등기규칙 제154조, 제104조)

2) 법정청산인

정관(상업등기규칙 제154조, 제107조)

3) 정관소정청산인

① 정관(상업등기규칙 제128조)

② 취임승낙서(청산인·대표청산인 또는 공동대표청산인의 취임의 경우 : 상업등기규칙 제154조, 제104조)

③ 대표청산인을 선임한 경우에는 그 선임에 관한 청산인회의사록 또는 주주총회의사록 및 정관과 대표청산인의 취임승낙서(상업등기규칙 제128조, 제154조, 제104조) 취임승낙을 증명하는 서면에는 인감증명법에 의한 인감을 찍고 그 인감증명서를 제출하여야 하는 점, 공증된 의사록에 취임승낙의 뜻이 기재된 청산인으로서 기명날인한 자는 인감증명이 생략되는 점 등은 이사대표이사의 경우와 같다.

4) 법원선임청산인(상업등기규칙 제154조, 제107조)

선임결정서의 등본(이 서면이 청산인의 선임, 대표청산인의 선임 및 공동대표에 관한 규정의 설정을 증명하는 것이라 할 것이다)

법원이 청산인을 선임하는 경우에는 미리 취임승낙을 받고 있으므로 취임승낙을 증명하는 서면을 첨부할 필요가 없다.

5) 대표청산인의 인감제출

대표청산인은 회사를 대표하여 등기를 신청할 자이므로 등기소에 인감(대지)을 제출하여야 한다(상업등기법 제25조).

6) 청산인 및 대표청산인 퇴임등기 시

① 정관(정관소정사유 발생으로 퇴임하는 경우)

② 사임서
사임으로 퇴임하는 경우에는 인감증명법에 의한 인감증명을 첨부하여야 한다. 그러나 등기소에 신고된 인감으로 날인하면 인감증명법에 의한 인감증명을 첨부할 필요가 없다.

③ 사망진단서나 가족관계증명서(사망의 경우)

④ 파산금치산선고결정등본(파산선고, 금치산선고된 경우)

⑤ 주주총회의사록(주주총회에서 해임결의한 경우)

⑥ 해임판결등본(법원의 해임판결에 의한 경우)

7) 공동대표청산인에 관한 규정의 설정·변경·폐지의 경우

그 규정의 설정·변경·폐지한 주주총회의사록

8) 청산인·대표청산인표시변경등기

그 표시변경을 증명하는 가족관계증명서나 주민등록등본 등

9) 등록면허세, 지방교육세 등 납부영수필통지서 및 확인서, 등기신청수수료

등록면허세는 4만2백원, 지방교육세는 그 100분의 20을 납부한 영수필통지서 및 확인서를 첨부한다. 등기신청수수료 6,000원(전자표준양식에 의해 신청한 경우 4,000원, 전자신청의 경우에는 2,000원)을 납부한다.

(5) 등기의 기록

청산인에 관한 등기는 등기기록 중 임원란에 이를 기재한다. 법정청산인의 경우에는 그 취임일자를 기재하지 아니한다.

청산인 또는 대표청산인의 직무를 일시 행할 자에 관한 등기는 청산인 또는 대표청산인선임의 등기를 한 때에, 청산인의 직무집행정지 또는 그 직무대행자에 관한 등기는 청산인선임결의의 부존재, 무효나 취소 또는 해임의 등기를 한 때에 이를 말소하는 등기관의 기호를 기록하여야 한다(상업등기규칙 제131조).

(6) 관련문제

1) 해산간주된 회사의 청산인등기의 절차

상법 부칙 제4조 제2항의 규정에 의한 주식회사의 해산간주는 법률의 규정에 의한 것이므로 회사가 해산을 위하여 별도로 주주총회 결의를 거칠 필요는 없으며, 회사가 해산된 경우 주주총회의 결의로써 이사 아닌 자를 청산인으로 선임할 수는 있으나(상법 제531조 제1항), 그 청산인에 관한 등기를 하려면 먼저 해산등기를 하여야 한다.

2) 청산종결등기를 한 경우 청산법인의 당사자능력 유무

청산종결의 등기를 하였더라도 채권이 있는 이상 청산은 종료되지 않으므로 그 한도에서 청산법인은 당사자능력이 있다.

3) 청산인 직무대행자 선임신청의 상대방

임시의 지위를 정하는 가처분인 청산인 직무집행정지 및 직무대행자 선임가처분에 있어서는 신청인의 주장 자체에 의하여 신청인과 저촉되는 지위에 있는 청산인

을 피신청인으로 해야 하고 회사는 피신청인의 적격이 없다.

4) 청산인회의 역할

회사가 해산한 때에는 이사는 그 지위를 상실하므로 업무집행기관인 이사회는 소멸하고 청산인이 청산사무를 담당한다.

청산인의 원수에 관한 규정이 없으므로 청산인은 1인이라도 상관없다 할 것이나 상법은 청산인에 관하여서도 이사와 같이 청산인회를 예정하고 있다. 즉, 회사가 해산한 경우에 주주총회에서 청산인을 선임하지 아니하거나 정관에 다른 규정이 없는 때에는 이사가 청산인이 되며(상법 제531조), 대표이사이사회에 관한 규정을 청산인에 관하여 준용하고 있으므로(상법 제542조) 청산인이 1인인 경우를 제외하고는 청산인회가 청산사무에 관한 의사결정을 하게 된다. 청산인회의 소집절차, 결의방법, 연기 또는 속행에 관하여는 이사회에 관한 규정이 준용된다(상법 제542조).

5) 해산등기 및 청산인 취임등기의 대항력

주식회사의 해산등기 및 청산인등기는 제3자에 대한 대항요건에 불과하므로 위 등기가 없다 하여도 해산 및 청산인자격에 지장이 없다.

6) 청산인이 회사재산을 매수하여 제3자에게 다시 매도한 경우의 제3자에 대한 무효주장요건

주식회사의 청산인이 청산인회의 승인없이 회사를 대표하여 자기를 위하여 제3자와의 사이에 회사와 이해상반되는 거래를 한 경우는 물론, 회사와 직접 거래하여 취득한 목적물을 제3자에게 매도한 경우에도 회사는 그 거래에 대하여 청산인회의 승인이 없었다는 것 외에 상대방인 제3자가 악의라는 사실을 입증하여야만 비로소 그 무효를 제3자에게 주장할 수 있다.

7) 청산법인에 있어서 감사의 지위

회사가 청산절차에 있어도 이사나 대표이사의 직무를 청산인이 하는 것이고 감사의 지위에는 변동이 없다. 즉, 여전히 청산법인의 필수기관이다. 따라서 감사는 감사를 사임하지 아니하고 청산인으로 등기할 수 없다. 또한, 감사의 결원이 있는 경우에는 감사의 선임등기 없이 사임등기를 할 수 없다.

핵 심 판 례

■ 상법 제520조의2에 따라 주식회사가 해산되고 청산이 종결된 것으로 보게 되더라도 회사에 어떤 권리관계가 남아 있어 현실적으로 정리할 필요가 있는 경우, 회사가 그 범위에서 소멸하지 않는지 여부(적극) 및 이때 회사를 대표하는 청산인이 되는 자

> 상법 제520조의2에 따라서 주식회사가 해산되고 그 청산이 종결된 것으로 보게 되는 회사라도 어떤 권리관계가 남아 있어 현실적으로 정리할 필요가 있으면 그 범위에서는 아직 완전히 소멸하지 않고, 이러한 경우 그 회사의 해산 당시의 이사는 정관에 다른 정함이 있거나 주주총회에서 따로 청산인을 선임하지 않은 경우에 당연히 청산인이 되며, 그러한 청산인이 없는 때에 비로소 이해관계인의 청구에 따라 법원이 선임한 자가 청산인이 되어 청산 중 회사의 청산사무를 집행하고 대표하는 유일한 기관이 된다(대법원 2019. 10. 23. 선고 2012다46170 전원합의체 판결).

■ 상법 제520조의2에 따라 주식회사가 해산되고 청산이 종결된 것으로 보게 되더라

【서식】주식회사청산인취임등기신청서

주식회사청산인취임등기신청

접 수	년 월 일	처리인	등기관 확인	각종 통지
	제 호			

①상 호	○○ 주식회사	②등기번호	○○○○○○

③본 점	○○시 ○○구 ○○로 ○○

④등기의 목적	청산인 취임등기

⑤등기의 사유	20○○년 ○월 ○일 주주총회 결의로(또는 존립기간 만료로, 정관에 정한 □□사유의 발생으로 등) 회사가 해산하고 동일 주주총회 결의로 선임된(또는 정관에서 정하여진, 이사였던) 다음 사람이 20○○년 ○월 ○일 청산인 및 대표청산인에 취임하였으므로 다음 사항의 등기를 구함

⑥본/지점 신청구분	1.본점신청 □ 2.지점신청 □ 3.본·지점 일괄신청 □

등   기   할   사   항

⑦청산인의성명·주민등록번호·주소 및 취임연월일(주소는 대표청산인을 정한 경우 제외)	청산인 ○○○ (XXXXXX - XXXXXXX) 청산인 ○○○ (XXXXXX - XXXXXXX) 　　20○○년 ○월 ○일 취임

⑧대표청산인의 성명, 주소 및 취임연월일	대표청산인 ○○○ (XXXXXX - XXXXXXX) 　서울특별시 ○○구 ○○로 ○○ 　　20○○년 ○월 ○일 취임

기 타 (공동대표규정 등)	

<table>
<tr><td colspan="8" align="center">⑨ 신청등기소 및 등록면허세/수수료</td></tr>
<tr><td rowspan="2">순번</td><td rowspan="2">신청등기소</td><td rowspan="2">구분</td><td>등록면허세</td><td rowspan="2">농어촌특별세</td><td rowspan="2">세액합계</td><td rowspan="2" colspan="2">등기신청
수수료</td></tr>
<tr><td>지방교육세</td></tr>
<tr><td rowspan="2"></td><td rowspan="2"></td><td rowspan="2"></td><td>금   원</td><td rowspan="2">금   원</td><td rowspan="2">금   원</td><td rowspan="2" colspan="2">금   원</td></tr>
<tr><td>금   원</td></tr>
<tr><td rowspan="2"></td><td rowspan="2"></td><td rowspan="2"></td><td></td><td></td><td></td><td colspan="2"></td></tr>
<tr><td></td><td></td><td></td><td colspan="2"></td></tr>
<tr><td colspan="3" rowspan="2" align="center">합   계</td><td></td><td></td><td></td><td colspan="2"></td></tr>
<tr><td></td><td></td><td></td><td colspan="2"></td></tr>
<tr><td colspan="3" align="center">등기신청수수료 납부번호</td><td colspan="5"></td></tr>
</table>

<table>
<tr><td colspan="2" align="center">⑩ 첨 부 서 면</td></tr>
<tr><td>

1. 정 관　　　　　　　　　　　　　　통
1. 주주총회의사록(공증받은 것)　　　통
1. 선임결정서등본　　　　　　　　　　통
1. 취임승낙서(인감증명서나 본인서명사실
　　확인서 또는 전자본인서명확인서의
　　발급증 포함)　　　　　　　　　　통
1. 주민등록표등본　　　　　　　　　　통
1. 인감신고서　　　　　　　　　　　　통

</td><td>

1. 청산인회의사록(공증받은 것)　　　통
1. 등록면허세영수필확인서　　　　　　통
1. 등기신청수수료영수필확인서　　　　통
1. 위임장(대리인이 신청할 경우)　　　통
<기 타>

</td></tr>
</table>

20○○년 ○월 ○일

⑪ 신 청 인　　　상 호　　○○주식회사

　　　　　　　　　본 점　　○○시 ○○구 ○○길 ○○

대표청산인　　　성 명　　○ ○ ○ (인) (전화 : 02-123-4567)

　　　　　　　　　주 소　　○○시 ○○구 ○○길 ○○

대 리 인　　　　성 명　　법무사 ○ ○ ○ (인) (전화 : 02-456-7890)

　　　　　　　　　주 소　　○○시 ○○구 ○○길 ○○

○○지방법원 ○○등기소 귀중

- 신청서 작성요령 -

1. 해당란이 부족할 때에는 별지를 이용합니다.
1. 해당 등기신청과 관계없는 사항에 대하여는 "해당없음"으로 기재하거나 삭제하고, 필요한 사항은 추가 기재합니다.
1. 「인감증명법」에 따른 인감증명서 제출과 함께 관련 서면에 인감을 날인하여야 하는 경우, 본인서명사실확인서를 제출하고 관련 서면에 서명을 하거나 전자본인서명확인서 발급증을 제출하고 관련 서면에 서명을 하면 인감증명서를 제출하고 관련 서면에 인감을 날인한 것으로 봅니다.

【서식】주식회사청산인변경등기신청서

<table>
<tr><td colspan="4" align="center">주식회사청산인변경등기신청</td></tr>
<tr><td rowspan="2">접 수</td><td>2000년 0월 0일</td><td rowspan="2">처리인</td><td>등기관 확인</td><td>각종 통지</td></tr>
<tr><td>제0000호</td><td></td><td></td></tr>
</table>

상 호	○○주식회사	등기번호	제1000호
본 점	○○시 ○○구 ○○길 ○○		
등 기 의 목 적	주식회사 청산인 변경등기		
등 기 의 사 유	청산인(또는 대표청산인인 청산인) ○○○는 2000년 0월 0일 사임하고 (또는 ① 사망하고, ② 주주총회 결의로 해임되고), 2000년 0월 0일 다음 사람이 청산인(또는 대표청산인인 청산인)에 선임되어 같은날 취임하였으므로 다음 사항의 등기를 구함.		
본/지점 신청구분	1. 본점신청 □ 2. 지점신청 □ 3. 본·지점 일괄신청 □		
등 기 할 사 항			
청산인의 퇴임, 취임 등 변경된 사항과 그 연월일	청산인(대표청산인) ○ ○ ○ 2000년 0월 0일 사망(사임, 해임) 청산인 ○ ○ ○(-) ○○시 ○○구 ○○길 ○○ 각 2000년 0월 0일 취임		
기 타	해당 없음		

<table>
<tr><td colspan="7" align="center">신청등기소 및 등록면허세/수수료</td></tr>
<tr>
<td rowspan="2">순번</td>
<td rowspan="2">신청등기소</td>
<td rowspan="2">구분</td>
<td>등록면허세</td>
<td rowspan="2">농어촌특별세</td>
<td rowspan="2">세액합계</td>
<td rowspan="2">등기신청
수수료</td>
</tr>
<tr><td>지방교육세</td></tr>
<tr>
<td rowspan="2"></td>
<td rowspan="2"></td>
<td rowspan="2"></td>
<td>금   원</td>
<td rowspan="2">금   원</td>
<td rowspan="2">금   원</td>
<td rowspan="2">금   원</td>
</tr>
<tr><td>금   원</td></tr>
<tr>
<td rowspan="2"></td>
<td rowspan="2"></td>
<td rowspan="2"></td>
<td></td>
<td rowspan="2"></td>
<td rowspan="2"></td>
<td rowspan="2"></td>
</tr>
<tr><td></td></tr>
<tr>
<td colspan="3" align="center">합 계</td>
<td></td>
<td></td>
<td></td>
<td></td>
</tr>
<tr><td colspan="3"></td><td></td><td></td><td></td><td></td></tr>
<tr><td colspan="3" align="center">등기신청수수료 납부번호</td><td colspan="4"></td></tr>
</table>

<table>
<tr><td colspan="2" align="center">첨   부   서   면</td></tr>
<tr>
<td>

1. 주주총회의사록(공증받은 것)   통
1. 청산인회의사록(대표청산인 변경, 공증
   받은 것)   통
1. 청산인의 퇴임을 증명하는 서류(사임서
   <인감증명서나 본인서명사실확인서 또는
   전자본인서명확인서의 발급증 포함>,
   가족관계 등록사항별증명서, 공증받은
   해임결의주주총회의사록 등)   통

</td>
<td>

1. 취임승낙서(인감증명서나 본인서명사실
   확인서 또는 전자본인서명확인서의
   발급증 포함)   통
1. 주민등록표등본   통
1. 인감신고서   통
1. 등록면허세영수필확인서   통
1. 등기신청수수료영수필확인서   통
1. 위임장(대리인이 신청할 경우)   통
<기 타>

</td>
</tr>
</table>

2000년 O월 O일

신 청 인   상 호   OO주식회사

               본 점   OO시 OO구 OO길 OO

대표청산인   성 명   O O O (인) (전화 : 02-123-4567)

               주 소   OO시 OO구 OO길 OO

대 리 인   성 명   법무사 O O O (인) (전화 : 02-456-7890)

               주 소   OO시 OO구 OO길 OO

OO지방법원 OO등기소 귀중

- 신청서 작성요령 -

1. 해당란이 부족할 때에는 별지를 이용합니다.
1. 해당 등기신청과 관계없는 사항에 대하여는 "해당없음"으로 기재하거나 삭제하고, 필요한 사항은 추가
   기재합니다.
1.「인감증명법」에 따른 인감증명서 제출과 함께 관련 서면에 인감을 날인하여야 하는 경우, 본인서명사실
   확인서를 제출하고 관련 서면에 서명을 하거나 전자본인서명확인서 발급증을 제출하고 관련 서면에
   서명을 하면 인감증명서를 제출하고 관련 서면에 인감을 날인한 것으로 봅니다.

Ⅲ. 계속의 등기

◙ 핵 심 사 항 ◙

1. 회사계속의 의의 : 회사의 계속이란 일단 해산된 회사가 사원들의 자발적인 노력에 의하여 해산 전의 상태로 복귀하여 해산 전 회사의 동일성을 유지하면서 존립중의 회사로서 존속하는 것을 의미한다.
2. 사유 및 절차
  (1) 회사가 존립기간의 만료 기타 정관에 정한 사유의 발생 또는 주주총회의 결의에 의하여 해산한 경우에는 주주총회 특별결의에 의하여 회사를 계속할 수 있다.
  (2) 휴면회사로서 해산의제가 된 경우에도 신고기간이 만료된 때로부터 3년 이내에는 주주총회의 특별결의에 의하여 회사를 계속할 수 있다(상법 제520조의2 3항).
  (3) 회사를 계속하는 경우에 이미 회사의 해산등기를 하였을 때에는 일정기간 내에 회사계속의 등기를 하여야 한다.

1. 회사의 계속

(1) 회사계속의 의의

일단 해산된 회사가 청산이 종료되기 전에 다시 해산 전의 회사로 복귀하는 것을 회사의 계속이라고 하는데, 이는 기업의 유지를 위하여 인정된 제도이다.

주식회사는 존립기간의 만료로 해산되나(상법 제517조 1호, 제227조), 상법 제434조의 규정에 의한 특별결의에 의하여 회사를 계속할 수 있으며 그 결의에 따른 존립시기 등에 관한 변경등기신청을 할 수 있으나(상법 제519조), 존립기간 만료일로부터 본점소재지에서는 2주일 내, 지점소재지에서는 3주일 내에 해산등기를 하여야 하는 바(상법 제530조, 제228조), 이 등기를 해태한 경우에는 과태료 처분을 받는다(상법 제635조 1항 1호).

(2) 회사계속의 여부

1) 회사계속이 인정되는 경우

가. 존립기간의 만료 기타 정관소정사유의 발생 또는 주주총회의 결의에 의하여 해산한 경우

위의 각 사유로 해산한 경우에는 주주총회의 특별결의에 의하여 회사를 계속할 수 있다(상법 제519조).

나. 휴면회사로서 해산한 것으로 의제된 때로부터 3년 이내인 때

다. 파산선고에 의하여 해산한 경우에 파산폐지신청을 한 때

파산선고에 의하여 해산한 경우에 파산폐지의 신청을 한 때(채무자회생및파산에관한법률 제54조)에는 청산절차가 종료하기 전까지 주주총회의 특별결의로 회사를 계속할 수 있다. 회사의 해산 후에 회생절차가 개시된 회사가 회사를 계속하려면 회생절차에 따라야 한다(동법 제55조).

2) 회사계속이 인정되지 않는 경우

① 법원의 해산명령 또는 해산판결에 의하여 해산한 경우

② 합병(분할·분할합병 포함)으로 인하여 해산한 경우

③ 청산절차의 종료에 의하여 회사가 소멸한 경우(1994. 9. 12, 등기 3402-1115 질의회답)

④ 상법(84. 9. 1.시행)부칙 제4조 제2항의 규정에 의하여 해산 간주된 경우

⑤ 휴면회사(상법 제520조의2 1항)가 해산한 것으로 간주된 후 3년 이내에 회사계속의 결의를 하지 않아 상법 제520조의2 제4항에 의하여 청산이 종결된 것으로 간주된 경우(2000. 6. 21, 등기 340-438 질의회답)

⑥ 회사의 계속 여부가 문제되는 경우

가. 휴면회사(상법 제520조의2)로서 해산 해산간주된 날로부터 3년이 경과한 회사

3년이 경과하지 아니하였다 하더라도 1987. 9. 1. 자본금액이 5,000만원 미만인 회사(1988. 2. 26, 등기 제88호)

그러나 해산간주된 날로부터 3년 이내에는 주주총회의 특별결의(상법 제434조)에 의하여 회사를 계속할 수 있다(1988. 12. 12, 등기 제693호).

이 때 휴면회사는 계속등기를 하기 위하여 청산인취임등기가 전제되어야 회사계속결의를 위한 주주총회를 소집하고 새로운 이사 등을 선임할 수 있을 것이며, 등기해태의 책임은 청산인이 지고 새로이 선임된 대표이사가 소정의 기간 내에 회사계속등기를 하면 그 책임을 지지 아니한다.

나. 주식회사의 존립기간 만료 후의 회사계속등기

주식회사는 존립기간의 만료로 해산되나(상법 제517조 1호, 제227조 1호), 상 제434조의 규정에 의한 주주총회의 특별결의로써 회사를 계속할 수 있고(상법

제519조), 그 결의에 따라 존립기간 등에 관한 변경등기를 신청할 수 있다. 이 때에는 먼저 해산등기를 한 후에 회사계속등기를 하여야 한다.

그러나 존립기간 만료일로부터 본점소재지에서는 2주간 내, 지점소재지에서는 3주간 내에 해산등기를 하여야 하는 것이므로(상법 제530조 1항, 제228조), 이 등기를 해태한 경우에는 과태료의 처분을 받게 된다(상법 제635조 1호, 1985. 5. 25, 등기 제275호).

다. 해산의 등기를 한 후 10년이 지난 주식회사의 경우

주식회사가 주주총회의 결의에 의하여 해산을 한 경우 주주총회의 특별결의에 의하여 회사를 계속할 수 있는 바(상법 제519조), 이 경우 해산등기를 한 후 10년이 경과한 경우라도 가능하다고 생각되나, 청산절차의 종료에 의하여 회사가 소멸한 경우에는 회사를 계속 할 수 없다(1994. 9. 12, 등기 3402-115).

【쟁점질의와 유권해석】

〈주주총회의 특별결의로 존립기간을 폐지한 회사가 회사를 계속하기 위한 요건〉

등기부상 주식회사 ○○상호신용금고의 존립기간 만료일은 회사성립일(1969. 6. 13.)로부터 만 20년이 되는 1989. 6. 13.이라 할 것인데 존립기간 만료이전인 1989. 6. 13. 적법한 주주총회의 특별결의로 존립기간을 폐지하였다면 그 기간이 지났다 하더라도 해산된 것이 아니므로 회사를 계속하기 위하여는 존립기간변경등기만 하면 되고 해산등기 후 회사계속등기를 하여야 하는 것은 아니며, 주주총회가 적법한 것이 아니라면 존립기간만료로 해산된 것이므로 회사를 계속하기 위하여는 해산등기 후 회사계속등기를 하여야 한다(상법 제517조, 제519조, 비송사건절차법 제191조, 규칙 제74조, 제76조 참조).

라. 해산간주된 휴면회사

휴면회사(상법 제520조의2 1항)로서 자본금액이 5천만원 이상인 회사는 해산간주된 날로부터 3년 이내에는 주주총회의 특별결의(상법 제434조)에 의하여 회사를 계속할 수 있다(1988. 12. 12, 등기 693 질의회답).

(3) 회사계속의 효과

1) 청산인의 권한상실과 이사의 선임 등

회사의 계속으로 회사는 장래에 향하여 해산 전의 상태로 복귀한다. 회사의 계속은 장래에 향하여만 효력이 생기는 것이지 소급효가 있는 것은 아니므로 해산 중에 청산인이 한 행위는 그 효력을 상실하지 않는다. 그리고 계속의 결과 청산인은 그 권한을 상실하고 해산 전의 회사대표 및 업무집행기관은 그 권한을 회복한다. 그러나 해산을 할 때에 이사였던 자가 당연히 이사로 복귀하는 것은 아니고 해산 전의 이사는 해산으로 인하여 그 자격이 소멸되었으므로 다시 이사를 선임하여야 한다(예규 제53호). 따라서 계속을 결의하는 주주총회에서 이사의 선임도 동시에 하여야 한다.

2) 효력발생시기

상법에 특별한 규정은 없으나 회사계속에 관한 주주총회의 결의가 있었던 때에 회사계속의 효력이 발생한다. 계속의 등기를 한 때에 계속의 효력이 발생하는 것이 아니다.

> **【쟁점질의와 유권해석】**
>
> **〈청산인 직무집행정지 가처분 결정 후 주주총회에서 회사계속의 결의 및 새로운 이사 선임 결의가 있은 경우 직무집행이 정지되었던 청산인이 사정변경을 이유로 한 가처분 이의의 소를 제기할 수 있는 지 여부(적극)〉**
>
> 청산인 직무집행정지 및 직무대행자 선임의 가처분결정이 있은 후 소집된 주주총회에서 회사를 계속하기로 하는 결의 및 새로운 이사들과 감사를 선임하는 결의가 있었다면, 특별한 사정이 없는 한 위 주주총회의 결의에 의하여 위 직무집행정지 및 직무대행자 선임의 가처분결정은 더 이상 유지할 필요가 없는 사정변경이 생겼다고 할 것이므로, 위 가처분에 의하여 직무집행이 정지되었던 피신청인으로서는 그 사정변경을 이유로 가처분 이외의 소를 제기하여 위 가처분의 취소를 구할 수 있다(대법원1997. 9. 9.선고 97다12167판결).

2. 등기절차

(1) 등기기간

회사를 계속한 경우에 이미 회사의 해산등기를 하였을 때에는 본점소재지에서는 2주간 내, 지점소재지에서는 3주간 내에 회사의 계속등기를 해야 한다(상법 제530조). 회사를 계속한 경우에 아직 해산등기가 경료되지 아니하였을 때에는 해산등기와 청산인취임의 등기를 한 후에 위 기간 내에 회사의 계속등기를 한다.

(2) 등기신청인

회사계속의 등기는 주주총회에서 새로 선임된 대표이사가 신청한다(상업등기법 제23조). 휴면회사가 회사계속등기를 하는 경우에는 청산인취임등기와 동시에 회사계속등기를 신청하여야 하므로, 새로 선임된 대표이사가 신청한다.

(3) 등기사항

1) 회사를 계속한 뜻과 그 연월일(상업등기법 제61조)

2) 이사의 성명·주민등록번호와 대표이사의 성명, 주소, 공동대표에 관한 규정을 둔 때에는 그 규정

회사는 계속에 의하여 해산 전의 상태로 복귀하는 것이나, 해산에 의하여 당연퇴임한 이사와 대표이사가 그 지위를 회복하는 것은 아니므로 이사와 대표이사를 선임하여야 하며, 계속등기를 신청할 때에 이사 등의 취임등기도 신청하여야 한다.

3) 존립기간 기타 정관소정의 해산사유의 변경 또는 폐지

존립기간의 만료 기타 정관소정의 해산사유의 발생으로 인하여 해산한 회사가 계속한 때에는 계속의 결의와 동시에 변경하거나 폐지하여야 한다. 존립기간과 해산사유는 등기사항이므로 계속의 등기를 할 때에 그 변경등기도 신청하여야 한다.

(4) 첨부서면

1) 계속결의를 한 주주총회의사록(상업등기규칙 제128조 2항)

2) 이사선임에 관한 주주총회의사록(상업등기규칙 제128조 2항)

3) 대표이사 선임에 관한 이사회 또는 주주총회의사록

대표이사는 이사회의 결의로 선임되는 것이 원칙이다(상법 제389조 1항).

4) 존립기간 또는 해산사유에 관한 변경등기를 신청할 때에는 그 변경에 관한 주주총회의사록

위 나. 내지 라.의 주주총회의사록에 기재된 내용은 계속결의를 하는 총회에서 함께 결의하는 것이 보통이므로 대부분 가.의 주주총회의사록이 이것들을 모두 겸하게 될 것이다.

5) 정 관

정관의 규정에 의하여 주주총회에서 대표이사를 선임한 때에는 주주총회의 의사록 외에 정관을 첨부하여야 한다.

6) 이사와 대표이사의 취임승낙을 증명하는 서면(상업등기규칙 제130조)

취임승낙서의 진정담보를 위하여 인감증명을 첨부해야 하는 점에 대해서는 기술한 경우와 같다(예규 제752호).

7) 이사의 주민등록번호를 증명하는 서면(상법 제317조, 특례법규칙 제2조 2항)

주민등록이 없는 경우(외국인등)에는 생년월일

8) 등록면허세 및 지방교육세 등 납부영수필통지서 및 확인서, 등기신청수수료납
부 등기수입증지

9) 기타의 서면(상업등기규칙 제52조, 제128조)

대리인에 의하여 신청할 때에는 그 권한을 증명하는 서면, 회사의 계속에 관하
여 관청의 허가(인가)를 요할 경우에는 그 허가(인가)서 또는 인증있는 등본, 정관
의 규정, 법원의 허가 또는 총주주의 동의가 없으면 등기할 사항에 관하여 무효
또는 취소의 원인이 있는 때에는 정관, 법원의 허가서 또는 총주주의 동의서 등이
필요할 때에는 이를 각 첨부한다. 주주총회에서 대표이사를 선임한 때에는 이 규
정에 의하여 정관을 첨부해야 한다.

10) 대표이사의 인감(상업등기법 제25조)

11) 지점소재지의 경우

본점에서 한 등기를 증명하는 서면(본점 등기부등본) 외에 다른 서면이 필요 없다.

(5) 등기의 기록

이사, 대표이사 취임의 등기는 등기기록 중 임원란에 기재하고 회사 계속의 등기
는 기타사항란에 이를 기재하나, 이 때에는 해산 및 청산인에 관한 등기를 말소하
는 기호를 기록하여야 한다(상업등기규칙 제154조 1항, 제109조 1항).

핵 심 판 례

■ 합자회사가 존립기간의 만료로 해산한 후 사원의 일부만 회사계속에 동의한 경우, 그 사원들의 동의로 정관의 규정을 변경하거나 폐지할 수 있는지 여부(적극) 및 일부 사원이 회사계속에 동의한 경우, 나머지 사원들의 동의 여부가 불분명하더라도 회사계속의 효과가 발생하는지 여부(적극)

> 합자회사가 정관으로 정한 존립기간의 만료로 해산한 경우에도(상법 제269조, 제227조 제1호), 사원의 전부 또는 일부의 동의로 회사를 계속할 수 있다(상법 제269조, 제229조 제1항). 이 경우 존립기간에 관한 정관의 규정을 변경 또는 폐지할 필요가 있는데, 특별한 사정이 없는 한 합자회사가 정관을 변경함에는 총사원의 동의가 있어야 할 것이나(상법 제269조, 제204조), 합자회사가 존립기간의 만료로 해산한 후 사원의 일부만 회사계속에 동의하였다면 그 사원들의 동의로 정관의 규정을 변경하거나 폐지할 수 있다. 그리고 회사계속 동의 여부에 대한 사원 전부의 의사가 동시에 분명하게 표시되어야만 회사계속이 가능한 것은 아니므로, 일부 사원이 회사계속에 동의하였다면 나머지 사원들의 동의 여부가 불분명하더라도 회사계속의 효과는 발생한다(대법원 2017. 8. 23. 선고 2015다70341 판결).

【서식】주식회사계속등기신청서

<table>
<tr><td colspan="5" align="center">주식회사계속등기신청</td></tr>
<tr><td rowspan="2">접 수</td><td>년 월 일</td><td rowspan="2">처리인</td><td>등기관 확인</td><td>각종 통지</td></tr>
<tr><td>제   호</td><td></td><td></td></tr>
</table>

<table>
<tr><td>①상   호</td><td colspan="2">○○ 주식회사</td><td>②등기번호</td><td>○○○○○○</td></tr>
<tr><td>③본   점</td><td colspan="4">서울특별시 ○○구 ○○로 ○○</td></tr>
<tr><td>④등기의 목적</td><td colspan="4">회사계속 및 이사·감사 및 대표이사의 취임 등의 등기</td></tr>
<tr><td>⑤등기의 사유</td><td colspan="4">20○○년 ○월 ○일 주주총회 결의로(존립기간 만료로 인하여, 정관에 정한 해산사유의 발생으로 인하여) 해산하여 20○○년 ○월 ○일 해산등기를 마쳤으나 20○○년 ○월 ○일 주주총회의 결의로 회사를 계속하였으므로 다음사항의 등기를 구함</td></tr>
<tr><td>⑥본/지점
신청구분</td><td colspan="4">1.본점신청 ☐   2.지점신청 ☐   3.본·지점 일괄신청 ☐</td></tr>
<tr><td colspan="5" align="center">등 기 할 사 항</td></tr>
<tr><td>⑦회사계속연월일</td><td colspan="4">20○○년 ○월 ○일</td></tr>
<tr><td>⑧이사·감사의
성명,주민등록번
호 및
취임연월일</td><td colspan="4">사내이사 ○○○ (XXXXXX-XXXXXXX)
사외이사 ○○○ (XXXXXX-XXXXXXX)
기타비상무이사 ○○○ (XXXXXX-XXXXXXX)
감사 ○○○ (XXXXXX-XXXXXXX)
　　　20○○년 ○월 ○일 취임</td></tr>
<tr><td>⑨대표이사의
성명, 주소 및
취임연월일</td><td colspan="4">대표이사 ○○○ (XXXXXX-XXXXXXX)
서울특별시 ○○구 ○○로 ○○
　　　20○○년 ○월 ○일 취임</td></tr>
<tr><td>기 타</td><td colspan="4"></td></tr>
</table>

⑩신청등기소 및 등록면허세/수수료						
순번	신청등기소	구분	등록면허세	지방교육세	세액합계	등기신청수수료
			금 원	금 원	금 원	금 원
합 계						
등기신청수수료 납부번호						

⑪첨 부 서 면

1. 주주총회의사록(공증받은 것)　　　　통	1. 등록면허세영수필확인서　　　　통
1. 이사회의사록(공증받은 것)　　　　통	1. 등기신청수수료영수필확인서　　　　통
1. 취임승낙서(인감증명서나 본인서명사실	1. 위임장(대리인이 신청할 경우)　　　　통
확인서 또는 전자본인서명확인서의	<기 타>
발급증 포함)　　　　통	
1. 주민등록표등본　　　　통	
1. 인감신고서　　　　통	

2000년 ○월 ○일

신 청 인　　　　상　호　○○주식회사
　　　　　　　　본　점　○○시 ○○구 ○○길 ○○
대표청산인　　　성　명　○ ○ ○ (인)　(전화 : 02-123-4567)
　　　　　　　　주　소　○○시 ○○구 ○○길 ○○
대 리 인　　　　성　명　법무사 ○ ○ ○ (인)　(전화 : 02-456-7890)
　　　　　　　　주　소　○○시 ○○구 ○○길 ○○

○○지방법원 ○○등기소 귀중

- 신청서 작성요령 -

1. 해당란이 부족할 때에는 별지를 이용합니다.
1. 해당 등기신청과 관계없는 사항에 대하여는 "해당없음"으로 기재하거나 삭제하고, 필요한 사항은 추가 기재합니다.

【서식】취임승낙서

취 임 승 낙 서

  본인은 20○○년 ○월 ○일 발기인 총회(또는 이사회)에서 사내이사로(또는 대표이사로) 선출되었기에 그 취임을 승낙합니다.

20○○년 ○월 ○일

사내이사 ○ ○ ○ ㉑

사내이사 ○ ○ ○ ㉑

(또는 대표이사 ○ ○ ○)

○○주식회사 귀중

Ⅳ. 청산종결의 등기

■ 핵 심 사 항 ■

1. 청산종결절차
  (1) 법원에 대한 신고(상법 제532조)
  (2) 회사채권자에 대한 최고(상법 제535조)
  (3) 청산의 종결
  (4) 주주총회에서의 결산보고서승인
  (5) 청산종결의 등기
2. 휴면회사의 청산종결 의제(상법 제520조의2 4항)
3. 등기절차 : 청산이 종결된 때에는 대표청산인은 결산보고서의 승인이 있는 날로부터 본점소재지에서는 2주간, 지점소재지에서는 3주간 내에 청산종결의 등기를 신청하여야 한다. 회사채권자에의 최고기간이 만료하기 전에는 청산종결의 등기신청을 할 수 없다. 청산종결의 등기는 청산종결의 효력발생요건은 아니다.

1. 청산종결절차

(1) 법원에 대한 신고

청산인은 취임한 날로부터 2주간 내에 해산의 사유와 그 연월일과 청산인의 성명·주민등록번호 및 주소를 법원에 신고하여야 하고(상법 제532조), 취임 후 지체없이 회사의 재산상태를 조사하여 재산목록과 대차대조표를 작성하여 주주총회에 제출하여 그 승인을 얻은 후 지체없이 그 재산목록과 대차대조표를 법원에 제출하여야 한다(상법 제533조).

(2) 회사채권자에 대한 최고

청산인은 취임한 날로부터 2월 내에 회사채권자에 대하여 2월 이상의 일정기간 내에 그 채권을 신고할 것과 그 기간 내에 신고하지 아니하면 청산에서 제외될 뜻을 2회 이상 공고로써 최고하여야 하며 알고 있는 채권자에 대하여는 각별로 그 채권의 신고를 최고하여야 하고, 그 채권자가 신고하지 않는 경우에도 청산에서 제외하지 못한다(상법 제535조 1항, 2항).

【쟁점질의와 유권해석】

〈회사의 청산종결등기 후 잔여재산처분을 위한 청산인등 변경등기〉

단순히 본지점의 지휘감독아래 기계적으로 제한된 보조적 사무만을 처리하는 청산법인에 대한 청산종결등기를 마쳤으나 그 후 잔여재산이 있어 이를 환가 처분하고자 청산을 재개하기로 결정하고 청산종결등기 당시 대표청산인 및 청산인을 해임하고 새로이 청산인 등을 선임한 경우, 위 청산종결등기가 착오에 인한 것임을 증명하여 청산종결등기의 말소등기를 신청함으로써 폐쇄된 등기용지를 부활시키고, 청산인 등에 대한 해임 및 선임등기의 신청에 따라 부활된 등기용지에 해당등기가 행해질 것이다(위 등기신청들은 동시에 행할 수 있음)(1992. 5. 27, 등기 1153 질의회답).

(3) 청산의 종결

청산인의 청산사무로는 위 사항 이외에도 현존사무의 종결, 재산의 환가처분, 잔여재산의 분배 등의 사무가 있는 바, 채무를 모두 변제하고 잔여재산의 분배가 종료되면 청산은 종결되고 회사는 소멸하게 된다.

(4) 주주총회에서의 결산보고서승인

청산사무가 종결한 때에는 청산인은 지체없이 결산보고서를 작성하여 이를 주주총회에 제출하여 승인을 얻어야 한다.

(5) 청산종결의 등기

1) 등기의 시기

청산종결의 등기는 청산절차가 종료된 후에 한다.

2) 회사의 법인격 소멸시기

회사의 법인격은 청산종결의 등기를 한 때가 아니라, 청산이 실제로 종료한 때에 완전히 소멸한다는 것이 통설과 판례의 입장이다. 즉 청산종결의 등기에 창설적 효력을 인정하지 않고 선언적 내지 대항요건적 효력만 인정된다.

판례는 법인에 대한 청산종결등기가 경료 되었다고 하더라도 청산사무가 종결되지 않는 한 그 범위내에서는 청산법인으로서 존속한다고 하였다(대법원 2003. 2. 11.선고 99다66427-73371판결).

2. 휴면회사의 청산종결 의제

해산한 것으로 간주되는 휴면회사가 그 후 3년 이내에 주주총회의 특별결의에 의하여 회사를 계속하지 아니한 경우에는 3년이 경과한 때에 청산이 종결된 것으로 본다(상법 제520조의2 4항). 이 경우 등기관은 직권으로 청산종결의 등기를 하고 그 뜻을 지점소재지의 등기소에 통지하여야 한다. 그러나 이 청산종결의 등기 후라도 회사에 어떤 권리관계가 남아있어 현실적으로 정리할 필요가 있으면 그 범위내에서는 아직 완전히 소멸하지 아니한다(대법원 2001. 7. 23.선고 2000두5333판결).

3. 등기절차

(1) 등기기간

청산이 종결된 때에는 대표청산인은 결산보고서의 승인이 있는 날로부터 본점소재지에서는 2주간, 지점소재지에서는 3주간 내에 청산종결의 등기를 신청하여야 한다(상법 제542조 1항, 제264조). 회사채권자에의 최고기간이 만료하기 전에는 청산종결의 등기신청을 할 수 없다(선례IV 848). 그러나 청산종결의 등기는 청산종결의 효력발생요건이 아니다.

청산을 하기 위하여는 채권자에 대하여 2월 이상의 기간을 정하여 채권신고의 공고를 하여야 하므로 적어도 청산인이 취임한 후 2월 이내에는 청산사무를 종결할 수 없으며, 따라서 그 기간 내에는 청산종결의 등기를 신청할 수 없다.

(2) 등기사항

청산종결의 등기사항은 청산종결의 취지와 그 연월일이다.

(3) 첨부서면

1) 계산의 승인을 받았음을 증명하는 서면(상업등기규칙 제154조 1항, 제110조 제2항)

상법 제264조에 따른 청산종결의 등기신청서에는 청산인이 그 계산의 승인을 받았음을 증명하는 서면을 첨부하여야 한다.

2) 주주총회의사록

청산결산보고서를 승인한 주주총회의사록을 첨부하여야 한다. 청산재산이 남아 있으면 이 재산의 처분 또는 분배계획도 청산결산보고서에 기록되어 있다.

3) 채권자보호절차를 이행하였다는 신문공고문

실무상 당해 회사의 공고신문이 아닌 다른 신문 또는 재무제표상 채무가 제로(0)로서 채권자가 이의할 수 없으므로 신문공고가 필요없다고 하면서 공고를 하지 아니하거나 저렴한 다른 신문에 공고하고 등기신청을 하는 경우가 있다.

그러나 이는 등기관의 입장에서 볼 때 채무가 제로(0)인지를 알 수가 없고 재무제표의 내용도 사문서이므로 믿을 수 없으며, 공고방법이 당해 회사의 등기부에 기재되어 공시되는 것이므로 이의 인용등기를 할 수 없다고 할 것이다.

다만, 주식회사를 설립하였으나 사업을 시작하지 않고 해산결의를 하여 주주 이외 다른 채권채무가 없는 경우에는, 청산인은 취임한 날로부터 2월 내에 회사채권자에 대하여 일정기간(2월 이상이어야 함) 내에 그 채권을 신고할 것과 그 기간 내에 신고하지 아니하면 청산에서 제외된다는 뜻을 2회 이상 공고로써 최고하여야 한다.

〈청산종결등기 신청서에 회사채권자에의 최고 공고문 첨부 요부〉

주식회사를 설립하였으나 사업을 시작하지 않고 해산결의를 하여 주주 외의 다른 채권자가 없다 하더라도 청산인은 취임한 날로부터 2월 이내에 회사채권자에 대하여 일정기간(2월 이상이어야 함) 내에 그 채권을 신고할 것과 그 기간 내에 신고하지 아니하면 청산에서 제외된다는 뜻을 2회 이상 공고로서 최고하여야 하며, 따라서 청산종결등기신청은 최고기간이 지나야 하지만, 그 등기신청서에는 결산보고서를 승인한 주주총회의사록을 첨부하면 되고 채권신고를 최고한 공고문은 첨부할 것이 아니다(1997. 4. 3, 등기 3402-257 질의회답).

4) 진술서

채권자보호절차를 이행한 바, 이에 대하여 채권자가 이의한 바가 없다거나, 누가 이의하였는데 어떻게 처리하였다는 등의 사유를 청산인이 진술하는 서면을 첨부하는 것이 실무상의 오랜 관행이다.

5) 등록면허세 및 지방교육세, 등기신청수수료

변경등기의 등록면허세인 4만2백원의 등록면허세 및 이에 대한 100분의 20에 해당하는 지방교육세를 납부한 서면을 첨부하여야 한다. 또한, 등기신청수수료 6,000원(전자표준양식에 의해 신청하는 경우 4,000원, 전자신청의 경우에는 2,000원)을 납부한다.

6) 귀속휴면법인의 청산종결등기신청서에 첨부할 서면

귀속휴면법인의 청산종결등기신청서에는 비송사건절차법 제190조의 규정에 의하여 청산인이 그 계산의 승인을 얻은 것을 증명하는 서면을 첨부하여야 한다(등기예규 제285호).

【쟁점질의와 유권해석】

〈청산종결등기 후 회사명의의 부동산이 있는 경우의 처리방법〉

주식회사의 청산종결등기가 경료된 후 그 회사 소유명의의 부동산이 있는 경우에 그 부동산은 무주 부동산이 되어 국가로 귀속되는 것이 아니고, 그 부동산이 회사소유 명의로 남아 있는 한 회사의 청산사무가 종결된 것이 아니므로 청산절차에 의해 그 부동산이 처리될 것이다(1993. 3. 19, 등기 653 질의회답).

(4) 등기의 기록

등기기록 중 기타사항란에 '청산종결취지와 그 연월일'을 기재하고, 그 등기를 한 때에는 그 등기기록을 폐쇄하여야 한다(상업등기규칙 제154조 1항).

핵 심 판 례

■ 사업양도법인의 청산사무 종결 전에 발생한 인정상여소득에 대한 납세의무자(=사업양도법인) 및 사업양도법인이 부담하여야 할 세금을 사업양수법인이 납부한 경우 사업양도법인의 부당이득반환의무의 존부(적극)

법인에 대한 청산종결등기가 경료되었다고 하더라도 청산사무가 종결되지 않는 한 그 범위 내에서는 청산법인으로서 존속한다고 볼 것이어서, 청산사무 종결 전에 발생한 인정상여소득에 대한 사업양도인의 납세의무는 여전히 존속되고 있다고 할 것이고, 사업양수인의 세금납부에 의하여 사업양도인이 원래 부담하여야 할 조세채무의 발생이 확정적으로 소멸된 이상 사업양도인은 동 금액 상당에 대한 부당이득반환의무를 진다(대법원 2003. 2. 11. 선고 99다66427, 73371 판결).

【서식】주식회사청산종결등기신청서

<table>
<tr><td colspan="6" align="center">주식회사청산종결등기신청</td></tr>
<tr><td rowspan="2">접 수</td><td>년　월　일</td><td rowspan="2">처리인</td><td colspan="2">등기관 확인</td><td>각종 통지</td></tr>
<tr><td>제　　　　호</td><td colspan="2"></td><td></td></tr>
</table>

<table>
<tr><td>①상　　　　호</td><td colspan="2">○○ 주식회사</td><td>②등기번호</td><td>○○○○○○</td></tr>
<tr><td>③본　　　　점</td><td colspan="4">서울특별시 ○○구 ○○로 ○○</td></tr>
<tr><td>④등기의 목적</td><td colspan="4">청산종결등기</td></tr>
<tr><td>⑤등기의 사유</td><td colspan="4">청산을 종결하고 20○○년 ○월 ○일 주주총회에서 결산보고서를 승인받았으므로 다음 사항의 등기를 구함</td></tr>
<tr><td>⑥본/지점 신청구분</td><td>1.본점신청　☐</td><td>2.지점신청　☐</td><td colspan="2">3.본·지점
　일괄신청　☐</td></tr>
<tr><td colspan="5" align="center">등　기　할　사　항</td></tr>
<tr><td>⑦청 산 종 결
　연 월 일</td><td colspan="4">20○○년 ○월 ○일 청산종결</td></tr>
<tr><td>기　　　　타</td><td colspan="4"></td></tr>
</table>

<table>
<tr><td colspan="9" align="center">⑧신청등기소 및 등록면허세/수수료</td></tr>
<tr><td rowspan="2">순번</td><td rowspan="2">신청등기소</td><td rowspan="2">구분</td><td colspan="1">등록면허세</td><td colspan="1">지방교육세</td><td colspan="1">세액합계</td><td colspan="1">등기신청수수료</td></tr>
<tr><td>금　　　　원</td><td>금　　　　원</td><td>금　　　　원</td><td>금　　　　원</td></tr>
<tr><td></td><td></td><td></td><td></td><td></td><td></td><td></td></tr>
<tr><td></td><td></td><td></td><td></td><td></td><td></td><td></td></tr>
<tr><td></td><td></td><td></td><td></td><td></td><td></td><td></td></tr>
<tr><td></td><td></td><td></td><td></td><td></td><td></td><td></td></tr>
<tr><td colspan="3" align="center">합　　　　계</td><td></td><td></td><td></td><td></td></tr>
<tr><td colspan="3" align="center">등기신청수수료 납부번호</td><td colspan="4"></td></tr>
</table>

<table>
<tr><td colspan="2" align="center">⑨첨　　부　　서　　면</td></tr>
<tr><td>
1. 주주총회의사록(공증받은 것)　　　　통
1. 등록면허세영수필확인서　　　　　　　통
1. 등기신청수수료영수필확인서　　　　　통
1. 위임장(대리인이 신청할 경우)　　　　통
</td><td>〈기 타〉</td></tr>
</table>

20○○년 ○월 ○일

신 청 인　　　　상　호　○○주식회사

　　　　　　　　본　점　○○시 ○○구 ○○길 ○○

대표청산인　　　성　명　○ ○ ○ (인)　(전화 : 02-123-4567)

　　　　　　　　주　소　○○시 ○○구 ○○길 ○○

대 리 인　　　　성　명　법무사 ○ ○ ○ (인)　(전화 : 02-456-7890)

　　　　　　　　주　소　○○시 ○○구 ○○길 ○○

○○지방법원 ○○등기소 귀중

- 신청서 작성요령 -

1. 해당란이 부족할 때에는 별지를 이용합니다.
1. 해당 등기신청과 관계없는 사항에 대하여는 "해당없음"으로 기재하거나 삭제하고, 필요한 사항은 추가 기재합니다.

X. 조직변경의 등기

■ 핵 심 사 항 ■

1. 조직변경의 의의 : 회사가 그 법인격의 동일성을 유지하면서 법률상의 조직을 변경하
   여 다른 종류의 회사를 만드는 것.
2. 인정여부 : 인적회사 상호간과 물적회사 상호간에만 인정된다.
3. 주식회사에서 유한회사로 조직변경의 절차
  (1) 총주주의 동의(상법 제604조 1항 본문)
  (2) 사채의 상환(상법 제604조 1항 단서)
  (3) 채권자보호절차(상법 제608조, 제232조)

1. 총 설

(1) 조직변경의 의의

1) 조직변경의 개념

조직변경이란 회사가 그 법인격의 동일성을 유지하면서 법률상의 조직을 변경하
여 다른 종류의 회사를 만드는 것을 말한다. 변경 전의 회사와 변경 후의 회사는
동일인이기 때문에 권리·의무가 승계되는 것은 아니고 같은 회사에 그대로 존속하
는 것이다.

2) 회사합병과의 차이점

조직변경을 하면 변경전 회사가 소유하던 부동산은 변경 후 회사앞으로 이전등기
를 할 것이 아니라 등기명의인 표시변경등기를 하면 된다(예규 제 612호). 이 점에
서 어느 한 회사가 소멸하고 다른 회사가 그 권리의무를 포괄적으로 승계하는 회사
의 합병과 구별된다.

회사 경영 중 회사형태가 적합하지 않게 되는 경우, 현재의 회사를 해산하고 다
른 형태의 회사를 새로 설립하게 되면 경제적, 조세적으로 매우 번거로울 수 있으
므로 이러한 번잡과 손실을 피하기 위하여 조직변경제도가 있는 것이다.

(2) 조직변경의 인정 여부

회사의 조직변경은 인적회사(합병회사·합자회사) 상호간과 물적회사(주식회사·유

한회사) 상호간에만 인정되며, 인적회사와 물적회사간에는 인정되지 않는다. 이 점에서 어느 한 회사가 소멸하고 다른 회사가 그 권리의무를 포괄적으로 승계하는 회사의 합병과 다르다.

특수법인을 상법상의 주식회사로 전환하기 위해서는 조직변경에 관한 근거규정을 법률에 두어야 하며, 이러한 근거규정이 없는 경우에는 조직변경에 따른 등기신청을 수리할 수 없다(2005. 2. 14, 공탁법인 3402-40 질의회답).

조직변경은 새로운 회사를 설립하는 것이나 다름없고, 사원의 책임에 변경을 가져오므로, 여기에는 사원 전원의 동의가 필요하다. 회사채권자에 영향을 미치는 경우에는 그들을 보호하기 위한 절차가 필요하다. 또한 이는 기존 회사의 소멸과 새로운 회사형태의 탄생을 가져오므로, 이에 따른 해산등기와 설립등기가 필요하다.

주식회사가 유한회사로 조직을 변경하는 경우, 인격의 동일성은 종전대로 계속되나 주주는 사원이 되고 새로이 선임된 이사가 업무를 집행하게 된다. 유한회사의 성질상 사채상환을 완료하지 아니한 주식회사는 유한회사로 조직변경할 수 없다(상법 제604조 1항 단서). 또한 주식양도제한규정(상 제335조)은 유한회사에 준용되지 아니하므로, 주식양도제한 규정을 정관에 규정한 회사는 이를 삭제한 후 조직변경을 하여야 할 것이다.

(3) 조직변경의 효력발생시기

조직변경의 효력발생시기에 관하여는 실제로 조직이 변경되었을 때에 발생한다는 설도 있으나, 조직변경은 회사인격의 동일성은 변하지 아니한다 하더라도 새로운 회사 형태에 관한 한 회사가 새로 설립하는 것이나 다름없으며, 실제로 조직이 변경되었을 때라는 것은 그 시기가 불명확하므로 회사설립의 경우에 준하여 본점소재지에서 설립등기를 한 때에 효력이 생기는 것으로 보는 것이 타당하다.

【쟁점질의와 유권해석】

〈합병의 형식을 통한 조직변경의 가부〉

회사의 조직변경은 회사가 그의 인격의 동일성을 보유하면서 법률상의 조직을 변경하여 다른 종류의 회사로 되는 것을 일컫는다 할 것이고 상법상 합명, 합자회사 상호간 또는 주식, 유한회사 상호간에만 회사의 조직변경의 인정되고 있을 뿐이므로 소외 계룡건설합자회사가 그 목적, 주소, 대표자 등이 동일한 주식회사인 원고회사를 설립한 다음 동 소외 회사를 흡수 합병하는 형식을 밟아 사실상 합자회사를 주식회사로 변경하는 효과를 꾀하였다 하더라도 이를 법률상의 회사조직변경으로 볼 수는 없다(대법원1985. 11. 12. 선고, 85누69 판결).

(4) 관련 문제

1) 지방공사의 주식회사로의 변경등기 가부

지방공기업법 제49조의 규정에 의하여 설립된 지방공사가 상법상의 주식회사로 전환할 수 있는 법률규정이 없으므로, 지방공사설치조례의 폐지조례에 주식회사로 전환할 수 있는 근거규정을 두는 방법으로는 지방공사를 상법상의 주식회사로 전환할 수 없을 것이다(1999. 6. 9, 등기 3402-601 질의회답).

2) 민법에 의해 설립된 재단법인이 특수법인으로 되기 위해 조직변경을 할 수 있는지 여부

민법 제32조의 규정에 의해 설립된 재단법인 한국문화콘텐츠진흥원이 문화산업진흥기본법 부칙 제3조제1항의 규정에 의한 문화관광부장관의 허가를 받아 같은 법 제31조에 의한 한국문화콘텐츠진흥원으로 되는 방법은 새로운 설립등기를 해야 하며, 재단법인을 특수법인으로 하는 조직변경등기나 명칭변경등기는 할 수 없다(2002. 10. 21. 등기 3402-578 질의회답).

2. 조직변경의 절차(주식회사에서 유한회사로)

주식회사가 유한회사로 조직변경하려면 유한회사의 설립요건을 갖추어야 한다. 또한 유한회사는 사채를 발행할 수 없으므로 사채의 상환을 하지 아니한 주식회사는 유한회사로 조직을 변경할 수 없으며, 회사에 현존하는 순재산액보다 적게 할 수는 있지만 더 많은 금액을 유한회사의 자본금의 총액으로 하지 못한다(상법 제604조 1항, 2항).

그 조직변경 절차는 다음과 같다.

(1) 총주주의 동의

주식회사가 유한회사로 조직을 변경함에는 총주주의 동의에 의한 주주총회의 결의가 있어야 한다.

조직변경의 결의에 있어서는 정관 기타 조직변경에 필요한 사항을 정하여야 한다(상법 제604조 3항). 여기서 정관에 관한 사항을 정한다는 것은 종래의 주식회사의 정관을 변경하여 유한회사의 정관에 부합되는 내용으로 바꾸는 것을 의미한다. 그리고 이사와 감사를 선임하여야 한다.

【쟁점질의와 유권해석】

〈유한회사를 주식회사로 조직변경하는 경우의 등기방법〉

유한회사를 주식회사로 조직변경하는 경우에도 권리주체로서의 동일성은 유지되지만 등기의 기술적 처리를 위한 편의상 전자에 있어서는 해산의 등기, 후자에 있어서는 설립의 등기(본래의 의미는 설립등기는 아님)를 하여야 하며, 전자 명의의 부동산에 관하여는 후자 명의로 소유권이전등기 신청을 할 것이 아니라 조직변경을 등기원인으로 하여 소유권의 등기명의인 표시변경등기신청을 하여야 한다.

(2) 사채의 상환(상법 제604조 1항)

유한회사는 사채를 발행할 수 없으므로 주식회사의 사채의 상환이 완료되지 않은 경우에는 먼저 사채의 상환을 완료하여야 한다.

(3) 채권자보호절차(상법 제608조, 제232조)

조직변경의 결의를 한 때에는 결의일로부터 2주간 내에 회사의 채권자에 대하여 1월 이상의 기간을 정하여 그 기간 내에 조직변경에 이의가 있으면 이의를 제출할 것을 공고하고, 알고 있는 채권자에 대하여는 각별로 최고하여야 한다.

채권자가 그 기간 내에 이의를 제출하지 아니한 때에는 조직변경을 승인한 것으로 본다. 이의를 제출한 채권자가 있는 때에는 회사는 채권자에 대하여 변제 또는 상당한 담보를 제공하거나 이를 목적으로 하여 상당한 재산을 신탁회사에 신탁하여야 한다(상법 제608조, 제232조).

(4) 자산총액의 제한(상법 제604조 2항)

조직변경 후의 유한회사의 자본금의 총액은 주식회사에 현존하는 순자산액보다 많을 수 없다.

(5) 주식회사가 유한회사로 조직변경되는 경우의 우선주의 처리

보통주와 우선주를 발행한 주식회사가 유한회사로 그 조직을 변경하는 경우에, 그와 같은 규정이 없는 유한회사에서는 보통지분·우선지분으로 변경하거나 또는 보통지분·우선지분의 구별을 둘 수는 없을 것이며, 우선주에 대하여 주어져야 할 지분에 대하여는 조직변경 결의시의 주주총회에서 정할 사항이며 반드시 우선주를 소각하여야만 하는 것은 아니다(선례VI-676).

3. 등기절차

(1) 등기신청인

주식회사의 해산등기는 주식회사의 대표이사가, 유한회사의 설립등기는 유한회사를 대표할 자가 신청하여야 할 것이나, 양 등기신청을 동시에 하여야 하는 취지에 비추어 볼 때 신설되는 유한회사를 대표할 자가 주식회사의 해산등기도 신청할 수 있다고 보아야 할 것이다.

조직변경으로 인한 주식회사의 해산등기와 유한회사의 설립등기의 신청은 동시에 하여야 한다. 등기관은 동시에 신청한 등기신청서 중 어느 하나에 관하여 각하사유가 있는 때에는 이들 신청을 함께 각하하여야 한다(상업등기법 제66조, 제67조).

(2) 등기기간(상법 제606조)

주식회사가 유한회사로 조직변경을 한 경우에는 본점소재지에서는 2주간 내, 지점소재지에서는 3주간 내에 주식회사에 있어서는 해산등기, 유한회사에 있어서는 설립등기를 하여야 한다. 이 등기기간은 채권자보호절차가 완료된 후부터 기산한다.

(3) 등기사항

1) 주식회사 : 해산등기

주식회사에 관하여는 해산등기를 하며, ① 유한회사의 상호와 본점, ② 조직변경으로 인하여 해산한 뜻과 그 사유 및 해산연월일을 등기한다.

2) 유한회사 : 설립등기

유한회사에 관하여는 유한회사 설립등기사항과 주식회사의 성립연월일, 주식회사의 상호와 조직을 변경한 뜻 및 그 연월일을 등기한다(상업등기법 제65조).

(4) 첨부서면

1) 주식회사 해산등기

주식회사의 해산등기신청서에는 이와 동시에 신청하는 유한회사 조직변경신청서에 일체의 첨부서면을 첨부하므로 달리 첨부서면이 필요없다. 지점소재지에서의 등기신청에 있어서도 같다(상업등기법 제66조).

다만, 일반적인 첨부서면인 위임장 및 등록세 등을 납부한 등록세영수필증확인서 등은 첨부하여야 한다.

2) 유한회사 설립등기(상업등기규칙 제152조)

① 정 관

조직변경하여 설립하게 되는 유한회사의 정관을 첨부한다. 원시정관이 아니므로 공증인의 인증은 필요없다.

② 채권자보호절차를 이행한 사실을 증명하는 서면

채권자에 대한 공고, 최고를 한 증명서와 이의가 있을 때에는 변제영수증이나 담보제공증명서, 이의가 없을 때에는 그 진술서를 첨부한다.

③ 회사에 현존하는 순재산액을 증명하는 서면

재산목록 또는 대차대조표가 이 서면에 해당한다.

④ 사채의 상환을 완료하였음을 증명하는 서면

이는 등기부상 사채등기가 현존한 경우이고, 등기부상 현존하지 아니하면 등기관이 알 수 없으므로 필요없다 할 것이다.

⑤ 이사의 취임승낙을 증명하는 서면

원칙적으로 인감증명법에 의한 인감증명서를 첨부하여야 하나, 대표이사 아닌 이사는 신청서에 첨부된 의사록에 취임승낙의 취지가 기재되어 있고 기명날인이 있을 경우에는 인감증명서 첨부를 생략할 수 있다. 대표이사는 인감신고서에 첨부된 인감증명서를 원용하면 될 수 있을 것이다.

⑥ 감사를 둔 때에는 감사의 취임승낙을 증명하는 서면

취임승낙서 및 취임승낙서에 날인한 인영이 진정하다는 뜻의 인감증명서를 첨부하여야 하며, 감사는 의사록에 날인할 의무가 있는 자가 아니므로 어떠한 경우에도 이를 생략할 수 없다. 외국인인 경우에는 서명이 본인의 것이 맞다는 공증서면을 첨부하여야 한다.

⑦ 이사감사의 주민등록번호를 증명하는 서면(상법 제549조, 특례법규칙 제2조 2항)

⑧ 조직변경에 관한 주주총회의사록(상업등기규칙 제128조)

총주주의 일치에 의한 결의를 요한다(상법 제604조). 그리고 이 의사록에 유한회사의 이사와 감사의 선임에 관한 사항의 기재가 없는 때에는 그의 선임에 관한 유한회사의 사원총회의사록을 첨부하여야 하고 이 의사록은 공증을 받은 것이어야 한다.

⑨ 회사를 대표할 이사의 취임승낙을 증명하는 서면

이사과반수의 동의로 회사를 대표할 이사를 선정한 때에는 그의 취임승낙을 증명하는 서면을 첨부해야 한다.

⑩ 조직변경에 관하여 관청의 허가(인가)를 요하는 경우에는 그 허가(인가)서 또는 인증있는 등본

⑪ 법원의 허가가 없으면 등기할 사항에 관하여 무효 또는 취소의 원인이 있는 때에는 그 허가서

⑫ 등록면허세, 지방교육세, 농어촌특별세 등 납부영수필통지서 및 확인서, 등기신청수수료

설립의 경우 등록면허세는 자본총액의 1,000분의 4이고, 대도시의 경우에는 3배 중과한 등록면허세 및 이의 100분의 20에 해당하는 지방교육세를 납부하여야 하고, 농어촌특별세로서 조세특례제한법, 관세법, 지방세법에 의하여 감면 또는 면제되는 금액의 100분의 20의 농어촌특별세를 납부하여야 한다(지세 제28조 1항 6호, 제28조 2항, 제151조 1항 농특 제4조, 제5조). 이 농어촌특별세도 감면되는 경우가 있다.

등기신청수수료는 조직변경으로 인한 설립등기의 경우가 30,000원, 해산등기의 경우가 6,000원이다.

⑬ 기타 대리인에 의하여 신청할 때에는 그 권한을 증명하는 서면(상업등기규칙 제52조)

(5) 등기신청의 처리와 등기의 기재

1) 등기신청의 처리

조직변경으로 인한 주식회사의 해산등기신청과 유한회사의 설립등기신청의 어느 하나에 각하사유가 있는 때에는 등기관은 이들 신청을 함께 각하하여야 한다.

2) 등기의 기록

가. 주식회사의 해산등기

주식회사에 관한 해산의 등기는 등기기록 중 기타사항란에 유한회사의 상호와 본점, 조직변경으로 인하여 해산한 뜻과 그 연월일 및 등기연월일을 기재하고 그 등기기록을 폐쇄하여야 한다(상업등기법 제65조 2항, 돔법규칙 제154조, 제116조).

나. 유한회사의 설립등기

유한회사에 관한 설립등기는 통상의 설립등기사항과 회사성립연월일을 등기기록의 각 상당란에 기재하는 외에 등기용지를 개설한 사유와 연월일란에 주식회사의 상호와 조직을 변경한 뜻 및 연월일을 기재하여야 한다(상업등기규칙 제154조, 제115조).

【쟁점질의와 유권해석】

〈주식회사가 유한회사로 조직변경되는 경우의 등기신청과 우선주의 처리방법〉

주식회사는 이익이나 이자의 배당 또는 잔여재산의 분배에 관하여 내용이 다른 수종의 주식을 발행할 수 있고(상법 제344조 제1항), 이 때 그 종류와 각종 주식의 내용과 수는 등기하여야 하는 것이나(상법 제317조 제2항 제3호), 위와 같은 규정이 없는 유한회사에서는 이러한 사항을 정할 수는 없을 것이며, 이는 보통주와 우선주를 발행한 주식회사가 유한회사로 조직을 변경하는 경우에도 마찬가지이므로, 주식회사의 보통주와 우선주가 유한회사의 보통지분·우선지분으로 변경되거나 또는 보통지분·우선지분의 구별을 둘 수 없을 것이며, 우선주에 대하여 주어져야 할 지분에 대하여는 조직변경 결의시의 주주총회에서 정할 사항이며 반드시 우선주를 소각하여야만 하는 것은 아니다(2000. 1. 13, 등기 3402-27 질의회답).

【서식】유한회사설립등기신청서(주식회사를 유한회사로 조직변경하는 경우)

<table>
<tr><td colspan="5" align="center">조직변경으로 인한
유한회사설립등기신청</td></tr>
<tr><td rowspan="2">접 수</td><td>20〇〇년 〇월 〇일</td><td rowspan="2">처리인</td><td>등기관 확인</td><td>각종 통지</td></tr>
<tr><td>제〇〇〇〇호</td><td></td><td></td></tr>
</table>

상 호	〇〇유한회사		등기번호	제1000호
본 점	〇〇시 〇〇구 〇〇길 〇〇			
등 기 의 목 적	조직변경으로 인한 유한회사 설립등기			
등 기 의 사 유	20〇〇년 〇월 〇일 주주 전원의 일치에 의한 주주총회의 결의로 〇〇주식회사의 조직을 유한회사로 변경하였으므로 다음 사항의 등기를 구함. 단, 조직변경 전 회사의 성립연월일 20〇〇년 〇월 〇일			
본/지점 신청구분	1. 본점신청 □ 2. 지점신청 □ 3. 본지점 일괄신청 □			
등 기 할 사 항				
상 호	〇〇유한회사			
본 점	〇〇시 〇〇구 〇〇길 〇〇			
출자1좌의금액	금〇〇〇원			
자 본 의 총 액	금〇〇〇원			
목 적	1. 인쇄기계의 제조 및 임대업 2. 위 각호에 관련된 부대사업			

이사, 감사의 성명 및 주민등록번호	사내이사 〇 〇 〇(-) 사내이사 〇 〇 〇(-) 사내이사 〇 〇 〇(-) 감사 〇 〇 〇(-)
대표이사의 성명과 주소	대표이사 〇 〇 〇 〇〇시 〇〇구 〇〇길 〇〇
지 점	〇〇시 〇〇구 〇〇길 〇〇(〇〇지점)
존립기간 또는 해산사유	회사성립일로부터 만 50년
기 타	해당 없음

<table>
<tr><td colspan="8" align="center">신청등기소 및 등록면허세/수수료</td></tr>
<tr><td rowspan="2">순번</td><td rowspan="2">신청등기소</td><td rowspan="2">구분</td><td>등록면허세</td><td rowspan="2">농어촌특별세</td><td rowspan="2">세액합계</td><td rowspan="2">등기신청수수료</td></tr>
<tr><td>지방교육세</td></tr>
<tr><td rowspan="2"></td><td rowspan="2"></td><td rowspan="2"></td><td>금   원</td><td rowspan="2">금   원</td><td rowspan="2">금   원</td><td rowspan="2">금   원</td></tr>
<tr><td>금   원</td></tr>
<tr><td></td><td></td><td></td><td></td><td></td><td></td><td></td></tr>
<tr><td colspan="3" rowspan="2" align="center">합   계</td><td></td><td></td><td></td><td></td></tr>
<tr><td></td><td></td><td></td><td></td></tr>
<tr><td colspan="3">등기신청수수료 납부번호</td><td colspan="4"></td></tr>
<tr><td colspan="2">과세표준액</td><td colspan="2">금</td><td colspan="3">원</td></tr>
</table>

첨 부 서 면			
1. 정관	1통	1. 취임승낙서	1통
1. 소멸회사의 공증받은 주주총회의사록	1통	1. 주민등록표등본	1통
	1통	1. 인감신고서	1통
1. 이사과반수동의서	1통	1. 등록면허세영수필확인서	1통
1. 현존순자산액증명서(대차대조표 등)	1통	1. 등기신청수수료영수필확인서	1통
1. 사채상환증명서	1통	1. 법인인감카드발급신청서	1통
1. 공고 및 최고를 한 증명서	1통	1. 위임장(대리인이 신청할 경우)	1통
1. 변제영수증 또는 이의없다는 진술서		〈기 타〉	

2000년 ○월 ○일

신 청 인　　　상　호　○○유한회사

　　　　　　　본　점　○○시 ○○구 ○○길 ○○

대표이사　　　성　명　○ ○ ○ (인)　(전화 : 02-123-4567)

　　　　　　　주　소　○○시 ○○구 ○○길 ○○

대 리 인　　　성　명　법무사 ○ ○ ○ (인)　(전화 : 02-456-7890)

　　　　　　　주　소　○○시 ○○구 ○○길 ○○

○○지방법원 ○○등기소 귀중

- 신청서 작성요령 -

1. 해당란이 부족할 때에는 별지를 이용합니다.
1. 해당 등기신청과 관계없는 사항에 대하여는 "해당없음"으로 기재하거나 삭제하고, 필요한 사항은 추가 기재합니다.

【서식】조직변경으로 인한 주식회사해산등기신청서

(주식회사를 유한회사로 조직변경하는 경우)

<table>
<tr><td colspan="3" align="center">조직변경으로 인한
주식회사해산등기신청</td></tr>
<tr><td rowspan="2">접 수</td><td>2000년 0월 0일</td><td rowspan="2">처리인</td><td>등기관 혹인</td><td>각종 통지</td></tr>
<tr><td>제0000호</td><td></td><td></td></tr>
</table>

<table>
<tr><td>상   호</td><td>○○주식회사</td><td>등기번호</td><td>제1000호</td></tr>
<tr><td>본   점</td><td colspan="3">○○시 ○○구 ○○길 ○○</td></tr>
<tr><td>등 기 의 목 적</td><td colspan="3">조직변경으로 인한 주식회사 해산등기</td></tr>
<tr><td>등 기 의 사 유</td><td colspan="3">2000년 0월 0일 주주 전원일치에 의한 주주총회의 결의로 주식회사의 조직을 유한회사로 변경함과 동시에 해산하였으므로 다음 사항의 등기를 구함.</td></tr>
<tr><td>본/지점 신청구분</td><td colspan="3">1. 본점신청 □   2. 지점신청 □   3. 본지점 일괄신청 □</td></tr>
<tr><td colspan="4" align="center">등   기   할   사   항</td></tr>
<tr><td>해 산 연 월 일</td><td colspan="3">2000년 0월 0일</td></tr>
<tr><td>해 산 사 유</td><td colspan="3">○○시 ○○구 ○○길 ○○
○○유한회사로 조직변경하고 해산</td></tr>
<tr><td>기   타</td><td colspan="3">해당 없음</td></tr>
</table>

신청등기소 및 등록면허세/수수료						
순번	신청등기소	구분	등록면허세	농어촌특별세	세액합계	등기신청수수료
			지방교육세			
			금　　　원	금　　　원	금　　　원	금　　　원
			금　　　원			
합　　계						
등기신청수수료 납부번호						

첨　　부　　서　　면	
1. 등록면허세영수필확인서　　　　1통	〈기　타〉
1. 등기신청수수료영수필확인서　　1통	
1. 위임장(대리인이 신청할 경우)　1통	

20○○년 ○월 ○일

신 청 인　　　　상　호　○○주식회사
　　　　　　　　본　점　○○시 ○○구 ○○길 ○○
대표이사　　　　성　명　○ ○ ○ (인)　(전화 : 02-123-4567)
　　　　　　　　주　소　○○시 ○○구 ○○길 ○○
대 리 인　　　　성　명　법무사 ○ ○ ○ (인)　(전화 : 02-456-7890)
　　　　　　　　주　소　○○시 ○○구 ○○길 ○○

○○지방법원 ○○등기소 귀중

- 신청서 작성요령 -

1. 해당란이 부족할 때에는 별지를 이용합니다.
1. 해당 등기신청과 관계없는 사항에 대하여는 "해당없음"으로 기재하거나 삭제하고, 필요한 사항은 추가 기재합니다.

XI. 증권관련집단소송(증권관련 집단소송법)

1. 의 의

다수의 증권투자자들의 경우에 분식회계, 부실감사, 허위공시, 주가조작, 내부자거래, 신탁재산 불법운용등의 각종 불법행위로 인하여 그 재산권을 침해받았을 때 다수의 중복소송으로 소송 불경제가 야기된다. 따라서 증권관련집단소송에 대해서는 보다 용이하게 피해구제를 받을 수 있도록 하고 소송경제를 도모하기위하여 집단으로 묶을수 있을 정도로 이해관계가 밀접한 다수의 피해자 중에서 그 집단을 대표하는 대표당사자가 나와서 소송을 수행하고 판결의 효력이 일정한 피해자 집단 전체에 미치도록 하는 것이 증권집단소송제이다. 이와 관련하여 증권관련 집단소송법이 제정되어 있는데 이 법은 증권의 거래과정에서 발생한 집단적인 피해를 효율적으로 구제하고 이를 통하여 기업의 경영투명성을 높이기 위하여 증권관련집단소송에 관하여 민사소송법에 대한 특례를 정하는 것을 목적으로 한다(동법 제1조).

① '증권관련집단소송'이라 함은 유가증권의 매매 그 밖의 거래과정에서 다수인에게 피해가 발생한 경우 그중의 1인 또는 수인이 대표당사자가 되어 수행하는 손해배상청구소송을 말한다.

② '총원'이라 함은 유가증권의 매매 그 밖의 거래과정에서 다수인에게 피해가 발생한 경우 그 손해의 보전에 있어서 공통의 이해관계를 가지는 피해자 전원을 말한다.

③ '구성원'이라 함은 총원을 구성하는 각각의 피해자를 말한다.

④ '대표당사자'라 함은 법원의 허가를 받아 총원을 위하여 증권관련집단소송절차를 수행하는 1인 또는 수인의 구성원을 말한다.

⑤ '제외신고'라 함은 구성원이 증권관련집단소송에 관한 판결 등의 기판력을 받지 아니하겠다는 의사를 법원에 신고하는 것을 말한다.

⑥ '증권'이라 함은 자본시장과 금융투자업에 관한 법률 제4조에 따른 증권을 말한다. 법 시행일을 기준으로 직전 사업연도말 현재 자산총액이 2조원 미만인 증권거래법 제2조 제13항 제3호의 규정에 의한 주권상장법인 또는 동법 제2조 제15항의 규정에 의한 협회등록법인이 발행한 유가증권의 매매 그 밖의 거래로 인한 손해배상청구로서 제3조 제1항 제1호·제2호 및 제4호의 규정에 의한 손해배상청구에 대하여는 2007년 1월 1일 이후 최초로 행하여진 행위로 인한 손해배상청구분부터 이 법을 적용한다.

2. 소의 제기

(1) 소의 제기(동법 제3조)

증권관련집단소송의 소는 다음 각호의 1에 해당하는 손해배상청구에 한하여 제기할 수 있다.

① 「자본시장과 금융투자업에 관한 법률」제125조에 따른 손해배상청구

② 「자본시장과 금융투자업에 관한 법률」제162조(제161조에 따른 주요사항보고서의 경우를 제외한다)에 따른 손해배상청구

③ 「자본시장과 금융투자업에 관한 법률」제175조, 제177조 또는 제179조에 따른 손해배상청구

④ 「자본시장과 금융투자업에 관한 법률」제170조에 따른 손해배상청구

위 규정에 의한 손해배상청구는「자본시장과 금융투자업에 관한 법률」제9조제15항제3호에 따른 주권상장법인이 발행한 증권의 매매 그 밖의 거래로 인한 것이어야 한다.

(2) 신 청(동법 제7조)

① 대표당사자가 되기 위하여 증권관련집단소송의 소를 제기하는 자는 소장과 소송허가신청서를 법원에 제출하여야 한다.

② 증권관련집단소송의 소장에 붙이는 인지액은 민사소송등인지법 제2조 제1항의 규정에 의하여 산출된 금액의 2분의 1에 동조 제2항의 규정을 적용한 금액으로 한다. 이 경우 인지액의 상한은 5천만원으로 한다.

③ 증권관련집단소송의 항소심 및 상고심에서의 인지액에 대하여는 민사소송등인지법 제3조의 규정을 준용한다.

④ 법원은 제1항의 규정에 의하여 소장 및 소송허가신청서가 제출된 사실을 자본시장과 금융투자업에 관한 법률 제373조에 의하여 설립된 한국거래소(이하 '한국거래소'라 한다)에 즉시 통보하여야 하며, 한국거래소는 그 사실을 일반인이 알 수 있도록 공시하여야 한다.

(3) 관 할(동법 제4조)

증권관련집단소송은 피고의 보통재판적 소재지를 관할하는 지방법원 본원 합의부의 전속관할로 한다.

(4) 대리인(동법 제5조)

증권관련집단소송의 원고와 피고는 변호사를 소송대리인으로 선임하여야 하며, 증권관련집단소송의 대상이 된 증권을 소유하거나 그 증권과 관련된 직접적인 금전적 이해관계가 있는 등의 사유로 인하여 이 법에 의한 절차에서 소송대리인의 업무를 수행하기에 부적절하다고 판단될 정도로 총원과 이해관계가 충돌되는 자는 증권관련집단소송의 원고측 소송대리인이 될 수 없다.

(5) 소장의 기재(동법 제8조)

소장에는 다음 각호의 사항을 기재하여야 한다.
① 제7조제1항의 규정에 의하여 소를 제기하는 자와 그 법정대리인
② 원고측 소송대리인
③ 피고
④ 청구의 취지와 원인
⑤ 총원의 범위

(6) 소송허가신청서의 기재(동법 제9조, 제10조)

1) 소송허가신청서에는 다음 각호의 사항을 기재하여야 한다.
① 제7조제1항의 규정에 의하여 소를 제기하는 자와 그 법정대리인
② 원고측 소송대리인
③ 피고
④ 총원의 범위
⑤ 제7조제1항의 규정에 의하여 소를 제기하는 자와 원고측 소송대리인의 경력
⑥ 허가신청의 취지와 원인
⑦ 변호사 보수에 관한 약정

증권관련집단소송법 제7조제1항의 규정에 의하여 소를 제기하는 자는 소송허가신청서에 당해 증권관련집단소송을 수행하기 위하여 또는 소송대리인의 지시에 따라 당해 증권관련집단소송과 관련된 유가증권을 취득하지 아니하였다는 사실, 최근 3년간 대표당사자로 관여한 증권관련집단소송의 내역을 진술한 문서를 첨부하여야 한다.

2) 소송허가신청서에는 소송대리인이 다음 각호의 사항을 진술한 문서를 첨부하여
   야 한다.

   ① 최근 3년간 소송대리인으로 관여한 증권관련집단소송의 내역

   ② 제5조제2항의 규정에 위반되지 아니한다는 사실

3) 법원은 규정에 의한 소장 및 소송허가신청서를 접수한 날부터 10일 이내에 증
   권관련집단소송의 소가 제기되었다는 사실, 총원의 범위, 청구의 취지 및 원인
   의 요지, 대표당사자가 되기를 원하는 구성원은 공고가 있는 날부터 30일 이
   내에 법원에 신청서를 제출하여야 한다는 사실을 공고하여야 한다.

   공고는 전국을 보급지역으로 하는 일간신문에 게재하는 등 대법원규칙으로 정하
   는 방법에 의한다.

4) 증권관련집단소송법 제1항제4호의 규정에 의하여 대표당사자가 되기를 원하는
   구성원은 경력과 신청의 취지를 기재한 신청서에 제9조제2항의 문서를 첨부하
   여 법원에 제출하여야 한다.

5) 법원은 제1항의 규정에 의한 공고를 한 날부터 50일 이내에 증권관련집단소송
   법 제7조제1항의 규정에 의하여 소를 제기하는 자와 증권관련집단소송법 제1
   항제4호의 규정에 의하여 신청서를 제출한 구성원중 증권관련집단소송법 제
   11조의 규정에 의한 요건을 갖춘 자로서 총원의 이익을 대표하기에 가장 적
   합한 자를 결정으로 대표당사자로 선임한다. 대표당사자로 선임된 자는 소를
   제기하는 자중 대표당사자로 선임되지 아니한 자가 붙인 인지의 액면금액을
   그에게 지급하여야 한다.

3. 대표당사자 및 소송대리인의 요건(동법 제11조)

대표당사자는 구성원중 그 증권관련집단소송으로 인하여 얻을 수 있는 경제적 이익
이 가장 큰 자 등 총원의 이익을 공정하고 적절히 대표할 수 있는 구성원이어야 한다.

증권관련집단소송의 원고측 소송대리인은 총원의 이익을 공정하고 적절히 대리할
수 있는 자이어야 한다.

최근 3년간 3건 이상의 증권관련집단소송에 대표당사자 또는 대표당사자의 소송대
리인으로 관여하였던 자는 증권관련집단소송의 대표당사자 또는 원고측 소송대리인이
될 수 없다. 다만, 제반사정에 비추어 보아 제1항 및 제2항의 규정에 의한 요건을
충족하는 데에 지장이 없다고 법원이 인정하는 자는 그러하지 아니하다.

4. 소송허가

(1) 소송허가요건(동법 제12조)

① 구성원이 50인 이상이고, 청구의 원인이 된 행위 당시를 기준으로 이 구성원의 보유 유가증권의 합계가 피고 회사의 발행 유가증권 총수의 1만분의 1 이상일 것

② 제3조제1항 각호의 손해배상청구로서 법률상 또는 사실상의 중요한 쟁점이 모든 구성원에게 공통될 것

③ 증권관련집단소송이 총원의 권리실현이나 이익보호에 적합하고 효율적인 수단일 것

④ 제9조의 규정에 의한 소송허가신청서의 기재사항 및 첨부서류에 흠결이 없을 것

⑤ 증권관련집단소송의 소가 제기된 후 ①의 요건을 충족하지 못하게 된 경우에도 제소의 효력에는 영향이 없다.

(2) 소송허가절차(동법 제13조)

① 대표당사자는 소송허가신청의 이유를 소명하여야 한다.

② 증권관련집단소송의 허가여부에 관한 재판은 제7조제1항의 규정에 의하여 소를 제기하는 자와 피고를 심문하여 결정으로 한다.

③ 법원은 제2항의 규정에 의한 재판을 함에 있어서 손해배상청구의 원인이 되는 행위를 감독검사하는 감독기관으로부터 손해배상청구 원인행위에 대한 기초조사 자료를 제출받는 등 직권으로 필요한 조사를 할 수 있다.

(3) 소송허가신청이 경합된 경우(동법 제14조)

① 동일한 분쟁에 관하여 수개의 증권관련집단소송의 소송허가신청서가 동일한 법원에 제출된 경우 법원은 이를 병합심리하여야 한다.

② 동일한 분쟁에 관한 수개의 증권관련집단소송의 소송허가신청서가 각각 다른 법원에 제출된 경우 관계법원에 공통되는 직근상급법원은 관계법원이나 제7조제1항의 규정에 의하여 소를 제기하는 자, 대표당사자 또는 피고의 신청에 의하여 결정으로 이를 심리할 법원을 정한다.

③ 제2항의 규정에 의하여 수개의 증권관련집단소송을 심리할 법원으로 결정된 법원은 이를 병합심리하여야 한다.

④ 법원은 제1항 및 제3항의 규정에 의하여 병합심리하는 경우에는 제7조제1항의 규정에 의하여 소를 제기하는 자, 제10조제1항제4호의 규정에 의하여 신청서를 제출한 구성원 또는 대표당사자들의 의견을 들어 소송을 수행할 대표당사자 및 소송대리인을 정할 수 있다.

⑤ 제2항 및 제4항의 결정에 대하여는 불복할 수 없다.

(4) 소송허가결정(동법 제15조, 제16조, 제17조)

1) 법원은 증권관련집단소송법 제3조·제11조 및 제12조의 규정에 적합한 경우에 한하여 결정으로 증권관련집단소송을 허가한다.

2) 증권관련집단소송의 허가결정서에는 다음 각호의 사항을 기재하고 결정을 한 법관이 기명날인하여야 한다.

① 대표당사자와 그 법정대리인

② 원고측 소송대리인

③ 피고

④ 총원의 범위

⑤ 주문

⑥ 이유

⑦ 청구의 취지 및 원인의 요지

⑧ 제외신고의 기간과 방법

⑨ 제16조의 규정에 의한 비용의 예납에 관한 사항

⑩ 그 밖의 필요한 사항

3) 법원은 증권관련집단소송법 제15조제1항의 규정에 의한 소송허가결정을 하는 때에는 고지·공고·감정 등에 필요한 비용의 예납을 명하여야 한다.

4) 대표당사자는 증권관련집단소송의 불허가결정에 대하여 즉시항고할 수 있다.

불허가결정이 확정된 때에는 증권관련집단소송의 소가 제기되지 아니한 것으로 본다.

5. 소송대리인의 사임 등(동법 제26조)

① 증권관련집단소송의 원고측 소송대리인은 정당한 이유가 있는 때에는 법원의 허가를 받아 사임할 수 있다.

② 대표당사자는 상당한 사유가 있는 때에는 법원의 허가를 받아 소송대리인을 해임·추가선임 또는 교체할 수 있다.

③ 증권관련집단소송의 원고측 소송대리인의 전원이 사망 또는 사임하거나 해임된 때에는 소송절차는 중단된다.

④ 제3항의 경우 대표당사자는 법원의 허가를 받아 소송대리인을 선임하여 소송절차를 수계하여야 한다.

⑤ 제3항의 규정에 의한 소송절차의 중단후 1년 이내에 수계신청이 없는 때에는 그 증권관련집단소송은 취하된 것으로 본다.

6. 시효중단의 효력(동법 제29조)

증권관련집단소송의 소제기로 인한 시효중단의 효력은 다음 각호의 1에 해당하는 사유가 발생한 때부터 6월 이내에 그 청구에 관하여 소가 제기되지 아니한 경우에 소멸한다.

① 제17조의 규정에 의하여 불허가결정이 확정된 경우

② 제27조의 규정에 의한 결정에 의하여 구성원에서 제외된 경우

③ 제28조의 규정에 의한 제외신고를 한 경우

7. 소송절차(동법 제30조, 제31조, 제32조)

① 법원은 필요하다고 인정하는 때에는 직권으로 증거조사를 할 수 있다.

② 법원은 필요하다고 인정하는 때에는 구성원과 대표당사자를 신문할 수 있다.

③ 법원은 필요하다고 인정하는 때에는 소송과 관련있는 문서를 소지하고 있는 자에 대하여 그 문서의 제출을 명하거나 송부를 촉탁할 수 있다.
문서제출명령이나 문서송부촉탁을 받은 자는 정당한 이유없이 그 제출이나 송부를 거부할 수 없다. 다만, 공공기관의정보공개에관한법률 제4조제3항 및 동법 제7조제1항 각호의 사유가 있는 문서, 민사소송법의 규정에 의하여 제출을 거부할 수 있는 문서는 제출을 거부할 수 있다. 대표당사자와 피고는 법원에 제1항의 규정에 의한 문서제출명령 등을 신청할 수 있다.

8. 소취하·화해 또는 청구포기의 제한(동법 제35조)

① 증권관련집단소송에 있어서 소의 취하, 소송상의 화해 또는 청구의 포기는 법원의 허가를 받지 아니하면 그 효력이 없다.

② 법원은 제1항의 규정에 의하여 소의 취하, 소송상의 화해 또는 청구의 포기의 허가에 관한 결정을 하고자 하는 때에는 미리 구성원에게 이를 고지하여 의견을 진술할 기회를 부여하여야 한다.

③ 제2항의 규정에 의한 고지에 관하여는 제18조제2항 및 제3항의 규정을 준용한다.

④ 증권관련집단소송에 관하여는 민사소송법 제268조의 규정을 적용하지 아니한다.

9. 상소취하·상소권포기의 제한(동법 제38조)

① 증권관련집단소송법 제35조의 규정은 상소의 취하 또는 상소권의 포기에 관하여 이를 준용한다.

② 대표당사자가 기간 이내에 상소하지 아니한 경우에는 상소제기기간이 만료된 때부터 30일 이내에 구성원이 법원의 허가를 받아 상소를 목적으로 하는 대표당사자가 될 수 있다.

③ 제2항의 규정에 따라 대표당사자가 된 자의 상소는 법원의 허가를 받은 날부터 2주 이내에 하여야 한다.

10. 분 배

분배에 관한 법원의 처분·감독 및 협력 등은 제1심 수소법원의 전속관할로 한다(동법 제39조).

(1) 권리실행(동법 제40조)

① 대표당사자는 집행권원을 취득한 때에는 지체없이 그 권리를 실행하여야 한다.

② 대표당사자는 권리실행으로 금전 등을 취득한 경우에는 대법원규칙이 정하는 바에 의하여 이를 보관하여야 한다.

③ 대표당사자는 권리실행이 종료된 때에는 그 결과를 법원에 보고하여야 한다.

(2) 분배관리인(동법 제41조)

① 법원은 직권 또는 대표당사자의 신청에 의하여 분배관리인을 선임하여야 한다.

② 제1항의 규정에 의한 분배관리인(이하 "분배관리인"이라 한다)은 법원의 감독하

에 권리실행으로 취득한 금전 등의 분배업무를 행한다.

③ 법원은 분배관리인이 분배업무를 적절히 수행하지 못하거나 그 밖의 중대한 사유가 있는 때에는 직권 또는 신청에 의하여 분배관리인을 변경할 수 있다.

(3) 분배계획안의 작성(동법 제42조)

1) 분배관리인은 법원이 정한 기간 이내에 분배계획안을 작성하여 법원에 제출하여야 한다.

2) 제1항의 규정에 의한 분배계획안(이하 '분배계획안'이라 한다)에는 다음 각호의 사항을 기재하여야 한다.

① 총원의 범위와 채권의 총액

② 집행권원의 표시금액, 권리실행금액 및 분배할 금액

③ 제44조제1항의 규정에 의한 공제항목과 그 금액

④ 분배의 기준과 방법

⑤ 권리신고의 기간·장소 및 방법

⑥ 권리확인방법

⑦ 분배금의 수령기간·수령장소 및 수령방법

⑧ 그 밖에 필요하다고 인정되는 사항

(4) 분배의 기준(동법 제43조)

① 분배의 기준은 판결이유중의 판단이나 화해조서 또는 인낙조서의 기재내용에 의한다.

② 권리신고기간내에 신고하여 확인된 권리의 총액이 분배할 금액을 초과하는 경우에는 안분비례의 방법에 의한다.

(5) 분배에서 제외하는 비용(동법 제44조)

1) 분배관리인은 권리실행으로 취득한 금액에서 다음 각호의 비용을 공제할 수 있다.

① 소송비용 및 변호사 보수

② 권리실행비용

③ 분배비용(분배관리인에 대하여 지급하는 상당하다고 인정되는 액수의 보수를 포함한다)

2) 분배관리인은 제46조제1항의 규정에 의한 분배계획의 인가를 받기 전에 제1항제1호 내지 제3호의 비용을 지급하고자 하는 때에는 법원의 허가를 받아야 한다.

3) 법원은 분배관리인·대표당사자 또는 구성원의 신청이 있는 경우에 소송의 진행과정·결과 등 여러 사정을 참작하여 제1항제1호의 변호사 보수를 감액할 수 있다. 이 경우 법원은 신청인과 대표당사자의 소송대리인을 심문하여야 한다.

4) 제3항의 신청은 제46조제1항의 규정에 의한 분배계획안의 인가전까지 하여야 한다.

5) 제3항의 규정에 의한 결정에 대하여는 즉시항고를 할 수 있다.

(6) 비용지급에 부족한 경우(동법 제45조)

① 법원은 권리실행으로 취득한 금액이 제44조제1항 각호의 비용을 지급하기에 부족한 때에는 분배하지 아니한다는 결정을 하여야 한다.

② 제1항의 결정이 있는 경우 분배관리인은 법원의 허가를 받아 권리실행한 금액을 적절한 방법으로 제44조제1항 각호의 비용에 분배하여야 한다.

(7) 분배계획안의 인가(동법 제46조)

① 법원은 분배계획안이 공정하며 형평에 맞다고 인정되는 때에는 결정으로 이를 인가하여야 한다.

② 법원은 상당하다고 인정하는 때에는 직권으로 분배계획안을 수정하여 인가할 수 있다. 이 경우 법원은 미리 분배관리인을 심문하여야 한다.

③ 제1항 및 제2항의 결정에 대하여는 불복할 수 없다.

(8) 분배계획의 고지(동법 제47조)

법원은 분배계획을 인가한 때에는 상당한 방법으로 다음 각호의 사항을 구성원에게 고지하여야 한다.

① 집행권원의 요지

② 분배관리인의 성명 및 주소

③ 분배계획의 요지

(9) 분배계획의 변경(동법 제48조)

① 법원은 상당한 이유가 있다고 인정하는 때에는 직권 또는 분배관리인의신청에 의하여 결정으로 분배계획을 변경할 수 있다.

② 제1항의 결정에 대하여는 불복할 수 없다.

③ 법원은 분배계획을 변경하는 경우 필요하다고 인정하는 때에는 상당한 방법으로 변경의 내용을 구성원에게 고지하여야 한다.

(10) 권리의 신고와 확인(동법 제49조)

① 구성원은 분배관리인에 대하여 분배계획이 정하는 바에 따라 권리신고기간내에 권리를 신고하여야 한다.

② 구성원은 책임없는 사유로 권리신고기간내에 신고를 하지 못한 경우에는 그 사유가 종료된 후 1월 이내에 한하여 신고할 수 있다. 다만, 제53조의 규정에 의한 공탁금의 출급청구기간이 만료되기 전에 신고하여야 한다.

③ 분배관리인은 신고된 권리를 확인하여야 한다.

④ 분배관리인은 권리신고를 한 자 및 피고에 대하여 권리확인의 결과를 통지하여야 한다.

(11) 권리확인에 관한 이의(동법 제50조)

① 권리신고를 한 자 또는 피고는 분배관리인의 권리확인에 이의가 있는 때에는 제49조제4항의 규정에 의한 확인결과의 통지를 받은 날부터 2주일 이내에 법원에 그 권리의 확인을 구하는 신청을 할 수 있다.

② 법원은 제1항의 신청에 대하여 결정으로 재판하여야 한다.

③ 제2항의 결정에 대하여는 불복할 수 없다.

(12) 분배보고서(동법 제52조)

1) 분배관리인은 분배금의 수령기간 경과후 분배보고서를 법원에 제출하여야 한다.

2) 제1항의 규정에 의한 분배보고서에는 다음 각호의 사항을 기재하여야 한다.

① 권리신고를 한 자의 성명·주소 및 신고금액

② 권리가 확인된 자 및 확인금액

③ 분배받은 자 및 분배금액

④ 잔여금과 그 밖의 필요한 사항

3) 분배보고서는 이해관계인이 열람할 수 있도록 제56조 본문의 규정에 의한 기간이 경과할 때까지 법원에 비치하여야 한다.

(13) 수령기간 경과후의 지급(동법 제53조)

권리가 확인된 구성원으로서 분배금의 수령기간내에 분배금을 수령하지 아니한 자 또는 신고기간 경과후에 권리를 신고하여 권리를 확인받은 자는 수령기간 경과후 6월 이내에 한하여 공탁금의 출급을 청구할 수 있다.

(14) 분배종료보고서(동법 제54조)

① 분배관리인은 제53조의 규정에 의한 공탁금의 출급청구기간이 만료된 때에는 지체없이 법원에 분배종료보고서를 제출하여야 한다.

② 제1항의 규정에 의한 분배종료보고서에는 수령기간 경과후에 분배금을 분배받은 자의 성명·주소 및 분배금액, 분배금의 지급총액, 잔여금의 처분, 분배비용 그 밖의 필요한 사항을 기재하여야 한다.

③ 제52조제3항의 규정은 분배종료보고서에 관하여 이를 준용한다.

(15) 잔여금의 처분(동법 제55조)

법원은 제54조제1항의 규정에 의한 분배종료보고서가 제출된 경우 잔여금이 있는 때에는 직권 또는 피고의 출급청구에 의하여 이를 피고에게 지급한다.

(16) 분배관리인에 대한 손해배상청구권(동법 제56조)

분배관리인의 직무상 행위에 관한 손해배상청구권은 분배종료보고서를 제출한 날부터 2년이 경과되면 소멸한다. 다만, 분배관리인의 부정행위로 인한 손해배상청구권인 경우에는 그러하지 아니하다.

(17) 금전외의 물건의 분배(동법 제57조)

① 권리의 실행으로 취득한 금전외의 물건을 분배하는 경우에는 그 성질에 반하지 아니하는 범위안에서 금전에 준하여 분배한다.

② 분배관리인은 법원의 허가를 받아 권리의 실행으로 취득한 금전외의 물건의 전부 또는 일부를 환가하여 분배할 수 있다.

(18) 추가분배(동법 제58조)

제54조제1항의 규정에 의한 분배종료보고서가 제출된 후에 새로이 권리실행

이 가능하게 된 경우의 분배절차에 관하여는 제39조 내지 제57조의 규정을 준용한다.

11. 벌 칙

(1) 배임수재 등(동법 제60조)

1) 증권관련집단소송의 제7조제1항의 규정에 의하여 소를 제기하는 자, 대표당사자, 원고측 소송대리인 또는 분배관리인이 그 직무에 관하여 부정한 청탁을 받고 금품 또는 재산상의 이익을 수수·요구 또는 약속한 때에는 다음 각호의 구분에 따라 처벌한다.

① 수수·요구 또는 약속한 금품 또는 재산상의 이익의 가액(이하 '수수액'이라 한다)이 1억원 이상인 때에는 무기 또는 10년 이상의 유기징역에 처하되, 수수액에 상당하는 금액 이하의 벌금을 병과할 수 있다.

② 수수액이 3천만원 이상 1억원 미만인 때에는 5년 이상의 유기징역에 처하되, 수수액에 상당하는 금액 이하의 벌금을 병과할 수 있다.

③ 수수액이 3천만원 미만인 때에는 7년 이하의 징역 또는 1억원 이하의 벌금에 처한다.

2) 증권관련집단소송의 제7조제1항의 규정에 의하여 소를 제기하는 자, 대표당사자, 원고측 소송대리인 또는 분배관리인이 그 직무에 관하여 부정한 청탁을 받고 제3자에게 금품 또는 재산상의 이익을 공여하게 하거나 공여하게 할 것을 요구 또는 약속한 때에도 제1항의 형과 같다.

3) 제1항 및 제2항의 죄에 대하여는 10년 이하의 자격정지를 병과할 수 있다.

(2) 배임증재 등(동법 제61조)

① 증권관련집단소송의 제7조제1항의 규정에 의하여 소를 제기하는 자, 대표당사자, 원고측 소송대리인 또는 분배관리인에게 그 직무에 관하여 부정한 청탁을 하고 금품 또는 재산상의 이익을 약속 또는 공여한 자나 공여의 의사를 표시한 자는 7년 이하의 징역 또는 1억원 이하의 벌금에 처한다.

② 제1항의 행위에 제공할 목적으로 제3자에게 금품을 교부하거나 그 정을 알면서 교부받은 자도 제1항의 형과 같다.

(3) 몰수추징(동법 제62조)

제60조 및 제61조의 죄를 범한 자 또는 그 정을 아는 제3자가 취득한 금품 또는 재산상의 이익은 이를 몰수하되, 이를 몰수할 수 없는 때에는 그 가액을 추징한다.

(4) 과태료(동법 제63조)

다음 각호의 1에 해당하는 자에 대하여는 3천만원 이하의 과태료에 처한다.

① 제9조제1항제4호의 내용을 허위로 기재한 자

② 제9조제2항 또는 제3항의 문서를 허위로 작성하여 첨부한 자

③ 정당한 이유없이 제32조제2항의 규정에 의한 문서제출명령 또는 문서송부촉탁을 거부한 자

핵 심 판 례

■증권관련 집단소송법 제12조 제1항 제3호에서 소송허가요건의 하나로 규정한 '증권관련 집단소송이 총원의 권리실현이나 이익보호에 적합하고 효율적인 수단일 것'의 의미

증권관련 집단소송법 제12조 제1항 제3호는 소송허가요건의 하나로 '증권관련 집단소송이 총원의 권리실현이나 이익보호에 적합하고 효율적인 수단일 것'을 규정하고 있다. 그러므로 다수 구성원들의 피해 회복을 위하여 소송경제상 집단소송이 다른 구제수단보다 경제적일 것이 요구된다(대법원 2016. 11. 4.자, 2015마4027 결정).

XII. 상장회사

1. 적용 범위

상법 회사편 주식회사의 장에 규정된 제13절 상장회사의 규정은 대통령령으로 정하는 증권시장에 상장된 주권을 발행한 주식회사에 대하여 적용한다. 다만, 대통령령으로 정하는 집합투자를 수행하기 위한 기구인 주식회사는 제외한다(상 법 제542조의2 1항).

2. 상장회사의 지배구조에 관한 특례 마련

상장회사는 일반적으로 회사의 규모가 크고 소유가 분산되어 있으며 국민경제에 미치는 영향이 크므로 상장회사의 특수성을 반영하여 지배구조를 결정하는 규정이 필요하다. 따라서 2009년 상법 개정 당시 이하와 같은 규정들이 상법에 도입되었다. 이와 같이 상장회사의 규모 및 특성에 맞는 지배구조를 마련하여 지배구조의 투명성 및 효율성이 제고될 것으로 기대된다.

(1) 주식매수선택권(상법 제542조의3)

상장회사의 경우 주식매수선택권을 그 회사 외에 관계회사 이사 등에게도 부여할 수 있도록 하고, 부여범위도 발행주식총수의 100분의 10 이하에서 100분의 20 이하로 확대하며, 주주총회 결의 없이 이사회 결의만으로도 발행주식총수의 100분의 10 이하 범위에서 주식매수선택권을 부여할 수 있도록 하였다.

(2) 주주총회 소집공고(상법 제542조의4)

일정한 지분율 이하의 소수주주에 대하여는 일간신문에 공고하거나 전자적 방법에 의한 공고로 주주총회 소집통지에 갈음할 수 있도록 하였다.

(3) 집중투표에 관한 특례(상법 제542조의7)

대통령령으로 정하는 대규모 상장회사에 대한 집중투표 청구권의 행사요건을 완화하는 한편, 집중투표를 도입하거나 배제하려는 경우에는 의결권 없는 주식을 제외한 발행주식총수의 100분의 3을 초과하는 주식에 대해서는 의결권을 행사할 수 없도록 하였다.

(4) 사외이사의 선임(상법 제542조의8)

상장회사 중 대통령령으로 정하는 경우를 제외하고는 사외이사가 이사 총수의 1/4 이상이 되도록 하고, 대통령령으로 정하는 대규모 상장회사의 사외이사는 3명 이상으로 하되, 이사 총수의 과반수가 되도록 사외이사 설치를 의무화하였다.

(5) 주요주주 등 이해관계자와의 거래(상법 제542조의9)

상장회사는 주요주주 등 특수관계인을 상대방으로 하거나 그를 위하여 신용공여를 할 수 없도록 하되, 일정한 규모 이하의 거래나 약관 등에 의하여 정형화된 거래는 이사회 승인을 받거나 사후에 주주총회에 보고하도록 하는 방식으로 거래를 허용하였다.

(6) 상금감사 및 감사위원회(상법 제542조의10, 제542조의11)

대통령령으로 정하는 상장회사에 대하여는 1명 이상의 상근감사를 두어야 하고, 대통령령으로 정하는 대규모 상장회사에 대하여는 감사위원회를 의무적으로 설치하도록 하였다.

3. 상장회사의 소수주주권 정비

상장회사의 경우「(구)증권거래법」상 소수주주의 임시총회 소집청구권과 검사인 선임청구권을 행사하기 위한 지분율이 지나치게 높아 조정할 필요가 있었다. 이에 2009년 상법 개정으로 임시총회 소집청구권과 검사인선임청구권의 지분율을 발행주식총수의 1천분의 30에서 1천분의 15로 각각 낮추어 활성화하는 한편, 상장회사의 주식을 6개월 이상 보유한 자만 행사할 수 있도록 하여 남용을 예방하였다(상법 제542조의6).

앞으로 상장회사의 소수주주권 행사가 용이해져 상장회사의 경영 투명성이 제고될 것으로 기대되고 있다.

4. 감사위원회 위원의 선임권 명문화 및 의결권 제한

(구)「증권거래법」은 감사위원회 위원 선임 및 해임의 권한이 이사회에 있는지 주주총회에 있는지 명문 규정을 두지 아니한 채 감사위원회 위원의 선임 및 해임 시 의결권 제한 규정만 두고 있어, 선임주체 및 선임방식에 대하여 혼란이 있었다. 이에 2009년 상법 개정시 상장회사의 경우 감사위원회 위원의 선임해임권은 주주총회에

있음을 명문으로 규정하고, 그 방식은 이사를 일괄 선임한 후 선임된 이사 중 감사위원회 위원을 선임하는 일괄선출방식으로 통일하며, 감사위원회 위원 선임 시 의결권 없는 주식을 제외한 발행주식총수의 100분의 3을 초과하는 주식에 대하여는 의결권을 행사하지 못하도록 규정하였다(상법 제542조의12).

이를 2020년 12월 다시 개정하면서 감사위원회위원을 선임 또는 해임할 때에는 상장회사의 의결권 없는 주식을 제외한 발행주식총수의 100분의 3(정관에서 더 낮은 주식 보유비율을 정할 수 있으며, 정관에서 더 낮은 주식 보유비율을 정한 경우에는 그 비율로 한다)을 초과하는 수의 주식을 가진 주주(최대주주인 경우에는 사외이사가 아닌 감사위원회위원을 선임 또는 해임할 때에 그의 특수관계인, 그 밖에 대통령령으로 정하는 자가 소유하는 주식을 합산한다)는 그 초과하는 주식에 관하여 의결권을 행사하지 못하도록 하였다(상법 제542조의12 제4항).

앞으로 상장회사의 지배구조를 결정하는 방식이 통일되어 이를 둘러싼 법적 분쟁을 예방할 수 있을 것으로 기대된다.

핵 심 판 례

■ **주식회사 한국증권선물거래소와 유가증권 상장신청법인 사이에 체결되는 상장계약 및 그 상장폐지결정의 법적 성질**

주식회사 한국증권선물거래소는 한국증권선물거래소법 제4조의 규정에 따라 설립된 주식회사로서, 그 유가증권시장에 유가증권의 상장을 희망하는 발행회사와 주식회사 한국증권선물거래소 사이에 체결되는 상장계약은 사법상의 계약이고, 상장회사의 신청이 없는 상태에서의 주식회사 한국증권선물거래소에 의한 상장폐지 내지 상장폐지결정은 그러한 사법상의 계약관계를 해소하려는 주식회사 한국증권선물거래소의 일방적인 의사표시이다(대법원 2007. 11. 15. 선고 2007다1753 판결).

제3편

유한·유한책임·합명·합자·외국회사·벤처기업의 이해와 등기

제1장 유한회사의 등기

Ⅰ. 총 설

◨ 핵 심 사 항 ◨

1. 유한회사의 의의 : 유한회사란 출자가액을 한도로 책임을 지는 유한책임사원만으로 구성된 물적회사이다.
2. 설립절차 : 회사의 설립절차는 크게 실체형성절차와 설립등기로 나누어지는데, 유한회사의 실체형성절차는 정관작성, 출자이행 및 기관구성의 세 단계로 구성된다.
  (1) 정관작성 : 사원이 정관을 작성하고 기명날인 또는 서명(상법 제543조 1항, 2항)
  (2) 출자이행 : 사원의 출자의무는 반드시 설립등기 이전에 이행되어야 한다(상 법 제548조, 제549조 1항).
  (3) 기관구성 : 소유와 경영이 분리되므로 이사를 선임해야 하는데, 유한회사의 이사는 정관으로 직접 지정할 수 있으나 정관으로 정하지 않은 때에는 회사성립 전에 사원총회를 열어 선임하여야 한다(상법 제547조 1항).

1. 유한회사의 의의

(1) 유한회사의 개념

유한회사는 사원의 균등액단위의 출자로 이루어진 일정한 자본을 가지고, 사원은 회사에 대하여 원칙적으로 출자금액 한도의 책임만을 지며 회사채권자에 대하여는 직접 아무런 책임을 지지 않는 물적회사이다(상법 제553조).

유한회사는 주식회사의 특색인 유한책임의 제도를 이용하면서 주식회사의 복잡성, 엄격성을 완화하여 상호신뢰관계에 있는 비교적 소수의 사원에 의하여 성립되는 폐쇄적인 회사이다.

유한회사는 설립이 간단하고 비용이 적게 들며, 조직이 단순하고 탄력성을 부여할 수 있을 뿐만 아니라, 대차대조표를 공시하지 않아도 되는 등 법의 간섭이 적은 이점이 있다.

2011년 4월 14일 상법개정시 유한회사와 관련한 개정도 있었다. 개정전 상법에 의하면 유한회사의 자본총액은 1,000만원 이상이어야 한다고 규정하고 있었다(개정전 상법 제546조 1항). 또한 자본은 균등한 비례적 단위인 출자로 나누어지고, 출자 1좌의 금액은 5,000원 이상이어야 한다고 규정하고 있었다(개정전 상법 제546조 2항). 그러나 2011년 상법개정시 자본총액의 제한은 폐지되었고, 출자 1좌의 금액도 100원 이상으로 균일하게 하는 것으로 개정되었다(상 제546조). 또한 개정전에는 유한회사의 사원의 총수는 50인을 넘지 못하도록 하였었는데(개정전 상법 제545조), 개정법에서는 이를 폐지하였다.

(2) 주식회사와의 차이점

1) 폐쇄성

2011년 개정전 상법에 의하면 유한회사는 주식회사와는 달리 사원의 총수가 50인 이하로 제한되었고(상법 제545조 1항), 사원 이외의 타인에 대한 지분양도가 제한되었다(상법 제556조). 그러나 2011년 상법개정시 사원총수의 제한은 폐지하였는데, 이는 폐쇄성이라는 것이 강행법적으로 관철해야 할 사항이냐는 점도 의문인데다, 폐쇄성과 사원의 총수가 논리필연적으로 연결되어야 하느냐는 의문이 제기되어 개정법에서 이를 폐지한 것이다(제545조 삭제)[63]. 또한 개정전에는 사원의 지분의 양도는 정관변경과 같은 요건인 사원총회의 특별결의에 의하도록 하였었는데(개정전 상법 제556조 1항), 개정법에서는 이를 완화하여 원칙적으로 지분의 전부 또는 일부를 양도하거나 상속할 수 있도록 하였다. 다만, 정관에서 양도를 제한할 수 있다고 규정하였다(상법 제556조).

그리고 유한회사는 사원을 공모하지 못한다(상법 제555조). 또한 사원의 지분에 관하여는 주식회사의 주권과 같은 증권을 발행하지 못한다.

2) 조직의 단순성

조직이 주식회사와 비교하여 간단·단순하다. 즉 이사는 1인이라도 되고(상법 제561조), 그 임기에는 제한이 없으며 이사회제도가 법정되어 있지 않다. 감사는 임의기관으로서 이를 두지 아니하여도 된다(상법 제568조). 자본증가절차도 간단하고(상법 제586조), 사원의 의결권의 수(상법 제575조)·이익배당과 잔여재산의 분배의 기준(상법 제580조)도 정관으로 정할 수 있다. 회사의 설립과 자본의 증가시에 사

---

[63] 법무부 개정상법 해설, 386면.

원의 공모가 인정되지 아니하고(상법 제543조, 제589조), 건설이자의 배당과 사채
제도가 없다.

3) 설립의 용이

유한회사도 사원에 의한 정관의 작성, 사원의 출자 설립등기에 의하여 성립한다.
그러나 주식회사와 달리 모집설립과 같은 방법은 인정되지 않으며, 발기설립과 비
슷한 방법만이 인정된다.

2. 사원의 지위

사원의 자격에는 특별한 제한이 없으며, 물적회사이므로 자연인 외에 회사 기타의
법인도 사원이 될 수 있다(상법 제173조 참조). 사원의 수는 2인 이상이어야 하며,
50인을 초과하지 못한다.

(1) 사원의 지분과 소수사원권

지분이란 사원이 가지는 권리의무의 총체 또는 법률상의 지위를 말한다.

유한회사의 사원의 지분에 대하여는 주식과 달리 지시식 또는 무기명식의 증권
을 발행하지 못한다(상법 제555조). 다만, 기명식의 지분증권을 발행하는 것은 상
관없다.

제4차 개정상법은 주식회사의 소수사원권의 행사요건을 완화하였으며, 제5차
개정상법은 유한회사의 유지청구권 규정을 신설하였고, 소수사원에 의한 이사 또
는 청산인의 해임청구는 자본총액의 100분의 3 이상에 해당하는 출자좌수를 가
진 사원으로, 유지청구는 자본금액의 100분의 3 이상에 해당하는 출자좌수를 가
진 사원으로 각 소수사원권을 행사할 수 있다(상법 제567조, 제564조의2, 제613
조 2항, 제385조, 제402조, 제539조).

자본총액의 100분의 3 이상에 해당하는 출자좌수를 가진 사원은 회계의 장부와
서류의 열람 또는 등사를 청구할 수 있고, 회사의 업무와 재산상태를 조사하기 위
하여 법원에 검사인의 선임을 청구할 수 있다(상법 제581조, 제582조).

(2) 사원의 변동

사원의 지위는 지분의 득상(得喪)에 따라 수시로 변동할 수 있다.

지분을 취득하는 방법에는 회사 설립시 또는 자본의 증가시에 출자를 인수하거
나 상속으로 하는 방법, 회사의 합병에 의한 포괄승계 또는 지분의 양도·경매·공

매 등에 의한 특정승계의 방법이 있다.

지분의 상실에는 승계취득과 동시에 발생하는 상대적 상실과 회사의 소멸 또는 지분의 소각에 의하여 발생하는 절대적 상실이 있다.

(3) 사원의 대표소송권

기업경영의 투명성을 제고하고 이사의 경영책임을 강화하기 위하여 사원은 대표소송을 제기할 수 있다. 자본총액의 100분의 3 이상에 해당하는 출자좌를 가진 사원은 회사에 대하여 이사의 책임을 추궁할 소의 제기를 청구할 수 있고, 위에 해당하는 소수사원은 회의의 목적사항과 소집이유를 기재한 서면으로 이사에게 총회의 소집을 청구할 수 있다(상법 제565조 1항, 제572조).

이 대표소송제기권은 단독주주로는 허용하지 않으며, 대표소송제기권의 특수요건은 제소시에만 충족하면 되고 제소시에 지주요건을 갖춘 경우 변론종결시까지 일부 주주의 이탈이 있어도 제소의 효력에 영향을 미치지 아니한다(법무부, 개정 상법해설 62면).

이 소는 회사의 본점소재지 법원의 전속관할이며(상법 제565조 2항, 제403조 7항, 제186조), 주주대표소송제기권이 회사의 이익을 위한 것이므로 이사의 위법행위시에 사원에 한정하는 제한은 없고, 대표소송 제기 후 회사나 이사의 회유 및 매수에 의하여 대표소송제기의 취지가 없어지는 것을 방지하여 대표소송의 목적을 달성하고 타협을 방지하기 위하여 4차 개정상법은 이 소를 제기한 후에는 법원의 허가를 얻지 않고는 소의 취하, 청구의 포기, 화해를 할 수 없도록 하였다.

3. 사원총회

사원총회는 회사 내부에 있어서의 의사를 결정하는 회사의 최고기관이다. 회사의 의사결정기관인 점에서 주식회사의 주주총회와 같으나, 주주총회는 그 권한이 축소되어 법령 또는 정관에 정하여진 사항에 관하여서만 결의할 수 있음에 반하여, 사원총회는 법령에 의하여 제외되지 않는 한 회사의 모든 사항을 결의할 권한을 가지며, 그 결의는 이사를 구속하게 된다.

사원총회의 결의는 주식회사와 달리 반드시 총회를 열어서 하지 않으며, 회의를 개최함이 없이 서면에 의하여도 할 수 있다(상법 제577조). 다만, 회사의 결의에 관하여 등기를 해야 할 때에는 공증인법에 의하여 공증을 하여야 한다(동법 제66조의2).

(1) 소집절차

사원총회는 해산 전의 회사에 있어서는 이사가(상법 제571조), 청산 중인의 회사에 있어서는 청산인이 소집한다(상법 제613조 2항, 제571조 1항).

임시총회는 감사도 이를 소집할 수 있고(상법 제571조 1항 단서), 법원의 명령에 의하여 감사 또는 이사가 소집하는 경우도 있다(상법 제582조 3항).

자본의 100분의 3 이상에 해당하는 출자좌수를 가진 사원은 회의의 목적사항과 소집의 이유를 기재한 서면을 이사에게 제출하여 사원총회의 소집을 청구할 수 있으며, 정관으로써 소집청구의 조건을 달리 정할 수도 있다. 이 청구가 있은 후 이사가 지체없이 소집절차를 밟지 아니하는 때에는 소집청구를 한 사원은 법원의 허가를 얻어 사원총회를 소집할 수 있다(상법 제572조).

(2) 의결권

각 사원을 출자 1좌에 대하여 1개의 의결권을 가진다.

그러나 사적자치의 원칙상 정관으로써 의결권의 수에 관하여 다른 정함을 할 수 있다(상법 제575조 단서). 즉, 출자좌수에 관계없이 1사원 1결의권을 가진다는 등으로 정할 수 있다.

회사의 자기지분은 의결권이 없고(상법 제578조, 제369조 2항), 특별이해관계인은 의결권을 행사할 수 없으며, 사원은 대리인으로 하여금 의결권을 행사할 수 있다(상법 제578조, 제368조 3항, 4항).

(3) 결의의 방법

사원총회에서는 원칙적으로 사원이 모여 회의를 개최하고 토의를 함으로써 결의를 하며, 예외적으로 서면에 의하여 사원의 찬부의 의사표시를 집계하여 결의한다(상법 제577조).

유한회사에 서면결의가 인정되는 것은 주식회사에 비하여 소규모적인 유한회사의 운영을 간편하게 하기 위함이다. 유한회사의 서면결의가 인정되는 경우는 첫째, 총사원이 총회의 결의사항에 관하여 서면결의를 할 것에 동의한 때이며(상법 제577조 1항), 둘째, 총 사원이 결의사항 자체에 대하여 동의한 경우이다(상법 제577조 2항).

4. 이사회

유한회사에 있어서는 이사회는 주식회사와는 달리 필요적 기관으로 되어 있지 않다. 이사의 수는 1인에 한하지 않고 수인이어도 무방하며 이사가 수인이면 정관에 규정이 없으면 반드시 사원총회에서 대표이사를 선정하여야 한다(상법 제562조 2항).

1998. 12. 28. 개정한 제4차 개정상법에서는 유한회사에 이사회가 없는 것을 전제로 규정하고 있는 바, 주식회사의 이사의 경업에 대하여 이사회의 승인규정을 준용하는 조문인 상법 제567조에 "제397조의 이사회는 이를 사원총회로 본다."라는 단서를 신설하여 사원총회의 승인으로 수정하였다.

이사가 수인인 경우 회사의 업무집행·지배인의 선임 또는 해임과 지점의 설치·이전 또는 폐지의 사항(상법 제564조 1항)은 정관에 다른 규정이 없으면 이사과반수의 결의에 의한다.

한편, 이사에 관한 규정은 청산인에게 준용되므로, 정관의 규정에 의하여 청산인 호선으로 회사를 대표할 청산인을 선임할 경우, 청산업무의 집행 등에는 청산인 과반수의 결의가 필요하다(상법 제613조 2항, 제562조 2항, 제564조 1항).

5. 정관의 변경

유한회사에서는 자본금의 총액이 정관의 절대적 기재사항(상법 제543조 2항 2호)이므로, 주식회사의 신주의 발행에 해당하는 자본의 증가와 자본의 감소 및 출자좌수의 변경도 모두 정관변경사항이다.

유한회사가 정관변경을 함에는 사원총회의 특별결의가 있어야 한다. 사원총회의 특별결의의 요건은 주식회사의 경우보다 가중되어, 총 사원의 반수 이상이며 총 사원 의결권의 4분의 3 이상의 자의 동의가 있어야 한다(상법 제584조, 제585조 1항).

즉, 특별결의는 ① 지분의 수와 관계없이 사원총수의 과반수에 해당하는 사원의 찬성과, ② 총 사원의 의결권의 4분의 3 이상의 찬성을 얻어야 한다.

공증인의 인증을 받아야 하는 것은 설립당시의 사원에 의하여 최초로 작성된 원시정관에 한하므로(1974. 4. 24, 법정 제254호 통첩), 그 외에 정관변경, 합병에 의한 설립등기 및 조직변경등기 등은 공증을 받지 않아도 된다(상법 제292조, 제543조 3항).

II. 설립의 등기

◨ 핵 심 사 항 ◧

1. 설립절차 : 회사의 설립절차는 크게 실체형성절차와 설립등기로 나누어지는데, 유한
   회사의 실체형성절차는 정관작성, 출자이행 및 기관구성의 세 단계로 구성된다.
 (1) 정관작성 : 사원이 정관을 작성하고 기명날인 또는 서명(상법 제543조 1항, 2항)
 (2) 출자이행 : 사원의 출자의무는 반드시 설립등기 이전에 이행되어야 한다(상법 제
     548조, 제549조 1항).
 (3) 기관구성 : 소유와 경영이 분리되므로 이사를 선임해야 하는데, 유한회사의 이사는
     정관으로 직접 지정할 수 있으나 정관으로 정하지 않은 때에는 회사성립전에 사원
     총회를 열어 선임하여야 한다(상법 제547조 1항).
2. 설립등기절차 : 출자의 납입 또는 현물출자의 이행이 있는 날로부터 본점소재지에서
   는 2주간 내에 법정등기사항을, 지점소재지에서는 본점소재지에서 등기를 한 후 3주
   간 내에 지점에서의 등기사항을 등기하여야 한다(상법 제549조, 제181조, 특례법 제
   3조).

1. 설립절차

(1) 정관의 작성

사원이 되고자 하는 자가 정관을 작성하고 기명날인 또는 서명하여야 한다(상법
제543조 3항). 정관은 주식회사와 같이 공증인의 인증을 받음으로써 효력이 생긴
다(상법 제292조). 2001년 개정상법은 사원에 의한 성립을 허용하였다. 사원은
정관에 의하여 확정된다.

정관의 기재사항은 다음과 같다.

1) 절대적 기재사항

정관에 기재하지 않으면 무효로 되는 사항이다(상법 제543조 2항).

① 목적

② 상호

유한회사의 상호에는 반드시 유한회사라는 문자를 사용하여야 한다(상법 제19
조).

③ 사원의 성명과 주민등록번호, 주소

④ 자본금의 총액

⑤ 출자 1좌의 금액

출자 1좌의 금액은 100원 이상으로 균일하게 하여야 한다(상법 제546조).

⑥ 각 사원의 출자좌수

각 사원은 적어도 1좌 이상을 출자하여야 한다. 출자는 금전 기타의 재산으로써 하여야 하며 합명회사와 달리 노무, 신용 등 비재산권상의 출자는 인정되지 않는다. 유한회사에서는 주식회사와 달리 정관의 작성 이외에 따로 출자의 인수절차가 필요 없으므로 각 사원이 인수할 출자좌수는 원시정관에서 확정된다.

⑦ 본점소재지

2) 상대적 기재사항

정관에 반드시 기재할 필요가 없고 설사 그 기재가 없더라도 정관의 효력에는 아무런 영향이 없으나, 정관에 기재하지 않으면 효력이 발생하지 아니하는 사항이다.

가. 변태설립사항(상법 제544조)

유한회사는 발기인이 없으므로 주식회사와 같은 발기인의 특별이익이나 보수는 제외된다(상법 제290조 1항 4 후반).

① 현물출자를 하는 자의 성명과 그 목적인 재산의 종류, 수량 가격과 이에 대하여 부여하는 출자좌수

② 회사 성립 후에 양수할 것을 약정한 재산의 종류, 수량, 가격과 그 양도인의 성명

③ 회사가 부담할 설립비용

나. 사원에 관한 사항

① 의결권수

각 사원은 출자 1좌에 대하여 1개의 의결권을 갖는 것이 원칙이나 정관으로써 이를 달리 정할 수 있다(상법 제575조).

② 사원지분의 소각

유한회사 사원의 지분에 관하여도 배당할 이익으로써 이를 소각할 경우에는 자본감소절차에 의할 필요가 없는 바, 이 경우에는 그 뜻을 정관에 정하여 놓아야 한다(상법 제560조 1항, 제343조 1항).

유한회사에 있어서는 주식회사와는 달리 종류가 다른 지분은 인정되지 아니하므로, 이익에 의한 지분의 소각에 있어서 특정의 지분을 소각할 수는 없고 전 사원에게 평등하게 소각하여야 한다.

③ 이익배당 기준의 예외

이익의 배당은 각 사원의 출자좌수에 따라 하는 것이 원칙이나 정관으로써 다르게 정할 수도 있다(상법 제580조).

④ 회계장부 열람에 관한 정함

자본의 100분의 3 이상에 해당하는 출자좌수를 가진 사원은 회계장부와 서류의 열람 또는 등사를 청구할 수 있으나, 정관으로써 각 사원이 그 열람 또는 등사를 청구할 수 있는 것으로 정할 수 있다(상법 제581조).

⑤ 지분양도의 제한

사원총회의 특별결의가 있는 경우에 한하여 사원지분의 전부 또는 일부를 양도할 수 있으며, 이는 정관으로 제한규정을 가중할 수 있다. 그리고 사원 상호간의 지분의 양도에 대하여는 정관으로 다른 정함을 할 수 있으므로 제한규정을 경감할 수도 있다(상법 제556조 1항, 3항, 제585조).

다. 사원총회에 관한 사항

① 소집기간의 단축

사원총회를 소집함에는 회일의 1주간 전에 각 사원에게 소집 통지를 발송하여야 하나 정관으로써 이 기간을 단축할 수 있다(상법 제571조 2항).

② 소수사원의 소집청구에 관한 정함

자본금의 100분의 3 이상에 해당하는 출자좌수를 가진 사원은 회의의 목적사항과 소집의 이유를 기재한 서면을 이사에게 제출하여 총회의 소집을 청구할 수 있는 것이나 정관으로써 이 소수사원의 요건을 다르게(경감 또는 가중) 할 수 있다(상법 제572조).

③ 정족수에 관한 정함

사원총회의 보통결의는 총 사원 의결권의 과반수를 가지는 사원이 출석하여 그 의결권의 과반수로써 하는 것이나 정관으로써 이 정족수 및 의결수를 가중 또는 경감할 수 있다(상법 제574조).

라. 이사, 감사에 관한 사항

① 대표이사의 정함

유한회사의 이사는 각자가 회사를 대표하는 것이나 정관으로써 회사를 대표할 이사를 정할 수 있고 이사 호선으로 대표이사를 선임하게 할 수도 있다.

② 공동대표에 관한 정함

정관으로써 공동대표에 관한 규정을 둘 수 있다(상법 제562조 3항).

③ 업무집행에 관한 정함

이사가 수인인 경우에는 회사의 업무집행·지배인의 선임·해임과 지점의 설치·이전 또는 폐지는 이사과반수의 결의에 의하는 것이나, 정관으로써 이 요건을 가중하거나 경감할 수 있고 또 이사회제도를 설치하여 그 정족수·결의방법 등을 정할 수 있다(상법 제564조 1항).

④ 감사에 관한 정함

유한회사에 있어서 감사는 임의기관으로서 반드시 이를 둘 필요는 없으나 정관으로써 1인 또는 수인의 감사를 둘 수 있다(상법 제568조 1항).

주식회사는 감사에 갈음하여 감사위원회를 둘 수 있으나(상법 제415조의2), 유한회사에는 감사위원회제도를 둘 수 없다.

⑤ 이사, 감사의 보수

정관으로써 이사와 감사의 보수를 정할 수 있다.

마. 기타 사항

① 존립기간 또는 해산사유(상법 제609조 1항, 제227조 1항)

② 청산인에 관한 정함(상법 제613조 1항, 제531조 1항)

3) 임의적 기재사항

이 밖에 정관에는 선량한 풍속 기타 사회질서나 강행법규에 위반되지 않는 범위 내에서 필요한 사항을 기재할 수 있다.

통상 유한회사의 정관에 정하여지는 임의적 기재사항은 ① 이사감사의 원수, ② 이사감사의 임기, ③ 임원의 자격, ④ 정기총회의 개최시기, ⑤ 총회의 개최일, ⑥ 회사의 영업연도 등이다.

4) 정관의 인증

정관은 주식회사와 같이(상법 제292조) 본점소재지 관할 공증인의 인증을 받음으로써 효력이 생긴다(상법 제543조 3항, 제292조, 공증인법 제62조). 정관의 인증은 원칙으로 사원의 출자 및 그 납입 전에 하여야 하는 것이지만, 인증 전에 출자와 납입이 있는 경우라도 설립절차로서 하자는 없다 할 것이다.

다만, 공증인의 인증을 받아야 하는 것은 설립당시의 사원에 의하여 최초로 작성된 원시정관에 한하고, 그 외에 정관변경, 합병에 의한 설립등기 및 조직변경등기 등은 공증을 받지 않아도 된다(상법 제292조, 제543조 3항).

(2) 이사 및 감사의 선임

1) 이사의 선임

가. 선임 절차

유한회사의 이사는 회사를 대표하고 업무를 집행하는 필요상설기관이다. 주식회사와 달리 업무집행기관이 이사회와 대표이사로 분화되어 있지 않다. 각 이사는 단독으로 기관의 지위를 구성하므로, 이사회의 구성원에 불과한 주식회사의 이사와는 다르다. 유한회사는 발기인이 없으므로 정관으로 이사를 둘 수 있으며(상법 제543조, 제547조), 정관으로 초대이사를 정하지 않은 때에는 회사설립 전에 사원총회를 열어 선임하고 설립 후에는 사원총회에서 선임한다(상법 제567조, 제382조).

나. 이사의 임기·자격

이사의 임기에는 아무런 규정이 없으므로, 해임되지 않는 한 이사의 권리·의무가 있다. 그리고 이사의 수에도 제한이 없다. 이사의 자격에도 아무런 제한이 없으나, 감사는 이사를 겸할 수 없다(상법 제570조, 제411조).

2) 감사의 선임

유한회사에서 감사는 정관에 의하여 둘 수 있는 임의기관이다. 최초의 감사는 정관으로 정함이 없는 때에는 사원총회에서 선임한다. 감사의 임기에 관한 규정은 없다.

(3) 출자의 이행

유한회사는 정관의 작성에 의하여 사원이 될 자와 출자의 인수가 확정되며, 이사는 사원으로 하여금 출자전액의 납입 또는 현물출자의 목적인 재산 전부의 급여를 시켜야 한다. 현물출자의 목적인 재산이 등기, 등록 기타 권리의 설정 또는 이전을 요할 경우에는 출자사원은 이에 관한 서류를 완비하여 교부하면 된다(상법 제548조, 제295조 2항).

납입의 해태에 대하여는 주식회사와 같은 실권절차가 없으므로 납입의 실현은 강제집행의 방법에 의할 수밖에 없다. 그리고 현물출자가 있는 경우에도 검사인의 검사절차가 요구되지 않는다.

주식회사의 모집설립의 경우와는 달리(상법 제318조) 출자의 납입은 은행 기타

금융기관에 할 필요가 없으며 현물출자가 있는 경우에도 검사인의 조사나 법원이
선임한 검사인의 검사를 받을 필요가 없다(상법 제548조).

2. 설립등기절차

(1) 등기기간

출자의 납입 또는 현물출자의 이행이 있는 날로부터 본점소재지에서는 2주간
내에 법정등기사항을, 지점소재지에서는 본점소재지에서 등기를 한 후 3주간 내
에 지점에서의 등기사항을 등기하여야 한다(상법 제549조, 제181조, 특례법 제3
조). 지점소재지에서는 특례법 제3조 및 동 시행규칙 제3조에서 정한 사항만을
등기한다.

(2) 등기신청인

설립등기는 회사를 대표할 자가 이를 신청하여야 한다(상업등기법 제23조 1항).
설립등기를 함으로써 유한회사가 성립한다.

(3) 등기사항 (상법 제549조)

1) 목 적

회사의 목적은 회사의 성질상 상행위 기타 영리행위임을 요하고 영리행위이면 여
러 개라도 상관없다.

회사의 목적은 사회통념상 그 회사가 어떤 종류의 사업을 경영하는가 확인할 수
있도록 구체적으로 특정하여야 하고 무역업, 물품제조판매업 등과 같이 특정되지
않은 막연한 것은 안된다고 할 것이다.

2) 상 호

상호란 상인이 영업상 자신을 표창하는 명칭으로 원칙적으로 상호선정은 자유이나
동일한 특별시·광역시·시·군에서 동종 영업을 위하여 타인이 등기한 상호 또는 상호
의 가등기 상호와 확연히 구별되는 상호로는 등기해야 하며(상법 제22조, 제22조의
2, 상업등기법 제29조), 특별법상 제한되는 상호도 있다(은행, 보험, 직업소개소 등).

유한회사는 상호 중에 '유한회사'라는 문자를 사용하여야 한다(상법 제19조).

3) 본점과 지점의 소재지

본점과 지점은 정관에서는 소재하는 최소행정구역까지만 기재하여도 무방하지만
(1985. 10. 15, 등기 제508호 통첩 참조), 등기할 때에는 공시제도의 취지에 따라

소재장소를 명확히 하기 위하여 소재지번까지 기재하여야 하고, 정관에 소재지번이 정해지지 않는 경우에는 사원총회에서 별도로 지번을 특정하는 결의가 있어야 한다.

4) 자본금의 총액

자본금의 총액은 출자의 총좌수에 출좌 1좌의 금액을 곱한 금액이다.

5) 출자 1좌의 금액

출좌 1좌의 금액은 100원 이상으로서 균일하여야 한다(상법 제546조).

6) 이사의 성명과 주민등록번호(주민등록이 없는 자는 생년월일), 주소

7) 회사를 대표할 대표이사를 정한 때에는 그 성명, 주소와 주민등록번호

8) 수인의 이사가 공동으로 회사를 대표할 것을 정한 때에는 그 규정

수인의 대표이사가 있는 경우에 원칙적으로 각자 회사를 대표함이 원칙이나 정관 또는 사원총회의 결의로 그 수인의 대표이사 전원이 공동해서만 회사를 대표할 수 있도록 규정할 수 있다(상법 제562조 2항).

9) 존립기간 또는 해산사유를 정한 때에는 그 기간과 사유

이는 정관의 상대적 기재사항으로서 이를 정관으로 정할 때에는 이를 등기하여야 제3자에게 대항할 수 있다. 그러나 이를 등기하였다 하더라도 존립기간 도래 전이나 해산사유 발생 전에는 절대로 해산할 수 없는 것이 아니고, 총 사원의 특별결의에 의하여 언제든지 해산할 수 있다.

10) 감사가 있는 때에는 그 성명 및 주민등록번호(주민등록이 없는 자는 생년월일)

(4) 첨부서면(상업등기규칙 제155조, 제156조)

1) 정 관

설립등기사항 중 상호, 목적, 1좌의 금액, 자본의 총액, 존립기간, 해산사유 등 신청서 기재사항과 정관이 일치하는지 조사하기 위하여 정관이 필요하다.

이 정관은 공증인의 인증을 받은 것이어야 한다(상법 제543조 3항, 제292조).

2) 이사를 사원총회에서 선임한 때에는 그 총회의사록(상업등기규칙 제155조)

감사를 사원총회에서 선임한 경우에도 같다. 정관에 이사와 감사의 기재가 있고 이의 공증된 원시정관을 첨부하면 사원총회의사록은 필요 없다. 사원총회의사록에는 이사가 기명날인 또는 서명하여야 한다.

3) 이사의 취임승낙을 증명하는 서면

이 서면의 진정담보를 위하여 인감증명법에 의한 인감증명을 첨부해야 하는 점, 공증된 의사록에 취임승낙의 뜻이 기재된 자로서 그 의사록에 날인한 자는 인감증명의 첨부가 생략되는 점 등은 주식회사의 임원과 같다.

유한회사의 정관에는 총사원이 서명 또는 기명날인하고 공증인의 인증을 받아야 하므로(상법 제543조 2항, 제543조 3항, 제292조), 정관에 이사나 감사가 기재되고 이에 서명한 사원이 이사나 감사가 된 경우에는 이 서면은 필요 없다고 할 것이다.

4) 감사를 둔 때에는 감사의 취임승낙을 증명하는 서면

5) 이사감사의 주민등록번호를 증명하는 서면(상법 제549조, 특례법규칙 제2조 2항)

주민등록번호를 증명하는 주민등록표등본, 주민등록사본 및 운전면허증사본 등을 제출한다(1992. 12. 30, 등기 제2662호 통첩 참조).

6) 대표이사를 호선으로 선임한 때에는 이사과반수의 동의가 있음을 증명하는 서면 또는 이사회의사록(상업등기규칙 제155조)

이사과반수의 동의에 의하여 회사를 대표할 이사를 정한 때에는 그 동의가 있음을 증명하는 서면을 첨부하여야 한다. 정관의 규정에 의하여 이사회제도를 둔 때에는 이사회의사록이 이에 해당하는 서면이다.

7) 대표이사의 취임승낙 및 주소를 증명하는 서면

회사를 대표할 이사는 그 주소를 등기하여야 하므로 이를 증명하는 주민등록표등본 등을 첨부하여야 한다.

8) 출자전액납입 또는 현물출자의 목적인 재산 전부의 급여가 있음을 증명하는 서면(상업등기규칙 제156조 2호)

출자전액의 납입을 증명하는 서면으로는 회사의 출자금영수증 또는 은행 기타 금융기관의 출자금취급증명서 등을 들 수 있고, 현물출자의 목적인 재산 전부의 급여가 있는 것을 증명하는 서면으로는 현물출자재산인계서 또는 출자재산영수증 등을 들 수 있다. 이는 주식회사와는 달리 반드시 금융기관의 영수증일 필요는 없다(상법제548조와 제318조 대비).

9) 대리인에 의하여 신청할 때에는 그 권한을 증명하는 서면(상업등기규칙 제52조)

10) 설립에 관하여 관청의 허가(인가)를 요하는 경우에는 그 허가(인가)서 또는 인증있는 등본

11) 법원의 허가 또는 총사원의 동의가 없으면 등기할 사항에 관하여 무효 또는 취소의 원인이 있는 때에는 그 허가서 또는 동의서(상업등기규칙 제155조)

12) 등록세영수필증확인서(교육세, 농어촌특별세 포함) 및 등기신청수수료

등록면허세는 과세표준액의 1,000분의 4이고, 수도권 및 대도시에서 설립하는 경우에는 그 3배를 가산한 등록면허세를 납부하여야 한다. 지방교육세로는 등록면허세의 100분의 20에 해당하는 금액을 납부한 영수필증확인서를 첨부하여야 한다(지방세법 제28조 1항, 제151조 1항).

등록면허세의 최하한은 설립 및 증자의 경우 11만2천5백원이므로(지방세법 제28조 1항), 예컨대 자본금이 1,000만원인 경우 등록면허세가 40,000원이 아니라, 11만2천5백원이고, 서울 등 대도시에서 설립하는 경우에는 11만2천5백원×3배=33만7천5백원임을 주의하여야 한다.

조세특례제한법, 관세법, 지방세법에 의하여 등록면허세가 감면되는 경우 그 감면세액의 100분의 20에 해당하는 농어촌특별세를 납부하여야 한다(농특세법 제5조). 그러나 농어촌특별세가 감면 또는 면제되는 경우도 있다(농특 제4조).

설립등기의 등기신청수수료는 30,000원이고 기타 변경등기는 6,000원이며, 직권 및 촉탁에 의한 등기 등은 면제된다.

13) 회사를 대표할 자의 인감제출(상업등기법 제25조 1항)

핵 심 판 례

■ 유한회사의 사원이 상법 등 법령에 정한 회사설립의 요건과 절차에 따라 회사설립등기를 함으로써 회사가 성립하였다고 볼 수 있는 경우, 회사설립등기와 그 기재 내용이 공정증서원본 불실기재죄나 공전자기록 등 불실기재죄에서 말하는 '불실의 사실'에 해당하는지 여부(원칙적 소극)

유한회사의 사원이 상법 등 법령에 정한 회사설립의 요건과 절차에 따라 회사설립등기를 함으로써 회사가 성립하였다고 볼 수 있는 경우 회사설립등기와 그 기재 내용은 특별한 사정이 없는 한 공정증서원본 불실기재죄나 공전자기록 등 불실기재죄에서 말하는 불실의 사실에 해당하지 않는다. 유한회사의 사원 등 회사설립에 관여하는 사람이 회사를 설립할 당시 회사를 실제로 운영할 의사 없이 회사를 이용한 범죄 의도나 목적이 있었다거나, 회사로서의 인적·물적 조직 등 영업의 실질을 갖추지 않았다는 이유만으로는 불실의 사실을 법인등기부에 기록하게 한 것으로 볼 수 없다(대법원 2020. 3. 26. 선고 2019도7729 판결).

【서식】유한회사설립등기신청서

<table>
<tr><td colspan="5" align="center">유한회사설립등기신청</td></tr>
<tr><td rowspan="2">접 수</td><td colspan="2">년   월   일</td><td rowspan="2">처리인</td><td>등기관 확인</td><td>각종 통지</td></tr>
<tr><td colspan="2">제   호</td><td></td><td></td></tr>
</table>

①등기의 목적	유한회사 설립
②등기의 사유	정관을 작성하여 공증인의 인증을 받고 20○○년 ○월○일 출자 전액을 납입하였으므로 다음사항의 등기를 구함
③본/지점 신청구분	1.본점신청 ☐ 2.지점신청 ☐ 3.본·지점 일괄신청 ☐
등 기 할 사 항	
④상 호	○○ 유한회사
⑤본 점	서울특별시 ○○구 ○○로 ○○
⑥출자1좌의금액	금10,000원
⑦자본금의 총액	금100,000,000원
⑧목 적	1. 주택건설업 1. 철근콘크리트 공사업 1. 부동산 임대업 1. 위 각 호에 관련된 부대사업 일체
⑨이사,감사의 성명 및 주민등록번호	이사 ○ ○ ○ (－) 이사 ○ ○ ○ (－) 이사 ○ ○ ○ (－) 감사 ○ ○ ○ (－)
⑩대표이사의 성명과 주소	대표이사 ○ ○ ○(－) 서울특별시 ○○구 ○○로 ○○
⑪지 점	경기도 ○○시 ○○구 ○○로 ○○ (○○지점)
⑫존립기간 또는 해산사유	없음(정관에 규정이 되어있으면 기재)
기 타	

<table>
<tr><td colspan="7" align="center">⑬신청등기소 및 등록면허세/수수료</td></tr>
<tr><td>순번</td><td>신청등기소</td><td>구분</td><td>등록면허세</td><td>지방교육세</td><td>세액합계</td><td>등기신청수수료</td></tr>
<tr><td></td><td></td><td></td><td>금　　　　　원
(자본금의
4/1000)</td><td>금　　　　　원
(등록면허세의
20/100)</td><td>금　　　　　원
(등록면허세
+지방교육세)</td><td>금　　　　　원</td></tr>
<tr><td></td><td></td><td></td><td></td><td></td><td></td><td></td></tr>
<tr><td></td><td></td><td></td><td></td><td></td><td></td><td></td></tr>
<tr><td colspan="3" align="center">합　　　　계</td><td></td><td></td><td></td><td></td></tr>
<tr><td colspan="3">등기신청수수료 납부번호</td><td colspan="4"></td></tr>
<tr><td colspan="2">⑭과 세 표 준 액</td><td colspan="5">금　　　　　　　　　　원</td></tr>
</table>

⑮첨　부　서　면

1. 정관(자본금 10억 이상일 경우 　 공증받은 것)　　　　　　　통	1. 취임승낙서(인감증명서나 본인서명사실확인서 　 또는 전자본인서명확인서의 발급증 포함)　통
1. 사원총회의사록(공증받은 것)　통	1. 주민등록표등(초)본　　　　　　　　　통
1. 출자금납입증명서　　　　　　통	1. 등록면허세영수필확인서　　　　　　　통
1. 현물출자재산인도증　　　　　통	1. 등기신청수수료영수필확인서　　　　　통
1. 이사과반수동의서　　　　　　통	1. 위임장(대리인이 신청할 경우)　　　　통
1. 대표이사 인감신고서　　　　　통	〈기 타〉

　　　　　　　　　　　　　　　　　　　　　년　　　월　　　일

⑯신청인　　상　　호
　　　　　　　본　　점
　　대표이사　성　　명　　　　　　　　　(인)　　(전화 :　　　　　　)
　　　　　　　주　　소
　　대리인　　성　　명　　　　　　　　　(인)　　(전화 :　　　　　　)
　　　　　　　주　　소
　　　　　　　　　지방법원　　　등기소　귀중

- 신청서 작성요령 -
1. 해당란이 부족할 때에는 별지를 이용합니다.
1. 해당 등기신청과 관계없는 사항에 대하여는 "해당없음"으로 기재하거나 삭제하고, 필요한
　 사항은 추가 기재합니다.
1.「인감증명법」에 따른 인감증명서 제출과 함께 관련 서면에 인감을 날인하여야 하는 경우,
　 본인서명사실확인서를 제출하고 관련 서면에 서명을 하거나 전자본인서명확인서 발급증을
　 제출하고 관련 서면에 서명을 하면 인감증명서를 제출하고 관련 서면에 인감을 날인한 것으
　 로 봅니다.

등기신청안내 – 유한회사설립등기신청

◈ 유한회사설립등기란

  유한회사라 함은 사원의 균등액 단위의 출자로 이루어진 일정한 자본을 가지고 사원은 회사에 대하여 원칙적으로 출자금액 한도 내에서 책임을 질 뿐 회사 채권자에 대하여 직접적인 책임을 지지 않는 물적회사를 말합니다. 유한회사는 사원이 되고자 하는 자가 정관을 작성하고, 사원총회에서 이사 등의 임원을 선출하며, 사원이 출자의무를 이행한 후 설립등기에 의하여 성립합니다.

◈ 관할등기소 및 등기의 신청

  설립등기는 회사의 본점 소재지를 관할하는 지방법원, 그 지원 또는 등기소에 신청하여야 합니다. 유한회사 설립등기는 특별한 사유가 없는 한 출자 전액의 납입 또는 현물출자의 이행이 있는 날로부터 회사의 대표자 또는 그 대리인이 2주 이내에 신청하여야 합니다. 다만 변호사 또는 법무사가 아닌 사람은 신청서의 작성이나 그 서류의 제출 대행을 업(業)으로 할 수 없습니다.

◈ 등기신청서 기재 요령

  신청서는 원칙적으로 한글과 아라비아 숫자로 기재합니다(다만 상호와 외국인의 성명은 먼저 한글과 아라비아숫자로 기재한 후, 로마자·한자·아라비아숫자 및 일정한 부호를 사용하여 영문 표기나 한자 표기를 병기할 수 있습니다). 신청서의 기재사항 난이 부족할 경우 별지를 사용하고 신청서와 별지 각 장 사이에 간인 하여야 합니다.

① 등기의 목적

  "유한회사 설립"으로 기재합니다.

② 등기의 사유

  등기를 신청하는 이유를 기재하는 항목으로 일반적으로 "정관을 작성하여 공증인의 인증을 받아 20○○년 ○월○일 출자 전액을 납입하였으므로 다음 사항의 등기를 구함 "으로 기재합니다.

③ 본/지점 신청 구분

  본점에서의 등기신청, 지점에서의 등기신청, 또는 본점 및 지점에 관한 등기를 본점에서 일괄하여 신청하는지 여부를 표시하는 항목입니다. 회사설립과 동시에 지점을 설치(본점과 다른 관할)하여, 본점관할 등기소에서 설립등기와 지점설치등기를 일괄하여 동시에 신청하는 경우 본·지점 일괄신청임을 표시하면 됩니다. 다만 지점에 지배인이 선임된 경우에는 지배인에 관한 등기는 이를 일괄하여 신청할 수 없고 지점관할 등기소에서 별도로 신청하여야 합니다.

④ 상호

정관에 기재된 상호를 기재하며, 상호 중에는 법령에 특별한 규정이 없는 한 "유한회사"라는 문자를 반드시 사용하여야 합니다. 등기부상 로마자 등의 표기를 병기하고 자 할 경우(대법원 등기예규 제1455호 참조)는 상호 오른쪽에 괄호를 사용하여 병기 할 수 있으며, 병기되는 로마자 등의 표기는 반드시 정관에 기재되어 있어야 합니다.

⑤ 본점

본점소재지를 기재하며, 정관에는 본점소재지를 최소행정구역을 표시함으로써 족하지만 신청서에는 그 소재 지번까지 정확히 기재하여야 합니다.

⑥ 출자 1좌의 금액

정관에 기재된 출자 1좌의 금액을 기재하며, 1좌의 금액은 100원 이상으로 균일하여야 합니다.

⑦ 자본금의 총액

최저자본금의 제한은 없으며, 자본금의 총액은 출자의 총좌 수에 출자 1좌의 금액을 곱한 금액입니다.

⑧ 목적

정관에 규정된 목적을 기재하며, 영업의 목적은 영리사업으로 영업내용을 구체적으로 명확히 기재하여야 합니다. "제조업", "도매업"등과 같이 포괄적이고 불분명하게 기재하여서는 안 됩니다.

⑨ 이사·감사의 성명 및 주민등록번호

이사와 감사(감사를 선임하였을 경우)의 성명·주민등록번호를 기재하고 주민등록번호가 없는 재외국민 또는 외국인의 경우에는 주민등록번호 대신 생년월일을 기재하여야 합니다. 외국인의 성명은 국적과 원지음을 한글 등으로 기재한 후, 괄호를 사용하여 본국에서의 표기를 병기할 수 있습니다(예 : 이사 미합중국인 존에프케네디(John. F. Kennedy)).

⑩ 대표이사의 성명, 주민등록번호 및 주소

회사를 대표할 이사의 성명, 주민등록번호 및 주소를 기재합니다.

⑪ 지점

이사 과반수의 동의 등에 의하여 지점 설치를 결의하였을 때 기재하며, 본점과 동일하게 소재 지번까지 기재하여야 합니다. 지점을 본점소재지 관할 이외에 설치하고, 지점설치에 대하여 설립등기와 동시에 본·지점 일괄신청을 하지 않았을 경우, 설립등기 후 2주 이내에 지점소재지 관할등기소에 지점설치등기신청을 하여야 합니다.

⑫ 존립기간 또는 해산사유

정관으로 회사의 존립기간이나 해산사유를 정하였을 때 기재하는 사항이며 정관의 상대적인 기재사항입니다.

⑬ 신청등기소 및 등록면허세·수수료

신청하는 등기소별로 기재하여야 하며, 등록면허세는 과세표준액의 4/1000, 지방교육세는 등록면허세의 20/100이며 대통령령으로 정하는 대도시 내에서 설립하는 경우에는 당해 세율의 3배의 등록면허세를 납부하여야 합니다. 설립과 동시에 지점을 설치하여 본·지점 일괄신청을 하는 경우, 지점등기 신청과 관련된 별도의 등록면허세·수수료를 납부하여야 합니다. 여기서 대도시라 함은, 수도권정비계획법 시행령 제9조 별표1에 지정되어 있는 권역을 의미합니다. 등기신청수수료는 등기사항증명서 등 수수료규칙 제5조의3에서 정한 금액을 납부하여야 합니다.

⑭ 과세표준액

과세표준은 자본의 총액, 즉 출자의 총좌 수에 출자 1좌의 금액을 곱한 금액입니다.

⑮ 첨부서면

등기신청서에 첨부하는 서면을 기재하여야 합니다.

⑯ 신청인 등

설립등기를 신청하는 회사의 상호와 본점, 대표이사의 성명과 주소를 기재하며, 위임받은 대리인이 신청할 경우 대리인의 성명과 주소를 기재합니다. 대표이사는 등기신청과 동시에 제출하는 인감을 날인하여야 하며 대리인의 경우는 날인할 도장에 대한 제한은 없습니다.

◈ 등기신청서에 첨부할 서면

1. 정관

정관이란 회사의 조직과 활동에 관하여 규정한 근본규칙을 기재한 서면을 말하며, 사원이 되고자 하는 자가 정관을 작성하고 기명날인 또는 서명하여 공증인의 인증을 받음으로써 효력이 생깁니다. 정관의 기재사항 중에는 그 기재가 없거나 위법인 때에는 정관은 무효가 되고 나아가 회사설립이 무효가 되는 절대적 기재사항, 정관의 효력에는 영향이 없으나 기재하지 않으면 그 사항이 회사와 사원에 대하여 효력이 생기지 않는 상대적 기재사항, 회사의 필요에 의하여 기재하는 임의적 기재사항이 있습니다.

가. 절대적 기재사항

▶<u>목적</u> : 회사가 경영하려는 사업을 뜻하며 영리성이 있어야 합니다. 기재의 정도는 사회 통념상 무엇인지 알 수 있을 정도로 구체적이고 명확하게 기재하여야 하므로 "제조업", "도매업"등과 같이 포괄적이고 불분명하게 기재하여서는 안 됩니다.

▶<u>상호</u> : 상호는 상인이 영업활동을 함에 있어 자기를 표시하는 명칭으로, 상호에는 법령상 특별한 규정이 없는 한 반드시 "유한회사"라는 문자를 사용하여야 하며, 등기부상 상호 란에 로마자 등의 표기를 병기하고자 할 경우 한글로 상호

를 기재한 후 괄호 안에 로마자 등의 표기를 함께 기재하여야 합니다. 또한 동일 특별시·광역시·시·군내에서는 동일한 영업을 위하여 다른 사람이 등기한 것과 동일한 상호는 등기할 수 없습니다.

▶ <u>사원의 성명·주민등록번호 및 주소</u> : 유한회사의 사원은 정관에 의하여 확정되며, 사원 총수의 제한은 없습니다. 사원의 자격은 자연인이나 법인도 가능하며 국적여하도 불문합니다.

▶ <u>자본금의 총액</u> : 최저자본금의 제한은 없으며, 총 좌수에 출자 1좌의 금액을 곱한 금액입니다.

▶ <u>출자 1좌의 금액</u> : 자본을 1좌 단위로 나누며 출자 1좌의 금액은 100원 이상으로 균일하여야 합니다.

▶ <u>각 사원의 출자좌수</u> : 각 사원은 적어도 1좌 이상을 출자하여야 합니다. 각 사원의 인수하는 출자의 좌수는 정관의 절대적 기재사항으로 주식회사와 달리 정관의 작성 이외에 따로 출자의 인수절차가 필요 없이 각 사원이 인수할 출자좌수는 원시정관으로 확정됩니다.

▶ <u>본점의 소재지</u> : 본점소재지란 회사의 영업활동을 하는 주된 영업소로 회사의 주소가 되기 때문에 한 장소만을 기재하여야 하며, 정관에는 최소행정구역을 표시하는 정도로 충분합니다.

나. 상대적 기재사항

정관의 상대적 기재사항은 상법 여러 곳에 산재해 있으며 절대적 기재사항과는 달리 정관에 반드시 기재할 필요는 없고 설사 기재가 없더라도 정관의 효력에는 영향이 없으나 기재하지 아니하면 효력이 발생하지 않는 것을 말합니다. 이에는 변태설립사항으로서 현물출자·재산인수·설립비용에 관한 사항이 있고, 지분양도요건의 가중, 감사의 선임 등이 이에 해당됩니다.

다. 임의적 기재사항

정관에 기재를 하지 않더라도 정관의 효력에는 영향이 없으나, 회사의 필요에 의하여 임의적으로 정관에 기재하는 항목을 말합니다. 이에는 이사·감사의 원수, 정기총회의 소집시기, 회사의 영업연도 등이 이에 해당됩니다.

라. 정관의 인증

정관은 각 사원이 기명날인 또는 서명을 한 후, 공증인의 인증을 받음으로써 효력이 생깁니다. 다만 자본금 총액이 10억원 미만인 경우에는 각 사원이 정관에 기명날인 또는 서명함으로써 효력이 생깁니다.

2. 사원총회 의사록

가. 사원총회란 사원의 총의로서 회사 내부의 의사를 결정하는 회사의 최고기관을 말하며, 정관 또는 법령에 반하지 않는 한 회사에 관한 모든 사항에 대하여 결정할 수

있습니다. 사원은 출자 1좌에 대하여 1개의 의결권을 가지며, 결의방법은 상법 또는 정관에 특별한 정함이 없는 한 보통결의 방법에 의합니다. 보통결의 요건은 총사원의 의결권의 과반수를 가진 사원이 출석하고 그 의결권의 과반수로 합니다.

나. 초대이사와 감사는 정관으로 정할 수 있으나 이를 정하지 않은 경우는 사원총회를 열어 이를 선임하며, 이외 본점과 지점을 정하는 경우 등 등기할 사항에 대하여 사원총회에서 정하였을 경우 이를 첨부하여야 합니다.

다. 사원총회의 의사에 관하여는 의사록을 작성하여야 하며, 의사록에는 의사의 경과요령과 그 결과를 기재하고 의장과 출석한 이사가 기명날인 또는 서명하여야 합니다. 등기신청시 첨부되는 의사록은 공증인의 인증을 받아 제출하여야 합니다. 총회의 결의를 하여야 할 경우에 총사원의 동의가 있는 때에는 서면에 의한 결의를 할 수 있으며, 결의의 목적사항에 대하여 총사원이 서면으로 동의를 한 때에는 서면에 의한 결의가 있는 것으로 봅니다.

3. 출자금납입증명서

회사 설립시 사원은 출자 전액을 납입하여야 합니다. 출자금을 납입하는 장소에 대하여는 별도의 규정은 없으므로 출자의 납입을 반드시 은행 기타 금융기관에 할 필요는 없습니다. 출자 전액의 납입을 증명하는 서면으로는 회사의 출자금 영수증 또는 은행 기타 금융기관의 출자금 취급증명서 등이 이에 해당됩니다.

4. 현물출자재산인도증

현물출자는 금전 이외의 재산을 출자하는 것을 말하는데 대차대조표상 자산으로 계상할 수 있는 재산이면 현물출자의 목적으로 할 수 있으며, 주식회사와 달리 검사인의 검사절차가 요구되지 않습니다. 현물출자의 목적인 재산의 급여가 있는 것을 증명하는 서면으로 현물출자재산인계서 또는 출자재산영수증 등이 이에 해당되는 서면입니다.

5. 이사과반수동의서

이사가 수인인 경우에 정관에 다른 규정이 없으면 본점의 구체적인 소재장소의 결정, 지배인의 선임 또는 해임과 지점의 설치·이전 또는 폐지는 이사 과반수 결의에 의하여야 합니다. 이에 의거하여 등기사항에 대한 결정을 이사 과반수로 한 경우 이를 증명하는 서면으로 이사과반수 동의서를 첨부하여야 합니다.

6. 취임승낙서(인감증명서나 본인서명사실확인서 또는 전자본인서명확인서의 발급증 포함)

이사, 대표이사, 감사 등 회사의 임원은 취임함으로써 법적인 책임과 의무가 부과되므로, 취임자의 진정한 의사를 확인하기 위하여 취임자의 인감도장을 날인한 취임승낙서와 인감증명법에 의하여 신고한 인감증명서(발행일로부터 3개월 이내)나 본인서명사실확인서 또는 전자본인서명확인서의 발급증을 첨부하여야 합니다. 취임하는 자가 외국인인 경우에는 그 서면에 관공서에 신고한 인감을 날인하고 그 인감증명서를 첨부할 수 있으며, 본국에 인감증명제도가 없는 외국인의 경우에는 본인이 서명을 하였다는 본국 관공서의 증명서면이나 본국 또는 우리나라 공증인의 공증서면으로 대신할 수 있습니다.

7. 주민등록표 등(초)본

취임하는 이사·감사는 주민등록번호를 증명하는 서면으로, 회사를 대표할 이사는 주민등록번호 및 주소를 증명하는 서면으로 주민등록표 등(초)본을 제출하여야 합니다. 대표이사 이외의 임원은 주민등록증 사본, 자동차운전면허증 사본으로도 가능합니다.

8. 인감신고서

등기신청서에 기명날인할 사람(회사의 대표자 등)은 미리(설립등기신청과 동시에) 그 인감을 등기소에 제출하여야 합니다. 인감제출을 위한 인감신고서에는 인감증명법에 의한 인감을 날인하고 발행일로부터 3월 이내의 인감증명서를 첨부하여야 합니다. 또한 인감신고서와 함께 인감대지도 함께 제출하여야 합니다(인감의 제출·관리 및 인감증명서 발급에 관한 업무처리지침).

9. 등록면허세영수필확인서

본점소재지 관할 시·군·구청장으로부터 등록면허세납부서(자본금의 4/1000에 해당하는 등록면허세와 그 등록면허세의 20/100에 해당하는 지방교육세)를 발부받아 납부한 후 등록면허세 영수필확인서를 첨부하여야 합니다. 대통령령으로 정하는 대도시 내에서의 설립등기 시에는 당해 세율의 3배의 등록면허세를 납부하여야 합니다. 여기서 대도시라 함은 수도권정비계획법 시행령 제9조 별표1에 지정되어 있는 권역을 의미합니다.

10. 위임장

등기신청권자 이외의 대리인에 의하여 등기신청을 하는 때에는 그 권한을 증명하는 서면으로 위임장을 첨부하여야 합니다. 실무상 수임자, 위임자, 위임내용을 기재하고 등기소에 제출하는 인감을 날인합니다.

11. 기타

▶관청의 허가서 : 관청의 허가(인가)를 필요로 하는 사항의 등기를 신청할 때에는 관청의 허가서(인가서) 또는 그 인증 있는 등본을 첨부하여야 합니다.

▶번역문 : 등기신청 서류 중 외국어로 작성된 문서는 이를 번역하여 번역문을 첨부하여야 하며, 번역인의 자격에는 제한이 없으나 번역인의 성명 주소를 기재하고 기명날인 또는 서명하여야 합니다.

▶법인인감카드 발급 : 법인인감증명서는 법인인감카드 또는 전자증명서(HSM USB)로 발급받을 수 있으므로 등기 완료 후 법인인감도장을 지참하여 법인인감카드 또는 전자증명서(HSM USB)를 발급받으시기 바랍니다.

◈ 등기신청서 편철순서

신청서, 등록면허세영수필확인서, 정관, 사원총회의사록, 출자금납입증명서, 현물출자재산인도증, 이사과반수동의서, 취임승낙서, 인감증명서나 본인서명사실확인서 또는 전자본인서명확인서의 발급증, 주민등록표등(초)본,(취임승낙서, 인감증명서, 주민등록표등(초)본은 임원별로 편철), 인감신고서, 위임장 등의 순서로 편철하시면 업무처리에 편리합니다.

◈ 기타

1. 등기신청과 관련된 정관, 의사록 등 각종 서식에 관하여는 대법원 인터넷등기소(자료센터), 법무부 홈페이지(법무지식), 중소기업청 홈페이지(자료마당), 사단법인 한국상장회사협의회 홈페이지(법률정보)를 참고하시면 많은 도움이 됩니다.

2. 이상은 유한회사설립등기 신청시 작성·제출하여야 하는 일반적인 서식과 그 내용에 대한 안내인바, 정관에 상대적 기재사항인 변태설립사항을 둔 경우, 벤처기업육성에관한특별조치법에 의한 유한회사를 설립하는 경우 등 회사의 구체적인 사정에 따라 첨부서면 등이 달라질 수 있습니다. 따라서 개별·구체적인 사항에 대하여는 등기과·소의 민원담당자 또는 변호사, 법무사 등 등기와 관련된 전문가에게 문의하시기 바랍니다.

Ⅲ. 변경등기

Ⅰ. 본점의 이전 또는 지점의 설치, 이전, 폐지 등의 등기

1. 총 설

(1) 본점의 이전

1) 이전절차

본점을 다른 최소행정구역으로 이전한 경우에는 사원총회의 결의와 이사과반수의 결의가 필요하나, 동일최소행정구역 내에서 본점을 이전한 경우 정관상의 본점소재지가 최소행정구역으로 표시되어 있는 때에는 사원총회의 결의를 요하지 아니하고 이사과반수의 결의만으로 족하다.

2) 등기신청 및 처리

본점을 다른 등기소의 관할구역 내로 이전한 경우에 신소재지에서 하는 등기의 신청은 구소재지를 관할하는 등기소를 거쳐야 하고, 신소재지에서 하는 등기의 신청과 구소재지에서 하는 등기의 신청은 구소재지를 관할하는 등기소에 동시에 하여야 한다(상업등기법 제55조).

또 이 등기신청은 구소재지 관할 등기소에서 하는 등기의 신청서에 신소재지 관할 등기소에서 하는 등기의 신청에 관한 정보를 함께 기록하여 제출한다(상업등기규칙 제162조 1항, 제99조).

본점이전등기신청을 받은 구등기소 소재지에서는 신·구소재지의 등기신청 모두를 심사하여 그 중 하나만 각하사유가 있어도 그 모두를 각하하여야 한다(상업등기법 제56조 1항).

각하사유가 없을 때에는 구소재지 등기소에서는 지체없이 등기신청이 있었다는 뜻을 신본점 소재지를 관할하는 등기소에 전산정보처리조직을 이용하여 통지하여야 하고, 인감에 관한 기록을 신본점 소재지를 관할하는 등기소에 전산정보처리조직을 이용하여 보내야 한다(동조 2항). 신본점 소재지를 관할하는 등기소는 통지를 받아 등기를 하였을 때 또는 그 등기의 신청을 각하하였을 때에는 지체 없이 그 뜻을 구본점 소재지를 관할하는 등기소에 전산정보처리조직을 이용하여 통지하여야 한다(동조 4항).

구소재지 등기소에서는 신소재지 등기소로부터 본점이전등기를 마쳤다는 통지를 받을 때 까지는 본점이전등기를 하여서는 안되며, 이 때 신소재지 등기소에서 이 등기신청을 각하한 때에는 구소재지에서도 각하한 것으로 본다(동조 5항, 6항).

지배인을 두고 있는 본점을 이전하는 때에는 본점이전등기와 지배인을 둔 장소이전등기는 이를 동시에 신청하여야 하고 이에 대한 등록세도 가산하여야 한다(상업등기법 제51조 3항).

【쟁점질의와 유권해석】

〈본점 이전에 관한 사원 총회의 결의에 대하여 부존재·무효 또는 취소의 판결이 있는 경우의 구본점등기의 회복절차〉

본점이전에 관한 사원총회(주식회사의 경우에는 주주총회)의 결의에 대하여 부존재, 무효 또는 최소의 판결이 있는 때에는 제1심 수소법원은 회사의 신본점소재지와 지점소재지에만 그 등기촉탁을 하지만(비송 제107조 Ⅶ), 구본점소재지에서는 그 회사의 등기를 회복할 필요가 있으므로 신본점소재지 등기소가 그 촉탁에 따라 신본점등기를 말소함과 동시에 구본점소재지 등기소에 그 뜻을 통지하고 구본점소재지 등기소는 그 통지에 따라 구본점등기를 회복하여야 한다(1992. 1. 15, 등기 제98호 통첩).

(2) 지점의 설치, 이전, 폐지

유한회사에 있어서 지점설치 여부와 정관상 지점기재 여부는 모두 회사의 임의에 속한다. 정관상 지점의 기재가 없는 경우 지점의 설치, 이전, 폐지에는 정관을 변경할 필요 없이 이사과반수의 결의만으로 가능하다. 그러나 정관상 지점의 기재가 있는 경우에는 지점의 이전, 폐지에는 사원총회의 특별결의에 의한 정관변경을 요한다. 정관에 지점에 대하여 최소행정구역까지만 기재되어 있으면 동일한 행정구역 내에서의 지점이전에는 정관변경을 요하지 아니한다.

지점을 설치하거나 이전 또는 폐지하는 때에는 본점과 당해 지점소재지에 그 등기를 하여야 한다.

2. 등기절차

(1) 등기기간 등

1) 본점이전등기의 등기기간

본점이전등기는 신소재지 및 구소재지에서 본점이전일로부터 각 2주간 내에 등기신청하여야 한다.

상업등기법은 신소재지에 신청하는 본점이전등기는 구소재지를 관할하는 등기소를 경유하여 구소재지에서의 본점이전등기와 동시에 일괄하여 신청하도록 규정하고 있으며(동법 제57조), 상법에서도 이와 동일하게 2주간 내에 등기하도록 하고 있다(상법 제182조, 제549조 3항).

2) 지점설치, 이전, 폐지의 등기기간

지점설치, 이전 또는 지점폐지의 등기기간은 현실로 설치, 이전 등을 한 날로부터 본점소재지에서는 2주간 내에, 지점소재지에서는 3주간 내에 신청하여야 한다(상법 제549조 4항, 제181조 2항, 제182조 2항).

다만, 지점이전의 경우 동일관내에서나 당해 구지점에서의 지점이전등기는 이전일로부터 2주간 내에, 회사설립과 동시에 설치한 지점소재지에서의 지점설치등기는 본점소재지의 설립등기일로부터 2주간 내에 신청하여야 한다(상법 제549조 4항, 제181조 1항, 제182조 3항, 제183조 3항).

지배인을 두고 있는 지점을 이전 또는 폐지한 때에는 지점이전 또는 폐지의 등기와 지배인을 둔 장소이전 또는 대리권소멸의 등기는 이를 동시에 신청하여야 한다(상업등기법 제51조 3항).

이 등기의 신청인은 대표이사가 된다.

(2) 등기사항

1) 본점이전의 경우

① 동일한 등기소관내에서 본점을 이전한 경우에는 본점소재지와 지점소재지 모두 신본점소재지와 그 이전연월일을 등기한다.

② 다른 등기소관내로 본점을 이전한 경우는 다음과 같다.

구본점소재지와 지점소재지에서는 신본점소재지와 그 이전연월일을 등기하고, 지배인을 두고 있는 본점을 이전하고 구본점소재지에서 본점이전등기와 지배인을 둔 장소이전등기를 하나의 신청서로 일괄신청하는 때에는 위의 사항 이외에 지배인을 둔 새로운 장소와 그 이전연월일도 등기하여야 한다. 구본점소재지에서는 위와 같이 등기하고 그 등기기록을 폐쇄한다.

신본점소재지에서는 구본점에서 등기한 사항 중 현재 효력있는 등기사항 전부와 구본점의 표시, 본점이전의 취지 및 이전연월일과 회사성립연월일을 등기하고 지배인을 두고 있는 본점을 이전하고 본점이전등기와 지배인을 둔 장소이전등기를 하나의 신청서로 일괄신청하는 때에는 지배인에 관하여는 그 성명,

주소와 주민등록번호 및 지배인을 둔 새로운 장소와 그 이전연월일을 기재하여야 한다. 이 때 신본점소재지에서는 등기용지를 새로 개설하여 등기한다.

2) 지점설치의 경우

① 본점소재지에서는 신설 지점소재지와 그 설치연월일을 등기한다.

② 신설 지점소재지에서는 상호, 본점소재지, 존립기간 또는 해산사유, 대표이사의 성명·주소와 주민등록번호 및 공동대표규정에 관한 현재 효력있는 등기사항 전부와 회사성립연월일 및 당해 지점설치 연월일을 등기한다. 다만, 회사설립과 동시에 설치한 지점소재지에서 등기할 때에는 지점설치연월일은 회사성립연월일과 같은 일자이므로 그를 따로 기재하지 않는다(특례법 제3조, 상법 제181조 3항, 제549조).

3) 지점이전의 경우

① 본점과 지점의 구소재지에서는 지점의 신소재지와 그 이전연월일을 등기하고, 지배인을 두고 있는 지점을 이전하고 본점이전등기와 지배인을 둔 장소이전등기를 하나의 신청서로 일괄신청하는 때에는 위 사항 이외에 지배인을 둔 장소와 그 이전연월일을 기재한다.

② 이전한 신소재지에서는 상호, 목적, 본점소재지, 존립기간 또는 해산사유, 대표이사의 성명·주소와 주민등록번호 및 공동대표규정에 관한 현재 효력있는 등기사항 전부와 당해 지점 이전연월일 및 회사성립연월일을 등기하고 지배인을 두고 있는 지점을 이전하고 본점이전등기와 지배인을 둔 장소이전등기를 하나의 신청서로 일괄신청하는 때에는 지배인에 관하여 그 성명·주소와 주민등록번호 및 지배인을 둔 새로운 장소와 그 이전연월일을 기재하여야 한다(상업등기법 제51조).

(3) 첨부서면

본점을 다른 등기소의 관할구역 내로 이전한 경우에 신소재지에서 하는 등기의 신청의 경우 인감의 제출에 관한 상업등기법 제25조 1항은 적용하지 아니한다(상업등기법 제25조 3항).

1) 등록면허세, 지방교육세, 농어촌특별세 등 납부영수필통지서 및 확인서, 등기 신청수수료

가. 본점이전의 경우

등록면허세는 구본점과 신본점소재지에 별도로 각각 납부하여야 한다. 세율도 구본점소재지에서는 변경분 등록면허세(4만2백원)를, 신본점소재지에서는 본점이전에 대한 등록면허세(11만2천5백원)를 납부하여야 한다(지방세법 제28조 1항 6호). 지방교육세는 등록세의 100분의 20이다(지방세법 제151조 1항).

지배인을 두고 있는 때에는 구본점소재지에서는 등록면허세 1만2천원과 그 100분의 20의 지방교육세를 추가 납부하여야 한다(지방세법 제28조).

대도시 외의 법인이 대도시 내로 이전하는 때에는 법인설립으로 보아 설립등기의 등록면허세, 즉 자본액의 1,000분의 4의 3배 상당액을 중과세(지방세법 제28조 2항)한다.

대통령령으로 정하는 대도시(이하 대도시라 한다) 내에 등기되어 있는 법인이 대도시 외로 이전하는 경우에는 그에 따른 법인등기의 등록면허세를 부과하지 아니한다. 이 때 구본점소재지의 등록면허세 4만2백원은 면제되지 아니한다.

조세특례제한법, 관세법, 지방세법에 의하여 등록면허세를 감면받는 자는 농어촌특별세법에 의하여 농어촌특별세를 납부하여야 하는 바, 그 세율은 지방세법에 의하여 감면받는 등록면허세의 100분의 20을 당해 본세의 납세지에 납부하여야 한다(농특 제3조, 제5조, 제6조). 농어촌특별세도 행정구역변경, 등기관의 직권등기 등 감면되는 경우가 있다(농특 제4조, 동령 제4조).

본점이전에 대한 등기신청수수료는 2가지로 분류된다. 관외이전의 경우 신본점소재지에서는 설립으로 보아 30,000원이고, 구본점소재지에서는 변경등기로 보아 6,000원이다. 그리고 관내 본점이전의 경우는 6,000원이다.

나. 지점설치 및 지점이전, 지점폐지의 경우

본점소재지에서의 지점설치에 대한 등록면허세는 4만2백원(지방세법 제28조 1항 6호), 지방교육세는 등록면허세액의 100분의 20(지방세법 제151조)이다.

이 경우에는 지점설치의 등록면허세가 아니라 변경등기의 등록면허세를 납부하여야 하므로 대도시 내에 지점을 설치하여도 중과세하지 아니한다.

지점소재지에서는 지점설치에 대한 등록면허세 4만2백원(지방세법 제28조 1항 6호), 등록면허세액 100분의 20의 지방교육세(지방세법 제151조), 대도시 내에서의 지점설치등기에 대하여는 일반지점설치 등록면허세의 3배 세율을 중과세(지방세법 제28조 2항)한다.

지점이전 및 지점폐지에 대한 등록면허세는 4만2백원이다(지방세법 제28조 1항).

대도시내의 지점의 법인이 대도시 외로 이전하는 때에도 등록면허세를 면제하여야 한다고 할 것이다. 이 때 구본점소재지의 등록면허세 4만2백원은 면제되지 아니한다.

등기신청수수료는 6,000원이나 지점설치와 동시에 지배인선임등기를 할 경우에는 각 6,000원을 첨부하여야 한다.

2) 기타 첨부서면

본점이전의 경우 본점을 이전하기 위하여 사원총회에서 정관을 변경한 경우나 이전업무 집행사항을 사원총회에서 결정한 경우에 한하여 사원총회의사록을 첨부하며, 본점소재지 관내 본점이전 등 본점이전에 정관변경이 필요없는 경우에는 이사과반수결의서를 첨부한다.

신본점소재지에서의 본점이전등기신청서에는 위임장, 등록세영수필확인서 등 일반적인 첨부서류 이외에 다른 서류는 첨부할 필요가 없다. 지점의 설치, 이전, 폐지등기에는 이사과반수의 결의서만 첨부하면 된다. 그러나 정관상 지점의 기재가 있는 경우의 지점이전·폐지등기에는 반드시 정관을 변경하기 위하여 특별결의를 한 사원총회의사록을 첨부하여야 하고, 이전일자결정 등을 이사과반수로 정한 때에는 그 결의서도 첨부하여야 한다. 다만, 정관상 지점의 기재가 있더라도 그 기재가 최소 행정구역까지만 표시된 경우 동일 행정구역에서의 지점이전등기에는 이사과반수의 결의서만 첨부하여도 되고, 정관에 이사회를 둔 경우에는 이를 이사회회의록으로 작성할 수도 있을 것이다.

【서식】유한회사본점이전등기신청서(동일관할내에서의 본점이전)

<table>
<tr><td colspan="3" align="center">유한회사본점이전등기신청</td></tr>
<tr><td rowspan="2">접 수</td><td>년 월 일</td><td rowspan="2">처리인</td><td>등기관 확인</td><td>각종 통지</td></tr>
<tr><td>제   호</td><td></td><td></td></tr>
</table>

①상 호	○○ 유한회사	②등기번호	○○○○○○
③본 점	서울특별시 ○○구 ○○로 ○○		
④등기의 목적	유한회사 본점이전등기		
⑤등기의 사유	20○○년○월○일 이사과반수의 결의에 의하여 20○○년○월○일 본점을 이전하였으므로 다음사항의 등기를 구함		
⑥본/지점 신청구분	1.본점신청 ☐　　2.지점신청 ☐　　3.본·지점 일괄신청 ☐		

<table>
<tr><td colspan="2" align="center">등 기 할 사 항</td></tr>
<tr><td>⑦신 본 점</td><td>서울특별시 △△구 ○○로 ○○</td></tr>
<tr><td>⑧이전 연 월 일</td><td>20○○년○월○일</td></tr>
<tr><td>⑨기 타</td><td></td></tr>
</table>

<table>
<tr><td colspan="8" align="center">⑩신청등기소 및 등록면허세/수수료</td></tr>
<tr><td rowspan="2">순번</td><td rowspan="2">신청등기소</td><td rowspan="2">구분</td><td colspan="2">등록면허세</td><td>지방교육세</td><td>세액합계</td><td>등기신청수수료</td></tr>
<tr><td>금</td><td>원</td><td>금   원</td><td>금   원</td><td>금   원</td></tr>
<tr><td></td><td></td><td></td><td colspan="2"></td><td></td><td></td><td></td></tr>
<tr><td></td><td></td><td></td><td colspan="2"></td><td></td><td></td><td></td></tr>
<tr><td></td><td></td><td></td><td colspan="2"></td><td></td><td></td><td></td></tr>
<tr><td></td><td></td><td></td><td colspan="2"></td><td></td><td></td><td></td></tr>
<tr><td colspan="3" align="center">합   계</td><td colspan="2"></td><td></td><td></td><td></td></tr>
<tr><td colspan="3" align="center">등기신청수수료 납부번호</td><td colspan="5"></td></tr>
</table>

<table>
<tr><td colspan="2" align="center">⑪첨   부   서   면</td></tr>
<tr><td>1. 정 관   통</td><td>1. 등기신청수수료영수필확인서   통</td></tr>
<tr><td>1. 사원총회의사록(공증받은 것)   통</td><td>1. 위임장   통</td></tr>
<tr><td>1. 이사과반수동의서   통</td><td>〈기 타〉</td></tr>
<tr><td>1. 등록면허세영수필확인서   통</td><td></td></tr>
</table>

년   월   일

⑫신청인   상 호

　　　　　　본 점

대표이사   성 명   (인)   (전화 :   )

　　　　　　주 소

대리인   성 명   (인)   (전화 :   )

　　　　　　주 소

지방법원   등기소   귀중

- 신청서 작성요령 -

1. 해당란이 부족할 때에는 별지를 이용합니다.
1. 해당 등기신청과 관계없는 사항에 대하여는 "해당없음"으로 기재하거나 삭제하고, 필요한
   사항은 추가 기재합니다.

【서식】유한회사본점이전등기신청서(타관할로의 본점이전)

유한회사본점이전(관할외)등기신청

접　수	년　월　일	처리인	등기관 확인	각종 통지
	제　　　　호			

①상　　　　호	○○ 유한회사	②등기번호	○○○○○○
③본　　　　점	서울특별시 ○○구 ○○로 ○○		
④등 기 의 목 적	유한회사 본점이전등기		
⑤등 기 의 사 유	20○○년○월○일 사원총회 결의에 의하여 정관의 본점소재지를 변경하고 이사 과반수의 결정(또는 이사회 결의)에 의하여 20○○년○월○일 본점을 이전하였으므로 다음사항의 등기를 구함		
구본점 관할등기소에 등기할 사항			
⑥본점을 이전한 뜻과 그 연월일	20○○년○월○일 본점이전		
⑦지배인을 둔 장소를 이전한 뜻과 그 연월일 (본점에 지배인을 두고 있는 경우)	지배인 ○ ○ ○(550101-1######) 서울특별시 △△구 ○○로 ○○		
신본점 관할등기소에 등기할 사항			
⑧본점을 이전한 뜻과 그 연월일	서울특별시 △△구 ○○로 ○○		
⑨상호를 변경한 경우 변경후의 상호와 변경연월일	□□유한회사 20○○년○월○일 변경　(본점이전과 동시에 상호를 변경한 경우)		
⑩이사,감사의 성명 및 주민등록번호, 취임연월일	이사 ○ ○ ○　(550101-1######) 이사 ○ ○ ○　(560101-1######) 이사 ○ ○ ○　(570101-1######) 감사 ○ ○ ○　(580101-1######)　　　20○○년○월○일 취임		
⑪대표이사의 성명과 주소, 취임연월일	대표이사 ○ ○ ○(550101-1######) 서울특별시 ○○구 ○○로 ○○　　　20○○년○월○일 취임		

<table>
<tr><td colspan="8" align="center">⑫신청등기소 및 등록면허세/수수료</td></tr>
<tr><td>순번</td><td>신청등기소</td><td>구분</td><td>등록면허세</td><td>지방교육세</td><td>세액합계</td><td colspan="2">등기신청수수료</td></tr>
<tr><td></td><td></td><td>구본점</td><td>금   원</td><td>금   원</td><td>금   원</td><td colspan="2">금   원</td></tr>
<tr><td></td><td></td><td>신본점</td><td>금   원</td><td>금   원</td><td>금   원</td><td colspan="2">금   원</td></tr>
<tr><td colspan="3" align="center">합   계</td><td>금   원</td><td>금   원</td><td>금   원</td><td colspan="2">금   원</td></tr>
<tr><td colspan="3">등기신청수수료 납부번호</td><td colspan="5"></td></tr>
</table>

⑬첨 부 서 면

1. 정관	통	1. 등기신청수수료영수필확인서	통
1. 사원총회의사록(공증받은 것)	통	1. 위임장	통
1. 이사과반수동의서	통	〈기타〉	
1. 등록면허세영수필확인서	통		

년   월   일

⑭신청인   상 호

　　　　　本 점

대표이사   성 명   (인)   (전화 :   )

　　　　　주 소

대리인   성 명   (인)   (전화 :   )

　　　　　주 소

지방법원   등기소   귀중

- 신청서 작성요령 -

1. 해당란이 부족할 때에는 별지를 이용합니다.
1. 해당 등기신청과 관계없는 사항에 대하여는 "해당없음"으로 기재하거나 삭제하고, 필요한 사항은 추가 기재합니다.

II. 상호, 목적, 존립기간 또는 해산사유의 변경등기

1. 총 설

유한회사의 상호, 목적, 존립기간 또는 해산사유의 변경은 정관의 변경이므로 사원총회의 특별결의에 의하여야 한다(상법 제584조, 제585조).

신청서의 일반적 기재사항인 등기의 목적은 '상호변경등기', '목적변경등기', '존립기간변경(또는 폐지)등기' 또는 '해산사유의 변경(또는 폐지)등기'로 기재한다. 등기의 사유는 '상호변경', '목적변경', '존립기간변경(또는 폐지)', '해산사유변경(또는 폐지)' 또는 '결의기관, 결의일자 및 사유'로 기재한다.

신청서는 서면으로 작성하여야 하고, 정관변경의 결의를 한 사원총회의사록 외에 위임장, 허가서 등 통칙에서 규정하는 서면을 첨부하여야 한다(상업등기규칙 제155조).

등기는 본점소재지에서는 2주간, 지점소재지에서는 3주간 내에 신청하여야 하며(상업등기법 제32조, 상법 제549조 3항, 제183조), 대표이사가 신청한다.

목적변경의 경우는 변경된 목적 또는 상호와 변경의 취지 및 그 연월일을 기재하며, 존립기간 또는 해산사유 변경의 경우 변경 또는 존립기간이나 해산사유와 그 변경, 신설, 폐지의 취지 및 그 연월일을 기재한다.

핵 심 판 례

■유한회사의 지분에 관한 명의신탁 해지로 명의신탁자가 사원권을 회복하려면 사원총회의 특별결의를 거쳐야 하는지 여부(적극)

구 상법(2011. 4. 14. 법률 제10600호로 개정되기 전의 것) 제556조 제1항은 유한회사 지분의 양도에 관하여 '사원은 제585조의 규정에 의한 사원총회의 결의가 있는 때에 한하여 그 지분의 전부 또는 일부를 타인에게 양도할 수 있다'고 규정하였는바, 유한회사의 2관한 명의신탁 해지의 경우에도 사원의 변경을 가져오므로 위 규정을 유추적용하여 사원총회의 특별결의가 있는 때에 한하여 그 효력이 생긴다고 봄이 상당하다(대법원 1997. 6. 27. 선고 95다20140 판결 참조)(대법원 2014. 1. 23., 선고, 2013다45044, 판결).

【서식】유한회사변경등기신청서(상호·목적변경)

유한회사변경등기신청

접 수	년 월 일	처리인	등기관 확인	각종 통지
	제 호			

①상 호	○○ 유한회사	②등기번호	○○○○○○

③본 점	서울특별시 ○○구 ○○로 ○○

④등 기 의 목 적	상호, 목적의 변경등기

⑤등 기 의 사 유	20○○년 ○월 ○일 사원총회 결의로 상호·목적을 변경하였으므로 다음 사항의 등기를 구함

⑥본/지점 신청구분	1.본점신청 ☐ 2.지점신청 ☐ 3.본·지점 일괄신청 ☐

등   기   할   사   항

⑦상호, 목적의 변경 및 그 연월일	- 상호 　　△△유한회사 - 목적 　　다음 목적을 추가(또는 삭제) 　　1.주택건설업 　　1.가구제조판매업 　　20○○년 ○월 ○일 변경

기 타	

<table>
<tr><td colspan="7" align="center">⑧신청등기소 및 등록면허세/수수료</td></tr>
<tr><td rowspan="2">순번</td><td rowspan="2">신청등기소</td><td rowspan="2">구분</td><td>등록면허세</td><td rowspan="2">농어촌특별세</td><td rowspan="2">세액합계</td><td rowspan="2">등기신청수수료</td></tr>
<tr><td>지방교육세</td></tr>
<tr><td></td><td></td><td></td><td>금   원
금   원</td><td>금   원</td><td>금   원</td><td>금   원</td></tr>
<tr><td></td><td></td><td></td><td></td><td></td><td></td><td></td></tr>
<tr><td></td><td></td><td></td><td></td><td></td><td></td><td></td></tr>
<tr><td colspan="2" align="center">합   계</td><td></td><td></td><td></td><td></td><td></td></tr>
<tr><td colspan="3" align="center">등기신청수수료 납부번호</td><td colspan="4"></td></tr>
</table>

<table>
<tr><td colspan="2" align="center">⑨첨   부   서   면</td></tr>
<tr><td>1. 사원총회의사록(공증받은 것)   통</td><td>1. 위임장(대리인이 신청할 경우)   통</td></tr>
<tr><td>1. 등록면허세영수필확인서   통</td><td>〈기 타〉</td></tr>
<tr><td>1. 등기신청수수료영수필확인서   통</td><td></td></tr>
</table>

년　월　일

⑩신청인　　상　호
　　　　　　본　점
대표이사　　성　명　　　　　　　　(인)　(전화 :　　　　)
　　　　　　주　소
대리인　　　성　명　　　　　　　　(인)　(전화 :　　　　)
　　　　　　주　소

지방법원　　등기소　귀중

- 신청서 작성요령 -

1. 해당란이 부족할 때에는 별지를 이용합니다.
1. 해당 등기신청과 관계없는 사항에 대하여는 "해당없음"으로 기재하거나 삭제하고, 필요한 사항은 추가 기재합니다.

Ⅲ. 이사와 감사의 변경등기

■ 핵 심 사 항 ■

1. 이사

(1) 의의 : 유한회사의 이사는 내부적으로 회사의 업무를 집행하고 외부적으로 회사를 대표하는 필요, 상설의 기관이다.

(2) 선임과 종임 : 이사는 사원총회의 결의로 선임하지만, 초대이사는 정관으로 정할 수도 있다(상법 제547조 1항, 제567조, 제382조 1항). 이사는 주식회사의 경우와 마찬가지로 사원총회의 특별결의 또는 법원의 판결에 의해 해임되며(상 법 제567조, 제385조), 그 밖에도 위임의 일반적인 종료사유로 인해 종임된다.

2. 감사

(1) 의의 : 회사는 정관에 의하여 1인 또는 수인의 감사를 둘 수 있다(상법 제568조 1항). 즉, 유한회사의 감사는 주식회사의 경우와는 달리 임의기관에 불과하다.

(2) 선임과 종임 : 감사는 원칙적으로 사원총회에서 선임하지만 초대감사는 정관으로 직접 정할 수도 있다(상법 제568조 2항, 제547조).

1. 이사와 감사의 변경절차

(1) 이사의 취임과 퇴임

1) 이사의 취임

가. 이사의 지위

유한회사의 이사는 대내적으로는 회사업무를 집행하고, 대외적으로는 회사를 대표하는 필요상설기관이다(상법 제562조). 주식회사와는 달리 업무집행의 의사결정과 그 집행 및 대표가 분리되어 있지 않다.

이사는 원칙적으로 각자 회사를 대표한다(상법 제562조 1항). 그러나 이사가 수인있는 경우에는 정관에 다른 정함이 없으면 회사의 업무집행은 그 과반수의 결의에 의하여 하며(상법 제564조 1항), 위 결의에 의하여 업무를 집행하는 행위는 각 이사가 단독으로 행한다(단독대표의 원칙).

나. 이사의 자격·수

이사의 자격에 관하여는 법률상 특별한 제한은 없으며, 이사로 될 수 있는 자격에 관하여는 정관으로써 사원에 한하는 것으로 제한할 수 있을 것이다. 따라서 이사는 사원이 아니어도 무방하고 의사능력만 있으면 미성년자라도 상관없다. 감사는 이사직을 겸할 수 없으므로(상법 제570조, 제411조), 감사가 이사로 선임될 때에는 그 취임 전에 감사직을 사임하여야 한다.

이사는 1인이라도 상관없으며(상법 제561조), 이사의 임기에 대하여는 유한회사의 규정이 주식회사의 상법 제383조의 규정을 준용하지 아니하므로 이사의 임기는 없으나 정관으로 규정할 수는 있다.

다. 이사의 선임

이사는 사원총회의 보통결의로 선임한다. 그러나 초대이사는 정관으로 정할 수도 있다. 이사는 1인이라도 상관없으며, 이사의 자격은 반드시 사원일 필요는 없으나 정관으로써 사원으로 제한할 수 있다(상법 제561조).

이사, 감사 등은 회사와 위임관계에 있으므로(상법 제567조, 제570조, 제382조) 사원총회의 선임결의에 의해 한다. 바로 취임하는 것이 아니라, 피선자의 취임승낙이 있어야 비로소 취임의 효력이 발생한다. 현임원의 임기만료 전에 후임자를 예선한 경우에는 전임자의 임기만료와 후임자의 선임결의 및 취임승낙 중 늦은 쪽을 기준으로 하여 임기가 개시된다.

2) 이사의 퇴임

회사와 이사와의 관계는 위임관계이므로, 이사는 위임의 일반적인 종료사유에 의하여 종임되고, 사원총회의 해임결의나 소수사원에 의한 해임의 청구에 의하여 퇴임한다.

이사의 퇴임사유에는 다음과 같은 것이 있다.

가. 임기의 만료

정관으로 임기를 정한 경우에 그 임기의 만료로 인하여 퇴임한다.

나. 사 임

이사는 언제든지 사임할 수 있다(상법 제567조, 382조 2항, 민법 제689조 1항).

이사의 사임에도 불구하고 대표이사가 사임등기를 하지 아니한 경우, 그 이사는 회사를 상대로 사임을 원인으로 한 이사변경등기절차의 이행을 구하는 소를 제기하여 승소판결을 받은 후 회사를 대위하여 변경등기를 신청하여야 한다.

다. 해 임

이사는 선임기관인 사원총회의 결의로 언제든지 해임할 수 있다.

이 해임결의는 주식회사의 경우와는 달리 특별결의에 의할 필요가 없다(상 법 제567조, 제585조). 다만, 정관으로 정한 이사를 해임함에는 정관변경절차에 의하여야 할 것이다.

라. 자격상실자 또는 자격정지자로 된 경우

마. 이사의 사망, 파산, 금치산

바. 정관소정의 자격상실

사. 회사의 해산

회사가 해산한 때에 이사는 당연 퇴임한다. 해산등기시 등기관이 직권으로 이사, 대표이사에 관한 등기를 말소하는 기호를 기록하나, 감사는 당연 퇴임하지 아니하므로 그러하지 아니한다.

3) 이사의 권리의무를 가지는 자, 일시이사, 이사직무대행자

이사가 퇴임한 경우에 법률 또는 정관에 정한 이사의 원수를 결하게 되는 때에는 임기만료 또는 사임으로 인하여 퇴임한 이사는 새로 선임된 이사가 취임할 때까지 이사로서의 권리의무가 있다.

이 경우에 필요하다고 인정할 때에는 법원은 이해관계인의 청구에 의하여 일시이사를 선임할 수 있고(상법 제567조, 제386조), 이사선임결의무효 등의 소가 제기된 경우에 법원은 당사자의 신청에 의하여 가처분으로써 이사의 직무집행을 정지하거나 그 직무대행자를 선임할 수 있다(상법 제567조, 제407조 1항). 법원의 선임에 의한 일시이사, 직무대행자선임에 관한 등기는 주식회사와 같이 법원의 촉탁에 의한다(상업등기법. 제17조, 제81조).

(2) 대표이사의 취임과 퇴임

1) 대표이사의 취임

유한회사의 이사는 각자 회사를 대표하는 것이 원칙이나(상법 제562조 1항), 정관 또는 사원총회의 결의로 회사를 대표할 이사를 선정한 때에는 이 자만이 회사를 대표한다(상법 제562조 2항).

이 경우에는 회사의 일방적인 의사표시에 의하여 회사를 대표할 이사가 정하여지는 것이므로, 이사의 취임을 승낙하면 대표이사로서의 취임승낙을 별도로 하지 않더라도 당연히 정관 또는 사원총회의 결의에 의하여 회사를 대표할 이사가 된다고 할 것이다.

그리고 정관 또는 사원총회는 수인의 이사가 공동으로 회사를 대표할 것을 정할 수 있다(상법 제562조 1항, 3항).

2) 대표이사의 퇴임

① 이사의 지위상실

② 정관변경 또는 사원총회의 결의에 의한 해임

정관으로 대표이사를 정한 때에는 대표이사 변경시 정관변경을 하고, 사원총회에서 해임 결의한다.

③ 이사과반수의 동의에 의한 해임

정관의 규정에 의하여 이사 호선으로 대표이사를 선임한 때에는 그 선임기관인 이사과반수의 결의에 의하여 대표이사를 해임할 수 있다.

④ 사임

정관의 규정에 의하여 이사 호선으로 정하여진 대표이사는 그의 일방적인 의사표시에 의하여 대표이사직을 사임할 수 있다. 정관 또는 사원총회의 결의에 의하여 정하여진 대표이사는 이사의 지위를 사임할 수는 있으나, 대표이사의 지위만을 사임할 수는 없다 할 것이다.

(3) 감사의 취임과 퇴임

1) 감사의 의의 등

유한회사에 있어서 감사는 주식회사와는 달리 필요적인 기관이 아니라[64], 정관에 감사를 둘 것으로 정한 경우에 한하여 두는 임의기관이다(상법 제568조).

유한회사에는 주식회사와 같이 감사에 갈음하여 감사위원회를 둘 수 없다. 감사의 자격을 정관으로써 사원으로 한정할 수 있다.

2) 감사의 선임

감사는 사원총회의 보통결의로 선임한다. 그러나 초대감사는 정관으로 정할 수 있다(상법 제568조 2항, 제547조).

3) 감사의 퇴임

감사는 감사를 둘 것으로 정한 정관의 폐지에 의하여 퇴임하는 점, 회사해산의 경우에도 퇴임하지 아니하는 점을 제외하고는 이사의 퇴임사유와 동일한 사유로 인

---

[64] 물론 2009.5.28. 상법 일부개정으로 주식회사의 경우에도 자본금의 총액이 10억원 미만인 회사의 경우에는 회사의 선택에 따라 감사를 두지 않을 수 있다(상 제409조 4항).

하여 퇴임한다. 즉, 감사는 유한회사에서 필수기관이 아니므로 정관규정의 폐지로도 퇴임된다.

유한회사의 감사에게는 소수사원에 의한 해임의 소가 인정되지 않는다(상 법 제570조).

4) 감사의 권리의무를 가지는 자, 일시감사, 감사직무대행자

감사에 결원이 있는 때에는 감사의 권리의무를 행하여야 하는 점, 일시감사, 감사직무대행자 등에 관하여는 이사와 같다(상법 제570조).

2. 등기절차

(1) 등기사항 및 등기기간 등

이사·감사·대표이사의 변경 또는 이사·감사의 성명·주민등록번호나 대표이사의 성명·주소에 변경이 있는 때에는 그 변경이 있는 날로부터 본점소재지에서는 2주간, 지점소재지에서는 대표이사의 성명·주소의 변경에 관하여 3주간 내에 회사를 대표하는 이사가 그 변경등기를 신청하여야 한다(상 법 제549조 3항, 상업등기법 제23조 1항, 특례법 제3조).

등기사항, 등기방식 등은 주식회사의 이사·감사·대표이사의 경우와 같다.

(2) 중임등기

임기만료로 퇴임한 임원이 다시 취임하는 경우에도 그에 따른 변경등기를 해야 한다. 이 때 전임의 임기만료일과 후임의 임기개시일이 같은 일자인 경우에는 실무상 중임등기라 하여 그 퇴임취지와 재취임취지를 중복하여 기재하지 아니하고 단지 중임의 취지만을 기재하여 등기한다.

그러나 전임 임기만료일과 후임 임기개시일이 다른 경우에는 설사 동일인이 같은 지위에 재취임한 경우라 할지라도 중임등기로 취급할 수 없고 퇴임 및 취임등기로 하여야 한다.

(3) 첨부서면

1) 이사·감사의 취임

① 사원총회의사록 또는 정관(상업등기규칙 제155조)

임원을 선임한 사원총회의사록 또는 임원이 기재된 정관을 첨부한다. 정관에서 대표이사 선임권이 이사들에게 위임된 경우에는 대표이사 선임에 관한 이사과 반수 결의서 또는 이사회의사록(이사회제도 있는 경우)을 첨부한다.

② 취임승낙을 증명하는 서면(상업등기규칙 제162조 1항, 제154조 2항, 제104조)

이 서면에는 그 의사의 진정을 확인할 수 있도록 인감증명법에 따라 신고한 인감을 날인하고 그 인감증명서를 첨부하여야 한다. 다만, 등기소에 인감을 제출한 자가 중임할 경우에는 그 자가 등기소에 제출한 인감의 날인으로 갈음할 수 있다(상업등기규칙 제105조, 제104조 2항, 제84조 2항).

취임승낙을 증명하는 서면을 작성한 자가 외국인인 경우에는 그 서면에 본국 관청에 신고한 인감을 날인하고 그 인감증명을 첨부하거나 그 서면에 본인이 서명하였다는 본국 관청의 증명서면을 첨부할 수 있다.

③ 주민등록번호 및 주소를 증명하는 서면

취임승낙서에 첨부된 인감증명서로 임원의 주민등록번호가 소명되지 아니하는 자는 주민등록표등본, 주민등록증사본, 운전면허증 등을 제출하여 주민등록번호를 소명하는 자료를 제출하여야 한다(특례법규칙 제2조 2항, 1992. 12. 30. 등기 제2662호 통첩).

중임등기의 경우 대법원은 주민등록번호를 증명하는 서면의 첨부를 생략하여 임원변경등기신청을 간편하게 하기 위하여, 등기부에 주민등록번호가 기재된 임원의 중임등기신청시에는 중임되는 임원의 주민등록번호를 증명하는 서면의 첨부를 첨부하지 아니하여도 그 등기신청을 수리하도록 하였다(1998. 9. 8. 등기예규 제794호·제943호).

2) 이사·감사의 퇴임

① 사임, 자격의 상실 또는 정지, 정관소정의 자격상실, 사망, 파산 또는 금치산으로 인한 퇴임의 경우에는 주식회사의 이사·감사와 같다.

② 해임의 경우에는 사원총회의사록(상업등기규칙 제155조)

③ 정관소정의 임기만료의 경우에는 정관(상업등기규칙 제155조)

④ 결격 사유를 증명하는 서면

임원이 결격사유 발생으로 퇴임한 때에는 그를 증명하는 유죄판결등본, 파산이나 금치산선고결정등본 등과 그 확정증명서를 첨부하여야 한다.

3) 이사·감사의 성명, 주민등록번호의 변경 또는 대표이사의 주소의 변경

그 변경을 증명하는 서면인 주민등록표등초본 등(상업등기규칙 제52조 1항 3호)

4) 대표이사의 취임

① 정관 또는 사원총회에서 선임한 경우

정관 또는 사원총회의사록

② 정관의 규정에 의하여 이사과반수로 선임한 경우

정관, 이사과반수의 동의가 있었음을 증명하는 서면, 취임승낙서

③ 대표이사의 주소를 증명하는 서면

④ 인감신고서

5) 대표이사의 퇴임

① 이사의 지위상실로 인한 퇴임

이 경우에는 이사의 퇴임등기가 동시에 신청되므로 이사의 퇴임등기 신청서의 첨부서면만으로 족하다.

② 정관변경 또는 사원총회결의로 해임한 경우(상업등기규칙 제155조)

결의를 한 사원총회의사록을 첨부한다.

③ 이사과반수결의에 의한 해임

정관, 이사과반수결의에 의하여 해임하였음을 증명하는 서면(상업등기규칙 제155조)

④ 대표이사직만을 사임한 경우

이사과반수결의에 의하여 선임된 대표이사는 대표이사직만을 사임할 수 있다. 이 경우에는 이사과반수로 대표이사를 선임할 수 있는 정관의 규정이 있음을 증명하여야 한다. 따라서 첨부서면은 사임서와 정관 두 가지이다(상업등기규칙 제162조, 제130조).

⑤ 공동대표에 관한 규정의 설치, 변경, 폐지(상업등기규칙 제155조)

공동대표 규정의 설정, 변경 등의 결의를 한 사원총회의사록을 첨부한다.

6) 등록면허세, 지방교육세 등 납부영수필통지서 및 확인서, 등기신청수수료

이 변경등기의 등록면허세는 4만2백원이고, 지방교육세는 그 100분의 20이다. 통상 지방세법 등에서 변경등기에 대하여는 등록면허세 감면규정이 없으므로 농어촌특별세는 해당되지 아니할 것이다(지방세법 제28조 1항, 제151조 1항).

등기신청수수료는 임원변경등기의 경우 6,000원이며, 수인의 대표이사·이사·감사의 변경을 일괄하여 하나의 등기신청서로 제출하는 경우에도 이를 하나의 임원변경

등기신청으로 보아 6,000원의 등기신청수수료를 납부한다.

3. 지배인의 선임

이사가 수인 있는 경우 정관에 다른 정함이 없으면 지배인의 선임 또는 해임과 지점의 설치·이전 또는 폐지도 이사과반수의 결의에 의한다(상법 제564조 1항). 다만, 사원총회에서 지배인을 선임 또는 해임하는 경우는 예외이다.

이 등기는 회사를 대표하는 자가 신청한다(상업등기법 제23조).

첨부서면은 이사과반수결의서 또는 사원총회의사록, 등록세 등 납부통지서 및 확인서, 등기신청수수료증지, 지배인의 주민등록번호와 주소를 증명하는 서면 등이다.

지배인에 대한 선임, 해임등기의 등록면허세는 1만2천원이고, 지방교육세는 그 100분의 20이며(지방세법 제28조), 등기신청수수료는 6,000원이다.

【서식】유한회사변경등기신청서(이사·감사변경)

유한회사변경등기신청

접 수	년 월 일	처리인	등기관 확인	각종 통지
	제 호			

①상 호	○○ 유한회사	②등기번호	○○○○○○

③본 점	서울특별시 ○○구 ○○로 ○○

④등 기 의 목 적	이사·감사의 퇴임·취임 등의 변경등기

⑤등 기 의 사 유	20○○년 ○월 ○일 이사(감사) ○○○이 사임하고 20○○년 ○월 ○일 사원총회에서 다음 사람이 이사(감사)로 선임되어 같은 날 취임을 승낙하여 취임하였으므로 다음사항의 등기를 구함

등   기   할   사   항

⑥이사·감사의 퇴임·취임 등의 변경된 내용과 변경 연월일	이사 ○○○ (XXXXXX-XXXXXXX) 　　20○○년 ○월 ○일 사임 감사 ○○○ (XXXXXX-XXXXXXX) 　　20○○년 ○월 ○일 사임 이사 ○○○ (XXXXXX-XXXXXXX) 　　20○○년 ○월 ○일 취임 감사 ○○○ (XXXXXX-XXXXXXX) 　　20○○년 ○월 ○일 취임
기 타	

⑦등록면허세	금 원	⑧지 방 교 육 세	금 원
⑨세 액 합 계	금 원	⑩등기신청수수료	금 원
등기신청수수료 납부번호			

⑪첨　부　서　면

1. 사원총회의사록(공증받은 것)　　　　통	1. 취임승낙서(인감증명서나 본인서명사실
1. 사임서(인감증명서나 본인서명사실	확인서 또는 전자본인서명확인서의
확인서 또는 전자본인서명확인서의	발급증 포함)　　　　　　　　　　통
발급증 포함)　　　　　　　　　통	1. 정관　　　　　　　　　　　　　　통
1. 사망진단서(또는 가족관계	1. 등록면허세영수필확인서　　　　　통
등록사항별 증명서)　　　　　　통	1. 등기신청수수료영수필확인서　　　통
1. 판결 또는 결정등본(금치산, 파산)　통	1. 위임장(대리인이 신청할 경우)　　통
1. 주민등록표등본　　　　　　　　　통	<기 타>

년　　　월　　　일

⑫신청인　　상　　호

　　　　　　　본　　점

대표이사　성　　명　　　　　　　　(인)　（전화 :　　　　　　　）

　　　　　　주　　소

대리인　　성　　명　　　　　　　　(인)　（전화 :　　　　　　　）

　　　　　　주　　소

지방법원　　　등기소　귀중

- 신청서 작성요령 -

1. 해당란이 부족할 때에는 별지를 이용합니다.
1. 해당 등기신청과 관계없는 사항에 대하여는 “해당없음”으로 기재하거나 삭제하고, 필요한 사항은 추가
　　기재합니다.
1.「인감증명법」에 따른 인감증명서 제출과 함께 관련 서면에 인감을 날인하여야 하는 경우, 본인서명사실
　　확인서를 제출하고 관련 서면에 서명을 하거나 전자본인서명확인서 발급증을 제출하고 관련 서면에
　　서명을 하면 인감증명서를 제출하고 관련 서면에 인감을 날인한 것으로 봅니다.

【서식】유한회사변경등기신청서(대표이사에 관한 변경)

유한회사변경등기신청

접 수	년 월 일	처리인	등기관 확인	각종 통지
	제 호			

①상 호	○○ 유한회사	②등기번호	○○○○○○

③본 점	서울특별시 ○○구 ○○로 ○○

④등 기 의 목 적	대표이사의 퇴임·취임 등 변경등기

⑤등 기 의 사 유	20○○년 ○월 ○일 대표이사 ○○○이 사임하고 20○○년 ○월 ○일 이사회에서 다음 사람이 대표이사로 선임되어 같은 날 취임하였으므로 다음사항의 등기를 구함

⑥본/지점 신청구분	1.본점신청 ☐ 2.지점신청 ☐ 3.본·지점 일괄신청 ☐

등 기 할 사 항

⑦ 대 표 이 사 의 퇴임·취임 등 변경된 내용과 변경 연월일	대표이사 ○○○ (XXXXXX-XXXXXXX)
	 서울특별시 ○○구 ○○로 ○○
	
	    20○○년 ○월 ○일 사임
	
	대표이사 △△△ (XXXXXX-XXXXXXX)
	 서울특별시 ○○구 ○○로 ○○
	    20○○년 ○월 ○일 취임

기 타	

⑧신청등기소 및 등록면허세/수수료						
순번	신청등기소	구분	등록면허세 지방교육세	농어촌특별세	세액합계	등기신청수수료
			금　　　　　원 금　　　　　원	금　　　　원	금　　　　원	금　　　　　원
합　　　　계						
등기신청수수료 납부번호						

⑨첨　　부　　서　　면	
1. 공증받은 사원총회의사록 또는 총사원의 　　동의서(이사과반수동의서)　　　　　통 1. 사임서(인감증명서나 본인서명사실 　　확인서 또는 전자본인서명확인서의 　　발급증 포함)　　　　　　　　　　통 1. 취임승낙서(인감증명서나 본인서명사실 　　확인서 또는 전자본인서명확인서의 　　발급증 포함)　　　　　　　　　　통	1. 주민등록표등본　　　　　　　　　통 1. 대표이사 인감신고서　　　　　　　통 1. 등록면허세영수필확인서　　　　　통 1. 등기신청수수료영수필확인서　　　통 1. 위임장(대리인이 신청할 경우)　　통 <기　타>

년　　월　　일	
⑩신청인　상　　호 　　　　　　본　　점	
대표이사　성　　명 　　　　　　주　　소	(인)　　(전화 : 　　　　　)
대리인　　성　　명 　　　　　　주　　소	(인)　　(전화 : 　　　　　)
지방법원　　등기소　귀중	

- 신청서 작성요령 -

1. 해당란이 부족할 때에는 별지를 이용합니다.
1. 해당 등기신청과 관계없는 사항에 대하여는 "해당없음"으로 기재하거나 삭제하고, 필요한 사항은 추가
　기재합니다.
1.「인감증명법」에 따른 인감증명서 제출과 함께 관련 서면에 인감을 날인하여야 하는 경우, 본인서명사실
　확인서를 제출하고 관련 서면에 서명을 하거나 전자본인서명확인서 발급증을 제출하고 관련 서면에
　서명을 하면 인감증명서를 제출하고 관련 서면에 인감을 날인한 것으로 봅니다.

【서식】유한회사변경등기신청서(대표이사주소변경)

유한회사변경등기신청

접 수	년 월 일	처리인	등기관 확인	각종 통지
	제 호			

①상 호	○○ 유한회사	②등기번호	○○○○○○
③본 점	서울특별시 ○○구 ○○로 ○○		
④등 기 의 목 적	대표이사 주소변경등기		
⑤등 기 의 사 유	20○○년 ○월○일 대표이사 ○○○의 주소를 이전하였으므로 다음 사항의 등기를 구함		
⑥본/지점 신청구분	1.본점신청 □ 2.지점신청 □ 3.본·지점 일괄신청 □		
등 기 할 사 항			
⑦이전한 주소와 이전 연월일	대표이사 ○ ○ ○ 서울특별시 ○○구 ○○로 ○○ 20○○년 ○월○일 주소변경		
기 타			

<table>
<tr><td colspan="7" align="center">⑧신청등기소 및 등록면허세/수수료</td></tr>
<tr><td rowspan="2">순번</td><td rowspan="2">신청등기소</td><td rowspan="2">구분</td><td>등록면허세</td><td rowspan="2">농어촌특별세</td><td rowspan="2">세액합계</td><td rowspan="2">등기신청수수료</td></tr>
<tr><td>지방교육세</td></tr>
<tr><td rowspan="2"></td><td rowspan="2"></td><td rowspan="2"></td><td>금　　　　　원</td><td rowspan="2">금　　　원</td><td rowspan="2">금　　　원</td><td rowspan="2">금　　　　　원</td></tr>
<tr><td>금　　　　　원</td></tr>
<tr><td></td><td></td><td></td><td></td><td></td><td></td><td></td></tr>
<tr><td></td><td></td><td></td><td></td><td></td><td></td><td></td></tr>
<tr><td colspan="3" align="center">합　　　계</td><td></td><td></td><td></td><td></td></tr>
<tr><td colspan="3" align="center">등기신청수수료 납부번호</td><td colspan="4"></td></tr>
</table>

<table>
<tr><td colspan="2" align="center">⑨첨　　부　　서　　면</td></tr>
<tr><td>

1. 주민등록표등본 또는 초본　　　　통

1. 등록면허세영수필확인서　　　　통

1. 등기신청수수료영수필확인서　　　통

1. 위임장(대리인이 신청할 경우)　　통

</td><td>

<기　타>

</td></tr>
</table>

년　　　월　　　일

⑩신청인　　상　　호

　　　　　　본　　점

대표이사　성　　명　　　　　　　　　　(인)　　(전화 :　　　　　　　)

　　　　　　주　　소

대리인　　성　　명　　　　　　　　　　(인)　　(전화 :　　　　　　　)

　　　　　　주　　소

지방법원　　　등기소　귀중

- 신청서 작성요령 -

1. 해당란이 부족할 때에는 별지를 이용합니다.
1. 해당 등기신청과 관계없는 사항에 대하여는 "해당없음"으로 기재하거나 삭제하고, 필요한
　 사항은 추가 기재합니다.

Ⅳ. 자본증가로 인한 변경등기

■ 핵 심 사 항 ■

1. 정관변경에 의한 자본증감 : 유한회사의 자본은 정관의 절대적 기재사항이므로 자본의 증감은 정관변경에 의해서만 할 수 있다.
2. 자본증가의 방법
 (1) 출자좌수의 증가
 (2) 출자 1좌의 금액의 증가
 (3) 출자좌수의 증가와 출자 1좌의 금액의 증가의 병용
3. 자본증가의 효력발생 : 자본증가의 효력은 이로 인한 변경등기를 함으로써 발생한다(상법 제592조).
4. 자본증가의 절차 : 사원총회의 특별결의(상법 제584조, 585조)

1. 총 설

(1) 정관변경에 의한 자본증감

주식회사의 경우는 수권자본제에 의하여 발행예정주식총수의 범위 내에서 신주를 발행하여 증자를 하는 경우에는 정관의 변경이 필요 없으나, 유한회사의 자본은 정관의 절대적 기재사항이므로 자본의 증감은 정관변경에 의해서만 할 수 있다.

(2) 자본증가의 방법

1) 출자좌수의 증가

이에 의한 자본의 증가는 가장 보편적인 자본증가 방법이다. 이 때에는 먼저 출자를 인수할 자를 확정하여야 하는데, 사원은 원칙적으로 그 지분에 따라 출자를 인수할 권리를 가진다(상법 제588조 본문). 이를 법정출자인수권이라 한다.

출자인수권을 가진 자가 출자의 인수를 하지 아니하는 경우에는 회사는 다른 자에게 인수하게 할 수 있으나, 유한회사의 폐쇄성 때문에 광고 기타의 방법에 의하여 인수인을 공모하지는 못한다(상법 제589조 2항).

자본증가의 경우 출자의 인수를 한 자는 출자의 납입기일 또는 현물출자의 목적인 재산의 급여 기일로부터 이익배당에 관하여 사원과 동일한 지위를 가진다(상법 제590조).

증가할 출자좌수 전부에 대한 인수가 있는 때에는 이사는 인수인으로 하여금 출자금액의 납입 또는 현물출자의 목적인 재산 전부의 급여를 시켜야 한다(상법 제596조, 제548조).

유한회사에서는 자본의 증가분에 해당하는 신출자의 전부에 관한 인수 및 출자의 이행이 없으면, 자본증가는 성립하지 않는다. 이는 주식회사의 증자의 경우와 다르다(상법 제596조와 제423조 1항, 2항 대조).

현물출자는 출자의 목적인 재산을 인도하는 것이 원칙이나 등기, 등록 기타 권리의 설정이나 이전을 요할 경우에는 이에 관한 서류를 완비하여 교부하면 되고(상법 제596조, 제548조), 주식회사와 같이 법원선임 검사인의 조사 또는 이에 갈음한 공인된 감정인의 감정을 받을 필요는 없다.

자본증가의 효력은 출자전원의 납입으로 생기는 것이 아니라, 본점소재지에서 그 등기를 마쳐야 효력이 발생한다(상법 제592조).

2) 출자 1좌의 금액의 증가

이에 관한 특별한 규정은 없으나 사원 전원의 동의 후 출자좌수를 증가하는 경우와 같이 추가출자액을 납입케 하여야 한다.

3) 출자좌수의 증가와 출자 1좌의 금액의 증가의 병용

위 (가), (나)의 절차를 병행하는 경우이다. 출자를 인수한 자는 출자 전부의 납입기일 또는 현물출자의 목적인 재산의 급여일로부터 이익배당에 관하여는 사원과 동일한 권리를 가지나(상법 제590조), 자본증가의 효력은 이로 인한 변경등기를 함으로써 발생한다(상법 제592조).

(3) 자본증가의 효력발생

유한회사의 자본증가는 그 변경등기를 함으로써 효력이 발생한다(상법 제592조). 그리하여 출자인수인은 이때부터 사원으로 되지만, 이익배당에 관하여는 출자의 납입기일 또는 현물출자의 목적인 재산의 급여의 기일부터 사원과 동일한 권리를 가진다(상법 제590조).

현물출자 또는 재산인수의 목적인 재산의 자본증가 당시의 시가가 자본증가의 결의에 의하여 정한 가격에 현저하게 부족한 때에는 그 결의에 동의한 사원은 회사에 대하여 그 부족액을 연대하여 지급할 책임이 있다(상법 제593조 1항).

자본증가 후 아직 인수되지 아니한 출자가 있는 때에는 이사와 감사가 공동으로 이를 인수한 것으로 보며, 자본증가 후 아직 출자전액의 납입 또는 현물출자의 목적인 재산의 급여가 미필된 출자가 있는 때에는 이사와 감사는 연대하여 그 납입 또는 급여미필재산의 가액을 지급할 책임을 진다(상법 제594조).

2. 자본증가의 절차

(1) 사원총회의 특별결의(상법 제584조, 제585조)

총사원의 반수 이상, 총사원 의결권의 3/4 이상을 가지는 자의 동의가 있어야 하고 이 결의에서 현물출자, 재산인수, 출자인수권 등에 관하여 정한다.

(2) 출자의 인수

1) 인수권자

사원은 원칙적으로 그 지분에 따라 출자인수권을 가지나 사원총회의 특별결의로 특정한 자에게 출자인수권을 부여할 수 있다(상법 제587조, 제588조).

주식회사의 경우에는 주주의 신주인수권을 제한하기 위하여는 반드시 정관에 규정되어야 하나(상법 제418조 2항), 유한회사의 출자인수권제한은 정관으로 규정하여도 되고, 사원총회의 결의에 의하여도 되는 점이 다르다(상법 제586조 3호, 제587조).

2) 인수인의 공모금지

출자인수권자가 인수권을 행사하지 않을 때에 제3자에게 인수시킬 수 있지만 광고 기타의 방법으로 인수인을 공모하지 못한다(상법 제589조 2항).

2011년 개정전 상법에 의하면 사원 이외의 자에게 출자를 인수시켜 사원이 50인을 초과하게 될 때에는 법원의 허가를 받아야 했다(개정전 상법 제545조 1항 단서). 그러나 2011년 4월 14일 상법개정으로 동 규정은 삭제되었으므로 현재 이러한 제한은 없다.

(3) 출자의 이행

출자를 인수한 자는 출자 전액의 납입 또는 현물출자의 목적인 재산을 인도하여야 하고 등기, 등록, 기타 권리의 설정이나 이전을 요할 경우에는 이에 관한 서류를 완비하여 교부한다. 출자의 인수는 반드시 서면에 의하여 하고(상법 제589조 1항), 유한회사의 자본증가는 사원총회에서 결의한 증가할 출자좌수 전부에 대한 인수가 없으면 그 효력이 없다(자본확정의 원칙).

2011년 개정전에는 유한회사에서도 출자의 납입에 있어 상계를 금하기 위해 제334조를 준용하였었다. 그러나 주식회사에 관해 이 제도가 폐지됨에 따라 준용규정에서 제외하고, 주식회사에 관해 제421조 2항이 신설되어 신주발행시의 회사의 동의가 있으면 상계가 가능하게 되어 유한회사에서도 동 규정을 준용하고 있다(상법 제596조).

3. 등기절차

(1) 등기사항 및 등기기간 등

자본증가로 인한 출자전액의 납입 또는 현물출자의 이행이 완료된 날로부터 본점소재지에서만 2주간 내에 회사를 대표하는 이사가 ① 증가 후의 자본총액, ② 출자 1좌의 금액(출자 1좌의 금액이 증액방법에 의하여 증자한 경우)의 변경등기를 신청하여야 한다(상법 제591조).

주식회사의 경우에는 자본증가의 효력이 신주의 납입기일 다음날에 생기는데 비하여(상법 제423조 1항), 유한회사의 자본증가는 등기에 의하여 효력이 생긴다(상법 제592조). 그리하여 출자인수인은 이 때부터 사원이 된다.

(2) 첨부서면

1) 자본증가에 관한 사원총회의사록(상업등기규칙 제155조)

유한회사의 자본은 정관기재사항이므로 이 의사록에는 정관변경의 특별결의가 기재되어 있어야 한다. 출자 1좌의 증가 방법에 의하여 증자를 한 경우에는 총사원의 동의가 있었음을 증명하는 서면이 이에 해당하는 서면이다.

2) 출자의 인수를 증명하는 서면(상업등기규칙 제157조 1호)

출자좌수를 증가하는 때에는 서면에 의한 인수가 있어야 하므로 이의 첨부를 요하나 출자 1좌의 금액을 증가할 때에는 출자인수는 필요 없으므로 이를 첨부할 필요가 없다.

3) 출자전액의 납입 또는 현물출자의 목적인 재산 전부의 급여 또는 상계가 있음을 증명하는 서면(상업등기규칙 제157조 2호)

4) 등록면허세, 지방교육세, 농어촌특별세 등 납부영수필통지서 및 확인서, 등기신청수수료

등록면허세는 증가된 자본금액의 1,000분의 4, 대도시에서 설립 또는 대도시로 전입 후 5년 이내 회사가 증자를 하는 경우에는 등록면허세의 3배를 가산한다. 그 금액이 11만2천5백원 미만인 경우에는 최저금액인 11만2천5백원이 등록면허세이고, 3배 가산액은 11만2천5백원의 3배이다. 지방교육세는 이의 100분의 20이며, 농어촌특별세는 관세법, 지방세법, 조세특례제한법에 의하여 감면 받은 등록면허세액의 100분의 20이다(지방세법 제28조 1항, 제151조 1항, 농특세법 제4조, 제5조).

자본증가로 인하여 '출자 1좌의 금액'과 '자본의 총액'란이 각 변경등기를 하여야 하는 경우에는 등기신청수수료를 각 6,000원을 납부하여야 하고 '자본의 총액'만이 변경된 경우에는 6,000원을 납부하여야 한다.

(3) 등기시 주의사항

자본증가의 효력은 본점소재지에서 변경등기를 함으로써 발생하는 것이므로(상법 제592조), 본점소재지에서 하는 등기의 신청서의 등기할 사항과 등기용지의 상당란에는 변경연월일을 기재하여서는 아니되고 사선으로 그어 지워야 한다.

4. 사후증자

유한회사가 그 증자 후 2년 내에 증자 전부터 존재하는 재산으로서 영업을 위하여 계속하여 사용할 것을 자본의 20분의 1 이상에 상당하는 대가로 취득하는 계약을 체결하는 경우에는 사원총회의 특별결의가 있어야 한다(상법 제596조, 제576조 2항). 이는 계약의 효력발생 요건이다.

【서식】유한회사변경등기신청서(자본증가의 경우)

<table>
<tr><td colspan="5" align="center">유한회사변경등기신청</td></tr>
<tr><td rowspan="2">접　수</td><td>20○○년 ○월 ○일</td><td rowspan="2">처리인</td><td>등기관 확인</td><td>각종 통지</td></tr>
<tr><td>제○○○○호</td><td></td><td></td></tr>
</table>

상　　　　호	○○유한회사		등기번호	제1000호
본　　　　점	○○시 ○○구 ○○길 ○○			
등 기 의 목 적	자본증가로 인한 변경등기			
등 기 의 사 유	20○○년 ○월 ○일 사원총회에서 출자자 수 증가로 인한 자본증가의 결의를 하고, 동년 ○월 ○일 출자금 전액을 납입하였으므로(또는 …… 출자금 전액을 납입하고 현물출자의 목적재산 전부를 급여하였으므로) 다음 사항의 등기를 구함.			

	등　　기　　할　　사　　항
자 본 의 총 액	금○○○○원
출자 1좌의 금액	금○○○원
기　　　　타	해당 없음

등록면허세	금 원	지방교육세	금 원	농어촌특별세	금 원
세 액 합 계	금 원		등기신청수수료	금 원	
등기신청수수료 납부번호					
첨 부 서 면					

<table>
<tr>
<td>

1. 자본금증가에 관한 공증받은   사원총회
  의사록   통
1. 출자금납입증명서(또는 현물출자재산
    인도증명서)   통
1. 출자인수증   통
1. 등록면허세영수필확인서   통
1. 등기신청수수료영수필확인서   통

</td>
<td>

1. 위임장(대리인이 신청할 경우) 통
〈기 타〉

</td>
</tr>
</table>

2000년 ○월 ○일

신 청 인   상 호   ○○유한회사

                본 점   ○○시 ○○구 ○○길 ○○

대표이사   성 명   ○ ○ ○ (인)   (전화 : 02-123-4567)

                주 소   ○○시 ○○구 ○○길 ○○

대 리 인   성 명   법무사 ○ ○ ○ (인)   (전화 : 02-456-7890)

                주 소   ○○시 ○○구 ○○길 ○○

○○지방법원 ○○등기소 귀중

- 신청서 작성요령 -
1. 해당란이 부족할 때에는 별지를 이용합니다.
1. 해당 등기신청과 관계없는 사항에 대하여는 "해당 없음"으로 기재하거나 삭제하고, 필요한 사
   항은 추가 기재합니다.

V. 자본감소로 인한 변경등기

◨ 핵 심 사 항 ◨

1. 자본감소의 방법
 (1) 출자좌수의 감소
 (2) 출자 1좌의 금액의 감소
 (3) 출자좌수의 감소와 출자 1좌 금액의 감소의 병용
2. 자본감소의 절차
 (1) 사원총회의 특별결의
 (2) 채권자보호절차와 자본감소의 실행

1. 자본감소의 방법

2011년 개정전 상법에 의하면 자본은 어떤 방법에 의하든 법정최저자본액인 1,000만원 미만으로 감소할 수는 없고 1좌의 금액을 5,000원 미만으로 할 수 없었다(개정전 상법 제546조). 그러나 2011년 4월 14일 상법개정시 이러한 제한이 폐지되었고, 현재는 출자 1좌의 금액은 100원 이상으로 균일하여야 한다는 제한만이 있을 뿐이다(상법 제546조).

자본감소 방법에는 다음의 세 가지가 있다.

(1) 출자좌수의 감소

출자좌수의 감소에는 지분의 소각과 병합이 있다.

지분의 소각은 회사가 특정의 지분을 취득하여 이를 소각하는 방법으로서, 주식회사의 주식의 소각과 같은 것이다. 주식의 소각과 같이 강제소각 또는 임의소각의 방법이 있고 취득대가 유무에 따라 유상소각과 무상소각의 방법이 있다.

주식의 병합은 2개 이상의 지분을 병합하여 1개의 지분으로 하는 것과 같이 수개지분을 합하여 그보다 소수의 지분으로 하는 방법이다.

(2) 출자 1좌의 금액의 감소

출자 1좌의 금액은 100원 이상으로 균일하게 하여야 한다(상법 제546조).

출자 1좌의 금액을 감소하는 경우에는 그 감소액을 각 사원에게 환급하든가 환

급을 하지 아니하고 절기(切棄)할 수 있다.

출자 1좌의 금액을 감소시키는 방법에 의하여 자본을 감소하는 경우에 자본감소의 효력은 등기완료시가 아니라 자본감소의 절차 완료(환급 또는 포기의 통지)시에 발생한다.

(3) 출자좌수의 감소와 출자 1좌금액의 감소의 병용

자본감소를 위하여 출자좌수도 감소하고 1좌의 금액도 감소하는 절차를 동시에 진행하여 자본감소를 할 수 있다.

2. 자본감소의 절차

(1) 사원총회의 특별결의

유한회사의 자본총액은 정관에 정하여 있고, 이는 정관의 절대적 기재사항이므로, 이를 감소하기 위하여는 정관변경에 관한 사원총회의 특별결의가 있어야 한다(상법 제584조, 제585조 1항).

유한회사의 자본감소에 대하여 총사원이 동의한 경우에는 사원총회의사록이 아닌 총사원의 동의서를 첨부하여 변경등기를 신청할 수 있다(선 200206 -13).

이 결의에 있어서는 자본감소의 방법을 정하여야 한다(상법 제597조, 제439조 1항).

【쟁점질의와 유권해석】

〈유한회사의 감자결의시 사원총회의 결의를 거치지 않고 총사원 동의서를 첨부하여 변경등기를 신청할 수 있는지 여부(선 200206-13)〉

유한회사에서 총회결의의 목적사항에 대하여 총사원이 서면으로 동의한 경우에는 총회의 결의와 동일한 효력이 있으므로, 유한회사의 자본감소에 관하여 총사원이 동의한 경우에는 사원총회의사록이 아닌 총사원 동의서를 첨부하여 변경등기를 신청할 수 있다(2002. 6. 24. 등기 340의 회답).

(2) 채권자보호절차와 자본감소의 실행

자본감소의 결의일로부터 2주간 내에 회사채권자에 대하여 1월 이상의 기간을 정하여 자본감소에 이의가 있으면 그 기간 내에 이의를 제출할 것을 공고하고, 알고 있는 채권자에게 최고함으로써 채권자보호절차를 거쳐야 한다(상법 제597

조, 제439조 2항, 제232조).

자본감소의 절차는 그 방법에 따라 실행절차가 다르다.

1) 출자좌수 감소의 경우

① 지분의 임의소각에 의하여 자본을 감소하는 경우에는 각 사원에게 평등하게 소각의 신청을 할 기회를 주어 추첨 또는 안분비례 등의 방법으로 소각할 지분을 결정하고, 사원과 회사와의 계약에 의하여 회사가 그 지분을 취득하여야 한다. 회사가 자본감소에 필요한 지분을 취득한 때에 자본감소의 효력이 발생한다.

② 지분의 강제소각에 의하여 자본을 감소하는 경우에는 추첨 또는 안분비례 등의 방법에 의하여 소각할 지분을 결정하고 이를 사원에게 통지한 때에 감자의 효력이 발생한다.

③ 지분의 병합에 의한 자본감소의 경우에는 사원총회의 결의에 의하여 병합의 비율이 결정된다. 병합에 적합하지 아니한 단지분이 있는 때에는 경매하거나 법원의 허가를 얻어 매각하여 그 대금을 단 지분의 사원에게 지급하여야 한다 (상법 제597조, 제443조).

2) 출좌 1좌의 금액 감소의 경우

① 출자 1좌의 금액의 일나. 출자 1좌의 금액 감소의 경우 부를 환급하는 경우에는 환급액의 지급을 완료함으로써 감자의 효력이 생긴다.

② 출자 1좌의 금액의 일부를 절기하는 경우에는 사원에게 그 뜻을 통지함으로써 감자의 효력이 생긴다.

3) 두 가지를 병용하는 경우

위 두 방법에 의한 자본감소를 실행한 경우에 감자의 효력이 생긴다. 즉 감자등기가 감자의 효력발행요건이 아니다.

3. 등기절차

(1) 등기기간 및 등기신청인

자본감소의 효력이 발생한 날 즉, 지분소각일이나 지분환급 또는 지분절기의 통지일과 채권자 이의기간 만료익일 중 늦은 쪽의 일자로부터 본점소재지에서만 2주간 내에 회사를 대표하는 이사가 그 변경등기를 신청하여야 한다(상법 제549조, 제183조, 상업등기법 제23조).

(2) 등기사항

① 감자 후의 자본총액, 자본총액이 변경된 취지와 그 연월일

② 출자 1좌의 금액을 감소한 경우에는 위 ①에 게기한 사항 외에 감소 후의 출자 1좌의 금액, 이것이 변경된 뜻과 그 연월일

(3) 첨부서면

① 사원총회의사록(상업등기규칙 제155조)

② 채권자보호절차의 이행을 증명하는 서면(상업등기규칙 제158조)

회사채권자에게 공고 및 최고를 한 증명서, 이의가 있는 때에는 그 변제영수증이나 담보제공증명서, 이의가 없는 때에는 그 취지의 대표이사 진술서를 첨부한다.

③ 기타 일반적인 서면

관청의 허가서, 위임장 등 일반적인 서면과 등록세를 납부한 등록세 영수필통지서 및 확인서를 첨부하여야 한다.

등록면허세는 변경등록세인 4만2백원이고, 지방교육세는 그 100분의 20이다(지방세법 제28조 1항, 제151조 1항). 자본감소로 인하여 자본의 총액만 변경되는 경우에는 6,000원, 1좌의 금액도 동시에 변경되는 경우에는 12,000원의 등기신청수수료를 납부하여야 한다.

【서식】유한회사변경등기신청서(자본감소의 경우)

<table>
<tr><td colspan="2" align="center">유한회사변경등기신청</td><td></td><td></td></tr>
<tr><td rowspan="2">접 수</td><td>2000년 0월 0일</td><td rowspan="2">처리인</td><td>등기관 확인</td><td>각종 통지</td></tr>
<tr><td>제0000호</td><td></td><td></td></tr>
</table>

<table>
<tr><td>상   호</td><td>○○유한회사</td><td>등기번호</td><td>제1000호</td></tr>
<tr><td>본   점</td><td colspan="3">○○시 ○○구 ○○길 ○○</td></tr>
<tr><td>등 기 의 목 적</td><td colspan="3">자본감소로 인한 변경등기</td></tr>
<tr><td>등 기 의 사 유</td><td colspan="3">2000년 0월 0일 사원총회에서 출자 1좌의 금액 금○○○원의 지분 3좌를 병합하여 출자 1좌의 금액 금○○○원의 지분 2좌로 하기로 결의하고 (또는 사원 ○○○의 출자지분 ○○좌를 소각하기로 결의하고), 2000년 0월 0일 자본의 총액을 변경하였으므로 다음 사항의 등기를 구함.</td></tr>
<tr><td colspan="4" align="center">등 기 할 사 항</td></tr>
<tr><td>자 본 의 총 액</td><td colspan="3">금○○○○원</td></tr>
<tr><td>출자 1좌의 금액</td><td colspan="3">금○○○원</td></tr>
<tr><td>기   타</td><td colspan="3">해당 없음</td></tr>
</table>

등록면허세	금 원	지방교육세	금 원	농어촌특별세	금 원
세 액 합 계	금 원	등기신청수수료	금		원
등기신청수수료 납부번호					

<table>
<tr><td colspan="2" align="center">첨　부　서　면</td></tr>
<tr><td>

1. 자본금감소에 관한 공증받은
   사원총회 의사록　　　　　　　통
1. 공고와 최고를 증명하는 증명서　통
1. 변제영수증(담보제공증명서) 또는
   이의없다는 진술서　　　　　　통

</td><td>

1. 등록면허세영수필확인서　　　통
1. 등기신청수수료영수필확인서　통
1. 위임장(대리인이 신청할 경우)　통
〈기 타〉

</td></tr>
<tr><td colspan="2">

2000년 0월 0일

신 청 인　　　　상 호　○○유한회사
　　　　　　　　본 점　○○시 ○○구 ○○길 ○○
대표이사　　　　성 명　○ ○ ○ (인)　(전화 : 02-123-4567)
　　　　　　　　주 소　○○시 ○○구 ○○길 ○○
대 리 인　　　　성 명　법무사 ○ ○ ○ (인)　(전화 : 02-456-7890)
　　　　　　　　주 소　○○시 ○○구 ○○길 ○○

○○지방법원 ○○등기소 귀중

</td></tr>
</table>

- 신청서 작성요령 -

1. 해당란이 부족할 때에는 별지를 이용합니다.
1. 해당 등기신청과 관계없는 사항에 대하여는 "해당없음"으로 기재하거나 삭제하고, 필요한 사항은 추가 기재합니다.

Ⅵ. 본점·지점 또는 임원의 표시변경등기

1. 총 설

등기관의 착오·유루발견에 의한 등기, 주민등록번호 변경, 그 소재장소는 변경이 없으나 행정구역 또는 그 명칭이 변경되어 본점, 지점 또는 대표이사의 주소 등의 표시가 변경된 때에는 이에 관한 등기부의 기록은 당연히 변경된 것으로 보므로(상업등기법 제28조), 등기부에 기록된 행정구역 또는 그 명칭이 변경된 때에는 등기관은 직권으로 변경사항을 등기할 수 있다(상업등기규칙 제57조). 그러나 그 직권발동을 촉구하는 의미에서 회사는 그 표시변경등기를 신청할 수 있으며, 이 때의 등록면허세는 부과하지 아니하고(지방세법 제26조 2항), 등기신청수수료도 면제된다.

그리고 개명으로 인하여 이사·감사·대표이사의 성명이 변경되거나 전거로 인하여 대표이사의 주소가 변경된 때에는 반드시 회사가 그 변경등기를 신청하여야 한다.

이 때에는 등록면허세 4만2백원 및 그 100분의 20의 지방교육세를 납부하여야 하고 등기신청 수수료도 6,000원을 납부하여야 한다.

이 때 대표이사의 성명변경이나 주소변경의 등기는 본점소재지에서 뿐만 아니라 지점소재지에서도 등기하여야 하고, 대표권 없는 이사나 감사의 성명변경의 등기는 본점소재지에서만 등기하면 된다(법인의등기에관한특례법 제3조).

2. 등기절차

(1) 등기기간 등

본점소재지에서는 개명으로 인한 이사·감사·대표이사의 성명변경등기나 전거로 인한 대표이사의 주소변경등기를 다 같이 그 변경사유가 발생한 날로부터 2주간 내에 이를 신청하여야 할 것이지만, 지점소재지에서는 대표권 없는 이사·감사에 관한 사항은 등기사항이 아니므로 지점등기사항인 개명·전거로 인한 대표이사의 성명변경등기나 주소변경등기에 한하여 그 변경사유가 발생한 날로부터 3주간 내에 이를 신청하여야 한다(상법 제549조 3항, 제183조, 법인의등기에관한특례법 제3조).

그러나 행정구역 및 그 명칭변경으로 인한 본점 또는 지점의 표시변경등기나 대표이사의 주소변경등기는 직권사항이므로 당사자측에 신청을 강제하는 의미의 기간이란 있을 수 없을 것이다.

(2) 등기사항

1) 본점 또는 지점의 표시변경등기

변경된 본점 또는 지점의 표시와 변경취지 및 그 연월일을 등기한다.

2) 임원의 표시변경등기

본점소재지에서는 이사·대표이사·감사의 변경된 성명 또는 대표이사의 변경된 성명·주소와 변경취지 및 그 연월일을 등기하며, 지점소재지에서는 대표이사의 변경된 성명·주소 및 변경등기와 그 연월일만을 등기하고 대표권 없는 이사·감사의 변경된 성명에 관한 사항은 등기하지 아니한다.

(3) 첨부서면

1) 토지대장등본

행정구역 또는 명칭변경으로 인한 본점 또는 지점의 표시변경등기나 대표이사의 주소변경등기에는 그 변경사실을 증명할 수 있는 토지대장등본을 첨부한다.

2) 가족관계의 등록 등에 관한 법률상 기본증명서 또는 주민등록표등·초본

개명 또는 전거로 인한 이사·감사·대표이사의 성명변경등기나 대표이사의 주소변경등기에는 그 변경사실을 증명할 수 있는 가족관계의 등록 등에 관한 법률 제15조 1항의 기본증명서나 주민등록표의 등·초본을 첨부하여야 한다.

3) 등록면허세를 납부하여야 할 경우에는 그 납부한 영수필통지서 및 영수필확인서를 첨부한다.

Ⅳ. 합병의 등기

■ 핵 심 사 항 ■

1. 합병의 제한
 (1) 존속 또는 신설회사의 제한(상법 제174조) : 합병을 하는 회사의 일방 또는 쌍방이 주식회사, 유한회사 또는 유한책임회사인 때에는 합병 후 존속하는 회사 또는 합병으로 인하여 설립되는 회사는 주식회사, 유한회사 또는 유한책임회사이어야 한다.
 (2) 법원의 인가가 필요한 경우(상법 제600조 1항) : 유한회사가 주식회사와 합병을 하는 경우에 존속회사 또는 신설회사가 주식회사인 때에는 법원의 인가를 얻어야 한다.
 (3) 사채미상환의 주식회사(상 제600조 2항) : 합병의 일방인 주식회사가 사채의 상환을 완료하지 아니한 때에는 합병 후 존속회사 또는 신설회사는 유한회사로 하지 못한다.
2. 합병의 절차 : 유한회사가 합병을 함에는 합병계약서를 작성한 후 사원총회의 특별결의에 의한 승인을 얻은 다음 합병당사회사의 대차대조표를 공시하여야 한다. 또 신설합병의 경우에는 합병결의에서 설립위원을 선임하여야 한다.
3. 등기절차 : 회사가 다른 회사를 합병하거나 다른 회사와 함께 해산하고 합병하여 신설회사를 설립한 때에는 합병 후 존속하는 회사에 대해서는 합병으로 인한 변경등기, 합병으로 신설회사는 회사에 대해서는 합병으로 인한 설립등기, 합병으로 소멸하는 회사에 대하여는 합병으로 인한 해산등기를 신청하여야 한다.

1. 합병의 제한

(1) 존속 또는 신설회사의 제한(상법 제174조)

회사는 원칙적으로 어떠한 종류의 회사와도 합병할 수 있다. 그러나 합병을 하는 회사의 일방 또는 쌍방이 주식회사, 유한회사 또는 유한책임회사인 때에는 합병 후 존속하는 회사 또는 합병으로 인하여 설립되는 회사는 주식회사, 유한회사 또는 유한책임회사이어야 한다.

(2) 법원의 인가가 필요한 경우(상법 제600조 1항)

유한회사가 주식회사와 합병을 하는 경우에 존속회사 또는 신설회사가 주식회사인 때에는 법원의 인가를 얻어야 한다. 법원에 대한 인가신청은 합병을 할 회사의 이사와 감사가 공동으로 신청한다(비송사건절차법 제104조).

(3) 사채미상환의 주식회사(상법 제600조 2항)

합병의 일방인 주식회사가 사채의 상환을 완료하지 아니한 때에는 합병 후 존속회사 또는 신설회사는 유한회사로 하지 못한다.

2. 합병의 절차

유한회사가 합병을 함에는 합병계약서를 작성한 후 사원총회의 특별결의에 의한 승인을 얻은 다음 합병당사회사의 대차대조표를 공시하여야 한다. 또 신설합병의 경우에는 합병결의에서 설립위원을 선임하여야 한다.

(1) 합병계약서의 작성

합병계약서의 기재사항은 다음과 같다.

1) 유한회사를 존속회사로 하는 흡수합병계약서의 기재사항(상법 제603조)

① 존속하는 회사의 증가할 자본과 준비금의 총액

유한회사가 존속회사로 되는 경우에는 소멸회사의 사원 또는 주주에게 배정할 출자좌수에 1주의 금액을 곱한 금액만큼 자본액이 증가하고, 또 합병차액이 있는 때에는 이를 자본준비금으로 적립하여야 한다.

② 존속하는 회사가 합병으로 인하여 증가할 출자좌수와 소멸회사의 사원 또는 주주에 대한 출자의 배정에 관한 사항

③ 소멸회사의 사원 또는 주주에 대한 교부금을 정한 때에는 그 규정

④ 합병당사회사의 합병계약서 승인결의일

⑤ 합병기일을 정한 때에는 그 기일

2) 유한회사를 신설회사로 하는 신설합병계약서의 기재사항(상법 제603조)

① 목적·상호·자본총액·출자 1좌의 금액과 본점주소지

② 신설회사가 합병당시에 발행하는 출자좌수 및 각 회사의 사원 또는 주주에 대한 출자의 배정에 관한 사항

③ 신설회사의 자본과 준비금에 관한 사항

④ 각 회사의 사원 또는 주주에게 지급할 금액을 정한 때에는 그 규정

⑤ 합병당사자의 합병계약서의 승인총회기일

⑥ 합병기일을 정한 때에는 그 기일

(2) 합병대차대조표의 공시(상법 제603조, 제522조의2)

이사는 합병계약의 승인을 위한 사원총회의 2주간 전부터 합병을 하는 각 회사의 대차대조표를 본점에 비치하고 사원, 주주 및 회사채권자의 청구가 있을 때에는 언제든지 등본 또는 초본을 교부하여야 한다.

(3) 합병계약서의 승인(상법 제598조)

회사가 합병을 함에는 합병계약서를 작성하여 사원총회의 승인을 얻어야 한다. 이 결의는 총사원의 반수 이상, 총사원 의결권의 3/4 이상을 가지는 자의 동의로 한다.

(4) 채권자보호절차와 단지분의 처리(상법 제603조, 제443조)

채권자보호절차를 이행하고 소멸회사가 유한회사로서 합병으로 인하여 지분의 병합이 있는 경우에 병합에 적합하지 아니한 단지분이 있는 때에는 이를 경매하거나 법원의 허가를 얻어 경매 이외의 방법으로 매각하여 그 대금을 종전의 사원에게 교부하여야 한다. 소멸회사가 주식회사로서 주식의 병합 또는 분할이 있는 경우에 단주가 있는 때에는 이 단주도 처리하여야 한다.

(5) 보고총회 또는 창립총회(상법 제603조, 제526조, 제527조)

유한회사가 존속회사로 되는 흡수합병의 경우에는 채권자보호절차 완료 후(지분 또는 주식의 병합 등이 있는 때에는 그 절차완료 후) 지체없이 사원총회를 소집하여 합병에 관한 사항을 보고하여야 한다. 유한회사가 신설회사로 되는 신설합병에 있어서는 정관의 작성 기타 설립에 관한 행위는 각 회사에서 선임한 설립위원이 공동으로 하여야 하며, 채권자보호절차 완료 후(지분 또는 주식의 병합 등이 있는 경우에는 그 절차완료 후) 창립총회를 소집하여야 하다. 창립총회소집 결의 방법에 대하여는 주식회사의 규정을 준용한다(상 법 제603조, 제527조 3항, 제309조).

3. 등기절차

회사가 다른 회사를 합병하거나 다른 회사와 함께 해산하고 합병하여 신설회사를 설립한 때에는 합병 후 존속하는 회사에 대해서는 합병으로 인한 변경등기, 합병으로 신설회사는 회사에 대해서는 합병으로 인한 설립등기, 합병으로 소멸하는 회사에 대하여는 합병으로 인한 해산등기를 신청하여야 한다.

이 때 합병으로 인하여 해산하는 회사의 본점에서의 해산등기신청은 합병으로 인하여 존속 또는 신설되는 회사의 본점소재지 관할등기소를 경유하여 합병으로 인한 변경등기 또는 설립등기와 일괄하여 신청하여야 한다(상업등기법 제63조).

이 경우 합병으로 인하여 존속 또는 신설되는 회사의 관할등기소에서는 합병으로 인한 변경등기신청 또는 설립등기신청과 해산등기신청 중 어느 한쪽에만 각하사유가 있어도 그 양자를 모두 함께 각하하여야 한다(상업등기법 제64조).

(1) 흡수합병으로 인한 변경등기

1) 등기기간

유한회사가 존속회사로 되어 흡수합병을 한 경우에는 존속회사에 관하여 보고총회의 종결일로부터 본점소재지에서는 2주간, 지점소재지에서는 3주간 내에 합병으로 인한 변경등기를 하여야 한다(상법 제602조, 제549조 3항).

2) 등기신청인

합병등기는 회사를 대표할 자의 신청에 의한다(상법 제602조, 상업등기법 제23조).

합병으로 인하여 소멸하는 회사의 해산등기와 합병 후 존속하는 회사에 대한 변경등기신청을 존속회사의 관할등기소를 거쳐서 동시에 신청하여야 하는 점 및 그 처리절차에 대하여는 주식회사의 경우와 같다.

보고총회를 생략할 경우에는 이사회의 결의 또는 이사과반수결의와 이에 따른 공고를 한 후 각 위 기간 내에 변경등기와 해산등기를 하여야 한다.

【쟁점질의와 유권해석】

〈흡수합병 절차에서 해산하는 주식회사가 존속하는 유한회사의 지분의 전부를 보유하고 있는 경우 등기방법〉

① 유한회사가 합병의 대가로 승계할 자기지분을 해산회사에 지급하는 내용의 계약의 가부

흡수합병절차에서 해산하는 주식회사가 존속하는 유한회사의 지분의 전부를 보유하고 있는 경우에 존속하는 유한회사는 합병에 의하여 이를 승계하게 되는 바, 존속하는 유한회사는 합병의 대가로 합병으로 승계할 위 자기지분을 해산회사의 주주에게 지급하는 것을 내용으로 하는 합병계약을 체결하고 그에 대한 합병등기를 신청할 수 있다.

② 등기방법

위 ①의 경우에 있어서 흡수합병절차의 ① 합병계약에서 '존속하는 유한회사가 합병으로 승계할 위 자기지분을 자본감소에 의하여 전부 소각하고 해산회사의 주주에게는 합병에 의한 신지분을 배정하는 것'으로 정한 경우, 존속회사인 유한회사의 자본의 총액의 등기부상 기재방법은 합병시 신지분의 배정으로 인한 자본증가의 변경등기를 먼저 한 후에 지분소각으로 인한 변경등기를 하여야 하며, ⑪ 또한 위 경우에, 자본감소 없이 자기지분의 전부를 소각하는 것으로 합병계약에서 정한 때에는, 자기지분의 소각으로 인한 자본의 총액의 변경은 없으며 합병시의 신지분의 배정으로 인하여 증가하는 자본액만큼의 변경등기를 하여야 한다(상법 제341조, 제342조, 제560조) (2005. 8. 3. 공탁법인과 - 365 질의회답)

3) 등기사항(상업등기법 제62조)

① 소멸회사의 상호, 본점 및 합병한 취지

② 합병 후의 자본의 총액

③ 지점에 있어서는 합병으로 소멸한 회사의 상호·본점과 합병취지 및 합병연월일만 등기하고, 본점에서 등기한 그 이외의 사항은 등기할 필요가 없다.

4) 첨부서면(상업등기규칙 제159조)

① 합병계약서

실무상 합병계약서를 공증하는 것이 보통이나, 합병당사회사의 각 대표자가 서명날인하고, 대표자의 인감증명을 첨부하는 계약서도 관계없다고 할 것이다.

② 소멸회사의 사원총회(주주총회의 의사록) 또는 이사회의사록

합병을 승인한 의사록을 말한다. 다만, 합병할 회사의 일방이 합병 후 존속하는 경우에 합병으로 인하여 소멸하는 회사의 총주주 또는 총사원의 동의가 있

거나, 그 회사의 발행주식총수를 존속회사가 모두 소유하고 있는 경우에는 소
멸회사의 주주총회 또는 사원총회의 승인은 이사회의 승인으로 갈음할 수 있
다(상법 제522조의2 단서, 제603조). 이 때에는 이사회의사록 또는 사원과반
수결의서를 첨부하면 될 것이다.

③ 합병에 관한 사원총회의사록

존속회사의 합병승인총회의사록과 보고총회의 의사록을 첨부해야 한다. 소멸회
사가 인적회사인 때에는 총사원의 동의서, 주식회사인 때에는 주주총회의사록
이다.

④ 채권자보호절차의 이행사실을 증명하는 서면

존속회사와 소멸회사에서 각각 채권자보호절차를 이행한 사실을 증명하는 서
면으로, 회사채권자에게 공고 및 최고를 한 증명서(공고 및 최고기간 1월 이
상)와 이의가 있을 때에는 변제영수증이나 담보제공증명서, 이의가 없을 때에
는 대표이사의 진술서이다.

⑤ 소멸회사의 등기부등본(당해 등기소의 관할구역 내의 소멸회사의 본점이 있는
경우를 제외한다)

소멸회사의 상호, 본점, 그 자본의 내용 등을 확인하기 위한 것이다.

⑥ 소멸회사가 주식회사인 때에는 사채의 상환을 완료하였음을 증명하는 서면

⑦ 등록면허세, 지방교육세, 농어촌특별세 등 납부영수필통지서 및 확인서, 등기신
청수수료

합병에 의하여 자본액이 증가할 경우에는 그 증가한 자본액을 과세표준으로
하여 1,000분의 4의 등록면허세 및 그 100분의 20에 해당하는 지방교육세를
납부하여야 한다(지방세법 제28조 1항, 제151조 1항).

설립 후 5년 이내의 대도시에 있는 법인이 합병에 의하여 자본금이 증가할 때
에는 그 증가한 자본금에 대한 등록면허세를 3배 중과한다(지방세법 제28조 2
항).

농어촌특별세는 조세특례제한법, 관세법, 지방세법에 의하여 등록면허세가 감
면되는 등록면허세액의 100분의 20에 해당하는 금액을 납부하여야 한다(농어
촌특별세법 제4조, 제5조).

합병으로 인하여 자본이 증가할 경우에 '1좌의 금액', '자본의 총액', '기타사
항란의 합병취지등기'의 각 경우마다 각 6,000원의 등기신청수수료를 납부하
여야 한다. 그리고 흡수합병으로 인하여 해산되는 등기에는 6,000원의 등기신

청수수료를 납부하여야 한다.

⑧ 대리권을 증명하는 서면 등 일반적인 첨부서면

대리인에 의하여 신청할 경우에는 그 권한을 증명하는 서면(상업등기규칙 제
52조), 합병에 관하여 관청의 허가(인가)를 요할 경우에는 그 허가(인가)서 또
는 인증있는 등본(상업등기규칙 제52조), 정관의 규정, 법원의 허가 또는 총사
원의 동의가 없으면 등기할 사항에 관하여 무효 또는 취소의 원인이 있을 때
에는 정관, 법원의 허가서 또는 총사원의 동의서(상업등기규칙 제155조)를 첨
부한다.

(2) 합병으로 인한 설립등기

1) 등기신청인

합병으로 인한 설립등기는 회사를 대표하는 이사가 신청하여야 한다.

2) 등기기간

유한회사가 신설회사로 되어 신설합병을 하는 경우에는 신설회사에 관하여는 창
립총회종결일로부터 본점소재지에서는 2주간 내에, 지점소재지에서는 3주간 내에
각 등기할 사항을 등기하여야 한다(상법 제602조, 제549조 1항·2항). 합병으로 인
하여 소멸하는 회사의 해산등기와 합병으로 인하여 설립하는 회사에 대한 설립등기
신청을 신설회사의 관할등기소를 거쳐서 동시에 신청하여야 하는 점 및 그 처리 절
차에 대하여는 주식회사의 경우와 같다.

3) 등기사항

① 통상의 설립등기사항

② 소멸회사의 상호, 본점 및 합병한 뜻

③ 지점에 있어서는 통상의 지점설치등기의 경우와 마찬가지로 본점소재지에서 등
기한 사항 중 상호, 목적, 본점소재지, 존립기간 또는 해산사유, 대표이사의
성명·주소·주민등록번호 및 공동대표규정과 회사성립연월일을 등기하고, 합병연
월일도 등기하여야 한다.

4) 첨부서면(상업등기규칙 제160조)

① 합병계약서

② 소멸회사의 사원총회(주주총회)의 의사록 또는 이사회의사록

합병을 승인하고 설립위원을 선임한 소멸회사의 사원총회의사록(소멸회사가 인
적회사인 때에는 총사원의 동의서, 주식회사인 때에는 주주총회의사록)을 첨부

하여야 한다.

다만, 합병할 회사의 일방이 합병 후 존속하는 경우에 합병으로 인하여 소멸하는 회사의 총주주 또는 총사원의 동의가 있거나, 그 회사의 발행주식총수를 존속회사가 모두 소유하고 있는 경우에는 소멸회사의 주주총회 또는 사원총회의 승인은 이사과반수의 승인 또는 이사회의 승인으로 갈음할 수 있다(상법 제522조의2 단서, 제603조). 이 때에는 이사회의사록 또는 사원과반수 결의서를 첨부하면 될 것이다.

③ 채권자보호절차의 이행사실을 증명하는 서면

각 소멸회사에 관한 것을 첨부하여야 한다. 회사채권자에게 공고 및 최고를 한 증명서와 이의가 있을 때에는 변제영수증이나 담보제공증명서, 이의가 없을 때에는 대표이사의 진술서이다.

④ 소멸회사의 등기부등본

당해 등기소의 관할구역 내에 소멸회사의 본점이 있는 경우에는 첨부하지 아니한다.

⑤ 소멸회사가 주식회사인 때에는 사채의 상환을 완료하였음을 증명하는 서면

유한회사는 사채를 발행할 수 없으므로 이 서면을 첨부한다.

⑥ 정관(신설회사)

신설회사의 정관은 원시정관이므로 인증을 하여야 할 것이나(상법 제292조, 제543조 3항), 신설합병에 의한 회사의 정관은 원시정관이 아니고 변경된 정관이라고 할 것이므로 정관의 인증은 할 필요가 없다.

⑦ 이사의 취임승낙을 증명하는 서면

⑧ 감사를 둔 때에는 감사의 취임승낙을 증명하는 서면

⑨ 대표이사의 취임승낙을 증명하는 서면(정관의 규정에 의하여 이사호선으로 대표이사를 정한 경우)과 이사과반수의 동의가 있음을 증명하는 서면

⑩ 이사감사의 주민등록번호를 증명하는 서면 및 대표이사의 주소를 증명하는 서면(상법 제549조 3항, 법인의등기사항에관한특례법시행규칙 제2조 2항)

⑪ 설립위원의 자격을 증명하는 서면

⑫ 창립총회의사록(상업등기규칙 제155조)

합병으로 인하여 회사를 설립하는 때에는 설립위원은 상법 제232조 채권자보호절차를 종료한 후, 합병으로 인한 출좌의 병합이 있을 때에는 그 효력이 생긴 후, 합병에 적당하지 아니한 출좌가 있을 때에는 단좌처리를 한 후 지체없이 창립총회를 소집하여야 한다.

⑬ 등록면허세, 지방교육세, 농어촌특별세 등 납부영수필확인서 및 통지서, 등기신청수수료

합병에 의하여 새로 법인을 신설할 때에는 그 자본액을 과세표준으로 하여 1,000분의 4의 등록면허세 및 그 100분의 20에 해당하는 지방교육세를 납부하여야 한다(지방세법 제28조 1항, 제151조 1항). 농어촌특별세는 조세특례제한법, 관세법, 지방세법에 의하여 등록면허세가 감면되는 등록세액의 100분의 20에 해당하는 금액을 납부하여야 한다(농어촌특별세법 제4조, 제5조).

신설합병으로 인한 설립의 등기에는 30,000원, 해산의 등기에는 6,000원을 등기신청수수료로 납부한다.

⑭ 기타의 서면(상업등기규칙 제52조, 제155조)

위임장, 관청의 허가(인가)서 또는 인증있는 등본, 법원의 허가서, 총사원의 동의서 등이 필요한 경우에는 이를 첨부한다.

5) 회사를 대표하여 등기신청을 할 자의 인감제출

회사를 대표할 자는 인감증명을 받을 수 있도록 하기 위하여 인감대지 및 개인인감증명을 첨부하여야 한다.

(3) 합병으로 인한 해산등기

합병의 효력은 합병등기를 함으로써 발생하므로(상법 제234조, 제603조), 소멸회사는 이 해산등기로써 소멸하는 것이 아니라 존속회사의 변경등기나 신설회사의 설립등기로써 당연히 소멸하게 된다.

소멸회사 본점 관할등기소에 신청하는 해산등기는 합병으로 인한 존속회사 또는 신설회사의 본점 관할등기소에 신청하는 합병으로 인한 변경등기나 설립등기와 동시에 일괄하여 신청한다(상업등기법 제63조).

1) 등기기간 등(상법 제602조)

등기기간은 합병에 관한 보고총회 또는 창립총회의 종결일로부터 본점소재지에서는 2주간 내, 지점소재지에는 3주간 내이다.

다만, 보고총회에 갈음하여 이사과반수 또는 이사회의 결의와 이에 따른 공고를 한 때에는 이 때부터 위 기간 내에 해산등기를 하여야 할 것이다.

이 등기신청은 이에 관한 특칙이 없는 현행법 하에서는 소멸회사의 대표자가 하여야 된다고 할 수밖에 없으나, 존속회사의 대표자, 또는 신설회사를 대표할 자도 신청할 수 있다고 보아야 할 것이다.

합병으로 인한 해산등기도 회사를 대표하는 이사의 신청에 의하여야 한다(상업등기법 제23조). 합병으로 인한 해산등기는 합병으로 인하여 존속하는 회사의 본점소재지에서 하는 변경등기 또는 합병으로 인하여 신설되는 설립등기와 동시에 그 관할등기소를 거쳐서 신청하여야 하는 점과 그 처리 및 등기절차는 주식회사의 경우와 같다.

2) 등기사항

① 합병으로 인하여 해산한 뜻과 그 연월일

② 존속회사 또는 신설회사의 상호와 본점

3) 첨부서면

이 신청서에는 위임장, 등록세영수필증확인서, 등기신청수수료 등 일반적인 서류만 첨부하면 되고, 다른 서류는 이와 동시에 일괄신청하는 존속회사의 변경등기신청서나 신설회사의 설립등기신청서에 첨부하므로 다시 첨부할 필요가 없다.

【서식】합병으로 인한 유한회사설립등기신청서(신설합병시 신설회사의 경우)

<table>
<tr><td colspan="2" rowspan="2">합병으로 인한
유한회사설립등기신청</td><td>등기관 확인</td><td>각종 통지</td></tr>
<tr><td rowspan="3"></td><td rowspan="3"></td></tr>
<tr><td rowspan="2">접 수</td><td>20○○년 ○월 ○일</td></tr>
<tr><td>제○○○○호</td><td>처리인</td></tr>
</table>

등 기 의 목 적	합병으로 인한 유한회사 설립
등 기 의 사 유	○○시 ○○구 ○○길 ○○ A유한회사와 ○○시 ○○구 ○○길 ○○ B유한회사가 합병하여 C유한회사를 설립하기 위하여, 20○○년 ○월 ○일 사원총회에서 각기 합병결의를 하고 설립위원을 선임하여 정관을 작성하고 공고와 최고절차를 밟아 20○○년 ○월 ○일 창립총회를 종결하였으므로 다음 사항의 등기를 구함.
본/지점 신청구분	1. 본점신청 □　　　2. 지점신청 □　　　3. 본·지점 일괄신청 □

<table>
<tr><td colspan="2" align="center">등　기　할　사　항</td></tr>
<tr><td>상　　　　　호</td><td>C유한회사</td></tr>
<tr><td>본　　　　　점</td><td>○○시 ○○구 ○○길 ○○</td></tr>
<tr><td>자 본 의 총 액</td><td>금○○○○원</td></tr>
<tr><td>출자 1좌의 금액</td><td>금○○○원</td></tr>
<tr><td>목　　　　　적</td><td>1. 인쇄기계의 제조 및 임대업
2. 위 각호와 관련된 부대사업</td></tr>
<tr><td>이사·감사의 성명
및 주민등록번호</td><td>이사　○　○　○(　　　　-　　　　)
이사　○　○　○(　　　　-　　　　)
이사　○　○　○(　　　　-　　　　)
감사　○　○　○(　　　　-　　　　)</td></tr>
<tr><td>대표이사의 성명과
주소</td><td>대표이사　○　○　○
　　　　○○시 ○○구 ○○길 ○○</td></tr>
<tr><td>지　　　　　점</td><td>○○시 ○○구 ○○길 ○○(○○지점)</td></tr>
<tr><td>존립기간 또는
해산사유</td><td>회사성립일로부터 만 50년</td></tr>
<tr><td>기　　　　　타</td><td>해당 없음</td></tr>
</table>

<table>
<tr><td colspan="7" align="center">신청등기소 및 등록면허세/수수료</td></tr>
<tr><td rowspan="2">순번</td><td rowspan="2">신청등기소</td><td rowspan="2">구분</td><td>등록면허세</td><td rowspan="2">농어촌특별세</td><td rowspan="2">세액합계</td><td rowspan="2">등기신청
수수료</td></tr>
<tr><td>지방교육세</td></tr>
<tr><td rowspan="2"></td><td rowspan="2"></td><td rowspan="2"></td><td>금   원</td><td rowspan="2">금   원</td><td rowspan="2">금   원</td><td rowspan="2">금   원</td></tr>
<tr><td>금   원</td></tr>
<tr><td rowspan="2"></td><td rowspan="2"></td><td rowspan="2"></td><td></td><td rowspan="2"></td><td rowspan="2"></td><td rowspan="2"></td></tr>
<tr><td></td></tr>
<tr><td rowspan="2"></td><td rowspan="2" colspan="2" align="center">합   계</td><td></td><td rowspan="2"></td><td rowspan="2"></td><td rowspan="2"></td></tr>
<tr><td></td></tr>
<tr><td colspan="3">등기신청수수료 납부번호</td><td colspan="4"></td></tr>
<tr><td colspan="2">과세표준액</td><td colspan="5" align="center">금   원</td></tr>
</table>

<table>
<tr><td colspan="2" align="center">첨   부   서   면</td></tr>
<tr><td>
1. 정 관   통
1. 소멸회사의 공증받은 사원(주주)총회
   의사록   통
1. 합병계약서   통
1. 설립위원자격증명서   통
1. 공고 및 최고를 한 증명서   통
1. 변제영수증 또는 이의없다는 진술서   통
1. 주권제출공고증명서   통
1. 창립총회의사록(공증받은 것)   통
</td><td>
1. 이사과반수동의서   통
1. 취임승낙서   통
1. 주민등록표등본   통
1. 사채상환완료증명서   통
1. 인감신고서   통
1. 등록면허세영수필확인서   통
1. 등기신청수수료영수필확인서   통
1. 위임장(대리인이 신청할 경우)   통
<기 타>
</td></tr>
</table>

2000년 ○월 ○일

신 청 인   상 호   ○○유한회사
               본 점   ○○시 ○○구 ○○길 ○○
대표이사   성 명   ○ ○ ○ (인) (전화 : 02-123-4567)
               주 소   ○○시 ○○구 ○○길 ○○
대 리 인   성 명   법무사 ○ ○ ○ (인) (전화 : 02-456-7890)
               주 소   ○○시 ○○구 ○○길 ○○
○○지방법원 ○○등기소 귀중

- 신청서 작성요령 -

1. 해당란이 부족할 때에는 별지를 이용합니다.
1. 해당 등기신청과 관계없는 사항에 대하여는 "해당없음"으로 기재하거나 삭제하고, 필요한 사항은 추가 기재합니다.

【서식】합병으로 인한 유한회사변경등기신청서(흡수합병시 존속회사의 경우)

<table>
<tr><td colspan="2" align="center">합병으로 인한
유한회사변경등기신청</td><td></td><td></td></tr>
<tr><td rowspan="2">접 수</td><td align="center">20○○년 ○월 ○일</td><td rowspan="2" align="center">처리인</td><td align="center">등기관 확인</td><td align="center">각종통지</td></tr>
<tr><td align="center">제○○○○호</td><td></td><td></td></tr>
</table>

상 호	A유한회사	등기번호	제1000호
본 점	○○시 ○○구 ○○길 ○○		
등 기 의 목 적	합병으로 인한 변경등기		
등 기 의 사 유	20○○년 ○월 ○일 사원총회에서 ○○시 ○○구 ○○길 ○○ B유한회사를 흡수합병하기로 결의하고 공고와 최고절차를 밟아 ① 20○○년 ○월 ○일 합병보고총회를 종결하였으므로, ② 20○○년 ○월 ○일 합병보고총회에 갈음하여 이사회의 결의와 공고로서 갈음하기로 하였으므로 다음 사항의 등기를 구함.		
본/지점 신청구분	1. 본점신청 □ 2. 지점신청 □ 3. 본·지점 일괄신청 □		

등 기 할 사 항

소멸회사의 상호, 본점 및 합병한 취지	○○시 ○○구 ○○길 ○○ B유한회사를 합병
합병 후의 자본의 총액	금○○○○원
기 타	해당 없음

<table>
<tr><td colspan="8" align="center">신청등기소 및 등록면허세/수수료</td></tr>
<tr>
<td rowspan="2">순번</td>
<td rowspan="2">신청등기소</td>
<td rowspan="2">구분</td>
<td>등록면허세</td>
<td rowspan="2">농어촌특별세</td>
<td rowspan="2">세액합계</td>
<td rowspan="2">등기신청
수수료</td>
</tr>
<tr>
<td>지방교육세</td>
</tr>
<tr>
<td rowspan="2"></td>
<td rowspan="2"></td>
<td rowspan="2"></td>
<td>금   원</td>
<td rowspan="2">금   원</td>
<td rowspan="2">금   원</td>
<td rowspan="2">금   원</td>
</tr>
<tr>
<td>금   원</td>
</tr>
<tr><td></td><td></td><td></td><td></td><td></td><td></td><td></td></tr>
<tr><td></td><td></td><td></td><td></td><td></td><td></td><td></td></tr>
<tr><td></td><td></td><td></td><td></td><td></td><td></td><td></td></tr>
<tr><td></td><td></td><td></td><td></td><td></td><td></td><td></td></tr>
<tr><td colspan="3" align="center">합   계</td><td></td><td></td><td></td><td></td></tr>
<tr><td colspan="3" align="center"></td><td></td><td></td><td></td><td></td></tr>
<tr><td colspan="3" align="center">등기신청수수료 납부번호</td><td colspan="4"></td></tr>
</table>

<table>
<tr><td colspan="2" align="center">첨   부   서   면</td></tr>
<tr><td>1. 합병계약서　　1통</td><td>1. 변제영수증 또는 이의없다는 진술서　　1통</td></tr>
<tr><td>1. 소멸회사의 합병승인의 공증받은 사원총회
　　의사록　　1통</td><td>1. 사채상환완료증명서　　1통</td></tr>
<tr><td></td><td>1. 등록면허세영수필확인서　　1통</td></tr>
<tr><td>1. 합병에 관한 공증받은 사원총회의사록　　1통</td><td>1. 등기신청수수료영수필확인서　　1통</td></tr>
<tr><td>1. 공고 및 최고를 한 증명서　　1통</td><td>1. 위임장(대리인이 신청할 경우)　　1통
〈기　타〉</td></tr>
</table>

20○○년 ○월 ○일

신 청 인 　　　상 호 A유한회사
　　　　　　　본 점 ○○시 ○○구 ○○길 ○○
대표이사 　　　성 명 ○ ○ ○ (인) (전화 : 02-123-4567)
　　　　　　　주 소 ○○시 ○○구 ○○길 ○○
대 리 인 　　　성 명 법무사 ○ ○ ○ (인) (전화 : 02-456-7890)
　　　　　　　주 소 ○○시 ○○구 ○○길 ○○

○○지방법원 ○○등기소 귀중

- 신청서 작성요령 -

1. 해당란이 부족할 때에는 별지를 이용합니다.
1. 해당 등기신청과 관계없는 사항에 대하여는 "해당없음"으로 기재하거나 삭제하고, 필요한 사항은 추가 기재합니다.

V. 해산과 청산의 등기

Ⅰ. 해산의 등기

■ 핵 심 사 항 ■

1. 해산사유
 (1) 존립기간의 만료 기타 정관으로 정한 사유의 발생
 (2) 합병
 (3) 파산
 (4) 법원의 해산명령 또는 판결
 (5) 사원총회의 결의
2. 등기절차 : 합병과 파산의 경우 외에는 해산한 날로부터 본점소재지에서는 2주간, 지점소재지에서는 3주간 내에 해산의 등기를 하여야 한다(상법 제613조 1항, 제228조).

1. 해산사유

회사의 해산이란 법인격을 소멸시키는 원인이 되는 법률사실을 말한다.

유한회사는 다음의 사유로 해산한다(상법 제609조).

(1) 존립기간의 만료 기타 정관으로 정한 사유의 발생

정관에 정해진 존립기간이 도래하거나 해산사유가 발생하면 회사는 당연히 해산된다.

(2) 합 병

유한회사가 다른 회사와 합병하여 다른 회사를 존속회사로 하거나 새로운 회사를 설립하는 경우, 회사는 해산된다.

유한회사에서는 주식회사에서 인정되는 분할·분할합병제도는 인정되지 아니한다.

(3) 파 산

파산선고를 받으면 회사는 당연히 해산되고 파산법에 의하여 파산절차가 진행된다.

(4) 법원의 해산명령 또는 판결(상법 제176조, 제613조 1항, 제520조)

유한회사는 ① 설립목적이 불법한 때, ② 정당한 사유없이 설립 후 1년 이내에 영업개시를 하지 않거나 1년 이상 휴업하고 있는 때, ③ 이사가 법령 또는 정관을 위반하여 회사의 존속을 허용할 수 없는 행위를 한 때에는 이해관계인이나 검사의 청구 또는 직권에 의한 법원의 해산명령에 의하여 해산된다. 이것은 다른 종류의 회사들에도 적용된다.

또 ① 회사의 업무가 현저한 정돈상태를 계속하여 회복할 수 없는 손해가 생기거나 생길 염려가 있을 때, ② 회사재산의 관리처분의 현저한 실당으로 인하여 회사의 존립이 위태로운 때로서 부득이한 사유가 있는 때에는 출자좌수 100분의 10에 해당하는 소수사원의 청구에 의한 법원의 해산판결에 의해서도 해산된다. 이때의 해산등기는 법원의 촉탁에 의하여 실행한다(비송사건절차법 제93조).

(5) 사원총회의 결의

정관소정의 존립기간 및 해산사유가 도래하기 전이라도 사원총회의 특별결의에 의하여 회사는 언제든지 해산할 수 있다.

(6) 개정상법 부칙(1984. 4. 10)의 규정에 의한 해산간주(상법부칙 제24조)

1984년 개정상법 시행 전에 성립한 회사로서 시행당시 자본의 총액이 1,000만원에 미달되는 회사는 동법시행일인 1984년 9월 1일부터 3년 이내에 자본총액을 1,000만원 이상으로 증액하여야 하며 그렇지 아니한 때에는 3년의 유예기간 만료시에 해산한 것으로 본다(상법부칙 제4조 1항, 2항).

이러한 회사 중 청산이 종결되지 아니한 회사는 1991년 5월 31일 개정상법시행일로부터 1년 이내(1992. 5. 30.까지)에 사원총회의 특별결의로 자본총액을 1,000만원 이상으로, 출자 1좌의 금액을 5,000원 이상으로 증액하여 회사를 계속할 수 있다(1991. 5. 31. 개정상법 부칙 제24조 3항).

단, (1)과 (5)의 경우에는 사원총회의 특별결의로 회사를 계속할 수 있다.

2. 등기절차

(1) 등기기간

합병과 파산의 경우 외에는 해산한 날로부터 본점소재지에서는 2주간, 지점소재지에서는 3주간 내에 해산의 등기를 하여야 한다(상법 제613조 1항, 제228조).

(2) 등기신청인

해산등기는 회사를 대표하는 이사의 신청에 의하여야 한다(상업등기법 제23조).

파산선고에 의한 파산등기나 법원의 해산명령·판결에 의한 해산등기는 법원이 촉탁에 의하여 등기하며, 해산간주로 인한 해산등기는 등기관의 직권에 의하여 등기한다.

(3) 등기사항(상업등기법 제60조)

① 해산한 취지 및 그 사유

② 해산연월일

(4) 첨부서면

해산등기신청시 등록면허세는 4만2백원이고, 지방교육세는 그 100분의 20이며, 등기신청수수료는 6,000원이며, 해산사유에 따라 그 첨부서면에 조금씩 차이가 난다.

1) 정관소정의 해산사유의 발생으로 인하여 해산한 경우

해산사유 발생 서면(상업등기규칙 제162조, 제106조)을 첨부하면 되나 존립기간 만료로 인한 해산의 경우에는 등기부상 그 기간이 명백하므로 별도의 소명서류는 필요없다 할 것이다.

【쟁점질의와 유권해석】

〈정관에서 정한 해산사유의 발생으로 이한 유한회사의 해산등기신청시 사원총회의 해산결의서를 첨부하여야 하는지 여부〉

정관에서 정한 해산사유의 발생으로 인한 유한회사의 해산등기신청서에는 그 사유의 발생을 증명하는 서면 이외에 사원총회의 해산결의서를 첨부할 필요는 없다(1996. 3. 22, 등기 3402-202 질의회답).

2) 사원총회의 결의로 해산한 경우

사원총회의사록을 첨부한다(상업등기규칙 제155조).

3) 상법부칙의 규정에 의해 해산한 경우

이 경우 해산간주되는 회사의 해산일자는 위 기간만료일 익일인 1987. 9. 1.이다. 그러나 위 규정은 1991. 5. 31. 법률 제4372호로 변경되어 1992. 6. 31.까지로 연장되었다.

그 등기는 '상법부칙 제24조 2항에 의한 해산'이라 기재하고, 등기부 전면에는 '해산간주(유한)'라는 색인표를 붙여 해산간주회사임을 표시한다. 이 회사에 대하여는 인감증명을 발행할 수 없으며, 등기부등본은 발행되나 등기부초본을 발행할 수 없다.

해산간주회사에 대하여 해산등기를 하지 아니하고는 청산인에 관한 등기나 1987. 9. 1. 이후에 생긴 사유를 원인으로 변경등기를 신청할 수 없다.

4) 대표청산인의 자격을 증명하는 서면

대표청산인의 경우를 제외하고 회사를 대표하는 청산인이 해산의 등기를 신청하는 경우에는 그 자격을 증명하는 서면을 첨부하여야 한다. 다만, 청산인의 선임이 없어 업무집행사원이 청산인이 된 경우에는 그러하지 아니하다(상업등기규칙 제162조, 제106조).

대표청산인의 자격을 증명하는 서면으로는 ① 정관에 의하여 청산인이 정하여진 경우에는 정관, ② 사원총회에서 청산인을 선임한 경우에는 사원총회의사록이며, ③ 사원총회에서 선임한 청산인 중에서 정관의 규정에 의하여 청산인 호선으로 대표청산인을 정한 경우에는 사원총회의사록 또는 청산인과반수의 동의가 있음을 증명하는 서면이다. ④ 법원이 청산인을 선임한 경우에는 청산인선임결정서의 등본이 대표청산인의 자격을 증명하는 서면이 된다.

【서식】유한회사해산등기신청서

유한회사해산등기신청

접 수	년 월 일	처리인	등기관 확인	각종 통지
	제 호			

①상 호	○○ 유한회사	②등기번호	○○○○○○

③본 점	서울특별시 ○○구 ○○길 ○○
④등기의 목적	유한회사 해산등기
⑤등기의 사유	20○○년 ○월 ○일 사원총회 결의로(존립기간 만료로 인하여, 정관에 정한 해산사유의 발생으로 인하여) 해산하였으므로 다음 사항의 등기를 구함
⑥본/지점 신청구분	1.본점신청 □ 2.지점신청 □ 3.본·지점 일괄신청 □

등   기   할   사   항

⑦해 산 연 월 일	20○○년○월○일
⑧해 산 사 유	20○○년 ○월 ○일 사원총회 결의로(존립기간 만료로, 정관에 정한 해 산사유의 발생으로) 해산
기 타	

⑨신청등기소 및 등록면허세/수수료						
순번	신청등기소	구분	등록면허세 지방교육세	농어촌특별세	세액합계	등기신청수수료
			금 원 금 원	금 원	금 원	금 원
합 계						
등기신청수수료 납부번호						

⑩첨 부 서 면	

1. 공증받은 사원총회의사록(사원총회의 결의로
   해산한 경우)   통
1. 정 관   통
1. 정관소정의 해산사유 발생을 증명하는
   서면   통
1. 등기신청인 자격증명서   통
	1. 등록면허세영수필확인서 통
	1. 등기신청수수료영수필확인서 통
	1. 위임장(대리인이 신청할 경우) 통
	〈기 타〉

```
                                              년    월    일
⑪신청인    상  호
           본  점
대표청산인  성  명              (인)   (전화 :        )
           주  소
대리인      성  명              (인)   (전화 :        )
           주  소


              지방법원      등기소  귀중
```

- 신청서 작성요령 -

1. 해당란이 부족할 때에는 별지를 이용합니다.
1. 해당 등기신청과 관계없는 사항에 대하여는 "해당없음"으로 기재하거나 삭제하고, 필요한
   사항은 추가 기재합니다.

【서식】합병으로 인한 유한회사해산등기신청서(합병시 소멸회사의 경우)

<table>
<tr><td colspan="2" rowspan="2">접 수</td><td>2000년 ○월 ○일</td><td rowspan="2">처리인</td><td>등기관 확인</td><td>각종 통지</td></tr>
<tr><td>제○○○○호</td><td></td><td></td></tr>
</table>

<table>
<tr><td>상 호</td><td>B유한회사</td><td>등기번호</td><td>제1000호</td></tr>
<tr><td>본 점</td><td colspan="3">○○시 ○○구 ○○길 ○○</td></tr>
<tr><td>등 기 의 목 적</td><td colspan="3">합병으로 인한 유한회사의 해산등기</td></tr>
<tr><td>등 기 의 사 유</td><td colspan="3">2000년 ○월 ○일 사원총회에서 ○○시 ○○구 ○○길 ○○ A유한회사에 흡수합병하여 해산할 것을 결의하고 공고와 최고의 절차를 밟아 2000년 ○월 ○일 합병절차를 종료하였으므로 다음 사항의 등기를 구함.</td></tr>
<tr><td>본/지점 신청구분</td><td colspan="3">1. 본점신청 □   2. 지점신청 □   3. 본·지점 일괄신청 □</td></tr>
<tr><td colspan="4" align="center">등 기 할 사 항</td></tr>
<tr><td>해 산 연 월 일</td><td colspan="3">2000년 ○월 ○일</td></tr>
<tr><td>해 산 사 유</td><td colspan="3">○○시 ○○구 ○○길 ○○ A유한회사와 합병하고 해산</td></tr>
<tr><td>기 타</td><td colspan="3">해당 없음</td></tr>
</table>

합병으로 인한
유한회사해산등기신청

신청등기소 및 등록면허세/수수료						
순번	신청등기소	구분	등록면허세 지방교육세	농어촌특별세	세액합계	등기신청 수수료
			금 원 금 원	금 원	금 원	금 원
합 계						
등기신청수수료 납부번호						

첨 부 서 면	
1. 등록면허세영수필확인서 1통 1. 등기신청수수료영수필확인서 1통	1. 위임장(대리인이 신청할 경우) 1통 〈기 타〉

2000년 ○월 ○일

신 청 인   상 호   B유한회사

본 점   ○○시 ○○구 ○○길 ○○

대표이사   성 명   ○ ○ ○ (인)   (전화 : 02-123-4567)

주 소   ○○시 ○○구 ○○길 ○○

대 리 인   성 명   법무사 ○ ○ ○ (인)   (전화 : 02-456-7890)

주 소   ○○시 ○○구 ○○길 ○○

○○지방법원 ○○등기소 귀중

- 신청서 작성요령 -

1. 해당란이 부족할 때에는 별지를 이용합니다.
1. 해당 등기신청과 관계없는 사항에 대하여는 "해당없음"으로 기재하거나 삭제하고, 필요한 사항
   은 추가 기재합니다.

Ⅱ. 청산의 등기

◨ 핵 심 사 항 ◨

1. 청산인 : 청산 중인 회사에서 청산인은 잔여채권의 추심, 잔여채무의 변제, 잔여재산 분배 등의 청산사무를 집행한다.
2. 대표청산인 : 청산인이 수인 있는 경우에는 대표청산인을 두어야 한다.
3. 등기절차 : 청산인에 관한 등기는 청산인 또는 대표청산인이 취임 또는 퇴임한 날로부터 본점소재지에서는 2주간 내, 지점소재지에는 3주간 내에 대표청산인이 신청하여야 한다(상법 제613조, 제253조).

1. 청산인에 관한 등기

(1) 청산인의 취임 및 퇴임

1) 청산인의 취임

청산 중인 회사에서 청산인은 잔여채권의 추심, 잔여채무의 변제, 잔여재산분배 등의 청산사무를 집행한다. 청산인의 원수는 2인 이상이어도 상관없고 청산인이 수인 있는 경우에는 대표청산인을 두어야 하나, 유한회사에는 이사회제도가 없으므로 청산인회제도도 없다.

회사가 해산한 경우에는 합병과 파산의 경우 외에는 이사는 그 지위를 잃고 청산인이 청산사무를 집행한다.

청산인은 해산 전의 이사가 청산인이 되는 것이 원칙(상법 제613조 1항, 제531조 1항)인바, 다음과 같이 결정되어 취임한다.

가. 합병, 파산 또는 사원이 1인으로 되어 해산하거나 재판에 의한 이외의 경우(상법 제613조 1항, 제531조, 제252조)

이 때에는 ① 정관으로 정한 청산인이 있는 때에는 그 청산인, ② 사원총회에서 이사 이외의 자를 청산인으로 선임한 때에는 그 자(이 경우에는 피선자의 취임승낙을 요한다), ③ 정관에 다른 정함이 없고 사원총회에서도 청산인을 선임하지 아니한 경우는 이사(법정청산인), ④ 위의 청산인이 없는 경우에는 이해관계인의 청구에 의하여 법원이 청산인으로 선임한 자(법원선임청산인)가 청산인이 된다.

　　나. 설립무효의 판결 또는 설립취소의 판결이 확정한 경우(상법 제552조 2항, 제
　　　 193조)

　　　　사원 기타 이해관계인의 청구에 의하여 법원이 선임한 자가 청산인이 된다.

　2) 청산인의 퇴임

　　가. 사임(상법 제613조 2항, 제382조 2항)

　　나. 해임

　　　　청산인은 법원이 선임한 경우 외에는 언제든지 사원총회의 보통결의 또는 재판
　　에 의해 해임할 수 있다(상법 제613조 2항, 제539조 1항). 또 모든 청산인(법원
　　선임 청산인 포함)은 그가 업무를 집행함에 현저하게 부적임하거나 중대한 임무
　　에 위반한 행위가 있는 때에는 사원총수의 100분의 3 이상에 해당하는 자가 그
　　의 해임을 청구할 수 있으며, 이 청구에 의하여 법원은 청산인을 해임할 수 있다
　　(상법 제613조 2항, 제539조 2항).

　　다. 정관소정의 사유의 발생

　　라. 사망

　　마. 파산 또는 금치산선고 등으로 인한 자격상실

　　바. 임기만료

　　　　청산인은 원칙으로 임기가 없으나, 정관으로 임기를 정한 경우 그 임기만료로
　　퇴임한다.

　3) 청산인의 권리의무를 가지는 자, 일시청산인 및 청산인직무대행자

　　　일정한 경우 후임청산인이 취임할 때까지 퇴임한 청산인이 청산인의 권리의무를
　　지며, 일시청산인 또는 청산인직무대행자를 법원이 선임할 수 있다(상법 제613조 2
　　항, 제386조, 제407조).

(2) 대표청산인의 취임 및 퇴임

　1) 대표청산인의 취임

　　가. 이사가 청산인이 된 경우 해산 당시 이사 중에 회사를 대표하지 아니하는 이
　　　 사가 있는 경우에는 종전의 정함에 따라 회사를 대표할 이사가 대표청산인이
　　　 된다(상법 제613조 1항, 제255조 1항).

　　나. 정관 또는 사원총회의 결의로써 대표청산인을 정할 수 있다(상법 제613조 2
　　　 항, 제562조 2항).

　　다. 정관의 규정에 의하여 청산인 호선으로 대표청산인을 정할 수 있다(상 법 제
　　　　613조 2항, 제562조 2항).

　　　　이 때에는 대표청산인의 취임승낙이 있어야 한다.

　　라. 법원이 수인의 청산인을 선임한 경우에는 회사를 대표할 청산인을 정할 수
　　　　있다(상법 제613조 1항, 제255조 2항).

2) 대표청산인의 퇴임

가. 청산인의 지위상실

나. 해임

　　정관 또는 사원총회의 결의에 의하여, 정관에 따른 이사 호선으로 대표청산인
이 된 자는 선임기관인 정관의 변경이나 사원총회의 결의 또는 청산인 과반수의
결의로 해임할 수 있다.

　　해산당시 회사를 대표하는 이사가 대표청산인이 된 경우에도 동일한 절차에 의
하여 회사를 대표하지 아니하는 청산인으로 할 수 있다.

다. 사임

　　정관의 규정에 의하여 청산인 호선으로 회사를 대표할 자로 정하여진 때에는
그 자는 대표청산인의 지위만을 사임할 수 있다.

(3) 청산인의 공동대표에 관한 규정

　　이사가 청산인으로 된 경우에 해산 전에 공동대표에 관한 정함이 있었던 때에는 그
규정은 해산 후 청산인에 대하여도 적용된다(상법 제613조 1항, 제255조 1항).

　　법원이 선임한 청산인 외에는 이사가 수인인 경우 정관 또는 사원총회의 결의
로써 수인의 청산인이 공동하여 회사를 대표할 것으로 정할 수도 있다(상법 제
613조 2항, 제562조 3항).

　　공동대표에 관한 규정은 사원총회의 결의로 정한 때에는 사원총회의 결의에 의
하여, 정관으로 정한 때에는 정관변경의 결의에 의하여 그 규정을 폐지하거나 변
경할 수 있고, 해산 전의 공동대표에 관한 규정도 같다.

(4) 등기절차

　　청산인에 관한 등기절차는 신청서의 첨부서면의 일부를 제외하고는 주식회사의
경우와 같다.

1) 등기기간

청산인에 관한 등기는 청산인 또는 대표청산인이 취임 또는 퇴임한 날로부터 본점소재지에서는 2주간 내, 지점소재지에는 3주간 내에 대표청산인이 신청하여야 한다(상법 제613조, 제253조).

2) 등기할 사항

① 청산인의 성명, 주민등록번호 및 주소(대표청산인을 선임한 경우 주소 제외)

② 취임연월일

③ 청산인으로서 회사를 대표할 자가 있을 때에는 그 성명과 주소

④ 공동대표 규정이 있을 때에는 그 규정

3) 첨부서면(상업등기규칙 제162조, 제107조)

가. 최초의 청산인의 등기

① 이사가 청산인이 된 경우에는 정관

② 사원총회에서 청산인을 선임한 경우에는 사원총회의사록과 청산인의 취임승낙을 증명하는 서면

이 때 정관의 규정에 의하여 청산인 중에서 대표청산인을 선임한 경우에는 청산인과반수의 동의가 있음을 증명하는 서면과 대표청산인의 취임승낙을 증명하는 서면도 첨부하여야 한다.

③ 정관의 규정에 의하여 청산인이 정하여진 경우에는 정관과 청산인의 취임승낙을 증명하는 서면도 첨부해야 한다.

④ 법원이 청산인을 선임한 경우에는 법원이 청산인을 선임한 선임결정서의 등본

⑤ 취임승낙을 증명하는 서면의 진정담보를 위한 인감증명의 제출 등(상업등기규칙 제93조, 제81조, 등기예규 제978-1호)

⑥ 기타 위임장, 관청의 허가(인가)서, 정관, 법원의 허가서, 총사원의 동의서, 등록세, 등기신청수수료 등이 필요한 경우에는 이를 첨부하여야 함은 통산의 등기신청에 있어서와 같다.

나. 청산인에 관한 변경등기

등기신청수수료, 등록세납부영수필통지서 및 확인서와 위임장, 허가서 등 일반적인 첨부서면 외에는 다음과 같다(상업등기규칙 제162조, 제107조, 제155조).

① 사임한 경우에는 사임서

② 사원총회에서 해임한 경우에는 사원총회의사록, 법원에서 해임한 경우에는 해임결정서의 등본

③ 법정의 결격사유가 발생한 경우에는 이를 증명하는 심판서, 결정서, 판결, 가족관계증명서 등

④ 정관소정사유의 발생으로 인하여 퇴임한 경우에는 정관과 그 사유의 발행을 증명하는 서면

⑤ 사망한 경우에는 사망진단서, 가족관계증명서

⑥ 청산인의 성명·주민등록번호 등이 변경된 경우 그 변경을 증명하는 서면인 가족관계증명서, 주민등록등본 등

⑦ 정관의 변경으로 인하여 대표청산인의 지위를 상실한 때에는 그 정관변경에 관한 사원총회의사록

⑧ 사원총회의 결의에 의하여 대표청산인의 지위를 상실한 때에는 그 사원총회의사록

⑨ 정관의 규정에 의하여 청산인 과반수의 동의로 대표청산인을 해임한 경우에는 청산인과반수의 동의가 있음을 증명하는 서면

⑩ 법원이 선임한 대표청산인이 그 지위를 해임당한 경우에는 그 해임을 결정한 재판서의 등본

⑪ 정관의 규정에 의하여 청산인 호선으로 대표청산인으로 정하여진 자가 대표청산인의 지위를 사임한 경우에는 사임서와 정관

⑫ 정관 또는 사원총회의 결의로 공동대표에 관한 규정을 설정하거나 변경 또는 폐지한 때에는 정관변경에 관한 사원총회의사록

⑬ 법원이 공동대표에 관한 규정을 변경 또는 폐지한 때에는 그에 관한 결정서의 등본

법정청산인의 등기에 필요한 서면과 대표청산인 변경등기 방법

선례요지

1. 주식회사의 법정청산인은 법률에 의하여 당연히 청산인 또는 대표 청산인의 지위를 취득하는 것이므로 청산인등기를 하기 위해 별도의 주주총회 의사록이나 취임승낙을 증명하는 서면 등을 필요하지 않으나, 정관에 청산인에 관하여 정함이 없다는 것을 증명하기 위하여 정관을 첨부하여야 한다.

2. 해산간주 상태인 회사가 청산인회 결의로 대표청산인을 해임한 경우, 새로 선임된 대표청산인의 변경등기(취임등기 및 해임등기)를 신청하기 위해서는 그 전제로서 종전의 법정청산인의 등기를 선행하거나 동시에 하여야 한다. (2014. 4. 21. 사법등기심의관-1715 질의회답)

참조조문 : 상법 제255조 제1항, 제531조, 제542조 제1항, 상업등기법 제66조, 제79조, 제101조

참조판례 : 대법원 2000. 10. 12. 자 2000마287 결정, 대법원 1981. 9. 8. 선고 80다2511 판결, 대법원 1998. 9. 3. 자 97마1429 결정

참조선례 : 상업선례 200611-3

2. 계속의 등기

(1) 계속의 절차

1) 회사의 계속의 의의

회사의 계속이란 일단 해산한 청산 중의 회사가 그 법인격의 동일성을 유지하면서 다시 해산 전의 회사로 복귀하여 존립 중의 회사로서 그 존재를 계속하는 것을 말한다. 이 때 해산한 회사가 소급적으로 해산하지 아니한 것으로 되는 것은 아니다. 합병으로 인한 해산과 같이 해산회사가 해산에 의하여 즉시 소멸하는 경우와 법원의 해산명령 또는 해산판결에 의하여 강제적으로 해산된 경우에는 회사계속이 인정되지 않는다.

유한회사는 해산한 후 청산이 종결되기 전이면 해산등기 전후를 불문하고 총사원의 과반수 이상, 총사원의 의결권의 4분의 3 이상의 동의로 회사를 계속할 수 있다.

회사가 계속되면 청산인의 지위는 당연이 종임되므로 회사계속등기와 동시에 해산과 청산인의 등기를 말소하는 기호를 기록하여야 하는데(상업등기규칙 제162조, 제109조 1항), 이 경우 해산직전의 이사나 대표이사의 기관은 당연히 복귀하나, 자연인인 이사나 대표이사는 해산으로 인하여 퇴임하므로 그 이사 등의 지위가 당연 부활하는 것은 아니다. 따라서 사원총회에서 회사계속결의를 하였을 때에는 새로운 이사와 대표이사를 선임하여 등기하여야 한다.

2) 계속의 사유

① 존립기간의 만료 기타 정관에 정한 사유의 발생 또는 사원총회의 결의에 의하여 해산한 경우에는 사원총회의 특별결의에 의하여 회사를 계속할 수 있다(상법 제610조 1항, 제227조 1, 제609조 1항 2호).

② 사원이 1인으로 되어 해산한 경우에는 신사원을 가입시켜 회사를 계속할 수 있다(상 제610조 2항, 제227조 3호).

③ 파산선고를 받은 유한회사는 강제화의의 결정이 있는 때에는 사원총회의 특별결의에 의하여 회사를 계속할 수 있고, 또 파산폐지에 관하여 파산채권자 전원의 동의를 얻은 때에는 사원총회의 특별결의를 거쳐 파산폐지의 신청을 함으로써 회사를 계속할 수 있다.

④ 자본금이 1,000만원 미만인 회사는 1992. 5. 30.까지 자본금을 1,000만원 이상으로 증액하여 회사계속등기를 할 수 있다(상법부칙 제24조 3항).

⑤ 회사의 설립무효·취소판결이 확정된 경우, 그 무효나 취소의 원인이 특정한 사

원에 한하는 것인 때에는 다른 사원 전원의 동의로 회사를 계속할 수 있으며, 이 때에 사원이 1인으로 된 때에는 다른 사원을 가입시켜 회사를 계속할 수 있다(상법 제194조 유추적용, 제552조 2항, 제229조).

(2) 등기절차

1) 등기기간

유한회사의 계속등기는 해산등기 전이면 해산등기기간 내에 해산등기와 동시에, 해산등기 후이면 회사계속결의일로부터 본점에서는 2주간 내에, 지점에서는 3주간 내에 대표이사가 신청하여야 한다.

2) 등기사항

등기사항은 주식회사의 계속등기의 경우와 같다.

즉 '회사계속의 취지와 그 연월일 및 이사의 성명, 주민등록번호(주민등록이 없는 자는 생년월일)와 대표이사의 성명과 주소'를 등기하여야 한다.

회사 해산 후 계속의 등기를 하는 때에는 해산과 청산인에 관한 등기를 말소하는 기호를 기록하여야 한다(상업등기규칙 제162조, 제109조 1항).

(3) 첨부서면

신청서에는 일반적인 첨부서면 외에 다음의 서면을 첨부한다.

① 존립기간의 만료 기타 정관소정의 해산사유의 발생 또는 사원총회의 결의에 의하여 해산한 회사를 계속한 때에는 사원총회의사록

② 이사의 선임에 관한 사원총회의사록과 그 취임승낙을 증명하는 서면(상업등기규칙 제155조, 제162조, 제154조 2항, 제104조) 및 주민등록번호(주민등록이 없는 자는 생년월일)를 증명하는 서면(법인의등기사항에관한특례법시행규칙 제2조 2항).

③ 정관에 의하여 이사 호선으로 대표이사를 정한 때에는 이사 과반수의 일치가 있음을 증명하는 서면과 취임승낙을 증명하는 서면(상업등기규칙 제155조, 제162조, 제154조 2항, 제104조).

④ 등록세영수필확인서 등

등록면허세는 4만2백원이고, 지방교육세는 등록면허세의 100분의 20, 등기신청수수료는 6,000원이다.

3. 청산종결의 등기

(1) 청산절차의 종료

유한회사의 청산시 청산인은 취임 후 2주간 내에 본점소재지 관할법원에 취임신고를 하여야 한다(상법 제613조 1항, 제532조).

청산인은 회사의 재산목록과 대차대조표를 작성하여 사원총회와 관할법원에 제출하여야 하며(상법 제613조 1항, 제533조), 회사채권을 추심하고, 취임 후 2월 내에 채권자에게 2월 이상의 기간을 정하여 채권을 신고할 것을 최고하고 그 기간이 경과한 뒤 채무를 변제한 후(상법 제613조 1항, 제535조), 잔여재산이 있으면 이를 환가하여 출자좌수에 따라 각 사원에게 분배한다(상법 제612조). 그리고 청산절차가 종료한 때에는 지체없이 청산결산보고서를 작성하여 이를 사원총회에 제출하고 승인을 받음으로써(상법 제613조 1항, 제540조) 청산절차가 종결되는 것이다. 청산이 종결되면 그에 따른 청산종결등기를 하게 되나, 청산종결의 등기를 하였더라도 채권이 있는 이상 청산은 종료되지 않았으므로 그 한도에서 청산법인은 당사자 능력이 있다(상법 제542조, 민사소송법 제47조).

(2) 등기절차

청산종결의 등기절차는 신청서에 사원총회의 의사록을 첨부하는 것을 제외하고는 모두 주식회사의 경우와 같다.

1) 등기기간

이 등기는 사원총회의 결산보고서 승인이 있는 날로부터 본점에서는 2주간 내에, 지점에서는 3주간 내에 대표청산인이 신청하여야 한다(상법 제613조 1항, 제264조, 상업등기법 제23조).

2) 첨부서면

이 등기신청서에는 일반적인 첨부서면 이외에 공고와 최고를 한 증명서와 청산인의 결산보고서를 승인한 사원총회의사록을 첨부하여야 한다(상업등기규칙 제155조). 또 청산종결등기의 신청서에는 청산인이 그 계산의 승인을 받았음을 증명하는 서면을 첨부하여야 한다(상업등기규칙 제162조, 제110조 2항)

등록면허세는 4만2백원이고, 지방교육세는 그 100분의 20(지방세법 제28조 1항, 제151조 1항), 등기신청수수료는 6,000원이다.

폐쇄일로부터 20년이 지난 등기용지의 부활 가부

선례요지

1. 청산인등기가 되어 있지 않은 상태에서 등기부가 폐쇄된 주식회사가 등기의무자로서 부동산등기신청을 하기 위해서는 폐쇄된 등기부를 부활하여야 하나, 구「비송사건절차법」(2007. 7. 27. 법률 제8569호로 개정되기 전의 것)의 규정에 따라 등기용지가 폐쇄되어 그 등기용지가 폐쇄된 지 20년이 경과한 주식회사는 폐쇄된 등기부를 부활할 수 없다.

2. 폐쇄된 등기부를 부활할 수 없는 주식회사에 대해 등기청구권을 갖는 자가 등기의무자와 공동신청에 의해 자기 앞으로 소유권이전등기를 마치는 것은 불가능하지만, 이러한 회사도 소유권이전등기의무가 남아 있는 이상 그 청산사무의 범위에서 법인격을 가지고 소송상 당사자능력이 있으므로, 등기권리자는 그 회사를 상대로 한 판결을 받아 단독으로 소유권이전등기를 신청할 수 있다. (2011. 7. 4. 사법등기심의관-1491 질의회답)

참조조문 : 상업등기법 부칙 제4조, 구 비송사건절차법 제145조 제2항, 상업등기규칙 제72조 제2항, 부동산등기법 제28조, 제29조

참조예규 : 등기 예규 제1087호, 등기 예규 제1212호

참조판례 : 대법원 1997. 4. 22. 선고 97다3408 판결

참조선례 : 등기선례 200406-11, 3-469, 3-471

【서식】유한회사청산인선임등기신청서

<table>
<tr><td colspan="5" align="center">유한회사청산인선임등기신청</td></tr>
<tr><td rowspan="2">접　수</td><td>년　월　일</td><td rowspan="2">처리인</td><td>등기관 확인</td><td>각종 통지</td></tr>
<tr><td>제　　　　호</td><td></td><td></td></tr>
</table>

<table>
<tr><td>①상　　　　호</td><td colspan="2">○○ 유한회사</td><td>②등기번호</td><td>○○○○○○</td></tr>
<tr><td>③본　　　　점</td><td colspan="4">서울특별시 ○○구 ○○로 ○○</td></tr>
<tr><td>④등기의 목적</td><td colspan="4">청산인선임등기</td></tr>
<tr><td>⑤등기의 사유</td><td colspan="4">20○○년 ○월 ○일 사원총회 결의로(또는 존립기간 만료로, 정관에 정한 □□사유의 발생으로 등) 회사가 해산하고 동일 사원총회 결의로 선임된(또는 정관에서 정하여진, 이사였던) 다음 사람이 20○○년 ○월 ○일 청산인 및 대표청산인에 취임하였으므로 다음 사항의 등기를 구함</td></tr>
<tr><td>⑥본/지점 신청구분</td><td colspan="4">1.본점신청 □   2.지점신청 □   3.본·지점 일괄신청 □</td></tr>
<tr><td colspan="5" align="center">등　기　할　사　항</td></tr>
<tr><td>⑦청산인의성명· 주민등록번호 및 주소·취임 연월일(주소는 대표청산인을 두지 아니한 경우)</td><td colspan="4">청산인 ○○○ (XXXXXX - XXXXXXX)

청산인 △△△ (XXXXXX - XXXXXXX)

　　20○○년 ○월 ○일 취임</td></tr>
<tr><td>⑧대표청산인의 성명·주소 및 취임연월일</td><td colspan="4">대표청산인 ○○○ (XXXXXX - XXXXXXX)
 서울특별시 ○○구 ○○로 ○○

　　20○○년 ○월 ○일 취임</td></tr>
<tr><td>기　　　　타</td><td colspan="4"></td></tr>
</table>

⑨신청등기소 및 등록면허세/수수료						
순번	신청등기소	구분	등록면허세 / 지방교육세	농어촌특별세	세액합계	등기신청수수료
			금 원 / 금 원	금 원	금 원	금 원
합 계						
등기신청수수료 납부번호						

<table>
<tr><td colspan="2" align="center">첨   부   서   면</td></tr>
<tr>
<td>
1. 정관(이사가 청산인이 된 경우)   통
1. 공증받은 사원총회의사록
   (사원총회에서 선임한 경우)   통
1. 청산인과반수동의서(대표청산인을 정한
   경우)   통
1. 선임결정서등본
   (법원이 선임한 경우)   통
</td>
<td>
1. 취임승낙서(인감증명서나 본인서명사실
   확인서 또는 전자본인서명확인서의
   발급증 포함)   통
1. 주민등록표등본   통
1. 인감신고서   통
1. 등록면허세영수필확인서   통
1. 등기신청수수료영수필확인서   통
1. 위임장(대리인이 신청할 경우)   통
<기 타>
</td>
</tr>
</table>

		년 월 일
⑪신청인	상 호	
	본 점	
대표청산인	성 명	(인) (전화 :)
	주 소	
대리인	성 명	(인) (전화 :)
	주 소	
	지방법원 등기소 귀중	

- 신청서 작성요령 -

1. 해당란이 부족할 때에는 별지를 이용합니다.

1. 해당 등기신청과 관계없는 사항에 대하여는 "해당없음"으로 기재하거나 삭제하고, 필요한 사항은 추가 기재합니다.

1.「인감증명법」에 따른 인감증명서 제출과 함께 관련 서면에 인감을 날인하여야 하는 경우, 본인서명사실 확인서를 제출하고 관련 서면에 서명을 하거나 전자본인서명확인서 발급증을 제출하고 관련 서면에 서명을 하면 인감증명서를 제출하고 관련 서면에 인감을 날인한 것으로 봅니다.

【서식】유한회사청산종결등기신청서

유한회사청산종결등기신청

접 수	년 월 일	처리인	등기관 확인	각종 통지
	제 호			

①상 호	○○ 유한회사	②등기번호	○○○○○○

③본 점	서울특별시 ○○구 ○○길 ○○

④등기의 목적	청산종결등기

⑤등기의 사유	청산을 종결하고 20○○년 ○월 ○일 사원총회에서 결산보고서를 승인 받았으므로 다음 사항의 등기를 구함

⑥본/지점 신청구분	1.본점신청 ☐ 2.지점신청 ☐ 3.본·지점 일괄신청 ☐

등   기   할   사   항

⑦청산종결연월일	20○○년 ○월 ○일 청산종결

기 타	

⑧신청등기소 및 등록면허세/수수료						
순번	신청등기소	구분	등록면허세 지방교육세	농어촌특별세	세액합계	등기신청수수료
			금　　　　원 금　　　　원	금　　　원	금　　　원	금　　　　원
합　　　　계						
등기신청수수료 납부번호						

⑨첨　부　서　면

1. 사원총회의사록(공증받은 것)　　통
1. 등록면허세영수필확인서　　　　통
1. 등기신청수수료영수필확인서　　통
1. 위임장(대리인이 신청할 경우)　통

〈기 타〉

　　　　　　　　　　　　　　　년　　월　　일

⑩신청인　　상　호
　　　　　　　본　점
대표청산인　성　명　　　　　　　(인)　(전화 :　　　　)
　　　　　　　주　소
대리인　　　성　명　　　　　　　(인)　(전화 :　　　　)
　　　　　　　주　소
　　　　　　지방법원　　등기소　귀중

- 신청서 작성요령 -

1. 해당란이 부족할 때에는 별지를 이용합니다.
1. 해당 등기신청과 관계없는 사항에 대하여는 "해당없음"으로 기재하거나 삭제하고, 필요한 사항은 추가 기재합니다.

VI. 조직변경의 등기

1. 조직변경의 절차

(1) 사원총회의 특수결의, 특별결의

조직변경이란 회사의 조직을 변경하여 다른 종류의 회사로 바꾸되 법인격의 동일성은 그대로 유지되는 제도를 말한다.

2011년 개정전 상법에서는 유한회사는 총사원의 일치에 의한 총회의 결의가 있어야만 그 조직을 변경하여 주식회사로 할 수 있었다(개정전 상법 제607조 1항). 그러나 2011년 4월 14일 상법개정으로 단서를 신설하여 정관으로 정할 경우 정관변경을 위한 특별결의로 조직변경이 가능하도록 하였다(제607조 1항 단서).

이 조직변경은 법원의 인가를 받지 아니하면 그 효력이 없다(상법 제607조 3항).

조직변경을 하려면 ① 총주주의 일치에 의한 총회의 결의가 있어야 하며, ② 사채상환이 완료되었어야 하고, ③ 회사 현존의 수재산액 이상의 금액이 자본총액이 아니어야 한다(상법 제604조).

조직변경을 위한 총회의 결의에 있어서는 정관 기타 조직변경에 필요한 사항을 정하여야 한다(상법 제607조 5항, 제604조 3항). 정관은 공증인의 인증을 받을 필요 없다.

정관 외에 정하여야 할 사항은 다음과 같다.

1) 조직변경시에 발행할 주식의 종류와 수, 발행가액

조직변경시에 발행할 주식의 총수는 정관으로 정하여야 하나(상법 제289조 1항 5호), 각종 주식을 발행할 경우에는 그 주식의 종류와 수는 반드시 정관으로 정할 필요가 없는 것이므로 정관에 이에 관한 정함이 없는 때에는 위 사원총회에서 이를 정하여야 한다.

자본충실의 원칙에 맞게 하기 위하여 조직변경시에 발행하는 주식의 발행가액의 총액이 유한회사의 순재산액을 초과하여서는 아니되며, 이에 위반한 때에는 조직변경결의 당시의 이사, 감사와 사원은 회사에 대하여 연대하여 그 부족액을 지급할 책임을 진다(상법 제607조 2항).

2) 감사의 선임

조직변경 후 주식회사의 이사와 감사의 선임, 대표이사의 선임은 조직변경 후의 회사인 주식회사에서 하는 것이 원칙이므로(상법 제389조), 조직변경 결의 중에 이를 선임하지 않아도 된다.

3) 변경전의 유한회사의 사원에 대한 주식의 배정에 관한 사항

조직변경시에 발행하는 주식을 사원에게 어떻게 배정할 것인가에 관하여는 원칙적으로는 출자비율에 따를 것이나, 사원총회에서 달리 결의할 수도 있다.

4) 단주처리

조직변경에 의하여 주식의 병합과 유사관계가 생겨 단주를 발행할 경우에 주식병합의 단주처리(상법 제443조)를 준용할 수 없으므로 주주총회에서 정하여야 한다.

(2) 채권자보호절차의 이행

조직변경의 결의를 한 때에는 결의일부터 2주간 내에 회사채권자에 대하여 1월 이상의 기간을 정하여 조직변경에 이의가 있으면 그 기간 내에 이의를 제출할 것을 공고하고, 알고 있는 채권자에 대하여는 각별로 최고를 하여야 한다.

이의를 제출하는 채권자가 있는 때에는 회사는 변제 또는 상당한 담보를 제공하거나 이를 목적으로 상당한 재산을 신탁회사에 신탁하여야 한다.

채권자가 위 기간 내에 이의를 제출하지 아니한 때에는 조직변경을 승인한 것으로 본다(상법 제608조, 제232조).

(3) 법원의 인가

유한회사가 조직을 변경하여 주식회사로 됨에는 법원의 인가를 받아야만 그 효력이 발생한다(상법 제607조 3항). 이는 유한회사의 특색인 설립의 간이성을 보충하는 제도적 장치이다. 이 인가는 유한회사의 이사와 감사가 공동으로 회사의 본점소재지 관할 지방법원에 신청하여야 한다(비송사건절차법 제72조 1항, 제105조, 제104조). 법원의 인가서는 신청인에 고지된 때에 그 효력이 발생한다. 신청이 있는 때에는 법원은 이유를 붙인 결정으로써 재판을 하여야 하며, 신청을 인허하는 재판에 대하여는 불복을 신청하지 못한다(비송사건절차법 제106조, 제81조).

2. 조직변경의 효력

조직변경의 효력은 조직변경등기를 한 때 발생한다.

조직변경의 효력이 생긴 때에는 회사는 동일성을 유지하면서 주식회사로 되고 유한회사의 사원은 주주가 된다.

3. 등기절차

유한회사가 주식회사로 조직을 변경한 때에는 주식회사에 대해서는 설립등기, 유한회사에 대해서는 해산등기를 하여야 한다(상법 제607조 5항, 제606조).

변경 전 회사에 관한 해산등기신청서는 등록세납부영수필확인서 및 위임장을 제외하고는 달리 첨부할 서면은 없고, 조직변경 및 해산등기 신청에 대하여 등기소에서는 일괄처리한다.

(1) 등기기간

유한회사가 주식회사로 조직을 변경한 때에는 그 효력이 발생한 날(채권자보호절차의 이행종료일 또는 법원의 인가서 도달일 중 늦은 날)로부터 본점소재지에서는 2주간, 지점소재지에서는 3주간 내에 유한회사에 있어서는 해산등기, 주식회사에 있어서는 상법 제317조 2항에 정하는 등기(다만, 지점소재지에서는 지점의 등기사항)를 하여야 한다.

(2) 등기신청인

유한회사의 해산등기는 유한회사를 대표하는 이사가 신청하고, 주식회사의 설립등기는 주식회사의 대표이사의 신청에 의하여야 한다(상업등기법 제23조). 그리고 위 양 등기사항은 동시에 신청하여야 하는 취지에 비추어 볼 때(동법 제66조) 신설회사를 대표하는 주식회사의 대표이사가 유한회사의 해산등기도 신청할 수 있다고 보아야 할 것이다. 등기관은 동시에 신청한 등기신청서 중 어느 하나에 관하여 각하사유가 있는 때에는 이들 신청을 함께 각하한다(상업등기법 제67조).

(3) 등기사항

1) 유한회사의 해산등기(상업등기법 제65조)

주식회사의 상호, 본점, 조직변경으로 인하여 해산한 뜻과 그 연월일

2) 주식회사의 설립등기(상업등기법 제65조)

① 통상의 설립등기사항

② 유한회사의 상호, 조직변경의 취지 및 그 연월일

③ 회사성립연월일(유한회사의 설립등기연월일)

(4) 첨부서면

1) 유한회사의 해산등기

대리권을 증명하는 서면(상업등기규칙 제52조) 외에 다른 서면은 첨부를 생략할 수 있다.

2) 주식회사의 설립등기(상업등기규칙 제161조)

조직변경으로 인한 주식회사의 설립등기신청서에는 다음 서면을 첨부하여야 한다.

가. 정 관

조직변경으로 인하여 새로 설립하는 주식회사의 정관을 첨부하여야 한다.

나. 이사, 대표이사, 감사의 취임승낙을 증명하는 서면

이 서면에 관한 진정담보제도는 다른 설립등기신청의 경우와 같아서 인감증명법에 의한 인감증명서를 첨부하여야 한다. 다만, 대표이사 아닌 이사의 경우에는 신청서에 첨부된 공증받은 의사록에 취임승낙의 취지가 기재되고 그의 기명날인이 있는 때에는 위 인감증명서의 첨부를 생략할 수 있고 대표이사의 경우에는 인감신고서에 첨부한 인감증명서를 원용할 수도 있을 것이다.

다. 이사·감사의 주민등록번호를 증명하는 서면 및 대표이사의 주소를 증명하는 서면(상법 제317조, 특례법규칙 제2조 2항)

라. 명의개서대리인을 둔 때에는 명의개서대리인과의 계약을 증명하는 서면

마. 채권자보호절차의 이행사실을 증명하는 서면

회사채권자에게 공고, 최고한 증명서와 이의가 있을 때에는 변제영수증이나 담보제공증명서, 이의가 없을 때에는 그 취지의 진술서를 첨부한다.

바. 회사에 현존하는 순재산액을 증명하는 서면

조직변경 당시의 대차대조표 재산목록 등이 이에 해당한다.

사. 조직변경에 관한 사원총회의사록(상업등기규칙 제155조)

이 의사록은 본점소재지 관할 지방검찰청소속 공증인의 인증을 받아야 한다.

아. 주식인수를 증명하는 서면

자. 이사가 1인인 회사를 제외하고는 대표이사 선임에 관한 이사회의사록

차. 조직변경에 관한 법원의 인가결정서의 등본(상업등기규칙 제52조)

카. 등록세영수필증확인서(지방교육세, 농어촌특별세 포함) 및 등기신청수수료

등록면허세는 과세표준액의 1,000분의 4이고, 수도권 및 대도시에서는 그 3배를 가산한 등록면허세를 납부하며, 지방교육세는 등록면허세의 100분의 20이다. 이를 납부한 영수필증확인서를 첨부한다(지방세법 제28조 1항, 제151조 1항). 조세특례제한법, 관세법, 지방세법에 의하여 등록면허세가 감면되는 경우 원칙적으로 감면세액의 100분의 20에 해당하는 농어촌특별세를 납부하여야 한다(농어촌특별세법 제5조). 그러나 농어촌특별세도 감면 또는 면제되는 경우가 있다(농어촌특별세법 제4조).

조직변경으로 인한 설립등기의 등기신청수수료는 30,000원이고, 조직변경으로 인한 해산등기의 등기신청수수료는 6,000원이다.

타. 기타의 서면(상업등기규칙 제52조)

대표이사의 인감증명대조용 인감대지를 첨부하여야 하고, 그 밖에 위임장, 관청의 허가서 등이 필요한 경우에는 이를 첨부하여야 한다.

조직변경으로 인한 유한회사 해산등기신청서에는 위임장 등 일반적인 서면만 첨부하면 된다.

핵 심 판 례

■ 회사의 조직변경이 허용되는 경우

회사의 조직변경은 회사가 그의 인격의 동일성을 보유하면서 법률상의 조직을 변경하여 다른 종류의 회사로 되는 것을 일컫는다 할 것이고 상법상 합명, 합자회사 상호간 또는 주식, 유한회사 상호간에만 회사의 조직변경이 인정되고 있을 뿐이므로 소외 계룡건설합자회사가 그 목적, 주소, 대표자등이 동일한 주식회사인 원고 회사를 설립한 다음 동 소외 회사를 흡수 합병하는 형식을 밟아 사실상 합자회사를 주식회사로 변경하는 효과를 꾀하였다 하더라도 이를 법률상의 회사조직변경으로 볼 수는 없다(대법원 1985. 11. 12., 선고, 85누69, 판결).

법인 종류의 변경을 초래하는 상호(명칭), 목적의 변경등기 가부 (제정 2018. 9. 7. [상업등기선례 제201809-2호, 시행])

선례요지

일반적으로 영농조합법인이 명칭 및 목적변경등기를 신청할 수 있으나, 법인종류의 변경을 초래하는 범위의 변경등기는 실질적으로 조직변경에 관한 등기에 해당하여 법령에 근거가 없는 한 그 등기를 할 수 없다.
(2018. 9. 7. 사법등기심의관 - 3498 질의회답)
참조조문 : 농어업경영체 육성 및 지원에 관한 법률 제1조, 제16조, 제30조, 같은 법 시행령 제11조
참조선례 : 상업등기선례 제1-252호

제 2 장 유한책임회사의 등기

Ⅰ. 총 설

> ■ 핵 심 사 항 ■
>
> 1. 유한책임회사 : 유한책임회사는 사원들이 전부 유한책임을 지면서도 인적회사와 같이 조합적인 방법으로 운영할 수 있는 회사로 2011년 상법개정시 도입되었다. 즉, 유한책임회사는 사원에게 유한책임을 인정하면서도 회사의 설립, 운영과 기관구성 등에서 사적 자치가 폭넓게 인정되는 것이다.
> 2. 유한책임회사의 등기(상법 제287조의5) : 유한책임회사는 본점의 소재지에서 다음 각 호의 사항을 등기함으로써 성립한다.
>   (1) 제179조제1호·제2호 및 제5호에서 정한 사항과 지점을 둔 경우에는 그 소재지
>   (2) 제180조제3호에서 정한 사항
>   (3) 자본금의 액
>   (4) 업무집행자의 성명, 주소 및 주민등록번호(법인인 경우에는 명칭, 주소 및 법인등록번호). 다만, 유한책임회사를 대표할 업무집행자를 정한 경우에는 그 외의 업무집행자의 주소는 제외한다.
>   (5) 유한책임회사를 대표할 자를 정한 경우에는 그 성명 또는 명칭과 주소
>   (6) 정관으로 공고방법을 정한 경우에는 그 공고방법
>   (7) 둘 이상의 업무집행자가 공동으로 회사를 대표할 것을 정한 경우에는 그 규정
>   또한, 위의 사항이 변경된 경우에는 본점소재지에서는 2주 내에 변경등기를 하고, 지점소재지에서는 3주 내에 변경등기를 하여야 한다.

1. 유한책임회사 도입배경

최근의 산업구조에서는 벤처기업과 같이 창의적인 인적 자산을 위주로 하는 사업이 번성하고 있다. 이러한 기업의 창업자들이 희망하는 기업형태는 창업자가 단독으로 자유롭게 경영할 수 있거나, 타인과 같이 하더라도 구성원간에 강한 유대를 갖는 인적집단으로 운영할 수 있으며, 기업실패로 인한 창업자들의 위험부담을 최대한 줄일

수 있는 기업조직이라고 할 수 있다. 2011년 개정상법은 이러한 수요를 받아들여 사원들이 전부 유한책임을 지면서도 인적회사와 같이 조합적인 방법으로 운영할 수 있는 유한책임회사를 신설하였다.[65]

2. 의의

유한책임회사는 사원들이 전부 유한책임을 지면서도 인적회사와 같이 조합적인 방법으로 운영할 수 있는 회사로 2011년 상법개정시 도입된 기업형태로서 사원에게 유한책임을 인정하면서도 회사의 설립, 운영과 기관구성 등에서 사적 자치가 폭넓게 인정한다.

II. 설립의 등기

1. 정관의 작성

유한책임회사를 설립할 때에는 사원은 정관을 작성하여야 한다(상법 제287조의2). 정관에는 다음의 사항을 적고 각 사원이 기명날인하거나 서명하여야 한다(상법 제287조의3).

(1) 목적

(2) 상호

(3) 사원의 성명·주민등록번호 및 주소

(4) 본점의 소재지

(5) 정관의 작성년월일

(6) 사원의 출자의 목적 및 가액

(7) 자본금의 액

(8) 업무집행자의 성명(법인인 경우에는 명칭) 및 주소

2. 설립 시의 출자의 이행

사원은 신용이나 노무를 출자의 목적으로 하지 못하며, 정관의 작성 후 설립등기를 하는 때까지 금전이나 그 밖의 재산의 출자를 전부 이행하여야 한다. 현물출자를 하는 사원은 납입기일에 지체 없이 유한책임회사에 출자의 목적인 재산을 인도하고, 등기, 등록, 그 밖의 권리의 설정 또는 이전이 필요한 경우에는 이에 관한 서류를 모두

---

65) 법무부, 상법개정안 해설자료 22면 참조, 2008.11.

갖추어 교부하여야 한다(상법 제287조의4).

3. 설립등기

(1) 등기사항

유한책임회사는 본점의 소재지에서 다음 각 호의 사항을 등기함으로써 성립한다(상법 제287조의5 1항).

1) 목적

2) 상호

3) 본점의 소재지와 지점을 둔 경우에는 그 소재지

4) 존립기간 기타 해산사유를 정한 때에는 그 기간 또는 사유

5) 자본금의 액

6) 업무집행자의 성명, 주소 및 주민등록번호(법인인 경우에는 명칭, 주소 및 법인등록번호). 다만, 유한책임회사를 대표할 업무집행자를 정한 경우에는 그 외의 업무집행자의 주소는 제외한다.

7) 유한책임회사를 대표할 자를 정한 경우에는 그 성명 또는 명칭과 주소

8) 정관으로 공고방법을 정한 경우에는 그 공고방법

9) 둘 이상의 업무집행자가 공동으로 회사를 대표할 것을 정한 경우에는 그 규정

유한책임회사의 대표자가 법인인 경우에는 위의 사항 외에 그 자의 직무를 행할 사람의 성명·주민등록번호 및 주소를 등기하여야 한다(상업등기법 제68조).

(2) 첨부정보(상업등기규칙 제120조)

설립등기를 신청하는 경우에는 다음 각 호의 정보를 제공하여야 한다.

1) 정관

2) 출자 전액 납입 또는 현물출자의 목적인 재산 전부의 급여가 있음을 증명하는 정보

3) 업무집행자의 취임승낙을 증명하는 정보

4) 대표업무집행자를 정한 경우에는 그 취임승낙을 증명하는 정보

5) 대표업무집행자가 법인인 경우에 그 자의 직무를 행할 사람의 선임을 증명하는 정보

핵 심 판 례

■ **주식회사의 설립무효사유 및 회사 설립과 관련된 주주 개인의 의사무능력이나 의사표시의 하자가 설립무효사유가 되는지 여부(소극)**

상법은 회사의 설립에 관하여 이른바 준칙주의를 채택하고 있으므로, 상법 규정에 따른 요건과 절차를 준수하여 회사를 설립한 경우에 회사의 성립이 인정된다. 그러나 다수의 이해관계인이 참여하는 회사의 설립에 관하여 일반원칙에 따라 제한 없이 설립의 무효를 주장할 수 있도록 허용하면 거래안전을 해치고 회사의 법률관계를 혼란에 빠지게 할 수 있으므로 상법은 회사 설립의 무효에 관하여 반드시 회사성립의 날로부터 2년 내에 소를 제기하는 방법으로만 주장할 수 있도록 하였다(상법 제184조, 제269조, 제287조의6, 제328조, 제552조). 또한 주식회사를 제외한 합명회사와 합자회사, 유한책임회사와 유한회사에 대해서는 설립취소의 소를 규정하고 있으나 주식회사에 대해서는 설립취소의 소에 관한 규정을 두지 않았는데(상법 제184조, 제269조, 제287조의6, 제552조), 이는 물적 회사로서 주주 개인의 개성이 중시되지 않는 주식회사에 있어서는 취소사유에 해당하는 하자를 이유로 해서는 회사 설립의 효력을 다툴 수 없도록 정한 것이다. 회사 설립을 위해 주식을 인수한 자는 일정한 요건을 갖추어 주식인수의 무효 또는 취소를 다툴 수 있으나, 이 역시 주식회사가 성립된 이후에는 그 권리행사가 제한된다(상법 제320조). 이러한 상법의 체계와 규정 내용을 종합해 보면, 주식회사의 설립과 관련된 주주 개인의 의사무능력이나 의사표시의 하자는 회사설립무효의 사유가 되지 못하고, 주식회사의 설립 자체가 강행규정에 반하거나 선량한 풍속 기타 사회질서에 반하는 경우 또는 주식회사의 본질에 반하는 경우 등에 한하여 회사설립무효의 사유가 된다고 봄이 타당하다(대법원 2020. 5. 14. 선고 2019다299614 판결).

【서식】 유한책임회사설립등기신청서

<table>
<tr><td colspan="5" align="center">유한책임회사설립등기신청</td></tr>
<tr><td rowspan="2">접 수</td><td>2000년 0월 0일</td><td rowspan="2">처리인</td><td>등기관 확인</td><td>각종 통지</td></tr>
<tr><td>제0000호</td><td></td><td></td></tr>
</table>

등기의 목적	유한책임회사 설립등기
등기의 사유	
본/지점 신청구분	1. 본점신청 □ 2. 지점신청 □ 3. 본·지점 일괄신청 □

<table>
<tr><td colspan="2" align="center">등 기 할 사 항</td></tr>
<tr><td>상　　　호</td><td></td></tr>
<tr><td>본　　　점</td><td></td></tr>
<tr><td>공 고 방 법</td><td></td></tr>
<tr><td>자 본 금 의 액</td><td></td></tr>
<tr><td>목　　　적</td><td></td></tr>
<tr><td>업무집행자의
성명 및
주민등록번호</td><td></td></tr>
<tr><td>대표업무집행자의
성명과 주소</td><td></td></tr>
<tr><td>지　　　점</td><td></td></tr>
<tr><td>존립기간 또는
해산사유</td><td></td></tr>
<tr><td>기　　　타</td><td>해당 없음</td></tr>
</table>

<table>
<tr><td colspan="8" align="center">신청등기소 및 등록면허세/수수료</td></tr>
<tr>
<td align="center">순번</td>
<td align="center">신청등기소</td>
<td align="center">구분</td>
<td align="center">등록면허세
지방교육세</td>
<td align="center">농어촌특별세</td>
<td align="center">세액합계</td>
<td colspan="2" align="center">등기신청수수료</td>
</tr>
<tr>
<td></td>
<td></td>
<td></td>
<td>금   원
금   원</td>
<td align="center">금   원</td>
<td align="center">금   원</td>
<td colspan="2" align="center">금   원</td>
</tr>
<tr>
<td></td>
<td></td>
<td></td>
<td></td>
<td></td>
<td></td>
<td colspan="2"></td>
</tr>
<tr>
<td colspan="2" align="center">합   계</td>
<td></td>
<td></td>
<td></td>
<td></td>
<td colspan="2"></td>
</tr>
<tr>
<td colspan="3" align="center">등기신청수수료 납부번호</td>
<td colspan="5"></td>
</tr>
<tr>
<td colspan="3" align="center">과세표준액</td>
<td colspan="5" align="center">금   원</td>
</tr>
</table>

<table>
<tr><td colspan="2" align="center">첨 부 서 면</td></tr>
<tr>
<td>
1. 정관   통
1. 총사원동의서   통
1. 출자금납입증명서   통
1. 현물출자재산인도증   통
1. 업무집행자과반수동의서 통
1. 취임승낙서(인감증명서나 본인서명사실
   확인서 또는 전자본인서명확인서의
   발급증 포함)   통
1.주민등록표등(초)본   통
1.대표업무집행자 인감신고서 통
</td>
<td>
1. 대표업무집행자가 법인인 경우에
   그 자의 직무를 행할 사람의 선임을
   증명하는 서면(취임승낙서 및 인감증
   명서<본인서명사실확인서 또는 전자
   본인서명확인서의 발급증> 등) 통
1.등록면허세영수필확인서   통
1.등기신청수수료영수필확인서 통
1.위임장(대리인이 신청할 경우) 통
<기 타>
</td>
</tr>
</table>

2000년 ○월 ○일

신 청 인   상 호 ○○유한책임회사
               본 점 ○○시 ○○구 ○○길 ○○
대표업무집행자 성 명 ○ ○ ○ (인) (전화 : 02-123-4567)
               주 소 ○○시 ○○구 ○○길 ○○
대 리 인   성 명 법무사 ○ ○ ○ (인) (전화 02-456-7890)
               주 소 ○○시 ○○구 ○○길 ○○

○○지방법원 ○○등기소 귀중

신청서 작성요령 -

1. 해당란이 부족할 때에는 별지를 이용합니다.
1. 해당 등기신청과 관계없는 사항에 대하여는 "해당없음"으로 기재하거나 삭제하고, 필요한 사항은 추가 기재합니다.
1. 「인감증명법」에 따른 인감증명서 제출과 함께 관련 서면에 인감을 날인하여야 하는 경우, 본인서명사실확인서를 제출하고 관련 서면에 서명을 하거나 전자본인서명확인서 발급증을 제출하고 관련 서면에 서명을 하면 인감증명서를 제출하고 관련 서면에 인감을 날인한 것으로 봅니다.

III. 변경의 등기 등

1. 등기기간 및 등기사항

등기된 사항에 변경이 있는 경우 본점소재지에서는 2주 내에 변경등기를 하고, 지점소재지에서는 3주 내에 변경등기를 하여야 한다(상법 제287조의5 4항). 유한책임회사가 지점을 설치하거나 본점이나 지점을 이전하는 경우에는 각 각 그 설치, 이전의 등기를 하여야 한다(상법 제287조의5 2항, 3항, 제181조, 제182조).

또한 유한책임회사가 주식회사로 조직을 변경하거나 그 역의 경우에 각 해산의 등기와 설립의 등기를 하여야 한다(상법 제287조의44, 제606조, 제607조 5항).

2. 자본금의 증가 또는 감소로 인한 변경등기(상업등기규칙 제122조)

자본금의 증가로 인한 변경등기를 신청하는 경우에는 출자 전액 납입 또는 현물출자의 목적인 재산 전부의 급여가 있음을 증명하는 정보를 제공하여야 한다.　자본금의 감소로 인한 변경등기를 신청하는 경우에는 「상법」 제232조 제1항에 따른 공고 및 최고를 한 사실과 이의를 진술한 채권자가 있는 때에는 이에 대하여 변제 또는 담보를 제공하거나 신탁을 한 사실을 증명하는 정보를 제공하여야 한다. 다만, 감소 후의 자본금의 액이 순자산액 이상인 경우에는 이러한 정보를 갈음하여 그에 해당함을 증명하는 정보를 제공하여야 한다.

3. 합병으로 인한 변경등기(상업등기규칙 제124조)

합병으로 인한 변경등기를 신청하는 경우에는 다음의 정보를 제공하여야 한다.

(1) 합병계약에 관한 정보

(2) 소멸회사의 총사원의 동의가 있음을 증명하는 정보나 주주총회 또는 사원총회의 의사록

(3) 소멸회사가 주식회사인 경우에는 사채의 상환을 완료하였음을 증명하는 정보

(4) 「상법」 제232조 제1항에 따른 공고 및 최고를 한 사실과 이의를 진술한 채권자가 있는 때에는 이에 대하여 변제 또는 담보를 제공하거나 신탁을 한 사실을 증명하는 정보

【서식】 유한책임회사변경등기신청서(자본금증가)

<table>
<tr><td colspan="5" align="center">유한책임회사변경등기신청</td></tr>
<tr><td rowspan="2">접 수</td><td>20○○년 ○월 ○일</td><td rowspan="2">처리인</td><td>등기관 확인</td><td>각종 통지</td></tr>
<tr><td>제○○○○호</td><td></td><td></td></tr>
</table>

상 호	○○유한책임회사	등기번호	제1000호
본 점	○○시 ○○구 ○○길 ○○		
등 기 의 목적	자본금증가로 인한 변경등기		
등기의 사유			

등 기 할 사 항	
변경된 자본금의 액과 그 연월일	
기 타	해당 없음

등록면허세	금　　원	지방교육세	금　　　원	농어촌특별세	금　　원
세 액 합 계	금　　　　　원		등기신청수수료	금　　　　원	
등기신청수수료 납부번호					

<table>
<tr><td colspan="2" align="center">첨　부　서　면</td></tr>
<tr>
<td>
1. 정관 　　　　　　　　　　　1통
1. 총사원동의서 　　　　　　　1통
1. 출자금납입증명서(또는 현물출자 인도증
　명서) 　　　　　　　　　　　1통
</td>
<td>
1. 등록면허세영수필확인서 　　1통
1. 등기신청수수료영수필확인서 　1통
1. 위임장(대리인이 신청할 경우) 　1통
〈기　타〉
</td>
</tr>
<tr><td colspan="2" align="center">

2000년 ○월 ○일

신 청 인　　　　상 호　○○유한책임회사

　　　　　　　　본 점　○○시 ○○구 ○○길 ○○

대표업무집행자　성 명　○ ○ ○ (인)　(전화 : 02-123-4567)

　　　　　　　　주 소　○○시 ○○구 ○○길 ○○

대 리 인　　　　성 명　법무사 ○ ○ ○ (인)　(전화 : 02-456-7890)

　　　　　　　　주 소　○○시 ○○구 ○○길 ○○

○○지방법원 ○○등기소 귀중

</td></tr>
</table>

- 신청서 작성요령 -

1. 해당란이 부족할 때에는 별지를 이용합니다.

1. 해당 등기신청과 관계없는 사항에 대하여는 "해당없음"으로 기재하거나 삭제하고, 필요한 사항은 추가 기재합니다.

【서식】 합병으로 인한 유한책임회사변경등기신청서
(유한책임회사가 존속회사로 되어 흡수합병을 한 경우)

<table>
<tr><td colspan="5" align="center">유한책임회사변경등기신청</td></tr>
<tr><td rowspan="2">접　수</td><td>2000년 0월 0일</td><td rowspan="2">처리인</td><td>등기관 확인</td><td>각종 통지</td></tr>
<tr><td>제0000호</td><td></td><td></td></tr>
</table>

<table>
<tr><td>상　　　호</td><td>○○유한책임회사</td><td>등기번호</td><td>제1000호</td></tr>
<tr><td>본　　　점</td><td colspan="3">○○시 ○○구 ○○길 ○○</td></tr>
<tr><td>등 기 의 목적</td><td colspan="3">흡수합병으로 인한 변경등기</td></tr>
<tr><td>등 기 의 사 유</td><td colspan="3"></td></tr>
<tr><td>본/지점 신청구분</td><td colspan="3">1. 본점신청 □　　　2. 지점신청 □　　　3. 본지점 일괄신청 □</td></tr>
<tr><td colspan="4" align="center">등　　기　　할　　사　　항</td></tr>
<tr><td>소멸회사의 상호,
본점 및 합병한
취지</td><td colspan="3"></td></tr>
<tr><td>합병 후의
자본금의 액</td><td colspan="3"></td></tr>
<tr><td>기　　　　타</td><td colspan="3">해당 없음</td></tr>
</table>

등록면허세	금　원	지방교육세	금　원	농어촌특별세	금　원
세 액 합 계	금　　　원		등기신청수수료	금　　　원	
등기신청수수료 납부번호					

<table>
<tr><td colspan="2" align="center">첨　부　서　면</td></tr>
<tr><td>
1. 합병계약서　　　　　　　　　　1통

1.　총사원동의서나　사원총회의사록　또는 주주총회의사록　　　　　　　1통

1. 공고와 최고를 증명하는 증명서 1통

1. 변제영수증(담보제공증명서) 또는
　　이의없다는 진술서　　　　　　1통
</td><td>
1. 순재산액을 증명하는 서면　　　1통
1. 등록면허세영수필확인서　　　　1통
1. 등기신청수수료영수필확인서　　1통
1. 위임장(대리인이 신청할 경우)　1통
〈기　타〉
</td></tr>
</table>

20○○년 ○월 ○일

신 청 인　　　　상　호　　○○유한책임회사

　　　　　　　　본　점　　○○시 ○○구 ○○길 ○○

대표업무집행자　성　명　　○ ○ ○ (인)　(전화 : 02-123-4567)

　　　　　　　　주　소　　○○시 ○○구 ○○길 ○○

대 리 인　　　　성　명　　법무사 ○ ○ ○ (인)　(전화 : 02-456-7890)

　　　　　　　　주　소　　○○시 ○○구 ○○길 ○○

○○지방법원 ○○등기소 귀중

- 신청서 작성요령 -

1. 해당란이 부족할 때에는 별지를 이용합니다.

1. 해당 등기신청과 관계없는 사항에 대하여는 "해당없음"으로 기재하거나 삭제하고, 필요한 사항은 추가 기재합니다.

Ⅳ. 내부관계

1. 업무집행

(1) 업무집행자의 선임

유한책임회사는 정관으로 사원 또는 사원이 아닌 자를 업무집행자로 정하여야 한다. 1명 또는 둘 이상의 업무집행자를 정한 경우에는 업무집행자 각자가 회사의 업무를 집행할 권리와 의무가 있다. 이 경우 어느 업무집행자의 집행에 다른 업무집행자의 이의가 있는 때에는 그 행위를 중지하고 업무집행자 전원의 과반수의 결의에 의한다. 정관으로 둘 이상을 공동업무집행자로 정한 경우에는 그 전원의 동의가 없으면 업무집행에 관한 행위를 하지 못한다(상법 제287조의12).

또한 개정상법은 법인이 유한책임회사의 업무집행자가 되는 것을 명문으로 허용하고 있다(상법 제287조의15). 법인이 업무집행자인 경우에는 그 법인은 해당 업무집행자의 직무를 행할 자를 선임하고, 그 자의 성명과 주소를 다른 사원에게 통지하여야 한다.

(2) 직무대행자

법원의 가처분으로 유한책임회사의 업무집행자의 업무집행을 정지하거나 직무대행자를 선임하는 가처분을 할 수 있으며, 그 가처분 또는 그 변경, 취소는 본점 및 지점이 있는 곳의 등기소에서 등기하여야 한다(상법 제287조의5 5항).

2. 정관변경

정관에 다른 규정이 없는 경우 정관을 변경하려면 총사원의 동의가 있어야 한다(상법 제287조의16). 업무집행자 또는 대표업무집행자의 취임으로 인한 변경등기를 신청하는 경우에는 그 취임승낙을 증명하는 정보를 제공하여야 한다. 대표업무집행자가 법인인 경우 그 자의 직무를 행할 사람에 관한 사항의 변경등기를 신청할 때에는 그 사실이 변경되었음을 증명하는 정보를 제공하여야 한다(상업등기규칙 제121조).

3. 사원 및 지분의 변동

(1) 사원의 가입

유한책임회사는 정관을 변경함으로써 새로운 사원을 가입시킬 수 있다. 이러한 사원의 가입은 정관을 변경한 때에 효력이 발생한다. 다만, 정관을 변경한 때에 해당 사원이 출자에 관한 납입 또는 재산의 전부 또는 일부의 출자를 이행하지 아니한 경우에는 그 납입 또는 이행을 마친 때에 사원이 된다. 사원 가입 시 현물출자를 하는 사원은 납입기일에 지체 없이 유한책임회사에 출자의 목적인 재산을 인도하고, 등기, 등록, 그 밖의 권리의 설정 또는 이전이 필요한 경우에는 이에 관한 서류를 모두 갖추어 교부하여야 한다(상법 제287조의23).

(2) 지분의 양도

사원은 다른 사원의 동의를 받지 아니하면 그 지분의 전부 또는 일부를 타인에게 양도하지 못한다. 그러나 업무를 집행하지 아니한 사원은 업무를 집행하는 사원 전원의 동의가 있으면 지분의 전부 또는 일부를 타인에게 양도할 수 있다. 다만, 업무를 집행하는 사원이 없는 경우에는 사원 전원의 동의를 받아야 한다. 하지만 정관으로 그에 관한 사항을 달리 정할 수 있다(상법 제287조의8).

(3) 퇴사

1) 퇴사 사유

사원의 퇴사에 관하여는 정관으로 달리 정하지 아니하는 경우에는 합명회사의 사원과 같은 조건에 따라 임의로 퇴사할 수 있다(상법 제287조의24, 제217조 1항). 즉, 정관으로 회사의 존립기간을 정하지 아니하거나 어느 사원의 종신까지 존속할 것을 정한 때에는 사원은 영업년도말에 한하여 퇴사할 수 있다. 그러나 6월전에 이를 예고하여야 한다.

또한 합명회사의 사원의 당연퇴사원인과 같은 원인에 의해 퇴사한다(상 제287조의25, 제218조). 즉, 정관에 정한 사유의 발생, 총사원의 동의, 사망, 금치산, 파산, 제명에 의해 퇴사하게 된다.

2) 퇴사 사원 지분의 환급

퇴사 사원은 그 지분의 환급을 금전으로 받을 수 있다. 퇴사 사원에 대한 환급금액은 퇴사 시의 회사의 재산 상황에 따라 정한다. 그리고 퇴사 사원의 지분 환급에 대하여는 정관으로 달리 정할 수 있다(상법 제287조의28).

3) 회사채권자의 보호

유한책임회사의 채권자는 퇴사하는 사원에게 환급하는 금액이 상법 제287조의37에 따른 잉여금을 초과한 경우에는 그 환급에 대하여 회사에 이의를 제기할 수 있다(상법 제287조의30).

V. 외부관계

1. 유한책임회사의 대표

업무집행자는 유한책임회사를 대표한다. 업무집행자가 둘 이상인 경우 정관 또는 총사원의 동의로 유한책임회사를 대표할 업무집행자를 정할 수 있다. 또한 정관 또는 총사원의 동의로 둘 이상의 업무집행자가 공동으로 회사를 대표할 것을 정할 수도 있다. 이 경우 제3자의 유한책임회사에 대한 의사표시는 공동대표의 권한이 있는 자 1인에 대하여 함으로써 그 효력이 생긴다(상법 제287조의19).

유한책임회사를 대표하는 업무집행자가 그 업무집행으로 타인에게 손해를 입힌 경우에는 회사는 그 업무집행자와 연대하여 배상할 책임이 있다(상법 제287조의20).

2. 사원의 책임

사원의 책임은 상법에 다른 규정이 있는 경우 외에는 그 출자금액을 한도로 한다(상법 제287조의7).

VI. 해산과 청산의 등기

1. 해산

(1) 해산사유(상법 제287조의38).

유한책임회사는 다음 어느 하나에 해당하는 사유로 해산한다

1) 존립기간의 만료 기타 정관으로 정한 사유의 발생

2) 총사원의 동의

3) 합병

4) 파산

5) 법원의 명령 또는 판결

6) 사원이 없게 된 경우

(2) 해산등기

유한책임회사가 해산된 경우에는 합병과 파산의 경우 외에는 그 해산사유가 있

었던 날부터 본점소재지에서는 2주 내에 해산등기를 하고, 지점소재지에서는 3주 내에 해산등기를 하여야 한다(상법 제287조의39). 사원이 없게 되어 해산등기를 신청하는 경우에는 그 사실을 증명하는 정보를 제공하여야 한다(상업등기규칙 제123조).

2. 청산

유한책임회사가 해산한 경우에는 임의청산이 허용되지 않는다(상법 제287조의45에서 제247조부터 제249조를 미준용). 따라서 회사가 해산하면 총사원의 과반수로 청산인을 선임해야 하며, 청산인을 선임하지 않은 때에는 업무집행자가 청산인이 된다(상법 제287조의45, 제251조).

【서식】 유한책임회사해산등기신청서

<table>
<tr><td colspan="5" align="center">유한책임회사해산등기신청</td></tr>
<tr><td rowspan="2" align="center">접 수</td><td align="center">20○○년 ○월 ○일</td><td rowspan="2" align="center">처리인</td><td align="center">등기관 확인</td><td align="center">각종 통지</td></tr>
<tr><td align="center">제○○○○호</td><td></td><td></td></tr>
</table>

<table>
<tr><td align="center">상   호</td><td>○○유한책임회사</td><td align="center">등기번호</td><td align="center">제1000호</td></tr>
<tr><td align="center">본   점</td><td colspan="3">○○시 ○○구 ○○길 ○○</td></tr>
<tr><td align="center">등기의 목적</td><td colspan="3">해산등기</td></tr>
<tr><td align="center">등기의 사유</td><td colspan="3"></td></tr>
<tr><td align="center">본/지점 신청구분</td><td colspan="3">1. 본점신청 □   2. 지점신청 □   3. 본·지점 일괄신청 □</td></tr>
<tr><td colspan="4" align="center">등   기   할   사   항</td></tr>
<tr><td align="center">해산사유</td><td colspan="3"></td></tr>
<tr><td align="center">해산연월일</td><td colspan="3"></td></tr>
<tr><td align="center">기   타</td><td colspan="3">해당 없음</td></tr>
</table>

<table>
<tr><td colspan="8" align="center">신청등기소 및 등록면허세/수수료</td></tr>
<tr><td rowspan="2">순번</td><td rowspan="2">신청등기소</td><td rowspan="2">구분</td><td>등록면허세</td><td rowspan="2">농어촌특별세</td><td rowspan="2">세액합계</td><td rowspan="2" colspan="2">등기신청수수료</td></tr>
<tr><td>지방교육세</td></tr>
<tr><td rowspan="2"></td><td rowspan="2"></td><td rowspan="2"></td><td>금　　　　원</td><td rowspan="2">금　　　　원</td><td rowspan="2">금　　　　원</td><td rowspan="2" colspan="2">금　　　　원</td></tr>
<tr><td>금　　　　원</td></tr>
<tr><td rowspan="2"></td><td rowspan="2"></td><td rowspan="2"></td><td></td><td></td><td></td><td colspan="2"></td></tr>
<tr><td></td><td></td><td></td><td colspan="2"></td></tr>
<tr><td colspan="3" align="center">합　　계</td><td></td><td></td><td></td><td colspan="2"></td></tr>
<tr><td colspan="3" align="center">등기신청수수료 납부번호</td><td colspan="5"></td></tr>
</table>

<table>
<tr><td colspan="2" align="center">첨　　부　　서　　면</td></tr>
<tr><td>
1. 정 관　　　　　　　　　　　　　통

1. 총사원동의서　등　해산사유　발생을
　　증명하는 서면　　　　　　　　　통

1. 등기신청인자격증명서　　　　　통

1. 등록면허세영수필확인서　　　　통

1. 등기신청수수료영수필확인서　　통
</td><td>
1. 위임장(대리인이 신청할 경우)　　통

〈기 타〉
</td></tr>
</table>

2000년 ○월 ○일

신 청 인　　　　　상　호　　○○유한책임회사

　　　　　　　　　본　점　　○○시 ○○구 ○○길 ○○

대표청산인　　　　성　명　　○ ○ ○ (인)　(전화 : 02-123-4567)

　　　　　　　　　주　소　　○○시 ○○구 ○○길 ○○

대 리 인　　　　　성　명　　법무사　○ ○ ○ (인)　(전화 02-456-7890)

　　　　　　　　　주　소　　○○시 ○○구 ○○길 ○○

○○지방법원 ○○등기소 귀중

- 신청서 작성요령 -

1. 해당란이 부족할 때에는 별지를 이용합니다.

1. 해당 등기신청과 관계없는 사항에 대하여는 "해당없음"으로 기재하거나 삭제하고, 필요한 사항은 추가 기재합니다.

【서식】 유한책임회사청산인등기신청서

<table>
<tr><td colspan="5" align="center">유한책임회사청산인등기신청</td></tr>
<tr><td rowspan="2">접 수</td><td>20○○년 ○월 ○일</td><td rowspan="2">처리인</td><td>등기관 확인</td><td>각종 통지</td></tr>
<tr><td>제○○○○호</td><td></td><td></td></tr>
</table>

상 호	○○유한책임회사	등기번호	제1000호
본 점	○○시 ○○구 ○○길 ○○		
등기의 목적	청산등기		
등기의 사유			
본/지점 신청구분	1. 본점신청 □　　2. 지점신청 □　　3. 본지점 일괄신청 □		

등 기 할 사 항	
취임한 청산인의 성명·주민등록번호와 주소 및 취임 연월일, 청산인의 퇴임 등 변경된 사항과 그 연월일	
기 타	해당 없음

<table>
<tr><td colspan="8" align="center">신청등기소 및 등록면허세/수수료</td></tr>
<tr>
<td rowspan="2">순번</td>
<td rowspan="2">신청등기소</td>
<td rowspan="2">구분</td>
<td>등록면허세</td>
<td rowspan="2">농어촌특별세</td>
<td rowspan="2">세액합계</td>
<td rowspan="2" colspan="2">등기신청수수료</td>
</tr>
<tr>
<td>지방교육세</td>
</tr>
<tr>
<td></td>
<td></td>
<td></td>
<td>금 　　　원
금 　　　원</td>
<td>금 　　　원</td>
<td>금 　　　원</td>
<td colspan="2">금 　　　원</td>
</tr>
<tr><td></td><td></td><td></td><td></td><td></td><td></td><td colspan="2"></td></tr>
<tr><td></td><td></td><td></td><td></td><td></td><td></td><td colspan="2"></td></tr>
<tr><td colspan="3" align="center">합　　　계</td><td></td><td></td><td></td><td colspan="2"></td></tr>
<tr><td colspan="3">등기신청수수료 납부번호</td><td colspan="5"></td></tr>
</table>

첨　부　서　면	
1. 정관　　　　　　　　　　　　　　　　　통	1. 청산인의 퇴임을 증명하는 서면　　　통
1. 총사원과반수동의서　　　　　　　　　통	1. 사임서(인감증명서나 본인서명사실 　　확인서 또는 전자본인서명확인서의 　　발급증 포함)　　　　　　　　　　통
1. 선임결정서등본(법원이 선임한 경우)　통	
1. 취임승낙서(인감증명서나 본인서명사실 　　확인서 또는 전자본인서명확인서의 　　발급증 포함)　　　　　　　　　　통	1. 인감신고서　　　　　　　　　　　　통 1. 등록면허세영수필확인서　　　　　　통
1. 총사원동의서　　　　　　　　　　　　통	1. 등기신청수수료영수필확인서　　　　통
1. 주민등록표등(초)본　　　　　　　　　통	1. 위임장(대리인이 신청할 경우)　　　통 〈기 타〉

<table>
<tr><td colspan="4" align="right">년　　　월　　　일</td></tr>
<tr><td>⑩신청인</td><td>상　　호
본　　점</td><td></td><td></td></tr>
<tr><td>대표청산인</td><td>성　　명
주　　소</td><td>(인)　　(전화 :　　　　　)</td><td></td></tr>
<tr><td>대리인</td><td>성　　명
주　　소</td><td>(인)　　(전화 :　　　　　)</td><td></td></tr>
<tr><td colspan="4" align="center">지방법원　　　등기소　귀중</td></tr>
</table>

- 신청서 작성요령 -

1. 해당란이 부족할 때에는 별지를 이용합니다.
1. 해당 등기신청과 관계없는 사항에 대하여는 "해당없음"으로 기재하거나 삭제하고, 필요한
   사항은 추가 기재합니다.
1. 「인감증명법」에 따른 인감증명서 제출과 함께 관련 서면에 인감을 날인하여야 하는 경우,
   본인서명사실확인서를 제출하고 관련 서면에 서명을 하거나 전자본인서명확인서 발급증을
   제출하고 관련 서면에 서명을 하면 인감증명서를 제출하고 관련 서면에 인감을 날인한 것
   으로 봅니다.

【서식】 유한책임회사청산종결등기신청서

<table>
<tr><td colspan="5" align="center">유한책임회사청산종결등기</td></tr>
<tr><td rowspan="2">접 수</td><td>2000년 ○월 ○일</td><td rowspan="2">처리인</td><td>등기관 확인</td><td>각종 통지</td></tr>
<tr><td>제○○○○호</td><td></td><td></td></tr>
</table>

상 호	○○유한책임회사	등기번호	제1000호
본 점	○○시 ○○구 ○○길 ○○		
등기의 목적	청산종결등기		
등기의 사유			
본/지점 신청구분	1. 본점신청 □　　2. 지점신청 □　　3. 본·지점 일괄신청 □		
등　　기　　할　　사　　항			
청산이 종결된 뜻과 그 연월일			
기 타	해당 없음		

<table>
<tr><td colspan="7" align="center">신청등기소 및 등록면허세/수수료</td></tr>
<tr><td rowspan="2">순번</td><td rowspan="2">신청등기소</td><td rowspan="2">구분</td><td>등록면허세</td><td rowspan="2">농어촌특별세</td><td rowspan="2">세액합계</td><td rowspan="2">등기신청수수료</td></tr>
<tr><td>지방교육세</td></tr>
<tr><td rowspan="2"></td><td rowspan="2"></td><td rowspan="2"></td><td>금　　　　원</td><td rowspan="2">금　　　원</td><td rowspan="2">금　　　원</td><td rowspan="2">금　　　　원</td></tr>
<tr><td>금　　　　원</td></tr>
<tr><td></td><td></td><td></td><td></td><td></td><td></td><td></td></tr>
<tr><td></td><td></td><td></td><td></td><td></td><td></td><td></td></tr>
<tr><td colspan="2" align="center">합　　　계</td><td></td><td></td><td></td><td></td><td></td></tr>
<tr><td colspan="3">등기신청수수료 납부번호</td><td colspan="4"></td></tr>
</table>

<table>
<tr><td colspan="2" align="center">첨　　부　　서　　면</td></tr>
<tr><td>
1. 청산계산승인서　　　　　　　　　　1통
1. 등록면허세영수필확인서　　　　　　　통
1. 등기신청수수료영수필확인서　　　　　통
1. 위임장(대리인이 신청할 경우)　　　　통
</td><td>〈기 타〉</td></tr>
</table>

　　　　　　　　　　　　　　　　　　　　　　년　　월　　일

신청인　　　　상　　호

　　　　　　　본　　점

대표청산인　　성　　명　　　　　　　(인)　(전화 :　　　　)

　　　　　　　주　　소

대리인　　　　성　　명　　　　　　　(인)　(전화 :　　　　)

　　　　　　　주　　소

　　　　　　지방법원　　등기소 귀중

- 신청서 작성요령 -

1. 해당란이 부족할 때에는 별지를 이용합니다.

1. 해당 등기신청과 관계없는 사항에 대하여는 "해당없음"으로 기재하거나 삭제하고, 필요한 사항은 추가 기재합니다.

【서식】 유한책임회사계속등기신청서

<table>
<tr><td colspan="5" align="center">유한책임회사계속등기신청</td></tr>
<tr><td rowspan="2">접 수</td><td>2000년 0월 0일</td><td rowspan="2">처리인</td><td>등기관 확인</td><td>각종 통지</td></tr>
<tr><td>제0000호</td><td></td><td></td></tr>
</table>

상 호	○○유한책임회사	등기번호	제1000호
본 점	○○시 ○○구 ○○길 ○○		
등기의 목적	계속등기		
등기의 사유			
본/지점 신청구분	1. 본점신청 □ 2. 지점신청 □ 3. 본·지점 일괄신청 □		
등 기 할 사 항			
회사계속 연월일			
업무집행자의 성명·주민등록 번호 및 취임 연월일			
대표업무집행자 의 성명, 주소 및 취임 연월일			
기 타	해당 없음		

<table>
<tr><td colspan="9" align="center">신청등기소 및 등록면허세/수수료</td></tr>
<tr><td rowspan="2">순번</td><td rowspan="2">신청등기소</td><td rowspan="2">구분</td><td>등록면허세</td><td rowspan="2">농어촌특별세</td><td rowspan="2">세액합계</td><td rowspan="2">등기신청수수료</td></tr>
<tr><td>지방교육세</td></tr>
<tr><td rowspan="2"></td><td rowspan="2"></td><td rowspan="2"></td><td>금   원</td><td rowspan="2">금   원</td><td rowspan="2">금   원</td><td rowspan="2">금   원</td></tr>
<tr><td>금   원</td></tr>
<tr><td></td><td></td><td></td><td></td><td></td><td></td><td></td></tr>
<tr><td></td><td></td><td></td><td></td><td></td><td></td><td></td></tr>
<tr><td colspan="3" align="center">합   계</td><td></td><td></td><td></td><td></td></tr>
<tr><td colspan="3" align="center">등기신청수수료 납부번호</td><td colspan="4"></td></tr>
</table>

<table>
<tr><td colspan="2" align="center">첨   부   서   면</td></tr>
<tr><td>
1. 회사계속에 관한 총사원 또는
   일부 사원의 동의서   통
1. 정관   통
1. 총사원의 동의서   통
1. 취임승낙서(인감증명서나 본인서명사실
   확인서 또는 전자본인서명확인서의
   발급증 포함)   통
1. 주민등록표등본   통
</td><td>
1. 인감신고서   통
1. 등록면허세영수필확인서   통
1. 등기신청수수료영수필확인서   통
1. 위임장(대리인이 신청할 경우)   통
<기 타>
</td></tr>
</table>

<table>
<tr><td></td><td colspan="3" align="right">년   월   일</td></tr>
<tr><td>신청인</td><td>상   호
본   점</td><td></td><td></td></tr>
<tr><td>대표청산인</td><td>성   명
주   소</td><td>(인)</td><td>(전화 :   )</td></tr>
<tr><td>대리인</td><td>성   명
주   소</td><td>(인)</td><td>(전화 :   )</td></tr>
<tr><td colspan="4" align="center">지방법원   등기소 귀중</td></tr>
</table>

- 신청서 작성요령 -

1. 해당란이 부족할 때에는 별지를 이용합니다.
1. 해당 등기신청과 관계없는 사항에 대하여는 "해당없음"으로 기재하거나 삭제하고, 필요한 사항은 추가 기재합니다.
1. 「인감증명법」에 따른 인감증명서 제출과 함께 관련 서면에 인감을 날인하여야 하는 경우, 본인서명사실확인서를 제출하고 관련 서면에 서명을 하거나 전자본인서명확인서 발급증을 제출하고 관련 서면에 서명을 하면 인감증명서를 제출하고 관련 서면에 인감을 날인한 것으로 봅니다.

제 3 장 합명회사의 등기

I. 총 설

1. 합명회사의 의의 및 특징

합명회사는 각 사원의 신용 기타 인적 요소가 중시되는 전형적인 인적회사로서, 회사의 재산으로 회사의 채무를 완제할 수 없는 때에는 각 사원이 연대하여 변제할 무한책임을 지는 회사이다(상법 제212조 제1항).

합명회사에는 무한책임사원밖에 없으며, 사원은 2인 이상이어야 한다.

각 사원은 직접 회사의 업무를 집행하고 회사를 대표하는 것이 원칙이나, 정관으로 업무집행사원을 정할 수 있고, 정관 또는 총사원의 동의로 업무집행사원 중 특히 회사를 대표할 자를 정할 수도 있다(상법 제200조 1항, 제201조 2항, 제207조).

상호, 목적, 출자목적, 존립기간이나 해산사유 등의 변경등기나 해산·합병·조직변경·회사계속 등의 등기에는 청산인이나 해산·합병·조직변경·회사계속 등의 등기에는 총사원의 동의가 있어야 한다. 청산인이나 지배인의 선임·해임 등의 등기에는 사원과반수의 동의가 있어야 한다.

II. 설립의 등기

1. 설립등기절차

(1) 등기신청인

회사를 대표할 사원을 정한 때에는 그 대표사원이 등기신청인이 되고, 대표사원을 정하지 아니하였으면 합명회사 사원은 각자가 회사를 대표하므로(상법 제207조), 사원 전원의 신청은 물론 사원 1인이 신청하여도 된다고 할 것이다.

(2) 등기기간

상법은 합명회사의 설립등기에 대해서는 등기를 강제하고 있지 아니하므로 등기기간의 정함은 없다. 그러나 설립등기 이후의 등기는 기간을 정하여 그 등기를 강제한다.

(3) 등기사항

1) 상 호

상호는 회사가 영위하는 사업을 나타내는 명칭이거나 인명·지명을 나타내는 명칭이거나 아무 제한이 없으며, 한글로 표시하기만 하면 외국어라도 상관이 없다.

합명회사의 상호에는 반드시 합명회사라는 문자를 사용하여야 하고(상법 제19조), 특히 허용된 경우가 아니면 그 상호에 법령상 금지된 문자는 사용할 수 없으며(은행법 제8조, 보험업법 제8조, 신탁업법 제7조 등), 동일한 특별시, 광역시, 특별자치시, 시(행정시를 포함한다) 또는 군(광역시의 군은 제외한다)에서는 동종의 영업을 위하여 다른 상인이 등기한 상호(商號)와 동일한 상호를 등기할 수 없다(상법 제22조, 상업등기법 제29조). 단, 지점의 경우는 동일한 상호가 존재하더라도 지점의 표시를 하여 사용할 수 있다.

본점과 지점에서 사용하는 상호는 동일해야 하나, 지점의 상호에는 '지점'이란 문자를 사용하여 본점과의 종속관계를 표시하여야 한다(상법 제21조). 다만 상법개정으로 회사도 상호의 가등기의 경우에는 상호등기부에 등기한다. 즉, 「상법」 제22조의2 제1항부터 제3항까지의 규정에 따른 상호의 가등기는 별지 제10호부터 제14호까지의 양식 중 해당 양식의 각 란에 해당하는 상호의 가등기에 관한 등기정보를 기록하는 방식으로 한다(상업등기규칙 제78조).

2) 목 적

목적이란 회사가 영위하고자 하는 사업을 말하는 것으로서 회사의 성질상 상행위 기타 영리사업임을 요한다. 영리사업이기만 하면 1개의 사업일 필요는 없고 수개의 사업이어도 무방하며, 이는 반드시 정관에 기재하여야 한다.

회사의 목적을 기재함에 있어서는 사회관념상 그 회사가 어떤 종류의 사업을 영위하고자 하는가를 확인할 수 있도록 구체적으로 특정해서 기재하여야 하며, '상공업' 또는 '상품의 제조판매업', '무역업' 등과 같이 막연히 기재하여서는 안 된다.

3) 본점과 지점의 소재지

4) 사원의 성명, 주민등록번호와 주소

사원의 등기에 관한 상법의 규정은 사원의 성명, 주민등록번호와 주소를 등기하도록 하고 있다(상법 제180조, 제179조 3호). 그러나 대표권 있는 사원을 정한 때에는 대표권자의 주소만 기재하고 나머지 사원의 주소는 기재하지 아니한다(상법 제180조). 주민등록이 없는 자는 생년월일을 기재하여야 한다.

5) 사원의 출자의 목적, 재산출자에 있어서는 그 가격과 이행한 부분

출자목적이라 함은 출자의 대상을 말하는 것으로 반드시 금전출자에 한하는 것은 아니고, 그 외에 동산, 부동산, 채권, 유가증권, 무채재산권 등의 출자도 무방하며 반드시 재산상의 출자에 한하지 않고 노무, 신용 등 비재산상 출자도 그 목적으로 할 수 있다. 금전 이외의 재산출자의 경우에는 막연히 동산, 부동산, 채권이라고만 해서는 안 되고 출자목적이 된 재산을 특정할 수 있도록 일일이 구체적으로 기재하여야 한다.

출자는 실제 출자가 이행된 것을 말하는 것이 아니라, 정관에 기재하여 출자하기로 약속된 것 자체를 말하기 때문에 미등기나 타인명의의 부동산도 그를 취득하여 회사에 이전해 줄 책임하에 출자의 목적으로 삼을 수 있으며, 이 출자의 이행은 회사의 설립요건이 아니므로 설립당시 실제 이행부분이 전혀 없다고 해도 설립등기에는 아무런 지장이 없고, 다만 그때는 이행부분은 이를 기재하지 아니한다.

출자목적이 재산출자인 경우에는 반드시 그 가격과 이행부분을 표시해야 하지만 신용, 노무 등 비재산상의 출자인 경우에는 그 가격이나 이행여부 등은 표시하지 않아도 된다.

이행부분을 표시함에 있어서는 금전출자인 경우에는 회사에 지급한 금액을, 금전 이외의 재산상 출자 중 목적물의 권리를 이전해야 할 출자인 경우에는 그 목적재산의 권리이전행위와 그 방식 즉 등기·등록·인도·채무자에 대한 통지 등의 이행을 마친 평가액을 기재하여야 한다.

6) 존립기간 또는 해산사유를 정한 때에는 그 기간 또는 사유

회사의 존립기간이라 함은 '회사성립일로부터 만 30년간' 또는 '20○○년 12월 31일까지'라고 정하는 것과 같이 회사의 존속에 관하여 시간적 제한을 가하여 그 시한의 도래로써 회사는 당연히 해산하기로 정한 것을 말한다.

해산사유라 함은 '사원 ○○○의 종신까지'라고 정하는 것과 같이 법정의 해산사유 이외에 일정한 사유가 발생하면 회사는 당연히 해산하기로 정한 것을 말하는 것으로, 이에 관한 사항을 정한 때에는 정관에 기재하여야 효력이 발생하고 또 이를 등기하여야만 제3자에게 대항할 수 있다.

그러나 존립기간에 관한 사항을 정관에 기재했다고 해도 언제나 총사원의 동의로써 해산할 수 있다(상법 제227조 2항).

7) 회사를 대표할 사원을 정한 경우에는 그 성명과 주소 및 주민등록번호

8) 수인의 사원이 공동으로 회사를 대표할 것으로 정한 때에는 그 규정

(4) 첨부서면

1) 정관(상업등기규칙 제98조 1호)

정관에 규정이 없으면 효력이 없는 사항의 등기를 신청하는 경우에는 신청서에 정관을 첨부하여야 한다(상업등기규칙 제97조 1항).

합명회사의 정관은 원시정관이라도 공증인의 인증이 필요없다.

2) 재산출자에 관하여 이행을 한 부분을 증명하는 서면(상업등기규칙 제98조 2호)

재산출자에 있어서 출자이행부분이 있는 때에는 출자목적이 현금인 때에는 영수증, 동산이나 부동산 등 현물인 때에는 현물인도증 또는 등기부등본, 채권인 때에는 채권증서와 양도통지서 등이 이에 속할 것이다. 그러나 출자목적이 신용, 노무 등 비재산권상의 출자이거나 재산출자인 경우에도 회사성립당시 그 이행부분이 없는 때에는 이를 첨부할 필요가 없다.

3) 총사원의 동의로 업무집행사원 중 특히 회사를 대표할 사원 또는 공동대표사원을 정한 때에는 총사원의 동의서(상업등기규칙 제97조 2항)

4) 정관상의 본점 또는 지점의 주소지가 최소행정구역으로 정하여지고, 업무집행사원 과반수의 결의로 본점 또는 지점의 소재 장소를 따로 정한 때에는 업무집행사원 과반수의 동의가 있음을 증명하는 서면

합명회사에는 상법상 사원총회가 존재하지 아니하므로 사원의 동의는 전 사원이 모여 회의를 개최하는 방식으로 할 수 있고, 서면결의나 개별적인 접촉을 통한 동의를 얻는 방식으로도 할 수 있다(정찬형, 회사법강의 제2판, 162면). 그러므로 총사원의 동의가 있음을 증명하는 서면으로는 사원총회의사록이나 서면결의서 등을 첨부하면 된다.

5) 설립에 관하여 관청의 허가(인가)가 필요한 경우에는 그 허가(인가)서 또는 인증있는 등본(상업등기규칙 제52조 1항 2호)

6) 대리인에 의하여 신청할 때에는 그 권한을 증명하는 서면(상업등기규칙 제52조 1항 1호)

7) 기타 등록면허세영수필증확인서 및 통지서(지방교육세, 농어촌특별세 포함), 등기신청수수료납입

등록면허세는 과세표준액의 1,000분의 4이고, 수도권 및 대도시에서는 그 3배를 가산한 등록면허세를 납부하고, 지방교육세는 등록면허세의 100분의 20에 해당하는 금액을 납부한 영수필증확인서를 첨부하여야 한다(지방세법 제28조 1항 6호, 제151조 1항).

조세특례제한법, 관세법, 지방세법에 의하여 등록면허세가 면제 또는 감면되는 경우 원칙적으로 면제 또는 감면세액의 100분의 20에 해당하는 농어촌특별세를 납부하여야 한다(농어촌특별세법 제5조). 그러나 농어촌특별세가 감면 또는 면제되는 경우도 있다(동법 제4조).

설립등기시 등기신청수수료는 30,000원(전자표준양식에 의한 신청의 경우에는 25,000원, 전자신청의 경우에는 20,000원)이며 등기신청시 이를 납부하여야 한다.

8) 기타 등기를 위임하는 경우에는 위임장

(5) 인감의 제출

회사의 설립등기신청시에는 미리 또는 설립등기의 신청과 동시에 대표권 있는 사원의 인감을 등기소에 제출하여야 한다(상업등기법 제25조).

【서식】합명회사설립등기신청서

<table>
<tr><td colspan="5" align="center">합명회사설립등기신청</td></tr>
<tr><td rowspan="2">접 수</td><td>20○○년 ○월 ○일</td><td rowspan="2">처리인</td><td>등기관 확인</td><td>각종 통지</td></tr>
<tr><td>제○○○○호</td><td></td><td></td></tr>
</table>

등 기 의 목 적	합명회사 설립
등 기 의 사 유	합명회사를 설립하기 위하여 20○○년 ○월 ○일 정관을 작성하였으므로 다음 사항의 등기를 구함.
본/지점 신청구분	1. 본점신청 □ 2. 지점신청 □ 3. 본·지점 일괄신청 □
	등 기 할 사 항
상 호	○○합명회사
본 점	○○시 ○○구 ○○길 ○○
목 적	1. 주택건설업 2. 알미늄제조 및 판매업 3. 가구제조 및 판매업 4. 부동산임대업 5. 위 각호에 관련된 부대사업
사원의 성명, 주민등록번호 및 주소(주소는 대표사원을 두지 아니한 경우), 사원의 출자의 목적, 재산출자에는 그 가격과 이행한 부분	사원 김 ○ ○ 　금8,000,000원 중 금3,000,000원 이행 사원 이 ○ ○(　　　-　　　) 　부동산 　서울시 종로구 종로2가 1번지 　대 150㎡ 　위 지상 　목조 기와지붕 2층 사무실 　건평 1층 50㎡ 　2층 40㎡ 　가격 금2,500,000원 전부 이행 사원 홍 ○ ○(　　　-　　　) 　채권 　금2,500,000원 단, 이○○에 대하여 가지고 있는 약속어음채권, 가격 금 2,500,000원 전부 이행 사원 박 ○ ○(　　　-　　　) 　노무사원 최 ○ ○(　　　-　　　) 　신용
대표이사의 성명과 주소	김 ○ ○ ○○시 ○○구 ○○길 ○○
지 점	○○시 ○○구 ○○길 ○○(○○지점)
존립기간 또는 해산사유	회사성립일로부터 만 30년
기 타 (공동대표규정등)	해당 없음

신청등기소 및 등록면허세/수수료						
순번	신청등기소	구분	등록면허세 / 지방교육세	농어촌특별세	세액합계	등기신청수수료
			금 원 / 금 원	금 원	금 원	금 원
합 계						
등기신청수수료 납부번호						
과세표준액		금 원				

첨 부 서 면

1. 정 관 통	1. 대표사원의 취임승낙서와 인감증명서(본인서명사실확인서 또는 전자본인서명확인서의 발급증 포함) 통
1. 재산출자에 관하여 이행부증명하는 서면 통	1. 대표사원의 인감신고서 통
1. 총사원동의서(회사를 대표할 정한 경우 등) 통	1. 등록면허세영수필확인서 통
1. 업무집행사원과반수동의서(본점 구체적 장소 결정 등) 통	1. 등기신청수수료영수필확인서 통
1. 주민등록표등본 통	1. 위임장(대리인이 신청할 경우) 통
	<기 타>

2000년 0월 0일

신 청 인　　　　상 호　○○합명회사

　　　　　　　　본 점　○○시 ○○구 ○○길 ○○

대표사원　　　　성 명　김 ○ ○ (인)　(전화 : 02-123-4567)

　　　　　　　　주 소　○○시 ○○구 ○○길 ○○

대 리 인　　　　성 명　법무사 ○ ○ ○ (인)　(전화 : 02-456-7890)

　　　　　　　　주 소　○○시 ○○구 ○○길 ○○

○○지방법원 ○○등기소 귀중

- 신청서 작성요령 -

1. 해당란이 부족할 때에는 별지를 이용합니다.
1. 해당 등기신청과 관계없는 사항에 대하여는 "해당없음"으로 기재하거나 삭제하고, 필요한 사항은 추가 기재합니다.
1. 「인감증명법」에 따른 인감증명서 제출과 함께 관련 서면에 인감을 날인하여야 하는 경우, 본인서명사실확인서를 제출하고 관련 서면에 서명을 하거나 전자본인서명확인서 발급증을 제출하고 관련 서면에 서명을 하면 인감증명서를 제출하고 관련 서면에 인감을 날인한 것으로 봅니다.

【서식】정관(합명회사 정관례)

정　관

제1장　총　칙

제1조(상호)　본 회사는 ○○합명회사라 칭한다.

제2조(목적)　본 회사는 다음의 사업을 경영함을 목적으로 한다.

　1. 주택건설업

　2. 알미늄제조 및 판매업

　3. 가구제조 및 판매업

　4. 부동산임대업

　5. 위 각호에 부대하는 사업

제3조(본점)　본 회사는 본점을 서울시 ○○구 ○○길 100에 둔다.

　　[유례] 본 회사의 본점을 서울시내에 둔다.

제4조(지점)　본 회사는 부산시 ○○구 ○○길 111에 지점을 둔다.

제2장　사원과 출자

제5조(사원의 성명, 주소 및 출자)　사원의 성명과 주소, 그 출자목적, 가격 또는
　　평가의 표준은 다음과 같다.

　1. 사원 김 ○ ○(　　　-　　　)

　　부산시 ○○구 ○○로 100

　　금8,000,000원

　2. 사원 이 ○ ○(　　　-　　　)

　　서울시 ○○구 ○○길 ○○

부동산

서울시 종로구 종로2가 100

　　대 150㎡

　　위 지상

　　목조 기와지붕 2층 사무실

　　건평 1층 50㎡

　　　　2층 40㎡

가격 금2,500,000원

3. 사원 서 ○ ○(　　　-　　　)

대전시 ○○구 ○○길 ○○

채권

금2,500,000원 단, 박○○에 대하여 가지고 있는 약속어음채권, 가격 금 2,500,000원

4. 사원 송 ○ ○(　　　-　　　)

대전시 ○○구 ○○길 ○○

노무 단, 회사를 위하여 ○○○○○을 하는 것

가격표준　1년 금1,000만원

5. 사원 신 ○ ○(　　　-　　　)

대전시 ○○구 ○○길 ○○

신용

평가표준　1년 금1,000만원

[유례] 사원의 성명, 주소 및 출자의 목적, 가격 또는 평가의 표준은 말미 기재와 같다(정관 말미에 별도 기재).

제6조(지분의 양도제한)　사원은 다른 사원의 동의 없이는 그 지분의 전부나 일부를 타인에게 양도할 수 없다.

제7조(경업금지)　사원은 다른 사원 과반수의 승낙이 없으면 자기 또는 제3자를 위하여 회사의 영업부류에 속하는 거래를 하거나 동종영업을 목적으로 하는 다른 회사의 무한책임사원이나 이사가 될 수 없다.

제8조(자기거래) 사원은 다른 사원 과반수의 승낙이 없으면 자기 또는 제3자를 위하여 회사와 거래할 수 없다.

제9조(창업비) 상법 제290조 4호의 규정에 의하여 지출한 창업비는 본 회사의 부담으로 한다.

　[유례] 제○조(창업비, 개업비, 연구개발비) 상법 제290조 4호, 상법 제453조의2, 상법 제457조의2의 규정에 의한 창업비, 개업비, 연구개발비는 본 회사의 부담으로 한다.

제3장　업무집행과 회사대표

제10조(업무집행사원과 대표사원) 본 회사는 사원 김○○을 업무집행사원 겸 대표사원으로 한다.

　[유례] 1. 본 회사는 사원 김○○과 사원 이○○이 공동하여 업무를 집행하고 회사를 대표한다.

　　　　2. 본 회사는 사원 김○○과 사원 이○○을 업무집행사원으로 하고 사원 신○○을 대표사원으로 한다.

제11조(선임과 임기) 업무집행사원과 대표사원은 총사원의 동의로서 선임하고 그 임기는 2년으로 한다.

제12조(보고의무) 업무를 집행하고 회사를 대표하는 사원은 다른 사원의 청구가 있으면 언제든지 회사의 업무 및 재산상태를 보고하여야 한다.

제13조(업무집행사원 및 대표사원의 보수) 업무집행사원과 대표사원의 보수는 사원의 과반수의 동의로서 결정한다.

제14조(업무집행사원과 대표사원의 기밀비) 업무집행사원과 대표사원의 기밀비는 사원의 과반수 동의로서 결정한다.

　[유례] 제○조(지점의 설치·이전·폐지) 지점의 설치·이전·폐지는 업무집행사원 과반수 결의로 한다.

제15조(지배인의 임면) 지배인의 선임 및 해임은 총사원 과반수의 동의로 결정한다.

제16조(지배인의 보수) 지배인의 보수는 사원의 과반수의 동의로서 결정한다.

제17조(지배인의 기밀비) 지배인의 기밀비는 사원의 과반수의 동의로서 결정한다.

제18조(정관변경 기타 목적의 범위 외의 행위) 정관의 변경 기타 목적 범위 외의 행위를 하려면 총사원의 동의를 받아야 하다.

제19조(업무집행사원과 대표사원의 권한상실) 업무를 집행하고 회사를 대표하는 사원에게 다음 사유가 있는 때에는 다른 사원은 과반수의 결의로서 법원에 그 권한상실선고를 청구할 수 있다.

  1. 업무집행 또는 회사대표에 현저히 부적임한 때

  2. 기타 중대한 의무위반이 있는 때

   [유례] 제○조(업무집행사원과 대표사원의 권한상실) 업무집행사원 또는 대표사원에게 다음의 사유가 있는 때에는 다른 사원은 업무집행권한 또는 대표권한의 상실선고를(과반수의 결의로서) 법원에 청구할 수 있다.

- 이하 생략 -

제 4 장 사원의 입사와 퇴사

제20조(입사) 총사원의 동의가 없으면 새로운 사원으로 입사할 수 있다.

제21조(퇴사) 각 사원은 부득이한 사유가 있는 때에는 언제든지 퇴사할 수 있다.

제22조(퇴사사유) 사원은 전조 및 지분압류가 있는 경우 외에는 다음 사유로 인하여 퇴사한다.

  1. 총사원의 동의

  2. 사망

  3. 파산

  4. 금치산

  5. 제명

제23조(상속) 재산을 출자의 목적으로 한 사원이 사망한 때에는 그 상속인은 다른 사원 전원의 동의를 얻어 피상속인의 지분을 승계하여 사원이 될

수 있다.

[유례] 1. 사원이 사망한 때에는 그 상속인이 피상속인의 지분을 승계하여 사원
이 될 수 있다.

2. 상속인은 상속개시를 안 날로부터 3월 내에 그 승계여부를 회사에
통지해야 하고 위 기간 내에 통지를 하지 아니한 때에는 승계하지
않는 뜻으로 본다.

제24조(제명선고) 사원에게 다음의 사유가 있는 때에는 다른 사원은 과반수의 결
의로 법원에 그 사원의 제명선고를 청구할 수 있다.

1. 출자의무를 이행하지 아니한 때

2. 사원의 겸업금지의무에 위반한 때

3. 회사의 업무집행과 회사대표에 관하여 부정한 행위가 있거나 권한없이 업무를
집행하거나 회사를 대표한 때

4. 기타 중대한 의무를 위반한 때

제25조(지분의 환급) 퇴사한 사원은 퇴사 당시 회사재산에서 그 출자비율에 따라
그 지분을 환급받을 수 있다. 다만, 노무 또는 신용을 출자의 목적으로 한
사원과 제명선고로 인하여 퇴사한 사원은 그 지분을 환급받지 못한다.

제 6 장 계 산

제26조(영업연도) 본 회사의 영업연도는 매년 1월 1일부터 12월 31일까지로 하여
결산한다.

제27조(계산서류의 승인) 업무집행사원은 매 영업연도말에 각 사원에게 다음 서류
를 제출하고 그 승인을 받아야 한다.

1. 재산목록

2. 대차대조표

3. 영업보고서

4. 손익계산서

5. 손익금 처분에 관한 의안

6. 이익배당에 관한 의안

제28조(손익계산) 본 회사의 손익계산은 영업연도의 총익금에서 총손금을 공제한 차액금을 순익금으로 하고 총손금에서 총익금을 공제한 차액을 결손금으로 한다.

제29조(이익배당)

① 본 회사의 순익금으로 결손금을 채운 후가 아니면 어떠한 명목으로도 사원에게 이익배당을 할 수 없다. 본 회사 사원은 본 회사의 결손의 경우에는 어떠한 명목으로라도 본 회사로부터 배당을 받을 수 없다.

② 각 사원의 이익배당비율은 그 출자액의 비율에 의한다.

③ 위 배당금은 지급개시일로부터 3년 이내에 지급청구를 하지 아니한 때에는 그 청구권을 포기한 것으로 간주하고 이를 본 회사에 귀속시킨다.

제30조(장부의 열람) 본 회사의 사원은 언제든지 이유를 명시한 서면으로서 회계에 관한 장부 및 기타 서류의 열람 또는 등사를 청구할 수 있다.

제 7 장 해 산

제31조(존립기간) 본 회사의 존립기간은 회사성립일로부터 만50년으로 한다.

　[유례] 본 회사는 ○○○○○(석탄) 광업권의 만료시할 때까지 존속한다.

제32조(해산사유) 본 회사는 다음의 사유로 인하여 해산한다.

1. 전조에서 정한 존립기간의 만료

2. 총사원의 동의

3. 사원이 1인으로 된 때

4. 합병

5. 파산

6. 법원의 명령 또는 판결

  7. 사원전원의 ○○(건축사) 자격상실(사원이 일정한 자격자로 한정한 경우)

제33조(회사의 계속)

 ① 전조 제1호와 제2호의 사유로 인하여 해산한 경우에는 사원의 전부또는 일부
    의 동의로서 회사를 계속할 수 있다.

 ② 전조 제3호의 사유로 인하여 해산한 경우에는 새로운 사원을 가입시켜 회사를
    계속할 수 있다.

제34조(합병) 본 회사가 합병을 함에는 총사원의 동의를 얻어야 한다.

제 8 장 청 산

제35조(청산방법) 본 회사가 해산한 경우, 회사재산의 처분은 총사원의 동의로서
        정한 방법에 의한다.

제36조(청산인의 임면) 청산인의 선임 및 해임은 총사원 과반수의 결의에 의한다.

제37조(잔여재산분배) 잔여재산은 각 사원의 출자액의 비율에 따라 분배한다.

제38조(최초의 영업연도) 본 회사의 제1기 영업연도는 본 회사성립일로부터 20○
        ○년 12월 말일까지로 한다.

  위 ○○합명회사를 설립하기 위하여 본 정관을 작성하고 사원인 전원이 이에 기
명날인 또는 서명한다.

                        20○○년 ○월 ○일

                              사원 ○ ○ ○ ㊞
                                서울시 ○○구 ○○로 111
                              사원 ○ ○ ○ ㊞
                                서울시 ○○구 ○○길 112

핵 심 판 례

■ 합자회사 사원의 책임 변경에 총 사원의 동의가 필요한지 여부(원칙적 적극)

> 상법 제270조는 합자회사 정관에는 각 사원이 무한책임사원인지 또는 유한책임사원인지를 기재하도록 규정하고 있으므로, 정관에 기재된 합자회사 사원의 책임 변경은 정관변경의 절차에 의하여야 하고, 이를 위해서는 정관에 그 의결정족수 내지 동의정족수 등에 관하여 별도로 정하고 있다는 등의 특별한 사정이 없는 한 상법 제269조에 의하여 준용되는 상법 제204조에 따라 총 사원의 동의가 필요하다(대법원 2010. 9. 30.선고, 2010다21337판결).

■ 정관으로 수인의 사원이 공동으로 회사를 대표할 것을 정하고도 이를 등기하지 않은 경우, 공동대표사원 중 1인이 단독으로 한 대표행위가 정관에 위배된다는 점을 들어 선의의 제3자에게 대항할 수 있는지 여부(소극)

> 상법 제269조, 제180조 제5호, 제209조, 제37조에 의하면, 회사를 대표하는 사원은 회사의 영업에 관하여 재판상 또는 재판 외의 모든 행위를 할 권한이 있고, 정관으로 수인의 사원이 공동으로 회사를 대표할 것을 정하고도 이를 등기하지 아니한 경우, 공동대표사원 중 1인이 단독으로 회사를 대표하여 행위하였더라도 그 대표행위가 정관에 위배된다는 점을 들어 위 대표행위의 유효를 주장하는 선의의 제3자에게 대항하지 못한다(대법원 2014. 5. 29.선고, 2013다212295판결).

Ⅲ. 변경의 등기

Ⅰ. 총 설

□ 핵 심 사 항 □

1. 등기신청인 : 회사를 대표하는 사원이 신청(상업등기법 제23조)
2. 등기기간 : 본점소재지에서는 2주간, 지점소재지에서는 3주간 내(상법 제183조)

1. 등기신청인 및 등기기간

이 변경등기는 회사를 대표하는 사원이 신청하여야 한다(상업등기법 제23조).

등기할 사항에 변경이 있는 때에는 본점소재지에서는 2주간, 지점소재지에서는 3주간 내에 변경등기를 하여야 한다(상법 제183조, 특례법 제3조). 본점이전 및 지점이전의 등기의 경우도 같다(상법 제182조).

2. 첨부서면

변경등기의 사유는 여러 가지가 있으나 총사원의 동의 또는 업무집행사원의 과반수의 동의에 의하여 발생하는 경우가 많은데, 이 경우에는 그 동의 있음을 증명하는 서면을 첨부하여야 한다(상업등기규칙 제97조 2항).

등록면허세는 지방세법 제28조 1항 6호에 의하여 4만2백원, 지방교육세는 등록면허세의 100분의 20을 납부하여야 한다(지방세법 제151조 1항).

'상호', '본점', '목적', '임원변경등기', '지점설치등기' 등의 변경등기에는 각각의 변경사항마다 각 6,000원(전자표준양식에 의한 신청은 4,000원, 전자신청은 2,000원)의 등기신청수수료를 납부하여야 한다.

Ⅱ. 상호 또는 목적변경의 등기

■ 핵 심 사 항 ■

1. 상호 또는 목적변경의 등기 : 합명회사의 목적이나 상호는 정관의 절대적 기재사항이므로 이를 변경하는 때에는 정관변경절차를 거쳐야 한다.
2. 등기절차 : 상호나 목적의 정관변경절차를 밟은 날로부터 본점소재지에서는 2주간 내, 지점소재지에서는 3주간 내에 회사를 대표할 사원이 신청하여야 한다. 등기사항은 '변경된 상호 또는 목적과 변경취지 및 그 연월일'이며, 상호, 목적란에 기재한다.

1. 의의

합명회사의 목적이나 상호는 정관의 절대적 기재사항이므로 이를 변경하는 때에는 반드시 정관변경절차를 거쳐야 한다. 따라서 회사를 대표하는 사원이 그 등기 신청하는 때에는 그 동의있음을 증명하는 서면을 첨부해야 한다(상업등기규칙 제97조 2항).

목적변경은 종전 목적과 새로운 목적을 교체하여 변경하는 경우 뿐 아니라, 기존목적에 새로운 목적을 추가하거나 기존목적 중 일부를 삭제하는 경우도 포함한다.

상호를 변경한 결과 동일특별시·광역시·시·군에서 동종영업으로서 타인이 등기한 것과 동일 또는 유사한 상호 및 상호의 가등기와 동일 또는 유사한 상호로 되는 때에는 물론, 목적을 변경하여 그와 같이 되는 때에도 그에 따른 변경등기는 허용되지 않는다.

2. 등기절차

(1) 등기기간

상호나 목적의 정관변경절차를 밟은 날로부터 본점소재지에서는 2주간 내, 지점소재지에서는 3주간 내에 회사를 대표할 사원이 신청하여야 한다(상법 제183조).

(2) 등기사항

등기사항은 '변경된 상호 또는 목적과 변경취지 및 그 연월일'이며, 상호·목적란에 기재한다. 목적란을 추가하는 경우에는 추가되는 목적, 삭제되는 경우에는 삭제되는 목적, 변경되는 경우에는 추가삭제를 병행하여 기록한다.

(3) 첨부서면

상호나 목적을 변경하려면 정관을 변경하여야 하므로, 정관변경을 위한 총사원의 동의서를 첨부하여야 한다(상업등기규칙 제97조 2항). 그러나 정관의 규정에 의하여 총사원 과반수의 동의로 상호 또는 목적을 변경한 경우에는 그 동의가 있는 것을 증명하는 서면과 정관을 첨부하면 된다.

다만, 합명회사나 합자회사의 내부관계에 관하여는 상법 또는 정관에 규정이 없으면 조합에 관한 민법의 규정을 준용할 수 있고(상법 제195조, 제269조), 정관으로 그 결의요건을 완화하여 사원총회의 다수결로 정할 수도 있으므로(정동윤, 손주찬, 주석상법 회사(Ⅰ), 2003, 217면), 정관규정에 의하여 다수의결로 결의한 사원총회의사록을 첨부하여도 된다고 할 것이다.

핵 심 판 례

■ **사실상 1인 회사인 합명회사에 있어서 실질적인 소유자에 의하여 임의로 다른 사원 명의의 지분양도 및 퇴사등기가 이루어진 경우 공정증서원본부 실기재죄의 성부 (소극)**

실질적으로 갑의 1인회사인 합명회사의 등기부상 무한책임사원으로 등재되어 있는 을이 등기편의상 명의만을 대여하였을 뿐인 경우 을 명의의 지분에 관한 실질상 사원의 지위는 갑에게 있다고 할 것이므로 을의 의사에 기하지 아니한 채 을이 그 지분을 다른 사원들의 동의를 얻어 병에게 양도, 퇴사한 양 등기되었더라도 그것이 모든 지분에 관한 실질적 소유자인 갑의 의사에 따른 것이라면 그 지분의 양도는 내용에 있어서는 양도되는 지분에 관한 실질적 사원으로서의 그 지분에 관한 신탁해지 및 양도의 의사와 위 지분 이외의 지분에 관한 상법 제197조의 다른 사원으로서의 지분양도에 대한 동의가 포함된 것이라고 할 수 있으므로 절차상의 흠은 있을지언정 권리의 실체관계에는 영향이 없는 것이어서 그와 같은 등기를 부실의 사실을 기재한 등기라고 할 수 없다(대법원 1989. 9. 29.선고, 89도113판결).

【서식】합명회사변경등기신청서(상호, 목적변경의 경우)

<table>
<tr><td colspan="5" align="center">합명회사변경등기신청</td></tr>
<tr><td rowspan="2">접 수</td><td>2000년 0월 0일</td><td rowspan="2">처리인</td><td>등기관 확인</td><td>각종 통지</td></tr>
<tr><td>제0000호</td><td></td><td></td></tr>
</table>

상 호	○○합명회사		등기번호	제1000호
본 점	○○시 ○○구 ○○길 ○○			
등 기 의 목 적	상호, 목적의 변경등기			
등 기 의 사 유	2000년 0월 0일 사원총회의 결의로 상호, 목적을 변경하였으므로 다음 사항의 등기를 구함.			
본/지점 신청구분	1. 본점신청 □ 2. 지점신청 □ 3. 본지점 일괄신청 □			
등 기 할 사 항				
변경된 상호, 목적과 변경연월일	상호 ○○합명회사 목적 다음 목적을 추가(또는 변경, 삭제) 　1. 주택건설업 　2. 화장품제조업 　3. 소방설비업			
기 타	해당 없음			

신청등기소 및 등록면허세/수수료						
순번	신청등기소	구분	등록면허세 지방교육세	농어촌특별세	세액합계	등기신청수수료
			금 원 금 원	금 원	금 원	금 원
합 계						
등기신청수수료 납부번호						
과세표준			금 원			

첨 부 서 면	
1. 총사원동의서 1통 1. 등록면허세영수필확인서 1통 1. 등기신청수수료영수필확인서 1통 1. 위임장(대리인이 신청할 경우) 1통	〈기 타〉

2000년 O월 O일

신 청 인　　　　상 호　　OO합명회사

　　　　　　　　본 점　　OO시 OO구 OO길 OO

대표사원　　　　성 명　　O O O (인)　(전화 : 02-123-4567)

　　　　　　　　주 소　　OO시 OO구 OO길 OO

대 리 인　　　　성 명　　법무사 O O O (인)　(전화 : 02-456-7890)

　　　　　　　　주 소　　OO시 OO구 OO길 OO

OO지방법원 OO등기소 귀중

- 신청서 작성요령 -

1. 해당란이 부족할 때에는 별지를 이용합니다.
1. 해당 등기신청과 관계없는 사항에 대하여는 "해당없음"으로 기재하거나 삭제하고, 필요한 사항은 추가 기재합니다.

Ⅲ. 본점의 이전, 지점의 설치·이전·폐지 등의 등기

> ◼ 핵 심 사 항 ◼
>
> 1. 본점의 이전, 지점의 설치·이전·폐지 등의 등기 : 합명회사가 본점을 이전하거나 지점을 설치, 이전, 폐지한 때 또는 본점이나 지점의 표시에 변경이 생긴 때에는 그 등기를 하여야 함(상법 제182조 ~ 183조).
> 2. 등기절차
> (1) 본점이전 : 본점이전등기는 신소재지나 구소재지 모두 2주간 내에 회사를 대표할 자가 신청
> (2) 지점의 설치·이전·폐지 : 현실로 지점을 설치, 또는 폐지한 날로부터 본점소재지에서는 2주간 내, 지점소재지에서는 3주간 내에 회사를 대표할 사원이 신청. 단, 지점이전의 경우에는 2주간 내에 본점과 구지점소재지에서 등기

1. 총 설

합명회사가 본점을 이전하거나 지점을 설치, 이전, 폐지한 때 또는 본점이나 지점의 표시에 변경이 생긴 때에는 그 등기를 하여야 한다(상업등기법 제58조, 상법 제182조 ~ 183조).

(1) 본점의 이전

합명회사의 본점을 다른 최소행정구역으로 이전함에는 총사원의 동의로써 정관을 변경하고, 업무집행사원 과반수의 동의로 이전일자 등 업무집행에 관한 사항을 결정하여야 하므로, 구본점소재지에서 하는 본점이전등기의 신청서에는 총사원의 동의가 있음을 증명하는 서면과 업무집행사원 과반수의 일치가 있는 것을 증명하는 서면을 첨부하여야 한다.

(2) 지점의 설치·이전·폐지

1995년 개정 전 상법은 지점을 설치한 때에는 그 지점을 정관에 기재하여 등기하여야 하고(상법 제179조), 새로운 지점을 설치하거나 기존지점을 이전 또는 폐지할 때에는 총사원의 동의를 얻도록 규정하고, 지점소재지를 정관의 절대적 기재사항으로 하였으나 1995년 개정상법은 이를 삭제하였으므로(상 법 제179조), 지점설치 등에 있어서 정관변경은 불필요하고, 지점의 설치·이전·폐지는 업무집행

사원의 과반수결의로 가능하게 되었다.

상법은 합명회사 지점의 설치·이전·폐지에 관한 규정을 두고 있지 않으므로 정관으로 지점의 설치·이전·폐지의 권한을 업무집행사원의 과반수결의로 가능하도록 정하지 않는 한, 인적회사의 특성상 사원총회의 결의로 하여야 할 것이다.

정관상 지점의 기재가 최소행정구역까지만 표시된 경우, 동일 구역 내에서의 지점이전에는 업무집행사원 과반수의 동의만 있으면 되고, 구체적 장소까지 표시된 경우 또는 다른 구역으로의 이전의 경우에는 총사원의 동의에 의한 정관변경 또는 는 총사원의 동의가 있어야 한다.

지점을 설치하거나 이전 또는 폐지한 때에는 본점과 당해 지점소재지에서는 그에 따른 등기를 하여야 한다.

지점에 관한 사항은 법인등의등기사항에관한특례법에서는 이에 관한 특례규정을 두어 지점소재지에서의 등기에서는 이를 등기사항으로 하고 있지 않으므로(동법 제3조), 지점의 설치·이전 및 폐지에 관한 사항은 본점과 당해 지점소재지에서만 등기할 뿐 당해 지점 이외의 다른 지점소재지에서는 등기할 필요가 없는 바, 개정상법에서도 이를 명문으로 규정하고 있다(상법 제181조).

2. 본점이전의 등기절차

본점이전의 등기절차도 주식회사의 경우와 같다. 본점을 타관으로 이전하고 본점소재지에서 행하는 등기절차에 관해서는 신·구소재지에서 이를 각각 따로 행하도록 한다면 한쪽의 등기만 행해진 채 다른 쪽의 등기는 방치되는 사례가 생길 수도 있기 때문에 통상의 경우와 달리 신소재에서의 등기신청은 구소재지 관할등기소를 경유하여 구소재지에서의 등기신청과 동시에 신청하여야 한다(상업등기법 제55조 1항, 2항).

다만, 이들 두 등기는 동시에 신청하여야 하되, 관할등기소가 다르므로 한 신청서로써 일괄하여 신청할 수 없고 2개의 신청서를 각각 작성제출하여야 한다.

이 때 신소재지에서의 등기신청서에는 위임장, 등록세영수필확인서 등 일반적인 첨부서류 이외에 구소재지에 제출한 첨부서류는 필요하지 않다.

본점이전등기신청을 받은 구소재지 등기소에서는 신·구소재지에의 등기신청 모두를 심사하여 그 중 어느 하나에 관해서만 각하사유가 있어도 그 모두를 함께 각하하여야 한다(상업등기법 제56조 1항).

(1) 등기기간 등

상업등기법은 신소재지에서 신청하는 본점이전등기는 구소재지를 경유하여 구소재지에서의 본점이전등기와 동시에 일괄하여 신청하도록 규정하고 있어서(동법 제55조 1항, 2항), 본점이전등기는 신소재지나 구소재지 모두 2주간 내에 회사를 대표할 자가 신청하여야 한다.

회사를 대표할 자는 대표사원을 따로 정한 때에는 대표사원이, 수인의 대표사원을 정한 때에는 대표사원 전원이 되며, 이를 따로 정하지 아니한 때에는 사원 각자가 회사를 대표하는 합명회사의 성격에 비추어 총사원 중 1인이 회사를 대표할 자로서 신청인이 될 것이다(상법 제207조).

(2) 등기사항

1) 동일한 등기소관내에서 본점을 이전한 경우

본점 및 지점소재지에서 모두 '신본점소재지와 그 이전연월일'을 등기하고, 지배인을 두고 있는 본점을 이전하고 본점이전등기와 지배인을 둔 장소이전등기를 하나의 신청서로 일괄신청하는 때에는 '지배인을 둔 새로운 장소와 그 이전연월일'을 추가 기재한다.

2) 다른 등기소관내로 본점을 이전한 경우

① 구본점소재지·지점소재지 : '신본점소재지와 그 이전연월일'을 등기하고, 지배인을 두고 있는 본점을 이전하고 구본점소재지에서 본점이전등기와 지배인을 둔 장소이전등기를 하나의 신청서로 일괄 신청하는 때에는 '지배인을 둔 새로운 장소와 그 이전연월일'도 등기한다.

② 신본점소재지 : '구본점에서 등기한 사항 중 현재 효력있는 등기사항 전부와 구본점의 표시, 본점이전의 취지 및 이전연월일과 회사성립연월일'을 등기하고, 지배인을 두고 있는 본점을 이전하고 본점이전등기와 지배인을 둔 장소이전등기를 하나의 신청서로 일괄신청하는 때에는 지배인에 관하여는 '지배인의 성명·주소와 주민등록번호 및 지배인을 둔 새로운 장소와 그 이전연월일'을 기재한다.

(3) 첨부서면

1) 구본점소재지에서 신청하는 경우

일반적인 첨부서면 이외에 본점이전에 정관변경이 필요한 때에는 정관변경을 위한 총사원의 동의서(업무집행사원 과반수의 동의로서 정한 때에는 업무집행사원 과반수의 동의서)를 첨부하고, 정관변경이 필요없는 경우(관내 본점이전)에는 이전장소 및 이전일자결정 등을 위한 업무집행사원 과반수의 동의서를 첨부하여야 한다(상업등기규칙 제97조).

2) 신본점소재지에서의 신청하는 경우

위임장, 등록세영수필확인서 등 일반적인 첨부서류 이외에 다른 서류는 첨부할 필요가 없다. 다만, 인가의 본점표시가 달라지므로 대표사원의 인감(인감대지)은 이를 다시 제출하여야 한다.

(4) 등록면허세, 지방교육세, 등기신청수수료 등

관내이전의 경우에는 등록면허세가 11만2천5백원이고, 지배인이 있으면 등록면허세 1만2천원을 추가 납부한다. 타관이전의 경우에는 구본점소재지에서는 등록면허세 4만2백원이며, 지배인이 있으면 등록면허세 1만2천원이 추가하고, 신본점소재지에서는 11만2천5백원의 등록면허세를 납부하여야 하되, 수도권 또는 대도시로 본점이전시는 설립으로 보아 등록면허세를 3배 가산한다(지방세법 제28조 1항).

지방세법, 관세법, 조세특례제한법에 의하여 등록면허세가 감면되는 경우에는 그 감면액의 100분의 20의 농어촌특별세를 납부하여야 한다(농특 제4조, 제5조).

본점을 타관할로 이전하는 경우에는 신소재지에서는 설립등기와 같으므로 이 때에는 30,000원(전자표준양식에 의한 신청은 25,000원, 전자신청은 20,000원)의 등기신청수수료를 납부하고, 그 이외 관내이전시와 타관이전시의 구소재지 등기소에는 변경등기에 해당하므로 6,000원(전자표준양식에 의한 신청은 4,000원, 전자신청은 2,000원)의 등기신청수수료를 납부하여야 한다.

3. 지점의 설치·이전·폐지의 등기절차

(1) 등기기간 등

이 등기는 현실로 지점을 설치, 또는 폐지한 날로부터 본점소재지에서는 2주간 내, 지점소재지에서는 3주간 내에 회사를 대표할 사원이 신청한다.

단, 지점이전의 경우에는 2주간 내에 본점과 구지점소재지에서 등기하여야 한다(상법 제182조 2항). 그리고 회사설립과 동시에 설치한 지점소재지에서 하는 지점설치등기는 본점소재지에서 설립등기일로부터 2주간 내에 신청하여야 한다

(상법 제181조 1항).

(2) 등기사항

1) 지점설치의 경우

① 본점소재지에서 신청하는 경우 : '신설지점소재지와 그 설치연월일'을 등기한다.

② 신설지점소재지에서 신청하는 경우 : 목적, 상호, 사원의 성명·주민등록번호 및 주소, 본점의 소재지, 지점의 소재지, 존립기간 기타 해산사유를 정한 때에는 그 기간 또는 사유, 회사를 대표할 사원을 정한 경우에는 그 성명·주소 및 주민등록번호, 수인의 사원이 공동으로 회사를 대표할 것을 정한 때에는 그 규정을 등기하여야 한다. 다만, 회사를 대표할 사원을 정한 경우에는 그 밖의 사원은 등기하지 아니한다(상법 제181조 2항)[66].

다만, 회사설립과 동시에 설치한 지점소재지에서 등기할 때에는 지점설치연월일은 회사성립연월일과 같으므로 이를 따로 기재할 필요가 없다.

2) 지점이전의 경우

① 본점, 이전지점의 구소재지 : '이전한 당해 지점의 신소재지와 그 이전연월일'을 등기하고, 지배인을 두고 있는 지점을 이전하고 지점이전등기와 지배인을 둔 장소이전등기를 하나의 신청서로 일괄신청하는 때에는 '지배인을 둔 새로운 장소와 그 이전연월일'도 기재한다.

② 이전지점의 신소재지 : 목적, 상호, 사원의 성명·주민등록번호 및 주소, 본점의 소재지, 지점의 소재지, 존립기간 기타 해산사유를 정한 때에는 그 기간 또는 사유, 회사를 대표할 사원을 정한 경우에는 그 성명·주소 및 주민등록번호, 수인의 사원이 공동으로 회사를 대표할 것을 정한 때에는 그 규정을 등기하여야 한다. 다만, 회사를 대표할 사원을 정한 경우에는 그 밖의 사원은 등기하지 아니한다(상법 제182조 2항).

3) 지점폐지의 경우

본점소재지에서는 '폐지한 지점과 지점폐지 취지 및 그 연월일'을 등기하고, 폐지한 당해 지점소재지에서는 '지점폐지의 취지와 그 연월일'을 등기한다.

---

[66] 2011년 4월 14일 개정전에는 합명회사의 설립등기에서 전 사원의 성명 등을 등기하게 하고 지점에서도 등기하게 하였으나, 개정법에서는 지점등기에서는 대표사원이 있을 경우 대표사원만 등기하면 나머지 사원은 등기하지 않아도 되도록 개정하였다.

(3) 첨부서면

① 총사원의 동의서

② 업무집행사원 과반수의 동의서

③ 본점 또는 지점의 표시의 변경등기신청서에는 그 변경을 증명하는 서면

(4) 등록면허세, 지방교육세, 등기신청수수료 등

등록면허세는 지점이전의 경우에는 4만 2백 원이다.

지방교육세는 등록면허세의 100분의 20이다. 그리고 지점이전으로 등록면허세가 면제되는 경우에는 관세법, 조세특례제한법에 의하여 등록면허세가 감면되는 경우, 그 감면액의 100분의 20의 농어촌특별세를 납부하여야 하는 규정에 의하여 농어촌특별세를 납부하여야 한다(농어촌특별세법 제4조, 제5조).

지점의 설치·이전·폐지의 각 등기에 대한 등기신청수수료는 각 6,000원(전자표준양식에 의한 신청시 4,000원, 전자신청시 2,000원)이다. 다만, 지점설치이전 등과 동시에 지배인선임 등의 등기를 하는 경우에는 지배인등기에 대한 등기신청수수료 6,000원(전자표준양식에 의한 신청시 4,000원, 전자신청시 2,000원)을 추가 납부하여야 한다.

【쟁점질의와 유권해석】

〈대도시에 설치된 지점이 대도시 외로 이전하는 경우 등록세가 감면되는지 여부〉

대도시에 설치된 지점이 대도시외로 이전하는 경우에 지방세법 제274조에 의하여 등록세가 감면되는가가 해석상 문제이다.

그러나 지방세법 제138조 1호에서 대도시에서 지점을 설치하면 등록세를 3배 가산하는 것으로 보아 대도시 외로 지점이전시에도 등록세를 동법 제274조를 유추적용하여 면제하여야 할 것이다. 이 경우 본점이전등기와 같이 본점소재지 및 구지점소재지에서의 등기는 면제되지 아니하고, 신소재지로 이전하는 경우에 면제된다고 하여야 할 것이다.

【서식】합명회사본점이전등기신청서(동일관할 내에서의 본점이전의 경우)

합명회사본점이전등기신청

접 수	20○○년 ○월 ○일	처리인	등기관 확인	각종 통지
	제○○○○호			

상　　　　호	○○합명회사		등기번호	제1000호
본　　　　점	○○시 ○○구 ○○길 ○○			
등 기 의 목 적	합명회사 본점이전등기			
등 기 의 사 유	총사원의 동의로 20○○년 ○월 ○일 본점을 이전하였으므로 다음 사항의 등기를 구함.			
본/지점 신청구분	1. 본점신청 □　　　2. 지점신청 □　　　3. 본·지점 일괄신청 □			

등　　기　　할　　사　　항

신　본　점	○○시 ○○구 ○○길 ○○
이 전 연 월 일	20○○년 ○월 ○일
기　　　　타	해당 없음

신청등기소 및 등록면허세/수수료							
순번	신청등기소	구분	등록면허세	농어촌 특별세	세액합계	등기신청 수수료	
			지방교육세				
			금 원	금 원	금 원	금 원	
			금 원				
합 계							
등기신청수수료 납부번호							

첨 부 서 면	
1. 총사원동의서(정관 및 업무집행사 1통 원과반수 동의서) 1. 등록면허세영수필확인서 1통	1. 등기신청수수료영수필확인서 1통 1. 위임장(대리인이 신청할 경우) 1통 〈기 타〉

2000년 0월 0일

신 청 인   상 호 ○○합명회사
             본 점 ○○시 ○○구 ○○길 ○○
대표사원   성 명 ○ ○ ○ (인) (전화 : 02-123-4567)
             주 소 ○○시 ○○구 ○○길 ○○
대 리 인   성 명 법무사 ○ ○ ○ (인) (전화 : 02-456-7890)
             주 소 ○○시 ○○구 ○○길 ○○

○○지방법원 ○○등기소 귀중

- 신청서 작성요령 -
1. 해당란이 부족할 때에는 별지를 이용합니다.
1. 해당 등기신청과 관계없는 사항에 대하여는 "해당없음"으로 기재하거나 삭제하고, 필요한 사항은 추가 기재합니다.

【서식】합명회사본점이전등기신청서(타관할로의 본점이전의 경우)

<table>
<tr><td colspan="5" align="center">합명회사본점이전(관할외)등기신청</td></tr>
<tr><td rowspan="2">접 수</td><td>2000년 O월 O일</td><td rowspan="2">처리인</td><td>등기관 확인</td><td>각종 통지</td></tr>
<tr><td>제OOOO호</td><td></td><td></td></tr>
</table>

<table>
<tr><td align="center">상   호</td><td>OO합명회사</td><td>등기번호</td><td>제1000호</td></tr>
<tr><td align="center">구   본   점</td><td colspan="3">OO시 OO구 OO길 OO</td></tr>
<tr><td align="center">등 기 의 목 적</td><td colspan="3">합명회사 본점이전등기</td></tr>
<tr><td align="center">등 기 의 사 유</td><td colspan="3">총사원의 동의로 2000년 O월 O일 OO시 OO구 OO길 OO의 본점을 OO시 OO구 OO길 OO로 이전하였으므로 다음 사항의 등기를 구함.
단, 회사성립연월일 2000년 O월 O일
　　　이전연월일 2000년 O월 O일</td></tr>
<tr><td colspan="4" align="center">구본점 관할등기소에 등기할 사항</td></tr>
<tr><td align="center">본점을 이전한 뜻과 그
연월일</td><td colspan="3">본점을 OO시 OO구 OO길 OO로 이전
이전연월일 2000년 O월 O일</td></tr>
<tr><td align="center">지배인을 둔 장소를
이전한 뜻과 그 연월일
(본점에 지배인을 두고
있는 경우)</td><td colspan="3">OOOOOO
2000년 O월 O일</td></tr>
<tr><td colspan="4" align="center">신본점 관할 등기소에 등기할 사항</td></tr>
<tr><td align="center">본점을 이전한 뜻과 그
연월일</td><td colspan="3">본점을 OO시 OO구 OO길 OO로 이전
이전연월일 2000년 O월 O일</td></tr>
<tr><td align="center">상호를 변경한 경우
변경후의 상호와
변경연월일</td><td colspan="3">OO합명회사 2000년 O월 O일</td></tr>
<tr><td align="center">대표사원의 성명과
주소, 취임연월일</td><td colspan="3">김 O O
OO시 OO구 OO길 OO
　　　　2000년 O월 O일</td></tr>
</table>

<table>
<tr><td colspan="8" align="center">신청등기소 및 등록면허세/수수료</td></tr>
<tr><td rowspan="2">순번</td><td rowspan="2">신청등기소</td><td rowspan="2">구분</td><td>등록면허세</td><td rowspan="2">농어촌
특별세</td><td rowspan="2">세액합계</td><td rowspan="2">등기신청
수수료</td></tr>
<tr><td>지방교육세</td></tr>
<tr><td></td><td></td><td rowspan="2">구본점</td><td>금   원</td><td rowspan="2">금   원</td><td rowspan="2">금   원</td><td rowspan="2">금   원</td></tr>
<tr><td>금   원</td></tr>
<tr><td></td><td></td><td rowspan="2">신본점</td><td>금   원</td><td rowspan="2">금   원</td><td rowspan="2">금   원</td><td rowspan="2">금   원</td></tr>
<tr><td>금   원</td></tr>
<tr><td colspan="3" align="center">합   계</td><td></td><td></td><td></td><td></td></tr>
<tr><td colspan="3" align="center"></td><td></td><td></td><td></td><td></td></tr>
<tr><td colspan="3">등기신청수수료 납부번호</td><td colspan="4"></td></tr>
</table>

첨   부   서   면

1. 총사원동의서(정관 및 업무집 　　1통 　　행사원 과반수 동의서)	1. 위임장(대리인이 신청할 경우) 　　1통
1. 등록면허세영수필확인서 　　1통	〈기 타〉
1. 등기신청수수료영수필확인서 　　1통	

20○○년 ○월 ○일

신 청 인　　　　상 호 ○○합명회사
　　　　　　　　본 점 ○○시 ○○구 ○○길 ○○
대표사원　　　　성 명 김 ○ ○ (인) (전화 : 02-123-4567)
　　　　　　　　주 소 ○○시 ○○구 ○○길 ○○
대 리 인　　　　성 명 법무사 ○ ○ ○ (인) (전화 : 02-456-7890)
　　　　　　　　주 소 ○○시 ○○구 ○○길 ○○

○○지방법원 ○○등기소 귀중

- 신청서 작성요령 -

1. 해당란이 부족할 때에는 별지를 이용합니다.
1. 해당 등기신청과 관계없는 사항에 대하여는 "해당없음"으로 기재하거나 삭제하고, 필요한 사
　항은 추가 기재합니다.

Ⅳ. 사원에 관한 변경등기

□ 핵 심 사 항 □

1. 사원의 입사 : 입사란 성립 후의 회사에 가입하여 사원의 지위를 원시적으로 취득하는 것. 합명회사의 사원은 정관의 기재사항이므로 사원이 입사를 할 때에는 정관변경 절차로서 총사원의 동의를 요함(상법 제204조).
2. 사원의 퇴사 : 퇴사란 사원이 존속 중의 회사로부터 탈퇴하여 사원의 지위를 절대적으로 상실하는 것. 사원의 퇴사원인으로는 ① 퇴사권 또는 임의퇴사(상 법 제217조), ② 총사원의 동의, 사원의 사망, 제명, 기타 법정사유에 의한 퇴사(상법 제218조), ③ 지분압류채권자에 의한 퇴사(상 제224조), ④ 퇴사의 의제(상법 제194조 2항) 등.
3. 등기절차 : 사원의 입사·퇴사 또는 사원의 성명·주민등록번호에 변경이 있는 때에는 본점소재지에서만 2주간 내에 그 변경의 등기를 하여야 한다(상법 제183조, 특례법 제3조).

1. 사원의 입사

(1) 의 의

사원의 입사란 회사가 성립한 후에 회사와 입사계약을 함으로써 원시적으로 사원의 지위를 취득하는 것을 말한다.

입사는 회사에 대한 새로운 출자가 있는 경우를 말하므로, 지분의 양도 또는 정관의 규정에 의한 상속 등의 승계취득의 경우는 포함하지 않는다.

(2) 입사절차

합명회사에 입사하는 방법에는 다른 사원의 지분의 전부 또는 일부를 양수하여 입사하는 방법과 지분을 양수하지 않고 새로이 출자하여 입사하는 방법이 있다.

합명회사의 사원은 다른 사원의 동의가 없으면 지분의 전부 또는 일부를 타인에게 양도하지 못하므로(상법 제197조), 지분을 양수하여 입사하려면 양도인 이외의 다른 사원의 동의를 얻어야 하고, 지분을 양수하지 않고 새로이 출자하기 위하여는 정관의 변경이 있어야 한다(상법 제179조).

사원의 성명과 주소는 정관의 기재사항이고(상법 제179조 3호), 사원의 변동은 정관변경의 하나가 되므로 입사도 정관변경의 하나로서 총사원의 동의가 있어야 한다(상법 제204조). 그러나 입사에 의하여 회사의 책임재산이 증가하므로 채권자보호절차는 필요 없다.

신입사원은 입사 전에 생긴 회사 책임에 대하여 다른 사원과 동일한 책임을 진다(상법 제213조).

2. 사원의 퇴사

(1) 의 의

인적회사에서의 퇴사란 사원이 존속 중의 회사로부터 탈퇴하여 사원의 자격을 절대적으로 상실하는 것을 의미한다. 회사가 청산중인 때에는 사원의 퇴사가 인정되지 않는다.

합명회사의 사원에게 퇴사가 인정되는 것은 물적회사인 주식회사나 유한회사와 달리 인적회사인 합명회사는 사원의 책임이 극히 무거워서 오랫동안 회사에 얽매어 두는 점이 부적당한 점, 지분의 양도가 제한되어 자금의 회수가 곤란한 점, 사원상호간에 신뢰관계가 중시된 점 등의 이유 때문이다. 한편, 사원의 책임이 제한되어 있는 주식회사와 유한회사에는 퇴사제도가 없다.

(2) 퇴사절차

퇴사는 다른 사원의 의사와 관계없이 일방적 의사표시에 의하여 효력이 생긴다. 또한 사원의 퇴사는 회사채무에 대하여 직접·연대·무한의 책임을 지는 사원수의 감소를 가져오므로 채권자보호절차가 필요하다.

퇴사한 사원은 본점소재지에서 퇴사등기를 하기 전에 생긴 회사채무에 대하여 등기 후 2년 내에는 다른 사원과 동일한 책임을 진다(상법 제225조 1항).

퇴사한 사원은 회사와의 사이에 재산관계를 정리하여 지분을 계산하여야 한다. 출자의 종류가 무엇이든 지분의 환급은 모두 금전으로 한다(상법 제195조, 민법 제719조 2항).

【쟁점질의와 유권해석】

〈사원의 퇴사시에 정관변경이 필요한지 여부〉

퇴사의 경우 사원의 변경이 생겨 정관의 절대적 기재사항의 변경이 생기므로 정관변경이 필요한지 여부가 문제된다.

퇴사는 입사와 달리 퇴사원인이 있으면 퇴사가 되는 것이므로 이를 위하여 별도의 정관변경은 필요하지 아니하다고 할 것이다.

(3) 퇴사사유

1) 사원의 고지에 의한 퇴사(임의퇴사, 상법 제217조)

정관으로 회사의 존립기간을 정하지 아니하거나, 어느 사원의 종신까지 존속할 것으로 정한 때에는, 사원은 6월 전에 예고하고, 영업연도 말에 퇴사할 수 있다(상법 제217조 1항).

그러나 부득이한 사정이 있을 때는 언제든지 퇴사할 수 있다(동조 2항).

임의퇴사에 의하여 사원이 1인으로 되는 경우에도 퇴사가 인정된다고 함이 통설이고 일본판례의 입장이다(일 대법원 1933. 6. 10.선고 민집 12. 1426).

2) 지분압류채권자의 고지에 의한 퇴사(상법 제224조)

사원의 지분을 압류한 채권자는 그 사원과 회사에 대하여 6월 전에 예고하고 영업연도말에 그 사원을 퇴사시킬 수 있다(상법 제224조 1항).

예고기간을 정하여 예고를 한 이상 영업연도말에 당연히 퇴사의 효력이 생긴다. 그러나 퇴사예고는 사원이 변제하거나 상당한 담보를 제공한 경우에는 그 효력을 잃는다(상법 제224조 2항, 대법원 1989. 5. 23.선고 88다카13516판결).

이 제도는 지분압류채권자가 그 사원의 지분환급청구권을 전부 받아 자기채권의 만족을 받도록 하기 위한 것이다. 이것은 사원의 채권자를 보호하기 위한 강행규정으로 정관으로도 이를 배제하거나 이와 달리 정할 수 없다(정찬형, 회사법강의 2003, 187면, 정동윤, 회사법 2001, 774면).

3) 정관에 정한 사유의 발생(상법 제218조 1호)

강행법규, 기타 사회질서에 반하지 않는 한 정관으로 자유로이 퇴사원인을 정할 수 있다.

4) 총사원의 동의(상법 제218조 2호)

사원은 총사원의 동의가 있으면 퇴사할 수 있으나, 정관으로 그 요건을 완화하여 총사원의 과반수 또는 업무집행사원의 동의만으로 퇴사할 수 있도록 할 수 있다.

5) 사망(상법 제218조 3호)

합명회사는 사원 상호간의 신뢰관계를 기초로 한 회사이므로 사원의 사망은 퇴사의 원인이 된다. 따라서 상속인이 사원으로 되지는 아니한다.

그러나 정관으로 그 상속인이 그 피상속인의 권리의무를 승계하여 사원이 되도록 정할 수 있다. 이 때에는 상속인이 상속개시를 안 날로부터 3월 내에 회사에 대하여 승계 또는 포기의 통지를 발송하여야 하며, 그 통지없이 3월을 경과한 때에는 사원이 될 권리를 포기한 것으로 본다(상법 제219조). 상속인이 한정승인을 한 때에는 사원이 되지 아니한다.

그러나 회사의 해산 후에 사원이 사망한 경우에는 위와 같은 정관의 정함이 없는 때에도 그 상속인이 사원의 지위를 승계하여, 공동상속인 중의 1인을 청산에 관한 사원의 권리를 행사할 자로 정하여야 한다(상법 제246조).

6) 금치산 또는 파산선고(상법 제218조 4호·5호)

금치산은 퇴사원인에 대한 강행규정이 아니므로 정관으로 퇴사원인으로 하지 아니할 수 있다.

사원의 파산이 퇴사원인이 되는 것은 채권자보호를 위한 것이므로 해산 전에 한한다.

7) 제명(상법 제218조 6호)

가. 제명사유

제명은 사원의 의사에 반하여 사원의 지위를 박탈하는 것이어서 상법은 제명사유를 한정하고 있다.

제명의 법정원인은 사원에게 ① 출자의 의무를 이행하지 아니한 때, ② 사원이 다른 사원의 동의없이 자기 또는 제3자의 계산으로 회사의 영업부류에 속하는 거래를 하거나 동종의 영업을 목적으로 하는 다른 회사의 무한책임사원 또는 이사가 된 때, ③ 회사의 업무집행 또는 대표에 관하여 부정한 행위가 있는 때, ④ 권한없이 업무를 집행하거나 회사를 대표한 때, ⑤ 기타 중요한 사유가 있는 때 등이다. 제명에 관한 규정은 강행법규로 보아 제명사유를 배제하거나 제한할 수 없다는 것이 다수설이다(정경영, 상법학강의, 2007, 694면).

나. 제명절차

사원에게 제명사유가 있는 때에는 회사는 다른 사원 과반수의 결의에 의하여 그 사원의 제명선고를 법원에 청구할 수 있다(상법 제220조). 그러나 2인의 사원만이 있는 회사는 제명에 의하여 회사의 해산을 초래할 수 있으므로 한 사람의 의사에 의하여 다른 사원을 제명할 수는 없다(대법원 1991. 7. 26.선고 90다19206판결).

【쟁점질의와 유권해석】

〈일괄제명이 허용되는지 여부〉

제명을 하려면 다른 사원의 과반수의 동의를 요하는데, 여기서 '다른 사원'이란 의미는 당해 피제명자 1인을 제외한 나머지 사원(당해 피제명자를 제외한 다른 피제명자를 포함)을 의미하므로, 일괄제명은 허용되지 않는다(대법원 1976. 6. 22.선고 75다1503판결). 또한 사원의 제명은 원래 개별적인 것이고 제명사유에 해당한다 하여 당연히 제명되는 것은 아니고 당해 사원의 개인적 특질을 고려한 다음 결정되는 것이므로, 피제명사원이 수인이고 제명원인사유가 피제명사원 전원에 공통되는 경우라도 피제명사원 각인에 대하여 다른 모든 사원의 동의 여부의 기회를 주어 개별적으로 그 제명의 당부를 나머지 모든 사원의 과반수의 의결로 결의해야 하는 것이다.

---

8) 지분 전부의 양도

사원이 다른 사원의 동의를 얻어 지분 전부를 양도한 때에는 퇴사한다. 지분 전부를 종전 사원에게 양도한 때에는 양도한 사원의 퇴사등기와 양수한 사원의 지부변경등기를 동시에 하며, 사원 아닌 사람에게 양도한 때에는 양도한 사원의 퇴사등기와 양수한 사람의 입사등기를 한다.

9) 회사계속부동의에 의한 퇴사(상법 제229조 제1항 단서)

회사는 해산 후 총사원 또는 일부사원의 동의로써 회사를 계속할 수 있는데, 그 때 회사계속에 동의하지 않는 사원은 퇴사한 것으로 본다.

10) 설립무효 또는 취소의 원인이 있는 사원(상법 제194조 제2항)

설립의 무효 또는 취소의 판결이 확정된 경우에 그 무효 또는 취소의 원인이 특정한 사원에 한한 것인 때에는 다른 사원 전원의 동의로 회사를 계속할 수 있는데, 이 때 무효 또는 취소의 원인이 있는 사원은 퇴사한 것으로 본다.

(4) 퇴사의 효력

퇴사는 다른 사원의 의사와는 관계없이 일방적 의사표시에 의하여 효력이 생긴다.

퇴사로 인하여 퇴사원인이 있는 사원은 그 자격을 상실하며, 퇴사등기 후 2년이 경과하면 회사채무에 대하여 책임을 면한다(상법 제225조).

퇴사한 사원의 성명이 회사의 상호 중에 사용된 경우에는 그 사원은 자칭사원으로서의 책임을 면하기 위하여 그 사용의 폐지를 청구할 수 있다(상법 제226조).

3. 등기절차

(1) 등기신청인 및 등기기간 등

사원의 입사·퇴사 또는 사원의 성명·주민등록번호에 변경이 있는 때에는 본점소재지에서만 2주간 내에 그 변경의 등기를 하여야 한다(상법 제183조, 특례법 제3조). 대표권 있는 사원에 대한 변경등기는 지점소재지에서도 등기하여야 한다.

사원제명의 판결이 확정된 때에는 법원이 회사의 본점의 소재지 등기소에 그 등기를 촉탁하여야 한다(상법 제220조 2항, 제205조, 특례법 제3조, 비송 제107조 3호).

등기는 회사를 대표할 자가 신청하여야 하므로(상업등기법 제23조), 대표사원이 있는 때에는 대표사원이, 공동대표사원이 있을 때에는 공동으로 신청하여야 한다. 이외의 경우에는 사원 각자가 대표하므로 사원 1인이 신청하면 될 것이다(상법 제207조).

사원의 업무집행권 또는 대표권의 상실등기는 그 사원의 퇴사등기를 한 때에는 이를 말소하는 기호를 기록하여야 한다(상업등기규칙 제105조).

(2) 등기사항

1) 입사의 경우

입사한 사원의 성명·주민등록번호·주소, 입사한 뜻과 그 연월일, 입사사유와 출자의 목적, 재산출자에 있어서는 그 가격과 이행한 부분을 등기한다. 다만, 대표권을 행사하지 않는 사원의 경우 주소는 등기하지 않는다(상법 제180조 1호, 2호).

2) 퇴사의 경우

퇴사한 사원의 성명, 퇴사한 뜻과 그 연월일, 퇴사사유

3) 사원의 성명·주민등록번호 변경의 경우

(3) 첨부서류

1) 입사의 경우

① 입사한 사실을 증명하는 서면(상업등기규칙 제103조 제2항)

② 입사한 사원의 주민등록번호를 증명하는 서면(상법 제180조, 특례법규칙 제2조 제2항)

③ 지분의 양수로 인하여 입사한 경우에는 다른 사원의 동의가 있음을 증명하는 서면

④ 새로 출자하여 입사한 경우에는 총사원의 동의가 있음을 증명하는 서면과 출자의 이행을 증명하는 서면

⑤ 상속입사의 경우에는 정관과 상속인임을 증명하는 서면(제적등본·가족관계증명서·주민등록표등본)

2) 퇴사의 경우

① 퇴사한 사실을 증명하는 서면(상업등기규칙 제103조 2항)

② 예고퇴사나 부득이한 사유로 퇴사한 경우에는 퇴사예고서 또는 퇴사신고서

③ 총사원의 동의에 의하여 퇴사한 경우에는 그 동의가 있음을 증명하는 서면

④ 사원의 지분을 압류한 채권자가 예고하고 퇴사시킨 경우에는 압류와 예고가 있는 것을 증명하는 서면

⑤ 사망의 경우에는 가족관계증명서 또는 사망진단서

⑥ 파산·금치산의 경우에는 파산결정서 또는 금치산심판서의 등본과 그 확정증명서

⑦ 정관소정사유 발생으로 인하여 퇴사하는 경우에는 정관과 필요한 때에는 정관소정사유 발생을 증명하는 서면

⑧ 지분양도로 인한 경우에는 이를 양수한 자의 입사의 등기와 동시에 신청하므로 동일 첨부서면에 의하여 등기를 신청할 수 있다.

3) 사원의 성명·주민등록번호 변경의 경우

변경을 증명하는 서면인 가족관계증명서 또는 주민등록표등·초본

4) 등록면허세, 지방교육세, 농어촌특별세 등 납부영수필통지서 및 확인서, 등기신청수수료납부

등록면허세는 사원의 입사로 자본액이 증가할 때에는 그 증가 과세표준액의 1,000분의 4이고, 수도권 및 대도시에서는 설립 또는 전입 후 5년 이내 회사는 그

3배를 가산한 금액을 납부하여야 하고, 자본액이 증가하지 않는 경우에는 등록면허세는 4만2백원이다(지방세법 제28조 1항 6호).

지방교육세는 등록면허세의 100분의 20에 해당하는 금액이다.

조세특례제한법, 관세법, 지방세법에 의하여 등록면허세가 감면되는 경우 원칙적으로 그 감면세액의 100분의 20에 해당하는 농어촌특별세를 납부하여야 한다(농어촌특별세법 제5조). 그러나 농어촌특별세가 감면 또는 면제되는 경우도 있다(동법 제4조).

수인의 사원의 입·퇴사로 인한 변경등기를 하나의 신청서로 제출하여도, 등기신청 수수료는 6,000원이다.

5) 기타의 서면

대리인에 의하여 신청할 경우 위임장, 사원의 입·퇴사에 관하여 관청의 허가(인가)가 필요한 경우 그 허가(인가)서 또는 인증있는 등본 등

【서식】합명회사변경등기신청서(사원입사의 경우)

<table>
<tr><td colspan="2" align="center">합명회사변경등기신청</td><td></td><td></td></tr>
<tr><td rowspan="2">접 수</td><td>2000년 ○월 ○일</td><td rowspan="2">처리인</td><td>등기관 확인</td><td>각종 통지</td></tr>
<tr><td>제○○○○호</td><td></td><td></td></tr>
</table>

상 호	○○합명회사	등기번호	제1000호
본 점	○○시 ○○구 ○○길 ○○		
등 기 의 목 적	사원의 입사로 인한 변경등기		
등 기 의 사 유	2000년 ○월 ○일 사원 ○○○은 총사원의 동의를 얻어 그 지분 전부를 다음 사람에게 양도하여 퇴사하고, 이를 양수한 사람은 같은 날 입사하였으므로 그 등기를 구함(종전 사원이 양수한 경우에는 …… 그 지분 전부를 사원 ○○○에게 양도하여 퇴사하였으므로 다음 사항의 등기를 구함).		
등 기 할 사 항			
입사한 사원의 성명·주민등록번호	○ ○ ○(　　　-　　　)		
입사한 뜻과 그 연월일	2000년 ○월 ○일		
입사사유와 출자의 목적, 재산출자에 있어서는 그 가격과 이행한 부분	사원 ○ ○ ○ 2000년 ○월 ○일 지분전부양도 퇴사 사원 ○ ○ ○ 　　사원 ○ ○ ○ 지분전부양수 입사 　　금오백만원(또는 칠백만원) 전부 이행		
기 타	해당 없음		

등록면허세	금 원	지방교육세	금 원	농어촌특별세	금 원
세 액 합 계	금 원		등기신청수수료	금 원	
등기신청수수료 납부번호					
과세표준액	금 원				

<table>
<tr><td colspan="2" align="center">첨   부   서   면</td></tr>
<tr>
<td>
1. 총사원동의서(새로이 출자한 경우)   1통
1. 출자이행증명서(새로이 출자한경우)   1통
1. 다른 사원의 동의가 있음을 증명하는 서   1통
   면(지분양수의 경우)
1. 정관(상속입사인 경우)   1통
1. 가족관계 등록사항별 증명서   1통
(상속입사인 경우)
1. 주민등록표등본   1통
</td>
<td>
1. 등록면허세영수필확인서   1통
1. 등기신청수수료영수필확인서   1통
1. 위임장(대리인이 신청할 경우)   1통
〈기 타〉
</td>
</tr>
</table>

2000년 ○월 ○일

신 청 인   상 호 ○○합명회사

              본 점 ○○시 ○○구 ○○길 ○○

대표사원   성 명 ○ ○ ○ (인) (전화 : 02-123-4567)

              주 소 ○○시 ○○구 ○○길 ○○

대 리 인   성 명 법무사 ○ ○ ○ (인) (전화 : 02-456-7890)

              주 소 ○○시 ○○구 ○○길 ○○

○○지방법원 ○○등기소 귀중

- 신청서 작성요령란 -

1. 해당란이 부족할 때에는 별지를 이용합니다.
1. 해당 등기신청과 관계없는 사항에 대하여는 "해당없음"으로 기재하거나 삭제하고, 필요한 사항은 추가 기재합니다.

【서식】합명회사변경등기신청서(사원퇴사의 경우)

<table>
<tr><td colspan="5" align="center">합명회사변경등기신청</td></tr>
<tr><td rowspan="2">접　수</td><td>2000년 0월 0일</td><td rowspan="2">처리인</td><td>등기관 확인</td><td>각종 통지</td></tr>
<tr><td>제0000호</td><td></td><td></td></tr>
</table>

상　　　　호	○○합명회사		등기번호	제1000호
본　　　　점	○○시 ○○구 ○○길 ○○			
등 기 의 목 적	사원의 퇴사로 인한 변경등기			
등 기 의 사 유	2000년 0월 0일 사원 ○○○는 영업연도말에 퇴사할 것을 예고하고 2000년 0월 0일 퇴사하였으므로, 다음 사항의 등기를 구함.			
등　기　할　사　항				
퇴사한 사원의 성명	○ ○ ○			
퇴사한 뜻과 그 연월일	2000년 0월 0일 퇴사			
퇴 사 사 유	본인의 부득이한 사유			
기　　　　타	해당 없음			

등록면허세	금 원	지방 교육세	금 원	농어촌 특별세	금 원
세 액 합 계	금 원		등기신청 수수료	금 원	
등기신청수수료 납부번호					

첨 부 서 면

1. 사원의 퇴사예고서	1통	1. 등록면허세영수필확인서	1통
1. 퇴사통지서	1통	1. 등기신청수수료영수필확인서	1통
1. 정관(정관에 정한 사유발생의 경우)	1통	1. 위임장(대리인이 신청할 경우)	1통
1. 총사원의 동의서(총사원의 동의로 퇴사한 경우)	1통	〈기 타〉	
1. 가족관계 등록사항별 증명서(사망으로 인한 퇴사의 경우)	1통		
1. 압류채권자의 퇴사예고서	1통		
1. 제명결정등본 등	1통		
1. 지분양도계약서(지분전부의 양도인 경우)	1통		

20○○년 ○월 ○일

신 청 인 상 호 ○○합명회사

      본 점 ○○시 ○○구 ○○길 ○○

대표사원 성 명 ○ ○ ○ (인) (전화 : 02-123-4567)

      주 소 ○○시 ○○구 ○○길 ○○

대 리 인 성 명 법무사 ○ ○ ○ (인) (전화 : 02-456-7890)

      주 소 ○○시 ○○구 ○○길 ○○

○○지방법원 ○○등기소 귀중

- 신청서 작성요령 -

1. 해당란이 부족할 때에는 별지를 이용합니다.
1. 해당 등기신청과 관계없는 사항에 대하여는 "해당없음"으로 기재하거나 삭제하고, 필요한 사항은 추가 기재합니다.

V. 대표사원에 관한 변경등기

□ 핵 심 사 항 □

1. 회사대표 : 각 사원은 원칙적으로 회사를 대표한다(상법 제207조 본문 전단). 그러나 회사는 정관으로 사원의 1인 또는 수인을 업무집행사원으로 정할 수 있는데(상법 제201조 1항), 이 경우에는 업무집행사원만이 회사를 대표할 권한을 가지며 다른 사원은 회사를 대표할 수 없다(상법 제207조 본문 후단).
2. 등기절차 : 합명회사는 모든 사원이 대표사원이어서 대표자에 대한 등기가 필요없으나, 특히 회사를 대표할 자를 정한 경우와 공동대표를 정한 경우에는 대표사원(공동대표사원)의 성명과 주소, 주민등록번호를 등기하여야 한다.

1. 대표사원의 취임

정관에 다른 규정이 없으면 각 사원은 회사의 업무를 집행할 권리의무가 있고 각자 회사를 대표하는 것이 원칙이다(상법 제200조 1항, 제207조).

그러나 다음의 경우에는 일부의 사원만이 회사를 대표하게 되며, 이 때를 실무에서는 대표사원의 취임이라고 한다.

(1) 정관으로 업무집행사원을 정하지 아니한 경우

정관으로 업무집행사원을 정하지 아니한 때에는 각 사원이 회사를 대표한다. 수인의 업무집행사원을 정한 경우에 각 업무집행사원은 회사를 대표한다(상법 제207조 본문).

(2) 업무집행사원 중 특히 회사를 대표할 자를 정한 경우(상법 제207조 단서)

정관 또는 총사원의 동의로 회사를 대표할 자를 정한 경우에는 대표사원으로 정해진 자만이 회사를 대표한다.

【쟁점질의와 유권해석】

〈합명회사에 있어서 부실등기가 이루어진 경우 그에 대한 고의 또는 과실의 유무의 기준〉

합명회사에 있어서는 사실과 상위한 등기를 하였거나, 이를 방치하였다는 것은 회사의 대외적 관계에 있어서의 문제이므로 그 부실등기를 한 사실이나 그를 방치한 사실에 대한 고의 또는 과실의 유무는 어디까지나 그 회사를 대표할 수 있는 업무집행사원을 표준으로 하여 그 유무를 결정할 것이고 회사를 대표할 수 없는 사원을 표준으로 결정할 것이 아니다(대법원 1971. 2. 23.선고 70다1361, 1362판결).

2. 대표사원의 퇴임

상법에는 대표사원의 임기규정이 없으나 정관으로 임기를 규정할 수는 있다고 할 것이다.대표사원은 이를 정한 정관 규정의 변경·폐지나 총사원의 동의에 의한 지정의 해제 그리고 사원의 지위를 상실하거나 법원의 판결에 의하여 퇴임하게 된다.

대표사원은 정당한 사유없이 사임할 수 없고 다른 사원의 일치가 아니면 해임할 수 없다(상법 제195조, 제708조).

다음의 경우에는 대표사원의 지정이 해제되는데, 이것을 등기실무상 대표사원의 퇴임이라고 한다.

(1) 정관에 의하여 업무집행사원이 지정된 경우

총사원의 동의로 정관을 변경하여 일부 업무집행사원의 지정을 해제한 경우에 그 사원이 회사를 대표할 사원이었던 그 해제로 인하여 업무집행의 권리의무를 상실하게 된다.

(2) 업무집행사원 중 특히 회사를 대표할 자로 지정된 경우

정관의 변경 또는 총사원의 동의로써 대표사원의 일부에 관하여 그 지정을 해제한 때

(3) 대표사원이 사원의 지위를 상실한 경우

(4) 회사를 대표할 사원에 관하여 업무집행권한 또는 대표권한의 상실의 판결이 확정한 경우(상법 제205조, 제206조)

대표권이 있는 사원이 업무집행시 현저하게 부적임한 경우 등에는 법원에 대표권상실선고를 청구할 수 있고(상법 제216조, 제205조 제1항), 이 판결이 확정된 경우에는 본점과 지점에 등기하여야 한다.

3. 대표사원 또는 업무집행사원의 정함의 폐지

정관의 변경 또는 총사원의 동의로써 회사를 대표할 사원의 정함을 전부 폐지한 경우에는 업무집행사원이 정하여져 있지 않는 한 사원 전원이 회사를 대표한다.

정관의 변경에 의하여 업무집행사원의 정함을 전부 폐지한 경우에는 사원 전원이 회사를 대표한다.

4. 등기절차

(1) 등기기간 등

합명회사는 모든 사원이 대표사원이어서 대표자에 대한 등기가 필요없으나 (상법 제180조 1호, 179조 3호), 특히 회사를 대표할 자를 정한 경우와 공동대표를 정한 경우에는 대표사원(공동대표사원)의 성명과 주소, 주민등록번호를 등기하여야 한다.

대표사원에 변경이 있는 때에는 본점소재지에서는 2주간, 지점소재지에서는 3주간 내에 회사를 대표하는 사원이 그 변경등기를 하여야 한다(상법 제183조, 상업등기법 제23조).

판결에 의한 대표권상실의 등기는 법원의 촉탁에 의하여야 한다(상업등기법 제22조 1항).

등록면허세는 4만2백원이고, 지방교육세는 등록면허세의 100분의20이며(지방세법 제28조 제1항, 제151조 제1항), 등기신청수수료는 6,000원(전자표준양식에 의한 신청시 4,000원, 전자신청시 2,000원)이다.

(2) 첨부서면

1) 대표사원의 경우

총사원의 동의서를 첨부한다.

취임하는 대표사원의 주민등록번호를 기재할 수 있도록 주민등록등본을 첨부하여야 하나, 임원의 중임등기신청시에는 주민등록번호를 증명하는 서면의 첨부를 생략하여 임원변경등기신청을 간편하게 하기 위하여 등기예규를 변경하여, 등기부에 주민등록번호가 기재된 임원의 중임등기신청시에는 중임되는 임원의 주민등록번호를 증명하는 서면을 첨부하지 아니하여도 그 등기신청을 수리하도록 하였다(등기예규 제794호, 1998. 9. 8, 등기예규 제943호).

2) 대표사원 퇴임의 경우

① 대표사원이 퇴임한 경우

대표사원이 지분 전부의 양도, 총사원의 동의 이외의 사유로 퇴사한 경우에는 그 퇴사를 증명하는 서면을 첨부하고, 지분 전부의 양도 또는 총사원의 동의로 퇴사한 경우에는 총사원의 동의서를 첨부하여야 한다.

② 기타의 경우

총사원의 동의서를 첨부한다.

5. 공동대표에 관한 규정의 설정, 변경 또는 폐지의 등기

회사는 정관 또는 총사원의 동의로 수인의 사원이 공동으로 회사를 대표할 것을 정할 수 있다(상법 제208조 제1항).

이 규정은 정관의 변경 또는 총사원의 동의에 의하여 변경하거나 폐지할 수 있는데, 이 경우에는 그 등기를 신청하여야 한다(상법 제183조).

합명회사나 합자회사의 정관에 따라 공동대표규정(수인의 사원이 공동으로 회사를 대표할 것)을 등기한 경우, 먼저 그 정관규정을 변경한 후 공동대표규정을 말소하는 변경등기를 신청할 수 있다(상법 제180조, 제204조, 제207조, 제208조 제1항).

공동대표제도는 거래의 상대방에게 중대한 이해관계가 있으므로, 사원의 공동대표에 관한 규정의 설정·변경 또는 폐지가 있는 때에는 본점소재지에서는 2주간, 지점소재지에서는 3주간 내에 그 변경등기를 하여야 한다(상법 제180조 5호, 제183조).

이 등기를 신청하는 경우에는 신청서에 위임장 등 일반적인 서면 외에 총사원의 동의가 있는 것을 증명하는 서면을 첨부하여야 한다(상업등기규칙 제97조 제2항).

등록면허세는 4만2백원이고, 지방교육세는 등록세의 100분의 20이며(지방세법 제28조 1항, 제151조 제1항), 등기신청수수료는 6,000원(전자표준양식에 의한 신청시 4,000원, 전자신청시 2,000원)이다.

【서식】합명회사변경등기신청서(대표사원, 공동대표규정 변경의 경우)

<table>
<tr><td colspan="5" align="center">**합명회사변경등기신청**</td></tr>
<tr><td rowspan="2">접 수</td><td>20○○년 ○월 ○일</td><td rowspan="2">처리인</td><td>등기관 확인</td><td>각종 통지</td></tr>
<tr><td>제○○○○호</td><td></td><td></td></tr>
</table>

상 호	○○합명회사	등기번호	제1000호
본 점	○○시 ○○구 ○○길 ○○		
등 기 의 목 적	대표사원(공동대표규정) 변경등기		
등 기 의 사 유	〈경우1〉 대표사원 ○○○는 20○○년 ○월 ○일 사임(임기만료퇴임)하고, 20○○년 ○월 ○일 총사원의 동의로 다음 사람이 대표사원으로 선임되어 같은 날 취임하였으므로 다음 사항의 등기를 구함. 〈경우2〉 20○○년 ○월 ○일 총사원의 동의로 공동대표규정을 설정하였으므로 다음 사항의 등기를 구함.		
본/지점 신청구분	1. 본점신청 □ 2. 지점신청 □ 3. 본지점 일괄신청 □		
등 기 할 사 항			
대표사원(공동대표규정)의 퇴임·취임 등 변경된 내용과 변경연월일	〈경우1〉 대표사원 ○ ○ ○ 20○○년 ○월 ○일 사임(퇴임) 　　　　　　　　○○시 ○○구 ○○길 ○○ 대표사원 ○ ○ ○ 20○○년 ○월 ○일 취임 　　　　　　　　○○시 ○○구 ○○길 ○○ 〈경우2〉 공동대표사원 ○ ○ ○ 20○○년 ○월 ○일 공동대표규정 설정 　　　　　　　　　○○시 ○○구 ○○길 ○○ 공동대표사원 ○ ○ ○ 20○○년 ○월 ○일 공동대표규정 설정 　　　　　　　　　○○시 ○○구 ○○길 ○○		
기 타	해당 없음		

			신청등기소 및 등록면허세/수수료				

순번	신청등기소	구분	등록면허세 지방교육세	농어촌특별세	세액합계	등기신청 수수료
			금　　　원 금　　　원	금　　　원	금　　　원	금　　　원
합　계						
등기신청수수료 납부번호						

첨　부　서　면

1. 총사원의 동의서　　　　　　　　통 1. 사임서(인감증명서나 본인서명사실 　　확인서 또는 전자본인서명확인서의 　　발급증 포함)　　　　　　　　통 1. 가족관계등록사항별증명서　　　통 1. 등록면허세영수필확인서　　　　통 1. 등기신청수수료영수필확인서　　통	1. 취임승낙서(인감증명서나 본인서명 사실 　　확인서 또는 전자본인서명확인서의 발급 　　증 포함)　　　　　　　　　　통 1. 인감신고서　　　　　　　　　　통 1. 위임장(대리인이 신청할 경우)　통 <기 타>

2000년 ○월 ○일

신 청 인　　　　상　호　○○합명회사
　　　　　　　　본　점　○○시 ○○구 ○○길 ○○
대표사원　　　　성　명　○　○　○ (인)　(전화 : 02-123-4567)
　　　　　　　　주　소　○○시 ○○구 ○○길 ○○
대 리 인　　　　성　명　법무사 ○　○　○ (인)　(전화 : 02-456-7890)
　　　　　　　　주　소　○○시 ○○구 ○○길 ○○

○○지방법원 ○○등기소 귀중

- 신청서 작성요령 -

1. 해당란이 부족할 때에는 별지를 이용합니다.
1. 해당 등기신청과 관계없는 사항에 대하여는 “해당없음”으로 기재하거나 삭제하고, 필요한 사항
　은 추가 기재합니다.

VI. 사원의 출자목적 또는 지분 등의 변경등기

> **■ 핵 심 사 항 ■**
>
> 1. 의의 : 다른 전 사원의 동의를 얻어 그 출자목적을 변경할 수 있을 뿐만 아니라, 출자를 증가 또는 감소시킬 수도 있고, 그 지분의 전부나 일부를 양도할 수도 있는 바, 그 경우에는 언제나 그에 따른 변경등기를 하여야 한다.
> 2. 등기절차 : 회사를 대표할 사원이 2주간 내에 본점소재지 등기소에서 신청한다. 당해 사원의 성명, 주민등록번호와 변경 후의 출자목적, 지분, 이행부분 및 변경취지와 그 연월일을 기재한다.

1. 총 설

사원은 다른 전 사원의 동의를 얻어 그 출자목적을 변경할 수 있을 뿐만 아니라, 출자를 증가 또는 감소시킬 수도 있고, 그 지분의 전부나 일부를 양도할 수도 있는 바, 그 경우에는 언제나 그에 따른 변경등기를 하여야 한다.

다만, 지분의 전부를 양도한 때에는 당해사원은 당연히 퇴사하게 되어 그 때의 등기는 퇴사등기로 하게 된다.

그러나 원래 합명회사에서는 회사재산으로 회사채무를 완제할 수 없는 때 각 사원은 회사채무에 대하여 그 출자재산에 한정하지 않고 개인재산으로 연대책임을 지고 있기 때문에(상법 제212조), 거래 당사자 보호를 위한 회사의 자력이나 신용의 공시로서는 사원의 성명과 주민등록번호를 등기하는 외에 그의 출자재산까지 등기할 필요는 전혀 없으므로 사원의 출자재산에 관한 사항은 등기사항에서 제외시킴이 마땅하다고 할 수 있으나(김동흠, 전게서 755면), 거래당사자를 보호하기 위하여 거래당사자는 회사의 규모, 자산, 능력 등을 파악할 필요가 있으므로 전혀 불필요하다고는 할 수 없을 것이다.

2. 등기절차

(1) 등기기간 등

이 등기는 회사를 대표할 사원이 2주간 내에 본점소재지 등기소에 신청한다(상법 제183조).

(2) 등기사항

당해 사원의 성명, 주민등록번호와 변경 후의 출자목적, 지분, 이행부분 및 변경취지와 그 연월일을 기재한다.

위 사항 중 변경되지 아니한 부분이 있는 경우, 변경된 부분만 말소하는 기호를 기록할 것이 아니라, 당해사원에 관하여 등기된 사항 전부를 말소하는 기호를 기록하고 다시 등기하여야 한다.

(3) 첨부서면

총사원의 동의서를 첨부한다(상업등기규칙 제97조 2항). 출자금액이 증가할 경우에는 증가한 금액의 1,000분의 4의 등록면허세를 납부하여야 하고, 자본이 증가하지 않거나 감소하는 경우에는 4만2백원의 등록면허세를 납부한다. 지방교육세는 등록면허세의 100분의 20이고, 농어촌특별세는 관세법, 지방세법, 조세특례제한법에 의하여 감면되는 등록면허세의 100분의 20을 납부하여야 한다(지방세법 제28조 1항, 제151조 1항, 농특세법 제4조, 제5조). 등기신청수수료는 6,000원(전자표준양식에 의한 신청시 4,000원, 전자신청시 2,000원)을 납부하여야 한다.

(4) 전자표준양식에 의한 신청

서면으로 등기를 신청하는 경우에는 대법원 인터넷등기소에서 제공하는 전자표준양식을 이용하여 전산정보처리조직에 신청정보를 입력·저장한 다음, 저장된 신청정보를 출력하여 그 출력물로써 할 수 있다(상업등기규칙 제63조).

전자표준양식에 의하여 신청하는 경우 3만원에 해당하는 등기신청 수수료는 2만5천원, 6천원에 해당하는 등기신청수수료는 4천원을 납부한다.

(5) 전자신청

등기의 신청은 서면 또는 대법원규칙으로 정하는 바에 따라 전산정보처리조직을 이용한 전자문서로 할 수 있다. 전자신청을 하기 위해서는 그 등기신청을 하려는 사람 또는 등기신청을 대리할 수 있는 자격자대리인은 최초의 등기신청 전에 사용자등록을 하여야 한다(상업등기규칙 제68조 1항).

전자신청의 경우 3만원에 해당하는 등기신청 수수료는 2만원, 6천원에 해당하는 등기신청수수료는 2천원을 납부한다.

【서식】합명회사변경등기신청서(사원의 출자목적변경의 경우)

<table>
<tr><td colspan="5" align="center">합명회사변경등기신청</td></tr>
<tr><td rowspan="2">접 수</td><td>2000년 O월 O일</td><td rowspan="2">처리인</td><td>등기관 확인</td><td>각종 통지</td></tr>
<tr><td>제0000호</td><td></td><td></td></tr>
</table>

<table>
<tr><td>상   호</td><td>○○합명회사</td><td>등기번호</td><td>제1000호</td></tr>
<tr><td>본   점</td><td colspan="3">○○시 ○○구 ○○길 ○○</td></tr>
<tr><td>등 기 의 목 적</td><td colspan="3">출자에 관한 목적변경등기</td></tr>
<tr><td>등 기 의 사 유</td><td colspan="3">2000년 O월 O일 총사원의 동의로 사원 ○○○의 출자의 목적을 변경하였으므로 다음 사항의 등기를 구함.</td></tr>
<tr><td colspan="4" align="center">등 기 할 사 항</td></tr>
<tr><td>출자한 사원의 성명·주민등록번호 및 출자의 목적, 재산출자에 있어서는 그 가격과 이행한 부분</td><td colspan="3">사원 ○ ○ ○(-   )
　　　금오백만원 전부 이행
[유례] 사원 ○ ○ ○(-   )
　　　　○○시 ○○구 ○○길 ○○
　　　　대 100㎡
　　　　가격 금1,000만원 전부 이행</td></tr>
<tr><td>기   타</td><td colspan="3">해당 없음</td></tr>
</table>

등록면허세	금 원	지방교육세	금 원	농어촌특별세	금 원
세 액 합 계	금 원		등기신청수수료	금	원
등기신청수수료 납부번호					

<table>
<tr><td colspan="2" align="center">첨 부 서 면</td></tr>
<tr>
<td>
1. 총사원의 동의서   1통
1. 출자이행증명서(출자의 목적변경 또는 출   1통
   자증가의 경우)
</td>
<td>
1. 등록면허세영수필확인서   1통
1. 등기신청수수료영수필확인서   1통
1. 위임장(대리인이 신청할 경우)   1통
〈기 타〉
</td>
</tr>
</table>

2000년 ○월 ○일

신 청 인   상 호   ○○합명회사

             본 점   ○○시 ○○구 ○○길 ○○

대표사원   성 명   ○ ○ ○ (인)   (전화 : 02-123-4567)

             주 소   ○○시 ○○구 ○○길 ○○

대 리 인   성 명   법무사 ○ ○ ○ (인)   (전화 : 02-456-7890)

             주 소   ○○시 ○○구 ○○길 ○○

○○지방법원 ○○등기소 귀중

- 신청서 작성요령 및 등기수입증지 첨부란 -

1. 해당란이 부족할 때에는 별지를 이용합니다.

1. 해당 등기신청과 관계없는 사항에 대하여는 "해당없음"으로 기재하거나 삭제하고, 필요한 사항은 추가 기재합니다.

Ⅶ. 출자이행부분 변경등기

> **◾ 핵 심 사 항 ◾**
>
> 1. 의의 : 출자의 전부 또는 일부의 이행이 없이 회사설립등기를 마친 후에 아직 이행하지 아니한 부분을 이행하여 이행부분에 변경이 생긴 때에는 그에 따른 변경등기를 하여야 한다. 그러나 출자목적이 신용, 노무 등 비재산상의 출자인 경우에는 그 이행여부는 등기하지 않아도 된다.
> 2. 등기절차 : 회사를 대표할 사원이 출자의 이행이 있는 날로부터 2주간 내에 본점소재지 관할등기소에 신청하여야 한다. 당해사원의 변경 후의 출자이행부분 및 변경취지와 그 연월일을 사원란에 기재한다.

1. 총 설

출자의 전부 또는 일부의 이행이 없이 회사설립등기를 마친 후에 아직 이행하지 아니한 부분을 이행하여 이행부분에 변경이 생긴 때에는 그에 따른 변경등기를 하여야 한다.

출자가 금전출자인 경우에는 회사에 그를 지급하여야 하고, 금전 이외의 재산출자 중 목적물의 권리를 이전하여야 할 출자인 경우에는 그 목적재산의 권리이전행위와 그 방식 즉, 등기나 인도의 이행, 채권출자인 경우에는 채무자에 대한 통지 등의 이행까지 마쳐야 한다.

그러나 출자목적이 신용, 노무 등 비재산상의 출자인 경우에는 그 이행여부는 등기하지 않아도 된다.

2. 등기절차

(1) 등기기간 등

이 등기는 회사를 대표할 사원이 출자의 이행이 있는 날로부터 2주간 내에 본점소재지 관할등기소에 신청하여야 한다(상법 제183조).

이 등기는 지점소재지에서는 등기할 사항이 아니다(특례법 제3조 참조).

(2) 등기사항

당해사원의 변경 후의 출자이행부분 및 변경취지와 그 연월일을 사원란에 기재한다. 그리고 변경 전 사항은 이를 말소하는 기호를 기록하여야 한다. 변경원인은 출자증가, 출자변경, 지분일부양도, 출자감소 등이다.

(3) 첨부서면

이 등기신청서에는 출자이행을 증명하는 서면을 첨부하여야 하는데(상업등기규칙 제98조 2호), 금전출자인 경우에는 영수증(반드시 은행 영수증일 필요는 없고 대표사원이나 다른 사원들의 영수증이어도 무방하다), 현물출자인 경우에는 현물인도증이나 등기부등본, 채권인 경우에는 채권증서 및 채권양도통지서 등을 첨부하여야 할 것이다.

등록면허세는 4만2백원이고, 지방교육세는 등록면허세의 100분의 20이다(지방세법 제28조 1항, 제151조 1항). 등기신청수수료는 6,000원(전자표준양식에 의한 신청의 경우 4,000원, 전자신청은 2,000원)이며, 하나의 신청서에 수인의 출자액을 감소한 경우에도 하나의 출자금액변경등기로 보아야 할 것이다.

핵 심 판 례

■합자회사의 정관규정에 따라 지분권에 대한 명의신탁의 해지에 총사원의 동의를 요한다고 본 사례

합자회사인 피고 회사의 정관상 사원이 그 지분권을 다른 사원에게 양도함에는 총사원의 동의가 있어야 하도록 되어 있는데, 원고가 무한책임사원인 갑에 대한 채권의 담보로 갑의 지분을 양수하기로 하되 그 전부를 원고 명의로 이전할 경우 피고 회사의 운영권을 좌우하게 되므로 이를 피하기 위하여 다른 무한책임사원인 을, 병 및 원고의 3인 명의로 갑의 지분을 분산하여 변경등기를 경료하였다면 을, 병 명의의 지분변경등기가 원고를 위한 명의신탁이었다고 하여도 원고가 위 을, 병에 대하여 명의신탁을 해지하고 지분이전을 구하려면 정관의 규정에 의하여 총사원의 동의를 얻어야 한다(대법원 1989. 11. 28.선고, 88다카33626판결).

Ⅷ. 존립기간 또는 해산사유 변경등기

> **■ 핵 심 사 항 ■**
>
> 1. 의의 : 존립기간이나 해산사유를 변경 또는 삭제하거나, 정관에 이를 새로 규정한 때의 등기절차에는 반드시 정관변경이 있어야 하며, 그를 위한 총사원의 동의가 있어야 한다. 이 때에도 변경등기를 하여야 한다.
> 2. 등기절차 : 정관을 변경한 날로부터 본점소재지에서는 2주간 내, 지점소재지에서는 3주간 내에 회사를 대표할 사원이 신청한다.

1. 총 설

존립기간이나 해산사유를 변경 또는 삭제하거나, 정관에 이를 새로 규정한 때의 등기절차에는 반드시 정관변경이 있어야 하며, 그를 위한 총사원의 동의가 있어야 한다. 이 때에도 변경등기를 하여야 한다.

기존의 존립기간이나 해산사유의 변경 또는 폐지는 그 기간도래 전이나 사유 발생 전이어야 하며 일단 그 존립기간이 만료되거나 해산사유가 발생하면 회사는 당연히 해산되므로 그 후에는 해산등기를 한 다음 회사계속절차를 밟지 않고는 곧바로 존립기간이나 해산사유를 변경폐지할 수 없다.

2. 등기절차

(1) 등기기간 등

정관을 변경한 날로부터 본점소재지에서는 2주간 내, 지점소재지에서는 3주간 내에 회사를 대표할 사원이 신청한다(상업등기법 제23조, 상법 제183조).

(2) 등기사항

변경 또는 신설된 존립기간 또는 해산사유와 그 변경·신설·폐지의 취지 및 그 연월일을 등기부의 기타사항란에 기록하며, 원인은 연월일 설정·폐지·변경 등으로 기록한다.

(3) 첨부서면

정관변경을 위한 총사원의 동의서를 첨부한다(상업등기규칙 제97조 2항). 등록면허세는 4만2백원, 지방교육세는 등록면허세의 100분의 20이며, 등기신청수수료는 6,000원이다.

Ⅳ. 합병의 등기

```
■ 핵 심 사 항 ■
```

1. 의의 : 2개 이상의 회사가 상법의 절차에 따라 청산절차를 거치지 않고 합쳐지면서 최소한 1개 이상의 회사의 법인격을 소멸시키되, 합병 이후에 존속하는 회사 또는 합병으로 인해 신설되는 회사가 소멸하는 회사의 권리의무를 포괄적으로 승계하고 그의 사원을 수용하는 회사법상의 법률사실을 말한다.
2. 합병의 제한 : 회사는 원칙적으로 자유롭게 합병할 수 있다(상법 제174조 1항 본문). 다만, 합병을 하는 회사의 일방 또는 쌍방이 주식회사, 유한회사 또는 유한책임회사인 경우에는 합병 후 존속하는 회사나 합병으로 설립되는 회사는 주식회사, 유한회사 또는 유한책임회사이어야 한다.
3. 등기절차 : 회사가 합병을 한 때에는 본점소재지에서는 2주간 내, 지점소재지에서는 3주간내에 합병후 존속하는 회사의 변경등기, 합병으로 인하여 소멸하는 회사의 해산등기, 합병으로 인하여 설립되는 회사의 설립등기를 하여야 한다(상 법 제233조).

1. 합병의 의의

회사의 합병이란 2개 이상의 회사가 계약에 의하여 법정의 절차에 따라 1개의 회사로 되는 것을 말한다. 합병이 이루어지면 당사회사의 일방 또는 쌍방은 해산되지만 그 재산은 청산절차 없이 포괄적으로 존속회사나 신설회사에 이전되는 동시에 그 사원은 존속회사나 신설회사의 사원으로 되는 효과가 발생한다.

상법상의 회사는 다른 종류의 회사간에도 합병을 자유로이 할 수 있으나(상 제174조 1항), 합병을 하는 회사의 일방 또는 쌍방이 주식회사, 유한회사 또는 유한책임회사인 경우에는 합병 후 존속하는 회사나 합병으로 설립되는 회사는 주식회사, 유한회사 또는 유한책임회사이어야 한다(상법 제174조 2항).

현실에서는 인적회사와 물적회사간의 합병은 그 법률관계가 복잡하여 실용성이 적고, 인적회사에서는 간편한 임의청산이 인정되므로 인적회사 상호간의 합병도 그 실용성이 크지 않다. 그러므로 합병은 주로 주식회사 상호간 또는 주식회사와 유한회사간에서 행하여지고 있다.

합병에는 당사회사의 일방이 타방을 흡수하는 형태로서 흡수당하는 쪽의 회사는 소멸하고 그 재산과 사원이 모두 흡수하는 쪽의 회사로 이전하는 흡수합병과, 당사회사가 모두 소멸하여 새로운 회사를 설립하는 형태로서 종전 회사의 재산과 사원으로써 새로운 회사를 설립하는 신설합병의 두 형태가 있다.

2. 합병의 절차

합병의 절차는 회사의 종류에 따라 다르나, 일반적으로 다음과 같은 절차를 거친다. 당사회사간에 합병계약을 체결한 후 각 회사에서 그 합병계약을 승인하는 총사원의 동의(물적회사의 경우는 총회결의)를 거쳐 재산목록과 대차대조표작성 및 채권자보호를 위한 공고, 최고절차를 밟아야 하고 신설합병의 경우에는 설립위원을 선임하여 그들이 정관작성 기타의 설립행위를 완료한 후 합병 후 존속하는 회사에서는 변경등기, 신설하는 회사에서는 설립등기, 소멸하는 회사에서는 해산등기를 하여야 한다(상법 제233조).

(1) 합병결의

합명회사가 다른 회사와 합병을 하기 위하여 총사원의 동의가 있어야 한다(상법 제230조).

합병을 하는 회사의 일방이 합자회사인 때에는 그 회사에 있어서도 총사원의 동의가 있어야 하며(상법 제269조), 주식회사나 유한회사인 때에는 주주총회의 특별결의 또는 사원총회의 특별결의가 있어야 한다.

주식회사와 합병을 하는 경우에는 총사원의 동의로 주식회사의 합병계약서와 같은 합병계약서를 작성하여야 한다(상법 제525조).

(2) 채권자보호절차 이행

합병의 결의를 한 때에는 주식회사와 마찬가지로 결의일로부터 2주간 내에 회사채권자에 대하여 1월 이상의 기간을 정하여 합병에 이의가 있으면 그 기간 내에 제출할 것을 공고하고 알고 있는 채권자에 대하여는 각별로 최고하여야 한다(상법 제232조 1항).

채권자보호절차에서 개정 전 상법에서는 이의기간이 2월 이상이었으나, 1998. 12. 28. 개정상법은 1월 이상으로 변경하였다.

이의를 제출한 채권자가 있는 때에는 회사는 그 채권자에 대하여 변제 또는 상당한 담보를 제공하거나 이를 목적으로 하여 상당한 재산을 신탁회사에 신탁하여야 한다(상법 제232조 3항).

채권자가 위 기간 내에 이의를 제출하지 아니한 때에는 합병을 승인한 것으로 본다(상법 제232조 2항).

3. 합병의 효력

합병의 절차 완료 후 소정기간 내에 합병으로 인한 변경 또는 설립의 등기를 함으로써 합병의 효력이 발생한다(상법 제233조, 제234조).

합병으로 인한 존속회사 또는 신설회사는 소멸회사의 권리의무를 포괄적으로 승계하고(상법 제235조), 소멸회사의 사원은 존속회사 또는 신설회사의 사원이 된다. 합명회사가 합자회사를 흡수합병한 경우에는 합자회사의 유한책임사원도 합명회사의 사원이 된다.

소멸회사 사원의 출자의 목적 및 가격 또는 평가의 표준 등은 반드시 소멸회사에 있어서의 그것과 같은 것은 아니고, 합병계약에 의한 존속회사 또는 신설회사의 정관으로써 정하여 진다.

합병으로 인하여 공법상 권리의무가 반드시 이전되는 것은 아니지만, 소멸된 법인에 부과한 국세는 합병으로 인하여 존속신설된 법인이 승계하는 경우가 있다(국세징수법 제23조).

4. 합병의 등기절차

회사가 다른 회사를 흡수하여 합병하거나 다른 회사와 함께 해산하고 합병하여 신설회사를 설립한 때에는, 합병 후 존속하는 회사에 대해서는 합병으로 인한 변경등기, 합병으로 신설하는 회사에 대해서는 합병으로 인한 설립등기, 합병으로 소멸하는 회사에 대해서는 합병으로 인한 해산등기를 신청하여야 한다(상법 제233조).

합병으로 인하여 소멸하는 회사의 해산등기와 합병 후 존속하는 회사에 대한 변경등기신청을 존속회사의 관할등기소를 거쳐서 동시에 신청하여야 하는 점 및 그 처리절차에 대하여는 주식회사의 경우와 같다.

(1) 흡수합병으로 인한 변경등기

1) 등기기간 등

합명회사가 존속회사로 되어 흡수합병을 한 경우에는 합병절차완료일(채권자보호절차 기타 합병에 필요한 완료일)부터 본점소재지에는 2주간, 지점소재지에서는 3주간 내에 합병으로 인한 변경등기를 하여야 한다(상법 제233조). 이 등기는 존속회사를 대표하는 사원이 신청하여야 한다.

합명회사가 주식회사나 유한회사와 흡수합병하는 경우에는 합명회사를 존속회사로 합병할 수 없다(상법 제174조 2항).

2) 등기사항

① 합병으로 인하여 입사한 사원의 성명, 주민등록번호(주민등록이 없는 자는 생년월일)와 출자의 목적, 재산출자에 있어서는 그 가격과 이행한 부분

합병에 있는 때에는 소멸회사의 사원이 입사하는 것이 보통이므로 합병으로 인하여 입사한 사원에 관한 사항을 등기하여야 한다.

② 합병으로 소멸회사의 상호 및 본점과 합병의 취지(상업등기법 제62조)

③ 지점소재지에 있어서는 합병연월일(상업등기법 제62조 1항)

지점소재지에 있어서는 위 ②항 사항 즉 합병으로 인하여 소멸한 회사의 상호, 본점과 합병취지 및 합병연월일 즉, 본점소재지에서 합병으로 인한 변경등기를 한 연월일만 등기하고 본점에서 등기한 그 이외의 사항은 등기할 필요가 없다.

3) 첨부서면

① 소멸회사의 총사원의 동의가 있음을 증명하는 서면(상업등기규칙 제111조 1호)

회사합병을 동의한 사실을 증명하는 서면이다.

② 존속회사의 총사원의 동의가 있음을 증명하는 서면(상업등기규칙 제97조 2항)

회사합병을 동의한 사실을 증명하는 서면이다.

③ 채권자보호절차의 이행사실을 증명하는 서면(상업등기규칙 제111조 2호)

상법 제232조 1항에 따른 공고 및 최고를 한 사실과 이의를 진술한 채권자가 있는 때에는 이에 대하여 면제 또는 담보를 제공하거나 신탁을 한 사실을 증명하는 서면을 첨부하여야 한다.

소멸회사와 존속회사에서 각각 채권자보호절차를 이행한 사실을 증명하는 서면을 첨부하여야 한다. 즉, 회사채권자에게 1월내에 합병에 대하여 이의할 수 있도록 공고 및 최고를 한 증명서와 채권자의 이의가 있을 때에는 변제영수증이나 담보제공증명서, 이의가 없을 때에는 그 취지의 진술서가 이에 속한다.

④ 소멸회사의 등기부등본

존속회사의 본점소재지 관할등기소에 소멸회사의 본·지점 등기가 없는 경우에 첨부한다.

⑤ 신입사원의 성명, 주소, 주민등록번호를 증명하는 서면(상법 제180조, 특례법 규칙 제2조 2항)

다만, 회사를 대표할 자를 정한 때에는 사원의 주소는 등기사항이 아니다(상법 제180조).

⑥ 합병에 관하여 관청의 허가(인가)를 요하는 경우에는 그 허가(인가)서 또는 인증있는 등본(상업등기규칙 제52조)

⑦ 정관에 규정이 없으면 효력이 없는 등기사항이 있는 경우에는 정관

⑧ 등록면허세, 지방교육세, 농어촌특별세 등 납부영수필통지서 및 확인서, 등기신청수수료증지, 기타의 서면

합병에 의하여 자본액이 증가할 경우에는 그 증가한 자본액을 과세표준으로 하여 1,000분의 4의 등록면허세 및 그 100분의 20에 해당하는 지방교육세를 납부하여야 한다(지방세법 제28조 1항 6호, 제151조 1항).

대도시에서 설립 후 5년 이내 법인은 합병시 그 3배의 등록면허세를 납부하여야 한다(지방세법 제28조 2항).

농어촌특별세는 조세특례제한법, 관세법, 지방세법에 의하여 등록면허세가 감면되는 경우 그 감면액의 100분의 20에 해당하는 금액을 납부하여야 하며, 농어촌특별세도 감면되는 경우가 있다(농어촌특별세법 제4조, 제5조).

등기신청수수료는 건당 6,000원(전자표준양식에 의해 신청하는 경우는 4,000원, 전자신청은 2,000원)이다.

⑨ 대리인에 의하여 신청할 때에는 그 권한을 증명하는 서면(상업등기법 제22조)

⑩ 지점소재지에서 등기를 신청하는 경우

본점과 지점소재지에서 공통으로 등기할 사항에 관하여 지점소재지에서 등기신청이 있는 경우 등기관은 전산정보처리조직을 이용하여 본점소재지에서 등기가 되었는지를 확인하여야 한다(상업등기규칙 제102조 1항).

> 흡수합병 시 존속회사가 보유하는 소멸회사 주식의 일부에 대해 합병신주를 배정한 경우 합병으로 인한 변경등기

선례요지

흡수합병을 함에 있어 존속회사가 보유하고 있던 소멸회사의 주식 일부에 대해서만 합병신주를 배정한 경우 이를 증명하는 서면(합병계약서 등) 등을 첨부하여 합병으로 인한 변경(발행주식 총수, 자본의 총액 등) 등기를 신청할 수 있다. (2008. 6. 23. 공탁상업등기과-648 질의회답)

참조조문 : 상법 제522조, 제523조

> 흡수합병절차에서 해산하는 주식회사가 존속하는 유한회사의 지분을 보유하고 있는 경우, 존속하는 유한회사가 합병으로 취득한 위 자기지분을 합병의 대가로 해산회사의 주주에게 배정하는 것이 가능한지 여부 등

선례요지

1. 흡수합병절차에서 해산하는 주식회사가 존속하는 유한회사의 지분의 전부를 보유하고 있는 경우에 존속하는 유한회사는 합병에 의하여 이를 승계하게 되는바, 존속하는 유한회사는 합병의 대가로 합병으로 승계할 위 자기지분을 해산회사의 주주에게 지급하는 것을 내용으로 하는 합병계약을 체결하고 그에 대한 합병등기를 신청할 수 있을 것이다.

2. 위 흡수합병절차의 (1) 합병계약에서 '존속하는 유한회사가 합병으로 승계할 위 자기지분을 자본감소에 의하여 전부 소각하고 해산회사의 주주에게는 합병에 의한 신지분을 배정하는 것'으로 정한 경우, 존속회사인 유한회사의 자본의 총액의 등기부상 기록방법은 합병시 신지분의 배정으로 인한 자본증가의 변경등기를 먼저 한 후에 지분소각으로 인한 변경등기를 하여야 하며, (2) 또한 위 경우에, 자본감소 없이 자기지분의 전부를 소각하는 것으로 합병계약에서 정한 때에는, 자기지분의 소각으로 인한 자본의 총액의 변경은 없으며 합병시의 신지분의 배정으로 인하여 증가하는 자본액만큼의 변경등기를 하여야 할 것이다. (2005. 8. 3. 공탁법인과-365 질의회답)

참조조문 : 상법 제341조, 제342조, 제560조

참조선례 : 상업등기선례요지집 제203항, 제239항

(2) 신설합병으로 인한 설립등기

1) 등기기간

합병절차 완료일로부터 본점소재지에서는 2주간 내에, 지점소재지에서는 3주간 내에 지점에서 합병으로 인하여 설립되는 회사의 설립등기를 하여야 한다(상법 제233조, 특례법 제3조).

2) 등기신청인

신설회사의 대표자가 설립등기를 신청하여야 한다.

3) 등기사항(상법 제180조)

① 통상의 합명회사설립등기사항

② 합병으로 소멸하는 회사의 상호 및 본점과 합병한 뜻(상업등기법 제62조 1항)

4) 첨부서면(상업등기규칙 제112조)

① 정관

각 소멸회사에서 선임한 설립위원이 합병계약서의 내용에 저촉되지 않는 범위 내에서 새로 정관을 작성하여 설립등기신청서에 첨부하여야 한다. 이 정관은 주식·유한회사와 달리 인증을 요하지 아니한다.

② 재산출자에 관하여 이행을 증명하는 서면

③ 소멸회사의 총사원의 동의가 있음을 증명하는 서면

　동의서를 말한다.

④ 채권자보호절차의 이행사실을 증명하는 서면

　회사채권자에게 1월 내에 합병에 대하여 이의할 수 있도록 공고·최고를 한 증명서와 채권자의 이의가 있을 때에는 변제영수증이나 담보제공증명서, 이의가 없을 때에는 그 취지의 진술서를 첨부한다(상법 제232조).

⑤ 소멸회사의 등기부등본

　신설회사 본점소재지 관할등기소에 소멸회사의 본·지점의 등기가 없는 경우에 첨부한다.

⑥ 설립위원의 자격을 증명하는 서면

　설립위원의 선임에 관한 총사원의 동의서가 이에 해당하는 서면이다(상 법 제175조, 제230조).

⑦ 정관에 본점을 최소행정구역으로 정하고 그 소재장소를 업무집행사원 과반수의 결의로 정한 때에는 업무집행사원 과반수의 동의가 있음을 증명하는 서면

　개정상법에서는 정관으로 지점에 관한 사항을 정하지 아니할 수 있으나, 정관으로 지점소재지를 정한 때에는 이와 동일하다.

⑧ 총사원의 동의로 업무집행사원 중 특히 회사를 대표할 자를 정하거나 공동대표에 관한 규정을 설정한 때에는 총사원의 동의서(상업등기규칙 제97조 2항)

⑨ 사원의 성명, 주소, 주민등록번호를 증명하는 서면(상법 제180조, 특례법규칙 제2조 2항)

⑩ 합병에 관하여 관청의 허가(인가)를 요하는 경우에는 그 허가(인가)서 또는 인증있는 등본(상업등기규칙 제52조)

⑪ 등록면허세, 지방교육세, 농어촌특별세 등 납부영수필통지서 및 확인서, 등기신청수수료증지

　합병에 의하여 설립되는 경우 그 자본액을 과세표준으로 하여 1,000분의 4의 등록면허세 및 그 100분의 20에 해당하는 지방교육세를 납부하여야 한다(지방세법 제28조 1항 6호, 제151조 1항).

　등록면허세가 11만2천5백원 이하인 경우에는 최저하한금액은 11만2천5백원이다.

　농어촌특별세는 조세특례제한법, 관세법, 지방세법에 의하여 등록면허세가 감면되는 경우 그 감면액의 100분의 20에 해당하는 금액을 납부하여야 하고,

농어촌특별세도 감면되는 경우가 있다(농특세법 제4조, 제5조).

합병으로 인한 설립등기의 등기신청수수료는 30,000원(전자표준양식에 의해 신청하는 경우 25,000원, 전자신청은 20,000원)이고, 합병으로 인한 해산등기의 신청수수료는 6,000원(전자표준양식에 의해 신청하는 경우 4,000원, 전자신청은 2,000원)이다.

⑫ 대리인에 의하여 신청할 때에는 그 권한을 증명하는 서면(상업등기규칙 제52조)

⑬ 지점소재지에서의 등기신청

본점에서의 등기를 증명하는 서면 외에 다른 서면은 필요 없다.

(3) 합병으로 인한 해산등기

1) 등기기간

등기기간은 합병으로 인한 변경등기 또는 설립등기의 경우와 같다.

2) 등기신청인

합병으로 인한 해산등기는 존속회사 또는 신설회사의 대표자가 소멸회사를 대표하여 신청한다(상업등기법 제63조 1항).

3) 등기신청방법

본점소재지에서 하는 해산등기의 신청은 그 등기소의 관할구역 내에 존속회사 또는 신설회사의 본점이 없는 때에는 그 본점의 소재지를 관할하는 등기소를 거쳐야 한다(상업등기법 제63조 2항).

또한 본점소재지에서 하는 해산등기의 신청과 존속회사 또는 신설회사의 변경 또는 설립등기의 신청은 존속회사 또는 신설회사의 본점소재지를 관할하는 등기소에 동시에 하여야 한다(동조 3항).

4) 등기사항(상업등기법 제62조)

① 합병 후 존속하는 회사 또는 합병으로 설립하는 회사의 상호와 본점

② 합병으로 인하여 해산한 취지와 그 연월일

③ 신설합병의 경우에는 해산한 다른 소멸회사의 상호와 본점도 기재

5) 첨부서면

합병으로 인한 해산등기의 신청에 있어서는 인감의 제출에 관한 상업등기법 제25조 1항은 적용되지 않는다(상업등기법 제25조 3항 8호).

핵 심 판 례

■ 합자회사가 존립기간의 만료로 해산한 후 사원의 일부만 회사계속에 동의한 경우, 그 사원들의 동의로 정관의 규정을 변경하거나 폐지할 수 있는지 여부

> 합자회사가 정관으로 정한 존립기간의 만료로 해산한 경우에도, 사원의 전부 또는 일부의 동의로 회사를 계속할 수 있다. 이 경우 존립기간에 관한 정관의 규정을 변경 또는 폐지할 필요가 있는데, 특별한 사정이 없는 한 합자회사가 정관을 변경함에는 총사원의 동의가 있어야 할 것이나, 합자회사가 존립기간의 만료로 해산한 후 사원의 일부만 회사계속에 동의하였다면 그 사원들의 동의로 정관의 규정을 변경하거나 폐지할 수 있다. 그리고 회사계속 동의 여부에 대한 사원 전부의 의사가 동시에 분명하게 표시되어야만 회사계속이 가능한 것은 아니므로, 일부 사원이 회사계속에 동의하였다면 나머지 사원들의 동의 여부가 불분명하더라도 회사계속의 효과는 발생한다(대법원 2017. 8. 23. 선고 2015다70341 판결).

■ 회사합병이 있는 경우 피합병회사의 권리·의무가 모두 합병으로 인하여 존속한 회사에 승계되는지 여부(원칙적 적극)

> 회사합병이 있는 경우에는 피합병회사의 권리·의무는 사법상의 관계나 공법상의 관계를 불문하고 그의 성질상 이전을 허용하지 않는 것을 제외하고는 모두 합병으로 인하여 존속한 회사에 승계되는 것으로 보아야 한다(대법원 2019. 12. 12. 선고 2018두63563 판결).

■ 합병으로 소멸한 법인이 양벌규정에 따라 부담하던 형사책임이 합병 후 존속회사에 승계되는지 여부(소극)

> 회사합병이 있는 경우 피합병회사의 권리·의무는 사법상의 관계나 공법상의 관계를 불문하고 모두 합병으로 인하여 존속하는 회사에 승계되는 것이 원칙이지만, 그 성질상 이전을 허용하지 않는 것은 승계의 대상에서 제외되어야 할 것인바, 양벌규정에 의한 법인의 처벌은 어디까지나 형벌의 일종으로서 행정적 제재처분이나 민사상 불법행위책임과는 성격을 달리하는 점, 형사소송법 제328조가 '피고인인 법인이 존속하지 아니하게 되었을 때'를 공소기각결정의 사유로 규정하고 있는 것은 형사책임이 승계되지 않음을 전제로 한 것이라고 볼 수 있는 점 등에 비추어 보면, 합병으로 인하여 소멸한 법인이 그 종업원 등의 위법행위에 대해 양벌규정에 따라 부담하던 형사책임은 그 성질상 이전을 허용하지 않는 것으로서 합병으로 인하여 존속하는 법인에 승계되지 않는다(대법원 2007. 8. 23. 선고 2005도4471 판결).

채무초과회사를 소멸회사로 하는 흡수합병의 허용 여부(선례 변경)

선례요지

　채무초과회사를 소멸회사로 하는 흡수합병등기신청의 경우, 흡수합병으로 소멸하는 회사가 채무초과회사가 아님을 소명하는 서면(예컨대 소멸회사의 재무상태표 등)은 신청서에 첨부하여야 하는 서면이 아니며, 이러한 서면을 첨부하였다 하더라도 등기관은 소멸회사가 채무초과회사인지 여부를 심사할 수 없다. (2014. 1. 9. 사법등기심의관-174 질의회답)

참조조문 : 상업등기법 제94조

주)이 선례에 의하여 등기선례 제3-957호, 등기선례 제3-958호, 등기선례 제6-667호는 폐지됨

【서식】합병으로 인한 합명회사설립등기신청서(합명회사가 신설회사인 신설합병의 경우)

<table>
<tr><td colspan="5" align="center">합병으로 인한
합명회사 설립등기신청</td></tr>
<tr><td rowspan="2">접 수</td><td>20○○년 ○월 ○일</td><td rowspan="2">처리인</td><td>등기관 확인</td><td>각종 통지</td></tr>
<tr><td>제○○○○호</td><td></td><td></td></tr>
</table>

<table>
<tr><td align="center">상   호</td><td>○○합명회사</td><td>등기번호</td><td>제1000호</td></tr>
<tr><td align="center">본   점</td><td colspan="3">○○시 ○○구 ○○길 ○○</td></tr>
<tr><td align="center">등 기 의 목 적</td><td colspan="3">합병으로 인한 합명회사 설립등기</td></tr>
<tr><td align="center">등 기 의 사 유</td><td colspan="3"></td></tr>
<tr><td align="center">본/지점 신청구분</td><td colspan="3">1. 본점신청 □   2. 지점신청 □   3. 본·지점 일괄신청 □</td></tr>
<tr><td colspan="4" align="center">등   기   할   사   항</td></tr>
<tr><td align="center">상   호</td><td colspan="3"></td></tr>
<tr><td align="center">본   점</td><td colspan="3"></td></tr>
<tr><td align="center">목   적</td><td colspan="3"></td></tr>
<tr><td align="center">사원의 성명·주민
등록번호 및 주소
(주소는 대표사원을
두지 아니한 경우),
출자의 목적,
재산출자에 있어서는
그 가격과 이행한 부분</td><td colspan="3"></td></tr>
<tr><td align="center">대표사원의 성명과
주소</td><td colspan="3"></td></tr>
<tr><td align="center">지   점</td><td colspan="3"></td></tr>
<tr><td align="center">존립기간 또는
해산사유</td><td colspan="3"></td></tr>
<tr><td align="center">기   타
(소멸회사의 상호 및
본점과 합병을 한 뜻)</td><td colspan="3"></td></tr>
</table>

<table>
<tr><td colspan="8" align="center">신청등기소 및 등록면허세/수수료</td></tr>
<tr><td rowspan="2" align="center">순번</td><td rowspan="2" align="center">신청등기소</td><td rowspan="2" align="center">구분</td><td align="center">등록면허세</td><td rowspan="2" align="center">농어촌특별세</td><td rowspan="2" align="center">세액합계</td><td rowspan="2" align="center">등기신청수수료</td></tr>
<tr><td align="center">지방교육세</td></tr>
<tr><td></td><td></td><td></td><td align="center">금　　　원</td><td rowspan="2" align="center">금　　　원</td><td rowspan="2" align="center">금　　　원</td><td rowspan="2" align="center">금　　　원</td></tr>
<tr><td></td><td></td><td></td><td align="center">금　　　원</td></tr>
<tr><td></td><td></td><td></td><td></td><td></td><td></td><td></td></tr>
<tr><td></td><td></td><td></td><td></td><td></td><td></td><td></td></tr>
<tr><td colspan="3" align="center">합　계</td><td></td><td></td><td></td><td></td></tr>
<tr><td colspan="3" align="center">등기신청수수료 납부번호</td><td colspan="4"></td></tr>
</table>

<table>
<tr><td colspan="2" align="center">첨　　부　　서　　면</td></tr>
<tr><td>

1. 총사원의 동의서　　　　　　　　　　통
1. 정　관　　　　　　　　　　　　　　통
1. 소멸회사의 총사원동의서　　　　　통
1. 합병계약서　　　　　　　　　　　통
1. 설립위원자격증명서　　　　　　　통
1. 공고 및 최고를 한 증명서　　　　통
1. 변제영수증 또는 이의없다는 진술서　통
1. 신설회사의 총사원동의서　　　　　통
1. 주민등록표등본　　　　　　　　　통

</td><td>

1. 업무집행사원과반수결의서　　　　통
1. 취임승낙서(인감증명서나 본인서명사실
　 확인서 또는 전자본인서명확인서의
　 발급증 포함)　　　　　　　　　　통
1. 대표사원의 인감신고서　　　　　　통
1. 등록면허세영수필확인서　　　　　통
1. 등기신청수수료영수필확인서　　　통
1. 위임장(대리인이 신청할 경우)　　통
<기 타>

</td></tr>
</table>

20○○년 ○월 ○일

신 청 인　　　　상 호　　○○합명회사

　　　　　　　　본 점　　○○시 ○○구 ○○길 ○○

대표사원　　　　성 명　　○ ○ ○ (인)　(전화 : 02-123-4567)

　　　　　　　　주 소　　○○시 ○○구 ○○길 ○○

대 리 인　　　　성 명　　법무사 ○ ○ ○ (인)　(전화 : 02-456-7890)

　　　　　　　　주 소　　○○시 ○○구 ○○길 ○○

○○지방법원 ○○등기소 귀중

- 신청서 작성요령 -

1. 해당란이 부족할 때에는 별지를 이용합니다.
1. 해당 등기신청과 관계없는 사항에 대하여는 "해당없음"으로 기재하거나 삭제하고, 필요한 사항은 추가 기재합니다.
1.「인감증명법」에 따른 인감증명서 제출과 함께 관련 서면에 인감을 날인하여야 하는 경우, 본인서명사실확인서를 제출하고 관련 서면에 서명을 하거나 전자본인서명확인서 발급증을 제출하고 관련 서면에 서명을 하면 인감증명서를 제출하고 관련 서면에 인감을 날인한 것으로 봅니다.

V. 해산과 청산의 등기

I. 해산의 등기

□ 핵 심 사 항 □

1. 해산사유
   (1) 존립기간의 만료 기타 정관으로 정한 사유의 발생
   (2) 총사원의 동의
   (3) 사원이 1인으로 된 때
   (4) 합병
   (5) 파산
   (6) 법원의 명령 또는 판결
2. 등기절차 : 회사가 해산된 때에는 합병과 파산의 경우 외에는 그 해산사유가 있은 날부터 본점소재지에서는 2주간 내, 지점소재지에서는 3주간 내에 등기를 신청한다(상법 제228조).

1. 해산사유

해산사유는 객관적이고 구체적이어야 하며, 법률에 정한 것을 제외하고는 이를 등기하여야 한다(상법 제180조 3호).

합명회사는 다음의 사유로 인하여 해산한다(상법 제227조).

(1) 존립기간의 만료 기타 정관으로 정한 사유의 발행

(2) 총사원의 동의

주식회사, 유한회사는 총회의 특별결의에 의하여 해산할 수 있으나, 합명회사는 총사원의 동의가 있을 때에는 정관소정의 기간만료 전이라 할지라도 언제든지 해산할 수 있다.

한편, 정관규정에 의한 존립기간만료나 해산사유 발생으로 해산한 때와 총사원의 동의로 해산한 때에는 사원의 전부 또는 일부의 동의로써 회사를 계속할 수 있다.

(3) 사원이 1인으로 된 때

(4) 합 병

신설합병의 경우에는 합병하는 모든 당사회사, 흡수합병의 경우에는 흡수당하는 회사는 해산되어 소멸한다.

합병에 의하여 회사가 해산하는 시기는 합병보고총회시가 아니고 합병등기를 한 때이다(상법 제233조).

(5) 파 산

회사가 파산선고를 받으면 그 사업을 계속할 수 없으므로 회사는 당연히 해산되어 파산절차가 개시된다.

【쟁점질의와 유권해석】

〈채무초과가 합명회사의 파산의 원인이 되는지 여부〉

합명회사의 해산사유가 되는 파산의 원인은 지급불능에 한한다.

합명회사에서는 사원이 회사채무에 대하여 직접·연대·무한의 책임을 지므로, 그 존립 중의 채무초과는 파산의 원인이 되지 않는다.

채무자 회생 및 파산에 관한 법률 제306조는 법인에 대하여는 그 부채의 총액이 자산의 총액을 초과하는 때에도 파산선고를 할 수 있지만, 이 규정은 합명회사 및 합자회사의 존립기간 중에는 적용하지 아니한다고 규정하고 있다.

(6) 법원의 명령 또는 판결

회사의 설립목적이 불법한 것인 때, 정당한 사유없이 설립 후 1년 내에 영업을 개시하지 아니하거나 1년 이상 영업을 휴지한 때 또는 업무집행사원이 법령·정관에 위반하여 회사존속을 허용할 수 없는 행위를 한 때에는 법원은 이해관계인이나 검사의 청구 또는 직권으로 회사해산명령을 할 수 있다(상 제176조). 또 부득이한 사유가 있는 때 합명회사의 사원 각자는 법원에 회사의 해산을 청구할 수 있다.

2. 등기절차

(1) 등기기간 및 등기신청인 등

회사가 해산된 때에는 합병과 파산의 경우 외에는 그 해산사유가 있은 날부터 본점소재지에서는 2주간 내, 지점소재지에서는 3주간 내에 등기를 신청한다(상법 제228조). 등기의 신청은 회사의 대표자가 하여야 하므로 임의청산의 경우에는 해산 당시의 대표사원이 신청하고, 법정청산의 경우 및 청산인선임등기는 대표청산인이 신청하여야 한다고 해야 할 것이다(상업등기법 제23조).

(2) 등기사항

해산의 등기에 있어서는 해산한 뜻과 그 사유 및 연월일을 등기하여야 한다(상업등기법 제60조 1항).

해산등기를 하는 때에는 회사의 지배인에 관한 등기를 말소하여야 한다(상업등기규칙 제88조).

(3) 첨부서면

1) 총사원의 동의로 해산한 경우에는 신청서에 총사원의 동의가 있음을 증명하는 서면(상업등기규칙 제97조 2항)

2) 사원이 1인이 되어 해산한 때에는 사망진단서 등

퇴사의 등기신청서에는 퇴사의 사실을 증명하는 서면, 즉 사망진단서, 가족관계증명서, 퇴사예고서 등을 첨부한다(상업등기규칙 제103조 2항).

사원이 1인이 되어 해산한 때에는 해산의 등기와 동시에 사원의 퇴사의 등기를 해야 한다.

3) 정관소정사유의 발생으로 인하여 해산한 때에는 그 사유의 발생을 증명하는 서면(상업등기규칙 제106조 2항)

4) 신청인 자격증명서

임의청산의 경우에는 대표사원이 해산의 등기를 신청하여야 하고, 법정청산의 경우에는 대표청산인이 해산의 등기를 신청하여야 한다. 대표청산인이 해산의 등기를 신청할 경우에 종전의 대표사원이 청산인으로 된 때를 제외하고는 그 자격을 증명하는 서면을 첨부하여야 한다. 그러나 청산인의 선임이 없어 업무집행사원이 청산인이 된 때(상 제251조 2항)에는 그러하지 아니하다(상업등기규칙 제106조 1항).

5) 등록면허세, 지방교육세, 농어촌특별세 등

등록면허세는 4만2백원이고, 지방교육세는 등록면허세의 100분의 20이며, 농어촌특별세는 조세특례제한법, 관세법, 지방세법에 의하여 등록면허세가 감면되는 경우 그 감면세액의 100분의 20이다. 그러나 농어촌특별세가 감면 또는 면제되는 경우도 있다(지방세법 제28조 1항, 제151조 1항, 농어촌특별세법 제4조, 제5조).

핵 심 판 례

■ 상법 제520조 제1항에서 정한 '회사의 업무가 현저한 정돈상태를 계속하여 회복할 수 없는 손해가 생긴 때 또는 생길 염려가 있는 때'와 '부득이한 사유가 있는 때'의 의미

상법 제520조 제1항은 주식회사에 대한 해산청구에 관하여 "다음의 경우에 부득이한 사유가 있는 때에는 발행주식의 총수의 100분의 10 이상에 해당하는 주식을 가진 주주는 회사의 해산을 법원에 청구할 수 있다."라고 하면서, 제1호로 "회사의 업무가 현저한 정돈(정돈)상태를 계속하여 회복할 수 없는 손해가 생긴 때 또는 생길 염려가 있는 때"를 규정하고 있다. 여기서 '회사의 업무가 현저한 정돈상태를 계속하여 회복할 수 없는 손해가 생긴 때 또는 생길 염려가 있는 때'란 이사 간, 주주 간의 대립으로 회사의 목적 사업이 교착상태에 빠지는 등 회사의 업무가 정체되어 회사를 정상적으로 운영하는 것이 현저히 곤란한 상태가 계속됨으로 말미암아 회사에 회복할 수 없는 손해가 생기거나 생길 염려가 있는 경우를 말하고, '부득이한 사유가 있는 때'란 회사를 해산하는 것 외에는 달리 주주의 이익을 보호할 방법이 없는 경우를 말한다(대법원 2015. 10. 29. 선고 2013다53175).

주식회사의 주주와 유한회사의 사원이 1인으로서 동일인인 경우 무증자 흡수합병등기가 가능한지 여부

선례요지

1인 주주인 주식회사와 1인 사원인 유한회사의 주주와 사원이 동일한 경우에 유한회사가 주식회사에 흡수합병하여 해산하고 주식회사가 존속하기로 하는 흡수합병을 하는 경우에 주식회사와 유한회사의 합병으로 인하여 증가할 주식의 수를 0으로, 증가할 자본금을 0원으로 하는 무증자합병등기는 채권자보호절차를 거쳐 법원의 인가를 받은 때에는 가능하다. (2008. 9. 26. 공탁상업등기과-1002 질의회답)
참조조문 : 상법 제232조, 제459조, 제462조, 제523조, 제527조의5, 제600조
참조판례 : 2004. 12. 9. 선고 2003다69355 판결

【서식】합명회사해산등기신청서

<table>
<tr><td colspan="6" align="center">합명회사 해산등기신청</td></tr>
<tr><td rowspan="2">접 수</td><td>20〇〇년 〇월 〇일</td><td rowspan="2">처리인</td><td>등기관 확인</td><td colspan="2">각종 통지</td></tr>
<tr><td>제〇〇〇〇호</td><td></td><td colspan="2"></td></tr>
</table>

상 호	〇〇합명회사		등기번호	제1000호
본 점	〇〇시 〇〇구 〇〇길 〇〇			
등 기 의 목 적	해산등기			
등 기 의 사 유				
본/지점 신청구분	1. 본점신청 □ 2. 지점신청 □ 3. 본·지점 일괄신청 □			

<table>
<tr><td colspan="2" align="center">등 　 기 　 할 　 사 　 항</td></tr>
<tr><td>해산한 뜻과
그 연 월 일</td><td></td></tr>
<tr><td>해 산 사 유</td><td></td></tr>
<tr><td>기   타</td><td></td></tr>
</table>

신청등기소 및 등록면허세/수수료						
순번	신청등기소	구분	등록면허세 / 지방교육세	농어촌특별세	세액합계	등기신청수수료
			금 원 / 금 원	금 원	금 원	금 원
합 계						
등기신청수수료 납부번호						

첨   부   서   면

1. 총사원 동의서(총사원의 동의로 해산 한 경우) 통	1. 가족관계등록사항별증명서, 퇴사예고 서(사원이 1인이 된 경우) 통
1. 정관(정관소정의 사유발생으로 해산한 경우) 통	1. 등기신청인자격증명서 통
1. 정관 소정의 사유발생을 증명하는 서면 통	1. 등록면허세영수필확인서 통
	1. 등기신청수수료영수필확인서 통
	1. 위임장(대리인이 신청할 경우) 통
	<기 타>

2000년 0월 0일

신 청 인   상 호   OO합명회사

본 점   OO시 OO구 OO길 OO

대표사원   성 명   O O O (인) (전화 : 02-123-4567)

주 소   OO시 OO구 OO길 OO

대 리 인   성 명   법무사 O O O (인) (전화 : 02-456-7890)

주 소   OO시 OO구 OO길 OO

OO지방법원 OO등기소 귀중

- 신청서 작성요령 -

1. 해당란이 부족할 때에는 별지를 이용합니다.
1. 해당 등기신청과 관계없는 사항에 대하여는 "해당없음"으로 기재하거나 삭제하고, 필요한 사항
은 추가 기재합니다.

Ⅱ. 청산의 등기

▣ 핵 심 사 항 ▣

1. 청산 : 청산이란 해산한 회사의 법률관계를 정리하고, 그 재산을 처분하는 절차를 말한다.
2. 합명회사의 청산
 (1) 임의청산 : 임의청산은 정관 또는 총사원의 동의에 의하여 정하여진 방법에 따라 하는 청산으로서 주식회사에서는 이를 인정하지 않는다. 회사가 존립기간의 만료 기타 정관으로 정한 사유의 발생 또는 총사원의 동의에 의하여 해산한 경우에 한하여 인정된다(상법 제227조 1항, 2항).
 (2) 법정청산 : 법정청산이란 청산인이 법정절차에 따라서 하는 청산을 말한다. 회사의 사원이 1인이 되어 해산한 경우나 법원의 명령 또는 판결에 의하여 해산한 경우에는 반드시 법정청산의 방법에 따라 청산절차를 밟아야 한다.

1. 총 설

청산이란 해산한 회사의 법률관계를 정리하고, 그 재산을 처분하는 절차를 말한다. 합병과 파산으로 해산한 경우에는 청산절차가 필요없지만 그 밖의 사유로 해산한 경우에는 청산을 하여야 한다. 합명회사의 청산에는 임의청산과 법정청산이 있다(물적 회사에서는 임의청산은 인정되지 않는다).

(1) 임의청산(상법 제247조)

1) 의 의

임의청산은 정관 또는 총사원의 동의에 의하여 정하여진 방법에 따라 하는 청산으로서 주식회사에서는 이를 인정하지 않는다.

임의청산에서는 재산의 처분방법은 정관 또는 총사원의 동의에 의하여 자유로이 정할 수 있다(상법 제247조 1항).

임의청산은 사원이 1인으로 된 때 또는 해산명령과 해산판결에 의한 때에는 청산의 공정을 기하기 위하여 인정되지 않으며(상법 제247조 2항), 회사가 존립기간의 만료 기타 정관으로 정한 사유의 발생 또는 총사원의 동의에 의하여 해산한 경우에 한하여 인정된다(상법 제227조 1항, 2항).

2) 절 차

가. 채권자보호절차의 이행

채권자보호절차는 주식회사 합병의 경우와 같다.

나. 지분압류 채권자의 동의

임의청산의 경우에 사원의 지분압류채권자가 있는 때에는 그의 동의를 얻어야 한다.

3) 청산 후 중요서류의 보존

임의청산을 하면 본점소재지에서 해산등기를 한 후 10년간 회사의 장부와 영업 및 청산에 관한 중요서류를 보존하여야 하고, 전표 또는 이와 유사한 서류는 5년간 이를 보존하여야 한다(상법 제266조 1항).

(2) 법정청산(상법 제250조 ~ 제256조)

법정청산이란 청산인이 법정절차에 따라서 하는 청산을 말한다. 회사의 사원이 1 인이 되어 해산한 경우이나 법원의 명령 또는 판결에 의하여 해산한 경우에는 반 드시 법정청산의 방법에 따라 청산절차를 밟아야 한다. 이때에는 청산사무를 수행 할 청산인을 선임하여야 한다(상법 제250조, 제251조, 제252조).

청산인은 법정청산의 경우에 청산사무를 집행하고 청산회사를 대표한다.

2. 청산인의 취임 및 퇴임

(1) 취 임

1) 법정청산인

합병·파산, 사원이 1인으로 되어 해산하거나 재판 이외의 경우로 해산하는 때에는 원칙적으로 업무집행사원이 청산인이 된다(상법 제251조 2항). 대표사원을 정한 경 우에도 해산 후에는 각 업무집행사원이 청산인이 된다.

2) 법원의 선임에 의한 청산인

회사의 사원이 1인으로 됨으로써 해산한 때와 해산을 명하는 재판에 의하여 해산 한 경우에 법원은 직권 또는 사원 기타 이해관계인이나 검사의 청구에 의하여 청산 인을 선임한다.

3) 사원의 선임에 의한 청산인

총사원의 과반수 결의로 사원 또는 사원 이외의 자를 청산인으로 선임할 수 있다
(상법 제251조 1항).

해산 후에 사원이 사망한 경우에는 사원의 청산인선임권은 그 상속인이 행사한다.

(2) 퇴 임

1) 사 임

청산인은 사임할 수 있다. 다만, 업무집행사원으로서 청산인으로 된 자는 사원의
권리의무에 기하여 청산인으로 된 것이므로 사임할 수 없다 할 것이다.

2) 해 임

① 사원과반수의 결의에 의한 해임

사원이 선임한 청산인은 총사원 과반수의 결의로 언제든지 해임할 수 있다(상
법 제261조).

② 재판에 의한 해임

직무집행의 현저한 부적임 등 중요한 사유가 있는 때에는 법원이 사원 기타
이해관계인의 청구에 의하여 그를 해임할 수 있다(상법 제262조).

3) 청산인의 사망, 파산, 금치산(상법 제265조, 제382조 2항)

청산인과 회사와의 관계에는 위임에 관한 규정이 준용되므로, 청산인은 위임의
종료사유인 청산인의 사망, 파산, 금치산에 의하여 종임한다(민법 제690조).

3. 대표청산인의 취임 및 퇴임

(1) 취 임

① 업무집행사원이 청산인으로 된 경우에는 종전의 정함에 따라 회사를 대표하므
로(상법 제255조 1항), 대표사원이었던 자가 대표청산인이 된다.

② 정관 또는 총사원의 동의로 청산인 중 특히 회사를 대표할 자를 정할 수 있다
(상법 제265조, 제207조).

③ 법원이 수인의 청산인을 선임한 경우에는 회사를 대표할 자를 정하거나, 수인
이 공동하여 회사를 대표할 것을 정할 수 있다(상법 제255조 2항).

(2) 퇴 임

① 청산인의 퇴임

② 대표청산인 지정의 해제

업무집행사원으로서 대표청산인으로 된 자와 사원이 선임한 대표청산인은 정관의 변경 또는 총사원의 동의로 회사를 대표할 청산인으로서의 지정을 해제할 수 있다. 이 때에는 대표청산인은 퇴임되고, 법원이 회사를 대표할 청산인을 선임한 경우에는 재판에 의하여 회사를 대표하지 아니할 청산인으로 할 수 있는바, 이에 의하여 대표사원은 퇴임하게 된다.

(3) 청산인의 공동대표

① 업무집행사원이 청산인이 된 경우에 있어서는 해산 전에 공동대표에 관한 정함이 있는 때에는 그 정함에 따라 공동대표청산인이 된다(상법 제255조 1항).

② 정관 또는 총사원의 동의로 수인의 청산인이 공동하여 회사를 대표할 것으로 정할 수 있다(상법 제265조, 제208조).

③ 법원이 청산인을 선임한 경우에는 법원이 재판으로 수인이 공동하여 회사를 대표할 것으로 정할 수 있다(상법 제255조 2항).

④ 정관 또는 총사원의 동의로 공동대표에 관한 정함을 변경, 폐지하거나 법원이 정한 공동대표는 재판에 의하여 그 정함을 변경, 폐지할 수 있다.

4. 청산인의 등기

(1) 등기기간

청산인이 선임된 때에는 선임된 날로부터, 업무집행사원이 청산인이 된 때에는 해산한 날로부터 본점소재지에서는 2주간 내에 등기하여야 한다(상법 제253조). 다만, 지점소재지에서는 해산한 날로부터 3주간 내에 대표청산인에 관한 사항 및 공동대표에 관한 사항만을 등기 하여야 한다.

(2) 등기신청인

이 등기는 회사를 대표하는 청산인이 하여야 할 것이나, 해산등기전에는 청산인 선임등기를 신청할 수 없다(상업등기법 제23조).

(3) 등기사항

① 청산인의 성명, 주민등록번호(주민등록이 없는 자는 생년월일)

② 회사를 대표하는 청산인을 정한 때에는 그 성명과 주소

③ 공동대표에 관한 규정이 있는 때에는 그 규정

④ 취임·퇴임의 취지 및 그 연월일

(4) 첨부서면

1) 최초의 청산인의 등기

가. 업무집행사원이 청산인으로 된 경우에는 그 자격증명서로서 정관(상업등기규칙 제107조 1항)

나. 사원이 선임한 청산인의 경우(상업등기규칙 제107조 2항)

① 사원 과반수의 동의가 있음을 증명하는 서면

② 취임승낙을 증명하는 서면

청산인 또는 대표청산인의 취임승낙 또는 사임을 증명하는 때에는 인감증명법에 따라 신고한 인감을 날인하고, 그 인감증명서를 첨부하여야 한다. 다만, 등기소에 인감을 제출한 자가 사임한 경우에는 그 자가 등기소에 제출한 인감 또는 날인으로 갈음할 수 있다(상업등기규칙 제104조 1항).

③ 대표청산인·공동대표청산인을 정한 때에는 정관 또는 총사원의 동의를 증명하는 서면

다. 법원이 청산인 등을 선임한 경우(상업등기규칙 제107조 2항)

① 선임결정서

② 회사를 대표할 청산인을 정한 때에는 그 성명

③ 수인의 청산인이 공동으로 회사를 대표할 것을 정한 때에는 그 규정

2) 청산인에 관한 변경

가. 청산인의 취임

① 사원과반수의 동의로 청산인을 선임한 경우에는 사원과반수의 동의가 있음을 증명하는 서면, 취임승낙서(상업등기규칙 제107조 2항)와 주민등록번호를 증명하는 서면(상 제253조 1항, 특례법규칙 제2조 2항)

② 법원이 청산인을 선임한 경우에는 그 선임결정서의 등본(상업등기규칙 제107조 2항)

나. 청산인의 퇴임

① 퇴임으로 인한 경우에는 그 퇴임을 증명하는 서면(상업등기규칙 제107조 4항)

② 사원과반수의 동의로 해임한 경우에는 사원과반수의 동의서 또는 해임결의서, 법원이 해임한 경우에는 그 재판서의 등본

③ 자격상실, 자격정지자로 된 경우에는 유죄판결이 확정된 것을 증명하는 서면

④ 청산인의 사망, 파산 또는 금치산의 경우에는 사망진단서, 가족관계증명서, 파산선고서의 등본, 금치산선고 심판서의 등본 및 그 확정증명서

⑤ 청산인의 성명·주민등록번호·주소 등 변경의 경우에는 그 변경을 증명하는 가족관계증명서·주민등록등본 등의 서면

다. 대표청산인의 취임

① 정관의 변경 또는 총사원의 동의로 회사를 대표할 청산인 또는 공동대표청산인을 정한 때에는 총사원의 동의서

② 법원이 회사를 대표할 청산인 또는 공동대표청산인을 정한 때에는 그를 증명하는 재판서의 등본

라. 대표청산인의 퇴임

① 정관의 변경 또는 총사원의 동의로 회사를 대표할 청산인 또는 공동대표청산인에 관한 지정을 해제한 때에는 총사원의 동의서

② 법원이 대표청산인 또는 공동대표청산인에 관한 규정을 변경 또는 폐지한 때에는 그를 증명하는 재판서의 등본

3) 등록면허세, 지방교육세 등 납부영수필확인서 및 통지서, 등기신청수수료증지

등록면허세는 4만2백원이고, 지방교육세는 등록면허세의 100분의 20이며(지방세법 제28조 1항, 제151조 1항), 등기신청수수료는 6,000원(전자표준양식에 의해 신청하는 경우는 4,000원, 전자신청은 2,000원)이다.

4) 위임장, 관청의 허가(인가)서 등 기타의 서면

【서식】합명회사청산인등기신청서

<table>
<tr><td colspan="5" align="center">합명회사 청산인등기신청</td></tr>
<tr><td rowspan="2">접 수</td><td>20○○년 ○월 ○일</td><td rowspan="2">처리인</td><td>등기관 확인</td><td>각종 통지</td></tr>
<tr><td>제○○○○호</td><td></td><td></td></tr>
</table>

<table>
<tr><td>상   호</td><td>○○합명회사</td><td>등기번호</td><td>제1000호</td></tr>
<tr><td>본   점</td><td colspan="3">○○시 ○○구 ○○길 ○○</td></tr>
<tr><td>등 기 의 목 적</td><td colspan="3">청산인등기</td></tr>
<tr><td>등 기 의 사 유</td><td colspan="3"></td></tr>
<tr><td>본/지점 신청구분</td><td colspan="3">1. 본점신청 □   2. 지점신청 □   3. 본·지점 일괄신청 □</td></tr>
<tr><td colspan="4" align="center">등   기   할   사   항</td></tr>
<tr><td>취임한 청산인의 성명·주민등록번호와
주소 및 취임 연월일,
청산인의 퇴임 등 변경된 사항과 그 연월일</td><td colspan="3"></td></tr>
<tr><td>기   타</td><td colspan="3"></td></tr>
</table>

신청등기소 및 등록면허세/수수료						
순번	신청등기소	구분	등록면허세 지방교육세	농어촌특별세	세액합계	등기신청수수료
			금 원 금 원	금 원	금 원	금 원
합 계						
등기신청수수료 납부번호						

<table>
<tr><td colspan="2" align="center">첨 부 서 면</td></tr>
<tr>
<td>
1. 총사원의 과반수 결의서   통
1. 선임결정서등본(법원이 선임한 경우 통
1. 취임승낙서(인감증명서나 본인서명사실확인서 또는 전자본인서명확인서의 발급증 포함)   통
1. 청산인의 퇴임을 증명하는 서면   통
1. 사임서(인감증명서나 본인서명사실확인서 또는 전자본인서명확인서의 발급증 포함)   통
</td>
<td>
1. 주민등록등(초)본   통
1. 인감신고서   통
1. 등록면허세영수필확인서   통
1. 등기신청수수료영수필확인서   통
1. 위임장(대리인이 신청할 경우)   통
<기 타>
</td>
</tr>
</table>

2000년 ○월 ○일

신 청 인 상 호 ○○합명회사

      본 점 ○○시 ○○구 ○○길 ○○

대표사원 성 명 ○ ○ ○ (인) (전화 : 02-123-4567)

(대표청산인) 주 소 ○○시 ○○구 ○○길 ○○

대 리 인 성 명 법무사 ○ ○ ○ (인) (전화 : 02-456-7890)

      주 소 ○○시 ○○구 ○○길 ○○

○○지방법원 ○○등기소 귀중

- 신청서 작성요령 -

1. 해당란이 부족할 때에는 별지를 이용합니다.
1. 해당 등기신청과 관계없는 사항에 대하여는 "해당없음"으로 기재하거나 삭제하고, 필요한 사항은 추가 기재합니다.
1. 「인감증명법」에 따른 인감증명서 제출과 함께 관련 서면에 인감을 날인하여야 하는 경우, 본인서명사실확인서를 제출하고 관련 서면에 서명을 하거나 전자본인서명확인서 발급증을 제출하고 관련 서면에 서명을 하면 인감증명서를 제출하고 관련 서면에 인감을 날인한 것으로 봅니다.

Ⅲ. 청산종결의 등기

▣ 핵 심 사 항 ▣

1. 청산종결절차
 (1) 법정청산의 경우 : 청산인이 현존사무의 종결, 채권의 추심과 채무의 변제, 재산의 환
     가처분과 잔여재산의 분배를 하고 계산서를 작성하여 각 사원의 승인을 얻은 때에 청
     산이 종결(상법 제263조).
 (2) 임의청산의 경우 : 해산사유가 있는 날로부터 2주간 내에 재산목록과 대차대조표를
     작성하고 채권자보호절차를 이행한 후 정하여진 처리방법에 의하여 회사재산의 처분
     을 완료함으로써 청산이 종결.
2. 등기절차
 (1) 법정청산의 경우 : 청산인이 청산계산서의 승인이 있는 날로부터 본점소재지에서는 2
     주간, 지점소재지에서는 3주간 내에 청산종결의 등기를 신청(상법 제264조).
 (2) 임의청산의 경우 : 회사재산의 처분을 완료한 날로부터 본점소재지에서는 2주간, 지점
     소재지에서는 3주간 내에 회사를 대표하는 사원이 청산종결의 등기를 신청(상법 제
     247조 5항, 상업등기법 제23조).

1. 청산종결절차

(1) 법정청산의 경우

청산인이 현존사무의 종결, 채권의 추심과 채무의 변제, 재산의 환가처분과 잔
여재산의 분배를 하고 계산서를 작성하여 각 사원의 승인을 얻은 때에 청산이 종
결된다(상법 제263조).

(2) 임의청산의 경우

해산사유가 있는 날로부터 2주간 내에 재산목록과 대차대조표를 작성하고 채권
자보호절차를 이행한 후 정하여진 처리방법에 의하여 회사재산의 처분을 완료함
으로써 청산이 종결된다.

【쟁점질의와 유권해석】

〈청산중인 합명회사에 있어서 사원 상호간이나 제3자에게 지분을 양도함에 따른 사원의 입·퇴사 등기신청의 가부〉

청산중인 합명회사는 청산의 목적범위 내에서만 존속하고 그 청산은 회사와 사원의 재산관계의 정리를 중심으로 하는 것이므로, 사원 상호간이나 제3자에게 지분을 양도함에 따른 입·퇴사 등기신청은 수리될 수 없다.

2. 등기절차

(1) 등기사항 및 등기기간 등

1) 법정청산의 경우

청산인이 청산계산서의 승인이 있는 날로부터 본점소재지에서는 2주간, 지점소재지에서는 3주간 내에 청산종결의 등기를 신청하여야 한다(상법 제264조). 청산종결의 등기는 회사를 대표하는 청산인이 신청하여야 한다(상업등기법 제23조). 등기할 사항은 청산이 종결된 뜻과 그 연월일이다.

2) 임의청산의 경우

회사재산의 처분을 완료한 날로부터 본점소재지에서는 2주간, 지점소재지에서는 3주간 내에 회사를 대표하는 사원이 청산종결의 등기를 신청하여야 한다(상법 제247조 5항, 상업등기법 제23조). 등기할 사항은 청산이 종결된 뜻과 그 연월일이다.

(2) 첨부서면

1) 법정청산의 경우

일반적인 첨부서면 외에 그 계산의 승인을 받았음를 증명하는 서면을 첨부하여야 한다(상업등기규칙 제110조 2항). 사원이 그 계산서를 교부받고도 1월 이내에 이의하지 않아 승인이 의제되는 때(상법 제263조 1항·2항 본문)에는 그 승인이 의제된 증명서를 첨부한다.

2) 임의청산의 경우

회사재산의 처분이 완료한 것을 증명하는 서면(총사원이 기명날인한 서면)을 첨부한다(상법 제247조, 상업등기규칙 제110조 1항).

3) 등록면허세, 지방교육세, 농어촌특별세 등 납부영수필통지서 및 확인서, 등기신청수수료증지

등록면허세는 4만2백원이고, 지방교육세는 등록면허세의 100분의 20이다(지세 제28조 1항, 제151조 1항). 등기신청수수료는 6,000원(전자표준양식에 의해 신청하는 경우는 4,000원, 전자신청은 2,000원)이다.

핵 심 판 례

■ 사업양도법인의 청산사무 종결 전에 발생한 인정상여소득에 대한 납세의무자(=사업양도법인) 및 사업양도법인이 부담하여야 할 세금을 사업양수법인이 납부한 경우 사업양도법인의 부당이득반환의무의 존부(적극)

법인에 대한 청산종결등기가 경료되었다고 하더라도 청산사무가 종결되지 않는 한 그 범위 내에서는 청산법인으로서 존속한다고 볼 것이어서, 청산사무 종결 전에 발생한 인정상여소득에 대한 사업양도인의 납세의무는 여전히 존속되고 있다고 할 것이고, 사업양수인의 세금납부에 의하여 사업양도인이 원래 부담하여야 할 조세채무의 발생이 확정적으로 소멸된 이상 사업양도인은 동 금액 상당에 대한 부당이득반환의무를 진다(대법원 2003. 2. 11. 선고 99다66427, 73371 판결).

■ 청산종결등기가 경료되었으나 청산사무가 남아 있는 청산법인의 당사자능력 유무(적극)

법인에 관하여 청산종결등기가 경료된 경우에도 청산사무가 종료되었다고 할 수 없는 경우에는 청산법인으로서 당사자능력이 있다(대법원 1997. 4. 22. 선고 97다3408 판결)

【서식】합명회사청산종결등기신청서

<table>
<tr><td colspan="2" align="center">합명회사
청산종결등기신청</td></tr>
</table>

접 수	2000년 0월 0일	처리인	등기관 확인	각종 통지
	제0000호			

상　　　　호	○○합명회사	등기번호	제1000호
본　　　　점	○○시 ○○구 ○○길 ○○		
등 기 의 목 적	청산종결등기		
등 기 의 사 유			
본/지점 신청구분	1. 본점신청 □　　2. 지점신청 □　　3. 본·지점 일괄신청 □		

등　　기　　할　　사　　항	
청산이 종결된 뜻과 그 연월일	
기　　　　타	

신청등기소 및 등록면허세/수수료						
순번	신청등기소	구분	등록면허세 지방교육세	농어촌특별세	세액합계	등기신청수수료
			금 원 금 원	금 원	금 원	금 원
합 계						
등기신청수수료 납부번호						

첨 부 서 면	
1. 잔여재산처분계산서(임의청산) 통	<기 타>
1. 청산계산승인서(법정청산) 통	
1. 등록면허세영수필확인서 통	
1. 등기신청수수료영수필확인서 통	
1. 위임장(대리인이 신청할 경우) 통	

2000년 ○월 ○일

신 청 인   상 호 ○○합명회사

          본 점 ○○시 ○○구 ○○길 ○○

대표사원   성 명 ○ ○ ○ (인) (전화 : 02-123-4567)

(대표청산인)   주 소 ○○시 ○○구 ○○길 ○○

대 리 인   성 명 법무사 ○ ○ ○ (인) (전화 : 02-456-7890)

          주 소 ○○시 ○○구 ○○길 ○○

○○지방법원 ○○등기소 귀중

- 신청서 작성요령 -

1. 해당란이 부족할 때에는 별지를 이용합니다.
1. 해당 등기신청과 관계없는 사항에 대하여는 "해당없음"으로 기재하거나 삭제하고, 필요한 사항
   은 추가 기재합니다.

Ⅳ. 계속의 등기

□ 핵 심 사 항 □

1. 의의 : 회사의 계속이란 일단 해산된 회사가 사원들의 자발적인 노력에 의하여 해산 전의 상태로 복귀하여 해산 전 회사의 동일성을 유지하면서 존립중의 회사로서 존속하는 것.
2. 사유 및 절차
 (1) 사유 : 존립기간의 만료 기타 정관으로 정한 사유의 발생으로 인하여 해산한 경우, 또는 총사원의 동의에 의해 해산한 경우 사원의 전부 또는 일부의 동의에 의하여 회사를 계속할 수 있다(상법 제229조 1항).
 (2) 회사를 계속하는 경우 이미 회사의 해산등기를 하였을 때에는 일정기간 내에 회사 계속의 등기를 하여야 한다(상법 제229조 3항).

1. 계속의 절차

(1) 사원의 동의에 의한 회사계속

합명회사는 존립기간의 만료, 정관소정사유의 발생 또는 총사원의 동의로 해산한 경우에는 총사원 또는 일부사원의 동의로 회사를 계속할 수 있다.

이 경우에 동의하지 아니한 사원은 퇴사한 것으로 본다(상법 제229조 1항).

(2) 사원의 가입에 의한 회사계속

사원이 1인으로 되어 해산한 경우에는 새로 사원을 가입시켜 회사를 계속할 수 있다(상법 제229조 2항).

사원의 가입은 정관변경으로 총사원의 동의가 있어야 한다(상법 제179조, 제203조).

(3) 설립이 무효, 취소된 경우의 회사계속

합명회사의 설립의 무효 또는 취소의 판결이 확정된 경우에 그 무효 또는 취소의 원인이 특정한 사원에 한한 것인 때에는 그 특정사원을 퇴사시키고 다른 사원 전원의 동의로 회사를 계속할 수 있다. 이 때에는 그 무효 또는 취소의 원인이 있는 사원은 퇴사한 것으로 본다(상법 제194조 2항). 이 경우에 다른 사원이 1인인 때에는 새로운 사원을 가입시켜 회사를 계속할 수 있다(상법 제194조).

(4) 파산에 의하여 해산한 경우의 회사계속

파산선고를 받은 합명회사는 총사원의 동의로 회사를 계속할 것을 결의하고, 파산채권자 전원의 동의를 얻어 파산폐지의 신청을 함으로써 회사를 계속할 수 있다(채무자회생및파산에관한법률 제540조).

(5) 종전의 업무집행사원·대표사원 등에 관한 규정

회사가 해산한 경우에는 임의청산절차에 의하여 청산 중인 때를 제외하고는 종전의 업무집행사원, 대표사원, 공동대표사원에 관한 정함을 효력을 상실하므로, 이에 관한 규정을 두고자 할 때에는 계속의 결의에서 다시 이에 관한 정함을 하여야 한다.

2. 등기절차

(1) 등기기간 등

회사를 계속하는 경우 본점소재지에서는 2주간, 지점소재지에서는 3주간 내에 계속의 등기를 하여야 한다(상법 제229조 3항). 계속의 등기는 회사를 대표하는 사원의 신청에 의하여 계속의 등기를 하여야 한다(동조 3항, 상업등기법 제23조).

계속등기의 등기기간은 총사원 또는 일부사원의 일치로 계속결의를 한 때 또는 새로 사원을 가입시켜 계속결의를 한 때로부터 진행한다 할 것이다(일본 등기선례 소화 1915. 4. 17. 민사갑 제476호).

계속등기 전에 해산의 등기가 되어 있지 아니한 때에는 해산등기를 하고, 또 법정청산절차에 의하여 청산절차가 진행중이었을 때에는 청산인선임의 등기를 한 후에 계속의 등기를 하여야 한다.

계속등기를 하는 때에는 해산과 청산인에 관한 등기를 말소하는 기호를 기록하여야 하며, 회사 설립무효 또는 설립취소 판결 확정 후에 계속의 등기를 하는 때에는 설립의 무효 또는 취소와 청산인에 관한 등기를 말소하는 기호를 기록하여야 한다(상업등기규칙 제109조).

(2) 등기사항

① 회사를 계속한 뜻과 그 연월일

② 사원을 가입시켜 계속한 때에는 그 사원의 성명·주소·주민등록번호·출자의 목적, 재산출자에 있어서는 그 가격과 이행한 부분. 다만, 회사를 대표할 자를 정한 때에는 사원의 주소는 제외한다.

③ 사원 일부의 동의에 의하여 상속한 때에는 퇴사한 사원의 성명

④ 회사를 대표할 사원 또는 공동대표사원을 정한 때에는 그 성명과 주소

⑤ 존립기간 또는 해산사유를 변경 또는 폐지한 때에는 그 뜻

(3) 첨부서면

1) 총사원의 동의로 계속한 때에는 총사원의 동의가 있음을 증명하는 서면

2) 사원 일부의 동의로 계속한 때에는 그 동의가 있음을 증명하는 서면

이 경우에 동의하지 아니한 사원은 퇴사한 것으로 보므로(상법 제229조 1항 단서) 그 퇴사의 등기를 하여야 하지만 퇴사한 사실을 증명하는 서면을 첨부할 필요는 없다.

3) 새로 사원을 가입시켜 회사를 계속한 때에는 그 가입사실을 증명하는 서면(입사계약서 등)과 재산출자에 관하여 이행을 한 부분을 증명하는 서면(상업등기규칙 제103조), 신입사원의 성명·주소·주민등록번호를 증명하는 서면(상법 제180조, 상업등기규칙 제52조 1항)

4) 회사의 설립을 무효로 하는 판결 또는 취소의 판결이 확정된 경우에 회사를 계속한 때에는 그 무효 또는 취소의 원인이 있는 사원 이외의 사원의 동의 있음을 증명하는 서면과 판결등본(상업등기규칙 제109조 2항)

5) 사원 중 회사를 대표하지 않는 자가 있는 때 또는 공동대표에 관한 규정을 설정한 때에는 총사원의 동의가 있음을 증명하는 서면

6) 등록면허세, 지방교육세, 농어촌특별세 등 납부영수필통지서 및 확인서, 등기신청수수료 증지

등록면허세는 사원을 새로 가입시킨 때에는 신입사원 출자총금액의 1,000분의 4, 설립 또는 전입 후 5년 이내의 대도시의 법인은 그 3배를 가산한다. 그 외에는 4만2백원이고, 지방교육세는 등록면허세의 100분의 20이다(지방세법 제28조 1항, 제151조 1항).

농어촌특별세는 조세특례제한법, 관세법, 지방세법에 의하여 등록면허세가 감면되는 경우 그 감면액의 100분의 20이고, 농어촌특별세도 감면되는 경우가 있다(농어촌특별세법 제4조, 제5조).

회사계속등기의 등기신청수수료는 6,000원(전자표준양식에 의하는 경우는 4,000원, 전자신청은 2,000원)이다. 다만, 사원을 새로 가입시킨 경우에는 사원변경등기 및 계속등기의 수수료로 각 6,000원(전자표준양식에 의한 신청의 경우 4,000원, 전자신청은 2,000원)을 첨부하여야 한다.

7) 위임장, 관청의 허가(인가)서, 정관 등 기타 필요한 서면

【서식】합명회사계속등기신청서

<table>
<tr><td colspan="5" align="center">합명회사 계속등기신청</td></tr>
<tr><td rowspan="2">접 수</td><td>2000년 ○월 ○일</td><td rowspan="2">처리인</td><td>등기관 확인</td><td>각종 통지</td></tr>
<tr><td>제○○○○호</td><td></td><td></td></tr>
</table>

<table>
<tr><td>상   호</td><td>○○합명회사</td><td>등기번호</td><td>제1000호</td></tr>
<tr><td>본   점</td><td colspan="3">○○시 ○○구 ○○길 ○○</td></tr>
<tr><td>등 기 의 목 적</td><td colspan="3">계속등기</td></tr>
<tr><td>등 기 의 사 유</td><td colspan="3"></td></tr>
<tr><td>본/지점 신청구분</td><td colspan="3">1. 본점신청 □   2. 지점신청 □   3. 본·지점 일괄신청 □</td></tr>
<tr><td colspan="4" align="center">등   기   할   사   항</td></tr>
<tr><td>회사계속 연월일</td><td colspan="3"></td></tr>
<tr><td>사원의
성명·주민등록번호 및
주소(주소는
대표사원을 두지
아니한 경우),
출자의 목적,
재산출자에 있어서는
그 가액과 이행한
부분</td><td colspan="3"></td></tr>
<tr><td>대표사원의 성명과
주소</td><td colspan="3"></td></tr>
<tr><td>기   타</td><td colspan="3"></td></tr>
</table>

신청등기소 및 등록면허세/수수료						
순번	신청등기소	구분	등록면허세 지방교육세	농어촌특별세	세액합계	등기신청수수료
			금 원 금 원	금 원	금 원	금 원
합 계						
등기신청수수료 납부번호						

첨   부   서   면

1. 회사계속에 관한 총사원 또는 일부 　　사원의 동의서　　　　　　　　　　통 1. 새로운 사원의 가입사실을 증명하는 　　서면　　　　　　　　　　　　　　통 1. 출자의 이행을 증명하는 서면　　　통 1. 판결등본 및 무효·취소 원인 사원 제외한 　　다른 사원의 동의서 　　(설립무효·취소판결의 경우)　　　통	1. 취임승낙서(인감증명서나 본인서명사실 　　확인서 또는 전자본인서명확인서의 　　발급증 포함)　　　　　　　　　통 1. 주민등록표등본　　　　　　　　　통 1. 인감신고서　　　　　　　　　　　통 1. 등록면허세영수필확인서　　　　　통 1. 등기신청수수료 영수필확인서　　통 1. 위임장(대리인이 신청할 경우)　　통 <기 타>

20○○년 ○월 ○일

신 청 인　　　　　상　호　○○합명회사

　　　　　　　　　본　점　○○시 ○○구 ○○길 ○○

대표업무집행자　　성　명　○ ○ ○ (인)　(전화 : 02-123-4567)

　　　　　　　　　주　소　○○시 ○○구 ○○길 ○○

대 리 인　　　　　성　명　법무사 ○ ○ ○ (인)　(전화 : 02-456-7890)

　　　　　　　　　주　소　○○시 ○○구 ○○길 ○○

○○지방법원 ○○등기소 귀중

- 신청서 작성요령 -

1. 해당란이 부족할 때에는 별지를 이용합니다.
1. 해당 등기신청과 관계없는 사항에 대하여는 "해당없음"으로 기재하거나 삭제하고, 필요한 사항은 추가 기재합니다.
1.「인감증명법」에 따른 인감증명서 제출과 함께 관련 서면에 인감을 날인하여야 하는 경우, 본인서명사실확인서를 제출하고 관련 서면에 서명을 하거나 전자본인서명확인서 발급증을 제출하고 관련 서면에 서명을 하면 인감증명서를 제출하고 관련 서면에 인감을 날인한 것으로 봅니다.

VI. 조직변경의 등기

■ 핵 심 사 항 ■

1. 의의 : 조직변경이란 회사가 그 법인격의 동일성을 유지하면서 그 성질이 유사한 다른 종류의 회사로 법률상의 조직을 변경하는 것을 의미한다. 상법은 인적회사 상호간, 물적회사 상호간에만 조직변경을 인정한다(상법 제242조, 제286조, 제604조 1항, 제607조 1항).
2. 절차
 (1) 내부적 절차 : 총사원의 동의(상법 제242조)
 (2) 외부적 절차 : 합명회사에서 합자회사로 조직변경을 할 때 무한책임사원 중 일부를 유한책임사원으로 바꾸었다면 조직변경의 등기를 하기 전에 생긴 회사채무에 대하여는 등기 후 2년 내에는 무한책임사원으로서 책임을 져야한다(상법 제244조).
3. 등기절차 : 합명회사가 합자회사로 조직변경을 한 때에는 본점소재지에서는 2주간, 지점소재지에서는 3주간 내에 합명회사에 있어서는 해산등기, 합자회사에 있어서는 설립등기를 하여야 한다(상법 제243조).

1. 조직변경의 절차

합명회사는 총사원의 동의로 일부사원을 유한책임사원으로 하거나, 유한책임사원을 새로 가입시켜 합자회사로 조직을 변경할 수 있다. 합명회사가 사원이 1인으로 되어 해산하고 회사를 계속하는 경우에도 새로 유한책임사원을 가입시켜 합자회사로 변경할 수 있다(상법 제242조).

회사의 조직변경에는 일정한 제한이 있어서 인적회사는 인적회사로, 물적회사는 물적회사로만 조직변경을 할 수 있어, 합명회사는 합자회사로만 조직변경 할 수 있다(상법 제242조).

합명회사가 새로 유한책임사원을 가입시켜 조직을 변경할 때에는 종래의 사원은 그대로 있고 새로운 사원이 늘어나서 회사채권자에게 유리하지만, 일부사원을 유한책임사원으로 하여 조직을 변경할 때에는 무한책임사원 일부가 유한책임사원으로 전환되어 회사채권자에게 불리하다. 이 경우에는 무한책임에서 유한책임으로 그 책임이 전환된 사원은 조직변경등기를 마친 후 2년간은 조직변경등기 전의 회사채무에 대하여 무한책임을 진다(상법 제244조)는 특별규정을 두어 회사채권자를 보호하고 있다.

2. 등기절차

(1) 등기기간

합명회사가 합자회사로 조직변경을 한 때에는 본점소재지에서는 2주간, 지점소재지에서는 3주간 내에 합명회사에 있어서는 해산등기, 합자회사에 있어서는 설립등기를 하여야 한다(상법 제243조).

(2) 등기신청인

합명회사의 해산등기는 해산회사를 대표하는 사원의 신청에 의하고, 합자회사의 설립등기는 신설회사를 대표하는 사원의 신청에 의하여야 하나(상업등기법 제23조), 양 등기신청을 동시에 해야 하는 취지(상업등기법 제66조)에 비추어 볼 때 신설회사인 합자회사를 대표하는 사원이 합명회사의 해산등기도 신청할 수 있다고 보아야 할 것이다.

(3) 등기신청의 방식

합명회사가 합자회사로 조직을 변경함으로 인한 변경전의 회사의 해산등기와 변경후의 회사의 설립등기의 신청은 동시에 하여야 한다. 합명회사 해산등기와 합자회사 설립등기의 두 등기신청 중 어느 한 쪽에만 상업등기법 제26조의 각하사유가 있어도 등기관은 양쪽 모두 각하하여야 한다(상업등기법 제67조).

(4) 등기사항

합명회사가 합자회사로 조직을 변경한 경우에는 다름 사항을 등기하여야 한다(상업등기규칙 제114조).

1) 합명회사

조직변경으로 설립한 합자회사의 상호와 본점, 조직변경으로 해산한 뜻과 그 연월일

2) 합자회사

설립등기사항, 조직변경 전 회사의 성립연월일, 조직변경 전 합명회사의 상호, 조직변경을 한 뜻 및 그 연월일

(5) 첨부서면

1) 합자회사의 설립등기(상업등기규칙 제114조)

① 정 관

새로 설립등기하는 합자회사의 정관이다. 합명·합자회사의 정관은 주식회사 및 유한회사와는 달리 공증이 필요 없다.

② 유한책임사원을 가입시킨 경우에는 그 가입을 증명하는 서면

가입을 증명하는 서면은 새로 가입하는 유한책임사원과 회사간에 체결한 입사계약서 등이다.

③ 유한책임사원이 출자에 관하여 이행한 부분을 증명하는 서면

이 서면은 새로 가입시킨 유한책임사원의 출자에 관하여 필요한 서면이다.

종전의 사원을 유한책임사원으로 한 때에는 종전의 출자를 반환받지 아니하거나, 유한책임사원의 출자액만큼 유보하고 유한책임사원의 출자로 갈음한 경우에는 이 서면을 다시 제출할 필요가 없다. 그렇지 아니할 경우에는 원칙적으로 종전의 무한책임사원이 유한책임사원으로 그 자격을 변경하더라도 출자이행을 한 부분을 증명하는 서면을 첨부하여야 한다.

④ 조직변경에 관하여 총사원의 동의가 있음을 증명하는 서면(상업등기규칙 제97조 2항)

⑤ 등록면허세, 지방교육세, 농어촌특별세 등 납부영수필통지서 및 확인서, 등기신청수수료증지

설립등기의 등록면허세는 자본액의 1,000분의 4이다(지방세법 제28조 1항). 수도권 또는 대도시 내에서 설립하는 경우에는 그 세율은 위의 3배로 한다(지방세법 제28조 2항). 해산등기의 등록면허세는 4만2백원이며, 등록면허세액의 100분의 20에 상당하는 금액의 지방교육세를 납부하여야 한다(지방세법 제151조 1항).

조세특례제한법, 관세법, 지방세법에 의하여 등록면허세가 감면되는 경우 원칙적으로 감면세액의 100분의 20에 해당하는 농어촌특별세를 납부하여야 한다(농특 제5조). 그러나 농어촌특별세가 감면 또는 면제되는 경우도 있다(농어촌특별세법 제4조).

조직변경으로 인한 설립등기의 등기신청수수료는 30,000원(전자표준양식에 의한 경우 25,000원, 전자신청은 20,000원)이고, 조직변경으로 인한 해산등기의 경우

에는 6,000원(전자표준양식에 의한 경우 4,000원, 전자신청은 2,000원)이다.

⑥ 기타의 서면

위임장, 관청의 허가서 등 기타 필요한 서면을 첨부한다.

2) 합명회사의 해산등기

신청서의 첨부서면에 관한 규정은 변경전의 회사의 해산등기의 신청에 관하여는 적용하지 아니한다. 따라서 대리권을 증명하는 서면 외에 다른 서면은 첨부를 생략할 수 있다(상업등기규칙 제53조 3항).

핵 심 판 례

■ 회사의 조직변경이 허용되는 경우

회사의 조직변경은 회사가 그의 인격의 동일성을 보유하면서 법률상의 조직을 변경하여 다른 종류의 회사로 되는 것을 일컫는다 할 것이고 상법상 합명, 합자회사 상호간 또는 주식, 유한회사 상호간에만 회사의 조직변경이 인정되고 있을 뿐이므로 소외 계룡건설합자회사가 그 목적, 주소, 대표자등이 동일한 주식회사인 원고 회사를 설립한 다음 동 소외 회사를 흡수 합병하는 형식을 밟아 사실상 합자회사를 주식회사로 변경하는 효과를 꾀하였다 하더라도 이를 법률상의 회사조직변경으로 볼 수는 없다(대법원 1985. 11. 12. 선고 85누69 판결).

제 4 장 합자회사의 등기

Ⅰ. 총 설

> **□ 핵 심 사 항 □**
>
> 1. 합자회사 : 합자회사는 무한책임사원과 유한책임사원으로 구성되는 2원적 조직의 회사이다(상법 제268조).
> 2. 협명회사에 관한 규정의 준용 : 합자회사도 합명회사와 마찬가지로 형식적으로는 사단법인의 일종이지만(상법 제171조 1항) 그 실체는 조합에 가깝다. 그래서 상법은 특별한 규정이 있는 경우를 제외하고는 합명회사에 관한 규정을 합자회사에 대하여 준용하고 있는 것이다(상법 제269조).

1. 합자회사의 의의

합자회사는 무한책임사원과 유한책임사원 각 1인 이상으로 구성되는 회사이다(상법 제268조).

합자회사의 무한책임사원은 합명회사의 사원과 같이 회사채무에 관하여 연대하여 직접 무한의 책임을 부담하며(상법 제212조), 원칙적으로 각 사원이 회사업무를 집행하고 회사를 대표(상법 제207조)하지만, 유한책임사원은 회사 채무에 관하여 회사에 대한 출자가액을 한도로 하여(상법 제279조) 책임을 부담하고 회사의 업무집행이나 회사대표를 할 수 없다(상법 제278조). 설령 정관 또는 총사원의 동의로써 회사의 대표자로 지정되어 그와 같은 등기까지 경료되었다 하더라도 회사의 대표권을 가질 수 없다(대법원 1966. 1. 25.선고 65다2128판결).

합자회사는 구성원 중 유한책임사원이 있는 것을 제외하고는 합명회사와 같으므로 합명회사에 관한 대부분의 규정이 준용된다(상법 제259조).

【쟁점질의와 유권해석】

〈합자회사의 유한책임사원이 대표사원의 등기를 한 후 유한책임사원을 무한책임사원으로 변경등기를 한 경우 그 대표사원 자격의 유무〉

합자회사의 대표사원의 등기를 할 때 유한책임사원의 신분으로 등기를 한 흠이 있어도 그 유한책임사원을 무한책임사원으로 변경등기를 한 이상 그 변경등기를 한 때에 그 대표사원의 자격의 흠결은 소멸된다(대법원 1972. 5. 9,선고 72다8판결).

2. 출 자

무한책임사원은 합명회사의 사원과 같이 금전 등의 재산 외에 노무 또는 신용도 출자의 목적으로 할 수 있으나, 유한책임사원은 금전 기타의 재산만을 출자의 목적으로 할 수 있고, 노무 또는 신용을 출자의 목적으로 하지 못한다(상법 제272조).

3. 지분의 양도

(1) 지분의 양도방법

무한책임사원이 지분을 양도함에는 다른 무한책임사원 및 유한책임사원 전원의 동의를 얻어야 하지만(상법 제269조, 제197조), 유한책임사원이 지분을 양도함에는 무한책임사원 전원의 동의를 얻으면 충분하고 다른 유한책임사원의 동의를 얻을 필요는 없다(상법 제276조).

지분의 양도에 따라 사원의 교체가 발생하는 경우에는 정관을 변경하여야 한다. 정관의 변경에는 총사원의 동의를 요하나, 지분의 양도에 의한 정관 변경의 경우에는 상법은 무한책임사원의 동의만 있으면 되고 유한책임사원의 동의를 얻지 않아도 되도록 하고 있다(상법 제276조의2).

【쟁점질의와 유권해석】

〈합자회사의 지분권 양도방법〉

합자회사인 피고회사의 정관상 사원이 그 지분권을 다른 사원에게 양도함에는 총사원의 동의가 있어야 하도록 되어 있는데, 원고가 무한책임사원인 갑에 대한 채권의 담보로 갑의 지분권을 양수하기로 하되, 그 전부를 원고 명의로 이전할 경우 피고회사의 운영권을 좌우하게 되므로, 이를 피하기 위하여 다른 무한책임사원인 을. 병. 명의의 지분변경등기를 한 경우, 을. 병. 명의의 지분변경등기가 원고를 위한 명의신탁이었다고 하여도 원고가 위 을. 병.에 대해 명의신탁을 해지하고 지분이전을 구하려면 정관의 규정에 의하여 총사원의 동의를 얻어야 한다(대법원 1989. 11. 28.선고 88다카33626판결).

(2) 합자회사에 있어서 지분양도·상호변경 등이 행해진 경우 법인격의 존속 여부

합자회사인 상호신용금고에 있어서 사원의 출자지분의 양도·양수, 출자지분의 변경, 본점소재지의 변경등기, 상호변경 등이 행하여졌다 하여도 상법상의 제규정과 법인의 본질면에서 볼 때 이는 동일한 법인격이 존속되는 것이다(대법원 1983. 2. 22.선고 82누252판결).

4. 업무집행

합자회사에 있어서는 원칙적으로 무한책임사원 각자가 회사업무를 집행하는 것이나(상법 제273조), 그 업무집행 행위에 대하여 다른 사원이 이의가 있는 때에는 무한책임사원 과반수의 결의에 의하여야 하고 또 업무집행의 업무집행사원 중 1인의 행위에 대하여 다른 사원이 이의를 한 때에는 업무집행사원 과반수의 결의로 정하여야 한다(상법 제269조, 제200조, 제201조).

지배인의 선임과 해임은 업무집행사원이 있는 경우라도 무한책임사원 과반수의 결의에 의하여야 한다(상법 제274조).

유한책임사원은 회사의 업무집행을 하지 못한다(상법 제278조). 그러나 회사의 업무집행은 내부관계에 속하는 사항으로서 임의규정에 속하므로, 정관 기타의 내부규정에 의하여 유한책임사원에게 업무집행의 권리의무를 할 수 있다.

정관을 변경함에는 합명회사에 관한 규정에 따라 총사원, 즉 무한책임사원과 유한책임사원 전원의 동의가 있어야 한다(상법 제269조, 제204조). 그러나 이 규정은 임의규정이므로, 정관에서 이와 다른 규정을 둘 수 있다.

조직변경, 회사의 해산, 정관변경 등 기타 중요한 사항에 관하여는 유한책임사원을 포함한 총사원의 동의를 요하는 점은 합명회사의 경우와 같다.

【쟁점질의와 유권해석】

〈합자회사의 사원총회의 소집절차 및 결의방법〉

합자회사는 정관에 특별한 규정이 없는 한 소집절차라든지 결의방법에 특별한 방식이 있을 수 없고, 따라서 사원의 구두 또는 서면에 의한 개별적인 의사표시를 수집하여 본 결과 총사원의 동의나 사원 3분의 2 또는 과반수의 동의 등 법률이나 정관 및 민법의 조합에 관한 규정이 요구하고 있는 결의요건을 갖춘 것으로 판명되면 유효한 결의가 있다고 보아야 할 것이다(대법원 1995. 7. 11.선고 95다5820판결).

5. 회사의 대표

정관 또는 총사원의 동의에 의하여 특별히 회사를 대표할 무한책임사원을 정하지 아니한 때에는 각 무한책임사원이 회사를 대표한다(상법 제269조, 제207조). 그러나 유한책임사원은 회사의 대표행위를 하지 못한다(상법 제278조).

이것은 강행규정이므로, 정관의 규정 또는 총사원의 동의로써도 유한책임사원에게 대표권을 부여하지 못한다.

II. 설립의 등기

■ 핵 심 사 항 ■

1. 설립 : 합자회사의 설립절차는 합명회사의 경우와 같다. 다만 최소한 1인 이상의 유한책임사원이 있어야 하기 때문에 정관의 절대적 기재사항(상법 제270조)과 등기사항(상법 제271조)에 약간의 차이가 있을 뿐이다.
2. 등기절차 : 합자회사 설립등기의 등기기간은 그 정함이 없다. 설립등기는 강제하지 아니하나 그 이후의 등기에 관하여는 각기 기간을 정하여 그 등기를 강제하고 있다.

1. 설립절차

합자회사는 무한책임사원이 될 자와 유한책임사원이 될 자 각 1인 이상이 정관을 작성하여 기명날인 또는 서명하여 설립등기함으로써 성립한다.

무한책임사원은 자연인이어야 하지만(상법 제173조) 유한책임사원은 회사 기타 법인도 될 수 있다.

합자회사의 정관에는 합명회사의 정관의 기재사항 외에 각 사원의 무한책임 또는 유한책임인 것을 기재하여야 한다(상법 제271조).

유한책임사원은 신용 또는 노무를 출자의 목적으로 하지 못한다(상법 제272조).

정관은 주식회사와는 달리 공증인의 인증이 효력발생요건이 아니다(상법 제269조). 그러므로 주식회사 정관과 달리 합자(합명)회사의 정관은 정관의 작성연월일을 절대적 기재사항으로 하였다(상법 제179조).

2. 등기절차

(1) 등기기간

합자회사 설립등기의 등기기간은 합명회사와 마찬가지로 그 정함이 없다(상법 제269조, 제180조).

등기는 합명회사와 같이 회사를 대표할 사원의 신청에 의한다(상법 제269조, 제180조, 상업등기법 제23조).

합자회사도 설립등기는 강제하지 아니하나 그 이후의 등기에 관하여는 각기 기간을 정하여 그 등기를 강제하고 있다.

(2) 등기사항

1) 각 사원의 무한책임 또는 유한책임인 것

합명회사의 등기사항 외에 각 사원이 무한책임인가 유한책임인가를 등기해야 한다(상법 제271조).

2) 합명회사의 설립등기사항(상법 제271조, 제180조)

① 상 호

합자회사의 상호에는 반드시 '합자회사'라는 문자를 사용하여야 한다.

② 회사의 목적

③ 사원의 성명, 주민등록번호 및 주소

④ 본점과 지점의 소재지

⑤ 사원의 출자목적, 재산출자에 있어서는 그 가격과 이행한 부분

출자목적이란 출자의 대상을 의미하는 것으로서 무한책임사원에 있어서는 금전출자 및 동산·부동산·채권·유가증권 등 기타 재산상의 출자 뿐만 아니라 노무·신용 등 비재산상의 출자도 목적으로 할 수 있으나, 유한책임사원은 반드시 재산상의 출자에 한하며 신용·노무 등은 출자목적으로 할 수 없다(상법 제272조).

출자목적이 재산출자인 때에는 그것을 구체적으로 특정해서 그 가격과 이행부분까지 표시하여야 한다.

이행부분의 표시는 금전출자인 때에는 회사에 납부한 금액, 금전 이외의 출자로서 목적물의 권리를 이전하여야 할 출자인 때에는 그 목적재산의 권리이전

행위와 그 방식 즉 등기, 인도, 채무자에 대한 통지 등의 이행을 마치고 그 평가액을 기재하여야 한다.

신용·노무 등 비재산권상의 출자에 있어서는 그 가격이나 이행여부는 표시할 필요 없다.

⑥ 대표사원을 정한 때에는 그 성명과 주소 및 주민등록번호

⑦ 수인의 사원이 공동으로 회사를 대표할 것을 정한 때에는 그 규정

⑧ 존립기간 또는 해산사유를 정한 때에는 그 기간 또는 사유

⑨ 법인성립의 연월일

(3) 첨부서면(상업등기규칙 제118조)

1) 정 관

정관에 규정이 없으면 효력이 없는 사항의 등기를 신청하는 경우에는 신청서에 정관을 첨부하여야 한다(상업등기규칙 제118조, 제97조).

2) 재산출자에 관하여 이행을 한 부분이 있는 때에는 그를 증명하는 서면

출자목적이 현금인 경우에는 그 영수증, 동산이나 부동산 등 현물출자인 경우에는 현물인도증 또는 등기부등본, 채권인 경우에는 채권증서 및 양도통지서 등이 그 증명서면이 될 것이다. 그러나 신용·노무 등 비재산상의 출자인 경우에는 그 출자이행증명을 첨부할 필요가 없다.

3) 총사원의 동의서

총사원의 동의로써 무한책임사원 중 대표사원을 따로 정한 때에는 첨부한다.

4) 사원의 주민등록번호 및 주소를 증명하는 서면

5) 등록면허세, 지방교육세, 농어촌특별세 등 납부영수필통지서 및 확인서, 등기신청수수료증지 등

등록면허세는 과세표준액의 1,000분의 4이고, 대도시에서 설립시에는 그 3배를 가산한 등록면허세를 납부하여야 하고(지방세법 제28조), 지방교육세로 등록면허세의 100분의 20에 해당하는 금액을 납부한 영수필증확인서를 첨부하여야 한다. 조세특례제한법, 관세법, 지방세법에 의하여 등록면허세가 감면되는 경우 원칙적으로 감면세액의 100분의 20에 해당하는 농어촌특별세를 납부하여야 한다(농어촌특별세 제5조). 그러나 농어촌특별세가 감면 또는 면제되는 경우도 있다(동법 제4조).

설립등기의 등기신청수수료는 30,000원(전자표준양식에 의한 경우 25,000원, 전

자신청은 20,000원)이다.

6) 인감의 제출

7) 위임장 등의 서면

【쟁점질의와 유권해석】

〈무한책임사원과 유한책임사원 각 1인만으로 된 합자회사에 있어서 한 사원의 의사에 의한 다른 제명 가부(소극)〉

상법 제220조 제1항, 제269조는 합자회사에 있어서 사원에게 같은 법조 소정의 제명사유가 있는 경우에는 다른 사원 과반수의 결의에 의하여 그 사원의 제명선고를 법원에 청구할 수 있다고 규정하고 있는 바, 다른 사원 과반수의 결의란 그 문언상 명백한 바와 같이 제명대상인 사원 이외에는 다른 사원 2인 이상의 존재를 전제로 하고 있는 점, 위 제명선고 제도의 취지나 성질 등에 비추어 보면, 무한책임사원과 유한책임사원 각 1인만으로 된 합자회사에 있어서는 한 사원의 의사에 의하여 다른 사원의 제명을 할 수는 없다고 보아야 한다(대법원 1991. 7. 26.선고 90다19206판결).

【서식】합자회사설립등기신청서

<table>
<tr><td colspan="6" align="center">합자회사설립등기신청</td></tr>
<tr><td rowspan="2">접 수</td><td>20○○년 ○월 ○일</td><td rowspan="2">처리인</td><td>등기관 확인</td><td>각종 통지</td></tr>
<tr><td>제○○○○호</td><td></td><td></td></tr>
</table>

등 기 의 목 적	합자회사 설립
등 기 의 사 유	합자회사를 설립하기 위하여 20○○년 ○월 ○일 정관을 작성하였으므로 다음 사항의 등기를 구함.
본/지점 신청구분	1. 본점신청 □ 2. 지점신청 □ 3. 본·지점 일괄신청 □
등 기 할 사 항	
상 호	○○합자회사
본 점	○○시 ○○구 ○○길 ○○
목 적	1. 주택건설업 2. 알미늄제조 및 판매업 3. 가구제조 및 판매업 4. 부동산임대업 5. 위 각호에 부대하는 사업

무한·유한책임사원의 성명·주민등록번호와 주소, 사원의 출자의 목적, 재산출자에는 그 가격과 이행한 부분(주소는 대표사원을 두지 아니한 경우)	사원 김 ○ ○(-)
	    금8,000,000원 중 금3,000,000원 이행
	무한책임사원 이 ○ ○(-)
	    부동산
	    서울시 ○○구 ○○동 101번지
	    대 150㎡
	    위 지상
	    목조 기와지붕 2층 사무실
	    건평 1층 50㎡
	    2층 40㎡
	    가격 금2,500,000원 전부 이행
	무한책임사원 정 ○ ○(-)
	    채권
	    금2,500,000원 단, 박○○에 대하여 가지고 있는 약속어음채권
	    가격 금2,500,000원 전부 이행
	유한책임사원 송 ○ ○(-)
	        노무
	무한책임사원 신 ○ ○(-)
	        신용

대표사원의 성명과 주소	○ ○ ○ ○○시 ○○구 ○○길 ○○
지 점	○○시 ○○구 ○○길 ○○(○○지점)
존립기간 또는 해산사유	회사성립일로부터 만 30년
기 타	해당 없음

<table>
<tr><td colspan="8" align="center">신청등기소 및 등록면허세/수수료</td></tr>
<tr>
<td rowspan="2">순번</td>
<td rowspan="2">신청등기소</td>
<td rowspan="2">구분</td>
<td>등록면허세</td>
<td rowspan="2">농어촌특별세</td>
<td rowspan="2">세액합계</td>
<td rowspan="2" colspan="2">등기신청수수료</td>
</tr>
<tr><td>지방교육세</td></tr>
<tr>
<td rowspan="2"></td>
<td rowspan="2"></td>
<td rowspan="2"></td>
<td>금   원</td>
<td rowspan="2">금   원</td>
<td rowspan="2">금   원</td>
<td rowspan="2" colspan="2">금   원</td>
</tr>
<tr><td>금   원</td></tr>
<tr>
<td rowspan="2"></td>
<td rowspan="2"></td>
<td rowspan="2"></td>
<td></td>
<td rowspan="2"></td>
<td rowspan="2"></td>
<td rowspan="2" colspan="2"></td>
</tr>
<tr><td></td></tr>
<tr>
<td rowspan="2" colspan="3" align="center">합 계</td>
<td></td>
<td rowspan="2"></td>
<td rowspan="2"></td>
<td rowspan="2" colspan="2"></td>
</tr>
<tr><td></td></tr>
<tr>
<td colspan="3" align="center">등기신청수수료 납부번호</td>
<td colspan="5"></td>
</tr>
<tr>
<td colspan="2" align="center">과세표준액</td>
<td colspan="6" align="center">금   원</td>
</tr>
</table>

첨 부 서 면

1. 정관	1통	1. 대표사원의 인감신고서	1통
1. 재산출자에 관하여 이행을 한 부분을 증명하는 서면	1통	1. 등록면허세영수필확인서	1통
1. 총사원동의서	1통	1. 등기신청수수료영수필확인서	1통
1. 업무집행사원과반수동의서	1통	1. 위임장(대리인이 신청할 경우)	1통
1. 주민등록표등본	1통	〈기 타〉	

2000년 〇월 〇일

신 청 인　　　상　호　〇〇합자회사

　　　　　　　　본　점　〇〇시 〇〇구 〇〇길 〇〇

대표사원　　　성　명　〇　〇　〇 (인)　(전화 : 02-123-4567)

　　　　　　　　주　소　〇〇시 〇〇구 〇〇길 〇〇

대 리 인　　　성　명　법무사　〇　〇　〇 (인)　(전화 : 02-456-7890)

　　　　　　　　주　소　〇〇시 〇〇구 〇〇길 〇〇

〇〇지방법원 〇〇등기소 귀중

- 신청서 작성요령 -

1. 해당란이 부족할 때에는 별지를 이용합니다.
1. 해당 등기신청과 관계없는 사항에 대하여는 "해당없음"으로 기재하거나 삭제하고, 필요한 사항은 추가 기재합니다.

【서식】정관(합자회사 정관 작성례)

○○합자회사 정관

제1장 총 칙

제1조(상호) 본 회사는 ○○합자회사라 칭한다.

제2조(목적) 본 회사는 다음의 사업을 경영함을 목적으로 한다.

    1. 주택건설업

    2. 알미늄제조 및 판매업

    3. 가구제조 및 판매업

    4. 부동산임대업

    5. 위 각 호에 부대하는 사업

제3조(본점) 본 회사는 본점을 서울특별시 ○○구 ○○길 100에 둔다.

    [유례] 본 회사의 본점을 서울특별시내에 둔다.

제4조(지점) 본 회사는 대전광역시 ○○구 ○○길 111에 지점을 둔다.

제2장 사원과 출자

제5조(사원의 성명, 주소 및 출자) 사원의 성명과 주소, 그 출자목적, 가격 또는
    평가의 표준은 다음과 같다.

    1. (대표사원)무한책임사원 김 ○ ○(-   )

       부산시 ○○구 ○○길 100

       금8,000,000원

    2. 무한책임사원 이 ○ ○(-   )

      서울시 ○○구 ○○길 ○○

         부동산

서울시 ○○구 ○○2가 1번지

대 150㎡

위 지상

목조 기와지붕 2층 사무실

건평 1층 50㎡

2층 40㎡

가격 금2,500,000원

3. 유한책임사원 정 ○ ○(-   )

대전시 ○○구 ○○길 ○○

채권

금2,500,000원 단, 박○○에 대하여 가지고 있는 약속어음채권, 가격 금 2,500,000원

4. 무한책임사원 송 ○ ○(-   )

대전시 ○○구 ○○길 ○○

노무 단, 회사를 위하여 ○○○○○을 하는 것

가격표준 1년 금1,000만원

5. 무한책임사원 신 ○ ○(-   )

대전시 ○○구 ○○길 ○○

신용

평가표준 1년 금1,000만원

[유례] 사원의 성명, 주소 및 출자의 목적, 가격 또는 평가의 표준은 말미 기재와 같다(정관 말미에 별도 기재).

제6조(지분의 양도제한) 사원은 다른 사원의 동의 없이는 그 지분의 전부나 일부를 타인에게 양도할 수 없다.

제7조(경업금지) 사원은 다른 사원 과반수의 승낙이 없으면 자기 또는 제3자를 위하여 회사의 영업부류에 속하는 거래를 하거나 동종영업을 목적으로 하는 다른 회사의 무한책임사원이나 이사가 될 수 없다.

제8조(자기거래) 사원은 다른 사원 과반수의 승낙이 없으면 자기 또는 제3자를 위하여 회사와 거래할 수 없다.

제9조(창업비) 상법 제290조 4호의 규정에 의하여 지출한 창업비는 본 회사의 부담으로 한다.

> [유례] 제○조(창업비, 개업비, 연구개발비) 상법 제290조 4호, 상법 제453조의2, 상법 제457조의2의 규정에 의한 창업비, 개업비, 연구개발비는 본 회사의 부담으로 한다.

제3장 업무집행과 회사대표

제10조(업무집행사원과 대표사원) 본 회사는 무한책임사원 김○○을 업무집행사원 겸 대표사원으로 한다.

> [유례] 1. 본 회사는 무한책임사원 김○○과 무한책임사원 이○○이 공동하여 업무를 집행하고 회사를 대표한다.
>
> 2. 본 회사는 무한책임사원 김○○과 무한책임사원 이○○을 업무집행사원으로 하고 무한책임사원 신○○을 대표사원으로 한다.

제11조(선임과 임기) 업무집행사원과 대표사원은 총사원의 동의로서 선임하고 그 임기는 각 2년으로 한다.

제12조(보고의무) 업무를 집행하고 회사를 대표하는 사원은 다른 사원의 청구가 있으면 언제든지 회사의 업무 및 재산상태를 보고하여야 한다.

제13조(정관변경 기타 목적의 범위 외의 행위) 정관의 변경 기타 목적 범위 외의 행위를 하려면 총사원의 동의를 받아야 한다.

제14조(지점의 설치·이전·폐지) 지점의 설치·이전·폐지는 무한책임사원 과반수 결의로 한다.

> [유례] 제○조(지점의 설치·이전·폐지) 지점의 설치·이전·폐지는 사원총회결의로 한다.

제15조(지배인의 임면) 지배인의 선임 및 해임은 무한책임사원 과반수의 동의

로 결정한다.

제16조(권한상실) 업무를 집행하고 회사를 대표하는 사원에게 다음 사유가 있는 때에는 다른 사원은 과반수의 결의로서 법원에 그 권한상실선고를 청구할 수 있다.

   1. 업무집행 또는 회사대표에 현저히 부적임한 때

   2. 기타 중대한 의무위반이 있는 때

제 4 장 사원의 입사와 퇴사

제17조(입사) 총사원의 동의가 없으면 새로운 사원으로 입사할 수 없다.

제18조(퇴사) 각 사원은 부득이한 사유가 있는 때에는 언제든지 퇴사할 수 있다.

제19조(퇴사사유) 사원은 전조 및 지분압류가 있는 경우 외에는 다음 사유로 인하여 퇴사한다.

   1. 총사원의 동의

   2. 사망

   3. 파산

   4. 금치산

   5. 제명

제20조(상속) 재산을 출자의 목적으로 한 사원이 사망한 때에는 그 상속인은 다른 사원 전원의 동의를 얻어 피상속인의 지분을 승계하여 사원이 될 수 있다.

  [유례] 1. 사원이 사망한 때에는 그 상속인이 피상속인의 지분을 승계하여 사원이 될 수 있다.

       2. 상속인은 상속개시를 안날로부터 3월 내에 그 승계여부를 회사에 통지해야 하고 위 기간 내에 통지를 하지 아니한 때에는 승계하지 않는 뜻으로 본다.

제21조(제명) 사원에게 다음의 사유가 있는 때에는 다른 사원은 과반수의 결의로

법원에 그 사원의 제명선고를 청구할 수 있다.

　1. 출자의무를 이행하지 아니한 때

　2. 사원의 경업금지의무에 위반한 때

　3. 회사의 업무집행과 회사대표에 관하여 부정한 행위가 있거나 권한없이 업무
　　를 집행하거나 회사를 대표한 때

　4. 기타 중대한 의무를 위반한 때

제22조(지분의 환급)　퇴사한 사원은 퇴사 당시 회사재산에서 그 출자비율에 따라 그
　　지분을 환급받을 수 있다. 다만, 노무 또는 신용을 출자의 목적으로 한 사원과
　　제명선고로 인하여 퇴사한 사원은 그 지분을 환급받지 못한다.

제5장　계　산

제23조(영업연도)　본 회사의 영업연도는 매년 1월 1일부터 12월 31일까지로 하여 결
　　산한다.

제24조(계산서류의 승인)　업무집행사원은 매 영업연도말에 각 사원에게 다음 서류를
　　제출하고 그 승인을 받아야 한다.

　1. 재산목록

　2. 대차대조표

　3. 영업보고서

　4. 손익계산서

　5. 이익배당에 관한 의안

제25조(이익배당)

　① 본 회사는 순익금으로 결손금을 채운 후가 아니면 어떠한 명목으로도 사원
　　에게 이익배당을 할 수 없다.

　② 각 사원의 이익배당비율은 그 출자액의 비율에 의한다.

　③ 위 배당금은 지급개시일로부터 3년 이내에 지급청구를 하지 아니한 때에는
　　그 청구권을 포기한 것으로 간주하고 이를 본 회사에 귀속시킨다.

제 6 장 해 산

제26조(존립기간) 본 회사의 존립기간은 회사성립일로부터 만50년으로 한다.

　　　[유례] 본 회사는 ○○○○○어업권(광업권)이 만료할 때까지 존속한다.

제27조(해산사유) 본 회사는 다음의 사유로 인하여 해산한다.

　　　1. 전조에서 정한 존립기간의 만료

　　　2. 총사원의 동의

　　　3. 사원이 1인으로 된 때

　　　4. 합병

　　　5. 파산

　　　6. 법원의 명령 또는 판결

제28조(회사의 계속)

　　　① 전조 1호와 2호의 사유로 인하여 해산한 경우에는 사원의 전부 또는 일부의 동의로서 회사를 계속할 수 있다.

　　　② 전조 3호의 사유로 인하여 해산한 경우에는 새로운 사원을 가입시켜 회사를 계속할 수 있다.

제29조(합병) 본 회사가 합병을 함에는 총사원의 동의를 얻어야 한다.

제 7 장 청 산

제30조(청산방법) 본 회사가 해산한 경우, 회사재산의 처분은 총사원의 동의로서 정한 방법에 의한다.

제31조(청산인의 임면) 청산인의 선임 및 해임은 총사원 과반수의 결의에 의한다.

제32조(잔여재산분배) 잔여재산은 각 사원의 출자액의 비율에 따라 분배한다.

제33조(최초의 영업연도) 본 회사의 제1기 영업연도는 본 회사성립일로부터 20○○년 12월 말일까지로 한다.

제34조(보충규정)   본 정관 규정에 없는 사항은 총사원의 동의로 정하거나, 상법의 규
     정에 의한다.

    위 ○○합자회사를 설립하기 위하여 본 정관을 작성하고 사원 전원이 이에 기명날인
또는 서명하다.

                         20○○년 ○월 ○일

                              ○○합자회사
                              무한책임사원 ○ ○ ○ ㉑
                               서울시 ○○구 ○○길 111
                              유한책임사원 ○ ○ ○ ㉑
                               서울시 ○○구 ○○길 112

III. 변경의 등기

I. 상호 또는 목적변경의 등기

▣ 핵 심 사 항 ▣

1. 등기기간 : 회사를 대표할 사원이 상호나 목적의 정관변경절차를 밟은 날로부터 본점
소재지에서 2주간, 지점소재지에서 3주간 내에 신청.
2. 등기사항 : 변경된 상호 또는 목적과 변경취지 및 그 연월일이며 상호·목적란에 기재.

1. 등기절차

(1) 등기기간

회사를 대표할 사원이 상호나 목적의 정관변경절차를 밟은 날로부터 본점소재지에서 2주간, 지점소재지에서 3주간 내에 신청하여야 한다.

(2) 등기사항

등기사항은 변경된 상호 또는 목적과 변경취지 및 그 연월일이며 상호·목적란에 기재한다.

(3) 첨부서면

일반적 첨부서면 외에 정관변경을 위한 총사원의 동의서를 첨부한다(상업등기규칙 제118조, 제97조).

등록면허세는 4만2백원이고, 지방교육세는 등록면허세의 100분의 20이다. 등록면허세가 변경등기에서 면제되는 경우는 거의 없으며, 농어촌특별세는 조세특례제한법, 관세법, 지방세법에 의하여 등록면허세가 감면되는 경우 그 감면세액의 100분의 20이다. 그러나 농어촌특별세가 감면 또는 면제되는 경우도 있다(지방세법 제28조 1항, 제151조 1항, 농어촌특별세법 제4조, 제5조).

등기신청수수료는 변경등기의 경우 상호, 본점, 목적, 임원, 지점설치, 지배인선임 등의 등기마다 각 6,000원(전자표준양식에 의한 경우 4,000원, 전자신청은 2,000원)을 납부하여야 한다. 다만, 지배인이나 임원, 지점설치의 경우에는 하나의 신청서에 수개의 임원선임등기 등을 신청하여도 하나의 변경등기로 본다.

【서식】합자회사변경등기신청서(상호, 목적변경의 경우)

<table>
<tr><td colspan="2" align="center">합자회사변경등기신청</td><td></td><td></td></tr>
<tr><td rowspan="2">접 수</td><td>20○○년 ○월 ○일</td><td rowspan="2">처리인</td><td>등기관 확인</td><td>각종 통지</td></tr>
<tr><td>제○○○○호</td><td></td><td></td></tr>
</table>

상 호	○○합자회사	등기번호	제1000호
본 점	○○시 ○○구 ○○길 ○○		
등 기 의 목 적	상호, 목적의 변경등기		
등 기 의 사 유	20○○년 ○월 ○일 총사원의 동의로 상호, 목적을 변경하였으므로 다음 사항의 등기를 구함.		
본/지점 신청구분	1. 본점신청 □　　　2. 지점신청 □　　　3. 본지점 일괄신청 □		
등　　기　　할　　사　　항			
변경된 상호, 목적 등과 변경연월일	상 호　○○합자회사 목 적　다음 목적을 추가(또는 변경, 삭제) 　　　1. 주택건설업 　　　2. 화장품제조업 　　　3. 소방설비업		
기　　타	해당 없음		

신청등기소 및 등록면허세/수수료						
순번	신청등기소	구분	등록면허세 지방교육세	농어촌특별세	세액합계	등기신청수수료
			금 원 금 원	금 원	금 원	금 원
합 계						
등기신청수수료 납부번호						

첨 부 서 면	
1. 총사원동의서 1통	〈기 타〉
1. 등록면허세영수필확인서 1통	
1. 등기신청수수료영수필확인서 1통	
1. 위임장(대리인이 신청할 경우) 1통	

2000년 0월 0일

신 청 인   상 호   ○○합자회사

본 점   ○○시 ○○구 ○○길 ○○

대표사원   성 명   ○ ○ ○ (인)   (전화 : 02-123-4567)

주 소   ○○시 ○○구 ○○길 ○○

대 리 인   성 명   법무사 ○ ○ ○ (인)   (전화 : 02-456-7890)

주 소   ○○시 ○○구 ○○길 ○○

○○지방법원 ○○등기소 귀중

- 신청서 작성요령 -

1. 해당란이 부족할 때에는 별지를 이용합니다.
1. 해당 등기신청과 관계없는 사항에 대하여는 "해당없음"으로 기재하거나 삭제하고, 필요한 사항은 추가 기재합니다.

Ⅱ. 본점의 이전, 지점의 설치·이전·폐지의 등기

■ 핵 심 사 항 ■

1. 본점이전의 등기절차 : 본점을 타관 내로 이전하고 본점소재지에서 행하는 등기절차에 관해서는 통상의 경우와 달리 신소재지에의 등기신청은 구소재지 관할등기소를 경유하여 구소재지에의 등기신청과 동시에 신청하도록 하고 있다(상업등기규칙 제118조, 제99조). 다만, 이들 두 등기는 동시에 신청하되 한 신청서로써 일괄하여 신청할 수 없고, 별개의 신청서로 작성하여야 한다.
2. 지점의 설치·이전·폐지의 등기절차 : 현실로 지점을 설치, 또는 폐지한 날로부터 본점소재지에서는 2주간 내, 지점소재지에서는 3주간 내에(상법 제181조 2항, 제269조) 회사를 대표할 사원이 신청한다(상업등기법 제23조). 다만, 지점이전의 경우는 2주간 내에 본점과 구지점소재지에서 등기하여야 한다. 회사설립과 동시에 설치한 지점소재지에서 하는 지점설치등기는 본점소재지에서 설립등기일로부터 2주간 내에 신청하여야 한다(상법 제181조 1항, 제182조 3항, 제183조 3항, 제269조).

1. 본점이전의 등기절차

이 경우의 등기절차도 다른 경우와 다름이 없으나, 본점을 타관 내로 이전하고 본점소재지에서 행하는 등기절차에 관해서는 통상의 경우와 달리 신소재지에의 등기신청은 구소재지 관할등기소를 경유하여 구소재지에의 등기신청과 동시에 신청하도록 하고 있다(상업등기규칙 제118조, 제99조). 다만, 이들 두 등기는 동시에 신청하되 한 신청서로써 일괄하여 신청할 수 없고, 별개의 신청서로 작성하여야 한다.

(1) 등기기간 및 등기신청인 등

본점이전등기의 등기기간에 관하여 상법은 2주간 내에 구소재지에서는 신소재지와 이전연월일을 등기하고, 신소재지에서는 상법 제180조의 사항을 등기하도록 하고 있다(상법 제182조, 제269조).

이 등기는 회사를 대표할 자가 신청하여야 하므로(상업등기법 제23조), 대표사원을 따로 정한 때에는 대표사원이, 수인의 대표사원을 정한 때에는 대표사원 전원이 공동으로 신청하여야 할 것이나, 그를 따로 정하지 아니한 때에는 유한책임사원은 업무집행이나 대표행위를 하지 못하므로(상법 제278조), 무한책임사원 중 1인이 신청하면 된다고 할 것이다(상법 제273조, 제269조, 제207조).

(2) 등기사항

1) 동일한 등기소관내에서 본점을 이전한 경우

신본점소재지와 그 이전연월일, 지배인을 두고 있는 본점을 이전하고 본점이전등기와 지배인을 둔 장소이전등기를 하나의 신청서로 일괄신청하는 때에는 위의 사항 이외에 지배인을 둔 새로운 장소와 그 이전연월일

2) 다른 등기소관내로 본점을 이전한 경우

① 구본점소재지와 지점소재지에서는 신본점소재지와 그 이전연월일, 지배인을 두고 있는 본점을 이전하고 구본점소재지에서 본점이전등기와 지배인을 둔 장소이전등기를 하나의 신청서로 일괄 신청하는 때에는 위의 사항 외에 지배인을 둔 새로운 장소와 그 이전연월일

② 신본점소재지에서는 구본점에서 등기한 사항 중 현재 효력있는 등기사항 전부와 구본점의 표시, 본점이전의 취지 및 이전연월일과 회사성립연월일, 지배인을 두고 있는 본점을 이전하고 본점이전등기와 지배인을 둔 장소이전등기를 하나의 신청서로 일괄신청하는 때에는 지배인에 관하여는 지배인의 성명·주소와 주민등록번호 및 지배인을 둔 새로운 장소와 그 이전연월일

(3) 등기신청의 방식

1) 동시신청

본점을 다른 등기소의 관할구역 내로 이전한 경우에 신소재지에서 하는 등기의 신청은 구소재지를 관할하는 등기소를 거쳐야 하고, 신소재지에서 하는 등기의 신청과 구소재지에서 하는 등기의 신청은 구소재지를 관할하는 등기소에 동시에 하여야 한다(상업등기규칙 제118조, 제99조).

구소재지를 관할하는 등기소는 위의 등기신청 중 어느 하나에 관하여 각하사유가 있는 때에는 이들 신청을 함께 각하하여야 한다(상업등기법 제56조 1항).

2) 전자표준양식에 의한 등기신청

서면으로 등기를 신청하는 경우에는 대법원 인터넷등기소에서 제공하는 전자표준양식을 이용하여 전산정보처리조직에 신청정보를 입력·저장한 다음, 저장된 신청정보를 출력하여 그 출력물로써 할 수 있다(상업등기규칙 제63조).

(4) 첨부서면

구본점소재지에서는 일반적인 첨부서류 이외에 본점이전에 정관변경이 필요한 때에는 정관변경을 위한 총사원의 동의서, 그 때 이전일자 등 이전업무집행사항을 총사원의 동의로써 정하지 않고 업무집행사원 과반수의 동의로써 정한 때에는 업무집행사원 과반수의 동의서를 첨부하여야 할 것이나, 본점이전에 정관변경이 필요 없는 경우에는 이전장소 및 이전일자결정 등을 위한 업무집행사원 과반수의 동의서를 첨부하여야 한다(상업등기규칙 제118조, 제97조).

그러나 신본점소재지에서의 본점이전등기신청서에는 위임장, 등록세영수필확인서 등 일반적인 첨부서류 이외에 다른 서류는 첨부할 필요가 없다(상업등기법 제58조 3항).

(5) 등록면허세·지방교육세·등기신청수수료 등

본점이전의 등록면허세는 11만2천5백원이고(지방세법 제28조 1항 6호 라목), 지배인이 있는 경우에는 1만2천원이 추가되며, 지점소재지에서는 4만2백원이다.

대도시 외의 법인이 수도권 또는 대도시 내로 전입하는 때에는 법인설립으로 보아 설립등기의 등록면허세, 즉 자본액의 1,000분의 4의 3배 상당액의 중과세(지방세법 제28조 2항)를 한다.

지방교육세는 등록면허세액의 100분의 20에 해당하는 금액(제151조)을 납부한다.

조세특례제한법, 관세법, 지방세법에 의하여 등록면허세가 감면되는 경우에는 그 감면액의 100분의 20에 해당하는 농어촌특별세를 납부하여야 한다(농특 제5조). 그러나 농어촌특별세도 감면 또는 면제하는 경우도 있다(농특 제4조).

타관이전시 신본점소재지에서는 설립등기에 준하여 30,000원(전자표준양식에 의한 경우 25,000원, 전자신청은 20,000원)의 등기신청수수료를 납부하여야 하고, 이 때와 구본점소재지 및 관내 이전시에는 6,000원(전자표준양식에 의한 경우 4,000원, 전자신청은 2,000원)의 등기신청수수료를 납부하여야 한다.

2. 지점의 설치·이전·폐지의 등기절차

(1) 등기기간 및 등기신청인 등

등기기간은 현실로 지점을 설치, 또는 폐지한 날로부터 본점소재지에서는 2주간 내, 지점소재지에서는 3주간 내에(상법 제181조 2항, 제269조) 회사를 대표할 사원이 신청한다(상업등기법 제23조).

다만, 지점이전의 경우는 2주간 내에 본점과 구지점소재지에서 등기하여야 한다. 회사설립과 동시에 설치한 지점소재지에서 하는 지점설치등기는 본점소재지에서 설립등기일로부터 2주간 내에 신청하여야 한다(상법 제181조 1항, 제182조 3항, 제183조 3항, 제269조).

지배인을 두고 있는 지점을 이전·변경 또는 폐지한 때에는 지점이전 또는 폐지의 등기와 지배인을 둔 장소이전·변경 또는 폐지의 등기는 이를 동시에 신청하여야 한다(상업등기법 제51조 3항).

(2) 등기사항

1) 지점설치의 경우

① 본점소재지에서는 신설지점소재지와 그 설치연월일

② 당해 신설지점소재지에서는 목적, 상호, 사원의 성명, 주민등록번호 및 주소, 본점의 소재지, 지점의 소재지, 존립기간 기타 해산사유를 정한 때에는 그 기간 또는 사유, 회사를 대표할 사원을 정한 경우에는 그 성명, 주소 및 주민등록번호, 수인의 사원이 공동으로 회사를 대표할 것을 정한 때에는 그 규정(다만, 무한책임사원만을 등기하되, 회사를 대표할 사원을 정한 경우에는 다른 사원은 등기하지 아니한다)(상법 제271조 2항, 제180조)[67]

다른 지점의 소재지는 등기하지 않으며(상법 제271조 2항), 회사설립과 동시에 설치한 지점소재지에서 등기할 때에는 지점설치연월일은 회사성립연월일과 같은 일자이므로 그를 따로 기재하지 않는다.

2) 지점이전의 경우

① 본점과 이전한 당해 지점의 구소재지에서는 이전한 당해 지점의 신소재지와 그 이전연월일, 지배인을 두고 있는 지점을 이전하고 지점이전등기와 지배인을 둔 장소이전등기를 하나의 신청서로 일괄신청하는 때에는 위의 사항 이외에 지배인을 둔 새로운 장소와 그 이전연월일(상법 제182조, 제269조)

② 이전한 당해 지점의 신소재지에서는 목적, 상호, 사원의 성명, 주민등록번호

---

[67] 2011년 4월 14일 상법개정시 합자회사의 지점설치 및 이전등기에서 사원의 등기와 관련하여 무한책임사원만을 등기하면 되는 것으로 하였으며, 무한책임사원 중 대표사원이 있으면 대표사원만 등기하고 나머지 사원은 등기하지 않아도 되는 것으로 개정하였다(상 제271조 2항 신설).

및 주소, 본점의 소재지, 지점의 소재지, 존립기간 기타 해산사유를 정한 때에는 그 기간 또는 사유, 회사를 대표할 사원을 정한 경우에는 그 성명, 주소 및 주민등록번호, 수인의 사원이 공동으로 회사를 대표할 것을 정한 때에는 그 규정(다만, 무한책임사원만을 등기하되, 회사를 대표할 사원을 정한 경우에는 다른 사원은 등기하지 아니한다)(상법 제271조 2항, 제180조)

3) 지점폐지의 경우

① 본점소재지에서는 폐지한 지점과 지점폐지 취지 및 그 연월일

② 폐지한 당해 지점소재지에서는 지점폐지의 취지와 그 연월일

지배인을 두고 있는 지점을 폐지한 때에는 그 지배인의 대리권 소멸사항도 등기하여야 한다.

(3) 첨부서면

지점의 소재지는 정관의 절대적 기재사항이 아니므로, 지점의 설치, 폐지의 경우에는 정관에 지점이 기재되어 있으면 정관변경을 요하고, 그 외에는 정관변경을 요하지 아니한다. 지점이전의 경우에는 그에 정관변경이 필요한 때에는 그를 위한 총사원의 동의서를 첨부해야 하고, 정관에 지점소재지로 기재된 최소행정구역 내에 지점을 설치하는 경우 또는 정관에 지점소재지로 기재된 최소행정구역 내의 수개의 지점 중 1개를 폐지하는 경우에는 업무집행사원의 과반수의 일치만으로 족하다(상업등기규칙 제118조, 제97조).

정관에 지점의 설치·이전·폐지에 관한 권한을 무한책임사원 또는 업무집행사원의 과반수 결의로 할 수 있다고 규정하였다면 그 동의서면을 첨부하고, 그 외에는 총사원의 동의서를 첨부하여야 할 것이다(상법 제274조, 제200조, 제269조).

(4) 등록면허세·지방교육세·등기신청수수료 등

등록면허세는 4만2백원(지방세법 제28조 1항 6호)이고, 지방교육세는 등록면허세액의 100분의 20(지방세법 제151조)이며, 대도시 내에서의 지점설치등기에 대하여는 일반지점설치 등록면허세의 3배 세율의 중과세를 한다(지방세법 제28조 2항).

지방세법, 관세법, 조세특례제한법에 의하여 등록면허세가 감면되는 경우에는 그 감면금액의 100분의 20에 해당하는 농어촌특별세를 납부하여야 한다. 그러나 농어촌특별세도 감면되는 경우도 있다(농어촌특별세법 제4조, 제5조).

지점의 설치, 이전, 폐지의 각 등기에는 등기신청수수료를 각 6,000원(전자표준

양식에 의한 경우 4,000원, 전자신청은 2,000원)을 납부하여야 한다. 다만, 이 경우에는 하나의 신청서로 수개의 지점을 설치하거나 폐지하는 등기를 하여도 하나의 변경등기로 보아 6,000원(전자표준양식에 의한 신청의 경우 4,000원, 전자신청은 2,000원)의 등기신청수수료를 납부하면 된다.

핵 심 판 례

■ 회사의 본점을 갑지에 그대로 두기로 한 주주총회의 결의에 따라 갑지 등기소에 본점이전등기에 관한 경정등기를 신청하여 본점이전등기를 말소한 후 당사자표시정정신청을 받아들이지 아니한 사례

> 회사의 본점을 갑지에 그대로 두기로 한 주주총회의 결의에 따라 갑지 등기소에 본점이전등기에 관한 경정등기를 신청하여 본점이전등기를 말소한 뒤 대표이사가 아닌 자에 의하여 이루어진 을지 등기소에서의 본점이전등기에 의하여 피고 회사의 등기가 중복으로 존재하게 된 후 갑지 등기소의 등기부상 피고 회사의 상호가 변경된 경우에 있어 피고 회사의 표시를 중복등기상의 종전 상호로 정정하여 달라는 원고의 당사자표시정정신청을 받아들이지 아니한 사례(대법원 1991. 5. 28. 선고 90다6774 판결).

■ 합자회사의 무한책임사원이 업무집행권한의 상실을 선고하는 판결로 업무집행권 및 대표권을 상실한 이후 어떠한 사유 등으로 합자회사의 유일한 무한책임사원이 된 경우, 업무집행권 및 대표권이 부활하는지 여부(소극)

> 합자회사에서 업무집행권한 상실선고제도(상법 제269조, 제205조)의 목적은 업무를 집행함에 현저하게 부적임하거나 중대한 의무위반행위가 있는 업무집행사원의 권한을 박탈함으로써 그 회사의 운영에 장애사유를 제거하려는 데 있다. 업무집행사원의 권한상실을 선고하는 판결은 형성판결로서 그 판결 확정에 의하여 업무집행권이 상실되면 그 결과 대표권도 함께 상실된다. 합자회사에서 무한책임사원이 업무집행권한의 상실을 선고하는 판결로 인해 업무집행권 및 대표권을 상실하였다면, 그 후 어떠한 사유 등으로 그 무한책임사원이 합자회사의 유일한 무한책임사원이 되었다는 사정만으로는 형성판결인 업무집행권한의 상실을 선고하는 판결의 효력이 당연히 상실되고 해당 무한책임사원의 업무집행권 및 대표권이 부활한다고 볼 수 없다(대법원 2021. 7. 8. 선고 2018다225289 판결)

【서식】합자회사본점이전등기신청서(동일관할 내에서의 본점이전의 경우)

<table>
<tr><td colspan="2" align="center">합자회사본점이전등기신청</td><td></td><td></td></tr>
<tr><td rowspan="2">접 수</td><td>20○○년 ○월 ○일</td><td rowspan="2">처리인</td><td>등기관 확인</td><td>각종 통지</td></tr>
<tr><td>제○○○○호</td><td></td><td></td></tr>
</table>

상 호	○○합자회사	등기번호	제1000호
본 점	○○시 ○○구 ○○길 ○○		
등 기 의 목 적	합자회사 본점이전등기		
등 기 의 사 유	총사원의 동의로 20○○년 ○월 ○일 본점을 이전하였으므로 다음 사항의 등기를 구함.		
본/지점 신청구분	1. 본점신청 □ 2. 지점신청 □ 3. 본지점 일괄신청 □		
등 기 할 사 항			
신 본 점	○○시 ○○구 ○○길 ○○		
이 전 연 월 일	20○○년 ○월 ○일		
기 타	해당 없음 (지배인을 둔 장소로 이전하는 경우 기재)		

신청등기소 및 등록면허세/수수료						
순번	신청등기소	구분	등록면허세 지방교육세	농어촌특별세	세액합계	등기신청수수료
			금 원 금 원	금 원	금 원	금 원
합 계						
등기신청수수료 납부번호						

첨 부 서 면	
1. 총사원 동의서(정관 및 업무집행사원과반수 1통 동의서)	1. 위임장(대리인이 신청할 경우) 1통 〈기 타〉
1. 등록면허세영수필확인서 1통	
1 등기신청수수료영수필확인서 1통	

2000년 0월 0일

신 청 인   상   호   ○○합자회사
                본   점   ○○시 ○○구 ○○길 ○○
대표사원   성   명   ○ ○ ○ (인) (전화 : 02-123-4567)
                주   소   ○○시 ○○구 ○○길 ○○
대 리 인   성   명   법무사 ○ ○ ○ (인) (전화 : 02-456-7890)
                주   소   ○○시 ○○구 ○○길 ○○

○○지방법원 ○○등기소 귀중

- 신청서 작성요령 -

1. 해당란이 부족할 때에는 별지를 이용합니다.

1. 해당 등기신청과 관계없는 사항에 대하여는 "해당없음"으로 기재하거나 삭제하고, 필요한 사항은 추가 기재합니다.

【서식】합자회사본점이전등기신청서(타관이전시 신본점소재지의 경우)

합자회사본점이전(관할외)등기신청

접 수	2000년 ○월 ○일 제○○○○호	처리인	등기관 확인	각종 통지

상 호	○○합자회사		등기번호	제1000호
본 점	○○시 ○○구 ○○길 ○○			
등 기 의 목 적	합자회사 본점이전등기			
등 기 의 사 유	총사원의 동의로 2000년 ○월 ○일 ○○시 ○○구 ○○길 ○○의 본점을 ○○시 ○○구 ○○길 ○○로 이전하였으므로, 다음 사항의 등기를 구함. 단, 회사성립연월일 2000년 ○월 ○일 이전연월일 2000년 ○월 ○일			
본/지점 신청구분	1. 본점신청 ☑ 2. 지점신청 ☐ 3. 본지점 일괄신청 ☐			
	구본점 관할등기소에 등기할 사항			
본점을 이전한 뜻과 그 연월일	○○○○○○○○ 2000년 ○월 ○일			
지배인을 둔 장소를 이전한 뜻과 그 연월일(본점에 지배인을 두고 있는 경우)	○○○○○○○○ 2000년 ○월 ○일			

신본점 관할등기소에 등기할 사항	
본점을 이전한 뜻과 그 연월일	○○○○○○○○ 2000년 ○월 ○일
상호를 변경한 경우 변경후의 상호와 변경연월일	○○○○○○○○ 2000년 ○월 ○일
대표사원의 성명과 주소·입사연월일	○ ○ ○ ○○시 ○○구 ○○길 ○○ 2000년 ○월 ○일

신청등기소 및 등록면허세/수수료						
순번	신청등기소	구분	등록면허세 / 지방교육세	농어촌특별세	세액합계	등기신청수수료
		구본점	금　　　원 / 금　　　원	금　　　원	금　　　원	금　　　원
		신본점	금　　　원 / 금　　　원	금　　　원	금　　　원	금　　　원
합　계						
등기신청수수료 납부번호						

첨　부　서　면	
1. 총사원 동의서(정관 및 업무집행사원 　　과반수동의서)　　　　　　　　　　1통 1. 등록면허세영수필확인서　　　　　　1통 1. 등기신청수수료영수필확인서　　　　1통	1. 위임장(대리인이 신청할 경우)　　1통 〈기　타〉

20○○년 ○월 ○일

신 청 인　　　　상 호　○○합자회사
　　　　　　　　본 점　○○시 ○○구 ○○길 ○○
대표사원　　　　성 명　○ ○ ○ (인)　(전화 : 02-123-4567)
　　　　　　　　주 소　○○시 ○○구 ○○길 ○○
대 리 인　　　　성 명　법무사 ○ ○ ○ (인)　(전화 : 02-456-7890)
　　　　　　　　주 소　○○시 ○○구 ○○길 ○○

○○지방법원 ○○등기소 귀중

- 신청서 작성요령 -

1. 해당란이 부족할 때에는 별지를 이용합니다.
1. 해당 등기신청과 관계없는 사항에 대하여는 "해당없음"으로 기재하거나 삭제하고, 필요한 사항은
　추가 기재합니다.

Ⅲ. 유한책임 사원에 관한 변경등기

□ 핵 심 사 항 □

1. 유한책임 사원의 입사 : 종전 사원의 지분 전부 또는 일부를 양수하여 입사하는 방법과 지분을 양수하지 않고 새로 출자하여 입사하는 방법 및 사원이 사망한 경우 상속에 의하여 입사하는 방법.
2. 유한책임 사원의 퇴사 : 합자회사의 사원은 사원의 자유의사 또는 일정한 사유의 발생으로 퇴사한다(상법 제269조, 제217조, 제218조, 제224조). 일정한 사유는 다음과 같다.
 (1) 사원의 퇴사권(상법 제217조)
 (2) 정관에 정한 사유의 발생, 총사원의 동의, 사망, 금치산, 파산, 제명(상법 제218조)
 (3) 지분압류채권자에 의한 퇴사청구(상법 제224조)
  다만, 유한책임사원이 사망한 때에는 무한책임사원과는 달리 퇴사하지 않고 그 상속인이 지분을 승계하여 사원이 된다(상법 제283조 1항).
3. 사원에 관한 변경등기절차 : 이 등기는 회사를 대표할 사원이 정관을 변경하여 사원이 입사한 날 또는 사원의 퇴사 효력발생일로부터 2주간 내에 신청하여야 한다(상법 제269조, 제183조, 상업등기법 제23조).

1. 유한책임 사원의 입사 및 퇴사

(1) 입 사

입사 및 퇴사는 합명회사 사원의 경우와 같으나(상법 제269조), 유한책임사원의 지분의 전부 또는 일부의 양도에 관하여는 무한책임사원의 동의만 있으면 된다(상법 제276조).

사원이 새로 입사하는 방법에는 종전 사원의 지분 전부 또는 일부를 양수하여 입사하는 방법과 지분을 양수하지 않고 새로 출자하여 입사하는 방법 및 사원이 사망한 경우 상속에 의하여 입사하는 방법이 있다.

(2) 퇴 사

합자회사의 사원은 사원의 자유의사나 일정한 사유의 발생으로 퇴사한다(상법 제269조, 제217조, 제218조, 제224조, 제229조).

무한책임사원이 사망한 경우에는 정관에 규정이 있거나 총사원의 동의가 있는 때에 한하여 사원의 지위가 상속되나, 유한책임사원이 사망한 경우에는 그 상속인이 지분을 승계하여 사원이 되고 공동상속인은 유한책임사원의 권리를 행사할 자 1인을 정하여야 한다(상법 제283조).

유한책임사원은 금치산의 선고를 받은 경우에도 퇴사하지 아니한다(상법 제284조, 제218조 5항).

제명에 의하여도 퇴사한다. 제명은 법원의 재판에 의해 사원자격을 박탈하는 것으로서 사원에게 상법 제220조 각 호 소정의 사유가 있을 때에는 다른 사원 과반수의 결의에 의해 그 사원의 제명의 선고를 법원에 청구할 수 있고, 그 제명판결이 확정되면 그 사원은 퇴사한다. 이 때의 퇴사등기는 법원의 촉탁에 의한다(상업등기법 제22조 1항).

무한책임사원과 유한책임사원 각 1인만으로 된 합자회사에 있어서는 사원 1인의 제명은 합자회사를 해산하는 결과가 되기 때문에 한 사원의 의사에 의하여 다른 사원을 제명할 수 없다. 그러므로 제명대상 사원 이외에 다른 사원 2인 이상이 있어야 제명이 가능한데, 이것은 과반수란 총원의 2분의 1을 넘어서는 것을 의미하기 때문이다(대법원 1994.11.22.선고 93다40089판결).

그리고 유한책임사원 전원이 퇴사한 경우에는 회사는 해산한다(상법 제285조 1항).

지분압류채권자의 청구에 의한 퇴사(상법 제224조)의 합명회사에 관한 규정을 합자회사에도 준용하여야 할 것이다(상법 제269조). 실무상 합자회사의 사원에 대하여 지분압류를 하여주고 있는 바, 지분압류를 한 후 이를 변제하지 아니하면 강제집행을 하여야 하는데, 그 방법으로 사원의 지분을 압류한 채권자는 그 사원과 회사에 대하여 6월 전에 퇴사예고하고 영업연도말에 그 사원을 퇴사시킬 수 있다.

합자회사에는 무한책임사원과 유한책임사원이 있는데, 무한책임사원이 1명뿐인 경우에 무한책임사원에 대하여 지분압류 및 퇴사예고등기신청이 있는 경우에 그 무한책임사원에 대하여 퇴사등기를 하면 그 합자회사는 해산되어야 할 것이다.

다만, 1인 뿐인 무한책임사원에 대하여 퇴사예고기간 만료시 퇴사등기를 할 때, 퇴사등기를 하면 무한책임사원이 없으므로 해산절차가 진행하여야 하므로 법원으로부터 일시청산인선임 결정을 받아 일시청산인선임등기와 동시에 퇴사등기를 한 후, 채권자는 청사절차 종료 후 무한책임사원의 지분에 대한 환급금으로 채권만족을 함이 합리적일 것이다.

2. 사원에 관한 변경등기절차

(1) 등기기간 등

이 등기는 회사를 대표할 사원이 정관을 변경하여 사원이 입사한 날 또는 사원의 퇴사 효력발생일로부터 2주간 내에 신청하여야 한다(상법 제269조, 제183조, 상업등기법 제23조).

공동대표사원을 정한 경우에는 그 전원이 등기신청인이 되고, 대표사원을 정하지 아니한 경우에는 무한책임사원 중 1인이 신청하면 될 것이다(상법 제273조, 제269조, 제207조).

또한 본점소재지에서만 신청할 것이며 지점소재지에서는 등기할 사항이 아니므로(상법 제181조, 특례법 제3조 참조) 신청할 필요가 없다.

그러나 제명판결에 의한 퇴사등기는 법원이 직권으로 그 등기를 촉탁하여야 하고, 어느 사원이나 압류채권자가 퇴사통지 또는 퇴사예고를 하였음에도 불구하고 회사를 대표할 사원이 그 등기를 신청하여 주지 않을 때에는 그 사원이 법원의 확정판결을 받아 판결등본을 첨부하여 자신이 직접 이 등기를 청구할 수 있다.

(2) 등기사항

1) 유한책임사원 입사의 경우

입사한 사원의 성명, 주민등록번호(주민등록이 없는 자는 생년월일), 입사한 뜻과 그 연월일, 유한책임인 뜻과 출자의 목적, 가격과 이행한 부분이다.

2) 무한책임사원의 입사의 경우

무한책임인 뜻을 기재하는 것을 제외하고는 유한책임사원과 동일하다.

3) 퇴사의 경우

퇴사에 있어서는 퇴사한 사원의 성명과 퇴사사유 및 퇴사취지와 그 연월일을 등기한다.

(3) 첨부서면

1) 입사시에는 입사한 사원의 주민등록번호를 증명하는 서면(상법 제180조, 제269조, 특례법규칙 제2조 2항)

주민등록번호를 증명하는 서면은 발행일로부터 3개월 이내의 것이어야 한다(상업등기규칙 제59조 2항).

2) 지분양도로 인한 입사 또는 퇴사의 경우

유한책임사원의 지분의 양도로 인한 퇴사 또는 입사의 등기를 신청하는 경우에는 합명회사의 경우의 총사원의 동의가 있는 것을 증명하는 서면에 갈음하여 무한책임사원 전원의 동의가 있는 것을 증명하는 서면, 무한책임사원의 지분양도의 경우에는 총사원의 동의서(상업등기규칙 제118조, 제97조).

【쟁점질의와 유권해석】

〈합자회사의 유한책임사원이 그 지분의 전부 또는 일부를 양도한 경우의 첨부서류〉

합자회사의 유한책임사원이 그 지분의 전부 또는 일부를 양도한 경우 그에 따른 변경등기신청서에는 그 지분의 양도가 있음을 증명하는 서면과 무한책임사원 전원의 동의가 있음을 증명하는 서면을 첨부하여야 하며, 총사원의 동의를 얻어 퇴사한 경우 그에 따른 변경등기신청서에는 퇴사하는 사원을 포함한 전 사원의 동의가 있음을 증명하는 서면을 첨부하여야 한다(1988. 1. 23, 등기질의회답).

3) 유한책임사원의 사망으로 인한 상속인 입사의 등기신청서에는 가족관계증명서(가족관계의 등록 등에 관한 법률 제15조 1항)등 상속인임을 증명하는 서면

4) 퇴사통지서 등

① 기타 임의퇴사의 경우에는 퇴사통지서 또는 퇴사예고서

② 정관소정사유 발생으로 인한 퇴사의 경우에는 정관과 필요에 따라 그 사유 발생을 증명하는 서면

③ 사망의 경우에는 사망진단서나 가족관계증명서

④ 총사원의 동의에 의한 퇴사의 경우에는 총사원의 동의서

⑤ 금치산 또는 파산선고에 의한 퇴사의 경우에는 금치산심판등본이나 파산결정등본과 그 확정증명서

⑥ 압류채권자의 퇴사청구에 의한 퇴사의 경우에는 퇴사예고서

⑦ 회사계속부동의에 의한 퇴사의 경우에는 퇴사하는 사원을 제외한 나머지 사원들만의 회사계속동의서

5) 기 타

이상의 사유 이외의 사유로 입사한 경우의 등기신청서에는 퇴사하는 사원을 포함한 전 사원의 동의가 있는 것을 증명하는 서면과 출자의 이행부분을 증명하는 서면

(상업등기규칙 제118조, 제97조)

6) 등록면허세, 지방교육세, 농어촌특별세 등 납부영수필통지서 및 확인서, 등기신청수수료증지

등록면허세는 4만2백원이며, 다만, 새로 출자하고 입사하는 경우에는 그 출자액의 1,000분의 4이고, 설립 또는 수도권 또는 대도시 전입 후 5년 내 법인은 등록면허세가 가산된다. 지방교육세는 등록면허세의 100분의 20이다(지방세법 제28조 1항, 제151조 1항, 농특 제4조, 제5조).

등기신청수수료는 6,000원(전자표준양식에 의한 경우 4,000원, 전자신청은 2,000원)이며, 원칙적으로 하나의 등기신청서로 수개의 등기를 신청하는 경우에는 각 등기신청수수료를 합산한다. 그러나 하나의 신청서로 수개의 사원에 대한 사항을 변경하는 경우에는 하나의 등기신청으로 본다.

> 합자회사의 무한책임사원 전원이 퇴사한 경우, 잔존한 유한책임사원 일부의 동의로 회사를 계속할 수 있는지 여부

선례요지

1. 합자회사의 유한책임사원은 정관에 다른 정함이 없는 한 총사원의 동의가 있어야 무한책임사원이 될 수 있고, 그로 인한 변경등기의 신청서에는 총사원의 동의가 있음을 증명하는 서면을 첨부하여야 한다(비송사건절차법 제200조, 제182조 제2항).

2. 합자회사가 무한책임사원 전원이 퇴사하여 해산한 경우 잔존한 유한책임사원은 전원의 동의로 새로 무한책임사원을 가입시켜서 회사를 계속할 수 있고(상법 제285조 제1항, 제2항), 이미 해산 등기를 하였을 때에는 새로 가입한 무한책임사원 또는 회사를 대표할 사원(상법 제268조, 제207조 제1항, 제278조)이 유한책임사원 전원의 동의가 있음을 증명하는 서면을 첨부하여 회사의 계속등기를 하여야 한다(상법 제285조, 제229조 제3항, 비송사건절차법 제200조, 제182조 제2항). 이러한 경우, 잔존한 유한책임사원 일부의 동의로는 새로 무한책임사원을 가입시켜서 회사를 계속할 수 없다. (2007. 3. 14. 공탁상업등기과-273 질의회답)
참조조문 : 상법 제207조, 제208조 제1항, 제229조 제3항, 제268조, 제 278조, 제285조 제1항, 제2항, 비송사건절차법 제182조 제2항, 제200조
주) 비송사건절차법 제200조, 제182조 제2항은 상업등기규칙 제117조, 같은 규칙 제97조로 변경됨

> 합자회사의 파산관재인이 포기한 재산처분시 첨부하는 인감증명서

선례요지

합자회사의 파산관재인이 포기한 재산을 매도하고 그에 따른 소유권 이전등기를 신청하는 경우에 무한책임사원 과반수의 결의로 청산인을 선임하였다면 그 청산인이 그에 따른 등기를 파산자인 위 합자회사를 대표하여 신청할 수 있다. 이때 위 청산인은 등기소에 인감을 신고하고 인감증명을 발급받아 위 등기신청서에 첨부할 수 있다. (2009. 5. 27. 사법등기심의관-1244 질의회답)
참조조문 : 채무자회생 및 파산에 관한 법률 제74조, 제317조, 제382조, 제383조, 제384조, 제492조, 상법 제 287조, 제382조, 제531조, 민법 제82조, 제690조
참조선례 : 등기 선례 200204-13, 등기 선례 200303-15, 등기 선례 200402-9

핵 심 판 례

■ 사모투자전문회사의 유한책임사원 지분에 대한 질권 설정의 효력이 발생하기 위한 요건 / 이때 질권자가 제3자에게 대항하기 위하여 추가적인 대항요건을 갖추어야 하는지 여부(소극)

사모투자전문회사의 유한책임사원 지분에 대한 질권 설정에 관하여 구 간접투자자산운용업법(2007. 8. 3. 법률 제8635호 자본시장과 금융투자업에 관한 법률 부칙 제2조로 폐지, 이하 '간접투자법'이라 한다), 상법 등 관련 법률에 달리 규정이 없는 이상 이에 대하여 질권을 설정하기 위하여는 권리질권의 설정에 관한 민법 제346조에 기하여 지분 양도에 관한 방법에 의하여야 하고, 지분 양도에 관하여는 간접투자법 제144조의14 제3항이 규정하고 있으므로, 이에 따라 사모투자전문회사의 유한책임사원이 자신의 지분에 관하여 질권자와 질권 설정계약을 체결하고 질권 설정에 대하여 무한책임사원 전원의 동의를 얻으면 이로써 질권 설정의 효력이 발생한다. 그런데 사모투자전문회사의 유한책임사원 지분에 대한 질권 설정 시 제3자에 대한 대항요건에 관하여는 관련 법률에 별도의 규정이 없고, 이와 유사한 성질을 가지는 합자회사의 유한책임사원 지분권, 합명회사 사원 지분권, 조합원 지위 양도에 관하여 제3자에 대한 대항요건을 요구하는 규정도 존재하지 아니하며, 사모투자전문회사의 유한책임사원 지분권은 인적 회사의 사원권으로서 지명채권과는 성질을 달리하는 이상 지명채권에 대한 질권 설정의 대항요건에 관한 민법 제349조 제1항이 유추 적용될 수도 없으므로, 질권자로서는 사모투자전문회사의 유한책임사원과 질권 설정계약을 체결하고 이에 대하여 무한책임사원 전원의 동의를 얻어 질권 설정의 효력이 발생하였다면, 이에 더하여 별도로 그 질권으로써 제3자에 대하여 대항하기 위하여 추가적인 대항요건을 갖출 필요는 없다(대법원 2015. 4. 23. 선고 2014다218863 판결).

【서식】합자회사변경등기신청서(사원의 입사)

<table>
<tr><td colspan="2" align="center">합자회사변경등기신청</td><td></td><td></td></tr>
<tr><td rowspan="2">접 수</td><td align="center">20〇〇년 〇월 〇일</td><td rowspan="2">처리인</td><td align="center">등기관 확인</td><td align="center">각종 통지</td></tr>
<tr><td align="center">제〇〇〇〇호</td><td></td><td></td></tr>
</table>

상 호	〇〇합자회사	등기번호	제1000호
본 점	〇〇시 〇〇구 〇〇길 〇〇		
등 기 의 목 적	사원의 입사로 인한 변경등기		
등 기 의 사 유			

등 기 할 사 항	
입사한 무한·유한책임사원의 성명·주민등록번호	
입사한 뜻과 그 연월일	
입사사유와 출자의 목적, 재산출자에 있어서는 그 가격과 이행한 부분	
기 타	

등록면허세	금 원	지방교육세	금 원	농어촌특별세	금 원
세 액 합 계	금	원	등기신청수수료	금	원
등기신청수수료 납부번호					
과세표준		금	원		

<table>
<tr><td colspan="2" align="center">첨 부 서 면</td></tr>
<tr><td>

1. 총사원동의서, 무한책임사원 전원의
   동의서(새로이 출자한 경우)   통
1. 출자이행증명서(새로이 출자한 경우)   통
1. 다른 사원의 동의가 있음을 증명하는 서면
   (지분양수의 경우)   통
1. 정관(상속입사인 경우)   통

</td><td>

1. 가족관계등록사항별증명서(상속입사인
   경우)   통
1. 주민등록표등본   통
1. 등록면허세영수필확인서   통
1. 등기신청수수료영수필확인서   통
1. 위임장(대리인이 신청할 경우)   통
〈기 타〉

</td></tr>
<tr><td colspan="2">

2○○○년 ○월 ○일

신 청 인   상 호 ○○합자회사
              본 점 ○○시 ○○구 ○○길 ○○
대표사원   성 명 ○ ○ ○ (인) (전화 : 02-123-4567)
              주 소 ○○시 ○○구 ○○길 ○○
대 리 인   성 명 법무사 ○ ○ ○ (인) (전화 : 02-456-7890)
              주 소 ○○시 ○○구 ○○길 ○○

○○지방법원 ○○등기소 귀중

</td></tr>
</table>

- 신청서 작성요령 및 등기수입증지 첩부란 -
1. 해당란이 부족할 때에는 별지를 이용합니다.
1. 해당 등기신청과 관계없는 사항에 대하여는 "해당없음"으로 기재하거나 삭제하고, 필요한 사항은
   추가 기재합니다.

【서식】합자회사변경등기신청서(사원의 퇴사)

<table>
<tr><td colspan="5" align="center">합자회사변경등기신청</td></tr>
<tr><td rowspan="2">접 수</td><td>20○○년 ○월 ○일</td><td rowspan="2">처리인</td><td>등기관 확인</td><td>각종 통지</td></tr>
<tr><td>제○○○○호</td><td></td><td></td></tr>
</table>

상 호	○○합자회사	등기번호	제1000호
본 점	○○시 ○○구 ○○길 ○○		
등 기 의 목 적	사원의 퇴사로 인한 변경등기		
등 기 의 사 유			

<table>
<tr><td colspan="2" align="center">등   기   할   사   항</td></tr>
<tr><td>퇴사한
사원의 성명</td><td></td></tr>
<tr><td>퇴사한
뜻과 그 연월일</td><td></td></tr>
<tr><td>퇴 사 사 유</td><td></td></tr>
<tr><td>기   타</td><td></td></tr>
</table>

등록면허세	금 원	지방교육세	금 원	농어촌특별세	금 원
세 액 합 계	금 원		등기신청수수료	금 원	
등기신청수수료 납부번호					
과세표준			금 원		

첨   부   서   면

1. 사원의 퇴사예고서	통	1. 지분양도계약서	통
1. 퇴사통지서	통	1. 등록면허세영수필확인서	통
1. 정관(정관소정의사유로인한퇴사)	통	1. 등기신청수수료영수필확인서	통
1. 총사원(무한책임사원)의 동의서	통	1. 위임장(대리인이 신청할 경우)	통
1. 가족관계 등록사항별 증명서	통	〈기 타〉	
1. 압류채권자의 퇴사예고서	통		
1. 심판 또는 결정등본	통		

20○○년 ○월 ○일

신 청 인   상 호   ○○합자회사

              본 점   ○○시 ○○구 ○○길 ○○

대표사원   성 명   ○ ○ ○ (인)   (전화 : 02-123-4567)

              주 소   ○○시 ○○구 ○○길 ○○

대 리 인   성 명 법무사 ○ ○ ○ (인)   (전화 : 02-456-7890)

              주 소   ○○시 ○○구 ○○길 ○○

○○지방법원 ○○등기소 귀중

- 신청서 작성요령 및 등기수입증지 첩부란 -

1. 해당란이 부족할 때에는 별지를 이용합니다.
1. 해당 등기신청과 관계없는 사항에 대하여는 "해당없음"으로 기재하거나 삭제하고, 필요한 사항은 추가 기재합니다.

Ⅳ. 대표사원 또는 공동대표에 관한 변경등기

■ 핵 심 사 항 ■

1. 회사대표 : 합명회사의 규정이 준용된다(상법 제269조).
 (1) 무한책임사원 : 각 무한책임사원은 원칙적으로 대표권을 가지며, 다만 회사가 정관으로 무한책임사원의 1인 또는 수인을 업무집행사원으로 정한 경우에는 그 무한책임사원만이 회사를 대표할 권한을 갖는다(상법 제207조).
 (2) 유한책임사원 : 유한책임사원은 회사를 대표하는 행위를 하지 못한다(상법 제278조).
2. 등기절차 : 대표사원의 변경이 있는 때에는 본점소재지에서는 2주간, 지점소재지에서는 3주간 내에 회사를 대표하는 자가 그 변경등기를 하여야 한다(상법 제183조, 제269조, 상업등기법 제23조).

1. 총 설

정관에 업무집행사원을 따로 정한 때에는 그 업무집행사원만이 회사를 대표할 수 있고, 업무집행사원이 수인인 경우에는 그 수인 중에서 회사를 대표할 사원을 따로 정할 수도 있고, 수인으로 하여금 공동으로만 회사를 대표할 수 있도록 정할 수도 있는 바, 그와 같은 경우에는 대표사원 또는 공동대표에 관한 규정을 등기하여야 한다(상법 제180조 4호, 5호).

그리고 종전에 정하지 아니하였던 대표사원이나 공동대표에 관한 규정을 새로 정한 때나, 종전의 대표사원이 임기만료, 사임 또는 지분 전부 양도로 퇴사하거나 법원의 판결에 의해 제명 또는 대표권이 상실되거나 대표사원이나 공동대표에 관한 정함을 변경한 때에는 모두 그에 따른 변경등기를 하여야 한다. 다만, 법원의 제명이나 대표권상실선고에 의한 변경의 경우에는 법원의 촉탁에 의하여 등기된다(상업등기법 제22조).

2. 대표사원의 취임 및 퇴임

(1) 대표사원의 취임

정관으로 업무집행사원을 정한 경우, 특히 회사를 대표할 사원을 정하지 아니한 때에는 각 업무집행사원이 회사를 대표한다(상법 제207조, 제269조).

이 업무집행사원은 무한책임사원이어야 한다(상법 제273조).

정관 또는 총사원의 동의로 업무집행사원 중 특히 회사를 대표할 자를 정한 경우(상법 제207조 단서 제269조)에는 대표사원으로 정하여진 자만이 회사를 대표한다.

정관으로 업무집행사원을 정하지 않고, 회사를 대표할 자를 정하지 아니한 경우에는 무한책임사원 각자가 업무집행권한을 가지므로, 무한책임사원 각자가 회사를 대표한다고 할 것이다(상법 제273조, 제207조, 제269조).

(2) 대표사원의 퇴임

업무집행사원의 임기에 관해서는 규정이 없으나 정관으로 그 임기를 정할 수 있다 할 것이다.

① 정관에 의하여 업무집행사원이 지정된 경우로서, 총사원의 동의로 정관을 변경하여 일부 업무집행사원의 지정을 해제한 경우에 그 사원이 회사를 대표할 사원이었던 때, ② 업무집행사원 중 특히 회사를 대표할 자로 지정된 경우로, 정관의 변경 또는 총사원의 동의로써 대표사원의 일부에 관하여 그 지정을 해제한 때, ③ 대표사원이 사원인 지위를 상실한 경우, ④ 회사를 대표할 사원에 관하여 업무집행권한 또는 상실의 판결이 확정한 경우(상법 제205조, 제206조, 제269조) 등에 대표사원의 지정이 해제되며, 이 지정의 해제를 등기실무상 대표사원의 퇴임이라고 한다.

(3) 대표사원 또는 업무집행사원의 정함의 폐지

정관의 변경 또는 총사원의 동의로써 회사를 대표할 사원의 정함을 전부 폐지한 경우에는 업무집행사원이 정하여져 있지 아니하는 한 무한책임사원 전원이 각자 회사를 대표하고, 정관의 변경에 의하여 업무집행사원의 정함을 전부 폐지한 경우에는 무한책임사원 전원이 각자 회사를 대표한다.

3. 등기절차

(1) 등기기간 등

대표사원의 변경이 있는 때에는 본점소재지에서는 2주간, 지점소재지에서는 3주간 내에 회사를 대표하는 자가 그 변경등기를 하여야 한다(상법 제183조, 제

269조, 상업등기법 제23조). 법원의 제명이나 판결에 의한 대표권상실의 등기는 법원의 촉탁에 의하여야 한다.

(2) 첨부서류

1) 대표사원 취임의 경우

총사원의 동의서 또는 대표사원에 관한 사항의 변경을 증명하는 정관

취임하는 대표사원의 주민등록번호를 기재할 수 있도록 주민등록등본을 첨부하여야 하나, 등기부에 주민등록번호가 기재된 임원의 중임등기신청시에는 중임되는 임원의 주민등록번호를 증명하는 서면을 첨부하지 아니하여도 그 등기신청을 수리하도록 하였다(등기예규 제794호, 제943호).

2) 대표사원 퇴임의 경우

대표사원이 지분 전부의 양도, 총사원의 동의 이외의 사유로 퇴사한 경우에는 그 퇴사를 증명하는 서면, 지분 전부의 양도 또는 총사원의 동의로 퇴사한 경우에는 총사원의 동의서를 첨부한다. 기타의 경우는 총사원의 동의서를 첨부한다.

3) 등록면허세, 지방교육세 등 납부영수필통지서 및 확인서, 등기신청수수료

이 경우 등록면허세는 4만2백원이고, 지방교육세는 등록면허세의 100분의 20이다.

등기신청수수료는 6,000원(전자표준양식에 의한 경우 4,000원, 전자신청은 2,000원)이며, 하나의 등기신청서로 수인의 사원, 대표사원의 선임·퇴임 등의 등기를 신청하는 경우 등기신청수수료 납부시에는 하나의 등기신청으로 본다.

【서식】합자회사변경등기신청서(대표사원, 공동대표규정 변경의 경우)

<table>
<tr><td colspan="2" align="center">합자회사변경등기신청</td><td></td><td></td></tr>
<tr><td rowspan="2">접 수</td><td align="center">20○○년 ○월 ○일</td><td rowspan="2" align="center">처리인</td><td align="center">등기관 확인</td><td align="center">각종 통지</td></tr>
<tr><td align="center">제○○○○호</td><td></td><td></td></tr>
</table>

상 호	○○합자회사	등기번호	제1000호
본 점	○○시 ○○구 ○○길 ○○		
등 기 의 목 적	대표사원(공동대표규정) 변경등기		

등 기 의 사 유	〈경우1〉 대표사원의 사임(임기만료퇴임) 보선 대표사원 ○○○는 20○○년 ○월 ○일 사임(임기만료퇴임)하고 20○○년 ○월 ○일 총사원의 동의로 다음 사람이 대표사원으로 선임되어 같은 날 취임하였으므로 다음 사항의 등기를 구함. 〈경우2〉 공동대표규정 설정 20○○년 ○월 ○일 총사원의 동의로 공동대표규정을 설정하였으므로 다음 사항의 등기를 구함. 〈경우3〉 공동대표규정 폐지 20○○년 ○월 ○일 총사원의 동의로 공동대표규정을 폐지하였으므로 다음 사항의 등기를 구함.
본/지점 신청구분	1. 본점신청 □ 2. 지점신청 □ 3. 본·지점 일괄신청 □

등 기 할 사 항	
대표사원의 퇴임·취임(공동대표규정) 등 변경된 내용과 변경연월일	〈경우1〉 대표사원 ○ ○ ○ ○○시 ○○구 ○○길 ○○ 　　　　　2000년 ○월 ○일 사임(퇴임) 대표사원 ○ ○ ○ ○○시 ○○구 ○○길 ○○ 　　　　　2000년 ○월 ○일 취임 〈경우2〉 공동대표사원 ○ ○ ○ ○○시 ○○구 ○○길 ○○ 　　　　　　2000년 ○월 ○일 공동대표규정 설정 공동대표사원 ○ ○ ○ ○○시 ○○구 ○○길 ○○ 　　　　　　2000년 ○월 ○일 공동대표규정 설정 〈경우3〉 대표사원 ○ ○ ○ ○○시 ○○구 ○○길 ○○ 　　　　　2000년 ○월 ○일 공동대표규정 폐지 대표사원 ○ ○ ○ ○○시 ○○구 ○○길 ○○ 　　　　　2000년 ○월 ○일 공동대표규정 폐지
기　　타	해당 없음

신청등기소 및 등록면허세/수수료						
순번	신청등기소	구분	등록면허세 지방교육세	농어촌특별세	세액합계	등기신청수수료
			금　　　원 금　　　원	금　　　원	금　　　원	금　　　원
합　계						
등기신청수수료 납부번호						

<table>
<tr><td colspan="2" align="center">첨　부　서　면</td></tr>
<tr><td>

1. 총사원동의서　　　　　　　　　　통
1. 사임서(인감증명서나 본인서명사실
　　확인서 또는 전자본인서명확인서의
　　발급증 포함)　　　　　　　　　통
1. 사망진단서(또는 가족관계 등록사항별
　　증명서)　　　　　　　　　　　통
1. 인감신고서　　　　　　　　　　통

</td><td>

1. 취임승낙서(인감증명서나 본인서명
　　사실확인서 또는 전자본인서명확인서
　　의 발급증 포함)　　　　　　　통
1. 등록면허세영수필확인서　　　　통
1. 등기신청수수료영수필확인서　　통
1. 위임장(대리인이 신청할 경우)　통
<기 타>

</td></tr>
<tr><td colspan="2">

20○○년 ○월 ○일

신 청 인　　　　　상　호　○○합자회사
　　　　　　　　　본　점　○○시 ○○구 ○○길 ○○
대표사원　　　　　성　명　○ ○ ○ (인)　(전화 : 02-123-4567)
　　　　　　　　　주　소　○○시 ○○구 ○○길 ○○
대 리 인　　　　　성　명　법무사 ○ ○ ○ (인)　(전화 : 02-456-7890)
　　　　　　　　　주　소　○○시 ○○구 ○○길 ○○
○○지방법원 ○○등기소 귀중

</td></tr>
</table>

- 신청서 작성요령 -

1. 해당란이 부족할 때에는 별지를 이용합니다.
1. 해당 등기신청과 관계없는 사항에 대하여는 "해당없음"으로 기재하거나 삭제하고, 필요한 사항은 추가 기재합니다.
1.「인감증명법」에 따른 인감증명서 제출과 함께 관련 서면에 인감을 날인하여야 하는 경우, 본인서명사실확인서를 제출하고 관련 서면에 서명을 하거나 전자본인서명확인서 발급증을 제출하고 관련 서면에 서명을 하면 인감증명서를 제출하고 관련 서면에 인감을 날인한 것으로 봅니다.

V. 사원의 책임변경의 등기

◘ 핵 심 사 항 ◘

1. 책임의 변경
 (1) 유한책임사원이 무한책임사원으로 변경된 경우 : 책임변경 전의 회사채무에 대하여도 무한책임(상법 제282조, 제213조).
 (2) 무한책임사원이 유한책임사원으로 변경된 경우 : 책임의 변경 전에 생긴 회사채무에 대하여는 그 변경등기 후 2년 내에는 무한책임(상법 제282조, 제225조).
2. 등기절차 : 합자회사의 사원의 책임변경은 정관변경방법에 의하여야 하며, 이는 등기사항의 변경이 일어나므로 본점 소재지에서는 2주간 이내에, 지점 소재지에서는 3주간 이내에 등기하여야 한다(상법 제269조, 제183조).

1. 책임의 변경

합자회사의 사원은 정관의 변경에 의하여 책임을 변경할 수 있다. 유한책임사원이 무한책임사원으로 된 경우에는 책임변경 전의 회사채무에 대하여도 무한책임을 지고(상법 제282조, 제213조), 무한책임사원이 유한책임사원으로 된 경우에는 책임의 변경 전에 생긴 회사채무에 대하여는 그 변경등기 후 2년 내에는 무한책임을 진다(상법 제282조, 제225조).

2. 책임변경의 등기절차

무한책임사원이 유한책임사원으로 책임을 변경한 경우에는 그 변경등기를 하기 전에 생긴 회사채무에 대하여는 변경등기 후 2년 내에는 무한책임을 진다(상법 제282조, 제225조).

출자지분 전부를 양도한 사원은 당연 퇴사되어 퇴사등기로 하여야 하며 책임이 다른 사원간에 지분을 양도·양수한 경우에도 책임변경의 절차가 없는 한 책임변경은 생기지 아니하므로 지분의 증감만이 생길 뿐 유한 또는 무한책임의 지위를 겸유하게 되는 것은 아니다.

합자회사의 사원의 책임변경은 정관변경방법에 의하여야 하며(상법 제269조, 제204조), 이는 등기사항의 변경을 가져오므로 본점소재지에서는 2주간 내에, 지점소재지에서는 3주간 내에 등기하여야 한다(상법 제269조, 제183조, 제171조 1항).

일반적인 첨부서면 이외에 총사원의 동의있음을 증명하는 서면을 첨부하며, 책임을 변경한 뜻과 그 연월일, 책임을 변경한 사원의 성명·주소, 출자의 목적과 재산출자에 있어서는 그 가격과 이행한 부분을 등기하여야 한다.

Ⅵ. 출자목적의 변경, 출자의 증가감소 등에 관한 등기

■ 핵 심 사 항 ■

1. 의의 : 사원은 총사원의 동의를 얻어 출자목적이나 그 책임을 변경할 수 있음은 물론, 무한책임사원은 총사원, 유한책임사원은 무한책임사원 전원의 동의를 얻어 그 지분의 전부 또는 일부를 양도할 수 있다.
2. 등기절차 : 유한책임사원의 출자의 목적, 그 가격 및 이행한 부분을 변경한 때에는 본점소재지에서만 2주간 내에 회사를 대표하는 자가 그 변경등기를 하여야 한다(상법 제269조, 제183조, 특례법 제3조, 상업등기법 제23조).

1. 사원의 출자목적, 지분 또는 책임의 변경(유한책임사원 책임감소 포함)

사원은 총사원의 동의를 얻어 출자목적이나 그 책임을 변경할 수 있음은 물론, 무한책임사원은 총사원, 유한책임사원은 무한책임사원 전원의 동의를 얻어 그 지분의 전부 또는 일부를 양도할 수 있다. 다만, 유한책임사원의 출자목적은 노무나 신용으로 변경할 수 없다(상법 제272조).

전 사원의 동의가 있어야 지분 양도가 가능한 무한책임사원과는 달리(상법 제269조, 제197조), 유한책임사원은 무한책임사원의 동의를 얻어 그 지분 전부를 양도하거나(상법 제276조), 사망하여 그 지분의 상속이 있게 된다.

이 때 그 지분의 일부를 양도하거나 양수함으로 인하여 지분의 이전이 있는 때에는 유한책임사원의 출자의 목적, 그 가격과 이행한 부분에 변경이 생긴다. 또 총사원의 동의에 의하여 정관을 변경하고 출자의 목적을 증가하거나 감소할 수도 있다.

> 【쟁점질의와 유권해석】
>
> **〈합자회사의 무한책임사원의 출자증가로 인한 변경등기시 유한책임사원이 동의를 하지 않는 경우의 등기방법〉**
>
> 합자회사의 무한책임사원의 출자증가로 인한 변경등기신청서에는 그 출자증가에 대하여 총사원의 동의가 있음을 증명하는 서면을 첨부하여야 하는 바, 유한책임사원이 동의를 하지 않아 그 동의서를 첨부할 수 없는 경우에 그 동의의 의사표시를 명하는 판결을 받아 그 판결문을 첨부하였다면 위 변경등기신청은 수리될 수 있을 것이다(1999. 8. 17, 등기 3402-818 질의회답).

2. 등기절차

(1) 등기기간·등기신청인

유한책임사원의 출자의 목적, 그 가격 및 이행한 부분을 변경한 때에는 본점소재지에서만 2주간 내에 회사를 대표하는 자가 그 변경등기를 하여야 한다(상법 제269조, 제183조, 특례법 제3조, 상업등기법 제23조).

(2) 등기사항

출자감소의 경우 사원란에 사원의 성명·주민등록번호·출자감소의 뜻과 그 연월일, 유·무한책임인 뜻과 출자의 목적, 가격과 이행한 부분을 등기한다.

(3) 첨부서류

등기사항에 대하여 총사원의 동의를 요할 경우에는 그 동의 있음을 증명하는 서면을 신청서에 첨부하고, 무한책임사원 전원의 동의를 요할 경우에는 신청서에 그 동의 있음을 증명하는 서면을 첨부하여야 한다(상업등기규칙 제118조, 제97조).

출자의 목적을 증가한 경우에는 이행한 부분을 증명하는 서면도 첨부하여야 한다(상업등기규칙 제118조, 제98조 2호).

(4) 등록면허세·지방교육세·등기신청수수료 등

등록면허세는 출자금액이 증가한 때에는 증가금액의 1,000분의 4이고, 설립 또는 수도권 등 대도시 전입 후 5년 이내 법인은 그 3배를 가산하며, 등록면허세 증가액이 11만2천5백원 미만인 경우에는 최저액인 11만2천5백원이고, 3배 가산한 경우에는 최저액이 11만2천5백원 미만인 경우에는 11만2천5백의 3배 가산액이다. 지방교육세는 등록면허세의 100분의 20이고, 농어촌특별세는 관세법, 조세특례제한법, 지방세법에 의한 등록면허세가 감면되는 경우 그 감면액의 100분의 20이다(지방세법 제28조 1항, 제151조 1항, 농어촌특별세법 제4조, 제5조).

주식회사의 경우와는 달리 합자회사의 출자금액의 변경시에는 사원란에 등기하게 하는 바, 이 때의 등기신청수수료는 6,000원(전자표준양식에 의해 신청하는 경우는 4,000원, 전자신청은 2,000원)이다.

Ⅶ. 출자이행부분 변경등기

▣ 핵 심 사 항 ▣

1. 의의 : 출자의 전부 또는 일부의 이행이 없이 회사설립등기를 마친 경우, 그 후에 아직 이행하지 아니한 부분을 이행하여 이행부분에 변경이 생긴 때에는 그에 따른 변경등기를 하여야 한다.
2. 등기절차 : 출자의 이행이 있는 날로부터 2주간 내에 회사를 대표할 사원이 등기를 신청하여야 한다(상업등기법 제17조, 상법 제183조, 제269조).

1. 총 설

출자의 전부 또는 일부의 이행이 없이 회사설립등기를 마친 경우, 그 후에 아직 이행하지 아니한 부분을 이행하여 이행부분에 변경이 생긴 때에는 그에 따른 변경등기를 하여야 한다.

출자를 이행함에는 금전출자인 경우에는 회사에 금전을 지급하여야 하고, 금전 이외의 재산출자 중 목적물의 권리를 이전하여야 할 출자인 경우에는 그 목적재산의 권리이전행위와 그 방식, 즉 등기나 인도의 이행, 채권출자인 경우에는 채무자에 대한 통지 등의 이행까지 마쳐야 한다.

그러나 출자목적이 신용, 노무 등 비재산상의 출자인 경우에는 그 이행여부는 등기사항이 되지 않는다.

2. 등기절차

(1) 등기기간 등

출자의 이행이 있는 날로부터 2주간 내에 회사를 대표할 사원이 등기를 신청하여야 한다(상업등기법 제17조, 상법 제183조, 제269조).

이 등기는 본점소재지에서만 신청할 것이며 지점소재지에서는 등기할 사항이 아니다(상법 제181조, 특례법 제3조 참조).

(2) 등기사항

당해 사원의 변경 후의 출자이행부분 및 변경취지와 그 연월일

(3) 첨부서면

출자이행을 증명하는 서면을 첨부하여야 한다(상업등기규칙 제118조, 제98조 2호).

따라서 금전출자인 경우에는 주식회사와 같이 은행 또는 금융기관에 납입할 필요가 없이(상법 제318조 참조) 영수증(반드시 은행 영수증일 필요는 업고 대표사원이나 다른 사원들의 영수증이어도 무방하다)을 첨부하면 되고, 현물출자인 경우에는 현물인도증이나 등기부등본, 채권인 경우에는 채권증서 및 채권양도통지서 등을 첨부하여야 할 것이다.

등록면허세는 4만2백원이고, 지방교육세는 그 100분의 20이며, 농어촌특별세는 지방세법, 관세법, 조세특례제한법에 의하여 감면되는 경우 그 금액의 100분의 20이다(지방세법 제28조 1항, 제151조 1항, 농어촌특별세법 제4조, 제5조). 그리고 등기신청수수료는 6,000원(전자표준양식에 의해 신청하는 경우는 4,000원, 전자신청은 2,000원)이다.

핵 심 판 례

■ **합자회사 사원의 책임 변경에 총 사원의 동의가 필요한지 여부**

> 상법 제270조는 합자회사 정관에는 각 사원이 무한책임사원인지 또는 유한책임사원인지를 기재하도록 규정하고 있으므로, 정관에 기재된 합자회사 사원의 책임 변경은 정관변경의 절차에 의하여야 하고, 이를 위해서는 정관에 그 의결정족수 내지 동의정족수 등에 관하여 별도로 정하고 있다는 등의 특별한 사정이 없는 한 상법 제269조에 의하여 준용되는 상법 제204조에 따라 총 사원의 동의가 필요하다(대법원 2010. 9. 30. 선고 2010다21337 판결).

Ⅷ. 존립기간 또는 해산사유 변경등기

■ 핵 심 사 항 ■

1. 의의 : 정관에 정해진 존립기간이나 해산사유를 변경 또는 삭제하거나 정관에 이를 새로 규정한 때의 등기절차에는 반드시 정관변경을 요하므로 정관변경을 위한 총사원의 동의가 있어야 한다.
2. 등기절차 : 정관을 변경한 날로부터 본점소재지에서는 2주간 내, 지점소재지에서는 3주간 내에 회사를 대표할 사원이 신청하여야 한다(상업등기법 제23조, 상법 제183조, 제269조).

1. 총 설

정관에 정해진 존립기간이나 해산사유를 변경 또는 삭제하거나 정관에 이를 새로 규정한 때의 등기절차에는 반드시 정관변경을 요하므로 정관변경을 위한 총사원의 동의가 있어야 한다.

기존의 존립기간이나 해산사유의 변경 또는 폐지는 그 기간도래 전이나 사유 발생 전이어야 하며, 일단 그 존립기간이 만료되거나 해산사유가 발생하면 회사는 당연히 해산되므로 그 후에는 해산등기를 한 다음 회사계속절차를 밟지 않고는 곧바로 존립기간이나 해산사유를 변경, 폐지할 수 없다.

2. 등기절차

(1) 등기기간 등

정관을 변경한 날로부터 본점소재지에서는 2주간 내, 지점소재지에서는 3주간 내에 회사를 대표할 사원이 신청하여야 한다(상업등기법 제23조, 상법 제183조, 제269조).

(2) 등기사항

변경 또는 신설된 존립기간 또는 해산사유와 그 변경·신설·폐지의 취지 및 그 연월일

(3) 첨부서면

정관변경을 위한 총사원의 동의서를 첨부한다.

등록면허세는 4만2백원이고, 지방교육세는 등록면허세의 100분의 20이며(지방세법 제28조 1항, 제151조 1항), 등기신청수수료는 6,000원(전자표준양식에 의해 신청하는 경우는 4,000원, 전자신청은 2,000원)이다.

핵 심 판 례

■ 합자회사가 존립기간의 만료로 해산한 후 사원의 일부만 회사계속에 동의한 경우, 그 사원들의 동의로 정관의 규정을 변경하거나 폐지할 수 있는지 여부(적극) 및 일부 사원이 회사계속에 동의한 경우, 나머지 사원들의 동의 여부가 불분명하더라도 회사계속의 효과가 발생하는지 여부(적극)

합자회사가 정관으로 정한 존립기간의 만료로 해산한 경우에도(상법 제269조, 제227조 제1호), 사원의 전부 또는 일부의 동의로 회사를 계속할 수 있다(상법 제269조, 제229조 제1항). 이 경우 존립기간에 관한 정관의 규정을 변경 또는 폐지할 필요가 있는데, 특별한 사정이 없는 한 합자회사가 정관을 변경함에는 총사원의 동의가 있어야 할 것이나(상법 제269조, 제204조), 합자회사가 존립기간의 만료로 해산한 후 사원의 일부만 회사계속에 동의하였다면 그 사원들의 동의로 정관의 규정을 변경하거나 폐지할 수 있다. 그리고 회사계속 동의 여부에 대한 사원 전부의 의사가 동시에 분명하게 표시되어야만 회사계속이 가능한 것은 아니므로, 일부 사원이 회사계속에 동의하였다면 나머지 사원들의 동의 여부가 불분명하더라도 회사계속의 효과는 발생한다(대법원 2017. 8. 23. 선고 2015다70341 판결).

Ⅳ. 합병의 등기

■ 핵 심 사 항 ■

1. 의의 : 2개 이상의 회사가 상법의 절차에 따라 청산절차를 거치지 않고 합쳐지면서 최소한 1개 이상의 회사의 법인격을 소멸시키되, 합병 이후에 존속하는 회사 또는 합병으로 인해 신설되는 회사가 소멸하는 회사의 권리의무를 포괄적으로 승계하고 그의 사원을 수용하는 회사법상의 법률사실을 말한다.
2. 합병의 제한 : 회사는 원칙적으로 자유롭게 합병할 수 있다(상법 제174조 1항 본문). 다만, 합병을 하는 회사의 일방 또는 쌍방이 주식회사, 유한회사 또는 유한책임회사인 경우에는 합병 후 존속하는 회사나 합병으로 설립되는 회사는 주식회사, 유한회사 또는 유한책임회사이어야 한다.
3. 등기절차 : 회사가 합병을 한 때에는 본점소재지에서는 2주간 내, 지점소재지에서는 3주간내에 합병후 존속하는 회사의 변경등기, 합병으로 인하여 소멸하는 회사의 해산등기, 합병으로 인하여 설립되는 회사의 설립등기를 하여야 한다(상 법 제269조, 제233조).

1. 합병의 절차

(1) 합병결의

합자회사가 합병을 하기 위하여는 총사원의 동의가 있어야 한다(상법 제230조, 제269조).

주식회사와 합병을 하는 때에는 합병계약서를 작성하여야 하므로(상법 제525조), 먼저 당사회사간에 합병계약서를 작성한 후 총사원이 그 계약에 따라 합병할 것을 동의하여야 한다.

그러나 주식회사 이외의 회사와 합병을 하는 경우에 관하여는 합병계약서 작성에 관한 특별한 규정이 없으므로 합병할 뜻, 합병의 종류, 존속회사 또는 신설회사의 종류 등, 합병의 실행에 필요한 사항을 정하면 된다고 할 것이다.

신설합병의 경우에는 신설회사 정관의 작성 기타 설립에 관한 행위를 할 설립위원도 총사원의 동의로 선임하여야 한다(상법 제175조, 제230조, 제269조).

(2) 채권자보호절차 이행

회사는 합병의 결의를 한 때에는 그 날로부터 2주간 내에 회사채권자에 대

하여 합병공고를 함으로써 채권자보호절차를 이행해야 한다. 회사는 2월 이상의 기간을 정하여 합병에 이의가 있으면 그 기간 내에 제출할 것을 공고하고 알고 있는 채권자에 대하여는 각별로 최고하여야 한다(상법 제232조 1항).

종전 상법은 채권자의 이의기간이 2월 이상으로 하고 있었으나, 1998. 12. 28. 이후 최초로 공고하는 분부터 적용한다(상법부칙 제3조 단서).

합병에 관하여 이의를 제출한 채권자가 있는 때에는 회사는 그 채권자에 대하여 변제 또는 상당한 담보를 제공하거나 이를 목적으로 하여 상당한 재산을 신탁회사에 신탁하여야 한다(상법 제232조, 제269조).

2. 합병의 효력

합병의 효력은 합병절차 완료 후 소정 기간 내에 합병으로 인한 변경 또는 설립의 등기를 함으로써 발생한다(상법 제233조, 제234조, 제269조).

합병으로 인한 존속회사 또는 신설회사는 소멸회사의 권리의무를 승계하고(상 법 제235조), 소멸회사의 사원은 존속회사 또는 신설회사의 사원이 된다. 합자회사가 합명회사를 흡수합병한 경우에는 합명회사의 사원도 합자회사의 사원이 된다.

법인의 합병 후 존속회사 또는 신설회사는 합병으로 인하여 소멸한 법인에 부과되는 세금을 납부할 의무가 있다(지방세법 제15조 등).

소멸회사 사원의 출자의 목적 및 가격 또는 평가의 표준은 존속회사에서 합병 전의 상태대로 정하여 진다고 볼 수 없고, 소멸회사와 존속회사의 재산상태를 비교하여 합병계약에서 이와 달리 정할 수 있다. 신설합병의 경우에도 소멸회사 사원의 출자의 목적 및 가격 또는 평가의 표준 등은 반드시 소멸회사에 있어서의 그것과 같은 것은 아니고, 신설회사의 정관으로써 정하여 진다.

3. 등기절차

회사가 다른 회사를 흡수하여 합병하거나 다른 회사와 함께 해산하고 합병하여 신설회사를 설립한 때에는 합병 후 존속하는 회사에 대해서는 합병으로 인한 변경등기, 합병으로 신설하는 회사에 대해서는 합병으로 인한 설립등기, 합병으로 소멸하는 회사에 대해서는 합병으로 인한 해산등기를 신청하여야 한다(상법 제233조, 제269조).

합병으로 인하여 해산하는 회사의 본점에서의 해산등기신청은 합병으로 인하여 존속 또는 신설되는 회사의 본점소재지 관할등기소를 경유하여 합병으로 인한 변경등기 또는 설립등기와 동시에 일괄하여 신청하여야 한다(상업등기법 제63조 2항·3항).

이 때 합병으로 인하여 존속 또는 신설되는 회사의 관할등기소에서는 합병으로 인한 변경등기신청 또는 설립등기신청과 그로 인한 해산등기신청 어느 한 쪽에만 각하사유가 있어도 그 양자를 모두 각하하여야 한다(상업등기법 제64조 1항).

(1) 흡수합병으로 인한 변경등기

1) 등기기간 등

합자회사가 존속회사로 되어 흡수합병을 한 경우에는 합병절차완료일로부터 본점소재지에서는 2주간, 지점소재지에서는 3주간 내에 존속회사의 대표자가 합병으로 인한 변경등기를 하여야 한다(상법 제233조, 제269조, 상업등기법 제23조).

합자회사가 주식회사나 유한회사와 흡수합병하는 경우에는 합자회사를 존속회사로 합병할 수 없다(상법 제174조 2항, 제269조).

2) 등기사항

① 합병으로 인하여 입사한 사원의 성명, 주민등록번호(주민등록이 없는 자는 생년월일)와 출자의 목적, 재산출자에 있어서는 그 가격과 이행한 부분, 유한 또는 무한책임사원인 사항(상법 제271조, 제180조)

② 소멸회사의 상호 및 본점과 합병취지(상업등기법 제62조)

③ 지점소재지에 있어서는 합병으로 인하여 소멸한 회사의 상호, 본점과 합병취지 및 합병연월일(본점소재지에서 합병으로 인한 변경등기를 한 연월일)만 등기하고 본점에서 등기한 그 이외의 사항은 등기할 필요가 없다.

3) 첨부서면(상업등기규칙 제118조, 제111조)

① 소멸회사 총사원의 동의가 있음을 증명하는 서면

② 존속회사의 총사원의 동의가 있음을 증명하는 서면(상업등기규칙 제118조, 제97조)

③ 신입사원의 성명, 주소, 주민등록번호를 증명하는 서면(상법 제269조, 제180조, 특례규칙 제2조 2항)

다만, 회사를 대표할 자를 정한 때에는 사원의 주소는 등기사항이 아니다(상법 제180조).

④ 채권자보호절차의 이행사실을 증명하는 서면

상법 제232조 1항에 따른 공고 및 최고를 한 사실과 이의를 진술한 채권자가 있는 때에는 이에 대하여 변제 또는 담보를 제공하거나 신탁을 한 사실을 증명하는 서면을 제출하여야 한다.

이 서면은 소멸회사와 존속회사에서 각각 첨부하여야 한다. 회사채권자에게 합병이의의 공고 및 최고를 한 증명서, 채권자의 이의가 있을 때에는 변제영수증이나 담보제공증명서, 이의가 없을 때에는 그 취지의 대표사원의 진술서가 이에 속한다.

⑤ 소멸회사의 등기부등본

당해 등기소 관내에 소멸회사의 본점이 있는 경우에는 첨부하지 않아도 된다.

⑥ 정관에 규정이 없으면 효력이 없는 등기사항이 있는 경우에는 정관

⑦ 등록면허세, 지방교육세, 농어촌특별세 등 납부영수필통지서 및 확인서, 등기신청수수료

합병에 의하여 자본액이 증가할 경우에는 그 증가한 자본액을 과세표준으로 하여 1,000분의 4의 등록면허세 및 그 100분의 20에 해당하는 지방교육세를 납부하여야 한다(지방세법 제28조 1항 6호). 대도시로 전입한 법인 및 대도시에서 설립 후 각 5년 이내의 법인은 등록면허세를 3배 가산 중과한다(지방세법 제28조 2형).

농어촌특별세는 조세특례제한법, 관세법, 지방세법에 의하여 등록면허세가 감면되는 금액의 100분의 20에 해당하는 금액을 납부하여야 하나(농어촌특별세법 제5조), 이 농어촌특별세도 감면되는 경우가 있다(동법 제4조).

흡수합병으로 인하여 합자회사의 등기사항은 사원란과 기타사항란에 등기하게 되므로 각 6,000원(전자표준양식에 의한 신청의 경우 4,000원, 전자신청은 2,000원)의 등기신청수수료를 납부하여야 할 것이다. 그리고 흡수합병으로 인한 해산등기에는 6,000원(전자표준양식에 의한 신청의 경우 4,000원, 전자신청은 2,000원)을 납부하여야 한다.

⑧ 기타의 서면(상업등기규칙 제52조)

필요에 따라 위임장이나 관청의 허가서 등을 첨부한다. 또한 합병을 공정거래위원회에 신고하여야 하는 경우에는 그 신고서면을 첨부하여야 할 것이다.

⑨ 지점소재지에서 등기를 신청하는 경우에는 본점에서 한 등기를 증명하는 서면인 본점등기부등본 외에 다른 서면을 첨부할 필요는 없다.

(2) 신설합병으로 인한 설립등기

1) 등기기간

합병절차 완료일로부터 본점소재지에서는 2주간 내에 다음 등기사항을, 지점소재지에서는 3주간 내에 지점에서 등기할 사항을 등기한다(상법 제181조, 제233조, 특례법 제3조).

2) 등기신청인

합병으로 인한 해산의 등기는 존속회사 또는 신설회사의 대표자가 소멸회사를 대표하여 신청하고(상업등기법 제63조 1항), 이 등기신청과(본점소재지에서 하는) 합병으로 인하여 설립하는 회사에 대한 설립등기신청은 신설회사의 본점소재지를 관할하는 등기소에 동시에 신청하여야 한다(동조 3항).

따라서 신설회사의 대표자가 설립등기를 신청하여야 한다.

대표사원 및 업무집행사원을 정하지 아니하였으면 합자회사의 특성상 무한책임사원 중 1인이 신청하면 될 것이다(동지, 일본등기서식정의 817면).

인적회사와 물적회사가 합병하는 경우 존속 또는 신설회사는 반드시 물적회사이어야 하므로, 합자회사가 유한회사나 주식회사와 신설합병하는 경우에는 신설회사를 합자회사로 하여 합병할 수 없다(상법 제174조 2항, 제269조).

3) 등기사항

① 통상의 설립등기사항

② 합병으로 소멸하는 회사의 상호 및 본점과 합병한 뜻(상업등기법 제62조 1항)

③ 지점소재지에서는 상호, 목적, 본점소재지, 존립기간 또는 해산사유, 대표사원의 성명·주소·주민등록번호 및 공동대표규정과 회사성립연월일 및 합병연월일

4) 전자표준양식에 의한 등기신청 및 전자신청

서면으로 등기를 신청하는 경우에는 대법원 인터넷등기소에서 제공하는 전자표준양식을 이용하여 전산정보처리조직에 신청정보를 입력·저장한 다음, 저장된 신청정보를 출력하여 그 출력물로써 할 수 있다(상업등기규칙 제63조).

상업등기를 전자표준양식에 의하여 신청하는 경우 3만원에 해당하는 등기신청수수료는 2만5천원, 6천원에 해당하는 등기신청수수료는 4천원을 각각 납부하여야 한다.

등기의 신청은 서면 또는 대법원규칙으로 정하는 바에 따라 전산정보처리조직을

이용한 전자문서로 할 수 있다. 이를 전자신청이라고 한다. 이 경우 전자문서로 등기를 신청하는 당사자 또는 그 대리인은 대법원규칙으로 정하는 바에 따라 미리 사용자등록을 하여야 한다(상업등기규칙 제68조).

상업등기를 전자신청하는 경우 3만원에 해당하는 등기신청수수료는 2만원, 6천원에 해당하는 등기신청수수료는 2천원을 각각 납부하여야 한다.

5) **첨부서면(상업등기규칙 제118조, 제112조)**

① 정관

② 소멸회사 총사원의 동의가 있음을 증명하는 서면

③ 채권자보호절차의 이행사실을 증명하는 서면

회사채권자에게 1월 내에 합병에 대하여 이의할 수 있도록 공고·최고를 한 증명서와 채권자의 이의가 있을 때에는 변제영수증이나 담보제공증명서, 이의가 없을 때에는 그 취지의 대표사원의 진술서를 첨부한다.

④ 소멸회사의 등기부등본

당해 등기소의 관할구역 내에 소멸회사의 본점이 있는 경우에는 첨부하지 아니한다.

⑤ 설립위원의 자격을 증명하는 서면

설립위원의 선임에 관한 총사원의 동의서가 이에 해당하는 서면이다(상 법 제175조, 제230조).

⑥ 정관에 본점 또는 지점의 소재지를 최소행정구역으로 정하고 그 소재장소를 업무집행사원 과반수의 결의로 정한 때에는 업무집행사원 과반수의 동의가 있음을 증명하는 서면

⑦ 총사원의 동의로 업무집행사원 중 특히 회사를 대표할 자를 정하거나 공동대표에 관한 규정을 정한 때에는 총사원의 동의서(상업등기규칙 제118조, 제97조)

⑧ 사원의 성명, 주소, 주민등록번호를 증명하는 서면(상법 제180조, 제269조, 특례법규칙 제2조 2항)

⑨ 합병에 관하여 관청의 허가(인가)를 요하는 경우에 그 허가(인가)서 또는 인증 있는 등본(상업등기규칙 제52조)

⑩ 등록면허세, 지방교육세, 농어촌특별세 등 납부영수필통지서 및 확인서, 등기신청수수료증지

등록면허세는 1,000분의 4이고, 설립이 수도권 또는 대도시에서 할 경우에는

그 3배를 가산한다. 그리고 등록면허세의 100분의 20에 해당하는 지방교육세를 납부하여야 한다(지방세법 제28조 1항, 2항, 제151조 1항).

농어촌특별세는 조세특례제한법, 관세법, 지방세법에 의하여 등록면허세가 감면 또는 면제되는 금액의 100분의 20에 해당하는 금액을 납부하여야 한다(농특 제4조, 제5조).

합병으로 인하여 설립하는 경우의 등기신청수수료는 30,000원(전자표준양식에 의한 경우 2만5천원, 전자신청은 2만원)이고, 해산하는 경우의 등기신청수수료는 6,000원(전자표준양식에 의한 경우 4천원, 전자신청은 2천원)이다.

⑪ 기타의 서면

필요에 따라 위임장, 합병에 관하여 공정거래위원회에 신고를 요하는 경우에는 그 서면(독점규제및공정거래에관한법률 제7조, 제12조, 제67조) 등을 첨부한다.

⑫ 지점소재지에서 등기신청을 하는 때는 본점에서 한 등기를 증명하는 서면인 본점등기부등본 외에 다른 서면이 필요없다.

(3) 합병으로 인한 해산등기

1) 등기기간

합병으로 인한 변경등기나 설립등기의 경우와 같은 기간 내에 신청하여야 한다(상법 제233조).

2) 등기신청인

합병으로 인한 해산등기는 존속회사 또는 신설회사의 대표자가 소멸회사를 대표하여 신청한다(상업등기법 제63조).

3) 등기신청방법

본점소재지에서 하는 해산등기의 신청은 그 등기소의 관할구역 내에 존속회사 또는 신설회사의 본점이 없는 때에는 그 본점의 소재지를 관할하는 등기소를 거쳐야 한다(상업등기법 제63조).

또한 본점소재지에서 하는 해산등기의 신청과 존속회사 또는 신설회사의 변경 또는 설립등기의 신청은 존속회사 또는 신설회사의 본점소재지를 관할하는 등기소에 동시에 하여야 한다(동조 3항).

4) 등기사항

① 합병 후 존속하는 회사 또는 합병으로 설립하는 회사의 상호와 본점(상업등기

법 제62조 2항)

② 합병으로 인하여 해산한 취지와 그 연월일

5) 첨부서면

위임장 등 일반적인 서류만 첨부하면 족하며 그 외에 이와 동시에 일괄신청하는 존속회사의 변경등기신청서나 신설회사의 설립등기신청서에 첨부하는 서류 등은 이를 다시 첨부할 필요가 없다(상업등기규칙 제53조 3항).

등록면허세는 4만2백원이고, 지방교육세는 등록면허세의 100분의 20이며, 농어촌특별세는 지방세법, 관세법, 조세특례제한법에 의하여 등록면허세가 감면되는 등록면허세액의 100분의 20이다(지방세법 제28조 1항, 제151조 1항, 농특 제4조, 제5조). 그리고 등기신청수수료는 6,000원(전자표준양식에 의한 경우 4,000원, 전자신청은 2,000원)이다.

【서식】합병으로 인한 합자회사변경등기신청서(흡수합병시 존속회사의 경우)

<table>
<tr><td colspan="5" align="center">합병으로 인한
합자회사변경등기신청</td></tr>
<tr><td rowspan="2">접 수</td><td>20○○년 ○월 ○일</td><td rowspan="2">처리인</td><td>등기관 확인</td><td>각종 통지</td></tr>
<tr><td>제○○○○호</td><td></td><td></td></tr>
</table>

<table>
<tr><td>상   호</td><td>A합자회사</td><td>등기번호</td><td>제1000호</td></tr>
<tr><td>본   점</td><td colspan="3">○○시 ○○구 ○○길 ○○</td></tr>
<tr><td>등 기 의 목 적</td><td colspan="3">합병으로 인한 합자회사 변경등기</td></tr>
<tr><td>등 기 의 사 유</td><td colspan="3">20○○년 ○월 ○일 총사원의 동의로 ○○시 ○○구 ○○길 ○○ B합자회사를 흡수합병하기로 결의하고, 20○○년 ○월 ○일 공고와 최고절차를 종료하였으므로 다음 사항의 등기를 구함.</td></tr>
<tr><td>본/지점 신청구분</td><td colspan="3">1. 본점신청 □   2. 지점신청 □   3. 본지점 일괄신청 □</td></tr>
<tr><td colspan="4" align="center">등   기   할   사   항</td></tr>
<tr><td>합병으로 인하여
입사한 유한·
무한책임사원의
성명,
주민등록번호와
출자의 목적, 가격
및 이행을 한 부분</td><td colspan="3">유한책임사원 ○ ○ ○(-   )
          금○○○○○원 중 금○○○원 이행
무한책임사원 ○ ○ ○(-   )
        신용
유한책임사원 ○ ○ ○(-   )
        노무</td></tr>
<tr><td>소멸회사의 상호 및
본점과 합병을 한 뜻</td><td colspan="3">○○시 ○○구 ○○길 ○○ B합자회사를 합병</td></tr>
<tr><td>기   타</td><td colspan="3">해당없음</td></tr>
</table>

신청등기소 및 등록면허세/수수료						
순번	신청등기소	구분	등록면허세 지방교육세	농어촌특별세	세액합계	등기신청수수료
			금 원 금 원	금 원	금 원	금 원
합 계						
등기신청수수료 납부번호						

첨 부 서 면		
1. 합병계약서	1통	1. 등록면허세영수필확인서
1. 총사원동의서	1통	1. 등기신청수수료영수필확인서
1. 공고 및 최고를 한 증명서	1통	1. 위임장(대리인이 신청할 경우)
1. 변제영수증 또는 이의없다는 진술서	1통	〈기 타〉
1. 주민등록표등본	1통	

(등록면허세영수필확인서 1통, 등기신청수수료영수필확인서 1통, 위임장 1통)

20○○년 ○월 ○일

신 청 인　　　상 호　A합자회사

　　　　　　　본 점　○○시 ○○구 ○○길 ○○

대표사원　　　성 명　○ ○ ○ (인)　(전화 : 02-123-4567)

　　　　　　　주 소　○○시 ○○구 ○○길 ○○

대 리 인　　　성 명　법무사 ○ ○ ○ (인)　(전화 : 02-456-7890)

　　　　　　　주 소　○○시 ○○구 ○○길 ○○

○○지방법원 ○○등기소 귀중

- 신청서 작성요령 -

1. 해당란이 부족할 때에는 별지를 이용합니다.
1. 해당 등기신청과 관계없는 사항에 대하여는 "해당없음"으로 기재하거나 삭제하고, 필요한 사항은 추가 기재합니다.

V. 해산과 청산의 등기

Ⅰ. 해산의 등기

■ 핵 심 사 항 ■

1. 해산사유(상법 제269조, 제285조 1항)
  (1) 무한책임사원 전원 또는 유한책임사원 전원의 퇴사
  (2) 존립기간의 만료 기타 정관으로 정한 해산사유의 발생
  (3) 총사원의 동의
  (4) 회사합병
  (5) 파산
  (6) 법원의 해산명령, 해산판결
2. 등기절차 : 본점소재지에서는 2주간 내, 지점소재지에서는 3주간 내에 신청한다. 해산의 등기에 있어서는 해산한 뜻과 그 사유 및 연월일을 등기한다(상업등기법 제60조 1항).

1. 해산사유

합자회사는 합명회사의 해산사유 이외에 무한책임사원의 전원 또는 유한책임사원 전원의 퇴사에 의하여 해산한다(상법 제269조, 제285조 1항).

(1) 무한책임사원 전원 또는 유한책임사원 전원의 퇴사(상법 제269조, 제285조 1항)

이때는 잔여사원 전원의 동의로 새로 유한책임사원 또는 무한책임사원을 가입시켜 회사를 계속할 수 있다.

【쟁점질의와 유권해석】

〈합자회사에 있어서 사원이 1인으로 된 경우 해산사유가 되는지 여부〉

무한책임사원과 유한책임사원이 각 1인인 회사에 있어서 유한책임사원이 사망하더라도, 상속인이 그 지분을 승계하여 입사하므로 회사는 해산하지 아니한다. 또 무한책임사원이 사망한 경우에는 그 상속인이 승계 입사할 뜻의 정함이 있는 때에는 1인인 무한책임사원이 사망하더라도 회사는 해산하지 아니한다.

(2) 존립기간의 만료 기타 정관으로 정한 해산사유의 발생

(3) 총사원의 동의

정관소정의 기간만료 전이라도 총사원의 동의가 있으면 언제든지 해산할 수 있다.

(4) 회사합병

흡수합병의 경우에는 흡수되는 회사, 신설합병의 경우에는 합병하는 모든 당사회사가 해산한다.

(5) 파 산

해산사유가 되는 파산의 원인은 지급불능에 한한다.

일반적으로 법인(민법법인, 주식회사, 유한회사)은 채무를 완제하지 못하는 경우에 파산신청을 하여야 하나(민법 제79조), 합병회사와 합자회사는 존립 중에 채무초과가 되어도 파산원인이 되지 아니한다(채무자회생및파산에관한법률 제306조). 왜냐하면 합명회사의 경우는 모든 사원이, 합자회사의 경우는 무한책임사원 전원이 회사채권자에 대하여 직접·연대하여 책임을 지기 때문이다.

(6) 법원의 해산명령 해산판결

회사의 설립목적이 불법한 것인 때, 정당한 사유없이 설립 후 1년 내에 영업을 개시하지 아니하거나 1년 이상 영업을 휴지한 때 또는 업무집행사원이 법령·정관에 위반하여 회사존속을 허용할 수 없는 행위를 한 때에는 법원은 이해관계인이나 검사의 청구 또는 직권으로 회사해산명령을 할 수 있고(상법 제176조), 각 합자회사의 사원은 각자가 법원에 회사의 해산을 청구할 수 있다(상법 제241조).

2. 등기절차

해산등기절차도 합명회사의 경우와 같다.

(1) 등기기간과 등기신청인 등

본점소재지에서는 2주간 내, 지점소재지에서는 3주간 내에 신청한다.

해산등기신청인에 관하여는 직접적인 규정은 없으나 해산등기는 해산 당시의 대표사원이 신청하고 청산인선임등기는 대표청산이 신청하여야 한다고 해야 할 것이다(상업등기법 제23조). 다만, 해산당시의 대표사원이 해산등기를 신청하지

않고 있는 때에는 해산등기를 하지 아니한 채 청산인선임등기를 할 수는 없기 때문에 대표청산인이 해야 할 것이다.

무한책임사원 1인뿐인 합자회사가 그의 퇴사로 인하여 해산한 경우에는 누가 그 등기를 신청할 것인가는 문제이나, 유한책임사원은 회사를 대표할 수 없고(상법 제278조), 무한책임을 지는 인적회사의 특성상 퇴사한 무한책임사원이 사원변경의 등기와 해산의 등기를 신청하여야 된다고 할 것이다(동지 일본 등기선례 소화 1936. 11. 16. 민사갑 제2861호).

(2) 등기사항

해산의 등기에 있어서는 해산한 뜻과 그 사유 및 연월일을 등기한다(상업등기법 제60조 1항). 유한책임사원 전원의 퇴사로 인한 해산의 경우에는 사원란에 유한책임사원 전원의 등기사항을 말소하는 기호를 기록하여야 한다.

(3) 첨부서면

1) 총사원의 동의로 해산한 경우에는 총사원의 동의가 있음을 증명하는 서면(상업등기규칙 제118조, 제97조)

2) 사원이 1인이 되어 해산한 때에는 사망진단서나 가족관계증명서 또는 퇴사예고서 등

3) 대표청산인이 해산의 등기를 신청하는 경우 그 자격을 증명하는 서면(상업등기규칙 제118조, 제106조)

회사를 대표할 청산인의 신청에 따른 해산등기의 신청서에는 그 자격을 증명하는 서면을 첨부하여야 한다.

청산인을 무한책임사원과반수의 결의로 선임한 때에는 무한책임사원과반수의 동의가 있음을 증명하는 서면, 청산인 중 특히 회사를 대표할 자를 정관 또는 총사원의 동의로 정한 때에는 정관 또는 총사원의 동의서가 그 서면이 되며, 법원이 청산인을 선임한 경우에는 그 결정서의 등본이 자격을 증명하는 서면이 된다.

4) 정관소정사유의 발생으로 인하여 해산한 때에는 그 사유의 발생을 증명하는 서면(상업등기규칙 제118조, 제106조)

5) 등록면허세, 지방교육세 등 납부영수필통지서 및 확인서, 등기신청수수료증지

등록면허세는 4만2백원이고, 지방교육세는 그 100분의 20, 등기신청수수료는

6,000원(전자표준양식에 의해 신청하는 경우 4,000원, 전자신청은 2,000원)이다(지방세법 제28조 1항, 제151조 1항).

핵 심 판 례

■ 합명회사와 합자회사를 제외한 법인이 채무초과 상태에 있는 경우 파산선고를 하기 위하여 구 파산법 제116조 제1항의 지급불능 상태임을 요하는지 여부(소극) 및 채무초과 상태의 판단 기준

구 파산법(2005. 3. 31. 법률 제7428호 채무자 회생 및 파산에 관한 법률 부칙 제2조로 폐지) 제117조가 합명회사 및 합자회사를 제외한 법인에 대하여는 채무초과를 별개의 독립된 파산원인으로 규정하고 있으므로, 채무초과 상태에 있는 법인에 대하여 파산선고를 하기 위해서 그 법인이 채무초과 상태 이외에 구 파산법 제116조 제1항이 규정하는 보통파산원인인 지급불능 상태에 이르렀을 것까지 요하는 것은 아니다. 또한, 법인이 채무초과 상태에 있는지 여부는 법인이 실제 부담하는 채무의 총액과 실제 가치로 평가한 자산의 총액을 기준으로 판단하는 것이지 대차대조표 등 재무제표에 기재된 부채 및 자산의 총액을 기준으로 판단할 것은 아닌바, 법인의 회계처리기준 등에 관하여 규율하는 개별 법령에서 법인이 당해 사업연도에서 순손실이 발생하였더라도 자기자본이 감소한 것으로 처리하지 않고 다음 회계연도에서 자기자본이 감소한 것으로 처리하도록 규정하고 있다는 등의 사정은 그 법인이 실제 부담하는 채무의 총액이나 실제 가치로 평가한 자산의 총액에 아무런 영향을 미칠 수 없는 이상, 법인이 채무초과 상태에 있는지 여부를 판단하는 데 고려하여야 할 사유가 될 수 없다(대법원 2007. 11. 15.자, 2007마887 결정).

【서식】합자회사해산등기산청서(합자회사가 소멸회사인 흡수·신설합병의 경우)

<table>
<tr><td colspan="2" rowspan="2"></td><td colspan="3" style="text-align:center">합병으로 인한
합자회사해산등기신청</td><td></td></tr>
</table>

접 수	20○○년 ○월 ○일	처리인	등기관 확인	각종 통지
	제○○○○호			

상 호	○○합자회사		등기번호	제1000호
본 점	○○시 ○○구 ○○길 ○○			
등 기 의 목 적	합병으로 인한 합자회사 해산등기			
등 기 의 사 유				
본/지점 신청구분	1. 본점신청 □ 2. 지점신청 □ 3. 본지점 일괄신청 □			
등 기 할 사 항				
해산연월일				
해산사유				
기 타 (합병 후의 존속회사 또는 신설회사의 상호와 본점 등)				

신청등기소 및 등록면허세/수수료						
순번	신청등기소	구분	등록면허세 지방교육세	농어촌특별세	세액합계	등기신청수수료
			금 원 금 원	금 원	금 원	금 원
합 계						
등기신청수수료 납부번호						

첨 부 서 면	
1. 등록면허세영수필확인서 통 1. 등기신청수수료영수필확인서 통	1. 위임장(대리인이 신청할 경우) 통 <기 타>

20○○년 ○월 ○일

신 청 인 　　　　상 호 ○○합자회사

　　　　　　　　본 점 ○○시 ○○구 ○○길 ○○

대표사원 　　　　성 명 ○ ○ ○ (인) (전화 : 02-123-4567)

　　　　　　　　주 소 ○○시 ○○구 ○○길 ○○

대 리 인 　　　　성 명 법무사 ○ ○ ○ (인) (전화 : 02-456-7890)

　　　　　　　　주 소 ○○시 ○○구 ○○길 ○○

○○지방법원 ○○등기소 귀중

- 신청서 작성요령 -

1. 해당란이 부족할 때에는 별지를 이용합니다.

1. 해당 등기신청과 관계없는 사항에 대하여는 "해당없음"으로 기재하거나 삭제하고, 필요한
   사항은 추가 기재합니다.

【서식】합자회사해산등기신청서

<table>
<tr><td colspan="5" align="center">합자회사해산등기신청</td></tr>
<tr><td rowspan="2">접 수</td><td>20○○년 ○월 ○일</td><td rowspan="2">처리인</td><td>등기관 확인</td><td>각종 통지</td></tr>
<tr><td>제○○○○호</td><td></td><td></td></tr>
</table>

<table>
<tr><td>상　　　　호</td><td>○○합자회사</td><td>등기번호</td><td>제1000호</td></tr>
<tr><td>본　　　　점</td><td colspan="3">○○시 ○○구 ○○길 ○○</td></tr>
<tr><td>등 기 의 목 적</td><td colspan="3">합자회사 해산등기</td></tr>
<tr><td>등 기 의 사 유</td><td colspan="3"></td></tr>
<tr><td>본/지점 신청구분</td><td colspan="3">1. 본점신청 □　　　2. 지점신청 □　　　3. 본지점 일괄신청 □</td></tr>
<tr><td colspan="4" align="center">등　　기　　할　　사　　항</td></tr>
<tr><td>해산의 뜻과 그
연월일</td><td colspan="3"></td></tr>
<tr><td>해산사유</td><td colspan="3"></td></tr>
<tr><td>기　　　　타</td><td colspan="3"></td></tr>
</table>

신청등기소 및 등록면허세/수수료						
순번	신청등기소	구분	등록면허세 지방교육세	농어촌특별세	세액합계	등기신청수수료
			금　　　원 금　　　원	금　　　원	금　　　원	금　　　원
합　계						
등기신청수수료 납부번호						

<table>
<tr><td colspan="2" align="center">첨　　부　　서　　면</td></tr>
<tr>
<td>
1. 총사원동의서(총사원의 동의로 해산한
　 경우)　　　　　　　　　　　　　　통
1. 정관(정관소정의 사유발생인 경우)　통
1. 정관 소정의 사유발생을 증명하는 서면　통
1. 가족관계 등록사항별 증명서,
　 퇴사 예고서　　　　　　　　　　　통
</td>
<td>
1. 등기신청인 자격증명서　　　　　통
1. 등록면허세영수필확인서　　　　통
1. 등기신청수수료영수필확인서　　통
1. 위임장(대리인이 신청할 경우)　통
〈기 타〉
</td>
</tr>
</table>

2000년 ○월 ○일

신 청 인　　　　상　호　○○합자회사

　　　　　　　　본　점　○○시 ○○구 ○○길 ○○

대표사원　　　　성　명　○ ○ ○ (인)　(전화 : 02-123-4567)

(대표청산인)　　주　소　○○시 ○○구 ○○길 ○○

대 리 인　　　　성　명　법무사 ○ ○ ○ (인)　(전화 : 02-456-7890)

　　　　　　　　주　소　○○시 ○○구 ○○길 ○○

○○지방법원 ○○등기소 귀중

- 신청서 작성요령 -

1. 해당란이 부족할 때에는 별지를 이용합니다.

1. 해당 등기신청과 관계없는 사항에 대하여는 "해당없음"으로 기재하거나 삭제하고, 필요한 사항은 추가 기재합니다.

II. 청산의 등기

◼ 핵 심 사 항 ◼

1. 청산 : 청산이란 해산한 회사의 법률관계를 정리하고, 그 재산을 처분하는 절차를 말한다.
2. 합명회사의 청산
 (1) 임의청산 : 임의청산은 정관 또는 총사원의 동의에 의하여 정하여진 방법에 따라 하는 청산으로서 주식회사에서는 이를 인정하지 않는다. 회사가 존립기간의 만료 기타 정관으로 정한 사유의 발생 또는 총사원의 동의에 의하여 해산한 경우에 한하여 인정된다(상법 제269조, 제227조 1항, 2항).
 (2) 법정청산 : 법정청산이란 청산인이 법정절차에 따라서 하는 청산을 말한다. 임의청산을 하지 아니하는 경우에는 합병과 파산의 경우를 제외하고는 법정청산을 하여야 한다(상법 제269조, 제250조).

---

1. 총 설

청산이란 해산한 회사의 법률관계를 정리하고, 그 재산을 처분하는 절차를 말한다.

회사는 해산에 의하여 당연히 청산절차에 들어가게 된다. 청산 중의 회사는 청산의 목적범위 내에서만 존속하므로 영리행위를 할 수 없다(상법 제245조).

합자회사가 파산선고를 받아 회사의 현존재산이 그 채무를 변제함에 부족한 때에는 청산인은 변제기에 불구하고 각 무한책임사원에 대하여 지분의 비율에 따라 출자의 청구를 할 수 있다고 할 것이다(상법 제258조, 제269조).

합자회사의 청산에는 임의청산과 법정청산이 있다. 임의청산은 주식회사 등의 물적회사에서는 인정되지 않는다.

(1) 임의청산

임의청산은 정관 또는 총사원의 동의에 의하여 정하여진 방법에 따라 하는 청산이다.

임의청산에 있어서 재산의 처분방법은 정관 또는 총사원의 동의에 의하여 자유로이 정할 수 있다(상법 제247조 1항, 제269조).

임의청산은 회사가 존립기간의 만료 기타 정관으로 정한 사유의 발생 또는 총 사원의 동의에 의하여 해산한 경우에 한하며(상법 제227조 1항, 2항, 제269조), 사원이 1인으로 된 때 또는 해산명령과 해산판결에 의한 때에는 청산의 공정을 기하기 위하여 인정되지 않는다(상법 제247조 1항, 제269조).

임의청산을 한 회사는 그 재산의 처분을 완료한 날로부터 본점소재지에서는 2주간, 지점소재지에서는 3주간 내에 청산종결등기를 하여야 한다(상법 제247조 5항, 제269조).

또한 채권자보호절차를 거쳐야 하는데, 해산사유가 있는 날로부터 2주간 내에 재산목록과 대차대조표를 작성하고 같은 기간 내에 채권자에 대하여 이의가 있으면 일정한 기간(2월 이상) 내에 이를 제출할 것을 공고하고 알고 있는 채권자에게 각별로 최고하여야 한다(상법 제247조, 제248조, 제232조).

임의청산의 경우에는 본점소재지에서 해산등기를 한 후 10년간 회사의 장부와 영업 및 청산에 관한 중요서류를 보존하여야 하고, 전표 또는 이와 유사한 서류는 5년간 이를 보존하여야 한다(상법 제266조 1항, 제269조).

이 임의청산 방법에 의할 때에는 종전의 업무집행사원이 청산에 임하므로 별도로 청산인을 선임할 필요가 없다.

(2) 법정청산

법정청산은 법이 정한 엄격한 절차에 따라 하는 청산이다. 임의청산을 하지 아니하는 경우에는 합병과 파산의 경우를 제외하고는 법정청산을 하여야 한다(상법 제250조, 제269조).

청산인은 일차적으로 무한책임사원 과반수의 결의로 청산인을 선임하고 그에 의한 청산인의 선임이 없을 때에는 법률상 당연히 업무집행사원이 청산인이 된다(상법 제287조).

2. 청산인의 취임 및 퇴임

(1) 청산인의 취임

합자회사의 청산인은 선임청산인이 원칙이고(상법 제287조 본문), 총회에서 청산인을 선임하지 아니하면 업무집행사원이 법정청산인이 되며(상법 제287조 단서), 법원선임청산인도 인정된다.

합자회사의 경우 청산인의 취임에 관하여 다음의 몇 가지를 살펴보아야 할 것이다.

1) 유한책임사원의 전원 또는 무한책임사원 전원이 퇴사함으로써 해산한 경우

가. 유한책임사원 전원이 퇴사한 경우

① 무한책임사원이 2인 이상 있을 때

무한책임사원 과반수의 결의로 선임한 자가 청산인이 되며, 이때에는 정관 또는 총사원의 동의로 대표청산인 또는 공동대표청산인을 정할 수 있다(상법 제287조, 제269조, 제265조, 제207조, 제208조). 청산인을 선임하지 아니한 때에는 업무집행사원이 청산인이 된다(상법 제287조).

② 무한책임사원이 1인만 남은 때

법원이 이해관계인의 청구나 직권에 의하여 청산인을 선임한다(상법 제269조, 제252조).

나. 무한책임사원 전원이 퇴사한 경우

업무집행사원이 존재하지 아니하므로 법원이 이해관계인의 청구 등에 의하여 청산인을 선임하여야 할 것이다(상법 제252조, 제269조).

2) 합자회사가 해산하여 유일의 무한책임사원이 청산인으로 되었으나 그가 사망한 경우

잔존하는 무한책임사원이 청산인으로 되어 그가 사망한 때에는 그의 상속인이 입사하는 것이기는 하나 그 상속인이 청산인으로 된다고는 할 수 없으므로, 상법 제252조 규정을 유추하여 법원이 청산인을 선임하여야 된다고 할 것이다.

3) 업무집행사원이 청산인이 된 경우 및 무한책임사원이 선임한 자가 청산인이 되는 경우

합병·파산으로 사원이 1인으로 되어 해산하거나 재판 이외의 경우에는 무한책임사원의 과반수의 결의로 선임한 자가 청산인이 되며(상법 제251조 1항, 제287조), 청산인의 선임이 없는 때에는 업무집행사원이 청산인이 된다(상법 제251조 2항, 제269조). 또한 이와 같이 취임한 청산인이 퇴임한 경우에는 무한책임사원 과반수의 결의로 청산인을 선임한다.

합자회사의 법정청산인은 업무집행사원이므로 무한책임사원이 되어야 하나, 사원총회에서 유한책임사원을 청산인으로 선임할 수 있다(대표권은 없음).

4) 해산을 명하는 재판에 의하여 해산한 경우 및 설립의 무효 또는 취소의 판결이 확정된 경우

법원이 사원 기타 이해관계인의 청구에 의하여 청산인을 선임한다(상법 제193조

2항, 제252조, 제269조). 법정청산인이 퇴임한 경우에도 동일한 절차에 의하여 후임자를 선임한다.

(2) 청산인의 퇴임

1) 사 임

청산인은 사임할 수 있으나, 업무집행사원으로서 청산인으로 된 자는 사원의 권리의무에 기하여 청산인으로 된 것이므로 사임할 수 없다 할 것이다.

2) 해 임

① 무한책임사원 과반수의 결의에 의한 해임

사원이 선임한 청산인은 무한책임사원 과반수의 결의로 언제든지 해임할 수 있다(상법 제261조, 제269조, 제287조).

② 재판에 의한 해임

중요한 사유가 있는 때에는 법원이 사원 기타 이해관계인의 청구에 의하여 청산인을 해임할 수 있다(상법 제262조, 제269조).

3) 청산인의 사망, 파산, 금치산(상법 제265조, 제382조 2항)

청산인과 회사와의 관계는 위임에 관한 준용되므로 청산인은 위임의 종료사유로 인하여 종임한다(민법 제690조).

3. 대표청산인의 취임 및 퇴임

(1) 대표청산인의 취임

1) 업무집행사원이 청산인으로 된 경우

업무집행사원이 청산인으로 된 경우에는 종전의 대표사원이었던 자가 대표청산인이 된다.

2) 정관 또는 무한책임사원의 동의로 정하는 경우

정관 또는 무한책임사원의 동의로 청산인 중 특히 회사를 대표할 자를 정할 수 있다(상법 제265조, 제207조, 제269조).

3) 법원이 지정하는 경우

법원이 수인의 청산인을 선임한 경우에는 회사를 대표할 자를 정할 수 있다(상법 제255조 2항, 제269조).

(2) 대표청산인의 퇴임

1) 청산인의 퇴임

2) 지정의 해제

업무집행사원으로서 대표청산인으로 된 자와 사원이 선임한 대표청산인은 정관의 변경 또는 총사원의 동의로 회사를 대표할 청산인으로서의 지정을 해제할 수 있고, 법원이 회사를 대표할 청산인을 선임한 경우에는 재판에 의하여 회사를 대표하지 아니할 청산인으로 할 수 있다.

4. 청산인의 공동대표

① 업무집행사원이 청산인이 된 경우에는 해산 전에 공동대표에 관한 정함이 있는 때에는 그 정함에 따라 공동대표청산인이 된다(상법 제255조 1항, 제269조).

② 정관 또는 무한책임사원 과반수의 동의로 수인의 청산인이 공동하여 회사를 대표할 것으로 정할 수 있다(상법 제265조, 제208조, 제269조, 제278조).

③ 법원이 청산인을 선임한 경우에는 수인이 공동하여 회사를 대표할 것으로 정할 수 있다(상법 제255조 2항, 제269조).

④ 정관 또는 무한책임사원 과반수의 동의로 공동대표에 관한 정함을 변경, 폐지할 수 있고, 법원이 공동대표는 재판에 의하여 그 정함을 변경, 폐지할 수 있다.

5. 등기절차

(1) 등기신청인 및 등기기간 등

청산인이 선임된 때에는 선임된 날로부터, 업무집행사원이 청산인이 된 때에는 해산한 날로부터 본점소재지에서는 2주간 내에 다음의 사항을 등기하여야 하고, 지점소재지에서는 3주간 내에 대표청산인에 관한 등기를 하여야 한다(상법 제253조, 제269조).

다만, 대표권이 없는 청산인의 취임·퇴임에 관한 사항은 지점소재지에서는 등기하지 아니한다(특례법 제3조).

이 등기는 회사를 대표하는 청산인의 신청에 의하여야 한다(상업등기법 제17조, 특례법 제3조). 그러나 청산인이나 대표청산인이 법원의 해임재판에 의하여 퇴임한 때에는 법원의 촉탁에 의하여 등기한다.

(2) 등기사항(상법 제253조, 제269조)

1) 청산인의 성명, 주민등록번호(주민등록이 없는 자는 생년월일)

2) 대표청산인을 정한 때에는 그 성명과 주소

3) 청산인의 공동대표에 관한 규정

4) 취임·퇴임의 취지 및 그 연월일

(3) 첨부서면

1) 최초의 청산인의 등기

가. 청산인의 주민등록번호를 증명하는 서면(주민등록이 없는 경우는 생년월일)

주소·주민등록번호·생년월일을 등기하여야 하는 경우에는 등기신청서에 이를 증명하는 서면을 첨부하여야 하므로(상업등기규칙 제52조), 청산인의 주민등록번호(또는 생년월일)을 증명하는 서면을 첨부하여야 한다. 이 서면은 발행일로부터 3개월 이내의 것이어야 한다.

나. 업무집행사원이 청산인으로 된 경우

업무집행사원이 청산인으로 된 때에는 그 자격증명서로서의 정관을 첨부한다(상업등기규칙 제118조, 제107조).

다. 사원이 청산인을 선임한 경우(상업등기규칙 제118조, 제107조)

① 사원 과반수의 동의가 있음을 증명하는 서면

② 취임승낙을 증명하는 서면

③ 대표청산인·공동대표청산인을 정한 때에는 정관 또는 총사원의 동의를 증명하는 서면

라. 법원이 청산인·대표청산인 등을 선임한 경우

① 선임결정서

② 청산인의 성명·주민등록번호 및 주소. 다만, 회사를 대표할 청산인을 정한 때에는 그 외의 청산인의 주소를 제외한다.

③ 수인의 청산인이 공동으로 회사를 대표할 것을 정한 때에는 그 규정

2) 청산인에 관한 변경

가. 청산인 취임의 경우

① 무한책임사원 과반수의 동의로 청산인을 선임한 경우에는 무한책임사원 과반수의 동의가 있음을 증명하는 서면, 취임승낙서(상업등기법 제77조, 제66조 2항), 주민등록번호를 증명하는 서면(상법 제253조, 제269조, 특례법규칙 제2조 2항)

② 법원이 청산인을 선임한 경우에는 그 선임결정서의 등본, 회사를 대표할 청산인을 정한 때에는 그 성명을 증명하는 서면 및 수인의 청산인이 공동으로 회사를 대표할 것을 정한 때에는 그 규정에 관한 증명서(상업등기규칙 제118조, 제107조)

③ 청산인 또는 대표청산인의 취임승낙을 증명하는 서면에는 인감증명법에 따라 신고한 인감을 날인하고 그 인감증명서를 첨부하여야 한다. 다만, 등기소에 인감을 제출한 자가 중임한 경우에는 그 자가 등기소에 제출한 인감의 날인으로 갈음할 수 있다(상업등기규칙 제118조, 제104조).

나. 청산인 퇴임의 경우

① 청산인의 퇴임으로 인한 변경등기신청서에는 그 퇴임을 증명하는 서면(상업등기규칙 제118조, 제107조)

② 무한책임사원과반수의 동의로 해임한 경우에는 무한책임사원 과반수의 동의서, 법원이 해임한 경우에는 그 재판서의 등본

③ 자격상실, 자격정지자로 된 경우에는 유죄판결이 확정된 것을 증명하는 서면

④ 청산인의 사망, 파산 또는 금치산의 경우에는 사망진단서, 가족관계증명서, 파산선고서의 등본, 금치산선고의 심판서의 등본 및 그 확정증명서

⑤ 청산인의 성명·주소·주민등록번호 등의 변경의 경우에는 그 변경을 증명하는 서면

다. 대표청산인 취임의 경우

① 정관의 변경 또는 무한책임사원의 동의로 회사를 대표할 청산인 또는 공동대표청산인을 정한 때에는 무한책임사원의 동의서(상업등기규칙 제118조, 제97조)

② 법원이 회사를 대표할 청산인 또는 공동대표청산인을 정한 때에는 재판서의 등본(상업등기규칙 제118조, 제107조)

3) 대표청산인 퇴임의 경우

① 정관의 변경 또는 무한책임사원의 동의로 회사를 대표할 청산인 또는 공동대표청산인에 관한 지정을 해제한 때에는 무한책임사원의 동의서(상업등기규칙 제118조, 제97조)

② 법원이 대표청산인 또는 공동대표청산인에 관한 규정을 변경 또는 폐지한 때에는 그 재판서의 등본

라. 공동대표청산인에 관한 등기의 경우

그 규정의 설정, 변경, 폐지를 증명할 수 있는 서면으로서 정관이나 총사원의 동의서

마. 청산인 · 대표청산인 표시변경등기의 경우

가족관계증명서 또는 주민등록표등본 등

4) 기타의 서면

필요에 따라 위임장, 관청의 허가서 등을 첨부한다.

등록면허세는 4만2백원이며, 지방교육세는 등록면허세의 100분 20이다. 이를 납부한 영수필통지서 및 영수필확인서를 첨부하여야 한다(지방세법 제28조 1항, 제151조 1항).

등기신청수수료는 6,000원(전자표준양식에 의한 경우 4,000원, 전자신청은 2,000원)이며, 하나의 등기신청서로서 수인의 청산인에 대한 선임·퇴임의 등기를 신청하는 경우에도 하나의 등기신청으로 보고 등기신청수수료를 납부하면 된다.

【서식】합자회사청산인등기신청서

<table>
<tr><td colspan="5" align="center">합자회사청산인등기신청</td></tr>
<tr><td rowspan="2">접 수</td><td>20○○년 ○월 ○일</td><td rowspan="2">처리인</td><td>등기관 확인</td><td>각종 통지</td></tr>
<tr><td>제○○○○호</td><td></td><td></td></tr>
</table>

상 호	○○합자회사		등기번호	제1000호
본 점	○○시 ○○구 ○○길 ○○			
등기의 목적	합지회사 청산인등기			
등기의 사유				
본/지점 신청구분	1. 본점신청 □ 2. 지점신청 □ 3. 본·지점 일괄신청 □			
등 기 할 사 항				
취임한 청산인의 성명·주민등록번호와 주소 및 취임 연월일, 청산인의 퇴임 등 변경된 사항과 그 연월일				
기 타				

신청등기소 및 등록면허세/수수료						
순번	신청등기소	구분	등록면허세 지방교육세	농어촌특별세	세액합계	등기신청수수료
			금　　　원 금　　　원	금　　원	금　　원	금　　원
합　계						
등기신청수수료 납부번호						

첨　부　서　면

1. 총사원의 과반수 결의서　　　　　통 1. 선임결정서등본(법원이 선임한 경우)　통 1. 청산인의 퇴임을 증명하는 서면　　통 1. 사임서(인감증명서나 본인서명사실 　　확인서 또는 전자본인서명확인서의 　　발급증 포함)　　　　　　　　　통 1. 주민등록등(초)본　　　　　　　통	1. 취임승낙서(인감증명서나 본인서명 　　사실확인서 또는 전자본인서명확인서의 　　발급증 포함)　　　　　　　　통 1. 인감신고서　　　　　　　　　　통 1. 등록면허세영수필확인서　　　　통 1. 등기신청수수료영수필확인서　　통 1. 위임장(대리인이 신청할 경우)　통 〈기 타〉

20○○년 ○월 ○일

신 청 인　　　상 호　○○합자회사
　　　　　　　본 점　○○시 ○○구 ○○길 ○○
대표사원　　　성 명　○ ○ ○ (인)　(전화 : 02-123-4567)
(대표청산인)　주 소　○○시 ○○구 ○○길 ○○
대 리 인　　　성 명　법무사　○ ○ ○ (인)　(전화 02-456-7890)
　　　　　　　주 소　○○시 ○○구 ○○길 ○○
　　　　　　　○○지방법원 ○○등기소 귀중

- 신청서 작성요령 -

1. 해당란이 부족할 때에는 별지를 이용합니다.
1. 해당 등기신청과 관계없는 사항에 대하여는 "해당없음"으로 기재하거나 삭제하고, 필요한 사항은 추가 기재합니다.
1. 「인감증명법」에 따른 인감증명서 제출과 함께 관련 서면에 인감을 날인하여야 하는 경우, 본인서명 사실확인서를 제출하고 관련 서면에 서명을 하거나 전자본인서명확인서 발급증을 제출하고 관련 서면에 서명을 하면 인감증명서를 제출하고 관련 서면에 인감을 날인한 것으로 봅니다.

Ⅲ. 계속의 등기

■ 핵 심 사 항 ■

1. 의의 : 회사의 계속이란 일단 해산된 회사가 사원들의 자발적인 노력에 의하여 해산 전의 상태로 복귀하여 해산 전 회사의 동일성을 유지하면서 존립중의 회사로서 존속하는 것.

2. 사유 및 절차

 (1) 사유 : 합자회사에 있어서 무한책임사원 또는 유한책임사원의 전원이 퇴사함으로 인하여 해산한 경우에는 잔존한 무한책임사원 또는 유한책임사원은 전원의 동의로 유한책임사원 또는 무한책임사원을 가입시켜 회사를 계속할 수 있다(상 제285조). 존립기간의 만료 기타 정관으로 정한 사유의 발생으로 인하여 해산한 경우, 또는 총사원의 동의에 의해 해산한 경우 사원의 전부 또는 일부의 동의에 의하여 회사를 계속할 수 있다(상법 제269조, 제229조 1항).

 (2) 회사를 계속하는 경우 이미 회사의 해산등기를 하였을 때에는 일정기간 내에 회사 계속의 등기를 하여야 한다(상법 제229조 3항).

---

1. 총 설

합자회사에 있어서 무한책임사원 또는 유한책임사원의 전원이 퇴사함으로 인하여 해산한 경우에는 잔존한 무한책임사원 또는 유한책임사원은 전원의 동의로 유한책임사원 또는 무한책임사원을 가입시켜 회사를 계속할 수 있다(상법 제285조).

해산한 합자회사 또는 설립의 무효나 취소의 판결이 확정된 합자회사는 다음의 경우에 회사를 계속할 수 있다.

① 존립기간의 만료, 정관소정의 해산사유의 발생 또는 총사원의 동의로 해산한 경우에는 총사원 또는 일부사원의 동의로 회사를 계속할 수 있다.

　이 경우에 동의하지 아니한 사원은 퇴사한 것으로 본다(상법 제229조 1항, 제269조).

② 사원이 1인으로 되어 해산한 경우에는 그를 결한 종류의 사원을 새로 가입시켜 회사를 계속할 수 있다(상법 제229조 2항, 제285조).

③ 무한책임사원 또는 유한책임사원 전원의 퇴사로 인하여 해산한 때에는 그를 결

한 종류의 사원을 새로 가입시키거나 합병회사로 조직변경하여 회사를 계속할 수 있다(상법 제285조 2항).

④ 합자회사 설립의 무효 또는 취소의 판결이 확정된 경우 그 무효 또는 취소의 원인이 특정한 사원에 한한 것인 때에는 다른 사원 전원의 동의로 위 취소 등 원인이 있는 특정한 사원을 제외하고 회사를 계속할 수 있다.

이 때에는 그 무효 또는 취소의 원인이 있는 사원은 퇴사한 것으로 본다.

⑤ 파산선고를 받은 합자회사는 총사원의 동의로 회사를 계속할 것을 결의하고 파산채권자 전원의 동의를 얻어 파산폐지의 신청을 함으로써 회사를 계속할 수 있다(채무자회생및파산에관한법률 제540조).

합자회사를 계속한 경우에는 무한책임사원이 업무집행의 권리의무를 가지고 각자 회사를 대표하게 되나, 해산 전의 회사와 같이 정관으로 업무집행사원을 정할 수 있고, 정관 또는 총사원의 동의로 업무집행사원 중 특히 회사를 대표할 자를 정할 수 있다.

청산의 종결로 회사의 법인격은 완전히 소멸되기 때문에 청산종결 후에는 회사를 계속할 수 없으나, 회사가 해산한 후부터 청산종결 이전까지는 그 해산등기 전후를 불문하고 회사를 계속할 수 있다 할 것이다.

2. 등기절차

(1) 등기기간 등

계속의 등기는 본점소재지에서는 2주간, 지점소재지에서는 3주간 내에 회사를 대표하는 자가 신청하여야 한다(상법 제285조, 제229조, 상업등기법 제23조).

계속등기의 기간은 무한책임사원 또는 유한책임사원 전원의 동의로 계속결의를 한 때(상 제285조 2항) 또는 새로 사원을 가입시켜 계속결의를 한 때로부터 진행한다 할 것이다(일본 등기선례 소화 1915. 4. 17. 민사갑 제476호).

해산의 등기가 되어 있지 아니한 때에는 해산등기를 하고, 또 법정청산절차에 의하여 청산절차가 진행 중이었을 때에는 청산인선임의 등기를 한 후에 계속의 등기를 하여야 할 것이다(일본 등기선례 소화 1939. 1. 29. 민사갑 제106호).

(2) 등기사항

① 회사를 계속한 뜻과 그 연월일(상업등기법 제61조)

② 새로 사원을 가입시켜 계속한 때에는 그 사원의 성명·주소·주민등록번호·출자의 목적, 재산출자에 있어서는 그 가격과 이행한 부분 및 유한 또는 무한책임사원인 뜻

③ 사원의 일부의 동의에 의하여 계속한 때에는 퇴사한 사원의 성명과 주소

④ 회사를 대표할 사원 또는 공동대표사원을 정한 때에는 그 성명과 주소

⑤ 존립기간 또는 해산사유를 변경 또는 폐지한 때에는 그 뜻

(3) 첨부서면

1) 총사원의 동의로 계속한 때에는 총사원의 동의가 있음을 증명하는 서면(상업등기규칙 제118조, 제97조)

2) 사원 일부의 동의로 계속한 때에는 그 동의가 있음을 증명하는 서면

이 경우에 동의하지 아니한 사원은 퇴사한 것으로 보므로(상 제229조 1항 단서), 그 퇴사의 등기를 하여야 하지만 퇴사한 사실을 증명하는 서면을 첨부할 필요는 없다.

3) 새로 사원을 가입시켜 회사를 계속한 때에는 그 가입사실을 증명하는 서면(입사계약서 등)과 재산출자에 관하여 이행을 한 부분을 증명하는 서면, 그 사원의 성명·주소·주민등록번호를 증명하는 서면(상법 제180조, 제269조, 특례법규칙 제2조 2항)

4) 회사의 설립을 무효로 하는 판결 또는 취소의 판결이 확정된 때에 회사를 계속한 경우는 그 무효 또는 취소의 원인이 있는 사원 이외의 사원의 동의 있음을 증명하는 서면과 판결등본(상업등기규칙 제118조, 제109조)

5) 사원 중 회사를 대표하지 않는 자가 있는 때 또는 공동대표에 관한 규정을 설정한 때에는 총사원의 동의가 있음을 증명하는 서면(상업등기규칙 제118조, 제97조)

6) 등록면허세, 지방교육세, 농어촌특별세 등 납부영수필통지서 및 확인서, 등기신청수수료증지

사원을 새로 가입시킨 때에 등록면허세는 신입사원 출자총금액의 1,000분의 4, 설립 또는 대도시 전입 후 5년 이내의 법인은 그 3배를 가산 납부하여야 한다. 그 외에는 4만2백원이고, 지방교육세는 등록면허세의 100분의 20이다. 농어촌특별세는 지방세법, 관세법, 조세특례제한법에 의하여 감면되는 등록면허세액의 100분의

20이다(지방세법 제28조 1항, 제151조 1항, 농특 제4조, 제5조).

등기신청수수료는 6,000원(전자표준양식에 의한 경우 4,000원, 전자신청은 2,000원)이며, 사원의 가입으로 인한 계속등기인 경우는 사원란에도 변경등기를 하여야 하므로 그 부분에 대한 등기신청수수료 6,000원(전자표준양식에 의한 경우 4,000원, 전자신청은 2,000원)을 추가 납부하여야 한다.

7) 기타의 서면

필요에 따라 위임장, 관청의 허가(인가)서, 대표자의 인감, 정관 등을 첨부하여야 한다(상업등기규칙 제52조).

핵 심 판 례

■ **합자회사 설립 후 제3자가 합자회사의 사원으로 되는 방법**

합자회사 설립 후 제3자가 합자회사의 사원으로 되는 방법으로는 입사에 의하여 원시적으로 사원 자격을 취득하는 방법과 기존의 사원으로부터 지분을 양수하는 방법이 있는데, 전자의 입사 방법은 입사하려는 자와 회사 사이의 입사계약으로 이루어지고 후자의 입사 방법은 입사하려는 자와 기존 사원 개인 사이의 지분매매계약으로 이루어진다(대법원 2002. 4. 9. 선고 2001다77567 판결)

【서식】합자회사계속등기신청서

<table>
<tr><td colspan="5" align="center">합자회사계속등기신청</td></tr>
<tr><td rowspan="2">접 수</td><td>20○○년 ○월 ○일</td><td rowspan="2">처리인</td><td>등기관 확인</td><td>각종 통지</td></tr>
<tr><td>제○○○○호</td><td></td><td></td></tr>
</table>

상 호	○○합자회사	등기번호	제1000호
본 점	○○시 ○○구 ○○길 ○○		
등기의 목적	합지회사 계속등기		
등기의 사유			
본/지점 신청구분	1. 본점신청 □ 2. 지점신청 □ 3. 본·지점 일괄신청 □		

등 기 할 사 항	
회사계속 연월일	
사원의 성명·주민등록번호 및 주소 출자의 목적, 재산출자에 있어서는 그 가액과 이행한 부분	
대표사원의 성명과 주소	
기 타	

신청등기소 및 등록면허세/수수료						
순번	신청등기소	구분	등록면허세	농어촌특별세	세액합계	등기신청수수료
			지방교육세			
			금 원	금 원	금 원	금 원
			금 원			
합 계						
등기신청수수료 납부번호						

<table>
<tr><td colspan="2" align="center">첨 부 서 면</td></tr>
<tr>
<td>
1. 유한책임사원가입증명서면 및 무한책임
　사원 전원의 동의서　　　　　　　　　통
1. 무한책임사원가입증명서면 및 유한책임
　사원 전원의 동의서　　　　　　　　　통
1. 출자의 이행을 증명하는 서면　　　　통
1. 취임승낙서(인감증명서나 본인서명사실
　확인서 또는 전자본인서명확인서의
　발급증 포함)　　　　　　　　　　　통
</td>
<td>
1. 주민등록표등본　　　　　　　　　통
1. 인감신고서　　　　　　　　　　　통
1. 등록면허세영수필확인서　　　　　통
1. 등기신청수수료영수필확인서　　　통
1. 위임장(대리인이 신청할 경우)　　통
〈기 타〉
</td>
</tr>
</table>

2000년 0월 0일

신 청 인　　　　상 호　○○합자회사

　　　　　　　　본 점　○○시 ○○구 ○○길 ○○

대표업무집행자　성 명　○ ○ ○ (인)　(전화 : 02-123-4567)

　　　　　　　　주 소　○○시 ○○구 ○○길 ○○

대 리 인　　　　성 명　법무사 ○ ○ ○ (인)　(전화 02-456-7890)

　　　　　　　　주 소　○○시 ○○구 ○○길 ○○

○○지방법원 ○○등기소 귀중

- 신청서 작성요령 -

1. 해당란이 부족할 때에는 별지를 이용합니다.
1. 해당 등기신청과 관계없는 사항에 대하여는 "해당없음"으로 기재하거나 삭제하고, 필요한 사항은 추가 기재합니다.
1. 「인감증명법」에 따른 인감증명서 제출과 함께 관련 서면에 인감을 날인하여야 하는 경우, 본인서명사실확인서를 제출하고 관련 서면에 서명을 하거나 전자본인서명확인서 발급증을 제출하고 관련 서면에 서명을 하면 인감증명서를 제출하고 관련 서면에 인감을 날인한 것으로 봅니다.

Ⅳ. 청산종결의 등기

■ 핵 심 사 항 ■

1. 청산종결절차
 (1) 법정청산의 경우 : 청산인이 현존사무의 종결, 채권의 추심과 채무의 변제, 재산의 환가처분과 잔여재산의 분배를 하고 계산서를 작성하여 각 사원의 승인을 얻은 때에 청산이 종결(상법 제269조, 제263조).
 (2) 임의청산의 경우 : 해산사유가 있는 날로부터 2주간 내에 재산목록과 대차대조표를 작성하고 채권자보호절차를 이행한 후 정하여진 처리방법에 의하여 회사재산의 처분을 완료함으로써 청산이 종결(상법 제269조, 제247조).
2. 등기절차
 (1) 법정청산의 경우 : 청산인이 청산계산서의 승인이 있는 날로부터 본점소재지에서는 2주간, 지점소재지에서는 3주간 내에 청산종결의 등기를 신청(상법 제269조, 제264조).
 (2) 임의청산의 경우 : 회사재산의 처분을 완료한 날로부터 본점소재지에서는 2주간, 지점소재지에서는 3주간 내에 회사를 대표하는 사원이 청산종결의 등기를 신청(상법 제269조, 제247조 5항, 상업등기법 제23조).

1. 청산종결의 절차

합자회사의 청산에는 임의청산과 법정청산의 방법이 있다.

(1) 임의청산의 경우

임의청산의 경우에는 정관 또는 총사원의 동의로 회사재산의 처분방법을 정하고, 해산사유가 있는 날로부터 2주간 내에 재산목록과 대차대조표를 작성하고 채권자보호절차를 이행하여야 한다(상법 제247조, 제269조). 이 경우 청산인은 따로 선임할 필요없이 종전 업무집행사원이 그대로 위 절차를 이행한다.

이와 같은 절차를 거친 후 정하여진 처분 방법에 의하여 회사재산의 처분을 완료한 때에 청산이 종결된다. 예컨대 총사원의 동의로 회사재산을 현물로써 사원에게 분배할 것으로 정한 때에는 그 분배를 완료한 때에, 회사재산을 일괄하여 영업양도의 방법에 의하여 사원에게 이전할 것으로 정한 때에는 재산의 이전, 채무의 인수 등 이에 필요한 절차가 완료한 때에 종결된다.

(2) 법정청산의 경우

법정청산은 정관이나 총사원의 동의로써 잔여재산처분방법을 정하지 아니한 경우의 청산방법으로서, 이 때에는 반드시 청산인을 선임하여야 하고 선임된 청산인은 취임 후 지체없이 회사의 재산상태를 조사하고 재산목록과 대차대조표를 작성하여 각 사원에게 교부하여야 한다.

(3) 청산종결의 효과

청산이 종결되면 회사는 완전히 그 법인격을 잃어 소멸하게 된다.

임의청산방법에 의하건 법정청산방법에 의하건 청산이 종결되면 그를 등기하여야 한다(상법 제264조, 제269조).

【쟁점질의와 유권해석】

〈청산종결등기의 효력〉

청산종결등기는 설립등기와 같이 창설적 효력이 있는 것은 아니고 상업등기의 일반적 효력인 공시적 효력밖에 없으므로, 청산등기가 마쳐졌더라도 사실상 청산이 종결되지 아니한 때에는 그 등기는 무효이고, 청구에 의하여 말소할 것이다.

또한 청산종결의 등기를 하였더라도 채권이 있는 이상 청산은 종료되지 않았으므로, 그 한도에서 청산법인은 당사자 능력이 있다(상법 제542조, 민사소송법 제47조, 대법원 1968. 6. 18.선고 67다2528판결).

2. 등기절차

(1) 등기기간 및 등기사항

1) 임의청산의 경우

회사재산의 처분을 완료한 날로부터 본점소재지에서는 2주간, 지점소재지에서는 3주간 내에 회사를 대표하는 사원이 등기를 신청한다(상법 제247조 5항).

등기할 사항은 청산이 종결된 뜻과 그 연월일이다.

2) 법정청산의 경우

청산계산서의 승인이 있은 날로부터 본점소재지에서는 2주간, 지점소재지에서는 3주간 내에 대표청산인이 신청한다(상법 제264조, 제269조).

등기할 사항은 청산이 종결된 뜻과 그 연월일이다.

(2) 첨부서면

1) 임의청산의 경우

회사재산의 처분이 완료한 것을 증명하는 서면(총사원이 기명날인한 서면)(상 제247조 5항, 상업등기규칙 제118조, 제110조)

2) 법정청산의 경우

청산인이 청산계산서의 승인을 얻은 것을 증명하는 서면(상업등기규칙 제118조, 제110조)이나 사원이 그 계산서를 교부받고도 1월 이내에 이의하지 않아 승인이 의제되는 때(상 제263조 1항, 2항 본문)에는 그 승인이 의제된 증명서

3) 등록면허세, 지방교육세 등 납부영수필통지서 및 확인서, 등기신청수수료증지

등록면허세는 4만2백원이고, 지방교육세는 등록면허세의 100분의 20이며(지방세법 제28조 1항, 제151조 1항), 등기신청수수료는 6,000원(전자표준양식에 의한 경우는 4,000원, 전자신청은 2,000원)이다. 법원의 촉탁으로 인한 특별청산에 관한 등기는 등록면허세를 면제하고, 농어촌특별세도 면제한다(지방세법 제128조 3, 농특령 제4조).

핵 심 판 례

■ 합자회사 지분의 양도시 거래약정 당사자 사이에 양도가액이 정해져 있는 경우, 특정경제범죄가중처벌등에관한법률 제3조 제1항 소정의 '이득액'은 그 양도가액을 기준으로 산정하여야 한다고 본 사례

합자회사에서의 지분의 양도는 사원으로서의 지위의 양도를 가리키는 것으로, 합자회사의 지분의 양도로 인하여 취득하는 것은 지분권, 즉 사원권이므로 그 이득액은 지분권이 표창하는 객관적인 재산적 가치라고 보아야 할 것이고, 그러한 객관적인 재산적 가치는 감정 등을 통하여 객관적으로 확정할 것이지만 거래약정 당사자 사이에 양도가액이 정해져 있으면 그것이 객관적인 재산적 가치를 평가하였다고 볼 수 없는 특별한 사정이 없는 한 그 양도가액을 지분권이 갖는 객관적인 재산적 가치로 봄이 상당하므로 특정경제범죄가중처벌등에관한법률 제3조 제1항 소정의 '이득액'은 그 양도가액을 기준으로 삼아야 한다고 본 사례(대법원 2000. 2. 25. 선고 99도4305 판결).

【서식】합자회사청산종결등기신청서

합자회사청산종결등기신청

접 수	2000년 O월 O일	처리인	등기관 확인	각종 통지
	제OOOO호			

상 호	○○합자회사	등기번호	제1000호

본 점	○○시 ○○구 ○○길 ○○

등 기 의 목 적	청산종결등기

등 기 의 사 유	〈경우1〉 임의청산의 경우 2000년 ○월 ○일 청산을 종결하였으므로 다음 사항의 등기를 구함. 〈경우2〉 법정청산의 경우 2000년 ○월 ○일 청산을 종결하고 각 사원이 청산계산서를 승인하였으므로 다음 사항의 등기를 구함.

본/지점 신청구분	1. 본점신청 □ 2. 지점신청 □ 3. 본·지점 일괄신청 □

등   기   할   사   항

청산이 종결된 뜻과 그 연월일	2000년 ○월 ○일 청산종결

기 타	해당 없음

<table>
<tr><td colspan="8" align="center">신청등기소 및 등록면허세/수수료</td></tr>
<tr><td rowspan="2">순번</td><td rowspan="2">신청등기소</td><td rowspan="2">구분</td><td>등록면허세</td><td rowspan="2">농어촌특별세</td><td rowspan="2">세액합계</td><td rowspan="2">등기신청수수료</td></tr>
<tr><td>지방교육세</td></tr>
<tr><td rowspan="2"></td><td rowspan="2"></td><td rowspan="2"></td><td>금　　　　원</td><td rowspan="2">금　　　　원</td><td rowspan="2">금　　　　원</td><td rowspan="2">금　　　　원</td></tr>
<tr><td>금　　　　원</td></tr>
<tr><td></td><td></td><td></td><td></td><td></td><td></td><td></td></tr>
<tr><td></td><td></td><td></td><td></td><td></td><td></td><td></td></tr>
<tr><td colspan="3" align="center">합　계</td><td></td><td></td><td></td><td></td></tr>
<tr><td colspan="3" align="center">등기신청수수료 납부번호</td><td colspan="4"></td></tr>
</table>

<table>
<tr><td colspan="2" align="center">첨　　부　　서　　면</td></tr>
<tr><td>
1. 잔여재산처분계산서(임의청산)　　　　1통
1. 청산계산승인서(법정청산)　　　　　　1통
1. 등록면허세영수필확인서　　　　　　　1통
1. 등기신청수수료영수필확인서　　　　　1통
1. 위임장(대리인이 신청할 경우)　　　　1통
</td><td>〈기　타〉</td></tr>
</table>

2000년 ○월 ○일

신 청 인　　　　상　호　○○합자회사

　　　　　　　　　본　점　○○시 ○○구 ○○길 ○○

대표사원　　　　성　명　○ ○ ○ (인)　(전화 : 02-123-4567)

(대표청산인)　　주　소　○○시 ○○구 ○○길 ○○

대 리 인　　　　성　명　법무사 ○ ○ ○ (인)　(전화 : 02-456-7890)

　　　　　　　　　주　소　○○시 ○○구 ○○길 ○○

○○지방법원 ○○등기소 귀중

- 신청서 작성요령 -

1. 해당란이 부족할 때에는 별지를 이용합니다.
1. 해당 등기신청과 관계없는 사항에 대하여는 "해당없음"으로 기재하거나 삭제하고, 필요한 사항은 추가 기재합니다.

제 5 장 외국회사의 등기

Ⅰ. 총 설

> **■ 핵 심 사 항 ■**
>
> 1. 의의 : 설립준거법주의에 따르면 외국회사란 우리나라 법에 준거하여 설립절차를 밟고 법인격을 취득한 회사 이외의 회사를 말한다.
> 2. 권리능력 : 외국회사는 다른 법률의 적용에 있어서는 법률에 다른 규정이 있는 경우 외에는 대한민국에서 성립된 동종 또는 가장 유사한 회사로 본다고 규정하여 외국법인도 내국법인과 동일하게 그 권리능력을 인정하고 있다(상법 제621조).
> 3. 대표자의 선정 및 영업소의 설치 : 외국회사가 대한민국에서 영업을 하려면 대한민국에서의 대표자를 정하고 대한민국 내에 영업소를 설치하거나 대표자 중 1명 이상이 대한민국에 그 주소를 두어야 한다(상법 제614조 1항).

1. 외국회사의 의의 및 권리능력

(1) 외국회사의 의의

외국회사의 정의에 관한 통설인 설립준거법주의에 따르면 외국회사란 우리나라 법에 준거하여 설립절차를 밟고 법인격을 취득한 회사 이외의 회사를 말한다.

즉 외국법에 준거하여 설립된 회사를 말한다. 여기서 설립자 내지 사원의 국적은 고려의 대상이 되지 않는다(정동윤, 손주찬, 주석상법(회사Ⅵ)36면).

외국에서 설립된 회사라도 우리나라에 그 본점을 설치하거나 우리나라에서 영업할 것을 주된 목적으로 하는 때에는 우리나라에서 설립된 회사와 같은 규정에 따라야 한다(상법 제617조). 이것은 우리 상법의 규정을 회피하기 위하여 외국법에 의하여 설립된 이른바 유사 외국회사를 규제하기 위한 것이다.

(2) 외국회사의 권리능력

우리 민법은 외국법인에 대하여 규정하고 있지 아니하나 상법은 외국회사의 지위에 관하여 '외국회사는 다른 법률의 적용에 있어서는 법률에 다른 규정이 있는 경우 외에는 대한민국에서 성립된 동종 또는 가장 유사한 회사로 본다.'고 규정하여 외국법인도 내국법인과 동일하게 그 권리능력을 인정하고 있다(상법 제621조)

우리나라에서의 외국회사의 주권 또는 채권의 발행, 주식의 이전이나 입질 또는 사채의 이전에 관하여는 상법의 주식 및 사채에 관한 규정이 준용된다(상법 제618조 1항). 이 경우에는 처음 한국에서 설립된 영업소를 본점으로 본다(상법 제618조 2항).

2. 대표자의 선정(상법 제614조)

외국회사가 우리나라에서 영업을 하고자 하는 때에는 우리나라에서의 대표자를 정하여야 한다. 이러한 외국회사의 대표자는 회사의 영업에 관하여 재판상, 재판 외의 모든 행위를 할 권한을 가지며 이에 대한 제한은 선의의 제3자에게 대항하지 못한다(상 제209조). 또한 대표자가 그 업무집행으로 인하여 타인에게 손해를 가한 때에는 외국회사는 그 대표자와 연대하여 배상할 책임이 있다(상법 제210조).

3. 영업소의 설치 또는 대표자 중 1명 이상이 국내에 거주(상법 제614조)

(1) 영업소 설치의 등기 또는 대표자 1명 이상의 국내 거주

개정 전 상법에 의하면 외국회사가 대한민국에서 영업을 하고자 하는 때에는 대한민국에서의 대표자를 정하고 영업소를 설치하여야 했으나, 2011년 4월 14일 개정상법은 영업소의 설치를 대표자 1인 이상이 국내에 거주하는 것으로 갈음할 수 있게 하였다(상법 제614조 1항).

영업소를 설치하는 경우에는 영업소의 설치에 관하여 대한민국에서 설립되는 동종의 회사 또는 가장 유사한 회사의 지점과 동일한 등기를 하여야 한다. 이 등기에서는 회사설립의 준거법과 대한민국에서의 대표자의 성명과 주소를 등기하여야 한다. 다만, 법인 등의 등기사항에 관한 특례법은 외국회사 영업소의 등기에 관하여는 적용되지 않는다(예규 제794호). 외국회사는 이러한 등기를 하기 전에는 계속하여 거래를 하지 못한다(상법 제616조). 이에 위반하여 거래한 자는 그 거래에 대하여 회사와 연대하여 책임을 진다. 그리고 회사설립시 등록세의 배액

(倍額)에 상당하는 과태료에 처하게 된다(상법 제636조 2항).

〈동종목적의 동일 또는 유사상호로 관할구역 내에 외국회사 영업소가 등기되어 있는 경우 그와 같은 상호로 등기가 가능한지 여부〉

이미 관할 행정구역내에 외국회사 영업소와 동일한 상호가 있더라도 외국회사 영업소는 지점의 성격을 가지며, 지점에 있어서의 등기는 상법상 강제되므로 그와 같은 영업소설치등기는 가능하다. 반대로 이미 동종목적의 동일 또는 유사상호로 관할구역 내에 외국회사 영업소가 등기되어 있는 경우에는 그 영업소 대표자의 동의를 얻어도 그와 같은 상호로 등기할 수 없다(2005. 12. 27, 공탁법인과-730 질의회답).

(2) 관련문제

1) 소련항공사의 한국 내 영업소 설치등기의 가부

소련의 항공사가 소련의 국내법상 법인격을 가지고 있지 아니하다 하더라도 내국회사와 유사한 실체를 가지고 우리나라에 지점을 설치하여 영업을 하는 경우에는, 대한민국에서 설립되는 동종의 회사 또는 가장 유사한 회사의 지점등기와 동일한 영업소 설치등기를 할 수 있으며(상법 제614조), 다만 위 영업소 설치등기신청서에는 소련항공의 본국관할관청 또는 대한민국에 있는 소련영사의 인증을 받은 주사무소의 존재를 증명하는 서면과 대표자의 자격을 증명하는 서면 및 소련항공의 정관 또는 그 성질을 식별할 만한 서면을 첨부하여야 한다(1990. 5. 22, 등기 1031 질의회답).

2) 자료수집 등 한정된 업무활동을 수행하고 있는 외국의 은행 및 증권회사의 대표사무소 설치등기의 가부

외국의 은행 및 증권회사가 한국은행 또는 재무부 등 관련감독기관으로부터 대한민국에서의 대표사무소의 설치허가를 받은 후 사무소를 설치하여 지점과 같은 정도의 영업행위는 하지 않고 있으나, 정보교환 및 자료수집과 업무연락 등 한정된 업무활동을 수행하고 있는 경우라면, 위 대표사무소는 상법 제614조가 규정하는 영업소에 해당하지 아니하고 따라서 국내에서 그 설치등기를 할 수는 없다(1988. 2. 4, 등기 57 질의회답).

II. 영업소 설치의 등기

■ 핵 심 사 항 ■

1. 등기기간 : 외국회사가 그 설립과 동시에 영업소를 설치하는 경우에는 설립등기를 한 후 2주간, 회사의 설립 후에는 영업소를 설치하는 경우에는 영업소를 설치한 날로부터 3주간 내에 영업소 설치의 등기를 하여야 한다(상법 제614조 2항, 제181조, 제269조, 제317조 3항, 제549조 3항).
2. 등기신청인 : 대한민국에서의 대표자가 외국회사를 대표하여 신청한다(상법 제614조 4항, 제209조, 상업등기법 제111조).

1. 등기절차

(1) 등기기간

외국회사가 그 설립과 동시에 영업소를 설치하는 경우에는 설립등기를 한 후 2주간, 회사의 설립 후에는 영업소를 설치하는 경우에는 영업소를 설치한 날로부터 3주간 내에 영업소 설치의 등기를 하여야 한다(상법 제614조 2항, 제181조, 제269조, 제317조 3항, 제549조 3항).

이 때 등기사항이 외국에서 생긴 때에는 등기기간은 그 통지가 도달한 날로부터 기산한다(상법 제615조). 여기서 통지가 도달한 날은 원칙적으로 국내대표자가 그 통지를 접수한 때로 보겠으나, 국내에 있는 외국영사의 인증을 요하는 사항에 관하여는 그 인증이 있는 때를 기산점으로 삼아야 할 것이다.

(2) 등기신청인

이 등기는 대한민국에서의 대표자가 외국회사를 대표하여 신청한다(상법 제614조 4항, 제209조, 상업등기법 제23조). 공동대표자를 둔 경우에는 공동대표자 전원이 공동하여 신청하여야 할 것이다.

(3) 등기사항

1) 국내에서 설립되는 동종 회사 또는 가장 유사한 회사의 지점과 동일한 사항

영업소 설치의 등기에 있어서는 국내에서 설립되는 동종 회사 또는 가장 유사한

회사의 지점과 동일한 사항을 등기하여야 한다(상법 제614조 2항, 3항).

그러므로 외국회사가 주식회사인 경우 임원의 등기는 본점의 대표이사와 대한민국에서의 대표자의 성명과 주소를 등기하면 되고, 다른 임원은 등기사항이 아니다.

비영리 외국법인이 국내에서 최초의 분사무소를 설치하여 그 등기를 신청하는 경우에는 민법 제32조에 근거하는 것이므로, 비영리 외국법인의 명칭을 등기하는 때에는 법인의 종류(사단 또는 재단)를 기재하여야 한다.

2) 기타사항(상법 제614조 3항)

① 회사설립의 준거법

② 대한민국에서의 대표자의 성명과 주소 주민등록번호 또는 생년월일

(4) 등기할 사항이 외국에서 생긴 경우 신청서의 기재방법

상법 제614조 2항 및 제3항에 따라 외국에서 생긴 사항의 등기를 신청하는 때에는 신청서에 그 통지가 도달한 연월일을 기재하여야 한다(상업등기규칙 제51조 3항).

(5) 첨부서면(상업등기규칙 제163조)

위임장 등 일반적인 첨부서류 이외에 다음의 서류를 첨부하고, 아래 가.~다.의 서류는 외국회사의 본국관할관청 또는 대한민국에 있는 그 나라 영사의 인증을 받아야 한다.

1) 본점의 존재를 인정할 수 있는 서면

본점이 신청서에 기재한 장소에 존재함을 증명하는 서면으로서 관청의 증명서 또는 등기부등본 등이 이에 해당한다.

2) 대한민국에서의 대표자의 자격을 증명하는 서면

이 증명서면으로 대한민국에서의 대표자를 선임한 주주총회의사록 또는 이사회결의서나 당해 회사의 임명장 등을 첨부하면 된다.

3) 회사의 정관 또는 회사의 성질을 식별할 수 있는 서면

이 서면은 외국회사 본국의 관할관청 또는 대한민국에 있는 그 외국 영사의 인증을 받은 것이어야 한다.

다만, 영업소 설치등기신청서에 당해 영업소를 설치한 뜻의 기재가 있는 다른 등기소의 등기부등본을 첨부한 때에는 위 1)~3)의 서류는 첨부하지 않아도 된다.

4) 외국회사 영업소의 설치에 관하여 관청의 허가(인가)를 요하는 경우에는 그 허가(인가)서 또는 인증있는 등본(상업등기규칙 제52조, 외국환거래법 제15조, 제18조, 동법시행령 제30조, 외국환거래규정 제7-77조 내지 제7-82조)

5) 위 각 서면의 번역서 및 그 외국관공서 또는 영사의 인증서면

위 서면이 외국어로 기재되어 있는 경우에는 그 번역문을 첨부하여야 한다. 번역문에는 그 번역의 정확성을 보장하기 위하여 번역인의 성명 및 주소를 기재하고 번역인이 서명 또는 기명날인한다. 번역인의 자격에는 그 제한이 없다(1997. 11. 5, 등기 3402-842 질의회답).

또한 위 서면들은 상업등기규칙 제163조에 의하여 본점의 존재를 인정할 수 있는 서면, 대한민국에서의 대표자의 자격을 증명하는 서면 및 회사의 정관 또는 회사의 성질을 식별할 수 있는 서면은 외국회사의 본국관할관청 또는 대한민국에 있는 그 외국 영사의 인증을 받은 것이어야 한다.

법령에 의하여 기명날인 및 서명날인이 필요한 경우 날인의 제도 없는 외국인은 서명만으로 날인에 대신할 수 있으므로(외국인의서명날인에관한법률), 인감증명서는 필요없다(1970. 5. 20, 법정 제220호).

6) 등록면허세, 지방교육세, 농어촌특별세 등 납부영수필통지서 및 확인서, 등기신청수수료증지

등록면허세는 4만2백원이나, 수도권 또는 대도시에 영업소 설치시 및 대도시로 영업소 전입시는 등록면허세를 3배 가산한다. 지방교육세는 그 100분의 20이며, 농어촌특별세는 조세특례제한법, 관세법, 지방세법에 의하여 감면 또는 면제되는 등록면허세의 100분의 20이다(지방세법 제28조 1항, 제151조 1항, 농특 제4조, 제5조). 등기신청수수료는 30,000원(전자표준양식에 의한 경우는 25,000원, 전자신청은 20,000원)이다.

7) 대리인에 의하여 신청할 경우에는 그 권한을 증명하는 서면(상업등기규칙 제52조)

외국회사의 경우 그 대표자의 위임장을 한번 수여하는데는 여러 절차가 필요하므로 통상 영업소 설치 및 변경 등 여러 권한을 포괄적으로 수여하는 위임장을 작성하여 제출하고 있다.

8) 인감의 제출

대한민국 영업소의 대표자의 인감을 제출하여야 한다. 대한민국 영업소의 대표자가

외국인인 경우에는 신청서 또는 등기신청의 위임장에 서명을 하고 그 서명에 관하여 본국관공서 또는 공증인의 인증을 받음으로써 족하고 인감제출의무는 없다 할 것이나, 실무에서는 업무의 편의를 위하여 대부분 인감을 제출하고 있다.

【쟁점질의와 유권해석】

〈부동산등기법상 인감증명을 제출하여야 할 자가 외국회사인 경우 인감증명의 첨부에 관한 예외규정이 적용되는지 여부〉

부동산등기법시행규칙 제54조는 외국인과 외국법인을 구별하여 외국인인 경우에는 서명에 관한 공정증서나 본국관공서의 증명으로 가능하나, 외국회사인 때에는 등기할 때 신고한 등기소 발행의 인감증명의 첨부에 예외규정을 두고 있지 아니하다.

ㄱ) 외국회사 등의 인감증명 제출(부동산등기법시행규칙 제54조 1항)

부동산등기법 제53조의 규정에 의하여 인감증명을 제출하여야 할 자가 법인 또는 외국회사인 때에는 등기소의 증명을 얻은 그 대표자의 인감증명을, 법인 아닌 사단 또는 재단인 때에는 그 대표자 또는 관리인의 인감증명을 제출하여야 한다.

ㄴ) 외국인의 인감증명 제출(동규칙 제54조 4항)

부동산등기법 제53조의 규정에 의하여 인감증명을 제출해야 하는 자가 외국인인 경우에는 인감증명법에 의한 인감증명 또는 본국의 관공서가 발행한 인감증명을 제출하여야 한다. 다만, 본국에 인감증명제도가 없고 또한 인감증명법에 의한 인감증명을 받을 수 없는 자는 위임장이나 서면에 한 서명에 관하여 본인이 직접 작성하였다는 취지의 본국관공서의 증명이나 이에 관한 공정증서를 제출하여야 한다.

(6) 등기의 기록

다음 각 호의 외국회사 영업소등기 기타사항란에 하여야 하고, 이를 등기한 때에는 그 등기기록을 폐쇄하여야 한다(상업등기규칙 제165조, 제116조 1항).

① 영업소를 다른 등기소의 관할구역으로 이전한 경우에 구소재지를 관할하는 등기소에서 하는 영업소 이전의 등기(구소재지 관할 등기소의 관할구역 내에 다른 영업소가 있는 경우는 제외)

② 영업소 폐쇄의 등기(당해 등기소의 관할구역 내에 다른 영업소가 있는 경우와 청산개시명령이 있는 경우는 제외)

③ 청산종결의 등기

【쟁점질의와 유권해석】

〈일본에 본점을 둔 부엌용품 등의 수출입회사가 대한민국 내에 영업소 설치등기를 하는 경우 주무관청의 허가서 첨부의 요부〉

일본국에 본점을 둔 부엌용품, 미용기구, 보석 악세사리 등 귀금속의 수출입 및 판매 등을 하는 주식회사가 대한민국 내에 영업소 설치등기를 신청하는 경우에는 주무관청의 허가서를 첨부할 필요가 없다(1997. 7. 22, 등기 3402-556 질의회답).

외국회사 영업소 설치등기시 첨부서면의 인증

선례요지

1. 외국회사 영업소 설치등기신청서에 첨부하는 「상업등기법」제112조 제1항 각호의 서류에 대한 같은 조 제2항의 인증에는, 외국회사의 본국법상 공증인에게 당해 사항을 인증할 권한이 있다면, 그 공증인의 인증도 포함될 것이다. 이 경우 공증인의 인증을 받은 서류에 본국 관할관청 또는 대한민국에 있는 그 외국 영사의 인증을 추가로 받을 필요는 없을 것이다.

2. 특별한 사정이 없는 한 위 공증된 문서에 대하여는 「재외공관공증법」제30조에 의한 영사 확인을 받거나 아포스티유를 부착하여야 한다. (2013. 1. 9. 사법등기심의관-111 질의회답)

참조조문 : 공증인법 제2조, 재외공관공증법 제3조, 제30조, 상법 제614조

주)상업등기법 제112조는 상업등기규칙 제 163조로 변경됨

외국회사 영업소 설치등기와 유사상호

선례요지

1. 타인이 등기한 상호는 동일한 특별시, 광역시, 시, 군에서 동종영업의 상호로 등기할 수 없는바(상법 제22조), 그 제도적 취지가 상호권자의 이익보호 및 등기된 상호에 대한 일반 공중의 오인혼동을 방지하여 이에 대한 신뢰를 보호하고자 하는 것이라는 점에서, 이미 등기되어 있는 외국회사 영업소가 청산예정이고 그 외국회사 영업소가 유한회사의 설립등기로 인하여 동일 상호가 중복하여 등기되는 것에 대하여 승낙한다고 하더라도 유한회사의 설립등기신청은 수리될 수 없다(비송사건절차법 제159조 제13호 및 제164조).

2. 이와 반대로, 외국회사 영업소 설치등기를 할 경우에 있어서는, 외국회사 영업소가 지점의 성격을 가지고 있으며 지점에 있어서의 등기는 상법상 강제되어 있기 때문에, 이미 유한회사의 설립등기가 되어 있는 관할 등기소 내에 동종영업을 목적으로, 동일 상호로 외국회사 영업소 설치등기를 하는 것이 가능할 것이다(상법 제614조 제2항, 제35조). (2005. 12. 27. 공탁법인과-730 질의회답)

참조조문 : 상법 제22조, 제614조 제2항, 제35조, 비송사건절차법 제159조 제13호, 제164조

참조선례 : 상업등기선례요지집 제57항

주)비송사건절차법 제159조 제13호 및 제164조는 상업등기법 제26조 제13호 및 제29조로 변경됨

【서식】외국회사영업소설치등기신청서

<table>
<tr><td colspan="3" align="center">외국회사영업소설치등기신청</td></tr>
<tr><td rowspan="2">접 수</td><td>20○○년 ○월 ○일</td><td rowspan="2">처리인</td><td>등기관 확인</td><td>각종 통지</td></tr>
<tr><td>제○○○○호</td><td></td><td></td></tr>
</table>

등 기 의 목 적	영업소설치등기
등 기 의 사 유	20○○년 ○월 ○일 주주(사원)총회결의로(합명회사, 합자회사의 경우에는 총사원의 동의로) 20○○년 ○월 ○일 ○○시 ○○구 ○○길 ○○에 영업소를 설치하였으므로, 다음 사항의 등기를 구함. 허가서(또는 신고서) 도달연월일 20○○년 ○월 ○일
등 기 할 사 항	
상 호	○○○○○○주식회사
본 점	미합중국 ○○주 ○○○
대한민국에서의 영 업 소	○○시 ○○구 ○○길 ○○
공 고 방 법	해당 없음
1 주 의 금 액	미합중국통화 ○○달러
발 행 할 주 식 의 총 수	○○○주
목 적	○○○○○
대표이사의 성명과 주소	○○○○ 미합중국 뉴욕주 ○○○
대한민국에서의 대표자의 성명, 주소·주민등록번호	○ ○ ○(-) ○○시 ○○구 ○○길 ○○
존립기간 또는 해산사유	회사성립일로부터 만 ○○년
회 사 설 립 의 준 거 법	미합중국 ○○법
회사성립연월일, 영업소설치연월일	회사성립연월일 20○○년 ○월 ○일 영업소설치연월일 20○○년 ○월 ○일
기 타	해당 없음

등록면허세	금 원	지방교육세	금 원	농어촌특별세	금 원
세 액 합 계	금 원	등기신청수수료	금		원
등기신청수수료 납부번호					

첨 부 서 면	

1. 본점의 존재를 증명하는 서면   1통
1. 대한민국에서의 대표자 자격증명   1통
   서   1통
1. 정관 또는 회사의 성질을 식별할
   수 있는 서면
	1. 외국인 주소사실증명서 1통
	1. 등록면허세영수필확인서 1통
	1. 등기신청수수료영수필확인서 1통
	1. 위임장(대리인이 신청할 경우) 1통
	〈기 타〉

2000년 ○월 ○일

신 청 인   상 호   ○○○○○○주식회사
                본 점   미합중국 ○○주 ○○○
대한민국에서의   대표자   성 명 ○ ○ ○ (인)   (전화 : 02-123-4567)
                주 소   ○○시 ○○구 ○○길 ○○
대 리 인   성 명   법무사 ○ ○ ○ (인)   (전화 : 02-456-7890)
                주 소   ○○시 ○○구 ○○길 ○○

○○지방법원 ○○등기소 귀중

- 신청서 작성요령 -

1. 해당란이 부족할 때에는 별지를 이용합니다.

1. 해당 등기신청과 관계없는 사항에 대하여는 "해당없음"으로 기재하거나 삭제하고, 필요한 사항은 추가 기재합니다.

III. 변경등기

■ 핵 심 사 항 ■

1. 의의 : 영업소 설치의 등기를 한 후 이와 동종 또는 가장 유사한 내국회사에 관하여 등기할 사항과 동일한 사항이 생긴 때, 대한민국에서의 대표자가 경질된 경우, 기타 그 성명·주소에 변경이 있는 때와 외국에서 생긴 등기사항에 변경이 있는 때 및 관할 외로 영업소로 이전한 때에는 등기를 하여야 한다.
2. 등기절차 : 내국회사 지점소재지에서의 등기와 마찬가지로 3주간 내에 하여야 할 것이나, 등기사항이 외국에서 생긴 때에는 그 통지가 도달한 날로부터 등기기간을 기산하고, 당해 외국의 한국주재 외국영사의 인증을 요하는 경우에는 그 인증시부터 기간을 기산하여야 할 것이다. 이 등기는 대한민국에서의 영업소 대표자의 신청에 의하여야 한다(상업등기법 제23조 3항).

1. 의 의

영업소 설치의 등기를 한 후 이와 동종 또는 가장 유사한 내국회사에 관하여 등기할 사항과 동일한 사항이 생긴 때에는 그 사항의 등기를 하여야 한다. 또 대한민국에서의 대표자가 경질된 경우, 기타 그 성명·주소에 변경이 있는 때와 외국에서 생긴 등기사항에 변경이 있는 때 및 관할 외로 영업소로 이전한 때에는 등기를 하여야 한다.

2. 등기절차

(1) 등기기간 및 등기신청인

이 등기는 내국회사 지점소재지에서의 등기와 마찬가지로 3주간 내에 하여야 할 것이나, 등기사항이 외국에서 생긴 때에는 그 통지가 도달한 날로부터 등기기간을 기산하고, 당해 외국의 한국주재 외국영사의 인증을 요하는 경우에는 그 인증시부터 기간을 기산하여야 할 것이다.

이 등기는 대한민국에서의 영업소 대표자의 신청에 의하여야 한다(상업등기법 제23조 3항).

(2) 등기사항

대한민국에서의 대표자가 경질된 경우, 기타 그 성명·주소에 변경이 있는 때에는 그 변경의 등기를 하여야 한다.

대표자 변경의 경우에도 그 주소는 국내에 두어야 하며, 대표자가 복수인 경우에는 적어도 그 중의 1인은 국내에 주소를 두어야 한다(일본 등기선례 소화 1960. 3. 11. 민사발 제1479호).

외국회사가 영업소를 관할 외로 이전한 경우에도 그 이전의 등기를 하여야 한다.

【쟁점질의와 유권해석】

〈외국회사의 대한민국에서의 대표자 변경등기에 있어서 등기된 사항에 무효의 원인이 있는 경우 그 등기의 말소신청 방법〉

외국회사의 대한민국에서의 대표자 변경등기에 있어서 그 등기된 사항에 관하여 무효의 원인이 있는 경우, 당사자는 무효의 원인이 있음을 증명하는 서면을 첨부하여 그 등기의 말소를 신청할 수 있으며, 그 등기를 말소함으로써 종전의 대표자의 대표권이 회복되는 경우 등기관은 그 무효인 등기의 말소와 동시에 말소로 인한 회복등기를 하여야 한다(1998. 7. 8, 등기 3402-630 질의회답).

(3) 첨부서면(상업등기규칙 제164조)

1) 변경을 증명하는 서면 등

변경을 증명하는 서면을 첨부하여야 하며, 외국에서 생긴 등기사항의 변경에 대하여는 외국회사의 본국관할관청 또는 대한민국에 있는 그 나라 영사의 인증있는 서면에 의하여 그 변경사실을 증명하여야 한다. 그러나 다른 등기소에 이미 그와 같은 변경등기를 마친 때에는 이러한 서면을 첨부하지 아니할 수 있다.

2) 주무관청의 허가서

영업소를 다른 등기소의 관할구역 내로 이전한 경우 신소재지에서 하는 등기의 신청서에는 구소재지에서 한 등기를 증명하는 서면을 첨부하면 된다.

또한 일반적인 첨부서면 외에 주무관청의 허가서를 첨부하여야 한다(상 제614조 1항, 외국환거래법 제18조, 외국환거래규정 제7-79조).

3) 등록면허세·지방교육세·등기신청수수료 등

등록면허세는 4만2백원이나, 수도권 및 대도시에서 외국회사 영업소설치는 그 등록면허세의 5배를 중과한다. 지방교육세는 그 등록면허세의 100분의 20이며, 농어촌특별세는 조세특례제한법, 관세법, 지방세법에 의하여 감면 또는 면제되는 등록면허세의 100분의 20이다(지방세법 제28조 1항, 제151조 1항, 농특 제4조, 제5조).

등기신청수수료는 '상호', '본점', '목적', '공고방법', '존립기간', '1주의 금액', '발행할 주식의 총수', '발행주식의 총수와 그 종류 및 각각의 수', '임원란', '지점란', '지배인란' 등의 변경등기시에는 그 변경등기마다 각 6,000원(전자표준양식에 의한 경우 4,000원, 전자신청은 2,000원)을 납부하여야 한다.

【쟁점질의와 유권해석】

〈외국회사의 한국에서의 대표자에 2인의 외국인을 공동대표로 추가하는 변경등기 방법〉

공동대표는 법률행위를 공동으로 하여야 하므로 외국에서의 한국에서의 대표자에 2인의 외국인을 공동대표로 추가하여 변경등기 할 경우 기존 대표자와 추가되는 외국인 2인의 대표자가 공동으로 변경등기를 신청하여야 한다(1997. 1. 30, 등기 3402-76 질의회답).

> 외국 학교법인의 최초의 국내 분사무소 설치등기신청서에 주무관청의 허가서를 첨부하여야 하는지 여부(적극) (제정 2006. 5. 2. [상업등기선례 제2-130호, 시행])

선례요지

외국 학교법인이 국내에 최초의 분사무소를 설치하여 그 등기를 신청할 경우에는 우리나라 주무관청의 허가를 얻어 신청서에 그 허가서 또는 인증이 있는 등본을 첨부하여야 한다.(2006. 5. 2. 공탁상업등기과-377 질의회답)

참조조문 : 민법 제32조

참조예규 : 등기예규 제578호

참조선례 : 상업등기선례요지집 제297항, 제328항 , 2005. 12. 5. 공탁법인과-663 질의회답

【서식】 외국회사변경등기신청서(대표자)

<table>
<tr><td colspan="6" align="center">외국회사변경등기신청</td></tr>
<tr><td rowspan="2" align="center">접 수</td><td align="center">20○○년 ○월 ○일</td><td rowspan="2" align="center">처리인</td><td align="center">등기관 확인</td><td align="center">각종 통지</td></tr>
<tr><td align="center">제○○○○호</td><td></td><td></td></tr>
</table>

<table>
<tr><td>상　　　　　호</td><td>○○외국회사</td><td>등기번호</td><td>제1000호</td></tr>
<tr><td>본　　　　　점</td><td colspan="3">○○시 ○○구 ○○길 ○○</td></tr>
<tr><td>등 기 의 목 적</td><td colspan="3">대표자 등의 변경등기</td></tr>
<tr><td>등 기 의 사 유</td><td colspan="3"></td></tr>
<tr><td colspan="4" align="center">등　기　할　사　항</td></tr>
<tr><td>대표자의 변경과 그
사유</td><td colspan="3"></td></tr>
<tr><td>기　　　　　타</td><td colspan="3"></td></tr>
</table>

등록면허세	금 원	지방교육세	금 원	농어촌특별세	금 원
세 액 합 계	금 원		등기신청수수료	금 원	
등기신청수수료 납부번호					

<table>
<tr><td colspan="2" align="center">첨 부 서 면</td></tr>
<tr><td>
1. 사임서   통
1. 대표자선임사실증명서   통
1. 관할관청의 인증서 및 번역문   통
1. 등록면허세영수필확인서   통
1. 등기신청수수료영수필확인서   통
</td><td>
1. 위임장(대리인이 신청할 경우)   통
〈기 타〉
</td></tr>
</table>

20○○년 ○월 ○일

신 청 인   상 호 ○○외국회사

　　　　　　　본 점 ○○시 ○○구 ○○길 ○○

대한민국에서의 대표자   성 명 ○ ○ ○ (인)　(전화 : 02-123-4567)

　　　　　　　주 소 ○○시 ○○구 ○○길 ○○

대 리 인   성 명 법무사 ○ ○ ○ (인)　(전화 : 02-456-7890)

　　　　　　　주 소 ○○시 ○○구 ○○길 ○○

○○지방법원 ○○등기소 귀중

- 신청서 작성요령 및 등기수입증지 첨부란 -

1. 해당란이 부족할 때에는 별지를 이용합니다.

1. 해당 등기신청과 관계없는 사항에 대하여는 "해당없음"으로 기재하거나 삭제하고, 필요한 사항은 추가 기재합니다.

【서식】외국회사영업소이전등기신청서(동일관할 내에서의 영업소이전, 타관할로의 이전
　　　시 구영업소소재지에서 하는 등기신청)

<table>
<tr><td colspan="5" align="center">외국회사영업소이전등기신청</td></tr>
<tr><td rowspan="2">접 수</td><td>20○○년 ○월 ○일</td><td rowspan="2">처리인</td><td>등기관 확인</td><td>각종 통지</td></tr>
<tr><td>제○○○○호</td><td></td><td></td></tr>
</table>

상　　　　　호	○○외국회사	등기번호	제1000호
본　　　　　점	○○시 ○○구 ○○길 ○○		
등 기 의 목 적	영업소 이전등기		
등 기 의 사 유			

<table>
<tr><td colspan="2" align="center">등　　기　　할　　사　　항</td></tr>
<tr><td>새로운
대한민국에서의
영업소</td><td></td></tr>
<tr><td>이전연월일</td><td></td></tr>
<tr><td>기　　　타</td><td></td></tr>
</table>

등록면허세	금　원	지방교육세	금　원	농어촌특별세	금　원
세 액 합 계	금　　　　　원		등기신청수수료	금　　　　원	
등기신청수수료 납부번호					

첨　부　서　면

1. 영업소 이전을 증명하는 서면　　　통 1. 등록면허세영수필확인서　　　통 1. 등기신청수수료영수필확인서　　　통	1. 위임장(대리인이 신청할 경우)　　　통 〈기 타〉

2000년 ○월 ○일

신 청 인　　　상　호　○○외국회사

　　　　　　　본　점　○○시 ○○구 ○○길 ○○

대한민국에서의 대표자　　　성　명 ○ ○ ○ (인)　(전화 : 02-123-4567)

　　　　　　　주　소　○○시 ○○구 ○○길 ○○

대 리 인　　　성　명 법무사 ○ ○ ○ (인)　(전화 : 02-456-7890)

　　　　　　　주　소　○○시 ○○구 ○○길 ○○

○○지방법원 ○○등기소 귀중

- 신청서 작성요령 -

1. 해당란이 부족할 때에는 별지를 이용합니다.
1. 해당 등기신청과 관계없는 사항에 대하여는 "해당없음"으로 기재하거나 삭제하고, 필요한 사항은 추가 기재합니다.

IV. 영업소 폐지 등의 등기

<table>
<tr><td colspan="1">■ 핵 심 사 항 ■</td></tr>
</table>

1. 법원의 영업소 폐쇄명령(상법 제619조) : 법원은 상법 제619조 1항 각 호의 사유가 있는 때에는 이해관계인 또는 검사의 청구에 의하여 외국회사 영업소의 폐쇄를 명할 수 있다.

2. 법원의 청산개시명령(상법 제620조) : 법원은 영업소의 폐쇄를 명한 때 또는 외국회사가 스스로 영업소를 폐쇄한 때에는 이해관계인의 신청이나 직권으로 대한민국에 있는 회사재산의 전부에 대한 청산의 개시를 명할 수 있고, 이 경우에는 법원이 청산인을 선임하여야 한다.

3. 외국회사가 스스로 영업소를 폐쇄하는 경우 : 외국회사가 스스로 영업소를 폐쇄한 때에는 대한민국에서의 대표자는 그 사실을 증명하는 본국의 관할관청이나 대한민국 내의 그 외국영사의 인증있는 서면을 첨부하여 영업소폐쇄등기를 신청하여야 하고, 영업소를 폐쇄한 경우에는 그 등기를 하여야 한다(상업등기법 제23조 3항).

4. 등기절차 : 영업소 폐지의 등기신청서에는 외국회사의 본국관할관청 또는 대한민국에 있는 그 외국의 영사가 인증하는 영업소 폐지의 사실을 증명하는 서면을 첨부한다(상업등기규칙 제164조).

1. 법원의 영업소 폐쇄명령

법원은 다음 사유가 있는 때에는 이해관계인 또는 검사의 청구에 의하여 외국회사 영업소의 폐쇄를 명할 수 있다(상법 제619조).

① 영업소의 설치목적이 불법한 것인 때

② 영업소의 설치를 한 후 정당한 사유없이 1년 내에 영업을 개시하지 아니하거나 1년 이상 영업을 휴지한 때 또는 정당한 사유없이 지급을 정지한 때

③ 회사의 대표자 기타 업무를 집행하는 자가 법령 또는 선량한 풍속 기타 사회질서에 위반한 행위를 한 때

이러한 사유로 법원이 영업소의 폐쇄를 명할 때에는 그 명령 전일지라도 이해관계인이나 검사의 청구에 의하여 또는 직권으로 회사재산의 보전에 필요한 처분을 명할 수 있고, 이 경우 법원은 이해관계인의 청구가 악의임을 소명한 회사의 청구에 의하여 이해관계인에게 상당한 담보를 제공하게 할 수 있다.

2. 법원의 청산개시명령

법원은 영업소의 폐쇄를 명한 때 또는 외국회사가 스스로 영업소를 폐쇄한 때에는 이해관계인의 신청이나 직권으로 대한민국에 있는 회사재산의 전부에 대한 청산의 개시를 명할 수 있고, 이 경우에는 법원이 청산인을 선임하여야 한다(상 법 제620조 1항, 선례 VI-695).

이 경우의 청산에 있어서는 성질에 반하지 아니하는 한 통상의 주식회사 청산절차에 관한 규정을 준용한다(상법 제620조 2항, 제535조~제537조, 제542조). 즉, 채권자에 대한 채권신고의 최고(상법 제535조), 채권신고기간 내의 변제(상 법 제536조), 제외된 채권자에 대한 변제(상법 제537조), 청산의 목적범위 내에서의 회사의 존속(상법 제245조), 청산인의 등기(상법 제253조), 청산인의 직무권한(상법 제254조), 청산인의 회사대표(상법 제255조), 채무의 변제(상법 제259조), 청산종결의 등기(상법 제264조) 등에 관한 규정이 준용된다.

법원이 영업소의 폐쇄를 명한 때에는 그 재판서의 등본을 첨부하여 법원이 관할등기소에 그 등기를 촉탁하여야 한다(상업등기법 제22조). 영업소 폐지의 등기는 등기기록 중 기타사항란에 이를 기재하고 청산개시의 명령이 있는 경우를 제외하고는 그 등기기록을 폐쇄하여야 한다(상업등기규칙 제165조, 제116조 1항). 다만, 당해 등기소의 관할구역 내에 다른 영업소가 있는 경우와 법원의 청산개시명령이 있는 경우에는 그 등기용지를 폐쇄하지 아니한다(동규칙 제165조).

【쟁점질의와 유권해석】

〈외국회사가 스스로 영업소를 폐쇄한 경우 청산절차를 거치지 않고도 영업소폐지등기를 신청할 수 있는지 여부〉

대한민국에 설치한 영업소를 외국회사가 스스로 폐쇄한 경우, 법원이 이해관계인의 신청 또는 직권으로 청산의 개시를 명하고 청산인을 선임한 경우가 아닌 한 청산절차를 거치지 않고도 영업소폐지등기를 신청할 수 있다(선례 VI-695).

3. 외국회사가 스스로 영업소를 폐쇄하는 경우

외국회사가 스스로 영업소를 폐쇄한 때에는 대한민국에서의 대표자는 그 사실을 증명하는 본국의 관할관청이나 대한민국 내의 그 외국영사의 인증 있는 서면을 첨부하여 영업소폐쇄등기를 신청하여야 하고, 영업소를 폐쇄한 경우에는 그 등기를 하여야 한다(상업등기법 제23조 3항). 영업소 폐지의 등기는 등기기록 중 기타사항란에 이를 기재하고 그 등기기록을 폐쇄한다(상업등기규칙 제165조, 제116조 1항).

그러나 법원이 회사재산의 청산을 명하여 청산인이 선임된 경우에는 내국회사의 청산에 관한 등기절차에 준하여 청산인 취임등기와 취임신고, 재산조사신고, 대차대조표 등의 신고, 채권자에 대한 공고·최고, 채권추심, 채무변제, 잔여재산환가, 분배, 결산보고·승인 등의 청산절차를 밟아야 하며 청산사무의 종료에 따른 청산종결의 등기에 의하여 비로소 등기기록이 폐쇄된다(상법 제620조 2항, 제542조 1항, 제253조 이하, 제531조 이하, 상업등기규칙 제165조, 제116조 1항).

또 영업소 폐지의 등기를 한 경우라도 그 등기소의 관할 내에 다른 영업소가 있는 때에는 그 등기기록은 폐쇄하지 아니한다(상업등기규칙 제165조).

【쟁점질의와 유권해석】

〈외국회사의 한국영업소 폐쇄등기에 관한 절차〉

외국회사가 한국에 영업소를 설치한 후 본점 이사회에서 영업소 폐쇄를 결의하고 청산인을 선임하여 본점소재지 등기부상 그 폐쇄등기를 완료한 때에는 막바로 한국영업소의 폐쇄등기를 할 수 있다(1992. 8. 27, 등기 1860 질의회답).

4. 등기절차

영업소 폐지의 등기신청서에는 외국회사의 본국관할관청 또는 대한민국에 있는 그 외국의 영사가 인증하는 영업소 폐지의 사실을 증명하는 서면을 첨부한다(상업등기규칙 제164조).

청산인에 관한 등기절차는 내국회사의 경우와 같다.

첨부서면은 ① 영업소 폐쇄를 증명하는 서면(영업소 폐지의 이사회의사록, 주주총회의사록 등), ② 청산인선임증명서(법원의 청산인선임결정서 또는 당해 회사의 청산인선임결의서인 이사회의사록 등), ③ 청산인의 주소를 소명하는 서면, ④ 주무관청의 허가서(외국환거래규정 제7-82조), ⑤ 등록세납부영수필확인서 및 통지서, 등기신청수수료증지 등이 있다.

【서식】외국회사영업소폐지등기신청서(영업소폐쇄의 경우)

<table>
<tr><td colspan="2" align="center">외국회사영업소폐지등기신청</td><td></td><td></td></tr>
<tr><td rowspan="2">접　수</td><td align="center">20○○년 ○월 ○일</td><td rowspan="2" align="center">처리인</td><td align="center">등기관 확인</td><td align="center">각종 통지</td></tr>
<tr><td align="center">제○○○○호</td><td></td><td></td></tr>
</table>

<table>
<tr><td align="center">상　　　　　호</td><td>○○○○○○주식회사</td><td align="center">등기번호</td><td>제1000호</td></tr>
<tr><td align="center">본　　　　　점</td><td colspan="3">미합중국 ○○주 ○○○</td></tr>
<tr><td align="center">등 기 의 목 적</td><td colspan="3">영업소 지점폐지등기</td></tr>
<tr><td align="center">등 기 의 사 유</td><td colspan="3">20○○년 ○월 ○일 이사회의 결의로(또는 20○○년 ○월 ○일 총사원의 동의로) ○○시 ○○구 ○○길 ○○의 영업소를 폐지하였으므로 다음 사항의 등기를 구함.
증명서 도달연월일　20○○년 ○월 ○일</td></tr>
<tr><td colspan="4" align="center">등　기　할　사　항</td></tr>
<tr><td align="center">폐 지 연 월 일</td><td colspan="3">20○○년 ○월 ○일</td></tr>
<tr><td align="center">폐 지 사 유</td><td colspan="3">○○시 ○○구 ○○길 ○○ 영업소 폐지</td></tr>
<tr><td align="center">기　　　　　타</td><td colspan="3">해당 없음</td></tr>
</table>

등록면허세	금 원	지방교육세	금 원	농어촌특별세	금 원
세 액 합 계	금 원		등기신청수수료	금 원	
등기신청수수료 납부번호					
첨 부 서 면					

1. 영업소폐쇄를 증명하는 서면 1통 1. 등록면허세영수필확인서 1통 1. 등기신청수수료영수필확인서 1통 1. 위임장(대리인이 신청할 경우) 1통	〈기 타〉

2000년 ○월 ○일

신 청 인   상 호 ○○○○○○주식회사
                 본 점 미합중국 ○○주 ○○○
대한민국에서의 대표자   성 명 ○ ○ ○ (인) (전화 : 02-123-4567)
                 주 소 ○○시 ○○구 ○○길 ○○
대 리 인   성 명 법무사 ○ ○ ○ (인) (전화 : 02-456-7890)
                 주 소 ○○시 ○○구 ○○길 ○○

○○지방법원 ○○등기소 귀중

- 신청서 작성요령 -

1. 해당란이 부족할 때에는 별지를 이용합니다.
1. 해당 등기신청과 관계없는 사항에 대하여는 "해당없음"으로 기재하거나 삭제하고, 필요한 사항은 추가 기재합니다.

제 6 장　벤처기업의 등기

Ⅰ. 벤처기업의 의의

■ 핵 심 사 항 ■

1. 의의 : 벤처기업이란 첨단 기술이나 신기술을 개발하여 이를 전문화·기업화하는, 비교적 작은 규모의 기업을 말한다.
2. 요건 : 벤처기업은 '중소기업기본법 제2조'에 따른 중소기업으로서 다음 중 어느 하나에 해당하여야 한다.
   (1) 벤처투자기업
   (2) 연구개발기업
   (3) 기술평가보증대출기업
3. 벤처기업육성에 관한 특별조치법 : 기존 기업의 벤처기업으로의 전환과 벤처기업의 창업을 촉진하여 우리 산업의 구조조정을 원활히 하고 경쟁력을 높이는 데에 기여하는 것을 목적으로 제정된 법률.

벤처기업이란 첨단 기술이나 신기술을 개발하여 이를 전문화·기업화하는, 비교적 작은 규모의 기업을 말한다. 벤처기업에 해당하기 위해서는 '중소기업기본법 제2조'에 따른 중소기업68)으로서 다음 중 어느 하나에 해당하여야 한다[벤처기업육성에 관한 특별조치법(이하 "벤처법"이라 한다) 제2조의2 1항].

---

68) 1. 다음 각 목의 요건을 모두 갖추고 영리를 목적으로 사업을 하는 기업
　　가. 업종별로 매출액 또는 자산총액 등이 대통령령으로 정하는 기준에 맞을 것
　　나. 지분 소유나 출자 관계 등 소유와 경영의 실질적인 독립성이 대통령령으로 정하는 기준에 맞을 것
　2. 「사회적기업 육성법」 제2조제1호에 따른 사회적기업 중에서 대통령령으로 정하는 사회적기업
　3. 「협동조합 기본법」 제2조에 따른 협동조합, 협동조합연합회, 사회적협동조합, 사회적협동조합연합회, 이종(異種) 협동조합연합회(이 법 제2조제1항 각 호에 따른 중소기업을 회원으로 하는 경우로 한정한다) 중 대통령령으로 정하는 자
　4. 「소비자생활협동조합법」 제2조에 따른 조합, 연합회, 전국연합회 중 대통령령으로 정하는 자
　5. 「중소기업협동조합법」 제3조에 따른 협동조합, 사업협동조합, 협동조합연합회 중 대통령령으로 정하는 자

1. 벤처투자기업

다음 각각의 어느 하나에 해당하는 자가 해당 기업에 대하여 투자를 한 금액의 합계가 5천만 원 이상으로서, 기업의 자본금 중 투자금액의 합계가 차지하는 비율이 100분의 10(해당 기업이 「문화산업진흥 기본법」 제2조 제12호에 따른 제작자 중 법인이면 자본금의 100분의 7) 이상인 기업이어야 한다.

(1) 「벤처투자 촉진에 관한 법률」제2조제10호에 따른 중소기업창업투자회사

(2) 「벤처투자 촉진에 관한 법률」제2조제11호에 따른 벤처투자조합

(3) 「여신전문금융업법」에 따른 신기술사업금융업자

(4) 「여신전문금융업법」에 따른 신기술사업투자조합

(5) 「벤처투자 촉진에 관한 법률」제66조에 따른 한국벤처투자

(6) 중소기업에 대한 기술평가 및 투자를 하는 자로서 다음에 해당하는 자

  1. 신기술창업전문회사

  2. 「벤처투자 촉진에 관한 법률」제2조제8호에 따른 개인투자조합

  3. 「벤처투자 촉진에 관한 법률」제2조제9호에 따른 창업기획자(액셀러레이터)

  4. 「한국산업은행법」에 따른 한국산업은행

  5. 「중소기업은행법」에 따른 중소기업은행

  6. 「은행법」제2조제1항제2호에 따른 은행

  7. 「자본시장과 금융투자업에 관한 법률」제9조제19항제1호에 따른 기관전용 사모집합투자기구

  8. 「자본시장과 금융투자업에 관한 법률」제117조의10에 따라 온라인소액투자 중개의 방법으로 모집하는 해당 기업의 지분증권에 투자하는 자

  9. 「농림수산식품투자조합 결성 및 운용에 관한 법률」제13조제1항에 따른 농식품투자조합

  10. 「산업교육진흥 및 산학연협력촉진에 관한 법률」제2조제8호에 따른 산학연협력 기술지주회사

  11. 「기술의 이전 및 사업화 촉진에 관한 법률」제2조제10호에 따른 공공연구기관 첨단기술지주회사

  12. 기술보증기금

13. 「신용보증기금법」에 따른 신용보증기금

14. 전문성과 국제적 신인도 등에 관하여 중소벤처기업부장관이 정하여 고시하는 기준을 갖춘 외국투자회사

(7) 투자실적, 경력, 자격요건 등 대통령령으로 정하는 기준을 충족하는 개인

2. 연구개발유형

다음의 어느 하나를 보유한 기업의 연간 연구개발비와 연간 총매출액에 대한 연구개발비의 합계가 차지하는 비율이 각각 연간 연구개발비가 5천만원 이상이고, 연간 총매출액에 대한 연구개발비의 합계가 차지하는 비율이 100분의 5 이상으로서 중소벤처기업부장관이 업종별로 정하여 고시하는 비율 이상이어야 하며, 번처법 제25조의3제1항에 따라 지정받은 벤처기업확인기관으로부터 성장성이 우수한 것으로 평가받은 기업이어야 한다.

(1) 「기초연구진흥 및 기술개발지원에 관한 법률」제14조의2제1항에 따라 인정받은 기업부설연구소 또는 연구개발전담부서

(2) 「문화산업진흥 기본법」제17조의3제1항에 따라 인정받은 기업부설창작연구소 또는 기업창작전담부서

3. 예비벤처유형

벤처기업확인기관으로부터 기술의 혁신성과 사업의 성장성이 우수한 것으로 평가받은 기업(창업 중인 기업을 포함한다)

기술의 혁신성과 사업의 성장성 평가기준은 기술의 우수성, 제품 및 서비스의 경쟁력, 시장의 크기 및 전망 등으로 하되, 구체적인 평가기준과 평가방법은 중소벤처기업부장관이 정하여 고시한다.

4. 기술혁신형 기업

"기술혁신형 기업"이란 기술혁신활동을 통하여 기술경쟁력의 확보가 가능하거나 미래 성장가능성이 있는 중소기업으로서 제15조에 따라 중소벤처기업부장관이 선정한 기업을 말한다.

II. 벤처기업의 주식회사로의 설립등기

1. 개 요

벤처기업의 주식회사로의 등기는 일반의 주식회사 등기와는 크게 다르지 않다. 다만 2009년 5월 개정 전 상법에 의할 때 자본금의 액수가 일반주식회사의 설립등기에서는 5천만원 이상이 되었어야 했으나, 벤처기업의 경우는 자본금의 액수가 5백만원 이상이면 되었다(벤처법 제10조의2). 그러나 2009년 5월 상법 개정으로 인하여 최저자본금제도가 폐지되어 자본금이 100원 이상이면 주식회사를 설립할 수 있으므로 자본금의 의미는 큰 의미가 없다. 이에 따라 동법 제10조의2도 2010년 1월 27일에 삭제되었다.

벤처기업의 설립등기는 일반주식회사의 등기와 마찬가지로 상법이 정하는 바에 따라 정관 작성, 주식인수 및 주금납입 등 일정한 절차를 거쳐 법원에 설립등기를 함으로써 설립된다.

2. 설립절차

(1) 설립단계별 내용

1) 발기인조합 설립(상법 제288조)

발기인조합은 발기인 1인이상(벤처기업의 경우만)으로 구성되어야 하며, 이들은 주식회사 설립을 위한 업무를 추진한다는 합의를 하고 발기인 조합계약을 체결하여 발기인 조합이 형성된다.

발기인이란 정관을 작성하고 기명날인 또는 서명한 자로서 실질적으로 주식회사의 설립을 기획하고 그 설립사무를 집행하는 사람을 말하며, 발기인은 내·외국인, 법인이건 자연인이건 관계없으며 미성년자도 법정대리인의 동의가 있으면 발기인이 될 수 있으나 1주 이상의 주식을 인수하여야 한다. 또한, 발기인은 정관에 서명날인 하여야 한다. 주식회사의 설립에 관여정도의 다소여부를 떠나 정관에 기명날인 또는 서명한 자는 발기인이고 정관에 서명 등을 하지 않은 자는 발기인이 아니다.

물론 발기인조합계약이라는 계약서를 작성하지는 않으나 발기인조합은 민법상의 조합으로서 민법규정을 적용받으며 정관작성, 기명날인, 주식인수등 설립을 추진하는 주체이다. 이러한 발기인조합은 회사가 성립하면 자동소멸 된다.

2) 정관 작성(상법 제289조, 제290조)

회사 설립의 최초의 단계는 정관 작성인데, 정관이란 실질적으로 회사의 조직과 활동에 관한 기본규칙을 기재한 서면을 말한다. 발기인은 회사의 근본규칙을 확정하고 이를 서면에 기재한 후, 전원이 정관에 기명날인 또는 서명을 하여야 한다.

정관의 기재사항은 반드시 기재하지 않으면 정관 자체의 효력을 무효화 시키는 절대적 기재사항과 정관에 기재하지 않아도 정관 자체의 효력에는 영향이 없지만 이를 정관에 기재하지 않으면 그 효력이 발생하지 않는 상대적 기재사항과 회사의 필요에 의하여 기재하는 임의적 기재사항으로 구성된다.

가. 정관의 기재방법

① 목적 : 구체적인 사업내용을 기재(수 개의 목적 기재가능)

② 상호 : 주식회사라는 문자를 사용하며, 유사상호 사전검토

③ 회사가 발행할 주식의 총수 : 장래에 발행하기로 예정하고 있는 주식의 총수

④ 액면주식을 발행하는 경우 1주의 금액 : 1주의 금액은 균일하여야 하고, 1주의 금액은 1백원 이상 가능

⑤ 회사의 설립 시에 발행하는 주식의 총수 : 납입자본으로서 동 주식의 인수와 납입이 이루어져야 회사가 성립됨

⑥ 회사의 공고 : 일간신문에 의함

나. 정관의 기재사항

① 절대적 기재사항

1. 목 적

2. 상 호

3. 회사가 발행할 주식의 총수

4. 액면주식을 발행하는 경우 1주의 금액

5. 회사의 설립 시에 발행하는 주식의 총수

6. 본점의 소재지

7. 회사가 공고를 하는 방법

8. 발기인의 성명·주민등록번호 및 주소

② 상대적 기재사항

1. 발기인이 받을 특별이익과 이를 받을 자의 성명

   2. 현물출자자의 성명과 그 목적인 재산의 종류, 수량, 가격과 이에 하여 부여할
      주식의 종류와 수

   3. 회사 성립 후 양수할 것을 약정한 재산의 종류·가격·수량 및 양도인의 성명

   4. 회사가 부담할 설립비용과 발기인이 받을 보수액

③ 임의적 기재사항

   1. 이사감사의 수

   2. 총회의 소집시기

   3. 영업연도 등

3) 정관의 인증(상법 제292, 공증인법 제63조)

회사의 설립 시에 작성하는 정관을 원시정관이라 하는데, 원시정관은 공증인의 인증을 받아야 그 효력이 생긴다[69]. 다만, 2009년 5월 상법 개정에 의하여 자본금 총액이 10억원 미만인 회사를 발기설립하는 경우에는 각 발기인이 정관에 기명날인 또는 서명함으로써 효력이 생기고 공증의무가 면제되게 되었다(상법 제292조 단서 신설).

정관의 인증은 촉탁인(발기인조합)이 공증인 앞에서 정관의 기명날인 또는 서명을 자인(自認)한 후 그 사실을 기재함으로써 이를 행한다. 발기인이 공증인에게 정관의 인정신청시 정관 2통을 제출하여야 한다. 공증인은 정관의 인증 후 1통은 발기인에게 교부하고 나머지 1통은 공증인이 보존한다.

〈정관의 인증 신청시 준비서류〉

① 정관 2부(공증인사무소의 보관용 원본 1부, 회사보존용 원본 1부)

② 각 발기인의 인감증명서 및 주민등록증

③ 대리인의 경우 위임장 및 대리인의 임감증명서

정관취급 공증인의 인증을 받은 정관이 창립총회에서 변경되더라도 정관의 경우에는 창립총회에 기재된 것이 증거가 되므로 다시 공증을 받을 필요는 없다.

정관은 회사 설립 후 관공서, 금융기관 또는 거래회사 등에서 제출을 요구하는 경우가 있으므로 공증인에게 정관인증 신청시 1~2통을 추가로 인정받으면

---

[69] 2009년 2월 6일 개정전 공증인법 제62조에 의하면 정관인증취급 공증인은 회사의 본점 소재지를 관할하는 지방검찰청의 소속 공증인(공증인사무소)이 취급하는 것으로 제한을 두고 있었다. 즉, 정관의 인증에 관한 사무는 회사의 본점 소재지를 관할하는 지방검찰청 소속 공증인이 취급하도록 되어 있었는데, 지방에서 법인을 설립하는 경우 지방검찰청 관할 구역에 공증인이 없는 경우가 많고, 회사의 본점 인근 지역에 공증인이 있는 경우에도 관할 지방검찰청이 다르면 이용할 수 없어 법인 설립 시 불편이 발생하는 문제가 있었다. 이에따라 2009년 2월 6일 공증인법 개정으로 공증인법 제62조를 삭제하여 정관의 인증에 관한 사무를 회사의 본점 소재지를 관할하는 지방검찰청 소속 공증인만이 취급하도록 한 제한을 폐지하였다.

유리하다. 또한 인증된 정관의 보관·관리에 신중을 기하여야 한다.

<table>
<tr><td colspan="1" align="center">정관인증의 수수료(공증인 수수료 규칙 제21조)</td></tr>
<tr><td>① 발행주식의 액면총액 5천만원까지는 8만원임</td></tr>
<tr><td>② 5천만원을 초과할 경우, 그 초과액의 1/2,000을 더하되 100만원을
초과하지 못함</td></tr>
</table>

4) 주식발행 사항의 결정(상법 제291조)

회사의 설립 시에 발행하는 주식의 총수는 정관작성시 정해지지만 주식발행에 관한 나머지 사항은 정관에서 특별히 정한 사항이 없으면 발기인 전원의 동의로 이를 정한다.

〈발기인의 전원 동의를 요하는 사항〉

① 주식의 종류와 수

② 액면주식의 경우에 액면 이상의 주식을 발행할 때에는 그 수와 금액

③ 무액면주식을 발행하는 경우에는 주식의 발행가액과 주식의 발행가액 중 자본금으로 계상하는 금액액면이상의 주식을 발행하는 때에는 그 수와 금액

(2) 회사의 설립

회사의 설립에는 발기설립, 모집설립의 방법이 있다.

① 발기설립 : 발기인이 발행주식 총수를 인수하는 방법으로 설립절차가 간단함.

② 모집설립 : 발기인이 주식의 일부를 인수하고 나머지 주식은 주주를 모집하여 인수케하는 방법으로 설립되는 것으로서 모집설립에는 연고모집과 공개모집이 있다.

  1. 공개모집 : 불특정 다수인을 대상으로 주주를 모집하는 방법으로, 불특정 다수인 50인이상에게 주식청약을 하는 경우 금감위에 법인등록과 모집금액이 10억원이상인 경우 금감위에 신고 등의 절차로 인하여 창업설립시에 공개모집을 기피하는 경향이 있음.

  2. 연고모집 : 발기인조합이 가까운 소수의 지인을 주주로 모집

1) 발기설립

가. 발기인의 주식인수(상법 제293조)

회사를 설립시 발행주식과 발행가액이 결정되면 이를 인수할 사람을 결정하여

주식을 배정하게 된다. 발기설립의 경우, 발기인이 발행주식 총수를 서면에 의해 인수하여야 하는데, 각 발기인은 반드시 1주이상의 금액을 인수하여야 한다. 인수시기는 제한이 없으나 주금의 납입 전까지 인수하여야 한다.

발기설립의 경우 각 발기인은 서면으로 1주이상의 주식을 인수하여야 하며, 구두에 의한 인수는 무효이다. 또한, 모집설립의 경우에도 각 발기인은 서면에 의한 1주 이상의 주식을 인수하여야 한다.

나. 출자의 이행(상법 제295조)

회사설립 시에 발행하는 주식의 총수를 발기인이 전부 인수한 때에는 발기인은 인수한 주식의 수에 따라 인수가액을 납입할 의무를 진다. 각 발기인은 발행하는 주식을 서면에 의하여 전부 인수하고 지체없이 발기인조합(발기인)에서 지정한 납입은행 기타 금융기관의 납입장소에 그 인수금액 전액을 납입하여야 한다.

만일, 발기인의 합의에 의하여 액면이상의 주식을 발행하는 경우에는 주금뿐만 아니라 액면초과액을 포함하여 납입하여야 한다.

다. 현물출자

현물출자를 하는 발기인은 납입기일에 출자의 목적인 재산을 인도하고 등기, 등록 기타 권리의 설정 또는 이전을 요할 경우 서류를 완비해 제출한다.

현물출자시 무가치한 재산의 출자 또는 출자재산이 과다하게 평가될 경우, 회사설립 후, 자본충실을 해할 우려가 있기 때문에 현행 상법에서는 현물출자를 정관의 상대적 기재사항(변태설립)으로 하고 검사인의 검사를 받도록 하고 있다. 이처럼 변태설립사항이 있는 경우에는 원칙적으로 법원이 선임한 검사인의 조사를 받아야 하나, 현물출자에 대해서는 감정인의 감정으로 검사인의 조사를 대체할 수 있다.

현물출자란 금전이외의 재산을 출자하는 것을 말하며, 현물출자의 대상은 대차대조표상의 자산의 부에 계상할 수 있는 것으로서 동산, 부동산, 유가증권, 특허권, 광업권, 상호 및 영업상의 비결등 재산적 가치가 있는 사실관계와 영업의 일부 또는 전부도 가능하다.

특허권·실용신안권·의장권 기타 이에 준하는 기술과 그 사용에 관한 권리를 평가기관 이며, 동 기관의 평가는 공인된 감정인의 감정한 것으로 본다.

기술평가기관은 국립기술품질원, 기술신용보증기금, 한국산업기술평가원, 생산기술연구원, 환경관리공단(환경기술에 대한 평가에 한함) 등이 있다.

〈현물출자의 절차도〉

현물(재산)의 가치평가의뢰 현물을 출자하는 발기인은 공인된
감정인(감정평가기관)에게 평가를 의뢰

↓

현물의 평가액 결정 및 통보
공인된 감정평가기관 또는 기술평가기관에서
현물출자의 대상물을 평가하여 그 가액을 신청인에게 통보

↓

정관에 기재(발기인조합)
현물출자를 하는 자의 성명과 그 목적인 재산의 종류·수량·가격과 이에
대하여 부여할 주식의 종류와 수를 기재

↓

현물출자 이행
현물출자를 하는 발기인은 납입기일에 지체 없이
출자의 목적인 재산을 인도하고 등기, 등록
기타 권리의 설정 또는 이전을 요할 경우에는
이에 관한 서류를 완납하여 교부한다.

↓

이사·감사 선임
현물출자의 이행(주금납입 포함)이 완료되면
발기인은 지체없이 의결권의 과반수로 이사와 감사를 선임

↓

감사인 선임신청
이사는 취임 후 관할소재지의 지방법원에
검사인의 선임을 청구하여야 한다.
검사인의 선임신청은 이사 전원의 연서로서 하며
법무사에 의뢰하여 신청서를 작성

검사인 조사보고

검사인의 변태설립사항과 난입 및 현물출자의 이행사항에 대하여

조사를 실시하고 조사보고서 등본을 각 발기인에게 교부

검사인의 조사보고 소요기간 : 통상 15일이상 소요

검사인 조사보고

검사인의 조사보고서에서 사실과 상이한 사항이 있는 때에는

발기인은 이에 대한 설명서를 법원에 제출할 수 있다.

라. 이사와 감사 선임(상법 제296조)

현물출자의 이행과 주금의 납입이 끝나면 발기인들은 지체없이 발기인회를 개최하여 의결권의 과반수의 결의로 이사와 감사를 선임하여야 하는데 이사는 3인 이상, 감사는 1인이상을 선임한다.

마. 발기인의 의사록 작성

발기인은 발기인회 개최시 의사록을 작성하여 의사의 경과와 그 결과를 기재하고 기명날인 또는 서명하여야 한다. 이사회 의사록 작성방법은 주식회사 설립의 실무를 참조한다.

바. 설립경과 조사(상법 제298조)

이사와 감사는 취임 후 지체 없이 회사의 설립에 관한 모든 사항이 법령 또는 정관의 규정에 위반되지 아니하는지 여부를 조사하여 발기인에게 보고하여야 한다. 단, 이사와 감사중 발기인이었던 자·현물출자자 또는 회사성립 후 양수할 재산의 계약당사자인 자는 동 조사에 참여하지 못한다. 만일, 이사와 감사가 전부 단서에 해당하는 경우 이사는 공증인으로 하여금 조사를 하여 보고하게 하여야 한다.

또한, 이사는 정관에 현물출자 등 변태설립사항이 규정되어 있는 경우에는 이에 관한 조사를 하도록 하기 위하여 관할소재지의 지방법원에 검사인의 선임을 청구하여야 한다. 검사인의 선임신청은 이사 전원의 연서로서 하며 법무사에 의뢰하여 신청서를 작성한다.

만일, 설립중인 회사의 정관에 현물출자, 재산인수 등 변태설립사항이 기재되어

있지 않으면 법원에서 선임한 검사인의 변태설립사항에 관한 조사를 받을 필요가 없으므로 신속히 회사 설립 절차를 진행할 수 있다.

변태설립사항이 없는 경우에는 '변태설립사항 조사'를 생략하고 창립총회를 개최하여 대표이사 선임 등의 절차를 거치면 된다.

사. 변태설립사항 조사(상법 제299조)

검사인은 정관에 현물출자등 변태설립사항과 현물출자의 이행에 관한 사항을 조사하여 조사보고서를 법원에 보고하고 지체없이 조사보고서 등본을 각 발기인에게 교부하여야 한다. 각 발기인은 검사인의 조사보고서에 사실과 상이한 사항이 있는 때에는 이에 대한 설명서를 법원에 제출할 수 있다.

회사설립의 실무에서는 이 조사절차가 창업자들에게 큰 부담이 되므로 그 조사에 따른 부담을 완화해 주기 위하여 2011.4.14. 개정상법은 다음의 경우 조사대상에서 제외하였다. 제외되는 경우는 다음과 같다(상법 제299조 2항).

① 현물출자 및 재산인수의 대상재산의 총액이 자본금의 5분의 1을 초과하지 아니하고 시행령으로 정한 금액을 초과하지 아니하는 경우(상법 제299조제2항제1호에서 "대통령령으로 정한 금액"이란 5천만 원을 말한다).

② 현물출자 및 재산인수의 대상재산이 거래소에서 시세가 있는 유가증권인 경우로서 정관에 적힌 가격이 대통령령으로 정한 방법으로 산정된 시세를 초과하지 아니하는 경우[70]

③ 그 밖에 1) 및 2)에 준하는 경우로서 대통령령으로 정하는 경우

아. 변태설립사항의 조사의 특례(상법 제299조의2)

변태설립사항이 있는 경우, 법원에서 선임한 검사인의 검사를 받아야 하나 현물출자와 재산인수의 사항과 그 이행에 관하여 공인된 감정인의 감정으로 검사인의 조사에 대체할 수 있다. 벤처기업육성에관한특별법상 기술평가기관의 특허권·실용신안권·의장권 기타 이에 준하는 기술과 그 사용에 관한 권리를 평가는 공인된 감정인이 감정한 것으로 간주하기 때문에 동 기관의 평가로 검사인의 조사를 대체할 수 있다.

---

70) 상법 시행령 제7조
② 법 제299조제2항제2호에서 "대통령령으로 정한 방법으로 산정된 시세"란 다음 각 호의 금액 중 낮은 금액을 말한다.
　1. 법 제292조에 따른 정관의 효력발생일(이하 이 항에서 "효력발생일"이라 한다)부터 소급하여 1개월간의 거래소에서의 평균 종가(終價), 효력발생일부터 소급하여 1주일간의 거래소에서의 평균 종가 및 효력발생일의 직전 거래일의 거래소에서의 종가를 산술평균하여 산정한 금액
　2. 효력발생일 직전 거래일의 거래소에서의 종가

법원은 검사인의 조사보고서와 발기인의 설명서를 조사하여 변태설립에 관한 사항이 부당하다고 인정한 때에는 이를 변경하여 각 발기인에게 통보할 수 있다. 법원의 변경처분에 불복하는 발기인은 그 주식의 인수를 취소할 수 있다. 이 경우에는 정관을 변경하여 정관취급 공증인의 변경된 정관의 인증이 없이도 설립에 관한 절차를 속행할 수 있다. 만일, 법원의 통고가 있은 후 2주 이내에 주식의 인수를 취소한 발기인이 없는 때에는 정관은 통고에 따라 변경된 것으로 본다.

검사인의 조사기간 및 수수료(공증인 수수료 규칙 제19조의2)
① 검사인의 조사보고 소요기간은 통상 15일 이상 소요됨
② 검사인의 조사 수수료는 발행주식의 액면총액 5천만원까지는 100만원이며 5천만원을 초과할 경우, 그 초과액의 3/2,000을 더하되 300만원을 초과하지 못함
③ 검사인의 조사를 대체하는 기술평가기관의 특허권등의 평가 수수료는 통상적으로 50만원이내 이며, 국립기술품질원의 평가수수료는 더욱 저렴하다.

2) 모집설립

가. 발기인의 주식인수(상법 제301조)

회사를 설립시 발행주식과 발행가액이 결정되면 각 발기인은 발행주식 중 일부를 서면(주식인수증을 발기인대표에게 제출)에 의해 인수하여야 하는데, 발기인은 반드시 1주이상의 금액을 인수하여야 한다. 발기인이 구두에 의한 인수를 하는 경우에는 무효가 되며, 그 즉시 발기인 자격을 상실한다.

나. 주주의 모집 및 주식의 청약(상법 제302조)

발기인이 일부주식을 인수하고 나머지는 응모주주를 대상으로 모집을 하는데, 현행 상법은 주식청약서주의를 채택하고 있으므로 발기인은 정관의 절대적 기재사항과 변태설립사항, 회사조직의 대강과 청약조건 등 회사설립 개요를 응모주주가 알 수 있도록 기재한 주식청약서를 작성하여야 한다.

발기인이 아닌 주식인수인을 모집주주(응모주주)라 하는데, 그 수는 제한이 없으므로 1인이라도 관계없으며 응모주주가 인수하여야 하는 주식의 수도 제한이 없으므로 1주이상이라도 인수 가능하다. 응모주주(주식청약인)는 이 주식청약서 양식에 의해서만 주식을 청약할 수 있다. 응모주주는 주식청약서 2통에 인수할 주식의 종류 및 수와 주소 등 법정기재 사항을 기재하고 기명날인 또는 서명하여 제출하여야 한다.

〈주식청약서 기재사항〉

* 정관의 인증년월일과 공증인의 성명

* 정관의 절대적 기재사항과 변태설립사항

* 회사의 존립기간 또는 해산사유를 정한 때에는 그 규정

* 각 발기인이 인수한 주식의 종류와 수

* 주식의 종류와 수, 액면이상의 주식을 발행하는 때에는 그 수와 금액

* 주식의 양도에 관하여 이사회의 승인을 얻도록 정한 때에는 그 규정

* 주주에게 배당할 이익으로 주식을 소각할 것을 정한 때에는 그 규정

* 일정한 시기까지 창립총회를 종결하지 아니한 때에는 주식의 인수를 취소할 수 있다는 뜻

* 주금(주식인수에 따른 대금)납입을 맡을 은행 기타 금융기관과 납입장소

* 명의개서대리인(名義改書代理人)을 둔 때에는 그 성명·주소 및 영업소

다. 공개모집을 위한 사전 등록 및 신고

명의개서란 기명주식의 양도·상속등으로 실체상의 권리자가 변경되었을 경우, 증권상 또는 장부상 명의인의 표시를 변경하는 것을 말하는데 회사 기타 제3자에 대한 권리이전의 대항요건으로서 특히 중요하다. 예컨대, 기명주식 양도의 경우 양수인의 주소와 성명을 회사의 주주명부의 명의개서하여야 한다. 회사를 위하여 명의개서를 대리하는 기관을 명의개서대리인이라 한다.

라. 주식의 배정과 인수(상법 제303조 ~ 제304조)

발기인조합은 응모한 주식청약인에 대하여 사전에 정한 방법에 따라 총 발행주식수중 인수하여야 할 주식을 배정하면 이것에 의하여 주식인수가 확정된다. 주식인수인 또는 주식청약인에 대한 통지나 최고는 주식인수증 또는 주식청약서에 기재한 주소 또는 주식청약인이 요구하는 주소로 하면 된다. 주식배정을 통보받은 주식청약인은 배정된 주식의 수가 청약한 주식수보다 적어도 이의를 제기할 수 없으며, 배정주식의 수에 대한 인수가액을 납입할 의무를 진다.

마. 주식의 배정

주식의 배정은 주식청약서에 정한 방법이 없으면 발기인이 청약의 순서, 청약주식수에 관계없이 자유로이 배정할 수 있음. 그러나, 통상적으로 청약증거금 기준에 의하여 배정한다.

현행 상법상 주식청약 → 배정및인수 → 주금납입의 순이지만 실제로는 먼저,

사실상 배정을 하고, 배정을 받은 자는 배정된 주식수를 주식청약서에 기재하고 청약기간 내에 청약증거금을 첨부하여 주식청약서에 기재된 납입장소인 은행 기타 금융기관에 제출하는 방법을 취하고 있다.

바. 주식의 청약

주식의 인수를 청약하고자 하는 자는 주식청약서에 법정사항을 기재·날인하고 발기인에게 제출하여 회사로부터 주식을 배정받으면 납입기일에 인수가액의 전액을 납입하도록 되어 있는데, 실제로는 주식청약서에 청약증거금을 첨부하여 납입기일이 아닌 청약기간내에 납입취급은행에 제출하는 절차가 이루어지며, 이 청약증거금은 배정받으면 납입금액에 충당된다.

사. 주식대금의 납입(상법 제305조 ~ 제307조)

회사설립시 발행되는 주식의 총수가 인수된 때에는 발기인과 주식인수인은 주식인수 가액(주금)을 납입할 의무를 지며 주식청약서에 기재된 은행 기타 금융기관에서만 납입하여야 한다. 만일 납입금의 보관 및 납입장소를 변경할 때에는 법원의 허가를 얻어야 한다.

현물출자를 하는 발기인은 발기설립시와 동일하게 납입기일에 출자의 목적인 재산을 인도하고 등기, 등록 기타 권리의 설정 또는 이전을 요할 경우 서류를 완비하여 제출한다.

<공개모집 설립의 주금납입 절차>

유가증권발행 등록 유가증권발행 신고(주간사 대행) 통상적으로 주간사(증권회사)가 금융감독위원회에 유가증권 발행 등록 및 유가증권신고를 대행

↓

모 집 공 고(주간사 대행) 유가증권(주식)의 모집가액 총액이 10억원 이상인 경우 금융감독원장에게 유가증권 신고서를 제출

↓

<table>
<tr><td>주 식 배 정(주간사 대행)
모집된 주식청약인에 대하여 보통
증권사의 주식청약 예금을 통하여 주식을 배정</td></tr>
</table>

↓

<table>
<tr><td>주식대금 납입
주금납입은행은 주식청약예금을 통하여 주금을 수령</td></tr>
</table>

↓

<table>
<tr><td>주금납입보관증명서 발급
주금납입은행은 설립 중인 회사에 대하여
주금납입보관증명서를 발급(발기인 또는 이사가 청구)</td></tr>
</table>

아. 주식인수인의 실권절차

주식인수인이 주식청약서에 기재한 주금납입은행에 납입을 하지 아니한 때에는 발기인은 일정한 기간을 정하여 그 기일내에 납입을 하지 아니하면 권리를 잃는다는 뜻을 2주전에 그 주식인수인에게 통지하여야 하며 주식인수인이 그 기간내에 납입하지 아니한 때에는 그 권리를 상실하고 발기인은 다시 그 주식에 대한 주주를 모집할 수 있다.

자. 변태설립사항의 조사(상법 제310조)

현물출자의 이행과 주금의 납입이 끝나면 발기인은 정관에 현물출자등 변태설립사항이 규정되어 있는 경우에는 이에 관한 조사를 하도록 하기 위하여 관할소재지의 지방법원에 검사인의 선임을 청구하여야 한다. 검사인의 선임신청은 이사전원의 연서로서 하며 법무사에 의뢰하여 신청서를 작성한다. 만일, 설립중인 회사의 정관에 현물출자, 재산인수 등 변태설립사항이 기재되어 있지 않으면 법원에서 선임한 검사인의 변태설립사항에 관한 조사를 받을 필요가 없으므로 신속히 회사 설립 절차를 진행할 수 있다.

법원에서 선임한 검사인은 정관에 현물출자등 변태설립사항과 현물출자의 이행에 관한 사항을 조사하여 조사보고서를 법원에 보고하고 지체없이 조사보고서는 창립총회에 제출하여야 한다.

차. 변태설립사항의 조사의 특례(상법 제310조)

변태설립사항이 있는 경우, 법원에서 선임한 검사인의 검사를 받아야 하나 현물출자와 재산인수의 사항과 그 이행에 관하여 공인된 감정인의 감정으로 검사인의 조사에 대체할 수 있으며, 벤처기업육성에 관한 특별법상 기술평가기관의 특허권·실용신안권·의장권 기타 이에 준하는 기술과 그 사용에 관한 권리를 평가는 공인된 감정인이 감정한 것으로 간주하기 때문에 동 기관의 평가로 검사인의 조사를 대체할 수 있다.

검사인의 조사기간 및 수수료(공증인 수수료 규칙 제19조의2)
① 검사인의 조사보고 소요기간은 통상 15일 이상 소요됨
② 검사인의 조사 수수료는 발행주식의 액면총액 5천만원까지는 100만원이며 5천만원을 초과할 경우, 그 초과액의 3/2,000을 더하되 300만원을 초과하지 못함
③ 검사인의 조사를 대체하는 기술평가기관의 특허권등의 평가 수수료는 통상적으로 50만원이내 이며, 국립기술품질원의 평가수수료는 더욱 저렴하다.

카. 창립총회 개최(상법 제311조 ~ 제316조)

주금의 납입과 현물출자의 이행이 완료되면 발기인은 지체 없이 창립총회를 소집하여야 한다. 발기설립의 경우 창립총회에서 대표이사를 선임하는 경우를 제외하고 창립(발기인)총회에서 선임한 이사로서 구성되는 이사회에서 대표이사(단독 또는 공동)를 선임한다.

창립총회는 주식인수인들로 구성되는 설립중인 회사의 의결기관이며, 총회의 의결은 출석한 주식인수인의 의결권의 2/3이상이며 인수된 주식 총수의 과반수에 해당하는 다수로 하여야 한다.

창립총회에서는 다음의 사항을 보고, 수령하고 이사 감사인의 선임 등을 결의한다.

① 발기인으로부터 보고수령과 이사감사의 선임

발기인은 회사창립에 관한 사항인 주식인수와 납입에 관한 제반상황과 변태설립 사항에 관한 실태를 서면을 기재하여 보고한다. 이사와 감사 등 주식회사의 임원을 선임

② 이사·감사·검사인의 조사·보고 수령

검사인의 변태설립 사항에 관한 조사보고서를 제출한다. 창립총회에서 변태설립 사항이 부당하다고 인정한 때에는 이를 변경할 수 있고 이에 불복하는 발기인은 주식인수를 취소할 수 있으며, 정관이 변경시 공증이 없이도 설립절차

를 속행할 수 있다.

이사와 감사는 취임 후 지체없이 회사의 설립에 관한 모든 사항이 법령 또는 정관에 위반되지 아니하는지 여부를 조사하여 창립총회에 보고한다. 발기인 및 재산인수의 당사자인 이사와 감사는 이 조사보고에 참여하지 못하며 이사와 감사 전원이 제척사유에 해당하는 경우에는 이사는 공증인으로 조사보고를 하도록 하여야 한다.

③ 정관의 변경 또는 설립폐지의 결의

정관의 변경 또는 설립폐지의 결의를 할 수 있으며 소집통지서에 이러한 뜻의 기재가 없는 경우에도 결의 가능하다.

3) 법인설립 등기(상법 제317조)

상기 절차 완료 후 각각 2주간 내에 이사 전원(또는 대리인)이 본점 소재지를 관할하는 등기소에 설립등기를 신청하여야 한다. 만일, 이 기간 내에 등기신청을 하지 않는 경우, 500만 원 이하의 과태료를 부과한다. 발기설립의 등기시기는 검사인 등의 설립경과 조사종료일 또는 법원의 변경처분에 관한 변경절차가 종료된 날로부터 2주이내 이사가 공동 신청하여야 하며, 모집설립의 등기시기는 창립총회를 종료한 날 또는 변태설립에 관한 사항의 변경절차가 종료된 날로부터 2주 이내에 신청하여야 한다.

설립등기는 지방법원 상업 등기과에 이사 전원이 공동으로 신청해야 하는데 이때에 이사 전원이 기명날인 또는 서명을 해야 한다. 만일 법무사나 다른 대리인으로 하여 신청을 할 경우에는 그 대리권을 증명하는 위임장을 등기신청서에 첨부하여야 한다.

가. 주식회사설립 등기신청서 첨부서류(상업등기규칙 제129조)

① 정 관

② 주식의 인수를 증명하는 서면

③ 주식청약서

④ 발기인이 설립 당시의 주식발행사항을 정한 때에는 이를 증명하는 서면

⑤ 이사와 감사 또는 검사인이나 공증인의 조사보고서와 그 부속서류 또는 감정인의 감정서와 그 부속서류

⑥ 검사인 또는 공증인의 조사보고나 감정인의 감정결과에 관한 재판이 있은 때에는 그 재판의 등본

⑦ 발기인이 이사와 감사 또는 감사위원을 선임한 때에는 그에 관한 서면

⑧ 창립총회의 의사록

⑨ 이사·대표이사와 감사 또는 감사위원회 위원의 취임승낙을 증명하는 서면

⑩ 명의개서대리인을 둔 때에는 명의개서대리인과의 계약을 증명하는 서면

⑪ 주금의 납입을 맡은 은행 기타 금융기관의 납입금보관에 관한 증명서(다만, 2009년 5월 상법개정에 따른 상업등기법의 관련규정 개정(상업등기법 제80조 11호 단서 신설)에 따라 자본금 총액이 10억원 미만인 회사를 상법 제295조 제1항에 따라 발기설립하는 경우에는 은행이나 그 밖의 금융기관의 잔고증명서로 대체할 수 있게 되었다. 이에 따라 소규모 주식회사의 설립등기 절차가 간소화될 것으로 기대된다)

⑫ 벤처기업확인서(창업중인 기업이 벤처기업 확인을 받은 경우)

나. 등기신청 의무자

설립등기는 이사 전원이 기명날인 또는 서명을 한 후, 공동으로 지방법원에 신청하여야 한다. 법무사나 다른 자를 대리인으로 하여 신청을 하는 경우에는 그 대리권을 증명하는 위임장(이사전원의 기명날인 또는 있어야 함)을 등기신청서에 첨부하여야 한다.

다. 설립등기신청서의 작성요령

1. 상 호 : 정관에 기재한 회사의 상호를 기입한다.

2. 본 점 : 정관에는 ○○시와 같이 되어 있지만 등기신청서에는 주소와 번지까지 기재하여야 한다.

3. 등기의 목적 : '주식회사 설립등기'라고 기재한다(○○벤처주식회사 설립이라고 기재하지 않으며, 본책에서는 이해를 돕기 위하여 벤처주식회사설립등기 등으로 설명한 것임).

4. 등기의 사유

발기설립 : "정관을 작성하고 공증인의 인증을 받아 발기인의 회사설립시 발행하는 주식총수의 인수와 납입을 받아 발기인이 회사설립 시에 발행하는 주식총수의 인수와 납입을 하고 20○○년 ○월 ○일 상법 제299조의 절차가 종료되었으므로 다음 사항의 등기를 구함"이라고 기재한다.

모집설립 : 설립등기신청서 참조

5. 등기해야할 사항

① 회사의 목적, 상호, 회사가 발행할 주식의 총수, 액면주식을 발행하는 경우 1주의 금액, 본점의 소재지 및 회사가 공고하는 방법

② 자본금의 액

③ 발행주식의 총수, 그 종류와 각종 주식의 내용과 수

④ 주식의 양도에 관하여 이사회의 승인을 얻도록 정한 때에는 그 규정

⑤ 지점의 소재지

⑥ 회사의 존립기간 또는 해산사유를 정한 때에는 그 기간 또는 사유

⑦ 주식매수선택권을 부여하도록 정한 때에는 그 규정

⑧ 주주에게 배당할 이익으로 주식을 소각할 것을 정한 때에는 그 규정

⑨ 전환주식을 발행하는 경우에는 상법 제347조에 게기한 사항

⑩ 사내이사, 사외이사, 그 밖에 상무에 종사하지 아니하는 이사와 감사 및 집행임원의 성명과 주민등록번호

⑪ 회사를 대표할 이사 또는 집행임원의 성명·주민등록번호 및 주소

⑫ 2인 이상 대표이사 또는 대표집행임원이 공동으로 회사를 대표할 것을 정한 때에는 그 규정

⑬ 명의개서대리인을 둔 때에는 그 상호 및 본점소재지

⑭ 감사위원회를 설치한 때에는 감사위원회 위원의 성명 및 주민등록번호

6. 과세표준금액 : 설립시의 자본금액을 기재한다.

7. 등록면허세 : 자본금의 1,000분의 4(0.4%)이다. 그러나 대도시내에서 회사를 설립하거나 5년이내에 자본금이 증가한 경우에는 기본가액에 3배 중과하여 자본금의 1,000분의 20(2%)이 된다.

8. 지방교육세 : 등록면허세의 20%이다.

9. 신청인 : 신청인은 회사이다. 회사의 주소의 상호를 기재한다.

10. 대표이사 성명, 주민등록번호 및 주소와 이사 전원의 성명과 주민등록번호를 기재한다. 신청절차를 대표이사 본인이 하는 때에는 대표이사인을 날인한다.

11. 등기소의 표시 : 관할 등기소명을 기재한다.

(3) 주식회사 설립비용

설립비용이란 회사의 설립절차의 이행에 소요되는 비용을 말하며 정관 및 주식청약서에 기재하여야 효력이 발생하는 변태설립사항이다. 예컨대, 창립사무실 임차료, 통신비, 비품비, 정관 및 주식 청약서등의 인쇄비, 주주모집을 위한 광고비, 사무원의 봉급, 납입금취급은행 수수료 등이 이에 속한다. 설립비용을 정관에 기

재하는 방식은 사용내역별로 정관에 각각 기재할 필요는 없고 전체금액만 표시하여도 관계없다. 단, 등록면허세, 개업준비비(회사설립 후 공장, 건물, 집기구입비)는 제외한다.

　정관에 기재된 설립비용은 발기인이 먼저 지급하고 회사의 설립 후 회사에 대하여 구상을 한다. 설립비용은 회사설립 후 발기인이 받을 보수액 및 설립등기에 지출한 세액등과 합쳐서 창업비로서 대차대조표 자산부에 계상할 수 있다(상법 435조).

〈주식회사 설립시 지출비용〉

구　　분	자본금 5천만원	자본금 5천만원 초과	비　　고
정관의 인증수수료	8만원	8만원+초과액의 0.0005	최고 100만원
검사인 조사수수료	100만원	100만원+초과액의0.0015	최고 300만원
등록면허세	자본금의 0.4%	자본금의 0.4%	대도시 3배중과
지방교육세	등록면허세의 20%	등록면허세의 20%	
공증료	115,000	140,000(자본금 1억원)	
수수료	200,000	200,000	
기타비용	200,000	200,000	

예　서울시 강남구 논현동에서 설립자본이 5천만원인 주식회사 설립시 총비용

　　- 정관의 인증수수료　:　 80,000원
　　- 검사인 조사 수수료 : 1,000,000원(변태설립 사항이 있는 경우)
　　- 등록면허세　　　　 : 　600,000원(200,000×3배중과, 지방세법 제28조)
　　- 지방교육세　　　　 : 　120,000원
　　- 공증료　　　　　　 : 　115,000원
　　- 수수료　　　　　　 : 　379,000원(법무사를 이용하는 경우)
　　- 기타 제비용　　　　 : 　200,000원

　　- 총 비용　　　　　　 : 2,494,000원

【서식】벤처주식회사설립등기신청서(모집설립의 경우)

<table>
<tr><td colspan="5" align="center">주식회사설립등기신청</td></tr>
<tr><td rowspan="2">접 수</td><td>2000년 0월 0일</td><td rowspan="2">처리인</td><td>등기관 확인</td><td>각종 통지</td></tr>
<tr><td>제0000호</td><td></td><td></td></tr>
</table>

등 기 의 목 적	주식회사 설립
등 기 의 사 유	2000년 0월 0일 창립총회를 종결하여 주식회사 모집설립 절차를 종료하였으므로 다음 사항의 등기를 구함.
본/지점 신청구분	1. 본점신청 □ 2. 지점신청 □ 3. 본지점 일괄신청 □
등 기 할 사 항	
상 호	○○벤처주식회사
본 점	○○시 ○○구 ○○길 ○○
공 고 방 법	○○시내에서 발행하는 일간 ○○신문에 게재함.
1 주 의 금 액	금10,000원
발행할 주식의 총수	10,000주
발행주식의 총수, 그 종류와 각종 주식의 내용과 수	발행주식의 총수 : 10,000주 보통주식 8,000주 우선주식 2,000주 우선주식 발행조건 1. 우선주식의 주주는 의결권이 없음 1. 우선기한은 무기한임 1. 우선주식의 배당은 누적적이며 최저배당률은 연 ○%임
자본의 총액	금100,000,000원

등 　 기 　 할 　 사 　 항	
목　　　적	세라믹(SIC, TIC)제조업, 제조품에 대한 판매업
이사·감사의 성명 및 주민등록번호	사내이사　　　　○ ○ ○(　　　－　　　) 사외이사　　　　○ ○ ○(　　　－　　　) 기타비상무이사　○ ○ ○(　　　－　　　) 감사　　　　　　○ ○ ○(　　　－　　　) 〈감사위원회를 둔 경우〉 감사위원회 위원 이사 ○ ○ ○(　　　－　　　) 감사위원회 위원 이사 ○ ○ ○(　　　－　　　) 감사위원회 위원 이사 ○ ○ ○(　　　－　　　)
대표이사의 성명과 주소	대표이사 ○ ○ ○ 　　　　　○○시 ○○구 ○○길 ○○
지　　　점	○○시 ○○구 ○○길 ○○(○○지점)
존립기간 또는 해산사유	20○○년 ○월 ○일까지
기　타 (주식의 양도에 관하여 이사회의 승인을 얻도록 정한 때에는 그 규정, 명의개서대리인을 둔 때에는 그 상호와 본점소재지 등)	주주는 이사회의 승인을 얻어 그 주식도 양도할 수 있다. 명의개서 대리인 　　　○○증권주식회사 　　　○○시 ○○구 ○○길 ○○

신청등기소 및 등록면허세/수수료						
순번	신청등기소	구분	등록면허세	농어촌특별세	세액합계	등기신청수수료
			지방교육세			
			금　　　　원	금　　　　원	금　　　　원	금　　　　원
			금　　　　원			
합　계						
등기신청수수료 납부번호						

과 세 표 준 액	금　　　　　　　　　　원

첨　　부　　서　　면

1. 정관　　　　　　　　　　　　　　　1통	1. 인감신고서　　　　　　　　　　　1통
1. 주식의 인수를 증명하는 서면　　　○통	1. 등록면허세영수필확인서　　　　　1통
1. 주식청약서　　　　　　　　　　　○통	1. 등기신청수수료영수필확인서　　　1통
1. 주식발행사항동의서　　　　　　　1통	1. 위임장(대리인이 신청할 경우)　　1통
1. 창립총회의사록(공증받은 것)　　　1통	1. 법인인감카드발급신청서　　　　　1통
1. 이사회의사록(공증받은 것)　　　　1통	1. 감정평가보고서(현물출자 등이 있는
1. 주금납입보관증명서　　　　　　　1통	경우)　　　　　　　　　　　　1통
1. 재산인도증(현물출자가 있는 경우)　1통	1. 주주명부　　　　　　　　　　　　1통
1. 이사·감사 또는 감사위원회의 조사　1통	1. 벤처기업확인서　　　　　　　　　1통
보고서	1. 명의개서대리계약서 및 법인등기　1통
1. 공증인의 변태설립사항보고서　　　1통	부등본
1. 공인된 감정인의 감정서　　　　　1통	〈기　타〉
1. 검사인조사보고서등본　　　　　　1통	
1. 취임승낙서(인감증명서포함)　　　1통	
1. 주민등록표등본　　　　　　　　　○통	

20○○년 ○월 ○일

신 청 인   상 호   ○○벤처주식회사

               본 점   ○○시 ○○구 ○○길 ○○

대표이사   성 명   ○ ○ ○ (인)   (전화 : 02-123-4567)

               주 소   ○○시 ○○구 ○○길 ○○

대 리 인   성 명   법무사 ○ ○ ○ (인)   (전화 : 02-456-7890)

               주 소   ○○시 ○○구 ○○길 ○○

○○지방법원 ○○등기소 귀중

- 신청서 작성요령 -

1. 해당란이 부족할 때에는 별지를 이용합니다.
1. 해당 등기신청과 관계없는 사항에 대하여는 "해당없음"으로 기재하거나 삭제하고, 필요한 사항은 추가
   기재합니다.
1.「인감증명법」에 따른 인감증명서 제출과 함께 관련 서면에 인감을 날인하여야 하는 경우, 본인서명사실확
   인서를 제출하고 관련 서면에 서명을 하거나 전자본인서명확인서 발급증을 제출하고 관련 서면에 서명
   을 하면 인감증명서를 제출하고 관련 서면에 인감을 날인한 것으로 봅니다.

【서식】벤처주식회사설립등기신청서(발기설립의 경우)

<table>
<tr><td colspan="2" align="center">주식회사설립등기신청</td><td></td><td></td></tr>
<tr><td rowspan="2" align="center">접 수</td><td align="center">20○○년 ○월 ○일</td><td rowspan="2" align="center">처리인</td><td align="center">등기관 확인</td><td align="center">각종 통지</td></tr>
<tr><td align="center">제○○○○호</td><td></td><td></td></tr>
</table>

등 기 의 목 적	주식회사 설립
등 기 의 사 유	발기인이 회사가 발행할 주식전부를 인수하고 20○○년 ○월 ○일 발기인회에서 회사설립에 관한 조사보고 절차를 종결하여 주식회사 발기설립절차를 종료하였으므로 다음 사항의 등기를 구함.
본/지점 신청구분	1. 본점신청 □ 2. 지점신청 □ 3. 본지점 일괄신청 □
등　　기　　할　　사　　항	
상　　　　호	○○벤처주식회사
본　　　　점	○○시 ○○구 ○○길 ○○
공 고 방 법	○○시내에서 발행하는 일간 ○○신문에 게재함.
1 주 의 금 액	금10,000원
발행할 주식의 총수	10,000주
발행주식의 총수	10,000주
자본의 총액	금100,000,000원

등 기 할 사 항	
목 적	세라믹(SIC, TIC)제조업, 제조품에 대한 판매업
이사감사의 성명 및 주민등록번호	사내이사 ○ ○ ○(-) 사외이사 ○ ○ ○(-) 기타비상무이사 ○ ○ ○(-) 감사 ○ ○ ○(-) 〈감사위원회를 둔 경우〉 감사위원회 위원 이사 ○ ○ ○(-) 감사위원회 위원 이사 ○ ○ ○(-) 감사위원회 위원 이사 ○ ○ ○(-)
대표이사의 성명과 주소	○ ○ ○ ○○시 ○○구 ○○길 ○○
지 점	○○시 ○○구 ○○길 ○○(○○지점)
존립기간 또는 해산사유	20○○년 ○월 ○일까지

기 타
(주식의 양도에
관하여 이사회의
승인을 얻도록 정한
때에는 그 규정,
명의개서대리인을
둔 때에는 그
상호와 본점소재지
등)
	주주는 이사회의 승인을 얻어 그 주식도 양도할 수 있다.
	명의개서 대리인
	    ○○증권주식회사
	    ○○시 ○○구 ○○길 ○○

신청등기소 및 등록면허세/수수료						
순번	신청등기소	구분	등록면허세	농어촌특별세	세액합계	등기신청수수료
			지방교육세			
			금　　　원	금　　　원	금　　　원	금　　　원
			금　　　원			
합　계						

등기신청수수료 납부번호	
과 세 표 준 액	금　　　　　　　　원

첨　부　서　면	
1. 정관　　　　　　　　　　　1통	1. 주민등록표등본　　　　　　　○통
1. 주식의 인수를 증명하는 서면　○통	1. 인감신고서　　　　　　　　　1통
1. 주식발행사항동의서　　　　　1통	1. 등록면허세영수필확인서　　　1통
1. 발기인회의사록　　　　　　　1통	1. 등기신청수수료영수필확인서　1통
1. 이사회의사록　　　　　　　　1통	1. 위임장(대리인이 신청할 경우)　1통
1. 주금납입보관증명서　　　　　1통	1. 법인인감카드발급신청서　　　1통
1. 재산인도증　　　　　　　　　1통	1.　감정필평가서(현물출자　등이　1통
1. 이사·감사 또는 감사위원회의 조사　1통	있는 경우)
보고서	1. 명의개서대리계약서　　　　　1통
1. 공증인의 변태설립사항보고서　1통	〈기　타〉
1. 공인된 감정인의 감정서　　　1통	
1. 검사인조사보고서등본　　　　1통	
1. 취임승낙서(인감증명서포함)　1통	

20○○년 ○월 ○일

신 청 인   상 호 ○○벤처주식회사

              본 점 ○○시 ○○구 ○○길 ○○

대표이사   성 명 ○ ○ ○ (인) (전화 : 02-123-4567)

              주 소 ○○시 ○○구 ○○길 ○○

대 리 인   성 명 법무사 ○ ○ ○ (인) (전화 : 02-456-7890)

              주 소 ○○시 ○○구 ○○길 ○○

○○지방법원 ○○등기소 귀중

- 신청서 작성요령 -

1. 해당란이 부족할 때에는 별지를 이용합니다.
1. 해당 등기신청과 관계없는 사항에 대하여는 "해당없음"으로 기재하거나 삭제하고, 필요한 사항은 추가
   기재합니다.
1.「인감증명법」에 따른 인감증명서 제출과 함께 관련 서면에 인감을 날인하여야 하는 경우, 본인서명사실확
   인서를 제출하고 관련 서면에 서명을 하거나 전자본인서명확인서 발급증을 제출하고 관련 서면에 서명
   을 하면 인감증명서를 제출하고 관련 서면에 인감을 날인한 것으로 봅니다.

Ⅲ. 벤처기업의 합병등기

■ 핵 심 사 항 ■

1. 벤처기업의 합병등기의 절차: ① 합병계약서의 작성 → ② 합병계약서 등의 공시 → ③ 합병계약서의 승인 → ④ 반대주주의 주식매수청구 → ⑤ 채권자보호절차의 이행 → ⑥ 주권제출공고 → ⑦ 재산인계(합병실행) → ⑧ 합병보고총회(또는 창립총회)
2. 합병절차의 간소화(벤처기업육성에 관한 특별조치법 제15조의 3)
 (1) 주식회사인 벤처기업이 다른 주식회사와 합병결의를 한 경우에는 채권자에게 「상법」제527조의5 제1항에도 불구하고 그 합병결의를 한 날부터 1주 내에 합병에 이의가 있으면 10일 이상의 기간 내에 이를 제출할 것을 공고하고, 알고 있는 채권자에게는 공고사항을 최고(최고)하여야 한다.
 (2) 주식회사인 벤처기업이 합병 결의를 위한 주주총회 소집을 알릴 때는「상법」제363조 제1항에도 불구하고 그 통지일을 주주총회일 7일 전으로 할 수 있다.
 (3) 주식회사인 벤처기업이 다른 주식회사와 합병하기 위하여 합병계약서 등을 공시할 때는「상법」제522조의2 제1항에도 불구하고 그 공시 기간을 합병승인을 위한 주주총회일 7일 전부터 합병한 날 이후 1개월이 지나는 날까지로 할 수 있다.
 (4) 주식회사인 벤처기업의 합병에 관하여 이사회가 결의한 때에 그 결의에 반대하는 벤처기업의 주주는「상법」제522조의3 제1항에도 불구하고 주주총회 전에 벤처기업에 대하여 서면으로 합병에 반대하는 의사를 알리고 자기가 소유하고 있는 주식의 종류와 수를 적어 주식의 매수를 청구하여야 한다.

1. 총 설

벤처기업의 합병등기의 절차는 ① 합병계약서의 작성 → ② 합병계약서 등의 공시 → ③ 합병계약서의 승인 → ④ 반대주주의 주식매수청구 → ⑤ 채권자보호절차의 이행 → ⑥ 주권제출공고 → ⑦ 재산인계(합병실행) → ⑧ 합병보고총회(또는 창립총회)의 순으로 이루어진다.

합병시 신주발행을 하는 경우 단주가 발생할 수 있는데 단주를 경매하여 그 대금을 구주주에게 교부한다. 그러나 거래소의 시세있는 주식은 거래소를 통하여 매각하고, 거래소의 시세없는 주식은 법원의 허가를 받아 임의매각할 수 있다. 실무상 주식경매는 이루어지지 않으며 대부분 임의매각허가를 받고 있다.

(1) 벤처기업의 합병특례

① 채권자보호기간

일반기업의 채권자보호기간은 1개월 이상인데 비해 벤처기업간의 합병에 있어서는 채권자보호기간이 10일이상이다.

② 주주총회소집통지기간

일반기업의 주총소집통지기간은 2주이상인데 비해 벤처기업의 합병승인결의를 위한 주주총회소집통지기간은 7일이상이다.

③ 합병계약서 등의 공시

벤처기업의 합병시에는 합병계약서 등의 공시기간이 합병승인주주총회일 7일 전부터 합병등기일 이후 1개월 까지로 일반기업에 비해 그 기간이 단축된다.

(2) 합병당사회사의 필요사항

① 법인등기부등본 각1통

② 법인인감증명서 각1통

③ 주주명부 각3부

④ 각 회사의 법인인감도장

⑤ 각 회사의 총주식수의 1/3이상을 소유하고 있는 주주의 인감증명서 2통, 인감도장

⑥ 사업자등록증사본

⑦ 합병계약서

⑧ 합병 주주총회 각 2종(승인주총 및 보고총회)

⑨ 신문공고문원본전지

(3) 벤처기업지원을위한특별조치법 제15조의3(합병절차의 간소화 등)

① 주식회사인 벤처기업이 다른 주식회사와 합병결의(제15조의9에 따른 소규모합병 및 제15조의10에 따른 간이합병의 경우에는 이사회의 승인결의를 말한다)를 한 경우에는 채권자에게「상법」제527조의5제1항에도 불구하고 그 합병결의를 한 날부터 1주 내에 합병에 이의가 있으면 10일 이상의 기간 내에 이를 제출할 것을 공고하고, 알고 있는 채권자에게는 공고사항을 최고(催告)하여야 한다.

② 주식회사인 벤처기업이 합병 결의를 위한 주주총회 소집을 알릴 때는「상법」제

363조제1항에도 불구하고 그 통지일을 주주총회일 7일 전으로 할 수 있다.

③ 주식회사인 벤처기업이 다른 주식회사와 합병하기 위하여 합병계약서 등을 공시할 때는「상법」제522조의2제1항에도 불구하고 그 공시 기간을 합병승인을 위한 주주총회일 7일 전부터 합병한 날 이후 1개월이 지나는 날까지로 할 수 있다.

④ 주식회사인 벤처기업의 합병에 관하여 이사회가 결의한 때에 그 결의에 반대하는 벤처기업의 주주는「상법」제522조의3제1항에도 불구하고 주주총회 전에 벤처기업에 대하여 서면으로 합병에 반대하는 의사를 알리고 자기가 소유하고 있는 주식의 종류와 수를 적어 주식의 매수를 청구하여야 한다.

⑤ 벤처기업이 제4항에 따른 청구를 받은 경우에는「상법」제374조의2제2항 및 제530조제2항에도 불구하고 합병에 관한 주주총회의 결의일부터 2개월 이내에 그 주식을 매수하여야 한다.

⑥ 제5항에 따른 주식의 매수가액의 결정에 관하여는「상법」제374조의2제3항부터 제5항까지의 규정을 준용한다. 이 경우 같은 법 제374조의2제 4항 중 "제1항의 청구를 받은 날"은 "합병에 관한 주주총회의 결의일"로 본다.

2. 신설합병등기

합병등기에 대한 자세한 내용은 주식회사의 설립에서 자세히 설명하였으므로 여기서는 간략히 설명하겠다.

(1) 절 차

합병계약서의 작성 → 합병계약서 등의 공시 → 합병계약서의 승인 → 반대주주의 주식매수청구 → 채권자보호절차의 이행 → 주권제출공고 → 재산인계(합병실행) → 창립총회

(2) 단주의 처리

합병시 신주발행을 하는 경우 단주가 발생할 수 있는데 단주를 경매하여 그 대금을 구주주에게 교부한다. 그러나 거래소의 시세있는 주식은 거래소를 통하여 매각하고, 거래소의 시세없는 주식은 법원의 허가를 받아 임의매각할 수 있다. 실무상 주식경매는 이루어지지 않으며 대부분 임의매각허가를 받고 있다.

(3) 각 합병당사회사의 필요사항

① 법인등기부등본 각1통

② 법인인감증명서 각1통

③ 주주명부 각3부

④ 각 회사의 법인인감도장

⑤ 각 회사의 총주식수의 1/3이상을 소유하고 있는 주주의 인감증명서 2통, 인감도장

⑥ 사업자등록증사본

⑦ 합병계약서

⑧ 합병 주주총회 각 2종(승인주총 및 보고총회)

⑨ 신문공고문원본전지

(4) 소요기간

합병시 채권자보호절차기간이 1개월 이상이지만 벤처기업간의 합병의 경우에는 채권자보호절차기간은 10일 이상이다.

3. 흡수합병등기

흡수합병등기에 대한 자세한 내용은 주식회사의 등기에서 자세히 설명하였으므로 여기서는 간략히 설명하겠다.

(1) 절 차

합병계약서의 작성 → 합병계약서 등의 공시 → 합병계약서의 승인 → 반대주주의 주식매수청구 → 채권자보호절차의 이행 → 주권제출공고 → 재산인계(합병실행) → 합병보고총회

(2) 단주의 처리

합병시 신주발행을 하는 경우 단주가 발생할 수 있는데 단주를 경매하여 그 대금을 구주주에게 교부한다. 그러나 거래소의 시세있는 주식은 거래소를 통하여 매각하고, 거래소의 시세없는 주식은 법원의 허가를 받아 임의매각할 수 있다. 실무상 주식경매는 이루어지지 않으며 대부분 임의매각허가를 받고 있다.

(3) 존속회사 및 소멸회사의 필요사항

① 법인등기부등본 각1통

② 법인인감증명서 각1통

③ 주주명부 각3부

④ 각 회사의 법인인감도장

⑤ 각 회사의 총주식수의 1/3이상을 소유하고 있는 주주의 인감증명서 2통, 인감도장

⑥ 사업자등록증사본

⑦ 합병계약서

⑧ 합병 주주총회 각 2종(승인주총 및 보고총회)

⑨ 신문공고문원본전지

(4) 소요기간

합병시 채권자보호절차기간이 1개월 이상이지만 벤처기업간의 합병의 경우에는 채권자보호절차기간이 10일 이상이다. 단 상장법인이나 협회등록법인의 경우에는 기준인공고 및 주주총회소집통지를 생략할 수 없으므로 기간은 더 늘어난다.

4. 합병절차 및 등기

합병등기에 대한 자세한 내용은 주식회사의 등기에서 자세히 설명하였으므로 여기서는 간략히 설명하겠다.

(1) 서 론

1) 합병의 의의

합병이라 함은 [2개 이상의 회사가 상법의 특별규정에 의하여 청산절차를 거치지 않고 합쳐짐으로써, 1개 이상의 회사의 소멸과 권리의무의 포괄적 이전을 생기게 하는 회사법상의 법률요건]이다. 합병은 상법상의 회사간에서만 이루어지며, 상법상의 회사는 다른 종류의 회사와도 합병할 수 있으나(상법 제174조 1항), 인적 회사(합명회사·합자회사)와 물적 회사(유한회사·주식회사)가 합병하는 경우에는 존속회사 또는 신설회사는 물적 회사이어야 하고(상법 제174조 2항), 해산후의 회사도 존립중인 회사를 존속회사로 하는 경우에는 합병할 수 있다(상법 제174조 3항).

2) 합병의 종류

합병의 종류에는 흡수합병, 신설합병 및 분할합병이 있다. 합병으로 인하여 1회사가 존속하고 다른 회사가 소멸하는 것을 흡수합병이라 한다. 합병당사회사 전부가 소멸하고 새로운 회사를 설립하는 것을 신설합병이라 한다. 회사는 분할에 의하여 1개 또는 수개의 존립중의 회사와 합병할 수 있으며, 분할에 의하여 1개 또는 수개의 회사를 설립함과 동시에 분할합병할 수 있다(상법 제530조의2). 합병을 신속하게 이루기 위하여 흡수합병의 경우 법률이 정한 조건에 따라 간이합병, 소규모합병을 할 수 있다.

3) 합병의 효과

합병 후 존속한 회사 또는 합병으로 인하여 설립된 회사는 합병으로 인하여 소멸된 회사의 권리의무를 포괄승계한다(상법 제530조 2항, 제235조).

4) 합병의 효력발생시기

회사의 합병은 합병 후 존속하는 회사 또는 합병으로 인하여 설립되는 회사가 그 본점소재지에서 합병의 등기를 함으로써 그 효력이 생긴다. 합병등기는 합병의 효력발생요건이며, 창설적 효력이 있다.

5) 주식회사와 유한회사의 합병

주식회사와 유한회사가 합병하여 존속회사 또는 신설회사를 주식회사로 하는 경우에는 법원의 인가를 요하며(상법 제600조 1항), 사채의 상환을 완료하지 아니한 주식회사와 합병하여 존속회사 또는 신설회사를 유한회사로 하지 못한다(상법 제600조 2항).

(2) 흡수합병의 등기

1) 합병절차

가. 합병계약서의 작성

주식회사의 합병에 있어서는 합병계약서를 작성하여야 하는 바(상법 제522조 1항), 흡수합병계약서의 법정기재사항은 다음과 같다(상법 제522조).

① 존속하는 회사가 합병으로 인하여 발행할 주식총수를 증가한 때에는 그 주식의 총수·종류와 수

소멸회사의 주주에게 교부할 신주를 발행하기에 발행예정주식총수가 부족한 때에는 이를 증가변경하여야 하므로 이를 기재사항으로 한 것이다.

② 존속하는 회사의 증가할 자본과 준비금 총액

존속회사가 소멸회사로부터 승계하는 것은 소멸회사의 실재산이므로, 합병당사회사의 자본이나 준비금의 합계가 합병 후의 자본이나 준비금의 액이 되는 것은 아니다.

③ 존속하는 회사가 합병당시에 발행하는 신주의 총수종류와 수 및 합병으로 인하여 소멸하는 회사의 주주에 대한 신주의 배정에 관한 사항

소멸회사의 주주가 받을 주식의 내용과 배정비율에 관한 것을 정한 것이다. 이는 합병당사회사의 재산상태에 따라 결정된다.

④ 존속하는 회사가 합병으로 인하여 소멸하는 회사의 주주에게 지급할 금액을 정한 때에는 그 규정

이를 보통 [합병교부금]이라고 한다. 주식을 전혀 교부하지 않고 금전만을 교부할 수는 없다.

⑤ 각 회사가 승인결의를 할 사원총회 또는 주주총회의 기일

합병계약서는 주주총회의 특별결의에 의한 승인을 얻어야 하며 이는 합병의 효력발생요건이다.

⑥ 합병을 할 날

이것을 [합병기일]이라고 한다. 합병의 효력은 등기에 의하여 발생하므로 합병의 효력발생일과는 관계가 없다.

⑦ 존속하는 회사가 합병으로 인하여 정관을 변경하기로 정한 때에는 그 규정

⑧ 소규모합병의 경우 존속하는 회사의 주주총회의 승인을 이사회의 승인으로 갈음하는 경우에 존속하는 회사의 합병계약서 주주총회의 승인을 얻지 아니하고 합병을 한다는 뜻

⑨ 기타

이상의 법정기재사항 외에 소멸회사의 해산비용·대차대조표작성 등에 관한 임의적인 기재사항을 기재할 수 있을 것이다.

합병교부금만을 지급하는 합병이 허용되는지 여부

선례요지

1. 회사의 합병이라 함은 두 개 이상의 회사가 계약에 의하여 신회사를 설립하거나 또는 그 중의 한 회사가 다른 회사를 흡수하고, 소멸회사의 재산과 사원(주주)이 신설회사 또는 존속회사에 법정 절차에 따라 이전·수용되는 효과를 가져오는 것이다. 소멸회사의 사원(주주)은 합병에 의하여 1주 미만의 단주만을 취득하

게 되는 경우나 혹은 합병에 반대한 주주로서의 주식매수청구권을 행사하는 경우 등과 같은 특별한 경우를 제외하고는 원칙적으로 합병계약상의 합병비율과 배정방식에 따라 존속회사 또는 신설회사의 사원권(주주권)을 취득하여, 존속회사 또는 신설회사의 사원(주주)이 된다(대법원 2003. 2. 11. 선고 2001다14351 판결).

2. 우리 상법의 해석상, 신설회사 또는 존속회사가 소멸회사의 사원(주주)을 수용하는 것은 합병의 본질적 요소라고 할 것이므로, 소멸회사의 사원(주주) 전원이 동의하더라도, 합병대가로 존속회사 또는 신설회사의 사원권(주주권)을 주지 아니하고 합병교부금(상법 제523조 제4호, 제524조 제4호)만을 지급하는 이른바 교부금합병은 허용되지 않는다. (2006. 8. 29. 공탁상업등기과-897 질의회답)

참조선례 : 상업등기선례요지집 제237항, 제243항

주)상법 제523조 제4호의 개정으로 교부금합병이 허용됨

나. 합병계약서 등의 공시

주식회사의 이사는 합병결의를 하기 위한 주주총회일의 2주 전부터 합병을 한 날 이후 6월이 경과하는 날까지 다음 각호의 서류를 본점에 비치하여야 한다(상 제522조의2). 단 벤처기업의 합병시에는 합병계약서의 공시기간은 합병승인주주총회일 7일전부터 합병등기일이후 1개월까지이다.

① 합병계약서

② 합병으로 인하여 소멸하는 회사의 주주에게 발행하는 주식의 배정에 관하여 그 이유를 기재한 서면

③ 각 회사의 최종의 대차대조표와 손익계산서

주주 및 회사채권자는 영업시간 내에는 언제든지 그 열람을 청구할 수 있고, 비용을 지급하여 등본이나 초본의 교부를 청구할 수 있다(상 제522조의2).

다. 합병계약서의 승인

주식회사가 합병을 함에는 합병계약서를 작성하여 주주총회의 특별결의에 의한 승인을 얻어야 한다(상법 제522조 1항, 3항).

간이합병의 경우에 상법 제527조의2 제1항이 규정한 조건하에서 합병으로 인하여 소멸하는 회사의 주주총회의 승인은 이를 이사회의 승인으로 갈음할 수 있다.

소규모합병의 경우에 합병 후 존속하는 회사가 합병으로 인하여 발행하는 신주의 총수가 그 회사의 발행주식총수의 100분의 10을 초과하지 아니하는 때에는 그 존속하는 회사의 주주총회의 승인은 이를 이사회의 승인으로 갈음할 수 있다(상법 제527조의3 1항 전문). 다만, 합병으로 인하여 소멸하는 회사의 주주에게 지급할 금액을 정한 경우에 그 금액이 존속하는 회사의 최종대차대조표상으로 현존하는 순자산액의 100분의5를 초과하는 때에는 그러하지 아니하다(상법 제527조의3 1항 단서).

라. 합병반대주주의 주식매수청구

합병계약서의 주주총회의 승인에 관하여 이사회의 결의가 있는 때에 그 결의에 반대하는 주주는 주주총회 전에 회사에 대하여 서면으로 그 결의에 반대하는 의사를 통지한 경우에는 그 총회의 결의일로부터 20일 이내에 주식의 종류와 수를 기재한 서면으로 회사에 대하여 자기가 소유하고 있는 주식의 매수를 청구할 수 있다(상법 제522조의3 1항).

간이합병의 경우 공고 또는 통지를 한 날로부터 2주내에 회사에 대하여 서면으로 합병에 대한 반대의사를 통지한 주주는 그 기간이 경과한 날부터 20일이내에 주식의 종류와 수를 기재한 서면으로 회사에 대하여 자기가 소유하고 있는 주식의 매수를 청구할 수 있다(상법 제522조의3 2항).

마. 채권자보호절차의 이행

합병계약서에 대한 주주총회의 승인결의가 있는 날부터 2주내에 채권자에 대하여 합병에 이의가 있으면 1월 이상의 기간내에 이를 제출할 것을 공고하고 알고 있는 채권자에 대하여는 따로따로 이를 최고하여야 한다(상법 제527조의5 1항). 단, 간이합병과 소규모합병의 경우에는 이사회의 승인결의를 주주총회의 승인결의로 본다(상법 제527조의5 2항). 그리고 벤처기업간의 합병의 경우에는 채권자보호절차기간은 10일 이상이 된다.

채권자가 이러한 기간내에 이의를 제출하지 아니한 때에는 합병을 승인한 것으로 본다(상법 제527조의5 3항, 제232조 2항). 이의를 제출한 채권자가 있는 때에는 회사는 그 채권자에 대하여 변제 또는 상당한 담보를 제공하거나 이를 목적으로 하여 상당한 재산을 신탁회사에 신탁하여야 한다(상법 제527조의5 3항, 제232조 3항). 합병 후 소멸하는 회사의 재무제표상 채무가 없다는 이유만으로는 그 절차를 생략하거나 보다 간이한 방법으로 채권자의 보호절차를 밟을 수 없다(1991. 8. 1. 등기 제1617호 회답).

바. 주권제출공고

소멸회사의 1주에 대하여 존속회사의 주식 1주를 부여하는 1대1의 합병의 경우 외에는 소멸회사의 주식에 관하여 합병 또는 분할을 하여야 하므로, 1월 이상의 기간을 정하여 그 뜻과 그 기간내에 주권을 회사에 제출할 것을 공고하고 주주명부에 기재된 주주와 질권자에 대하여는 각별로 그 통지를 하여야 한다(상법 제440조). 즉 소멸회사의 1주에 대하여 존속회사의 주식 수주를 부여하거나, 소멸회사의 수주에 대하여 존속회의의 주식 1주를 부여하는 경우에 주권제출공고를 하여야 하는 것이다. 소멸회사의 주식 1주에 대하여 존속회사의 주식 1주를 부여하는 경우에는 주권제출의 공고가 필요 없다.

이 공고는 소멸회사의 정관 소정의 공고방법에 의하여야 한다. 합병에 적당하지 아니한 단주가 발생하면 이는 상법에서 규정하고 있는 단주처리방식에 의한다(상법 제443조).

사. 재산인계(합병실행)

합병 후 존속회사는 합병계약서에 정한 기일에 합병으로 인하여 소멸하는 회사가 가지는 권리의무 일체를 인계받고 소멸회사는 청산절차를 요하지 아니한다.

아. 보고총회

존속회사의 이사는 채권자보호절차 완료 후, 주식의 합병·분할이 있는 때에는 그 절차 완료 후 존속하는 회사가 단주가 있는 경우 그 처리를 한 후, 소규모합병의 경우에는 상법 제527조의3 제3항 및 4항의 절차를 종료한 후 지체없이 주주총회를 소집하여 합병에 관한 사항을 보고하여야 한다. 소멸회사의 주주로서 존속회사의 신주의 배정을 받은 자는 이 총회에서 주주와 동일한 권리가 있다(상법 제526조). 이사회의 공고로서 주주총회에 대한 보고에 갈음할 수 있다(상법 제526조 3항). 단, 자본의 총액이 10억원 미만인 회사로써 이사가 1인이 된 경우에는 그러하지 아니하다(상법 제383조 5항).

자. 간이합병의 특칙

합병할 회사의 일방이 합병 후 존속하는 경우에 합병으로 인하여 소멸하는 회사의 총주주의 동의가 있거나 그 회사의 발행주식총수의 100분의 90이상을 합병후 존속하는 회사가 소유하고 있는 때에는 합병으로 인하여 소멸하는 회사의 주주총회의 승인은 이를 이사회의 승인으로 갈음할 수 있다. 위의 경우에 합병으로 인하여 소멸하는 회사는 합병계약서를 작성한 날부터 2주내에 주주총회의 승인을 얻지 아니하고 합병을 한다는 뜻을 공고하거나 주주에게 통지하여야 한다. 다만 총주주의 동의가 있는 때에는 그러하지 아니하다.

차. 소규모합병의 특칙

① 이사회승인으로 갈음

합병 후 존속하는 회사가 합병으로 인하여 발행하는 신주의 총수가 그 회사의 발 행주식총수의 100분의 10을 초과하지 아니하는 때에는 그 존속하는 회사의 주주총회의 승인은 이를 이사회의 승인으로 갈음할 수 있다. 다만, 합병으로 인하여 소멸하는 회사의 주주에게 지급할 금액을 정한 경우에 그 금액이 존속하는 회사의 최종 대차대조표상으로 현존하는 순자산액의 100분의 5를 초과하는 때에는 그러하지 아니하다(상법 제527조의3 1항)[71].

② 합병계약서에 그 뜻 기재

이사회의 승인으로 갈음하는 경우에 존속하는 회사의 합병계약서에는 주주총회의 승인을 얻지 아니하고 합병을 한다는 뜻을 기재하여야 한다(상법 제527조의3 2항).

③ 공고 또는 통지

이사회의 승인으로 갈음하는 경우에 존속하는 회사는 합병계약서를 작성한 날로부터 2주내에 소멸하는 회사의 상호 및 본점의 소재지, 합병을 할 날, 주주총회의 승인을 얻지 아니하고 합병을 한다는 뜻을 공고하거나 주주에게 통지하여야 한다(상법 제527조의3 3항).

④ 소규모 합병의 방법에 의한 합병을 할 수 없는 경우

합병 후 존속하는 회사의 발행주식총수의 100분의 20이상에 해당하는 주식을 소유한 주주가 위의 공고 또는 통지를 한 날로부터 2주내에 회사에 대하여 서면으로 제1항의 합병에 반대하는 의사를 통지한 때에는 소규모합병의 방법에 의한 합병을 할 수 없다(상법 제527조의3 4항).

⑤ 주식매수청구권의 불인정

소규모합병의 경우에는 합병반대주주의 주식매수청구권(상법 제522조의3)을 인정하지 아니한다(상법 제527조의3 5항).

2) 합병으로 인한 변경등기 및 해산등기 절차

주식회사 갑과 주식회사 을이 합병하여 주식회사 갑이 된 경우 주식회사 갑에는 변경등기를, 주식회사 을에는 해산등기를 하여야 한다.

가. 등기신청절차의 특칙

① 이 2개의 등기는 당사자가 서로 다른 경우에 해당하므로 하나의 신청서로 작성할 수는 없고 별개의 신청서로 작성하여야 한다.

② 합병으로 인한 해산등기는 존속회사 또는 신설회사의 대표자가 소멸회사를 대표하여 신청하고, 이 등기신청은 그 등기소의 관할구역 내에 존속회사 또는

---

[71] 개정전 상법은 소규모합병의 판단기준을 존속하는 회사가 합병으로 인하여 발행하는 신주의 총수가 그 회사의 발행주식총수의 100분의5를 초과하지 아니하는 때로 하였으나, 2011.4.14.개정상법은 이 기준을 완화하여 100분의10으로 하였다. 또한 개정전 상법은 존속회사가 소멸회사의 주주에게 지급하는 합병교부금이 존속회사의 순자산액의 100분의2를 초과하는 경우에는 특례정용대상에서 제외했었으나, 2011.4.14.개정상법은 이 제외를 위한 기준을 100분의5로 완화하였다.

신설회사의 본점이 없는 때에는 그 본점소재지를 관할하는 등기소를 거쳐야 한다(상업등기법 제63조 1항·2항).

③ 합병으로 인해 본점소재지에서 하는 해산등기의 신청과 합병으로 인한 변경등기의 신청은 존속회사를 관할하는 등기소에 동시에 하여야 한다(동법 제63조 3항).

나. 신청서의 조사

존속회사를 관할하는 등기소는 동시에 신청된 위 양쪽의 등기신청 중 어느 하나에 관하여 각하사유가 있는 때에는 이들 신청을 함께 각하하여야 한다(상업등기법 제77조, 제73조 1항). 합병으로 인한 변경등기는 합병으로 인한 소멸회사의 해산등기가 완료될 때까지 보류하지 않고 바로 등기를 한 후 소멸회사의 관할등기소에 해산의 신청이 있었다는 뜻을 소멸회사의 본점소재지를 관할하는 등기소에 통지하여야 한다(동법 제64조 2항).

다. 등기기간

① 합병으로 인한 변경등기

존속회사에 있어서는 합병보고총회가 종료한 날 또는 보고에 갈음하는 공고일로부터 본점소재지에서 2주, 지점소재지에서는 3주내에 그 등기를 신청하여야 한다(상법 제528조 1항).

② 합병으로 인한 해산등기

흡수합병의 경우에는 존속회사의 합병보고총회가 종결한 날 또는 보고에 갈음하는 공고일로부터 소멸회사의 본점소재지에서는 2주, 지점소재지에서는 3주내에 해산의 등기를 하여야 한다.

라. 신청인

존속회사의 대표이사(1인 이사가 회사를 대표하는 경우에는 그 이사)가 그 변경등기를 신청하여야 하며, 합병으로 인한 해산등기는 존속회사 또는 신설회사의 대표자가 소멸회사를 대표하여 신청한다(상업등기법 제63조 1항).

마. 등기사항

① 합병으로 인한 변경등기시

합병으로 인하여 전환사채 또는 신주인수권부사채를 승계한 때에는 그 사채의 등기도 동시에 신청하여야 한다(상법 제528조 2항).

다만 지점소재지에서는 다음 중 ㉠ ㉣의 사항만 등기하여야 한다.

㉠ 합병으로 인하여 소멸한 회사의 상호·본점 및 합병한 취지(상업등기법 제62

조 1항).

ⓛ 합병 후 존속회사가 발행할 주식의 총수(수권주식을 증가변경한 경우)

ⓒ 합병 후 존속회사의 발행주식의 총수와 그 종류 및 각각의 수

ⓔ 합병 후의 존속회사의 자본총액

ⓜ 지점소재지에서는 합병의 연월일

　흡수합병으로 소멸하는 주식회사의 지점에도 해산등기를 하여야 하므로 소멸회사의 지점 지배인을 존속회사의 지점 지배인으로 계속하려면 존속회사의 해당 지점에 새로이 지배인 선임 등기를 하여야 한다(1992. 5. 19. 등기선례 3-939).

② 합병으로 인한 해산등기시

　존속회사의 상호·본점 및 합병으로 인하여 해산한 취지와 그 연월일이다. 해산연월일은 존속회사의 변경등기연월일이다(상업등기법 제62조 2항).

바. 첨부서면(상업등기규칙 제148조)

① 합병으로 인한 변경등기시

ㄱ 합병계약서

ㄴ 소멸회사의 주주총회나 또는 이사회의사록, 사원총회의사록 또는 총사원의 동의가 있음을 증명하는 서면

ㄷ 존속회사의 합병에 관한 주주총회의사록(합병계약서의 승인총회와 합병보고총회의 2개의 총회) 또는 합병보고총회를 이사회의 공고로써 갈음한 경우에는 공고를 하였음을 입증하는 서면, 단 소규모합병일 경우에는 합병계약서의 승인을 위한 주주총회의사록을 이사회의사록으로 갈음한다.

ㄹ 상법 제527조의5 제1항의 규정에 의한 공고 및 최고를 한 사실과 이의를 진술한 채권자가 있는 때에는 이에 대하여 변제 또는 담보를 제공하거나 신탁을 한 사실을 증명하는 서면

ㅁ 소멸회사의 등기부등본(존속회사의 본점관할등기소에 소멸회사의 본점 또는 지점의 등기가 없는 경우)

ㅂ 주권제출의 공고사실을 증명하는 서면(소멸회사의 주식에 관하여 병합 또는 분할을 한 경우)

ㅅ 간이합병의 경우 주주총회의 승인을 얻지 아니하고 합병한다는 뜻의 공고사실을 증명하는 서면 또는 총주주의 동의서

ㅇ 소규모합병의 경우 주주총회의 승인을 얻지 아니하고 합병을 한다는 뜻의 공

고사실을 증명하는 서면('주식의 배정과 인수를 증명하는 서면'은 첨부서면으로 함이 적당하지 아니하므로 개정법률에서는 삭제되었다.)

㉧ 단주가 발생하여 임의매각한 경우에는 법원의 허가서

② 합병으로 인한 해산등기시

합병으로 인한 해산등기에는 대리권을 증명하는 서면 외에는 다른 서면을 첨부하지 않아도 된다.(상업등기법 상업등기규칙 제53조 3항)

사. 등기부의 폐쇄

합병으로 인한 해산등기는 기타사항란에 하여야 하고, 이를 등기한 때에는 그 등기기록을 폐쇄하여야 한다(상업등기규칙 제154조, 제116조).

회사의 본점 소재지를 잘못 기재한 공고문을 첨부하여 합병으로 인한 등기를 신청할 수 있는지 여부

선례요지

주식회사가 합병에 따른 이의 제출 공고(상법 527조의5)를 할 때 공고문에 합병을 하는 회사를 표시하면서 회사의 본점 소재지가 아닌 다른 장소(예를 들어, 대표이사의 주소 등)를 기재한 경우, 그 공고에 의하여는 합병을 하는 회사의 동일성을 식별하기 어려워 적법·유효한 공고라고 볼 수 없기 때문에 그 공고문을 첨부한 등기신청(비송사건절차법 제215조 제3호)은 수리될 수 없다. (2007. 6. 14. 공탁상업등기과-667 질의회답)

참조조문 : 상법 제527조의5, 비송사건절차법 제215조 제3호

주)비송사건절차법 제215조 제3호는 상업등기규칙 제148조 제8호로 변경됨

(3) 신설합병의 등기

1) 합병절차

가. 합병계약서작성

합병계약서를 작성하여 주주총회의 승인을 얻어야 하는 점은 흡수합병의 경우와 같으나, 신설합병은 새로운 회사를 설립하여야 하므로 정관의 작성 기타 설립행위를 할 설립위원을 각 회사에서 선임하여 이들이 설립에 관한 제반절차를 이행한 후 창립총회를 소집하게 된다. 합병계약서의 기재사항은 다음과 같다(상법 제524조).

① 신설회사의 목적과 상호

② 회사가 발행할 주식의 총수

③ 1주의 금액

④ 종류주식을 발행하는 때에는 그 종류와 수

　　⑤ 본점소재지

　　⑥ 신설회사가 합병당시에 발행하는 주식의 총수·종류와 수 및 각 회사의 주주에
　　　대한 주식의 배정에 관한 사항

　　⑦ 신설회사의 자본과 준비금의 총액

　　⑧ 각 회사의 주주에게 지급할 교부금에 관한 사항(교부금에 대한 정함이 있는 경우)

　　⑨ 각 회사에서 합병의 승인결의를 할 사원총회 또는 주주총회의 기일

　　⑩ 합병기일(합병기일에 정함이 있는 경우)

나. 합병계약서의 승인과 설립위원의 선임

　주주총회의 특별결의에 의하여 합병계약서의 승인을 받고 또 설립위원을 선임하여야 한다(상법 제522조, 제175조).

다. 채권자보호절차의 이행, 주권제출의 공고 및 재산의 인계

　흡수합병의 경우와 같다.

라. 정관작성

　설립위원은 합병계약서에 정하는 바에 따라 정관을 작성하고 기명날인 또는 서명하여야 한다. 이 정관은 원시정관이 아니므로 인증은 필요 없다.

마. 창립총회(상법 제527조)

　설립위원은 각 소멸회사에서 채권자 보호절차를 이행한 후, 주식의 병합 또는 분할을 요할 경우에는 그 절차종료 후 창립총회를 소집하여야 한다. 창립총회의 소집절차·결의방법·결의사항 등은 통상의 주식회사 설립의 경우와 같다. 창립총회에서는 정관변경의 결의를 할 수 있다. 그러나 합병계약의 취지에 위반하는 결의는 하지 못한다(상법 제527조 3항). 이사회는 공고로써 창립총회에 대한 보고에 갈음할 수 있다(상법 제527조 4항).

바. 대표이사의 선임

　이사회를 열어 대표이사를 선임한다.

3) 합병으로 인한 설립등기 및 해산등기절차

　합병등기의 신청절차와 신청서의 조사에 대하여는 흡수합병의 그것과 같다.

가. 등기기간

　① 합병으로 인한 설립등기시

　　창립총회가 종결된 날 또는 보고에 갈음하는 공고일로부터 본점소재지에서는

2주, 지점소재지에서는 3주내에 그 등기를 하여야 한다(상법 528조 1항, 제317조).

② 합병으로 인한 해산등기시

창립총회가 종결한 날 또는 보고에 갈음하는 공고일로부터 소멸회사의 본점소재지에서는 2주, 지점소재지에서는 3주내에 그 해산의 등기를 하여야 한다.

나. 신청인

① 합병으로 인한 설립등기시

설립회사를 대표하는 자가 그 등기를 신청한다(상업등기법 제23조).

② 합병으로 인한 해산등기시

합병으로 인한 해산등기는 존속회사 또는 신설회사의 대표자가 소멸회사를 대표하여 신청한다(상업등기법 제63조).

다. 등기사항

① 합병으로 인한 설립등기시

소멸회사의 전환사채 또는 신주인수권부 사채를 승계한 때에는 그 사채의 등기도 동시에 신청하여야 한다(상법 제528조 제2항).

　㉠ 통상의 설립등기사항

　㉡ 소멸회사의 상호·본점 및 합병한 취지

　㉢ 지점소재지에 있어서는 회사성립년월일 추가

② 합병으로 인한 해산등기시

신설회사의 상호, 본점 및 합병으로 인하여 해산한 취지와 그 연월일이다.

라. 첨부서면(상업등기규칙 제149조)

① 합병으로 인한 설립등기시

　㉠ 합병계약서

　㉡ 소멸회사의 합병에 관한 주주총회나 이사회의사록, 사원총회의사록 또는 총사원의 동의가 있음을 증명하는 서면

　㉢ 상법 제527조의5 제1항의 규정에 의한 공고 및 최고를 한 사실과 이의를 진술한 채권자가 있는 때에는 이에 대하여 변제 또는 담보를 제공하거나 신탁을 한 사실을 증명하는 서면

　㉣ 소멸회사의 등기부등본(신설회사의 본점소재지 관할등기소에 소멸회사의 본점 또는 지점의 등기가 없는 경우)

　　　　ⓜ 주권제출의 공고사실을 증명하는 서면(주식의 병합 또는 분할을 한 경우)

　　　　ⓗ 이사회의 공고로써 창립총회에 대한 보고에 갈음하는 경우 그 공고사실을
　　　　　　증명하는 서면

　　　　ⓢ 설립위원의 자격을 증명하는 서면

　　　　ⓞ 신설회사의 정관

　　　　ⓙ 창립총회의사록

　　　　ⓒ 이사회의사록

　　　　ⓚ 임원의 취임을 증명하는 서면

　　　　ⓣ 임원의 주민등록번호를 증명하는 서면(주민등록번호가 없는 재외국민 또는 외국인
　　　　　　인 경우에는 생년월일을 증명하는 서면)

　　　　ⓟ 명의개서대리인을 둔 때에는 명의개서대리인과의 계약을 증명하는 서면

　　　　ⓗ 위임장 등 일반적인 첨부서면

② 합병으로 인한 해산등기시
　　위임장 외에는 첨부서면이 필요 없다.

제4편

상인에 대한 등기

제 1 장 상호의 등기

Ⅰ. 총 설

▣ 핵 심 사 항 ▣

1. 상호 : 문자로서 표시되는 상인의 자기표시 명칭
2. 상호의 선정 : 상호선정에 관한 입법주의로는 영업의 실체에 부합하는 상호만을 허용하는 상호진실주의와 어떠한 명칭이든 상호로 사용할 수 있는 상호자유주의가 있다. 우리 상법의 원칙적인 태도는 상호자유주의이지만(상법 제18조) 일정한 범위에서는 상호선정의 자유를 제한하고 있으므로(상법 제19조, 제20조, 제21조, 제23조) 전체적으로는 절충주의의 태도라고 평가된다.
3. 상호의 등기 : 개인기업의 상호는 그 등기가 강제되지는 않지만(상대적 등기사항) 회사기업의 상호는 반드시 등기하여야 한다(절대적 등기사항).

---

1. 상호의 의의

상호란 상인이 영업상 자기를 표시하기 위하여 사용하는 명칭이다.

그러므로 상인이 아닌 자가 사용하는 명칭은 상호가 아니다. 예를 들면 협동조합 등의 명칭은 상호가 아니다(일본 등기선례 소화 1934. 6. 29. 민사갑 제1333호).

또한, 상호는 영업상의 명칭이므로 일상생활에서 자기를 나타내기 위하여는 성명이나 영업 이외의 생활에 있어서 사용하는 아호 등은 상호가 아니다. 그러나 상인 자신의 성명을 영업상의 명칭으로 사용할 수 있다(상법 제18조).

상호는 명칭이므로 사람의 성명처럼 문자로 기재할 수 있어야 하고, 호칭할 수 있어야 한다.

따라서 기호, 도형, 문양 등은 상호로 할 수 없으며, 외국어라도 무방하나 한글로 표기하여야 한다. 다만, 상호가 한자인 경우에는 종전에는 한자로 기재할 수 있었으나 국어기본법에 의하면 공공기관의 공문서는 어문규범에 맞추어 한글로 작성함을

원칙으로 하고, 다만 대통령령이 정하는 경우에는 괄호 안에 한자 또는 다른 외국문
자를 쓸 수 있으므로, 이제 상호는 한자만으로는 표기할 수 없다고 할 것이다.

동일한 영업에는 단일한 상호만을 사용하여야 한다(상법 제21조). 따라서 개인인
상인은 동종영업에 대하여는 하나의 상호만을 사용하여야 하고, 영업의 종류가 다를
때에는 그 영업에 따라 각별로 여러개의 상호를 쓸 수 있는 바, 이 때에는 각 상호
마다 각별로 등기용지에 등기하여야 한다(상업등기규칙 제72조).

그러나 회사는 종류가 다른 수개의 영업을 하는 경우에도 하나의 상호밖에 사용할
수 없다.

【쟁점질의와 유권해석】

〈의사 · 변호사 · 작가 등이 상호등기를 할 수 있는지 여부〉

의사한의사변호사변리사건축사작가예술인화가음악가 등은 전문직업인 또는 자유직업인으
로서 상인으로 볼 수 없으므로, 상호등기를 할 수 없다(1989. 5. 23, 등기 1010 질의회답).

핵 심 판 례

■ **변호사는 그 직무수행과 관련하여 의제상인에 해당한다고 볼 수 없어 상호등기에
의하여 그 명칭을 보호할 필요가 없으므로 변호사의 상호등기신청을 각하한 등기관의
처분이 적법하다고 한 사례**

> 변호사는 그 직무수행과 관련하여 의제상인에 해당한다고 볼 수 없고, 조세정책적 필
> 요에 의하여 변호사의 직무수행으로 발생한 소득을 사업소득으로 인정하여 종합소득
> 세를 부과한다고 하여 이를 달리 볼 것은 아니며, 변호사가 상인이 아닌 이상 상호등
> 기에 의하여 그 명칭을 보호할 필요가 있다고 볼 수 없으므로 등기관이 변호사의 상
> 호등기신청을 각하한 처분이 적법하다(대법원 2007. 7. 26.자 2006마334 결정).

2. 상호의 선정

(1) 상호선정의 자유

상인은 성명 기타의 명칭으로 상호를 자유롭게 정할 수 있다(상법 제18조). 즉
어떤 상호를 선정할 것인가는 원칙적으로 상인의 자유이다.

(2) 제 한

1) 금지상호의 사용금지

특별법에서 사용을 금지한 상호는 쓸 수 없다.

2) 회사의 종류 표시

회사의 상호에는 반드시 회사의 종류(합명·합자·유한책임·주식·유한)를 표시하여야 한다(상법 제19조). 그리고 회사가 아닌 자는 상호 중에 회사라는 문자를 쓸 수 없다(상법 제202조).

3) 동일상호의 등기금지

동일한 특별시·광역시·시 또는 군 내에서는 동일한 영업을 위하여 다른 사람이 등기한 것과 동일한 상호는 등기할 수 없다(상법 제22조, 상업등기법 제30조). 상업등기법의 개정 전에는 '확연히 구별할 수 있는 상호가 아니면 등기할 수 없다.'고 규정하고 있었으나, 2009년 5월 상업등기법의 개정으로 '동일한 상호'로 그 범위를 한정한 것이다. 개정 전 법률에 의할 경우 동일한 특별시·광역시·시 또는 군에서 동일한 영업을 위하여 다른 사람이 등기한 상호와 확연히 구별되지 않는 상호는 등기할 수 없어 회사를 설립하는 경우 상호의 검색과 선정에 많은 시간이 소요되고, 등기관이 상호의 유사성 여부를 자의적으로 판단할 우려도 있는 문제가 있었다. 따라서 이를 해결하기 위하여 상법 개정을 통하여 동일한 영업을 위하여 동일한 특별시·광역시·시 또는 군내에서 등기할 수 없는 상호는 다른 사람이 등기한 상호와 동일한 상호로 한정하도록 한 것이다. 이를 통해 상호 사용에 관한 창업자의 예측 가능성이 크게 높아져 상호 선택에 필요한 비용과 시간이 절감되고, 상호의 등기 관련 업무의 투명성이 높아질 것으로 기대된다.

핵 심 판 례

■ '타인의 영업으로 오인할 수 있는 상호'에 해당하는지 판단하는 기준

상법 제23조 제1항에서는 누구든지 부정한 목적으로 타인의 영업으로 오인할 수 있는 상호를 사용하지 못한다고 정하고 있다. 어떤 상호가 '타인의 영업으로 오인할 수 있는 상호'에 해당하는지를 판단할 때에는 두 상호 전체를 비교 관찰하여 각 영업의 성질이나 내용, 영업방법, 수요자층 등에서 서로 밀접한 관련을 가지고 있는 경우로서 일반인이 두 업무의 주체가 서로 관련이 있는 것으로 생각하거나 또는 타인의 상호가 현저하게 널리 알려져 있어 일반인으로부터 기업의 명성으로 견고한 신뢰를 획득한 경우에 해당하는지를 종합적으로 고려하여야 한다(대법원 2021. 7. 15., 선고, 2016다25393, 판결).

【쟁점질의와 유권해석】

〈동일 또는 유사상호가 등기된 경우 선등기자가 후등기자를 상대로 그 등기의 말소를 소로써 청구할 수 있는지 여부〉

상법 제22조의 취지는 일정한 지역 범위 내에서 먼저 등기된 상호에 관한 일반 공중의 오인·혼동을 방지하여 이에 대한 신뢰를 보호함과 아울러, 상호를 먼저 등기한 자가 그 상호를 타인의 상호와 구별하고자 하는 이익을 보호하는 데 있고, 한편 비송사건절차법 제164조에서 먼저 등기된 상호가 상호등기에 관한 절차에서 갖는 효력에 관한 규정을 마련하고 있으므로, 상법 제22조의 규정은 동일한 특별시·광역시·시 또는 군 내에서는 동일한 영업을 위하여 타인이 등기한 상호 또는 확연히 구별할 수 없는 상호의 등기를 금지하는 효력과 함께 그와 같은 상호가 등기된 경우에는 선등기자가 후등기자를 상대로 그와 같은 등기의 말소를 소로써 청구할 수 있는 효력도 인정한 규정이라고 봄이 상당하다(대법원 2004. 3. 26.선고 2001다72081판결).

4) 주체를 오인시킬 수 있는 상호의 사용금지

상법 제23조 제1항은 "누구든지 부정한 목적으로 타인의 영업으로 오인할 수 있는 상호를 사용하지 못한다."고 규정하고 있고, 같은 조 제4항은 "동일한 특별시·광역시·시·군에서 동종 영업으로 타인이 등기한 상호를 사용하는 자는 부정한 목적으로 사용하는 것으로 추정한다."고 규정하고 있는바, 위 조항에 규정된 '부정한 목적'이란 어느 명칭을 자기의 상호로 사용함으로써 일반인으로 하여금 자기의 영업을 그 명칭에 의하여 표시된 타인의 영업으로 오인시키려고 하는 의도를 말한다(대법원 2004. 3. 26.선고 2001다72081판결).

5) 공공적 사업을 목적으로 하는 은행등의 상호

공공적 사업을 목적으로 하는 은행 등은 그 상호 중에 은행 등을 표시하여야 하고(은행법 제8조 등), 신탁·보험 등의 영업을 목적으로 하는 회사는 그 상호 중에 신탁·보험 등의 문자를 넣어야 하며, 증권회사의 상호변경시에는 주무관청으로부터 받아야 한다.

(3) 상호사용에 관한 특별법의 규정

국내 유료직업소개업자는 직업소개소라는 명칭을 사용하여야 하고(직업안정법시행규칙 제21조), 건축사가 아니면 건축사협회와 같은 상호를 사용할 수 없다(건축사법 제37조). 금융기관만이 그 상호 중에 은행이라는 문자를 사용할 수 있고(은행법 제8조), 한국방송공사 또는 이와 유사한 상호는 한국방송공사 이외에는 사용할 수 없고(한국방송공사법 제7조), 증권회사가 아닌 자는 증권을 표시하는 상호 및 증권금융회사라는 상호를 사용할 수 없다(자본시장과 금융투자업에 관한 법률 제38조). 신용카드업자가 아닌 자는 신용카드회사라는 상호를 사용할 수 없고(여신전문금융업법 제27조), 상호신용금고업자가 아닌 자는 상호신용금고라는 상호를 사용할 수 없고(상호저축은행법 제9조), 보험사업자가 아닌 자는 그 상호 또는 명칭 중에 보험사업을 표시하는 문자를 사용하지 못한다(보험업법 제8조). 또한, 회계법인이 아닌 자는 그 명칭 중에 회계법인이라는 상호를 사용할 수 없고(공인회계사법 제12조의4), 법무사 및 기술사, 조리사 또는 영양사가 아닌 자는 법무사 사무소, 기술사사무소, 조리사, 영양사라는 상호를 사용할 수 없고(법무사법 제14조, 기술사법 제10조, 식품위생법 제39조), 시설대여업법상 리스, 시설대여라는 상호는 허가자 이외는 사용할 수 없고, 도시재개발법상 재개발조합이 아닌 자는 이런 명칭을 사용할 수 없고, 의료보험조합이 아닌 자는 의료보험조합이란 상호를 사용할 수 없는 등 특별법에서 상호사용을 제한하는 경우가 있다.

대통령실, 법원, ○○청과 같이 국가기관으로 오인될 수 있는 명칭(소화 1929. 1. 11. 민사갑 제45호 참조)이거나, ○○회사, ○○사업부 같이 회사의 일개의 부서로 오인될 수 있는 명칭도 상호로 사용할 수 없다고 할 것이다.

(4) 상호의 수

1개의 영업에 수개의 상호를 사용함으로써 야기될 오인·혼동을 방지하기 위하여 동일한 영업에는 단일상호를 사용하도록 하고 있다.

여러 개의 영업을 하는 경우에는 개인상인은 각 영업별로 별개의 상호를 사용할 수 있으나, 회사는 수개의 영업을 하는 경우에도 1개의 상호밖에 사용할 수 없으며(정동윤, 손주찬, 주석상법(총칙·상행위(Ⅰ) 165면), 지점의 상호에는 ○○주식회사 ○○지점과 같이 지점과의 종속관계를 표시하여야 한다(상법 제21조 2항).

동일 당사자로부터 수개의 상호의 등기신청이 있는 때에는 각 상호에 관하여 다른 등기기록에 등기하여야 하고, 개인상인이 수개의 영업을 하는 경우에는 각 영업별로 별개의 상호를 사용하여야 한다.

3. 유사상호의 판단

(1) 유사상호의 예시

1) 기존 상호의 모체상호

예 : 현대건설, 현대중공업 등이 있는데, 현대(주)로 신청한 때

2) 기존 상호에 상호의 의미가 없는 부가문자 삽입시

예 : 특수, 종합, 진흥, 신, 뉴 등을 기존상호의 앞, 중간 또는 뒤에 첨가한 때

3) 2개의 기존 상호를 복합하여 만든 상호

예 : 한국물산, 영풍물산이 있는데, '한국영풍물산'으로 신청한 때

4) 동일 영업을 하면서 상호의 의미가 아닌 영업의 의미를 다른 말로 표현하여 그 뜻이 동일하고 영문으로 번역하여도 동일할 때

① 상역, 교역, 무역 사이

② 건업, 건설, 종합건설 사이

5) 한문은 다르나, 한글음이 같을 때

6) 기타, 목적이나 상호를 비교하여 유사성이 있다고 판단되는 때

① 산업, 기업, 실업

② 상사, 종합상사

③ 통상, 통산

④ 기계, 기계공업

(2) 등기관의 유사상호처리

1) 유사상호(동일상호포함)의 유·무를 조사하여야 할 등기사건

아래의 등기신청사건을 처리함에 있어서는 반드시 유사상호의 유·무를 조사하여야 한다.

① 회사설립등기 ② 상호등기 ③ 상호변경등기 ④ 목적(업종)변경등기 ⑤ 본점이전등기(본점을 관내로 전입하는 경우) ⑥ 상호의 가등기

2) 유사상호가 있는 경우의 처리절차

위 '가'의 등기사건을 처리함에 있어 유사상호의 유무를 조사한 결과 유사상호가 존재하는 경우에는 상호를 변경하거나 목적(업종)을 변경하는 등기신청을 선행하거나, 최소한 동시제출토록 하여 처리할 것이고, 만일 등기신청인이 상호변경 또는 목적변경의 등기신청을 선행하거나 동시제출을 하지 아니하는 때에는 위 '가'의 등기신청을 각하한다(비송사건절차법 제159조, 등기예규 제905-1호).

3) 상호의 구성

① 상호는 일반적으로 모체와 업종 및 회사의 종류를 표기하는 부분으로 구성된다.

    예 : 한일　　관광　　주식회사

       (모체)　(업종)　(회사종류)

② 모체의 표기가 없거나 업종의 표기가 없는 상호가 있으나, 회사의 종류는 반드시 표기해야 한다.

    예 : 관광　　주식회사

       (업종)　(회사종류)

       한일　　주식회사

       (모체)　(회사종류)

4) 유사상호의 성립요건

① 유사한 상호가 동일한 서울특별시·광역시·시·군의 지역 내에 있을 것

그러나, 행정구역의 변경(합병)이나, 회사의 지점을 설치하는 경우에는 예외로 한다.

② 유사상호가 동일한 업종(동 종류 영업)의 상호일 것

동일 또는 유사상호의 개념은 업종이 서로 다른 경우에는 성립의 여지가 없으며, 동일한 종류의 영업(업종) 간에만 성립한다(상법 제22조).

회사의 설립등기나 상호등기(상호의 가등기 포함)뿐만 아니라, 목적변경이나 본점이전등기에 의하여, 목적이 서로 같거나 일부의 목적이 중복되는 경우에도 동일한 종류의 업종으로 본다.

③ 상호가 동일하거나, 유사할 것

상호가 동일하다 함은 상호로서 표기한 문자가 서로 같은 경우를 말하며, 상호가 유사하다 함은 상호간에 문자상 또는 발음상 또는 관념상으로 서로 혼동하거나 오인할 염려가 있는 경우를 말한다.

【쟁점질의와 유권해석】

〈'株式會社 유니텍'과 '주식회사 유니텍전자'가 유사상호인지 여부〉

원고가 등기한 상호인 "株式會社 유니텍"과 그 후에 피고가 등기한 상호인 "주식회사 유니텍전자"는 등기된 지역이 모두 서울특별시이고, 그 주요 부분이 "유니텍"으로서 일반인이 확연히 구별할 수 없을 정도로 동일하며, 원고가 피고의 법인등기부상 설립목적에 컴퓨터 주변기기 제조 및 판매업이나 전자부품컴퓨터부품 제조 판매업이 포함되어 있고 원고의 전체 매출액의 30% 가량이 피고와 같은 컴퓨터 하드웨어의 조립·판매업에서 발생하고 있어 원고의 영업과 피고의 영업은 사회통념상 동종 영업에 해당하므로, 피고는 원고에게 피고의 위 상호에 관한 말소등기절차를 이행할 의무가 있다(대법원 2004. 3. 26.선고 2001다72081판결).

5) 유사상호 판단요령

상호의 주요부분을 비교하여 발음, 문자, 관념상 유사한 것으로 판단되는 경우 다시 상호 전체를 비교, 대조하는 등 재관찰하여 사회일반인이 영업주체를 혼동, 오인할 염려가 있는지를 살펴보아야 한다.

가. 상호의 주요부분은 회사의 종류를 표시하는 부분, 영업의 지역에 있어서 지명을 표시하는 부분, 점명·사무소를 표시하는 부분, 영업의 규모·신구를 표시하는 부분, 업종을 표시하는 부분을 제외시킨 부분이다.

① 상호의 모체부분은 주요 부분이다. 따라서 아래의 예시와 같이 모체부분이 문자상 또는 발음상 또는 관념상 유사한 때에는 유사상호이다.

- 문자상 유사한 사례 : 大一(주)와 太一(주), 大明(주)와 太明(주)
- 발음상 유사한 사례 : 韓一(주)와 韓日(주), 韓一(주)와 한일(주)(한문자의 발음을 한글로 표기한 경우는 유사상호이다)
- 관념상 유사한 사례 : 平和商社와 和平商社, 그러나 상호가 관념상 유사하더라도 발음이나 문자가 다르면 유사상호라 할 수 없다(예 : 하늘상사와 스카이상사).

② 다음과 같은 부분은 주요 부분이 아니다. 따라서 이와 같은 부분이 서로 다르더라도 주요 부분(모체 부분)이 서로 유사하면 유사상호이다.

- 회사의 종류를 표시하는 부분 : 대일광업주식회사와 대일광업유한회사 같은 경우는 유사상호이다.
- 지명을 표시하는 부분 : 대일광업(주)와 서울대일광업(주)의 경우는 유사상호이다.
- 점포명을 표시하는 부분 : 동해어물상사와 동해어물도매상사, 해태제과 본점과

해태제과 총본부와 같은 경우는 모두 유사상호이다.

- 영업의 신·구나 영업의 규모를 표시하는 부분 : 허바허바사진관과 뉴허바허바사진관, 현대건설(주)와 대현대건설(주)의 경우는 유사상호이다.
- 업종을 표시하는 부분 : 한진산업과 한진기업, 현대건설과 現代건업의 경우는 업종을 표시하는 부분이 다르더라도, 사회일반인이 관념상 같은 업종으로 인식할 수 있는 경우에는 유사상호가 된다.

나. 전체관찰

위 주요부분 비교에 의하여 일단 유사상호로 판단된 상호에 대하여 다시 당해 상호의 전체를 관찰하여 유사성 유무를 판단한다.

① 회사의 종류를 표시하는 부분만이 다른 경우

예 : 東山토건(주)와 동산토건 유한회사

② 영업지역에 있어서 그 지명을 표시하는 부분의 유무만이 다른 경우

예 : 제일물산(주)와 서울제일물산(주)

③ 점포명을 표시하는 부분의 유·무만이 다른 경우

예 : 삼영제과(주)와 삼영제과 총본점

④ 주요부분의 표기가 한자인가, 한글인가만 다른 경우(발음상 유사한 경우)

예 : 韓一고속(주)와 한일고속(주)

⑤ 영업의 신·구나 규모를 표시하는 부분의 유·무만이 다른 경우

예 : 서울호텔(주)와 뉴서울호텔(주), 금강상사와 대금강상사

⑥ 공통의 업종을 표시하는 부분의 유·무만이 다른 경우

예 : 다같이 부동산업을 목적으로 하고 있는 주식회사 삼화와 삼화부동산(주)

⑦ 업종을 표시하는 부분의 유·무만이 다르고, 업종을 표시한 부분이 산업, 상사, 기업, 흥업, 총업, 실업, 물산, 개발 등과 같이 포괄적 업종의 명칭을 사용하는 경우 및 상호 중 업종을 표시하는 부분이 일반인의 입장에서 관념상 동일하다고 판단되는 것 및 업종표시 부분의 일방이 타방을 포함한다고 판단되는 것은 유사상호로 본다.

예 : 동종업을 하고 있는 (주)삼성과 (주)삼성물산

⑧ 주요부분(모체)이 같거나 유사한 상호간에 업종을 표시하는 부분이 다소 다르더라도 사회 일반인의 입장에서 보아 관념상 같은 업종으로 인정되는 때에는 유사상호로 볼 것인바, 다음과 같은 경우는 원칙적으로 유사상호로 볼 수 있

다.
- 무역업종의 경우 : 상역, 교역, 무역, 통상, 통산, 양행, 트래이딩 등
- 공업업종의 경우 : 공업, 기계, 기계공업, 기공, 공작, 공영, 제작, 엔지니어링, 산기, 정밀 등
- 관광업종의 경우 : 여행사, 관광사, 투어 등
- 건설업종의 경우 : 건설, 건업, 건축, 토건, 건영, 종합건설, 건공, 기공 등
- 중개업종의 경우 : 중개, 알선, 복덕방, 소개, 인력개발 등
- 서점의 경우 : 서점, 서림, 서관, 책방, 서원 등
- 섬유의 경우 : 섬유, 의류, 직물, 복장, 합섬, 어페럴, 니트, 모피 등
- 철강업종 : 철강, 강철, 스틸, 강업, 스텐레스, 금속 등
- 광고업종 : 광고, 애드 등
- 운송업종 : 통운, 해운, 특송, 교통, 트랜스, 익스프래스, 항운, 운수 등
- 전자정보업종 : 전자, 컴퓨터, 정보, 컴·정보, 소프트, 통신, 반도체, 테크, 전설 등
- 약종상업종 : 제약, 약업, 약국, 약방, 신약, 무약 등
- 포괄업종 : 산업, 상사, 기업, 흥업, 실업, 물산, 개발, 라이프, 기획, 산기 커퍼레이션, 타운 등
- 기타 업종의 경우이더라도 상호간에 업종을 표시하는 부분이 다소 다르더라도 사회일반인의 입장에서 보아 같은 업종으로 인정되는 때에는 유사상호로 본다.

⑨ 기등기 상호가 포괄적인 업종(목적)을 설정하고 있고, 신설하려는 상호가 구체적인 특정 업종(목적)을 표기하는 경우에는 원칙적으로 동일한 업종으로 취급하지 않는다.

　예 : 동양건재(주)와 동양벽돌(주), 동성철재(주)와 동성알미늄(주)

⑩ 그러나 반대로 기등기 상호가 구체적 특정 업종을 설정하고 있는데, 신설하려는 상호가 포괄적인 특정업종(목적)을 표기하는 경우에는 상호간에 동일 업종으로 취급한다.

　예 : 동양벽돌(주)의 기등기 상호에 동양건재(주)

6) 유사상호에 해당하는 경우

가. '서울 고려당'과 '고려당'

피신청인의 상호인 "서울 고려당"은 그 요부가 "고려당"에 있고, 간이신속을 존

중하는 거래계에서는 간략히 특징적인 부분인 "고려당"으로 호칭될 것이므로 그 경우 신청인의 상호인 "고려당"과 동일하여 양자는 오인, 혼동의 우려가 있어 서로 유사한 상호로 봄이 상당하다(대법원 1993. 7. 13.선고 92다49492판결).

나. '허바허바 사장'과 '뉴 서울 사장 전 허바허바 개칭'

'뉴 서울 사장'이라는 상호 옆에 또는 아래에 작은 글자로 '전 허바허바 개칭'이라고 기재하였다면 '허바허바 사장'이라는 상호를 사용한 것으로 볼 것이다(대법원 1964. 4. 28.선고 63다811판결).

7) 유사상호에 해당하지 않는 경우

가. 서울에 개설한 '보령약국과 수원에 개설한 '수원보령약국'

원고 보령제약주식회사와 피고경영의 수원보령약국과는 그 영업의 종류, 범위, 시설, 규모 등 그 영업의 양상을 달리함은 물론 그 고객을 서로 달리하므로 원고회사의 일반고객이 피고경영의 수원보령약국을 원고회사의 영업으로 오인혼동하는 것은 좀처럼 있을 수 없다.

나. '주식회사 천일약방'과 '천일한약주식회사'

'주식회사천일약방'과 '천일한약주식회사'라는 2개의 상호는 상법상 동일 상호라고 볼 수 없다.

다. '고려유학정보센타'와 '고려유학원'

상호의 보호는 상호가 상호로서 모용되는 경우에 한정되는 것이며(상법 제23조), 상호가 상표 또는 서비스표로 모용되는 경우에는 미치지 아니하므로, 유학알선업을 목적으로 하는 "고려유학정보센타"라는 상호의 등기가 1988. 10. 28에 경료된 후 동종영업을 지정서비스업으로 하여 "고려유학원"이라는 서비스표가 1990. 3. 5에 등록되었다 하더라도 위 서비스표 "고려유학원"에 의한 상호권침해의 문제는 원칙적으로 일어날 여지가 없으며, 다만 이 경우 위 서비스표의 사용행위가 부정경쟁방지법 제2조 각호에 해당하는 것이라면 상호권자는 같은 법 제4조에 의하여 권리구제를 받을 수 있다(1991. 1. 5, 등기 8 질의회답).

4. 상업등기의 상호 및 외국인의 성명 등기에 관한 예규(등기예규 제1455호)

외국어 또는 외래어 상호가 많이 사용되고 있고 우리말 상호도 영문으로 표기되는 예가 많아 외국인 임원의 성명의 본국 표기를 병기하여 등기할 수 있도록 하여 등기의 현실 부합성과 정확성을 높이고 등기부의 공시기능을 향상시키기 위하여 법원행정처는 2008. 4. 8. 「상업등기의 상호 및 외국인의 성명 등기에 관한 예규(등기예규 제1249호)」를 제정하였고, 2012. 4.24. 일부 개정하였다. 이 예규에 의하면 주사무소가 한국에 있는 회사의 이사가 외국인인 경우에 그 성명을 한글로 기재한 후 괄호를 사용하여 본국에서의 표기를 로마자 등으로 병기할 수 있다(제13조). 그리고 로마자는 대문자와 소문자를 혼용하여 기재할 수 있다(제4조). 부호는 로마자와 병기하는 경우에만 가능하고, 한자 또는 한글과는 병기할 수 없다(제4조). 아라비아숫자는 한국인의 성명에는 혼용이 불가하나, 상호, 목적, 외국인의 성명, 외국주소 및 외국회사의 영업소의 본점소재지는 아라비아숫자만으로는 기재할 수는 없지만(제3조) 혼용할 수는 있다. 위 예규 제1249호 제6조 제2항과 관련하여 로마자를 병기하는 경우에 신청하지 아니하면 단어, 문자, 아라비아숫자 또는 부호 사이를 한 칸 띄우지 않아도 된다. 로마자를 상호로 사용하는 경우 업종을 표시하는 부분은 발음상 동일하여도 되고, 의미상 동일하여도 된다(제8조 5항). 그러나 모체와 같이 상호의 주요 부분은 발음상만으로 동일성이 있고 의미상의 동일성은 심사대상이 아니다(제8조 1항). 로마자 병기에 대하여는 유사상호 심사의 대상이 아니다.

5. 상호등기의 효력

(1) 사전등기배척력

타인이 등기한 상호는 동일한 특별시·광역시·시·군에서 동종영업의 상호로 등기하지 못한다(상 제22조). 선등기자가 후등기자에게 등기말소청구가 가능하다는 실체법상권리설과 이미 등기를 한 후에는 선등기자가 말소청구를 할 수 없고 사법상의 효력을 인정하여야 한다는 등기법상효력설이 있는데, 다수설과 판례는 실체법상권리설을 취한다(대법원 2004. 3. 26.선고 2001다72081판결).

즉, 동 판례는 상법 제22조의 규정은 동일한 특별시·광역시·시 또는 군 내에서는 동일한 영업을 위하여 타인이 등기한 상호 또는 확연히 구별할 수 없는 상호의 등기를 금지하는 효력과 함께 그와 같은 상호가 등기된 경우에는 선등기자가 후등기자를 상대로 그와 같은 등기의 말소를 소로써 청구할 수 있는 효력도 인정한 것이라고 봄이 상당하다고 하였다.

상법 제22조(상호등기의 효력)는 동일한 서울특별시·광역시·시·군내에서의 상호의 등기에 관하여 적용되나, 상법 제23조(주체를 오인시킬 상호 사용금지)에는 이러한 지역적 제한이 없다(대법원 1993. 7. 13.선고 92다49492판결).

(2) 사용폐지청구권 및 손해배상청구권

누구든지 부정한 목적으로 타인의 영업으로 오인할 수 있는 상호를 사용하지 못하고, 이를 사용할 경우 이로 인하여 손해를 받을 염려가 있는 자 또는 상호를 등기한 자는 그 폐지를 청구하는 외에 손해배상도 청구할 수 있다(상 법 제23 조). 다만, 상호를 등기한 자가 정당한 사유없이 2년간 상호를 사용하지 아니하는 때에는 이를 폐지한 것으로 보며(상법 제26조), 이 경우에 이해관계인은 그 상호 의 말소를 청구할 수 있다(상법 제27조).

상호의 부정사용으로 인한 손해를 받을 염려가 있음을 입증하지 않아도 상호폐 지를 청구할 수 있는 것이 등기를 하지 않은 상호의 효력과 다르다(상법 제23조 4항).

◾ 이견있는 등기의 견해와 법원판단 ◾

[선등기자의 등기배제청구권]
1. 문제점 : 타인이 등기한 상호는 동일한 특별시·광역시·시·군에서 동종영업의 상호로 등기하지 못한다(상법 제22조). 이 때 먼저 상호를 등기한 자가 갖는 권리를 등기배제청구권 또는 등기배척청구권이라고 한다. 등기배제청구권의 법적성질이 무엇인지에 대하여 견해가 대립한다.
2. 학설
 (1) 절차법적 권리설 : 선등기자에게 이의신청권을 준데 불과하다는 견해
 (2) 실체법상 권리설(다수설) : 실체법상의 효력도 인정하는 견해로서 등기말소청구권행 사가 가능하다는 견해
3. 판례
 대법원은 "상법 제22조 규정은 타인이 등기한 상호 또는 확연히 구별할 수 없는 상 호의 등기를 금지하는 효력과 함께 선등기자가 후등기자를 상대로 그 등기의 말소를 청구할 수 있는 효력도 인정한 규정"이라고 판시하여 실체법상 권리설의 태도를 취하 고 있다(2001다72081).

II. 상호신설의 등기

■ 핵 심 사 항 ■

1. 상호의 등기
 (1) 개인상인의 경우 : 등기 비강제주의
 (2) 회사의 경우 : 등기 강제주의
2. 등기사항(상업등기법 제31조)
 (1) 상호
 (2) 영업의 종류
 (3) 영업소
 (4) 상호사용자의 성명·주소 및 주민등록번호

1. 총 설

상인이 상호를 선정한 때에는 이를 등기할 수 있다.

회사의 상호는 회사등기부에 회사의 등기와 동시에 되므로 상호등기부에 따로 등기하지 아니하나(상업등기법 제37조), 개인상호등기는 상호등기부에 기재한다.

자본금이 1,000만원 이상의 개인인 상인은 그 임의에 따라 상호를 신설하고 등기할 수 있으나(상법 제9조), 현실적으로 상호등기시 소상인이 아니라는 소명을 받지 아니하므로 상인이면 누구나 상호등기를 할 수 있는 바, 상인인 점을 등기시에 소명하면 될 것이다. 상호등기는 동일한 특별시·광역시·시·군 내에서는 타인이 동종 영업을 위하여 등기한 것과 동일하거나 그와 유사한 상호로는 등기할 수 없다.

1개의 회사는 1개의 상호만 사용하여야 하고, 개인상인도 동일영업에 관하여는 1개의 상호를 사용하여야 한다. 동일인이 동일업종에 관하여 수개의 상호신설의 등기신청을 한 때에는 그 영업소가 동일한 경우뿐만 아니라 영업소를 달리하는 경우에도 인정되지 아니한다.

2. 등기절차

(1) 등기신청인

이 등기는 당사자인 상호사용인이 신청하여야 하고, 등기여부는 그 사용인의 자유이므로 등기신청을 강제하는 등기기간은 없다.

무능력자도 상인이 될 수 있으므로 상호선정등기를 할 수 있으나, 무능력자등기가 되어 있지 않는 한 법정대리인이 그 등기를 신청하여야 한다.

무능력자는 행위능력이 없으므로(민법 제10조, 제13조), 법정대리인을 통하여 법률행위를 하여야 하나, 미성년자는 법정대리인으로부터 허락을 얻은 특정한 영업에 관하여 성년자와 동일한 행위능력이 있으므로(민법 제8조), 이 때에는 법정대리인의 대리권은 소멸하고 무능력자는 무능력자등기를 한 후에 무능력자 스스로가 상호등기를 신청할 수 있다(상법 제6조).

2인 이상의 자가 공동으로 영업을 하는 경우에는 1개의 상호를 공동영업자가 공동 사용할 수 있다 할 것이므로, 상호사용자를 복수로 기재할 수 있다.

(2) 등기사항(상업등기법 제30조)

1) 상호

2) 영업의 종류

영업의 종류는 상호등기의 효력의 범위를 정하는 것이므로 구체적으로 기재하여야 하며, 이것이 불명확한 때에는 그 상호의 등기신청을 수리하지 않는다(일본 등기선례 소화 1934. 12. 26. 민사4발 제286호).

3) 영업소

이는 상호를 사용하는 영업소 소재장소(지번까지)를 말하는 것으로 동일한 당사자로부터 여러 개의 상호등기 신청이 있는 때에는 각 상호를 다른 등기기록에 등기하여야 하므로(상업등기규칙 제72조), 동일 등기소의 관할구역 내에 수개의 영업소가 있는 때에는 영업소마다 등기를 신청하여야 한다. 그러므로 영업소는 1개만을 기재하여야 한다.

4) 상호사용자의 성명·주소 및 주민등록번호

상호사용자의 주소가 영업소와 동일한 경우에도 주소를 기재하여야 한다. 또 주민등록번호가 병기되는 상호사용자의 성명은 한글로 기재하여야 한다(등기예규 제880-1호).

2인 이상의 자가 공동하여 영업을 하는 경우에는 1개의 상호를 공동영업자가 공동사용 할 수 있다 할 것이므로, 상호사용자를 복수로 기재할 수도 있다(일본 등기선례 소화 1937. 10. 12. 민사갑 제2927호).

(3) 전자표준양식에 의한 신청 및 전자신청

서면으로 등기를 신청하는 경우에는 대법원 인터넷등기소에서 제공하는 전자표준양식을 이용하여 전산정보처리조직에 신청정보를 입력·저장한 다음, 저장된 신청정보를 출력하여 그 출력물로써 할 수 있다(상업등기규칙 제63조).

전자표준양식에 의해 상호등기를 신청하는 경우에는 6천원인 등기신청수수료는 4천원만 납부하면 된다.

등기의 신청은 서면 또는 대법원규칙으로 정하는 바에 따라 전산정보처리조직을 이용한 전자문서로 할 수 있다. 이를 전자신청이라고 한다. 이 경우 전자문서로 등기를 신청하는 당사자 또는 그 대리인은 대법원규칙으로 정하는 바에 따라 미리 사용자등록을 하여야 한다(상업등기규칙 제68조).

전자신청에 의해 상호등기를 하는 경우에는 6천원인 등기신청수수료는 2천원만 납부하면 된다.

(4) 첨부서면

1) 사업자등록증 등 상인임을 소명할 수 있는 자료

상호는 상인만이 사용할 수 있는데도 불구하고 회사설립 전에 상호를 확보하기 위하여 아무나 상호등기를 신청하는 사례가 빈번하게 발생하여 실무상 상인인 점을 소명하는 자료가 있어야 상호등기를 하여 주고 있다. 다만, 상법개정으로 상호의 가등기 제도를 도입하였으므로 앞으로는 상호의 가등기 제도를 많이 이용할 것이다.

2) 인감신고서

상호 사용자의 인감을 제출하여야 한다.

3) 등록면허세 등 납부영수필통지서 및 영수필확인서, 등기신청수수료증지

등록면허세는 7만8천7백원을 납부하여야 하고(지방세법 제28조 1항 7호), 그 100분의 20의 지방교육세를 납부하여야 한다(지방세법 제151조 1항). 등기신청수수료는 6,000원(전자표준양식에 의한 신청은 4,000원, 전자신청은 2,000원)이다.

4) 대리인에 의하여 신청할 때에는 위임장(상업등기규칙 제52조)

5) 법정대리인이 신청할 때에는 가족관계증명서(상업등기규칙 제52조)

법정대리인이 무능력자를 대리하여 신청할 때에는 그 자격을 증명하는 가족관계증명서(가족관계의 등록 등에 관한 법률 제15조 1항)를 첨부한다.

핵 심 판 례

■ 회사가 상인으로 의제된다고 하여 그 기관인 대표이사 개인의 상인성이 인정되는지 여부(소극) 및 대표이사 개인이 회사의 운영 자금으로 사용하려고 돈을 빌리거나 투자를 받은 경우, 그것만으로 상행위에 해당하는지 여부(소극) / 상인이 영업과 상관없이 개인 자격에서 돈을 투자하는 행위를 상인의 기존 영업을 위한 보조적 상행위로 볼 수 있는지 여부(소극)

상인은 상행위에서 생기는 권리·의무의 주체로서 상행위를 하는 것이고, 영업을 위한 행위가 보조적 상행위로서 상법의 적용을 받기 위해서는 행위를 하는 자 스스로 상인 자격을 취득하는 것을 당연한 전제로 한다.

회사가 상법에 의해 상인으로 의제된다고 하더라도 회사의 기관인 대표이사 개인이 상인이 되는 것은 아니다. 대표이사 개인이 회사의 운영 자금으로 사용하려고 돈을 빌리거나 투자를 받더라도 그것만으로 상행위에 해당하는 것은 아니다.

또한 상인이 영업과 상관없이 개인 자격에서 돈을 투자하는 행위는 상인의 기존 영업을 위한 보조적 상행위로 볼 수 없다(대법원 2018. 4. 24. 선고 2017다205127 판결).

■ 상사유치권 배제 특약이 당사자 사이의 묵시적 약정으로도 가능한지 여부(적극)

상법은 상인 간의 거래에서 신속하고 편리한 방법으로 담보를 취득하게 하기 위한 목적에서 민법상의 유치권과 별도로 상사유치권에 관한 규정을 두고 있다. 즉 상법 제58조 본문은 "상인 간의 상행위로 인한 채권이 변제기에 있는 때에는 채권자는 변제를 받을 때까지 그 채무자에 대한 상행위로 인하여 자기가 점유하고 있는 채무자 소유의 물건 또는 유가증권을 유치할 수 있다."고 규정하여 상사유치권을 인정하는 한편 같은 조 단서에서 "그러나 당사자 간에 다른 약정이 있으면 그러하지 아니하다."고 규정하여 상사유치권을 특약으로 배제할 수 있게 하였다. 이러한 상사유치권 배제의 특약은 묵시적 약정에 의해서도 가능하다(대법원 2012. 9. 27. 선고 2012다37176 판결).

■ 상법 제24조에 의한 명의대여자와 명의차용자 책임의 상호관계(=부진정연대책임) 및 부진정연대채무에서 채무자 1인의 소멸시효 중단사유나 시효이익 포기가 다른 채무자에게 효력이 있는지 여부(소극)

상법 제24조에 의한 명의대여자와 명의차용자의 책임은 동일한 경제적 목적을 가진 채무로서 서로 중첩되는 부분에 관하여 일방의 채무가 변제 등으로 소멸하면 타방의 채무도 소멸하는 이른바 부진정연대의 관계에 있다. 이와 같은 부진정연대채무에 서는 채무자 1인에 대한 이행청구 또는 채무자 1인이 행한 채무의 승인 등 소멸시효의 중단사유나 시효이익의 포기가 다른 채무자에게 효력을 미치지 아니한다(대법원 2011. 4. 14., 선고, 2010다91886, 판결).

【서식】상호신설등기신청서

<table>
<tr><td colspan="5" align="center">상호신설등기신청</td></tr>
<tr><td rowspan="2">접 수</td><td colspan="2" align="center">년   월   일</td><td rowspan="2">처리인</td><td>등기관 확인</td><td>각종 통지</td></tr>
<tr><td>제</td><td>호</td><td></td><td></td></tr>
</table>

①등기의 목적	상호신설등기
②등기의 사유	상법제18조 및 상업등기법 제29조에 의하여 상호신설등기를 하기 위하여 다음 사항의 등기를 구함
등 기 할 사 항	
③상 호	○○컴퓨터상회
④영 업 소	서울특별시 ○○구 ○○로 ○○
⑤상호사용자의 성명·주소와 주민등록번호	○ ○ ○(XXXXX-XXXXXXX) 서울특별시 ○○구 ○○로 ○○
⑥영업의 종류	1. 컴퓨터 판매 1. 이에 부대하는 사업일체
기 타	

⑦등록면허세	금　　　　　　　원	⑧지 방 교 육 세	금　　　　　　　원
⑨세액합계	금　　　　　　　원	⑩등기신청수수료	금　　　　　　　원
등기신청수수료 납부번호			
⑪첨　　　부　　　서　　　면			

1. 상인임을 소명하는 서면 　　(사업자등록증사본 등)　　　　통 1. 주민등록표등(초)본　　　　　통 1. 인감신고서　　　　　　　　　통 1. 등록면허세영수필확인서　　　통 1. 등기신청수수료영수필확인서　통	1. 위임장(대리인이 신청할 경우)　　통 〈기 타〉

　　　　　　　　　　　　　　　　　　　　　　　　년　　월　　일

⑫신청인　성　명　　　　　　　　(인)　(전화 :　　　　　)

　　　　　주　소

대리인　　성　명　　　　　　　　(인)　(전화 :　　　　　)

　　　　　주　소

　　　　　　지방법원　　　등기소　귀중

- 신청서 작성요령 -

1. 해당란이 부족할 때에는 별지를 이용합니다.
1. 해당 등기신청과 관계없는 사항에 대하여는 "해당없음"으로 기재하거나 삭제하고, 필요한 사항은 추가 기재합니다.

등기신청안내 – 상호신설등기신청

◈ 상호신설등기 (개인상인) 란

상호란 상인이 영업활동을 함에 있어서 자기를 표창하기 위하여 사용하는 명칭을 말하며, 상인은 자기 명의로 상행위를 하는 자를 말합니다. 개인상인에 대하여 상호등기를 강제하고 있지는 않으므로, 상호를 등기할 것인지의 여부는 그 상인의 자유에 맡겨져 있습니다. 상호를 정함에 있어 동일한 서울특별시, 광역시, 특별자치시, 시(행정시를 포함한다) 또는 군(광역시의 군은 제외한다)에서 동일한 영업을 위하여 타인이 등기한 상호와 동일한 상호를 등기하지 못합니다.

◈ 관할등기소 및 등기의 신청

상호신설등기 신청은 상호를 사용하는 상인(상호사용인)이 하여야 하며, 등기 여부는 사용인의 자유이므로 등기기간의 정함은 없습니다.

◈ 등기신청서 기재 요령

신청서는 원칙적으로 한글과 아라비아 숫자로 기재합니다(다만 상호는 로마자 등의 표기를 병기할 수 있습니다). 신청서의 기재사항 난이 부족할 경우 별지를 사용하고 신청서와 별지 각 장 사이에 간인을 하여야 합니다.

① 등기의 목적

　상호신설등기라 기재합니다.

② 등기의 사유

　등기를 신청하는 이유를 기재하는 항목으로 일반적으로 "상법 제18조 및 상업등기법 제29조에 의하여 상호신설등기를 하기 위하여 다음 사항의 등기를 구함"으로 기재합니다.

③ 상호

　상호는 사람의 성명처럼 문자로 기재할 수 있어야 하고, 발음할 수 있어야 하며, 기호 도형 문양 등은 사용할 수 없습니다. 동일한 영업에는 단일한 상호를 사용하여야 하며, 수개의 영업을 하는 경우에는 각 영업별로 별개의 상호를 사용하여 별도의 상호등기를 할 수 있습니다. 등기사항증명서상 로마자 등의 표기를 병기하고자 할 경우(대법원 등기예규 제1543호 참조)는 상호 오른쪽에 괄호를 사용하여 병기할 수 있습니다.

④ 영업소

　상호를 사용하는 영업소 소재 장소를 기재하며 실무상 사업자등록증 상의 소재지를 기재합니다.

⑤ 상호사용자의 성명·주소와 주민등록번호

상호사용인의 성명·주소 및 주민등록번호를 기재합니다. 주민등록번호가 없는 재외
국민 또는 외국인은 주민등록번호를 대신하여 그 생년월일을 기재하며, 상호사용자
가 외국인인 경우 성명은 국적과 원지음을 한글 등으로 기재한 후, 괄호를 사용하
여 본국에서의 표기를 병기할 수 있습니다
(예 : 미합중국인 존에프케네디(John. F. Kennedy)).

⑥ 영업의 종류

영업의 종류는 상호등기의 효력의 범위를 정하는 것이므로 구체적으로 기재하여야
합니다. 기재의 정도는 사회 통념상 영업의 종류(내용)가 무엇인지 알 수 있을 정도
로 구체적이고 명확하게 기재하여야 하므로 "제조업", "도매업"등과 같이 포괄
적이고 불분명하게 기재하여서는 안 됩니다.

⑦ ~ ⑩ 등록면허세, 지방교육세, 등기신청수수료

납부한 등록면허세액, 지방교육세액(지방세법 제139조) 및 등기신청수수료(등기부등
초본등수수료규칙 제5조의3)를 기재합니다.

⑪ 첨부서면

등기신청서에 첨부하는 서면을 기재하여야 합니다.

⑫ 신청인 등

등기 신청인인 상호사용인의 성명과 주소를 기재하며, 위임받은 대리인이 신청하는
경우에는 대리인의 성명과 주소를 기재합니다. 상호사용인의 경우 신청과 동시에
등기소에 제출하는 인감을 날인하여야 하며 대리인이 신청하는 경우에는 날인할 도
장에 대한 제한은 없습니다.

◉ 등기신청서에 첨부할 서면

1. 상인임을 소명하는 서면(사업자등록증 사본 등)

상호는 영업상 명칭으로 상호로 인정받기 위하여는 영업이 존재하여야 하는 바, 신
규로 사업을 개시하는 자는 사업장마다 사업장 관할세무서장에게 사업자 등록을 하도
록 되어 있으므로 개인상호 등기를 신청하는 때에는 상인임을 소명하기 위하여 사업
자등록증 사본 등을 첨부하여야 합니다.

2. 주민등록표등(초)본

상호사용자의 주민등록번호를 증명하는 서면으로 주민등록표등(초)본을 제출하여야
하며, 주소를 증명하는 서면으로 주민등록표등(초)본, 여권 사본, 주민등록증 사본 또
는 자동차운전면허증 사본으로도 가능합니다.

3. 인감신고서

등기신청서에 기명날인할 사람(상호사용인)은 등기소에 인감을 제출하여야 하므로 등기신청과 동시에 인감신고서도 같이 제출하여야 합니다. 인감신고서의 인감 날인 란에는 상호사용자가 사용할 인감을 날인하여야 하며 개인인감 날인란에는 신고인의 인감증명법에 의한 인감을 날인하고, 발행일로부터 3월 이내의 인감증명서를 첨부하여야 합니다. 또한 인감신고서와 함께 인감대지도 함께 제출하여야 합니다(인감의 제출·관리 및 인감증명서 발급에 관한 업무처리지침).

4. 등록면허세영수필 확인서

상호신설 등기소 소재지 관할 시·군·구청장으로부터 등록면허세납부서를(지방세법 제139조) 발부받아 납부한 후 등록면허세영수필확인서를 첨부하여야 합니다. 다만 상호신설등기와 같이 정액으로 부과되는 등록면허세의 경우 대법원 인터넷등기소(www.iros.go.kr)에서 정액등록면허세 납부서를 작성·출력할 수 있으므로 수납기관에 납부한 후 제출하면 됩니다.

5. 위임장

등기신청권자(상호사용자)의 위임에 의한 대리인이 등기신청을 하는 때에는 그 권한을 증명하는 서면으로 위임장을 첨부하여야 합니다. 실무상 수임자, 위임자, 위임내용을 기재하고 등기소에 신고하는 인감을 날인합니다.

◈ **등기신청서 편철순서**

신청서, 등록면허세영수필확인서, 사업자등록증 사본, 주민등록표등(초)본, 인감신고서, 위임장 등의 순서로 편철하시면 업무처리에 편리합니다.

◈ **기타**

1. 상호사용인이 상호에 관하여 로마자 등의 표기를 하고자 하는 경우는 로마자 등의 표기를 함께 사용하고 있다는 소명자료로서 로마자 등 표기가 함께 기재된 사업자등록증, 간판의 사진, 광고전단지 등의 소명자료를 등기신청서에 첨부하여야 합니다.

2. 이상은 상호신설등기 신청시 작성·제출하여야 하는 일반적인 서식과 그 내용에 대한 안내인 바, 법정대리인이 등기신청하는 경우, 1개의 상호를 공동영업자가 공동 사용할 경우 등 상호사용인의 구체적인 사정에 따라 신청서 기재 방식과 첨부서면 등이 달라질 수 있습니다. 따라서 개별·구체적인 사항에 대하여는 등기과·소의 민원담당자 또는 변호사, 법무사 등 등기와 관련된 전문가에게 문의하시기 바랍니다.

Ⅲ. 상호에 관한 변경등기

■ 핵 심 사 항 ■

1. 상호의 양도
 (1) 상호의 양도가능성 : 영업의 전부와 함께 하는 경우에 한하여 양도 가능하다. 다만, 영업을 폐지하는 경우 상호만을 양도 가능하다(상법 제25조 1항).
 (2) 양도방법 : 특별한 방식을 불요한다. 대항요건으로서 변경등기가 필요하다(상 법 제25조 2항).
 (3) 양도의 효과 : 양도인은 상호권을 상실하고 양수인은 상호권을 취득한다(상법 제23조).
2. 상호의 상속 : 상호는 양도뿐만 아니라 상속도 할 수 있다.
3. 상호등기의 변경등기 : 상호, 영업의 종류, 상호사용인의 성명이나 주소 등이 변경되거나 동일 등기소 관내에서 영업소를 이전하여 종전에 등기된 사항에 변경이 생긴 때에는 그에 따른 등기를 하여야 한다(상법 제10조, 상업등기법 제32조).

1. 총 설

상호사용자는 그 상호, 영업소, 영업의 종류 등을 변경할 수가 있다. 자연인이 상호사용자인 경우에는 상호는 개인의 의사에 의하여 자유로이 변경할 수 있으나, 회사에 있어서는 정관변경의 절차가 필요하고 영업소의 변경은 본점 또는 지점의 이전절차를 필요로 한다.

상호는 타인에게 양도할 수 있으나 상호를 양도함에는 양도인이 영업을 폐지하거나 영업과 함께 양도하여야만 한다(상법 제25조). 상호의 양도는 당사자간의 의사표시만으로 그 효력이 생기나 등기한 상호의 양도는 제3자에 대한 대항요건으로서 등기를 하여야 한다(상법 제25조 2항).

회사가 상호를 양도함에는 정관을 변경하여 종전의 상호 대신에 새로운 상호를 선정하여야 한다.

상호는 양도뿐만 아니라 상속도 할 수 있다.

주식회사가 다른 주식회사를 흡수하여 합병함에 있어 채권자에 대한 공고와 최고기간 중이라도 합병 후 존속하는 주식회사에 대한 상호변경등기를 한 후 합병의 등기를 신청할 수 있다(상법 제183조, 제232조, 제522조 참조).

【쟁점질의와 유권해석】

〈사업목적이 유사한 2개의 회사가 동시에 교환적 방법에 의한 상호변경등기 가부〉

본점이 동일한 시에 있고 사업목적이 유사한 갑주식회사와 을주식회사에 있어, 갑주식회사는 을주식회사 명의로, 을주식회사는 갑주식회사 명의로 각 상호변경등기를 동시에 신청할 수 없다(1995. 12. 7, 3402-844 질의회답).

2. 등기절차

(1) 상호의 양도 또는 상속으로 인한 변경등기

1) 상호의 양도

가. 의 의

상호는 영업을 폐지하거나 영업과 함께 하는 경우에 한하여 양도할 수 있다(상 제25조 1항). 여기서 영업의 폐지란 정식으로 영업폐지에 필요한 행정절차를 밟아 폐업하는 경우에 한하지 않고, 사실상 폐업한 경우도 이에 해당한다(대법원 1988. 1. 19.선고 87다카1295판결).

상호양도는 당사자간의 의사표시만으로 양도의 효력이 생기지만, 등기하지 아니하면 제3자에게 대항하지 못한다(상법 제25조 2항). 상호의 이중양도의 경우에는 먼저 등기를 한 자가 권리를 취득한다.

상호양도는 양수인이 양수증서로써 신청하여야 하다. 상호사용자가 사망하면 그 상호사용권은 상속인에게 승계된다. 상호사용권이 양도 또는 상속된 때에는 그에 따른 등기를 하여야 한다.

나. 상호양수인의 책임

① 양도인의 영업으로 인한 제3자의 채권에 대한 책임

동일한 상호를 계속 사용하는 경우에는 채권자가 영업의 교체를 모르거나, 알 경우라도 대외적으로 양수인이 양도인의 전체영업을 양수한 것으로 채무인수의 외관이 있는 것으로 인식되는 경우의 채권자 보호를 위하여, 상법은 영업양수인이 양도인의 상호를 계속 사용하는 경우에도 양도인의 영업으로 인한 제3자의 채권에 대하여 양수인도 책임을 진다고 규정하고 있다(상법 제42조 1항).

상호의 속용이란 양도인의 상호를 양수인이 계속 사용하는 것을 말하는 것으로, 사회통념상 객관적으로 판단하여 채권자가 상호의 속용이 있었다고 믿는

것이 당연하다고 하는 외관이 있으면 상법 제42조의 상호의 속용에 해당한다
고 하는 것이 통설이다.

판례는 영업양도인이 사용하던 상호인 '주식회사 파주레미콘'과 영업양수인이
사용한 상호인 '파주콘크리트 주식회사는 주요 부분에서 공통된다고 보아, 상
호 속용에 따른 영업양수인의 책임을 인정하였다(대법원 1998. 4. 14.선고
96다8826판결).

② 책임의 내용

양수인의 책임은 양도인의 상호의 속용이 전제되고 중첩적 채무인수와 같은
효과가 생기며, 양수인이 양수한 재산을 한도로 책임지는 것이 아니라 자기
전재산으로써 변제책임을 지는 것이며, 그 상호양도에 관한 등기의 유무는 불
문한다. 따라서 일부면책등기는 현행법상 곤란하다.

③ 면책등기

개인상인의 면책등기의 대상은 상호의 속용과 같이 범위가 큰 것이 아니라,
양도인과 영업 및 상호의 양도계약에 따라 하는 것이므로 동일상호가 전제
된다고 할 것이다. 이 책임을 면하기 위하여는 영업양도를 받은 후 지체없
이 양도인의 채무에 대한 책임 없음을 등기(면책등기)하여야 한다(상법 제42
조 2항).

【쟁점질의와 유권해석】

〈영업양도의 의의〉

영업의 양도라 함은 일정한 영업목적에 의하여 조직화된 업체 즉, 인적·물적 조직을 그
동일성은 유지하면서 일체로서 이전하는 것으로서 영업의 일부만의 양도도 가능하다(대
법원 2003. 3. 14,선고 2002두10094판결).

그러나 영업재산의 전부를 양도했어도 그 조직을 해체하여 양도했다면 영업의 양도는 되
지 않는 반면에, 그 일부를 유보한 채 영업시설을 양도했어도 그 양도한 부분만으로도
종래의 조직이 유지되어 있다고 사회관념상 인정되기만 하면 그것을 영업의 양도라고 하
여야 할 것이다(대법원 2003. 5. 30,선고 2002다23826판결).

【쟁점질의와 유권해석】

〈사실상 폐업한 경우에도 상호를 양도할 수 있는지 여부〉

상법 제25조 1항은 상호는 영업을 폐지하거나 영업과 함께 하는 경우에 한하여 이를 양도할 수 있다고 규정하고 있어 영업과 분리하여 상호만을 양도할 수 있는 것은 영업의 폐지의 경우에 한하여 인정되는데, 이는 양도인의 영업과 양수인의 영업과의 사이에 혼동을 일으키지 않고 또 폐업하는 상인이 상호를 재산적 가치물로서 처분할 수 있도록 하기 위한 점에 비추어 위 법조항에 규정된 영업의 폐지라 함은 영업폐지에 필요한 행정절차를 밟아 폐업하는 경우에 한하지 아니하고 사실상 폐업한 경우에도 이에 해당한다(대법원 1988. 1. 19,선고 87다카1295판결).

2) 상호의 상속

상호는 재산적 성질이 있으므로, 상호사용인이 사망한 경우에는 상속인이 그 상호사용권을 취득한다. 등기된 상호에 대하여는 상속인이 상속등기를 하여야 한다(상업등기법 제33조).

상속등기는 상호양도등기와 달리 대항요건이 아니다라고 해석하는 것이 통설이다(정찬형, 상법강의요론, 2004, 58면).

3) 등기신청인

상호를 등기한 사람의 승계인이 그 상호를 계속 사용하고자 할 때에는 그 등기를 신청하여야 한다(상업등기법 제33조). 따라서 양수인 또는 상속인이 신청한다. 상속인이 수인인 경우에 2인 이상의 상속인이 영업을 승계하여 공동하여 상호를 속용(續用)할 경우에는 이들이 공동하여 신청하여야 할 것이다.

4) 등기사항

① 상호사용자의 성명·주소와 변경된 뜻

② 양도 또는 상속의 연월일

③ 면책의 등기에 있어서는 양도인의 성명과 그의 채무에 관하여는 책임이 없다는 뜻

5) 첨부서면

일반적인 첨부서면 외에 다음 서류를 첨부하여야 한다.

① 양도의 경우에는 양도증서

상호의 양도를 증명하는 서면과 양도인이 영업을 폐지하였거나 영업과 함께 양도하였음을 증명하는 서면을 첨부하여야 한다(상업등기규칙 제73조).

상호양도증서에는 양도인이 등기소에 제출한 인감이 찍혀 있어야 한다(동조 2항).

영업과 함께 양도하였음을 증명하는 서면으로는 영업양도 계약서, 양도인이 영업을 폐지하였음을 증명하는 서면으로는 그 뜻을 기재한 증명서를 첨부하면 된다.

② 양도인의 면책승낙서·회사대표자의 자격을 증명하는 서면

상법 제42조 2항의 면책등기를 신청할 때에는 양도인의 면책승낙서를 첨부한다. 회사가 영업의 양도인인 때에는 위 면책등기신청서에 그 회사의 대표자의 자격을 증명하는 서면과 등기소가 작성한 인감증명을 첨부하여야 한다.

③ 상속인이 상호의 변경등기, 상호의 속용 또는 양도의 등기, 영업양도의 면책등기를 신청할 때에는 신청서에 그 자격을 증명하는 서면을 첨부하여야 한다(상업등기규칙 제75조).

가족관계증명서와 상속재산분할 협의서 등이 이에 해당하는 서면이다.

④ 상호취득의 등록면허세는 상호신설의 경우와 같이 7만8천7백원이다(지방세법 제28조 1항 7호).

그리고 등기신청수수료로 6,000원(전자표준양식에 의한 경우는 4,000원, 전자신청은 2,000원)을 납부한다.

(2) 영업소를 다른 등기소의 관할구역 내로 이전한 경우

1) 영업소 이전의 등기

영업소를 동일등기소 관내로 이전한 때에는 영업소 이전의 등기를 함으로써 족하나, 다른 등기소의 관할구역 내로 이전한 때에는 구소재지에서는 영업소 이전의 등기를, 신소재지에서는 상호신설의 등기와 동일사항의 등기를 하여야 한다(상업등기법 제31조).

2) 등기신청인

이 등기는 상호등기를 한 자, 즉 상호사용자가 신청하여야 한다(상업등기법 제31조). 다만, 이 등기는 상호취득등기와 동시에 신청할 수도 있는바, 그 경우에는 상호양수인 또는 상속인이 신청하여야 한다.

3) 등기사항(상업등기법 제30조)

① 상 호

② 영업의 종류

③ 영업소

④ 상호사용자의 성명·주소 및 주민등록번호

4) 첨부서면

일반서류 이외에 별다른 첨부서류가 필요 없으나, 신소재지에서 신청할 때에는 구소재지에서 이 등기를 마친 등기부등본을 첨부하여야 하고, 신청인의 인감도 제출하여야 한다.

상호취득등기와 동시에 이 등기를 신청할 때에는 상호 양도증서나 상속을 증명하는 서면을 첨부하여야 할 것이다.

신·구소재지에서 각 1만2천원의 등록면허세(지방세법 제28조 1항 14호)와 2천4백원의 지방교육세(지방세법 제151조 1항)를 납부하여야 한다. 또한 등기신청수수료로 6,000원(전자표준양식에 의한 경우는 4,000원, 전자신청은 2,000원)을 납부한다.

(3) 상호등기의 변경등기

상호, 영업의 종류, 상호사용인의 성명이나 주소 등이 변경되거나 동일 등기소 관내에서 영업소를 이전하여 종전에 등기된 사항에 변경이 생긴 때에는 그에 따른 등기를 하여야 한다(상법 제10조, 상업등기법 제32조).

이 등기는 상호등기를 한 자 즉 상호사용자나 그 상속인이 신청하여야 한다(상업등기법 제32조).

등기사항은 변경된 상호, 영업의 종류, 영업소, 상호사용인의 성명·주소·주민등록번호와 그 변경취지 및 연월일이다.

상호사용인의 성명이나 주소변경등기에는 개명 또는 전거사실을 증명할 수 있는 가족관계증명서나 주민등록표등본을 첨부하여야 한다. 등록면허세는 1만2천원, 지방교육세는 그 100분의 20을 납부하여야 하고, 등기신청수수료로 6,000원(전자표준양식에 의한 경우는 4,000원, 전자신청은 2,000원)을 납부하여야 한다.

【서식】상호에 관한 변경등기신청서(상호양수 또는 상속의 경우)

<table>
<tr><td colspan="2" align="center">상호에 관한 변경등기신청</td></tr>
</table>

접 수	20○○년 ○월 ○일	처리인	등기관 확인	각종 통지
	제○○○○호			

상 호	○○컴퓨터	등기번호	제1000호

영 업 소	○○시 ○○구 ○○길 ○○

등 기 의 목 적	상호사용자의 성명·주소 등 변경등기

등 기 의 사 유	〈경우1〉 양도의 경우 20○○년 ○월 ○일 상호양도계약에 의하여 상호등기 제○○○○호로 등기된 상호사용자 ○○○의 ○○컴퓨터를 계속 사용하기 위하여 상호를(영업과 함께) 양수하여 상호사용자의 성명·주소와 주민등록번호가 다음과 같이 변경되었으므로 본점(또는 지점) 소재지인 이 등기소에서 다음 사항의 등기를 구함. 〈경우2〉 상속의 경우 20○○년 ○월 ○일 재산상속에 의하여 상호등기 제○○○○호로 등기된 상호사용자 ○○○의 ○○컴퓨터의 상호를 취득하여 상호사용자의 성명·주소와 주민등록번호가 변경되었으므로, 본점(또는 지점) 소재지인 이 등기소에서 다음 사항의 등기를 구함.

등 기 할 사 항	
상호사용자의 성명·주소 등의 변경과 그 연월일	○ ○ ○(-) ○○시 ○○구 ○○길 ○○ 〈경우1〉 20○○년 ○월 ○일 양수 〈경우2〉 20○○년 ○월 ○일 상속
기 타	해당 없음

등록면허세	금　원	지방교육세	금　원	농어촌특별세	금　원
세 액 합 계	금　　　　원		등기신청수수료	금　　　　원	
등기신청수수료 납부번호					

<table>
<tr><td colspan="2" align="center">첨　　부　　서　　면</td></tr>
<tr><td>
1. 변경사실을 증명하는 서면(가족관계증명서,주민등록표등본,양도증서 등)　1통
1. 인감신고서(양도, 상속)　1통
</td><td>
1. 등록면허세영수필확인서　1통
1. 등기신청수수료영수필확인서　1통
1. 위임장(대리인이 신청할 경우)　1통
〈기　타〉
</td></tr>
</table>

2000년 ○월 ○일

신 청 인　　　성　명　○　○　○ (인)　(전화 : 02-123-4567)

　　　　　　　주　소　○○시 ○○구 ○○길 ○○

대 리 인　　　성　명　법무사　○　○　○ (인)　(전화 : 02-456-7890)

　　　　　　　주　소　○○시 ○○구 ○○길 ○○

○○지방법원 ○○등기소 귀중

- 신청서 작성요령 -

1. 해당란이 부족할 때에는 별지를 이용합니다.
1. 해당 등기신청과 관계없는 사항에 대하여는 "해당없음"으로 기재하거나 삭제하고, 필요한 사항은 추가 기재합니다.

【서식】개인상인영업소이전등기신청서(동일관할 내에서의 영업소 이전,관할로의 이전시
　　　 구 영업소소재지에서 하는 등기신청)

<table>
<tr><td rowspan="2">접 수</td><td>20○○년 ○월 ○일</td><td rowspan="2">처리인</td><td>등기관 확인</td><td>각종 통지</td></tr>
<tr><td>제○○○○호</td><td></td><td></td></tr>
</table>

영업소이전등기신청

상　　　　호	○○합명회사	등기번호	제1000호
구 영 업 소	○○시 ○○구 ○○길 ○○		
등기의 목적	영업소이전등기		
등기의 사유			

<table>
<tr><td colspan="2" align="center">등　기　할　사　항</td></tr>
<tr><td>이전할 영업소와
이전 연월일</td><td></td></tr>
<tr><td>기　　　　타</td><td>해당 없음</td></tr>
</table>

등록면허세	금 원	지방교육세	금 원	농어촌특별세	금 원
세 액 합 계	금 원		등기신청수수료	금 원	
등기신청수수료 납부번호					

<table>
<tr><td colspan="2" align="center">첨   부   서   면</td></tr>
<tr>
<td>
1. 이전을 증명하는 서면   1통
1. 등록면허세영수필확인서   1통
1. 등기신청수수료영수필확인서   1통
</td>
<td>
1. 위임장(대리인이 신청할 경우)   1통
〈기 타〉
</td>
</tr>
<tr><td colspan="2" align="center">

20○○년 ○월 ○일

신 청 인   성 명 ○ ○ ○ (인) (전화 : 02-123-4567)
           주 소 ○○시 ○○구 ○○길 ○○

대 리 인   성 명 법무사 ○ ○ ○ (인) (전화 : 02-456-7890)
           주 소 ○○시 ○○구 ○○길 ○○

○○지방법원 ○○등기소 귀중
</td></tr>
</table>

- 신청서 작성요령 -
1. 해당란이 부족할 때에는 별지를 이용합니다.
1. 해당 등기신청과 관계없는 사항에 대하여는 "해당없음"으로 기재하거나 삭제하고, 필요한 사항은 추가 기재합니다.

IV. 상호폐지의 등기

■ 핵 심 사 항 ■

1. 상호의 폐지 : 상호권을 포기하여 상호권을 절대적으로 소멸시키는 것으로, 포기의 의 사표시에 의하여 성립한다. 등기상호의 경우 상호의 폐지를 등기하여야 한다(상법 제 40조).
2. 등기신청인 : 이 등기는 상호사용자가 신청하여야 하나, 상호사용자가 사망하고 그 상 속인이 상호를 계속 사용하지 아니하는 경우에는 상속인이 신청하여야 한다(상업등기 법 제32조).

1. 등기절차

(1) 등기신청인 및 등기사항

상호의 등기를 한 자가 상호를 폐지한 때에는 그 등기를 하여야 한다(상법 제 27조, 제40조, 상업등기법 제32조). 상호를 등기한 자가 정당한 사유없이 2년간 상호를 사용하지 아니하는 때에는 상호를 폐지한 것으로 본다(상법 제26조).

이 등기는 상호사용자가 신청하여야 하나, 상호사용자가 사망하고 그 상속인이 상호를 계속 사용하지 아니하는 경우에는 상속인이 신청하여야 한다(상업등기법 제35조). 상속인은 각자가 신청의무를 부담한다 할 것이다. 상호 사용자의 법정대 리인도 신청할 수 있다.

이 등기는 제3자의 이해관계가 있으므로 지체없이 신청하여야 할 것이다. 2주 간 내에 이를 신청하지 아니할 때에는 이해관계인은 그 등기의 말소를 청구할 수 있다(상법 제27조).

등기할 사항은 상호사용을 폐지한 취지이며, 이 등기를 한 때에는 그 등기기록 을 폐쇄하여야 한다(상업등기규칙 제89조 1호).

(2) 첨부서면

상속인이 신청할 때에는 그 자격을 증명하는 서면(상업등기규칙 제75조), 대리 인에 의하여 신청할 때에는 그 권한을 증명하는 서면(상업등기규칙 제52조)을 첨 부하며, 등록세납부영수필확인서 및 통지서, 등기신청수수료를 납부한 대법원수입 증지를 첨부한다.

【서식】상호폐지등기신청서(개인상인)

<table>
<tr><td colspan="5" align="center">상호폐지등기신청</td></tr>
<tr><td rowspan="2">접 수</td><td align="center">20○○년 ○월 ○일</td><td rowspan="2">처리인</td><td align="center">등기관 확인</td><td align="center">각종 통지</td></tr>
<tr><td align="center">제○○○○호</td><td></td><td></td></tr>
</table>

상 호	○○컴퓨터	등기번호	제1000호
영 업 소	○○시 ○○구 ○○길 ○○		
등 기 의 목 적	상호폐지등기		
등 기 의 사 유	20○○년 ○월 ○일 상호를 폐지하였으므로 다음 사항의 등기를 구함.		

<table>
<tr><td colspan="2" align="center">등 기 할 사 항</td></tr>
<tr><td>페지한 뜻과
그 연월일</td><td>20○○년 ○월 ○일</td></tr>
<tr><td>기 타</td><td>해당 없음</td></tr>
</table>

등록면허세	금 원	지방교육세	금 원	농어촌특별세	금 원
세 액 합 계	금 원	등기신청수수료	금 원		
등기신청수수료 납부번호					

첨　부　서　면

1. 상호폐지사실을 증명하는 서면　　　1통	〈기 타〉
1. 등록면허세영수필확인서　　　1통	
1. 등기신청수수료영수필확인서　　　1통	
1. 위임장(대리인이 신청할 경우)　　　1통	

2000년 O월 O일

신 청 인　　　성 명 O O O (인)　(전화 : 02-123-4567)

　　　　　　　주 소 OO시 OO구 OO길 OO

대 리 인　　　성 명 법무사 O O O (인)　(전화 : 02-456-7890)

　　　　　　　주 소 OO시 OO구 OO길 OO

OO지방법원 OO등기소 귀중

- 신청서 작성요령 -

1. 해당란이 부족할 때에는 별지를 이용합니다.

1. 해당 등기신청과 관계없는 사항에 대하여는 "해당없음"으로 기재하거나 삭제하고, 필요한 사항은 추가 기재합니다.

V. 상호등기의 말소

■ 핵 심 사 항 ■

1. 상호등기의 말소 : 상호의 등기를 한 자가 상호를 변경 또는 폐지하였음에도 불구하고 2주간 내에 그 등기를 하지 아니한 때에는 이해관계인은 그 말소를 청구할 수 있다(상법 제27조).
2. 상호말소등기의 절차 : 이해관계인, 즉 그 상호등기의 말소에 관하여 법률상의 이해관계를 가지는 자가 등기를 신청한다(상업등기법 제36조 1항).

1. 총 설

상호의 등기를 한 자가 상호를 변경 또는 폐지하였음에도 불구하고 2주간 내에 그 등기를 하지 아니한 때에는 이해관계인은 그 말소를 청구할 수 있다(상법 제27조).

폐지의 등기를 하지 않으면 같은 관할구역 내에서 그와 동일 또는 유사한 상호로 영업을 하고자 하는 사람이 불이익을 받게 되는바, 그를 구제함에 그 취지가 있는 것이므로, 종전 상호를 변경 또는 폐지한 경우뿐만 아니라 영업소를 다른 관할구역으로 옮겼음에도 불구하고 2주간 내에 그 변경 또는 폐지의 등기를 하지 아니하는 때에는 상호를 등기한 자가 정당한 사유없이 2년간 상호를 사용하지 아니하는 때로 보아 상호가 폐지된 것으로 보는 것이다(상법 제26조).

여기서 이해관계인이라 함은 동일 또는 유사상호를 사용 또는 등기하고자 하는 자를 말한다. 상호의 폐지 또는 변경이란 상호를 폐지하거나 변경한 경우뿐만 아니라, 등기한 시군 외로 영업소를 이전하거나 영업소를 폐지하고서도 그 등기를 하지 아니하는 경우, 영업의 종류를 축소하고서도 그 등기를 하지 아니하는 경우를 포함한다.

또 상호등기는 영업의 존재를 전제로 하므로 영업 또는 영업의 준비행위가 존재하지 않는 경우도 포함한다고 할 것이다.

> **【쟁점질의와 유권해석】**
>
> **〈상호를 등기한 자가 정당한 사유없이 2년간 상호를 사용하지 아니한 경우 그 상호등기의 말소절차〉**
>
> 상호를 등기한 자(갑회사)가 정당한 사유없이 2년간 상호를 사용하지 아니하는 때에는 이를 폐지하는 것으로 보게 되므로, 이러한 경우 그와 동일 상호로 변경하려는 자(을회사)로서는 갑회사 및 을회사의 등기부등본과 상호변경에 관한 주주총회의사록 등을 소명자료로 하여 비송사건절차법 제219조의 규정에 따라 등기관에게 상호등기의 말소를 신청할 수 있다. 다만, 갑회사의 이의신청이 있는 때에는 등기관이 이에 대하여 결정하게 되며, 갑회사의 상호등기가 말소되지 않는 한 을회사는 그와 동일상호로 상호변경등기를 할 수 없다(1985. 11. 4, 등기선례 Ⅰ-856).

2. 상호등기의 말소청구

상호 말소의 청구는 그 이해관계인이 이해관계 있음을 소명하는 서류를 첨부하여 관할등기소에 신청하여야 한다(상법 제27조), 신청이 있으면 등기관은 부적법한 등기의 직권말소의 경우와 마찬가지로 상호등기를 한 자에게 1월을 초과하지 않는 기간을 정하여 이의신청을 할 수 있음을 통지하고, 그 기간 내에 이의가 있는 때에는 그 이의가 이유 있으면 상호말소신청을 각하하고, 이의가 이유 없으면 이의신청을 각하할 것인 바, 이의가 없거나 이의신청을 각하한 때에는 등기관은 직권으로 그 상호등기를 말소하여야 한다(상업등기법 제78조～제80조).

이와 같이 상호의 등기를 한 등기소에 대하여 하는 것이나, 등기소가 이 말소신청을 각하한 때에는 상호등기를 한 자를 상대로 말소의 청구를 할 수밖에 없다 할 것이다.

회사의 상호에 대해서도 이해관계인은 상법 제27조에 의한 상호등기의 말소청구를 할 수 있으며(1985. 12. 31, 등기 제609호 질의회답), 상호가 말소된 회사는 상호등기를 하지 않고는 다른 등기를 할 수 없다(상업등기법 제26조).

3. 상호말소등기의 절차

(1) 등기신청인

이해관계인, 즉 그 상호등기의 말소에 관하여 법률상의 이해관계를 가지는 자가 등기를 신청한다(상업등기법 제36조 1항). 따라서 설립 중인 회사도 신청할 수 있다 할 것이다.

이 이해관계는 등기부에 표시되어 있을 필요가 없으며, 이해관계가 있음을 소명만 하면 될 것이다(1985. 12. 31, 등기 제609호).

(2) 첨부서면

말소신청서에는 말소에 관하여 이해관계가 있음을 증명하는 서면을 첨부해야 한다(상업등기규칙 제76조).

회사가 말소신청을 할 경우에는 말소의 대상이 되는 상호와 동일 또는 유사한 상호를 사용하기 위하여 정관변경의 절차를 이행한 주주총회 또는 사원총회의 의사록등이 이에 해당하는 서면이 되며, 자연인이 말소신청을 할 경우에는 말소의 대상이 되는 상호와 동일 또는 유사의 상호를 사용코자 한다는 진술서 또는 상호사용에 관한 사업자등록증 등 관공서의 증명서 등이 이에 해당하는 서면이 된다.

대리인에 의하여 신청할 때에는 그 권한을 증명하는 서면(상업등기법 제21조)인 위임장 등을 첨부하며, 등록면허세 등 납부영수증을 첨부하고 등기신청수수료를 납부한다. 등록면허세는 1만2천원, 지방교육세는 그 100분의 20이며, 등기신청수수료는 6,000원(전자표준양식에 의한 경우 4,000원, 전자신청은 2,000원)이다.

(3) 말소신청의 처리

1) 등기의 직권말소 등의 통지

상호말소등기신청이 있는 때에는 등기관은 상호의 등기를 한 자에게 1월 이내의 기간을 정하여 그 기간 내에 서면으로 이의를 진술하지 아니한 때에는 상호등기를 말소할 뜻을 통지하여야 하고, 등기한 사람의 주소 또는 거소를 알 수 없는 때에는 통지에 갈음하여 1개월 이내의 기간 동안 등기소 게시판에 이를 게시하여야 한다(상업등기법 제78조).

2) 이의에 대한 결정

말소에 관하여 이의를 진술하는 사람이 있는 때에는 등기관은 이의에 대하여 결정을 하여야 한다(상업등기법 제79조).

3) 등기의 직권말소

등기관은 이의를 진술한 사람이 없는 때 또는 그 이의를 각하한 때에는 직

권으로 등기를 말소하여야 한다(상업등기법 제80조). 이의신청인이 그 상호를 폐지하거나 변경한 사실이 없음을 이유로 이의를 한 때에는 등기관은 이에 대한 사실

조사권한이 없으므로 상호의 말소신청을 각하할 수밖에 없고, 이의를 진술한 자가 없거나 이의 자체가 부적법하여 이를 각하한 때에는 상호의 등기를 말소하여야 한다. 다만, 이의사유가 등기관의 법률적 판단이 가능한 경우 예컨대 상호를 사용하는 자가 관할구역 외로 영업소를 이전한 경우 등에는 등기관이 인용등기를 할 수 있을 것이다.

【쟁점질의와 유권해석】

〈등기의 직권말소의 공고방법 및 공고비용의 부담자〉

상법 제27조의 규정에 의하여 상호등기의 말소신청이 있는 경우에는 등기소는 등기한 자에 대하여 1월을 초과하지 아니하는 기간을 정하여 이의신청을 하게 하고 그 기간 내에 이의의 신청이 없을 때에는 등기를 말소한다는 뜻을 통지하여야 하는바(비송사건절차법 제219조, 제220조, 제205조 1항), 이 경우 등기를 한 자의 주소 또는 거소를 알 수 없는 때에는 등기소는 그 통지에 갈음하여 등기사항의 공고와 동일한 방법으로 관보와 지방법원장이 선정한 신문지에 1회 이상 공고하여야 할 것이나 그 공고방법은 상업등기처리규칙 부칙에 의하여 유예되어 있으므로 등기소는 이에 갈음하여 적당하다고 인정되는 신문지에 동일한 공고를 하여야 할 것이다(비송 제205조 2항, 3항, 195조, 상 부칙 제3조, 규칙 부칙 제6조). 그리고 이 경우 그 공고비용은 상호등기의 말소를 신청하는 자가 부담하여야 한다(1985. 12. 31, 등기 609 질의회답).

(4) 등기의 기록

회사의 상호 이외의 상호의 말소등기는 등기기록 중 기타사항란에 하여야 하고, 이를 등기한 때에는 등기기록을 폐쇄한다(상업등기규칙 제89조 1호).

회사의 상호인 경우에는 상호란에 상호의 등기를 말소한 뜻과 그 연월일을 기재하되, 등기기록을 폐쇄하여서는 아니되며, 상호가 말소된 회사는 먼저 상호등기를 하지 아니하면 다른 등기를 신청할 수 없다(상업등기법 제26조).

회사의 상호는 상호등기부에 따로 등기하지 아니하고 회사등기부에 회사의 등기와 동시에 한다(상업등기법 제37조 1항).

【서식】상호말소등기신청서

<table>
<tr><td colspan="6" align="center">상호말소등기신청</td></tr>
<tr><td rowspan="2">접 수</td><td align="center">20〇〇년 〇월 〇일</td><td rowspan="2" align="center">처리인</td><td align="center">등기관 확인</td><td align="center">각종 통지</td></tr>
<tr><td align="center">제〇〇〇〇호</td><td></td><td></td></tr>
</table>

<table>
<tr><td>상   호</td><td colspan="2">〇〇컴퓨터</td><td>등기번호</td><td>제1000호</td></tr>
<tr><td>영 업 소</td><td colspan="4">〇〇시 〇〇구 〇〇길 〇〇</td></tr>
<tr><td>등 기 의 목 적</td><td colspan="4">등기한 상호의 말소등기</td></tr>
<tr><td>등 기 의 사 유</td><td colspan="4">위 상호사용인 〇〇〇은 20〇〇년 〇월 〇일 〇〇지방법원(〇〇등기소)에서 〇〇〇〇〇의 영업을 하기 위하여 〇〇상회라는 상호등기를 마쳤음.
그러나 동인은 20〇〇년 〇월 〇일경 그 영업 및 상호를 폐지(또는 그 상호를 변경, 영업소를 이전)하였음에도 불구하고 그 폐지(또는 변경, 영업소 이전)등기를 하지 않고 있으므로(또는 정당한 사유없이 2년간 그 상호를 사용하지 않고 있으므로), 신청인은 〇〇시 〇〇구 〇〇길 〇〇에서 〇〇〇〇〇영업을 하기 위하여 〇〇상회라는 상호를 선정하고 그 상호등기를 하고자 하나 위 상호의 폐지(또는 변경)등기를 하지 않고 있어 그 등기를 할 수 없으므로 신청인은 이해관계인으로서 상법 제27조의 규정에 좇아 위 상호등기의 말소를 신청하는 바임.</td></tr>
<tr><td colspan="5" align="center">등   기   할   사   항</td></tr>
<tr><td>말소한 뜻과
그 연월일</td><td colspan="4">20〇〇년 〇월 〇일
상법 제27조의 규정에 의한 상업등기 말소</td></tr>
<tr><td>기   타</td><td colspan="4">해당 없음</td></tr>
</table>

등록면허세	금 원	지방교육세	금 원	농어촌특별세	금 원
세 액 합 계	금 원	등기신청수수료		금 원	
등기신청수수료 납부번호					

첨 　 부 　 서 　 면

1. 증명서(사실증명서 또는 확인서) 　 또는 말소에 이해관계가 있다는 　 서면(진술서), 말소된 사업자등록 　 증 등	1통	1. 등기신청수수료영수필확인서	1통
		1. 위임장(대리인이 신청할 경우)	1통
		〈기 　 타〉	
1. 등록면허세영수필확인서	1통		

2000년 0월 0일

신 청 인 　　　　성 명 ○ ○ ○ (인) (전화 : 02-123-4567)

　　　　　　　주 소 ○○시 ○○구 ○○길 ○○

대 리 인 　　　　성 명 법무사 ○ ○ ○ (인) (전화 : 02-456-7890)

　　　　　　　주 소 ○○시 ○○구 ○○길 ○○

○○지방법원 ○○등기소 귀중

- 신청서 작성요령 -

1. 해당란이 부족할 때에는 별지를 이용합니다.

1. 해당 등기신청과 관계없는 사항에 대하여는 "해당없음"으로 기재하거나 삭제하고, 필요한 사항은
　 추가 기재합니다.

VI. 상호등기의 회복

> **◨ 핵 심 사 항 ◨**
>
> 1. 상호의 등기가 말소된 회사가 하는 상호의 등기의 성질 : 상호신설의 등기라고 볼 수도 있고 변경등기의 일종으로 볼 수도 있으나, 회사등기를 전체적으로 보면 상호의 등기가 추가되는 점에서 변경등기의 일종으로 보는 것이 타당.
> 2. 상호의 사용을 폐지당하였거나 상호의 등기가 말소된 후 동일 또는 유사 상호의 등기가 된 경우 : 말소된 상호를 그대로 등기할 수는 없고 정관의 변경을 통하여 상호변경, 목적변경 등의 절차를 밟아야 할 것.

1. 회복절차

회사의 상호의 등기가 말소되더라도 회사가 소멸하는 것은 아니며, 상호의 등기를 한 후에는 다른 등기를 할 수 있다.

상호의 등기가 말소된 회사가 하는 상호의 등기의 성질에 관하여는 상호신설의 등기라고 볼 수도 있고 변경등기의 일종으로 볼 수도 있으나, 회사등기를 전체적으로 보면 상호의 등기가 추가되는 점에서 변경등기의 일종으로 보는 것이 타당하다 할 것이다.

상호의 사용을 폐지당하였거나 상호의 등기가 말소된 후 동일 또는 유사 상호의 등기가 된 경우에는 말소된 상호를 그대로 등기할 수는 없고 정관의 변경을 통하여 상호변경, 목적변경 등의 절차를 밟아야 할 것이다.

2. 등기절차

(1) 등기신청인 및 등기사항

이 등기는 회사를 대표할 자의 신청에 의한다. 등기기록 중 상호란에 상호 및 등기의 연월일을 기재하고 만약 상호를 변경했다면 그 변경의 연월일도 기재하여야 한다.

상호를 회복한 때에는 전에 한 상호말소의 등기를 말소하는 기호를 기록할 필요는 없다.

(2) 첨부서면

신청서에는 대리인에 의하여 신청할 경우의 그 권한을 증명하는 서면, 등록면허세를 납부한 영수필통지서 및 확인서 외에 상호를 변경한 경우에는 정관변경에 관한 주주총회나 사원총회의 의사록 등을 첨부하여야 한다.

핵 심 판 례

■ 상법 제42조 제1항이 영업양수인으로 하여금 양도인의 영업자금과 관련한 피보증인의 지위까지 승계하도록 한 규정인지 여부(소극) / 영업양수인이 위 규정에 따라 책임지는 제3자의 채권은 영업양도 당시까지 발생한 것이어야 하는지 여부(적극) 및 영업양도 당시로 보아 가까운 장래에 발생될 것이 확실한 채권도 영업양수인이 책임져야 하는지 여부(소극)

상법 제42조 제1항은 영업양수인이 양도인의 상호를 계속 사용하는 경우 양도인의 영업으로 인한 제3자의 채권에 대하여 양수인도 변제할 책임이 있다고 규정함으로써 양도인이 여전히 주채무자로서 채무를 부담하면서 양수인도 함께 변제책임을 지도록 하고 있으나, 위 규정이 영업양수인이 양도인의 영업자금과 관련한 피보증인의 지위까지 승계하도록 한 것이라고 보기는 어렵고, 영업양수인이 위 규정에 따라 책임지는 제3자의 채권은 영업양도 당시 채무의 변제기가 도래할 필요까지는 없다고 하더라도 그 당시까지 발생한 것이어야 하고, 영업양도 당시로 보아 가까운 장래에 발생될 것이 확실한 채권도 양수인이 책임져야 한다고 볼 수 없다(대법원 2020. 2. 6. 선고 2019다270217 판결).

■ '상호'가 아닌 '명칭'을 등기하도록 하는 법무법인의 설립등기를 '상호' 등을 등기사항으로 하는 상법상 회사의 설립등기나 개인 상인의 상호등기와 동일시할 수 있는지 여부(소극)

변호사가 변호사법 제40조에 의하여 그 직무를 조직적·전문적으로 행하기 위하여 설립한 법무법인은, 같은 법 제42조 제1호에 의하여 그 정관에 '상호'가 아닌 '명칭'을 기재하고, 같은 법 제43조 제2항 제1호에 의하여 그 설립등기시 '상호'가 아닌 '명칭'을 등기하도록 되어 있으므로, 이러한 법무법인의 설립등기를 '상호' 등을 등기사항으로 하는 상법상 회사의 설립등기나 개인 상인의 상호등기와 동일시할 수 없다(대법원 2007. 7. 26.자 2006마334 결정).

Ⅶ. 상호의 가등기

□ 핵 심 사 항 □

1. 의의 : 상호의 가등기란 회사의 설립, 본점의 이전 또는 상호나 영업목적의 변경시 장래의 상호등기의 보전을 위하여 미리 행하는 등기로서(상법 제22조의2), 1995년 상법 개정시 신설된 제도이다.
2. 취지 : 상호가등기제도는 오랜 시일을 요하는 물적회사의 설립이나 까다로운 정관변경절차를 거쳐야 하는 각종 회사의 본점, 상호 또는 영업목적의 변경에 있어 이에 관한 사항을 미리 알게 된 제3자가 해당 행정구역 내에서 먼저 동일상호를 등기함으로써 애당초 계획했던 상호등기가 불가능해질 위험을 예방하기 위한 제도이다.
3. 효과 : 상호의 가등기는 등기배제청구권(상법 제22조)의 적용에 있어서는 상호의 (본)등기로 본다. 따라서 가등기한 상호는 동일한 특별시·광역시·시·군에서 동종영업의 상호로 등기하지 못한다(상법 제22조의2 4항).

1. 상호의 가등기의 의의 및 필요성

상호의 가등기란 상호의 본등기를 할 요건이 갖추어지기 전에 장래의 상호등기의 보전을 위하여 미리 행하는 등기를 말한다. 타인이 등기한 상호는 동일한 특별시, 광역시, 시·군에서 동종영업의 상호로 등기하지 못한다(상법 제22조). 따라서 갑이 먼저 상호를 정한 경우에도 그 정보를 미리 입수한 을이 갑의 상호등기를 방해할 목적으로 그 상호를 그 지역에서 먼저 등기하면 갑은 그 정한 상호를 등기하지 못하게 된다. 이러한 을의 방해를 막기 위하여는 갑이 본등기를 하기 전에 을의 등기를 하지 못하게 할 필요가 있다.

이러한 필요에서 갑을 위하여 인정된 것이 상호의 가등기이다. 이러한 상호의 가등기는 설립과정에 상당한 시일이 소요되는 주식회사와 유한회사의 설립의 경우나 정관변경절차 등에 상당한 시일이 소요되는 회사의 본점이전, 회사의 상호나 목적의 변경의 경우에 특히 그 필요성이 크다.

그리하여 1995년 개정상법은 상호권의 보전을 위하여 회사에 한하여 상호의 가등기 제도를 신설하였다. 주식·유한회사를 설립하고자 할 때에는 본점소재지를 관할하는 등기소에, 기존 설립등기된 회사(이하 '기존회사'라 한다)가 본점이전을 하고자 할 때에는 이전할 곳을 관할하는 등기소에, 기존회사가 상호나 목적 또는 상호와 목적을 변경하고자 할 때에는 본점소재지를 관할하는 등기소에 각 상호의 가등기를 신청할 수 있으며, 이 상호의 가등기를 한 상호는 보통의 상호등기를 한 것과 동일한 효력을 갖는다(상법 제22조의2).

이 상호의 가등기는 회사에게만 인정되고 개인상인 및 개인기업에게는 인정되지 아니한다. 이는 개인상인의 경우 본점이전 또는 상호변경의 비밀을 지킬 수 있으므로 상호가등기는 필요없으며, 회사의 경우에는 그 계획을 철저한 비밀에 부치기 어렵기 때문이다.

2. 상호의 가등기의 요건

상호의 가등기가 인정되는 것은 다음의 3가지 경우이다.

(1) 회사설립에 관한 상호의 가등기

주식회사 또는 유한회사를 설립하고자 할 때에 설립등기를 하기 전에 상호의 가등기를 할 수 있다. 이 경우에는 본점의 소재지를 관할할 등기소에 상호의 가등기를 신청한다(상법 제22조의2 1항). 이 가등기는 설립에 상당한 시일이 소요되는 주식회사와 유한회사에 대하여 인정되고 설립절차가 간단한 합명회사와 합자회사에 대하여는 인정되지 않는다.

가등기 신청은 회사의 본점소재지가 원시정관에 확정되기 때문에 정관에 대한 공증인의 인증이 있는 때부터 가능하다고 본다.

또한 회사를 설립하고자 하는 본점소재지에 목적을 같이 하는 동일 또는 유사한 상호의 등기가 없어야 한다.

(2) 상호나 목적 또는 상호와 목적변경에 관한 상호의 가등기

회사가 성립한 후에 상호나 목적 또는 상호와 목적을 변경하고자 할 때에 상호의 가등기를 할 수 있다. 이 경우에 본점의 소재지를 관할하는 등기소에 상호의 가등기를 신청한다(상법 제22조의2 2항).

이 경우의 회사는 주식회사와 유한회사에 한하지 않고 합명회사, 합자회사를 포함하며, 현재 사용하고 있는 상호 또는 목적 대신에 장래에 변경하고자 하는 상호 또는 목적을 정한 때에 신청할 수 있다. 또한 현재의 본점소재지에 목적을 같이 하는 동종 또는 유사한 상호의 등기가 없어야 한다.

목적을 변경하고자 하는 경우의 상호의 가등기에 있어서는 그 회사가 현재 사용하고 있는 상호로 신청하여야 하고, 상호 또는 상호 및 목적을 변경하고자 하는 상호의 가등기에 있어서는 정하여질 상호로써 신청하여야 한다.

【쟁점질의와 유권해석】

〈후등기상호권자가 등기 후에 목적을 변경하여 선등기상호권자와 동종영업이 되는 경우 목적변경등기의 가부〉

후에 하는 상호등기의 배척의 효력은 동종영업을 하는 경우에만 적용됨이 법문상 명백하므로 영업의 종류가 다른 경우에는 자유롭게 등기도 할 수 있으나, 다만 등기 후에 목적을 변경하여 동종영업이 되는 때에는 결국 동일한 시내에서 동일한 영업을 위하여 타인이 등기한 상호와 같은 상호로 등기하는 것이 되어 후등기상호권자는 상호변경등기를 하지 아니하고는 목적변경등기를 할 수 없다(1985. 10. 16, 등기예규 598호).

(3) 본점이전에 관한 상호의 가등기

회사가 본점을 이전하고자 할 때에 상호의 가등기를 할 수 있다. 이 경우에는 이전할 곳을 관할하는 등기소에 상호의 가등기를 신청할 수 있다(상 법 제22조의2 3항).

이 경우의 회사도 주식회사와 유한회사 뿐만 아니라 합명회사와 합자회사를 포함하며, 회사가 본점이전을 예정한 때에 신청할 수 있다.

또한 이전할 본점소재지에 목적을 같이 하는 동종 또는 유사한 상호의 등기가 없어야 한다.

본점이전의 상호의 가등기는 현재 사용하고 있는 상호를 이전예정지 관할등기소에 상호가등기하는 것이므로, 현재 사용하고 있는 상호로 가등기를 한다.

(4) 상호가등기의 제한

상호의 가등기는 상법 제22조의 적용에 있어서 상호의 등기로 본다(상법 제22조의2 제4항, 상업등기법 제45조). 따라서 위 (1)~(3)의 경우에 있어서 가등기를 하려는 상호가 이미 동일한 특별시, 광역시, 시·군에서 동종영업의 상호로 등기되어 있는 때에는 상호의 가등기를 하지 못한다.

3. 상호의 가등기에 대한 등기기간

(1) 등기기간

상호의 가등기에 대한 등기기간은 법률상 정함이 없으므로 발기인 등은 언제든지 상호의 가등기가 필요하다고 인정되면 상호의 가등기를 신청할 수 있다고 할 것이다.

그러나 회사설립에 관한 상호가등기의 경우 어느 정도 회사의 실체가 갖추어져 구체적인 설립준비행위가 된 후에야 정관 등의 첨부서면을 첨부할 수 있으므로, 최소한 정관을 작성한 후에야 할 수 있을 것이다.

또한 변경등기에 있어서 상업등기법은 기등기된 가등기 상호에 대한 변경사항이 있을 경우 변경등기를 하여야 한다고 규정하고 있을 뿐(상업등기법 제40조 2항) 등기기간은 정한 바 없으나, 변경등기의 일반적인 등기기간에 준하여 상호의 가등기에 대한 변경등기를 하여야 할 것이다(상법 제183조).

(2) 본등기할 때까지의 기간(예정기간)

상법은 상호가등기에 대한 본등기를 할 때까지의 예정기간을 정하도록 하고 있는데(상법 제22조의2 5항), 이는 상호가등기 제도의 남용방지를 위하여 규정한 것이다.

즉, 예정기간이 없이 오랫동안 상호가등기를 하여 두면 가등기된 상호등기의 효력은 상호등기의 효력과 동일하므로 타인의 상호선정의 자유를 부당하게 침해하게 되므로 그 예정기간을 정하여 놓은 것이다.

회사설립의 상호가등기와 본점이전의 상호가등기의 경우에는 2년을, 상호나 목적 또는 상호와 목적변경의 상호가등기의 경우에는 1년을 각 초과할 수 없다(상업등기법 제39조 2항).

상호의 가등기의 효력은 이 예정기간 동안 존속한다.

4. 상호의 가등기의 효력

(1) 등기배척력

상호의 가등기는 상법 제22조의 적용 및 상업등기법 제29조의 적용에 있어서 상호의 등기로 본다(상 제22조의2 제4항, 상업등기법 제45조). 따라서 상호의 가등기는 본등기와 동일한 등기배척력이 있다. 즉 상호의 가등기를 해두면 동일한 서울특별시, 광역시, 시·군에서 동종영업의 상호로 등기하지 못한다. 등기관은 관할구역 내에 가등기된 상호와 동일상호의 등기신청이 있는 경우에는 그 등기신청을 각하하여야 한다(상법 제22조의2 4항, 상업등기법 제26조 제3호).

5. 상호가등기와 공탁금

(1) 공탁금의 내용

가등기제도의 남용을 방지하기 위하여 상호의 가등기 및 예정기간 연장의 등기를 신청할 때에는 상업등기규칙[별표 1]의 공탁금액상당의 금전을 공탁하여야 한다(상업등기법 제41조, 상업등기규칙 제79조).

공탁은 금전에 한하고 유가증권이나 물품으로써 할 수 없다.

일반적인 공탁과는 달리 상호의 가등기에 관한 공탁은 그 관할 공탁소에 대하여 특별히 규정하고 있지 않아 어느 공탁소에 공탁하여도 무방하다.

즉, 이 공탁은 그 가등기가 본래의 목적을 달성하는 등 일정한 회수사유가 있는 경우 공탁자가 회수하는 경우와 상호의 가등기를 예정기간 내에 하지 않는 등 가등기 본래의 목적을 달성하지 못하여 회수요건을 구비하지 못한 경우에 국고에 귀속되는 2가지의 경우만 있고, 일반적인 공탁에서와 같은 공탁의 상대방이 없어 공탁출급사유가 없으므로 관할이 없는 것이다.

상호가등기시 법정 공탁금액은 다음 표와 같다.

〈상호가등기의 공탁금액(상업등기규칙 제79조 별표1)〉

공탁금액 상호의 가등기의 종류	상호의 가등기 신청서		예정기간 연장의 등기신청서
	예정기간이 6월 이하인 경우	예정기간이 6월을 초과하는 경우	
상법 제22조의2 1항의 규정에 의한 상호의 가등기 (회사설립에 관한 상호의 가등기)	200만원	200만원에다가 초과되는 예정기간 6월(6월 미만의 기간은 6월로 봄)마다 100만원을 추가한 금액	연장기간 6월 (6월 미만의 기간은 6월로 봄)마다 100만원을 추가한 금액
상법 제22조의2 2항 및 3항의 규정에 의한 상호의 가등기 (상호, 목적의 변경, 본점의 이전에 관한 상호의 가등기)	150만원	150만원에다가 초과되는 예정기간 6월(6월 미만의 기간은 6월로 봄)마다 70만원을 추가한 금액	연장기간 6월(6월 미만의 기간은 6월로 봄)마다 70만원

〈상호가등기의 공탁금액을 제3자가 공탁할 수 있는지 여부〉

상호가등기시의 공탁은 상호가등기제도를 남용하는 것을 방지하기 위한 것으로서, 상호의 가등기가 말소된 때에는 회사 또는 발기인 등이 공탁금을 회수할 수 있는 경우를 제외하고는 공탁금을 국고에 귀속하도록 하는 몰취공탁이다. 몰취공탁의 피공탁자는 국가이고, 몰취공탁은 국가에 대하여 자기의 주장이 허위인 때 또는 약정기한내 등기절차의 불이행을 한 때에는 몰취의 제재를 당하여도 감수한다는 취지의 것이므로, 그 성질성 제3자에 의한 공탁이 허용되지 않는다.

(2) 공탁금의 회수

1) 공탁금의 회수사유(상업등기법 제44조)

예정기간 내에 본등기를 한 때에는 회사 또는 발기인은 공탁금을 회수할 수 있다.

즉, 공탁금 회수는 ① 예정기간 내에 본점이전등기가 된 때, ② 예정기간 내에 상호나 목적의 변경등기가 된 때, ③ 예정기간 내에 상호와 목적의 변경등기가 된 때, ④ 예정기간 내에 설립의 등기가 된 때에 할 수 있다.

2) 회수불능사유

그러나 형식적으로 본등기를 하였다 하더라도 ① 주식회사 또는 유한회사의 설립, 본점이전, 목적변경에 관계된 상호의 가등기의 경우에 있어서 상호를 변경한 때, ② 상호나 목적 또는 상호와 목적변경에 관계된 상호의 가등기의 경우에 있어서 본점을 다른 특별시·광역시·시 또는 군에 이전한 때에는 상호가등기의 말소신청을 하여야 하는 경우에 해당하므로 이 때에는 공탁금을 회수할 수 없다(상업등기법 제44조 1항 단서).

따라서 이 경우의 공탁금은 국고에 귀속된다.

3) 공탁금의 국고귀속(상업등기규칙 제83조)

상호가등기가 말소된 때에는 회사 또는 발기인 등이 공탁금을 회수할 수 있는 경우를 제외하고는 공탁금은 국고에 귀속된다(상업등기법 제44조 2항).

이에 의하여 공탁금이 국고에 귀속한 때에는 등기관은 공탁의 연월일, 공탁번호, 공탁금액, 공탁자 및 공탁금이 국고에 귀속된 취지와 그 연월일을 해당 공탁법원의 공탁공무원에게 이를 통지하여야 한다(상업등기규칙 제80조).

(3) 공탁금 회수절차(상업등기규칙 제82조)

① 회사 또는 발기인 등이 공탁금 회수를 할 수 있는 사유가 있을 때에는 등기관에게 공탁의 원인이 소멸하였음을 증명하는 서면을 교부할 것을 청구하되, 청구서 2통을 제출하여야 한다.

② 위 청구서에는 상호, 공탁법원·공탁의 연월일·공탁번호·공탁금액, 공탁의 원인이 소멸한 연월일, 증명을 청구하는 취지와 청구연월일을 기재하고 청구인이 기명날인 하여야 한다.

③ 위 청구를 받은 등기관은 청구서 1통에 "위와 같이 증명합니다"라는 증명문을 부기하고 증명의 연월일, 등기소, 등기관인 표시 및 그 성명을 기재한 후 직인을 날인하여 청구인에게 교부한다.

④ 발기인 등은 등기관이 발행한 공탁원인소멸증명서를 교부받아 공탁공무원으로부터 공탁금을 회수한다.

(4) 상호의 가등기에 대한 공탁금 등 관리대장의 비치 등

등기소에서는 상호가등기에 대한 공탁금 등 관리대장을 비치하고 상호의 가등기 또는 예정기간의 연장의 등기를 위하여 한 공탁과 관련한 업무에 철저를 기하여야 한다.

6. 상호가등기의 절차

(1) 관할등기소

본점이전의 상호가등기는 그 이전한 곳을 관할하는 등기소에서 관할하며, 유한주식회사의 회사설립에 관한 상호가등기 및 상호나 목적 또는 상호와 목적을 변경하기 위한 상호의 가등기는 본점의 소재지를 관할하는 등기소에서 관할한다.

등기소에는 상호의 가등기에 대한 공탁금 등 관리대장을 비치하고 상호의 가등기 또는 예정기간 연장의 등기를 위하여 한 공탁과 관련한 업무를 철저히 하여야 한다.

(2) 등기신청인

주식회사 또는 유한회사를 설립하고자 할 때의 상호의 가등기는 그 발기인 또는 사원이 이를 신청한다(상업등기법 제38조 1항). 이 때 발기인 또는 사원은 전원이 아니라 그중 1인이 신청하면 되나 가등기의 법적 효과는 발기인 또는 사원 전원에게 미친다.

상호나 목적 또는 상호와 목적을 변경하고자 할 때의 상호의 가등기와 본점을 이전하고자 할 때의 상호의 가등기는 회사의 대표자가 이를 신청한다(상업등기법 제23조).

예정기간 연장의 등기, 등기사항의 변경등기나 가등기의 말소는 가등기를 신청한 발기인이나 사원뿐만 아니라 그 외의 발기인이나 사원도 이를 신청할 수 있으며, 통상은 회사를 대표하는 이사가 신청인이 될 것이다.

(3) 등기사항

1) 주식회사 또는 유한회사의 설립에 관계된 상호의 가등기(상업등기법 제38조 2항)

① 상 호

② 목 적

③ 본점이 소재할 특별시·광역시·시 또는 군

④ 발기인 또는 사원 전원의 성명·주민등록번호 및 주소

⑤ 본등기를 할 때까지의 기간(2년을 초과할 수 없다)

2) 상호를 변경하고자 할 때의 상호의 가등기

① 상 호

② 목 적

③ 본점의 소재지

④ 변경 후 새로 정하여질 상호

⑤ 본등기를 할 때까지의 기간(2년을 초과할 수 없다)

3) 목적을 변경하고자 할 때의 상호의 가등기

① 상 호

② 본점의 소재지

③ 변경 후 새로 정하여질 목적

④ 본등기를 할 때까지의 기간(2년을 초과할 수 없다)

4) 상호와 목적을 변경하고자 할 때의 상호의 가등기

① 상 호

② 목 적

③ 본점의 소재지

④ 변경 후 새로 정하여질 상호와 목적

⑤ 본등기를 할 때까지의 기간(2년을 초과할 수 없다)

5) 본점을 이전하고자 할 때의 상호의 가등기

① 상 호

② 목 적

③ 본점의 소재지

④ 본점을 이전할 특별시·광역시·시 또는 군

⑤ 본등기를 할 때까지의 기간(2년을 초과할 수 없다)

※ 상호나 목적 또는 상호와 목적변경에 관계된 상호의 가등기의 경우에는 1년을 초과할
수 없다(상업등기법 제39조 2항).

(4) 첨부서면

1) 공탁서의 사본

상호가등기를 하기 위하여는 일정한 금액을 공탁하여야 하는 바, 상호가등기의
신청서에 그 공탁서의 사본을 제출한다(상업등기규칙 제80조 1항).

이 때 등기관은 공탁서 사본에 관하여 그 공탁서의 원본의 제출을 요구하여 위
사본이 원본과 같음을 확인하고, 사본에 원본을 확인한 뜻을 적고 날인하여야 한다
(상업등기규칙 제81조).

2) 인감증명법에 의한 인감증명 또는 등기관이 발행한 인감증명

가. 회사를 설립하고자 하는 경우

주식회사 또는 유한회사의 설립에 관계된 상호의 가등기의 신청서에는 그 신청
서 또는 위임에 따른 대리인의 권한을 증명하는 서면에 날인된 인감에 관하여
인감증명법에 따라 발급된 인감증명 및 설립하려는 회사의 정관을 첨부하여야 한
다(상업등기규칙 제80조 2항).

이 서면은 신청권한 있는 자에 의한 상호가등기 신청인가 여부를 심사하여 등
기의 진정을 담보하기 위한 것이다.

상업등기법 제25조 1항(신청서에 기명날인을 할 사람은 미리 그 인감을 등기
소에 제출하여야 한다)은 주식회사 또는 유한회사의 설립에 관계된 상호의 가등
기 및 본점이전에 관계된 상호의 가등기에 관한 신청에 대하여 적용하지 아니한

다(상업등기법 제25조 3항 3호).

나. 본점을 이전하고자 하는 경우

관할등기소에 대표자의 인감이 등록되어 있지 아니하므로, 이 때에는 등기관이 작성한 대표자의 인감증명을 첨부하여야 한다.

다. 상호나 목적 또는 상호와 목적을 변경하고자 하는 경우

상호나 목적 또는 상호와 목적을 변경하고자 할 때의 상호의 가등기의 경우에는 관할등기소에 대표자의 인감이 이미 등록되어 있으므로 별도로 인감증명을 첨부할 필요가 없다.

신청서에 첨부하는 인감증명은 발행일로부터 3월 이내의 것이어야 한다(상업등기규칙 제52조 4항).

3) 설립하고자 하는 회사의 정관

주식회사 또는 유한회사의 설립에 관계된 상호의 가등기의 신청서에는 그 신청서 또는 위임에 의한 대리인의 권한을 증명하는 서면에 날인된 인감에 관하여 인감증명법에 의하여 발급된 인감증명 및 설립하고자 하는 회사의 정관을 첨부하여야 한다(상업등기규칙 제80조 2항).

주식회사 및 유한회사의 정관은 발기인 전원 또는 총사원이 정관에 기명날인 또는 서명을 하고 공증인의 증명을 받음으로써 효력이 생기므로, 상호의 가등기에 첨부하는 정관은 공증인의 인증이 된 것이어야 할 것이다(상법 제292조, 제543조 3항, 공증인법 제62조). 다만 2009년 5월 상법 개정에 의하여 주식회사의 경우 자본금 총액이 10억원 미만인 회사를 발기설립하는 경우 각 발기인이 정관에 기명날인 또는 서명함으로써 효력이 생기고 정관에 대한 공증의무가 면제되므로 이러한 경우에는 공증인의 인증이 된 정관이 아니어도 된다.

정관은 신청서에 기재한 상호, 목적, 본점이 소재할 시·군과 발기인 등 전원의 성명·주소·주민등록번호 등이 진실한 것인가 신청인이 발기인 등의 자격이 있는가의 여부를 심사하는데 필요하다.

등기관이 발급한 인감증명을 첨부서면으로 하고 있는 것은 발기인이 회사 또는 기타 법인이 되는 경우를 예정한 것이다.

심사결과 공증인의 인증을 받지 않았거나 신청서의 기재가 정관의 기재와 저촉되는 경우 및 발기인 또는 사원으로 기재되지 아니한 자가 신청한 경우에는 그 신청은 각하된다.

4) 대리인에 의하여 신청할 때에는 그 권한을 증명하는 서면(상업등기규칙 제52조)

5) 설립 및 본점이전 가등기시 인감제출 여부

주식회사 또는 유한회사의 설립에 관계된 상호의 가등기와 본점이전에 관한 상호의 가등기의 경우에는 통상 등기신청서에 날인할 자(회사의 임원 또는 사원으로서 대표권이 없는 경우 제외)가 미리 인감을 등기소에 제출하여야 하는 규정은 적용되지 아니하므로 인감(인감신고서)을 제출할 필요가 없다(상업등기법 제25조 3항).

설립에 관한 가등기의 경우에는 아직 회사로서 성립되지 않은 것이므로 회사를 대표할 자가 없어 인감을 제출할 필요가 없고, 본점이전의 가등기의 경우에는 기존의 본점에 대표자의 인감이 신고되어 있고 법률상 본점의 주소는 가등기와 관계없이 본점주소이기 때문이다.

상호나 목적 또는 상호와 목적의 변경에 관한 상호의 가등기의 경우에는 회사대표자의 인감이 제출되어 있으므로 신청인의 인감을 다시 제출할 필요는 없다.

7. 상호의 가등기의 기록

「상법」제22조의2 제1항부터 제3항까지의 규정에 따른 상호의 가등기는 별지 제10호부터 제14호까지의 양식 중 해당 양식의 각 란에 해당하는 상호가등기에 관한 등기정보를 기록하는 방식으로 한다(상업등기규칙 제78조).

8. 상호가등기의 변경등기

상호의 가등기에 있어서 상업등기법이 정한 경우에만 상호의 가등기를 한 회사 또는 발기인 등은 그 변경등기를 신청하여야 한다(상업등기법 제40조).

이 때 변경을 신청하여야 할 경우와 말소를 신청하여야 할 경우가 있는데, 그 구별은 ① 상호가등기의 등기사항 중 가등기의 보전의 주체 혹은 가등기된 상호의 배타적 효력의 범위를 공기하는 사항에 변경이 생긴 때에는 그 변경의 등기를 신청하여야 하고, ② 상호가등기의 등기사항 중 가등기에 의하여 보전하려는 객체에 관하여 공시하는 사항에 변경이 생긴 때에는 그 가등기의 말소를 신청하여야 한다.

(1) 변경등기를 하는 경우(상업등기법 제40조)

1) 예정기간 연장의 등기

모든 종류의 상호의 가등기에 있어서 본등기를 할 때까지의 예정기간은 상업등기법 제41조에서 정하는 금액을 공탁하고 연장등기를 신청할 수 있다. 이 경우 종전의 예정기간과 연장기간을 합한 기간이 본등기를 할 때까지의 기간은 2년, 본점이 전에 관계된 상호의 가등기의 경우에는 2년, 상호나 목적 또는 상호와 목적변경에 관계된 상호의 가등기의 경우에는 1년을 각각 초과할 수 없다(상업등기법 제40조 1항).

2) 회사의 설립에 관한 상호의 가등기의 경우

주식회사 또는 유한회사의 회사설립에 관한 상호의 가등기에 있어서 ① 목적, ② 발기인 또는 사원의 성명과 주소 또는 주민등록번호 등의 사항에 변경이 생긴 때에는 그 변경등기를 신청하여야 한다(상업등기법 제40조 2항).

3) 본점이전에 관계된 상호의 가등기의 경우

회사는 상호, 목적, 본점의 소재지에 변경이 생긴 때에는 그 변경등기를 신청하여야 한다. 다만 ① 주식회사 또는 유한회사의 설립, 본점이전, 목적변경에 관계된 상호의 가등기의 경우에 있어서 상호를 변경한 때, ② 상호나 목적 또는 상호와 목적변경에 관계된 상호의 가등기의 경우에 있어서 본점을 다른 특별시·광역시·시 또는 군에 이전한 때에는 그러하지 아니하다(상업등기법 제40조 3항).

(2) 변경등기의 절차

1) 등기신청인

회사가 한 상호의 가등기의 변경등기의 신청인은 회사이고, 회사의 설립에 관한 상호의 가등기의 변경등기의 신청인은 발기인 또는 사원이다(상업등기법 제40조 1항).

회사가 신청인인 경우에는 그 대표자가 회사를 대표하여 신청한다.

2) 등기사항

① 예정기간 연장의 등기에 있어서는 연장 후의 예정기간, 변경의 뜻과 그 연월일

② 회사의 설립에 관한 상호의 가등기에 있어서는 변경 후의 목적 또는 발기인이나 사원의 성명, 주민등록번호 및 주소, 변경의 뜻과 그 연월일

③ 상호의 변경에 관한 상호의 가등기에 있어서는 변경 후의 상호나 목적 또는 이전(동일 시·군내) 후나 변경 후의 본점소재지, 변경 또는 이전의 뜻과 그 연월일

④ 목적의 변경에 관한 상호의 가등기에 있어서는 이전(동일 시·군내) 또는 변경 후의 본점소재지, 이전 또는 변경의 뜻과 그 연월일

⑤ 상호나 목적의 변경에 관한 상호의 가등기에 있어서는 변경 후의 상호 또는 이전(동일 시·군내) 후나 변경 후의 본점소재지, 변경 또는 이전의 뜻과 그 연

월일

⑥ 본점의 이전에 관한 상호의 가등기에 있어서는 변경 후의 목적 또는 이전 후
나 변경 후의 본점소재지, 변경 또는 이전의 뜻과 그 연월일

3) 첨부서면

가. 예정기간 연장의 등기

① 공탁서 사본 : 모든 예정기간의 연장의 등기신청서에는 상업등기법 제41조에
따라 공탁한 공탁서사본을 첨부하여야 한다(상업등기규칙 제80조).

② 인감증명 : 주식회사 또는 유한회사의 설립에 관계된 상호의 가등기에 관한 예
정기간 연장의 등기 신청서에는 그 신청서 또는 위임에 의한 대리인의 권한을
증명하는 서면에 날인된 인감에 관하여 인감증명법에 의하여 발급된 인감증명
또는 등기관이 발급한 인감증명을 첨부한다(상업등기규칙 제80조 3항).

③ 회사대표자 자격을 증명하는 서면 : 본점의 이전에 관한 상호의 가등기의 예정
기간 연장의 등기신청서에는 회사대표자의 자격을 증명하는 서면 및 등기관이
작성한 회사대표자의 인감증명을 첨부한다.

나. 주식 또는 유한회사의 설립에 관한 상호의 가등기의 변경등기

① 인감증명 : 신청서 또는 위임에 의한 대리인의 권한을 증명하는 서면에 날인된
인감에 관하여, 인감증명법에 의하여 발급된 인감증명 또는 등기관이 발급한
인감증명을 첨부한다.

② 정 관 : 다만, 발기인 등의 성명·주민등록번호 및 주소의 변경등기를 신청하는
경우에는 첨부할 필요가 없다(상업등기규칙 제80조 3항).

다. 본점의 이전에 관한 상호의 가등기의 변경등기

① 회사 대표자의 자격을 증명하는 서면

② 등기관이 작성한 회사대표자의 인감증명

③ 회사의 본점소재지에서 변경등기를 하였음을 증명하는 서면

라. 대리인에 의하여 신청할 때에는 그 권한을 증명하는 서면(상업등기규칙 제52조)

마. 등록면허세(지방세법 제28조 1항) 및 지방교육세(지방세법 제151조 1항) 납부

영수필통지서 및 확인서, 등기신청수수료증지, 등록면허세는 1만2천원, 지방교
육세는 2천4백원이며, 등기신청수수료는 6,000원(전자표준양식에 의해 신청하
는 경우는 4,000원, 전자신청은 2,000원)이다.

4) 상호의 가등기기록

상호의 가등기는 별지 제10호부터 제14호까지의 양식 중 해당 양식의 각 란에 해당하는 상호가등기에 관한 등기정보를 기록하는 방식으로 한다(상업등기규칙 제78조).

9. 상호의 가등기의 말소

(1) 직권에 의한 말소(상업등기법 제43조)

등기관은 다음의 경우에는 상호의 가등기를 직권으로 말소하여야 한다.

1) 예정기간 내에 본등기를 한 때(제1호)

이는 상호의 가등기에 대한 소기의 목적을 달성하게 되어 말소하는 것이다.

2) 본등기를 하지 아니하고 예정기간을 경과한 때(제2호)

이때에는 상호가등기의 효력이 소멸되므로 그 가등기를 직권으로 말소하는 것이다.

그런데 본점을 이전하고자 할 때의 상호의 가등기에 있어서 회사가 예정기간 내에 본점 이전의 등기를 하지 않음을 이유로 등기관이 상호의 가등기를 직권으로 말소하여야 할 경우에는(현행법상 본점이전등기신청은 구본점소재지에서 신본점소재지의 본점이전등기신청서를 동시에 접수하므로 예정기간이 경과한 사실만으로 상호가등기를 말소하면 본점이전등기신청서가 구본점소재지에 접수된 경우에도 상호의 가등기가 말소 또는 부당한 결과발생 우려가 있으므로) 예정기간 만료일 이후 당해 회사의 본점소재지를 관할하는 등기소로부터 본점이전등기신청서의 우송에 통상 필요한 기간이 경과된 후 본점소재지를 관할하는 등기소에 본점이전등기신청서가 접수되었는지 여부를 유선으로 조회한 후 이를 하여야 한다(예규 제844호).

3) 존속기간 경과 후의 본등기 여부

상업등기법 제43조는 예정기간 내 본등기를 한 때와 본등기를 하지 아니하고 예정기간을 경과한 때에는 등기관이 상호가등기를 직권말소하여야 한다고 규정하고 있다.

이렇게 상호가등기가 직권말소되는 경우에는 공탁금은 국고에 귀속되며, 예정기간 경과 후 공탁금 귀속시까지의 기간 내에 상호가등기의 본등기를 신청하면 등기관은 등기를 인용하여야 하는가가 실무상 문제될 수 있다.

이에 대하여 예정기간이 지나기 전에 가등기상호권자는 예정기간의 연장을 하고 그에 따른 공탁을 하여야 할 의무가 있고(상업등기법 제40조 1항), 공탁금의 국고

귀속사유가 있으면 등기관이 공탁공무원에게 국고귀속통지를 하여야 하므로(상업등기규칙 제83조) 국고귀속통지 전에 직권말소를 하여야 하며, 이 공탁금의 성격이 몰취공탁의 성격을 가지고 있으며, 존속기간이 예정된 경우에는 그 존속시간의 경과로 법적 효력이 상실되었다고 보아야 하며 또한 다른 가등기상호에 대한 이해관계인이 예정기간이 경과한 것을 이유로 그 가등기상호에 대한 상호등기 또는 상호의 가등기를 신청하면 존속기간이 경과하였으므로 그에 대하여 상호등기 등을 하여주어야 하므로 등기관은 가등기상호의 존속기간이 경과하면 등기관은 당연히 직권말소하여야 하므로 예정기간이 경과한 후에 본등기를 신청하더라도 등기관은 이를 허용할 수 없다고 생각된다.

(2) 신청에 의한 말소(상업등기법 제42조)

1) 회사 또는 발기인 등의 말소신청

회사 또는 발기인 등은 다음 각 호의 어느 하나에 해당하는 때에는 상호의 가등기의 말소를 신청하여야 한다. 설립 전의 회사인 경우에는 발기인 또는 사원, 설립 후의 회사인 경우에는 회사를 대표하는 자가 상호의 가등기의 말소신청을 하여야 한다.

① 주식회사 또는 유한회사의 설립, 본점이전, 목적변경에 관계된 상호의 가등기의 경우에 있어서 상호를 변경한 때

② 상호나 목적 또는 상호와 목적변경에 관계된 상호의 가등기의 경우에 있어서 본점을 다른 특별시·광역시·시 또는 군에 이전한 때

③ 기타 상호의 가등기가 필요 없게 된 때
상호의 가등기를 한 회사가 해산한 경우, 회사의 설립·본점이전을 중지한 경우 등이 이 사유에 해당할 것이다.

2) 이해관계인의 말소신청(상업등기법 제36조)

① 상호를 변경 또는 폐지한 경우에 그 상호를 등기한 자가 2주간 내에 상호의 가등기의 말소신청을 하지 않는 경우에는 이해관계인은 그 말소에 관하여 이해관계가 있음을 증명하는 서면을 첨부하여 그 상호의 가등기의 말소를 신청할 수 있다.
여기서 이해관계인이란 사실상의 이해관계인이 아니라 법률상의 이해관계를 가지는 자이고, 설립 중의 회사도 청구할 수 있다고 할 것이다.

② 이 경우 등기관은 상호의 가등기를 한 자에게 1월 이내의 기간을 정하여 그 기간 내에 서면으로 이의를 진술하지 아니한 때에는 등기를 말소한다는 뜻을

통지하여야 한다. 이 때 등기관이 위 상호의 가등기를 한 자의 주소 또는 거소를 알 수 없을 때에는 위 통지에 갈음하여 통지시에 정한 기간동안 등기소 게시장에 이를 게시하여야 한다(상업등기법 제78조, 제36조 2항).

③ 위 기간 내에 등기의 말소에 관하여 이의를 진술하는 자가 있을 때에는 등기관은 그 이의에 대하여 결정하여야 한다(상업등기법 제79조). 이의가 이유 있다는 결정을 할 때에는 이해관계인의 상호가등기의 말소신청을 각하하여야 하며(상업등기법 제80조, 제36조 3항), 이의가 없을 때에는 그 상호의 가등기를 말소한다.

3) 첨부서면

① 회사 또는 발기인 등의 상호의 가등기의 말소등기신청서에는 그 신청서 또는 대리인의 권한을 증명하는 서면에 날인한 인감에 관하여 인감증명법에 의하여 발급한 인감증명 또는 등기관이 발급한 인감증명(상업등기규칙 제80조 2항)

② 본점이전에 관한 상호의 가등기의 말소등기신청서에는 회사 대표자의 자격을 증명하는 서면과 등기관이 작성한 회사대표자의 인감증명

③ 대리인에 의하여 신청할 때에는 그 권한을 증명하는 서면(상업등기규칙 제52조)

④ 등록면허세납부영수필통지서 및 확인서, 등기신청수수료 납부

등록면허세는 1만2천원, 지방교육세는 2천4백원이며 등기신청수수료는 6,000원(전자표준양식에 의한 경우는 4,000원, 전자신청은 2,000원)이다.

4) 등기의 기록

등기기록 중 기타사항란에 상호의 가등기를 말소한 뜻과 그 연월일을 기재하고 그 등기기록을 폐쇄하여야 한다(상업등기규칙 제89조).

<상호의 가등기에 대한 변경등기 또는 말소등기의 가부 일람표>

가등기의 종류	등기사항	등기사항에 변경이 생긴 경우	
		변경등기의 가부	말소등기의 가부
1. 설립에 관한 상호의 가등기	① 상호	×	○
	② 목적	○	×
	③ 본점의 소재지	×	○
	④ 발기인 또는 사원전원의 성명·주민등록번호 및 주소	○	×
	⑤ 예정기간	○	×
2. 상호 변경에 관한 상호의 가등기	① 상호	○	×
	② 목적	○	×
	③ 본점의 소재지	○(× 다른 관할 구역으로 이전한 경우)	×(○ 다른 관할 구역으로 이전한 경우)
	④ 변경에 의하여 정하여질 목적	×	○
	⑤ 예정기간	○	×
3. 목적의 변경에 관한 상호의 가등기	① 상호	×	○
	② 본점의 소재지	○(× 다른 관할 구역으로 이전한 경우)	×(○ 다른 관할 구역으로 이전한 경우)
	③ 변경에 의하여 정하여질 목적	×	○
	④ 예정기간	○	×
4. 상호 및 목적의 변경에 관한 상호의 가등기	① 상호	○	×
	② 본점의 소재지	○(× 다른 관할 구역으로 이전한 경우)	×(○ 다른 관할 구역으로 이전한 경우)
	③ 변경에 의하여 정하여질 상호 또는 목적	×	○
	④ 예정기간	○	×
5. 본점이전에 관한 상호의 가등기	① 상호	×	○
	② 목적	○	×
	③ 본점의 소재지	○(○ 다른 관할 구역으로 이전한 경우)	×(× 다른 관할 구역으로 이전한 경우)
	④ 본점을 이전할 본점의 소재지	×	○
	⑤ 예정기간	○	×

○표는 변경등기가 가능한 경우 또는 말소등기를 요하는 것임

×표는 변경등기를 할 수 없는 경우 또는 말소등기를 요하지 않는 것임

【서식】상호가등기신청서(상호의 변경사용에 관한)

<table>
<tr><td rowspan="2">접　수</td><td>20○○년 ○월 ○일</td><td rowspan="2" colspan="2">상호가등기신청
처리인</td><td>등기관 확인</td><td>각종 통지</td></tr>
<tr><td>제○○○○호</td><td></td><td></td></tr>
</table>

<table>
<tr><td>등 기 의 목 적</td><td>상호의 변경을 위한 상호가등기</td></tr>
<tr><td>등 기 의 사 유</td><td>20○○년 ○월 ○일 당 회사의 상호를 A주식회사(유한회사)로 변경하기 위하여 다음 사항의 상호의 가등기를 구함.</td></tr>
<tr><td colspan="2" align="center">등　　기　　할　　사　　항</td></tr>
<tr><td>변 경 할 상 호</td><td>A주식회사</td></tr>
<tr><td>현 재 의 상 호</td><td>○○주식회사</td></tr>
<tr><td>본등기를 할
때까지의 예정기간</td><td>20○○년 ○월 ○일</td></tr>
<tr><td>기　　　　타</td><td>해당 없음</td></tr>
</table>

등록면허세	금 원	지방교육세	금 원	농어촌특별세	금 원
세 액 합 계	금 원	등기신청수수료		금 원	
등기신청수수료 납부번호					

첨   부   서   면

1. 공탁서사본(원본과 동시제출-원본환 1통 부) 1. 회사등기부등본 1통 1. 등록면허세영수필확인서 1통 1. 등기신청수수료영수필확인서 1통	1. 위임장(대리인이 신창할 경우) 1통 〈기 타〉

20○○년 ○월 ○일

신 청 인   ○○주식회사

                 주 소   ○○시 ○○구 ○○길 ○○

대 표자   성 명 ○ ○ ○ (인)   (전화 : 02-123-4567)

                 주 소   ○○시 ○○구 ○○길 ○○

대 리 인   성 명 법무사 ○ ○ ○ (인)   (전화 : 02-456-7890)

                 주 소   ○○시 ○○구 ○○길 ○○

○○지방법원 ○○등기소 귀중

- 신청서 작성요령 -

1. 해당란이 부족할 때에는 별지를 이용합니다.
1. 해당 등기신청과 관계없는 사항에 대하여는 "해당없음"으로 기재하거나 삭제하고, 필요한 사항은 추가 기재합니다.

【서식】 상호가등기의말소등기신청서

<table>
<tr><td colspan="2" rowspan="2">접수</td><td colspan="2" rowspan="2" align="center">상호가등기말소등기신청</td><td></td><td></td></tr>
<tr><td>등기관 확인</td><td>각종 통지</td></tr>
</table>

<table>
<tr><td rowspan="2">접수</td><td colspan="2">20○○년 ○월 ○일</td><td rowspan="2">처리인</td><td>등기관 확인</td><td>각종 통지</td></tr>
<tr><td colspan="2">제○○○○호</td><td></td><td></td></tr>
<tr><td>가등기한 상호</td><td colspan="3">○○상회</td><td>등기번호</td><td>제1000호</td></tr>
<tr><td>가등기한 본점</td><td colspan="5">○○시 ○○구 ○○길 ○○</td></tr>
<tr><td>등기의 목적</td><td colspan="5">가등기한 상호의 말소등기</td></tr>
<tr><td>등기의 사유</td><td colspan="5"></td></tr>
<tr><td colspan="6" align="center">등 기 할 사 항</td></tr>
<tr><td>말소한 뜻과
그 연월일</td><td colspan="5"></td></tr>
<tr><td>기   타</td><td colspan="5">해당 없음</td></tr>
</table>

등록면허세	금 원	지방교육세	금 원	농어촌특별세	금 원
세 액 합 계	금	원	등기신청수수료	금	원
등기신청수수료 납부번호					

<table>
<tr><td colspan="2" align="center">첨   부   서   면</td></tr>
<tr>
<td>
1. 발기인(사원)의 인감증명서나 본인서명
   사실확인서 또는 전자본인서명확인서의
   발급증(회사 설립에 관계된 상호가등기
   의 말소일 경우)　　　　　　　　1통
</td>
<td>
1. 등록면허세영수필확인서　　　　1통
1. 등기신청수수료영수필확인서　　1통
1. 위임장(대리인이 신청할 경우)　1통
〈기　타〉
</td>
</tr>
</table>

2000년 0월 0일

신 청 인

발기인(사원) 또는 대표자　　　　　성　명 000 (인)　(전화 : 02-123-4567)

　　　　　　　　　　　　　　　　주　소　00시 00구 00길 00

대 리 인　　　　성　명 법무사 0 0 0 (인)　(전화 : 02-456-7890)

　　　　주　소　00시 00구 00길 00

00지방법원 00등기소 귀중

- 신청서 작성요령 -

1. 해당란이 부족할 때에는 별지를 이용합니다.
1. 해당 등기신청과 관계없는 사항에 대하여는 "해당없음"으로 기재하거나 삭제하고,
　필요한 사항은 추가 기재합니다.
1. 「인감증명법」에 따른 인감증명서 제출과 함께 관련 서면에 인감을 날인하여야 하는
　경우, 본인서명사실확인서를 제출하고 관련 서면에 서명을 하거나 전자본인서명확인
　서 발급증을 제출하고 관련 서면에 서명을 하면 인감증명서를 제출하고 관련 서면에
　인감을 날인한 것으로 봅니다.

제 2 장 미성년자와 법정대리인의 등기

1. 주요내용

(1) 성년 연령의 하향

성년에 이르는 연령을 만20세에서 만19세로 낮췄다.

(2) 성년후견 · 한정후견 · 특정후견제도의 도입

획일적으로 행위능력을 제한하는 문제점을 내포하고 있는 기존의 금치산·한정치산제도 대신 더욱 능동적이고 적극적인 사회복지시스템인 성년후견·한정후견·특정후견제도를 도입하려는 것이다.

1) 성년후견제도

성년후견제도는 기존의 금치산제도를 대체하기 위하여 도입된 제도이다.

가. 성년후견개시의 심판

가정법원은 질병, 장애, 노령, 그 밖의 사유로 인한 정신적 제약으로 사무를 처리할 능력이 지속적으로 결여된 사람에 대하여 본인, 배우자, 4촌 이내의 친족, 미성년후견인, 미성년후견감독인, 한정후견인, 한정후견감독인, 특정후견인, 특정후견감독인, 검사 또는 지방자치단체의 장의 청구에 의하여 성년후견개시의 심판을 한다. 이 때 가정법원은 본인의 의사를 고려하여야 한다.

나. 피성년후견인의 행위능력

금치산자의 경우 법정대리인이 대리하여서만 법률행위를 할 수 있으며, 금치산자의 경우 법정대리인의 동의가 없는 경우는 물론 법정대리인의 동의가 있다고 하여도 단독으로 법률행위를 할 수 없으며, 단독으로 한 법률행위는 취소 할 수 있다. 이에 비하여 개정 민법에 도입된 성년후견제도에서는 성년후견을 받는 피성년후견인의 법률행위는 원칙적으로 취소할 수 있다는 점에서는 금치산제도와 동일하지만 다음과 같은 점에서 차이가 있다.

첫째, 가정법원은 취소할 수 없는 피성년후견인의 법률행위의 범위를 정할 수 있다. 또한 가정법원은 본인, 배우자, 4촌 이내의 친족, 성년후견인, 성년후견감독인, 검사 또는 지방자치단체의 장의 청구에 의하여 이러한 취소할 수 없는 피성년후견인의 법률행위의 범위를 변경할 수 있다.

둘째, 피성년후견인이라도 일용품의 구입 등 일상생활에 필요하고 그 대가가 과도하지 아니한 법률행위는 성년후견인이 취소할 수 없다. 즉, 이러한 경우에는 금치산제도하에서는 만6세 정도의 지능을 가진 성인이 금치산선고를 받은 경우 일용품 구입과 같은 일상생활에 필요한 행위도 독자적으로 할 수 없는 문제가 있었으나 개정민법에 의하면 이러한 경우 피성년후견인에게 단독으로 법률행위를 할 수 있는 행위능력이 인정되는 것이다.

2) 한정후견제도

한정후견제도는 기존의 한정치산제도를 대체하기 위하여 도입된 제도이다.

가. 한정후견개시의 심판

가정법원은 질병, 장애, 노령, 그 밖의 사유로 인한 정신적 제약으로 사무를 처리할 능력이 부족한 사람에 대하여 본인, 배우자, 4촌 이내의 친족, 미성년후견인, 미성년후견감독인, 성년후견인, 성년후견감독인, 특정후견인, 특정후견감독인, 검사 또는 지방자치단체의 장의 청구에 의하여 한정후견개시의 심판을 한다. 이때 가정법원은 본인의 의사를 고려하여야 한다.

나. 피한정후견인의 행위능력

한정치산자의 경우 재산상 법률행위에 있어서 미성년자의 행위능력과 원칙적으로 동일하다. 즉, 한정치산자는 법정대리인의 동의를 받아서 스스로 법률행위를 하거나 법정대리인의 대리에 의하며, 한정치산자가 한 행위는 본인이나 법정대리인이 취소할 수 있다. 다만, 미성년자의 행위능력과 동일하게 권리만을 얻거나 의무를 면하는 행위, 처분이 허락된 재산의 처분, 영업 허락을 받은 경우와 같은 경우에는 한정치산자도 단독으로 유효한 법률행위를 할 수 있다. 이에 비하여 피한정후견인의 경우에는 가정법원이 정한 피한정후견인이 한정후견인의 동의를 받아야 하는 행위에 대해서만 한정후견인의 동의가 필요하고, 그 외의 법률행위는 단독으로 유효하게 할 수 있다는 점에서 기존의 한정치산자와 차이가 있다. 만약 한정후견인의 동의가 필요한 법률행위를 피한정후견인이 한정후견인의 동의 없이 하였을 때에는 그 법률행위를 취소할 수 있다. 다만, 일용품의 구입 등 일상생활에 필요하고 그 대가가 과도하지 아니한 법률행위에 대하여는 취소할 수 없다.

3) 특정후견제도

가. 특정후견의 심판

특정후견제도는 개정민법에 신설된 제도이다. 가정법원은 질병, 장애, 노령, 그 밖의 사유로 인한 정신적 제약으로 일시적 후원 또는 특정한 사무에 관한 후원이 필요한 사람에 대하여 본인, 배우자, 4촌 이내의 친족, 미성년후견인, 미성년후견감독인, 검사 또는 지방자치단체의 장의 청구에 의하여 특정후견의 심판을 한다. 이러한 특정후견은 본인의 의사에 반하여 할 수 없으며, 특정후견의 심판을 하는 경우에는 특정후견의 기간 또는 사무의 범위를 정하여야 한다.

나. 피특정후견인의 행위능력

피특정후견인의 법률행위는 어떠한 법적 제약이 따르지 않는다. 즉, 피특정후견인은 유효하게 법률행위를 할 수 있는 행위능력이 인정되는 것이다.

핵 심 판 례

■ **민법 제959조의20 제1항이 본인에 대해 한정후견개시심판 청구가 제기된 후 심판이 확정되기 전에 후견계약이 등기된 경우에도 적용되는지 여부(적극)**

민법 제959조의20 제1항은 "후견계약이 등기되어 있는 경우에는 가정법원은 본인의 이익을 위하여 특별히 필요할 때에만 임의후견인 또는 임의후견감독인의 청구에 의하여 성년후견, 한정후견 또는 특정후견의 심판을 할 수 있다. 이 경우 후견계약은 본인이 성년후견 또는 한정후견 개시의 심판을 받은 때 종료된다."라고 규정하고, 같은 조 제2항은 "본인이 피성년후견인, 피한정후견인 또는 피특정후견인인 경우에 가정법원은 임의후견감독인을 선임함에 있어서 종전의 성년후견, 한정후견 또는 특정후견의 종료 심판을 하여야 한다. 다만 성년후견 또는 한정후견 조치의 계속이 본인의 이익을 위하여 특별히 필요하다고 인정하면 가정법원은 임의후견감독인을 선임하지 아니한다."라고 규정하고 있다. 이와 같은 민법 규정은 후견계약이 등기된 경우에는 사적자치의 원칙에 따라 본인의 의사를 존중하여 후견계약을 우선하도록 하고, 예외적으로 본인의 이익을 위하여 특별히 필요할 때에 한하여 법정후견에 의할 수 있도록 한 것이다(대법원 2017. 6. 1. 자 2017스515 결정).

Ⅰ. 미성년자의 등기

◨ 핵 심 사 항 ◨

1. 미성년자의 영업의 허가
 (1) 미성년자와 피한정후견인의 영업능력(민법 제5조, 제10조, 제8조, 상법 제6조)
　　법정대리인으로부터 허락을 얻은 특정영업에 관하여는 이들은 성년자와 동일한 능
　　력이 있는 것이므로(민법 제8조), 이들이 법정대리인의 허락을 얻어 영업을 하는
　　때에는 그 등기를 하여야 한다(상법 제6조).
 (2) 피성년후견인의 영업능력 : 언제나 영업능력이 없다. 따라서 피성년후견인이 상행위
　　를 할 경우에는 법정대리인 등기만 가능하고 미성년자 등기는 할 수 없다.
2. 등기절차 : 미성년자,　피한정후견인의 영업을 허락한 경우에 그 영업이 상업인 때에
　는 미성년자등기를 하여야 하며, 그를 등기한 후 영업소를 이전한 때에는 영업소이전
　등기를 해야 하고, 영업의 종류를 변경하거나 기타 허락한 사항을 변경한 때에는 그
　에 따른 변경등기를 하여야 한다. 또한 허락의 취소, 미성년자의 성년도달 등 미성년
　사유가 소멸한 때에는 그에 따른 등기도 하여야 한다(상업등기법 제46조). 이들 등기
　는 강제적인 등기는 아니며 등기하지 않으면 제3자에게 대항할 수 없다.
3. 영업허가의 취소, 제한 등의 등기 : 법정대리인은 허락한 영업을 취소하거나 제한한
　경우에는 상인으로서 영업에 관한 등기사항의 소멸, 변경을 가져오므로(상법 제40조),
　허락의 철회에는 소멸등기를, 허락의 제한에는 변경등기를 하여야 한다.

1. 미성년자의 영업의 허가

(1) 미성년자와 피한정후견인의 영업능력

1) 법정대리인의 동의에 의한 영업행위

　　미성년자 또는 피한정후견인이 법률행위를 함에는 원칙적으로 법정대리인의 동의
를 얻어야 하고 이를 얻지 아니하였을 때에는 그 행위를 취소할 수 있지만(민법 제
5조, 제10조), 법정대리인으로부터 허락을 얻은 특정영업에 관하여는 이들은 성년
자와 동일한 능력이 있는 것이므로(민법 제8조), 이들이 법정대리인의 허락을 얻어
영업을 하는 때에는 그 등기를 하여야 한다(상법 제6조).

　　이 등기는 미성년자 또는 피한정후견인이 법정대리인의 동의없이 영업을 할 수
있는 능력이 있음을 공시하기 위한 것이다. 또 한편으로는 제한능력자에게 영업의

허락을 한 법정대리인은 그 영업에 관하여는 대리권이 없다고 할 것이므로, 제한능력자의 법정대리인에게는 대리권이 없음을 공시하는 뜻도 있다 할 것이다.

법정대리인이 미성년자나 피한정후견인의 영업행위를 허락함에는 어떤 영업이든지 모두 이를 허락한다고 하거나 하나의 영업 중 일부행위에 대해서만 제한적으로 허락할 수는 없고, 1개 또는 수개의 영업을 특정하여 당해 영업의 전부에 대하여 허락하여야 한다. 또한 법정대리인은 허락한 영업을 취소하거나 제한할 수도 있는데, 이때의 취소 또는 제한 역시 허락한 하나의 영업 중 일부행위만을 국한하여 할 수는 없고 허락한 1개의 영업의 전부 또는 수개의 영업 중 그 일부의 특정영업에 대한 허락만을 취소 또는 제한할 수 있다.

2) 미성년자 또는 피한정후견인이 회사의 무한책임사원이 된 경우

미성년자 또는 피한정후견인이 법정대리인의 허락을 얻어 회사의 무한책임사원이 된 때에는 그 사원자격으로 인한 행위에 있어서 능력자로 보므로(상법 제7조), 출자의무의 이행 및 지분양도 등에는 법정대리인의 동의가 필요없다.

(2) 피성년후견인의 영업능력

피성년후견인은 언제나 영업능력이 없으므로, 법정대리인의 허락을 얻어도 유효한 영업행위를 하지 못한다. 따라서 피성년후견인이 상행위를 할 경우에는 법정대리인 등기만 가능하고 미성년자 등기는 할 수 없다.

2. 등기절차

(1) 총 설

미성년자·피한정후견인의 영업을 허락한 경우에 그 영업이 상업인 때에는 미성년자등기를 하여야 하며 그를 등기한 후 영업소를 이전한 때에는 영업소이전등기를 해야 하고, 영업의 종류를 변경하거나 기타 허락한 사항을 변경한 때에는 그에 따른 변경등기를 하여야 한다. 또한 허락의 취소, 미성년자의 성년도달 등 무능력사유가 소멸한 때에는 그에 따른 등기도 하여야 한다(상업등기법 제46조).

이들 등기는 강제적인 등기는 아니며 등기하지 않으면 제3자에게 대항할 수 없을 뿐이다.

(2) 최초의 등기

1) 등기신청인

미성년자등기는 미성년자 본인이 신청하여야 한다(상업등기법 제47조 1항).

2) 등기사항(상업등기법 제46조)

① 미성년자라는 사실

② 미성년자의 성명·주소와 주민등록번호(미성년자의 성명은 한글로 기재하여야 한다 : 예규 제602호)

③ 영업의 종류(1개 또는 여러개의 허락 받은 영업의 종류)

④ 영업소의 소재지

3) 전자표준양식에 의한 등기신청 및 전자신청

서면으로 등기를 신청하는 경우에는 대법원 인터넷등기소에서 제공하는 전자표준양식을 이용하여 전산정보처리조직에 신청정보를 입력·저장한 다음, 저장된 신청정보를 출력하여 그 출력물로써 할 수 있다(상업등기규칙 제63조).

전자표준양식에 의하여 신청하는 경우 3만원에 해당하는 등기신청수수료는 2만5천원, 6천원에 해당하는 등기신청수수료는 4천원을 각각 납부한다.

등기의 신청은 서면 또는 대법원규칙으로 정하는 바에 따라 전산정보처리조직을 이용한 전자문서로 할 수 있다. 이를 전자신청이라고 한다. 이 경우 전자문서로 등기를 신청하는 당사자 또는 그 대리인은 대법원규칙으로 정하는 바에 따라 미리 사용자등록을 하여야 한다(상업등기규칙 제68조).

전자신청에 의하여 하는 경우 3만원에 해당하는 등기신청수수료는 2만원, 6천원에 해당하는 등기신청수수료는 2천원을 각각 납부한다.

4) 첨부서면(상업등기규칙 제84조)

① 법정대리인의 허락을 얻은 것을 증명하는 서면 다만, 법정대리인이 신청서에 기명날인함으로써 이 서면제출에 갈음할 수 있다.

② 후견인이 영업을 허락한 경우에는 후견감독인이 있으면 그의 동의나 가정법원의 허가가 있음을 증명하는 정보

④ 등록면허세 등 납부영수필확인서 및 영수필통지서, 등기신청수수료납부

　　등록면허세는 1만2천원을 납부하고, 지방교육세는 그 100분의 20을, 그리고 등기신청수수료로 6,000원(전자표준양식에 의한 경우 4,000원, 전자신청은 2,000원)을 납부한다.

(3) 영업소이전등기

1) 등기신청인

미성년자 본인이 신청하여야 한다(상업등기법 제47조 1항).

2) 첨부서면

신영업소 소재지에서 영업소이전등기를 신청할 때에는 구영업소 소재지에서 그 등기를 마친 등기부등본 및 등록세를 납부한 영수필통지서 등을 첨부하고, 그 이외의 경우에는 별다른 첨부서류가 필요 없다.

3) 등기의 기록

미성년자 또는 법정대리인의 영업소를 다른 등기소의 관할구역으로 이전한 경우에 구소재지에서 하는 영업소의 이전등기(종전 등기소의 관할구역 내에 다른 영업소가 있는 경우는 제외)는 기타사항란에 하여야 하고, 이를 등기한 때에는 등기기록을 폐쇄하여야 한다(상업등기규칙 제89조).

3. 영업허가의 취소·제한 등의 등기

(1) 변경등기

1) 총 설

법정대리인은 미성년자와 피한정후견인에 대한 영업의 허락을 취소 또는 제한할 수 있으나, 선의의 제3자에게 대항할 수 없으며(민법 제8조 2항), 이때에는 거래의 안전을 위하여 등기하여야 한다(상법 제40조, 상업등기법 제47조). 다만 영업허락의 취소는 장래에 향해서 허락의 효력을 상실시키는 철회에 의미를 가지며, 취소 전에 한 행위에는 아무런 영향을 미치지 못한다(주석민법 총칙(Ⅰ) 2002, 327면).

법정대리인은 허락한 영업을 취소하거나 제한한 경우에는 상인으로서 영업에 관한 등기사항의 소멸, 변경을 가져오므로(상법 제40조), 허락의 철회에는 소멸등기를, 허락의 제한에는 변경등기를 하여야 한다.

그 외에 영업허락을 제한하거나 영업소의 이전, 영업종류의 변경, 미성년자의 성명·주소의 변경이 있는 때에도 그 변경의 등기를 하여야 한다.

2) 등기신청인

영업의 허락의 취소로 인한 소멸의 등기 또는 영업의 허락의 제한으로 인한 변경등기는 미성년자 본인은 물론 법정대리인도 신청할 수 있다(상업등기법 제47조 2항).

3) 등기사항

등기사항은 변경된 미성년자의 성명·주소, 주민등록번호 또는 변경된 영업의 종류나 영업소의 소재지와 변경취지 및 그 연월일이다.

4) 첨부서면(상업등기규칙 제84조)

영업의 종류의 증가로 인한 변경등기를 신청하는 경우에는 다음 서면을 첨부하여야 한다.

① 법정대리인의 허락을 얻었음을 증명하는 서면

다만, 신청서에 법정대리인의 기명날인이 있는 때에는 그러하지 아니하다.

② 후견인이 영업의 허락을 한 경우에는 후견감독인이 있으면 그의 동의나 가정법원의 허가가 있음을 증명하는 정보

③ 등록면허세·지방교육세·등기신청수수료 등 납부

행정구역변경에 의한 주소변경, 주민등록번호변경 등은 등록면허세가 무세이고, 그 외 영업허락의 추가 또는 변경, 주소이전에 의한 주소변경 등은 등록면허세를 1만2천원 납부하고, 지방교육세는 그 100분의 20을 납부하여야 한다. 등기신청수수료는 6,000원(전자표준양식에 의한 경우 4,000원, 전자신청은 2,000원)이다.

(2) 소멸등기

미성년자의 등기에 관하여 영업허락의 취소, 영업의 폐지, 미성년자의 사망, 미성년자가 능력자로 되는 등의 사유가 발생한 때에는 그 소멸의 등기를 하여야 한다.

1) 등기신청인

이 등기는 미성년자 본인이 신청할 것이나, 미성년자의 사망으로 인한 소멸등기는 법정대리인이 신청하여야 하고, 영업허락의 취소로 인한 소멸등기는 법정대리인이 신청할 수도 있으며, 미성년자의 성년됨으로 인한 소멸등기는 등기관이 직권으로 할 수도 있다(상업등기법 제47조).

2) 등기사항

기타사항란에 미성년자 소멸사유(영업허가취소, 미성년자사망, 능력취득)와 소멸취지 및 그 연월일을 등기하고, 그 등기기록은 폐쇄한다(상업등기규칙 제89조).

3) 첨부서면

영업허가를 전부 취소한 사실을 증명하는 서면, 사망사실을 증명하는 서면(상업등

기규칙 제84조), 성년을 증명하는 가족관계증명서 또는 피한정후견선고가 취소된 사실을 증명하는 심판등본 등을 첨부하여야 한다.

등록면허세는 1만2천원이고, 지방교육세는 그 100분의 20이며, 등기신청수수료는 6,000원(전자표준양식에 의한 경우는 4,000원, 전자신청은 2,000원)이다.

핵 심 판 례

■ **친권자가 미성년자와 이해상반되는 행위를 특별대리인에 의하지 않고 한 경우의 효력**

> 친권자가 미성년자와 이해상반되는 행위를 특별대리인에 의하지 않고 한 경우에는 특별한 사정이 없는 한 그 행위는 무효이다(대법원 2013. 1. 24. 선고 2010두27189 판결).

■ **불법행위의 피해자가 미성년자인 경우, 그 법정대리인이 '손해' 및 '가해자'를 알아야 민법 제766조 제1항의 소멸시효가 진행한다고 할 것인지 여부(적극)**

> 불법행위의 피해자가 미성년자로 행위능력이 제한된 자인 경우에는 다른 특별한 사정이 없는 한 그 법정대리인이 손해 및 가해자를 알아야 민법 제766조 제1항의 소멸시효가 진행한다고 할 것이다(대법원 2010. 2. 11. 선고 2009다79897 판결).

【서식】미성년자등기신청서

<table>
<tr><td colspan="6" align="center">미성년자등기신청</td></tr>
<tr><td rowspan="2">접 수</td><td>20○○년 ○월 ○일</td><td rowspan="2">처리인</td><td>등기관 확인</td><td>각종 통지</td></tr>
<tr><td>제○○○○호</td><td></td><td></td></tr>
</table>

등기의 목적	미성년자등기
등기의 사유	

<table>
<tr><td colspan="2" align="center">등　　기　　할　　사　　항</td></tr>
<tr><td>미성년자의
성명·주소와
주민등록번호</td><td></td></tr>
<tr><td>영업소</td><td></td></tr>
<tr><td>영업의 종류</td><td></td></tr>
<tr><td>기　　　타</td><td></td></tr>
</table>

등록면허세	금　　　원	지방교육 세	금　　　원	농어촌특별 세	금　　　원
세 액 합 계	금　　　원	등기신청수수료		금　　　원	
등기신청수수료 납부번호					

<table>
<tr><td colspan="2" align="center">첨　부　서　면</td></tr>
<tr>
<td>
1. 법정대리인의 허락을 얻었음을 증명
　하는 서면(인감증명서나 본인서명사실
　확인서 또는 전자본인서명확인서의
　발급증 포함)　　　　　　　　　통
1. 후견감독인의 동의서 또는 가정법원의
　허가 있음을 증명하는 서면
　(후견감독인이 있는 경우)　　　통
</td>
<td>
1. 가족관계등록사항별증명서　　통
1. 주민등록표등본(미성년자)　　통
1. 인감신고서　　　　　　　　　통
1. 등록면허세영수필확인서　　　통
1. 등기신청수수료영수필확인서　통
1. 위임장(대리인이 신청할 경우)　통
<기 타>
</td>
</tr>
</table>

2000년 ○월 ○일

신 청 인　　　　성 명 ○ ○ ○ (인)　(전화 : 02-123-4567)

　　　　　　　　주 소 ○○시 ○○구 ○○길 ○○

대 리 인　　　　성 명 법무사 ○ ○ ○ (인)　(전화 : 02-456-7890)

　　　　　　　　주 소 ○○시 ○○구 ○○길 ○○

○○지방법원 ○○등기소 귀중

- 신청서 작성요령 -

1. 해당란이 부족할 때에는 별지를 이용합니다.
1. 해당 등기신청과 관계없는 사항에 대하여는 "해당없음"으로 기재하거나 삭제하고, 필요한 사항은 추가 기재합니다.
1.「인감증명법」에 따른 인감증명서 제출과 함께 관련 서면에 인감을 날인하여야 하는 경우, 본인서명사실확인서를 제출하고 관련 서면에 서명을 하거나 전자본인서명확인서 발급증을 제출하고 관련 서면에 서명을 하면 인감증명서를 제출하고 관련 서면에 인감을 날인한 것으로 봅니다.

【서식】미성년자에 관한 변경등기신청서

<table>
<tr><td colspan="2" rowspan="2">접 수</td><td colspan="2" style="text-align:center">미성년자에 관한
변경등기신청</td><td></td><td></td></tr>
<tr><td>2000년 ○월 ○일</td><td rowspan="2">처리인</td><td>등기관 확인</td><td>각종 통지</td></tr>
<tr><td>제○○○○호</td><td></td><td></td></tr>
</table>

미성년자의 성명·주소와 주민등록번호		등기번호	제1000호
영 업 소	○○시 ○○구 ○○길 ○○		
등기의 목적	미성년자에 관한 변경등기		
등기의 사유			

<table>
<tr><td colspan="2" style="text-align:center">등 기 할 사 항</td></tr>
<tr><td>영업의 종류,
미성년자의 주소
등의 변경과 그
연월일</td><td></td></tr>
<tr><td>기   타</td><td>해당 없음</td></tr>
</table>

등록면허세	금 원	지방교육 세	금 원	농어촌특별세	금 원
세 액 합 계	금 원		등기신청수수료	금 원	
등기신청수수료 납부번호					

<table>
<tr><td colspan="2" align="center">첨   부   서   면</td></tr>
<tr>
<td>
1.변경사실을 증명하는 서면 (법정대리인의 동의
서〈인감증명서나 본인서명사실확인서 또는 전자
본인서명확인서의 발급증 포함〉,주민등록표등본
등)   통
1.후견감독인의 동의서 또는 가정법원허가 있음을
증명하는 서면
   (후견감독인이 있는 경우)   통
</td>
<td>
1.등록면허세영수필확인서   통
1.등기신청수수료영수필확인서   통
1.위임장(대리인이 신청할 경우)   통
〈기 타〉
</td>
</tr>
</table>

2000년 ○월 ○일

신 청 인   성 명 ○ ○ ○ (인) (전화 : 02-123-4567)

           주 소 ○○시 ○○구 ○○길 ○○

대 리 인   성 명 법무사 ○ ○ ○ (인) (전화 : 02-456-7890)

           주 소 ○○시 ○○구 ○○길 ○○

○○지방법원 ○○등기소 귀중

- 신청서 작성요령 -

1. 해당란이 부족할 때에는 별지를 이용합니다.
1. 해당 등기신청과 관계없는 사항에 대하여는 "해당없음"으로 기재하거나 삭제하고, 필요한 사항은 추가 기재합니다.
1. 「인감증명법」에 따른 인감증명서 제출과 함께 관련 서면에 인감을 날인하여야 하는 경우, 본인서명사실확인서를 제출하고 관련 서면에 서명을 하거나 전자본인서명확인서 발급증을 제출하고 관련 서면에 서명을 하면 인감증명서를 제출하고 관련 서면에 인감을 날인한 것으로 봅니다.

【서식】미성년자소멸등기신청서

<table>
<tr><td colspan="6" align="center">미성년자소멸변경등기신청</td></tr>
<tr><td rowspan="2" align="center">접 수</td><td align="center">2000년 0월 0일</td><td rowspan="2" align="center">처리인</td><td align="center">등기관 확인</td><td align="center">각종 통지</td></tr>
<tr><td align="center">제0000호</td><td></td><td></td></tr>
</table>

<table>
<tr><td align="center">미성년자의
성명·주소와
주민등록번호</td><td></td><td align="center">등기번호</td><td align="center">제1000호</td></tr>
<tr><td align="center">영 업 소</td><td colspan="3">○○시 ○○구 ○○길 ○○</td></tr>
<tr><td align="center">등기의 목적</td><td colspan="3">미성년자 소멸등기</td></tr>
<tr><td align="center">등기의 사유</td><td colspan="3"></td></tr>
<tr><td colspan="4" align="center">등 기 할 사 항</td></tr>
<tr><td align="center">소멸사유와
그 연월일</td><td colspan="3"></td></tr>
<tr><td align="center">기   타</td><td colspan="3">해당 없음</td></tr>
</table>

등록면허세	금 원	지방교육 세	금 원	농어촌특별세	금 원
세 액 합 계	금 원		등기신청수수료	금 원	
등기신청수수료 납부번호					

<table>
<tr><td colspan="2" align="center">첨   부   서   면</td></tr>
<tr><td>
1. 가족관계등록사항별증명서 등   통
1. 등록세영수필확인서   통
1. 등기신청수수료영수필확인서   통
1. 위임장(대리인이 신청할 경우)   통
</td><td>〈기 타〉</td></tr>
</table>

20○○년 ○월 ○일

신 청 인　　　성 명 ○ ○ ○ (인) (전화 : 02-123-4567)

　　　　　　　주 소 ○○시 ○○구 ○○길 ○○

대 리 인　　　성 명 법무사 ○ ○ ○ (인) (전화 : 02-456-7890)

　　　　　　　주 소 ○○시 ○○구 ○○길 ○○

○○지방법원 ○○등기소 귀중

- 신청서 작성요령 -

1. 해당란이 부족할 때에는 별지를 이용합니다.

1. 해당 등기신청과 관계없는 사항에 대하여는 "해당없음"으로 기재하거나 삭제하고, 필요한 사항은 추가 기재합니다.

II. 법정대리인의 등기

■ 핵 심 사 항 ■

1. 법정대리인에 의한 영업의 대리 : 행위무능력자(미성년자·피한정후견인·피성년후견인)
   에 대한 친권자·후견인이 법정대리인이다. 미성년자나 피한정후견인·피성년후견인은
   원칙적으로 법정대리인을 통하여 영업을 하게 된다. 다만, 미성년자와 피한정후견인
   이 법정대리인으로부터 허락을 얻은 특정한 영업에 관하여 성년자와 동일한 효력이
   있으므로(민법 제8조, 제10조), 이 경우에는 미성년자등기를 하여 제3자에게 상인으
   로서 권리능력이 있음을 공시한다.
2. 등기 : 미성년자의 법정대리인인 친권자나 후견인 또는 피한정후견인과 피성년후견인
   의 법정대리인인 후견인이 이들 미성년자를 위하여 상법 제4조의 영업을 하는 경우
   에는 등기를 하여야 한다.
3. 등기사항(상업등기법 제48조)
 (1) 법정대리인의 성명·주소 및 주민등록번호
 (2) 미성년자의 성명·주소 및 주민등록번호
 (3) 영업의 종류
 (4) 영업소의 소재지

1. 법정대리인에 의한 영업의 대리

(1) 법정대리의 의의

대리는 대리권의 발생원인에 따라 임의대리와 법정대리로 구분된다. 임의대리는
본인의 의사에 의하여 대리권이 수여되는 경우이고, 법정대리는 본인의 의사와
상관없이 법률의 규정에 의해 일정한 자에게 대리권이 부여되는 경우이다.

행위무능력자(미성년자·피한정후견인·피성년후견인)에 대한 친권자·후견인이 법정
대리인이다.

(2) 행위무능력자의 영업능력 유무

상인자격을 취득한 자가 스스로 유효한 영업활동을 할 수 있는 능력을 영업능
력이라 한다. 민법의 행위능력은 상법에서 영업능력에 해당하며, 민법상 행위무능
력자는 상인자격을 취득하여도 영업능력을 취득하지 못하므로(정찬형, 상법강의요

론, 2004, 31면), 미성년자나 피한정후견인, 피성년후견인은 원칙적으로 법정대리인을 통하여 영업을 하게 된다.

다만, 미성년자와 피한정후견인이 법정대리인으로부터 허락을 얻은 특정한 영업에 관하여 성년자와 동일한 효력이 있으므로(민법 제8조, 제10조), 이 경우에는 미성년자등기를 하여 제3자에게 상인으로서 권리능력이 있음을 공시한다.

법정대리인이 미성년자와 피한정후견인, 피성년후견인을 대리하여 영업을 하는 경우, 미성년자 등이 상인이지 법정대리인이 상인인 것은 아니다.

(3) 등 기

미성년자의 법정대리인인 친권자나 후견인 또는 피한정후견인와 피성년후견인의 법정대리인인 후견인이 이들 미성년자를 위하여 상법 제4조의 영업을 하는 경우에는 등기를 하여야 한다. 법정대리인의 대리권에 대한 제한은 선의의 제3자에게 대항하지 못한다(상법 제8조 2항).

2. 등기절차

(1) 등기신청인

법정대리인의 등기는 법정대리인이 이를 신청한다(상업등기법 제51조 1항).

(2) 등기사항(상업등기법 제48조)

① 법정대리인의 성명·주소와 주민등록번호(법정대리인의 성명은 한글로 기재한다.)

② 미성년자의 성명·주소와 주민등록번호(제한능력자인 미성년자, 피한정후견인 또는 피성년후견인의 성명과 주소이다. 이 때의 성명도 한글로 기재한다)

③ 영업의 종류

④ 영업소의 소재지

(3) 첨부서면(상업등기규칙 제85조)

1) 법정대리인인 자격을 증명하는 서면(가족관계증명서)

2) 후견인이 미성년자의 영업을 대리하는 경우에는 후견감독인이 있으면 그의 동의나 가정법원의 허가가 있음을 증명하는 정보

후견인이 피후견인을 대리하여 영업에 관한 행위를 하거나 미성년자의 영업에 관

한 행위에 동의를 할 때는 후견감독인이 있으면 그의 동의를 받아야 한다(민법 제950조 1항 1호). 후견감독인의 동의가 필요한 법률행위를 후견인이 후견감독인의 동의 없이 하였을 때에는 피후견인 또는 후견감독인이 그 행위를 취소할 수 있으므로(민법 제950조 3항), 이를 증명하는 정보를 제공하여야 한다.

그리고 친권자가 허락한 영업을 후견인이 취소 또는 제한을 함에는 미성년후견감독인이 있으면 그의 동의가 필요하므로(민법 제945조), 이를 증명하는 정보를 제공하여야 한다.

3) 등록면허세 등 납부영수필확인서 및 영수필통지서, 등기신청수수료납부

등록면허세 1만2천원과 그 100분의 20의 지방교육세, 등기신청수수료 6,000원(전자표준양식에 의한 경우 4,000원, 전자신청은 2,000원)을 납부한다.

3. 변경등기·소멸등기

(1) 의 의

1) 변경등기

등기한 사항, 즉 ① 법정대리인의 성명·주소와 주민등록번호 ②미성년자의 성명·주소와 주민등록번호 ③ 영업의 종류 ④ 영업소의 소재지 등에 변경이 있는 경우에는 그 변경등기를 하여야 한다. 법정대리인의 대리권 소멸은 등기사항의 소멸이므로 변경등기를 하여야 한다(상업등기법 제49조).

2) 소멸등기

또한 영업의 폐지, 제한능력자가 능력자로 된 경우와 법정대리인이 퇴임·사망·후견인 사임(해임) 등의 경우에는 소멸의 등기를 하여야 한다(상업등기법 제49조).

(2) 등기신청인(상업등기법 제49조)

제한능력가 능력자로 됨으로 인한 소멸의 등기는 법정대리인 외에 제한능력자도 신청할 수 있고(동조 2항), 법정대리인의 퇴임으로 인한 소멸의 등기는 퇴임한 법정대리인 외에 신법정대리인도 신청할 수 있으며(동조 3항), 법정대리인의 사망으로 인한 소멸의 등기는 신법정대리인이 신청하여야 한다(동조 4항).

그 나머지의 변경등기는 법정대리인이 신청하여야 한다(동조 1항).

(3) 첨부서면

후견인이 변경등기를 신청하는 경우에는 후견감독인이 있으면 그의 동의나 가정법원의 허가가 있음을 증명하는 정보를 제공하여야 하고(상업등기규칙 제84조 1항 2호), 법정대리인의 퇴임 또는 사망으로 인한 소멸등기를 신청하는 경우에는 법정대리인의 퇴임 또는 사망을 증명하는 정보를 제공하여야 한다(상업등기규칙 제85조 3항).

그 나머지의 변경등기의 신청서에는 변경을 증명하는 서면을 첨부한다.

핵 심 판 례

■ **15세 미만자 등의 사망을 보험사고로 한 보험계약은 무효라고 정한 상법 제732조가 효력규정인지 여부(적극)**

> 상법 제732조는 15세 미만자 등의 사망을 보험사고로 한 보험계약은 무효라고 정하고 있다. 위 법규정은, 통상 정신능력이 불완전한 15세 미만자 등을 피보험자로 하는 경우 그들의 자유롭고 성숙한 의사에 기한 동의를 기대할 수 없고, 그렇다고 해서 15세 미만자 등의 법정대리인이 이들을 대리하여 동의할 수 있는 것으로 하면 보험금의 취득을 위하여 이들이 희생될 위험이 있으므로, 그러한 사망보험의 악용에 따른 도덕적 위험 등으로부터 15세 미만자 등을 보호하기 위하여 둔 효력규정이라고 할 것이다. 따라서 15세 미만자 등의 사망을 보험사고로 한 보험계약은 피보험자의 동의가 있었는지 또는 보험수익자가 누구인지와 관계없이 무효가 된다(대법원 2013. 4. 26. 선고 2011다9068 판결).

■ **불법행위 당시에는 전혀 예견할 수 없었던 새로운 손해가 발생하거나 손해가 확대된 경우, 그 부분에 대한 손해배상청구권의 소멸시효 기산점**

> 불법행위로 인한 손해배상청구권은 피해자나 그 법정대리인이 그 손해 및 가해자를 안 날부터 3년간 행사하지 아니하면 시효로 인하여 소멸하는 것인바, 여기에서 '손해를 안 날'이라 함은 피해자나 그 법정대리인이 손해를 현실적이고도 구체적으로 인식하는 것을 뜻하고 손해발생의 추정이나 의문만으로는 충분하지 않으며, 통상의 경우 상해의 피해자는 상해를 입었을 때 그 손해를 알았다고 볼 수가 있지만, 그 후 후유증 등으로 인하여 불법행위 당시에는 전혀 예견할 수 없었던 새로운 손해가 발생하였다거나 예상 외로 손해가 확대된 경우에는 그러한 사유가 판명된 때에 새로이 발생 또는 확대된 손해를 알았다고 보아야 하고, 이와 같이 새로이 발생 또는 확대된 손해 부분에 대하여는 그러한 사유가 판명된 때로부터 시효소멸기간이 진행된다(대법원 2010. 4. 29. 선고 2009다99105 판결).

【서식】법정대리인등기신청서

<table>
<tr><td colspan="3" align="center">법정대리인등기신청</td></tr>
<tr><td rowspan="2">접 수</td><td>20○○년 ○월 ○일</td><td rowspan="2">처리인</td><td>등기관 확인</td><td>각종 통지</td></tr>
<tr><td>제○○○○호</td><td></td><td></td></tr>
</table>

등기의 목적	법정대리인등기
등기의 사유	

등 기 할 사 항	
법정대리인의 성명·주소와 주민등록번호	
제한능력자의 성명·주소와 주민등록번호	
영업소	
영 업 의 종 류	
기 타	

등록면허세	금 원	지방교육세	금 원	농어촌특별세	금 원
세 액 합 계	금 원		등기신청수수료	금 원	
등기신청수수료 납부번호					

<table>
<tr><td colspan="2" align="center">첨　부　서　면</td></tr>
<tr>
<td>

1. 법정대리인의 자격을 증명하는 서면
　(가족관계등록사항별증명서 등)　통
1. 후견감독인의 동의서 또는 가정법원의
　허가 있음을 증명하는 서면
　(후견감독인이 있는 경우)　통
1. 주민등록표등본(법정대리인,제한능력자)통

</td>
<td>

1. 인감신고서(법정대리인)　통
1. 등록면허세영수필확인서　통
1. 등기신청수수료영수필확인서　통
1. 위임장(대리인이 신청할 경우)　통
〈기 타〉

</td>
</tr>
<tr><td colspan="2" align="center">

20○○년 ○월 ○일

신 청 인　　　성 명 ○ ○ ○ (인)　(전화 : 02-123-4567)
　　　　　　　주 소 ○○시 ○○구 ○○길 ○○
대 리 인　　　성 명 법무사 ○ ○ ○ (인)　(전화 : 02-456-7890)
　　　　　　　주 소 ○○시 ○○구 ○○길 ○○

○○지방법원 ○○등기소 귀중

</td></tr>
</table>

- 신청서 작성요령 -

1. 해당란이 부족할 때에는 별지를 이용합니다.
1. 해당 등기신청과 관계없는 사항에 대하여는 "해당없음"으로 기재하거나 삭제하고, 필요한 사항은 추가 기재합니다.

【서식】법정대리인에 관한 변경등기신청서

<table>
<tr><td colspan="6" style="text-align:center">법정대리인에 관한
변경등기신청</td></tr>
<tr><td rowspan="2">접 수</td><td>20○○년 ○월 ○일</td><td rowspan="2">처리인</td><td colspan="2">등기관 확인</td><td>각종 통지</td></tr>
<tr><td>제○○○○호</td><td colspan="2"></td><td></td></tr>
</table>

법정대리인의 성명·주소와 주민등록번호		등기번호	제1000호
영업소	○○시 ○○구 ○○길 ○○		
등기의 목적	법정대리인에 관한 등기		
등기의 사유			

<table>
<tr><td colspan="2" style="text-align:center">등 기 할 사 항</td></tr>
<tr><td>영업의 종류,
법정대리인 또는
제한능력자의
주소 등의 변경과
그 연월일</td><td></td></tr>
<tr><td>기   타</td><td>해당 없음</td></tr>
</table>

등록면허세	금 원	지방교육세	금 원	농어촌특별세	금 원
세 액 합 계	금	원	등기신청수수료	금	원
등기신청수수료 납부번호					

<table>
<tr><td colspan="2" style="text-align:center">첨 부 서 면</td></tr>
<tr>
<td>
1. 변경사실을 증명하는서면
   (주민등록표등본 등)   통
1. 후견감독인의 동의서 내지 가정법원의
   허가가 있음을 증명하는 서면
   (후견감독인이 있는 경우)   통
</td>
<td>
1. 등록면허세영수필확인서   통
1. 등기신청수수료영수필확인서   통
1. 위임장(대리인이 신청할 경우)   통
〈기 타〉
</td>
</tr>
</table>

2000년 O월 O일

신 청 인　　　성 명 ○ ○ ○ (인)　(전화 : 02-123-4567)

　　　　　　　주 소　○○시 ○○구 ○○길 ○○

대 리 인　　　성 명 법무사 ○ ○ ○ (인)　(전화 : 02-456-7890)

　　　　　　　주 소　○○시 ○○구 ○○길 ○○

○○지방법원 ○○등기소 귀중

- 신청서 작성요령 -

1. 해당란이 부족할 때에는 별지를 이용합니다.
1. 해당 등기신청과 관계없는 사항에 대하여는 "해당없음"으로 기재하거나 삭제하고, 필요한 사항은 추가 기재합니다.

【서식】법정대리인의 대리권소멸등기신청서

<table>
<tr><td colspan="2"></td><td colspan="4" align="center">법정대리인의
대리권소멸등기신청</td></tr>
<tr><td rowspan="2">접수</td><td align="center">20○○년 ○월 ○일</td><td rowspan="2">처리인</td><td>등기관 확인</td><td>각종 통지</td></tr>
<tr><td align="center">제○○○○호</td><td></td><td></td></tr>
</table>

<table>
<tr><td>법정대리인의
성명·주소와
주민등록번호</td><td></td><td>등기번호</td><td>제1000호</td></tr>
<tr><td align="center">영 업 소</td><td colspan="3">○○시 ○○구 ○○길 ○○</td></tr>
<tr><td align="center">등기의 목적</td><td colspan="3">법정대리인의 대리권소멸등기</td></tr>
<tr><td align="center">등기의 사유</td><td colspan="3"></td></tr>
<tr><td colspan="4" align="center">등 기 할 사 항</td></tr>
<tr><td align="center">대리권 소멸의
뜻과 그 연월일</td><td colspan="3"></td></tr>
<tr><td align="center">기 　 타</td><td colspan="3">해당 없음</td></tr>
</table>

등록면허세	금 원	지방교육세	금 원	농어촌특별세	금 원
세 액 합 계	금 원		등기신청수수료	금 원	
등기신청수수료 납부번호					

<table>
<tr><td colspan="2" align="center">첨   부   서   면</td></tr>
<tr>
<td>1. 법정대리인의 대리권 소멸사유를 증명
하는 서면(가족관계등록사항별증명서,
주민등록등본 등)   1통</td>
<td>1. 등록면허세영수필확인서   1통
1. 등기신청수수료영수필확인서   1통
1. 위임장(대리인이 신청할 경우)   1통
〈기 타〉</td>
</tr>
</table>

2000년 ○월 ○일

신 청 인   성 명 ○ ○ ○ (인) (전화 : 02-123-5678)

　　　　　　　주 소 ○○시 ○○구 ○○길 ○○

대 리 인   성 명 법무사 ○ ○ ○ (인) (전화 : 02-456-7890)

　　　　　　　주 소 ○○시 ○○구 ○○길 ○○

○○지방법원 ○○등기소 귀중

- 신청서 작성요령 -

1. 해당란이 부족할 때에는 별지를 이용합니다.

1. 해당 등기신청과 관계없는 사항에 대하여는 "해당없음"으로 기재하거나 삭제하고, 필요한
   사항은 추가 기재합니다.

제 3 장 지배인의 등기

Ⅰ. 지배인의 등기

1. 총 설

(1) 지배인의 의의

지배인이란 영업주에 갈음하여 영업에 관한 재판상 및 재판 외의 일체의 행위를 할 수 있는 상업사용인을 말한다(상법 제11조 1항).

포괄적인 대리권이 있는 지배인과 거래하는 제3자는 민법상의 대리인과 상대하는 경우와는 달리 대리권의 유무나 그 범위를 확인할 필요가 없으므로, 거래의 안전과 신속한 거래의 체결을 도모할 수 있다.

(2) 지배인의 선임

지배인은 상업사용인이므로 지배인을 선임할 수 있는 자는 상인에 한한다. 지배인의 선임행위는 대리권의 수여행위인데 통상 고용관계와 결합된다. 소상인은 지배인을 선임할 수 있으나 상업등기의 규정이 적용이 없기 때문에(상법 제9조) 그 선임을 가지고 제3자에게 대항할 수 없다.

(3) 지배인의 대리권의 범위

지배인은 본점 또는 지점에 두어지므로, 지배인의 대리권은 상인이 지배인을 둔 본점 또는 그 지점의 영업에만 미치고 다른 영업소의 영업에는 미치지 아니한다(상법 제10조). 한 지배인이 수개의 영업소 지배인의 지위를 겸하는 경우에도 등기는 각별로 하여야 한다.

채무자회생및파산에관한법률에 의한 관리인대리, 파산관재인대리, 국제도산관리인대리는 관리인 또는 파산관재인 등에 갈음하여 재판상 또는 재판 외의 모든 행위를 할 수 있다(동법 제76조 5항, 제362조 4항, 제637조 2항). 상법상 지배인의 경우 본점 또는 지점별로 대리권을 갖지만(상 제10조), 관리인대리 등의 경우에는 전 영업소에 관하여 대리할 수 있는 권한이 있는 점에서 다르다.

지배인의 대리권은 제한할 수 있으나 이로써 선의의 제3자에게 대항하지 못한다(상법 제11조 3항).

영업주가 수개의 상호로 영업을 하는 경우에는 지배인이 대리할 영업과 그 상호를 등기하여야 한다(상업등기법 제50조). 따라서 지배인 등기는 상호를 단위로 하는 개별 영업마다 별도로 이루어져야 하므로, 지배권이 미치는 범위는 영업의 상호를 단위로 정하여진다. 그러나 영업의 범위를 벗어난 행위라고 할 수 있는 영업의 양도·폐지, 상호의 변경, 파산신청, 신분법상의 행위는 지배권의 범위에서 제외된다(정경영, 상법학강의, 2007, 44면).

은행의 출장소는 등기가 되어 있으면 지점으로 보아 지배인등기가 가능하다.

(4) 지배인의 수

지배인의 수는 제한이 없으므로 1개 지점에 1인 이상의 지배인을 선임할 수 있고, 상인은 수인의 지배인이 공동하여 대리권을 행사하도록 정할 수가 있다(상법 제12조 1항).

이 때 수인의 지배인 전원이 공동해서만 대리권을 행사할 수 있도록 정하거나, 갑·을 은 공동지배인, 병은 단독지배인으로 정할 수도 있고, 갑·을·병 중 어느 두 사람이 공동으로서만 대리권을 행사할 수 있도록 정할 수도 있다.

이 때에는 지배인은 공동하여 대리권을 행사하지 않으면 그 효력이 없다. 그러나 공동지배인의 1인에 대한 의사표시는 영업주에게 그 효력이 있다(상법 제12조 2항).

(5) 지배인의 권한

지배인은 그의 영업상의 거래행위뿐만 아니라, 영업에 관한 소송행위까지도 유효하게 할 수 있는 권한이 있다. 지배인은 부동산등기신청은 할 수 있으나, 법인의 인격에 관한 법률행위인 상업등기신청을 할 수 없다.

【쟁점질의와 유권해석】

〈부도난 회사의 소송업무를 처리하기 위하여 지배인으로 선임된 자에게 영업주의 소송대리권이 있는지 여부〉

회사가 부도난 후 그 회사의 각종 채권관계를 정리하고 이에 관한 소송업무를 처리하기 위하여 지배인으로 선임등기된 자는 지배인의 실체는 갖춤이 없이 오로지 소송의 편의만을 위한 것이므로, 그러한 지배인은 영업주의 소송대리권이 없다.

그리고 법률에 따라 재판상 행위를 할 수 있는 대리인 외에는 변호사가 아니면 소송대리인이 될 수 없으므로(민사소송법 제87조), 이러한 제한을 회피하여 변호사가 아니면서도 소송행위를 하기 위하여 지배인 선임을 위장하여 소송행위를 하면 형사처벌을 받는다(대법원 1978. 12. 26.선고, 78도2131판결).

2. 지배인의 등기

(1) 등기사유

상인은 그 지배인의 선임과 대리권의 소멸에 관하여 지배인을 둔 장소에 등기를 하여야 하므로, 그 지배인을 둔 본점 또는 지점소재지에서 등기하여야 한다. 이는 공동대리에 관한 사항 및 그 변경과 소멸에 관하여도 같다(상법 제13조).

따라서 본점에 둔 지배인에 관해서는 지점에서는 등기할 필요가 없고, 어느 한 지점에 둔 지배인에 관해서는 다른 지점은 물론 본점에서도 이를 등기할 필요가 없다. 이 점에서 지배인의 등기는 본점에서 등기한 사항은 모두 지점에서도 등기하여야 한다(상법 제35조)는 상업등기 일반원칙의 예외에 속한다.

지배인의 등기에 관하여 등기기간의 정함은 없다.

(2) 등기신청인

지배인에 관한 등기신청은 영업주가 하여야 한다(상법 제13조, 상업등기법 제23조). 무능력자가 영업주인 경우에는 법정대리인이 영업주를 대리하여 신청한다.

법정대리인이 무능력자를 위하여 영업을 하는 경우에 지배인을 선임하고 그 등기를 신청함에는 법정대리인의 등기가 있어야 된다고 할 것이다.

1개 또는 수개의 영업의 허락을 받은 미성년자 또는 한정치산자는 그 영업에 관하여는 능력자로 보는 것이므로, 지배인을 선임할 수 있음은 물론이나, 그 선임의 등기를 신청함에는 무능력자의 등기가 있어야 된다.

회사가 영업주인 경우의 지배인선임의 등기는 회사의 대표자가 신청하여야 한다(상법 제13조, 상업등기법 제23조).

그리고 지배인은 부동산등기를 할 수 있으나 법인의 인격에 관한 법률적 행위인 상업등기신청은 할 수 없다(상업등기법 제23조).

(3) 등기의 기록

개인인 상인의 지배인에 관한 등기에 대하여는 지배인등기부에 등기하여야 하는 바, 회사와 합자조합 이외의 영업주로부터 여러 명의 지배인에 관한 등기신청이 있는 때에는 각 지배인을 다른 등기기록에 등기하여야 한다(상업등기규칙 제87조).

그러나 회사의 지배인에 관한 등기는 지배인등기부에 등기하지 아니하고 이를 영업주인 회사의 등기부에 등기하고, 합자조합의 지배인등기는 합자조합의 등기부에 한다(상업등기법 제51조).

상법상 지배인등기의 경우 상법 제635조가 적용되지 아니하므로 등기해태통지를 하지 아니한다(예규 제1102호).

핵 심 판 례

■주식회사의 지배인이 권한을 남용하여 허위로 회사 명의의 문서를 작성한 경우, 사문서위조 또는 자격모용사문서작성죄에 해당하는지 여부(소극)

원래 주식회사의 지배인은 회사의 영업에 관하여 재판상 또는 재판 외의 모든 행위를 할 권한이 있으므로, 지배인이 직접 주식회사 명의 문서를 작성하는 행위는 위조나 자격모용사문서작성에 해당하지 않는 것이 원칙이고, 이는 그 문서의 내용이 진실에 반하는 허위이거나 권한을 남용하여 자기 또는 제3자의 이익을 도모할 목적으로 작성된 경우에도 마찬가지이다(대법원 2010. 5. 13. 선고 2010도1040 판결).

■ **지배인이 그의 개인적 목적을 위하여 영업주 명의로 행한 어음행위가 객관적으로 지배인의 대리권의 범위 내에 속하는 행위인지 여부(적극)**

> 지배인의 행위가 영업주의 영업에 관한 것인가의 여부는 지배인의 행위 당시의 주관적인 의사와는 관계없이 그 행위의 객관적 성질에 따라 추상적으로 판단하여야 할 것인바, 지배인이 영업주 명의로 한 어음행위는 객관적으로 영업에 관한 행위로서 지배인의 대리권의 범위에 속하는 행위라 할 것이므로 지배인이 개인적 목적을 위하여 어음행위를 한 경우에도 그 행위의 효력은 영업주에게 미친다 할 것이고, 이러한 법리는 표현지배인의 경우에도 동일하다(대법원 1998. 8. 21. 선고 97다6704 판결).

■ **부분적 포괄대리권을 가진 사용인으로 오인될 만한 유사한 명칭을 사용한 사용인의 경우에도 표현지배인에 관한 상법 제14조를 유추적용할 수 있는지 여부(소극)**

> 상법 제14조 제1항은, 실제로는 지배인에 해당하지 않는 사용인이 지배인처럼 보이는 명칭을 사용하는 경우에 그러한 사용인을 지배인으로 신뢰하여 거래한 상대방을 보호하기 위한 취지에서, 본점 또는 지점의 영업주임 기타 유사한 명칭을 가진 사용인은 표현지배인으로서 재판상의 행위에 관한 것을 제외하고는 본점 또는 지점의 지배인과 동일한 권한이 있는 것으로 본다고 규정하고 있으나, 부분적 포괄대리권을 가진 사용인의 경우에는 상법은 그러한 사용인으로 오인될 만한 유사한 명칭에 대한 거래 상대방의 신뢰를 보호하는 취지의 규정을 따로 두지 않고 있는바, 그 대리권에 관하여 지배인과 같은 정도의 획일성, 정형성이 인정되지 않는 부분적 포괄대리권을 가진 사용인들에 대해서까지 그 표현적 명칭의 사용에 대한 거래 상대방의 신뢰를 무조건적으로 보호한다는 것은 오히려 영업주의 책임을 지나치게 확대하는 것이 될 우려가 있으며, 부분적 포괄대리권을 가진 사용인에 해당하지 않는 사용인이 그러한 사용인과 유사한 명칭을 사용하여 법률행위를 한 경우 그 거래 상대방은 민법 제125조의 표현대리나 민법 제756조의 사용자책임 등의 규정에 의하여 보호될 수 있다고 할 것이므로, 부분적 포괄대리권을 가진 사용인의 경우에도 표현지배인에 관한 상법 제14조의 규정이 유추적용되어야 한다고 할 수는 없다(대법원 2007. 8. 23., 선고, 2007다23425, 판결).

II. 지배인선임의 등기

■ 핵 심 사 항 ■

1. 지배인의 선임 : 지배인을 선임할 수 있는 자는 영업주 또는 그의 대리인에 한정되며 (상법 제10조 참조), 지배인이 다른 지배인을 선임할 수는 없다(상법 제11조 2항의 반대해석). 그리고 회사기업의 경우에는 지배인을 선임할 때 이사회결의와 같은 일정한 내부적 절차를 거치도록 규정하고 있다(상법 제393조 1항).
2. 지배인의 종임 : 지배인의 지위는 그 선임계약의 내용에 따른 종료사유의 발생 또는 민법상의 대리권의 소멸사유(민법 제127조, 제128조 등)에 의하여 종임된다. 다만 지배권은 일종의 상사대리권이므로 영업주의 사망으로 인해 지배권이 소멸되지는 않는다(상법 제50조).
3. 등기 : 지배인의 선임과 종임은 그 지배인을 둔 영업소의 소재지에서 등기하여야 한다(상 제13조). 그러나 이는 대항요건에 불과하다(상법 제37조 1항 참조).

1. 지배인의 선임

(1) 선임권자 및 지배인의 자격

지배인은 영업주인 상인 또는 지배인선임권한이 부여된 대리인(법정대리인·임의대리인 포함)이 선임한다(상법 제10조). 지배인의 자격은 자연인에 한하며, 행위무능력자일 필요는 없고(민법 제117조), 합명·합자회사의 사원, 주식회사의 이사도 지배인이 될 수 있다. 그러나 주식회사와 유한회사의 감사는 지배인이 될 수 없으며(상법 제411조, 제570조), 상인이 아닌 자의 지배인도 상법상 지배인이 아니다.

영업의 허락을 받은 미성년자 또는 한정치산자는 스스로 지배인을 선임할 수 있으며 무능력자를 위하여 영업을 하는 법정대리인도 지배인을 선임할 수 있다.

(2) 선임절차

회사가 지배인을 선임함에는 회사의 대표자가 회사를 대표하여 선임하게 되는 것이나, 이를 위하여 합명회사에 있어서는 총사원의 과반수결의(상법 제203조), 합자회사에 있어서는 무한책임사원의 과반수결의(상법 제274조), 주식회사에 있어서는 이사회결의(상법 제393조), 유한회사에 있어서는 이사과반수 결의 또는 사원총회의 결의(상법 제564조)를 요한다.

영업능력이 제한되는 청산중인 회사나 파산회사는 지배인을 선임할 수 없다는 것이 통설이다(정경영, 상법학강의, 2007, 43면). 그러나 파산회사의 파산관재인은 법원의 허가를 얻어 영업을 계속할 수 있으므로(채무자 회생 및 파산에 관한 법률 제86조), 이 경우에는 지배인의 선임이 가능할 것이라고 본다(권오복, 이론 실무 상업등기, 2008, 345면).

지배인의 수는 제한이 없으므로 1개 지점에 1인 이상의 지배인을 선임할 수 있다.

수인의 지배인에게 공동으로 대리권을 행사하게 할 경우에 그 형태는 여러 가지로 정할 수 있다. 즉, 갑을 2인이 공동하여 대리하게 하거나, 갑은 단독으로 영업주를 대리하고, 을은 갑과 공동하여 대리할 것으로 정할 수도 있다.

회사가 영업주인 경우에는 이 공동대리의 정함도 지배인선임을 결정하는 기관에서 정하여야 된다고 할 것이다.

(3) 지배인 등기의 효력

회사지점의 지배인은 지점등기를 하지 아니하고는 지배인 등기를 할 수 없다(상법 제10조). 지배인등기는 주식회사의 임원등기와 같이 대항요건에 불과하므로, 지배인은 선임사실만으로 즉시 상법 소정의 지배인권을 취득한다.

(4) 관련문제

1) 합병으로 소멸하는 회사의 지배인을 존속하는 회사의 지배인으로 계속하기 위한 요건

흡수합병으로 소멸하는 주식회사의 지점에도 해산등기를 하여야 하므로 소멸회사가 지점 지배인을 존속하는 회사의 지점 지배인으로 계속하려면 존속회사의 해당 지점에 새로이 지배인선임등기를 하여야 한다(1992. 5. 19, 등기 1091 질의회답).

2) 지배인의 대리권의 범위

상법상 상인이 지배인을 선임할 수 있는 인원수에 관하여는 제한 규정이 없으므로 1개 지점에 1인 이상의 지배인을 선임할 수도 있으며, 수인의 지배인이 공동으로 대리권을 행사할 것을 정하거나 대리할 영업의 종류를 정하여 이를 등기하지 않는 한 지배인은 각자 영업주에 갈음하여 그 영업에 관한 모든 행위를 할 수 있는 것이다(상법 제10조~제13조, 규칙 제64조)(1992.4.28, 등기 972 질의회답).

【쟁점질의와 유권해석】

〈외국회사의 대한민국에서의 대표자의 대표권의 범위〉

외국회사의 대한민국에서의 대표자의 대표권은 국내의 모든 영업소에 미치므로 외국회사가 국내에 2개 이상의 영업소를 설치하는 경우 각 영업소별로 서로 다른 대표자를 정하여 등기하거나 대표권을 특정 영업소의 영업에 한정하는 취지의 등기를 할 수는 없지만, 각 영업소마다 지배인을 선임하여 지배인등기를 할 수는 있다(1998. 4. 4. 등기 219 질의회답).

2. 등기절차

(1) 총 설

지배인의 선임과 종임은 등기사항이므로(상법 제13조), 그 등기를 하지 않으면 선의의 제3자에게 대항하지 못한다(상법 제37조).

지배인등기 중 개인인 상인의 지배인에 관한 등기는 지배인등기부에 등기하여야 하고, 동일 영업주로부터 수인의 지배인에 관한 등기의 신청이 있을 때에는 각 지배인별로 별개의 등기용지에 등기하여야 한다(상업등기규칙 제87조). 그러나 회사의 지배인에 관한 등기는 회사의 등기부에 기재하고, 지배인등기부가 따로 없다(상업등기법 제51조 1항).

한 지배인이 수개의 영업소의 지배인의 지위를 겸하는 경우에도 등기는 각 별로 하여야 한다.

(2) 등기신청인

영업주가 개인인 경우에는 영업주가 등기신청인이 되며(상법 제13조), 회사가 영업주인 경우에는 회사의 대표자가 등기신청인이 된다(상업등기법 제23조). 무능력자가 영업주인 때에는 법정대리인이 대리하여 신청한다.

(3) 등기사항

1) 영업주가 개인인 경우(상업등기법 제50조)

가. 지배인의 성명·주소 및 주민등록번호

나. 영업주의 성명·주소 및 주민등록번호

회사의 지배인에 대하여는 회사등기부에 기재하기 때문에 영업주의 기재가 필요 없다(상업등기법 제51조).

다. 영업주가 수개의 상호로 수종의 영업을 할 때에는 지배인이 대리할 영업과 그 사용할 상호(회사의 지배인은 해당사항이 없다)

라. 지배인을 둔 장소

'지배인을 둔 장소'는 그 지배인을 둔 본점 또는 지점의 소재지와 지점의 명칭(지점의 명칭이 등기되어 있는 경우에 한함)이라고 해석된다. 따라서 지점의 명칭이 등기되어 있는 경우에는 지배인을 둔 장소로 지점의 소재지만을 등기하거나 등기되어 있는 지점의 명칭과 다른 명칭을 등기할 수 없다(2006. 10. 11, 공탁상업등기과-1122 질의회답).

마. 2인 이상의 지배인이 공동으로 대리권을 행사할 것을 정한 때에는 그에 관한 규정

2) 회사가 영업주인 경우(상업등기법 제51조)

회사의 지배인의 등기는 회사의 등기부에 한다. 회사의 지배인등기에 있어서는 다음 사항을 등기한다.

① 지배인의 성명·주소 및 주민등록번호

② 지배인을 둔 장소

③ 2인 이상의 지배인이 공동으로 대리권을 행사할 것을 정한 때에는 그에 관한 규정

(4) 첨부서면

지배인의 주소, 주민등록번호를 확인할 수 있는 서면을 첨부하여야 하고, 등록면허세는 1만2천원을, 지방교육세는 그 100분의 20에 해당하는 금액을 납부한 영수필확인서 및 영수필통지서 및 등기신청수수료를 납부하여야 한다.

등기신청수수료는 하나의 등기신청서로서 수인의 지배인선임등기를 신청하는 경우에도 하나의 지배인선임등기로 보므로 6,000원(전자표준양식에 의한 경우 4,000원, 전자신청은 2,000원)을 납부하면 된다.

그 외 특수한 첨부서면은 다음과 같다.

1) 회사가 영업주인 경우(상업등기규칙 제86조)

① 지배인의 선임을 증명하는 서면

② 2인 이상의 지배인이 공동으로 대리권을 행사할 것으로 정한 때에는 그 정함을 증명하는 서면

위 ①, ②의 서면에 해당하는 것으로는 합명회사에 있어서는 총사원과반수의

동의가 있음을 증명하는 서면, 합자회사에 있어서는 무한책임사원 과반수의 동의가 있음을 증명하는 서면, 주식회사에 있어서는 이사회회의록, 유한회사에 있어서는 이사과반수의 동의가 있음을 증명하는 서면 또는 사원총회의사록이다.

지배인의 주소, 주민등록번호를 확인할 수 있는 서면 등도 첨부한다.

③ 지점소재지에 둔 지배인의 등기신청서에는 회사 대표자의 인감증명서 추가 첨부
본점소재지 이외의 지점소재지 등기소에서 회사의 지배인등기를 신청할 때에는 대표자의 인감증명서를 첨부하여야 한다.

2) 영업주가 개인인 경우

영업주가 무능력자로서 법정대리인이 영업주를 대리하여 신청할 때에는 그 권한을 증명하는 서면

실무상 영업주가 상인인 점을 소명할 수 있는 사업자등록세 등을 첨부한다.

실무에서 지배인선임자의 승낙서를 첨부하는 경우가 많으나, 지배인 본인에게 불리한 것이 없으므로 승낙서는 첨부하지 않아도 될 것이다. 그러나 신청인의 의사를 확인하여야 하므로 신청인의 인감증명과 신청서에 인감을 날인하여야 할 것이다.

3) 인감의 제출

① 회사지배인의 등기신청서에는 신청인인 영업주의 인감을 제출하여야 한다(상업등기법 제25조).

② 회사의 지배인의 등기신청서에는 이미 인감이 제출되어 있는 회사의 본점소재지 관할등기소에 지배인선임의 등기를 신청하는 경우를 제외하고는 회사대표자의 인감증명서를 첨부하여야 한다(상업등기규칙 제86조).

③ 인감의 제출은 인감제출자에 관한 사항을 기재하고, 사용할 인감을 날인한 인감신고서를 관할등기소에 제출하는 방법으로 한다(상업등기규칙 제35조 1항).

④ 인감신고서는 인감을 제출하는 본인 또는 그 대리인이 등기소에 출석하여 제출하여야 한다. 다만, 대법원예규로 정하는 경우에는 인터넷을 이용하여 제출할 수 있다(동규칙 제35조 1항).

⑤ 등기소에 출석하여 제출하는 인감신고서(발행일로부터 3개월 이내의 것에 한함)를 첨부하거나 등기소에 제출한 유효한 종전 인감을 날인하여야 한다(동규칙 제35조 2항).

⑥ 지배인이 제출하는 인감임이 틀림없음을 보증하는 서면(그 서면에는 영업주가 등기소에 제출한 인감을 날인하여야 함)을 첨부하여야 한다(동규칙 제35조 3항).

핵 심 판 례

- ■ 영업주가 지배인의 대리권 제한 사실을 들어 대항할 수 있는 제3자의 범위와 제3
자의 악의·중과실에 대한 주장·입증책임

> 지배인의 어떤 행위가 그 객관적 성질에 비추어 영업주의 영업에 관한 행위로 판단
> 되는 경우에 지배인이 영업주가 정한 대리권에 관한 제한 규정에 위반하여 한 행위
> 에 대하여는 제3자가 위 대리권의 제한 사실을 알고 있었던 경우뿐만 아니라 알지
> 못한 데에 중대한 과실이 있는 경우에도 영업주는 그러한 사유를 들어 상대방에게
> 대항할 수 있고, 이러한 제3자의 악의 또는 중대한 과실에 대한 주장·입증책임은 영
> 업주가 부담한다(대법원 1997. 8. 26. 선고 96다36753 판결).

- ■ 감사가 회사 또는 자회사의 이사, 지배인 기타의 사용인에 선임되거나 그 반대의
경우, 피선임자가 현직을 사임하는 것을 조건으로 효력을 가지는지 여부(적극)

> 감사가 회사 또는 자회사의 이사 또는 지배인 기타의 사용인에 선임되거나 반대로
> 회사 또는 자회사의 이사 또는 지배인 기타의 사용인이 회사의 감사에 선임된 경우
> 에는 그 선임행위는 각각의 선임 당시에 있어 현직을 사임하는 것을 조건으로 하여
> 효력을 가지고, 피선임자가 새로이 선임된 지위에 취임할 것을 승낙한 때에는 종전의
> 직을 사임하는 의사를 표시한 것으로 해석하여야 한다(대법원 2007. 12. 13. 선고
> 2007다60080 판결).

【서식】지배인선임등기신청서(영업주가 회사인 경우)

<table>
<tr><td colspan="6" align="center">**지배인선임등기신청**</td></tr>
<tr><td rowspan="2">접　수</td><td colspan="2" align="center">년　　월　　일</td><td rowspan="2" align="center">처리인</td><td align="center">등기관 확인</td><td align="center">각종통지</td></tr>
<tr><td>제</td><td>호</td><td></td><td></td></tr>
</table>

상　　　호	○○ 주식회사	②등기번호	○○○○○○
본　　　점	서울특별시 ○○구 ○○로 ○○		
지　　　점	경기도 ○○시 ○○로 ○○		
등 기 의 목 적	지배인 선임등기		
등 기 의 사 유	20○○년 ○월 ○일 이사회결의(주식회사의 경우임, 유한회사는 이사 과반수결의, 합명회사는 총 사원 과반수결의, 합자회사는 무한책임사원 과반수결의)로 지배인을 선임하였으므로 본(지)점 소재지 등기소에 다음사항의 등기를 구함		
	등 기 할 사 항		
지 배 인 의 성명·주소와 주민등록번호	지배인 △△△ (XXXXXX – XXXXXXX) 　서울특별시 ○○구 ○○로 ○○		
지 배 인 을 둔　장　소	경기도 ○○시 ○○로 ○○		
기　　　타 (수인의　지배인이 공동으로　대리권을 행사할 것을 정한 경우 등)			

등록면허세	금 원	지방교육세	금 원	농어촌특별세	금 원
세 액 합 계	금 원	등기신청수수료		금 원	
등기신청수수료 납부번호					

첨 부 서 면

1. 지배인의 선임사실을 증명하는 서면 (이사회의사록〈공증받은 것〉 등) 1통 1. 주민등록표등(초)본 1통	1. 등록면허세영수필확인서 1통 1. 등기신청수수료영수필확인서 1통 1. 위임장(대리인이 신청할 경우) 1통 〈기 타〉

20○○년 ○월 ○일

신 청 인

대 표 자   성 명 ○ ○ ○ (인) (전화 : 02-123-4567)

　　　　　　　주 소 ○○시 ○○구 ○○길 ○○

대 리 인   성 명 법무사 ○ ○ ○ (인) (전화 : 02-456-7890)

　　　　　　　주 소 ○○시 ○○구 ○○길 ○○

○○지방법원 ○○등기소 귀중

- 신청서 작성요령 -

1. 해당란이 부족할 때에는 별지를 이용합니다.
1. 해당 등기신청과 관계없는 사항에 대하여는 "해당없음"으로 기재하거나 삭제하고, 필요한 사항은 추가 기재합니다.

【서식】지배인선임등기신청서(개인상인인 경우)

<table>
<tr><td colspan="2" align="center">지배인선임등기신청</td><td></td><td></td></tr>
<tr><td rowspan="2">접 수</td><td align="center">년 월 일</td><td rowspan="2">처리인</td><td>등기관 확인</td><td>각종통지</td></tr>
<tr><td>제   호</td><td></td><td></td></tr>
</table>

<table>
<tr><td>지배인의
성명·주소와
주민등록번호</td><td></td><td>②등기번호</td><td>○○○○○○</td></tr>
<tr><td>영업주의
성명·주소와
주민등록번호</td><td colspan="3"></td></tr>
<tr><td>등 기 의 목 적</td><td colspan="3">지배인 또는 영업주의 주소 등 변경등기</td></tr>
<tr><td>등 기 의 사 유</td><td colspan="3"></td></tr>
<tr><td colspan="4" align="center">등 기 할 사 항</td></tr>
<tr><td>지배인 또는
영업주의
주소 등 변경과
그 연월일</td><td colspan="3"></td></tr>
<tr><td>기   타</td><td colspan="3"></td></tr>
</table>

등록면허세	금 원	지방교육세	금 원	농어촌특별세	금 원
세 액 합 계	금	원	등기신청수수료	금	원
등기신청수수료 납부번호					

<table>
<tr><td colspan="2" align="center">첨 부 서 면</td></tr>
<tr>
<td>
1. 지배인의 선임사실을 증명하는 서면
  (이사회의사록〈공증받은 것〉 등)　　　　1통
1. 주민등록표등(초)본　　　　　　　　　1통
1. 등록면허세영수필확인서　　　　　　　1통
1. 등기신청수수료영수필확인서　　　　　1통
</td>
<td>
1. 위임장(대리인이 신청할 경우)　　　　1통
〈기　타〉
</td>
</tr>
</table>

2000년 O월 O일

신 청 인

영 업 주　　　　성 명 O O O (인) (전화 : 02-123-4567)

　　　　　　　주 소 OO시 OO구 OO길 OO

대 리 인　　　　성 명 법무사 O O O (인) (전화 : 02-456-7890)

　　　　　　　주 소 OO시 OO구 OO길 OO

OO지방법원 OO등기소 귀중

- 신청서 작성요령 -

1. 해당란이 부족할 때에는 별지를 이용합니다.
1. 해당 등기신청과 관계없는 사항에 대하여는 "해당없음"으로 기재하거나 삭제하고, 필요한 사항은 추가 기재합니다.

III. 지배인에 관한 변경등기

□ 핵 심 사 항 □

1. 지배인의 종임사유 : 지배인은 다음 사유로 인하여 종임한다.
 (1) 사임
 (2) 해임
 (3) 영업주의 파산
 (4) 지배인의 사망, 금치산 또는 파산
 (5) 영업주인 회사의 해산
 (6) 영업 또는 영업소의 폐지
    다만 지배권은 일종의 상사대리권이므로 영업주의 사망으로 인해 지배권이 소멸되
    지는 않는다(상법 제50조).
2. 등기 : 지배인의 선임과 종임은 그 지배인을 둔 영업소의 소재지에서 등기하여야 한
   다(상 제13조). 그러나 이는 대항요건에 불과하다(상법 제37조 1항 참조).

1. 지배인에 관한 변경절차

영업주가 개인인 경우에는 언제든지 지배인을 둔 영업소를 이전하고 지배인의 공동
대리에 관한 규정을 설정하거나 변경, 폐지할 수 있다.

영업주가 회사인 경우에는 본점 또는 지점을 이전함에 따라 지배인을 둔 장소에 변
경이 생기고 또 지배인선임과 동일한 절차에 의하여 공동대리에 관한 규정을 설정하
거나 변경하고 또는 폐지할 수 있다.

회사의 지배인을 둔 본점 또는 지점의 이전·변경·폐지등기와 지배인을 둔 장소의 이
전·변경·폐지등기신청은 동시에 하여야 한다. 이 경우 그 신청서에는 설정·변경·소멸을
증명하는 서면을 첨부하여야 한다(상업등기법 제51조 3항, 상업등기규칙 제86조 2항).

지배인을 둔 장소를 이전한 때에는 지배인의 대리권은 소멸하지 아니하고, 지배인은
이전 후의 영업소의 영업에 관하여 재판상 또는 재판 외의 일체의 대리권을 가진다.

공동지배인의 1인에 관하여 대리권이 소멸하더라도 당연히 다른 공동지배인의 대리
권이 소멸하거나 그가 단독으로 대리권을 행사할 수 있는 것은 아니며, 대리권의 공
동행사가 불가능하게 됨에 그친다.

2. 영업소를 타등기소 관내로 이전한 경우의 등기절차

(1) 등기사항

영업주가 지배인을 둔 영업소를 다른 등기소의 관할구역 내로 이전한 경우에는 구소재지에서는 이전의 등기를, 신소재지에서는 지배인의 선임등기사항과 동일사항을 등기한다(상업등기법 제50조, 제31조).

(2) 동시신청

회사의 지배인을 둔 본점 또는 지점이 이전·변경 또는 폐지된 경우에 본점 또는 지점의 이전·변경 또는 폐지의 등기신청과 지배인을 둔 장소의 이전·변경 또는 폐지의 등기의 신청은 동시에 하여야 한다(상업등기법 제51조 3항).

(3) 첨부서면

신소재지에서 등기를 신청하는 경우는 구소재지에서 등기를 마친 등기부등본을 첨부하여야 한다.

지배인을 둔 지점을 이전한 경우에는 본점소재지에서 신청하는 경우를 제외하고 회사 대표자의 인감증명서를 첨부하여야 한다(상업등기법 제25조).

그리고 회사 지배인에 관한 변경등기의 등록면허세는 4만2백원, 지방교육세는 등록면허세의 100분의20이고, 개인상인의 지배인에 관한 변경등기의 등록면허세는 1만2천원, 지방교육세는 그 100분의20이다. 등기신청수수료는 6,000원인데, 전자표준양식에 의하여 신청하는 경우에는 4,000원, 전자신청의 경우에는 2,000원이다.

3. 기타의 변경등기

위의 사항 이외에 지배인의 성명·주소변경, 영업주의 성명·주소변경 등 상업등기법 제50조에 게기한 사항에 변경이 있는 때에는 그 변경의 등기를 하여야 한다.

회사의 지배인을 둔 본점 또는 지점의 이전, 변경 또는 폐지의 경우에는 본점 또는 지점의 이전, 변경 또는 폐지의 등기의 신청과 지배인을 둔 장소의 이전, 변경 또는 폐지의 등기신청은 동시에 하여야 한다(상업등기법 제51조 3항).

회사가 영업주인 경우에는 본점소재지에서 등기를 신청하는 경우를 제외하고 지배인의 등기신청서에는 등기소에서 작성한 회사대표자의 인감증명서를 첨부하여야 한다(상업등기법 제25조).

4. 지배인에 관한 소멸의 등기

(1) 지배인의 종임

지배인은 대리권의 소멸, 고용 또는 위임관계의 종료에 의하여 종임한다. 지배인이 영업주의 영업을 양수하거나 영업주의 상속인이 됨으로써 지배인의 대리권은 소멸한다.

지배인은 다음 사유로 인하여 종임한다.

① 사임

② 해임

③ 영업주의 파산

④ 지배인의 사망, 금치산 또는 파산

⑤ 영업주인 회사의 해산

⑥ 영업 또는 영업소의 폐지

민법상 본인의 사망은 대리권소멸 원인으로 되어 있으나(민법 제127조), 지배인의 대리권은 상행위의 위임에 의한 대리권이므로 영업주의 사망은 지배인의 종임사유에 해당하지 아니한다(상법 제50조).

(2) 지배인에 관한 소멸등기절차

1) 등기신청인 등

지배인에 관한 소멸등기는 지배인선임등기의 신청인과 같이 영업주 또는 회사의 대표자 등이 신청한다(상법 제13조, 상업등기법 제23조).

지배인의 사망·사임, 지배인을 둔 장소 폐지, 영업주가 파산한 경우 등 지배인의 대리권이 소멸한 때에는 소멸의 등기를 하여야 한다(상법 제13조). 그러나 영업주의 사망은 지배인의 대리권 소멸원인이 아니다.

회사가 해산한 경우에는 지배인의 대리권은 소멸하는 것이나 이 때에는 등기관이 직권으로 지배인에 관한 등기를 말소하는 기호를 기록하므로(상업등기규칙 제88조), 그 소멸의 등기를 신청할 필요는 없다.

회사 이외의 영업주가 설치한 대리권의 소멸의 등기는 기타사항란에 하여야 하고, 이를 등기한 때에는 등기기록을 폐쇄하여야 한다(상업등기규칙 제89조).

2) 첨부서면

첨부서면은 경우에 따라 다음과 같다.

가. 영업주가 회사인 경우

① 대리권의 소멸사실을 증명하는 서면(상업등기규칙 제86조 2항)

지배인이 사임한 때에는 사임서, 지배인을 해임한 때에는 합명회사에 있어서는 사원, 합자회사에 있어서는 무한책임사원의 각 과반수의 동의가 있음을 증명하는 서면, 주식회사에 있어서는 이사회의사록, 유한회사에 있어서는 이사과반수의 동의가 있음을 증명하는 서면 또는 사원총회의 의사록이 이 서면에 해당한다.

또한 사망의 경우에는 가족관계증명서, 금치산선고나 파산선고의 경우에는 재판서등본 등을 첨부하여야 한다.

② 영업소를 폐지한 경우에는 본점소재지에서 지배인을 둔 지점의 폐지등기를 증명하는 서면

③ 지점소재지에서 신청하는 경우에는 회사대표자의 인감증명서

④ 대리인에 의하여 신청할 경우에는 그 권한을 증명하는 서면인 위임장 등

⑤ 등록면허세 등 납부영수필확인서 및 영수필통지서, 등기신청수수료납부

등록면허세는 4만2백원, 지방교육세는 그 100분의 20이고, 등기신청수수료는 6,000원(전자표준양식에 의한 신청은 4,000원, 전자신청은 2,000원)이다.

나. 영업주가 개인인 경우

① 영업주가 무능력자로서 법정대리인이 무능력자를 대리하여 신청할 때에는 그 자격을 증명하는 가족관계증명서

② 대리인에 의하여 신청할 때에는 그 권한을 증명하는 서면

회사 이외의 영업주가 설치한 지배인에 관한 대리권소멸의 등기를 한 때에는 그 등기기록을 폐쇄하여야 한다(상업등기규칙 제89조).

③ 등록면허세 등 납부영수필확인서 및 영수필통지서, 등기신청수수료증지

등록면허세는 1만2천원, 교육세는 그 100분의 20이고, 등기신청수수료는 6,000원(전자표준양식에 의한 신청은 4,000원, 전자신청은 2,000원)이다.

지배인선임등기의 신청서에 지배인의 취임승낙서를 첨부하여야 하는지 여부

선례요지

회사가 지배인 선임의 등기를 신청하는 경우에는 그 신청서에 지배인의 선임을 증명하는 서면 등을 첨부하여야 하나(비송사건절차법 제181조 제1항), 지배인의 취임승낙을 증명하는 서면(취임승낙서 등)은 첨부하지 않아도 된다. (2007. 2. 16. 공탁상업등기과-180 질의회답)

참조조문 : 비송사건절차법 제181조 제1항

주) 비송사건절차법 제181조 제1항은 상업등기규칙 제86조로 변경됨

중소기업진흥공단의 지배인 또는 대리인 등기 가부

선례요지

「중소기업진흥에 관한 법률」에 의하여 설립된 중소기업진흥공단에 관하여는 위 법에 규정된 것을 제외하고는 「민법」 및 「중소기업진흥에 관한 법률」에는 지배인이나 대리인을 선임하여 등기할 수 있도록 하는 규정이 없으므로 이를 등기할 수 없다. (2012. 4. 5. 사법등기심의관-933 질의회답)

참조조문 : 민법법인 및 특수법인 등기규칙 제5조 제1항, 제2항, 민법 제49조 제2항, 상법 제10조, 제11조 제1항, 제13조, 중소기업진흥에 관한 법률 제 68조 제8항

참조선례 : 상업등기선례 201105-1

법무법인과 법무법인(유한)이 지배인등기를 신청할 수 있는지 여부

선례요지

「변호사법」은 법무법인과 법무법인(유한)에 대해 각각 「상법」중 합명회사와 유한회사에 관한 규정을 준용한다고 규정하고 있으나(「변호사법」제58조, 제58조의17), 법무법인과 법무법인(유한)은 상인에 해당하지 않으므로 지배인등기를 신청할 수 없으며, 법인[법무법인과 법무법인(유한)]의 업무에 관한 재판상 또는 재판외의 모든 행위를 할 수 있는 대리인을 선임할 수 있다는 규정이 없으므로 대리인등기 역시 신청할 수 없다. (2011. 5. 11. 사법등기심의관-1055 질의회답)

참조조문 : 상법 제4조, 제5조, 제10조, 제11조, 제13조, 제46조, 변호사법 제3조, 제38조, 제40조, 제42조, 제43조, 제49조, 제58조, 제58조의2, 제58조의4, 제58조의5, 제58조의16, 제58조의17

참조판례 : 대법원 2007. 7. 26. 자 2006마334 결정, 서울고법 2008. 7. 2. 선고 2007나118684 판결

【서식】지배인에 관한 변경등기신청서(영업주가 개인상인인 경우)

<table>
<tr><td colspan="6" align="center">지배인변경등기신청</td></tr>
<tr><td rowspan="2">접 수</td><td colspan="2" align="center">년   월   일</td><td rowspan="2">처리인</td><td>등기관 확인</td><td>각종통지</td></tr>
<tr><td>제</td><td>호</td><td></td><td></td></tr>
</table>

<table>
<tr><td>지배인의
성명·주소와
주민등록번호</td><td></td><td>②등기번호</td><td>○○○○○○</td></tr>
<tr><td>영업주의
성명·주소와
주민등록번호</td><td colspan="3"></td></tr>
<tr><td>등 기 의 목 적</td><td colspan="3">지배인 또는 영업주의 주소 등 변경등기</td></tr>
<tr><td>등 기 의 사 유</td><td colspan="3"></td></tr>
<tr><td colspan="4" align="center">등   기   할   사   항</td></tr>
<tr><td>지배인 또는
영업주의
주소 등 변경과
그 연월일</td><td colspan="3"></td></tr>
<tr><td>기   타</td><td colspan="3"></td></tr>
</table>

등록면허세	금 원	지방교육세	금 원	농어촌특별세	금 원
세 액 합 계	금	원	등기신청수수료	금	원
등기신청수수료 납부번호					

<table>
<tr><td colspan="2" align="center">첨   부   서   면</td></tr>
<tr>
<td>1. 변경사실을 증명하는 서면   1통</td>
<td>1. 등록면허세영수필확인서   1통
1. 등기신청수수료영수필확인서   1통
1. 위임장(대리인이 신청할 경우)   1통
〈기   타〉</td>
</tr>
</table>

2000년 ○월 ○일

신 청 인

영 업 주   성 명 ○ ○ ○ (인) (전화 : 02-123-4567)

          주 소 ○○시 ○○구 ○○길 ○○

대 리 인   성 명 법무사 ○ ○ ○ (인) (전화 : 02-456-7890)

          주 소 ○○시 ○○구 ○○길 ○○

○○지방법원 ○○등기소 귀중

- 신청서 작성요령 -

1. 해당란이 부족할 때에는 별지를 이용합니다.
1. 해당 등기신청과 관계없는 사항에 대하여는 "해당없음"으로 기재하거나 삭제하고, 필요한 사항은 추가 기재합니다.

【서식】지배인의 대리권소멸등기신청서(영업주가 개인상인인 경우)

<table>
<tr><td colspan="6" align="center">지배인의
대리권소멸등기신청</td></tr>
<tr><td rowspan="2">접 수</td><td>년 월 일</td><td rowspan="2">처리인</td><td>등기관 확인</td><td>각종통지</td></tr>
<tr><td>제   호</td><td></td><td></td></tr>
</table>

지배인의 성명·주소와 주민등록번호		②등기번호	○○○○○○
영업주의 성명·주소와 주민등록번호			

등 기 의 목 적	지배인의 대리권 소멸등기
등 기 의 사 유	

등 기 할 사 항

대리권 소멸의 뜻과 그 연월일	
기 타	

등록면허세	금　원	지방교육세	금　원	농어촌특별세	금　원
세 액 합 계	금　　원		등기신청수수료	금　　원	
등기신청수수료 납부번호					

<table>
<tr><td colspan="2" align="center">첨　부　서　면</td></tr>
<tr>
<td>1. 대리권 소멸을 증명하는 서면(사임서,
　해임결정서, 가족관계등록사항별 증명서
　등)　　　　　　　　　　　　　　1통</td>
<td>1. 등록면허세영수필확인서　　　　1통
1. 등기신청수수료영수필확인서　　1통
1. 위임장(대리인이 신청할 경우)　1통
〈기　타〉</td>
</tr>
</table>

2000년 ○월 ○일

신 청 인

영 업 주　　　　성　명　○　○　○ (인)　(전화 : 02-123-4567)

　　　　　　　　주　소　○○시 ○○구 ○○길 ○○

대 리 인　　　　성　명 법무사 ○　○　○ (인)　(전화 : 02-456-7890)

　　　　　　　　주　소　○○시 ○○구 ○○길 ○○

○○지방법원 ○○등기소 귀중

- 신청서 작성요령 -

1. 해당란이 부족할 때에는 별지를 이용합니다.
1. 해당 등기신청과 관계없는 사항에 대하여는 "해당없음"으로 기재하거나 삭제하고, 필요한 사항은
　추가 기재합니다.

제 4 장 합자조합의 등기

Ⅰ. 총 설

> ▣ 핵 심 사 항 ▣
>
> 1. 합자조합 : 합자조합은 2011년 상법개정시 새로운 기업형태로서 도입된 것으로서 조합의 업무집행자로서 조합의 채무에 대하여 무한책임을 지는 조합원과 출자가액을 한도로 하여 유한책임을 지는 조합원이 상호출자하여 공동사업을 경영할 것을 약정함으로써 성립하는 상법상의 조합을 말한다(상법 제86조의2).
> 2. 합자조합의 등기(상법 제86조의4) : 업무집행조합원은 합자조합 설립 후 2주 내에 조합의 주된 영업소의 소재지에서 다음의 사항을 등기하여야 한다.
>   (1) 상법 제86조의3 제1호부터 제5호까지(제4호의 경우에는 유한책임조합원이 업무를 집행하는 경우에 한정한다), 제9호, 제10호, 제12호 및 제13호의 사항
>   (2) 조합원의 출자의 목적, 재산출자의 경우에는 그 가액과 이행한 부분
>   또한 위의 사항이 변경된 경우에는 2주 내에 변경등기를 하여야 한다.

1. 합자조합 도입배경

최근의 산업구조에서는 지식기반경제가 발달함으로써 산업경쟁력의 원천이 물적자산으로부터 인적자산으로 이동하는 경향이 있으며, 이러한 경향에 따르는 기업들은 그 특성에 맞는 새로운 형태의 기업조직을 원하고 있다. 합자조합은 이러한 수요에 응하여 2011.4.14. 상법 개정시 유한책임회사와 더불어 신설한 기업형태이다.[72]

2. 의의

합자조합이란 조합의 업무집행자로서 조합의 채무에 대하여 무한책임을 지는 조합원과 출자가액을 한도로 하여 유한책임을 지는 조합원이 상호출자하여 공동사업을

---

[72] 법무부, 상법개정안 해설자료 4면 참조, 2008.11.

경영할 것을 약정함으로써 성립하는 상법상의 조합을 말한다(상법 제86조의2).

합자조합은 조합채무에 관해 무한책임을 지는 사원과 유한책임을 지는 사원으로 구성된다는 점에서 조합원 전원이 무한책임을 지는 일반 조합과 구분된다.

3. 조합계약의 성립

합자조합은 구성원들간의 계약에 의하여 성립하며, 무한책임조합원과 유한책임조합원을 각 각 최소 1인씩 구비해야 한다.

상법은 합자조합의 설립을 위한 조합계약과 관련하여 계약에서 다루어야 할 사항을 법정하고, 조합원 각자가 기명날인 또는 서명하게 하고 있다(상법 제86조의3). 구체적인 계약사항을 살펴보면 다음과 같다.

(1) 목적

(2) 명칭

(3) 업무집행조합원의 성명 또는 상호, 주소 및 주민등록번호

(4) 유한책임조합원의 성명 또는 상호, 주소 및 주민등록번호

(5) 주된 영업소의 소재지

(6) 조합원의 출자(出資)에 관한 사항

(7) 조합원에 대한 손익분배에 관한 사항

(8) 유한책임조합원의 지분(持分)의 양도에 관한 사항

(9) 둘 이상의 업무집행조합원이 공동으로 합자조합의 업무를 집행하거나 대리할 것을 정한 경우에는 그 규정

(10) 업무집행조합원 중 일부 업무집행조합원만 합자조합의 업무를 집행하거나 대리할 것을 정한 경우에는 그 규정

(11) 조합의 해산 시 잔여재산 분배에 관한 사항

(12) 조합의 존속기간이나 그 밖의 해산사유에 관한 사항

(13) 조합계약의 효력 발생일

4. 내부관계

(1) 업무집행

합자조합의 업무집행은 업무집행조합원이 행한다(상법 제86조의5 1항). 즉, 업무집행조합원은 조합계약에 다른 규정이 없으면 각자가 합자조합의 업무를 집행하고 대리할 권리와 의무가 있다.

이러한 업무집행조합원은 선량한 관리자의 주의로써 업무를 집행하여야 하며(동조 2항), 둘 이상의 업무집행조합원이 있는 경우에 조합계약에 다른 정함이 없으면 그 각 업무집행조합원의 업무집행에 관한 행위에 대하여 다른 업무집행조합원의 이의가 있는 경우에는 그 행위를 중지하고 업무집행조합원 과반수의 결의에 따라야 한다(동조 3항).

이러한 업무집행조합원의 업무집행을 정지하거나 직무대행자를 선임하는 가처분을 하거나 그 가처분을 변경, 취소하는 경우에는 본점 및 지점이 있는 곳의 등기소에서 이를 등기하여야 한다(상법 제86조의8 2항, 제183조의2). 직무대행자는 가처분명령에 다른 정함이 있거나 법원의 허가를 얻은 경우 외에는 합자조합의 통상업무에 속하지 아니한 행위를 하지 못한다(상법 제86조의8 2항, 제200조의2 1항). 직무대행자가 이에 위반한 행위를 한 경우에도 합자조합원들은 선의의 제3자에 대하여 책임을 지게 된다(상법 제86조의8 2항, 제200조의2 2항).

(2) 출자와 손익분배

조합계약에서 조합원의 출자에 관한 사항을 규정해야 한다(상법 제86조의3 6호). 상법 제86조의8 3항에서 준용하는 제272조에 의하여 합자조합의 유한책임조합원은 신용 또는 노무를 출자의 목적으로 하지 못하지만, 조합계약으로 달리 정하는 것을 허용하고 있다(상법 제86조의8 3항).

손익분배와 관련하여서는 상법은 합자조합계약에서 조합원에 대한 손익분배에 관한 사항을 정하도록 규정하고 있을 뿐(상법 제86조의3 7호), 구체적인 방법에 대해서는 규정하고 있지 않다. 따라서 민법의 조합에 관한 규정이 준용된다고 할 것이다(상법 제86조의8 4항 본문). 따라서 조합계약에서 이익과 손실의 비율을 자유롭게 정할 수 있고, 만약 당사자가 손익분배의 비율을 정하지 아니한 때에는 각 조합원의 출자가액에 비례하여 이를 정한다. 그리고 이익 또는 손실에 대하여 분배의 비율을 정한 때에는 그 비율은 이익과 손실에 공통된 것으로 추정한다(민법 제711조).

(3) 경업금지

업무집행조합원은 다른 조합원의 동의가 없으면 자기 또는 제3자의 계산으로 합자조합의 영업부류에 속하는 거래를 하지 못하며, 동종영업을 목적으로 하는 다른 회사의 무한책임사원 또는 이사가 되지 못한다(상법 제86조의8 2항, 제198조 1항).

반면에 유한책임조합원은 경업금지가 적용되지 않는다(상법 제86조의8 3항, 제275조). 다만, 조합계약으로 유한책임조합원도 경업금지의 적용대상에 포함시킬 수 있다.

(4) 자기거래제한

조합원은 다른 조합원의 과반수의 결의가 있는 때에 한하여 자기 또는 제3자의 계산으로 합자조합과 거래할 수 있다(상법 제86조의8 2항, 3항, 제199조).

(5) 조합원의 지분의 양도

상법은 업무집행조합원의 지분의 양도와 유한책임조합원의 지분의 양도를 구별하여 규정하고 있다. 즉, 업무집행조합원은 다른 조합원 전원의 동의를 받지 아니하면 그 지분의 전부 또는 일부를 타인에게 양도하지 못하지만, 유한책임조합원의 지분은 조합계약에서 정하는 바에 따라 양도할 수 있다고 규정하고 있다(상법 제86조의7 1항, 2항). 유한책임조합원의 지분을 양수한 자는 양도인의 조합에 대한 권리·의무를 승계한다(동조 3항).

5. 외부관계

(1) 조합의 대리

조합은 법인이 아니므로 그 자체는 권리능력이나 행위능력을 갖지 못한다. 따라서 대외적인 행위는 조합의 행위가 아니라, 조합원 전원을 위한 대리행위가 되는 것이다.

업무집행조합원은 각자 합자조합의 업무를 집행하고 대리할 권리와 의무가 있다(상법 제86조의5 1항). 업무집행조합원은 조합의 영업에 관하여 재판상 재판외의 모든 행위를 할 수 있으며, 그 권한의 제한은 선의의 제3자에게 대항하지 못한다(상법 제86조의8 2항, 제209조).

(2) 책임

1) 업무집행조합원의 책임

업무집행조합원은 조합재산으로 조합채무를 완제할 수 없거나 조합재산에 대한 강제집행이 주효하기 못한 때에는 변제할 책임이 있다(상법 제86조의8 2항, 제212조). 즉, 상법은 업무집행조합원에 대해서는 합명회사의 사원의 책임에 관한 규정을 준용하고 있는 것이다.

2) 유한책임조합원의 책임

유한책임조합원은 조합계약에서 정한 출자가액에서 이미 이행한 부분을 뺀 가액을 한도로 하여 조합채무를 변제할 책임이 있다. 이때 합자조합에 이익이 없음에도 불구하고 배당을 받은 금액은 변제책임을 정할 때에 변제책임의 한도액에 더한다(상법 제86조의6).

II. 설립의 등기

1. 등기절차

(1) 등기신청인(상업등기법 제23조 2항, 등기예규 제1445호)

합자조합의 등기는 대리권을 가지는 업무집행조합원이 신청한다. 동일한 합자조합의 등기기록에 대한 여러 개의 등기신청은 일괄하여 하나의 신청서로 할 수 있다. 다만, 다른 등기소 관할구역으로 주된 영업소를 이전하는 등기를 신청하는 경우에는 그러하지 아니하다.

(2) 등기기간 및 등기사항

업무집행조합원은 합자조합 설립 후 2주 내에 조합의 주된 영업소의 소재지에서 다음의 사항을 등기하여야 한다(상법 제86조의4 1항).

① 목적, ② 명칭, ③ 업무집행조합원의 성명 또는 상호, 주소 및 주민등록번호, ④ 유한책임조합원이 업무를 집행하는 경우 유한책임조합원의 성명 또는 상호, 주소 및 주민등록번호, ⑤ 주된 영업소의 소재지, ⑥ 둘 이상의 업무집행조합원이 공동으로 합자조합의 업무를 집행하거나 대리할 것을 정한 경우에는 그 규정, ⑦ 업무집행조합원 중 일부 업무집행조합원만 합자조합의 업무를 집행하거나 대리할 것을 정한 경우에는 그 규정, ⑧ 조합의 존속기간이나 그 밖의 해산사유에 관한

사항, ⑨ 조합계약의 효력 발생일, ⑩ 조합원의 출자의 목적, 재산출자의 경우에는 그 가액과 이행한 부분

2. 첨부정보(상업등기규칙 제90조, 제91조)

조합계약에 규정이 없으면 효력이 없는 사항의 등기를 신청하는 경우에는 조합계약에 관한 정보를 제공하여야 한다. 또한, 총조합원 또는 어느 조합원이나 청산인의 동의를 필요로 하는 등기를 신청하는 경우에는 그 동의가 있음을 증명하는 정보를 제공하여야 한다.

합자조합의 설립에 따른 등기를 신청하는 경우에는 조합계약에 관한 정보, 재산출자에 관하여 이행을 한 부분을 증명하는 정보, 합자조합의 업무를 집행하고 대리할 권한이 있는 자가 법인인 경우에 그 자의 직무를 행할 사람의 선임을 증명하는 정보를 제공하여야 한다.

【서식】합자조합설립에 따른 등기신청서

<table>
<tr><td colspan="2" align="center">합자조합설립등기신청</td></tr>
</table>

접 수	년 월 일 제 호	처리인	등기관 확인	각종통지

등 기 의 목 적	합자회사 설립에 따른 등기
등 기 의 사 유	
등 기 할 사 항	
명 칭	
주된 영업소	
목 적	
업무집행조합원의 성명 또는 상호, 주민등록번호(법인등록번호) 및 주소(업무집행권이 없는 조합원인 경우에는 성명 또는 상호, 주민등록번호). 조합원의 출자의 목적, 재산출자의 경우 그 가액과 이행한 부분	
존속기간 또는 해산사유	
조합계약의 효력 발생일	
기 타 (공동대리규정 등)	

등록면허세	금 원	지방교육세	금 원	농어촌특별세	금 원
세액합계	금 원		등기신청수수료	금 원	
등기신청수수료 납부번호					
과세표준액	금 원				

<table>
<tr><td colspan="2" align="center">첨　　부　　서　　면</td></tr>
<tr>
<td>
1. 조합계약서　　　　　　　　　　　　　　　통
1. 재산출자에 관하여 이행을 한 부분을
　증명하는 서면　　　　　　　　　　　　통
1. 업무집행권이 있는 조합원의 과반수
　동의서(주된 영업소의 구체적 장소
　결정 등)　　　　　　　　　　　　　　통
1. 업무집행권이 있는 조합원이 법인인 경우에
　그 자의 직무를 행할 사람의 선임을 증명하는
　서면 (취임승낙서와 인감증명서〈본인서명사실
　확인서 또는전자본인서명확인서의 발급증 포
　함〉 등)　　　　　　통
</td>
<td>
1. 주민등록표등(초)본　　　　　　　　통
1. 등기를 신청하는 업무집행조합원의
　인감신고서　　　　　　　　　　　　통
1. 등록면허세영수필확인서　　　　　　통
1. 등기신청수수료영수필확인서　　　　통
1. 위임장(대리인이 신청할 경우)　　　통
〈기 타〉
</td>
</tr>
<tr><td colspan="2">
　　　　　　　　　　　　　　　　　　　　　　년　　월　　일

신청인　　　　　명　칭
　　　　　　　　주된 영업소
업무집행조합원　성명 또는 상호　　　(인)　　(전화 :　　　　)
　　　　　　　　주　소
대리인　　　　　성　명　　　　　　　(인)　　(전화 :　　　　)
　　　　　　　　주　소
　　　　　　　　　　지방법원　　　등기소 귀중
</td></tr>
</table>

- 신청서 작성요령 -

1. 해당란이 부족할 때에는 별지를 이용합니다.
1. 해당 등기신청과 관계없는 사항에 대하여는 "해당없음"으로 기재하거나 삭제하고, 필요한 사항은 추가 기재합니다.
1. 「인감증명법」에 따른 인감증명서 제출과 함께 관련 서면에 인감을 날인하여야 하는 경우, 본인서명사실확인서를 제출하고 관련 서면에 서명을 하거나 전자본인서명확인서 발급증을 제출하고 관련 서면에 서명을 하면 인감증명서를 제출하고 관련 서면에 인감을 날인한 것으로 봅니다.

Ⅲ. 변경의 등기 등

1. 등기절차

(1) 등기신청인

합자조합의 등기는 대리권을 가지는 업무집행조합원이 신청한다. 다만, 다음의 등기는 청산인이 신청한다.

1) 해산의 등기

2) 청산인에 관한 등기

3) 청산종결의 등기

(2) 등기기간 및 등기사항

등기된 사항에 변경이 있는 경우 2주 내에 변경등기를 하여야 한다(상법 제86조의4 2항).

또한 조합의 영업소를 다른 등기소의 관할 구역 내로 이전하는 경우에는 구 영업소 소재지에서는 신 영업소 소재지와 이전연월일을, 신 영업소 소재지에서는 상법 제86조의4 1항의 합자조합의 등기사항을 등기하여야 하며(상법 제86조의8 1항, 제182조 1항), 조합이 해산된 때와 청산이 종결된 때에는 각 2주 내에 해산등기와 청산종결의 등기를 하여야 한다(상법 제86조의8, 제228조, 제264조).

2. 첨부정보(상업등기규칙 제93조)

출자의 이행으로 인한 변경등기를 신청하는 경우에는 그 이행이 있음을 증명하는 정보를 제공하여야 한다. 조합원의 가입 또는 탈퇴로 인한 변경등기를 신청하는 경우에는 그 사실을 증명하는 정보를 제공하여야 하며, 합자조합의 업무를 집행하고 대리할 권한이 있는 자가 법인인 경우 그 자의 직무를 행할 사람에 관한 사항의 변경등기를 신청할 때에는 그 사실이 변경되었음을 증명하는 정보를 제공하여야 한다.

【서식】합자조합변경등기(명칭·목적변경) 신청서

<table>
<tr><td colspan="5" align="center">합자조합변경등기신청</td></tr>
<tr><td rowspan="2">접 수</td><td align="center">년　월　일</td><td rowspan="2">처리인</td><td align="center">등기관 확인</td><td align="center">각종통지</td></tr>
<tr><td>제　　　　　　호</td><td></td><td></td></tr>
</table>

<table>
<tr><td>명　칭</td><td></td><td>등기번호</td><td></td></tr>
<tr><td>주된　영업소</td><td colspan="3"></td></tr>
<tr><td>등 기 의 목 적</td><td colspan="3">명칭·목적 변경등기</td></tr>
<tr><td>등 기 의 사 유</td><td colspan="3"></td></tr>
<tr><td colspan="4" align="center">등　기　할　사　항</td></tr>
<tr><td>변 경 된
명칭, 목적과 변경
연월일</td><td colspan="3"></td></tr>
<tr><td>기　타</td><td colspan="3"></td></tr>
</table>

등록면허세	금	원	지방교육세	금	원	농어촌특별세	금	원
세액합계	금		원	등기신청수수료		금		원
등기신청수수료 납부번호								

<table>
<tr><td colspan="2" align="center">첨 부 서 면</td></tr>
<tr>
<td>
1. 조합계약서   통
1. 총조합원동의서   통
1. 등록면허세영수필확인서   통
1. 등기신청수수료영수필확인서   통
</td>
<td>
1. 위임장(대리인이 신청할 경우)   통
〈기 타〉
</td>
</tr>
</table>

년   월   일

신청인   명 칭

          주된 영업소

업무집행조합원   성명 또는 상호   (인)   (전화 :   )

          주 소

대리인   성 명   (인)   (전화 :   )

          주 소

지방법원   등기소   귀중

- 신청서 작성요령 -

1. 해당란이 부족할 때에는 별지를 이용합니다.
1. 해당 등기신청과 관계없는 사항에 대하여는 "해당없음"으로 기재하거나 삭제하고, 필요한 사항은 추가 기재합니다.

Ⅳ. 해산과 청산의 등기

1. 해산의 등기

(1) 해산사유

합자조합계약에서 합자조합의 존속기간을 둘 수 있으며, 그 밖의 해산사유도 조합계약에서 정할 수 있다(상법 제86조의3 12호).

또한 업무집행조합원만 남게 되거나 유한책임조합원만 남게 된 경우에는 해산사유가 된다(상법 제86조의8 1항, 제285조). 이 경우 잔존한 업무집행조합원 또는 유한책임조합원 전원의 동의로 새로 유한책임조합원 또는 업무집행조합원을 가입시켜 조합을 계속할 수 있다(상법 제86조의8 1항, 제285조 2항).

(2) 해산등기의 등기사항 등(상업등기법 제60조)

해산등기를 할 때에는 해산한 뜻과 그 사유 및 연월일을 등기하여야 하며, 해산등기의 신청과 해산으로 인한 청산인의 취임등기의 신청은 동시에 하여야 한다.

(3) 첨부정보(상업등기규칙 제94조)

조합계약에 정한 사유의 발생으로 인한 해산등기를 신청하는 경우에는 그 사유의 발생을 증명하는 정보를 제공하여야 하고, 조합원의 해산청구로 인한 해산등기를 신청하는 경우에는 그 해산청구를 증명하는 정보를 제공하여야 한다.

2. 청산의 등기

(1) 청산인

합자조합이 해산한 때에는 업무집행조합원의 과반수의 결의로 청산인을 선임해야 하고, 선임하지 않을 때에는 업무집행조합원이 청산인이 된다(상법 제86조의8 2항, 제287조).

(2) 첨부정보(상업등기규칙 제95조)

조합원이 선임한 청산인의 취임등기를 신청하는 경우에는 그 취임승낙을 증명하는 정보를 제공하여야 하고, 청산인의 퇴임등기를 신청하는 경우에는 그 퇴임을 증명하는 정보를 제공하여야 한다.

핵 심 판 례

■ 합자회사 사원의 책임 변경에 총 사원의 동의가 필요한지 여부(원칙적 적극)

상법 제270조는 합자회사 정관에는 각 사원이 무한책임사원인지 또는 유한책임사원인지를 기재하도록 규정하고 있으므로, 정관에 기재된 합자회사 사원의 책임 변경은 정관변경의 절차에 의하여야 하고, 이를 위해서는 정관에 그 의결정족수 내지 동의정족수 등에 관하여 별도로 정하고 있다는 등의 특별한 사정이 없는 한 상법 제269조에 의하여 준용되는 상법 제204조에 따라 총 사원의 동의가 필요하다(대법원 2010. 9. 30. 선고 2010다21337 판결).

■ 합자회사 설립 후 제3자가 합자회사의 사원으로 되는 방법

합자회사 설립 후 제3자가 합자회사의 사원으로 되는 방법으로는 입사에 의하여 원시적으로 사원 자격을 취득하는 방법과 기존의 사원으로부터 지분을 양수하는 방법이 있는데, 전자의 입사 방법은 입사하려는 자와 회사 사이의 입사계약으로 이루어지고 후자의 입사 방법은 입사하려는 자와 기존 사원 개인 사이의 지분매매계약으로 이루어진다(대법원 2002. 4. 9. 선고 2001다77567 판결).

【서식】합자조합해산등기신청서

<table>
<tr><td colspan="6" align="center">합자조합해산등기신청</td></tr>
<tr><td rowspan="2">접 수</td><td colspan="2" align="center">년   월   일</td><td rowspan="2">처리인</td><td>등기관 확인</td><td>각종 통지</td></tr>
<tr><td colspan="2">제   호</td><td></td><td></td></tr>
</table>

<table>
<tr><td align="center">명   칭</td><td></td><td>등기번호</td><td></td></tr>
<tr><td align="center">주된   영업소</td><td colspan="3"></td></tr>
<tr><td align="center">등 기 의 목 적</td><td colspan="3">합자회사 해산등기</td></tr>
<tr><td align="center">등 기 의 사 유</td><td colspan="3"></td></tr>
<tr><td colspan="4" align="center">등   기   할   사   항</td></tr>
<tr><td align="center">해산의 뜻과 그
연월일</td><td colspan="3"></td></tr>
<tr><td align="center">해산사유</td><td colspan="3"></td></tr>
<tr><td align="center">기   타</td><td colspan="3"></td></tr>
</table>

등록면허세	금 원	지방교육세	금 원	농어촌특별세	금 원
세액합계	금 원		등기신청수수료	금 원	
등기신청수수료 납부번호					

<table>
<tr><td colspan="2" align="center">첨　부　서　면</td></tr>
<tr><td>
1. 조합계약서　　　　　　　　통
1. 해산사유를 증명하는 서면　　통
1. 등기신청인자격증명서　　　통
1. 등록면허세영수필확인서　　통
1. 등기신청수수료영수필확인서　통
</td><td>
1. 위임장(대리인이 신청할 경우)　　통
〈기 타〉
</td></tr>
</table>

년　　월　　일

신청인　　　명　칭
　　　　　　주된 영업소
청산인　　　성명　또는 상호　　　　(인)　(전화 :　　　)
　　　　　　주　소
대리인　　　성　명　　　　　　　(인)　(전화 :　　　)
　　　　　　주　소

지방법원　　등기소　귀중

- 신청서 작성요령 -

1. 해당란이 부족할 때에는 별지를 이용합니다.
1. 해당 등기신청과 관계없는 사항에 대하여는 "해당없음"으로 기재하거나 삭제하고, 필요한 사항은 추가 기재합니다.

【서식】 합자조합청산인등기신청서

<table>
<tr><td colspan="5" align="center">합자조합청산인등기</td></tr>
<tr><td rowspan="2">접수</td><td align="center">20〇〇년 〇월 〇일</td><td rowspan="2">처리인</td><td>등기관 확인</td><td>각종 통지</td></tr>
<tr><td align="center">제〇〇〇〇호</td><td></td><td></td></tr>
</table>

명　　칭	〇〇합자조합	등기번호	제1000호
주된 영업소	〇〇시 〇〇구 〇〇길 〇〇		
등기의 목적	청산인에 관한 등기		
등기의 사유			

등　　기　　할　　사　　항	
취임한 청산인의 성명·주민 등록번호와 주소 및 취임 연월일	
청산인의 퇴임 등 변경된 사항과 그 연월일	
기　　타 (공동대리규정 등)	해당 없음

등록면허세	금 원	지방교육세	금 원	농어촌특별세	금 원
세액합계	금 원		등기신청수수료	금 원	
등기신청수수료 납부번호					

첨   부   서   면

1. 조합계약서 　　　　　　　　　통	1. 주민등록표등(초)본 　　　　통
1. 청산인의 선임을 증명하는 서면 　통	1. 인감신고서 　　　　　　　　통
1. 취임승낙서(인감증명서나 본인서명사실확인서 또는 전자본인서명확인서의 발급증 포함) 등 　　　　　　통	1. 등록면허세영수필확인서 　　통
	1. 등기신청수수료영수필확인서 　통
1. 청산인의 퇴임을 증명하는 서면 　통	1. 위임장(대리인이 신청할 경우) 　통
1. 사임서(인감증명서나 본인서명사실확인서 또는 전자본인서명확인서의 발급증 포함) 등 　　　　　　통	<기 타>

20○○년 ○월 ○일

신 청 인　　　　명 칭 ○○합자조합

　　　　　　　　주된 영업소 ○○시 ○○구 ○○길 ○○

청 산 인　　　　성명 또는 상호 ○ ○ ○ (인) (전화 : 02-123-4567)

　　　　　　　　주 소 ○○시 ○○구 ○○길 ○○

대 리 인　　　　성 명 법무사 ○ ○ ○ (인) (전화 : 02-456-7890)

　　　　　　　　주 소 ○○시 ○○구 ○○길 ○○

○○지방법원 ○○등기소 귀중

- 신청서 작성요령 -

1. 해당란이 부족할 때에는 별지를 이용합니다.
1. 해당 등기신청과 관계없는 사항에 대하여는 "해당없음"으로 기재하거나 삭제하고, 필요한 사항은 추가 기재합니다.
1. 「인감증명법」에 따른 인감증명서 제출과 함께 관련 서면에 인감을 날인하여야 하는 경우, 본인서명사실확인서를 제출하고 관련 서면에 서명을 하거나 전자본인서명확인서 발급증을 제출하고 관련 서면에 서명을 하면 인감증명서를 제출하고 관련 서면에 인감을 날인한 것으로 봅니다.

【서식】 합자조합청산종결등기신청서

<table>
<tr><td colspan="5" align="center">합자조합청산종결등기</td></tr>
<tr><td rowspan="2" align="center">접수</td><td align="center">20○○년 ○월 ○일</td><td rowspan="2" align="center">처리인</td><td align="center">등기관 확인</td><td align="center">각종 통지</td></tr>
<tr><td align="center">제○○○○호</td><td></td><td></td></tr>
</table>

<table>
<tr><td align="center">명   칭</td><td>○○합자조합</td><td align="center">등기번호</td><td>제1000호</td></tr>
<tr><td align="center">주된 영업소</td><td colspan="3">○○시 ○○구 ○○길 ○○</td></tr>
<tr><td align="center">등기의 목적</td><td colspan="3">청산종결 등기</td></tr>
<tr><td align="center">등기의 사유</td><td colspan="3"></td></tr>
<tr><td colspan="4" align="center">등   기   할   사   항</td></tr>
<tr><td align="center">청산이 종결된 뜻과
그 연월일</td><td colspan="3"></td></tr>
<tr><td align="center">기   타</td><td colspan="3">해당 없음</td></tr>
</table>

등록면허세	금 원	지방교육세	금 원	농어촌특별세	금 원
세액합계	금 원		등기신청수수료	금 원	
등기신청수수료 납부번호					

<table>
<tr><td colspan="2" align="center">첨　부　서　면</td></tr>
<tr>
<td>
1. 총조합원의 계산승인서　　　　통
1. 등록면허세영수필확인서　　　통
1. 등기신청수수료영수필확인서　　통
</td>
<td>
1. 위임장(대리인이 신청할 경우)　통
<기 타>
</td>
</tr>
<tr>
<td colspan="2">
2000년 0월 0일

신 청 인　　　명 칭　00합자조합
　　　　　　　주된 영업소　00시 00구 00길 00
청 산 인　　　성명 또는 상호　0 0 0 (인)　(전화 : 02-123-4567)
　　　　　　　주　소　00시 00구 00길 00
대 리 인　　　성 명 법무사 0 0 0 (인)　(전화 : 02-456-7890)
　　　　　　　주　소　00시 00구 00길 00

00지방법원 00등기소 귀중
</td>
</tr>
</table>

- 신청서 작성요령 -

1. 해당란이 부족할 때에는 별지를 이용합니다.
1. 해당 등기신청과 관계없는 사항에 대하여는 "해당없음"으로 기재하거나 삭제하고, 필요한 사항은 추가 기재합니다.

【서식】 합자조합계속등기신청서

<table>
<tr><td colspan="2"></td><td colspan="2" align="center">합자조합계속등기</td><td></td></tr>
<tr><td rowspan="2">접수</td><td>20○○년 ○월 ○일</td><td rowspan="2">처리인</td><td>등기관 확인</td><td>각종 통지</td></tr>
<tr><td>제○○○○호</td><td></td><td></td></tr>
</table>

명　　　칭	○○합자조합	등기번호	제1000호
주된 영업소	○○시 ○○구 ○○길 ○○		
등기의 목적	계속등기		
등기의 사유			

<table>
<tr><td colspan="2" align="center">등　　기　　할　　사　　항</td></tr>
<tr><td>조합을 계속한
뜻과 그 연월일</td><td></td></tr>
<tr><td>가입한
조합원의
성명·주민
등록번호와
주소 및
가입 연월일</td><td></td></tr>
<tr><td>기　　타</td><td>해당 없음</td></tr>
</table>

등록면허세	금	원	지방교육세	금	원	농어촌특별세	금	원
세액합계	금	원		등기신청수수료	금	원		
등기신청수수료 납부번호								

첨 부 서 면

1. 조합계약서   통
1. 조합계속에 관한 업무집행조합원 전원
   또는 유한책임조합원 전원의 동의서   통
1. 주민등록표등(초)본   통
1. 등록면허세영수필확인서   통
1. 등기신청수수료영수필확인서   통

1. 위임장(대리인이 신청할 경우)   통
<기 타>

2000년 ○월 ○일

신 청 인   명 칭 ○○합자조합

                주된 영업소 ○○시 ○○구 ○○길 ○○

업무집행조합원   성명 또는 상호 ○ ○ ○ (인) (전화 : 02-123-4567)

                주 소 ○○시 ○○구 ○○길 ○○

대 리 인   성 명 법무사 ○ ○ ○ (인) (전화 : 02-456-7890)

                주 소 ○○시 ○○구 ○○길 ○○

○○지방법원 ○○등기소 귀중

- 신청서 작성요령 -

1. 해당란이 부족할 때에는 별지를 이용합니다.
1. 해당 등기신청과 관계없는 사항에 대하여는 "해당없음"으로 기재하거나 삭제하
   고, 필요한 사항은 추가 기재합니다.

제5편

촉탁등기

제1장 총설 및 본문

◨ 핵 심 사 항 ◨

1. 신청주의 : 상업등기는 법령에 다른 규정이 있는 경우를 제외하고는 당사자의 신청 또는 관공서의 촉탁이 없으면 이를 하지 못한다(상업등기법 제22조).
2. 재판에 의한 촉탁등기
 (1) 해산명령에 의한 촉탁등기
 (2) 해산판결에 의한 촉탁등기
 (3) 회사의 설립무효판결에 의한 촉탁등기
 (4) 회사의 설립취소판결에 의한 촉탁등기
 (5) 합병무효판결에 의한 촉탁등기
 (6) 분할 또는 분할 합병무효에 의한 촉탁등기
 (7) 본점이전 무효판결이 확정된 경우의 촉탁등기
 (8) 증자감자 무효판결확정에 의한 촉탁등기
 (9) 주주총회 결의의 무효·부존재·취소 또는 변경판결에 의한 촉탁등기
 (10) 이사감사의 해임판결에 의한 촉탁등기
3. 촉탁등기절차 : 기본적으로 신청절차가 준용되나 촉탁자 또는 그 대리인의 출석은 요하지 아니한다(상업등기법 제22조 2항, 제24조 2항).

I. 총 설

상업등기는 법령에 다른 규정이 있는 경우를 제외하고는 당사자의 신청 또는 관공서의 촉탁이 없으면 이를 하지 못한다(상업등기법 제22조).

상업등기법이나 채무자회생및파산에관한법률 등은 법원의 촉탁에 의하여 등기하도록 구체적인 경우마다 이를 개별적으로 규정하고 있다. 그 외 담보부사채신탁법, 금융산업의구조개선에관한법률 등에서도 일정한 경우 행정관청이 등기소에 업무정지명령 또는 등록취소와 관리인선임등기 등에 관한 촉탁규정을 하고 있는 경우도 있다.

즉, 회사해산이나 회사설립의 무효·취소, 합병무효, 주주총회결의의 부존재나 무효· 취소, 사원제명, 업무집행권상실, 이사나 감사 또는 청산인의 해임이나 직무집행정지 또는 직무대행자선임, 자본증가나 자본감소의 무효, 회사정리개시나 종결 또는 취소, 강제화의개시나 취소 또는 폐지, 파산선고나 취소 또는 폐지 등의 재판이 확정된 때 에는 그 재판을 한 법원은 지체없이 그 재판내용에 따른 등기를 촉탁하여야 한다고 규정하고 있다. 회사의 분할합병무효도 합병무효와 동일하다고 할 것이다.

촉탁등기절차는 기본적으로 신청절차가 준용되나 촉탁자 또는 그 대리인의 출석은 요하지 아니한다(상업등기법 제22조 2항, 제24조 2항).

II. 재판에 의한 촉탁등기

1. 해산명령에 의한 촉탁등기

(1) 총 설

법원은 직권 또는 이해관계인이나 검사의 청구에 의하여 회사의 해산을 명할 수 있는데(상법 제176조), 그 해산명령 사유는 다음과 같다.

1) 회사의 설립목적이 불법한 것일 때

정관에 기재된 목적 자체가 불법인 경우뿐만 아니라, 외형상 목적은 적법하나 실 제의 설립의도가 불법인 경우도 포함된다.

2) 회사가 정당한 사유없이 설립 후 1년 이내에 영업을 개시하지 아니하거나 1년 이상 영업을 휴지한 때

3) 회사의 업무집행사원 또는 이사가 법령이나 정관에 위반하여 회사의 존속을 허 용할 수 없는 행위를 한 때

4) 대한민국 내에 있는 외국회사의 영업소에 대하여

① 그 설치목적이 불법한 때, ② 설치등기 후 정당한 사유없이 1년 이내에 영업 개시를 하지 않거나 1년 이상 영업을 휴지하거나, 정당한 사유없이 지급을 정지 한 때, ③ 회사의 대표자나 업무집행자가 법령이나 공서양속에 위반한 때에는 그 영업 소의 폐쇄를 명할 수 있다(상법 제619조).

(2) 등기절차

회사에 대한 해산명령의 재판이 확정되면 법원은 그 결정등본을 첨부하여 해산한 회사의 본점과 지점소재지 관할등기소에 해산등기를 촉탁하여야 한다. 이 때 지점소재지에서의 첨부서면 규정인 비송사건절차법 제155조는 적용하지 아니한다.

등기할 때에는 일반 해산등기의 경우와 같이 기타사항란에 재판에 의한 해산의 취지와 그 연월일을 기재하여야 하고, 촉탁등기의 일반례에 따라 법원의 명칭, 사건번호 및 재판확정연월일 또는 재판연월일도 기록하여야 한다(상업등기규칙 제55조 2항).

법원의 해산명령에 따른 해산등기의 경우, 이를 등록면허세가 부과되지 아니하는 지방세법 제26조 1항의 "국가가 자기를 위하여 받는 등기"에 해당한다고 볼 수 없고, 조세특례제한법 등 다른 법령에서 특히 이에 대해 등록면허세를 면제하는 규정을 두고 있지 아니하므로 등록면허세를 납부하여야 한다. 이 경우 등록면허세는 4만2백원이고, 지방교육세는 그 100분의 20, 농어촌특별세는 조세특례제한법, 관세법, 지방세법에 의하여 감면 또는 면제되는 등록면허세의 100분의 20이다.

그리고 법원의 촉탁에 따라 해산등기를 하는 때에는 등기신청수수료를 받지 아니한다(등기사항증명서 등 수수료규칙 제5조의3 2항 단서).

2. 해산판결에 의한 촉탁등기

(1) 총 설

합명회사와 합자회사의 경우, 부득이한 사유가 있는 때에는 각 사원은 법원에 회사의 해산을 청구할 수 있고(상법 제241조, 제269조), 주식회사와 유한회사의 경우 회사의 업무가 현저한 정돈상태를 계속하여 회복할 수 없는 손해가 생긴 때나 생길 염려가 있는 때나 회사재산의 관리·처분의 현저한 실당으로 인하여 회사의 존립을 위태롭게 한 때에는 발행주식총수의 100분의 10 이상에 해당하는 주식을 가진 주주나 총출자좌수의 100분의 10 이상에 해당하는 사원은 법원에 회사의 해산을 청구할 수 있다(상법 제520조, 제613조). 이때의 보고는 당해 회사이다.

주식회사가 법원의 해산판결로 해산되는 경우에 그 주주는 여전히 주주총회의 결의에 참여할 수 있으며, 잔여재산의 분배청구권 및 청산인의 해임청구권을 보유하지만, 이사의 지위는 전혀 달라서 이사가 당연히 청산인으로 되는 것이 아니라 법원이 임원 기타 이해관계인 또는 검사의 청구에 의하여 또는 직권으로 청산인을 선임하도록 규정하고 있다.

(2) 등기절차

회사해산의 재판이 확정되면 법원은 그 판결등본을 첨부하여 직권으로 해산한 회사의 본점과 지점소재지의 등기소에 해산등기를 촉탁하여야 한다(비송사건절차법 제93조, 제108조).

등기할 때에는 기타사항란에 재판에 의한 해산의 취지와 그 연월일과 법원의 명칭, 사건번호 및 재판확정연월일 또는 재판연월일을 기록하여야 한다(상업등기규칙 제55조 2항).

그리고 대표사원 및 사원의 공동대표에 관한 규정의 등기는 해산등기를 한 때에 말소하는 기호를 기록한다(상업등기규칙 제108조).

3. 회사의 설립무효판결에 의한 촉탁등기

(1) 총 설

1) 회사설립 무효의 원인

설립무효의 원인이 되는 객관적 원인으로는 다음과 같은 것이 있다[73].

① 정관의 절대적 기재사항의 흠결(상법 제289조)

② 주식회사를 '모집설립'하거나 또는 자본금 총액을 '10억원 이상'으로 하여 발기설립하는 경우에 있어서 원시정관에 공증인의 인증이 없는 경우(상법 제292조)[74]

③ 정관의 기재사항이 효력규정인 강행법에 위반되는 경우

④ 설립시에 발행하는 주식총수에 대한 인수 또는 납입에 중대한 흠결이 있는 때

⑤ 모집설립의 경우 창립총회의 불소집(상법 제308조)

⑥ 창립총회의 결의의 취소나 무효, 실질상 발기설립을 하면서 형식상 모집설립절

---

73) 주식회사 설립시의 발기인이 1~2인에 불과했다거나(2001년 상법개정시 발기인수 제한 폐지), 자본금 5천만원 미만으로 설립한 것(2009년 상법개정시 법정최저자본금제도 폐지), 회사설립시에 정관에 정해진 발행예정주식수의 4분의1에 미달하는 주식을 발행한 것(2011년 상법개정시 주식회사 설립시 최저발행주식수 제한 폐지)은 상법개정으로 인해 설립무효사유가 아님을 주의해야 한다.
74) 주식회사의 원시정관은 공증인의 인증을 받아야 효력이 생기며 이를 누락한 경우 회사설립의 객관적 하자로서 회사설립무효사유라고 해석하는 것이 통설적 견해이다. 다만, 2009.5..28. 상법개정시 자본금 총액이 10억원 미만인 주식회사를 발기설립하는 경우에는 공증인의 인증을 면제하였다.

차를 밟은 경우

⑦ 설립등기가 무효인 경우

설립무효의 판결은 제3자의 대하여도 효력이 있으나 판결확정 전에 생긴 회사와 주주 및 제3자간의 권리의무에는 영향이 없다(상법 제328조 2항, 제190조).

2) 설립무효의 판결의 효력

무효판결의 효력은 과거로 소급하지 아니하므로 판결확정 전에 생긴 회사와 사원 및 제3자간의 권리의무에 영향을 미치지 아니한다(상법 제328조 2항, 제190조 단서).

3) 회사의 설립행위 자체에 무효원인이 있는 경우 그 무효의 주장 방법

가. 합명회사·합자회사의 경우

합명회사나 합자회사의 경우에는 정관의 절대적 기재사항을 결하거나 그 기재가 위법한 때(상법 제179조, 제270조) 또는 설립행위자의 의사표시에 흠결이 있는 때 등 그 설립행위 자체에 무효원인이 있는 때에 그 사원에 한하여 회사성립의 날로부터 2년 내에 오직 소로써만 그 무효를 주장할 수 있다(상법 제184조, 제269조).

나. 주식회사의 경우

주식회사의 경우는 주주·이사 또는 감사에 한하여 회사성립의 날로부터 2년 내에 소로써만 이를 주장할 수 있다(상법 제328조 1항).

다. 유한회사의 경우

유한회사의 경우에는 정관의 절대적 기재사항을 결하거나 그 기재가 위법한 때(상법 제543조, 제179조), 설립행위자의 의사에 흠결이 있거나 정관에 공증인의 인증이 없는 때(상법 제543조, 제292조) 등 그 설립행위에 무효원인이 있는 때에 그 사원이나 이사 또는 감사에 한하여 회사성립의 날로부터 2년 내에 소로써만 그 무효를 주장할 수 있다(상법 제552조).

(2) 등기절차

설립무효의 판결이 확정된 때에는 수소법원은 등록세납부영수필통지서 및 확인서와 그 판결등본을 첨부하여 당해 회사의 본점과 지점의 소재지에서 그 등기를 각 촉탁하여야 한다(상법 제328조 2항, 제192조, 제269조, 제552조 2항, 비송사건절차법 제98조, 제108조).

이 등기는 수소법원이 본점과 지점소재지의 등기소에 촉탁하여야 하며, 등기소가 이 촉탁을 받은 때에는 회사의 설립이 무효인 뜻을 등기하여야 한다(비송사건절차법 제98조). 등기할 때에는 기타사항란에 재판의 취지와 연월일을 기재하고 촉탁한 법원의 명칭, 사건번호 및 재판의 확정연월일 또는 재판연월일을 기록하여야 한다(상업등기규칙 제55조 2항).

설립무효의 판결이 확정되면 회사는 해산한 경우에 준하여 청산절차를 밟아야 하는 바(상법 제193조, 제269조, 제328조 2항, 제552조 2항), 이후 청산인에 관한 등기와 청산종결의 등기는 청산인의 신청에 의하여 등기하게 된다. 이 때 직권으로 종전 이사 및 대표이사(사원 등)의 등기를 말소하는 기호를 기록한다(상업등기규칙 제108조).

4. 회사의 설립취소판결에 의한 촉탁등기

(1) 총 설

1) 회사설립 취소의 원인

회사의 설립에 흠결이 있는 경우에는 회사와 거래한 제3자를 보호하기 위한 일정한 제한 내에서 그 설립을 취소할 수 있다. 즉, 합명회사나 합자회사, 유한회사의 경우에는 금치산자가 설립행위를 하거나, 미성년자나 한정치산자가 법정대리인의 동의없이 설립행위를 한 때 또는 사기·강박에 의하여 설립행위를 한 때 등의 경우에 설립의 취소를 주장할 수 있다. 다만, 주식회사의 경우에는 설립취소의 소는 인정되지 않음을 주의해야 한다.

2) 설립취소의 방법

설립행위에 취소사유가 있는 때에는 취소권이 있는 자에 한하여 회사성립의 날로부터 2년 이내에 소로써만 그 설립의 취소를 주장할 수 있고, 사원이 사행행위로 회사설립을 한 때에는 그 채권자도 설립의 취소를 주장할 수 있다(상 법 제184조, 제185조, 제269조, 제552조 2항).

3) 관할법원

설립취소의 소는 본점소재지 지방법원의 전속관할에 속하며, 설립취소의 판결이 확정되면 회사는 해산의 경우에 준하여 청산절차를 밟아야 하고(상법 제186조, 제193조, 제269조, 제552조 2항), 이후 청산인에 관한 등기와 청산종결의 등기는 청산인의 신청에 의하여 등기하게 된다.

(2) 등기절차

설립취소의 판결이 확정되면 수소법원은 등록면허세납부영수필통지서 및 확인서와 판결등본을 첨부하여 회사의 본점과 지점소재지 관할등기소에 그 등기를 촉탁하여야 한다(비송사건절차법 제107조 2호, 제108조). 등기할 때에는 기타사항란에 그 재판의 취지와 연월일 및 법원의 명칭과 재판확정연월일을 기재한다.

등록면허세는 4만2백원이고, 지방교육세는 등록면허세의 100분의 20이다(지방세법 제28조 1항, 제151조 1항).

5. 합병무효판결에 의한 촉탁등기

(1) 총 설

1) 합병무효의 주장방법

합병동의나 결의과정 또는 합병계약 체결과정에 무효원인이 있거나, 채권자보호절차를 밟지 않고 합병한 때 등 합병절차에 무효원인이 있는 때에는 합병에 관계있는 소멸회사나 존속 또는 신설회사 사원이나 주주 또는 이사·감사·청산인, 파산관재인, 합병을 승인하지 아니한 채권자에 한하여 합병에 관한 등기가 있는 날, 즉 흡수합병으로 인한 변경등기나 신설합병으로 인한 설립등기가 있은 날로부터 6월 내에 소로써만 그 합병의 무효를 주장할 수 있다(상법 제236조, 제269조, 제529조, 제603조).

이 소의 피고는 존속회사 또는 신설회사이다.

2) 합병무효의 원인

합병무효의 원인에 관하여 상법에는 아무런 규정이 없으나, ① 합병당사회사·존속회사 또는 신설회사의 적격성(상법 제174조 2항, 3항, 제600조 2항)을 결여하는 경우, ② 합병계약에 의사표시의 하자(사기·강박·착오)가 있는 경우, ③ 물적회사에서 합병계약서를 작성하지 않거나 법정기재사항을 기재하지 아니한 경우, ④ 합병승인결의에 무효 또는 취소원인이 있는 경우, ⑤ 합병비율이 불공정한 경우(인천지법판결 1986.2.9, 85가합1526), ⑥ 채권자보호절차의 불이행, ⑦ 물적회사에서 합병보고총회 또는 창립총회를 소집하지 아니한 경우, ⑧ 독점규제및공정거래에관한법률의 합병제한에 위반하는 경우(독점규제법 제7조 1항), ⑨ 신설회사가 법정의 요건을 갖추지 아니한 경우 등은 무효의 원인이 된다.

3) 합병무효 판결의 효력

합병무효의 판결은 제3자에 대하여도 효력이 있으나(상법 제530조 2항, 제240조, 제190조), 판결확정 전에 생긴 회사와 사원 및 제3자간의 권리의무에 영향을 미치지 아니한다(소급효의 부정, 상법 제240조, 제190조, 제269조, 제530조 2항, 제603조).

합병을 무효로 하는 판결이 확정된 때에는 합병으로 소멸한 해산회사는 부활하고, 존속회사가 해산회사의 주주에게 발행한 주식은 무효가 되며, 신설회사는 소멸한다. 재산관계에 있어서는 합병당시에 합병당사회사가 소유하고 있던 재산과 부채로서 존속회사 또는 신설회사에 남아 있는 것은 각각 본래의 회사로 복귀하고, 합병을 한 회사는 존속회사 또는 신설회사가 합병 후에 부담한 채무에 대하여는 연대하여 변제할 책임을 지고 합병 후에 취득한 재산은 공유로 하며, 각 회사의 협의로 그 부담부분 또는 지분을 정하지 아니한 때에는 법원은 그 청구에 의하여 합병당시의 각 회사의 재산상태 기타의 사정을 참작하여 이를 정한다(상법 제530조 2항, 제239조).

(2) 등기절차

합병무효의 판결이 확정된 때에는 당해 회사의 본점과 지점의 소재지에서 합병 후 존속한 회사의 변경등기, 합병으로 인하여 소멸한 회사의 회복등기, 합병으로 인하여 설립된 회사의 해산등기를 하여야 한다(상법 제530조 2항, 제238조, 제269조, 제530조, 제603조).

이 등기는 수소법원이 등록면허세납부영수필통지서 및 확인서와 그 판결등본을 첨부하여 촉탁에 의하여야 한다(비송사건절차법 제99조, 제98조, 제108조).

신설회사에 대한 해산의 등기는 기타사항란에 합병무효판결에 의한 해산취지와 그 연월일을 기재하고, 그 등기기록을 폐쇄하여야 한다(상업등기규칙 제116조 1항).

합병무효로 인한 회복의 등기를 하는 때에는 합병으로 인한 해산의 등기를 말소하는 기호를 기록하여야 한다(상업등기규칙 제113조).

6. 분할 또는 분할합병무효에 의한 촉탁등기

(1) 총 설

1) 분할 또는 분할합병무효의 주장방법

분할 또는 분할합병의 동의나 결의과정 또는 분할계획의 승인과정, 분할합병계약

의 체결과정에 무효원인이 있거나 채권자보호절차를 밟지 않고 분할 또는 분할합병
한 때에 등 분할 또는 분할합병절차에 무효원인이 있는 때에는 분할 또는 분할합병
에 관계있는 소멸회사나 존속 또는 신설회사 주주 또는 이사감사, 청산인, 파산관
재인, 분할 또는 분할합병을 승인하지 아니한 채권자에 한하여 분할 또는 분할합병
에 관한 등기가 있은 날, 즉 분할 또는 분할합병으로 인한 변경등기나 설립등기가
있은 날로부터 6월내에 소로써만 그 분할 또는 분할합병의 무효를 주장할 수 있다
(상법 제530조의11 1항, 제529조).

이 소의 피고는 존속회사 및 신설회사 모두를 공동피고로 하는 공동소송이며, 그
성질은 형성의 소이다.

2) 분할 또는 분할합병무효의 판결의 효력

분할 또는 분할합병무효의 판결은 제3자에 대하여도 효력이 있으나(상법 제530조
의11 1항, 제530조 2항, 제240조, 제190조), 분할 또는 분할합병무효의 판결은 판
결확정 전에 생긴 회사와 사원 및 제3자간의 권리의무에 영향을 미치지 아니한다
(상법 제240조, 제190조, 제269조, 제530조 2항, 제530조의11 1항).

그러므로 회사분할의 무효판결이 선고되면 회사 분할 후 판결의 사실심변론종결
시 까지의 법률관계는 분할무효의 소송에 의하여 영향을 받지 아니하고 그대로 효
력을 유지한다.

분할 또는 분할합병으로 무효로 하는 판결이 확정된 때에는 분할 또는 분할합병
으로 소멸한 해산회사는 부활하고, 존속회사가 해산회사의 주주에게 발행한 주식은
무효가 되며, 신설회사는 소멸한다.

그리고 재산관계에 있어서는 분할 또는 분할합병당시에 분할 또는 분할합병당사
회사가 소유하고 있던 재산과 부채로서 존속회사 또는 신설회사에 남아 있는 것은
각각 본래의 회사로 복귀하고, 분할 또는 분할합병을 한 회사는 존속회사 또는 신
설회사가 분할 또는 분할합병 후에 부담한 채무에 대하여는 연대하여 변제할 책임
을 지고 분할 또는 분할합병 후에 취득한 재산은 공유로 하며, 각 회사의 협의로
그 부담부분 또는 지분을 정하지 아니한 때에는 법원은 그 청구에 의하여 분할 또
는 분할합병 당시의 각 회사의 재산상태 기타의 사정을 참작하여 이를 정한다(상법
제530조의11 1항, 제239조).

【쟁점질의와 유권해석】

〈법률상 인정되지 아니하는 권리관계를 대상으로 하는 분할합병무효사건의 청구인낙의 효력의 유무〉

청구인낙은 당사자의 자유로운 처분이 허용되는 권리에 관하여만 허용되는 것으로서 회사법상 주주총회결의의 하자를 다투는 소나 회사합병무효의 소 등에 있어서는 인정되지 아니하므로 법률상 인정되지 아니하는 권리관계를 대상으로 하는 분할 또는 분할합병무효사건의 청구인낙은 효력이 없다고 할 것이다(상법 제380조, 제529조, 민사소송법 제206조).

(2) 등기절차

분할 또는 분할합병무효의 판결이 확정된 때에는 당해 회사의 본점과 지점의 소재지에서 분할 또는 분할합병 후 존속한 회사의 변경등기, 분할 또는 분할합병으로 인하여 소멸한 회사의 회복등기, 분할 또는 분할합병으로 인하여 설립된 회사의 해산등기를 하여야 한다(상법 제530조의11 1항, 제238조).

분할 또는 분할합병으로 무효로 하는 판결이 확정된 때에는 제1심 수소법원은 합병무효판결의 확정의 경우에 준하여 회사의 본점과 지점소재지의 등기소에 그 등기를 촉탁하여야 한다(상법 제530조의11, 제529조, 비송사건절차법 제99조, 등기예규 제964호 참조).

이 등기는 수소법원이 등록세납부영수필통지서 및 확인서와 그 판결등본을 첨부하여 촉탁에 의하여 한다(비송사건절차법 제99조, 제98조, 제108조).

(3) 등기의 기록

분할 또는 분할합병의 무효로 인한 회복의 등기를 한 때에는 분할 또는 분할합병으로 인한 해산의 등기를 말소하는 기호를 기록하여야 한다(상업등기규칙 제113조).

분할 또는 분할합병으로 인한 해산등기, 분할 또는 분할합병의 무효로 인한 해산등기를 한 때에는 그 등기기록을 폐쇄하여야 한다(동규칙 제116조).

7. 본점이전 무효판결이 확정된 경우의 촉탁등기

본점이전에 관한 주주총회(유한회사의 경우에는 사원총회)의 결의에 대하여 부존재, 무효 또는 취소의 판결이 있는 때에는 제1심 수소법원은 판결등본을 첨부하여 회사의 신본점소재지와 지점소재지에만 그 등기촉탁을 하지만(비송사건절차법 제107조 6호), 구본점소재지에서는 그 회사의 등기를 회복할 필요가 있으므로 신본점소재지 등기소가 그 촉탁에 따라 신본점등기를 말소함과 동시에 구본점소재지 등기소에 그 뜻을 통지하고 구본점소재지 등기소는 그 통지에 따라 구본점등기를 회복하여야 한다(1992. 1. 15, 등기 제98호).

그러나 회사가 본점을 다른 곳으로 이전하지 못하도록 하는 본점이전등기금지가처분결정이 있다 하더라도 그것은 등기를 할 사항이 아니므로 그 가처분 촉탁등기는 수리할 수 없다.

【쟁점질의와 유권해석】

〈회사의 본점이전금지가처분결정과 그 촉탁등기의 수리 가부〉

1. 회사가 본점을 다른 등기소의 관할구역 내로 이전하고 구본점소재지 관할등기소에 그 본점이전등기신청을 하여 그에 따른 등기가 경료되면서 등기용지가 폐쇄되었으나, 신본점소재지 관할등기소에는 아직 그 본점이전등기신청을 하지 않아 그 회사의 등기용지가 개설되지 않은 경우, 회사의 대표이사 등의 직무집행정지가처분 결정이 있어 법원이 그 가처분등기의 촉탁과 함께 본점이전등기의 촉탁을 하더라도 등기공무원은 그러한 등기촉탁을 수리할 수는 없다. 다만, 위 가처분으로 대표이사의 직무대행자가 선임되었다면 그 대행자는 자격을 증명하는 서면(가처분결정의 등본)을 첨부하여 신본점소재지 관할등기소에 본점이전등기를 신청하고 그 등기용지가 개설된 후에 위 가처분등기의 촉탁에 따른 등기를 실행할 수 있다.
2. 회사가 본점을 다른 곳으로 이전하지 못하도록 하는 본점이전금지가처분 결정이 있다 하더라도 그것은 등기할 사항이 아니므로 그 가처분의 촉탁등기는 수리할 수 없다(1988. 11. 29, 등기 제674호).

8. 증자·감자 무효판결확정에 의한 촉탁등기

(1) 총 설

1) 신주발행 무효의 원인

신주발행의 무효는 신주발행의 조건이나 절차에 관하여 일반적인 하자가 있어서 신주의 전부를 일체로써 무효로 하는 경우를 말한다.

신주발행의 무효의 원인에 관하여 상법에 특별한 규정은 없으나, 정관소정의 회사가 발행할 주식(수권주식)총수를 초과하는 신주발행과 정관에서 규정하지 아니한 종류의 신주발행은 무효원인이 될 것이다. 또한 법정의 절차를 밟지 않고 주식을 할인발행한 경우에는 원칙적으로 무효라고 할 것이다(통설). 그러나 현물출자의 검사를 위하여 검사인을 선임하지 않고 현물출자에 따른 신주를 발행한 경우의 효력에 관하여 유효하다는 설이 판례·다수설이다(대법원 1980. 2. 12.선고 79다509판결).

2) 신주발행 무효의 주장방법

가. 신주발행이나 자본증가에 무효원인이 있는 경우

주식회사의 신주발행이나 유한회사의 자본증가에 무효원인이 있는 때에는 주주나 사원 또는 이사, 감사에 한하여 주식회사의 경우에는 신주발행일, 유한회사의 경우에는 본점소재지에서의 자본증가등기일로부터 각 6월 이내에 소로서만 그 무효를 주장할 수 있다(상법 제429조, 제595조). 다만, 주식회사의 경우 감사에 갈음하여 감사위원회가 있는 경우, 감사가 소의 당사자인 경우에는 감사위원회 위원이 본점소재지 관할법원에 회사를 대표할 자를 선임하여 줄 것을 신청하여 그 결정된 감사위원회 위원이 소를 제기한다(상법 제394조 2항, 비송사건절차법 제72조).

이 소로는 신주발행이나 출자증가 전체가 무효인 경우에 한하여 주장할 수 있으며, 개개의 신주인수나 출자인수만이 무효인 경우에는 이 소로서 다툴 수 없다(상법 제594조, 제428조).

나. 자본감소에 무효원인이 있는 경우

자본의 감소는 자본감소의 결의가 무효이거나 취소될 수 있는 경우(상법 제376조, 제380조), 채권자보호절차를 이행하지 아니한 경우, 자본감소의 방법이 주주평등의 원칙에 반하는 경우 등 자본감소의 절차 또는 내용에 하자가 있는 경우 등에 무효가 된다.

주식회사나 유한회사의 자본감소에 무효원인이 있는 때에는 주주나 사원 또는 이사나 감사, 청산인, 파산관재인, 자본감소를 승인하지 아니한 채권자에 한하여 본점소재지에서 자본감소등기가 있는 날로부터 6월 이내에 소로써 그 무효를 주장할 수 있다(상법 제445조, 제597조).

3) 자본증가 또는 자본감소의 무효판결의 효력

신주발행이나 자본증가 또는 자본감소의 무효판결은 제3자에 대하여도 효력이 있다(상법 제430조, 제446조, 제190조, 제595조, 제597조).

(2) 등기절차

이 등기는 수소법원이 그 판결등본, 등록세납부증명서 등을 첨부하여 본점의 소재지 등기소에 그 판결내용에 따른 등기를 촉탁하여야 한다(비송사건절차법 제107조 7호·8호, 제108조, 상법 제430조, 제446조, 제595조, 제597조).

신주발행 또는 자본감소의 무효의 등기는 등기기록 중 기타사항란에 이를 기재하고, 말소에 관한 등기가 있는 때에는 이를 회복하여야 하며 결의한 사항에 관한 등기를 말소하는 기호를 기록하여야 한다(상업등기규칙 제153조).

등기를 할 때에는 상호·자본란에 기재하되, 재판에 의한 자본증가나 자본감소의 무효취지와 그 연월일 및 법원의 명칭, 사건번호 및 재판확정연월일 또는 재판연월일을 기록하여야 한다(동규칙 제55조 2항).

9. 주주총회 결의의 무효·부존재·취소 또는 변경판결에 의한 촉탁등기

(1) 총 설

주식회사의 주주총회나 유한회사의 사원총회의 결의에 하자가 있는 때에는(상법 제578조) 그 하자의 정도에 따라 소로써 결의취소의 소(상법 제376조), 결의무효확인의 소(상법 제380조), 결의부존재확인의 소(상법 제380조), 부당결의 취소의 소(상법 제381조)를 제기할 수 있고 결의권을 행사하지 아니한 특별이해관계있는 주주나 사원은 부당결의에 대한 취소 또는 변경을 주장할 수 있다.

1) 주주총회결의의 무효 또는 부존재확인의 판결

가. 주주총회결의의 무효의 소

주주총회결의무효확인의 소는 결의에 내용적 하자가 법령에 위반한 것을 이유로 하여 그 결의의 무효를 주장하는 소이고, 결의부존재확인의 소는 총회의 결의가 아예 존재하지 아니하여 아무 효력이 없다고 주장하는 소이다.

주주총회결의의 내용이 법령에 위반한 경우에는 결의무효의 확인을 구하는 소

를 제기할 수 있고, 주주총회의 소집절차 또는 결의방법에 주주총회가 존재한다
고 볼 수 없을 정도의 중대한 하자가 있는 때에는 결의부존재확인의 소를 제기
할 수 있다.

결의무효의 구체적인 원인으로 결의의 내용이 법령에 위반한 경우는 ① 주주평
등의 원칙에 반하는 것, ② 위법한 재무제표를 승인하는 결의, ③ 주주총회의 권
한에 속하지 아니하는 사항에 대한 결의, ④ 주주총회의 전속적 결의사항에 관한
결정권을 이사 또는 임원에게 일임하는 결의, ⑤ 주주의 고유권을 침해하는 결의
등이며, 결의무효를 주장할 수 있는 경우는 ① 주주나 사원의 유한책임원칙에 반
하는 결의, ② 정관소정의 정원을 초과하는 이사선임결의, ③ 불법행위를 회사의
목적으로 하는 정관변경결의, ④ 사회통념상 현저히 불공정한 합병결의 등과 같
이 그 결의내용이 법령에 저촉되는 경우(상 법 제380조, 제578조)이다.

【서식】주주총회결의 무효확인의 소

소   장

원   고   1. ○①○ (주민등록번호)
            ○○시 ○○구 ○○로 ○○(우편번호 ○○○-○○○)
            전화·휴대폰번호:
            팩스번호, 전자우편(e-mail)주소:
         2. ○②○ (주민등록번호)
            ○○시 ○○구 ○○로 ○○(우편번호 ○○○-○○○)
            전화·휴대폰번호:
            팩스번호, 전자우편(e-mail)주소:
피   고   ◇◇주식회사
            ○○시 ○○구 ○○로 ○○(우편번호 ○○○-○○○)
            이사장 ◆◆◆
            전화·휴대폰번호:
            팩스번호, 전자우편(e-mail)주소:

주주총회결의무효확인의 소

청 구 취 지

1. 20○○. ○. ○. 개최한 피고회사 임시 주주총회에서 소외 ◆◆◆를 이사로
   선임한 결의는 무효임을 확인한다.
2. 소송비용은 피고의 부담으로 한다
라는 판결을 구합니다.

청 구 원 인

1. 원고들은 피고회사의 주주들입니다.
2. 20○○. ○. ○. 개최된 피고회사의 임시주주총회에서는 소외 ●●●를 이

사로 선임하는 주주총회 결의가 있었습니다.

3. 그러나 위 결의는 그 내용에 있어서 정관에 위배하고 있습니다. 즉, 피고회사의 정관은 이사의 수를 5명 이내로 정하고 있었으며, 위 결의 당시 피고회사에 이미 이사 5명이 있었으므로 위 결의에 의하여 다시 1명의 이사가 선임된다고 하면 이사의 수는 6명이 되어 정관 소정의 수를 초과하게 되는 것입니다.

4. 따라서 이 사건 임시주주총회에서의 소외 ●●●를 이사로 선임하는 결의는 무효라 할 것이므로 원고는 청구취지와 같은 판결을 구하기 위하여 이 사건 청구에 이르렀습니다.

입 증 방 법

1. 갑 제1호증	정관
1. 갑 제2호증	법인등기사항증명서

첨 부 서 류

1. 위 입증방법	각 1통
1. 소장부본	1통
1. 송달료납부서	1통

20○○.   ○.   ○.

위 원고   1. ○①○ (서명 또는 날인)
          2. ○②○ (서명 또는 날인)

○○지방법원 귀중

나. 주주총회결의의 부존재 확인의 소

결의부존재는 총회의 소집절차 또는 결의방법에 총회결의가 존재한다고 볼 수 없을 정도의 중대한 하자가 있는 때가 그 사유가 되는데(상법 제380조), ① 주주총회를 열거나 결의를 한 사실이 전혀 없음에도 불구하고 결의가 있었던 것처럼 주주총회의사록에 기재하여 등기를 한 경우, ② 이사회의 결의도 없이 소집권한이 없는 자가 소집한 총회에서 이루어진 결의, ③ 주주가 아닌 사람들만이 모여 한 결의, ④ 소집통지가 없음에도 불구하고 일부주주가 회합하여 한 결의 등이 그 구체적인 사유가 된다.

또한 결의부존재를 주장할 수 있는 사유로는 ① 소집통지를 결한 정도가 사회통념상 소집통지가 있었다고 볼 수 없을 정도인 경우, ② 총회를 개최한 후에 잔류주주나 사원만이 결의한 경우 등과 같이 총회의 소집절차나 결의방법에 외형상 총회의 결의가 존재한다고 볼 수조차 없을 정도의 중대한 하자가 있는 경우(상법 제380조 후단, 제578조) 등이 있다.

【서식】 주주총회결의 부존재확인의 소

소   장

원   고   ○○○ (주민등록번호)
          ○○시 ○○구 ○○로 ○○(우편번호 ○○○-○○○)
          전화·휴대폰번호:
          팩스번호, 전자우편(e-mail)주소:
피   고   ◇◇주식회사
          ○○시 ○○구 ○○로 ○○(우편번호 ○○○-○○○)
          이사장 ◆◆◆
          전화·휴대폰번호:
          팩스번호, 전자우편(e-mail)주소:

주주총회결의부존재확인의 소

청 구 취 지

1. 20○○. ○. ○. 개최한 피고회사 주주총회에서 "◉◉◉를 이사에 선임하고
   ◎◎◎를 감사에 선임한 결의와 주식회사 상호를 ◇◇주식회사로 명칭을
   변경한다."라는 결의는 존재하지 아니함을 확인한다.
2. 소송비용은 피고의 부담으로 한다
라는 판결을 구합니다.

청 구 원 인

1. 원고는 피고회사의 주주입니다.
2. 피고회사의 상업등기부에 의하면 20○○. ○. ○. 개최한 피고회사의 주주
   총회에 있어서 "◉◉◉를 이사에 선임하고 ◎◎◎를 감사에 선임한 결의
   와 주식회사 상호를 ◇◇주식회사로 명칭을 변경한다."라는 결의가 등기
   되어 있습니다.
3. 그러나 위와 같은 주주총회는 개최된 사실이 없습니다.
4. 따라서 원고는 "◉◉◉를 이사에 선임하고 ◎◎◎를 감사에 선임한 결의와
   주식회사 상호를 ◇◇주식회사로 명칭을 변경한다."라는 결의의 부존재확

인을 구하기 위하여 이 사건 청구에 이르렀습니다.

입 증 방 법

1. 갑 제1호증   법인등기사항증명서

첨 부 서 류

1. 위 입증방법   1통
1. 소장부본   1통
1. 송달료납부서   1통

20○○.   ○.   ○.

위 원고   ○○○ (서명 또는 날인)

○○지방법원 귀중

다. 판결의 효력

결의무효확인의 판결 또는 결의부존재확인의 판결이 확정된 때에는 그 판결의 효력은 제3자에게도 미치며 판결의 소급효도 인정된다(상법 제380조, 제190조).

2) 주주총회결의 취소의 판결

가. 의 의

주주총회결의취소의 소는 결의에 형식적 하자가 있음을 이유로 하여 그 결의의 취소를 구하는 소이다.

총회의 소집절차 또는 결의방법이 법령 또는 정관에 위반하거나 현저하게 불공정한 때, 또는 그 결의의 내용이 정관에 위반한 때에는 주주·이사 또는 감사는 결의일부터 2월 내에 그 결의취소의 소를 제기할 수 있고(상법 제376조 1항), 또 주주가 특별이해관계인으로서 결의권을 행사할 수 없었던 경우에 결의가 현저하게 부당하고 그 주주가 의결권을 행사하였더라면 이를 저지할 수 있었을 때에는 그 주주는 결의일부터 2월 내에 그 결의취소의 소를 제기할 수 있다(상법 제381조 1항). 또한 상법개정으로 결의내용이 정관에 위반한 때가 추가되었다(상법 제376조).

나. 주주총회 결의취소의 소의 원인

① 주주총회의 소집절차가 법령 또는 정관에 위반하거나 불공정한 경우

결의취소의 소의 원인으로 첫째 총회의 소집절차가 법령 또는 정관에 위반하거나 현저하게 불공정한 경우를 들 수 있다. 구체적으로 ㄱ) 대표이사가 이사회의 결의 없이 총회를 소집한 때(대법원 1980. 9. 27.선고 79다1264판결), ㄴ) 소집에 관한 이사회의 결의가 무효인 때, ㄷ) 소집에 관한 이사회의 결의가 있었으나 대표권이 없는 평이사가 소집한 때(대법원 1962. 1. 11.선고 4294민상490판결), ㄹ) 일부 주주에 대하여 소집통지를 하지 아니한 때, ㅁ) 소집통지의 기간이 2주간에 못미칠 때(대법원 1981. 7. 28.선고 80다2745판결), ㅂ) 본점소재지나 이에 인접한 地에서 총회를 열지 않은 때 등이 이에 해당한다.

② 총회의 결의방법이 법령 또는 정관에 위반하거나 불공정한 경우

둘째로 총회의 결의방법이 법령 또는 정관에 위반하거나 현저하게 불공정한 경우이다. 즉, ㄱ) 정족수를 결한 때, ㄴ) 결의요건을 정한 규정에 위반하여 결의를 한 때, ㄷ) 특별이해관계인이 결의에 참가한 때, ㄹ) 의결권이 없는 상호보유주식에 관하여 의결권을 행사한 때, ㅁ) 이사의 출석 없이 총회를 개최한

때, ㅂ) 의결방법이 주주평등의 원칙에 위반 한 때 등이다.

③ 총회의 결의 내용이 정관에 위반한 경우

셋째는 총회결의 내용이 정관에 위반한 때로서, 정관이 정한 이사의 원수 이상을 선임한 경우 정관에서 정한 이상으로 주주 이외에 전환사채를 발행한 경우 등이 그 예이다.

【서식】 주주총회결의 취소청구의 소

소   장

원　고　　○○○ (주민등록번호)
　　　　　○○시 ○○구 ○○로 ○○(우편번호 ○○○-○○○)
　　　　　전화·휴대폰번호:
　　　　　팩스번호, 전자우편(e-mail)주소:
피　고　　◇◇주식회사
　　　　　○○시 ○○구 ○○로 ○○(우편번호 ○○○-○○○)
　　　　　이사장 ◆◆◆
　　　　　전화·휴대폰번호:
　　　　　팩스번호, 전자우편(e-mail)주소:

주주총회결의취소청구의 소

청 구 취 지

1. 20○○. ○. ○.에 개최한 피고회사의 임시주주총회에 있어서 "이사 ◎◎◎
　를 해임하고 ●●●를 이사에 선임한다."는 취지의 결의는 이를 취소한다.
2. 소송비용은 피고의 부담으로 한다.
라는 판결을 구합니다.

청 구 원 인

1. 원고는 피고회사의 주주입니다.
2. 피고회사는 20○○. ○. ○○.자로 각 주주에 대하여 일시, 장소 및 임시주
　주총회를 개최할 취지의 통지를 발하였습니다.
3. 그리고 이 임시주주총회에서 "이사 ◎◎◎를 해임하고 ●●●를 이사에 선
　임한다."는 결의를 하였습니다. 그러나 주주총회를 소집함에는 회일을 정
　하여 2주일 전에 각 주주에 대하여 서면 또는 전자문서로 통지를 발송하

여야 한다고 상법 제363조에 기재되어 있음에도 불구하고 임시주주총회의 소집의 통지를 20○○. ○. ○. 발송한 것은 적법한 기간을 두었다 할 수 없을 것입니다.

4. 따라서 원고는 주주총회결의취소청구의 법정기간인 2월내에 위와 같은 주주총회결의취소를 구하기 위하여 이 사건 소를 제기하기에 이르렀습니다.

입 증 방 법

1. 갑 제1호증　　　　　　법인등기사항증명서

첨 부 서 류

1. 위 입증방법　　　　　1통
1. 소장부본　　　　　　　1통
1. 송달료납부서　　　　　1통

20○○.　　○.　　○.

위 원고　　○○○　(서명 또는 날인)

○○지방법원　귀중

다. 결의취소 판결의 효력

결의취소의 판결은 제3자에 대하여도 효력이 있고 소급효도 있다(상법 제376조, 제382조, 제190조).

3) 주주총회결의 변경의 판결

주주가 특별이해관계인으로서 의결권을 행사할 수 없었던 경우에 결의가 현저하게 부당하고 그 주주가 의결권을 행사하였더라면 이를 저지할 수 있었을 때에는 그 주주는 결의의 날로부터 2월 내에 결의변경의 소를 제기할 수 있다.

이 판결은 제3자에 대하여도 효력이 있고 소급효도 있다(상법 제381조, 제190조).

(2) 등기절차

주주총회의 결의의 무효, 부존재, 취소 또는 변경의 판결이 확정되면 수소법원은 등록세를 납부한 영수필증확인서 및 통지서와 그 판결등본을 첨부하여 회사의 본점과 지점소재지의 등기소에 그 판결에 의한 등기를 촉탁하여야 한다(상법 제376조, 제380조, 제381조, 제378조, 제578조, 비송사건절차법 제107조 6호).

1) 등기사항

결의의 무효, 부존재 또는 취소의 등기는 형식에 있어서는 그 결의가 무효인 것, 부존재인 것 또는 취소된 것의 등기이나, 판결에 의하여 무효 또는 부존재로 되거나 취소되어, 결의로서의 효력을 갖지 아니함이 확정된 것이므로, 그 실질에 있어서는 결의에 의하여 발생한 사항에 관한 등기의 말소이다. 따라서 판결에 의하여 무효, 부존재 또는 취소된 결의에 의하여 등기사항이 발생하고 있는 경우라 하더라도 그 등기가 되어 있지 아니할 때에는 결의의 무효, 부존재 또는 취소의 판결에 의한 등기는 할 수 없다.

결의한 사항이 등기되었으나 그 등기가 그 후의 등기로 인하여 이미 주말되어 현재 등기로서의 효력을 갖지 아니하는 경우에도 결의의 무효, 부존재 또는 취소의 등기를 할 것은 아니다. 그러나 등기된 사항이 주말되었더라도 현재 효력있는 사항으로 남아 있는 경우에는 등기를 하여야 할 것이다.

2) 등기의 기록

결의의 부존재, 무효 또는 취소의 등기를 하는 경우에는 결의한 사항에 관한 등기를 말소하는 기호를 기록하고, 그 등기에 의하여 말소된 등기사항이 있는 때에는 그 등기를 회복하여야 한다(상업등기규칙 제153조).

원래 이의 등기는 결의가 무효, 부존재, 취소 또는 변경된 취지의 등기일 것이나, 사실상은 그러한 무효 등의 결의에 의해 이루어진 등기를 원상회복시키는 절차의 등기일 것이므로, 무효 등의 결의에 의해 이루어진 등기사항은 그를 말소하고, 그에 의해 말소된 등기사항은 그를 부활 회복해야 할 것이다.

10. 이사·감사의 해임판결에 의한 촉탁등기

(1) 이사·감사의 해임

소수주주 등에 의한 법원의 해임재판으로서, 주식회사의 이사나 감사, 유한회사의 이사가 그 직무에 관하여 부정행위 또는 법령이나 정관에 위반한 중대한 사실이 있음에도 불구하고 주주총회나 사원총회에서 그 해임을 부결한 때에는 발행주식총수의 100분의 3 이상에 해당하는 주식을 가진 주주나 총자본의 100분의 3 이상에 해당하는 출자좌수를 가진 사원은 주주총회나 사원총회의 부결결의가 있는 날로부터 1월 내에 소로서 그 이사나 감사의 해임을 청구할 수 있다(상법 제385조 2항, 제415조, 제567조).

(2) 등기절차

판결이 확정되면 수소법원은 그 판결의 등본을 첨부하여 회사의 본점소재지 등기소에 해당 이사나 감사의 해임으로 인한 퇴임등기를 촉탁하여야 한다(비송사건절차법 제107조 5호, 제108조).

다만, 대표이사, 공동대표이사, 대표사원 등에 대한 해임일 때에는 지점소재지 등기소에 퇴임등기를 촉탁한다.

이사 또는 집행임원의 선임결의의 부존재, 무효나 취소 또는 판결에 의한 해임의 등기를 하는 경우에 그 이사 또는 집행임원이 대표이사 또는 대표집행임원일 때에는 그 대표이사 또는 대표집행임원에 관한 등기도 말소하여야 한다(상업등기규칙 제132조).

【서식】회사해산명령이 확정된 경우의 등기촉탁서

○○지방법원

등기촉탁서

○○등기소 등기관   귀하

1. 상   호   ○○(합명·합자·주식·유한)회사(등기번호 : 제1000호)
2. 본   점   ○○시 ○○구 ○○길 ○○
   지   점   ○○시 ○○구 ○○길 ○○
3. 등기목적   (합명·합자·주식·유한)회사 해산등기
4. 등기사유   20○○년 ○월 ○일 ○○지방법원 20○○파○○호 해산을 명하는 결
             정이 같은 해 ○월 ○일 확정되어 해산하였으므로 다음 사항의 등기
             를 구함.
5. 등기할 사항
   20○○년 ○월 ○일 ○○지방법원 20○○파○○호 해산명령확정으로 해산
6. 첨부서류
   (1) 세금납부영수증
       등록면허세 금   원
       지방교육세 금   원
   (2) 결정등본   1통

   위와 같이 등기촉탁합니다.

20○○년 ○월 ○일

판사 ○ ○ ○ ⑪

【서식】회사해산결정이 확정된 경우의 등기촉탁서

○○지방법원
등기촉탁서

○○등기소 등기관   귀하

1. 상   호   ○○(합명·합자·주식·유한)회사(등기번호 : 제1000호)
2. 본   점   ○○시 ○○구 ○○길 ○○
   지   점   ○○시 ○○구 ○○길 ○○
3. 등기목적   (합명·합자·주식·유한)회사 해산등기
4. 등기사유   2000년 ○월 ○일 ○○지방법원 2000가합○○호 해산을 명하는
             판결이 같은 해 ○월 ○일 확정되어 해산하였으므로, 다음 사항의 등
             기를 구함.
5. 등기할 사항
   2000년 ○월 ○일 ○○지방법원 2000가합○○호 해산판결확정으로 해산
6. 첨부서류
   (1) 세금납부영수증
       등록면허세 금   원
       지방교육세 금   원
   (2) 판결등본   1통

위와 같이 등기촉탁합니다.

2000년 ○월 ○일

판사 ○ ○ ○ 인

제6편

파산·회생절차에 관한 등기

I. 총 설

재정적 어려움으로 인하여 파탄에 직면해 있는 채무자에 대하여 채권자·주주·지분권자 등 이해관계인의 법률관계를 조정하여 채무자 또는 그 사업의 효율적인 회생을 도모하거나, 회생이 어려운 채무자의 재산을 공정하게 환가배당하는 것을 목적으로 「채무자 회생 및 파산에 관한 법률(이하 '회생법'이라 한다)」을 제정하여 2006. 4. 1.부터 시행하고 있다.

이 법은 종전에 시행되던, 회사정리법, 화의법, 파산법을 폐지하고 그 내용을 흡수하여 회생절차로 단일화하였다.

폐지된 종전의 회사정리법은 상법상의 주식회사에만 적용되었으나, 채무자 회생 및 파산에 관한 법률은 상법상의 회사 외에도 민법법인, 특수법인, 외국회사, 비영리 외국법인에도 적용된다.

【쟁점질의와 유권해석】

〈주식회사가 회생절차개시신청을 하는 경우, 이사회 결의를 거쳐야 하는지 여부〉

주식회사에 대하여 회생절차가 개시되는 경우 이를 이유로 한 계약의 해지 및 환취권 행사 등으로 인하여 회사의 영업 또는 재산에 상당한 변동이 발생하게 된다. 또한 본래 주식회사의 업무집행권은 대표이사에게 부여되고(상법 제389조 제3항, 제209조 제1항), 정관이나 법률이 정한 사항 내지 중요한 자산의 처분 및 양도 등에 관한 의사결정권은 주주총회 내지 이사회가 가지고 있으나(상법 제361조, 제393조 제1항), 회생절차가 개시되면 주식회사의 업무수행권과 관리처분권이 관리인에게 전속하게 되고, 관리인이 재산의 처분이나 금전의 지출 등 일정한 행위를 하기 위해서는 미리 법원의 허가를 받아야 하는 등(회생법 제56조 제1항, 제61조 등 참조) 회사의 경영에 근본적인 변화가 발생하게 된다(대법원 2019. 8. 14.선고 2019다204463판결).

제1장 회생절차에 관한 등기

Ⅰ. 회생절차

■ 핵 심 사 항 ■

1. 회생절차의 개시
 (1) 회생절차개시의 신청 : 채무자 회생 및 파산에 관한 법률 제34조, 제35조에 규정된 신청권자는 제36조에 규정된 사항을 기재한 서면으로 회생절차개시의 신청을 하여야 한다. 회생절차개시의 신청을 하는 자는 회생절차개시의 원인인 사실을 소명하여야 한다(회생법 제38조). 그리고 신청인은 회생절차의 비용을 미리 납부하여야 한다(회생법 제39조).
 (2) 회생절차개시의 결정 : 채무자가 회생절차개시를 신청한 때에는 법원은 신청일부터 1월 이내에 회생절차개시 여부를 결정하여야 한다(회생법 제49조).
2. 회생절차의 기관
 (1) 관리인 : 법원은 관리위원회와 채권자협의회의 의견을 들어 관리인의 직무를 수행함에 적합한 자를 관리인으로 선임하여야 한다(회생법 제74조 1항).
 (2) 보전관리인 : 보전관리명령이 있는 때에는 회생절차개시결정 전까지 채무자의 업무수행, 재산의 관리 및 처분을 하는 권한은 보전관리인에게 전속한다(회생법 제85조).
 (3) 조사위원 : 법원은 필요하다고 인정하는 때에는 관리위원회의 의견을 들어 1인 또는 여럿의 조사위원을 선임할 수 있다(회생법 제87조 1항).
3. 관계인집회 : 제1회 관계인집회는 관계인에 대하여 관리인이 보고를 하고 관계인이 관리인의 선임과 회생채무자의 관리방침에 관하여 의견을 진술할 수 있음을 목적으로 하는 관계인집회이다. 제2회 관계인집회는 회생계획안의 심리를 목적으로 하는 관계인집회이다. 제3회 관계인집회는 회생계획안의 결의를 위한 관계인집회이다.
4. 회생계획의 인가 여부(회생법 제242조) : 관계인집회에서 회생계획안을 가결한 때에는 법원은 그 기일에 또는 즉시로 선고한 기일에 회생계획의 인가 여부에 관하여 결정을 하여야 한다.

> 5. 회생계획의 수행 : 회생계획의 인가결정이 있으면 관리인은 지체없이 계획을 수행하여야 한다(회생법 제257조).
> 6. 회생절차의 종결 : 회생채무자가 이미 회생계획이 수행되었거나 앞으로 회생계획의 수행이 확실하여 회생절차의 목적을 달성할 수 있다고 판단되는 경우에 법원이 이해관계인의 신청이나 직권으로 회생절차를 종료시키는 것을 말한다(회생법 제283조).

1. 회생절차의 개시

(1) 회생절차개시의 신청

1) 신청절차

가. 신청권자

① 채무자

다음 각호의 어느 하나에 해당하는 경우 채무자는 법원에 회생절차개시의 신청을 할 수 있다.

1. 사업의 계속에 현저한 지장을 초래하지 아니하고는 변제기에 있는 채무를 변제할 수 없는 경우
2. 채무자에게 파산의 원인인 사실이 생길 염려가 있는 경우

② 채권자 또는 주주·지분권자

채무자에게 파산의 원인인 사실이 생길 염려가 있는 경우에는 다음의 자도 회생절차개시를 신청할 수 있다.

1. 채무자가 주식회사 또는 유한회사인 경우

 i. 자본의 10분의 1이상에 해당하는 채권을 가진 채권자

 ii. 자본의 10분의 1이상에 해당하는 주식 또는 출자지분을 가진 주주·지분권자

2. 채무자가 주식회사 또는 유한회사가 아닌 때

 i. 5천만원 이상의 금액에 해당하는 채권을 가진 채권자

 ii. 합명회사·합자회사 그 밖의 법인 또는 이에 준하는 자에 대하여는 출자총액의 10분의 1이상의 출자지분을 가진 지분권자

3. 채권자·주주·지분권자가 회생절차개시의 신청을 한 때에는 채무자에게 경영 및 재산상태에 관한 자료를 제출할 것을 명할 수 있다.

③ 채무자의 청산인(회생법 제35조)

1. 파산신청의무와 회생절차개시의 신청

채무자의 청산인은 다른 법률에 의하여 채무자에 대한 파산을 신청하여야 하는 때에도 회생절차개시의 신청을 할 수 있다. 회생절차는 재정적 궁핍으로 파탄에 직면해 있는 채무자가 경제적으로 회복의 가능성이 있다고 인정되는 경우 파산 등을 방지하여 사업을 회생, 재건하는 것을 목적으로 한다. 따라서 다른 법률에 의하여 파산을 신청하여야 하는 경우에도 회생절차개시의 신청을 할 수 있도록 하고 있다.

2. 청산중이거나 파산선고를 이미 받은 채무자의 신청

청산중이거나 파산선고를 이미 받은 채무자가 회생절차개시의 신청을 하는 때에는 상법 제229조(회사의 계속)제1항, 제285조(해산의 계속)제2항, 제519조(회사의 계속) 또는 제610조(회사의 계속)의 규정을 준용한다.

나. 신청서 제출(회생법 제36조)

① 신청서의 기재사항

회생절차개시의 신청은 다음 각호의 사항을 기재한 서면으로 하여야 한다.

1. 신청인 및 그 법정대리인의 성명 및 주소

2. 채무자가 개인인 경우에는 채무자의 성명·주민등록번호(주민등록번호가 없는 사람의 경우에는 외국인등록번호 또는 국내거소번호를 말한다. 이하 같다) 및 주소

3. 채무자가 개인이 아닌 경우에는 채무자의 상호, 주된 사무소 또는 영업소(외국에 주된 사무소 또는 영업소가 있는 때에는 대한민국에 있는 주된 사무소 또는 영업소를 말한다)의 소재지, 채무자의 대표자(외국에 주된 사무소 또는 영업소가 있는 때에는 대한민국에서의 대표자를 말한다. 이하 같다)의 성명

4. 신청의 취지

5. 회생절차개시의 원인

6. 채무자의 사업목적과 업무의 상황

7. 채무자의 발행주식 또는 출자지분의 총수, 자본의 액과 자산, 부채 그 밖의 재산상태

8. 채무자의 재산에 관한 다른 절차 또는 처분으로서 신청인이 알고 있는 것

9. 회생계획에 관하여 신청인에게 의견이 있는 때에는 그 의견

10. 채권자가 회생절차개시를 신청하는 때에는 그가 가진 채권의 액과 원인

11. 주주·지분권자가 회생절차개시를 신청하는 때에는 그가 가진 주식 또는 출자지분의 수 또는 액

② 서류의 비치(회생법 제37조)

회생절차개시의 신청에 관한 서류는 이해관계인의 열람을 위하여 법원에 비치하여야 한다.

다. 소명(회생법 제38조)

회생절차개시의 신청을 하는 자는 회생절차개시의 원인인 사실을 소명하여야 한다. 그리고 회생법 제628조 제1호의 규정에 의한 외국도산절차가 진행되고 있는 때에는 그 채무자에게 파산의 원인 사실이 있는 것으로 추정한다.

채권자, 주주, 지분권자가 회생절차개시의 신청을 하는 경우 신청하는 자가 가진 채권의 액 또는 주식이나 출자지분의 수 또는 액도 소명하여야 한다.

라. 비용의 예납 등(회생법 제39조)

회생절차개시의 신청을 하는 때에는 신청인은 회생절차의 비용을 미리 납부하여야 한다.

예납할 비용은 사건의 대소 등을 고려하여 법원이 정한다. 이 경우 채무자 외의 자가 신청을 하는 때에는 회생절차개시 후의 비용에 관하여 채무자의 재산에서 지급할 수 있는 금액도 고려하여야 한다.

예납비용은 원칙적으로 회생절차 개시결정 때까지 필요한 비용이기 때문에 송달료·공고비용·회생결정전 파산절차로 이행할 경우의 파산절차비용 등이 이에 포함된다.

2) 신청에 대한 법원의 조치

가. 회생절차의 진행에 관한 법원의 감독 등(회생법 제39조의2)

법원은 채권자 일반의 이익과 채무자의 회생 가능성을 해하지 아니하는 범위에서 회생절차를 신속·공정하고 효율적으로 진행하여야 한다.

법원은 필요하다고 인정하는 경우 이해관계인의 신청이나 직권으로 다음의 조치를 취할 수 있다.

1. 회생절차의 진행에 관한 이해관계인과의 협의

2. 회생절차의 진행에 관한 일정표의 작성·운용

3. 채무자, 관리인 또는 보전관리인에게 채무자의 업무 및 재산의 관리 상황, 회생절차의 진행 상황, 그 밖에 채무자의 회생에 필요한 사항에 관한 보고 또

　　는 자료 제출의 요청

4. 관계인집회의 병합

5. 회생법 제98조의2에 따른 관계인설명회의 개최 명령

6. 그 밖에 채무자의 회생에 필요한 조치

나. 감독행정청에의 통지 등(회생법 제40조)

주식회사인 채무자에 대하여 회생절차개시의 신청이 있는 때에는 채무자의 업무를 감독하는 행정청, 금융감독위원회, 채무자의 주된 사무소 또는 영업소(외국에 주된 사무소 또는 영업소가 있는 때에는 대한민국에 있는 주된 사무소 또는 영업소)의 소재지를 관할하는 세무서장에게 그 뜻을 통지하여야 한다.

다. 심문(회생법 제41조)

회생절차개시의 신청이 있는 때에는 법원은 채무자 또는 그 대표자를 심문하여야 한다. 그러나 다음의 사유가 있는 때에는 심문을 하지 아니할 수 있다.

① 채무자 또는 그 대표자가 외국에 거주하여 채무자에 대한 심문이 절차를 현저히 지체시킬 우려가 있는 때

② 채무자 또는 그 대표자의 소재를 알 수 없는 때

라. 회생절차개시신청의 기각사유(회생법 제42조)

다음의 어느 하나에 해당하는 경우 법원은 회생절차개시의 신청을 기각하여야 한다.

① 회생절차의 비용을 미리 납부하지 아니한 경우

② 회생절차개시신청이 성실하지 아니한 경우

③ 그 밖에 회생절차에 의함이 채권자 일반의 이익에 적합하지 아니한 경우의 어느 하나에 해당하는 경우

마. 가압류·가처분 그 밖의 보전처분(회생법 제43조)

① 보전처분과 가압류와 가처분의 취지

법원이 회생절차개시의 결정을 내리는 경우 사업경영과 재산의 관리, 처분에 관한 권리는 관리인에게 전속하게 되고, 이해관계인의 채무자에 대한 개별적 권리행사는 금지된다. 그러나 이와 같은 효과는 회생절차개시를 신청한 경우라 하더라도 법원에 의하여 개시결정이 이루어지기 전까지는 채무자나 채권자에게 아무런 영향을 미치지 않는다. 그러므로 회생절차개시의 결정이 있기 전에 회사의 재무상태가 악화되는 등 이해관계인들의 권리행사에 심대한 악영향을

미칠 우려가 있고, 나아가 이해관계인간의 불공평한 분배가 이루어지는 상황이 발생 할 수 도 있다. 이를 방지하기 위하여 본법은 보전처분과 가압류와 가처분에 관한 규정을 두고 있다.

② 보전처분절차

1. 보전처분의 대상 및 종류 : 법원은 회생절차개시의 신청이 있는 때에는 이해관계인의 신청에 의하거나 직권으로 회생절차개시신청에 대한 결정이 있을 때까지 채무자의 업무 및 재산에 관하여 가압류·가처분 그밖에 필요한 보전처분을 명할 수 있다. 이 경우 법원은 관리위원회의 의견을 들어야 한다.

2. 신청권자 : 이해관계인이 보전신청을 할 수 있는데, 채무자 외에 채권자, 주주이기만 하면 회생절차개시신청권이 없는 소액 채권자나 소액 주주도 신청권이 있다고 본다.
   보전처분 신청인은 회생절차개시원인에 대한 소명은 물론 보전의 필요성에 대해서도 소명하여야 한다.
   보전처분신청서에는 민사소송 등 인지법 제9조 제2항에 의거 2천원의 인지를 붙인다.

3. 법원의 결정 : 이해관계인이 보전처분을 신청한 때에는 법원은 신청일부터 7일 이내에 보전처분 여부를 결정해야 한다. 보전처분을 명하는 재판 및 그 신청을 기각하는 재판은 결정으로 한다. 이 결정에 대해서는 즉시항고를 할 수 있고, 이 즉시항고는 집행정지의 효력이 없다.

③ 보전관리명령

법원은 보전처분 외에 필요하다고 인정하는 때에는 관리위원회의 의견을 들어 보전관리인에 의한 관리를 명할 수 있다. 이 경우 법원은 1인 또는 여럿의 보전관리인을 선임하여야 한다.

법원은 보전관리명령을 하거나 이를 변경 또는 취소한 때에는 이를 공고하여야 한다.

【쟁점질의와 유권해석】

〈보전관리인이 선임된 경우 회사에 대한 채권을 목적으로 한 가압류에 있어서 제3채무자로 되는 자〉

회사정리법 제39조 제3항, 제39조의3, 제53조 제1항, 제96조의 규정에 의하면, 정리절차 개시 전이라도 법원의 관리명령에 따라 보전관리인이 선임된 경우에는 회사 재산의 관리·처분권한이 보전관리인에게 전속되고, 회사의 재산에 관한 소에 있어서는 보전관리인이 원고 또는 피고가 된다는 점에서 회사에 대한 채권을 목적으로 한 가압류에 있어서도 회사가 아닌 보전관리인이 제3채무자로 되어야 한다(대법원 2003. 9. 26.자, 2002다62715결정).

바. 다른 절차의 중지명령 등(회생법 제44조)

① 중지명령의 의의

중지명령이란 회생절차의 개시 신청이 있는 경우에 필요하다고 인정하는 때에는 법원이 이해관계인의 신청에 의하여 또는 직권으로 회생절차개시의 신청에 관하여 결정이 있을 때까지 채무자 재산에 대하여 경매절차, 소송절차, 행정절차등의 중지를 명하는 것을 말한다.

국세징수법에 의한 체납처분, 국세징수의 예에 의한 체납처분 또는 조세채무담보를 위하여 제공된 물건의 처분의 중지도 명할 수 있다.

중지·금지명령 신청·취소신청서에는 민사소송등인지법 제9조 제3항에 의거 2천원의 인지를 붙인다.

【쟁점질의와 유권해석】

〈재산보전처분과 함께 보전관리인 선임결정이 난 경우 이미 계속중인 소송절차가 중지되는지 여부〉

재산보전처분 및 보전관리인 선임결정이 난 것만으로는 법원에서 회생법 제44조의 중지명령을 하지 않는 한 소송절차에는 아무런 영향이 없다는 것이 대법원의 입장이다(대법원 1993. 9. 14,선고 92다12728판결). 중지명령의 요건은 법원이 '필요하다고 인정하는 때'라고 규정되어 있는바(회생법 제44조), 실무에서는 그 요건을 엄격히 해석하여 현재 가동되고 있는 공장 등 회사의 기본재산이나 회사의 자산에서 상당한 비중을 차지하는 부동산에 대한 강제집행, 담보권실행을 위한 경매, 체납처분의 경우에만 제한적으로 중지명령을 이용하고 있다.

② 중지명령에 의하여 중지되는 절차

  1. 채무자에 대한 파산절차

  2. 회생채권 또는 회생담보채권에 기한 강제집행, 가압류·가처분 또는 담보권 실행을 위한 경매절차로서 채무자의 재산에 대하여 이미 행하여지고 있는 것. 다만 그 절차의 신청인이 회생채권자 또는 회생담보권자에게 부당한 손해를 끼칠 염려가 있는 때에는 그러하지 아니하다.

  3. 채무자의 재산에 관한 소송절차

  4. 채무자의 재산에 관하여 행정청에 계속되어 있는 절차

  5. 국세징수법 또는 지방세법에 의한 체납처분, 국세징수의 예(국세 또는 지방세 체납의 예를 포함)에 의한 체납처분 또는 조세채무담보를 위하여 제공된 물건, 이 경우 징수의 권한을 가진 자의 의견을 들어야 한다.

③ 중지명령의 효력

중지명령이 내려진 경우 명령의 대상이 되었던 절차는 현재의 상태에서 그의 진행이 중지되어 그 이상의 진행은 없게 된다. 중지명령은 당해 절차를 그 이상 진행시키지 않는다는 효력이 있을 뿐이기 때문에, 이미 진행된 절차의 효력에 대해서는 그를 소급하여 무효로 만드는 것은 아니다. 따라서 중지명령이 있기 이전에 집행된 압류, 가처분 등의 효력은 그대로 유지된다.

사. 회생채권 또는 회생담보권에 기한 강제집행등의 포괄적 금지명령(회생법 45조)

① 요 건

  1. 중지명령에 의해서는 회생절차의 목적을 충분히 달성하지 못할 우려가 있는 경우 : 법원은 회생절차개시의 신청이 있는 경우 회생법 제44조 제1항의 규정에 의한 중지명령에 의하여는 회생절차의 목적을 충분히 달성하지 못할 우려가 있다고 인정할 만한 특별한 사정이 있는 때에는 이해관계인의 신청에 의하거나 직권으로 회생절차개시의 신청에 대한 결정이 있을 때까지 모든 회생채권자 및 회생담보권자에 대하여 회생채권 또는 회생담보권에 기한 강제집행등의 금지를 명할 수 있다.

  2. 보전처분·보전관리 명령 등이 이미 행해진 경우 등

포괄적 금지명령을 할 수 있는 경우는 채무자의 주요한 재산에 관하여 이미 다음 각호의 처분 또는 명령이 이미 행하여졌거나 포괄적 금지명령과 동시에 다음 각호의 처분 또는 명령을 행하는 경우에 한한다.

   i . 생법 제43조 제1항의 규정에 의한 보전처분

   ii . 생법 제43조 제3항의 규정에 의한 보전관리명령

② 강제집행등의 중지·취소

1. 포괄적 금지명령이 있는 때에는 채무자의 재산에 대하여 이미 행하여진 회생채권 또는 회생담보권에 기한 강제집행등은 중지된다.

2. 채무자의 사업의 계속을 위하여 특히 필요하다고 인정하는 때에는 채무자(보전관리인이 선임되어 있는 때에는 보전관리인을 말한다)의 신청에 의하여 제3항의 규정에 의하여 중지된 회생채권 또는 회생담보권에 기한 강제집행등의 취소를 명할 수 있다. 이 경우 법원은 담보를 제공하게 할 수 있다.

3) 회생절차개시신청 등의 취하

가. 취하의 제한(회생법 제48조)

① 취하를 제한하는 취지 : 이 규정의 취지는, 신청인이 보전처분을 받아 채무의 일시유예 또는 부도유예의 혜택을 받아 당면한 위기를 넘긴 다음 위기상황이 종료되면 임의로 절차를 종료시키는 방법으로 보전처분제도가 악용될 수 있는 여지가 있을 수 있기 때문에 그와 같은 악용을 막기 위한 것이다.

② 취하시기 : 회생절차개시의 신청을 한 자는 회생절차개시결정 전에 한하여 그 신청을 취하할 수 있다.

③ 법원의 허가를 받아야만 하는 경우

다음의 결정이 있은 후에는 법원의 허가를 받지 아니하면 회생절차개시신청 및 보전처분신청을 취하할 수 없다.

1. 회생법 제43조 제1항의 규정에 의한 보전처분
2. 회생법 제43조 제3항의 규정에 의한 보전관리명령
3. 회생법 제44조 제1항의 규정에 의한 중지명령
4. 회생법 제45조 제1항의 규정에 의한 포괄적 금지명령

나. 취하의 방법

개시신청에 관하여 서면주의를 원칙으로 취하고 있으므로 신청의 취하도 역시 서면으로 하여야 한다. 신청취하의 허가는 회생법원에 신청하여야 한다.

다. 등기의 촉탁

법원이 보전처분이나 관리명령을 취소하는 경우에는 지체 없이 직권으로 처분대상인 권리의 목적물을 관할하는 등기소 또는 회사의 본점소재지(외국의 본점이 있는 때에는 대한민국에 주된 영업소의 소재지)의 등기소에 등기를 촉탁하여야만 한다.

(2) 회생절차개시의 결정

1) 회생절차 개시신청에 대한 재판

가. 회생절차개시 여부의 결정(회생법 제49조)

① 결정시한 : 채무자가 회생절차개시를 신청한 때에는 법원은 신청일부터 1월 이내에 회생절차개시 여부를 결정하여야 한다.

② 회생절차 개시결정의 효력발생시기 : 회생절차개시결정은 그 결정시부터 효력이 있다.

나. 회생절차개시의 공고와 송달(회생법 제51조)

① 공 고

법원은 회생절차개시의 결정을 한 때에는 지체없이 회생법 제51조 제1항의 사항을 공고하여야 한다. 실무상으로는 개시결정과 동시에 제1회 채권자집회의 기일도 지정하고 있고, 채권자집회의 기일과 목적인 사항은 공고해야 되므로 현재 실무는 개시결정과 관계인집회를 동시에 공고하고 있다.

② 송 달

법원은 다음의 자에게 회생법 제51조 제1항 각호의 사항을 기재한 서면을 송달하여야 한다.

1. 관리인

2. 채무자

3. 알고 있는 회생채권자·회생담보권자·주주·지분권자

4. 회생절차가 개시된 채무자의 재산을 소지하고 있거나 그에게 채무를 부담하는 자

다. 회생절차개시신청에 관한 재판에 대한 즉시항고(회생법 제53조)

회생절차개시의 신청에 관한 재판에 대하여는 즉시항고를 할 수 있다.

① 항고를 할 수 있는 자

1. 원칙 : 재판에 이해관계를 가진 자

2. 개시신청 각하결정의 경우의 즉시항고 신청권자 : 신청각하의 결정은 신청인만의 문제이므로 그 신청인만이 항고할 수 있다. 신청기각결정의 경우에도 신청인 이외에 스스로 독립하여 개시신청을 할 수 있는 자는 따로 개시신청을 하면 되므로 신청인만이 즉시 항고를 할 수 있다.

② 즉시항고의 효과 : 즉시항고는 집행정지의 효력은 없다. 개시결정이 효력을 발생하면 회생절차개시의 효과가 발생하는데 만일 즉시항고에 집행정지의 효력이 있다고 한다면 먼저 발생했던 절차개시의 효과가 정지되어 그 결과 항고기각의 재판이 있기까지의 사이에 채무자의 재산이 분산되는 등의 사태가 발생하여 채무자의 재건의 가능성이 봉쇄당할 수 있기 때문이다. 따라서 즉시항고가 이유 있는 것으로 인정되어 개시결정이 취소된 경우에 절차개시의 효과가 소급하여 소멸하는 것으로 보아야 한다.

③ 항고법원의 결정

　1. 각하 또는 기각결정 : 항고법원은 즉시항고의 절차가 법률에 위반되거나 즉시항고가 이유없다고 인정하는 때에는 결정으로 즉시항고를 각하 또는 기각하여야 한다.

　2. 원심법원의 결정취소 : 항고법원은 즉시항고가 이유있다고 인정하는 때에는 원심법원의 결정을 취소하고 사건을 원심법원에 환송하여야 한다.

라. 회생절차개시결정의 취소(회생법 제54조)

① 취소결정이 내려지는 경우

　1. 개시결정에 대한 즉시항고에 기하여 항고법원이 취소결정을 하는 경우

　2. 개시결정을 한 법원이 이에 대한 즉시항고가 있어 스스로 취소결정을 하는 경우

② 취소결정확정의 효과

　1. 회생절차개시의 소급적 효력상실 : 취소결정확정으로 회생절차개시는 소급적으로 그 효력을 잃는다. 그러나 취소결정의 소급효가 무제한적으로 되는 것은 아니다. 취소결정이 확정되더라도 이미 적법한 개시결정을 기초로 이루어진 행위를 모두 무효로 볼 경우 제3자에 불측의 손해를 가하고 법률관계를 불필요하게 복잡하게 만들게 되어 바람직하지 않게 되어 위와 같이 규정하였다.

　2. 채무자의 지위 : 채무자는 재산의 관리권 및 처분권을 회복하고, 회생채권에 대한 변제금지의 효력도 없어진다. 취소결정의 효과는 소급효가 있으므로 개시결정 후 채무자가 행한 법률행위, 채권자의 권리취득, 채무자에 대한 변제 등도 소급적으로 유효가 된다.

　3. 관리인의 지위 : 취소결정의 확정으로 채무자가 권한을 회복하는 반면, 관리인의 권한은 소멸한다. 그러나 개시결정 후 그 권한에 기하여 한 행위 실체법상의 행위 뿐 아니라 소송행위의 결과도 그 효력을 잃지 않는다. 관리인의 권한이 소멸하므로 취소결정 후에는 관리인의 권한에 기한 행위를 하지 못하

는 것이 원칙이다.

본조 제3항은 관리인은 공익채권을 변제하며 이의가 있는 것에 관하여는 그 채권자를 위하여 공탁을 하여야 한다고 규정하고 있다. 따라서 이 범위 내에서 관리인의 권한은 존속하게 된다.

2) 회생절차개시결정의 효력

가. 자본감소 등의 행위 금지(회생법 제55조)

① 금지되는 행위

회생절차개시 이후부터 그 회생절차가 종료될 때까지는 채무자는 회생절차에 의하지 아니하고는 다음의 행위를 할 수 없다.

1. 자본 또는 출자액의 감소

2. 지분권자의 가입, 신주 또는 사채의 발행

3. 자본 또는 출자액의 증가

4. 주식의 포괄적 교환 또는 주식의 포괄적 이전

5. 합병·분할·분할합병 또는 조직변경

6. 해산 또는 회사의 계속

7. 이익 또는 이자의 배당

② 법원의 허가를 요하는 행위

회생절차개시 이후부터 그 회생절차가 종료될 때까지 법인인 채무자의 정관을 변경하고자 하는 때에는 법원의 허가를 받아야 한다.

나. 회생절차개시 후의 업무와 재산의 관리(회생법 제56조)

회생절차는 개시의 결정을 한 때로부터 효력이 생긴다. 개시결정에 대한 즉시항고를 하더라도 집행정지의 효력은 인정되지 않기 때문에 회생절차개시의 결정이 있게 되면, 채무자는 업무의 수행과 재산의 관리 및 처분권을 상실하고 이러한 권한은 관리인에게 전속하게 된다.

다. 관리인의 정보 등의 제공(회생법 제57조)

관리인이 채무자의 영업과 경영권 그리고 주식에 대한 행위를 할 경우 채무자의 영업 및 재산에 대한 효과가 클 수 있으므로 관리인이 그와 같은 행위를 할 경우 채무자의 영업, 사업에 관한 정보, 자료를 요구함으로써 절차적 안전을 기할 수 있도록 하였다.

① 인수희망자(정보 등의 제공을 요구할 수 있는 자)

관리인은 다음 각 목의 어느 하나에 해당하는 행위를 하고자 하는 자에 대하여는 대법원규칙이 정하는 바에 따라 채무자의 영업·사업에 관한 정보 및 자료를 제공하여야 한다. 다만 정당한 사유가 있는 때에는 관리인은 정보 및 자료의 제공을 거부할 수 있다.

1. 채무자의 영업, 사업, 중요한 재산의 전부나 일부의 양수

2. 채무자의 경영권을 인수할 목적으로 주식 또는 출자지분의 양수

3. 채무자 주식의 포괄적 교환, 주식의 포괄적 이전, 합병 또는 분할합병

② 인수희망자의 정보 등의 제공 청구

법 제57조 각 호의 어느 하나에 해당하는 행위를 하려는 자(인수희망자)는 다음 각 목의 사항을 적은 서면과 해당자료를 첨부하여 관리인에게 영업 및 사업에 관한 필요한 정보 및 자료의 제공을 청구할 수 있다.

1. 인수희망자의 사업자등록증, 법인 등기부등본

2. 인수희망자의 최근 3년간의 비교 대차대조표, 최근 3년간의 요약 비교손익계산서, 최근 3년간의 자금수지표 및 현금흐름표

3. 인수희망자의 임직원 현황, 주요 업종, 생산품, 납입자본금, 발행주식 수, 주식 소유관계

4. 인수희망자의 인수 동기, 목적 및 향후 구체적인 인수 계획의 내용 및 인수 예정시기

5. 인수에 필요한 자금의 구체적인 조달계획 및 이에 관한 증빙자료

6. 제공을 요청하는 정보 및 자료를 특정할 수 있는 사항 및 이를 필요로 하는 구체적인 사유

7. 정보 및 자료에 관한 비밀을 준수하고 이를 채무자, 채권자, 주주 등의 이익에 반하는 목적을 위하여 이용하지 아니하겠다는 진술서

③ 관리인의 허가신청

인수희망자의 청구가 있는 경우 관리인은 지체없이 서면으로 법원에 정보 및 자료제공 여부에 관한 허가신청을 하여야 한다.

④ 해당 정보 및 자료의 열람 또는 복사

법원이 관리인의 허가신청에 대하여 정보 및 자료의 제공을 허가하거나 제공의 거부를 허가하지 아니하는 결정을 한 경우 관리인은 지체없이 인수희망자에게 해당 정보 및 자료의 열람 또는 복사를 허용하여야 한다.

⑤ 비용의 부담

채무자의 정보 및 자료를 제공하는데 필요한 비용은 인수희망자의 부담으로 한다.

라. 다른 절차의 중지 등(회생법 제58조)

회생절차개시결정이 있으면, 파산, 강제집행, 가압류, 가처분, 임의경매절차, 체납처분 등의 절차는 허용되지 않는다. 이와 같이 규정한 이유는 회생절차개시 후에도 위와 같은 절차를 허용하면 회생절차를 원활히 진행할 수 없으며 또한 회생절차가 성공한다면 위와 같은 절차의 필요성이 없어지기 때문이다.

① 금지되는 절차

회생절차개시결정이 있는 때에는 다음의 행위를 할 수 없다.

1. 파산 또는 회생절차개시의 신청 : 파산은 회생절차와 대립적인 목적이 있는 관계에 있다. 파산과 회생절차는 대립적인 목적을 갖고 있으므로 양립할 수 없고 회생절차의 개시결정이 있으면 파산 또는 회생절차의 개시신청을 할 수 없도록 한 것이다.

2. 회생채권 또는 담보채권에 기한 강제집행 등 : 강제집행, 가압류, 가처분, 담보권실행을 위한 경매절차도 회생채권 또는 회생담보권에 의하여 채무자의 재산에 대하여 행해지는 이상, 회생절차개시결정 이후의 신청은 금지되고, 이미 착수가 진행된 경우에도 더 이상 진행할 수 없게 된다.

【쟁점질의와 유권해석】

〈금지되지 않는 것〉

ㄱ) 회생채권 또는 회생담보권에 의한 것만을 의미하므로 환취권에 의한 강제집행이나 가처분은 금지, 중지의 대상이 아니다.

ㄴ) '채무자'의 재산에 대하여 행하는 것에 한하므로, 연대채무자, 보증인, 물상보증인의 재산에 대하여 행하는 것은 금지되지 않는다.

ㄷ) 채무자의 '재산'에 대하여 행하는 것에 한하므로 채무자의 인격적 활동에 대하여 행해지는 가처분 등은 금지의 대상이 아니다.

3. 국세징수의 예에 의하여 징수할 수 있는 청구권으로서 그 징수우선순위가 일반회생채권보다 우선하지 아니한 것에 기한 체납처분 : 금지, 중지되는 처분은 회생채권 또는 회생담보권에 기한 것만을 의미하므로 공익채권이 되는 조세 등의 청구권에 기한 체납처분은 중지되지 않고, 향후 개시하는 것도 방해되지 않는다.

또한 금지, 중지되는 처분은 채무자의 재산에 대하여 행하여지는 것에 한정하므로, 연대납세의무자를 비롯한 제2차 납세의무자 등 제3자의 재산에 대하여 행하여지는 체납처분 등의 재산에 대하여 행하여지는 체납처분 등은 금지, 중지되지 않는다.

② 중지되는 절차

회생절차개시결정이 있는 때에는 다음의 절차는 중지된다.

  1. 파산절차

  2. 채무자의 재산에 대하여 이미 행한 회생채권 또는 회생담보권에 기한 강제집행 등

  3. 국세징수의 예에 의하여 징수할 수 있는 청구권으로서 그 징수우선순위가 일반 회생채권보다 우선하지 아니한 것에 기한 체납처분

③ 금지 또는 중지되는 절차

회생절차개시결정이 있는 때에는 다음 각 호의 기간 중 말일이 먼저 도래하는 기간 동안 회생채권 또는 회생담보권에 기한 채무자의 재산에 대한 국세징수법 또는 지방세법에 의한 체납처분, 국세징수의 예에 의하여 징수할 수 있는 청구권으로서 그 징수우선순위가 일반 회생채권보다 우선하는 것에 기한 체납처분과 조세채무담보를 위하여 제공된 물건의 처분은 할 수 없으며, 이미 행한 처분은 중지된다. 이 경우 법원은 필요하다고 인정하는 때에는 관리인의 신청에 의하거나 직권으로 1년 이내의 범위에서 그 기간을 늘일 수 있다.

  1. 회생절차개시결정이 있는 날부터 회생계획인가가 있는 날까지

  2. 회생절차개시결정이 있는 날부터 회생절차가 종료되는 날까지

  3. 회생절차개시결정이 있는 날부터 2년이 되는 날까지 말일이 먼저 도래하는 기간 동안

④ 시효의 중단

회생채권 또는 회생담보권에 기한 채무자의 재산에 대한 국제징수법 또는 지방세법에 의한 체납처분, 국제징수의 예에 의하여 징수할 수 있는 청구권으로서 그 징수우선순위가 일반 회생채권보다 우선하는 것에 기한 체납처분과 조세채무담보를 위하여 제공된 물건의 처분을 할 수 없거나 처분이 중지된 기간 중에는 시효는 진행하지 아니한다.

마. 소송절차의 중단 등(회생법 제59조)

① 취 지

회생절차개시결정이 있은 때에는 채무자의 재산에 관한 소송절차는 중단된다.

이처럼 소송절차의 중단을 규정한 취지는 회생절차개시결정에 의하여 채무자가 채무자의 재산에 대한 관리처분권을 상실하고 그의 관리권, 처분권은 관리인에게 전속하기 때문에 채무자가 당사자가 되는 소송은 당사자 적격조차 충족하지 못하기 때문이다.

② 중단하는 소송의 범위

채무자의 재산관계의 소송이면 회생채권 또는 회생담보권에 기한 소송에 한하지 않고 환취권, 공익채권 등 어떠한 채권에 기한 것이라도 모두 중단하게 된다. 그러나 채무자의 '재산'에 관한 소송만이 중단될 뿐 채무자의 인격 활동에 관한 것은 중단하지 않고 그대로 수행된다.

③ 정리절차 중의 신소송의 제기

회생절차 중에 채무자에 대하여 새로운 소를 제기하는 경우에 채무자의 재산관계외의 소는 채무자를 원고 또는 피고로 하게 되고, 채무자의 재산관계의 소는 관리인을 원고 또는 피고로 하여 제기하게 된다.

④ 소송의 수계

1. 회생채권, 회생담보권에 관계없는 소송절차의 수계

ⅰ. 수계할 수 있는 자

관리인 또는 상대방이 이를 수계할 수 있다.

ⅱ. 수계할 수 있는 소송

수계 할 수 있는 소송은 회생절차개시결정에 의하여 중단된 채무자의 재산관계의 소송 중에서 회생채권 또는 회생담보권에 관계없는 것을 의미한다. 즉 환취권과 공익채권에 관한 소송, 회사가 가지는 권리에 기한 이행 또는 적극적인 확인을 구하는 소송 등이 수계할 수 있는 소송에 속한다고 할 수 있다.

ⅲ. 수계가 있기전에 회생절차가 종료한 경우

이 때에는 채무자는 당연히 소송절차를 수계한다. 이 경우에는 상대방도 소송절차를 수계할 수 있다.

2. 회생채권 또는 회생담보권에 관한 소송절차의 수계

개시결정 이전에 회생채권 또는 회생담보권에 관한 소송절차가 계속 중인 경우일지라도 개시결정이 있으면 소송절차는 중단된다.

ⅰ. 중단 후 이의가 없는 경우 : 중단 후 회생채권 등 조사기일에 이의가 없으면 회생채권 등이 확정된다. 조사의 결과를 기재한 회생채권자표, 회생담보권자표는 확정판결과 같은 효력이 있다.

ⅱ. 중단 후 이의가 있는 경우 : 채권조사기일에 이의가 있는 때에는 이의자를 상대로 하여 소송을 수계함으로써 권리의 확정을 구하여야 한다.

3. 행정청에 계속한 사건의 중단과 수계 : 채무자의 재산관계의 사건으로서 회생절차개시 당시 행정청에 계속한 것에 관하여도 회생절차개시의 결정이 있는 경우 절차는 중단된다. 이 경우 행정청에 계속된 절차가 회생채권 또는 회생담보권과 관계없는 것은 관리인 또는 상대방이 이를 수계할 수 있다. 회생채권이나 회생담보권에 관한 것이라면 관리인이 채무자가 할 수 있는 방법으로 불복을 신청할 수 있다.

4. 채권자취소소송 등 : 채무자의 채권자가 채권자취소권에 기하여 제기한 소송 또는 부인의 소송이 회생절차개시 당시 계속한 경우에는 그 소송절차는 중단된다. 중단한 소송절차는 관리인 또는 상대방이 이를 수계할 수 있다. 이러한 소송은 채무자를 당사자로 하는 소송이 아니기 때문에 채무자의 재산관계의 소송이 아닌 경우가 많으나, 전체 채권자를 위하여 채무자의 재산의 회복을 도모하고자 하는 소송이므로 관리인이 그 역할을 인수하는 것이 보다 적절하므로 관리인으로 하여금 수계하게 한 것이다.

【쟁점질의와 유권해석】

〈정리채권자가 권리의 확정을 청구하고자 할 때의 소송수계의 방법〉

1. 정리절차개시결정 당시 정리채권에 관하여 소송이 계속중인 경우에 회사정리사건의 관할법원에 정리채권의 신고를 하였으나 조사기일에서 이해관계인의 이의가 있어 정리채권자가 권리의 확정을 청구하고자 할 때에는 종전의 소송이 계속중인 법원에 신고된 정리채권에 관한 이의자를 상대로 하여 소송을 수계하여야 하며, 그 수계신청은 권리의 조사가 있은 날로부터 1개월 내에 하여야 하고, 그 기간 경과 후에 수계신청을 한 경우에는 그에 따른 정리채권 확정의 소는 부적법하게 된다.

2. 회사정리절차개시결정이 있기 이전에 이의 있는 정리채권에 관한 소송이 계속중에 회사재산보전처분이 내려지고 보전관리인이 선임되자 소송의 상대방을 정리회사에서 보전관리인으로 하여 한 수계신청을 회사정리법 제149조 제1항 소정의 소송 수계신청으로 볼 수는 없다(대법원 2000. 2. 11.선고 99다52312판결).

바. 이 송(회생법 제60조)

회생법원(회생사건이 계속되어 있는 지방법원)은 회생절차개시당시 채무자의 재산에 관한 소송이 다른 법원에 계속하고 있는 경우에는 결정으로써 그 이송을 청구할 수 있다. 회생절차개시 후 다른 법원에 계속하게 된 것에 관하여도 같다. 위 결정에 의하여 이송의 청구를 받은 법원은 소송을 회생법원에 이송하여야 한다. 결정은 회생법원이 직권으로만 할 수 있으며 관리인 또는 기타의 자의 신청은 직권발동 촉구의 의미만을 가질 뿐이다. 이송은 소송절차의 중단 또는 중지 중에도 할 수 있다. 이송은 상소심법원에 계속되어 있는 소송에 관하여는 적용하지 아니한다.

사. 영업 등의 양도(회생법 제62조)

① 취 지

도산기업이 회생할 수 있는 가장 적절한 방법이 인수, 합병인 바, 종전 회사정리법상의 채권조사, 확정절차와 주식소각제도만으로는 인수, 합병을 활성화하는데 크게 미흡하다는 지적이 제기되어 이를 개선하려는 것으로, 회생계획인가 전이라도 법원의 허가를 얻어 영업 또는 사업을 양도 할 수 있도록 하였다.

청산을 내용으로 하는 회생계획안을 가결하기 위하여 종전에는 담보권자 전원의 동의를 얻도록 하던 것을, 앞으로는 의결권 총액의 5분의 4이상에 해당하는 의결권을 가진 자의 동의를 얻도록 그 요건을 완화하였다.

② 절 차

회생절차개시 이후 회생계획인가 전이라도 관리인은 채무자의 회생을 위하여 필요한 경우 법원의 허가를 받아 채무자의 영업 또는 사업의 전부 또는 중요한 일부를 양도할 수 있다.

③ 주식회사인 채무자의 부채총액이 자산총액을 초과하는 경우

허가를 하는 경우 주식회사인 채무자의 부채총액이 자산총액을 초과하는 때에는 법원은 관리인의 신청에 의하여 결정으로「상법」제374조(영업양도·양수·임대 등)제1항의 규정에 의한 주주총회의 결의에 갈음하게 할 수 있다. 이 경우「상법」 제374조(영업양도·양수·임대 등)제2항 및 제374조의2(반대주주의 주식매수청구권)와「자본시장과 금융투자업에 관한 법률」제165조의5(주식매수청구권의 특례)의 규정은 적용하지 않는다.

아. 회생절차개시 후의 채무자의 행위(회생법 제64조)

채무자가 회생절차개시 후 채무자재산에 관하여 한 법률행위는 회생절차의 관계에 있어서 그 효력을 주장하지 못한다.

채무자가 회생절차개시가 있은 날에 행한 법률행위는 회생절차개시 이후에 한 것으로 추정한다. 여기서 법률행위라 함은 매매, 임대차, 권리의 포기, 채무의 승인 등 채무자 재산에 관한 권리의무에 영향을 미치는 모든 행위를 의미한다.

회생절차의 관계에 있어서는 그 효력을 주장하지 못한다는 의미이고, 관리인이 그 행위의 유효를 주장하는 것은 무방하다. 이 때 상대방의 선의, 악의는 불문한다.

채무자의 행위가 무효로 된 경우 상대방의 반대이행이 이미 되어 있는 때에는 채무자는 이를 부당이득으로 반환해야 하고, 상대방은 이를 공익채권으로 주장할 수 있다.

자. 회생절차개시 후의 권리취득(회생법 제65조)

① 회생절차개시 후 회생채권 또는 회생담보권에 관하여 채무자 재산에 대한 권리를 채무자의 행위에 의하지 아니하고 취득하여도 그 취득은 회생절차의 관계에 있어서는 그 효력을 주장하지 못한다.

② 회생절차개시일의 권리취득은 회생절차개시 후에 한 것으로 추정된다.

차. 회생절차개시 후의 등기와 등록(회생법 제66조)

① 회생절차와의 관계에서 효력을 주장할 수 없는 경우

　1. 등기 또는 가등기 : 부동산 또는 선박에 관하여 회생절차개시 전에 발생한 등기원인에 의하여 회생절차개시 '후'에 한 등기 또는 가등기는 회생절차의 관계에 있어서는 그 효력을 주장할 수 없다. 그러나 등기나 가등기를 이전받은 권리자가 선의인 경우에는 그러하지 아니하다(회생법 제66조 제1항).

　2. 등록 또는 가등록 : 위 ㄱ)의 규정은 권리의 설정·이전 또는 변경에 관한 등록 또는 가등록에 관하여 준용한다(회생법 제66조 제2항).

② 선의 또는 악의의 추정(회생법 제68조) : 회생절차 개시후의 등기와 등록에 관한 규정(회생법 제66조)을 적용함에 있어서 회생절차개시의 공고 전에는 그 사실을 알지 못한 것으로 추정하고, 공고 후에는 그 사실을 안 것으로 추정한다.

카. 회생절차개시 후의 채무자에 대한 변제(회생법 제67조)

① 회생절차개시 사실을 알지 못하고 변제한 경우 : 회생절차개시 후에 채무자의 채무자는 관리인에게 변제하여야 하나, 그 사실을 알지 못하고 채무자에게 변제한 경우에는 회생절차의 관계에 있어서도 그 효력을 주장할 수 있다.

② 회생절차개시 후 그 사실을 알고 변제한 경우 : 회생절차개시 후 악의로 채무자에 변제한 경우에도 이로서 채무자 재산이 이익을 얻은 때에는 그 이익의 한도에서만 회생절차의 관계에 있어서 그 효력을 주장할 수 있다.

③ 선의 또는 악의의 추정(회생법 제67조) : 회생절차개시 후의 채무자에 대한 변제의 규정(회생법 제67조)을 적용함에 있어서 회생절차개시의 공고 전에는 그 사실을 알지 못한 것으로 추정하고, 공고 후에는 그 사실을 안 것으로 추정한다.

타. 공유관계(회생법 제69조)

채무자가 타인과 공동으로 재산권을 가진 경우 채무자와 그 타인 사이에 그 재산권을 분할하지 아니한다는 약정이 있더라도 회생절차가 개시된 때에는 관리인은 분할의 청구를 할 수 있다.

파. 환취권(회생법 제70조)

회생절차개시는 채무자에 속하지 아니하는 재산을 채무자로부터 환취할 권리인 환취권에 영향을 미치지 아니한다. 그 이유는 환취권의 기초가 되는 권리는 소유권인 경우가 일반적이기 때문이다.

환취권을 행사함에 있어서 반드시 회생절차에 의할 필요는 없으나 관리인이 환취권을 승인하는 데에는 법원의 허가를 받아야 한다.

【쟁점질의와 유권해석】

〈회생절차개시 전의 등기원인으로 회생절차개시 전에 한 가등기의 효력 유무〉

대법원은 회생법 제66조의 반대해석으로 회생절차개시 전의 등기원인으로 회생절차개시 전에 부동산등기법 제3조에 의하여 한 가등기는 회생절차의 관계에 있어서 그 효력을 주장할 수 있고, 따라서 이와 같은 가등기권자는 회생채무자의 관리인에 대하여 본등기를 청구할 수 있다고 판시하고 있다. 따라서 회생절차 개시결정의 기입등기가 경료된 경우에는 회생채무자의 부동산 등에 대하여 관리인이 아닌 회생채무자가 신청한 등기는 등기원인이 회생절차개시전에 생긴 경우라 하더라도 이를 수리하여서는 아니된다.

구분	효력 주장 가능 여부
등기원인 - 회생절차 개시'전' 등기시점 - 회생절차 개시'후'	효력주장 불가능 (단 등기나 가등기를 이전받은 자가 선의인 경우에는 효력주장 가능하다)
등기원인 - 회생절차 개시'전' 등기시점 - 회생절차 개시'전'	효력주장 가능

2. 회생절차의 기관

(1) 관리인

1) 관리인의 선임

가. 관리인의 선정 시기

개시여부의 결정은 개시신청일로부터 1개월 내에 하도록 되어 있다.

나. 채무자의 대표자를 관리인으로 선임할 수 없는 경우

법원은 다음 각 호에 해당하는 때를 제외하고 개인인 채무자나 개인이 아닌 채무자의 대표자를 관리인으로 선임하여야 한다.

① 채무자의 재정적 파탄원인이 다음의 어느 하나에 해당하는 자가 행한 재산의 유용 또는 은닉이나 그에게 중대한 책임이 있는 부실경영에 기인하는 때

　　1. 개인인 채무자

　　2. 개인이 아닌 채무자의 이사

　　3. 채무자의 지배인

② 채권자협의회의 요청이 있는 경우로서 상당한 이유가 있는 때

③ 그밖에 채무자의 회생에 필요한 때

다. 관리인을 선임하지 않을 수 있는 채무자(회생법시행규칙 제51조)

① 비영리 법인 또는 합명회사·합자회사

② 회생절차 개시신청 당시 증권거래법 제2조 제13항에서 규정된 상장법인 및 주권상장법인과 같은 조 제15항에서 규정된 코스닥 상장법인에 해당하는 채무자

③ 회생절차 개시 당시 재정적 부실의 정도가 중대하지 않고 일시적인 현금유동성의 악화로 회생절차를 신청한 채무자

④ 회생절차 개시 당시 일정한 수준의 기술력, 영업력 및 시장점유율을 보유하고 있어 회생절차에서의 구조조정을 통하여 조기회생이 가능하다고 인정되는 채무자

⑤ 회생절차 개시결정 당시 주요 회생담보권자 및 회생채권자와 사이에 회생계획안의 주요 내용에 관하여 합의가 이루어진 채무자

⑥ 회생절차 개시 당시 자금력 있는 제3자 또는 구 주주의 출자를 통하여 회생을 계획하고 있다고 인정되는 채무자

⑦ 그 밖에 관리인을 선임하지 않는 것이 채무자의 회생에 필요하거나 도움이 된다고 법원이 인정하는 채무자

라. 관리인이 선임되지 않은 경우의 효과

관리인이 선임되지 아니한 경우에는 채무자(개인이 아닌 경우에는 그 대표자를 말한다)를 관리인으로 본다. 따라서 법원사무관 등이 촉탁하여야 할 등기사항 이외의 등기사항에 관하여는 관리인으로 간주되는 자의 신청에 의하여 등기한다.

2) 관리인의 직무집행

가. 여럿인 관리인의 직무집행(회생법 제75조)

① 직무집행방법

관리인을 수인으로 선임한 경우에 관리인들은 공동으로 그 직무를 행해야 한다. 따라서 공동 관리인들은 공동명의로 법률행위를 하여야 하고, 법원의 허가

신청도 공동으로 하여야 한다. 법원의 허가를 얻은 경우에는 그 직무를 분담할 수 있다.

② 여럿인 관리인에 대한 제3자의 의사표시방법

관리인이 수인인 때에는 제3자의 의사표시는 1인에 대하여 하면 된다.

나. 관리인대리(회생법 제76조)

관리인은 필요한 때 그 직무를 행하게 하기 위하여 자기책임으로 1인 또는 여럿의 관리인대리를 선임할 수 있으며, 그 선임에 있어서는 법원의 허가를 필요로 한다.

【쟁점질의와 유권해석】

〈관리인대리의 행위에 의하여 정리회사가 손해를 입은 경우 관리인이 책임을 져야 하는지 여부(적극)〉

정리회사의 관리인이 "갑"을 정리회사의 부사장으로 선임하여 정리업무에 참여케 하였다면 "갑"은 위 직명여하에 관계없이 관리인의 책임으로 그 직무집행에 필요하여 법원의 허가를 얻어 선임한 관리인의 대리인 또는 이행보조자나 이행대용자라고 보아야 할 것이며 정리회사의 피용자라고 할 수 없으므로 자기책임으로"갑"을 선임한 관리인은 회사정리법 98조 1항의 취지로 보아 그 선임·감독상의 과실유무에 관계없이"갑"의 행위에 의하여 정리회사가 손해를 입은 경우에는 그 책임을 져야 할 것이다(대법원 1974. 6. 25.선고 73다692판결).

다. 당사자적격(회생법 제78조)

회생절차 개시결정이 있으면 채무자의 재산에 관한 관리권과 처분권이 관리인에게 전속하기 때문에 채무자의 재산에 관한 소송에서는 관리인이 소송당사자가 된다.

【쟁점질의와 유권해석】

〈보전관리인이 선임된 경우 회사에 대한 채권을 목적으로 한 가압류에 있어서 제3채무자로 되는 자〉

회사정리법 제39조 제3항, 제39조의3, 제53조 제1항, 제96조의 규정에 의하면, 정리절차 개시 전이라도 법원의 관리명령에 따라 보전관리인이 선임된 경우에는 회사 재산의 관리·처분권한이 보전관리인에게 전속되고, 회사의 재산에 관한 소에 있어서는 보전관리인이 원고 또는 피고가 된다는 점에서 회사에 대한 채권을 목적으로 한 가압류에 있어서도 회사가 아닌 보전관리인이 제3채무자로 되어야 한다(대법원 2003. 9. 26.선고 2002다62715판결).

라. 우편물의 관리(회생법 제80조)

법원은 체신관서·운송인 그 밖의 자에 대하여 채무자에게 보내오는 우편물·전보 그 밖의 운송물을 관리인에게 배달할 것을 촉탁할 수 있다. 관리인은 그가 받은 채무자에게 보내오는 우편물·전보 그 밖의 운송물을 열어볼 수 있다.

마. 관리인에 대한 감독(회생법 제81조)

관리인은 법원의 관리를 받으며, 법원은 관리인에게 그 선임을 증명하는 서면을 교부한다. 관리인은 그 직무를 수행하는 경우 이해관계인의 요구가 있는 때에는 선임을 증명하는 서면을 제시한다.

개시결정일시에 관리인을 소환하여 구두로 그 취지를 고지한 후 교부한다.

바. 관리인의 의무 등(회생법 제82조)

① 선관주의의무 : 관리인은 선량한 관리자의 주의로써 직무를 수행하여야 한다. 관리인에게 선량한 관리자의 의무를 부과하여 채무자의 영업과 사업에 대한 관리행위를 방만하게 진행하지 않도록 하였다.

② 손해배상 책임 : 관리인이 선량한 관리자의 주의를 게을리한 때에는 이해관계인에게 손해를 배상할 책임이 있다. 이 경우 주의를 게을리한 관리인이 여럿 있는 때에는 연대하여 손해를 배상할 책임이 있다. 선량한 관리자의 주의의무를 위반하는 경우 이해관계인들의 손해배상청구권을 인정하여 이해관계인들의 불측의 피해를 방지하고자 하였다.

3) 보전관리인의 임무종료

가. 관리인의 사임 및 해임(회생법 제83조)

① 관리인의 사임

관리인은 정당한 사유가 있는 때에는 법원의 허가를 얻어 사임할 수 있다.

② 관리인의 해임

관리인은 다음의 어느 하나에 해당하는 사유가 있는 때에는 이해관계인의 신청에 의하거나 직권으로 관리인을 해임할 수 있다. 이 경우 법원은 그 관리인을 심문하여야 한다.

1. 관리인으로 선임된 후 그 관리인에게 제74조 제2항 제1호(채무자의 재정적 파탄의 원인이 다음 각목의 어느 하나에 해당하는 자가 행한 재산의 유용 또는 은닉이나 그에게 중대한 책임이 있는 부실경영에 기인하는 때가 발견된 때) 사유가 발견된 때

2. 관리인이 선관주의의무의 규정에 의한 의무를 위반한 때

3. 관리인이 경영능력이 부족한 때

4. 그 밖에 상당한 이유가 있는 때

나. 임무종료의 경우의 보고의무 등(회생법 제84조)

관리인의 임무가 종료한 때에는 관리인 또는 그 승계인은 지체 없이 법원에 계산의 보고를 하여야 한다.

보고의 내용은 수입, 지출 계산서 등 관리인의 업무 전반을 파악할 수 있는 내용 및 관리인의 사무 인계에 필요한 중요사항 등을 가리킨다. 관리인의 직을 마치는 관리인에게는 미리 이러한 계산의 보고의무가 있음을 알려 후임 관리인과 사이에 정확하고도 원활한 수지계산 및 업무 인수, 인계가 이루어지도록 하여야 한다.

(2) 보전관리인

1) 보전관리인의 권한(회생법 제85조)

회생법 제43조 제3항의 규정에 의한 관리명령이 내려지면 회생절차개시결정전까지 채무자의 업무수행 및 재산의 관리처분권한은 보전관리인에게 속하게 된다. 보전관리인이 채무자의 경영과 관리처분권을 가지는 것은 채무자의 의사결정기관, 대표기관으로서의 권한에 의한 것은 아니므로 이사회나 주주총회의 결의를 요할 사항에 관하여도 그러한 의결을 필요로 하지 않는다.

관리명령이 내려지면 채무자를 비롯한 종래의 이사, 감사 등은 관리처분권한을 잃게 되고, 주주총회나 이사회를 소집하거나 개최하는 등의 권한만을 갖게 된다.

2) 관리인에 관한 규정 등의 준용(회생법 제86조)

관리인에 대한 다음의 규정을 보전관리인에도 준용하여 적용한다.

① 제61조 - 법원의 허가를 받아야 하는 행위

② 제74조 - 관리인의 선임

③ 제75조 - 여럿인 관리인의 직무집행

④ 제78조 - 당사자적격

⑤ 제79조 - 관리인의 검사 등

⑥ 제80조 - 우편물의 관리 및 그 해제

⑦ 제81조 - 관리인에 대한 감독

⑧ 제82조 - 관리인의 의무 등

⑨ 제83조 - 관리인의 사임 및 해임

⑩ 제84조 - 임무종료의 경우의 보고의무 등

⑪ 제89조 - 채무자의 업무와 재산의 관리

(3) 조사위원

1) 조사위원제도의 의의

조사위원의 선임이 필수적 사항은 아니다. 그러나 재무, 경영분석, 청산가치와 존속가치의 산정, 수행가능한 채무변제계획의 제시 등의 지극히 전문적인 분야는 고도의 회계, 경영, 경제지식과 판단능력이 요구되는 것으로서, 실무에서는 거의 예외 없이 조사위원을 선임하고 있는 실정이다.

조사위원의 경제성에 대한 판단은 법원의 회생절차의 계속 진행여부에 대한 판단에 있어서 지대한 영향을 미치고, 조사위원이 제출하는 조사보고서상 장래 달성 가능할 것으로 평가된 사업계획이나 채무변제계획이 향후 관리인이 작성하는 회생계획안의 기초를 이루게 된다.

2) 조사위원의 자격 및 선임

가. 조사위원의 자격

조사위원의 선임은 조사에 필요한 학식과 경험이 있는 자로서 이해관계가 없는 자 중에서 선임하여야 한다. 따라서 회생채무자의 회사의 주주인 자, 회생채무자에 대하여 채권을 가지고 있는 자, 최근에 회생채무자의 회사를 외부회계감사 또는 경영컨설팅을 한 적이 있는 자는 공정한 조사를 위해서 배제하는 것이 바람직하다.

나. 조사위원의 선임(회생법 제87조 제1항)

법원은 필요하다고 인정하는 때에는 관리위원회의 의견을 들어 1인 또는 여럿의 조사위원을 선임할 수 있다.

3) 조사위원의 임무

가. 조사 · 의견의 제출

법원은 조사위원을 선임한 경우에는 기간을 정하여 조사위원에게 회생법 제90조(재산가액의 평가), 제91조(재산목록과 대차대조표의 작성), 제92조(관리인의 조사보고)에 규정된 사항의 전부 또는 일부를 조사하게 하고, 회생절차를 계속 진행함이 적정한지의 여부에 관한 의견서를 제출하게 할 수 있다. 법원은 필요하다고 인정하는 때에는 조사위원에게 제3항의 규정에 의한 사항 외의 사항을 조사하여 보고하게 할 수 있다.

나. 보고요구, 감사권

조사위원은 개인인 채무자나 그 법정대리인, 개인이 아닌 채무자의 이사, 감사, 청산인 및 이에 준하는 자, 채무자의 지배인 또는 피용자에 대하여 채무자의 업무와 재산의 상태에 관하여 보고를 요구하며 채무자의 장부, 서류, 금전 기타의 물건을 검사할 수 있다.

다. 선관주의의무

조사위원은 선량한 관리자의 주의로써 그 직무를 집행하여야 한다. 조사위원이 그 주의를 해태함으로써 손해가 발생한 경우에는 그 조사위원은 이해관계인에 대하여 연대하여 손해를 배상할 책임이 있다.

4) 조사위원의 해임

법원은 상당한 이유가 있다고 인정되는 경우에는 이해관계인의 신청에 의하여 또는 직권으로 해임할 수 있다. 이 경우에는 그 조사위원을 심문하여야 한다.

5) 관리인에 관한 규정의 준용

회생법 제79조(관리인의 검사 등), 제81조(관리인에 대한 감독), 제82조(관리인의 의무 등) 및 제83조 제1항(관리인은 정당한 사유가 있는 때에는 법원의 허가를 얻어 사임할 수 있다)의 규정은 조사위원에 관하여 준용한다.

3. 채무자재산의 조사 및 확보

(1) 채무자의 재산상황의 조사

1) 관리인의 업무

가. 채무자의 업무와 재산의 관리(회생법 제89조)

관리인은 취임 후 즉시 그의 기본적인 의무로서 회사의 업무와 재산의 관리에 착수하여야 한다.

나. 재산가액의 평가(회생법 제90조)

관리인 회생절차개시 후 지체 없이 채무자에게 속하는 모든 재산의 가액을 평가하여야 한다. 또한 지체될 우려가 있는 경우를 제외하고는 채무자도 참여하여야 한다.

다. 재산목록과 대차대조표의 작성(회생법 제91조)

관리인은 회생절차개시 후 지체 없이 채무자에 속하는 모든 재산의 가액을 평가하여야 하고, 개시결정시의 재산목록과 대차대조표를 작성하여 이를 법원에 제출하여야 한다.

실무에서는 개시결정시에 위와 같은 서류의 제출기간을 정하고 있는데, 일반적으로 조사위원의 조사보고서 제출기간과 같은 기간으로 정하고 있다.

2) 관리인의 조사보고(회생법 제92조)

관리인은 지체없이 다음의 사항을 조사하여 법원이 정한 기한까지 법원과 관리위원에게 보고하여야 한다.

① 채무자가 회생절차에 이르게 된 사정

② 채무자의 업무 및 재산에 관한 사항

③ 법인의 이사 등의 재산에 대한 보전처분 또는 이사 등에 대한 출자이행청구권이나 이사 등의 책임에 기한 손해배상청구권의 존부와 그 내용을 조사 확정하는 재판을 필요로 하는 사정의 유무

④ 그 밖에 채무자의 회생에 관하여 필요한 사항

3) 영업용 고정재산의 평가(회생법 제94조)

관리인이 채무자의 재산목록 및 대차대조표를 작성하는 때에는 일반적으로 공정·타당하다고 인정되는 회계관행에 따라야 한다. 일반적으로 인정되는 회계관행을 따라야 한다는 것은 기본적으로 기업회계기준서를 의미한다.

4) 영업의 휴지(회생법 제96조)

채무자의 영업의 존속가치보다 청산가치가 더 클 경우에는 관리인은 법원의 허가를 얻어 그 영업을 휴지시킬 수 있다.

5) 제1회 관계인집회(관리인 보고를 위한 관계인집회75))(회생법 제98조)

가. 의 의

법원은 필요하다고 인정하는 경우 관리인으로 하여금 회생법 제92조 제1항 각 호에 규정된 사항에 관하여 보고하게 하기 위한 관계인집회를 소집할 수 있다. 이 경우 관리인은 제92조 제1항 각 호에 규정된 사항의 요지를 관계인집회에 보

---

75) 2015년 7월 1일 시행된 개정법에서는 회생절차의 절차지연을 방지하기 위하여 제1회 관계인집회를 법원이 재량으로 개최할 수 있게 하고, 제1회 관계인집회를 개최하지 아니하는 경우 관리인으로 하여금 관계인설명회를 개최하게 하는 등 필요한 조치를 하게 하였다.

고하여야 한다.

제1회 관계인집회는 회생절차개시 후 최초로 열리는 기일로서 회생절차개시에 의하여 개별적인 권리행사가 금지되어 있는 이해관계인에게 채무자가 회생절차에 이르게 된 사정이나 채무자의 현황을 보고하고, 나아가 이해관계인들로부터 회생절차의 경과 및 계속 진행 여부 등에 관하여 의견을 진술할 기회를 주고 있다는 점에서 매우 중요한 의미를 갖는 것이다.

나. 관리인이 관계인 집회에 보고할 사항

관리인은 다음의 법 제92조 각 호에 규정된 사항의 요지를 제1회 관계인집회에 보고하여야 한다.

① 채무자가 회생절차의 개시에 이르게 된 사정

② 채무자의 업무 및 재산에 관한 사항

③ 제114조 제1항의 규정에 의한 보전처분 또는 제115조 제1항의 규정에 의한 조사확정재판을 필요로 하는 사정의 유무

④ 그 밖에 채무자의 회생에 관하여 필요한 사항

다. 관리인 보고를 위한 관계인집회를 소집하게 할 필요성이 인정되지 아니하는 경우 법원의 조치

① 법원의 재량에 따른 개최 : 2015년 7월 개정전 법에서는 제1회 관계인집회의 기일은 회생절차 개시결정과 동시에 법원이 정하게 되어 있었다. 그러나 2015년 7월 1일 시행된 개정법에서는 회생절차의 절차지연을 방지하기 위하여 제1회 관계인집회를 법원이 재량으로 개최할 수 있게 하였다.

② 법원의 조치

법원은 관리인 보고를 위한 관계인집회를 소집하게 할 필요성이 인정되지 아니하는 경우에는 관리인에 대하여 다음 각 호 중 하나 이상의 조치를 취할 것을 명하여야 한다. 이 경우 관리인은 해당 조치를 취한 후 지체 없이 그 결과를 법원에 보고하여야 한다.

1. 회생계획 심리를 위한 관계인집회의 개최 또는 제240조 제1항에 따른 서면결의에 부치는 결정 전에 법원이 인정하는 방법으로 제92조 제1항 각 호에 규정된 사항의 요지를 제182조 제1항 각 호의 자에게 통지할 것

2. 제98조의2 제2항에 따른 관계인설명회의 개최

3. 그 밖에 법원이 필요하다고 인정하는 적절한 조치

라. 제1회 관계인집회의 진행

① 진행순서 : 제1회 관계인 집회가 회생채권 등의 일반조사기일과 병합되어 개최되고 있지만, 진행순서상으로는 제1회 관계인집회를 먼저 실시하는 것이 일반적이다.

② 집회의 진행 순서 : 집회가 개최되면 재판장은 관리인에게 사항의 요지를 보고하게 한 다음, 관리인, 조사위원, 채무자, 신고한 회생채권자, 회생담보권자 및 주주 등에게 관리인, 조사위원의 선임과 채무자의 업무 및 재산의 관리, 회생절차를 계속 진행함이 적정한지의 여부에 관한 의견 진술의 기회를 부여하여야 한다. 경우에 따라서 이해관계인들의 의견진술에 대하여 관리인이나 조사위원에게 답변이나 소명의 기회를 부여할 필요가 있다.

【쟁점질의와 유권해석】

〈법원이 관계인집회에서 진실된 이해관계인의 진술에 구속되는지 여부〉

법원이 관계인집회에서 진술된 이해관계인의 의견에 구속되는 것은 아니다. 그렇지만 그 의견을 관리인에 대한 감독, 해임권의 발동, 관리인이 법원의 허가를 받아야 할 사항의 추가 지정, 관리인에 대한 업무와 재산의 관리상황 등에 대한 보고명령, 기타 회생절차에 관한 법원의 직권조사 사항에 관한 심리의 자료로 이용할 수는 있다. 다만, 회생절차를 계속 진행함이 적정한지 여부에 관한 조사위원의 의견은 법원이 회생계획안 제출명령을 발할지 또는 회생 절차를 폐지할지 여부에 관한 중요한 단서로서 기능하게 된다.

③ 회생계획안의 제출명령 : 법원은 채무자의 영업의 존속가치가 청산가치보다 크다고 인정되는 경우 제1회 관계인집회의 기일 또는 그 후 지체 없이 관리인에게 채무자의 영업을 계속하는 내용의 회생계획안을 제출하도록 명하여야 한다. 그런데 제1회 관계인집회를 개최하기 전에 이미 채무자의 영업의 경제성에 관한 조사위원의 조사 및 그에 대한 법원의 검토가 이미 마쳐져 있는 경우가 대부분이기 때문에, 그러한 경우에 이해관계인들이 출석한 제1회 관계인집회에서 회생계획안 제출명령을 하는 것이 바람직하다.

6) 관계인설명회(회생법 제98조의2)

가. 채무자(보전관리인이 선임되어 있는 경우에는 보전관리인을 포함한다)는 회생절차의 개시 전에 회생채권자·회생담보권자·주주에게 다음 각 호의 사항에 관하여 설명하기 위하여 관계인설명회를 개최할 수 있다.

1. 채무자의 업무 및 재산에 관한 현황

2. 회생절차의 진행 현황

3. 그 밖에 채무자의 회생에 필요한 사항

나. 관리인은 회생절차의 개시 후에 회생법 제182조 제1항 각 호의 자(관리인, 조사위원, 채무자, 목록에 기재되어 있거나 신고한 회생채권자·회생담보권자·주주·지분권자, 회생을 위하여 채무를 부담하거나 담보를 제공한 자가 있는 때에는 그 자)에게 제92조 제1항 각 호에 규정된 사항(채무자가 회생절차의 개시에 이르게 된 사정, 채무자의 업무 및 재산에 관한 사항, 법 제114조 제1항의 규정에 의한 보전처분 또는 법 제115조 제1항의 규정에 의한 조사확정재판을 필요로 하는 사정의 유무, 그 밖에 채무자의 회생에 관하여 필요한 사항)에 관하여 설명하기 위하여 관계인설명회를 개최할 수 있다.

다. 채무자 또는 관리인은 가. 또는 나. 관계인설명회를 개최한 경우에는 그 결과의 요지를 지체 없이 법원에 보고하여야 한다.

(2) 부인권

1) 부인권의 의의 및 유형

가. 부인권의 의의

부인권이란 회생절차개시 전에 채무자가 회생채권자, 회생담보권자를 해하는 것을 알고 한 행위 또는 다른 회생채권자, 회생담보권자와의 평등을 해하는 변제, 담보의 제공 등과 같은 행위를 한 경우 회생절차개시 후에 관리인이 그 행위의 효력을 부인하고 일탈된 재산의 회복을 목적으로 하는 권리이다.

부인권은 채무자의 수익력의 회복을 가능하게 하여 채무자의 회생을 용이하게 하고, 나아가 채권자간에 공평을 기할 수 있도록 하는 제도이며, 후자가 특히 부인권을 인정하는 실질적인 근거로 이해되고 있다.

나. 부인권의 유형

부인의 유형은 여러 가지로 나눌 수 있으나 일반적으로 다음과 같이 나눈다.

① 고의부인 : 회사가 회생채권자 등을 해할 것을 알면서 한 행위를 부인.

② 위기부인 : 채무자가 지급의 정지 등 경제적 파탄이 표면화된 시기에 한 행위를 부인.

위기부인은 다음과 같이 다시 나눈다.

1. 채무자의 의무에 속한 행위를 부인하는 본지행위부인

2. 채무자의 의무에 속하지 않는 행위를 부인하는 비본지행위부인

③ 무상부인 : 채무자가 한 무상행위 내지 이와 동일시 해야하는 유상행위를 부
   인하는 무상부인

④ 대항요건, 효력요건, 집행행위부인 : 그밖에 특수한 부인인 대항요건, 효력요건
   부인, 집행행위부인이 있다

【쟁점질의와 유권해석】

〈1개의 행위가 각 부인유형에 해당하는 경우 어느 것을 주장하여야 하는지 여부〉

고의부인, 위기부인, 무상부인을 별도로 요건을 정하여 규정하고 있지만 상호 배타적인
관계에 있는 것이 아니라 상호 관련을 맺고 있으므로 1개의 행위가 각 부인유형에 해당
하는 경우 어느 것이라도 주장하여 부인할 수 있고, 법원 또한 당사자가 주장하는 부인
유형에 구속되지 않는다. 하급심 판례 중에는 부인소송의 소송물이 부인권 자체가 아니
라 부인의 효과로서 발생한 권리관계에 기초한 이행청구 또는 확인청구이고, 부인의 주
장은 공격방어방법에 불과하다고 판시한 판례가 있다.

2) 부인권 행사의 성립요건

가. 일반적 성립요건(행위의 유해성)

부인의 대상이 되는 행위는 채무자의 행위로 말미암아 회생채권자 등에게 있어
서 손해를 끼치는 행위이어야 한다. 회생채권자 등에게 손해를 끼치는 행위에는
채무자의 일반재산을 절대적으로 감소시키는 사해행위 외에 채권자간의 평등을
저해하는 편파행위도 포함된다고 볼 것이다. 그런데 사해행위이든 편파행위이든
청산절차를 가정하여 당해 행위로 인하여 다른 채권자들의 배당률이 낮아질 때
행위의 유해성이 인정된다고 하는 것이 보다 간명한 설명이다. 이하에서는 행위
의 유해성이 문제되는 몇 가지 행위 유형에 대하여 살펴보도록 한다.

① 부동산의 매각행위

부동산의 매각에 있어서 부당한 가격으로 매각한 경우는 물론 부인의 대상이
되고, 적정한 가격으로 매각한 경우일지라도 부동산을 소비하기 쉬운 금전으로
환가하는 경우 채권자의 공동 담보력을 감소시킬수 있는 것이므로 예외적인
경우를 제외하고는 일반채권자를 해하는 행위라고 보고 있다. 특히 채무자 재
산의 중요 구성부분을 매각하는 것은 채무자의 영업의 수익력 내지 영업 가치
를 해하는 행위로 부인의 대상이 될 수 있다.

② 변제행위

변제행위와 관련하여 문제되는 것은 본지변제와 고의부인, 차입금에 의한 변제

와 부인, 담보권자에 대한 변제, 대물변제와 부인이 문제된다.

1. 본지변제와 고의부인 : 변제기가 도래한 채권을 변제하는 본지변제행위가 형식적 위기시기에 이루어진 경우 불평등 변제로서 위기부인의 대상이 될 수 있다.

2. 차입금에 의한 변제 : 채무자가 제3자로부터 자금을 차입하여 특정채권자에게만 변제를 한 경우 다른 채권자와의 평등을 해하는 것으로서 원칙적으로 부인의 대상이 된다는 것이 일반적이다. 문제는 나아가 전적으로 특정채무의 변제를 위하여 차입을 하고 변제가 행하여진 경우이다. 최근의 판례는 일정한 사정을 언급하면서 차입금으로 변제가 예정된 특정채무를 변제하여도 채권자의 공동담보를 감소시키지 않아 채권자를 해하는 행위가 아니라고 판시하고 있다.

3. 담보권자에 대한 변제, 대물변제와 부인

회생절차에서의 담보권자에 대한 변제, 대물변제	부인의 대상이 될 수 있다.
파산절차에서의 담보권자에 대한 변제, 대물변제	부인의 대상이 될 수 없다. 대물변제의 경우에도 피담보채권과 목적물의 가액이 균형을 유지하는 한 부인의 대상이 되지 않음.

③ 담보권의 설정행위 및 담보권의 실행행위와 부인

1. 담보권의 설정행위 : 담보권의 설정과 관련하여 논의되는 것은 기존 채무에 대한 담보권의 설정에 있는 것이 아니라 신규차입을 위하여 담보권을 설정하는 행위가 부인의 대상이 될 수 있는지 하는 문제이다. 우리나라 하급심 판례중에 새로이 융자를 받으면서 담보권을 설정하여 준 행위는 파산자의 의무 없는 행위라고 볼 수 없다며 비본지행위의 부인을 부정한 판례가 있다.

2. 담보권의 실행행위 : 회생절차에서 담보권의 실행행위는 다른 담보권자와의 관계에서 공평을 해하거나 채무자의 재산을 감소시키는 행위로서 부인의 대상이 될 수 있다. 그런데 담보권의 실행행위는 저당권과 같은 전형 담보이든 양도담보, 가등기담보, 소유권유보 등과 같은 비전형담보이든 통상 채무자의 행위가 존재하지 않으므로 부인의 대상이 될 수 있는지 문제된다. 일반적인 견해는 부인의 대상이 되는 행위는 반드시 채무자의 행위일 필요가 있는 것은 아니고 또 집행행위의 부인에 준하여 부인을 인정하고 있다.

나. 부인할 수 있는 행위(회생법 제100조) : 개별적 성립요건

① 악의부인 또는 고의부인

채무자가 회생채권자 등을 해할 것을 알고 한 행위는 부인할 수 있다. 다만, 이로 인하여 이익을 받은 자가 그 행위 당시 회생채권자 등을 해하게 되는 사실을 알지 못한 때에는 그러하지 아니하다(회생법 제100조 제1항 제1호).

고의부인을 인정한 사례로는 다음과 같은 것이 있다.

1. 담보권을 설정하여 준 후 10일이 지나 부도가 났고 담보제공시 상대방이 회생절차개시신청을 준비하고 있던 경우
2. 기업개선명령 대상기업으로 지정된 기업의 사채발행에 대하여 상대방과 사이에 사채보증보험계약상의 구상금채무에 대한 연대보증을 한 경우
3. 부도 후 어음금채무의 변제에 갈음하여 임대차계약을 체결한 경우 등이 있다.

【쟁점질의와 유권해석】

〈구 회사정리법 제78조 제1항 제1호에서 정한 부인의 대상으로 되는 행위인 '회사가 정리채권자 등을 해할 것을 알고 한 행위'에 이른바 편파행위도 포함되는지 여부(적극) 및 편파행위에 대한 고의부인이 인정되기 위하여 요구되는 주관적 요건의 내용〉

구 회사정리법(2005. 3. 31. 법률 제7428호 채무자 회생 및 파산에 관한 법률 부칙 제2조로 폐지) 제78조 제1항 제1호에서 정한 부인의 대상으로 되는 행위인 '회사가 정리채권자 등을 해할 것을 알고 한 행위'에는 총채권자의 공동담보가 되는 회사의 일반재산을 절대적으로 감소시키는 이른바 사해행위뿐만 아니라, 특정한 채권자에 대한 변제와 같이 다른 정리채권자들과의 공평에 반하는 이른바 편파행위도 포함되나, 위와 같은 고의부인이 인정되기 위해서는 주관적 요건으로서 회사가 '정리채권자들을 해함을 알 것'을 필요로 하는데, 특정채권자에게 변제하는 편파행위를 고의부인의 대상으로 할 경우에는, 구 회사정리법이 정한 부인대상행위 유형화의 취지를 몰각시키는 것을 방지하고 거래 안전과의 균형을 도모하기 위해 회사정리절차가 개시되는 경우에 적용되는 채권자평등의 원칙을 회피하기 위하여 특정채권자에게 변제한다는 인식이 필요하다고 할 것이지만, 더 나아가 정리채권자들에 대한 적극적인 가해의 의사 내지 의욕까지 필요한 것은 아니다(대법원 2006. 6. 15.선고, 2004다46519판결).

② 위태부인 또는 위기부인 : 채무자가 지급의 정지, 파산 또는 회생절차개시의 신청이 있은 후에 한 회생채권자 등을 해하는 행위와 담보의 제공 또는 채무의 소멸에 관한 행위는 부인할 수 있다. 그러나 수익자가 그 행위 당시 지급의 정지 등이 있는 것 또는 회생채권자 등을 해하는 사실을 알고 있는 때에

한한다(회생법 제100조 제1항 제2호). 고의부인과는 달리 형식적 위기 상태에서의 행위이므로 채무자의 사해의사는 요건으로 하지 않는다.

③ 채무자가 지급정지 등이 있은 후 한 담보의 제공 등

채무자가 지급의 정지 등이 있은 후 또는 그 전 60일 내에 한 담보의 제공 또는 채무의 소멸에 관한 행위로서 채무자의 의무에 속하지 아니하거나 그 방법 또는 시기가 채무자의 의무에 속하지 아니하는 것은 이를 부인 할 수 있다. 그러나 채권자가 그 행위 당시 채무자가 다른 회생채권자 등과의 평등을 해하게 되는 것을 알고 한 사실을 알지 못한 때나 지급의 정지 등이 있은 후의 경우에 그 사실도 알지 못한 때에는 그러하지 아니하다(회생법 제100조 제1항 제3호).

④ 무상부인 : 채무자가 지급의 정지 등이 있은 후 또는 그 전 6개월 내에 한 무상행위와 이와 동시에 하여야 할 유상행위는 부인할 수 있다(회생법 제100조 제1항 제4호). 위 악의부인, 고의부인과 위태부인, 위기부인과는 달리 채무자의 사해의사 또는 수익자의 악의의 존부는 불문한다. 부인의 대상이 되는 행위의 무상성으로 인하여 그 범위기가 시기적으로 위기부인보다 확장되고 주관적 요건이 배제되는 점에 그 특징이 있다.

무상부인을 긍정한 사례로는 계열회사에 대한 지급보증, 대가 없는 약속어음 배서행위, 부도 후 부동산을 증여한 경우 등이 있다.

무상부인을 부정한 사례로는 회사가 최초 어음할인 당시 연대보증을 하고 이후 대환에 의하여 주채무가 계속 연장됨에 따라 최초의 대출거래시기가 회사의 지급정지일로부터 6월 전에 해당되고, 최종 연장행위는 6개월 내에 해당되는 경우가 있다.

3) 부인권의 행사 및 소멸

가. 행사방법

관리인이 소, 부인의 청구 또는 항변의 방법으로 행사한다. 회생채권자 등이 부인권을 대위하여 행사할 수 없고, 회생채권자 등 이해관계인은 법원에 대하여 관리인에게 부인권의 행사를 명하도록 신청할 수 있을 뿐이다.

부인의 청구에 대한 재판은 결정으로 하며, 결정전에 상대방 또는 전득자를 심문하여야 한다. 부인의 청구를 인용하는 결정에 불복이 있는 자는 그 송달을 받은 날로부터 1월내에 이의의 소를 제기할 수 있다.

나. 부인권의 소멸

부인권은 회생절차개시가 있은 날부터 2년간 이를 행사하지 않으면 소멸시효가 완성된다. 부인의 대상인 행위를 한 날부터 10년을 경과한 때에도 또한 같다.

4) 부인권의 행사

가. 특수관계인을 상대방으로 한 행위에 대한 특칙(회생법 제101조)

채무자와 친족관계 등 특수 관계인에게 담보의 제공이나 채무소멸 행위 등 채권자를 해하는 행위를 한 경우에 종전에는 지급정지가 있은 후 60일 이내에 한 행위에 대하여 부인할 수 있도록 한것을, 앞으로는 그 기간을 1년으로 확대하도록 하였다.

① 특수관계인의 범위

배우자, 8촌 이내의 혈족, 4촌 이내의 인척, 본인의 금전 기타 재산에 의하여 생계를 유지하는 자 및 생계를 함께 하는 자, 본인이 100분의 30 이상을 출자한 법인 기타 법인·기타단체와 그 임원 등

② 특칙의 적용

1. 회생법 제100조 제1항 제2호 단서를 적용하는 경우의 특칙 : 채무자가 지급의 정지, 회생절차의 신청 또는 파산의 신청이 있은 후에 한 회생채권자 또는 회생담보권자를 해하는 행위와 담보의 제공 또는 채무의 소멸에 관한 행위가 있은 경우 이로 인하여 이익을 받은 자가 그 행위 당시 지급의 정지 등이 있는 것 또는 회생채권자나 회생담보권자를 해하는 것을 알고 있어야 그 행위를 부인할 수 있다. 이 경우 이익을 받은 자가 채무자와 특수관계에 있는 자인 때에는 그 특수관계인이 그 행위 당시 지급의 정지등이 있은 것과 회생채권자 또는 회생담보권자를 해하는 사실을 알고 있었던 것으로 추정한다.

2. 회생법 제100조 제1항 제3호 단서를 적용하는 경우의 특칙 : 채무자가 지급의 정지등이 있은 후 또는 그 전 60일 이내에 한 담보의 제공 또는 채무의 소멸에 관한 행위로서 채무자의 의무에 속하지 않거나 그 방법이나 시기가 채무자의 의무에 속하지 아니하는 것은 채권자가 그 행위 당시 채무자가 다른 회생채권자 또는 회생담보권자와의 평등을 해하게 되는 것을 알지 못한 경우에는 부인하지 못한다. 이 경우 특수관계인을 상대방으로 하는 행위인 때에는 "60일"을 "1년"으로 하고, 회생법 제100조 제1항 제3호 단서를 적용하는 경우에는 그 특수관계인이 그 행위 당시 채무자가 다른 회생채권자 또는 회생담보권자와의 평등을 해하게 되는 것을 알았던 것으로 추정한다.

   3. 회생법 제100조 제1항 제4호를 적용하는 경우의 특칙 : 채무자가 지급의 정
지등이 있은 후 또는 그 전 6월 이내에 한 무상행위 및 이와 동일시할 수
있는 유상행위는 부인할 수 있는데, 이 경우 특수관계인을 상대방으로 하는
행위인 때에는 "6월"을 "1년"으로 한다.

나. 어음채무지급의 예외(회생법 제102조)

① 어음금 채무의 변제의 경우 부인의 대상에서 제외

회생법 제100조 제1항(부인할 수 있는 행위)의 규정은 채무자로부터 어음의
지급을 받은 자가 그 지급을 받지 아니하면 채무자의 1인 또는 여럿에 대한
어음상의 권리를 상실하게 된 경우에는 적용하지 아니한다. 어음금 채무의 변
제의 경우에는 어음 소지인이 채무자가 어음금을 제공함에도 이를 수령하지
않을 경우 소구권을 상실하게 되고, 따라서 변제를 받을 수밖에 없음에도 나
중에 파산절차에서 그 변제가 부인된다면 그 때는 이미 거절증서작성기간이
도과되어 역시 소구권을 상실하게 되는 불합리한 결과를 초래하고 어음거래의
안전을 해하기 때문에 부인의 대상에서 제외한 것이다.

② 부인의 대상에서 제외되지 않는 경우

그러나 경우에 따라서는 이를 악용하여 어음금의 변제를 받는 방법으로 우선
변제를 받을 수 있으므로 이를 제한하기 위하여 동조 제2항은 "제1항의 경우
최종의 상환의무자 또는 어음의 발행을 위탁한 자가 그 발행 당시 지급의 정
지 등이 있는 것을 알았거나 과실로 인하여 알지 못한 때에는 관리인은 그로
하여금 채무자가 지급한 금액을 상환하게 할 수 있다."고 규정하고 있다.

예를 들어 다음과 같은 경우가 있다.

1. 채권자가 수취인으로 한 약속어음을 파산자에게 발생하도록 한 다음 제3자에
게 자기를 수취인으로 한 약속어음을 파산자에게 발생하도록 한 다음 제3자
에게 배서양도하여 대가를 받고, 제3자는 파산자에 어음을 제시하여 어음금
을 지급받은 경우,

2. 제3자를 수취인으로 한 약속어음을 발행하게 하고 제3자로부터 배서양도 받
아 파산자로부터 어음금을 지급받은 경우이다.

다. 권리변동의 성립요건 또는 대항요건의 부인(회생법 제103조)

① 대항요건 등의 구비행위를 권리변동의 원인행위와 분리

채무자 회생 및 파산에 관한 법률 제103조는 대항요건 등의 구비행위를 권리
변동의 원인행위와 분리할 수 있도록 규정하고 있다.

② 본조의 적용 제한

본조에서 부인대상이 되는 대항요건 등의 구비행위는 위기시기 이후 이루어진 것이므로 부인권의 각 부인 중 위기부인만이 본 조에 의하여 적용이 제한된다. 따라서 대항요건 등의 구비행위에 고의부인의 사유가 있는 경우에는 부인권에 의하여 부인할 수 있다고 한다.

③ 본 조에 의한 부인의 성립요건

지급의 정지 등이 있은 후 권리의 설정·이전 또는 변경을 제3자에게 대항하기 위하여 필요한 행위를 한 경우 그 행위가 권리의 설정·이전 또는 변경이 있은 날부터 15일을 경과한 후에 지급의 정지 등이 있음을 알고 한 것인 때에는 이를 부인할 수 있다. 권리취득의 효력을 발생하는 등기 또는 등록의 경우에도 마찬가지이다.

라. 집행행위의 부인(회생법 제104조)

① 의 의

집행행위의 부인이란 부인하고자 하는 행위에 관하여 상대방이 이미 채무명의를 가지고 있는 경우이거나 그 행위가 집행행위로서 이루어진 것일지라도 부인하는 것을 말한다. 따라서 통설은 본 조가 새로운 부인의 유형을 규정한 것이 아니고 집행행위도 부인에 관한 일반조항인 제100조 각 호의 부인대상이 된다는 것을 주의적으로 규정한 것으로 해석하고 있다.

② 부인의 대상이 되는 행위

부인권은 부인하고자 하는 행위에 관하여 집행권원이 있는 때 또는 그 행위가 집행행위에 의한 것인 때에도 행사할 수 있다. 본 조 전단의 "부인하고자 하는 행위에 관하여 집행력있는 집행권원이 있는 때"와 관련하여 부인의 대상이 되는 행위를 든다면 다음과 같다.

1. 집행권원의 내용을 이루는 의무를 발생시키는 파산자의 원인행위

2. 집행권원의 내용을 이루는 의무를 이행하는 행위

3. 집행권원의 자체를 성립시킨 채무자의 소송행위가 있다.

【쟁점질의와 유권해석】

〈질권의 목적물을 타에 처분하여 만족을 얻는 행위도 부인의 대상이 되는지 여부(적극)〉

1. 회사정리절차에 있어서는 담보권자는 개별적으로 담보권실행행위를 할 수 없고(회사정리법 제67조), 정리담보권자로서 정리절차 내에서의 권리행사가 인정될 뿐, 정리절차 외에서 변제를 받는 등 채권소멸행위를 할 수 없으며(같은 법 제123조 제2항, 제112조), 또한 같은 법 제81조 후단이 부인하고자 하는 행위가 집행행위에 기한 것인 때에도 부인권을 행사할 수 있다고 규정한 취지에 비추어 보면, 질권의 목적물을 타에 처분하여 채권의 만족을 얻는 경우도 그 실질에 있어서 집행행위와 동일한 것으로 볼 수 있어 부인의 대상이 되는 행위에 포함된다.

2. 질권자가 그 질권의 목적인 유가증권을 처분하여 채권을 회수한 행위에 대하여 회사정리법상의 부인권이 행사된 경우, 그 유가증권의 원상회복에 갈음하여 그 가액의 상환을 청구할 수 있다고 한 원심판결을 수긍한 사례(대법원 2003. 2. 28.선고 2000다50275 판결)

마. 부인권의 행사방법(회생법 제105조)

① 부인권을 행사할 수 있는 자

관리인으로 한정되어 있다.

회생채권자가 부인권을 대위하여 행사할 수도 없고, 회생채권자는 법원에 대하여 관리인에게 부인권의 행사를 명하도록 신청할 수 있을 뿐이다.

② 부인권의 행사방법

부인권은 소, 부인의 청구 또는 항변에 의하여 재판상 행사한다.

어느 수단을 통하여 부인권을 행사할지는 관리인이 판단한다. 관리인이 부인권을 행사하는 경우 부인권의 상대방이 되는 자는 수익자 또는 전득자 중 어느 일방 또는 쌍방을 상대로 하여 행사할 수 있고, 쌍방을 상대로 소를 제기하는 경우 필요적 공동소송이 아니라 통상의 공동소송이 된다.

③ 부인의 청구(회생법 제106조)

관리인이 부인의 청구를 하는 경우에는 원인 사실을 소명하여야 한다. 부인의 청구를 인용하거나 기각하는 경우 이유를 붙인 결정으로 하여야 한다. 법원은 부인의 청구에 대한 인용이나 기각에 대한 재판을 할 경우 부인권 행사의 상대방이 되는 자를 심문하여야 한다. 법원은 부인의 청구를 인용하는 결정을 한 때에는 그 결정서를 당사자에게 송달해야 한다.

④ 판결의 효력

부인의 청구를 인용하는 결정의 전부 또는 일부를 인가하는 판결이 확정된 경우에는 그 결정(그 판결에서 인가된 부분에 한한다)은 확정판결과 동일한 효력이 있다. 부인의 소가 같은 항에서 규정한 기간 이내에 제기되지 아니한 때, 취하된 때 또는 각하된 경우의 부인의 청구를 인용하는 결정에 관하여도 또한 같다.

바. 부인권행사의 효과 등(회생법 제108조)

① 원상회복

부인권의 행사는 채무자의 재산을 원상으로 회복시킨다.

금전교부행위가 부인된 경우 상대방은 파산자로부터 교부받은 액수와 동액의 금전 및 교부받은 날 이후의 지연이자를 반환하면 된다.

원상회복 되는 권리에 대항요건의 구비행위 자체가 등기가 부인된 경우 그 권리취득의 원인행위 또는 대항요건의 구비행위 자체가 부인되면 관리인은 부인의 등기 등을 하거나 통지 등에 의한 대항요건을 구비하여야 한다. 등기의 원인이 부인되거나 등기 자체가 부인된 때에도 부인의 등기를 하여야 한다.

1. 가액배상 : 관리인이 부인권을 행사할 당시 이미 그 대상이 되는 목적물이 물리적으로 멸실, 훼손되거나 상대방이 제3자에게 처분하여 반환이 불가능하다면 가액배상을 청구 할 수 있다. 가액배상을 직접적으로 법문상 명문으로 규정하고 있지는 않으나 부인권 제도의 취지와 선의의 무상취득자의 현존이익반환의무와 가액상환에 따른 상대방의 채권의 부활을 근거로 인정하는 것이 통설이다.

2. 부인된 경우 상대방의 권리행사 :
   채무자의 행위가 부인된 경우 상대방을 다음의 구분에 따라 권리를 행사할 수 있다.

   ⅰ. 채무자가 받은 반대급부가 채무자의 재산 중에 현존하는 때에는 그 반대급부의 반환을 청구하는 권리

   ⅱ. 채무자가 받은 반대급부에 의하여 생긴 이익의 전부가 채무자의 재산 중에 현존하는 때에는 공익채권자로서 현존이익의 반환을 청구하는 권리

   ⅲ. 채무자가 받은 반대급부에 의하여 생긴 이익이 채무자의 재산 중에 현존하지 아니하는 때에는 회생채권자로서 반대급부의 가액상환을 청구하는 권리

   ⅳ. 채무자가 받은 반대급부에 의하여 생긴 이익의 일부가 채무자의 재산 중에 현존하는 때에는 공익채권자로서 그 현존이익의 반환을 청구하는 권리와 회생채권자로서 반대급부와 현존이익과의 차액의 상환을 청구하는 권리

② 상대방의 채권의 회복(회생법 제109조)

1. 반대이행의 반환청구 : 부인권은 채무자의 재산을 부인의 대상이 되는 행위 이전의 상태로 원상회복을 시키는데 있지 채무자로 하여금 부당하게 이익을 얻게 하려는 것이 아니다. 따라서 채무자의 행위가 부인된 경우 채무자의 급부에 대하여 한 상대방의 반대이행은 채무자 재산으로부터 반환되어야 한다. 채무자의 행위가 회생계획안 심리를 위한 관계인집회가 끝난 후 또는 채무자회생및파산에관한법률 제240조의 규정에 의한 서면결의에 부치는 결정이 있은 후에 부인된 때에는 동법 제152조제3항의 규정에 불구하고 상대방은 부인된 날부터 1월 이내에 신고를 추후 보완할 수 있다.

2. 상대방 채권의 부활 : 부인권의 행사로 말미암아 채무의 이행행위가 부인된 경우 상대방이 그 받은 이익을 반환하거나 또는 그 가액을 상환한 경우에는 상대방의 채권이 부활한다. 상대방의 선이행의무를 명시하고 있는데, 이는 상대방의 의무를 선이행시켜 먼저 채무자의 재산을 현실적으로 원상회복시킨 후에야 비로서 상대방의 채권을 부활시키겠다는 것이다. 따라서 상대방은 부활한 채권을 재동채권으로 하고 반환채무와 상계할 수도 없다.

【쟁점질의와 유권해석】

〈원래의 채권신고내용에 부인권 행사로 인하여 부활될 채권까지 포함되어 신고되었다고 볼 수 있는지 여부(소극)〉

1. 정리담보권으로 신고된 채권에 대하여 정리회사의 관리인이 조사기일에 이의를 제기하므로 채권자가 제기한 정리담보권확정의 소에서 관리인이 회사정리법상 부인권을 행사하는 경우, 그 부인권의 행사로 인하여 부활될 채권까지 원래의 채권신고내용에 포함되어 신고되었다고는 할 수 없다.

2. 회사정리법 제127조 제3항이 정리채권 또는 정리담보권의 추완신고는 정리계획안심리를 위한 관계인 집회가 끝난 후에는 하지 못한다고 규정하고 있으므로, 관계인 집회가 끝난 후에 비로소 부인권이 행사된 경우, 채권자는 정리채권자 또는 정리담보권자로서의 추완신고를 할 수 없어 그 권리를 행사할 수 없게 되나, 다만 정리회사는 채권자의 손실에 의하여 부당하게 이득을 얻은 것이므로, 채권자는 부활될 채권이 정리채권 또는 정리담보권으로서 회사정리절차에 신고되었더라면 정리계획에 의하여 변제받을 수 있는 금액에 관하여 정리절차개시 이후에 발생한 부당이득으로서 회사정리법 제208조 제6호 소정의 공익채권으로 청구할 수 있다 (대법원 2004. 9. 13.선고 2001다45874판결).

사. 전득자에 대한 부인권(회생법 제110조)

다음의 어느 하나에 해당하는 경우에는 부인권은 전득자에 대하여도 행사할 수 있다.

① 전득자가 전득 당시 각각 그 전자(前者)에 대하여 부인의 원인이 있음을 안 때

② 전득자가 전득 당시 특수관계인인 때(전득 당시 각각 그 전자(前者)에 대하여 부인의 원인이 있음을 알지 못한 때 제외)

③ 전득자가 무상행위 또는 그와 동일시할 수 있는 유상행위로 인하여 전득한 경우 각각 그 전자(前者)에 대하여 부인의 원인이 있는 때

부인권의 실효성을 확보하기 위해서는 전득자에 대해서도 부인의 효과가 미치도록 할 필요가 있고, 반면 이를 관철할 경우 거래의 안전을 해칠 우려가 있다. 본 조는 일정한 요건 아래 부인의 효력을 전득자에게 주장할 수 있도록 규정하여 전득자를 적절히 보호하려 하고 있다. 전득자에 대하여 부인권을 행사한다는 의미는 부인의 대상이 되는 행위가 채무자와 수익자 사이의 행위이고 다만 그 효과를 전득자에게 주장한다고 보는 것이다.

아. 지급정지를 안 것을 이유로 하는 부인의 제한(회생법 제111조)

지급정지의 사실을 안 것을 이유로 하여 부인하는 경우에는 파산선고가 있는 날로부터 1년 전에 행하여진 행위는 부인할 수 없다. 부인권의 행사에 시간적 제약을 가함으로써 거래관계자의 신뢰를 보호하기 위한 것이다.

【쟁점질의와 유권해석】

〈회생채권자 등을 해하는 행위가 지급정지 후에 있었지만 그 행위시기가 회생절차개시신청이 있은 날부터 1년 이후인 경우의 부인의 가부〉

채무자의 회생채권자 등을 해하는 행위가 지급정지 등이 있은 후, 그러나 회생절차 개시신청이 있은 날부터 1년을 넘어서 행하여진 경우, 관리인은 수익자가 지급정지 등이 있는 것을 알고 있더라도 이를 이유로 부인할 수 없고, 회생채권자 등을 해하는 사실을 알고 있음을 이유로 부인할 수 있다.

자. 부인권행사의 기간(회생법 제112조)

부인권은 회생절차 개시가 있은 날부터 2년이 경과한 때에는 행사할 수 없다. 또한 부인의 대상이 되는 행위가 있던 날부터 10년을 경과한 경우에도 역시 소멸시효가 완성된다. 조속한 법률관계의 확정을 통하여 거래안전을 확보하기 위한 규정이다.

차. 채권자취소소송의 중단(회생법 제113조)

민법 제406조(채권자취소권) 제1항이나 신탁법 제8조의 규정에 의하여 회생채권자가 제기한 소송 또는 파산절차에 의한 부인의 소송이 회생절차개시 당시에 계속되어 있는 때에는 소송절차는 중단된다. 채권자취소소송(민법 제406조)은 채무자를 피고로 하는 것은 아니지만, 그 소송의 결과는 부인의 행사와 마찬가지로 채무자에게 영향이 있고, 이를 부인소송으로 변경하여 관리인이 통일적으로 수행할 필요가 있으므로 중단된다.

(3) 법인의 이사등의 책임

1) 법인의 이사등의 재산에 대한 보전처분(회생법 제114조)

가. 이사등의 재산에 대한 보전처분의 요건

법원은 법인인 채무자에 대하여 회생절차개시결정이 있는 경우 필요하다고 인정하는 때에는 채무자의 발기인, 이사, 감사, 감사인 또는 청산인에 대한 출자이행청구권 또는 이사 등의 책임에 기한 손해배상 청구권을 보전하기 위하여 이사 등의 재산에 대한 보전처분을 할 수 있다.

나. 신청권자

관리인의 신청에 의하거나 법원의 직권으로도 가능하다. 관리인은 위의 청구권이 있음을 알게 된 때에는 보전처분을 신청하여야 한다.

다. 보전처분을 신청할 수 있는 시기

회생절차개시결정이 있은 후가 원칙이나 긴급한 필요가 있다고 인정하는 때에는 회생절차개시결정전이라도 채무자의 신청에 의하거나 법원의 직권에 의해서 보전처분을 할 수 있다.

2) 손해배상청구권 등의 조사확정재판(회생법 제115조)

가. 손해배상청구권 등의 조사확정재판의 요건

법원은 법인인 채무자에 대하여 회생절차개시 결정이 있는 경우 필요하다고 인정하는 때에는 이사 등에 대한 출자이행청구권이나 이사등의 책임에 기한 손해배상청구권의 존부와 그 내용을 확정하는 재판을 할 수 있다.

나. 재판의 신청

관리인은 위의 청구권이 있음을 알게 된 때에는 재판을 신청하여야 한다. 관리인이 내용을 확정하는 재판을 하는 경우 그 원인되는 사실을 소명하여야 한다.

법원이 직권으로 조사확정절차를 개시하는 경우 그 취지의 결정을 하여야 한다.

다. 시효의 중단

손해배상청구권 등의 조사확정재판의 신청이 있거나 조사확정절차개시결정이 있는 때에는 시효의 중단에 관하여는 재판상의 청구가 있는 것으로 본다.

【쟁점질의와 유권해석】

〈대표이사의 공금횡령으로 파산한 주식회사 채권자가 손해배상청구권을 행사할 수 있는지 여부〉

합명회사 대표사원의 제3자에 대한 손해배상책임에 관하여 상법 제210조에 의하면 "회사를 대표하는 사원이 그 업무집행으로 인하여 타인에게 손해를 가한 때에는 회사는 그 사원과 연대하여 배상할 책임이 있다."라고 규정하고 있으며, 이 규정은 같은 법 제389조 제3항에 의하여 주식회사의 대표이사에게도 준용되고 있다. 또한, 같은 법 제401조 제1항에 의하면 "이사가 악의 또는 중대한 과실로 인하여 그 임무를 해태한 때에는 그 이사는 제3자에 대하여 연대하여 손해를 배상할 책임이 있다."라고 규정하고 있다.

그런데 관련 판례를 보면, "주식회사의 주주가 대표이사의 악의 또는 중대한 과실로 인한 임무해태행위로 직접 손해를 입은 경우에는 이사와 회사에 대하여 상법 제401조, 제389조 제3항, 제210조에 의하여 손해배상을 청구할 수 있으나, 대표이사가 회사재산을 횡령하여 회사재산이 감소함으로써 회사가 손해를 입고 결과적으로 주주의 경제적 이익이 침해되는 손해와 같은 간접적인 손해는 상법 제401조 제1항에서 말하는 손해의 개념에 포함되지 아니하므로, 이에 대하여는 위 법 조항에 의한 손해배상을 청구할 수 없고, 이와 같은 법리는 주주가 중소기업창업지원법상의 중소기업창업투자회사라고 하여도 다를 바 없다."라고 한 바 있다(대법원 1993. 1. 26.선고 91다36093판결).

따라서 위 사안과 같은 경우에도 회사가 대표이사를 상대로 대표이사의 불법행위로 인한 손해배상 또는 부당이득반환청구를 함은 별론으로 하고, 회사의 채권자가 대표이사를 상대로 회사가 파산지경에 이르게 됨으로써 입게 된 손해 즉, 간접손해를 청구할 수는 없다.

3) 이의의 소(회생법 제116조)

가. 의 의

조사확정의 재판에 불복이 있는 자는 결정을 송달받은 날부터 1월 이내에 이의의 소를 제기할 수 있다. 이 기간은 불변기간으로 한다.

나. 소의 제기방법

이의의 소를 제기하는 자가 이사 등인 때에는 관리인을, 관리인인 때에는 이사 등을 각각 피고로 하여야 한다.

다. 관 할

이의의 소는 회생법원의 전속관할에 속한다.

4. 회생채권자·회생담보권자·주주·지분권자의 권리

(1) 회생채권자·회생담보권자·주주·지분권자의 권리

1) 회생채권자의 권리

가. 회생채권의 의의

채무자에 대하여 회생절차개시 전의 원인에 기하여 생긴 재산상의 청구권을 회생채권이라고 한다.

나. 회생채권으로 되는 채권(회생법 제118조)

다음의 청구권은 회생채권으로 한다.

① 채무자에 대하여 회생절차 개시 전의 원인으로 생긴 재산상의 청구권

② 회생절차개시 후의 이자

③ 회생절차개시 후의 불이행으로 인한 손해배상금 및 위약금

여기서 규정한 손해배상금과 위약금은 회생절차 개시 전부터 회사에 재산상의 청구권의 불이행이 있기 때문에 상대방에 대하여 손해배상을 지급하거나 또는 위약금을 정기적으로 지급하여야 할 관계에 있을 때 그 계속으로 회생절차 개시 후에 발생하고 있는 손해배상금 및 위약금 청구권을 말한다.

④ 회생절차참가의 비용

다. 회생채권의 요건

① 채무자에 대한 청구권 : 채무자에 대한 청구권이라는 것은 채무자의 일반재산을 담보로 하는 채권, 환언하면 채권적 청구권 또는 인적 청구권을 말한다. 다만 채권적 청구권이더라도 채무자의 재산에 속하지 않는 재산의 인도를 목적으로 하는 것은 회생채권은 아니고 환취권으로 된다. 이러한 청구에 대한 변제의 불가능은 절차개시의 원인이기 때문이다.

따라서 소유권 등에 기한 물권적 청구권, 특허권 기타의 무체재산권에 기한 물권적 청구권 유사의 청구권 등은 이런 의미에서 회생채권은 아니다. 점유침

해를 이유로 하는 회수, 방해배제, 방해예방청구권도 위에 준한다. 이들 중 물건의 인도 또는 권리의 반환(등기, 등록의 말소)을 내용으로 하는 것은 환취권의 전형적인 예가 된다. 다만, 이들 물권 기타의 절대권의 침해를 이유로 하는 손해배상청구권, 부당이득반환청구권은 인적 청구권이라고 할 수 있다.

② 재산상의 청구권 : 재산상의 청구권은 채무자 재산의 가치이용에 의하여 이행될 청구권을 말한다. 다만, 재산상의 청구권이라 하여 반드시 금전채권일 필요는 없다. 금전으로 평가될 수 있는 청구권이면 족하다.

③ 회생절차개시전의 원인에 기한 청구권 : 의사표시 등 채권발생의 기본적 구성요건 해당사실이 개시결정 전에 존재하는 것을 의미한다. 이와 같은 채권인 한 확정기한미도래의 채권, 장래의 정기금채권, 불확정기한부채권, 해제조건부채권, 회생조건부채권은 물론 장래의 구상권과 같은 장래의 청구권도 상관없다.

조세채권의 경우에는 회생절차개시결정 전의 법률에 의한 과세요건이 충족되어 있으면 그 부과처분이 회생절차개시 후에 있는 경우라도 회생채권에 해당된다.

④ 물적담보를 가지지 않는 청구권 : 이러한 요건을 구비한 청구권이더라도 회생절차개시 당시 채무자 재산상에 존재하는 질권, 저당권, 유치권 등에 의하여 담보된 범위의 것은 회생담보권으로 되고 회생채권과는 구별된다. 다만, 회생담보권자가 가지는 채권이더라도 그 담보권의 목적의 가액을 초과하는 부분은 회생채권으로 된다.

【쟁점질의와 유권해석】

〈공법상의 채권과 사법상의 채권 분류 여부〉

공법상의 청구권과 사법상의 청구권을 불문한다. 따라서 국세징수법 또는 국세징수의 예에 의하여 징수할 수 있는 국세 또는 지방세 등의 조세채권 기타의 청구권, 벌금, 과료, 형사소송비용, 추징금, 과태료도 회생채권으로 된다.

라, 쌍방미이행 쌍무계약에 관한 선택(회생법 제119조)

① 관리인의 권리

쌍무계약에 관하여 채무자와 그 상대방이 회생절차 개시 당시 아직 쌍방 모두 그 이행을 완료하지 않은 상태일 때에는 관리인은 그 계약을 해제 또는 해지하거나 채무자의 채무를 이행하고 상대방의 채무이행을 청구 할수 있다. 다만, 관리인은 회생계획안 심리를 위한 관계인집회가 끝난 후 또는 법 제240조의 규정에 의한 서면결의에 부치는 결정이 있은 후에는 계약을 해제 또는 해지할 수 없다(회생법 제119조 1항).

관리인이 회생계획안 심리를 위한 관계인집회가 끝난 후 또는 서면에 의한 결의가 있었던 경우에는 계약을 해제 또는 해지할 수 없다.

② 상대방의 권리

상대방은 계약의 해제나 해지 또는 그 이행의 여부에 대한 확답에 대해 관리인에게 최고 할 수 있다. 최고를 받은 후 30일이 지나도록 확답을 하지 아니한 때에는 관리인은 해제권 또는 해지권을 포기한 것으로 본다. 법원은 관리인 또는 상대방의 신청에 의하여 또는 직권으로 위기간을 연장하거나 단축할 수 있다(회생법 제119조 제2항·제3항).

【쟁점질의와 유권해석】

〈회생채무자가 매도인인 경우 그 상대방인 매수인이 계약을 이행하거나 이행을 청구할 수 있는지 여부〉

쌍무계약에 관하여 채무자와 그 상대방이 모두 회생절차개시 당시에 아직 그 이행을 완료하지 아니한 때에는 관리인은 계약을 해제 또는 해지하거나 채무자의 채무를 이행하고 상대방의 채무이행을 청구할 수 있으므로, 회생채무자가 매도인인 경우 회생채무자의 관리인이 계약의 이행을 선택하거나 계약의 해제권이 포기된 것으로 간주되기까지는 매수인이 임의로 대금을 지급하는 등 계약을 이행하거나 관리인에게 계약의 이행을 청구할 수 없다.

마. 지급결제제도 등에 대한 특칙(회생법 제120조)

① 지급결제제도 참가자에 대하여 회생절차가 개시된 경우의 특칙

지급결제의 완결성을 위하여 한국은행총재가 금융위원회와 협의하여 지정한 지급결제제도의 참가자에 대하여 회생절차가 개시된 경우, 그 참가자에 관련된 이체지시 또는 지급 및 이와 관련된 이행, 정산, 차감, 증거금 등 담보의 제공·처분·충당 그 밖의 결제에 관하여는 이 법의 규정에 불구하고 그 지급결제제도를 운영하는 자가 정한 바에 따라 효력이 발생하며 해제, 해지, 취소 및 부인의 대상이 되지 아니한다. 지급결제제도의 지정에 관하여 필요한 구체적인 사항은 대통령령으로 정한다.

② 청산결제제도의 참가자에 대하여 회생절차가 개시된 경우의 특칙

「자본시장과 금융투자업에 관한 법률」 그 밖의 법령에 따라 증권·파생금융거래

의 청산결제업무를 수행하는 자 그 밖에 대통령령에서 정하는 자가 운영하는 청산결제제도의 참가자에 대하여 회생절차가 개시된 경우 그 참가자와 관련된 채무의 인수, 정산, 차감, 증거금 그 밖의 담보의 제공·처분·충당 그 밖의 청산결제에 관하여는 이 법의 규정에 불구하고 그 청산결제제도를 운영하는 자가 정한 바에 따라 효력이 발생하며 해제, 해지, 취소 및 부인의 대상이 되지 아니한다.

③ 적격금융거래를 행하는 당사자의 일방에 대하여 회생절차가 개시된 경우의 특칙

일정한 금융거래에 관한 기본적 사항을 정한 하나의 계약(기본계약)에 근거하여 다음 각호의 거래(적격금융저래)를 행하는 당사자 일방에 대하여 회생절차가 개시된 경우 적격금융거래의 종료 및 정산에 관하여는 이 법의 규정에 불구하고 기본계약에서 당사자가 정한 바에 따라 효력이 발생하고 해제, 해지, 취소 및 부인의 대상이 되지 아니하며, 제4호의 거래는 중지명령 및 포괄적 금지명령의 대상이 되지 아니한다. 다만, 채무자가 상대방과 공모하여 회생채권자 또는 회생담보권자를 해할 목적으로 적격금융거래를 행한 경우에는 그러하지 아니하다.

1. 통화, 유가증권, 출자지분, 일반상품, 신용위험, 에너지, 날씨, 운임, 주파수, 환경 등의 가격 또는 이자율이나 이를 기초로 하는 지수 및 그밖의 지표를 대상으로 하는 선도, 옵션, 스왑 등 파생금융거래로서 대통령령이 정하는 거래

2. 현물환거래, 유가증권의 환매거래, 유가증권의 대차거래 및 담보콜거래

3. ㄱ) 내지 ㄴ)의 거래가 혼합된 거래

4. ㄱ) 내지 ㄷ)의 거래에 수반되는 담보의 제공·처분·충당

바. 계속적 급부를 목적으로 하는 쌍무계약(회생법 제122조)

채무자에 대하여 계속적 공급의무를 부담하는 쌍무계약의 상대방은 회생절차개시신청 전의 공급으로 발생한 회생채권 또는 회생담보권을 변제하지 아니함을 이유로 회생절차개시신청 후 그 의무의 이행을 거부할 수 없다. 이 경우 그 상대방이 회생절차개시신청 후 회생절차 개시결정 전까지 사이에 한 공급으로 생긴 청구권은 공익채권으로 보호된다. 이 규정은 단체협약에 관하여는 적용하지 아니한다.

사. 개시 후의 환어음의 인수 등(회생법 제123조)

환어음을 발행하거나 또는 배서한 채무자에 대하여 회생절차가 개시되었을 경우에 지급인 또는 예비지급인이 그 사실을 알지 못하고 또 채무자와 자금관계상

아직 자금을 수령하기 전에 그 어음에 관하여 인수 또는 지급을 하였을 경우 지급인 또는 예비지급인의 채무자에 대한 자금관계상의 청구권을 회생절차개시 후에 생긴 것을 이유로 회생채권으로 하지 않음은 타당하지 않다. 따라서 지급인 또는 예비지급인은 이것에 의하여 생긴 채권에 대하여 회생채권자로서 그 권리를 행사할 수 있도록 하였다. 이 규정은 수표와 금전 그 밖의 물건 또는 유가증권의 지급을 목적으로 하는 유가증권에 관하여 준용한다.

아. 임대차계약 등(회생법 제124조)

차임의 선급 또는 차임채권의 처분은 회생절차가 개시된 때의 당기 또는 차기에 관한 것을 제외하고는 이로써 회생절차의 관계에서는 그 효력을 주장 할 수 없다.

자. 상호계산(회생법 제125조)

상호계산은 당사자의 일방에 관하여 회생절차가 개시된 때에는 종료된다. 상호계산(상법 제72조)은 원래 당사자의 신용을 기초로 하는 것이므로 각 당사자는 언제든지 이를 해지할 수 있다. 본 조는 상호계산은 당사자의 일방에 관하여 회생절차가 개시된 때에는 해지의 의사표시가 없이도 당연히 종료하는 것으로 규정하고 있다. 이 경우에는 각 당사자는 계산을 폐쇄하고 잔액의 지급을 청구할 수 있다.

차. 채무자가 보증채무를 지는 경우(회생법 제127조)

① 주채무자와 보증인의 관계가 '여럿이 각각 전부의 이행을 할 경우'에 해당하는지 여부

보증채무는 주된 채무와 동일한 급부를 목적으로 하는 것을 원칙으로 하는것을 의미하므로 원래 주채무자와 보증인과의 관계도 법 제126조의 "여럿이 각각 전부의 이행을 할 경우"에 해당한다.

② 보증인인 채무자에 대하여 회생절차가 개시된 경우 채권자의 권리행사방법

주채무자에 관하여 회생절차가 개시되고 있는지의 여부를 불문하고 또 보증채무의 보충성에도 불구하고 채권자는 바로 회생절차 개시 당시의 채권액을 가지고 회생절차에 참가할 수 있다.

카. 법인의 채무에 대해 무한의 책임을 지는 자에 대하여 회생절차가 개시된 경우의 절차 참가(회생법 제128조)

무한책임사원에 대하여 회생절차가 개시된 경우 법인의 채무에 관하여 무한책임을 지는 사원이 개인회생절차개시결정을 받은 때에는 법인의 채권자는 회생절

차개시결정시에 가진 채권의 전액에 관하여 그 회생절차에 관하여 회생채권자로서 그 권리를 행사 할 수 있다.

타. 법인의 채무에 대해 유한책임을 지는 자에 대하여 회생절차가 개시된 경우의 절차 참가 등(회생법 제129조)

① 법인의 채권자의 회생절차참가 불가

법인의 채무에 대하여 유한책임을 지는 사원에 대하여 회생절차개시의 결정이 있는 경우에 법인의 채권자는 회생절차에 참가할 수 없다.

② 채권자의 유한책임사원에 대한 권리행사 불가

법인에 대하여 회생절차개시의 결정이 있는 경우에 법인의 채권자는 법인의 채무에 대하여 유한의 책임을 지는 사원에 대하여 그 권리를 행사할 수 없다.

파. 회생채권의 변제

① 회생채권의 변제금지(회생법 제131조)

회생채권에 관하여는 회생절차에 의하지 않으면 변제하거나 변제를 받거나 기타 이것을 소멸시키는 행위를 할 수 없다. 여기서 말하는 회생절차에 의한다 함은 회생계획에 의하여 변제되는 것을 말한다.

본 조에 의하여 소멸이 금지되는 것은 회생채권이고 공익채권에 대하여는 수시로 변제가 가능하다.

회생절차에 의하지 않고 회생채권 또는 회생담보권을 소멸시키는 행위는 금지된다. 즉, 회생절차에 있어 예정된 방법(회생채권, 회생담보권의 신고, 조사, 확정을 거쳐 회생계획에 따른 변제 기타 권리의 만족) 이외의 방법으로 그 만족을 얻는 행위는 금지된다. 관리인에 의한 변제가 그 전형적인 예이지만 기타 대물변제, 경개, 공탁 등도 이에 해당한다.

채권의 소멸금지는 변제의 경우에는 변제를 하는 채무자측의 행위와 이를 수령하는 채권자측의 행위 쌍방을 금지시키는 것을 의미한다. 이 규정에 반하여 한 변제 기타 회생채권을 소멸시키는 행위는 무효이다. 따라서 채권은 소멸하지 않은 것으로 취급하지 않으면 안되는 것이다.

【쟁점질의와 유권해석】

〈제3채무자가 변제를 하는 것도 금지되는지 여부〉

채무자측의 행위 중에는 제3채무자의 행위도 포함된다. 즉 회생채권자가 제3자에 대한 채무자의 채권에 대하여 압류명령, 추심명령을 얻어 추심 중에 채무자에 관하여 회생절차가 개시된 경우에는 제3채무자는 임의변제를 할 수 없으며 회생채권자도 이를 수령할 수 없다. 대법원은 압류 및 추심명령을 받은 경우 제3채무자에 대하여 추심금 청구소송은 할 수 있는 것으로 보고 있다.

② 소멸금지원칙에 대한 예외

회생채권의 변제 기타의 소멸금지원칙에 대하여는 다음과 같은 예외가 있다.

1. 관리인이 법원의 허가를 받아 변제하는 경우

2. 회생계획에서 국세징수법 또는 지방세징수법에 의하여 징수할 수 있는 청구권(국세징수의 예에 의하여 징수할 수 있는 청구권으로서 그 징수 우선순위가 일반회생채권보다 우선하는 것 포함)으로서 다음 각 호의 어느 하나에 해당하는 경우

   i. 그 체납처분이나 담보물권의 처분 또는 그 속행이 허용되는 경우

   ii. 체납처분에 의한 압류를 당한 채무자의 채권(압류의 효력이 미치는 채권을 포함한다)에 관하여 그 체납처분의 중지중에 제3채무자가 징수의 권한을 가진 자에게 임의로 이행하는 경우

③ 회생채권의 변제허가(회생법 제132조)

1. 변제허가의 요건

   i. 본 조 제1항의 변제허가의 요건 : 채무자를 주된 거래상대방으로 하는 중소기업자가 채무자에 대하여 갖는 소액채권의 변제를 받지 아니하고서는 사업의 계속에 현저한 지장을 초래할 우려가 있을 때에 한하여 변제허가를 받을 수 있다.

   ii. 본 조 제2항의 변제허가의 요건 : 회생채권을 변제하지 아니하고서는 채무자의 갱생에 현저한 지장을 초래할 우려가 있다고 인정하는 때에는 회생계획인가결정 전이라도 관리인·보전관리인 또는 채무자의 신청에 의하여 그 전부 또는 일부의 변제를 허가할 수 있다.

2. 변제허가의 절차 : 변제허가는 관리인·보전관리인 또는 채무자의 신청에 의하여 행한다. 개개의 중소기업채권자에는 그러한 신청권이 없다.

3. 변제허가 및 변제의 효과

ⅰ. 변제허가의 효과 : 변제허가가 되면 법 제131조의 회생채권소멸금지의 효력이 해제됨에 그치고 허가가 있었다고 하여 공익채권으로 되는 것은 아니다. 따라서 채권자가 강제집행 등 방법으로 추심할 수는 없다. 또한 허가가 되더라도 회생채권임에는 틀림없으므로 변제될 때까지는 채권의 신고, 조사, 확정 등 절차를 거쳐야 하고 회생계획에서도 그 변제방법을 정하여야 한다.

ⅱ. 변제허가에 의한 변제의 효과 : 변제허가에 의한 변제가 되면 회생채권은 그 변제된 한도에서 절대적으로 소멸한다. 본조에 의한 변제내역은 뒤에 회생계획에서 이를 명시하여야 한다.

하. 회생채권자의 회생절차 참가권(회생법 제133조)

회생채권에 관하여는 개별적인 권리실현이 금지되는 반면, 회생채권자에게는 그 회생채권을 가지고 절차에 참가하는 자격이 인정된다. 따라서 회생채권자는 회생계획에 정하는 바에 따라 만족을 얻을 수 있고, 관계인집회에 출석하여 회생계획안의 심리 및 결의에 참가할 수 있다. 이를 위하여 회생채권자는 법원이 정하는 신고기간 내에 회생채권을 신고하고, 채권조사절차를 통하여 그 권리가 확정되지 않으면 안된다. 따라서 신고하지 않은 채권자는 회생절차에 참여할 수 없으며, 결국 회생계획에 그 권리가 인정되지 못하여 실권하게 된다.

거. 회생채권액 산정

① 이자없는 기한부채권(회생법 제134조)

기한이 회생절차개시 후에 도래하는 이자없는 채권은 회생절차가 개시될 때부터 기한에 이르기까지의 법정이율에 의한 이자와 원금의 합계가 기한 도래 당시의 채권액이 되도록 계산한 다음 그 채권액에서 그 이자를 공제한 금액으로 한다.

무이자채권의 기한이 회생절차개시후에 도래하는 경우에는 호프만식 계산방법에 따라 회생절차개시 시부터 기한까지 회생채권액에 대한 법정이자를 채권의 명목가액에서 공제한 잔액을 회생채권액으로 한다.

② 정기금채권(회생법 제135조)

법 제134조(이자 없는 기한부채권)는 금액과 존속기간이 확정되어 있는 정기금채권에 준용한다. 따라서 회생절차가 개시될때부터 각 기의 정기금 기한까지 각 정기금에 대한 법정이율에 의한 이자와 원금의 합계가 기한도래 당시의 채권액이 되도록 계산한 다음 그 채권액에서 이자를 공제한 금액을 채권액으로 한다.

③ 이자없는 불확정기한채권 등(회생법 제136조)

기한이 불확정한 이자 없는 채권은 회생절차가 개시된 때의 평가금액으로 한다. 정기금채권의 금액 또는 존속기간이 불확정한 때에도 또한 같다.

④ 비금전채권 등(회생법 제137조)

채권의 목적이 금전이 아니거나 그 액이 불확정한 때와 외국의 통화로서 정하여진 때에는 회생절차가 개시된 때의 평가금액으로 한다. 채무자가 보유하고 있는 부동산을 매수하였다는 이유로 소유권이전등기청구권을 회생채권으로 신고한 경우에는 본 조에 의하여 회생절차개시 당시의 평가액에 의한 금액이 의결권액인데, 통상 이미 매매계약이 체결되어 있는 부동산의 평가는 조사위원의 조사보고서나 관리인 보고서에서 매매대금 상당액을 부동산의 가액으로 평가하기 때문에, 위 청구권은 부동산의 매매가액이 의결권액으로 된다.

【쟁점질의와 유권해석】

〈의결권액의 기재가 없는 채권신고의 당부〉

부적법하여 각하하여야 하지만, 채권액에 상응하여 의결권을 가지는 경우 등 채권의 내용 및 원인의 기재로 의결권액을 알 수 있는 경우에는 채권액의 기재만으로도 의결권의 기재가 있었다고 해석하는 것이 타당하고 현재의 실무에서도 그와 같이 처리하고 있다.

⑤ 조건부채권과 장래의 청구권(회생법 제138조)

조건부채권과 채무자에 대하여 행사할 수 있는 장래의 청구권은 회생절차가 개시된 때의 평가금액으로 한다.

조건부채권과 장래의 청구권은 회생절차개시 때의 평가액에 의하여 산정한 금액에 따라 의결권을 가지는 것이고, 이러한 미확정채권에 대하여 채권액 전액에 대하여 의결권을 주는 것은 다른 의결권자들과의 관계에서 부당하므로, 최근의 실무는 현실화될 가능성을 평가하여 그에 한하여 의결권을 부여하고 있다.

2) 회생담보권자의 권리(회생법 제141조)

가. 회생담보권의 의의

회생채권이나 회생절차개시 전의 원인으로 생긴 채무자 외의 자에 대한 재산상의 청구권으로서 회생절차개시 당시 채무자의 재산상에 존재하는 유치권·질권·저당권·양도담보권·가등기담보권·「동산·채권 등의 담보에 관한 법률」에 따른 담보권·전세권 또는 우선특권으로 담보된 범위의 것을 회생담보권으로 한다. 다만, 이자 또는 채무불이행으로 인한 손해배상이나 위약금의 청구권일 경우 회생절차개시결정 전날까지 생긴 것에 한한다.

나. 회생담보권자의 권리실현

회생담보권자는 개별적으로 변제를 받을 수 없는 것은 물론 파산의 경우와 달리 별제권도 인정되지 않는 반면, 회생절차 내에서는 일반채권자나 기타 이해관계인에 비하여 유리한 취급을 받는다. 즉 절차적으로는 회생계획의 작성 및 결의를 위하여 회생담보권자는 독립의 조로 분류된다. 또한 회생계획안을 가결함에 있어서는 그 의결권액 총액의 4분의 3이상에 해당하는 의결권을 가진자의 동의를 요하도록 하여 다른 권리에 비하여 계획인가결의 요건을 엄격하게 하고 있다.

다. 회생절차에의 참가

① 회생절차 참가의 의의

회생절차에 참가한다는 것은 회생채권자가 회생절차에 참가하는 것과 마찬가지로 첫째 그 채권에 관하여 회생계획이 정하는 바에 따라 금전, 유가증권 등의 분배를 받을 수 있고, 둘째 이와 같은 회생계획을 성립시키는 데 있어 채권액에 따라서 발언권이 부여되는 것을 의미한다. 회생담보권자는 그가 가진 회생담보권으로 회생절차에 참가할 수 있다.

② 회생절차에 참가할 수 있는 범위

1. 피담보채권 중 담보가액의 범위내의 것 : 담보권자는 그 피담보채권 중 담보목적물의 가액의 범위내에서 회생담보권자로서 회생절차에 참가할 수 있다.

2. 선순위담보권자가 있는 경우 : 동일한 담보물 위에 선순위의 담보권자가 있는 경우에는 그 선순위담보권으로 담보된 채권액을 목적물의 가액으로부터 공제하고 잔존하는 담보물의 가액에 상응하는 피담보채권액에 관하여서만 회생담보권이 된다.

3. 담보가액범위를 넘는 채권의 취급 : 피담보채권 중 담보물가액을 초과한 부분에 관하여는 회생담보권으로서 아니라 회생채권으로서 취급됨에 불과하다. 회생담보권자는 그 채권액 중 담보권의 목적의 가액(선순위의 담보권이 있는 때에는 그 담보권으로 담보된 채권액을 담보권의 목적의 가액으로부터 공제한 금액)을 초과하는 부분에 관하여 회생채권자로서 회생절차에 참가할 수 있다.

라. 회생담보권자의 의결권

회생담보권자는 그 담보권의 목적의 가액에 비례하여 의결권을 가진다. 다만, 피담보채권액이 담보권의 목적의 가액보다 적은 때에는 그 피담보채권액에 비례하여 의결권을 가진다.

【쟁점질의와 유권해석】

〈회사정리절차상 정리담보권의 가액을 산정함에 있어서 담보권의 목적이 비상장주식인 경우, 그 가액의 평가방법 및 비상장주식을 순자산가치를 기준으로 하는 평가방법을 적용하여 평가하는 경우, 실제 손해의 발생 가능성이 희박한 보증채무도 이를 채무로 보아 평가하여야 하는지 여부(소극)〉

회사정리절차상 정리담보권의 가액을 산정함에 있어서 담보권의 목적이 비상장주식인 경우 그 가액은 정리절차개시 당시의 시가에 의하여야 함이 원칙이고, 따라서 그에 관한 객관적 교환가치가 적정하게 반영된 정상적인 거래의 실례가 있는 경우에는 그 거래가격을 시가로 보아 주식의 가액을 평가하여야 할 것이나, 만약 그러한 거래사례가 없는 경우에는 보편적으로 인정되는 여러 가지 평가방법들을 고려하되 그러한 평가방법을 규정한 관련 법규들은 각 그 제정 목적에 따라 서로 상이한 기준을 적용하고 있음을 감안할 때 어느 한가지 평가방법이 항상 적용되어야 한다고 단정할 수는 없고, 당해 비상장회사의 상황, 당해 업종의 특성 등을 종합적으로 고려하여 합리적으로 판단하여야 할 것이다. 그리고 여러 평가방법 중 순자산가치를 기준으로 하는 평가방법을 적용하는 경우, 당해 비상장회사가 부담하는 보증채무가 있더라도 만약 그 주채무의 내용, 주채무자의 자력 내지 신용 기타 제반 사정에 비추어 볼 때 실제 손해의 발생이라는 결과로까지 이어질 가능성이 희박하다면 이를 부채로 보지 아니하고 계산한 순자산액을 기초로 담보목적물인 주식의 가치를 평가함이 상당하다(대법원 2006. 6. 2.선고 2005다18962판결).

마. 상계권

① 상계의 요건(회생법 제144조)

1. 상계적상 : 회생절차에서 상계가 인정되는 것은 원칙적으로 신고기간만료 전에 상계적상에 있는 것에 한한다. 즉 회생채권자 또는 회생담보권자가 회생절차개시 당시 채무자에 대하여 채무를 부담하는 경우에 회생채권과 채무자에 대하여 채무를 부담하는 경우에 회생채권과 채무자에 대한 채무의 쌍방이 회생채권 또는 회생담보권의 신고기간만료 전에 상계에 적합하게 되었을 때에는 회생채권자 또는 회생담보권자는 그 기간 내에 한하여 회생절차에 의하지 않고 상계할 수 있다.

2. 자동채권에 관한 요건 : 자동채권, 즉 회생채권 또는 회생담보권의 변제기가 신고기간만료 전까지 도래하는 것이 필요하고 신고기간의 만료 당시 자동채권의 변제기가 도래하지 않으면 신고기간만료 전까지 상계적상에 있어야 한다는 요건을 충족하지 못하므로 상계는 인정되지 않는다.

3. 수동채권에 대한 제한 : 수동채권, 즉 회생채권자 또는 회생담보권자가 채무자에 부담하고 있는 채무에 관하여는 신고기간만료시까지 변제기가 도래하지 않는 경우라도 회생채권자 또는 회생담보권자가 기한의 이익을 포기함으로써 변제기가 도래하여 상계적상에 이르므로 상계가 가능하다. 본조 제1항 후단이 "채무가 기한부인 때에도 같다"라고 함은 이것을 의미한다.

② 상계권의 행사

상계의 의사표시는 신고기간만료 전에 하지 않으면 안 된다. 상계의 의사표시는 관리인에 대하여 하여야 한다. 상계의 효력은 상계의 의사표시가 행하여진 때가 아니고 상계적상에 달한 때에 생기며 그 시점에서 채권채무가 소멸한다.

【쟁점질의와 유권해석】

〈관리인도 상계할 수 있는지 여부〉

관리인측에서의 상계는 원칙적으로 허용되지 않는다. 회생채권은 회생절차에 의하지 않으면 소멸시킬수 없기 때문이다. 다만 법원에 의한 변제허가가 있는 경우에는 그 범위 내에서 관리인은 상계를 할 수 있다.

③ 상계의 금지(회생법 제145조)

다음의 어느 하나에 해당하는 때에는 상계할 수 없다

1. 회생절차개시후에 부담한 채무를 수동채권으로 하는 상계

2. 채무자가 위험상태에 있음을 알고 부담한 채무를 수동채권으로 한 상계. 단, 그 부담이 법률에 정한 원인에 기한 때, 회생채권자 또는 회생담보권자가 지급의 정지·회생절차개시의 신청 또는 파산의 신청이 있은 것을 알기 전에 생긴 원인에 의한 때, 회생절차개시시점 및 파산선고시점 중 가장 이른 시점보다 1년 이상 전에 생긴 원인에 의한 때는 제외한다.

3. 회생절차개시후에 타인으로부터 취득한 회생채권 또는 회생담보권에 의한 상계

4. 채무자의 채무자가 회사가 위험상태에 있음을 알고 취득한 채권을 자동채권으로 한 상계

④ 상계금지를 위반하여 한 상계의 효력

상계금지에 관한 동조 제1호 내지 제4호에 해당하는 경우(제2, 4호단서에 해당하는 경우 제외)에는 상계는 관리인의 의사표시를 기다릴 필요 없이 당연무효이다. 상계가 무효가 된 경우에는 회생채권자 또는 회생담보권자는 회생절차에 의하여 자기채권의 만족을 받을 수 밖에 없다.

3) 주주·지분권자의 권리

가. 주주의 회생절차 상의 지위

주주의 회생절차 중의 지위는 절차의 진행에 따라 다음과 같이 분류할 수 있다.

① 관계인으로서의 지위

주주는 채권조사기일에 출석하여 회생채권 또는 회생담보권에 대하여 이의를 진술하고 관계인집회에 출석하여 의견을 진술하고 의결권을 행사할 수 있다. 그러나 채무자에 파산의 원인인 사실이 있는 때에는 의결권을 가지지 아니한다.

② 회생계획입안자로서의 지위

주주는 회생계획안을 작성하여 법원에 제출할 수 있다.

③ 회생계획상 수익자의 지위

주주는 회생절차에 있어서 그 권리의 변경을 받으며 그 권리의 변경에 있어서는 가장 후순위의 지위에 서게 된다. 그러나 회생계획상 수익자의 지위에 서게 된다.

나. 의결권

주주는 그가 가진 주식의 수에 따라 의결권을 가진다. 여기에서 말하는 의결권이라 함은 관계인집회에 있어서의 주주의 의결권을 가리키며 주주총회에 있어서의 의결권과는 별개의 것이다.

회생절차의 개시당시 채무자의 부채의 총액이 자산의 총액을 초과하는 경우에는 주주는 의결권을 가지지 아니한다. 일반적으로 채무초과의 경우에는 주주에게 잔여재산분배청구권이 없으므로 채무정리절차에 있어서도 주주에게 의결권을 주지 아니하는 것이다. 상법상 회사는 자기주식에 대하여 의결권을 가지지 아니하는바(상법 제396조), 관계인집회에 있어서도 자기주식에 대하여는 의결권이 없다고 할 것이다.

다. 주주·지분권자의 권리(회생법 제146조)

① 회생절차에 참가할 권리

주주·지분권자는 그가 가진 주식 또는 출자지분으로 회생절차에 참가할 수 있다.

② 의결권

1. 주주·지분권자는 그가 가진 주식 또는 출자지분의 수 또는 액수에 비례하여 의결권을 가진다.

2. 회생절차의 개시 당시 채무자의 부채총액이 자산총액을 초과하는 때에는 주주·지분권자는 의결권을 가지지 아니한다. 다만, 회생계획의 변경계획안을 제

출할 당시 채무자의 자산총액이 부채총액을 초과하는 때에는 그러지 않는다.

3. 재회생계획의 변경계획안을 제출할 당시 채무자의 부채총액이 자산총액을 초과하는 때에는 주주·지분권자는 그 변경계획안에 대하여 의결권을 가지지 않는다.

(2) 회생채권자·회생담보권자·주주·지분권자의 목록작성 및 신고

1) 회생채권자·회생담보권자·주주·지분권자의 목록작성(회생법 제147조)

가. 목록의 작성 및 제출

① 작성·제출 기한

관리인은 회생채권자의 목록, 회생담보권자의 목록과 주주·지분권자의 목록을 작성하여 회생법 제50조 제1항 제1호에 따른 기간(회생절차개시결정일부터 2주 이상 2월 이하) 안에 제출하여야 한다.

② 목록의 기재사항

1. 회생채권자의 목록

ⅰ. 회생채권자의 성명과 주소

ⅱ. 회생채권의 내용과 원인

ⅲ. 의결권의 액수

ⅳ. 일반의 우선권 있는 채권이 있는 때에는 그 뜻

2. 회생담보권자의 목록

ⅰ. 회생담보권자의 성명 및 주소

ⅱ. 회생담보권의 내용 및 원인, 담보권의 목적 및 그 가액, 회생절차가 개시된 채무자 외의 자가 채무자인 때에는 그 성명 및 주소

ⅲ. 의결권의 액수

3. 주주·지분권자의 목록

ⅰ. 주주·지분권자의 성명 및 주소

ⅱ. 주식 또는 출자지분의 종류 및 수

ⅲ. 목록의 열람

법원은 신고기간 동안 이해관계인이 목록을 열람할 수 있도록 하여야 한다.

2) 회생채권 등의 신고

가. 회생채권의 신고(회생법 제148조)

채무자의 채권으로 신인된 채권은 회생계획안에서 변제의 대상으로 되고, 이를

기초로 채권자는 회생절차 내에서 의견진술, 의결권의 행사 등을 할 수 있게 된다. 이러한 의미에서 회생채권의 신고는 회생법원에 회생절차참가의 신청의 형식이라고 말할 수 있다.

이와 달리 공익채권은 신고를 필요로 하지 않으며 회생절차와 관계없이 그 권리를 행사할 수 있다.

① 신고사항

회생절차에 참가하고자 하는 회생채권자는 신고기간 안에 다음의 사항을 법원에 신고하고, 증거서류 또는 그 등본이나 초본을 제출하여야 한다.

1. 회생채권자의 성명 및 주소

2. 회생채권의 내용 및 원인

3. 의결권의 액수

채권신고시에는 반드시 의결권액을 신고하여야 하며, 의결권의 신고가 없는 채권신고는 부적법하여 원칙적으로 각하하여야 한다.

4. 일반우선권 있는 채권인 때에는 그 뜻

5. 소송계속 중의 채권에 대하여는 위의 사항 이외에 법원, 당사자, 사건명 및 사건번호

6. 회생채권 중에서 일반의 우선권 있는 부분은 따로 신고하여야 한다.

② 신고의 주체 및 상대방

권리자 본인 또는 대리인이 신고할 수 있으며, 대리인에 의하여 신고할 경우 대리권을 증명하는 서면(위임장 등)을 첨부하여야 한다.

신고는 법원에 대하여 하여야 하고, 채무자나 관리인에 대하여 한 신고는 효력이 없다.

③ 신고기간

법원은 회생절차 개시결정을 함과 동시에 개시결정일로부터 2주 이상 2개월 이하의 기간을 정하여 신고기간을 결정하여야 한다. 다만, 법원은 개시결정일로부터 2개월 이내에는 신고기간을 변경할 수 있다.

조세채권이나 벌금 등은 신고기간 내에 신고하지 않더라도 지체없이 신고하면 족하다. 그러나 이 경우에도 제2회 관계인집회가 끝나기 전까지는 신고를 하여야 한다.

【쟁점질의와 유권해석】

《신고를 하지 아니하여 실권된 정리채권이 정리절차가 폐지되면 부활하는지 여부(소극)》

회사정리법 제125조, 제147조 내지 제150조, 제241조, 제276조, 제278조의 규정을 종합하면, 회사정리절차에 참가하고자 하는 정리채권자는 정리채권의 신고를 하여야 하고, 신고된 정리채권에 대하여 이의가 있는 때에는 그 이의자에 대하여 정리채권확정의 소를 제기하거나 정리절차 개시 전부터 계속중이었다가 절차개시에 의하여 중단된 소송을 이의자를 상대로 하여 수계하여야 하는데, 신고하지 아니한 정리채권은 정리계획인가결정이 있는 때에는 실권되고, 이와 같이 실권된 정리채권은 그 후 정리절차가 폐지되더라도 부활하지 아니하므로 그 확정을 구하는 소는 소의 이익이 없어 부적법하며, 정리채권확정의 소에서 정리채권의 신고 여부는 소송요건으로서 직권조사사항이다(대법원 1998. 8. 21.선고 98다20202 판결).

나. 회생담보권의 신고(회생법 제149조)

회생절차에 참가하고자 하는 회생담보권자는 신고기간 안에 다음의 사항을 법원에 신고하고 증거서류 또는 그 등본이나 초본을 제출하여야 한다.

① 성명 및 주소

② 회생담보권의 내용 및 원인

③ 회생담보권의 목적 및 그 가액

④ 의결권의 액수

⑤ 회생절차가 개시된 채무자 외의 자가 채무자인 때에는 그 성명 및 주소

⑥ 회생담보권에 관하여 회생절차개시 당시 소송이 계속하는 때에는 법원·당사자·사건명 및 사건번호

다. 주식 또는 출자지분의 신고(회생법 제150조)

① 신고사항

회생절차에 참가하고자 하는 주주는 법원이 정한 신고기간 내에 다음 사항을 법원에 신고하고 주권 또는 출자지분증서 그 밖의 증거서류 또는 그 등본이나 초본을 제출하여야 한다.

1. 성명 및 주소

2. 주식 또는 출자지분의 종류 및 수 또는 액수

3. 회생절차개시 당시 소송이 계속하는 때에는 법원·당사자·사건명 및 사건번호

② 송달받을 장소 등의 신고

회생채권자·회생담보권자·지분권자는 통지 또는 송달을 받을 장소(대한민국내의 장

소) 및 전화번호·팩시밀리번호·전자우편주소와 회생법 제118조 제2호 내지 제4호의 규정에 의한 회생채권일 때에는 그 취지 및 그 액수, 집행력 있는 집행권원 또는 종국판결이 있는 회생채권·회생담보권인 때에는 그 뜻을 기재하여 신고하여야 한다. 이때에는 회생채권자·회생담보권자·주주·지분권자가 대리인에 의하여 권리의 신고를 하는 때에는 대리권을 증명하는 서면, 회생채권 또는 회생담보권이 집행력있는 집행권원 또는 종국판결이 있는 것일 때에는 그 사본, 회생채권자 또는 회생담보권자의 주민등록등본 또는 법인등기부등본을 첨부하여야 한다.

③ 신고를 하지 않은 경우

회생채권자와 회생담보권자가 신고를 하지 아니하면 원칙적으로 실권하는데 대하여 주주는 신고를 하지 아니하여도 이해관계인으로서 관계인집회에 출석하여 의결권을 행사할 기회를 잃을 뿐 당연히 실권하지는 아니한다.

법원은 상당하다고 인정하는 때에는 신고기간이 경과한 후 다시 기간을 정하여 주식의 추가신고를 하게 할 수 있다.

④ 부본의 제출

회생채권자·회생담보권자·주주·지분권자가 그 권리에 관한 신고를 하는 때에는 신고서 및 그 첨부서류의 부본을 1부 제출하여야 한다. 부본이 제출되었을 때 법원사무관등은 해당 관리인에게 이를 교부하여야 한다.

라. 신고의 의제(회생법 제151조)

목록에 기재된 회생채권, 회생담보권, 주식 또는 출자지분은 법 제148조 내지 제150조의 규정에 의하여 신고된 것으로 본다.

마. 신고의 추후 보완(회생법 제152조)

① 추완기간

회생채권자 등이 그 책임을 질 수 없는 사유로 인하여 법원이 정한 기간 내에 신고를 하지 못한 경우에는 그 사유가 끝난 후 1개월 내에 한하여 그 사유를 소명하는 자료를 첨부하여 추완신고를 할 수 있다. 이때에는 회생채권 또는 회생담보권의 신고서에 채권신고기간 내에 신고를 할 수 없었던 사유 및 그 사유가 끝난 때를 기재하여야 한다. 이 기간은 불변기간으로 한다.

② 신고 후의 추후 보완을 할 수 없는 경우

다음에 해당하는 경우에는 추완을 할 수 없다.

1. 회생계획안 심리를 위한 관계인 집회가 끝난 후

2. 회생계획안을 법 제240조의 규정에 의한 서면결의에 부친다는 결정이 있은 후

【쟁점질의와 유권해석】

〈관계인집회가 끝난 후 부인권이 행사되어 정리채권자가 추완신고를 할 수 없어 그 권리를 행사할 수 없게 된 경우 채권자는 부당이득반환청구를 할 수 있는지 여부(적극)〉

회사정리법 제127조 제3항이 정리채권 또는 정리담보권의 추완신고는 정리계획안 심리를 위한 관계인 집회가 끝난 후에는 하지 못한다고 규정하고 있으므로, 관계인 집회가 끝난 후에 비로소 부인권이 행사된 경우, 채권자는 정리채권자 또는 정리담보권자로서의 추완신고를 할 수 없어 그 권리를 행사할 수 없게 되나, 다만 정리회사는 채권자의 손실에 의하여 부당하게 이득을 얻은 것이므로, 채권자는 부활될 채권이 정리채권 또는 정리담보권으로서 회사정리절차에 신고되었더라면 정리계획에 의하여 변제받을 수 있는 금액에 관하여 정리절차개시 이후에 발생한 부당이득으로서 회사정리법 제208조 제6호 소정의 공익채권으로 청구할 수 있다(대법원 2004. 9. 13.선고 2001다45874판결).

바. 신고기간 경과 후 생긴 회생채권 등의 신고(회생법 제153조)

채무자의 행위가 부인되어 부활한 상대방의 채권, 관리인이 쌍무계약을 해지한 경우 상대방이 취득하는 손해배상청구권 등은 신고기간이 경과한 후에 발생한 회생채권이라고 할 수 있는데, 이러한 채권자는 권리발생 후 1개월의 불변기간 내에 채권의 신고를 하여야 하며, 그 처리는 추완신고된 일반적인 회생채권 등과 동일하다.

신고기간 경과 후 발생한 회생채권등을 신고하는 경우에는 회생채권 또는 회생담보권의 신고서에 신고를 하는 회생채권 또는 회생담보권이 발생한 때를 기재해야 한다.

사. 명의의 변경(회생법 제154조)

① 신고명의 변경 시기

목록에 기재되거나 신고된 회생채권 또는 회생담보권을 취득한 자는 신고기간이 경과한 후에도 신고명의를 변경할 수 있다. 이미 회생채권 등의 신고가 되었다면 신고기간의 전, 후를 불문하고 증거서류를 첨부하여 신고명의의 변경신청을 할 수 있다.

② 신고명의의 변경이 필요한 경우의 예

채권의 양도, 상속, 합병 등이다. 그러나 신고명의의 변경은 회생계획이 인가되기 전까지만 가능하고, 인가 이후에는 신고명의의 변경절차가 마련되어 있지 않다. 따라서 회생계획 인가일 이후에 권리를 양수한 자로서는 일반 민사법의 원리에 따라 관리인에 대하여 권리의 이전을 입증하거나 대항요건을 갖추어 권리를 행사하여야 한다.

③ 신고명의 변경신청의 방법

신고명의의 변경을 하고자 하는 자는 성명 및 주소, 취득한 권리와 취득의 일시 및 원인을 법원에 신고하고 그 등본이나 초본을 제출하여야 한다.

아. 주식 또는 출자지분의 추가신고(회생법 제155조)

① 의 의

주주가 회생절차에 참가하기 위해서는 법원이 정한 신고기간 내에 주식 신고를 하여야 한다. 법원은 상당하다고 인정하는 때에는 신고기간이 경과한 후 다시 기간을 정하여 주식의 추가신고를 하게 할 수 있다.

② 송 달

법원은 주식 또는 출자지분의 추가신고를 하게 한 경우에는 다음의 자에게 그 뜻을 기재한 서면을 송달하여야 한다.

1. 관리인

2. 채무자

3. 알고 있는 주주·지분권자로서 신고를 하지 아니한 자

③ 신고된 주식의 의결권

신고된 주식은 조사기일에서의 조사 대상은 아니며, 주주는 그가 가진 주식의 수에 따라 의결권을 가지나, 관리인과 신고한 회생채권자, 회생담보권자 및 주주는 주주의 의결권에 대하여 이의를 할 수 있다. 이의 있는 주주의 권리에 관하여는 법원이 의결권을 행사하게 할 것인가의 여부와 의결권을 행사할 수를 정하여, 이해관계인의 신청에 의하여 또는 직권으로 언제든지 위와 같은 정함을 변경할 수 있다.

자. 벌금·조세 등의 신고(회생법 제156조)

① 신고대상

다음의 청구권을 가지고 있는 자는 지체없이 그 액 및 원인과 담보권의 내용을 법원에 신고하여야 한다.

1. 회생절차개시 전의 벌금·과료·형사소송비용·추징금 및 과태료의 청구권

2. 회생계획에서 국세징수법 또는 지방세징수법에 의하여 징수할 수 있는 청구권(국세징수의 예에 의하여 징수할 수 있는 청구권으로서 그 징수우선순위가 일반회생채권보다 우선하는 것 포함)

② 신고방법

조세채권이나 벌금 등은 신고기간 내에 신고하지 않더라도 지체없이 신고하면 족하다. 그러나 이 경우에도 제2회 관계인집회가 끝나기전까지는 신고를 하여야 한다. 이때에는 청구권자 및 대리인의 성명 또는 명칭과 주소, 통지 또는 송달을 받을 장소 및 전화번호·팩시밀리번호·전자우편주소, 회생절차 개시당시 청구권에 관하여 행정심판 또는 소송이 계속중인 때에는 그 행정심판 또는 소송이 계속하는 행정기관 또는 법원·당사자·사건명 및 사건번호도 신고하여야 한다.

【쟁점질의와 유권해석】

〈정리회사에 대한 조세채권의 신고기한〉

정리회사에 대한 조세채권이 회사정리 개시결정 전에 법률에 의한 과세요건이 충족되어 있으면 그 부과처분이 정리절차 개시 후에 있는 경우라도 그 조세채권은 정리채권이 되고, 정리회사에 대한 조세채권은 회사정리법 제157조에 따라 지체없이, 즉 정리계획안 수립에 장애가 되지 않는 시기로서 늦어도 통상 정리계획안 심리기일 이전인 제2회 관계인집회일 까지 신고하지 아니하면 실권 소멸된다(대법원 2002. 9. 4.선고 2001두7268판결).

(3) 회생채권·회생담보권 등의 조사 및 확정

1) 조 사

가. 조사의 의의

회생채권, 회생담보권의 조사라 함은 회생채권, 회생담보권에 대하여 그 존부 내용, 의결권액, 우선권 있는 회생채권 또는 후순위채권 등에 대하여 관리인 기타 이해관계인에게 이의를 진술할 기회를 주어 권리와 의결권액을 확정하여 회생계획작성과 계획안에 대한 결의의 기초를 정하는 것을 말한다.

나. 조사의 대상

회생채권, 회생담보권 등이 조사의 대상으로 되며. 조상의 내용은 다음과 같다.

① 신고된 회생채권 등의 신고서에 기재되어 있는 사항(주소, 성명, 권리의 내용, 원인, 의결권의 액, 담보권의 목적, 그 가액 등)

② 추완신고 등에 관한 사항과 관련하여 일반조사기일에서 조사함에 대한 이의 여부(추완사유, 신고기간 경과 후의 신고내용의 변경, 신고기간 경과 후에 발생한 권리의 신고 등)

③ 주주의 권리는 시·부인의 대상으로 되지 아니하며, 회생절차 개시결정 전의 벌

금, 과료, 형사소송비용, 추징금과 과태료, 국세징수법의 예에 의하여 징수할
수 있는 조세 등의 청구권 등도 조사의 대상으로 되지 않는다.

다. 회생채권자표·회생담보권자표와 주주·지분권자표(회생법 제158조)

① 기재사항

회생채권자표	·회생채권자의 성명과 주소 ·회생채권의 내용과 원인 ·의결권의 액수 ·일반의 우선권이 있는 채권이 있는 때에는 그 뜻
회생담보권자표	·회생담보권자의 성명과 주소 ·회생담보권의 내용 및 원인, 담보권의 목적 및 그액, 채무자 　외의 자가 채무자인 때에는 그 성명 및 주소 ·의결권의 액수
주주·지분권자표	·주주·지분권자의 성명 및 주소 ·주식 또는 출자지분의 종류와 수 또는 액수

② 등본의 교부 및 비치

법원사무관 등은 회생채권자표 등을 작성한 후 관리인의 청구를 기다리지 않
고 즉시 이를 등본하여 관리인에게 교부하여야 한다. 그리고 이해관계인으로
하여금 회생채권자표 등을 열람할 수 있게 하기 위하여 이를 법원내에 비치하
여야 한다.

라. 회생채권 및 회생담보권에 대한 이의 등(회생법 제161조)

① 이의권자

다음의 자는 조사기간 안에 목록에 기재되거나 신고된 회생채권 및 회생담보
권에 관하여 법원에 서면으로 이의를 제출할 수 있다.

　1. 관리인

　2. 채무자

　3. 목록에 기재되거나 신고된 회생채권자·회생담보권자·주주·지분권자

② 이의의 대상으로 되는 사항

이의의 대상으로 되는 사항은 회생채권자표, 회생담보권표에 기재된 사항이며
이의의 내용 및 그 사유를 구체적으로 기재하여야 한다. 이의의 대상으로 되
는 자는 당해 조사기일에서 조사의 대상으로 될 자이다. 이의의 진술이 있으
면 이의는 회생채권, 회생담보권의 확정소송에 의하여서만 확정된다.

2) 회생채권 및 회생담보권 등의 확정

가. 확정의 대상(회생법 제166조)

조사기간 안에 또는 특별조사기일에 관리인·회생채권자 등의 이의가 없는 때에는 다음의 사항이 확정된다.

① 신고된 회생채권 및 회생담보권의 내용과 의결권의 액수

② 신고된 회생채권 또는 회생담보권이 없는 때에는 관리인이 제출한 목록에 기재되어 있는 회생채권 또는 회생담보권

③ 우선권이 있는 채권에 관하여는 우선권이 있는 것

나. 확정의 요건

회생채권 또는 회생담보권은 조사기간 안에 또는 조사기일에 관리인·회생채권자·회생담보권자·주주·지분권자의 이의가 없는 때 또는 진술된 이의가 그 후 효력을 잃은 때에 확정된다.

① 조사기일에 이의의 진술이 없을 것

이의가 확정을 저지하는 효력을 가지는 것은 그것이 이의권을 가진 자에 의하여 진술된 때에 한한다. 이의권을 가지는 자는 관리인, 신고한 회생채권자, 회생담보권자, 신고한 주주다. 채무자도 넓은 의미에서의 이의권을 가지나 채무자의 이의는 여기에서 말하는 확정을 저지하는 효력은 없다.

② 조사기일에 진술된 이의가 그 후 효력을 잃을 것

이의는 이의의 철회, 이의자의 출소기간 도과, 이의자의 이의권의 상실에 의하여 효력을 잃는다.

다. 회생채권자표 및 회생담보권자표에의 기재(회생법 제167조)

① 회생채권자표 등의 기재권자

법원사무관등은 회생채권과 회생담보권 조사의 결과를 회생채권자표와 회생담보권자표에 기재하여야 한다. 채무자가 제출한 이의도 또한 같다. 이 기재행위는 재판행위가 아닌 공증행위다. 법원사무관등은 확정된 회생채권 및 회생담보권의 증서에 확정된 뜻을 기재하고 법원의 인(印)을 찍어야 한다.

② 초본의 교부

법원사무관 등은 회생채권자 또는 회생담보권자의 청구에 의하여 그 권리에 관한 회생채권자표 또는 회생담보권자표의 초본을 교부하여야 한다.

【쟁점질의와 유권해석】

〈이미 확정된 정리채권자표의 기재의 효력을 다툴 수 있는지 여부(소극)〉

채권조사기일 당시 유효하게 존재하였던 채권에 대하여 관리인 등으로부터의 이의가 없는 채로 정리채권자표가 확정되어 그에 대하여 불가쟁의 효력이 발생한 경우에는 관리인으로서는 더 이상 부인권을 행사하여 그 채권의 존재를 다툴 수 없게 되었다고 할 것이고, 나아가 관리인이 사후에 한 그러한 부인권 행사의 적법성을 용인하는 전제에서 정리채권으로 이미 확정된 정리채권자표 기재의 효력을 다투어 그 무효확인을 구하는 것 역시 허용될 수 없다(대법원 2003. 5. 30.선고 2003다18685판결).

라. 기재의 효력(회생법 제168조)

확정된 회생채권 및 회생담보권을 회생채권자표 및 회생담보권자표에 기재한 때에는 회생채권자, 회생담보권자와 주주의 전원에 대하여 확정판결과 동일한 효력을 가진다. 따라서 후에 이를 다툴 수 없도록 하고 있다.

【쟁점질의와 유권해석】

〈정리채권자표와 정리담보권자표의 기재가 확정판결과 동일한 효력이 있다는 것의 의미〉

회사정리법 제145조가 확정된 정리채권과 정리담보권에 관한 정리채권자표와 정리담보권자표의 기재는 정리채권자, 정리담보권자와 주주 전원에 대하여 확정판결과 동일한 효력이 있다고 규정한 취지는, 정리채권자표와 정리담보권자표에 기재된 정리채권과 정리담보권의 금액은 정리계획안의 작성과 인가에 이르기까지의 정리절차의 진행과정에 있어서 이해관계인의 권리행사의 기준이 되고 관계인집회에 있어서 의결권 행사의 기준으로 된다는 의미를 가지는 것으로서, 위 법조에서 말하는 확정판결과 동일한 효력이라 함은 기판력이 아닌 확인적 효력을 가지고 정리절차 내부에 있어 불가쟁의 효력이 있다는 의미에 지나지 않는다(대법원 1991. 12. 10.선고 91다4096판결).

3) 회생채권 등의 조사확정에 대한 재판

가. 회생채권 및 회생담보권 조사확정의 재판(회생법 제170조)

① 재판신청방법

목록에 기재되거나 신고된 회생채권 및 회생담보권에 관하여 관리인·회생채권자·회생담보권자·주주지분권자가 이의를 한 때에는 그 회생채권 또는 회생담보권을 보유한 권리자는 그 권리의 확정을 위하여 이의자 전원을 상대방으로 하여 법원에 채권조사확정의 재판을 신청할 수 있다. 다만 제172조(이의채권에 관한 소송의 수계) 및 제174조(집행력 있는 집행권원이 있는 채권 등에 대한 이의)의 경우에는 그러하지 아니하다.

② 소송의 수계

개시결정 당시 당해 회생채권 또는 회생담보권을 소송물로 하는 소송이 계속 중인 경우에는 소송을 수계하여야 한다. 회생채권, 회생담보권에 관한 소송이라면 이행소송인가 확인소송인가 또 채무자가 원고인가 피고인가를 불문하고 수계하여야 한다. 그러나 이 경우 채권조사기일에서 조사의 결과 회생채권자표 또는 회생담보권자표에 기재된 사항에 관하여만 수계신청이 가능하고, 그곳에 기재되지 않은 사항을 주장하는 수계신청은 부적법하여 각하되어야 한다.

이미 소송이 계속 중이어서 소송수계신청을 하여야 함에도 불구하고 별도의 회생채권 확정의 소를 제기하는 것은 권리보호의 이익이 없으므로 부적법하다.

③ 회생채권 등의 조사확정의 재판의 대상

1. 신고된 회생채권 등으로서 채권조사 결과 이의가 진술된 것 : 회생채권 등 확정의 소의 대상이 되는 것은 회생법원에 신고된 채권으로서 채권조사결과 이의가 진술된 것이어야 한다. 따라서 회생법원에 신고되지 않았거나 채권조사결과 아무런 이의가 진술되지 않은 채권에 관한 소송이라면 부적법하여 각하되어야 한다.

2. 회생담보권의 경우 : 회생담보권의 경우에는 그 피담보채권의 존부, 금액뿐만 아니라 담보권의 존부, 금액, 순위도 확정의 대상으로 되고, 회생채권이 금전채권인 경우에는 그 채권의 존부와 금액이, 비금전채권인 경우에는 그 급부의 내용이 확정의 대상으로 되며, 또한 회생채권, 회생담보권 모두 의결권액이 독립한 확정의 대상으로서의 의미를 가진다.

3. 조세채권 : 회생채권 중 조세채권은 신고하여야 하는 채권이지만 채권조사절차의 대상이 되지 않으며, 그에 대한 이의는 관리인만이 회사가 할 수 있는 방법으로 불복할 수 있을 뿐이므로, 회생채권 확정의 소로서 확정을 구할 이익이 없다. 따라서 조세채권의 원인이 되는 조세부과처분이 중대하고 명백한 하자가 있어서 당연히 무효라고 다투는 경우에는 관리인은 그 과세처분의 무효확인을 받아 구제를 받을 수 있을지언정 이의를 할 수 없고, 설사 이의를 하였다고 하더라도 그 이의는 회생채권 확정에 아무런 영향을 줄 수 없는 것이다.

④ 출소기간(제소기간)

회생채권 등의 확정을 위한 소의 제기와 수계신청은 모두 해당 채권 조사기간의 말일 또는 특별조사기일부터 1월 내에 하여야 한다. 권리자가 이와 같은 출소기간 및 수계기간 내에 제소나 수계신청을 하지 않았을 경우, 당장 그 권

리가 실체상으로 소멸하는 것은 아니지만, 그 권리에 관하여 회생절차에 참가
할 수 없게 된다. 따라서 출소기간을 넘어서 제소하였거나 수계기간을 경과한
후에 수계신청을 한 경우에 그에 따른 회생채권 등의 확정의 소는 부적법하여
각하하여야 하지만, 회생절차가 회생계획인가 전에 폐지된 경우에는 자기의 권
리를 행사할 수 있게 되며, 그 후부터는 통상의 소송을 제기하거나 계속 중인
회생채권 확정의 소를 통상의 소로 변경할 수 있다.

⑤ 효력

회생채권의 확정에 관한 소송에 대한 판결은 회생채권자 전원에 대하여 그 효
력이 있고, 회생채권조사확정재판에 대한 이의의 소가 정해진 기간 안에 제기
되지 아니하거나 각하된 때에는 그 재판은 회생채권자 전원에 대하여 확정판
결과 동일한 효력이 있다.

【쟁점질의와 유권해석】

〈신고하지 아니한 정리채권에 대한 확정을 청구할 수 있는지 여부(소극)〉

정리채권확정의 소는 회사정리절차에서 정리채권으로 신고하여 정리채권자표에 기재되고
조사의 대상으로 되었던 채권을 대상으로 하여서만 허용되는 것이고, 신고하지 아니한
정리채권에 대한 확정을 구하는 것은 부적법하다(대법원 2003. 5. 16.선고 2000다
54659판결).

나. 채권조사확정재판에 대한 이의의 소(회생법 제171조)

① 제소기간

채권자가 회생채권조사확정재판에 대하여 불복을 하는 경우에 그 결정서를 송
달받은 날로부터 1개월 이내에 이의의 소를 제기할 수 있다.

② 관 할

채권조사확정재판에 대한 이의의 소는 회생법원의 관할에 속한다.

③ 피고적격

1. 이의의 소를 제기하는 자가 이의채권을 보유하는 권리자인 때에는 이의자 전
원을 피고로 한다.

2. 이의의 소를 제기하는 자가 이의자인 때에는 그 회생채권자 또는 회생담보권
자를 피고로 한다.

④ 판 결

이의의 소에 대하여 법원은 그 소가 부적법하여 각하하는 경우를 제외하고는
채권조사확정재판을 인가하거나 변경하는 판결을 하여야 한다.

3) 이의채권에 관한 소송의 수계(회생법 제172조)

① 수계신청을 하여야 하는 경우

1. 소송 계속 중인 이의 채권에 반해 그 권리확정을 구하고자 하는 때 : 회생절차 개시 당시 이의채권에 관하여 소송이 계속하는 경우 회생채권자 또는 회생담보권자가 그 권리의 확정을 구하고자 하는 때에는 이의자 전원을 그 소송의 상대방으로 하여 소송절차를 수계하여야 한다.

2. 보전처분과 보전관리명령이 내려진 경우 : 회생절차 개시결정이 있기 이전에 이의 있는 회생채권에 관한 소송이 계속중이었는데 보전처분과 관리명령이 내려져 보전관리인이 선임되어 소송의 상대방을 회생회사에서 보전관리인으로 수계신청을 한 경우에도 수계신청을 하여야 한다. 소송수계에 있어서 상대방이 되는 회생채무자의 관리인은 그 회생채권에 대한 이의자로서의 지위에서 당사자가 되는 것이기 때문이다.

3. 이행의 소를 제기하였다가 청구취지를 회생채권의 확정을 구하는 내용으로 변경하는 경우 : 출소기간 내에 회생채권 등의 확정의 소가 아닌 이행의 소를 제기하였다가 출소기간이 경과된 후에 청구취지를 회생채권의 확정을 구하는 내용으로 변경하는 것은 가능하다. 따라서 소송수계절차는 출소기간 내에 취하하였으나, 소의 변경이나 청구취지변경의 신청은 출소기간 뒤에 한 경우에도 적법하다.

② 소송절차 수계신청 기한

수계신청은 조사기간 말일 또는 특별조사기일로부터 1월 이내에 하여야 한다.

4) 주장의 제한(회생법 제173조)

회생채권자 또는 회생담보권자는 채권조사확정재판, 채권조사확정재판에 대한 이의의 소 및 제172조제1항의 규정에 의하여 수계한 소송절차에서 이의채권의 원인 및 내용에 관하여 회생채권자표 및 회생담보권자표에 기재된 사항만을 주장할 수 있다. 채권조사확정소송에서는 회생채권의 신고가 소송요건이고, 회생채권자는 채권표에 기재된 사항에 관하여만 청구권인으로 할 수 있으므로, 예컨대 채권표에 기재된 것과 다른 발생원인이나 그보다 다액의 채권액 등을 주장할 수 없다. 따라서 채권표에 기재되지 않은 권리, 액, 우선권의 유무 등의 확정을 구하는 파산채권확정소송 또는 채권표에 기재되지 않은 권리에 관하여 소송이 계속되어 있는 경우의 그 수계신청 등은 모두 부적법하다.

5) 집행력있는 집행권원이 있는 채권 등에 대한 이의(회생법 제174조)

① 이의제기의 방법

이의채권 중 집행력 있는 채무명의(집행권원)나 종국판결이 있는 것에 대하여는 이의자는 채무자가 할 수 있는 소송절차에 의하여서만 이의를 할 수 있다. 이는 회생절차 개시결정 전에 신고채권자와 채무자 사이에 확정된 법률관계를 신고채권자와 이의자 사이에도 유지하려는 취지이다.

1. 집행력 있는 집행권원의 의미 : "집행력 있는 집행권원"이란 "집행력 있는 정본"과 같은 뜻으로서 집행문을 요하는 경우에는 이미 집행문을 받아 바로 집행할 수 있는 것을 말한다. 따라서 채권 신고를 한 때에는 물론 이의를 한 무렵에도 집행문이 부여되어 있지 않은 약속어음 공정증서는 이의 후에 집행문이 부여되었다 하더라도 이에 해당하지 아니한다.

2. 채무자가 할 수 있는 소송절차 : "채무자가 할 수 있는 소송절차"는 각 채무명의(집행권원) 또는 종국판결에 따라 다르다. 확정판결에 대해서는 재심의 소(민법 제422조), 판결의 경정신청(민사소송법 제211조), 집행문부여에 대한 이의(조건성취집행문, 승계집행문이 부여되어 있는 경우)를 할 수 있고, 확인판결에 대하여는 기판력의 기준시 이후의 사유에 의하여 소극적 확인의 소를 제기할 수 있으며, 이행판결에 대하여는 기판력 기준시 이후의 사유에 의하여 청구이의의 소를 제기하여야 한다. 미확정인 종국판결에 대하여는 이의자가 소송을 수계한 다음 상급심에서 절차를 속행하거나 상소를 하여야 한다. 이의자가 수인인 때에는 각 이의자가 독립하여 원고적격을 가진다.

② 이의기간

이의의 주장은 조사기간의 말일 또는 특별조사기일부터 1월 이내에 하여야 한다.

③ 소송절차의 수계

회생절차 개시 당시 집행력 있는 집행권원 또는 종국판결이 있는 회생채권 또는 회생담보권에 관하여 법원에 소송이 계속되는 경우 이의자가 같은 항의 규정에 의한 이의를 주장하고자 하는 때에는 이의자는 그 회생채권 또는 회생담보권을 보유한 회생채권자 또는 회생담보권자를 상대방으로 하여 소송절차를 수계하여야 한다. 소송절차 수계는 조사기간의 말일 또는 특별조사기일부터 1월 이내에 하여야 한다.

④ 이의주장이나 소송수계가 없는 경우 효과

이의기간 또는 소송절차 수계의 기간 내에 이의의 주장이나 소송의 수계가 행하여지지 아니한 경우 이의자가 회생채권자 또는 회생담보권자인 때에는 법 제161조

(회생채권 및 회생담보권에 대한 이의 등) 제1항 또는 제164조(관계인의 출석) 제2항의 규정에 의한 이의는 없었던 것으로 보며, 이의자가 관리인인 때에는 관리인이 그 회생채권 또는 회생담보권을 인정한 것으로 본다.

6) 회생채권 및 회생담보권의 확정에 관한 소송의 판결 등의 효력(회생법 제176조)

회생채권 및 회생담보권의 확정에 관한 소송에 대한 판결은 회생채권자·회생담보권자·주주·지분권자 전원에 대하여 그 효력이 있다.

채권조사확정재판에 대한 이의의 소가 결정서의 송달을 받은 날부터 1월 이내에 제기되지 아니하거나 각하된 때에는 그 재판은 회생채권자·회생담보권자·주주·지분권자 전원에 대하여 확정판결과 동일한 효력이 있다.

7) 회생채권 또는 회생담보권 확정소송의 목적의 가액(회생법 제178조)

① 결정의 주체

회생채권 또는 회생담보권의 확정에 관한 소송물가액은 회생계획으로 얻을 이익의 예정액을 표준으로 하여 회생법원이 이를 정한다. 여기서 말하는 회생법원은 회생사건을 담당하는 재판부(협의의 회생법원)를 의미한다.

② 소송물가액 결정 신청의 주체

소송물가액의 결정은 당사자의 신청에 의하는 것으로 보고 있다. 회생채권 등 확정의 소는 대개의 경우 이의를 받은 자가 적극적 당사자로서 제기하여야 하는 것이니 만큼, 이를 전제로 하는 소가결정을 법원이 직권으로 할 수는 없다. 회생채권 등 확정의 소를 제기하려는 자가 신청하는 것이 일반적이다. 그 상대방도 그 소송에서 패소할 경우 소송비용을 부담하게 된다는 점에서 신청권이 있다고 해석되고 있다.

③ 신청과 결정의 시기

소송물가액결정의 신청의 시기에는 특별한 제한이 있는 것은 아니지만, 소를 제기하기 전에는 사실상 신청하기가 어렵다. 따라서 실제로는 소를 제기한 자가 소액의 인지를 첩부하여 소를 제기한 후에 소송물가액결정을 받아 인지를 보정하는 것이 보통이다.

소송물가액결정신청은 대부분의 경우 소 제기 직후에 신청되지만, 당사자가 제1심 종국판결이 내려진 후에 신청하는 경우도 있고, 심지어는 대법원의 판결로 소송이 종결된 후에 소송비용의 확정을 위해서 소송물가액결정신청을 하는 경우도 있다.

④ 소송물가액결정의 기준

소송물가액결정의 기준은 이의가 있는 회생채권 등의 권리자가 회생계획으로 얻을 이익의 예정액을 표준으로 하여 정한다. 소송물가액결정을 하고 난 다음 회생계획안이 수정 또는 변경되었고, 그 후에 다시 다른 소송물가액결정 신청이 들어왔을 경우에는 수정 또는 변경된 회생계획안을 기준으로 하여 소송물가액을 결정하면 된다.

⑤ 소송물가액결정에 대한 불복

소송물가액결정에 대하여는 즉시항고할 수 있다는 규정이 없으므로 불복할 수 없다. 다만 특별항고는 가능하다.

(4) 공익채권과 개시 후 기타채권

1) 공익채권

가. 공익채권이 되는 청구권(회생법 제179조)

① 공익채권의 의의

공익채권이라 함은 회생절차의 수행에 필요한 비용을 지출하기 위하여 인정된 회사에 대한 청구권으로서 주로 회생절차개시 후의 원인에 기하여 생긴 청구권을 말한다.

② 공익채권으로 되는 권리

1. 회생채권자, 회생담보권자와 주주·지분권자의 공동의 이익을 위하여 한 재판상 비용청구권

2. 회생절차개시 후의 채무자의 업무 및 재산의 관리와 처분에 관한 비용청구권

3. 회생계획의 수행을 위한 비용청구권. 다만, 회생절차종료 후에 생긴 것을 제외한다.

4. 채무자회생및파산에관한법률 제30조 및 제31조의 규정에 의한 비용·보수·보상금 및 특별보상금청구권

5. 채무자의 업무 및 재산에 관하여 관리인이 회생절차개시 후에 한 자금의 차입 그 밖의 행위로 인하여 생긴 청구권

6. 사무관리 또는 부당이득으로 인하여 회생절차개시 이후 채무자에 대하여 생긴 청구권

7. 채무자회생및파산에관한법률 제119조제1항의 규정에 의하여 관리인이 채무의 이행을 하는 때에 상대방이 갖는 청구권

8. 계속적 공급의무를 부담하는 쌍무계약의 상대방이 회생절차개시신청 후 회생절차개시 전까지 한 공급으로 생긴 청구권

9. 회생절차개시신청 전 20일 이내에 채무자가 계속적이고 정상적인 영업활동으로 공급받은 물건에 대한 대금청구권

10. 다음 각목의 조세로서 회생절차개시 당시 아직 납부기한이 도래하지 아니한 것

   i. 원천징수하는 조세. 다만, 「법인세법」제67조(소득처분)의 규정에 의하여 대표자에게 귀속된 것으로 보는 상여에 대한 조세는 원천징수된 것에 한한다.

   ii. 부가가치세·개별소비세 및 주세

   iii. 본세의 부과징수의 예에 따라 부과징수하는 교육세 및 농어촌특별세

   iv. 특별징수의무자가 징수하여 납부하여야 하는 지방세

11. 채무자의 근로자의 임금·퇴직금 및 재해보상금

12. 회생절차개시 전의 원인으로 생긴 채무자의 근로자의 임치금 및 신원보증금의 반환청구권

13. 채무자 또는 보전관리인이 회생절차개시신청 후 그 개시 전에 법원의 허가를 받아 행한 자금의 차입, 자재의 구입 그 밖에 채무자의 사업을 계속하는 데에 불가결한 행위로 인하여 생긴 청구권

14. 채무자회생및파산에관한법률 제21조제3항의 규정에 의하여 법원이 결정한 채권자협의회의 활동에 필요한 비용

15. 채무자 및 그 부양을 받는 자의 부양료

16. 1. 내지 10. 15.에 규정된 것 외의 것으로서 채무자를 위하여 지출하여야 하는 부득이한 비용

③ 기타 공익채권

1. 보전처분 후 개시결정 전에 취소명령에 의하여 효력을 잃은 가압류, 가처분으로 인하여 채무자에 대하여 생긴 채권과 그 절차에 관한 채무자에 대한 비용청구권.

2. 개시결정에 의하여 중단된 강제집행, 가압류, 가처분, 경매절차, 체납처분 또는 조세담보를 위하여 제공된 물건의 처분의 속행을 명한 경우의 비용청구권.

3. 채무자의 행위가 부인된 경우에 그 받은 반대이행이 채무자의 재산중에 현존하는 때 상대방이 가지는 반대이행의 반환 또는 반대이행으로 인하여 생긴이익이 현존하는 때 상대방이 가지는 반대이행으로 인하여 생긴 이익의 상환청구권.

4. 개시결정에 의하여 중단된 회생채권이나 회생담보권에 관계없는 소송을 관리인이 수계한 경우의 채무자에 대한 소송비용청구권.

5. 채무자의 행위가 부인된 경우에 그 받은 반대이행이 채무자의 재산중에 현존하는 때 상대방이 가지는 반대이행의 반환 또는 반대이행으로 인하여 생긴 이익이 현존하는 때 상대방이 가지는 반대이행으로 인하여 생긴 이익의 상환청구권.

6. 쌍방미이행의 쌍무계약을 관리인이 해제 또는 해지한 경우에 상대방이 가지는 그 반대이행의 반환 또는 그 가액의 상환청구권.

【쟁점질의와 유권해석】

〈아파트 수분양자들의 정리회사에 대한 소유권이전등기청구권이 공익채권에 해당하는지 여부(적극)〉

정리회사의 관리인이 회사정리절차개시결정 이전에 아파트 분양계약을 체결한 수분양자들로부터 분양잔대금을 지급받고 그들을 입주시킨 경우, 아파트 수분양자들의 정리회사에 대한 소유권이전등기청구권은 회사정리법 제208조 제7호에 정한 공익채권에 해당하고, 그 이행지체로 인한 손해배상청구권 역시 공익채권에 해당한다(대법원 2004. 11. 12.선고 2002다53865판결).

나. 공익채권의 변제 등(회생법 제180조)

① 회생절차에 의하지 아니하는 수시변제

공익채권을 회생절차에 의하지 아니하고 수시로 변제한다.

회생채권과 회생담보권은 원칙적으로 회생계획이 인가되기까지는 변제가 보류되고 계획인가 후에는 계획에 구속되어 계획에 정하는 변제방법, 변제시기에 있어서만 변제를 받을 수 있는데 반해 공익채권은 수시로 변제한다. 수시변제라 함은 회생계획인가의 전후를 불문하고 그 채권의 본래의 변제기에 따라서 그때그때 변제하는 것을 말한다.

공익채권의 행사를 위하여는 채권의 확정을 요하지 않는다. 회생채권과 회생담보권이 회생계획이 정하는 바에 따라 권리가 인정되기 위하여는 반드시 확정이 필요하고, 그를 위하여 조사기일이 열리지만 공익채권은 이와 같은 조사, 확정을 거치지 않고 행사할 수 있다. 공익채권의 존부와 액에 관하여 다툼이 있는 때에는 통상의 소송에 의하여 해결할 것이며 이 경우에는 관리인을 소송당사자로 하면 된다.

② 회생채권 및 회생담보권에 우선하는 변제

공익채권은 회생채권과 회생담보권에 우선하여 변제한다. 우선하여 변제한다는 의미는 경매대금으로부터 선순위의 담보권을 제쳐놓고 변제를 받을 수 있다는 의미는 아니다. 채무자의 일반재산으로부터 변제를 받음에 있어서 회생채권자 및 회생담보권자에 우선한다는 취지에 지나지 않고 특별한 담보권에까지 우선하는 취지는 아니라고 해석하는 것이 타당하다.

2) 개시 후 기타 채권(회생법 제181조)

① 변제 등 청구권을 소멸시키는 행위의 금지

회생절차개시 이후의 원인에 기하여 발생한 재산상의 청구권으로서 공익채권, 회생채권 또는 회생담보권이 아닌 청구권에 관하여는, 회생절차가 개시된 때부터 회생계획으로 정하여진 변제기간이 만료하는 때까지의 사이에는 변제를 하거나 변제를 받는 행위 그 밖에 이를 소멸시키는 행위를 할 수 없다.

② 강제집행등의 신청금지

회생절차개시 이후에는 개시후 기타채권에 기한 채무자의 재산에 대한 강제집행, 가압류, 가처분 또는 담보권 실행을 위한 경매의 신청을 할 수 없다.

5. 관계인집회

(1) 관계인집회의 의의

1) 제1회 관계인집회

제1회 관계인집회는 관계인에 대하여 관리인이 보고를 하고 관계인이 관리인의 선임과 회생채무자의 관리방침에 관하여 의견을 진술할 수 있음을 목적으로 하는 관계인집회이다.

2) 제2회 관계인집회

제2회 관계인집회는 회생계획안의 심리를 목적으로 하는 관계인집회이다.

관리인은 법원이 정한 기간 내에 회생계획안을 법원에 제출할 의무가 있고, 채무자와 신고한 회생채권자, 회생담보권자 및 주주도 법원이 정한 기간 내에 회생계획안을 법원에 제출할 수 있다.

그와 같이 제출된 회생계획안은 관계인집회의 가결을 거쳐 비로서 회생계획으로 성립된다. 그와 같은 결의에 앞서서 회생계획안의 내용을 심리하는 관계인집회가 바로 제2회 관계인집회이다.

3) 제3회 관계인집회

제3회 관계인집회는 회생계획안의 결의를 위한 관계인집회이다. 회생계획안이 제2회 관계인집회의 심리를 거친 후 이에 대하여 특히 수정명령 또는 계획안을 배제할 사유가 없는 때에는 법원은 결의를 위한 관계인집회를 열어 그 결의에 붙이게 된다.

제3회 관계인집회는 회생절차의 최종단계에서 계획안을 결의하는 집회이므로 3회의 관계인집회 중에서 가장 중요한 집회라고 할 수 있다. 그리고 3회의 관계인집회 중에서 어떤 결의를 하는 일은 제3회 관계인집회에 국한된다.

(2) 관계인집회의 기일

1) 기일의 지정

2015년 7월 개정전 법에서는 "제1회 관계인집회의 기일은 회생절차 개시결정과 동시에 법원이 정한다. 법원은 개시결정일로부터 4월의 기간 내에 제1회 관계인집회의 기일을 정하여야 하며, 이를 공고하여야 한다."고 규정하고 있었다. 그러나 2015년 7월 1일 시행된 개정법에서는 회생절차의 절차지연을 방지하기 위하여 제1회 관계인집회를 법원이 재량으로 개최할 수 있게 하였다.

실무에서는 회생채권 등의 일반조사기일과 제1회 관계인집회를 병합하여 실시하고 있고, 그 기일은 개시결정일로부터 2개월 내지 3개월 사이로 지정하고 있다.

2) 기일의 통지(회생법 제182조)

가. 통지의 대상

법원은 다음 각 항의 자에게 관계인집회의 기일을 통지하여야 한다.

① 관리인

② 조사위원·간이조사위원

③ 채무자

④ 목록에 기재되어 있거나 신고한 회생채권자·회생담보권자·주주·지분권자

⑤ 회생을 위하여 채무를 부담하거나 담보를 제공한 자가 있는 때에는 그 자

나. 통지하지 아니할 수 있는 경우

의결권을 행사할 수 없는 회생채권자·회생담보권자·주주·지분권자에게는 관계인집회의 기일을 통지하지 아니할 수 있다.

다. 주식회사가 채무자인 경우의 통지

법원은 주식회사인 채무자의 업무를 감독하는 행정청과 법무부장관 및 금융위

원회에게 관계인집회의 기일을 통지하여야 한다.

(3) 법원의 지휘 등(회생법 제184조·제185조)

관계인집회는 법원이 지휘한다.

법원은 관계인집회의 기일과 회의의 목적인 사항을 공고하여야 한다. 공고는 관보와 법원이 지정하는 신문에 게재하는 방법으로 하여야 한다. 다만, 관계인집회의 연기 또는 속행에 관한 선고가 있는 때에는 송달 또는 공고를 하지 않아도 된다.

(4) 의결권 행사 등

1) 의결권에 대한 이의(회생법 제187조)

가. 이의의 대상

이의권자는 관계인집회에서 회생채권자·회생담보권자·주주·지분권자의 의결권에 관하여 이의를 할 수 있다. 다만, 회생채권·회생담보권 등의 조사 및 확정절차에서 확정된 회생채권 또는 회생담보권을 가진 회생채권자 또는 회생담보권자의 의결권에 대해서는 이의를 할 수 없다.

나. 이의권자

관계인집회에서 이의를 할 수 있는 자는 다음과 같다.

① 관리인

② 목록에 기재되어 있거나 신고된 회생채권자·회생담보권자·주주·지분권자

【쟁점질의와 유권해석】

〈확정된 회생채권이나 회생담보권에 의한 의결권에 대해서도 이의를 할 수 있는지 여부〉

경우에 따라서는 확정된 회생채권이나 회생담보권에 대하여도 의결권에 대한 이의를 할 수 있다. 예를 들어 신고 자체가 예비적으로 한 것으로서 비록 조사 기일에서 이의 없이 확정되었다 하더라도 그 성격상 의결권의 행사를 인정할 수 없을 경우(예를 들어 부인권 행사가 인정 되는 것을 조건으로 하여 회생채권 신고를 하였으나 추후에 공익채권으로 인정된 경우, 채권자에 의한 상계의 효력에 관하여 다툼이 있어 상계의 효력이 인정되지 않을 것을 조건으로 하여 회생채권 신고를 한 경우), 확정된 회생채권자표 등의 기재가 잘못되어 객관적으로 확정되어 있지 않다고 볼 수 있는 경우나 객관적으로 확정되어 있다 하더라도 그 의결권이나 권리 내용의 기재에 잘못이 있다는 취지의 다툼이 있는 경우에는 의결권에 대한 이의를 통하여 이를 다툴 수 있는 것으로 해석된다.

2) 의결권의 행사(회생법 제188조)

가. 의결권행사의 방법

확정된 회생채권 또는 회생담보권을 가진 회생채권자 또는 회생담보권자는 그 확정된 액이나 수에 따라, 이의없는 의결권을 가진 주주·지분권자는 목록에 기재되거나 신고한 액이나 수에 따라 의결권을 행사할 수 있다.

나. 의결권의 불통일행사(회생법 제189조)

의결권자는 의결권을 통일하지 않고 행사할 수 있다.

의결권자들의 의결권 행사가 반드시 통일되어 있을 필요는 없으나, 불통일행사를 하려는 경우 관계집회 7일 전까지는 그 취지를 서면으로 신고하도록 되어 있다.

서면에 의한 결의를 하는 경우에는 채무자회생및파산에관한법률 제240조 제2항의 회신기간 내에 직접 의결권을 불통일행사하여 이를 회신하는 방법에 의한다.

3) 부당한 의결권자의 배제(회생법 제190조)

법원은 권리취득의 시기, 대가 기타의 사정으로 보아 의결권을 가진 회생채권자, 회생담보권자 또는 주주가 관계인집회의 결의에 관하여 재산상의 이익을 수수하는 등 부당한 이익을 얻을 목적으로 그 권리를 취득한 것으로 인정하는 때에는 그에 대하여 그 의결권을 행사하지 못하게 할 수 있다. 법원은 이러한 처분을 하기 전에 그 의결권자를 심문하여야 한다.

4) 의결권을 행사할 수 없는 자(회생법 제191조)

다음의 어느 하나에 해당하는 자는 의결권을 행사하지 못한다.

가. 회생계획으로 그 권리에 영향을 받지 아니하는 자

회생계획에 의하여 자기의 권리에 영향을 받지 아니하는 자는 회생계획안에 대한 결의에 참가할 아무런 이유가 없기 때문에 의결권을 행사 할 수 없다.

나. 회생법 제140조(벌금·조세 등의 감면) 제1항 및 제2항 청구권을 가지는 자

이러한 청구권은 본래 채무자에게 징벌적으로 부과되는 것이기 때문에 다수결에 의하여 그 내용이 변경되어질 성격의 것이 아니므로 의결권의 행사가 인정되지 않는다. 다만 이 청구권은 후순위 회생채권에 속하기 때문에 다른 회생담보권이나 일반 회생채권보다 열등하게 취급되어야 할 것이고, 따라서 다른 채권의 최종 변제기까지 그 지급이 유예되는 형태로 권리변경이 되는 게 일반적이다.

다. 다음의 청구권을 가지는 자

① 회생절차개시 후의 이자

② 회생절차개시 후의 불이행으로 인한 손해배상금 및 위약금

③ 회생절차참가의 비용

라. 회생법 제188조(의결권의 행사) 및 제190조(부당한 의결권자의 배제)의 규정에 의하여 의결권을 행사할 수 없는 자

마. 회생법 제244조제2항의 규정에 의하여 보호되는 자

회생계획안의 결의를 위하여 분류된 일부 조에서 가결요건에 해당하는 다수의 동의를 받기 어려운 것이 명백한 경우에 결의에 부치기 전에 일부 조에 대하여 권리보호조항을 정할 수가 있다. 이 경우에는 굳이 의결권을 행사하게 할 필요가 없으므로 그 권리자의 의결권 행사를 인정하지 않는 것이다.

5) 의결권의 대리행사(회생법 제192조)

가. 대리행사권이 있는 자

회생채권자, 회생담보권자와 주주는 대리인에 의하여 그 의결권을 행사할 수 있다. 이해관계인은 제3회 관계인집회뿐 아니라 제1회 및 제2회 관계인집회에서도 대리인을 선임할 수 있으며, 대리인의 자격은 변호사로 국한되지 아니하고 소송능력이 있는 자이면 누구나 대리인으로 될 수 있다.

나. 대리권을 증명하는 서면의 제출

대리인이 관계인집회에 참가하기 위해서는 대리권을 증명하는 서면을 제출하여야 한다.

다. 대리인이 의결권의 불통일행사를 하는 경우

대리인이 위임받은 의결권을 통일하지 아니하고 행사하는 경우에는 관계인집회 7일 전까지 법원에 그 취지를 서면으로 신고하여야 한다.

6. 회생계획

(1) 회생계획의 내용

1) 회생계획의 내용

가. 회생계획에서 정하여야 할 사항

① 필수적 결정사항

회생계획안의 기재사항 중에는 그 기재가 없으면 회생계획안이 부적법하게 되는 것이 있으므로, 만약 그 기재가 없는 경우 법원은 계획안 제출자로 하여금 그 기재사항을 수정하도록 지도하거나 수정명령을 내려야 하고. 수정이 되지 않는다면 회생계획안을 배제하거나 불인가하여야 한다.

회생계획에는 다음의 사항을 정하여야 한다.

ㄱ) 회생채권자·회생담보권자·주주 또는 지분권자의 권리의 전부 또는 일부의 변경

ㄴ) 공익채권의 변제

ㄷ) 채무의 변제잔금의 조달방법

ㄹ) 회생계획에서 예상된 액을 넘는 수익금의 용도

ㅁ) 알고 있는 개시후기타채권이 있는 때에는 그 내용

② 선택적 결정사항

이에 반하여 영업이나 재산의 양도, 출자나 임대, 사업의 경영의 위임, 정관의 변경, 이사, 대표이사(채무자가 주식회사가 아닌 때에는 채무자를 대표할 권한이 있는 자를 포함한다)의 변경, 자본의 감소, 신주나 사채의 발행, 주식의 포괄적 교환 및 이전, 합병, 분할, 분할합병, 해산 또는 신회사의 설립에 관한 조항 기타 회생을 위하여 필요한 사항은 채무자회생의 구체적 방안에 따라 자유로이 선택하여 기재할 수 있다.

나. 회생채권자 등의 권리(회생법 제194조)

① 회생채권자 등의 권리를 변경하는 때

회생채권자, 회생담보권자, 주주, 지분권자의 권리를 변경하는 때에는 회생계획에 변경되는 권리를 명시하고, 변경 후의 권리의 내용을 정하여야 한다.

② 회생계획에 의하여 그 권리에 영향을 받지 않을 권리

회생채권자, 회생담보권자, 주주, 지분권자로서 회생계획에 의하여 그 권리에 영향을 받지 아니하는 자가 있는 때에는 그 자의 권리를 명시하여야 한다.

다. 채무의 기한(회생법 제195조)

회생계획에 의하여 채무를 부담하거나 채무의 기한을 유예하는 경우 그 채무의 기한은 다음과 같다.

담보가 있는 경우	담보물의 존속기간을 넘지 못한다.
담보가 없거나 담보물의 존속기간을 판정할 수 없는 때	10년을 넘지 못한다.

다만, 회생계획의 정함에 의하여 사채를 발행하는 경우에는 기한의 제한을 받지 않는다.

라. 담보의 제공과 채무의 부담(회생법 제196조)

① 담보의 제공

채무자 또는 채무자 외의 자가 회생을 위하여 담보를 제공하는 때에는 회생계획에 담보를 제공하는 자를 명시하고 담보권의 내용을 정하여야 한다.

② 채무의 부담

채무자 외의 자가 채무를 인수하거나 보증인이 되는 등 회생을 위하여 채무를 부담하는 때에는 회생계획에 그 자를 명시하고 그 채무의 내용을 정하여야 한다.

마. 미확정의 회생채권 등(회생법 제197조)

이의 있는 회생채권 또는 회생담보권으로서 그 확정절차가 종결되지 않은 것이 있는 경우 권리확정의 가능성을 고려하여 회생계획안에 이에 대한 적당한 조치를 정하여야 한다. 따라서 미확정인 채권이 있는 경우에는 회생계획안 작성시 그러한 채권이 확정될 때를 대비하여 적절한 조항을 마련하여야 하며, 이러한 조치를 취하지 않은 회생계획안은 부적법하다.

미확정 회생채권 등에 대한 권리변경과 변제방법을 정할 때에는 미확정의 권리와 그 권리자, 확정될 경우의 취급 등에 관하여 상세히 규정하여야 한다.

바. 변제한 회생채권 등(회생법 제198조)

회생채권 및 회생담보권 중 제131조 단서, 제132조제1항 및 제2항의 규정에 의하여 변제한 것은 이를 반드시 명시하여야 한다.

① 제 131조 단서

관리인이 법원의 허가를 받아 변제하는 경우와 회생계획에서 국세징수법 또는 지방세법에 의하여 징수할 수 있는 청구권

② 제132조 제1항 및 제2항

채무자의 거래상대방인 중소기업자가 그가 가지는 소액채권, 회생채권을 변제하지 아니하고는 채무자의 회생에 현저한 지장을 초래할 우려가 있는 채권

【쟁점질의와 유권해석】

〈정리계획인가 결정 전에 법원의 변제허가에 의해 변제된 채권에 대해 별도의 변제 조건을 설정하지 않은 경우 위법 여부〉

회사정리법 제112조의2 제2항에 의하면 법원은 정리채권을 변제하지 아니하고는 회사의 갱생에 현저한 지장을 초래할 우려가 있다고 인정되는 경우에는 정리계획인가 결정 전이라도 보전관리인·관리인 또는 회사의 신청에 의하여 그 전부 또는 일부의 변제를 허가할 수 있도록 되어 있는바, 법원의 변제허가에 의하여 정리계획인가 전에 변제된 채권은 그 변제된 한도에서 절대적으로 소멸하는 것이고(따라서 의결권의 액도 그 한도에서 감액된다.), 같은 법 제215조의2에 의하면 그 변제 내역을 정리계획에 명시하도록 하고 있을 뿐이므로 정리계획에서 별도의 변제조건을 설정하지 아니하였다고 하여 위법하다고 할 수 없다(대법원 2000. 1. 5.선고 99그35판결).

사. 영업 또는 재산의 양도 등(회생법 제200조)

다음 각 호의 어느 하나에 해당하는 경우에는 회생계획에 그 목적물·대가상대방 그 밖의 사항을 정하여야 한다.

① 채무자의 영업이나 재산의 전부나 일부를 양도·출자 또는 임대하는 경우

② 채무자의 사업의 경영의 전부나 일부를 위임하는 경우

③ 타인과 영업의 손익을 같이 하는 계약 그 밖에 이에 준하는 계약을 체결·변경 또는 해약하는 경우

④ 타인의 영업이나 재산의 전부나 일부를 양수하는 경우

⑤ 대가를 회생채권자·회생담보권자·주주·지분권자에게 분배하는 때에는 그 분배의 방법

아. 분쟁이 해결되지 아니한 권리(회생법 제201조)

채무자에게 속하는 권리로서 분쟁이 해결되지 아니한 것이 있는 경우

① 회생계획에 화해나 조정의 수락에 관한 사항을 정한다.

② 관리인에 의한 소송의 수행 그밖에 실행에 관한 방법을 정하여야한다.

자. 정관의 변경(회생법 제202조)

채무자의 정관을 변경하는 때에는 그 변경의 내용을 회생계획에 기재하여야 한다.

실무상 회생계획 인가와 동시에 정관을 변경해야 하는 경우가 그리 많지 않기 때문에 회생계획안에는 "회생절차 중 관리인은 법원의 허가를 얻어 정관을 변경하여야 한다."라는 취지로 기재하는 것이 보통이다.

출자전환이나 주주의 권리변경 또는 제3자 인수와 관련하여 채무자의 발행예정 주식의 총수를 변경하여야 하는 경우에는 회생계획안에 변경 전 정관의 조항과 변경 후 정관의 조항을 명시하여야 한다.

차. 이사 등의 변경(회생법 제203조)

회생계획안에는 이사, 대표이사, 감사의 변경에 관한 조항을 기재할 수 있으며, 새로이 법인인 채무자의 이사 또는 감사를 선임하거나 채무자의 대표이사를 선정하는 때에는 선임이나 선정될 자와 임기 또는 선임이나 선정의 방법과 임기를 정하여야 한다.

카. 주식회사 또는 유한회사의 자본감소(회생법 제205조)

① 회생계획에 정하여야 할 사항

회생계획에 의한 자본감소는 임의적인 것과 필요적인 것이 있다. 어느 경우이든 회생계획에는 감소할 자본의 액과 자본감소의 방법을 정하여야 한다.

자본감소는 채무자의 자산 및 부채와 채무자의 수익능력, 회생법 제206조에서 규정하는 신주발행에 관한 사항을 참작하여 정하여야 한다.

채무자의 이사나 이에 준하는 자 또는 지배인의 중대한 책임이 있는 행위로 인하여 회생절차개시의 원인이 발생한 경우에는 그 행위에 상당한 영향력을 행사한 주주 및 그 친족 기타 대법원규칙이 정하는 특수관계에 있는 주주가 가진 주식 3분의 2 이상을 소각하거나 3주이상을 1주로 병합하는 방법으로 자본을 감소할 것을 정하여야 한다. 자본감소후 신주를 발행하는 때(채무자회생및파산에관한법률 제206조)에는 위 주주는 신주를 인수할 수 없다. 다만, 「상법」 제340조의2의 규정에 의한 주식매수 선택권을 부여할 수는 있다.

② 자본의 감소방법

1. 자본감소는 채무자의 자산 및 부채와 채무자의 수익능력을 참작하여 정하여야 한다.

2. 회생절차개시 당시 주식회사인 채무자의 부채총액이 자산총액을 초과하는 때에는 회생계획에 발행주식의 2분의 1 이상을 소각하거나 2주 이상을 1주로 병합하는 방법으로 자본을 감소할 것을 정하여야 한다.

3. 주식회사인 채무자의 이사나 지배인의 중대한 책임이 있는 행위로 인하여 회생절차개시의 원인이 발생한 때에는 회생계획에 그 행위에 상당한 영향력을 행사한 주주 및 그 친족 그 밖에 대통령령이 정하는 범위의 특수관계에 있는 주주가 가진 주식의 3분의 2 이상을 소각하거나 3주 이상을 1주로 병합하는

방법으로 자본을 감소할 것을 정하여야 한다.

  4. 위 ㄷ)의 규정에 의한 자본감소 후 제206조의 규정에 의하여 신주를 발행하는 때에는 제4항의 규정에 의한 주주는 신주를 인수할 수 없다. 다만, 제4항의 규정에 의한 주주에 대하여 「상법」제340조의2(주식매수선택권)의 규정에 의한 주식매수선택권을 부여할 수 있다.

③ 유한회사의 경우에 준용

  위 ①, ②의 규정은 유한회사의 경우에 준용한다.

타. 주식회사 또는 유한회사의 신주발행(회생법 제206조)

회생채무자는 회생절차에 의하지 아니하고는 신주의 발행을 할 수 없다. 따라서 회생회사의 경우에는 회생계획안에 신주발행에 관한 규정을 마련하고 위 조항에 따라 신주를 발행하는 방법에 의해서만 신주를 발행 할 수 있을 뿐이다. 본조는 회생계획안에 의한 신주발행 유형을 세가지로 나누고 있다.

① 이해관계인의 종전권리에 갈음하여 신주를 발행하는 경우

  1. 회생계획에 정할 사항

주식회사인 채무자가 회생채권자·회생담보권자 또는 주주에 대하여 새로 납입 또는 현물출자를 하게 하지 아니하고 신주를 발행하는 때에는 회생계획에 다음의 사항을 정하여야 한다.

     i . 신주의 종류와 수

     ii . 신주의 배정에 관한 사항

     iii. 신주의 발행으로 인하여 증가할 자본과 준비금의 액에 관한 사항

     iv. 신주발행으로 감소하게 되는 부채액

  2. 신주발행의 효력발생 시기 : 한편 이 규정에 의하여 신주를 발행하는 경우에 신주발행의 효력은 계획인가일이나 회생계획에서 정한 때에 발생한다. 다만 주식병합에 의한 자본감소와 동시에 이 규정에 의한 신주발행을 하는 경우에는 신주발행의 효력발생시기를 주식병합의 효력발생(주권제출기간 만료시)후로 회생계획에 정해 둘 필요가 있다. 만약 자본감소의 효력이 발행하기 전에 신주발행의 효력이 발생한다면 일시적으로 발행한 주식수가 정관에 정한 발행예정주식총수를 초과할 가능성이 있고, 신주발행의 효력이 발행한 후에 구주식에 관하여만 주식병합의 효력을 발생시켜야 한다는 문제가 발생할 수 있기 때문이다.

  3. 단주의 처리 : 그리고 회생계획에 신주발행과정에서 발생하는 단주의 처리에 관한 사항도 정하는 것이 바람직하다. 만약 회생채권자, 회생담보권자의 배

정부분에 관하여 단주의 처리방법을 마련해 두지 않으면 그 단주에 해당하는 부분은 회생계획 인가시에 실권된다. 주주에 신주를 배정하는 경우에는 주식병합에 관한 상법 제440조 내지 제444조의 규정이 준용되므로 단주 처리에 관한 조항을 두어야 한다.

② 이해관계인의 종전의 권리에 갈음하여 신주를 발행하는 경우

회생채권자, 회생담보권자 또는 주주에게 추가적으로 납입 또는 현물출자시킨 다음 신주를 발행하는 것이다.

이 경우는 이해관계인에게 종전의 권리에 갈음하여 신주인수권을 부여하는 것인데, 신주인수권을 부여받은 이해관계인이 이를 행사하지 않으면 신주인수권을 상실할 뿐 아니라 종전의 권리도 소멸된다. 결국 이해관계인의 입장에서는 신주인수권을 타인에게 양도하지 않는 한, 납입 또는 현물출자가 강제되는 것이다. 실무상 이러한 방법으로 신주를 발행하는 경우는 거의 없다.

③ 이해관계인을 특별취급하지 않고 신주를 발행하는 경우

이해관계인에게 그 권리에 갈음하여 신주를 발행하거나 신주인수권을 부여하는 경우를 제외하고 회생채무자가 다른 방법으로 신주를 발행하고자 하는 경우에는 회생계획에 의하지 않으면 안된다. 따라서 회생계획에 이 방법에 의한 신주발행에 관한 규정이 없다면 신주발행에 관한 사항을 신설하는 내용의 회생계획 변경을 하여야 한다.

회생계획안에는 다음의 사항을 기재하여야 한다

1. 신주의 종류와 수

2. 새로 현물출자를 하는 자가 있을 때에는 그 자

3. 출자의 목적인 재산

4. 그 가격과 이에 대하여 부여할 주식의 종류와 수

5. 신주의 발행가액과 납입기일에 관한 사항

6. 신주의 발행가액 중 자본에 추가되지 아니하는 금액

파. 주식회사의 주식의 포괄적 교환(회생법 제207조)

주식회사인 채무자가 다른 회사와 주식의 포괄적 교환을 하는 때에는 회생계획에 다음 각 호의 사항을 정하여야 한다.

① 다른 회사의 상호

② 다른 회사가「상법」제360조의2(주식의 포괄적 교환에 의한 완전모회사의 설립) 제1항의 규정에 의한 완전모회사(이하 "완전모회사"라 한다)로 되는 경우 그

회사가 주식의 포괄적 교환에 의하여 정관을 변경하는 때에는 그 규정

③ 완전모회사로 되는 회사가 주식의 포괄적 교환을 위하여 발행하는 신주의 총수·종류 및 종류별 주식의 수와 「상법」 제360조의2(주식의 포괄적 교환에 의한 완전모회사의 설립)제1항의 규정에 의한 완전자회사(이하 "완전자회사"라 한다)가 되는 회사의 주주에 대한 신주의 배정에 관한 사항

④ 완전모회사로 되는 회사의 증가하게 되는 자본의 액과 준비금에 관한 사항

⑤ 다른 회사의 주주에게 금전을 지급하거나 사채를 배정할 것을 정하는 때에는 그 규정

⑥ 다른 회사의 주식의 포괄적 교환계약서 승인결의를 위한 주주총회의 일시(그 회사가 주주총회의 승인을 얻지 아니하고 주식의 포괄적 교환을 하는 때에는 그 뜻)

⑦ 주식의 포괄적 교환을 하는 날

⑧ 다른 회사가 주식의 포괄적 교환을 하는 날까지 이익을 배당하거나 「상법」제462조의3(중간배당)제1항의 규정에 의하여 금전으로 이익배당을 하는 때에는 그 한도액

하. 주식회사의 주식의 포괄적 이전(회생법 제208조)

주식회사인 채무자가 주식을 포괄적 이전을 하여 완전모회사인 신회사를 설립하는 때에는 회생계획에 다음의 사항을 정하여야 한다.

① 신회사의 상호

② 신회사의 정관의 규정

③ 신회사가 주식의 포괄적 이전을 위하여 발행하는 주식의 종류 및 수와 완전자회사가 되는 채무자의 회생채권자·회생담보권자 또는 주주에 대한 주식의 배정에 관한 사항

④ 신회사의 자본의 액과 준비금에 관한 사항

⑤ 완전자회사가 되는 채무자의 주주에게 금전을 지급하거나 사채를 배정할 것을 정하는 때에는 그 규정

⑥ 주식의 포괄적 이전을 하는 시기

⑦ 완전자회사가 되는 채무자가 주식의 포괄적 이전의 날까지 이익을 배당하거나 「상법」제462조의3(중간배당)제1항의 규정에 의하여 금전으로 이익배당을 하는 때에는 그 한도액

⑧ 신회사의 이사 및 감사의 성명 및 주민등록번호

거. 주식회사의 사채발행(회생법 제209조)

① 회생계획에 의한 사채발행

회생절차가 진행중인 채무자는 회생계획에 의하지 않으면 사채를 발행할 수 없다. 회생계획에 의하여 사채를 발행하는 경우에는 사채발행에 관한 상법규정의 적용이 일부 배제되고, 증권거래법 제8조의 적용이 배제되어 그 절차의 간이, 신속을 기할 수 있도록 되어 있다.

② 사채발행의 결정

주식회사인 채무자가 사채를 발행하는 때에는 회생계획에 다음의 사항을 정하여야 한다.

1. 사채의 총액

2. 각 사채의 금액, 사채의 이율, 사채상환의 방법 및 기한, 이자지급의 방법 그 밖에 사채의 내용

3. 사채발행의 방법과 회생채권자·회생담보권자 또는 주주에 대하여 새로 납입하게 하거나 납입하게 하지 아니하고 사채를 발행하는 때에는 그 배정에 관한 사항

4. 담보부사채인 때에는 그 담보권의 내용

③ 사채발행의 방법

회생계획에 의하여 사채를 발행하는 경우에도 신주를 발행하는 경우에 있어서와 같이 세 가지 방법이 있다.

1. 이해관계인에 대하여 새로이 납입을 시키지 않고 발행하는 것

2. 이해관계인에 대하여 새로이 납입을 시키고 발행하는 것

3. 이해관계인을 특별히 취급하지 않고 사채를 발행하는 것

너. 회사의 합병

① 회사의 흡수합병(회생법 제210조)

1. 흡수합병의 절차 : 회생절차 중의 채무자는 회생계획에 의하지 아니하고는 합병할 수 없다. 그리고 회생계획을 통하여 회생회사가 합병을 하고자 하는 경우에는 회생계획안에 필요한 사항을 기재하여야 한다. 만약 회생계획을 통하여 합병을 할 경우에는 합병에 관한 상법상의 절차가 생략된다. 그러나 합병의 상대방 회사의 경우에는 상법에 따라 합병절차를 진행 하여야 하므로 회생회사에 있어서 회생계획의 작성, 성립과 상대방 회사에 있어서의 합병절차가 서로 보조를 맞추어 진행되어야 한다. 한편 합병 당사회사들이 모두 회

생회사인 경우에는 각 채무자의 회생계획안에 합병에 필요한 사항이 규정되어 있어야 한다.

2. 합병에 필요한 요건 : 합병을 내용으로 하는 회생계획을 인가하기 위해서는 합병에 필요한 요건을 갖출 것을 필요로 한다. 따라서 상대방 회사가 회생회사가 아닐 경우에는 합병계약서 또는 분할합병계약서의 승인의 결의가 있어야 하고, 상대방 회사가 회생회사일 경우에는 합병을 내용으로 하는 회생계획조항이 있어야 한다. 특히 회생회사 사이의 합병을 내용으로 하는 계획안을 작성할 때에는 해당 회생회사들의 관계인집회를 동시에 개최하는 경우가 많은데, 만약합병 당사회사 중 어느 한 회사라도 회생계획안이 가결되지 않을 경우에는 다른 회사의 회생계획안이 가결되더라도 계획 수행의 가능성이 없음이 분명하므로 불인가될 가능성이 크다. 따라서 상대방 회사의 회생계획안이 가결되지 못할 것에 대비한 규정을 반드시 마련해 두는 것을 놓쳐서는 안된다.

3. 회생계획에 정하여야 할 사항

회사인 채무자가 다른 회사와 합병하여 그 일방이 합병 후 존속하는 때에는 회생계획에 다음의 사항을 정하여야 한다.

　ⅰ. 다른 회사의 상호

　ⅱ. 존속하는 회사가 합병시 발행하는 주식 또는 출자지분의 종류와 수, 그 주식 또는 출자지분에 대한 주주·지분권자의 신주인수권 또는 출자지분인수권의 제한에 관한 사항과 특정한 제3자에 부여할 것을 정하는 때에는 이에 관한 사항

　ⅲ. 합병으로 인하여 소멸하는 회사의 회생채권자·회생담보권자·주주·지분권자에 대하여 발행할 주식 또는 출자지분의 종류 및 수와 그 배정에 관한 사항

　ⅳ. 존속하는 회사의 증가할 자본과 준비금의 액

　ⅴ. 합병으로 인하여 소멸하는 회사의 주주·지분권자에게 금전을 지급하거나 사채를 배정할 것을 정하는 때에는 그 규정

　ⅵ. 합병계약서의 승인결의를 위한 다른 회사의 주주총회 또는 사원총회의 일시

　ⅶ. 합병을 하는 날

　ⅷ. 존속하는 회사가 합병으로 인하여 정관을 변경하기로 정한 경우에는 그 규정

　ⅸ. 다른 회사가 합병으로 인하여 이익의 배당 또는 「상법」 제462조의3(중간배당)제1항의 규정에 의하여 금전으로 이익배당을 하는 때에는 그 한도액

　ⅹ. 합병으로 인하여 존속하는 회사에 취임하게 될 이사 및 감사(감사위원회 위원을 포함한다. 이하 이 조 내지 제213조에서 같다)를 정하는 때에는 그 성명 및 주민등록번호

② 회사의 신설합병(회생법 제211조)

회사인 채무자가 다른 회사와 합병하여 신회사를 설립하는 때에는 회생계획에 다음의 사항을 정하여야 한다.

1. 다른 회사의 상호

2. 신회사의 상호, 목적, 본점 및 지점의 소재지, 자본과 준비금의 액 및 공고방법

3. 신회사가 발행하는 주식 또는 출자지분의 종류와 수 및 그 배정에 관한 사항

4. 신회사설립시에 정하는 신회사가 발행하는 주식 또는 출자지분에 대한 주주·지분권자의 신주인수권 또는 출자지분인수권의 제한에 관한 사항과 특정한 제3자에 부여할 것을 정하는 때에는 이에 관한 사항

5. 회생채권자·회생담보권자 또는 각 채무자의 주주·지분권자 또는 다른 회사의 주주·지분권자에 대하여 발행하는 주식 또는 출자지분의 종류 및 수와 그 배정에 관한 사항

6. 각 회사의 주주·지분권자에게 금전을 지급하거나 사채를 배정하는 것을 정하는 때에는 그 규정

7. 합병계약서 승인결의를 위한 다른 회사의 주주총회 또는 사원총회의 일시

8. 합병을 하는 날

9. 다른 회사가 합병으로 인하여 이익의 배당 또는「상법」제462조의3(중간배당) 제1항의 규정에 의하여 금전으로 이익배당을 하는 때에는 그 한도액

10. 합병으로 인하여 존속하는 회사에 취임하게 될 이사 및 감사를 정하는 때에는 그 성명 및 주민등록번호

더. 주식회사의 분할

주식회사인 채무자가 분할되어 신회사를 설립하는 때에는 회생계획에 다음의 사항을 정하여야 한다.

① 주식회사인 채무자가 분할되어 신회사를 설립하는 때

1. 신회사의 상호, 목적, 본점 및 지점의 소재지, 발행할 주식의 수, 1주의 금액, 자본과 준비금의 액 및 공고의 방법

2. 신회사가 발행하는 주식의 총수, 종류 및 종류별 주식의 수

3. 신회사설립시에 정하는 신회사가 발행하는 주식에 대한 주주의 신주인수권의 제한에 관한 사항과 특정한 제3자에게 신주인수권을 부여하는 것을 정하는 때에는 그에 관한 사항

4. 채무자의 회생채권자·회생담보권자 또는 주주에 대하여 새로이 납입을 시키

지 아니하고 신회사의 주식을 배정하는 때에는 발행하는 주식의 총수 및 종류, 종류별 주식의 수 및 그 배정에 관한 사항과 배정에 따라 주식의 병합 또는 분할을 하는 때에는 그에 관한 사항

5. 채무자의 주주에게 금전을 지급하거나 사채를 배정하는 것을 정하는 때에는 그 규정

6. 신회사에 이전되는 재산과 그 가액

7. 「상법」제530조의9(분할 및 분할합병 후의 회사의 책임)제2항의 규정에 의한 정함이 있는 때에는 그 내용

8. 신회사의 이사·대표이사 및 감사가 될 자나 그 선임 또는 선정의 방법 및 임기. 이 경우 임기는 1년을 넘을 수 없다.

9. 신회사가 사채를 발행하는 때에는 제209조 각호의 사항

10. 회생채권자·회생담보권자·주주 또는 제3자에 대하여 새로 납입하게 하고 주식을 발행하는 때에는 그 납입금액 그 밖에 주식의 배정에 관한 사항과 납입기일

11. 현물출자를 하는 자가 있는 때에는 그 성명 및 주민등록번호, 출자의 목적인 재산, 그 가격과 이에 대하여 부여하는 주식의 종류 및 수

12. 그 밖에 신회사의 정관에 기재하고자 하는 사항

13. 자본과 준비금의 액

14. 분할하는 날

② 분할 후 채무자가 존속하는 때

1. 감소하는 자본과 준비금의 액

2. 자본감소의 방법

3. 분할로 인하여 이전하는 재산과 그 가액

4. 분할 후의 발행주식의 총수

5. 채무자가 발행하는 주식의 총수를 감소하는 때에는 그 감소하는 주식의 총수·종류 및 종류별 주식의 수

6. 그 밖에 정관변경을 가져 오게 하는 사항

러. 주식회사의 분할합병(회생법 제212조)

주식회사인 채무자가 분할되어 그 일부가 다른 회사와 합병하여 그 다른 회사가 존속하는 때와 다른 회사가 분할되어 그 일부가 주식회사인 채무자와 합병하여 그 채무자가 존속하는 때에는 회생계획에 다음의 사항을 정하여야 한다.

① 주식회사인 채무자가 분할되어 그 일부가 다른 회사와 합병하여 그 다른 회사가 존속하는 때와 다른 회사가 분할되어 그 일부가 주식회사인 채무자와 합병하여 그 채무자가 존속하는 때

  1. 다른 회사의 상호

  2. 존속하는 회사가 분할합병으로 인하여 발행하여야 하는 주식의 총수가 증가하는 때에는 증가하는 주식의 총수·종류 및 종류별 주식의 수, 그 주식에 대한 주주의 신주인수권의 제한에 관한 사항과 특정한 제3자에게 신주인수권을 부여하는 것을 정하는 때에는 그에 관한 사항

  3. 분할되는 채무자의 회생채권자·회생담보권자 또는 주주에 대하여 발행하는 신주의 총수 및 종류, 종류별 주식의 수 및 그 배정에 관한 사항과 배정에 따른 주식의 병합 또는 분할을 하는 때에는 그에 관한 사항

  4. 분할되는 회사의 주주에게 금전을 지급하거나 사채를 배정하는 것을 정하는 때에는 그에 관한 사항

  5. 존속하는 회사의 증가하는 자본의 총액과 준비금에 관한 사항

  6. 분할되는 채무자가 존속하는 회사에 이전하는 재산과 그 가액

  7. 「상법」제530조의9(분할 및 분할합병 후의 회사의 책임)제3항의 규정에 의한 정함이 있는 때에는 그에 관한 사항

  8. 분할합병계약서를 승인하는 결의를 하기 위한 다른 회사의 주주총회의 일시

  9. 분할합병을 하는 날

  10. 다른 회사가 존속하는 경우 그 회사의 이사 및 감사를 정하는 때에는 그 성명 및 주민등록번호

  11. 그 밖에 존속하는 채무자의 정관변경을 가져오게 하는 사항

② 채무자가 분할되어 그 일부가 다른 회사 또는 다른 회사의 일부와 분할합병을 하여 신회사를 설립하는 때와 다른 회사가 분할되어 그 일부가 채무자 또는 채무자의 일부와 분할합병을 하여 신회사를 설립하는 때

  1. 다른 회사의 상호

  2. 신회사의 상호, 목적, 본점 및 지점의 소재지, 발행할 주식의 수, 1주의 금액, 자본과 준비금의 액 및 공고방법

  3. 신회사설립시에 정하는 신회사가 발행하는 주식에 대한 주주의 신주인수권의 제한에 관한 사항과 특정한 제3자에게 신주인수권을 부여하는 것을 정하는 때에는 그에 관한 사항

4. 채무자 또는 다른 회사가 신회사에 이전하는 재산과 그 가액

5. 「상법」제530조의9(분할 및 분할합병 후의 회사의 책임)제2항의 규정에 의한 정함이 있는 때에는 그 내용

6. 그 밖에 신회사의 정관에 기재하고자 하는 사항

7. 채무자의 회생채권자·회생담보권자·주주 또는 다른 회사의 주주에 대하여 발행하는 주식의 총수 및 종류, 종류별 주식의 수 및 그 배정에 관한 사항과 배정에 따른 주식의 병합 또는 분할을 하는 때에는 그에 관한 사항

8. 채무자 또는 다른 회사의 주주에게 금전을 지급하거나 사채를 배정하는 것을 정하는 때에는 그 사항

9. 다른 회사에서 분할합병계약서를 승인하는 결의를 하기 위한 주주총회의 일시

10. 분할합병을 하는 날

11. 신회사의 이사·대표이사 및 감사가 될 자나 그 선임 또는 선정의 방법 및 임기. 이 경우 임기는 1년을 넘을 수 없다.

머. 주식회사의 물적분할(회생법 제214조)

채무자회생및파산에관한법률 제212조(주식회사의 분할) 및 제213조(주식회사의 분할합병)의 규정은 분할되는 주식회사인 채무자가 분할 또는 분할합병으로 인하여 설립되는 회사의 주식의 총수를 취득하는 경우에 관하여 준용한다.

버. 주식회사 또는 유한회사의 신회사 설립(회생법 제215조)

① 회생채권자·회생담보권자·주주·지분권자에 대하여 새로 납입 또는 현물출자를 하지 아니하고 주식 또는 출자지분을 인수하게 함으로써 신회사(주식회사 또는 유한회사에 한한다)를 설립하는 때에는 회생계획에 다음의 사항을 정하여야 한다.

1. 신회사의 상호, 목적, 본점 및 지점의 소재지와 공고의 방법

2. 신회사가 발행하는 주식 또는 출자지분의 종류와 수

3. 1주 또는 출자 1좌의 금액

4. 신회사설립시에 정하는 신회사가 발행하는 주식 또는 출자지분에 대한 주주의 신주인수권 또는 지분권자의 출자지분인수권의 제한에 관한 사항과 특정한 제3자에 부여하는 것을 정하는 때에는 이에 관한 사항

5. 회생채권자·회생담보권자·주주·지분권자에 대하여 발행하는 주식 또는 출자지분의 종류 및 수와 그 배정에 관한 사항

6. 그 밖에 신회사의 정관에 기재하는 사항

7. 신회사의 자본 또는 출자액의 준비금의 액

8. 채무자에서 신회사로 이전하는 재산과 그 가액

9. 신회사의 이사·대표이사 및 감사가 될 자나 그 선임 또는 선정의 방법 및 임기. 이 경우 임기는 1년을 넘을 수 없다.

10. 신회사가 사채를 발행하는 때에는 채무자회생및파산에관한법률 제209조 각 호의 사항

② 위에 규정된 경우를 제외하고 주식의 포괄적 이전·합병·분할 또는 분할합병에 의하지 아니하고 신회사를 설립하는 때에는 회생계획에 다음의 사항을 정하여야 한다.

1. 제1호 내지 제3호, 제6호와 제8호 내지 제10호의 사항

2. 신회사설립 당시 발행하는 주식 또는 출자지분의 종류 및 수와 회생채권자·회생담보권자 또는 주주·지분권자에 대하여 새로 납입 또는 현물출자를 하게 하거나 하게 하지 아니하고 주식 또는 출자지분을 인수하게 하는 때에는 제5호의 사항

3. 새로 현물출자를 하는 자가 있는 때에는 그 성명 및 주민등록번호, 출자의 목적인 재산, 그 가액과 이에 대하여 부여하는 주식 또는 출자지분의 종류와 수

서. 해산(회생법 제216조)

① 해산의 절차

회생절차가 진행 중인 때에는 회생계획에 의하지 않고는 해산을 할 수 없다. 즉 채무자가 합병, 분할, 분할합병에 의하지 않고 해산할 때에는 그 뜻과 해산의 시기를 정하여야 한다.

회생절차는 재건의 가망이 있는 채무자에 관하여 그 사업의 회생, 재건을 도모하는 데 그 목적이 있는 것으로서, 회생절차 중에 채무자를 해산하는 것은 예외적인 경우라 할 것인데, 이 경우는 다음과 같이 나눌 수 있다.

1. 채무자 갱생의 방법의 일환으로서 해산을 수반하게 되는 경우

2. 채무자 재건의 목적을 달할 수 없어서 해체하기에 이른 경우

그런데 ㄱ)의 경우 중에는 채무자가 타회사와 합병을 통해 해산하는 경우도 그에 포함되지만 채무자가 다른 회사와 합병을 하게 되는 경우에는, 합병에 의하여 채무자는 당연히 해산, 소멸하게 되므로 해산에 관하여 따로 정할 필요는 없다. 따라서 본 조는 합병에 의한 해산의 경우 이외의 경우에만 적용되는 규정이다.

② 회생계획에 정할 사항

채무자가 합병, 분할 또는 분할합병에 의하지 아니하고 해산하는 때에는 회생계획에 그 뜻과 해산의 시기를 정하여야 한다.

2) 회생계획에 적용되는 원칙

가. 공정하고 형평한 차등(회생법 제217조)

회생계획에서는 다음의 규정에 의한 권리의 순위를 고려하여 회생계획의 조건에 공정하고 형평에 맞는 차등을 두어야 한다.

① 회생담보권

② 일반의 우선권 있는 회생채권

③ 일반의 우선권 있는 회생채권에 규정된 것 외의 회생채권

④ 잔여재산의 분배에 관하여 우선적 내용이 있는 주주, 지분권자의 권리

⑤ 전호에 게기하는 것 이외의 주주, 지분권자의 권리

【쟁점질의와 유권해석】

〈정리계획 변경계획을 인가함에 있어서 변경계획이 구비해야 하는 '공정·형평성'의 의미 및 변경계획상 구 회사정리법 제228조 제1항 제1호 내지 제6호에 정한 각각의 권리 상호간에도 이를 더 세분하여 차등을 둘 수 있는지 여부(한정적극)〉

구 회사정리법(2005. 3. 31. 법률 제7428호 채무자 회생 및 파산에 관한 법률 부칙 제2조로 폐지)에 의하면, 정리채권자 등에게 불리한 영향을 미칠 것으로 인정되는 정리계획 변경신청이 있는 경우에는 정리계획안의 제출이 있는 경우의 절차에 관한 규정을 준용하도록 하고 있으므로(제270조 제1항, 제2항), 정리계획 변경계획을 인가하기 위하여 정리계획의 경우와 마찬가지로 정리계획 변경계획이 공정·형평성을 갖추어야 하고(제233조 제1항 제2호). 여기에서 말하는 공정·형평성이란 구체적으로는 변경계획에서 같은 법 제228조 제1항이 정하는 권리의 순위를 고려하여 이종(異種)의 권리자들 사이에는 권리변경의 내용에 공정·형평한 차등을 두어야 하고, 같은 법 제229조가 정하는 바에 따라 동종(同種)의 권리자들 사이에는 권리변경의 내용을 평등하게 하여야 한다는 것을 의미하는 것인바, 여기서 말하는 평등은 형식적 의미의 평등이 아니라 공정·형평의 관념에 반하지 아니하는 실질적인 평등을 가리키는 것이므로, 변경계획에서 모든 권리를 반드시 구 회사정리법 제228조 제1항 제1호 내지 제229조가 정하는 바에 따라 동종(同種)의 권리자들 사이에는 권리변경의 내용을 평등하게 하여야 한다는 것을 의미하는 것인바, 여기서 말하는 평등은 형식적 의미의 평등이 아니라 공정·형평의 관념에 반하지 아니하는 실질적인 평등을 가리키는 것이므로, 변경계획에서 모든 권리를 반드시 구 회사정리법 제228조 제1항 제1호 내지 제6호가 규정하는 여섯 종류의 권리로 나누어 각 종류의 권리를 획일적으로 평등하게 취급하여야만 하는 것은 아니고, 여섯 종류의 권리 상호간에도 정리채권이나 정리담보권의 성질의 차이 등 합리적인 이유를 고려하여 이를 더 세분하여 차등을 두더라도 공정·형평의 관념에 반하지 아니하는 경우에는 합리적인 범위 내에서 차등을 둘 수 있는 것이다(대법원 2006. 5. 12.자, 2002그62결정).

나. 평등의 원칙(회생법 제218조)

① 같은 성질의 권리를 가진 자 간의 평등

회생계획의 조건은 같은 성질의 권리를 가진 자 간에는 평등하여야 한다. 다만, 다음 각 호의 어느 하나에 해당하는 때에는 그러하지 아니하다.

ㄱ) 불이익을 받는 자의 동의가 있는 때

ㄴ) 채권이 소액인 회생채권자, 회생담보권자 및 제118조 제2호 내지 제4호의 청구권을 가지는 자에 대하여 다르게 정하거나 차등을 두어도 형평을 해하지 아니하는 때

ㄷ) 그 밖에 동일한 종류의 권리를 가진 자 사이에 차등을 두어도 형평을 해하지 아니하는 때

② 평등의 원칙의 예외

회생계획에서는 다음 각 호의 청구권을 다른 회생채권과 다르게 정하거나 차등을 두어도 형평을 해하지 아니한다고 인정되는 경우에는 다른 회생채권보다 불이익하게 취급할 수 있다.

ㄱ) 회생절차개시 전에 채무자와 대통령령이 정하는 범위의 특수관계에 있는 자의 채무자에 대한 금전소비대차로 인한 청구권

ㄴ) 회생절차개시 전에 채무자가 대통령령이 정하는 범위의 특수관계에 있는 자를 위하여 무상으로 보증인이 된 경우의 보증채무에 대한 청구권

ㄷ) 회생절차개시 전에 채무자와 대통령령이 정하는 범위의 특수관계에 있는 자가 채무자를 위하여 보증인이 된 경우 채무자에 대한 보증채무로 인한 구상권

(2) 회생계획안의 제출

1) 회생계획안의 제출

가. 회생계획안의 제출(회생법 제220조)

관리인은 회생법 제50조 제1항 제4호(회생계획안의 제출기간 : 이 경우 제출기간은 조사기간의 말일부터 4개월 이하(채무자가 개인인 경우에는 조사기간의 말일부터 2개월 이하)) 또는 같은 조 제3항에 따라 법원이 정한 기간(법원은 이해관계인의 신청에 의하거나 직권으로 회생계획안의 제출기간을 2개월 이내에서 늘일 수 있다. 다만, 채무자가 개인이거나 중소기업자인 경우에는 제출기간의 연장은 1개월을 넘지 못한다) 안에 회생계획안을 작성하여 법원에 제출하여야 한

다. 관리인은 이 기간 안에 회생계획안을 작성할 수 없는 때에는 그 기간 안에 그 사실을 법원에 보고하여야 한다.

나. 회생채권자 등의 회생계획안 제출(회생법 제221조)

다음 각 항의 어느 하나에 해당하는 자는 제220조 제1항의 규정에 의한 기간 안에 회생계획안을 작성하여 법원에 제출할 수 있다.

① 채무자

② 목록에 기재되어 있거나 신고한 회생채권자·회생담보권자·주주·지분권자

다. 청산 또는 영업양도 등을 내용으로 하는 회생계획안(회생법 제222조)

① 청산형 회생계획안의 의의

청산형 회생계획안은 채무자의 회사를 실질적으로 해체하는 것을 말한다. 따라서 법률적으로 회사의 법인격의 소멸 여부만을 가지고 청산형 회생계획안인지 여부를 판별하여서는 안된다.

② 청산형 회생계획안 작성의 허가 요건

ㄱ) 채무자의 사업의 청산가치가 계속사업가치보다 큰 경우 : 채무자의 사업을 청산할 때의 가치가 채무자의 사업을 계속할 때의 가치보다 크다고 인정되는 경우에 청산형 회생계획안의 작성을 허가할 수 있다. 본래 채무자의 청산가치가 계속가치보다 큰 경우에는 회생절차폐지의 결정을 하여야 한다. 하지만, 회생절차를 그대로 폐지하는 것보다는 청산형 회생계획안을 작성하도록 하는 것이 구체적으로 타당한 경우도 있으므로 이러한 경우에는 청산형 회생계획안의 작성을 허가할 수 있도록 규정한 것이다.

ㄴ) 갱생형 회생계획안의 작성이 곤란함이 명백한 경우 : 회생절차개시 후 회사의 존속, 합병, 분할, 분할합병, 신회사의 설립 또는 영업의 양도 등에 의한 사업의 계속을 내용으로 하는 회생계획안의 작성이 곤란한 것이 명백한 경우에도 청산형 회생계획안의 작성을 허가할 수 있다.

ㄷ) 채권자 일반의 이익을 해하지 않을 것 : 채무자가 위와 같은 요건 중의 하나를 충족하여 그의 허용을 할 수 있는 경우라 하더라도 청산형 회생계획안을 작성하는 것이 채권자 일반의 이익을 해할 경우에는 그 작성을 허가하여서는 안된다. "채권자 일반의 이익을 해한다"는 것은 곧 파산절차로 이행할 경우와 대비하여 청산형 회생계획안을 작성하는 것이 이해관계인에 대한 실체적, 절차적 처우에 있어서 현저히 균형을 잃는 경우를 의미한다.

③ 절 차

ㄱ) 청산형 회생계획안의 작성허가를 신청할 수 있는 자 : 회생계획안을 작성하

여 제출할 수 있는 자, 즉 관리인, 채무자, 신고한 회생채권자, 회생담보권
자, 주주이다.

ㄴ) 허가의 신청방법 : 허가의 신청은 법원이 정한 회생계획안 제출기간 내에
하는 것이 원칙이지만, 제출기간이 경과한 경우 일지더라도 회생절차가 아직
폐지되지 않은 경우에는 청산형 회생계획안의 작성허가신청과 함께 계획안
제출기간의 연장신청을 할 수도 있다. 이미 갱생형 회생계획안에 대한 심리
가 종료된 경우일지라도 청산형 회생계획안의 작성허가신청과 계획안 제출기
간의 연장신청을 할 수 도 있다. 청산형 회생계획안의 작성허가신청을 할 때
에 반드시 완성된 내용의 계획안을 제시할 필요가 있는 것은 아니다. 그렇지
만 법원이 그러한 회생계획안의 작성을 허가하는 것이 채권자 일반의 이익을
해하는지 여부를 검토해야 하기 때문에 신청자가 적어도 작성할 계획안의 대
강을 제시할 수 있어야 한다.

④ 작성허가결정

법원은 청산형 회생계획안의 작성 허가에 필요한 요건을 갖추었는지 여부를 심사
한 후, 그 당부를 결정의 방법으로 판단하여야 한다. 허가 여부에 관한 결정은
신청인에게 고지하여야 하며, 이 결정에 대해서는 불복이 허용되지 않는다. 관
리인, 채무자, 신고한 회생채권자, 회생담보권자와 주주는 허가에 관하여 의견
을 진술할 수 있다.

라. 회생계획안의 사전제출(회생법 제223조)

① 제출권자

채무자의 부채의 2분의 1이상에 해당하는 채권을 가진 채권자는 회생절차개시
의 신청이 있은 때부터 조사기간의 만료 전까지 회생계획안을 작성하여 법원
에 제출할 수 있다. 통상의 절차에서는 관리인, 채무자, 신고한 회생채권자,
회생담보권자, 주주가 회생법원이 정한 회생계획안 제출기간 내에 회생계획안
을 작성하여 제출 할 수 있다. 그러나 사전계획안은 채무자의 부채의 2 분의
1이상에 해당하는 채권을 가진 채권자만이 제출할 수 있는 것이다.

② 사전계획안의 제출시기

제출기간은 회생절차개시의 신청이 있는 때부터 조사기간의 만료 전까지이다.

③ 제출된 회생계획의 비치·열람

법원은 제1항의 규정에 의하여 제출된 회생계획안(제228조 또는 제229조 제2
항의 규정에 의하여 회생계획안을 수정한 때에는 그 수정된 회생계획안을 말
한다 이하 이 조에서 "사전계획안"이라 한다)을 법원에 비치하여 이해관계인에

게 열람하게 하여야 한다.

④ 회생계획안 사전제출의 효과

ㄱ) 관리인의 회생계획안 제출의무 면제 : 통상의 절차에서는 회생법원이 회생계획안제출명령을 하는 경우, 관리인은 회생계획안의 작성, 제출권자임과 동시에 의무자가 된다. 그런데 사전계획안이 제출된 때에는 관리인은 회생법원의 허가를 받아 회생계획안 제출의무를 면할 수 있다.

ㄴ) 관계인집회에서의 동의간주 : 통상의 절차에서는 회생계획안에 대한 동의는 반드시 제3회 관계인집회기일에 출석하여 행하여야 하고, 의결권자가 출석하지 아니하고 동의서를 제출한 것만으로는 적법한 동의로 볼 수 없다. 그런데 사전계획안을 제출하거나 동의한다는 의사를 표시한 채권자는 관계인집회에서 그 사전계획안에 동의한 것으로 간주된다. 다만, 사전계획안의 내용이 당해 채권자에게 불리하게 수정되거나 현저한 사정변경이 있거나 그 밖에 중대한 사정이 있는 경우에는 제3회 관계인집회 전날까지 회생법원의 허가를 받아 그 동의를 철회할 수 있다.

2) 회생계획안의 심리

가. 회생계획안심리를 위한 관계인집회(회생법 제224조)

법원은 회생계획안이 제출되면 그 계획안을 심리하기 위하여 기일을 정하여 관계인집회를 소집하여야 한다. 다만, 법 제240조의 규정에 의하여 서면결의에 부치는 때에는 그러하지 아니하다. 그러나 한편 법원은 제출된 회생계획안을 심리에 붙이기에 앞서 그 계획안이 법률에 위반되는지 여부, 공정, 형평하지 않은지 여부, 수행가능한지 여부 등을 사전에 심리하여야 하기 때문에, 회생계획안이 제출되었다 하여 바로 심리를 위한 관계인집회를 소집하는 경우는 거의 없고, 회생계획안이 인가요건을 갖추었는지 여부를 검토한 후 심리를 위한 관계인집회의 기일을 정하게 된다.

나. 회생계획안에 대한 의견청취(회생법 제225조)

관리인, 채무자, 목록에 기재되어 있거나 신고한 회생채권자·회생담보권자 및 주주·지분권자는 관계인집회에서 계획안에 대한 의견을 진술할 수 있다. 추완신고된 징수권자에게도 의견조회를 하여 그 의견을 들어야 한다. 실무상 이들에게는 관계인집회 기일통보서를 송달하면서 회생계획안의 요지를 함께 송부하고, 제2회 관계인집회에서 회생계획안에 대한 의견진술의 기회를 부여하는 방법을 취하고 있다.

3) 회생계획안의 수정

가. 수정을 할 수 있는 기간(회생법 제228조)

회생계획안의 제출자는 회생계획안의 심리를 위한 관계인집회의 기일 또는 제240조의 규정에 의한 서면결의에 부치는 결정이 있는 날까지는 법원의 허가를 받아 회생계획안을 수정할 수 있다.

나. 회생계획안의 수정명령(회생법 제229조)

법원은 이해관계인의 신청에 의하거나 직권으로 회생계획안 제출자에 대하여 기한을 정하여 계획안의 수정을 명할 수 있다. 이 명령을 받은 계획안 제출자는 그 기한내에 계획안을 수정하여야 한다.

수정명령은 해석상으로는 제3회 관계인집회의 기일을 정할 때까지 가능하다고 할 수 있다.

그러나 실질적으로는 법원이 기일의 지정 및 변경의 권한을 가지고 있으므로, 일단 제3회 관계인집회의 기일을 정한 후에도 계획안을 수정할 필요가 있을 경우에는 기일의 지정을 취소하고 수정명령을 할 수 있다. 따라서 수정명령은 제3회 관계인집회가 열릴때까지 할 수 있다고 해석된다.

수정명령을 함에 있어서는 제출자에게 일정한 기한을 정하여야 하고, 회생계획안 중 어느 부분을 어떻게 수정하여야 하는지를 명시하여야 한다. 이 경우 종전의 정리계획안에 비하여 이해관계인에게 불리한 영향을 미치는지 여부는 상관이 없다. 수정의 내용은 제한이 없지만, 법원에게 회생계획안의 작성권한이 인정되고 있지 않은 점에 비추어 보면 적어도 본래의 회생계획안과 본질적으로 다른 내용의 수정명령을 할 수는 없다고 본다.

4) 기 타

가. 회생계획안의 배제(회생법 제231조)

법원은 회생계획안이 법률의 규정에 위반되거나 공정, 형평하지 아니하거나 수행불가능한 것이라고 인정되는 경우에는 계획안을 관계인집회 심리 또는 결의에 부치지 아니할 수 있다.

① 배제사유

회생계획안을 배제할 수 있는 경우는 회생계획안이 법률의 규정에 반하는 경우, 공정하지 못한 경우, 형평하지 않은 경우, 수행불가능한 경우에 한한다. 이 요건은 논리적으로 볼 때 회생계획 인가요건과 동일한 의미로 해석되어야 한다.

계획안이 "법률의 규정에 반한다"는 것은 계획안의 내용으로 기재되는 것이 요구되는 사항의 일부를 흠결하였거나, 기재되어 있는 사항이 본 법이나 다른 법률에 저촉하는 것이다.

② 배제의 시기

회생계획안의 배제는 회생계획안의 제출 후로부터 그 회생계획안에 대한 제3회 관계인집회의 기일을 지정하기까지 언제라도 할 수 있다. 위와 같은 경우라면 이미 이해관계인에게 회생계획안을 송달하였거나 제2회 관계인집회의 심리를 마친 경우라 하더라도 상관이 없다.

③ 배제의 효과

ㄱ) 계획안에 대한 효과 : 회생계획안이 배제되면 그 계획안에 대하여는 그 후의 절차가 진행되지 않는다. 그리고 배제된 계획안에 대한 수정신청은 전제를 흠결한 것으로서 무효이기 때문에 이를 각하하여야 한다.

ㄴ) 회생절차의 폐지에 대한 법원의 권한 : 회생계획안이 배제된 결과 집회의 심리 또는 결의에 부쳐질 계획안이 전혀 없게 된다면 법원은 회생절차를 폐지할 수 있다. 그러나 법원은 필요한 경우에는 다시 회생계획안 제출기간을 지정할 수도 있으며, 그 기간 내에 다시 회생계획안이 제출된다면 다시 절차를 진행하면 된다.

나. 회생계획안의 배제에 대한 특칙(회생법 제231조의2)

① 회생계획안이 회생법 제57조 각 호의 어느 하나에 해당하는 행위를 내용으로 하는 경우로서 다음 각 호의 요건을 모두 충족하는 경우에는 법원은 회생계획안을 관계인집회의 심리 또는 결의에 부치지 아니할 수 있다.

1. 다음 각 목의 어느 하나에 해당하는 자의 중대한 책임이 있는 행위로 인하여 회생절차개시의 원인이 발생하였다고 인정될 것

가. 회사인 채무자의 이사(「상법」 제401조의2제1항에 따라 이사로 보는 자를 포함한다)나 해당 이사와 제101조제1항에 따른 특수관계에 있는 자

나. 회사인 채무자의 감사

다. 회사인 채무자의 지배인

2. 회생법 제57조 각 호의 어느 하나에 해당하는 행위를 하려는 자가 다음 각 목의 어느 하나의 경우에 해당할 것

가. 제1호에 해당하는 자의 자금제공, 담보제공이나 채무보증 등을 통하여 제57조 각 호의 어느 하나에 해당하는 행위를 하는 데에 필요한 자금을 마련한

경우

나. 현재 및 과거의 거래관계, 지분소유관계 및 자금제공관계 등을 고려할   때 제1호에 해당하는 자와 채무자의 경영권 인수 등 사업 운영에 관하여 경제적 이해관계를 같이하는 것으로 인정되는 경우

다. 제1호에 해당하는 자와 배우자, 직계혈족 등 대통령령으로 정하는 특 수관계에 있는 경우

② 회생계획안이 제57조 각 호의 어느 하나에 해당하는 행위를 내용으로 하는 경우로서 그 행위를 하려는 자 또는 그와 대통령령으로 정하는 특수관계에 있는 자가 다음 각 호의 어느 하나에 해당하는 경우에는 법원은 회생계획안을 관계인집회의 심리 또는 결의에 부쳐서는 아니 된다.

1. 채무자를 상대로 「형법」 제347조(사기)·제347조의2(컴퓨터등 사용사기)·제349조(부당이득)·제355조(횡령, 배임)·제356조(업무상의 횡령과 배임)·제357조(배임수증재)의 죄(「형법」 또는 다른 법률에 따라 가중 처벌되는 경우 및 미수범을 포함한다)를 범하여 금고 이상의 실형을 선고받고 그 집행이 끝나거나(집행이 끝난 것으로 보는 경우를 포함한다) 집행이 면제된 날부터 10년이 지나지 아니한 경우

2. 채무자를 상대로 제1호의 죄를 범하여 금고 이상의 형의 집행유예 또는 선고유예를 선고받고 그 유예기간 중에 있는 경우

3. 이 법을 위반하여 금고 이상의 실형을 선고받고 그 집행이 끝나거나 (집행이 끝난 것으로 보는 경우를 포함한다) 집행이 면제된 날부터 5년이 지나지 아니한 경우

4. 이 법을 위반하여 금고 이상의 형의 집행유예 또는 선고유예를 선고받고 그 유예기간 중에 있는 경우

③ 법원은 제1항 또는 제2항의 내용을 확인하기 위하여 필요한 경우에는 채무자, 관리인, 보전관리인, 그 밖의 이해관계인 등에게 정보의 제공 또는 자료의 제출을 명할 수 있다.

다. 회생결의안의 결의를 위한 관계인 집회(회생법 제232조)

① 관계인집회의 의의

ㄱ) 제2회 관계인집회의 의의 : 제2회 관계인집회는 제출된 회생계획안의 심리를 위한 관계인집회다. 제출된 회생계획안은 관계인집회에서의 가결을 거쳐야 비로서 회생계획으로 성립되고 법원의 인부결정의 대상이 되는데, 그와 같은 결의절차를 거치기 전에 회생계획안의 내용을 심리하기 위하여 마련된

절차가 제2회 관계인집회이다.

ㄴ) 제3회 관계인집회의 의의 : 제3회 관계인집회는 심리를 마친 회생계획안의 결의를 위한 관계인집회이다. 이 관계인집회에서의 주된 절차는 제2회 관계인집회에서 심리를 거친 회생계획안에 대하여 이해관계인들의 찬부를 묻는 것이지만, 이를 위하여 부수적인 절차도 진행된다.

② 관계인집회 소집요건

회생법 제224조 또는 제230조의 규정에 의한 관계인집회의 심리를 거친 회생계획안에 관하여 수정명령을 하지 아니하는 때에는 법원은 회생계획안에 관하여 결의를 하기 위하여 기일을 정하여 관계인집회를 소집하여야 한다.

라. 회생을 위하여 채무를 부담하는 자 등의 출석(회생법 제233조)

회생을 위하여 채무를 부담하거나 담보를 제공하는 자는 제232조 제1항의 규정에 의한 기일에 출석하여 그 뜻을 진술하여야 한다. 다만, 정당한 사유가 있는 때에는 대리인을 출석하게 할 수 있다. 대리인은 대리권을 증명하는 서면을 제출하여야 한다.

본 조가 법률적인 의미를 가지는 것은 회생을 위하여 채무를 부담하거나 담보를 제공하는 것을 회생계획안에서 창설적으로 규정한 경우이다.

마. 회생계획안의 변경(회생법 제234조)

① 의 의

회생계획안의 제출자는 회생채권자, 회생담보권자와 주주에게 불리한 영향을 주지 아니하는 경우에 한하여 제3회 관계인집회에서 법원의 허가를 얻어 회생계획안을 변경할 수 있다.

② 변경의 요건

ㄱ) 변경 신청권자 : 회생계획안 제출자에 한한다

ㄴ) 변경할 수 있는 시기 : 회생계획안의 변경은 제3회 관계인집회에서만 허용된다. 제3회 관계인집회에서 회생계획안이 가결되지 않고 속행기일이 정해졌다면, 속행된 제3회 관계인집회에서의 회생계획안 변경도 가능하다. 그러나 회생계획안이 가결된 후에는 회생계획안의 변경이 허용되지 않는다.

ㄷ) 변경의 한계 : 회생계획안에 대한 심리절차가 종료된 후에는 절차상 이해관계인들에게 변경에 관하여 의견을 진술할 기회가 보장되지 않기 때문에, 회생계획안의 변경은 회생채권자, 회생담보권자 및 주주 등 이해관계인에게 불리한 영향을 미치지 않는 한도에서만 허용된다. 그리고, 회생계획안의 수정

과 마찬가지로 회생계획안의 내용을 본질적으로 변경하는 것을 내용으로 할 수는 없다.

③ 변경의 절차

회생계획안의 변경은 제3회 관계인집회 석상에서 법원에 대하여 신청한다. 신청은 서면으로 할 수도 있고 구두로 할 수도 있는데, 실무상으로는 관리인이 제3회 관계인집회 전에 서면으로 회생계획안의 변경을 신청하는 경우가 일반적이고, 관리인이 관계인집회에서 다시 변경의 신청을 구두로 진술하고 법원이 이를 허가하는 형식을 취하고 있다.

④ 법원의 결정

법원은 변경신청에 대하여 허가 또는 허가하지 아니한다는 결정을 하여야 한다.

(3) 회생계획안의 결의

1) 결의의 시기(회생법 제235조)

회생채권 등에 대한 일반조사기일이 종료하기 전에는 회생계획안을 결의에 부칠 수 없다.

2) 결의의 방법과 회생채권자 등의 분류(회생법 제236조)

가. 조별결의

회생계획안이 제3회 관계인집회의 결의에 부쳐지면 조별로 나누어 결의를 행한다. 즉 신고한 회생채권자, 회생담보권자 및 주주가 모두 함께 결의를 하는 것이 아니라 각 조별로 찬부를 결정하여 각 조가 찬성하였을 때 계획안이 가결된 것으로 된다. 다만 그 집회는 조별로 소집하는 것이 아니고 신고한 회생채권자, 회생담보권자 및 주주의 전체집회를 먼저 개최하고 다음에 조별로 결의에 들어가게 된다.

나. 조의 형성

조는 다음과 같이 분류됨이 원칙이다.

① 회생담보권자

② 일반의 우선권 있는 채권을 가진 회생채권자

③ 제2호에 규정된 회생채권자 외의 회생채권자

④ 잔여재산의 분배에 관하여 우선적 내용을 갖는 종류의 주식 또는 출자지분을 가진 주주·지분권자

⑤ 제4호에 규정된 주주·지분권자 외의 주주·지분권자.

다. 법원의 조의 분류

법원은 위에서 설명한 조의 구성원이 가지고 있는 권리의 성질과 이해의 관계를 고려하여 2 이상의 조를 하나의 조로 하거나 하나의 조를 2이상의 조로 분류할 수 있다. 다만 조를 병합 및 분류함에 있어서 회생채권자, 회생담보권자와 주주는 각각 다른 조로 하여야 한다.

라. 결의의 대상

결의의 대상이 되는 것은 계획안 전체이다. 계획안을 일체로 하여 찬부를 결정하는 것이지 각 조항마다 결의를 하는 것은 아니다.

결정의 대상이 될 계획안이 수개일 때에는 결의에 부칠 순서를 법원이 정한다. 이 때 먼저 결의에 부친 계획안이 가결되었을 때에도 나머지 계획안을 결의에 부친다. 그리하여 결의안이 수개인 경우에는 다시 그 중 한 개의 계획안을 선택하는 결의를 하게 된다.

마. 결의에 참가할 자(의결권자)

결의에 참가할 수 있는 의결권자는 원칙적으로 신고한 회생채권자, 회생담보권자 및 주주이다. 신고를 한 회생채권자, 회생담보권자라면 조사절차에서 이의가 진술되거나 확정소송이 계속 중인 자라도 의결권에 대한 이의가 없는 한 의결권을 행사 할 수 있다. 그리고 의결권을 가지는가의 여부는 회생계획안에서 권리가 인정되는가의 여부와는 관계없는 것이므로 후순위 회생채권자로서 회생계획안에서 그 권리가 전액 면제되는 자도 의결권을 가짐은 변함이 없다.

바. 의결권의 범위

확정된 회생채권 및 회생담보권과 이의 없는 의결권을 가진 회생채권자, 회생담보권자는 그 확정 또는 신고한 액이나 수에 따라 의결권을 행사할 수 있다.

① 조사기일에서 이의가 진술된 미확정의 회생채권, 회생담보권

제3회 관계인집회에서 의결권에 대한 이의가 진술되지 아니하면 그 권리자는 그 신고한 액 상당의 의결권을 행사 할 수 있게 된다.

② 의결권이 없는 경우

다음의 경우에는 예외적으로 의결권이 없다.

ㄱ) 채무자회생및파산에관한법률 제180조 제2항에 의하여 이의있는 회생채권, 회생담보권에 대하여 법원의 결정으로 의결권을 행사할 수 없다고 정하여진 자

ㄴ) 채무자회생및파산에관한법률 제190조 제1항에 의하여 부당한 이익을 얻을 목적으로 권리를 취득하여 법원의 결정으로 의결권을 행사할 수 없다고 정한 자

ㄷ) 회생계획으로 그 권리에 영향을 받지 아니하는 자

ㄹ) 벌금, 과료 등의 청구권을 가진 자

ㅁ) 국세징수법 또는 국세징수의 예에 의하여 징수할 수 있는 청구권을 가진 자

ㅂ) 본법 제244조 제2항에 의하여 그 권리보호가 인정된 자

ㅅ) 채무자에 파산의 원인인 사실 있을 때의 주주

3) 가결의 요건(회생법 제237조)

가. 가결의 요건

① 회생계획안 가결에 필요한 의결권의 수

관계인집회에서는 다음 각 호의 구분에 의하여 회생계획안을 가결한다.

ㄱ) 회생채권자의 조 : 의결권을 행사할 수 있는 회생채권자의 의결권의 총액의 3분의 2 이상에 해당하는 의결권을 가진 자의 동의가 있을 것

ㄴ) 회생담보권자의 조

　i. 제220조의 규정에 의한 회생계획안에 관하여는 의결권을 행사할 수 있는 회생담보권자의 의결권의 총액의 4분의 3 이상에 해당하는 의결권을 가진 자의 동의가 있을 것

　ii. 제222조의 규정에 의한 회생계획안에 관하여는 의결권을 행사할 수 있는 회생담보권자의 의결권의 총액의 5분의 4 이상에 해당하는 의결권을 가진 자의 동의가 있을 것

ㄷ) 주주지분권자의 조 : 회생계획안의 가결을 위한 관계인집회에서 의결권을 행사하는 주주지분권자의 의결권의 총수의 2분의 1이상에 해당하는 의결권을 가진 자의 동의가 있을 것

② 회생계획안에 대한 동의 시기

회생계획안에 대한 동의는 제3회 관계인집회 기일에 그 집회에서 행하여져야 한다. 그러므로 관계인집회에 출석하지 않고 서면으로 동의서만 제출한 것으로서는 동의가 될 수 없다. 출석하지 않은 의결권자에게 동의간주의 효력이 생기지 않음은 물론이다.

③ 동의의 효력 발생시기

회생계획안은 위의 각 조에 있어서 본 조에서 정한 요건에 따라 각각 동의된

경우에 비로서 "회생계획안이 관계인집회에서 가결"된 것으로 된다. 그러므로 어느 조에서는 가결되었으나 다른 조에서는 부동의가 된 경우에는 회생계획안이 관계인집회에서 부결된 것으로 된다.

【쟁점질의와 유권해석】

〈정리계획에 대한 관계인집회의 가결이 없어도 법원이 그를 인가할 수 있는지 여부 (소극)〉

회사정리법 제205조에 의하면 정리계획안(따라서 계획변경안)은 관계인집회에서 소정 의결권의 동의를 얻어 가결하여야 하며 이 가결이 있은 때에는 같은법 제232조, 제233조의 규정에 따라 인부에 관한 결정을 하도록 되어 있으므로 계획(변경)안에 대한 가결이 없는 한 법원은 그를 인가할 수 없다(대법원 1974. 3. 13,자, 73마787 결정).

나. 속행기일의 지정(회생법 제238조)

관계인집회에서 회생계획안이 가결되지 아니한 경우 다음 각 호의 자가 모두 기일의 속행에 동의한 때에는 법원은 관리인 또는 채무자나 의결권을 행사할 수 있는 회생채권자·회생담보권자·주주·지분권자의 신청에 의하거나 직권으로 속행기일을 정할 수 있다.

① 회생채권자의 조에서 의결권을 행사할 수 있는 회생채권자의 의결권의 총액의 3분의1 이상에 해당하는 의결권을 가진 자

② 회생담보권자의 조에서 의결권을 행사할 수 있는 회생담보권자의 의결권의 총액의 2분의1 이상에 해당하는 의결권을 가진 자

③ 주주·지분권자의 조에서 의결권을 행사하는 주주·지분권자의 의결권의 총수의 3분의 1 이상에 해당하는 의결권을 가진 자

다. 가결의 시기(회생법 제239조)

회생계획안의 가결은 관계인집회의 제1기일부터 2월 이내에 하여야 한다. 채무자회생및파산에관한법률은 회생절차가 지연되는 것을 방지하기 위하여 회생계획안의 가결기간에 관하여 특별한 규정을 두고 있다. 즉 제235조가 결의의 시기를 정하고 있음에 반하여 본 조는 종기를 제한하고 있는 것이다.

라. 회생계획안이 가결된 경우의 법인의 존속(회생법 제241조)

법인은 청산 또는 파산선고에 의하여 해산되고, 회생계획안이 가결되어도 소급적으로 회생계획의 효과가 소멸하는 것은 아니기 때문에, 법인계속의 절차를 취하여야 한다. 청산중이거나 파산선고를 받은 사단법인 또는 재단법인인 채무자에

대하여 회생절차가 개시되어 회생계획안이 가결된 때에는 그 사단법인은 정관의 변경에 관한 규정에 따라, 재단법인은 주무관청의 인가를 받아 법인을 존속하게 할 수 있다.

(4) 회생계획의 인가 등

1) 회생계획의 인가 여부의 결정(회생법 제242조)

① 관계인집회에서 회생계획안을 가결한 때에는 법원은 그 기일에 또는 즉시로 선고한 기일에 회생계획의 인가 여부에 관하여 결정을 하여야 한다.

② 위의 규정에 의한 기일에서 다음 각호의 어느 하나에 해당하는 자는 회생계획의 인가 여부에 관하여 의견을 진술할 수 있다.

  1. 회생법 제182조제1항 각호의 자

  2. 채무자의 업무를 감독하는 행정청·법무부장관 및 금융위원회

③ 회생계획의 인가 여부의 기일을 정하는 결정은 선고를 한 때에는 공고와 송달을 하지 아니할 수 있다.

2) 서면결의를 거친 경우 회생계획의 인가 여부(회생법 제243조의2)

① 서면결의에 의하여 회생계획안이 가결된 때에는 법원은 지체 없이 회생계획의 인가 여부에 관하여 결정을 하여야 한다.

② 법원은 ①에 따른 회생계획의 인가 여부에 관한 결정에 앞서 회생법 제240조제2항의 회신기간 이후로 기일을 정하여 회생계획 인가 여부에 관한 이해관계인의 의견을 들을 수 있다.

③ 회생법 제242조제2항 각 호의 어느 하나에 해당하는 자는 제2항에 따른 기일에서 회생계획의 인가 여부에 관하여 의견을 진술할 수 있다.

④ ②에 따른 기일을 정하는 결정이 있는 때에는 법원은 이를 공고하고 그 결정서를 회생법 제240조제2항에 따라 회생계획 인가 여부에 관한 의견을 서면으로 회신한 자에게 송달하여야 한다.

⑤ 법원은 상당하다고 인정하는 때에는 관리인의 신청에 의하거나 직권으로 ②에 따른 기일과 특별조사기일을 병합할 수 있다.

⑥ 법원은 ①에 따라 회생계획의 인가 또는 불인가의 결정을 한 때에는 회생법 제182조제1항 각 호의 자에게 그 주문 및 이유의 요지를 기재한 서면을 송달하여야 한다.

3) 회생계획인가의 요건(회생법 제243조)

법원은 다음의 요건을 구비하고 있는 경우에 한하여 회생계획인가의 결정을 할 수 있다.

① 회생절차 또는 회생계획이 법률의 규정에 적합할 것

② 회생계획이 공정하고 형평에 맞아야 하며 수행이 가능할 것

③ 회생계획에 대한 결의를 성실·공정한 방법으로 하였을 것

④ 회생계획에 의한 변제방법이 채무자의 사업을 청산할 때 각 채권자에게 변제하는 것보다 불리하지 아니하게 변제하는 내용일 것. 다만, 채권자가 동의한 경우에는 그러하지 아니하다.

⑤ 합병 또는 분할합병을 내용으로 한 회생계획에 관하여는 다른 회사의 주주총회 또는 사원총회의 합병계약서 또는 분할합병계약서의 승인결의가 있었을 것. 다만, 그 회사가 주주총회 또는 사원총회의 승인결의를 요하지 아니하는 경우를 제외한다.

⑥ 회생계획에서 행정청의 허가·인가·면허 그 밖의 처분을 요하는 사항이 제226조 제2항의 규정에 의한 행정청의 의견과 중요한 점에서 차이가 없을 것

⑦ 주식의 포괄적 교환을 내용으로 하는 회생계획에 관하여는 다른 회사의 주주총회의 주식의 포괄적 교환계약서의 승인결의가 있을 것. 다만, 그 회사가「상법」제360조의9(간이주식교환) 및 제360조의10(소규모주식교환)의 규정에 의하여 주식의 포괄적 교환을 하는 경우를 제외한다.

4) 회생계획의 불인가(회생법 제243조의2)

① 회생계획안이 회생법 제57조 각 호의 어느 하나에 해당하는 행위를 내용으로 하는 경우로서 회생법 제231조의2제1항 각 호의 요건을 모두 충족하는 경우에는 법원은 회생계획불인가의 결정을 할 수 있다.

② 회생계획안이 회생법 제57조 각 호의 어느 하나에 해당하는 행위를 내용으 로 하는 경우로서 그 행위를 하려는 자 또는 그와 대통령령으로 정하는 특수관계에 있는 자가 회생법 제231조의2제2항 각 호의 어느 하나에 해당하는 경우에는 법원은 회생계획불인가의 결정을 하여야 한다.

③ 법원은 ① 또는 ②의 내용을 확인하기 위하여 필요한 경우에는 채무자, 관리인, 보전관리인, 그 밖의 이해관계인 등에게 정보의 제공 또는 자료의 제출을 명할 수 있다.

5) 동의하지 아니하는 조가 있는 경우의 인가(회생법 제244조)

가. 의 의

① 권리보호 조항제도의 취지

권리보호 조항제도는 비록 회생계획안이 일부 조에서 법정 다수의 동의를 얻지 못하여 부결되었다 하더라도, 법원이 부결된 조에 속하는 권리자들의 권리를 보호하는 조항을 정하고, 회생계획을 인가할 수 있도록 하는 제도이다.

② "조"

채무자회생및파산에관한법률은 회생계획안에서 권리의 순위에 따라 차등을 두도록 하면서도, 같은 성질을 가지는 권리자 사이의 형평을 위하여, "조"라는 제도를 두어. 각조별로 결의를 하도록 하여 어느 조에서라도 법정 다수의 동의를 얻지 못할 경우에는, 회생계획안이 부결되는 것으로 정하고 있다.

나. 권리보호조항의 설정 요건

① 일부 조의 부동의

모든 조에서 회생계획안 가결에 필요한 법정 다수의 동의를 얻지 못할 경우에는 권리보호조항을 적용할 수 없고, 반드시 회생절차를 폐지하여야 한다. 반대로 모든 조에서 법정 다수의 동의를 얻었다면 법원은 권리보호조항을 정함이 없이 가결된 회생계획에 대한 인부결정을 하여야 한다. 그러나 모든 조에서 법정 다수의 동의를 얻었지만 일부 조에서 그 결의가 불성실, 불공정한 방법으로 되었기 때문에 그 상태로는 불인가하여야 할 경우에는, 그 조의 권리자를 위하여 권리보호조항을 인가할 수 있다고 본다.

② 법원의 직권에 의한 설정

권리보호조항의 설정은 법원이 직권으로 하여야 한다. 이 경우에는 계획안의 결의 전에 미리 권리보호조항의 정함을 허가할 경우와 같이 계획안 작성자와 권리자들의 의견을 들을 필요가 없지만, 가능하다면 그 의견을 듣는 것이 바람직하다.

【쟁점질의와 유권해석】

〈권리보호조항의 결의시 부동의한 권리자에 대해서만 정하는지 여부〉

권리보호조항은 부동의 조의 권리자 전원에 대하여 정하는 것이지, 결의시에 부동의한 권리자에 대해서만 권리보호조항을 정하는 것은 허용되지 아니한다. 권리보호조항의 적용으로 본래의 회생계획안 내용보다 당해 이해관계인에게 결과적으로 불리해지는 경우에도 위법이 아니며, 권리보호조항을 정하면서 권리보호조항에 의하여 변제를 받는 것과 원 회생계획안에 의하여 변제를 받는 것을 그 조의 각 권리자의 선택에 맡길 수 있다고 한다.

다. 권리보호조항을 정하는 방법(회생법 제244조 제1항)

회생계획안에 관하여 관계인집회에서 결의하거나 제240조의 규정에 의한 서면결의에 부치는 경우 법정의 액 또는 수 이상의 의결권을 가진 자의 동의를 얻지 못한 조가 있는 때에도 법원은 회생계획안을 변경하여 그 조의 회생채권자·회생담보권자·주주·지분권자를 위하여 다음 각 호의 어느 하나에 해당하는 방법에 의하여 그 권리를 보호하는 조항을 정하고 회생계획인가의 결정을 할 수 있다.

① 회생담보권자의 경우

ㄱ) 제1호 : 회생담보권자에 관하여 그 담보권의 목적인 재산을 그 권리를 존속하게 하면서 신회사에 이전하거나 타인에게 양도하거나 회사에 보류하는 방법이다. 제1호의 방법 중 담보목적물을 신회사에 이전하거나 제3자에게 양도하는 경우 회생회사가 회생담보권자에 대하여 인적채무(피담보채권에 대응하는 채무)를 부담하는 경우에는 이것까지도 신회사나 제3자에게 인수시켜야 한다. 그리고 제1호의 경우 인수되거나 존속하는 채무의 금액이나 기한 등은 회생담보권으로 확정된 금액, 기한이다.

ㄴ) 제2호 : 회생담보권자에 관하여는 그 권리의 목적인 재산을 법원이 정하는 공정한 거래가격(담보권의 목적인 재산에 관하여는 그 권리로 인한 부담이 없는 것으로 평가한다)이상의 가액으로 매각하고, 그 매득금에서 매각의 비용을 공제한 잔금으로 변제하거나 분배하거나 공탁하는 방법이다. 제2호의 방법은 실질적으로 담보권의 실행을 허용하는 것과 같은 효과를 가져오는, 다만 그 환가의 주체가 관리인이란 점이 일반의 강제집행과 다른 점이다. 이 경우 매각의 방법이나 매각의 상대방을 반드시 권리보호조항에 명기하여야 할 필요는 없으나, 매각시기는 권리보호조항에 명기함이 바람직하다. 매각시기가 특정되지 않는다면, 실질적인 권리보장은 기대할 수 없기 때문이다. 매

각시기는 목적물의 종류, 매각 예정가 등에 따라 임의경매절차 진행시 예상 되는 기간, 임의 매각시 소요되는 기간 등을 참작하여 회생법원이 정한다.

ㄷ) 제3호 : 법원이 정하는 그 권리의 공정한 거래가액을 권리자에게 지급하는 방법이다. 제3호의 방법은 법원이 회생담보권의 가치를 평가하여 그 평가액 을 담보권자에게 지급하는 방법이다.

ㄹ) 제4호 : 기타 제1~3호에 준하여 공정, 형평하게 권리자를 보호하는 방법이 다. 제4호에서 말하는 공정, 형평이란 회생담보권자의 우선적 지위를 존중하 여 파산절차에서의 별제권자에 준하는 만족을 주는 것을 가리킨다. 따라서 단순히 부결된 회생계획안의 내용을 회생담보권자에게 유리하게 수정하는 것 으로는 부족하다. 제1~3호를 혼합하여 권리자를 보호하는 방법도 가능하다.

② 회생채권자의 경우

회생채권자에 관하여는 그 채권의 변제에 충당될 채무자의 재산을 법원이 정 하는 공정한 거래가격(담보권의 목적인 재산에 관하여는 그 권리로 인한 부담 이 없는 것으로 평가한다)이상의 가액으로 매각하고 그 매득금에서 매각의 비 용을 공제한 잔금으로 변제하거나 분배하거나 공탁하는 방법과 법원이 정하는 그 권리의 공정한 거래가액을 권리자에게 지급하는 방법이다.

제2호의 방법은 회생채권자의 권리 변제에 충당하여야 할 채무자의 재산을 공 정한 거래가격 이상으로 매각하여 그 매각대금으로 만족을 주는 방법이고, 제 3호는 법원이 회생채권의 가치를 평가하여 그 가액만큼 권리자에게 지급하도 록 하는 방법이다.

③ 주주의 경우

주주의 경우는 회생채권자에 대한 설명이 그대로 적용될 수 있다. 하지만 실 무에서는 주주에게 의결권을 부여할 수 있는 경우가 거의 없기 때문에 권리보 호조항을 정하는 경우도 거의 없을 것이다. 왜냐하면 주주에게 의결권이 부여 되지 않는다는 것은 채무자의 영업의 계속가치를 분배할 때 주주에게 돌아갈 몫(잔여재산분배청구권)이 없다는 것(채무자의 총 채무액이 총 자산보다 많다 는 것)을 의미하는데, 회생계획안의 제출명령은 채무자의 영업의 계속가치보다 청산가치가 많다는 것을 전제로 하는 것이기 때문에, 후순위 채권자인 주주의 몫으로서 보호되어야 할 청산가치도 없을 것이기 때문이다.

④ 사전에 권리보호조항을 적용하는 방법

제3회 관계인집회에서 가결에 필요한 의결권자의 동의를 얻지 못할 것이 명 백한 조가 있는 경우에 법원은 회생계획안 작성자의 신청에 의하여 미리 그 조의 권리자를 위하여 권리보호조항을 정하여 계획안을 작성할 것을 허가 할 수 있다. 이러한 신청이 있는 경우에 법원은 신청인과 권리보호조항을 정할 조의 권리자 1인 이상의 의견을 들어야 한다. 이 신청이 있는 때에는 법원은 신청인과 동의를 얻지 못할 것이 명백한 조의 권리자 1인 이상의 의견을 들어야 한다.

4) 회생계획인가 여부의 결정

가. 회생계획인가 여부 결정의 선고 등(회생법 제245조)

① 공고와 송달

법원은 회생계획의 인가 여부의 결정을 선고하고 그 주문, 이유의 요지와 회생계획이나 그 요지를 공고하여야 한다. 이 경우 송달은 하지 아니할 수 있다. 항고심의 재판은 선고 또는 결정정본을 송달하는 방법으로 고지한다.

② 회생계획인가 여부 결정이 서면결의에 관한 것인 때

회생계획인가 여부의 결정이 제240조의 규정에 의한 서면결의에 관한 것인 때에는 법원은 그 주문, 이유의 요지와 회생계획 및 그 요지를 다음 각 호의 자에게 송달하여야 한다.

ㄱ) 제182조 제1항 각 호의 자

ㄴ) 채무자가 주식회사인 경우에는 채무자의 업무를 감독하는 행정청·법무부장관 및 금융감독위원회

나. 회생계획의 효력발생시기(회생법 제246조)

회생계획은 인가결정이 있은 때로부터 효력이 생긴다. 인가결정은 반드시 선고하게 되어 있으므로, 구체적인 효력발생시기는 인가결정 선고시이다.

다. 항고(회생법 제247조)

회생계획의 인가 여부의 결정에 대하여는 즉시항고를 할 수 있다. 다만, 목록에 기재되지 아니하거나 신고하지 아니한 회생채권자·회생담보권자·주주·지분권자는 그러하지 아니하다. 회생계획 인부결정은 회생절차의 핵심인 회생계획에 대하여 법적인 효력을 부여함으로써 회사재건의 회생계획을 수행할 것인지 아니면 법적인 효력을 부여하지 않고 거절함으로써 회생절차를 종료시킬 것인지를 결정하는 중요한 재판이다. 따라서 본 법은 회생계획 인부결정에 대하여는 즉시항고의 방법으로 불복할 수 있도록 규정하고 있다.

① 즉시항고권자

회생계획 인부결정에 대하여 즉시항고를 할 수 있는 자는 그 재판에 대하여 법률상의 이해관계를 가지고 있는 자라야 한다. 즉 회생계획의 효력을 받는 지위에 있는 자로서 회생계획의 효력발생 여부에 따라 자기의 이익이 침해되는 자이다.

ㄱ) 회생채권자, 회생담보권자 : 신고한 회생채권자, 회생담보권자는 항고 할 수 있다. 신고한 회생채권자이거나 회생담보권자인 이상 의결권이 있는지 여부, 현실적으로 결의절차에 참석하였는지 여부는 묻지 않는다. 결의절차에서 회생계획안에 찬성한 자도 인가결정에 대하여 항고 할 수 있다. 그러나 회생계획안에 반대한 자는 불인가 결정에 대하여는 항고할 수 없다. 신고한 회생채권자, 회생담보권자인 이상 그 권리가 미확정된 경우에도 즉시 항고를 할 수 있다.

ㄴ) 회생절차에 참가할 자격을 상실한 자 : 권리확정소송에서 그 권리가 부존재함이 확정되거나 확정소송의 제소기간 도과 등의 사유로 회생절차에 참가할 자격을 확정적으로 상실한 자는 항고할 수 없다. 벌금 등 청구권은 회생계획에 감면 기타 그 권리에 영향을 미치는 규정을 할 수 없고 착오로 그러한 규정이 있다 하여도 효력이 생기지 않으므로 벌금 등 청구권자는 항고권이 없다.

ㄷ) 신고하지 아니한 회생채권자, 회생담보권자 : 신고를 하지 아니한 회생채권자, 회생담보권자는 즉시항고권이 없다. 이들은 회생계획이 인가되면 실권될 운명에 놓여 있으므로 불복을 신청할 법률상의 이익이 없고, 회생계획이 불인가된 경우에는 자신들의 권리가 부활될 것이므로 역시 불복신청의 이익이 없는 것이다. 다만, 신고하지 아니한 회생채권자라 하더라도 회생절차가 법률의 규정에 위반되어 채권신고의 기회를 상실한 경우에는 그를 이유로 항고할 수 있다.

ㄹ) 주주 : 신고한 주주도 회생계획 인부결정에 대하여 즉시항고권이 있다. 의결권이 있는지 여부, 결의에 참가하였는지 여부, 계획에 찬성하였는지 여부 등은 신고한 회생채권자, 회생담보권자의 경우와 같다.

ㅁ) 채무자 :채무자가 회생계획 인부결정에 대하여 즉시항고를 할 수 있는지에 관하여는 견해가 대립되어 있으나, 회생계획의 효력이 채무자에게도 미친다는 점, 채무자야말로 회생계획의 인부에 중대한 이해관계를 갖게 된다는 점을 들어, 이를 긍정하는 견해가 유력하다.

ㅂ) 회생을 위하여 채무를 부담하거나 담보를 제공한 자 : 회생채권자, 회새담

보권자와 주주만을 언급하고 있으므로 회생을 위하여 채무를 부담하거나 담보를 제공한 항고권이 없다고 해석할 여지도 있다. 그러나 이러한 자도 회생계획의 효력을 받으므로 항고권을 인정해야 할 것이다. 다만 불인가결정에 대하여는 불복할 수 없다.

② 즉시항고의 절차

ㄱ) 항고제기의 방식 : 회생계획 인부결정에 대한 항고는 회생법원에 항고장을 제출함으로써 한다. 항고장의 기재 내용은 일반 민사소송법과 다르지 않으며, 2,000원의 인지를 붙여야 한다.

ㄴ) 항고기간 : 회생계획인부결정에 대한 항고는 인부결정의 공고가 있은 날부터 2주간이다. 기산일은 공고가 효력을 발생한 날이고, 이 기간은 불변기간이므로 소송행위의 추완이 허용된다.

ㄷ) 소명 : 의결권이 없는 회생채권자, 회생담보권자 또는 주주는 자신이 회생채권자, 회생담보권자 또는 주주인 것을 소명하여야 항고할 수 있다.

ㄹ) 항고장의 심사 및 보증금 공탁명령 : 즉시항고가 제기된 경우 원심법원인 회생법원은 항고장을 심사하여 소정의 인지가 붙여져 있는지, 즉시항고 기간 안에 제기되었는지 검토하여야 하며, 만약 항고인이 인지보정명령을 이행하지 않거나 항고가 항고기간을 넘겼음이 명백한 경우 재판장은 명령으로 항고장을 각하해야 한다. 회생법원은 회생계획 불인가결정에 대한 항고가 있은 때 기간을 정하여 항고인에게 보증으로 대법원규칙이 정하는 범위 안에서 금전 또는 법원이 인정하는 유가증권을 공탁하게 할 수 있다. 따라서 회생법원(원심법원)은 항고장이 접수되면 즉시 항고장을 심사함과 아울러 공탁을 명할지 여부를 1주일 이내에 결정해야 한다 (회사정리등규칙 제44조 제1항).

③ 항고심의 재판

항고권 없는 자에 의하여 항고가 제기된 경우 등 부적법한 항고에 대하여는 항고각하의 결정을 한다, 항고가 이유 없는 경우에는 항고기각의 결정을 하고, 항고가 이유 있으면 원결정을 취소하는 결정을 해야 한다.

④ 즉시항고와 회생계획의 수행

본조 제3항 본문은 회생계획 인가결정에 대한 즉시항고는 회생계획의 수행에 영향을 미치지 아니한다고 명시하고 있다. 일반 민사소송법상의 즉시항고와는 달리 집행정지의 효력을 인정하지 않음으로써 인가결정의 확정을 기다리지 않고 바로 회생계획의 효력을 발생하도록 한 채무자회생및파산에관한법률 제246조를 보장할 수 있게 된다.

【쟁점질의와 유권해석】

〈공익채권자가 정리계획변경계획 인부결정에 대하여 한 즉시항고의 적법 여부〉

정리계획인부의 결정에 대하여는 '법률상 이해관계를 갖는 자, 즉 정리계획의 효력발생 여부에 따라 자기의 이익이 침해되는 자만이 즉시항고를 할 수 있는데, 공익채권자는 정리회사와 합의하여 그 내용을 정리계획에 기재한 경우가 아닌 한 정리계획에 의하여 권리변동의 효력을 받지 아니하므로(대법원 1991. 3. 12, 선고 90누2833 판결등 참조), 공익채권자가 변경계획 인부결정에 대하여 한 즉시항고는 원칙적으로 부적법하다(대법원 2006. 3. 29.자, 2005그57결정).

라. 회생계획불인가의 결정이 확정된 경우(회생법 제248조)

① 확정시기

회생법원의 인부결정은 일반원칙에 따라 항고기간의 도과 또는 항고각하 내지 항고기각의 결정이 확정될 때 확정된다. 항고각하 내지 항고기각의 결정은 항고인에게 고지됨과 동시에 확정된다. 항고법원이 인부결정을 할 경우에는 재항고를 할 수 없으므로 회생계획의 효력이 미치는 전원에게 고지되는 시점인 회생법 제245조에 따른 공고가 이루어진 때 확정된다.

② 확정의 효과

ㄱ) 인가결정의 확정 : 가결정이 확정되면 누구도 인가요건의 흠결을 다툴 수 없고 회생계획의 효력도 다툴 수 없게 된다. 따라서 회생계획의 내용이 공정, 형평에 반한다거나 평등의 원칙에 반하더라도 그 하자를 주장하여 인가결정의 효력, 회생계획의 효력을 다툴 수는 없다.

ㄴ) 불인가결정의 확정 : 불인가결정이 확정된 때 회생계획의 효력은 생기지 않는 것으로 확정되고 회생절차는 종료된다. 불인가결정의 성질은 회생계획인가 전 폐지결정과 같은 성질의 것으로 설명되고 있고, 따라서 절차 중에 생긴 법률효과는 소급하여 무효로 되지 않고 원칙적으로 유효하다.

5) 회생계획인가 결정의 효력

가. 회생채권자표 등의 기재(회생법 제249조)

회생계획 인가결정이 확정된 때에는 법원사무관 등이 계획의 조항을 회생채권자표 또는 회생담보권자표와 주주표에 기재하여야 한다. 회생계획 인가결정이 확정됨으로써 회생채권자 등의 권리변경이 확정되고, 이후 회생계획 수행과정에서 기준이 되는 변경된 권리내용을 명확히 하기 위한 것이다. 회생채권자표와 회생담보권자표의 기재는 확정판결과 동일한 효력이 있고, 회생절차가 종료된 때에는 채무명의(집행권원)가 된다.

나. 회생계획의 효력범위(회생법 제250조)

① 효력이 미치는 주관적 범위

효력이 미치는 주관적 범위는 채무자, 신회사, 회생채권자, 회생담보권자, 주주, 회생을 위하여 채무를 부담하거나 또는 담보를 제공하는 자이다.

② 관리인도 포함되는지 여부

관리인도 포함된다는 점에 대하여는 명문의 규정은 없지만 관리인 또한 인정하고 있다. 채무자에 대해서는 조사절차에서 이의가 있었는지의 여부에 관계없이 효력을 미친다.

③ 시효기간의 특칙

민법 제165조 제1항은 판결에 의하여 확정된 채권은 단기의 소멸시효에 해당하는 것이라도 그 소멸시효는 10년으로 한다고 규정하고 있다. 회생채권자표 및 회생담보권자표의 기재에 대하여서도 민법의 일반원칙을 적용하여 확정판결과 같은 효력이 있다고 규정하고 있으므로, 소멸시효기간이 10년으로 연장된다고 보는 것이 통설이다.

공법상의 청구권은 회생채권자표와 회생담보권자표에 기재되더라도 전술한 바와 같이 확정판결과 같은 효력이 생기는 것이 아니므로, 시효기간에 변함이 없다.

【쟁점질의와 유권해석】

〈회사정리절차 종결 후 정리회사였던 주채무자와 정리채권자였던 채권자 사이에 성립한 채무 감액의 합의가 보증채무에 미치는 효력 및 그 범위〉

회사정리절차가 종결된 후 정리회사였던 주채무자와 정리채권자였던 채권자 사이에 정리계획상의 잔존 주채무를 줄이기로 하는 내용의 합의가 성립한 때에는, 보증인이 원래의 채무 전액에 대하여 보증채무를 부담한다는 의사표시를 하거나 채권자 사이에 그러한 내용의 약정을 하는 등의 특별한 사정이 없는 한 '정리계획의 효력 범위'에 관하여 보증채무의 부종성을 배제한 구 회사정리법(2005. 3. 31. 법률 제7428호 채무자 회생 및 파산에 관한 법률 부칙 제2조로 폐지) 제240조 제2항의 규정은 적용될 수 없으므로 그 합의에 의하여 잔존 주채무가 줄어든 액수만큼 보증채무의 액수도 당연히 줄어든다. 이 경우 정리계획인가 결정에 의하여 일부 면제된 주채무 부분은 주채무자와 채권자 사이에서는 이미 실체적으로 소멸한 것이어서 주채무자와 채권자 사이에 합의에 의하여 다시 줄어들 수 있는 성질의 것이 아니므로, 주채무자와 채권자 사이에서 잔존 주채무를 줄이기로 한 합의에 따라 줄어드는 보증채무의 범위에는 정리계획인가 결정에 의하여 이미 소멸한 주채무 부분이 포함될 수 없다(대법원 2007. 3. 30.선고 2006다83130판결).

다. 회생채권 등의 면책 등(회생법 제251조)

회생계획인가의 결정이 있는 때에는 회생계획이나 이 법의 규정에 의하여 인정된 권리를 제외하고는 채무자는 모든 회생채권과 회생담보권에 관하여 그 책임을 면하며, 주주·지분권자의 권리와 채무자의 재산상에 있던 모든 담보권은 소멸한다. 다만, 법 제140조 제1항의 청구권은 그러하지 아니하다.

라. 권리의 변경(회생법 제252조)

계획 인가 전에는 실권, 권리의 변경 등의 실질적인 권리변동이 없다. 회생계획인가의 결정이 있는 때에는 회생채권자, 회생담보권자, 주주, 지분권자의 권리는 회생계획에 따라 변경된다. 이는「상법」제339조(질권의 물상대위)와 제340조(주식의 등록질)제3항의 규정은 주주·지분권자가 제1항의 규정에 의한 권리의 변경으로 받을 금전 그 밖의 물건, 주식 또는 출자지분, 채권 그 밖의 권리와 주권에 관하여 준용한다.

【쟁점질의와 유권해석】

〈어음발행인에 대한 회사정리절차에서 어음소지인의 어음상의 권리가 정리계획에 따라 변경된 경우 어음소지인이 지급은행에 대해 갖는 사고신고담보금에 대한 권리에도 영향을 미치는지 여부〉

어음발행인이 어음의 피사취 등을 이유로 지급은행에게 사고신고와 함께 어음금의 지급정지를 의뢰하면서 체결한 "어음소지인이 어음금지급청구소송에서 승소하고 판결확정증명 또는 확정판결과 동일한 효력이 있는 것으로 지급은행이 인정하는 증서를 제출한 경우 등에는 지급은행이 어음소지인에게 사고신고담보금을 지급한다."는 사고신고담보금의 처리에 관한 약정은 제3자를 위한 계약으로서, 어음소지인과 어음발행인 사이의 수익의 원인관계에 변경이 있다고 하더라도 특별한 사정이 없는 한 낙약자인 지급은행이 제3자인 어음소지인에 대하여 부담하는 급부의무에는 영향이 없다고 할 것이므로, 어음발행인에 대한 회사정리절차에서 어음소지인의 어음상의 권리가 정리계획의 규정에 따라 변경되었다고 하더라도 이는 정리채권인 어음소지인의 어음상의 권리에만 영향을 미치는 것에 불과하고 어음소지인이 지급은행에 대하여 갖는 사고신고담보금에 대한 권리에는 아무런 영향을 미칠 수 없다고 한 사례(대법원 2005. 3. 24.선고 2004다71928판결).

마. 회생채권자 및 회생담보권자의 권리(회생법 제253조)

회생계획에 의하여 정하여진 회생채권자 또는 회생담보권자의 권리는 확정된 회생채권 또는 회생담보권을 가진 자에 대하여만 인정된다. 또한 모든 주주에게도 회생계획의 효력이 미친다고 보아야 한다. 그러나 모든 이해관계인에게 회생계획의 효력이 미친다고 할 수는 없다. 이러한 자들의 권리가 그 권리가 확정된 경우에는 인가결정시로 소급하여 권리를 부여받게 된다.

바. 신고하지 아니한 주주·지분권자의 권리(회생법 제254조)

① 주주의 경우

주주의 경우에는 회생채권자와 회생담보권자와는 달리 비록 신고를 하지 않더라도 회생계획에서 주주의 권리가 인정되면 실권되지 않으므로, 모든 주주에게는 회생계획의 효력이 미친다고 본다.

② 회생계획의 규정에 의하여 인정되는 권리

회생계획의 규정에 의하여 인정되는 권리는 확정된 회생채권 또는 회생담보권을 가진 자에 대해서만 인정되므로, 인가결정 당시 권리확정소송이 계속 중인 회생채권자와 회생담보권자에게는 바로 회생계획의 효력이 미친다고 할 수 없으며, 따라서 이러한 자들의 권리는 그 권리가 확정된 경우에 인가결정시로 소급하여 권리를 부여받게 된다.

사. 회생채권자표 등의 기재의 효력(회생법 제255조)

① 확정판결과 동일한 효력

회생채권 또는 회생담보권에 기하여 회생계획에 의하여 인정된 권리에 관한 회생채권자표 또는 회생담보권자표의 기재는 회생계획인가의 결정이 확정된 때에 다음 각 호의 자에 대하여 확정판결과 동일한 효력이 있다.

ㄱ) 채무자

ㄴ) 회생채권자·회생담보권자·주주·지분권자

ㄷ) 회생을 위하여 채무를 부담하거나 또는 담보를 제공하는 자

ㄹ) 신회사(합병 또는 분할합병으로 설립되는 신회사를 제외한다)

② 효력이 생기는 기재

확정판결과 같은 효력이 인정되는 기재는 회생계획에 의하여 인정된 권리에 관한 회생채권자표와 회생담보권자표의 기재이다. 법원사무관 등이 회생계획조항을 회생채권자표와 회생담보권자표에 기재함으로써 어떤 채권자가 회생계획에 의하여 어떠한 권리를 취득하였는가를 표시하여 주는 것이다.

③ 기재의 대상

회생계획에 의하여 인정되는 권리이므로 그 내용은 채권이나 담보권에 한하지 않고 일정수량의 주식, 신주인수권, 사채, 사채인수권을 갖는다는 기재도 가능하다. 그러나 조세채권 등 공법상의 청구권은 신고가 있으면 회생채권자표나

회생담보권자표에 기재는 되지만, 관리인은 채무자가 할 수 있는 방법으로 불복신청을 할 수 있으므로, 효력이 생기는 기재에서 제외된다.

④ 강제집행

제1항의 규정에 의한 권리로서 금전의 지급 그 밖의 이행의 청구를 내용으로 하는 권리를 가진 자는 회생절차 종결 후 채무자와 회생을 위하여 채무를 부담한 자에 대하여 회생채권자표 또는 회생담보권자표에 의하여 강제집행을 할 수 있다. 이 경우 보증인은 「민법」 제437조(보증인의 최고, 검색의 항변)의 규정에 의한 항변을 할 수 있다.

아. 중지 중의 절차의 실효(회생법 제256조)

① 의 의

회생계획 인가결정이 있으면 중지된 파산절차, 강제집행, 가처분, 담보권실행 등을 위한 경매절차는 그 효력을 잃게 된다. 위와 같은 절차들의 효력을 상실시키는 이유는 회생계획에 따라 채무자는 이미 파산상태를 벗어나게 되고 채권은 회생계획의 내용에 따라 실체적으로 변경되어 이에 따라 변제가 이루어져야 하는 이상 위와 같은 절차를 유지하거나 진행할 실익이 전혀 없기 때문이다.

② 실효하는 절차의 범위

효력을 잃는 대상은 회생절차 당시 채무자에 대하여 계속 중인 파산절차와, 회생채권, 회생담보권에 기하여 채무자 재산에 대하여 이루어져 있는 강제집행, 가압류, 가처분, 담보권실행 등을 위한 경매절차 등이다. 다만, 후자의 경우 속행된 절차 또는 처분은 실효되지 않는다.

그러나 이와 달리 국세징수법에 의한 체납처분이나 국세징수의 예에 의한 체납처분, 조세채무의 담보를 위하여 제공된 물건의 처분절차는 인가결정에 의하여 당연히 효력이 상실되는 것은 아니다. 위와 같은 절차는 인가결정과 동시에 그 절차의 속행이 가능하게 된다. 다만 회생계획에는 이러한 조세채권 등에 대한 권리변경과 변제방법을 따로 정하고 있기 때문에 그 변제기가 도래할 때까지 종전의 체납처분 등을 그대로 유지할 수는 없고, 채무자가 회생계획에서 정한 변제기에 이행을 하지 않을 경우에 종전에 중지된 절차를 속행할 수 있게 될 뿐이다.

7. 회생계획인가 후의 절차

(1) 회생계획의 수행

1) 관리인의 회생계획 수행(회생법 제257조)

회생계획의 인가결정이 있으면 관리인은 지체 없이 계획을 수행하여야 한다. 따라서 회생계획 수행의 담당자는 관리인이며, 관리인은 회생절차 개시결정이 있게 되는 때로부터 가지게 되는 채무자 사업의 경영과 재산의 관리, 처분의 권한을 가지고 회생계획의 내용을 수행하게 된다. 회생계획에 의하여 신회사를 설립하는 때에는 관리인이 발기인 또는 설립위원의 직무를 행한다.

2) 회생계획수행에 관한 법원의 명령(회생법 제258조)

가. 회생계획 수행명령

① 명령의 대상자

회생계획이 인가된 이후 회생법원은 회생계획의 효력을 받는 자 또는 관리인에 대하여 회생계획의 수행에 필요한 작위 또는 부작위를 명할 수 있다. 회생계획의 효력을 받는 자는 채무자회생및파산에관한법률 제250조 제1항에 게기된 자로서, 채무자, 모든 회생채권자와 회생담보권자, 주주 및 회생을 위하여 채무를 부담하거나 담보를 제공하는 자와 신회사(합병으로 설립되는 신회사를 제외한다)를 말한다.

② 수행명령의 절차 및 효과

수행명령은 이해관계인의 신청 없이 직권으로 하는 것이 원칙이다. 이해관계인이 수행명령을 신청하는 경우 이는 직권의 발동을 촉구하는 성질의 것이기 때문에 수행명령을 하지 않을 때에 반드시 기각결정을 하여야 하는 것은 아니다. 수행명령은 결정 형식으로 하고 그 효력을 받는 상대방에게 송달함으로써 효력이 생긴다. 수행명령에 대해서는 불복신청을 할 수 없다. 수행명령이 상대방에 대하여 작위 또는 부작위를 명하는 경우에 이를 위반한 자에 대하여는 과태료의 제재가 규정되어 있다.

나. 담보제공명령

법원은 회생계획의 수행을 확실하게 하기 위하여 필요하다고 인정하는 때에는 회생계획 또는 이 법의 규정에 의하여 채권을 가진 자와 이의있는 회생채권 또는 회생담보권으로서 그 확정절차가 끝나지 아니한 것을 가진 자를 위하여 상당한 담보를 제공하게 할 수 있다.

(2) 회생계획 수행에 있어서의 특례

1) 영업양도 등에 관한 특례(회생법 제261조)

법 제200조(영업 또는 재산의 양도 등)의 규정에 의하여 회생계획에서 다음 각 호의 행위를 정한 때에는 회생계획에 따라 그 행위를 할 수 있다.

가. 다음의 어느 하나에 해당하는 계약 또는 이에 준하는 계약의 체결·변경 또는 해약

① 채무자의 영업이나 재산의 전부나 일부를 양도·출자 또는 임대하는 계약

② 채무자의 사업의 경영의 전부나 일부를 위임하는 계약

③ 타인과 영업의 손익을 같이 하는 계약 그 밖에 이에 준하는 계약

나. 타인의 영업이나 재산의 전부나 일부를 양수할 것에 대한 약정

2) 정관변경에 관한 특례(회생법 제262조)

회생법 제202조(정관의 변경)에 의하여 회생계획에서 채무자의 정관을 변경할 것을 정한 경우에는 회생계획인가 결정이 있는 때에 회생계획에 의하여 변경된다. 실무상 회생계획 인가와 동시에 정관을 변경해야 하는 경우가 그리 많지 않기 때문에 회생계획안에는 "회생절차 중 관리인은 법원의 허가를 얻어 정관을 변경하여야 한다."라는 취지로 기재하는 것이 보통이다. 그러나 출자전환이나 주주의 권리변경 또는 제3자 인수와 관련하여 회사의 발행예정 주식 총수를 변경하여야 하는 경우가 간혹 있는데, 이러한 경우에는 회생계획 안에 변경 전 정관의 조항과 변경 후 정관의 조항을 명시하여야 한다.

3) 이사 등의 변경에 관한 특례(회생법 제263조)

가. 이사나 대표이사의 선임 또는 선정

회생법 제203조의 규정에 의하여 회생계획에서 이사의 선임이나 대표이사의 선정을 정한 경우 이들은 회생계획이 인가된 때에 선임 또는 선정된 것으로 본다.

나. 감사의 선임

회생법 제203조 제4항의 규정에 의하여 법원이 감사를 선임하는 때에는 감사의 선임에 관한 다른 법령이나 정관의 규정을 적용하지 아니한다.

4) 자본감소에 관한 특례(회생법 제264조)

회생계획에 자본감소의 규정이 있으면 그 내용에 따라 주주의 권리는 전부 또는 일부가 소멸되거나 변경을 받는다. 채무자회생및파산에관한법률 제205조(주식회사

또는 유한회사의 자본감소)의 규정에 의하여 회생계획에서 자본의 감소를 정한 때에는 회생계획에 의하여 자본을 감소할 수 있다. 이 경우「상법」제343조(주식의 소각)제2항, 제439조(자본감소의 방법, 절차)제2항·제3항, 제440조(주식병합의 절차), 제441조(주식병합의 절차), 제445조(감자무효의 소) 및 제446조(준용규정)의 규정은 적용하지 아니하며, 같은 법 제443조(단주의 처리)제1항 단서에 규정된 사건은 회생법원의 관할로 한다. 채무자의 자본감소로 인한 변경등기의 신청서에는 회생계획인가결정서의 등본 또는 초본을 첨부하여야 한다.

5) 신주발행에 관한 특례

가. 납입 등이 없는 신주발행에 관한 특례(회생법 제265조)

① 권리자가 주주가 되는 시기

제206조 제1항 및 제4항의 규정에 의하여 회생계획에서 채무자가 회생채권자·회생담보권자 또는 주주에 대하여 새로 납입 또는 현물출자를 하게 하지 아니하고 신주를 발행할 것을 정한 때에는 이 권리자는 회생계획인가가 결정된 때에 주주가 된다. 다만, 회생계획에서 특별히 정한 때에는 그 정한 때에 주주가 된다.

② 신주인수권에 관한 정관규정의 배제

위 ①의 경우에는 신주인수권에 관한 정관의 규정은 적용하지 아니한다.

【쟁점질의와 유권해석】

〈신주를 발행하는 방식의 출자전환으로 정리담보권 등의 변제에 갈음하기로 한 경우 보증채무도 그만큼 소멸하는 것으로 볼 수 있는지 여부(적극)〉

정리계획에서 신주를 발행하는 방식의 출자전환으로 정리채권이나 정리담보권의 전부 또는 일부의 변제에 갈음하기로 한 경우에는 신주발행의 효력발생일 당시를 기준으로 하여 정리채권자 또는 정리담보권자가 인수한 신주의 시가 상당액에 대하여 정리회사의 주채무가 실질적으로 만족을 얻은 것으로 볼 수 있어 보증채무도 그만큼 소멸하는 것으로 보아야 한다(대법원 2005. 1. 27.선고. 2004다27143판결).

나. 납입 등이 있는 신주발행에 관한 특례(회생법 제266조)

이 경우에는 이해관계인에게 종전의 권리에 갈음하여 신주인수권을 부여하는 것인데, 신주인수권을 부여받은 이해관계인이 이를 행사하지 않으면 신주인수권을 상실할 뿐 아니라 종전의 권리도 소멸된다. 결국 이해관계인의 입장에서는 신주인수권을 타인에게 양도하지 않는 한 납입 또는 현물출자가 강제되는 것이다. 회생채권자·회생담보권자 또는 주주에 대하여 새로 납입 또는 현물출자를 하게 하여 신주를 발행하는 때에는 이들 권리자는 회생계획에서 정한 금액을 납입하거나 현물출자를 하면 된다. 다만, 종전의 주주에 교부할 대금에서 단주(端株)에 대하여 납입할 금액 또는 이행할 현물출자에 상당하는 금액을 공제하여야 한다. 채무자의 신주발행으로 인한 변경등기의 촉탁서 또는 신청서에는 회생계획인가결정서의 등본 또는 초본 외에 주식의 청약과 인수를 증명하는 서면과 납입금의 보관에 관한 증명서를 첨부하여야 한다.

6) 사채발행에 관한 특례

가. 주식회사의 납입 등이 없는 사채발행에 관한 특례(회생법 제267조)

사채를 발행함에 있어서는 상법 제8절 이하의 사채발행에 관한 규정을 준수하여야 한다. 다만, 회생계획에 의하여 채무자가 회생채권자, 회생담보권자 또는 주주에 대하여 새로 납입을 하게 하지 아니하고 사채를 발행할 것을 정한 때에는 이들 권리자는 회생계획인가가 결정된 때에 사채권자가 된다. 이 경우 상법 제470조(총액의 제한)와 제471조(사채모집의 제한)의 적용을 배제하는 특칙이 있다. 회생계획의 규정에 의하여 회생채권자 또는 회생담보권자에 대하여 발행하는 사채의 액은 상법 제470조(총액의 제한)의 규정에서 정하는 사채의 총액에 산입하지 아니한다.

나. 주식회사의 납입 등이 있는 사채발행에 관한 특례(회생법 268조)

① 사채발행의 요건

회생법 제267조에 규정된 경우를 제외하고 제209조의 규정에 의하여 회생계획에서 주식회사인 채무자가 사채를 발행할 것을 정한 때에는 회생계획에 의하여 사채를 발행할 수 있다.

② 회생채권자 등이 사채권자가 되는 시기

회생채권자·회생담보권자 또는 주주에 대하여 새로 납입을 하게 하여 사채를 발행하는 때에는 이들 권리자는 회생계획에 정한 금액을 납입한 때에 사채권자가 된다.

③ 전환사채 등의 등기촉탁서 또는 신청서의 첨부서류

전환사채 또는 신주인수권부사채의 등기의 촉탁서 또는 신청서에는 다음 각 호의 서면을 첨부하여야 한다.

ㄱ) 회생계획인가결정서의 등본 또는 초본

ㄴ) 전환사채 또는 신주인수권부사채의 청약 및 인수를 증명하는 서면

ㄷ) 각 전환사채 또는 신주인수권부사채에 대하여 납입이 있은 것을 증명하는 서면

7) 주식회사의 주식의 포괄적 교환에 관한 특례(회생법 제269조)

회생계획에서 주식회사인 채무자가 다른 회사와 주식의 포괄적 교환을 하는 것을 정한 때에는 회생계획에 의하여 주식의 포괄적 교환을 할 수 있다. 채무자에 대한 「상법」제360조의8(주권의 실효절차)의 규정을 적용하는 때에는 같은 조에서 "제360조의3제1항의 규정에 의한 승인"은 "주식의 포괄적 교환을 내용으로 하는 회생계획인가"로 보며,「상법」제360조의4(주식교환계약서등의 공시), 제360조의5(반대주주의 주식매수청구권), 제360조의7(완전모회사의 자본증가의 한도액) 및 제360조의14(주식교환무효의 소)의 규정은 적용하지 아니한다. 이 경우 완전모회사로 되는 회사의 주식의 배정을 받는 회생채권자 또는 회생담보권자는 회생계획인가시에 주식인수인으로 되고, 주식의 포괄적 교환의 효력이 생긴 때에 주주로 된다.

채무자가 완전모회사로 되는 때에 주식의 포괄적 교환에 의한 회사의 변경등기의 촉탁서 또는 신청서에는 회생계획인가결정서의 등본 또는 초본, 주식의 포괄적 교환계약서의 서류를 첨부하여야 한다.

주식의 포괄적 교환의 상대방인 다른 회사가 완전모회사로 되는 때에는 그 회사의 주식의 포괄적 교환에 의한 변경등기의 신청서에는 회생계획인가결정서의 등본 또는 초본, 그 회사의 주주총회의 의사록(그 회사가 주주총회의 승인을 얻지 아니하고 주식의 포괄적 교환을 한 때에는 그 회사의 이사회의 의사록)의 서류를 첨부하여야 한다.

8) 주식회사의 주식의 포괄적 이전에 관한 특례(회생법 제270조)

회생계획에서 주식회사인 채무자가 주식의 포괄적 이전을 할 것을 정한 때에는 회생계획에 따라 주식의 포괄적 이전을 할 수 있다. 이 경우 회사에 대한 「상법」제360조의19(주권의 실효절차)의 규정의 적용에 관하여는 같은 조에서 "제360조의16제1항의 규정에 의한 결의"는 "주식의 포괄적 이전을 내용으로 하는 회생계획인가"로 보며, 설립된 완전모회사인 신회사의 주식의 배정을 받는 회생채권자 또는 회생담보권자는 회생계획의 인가시에 주식인수인으로 되고 주식의 포괄적 이전의 효력이 생긴 때에 주주로 된다.「상법」제360조의17(주식이전계획서 등의 서류의 공시), 제360조의18(완전모회사의 자본의 한도액), 제360조의22(주식교환 규정의 준용)에서 준용하는 같은 법 제360조의5(반대주주의 주식매수청구권) 및 제360조의23(주식이전무효의 소)의 규정은 적용하지 아니한다. 주식의 포괄적 이전에 의한 설립등기의 촉탁서 또는 신청서에는 회생계획인가결정서의 등본 또는 초본 및 대표이사에 관한 이사회의 의사록을 첨부한다.

9) 합병에 관한 특례(회생법 제271조)

가. 회생계획에 따른 합병

제210조 또는 제211조의 규정에 의하여 회생계획에서 채무자가 다른 회사와 합병할 것을 정한 때에는 회생계획에 따라 합병할 수 있다.

나. 합병의 효과

제1항의 경우 합병 후 존속하는 회사나 합병으로 설립되는 신회사의 주식 또는 출자지분의 배정을 받은 회생채권자 또는 회생담보권자는 회생계획인가가 결정된 때에 주식 또는 출자지분의 인수인이 되며, 합병의 효력이 생긴 때에 주주 또는 사원이 된다.

다. 상법규정의 적용배제

회생계획에 따른 합병의 경우「상법」제522조의2(합병계약서 등의 공시), 522조의3(합병반대주주의 주식매수청구권), 제527조의5(채권자보호절차), 제527조의6(합병에 관한 서류의 사후공시) 및 제529조(합병무효의 소)와 「자본시장과 금융투자업에 관한 법률」제165조의5(주식매수청구권의 특례)의 규정은 적용하지 아니한다.

라. 등기촉탁서 등의 첨부서류

합병으로 인한 채무자의 해산 또는 변경의 등기의 촉탁서 또는 신청서에는 다음 각호의 서류를 첨부하여야 한다.

① 회생계획인가결정서의 등본 또는 초본

② 합병계약서

③ 정관

④ 창립총회의 의사록

⑤ 대표이사에 관한 이사회의 의사록

⑥ 합병의 상대방인 다른 채무자가 선임한 설립위원의 자격을 증명하는 서면

10) 분할 또는 분할합병에 관한 특례(회생법 제272조)

회생계획에 의하여 주식회사인 채무자가 분할되거나 주식회사인 채무자 또는 그 일부가 다른 회사 또는 다른 회사의 일부와 분할합병할 것을 정한 때에는 회생계획에 의하여 분할 또는 분할합병할 수 있다. 이 경우 분할합병 후 존속하는 채무자 또는 분할합병으로 설립되는 신회사의 주식을 배정받은 채무자의 주주·회생채권자 또는 회생담보권자는 회생계획인가가 결정된 때에 주식인수인이 되며, 분할

합병의 효력이 생긴 때에 주주가 된다. 분할로 인한 채무자의 해산등기 또는 변경등기의 촉탁서 또는 신청서에는 회생계획인가결정서의 등본 또는 초본을 첨부하여야 하며, 분할합병으로 인한 채무자의 해산등기 또는 변경등기의 촉탁서 또는 신청서에는 회생계획인가결정서의 등본 또는 초본 외에 분할합병계약서를 첨부하여야 한다. 분할합병으로 인한 설립등기의 촉탁서 또는 신청서에는 회생계획인가결정서의 등본 또는 초본, 분할합병계약서, 정관, 창립총회의 의사록, 대표이사에 관한 이사회의 의사록을 첨부하여야 한다.

11) 신회사 설립에 관한 특례

가. 새로운 출자가 없는 신회사의 설립에 관한 특례(회생법 제273조)

회생계획에서 주식회사인 채무자를 분할하여 채무자의 출자만으로 신회사를 설립할 것을 정하거나 회생계획에서 회생채권자·회생담보권자·주주·지분권자에 대하여 새로 납입 또는 현물출자를 하게 하지 아니하고 주식 또는 출자지분을 인수하게 함으로써 신회사를 설립할 것을 정한 때에는 신회사는 정관을 작성하고 회생법원의 인증을 얻은 후 설립등기를 한 때에 성립한다. 설립등기의 촉탁서에는 회생계획인가결정서의 등본 또는 초본, 정관, 회생계획에서 이사 또는 감사의 선임이나 대표이사의 선정의 방법을 정한 때에는 그 선임이나 선정에 관한 서류, 명의개서대리인을 둔 때에는 이를 증명하는 서면을 첨부해야 한다.

나. 그 밖에 신회사의 설립에 관한 특례(회생법 제274조)

채무자회생및파산에관한법률 제273조의 경우를 제외하고 회생계획에서 주식회사인 채무자를 분할하여 신회사를 설립할 것을 정하거나 합병·분할 또는 분할합병에 의하지 아니하고 회생계획에서 신회사를 설립할 것을 정한 때에는 회생계획에 의하여 신회사를 설립할 수 있다. 이 경우 정관은 회생법원의 인증을 받아야 하고, 「상법」제306조(납입금의 보관자 등의 변경)에 규정된 사건은 회생법원의 관할로 하며, 창립총회에서는 회생계획의 취지에 반하여 정관을 변경할 수 없고, 같은 법 제326조(회사불성립의 경우의 발기인의 책임)의 규정에 의한 발기인의 책임은 채무자가 진다. 회생채권자·회생담보권자·주주 또는 제3자에 대하여 새로 납입 또는 현물출자를 하게 하고 주식을 인수하게 하는 때에는 이 자에 대하여 발행할 주식 중에서 인수가 없는 주식에 관하여는 「상법」제289조(정관의 작성, 절대적 기재사항)제2항의 규정에 반하지 아니하는 한 새로 주주를 모집하지 아니하고 그 주식의 수를 신회사설립시에 발행하는 주식의 총수에서 뺄 수 있다.

12) 해산에 관한 특례(회생법 제275조)

회생계획에서 채무자가 합병·분할 또는 분할합병에 의하지 아니하고 해산할 것을 정한 때에는 채무자는 회생계획이 정하는 시기에 해산한다. 해산등기의 신청서에는 회생계획인가결정서의 등본 또는 초본을 첨부하여야 한다.

13) 주식 등의 인수권의 양도(회생법 제276조)

회생채권자·회생담보권자·주주·지분권자는 회생계획에 의하여 채무자 또는 신회사의 주식·출자지분 또는 사채를 인수할 권리가 있는 때에는 이를 타인에게 양도할 수 있다. 이해관계인의 권리에 갈음하여 신주인수권을 부여하는 신주발행의 경우 회생채권자, 회생담보권자 또는 주주에게 추가적으로 납입 또는 현물출자시킨 다음 신주를 발행하는 것이다. 이 경우는 이해관계인에게 종전의 권리에 갈음하여 신주인수권을 부여하는 것인데, 신주인수권을 부여받은 이해관계인이 이를 행사하지 않으면 신주인수권을 상실할 뿐 아니라 종전의 권리도 소멸된다. 결국 이해관계인의 입장에서는 본 조에 의하여 신주인수권을 타인에게 양도하지 않는 한, 납입 또는 현물출자가 강제되는 것이다.

(3) 회생계획의 변경(회생법 제282조)

1) 회생계획 변경의 의의

회생계획의 변경이라 함은 회생계획인가의 결정이 있은 후 부득이한 사유로 계획에 정한 사항을 변경하는 것을 말한다.

인가 후의 계획의 변경은 인가에 의하여 계획이 대외적으로 성립되어 현실적으로 수행되고 있는 단계에서 행하여지는 것이고, 인가로 인한 권리변경이나 면책의 효과가 발생된 후의 채권이나 주식을 대상으로 하는 것이라는 점에서 회생계획 성립 과정에 있어서의 회생계획안의 수정 내지 변경과는 구별된다.

2) 회생계획 변경의 절차

가. 회생계획 변경의 요건

회생계획인가의 결정이 있은 후 부득이한 사유로 회생계획에 정한 사항을 변경할 필요가 생긴 때에는 회생절차가 종결되기 전에 한하여 법원은 관리인, 채무자 또는 목록에 기재되어 있거나 신고한 회생채권자·회생담보권자·주주·지분권자의 신청에 의하여 회생계획을 변경할 수 있다.

① 신청권자

신청권자는 관리인, 채무자 또는 신고한 회생채권자, 회생담보권자 또는 주주
로서 계획안 제출권자의 범위와 일치하며, 직권에 의한 변경은 불가능하다. 위
회생채권자, 회생담보권자 또는 주주의 현재의 권리자일 것을 요하며, 이미 전
부 변제를 받았거나 인가의 수행에 의하여 권리가 소멸되었거나 또는 권리를
전부 양도한 자는 신청권이 없고, 반면 인가 후 잔존채권을 양도받은 채권자
나 회생계획의 정함에 의하여 발행된 주식을 취득한 주주 등에게 신청권이 있
음은 물론이다.

② 신청의 방식

변경할 내용을 구체적으로 명시한 "회생계획 변경계획안"이라는 서면을 제출하
여 신청한다. 변경할 내용을 명시하지 않은 채 적당하게 변경하여 달라는 식
의 신청은 부적법하다.

③ 회생계획변경의 시기

회생계획의 변경은 회생계획 인가결정 후 회생절차 종료 전에 한하여 허용된
다. 따라서 회생계획 인가결정 또는 폐지결정에 대한 항고 중에도 회생계획의
변경은 가능하다.

④ 부득이한 사유와 변경의 필요성

회생계획의 변경이 허용되는 경우는 인가결정이 있은 후 "부득이한 사유"로
계획에 정한 사항을 "변경할 필요"가 생긴 때라야 한다. 부득이한 사유가 인가
후에 생긴 것이 아니라 인가전부터 존재하던 사정이라면 계획을 변경할 필요
가 있다고 볼 수 없다.

나. 회생계획 변경계획안의 심사

회생계획변경의 신청이 위와 같은 요건을 구비한 경우에는 법원은 나아가 변경
의 내용을 심리하게 된다.

① 심사 결과 변경내용이 법률의 규정에 위반하거나 공정, 형평의 원칙에 반한 경
우 또는 수행불가능한 경우 변경계획안의 수정을 명할 수 있다.

② 수정명령에 응하지 않거나 수정명령에 의하더라도 흠결이 치유될 수 없다고
판단되는 경우 회생계획변경 불허가결정을 한다.

다. 변경계획 불인가결정의 효력 및 즉시항고

변경계획 불인가결정을 한 경우 원래의 회생계획이 남아 있게 되므로 그 자체
로서는 절차종료의 사유가 되지 않고, 다만 그 때문에 회생계획수행의 가망성이

없게 되면 회생절차폐지결정을 하게 된다. 변경계획 불인가결정에 대하여 즉시항고가 허용된다는 견해도 있으나 즉시항고가 허용되지 않는다고 보아야 한다.

라. 변경계획안에 동의한 것으로 보는 경우

다음의 어느 하나에 해당하는 경우 종전의 회생계획에 동의한 자는 변경회생계획안에 동의한 것으로 본다.

① 변경회생계획안에 관하여 결의를 하기 위한 관계인집회에 출석하지 아니한 경우

② 변경계획안에 대한 서면결의 절차에서 회신하지 아니한 경우

(4) 회생절차의 종결(회생법 제283조)

1) 의 의

회생절차의 종결이란, 회생채무자가 이미 회생계획이 수행되었거나 앞으로 회생계획의 수행이 확실하여 회생절차의 목적을 달성할 수 있다고 판단되는 경우에 법원이 이해관계인의 신청이나 직권으로 회생절차를 종료시키는 것을 말한다.

2) 회생절차 종결의 요건

회생계획에 따른 변제가 시작되면 관리인 등의 신청에 의하거나 직권으로 회생절차종결의 결정을 한다. 다만 회생계획의 수행에 지장이 있다고 인정되는 때에는 그러하지 아니하다.

3) 회생절차의 종결을 신청할 수 있는 자

① 관리인

② 목록에 기재되어 있거나 신고한 회생채권자 또는 회생담보권자

8. 회생절차의 폐지

(1) 폐지결정절차

1) 회생계획인가 전의 폐지(회생법 제286조)

가. 제286조 제1항에 의한 폐지

법원은 법원이 정한 기간 또는 연장한 기간 내에 회생계획안의 제출이 없거나 그 기간 내에 제출된 모든 계획안이 관계인집회의 보고 또는 결의에 부칠만한 것이 못되는 때, 계획안이 부결되거나 결의를 위한 관계인집회의 제1기일로부터 2월 내 또는 연장한 기간 내에 가결되지 아니한 때, 회생계획안이 정한 기간 내에 가결되지 아니한 때에는 직권으로 회생절차 폐지의 결정을 하여야 한다.

나. 제286조 제2항에 의한 폐지

회생계획안의 제출 전 또는 그 후에 채무자의 사업을 청산할 때의 가치가 채무자의 사업을 계속할 때의 가치보다 크다는 것이 명백하게 밝혀진 때에는 법원은 회생계획인가결정 전까지 관리인의 신청에 의하거나 직권으로 회생절차폐지의 결정을 할 수 있다. 다만, 법원이 회생법 제222조에 따라 청산 등을 내용으로 하는 회생계획안의 작성을 허가하는 경우에는 그러하지 아니하다.

【쟁점질의와 유권해석】

〈'관계인집회의 심리 또는 결의에 부칠만한 것이 못되는 때'의 의미〉

회사정리법 제272조 제1항 제1호에 의하면 법원이 정한 기간 또는 연장한 기간 내에 정리계획안의 제출이 없거나 그 기간 내에 제출된 모든 계획안이 관계인집회의 심리 또는 결의에 부칠 만한 것이 못되는 때에는 법원은 직권으로 정리절차폐지의 결정을 하여야 한다고 규정되어 있는바, 위에서 말하는 관계인집회의 심리 또는 결의에 부칠 만한 것이 못되는 때라 함은 계획안의 내용이 법률의 규정에 합치되지 아니하거나 공정·형평성을 결여하거나 수행이 불가능한 경우 또는 관계인집회에서 계획안 가결을 받을 가능성이 없는 경우를 의미한다(대법원 1999. 6. 30.선고 98마3631판결).

2) 신청에 의한 폐지(회생법 제287조)

가. 의 의

채무자가 신고기간 내에 신고된 모든 회생채권자와 회생담보권자에 대한 채무를 완제할 수 있음이 명백하게 된 때에는 법원은 관리인, 채무자 또는 신고한 회생채권자나 회생담보권자의 신청에 의하여 회생절차폐지의 결정을 하여야 한다. 이 경우 신청인은 회생절차폐지의 원인인 사실을 소명하여야 한다.

나. 요 건

채무자가 목록에 기재되어 있거나 신고한 회생채권자와 회생담보권자에 대한 채무를 완제할 수 없음이 명백하여야 한다. 채무자가 회생채권 등을 완제할 수 있을지 여부를 검토함에 있어서는 신고된 회생채권과 회생담보권만을 고려하면 되고, 신고되지 않은 채권까지 고려해야 하는 것은 아니다. 그러나 만약 신고기간 경과 후에 적법하게 추완신고된 채권이 있는 경우에 이러한 채권은 고려하여야 한다.

다. 절 차

① 신 청

이 규정에 의한 폐지는 반드시 신청에 의하여 하여야 하고, 직권으로 할 수는 없다.

신청권자는 관리인, 채무자 또는 신고한 회생채권자나 회생담보권이다. 신청인이 이 규정에 의하여 폐지신청을 할 경우에는 그 원인이 되는 사실을 소명하여야 한다.

② 이해관계인에 대한 의견진술기회의 부여

신청권자가 신청을 하는 경우 법원은 채무자, 관리위원회, 채권자협의회 및 신고한 회생채권자와 회생담보권자에 대하여 신청이 있었다는 취지와 이에 대한 의견을 법원에 제출하도록 통지하여야 한다. 그리고 이해관계인들로 하여금 신청에 관한 서류를 열람할 수 있도록 이를 비치하여야 한다.

라. 폐지결정의 시기

법원은 위 규정에 의하여 통지를 발송한 1월 이상이 결과한 후에야 회생절차 폐지의 결정을 할 수 있다.

3) 회생계획인가 후의 폐지(회생법 제288조)

가. 의 의

회생계획 인가결정이 있은 후 계획수행의 가능성이 없음이 명백하게 된 때에는 법원은 관리인, 신고한 회생채권자 또는 회생담보권자의 신청에 의하여 또는 직권으로 회생절차폐지의 결정을 하여야 한다. 회생절차의 종결은 회생계획의 성공적인 수행을 통한 회생절차의 졸업을 의미한다고 할 수 있고, 회생절차의 폐지는 회생계획 수행 실패로 인한 회생절차로부터의 퇴출을 의미한다고 할 수 있다.

나. 폐지결정의 시기

회생절차 폐지결정은 회생절차 종결결정과 마찬가지로 회생계획 인가결정이 확정된 후에야 할 수 있다. 단, 인가결정이 확정되지 않은 경우 일지라도 항고심의 인가요건 존부의 판단시기는 항고심의 결정시이기 때문에, 항고심이 회생계획의 수행가능성이 없다는 이유로 인가결정을 취소함으로써, 실질적으로 회생절차 폐지와 같은 결과를 가져올 수도 있다.

다. 폐지결정의 실질적 요건 -계획수행의 가망이 없음이 명백할 것

폐지결정을 하기 위해서는회생계획인가의 결정이 있은 후 회생계획을 수행할 수 없음이 명백해야 한다.

회생계획의 수행가능성이 없다는 것은 회생채무자가 갱생할 가능성이 없다는 것을 의미한다. 즉, 회생절차 기간 중에 다시 도산할 우려가 높은 경우이거나, 회생절차기간이 종료된 경우이더라도 독립하여 사업을 영위할 수 있는 여력이 없다는 것을 의미한다. 따라서 회생계획 중 회생채무자의 갱생과는 깊은 관련이 없는 사항, 예를 들어 소각이 예정된 주식 중 일부에 대하여 소각을 할 수 없는 사정이 발생한 경우이거나 일부 채권자의 소재불명으로 채권을 변제할 수 없다고 하는 사정은 여기서 말하는 회생계획의 수행불가능과는 관계가 없다고 할 수 있다.

라. 이해관계인에 대한 의견청취

폐지결정을 하기 전에는 반드시 기한을 정하여 관리위원회, 채권자협의회 및 이해관계인에게 의견 제출의 기회를 주어야 한다. 필요하다면 관계인집회를 개최하여 의견을 들을 수도 있다. 의견제출 기한이나 기일은 공고하여야 할 사항이며, 확정된 회생채권이나 회생담보권으로서 회생계획의 규정에 의하여 인정된 권리를 가지는 자에 대하여는 이를 송달하여야 한다.

마. 폐지결정

회생절차의 폐지는 결정으로 한다. 회생절차 폐지결정은 즉시항고 되는 경우가 많기 때문에 상급심의 판단에 도움을 준다는 차원에서 회생절차 폐지결정의 이유에는 회생계획의 수행가능성이 없음이 명백한 이유를 기재하는 것이 바람직하다.

바. 회생절차 폐지의 효력

회생절차의 폐지는 회생계획의 수행과 채무자 회생 및 파산에 관한 법률의 규정에 의하여 생긴 효력에 영향을 미치지 아니한다.

(2) 폐지결정의 공고(회생법 제289조)

회생절차 폐지결정을 한 경우에는 그 주문과 이유의 요지를 공고하여야 한다. 그러나 폐지결정문을 이해관계인에게 반드시 송달할 필요가 있는 것은 아니다. 실무에서는 관리인에게 폐지결정문을 송달하고 있다.

(3) 항고(회생법 제290조)

회생법 제247조(항고) 제1항·제2항 및 제4항 내지 제7항의 규정은 회생절차 폐지의 결정에 대한 항고에 관하여 준용한다.

1) 즉시항고

회생절차 종결결정에 대하여는 불복할 수 없지만, 회생절차 폐지결정에 대하여는 즉시항고를 할 수 있다. 한편 회생절차 폐지신청을 기각하는 결정에 대하여는 즉시항고가 허용되지 않는다. 한편 폐지결정에 대한 항고심의 결정에 대하여는 재항고를 할 수 없고, 민사소송법 제449조의 규정에 의하여 특별항고만이 허용된다.

2) 항고제기의 방식

가. 항고권자

회생계획인가 전의 폐지의 경우의 항고권자의 범위	관리인, 공익채권자, 신고한 회생채권자, 회생담보권자, 주주등
회생계획인가 후의 폐지의 경우의 항고권자의 범위	관리인, 공익채권자, 회생계획의 규정에 의하여 권리가 인정된 회생채권자, 회생담보권자, 주주, 신회사, 합병의 상대회사, 영업양수인, 임차인, 경영의 책임자, 회생을 위하여 채무를 부담하거나 담보를 제공한 자 등

나. 항고기간

즉시항고는 폐지결정의 공고가 있은 날로부터 기산하여 2주 내에 제기하여야 하며, 공고의 효력은 신문에 게재된 날의 다음날부터 발생한다. 반면 특별항고의 제기기간은 1주일이다.

다. 항고의 제기방법

항고의 제기는 회생법원에 항고장을 제출함으로써 한다. 항고장에는 항고인 및 법정대리인, 항고로서 불복을 신청한 폐지결정에 대하여 항고한다는 취지를 기재하여야 하고, 2,000원의 인지를 첨부하여야 한다.

라. 법원의 결정

회생법원이 항고가 이유 있다고 인정하는 경우에는 원 결정을 경정하여야 하며 (재도의 고안), 항고가 이유 없다고 인정되는 경우에는 그러한 취지의 의견서를 첨부하여 항고법원에 기록을 송부하여야 한다.

마. 항고제기의 효과

즉시항고의 경우에는 통상항고와 달리 집행정지의 효력이 있다. 따라서 회생채무자에 대하여 폐지결정을 한 경우일지라도 즉시항고가 제기된 경우에는 종전의 개시결정이나 인가결정으로 인하여 발생했던 효력은 계속 유지된다. 이에 따라 관리인의 지위에는 변동이 없으며, 법원이 정했던 범위의 법률행위나 자금집행행위는 여전히 법원의 허가를 얻어야 하는 사항에 남게된다.

【쟁점질의와 유권해석】

〈정리절차 폐지의 결정에 대한 항고심 결정에 대해 재항고가 허용되는지 여부(소극)〉

회사정리법 제280조 제1항은 "제237조 제1항과 제2항의 규정은 정리절차폐지의 결정에 대한 항고와 제8조에서 준용하는 민사소송법 제420조의 규정에 의한 항고에 준용한다."고 규정하고 있는바, 위 규정에 비추어 보면 정리절차폐지의 결정에 대한 항고심 결정에 대하여는 재항고가 허용되지 아니하고 같은 법 제8조에 의하여 준용되는 민사소송법 제420조에 의한 특별항고만이 허용된다(대법원 1999. 6. 30.선고 98마3631판결).

3) 공익채권의 변제(회생법 제291조)

회생절차폐지의 결정이 확정되면 회생절차가 종료된다. 그리고 관리인의 권한은 소멸하고 회생채무자의 사업의 경영과 재산의 처분의 권한은 채무자에게 복귀하게 된다.

회생절차 폐지 후에는 관리인의 권한은 소멸하게 되지만 한가지 예외가 있다. 회생절차폐지 후에는 관리인은 공익채권을 변제해야 하므로 그 범위 내에서 관리인의 권한은 잔존하게 되는 것이다.

회생절차 폐지의 결정이 확정된 때에는 회생법 제6조 제1항의 규정에 의하여 파산선고를 하여야 하는 경우를 제외하고 관리인은 채무자의 재산으로 공익채권을 변제하고 이의 있는것에 관하여는 그 채권자를 위하여 공탁하여야 한다.

4) 회생채권자표 등의 기재의 효력(회생법 제292조)

가. 확정판결과 동일한 효력

회생법 제286조 또는 제287조의 규정에 의한 회생절차폐지의 결정이 확정된 때에는 확정된 회생채권 또는 회생담보권에 관하여는 회생채권자표 또는 회생담보권자표의 기재는 채무자에 대하여 확정판결과 동일한 효력이 있다, 다만, 채무자가 회생채권과 회생담보권의 조사기간 또는 특별조사기일에 그 권리에 대하여 이의를 하지 아니한 경우에 한한다.

나. 집행력

회생채권자 또는 회생담보권자는 회생절차종료 후 채무자에 대하여 회생채권자

표 또는 회생담보권자표에 의하여 강제집행을 할 수 있다. 회생채권자표와 회생
담보권자표의 집행력을 규정한 것이다.

핵 심 판 례

■ 포괄적 금지명령에 반하여 이루어진 회생채권에 기한 보전처분이나 강제집행의 효
력(무효) 및 이때 사후적으로 회생절차폐지결정이 확정되더라도 무효인지 여부(적극)

> 포괄적 금지명령에 반하여 이루어진 회생채권에 기한 보전처분이나 강제집행은 무효
> 이고, 회생절차폐지결정에는 소급효가 없으므로, 이와 같이 무효인 보전처분이나 강
> 제집행 등은 사후적으로 회생절차폐지결정이 확정되더라도 여전히 무효이다(대법원
> 2016. 6. 21.자, 2016마5082 결정).

■ 채무자에 대하여 회생계획인가가 있은 후 회생절차폐지의 결정이 확정되었는데 채
무자 회생 및 파산에 관한 법률 제6조 제1항에 의한 직권 파산선고에 의하여 파산절
차로 이행된 경우, 파산관재인이 종전의 회생절차에서 관리인이 수행 중이던 부인권
행사에 기한 소송절차를 수계할 수 있는지 여부(적극) 및 이 경우 부인권 행사에 기
한 소송이 종료되는지 여부(소극)

> 채무자 회생 및 파산에 관한 법률(이하 '채무자회생법'이라고 한다) 제6조 제1항, 제
> 6항의 내용과 취지에 비추어 보면, 채무자에 대하여 회생계획인가가 있은 후 회생절
> 차폐지의 결정이 확정되더라도 채무자회생법 제6조 제1항에 의한 직권 파산선고에
> 의하여 파산절차로 이행된 때에는, 채무자회생법 제6조 제6항에 의하여 파산관재인
> 은 종전의 회생절차에서 관리인이 수행 중이던 부인권 행사에 기한 소송절차를 수계
> 할 수 있고, 이러한 경우 부인권 행사에 기한 소송은 종료되지 않는다(대법원 2015.
> 5. 29. 선고 2012다87751 판결).

II. 회생절차에 관한 등기

■ 핵 심 사 항 ■

1. 보전관리인 및 보전관리인 선임의 등기 : 회생법 제43조제3항의 규정에 의한 보전관리 및 보전관리인선임 등기, 그 변경의 등기는 법원사무관등의 촉탁으로 하여야 한다.
2. 회생절차개시 및 관리인선임의 등기 : 회생절차개시(회생법 제49조), 관리인의 선임(회생법 제74조), 관리인 대리의 선임허가(회생법 제76조), 관리인의 사임 및 해임(회생법 제83조)에 관한 등기는 법원사무관등의 촉탁으로 하여야 한다.
3. 회생계획의 인가·불인가 및 회생계획취소의 등기
4. 회생계획의 수행에 따른 등기
5. 회생절차폐지 및 회생절차종결 등기
6. 회생절차폐지 등에 따른 파산선고의 등기

1. 보전관리인 및 보전관리인 선임의 등기

(1) 등기의 촉탁

회생법 제43조제3항의 규정에 의한 보전관리 및 보전관리인선임 등기, 그 변경의 등기는 법원사무관등의 촉탁으로 하여야 한다.

(2) 등기촉탁서의 기재사항

촉탁서에는 등기의 목적, 등기의 원인 및 그 일자, 그 보전관리명령을 한 법원을 기재하여야 하며, 보전관리인에 관한 등기를 촉탁함에 있어서는 보전관리인의 성명, 주민등록번호, 주소(법인인 경우에는 명칭·상호, 법인등록번호, 본점·주사무소 소재지를 말한다. 이하 같다) 등을 기재하여야 한다.

(3) 첨부서류

촉탁서에는 그 결정서의 등본(또는 초본) 및 보전관리인의 성명, 주민등록번호, 주소 등을 증명하는 자료를 첨부하여야 한다.

(4) 보전관리인 선임의 등기

보전관리명령취소결정, 회생절차개시신청의 기각결정이 확정된 때에는 법원사무관등의 촉탁에 의하여 보전관리 및 보전관리인선임 등기를 말소한다.

보전관리명령이 있는 경우에는 법원의 허가를 받지 아니하면 보전처분신청 또는 회생절차개시신청을 취하할 수 없으므로(회생법 제48조 2항), 법원사무관등은 보전처분신청 또는 회생절차개시신청의 취하서 등본 및 이에 대한 법원의 허가결정서 등본을 첨부하여 보전처분신청 또는 회생절차개시신청의 취하에 따른 보전관리 및 보전관리인선임 등기의 말소를 촉탁하여야 한다.

2. 회생절차개시 및 관리인선임의 등기

(1) 등기의 촉탁

① 회생절차개시(회생법 제49조), 관리인의 선임(회생법 제74조), 관리인 대리의 선임허가(회생법 제76조), 관리인의 사임 및 해임(회생법 제83조)에 관한 등기는 법원사무관등의 촉탁으로 하여야 한다. 그 결정이 취소 또는 변경된 때에도 같다.

② 법원이 회생법 제74조 제3항에 의하여 관리인을 선임하지 아니하는 경우에는, 법원사무관등의 촉탁에 의하여 채무자인 법인의 대표자를 관리인으로 본다는 취지의 등기를 하여야 한다. 그 결정이 취소 또는 변경된 때에도 같다.

(2) 등기촉탁서의 기재사항

등기촉탁서에는 등기의 목적, 등기의 원인 및 그 일자, 그 결정(허가)을 한 법원을 기재하여야 하며, 관리인, 관리인대리 또는 관리인으로 간주되는 자에 관한 등기를 촉탁함에 있어서는 관리인, 관리인대리 또는 관리인으로 간주되는 자의 성명, 주민등록번호, 주소 등을 기재하여야 한다.

(3) 첨부서류

등기촉탁서에는 그 결정(허가)서의 등본(또는 초본) 및 관리인 또는 관리인대리의 성명, 주민등록번호, 주소 등을 증명하는 자료를 첨부하여야 한다.

(4) 등기의 말소

① 회생절차개시의 등기를 한 경우, 등기관은 직권으로 보전관리 및 보전관리인에

관한 등기를 말소하여야 한다.

② 회생절차개시결정 취소결정이 확정된 경우, 법원사무관등의 촉탁에 의하여 회생절차개시의 등기 및 관리인, 관리인대리 또는 회생법 제74조 제4항에 의하여 법인의 대표자를 관리인으로 본다는 취지의 등기를 말소하여야 한다.

3. 회생계획의 인가·불인가 및 회생계획취소의 등기

① 위 2.의 등기촉탁서의 기재사항, 첨부서류에 관한 규정은 회생계획인가결정, 회생계획불인가결정의 확정, 회생계획인가취소결정의 확정에 따른 등기에 준용한다.

② 파산선고의 등기 및 파산관재인, 파산관재인대리에 관한 등기가 있는 채무자인 법인에 대하여 회생계획인가의 등기를 한 때에는, 등기관은 직권으로 파산선고, 파산관재인, 파산관재인대리에 관한 등기를 말소하여야 한다.

③ 법원사무관등의 촉탁에 의하여 회생계획불인가결정, 회생계획인가취소결정에 따른 등기를 하는 경우에는, 등기관은 직권으로 회생절차개시등기 및 관리인, 관리인대리 또는 회생법 제74조 제4항에 의하여 법인의 대표자를 관리인으로 본다는 취지의 등기를 말소하여야 한다.

④ 회생계획인가취소의 등기를 한 때에, 말소된 등기(파산선고의 등기, 파산관재인등기, 파산관재인대리등기 등)가 있는 경우, 등기관은 직권으로 그 등기를 회복하여야 한다.

4. 회생계획의 수행에 따른 등기

① 회생법 제266조의 규정에 의한 신주발행, 제268조의 규정에 의한 사채발행, 제269조의 규정에 의한 주식의 포괄적 교환, 제270조의 규정에 의한 주식의 포괄적 이전, 제271조의 규정에 의한 합병, 제272조의 규정에 의한 분할 또는 분할합병이나, 제273조 및 제274조의 규정에 의한 신회사의 설립이 있는 경우의 등기, 기타 회생계획의 수행이나 법의 규정에 의하여 회생절차의 종료 전에 법인인 채무자나 신회사에 관하여 등기할 사항이 생긴 경우 법원사무관등의 촉탁에 의하여 이를 등기하여야 한다.

② 제1항의 규정은 회생계획인가전의 영업양도(회생법 제62조)에 따른 등기에 준용한다.

5. 회생절차폐지 및 회생절차종결 등기

① 위 2.의 등기촉탁서의 기재사항, 첨부서류에 관한 규정은 회생절차폐지결정의 확

정 또는 회생절차종결에 따른 등기에 준용한다.

② 회생절차폐지결정 또는 회생절차종결의 등기를 한 경우, 등기관은 직권으로 회생절차개시등기, 회생계획인가등기 및 관리인, 관리인대리 또는 회생법 제74조 제4항에 의하여 법인의 대표자를 관리인으로 본다는 취지의 등기를 말소하여야 한다.

③ 회생계획에 의하여 회생절차종결의 결정일에 해산한 법인에 대하여 해산등기 및 회생절차종결등기를 한 때에는 당해 등기부를 폐쇄하여야 한다.

6. 회생절차폐지 등에 따른 파산선고의 등기

회생법 제6조의 규정에 의한 파산선고의 등기와 회생절차개시신청의 기각결정·회생절차폐지결정·회생계획불인가결정에 따른 회생법 제23조 제1항의 등기는 동시에 촉탁되어야 한다.

핵 심 판 례

■ 채무자 회생 및 파산에 관한 법률 제179조 제1항 제8호의2에서 정한 '회생절차개시신청 전 20일 이내'라는 기간을 계산하는 방법(=회생절차개시신청일인 초일은 산입하지 않고, 기간 말일의 종료로 기간 만료)

채무자 회생 및 파산에 관한 법률(이하 '채무자회생법'이라 한다) 제33조는 회생절차에 관하여 채무자회생법에 규정이 없는 때에는 민사소송법과 민사집행법을 준용하도록 정하고, 민사소송법 제170조는 기간의 계산을 민법에 따르도록 정하고 있다. 한편 채무자회생법은 '회생절차개시신청 전 20일 이내에 채무자가 계속적이고 정상적인 영업활동으로 공급받은 물건에 대한 대금청구권'은 공익채권으로 정하고 있는데(제179조 제1항 제8호의2), 그 기간 계산에 관해서는 특별한 규정을 두고 있지 않다. 따라서 위 조항에서 정한 '회생절차개시신청 전 20일 이내'라는 기간을 계산할 때에도 기간 계산에 관한 민법 규정이 준용되므로, 민법 제157조 본문에 따라 회생절차개시신청일인 초일은 산입하지 않고, 민법 제159조에 따라 기간 말일의 종료로 기간이 만료한다고 보아야 한다(대법원 2020. 3. 2. 선고 2019다243420 판결).

제 2 장   파산절차

Ⅰ. 파산절차의 개시

▣ 핵 심 사 항 ▣

1. 파산신청권자
 (1) 채권자 또는 채무자(회생법 제294조), 금융감독위원회
 (2) 법인의 경우 : 이사, 무한책임사원, 청산인(회생법 제295조)
 (3) 법인 아닌 사단 또는 재단의 경우 : 회생법 제295조 및 제296조의 규정은 제295
    조의 규정에 의한 법인 외의 법인과 법인 아닌 사단 또는 재단으로서 대표자 또는
    관리자가 있는 것에 관하여 준용(회생법법 제297조)
2. 파산의 원인
 (1) 보통파산원인(회생법 제305조) : 지급불능
 (2) 법인의 파산원인(회생법 제306조) : 채무초과
 (3) 상속재산의 파산원인(회생법 제307조) : 상속인이 상속재산으로 상속채권자 및 유
    증을 받은 자에 대한 채무를 완제할 수 없는 경우

1. 파산신청

(1) 파산신청권자(회생법 제294조)

1) 채권자 또는 채무자

채권자, 채무자(준채무자)에게 파산신청권을 인정하고 있고, 금융감독위원회가 일
정한 범위의 금융기관에 대하여 파산신청을 할 수 있는 경우가 있다.

가. 채권자

우선권 있는 채권, 후순위 채권, 기한미도래의 채권, 장래의 채권, 정지조건 성
취전의 채권의 채권자 모두 포함한다. 별제권자도 별제권을 미리 포기할 필요 없

이 파산신청을 할 수 있다. 단, 재단채권에 해당하게 될 채권자의 채권자는 포함하지 않는다. 종래 우선권 있는 파산채권으로 취급된 임금채권이 재단채권으로 승격된 것과 관련하여 재단채권이 임금채권을 가진 근로자가 파산신청을 할 수 있는지에 대해서는 견해의 대립이 있으나, 실무에서는 파산절차를 통하여 평등변제가 실현될 수 있다는 점과 임금채권자를 보호하기 위하여 마련된 임금채권보장법의 취지를 충분히 살리려면 임금채권자가 파산신청을 함을 허용할 필요가 있다는 점 등을 감안하여 이를 인정하는 방향으로 해석하고 있다.

【쟁점질의와 유권해석】

〈파산신청 채권자의 채권의 존속시기〉

파산선고시에는 신청인의 채권이 존재하여야 하지만, 파산선고 이후에는 소멸하여도 무방하다.

나. 채무자

채무자도 스스로 파산신청을 할 수 있으며, 채무자 파산신청을 하는 경우에는 파산원인의 소명이 필요하지 않다. 그러나 사실상 실무에서는 신청서와 그 첨부서류에서 파산원인을 소명하는 것이 대부분이다.

다. 금융감독위원회

금융산업의구조개선에관한법률 제2조 제1호 소정의 금융기관 및 신용협동조합 상호신용금고에 대하여는 금융감독위원회가 파산신청을 할 수 있다.

2) 법인의 파산신청권자(회생법 제295조, 제296조)

가. 이사 · 무한책임사원(회생법 제295조)

민법 그 밖에 다른 법률에 의하여 설립된 법인에 대하여는 이사가 합명회사 또는 합자회사에 대하여는 무한책임사원이, 주식회사 또는 유한회사에 대하여는 이사가 파산신청을 할 수 있다.

나. 일부 이사 등의 파산신청(회생법 제296조)

이사무한책임사원 또는 청산인의 전원이 하는 파산신청이 아닌 때에는 파산의 원인인 사실을 소명하여야 한다.

다. 청산인

청산인은 청산중인 법인에 대하여 파산신청을 할 수 있다.

3) 법인 아닌 사단 또는 재단의 파산신청권자(회생법 제297조)

채무자가 법인인 경우 그 이사, 무한책임사원, 주식회사의 이사, 청산인 및 이에 준하는 법인의 관리인도 파산신청을 할 수 있다는 규정(회생법 제295조·제296조)은 법인 외의 법인과 법인 아닌 사단 또는 재단으로서 대표자 또는 관리자가 있는 그 밖의 법인에도 적용이 된다.

4) 법인해산 후의 파산신청(회생법 제298조)

법인에 대하여는 그 해산 후에도 잔여재산의 인도 또는 분배가 종료하지 아니하는 동안은 파산신청을 할 수 있다.

가. 사법인의 경우

사법인은 일반적으로 파산능력이 있다고 할 수 있다. 공익법인이든 영리법인이든, 민법, 상법상의 법인이든 특별법상의 법인이든 모두 파산능력이 인정된다. 이미 해산하여 청산중에 있는 사법인도 파산능력이 있다. 노동조합도 파산능력이 있다.

나. 권리능력 없는 사단 또는 재단

권리능력 없는 사단 또는 재단으로서 대표자가 있는 것은 파산능력을 인정하나, 민법상의 조합은 단체적 성격이 약하므로 파산능력을 부정한다.

권리능력 없는 사단 또는 재단으로서 대표자가 있는 것	파산능력 인정
민법상의 조합	단체적 성격이 약하므로 파산능력 부정

(2) 파산신청절차

1) 신청서제출

가. 신청서의 기재사항

파산신청은 다음 각호의 사항을 기재한 서면으로 하여야 한다.

① 신청인 및 그 법정대리인의 성명 및 주소

② 채무자가 개인인 경우에는 채무자의 성명·주민등록번호 및 주소

③ 채무자가 개인이 아닌 경우에는 채무자의 상호, 주된 사무소 또는 영업소의 소재지, 대표자의 성명

④ 신청의 취지

⑤ 신청의 원인

⑥ 채무자의 사업목적과 업무의 상황

⑦ 채무자의 발행주식 또는 출자지분의 총수, 자본의 액과 자산, 부채 그 밖의 재산상태

⑧ 채무자의 재산에 대한 다른 절차 또는 처분으로서 신청인이 알고 있는 것

⑨ 채권자가 파산신청을 하는 때에는 그가 가진 채권의 액과 원인

⑩ 주주·지분권자가 파산신청을 하는 때에는 그가 가진 주식 또는 출자지분의 수 또는 액

나. 첨부서류

파산신청서에는 다음 각 호의 서류를 첨부하여야 한다. 다만, 신청과 동시에 첨부할 수 없는 때에는 그 사유를 소명하고 그 후에 지체없이 제출하여야 한다.

① 채권자목록

② 재산목록

③ 채무자의 수입 및 지출에 관한 목록

④ 그 밖에 대법원규칙이 정하는 서류(규칙 제72조 제1항)

ㄱ) 채무자가 개인인 경우에는 가족관계증명서·주민등록등본·진술서·그 밖에 소명자료

ㄴ) 채무자가 개인이 아닌 경우에는 법인등기사항증명서·정관·파산신청에 관한 이사회회의록, 그 밖의 소명자료

다. 신청서의 기재방법

① 채무자회사(법인)의 개요

ㄱ) 회사의 사업목적(등기부상의 목적뿐만 아니라 실제의 영업에 대한 구체적 내용을 기재)

ㄴ) 회사의 연혁

ㄷ) 자회사, 관계회사 현황

ㄹ) 회사의 자본 및 주주의 구성(지배주주 및 특수관계인 표시)

ㅁ) 회사의 임원구성 / 종업원(종업원수, 노동조합의 상황, 상부단체와의 관계 등을 기재)

ㅂ) 공장, 영업소 등의 시설(소재지, 규모, 작업내용 등을 기재)

ㅅ) 사업감독관청(특히 학교, 병원, 공원묘지, 복지시설 등 운영하는 재단법인의 경우)

② 업무의 상황

ㄱ) 주요영업종목

ㄴ) 거래처(구매처, 판매처, 거래은행)

③ 자산·부채의 상황(결산서류의 계정과목의 명세에 기하여 작성)

ㄱ) 자산

  i. 소유부동산(평가액, 담보설정액, 잉여예상액) / 임차부동산(보증금, 연체차임금등)

  ii. 현금(보관자) / 예금(종류 및 예대상계 예상)

  iii. 매출채권(명세, 회수가능성) / 재고품·기계공구·집기비품(명세, 평가액)

  iv. 전화, 자동차, 유가증권, 출자금(명세, 평가액)

  v. 기타(대여금, 계약금, 보험계약, 무체재산권 등)

ㄴ) 부채

  i. 부채총액과 채권자총수

  ii. 은행차입금 / 개인사채 기타차입금 / 일반상거래채무

  iii. 담보권자, 피담보채권액, 담보목적물

  iv. 미지급 임금·퇴직금, 체납중인 조세, 공공보험료(산재보상보험료, 의료보험료)등

④ 파산원인의 존재 및 회사가 파산에 이르게 된 사정

ㄱ) 지급정지상황(어음부도, 은행거래정지처분, 폐점, 도망 등)

ㄴ) 채무초과의 사실

ㄷ) 재정적 파탄에 이르게 된 사정 및 그 경과

⑤ 신청시의 상황

ㄱ) 사업계속의 유무

ㄴ) 종업원의 처우(해고 유무, 퇴직금지급 유무, 노동조합의 동향)

ㄷ) 부채정리 상황(임의정리 상황, 사적 채권자집회 유무)

ㄹ) 자산처분 상황(자산의 보전 상황, 채권자에 의한 상환강요, 부인대상행위 유무 등)

ㅁ) 현금, 고가품, 장부, 등기서류, 대표이사 인감 등의 소재 및 보관상황

ㅂ) 파산관재인이 선임될 경우 파산관재인의 보조자로 일할 수 있는 구 임직원

의 범위

라. 회사가 파산을 신청하는 경우의 첨부서류

① 회사등기부등본

② 이사회 회의록(파산신청에 관한 것)

③ 정관

④ 회사안내책자

⑤ 주주명부

⑥ 회사의 조직 일람표

⑦ 취업규칙, 퇴직금규정, 단체협약

⑧ 사원명부 및 회사의 노동조합의 실정

⑨ 과거 3년 내지 5년간의 결산보고서

⑩ 비교대차대조표(3년분 이상)

⑪ 비교손익계산서(3년분 이상)

⑫ 최근의 대차대조표·손익계산서

⑬ 최근의 청산대차대조표·청산재산목록

⑭ 부동산 및 동산목록

⑮ 등기부등본, 등록원부

⑯ 외상매출금 일람표

⑰ 사채원부

⑱ 채권자명부(성명, 주소, 전화, 팩시밀리번호, 담당자, 채권액, 채권의 종류, 담보의 유무, 채무명의 유무, 소송의 계속 여부)

⑲ 담보물건 및 피담보채권 이람표(담보물건은 처분예정가액을 기재)

⑳ 계속중인 가압류, 가처분, 경매, 소송 등의 자료

㉑ 자회사 및 관계회사의 상업등기부등본 및 결산서류

㉒ 채권의 존재 소명자료(어음수표, 계약서, 공정증서, 외상매출금장부등)

㉓ 채무자의 지급정지사실 소명자료(부도처리된 어음수표, 은행거래정지처분 증명서 등)

(3) 파산절차비용의 예납(회생법 제303조)

파산신청을 하는 때에는 법원이 상당하다고 인정하는 금액을 파산절차의 비용으로 미리 납부하여야 한다. 채권자 신청의 경우에는 신청인에게 예납금 납부의무가 있고, 예납명령을 받고도 이에 응하지 않으면 법원은 파산신청을 각하할 수 있다. 반면 자기파산신청(준자기파산신청 포함)의 경우에는 예납금 납부의무가 없고, 국고에서 가지급하도록 되어 있다.

2. 파산선고

(1) 파산의 원인

1) 보통파산원인(회생법 제305조) : 지급불능

① 채무자가 지급을 할 수 없는 때(지급불능)에는 법원은 신청에 의하여 결정으로 파산을 선고한다. 변제능력이 부족한 관계로 변제기가 도래한 채무를 일반적, 계속적으로 변제할 수 없는 객관적 상태에 있는 것을 지급불능이라 한다. 비록 재산이 없는 경우이더라도 신용을 통한 금원차입에 의한 변제가 가능하면 지급불능으로 판단하기는 어렵고, 부동산 등의 재산이 있더라도 이를 손쉽게 환가할 수 없는 때에는 지급불능으로 볼 수 있다.

② 채무자가 지급을 정지한 경우에는 지급을 할 수 없는 것으로 추정한다.

【쟁점질의와 유권해석】

〈지급불능의 의미〉

파산법 제116조 제1항은 "채무자가 지급을 할 수 없는 때에는 법원은 신청에 의하여 결정으로써 파산을 선고한다."고 규정하고 있는바, 여기서 '채무자가 지급을 할 수 없는 때' 즉 지급불능이라 함은 채무자가 변제능력이 부족하여 즉시 변제하여야 할 채무를 일반적·계속적으로 변제할 수 없는 객관적 상태를 말한다(대법원 1999. 8. 16.선고 99마2084판결).

2) 법인의 파산원인(회생법 제306조) : 채무초과

법인에 대하여는 그 부채의 총액이 자산의 총액을 초과하는 때에도 파산신고를 할 수 있다. 이 규정은 합명회사 및 합자회사의 존립중에는 적용하지 않는다. 채무초과는 합명회사, 합자회사 즉 인적회사를 제외한 법인과 상속재산에 있어서 특유한 파산원인이다. 채무초과란 부채의 총액이 자산의 총액을 초과하는 것을 말한다.

본 규정에서의 부채 및 자산의 개념이 반드시 회계상의 개념과 일치하는 것은 아니다. 이에 따라 대차대조표상 부채가 자산을 초과한다고 해서 바로 채무초과라고 할 수 있는 것은 아님을 유의해야 한다.

【쟁점질의와 유권해석】

〈자산의 평가기준〉

자산의 평가 기준에 관하여는 견해의 대립이 있으나, 파산신청의 대상인 기업이 계속적인 기업활동을 예정하고 있는지 여부에 따라 판단하는 것이 타당하다고 본다. 만약 해당 기업이 계속적인 기업활동을 예정하고 있는 경우라면 계속기업가치가 자산을 평가하는 기준이 될것이고, 짧은 기간 안에 기업활동의 종료를 예정하고 있는 경우라면 자산의 평가는 청산가치를 기준으로 해야 할 것이다. 그러므로 기업활동이 계속되고 있음에도 불구하고 채권자가 파산신청을 하는 경우에 채무초과 여부는 계속기업가치를 기준으로 판단하는 것이 타당하다.

3) 상속재산의 파산원인(회생법 제307조)

상속인이 상속재산으로 상속채권자 및 유증을 받은 자에 대한 채무를 완제할 수 없는 경우에는 법원은 신청에 의하여 결정으로 파산을 선고한다.

(2) 파산신청의 기각사유(회생법 제309조)

1) 법원은 다음 각호의 어느 하나에 해당하는 때에는 파산신청을 기각할 수 있다.

① 법원은 신청인이 절차의 비용을 미리 납부하지 아니한 때

② 법원에 회생절차 또는 개인회생절차가 계속되어 있고 그 절차에 의함이 채권자 일반의 이익에 부합하는 때

③ 채무자에게 파산원인이 존재하지 아니한 때

④ 신청인이 소재불명인 때

⑤ 그 밖에 신청이 성실하지 아니한 때

2) 법원은 채무자에게 비록 파산원인이 존재하는 경우일지라도 파산신청이 파산절차의 남용에 해당한다고 인정되는 때에는 심문을 거쳐 파산신청을 기각할 수 있다.

(3) 파산선고

1) 파산결정서의 기재사항(회생법 제310조)

파산결정서에는 파산선고의 연월일뿐 아니라 시각도 기재하여야 한다. 이처럼 정확한 시간을 요구하는 것은 파산선고의 효력발생시기가 그 결정의 확정을 기다리지 않고 선고시부터 효력을 발생하므로, 그 시점을 명확하게 할 필요가 있기 때문이다.

2) 파산의 효력발생시기(회생법 제311조)

파선선고는 그 결정의 확정을 기다리지 않고 선고시부터 효력을 발생한다.

3) 파산선고와 동시에 정하여야 하는 사항(회생법 제312조)

법원은 파산선고와 동시에 파산관재인을 선임하고 채권신고의 기간, 제1회 채권자집회의 기일, 채권조사의 기일을 정하여야 한다.

가. 파산관재인 선임

파산선고와 파산관재인을 동시에 선임하는 때에는 파산결정문에 그 취지를 기재한다. 파산선고 직후에 파산결정 정본을 파산관재인에게 송달하고, 파산관재인 자격증명서(선임증)의 원본을 교부한다.

파산관재인을 선임하는 경우에는 파산관재인의 성명과 주소를 공고하고, 채권자에게 이를 기재한 서면을 송달한다. 실무상 관재업무의 편의를 위하여 결정문 등에는 파산관재인의 주소를 기재하기보다는 파산관재인의 사무실 소재지를 기재하는 경우가 더 많다.

나. 채권신고기간, 제1회 채권자집회 기일, 채권조사기일 결정

① 채권신고의 기간 - 파산선고일로부터 2주 이상 3월이하

② 제1회 채권집회의 기일 - 파산선고일로부터 4월 이내

③ 채권조사의 기일 - 채권조사의 기일과 채권신고기간의 말일 사이에는 1주 이상 1월 이하의 기간이 있어야 한다.

4) 파산선고의 공고 및 송달(회생법 제313조)

가. 공 고

법원은 파산선고를 한 때에는 즉시 다음의 사항을 공고하여야 한다.

① 파산결정의 주문

② 파산관재인의 성명 및 주소 또는 사무소

③ 채무자회생및파산에관한법률 제312조의 규정에 의한 기간 및 기일

④ 파산선고를 받은 채무자의 채무자와 파산재단에 속하는 재산의 소유자는 파산선고를 받은 채무자에게 변제를 하거나 그 재산을 교부하여서는 아니된다는 뜻의 명령

⑤ 파산선고를 받은 채무자와 파산재단에 속하는 재산의 소유자에 대하여 다음의 각 사항을 일정한 기간 안에 파산관재인에게 신고하여야 한다는 뜻의 명령

ㄱ) 채무를 부담하고 있다는 것

ㄴ) 재산을 소지하고 있다는 것

ㄷ) 소지자가 별제권을 가지고 있는 때에는 그 채권을 가지고 있다는 것
    영업자 파산사건이든 비영업자 파산사건이든 나누지 않고 관보와 법원이 지정하는 일간신문에 공고하여야 한다. 또한 전자통신매체(대법원 홈페이지, 법원공고란)를 이용하여 할 수 있다.

나. 송 달

법원은 알고 있는 채권자, 채무자 및 재산소지자에게는 공고사항을 기재한 서면을 송달하여야 한다. 실무상으로는 파산관재인이 선임되는 즉시 채권자들의 성명, 주소 등을 정확히 파악하도록 한 후에 파산관재인 또는 그 보조자들의 도움을 얻어 발송하도록 하고 있다. 송달방법으로는 등기우편에 의한 발송송달을 이용하고 있다. 이 때 채권자들에 대한 통지서외에 채권신고서 용지, 채권신고에 관한 주의사항 및 채권자집회기일 소환장을 동봉한다.

5) 파산선고와 동시에 하는 파산폐지(회생법 제317조)

가. 요 건

파산선고시에 파산재단으로써 파산절차의 비용을 충당하기에는 충분하지 않다고 인정되는 경우에는 파산선고와 동시에 파산폐지의 결정을 한다. 이것을 실무상 동시폐지라고 하고, 선고 후에 폐지되는 이시폐지와 구별된다. 동시폐지의 결정에 의하여 파산절차는 장래를 향하여 해지된다.

나. 공 고

파산선고와 동시에 하는 파산폐지의 결정을 한 때에는 파산결정의 주문과 파산폐지결정의 주문 및 이유의 요지를 공고하여야 한다.

6) 채무자 등의 구인

가. 파산선고를 받은 채무자의 구인(회생법 제319조)

법원은 필요하다고 인정하는 때에는 파산선고를 받은 채무자를 구인하도록 명할 수 있다. 구인은 실무상 파산관재인에 대한 설명에 파산선고를 받은 채무자 등이 응하지 않는 경우이거나, 법원의 심문을 위한 소환에 응하지 않는 때에 행하여진다. 구인장은 법원이 발부하며, 형사소송법상 구인의 규정이 준용된다. 구인결정에 대하여는 즉시항고를 할 수 있다.

나. 파산선고를 받은 채무자의 법정대리인 등의 구인(회생법 제320조)

파산선고를 받은 채무자의 법정대리인, 이사, 지배인과 상속재산에 대한 파산의 경우 상속인과 그 법정대리인 및 지배인은 채무자회생및파산에관한법률 제319조를 준용하여 구인할 수 있다.

다. 파산선고 전의 구인(회생법 제322조)

파산의 신청이 있는 때에는 법원은 파산선고 전이라도 채무자와 채무자의 법정대리인, 이사, 지배인과 상속재산에 대한 파산의 경우 상속인과 그 법정대리인 및 지배인의 구인을 명할 수 있다.

이 경우의 구인에도 형사소송법의 구인에 관한 규정이 준용되며, 즉시 항고할 수 있다.

(4) 파산선고 전의 보전처분(회생법 제323조)

1) 보전처분의 필요성

채무자는 파산신청 있은 후에도 파산선고결정이 있기 전까지는 그 신상에 아무런 구속을 받지 않고(개인의 경우), 자기 재산에 대한 관리처분권도 잃지 않으므로, 파산신청 후 심리 중에도(개인의 경우), 자기 재산에 대한 관리처분권을 잃게 되지 않으므로, 재산은닉, 일부 채권에 대한 편파변제, 재산의 양도, 담보의 제공 등을 하여 재산을 산일시키는 경우가 자주 있다. 또 일부 채권자들이 채무자에게 변제, 담보의 제공을 요구하거나 강제집행, 가압류, 가처분 등에 의해 개별적으로 채권을 추심하려고 하게 되어 타 채권자들의 이익이 침해되는 경우도 발생하게 된다.

따라서 회생법 제323조 제1항은 "법원은 파산선고 전이라도 이해관계인의 신청에 의하거나 직권으로 채무자의 재산에 관하여 가압류·가처분 그 밖에 필요한 보전처분을 명할 수 있다"고 규정하고 있다.

2) 관 할

파산법원의 전속관할이다

3) 신청권자

가. 인적보전처분의 경우

인적보전처분은 이해관계인에게 신청권이 없고, 이해관계인이 신청을 하더라도 법원의 직권발동을 촉구하는 의미밖에 없다.

나. 물적보전처분의 경우

물적보전처분을 신청할 수 있는 자는 신청인, 채무자, 이해관계인이다. 이해관계인에는 파산채권자, 재단채권자, 별제권자, 이사 등 채무자 법인의 임원, 종업원 등도 포함된다. 신청인인 채권자가 보전처분을 신청하는 경우에는, 채권자가 채무자를 압박하여 채권을 회수한 후 신청을 취하하는 경우가 있을 수 있으므로, 보전처분 발령 여부의 판단에 신중을 기하여야 할 것이다.

다. 직권에 의한 보전처분

법원이 직권으로도 보전처분을 할 수 있다. 그리고 파산신청이 있는 경우에 보전처분을 할 수 있다고 규정하고 있으나, 실무상으로는 관련파산의 경우에도 직권으로 보전처분을 하고 있다. 즉 채무자회생이 폐지되는 경우에 채권자들이 선행절차의 폐지 이후부터는 앞다투어 추심에 나서고 채무자는 재산을 은닉하려는 경우가 있기 때문이다.

4) 법원의 보전처분의 결정

법원의 보전처분의 결정은 보전처분신청의 내용에 구속되지 아니하므로 심리를 거쳐 필요하다고 인정되는 내용의 보전처분을 발령하면 되는 것이고, 신청한 보전처분과 다른 내용의 보전처분을 부가하여 발령하는 것도 가능하다.

5) 불복신청

보전처분에 대하여는 즉시항고를 할 수 있으며, 이 즉시항고에는 집행정지의 효력이 없다. 그러나 실무상 즉시항고가 있고 그것이 이유 있다고 판단되면 법원이 보전처분을 변경, 취소하는 것으로 처리하는 것이 간편하다.

3. 법률행위에 관한 파산의 효력

(1) 총 칙

1) 해산한 법인의 존속 간주(회생법 제328조)

해산한 법인은 파산의 결정이 있기 전까지 파산의 목적의 범위 안에서는 법인이 아직 존속하는 것으로 본다.

2) 채무자의 파산선고 후의 법률행위의 효력(회생법 제329조)

파산선고가 내려진 경우에 파산자는 파산재단을 구성하는 재산에 관한 관리처분권을 잃고, 이 관리처분권은 파산관재인에게 전속하게 된다. 따라서 파산선고 후 파산자가 재단 소속 재산에 관하여 한 법률행위는 권한 없는 행위가 되어 파산채권

자에 대항할 수 없다.(상대적 무효)

그리고 채무자가 파산선고일에 한 법률행위는 파산선고 후에 한 것으로 추정한다.

【쟁점질의와 유권해석】

〈파산자가 파산선고 전에 상대방과 통정허위표시를 한 경우 그로 인해 형성된 모든 법률관계에 관하여 파산관재인에게 대항할 수 없는지 여부〉

파산자가 파산선고 전에 상대방과 통정한 허위의 의사표시를 통하여 가장채권을 보유하고 있다가 파산이 선고된 경우, 파산관재인은 민법 제108조 제2항의 제3자에 해당하므로 상대방이 파산관재인에게 통정허위표시임을 들어 그 가장채권의 무효임을 대항할 수 없다 할 것이지만, 위 민법 제108조 제2항과 같은 특별한 제한이 있는 경우를 제외하고는 채무의 소멸 등 파산 전에 파산자와 상대방 사이에 형성된 모든 법률관계에 관하여 파산관재인에게 대항할 수 없는 것은 아니라 할 것이며, 그 경우 파산자와 상대방 사이에 일정한 법률효과가 발생하였는지 여부에 대하여는 파산관재인의 입장에서 형식적으로 판단할 것이 아니라 파산자와 상대방 사이의 실질적 법률관계를 기초로 판단하여야 한다(대법원 2005. 5. 12.선고 2004다68366판결).

3) 파산선고 후의 법률행위에 의하지 아니한 권리취득의 효력(회생법 제330조)

채무자에 대한 파산선고가 있으면 파산재단에 속하는 재산에 관하여 채무자의 법률행위에 의하지 아니하고 권리를 취득한 경우에도 그 취득은 파산채권자에게 대항할 수 없다. 파산선고일에 권리를 취득한 행위는 파산선고 후에 한 것으로 추정한다.

4) 파산선고 후의 등기·등록 등의 효력(회생법 제331조)

부동산 또는 선박에 관하여 파산선고 전에 생긴 채무의 이행으로서 파산선고 후에 한 등기 또는 가등기는 파산채권자에게 대항할 수 없다. 다만, 등기권리자가 파산선고의 사실을 알지 못하고 한 등기에 관하여는 그러지 않는다. 이는 권리의 설정·이전 또는 변경에 관한 등록 또는 가등록에 관하여 준용한다.

5) 파산선고 후 채무자에 대한 변제(회생법 제332조)

파산선고 후에 그 사실을 알지 못하고 채무자에게 한 변제는 이로써 파산채권자에게 대항할 수 있다. 파산선고 후에 그 사실을 알고 채무자에게 한 변제는 파산재단이 받은 이익의 한도 안에서만 파산채권자에게 대항할 수 있다.

파산선고 후 선의로 채무자에게 한 변제	파산채권자에게 대항할 수 있다
파산선고 후 악의로 채무자에게 한 변제	받은 이익의 한도내에서 파산채권자에게 대항할 수 없다

6) 파산선고 후의 어음의 인수 또는 지급(회생법 제333조)

① 환어음의 발행인 또는 배서인이 파산선고를 받은 경우 지급인 또는 예비지급인이 그 사실을 알지 못하고 인수 또는 지급을 한 때에는 이로 인하여 생긴 채권에 관하여 파산채권자로서 그 권리를 행사 할 수 있다.

② 발행인 또는 배서인이 파산선고를 받은 경우 지급인 또는 예비지급인이 그 사실을 알지 못하고 수표와 금전 그 밖의 물건에 대해 인수 또는 지급을 한 때에는 파산채권자로서 그 권리를 행사 할 수 있다.

【쟁점질의와 유권해석】

〈약속어음발행인의 파산 등 경우와 만기전 소구권 행사 가능 여부〉

어음은 제시증권이므로 어음금의 지급을 청구하기 위해서는 채권자는 어음을 제시하여야 하고 그 제시는 제시기간 내에 하여야 한다. 즉 만기의 기재가 있는 어음의 경우에는 만기일과 이에 이은 2거래일 이내에 제시하여야 하고 일람출급어음의 경우에는 원칙적으로 발행일로부터 1년 이내에 제시하여야 한다(어음법 제38조). 그런데 위와 같이 획일적으로 해석한다면 발행인의 파산이 확실함에도 단지 만기일이 도래하지 아니하였다는 이유만으로 가만히 앉아서 손해를 보는 경우가 생기게 된다.

그러나 이에 관하여 판례를 보면 "어음법은 약속어음의 경우에 환어음의 경우와 같은 만기 전 소구에 관한 규정을 두고 있지 않으나, 약속어음에 있어서도 발행인의 파산이나 지급정지 기타 그 자력을 불확실케 하는 사유로 말미암아 만기에 지급거절이 될 것이 예상되는 경우에는 만기 전의 소구가 가능하다고 보아야 할 것인바, 이 사건 약속어음과 동일인 발행명의의 다른 약속어음이 모두 부도가 된 상황이라면 특별한 사정이 없는 한 이 사건 약속어음도 만기에 지급거절이 될 것이 예상된다고 하겠으므로, 그 소지인은 만기 전이라고 할지라도 일단 지급제시를 한 후 배서인에게 소구권을 행사할 수 있다."고 하였다(대법원 1984. 7. 10.선고 84다카424, 425판결).

따라서 만기 전에 지급제시를 한 후 부도처리되면 배서인 등에게 어음금의 지급을 청구할 수 있다.

(2) 중요 법률행위에 관한 파산의 효력

1) 쌍방미이행 쌍무계약(회생법 제335조)

쌍무계약에 관하여 채무자 및 그 상대방이 모두 파산선고 당시 아직 이행을 완료하지 아니한 때에는 파산관재인은 계약을 해제 또는 해지하거나 채무자의 채무를 이행하고 상대방의 채무이행을 청구할 수 있다.

회생법 제335조 소정의 쌍무계약이란 쌍방당사자가 상호 대등한 대가관계에 있는 채무를 부담하는 계약으로서, 쌍방의 채무 사이에는 성립·이행·존속상 법률적·경제적으로 견련성을 갖고 있어서 서로 담보로써 기능을 하는 것을 가리킨다(대법원 2004. 2. 27.선고 2001다52759판결). 미이행의 정도는 문제되지 않는다. 전혀 이행하지 않은 경우와, 일부만 이행된 경우도 포함하고, 일부만 이행된 경우일지라도 그 비율은 문제되지 않는다.

【쟁점질의와 유권해석】

〈상대방이 파산을 이유로 계약해제를 할 수 있는지 여부〉

상대방은 파산을 이유로 하는 해제는 허용되지 않으며(민법의 경우 상대방이 해제권을 가지는 경우에도 파산관재인이 이행을 선택하면 상대방은 해제할 수 없다고 해석된다), 양당사자의 어느 일방에 파산신청 등이 되어 있는 때에는 계약을 해제할 수 있다는 특약을 맺은 경우라 하더라도 이 특약은 파산절차와의 관계에서는 실질적으로는 효력이 없는 것으로 해석된다.

2) 매매계약

가. 매도인이 파산한 경우

① 매도인의 인도의무, 매수인의 대금지급의무가 모두 미이행인 경우

이러한 경우에는 쌍방미이행 쌍무계약이 되므로 파산관재인은 채무의 이행 또는 계약의 해제를 선택할 수 있다. 파산관재인은 법원의 허가 또는 감사위원의 동의를 얻어 이행을 선택할 수 있다. 또한 상대방은 파산관재인에 대하여 이행 여부에 대해서 최고를 할 수 있고, 확답이 없는 경우에는 계약은 해제된 것으로 간주된다.

② 매도인의 인도의무가 미이행이고 매수인의 대금지급의무가 이행 완료된 경우

이러한 경우에는 매수인의 목적물 인도청구권은 파산채권이 되고 금전화될 수밖에 없게 된다. 파산선고 전에 일부 매매대금의 지급의무를 지체한 매수인의 매매대금 반환청구권 또는 목적물 인도청구권(이행되는 경우)은 재단채권으로 행사할 수 있으나, 매매대금 전액을 지급한 매수인은 파산채권자로서 배당을 받는 데 만족해야 하므로, 예컨대 동일한 아파트의 분양자 사이에서도 매도인의 파산선고에 의하여 법률상 지위가 크게 달라지는 결과가 된다.

③ 매도인의 인도의무가 이행 완료되고 매수인의 대금지급의무가 미이행인 경우

매도인이 가지는 매매대금채권은 파산재단에 귀속되므로, 파산관재인은 매수인에 대하여 매매대금의 지급을 청구할 수 있다.

나. 매수인이 파산한 경우

매도인의 인도의무와 매수인의 대금지급의무가 모두 미이행 상태인 경우 쌍방 미이행 쌍무계약이므로 본조가 적용된다.

3) 지급결제제도 등에 대한 특칙(회생법 제336조)

채무자회생및파산에관한법률 제120조(지급결제제도 등에 대한 특칙)의 규정에서 지급결제제도 또는 청산결제제도의 참가자 또는 적격금융거래의 당사자 일방에 대하여 파산선고가 있는 경우에도 이를 적용한다.

4) 임대차계약(회생법 제340조)

임대차계약은 전형적인 쌍무계약으로서 본조가 적용되고, 파산관재인으로 하여금 계약의 해지 또는 이행을 선택하게 하여 계약관계를 처리하는 것이 원칙이다. 그러나 임차인이 파산한 경우에는 민법 및 주택임대차보호법의 규정에 따라 위 원칙이 적용되지 않는 경우가 있다.

가. 임대인이 파산한 경우

임대차도 쌍무계약이므로 회생법 제335조의 규정에 따라 파산관재인은 임대차계약을 해지할 수 있다.

임대인이 파산선고를 받은 경우에 임차인이 다음의 어느 하나에 해당하는 때에는 회생법 제335조의 규정을 적용하지 아니한다. 따라서 파산관재인은 임대차계약을 해지하지 못한다.

① 주택임대차보호법 제3조 제1항의 대항요건을 갖춘 때

② 상가건물임대차보호법 제3조의 대항요건을 갖춘 때

【쟁점질의와 유권해석】

〈임대인이 파산한 경우 임차보증금의 처리〉

임차보증금반환채권은 정지조건부 파산채권으로서 임대차계약에 부수하여 파산선고 전부터 성립되어 있는 채권으로서 임대차계약이 종료되고 임차물의 명도가 완료된 후에 미지급 차임 등이 없는 경우에만 현실로 반환을 청구할 수 있다.

그러나 일정한 범위에서 차임과의 상계가 인정되고 있으므로 이 한도에서는 사실상 우선권이 보장되어 있다고 할 수 있다.

나. 임차인이 파산한 경우

임차인의 파산에 관한 민법 제637조가 본 조의 특칙이므로, 계약기간이 정하여져 있는 경우라 할지라도 파산관재인뿐만 아니라 임대인도 파산을 이유로 민법 635조의 규정에 의하여 계약을 해지할 수 있다. 이 경우 상대방에 대하여 해지로 인한 손해의 배상을 청구하지 는 못한다. 다만 주택임대차보호법 제4조의 임대차기간에 관한 강행규정이 적용되는 경우에는 해지가 제한된다. 민법 제635조 제2항 소정의 기간이 경과하면 임대차는 종료한다.

【쟁점질의와 유권해석】

〈주택 임차인이 파산선고 또는 그 신청을 받은 경우 곧바로 계약을 해제할 수 있다는 특약의 효력 유무〉

위와 같은 경우에는 임대인은 바로 계약을 해지할 수 있다는 취지의 특약을 한 경우일지라도 임대인의 해지를 제한하는 주택임대차보호법의 취지에 반하여 무효라고 해석된다.

5) 도급계약(회생법 제341조)

도급계약도 일종의 쌍무계약으로서 본 조가 적용되는 것이 원칙이다.

민법에 도급인 파산에 관하여 특칙이 있고, 그 밖에 도급의 특수성에서 비롯되는 예외적인 취급이 문제되는 경우가 있다.

가. 도급인이 파산한 경우

도급인이 파산한 경우에는 민법 제674조가 본 조의 특칙으로서 적용된다. 따라서 수급인 및 파산관재인 양 쪽 모두 파산을 이유로 계약을 해제할 수 있다. 계약이 해제된 경우에는 해제시까지 기성부분에 대한 수급인의 보수 및 비용청구권은 파산채권이 되고, 해제시까지의 완성된 결과는 도급인 즉 파산재단에 귀속한다.

나. 수급인이 파산한 경우

수급인이 파산한 경우에는 제335조가 적용된다. 이에 따라 파산관재인에게 계약의 해제 또는 이행의 선택권이 있다. 파산자의 개인적 노무의 제공을 목적으로 하는 계약의 경우라도 파산관재인은 이행의 선택을 함으로써, 또는 파산재단의 이익을 위한 개입권의 행사를 통해파산자에게 일의 완성을 구하거나 또는 제 3자로 하여금 이를 완성하게 할 수 있다. 파산자의 노무제공의 완성에 따른 보수청구권은 파산재단에 귀속하고, 일을 한 파산자 또는 제3자의 노임은 재단채권이 된다.

【쟁점질의와 유권해석】

〈도급인이나 위임의 당사자 일방이 파산선고를 받은 경우에도 쌍방 미이행 쌍무계약에 관한 규정이 적용되는지 여부〉

도급인이나 위임의 당사자 일방이 파산선고를 받은 경우에는 당사자 쌍방이 이행을 완료하지 아니한 쌍무계약의 해제 또는 이행에 관한 파산법 제50조 제1항(현행 채무자 회생 및 파산에 관한 법률 제335조 제1항)이 적용될 여지가 없고, 도급인이 파산선고를 받은 경우에는 민법 제674조 제1항에 의하여 수급인 또는 파산관재인이 계약을 해제할 수 있고, 위임의 당사자 일방이 파산선고를 받은 경우에는 민법 제690조에 의하여 위임계약이 당연히 종료된다고 할 것이며, 위와 같은 도급계약의 해제 및 위임계약의 종료는 그 각 조문의 해석상 장래에 향하여 도급 및 위임의 효력을 소멸시키는 것을 의미한다(대법원 2002. 8. 7.선고 2000다13624판결).

6) 위임계약(회생법 제342조)

가. 위임자가 파산한 경우

수임자가 파산선고를 통지받지 아니하고 파산선고 사실도 알지 못하고 위임사무를 처리한 때에는 위임사무 처리로 인하여 파산선고를 받은 자에게 생긴 채권에 관하여 수임자는 파산채권자로서 그 권리를 행사할 수 있다.

나. 수임자가 파산한 경우

수임자가 파산한 경우에도 위임관계는 종료한다(민법 제690조 전문). 위임계약에 기하여 수임자에게 수여되어 있던 대리권도 소멸한다(민법 제127조 제2호).

7) 상호계산(회생법 제343조)

상호계산은 당사자의 일방이 파산선고를 받은 때에는 종료한다. 상호계산을 하고 있던 양당사중 어느 일방이 파산선고를 받은 경우 각 당사자는 계산을 폐쇄하고 잔액의 지급을 청구할 수 있다.

이 청구권을 채무자가 가지는 때에는 파산재단에 속하고, 상대방이 가지는 때에는 파산채권이 된다.

8) 공유자의 파산(회생법 제344조)

공유자 중에 파산선고를 받은 자가 있는 때에는 분할하지 아니한다는 약정이 있는 때에도 파산절차에 의하지 아니하고 그 분할을 할 수 있다.

파산선고를 받은 자가 아닌 다른 공유자는 상당한 대가를 지급하고 그 파산선고를 받은 자의 지분을 취득할 수 있다.

(3) 파산재단에 속하는 재산에 관한 소송수계(회생법 제347조)

1) 수계를 할 수 있는 자

파산재단에 속하는 재산에 관하여 파산선고 당시 법원에 계속되어 있는 소송은 파산관재인 또는 상대방이 이를 수계할 수 있다. 회생법 제335조 제1항의 규정에 의하여 파산관재인이 채무를 이행하는 경우에 상대방이 가지는 청구권에 관한 소송의 경우에도 또한 같다.

2) 수계의 방법

파산채권에 관한 소송은 파산관재인이 당연히 수계하는 것이 아니라, 상대방의 채권신고와 그에 대한 채권조사의 결과에 따라 처리한다. 상대방의 채권이 신고되고 채권조사기일에 파산관재인 또는 파산채권자의 이의가 진술되지 아니하면 파산채권은 확정되게 되므로, 중단되어 있던 소송은 확정판결에 저촉되는 것으로 간주되어 각하되어야 한다.

3) 파산채권에 관한 제1심의 종국판결 선고 후에 파산선고가 있은 경우

위와 같은 경우에도 신고된 파산채권에 대한 이의자가 수계신청을 하여야 한다.

【쟁점질의와 유권해석】

〈소송절차 중단사유를 간과하고 변론이 종결되어 상소심에서 수계절차를 밟은 경우 그 상소와 수계의 적법 여부(적극)〉

민사소송법 제217조 및 파산법 제60조에 의하면, 당사자가 파산선고를 받은 때에는 파산재단에 관한 소송절차는 파산관재인 또는 상대방이 수계할 때까지 중단되는바, 파산자의 채무자가 파산자를 상대로 제기한 채무부존재확인을 구하는 소송은 파산재단에 관한 소송 중 파산재단에 속하는 재산에 관한 소송에 해당하므로, 이에 관한 소송절차는 파산자에 대한 파산선고로 당연히 중단되고, 한편 이와 같은 소송절차의 중단사유를 간과하고 변론이 종결되어 판결이 선고된 경우 그 판결은 소송에 관여할 수 있는 적법한 수계인의 권한을 배제한 결과가 되어 절차상 위법하나 이를 당연무효라고 할 수는 없고, 대리인에 의하여 적법하게 대리되지 않았던 경우와 마찬가지로 대리권 흠결을 이유로 한 상소 또는 재심에 의하여 그 취소를 구할 수 있으며, 상소심에서 수계절차를 밟은 경우에는 그와 같은 절차상의 하자는 치유되고 그 수계와 상소는 적법한 것으로 된다(대법원 1999. 12. 28.선고 99다8971판결).

(4) 강제집행 및 보전처분에 대한 효력(회생법 제348조)

1) 파산재단에 속하는 재산에 대한 강제집행 등의 효력 상실

파산선고가 내려지면 파산채권자의 개별적인 권리행사가 금지된다. 파산선고 전에 파산재단 소속의 재산에 대하여 파산채권에 기하여 한 강제집행, 보전처분은 파산재단에 대하여는 그 효력을 잃는다.

따라서 파산관재인은 기존의 강제집행처분에 구속 받지 아니하고 파산재단 소속 재산을 파산법원의 허가를 얻어 자유로이 관리 처분할 수 있다.

2) 파산관재인의 강제집행절차의 속행

파산관재인이 종전의 강제집행절차를 속행하는 편이 신속하고 고가로 매각하여 파산재단에 도움이 되겠다고 판단한 경우에는 그 강제집행절차를 스스로 속행할 수 있다.

이럴 경우 집행기관에 대하여 파산관재인은 채무자가 파산선고를 받았고 파산관재인이 선임된 사실을 알리고 소명자료를 첨부하여 강제집행절차를 속행하겠다는 취지의 신청을 하여야 한다.

파산관재인이 강제집행의 절차의 속행을 하는 때의 비용은 재단채권으로 하고, 강제집행에 대한 제3자 이의의 소에서는 파산관재인을 피고로 한다.

제3자이의의 소의 계속 시기는 파산선고 직후를 묻지 않는다. 이미 계속되어 있는 경우에는 피고의 지위를 파산관재인이 수계하여야 한다.

3) 강제집행의 실효의 범위

파산선고에 기한 강제집행의 실효는 파산절차와의 관계에서 상대적으로 생기는 것이다. 압류의 단계에서 파산선고가 되었으나 파산관재인이 환가하지 않은 채 파산이 해지되면, 집행채권자는 그대로 집행절차를 속행할 수 있다. 실효한 가압류의 경우일지라도 목적물이 파산자의 소유에 남아 있으면 부활하게 된다. 파산선고와 동시에 파산절차가 폐지되는 때에는 파산재단 자체가 처음부터 성립하지 않으므로, 본 조가 적용되지 않는다. 따라서 파산선고 전에 파산자 소유재산에 관하여 진행중인던 강제집행, 가압류, 가처분은 실효되지 않고 그대로 진행된다.

(5) 체납처분에 대한 효력(회생법 제349조)

1) 파산선고 전에 체납처분을 한 경우

파산선고 전에 파산재단에 속하는 재산에 대하여 국세징수법 또는 지방세기본법에 의하여 징수할 수 있는 청구권(국세징수의 예에 의하여 징수할 수 있는 청구권으로서 그 징수순위가 일반 파산채권보다 우선하는 것을 포함)에 기한 체납처분을 한 때에는 파산선고는 그 처분의 속행을 방해하지 않는다(법 제349조 제1항). 조세채권은 재단채권으로서 수시변제를 받을 수 있고, 공익적 성격이 강하다는 점이 고려되어 파산선고 전에 착수한 것에 한하여 체납처분의 속행을 인정한 것이다.

2) 파산선고 후의 체납처분의 가부

파산선고 후에는 파산재단에 속하는 재산에 대하여 국세징수법 또는 지방세기본법에 의하여 징수할 수 있는 청구권(국세징수의 예에 의하여 징수할 수 있는 청구권 포함)에 기한 체납처분을 할 수 없다.

(6) 행정사건에 대한 효력(회생법 제350조)

파산재단 소속 재산에 관하여 파산선고 당시 행정청에 사건이 계속되어 있는 경우에는 그 절차가 파산관재인에 의한 수계 또는 파산절차의 해지가 있을 때까지 중단된다. 파산재단에 속하는 재산이란 반드시 실질적으로 파산재단에 속할 것을 요하는 것은 아니며 그 재산이 형식상 파산재단에 속한 것이라고 인정되면 족하다. 행정청에 계속하는 사건의 예로는 행정청의 처분에 대한 불복신청사건, 특허심판사건, 노동위원회에 계속중인 부당노동행위 심사에 관한 사건, 토지수용위원회의 재결에 대한 불복사건 등을 들 수 있다. 중단될 절차는 파산관재인 또는 상대방이 수계할 수 있으며, 그 절차비용은 재단채권이 된다.

4. 법인의 이사등의 책임

(1) 법인의 이사등의 재산에 대한 보전처분(회생법 제351조)

① 법원은 법인인 채무자에 대하여 파산선고가 있는 경우 필요하다고 인정하는 때에는 파산관재인의 신청에 의하거나 직권으로 채무자의 발기인·이사(「상법」 제401조의2제1항의 규정에 의하여 이사로 보는 자를 포함한다), 감사·검사인 또는 청산인에 대한 출자이행청구권 또는 이사등 의 책임에 기한 손해배상청구권을 보전하기 위하여 이사 등의 재산에 대한 보전처분을 할 수 있다.

② 파산관재인이 위의 청구권이 있음을 알게 된 경우에는 법원에 재산에 대한 보전처분을 신청하여야 한다.

③ 법원은 긴급한 필요가 있다고 인정하는 때에는 파산선고 전이라도 채무자의 신청에 의하거나 직권으로 이사 등의 재산에 대한 보전처분을 할 수 있다.

(2) 손해배상청구권 등의 조사확정재판(회생법 제352조)

① 법원은 법인인 채무자에 대하여 파산선고가 있는 경우 필요하다고 인정하는 때에는 파산관재인의 신청에 의하거나 직권으로 이사등에 대한 출자이행청구권이나 이사등의 책임에 기한 손해배상청구권의 존부와 그 내용을 조사확정하는 재판을 할 수 있다. 손해배상청구권 등의 조사확정재판신청서(파산절차)에는 1,000원의 인지를 붙인다.

② 파산관재인은 이사등에 대한 출자이행청구권이나 이사등의 책임에 기한 손해배상청구권이 있음을 알게 된 때에는 법원에 손배상청구권의 존부와 그 내용을 조사확정하는 재판을 신청하여야 한다.

【서식】파산신청서(채무자)

파 산 신 청 서

신 청 인(채 무 자) ○ ○ ○

성　　명　　　　　○ ○ ○(　　　　　　　　)

주　　소　　　　　○○시 ○○구 ○○길 ○○

본　　적　　　　　○○시 ○○구 ○○길 ○○

연락 가능한 전화(ＦＡＸ 또는 휴대폰)번호 ○○-○○○○-○○○○

신 청 취 지

1. 신청인을 파산자로 한다.
2. 이 사건 파산절차를 폐지한다.
   　라는 결정을 구합니다.

신 청 이 유

1. 신청인에게는 별첨한 진술서 기재와 같이 지급하여야 할 채무가 존재합니다.
2. 그런데 위 진술서 기재와 같은 신청인의 현재 자산, 수입의 상황하에서는 채무를 지급할 수 없는 상태에 있습니다. (또 파산재단을 구성할 만한 재산이 거의 없어 파산절차비용에 충당하기에 부족합니다.)
3. 따라서 신청인을 파산자로 (하고, 이 사건 파산절차를 폐지)한다라는 결정을 구합니다.

첨 부 서 류

1. 가족관계증명서, 혼인관계증명서(이혼내역 포함) 각 1부
2. 주소변동내역이 포함된 주민등록등본 1부
3. 진술서(채권자목록, 재산목록, 현재의 생활상황, 수입 및 지출에
   관한 목록 포함) 1부
4. 신청서 및 첨부서류 일체의 부본 1부

2000. 0. 0.

신 청 인 ○ ○ ○ ㊞

○○ 지방법원 귀중

II. 파산절차의 기관

> ◙ 핵 심 사 항 ◙
>
> 1. 파산관재인(회생법 355조) : 파산관재인은 관리위원회의 의견을 들어 법원이 선임한다.
> 2. 채권자집회(회생법 제367조) : 파산채권자의 집회로서 파산채권자의 의견을 들어 파산절차에 반영시키기 위하여 법원의 지휘 하에 개최되어 파산법원이 소집하고 법정 사항을 결의하거나 파산관재인 및 파산자 또는 이에 준하는 자로부터 보고 및 설명을 들을 수 있는 권한을 가진다.
> 3. 감사위원(회생법 제376조) : 제1회 채권자집회에서 감사위원의 설치가 필요하다는 제안이 있는 경우에는 그 설치 여부 및 감사위원의 수를 의결할 수 있다. 다만, 제1회 후의 채권자집회에서 그 결의를 변경할 수 있다.

1. 파산관재인

(1) 파산관재인의 선임

1) 선임절차(회생법 제355조)

채무자심문 등을 통하여 파산관재인 선임이 필요하다고 판단된 경우에는 비용 예납 여부를 확인한 후 즉시 파산관재인 선정에 착수한다. 법원이 이처럼 파산관재인을 선임하는 경우 관리위원회의 의견을 들어 선임한다. 법인도 파산관재인이 될 수 있는데, 이 경우 그 법인은 이사 중에서 파산관재인의 직무를 행할 자를 지명하고 이를 법원에 신고해야 한다.

2) 파산관재인의 수(회생법 제356조)

가. 원칙적으로 1인 선임, 예외적으로 수인 선임

파산관재인은 1인으로 하는 것을 원칙으로 한다. 다만, 법원이 필요하다고 인정하는 때에는 수인을 선임할 수 있다. 파산관재인이 여럿인 사례는 다음과 같다.

① 예금보험공사 또는 그 임직원을 파산관재인으로 선임하도록 규정하고 있는 공적자금관리특별법 제20조 제1항과 채무자회생및파산에관한법률 제356조 단서에 따라 예금보험공사 소속직원과 변호사가 공동으로 파산관재인으로 선임된 경우

② 복수의 파산관재인을 선임하는 것이 필요한 경우로는 이해관계인이 다수이고 전국적으로 분포되어 있어 그 권리관계가 복잡하고, 파산재단 소속 재산도 전

국 여러 곳에 분산되어 있어 그 형태의 대형 파산사건

③ 영업을 계속하는 대형 건설회사에서 그 사례를 볼 수 있다.

나. 파산관재인이 여럿인 경우의 직무집행(회생법 제360조)

① 파산관재인이 여럿인 때에는 공동으로 그 직무를 수행한다. 이 경우 법원의 허가를 받아 직무를 분장할 수 있다.

② 파산관재인이 여럿인 때에는 제3자의 의사표시는 그 중 1인에 대하여 하면 된다.

【쟁점질의와 유권해석】

〈파산관재인이 여럿인 경우 그 중 1인이 단독으로 행한 행위의 효력〉

파산관재인이 여럿 선임된 경우에, 그 중 1인의 파산관재인이 단독으로 행한 행위의 효력에 관하여는 특별한 정함이 없으나, 대내적으로는 무효이지만 대외적으로는 선의의 제3자에 대하여는 그 무효를 주장할 수 없다고 해석하여야 할 것이다.

다. 자격증명서(회생법 제357조)

파산관재인은 따로 선임 결정서를 작성하지는 않는다. 다만 파산관재인은 파산선고와 동시에 선임되고, 파산선고 결정서 가운데 기재하면 된다. 다만 파산관재인의 성명 및 주소는 공고 및 송달의 내용이 되고, 그 변경이 있는 경우에도 공고 및 송달의 내용이 된다.

법원은 파산관재인에게 그 선임을 증명하는 서면을 교부하여야 한다.

파산선고일에 파산관재인은 법원에 출석하여 선임증을 법원으로부터 교부받음과 동시에 그 직에 취임한다. 파산관재인이 직무를 행함에 있어서 이해관계인으로부터 청구가 있는 경우에는 위 선임증을 제시하여야 한다. 이에 따라 법원은 파산선고 전에 선임증을 미리 작성하여 소속 법원장의 직인을 받아두도록 한다.

라. 파산관재인에 대한 법원의 감독(회생법 제358조)

파산관재인은 법원의 감독을 받는다. 법원은 파산관재인에 대한 일반적 감독권을 갖고있다. 일반적 감독권을 통해 정기보고와 기타 관재업무의 수행 상황의 보고를 명할 수 있고, 파산관재인은 이 명령에 응하여 보고할 의무가 있다.

(2) 당사자적격(회생법 제359조)

파산관재인은 파산선고 후 즉시 파산재단의 점유관리에 착수하고, 파산재단에 관한 소송에 관하여는 당사자로서 소송행위를 한다. 즉, 파산관재인이 원고 또는 피고가 된다.

핵 심 판 례

■ **파산관재인에게 당사자적격을 인정한 취지**

> 파산법이 파산관재인에게 파산재단에 관한 소에 있어 원고 또는 피고가 된다고 한 것은 소송법상의 법기술적인 요청에서 당사자적격을 인정한 것 뿐이지, 자기의 이름으로 소송행위를 한다고 하여도 파산관재인 스스로 실체법상이나 소송법상의 효과를 받은 것은 아니고 어디까지나 타인의 권리를 기초로 하여 실질적으로는 이것을 대리 내지 대표하는 것에 지나지 않는 것인바, 파산관재인이 건물명도단행가처분신청을 하였다가 재판상 화해를 함에 있어 법원에 허가신청을 하였으나 그 신청이 불허가 되었음에도 불구하고 감사위원의 동의나 채권자집회의 결의도 없이 피신청인과의 사이에 재판상 화해를 하였다면 이는 소송행위를 함에 필요한 수권의 흠결이 있는 것으로서 민사소송법 제451조 제1항 제3호 소정의 재심사유에 해당한다.(대법원 1990. 11. 13. 선고 88다카26987 판결)

(3) 파산관재인의 의무 등(회생법 제361조)

1) 선관주의의무

가. 의 의

파산관재인은 선량한 관리자로써 그 직무를 행하여야 한다. 즉 적정하고 신속한 직무수행에 관하여 파산관재인으로서 일반적, 평균적으로 요구되는 주의의무를 다하여야 한다.

【쟁점질의와 유권해석】

〈파산관재인의 선관주의의무에 위반되는 사례〉

① 재단에 속한 추심 가능한 매출금채권의 회수에 관하여 지급명령 신청 등 적절한 수단을 취하지 않은 채 시효완성으로 회수불능되어 전혀 배당을 할 수 없게 된 경우,

② 임차인 파산의 경우 파산관재인의 해지에 의하여 재산적 가치 있는 부동산 임차권을 포기하는 결과를 초래한 경우.

③ 부인권의 유무에 관한 조사 및 그 행사를 게을리한 경우.

④ 역으로 승소 또는 회수가능성이 없는 부인권을 행사한 경우.

⑤ 파산법원의 허가 또는 감사위원의 동의를 요하는 경우에 그 허가 또는 동의를 받지 않고 행위한 경우.

⑥ 파산자가 강력하게 이의를 진술하여 그 존재에 의심이 가는 채권에 관하여 충분히 조사하지 않고 그 채권을 시인한 경우.

⑦ 하자 있는 배당표를 작성하여 파산채권자에게 손해를 가한 경우.

⑧ 일부채권자를 위법하게 배당에서 제척한 경우.

⑨ 재단 소속 채권과 파산채권을 상계하여 다른 채권자의 이익을 해한 경우.

⑩ 재단채권인 조세채권에 관하여 교부청구가 있었는데도 이를 무시하고 파산채권자에게 배당한 후 파산절차를 종결한 경우.

⑪ 의심이 있는 재단채권을 부인하지 않고 변제한 경우 채권자집회에서 부당한 보고를 하여 잘못된 결의를 초래한 경우.

⑫ 채권자집회의 결의에 관하여 그 집행금지의 신청을 하여야 하는데도 이를 게을리한 경우.

⑬ 파산자의 자유재산을 처분한 경우.

⑭ 환취권, 별제권의 목적물을 손상한 경우.

  나. 선관주의의무 위반의 효과 : 손해배상 책임

   ① 파산관재인이 선량한 관리자로서의 주의를 게을리 한 때에는 이해관계인에게 손해를 배상할 책임이 있다.

   ② 이 경우 주의를 게을리한 파산관재인이 여럿 있는 때에는 연대하여 손해를 배상할 책임이 있다.

 2) 중립의무 및 충실의무

  가. 중립의무

    파산관재인은 모든 이해관계인에 대하여 공정 중립을 유지하여야 하며 다수의

이해관계인의 이해를 조절하면서 재판상 절차로서의 파산절차를 중심적으로 수행하는 공적 상설기관이므로 그 지위, 직책상 그 직무의 집행에 있어서 본 법에 그 직접적인 근거는 없지만, 그 지위의 성격에서 나오는 당연한 의무라고 하겠다.

나. 충실의무

파산관재인은 파산법원의 위탁을 받아 그 업무를 수행하므로, 민법 및 상법상 자기거래의 금지 등 충실의무에 관한 규정이 유추적용 되는 것으로 해석한다.

3) 보고의무

가. 채권자집회에 대한 보고

파산관재인은 제1회 채권자집회에서 파산선고에 이르게 된 사정 및 파산자와 파산재단에 관한 경과와 현상에 관하여 보고하여야 한다. 실무에서는 파산관재인 보고서를 작성하게 하여, 여기에 재산목록 및 대차대조표를 첨부하여 제출하게 한다.

나. 보고의 목적

보고의 목적은, 파산채권자를 위하여 파산재단에 속한 재산의 다과, 파산관재업무의 집행방침, 재단수집의 난이도와 전망, 파산재단 환가의 비용과, 소요기간, 배당률의 예측 등의 자료를 제공하는데 있다. 따라서 법원에서는 제1회 보고서에 이들 사항에 관하여 기재하도록 하고 있다.

다. 파산관재인의 임무가 종료한 경우

채권자집회에 계산의 보고를 하여야 하고, 채권자집회가 정하는 바에 따라 파산재단의 상황에 관하여 보고하여야 한다.

라. 법원에 대한 보고

법원은 파산관재인에 대한 일반적 감독권을 가지므로 그 감독의 전제로서 정기보고 기타의 형식으로 관재업무 수행 상황의 보고를 명할 수 있다. 파산관재인은 이 명령에 응하여 보고할 의무가 있다.

마. 감사위원에 대한 보고

감사위원이 설치된 때에는 채권자집회의 결의에 따라 감사위원에게도 파산재단의 상황에 관하여 보고를 하여야 하며, 감사위원의 요구에 따라서도 파산재단에 관한 보고를 하여야 한다.

4) 의무 위반의 효과

가. 해임사유

파산관재인이 위 의무를 게을리 한 경우에는 해임사유가 된다.

나. 손해배상청구권

의무위반으로 인하여 이해관계인에게 손해를 가한 경우에는 손해배상책임을 진다. 파산관재인의 의무 위반으로 발생한 손해배상청구권은 재단채권으로서, 파산재단도 손해배상책임을 지게 된다. 파산관재인 개인의 손해배상책임과 파산재단의 손해배상책임은 부진정 연대채무의 관계에 있다.

다. 국가배상법 적용여부

파산관재인의 불법행위로 인한 손해배상책임은 민법의 규정에 따르지만, 파산관재인의 직무집행에 관하여 한 불법행위도 파산재단에 관하여 한 행위로서 이로 인한 손해배상청구권은 재단채권이 될 것이다. 그러나 파산관재인이 공무원은 아니기 때문에, 그 고의, 과실을 이유로 하는 손해배상에 관하여 국가배상법의 적용은 없다.

핵 심 판 례

■ **파산관재인이 민법 제108조 제2항 등에 있어서 제3자에 해당하는 이유 및 그 선의여부의 판단기준(=총파산채권자)**

1. 파산관재인이 민법 제108조 제2항의 경우 등에 있어 제3자에 해당하는 것은 파산관재인은 파산채권자 전체의 공동의 이익을 위하여 선량한 관리자의 주의로써 그 직무를 행하여야 하는 지위에 있기 때문이므로, 그 선의·악의도 파산관재인 개인의 선의·악의를 기준으로 할 수는 없고 총파산채권자를 기준으로 하여 파산채권자 모두가 악의로 되지 않는 한 파산관재인은 선의의 제3자라고 할 수밖에 없다.

2. 파산관재인이 파산선고 전에 개인적인 사유로 파산자가 체결한 대출계약이 통정허위표시에 의한 것임을 알게 되었다고 하더라도 그러한 사정만을 가지고 파산선고 시 파산관재인이 악의자에 해당한다고 할 수 없다고 한 사례(대법원 2006. 11. 10. 선고 2004다10299판결).

■ 파산관재인이 민법 제108조 제2항의 제3자에 해당하는지 여부(적극)

파산자가 파산선고시에 가진 모든 재산은 파산재단을 구성하고, 그 파산재단을 관리 및 처분할 권리는 파산관재인에게 속하므로, 파산관재인은 파산자의 포괄승계인과 같은 지위를 가지게 되지만, 파산이 선고되면 파산채권자는 파산절차에 의하지 아니하고는 파산채권을 행사할 수 없고, 파산관재인이 파산채권자 전체의 공동의 이익을 위하여 선량한 관리자의 주의로써 그 직무를 행하므로, 파산관재인은 파산선고에 따라 파산자와 독립하여 그 재산에 관하여 이해관계를 가지게 된 제3자로서의 지위도 가지게 되며, 따라서 파산자가 상대방과 통정한 허위의 의사표시를 통하여 가장채권을 보유하고 있다가 파산이 선고된 경우 그 가장채권도 일단 파산재단에 속하게 되고, 파산선고에 따라 파산자와는 독립한 지위에서 파산채권자 전체의 공동의 이익을 위하여 직무를 행하게 된 파산관재인은 그 허위표시에 따라 외형상 형성된 법률관계를 토대로 실질적으로 새로운 법률상 이해관계를 가지게 된 민법 제108조 제2항의 제3자에 해당한다(대법원 2003. 6. 24. 선고 2002다48214판결).

■ 주주가 파산관재인에 대하여 이사 또는 감사에 대한 책임추궁을 청구하였는데 파산관재인이 이를 거부한 경우 주주의 대표소송으로서 이사 등의 책임을 추궁하는 소를 제기할 수 있는지 여부(소극)

상법 제399조, 제414조에 따라 회사가 이사 또는 감사에 대하여 그들이 선량한 관리자의 주의의무를 다하지 못하였음을 이유로 손해배상책임을 구하는 소는 회사의 재산관계에 관한 소로서 회사에 대한 파산선고가 있으면 파산관재인이 당사자 적격을 가진다고 할 것이고(파산법 제152조), 파산절차에 있어서 회사의 재산을 관리·처분하는 권리는 파산관재인에게 속하며(파산법 제7조), 파산관재인은 법원의 감독하에 선량한 관리자의 주의로써 그 직무를 수행할 책무를 부담하고 그러한 주의를 해태한 경우에는 이해관계인에 대하여 책임을 부담하게 되기 때문에(파산법 제154조) 이사 또는 감사에 대한 책임을 추궁하는 소에 있어서도 이를 제기할 것인지의 여부는 파산관재인의 판단에 위임되어 있다고 해석하여야 할 것이고, 따라서 회사가 이사 또는 감사에 대한 책임추궁을 게을리 할 것을 예상하여 마련된 주주의 대표소송의 제도는 파산절차가 진행 중인 경우에는 그 적용이 없고, 주주가 파산관재인에 대하여 이사 또는 감사에 대한 책임을 추궁할 것을 청구하였는데 파산관재인이 이를 거부하였다고 하더라도 주주가 상법 제403조, 제415조에 근거하여 대표소송으로서 이사 또는 감사의 책임을 추궁하는 소를 제기할 수 없다고 보아야 할 것이며, 이러한 이치는 주주가 회사에 대하여 책임추궁의 소의 제기를 청구하였지만 회사가 소를 제기하지 않고 있는 사이에 회사에 대하여 파산선고가 있은 경우에도 마찬가지이다(대법원 2002. 7. 12.선고 2001다2617판결)

(4) 파산관재인대리(회생법 제362조)

1) 파산관재인대리의 취지

파산관재인의 직무는 광범위하고 복잡하고 단기에 끝나는 경우가 거의 없고 장기간에 걸치는 경우가 많으므로 그 직무집행 중 예기치 못한 질병 기타 사유로 업무수행에 지장이 생기는 예가 생길 수 있다. 이에 따라 파산관재인이 미리 법원의 인가를 얻어 대리인을 선임한 것은 파산관재인을 의미한다.

2) 선임절차

가. 파산관재인이 자기의 책임으로 선임

파산관재인은 필요한 때에는 그 직무를 행하게 하기 위하여 자기의 책임으로 대리인을 선임할 수 있다.

나. 법원의 허가

대리인의 선임은 법원의 허가를 받아야 한다.

다. 대리인 선임에 관한 등기의 촉탁

채무자가 법인인 경우에는 법원의 선임허가가 있는 때에는 법원사무관 등은 지체없이 촉탁서에 결정서의 등본을 첨부하여 대리인의 선임에 관한 등기를 촉탁하여야 한다. 대리인의 선임에 관한 허가가 변경 또는 취소된 때에도 또한 같다.

라. 법원의 결정

법원은 대리인 선임 인가신청에 있어서 파산관재인이 직접 업무를 수행하기 곤란한 개인적인 사정 외에, 당해 사건의 규모, 내용 등에 비추어 보아 파산관재 업무가 복잡하고 광범위한 경우인지, 파산관재인이 대리인에게 관재업무를 전담시킬 우려가 없는지를 구체적으로 검토하여 인가 여부를 결정한다.

3) 대리인의 자격

대리인으로는 변호사를 선임하는 것이 원칙이지만 그 외에도 원격지 소송 수행의 대리를 위하여 파산자의 보조인을 상시대리인으로의 선임을 허가한 예가 있다. 대리인으로 하여금 소송대리를 하게끔 할 경우에는 파산법의 상시대리인 선임결정 등본과 파산관재인의 위임장을 당해 법원에 제출하여야 한다.

4) 대리인의 권한

파산관재인의 대리인은 파산관재인에 갈음하여 재판상 또는 재판 외의 모든 행위를 할 수 있다.

(5) 파산관재인의 사임 및 해임

1) 파산관재인의 사임(회생법 제363조)

파산관재인은 정당한 사유가 있으면 그 임무를 사임할 수 있다. 단 법원의 허가를 받아야 한다. 실무상 "정당한 사유"에는 건강상 이유, 유학, 파산사건과 이해관계가 생긴 경우, 부정행위 등뿐만 아니라 일부 채권자의 횡포, 관재업무에 대한 방해 등으로 관재업무 수행의 의욕을 상실한 경우 등도 포함되는 것으로 본다.

법원은 파산관재인이 사임허가신청서를 제출하면 정당한 사유 여부에 대해서 확인을 한 후 사임허가결정을 한다.

2) 파산관재인의 해임(회생법 제364조)

가. 해임절차

법원은 채권자집회의 결의, 감사위원의 신청 또는 직권으로 파산관재인을 해임할 수 있다. 이 경우 법원은 그 파산관재인을 심문하여야 한다.

나. 해임사유

해임사유에 관하여는 특별한 규정이 없다. 그러나 법원의 신뢰를 배반하는 것으로 파악되는 파산관재인의 직무상 의무 위반 행위가 있으면 해임할 수 있을 것이다. 그러나 실제로 해임사유가 있는지 판단하는 것은 쉬운 일이 아니고, 파산관재업무에 중대한 차질을 가져오게 될 수 있으므로, 파산관재인의 선임시에 부적격자를 배제하고, 선임된 파산관재인의 감독을 철저히 하여 해임 문제가 생기지 않도록 하는 것이 바람직할 것이다. 해임사유가 인정되는 경우에는 파산관재인의 사임을 권고할 수도 있을 것이다.

다. 해임결정에 대한 즉시항고

파산관재인의 해임결정에 대하여는 즉시항고를 할 수 있다. 이 즉시항고는 집행정지의 효력이 없다.

해임결정에 대한 즉시항고는 파산관재인이 하고, 해임신청기각결정에 대하여는 파산채권자감사위원이 즉시항고를 할 수 있다.

(6) 계산의 보고의무(회생법 제365조)

파산관재인의 임무가 종료한 때에는 파산관재인 또는 그 상속인은 지체없이 채권자집회에 계산의 보고를 하여야 한다.

1) 채권자집회의 소집신청

파산관재인의 소집신청이 있으면 법원이 기일을 정하고, 회의의 목적인 사항을 공고한다.

집회기일은 실무상으로는 공고일로부터 3주 내지 4주 후로 정하고 있다. 기일의 통지에 관하여 명문의 규정은 없으나, 파산관재인으로 하여금 적당한 방법으로 이해관계인에게 통지하도록 하고 있다.

2) 계산보고서 제출

가. 제출기한

파산관재인은 이해관계인의 열람을 위하여, 채권자집회기일 3일전까지 법원에 계산보고서를 제출하여야 한다. 실무에서는 집회기일 7일 내지 5일 전에 미리 계산보고서의 초안을 법원에 제출하도록 하고 있다.

나. 계산보고서의 내용

계산보고서의 내용에 관하여 특별한 규정은 없다. 그렇지만 계산보고서는 파산자, 파산채권자가 이에 대하여 이의를 진술하는 방법 등으로 파산관재인의 책임을 묻게 되는 실질적 근거가 되는 서류이기 때문에 관재사무 전반을 알 수 있도록 상세하게 기재하여야 한다. 실무상으로는 보통 수지계산서와 최종업무보고서를 함께 제출하도록 하고 있다. 수지계산서에는 수입과 지출의 내역과 금액을 항목별로 기재하게 하고 최종업무보고서에는 파산선고시부터 최후배당시까지의 파산관재 업무 전반에 관한 상세한 내역을 기재하도록 하고 있다. 이 계산보고서에는 관련된 소명자료를 첨부하여야 한다.

3) 계산보고집회의 진행

가. 보고와 이의진술

파산관재인은 채권자들에게 수지계산서와 최종업무보고서를 배포하고, 그 내용을 계산보고집회에서 설명하여야 한다. 법원은 이 보고에 대하여 채권자들에게 이의할 기회를 준다. 계산에 대한 채권자의 승인 또는 이의는 기일에 구두로 진술하여야 한다. 기일에 출석을 하지 않거나 이의를 진술하지 않은 경우에는 파산관재인의 계산보고를 승인한 것으로 간주한다. 이의를 진술한 채권자가 있는 경우 이에 관하여 석명하거나 증거서류 등을 제출하게 하고, 속행기일을 열어 계산 내용의 보정을 하도록 할 수도 있다.

나. 이의진술 채권자가 있는 경우

이의를 진술한 채권자가 있을지라도 법원이 파산종결 결정을 하는 데에 있어서는 실질적으로 지장이 없고, 다만 이의한 채권자와 파산채권자 사이의 손해배상 청구 등의 문제만 남게 된다.

4) 재산의 처분

이 기일에서는 파산관재인이 가치 없다고 판단하여 미처 환가하지 아니한 재산의 처분에 관하여 결의를 하여야 한다. 채권자집회가 이와 같은 계산을 가치 있다고 판단하고 환가할 것을 결의한 때에는 파산관재인은 이 결의에 따라야 한다. 결의를 실행에 옮긴 경우에 파산관재인에게 그 환가의 결과를 보고하도록 하기 위해 기일을 속행하여야 한다. 실무상으로는 권리를 포기함으로서 법원의 허가를 얻는 방법으로 처리하고 있고, 따로 계산보고집회에서 이 결의를 하고 있지는 않다.

(7) 임무종료시의 긴급처분(회생법 제366조)

파산관재인의 임무가 종료한 경우 급박한 사정이 있는 때에는 파산관재인 또는 그 상속인은 후임의 파산관재인 또는 채무자가 재산을 관리할 수 있게 될 때까지 필요한 처분을 하여야 한다.

2. 채권자집회

(1) 채권자집회의 의의 및 권한

1) 채권자집회의 의의

가. 개 념

채권자집회는, 파산채권자의 집회로서 파산채권자의 의견을 파산절차에 반영시키기 위하여, 법원의 지휘 하에 개최되어 파산법원이 소집하고 법정 사항을 결의하거나 파산관재인 및 파산자 또는 이에 준하는 자로부터 보고 및 설명을 들을 수 있는 권한을 가진다.

나. 채권자집회의 종류

명문의 규정으로 소집이 규정되어 있는 집회로는 제1회 채권자집회, 감사위원의 동의에 갈음하는 결의를 위한 집회, 파산관재인의 임무종료에 의한 계산보고집회, 강제화의의 결의를 위한 집회, 재단부족에 의한 폐지의 의견을 듣기 위한 집회가 있다.

소집이 명문으로 규정되어 있는 집회 외의 것은 파산관재인, 감사위원 또는 파산법원이 평가한 총 채권액의 5분의 1에 해당하는 파산채권자의 신청 또는 파산법원의 직권으로 소집된다.

2) 권 한

채권자집회는 파산관재인의 해임, 감사위원회 설치, 선임, 해임, 감사위원의 동의에 갈음하는 결정, 부조료의 지급, 영업의 폐지 또는 존속, 고가품의 보관방법의 결정, 환가되지 못한 재산의 처분, 제공에 관하여 결의할 수 있다.

그리고 채권자집회는 파산자, 그 대리인 등으로부터 필요한 설명을 듣고, 파산관재인으로부터 파산에 이르게 된 사정, 파산자 및 파산재단에 관한 경과와 현상 등에 관하여 보고를 받고, 파산관재인이 임무를 종료하는 경우에는 파산관재인 또는 상속인으로부터 계산보고를 받을 권한이 있다.

(2) 채권자집회의 소집절차

1) 소집권자 : 법원

법원은 파산관재인 또는 감사위원의 신청에 의하거나 직권으로 채권자집회를 소집한다. 신고를 한 총채권에 관하여 법원이 평가한 액의 5분의 1 이상에 해당하는 파산채권자의 신청이 있는 때에도 또한 같다(회생법 제367조).

2) 기 일

제1회 채권자집회는 파산선고일로부터 2월 이내에 소집하여야 한다.

강제화의의 경우 일반조사기일 종료 전 또는 최후배당허가 후에는 결의할 수 없으며, 기일 결정의 공고일로부터 30일 내로 기일을 정하여야 한다. 그 외에는 따로 특별한 규정을 두고 있지 않다.

3) 기일 및 회의목적의 공고(회생법 제368조)

법원은 채권자집회의 기일 및 회의의 목적사항을 공고하여야 한다. 채권자집회의 연기 또는 속행에 관하여 선고가 있는 때에는 송달 또는 공고를 하지 아니할 수 있다.

결의는 공고한 사항에 관해서만 이루어 져야 하며 공고하지 않은 사항에 관한 결의는 위법한 것으로 무효이다.

제1회 채권자집회의 목적인 사항은 법정되어 있지만 실무상으로는 이해관계자들의 편의를 위하여 회의 목적사항을 일시 및 장소와 함께 공고하고 있는 경우가 대부분이다.

4) 소집장소의 공개여부

공개원칙이 적용되는 구두변론절차가 아니므로 반드시 공개할 필요는 없다(비송사건절차법 제13조 참조)

(3) 법원의 지휘(회생법 제369조)

1) 지휘의 내용

채권자집회는 법원이 지휘한다. 개회 및 폐회의 선고, 발언의 허부 및 제한, 토론에 붙일 것인가의 결정, 결의 결과의 집계 및 가결 여부의 선언, 연기, 속행기일의 선고 등 회의의 진행 뿐 아니라 장내 질서의 유지, 법정경찰권 등을 행사할 수 있다. 의사의 내용에 관하여 간섭하는 것은 허용 되지 않지만 적절한 조언을 하는 것은 필요하다.

2) 채권자가 불출석한 경우의 처리

채권자가 1인만 출석한 경우라 할지라도 개회하고 결의할 수 있다. 그러나 의결권 있는 채권자가 1인도 없을 경우에는 결의는 할 수 없고, 일단 기일을 열고 연기하여 연기된 기일을 선고한다. 그러나 단순히 보고를 받거나 의견을 표명하는 집회는 채권자가 아무도 출석하지 않는 경우라 할지라도 유효하게 성립한다고 해석된다.

(4) 채권자집회의 결의

1) 결의의 성립요건(회생법 제370조)

가. 의결권자

채권신고를 한 파산채권자 중, 채권조사에 있어서 파산관재인 또는 파산채권자가 그 의결권에 관하여 이의하지 않은 자에 한하여 의결권이 인정된다.

나. 의결권의 부여방법

의결권은 확정된 채권액에 따라 부여된다. 파산채권자는 후순위채권에 대하여는 의결권이 없다. 미확정채권, 정지조건부 채권, 장래의 청구권, 별제권의 행사에 의하여 변제받을 수 없는 채권액에 관하여 파산관재인 또는 파산채권자가 의결권에 관하여 이의를 제기할 수는 없고, 법원은 의결권을 행사하게 할 것인가의 여부 및 어떤 금액에 관하여 이를 행사하게 할 것인가를 정한다. 이 결정에 대하여는 불복신청은 허용되지 않으나, 법원이 이해관계인의 신청에 의하여 변경할 수는 있다. 실무에서는 채권조사기일에서 부인된 채권액은 전액 의결권을 부여하지 않는 것을 관행으로 하고 있다.

> **【쟁점질의와 유권해석】**
>
> **〈예금보험공사가 예금자의 대리인으로서 채권자집회에 참석한 경우 그 의결권의 수〉**
>
> 예금보험공사가 금융산업의구조개선에관한 법률 제21조에 의하여 법원에 제출한 예금자표 기재 예금자의 대리인으로서 같은 법 제23조 본문에 의하여 채권자집회에 참석한 경우, 그 의결권은 하나인가 아니면 예금자표 기재 채권자의 수만큼 인가에 대해서는 견해의 대립이 있으며 이에 관하여는 여러 법원의 실무가 통일되어 있지 않다. 위 법 제23조의 취지는, 다수 예금채권자들이 개별적으로 채권신고를 하고 파산절차에 참가하는 것이 번거롭고 비경제적이므로 예금보험공사에 일종의 법정대리권을 인정한 것으로 보는 것이 합당할 것이다. 따라서 각 예금채권자와 예금보험공사 사이에는 채권자집회의 의결에 있어서도 각 의결권 행사의 위임이 의제되어 있다고 보아야 할 것이므로, 의결권은 채권자표 기재 수만큼 인정하는 것이 논리적이라고 하겠다.

다. 정족수

채권자집회의 결의에는 의결권을 행사할 수 있는 출석파산채권자의 총채권액의 2분의 1을 초과하는 채권을 가진 자의 동의가 있어야 한다(회생법 제370조 제1항).

2) 의결권의 행사방법

파산채권자 본인 또는 그 대리인이 의결권을 행사할 수 있다. 대리인은 변호사일 필요는 없으나, 그 대리권을 증명하는 서면을 법원에 제출하여야 한다.

3) 의결권 행사의 제한

가. 특별이해관계인의 배제

채권자집회의 결의에 관하여 특별한 이해관계를 가진 자는 의결권을 행사할 수 없다(회생법 제370조 제2항). 이와 같은 규정을 둔 취지는 특별한 이해관계를 가진 채권자를 결의에 참가시키면 공정성을 해할 우려가 있기 때문이다.

나. 특별이해관계인의 의미

특별한 이해관계를 가진 자란, 당해 결의사항에 관한 결의에 참가하는 것이 공정을 해칠 우려가 있는 자를 말하는데, 예컨대 강제화의의 결의에 관하여 파산채권자이면서 파산회사의 주주인 자, 파산관재인의 법률행위에 관한 결의에 있어서 그 상대방인 파산채권자, 소 제기에 관한 결의에 있어서 그 상대방인 파산채권자가 이에 해당한다.

감사위원 선임 결의에 있어서 그 후보자가 된 파산채권자 및 그 소속 직원이 특별한 이해관계를 가지는가에 관하여는 견해의 대립이 있으나, 실무에서는 결의의 공정을 해할 우려가 있다는 점과 주식회사의 감사 선임결의에 있어서의 의결권제한의 취지 등을 참작하여 특별한 이해관계가 있는 것으로 운용하고 있다.

특별한 이해관계를 가진 자는 대리인에 의해서도 의결권을 행사할 수 없고, 타인의 대리인으로서도 의결권을 행사할 수 없다.

4) 결의의 성립

결의가 성립하기 위해서는 의결권을 가진 출석채권자의 과반수와 그 채권액이 출석파산채권자의 총 채권액의 반액을 넘는 자의 동의가 필요하다. 실무상으로는 의결권의 분할행사는 허용하지 않고 있다.

채권액으로는 반액이 넘었는데 채권자 수로는 과반수에 미달하는 경우에 법원은 결의가 있는 것으로 보는 결정을 할 수 있다.

결의의제 제도의 취지는 그 결의의 내용이 정당한데도 소수의 다액채권자가 다수의 소액채권자의 반대로 과반수를 얻지 못하여 부결되는 경우를 구제하기 위한 것이다.

5) 결의의 효력

유효한 결의는 그 결의에 동의하지 않은 채권자, 출석하지 않은 파산채권자, 파산관재인도 구속한다. 결의의 절차에 위법이 있는 경우, 예컨대 소집절차, 결의의 방법, 결의사항이 법률에 위반한 때, 특별이해관계인이 결의에 참가한 때, 결의가 부정한 방법에 의하여 성립한 때에는 결의집행금지의 결정을 하거나 채권자집회를 다시 열어 이전의 결의를 변경하도록 하여야 한다.

6) 결의의 집행금지

유효한 결의라 할지라도 결의의 내용이 파산채권자 일반의 이익에 반하는 것으로 판단될 경우에는 법원이 그 결의의 집행을 금지할 수 있다. 파산채권자 일반의 이익에 반하는지 여부는 구체적으로 판단해야 한다. 그 예로 부당한 다액의 부조료 지급결의, 재단에 불이익한 영업의 계속 결의, 일부 채권자에게 부당한 이익을 주는 환가처분 등을 들 수 있다.

핵 심 판 례

■ **화의절차에서도 특별이해관계인의 의결권행사를 금지시킬 수 있는지 여부(적극)**

> 화의법 제53조는 파산채권자집회에 관한 일반 규정인 파산법 제162조, 제165조를 준용하면서 특별이해관계인의 의결권행사를 제한한 파산법 제163조 제2항을 준용하고 있지 아니하나, 화의법상 화의와 성질이 동일한 강제화의는 파산법 제163조 제2항 소정의 특별이해관계인을 결의에 참가시키면 화의절차의 공정성을 해할 우려가 있기 때문에 이를 파산법 제278조의 의결권을 행사할 수 있는 채권자에서 배제하고 있는데, 이러한 절차적 필요성은 화의법상의 화의에서도 동일한 점, 화의법 제53조는 화의가결의 요건에 관한 파산법 제278조를 준용하고 있기 때문에 그 의결의 전제가 되는 특별이해관계인의 의결권행사금지에 관한 파산법 제163조 제2항도 당연히 준용된다고 해석할 수 있는 점 등에 비추어 특별이해관계인의 의결권행사 금지에 관한 파산법 제163조 제2항은 화의법상의 화의에도 준용된다(대법원 2003. 6. 25. 자, 2003마28결정)

(5) 의결권 행사

1) 의결권의 불통일 행사(회생법 제371조)

파산채권자는 의결권을 통일하지 아니하고 행사할 수 있다. 파산채권자들의 의결권 행사가 반드시 통일적으로 행사할 필요는 없으나, 불통일행사를 하려는 경우에는 채권자집회 7일 전까지는 서면으로 신고하도록 되어있다. 그러나 의결권의 분할행사가 권리남용에 해당된다고 보이는 경우에는 이를 허용할 수는 없는 것이다.

2) 의결권의 대리행사(회생법 제372조)

의결권은 파산채권자 본인 또는 그 대리인이 행사할 수 있다. 대리인은 변호사일 필요는 없으나, 그 대리권을 증명하는 서면을 법원에 제출하여야 한다. 대리인이 위임받은 의결권을 통일하지 않고 행사하는 경우에는 채무자회생및파산에관한법률 제371조 제2항을 준용한다.

3) 의결권을 행사할 수 있는 채권액(회생법 제373조)

가. 확정채권액에 따른 의결권의 행사

파산채권자는 확정채권액에 따라 의결권을 행사할 수 있다. 미확정채권, 정지조건부채권, 장래의 청구권 또는 별제권의 행사에 의하여 변제를 받을 수 없는 채권액에 관하여 파산관재인 또는 파산채권자의 이의가 있는 때에는 법원은 의결권을 행사하게 할 것인가의 여부와 의결권을 행사할 금액을 결정한다.

나. 결정에 대한 변경

법원은 이해관계인의 신청에 의하여 언제든지 미확정채권·정지조건부채권·장래의 청구권 또는 별제권행사에 의하여 변제받을 수 없는 채권액에 대한 의결권 행사의 여부와 의결권을 행사할 금액의 결정에 대한 변경을 할 수 있다.

다. 송달여부

위 1), 2)의 결정은 그 선고가 있는 때에는 송달을 하지 아니할 수 있다.

4) 의결권 행사의 제한

파산채권자는 후순위파산채권에 관하여는 의결권을 행사할 수 없다.

확정채권액은 채권자 집회에서 의결권행사의 기준액이 되지만, 파산관재인 및 출석채권자의 이의가 없는 경우에는 미확정채권으로도 의결권 행사를 할 수 있도록 법원이 허용할 수 있다. 후순위채권에 대하여는 채권자집회에서 의결권이 부여되는 것이 아니고, 일반채권이 완제된 후에야 배당할 수 있다.

【쟁점질의와 유권해석】

〈의결권을 행사할 수 없는 후순위파산채권(법 제446조)〉

① 파산선고 후의 이자

② 파산선고 후의 불이행으로 인한 손해배상액 및 위약금

③ 파산절차 참가비용

④ 벌금, 과료, 형사소송비용, 추징금 및 과태료

⑤ 기한이 파산선고 후에 도래하는 이자 없는 채권의 경우 파산선고가 있은 때부터 그 기한에 이르기까지의 법정이율에 의한 원리의 합계액이 채권액이 될 계산에 의하여 산출되는 이자액에 상당하는 부분

⑥ 기한이 불확정한 이자 없는 채권의 경우 그 채권액과 파산선고 당시의 평가액과의 차액에 상당하는 부분

⑦ 채권액 및 존속기간이 확정된 정기금채권인 경우 각 정기금에 관하여 ⑤에 준하여 산출되는 이자의 액의 합계액에 상당하는 부분과 각 정기금에 관하여 ⑤에 준하여 산출되는 원본의 액의 합계액이 법정이율에 의하여 그 정기금에 상당하는 이자가 생길 원본액을 초과하는 때에는 그 초과액에 상당하는 부분

⑧ 채무자가 채권자와 파산절차에서 다른 채권보다 후순위로 하기로 정한 채권

(6) 감사위원의 동의에 갈음하는 채권자집회 결의의 효력(회생법 제374조)

감사위원은 파산관재인이 하는 행위에 대한 동의권을 가진다. 이 감사위원의 동의는 채권자집회의 결의로 대신할 수도 있다. 채권자집회의 결의가 감사위원의 의견과 다를 때에는 그 결의에 따른다.

(7) 결의집행의 금지(회생법 제375조)

1) 요 건

채권자집회의 결의가 파산채권자 일반의 이익에 반하는 경우에는 법원은 파산관재인·감사위원 또는 파산채권자의 신청에 의하거나 직권으로 그 결의의 집행을 금지할 수 있다.

의결권이 없었던 파산채권자가 결의집행의 금지 신청을 하는 때에는 파산채권자임을 소명하여야 한다. 금지결정의 선고가 있는 때에는 송달을 하지 않을 수 있다.

2) 파산채권자 일반의 이익에 반하는지 여부의 판단의 기준

파산채권자 일반의 이익에 반하는지 여부는 구체적이고 객관적으로 판단하여야 할 것이나, 부당한 다액의 부조료 지급결의, 재단에 불이익한 영업의 계속 결의, 일부 채권자에게 부당한 이익을 주는 환가처분 등을 그 예로 들 수 있다.

3) 실무에서의 처리

실무에서는 감사위원 설치 및 선임 결의에 관하여 파산재단의 규모, 채권자 수, 권리관계의 복잡성 등 여러 사정에 비추어 감사위원을 설치하는 것이 파산재단을 위하여 무익하고 절차만 지연시킬 우려가 있다고 판단하여 그 집행을 금지한 사례가 있다.

3. 감사위원

(1) 감사위원의 의의 및 설치

1) 감사위원 제도의 의의

감사위원이란 파산절차에서 파산채권자 전체의 권리를 보호하기 위한 목적으로, 채권자집회에서 선임되어 파산관재인의 직무집행을 감시하고 보조하는 것을 임무로 한 합의제 기관이다.

2) 감사위원의 설치(회생법 제376조)

제1회 채권자집회에서 감사위원의 설치가 필요하다는 제안이 있는 경우에는 그 설치여부 및 감사위원의 수를 의결할 수 있다. 다만, 제1회 후의 채권자집회에서 그 결의를 변경할 수 있다. 다만 법원은 감사위원을 설치하는 취지의 채권자집회의 결의가 오히려 파산채권자 일반의 이익에 반한다고 인정되어 그 결의의 집행을 금지한 사례가 있다. 실무에서는 파산재단의 규모, 채권자의 수, 권리관계의 복잡성 등에 비추어 감사위원의 설치가 불필요하고 비용의 낭비만 가져오는 것이 명백한 경우에 감사위원 설치 및 선임 결의의 집행을 금지한 예가 있다.

(2) 감사위원의 선임

1) 선임기관

감사위원은 채권자 집회에서 선임한다. 제1회 채권자집회에서 감사위원 설치의 제안이 가결되는 경우, 감사위원의 수, 감사위원으로 될 자에 관하여 결의하여야 한다.

2) 감사위원의 수

통상 감사위원의 수는 3인으로 한다.

3) 감사위원의 자격

감사위원은 법률이나 경영에 관한 전문가로서 파산절차에 이해관계가 없는 자 이어야 한다. 파산자 및 준파산자, 파산관재인의 보증인 등은 감사위원으로 되기에는 적당하지 않다. 법인이 감사위원으로 될 수 있는가에 관하여는 견해의 다툼이 있으나, 아직 법인이 감사위원으로 선임된 예는 없고, 채권자인 법원의 직원이 감사위원으로 선임된 예가 있다.

4) 법원의 인가

감사위원 선임의 결의는 법원의 인가를 받아야 한다. 감사위원 선임결의가 있은 후에 피선임자가 수락하면(통상 미리 취임승낙서를 받아 둔다)법원은 피선임자가 채권자 전체의 대표자로서 공정하게 직무를 수행할 수 없다고 판단하지 않는 이상 이를 인가하고 있다. 파산관재인이 감사위원의 구성원을 제안하는 경우에는 미리 그 이력서를 제출받고, 특별히 문제가 있다고 생각되는 사람은 감사위원으로 제안하지 않도록 미리 지도하여 인가단계에 이르기 전에 부적격자를 배제할 수 있도록 하여야 한다.

(3) 감사위원의 직무집행

1) 직무집행의 방법(회생법 제378조)

가. 의결정족수

감사위원이 3인 이상 있는 경우에 감사위원의 직무집행은 그 과반수의 찬성으로 의결한다. 파산관재인이 감사위원을 소집하여 협의를 거쳐 표결하는 방법이 원칙이다. 그러나 일상적인 동의 업무는 전원이 모여 협의 표결할 필요는 없고, 회람 등의 보다 간이한 방법으로도 처리할 수 있다.

나. 특별이해관계인의 배제

결의에 있어서 특별한 이해관계가 있는 감사위원은 표결에 참가할 수 없다.

다. 감사위원의 정족수 부족이 발생한 경우

감사위원은 3인 이상으로 구성되는 합의체 기관이므로 사망, 사임, 해임 등으로 3인에 미달하게 되면 행위능력을 결하게 되어 직무의 집행이 불가능하다. 이럴 경우에는 후임 감사위원을 선임하기 위한 채권자집회를 소집하여야 한다. 파산관재인은 그 때까지 감사위원이 설치되지 않은 경우에 준하여 법원의 허가를 얻어 관재업무를 처리한다.

라. 비용 및 보수

감사위원은 비용을 미리 받거나 보수 또는 특별보상금을 받을 수 있다. 이 경우 보수 및 특별보상금의 액은 법원이 정한다(법 제381조, 제30조 제1항). 실무상으로 감사위원에 대하여 따로 비용을 지급하지는 않는다. 감사위원 선임결의 전에 보수포기서를 받고, 보수를 지급하지 않는 것을 원칙으로 한다. 소액채권자의 보호를 위하여 파산자 또는 그 채권자와 이해관계가 없는 변호사를 감사위원으로 선임할 경우에는 본인이 보수를 포기하지 않는 한 보수를 지급한다. 보수는 월급 또는 정기급으로 할 수도 있고 일시급으로 하는 경우도 있다.

2) 감사위원의 직무의 내용(회생법 제379조)

가. 파산관재인의 직무집행의 감사

감사위원은 파산관재인의 직무집행을 감사한다. 각 감사위원은 언제든지 파산재단에 관한 보고를 요구하거나 파산재단의 상황을 조사할 수 있다.

나. 법원 또는 채권자집회에의 보고의무

감사위원은 파산채권자에게 현저하게 손해를 미칠 사실을 발견한 때에는 지체

없이 법원 또는 채권자집회에 보고하여야 한다.

3) 조사위원의 선관주의의무 및 손해배상책임

① 감사위원은 선량한 관리자의 주의로써 그 직무를 행하여야 한다.

② 감사위원이 선량한 관리자의 주의를 게을리한 때에는 이해관계인에게 손해를 배상할 책임이 있다. 이 경우 주의를 게을리한 감사위원이 여럿 있는 때에는 연대하여 손해를 배상할 책임이 있다.

(4) 감사위원의 해임

감사위원의 임무는 파산절차의 종료, 감사위원의 사망, 사임, 해임에 의하여 종료한다.

1) 사 임

감사위원은 파산관재인과는 달리 언제라도 사임할 수 있다. 파산법원에 사임서를 제출함으로써 바로 사임의 효력이 발생하고, 법원의 인가가 따로 필요한 것은 아니다.

2) 해임(회생법 제380조)

가. 채권자집회에 의한 해임

감사위원은 언제든지 채권자집회의 결의로 해임할 수 있다. 법원은 감사위원 해임결의가 있는 사실을 당해 감사위원에게 통지한 후, 감사위원이 통지를 받으면 해임의 효력이 발생하게 된다. 감사위원 해임결의를 위한 채권자집회에 감사위원이 출석한 때에는 해임결의가 있는 사실을 따로 고지할 필요는 없으므로 해임결의가 있은 즉시 해임의 효력이 발생한다.

나. 법원에 의한 해임

법원은 상당한 이유가 있는 때에는 이해관계인의 신청에 의하여 감사위원을 해임할 수 있으며, 이 경우에는 감사위원을 심문하여야 한다. 이해관계인에는 파산채권자 뿐 아니라 파산관재인도 포함된다. 상당한 이유란 감사위원이 공정한 직무집행을 기대할 수 없는 사유를 말하고, 감사위원의 파산선고, 행위능력의 상실, 감사위원의 의무 해태, 부정행위 등을 그 예로 들 수 있다.

다. 법원의 해임 재판에 대한 즉시항고

법원이 상당한 이유가 있어 이해관계인의 신청에 의하여 감사위원을 해임하는 재판에 대하여는 즉시항고를 할 수 있다. 이 즉시 항고는 집행정지의 효력이 없다.

해임결정	당해 감사위원
해임신청 기각결정	신청한 이해관계인 및 기타 이해관계인

핵 심 판 례

■ **파산절차에서 파산채권으로 확정되어 채권표에 기재된 채권에 관하여 파산자가 청구이의의 소를 제기할 수 있는 사유**

파산절차에서 파산채권으로 확정되어 채권표에 기재되면 그 채권표의 기재는 구 파산법(2005. 3. 31. 법률 제7428호 채무자 회생 및 파산에 관한 법률 부칙 제2조로 폐지) 제259조 제1항의 규정에 의하여 파산자에 대하여 확정판결과 동일한 효력을 가진다. 따라서 파산채권으로 확정된 후에는 파산자가 채권표에 기재된 채권에 관하여 이의를 하려면 청구이의의 소를 제기할 수 있으나 그 이의사유는 파산채권이 확정된 뒤에 그 채권의 존부나 범위 등을 다툴 수 있는 실체적인 사유가 생겼음을 이유로 하여야 한다 (대법원 2007. 10. 11. 선고 2005다45544,45551 판결).

Ⅲ. 파산재단의 구성 및 확정

> **◨ 핵 심 사 항 ◨**
>
> 1. 파산재단 : 파산선고가 있었던 경우 파산선고시에 파산자가 가진 모든 재산이 파산재단이 된다. 채무자가 파산선고 당시에 가진 모든 재산은 파산재단에 속한다. 채무자가 파산선고 전에 생긴 원인으로 장래에 행사할 청구권은 파산재단에 속한다(희생법 제382조).
> 2. 부인권 : 파산관재인이 행하는 채무자 회생 및 파산에 관한 법률상의 권리로서 파산선고 전에 파산자가 파산채권자를 해하는 행위를 한 경우 그 행위의 효력을 부인하고 일탈된 재산을 파산재단에 회복하기 위하여 행하는 권리이다.
> 3. 환취권 : 파산 재단에 속하지 아니한 재산에 대하여 이해관계인이 그 재산을 되찾을 수 있는 권리를 말한다.
> 4. 별제권 : 파산재단에 속하는 특정의 재산에 대하여 파산채권자에 우선하여 채권의 변제를 받을 권리를 말한다.
> 5. 상계권 : 채무자가 채권자에 대하여 자디고 또한 동종의 채권을 가지는 경우에 그 채권과 채무를 대등액에서 소멸시키는 채무자의 일방적 의사표시를 말한다.

1. 파산재단의 구성

(1) 파산재단(회생법 제382조)

1) 파산재단의 의의

파산선고가 있었던 경우 파산선고시에 파산자가 가진 모든 재산이 파산재단이 된다. 그리고 파산선고 파산절차는 파산재단에 속하는 재산을 대상으로 이루어진다.

파산재단에 속하는 재산이란 파산선고시에 파산자에 속한 적극재산을 의미하는 것으로서 압류가 가능한 것을 의미하며 이 재산은 대한민국 내에 소재하고 있어야 한다.

압류금지재산, 파산자가 파산선고 후에 취득한 재산은 파산재단에 속하지 않는 재산이며 자유재산이라고 한다. 자연인의 경우와 달리 법인의 경우에 자유재산의 개념을 인정할 수 있는가에 관하여는 다툼이 있다.

【쟁점질의와 유권해석】

〈파산자가 보유하고 있던 가장채권도 파산재단에 속하게 되는지 여부〉

파산자가 파산선고시에 가진 모든 재산은 파산재단을 구성하고, 그 파산재단을 관리 및 처분할 권리는 파산관재인에게 속하므로, 파산관재인은 파산자의 포괄승계인과 같은 지위를 가지게 되지만, 파산이 선고되면 파산채권자는 파산절차에 의하지 아니하고는 파산채권을 행사할 수 없고, 파산관재인이 파산채권자 전체의 공동의 이익을 위하여 선량한 관리자의 주의로써 그 직무를 행하므로, 파산관재인은 파산선고에 따라 파산자와 독립하여 그 재산에 관하여 이해관계를 가지게 된 제3자로서의 지위도 가지게 되며, 따라서 파산자가 상대방과 통정한 허위의 의사표시를 통하여 가장채권을 보유하고 있다가 파산이 선고된 경우 그 가장채권도 일단 파산재단에 속하게 되고, 파산선고에 따라 파산자와는 독립한 지위에서 파산채권자 전체의 공동의 이익을 위하여 직무를 행하게 된 파산관재인은 그 허위표시에 따라 외형상 형성된 법률관계를 토대로 실질적으로 새로운 법률상 이해관계를 가지게 된 민법 제108조 제2항의 제3자에 해당한다(대법원 2003. 6. 24.선고 2002다48214판결).

2) 파산재단에 속하지 아니하는 재산(회생법 제383조)

가. 압류할 수 없는 재산

압류할 수 없는 재산은 파산재단에 속하지 아니한다.

민사집행법상 압류할 수 없는 재산은 다음과 같다.

① 압류가 금지되는 물건(민사집행법 제195조)

1. 채무자 및 그와 같이 사는 친족(사실상 관계에 따른 친족포함)의 생활에 필요한 의복·침구·가구·부엌가구, 그 밖의 생활필수품

2. 채무자 등의 생활에 필요한 2월간의 식료품·연료 및 조명재료

3. 채무자 등의 생활에 필요한 1월간의 생계비로서 대통령령이 정하는 액수의 금전(150만원)

4. 주로 자기 노동력으로 농업을 하는 사람에게 없어서는 아니될 농기구·비료·가축사료·종자, 그 밖에 이에 준하는 물건

5. 주로 자기 노동력으로 어업을 하는 사람에게 없어서는 아니될 고기잡이 도구·어망·미끼·새끼고기, 그 밖에 이에 준하는 물건

6. 전문직종사자·기술자·노무자, 그 밖에 주로 자기의 정신적 또는 육체적 노동으로 직업 또는 영업에 종사하는 사람에게 없어서는 아니될 제복·도구, 그 밖에 이에 준하는 물건

7. 채무자 또는 그 친족이 받은 훈장·포장·기장, 그 밖에 이에 준하는 명예증표

8. 위패·영정·묘비, 그 밖에 상례·제사 또는 예배에 필요한 물건

9. 족보·집안의 역사적인 기록·사진첩, 그 밖에 선조숭배에 필요한 물건

10. 채무자의 생활 또는 직무에 없어서는 아니될 도장·문패·간판, 그 밖에 이에 준하는 물건

11. 채무자의 생활 또는 직업에 없어서는 아니될 일기장·상업장부, 그 밖에 이에 준하는 물건

12. 공표되지 아니한 저작 또는 발명에 관한 물건

13. 채무자 등이 학교·사찰, 그 밖의 교육기관 또는 종교단체에서 사용하는 교과서·교리서·학습용구, 그 밖에 이에 준하는 물건

14. 채무자 등의 일상생활에 필요한 안경·보청기·의치·의수족·지팡이·장애보조용 바퀴의자, 그 밖에 이에 준하는 신체보조기구

15. 채무자 등의 일상생활에 필요한 자동차로서 자동차관리법이 정하는 바에 따른 장애인용 경형자동차

16. 재해의 방지 또는 보안을 위하여 법령의 규정에 따라 설비하여야 하는 소방설비·경보기구·피난시설, 그 밖에 이에 준하는 물건

② 압류금지채권(민사집행법 제246조 제1항)

1. 법령에 규정된 부양료 및 유족부조료(遺族扶助料)

2. 채무자가 구호사업이나 제3자의 도움으로 계속받는 수입

3. 병사의 급료

4. 급료·연금·봉급·상여금·퇴직연금, 그 밖에 이와 비슷한 성질을 가진 급여채권의 2분의 1에 해당하는 금액. 다만, 그 금액이 국민기초생활보장법에 의한 최저생계비를 감안하여 대통령령이 정하는 금액에 미치지 못하는 경우 또는 표준적인 가구의 생계비를 감안하여 대통령령이 정하는 금액을 초과하는 경우에는 각각 당해 대통령령이 정하는 금액으로 한다.

5. 퇴직금 그 밖에 이와 비슷한 성질을 가진 급여채권의 2분의 1에 해당하는 금액

6. 「주택임대차보호법」 제8조, 같은 법 시행령의 규정에 따라 우선변제를 받을 수 있는 금액

7. 생명, 상해, 질병, 사고 등을 원인으로 채무자가 지급받는 보장성보험의 보험금(해약환급 및 만기환급금을 포함한다). 다만, 압류금지의 범위는 생계유지, 치료 및 장애 회복에 소요될 것으로 예상되는 비용 등을 고려하여 대통령령으로 정한다.

8. 채무자의 1월간 생계유지에 필요한 예금(적금·부금·예탁금과 우편대체를 포함한다). 다만, 그 금액은 「국민기초생활 보장법」에 따른 최저생계비, 제195조 제3호에서 정한 금액 등을 고려하여 대통령령으로 정한다.

나. 파산재단에서 면제되는 재산

① 면제되는 재산의 범위

법원은 개인채무자의 신청에 의하여 다음의 어느 하나에 해당하는 재산을 파산재단에서 면제할 수 있다.

1. 채무자 또는 그 피부양자의 주거용으로 사용되고 있는 건물에 관한 임차보증금반환청구권으로서 주택임대차보호법 제8조(보증금 중 일정액의 보호)의 규정에 의하여 우선변제를 받을 수 있는 금액의 범위안에서 대통령령이 정하는 금액을 초과하지 아니하는 부분(즉, 주택임대차보호법상 보호되는 소액보증금)

2. 채무자 및 그 피부양자의 생활에 필요한 6월간의 생계비에 사용할 특정한 재산으로써 대통령령이 정하는 금액을 초과하지 아니하는 부분(6개월간 최고 900만원)

② 면제신청 방법

면제신청은 파산신청일 이후 파산선고 후 14일 이내에 면제재산목록 및 소명에 필요한 자료를 첨부한 서면으로 하여야 한다.

(2) 파산재단의 관리 및 처분권(회생법 제384조)

1) 관리처분권자

파산선고에 의하여 파산자는 파산재단을 구성하는 재산에 관한 관리처분권을 잃게 되고, 이 관리처분권은 파산관재인에게 전속하다. 이에 따라 파산선고 후 파산자가 파산재단 소속 재산에 관하여 한 법률행위에 대하여는 파산채권에 대항할 수 없다.

파산관재인은 파산선고 후 즉시 파산재단의 점유관리에 착수해야 하며, 재단에 관한 소송에 관하여는 당사자로서 소송행위를 한다.

2) 파산자의 잔존 권리

재단 소속 재산의 소유권에 있어서는 여전히 파산자에게 그 소유권이 있고, 파산자의 자유재산에 대한 관리처분권은 그대로 보유할 수 있으며, 파산절차에 관한 재판에 대하여는 즉시항고 할 수도 있고, 재단에 관한 소송 이외의 소송(예컨대 파산자 주주총회결의 무효의 소)에 관하여는 당사자로서의 지위를 잃지 않는다는 사실에 유의해야 한다.

【쟁점질의와 유권해석】

〈외국에서 파산이 선고된 경우 그 나라에서 선임된 파산관재인이 한국 내에 있는 파산자의 재산에 대한 관리처분권을 취득하는지 여부(적극)〉

파산법 제3조 제2항은 외국에서 선고한 파산은 한국 내에 있는 재산에 대하여는 그효력이 없다고 규정하고 있는바, 이는 외국에서 선고된 파산은 한국 내에 있는 재산에 대하여 파산선고의 본래적 효력인 포괄집행적 효력이 미치지 않는다는 것을 선언함에 그치고, 나아가 외국에서 파산선고가 내려진 사실 또는 그에 따라 파산관재인이 선임되었다는 사실 자체를 무시한다거나, 그 선고의 결과 파산선고를 한 해당 국가에서 선임된 파산관재인이 그 국가의 법률에 따라 한국 내에 있는 파산자의 재산에 대한 관리처분권을 취득하는 것까지 부정하는 것은 아니다(대법원 2003. 4. 25.선고 2000다64359판결).

(3) 파산과 재산상속

1) 파산선고 후의 재산상속

가. 파산선고 후의 단순승인의 효력(회생법 제385조)

파산선고 전에 채무자가 상속인이 되는 상속개시가 있었던 경우 채무자가 파산선고 후에 단순승인을 한 경우 파산재단에 대하여는 단순승인의 효력이 나타나지 않고 한정승인의 효력을 갖게 된다.

상속재산에서 소극재산이 적극재산을 초과하는 경우 파산재단에 불의의 피해를 줄 수 있기 때문에 이와 같이 규정하였다.

한정승인이란 상속인이 상속받을 재산의 한도 내에서만 피상속인의 채무를 변제할 것을 유보하고 상속을 승인하는 것을 말하고, 단순승인이란 이러한 유보를 붙이지 않고 피상속인의 적극재산과 소극재산(부채)의 일체를 승계할 것을 승인하는 것을 말한다.

나. 파산선고 후의 상속포기(회생법 제386조)

① 채무자의 상속포기

파산선고 전에 채무자가 상속인이 되는 상속개시가 있었던 경우 채무자가 파산선고 후에 상속포기를 하는 때에도 파산재단에 대하여는 한정승인의 효력을 가진다.

② 파산관재인의 상속포기

위 ①의 규정에도 불구하고 파산관재인은 상속포기의 효력을 주장할 수 있다. 단 상속포기가 있은 것을 안 날부터 3개월 이내에 그 뜻을 법원에 신고하여야 한다.

2) 상속재산의 파산(회생법 제389조)

상속재산에 대하여 파산선고가 있는 경우 상속재산에 속하는 모든 재산을 파산재단으로 한다. 상속재산에 대하여 파산선고가 있는 경우에는 혼동의 예외로서 피상속인이 상속인에 대하여 가지는 권리와 상속인이 피상속인에 대하여 가지는 권리는 소멸하지 않는다.

2. 부인권

(1) 부인권의 의의

부인권이란 파산관재인이 행하는 파산법상의 권리로서 파산선고 전에 파산자가 파산채권자를 해하는 행위를 한 경우 그 행위의 효력을 부인하고 일탈된 재산을 파산재단에 회복하기 위하여 행하는 권리이다.

(2) 부인의 유형

부인의 유형은 여러 가지로 나눌 수 있으나 일반적으로 파산자가 파산채권자를 해할 것을 알면서 한 행위를 부인하는 고의부인, 파산자가 지급의 정지 등 경제적 파탄이 표면화된 시기에 한 행위를 부인하는 위기 부인으로, 위기부인은 다시

① 파산자의 의무에 속한 행위를 부인하는 본지행위부인

② 파산자의 친족등을 상대로 한 본지행위부인

③ 파산자의 의무에 속하지 않는 행위를 부인하는 비본지행위 부인으로 나누어진다.

파산자가 한 무상행위 내지 이와 동일시 해야하는 유상행위를 부인하는 무상부인으로 나눌 수 있다. 그밖에 특수한 부인인 대항요건, 효력요건부인, 집행행위부인이 있다.

(3) 부인권의 일반적 성립요건

부인권은 부인할 행위의 내용, 시기, 상대방에 따라 고의부인, 위기부인, 무상부인의 3종의 유형을 인정하고 있는데, 각 유형마다의 특유한 성립요건 외에 공통되는 일반적 성립요건이 있다.

1) 행위의 유해성

부인의 대상이 되는 행위는 기본적으로 파산채권자에게 해를 끼치는 행위이어야 한다. 파산채권자에게 해를 끼치는 행위에는 파산자의 일반재산을 절대적으로 감소시키는 사해행위와 채권자간의 평등을 저해하는 편파행위도 포함된다. 사해행위이

든 편파행위이든 당해 행위로 말미암아 채권자들의 배당률이 낮아질 때 행위의 유해성이 인정된다고 설명할 수 있겠다. 이하에서는 행위의 유해성이 문제되는 몇 가지 행위유형에 대하여 살펴본다.

가. 부동산의 매각행위

부동산의 매각에 있어서 부당한 가격으로 매각한 경우는 물론이고, 적정한 가격으로 소비하기 쉬운 금전으로 환가하는 것은 재산의 일반담보력을 저하시키게 될 것이므로 원칙적으로 일반채권자를 해하는 행위라고 본다. 그러나 부동산에 비하여 담보력이 적은 동산의 매각행위는 부당한 염가매각으로 평가받지 않는 이상 부인의 대상이 되지 않는다.

나. 변제행위

변제행위와 관련하여 문제되는 것은 본지변제와 고의부인, 차입금에 의한 변제와 부인, 담보권자에 대한 변제, 대물변제, 제3자에 의한 변제와 부인이 문제된다.

【쟁점질의와 유권해석】

〈제3자에 의한 변제가 부인의 대상이 되는지 여부〉

제3자에 의한 변제가 부인의 대상이 될 수 있는가에 대한 문제는 파산자 이외의 자의 행위를 부인할 수 있는 가에 관한 논의가 그대로 적용된다고 할 수 있을 것이다. 통설인 파산자의 행위뿐만 아니라 이와 동일시 할 수 있는 제3자의 행위도 부인할 수 있다는 입장이라면 제3자의 변제가 이에 해당할 때 부인할 수 있다.

다. 담보권의 실행행위 및 담보권의 실행행위와 부인

① 담보권의 설정행위

담보권의 설정과 관련하여 논의되는 것은 기존 채무에 대한 담보권의 설정이 아니라 신규차입을 위하여 담보권을 설정하는 행위가 부인의 대상이 될 수 있다.

② 담보권의 실행행위

파산절차에서는 회생절차와는 달리 담보권자는 파산절차에 의하는 것이 아니라 별제권을 행사하여 소유권을 회복할 수 있다. 따라서 그 담보권설정행위 자체가 부인되지 않는 이상 담보권자에 대한 변제나 대물변제와 같이 담보권의 실행행위가 부인의 대상으로 되는 것은 아니다.

【쟁점질의와 유권해석】

〈부인권을 행사할 수 있는 대상이 되는 행위〉

① 법률효과를 발생시키는 일체의 행위

부동산, 동산의 매각, 증여, 채권양도, 채무면제 등과 같은 협의의 법률행위에 한하지 않고 변제, 채무승인, 법정추인, 채권영도의 통지, 승낙, 등기, 등록, 동산의 인도 등과 같은 법률효과를 발생시키는 일체의 행위를 모두 포함한다. 또한 사법상의 행위에 한하지 않고 소송법상의 행위인 재판상의 자백, 청구의 포기 및 인낙, 재판상의 화해, 소, 상소의 취하, 상소권의 포기, 공정증서의 작성 , 염가의 경매 등도 부인의 대상이 되고, 공법상의 행위도 부인의 대상이 된다.

② 채무자인 파산자의 부작위도 부인의 대상인지 여부

채무자인 파산자의 부작위도 부인의 대상이 된다는 것이 통설, 판례이다. 따라서 시효 중단의 해태, 지급명령신청에 대한 이의신청의 부제기, 지급거절증서의 불작성, 변론기일에의 불출석, 공격방어방법의 부제출 등의 경우에 부인권을 행사할 수 있다. 다만 부인의 효과는 상대적인 효과를 갖고 있으므로 소멸시효의 효과가 부인된 경우에 파산관재인은 상대방인 채무자에 대하여 채무의 이행을 청구할 수 있는 반면, 파산자와 채무자 사이에는 여전히 채권이 시효완성으로 소멸된 것으로 취급된다.

2) 법률적으로 유효한 것에 한하는지 여부

부인의 대상이 되는 행위는 반드시 법률적으로 유효한 것일 필요가 있는 것은 아니다. 허위표시, 착오, 사회질서위반의 법률행위 등과 같이 무효 또는 취소의 사유가 있더라도 무방하다. 파산자의 급부가 불법원인급여에 해당하는 경우에 해당하여 채무자인 파산자가 반환을 청구할 수 없다고 하더라도 파산관재인은 이를 부인하면서 그 반환을 청구할 수 있다. 파산관재인은 행위의 무효, 취소와 부인의 주장을 동시에 할 수도 있고 부인의 주장만을 할 수도 있다.

(4) 특수관계인을 상대방으로 한 경우의 특칙

채무자회생및파산에관한법률 제391조 제2호 단서(이로 인하여 이익을 받은 자가 그 행위 당시 지급정지 또는 파산신청이 있는 것을 알고 있은 때에 한한다)의 규정을 적용하여 이익을 받는 자가 채무자와 대통령령이 정하는 범위의 특수관계에 있는 자인 때에는 그 특수관계인이 행위 당시 지급정지 또는 파산신청이 있을 것을 알고 있었던 것으로 추정한다.

【쟁점질의와 유권해석】

〈특수관계인의 범위(채무자 회생 및 파산에 관한 법률 시행령 제4조)〉

1. 본인이 개인인 경우에는 다음의 어느 하나에 해당하는 자
 ① 배우자(사실상의 혼인관계에 있는 자를 포함)
 ② 8촌이내의 혈족
 ③ 4촌이내의 인척
 ④ 본인의 금전 기타 재산에 의하여 생계를 유지하는자 및 생계를 함께 하는자
 ⑤ 본인이 단독으로 또는 그와 ① 내지 ④의 관계에 있는 자와 합하여 100분의 30이상을
  출자하거나 임원의 임면 등의 방법으로 법인 그 밖의 단체의 주요 경영사항에 대하여
  사실상 영향력을 행사하고 있는 경우에는 당해 법인 그 밖의 단체와 그 임원
 ⑥ 본인이 단독으로 또는 그와 ① 내지 ⑤의 관계에 있는 자와 합하여 100분의 30이상을
  출자하거나 임원의 임면 등의 방법으로 법인 그 밖의 단체의 주요 경영사항에 대하여
  사실상 영향력을 행사하고 있는 경우에는 당해 법인 그 밖의 단체와 그 임원
2. 본인이 법인 그 밖의 단체인 경우에는 다음의 어느 하나에 해당하는 자
 ① 임원
 ② 계열회사(「독점규제 및 공정거래에 관한 법률」 제2조 제3호에 따른 계열회사를 말한
  다) 및 그 임원
 ③ 단독으로 또는 위 1.①~⑥의 관계에 있는 자와 합하여 본인에게 100분의 30이상을 출
  자하거나 임원의 임면 등의 방법으로 본인의 주요 경영사항에 대하여 사실상 영향력을
  행사하고 있는 개인 및 그와 1.①~⑥의 관계에 있는 자와 법인 그 밖의 단체(계열회사
  를 제외) 및 그 임원
 ④ 본인이 단독으로 또는 그와 ① 내지 ③의 관계에 있는 자와 합하여 100분의 30이상을
  출자하거나 임원의 임면 등의 방법으로 단체의 주요 경영사항에 대하여 사실상 영향력
  을 행사하고 있는 경우에는 당해 법인 그 밖의 단체 및 그 임원

(5) 어음지급의 예외(회생법 제393조)

채무자회생및파산에관한법률 제393조 제1항은 "제391조의 규정은 파산자로부
터 어음의 지급을 받은 자가 그 지급을 받지 아니하였으면 채무자의 1인 또는 수
인에 대한 어음상의 권리를 상실하게 되었을 경우에는 이를 적용하지 아니한다"
고 규정하여, 어음금 채무의 변제의 경우에는 일정한 요건 아래에서는 제391조에
서 규정한 부인유형에 해당하더라도 부인권을 행사하여 이를 부인할 수 없도록
하고 있다.

경우에 따라서는 이를 어음금의 변제를 받는 방법으로 악용하여 우선변제를 받을 수 있으므로 이를 제한하기 위하여 동조 제2항은 "전항의 경우에도 최종의 상환의무자 또는 어음의 발행을 위탁한 자가 발행 당시 지급의 정지 또는 파산신청이 있음을 알았거나 과실로 인하여 알지 못한 때에는 파산관재인은 그로 하여금 파산자가 지급한 금액을 상환할 수 있다"고 규정하고 있다. 예를 들어 채권자가 자기를 수취인으로 한 약속어음을 파산자에게 발행하도록 한 다음 제3자에게 배서 양도하여 대가를 받고, 제3자는 파산자에 어음을 제시하여 어음금을 지급받은 경우나 채권자가 파산자에게 위탁하여 파산자를 발행인, 제3자를 수취인으로 한 약속어음을 발행하게 하고 제3자로부터 배서 양도받아 파산자로부터 어음금을 지급받은 경우이다.

(6) 특수한 유형의 부인

1) 권리변동의 성립요건 또는 대항요건의 부인(회생법 제394조)

가. 대항요건 또는 효력요건의 부인

채무자회생및파산에관한법률 제394조는 대항요건 등의 구비행위를 권리변동의 원인행위와 분리하여 그 원인행위를 부인할 수 없는 경우라도 독자적으로 대항요건 등의 구비행위를 부인할 수 있도록 규정하고 있다.

① 성립요건의 부인

지급정지 또는 파산신청이 있은 후에 권리의 설정·이전 또는 변경의 효력을 생기게 하는 등기 또는 등록이 행하여진 경우, 그 등기 또는 등록이 그 원인인 채무부담행위가 있은 날부터 15일을 경과한 후에 지급정지 또는 파산신청이 있음을 알고 행한 것인 때에는 이를 부인할 수 있다. 다만 가등기 또는 가등록을 한 후 이에 의하여 본등기 또는 본등록을 한 때에는 그러하지 아니하다.

② 대항요건의 부인

지급정지 또는 파산신청이 있은 후에 권리의 설정·이전 또는 변경을 제3자에게 대항하기 위하여 필요한 행위를 한 경우 그 행위가 권리의 설정·이전 또는 변경이 있은 날부터 15일을 경과한 후에 지급정지 또는 파산신청이 있음을 알고 행한 것인 때에도 이를 부인할 수 있다.

2) 집행행위의 부인(회생법 제395조)

가. 의 의

집행행위의 부인은 부인하고자 하는 행위에 관하여 상대방이 이미 채무명의를 가지고 있는 경우이거나 그 행위가 집행행위로서 이루어진 경우일지라도 부인하는 것을 말한다.

나. 부인의 대상이 되는 행위

부인권은 부인하고자 하는 행위에 관하여 집행력있는 집행권원이 있는 때 또는 그 행위가 집행행위에 의한 것인 때에도 행사할 수 있다.

① "부인하고자 하는 행위에 관하여 집행력 있는 집행권원이 있는 때"와 관련하여 부인의 대상이 되는 행위는 다음과 같다.

  1. 채무명의의 내용을 이루는 의무를 발생시키는 파산자의 원인행위

  2. 채무명의의 내용을 이루는 의무를 이행하는 행위

  3. 채무명의 자체를 성립시킨 파산자의 소송행위

② "부인하고자 하는 행위가 집행행위에 기한 것인 때"와 관련하여 부인의 대상은 집행행위에 의하여 실현되는 실체법상의 효과가 아니라 집행행위 자체라는 것이 통설이다.

(7) 부인권의 행사

1) 부인할 수 있는 행위(회생법 제391조)

파산관재인은 파산재단을 위하여 다음 각 호의 어느 하나에 해당하는 행위를 부인할 수 있다.

① 채무자가 파산채권자를 해하는 것을 알고 한 행위. 다만, 이로 인하여 이익을 받은 자가 그 행위 당시 파산채권자를 해하게 되는 사실을 알지 못한 경우에는 그러하지 아니하다.

② 채무자가 지급정지 또는 파산신청이 있은 후에 한 파산채권자를 해하는 행위와 담보의 제공 또는 채무소멸에 관한 행위. 다만 이로 인하여 이익을 받은 자가 그 행위 당시 지급정지 또는 파산신청이 있은 것을 알고 있은 때에 한한다.

③ 채무자가 지급정지나 파산신청이 있은 후 또는 그 전 60일 이내에 한 담보의 제공 또는 소멸에 관한 행위로서 채무자의 의무에 속하지 아니하거나 그 방법 또는 시기가 채무자의 의무에 속하지 아니하는 것. 다만, 채권자가 그 행위 당

시 지급정지나 파산신청이 있은 것 또는 파산채권자를 해하게 되는 사실을 알지 못한 경우를 제외한다.

④ 채무자가 지급정지 또는 파산신청이 있은 후 또는 그 전 60일 이내에 한 무상행위 및 이와 동일시할 수 있는 유상행위

2) 부인권을 행사 할 수 있는 자

부인권을 행사할 수 있는 자는 파산관재인으로 한정되어 있다. 따라서 파산채권자가 부인권을 대위하여 행사할 수는 없고, 파산채권자는 법원에 대하여 파산관재인에게 부인권의 행사를 명하도록 신청할 수 있는 권리가 있을 뿐이다.

3) 부인권의 행사기간(회생법 제405조)

부인권은 파산선고가 있은 날부터 2년이 경과한 때에는 행사할 수 없다. 법 제391조 각 호의 행위를 한 날부터 10년이 경과한 때에도 또한 같다.

4) 행사방법

부인권은 소 또는 항변에 의하여 재판상 행사한다. 어느 수단을 선택할지는 파산관재인이 판단한다. 부인권의 상대방은 수익자 또는 전득자 중 어느 일방 또는 쌍방을 상대로 하여 행사할 수 있다. 쌍방을 상대로 소를 제기하는 경우 필요적 공동소송이 아니라 통상의 공동소송이 된다.

부인의 청구서에는 1,000원의 인지를 붙이며, 부인의 청구인용 결정에 대한 이의의 소(파산절차)의 소장에는 민사소송등인지법 제2조 소정액의 인지를 붙인다.

【쟁점질의와 유권해석】

〈채권조사기일에 파산관재인이 이의를 제기하지 않아 파산채권이 그대로 확정된 경우 부인권의 행사 가부〉

부인권의 행사와 관련하여 채권조사절차와의 관계에 대해서 유의해야한다. 채권조사기일에 파산관재인이 아무런 이의도 제기하지 아니하고 다른 채권자들 역시 이의를 제기하지 아니함으로써 파산채권이 그대로 확정된 경우에는 그 후 부인권을 행사할 수 없다는 해석이 다수설 이므로, 파산관재인으로서는 채권조사를 함에 있어 부인대상의 유무를 주의해야 한다.

(8) 부인권행사의 효과(회생법 제397조)

1) 파산재단의 원상회복

부인권의 행사의 효과는 파산재단을 원상으로 회복시킨다. 즉 부인권행사는 물권적으로 발생하게 되고 파산관재인의 부인권 행사에 의하여 일탈되었던 재산은 상대방의 행위를 기다리지 않고 바로 파산자에 복귀한다. 다만 그 효과는 상대적으로 발생하므로 파산관재인과 부인의 상대방 사이에서만 생기고 제3자에 대해서는 효력을 미치지 않는다.

가. 금전교부행위가 부인된 경우

원상회복을 함에 있어서 금전교부행위가 부인된 경우일 때에는 상대방은 파산자로부터 교부받은 액수와 동액의 금전 및 교부받은 날 이후의 지연이자를 반환하면 된다.

나. 등기 및 대항요건이 필요한 경우

원상회복되는 권리의 변동에 등기 등의 공시방법이 필요하거나 채권양도 통지 등의 대항요건이 필요한 경우에 그 권리취득의 원인행위 또는 대항요건의 구비행위 자체가 부인되면 파산관재인은 부인의 등기 등을 하거나 통지 등에 의한 대항요건을 구비하여야 한다.

다. 가액배상

파산관재인이 부인권을 행사할 당시 이미 그 대상이 되는 재산이 물리적으로 멸실, 훼손되거나 상대방이 제3자에게 처분하여 현존하지 않는 경우면 가액배상을 청구할 수 있다. 채무자회생및파산에관한법률상으로는 가액배상을 직접적으로 명문상 규정하고 있는 것은 아니지만 인정하고 있는 것이 통설이다.

라. 무상부인의 선의자의 보호

채무자가 지급정지 또는 파산신청이 있은 후 또는 그 전 6월 이내에 한 무상행위 및 이와 동일시 할 수 있는 유상행위가 부인된 경우 상대방이 그 행위 당시 선의인 때에는 이익이 현존하는 한도 안에서 상환하면 된다.

2) 상대방의 지위(회생법 제398조)

가. 채무자가 받은 반대급부의 반환청구

부인권의 취지는 파산재단을 부인의 대상이 되는 행위 이전의 상태로 원상회복을 시켜 파산채권자들의 권익을 보호하는데 있는 것이지 파산자로 하여금 부당하게 이익을 얻게 하려는 것이 아니다. 따라서 파산자의 행위가 부인된 경우 파산자의 급부에 대하여 한 상대방의 반대이행은 파산재단으로부터 반환되어야 한다.

나. 상대방의 채권의 회복(회생법 제399조)

채무의 이행행위가 부인된 경우 상대방이 그 받은 이익을 반환하거나 그 가액을 상환한 때에는 상대방의 채권이 부활한다.

3) 전득자에 대한 부인권(회생법 제403조)

가. 의 의

부인권의 실효성을 확보하기 위해서는 전득자에 대해서도 부인의 효과가 미치도록 해야할 필요성이 있으나 이를 관철할 경우 거래의 안전을 해칠 우려가 있다. 본 조는 일정한 요건 아래 부인의 효력을 전득자에게 주장할 수 있도록 규정하여 전득자를 보호하도록 하고 있다.

전득자에 대하여 부인권을 행사한다는 의미는 부인의 대상이 되는 행위가 파산자와 수익자 사이의 행위이고 다만 그 효과를 전득자에게 주장한다고 보는 것이 통설과 일본의 판례이다.

나. 요 건

다음의 어느 하나에 해당하는 때에는 전득자에 대하여도 부인권을 행사할 수 있다.

① 전득자가 전득 당시 각각 그 전자(前者)에 대한 부인의 원인이 있음을 안 때
② 전득자가 법 제392조의 규정에 의한 특수관계인인 때. 다만, 전득 당시 각각 그 전자(前者)에 대한 부인의 원인이 있음을 알지 못한 때에는 그러하지 아니하다.
③ 전득자가 무상행위 또는 이와 동일시할 수 있는 유상행위로 인하여 전득한 경우 각각 그 전자에 대하여 부인의 원인이 있는 때

다. 입증책임

전득자가 파산자의 친족 또는 동거자일 때에는 전득자가 자신의 선의임을 입증해야 하며, 무상부인의 경우에는 그 전자에 대하여 부인의 원인이 있으면 족하다.

3. 환취권

(1) 환취권의 의의 및 성격

1) 환취권의 의의

파산선고와 동시에 선임된 파산관재인은 재산의 일탈을 방지하기 위하여 선임과

동시에 파산재단의 점유, 관리를 개시할 필요가 있는데, 파산자가 점유하고 있는 동산이나 파산자의 명의로 되어 있는 부동산은 전부가 파산관재인의 점유, 관리하에 들어가게 되며, 그 중에는 파산자(법정재단)에게 속하지 아니하는 재산이 혼입될 수 있다. 이 경우에 당해 재산에 관하여 권리를 주장하는 제3자가 파산재단으로부터 이를 환취하는 것이 허용되는데 이를 환취권이라 한다.

회생법 제407조는 "파산선고는 파산자에 속하지 아니하는 재산을 파산재단으로부터 환취하는 권리에 영향을 미치지 아니한다."라고 규정하여 파산자의 소유에 속하지 아니하는 재산을 파산절차에 의하지 아니하고 파산관재인으로부터 환취할 권리를 보장하고 있다.

2) 환취권의 성격

환취권은 파산법에 의하여 창설된 새로운 권리가 아니며 목적물에 대하여 제3자가 가지는 실체법상의 권리의 당연한 효과에 지나지 아니한 것으로서 어떠한 권리에 대하여 환취권이 인정되는가는 민법, 상법 그 밖의 실체법의 일반원칙에 의하여 결정된다. 그 예로는 소유권, 무체재산권, 점유권, 용익물권을 들 수 있다.

3) 수탁자에 대한 파산절차에서의 환취권에 관한 특칙(회생법 제407조의2)

① 「신탁법」에 따라 신탁이 설정된 후 수탁자가 파산선고를 받은 경우 신탁재산을 환취하는 권리는 신수탁자 또는 신탁재산관리인이 행사한다.

② 신탁이 종료된 경우에는 「신탁법」 제101조에 따라 신탁재산이 귀속된 자가 ①의 권리를 행사한다.

【쟁점질의와 유권해석】

〈환매권 행사 후 근저당권자가 파산선고를 받은 경우 말소등기청구권을 파산절차에 의하지 아니하고 행사할 수 있는지 여부(적극)〉

부동산의 매매계약에 있어 당사자 사이의 환매특약에 따라 소유권이전등기와 함께민법 제592조에 따른 환매등기가 마쳐진 경우 매도인이 환매기간 내에 적법하게 환매권을 행사하면 환매등기 후에 마쳐진 제3자의 근저당권 등 제한물권은 소멸하는 것이므로, 환매권 행사 후 근저당권자가 파산선고를 받았다고 하더라도 매도인이 파산자에 대하여 갖는 근저당권설정등기 등의 말소등기청구권은파산법 제14조에 규정된 파산채권에 해당하지 아니하며, 매도인은 파산법 제79조소정의 환취권 규정에 따라 파산절차에 의하지 아니하고 직접 파산관재인에게 말소등기절차의 이행을 청구할 수 있다(대법원 2002. 9. 27.선고 2000다27411판결).

(2) 유형별 환취권 행사

1) 운송 중인 매도물의 환취(회생법 제408조)

매도인이 매매의 목적인 물건을 매수인에게 발송하였으나 매수인이 그 대금의 전액을 변제하지 아니하고, 도달지에서 그 물건을 수령하지 아니한 상태에서 매수인이 파산선고를 받은 때에는 매도인은 그 물건을 환취할 수 있다. 다만, 파산관재인이 대금지급을 완료하여 그 물건의 인도를 청구한때에는 매도인이 그 물건을 환취할 수 없다.

2) 위탁매매인의 환취권(회생법 제409조)

운송 중인 매도물의 환취의 규정(법 제408조 제1항)은 위탁매매인이 그 물품을 위탁자에게 발송한 경우에 준용한다.

3) 대체적 환취권(회생법 제410조)

파산자 또는 파산관재인이 환취권의 목적물을 처분한 경우에는 환취권자의 대상적 환취권을 승인한다. 채무자가 파산선고 전에 환취권의 목적인 재산을 양도한 때에는 환취권자는 반대급부의 이행청구권의 이전을 청구할 수 있다. 파산관재인이 환취권의 목적인 재산을 양도한 때에도 또한 같다. 이 경우 파산관재인이 반대급부의 이행을 받은 때에는 환취권자는 파산관재인이 반대급부로 받은 재산의 반환을 청구할 수 있다.

4. 별제권

(1) 별제권의 의의

채무자가 파산선고 당시에 가진 모든 재산을 파산재단이라고 하는데 이 파산재단에 속하는 특정의 재산에 대하여 파산채권자에 우선하여 채권의 변제를 받을 권리를 별제권이라 한다.

(2) 별제권자 및 준별제권자

1) 별제권자(회생법 제411조)

파산재단에 속하는 재산상에 존재하는 유치권·질권·저당권·「동산·채권 등의 담보에 관한 법률」에 따른 담보권 또는 전세권을 가진 자는 그 목적인 재산에 관하여 별제권을 가진다.

2) 준별제권자(회생법 제414조)

파산재단에 속하지 아니하는 채무자의 재산상에 질권 또는 저당권 또는 「동산·채권 등의 담보에 관한 법률」에 따른 담보권을 가진 자는 그 권리의 행사에 의하여 변제받을 수 없는 채권액에 한하여 파산채권자로서 그 권리를 행사할 수 있다.

【쟁점질의와 유권해석】

〈양도담보권자도 별제권을 가지는지 여부(적극)〉

1. 화의법 제44조는 파산의 경우에 별제권을 행사할 수 있는 권리를 가지는 자를 별제권자로 보고, 파산법 제84조는 유치권, 질권, 저당권 또는 전세권을 가진 자는 그 목적인 재산에 관하여 별제권을 가진다고 규정하고 있는바, 양도담보권자는 위 각 규정에서 별제권을 가지는 자로 되어 있지는 않지만 특정 재산에 대한 담보권을 가진다는 점에서 별제권을 가지는 것으로 열거된 유치권자 등과 다름이 없으므로 그들과 마찬가지로 화의법상 별제권을 행사할 수 있는 권리를 가지는 자로 봄이 상당하다.

2. 화의법상 별제권을 행사할 수 있는 자는 명시적으로 그 권리를 포기하는 등 특별한 사정이 없는 한 화의절차에서 자신의 채권을 화의채권으로 신고한 여부에 관계없이 별제권을 행사할 수 있고, 그 별제권의 행사에 있어 인가된 화의조건에 의하여 제약을 받지도 아니하므로, 양도담보권자가 담보권을 실행하여 정산절차를 마친 때에는 인가된 화의조건에 관계없이 담보물건의 소유권이 넘어가고, 그 때 부가가치세법상 재화의 공급이 이루어진 것으로 된다(대법원 2002. 4. 23.선고 2000두8752판결).

(3) 별제권의 행사

1) 별제권의 행사방법(회생법 제412조)

별제권은 파산절차에 의하지 아니하고 행사한다.

2) 별제권자의 파산채권행사(회생법 제413조)

별제권자는 그 별제권의 행사에 의하여 변제를 받을 수 없는 채권액에 관하여만 파산채권자로서 그 권리를 행사할 수 있다.

별제권을 포기한 채권액에 관하여 파산채권자로서 그 권리를 행사하는 것에 영향을 미치지 아니한다.

3) 주택임차인 등의 별제권 행사(회생법 제415조)

가. 주택임차인의 우선변제권

① 요 건

「주택임대차보호법」제3조(대항력 등)제1항의 규정에 의한 대항요건을 갖추고 임대차계약증서상의 확정일자를 받은 임차인은 파산재단에 속하는 주택(대지를 포함한다)의 환가대금에서 후순위권리자 그 밖의 채권자보다 우선하여 보증금을 변제받을 권리가 있다.

② 소액보증금의 우선변제권

「주택임대차보호법」제8조(보증금중 일정액의 보호)의 규정에 의한 임차인은 같은 조의 규정에 의한 보증금을 파산재단에 속하는 주택(대지를 포함한다)의 환가대금에서 다른 담보물권자보다 우선하여 변제받을 권리가 있다. 이 경우 임차인은 파산신청일까지「주택임대차보호법」제3조(대항력 등)제1항의 규정에 의한 대항요건을 갖추어야 한다.

나. 상가건물임차인의 우선변제권

제1항 및 제2항의 규정은「상가건물 임대차보호법」제3조(대항력 등)의 규정에 의한 대항요건을 갖추고 임대차계약증서상의 확정일자를 받은 임차인과 같은 법 제14조(보증금중 일정액의 보호)의 규정에 의한 임차인에 관하여 준용한다.

4) 임금채권자 등의 우선변제권(회생법 제415조의2)

「근로기준법」제38조 제2항 각 호에 따른 채권과「근로자퇴직급여 보장법」제12조 제2항에 따른 최종 3년간의 퇴직급여등 채권의 채권자는 해당 채권을 파산재단에 속하는 재산에 대한 별제권 행사 또는 제349조 제1항의 체납처분에 따른 환가대금에서 다른 담보물권자보다 우선하여 변제받을 권리가 있다. 다만, 「임금채권보장법」제8조에 따라 해당 채권을 대위하는 경우에는 그러하지 아니하다.

5. 상계권

(1) 상계의 의의

상계는 채무자가 채권자에 대하여 자기도 또한 동종의 채권을 가지는 경우에 그 채권과 채무를 대등액에서 소멸시키는 채무자의 일방적 의사표시이다. 여기서 상계하는 측의 채권을 자동채권이라 하고, 상계를 당하는 측의 채권을 수동채권이라고 한다.

(2) 상계권의 행사

1) 상계권 행사의 방법(회생법 제416조)

파산채권자는 파산선고시에 파산자에 대하여 채무를 부담하고 있는 때에는 파산절차에 의하지 않고 상계를 할 수 있다. 상계에 의하여 채권자는 자기가 가진 자동채권을 수동채권의 한도에서 확실하고도 실질적으로 회수할 수 있으므로, 이와 같은 상계의 담보적 기능이 가장 잘 발휘되는 것이 바로 채무자가 파산한 경우다.

2) 시기적 제한

상계권의 행사는 시기적 제한이 따로 없어서 파산절차가 진행 중인 동안에도 가능하고, 파산관재인에 대하여 재판상 또는 재판 외에서의 의사표시로도 할 수 있다. 이 경우 민법 기타 실체법상의 상계요건이 파산절차와의 관계에서 완화되기도 하지만 파산채권자 사이의 공평의 관점에서 강화되기도 한다.

【쟁점질의와 유권해석】

〈파산채권자의 자동채권은 반드시 파산채권 신고와 그 조사절차를 거쳐 확정된 것이어야 하는지 여부〉

파산채권자의 자동채권은 파산채권 신고와 그 조사의 절차를 거쳐 반드시 확정된 것이어야 할 필요는 없는 것이라고 해석한다. 따라서 파산채권자는 파산관재인이 제기한 급부소송에서 채권신고와 그의 확정을 거치지 않은 반대채권으로 상계할 수 있다. 또 파산선고가 있기 전에 먼저 상계적상이 있었던 경우에는, 선고 전에 상계의 의사표시가 되어 있는 경우도 있을 수 있는데, 이와 같은 상계도 상계금지에 저촉되지 않는 이상 유효하다고 볼 것이다. 다만 채무자회생및파산에관한법률 제422조에 위반된 상계는 후일 파산선고가 된 경우 당초로 소급하여 무효로 된다.

3) 기한부 및 해제조건부 등 채권채무의 상계(회생법 제417조)

파산채권자의 채권이 파산선고시에 기한부 또는 해제조건부이거나 비금전채권인 경우에도 상계할 수 있다. 채무가 기한부나 조건부인 때 또는 장래의 청구권에 관한 것인 때에도 같다. 즉, 파산선고시에 기한미도래의 기한부채권, 해제조건부채권, 비금전채권, 금액불확정의 금전채권, 외국통화로 된 금전채권, 금액 또는 존속기간이 불확정한 정기금채권 등도 모두 자동채권이 될 수 있다. 이들 채권은 파산선고로 인하여 금전화, 현재화되고, 파산은 청산절차이므로 이들 채권의 채권자가 상계에 대하여 가지는 기대는 한층 크다고 할 수 있다.

4) 자동채권의 상계액(회생법 제420조)

파산채권자의 채권이 이자 없는 채권 또는 정기금채권인 때에는 다음에 해당하는 부분을 공제한 액의 한도 안에서 상계할 수 있다.

① 기한이 파산선고 후에 도래하는 이자 없는 채권의 경우 파산선고가 있은 때부터 그 기한에 이르기까지의 법정이율에 의한 원리의 합계액이 채권액이 될 계산에 의하여 산출되는 이자의 액에 상당하는 부분

② 기한이 불확정한 이자 없는 채권의 경우 그 채권액과 파산선고 당시의 평가액과의 차액에 상당하는 부분

③ 채권액 및 존속기간이 확정된 정기금채권인 경우 각 정기금에 관하여 ①에 준하여 산출되는 이자의 합계액에 상당하는 부분과 각 정기금에 관하여 ①에 준하여 산출되는 원본의 합계액이 법정이율에 의하여 그 정기금에 상당하는 이자가 생길 원본액을 초과하는 때에는 그 초과액에 상당하는 부분

5) 해제조건부 채권의 상계(회생법 제419조)

자동채권이 해제조건부채권인 경우에도 채권 자체는 이미 발생하고 있는 것으로서, 이것으로 상계할 수 있다. 그러나 파산절차 중 해제조건이 성취하면 그 채권은 소멸하게 되고 상계액을 파산재단에 반환하도록 하여야 한다. 이 때 파산채권자가 무자력인 경우에 있다면 파산재단은 손해를 입게 된다. 이를 피하기 위하여 파산채권자가 상계하는 경우 파산채권자는 상계액에 관하여 담보를 제공하거나 임치하도록 하여야 한다. 해제조건이 최후배당 제척기간 내에 성취하지 않으면 이 담보 또는 임치금은 채권자에게 반환한다.

6) 정지조건부채권 및 장래의 청구권과의 상계(회생법 제418조)

자동채권이 정지조건부채권 또는 장래의 청구권인 경우, 이것을 바로 상계에 공할 수 는 없지만, 파산절차 중에 조건이 성취하는 경우에는 상계를 할 수 있는 경우에 있게 되므로, 이에 대비하여 파산채권자가 자기의 채무를 변제하는 경우에는 그 액을 한도로 하여 변제액의 임치를 청구할 수 있게 하였다. 만약 최후배당의 제척기간 내에 조건이 성취하지 않은 경우에는 그 임치금은 다른 채권자의 배당에 공하게 된다. 임차인이 보증금반환청구권을 자동채권으로 하여 상계하는 경우 파산선고시의 당기, 차기 뿐 아니라 그 후의 차임에 관하여도 상계할 수 있다. 또 파산선고 전에 발생한 파산자의 차임상당 손해금채권 내지 부당이득반환채권과도 상계할 수 있다고 해석된다.

7) 차임·보증금 및 지료의 상계(회생법 제421조)

파산채권자가 임차인인 때에는 파산선고시의 당기 및 차기의 차임에 관하여 상계를 할 수 있다. 보증금이 있는 경우 그 후의 차임에 관하여도 또한 같다. 이 규정은 지료에 관하여 준용한다.

8) 수동채권

수동채권이 되기 위해서는 금전채권이거나 자동채권과 같은 목적의 채권이어야한다. 그러나 수동채권이 기한부채권, 조건부채권 또는 장래의 청구권인 경우에는 파산채권자는 스스로 기한의 이익 또는 조건성부의 기회를 포기하여 이를 현재화시켜 상계에 공할 수 있다. 이 경우 법420조는 적용되지 않으므로 파산채권자는 액면 금액으로 상계하여야 한다.

【쟁점질의와 유권해석】

〈조건이 파산선고 후에 성취된 조건부채권을 수동채권으로 하여 상계할 수 있는지 여부〉

파산법 제95조 제1호는 '파산선고 후에 파산재단에 대하여 채무를 부담한 때'를 상계제한사유의 하나로 규정하고 있으나, 파산법 제90조에서는 파산채권자는 조건부 채권을 수동채권으로 하여서도 상계할 수 있다고 규정하고 있으므로 이에 해당되는 경우 그 조건이 파산선고 후에 성취되었다고 하더라도 그 상계는 적법한 것으로 볼 것이다(대법원 2002. 11. 26.선고 2001다833판결).

(3) 상계의 금지(회생법 제422조)

다음의 어느 하나에 해당하는 때에는 상계를 할 수 없다.

① 파산채권자가 파산선고 후에 파산재단에 대하여 채무를 부담한 때

② 파산채권자가 지급정지 또는 파산신청이 있었음을 알고 채무자에 대하여 채무를 부담한 때. 다만, 다음 각목의 어느 하나에 해당하는 때를 제외한다.

  1. 그 부담이 법정의 원인에 의한 때

  2. 파산채권자가 지급정지나 파산신청이 있었음을 알기 전에 생긴 원인에 의한 때

  3. 파산선고가 있은 날부터 1년 전에 생긴 원인에 의한 때

③ 파산선고를 받은 채무자의 채무자가 파산선고 후에 타인의 파산채권을 취득한 때

④ 파산선고를 받은 채무자의 채무자가 지급정지 또는 파산신청이 있었음을 알고 파산채권을 취득한 때. 다만, ②의 ㄱ), ㄴ), ㄷ) 중 어느 하나에 해당하는 때를 제외한다.

Ⅳ. 파산채권 및 재단채권

■ 핵 심 사 항 ■

1. 파산채권
 (1) 의의 : 파산자에 대하여 파산선고 전의 원인으로 생긴 재산상의 청구권은 파산채권
   으로 한다(회생법 423조). 파산절차참가의 비용도 파산채권으로 한다(회생법 제439
   조).
 (2) 파산채권의 신고 : 파산채권의 신고는 파산법원에 대하여 파산절차에 참가를 신청
   하는 형식으로 이루어진다. 파산채권자는 이 신고에 의하여 절차상의 파산채권자가
   되는 것이며, 파산절차에 참가하여 파산재단으로부터 배당 받을 수 있는 기회가 부
   여된다.
2. 재단채권
 (1) 의의 : 재단채권은 일반적으로 회생법 제473조에서 열거하고 있는 일반재단채권과
   그 밖의 규정에 따른 특별재단채권으로 구분한다. 이 구분에 따라 그 변제의 순서
   가 달라지는 것은 아니다.
 (2) 재단채권의 변제 : 재단채권은 파산절차에 의하지 아니하고 수시로 변제한다(회생법
   제475조). 재단채권은 파산채권보다 먼저 변제하는 것이 원칙이다(회생법 제476조).

1. 파산채권

(1) 파산채권의 의의 및 행사방법

1) 파산채권의 의의(회생법 제423조)

파산자에 대하여 파산선고 전의 원인으로 생긴 재산상의 청구권은 파산채권으로
한다. 파산절차참가의 비용도 파산채권으로 한다(법 제439조).

2) 파산채권의 행사방법(회생법 제424조)

가. 파산절차에 의한 행사

파산절차에 의하지 아니하고는 파산채권을 행사할 수 없다. 한편 파산선고 후
에 파산채권자가 다른 채무자로부터 일부 변제를 받거나 다른 채무자에 대한 회
생절차 내지 파산절차에 참가하여 또는 배당을 받았다 하더라도 그에 의하여 채
권자가 채권 전액에 대하여 만족을 얻은 경우가 아닌 이상 파산채권액의 감소를

불러오는 것은 아니므로, 채권자는 여전히 파산선고시의 채권 전액으로써 계속하여 파산절차에 참가할 수 있다.

나. 파산채권 변제의 우선 순위

파산채권은 파산재단으로부터 공평하게 만족을 받을 수 있는 권리이고 파산채권 간에는 기본적으로 그 채권액에 따라 안분하여 변제를 받는 것이 원칙이다. 그러나 채무자회생및파산에관한법률의 실체법상의 성격 등을 고려하여 일반 파산채권 외에 일반우선권이 있는 우선적 파산채권과 파산채권에 대한 파산선고 후의 이자와 같이 일반 파산채권이 완전히 변제를 받은 후에 변제가 허용되는 후순위 파산채권을 구분하여 그 변제순위에 차등을 두고 있다.

【쟁점질의와 유권해석】

〈매도인이 파산자에 대해 갖는 근저당권설정등기 등의 말소청구권이 파산채권인지 여부(소극)〉

부동산의 매매계약에 있어 당사자 사이의 환매특약에 따라 소유권이전등기와 함께민법 제592조에 따른 환매등기가 마쳐진 경우 매도인이 환매기간 내에 적법하게 환매권을 행사하면 환매등기 후에 마쳐진 제3자의 근저당권 등 제한물권은 소멸하는 것이므로, 환매권 행사 후 근저당권자가 파산선고를 받았다고 하더라도 매도인이 파산자에 대하여 갖는 근저당권설정등기 등의 말소등기청구권은 파산법 제14조에 규정된 파산채권에 해당하지 아니하며, 매도인은 파산법 제79조소정의 환취권 규정에 따라 파산절차에 의하지 아니하고 직접 파산관재인에게 말소등기절차의 이행을 청구할 수 있다(대법원 2002. 9. 27.선고 2000다27411판결).

(2) 파산채권액 확정

1) 비금전채권 등의 파산채권액(회생법 제426조)

가. 채권의 목적이 금전이 아니거나 그 액이 불확정한 때나 외국의 통화로 정하여진 때

위와 같은 경우에는 파산선고시의 평가액을 파산채권액으로 한다.

나. 정기금채권의 금액 또는 존속기간이 확정되지 아니한 때

위와 같은 경우에도 파산선고시의 평가액을 파산채권액으로 한다.

2) 조건부채권 등의 파산채권액(회생법 제427조)

조건부채권은 그 전액을 파산채권액으로 한다. 장래의 청구권에 대해서도 마찬가지이다.

3) 전부의 채무를 이행할 의무를 지는 자가 파산한 경우의 파산채권액(회생법 제 428조)

여럿의 채무자가 각각 전부의 채무를 이행하여야 하는 경우 그 채무자의 전원 또는 일부가 파산선고를 받은 때에는 채권자는 파산선고시에 가진 채권의 전액에 관하여 각 파산재단에 대하여 파산채권자로서 권리를 행사할 수 있다.

위와 같은 경우에는 주채무자의 변제자력의 유무를 묻지 않고 파산선고 당시의 채권액의 전액으로써 바로 파산재단에 대하여 권리행사를 할 수 있으며, 주채무 또는 보증채무의 변제기 도래 여부는 묻지 않는다.

【쟁점질의와 유권해석】

〈파산선고 후 파산채권자가 다른 채무자로부터 일부변제 등을 받은 경우 파산선고시의 채권 전액으로써 파산절차에 참가할 수 있는지 여부(적극)〉

파산법 제19조는 '수인의 채무자가 각각 전부의 채무를 이행하여야 할 경우에 그 채무자의 전원 또는 수인이나 1인이 파산선고를 받은 때에는 채권자는 파산선고시에 가진 채권의 전액에 관하여 각 파산재단에 대하여 파산채권자로서 그 권리를 행사할 수 있다.'고 규정하고, 제20조는 '보증인이 파산선고를 받은 때에는 채권자는 파산선고시에 가진 채권의 전액에 관하여 파산채권자로서 그 권리를 행사할 수 있다.'고 규정하고 있으므로, 파산선고 후에 파산채권자가 다른 채무자로부터 일부 변제를 받거나 다른 채무자에 대한 회사정리절차 내지 파산절차에 참가하여 변제 또는 배당을 받았다 하더라도 그에 의하여 채권자가 채권 전액에 대하여 만족을 얻은 것이 아닌 한 파산채권액에 감소를 가져오는 것은 아니므로, 채권자는 여전히 파산선고시의 채권 전액으로써 계속하여 파산절차에 참가할 수 있다(대법원 2003. 2. 26선고. 2001다62114판결).

4) 보증인이 파산한 경우의 파산채권액(회생법 제429조)

가. 보증인이 파산한 경우

보증인이 파산선고를 받은 때에는 채권자는 파산선고시에 가진 채권의 전액에 관하여 파산채권자로서 그 권리를 행사할 수 있다.

보증인이 파산한 경우에 채권자는 주채무자의 변제자력의 유무를 묻지 않고 파산선고 당시의 채권액의 전액으로써 바로 파산재단에 대하여 권리행사를 할 수 있도록 하고 있다.

주채무 또는 보증채무의 변제기 도래 여부는 묻지 않는다. 따라서 보증인이 파산자인 경우 채권자가 파산선고 당시 채권액을 신고하면 파산관재인은 이를 전액 시인하여야 한다.

나. 주채무자와 보증채무자가 둘다 모두 파산선고를 받은 경우

채권자는 채권전액으로 각 파산재단으로부터 배당받을 수 있으며, 이 때 양 재단으로부터 받은 배당액의 합계가 채권액을 넘게 되는 경우에는 최후에 배당한 재단과의 관계에서 부당이득이 된다.

5) 장래의 구상권자의 채권액(회생법 제430조)

가. 보증인의 사전구상권

여럿의 채무자가 각각 전부의 채무를 이행하여야 할 경우 채무자의 전원 또는 일부가 파산선고를 받은 때에는 그 채무자에 대하여 장래의 구상권을 가진 자는 그 전액에 관하여 각 파산재단에 대하여 파산채권자로서 그 권리를 행사할 수 있다. 다만 채권자가 그 채권의 전액에 관하여 파산채권자로서 그 권리를 행사한 때에는 예외로 한다(법 제430조 제1항).

나. 보증인의 사후구상권

구상권을 가진 자가 변제를 한 때에는 그 변제의 비율에 따라 채권자의 권리를 취득한다(회생법 제430조 제2항).

6) 무한책임사원의 파산시의 파산채권액(회생법 제432조)

법인의 채무에 관하여 무한책임을 지는 사원이 파산선고를 받은 때에는 법인의 채권자는 파산선고시에 가진 채권의 전액에 관하여 그 파산재단에 대하여 파산채권자로서 그 권리를 행사할 수 있다.

7) 유한책임사원의 파산(회생법 제433조)

법인의 채무에 관하여 유한책임을 지는 사원 또는 그 법인이 파산선고를 받은 때에는 법인의 채권자는 유한책임을 지는 사원에 대하여 그 권리를 행사할 수 없다. 다만, 법인은 출자청구권을 파산채권으로서 행사할 수 있다.

8) 상속과 파산채권액

가. 상속인이 파산선고를 받은 경우의 파산채권액(회생법 제434조)

상속인이 파산선고를 받은 경우에는 재산의 분리가 있는 때에도 상속채권자 및 유증을 받은 자는 그 채권의 전액에 관하여 파산재단에 대하여 파산채권자로서 그 권리를 행사할 수 있다.

나. 상속재산 및 상속인의 파산시의 파산채권액(회생법 제435조)

상속재산 및 상속인에 대하여 파산선고가 있는 때에는 상속채권자 및 유증을 받은 자는 그 채권의 전액에 관하여 각 파산재단에 대하여 파산채권자로서 그 권리를 행사할 수 있다.

다. 상속인의 한정승인(회생법 제436조)

채무자회생및파산에관한법률 제434조 및 제435조의 경우 파산선고를 받은 상속인이 한정승인을 한 때에는 상속채권자와 유증을 받은 자는 그 상속인의 고유재산에 대하여 파산채권자로서 그 권리를 행사할 수 없다. 제385조 또는 제386조제1항의 규정에 의하여 한정승인의 효력이 있는 때에도 또한 같다.

(3) 파산채권의 우선순위

1) 동일순위자에 대한 평등변제(회생법 제440조)

동일순위로 변제하여야 하는 채권은 각각 그 채권액의 비율에 따라 변제한다.

2) 우선권 있는 파산채권(회생법 제441조)

가. 일반우선권 있는 파산채권

파산재단에 속하는 재산에 대하여 일반의 우선권이 있는 파산채권은 다른 채권에 우선한다. 일반우선권 있는 파산채권은 다른 채권에 우선하여 배당받을 수 있는 권리가 있으므로, 채권신고서에도 우선권을 기재하여야 하고, 채권조사에 있어서 채권신고서에 우선권의 기재가 없는 경우에는 우선권 없는 일반 채권으로서 시인하면 된다. 우선권 없는 채권으로서 시인되어 확정된 후 우선권을 주장하는 것은 허용되지 않는다.

나. 상속채권자의 우위(회생법 제443조)

상속재산에 대하여 파산선고가 있는 때에는 상속채권자의 채권은 유증을 받은 자의 채권에 우선권을 인정하여 상속채권자의 채권에 대해 수증자보다 우선채권을 인정하고 있다.

다. 상속인이 파산한 경우의 채권자간의 순위(회생법 제444조)

상속재산에 대한 파산신청기간 안의 신청에 의하여 상속인에 대한 파산선고가 있는 때에는 상속인의 채권자의 채권은 그 고유재산에 대하여 상속채권자 및 유증을 받은 자의 채권에 우선하고, 상속채권자 및 유증을 받은 자의 채권은 상속재산에 대하여 상속인의 채권자의 채권에 우선한다.

라. 상속재산 및 상속인의 파산재단의 순위(회생법 제445조)

상속재산 및 상속인에 대하여 파산선고가 있는 때에는 상속인의 채권자의 채권은 상속인의 파산재단에 대하여는 상속채권자 및 유증을 받은 자의 채권에 우선한다.

3) 우선권의 기간계산(회생법 제442조)

일정한 기간 안의 채권액에 관하여 우선권이 있는 경우 그 기간은 파산선고시부터 소급하여 계산한다.

4) 후순위파산채권(회생법 제446조)

가. 법정 후순위채권

다음의 채권은 다른 파산채권보다 후순위파산채권으로 한다.

① 파산선고 후의 이자

후순위 채권 중 실무상 가장 자주 문제되는 것은 파산선고 후의 이자에 관한 부분이다.

파산선고일 전일까지의 이자	일반파산채권
파산선고일 이후의 이자	후순위파산채권

② 파산선고 후의 불이행으로 인한 손해배상액 및 위약금

③ 파산절차 참가비용

후순위채권으로 되는 파산절차 참가의 비용이란 파산채권신고서 작성비용, 그 제출비용, 채권자집회 또는 조사기일에 출석하기 위한 비용 등을 의미한다.

④ 벌금·과료·형사소송비용·추징금 및 과태료

벌금, 과료, 형사소송비용, 추징금 및 과태료는 일응 정당한 것으로 인정되므로 채권신고가 되더라도 채권조사기일에서 조사하는 것은 아니다. 파산관재인이 이의를 한 경우에도 파산자가 할 수 있는 소송 등의 불복 방법으로 다투어야 하고, 기관의 경과 등으로 다툴 수 없는 것은 채권표에 기재함으로써 신고 내용대로 확정된다.

⑤ 기한이 파산선고 후에 도래하는 이자 없는 채권의 경우

이 경우에는 '파산선고가 있은 때부터 그 기한에 이르기까지의 법정이율에 의한 원리의 합계액이 채권액이 될 계산에 의하여 산출되는 이자의 액에 상당하는 부분'이 후순위파산채권이 된다.

⑥ 기한이 불확정한 이자 없는 채권의 경우

이 경우에는 '그 채권액과 파산선고 당시의 평가액과의 차액에 상당하는 부분'이 후순위파산채권이 된다.

⑦ 채권액 및 존속기간이 확정된 채권의 경우

이 경우에는 '각 정기금에 관하여 위 ⑤의 규정에 준하여 산출되는 이자의 액의 합계액에 상당하는 부분과 각 정기금에 관하여 위 ⑤의 규정에 준하여 산출되는 원본의 액의 합계액이 법정이율에 의하여 그 정기금에 상당하는 이자가 생길 원본액을 초과하는 때에는 그 초과액에 상당하는 부분'이 후순위파산채권이 된다.

나. 약정 후순위파산채권

채무자가 채권자와 파산절차에서 다른 채권보다 후순위로 하기로 정한 채권은 그 정한 바에 따라 다른 채권보다 후순위로 한다.

2. 파산채권의 신고 및 조사

(1) 파산채권의 신고

1) 파산채권의 신고의 효과

파산채권의 신고는 파산법원에 대하여 파산절차에 참가를 신청하는 형식으로서 이루어진다. 파산채권자는 이 신고에 의하여 절차상의 파산채권자가 되는 것이며, 파산절차에 참가하여 파산재단으로부터 배당받을 수 있는 기회가 부여된다. 또한 파산채권 신고에 의하여 실체법상으로도 소멸시효가 중단되는 효과가 생긴다.(민법 제171조, 제168조 제1호)

2) 신고인

파산채권의 신고는 대리인도 할 수 있으나, 대리인이 반드시 변호사일 필요가 있는 것은 아니다. 파산채권을 신고할 수 있는 자는 파산채권에 관하여 추심권을 취득한 채권자 또는 채권자대위권자도 포함된다. 파산채권이 가압류되어 있는 때에는 가압류채권자가 아니라 파산채권자가 신고권자이다.

3) 신고절차

가. 신고할 사항

① 파산채권자는 신고기간 안에 다음 각호의 사항을 신고하고 증거서류 또는 그 등본이나 초본을 제출하여야 한다.(회생법 제447조 제1항)

1. 그 채권액 및 원인

2. 일반의 우선권이 있는 때에는 그 권리

3. 후순위파산채권(회생법 제446조 제1항)의 어느 하나에 해당하는 청구권을 포

함하는 때에는 그 구분

② 파산채권자가 법 제447조의 규정에 따라 채권을 신고할 때에는 다음 각 호의 사항을 함께 신고하여야 한다(규칙 제73조 제1항).

1. 채권자 및 대리인의 성명 또는 명칭과 주소

2. 통지 또는 송달을 받을 장소(대한민국 내의 장소로 한정한다) 및 전화번호·팩시밀리번호·전자우편주소

3. 집행력 있는 집행권원 또는 종국판결이 있는 파산채권인 때에는 그 뜻

나. 신고서에 첨부할 서류

① 파산채권

신고서에는 다음 각 호의 서류를 첨부해야 한다(규칙 제73조 제2항).

1. 채권자가 대리인에 의하여 채권을 신고할 때에는 대리권을 증명하는 서면

2. 파산채권이 집행력 있는 집행권원 또는 종국판결이 있는 것일 때에는 그 사본

3. 채권자의 주민등록등본 또는 법인등기사항증명서

② 채권을 신고할 때에는 채권신고서 및 첨부서류의 부본을 2부 제출하여야 한다(규칙 제74조 제1항).

【쟁점질의와 유권해석】

〈별제권자도 채권신고를 하여야 하는지 여부〉

ㄱ) 문제점

채무자 회생 및 파산에 관한 법률 제412조는 "별제권은 파산절차에 의하지 아니하고 이를 행사한다"고 규정하고 있고, 또 제447조에서는 "파산채권자는 신고기간 안에 그 채권액 및 원인 등을 법원에 신고하고 증거서류 또는 그 등본이나 초본을 제출하여야 한다."고 규정하고 있다. 그러므로 별제권자도 채권신고를 반드시 하여야 하는 것인지가 문제된다.

ㄴ) 판례의 태도

판례는 "파산재단에 속하는 재산상에 존재하는 유치권·질권·저당권 또는 전세권을 가진 자는 그 목적인 재산에 관하여 당연히 별제권을 가지고, 별제권은 파산 절차에 의하지 아니하고 이를 행사할 수 있으며, 파산법 제201조 제2항(현행 채무자 회생 및 파산에 관한 법률 제47조 제2항)은 별제권자가 별제권의 행사에 의하여 채권전액을 변제받을 수 없는 경우에 파산절차에 참가하여 파산채권자로서 배당받기 위하여 채권신고를 하는 경우에 관한 규정이므로, 별제권도 파산채권과 같이 반드시 신고·조사절차를 거쳐 확정되어야만 행사할 수 있는 것은 아니다(대판 1996. 12. 10. 96다19840)."라고 하였다.

따라서 별제권자는 파산절차 이외에서 별제권을 행사하여 채권의 완전한 만족을 얻을 수 있으면 신고할 필요가 없으며, 신고하더라도 파산관재인이 신고채권 전액을 부인하게 된다. 그러나 별제권의 목적물의 평가액이 피담보채권의 원리금 합계에 미치지 못하는 경우, 또는 별제권의 존재나 범위, 피담보채권액이 파산관재인 또는 다른 파산채권자들에 의하여 다투어질 우려가 있는 경우에는 채권신고를 하여야 한다. 신고채권자가 별제권의 행사로 변제받지 못할 예정부족액을 입증하기 위하여 부동산감정평가서를 첨부해야 하는 것은 아니다.

4) 파산채권자표의 작성(회생법 제448조)

가. 작성할 사항

법원사무관등은 다음 각호의 사항을 기재한 파산채권자표를 작성하여야 한다.

① 채권자의 성명 및 주소

② 채권액 및 원인

③ 일반의 우선권이 있는 때에는 그 권리

④ 채무자회생및파산에관한법률 제446조 제1항 각호의 어느 하나에 해당하는 청구권을 포함하는 때에는 그 구분

⑤ 별제권자가 채무자회생및파산에관한법률 제447조 제2항의 규정에 의하여 신고한 채권액

나. 파산채권자표 등본의 교부

법원사무관등은 파산채권자표의 등본을 파산관재인에게 교부하여야 한다.

다. 파산채권자표 및 채권신고서류의 비치(회생법 제449조)

법원은 파산채권자표 및 채권의 신고에 관한 서류를 이해관계인이 열람할 수 있도록 법원에 비치하여야 한다. 법원사무관등은 채권자의 신청이 있는 경우 그 채권자의 채권에 관한 파산채권자표의 초본을 교부하여야 한다.

(2) 파산채권의 조사

1) 채권조사의 대상(회생법 제450조)

채권조사 기일에는 신고한 각 채권에 대하여 다음의 사항을 조사한다.

① 채권자의 성명 및 주소

② 채권액 및 원인

③ 일반의 우선권이 있는 때에는 그 권리

④ 후순위파산채권에 해당하는 청구권을 포함하는 때에는 그 구분

⑤ 별제권자가 법 제447조 제2항(별제권의 목적과 그 행사에 의하여 변제받을 수 없는 채권액)의 규정에 의하여 신고한 채권액

2) 신고기간 후에 신고한 채권의 조사(회생법 제453조)

채권신고기간 후이지만 일반의 채권조사기일을 마치지 않은 경우에는 파산관재인 및 출석채권자의 동의를 얻어 동 조사기일에 조사를 할 수 있다.

3) 일반기일 후의 채권신고(회생법 제455조)

파산채권자가 채권조사의 일반기일 후에 채권을 신고한 경우에는 채권조사를 하기 위하여 특별기일을 정하여야 한다. 파산법상 신고의 종기를 제한하는 명문의 규정이 없으므로, 최후배당의 제척기간까지의 채권신고는 유효하다. 그러나 최후배당 제척기간 만료 직전에 채권신고를 하더라도, 제척기간 만료까지 특별조사기일이 개최되고 그 채권이 확정되어야 하므로, 사실상 이러한 채권은 배당에 참가할 수 없게 되는 결과가 된다. 따라서 늦어도 최후배당 제척기간 만료 전에, 신고채권이 이

의 없이 확정되는 경우거나 이의가 있는 경우 채권의 확정을 위한 절차를 취할 정도의 시간적 여유가 있는 날까지는 신고를 하도록 하여야 한다.

(3) 채권의 확정(회생법 제458조)

1) 확정되는 사항

채권조사기일에서의 이의 유무는 채권표에 기재되는데, 관재인 또는 파산채권자로부터 이의가 없으면 신고한 내용대로 파산채권(채권액, 우선권, 채무자회생및파산에관한법률 제446조 제1항 각 호(후순위파산채권)의 어느 하나에 해당하는 청구권의 구분)으로서 확정되고, 이는 확정판결과 동일한 효력을 가진다.

2) 확정의 효력

확정한 파산채권을 가지는 채권자는 그 확정액에 따라서 채권자집회에서 의결권을 행사할 수 있고, 배당을 받을 수 있는 자격을 취득하게 된다.

3) 채권표의 기재가 채권조사기일의 결과와 다른 경우

경정결정을 구하는 신청을 할 수 있다. 채권표의 기재내용자체를 다투기 위해서는 확정판결에 대한 불복신청과 마찬가지의 방법(재심, 청구이의의 소)에 의하여만 가능하다.

【쟁점질의와 유권해석】

〈채권표에 기재되지 않은 권리 등의 확정을 구하는 파산채권확정의 소의 적법 여부〉

파산채권자는 채권표에 기재한 사항에 관하여서만 채권확정의 소를 제기하거나 파산 당시에 이미 계속되어 있는 소송을 수계할 수 있으므로, 채권조사기일까지 신고하지 않은 채권을 새로이 주장할 수는 없으며, 채권표에 기재된 것보다 다액의 채권액이나 새롭게 우선권을 주장할 수는 없고, 따라서 채권표에 기재되지 않은 권리, 액, 우선권의 유무 등의 확정을 구하는 파산채권확정의 소 또는 채권표에 기재되지 않은 권리에 관하여 소송이 계속되어 있는 경우의 그 수계신청 등은 모두 부적법하며, 파산채권확정을 구하는 소에서 파산채권신고 여부는 소송요건으로서 직권조사 사항이다(대법원 2000. 11. 24.선고 2000다1327판결).

4) 확정채권에 관한 파산채권자표 기재의 파산채권자에 대한 효력(회생법 제460조)

채권표에 기재되면 확정판결과 동일한 효력(불가쟁력)이 부여된다. 확정채권에 관하여 파산채권자표에 기재한 때에는 그 기재는 파산채권자 전원에 대하여 확정판결과 동일한 효력이 있다.

(4) 파산채권 조사확정의 재판

1) 관 할

파산채권확정의 소는 파산법원의 전속관할이다. 여기에서의 파산법원은 현재 파산사건이 계속되어 있는 지방법원(광의의 파산법원)을 가리키고, 파산사건을 담당하는 재판부일 필요가 있는 것은 아니다. 파산채권조사확정재판 신청서에는 1,000원의 인지를 붙인다.

2) 재판절차(회생법 제462조)

가. 신청원인 및 방법

파산채권의 조사에서 신고한 파산채권의 내용에 대하여 파산관재인 또는 파산채권자가 이의를 한 때에는 그 파산채권을 보유한 파산채권자는 그 내용의 확정을 위하여 이의자 전원을 상대방으로 하여 법원에 채권조사확정의 재판을 신청할 수 있다. 다만, 법 제464조(이의채권에 관한 소송의 수계) 및 제466조(집행권원이 있는 채권에 대한 이의주장 방법)의 경우에는 그러하지 아니하다.

나. 청구원인의 제한

파산채권확정소송에는 파산채권의 신고가 소송요건이고, 파산채권자는 채권표에 기재된 사항에 관하여만 청구원인으로 할 수 있으므로, 예컨대 채권표에 기재된 것과 다른 발생원인이나 그보다 다액의 채권액 등을 주장할 수 없다. 따라서 채권표에 기재되지 않은 권리, 액, 우선권의 유무 등의 확정을 구하는 파산채권확정소송 또는 채권표에 기재되지 않은 권리에 관하여 소송이 계속되어 있는 경우의 그 수계신청 등은 모두 부적법하다.

다. 신청기간

채권조사확정의 재판의 신청은 이의가 있은 파산채권에 관한 조사를 위한 일반조사기일 또는 특별조사기일부터 1월 이내에 하여야 한다.

라. 채권확정판결의 효력

채권의 확정에 관한 소송의 판결은 당사자로 된 자에게 영향을 미칠 뿐만 아니라 파산채권자전원 및 파산관재인에게도 미친다. 이러한 판결효력의 확장은 파산절차를 원활하게 하기 위한 것이므로 파산채권의 신고를 하지 않은 파산채권자도 이에 구속된다.

【쟁점질의와 유권해석】

〈파산채권확정의 소의 판결 주문에서 우선권 있는 파산채권이나 후순위 파산채권을 일반 파산채권과 구분하여 표시하여야 하는지 여부(적극)〉

구 파산법(2005. 3. 31. 법률 제7428호 채무자 회생 및 파산에 관한 법률 부칙 제2조로 폐지)은 의결권의 유무나 배당의 순위에 있어 일반 파산채권과 구별되는 우선권 있는 파산채권과 후순위 파산채권이라는 개념을 마련하고, 우선권 있는 파산채권이나 후순위 파산채권이 포함되어 있는 경우 파산채권자의 채권신고, 채권조사, 파산관재인의 인부, 채권표 작성 등 파산채권확정에 필요한 일련의 절차에서 모두 그 구분을 반드시 표시하도록 요구하고 있으므로, 파산관재인 등의 이의가 있어 파산채권확정의 소를 통하여 채권이 확정되는 경우에도 우선권 있는 파산채권이나 후순위 파산채권이 포함된 때에는 그 구분 또한 파산채권확정의 소에 있어 확정의 대상이 되므로 판결 주문에서 그 구분을 명확히 표시해 주어야 한다(대법원 2006.11.23.선고2004다3925판결).

3) 채권조사확정재판에 대한 이의의 소(회생법 제463조)

파산관재인, 신고채권자 및 파산자는 일반 또는 특별의 채권조사기일에 신고채권에 대하여 이의를 할 수 있고, 파산관재인 및 파산채권자의 이의는 채권의 확정을 저지한다. 채권조사확정재판에 불복하는 자는 그 결정서의 송달을 받은 날부터 1개월 이내에 이의의 소를 제기할 수 있다. 이의의 소는 파산법원의 관할에 전속하며, 소를 제기하는 자가 이의채권을 보유하는 파산채권자인 때에는 이의자 전원을 피고로 하고 이의자인 때에는 그 파산채권자를 피고로 하여야 한다. 동일한 채권에 관하여 여러개의 소가 계속되어 있는 때에는 법원은 변론을 병합하여야 하며, 소에 대한 판결은 소를 부적법한 것으로 각하하는 경우를 제외하고는 인가하거나 변경한다. 파산채권조사확정재판에 대한 이의의 소 소장에는 민사소송등인지법 제2조 소정액의 인지를 붙인다.

4) 집행권원이 있는 채권에 대한 이의주장방법(회생법 제466조)

집행력 있는 집행권원이나 종국판결 있는 채권에 관하여 이의가 있는 자는 채무자가 할 수 있는 소송절차에 의해서만 이의를 주장할 수 있다(법 제466조 제1항).

집행력 있는 채무명의 또는 종국판결이 있는 채권(이른바 유명의 채권)은, 이에 대하여 파산관재인 또는 다른 파산채권자가 이의를 진술하고, 파산자가 할 수 있는 판결이 확정되어 있는 소송절차에 의하여 이의를 주장하여도, 그 이의가 이유 있다고 하는 판결이 확정되지 않는 한 배당에 참가할 수 없다.

5) 파산채권의 확정에 관한 소송의 판결 등의 효력(회생법 제468조)

가. 파산채권자 전원에 대한 효력

파산채권의 확정에 관한 소송에 대한 판결은 파산채권자 전원에 대하여 그 효력이 있다. 채권의 확정에 관한 소송의 판결은 신고된 자 뿐 아니라 파산채권자 전원 및 파산 관재인에게도 그 효력이 미친다. 이러한 판결효력의 확장은 파산절차를 원활하게 하기 위한 것이므로 파산채권의 신고를 하지 않은 파산채권자도 이에 구속된다.

나. 이의의 소가 제기되지 않거나 각하된 경우

채권조사 확정재판에 대한 이의의 소가 채권조사확정재판의 결정서가 송달된 날부터 1월내에 제기되지 아니하거나 각하된 때에는 그 재판은 확정판결과 동일한 효력이 있다.

6) 파산채권확정소송의 목적의 가액(회생법 제470조)

파산채권의 확정에 관한 소송의 목적의 가액은 배당예정액을 표준으로 하여 파산법원이 정한다. 이미 계속되어 있는 소송이 수계된 경우에도 마찬가지로 당해 심급이 종결된 후 상소장의 첩부인지액 산출을 위하여 소가결정을 할 수 있다.

【쟁점질의와 유권해석】

〈파산관재인이 파산채권확정과 관련하여 부인의 소를 제기하는 경우에도 배당예정액을 표준으로 소가를 정하는지 여부〉

파산관재인이 파산채권확정과 관련하여 부인의 소를 제기하는 경우에도 본조를 적용할 수 있는지 여부에 대하여는 견해의 대립이 있다. 그러나 보통 실무에서는 파산재단의 부담을 가볍게 하여 부인의 소 제기를 어렵지 않게 한다는 취지에서 부인대상 금액의 1/10정도를 소가로 결정한 사례가 있다.

3. 재단채권

(1) 재단채권의 의의 및 범위

1) 재단채권과 파산채권의 차이

재단채권은 파산채권과는 달리 파산절차에 의하지 않고 파산관재인이 수시 변제하여야 한다.

파산관재인은 법원에 재단채권 승인 및 임치금반환 허가서를 제출하여 그 허가를

받아야 하며, 이 허가서 등본을 임치금 보관장소에 제시하고 금원을 인출하여 재단
채권을 변제해야 한다. 허가서에는 재단채권으로 승인하여야 하는 사유, 그 금액,
인출할 보관장소 등을 기재한다.

2) 재단채권의 범위

재단채권은 일반적으로 채무자회생및파산에관한법률 제473조에서 열거하고 있는
일반재단채권과 그 밖의 규정에 따른 특별재단채권으로 구분하는데, 이 구분에 따
라 그 변제의 순서가 달라지는 것은 아니고, 변제의 순서는 법 제477조에서 따로
정하고 있다. 다음의 청구권은 재단채권으로 한다.

가. 일반재단채권

① 파산채권자의 공동의 이익을 위한 재판상의 비용

파산신청비용, 파산선고의 공고비용, 채권자집회 소집비용, 배당에 관한 비용,
파산종결에 관한 재판비용 등을 가리킨다. 채권자신청의 경우에는 채권자가 예
납한 예납금도 여기에 포함된다.

【쟁점질의와 유권해석】

〈재단채권으로 되는 재판상 비용에 해당되지 않는 것〉

파산신청이 각하된 경우의 비용, 채권조사의 특별기일 소집비용, 각 채권자의 파산채권
신고비용은 공동의 이익을 위한 것이라고 할 수 없는 경우에 있으므로 이에 합당하지 않
는다. 또한 채권자가 파산선고 전에 파산자의 채권을 압류한 때에는 압류채권자가 채권
압류에 지출한 비용도 일반파산채권에 불과하다고 해석된다.

② 국세징수법 또는 지방세기본법에 의하여 징수할 수 있는 청구권.

국세징수의 예에 의하여 징수할 수 있는 청구권으로서 그 징수우선순위가 일
반 파산채권보다 우선하는 것을 포함하며 법 제446조의 규정에 의한 후순위
파산채권을 제외한다. 다만 파산선고 후의 원인으로 인한 청구권은 파산재단에
관하여 생긴 것에 한한다.

국세, 지방세 등 지방자치단체의 징수금, 관세와 가산금, 산업재해보상보험료,
의료보험료 등이 이에 해당한다.

파산재단에 관한 파산선고 후의 원인으로 인한 조세 및 공과금은 파산재단의
관리비용에 해당하는 것으로 파산채권자를 위한 공익적인 지출로서 공동으로
부담하는 것이 타당하기 때문에 재단채권으로 한 것이다. 여기에 해당하는 것
으로서는 종합토지세, 재산세, 자동차세, 등록세, 면허세, 인지세, 균등할주민
세 등이 있다.

> **【쟁점질의와 유권해석】**
>
> **〈구 파산법 제38조 제2호에 정한 재단채권의 하나인 '파산선고 전의 원인으로 인한 조세채권'인지 여부의 판단기준〉**
>
> 구 파산법(2005. 3. 31 법률 제7428호로 폐지) 제38조 제2호 소정의 재단채권 중 하나인 '파산선고 전의 원인으로 인한 조세채권'에 해당하는지 여부는 파산선고 전에 법률에 정한 과세요건이 충족되어 그 조세채권이 성립되었는가 여부를 기준으로 하여 결정되는 것이다(대법원 2006. 10. 12선고. 2005다3687판결).

③ 파산재단의 관리, 환가, 배당에 관한 비용

파산관재인 또는 감사위원의 보수, 매각수수료, 공고 통지 비용, 재산목록과 대차대조표 작성비용, 임차인이 파산한 경우 파산선고 후의 차임 등이다. 파산절차의 수행에 있어서 불가결한 공익적 비용 중 제1호에 포섭되지 않는 것은 전부 여기에 해당한다.

④ 파산재단에 관하여 파산관재인이 한 행위로 인하여 생긴 청구권

파산관재인이 행한 소비대차, 임대차, 위임, 도급, 화해 등에 의하여 상대방이 취득한 채권뿐만 아니라 파산관재인의 불법행위로 인하여 상대방이 취득한 손해배상청구권 등이 이에 해당한다.

⑤ 사무관리 또는 부당이득에 의하여 파산재단에 대하여 생긴 청구권

파산선고 후에 발생한 것에 한한다. 환취권의 대상인 주식의 명의가 파산회사로 남아 있어서 파산관재인이 그 배당금을 받은 때, 파산재단에 속하지 않는 환취권의 대상물을 파산관재인이 매각하고 그 매각대금을 파산재단에 편입한 때, 환취권자는 본 호의 재단채권자로서 권리행사를 할 수 있다. 저당 부동산이 경매되었을 때 다른 채권자에게 배당되어야 할 금액이 파산관재인에게 교부되어 위 배당금이 파산재단에 편입된 경우 그 채권자도 본 호의 재단채권이다.

⑥ 위임의 종료 또는 대리권의 소멸 후에 급박한 필요에 의하여 한 행위로 인하여 파산재단에 대하여 생긴 청구권

⑦ 법 제335조 제1항의 규정에 의하여 파산관재인이 채무를 이행하는 경우에 상대방이 가지는 청구권

쌍방 미이행의 쌍무계약에 관하여 파산관재인이 채무의 이행을 선택하면 상대방의 채무 이행으로 파산재단이 이익을 얻게 될 것이므로 이에 대응하여 상대방의 반대급부청구권을 재단채권으로 한 것이다.

【쟁점질의와 유권해석】

〈파산선고 전에 있었던 미지급 차임이 재단채권인지 또는 파산채권인지의 여부〉

임차인 파산의 경우 임대차계약을 존속시키는 경우에는 파산선고 후의 차임은 본 호에 해당하여 재단채권이 된다는 사실에 이론이 없지만, 선고 전에 미지급차임이 있었던 경우의 미지급차임은 재단채권인가 파산채권인가에 관하여는 견해가 나뉘고 있다.

임대인이 파산한 경우에도 채무자회생및파산에관한법률 제335조 제1항이 적용되는가에 관하여는 견해가 나뉘어 있지만 보통 실무는 전술한 바와 같이 대항력 있는 임대차의 경우를 제외하고는 임대인의 파산관재인이 임대차계약을 해지할 수 있는 것으로 처리하고 있다. 이 때 파산관재인이 계약을 해지한 경우는 물론, 그 이행을 선택한 경우에도, 임차인이 가지는 보증금반환채권은 파산채권이다. 다만 임차인은 위 보증금반환채권을 취득한 후 파산선고시의 당기 및 차기의 차임뿐만 아니라 그 이후의 차임에 대해서도 상계할 수 있다.

⑧ 파산선고로 인하여 쌍무계약이 해지된 경우에 그 종료할 때까지 생긴 청구권

임대차나 고용 등의 계속 계약에 있어서는, 임차인 또는 사용자의 파산을 이유로 하는 해지통보가 인정되고 있다(민법 제637조, 제663조). 그리고 해지통보가 있은 후 법에 정한 일정한 기간이 경과한 후(민법 제635조, 근로기준법 제32조) 이들 계약이 종료한다. 본 호는 이들 계약에 관하여, 파산선고 후 계약 종료시까지 생긴 청구권을 재단채권으로 한 것이다.

【쟁점질의와 유권해석】

〈예고수당 또는 예고기간 중의 임금채권이 재단채권이 되는지 여부〉

민법의 해석으로는 사용자의 파산관재인이 고용계약을 해지한 경우 그 효력은 즉시 발생한다고 할 수 있으나(민법 제663조), 근로기준법이 적용되는 경우 30일분 이상의 예고수당을 지급하거나 30일 전에 예고하여야 한다(근로기준법 제32조 제1항). 이 예고수당 또는 예고기간 중의 임금채권도 본 호에 해당하여 재단채권이 된다. 파산관재인이 파산선고일로부터 상당한 기간이 경과한 후 해고의 예고를 한 경우에도 재단채권으로 되는 임금의 범위는 파산선고일로부터 고용계약 종료일까지이다. 해지 없이 계속 고용되는 경우의 임금은 채무자회생및파산에관한법률 제335조 제10호에 의하여 재단채권이 된다.

⑨ 채무자 및 그 부양을 받는 자의 부양료

파산자의 자유재산만으로는 파산자와 그 가족의 생활이 현저히 곤란한 경우에는 공적 부조를 통하여 이들을 구제하는 것보다는 파산재단에서 생활비를 지급하는 것이 타당하다는 취지에서 부양료를 재단채권으로 정한 것이다. 법인파

산의 경우 파산회사 자신의 인격적 활동을 위한 비용도 재단채권에 해당한다고 해석된다.

부양료의 지급에 있어서는 제1회 채권자집회의 결의가 필요하고, 채권자집회 전에는 법원의 허가가 필요하다.

⑩ 채무자의 근로자의 임금, 퇴직금 및 재해보상금

⑪ 파산선고 전의 원인으로 생긴 채무자의 근로자의 임치금과 신원보증금의 반환청구권

나. 특별재단채권

① 부담있는 유증의 부담의 청구권(회생법 제474조)

파산관재인이 부담부 유증의 이행을 받은 때에는 부담의 이익을 받을 청구권은 유증목적의 가액을 초과하지 아니하는 범위 내에서 재단채권으로 한다.

부담부 유증의 수유자는 유증의 효력발생시부터(민법 제1073조 제1항) 그 부담을 이행할 책임이 있는 것이므로(민법 제1088조 제1항), 수유자가 파산한 경우 부담수익자의 채권은 파산채권이 되어야 할 것이지만, 재산을 증여하는 대신 수유자에게 그 부담을 이행시키려는 유언자의 의사를 존중하여 쌍방 미이행 쌍무계약에 관하여는 파산관재인이 이행을 선택한 경우와 동일하게 취급하도록 한 것이다.

② 가액의 청구권

파산관재인이 쌍무계약을 해제한 경우에 파산자가 받은 반대급부가 파산재단 중에 현존하지 아니하는 경우의 가액의 청구권도 재단채권이 된다.

상대방에게 완전한 원상회복을 부여하기 위한 취지의 것이므로, 원물의 멸실로 인해 반환불능이 된 경우에도 적용된다. 가액의 산정 기준시는 급부 당시라고 해석한다.

③ 상대방의 소송비용청구권

파산재단에 속하는 재산에 관하여 파산선고 당시 계속하는 소송을 파산관재인이 수계한 경우에 상대방의 소송비용청구권은 재단채권이다.

수계 전에 발생한 채권을 모두 포함하여 재단채권으로 된다. 파산재단의 증식을 위하여 지출된 것이므로, 파산채권자 공동의 이익을 위하여 생긴 재판상 비용으로서 재단채권으로 한 것이다.

④ 집행비용

파산채권에 관하여 파산재단에 속하는 재산에 대하여 행하여진 강제집행을 파

산관재인이 속행시킨 경우의 집행비용도 재단채권이다. 재단의 이익을 위하여
지출된 것이므로 파산재단의 환가에 관한 비용의 일종으로서 재단채권으로 한
것이다. 속행 전에 발생한 집행비용도 재단채권이 된다.

⑤ 파산자의 행위가 부인된 경우에 반대급부에 의하여 생긴 이익이 현존하는 경우
그 이익의 한도에서 상대방은 재단채권자로서 반환청구를 할 수 있고, 반대급
부에 의하여 생긴 이익이 현존하지 않는 때에는 상대방은 그 가액의 상환청구
권을 파산채권으로서 행사한다.

(2) 재단채권의 변제

1) 변제방법(회생법 제475조)

재단채권은 파산절차에 의하지 아니하고 수시로 변제한다.

2) 재단채권의 우선변제(회생법 제476조)

재단채권은 파산채권보다 먼저 변제하는 것이 원칙이다.

3) 재단부족의 경우의 변제방법(회생법 제477조)

파산재단이 재단채권의 총액을 변제하기에 부족한 것이 분명하게 된 때에는 재단
채권의 변제는 다른 법령이 규정하는 우선권에 불구하고 아직 변제하지 아니한 채
권액의 비율에 따라 한다. 다만, 재단채권에 관하여 존재하는 유치권·질권·저당권 ·
「동산·채권 등의 담보에 관한 법률」에 따른 담보권 및 전세권의 효력에는 영향을
미치지 아니한다.

핵 심 판 례

■ **파산채권을 신고하지 않아 채권표에 기재되지 않은 권리에 대한 채권확정의 소의
적법성(=부적법)**

파산채권자는 채권표에 기재한 사항에 관하여만 채권확정의 소를 제기하거나 파산
당시에 이미 계속되어 있는 소송을 수계한 후 채권확정의 소로 변경할 수 있으므로,
채권조사기일까지 신고하지 않은 채권을 새로이 주장하거나 채권표에 기재된 것보다
다액의 채권액을 주장할 수 없다. 따라서 파산채권을 신고하지 않아 채권표에 기재
되지 않은 권리에 대한 채권확정의 소는 부적법하므로, 파산채권확정을 구하는 소에
서 파산채권신고 여부는 소송요건으로서 직권조사사항이다(대법원 2006. 11. 23. 선
고 2004다3925 판결).

■ 재단채권이나 파산채권에 해당하는 조세채권의 납세의무자(=파산관재인) 및 파산선고 후에 발생한 조세채권 중 재단채권에 해당하지 않는 조세채권의 납세의무자(=파산채무자)

> 채무자 회생 및 파산에 관한 법률에 의하면 파산선고에 의하여 채무자가 파산선고 당시에 가진 국내외의 모든 재산은 파산재단을 구성하고(제382조 제1항), 파산재단을 관리 및 처분할 권리는 파산관재인에게 전속한다(제384조). 파산관재인은 파산재단에 속하는 재산을 환가하여 파산채권자들에 대한 배당을 실시할 뿐만 아니라 재단채권 역시 파산재단에 속하는 재산에서 수시로 변제하게 된다. 따라서 재단채권이나 파산채권에 해당하는 조세채권의 납세의무자는 파산관재인이다(대법원 2017. 11. 29. 선고 2015다216444 판결).

■ 신용협동조합중앙회가 단위신용협동조합에 대하여 갖는 회비청구권이 파산법상 재단채권 또는 재단채권과 유사한 것인지 여부(소극)

> 단위신용협동조합이 회비를 납부하지 아니할 때는 신용협동조합중앙회 정관 제16조에 의하여 과태금을 징수할 수 있다고 하더라도, 그러한 사정만으로는 위 회비를 파산법 제38조 제2호 소정의 재단채권 또는 재단채권과 유사한 것이라 할 수 없다(대법원 2002. 1. 25. 선고 2001다67812 판결).

V. 파산재단의 관리 · 환가 및 배당

■ 핵 심 사 항 ■

1. 파산재단의 관리 : 파산관재인은 취임 직후 지체없이 파산재단에 속하는 물건 및 권리에 관하여 점유 및 관리에 착수하여야 한다(회생법 제479조).
2. 파산재단의 환가 : 민사집행법에서 환가방법을 정한 권리의 환가는 민사집행법에 따른다. 파산관재인은 법원의 허가를 받아 영업양도 등 다른 방법으로 환가할 수 있다(회생법 제496조).
3. 파산재단의 배당 : 파산관재인이 배당을 하는 때에는 법원의 허가를 받아야 하며, 감사위원이 설치되어 있는 경우에는 감사위원의 동의가 있어야 한다(회생법 제506조).

1. 파산재단의 관리 및 환가

(1) 파산재단의 점유 및 관리등

1) 파산재단의 의의와 범위

파산재단이란 파산자가 파산선고시에 가지는 일체의 재산을 의미한다. 이것을 환가하여 재단채권의 변제 및 파산채권자의 배당을 행한다. 파산재단의 성질에 관하여는 견해가 나뉘지만, 현재의 통설은 이 재단에 법인격을 인정하고, 파산관재인은 자기의 이름으로 관재업무를 행하지만 파산재단의 대표자 또는 대리인이라고 한다. 선고 전에 생긴 원인에 기하여 장래 행사할 청구권도 파산재단에 속한다. 채무자회생및파산에관한법률은 속지주의를 원칙으로 정하고 있으므로 외국에 있는 재산은 원칙적으로는 파산재단에 속하지 않는다.

2) 파산재단의 점유 및 관리(회생법 제479조)

파산관재인은 취임 직후 지체없이 파산재단에 속하는 물건 및 권리에 관하여 점유 및 관리에 착수하여야 한다. 점유란 파산재단에 속하는 물건을 현실로 파산관재인의 지배하에 두는 것을 의미하고, 관리란 파산재단에 속하는 재산을 보전하고 그 효용에 따라 이용하여 증식하는 것을 의미한다. 재산의 조사, 매출채권의 회수, 시효의 중단, 파산재단에 관한 소송의 처리, 부인권의 행사, 예금이자 기타 과실의 증대 등도 포함된다.

3) 우편물의 관리(회생법 제484조)

가. 의 의

법원은 파산선고와 동시에 파산자 소재지의 관할 우체국에 파산자에게 보내지는 우편물을 파산관재인에게 배달할 것을 촉탁할 수 있다. 파산관재인은 파산자에게 오는 우편물을 직접 점검하여, 은닉재산이나 부인대상행위 등을 발견해 낼 수 있다.

다른 지역에 있는 부동산에 관한 재산세 납부통지, 보험의 해약에 의한 정산통지, 골프장, 콘도 등의 이용안내 등 각종 재산의 관리와 처분에 관한 것이다. 직접 이들 재산에 관한 것은 아니더라도 단순한 서신 가운데서도 파산자가 숨긴 주소나 영업소를 알 수 있고, 이를 단서로 은닉한 재산을 발견할 수도 있다. 과거의 자금수지에 비하여 재산이 감소한 경우에는 특히 주의하여 우편물을 관리하여야 한다.

나. 우편물 등의 열람

파산관재인은 그가 수령한 우편물·전보 그 밖의 운송물을 열어 볼 수 있다.

다. 채무자의 열람·교부요구

채무자는 파산관재인이 수령한 우편물·전보 그 밖의 운송물의 열람을 요구할 수 있으며, 파산재단과 관계없는 것의 교부를 요구할 수 있다.

라. 우편물관리의 해제(회생법 제485조)

법원은 채무자 또는 파산관재인의 신청에 의하여 우편물의 관리의 규정에 의한 촉탁을 취소하거나 변경할 수 있다.

파산취소나 파산폐지의 결정이 확정되거나 파산종결의 결정이 있는 때에는 법원은 우편물 관리의 규정에 의한 촉탁을 취소하여야 한다.

4) 영업의 계속(회생법 제486조)

파산관재인은 법원의 허가를 받아 채무자의 영업을 계속할 수 있다. 영업을 계속할 것인가 폐지할 것인가는 파산채권자에게 중요한 사항이므로 제1회 채권자집회에서 이를 최종적으로 결정하지만, 파산선고시부터 제1회 채권자집회시까지 영업을 계속할 필요가 있는 경우에는 임시로 법원이 이를 허가할 수 있다.

> ## 【쟁점질의와 유권해석】
>
> ### 〈건설회사가 파산한 경우 진행중이던 공사의 계속 여부〉
>
> 건설회사가 파산한 경우 진행 중이던 공사의 처리에 관하여 문제된다. 이 때 법원은 다음과 같이 허가를 하고 있다.
>
> ① 공사를 계속 진행하여 마무리하는 것이 파산채권자에게 유리하다고 판단되는 경우 : 위와 같은 경우에 한하여 위 공사의 계속을 허가한다.
> ② 파산선고 당시의 공사 진척도가 낮은 경우 : 공사를 진행하지 않고 이미 진행된 부분을 포함하여 매각하는 방법을 모색하는 것이 타당하다.
> ③ 예상과 달라지는 경우 : 실제로는 공사의 완료가 여러 가지 사정으로 지연되어 법원 허가시의 예상과는 달리 영업이 장기화되는 경우도 있다. 이 경우에는 과감하게 시한을 정하여 그 때까지 완료되지 않는 것은 모두 공사를 중지하고, 중지한 채로 양도하는 방법을 모색하는 것도 생각해 볼 수 있다.

5) 고가품의 보관방법(회생법 제487조)

화폐·유가증권 그 밖에 고가품의 보관방법은 법원이 정한다. 실무상으로는 파산관재인의 신청을 기다려 화폐, 유가증권 기타 고가품의 보관방법에 관하여 허가한다. 화폐는 은행에 파산관재인 명의의 계좌를 개설하여 임치하고, 어음, 수표 등은 계좌를 개설하여 은행에 추심위임을 하고, 귀금속류는 대여금고에 보관하는 것이 통상의 처리방법이다.

> ## 【쟁점질의와 유권해석】
>
> ### 〈파산자 명의 예금계좌의 해지 요부〉
>
> 원칙적으로 파산자 또는 파산회사 명의의 예금계좌를 전부 해지한 후 반환받은 돈을 파산관재인 명의로 개설한 예금계좌에 입금하여야 한다. 그러나 정기예금 등 즉시 해지하는 것이 파산재단에 불리한 경우 등 필요한 때에는 파산회사 명의의 예금계좌를 파산관재인 명의로 변경하는 절차를 취할 수도 있다.

(2) 파산재단의 환가

1) 환가시기의 제한(회생법 제491조)

채무자회생및파산에관한법률 제312조 제1항 제3호(파산선고와 동시에 정하여야 하는 사항)의 규정에 의한 채권조사기일이 종료되기 전에는 파산관재인은 파산재단에 속한 재산의 환가를 할 수 없다. 다만, 감사위원의 동의 또는 법원의 허가를 받은 때에는 그러하지 아니하다.

2) 법원의 허가를 받아야 하는 행위(회생법 제492조)

파산관재인이 다음의 각호에 해당하는 행위를 하고자 하는 경우에는 법원의 허가를 받아야 하며, 감사위원이 설치되어 있는 때에는 감사위원의 동의를 얻어야 한다.

다만, 제7호 내지 제15호에 해당하는 경우 중 그 가액이 1천만원 미만으로서 법원이 정하는 금액 미만인 때에는 그러하지 아니하다.

① 부동산에 관한 물권이나 등기하여야 하는 국내선박 및 외국선박의 임의매각

② 광업권·어업권·특허권·실용신안권·의장권·상표권·서비스표권 및 저작권의 임의매각

③ 영업의 양도

④ 상품의 일괄매각

⑤ 자금의 차입 등 차재

⑥ 채무자회생및파산에관한법률 제386조 제2항의 규정에 의한 상속포기의 승인, 제387조의 규정에 의한 포괄적 유증의 포기의 승인과 제388조 제1항의 규정에 의한 특정유증의 포기

⑦ 동산의 임의매각

⑧ 채권 및 유가증권의 양도

⑨ 채무자회생및파산에관한법률 제335조제1항의 규정에 의한 이행의 청구

⑩ 소의 제기(가처분 및 가압류의 신청을 제외한다)

⑪ 화해

⑫ 권리의 포기

⑬ 재단채권·환취권 및 별제권의 승인

⑭ 별제권의 목적의 환수

⑮ 파산재단의 부담을 수반하는 계약의 체결

⑯ 그밖에 법원이 지정하는 행위

3) 환가방법(회생법 제496조)

① 민사집행법에 의한 환가

민사집행법에서 환가방법을 정한 권리의 환가는 민사집행법에 따른다.

② 기타 다른 방법에 의한 환가

①의 규정에도 불구하고 파산관재인은 법원의 허가를 받아 영업양도 등 다른 방법으로 환가할 수 있다.

4) 별제권의 목적물의 환가(회생법 제497조)

파산관재인은「민사집행법」에 의하여 별제권의 목적인 재산을 환가할 수 있다. 이 경우 별제권자는 이를 거절할 수 없다.

이 경우 별제권자가 받을 금액이 아직 확정되지 아니한 때에는 파산관재인은 대금을 따로 임치하여야 한다. 이 때 별제권은 그 대금 위에 존재한다.

2. 배 당

(1) 배당의 의의·종류 및 시기

1) 의 의

배당은 파산관재인이 파산재단에 속하는 재산을 환가하여 얻은 금전을 파산채권자에게 그 채권의 순위, 채권액에 따라 평등한 비율로 분배하여 변제하는 절차이다. 파산관재인은 채권조사에 의하여 배당에 참가할 채권이 확정되고 배당에 적당한 재원이 확보된 단계부터 순차배당을 하게 된다.

2) 배당의 종류

가. 중간배당

일반적으로 채권조사기일 종료 후 재단 소속 재산이 모두 환가, 처분되기 이전이지만 상당한 정도 배당할 금전이 축척된 단계에 행하여지는 것이 중간배당이고, 이 단계에서는 파산재단의 환가와 배당이 병행하여 행해진다.

나. 최후배당

재단의 환가가 모두 종료하여 파산종결을 전제로 최종적으로 행하여지는 것이 최후배당이다.

다. 추가배당

추가배당은 최후배당의 배당액 통지를 발한 후에, 새로이 배당에 충당할 상당한 재산이 발생한 때에 보충적으로 행하는 배당절차이다.

3) 배당의 시기(회생법 제505조)

채권조사기일이 종료된 후에는 파산관재인은 "배당하기에 적당한 금전이 있다고 인정하는 때마다 지체 없이 배당을 하여야 한다." 이는 파산채권자에 대한 신속한 배당을 요구하는 취지이지만, 중간배당은 어디까지나 관재업무 중간에 행하는 것이고, 배당을 실시함에 의하여 오히려 절차가 지연될 우려도 있다. 따라서 중간배당을 실시할 것인가 여부는 최종적인 예상배당률 환가종료까지의 예상소요기간 등의 사정을 참작하여 결정하여야 한다.

(2) 배당절차

1) 배당에 필요한 허가(회생법 제506조)

파산관재인이 배당을 하는 때에는 법원의 허가를 받아야 하며, 감사위원이 설치되어 있는 경우에는 감사위원의 동의가 있어야 한다.

허가신청서에는 배당가능한 금액, 배당에 참가시킬 파산채권의 액, 우선채권자, 일반채권자의 구별, 예상배당률 등을 기재하고, 수지계산서, 재단 임치금의 잔고증명서, 향후의 관재업무, 재단증식 예상액, 배당액을 임치하여야 하는 채권자와 그 금액 등에 관한 보고서를 첨부한다.

2) 배당표의 작성(회생법 제507조)

가. 배당표에 기재할 내용

배당표에는 각 파산채권을 그 우선권의 유무에 의하여 구분한 다음, 배당에 참가시킬 채권자의 주소·성명, 배당에 참가시킨 채권의 액 및 배당할 수 있는 금액을 기재하여야 한다. 중간배당시에는 임치할 채권과 그 금액도 함께 기재한다.

배당에 참가시킬 채권은 우선권의 유무에 의하여 구별한다. 이 경우 우선권이 있는 채권은 그 순위에 따라 기재하고, 우선권이 없는 채권은 법 제446조의 규정에 의하여 다른 채권보다 후순위인 것을 구분하여 기재한다.

【쟁점질의와 유권해석】

〈채권조사로 확정된 채권이 변제등으로 일부 소멸한 경우 배당에 참가할 채권의 자격을 잃는지 여부〉

채권조사를 거쳐 일단 확정된 채권은 그 후 변제 등에 의하여 소멸하더라도 청구이의의 소에 의하여 소멸의 사유를 인정하는 판결을 얻지 않는 한, 배당에 참가할 수 있는 채권의 자격을 잃지 않는다. 즉 주채무자의 파산선고 후에 채권자가 연대보증인으로부터 일부 변제를 받는 경우에도 파산채권자는 채권 전액의 변제를 받지 않은 한 당초의 신고채권액 전액을 기초로 한 배당을 받을 수 있다.

실무상으로는 이와 같은 경우 일부변제를 받은 부분에 관하여 채권표의 채권자명의 변경신청을 채권자와 구상권자의 연명으로 제출하게 하고, 그에 따라 일부 변제 부분에 대한 배당금을 구상권에게 배당한다. 다만 채권자가 일부 변제를 받은 부분의 명의변경을 거절할 경우에는 원래의 신고채권액 전부변제를 받았다고 하더라도, 원래의 채권자가 아직 권리를 행사하고 있다고 보아야 할 것이므로 보증인이 구상권을 신고하더라도 이를 부인할 수 밖에 없게 되어, 결국 채권자 명의변경의 방법에 의할 수 밖에 없다.

나. 각 채권자의 배당액

배당할 수 있는 금액을 배당에 참가시킬 채권액으로 나누어 산출한 비율(예상배당률, 배당표를 작성하고 공고한 후 배당표의 경정이 없으면 이 예상배당률이 배당률과 일치하게 된다)을 곱하는 방법으로 계산한다.

다. 배당표의 확정

배당표는 이의신청기간이 경과하거나 배당표에 대한 이의신청이 취하된 경우, 이의신청에 관한 재판이 확정된 때 확정되고, 이로써 배당에 참가할 수 있는 채권자의 범위와 배당에 참가시킬 채권의 액이 최종적으로 확정된다.

3) 배당표의 제출(회생법 제508조)

파산관재인은 이해관계인의 열람을 위하여 배당표를 법원에 제출하여야 한다.

4) 공고(회생법 제509조)

파산관재인은 배당에 참가시킬 채권의 총액과 배당할 수 있는 금액을 공고하여야 한다. 다만, 회생법 제513조 및 제527조의 규정에 의하여 배당표를 경정한 때에는 그러하지 아니하다.

공고는 파산관재인이 하여야 하는 것이 원칙이다.

5) 이의있는 채권자 및 별제권자의 배당제외(회생법 제512조)

가. 이의있는 채권자의 배당제외

이의 있는 채권에 관하여는 채권자가 배당공고가 있은 날부터 기산하여 14일 이내에 파산관재인에 대하여 채권조사확정재판을 신청하거나 법 제463조 제1항의 소송(채권조사확정재판에 대한 이의의 소)을 제기하거나 소송을 수계한 것을 증명하지 아니한 때에는 그 배당으로부터 제외한다.

나. 별제권자의 배당 제외

별제권자가 배당공고가 있은 날부터 기산하여 14일 이내에 파산관재인에 대하여 그 권리의 목적외 처분에 착수한 것을 증명하고, 그 처분에 의하여 변제를 받을 수 없는 채권액을 소명하지 아니한 때에는 배당에서 제외된다.

6) 배당표에 대한 이의(회생법 제514조)

가. 배당표에 대한 이의신청 기간

채권자는 배당표에 대하여 배당제외기간 경과 후 7일 이내에 한하여 법원에 이의를 신청할 수 있다.

나. 이의사유

채권자는 예컨대 자신의 채권이 기재되지 않았다든지, 배당할 수 없는 다른 채권의 기재가 있다든지, 시인된 채권액 또는 순위에 오류가 있다는 등의 사유를 주장할 수 있다.

각 채권자에게 배당할 수 있는 액은 이의의 대상이 되지 않는다. 배당표의 작성, 제출의 단계에서는 배당률이 정식으로 결정된 것이 아니기 때문이다.

다. 이의신청의 방법

이의 신청은 파산법원(파산사건을 담당하는 재판부에서 담당하는 절차의 신속한 처리에 적합할 것이다)에 하도록 규정되어 있다. 이의신청은 서면 또는 구두로 한다.

7) 배당률의 결정

가. 배당률 결정

① 법원의 허가

배당률을 정하는 때에는 법원의 허가를 받아야 한다. 다만, 감사위원이 있는 때에는 감사위원의 동의를 얻어야 한다. 공고 후 배당에 참가시킬 채권이나 배당할 수 있는 금액이 달라질 수 있기 때문에, 파산관재인은 배당표에 의한 이의

기간 경과 후 또는 이의가 있을 때에는 그에 대한 재판의 확정 후에 감사위원의 동의 또는 법원의 허가를 얻어 정확한 배당률을 다시 결정하여야 한다.

② 배당률

배당률은 배당에 참가시킬 채권의 총액(분모)으로 배당할 수 있는 금액(분자)을 나눈 숫자이다. 배당에 참가시킬 채권의 총액은 공고 후에 배당표 경정의 결과 변경된 금액으로 한다. 물론 배당표가 경정되지 않은 경우에는 공고한 금액과 동액이 된다. 배당할 수 있는 금액은 새로이 알려진 재단채권 등을 공제한 금액으로 한다.

나. 배당률의 결정통지(회생법 제515조 제1항)

① 통지기간 및 대상자

파산관재인은 배당표에 대한 이의기간이 경과한 후에 이의신청이 있는 때에는 이에 대한 결정이 있은 후 지체 없이 배당률을 정하여 배당에 참가시킬 각 채권자에게 통지하여야 한다. 실무에서는 동시에 배당액도 통지하는 것이 일반적이다.

배당의 통지에는 배당률, 배당금액 외에 배당예정일, 장소, 지급방법 등을 기재한다.

② 배당률의 통지의 효과

배당률의 통지에 의하여 배당률은 확정되고, 각 채권자는 파산관재인에 대한 배당금 청구권을 취득한다. 배당률 통지 후에는 재단채권이 있다고 해도 당해 배당에 있어서 배당하여야 할 금액으로 변제할 수 없게 되고, 강제화의의 제공에 있어서도 배당을 중지할 수 없다.

8) 배 당

가. 해제조건부채권자의 배당(회생법 제516조)

해제조건부채권을 가진 자는 상당한 담보를 제공하지 아니하면 배당을 받을 수 없다.

배당표 작성 당시 이미 조건이 성취한 때에는 그 효력으로서 채권이 존재하지 않게 되므로, 배당에 참가시킬 수 있는 채권에서 제외한다.

배당표 작성시까지 해제조건이 성취되지 않았는데 그 채권자가 배당을 요구하는 경우에는 파산관재인은 그 채권자에게 배당액에 상당하는 담보를 제공할 것을 요구 할 수 있고, 채권자가 이에 응하지 않으면 배당액을 임치한다.

나. 배당방법(회생법 제517조)

파산채권자는 파산관재인이 그 직무를 행하는 장소에서 배당을 받아야 한다. 다만, 파산관재인과 파산채권자 사이에 별도의 합의가 있는 경우에는 그러하지 아니하다. 배당금채무는 추심채무이므로, 원칙적으로 파산채권자가 파산관재인 사무소에 와서 배당금을 수령하여야 한다.

다. 종전의 배당에서 제외된 자의 우선배당(회생법 제518조)

이의 있는 채권 및 별제권부 채권으로서 중간배당에서 제척된 채권자가 그 후의 배당에서의 제척기간 내에 위 각 조 소정의 증명 또는 소명을 한 때에는 동순위의 채권자에 우선하여 종전의 배당에서 받을 수 있었던 금액의 배당을 받을 수 있다.

라. 배당의 순서

배당에 관하여도 민법 제476조 이하의 변제충당에 관한 규정이 적용되므로, 배당표에 기재된 배당액의 표시는 변제충당의 지정(민법 제476조 제1항)이라고 할 수 있다. 그러나 통상 배당표에 원금과 이자, 지연손해금의 구별을 하지는 않으므로 이 경우에는 민법 제479조에 의하여 이자, 지연손해금부터 충당된다.

마. 최후배당

최후배당은 재단의 환가가 모두 종료한 다음 파산종결을 전제로 최종적으로 행하는 것이므로, 중간배당의 경우와 몇 가지 점에서 차이가 있다.

파산관재인이 파산재단의 전부를 환가한 후에 실시한다. 그러나 가치가 없어 환가하지 못한 재산은 법원의 허가를 얻어 포기하면 되므로, 포기할 재산이 있더라도 최후배당은 할 수 있다. 또 채권확정소송이 아직 종결되지 않았더라도 그 배당액은 공탁하면 되므로 최후배당을 마치고 파산종결 결정을 하는 데는 지장이 없다.

9) 배당액의 공탁(회생법 제528조)

가. 공탁의 대상

파산관재인은 채권자를 위하여 다음 각 호의 배당액을 공탁하여야 한다.

① 채권확정소송 또는 불복신청 절차가 아직 종결되지 아니한 채권의 채권자에 대한 배당액으로서 중간배당시에 임치한 것

② 배당액의 통지를 발송하기 전에 행정심판 또는 소송 그 밖의 불복절차가 종결되지 아니한 채권에 대한 배당액

③ 중간배당 및 최후배당에 있어서 채권자가 수령하지 않은 배당액. 채권자가 수

령을 거절하거나 추심을 게을리한 경우 외에, 배당 실시 당시 채권자의 소재 불명을 이유로 수령을 기대할 수 없는 경우, 채권의 양도에 관하여 다툼이 있거나 상속인이 누구인지 불명하다든지 하여 채권자를 알 수 없는 경우도 포함된다.

나. 경우별 공탁의 효력

채무자회생및파산에관한법률 제528조 제1호, 제2호의 공탁은 집행공탁의 성질을 가지고, 파산관재인은 이 공탁에 의하여 책임을 면한다. 제3호의 공탁은 변제공탁으로서 이에 의하여 당해 파산채권은 소멸한다.

【쟁점질의와 유권해석】

〈별제권자가 별제권의 행사에 착수하여 경매절차가 진행중이지만 매수신고가 없어서 계속 유찰되는 경우〉

최저경매가격과 별제권자의 피담보채권을 비교하여 전혀 잉여가 기대되지 않으면 파산관재인은 법원의 허가를 얻어 당해 부동산을 재단으로부터 포기한 후 최후배당을 실시하면 된다. 이 때 별제권자는 준별제권자로서 파산법상의 지위에는 변함이 없으므로, 경매절차가 종료하지 않은 상태에서는 별제권을 포기하지 않는 한 최후배당에서 제척될 수밖에 없다.

10) 추가배당

추가배당은 최후배당의 배당액 통지를 발한 후에 새로이 배당에 충당할 상당한 재산이 생긴 때에 보충적으로 행하는 배당절차이다. 파산종결의 결정이 있은 후에 새로 배당에 충당할 재산이 있게 된 때에도 추가배당을 한다.

VI. 파산폐지

■ 핵 심 사 항 ■
---

1. 동의에 의한 파산폐지 : 채권신고기간 내에 신고한 파산채권자 전원의 동의를 얻을
   것을 조건으로 하여 파산자의 신청으로 하는 파산폐지를 말한다(회생법 제538조).
2. 법인 등의 파산폐지 : 법인의 파산폐지신청은 이사 전원의 합의가 있어야 한다. 상속
   재산의 파산폐지신청은 상속인이 한다(회생법 제539조).
3. 파산폐지절차
   (1) 입증서면의 제출(회생법 제541조)
   (2) 파산폐지신청의 공고 및 서류비치(회생법 제542조)
   (3) 채권자의 이의신청(회생법 제543조)
   (4) 관계인의 의견청취(회생법 제544조)
   (5) 비용부족으로 인한 파산폐지(회생법 제545조)
   (6) 파산폐지결정의 공고(회생법 제546조)
   (7) 재단채권의 변제 및 공탁(회생법 제547조)

1. 동의에 의한 파산폐지

(1) 동의폐지의 의의

동의폐지란, 채권신고기간 내에 신고한 파산채권자 전원의 동의를 얻을 것을 조
건으로 하여 파산자의 신청으로 하는 파산폐지를 말한다. 이 제도는 파산절차에
참가한 채권자 전원이 파산절차의 종료를 희망하는 경우에, 이와 같은 처분권자
의 의사를 존중하는 것이 타당하다는 취지에서 둔 것이다. 파산자가 융자나 채무
면제 등을 통하여 지급불능 상태를 해소할 수 있다고 판단되는 경우 시도해 볼
수 있는 갱생의 한 방법이라고 할 수 있다.

(2) 요건(회생법 제538조)

1) 채권신고기간 내에 신고한 파산채권자 전원의 동의

신고하지 않은 채권자, 재단채권자, 환취권자의 동의는 요하지 않는다. 별제권자
도 예상부족액의 증명이 없는 한 동의를 요하지 않는다. 채권신고기간 경과 후에
신고한 자의 동의도 요하는가에 관하여는 다툼이 있으나, 이러한 채권자에 대하여

는 이의권이 보장된 것으로 족하고, 법문상 이들 채권자의 동의를 요한다고는 규정하고 있지 않으므로, 동의를 요하지 않는다고 해석한다. 유의할 점은 이 동의는 파산자에 대한 것이 아니라 법원에 대한 것이다.

2) 부동의한 신고 파산채권자에 대한 담보의 제공

채무자가 위 가.의 동의를 얻지 못한 경우에는 동의를 하지 아니한 파산채권자에 대하여 다른 파산채권자의 동의를 얻어 파산재단으로부터 담보를 제공한 때에 채무자의 신청에 의하여 파산폐지의 결정을 할 수 있다.

(3) 신 청

채무자의 신청이 있어야 한다

2. 법인 등의 파산폐지

(1) 파산폐지신청(회생법 제539조)

법인의 파산폐지신청은 이사 전원의 합의가 있어야 한다.

상속재산의 파산폐지신청은 상속인이 한다. 이 경우 상속인이 여럿인 때에는 전원의 합의가 있어야 한다.

(2) 파산폐지신청과 법인의 존속(회생법 제540조)

파산선고를 받은 법인이 파산폐지절차를 하고자 하는 때에는 사단법인은 정관의 변경에 관한 규정에 따라 이사 전원의 일치에 의하여 신청하여야 하고, 재단법인은 주무관청의 허가를 받아 법인계속의 절차를 밟아야 한다.

3. 파산폐지절차

(1) 입증서면의 제출(회생법 제541조)

신고파산채권자의 폐지동의서, 부동의 파산채권자에 대한 다른 파산채권자의 담보제공동의서, 부동의 파산채권자에게 담보를 제공하였음을 증명할 수 있는 서면, 미확정 파산채권자의 동의를 필요로 하는가 여부에 관한 법원의 결정서, 파산채권자에 제공한 담보가 상당한가 여부에 관한 법원의 결정서, 법인인 경우에는 법인계속의 절차를 밟았다는 것을 증명할 수 있는 서면(예컨대 회사계속의 임시주주총회 의사록)을 함께 제출하여야 한다.

파산폐지동의서는 파산채권자가 법원에 파산폐지에 동의한다는 의사를 기재한 서면이지만 파산채권자가 직접 법원에 제출하지 않고 파산자를 통하여 제출하여도 좋다.

(2) 파산폐지신청의 공고 및 서류비치(회생법 제542조)

법원은 파산폐지신청이 있다는 뜻을 공고하고, 이해관계인이 열람할 수 있도록 신청에 관한 서류를 법원에 비치하여야 한다.

아직 신고하지 아니한 파산채권자에게 파산폐지의 신청이 있었음을 알리고 이에 대하여 이의를 진술할 기회를 부여하려는 취지에서 둔 규정이다.

(3) 채권자의 이의신청(회생법 제543조)

1) 이의신청 기간

채권신고기간 내에 신고한 파산채권자 및 이의신청기간 경과 전에 신고한 파산채권자는 공고의 효력이 발생한 날(공고게재 다음날)로부터 14일 이내에 법원에 파산폐지에 대한 이의신청을 할 수 있다.

2) 이의신청권이 없는자

채권신고를 하지 않은 파산채권자, 별제권자, 재단채권자, 환취권자 등은 이의신청권이 없다.

14일의 기간은 연장할 수 없는 법정기간이지만 제척기간은 아니므로, 이의신청기간 경과 후의 이의신청도 법원은 일응 이를 참작하여야 한다.

(4) 관계인의 의견청취(회생법 제544조)

이의신청기간 경과 후 법원은 파산자, 파산관재인, 이의신청한 파산채권자의 의견을 들어야 한다. 의견청취의 방식은 의견서를 제출받아도 좋고 기일을 열어 심문을 하여도 좋다.

(5) 비용부족으로 인한 파산폐지(회생법 제545조)

법원은 파산선고 후에 파산재단으로써 파산절차의 비용을 충당하기에 부족하다고 인정되는 때에는 파산관재인의 신청에 의하거나 직권으로 파산폐지결정을 하여야 한다. 이 경우 법원은 채권자집회의 의견을 들어야 한다.

파산폐지결정은 파산절차비용을 충당하기에 충분한 금액이 미리 납부되어 있는 때에는 내리지 아니한다.

비용부족으로 인한 파산폐지의 결정을 위한 재판에 대하여는 즉시항고를 할 수 있다.

(6) 파산폐지결정의 공고(회생법 제546조)

파산폐지의 신청에 필요한 조건을 갖추었고, 채권자의 이의가 있었으나 그 이의가 이유 없다고 인정하는 때에는 파산폐지의 결정을 하고 그 주문과 이유의 요지를 공고한다. 이 결정정본은 파산자 및 파산관재인에게 직권으로 송달한다.

(7) 재단채권의 변제 및 공탁(회생법 제547조)

파산폐지결정이 확정된 때에는 파산관재인은 재단채권의 변제를 하여야 하며, 이의가 있는 것에 관하여는 채권자를 위하여 공탁을 하여야 한다.

VII. 간이파산

<table><tr><td>

■ 핵 심 사 항 ■

1. 취지 : 채권자집회를 생략하고 1회기일에 배당이 이루어지는 등 비용과 시간이 크게 절감되는 효과.
2. 간이파산의 요건 : 파산재단에 속하는 재산액이 5억원 미만이라고 인정되는 때에는 법원은 파산선고와 동시에 간이파산의 결정을 하여야 한다(회생법 제549조).
3. 파산절차 중의 간이파산결정 : 파산절차 중 파산재단에 속하는 재산액이 5억원 미만임이 발견된 때에는 법원은 이해관계인의 신청에 의하거나 직권으로 간이파산의 결정을 할 수 있다(회생법 제550조).

</td></tr></table>

1. 간이파산제도의 취지

간이파산절차를 활용하면 채권자집회를 생략하고 1회기일에 배당이 이루어지는 등 비용과 시간이 크게 절감되는 바, 종전의 법에 의하면 재단채권액이 2억원 미만인 경우에만 간이파산절차를 이용할 수 있어 활용도가 저조한 문제가 있었다. 이에 간이파산절차에 의할 수 있는 재단채권액을 2억원 미만에서 5억원 미만으로 상향조정하여 그 적용대상을 대폭적으로 확대하였다.

2. 간이파산절차

(1) 간이파산의 요건(회생법 제549조)

파산재단에 속하는 재산액이 5억원 미만이라고 인정되는 때에는 법원은 파산선고와 동시에 간이파산의 결정을 하여야 한다.

(2) 간이파산 결정

파산재단에 속하는 재산액이 5억원 미만이라고 인정되면 파산선고와 동시에 간이파산의 결정을 한다.

간이파산에 관하여는 제1회 채권자집회의 기일과 채권조사기일은 부득이한 사유가 있는 경우를 제외하고는 반드시 병합하여야 하는 등 몇 가지 특칙이 정해져 있다.

(3) 파산절차 중의 간이파산결정(회생법 제550조)

1) 요 건

파산절차 중 파산재단에 속하는 재산액이 5억원 미만임이 발견된 때에는 법원은 이해관계인의 신청에 의하거나 직권으로 간이파산의 결정을 할 수 있다.

2) 공고 및 통지

간이파산의 결정을 한 때에는 법원은 결정의 주문을 공고하고 파산관재인 및 감사위원과 알고 있는 채권자 및 채무자에게 그 결정의 주문을 기재한 서면을 송달하여야 한다.

(4) 간이파산의 취소(회생법 제551조)

간이파산절차 중 파산재단에 속하는 재산액이 5억원 이상임이 발견된 때에는 법원은 이해관계인의 신청에 의하거나 직권으로 간이파산취소의 결정을 할 경우 결정의 주문을 공고하고 파산관재인 및 감사위원과 알고 있는 채권자 및 채무자에게 그 결정의 주문을 기재한 서면을 송달하여야 한다.

VIII. 면책 및 복권

▣ 핵 심 사 항 ▣

1. 면책
 (1) 의의 : 채무자회생및파산에관한법률상의 면책이란, 자연인 파산자에 대하여 파산절차에 의하여 배당되지 아니한 잔여 채무에 대하여 변제책임을 면하는 것.
 (2) 효력 : 면책을 받은 채무자는 파산절차에 의한 배당을 제외하고는 파산채권자에 대한 채무의 전부에 관하여 그 책임이 면제된다. 다만, 다음 각호의 청구권에 대하여는 책임이 면제되지 아니한다.
 1) 조세
 2) 벌금·과료·형사소송비용·추징금 및 과태료
 3) 채무자가 고의로 가한 불법행위로 인한 손해배상
 4) 채무자가 중대한 과실로 타인의 생명 또는 신체를 침해한 불법행위로 인하여 발생한 손해배상
 5) 채무자의 근로자의 임금·퇴직금 및 재해보상금
 6) 채무자의 근로자의 임치금 및 신원보증금
 7) 채무자가 악의로 채권자목록에 기재하지 아니한 청구권. 다만, 채권자가 파산선고가 있음을 안 때에는 그러하지 아니하다.
 8) 채무자가 양육자 또는 부양의무자로서 부담하여야 하는 비용(회생법 제566조). 그러나 면책은 파산채권자가 채무자의 보증인 그 밖에 채무자와 더불어 채무를 부담하는 자에 대하여 가지는 권리와 파산채권자를 위하여 제공한 담보에 영향을 미치지 아니한다(회생법 제567조).
2. 복권
 (1) 당연복권(회생법 제574조)
 (2) 신청에 의한 복권(회생법 제575조)

1. 면 책

(1) 면책의 의의

　채무자회생및파산에관한법률상의 면책이란, 자연인 파산자에 대하여 파산절차에 의하여 배당되지 아니한 잔여 채무에 대하여 변제책임을 면하는 것을 말한다. 현행법은 파산절차와는 별개의 제도로서 규정하고 있다.

(2) 면책의 신청

1) 신청권자

면책신청권자는 파산자이다. 자연인이라면 영업자도 포함된다. 그러나 법인은 파산절차의 종료로 소멸되므로 면책을 신청할 수 없다는 견해가 일반적이다. 파산자가 무능력자인 경우에는 그 법정대리인이 그를 대리하여 신청할 수 있다.

상속재산의 경우는 상속재산으로 총 채권자에게 변제하는 것이 목적이므로 그 성질상 면책을 인정할 필요가 없다.

2) 관 할

파산법원의 전속관할이다. 여기서 파산법원이란 파산선고를 한 법원을 의미한다. 파산자가 파산선고 후 거주지를 이전하였다고 하더라도 파산법원의 관할인 점은 달라지지 않는다.

3) 신청수수료, 송달료 및 예납금

신청수수료로 1,000원의 인지(민사소송등인지법 제9조 제5항 제4호), 송달료, 예납금이 납부되어 있는지 확인한다. 한편 파산관재인이 선임된 사건에서는 파산관재인의 조사보고에 대하여 보수를 지급하여야 하므로 별도로 예납명령을 발하여야 하는데, 파산절차에서 파산관재인의 보수를 정할 때 면책불허가사유의 조사보고에 대한 보수도 고려하여 금액을 정하는 경우에는 따로 면책절차에서 이를 위한 예납금을 납부 받을 필요는 없게 될 것이다.

4) 면책신청의 시기와 방법

가. 면책신청의 시기

면책신청은 파산선고시부터 파산절차의 해지시까지 할 수 있고, 동시폐지 결정이 내려진 경우에는 폐지결정이 확정된 후 1개월 이내에 면책신청을 할 수 있다. 실무상 동시폐지사건의 대부분은 파산선고 후 그 확정 전까지 면책신청이 제기된다.

나. 신청방법

① 채무자가 그 책임 없는 사유로 인하여 제1항의 규정에 의한 면책신청을 하지 못한 때에는 그 사유가 종료된 후 30일 이내에 한하여 면책신청을 할 수 있다.

② 채무자가 파산신청을 한 경우에는 채무자가 반대의 의사표시를 한 경우를 제외하고, 당해 신청과 동시에 면책신청을 한 것으로 본다.

③ 면책신청을 하는 때에는 회생법 제538조의 규정에 의한 파산폐지의 신청을 할 수 없다.

④ 회생법 제538조의 규정에 의한 파산폐지의 신청을 한 때에는 그 기각의 결정이 확정된 후가 아니면 면책신청을 할 수 없다.

다. 첨부서류

면책신청서에는 채권자목록을 첨부하여야 한다. 다만 신청과 동시에 제출할 수 없는 때에는 그 사유를 소명하고 그 후에 지체 없이 이를 제출하여야 한다.

파산신청과 동시에 면책신청을 한 것으로 보는 경우에는 회생법 제302조 제1항 제1호의 규정에 의하여 제출한 채권자목록을 본 규정의 채권자목록으로 본다.

(3) 면책절차

1) 강제집행의 정지(회생법 제557조)

면책신청이 있고, 파산폐지결정의 확정 또는 파산종결결정이 있는 때에는 면책신청에 관한 재판이 확정될 때까지 채무자의 재산에 대하여 파산채권에 기한 강제집행·가압류 또는 가처분을 할 수 없고, 채무자의 재산에 대하여 파산선고 전에 이미 행하여지고 있던 강제집행·가압류 또는 가처분은 중지된다.

면책결정이 확정된 때에는 채무자회생및파산에관한법률 제557조 제1항의 규정에 의하여 중지한 절차는 그 효력을 잃는다.

2) 채무자의 심문(회생법 제558조)

가. 심문기일

면책을 신청한 자에 대하여 파산선고가 있는 때에는 법원은 기일을 정하여 채무자를 심문할 수 있다. 실무는 면책신청일로부터 1개월에서 2개월 사이에 심문기일을 정하고 있다.

나. 심문의 내용

심문의 내용은 주로 파산심문이나 파산관재인에 대한 설명이 파산자가 정직하게 진술하였는가 여부, 파산관재인의 조사보고서에 나타난 의문점에 관한 파산자에 대한 설명, 파산절차에서 파산채권자로부터 수집한 의견청취서에 나타난 파산자의 부당하거나 의문시되는 행위에 대한 관한 설명, 파산선고 후 파산자의 경제적 생활 및 채권자와의 관계 등이다.

3) 면책신청의 기각(회생법 제559조)

가. 면책신청의 기각사유

법원은 다음 각 호의 어느 하나에 해당하는 때에는 면책신청을 기각할 수 있다.

① 채무자가 신청권자의 자격을 갖추지 아니한 때

② 채무자에 대한 파산절차의 신청이 기각된 때

③ 채무자가 절차의 비용을 예납하지 아니한 때

④ 그 밖에 신청이 성실하지 아니한 때

나. 즉시항고

면책신청이 기각된 채무자는 동일한 파산에 관하여 다시 면책신청을 할 수는 없다. 면책신청의 기각결정에 대해서는 즉시항고를 할 수 있다.

4) 파산관재인의 조사보고(회생법 제560조)

파산관재인이 선임되어 있는 사건에 관하여는 파산관재인에게 심문기일 결정과 동시에 본 조의 조사보고의 제출을 명한다.

5) 면책신청에 대한 이의(회생법 제562조)

가. 이의신청권자

검사, 파산관재인, 면책의 효력을 받을 파산채권자이다. 파산채권자는 채권신고의 유무에 상관없이 이의신청을 할 수 있지만, 파산채권자인지 여부가 기록상 분명하지 않을 때에는 파산채권자임을 소명하여야 한다. 파산 면책절차에서의 채권자 일람표(명부)에 기재되지 않은 채권자의 경우에도 같다.

재단채권자, 별제권자, 환취권자, 면책의 효력을 받지 않는 파산채권자 등은 면책 신청에 관하여 아무런 이해관계가 없기 때문에 이의신청권이 없다.

나. 이의신청의 방식

이의신청은 서면으로 정본과 부본 2통을 제출하도록 지도하고 있다. 심문기일에 채권자가 출석하여 이의신청사유를 진술한 경우 이를 조서에 기재한다. 그러나 그러한 채권자라도 이의신청서를 제출하도록 권유하고 있다. 반드시 이의신청서라는 제목이 아니더라도 이의신청의 취지가 기재되어 있으면 족하다.

다. 이의신청의 내용

이의신청서에는 채무자회생및파산에관한법률 제564조 각 호 소정의 면책불허가사유에 해당하는 구체적인 사실을 주장하여 면책불허가의 결정을 구하든지, 또는 면책신청기간 경과후의 면책신청이라든지, 파산자가 심문기일에 불출석한 것이 정당한 사유가 없다든지 등의 점들을 주장하여 면책신청 각하의 결정을 구하는 내용이 기재되어야 한다.

(4) 면책허가(회생법 제564조)

1) 면책불허가사유(회생법 제564조)

법원은 다음 각호의 어느 하나에 해당하는 때를 제외하고는 면책을 허가하여야 한다.

가. 제1호

본 조 제1호는 파산자에게 제650조·제651조·제653조·제656조 또는 제658조의 죄에 해당하는 행위가 있다고 인정하는 때에는 면책을 허가하지 않을 수 있다고 규정하고 있다. 이들 범죄에 대한 기소 여부, 유죄판결 여부는 하나의 고려사항에 불과할 뿐이고, 수사 자체가 이루어지지 않거나 불기소되거나 무죄판결이 확정되었다고 하더라도 법원은 독자적으로 파산범죄에 해당하는 사실을 인정하여 면책불허가 결정을 할 수 있다.

【쟁점질의와 유권해석】

〈범죄의 성립요건을 모두 갖추어야 하는지 여부〉

본 조 제1호에서 "제650조 · 제651조 · 제653조 · 제656조 또는 제658조의 죄에 해당하는 행위"란 구성요건해당성, 위법성, 유책성을 모두 갖춘 경우를 말하는 것인가 아니면 구성요건해당성만 갖추면 되는가에 관하여 다툼이 있으나, 일반적인 견해는 구성요건해당성만 갖추면 충분하고, 형법상 위법성 조각사유나 책임조각사유가 있는 경우에는 재량면책의 단계에서 고려하면 족하다고 본다.

① 사기파산죄 유죄판결의 확정으로 인한 면책허가결정취소

면책허가결정을 한 후 사기파산의 죄로 유죄판결이 확정되면 법원은 파산채권자의 신청 또는 직권에 의하여 면책허가결정을 취소할 수 있다. 사기파산은 파산범죄 중에서도 그 죄질이 나쁘므로 이 경우에 한하여 특히 면책을 취소할 수 있게 한 것이다.

② 사기파산죄 해당행위

ㄱ) 재산의 은닉, 손괴 또는 불이익한 처분행위 : 파산자가 파산선고의 전후를 불문하고 자기 또는 타인의 이익을 도모하거나 채권자를 해할 목적으로 파산재단에 속하는 재산을 은닉, 손괴 또는 채권자에게 불이익하게 처분하는 행위를 한 경우이다. 본 호의 파산재단은 이른바 법정재단을 의미한다. '법정재단'은 파산자가 파산선고 당시에 가지는 일체의 재산을 말하지만, 여기에 파

산자가 파산선고시에 생긴 원인에 기한 장래의 청구권(퇴직금청구권 등)이 포함되고, 압류금지재산은 제외된다. 그밖에 파산관재인의 부인권행사에 의하여 파산재단에 회복될 재산과, 손괴에 의하여 파산선고 전에 멸실된 경우 당해 행위가 없었다면 장래 법정재단에 속하게 되었을 재산도 포함한다.

【쟁점질의와 유권해석】

〈은닉 등의 행위와 파산선고 사이의 인과관계의 요부〉

은닉 등의 행위와 파산선고와의 사이에 인과관계를 요하는 것은 아니고, 사실상의 견련관계가 있으면 족하다는 것이 통설이다. 사실상의 견련관계란, 행위 당시 존재하였던 파산의 위험이 해소됨이 없이 계속되어 파산선고에 이르는 것을 의미한다. 따라서 일단 위기적 상황이 해소되고 정상적인 경제활동으로 돌아 온 후 다시 별도의 원인으로 파산에 이른 경우에는 견련관계가 없다고 보아야 한다.

ㄴ) 파산재단부담의 허위증가 행위 : 파산자가 파산선고의 전후를 불문하고 자기 또는 타인의 이익을 도모하거나 채권자를 해할 목적으로 파산재단의 부담을 허위로 증가시키는 행위를 하는 경우이다. 위의 경우를 면책불허가사유로 규정한 이유는 파산재단의 부담 증가는 총 채권자에 대한 배당가능성을 부당하게 저하시킬 위험이 있기 때문이다. 재단채권을 증가시키는 것, 파산재단에 속하는 재산에 저당권이나 질권 등의 담보권을 설정하는 것이 전형적인 예이다. 허위의 채무를 부담하여 파산채권을 증가시키는 것도 여기에 해당되는가에 대하여 견해의 대립이 있으나 긍정하는 것이 일반적 견해이다.

ㄷ) 상업장부의 부작성, 부실기재, 은닉, 손괴행위 : 파산자가 파산선고의 전후를 불문하고 자기 또는 타인의 이익을 도모하거나 채권자를 해할 목적으로 법률의 규정에 의하여 작성하여야 할 상업장부를 작성하지 아니하거나 이에 재산의 현황을 알 수 있는 정도의 기재를 하지 아니하거나 또는 불실한 기재를 하는 행위 또는 이를 은닉하거나 손괴하는 행위를 하는 경우이다. 위의 행위가 면책불허가 사유로 규정한 이유는 상업장부를 작성하지 않는 등의 행위는 파산재단의 범위를 정확하게 파악하는 것을 곤란하게 하기 때문이다.

ㄹ) 폐쇄장부의 변경, 은닉, 손괴 행위 : 파산법원의 법원사무관 등은 파산선고 후 곧 파산자의 재산에 관한 장부를 폐쇄하고 이에 서명 날인한 후 조서를 작성하여 이에 장부의 현상을 기재하여야 한다. 그런데 파산자가 파산선고의 전후를 불문하고 자기 또는 타인의 이익을 도모하거나 채권자를 해할 목적으로 법원사무관 등이 폐쇄한 장부에 변경을 가하거나 이를 은닉 또는 손괴하

는 행위를 하는 경우 면책불허가사유에 해당된다.

ㅁ) 과태파산죄 해당 행위(제6호) : 과태파산죄 역시 총 채권자의 이익을 보호하기 위한 것으로서 사기파산죄와 같은 '자기 또는 타인의 이익을 도모하거나 채권자를 해할 목적'을 요건으로 하고 있지 않고, 행위태양의 일탈성 또한 사기파산죄보다 경미하다. 실무상 가장 자주 문제되는 면책불허가사유이다. 파산자가 파산선고의 전후를 불문하고 낭비 또는 도박 기타 사해행위를 하여 현저히 재산을 감소시키거나 과대한 채무를 부담하는 행위를 한 경우이다.

ㅂ) 감수위반 또는 주거지이탈 행위 : 파산자가 도망하거나 재산을 은닉 또는 손괴할 우려가 있는 때 법원은 감수명령을 발할 수 있다. 감수명령을 받은 파산자는 법원의 허가를 얻은 경우를 제외하고는 타인과 면접 또는 통신을 할 수 없다. 본 호는 이에 위반하는 파산자의 행위를 처벌함과 동시에 면책불허가사유로 한 것이다. 실무상 감수명령이 발령되는 예는 거의 없으므로 본 호가 적용되어 면책불허가를 한 예도 없다. 본 법은 파산자의 설명의무 이행의 확보와 재산은닉 방지를 위하여 파산자에게 법원의 허가 없이 거주지를 이탈하지 못하도록 정하고 있다. 이에 위반하는 행위는 처벌됨과 동시에 면책불허가사유가 된다. 동시폐지의 경우에는 파산선고와 동시에 파산절차가 폐지되므로 본 호의 적용이 없다.

ㅅ) 설명의무위반행위 : 설명요구권자는 파산관재인, 감사위원 또는 채권자집회 이다. '파산에 관하여 필요한 설명'은 파산에 이른 사정, 파산재단, 파산채권, 재단채권, 부인권, 환취권, 별제권, 상계권 기타 파산관재 업무에 필요한 일체의 사항에 미친다.

나. 제2호

파산자가 파산선고 전 1년 내에 파산의 원인인 사실이 있음에도 불구하고 그 사실이 없는 것으로 믿게 하기 위하여 사술을 써서 신용거래로 인하여 재산을 취득한 사실이 있는 때에는 면책을 허가하지 않을 수 있다.

다. 제3호

채무자가 허위의 채권자목록 그 밖의 신청서류를 제출하거나 법원에 대하여 그 재산상태에 관하여 허위의 진술을 한 때도 면책불허가사유가 된다. 파산자는 면책의 신청과 동시에 채권자명부를 제출할 의무가 있고, 심문기일에 파산자의 재산상태에 대하여 진실하게 진술하여야 한다. 파산자가 이러한 의무에 위반하여 허위의 채권자명부를 제출하거나 법원에 대하여 그 재산상태에 관하여 허위의 진술을 한 때에는 면책불허가사유에 해당된다.

라. 제4호

채무자가 파산절차 후 면책결정을 받은 경우에는 7년, 개인회생절차에 의한 면책결정을 받은 경우에는 5년 내의 면책받은 사실이 없어야 한다.

단기간에 여러 차례의 면책을 허용하게 되면 파산자가 면책제도를 악용할 위험이 있고 무책임한 경제활동을 추인하는 것으로 될 수도 있으므로 이를 억제하기 위한 정책적인 고려에서 면책불허가사유로 한 것인데, 실무에서는 그 사례가 많지 않다.

면책신청 전 채무자가 파산절차 후 면책결정을 받은 경우에는 7년, 개인회생절차에 의한 면책결정을 받은 경우에는 5년 내에 본법상의 면책을 얻었을 것이 그 요건이다. 면책을 얻을 때란 면책결정이 확정되어 그 효력이 발생한 때를 말한다.

마. 제5호

채무자가 채무자회생및파산에관한법률이 정하는 채무자의 의무를 위반한 때도 면책불허가사유에 해당한다. 본 호는 채무자회생및파산에관한법률상의 의무위반 일반을 대상으로 한다. 본 조 제1호 내지 제3호도 물론 본법상의 의무위반행위지만 본 호가 이에 대한 특별규정이므로 위 각호의 규정이 본 호에 우선하여 적용되고, 본 호는 보충적으로 적용된다.

적용 요건은 파산자가 본법상의 의무에 위반하는 것이다. 구체적으로는, 파산자가 파산선고 전에 변제금지의 가처분에 위반하여 변제를 한 경우, 파산자가 정당한 사유 없이 채권조사기일에 출석하지 아니하거나 의견의 진술을 거절하고 대리인에 의한 출석 및 의견진술도 하지 않은 경우, 법원에 필요한 직권조사로서 파산자에게 재산상황에 관하여 설명을 요구하고 관계서류의 제출을 명하였으나 이에 따르지 않은 경우 등이 있다. 파산자가 면책절차에서 파산자심문기일에 정당한 이유 없이 출석하지 아니하거나 출석하여도 진술을 거부하면 면책신청을 각하할 수 없으나, 만약 각하하지 않고 속행한다고 하더라도 본 호에 의하여 면책을 불허가할 수 있다.

바. 제6호

채무자가 과다한 낭비·도박 그 밖의 사행행위를 하여 현저히 재산을 감소시키거나 과대한 채무를 부담한 사실이 있는 때도 면책불허가사유에 해당한다.

2) 재량면책

법원은 위의 면책불허가사유가 있는 경우라도 파산에 이르게 된 경위, 그 밖의 사정을 고려하여 상당하다고 인정되는 경우에는 면책을 허가할 수 있다. 이를 실무상 재량면책이라고 한다. 재량면책은 그 면책의 범위에 따라 전부면책 또는 일부면책으로 구분될 수 있는데, 실무에서는 일부면책은 물론 전부면책도 허용하고 있다.

【쟁점질의와 유권해석】

〈구 파산법 제346조 각 호에서 정하는 면책불허가사유가 있는 경우에도 법원이 재량면책을 할 수 있는지 여부(적극) 및 이때 일부면책이 허용되는 경우〉

구 파산법(2005. 3. 31. 법률 제7428호 채무자 회생 및 파산에 관한 법률 부칙 제2조로 폐지) 제346조의 해석상, 법원은 같은 조의 각 호에서 정하는 면책불허가사유가 있는 경우라도 파산에 이르게 된 경위, 그 밖의 사정을 고려하여 상당하다고 인정되는 경우에는 면책을 허가할 수 있고, 또한 그와 같은 재량면책을 함에 있어서는 불허가사유의 경중이나 채무자의 경제적 여건 등 제반 사정을 고려하여 예외적으로 채무액의 일부만을 면책하는 소위 일부면책을 할 수도 있으나, 채무자의 경제적 갱생을 도모하려는 것이 개인파산제도의 근본 목적이라는 점을 감안할 때 채무자가 일정한 수입을 계속적으로 얻을 가능성이 있다는 등의 사정이 있어 잔존채무로 인하여 다시 파탄에 빠지지 않으리라는 점이 소명된 경우에 한하여 그러한 일부면책이 허용된다(대법원 2006. 9. 22.자 2006마600결정).

3) 면책결정의 효력발생시기(회생법 제565조)

면책허가결정은 확정되어야 그 효력이 발생한다.

면책허가 결정은 형성적 효과를 그 내용으로 하고 달리 소급효를 인정하는 규정도 없으므로 소급효가 인정되지 않는다.

4) 면책의 효력

가. 파산채권자에 대한 효력(회생법 제566조)

① 책임의 면제

면책을 받은 채무자는 파산절차에 의한 배당을 제외하고는 파산채권자에 대한 채무의 전부에 관하여 그 책임이 면제된다. 파산채권은 파산자에 대한 면책허가결정의 확정에 의하여 그 책임이 소멸하고, 자연채무로 된다는 것이 일반적 견해이다. 즉 통상의 채권이 가지는 소 제기의 권능과 집행력을 상실하고, 단순히 임의의 변제를 청구할 수 있는 권능 및 변제에 의한 급부를 보유할 수 있는 권능만이 남게 된다. 따라서 파산자가 면책허가를 받았더라도 그 후 임의의 변제는 유효한 변제로서 채권자의 부당이득의 문제는 생기지 않는다.

② 면책되지 아니하는 채권

다음의 청구권에 대해서는 면책을 받더라도 책임이 면제되지 않는다.

ㄱ) 조세채권 : 여기에서 말하는 조세채권은 파산채권이 되는 것에 한정되기 때문에 재단채권인 국세징수법 또는 국세징수의 예에 의하여 징수할 수 있는 청구권은 제외된다.

ㄴ) 벌금, 과료, 형사소송비용, 추징금 및 과태료

ㄷ) 채무자가 고의로 가한 불법행위에 기한 손해배상청구권

ㄹ) 채무자가 중대한 과실로 타인의 생명 또는 신체를 침해한 불법행위로 인하여 발생한 손해배상

ㅁ) 채무자의 근로자의 임금·퇴직금 및 재해보상금

ㅂ) 채무자의 근로자의 임치금 및 신원보증금

ㅅ) 채무자가 악의로 채권자목록에 기재하지 아니한 청구권 : 다만, 채권자가 파산선고가 있음을 안 때에는 그러하지 아니하다. 여기서 채권자목록이란 파산자가 면책신청을 하면서 제출하는 것을 의미한다. 파산자가 알면서도 채권자목록에 특정채권자를 기재하지 아니한 경우에는 그 대상 채권자가 면책절차에 관여하여 면책에 대한 이의를 제기할 수 있는 기회를 박탈당하였기 때문에 비면책채권으로 한 것이다. 따라서 채권자 목록에 기재되지 않은 채권자가 파산선고 사실을 안 경우는 제외된다.

ㅇ) 채무자가 양육자 또는 부양의무자로서 부담하여야 하는 비용

나. 파산자에 대한 효력

면책허가결정이 확정되면 파산자는 당연히 복권되고, 공법, 사법상의 신분상의 제한이 소멸된다. 그러나 일부면책결정은 동시에 일부불허가결정 되기도 하므로, 확정되더라도 채무자회생및파산에관한법률 제574조 제1항 제1호에서 정하고 있는 "면책의 결정이 확정된 때"에 해당하지 아니하여 당연 복권되지는 않는다. 이 경우에 파산자는 일부 면책되지 않은 채무를 변제하거나 채권자의 면제 등으로 그 책임을 면하였다는 점을 증명하여 복권절차를 밟아야 한다. 그밖에 자연인이 파산선고를 받으면 금융기관이 관리하는 개인신용정보에 적색거래자로 분류되어 일정한 기간 각종 금융거래상의 불이익을 받게 되는데, 이는 파산에 따른 법률상의 효과가 아니므로 면책결정이 확정된다고 해서 당연히 면할 수 있게 되는 것은 아니다.

【쟁점질의와 유권해석】

〈카드 돌려막기도 비면책사유에 해당하는지 여부〉

금융기관들이 이러한 주장을 펼치곤 하는데 채무자가 지급불능 상태임에도 이를 속이고 계속 금전을 취득했다는 것이 이들 주장의 근거다. 그러나 카드돌려막기는 이미 발생한 원리금을 갚기 위한 목적으로 행하여진 경우가 대부분이기 때문에 사술에 의한 금전취득 행위가 아니므로 비면책 사유로 보기 어렵다.

다. 보증인 등에 대한 효과(회생법 제567조)

파산자의 면책은 그 보증인, 기타 파산자와 공동으로 채무를 부담하는 공동채무자, 중첩적 채무인수인 등의 변제책임과 물상보증인이 제공한 담보에 아무런 영향을 미치지 않는다. 일반적으로 인적, 물적 담보가 제 기능을 발휘하는 것은 주채무자가 무자력인 경우이므로 면책의 효과가 보증채무에 미치지 않는 것은 당연하다고 할 것이다. 또 면책결정의 확정으로 파산채권은 자연채무로 남게 되고, 당해 채권의 책임재산이 파산재단에 한정되는 데 불과하므로, 보증채무 또는 담보권의 부종성에 반하는 것도 아니다.

5) 면책의 취소(회생법 제569조)

사기파산에 관하여 파산자에 대한 유죄의 판결이 확정된 때에는 법원은 파산채권자의 신청에 의하여 또는 직권으로 면책취소의 결정을 할 수 있고, 파산자가 부정한 방법으로 면책을 얻은 경우에 파산채권자가 면책 후 1년 내의 면책의 취소를 신청할 때에도 면책취소의 결정을 할 수 있다.

면책의 취소신청서에는 1,000원의 인지를 붙인다.

2. 복 권

(1) 당연복권(회생법 제574조)

파산선고를 받은 채무자는 면책의 결정이 확정된 때, 채무자회생및파산에관한법률 제538조의 규정에 의한 신청에 기한 파산폐지의 결정이 확정된 때, 파산선고를 받은 채무자가 파산선고 후 채무자회생및파산에관한법률 제650조의 규정에 의한 사기파산으로 유죄의 확정판결을 받음이 없이 10년이 경과한 때에는 복권된다. 면책취소의 결정이 확정된 때에는 위 규정에 의한 복권은 장래에 향하여 그 효력을 잃는다.

(2) 신청에 의한 복권(회생법 제575조)

1) 신청에 의한 복권의 요건

변제, 대물변제, 공탁, 상계, 경개, 면제, 혼동, 소멸시효 등에 의하여 파산채권자에 대한 채무의 전부에 관하여 책임을 면할 것이 필요하다. 파산자 자신의 변제에 한하지 않고, 제3자에 의한 대물변제로도 좋다고 해석되고 있다. 또 여기에서 말하는 파산채권자란 신고를 하지 않아 배당절차에 참가하지 못한 채권자도 포함된다고 해석된다(단, 다툼이 있는 채권은 재판의 결과에 의한다).

2) 신청방법

복권을 얻으려고 하는 파산자는 파산법원에 대하여 복권의 신청을 하고, 파산채권의 전부에 관하여 책임을 면한 것을 증명하는 서면을 제출하여야 한다. 이 복권신청서에는 1,000원의 인지를 붙인다.

3) 관 할

복권사건의 관할은 파산법원인데, 여기서 파산법원이란 파산선고를 한 법원을 말한다. 따라서 파산선고 후 주소지가 변경되었다고 하더라도 파산법원에 복권신청을 하여야 한다.

비용예납은 면책신청의 경우와 동일하게 처리한다.

4) 결 정

가. 이의신청이 이유있다고 인정되는 경우

심리 결과 채무가 잔존하는 사실이 소명되는 등 이의신청이 이유 있다고 인정되면 복권신청을 기각하는 결정을 한다. 이에 대하여 파산자는 즉시항고를 할 수 있다.

나. 이의신청이 이유없다고 인정되는 경우

이의신청을 이유 없다고 인정하거나 공고가 있은 날로부터 3개월의 기간 내에 이의신청이 없는 때에는 복권허가의 결정을 한다. 이 결정에 대하여 파산채권자는 즉시항고를 할 수 있다.

다. 공고와 통지

복권결정이 확정되면 그 주문을 공고한다. 또 파산선고와 마찬가지로 복권결정이 확정된 후 파산자의 본적지(2008. 1. 1.부터 "등록기준지"로 변경) 시·구·읍·면장에게 그 취지를 통지한다.

(3) 복권신청의 공고 등(회생법 제576조)

신청이 적법하다고 인정되면 복권의 신청이 있었다는 뜻을 공고하고, 이해관계인의 열람에 공하기 위하여 신청의 관계서류를 법원에 비치한다.

(4) 복권신청에 관한 이의(회생법 제577조)

1) 이의신청의 기한

파산채권자는 공고일로부터 3월 이내에 이의신청을 할 수 있다.

2) 신청권자

복권의 실질적 요건은 파산채권자에 대한 채무의 전부에 관하여 책임을 면하였는가 여부에 있으므로, 복권의 신청에 이해관계를 가지는 것은 파산채권자 뿐이고, 기타의 자는 이의신청의 적격이 없다. 이 경우 파산채권자에는 신고를 하지 않은 채권자도 포함한다.

(5) 복권결정의 효력발생시기(회생법 제578조)

복권결정은 확정된 후부터 그 효력이 발생한다. 즉시항고에 의하여 결정이 취소되면 그 때까지 생긴 법률관계의 취급에 문제가 생길 가능성이 있으므로 복권의 효력은 복권결정이 확정되어야 비로소 생기는 것으로 하였다.

핵 심 판 례

■ **채무자 회생 및 파산에 관한 법률 제566조 제7호의 규정 취지**

채무자 회생 및 파산에 관한 법률(이하 '채무자회생법'이라고 한다)에 의하면, 파산 및 면책결정을 받은 채무자는 파산절차에 의한 배당을 제외하고는 파산채권자에 대한 채무의 전부에 관하여 그 책임이 면제되므로, 면책신청의 채권자목록에 기재하지 않은 파산채권이라도 면책 대상이 된다. 다만 채무자가 면책결정 이전에 채권의 존재 사실을 알면서도 이를 채권자목록에 기재하지 아니한 경우에는 그 파산채권에 대한 책임은 면제되지 아니하나 그 경우에도 채권자가 파산선고가 있음을 알았다면 면책이 된다(제566조 제7호). 채무자회생법이 위와 같이 규정한 취지는, 채권자목록에 기재되지 아니한 채권자가 있을 경우 그 채권자로서는 면책절차 내에서 면책신청에 대한 이의 등을 신청할 기회를 박탈당하게 될 뿐 아니라 그에 따라 채무자회생법 제564조에서 정한 면책불허가사유에 대한 객관적 검증도 없이 면책이 허가, 확정되면 채무자는 원칙적으로 채무를 변제할 책임에서 벗어나게 되므로, 위와 같은 절차 참여의 기회를 갖지 못한 채 불이익을 받게 되는 채권자를 보호하려는 데에 있다(대법원 2010. 10. 14. 선고 2010다49083 판결, 대법원 2016. 4. 29. 선고 2015다71177 판결 등 참조)(대법원 2019. 11. 15. 선고 2019다256167, 256174 판결)

■ **파산채무자에 대한 면책결정의 확정에도 불구하고 어떠한 채권이 비면책채권에 해당하는지 여부 등이 다투어지는 경우, 채무자가 면책확인의 소를 제기할 수 있는지 여부(적극)**

파산채무자에 대한 면책결정의 확정에도 불구하고 어떠한 채권이 비면책채권에 해당하는지 여부 등이 다투어지는 경우에 채무자는 면책확인의 소를 제기함으로써 권리 또는 법률상 지위에 현존하는 불안·위험을 제거할 수 있다. 그러나 면책된 채무에 관한 집행권원을 가지고 있는 채권자에 대한 관계에서 채무자는 청구이의의 소를 제기하여 면책의 효력에 기한 집행력의 배제를 구하는 것이 법률상 지위에 현존하는 불안·위험을 제거하는 유효적절한 수단이 된다. 따라서 이러한 경우에도 면책확인을 구하는 것은 분쟁의 종국적인 해결 방법이 아니므로 확인의 이익이 없어 부적법하다(대법원 2017. 10. 12. 선고, 2017다17771 판결).

IX. 등기절차

■ 핵 심 사 항 ■

1. 파산선고·파산취소·파산종결·파산폐지
 (1) 파산선고 : 회사부채의 총액이 자산총액을 초과하는 경우 주식회사는 이사가, 합병·합자회사는 무한책임사원이, 청산회사는 청산인의 신청에 의하여 법원은 결정으로써 파산을 선고한다(회생법 제295조, 제296조).
 (2) 파산취소 : 회생법 제316조 1항에 의하여 파산신청에 관한 재판에 대한 즉시항고의 결과 파산취소의 결정이 있어 그 결정이 확정된 때에는 법원은 즉시 그 주문을 공고하여야 한다(회생법 제325조).
 (3) 파산종결 : 파산절차가 종료하여 관재인의 임무가 종료한 경우에는 파산관재인 또는 상속인은 지체없이 채권자집회에 계산의 보고를 하여야 한다(법 제365조). 그 계산보고를 승인한 채권자집회가 종결된 후 법원이 파산종결 결정을 하면 그 때 파산절차는 종결된다.
 (4) 파산폐지 : 법원은 회생법 제538조 1항의 각 호의 어느 하나에 해당하는 때에는 채무자의 신청에 의하여 파산폐지의 결정을 할 수 있다(회생법 제538조 1항).
2. 등기절차 : 회생법 제23조 1항

1. 파산선고의 등기

(1) 파산선고

회사부채의 총액이 자산총액을 초과하는 경우(다만, 합병·합자회사의 존립 중에는 파산선고 하지 않는다) 주식회사는 이사가, 합병·합자회사는 무한책임사원이, 청산회사는 청산인(이사 및 청산인 일부가 신청하는 경우에는 파산원인 소명)의 신청에 의하여 법원은 결정으로써 파산을 선고한다(회생법 제295조, 제296조).

법원은 파산선고와 동시에 파산관재인을 선임하고 채권신고의 기간, 제1회의 채권자 집회기일, 채권조사기일 등을 정하여야 하며, 파산결정서에는 선고연월일시를 기재하여야 한다(회생법 제310조, 제312조).

파산자가 파산선고시에 가진 모든 재산은 이를 파산재단으로 하고 그 관리,처분권은 파산관재인에게 전속한다(회생법 제382조, 제384조).

파산채권은 파산절차에 의하지 아니하고는 이를 행사할 수 없다.

(2) 등기절차

회사에 대하여 파산선고를 한 때에는 법원은 직권으로 지체없이 촉탁서에 파산결정서 등본 또는 초본 등 관련서류를 첨부하여 채무자의 각 사무소 및 영업소(외국에 주된 사무소 또는 영업소가 있는 때에는 대한민국에 있는 사무소 또는 는 영업소를 말한다)의 소재지의 등기소에 그 등기를 촉탁하여야 한다(회생법 제23조 1항).

등기촉탁서에 첨부하는 파산결정서에는 파산선고의 연월일시를 기재하여야 하며,(회생법 제310조), 촉탁시 등록면허세 및 농어촌특별세는 납부하지 아니한다(회생법 제25조 4항, 농어촌특별세법 제5조).

등기관은 파산등기의 촉탁을 받을 경우에는 지체없이 그 등기를 행하되, 파산의 등기는 등기기록 중 기타사항란에 파산의 뜻, 그 선고연월일시, 법원의 명칭과 등기연월일을 기재하고 등기관의 식별부호를 기록하여야 한다(상업등기규칙 제55조 2항).

2. 파산취소의 등기

(1) 파산선고

파산절차에 관한 재판(파산선고의 결정)에 대하여는 채무자회생및파산에관한법률에 특별한 규정이 있는 경우를 제외하고는 그 재판에 관하여 이해관계 있는 자가 즉시항고를 할 수 있다(회생법 제316조 1항).

즉시항고의 결과 파산취소의 결정이 있어 그 결정이 확정된 때에는 법원은 즉시 그 주문을 공고하여야 한다(회생법 제325조).

(2) 등기절차

파산취소의 결정이 확정된 때에는 법원은 지체없이 직권으로 촉탁서에 파산취소결정서의 등본 또는 초본 등 관련서류를 첨부하여 채무자의 각 사무소 및 영업소(외국에 주된 사무소 또는 영업소가 있는 때에는 대한민국에 있는 사무소 또는 영업소를 말한다)의 소재지의 등기소에 파산취소의 등기를 촉탁하여야 한다(회생법 제23조 1항).

촉탁시 등록세 및 농어촌특별세는 납부하지 아니한다(회생법 제25조 4항, 농어촌특별세법 제5조).

등기관은 파산등기의 촉탁을 받은 경우에는 지체없이 그 등기를 행하며, 파산취소 등기기록 중 기타사항란에, 파산취소의 뜻, 결정의 확정연월일, 법원의 명칭과 등기연월일을 기재하고 등기관의 식별부호를 기록하여야 한다(규칙 제102조 1항, 제47조). 이 때에는 파산의 등기를 말소하는 등기를 기록하여야 한다(상업등기규칙 제55조 2항).

3. 파산종결의 등기

(1) 파산의 종결

파산절차가 종료하여 관재인의 임무가 종료한 경우에는 파산관재인 또는 상속인은 지체없이 채권자집회에 계산의 보고를 하여야 한다(회생법 제365조).

그 계산보고를 승인한 채권자집회가 종결된 후 법원이 파산종결 결정을 하면 그 때 파산절차는 종결된다. 채권자집회가 종결한 때에는 법원은 파산종결의 결정을 하고 그 주문과 이유의 요령을 공고하여야 한다(회생법 제530조).

(2) 등기절차

파산종결의 결정이 있는 때에는 법원은 지체없이 직권으로 파산종결결정서의 등본 또는 초본 등 관련서류를 첨부하여 채무자의 각 사무소 또는 영업소(외국에 주된 사무소 또는 영업소가 있는 때에는 대한민국에 있는 사무소 또는 영업소를 말한다)의 소재지의 등기소에 그 등기를 촉탁하여야 한다(회생법 제23조 1항).

등기관은 파산등기의 촉탁을 받은 경우에는 지체없이 그 등기를 행하되, 파산종결등기 기록 중 기타사항란에 파산종결의 뜻, 결정연월일, 법원의 명칭과 등기연월일을 기재하고 등기관의 식별부호를 기록하여야 한다. 파산절차종결에 의한 파산종결의 등기를 한 때에는 회사는 당연히 소멸되기 때문에 청산종결등기를 한 경우처럼 그 등기 기록을 폐쇄하여야 한다(규칙 제102조 1항·2항).

4. 파산폐지의 등기

(1) 파산의 폐지

파산폐지는 법원의 결정에 의한다.

법원은 다음의 어느 하나에 해당하는 때에는 채무자의 신청에 의하여 파산폐지의 결정을 할 수 있다(회생법 제538조 1항).

① 채무자가 채권신고기간 안에 신고한 파산채권자 전원의 동의를 얻은 때

② 채무자가 위 ①의 동의를 얻지 못한 경우에는 동의를 하지 아니한 파산채권자에 대하여 다른 파산채권자의 동의를 얻어 파산재단으로부터 담보를 제공한 때

회사가 파산선고를 받은 경우에 파산폐지의 신청을 함에는 정관 변경에 관한 규정에 따라 계속의 절차를 밟아 존속할 수 있으며, 재단법인인 경우에는 주무관청의 인가를 받아 법인을 존속하게 할 수 있다(회생법 제540조).

파산폐지결정을 한 때에는 이를 공고하여야 한다. 파산채권자는 공고일로부터 14일 이내에 법원에 이의신청을 할 수 있고, 법원은 관계인의 의견을 청취한 후 파산폐지결정을 한다. 이 때에는 파산폐지의 사실을 등기촉탁한다(회생법 제542조, 제544조).

(2) 등기절차

파산폐지의 결정이 확정된 때에는 법원은 직권으로 지체없이 파산폐지결정서의 등본 또는 초본 등 관련서류를 첨부하여 채무자의 각 사무소 및 영업소(외국에 주된 사무소 또는 영업소가 있는 때에는 대한민국에 있는 사무소 또는 영업소를 말한다)의 소재지의 등기소에 파산폐지의 등기를 촉탁하여야 한다(회생법 제23조 1항).

등기관은 파산등기의 촉탁을 받은 때에는 지체없이 그 등기를 행하되, 기타사항란에 파산폐지의 뜻, 그 결정의 확정연월일, 법원의 명칭과 등기연월일을 기재하고 등기관의 식별부호를 기록하여야 한다(규칙 제102조).

동시파산폐지 또는 비용부족으로 인한 파산폐지의 등기를 한 때에는 등기 기록을 폐쇄하여야 한다(상업등기기재례집 제233면).

■ **김 만 길** ■

◆ 전 각급 법원 민사가사형사 참여사무관
◆ 전 서울고등법원 종합민원접수실장
◆ 전 서울중앙지방법원 민사신청과장(법원서기관)
◆ 전 서울가정법원 가사과장
◆ 전 인천가장법원 본원 집행관
◆ 전 서울지방법원 민사조정위원

2025
사항별·사례별로 유형화된
정석 상업등기 실무

2025년 01월 15일 29판 인쇄
2025년 01월 20일 29판 발행

1995년 1월 05일 초판인쇄
1995년 1월 10일 초판발행

편 저 김만길
발행인 김현호
발행처 법문북스
공급처 법률미디어

주소 서울 구로구 경인로 54길4(구로동 636-62)
전화 02)2636-2911~2, 팩스 02)2636-3012

홈페이지 www.lawb.co.kr
페이스북 www.facebook.com/bummun3011
인스타그램 www.instagram.com/bummun3011
네이버 블로그 blog.naver.com/bubmunk

등록일자 1979년 8월 27일
등록번호 제5-22호

ISBN 979-11-93350-58-4(13360)

정가 180,000원